Bibla e Shenjtë
Përkthimi Shqiptar

Devoted Publishing
Website: www.devotedpublishing.com
Email: devotedpub@hotmail.com
Facebook: @DevotedPublishing
Woodstock, Ontario, Canada 2017

Tabela e Përmbajtjes

Bibla e Shenjtë: Përkthimi Shqiptar
Layout dhe Formatting nga Anthony Uyl dhe është Copyright 2017 Devoted Publishing.
ISBN: 978-1-77356-088-5

Tabela e Përmbajtjes

Dhiata e Vjetër 3	Nahumit 388
Gjenezë 3	Habakuk 389
Eksodit 27	Sofonias 390
Levitikut 47	Hagai 392
Numrave 62	Zakarias 393
Ligji i Përtërirë 82	Malakias 397
Jozueut 99	Dhiata e Re 399
Gjyqtarëve 111	Mateut 399
Ruth 123	Markut 415
1 Samuelit 125	Lukës 425
2 Samuelit 140	Gjonit 442
1 Mbretërve 153	Veprave 455
2 Mbretërve 168	Romakëve 471
1 Kronikave 182	1 Korintasve 478
2 Kronikave 196	2 Korintasve 485
Ezrës 212	Galatasve 490
Nehemisë 217	Efesianëve 493
Esterit 224	Filipianëve 496
Jobit 228	Kolosianëve 498
Psalmeve 242	1 Thesalonikasve 500
Proverbave 275	2 Thesalonikasve 502
Klerikëve 287	1 Timoteut 503
Kënga e Solomonit 291	2 Timoteut 505
Isaisë 293	Titit 507
Jeremisë 316	Filemonit 508
Vajtimeve 342	Hebrenjve 509
Ezekielit 345	Jakobit 514
Danielit 368	1 Pjetrit 516
Hozesë 375	2 Pjetrit 518
Joelit 379	1 Gjonit 520
Amosit 381	2 Gjonit 522
Abdias 384	3 Gjonit 523
Jonas 385	Jude 524
Mikeas 386	Zbulesës 525

Dhiata e Vjetër

Gjenezë

Kapitull 1

¹ Në fillim Perëndia krijoi qiejt dhe tokën.

² Toka ishte pa trajtë, e zbrazët dhe errësira mbulonte sipërfaqen e humnerës; dhe Fryma e Perëndisë fluturonte mbi sipërfaqen e ujërave.

³ Pastaj Perëndia tha: "U bëftë drita!". Dhe drita u bë.

⁴ Dhe Perëndia pa që drita ishte e mirë; dhe Perëndia e ndau dritën nga errësira.

⁵ Dhe Perëndia e quajti dritën "ditë" dhe errësirën "natë". Kështu erdhi mbrëmja e pastaj erdhi mëngjesi: dita e parë.

⁶ Pastaj Perëndia tha: "Le të jetë një kupë qiellore mes ujërave, që t'i ndajë ujërat nga ujërat".

⁷ Dhe Perëndia krijoi kupën qiellore dhe ndau ujërat që ishin poshtë saj nga ujërat që ishin sipër saj. Dhe kështu u bë.

⁸ Dhe Perëndia e quajti kupën qiellore "qiell". Kështu erdhi mbrëmja, pastaj erdhi mëngjesi: dita e dytë.

⁹ Pastaj Perëndia tha: "Ujërat që janë nën qiellin të grumbullohen në një vend të vetëm dhe të shfaqet tera". Dhe kështu u bë.

¹⁰ Dhe Perëndia e quajti terën "tokë" dhe grumbullimin e ujërave "detë". Dhe Perëndia pa që kjo ishte mirë.

¹¹ Pastaj Perëndia tha: "Të mbijë toka gjelbërimin, barërat të nxjerrin farë dhe drurët frutore të japin në tokë një frut që të përmbajë farën e tij, secili simbas llojit të tij". Dhe kështu u bë.

¹² Dhe toka prodhoi gjelbërim, barëra që e bënin farën simbas llojit të tyre dhe drurë që mbanin fruta me farën e tyre brenda, secili simbas llojit të vet. Dhe Perëndia e pa se kjo ishte mirë.

¹³ Kështu erdhi mbrëmja, pastaj erdhi mëngjesi; dita e tretë.

¹⁴ Pastaj Perëndia tha: "Të ketë ndriçues në kupën qiellore për të ndarë ditën nga nata; dhe të shërbejnë si shenja, për të dalluar stinët, ditët dhe vitet;

¹⁵ dhe të shërbejnë si ndriçues në kupën qiellore për të ndriçuar tokën". Dhe kështu u bë.

¹⁶ Perëndia krijoi pastaj dy ndriçues të mëdhenj: ndriçuesin e madhë për qeverisjen e ditës dhe ndriçuesin e vogël për qeverisjen e natës; ai krijoi gjithashtu yjet.

¹⁷ Dhe Perëndia i vendosi në kupën qiellore për të ndriçuar tokën,

¹⁸ për të qeverisur ditën dhe natën dhe për ta ndarë dritën nga errësira. Dhe Perëndia e pa që kjo ishte mirë.

¹⁹ Kështu erdhi mbrëmja dhe erdhi mëngjesi: dita e katërt.

²⁰ Pastaj Perëndia tha: "Të mbushen ujërat nga një numër i madh qeniesh të gjalla dhe të fluturojnë zogjtë lart mbi tokë nëpër hapësirën e madhe të kupës qiellore".

²¹ Kështu Perëndia krijoi kafshët e mëdha ujore dhe të gjitha gjallesat që lëvizin dhe që mbushin ujërat, secili simbas llojit të vet, e çdo shpend fluturues simbas llojit të vet. Dhe Perëndia e pa se kjo ishte mirë.

²² Dhe Perëndia i bekoi duke thënë: "Të jeni të frytshëm, shumëzoni dhe mbushni ujërat e deteve, e zogjtë të shumëzohen mbi tokë".

²³ Kështu erdhi mbrëmja dhe pastaj mëngjesi: dita e pestë.

²⁴ Pastaj Perëndia tha: "Të prodhojë toka qenie të gjalla sipas llojit të tyre: kafshë, rrëshqanorë dhe bisha të tokës, simbas llojit të tyre". Dhe kështu u bë.

²⁵ Dhe Perëndia bëri egërsirat e tokës sipas llojit të tyre, kafshët simbas llojit të tyre dhe të gjithë rrëshqanorët e tokës simbas llojit të tyre. Dhe Perëndia e pa që kjo ishte mirë.

²⁶ Pastaj Perëndia tha: "Ta bëjmë njeriun sipas shëmbëllytrës sonë dhe në ngjasim me ne, dhe të ushtrojë sundimin e tij mbi peshqit e detit, mbi zogjtë e qiellit, mbi kafshët e mbi gjithë tokën, mbi rrëshqanorët që zvarriten mbi dhe".

²⁷ Kështu Perëndia krijoi njeriun simbas shëmbëllytrës së vet, simbas shëmbëllytrës së Perëndisë; Ai krijoi mashkullin e femrën.

²⁸ Dhe Perëndia i bekoi; dhe Perëndia u tha atyre: "Të jeni të frytshëm dhe shumëzohuni, mbushni tokën e nënshtrojeni, e sundoni mbi peshqit e detit, mbi zogjtë e qiellit dhe mbi çdo qenie që lëviz mbi tokë".

²⁹ Dhe Perëndia tha: "Ja unë po ju jap çdo bar që lëshon farë mbi sipërfaqen e mbarë tokës dhe çdo pemë të ketë fruta që përmbajnë farë; kjo do t'ju shërbejë si ushqim.

³⁰ Dhe çdo kafshe të tokës, çdo zogu të qiellit dhe çdo gjëje që lëviz mbi tokë dhe ka në vetvete një frymë jete, unë i jap çdo bar të gjelbër si ushqim". Dhe kështu u bë.

³¹ Atëherë Perëndia shikoi të gjitha ato që kishte bërë, dhe ja, ishte shumë mirë. Kështu erdhi mbrëmja dhe pastaj erdhi mëngjesi: dita e gjashtë.

Kapitull 2

¹ Kështu përfunduan qielli dhe toka si dhe tërë ushtria e tyre.

² Ndërkaq ditën e shtatë Perëndia mbaroi veprën që kishte kryer dhe ditën e shtatë u çlodh nga gjithë vepra që kishte kryer.

³ Dhe Perëndia bekoi ditën e shtatë dhe e shenjtëroi, sepse atë ditë Perëndia u çlodh nga gjithë vepra që kishte krijuar dhe kryer.

⁴ Këto janë origjina e qiellit dhe e tokës kur u krijuan, ditën që Zoti Perëndi krijoi tokën dhe qiellin.

⁵ Nuk kishte ende mbi tokë asnjë shkurrëz në fushë dhe asnjë bar nuk kishte mbirë ende në fushë, sepse Zoti Perëndi nuk kishte hedhur asnjë shi mbi tokën dhe nuk ekzistonte njeriu për të punuar tokën.

⁶ Por nga toka ngjitej një avull që ujiste tërë sipërfaqen e tokës.

⁷ Atëherë Zoti Perëndi formoi njeriun nga pluhuri i tokës, i fryu në vrimat e hundës një frymë jete, dhe njeriu u bë një qenie e gjallë.

⁸ Pastaj Zoti Perëndi mbolli një kopsht në Eden, në lindje, dhe vendosi në të njeriun që kishte formuar.

⁹ Pastaj Zoti Perëndi bëri që të mbijnë nga toka lloj-lloj pemësh të këndshme nga pamja dhe që jepnin fruta të mira për t'u ngrënë; në mes të kopshtit gjendeshin edhe pema e jetës dhe pema e njohjes të së mirës dhe të së keqes.

¹⁰ Një lumë dilte nga Edeni për të ujitur kopshtin dhe ndahej në katër rrjedha uji.

¹¹ Emri i lumit të parë është Pishon; është ai që rrethon tërë vendin e Havilahut, ku ka flori;

¹² dhe floriri i këtij vendi është i mirë; aty gjenden gjithashtu bdeli dhe guri i oniksit.

¹³ Emri i lumit të dytë është Gihon, dhe ai rrethon tërë vendin e Kushit.

¹⁴ Emri i lumit të tretë është Tigri, dhe është ai që rrjedh në lindje të Asirisë. Lumi i katërt është Eufrati.

¹⁵ Zoti Perëndi e mori pra njeriun dhe e futi në kopshtin e Edenit, me qëllim që ta punonte dhe ta ruante.

¹⁶ Dhe Zoti Perëndi e urdhëroi njeriun duke i thënë: "Ha bile lirisht nga çdo pemë e kopshtit;

¹⁷ por mos ha nga pema e njohjes të së mirës dhe të së keqes, sepse ditën që do të hash prej saj ke për të vdekur me siguri".

¹⁸ Pastaj Zoti Perëndi tha: "Nuk është mirë që njeriu të jetë vetëm; unë do t'i bëj një ndihmë që i leverdis".

¹⁹ Dhe Zoti Perëndi formoi nga dheu tërë kafshët e fushës dhe tërë zogjtë e qiellit dhe i çoi te njeriu për të parë si do t'i quante; dhe sido që njeriu t'i quante qeniet e gjalla, ai do të ishte emri i tyre.

²⁰ Dhe njeriu u vuri emra tërë bagëtisë, zogjve të qiellit dhe çdo kafshe të fushave; por për njeriun nuk u gjend asnjë ndihmë e përshtatshme për të.

²¹ Atëherë Zoti Perëndi e futi në një gjumë të thellë njeriun, të cilin e zuri gjumi; dhe mori një nga brinjët e tij dhe e mbylli mishin në atë vend.

²² Pastaj Zoti Perëndi me brinjën që i kishte hequr njeriut formoi një grua dhe e çoi te njeriu.

²³ Dhe njeriu tha: "Kjo së fundi është kocka e kockave të mia dhe mishi i mishit tim. Ajo do të quhet grua sepse është nxjerrë nga burri".

²⁴ Për këtë arsye njeriu do të braktisë babanë dhe nënën e tij dhe do të bashkohet me gruan e tij, dhe do të jenë një mish i vetëm.

²⁵ Dhe burri e gruaja e tij ishin që të dy lakuriq dhe nuk kishin turp prej kësaj.

Kapitull 3

¹ Por gjarpri ishte më dinaku ndër të gjitha bishat e fushave që Zoti Perëndi kishte krijuar, dhe i tha gruas: "A ka thënë me të vërtetë Perëndia: "Mos hani nga të gjitha pemët e kopshtit?"".

² Dhe gruaja iu përgjegj gjarprit: "Nga fruti i pemëve të kopshtit mund të hamë;

³ por nga fruti i pemës që është në mes të kopshtit Perëndia ka thënë: "Mos hani dhe mos e prekni, ndryshe do të vdisni"".

⁴ Atëherë gjarpri i tha gruas: "Ju s'keni për të vdekur aspak;

⁵ por Perëndia e di që ditën që do t'i hani, sytë tuaj do të hapen dhe do të jeni në gjendje si Perëndia të njihni të mirën dhe të keqen".

⁶ Dhe gruaja pa që pema ishte e mirë për t'u ngrënë, që ishte e këndshme për sytë dhe që pema ishte i dëshirueshme për ta bërë të zgjuar dikë; dhe ajo mori nga fruti i saj, e hëngri dhe i dha edhe burrit të saj që ishte me të, dhe hëngri edhe ai.

⁷ Atëherë iu hapën sytë të dyve dhe e panë që ishin lakuriq; kështu ata qepën gjethe fiku dhe bënë breza për t'u mbuluar.

⁸ Pastaj dëgjuan zërin e Zotit Perëndi që shëtiste në kopsht në flladin e ditës; dhe burri e gruaja e tij u fshehën nga prania e Zotit Perëndi midis pemëve të kopshtit.

⁹ Atëherë Zoti Perëndi thirri njeriun dhe i tha: "Ku je?".

¹⁰ Ai u përgjigj: "Dëgjova zërin tënd në kopsht, dhe pata frikë sepse isha lakuriq dhe u fsheha".

¹¹ Dhe Perëndia i tha: "Kush të tregoi se ishe lakuriq? Mos vallë ke ngrënë nga pema që unë të kisha urdhëruar të mos haje?".

¹² Njeriu u përgjigj: "Gruaja që ti më vure pranë më dha nga pema dhe unë e hëngra".

¹³ Dhe Zoti Perëndi i tha gruas: "Pse e bëre këtë?". Gruaja u përgjigj: "Gjarpri më mashtroi dhe unë hëngra prej saj".

¹⁴ Atëherë Zoti Perëndi i tha gjarprit: "Me qenë se bëre këtë gjë, qofsh i mallkuar ndër gjithë kafshët dhe tërë bishat e fushave! Ti do të ecësh mbi barkun tënd dhe do të hash pluhur gjithë ditët e jetës sate.

¹⁵ Dhe unë do të shtie armiqësi midis teje dhe gruas, midis farës sate dhe farës së saj; fara e saj do të shtypë kokën tënde, dhe ti do të plagosësh thembrën e farës së saj".

¹⁶ Gruas i tha: "Unë do të shumëzoj në masë të madhe vuajtjet e tua dhe barrët e tua; me vuajtje do të lindësh fëmijë; dëshirat e tua do të drejtohen ndaj burrit tënd dhe ai do të sundojë mbi ty".

¹⁷ Pastaj i tha Adamit: "Me qenë se dëgjove zërin e gruas sate dhe hëngre nga pema për të cilën të kisha urdhëruar duke thënë: "Mos ha prej saj", toka do të jetë e mallkuar për shkakun tënd, ti do të

¹⁸ Ajo do të prodhojë gjemba dhe bimë gjembore, dhe ti do të hash barin e fushave;

¹⁹ do të hash bukën me djersën e ballit, deri sa të rikthehesh në dhe sepse nga ai ke dalë; sepse ti je pluhur dhe në pluhur do të rikthehesh".

²⁰ Dhe burri i vuri gruas së tij emrin Evë, sepse ajo qe nëna e tërë të gjallëve.

²¹ Pastaj Zoti Perëndi i bëri Adamit dhe gruas së tij tunika prej lëkure dhe i veshi.

²² Dhe Zoti Perëndi tha: "Ja, njeriu u bë si një prej nesh, sepse njeh të mirën dhe të keqen. Dhe tani nuk duhet t'i lejohet të shtrijë dorën e tij për të marrë edhe nga pema e jetës kështu që, duke ngrënë nga ajo, të jetojë për gjithnjë".

²³ Prandaj Zoti Perëndi e dëboi njeriun nga kopshti i Edenit, me qëllim që të punonte tokën nga e cila kishte dalë.

²⁴ Kështu ai e dëboi njeriun; dhe vendosi në lindje të kopshtit të Edenit kerubinët që vërtisnin nga çdo anë një shpatë flakëruese për të ruajtur rrugën e pemës së jetës.

Kapitull 4

¹ Por Adami njohu Evën, gruan e tij, e cila u ngjiz dhe lindi Kainin, dhe ai tha: "Fitova një burrë nga Zoti".

² Pastaj lindi Abeli, vëllai i tij. Dhe Abeli u bë bari kopesh, ndërsa Kaini u bë punonjës i tokës.

³ Me kalimin e kohës, Kaini i bëri një ofertë frutash të tokës Zotit;

⁴ por Abeli i ofroi edhe ai të parëlindurit e kopesë së tij dhe yndyrën e tyre. Dhe Zoti e çmoi Abelin dhe dhuratën e tij,

⁵ por nuk çmoi Kainin dhe ofertën e tij. Dhe kështu Kaini u pezmatua shumë dhe fytyra e tij mori një pamje të dëshpëruar.

⁶ Atëherë Zoti i tha Kainit: "Pse je pezmatuar dhe pse fytyra jote është dëshpëruar?

⁷ Në rast se bën mirë a nuk do të pranohesh? Por në qoftë se bën keq, mëkati po të ruan te porta dhe dëshirat e tij drejtohen ndaj teje; por ti duhet ta sundosh".

⁸ Dhe Kaini foli me të vëllanë, Abelin; kur u gjendën në fushë, Kaini u ngrit kundër vëllait të tij Abelit dhe e vrau.

⁹ Atëherë Zoti i tha Kainit: "Ku është vëllait yt Abeli?". Ai u përgjigj: "Nuk e di; mos jam unë rojtari i vëllait tim?".

¹⁰ Zoti i tha: "Çfarë ke bërë? Zëri i gjakut të vëllait tënd më vëngon nga toka.

¹¹ Dhe ti tani je më i mallkuar se toka që hapi gojën për të marrë gjakun e vëllait tënd nga dora jote.

¹² Kur të punosh tokën, ajo nuk do të të japë më prodhimet e saj, dhe ti do të jesh një endacak dhe një ikanak mbi tokë".

¹³ Atëherë Kaini i tha Zotit; "Ndëshkimi im është tepër i madh aq sa unë nuk mund ta duroj.

¹⁴ Ja, ti po më dëbon sot nga faqja e këtij dheu dhe do të fshihem nga fytyra jote; dhe do të bëhem endacak dhe ikanak nëpër botë dhe do të ndodhë që të më vrasë kushdo që do të më gjejë".

¹⁵ Dhe Zoti i tha: "Prandaj, kushdo qoftë të vrasë Kainin, do të dënohet shtatë herë". Dhe Zoti vuri një shenjë mbi Kainin, me qëllim që kushdo që ta gjente të mos e vriste.

¹⁶ Atëherë Kaini u largua nga prania e Zotit dhe banoi në vendin e quajtur Nod, në lindje të Edenit.

¹⁷ Dhe Kaini njohu të shoqen, e cila u ngjiz dhe lindi Enokun. Pastaj Kaini ndërtoi një qytet, të cilit i vuri emrin Enok, emri i birit.

¹⁸ Dhe Enokut i lindi Iradi; Iradit i lindi Mehujaeli; Mehujaelit i lindi Methusaeli dhe Mathusaelit i lindi Lameku.

¹⁹ Dhe Lameku mori dy gra: emri i njërës ishte Ada dhe emri i tjetrës Cilah.

²⁰ Dhe Ada lindi Jabalin, që ishte babai i atyre që banojnë nën çadra dhe merren me rritjen e bagëtisë.

²¹ Por emri i të vëllait ishte Jubal, që ishte babai i gjithë atyre që i binin qestes dhe flautit.

²² Cilah lindi edhe ajo Tubal-kainin, krijuesi i çfarëdo lloji veglash prej bronzi dhe hekuri, dhe motra e Tubal-kainit qe Naama.

²³ Pastaj Lameku u tha grave të tij: "Ada dhe Cilah, dëgjoni zërin tim; gra të Lamekut, u vini re fjalëve të mia! Po, unë vrava një njeri sepse më plagosi, dhe një të ri sepse më shkaktoi një irnim.

²⁴ Në rast se do t'i merret hak Kainit shtatë herë, Lamekut do t'i merret hak shtatëdhjetë herë shtatë".

²⁵ Pastaj Adami njohu përsëri gruan e tij, që lindi një djalë dhe e quajti Seth, sepse ajo tha: "Perëndia më dha një tjetër pasardhës në vend të Abelit, që u vra nga Kaini".

²⁶ Edhe Sethit i lindi një djalë, të cilin e quajti Enosh. Atëherë filluan të kërkojnë emrin e Zotit.

Kapitull 5

¹ Ky është libri i prejardhjes së Adamit. Ditën që Perëndia krijoi njeriun e bëri të ngjashëm me Perëndinë.

² Ai i krijoi mashkull dhe femër, i bekoi dhe u dha emrin njeri, ditën që u krijuan.

³ Adami jetoi njëqind e tridhjetë vjet dhe i lindi një djalë që i përngjiste, një lloj në shëmbëllytrë të tij dhe e quajti Seth.

⁴ Mbas lindjes së Sethit, Adami jetoi tetëqind vjet dhe pati bij dhe bija.

⁵ Kështu Adami jetoi gjithsej nëntëqind e tridhjetë vjet; pastaj vdiq.

⁶ Sethi jetoi njëqind e pesë vjet dhe i lindi Enoshi.

⁷ Pas lindjes së Enoshit, Sethi jetoi tetëqind e shtatë vjet dhe pati bij e bija të tjera.

⁸ Kështu tërë koha që Sethi jetoi qe nëntëqind e dymbëdhjetë vjet; pastaj vdiq.

⁹ Enoshi jetoi nëntëdhjetë vjet dhe i lindi Kenani.

¹⁰ Mbas lindjes së Kenanit, Enoshi jetoi tetëqind e pesëmbëdhjetë vjet dhe pati bij e bija të tjera.

¹¹ Kështu Enoshi jetoi gjithsej nëntëqind e pesë vjet; pastaj vdiq.

¹² Kenani jetoi shtatëdhjetë vjet dhe i lindi Mahalaleeli.

¹³ Mbas lindjes së Mahalaleelit, Kenani jetoi tetëqind e dyzet vjet dhe pati bij e bija të tjerë.

¹⁴ Kështu Kenani jetoi gjithsej nëntëqind e dhjetë vjet; pastaj vdiq.

¹⁵ Mahalaleeli jetoi gjashtëdhjetë e pesë vjet dhe i lindi Jaredi.

¹⁶ Mbas lindjes së Jaredit, Mahalaleeli jetoi tetëqind e tridhjetë vjet dhe pati bij e bija të tjera.

¹⁷ Kështu Mahalaleeli jetoi gjithsej tetëqind e nëntëdhjetë e pesë vjet; pastaj vdiq.

¹⁸ Jaredi jetoi njëqind e gjashtëdhjetë e dy vjet dhe i lindi Enoku.

¹⁹ Mbas lindjes së Enokut, Jaredi jetoi tetëqind vjet dhe pati bij dhe bija të tjera.

²⁰ Kështu Jaredi jetoi gjithsej nëntëqind e gjashtëdhjetë e dy vjet; pastaj vdiq.

²¹ Enoku jetoi gjashtëdhjetë e pesë vjet dhe i lindi Methuselahu.

²² Mbas lindjes së Methuselahut, Enoku eci me Perëndinë treqind vjet dhe pati bij e bija të tjera.

²³ Kështu Enoku jetoi gjithsej treqind e gjashtëdhjetë e pesë vjet.

²⁴ Pra Enoku eci me Perëndinë, por nuk u gjend më, sepse Perëndia e mori me vete.

²⁵ Metuselahu jetoi njëqind e tetëdhjetë e shtatë vjet dhe i lindi Lameku.

²⁶ Mbas lindjes së Lamekut, Metuselahu jetoi shtatëqind e tetëdhjetë e dy vjet dhe i lindën bij e bija.

²⁷ Kështu Metuselahu jetoi gjithsej nëntëqind e gjashtëdhjetë e nëntë vjet; pastaj ai vdiq.

²⁸ Lameku jetoi njëqind e tetëdhjetë e dy vjet dhe i lindi një bir;

²⁹ dhe i vuri emrin Noe, duke thënë: "Ky do të na ngushëllojë për

punën tonë dhe për mundin e duarve tona, për shkak të tokës që Zoti e ka mallkuar".

³⁰ Pasi solli në këtë botë Noeun, Lameku jetoi pesëqind e nëntëdhjetë e pesë vjet dhe i lindën bij e bija të tjerë.

³¹ Kështu Lameku jetoi gjithsej shtatëqind e shtatëdhjetë e shtatë vjet, pastaj ai vdiq.

³² Noeut, në moshën pesëqind vjeç, i lindi Semi, Kami dhe Jafeti.

Kapitull 6

¹ Kur njerëzit filluan të shumohen mbi faqen e dheut dhe u lindën atyre vajza,

² djemtë e Perëndisë panë që vajzat e njerëzve ishin të bukura, dhe morën për gra të gjitha ato që i zgjodhën vetë.

³ Dhe Zoti tha: "Fryma im nuk do të hahet gjithnjë me njeriun, sepse në shthurjen e tij ai nuk është veçse mish; ditët e tij do të jenë, pra, njëqind e njëzet vjet".

⁴ Kishte gjigantë mbi tokë në ato kohë, madje edhe më vonë, kur bijtë e Perëndisë iu afruan bijave të njerëzve dhe këto u lindën atyre fëmijë. Ata janë heronjtë që jetuan në kohët e lashtësisë, janë njerëzit e famshëm të këtyre kohëve.

⁵ Dhe tani Zoti pa që ligësia e njerëzve ishte e madhe mbi tokë dhe që tërë synimet e mendimeve të zemrës së tyre nuk ishin gjë tjetër veçse e keqja në çdo kohë.

⁶ Dhe Zoti u pendua që kishte krijuar njeriun mbi tokë dhe u brengos për këtë në zemër të vet.

⁷ Kështu Zoti tha: "Unë do të shfaros nga faqja e dheut njeriun që kam krijuar, duke filluar nga njeriu deri te kafshët, te rrëshqanorët, te zogjtë e qiellit, sepse pendohem që i kam krijuar".

⁸ Por Noeu gjeti hir në sytë e Zotit.

⁹ Kjo është prejardhja e Noeut. Noeu ishte një njeri i drejtë dhe i patëmetë midis bashkëkohësve të tij. Noeu eci me Perëndinë.

¹⁰ Dhe Noeu pati tre bij: Semin, Kamin dhe Jafetin.

¹¹ Por toka ishte e korruptuar para Perëndisë dhe plot e përplot me dhunë.

¹² Tani Perëndia vështroi tokën dhe ja, ajo ishte e prishur, sepse çdo mish i tokës kishte shthurur sjelljen e tij.

¹³ Dhe Perëndia i tha Noeut: "Kam vendosur t'i jap fund çdo mishi, sepse toka për shkak të njerëzve është plot me dhunë; ja, unë do t'i zhduk bashkë me tokën.

¹⁴ Bëj një arkë prej druri; bëje arkën me dhoma dhe lyeje me bitum nga jashtë e nga brenda.

¹⁵ Por ti do ta ndërtosh në këtë mënyrë: gjatësia e arkës do të jetë treqind kubitë, gjerësia pesëdhjetë dhe lartësia tridhjetë.

¹⁶ Do ta bësh arkën me një dritare dhe do ta mbarosh me një kubit mbulese nga sipër; anash arkës do të vendosësh derën dhe do ta bësh me tre kate, pra me katin e poshtëm, të mesëm dhe të sipërm.

¹⁷ Dhe ja, unë vet kam për të sjellë përmbytjen e ujërave mbi tokë, për të shkatërruar nën qiellin çdo mish që ka shenjë jete; çdo gjë që ndodhet mbi tokën ka për të vdekur.

¹⁸ Por unë do të caktoj besëlidhjen time me ty dhe ti do të futesh në arkën: ti, fëmijët e tu, gruaja jote dhe gratë e bijve të tu.

¹⁹ Dhe nga çdo gjë që jeton prej çdo lloj mishi fut në arkë dy nga çdo lloj, për t'i ruajtur me vete gjallë bashkë me ty; dhe të jenë mashkull dhe femër.

²⁰ Nga zogjtë, nga bagëtia dhe të gjithë rrëshqanorët e tokës simbas llojit të tyre, dy nga çdo lloj do të vijnë te ti, që të ruhen gjallë.

²¹ Dhe merr për vete nga çdo ushqim që hahet, grumbulloje dhe ruaje, në mënyrë që të shërbejë si ushqim për ty dhe për ata".

²² Dhe Noeu veproi ashtu, bëri pikërisht të gjitha ato që Perëndia i kishte urdhëruar.

Kapitull 7

¹ Atëherë Zoti i tha Noeut: "Hyrë në arkë bashkë me tërë familjen tënde, sepse pashë se je i drejtë para meje në këtë brez.

² Nga çdo lloj kafshe të pastër merr shtatë çifte, meshkuj e femra, si dhe nga kafshët jo të pastra një çift, mashkull dhe femër;

³ edhe nga zogjtë e qiellit merr shtatë çifte, meshkuj e femra, për të ruajtur gjallë farën e tyre mbi faqen e tërë dheut;

⁴ sepse mbas shtatë ditëve do të bëj që të bjerë shi mbi tokë për dyzet ditë e dyzet net me rradhë, dhe do të shfaros nga faqja e dheut tërë qeniet e gjalla që kam krijuar".

⁵ Dhe Noeu bëri pikërisht ashtu siç i kishte urdhëruar Zoti.

⁶ Noeu ishte gjashtëqind vjeç kur mbi tokë ndodhi përmbytja e ujërave.

⁷ Kështu Noeu u fut në arkë bashkë me bijtë e tij, me të shoqen dhe me gratë e bijve të tij, për shkak të ujërave të përmbytjes.

⁸ Nga kafshët e pastra dhe nga kafshët jo të pastra, nga zogjtë e nga të gjitha llojet që zvarriten mbi tokë,

⁹ erdhën dy nga dy para Noeut, në arkë, një mashkull e një femër, ashtu si e kishte porositur Perëndia atë.

¹⁰ Në fund të shtatë ditëve, ujërat e përmbytjes mbuluan tokën.

¹¹ Në vitin e gjashtëqindtë të jetës së Noeut, në muajin e dytë dhe në ditën e shtatëmbëdhjetë të muajit, në atë ditë tërë burimet e humnerës së madhe shpërthyen dhe kataraktet e qiellit u hapën.

¹² Dhe ra shi mbi tokë për dyzet ditë dhe dyzet net.

¹³ Po atë ditë hynë në arkë Noeu dhe bijtë e tij Semi, Kami dhe Jafeti, gruaja e Noeut si dhe tri gratë e bijve të tij me ta;

¹⁴ ata dhe të gjitha bishat simbas llojit, tërë bagëtia simbas llojit të saj, të gjithë rrëshqanorët që zvarriten mbi tokën simbas llojit të tyre, tërë zogjtë simbas llojit të tyre, tërë zogjtë e çfarëdo lloji;

¹⁵ Ata erdhën te Noeu në arkë, dy nga dy, prej çdo mishi që ka frymë jete;

¹⁶ hynë, mashkull e femër, nga çdo mish, ashtu si Perëndia e kishte porositur Noeun; pastaj Zoti i mbylli brenda.

¹⁷ Dhe përmbytja ra mbi tokë për dyzet ditë me radhë; dhe ujërat u rritën dhe e ngritën arkën lart mbi tokë.

¹⁸ Ujërat u shtuan dhe u rritën shumë mbi tokë, arka pluskonte mbi sipërfaqen e ujërave.

¹⁹ Dhe ujërat u shtuan me forcë të madhe mbi tokë; të gjitha malet e larta që ndodheshin nën tërë qiellin u mbuluan.

²⁰ Ujërat u ngritën pesëmbëdhjetë kubitë mbi to; dhe malet u mbuluan prej tyre.

²¹ Kështu u shuan të gjitha llojet e mishit që lëviznin mbi tokë: zogjtë, bagëtia, bishat, rrëshqanorët e çdo lloji që zvarriteshin mbi tokë dhe tërë njerëzit.

²² Vdiq çdo gjë që ishte mbi tokën e thatë dhe që kishte frymë jete në vrimat e hundës.

²³ Dhe të gjitha gjallesat që ishin mbi faqen e dheut u shfarosën: duke filluar nga njeriu deri te bagëtia, te gjarpërinjtë dhe zogjtë e qiellit; ato u shfarosën nga toka dhe shpëtoi vetëm Noeu bashkë me ata që ishin me të në arkë.

²⁴ Dhe ujërat mbuluan tokën për njëqind e pesëdhjetë ditë.

Kapitull 8

¹ Pastaj Perëndisë iu kujtua Noeu, të gjitha gjallesat dhe tërë bagëtia që ishte me të në arkë; dhe Perëndia bëri që të fryjë një erë mbi tokë dhe ujërat e ulën lartësinë e tyre.

² Burimet e humnerës dhe kataraktet e qiellit u mbyllën dhe shiu nga qielli pushoi.

³ Dhe ujërat vazhduan të tërhiqeshin nga toka; dhe mbas njëqind e pesëdhjetë ditësh ishin pakësuar.

⁴ Në muajin e shtatë, ditën e shtatëmbëdhjetë të muajit, arka u ndal në malet e Araratit.

⁵ Dhe ujërat vazhduan të pakësohen deri në muajin e dhjetë. Në muajin e dhjetë, ditën e parë të muajit, u dukën majat e maleve.

⁶ Kështu, mbas dyzet ditësh, ndodhi që Noeu hapi dritaren që kishte bërë në arkë,

⁷ dhe nisi jashtë korbin, që vazhdoi të shkojë para dhe prapa, deri sa u thanë ujërat mbi tokë.

⁸ Pastaj lëshoi pëllumbin për të parë në se ujërat ishin pakësuar mbi sipërfaqen e tokës.

⁹ Por pëllumbi nuk gjeti dot vendin ku të mbështeste këmbën e tij dhe u kthye përsëri në arkë, sepse kishte ende ujëra mbi sipërfaqen e tërë tokës; dhe ai shtriu dorën, e kapi dhe e tërhoqi brenda arkës.

¹⁰ Priti atëherë shtatë ditë të tjera, pastaj e dërgoi përsëri pëllumbin jashtë arkës.

¹¹ Dhe pëllumbi u kthye tek ai aty nga mbrëmja; dhe ja, ai kishte në sqep një gjethe ulliri të këputur, të njomë; kështu Noeu kuptoi se ujërat ishin tërhequr nga toka.

¹² Atëherë priti shtatë ditë të tjera, pastaj e lëshoi jashtë pëllumbin, por ky nuk u kthye më tek ai.

¹³ Në vitin e gjashtëqindenjëtë të Noeut, gjatë muajit të parë, në ditën e parë të muajit, ujërat ishin tharë mbi tokë; dhe Noeu e zbuloi arkën, vështroi dhe ja që sipërfaqja e tokës ishte e thatë.

¹⁴ Dhe kështu në muajin e dytë, në ditën e njëzet e shtatë të tij, toka ishte e thatë.

¹⁵ Atëherë Perëndia i foli Noeut, duke thënë:

¹⁶ "Dil nga arka ti, gruaja jote, bijtë e tu dhe gratë e bijve të tu bashkë me ty.

¹⁷ Nxirr me vete tërë kafshët që janë bashkë me ty, të çdo mishi që të jenë: zogj, bagëti dhe tërë rrëshqanorët që zvarriten mbi tokë, me qëllim që të rriten shumë mbi tokë dhe të jenë pjellorë e të shumohen mbi tokë".

¹⁸ Kështu Noeu doli me bijtë e tij, me gruan e tij dhe me gratë e

Gjenezë

bijve të tij.

¹⁹ Të gjitha kafshët, të gjithë rrëshqanorët, të gjithë zogjtë, gjithçka lëviz mbi tokë, simbas familjeve të tyre, dolën nga arka.

²⁰ Atëherë Noeu ndërtoi një altar për Zotin, mori nga çdo lloj kafshësh dhe zogjsh të pastër dhe ofroi fli mbi altarin.

²¹ Dhe Zoti ndjeu një erë këndshme dhe ai tha në zemër të vet: "Unë nuk do ta mallkoj më tokën për shkak të njeriut, sepse synimet e zemrës së njeriut janë të këqija qysh në fëmijërinë e tij; dhe nuk do të godas më çdo gjallesë, siç kam bërë.

²² Deri sa të jetë toka, nuk do të pushojnë kurrë së ekzistuari mbjellja dhe korrja, të ftohtit dhe të nxehtit, vera dhe dimri, dita dhe nata.

Kapitull 9

¹ Pastaj Perëndia bekoi Noeun dhe bijtë e tij dhe u tha atyre: "Qofshi frytdhënës, shumëzoheni dhe mbusheni tokën.

² Dhe frika dhe tmerri juaj do të ushtrohet mbi të gjitha kafshët e tokës, mbi të gjithë zogjtë e qiellit, mbi gjithçka që lëviz mbi tokë, si edhe mbi të gjithë peshqit e detit. Ata janë lënë në pushtetin tuaj.

³ Çdo gjë që lëviz dhe ka jetë do t'ju shërbejë si ushqim; unë ju jap tërë këto gjëra; ju jap edhe barin e gjelbër;

⁴ por nuk do ta hani mishin me gjallërinë e tij, domethënë me gjakun e tij.

⁵ Unë do të kërkoj sigurisht llogari për gjakun e jetëve tuaja dhe këtë do t'ia kërkoj çdo kafshe dhe njeriu. Do t'i kërkoj llogari për jetën e njeriut dorës së çdo vëllai të njeriut.

⁶ Cilido që derdh gjakun e një njeriu, gjaku i tij do të derdhet nga një njeri, sepse Perëndia e ka krijuar njeriun simbas shëmbëlltyrës së tij.

⁷ Ju, pra, jini frytdhënës dhe shumëzohuni; rrituni me të madhe në tokë dhe shumohuni në të".

⁸ Pastaj Perëndia u foli Noeut dhe bijve të tij që ishin bashkë me të, duke thënë:

⁹ "Sa për mua, unë caktoj besëlidhjen time me ju dhe me brezin që vjen pas jush,

¹⁰ dhe me gjithë gjallesat që janë me ju: zogj, bagëti dhe tërë kafshët e tokës që janë me ju, duke filluar nga tërë ata që kanë dalë nga arka dhe deri te tërë kafshët e tokës.

¹¹ Unë e caktoj besëlidhjen time me ju: asnjë lloj mishi nuk do të shfaroset më nga ujërat e përmbytjes, dhe nuk do të ketë më përmbytje për të shkatërruar tokën".

¹² Pastaj Perëndia tha: "Kjo është shenja e besëlidhjes që unë përfundoj midis meje dhe jush, me të gjitha qeniet e gjalla që janë me ju, me të gjithë brezat e ardhshëm.

¹³ Unë e vendos ylberin tim në një re, dhe do të shërbejë si shenjë për besëlidhjen e përfunduar midis meje dhe tokës.

¹⁴ Dhe kur të sjell re mbi tokën, do të ndodhë që harku të shfaqet në retë;

¹⁵ dhe unë do të kujtohem për besëlidhjen time midis meje dhe jush si dhe me çdo gjallesë të çfarëdo lloji mishi, dhe ujërat nuk do të shndërrohen më në një përmbytje për të shkatërruar çfarëdo lloj mishi.

¹⁶ Harku, pra, do të ndodhet në retë dhe unë do ta shikoj për të kujtuar besëlidhjen e përjetshme midis Perëndisë dhe çdo gjallese të çfarëdo mishi që ndodhet mbi tokë".

¹⁷ Dhe Perëndia i tha Noeut: "Kjo është shenja e besëlidhjes që unë kam caktuar midis meje dhe çfarëdo mishi që është mbi tokë".

¹⁸ Dhe bijtë e Noeut që dolën nga arka qenë Semi, Kami dhe Jafeti; Kami është babai i Kanaanit.

¹⁹ Këta janë tre bijtë e Noeut, dhe ata populluan tërë tokën.

²⁰ Më vonë Noeu, që ishte bujk, filloi të mbjellë një vresht;

²¹ dhe piu verë e u deh, dhe u zhvesh në mes të çadrës së tij.

²² Dhe Kami, i ati i Kanaanit, pa babanë e tij lakuriq dhe vajti t'ua thotë vëllezërve të tij që ndodheshin jashtë.

²³ Por Semi dhe Jafeti muarrën një mantel, e hodhën mbi shpatullat e tyre dhe, duke ecur së prapthi, mbuluan lakuriqësinë e babait të tyre; dhe, me qënë se fytyrat e tyre ishin kthyer nga ana tjetër, ata nuk e panë lakuriqësinë e babait të tyre.

²⁴ Kur Noeu u zgjua nga dehja e tij, mësoi atë që i kishte bërë i biri më i vogël, dhe tha:

²⁵ "I mallkuar qoftë Kanaani! Ai qoftë shërbyesi i shërbëtorëve të vëllezërve të tij!".

²⁶ Pastaj tha: "I bekuar qoftë Zoti, Perëndia i Semit, dhe Kanaani të jetë shërbëtori i tij.

²⁷ Perëndia ta rritë Jafetin dhe ky të banojë në çadrat e Semit; Kanaani qoftë shërbyesi i tij!".

²⁸ Mbas përmbytjes, Noeu jetoi treqind e pesëdhjetë vjet.

²⁹ Kështu Noeu jetoi gjithsejt nëntëqind e pesëdhjetë vjet; pastaj vdiq.

Kapitull 10

¹ Këta janë pasardhësit e bijve të Noeut: Semit, Kamit dhe Jafetit; mbas përmbytjes, atyre u lindën fëmijë.

² Jafeti pati si bij: Gomerin, Magogun, Madainin, Javanin, Tubalin, Meshekun dhe Tirasin.

³ Bijtë e Gomerit qenë: Ashkenazi, Rifathi dhe Togarmahu.

⁴ Bijtë e Javanit qenë: Elishami, Tarshishi, Kitimi dhe Dodanimi.

⁵ Prej tyre rrjedhin popujt e shpërndarë në ishujt e kombeve, në vendet e tyre të ndryshme, secili simbas gjuhës së vet, simbas familjeve të tyre dhe kombeve të tyre.

⁶ Bijtë e Kamit qenë: Kushi, Mitsraimi, Puti dhe Kanaani.

⁷ Bijtë e Kushit qenë: Seba, Havilahu, Sabtahu, Raamahu dhe Sabtekahu; dhe bijtë e Raamahut qenë: Sheba dhe Dedani.

⁸ Kushit i lindi Nimrodi, që filloi të jetë një njeri i fuqishëm mbi tokë.

⁹ Ai qe një gjahtar i fuqishëm para Zotit; prandaj thuhet: "Si Nimrodi, gjahtari i fuqishëm para Zotit".

¹⁰ Dhe fillimi i mbretërimit të tij qe Babeli, Ereku, Akadi dhe Kalmehu në vendin e Shinarit.

¹¹ Nga ky vend shkoi në Asiri dhe ndërtoi Ninivën, Rehoboth-Irin dhe Kalahun;

¹² midis Ninivës dhe Kalahut ndërtoi Resenin (që është qyteti i madh).

¹³ Mitsraimit i lindën Ludimët, Ananimët, Lehabimët, Nuftuhimët,

¹⁴ Pathrusimët, Kasluhimët (prej të cilëve dolën Filistejtë) dhe Kaftorimët.

¹⁵ Kanaanit i lindi Sidoni, i parëlinduri i tij, dhe Heti,

¹⁶ dhe Gebusejtë, Amorejtë, Girgasejtë,

¹⁷ Hivejtë, Arkejtë, Sinejtë,

¹⁸ Arvadejtë, Cemarejtë dhe Hamathejtë. Pastaj familjet e Kanaanëve u shpërndanë.

¹⁹ Dhe kufijtë e Kanaanëve shkuan nga Sidoni, në drejtim të Gerarit, deri në Gaza; dhe në drejtim të Sodomës, Gomorës, Admës dhe Ceboimoit deri në Lesha.

²⁰ Këta janë bijtë e Kamit, simbas familjeve të tyre, simbas gjuhëve të tyre, në vendet e tyre, në kombet e tyre.

²¹ Edhe Semit, babai i të gjithë fëmijëve të Eberit dhe vëlla madhor i Jafetit, i lindën bij.

²² Bijtë e Semit qenë: Elami, Asuri, Arpakshadi, Ludi dhe Arami.

²³ Bijtë e Aramit qenë: Uzi, Huli, Getheri dhe Mashi.

²⁴ Nga Arpakshadi lindi Shelahu dhe nga Shelahu Eberi.

²⁵ Eberit i lindën dy bij; emri i njërit prej tyre ishte Peleg, sepse në ditët e tij toka u nda, dhe emri i vëllait ishte Joktan.

²⁶ Nga Joktani lindën Almodadi, Shelefi, Hatsarmavethi dhe Jerahu,

²⁷ Hadorami, Uzali, Diklahu,

²⁸ Obali, Abimaeli, Sheba,

²⁹ Ofiri, Havilahu dhe Jobabi. Tërë këta qenë bij të Joktanit.

³⁰ Dhe vendbanimi i tyre qe mali lindor, nga Mesha deri në Sefar.

³¹ Këta janë bijtë e Semit, simbas familjeve të tyre, simbas gjuhëve të tyre, në vendet e tyre simbas kombëve të tyre.

³² Këto janë familjet e bijve të Noeut, simbas brezave të tyre, në kombet e tyre; dhe prej tyre dolën kombet që u shpërndanë në tokë mbas përmbytjes.

Kapitull 11

¹ Por tërë toka fliste të njëjtën gjuhë dhe përdorte të njëjtat fjalë.

² Dhe ndodhi që, ndërsa po zhvendoseshin në drejtim të jugut, ata gjetën një fushë në vendin e Shinarit dhe u vendosën atje.

³ Dhe i thanë njëri tjetrit: "O burra, të bëjmë tulla dhe t'i pjekim me zjarr!". Dhe përdorën tulla në vend të gurëve dhe bitum në vend të llaçit.

⁴ Dhe thanë: "O burra, të ndërtojmë për vete një qytet dhe një kullë maja e së cilës të arrijë deri në qiell, dhe t'i bëjmë një emër vetes që të mos shpërndahemi mbi faqen e tërë dheut".

⁵ Por Zoti zbriti për të parë qytetin dhe kullën që bijtë e njerëzve ishin duke ndërtuar.

⁶ Dhe Zoti tha: "Ja, ata janë një popull i vetëm dhe kanë të gjithë të njëjtën gjuhë; dhe kjo është ajo që ata filluan të bëjnë; tani asgjë nuk ka për t'i penguar ata të përfundojnë atë që kanë ndërmend të bëjnë.

⁷ O burra, të zbresim pra atje poshtë dhe të ngatërrojmë gjuhën e tyre, në mënyrë që njëri të mos kuptojë të folurën e tjetrit".

⁸ Kështu Zoti i shpërndau mbi faqen e tërë dheut dhe ata pushuan së ndërtuari qytetin.

⁹ Prandaj këtij vendi iu dha emri i Babelit, sepse Zoti aty ngatërroi gjuhën e tërë dheut dhe i shpërndau mbi tërë faqen e dheut.

¹⁰ Këta janë pasardhësit e Semit. Në moshën njëqind vjeç Semit i

lindi Arpakshadi, pikërisht dy vjet pas përmbytjes.

¹¹ Mbas lindjes të Arpakshadit, Semi jetoi pesëqind vjet dhe i lindën bij dhe bija.

¹² Arpakshadi jetoi tridhjetë e pesë vjet dhe i lindi Shelahu.

¹³ Mbas lindjes së Shelahut, Arpakshadi jetoi katërqind e tre vjet dhe i lindën bij dhe bija.

¹⁴ Shelahu jetoi tridhjetë vjet dhe i lindi Eberi.

¹⁵ Mbas lindjes së Eberit, Shelahu jetoi katërqind e tre vjet dhe i lindën bij dhe bija.

¹⁶ Eberi jetoi tridhjetë e katër vjet dhe lindi Pelegu.

¹⁷ Mbas lindjes së Pelegut, Eberi jetoi katërqind e tridhjetë vjet dhe i lindën bij dhe bija.

¹⁸ Pelegu jetoi tridhjetë vjet dhe i lindi Reu.

¹⁹ Mbas lindjes të Reut, Pelegu jetoi dyqind e nëntë vjet dhe i lindën bij dhe bija.

²⁰ Reu jetoi tridhjetë e dy vjet dhe i lindi Serugu.

²¹ Mbas lindjes të Serugut, Reu jetoi dyqind e shtatë vjet dhe i lindën bij dhe bija.

²² Serugu jetoi tridhjetë vjet dhe i lindi Nahori;

²³ mbas lindjes së Nahorit, Serugu jetoi dyqind vjet dhe i lindën bij dhe bija.

²⁴ Nahori jetoi njëzet e nëntë vjet dhe i lindi Terahu;

²⁵ mbas lindjes së Terahut, Nahori jetoi njëqind e nëntëmbëdhjetë vjet dhe i lindën bij dhe bija.

²⁶ Terahu jetoi shtatëdhjetë vjet dhe i lindi Abrami, Nahori dhe Harani.

²⁷ Këta janë pasardhësit e Terahut. Terahu i lindi Abrami, Nahori dhe Harani; dhe Haranit i lindi Loti.

²⁸ Harani vdiq në prani të Terahut, babait të tij, në vendlindjen e tij, në Ur të Kaldeasve.

²⁹ Dhe Abrami dhe Nahori morën gra: emri i gruas së Abramit ishte Saraj dhe emri i gruas së Nahorit ishte Milkah, e bija e Haranit, i ati i Milkahut dhe i ati i Iskahut.

³⁰ Por Saraj ishte shterpë, nuk kishte fëmijë.

³¹ Pastaj Terahu mori të birin Abram dhe Lotin, të birin e Haranit, domethënë djali i të birit, dhe Sarajn nusen e tij, gruaja e djalit të tij Abram, dhe dolën bashkë nga Ur i Kaldeasve për të vajtur në vendin e Kanaanëve; por kur arritën në Haran, ata u vendosën aty.

³² Terahu jetoi dyqind e pesë vjet, pastaj Terahu vdiq në Haran.

Kapitull 12

¹ Por Zoti i tha Abramit: "Largohu nga vendi yt, nga të afërmit e tu dhe nga shtëpia e babait tënd, dhe shko në vendin që do të të tregoj.

² Unë prej teje do të bëj një komb të madh, do të të bekoj dhe do ta bëj të madh emrin tënd, dhe ti do të jesh një bekim.

³ Dhe unë do të bekoj të gjithë ata që do të të bekojnë dhe do të mallkoj ata që do të të mallkojnë, te ti do të jenë të bekuara tërë familjet e tokës".

⁴ Atëherë Abrami u nis siç i kishte thënë Zoti dhe Loti shkoi me të. Abrami ishte shtatëdhjetë e pesë vjeç kur u nis nga Harani.

⁵ Dhe Abrami mori me vete Sarajn, gruan e tij, dhe Lotin, birin e të vëllait, dhe të gjithë pasurinë që kishin grumbulluar dhe personat që kishin blerë në Haran, dhe u nisën për të vajtur në vendin e Kanaanëve. Kështu ata arritën në vendin e Kanaanit.

⁶ Abrami e kapërceu vendin deri te lokaliteti i Sikemit, deri tek lisi i Morehut. Në atë kohë ndodheshin në atë vend Kanaanejtë.

⁷ Atëherë u shfaq Zoti përpara Abramit dhe i tha: "Unë do t'ja jap këtë vend pasardhësve të tu". Atëherë Abrami ndërtoi aty një altar Zotit që i ishte shfaqur.

⁸ Së këtejmi u zhvendos drejt malit në lindje të Bethelit dhe ngriti çadrat e tij, duke pasur Bethelin në jug dhe Ainë në lindje; dhe ndërtoi aty një altar kushtuar Zotit dhe i bëri thirrje emrit të Zotit.

⁹ Pastaj Abrami filloi një udhëtim, duke vazhduar të zhvendoset në drejtim të Negevit.

¹⁰ Por në vend pati zi buke dhe Abrami zbriti në Egjipt për të banuar, sepse në vendin e tij ishte zi e madhe buke.

¹¹ Por ndodhi që kur po hynin në Egjypt ai i tha Sarajt, gruas së tij: "Ja, unë e di që ti je një grua e pashme;

¹² dhe kështu kur Egjiptasit do të të shohin, kanë për të thënë: "Kjo është gruaja e tij"; do të më vrasin mua, por do të lënë të gjallë ty.

¹³ Të lutem thuaj që je motra ime, me qëllim që mua të më trajtojnë mirë për shkakun tënd, dhe jeta ime të shpëtojë për hirin tënd".

¹⁴ Në fakt kur Abrami arriti në Egjipt, Egjiptasit panë që gruaja ishte shumë e bukur.

¹⁵ E panë edhe oficerët e Faraonit dhe e lavdëruan para Faraonit; dhe gruan e çuan në shtëpinë e Faraonit.

¹⁶ Dhe ai e trajtoi mirë Abramin për shkak të saj. Kështu Abramit i dhanë dele, buaj, gomarë, shërbyes, shërbyese, gomarica dhe deve.

¹⁷ Por Zoti e goditi Faraonin dhe shtëpinë e tij me fatkeqësira të mëdha për shkak të Sarajt, gruas së Abramit.

¹⁸ Atëherë Faraoni thirri Abramin dhe i tha: "Ç'më bëre? Pse nuk më the që ajo ishte gruaja jote? Pse më the:

¹⁹ "Është motra ime"? Kësisoj unë e mora sikur të ishte gruaja ime. Ja, pra, ku është gruaja jote; merre me vete dhe nisu!".

²⁰ Pastaj Faraoni u dha urdhër njerëzve të tij lidhur me Abramin, dhe këta e nisën atë, gruan e tij dhe gjithçka kishte.

Kapitull 13

¹ Abrami, pra, u rikthye nga Egjipti në drejtim të Negevit bashkë me gruan dhe gjithçka zotëronte. Dhe Loti ishte bashkë me të.

² Abrami ishte shumë i pasur me bagëti, argjend dhe ar.

³ Nga Negevi ai vazhdoi udhëtimin e tij deri në Bethel, në vendin ku më parë ndodhej çadra e tij, midis Bethelit dhe Ait,

⁴ në vendin e altarit që kishte ndërtuar në krye, dhe aty Abrami i bëri thirrje emrit të Zotit.

⁵ Edhe Loti, që udhëtonte bashkë me Abramin, kishte kope bagëtish dhe çadra.

⁶ Dhe vendi nuk ishte në gjendje t'i mbante, po të banonin bashkë, sepse pasuritë e tyre ishin aq të mëdha sa nuk mund të qëndronin bashkë.

⁷ Lindi kështu një mosmarrëveshje midis barinjve të bagëtisë së Abramit dhe barinjve të bagëtisë së Lotit. Në atë kohë banonin në këtë vend Kananejtë dhe Perezejtë.

⁸ Dhe kështu Abrami i tha Lotit: "Nuk duhet të ketë mosmarrëveshje midis teje dhe meje, as midis barinjve të mi dhe barinjve të tu, sepse jemi vëllezër.

⁹ A nuk është vallë tërë vendi para teje? Ndahu nga unë! Në rast se ti shkon majtas, unë kam për të vajtur djathtas; dhe në qoftë se ti shkon djathtas, unë kam për të vajtur majtas".

¹⁰ Atëherë Loti ngriti sytë dhe pa tërë fushën e Jordanit. Para se Zoti të kishte shkatërruar Sodomën dhe Gomorën, ajo ishte e tëra e ujitur deri në Coar, si kopshti i Zotit, si vendi i Egjiptit.

¹¹ Kështu Loti zgjodhi për vete tërë fushën e Jordanit dhe filloi t'izhvendosë drejt lindjes çadrat e veta: Kështu u ndanë njëri nga tjetri.

¹² Abrami banoi në vendin e Kanaanit dhe Loti në qytetet e fushës, duke arritur të ngrejë çadrat e tij deri në Sodomë.

¹³ Por njerëzit e Sodomës ishin shumë të korruptuar dhe mëkatarë ndaj Zotit.

¹⁴ Dhe Zoti i tha Abramit, mbas ndarjes së Lotit prej tij: "Ço tani sytë e tu dhe shiko nga vendi ku je drejt veriut e jugut; drejt lindjes dhe perëndimit.

¹⁵ Tërë vendin që sheh, unë do të ta jap ty dhe pasardhësve të tu, për gjithnjë.

¹⁶ Dhe do t'i bëj pasardhësit e tu si pluhurin e tokës; prandaj në se dikush mund të llogarisë pluhurin e tokës, do të mund të llogarisë edhe pasardhësit e tu.

¹⁷ Çohu në këmbë, bjeri rreth e qark vendit, sepse unë do të ta jap ty".

¹⁸ Atëherë Abrami i ngriti çadrat e tij dhe vajti të banojë në liset e Mamres, që ndodhen në Hebron; dhe aty ndërtoi një altar kushtuar Zotit.

Kapitull 14

¹ Por ndodhi në kohën e Amrafelit, mbret i Shinarit, e Ariokut, mbret i Elasarit e Kedorlaomerit, mbret i Elamit dhe i Tidealit, mbret i kombeve,

² që ata i bënë luftë Beraut, mbret i Sodomës, Birshës, mbret i Gomorës, Shinabit, mbret i Admahut, Shemeberit, mbret i Ceboimit dhe mbretit të Belës (që është Coari).

³ Tërë këta të fundit u grumbulluan në luginën e Sidimit (që është Deti i Kripur).

⁴ Për dymbëdhjetë vjet ata qenë të nënshtruar nga Kedorlaomeri, por vitin e trembëdhjetë ngritën krye.

⁵ Vitin e katërmbëdhjetë Kedorlaomeri dhe mbretërit që ishin me të erdhën bashkë me të dhe i shpërndanë gjigantët në Ashterot-Karnaim, Zuzimët në Ham, Emimët në Shaveh-Kiriataim

⁶ dhe Horejtë në malet e tyre të Seirit deri në El-Paran, që ndodhet pranë shkretëtirës.

⁷ Pastaj u kthyen pas dhe erdhën në En-Mishpat (që është Kadeshi), plaçkitën tërë territorin e Amalekitëve si dhe të Amorejve që banonin në Hatsacon-Tamar.

⁸ Atëherë mbreti i Sodomës, mbreti i Gomorës, mbreti i Admahut, mbreti i Ceboimit dhe mbreti i Belës (që është Coari) dolën dhe u rreshtuan në luftë kundër tyre, në luginën e Sidimit;

⁹ kundër Kedorlaomerit mbret i Elamit, Tidealit mbret i kombeve,

Gjenezë

Amrafelit mbret i Shinarit dhe Ariokut mbret i Elasarit; katër mbretër kundër pesë.

¹⁰ Por lugina e Sidimit ishte plot me puse bitumi; dhe mbretërit e Sodomës dhe të Gomorës ua mbathën këmbëve dhe ranë brënda tyre; dhe ata që shpëtuan, shkuan në mal.

¹¹ Dhe kështu fituesit shtinë në dorë tërë pasuritë e Sodomës dhe të Gomorës dhe tërë ushqimet e tyre, dhe ikën.

¹² Morën me vete edhe Lotin, djali i vëllait të Abramit, bashkë me pasurinë e tij, dhe ikën. Loti banonte në Sodomë.

¹³ Por njëri nga të ikurit erdhi dhe ia tha Abram Hebreut, që banonte në lisat e Mamres, Amoreosit, vëlla i Eshkollit dhe vëlla i Anerit, që kishin lidhur aleancë me Abramin.

¹⁴ Kur Abrami mësoi se vëllai i tij ishte zënë rob, ai armatosi njerëzit e stërvitur, shërbyes të lindur në shtëpinë e tij, gjithsej treqind e tetëmbëdhjetë veta dhe i ndoqi mbretërit deri në Dan.

¹⁵ Ai i ndau forcat e tij kundër tyre natën, dhe me shërbyesit e tij i sulmoi dhe i ndoqi deri në Hobah, që ndodhet në të majtë të Damaskut.

¹⁶ Kështu ai rimori tërë pasurinë dhe solli me vete edhe Lotin, të vëllanë, dhe tërë pasurinë e tij, si edhe gratë dhe popullin.

¹⁷ Mbas kthimit të tij nga disfata e Kedorlaomerit dhe të mbretërve që ishin me të, mbreti i Sodomës vajti ta presë në luginën e Shavehut (që është Lugina e mbretit).

¹⁸ Atëherë Melkisedeku, mbret i Salemit, i shpuri bukë dhe verë. Ai ishte prift i Shumë të Lartit Perëndi.

¹⁹ Dhe bekoi Abramin, duke thënë: "Qoftë i bekuar Abrami nga Shumë i Larti Perëndi, sundimtar i qiejve dhe i tokës!

²⁰ Qoftë i bekuar Shumë i Larti Perëndi, që të ka dhënë në dorë armiqtë e tu!". Dhe Abrami i dha një të dhjetën e çdo gjëje.

²¹ Pastaj mbreti i Sodomës i tha Abramit: "Nëm personat dhe merr për vete pasuritë".

²² Por Abrami iu përgjegj mbretit të Sodomës: "Unë kam ngritur dorën time drejt Zotit, Perëndisë Shumë të Lartë, zotërues i qiejve dhe i tokës,

²³ që nuk do të merrja asgjë nga ajo që të përket, as edhe një fije apo një lidhëse këpucësh, me qëllim që ti të mos thuash: "Unë e pasurova Abramin".

²⁴ Nuk do të marr asgjë me vete, me përjashtim të atyreve që kanë ngrënë të rinjtë e të pjesës që u përket njerëzve që kanë ardhur me mua: Aneri, Eshkol dhe Mamreu; lëri që këta të marrin pjesën që u takon".

Kapitull 15

¹ Mbas këtyre gjërave, fjala e Zotit iu drejtua Abramit në vegim duke i thënë: "Mos ki frikë, Abram, unë jam mburoja jote, dhe shpërblimi yt do të jetë shumë i madh".

² Po Abrami i tha: "Zot, Perëndi, çfarë do të më japësh, sepse unë jam pa fëmijë dhe trashëgimtari i shtëpisë sime është Eliezeri i Damaskut?".

³ Pastaj Abrami shtoi këto fjalë: "Ti nuk më ke dhënë asnjë pasardhës; dhe ja, një i lindur në shtëpinë time do të jetë trashëgimtari im".

⁴ Atëherë fjala e Zotit iu drejtua duke i thënë: "Ai nuk do të jetë trashëgimtari yt, por ai që ka për të dalë nga të përbrendshmet e tua do të jetë trashëgimtari yt".

⁵ Pastaj e çoi jashtë dhe i tha: "Vështro me kujdes qiellin dhe numëro yjet, në rast se mund t'i numërosh", pastaj shtoi: "Kështu kanë për të qenë pasardhësit e tu".

⁶ Dhe ai i besoi Zotit, që ia vuri në llogari të drejtësisë.

⁷ Pastaj Zoti i tha: "Unë jam Zoti që të nxori nga Uri i Kaldeasve, për të ta lënë si trashëgimi këtë vend".

⁸ Dhe Abrami pyeti: "Zot, Perëndi, nga mund ta dij unë që do ta kem si trashëgim?".

⁹ Atëherë Zoti i tha: "Sillmë një mëshqerrë trevjeçare, një dhi trevjeçare, një dash trevjeçar, një turtull dhe një pëllumb të ri".

¹⁰ Atëherë Abrami i shpuri tërë këto kafshë, i ndau më dysh dhe vendosi secilën gjysmë përballë tjetrës; por zogjtë nuk i ndau.

¹¹ Dhe disa zogj grabitqarë zbritën mbi kafshët e vrara, por Abrami i përzuri.

¹² Me perëndimin e diellit, një gjumë i rëndë e zuri Abramin; dhe ja, një llahtari dhe një errësirë e thellë e kapluan atë.

¹³ Atëherë Zoti i tha Abramit: "Dije me siguri që pasardhësit e tu do të qëndrojnë si të huaj në një vend që nuk do të jetë i tyre, dhe do të jenë skllevër dhe njerëz të shtypur për katërqind vjet.

¹⁴ Por unë do të gjykoj kombin shërbyesit e të cilit do të kenë qënë; pas kësaj, ata do të dalin me pasuri të mëdha.

¹⁵ Sa për ty, do të shkosh në paqe pranë prindërve të tu dhe do të varrosesh pasi të kesh arritur një pleqëri të bukur.

¹⁶ Por në brezin e katërt ata do të kthehen këtu, sepse padrejtësia e Amorejve s'ka arritur ende kulmin".

¹⁷ Por me të perënduar dielli dhe me të zbritur errësira, na del para syve një furrë që nxjerr tym dhe një pishtar i zjarrtë që kalon përmes kafshëve të ndarë.

¹⁸ Po atë ditë Zoti bëri një besëlidhje me Abramin duke i thënë: "Unë u jap pasardhësve të tu këtë vend, nga përroi i Egjiptit deri në lumin e madh, lumin e Eufratit:

¹⁹ Kenejtë, Kenizejtë, Kadmonejtë,

²⁰ Hitejtë, Perezejtë, Refejtë,

²¹ Amorejtë, Kanaanejtë, Girgazejtë dhe Jebuzejtë".

Kapitull 16

¹ Por Saraj, gruaja e Abramit, nuk i kishte dhënë asnjë fëmijë. Ajo kishte një shërbyese egjiptase që quhej Agar.

² Kështu Saraj i tha Abramit: "Ja, Zoti më ka ndaluar të kem fëmijë; oh, futu te shërbysja ime, ndofta mund të kem fëmijë prej saj". Dhe Abrami dëgjoi zërin e Sarajt.

³ Kështu pra Saraj, gruaja e Abramit, mbasi ky i fundit kishte banuar dhjetë vjet në vendin e Kanaanëve, mori shërbyesen e saj Agarin, egjiptasen, dhe ia dha për grua burrit të saj Abramit.

⁴ Dhe ai u fut tek Agari, që mbeti me barrë; por kur u bind se kishte mbetur me barrë, ajo e shikoi me përbuzje zonjën e saj.

⁵ Atëherë Saraj i tha Abramit: "Përgjegjësia për fyerjen që m'u bë le të bjerë mbi ty. Kam qënë unë që të hodha në krahët e shërbyeses sime; por që kur e mori vesh që është me barrë, ajo më shikon me përbuzje. Zoti le të jetë gjykatës midis meje dhe teje".

⁶ Abrami iu përgjegj Sarajt: "Ja, shërbyesja jote është në dorën tënde; bëj me të ç'të duash". Atëherë Saraj e trajtoi në mënyrë të ashpër dhe ajo iku nga prania e saj.

⁷ Por Engjëlli i Zotit e gjeti pranë një burimi uji në shkretëtirë, pranë burimit në rrugën e Shurit,

⁸ dhe i tha: "Agar, shërbyesja e Sarajt, nga vjen dhe ku po shkon?". Ajo u përgjigj: "Po iki nga prania e zonjës sime Saraj".

⁹ Atëherë Engjëlli i Zotit i tha: "Kthehu tek zonja jote dhe nënshtroju autoritetit të saj".

¹⁰ Pastaj Engjëlli i Zotit shtoi: "Unë do t'i shumëzoj fort pasardhësit e tu aq sa të mos mund të llogariten për shkak të numrit të tyre të madh".

¹¹ Engjëlli i Zotit i tha akoma: "Ja, ti je me barrë dhe do të lindësh një djalë dhe do ta quash Ismael, sepse Zoti mori parasysh hidhërimin tënd;

¹² ai do të jetë ndërmjet njerëzve si një gomar i egër; dora e tij do të jetë kundër të gjithëve dhe dora e të gjithëve kundër tij; dhe do të banojë në prani të gjithë vëllezërve të tij".

¹³ Atëherë Agari thirri emrin e Zotit që i kishte folur: "Ti je El-Roi", sepse tha: "A e pashë me të vërtetë atë që më shikon?".

¹⁴ Prandaj ai pus u quajt "Pusi i Lahai-Roit". Ja, ai ndodhet midis Kadeshit dhe Beredit.

¹⁵ Kështu Agari i lindi një djalë Abramit; dhe Abrami i vuri djalit që Agari kishte lindur emrin Ismael.

¹⁶ Abrami ishte tetëdhjetë e gjashtë vjeç, kur Agari lindi Ismaelin për Abramin.

Kapitull 17

¹ Kur Abrami u bë nëntëdhjetë e nëntë vjeç, Zoti i doli përpara dhe i tha: "Unë jam Perëndia i plotfuqishëm; ec në praninë time dhe qëndro i ndershëm;

² dhe unë do të caktoj besëlidhjen time midis meje dhe teje dhe do të të shumoj fort".

³ Atëherë Abrami përuli fytyrën në tokë dhe Perëndia i foli, duke i thënë:

⁴ "Sa për mua, ja unë po bëj një besëlidhje me ty; ti do të bëhesh babai i një shumice kombesh.

⁵ Dhe nuk do të quhesh më Abram, por emri yt do të jetë Abraham, sepse unë të bëj babanë e një shumice kombesh.

⁶ Do të të bëj shumë frytdhënës. Pastaj do të bëj prej teje kombe dhe prej teje kanë për të dalë mbretër.

⁷ Dhe do të caktoj besëlidhjen time midis meje dhe teje, si dhe me pasardhësit e tu, nga një brez në një brez tjetër; kjo do të jetë një besëlidhje e përjetshme, me të cilën unë do të marr përsipër

⁸ Dhe ty dhe pasardhësve të tu pas teje, do t'u jap vendin ku ti banon si një i huaj: tërë vendin e Kanaanëve, në pronësi për gjithnjë; dhe do jem Perëndia i tyre".

⁹ Pastaj Perëndia i tha Abrahamit: "Nga ana jote, ti do ta respektosh besëlidhjen time, ti dhe pasardhësit e tu, nga një brez në tjetrin.

¹⁰ Kjo është besëlidhja ime që ju do të respektoni midis meje edhe jush, si dhe pasardhësve të tu pas teje: çdo mashkull që ndodhet midis jush do të rrethpritet.

¹¹ Dhe do të rrethpriteni në mishin e prepucit tuaj; dhe kjo do të jetë një shenjë e besëlidhjes midis meje dhe jush.

¹² Në moshën tetë ditësh, çdo mashkull i juaj do të rrethpritet, dhe kjo nga një brez në tjetrin, qoftë ai i lindur në shtëpi, qoftë ai i blerë me para nga çdo i huaj që nuk është një pasardhës i yt.

¹³ Do të rrethpritet si ai që ka lindur në shtëpinë tënde, ashtu edhe ai që është blerë me para; besëlidhja ime në mishin tuaj do të jetë një besëlidhje e përjetshme.

¹⁴ Dhe mashkulli i parrethprerë, që nuk është rrethprerë në mishin e prepucit të tij, do të hidhet jashtë popullit të tij, sepse ka shkelur besëlidhjen time".

¹⁵ Pastaj Perëndia i tha Abrahamit: "Përsa i përket Sarajt, gruas sate, mos e quaj më Saraj, por emri i saj do të jetë Sara.

¹⁶ Dhe unë do ta bekoj dhe do të bëj që ajo të të japë edhe një bir; po, unë do ta bekoj dhe prej saj do të lindin kombe; mbretër popujsh do të dalin prej saj".

¹⁷ Atëherë Abrahami u shtri me fytyrën ndaj tokës dhe qeshi; dhe tha në zemër të tij: "A do të lindë vallë një fëmijë nga një njeri njëqindvjeçar? Dhe do të lindë Sara që është nëntëdhjetë vjeç?"

¹⁸ Pastaj Abrahami i tha Perëndisë: "Vaj medet, që Ismaeli të mund të jetojë para teje!".

¹⁹ Por Perëndia u përgjegj: "Jo, por Sara gruaja jote do të lindë një bir, dhe ti do ta quash Isak; dhe unë do të caktoj besëlidhjen time me të, një besëlidhje të përjetshme me pasardhësit e tij.

²⁰ Sa për Ismaelin, unë ta kam plotësuar dëshirën. Ja unë do ta bekoj, do ta bëj të frytshëm dhe do ta shumoj fort. Ai do të bëhet babai i dymbëdhjetë princërve, dhe unë do ta bëj prej tij një komb të madh.

²¹ Por besëlidhjen time do të përfundoj me Isakun që Sara do të lindë në këtë kohë, vitin e ardhshëm".

²² Kur mbaroi së foluri me të, Perëndia e la Abrahamin duke u ngritur lart.

²³ Atëherë Abrahami mori Ismaelin, djalin e tij, të gjithë ata që kishin lindur në shtëpinë e tij dhe tërë ata që kishte blerë me paratë e veta, tërë meshkujt e shtëpisë së Abrahamit dhe, po atë ditë,

²⁴ Por Abrahami ishte nëntëdhjetë e nëntë vjeç kur u rrethpre në mishin e prepucit të tij.

²⁵ Dhe Ismaeli, biri i tij, ishte trembëdhjetë vjeç kur u rrethpre në mishin e prepucit të tij.

²⁶ Po atë ditë u rrethprenë Abrahami dhe Ismaeli, biri i tij.

²⁷ Dhe tërë njerëzit e shtëpisë së tij, qoftë ata të lindur në shtëpi, qoftë ata të blerë me para nga të huajt, u rrethprenë bashkë me të.

Kapitull 18

¹ Zoti iu shfaq Abrahamit në lisat e Mamreut, ndërsa ai ishte ulur në hyrje të çadrës në zheg të ditës.

² Abrahami ngriti sytë dhe tre burra rrinin më këmbë pranë tij. Sa i pa, vrapoi në drejtim të tyre nga hyrja e çadrës, u përkul deri në tokë e pastaj tha:

³ "Zoti im, në rast se kam gjetur hir para teje, të lutem mos kalo pa u ndalur para shërbëtorit tënd!

⁴ Oh, lini që të sjellin pak ujë që të mund të lani këmbët tuaja, dhe çlodhuni nën këtë pemë.

⁵ Unë do të shkoj të marr një copë bukë, kështu do të mund të merrni zemër, pastaj të vazhdoni rrugën, sepse për këtë keni kaluar nga shërbyesi juaj". Ata i thanë: "Bëj siç ke thënë".

⁶ Atëherë Abrahami shkoi me ngut në çadër, te Sara, dhe i tha: "Merr shpejt tri masa majë mielli, gatuaj brumin dhe bëj me to kuleç".

⁷ Pastaj Abrahami shkoi në kopenë e bagëtive, zgjodhi një viç të njomë dhe të mirë, ia dha një shërbyesi dhe nxitoi ta përgatisë.

⁸ Mori pastaj gjizë, qumësht dhe viçin që kishte përgatitur dhe i vuri para tyre; ndërsa ata hanin, ai qëndroi më këmbë pranë tyre poshtë pemës.

⁹ Pastaj ata i thanë atij: "Ku është Sara, gruaja jote?". Abrahami u përgjegj: "Është atje në çadër".

¹⁰ Dhe ai tha: "Do të kthehem me siguri vitin e ardhshëm te ti në po këtë kohë; dhe ja Sara, gruaja jote, do të ketë një djalë". Dhe Sara dëgjonte në hyrje të çadrës, që ishte prapa tij.

¹¹ Por Abrahami dhe Sara ishin pleq, në moshë të kaluar, dhe Sara nuk kishte më të përmuajshmet e grave.

¹² Prandaj Sara qeshi me veten e saj, duke thënë: "Plakë si jam, a do të kem unë gëzime të tilla, me qënë se edhe zoti im është plak?".

¹³ Dhe Zoti i tha Abrahamit: "Pse qeshi vallë Sara duke thënë: "A do të lind unë përnjëmend, plakë siç jam?".

¹⁴ A ka vallë diçka që është shumë e vështirë për Zotin? Në kohën e caktuar, brenda një viti, do të kthehem te ti, dhe Sara do të ketë një bir".

¹⁵ Atëherë Sara mohoi, duke thënë: "Nuk qesha", sepse pati frikë. Por ai i tha: "Përkundrazi, ke qeshur!".

¹⁶ Pastaj ata njerëz u ngritën së andejmi dhe kthyen shikimin e tyre në drejtim të Sodomës; dhe Abrahami ecte bashkë me ta për tu ndarë prej tyre.

¹⁷ Dhe Zoti tha: "A do t'ia fsheh unë Abrahamit atë që kam për të bërë,

¹⁸ mbasi Abrahami duhet të bëhet një komb i madh dhe i fuqishëm dhe tek ai do të bekohen tërë kombet e tokës?.

¹⁹ Unë në fakt e kam zgjedhur, me qëllim që të urdhërojë bijtë e tij dhe shtëpinë e tij të ndjekin pas tij rrugën e Zotit, duke zbatuar drejtësinë dhe barazinë, në mënyrë që Zoti të mund të plotësojë premtimet që i ka dhënë Abrahamit".

²⁰ Dhe Zoti tha: "Me qenë se britma që ngrihet nga Sodoma dhe Gomora është e madhe dhe me qenë se mëkati i tyre është shumë i rëndë,

²¹ unë do të zbres për të parë nëse kanë bërë me të vërtetë simbas britmës që ka arritur tek unë, në rast të kundërt, do ta mësoj".

²² Pastaj këta njerëz u larguan së andejmi dhe shkuan në drejtim të Sodomës, por Abrahami mbeti ende para Zotit.

²³ Atëherë Abrahami iu afrua dhe i tha: "Do të zhdukësh të drejtin së bashku me të paudhin?

²⁴ Le ta zëmë se ka pesëdhjetë të drejtë në qytet, ti do ta shkatërroje vendin dhe nuk do t'i falje për hir të pesëdhjetë njerëzve të drejtë që banojnë në mes të saj?

²⁵ Mos e bëj këtë gjë, të shkaktosh vdekjen e të drejtit bashkë me atë të të paudhit, kështu që i drejti të trajtohet si i paudhi. Larg teje një mendim i tillë! Gjykatësi i tërë tokës a nuk ka për të bërë drejtësi?".

²⁶ Zoti tha: "Në rast se gjej në qytetin e Sodomës pesëdhjetë njerëz të drejtë, unë do ta fal tërë vendin për hir të tyre".

²⁷ Atëherë Abrahami rifilloi dhe tha: "Ja, marr guximin t'i flas Zotit, megjithëse unë nuk jam veçse pluhur dhe hi.

²⁸ Ta zëmë se atyre pesëdhjetë të drejtëve u mungojnë pesë, a do ta shkatërroje tërë qytetin për pesë veta më pak?". Zoti u përgjigj: "Po të gjej dyzet e pesë, nuk do ta shkatërroj".

²⁹ Abrahami vazhdoi t'i flasë dhe tha: "Ta zëmë se në qytet ndodhen dyzet?". Zoti u përgjigj: "Nuk do ta bëj për hir të dyzetëve".

³⁰ Atëherë Abrahami i tha: "Oh, të mos zemërohet Zoti, dhe unë do të flas. Po sikur në qytet të ketë tridhjetë prej tyre?". Zoti u përgjigj: "Nuk do ta bëj, po të gjej tridhjetë".

³¹ Dhe Abrahami i tha: "Ja, marr guximin t'i flas Zotit. Ta zëmë se në qytet gjenden njëzet?". Zoti iu përgjigj: "Nuk do ta shkatërroj për hir të të njëzetëve".

³² Atëherë Abrahami i tha: "Oh, të mos zemërohet Zoti dhe unë do të flas edhe vetëm këtë herë. Sikur në qytet të ketë dhjetë prej tyre?". Zoti u përgjigj: "Nuk do ta shkatërroj për hir të të dhjetëve".

³³ Sa mbaroi së foluri me Abrahamin, Zoti u largua. Dhe Abrahami u kthye në banesën e tij.

Kapitull 19

¹ Por të dy engjëjt arritën në mbrëmje në Sodomë, ndërsa Loti ishte ulur te porta e Sodomës; sa i pa, ai u ngrit më këmbë për t'u dalë përpara dhe u shtri me fytyrën në tokë,

² dhe tha: "Zotërinjtë e mi, ju lutem, hyni në shtëpinë e shërbëtorit tuaj, kaloni aty natën dhe lani këmbët; pastaj nesër në mëngjes mund të çoheni shpejt dhe të vazhdoni udhën tuaj". Ata u përgjigjën: "Jo; do ta kalojmë natën në sheshin".

³ Por ai nguli këmbë aq shumë sa që ata erdhën tek ai dhe hynë në shtëpinë e tij. Ai u përgatiti një banket dhe poqi bukë pa tharm, dhe ata hëngrën.

⁴ Por para se të shkonin në shtrat, njerëzit e qytetit, njerëzit e Sodomës, rrethuan shtëpinë; ishin të rinj e pleq, tërë popullsia e mbledhur nga çdo anë;

⁵ thirrën Lotin dhe i thanë: "Ku janë njerëzit që erdhën te ti sonte? Na i nxirr jashtë që të mund t'i njohim!".

⁶ Loti doli drejt atyre para portës së shtëpisë, e mbylli portën pas tij dhe tha:

⁷ "Oh, vëllezër të mi, mos u sillni kaq keq!

⁸ Dëgjoni, unë kam dy vajza që nuk kanë njohur burrë; prandaj më lini që t'i nxjerr jashtë dhe bëni ç'të doni me to; por mos u bëni asgjë këtyre burrave, sepse janë nën mbrojtjen e shtëpisë sime".

⁹ Por ata i thanë: "Shko tutje!". Pastaj vazhduan: "Ky erdhi këtu si i huaj, dhe dëshiron të bëhet gjykatës! Tani do të sillemi më keq me ty se sa me ata!". Dhe duke e shtyrë Lotin me dhunë, u afruan për të shpërthyer derën.

¹⁰ Por ata njerëz zgjatën duart e tyre dhe e tërhoqën Lotin brenda shtëpisë bashkë me ta, dhe mbyllën derën.

¹¹ Goditën verbërisht njerëzit që ishin te dera e shtëpisë, nga më i vogli deri te më i madhi, kështu që u lodhën në orvatjen për të gjetur derën.

¹² Atëherë ata njerëz i thanë Lotit: "Kë ke tjetër këtu? Nxirr nga ky vend dhëndurët e tu, bijtë dhe bijat e tua, dhe cilindo që ke në qytet,

¹³ sepse ne po bëhemi gati ta shkatërrojmë këtë vend, sepse britma e banorëve të tij është e madhe përpara Zotit dhe Zoti na dërgoi për ta shkatërruar".

¹⁴ Atëherë Loti doli e u foli dhëndurëve të tij që ishin martuar me bijat e tij, dhe tha: "Çohuni, largohuni nga ky vend, sepse Zoti do ta shkatërrojë qytetin". Por dhëndurët e tij patën përshtypjen se ai po bënte shaka.

¹⁵ Sa doli agimi, engjëjt e nxitën Lotin duke thënë: "Çohu, merr gruan dhe bijat e tua që gjenden këtu, që ti të mos vdesësh në dënimin e këtij qyteti".

¹⁶ Duke qenë se ai po ngurronte, ata njerëz e morën për dore atë, të shoqen dhe dy bijat e tij, sepse Zotit i kishte ardhur mëshirë për të, e nxorrën jashtë dhe e shpëtuan jetën duke e çuar jashtë qytetit.

¹⁷ Ndërsa po i çonin jashtë, njëri prej tyre tha: "Ik shpejt për të shpëtuar jetën tënde! Mos shiko prapa e mos u ndal në asnjë vend të fushës; shpëto në mal që të mos vdesësh!".

¹⁸ Por Loti iu përgjegj atyre: "Jo, zoti im!

¹⁹ Ja, shërbëtori yt gjeti hir para syve të tu dhe ti u tregove shpirtmadh ndaj meje, duke më shpëtuar jetën, por unë nuk do të mund të arrij malin para se të më zërë fatkeqësia dhe unë të vdes.

²⁰ Ja, ky qytet është mjaft i afërt për ta arritur dhe është i vogël. Më lër, pra, të iki shpejt aty (a nuk është i vogël?) dhe kështu do të shpëtoj jetën".

²¹ Engjëlli i tha: "Unë po ta plotësoj edhe këtë kërkesë: të mos shkatërroj qytetin për të cilin fole.

²² Shpejto, ik atje, sepse unë nuk mund të bëj asgjë para se ti të arrish atje". Për këtë arsye ky qytet u quajt Coar.

²³ Dielli po ngrihej mbi tokë kur Loti arriti në Coar.

²⁴ Atëherë Zoti bëri që nga qielli të binte squfur dhe zjarr mbi Sodomën dhe Gomorën, nga ana e Zotit.

²⁵ Kështu ai shkatërroi ato qytete, tërë fushën, tërë banorët e qytetit e gjithçka mbinte mbi tokën.

²⁶ Por gruaja e Lotit solli kryet për të shikuar prapa dhe u bë një statujë prej kripe.

²⁷ Abrahami u ngrit herët në mëngjes dhe shkoi në vendin ku kishte qëndruar para Zotit;

²⁸ pastaj drejtoi shikimin nga Sodoma dhe Gomora si dhe nga tërë krahina e fushës, dhe kështu pa një tym që ngrihej nga toka, si tymi i një furre.

²⁹ Kështu ndodhi që kur Perëndia shkatërroi qytetin e fushës, Perëndisë iu kujtua Abrahami dhe e largoi Lotin nga gjëma kur shkatërroi qytetet ku Loti kishte banuar.

³⁰ Pastaj Loti doli nga Coari dhe shkoi të banojë në mal bashkë me dy bijat e tij, sepse kishte frikë të qëndronte në Coar; dhe u vendos në një shpellë bashkë me dy bijat e tij.

³¹ Më e madhja i tha më të voglës: "Babai ynë është plak, dhe nuk ka asnjë burrë në vend që mund të bashkohet me ne, ashtu siç ndodh mbi gjithë tokën.

³² Eja, t'i japim verë babait tonë e të shtrihemi bashkë me të; kështu do të mund t'i sigurojmë pasardhës babait tonë".

³³ Kështu po atë natë i dhanë verë babait të tyre dhe e madhja u shtri bashkë me të atin, por ai nuk u kujtua as kur ajo u shtri me të, as kur u ngrit.

³⁴ Të nesërmen vajza më e madhe i tha më të voglës: "Ja, natën e kaluar unë rashë në shtrat bashkë me babanë tim; le të bëjmë që ai të pijë verë edhe sonte; pastaj ti futu dhe shtrihu me të, që të mund t'i sigurojmë pasardhës babait tonë".

³⁵ Edhe atë natë i dhanë verë babait të tyre dhe më e vogla shkoi të shtrihet bashkë me të, dhe ai nuk u kujtua as kur u shtri, as kur u ngrit.

³⁶ Kështu dy bijat e Lotit u ngjizën nga babai i tyre.

³⁷ Më e madhja lindi një djalë, të cilit ia vuri emrin Moab. Ky është babai i Moabitëve, që ekzistojnë deri në ditët tona.

³⁸ Edhe më e vogla lindi një djalë, të cilit ia vuri emrin Ben-Ami. Ky është babai i Amonitëve, që ekzistojnë deri në ditët tona.

Kapitull 20

¹ Abrahami u zhvendos së këtejmi duke vajtur në Negev, dhe banoi në Kadesh dhe në Shur mandej u vendos në Gerar.

² Tani Abrahami thoshte për Sarën, gruan e tij: "Është motra ime". Kështu Abimeleku, mbreti i Gerarit, dërgoi njerëz për të marrë Sarën.

³ Por Perëndia iu shfaq Abimelekut në një ëndërr nate dhe i tha: "Ja, ti je duke vdekur, për shkak të gruas që ke marrë, sepse ajo është e martuar".

⁴ Por Abimeleku nuk i ishte afruar asaj dhe tha: "Zot, a do ta shkatërroje një komb, edhe sikur ai të ishte i drejtë?

⁵ Ai nuk më ka thënë: "Është motra ime", dhe ajo vetë ka thënë: "Është vëllai im"? E bëra këtë gjë me ndershmërinë e zemrës sime dhe me duar të pafajshme".

⁶ Dhe Perëndia i tha në ëndërr: "Po, unë e di që e ke bërë këtë gjë me ndershmërinë e zemrës sate, ndaj të ndalova të kryesh një mëkat kundër meje; ndaj nuk të lejova ta prekësh.

⁷ Tani ktheja gruan këtij njeriu, sepse ai është një profet; dhe do të lutet për ty dhe ti ke për të jetuar. Por, në rast se nuk ia kthen, dije që me siguri ke për të vdekur, ti dhe tërë njerëzit e tu".

⁸ Kështu Abimeleku u zgjua herët në mëngjes, thirri gjithë shërbëtorët e tij dhe u tregoi tërë këto gjëra. Dhe ata njerëzi i zuri një frikë e madhe.

⁹ Pastaj Abimeleku thirri Abrahamin dhe i tha: "Ç'na bëre? Dhe çfarë kam bërë unë kundër teje që më solle një mëkat kaq të madh si mua ashtu edhe mbretërisë sime? Ti më bëre gjëra që nuk duheshin bërë".

¹⁰ Pastaj Abimeleku i tha Abrahamit: "Çfarë mendoje të bëje duke vepruar në këtë mënyrë?".

¹¹ Abrahami u përgjegj: "E bëra sepse thoja me veten time: "Sigurisht, në këtë vend nuk kanë frikë nga Perëndia; dhe do të më vrasin për shkak të gruas sime".

¹² Përveç kësaj ajo është në të vërtetë motra ime, bijë e babait tim, por jo bijë e nënës sime; dhe pastaj u bë gruaja ime.

¹³ Dhe kur Perëndia më çoi të bredh larg shtëpisë së babait tim, unë i thashë: "Ky është favori që do të më bësh; kudo që të shkojmë, do të thuash për mua: Është vëllai im"".

¹⁴ Atëherë Abimeleku mori dhentë, qetë, shërbyesit dhe shërbëtoret, dhe ia dha Abrahamit; dhe i kthehu gruan e tij Sara.

¹⁵ Pastaj Abimeleku tha: "Ja, vendi im të qëndron përpara; qëndro aty ku të pëlqen".

¹⁶ Dhe Sarës i tha: "Ja, unë i dhashë vëllait tënd njëmijë copë argjendi; kjo do të shërbejë për të mbuluar fyerjen që të është bërë para të gjithë atyre që janë me ty; kështu je e përligjur para të gjithëve".

¹⁷ Atëherë Abrahami iu lut Perëndisë dhe Perëndia shëroi Abimelekun, gruan e tij dhe shërbyeset e saj, dhe ato mundën të pjellin.

¹⁸ Sepse Zoti e kishte shterpëzuar plotësisht tërë shtëpinë e Abimelekut, për shkak të Sarës, gruas së Abrahamit.

Kapitull 21

¹ Zoti vizitoi Sarën, siç i kishte thënë; dhe Zoti i bëri Sarës ato që i kishte premtuar.

² Dhe Sara u ngjiz dhe lindi një djalë me Abrahamin në pleqërinë e tij, në kohën e caktuar që Perëndia i kishte thënë.

³ Dhe Abrahami ia vuri emrin Isak birit që i kishte lindur dhe që Sara kishte pjellë.

⁴ Pastaj Abrahami e rrethpreu birin e tij Isak kur ishte tetë ditësh, ashtu siç e kishte urdhëruar Perëndia.

⁵ Por Abrahami ishte njëqind vjeç, kur i lindi biri i tij Isaku.

⁶ Dhe Sara tha: "Perëndia më ka dhënë çka duhet për të qeshur, kushdo që do ta dëgjojë ka për të qeshur bashkë me mua".

⁷ Dhe tha gjithashtu: "Kush mund t'i thoshte Abrahamit që Sara do të mëndte fëmijë? Sepse unë i linda një djalë në pleqërinë e tij".

⁸ Kështu, pra, fëmija u rrit dhe u zvordh; dhe ditën që Isaku u zvordh Abrahami shtroi një gosti të madhe.

⁹ Tani Sara pa që djali që i kishte lindur Abrahamit nga Agari, egjiptasja, qeshte.

¹⁰ Atëherë ajo i tha Abrahamit: "Përzëre këtë shërbyese dhe birin e saj, sepse i biri i kësaj shërbyese nuk duhet të jetë trashëgimtar me birin tim, me Isakun".

¹¹ Kjo gjë s'i pëlqeu aspak Abrahamit, për shkak të djalit të tij.

¹² Por Perëndia i tha Abrahamit: "Mos u hidhëro për shkak të djalit dhe të shërbyeses sate; dëgjo tërë ato që të thotë Sara, sepse nga Isaku do të dalin pasardhës që do të mbajnë emrin tënd.

¹³ Edhe nga djali i kësaj shërbyeses unë do të bëj një komb, sepse është një pasardhës i yt".

¹⁴ Abrahami u ngrit herët në mëngjes, mori bukë dhe një calik ujë dhe ia dha Agarit; vuri gjithçka mbi shpatullat e saj dhe e nisi bashkë

me fëmijën. Kështu ajo u nis dhe filloi të bredhë nëpër shkretëtirën e Beer-Shebas.

¹⁵ Kur uji i calikut mbaroi, ajo e vuri fëmijën poshtë një kaçubeje.

¹⁶ Dhe shkoi e u ul përballë tij, në një largësi sa një goditje me hark, sepse thoshte: "Nuk dua ta shoh fëmijën të vdesë!" Kështu ajo u ul përballë tij, ngriti zërin dhe qau.

¹⁷ Dhe Perëndia dëgjoi zërin e djaloshit dhe engjëlli i Perëndisë thirri Agarin nga qielli dhe i tha: "Çfarë ke, Agar? Mos ki frikë, se Perëndia ka dëgjuar zërin e djaloshit aty ku ndodhet.

¹⁸ Çohu, çoje djaloshin dhe mbaje fort me dorën tënde, sepse unë do të bëj prej tij një komb të madh".

¹⁹ Atëherë Perëndia ia hapi sytë dhe ajo pa një pus uji: kështu vajti të mbushë calikun me ujë dhe i dha të pijë djaloshit.

²⁰ Dhe Perëndia qe me djaloshin; ai u rrit, banoi në shkretëtirë dhe u bë shenjëtar harku.

²¹ Ai banoi në shkretëtirën e Paranit dhe nëna e tij e martoi me një grua nga Egjipti.

²² Në atë kohë Abimeleku, së bashku me Pikolin, kreu i ushtrisë së tij, i foli Abrahamit duke i thënë: "Perëndia është me ty në tërë ato që bën;

²³ prandaj betohu këtu në emër të Perëndisë që ti s'ke për të gënjyer as mua, as bijtë e mi, as nipërit e mi, që ti do të përdorësh ndaj meje dhe vendit ku ke banuar si i huaj po atë dashamirësi që unë kam treguar ndaj teje".

²⁴ Abrahami u përgjegj: "Betohem".

²⁵ Pastaj Abrahami e qortoi Abimelekun për shkak të një pusi uji që shërbyesit e Abimelekut e kishin shtënë në dorë.

²⁶ Abimeleku tha: "Unë nuk e di se kush e ka bërë këtë gjë; ti vetë nuk ma ke njoftuar dhe unë vetëm sot dëgjova të flitet për këtë ngjarje".

²⁷ Atëherë Abrahami mori dele dhe qe dhe ia dha Abimelekut; dhe të dy lidhën aleancë.

²⁸ Pastaj Abrahami vuri mënjanë shtatë qengja femër të kopesë.

²⁹ Dhe Abimeleku i tha Abrahamit: "Ç'kuptim ka ajo që ke vënë shtatë qengja mënjanë?".

³⁰ Abrahami u përgjegj: "Ti do t'i pranosh nga dora ime këto shtatë qengja, me qëllim që kjo të më vlejë si dëshmi që unë e kam hapur këtë pus".

³¹ Prandaj ai e quajti këtë vend Beer-Sheba, sepse aty që të dy ishin betuar.

³² Kështu lidhën aleancë në Beer-Sheba. Pastaj Abimeleku dhe Pikoli, kreu i ushtrisë të tij, u ngritën dhe u kthyen në vendin e Filistejve.

³³ Pastaj Abrahami mbolli një marinë në Beer-Sheba dhe aty thërriti emrin e Zotit, Perëndi i përjetësisë.

³⁴ Dhe Abrahami qëndroi si i huaj shumë kohë në vendin e Filistejve.

Kapitull 22

¹ Mbas këtyre gjërave Perëndia e vuri në provë Abrahamin dhe i tha: "Abraham!" Ai u përgjegj: "Ja ku jam".

² Dhe Perëndia tha: "Merr tani birin tënd, birin tënd të vetëm, atë që ti do, Isakun, shko në vendin e Moriahve dhe sakrifikoje në një nga malet që do të të tregoj".

³ Kështu Abrahami u ngrit herët në mëngjes, i vuri samarin gomarit, mori me vete dy shërbyes dhe të birin Isak dhe çau dru për sakrificën; pastaj u nis drejt vendit ku i kishte thënë Perëndia të shkonte.

⁴ Ditën e tretë Abrahami ngriti sytë dhe pa së largu vendin.

⁵ Atëherë Abrahami u tha shërbyesve të tij: "Rrini këtu bashkë me gomarin; unë dhe djali do të shkojmë deri atje dhe do të adhurojmë; pastaj do të kthehemi pranë jush".

⁶ Kështu Abrahami mori drutë e sakrificës dhe i ngarkoi mbi Isakun, birin e tij; pastaj mori në dorë të vet zjarrin dhe u nisën rrugës që të dy.

⁷ Dhe Isaku i foli atit të tij Abraham dhe i tha: "Ati im!". Abrahami iu përgjegj: "Ja ku jam, biri im". Dhe Isaku tha: "Ja zjarri dhe druri, po ku është qengji për sakrificën?".

⁸ Abrahami u përgjegj: "Djali im, Perëndia do ta sigurojë vetë qengjin për sakrificën". Dhe vazhduan rrugën të dy bashkë.

⁹ Kështu arritën në vendin që Perëndia i kishte treguar dhe atje Abrahami ndërtoi altarin dhe sistemoi drutë; pastaj e lidhi Isakun, birin e tij, dhe e vendosi mbi altar sipër druve.

¹⁰ Pastaj Abrahami shtriu dorën dhe mori thikën për të vrarë të birin.

¹¹ Por Engjëlli i Zotit thirri nga qielli dhe i tha: "Abraham, Abraham!". Ai u përgjegj: "Ja ku jam".

¹² Engjëlli i tha: "Mos e zgjat dorën kundër djalit dhe mos i bëj asnjë të keqe. Tani e di mirë që ti i trembesh Perëndisë, se nuk më ke refuzuar birin tënd, të vetmin bir që ke".

¹³ Atëherë Abrahami ngriti sytë dhe shikoi; dhe ja prapa tij një dash i zënë për brirësh në një kaçube. Kështu Abrahami shkoi, mori dashin dhe e ofroi si sakrificë në vend të birit.

¹⁴ Dhe Abrahami e quajti këtë vend Jehovah Jireh. Prandaj edhe sot e kësaj dite thuhet: "Do të furnizohet mali i Zotit".

¹⁵ Engjëlli i Zotit e thirri për të dytën herë Abrahamin nga qielli dhe tha:

¹⁶ "Unë betohem për veten time, thotë Zoti, se ti e bëre këtë dhe nuk kurseve tët bir, të vetmin bir që ke,

¹⁷ unë me siguri do të të bekoj fort dhe do të shumoj pasardhësit e tu si yjet e qiellit dhe si rëra që ndodhet në brigjet e detit dhe trashëgimtarët e tu do të zotërojnë portat e armiqve të tij.

¹⁸ Dhe tërë kombet e tokës do të bekohen te pasardhësit e tu, sepse ti iu binde zërit tim".

¹⁹ Pastaj Abrahami u kthye te shërbëtorët e tij, ata u ngritën dhe shkuan bashkë në Beer-Sheba. Dhe Abrahami zuri vend në Beer-Sheba.

²⁰ Mbas këtyre gjërave i thanë Abrahamit këtë: "Ja, Milkah i ka lindur edhe ajo bij Nahorit, vëllait tënd:

²¹ Uzi, dhëndri i tij i parë, Buzi vëllai i tij, Kemueli babai i Aramit,

²² Kesedi, Hazoi, Pildashi, Jidlafi dhe Bethueli".

²³ Dhe Bethuelit i lindi Rebeka. Këta tetë bij Milkah i lindi nga Nahori, vëllai i Abrahamit.

²⁴ Konkubina e tij, që quhej Reumah, lindi edhe ajo Tebahun, Gahamin, Tahashin dhe Maakahun.

Kapitull 23

¹ Sara jetoi njëqind e njëzet e shtatë vjet. Këto qenë vitet e jetës së Sarës.

² Dhe Sara vdiq në Kirjath-Arba (që është Hebroni), në vendin e Kanaanëve, dhe Abrahami hyri aty për të mbajtur zi për të dhe për ta vajtuar.

³ Pastaj Abrahami u ngrit më këmbë në prani të së vdekurës dhe u foli bijve të Hethit, duke u thënë:

⁴ "Unë jam një i huaj midis jush dhe i ardhur midis jush; më jepni pronësinë e një varri midis jush, që të mund të varros të vdekurën time dhe ta heq nga sytë e mi".

⁵ Dhe bijtë e Hethit iu përgjigjën Abrahamit duke i thënë:

⁶ "Dëgjona, o zoti ynë! Ti je midis nesh një princ i Perëndisë, varrose të vdekurën tënde në më të mirën nga varrezat tona, asnjeri prej nesh s'do të refuzojë varrin e tij, me qëllim që ti të varrosësh aty të vdekurën tënde".

⁷ Atëherë Abrahami u ngrit, u përul para popullit të vendit, para bijve të Hethit,

⁸ dhe u foli atyre duke thënë: "Në rast se ju pëlqen që unë ta varros të vdekurën time duke e hequr nga sytë e mi, dëgjomëni. Ndërhyni për mua tek Efroni, bir i Zoharit,

⁹ që të më japë shpellën e Makpelahut, që i përket dhe që ndodhet në skajin e arës së tij; por që të më japë në pronësi me çmimin e tij të plotë si vend varrimi midis jush".

¹⁰ Tani Efroni ndodhej në mes të bijve të Hethit; dhe Efroni, Hiteu, iu përgjegj Abrahamit në prani të bijve të Hethit, të gjithë atyreve që hynin nëpër portën e qytetit të tij, duke thënë:

¹¹ "Jo, zoti im, dëgjomë! Unë të fal arën dhe shpellën që ndodhet aty; po ta dhuroj në prani të bijve të popullit tim; po ta bëj dhuratë. Varrose të vdekurën tënde".

¹² Atëherë Abrahami u përkul para popullit të vendit,

¹³ dhe i foli Efronit në prani të popullit të vendit duke thënë: "Dëgjomë, të lutem! Unë do të jap çmimin e arës, pranoje nga unë, kështu unë do të mund të varros aty të vdekurën time".

¹⁴ Efroni iu përgjegj Abrahamit, duke i thënë:

¹⁵ "Zoti im, dëgjomë! Toka vlen katërqind monedha argjendi. Ç'është kjo midis meje dhe teje? Varrose, pra, të vdekurën tënde".

¹⁶ Atëherë Abrahami zbatoi fjalën e Efronit; dhe Abrahami i peshoi Efronit çmimin që i kishte thënë në prani të bijve të Hethit: katërqind monedha argjendi, monedha që tregtarët përdornin midis tyre zakonisht.

¹⁷ Kështu ara e Efronit që gjendej në Malkpelah përballë Mamres, ara me shpellën që ishte aty dhe tërë drurët që ishin në arë dhe në të gjithë kufijtë përqark,

¹⁸ kaluan në pronësi të Abrahamit, në prani të bijve të Hethit dhe të të gjithë atyre që hynin nga porta e qytetit të Efronit.

¹⁹ Pas kësaj, Abrahami varrosi Sarën, gruan e tij, në shpellën e arës së Makpelahut përballë Mamres (që është Hebroni) në vendin e Kanaanëve.

²⁰ Kështu ara dhe shpella që gjendet aty u kaluan nga bijtë e Hethit në pronë të Abrahamit, si vend varrimi.

Gjenezë

Kapitull 24

¹ Abrahami ishte tashmë plak dhe ishte në moshë të kaluar; dhe Zoti e kishte bekuar Abrahamin në çdo gjë.

² Dhe Abrahami i tha shërbyesit më të moshuar të shtëpisë së tij që qeveriste tërë pasuritë e tij: "Vëre dorën tënde nën kofshën time;

³ dhe unë do të bëj që ti të betohesh në emër të Zotit, Perëndisë së qiejve dhe Perëndisë të tokës, që ti nuk do t'i marrësh për grua djalit tim asnjë prej bijave të Kanaanejve, në mes të cilëve unë banoj;

⁴ por do të shkosh në vendin tim dhe te fisi im për të marrë një grua për djalin tim, për Isakun".

⁵ Shërbëtori iu përgjegj: "Ndofta ajo grua nuk dëshiron të më ndjekë në këtë vend; a duhet ta çoj atëherë përsëri birin tënd në vendin nga ka dalë?".

⁶ Atëherë Abrahami i tha: "Ruhu e mos e ço birin tim atje!

⁷ Zoti, Perëndia i qiellit, që më hoqi nga shtëpia e atit tim dhe nga vendi ku kam lindur, më foli dhe m'u betua duke thënë: "Unë do t'ua jap këtë vend pasardhësve të tu", ai do të dërgojë engjëllin e tij para teje dhe ti do të marrësh andej një grua për birin tim.

⁸ Dhe në qoftë se gruaja nuk dëshiron të të ndjekë, atëherë ti do të lirohesh nga ky betim që më ke bërë; vetëm mos e kthe tim bir atje".

⁹ Kështu shërbyesi e vuri dorën nën kofshën e Abrahamit, zotit të tij, dhe iu betua lidhur me këtë problem.

¹⁰ Pastaj shërbyesi mori dhjetë deve nga devetë e zotit të tij dhe u nis, duke pasur me vete çdo lloj të mirash të zotërisë së tij. Ai e nisi rrugën dhe shkoi në Mesopotami, në qytetin e Nahorit.

¹¹ Dhe i gjunjëzoi devetë jashtë qytetit pranë një pusi uji, aty nga mbrëmja, në kohën kur gratë dalin për të marrë ujë, dhe tha:

¹² "O Zot, Perëndia i zotërisë tim Abraham, të lutem bëj që sot të kem mundësinë të kem një takim të lumtur, trego dashamirësi ndaj Abrahamit, zotit tim!

¹³ Ja, unë po rri pranë këtij burimi ujërash, ndërsa bijat e banorëve të qytetit dalin për të mbushur ujë.

¹⁴ Bëj që vajza së cilës do t'i them: "Ah, ule shtambën tënde që unë të pi" dhe që do të më përgjigjet: "Pi, dhe kam për t'u dhënë për të pirë edhe deveve të tu", të jetë ajo që ti ja ke caktuar shërbyesit tënd Isak. Nga kjo unë do të kuptoj që ti ke treguar dashamirësi ndaj zotërisë tim".

¹⁵ Ai s'kishte mbaruar së foluri, kur, ja, doli Rebeka me shtambën në shpatullën e saj; ajo ishte e bija e Bethuelit, biri i Mikailit, gruaja e Nahorit dhe vëllai i Abrahamit.

¹⁶ Vajza ishte shumë e bukur, e virgjër dhe asnjë burrë nuk e kishte njohur kurrë. Ajo zbriti në burim, mbushi shtambën e saj dhe u ngjit përsëri lart.

¹⁷ Atëherë shërbyesi vrapoi në drejtim të saj dhe i tha: "Lermë të pi pak ujë nga shtamba jote".

¹⁸ Ajo u përgjegj: "Pi, zotëria im"; pastaj shpejtoi ta ulë shtambën mbi dorë dhe i dha të pijë.

¹⁹ Sapo mbaroi së dhëni ujë për të pirë, tha: "Do të mbush ujë edhe për devetë e tua, deri sa të ngopen me ujë".

²⁰ Me nxitim e zbrazi shtambën e saj në koritë, vrapoi përsëri te burimi për të mbushur ujë për të gjithë devetë e tij.

²¹ Ndërkaq ai njeri e sodiste në heshtje, për të mësuar në qoftë se Zoti e kishte bërë të mbarë apo jo udhëtimin e tij.

²² Kur devetë mbaruan së piri, njeriu mori një unazë floriri për hundën që peshonte gjysmë sikli dhe dy byzylykë me një peshë prej dhjetë siklesh ari për kyçin e dorës së saj, dhe tha:

²³ "Bijë e kujt je? Ma thuaj, të lutem. A ka vend në shtëpinë e babait tënd për ne, që ta kalojmë natën?".

²⁴ Ajo u përgjegj: "Unë jam bijë e Bethuelit, i biri i Milkahut, që ajo i lindi në Nahor".

²⁵ Dhe shtoi: "Tek ne ka shumë kashtë dhe forazh si dhe vend për të kaluar natën".

²⁶ Atëherë njeriu u përkul, adhuroi Zotin dhe tha:

²⁷ "Qoftë i bekuar Zoti, Perëndia i Abrahamit, zotërisë tim, që nuk ka pushuar të jetë dashamirës dhe besnik ndaj zotërisë tim! Sa për mua, gjatë udhëtimit, Zoti më çoi në shtëpinë e vëllezërve të zotërisë tim".

²⁸ Dhe vajza vrapoi për t'i treguar këto gjëra në shtëpinë e nënës së saj.

²⁹ Por Rebeka kishte një vëlla të quajtur Labano. Dhe Labano doli me vrap jashtë drejt burimit te ai njeri.

³⁰ Sa pa unazën në hundë dhe byzylykët në kyçet e dorës të së motrës dhe dëgjoi fjalët që Rebeka, motra e tij, thoshte: "Kështu më foli ai njeri", iu afrua këtij njeriu, dhe ja që u gjet pranë deveve, afër burimit.

³¹ Dhe tha: "Hyrë, i bekuar nga Zoti! Pse rri jashtë? Unë kam përgatitur shtëpinë dhe një vend për devetë".

³² Njeriu hyri në shtëpi, dhe Labano shkarkoi devetë, u dha kashtë dhe forazh deveve dhe solli ujë që të lante këmbët ai dhe njerëzit që ishin bashkë me të.

³³ Pastaj i vunë përpara për të ngrënë, por ai tha: "Nuk do të ha deri sa të plotësoj porosinë që më kanë dhënë". Tjetri tha: "Fol".

³⁴ Atëherë ai tha: "Unë jam një shërbëtor i Abrahamit.

³⁵ Zoti e ka bekuar shumë zotërinë tim, që është bërë i madh; i ka dhënë dele dhe qe, argjend dhe flori, shërbyes dhe shërbyese, deve dhe gomarë.

³⁶ Por Sara, gruaja e zotërisë tim, i ka lindur në pleqërinë e saj një djalë zotërisë tim, i cili i ka dhënë atij gjithçka zotëron.

³⁷ Dhe zotëria im më vuri të betohem duke thënë: "Nuk do të marrësh grua për djalin tim nga bijtë e Kanaanejve, në vendin ku banoj;

³⁸ por do të shkosh në shtëpinë e babait tim dhe tek afëria ime dhe aty do të marrësh një grua për birin tim".

³⁹ Atëherë unë i thashë zotërisë tim: "Ndofta gruaja nuk do të dojë të më ndjekë".

⁴⁰ Por ai u përgjegj: "Zoti, para të cilit kam ecur, do të dërgojë engjëllin e tij bashkë me ty dhe do ta bëj të mbarë udhëtimin tënd, dhe ti do të marrësh për birin tim një grua nga farefisi im dhe nga shtëpia e babait tim.

⁴¹ Do të lirohesh nga betimi që më ke bërë kur të shkosh tek afëria ime; dhe po të jetë se nuk duan të ta japin, do të lirohesh nga betimi që më ke bërë".

⁴² Sot kam arritur te burimi dhe thashë: "O Zot, Perëndia i zotërisë tim Abraham, në rast se të pëlqen kështu, të lutem bëje të mbarë udhëtimin që kam filluar;

⁴³ Ja, unë po ndalem pranë burimit të ujit; bëj që vajza që ka për të dalë për të marrë ujë dhe së cilës do t'i them: "Lërmë të pi pak ujë nga shtamba jote",

⁴⁴ dhe që do të më thotë: "Pi sa ke nevojë dhe do të marr ujë edhe për devetë e tua", le të jetë gruaja që Zoti i ka caktuar djalit të zotërisë tim.

⁴⁵ Para se unë të kisha mbaruar së foluri në zemrën time, doli jashtë Rebeka me shtambën e saj mbi shpatull; ajo zbriti te burimi dhe mbushi ujë. Atëherë unë i thashë:

⁴⁶ "Oh, lermë të pi!". Dhe ajo shpejtoi ta ulte shtambën nga shpatulla e saj dhe u përgjegj: "Pi dhe do t'u jap të pinë edhe deveve të tua". Kështu unë piva dhe ajo u dha të pinë edhe deveve.

⁴⁷ Atëherë e pyeta dhe i thashë: "Bijë e kujt je?". Ajo m'u përgjegj: "Jam bijë e Bethuelit, biri i Nahorit, që Milkah lindi". Kështu unë i vura unazën në hundë dhe byzylykët në kyçet e dorës.

⁴⁸ Pastaj u përkula, adhurova Zotin dhe e bekova Zotin, Perëndinë e Abrahamit, zotërisë tim, që më ka çuar në rrugën e drejtë për të marrë për birin e tij bijën e vëllait të zotërisë tim.

⁴⁹ Dhe tani në rast se doni të silleni me dashamirësi dhe besnikëri ndaj zotërisë tim, duhet të ma thoni; në rast se jo, ma thoni njëlloj dhe unë do të kthehem djathtas ose majtas".

⁵⁰ Atëherë Labano dhe Bethueli u përgjigjën dhe thanë: "Kjo varet nga Zoti; ne nuk mund të flasim as për mirë as për keq.

⁵¹ Ja, Rebeka është këtu para teje, merre me vete, shko dhe ajo të bëhet gruaja e birit të zotërisë tënd, ashtu siç ka thënë Zoti".

⁵² Kur shërbëtori i Abrahamit dëgjoi fjalët e tyre u përul për tokë përpara Zotit.

⁵³ Shërbëtori nxori sende të argjëndta dhe të arta si dhe rroba dhe ia dha Rebekës; dhe u dhuroi gjithashtu sende të vlefshme vëllait dhe nënës së Rebekës.

⁵⁴ Pastaj hëngrën e pinë ai dhe njerëzit që ishin bashkë me të; u ndalën vetëm atë natë. Kur u ngritën në mëngjes, shërbëtori tha: "Më lini të kthehem te zotëria im".

⁵⁵ Vëllai dhe nëna e Rebekës thanë: "Lëre që vajza të rrijë disa ditë me ne, të paktën dhjetë ditë; pastaj mund të ikë".

⁵⁶ Por ai iu përgjegj atyre: "Mos më mbani, sepse Zoti e ka bërë të mbarë udhëtimin tim; më lini të iki, që unë të kthehem te zotëria im".

⁵⁷ Atëherë ata i thanë: "Të thërresim vajzën dhe ta pyesim atë".

⁵⁸ Atëherë thirrën Rebekën dhe i thanë: "A do të shkosh me këtë njeri?". Ajo u përgjegj: "Po, do të shkoj".

⁵⁹ Kështu e lanë Rebekën, motrën e tyre, të shkojë dhe tajën e saj të shkojë me shërbëtorin dhe njerëzit e Abrahamit.

⁶⁰ Dhe e bekuan Rebekën dhe i thanë: "Motra jonë, ti u bëfsh nëna e mijëra mizëri njerëzish dhe pasardhësit e tu paçin në dorë portat e armiqve të tyre".

⁶¹ Atëherë Rebeka dhe shërbyeset e saj u ngritën më këmbë, hipën mbi devetë dhe shkuan pas këtij njeriu. Kështu shërbëtori mori Rebekën dhe iku.

⁶² Ndërkaq Isaku ishte kthyer nga pusi i Lahai-Roit, sepse banonte në krahinën e Negevit.

⁶³ Isaku kishte dalë aty nga mbrëmja në fushë për t'u menduar; dhe ai ngriti sytë dhe pa disa deve që po vinin.

⁶⁴ Edhe Rebeka ngriti sytë dhe pa Isakun; atëherë zbriti me të shpejtë nga deveja,

⁶⁵ dhe i tha shërbëtorit: "Kush është ai njeri që vjen nga fusha drejt nesh?". Shërbëtori u përgjegj: "Është zotëria im". Atëherë ajo mori vellon dhe u mbulua.

⁶⁶ Pastaj shërbëtori i tregoi Isakut tërë gjërat që kishte bërë.

⁶⁷ Dhe Isaku e futi Rebekën në çadrën e Sarës, nënës së tij, dhe e mori me vete; ajo u bë gruaja e tij dhe ai e dashuroi. Kështu Isaku u ngushëllua mbas vdekjes së nënës së tij.

Kapitull 25

¹ Pastaj Abrahami mori një grua tjetër, që quhej Keturah.

² Dhe kjo i lindi Zimranin, Jokshanin, Medanin, Madianin, Ishbakun dhe Shuahin.

³ Jokshanit i lindi Sheba dhe Dedani. Bijtë e Dedanit ishin Asshurimi, Letushimi dhe Leumimi.

⁴ Bijtë e Madianit ishin Efahu, Eferi, Hanoku, Abidahu dhe Eldaahu. Tërë këta ishin bijtë e Keturahut.

⁵ Dhe Abrahami i dha Isakut gjithçka zotëronte;

⁶ por bijve që Abrahami kishte pasur nga konkubinat u dha disa dhurata dhe, sa ishte ende gjallë, i dërgoi larg birit të tij Isakut, drejt lindjes, në një vend të lindjes.

⁷ Këto janë vitet e jetës së Abrahamit: ai jetoi gjithsej njëqind e shtatëdhjetë e pesë vjet.

⁸ Pastaj Abrahami dha frymën e fundit dhe vdiq në pleqëri të mbarë, i shtyrë në moshë dhe i ngopur me ditë, dhe u bashkua me popullin e tij.

⁹ Dhe bijtë e tij Isaku dhe Ismaeli e varrosën në shpellën e Makpelahut në arën e Efronit, biri i Zoarit, Hiteut, që ndodhet përballë Mamres,

¹⁰ arë që Abrahami u kishte blerë bijve të Hethit. Aty u varrosën Abrahami dhe e shoqja Sara.

¹¹ Mbas vdekjes së Abrahamit, Perëndia bekoi birin e tij Isakun; dhe Isaku qëndroi pranë pusit të Lahai-Roit.

¹² Tani këta janë pasardhësit e Ismaelit, bir i Abrahamit, që egjiptasja Agar, shërbëtorja e Sarës, i kishte lindur Abrahamit.

¹³ Këta janë emrat e bijve të Ismaelit, simbas emrit të brezave të tyre: Nebajothi, i parëlinduri i Ismaelit; pastaj Kedari, Abdeeli, Mibsami,

¹⁴ Mishma, Dumahu, Masa,

¹⁵ Hadari, Tema, Jeturi, Nafishi dhe Kedemahu.

¹⁶ Këta janë bijtë e Ismaelit dhe emrat e tyre, simbas fshatrave dhe fushimeve të tyre. Ata qenë dymbëdhjetë princërit e kombeve të tyre përkatës.

¹⁷ Por këto janë vitet e jetës së Ismaelit, gjithsej njëqind e tridhjetë e shtatë vjet; pastaj ai dha frymë dhe vdiq, dhe u bashkua me popullin e tij.

¹⁸ (Dhe bijtë e tij banuan nga Havilahu deri në Shur, që është në lindje të Egjiptit, në drejtim të Asirisë). Ai u vendos në prani të të gjithë vëllezërve të tij.

¹⁹ Këta janë pasardhësit e Isakut, birit të Abrahamit.

²⁰ Abrahamit i lindi Isaku; dhe Isaku ishte dyzet vjeç kur mori për grua Rebekën, e bija e Bethuelit, Arameu i Paddan-Aranit dhe motra e Labanos, Arameut.

²¹ Isaku e luti Zotin për gruan e tij sepse ajo ishte shterpë. Zoti ia plotësoi dëshirën dhe Rebeka, gruaja e tij, u ngjiz.

²² Por fëmijët shtynin njeri-tjetrin në barkun e saj dhe ajo tha: "Në qoftë se është kështu (që iu përgjigj Zoti), pse gjendem unë në këto kushte?". Dhe kështu vajti të konsultohet me Zotin.

²³ Dhe Zoti i tha: "Dy kombe ndodhen në barkun tënd dhe dy popuj kanë për të dalë nga përbrendshmet e barkut tënd. Njeri nga këta dy popuj do të jetë më i fortë se tjetri, dhe më i madhi do t'i shërbejë më të voglit".

²⁴ Kur erdhi koha për të që të lindte, ajo kishte në bark dy binjakë.

²⁵ Dhe i pari që doli jashtë ishte i kuq; ai ishte krejt si një mantel leshtor, prandaj i vunë emrin Esau.

²⁶ Pastaj doli vëllai i tij, i cili me dorë mbante thembrën e këmbës të Esaut; prandaj e quajtën Jakob. Por Isaku ishte shtatëdhjetë vjeç kur Rebeka i lindi.

²⁷ Dy fëmijët u rritën dhe Esau u bë një gjahtar i sprovuar, një njeri fshatarak, ndërsa Jakobi ishte një njeri i qetë, që jetonte në çadra.

²⁸ Por Isaku e donte Esaun, sepse mishin e gjahut e pëlqente; Rebeka nga ana e saj donte Jakobin.

²⁹ Një herë që Jakobi gatoi për vete një supë, Esau erdhi nga fusha krejt i lodhur.

³⁰ Dhe Esau i tha Jakobit: "Të lutem, më lërë të ha pak nga kjo supë e kuqe, sepse jam i lodhur". Për këtë arësye e quajtën Edom.

³¹ Por Jakobi iu përgjegj: "Më shit më parë parëbirninë tënde".

³² Esau tha: "Ja unë jam duke vdekur, ç'dobi kam nga parëbirnia?".

³³ Atëherë Jakobi tha: "Më parë betomu". Dhe Esau iu betua dhe i shiti Jakobit parëbirninë e tij.

³⁴ Pastaj Jakobi i dha Esaut bukë dhe supë me thjerrëza. Dhe ai hëngri dhe piu, pastaj u ngrit dhe iku. Kështu Esau shpërfilli parëbirninë e tij.

Kapitull 26

¹ Por ndodhi një mungesë ushqimesh në vend, përveç asaj të parës që kishte ndodhur në kohën e Abrahamit. Pastaj Isaku shkoi tek Abimeleku, mbreti i Filistejve në Gerar.

² Atëherë Zoti iu shfaq dhe i tha: "Mos zbrit në Egjipt, qëndro në vendin që do të të them.

³ Qëndro në këtë vend dhe unë do të jem me ty dhe do të të bekoj, sepse kam për të të dhënë ty dhe pasardhësve të tu tërë këto vende dhe do ta mbaj betimin që i kam bërë Abrahamit, babait tënd,

⁴ dhe do t'i shumoj pasardhësit e tu si yjet e qiellit; do t'u jap atyre tërë këto vende, dhe të gjitha kombet e tokës do të bekohen te pasardhësit e tu,

⁵ sepse Abrahami iu bind vullnetit tim dhe respektoi urdhërat, urdhërimet, statutet dhe ligjet e mia".

⁶ Kështu Isaku qëndroi në Gerar.

⁷ Kur njerëzit e vendit i bënin pyetje rreth gruas së tij, ai u përgjigjej: "Është motra ime", sepse kishte frikë të thoshte: "Është gruaja ime", sepse mendonte: "Njerëzit e vendit mund të më vrasin për shkak të Rebekës, sepse ajo është e pashme".

⁸ Kur kishte kaluar një kohë e gjatë në atë vend, Abimeleku, mbretit të Filistejve, i rastisi të shikojë nga dritarja dhe pa Isakun që përkëdhelte Rebekën, gruan e tij.

⁹ Atëherë Abimeleku thirri Isakun dhe i tha: "Ajo është me siguri gruaja jote; si bëhet që ti the: "Ajo është motra ime"?". Isaku iu përgjegj: "Sepse thoja: "Nuk do të doja të vdes për shkak të saj"".

¹⁰ Abimeleku tha: "Ç'është kjo që na bëre? Ndokush nga populli mund të binte lehtë në shtrat me gruan tënde dhe ti do të na kishe ngarkuar me faj të rëndë".

¹¹ Kështu Abimeleku i dha këtë urdhër tërë popullit: "Kushdo që prek këtë njeri ose të shoqen do të dënohet pa tjetër me vdekje".

¹² Isaku mbolli në atë vend dhe po atë vit korri një prodhim njëqind herë më të madh; dhe Zoti e bekoi.

¹³ Ky njeri u bë i madh dhe vazhdoi të rritet deri sa u bë jashtëzakonisht i madh.

¹⁴ Ai arriti të zotërojë kope dhënsh dhe qesh dhe kishte një numër të madh shërbëtorësh. Kështu Filistejtë e patën zili,

¹⁵ dhe për këtë arësye i zunë, duke i mbushur me dhe, tërë puset që shërbëtorët e babait të tij kishin hapur në kohën e Abrahamit, atit të tij.

¹⁶ Atëherë Abimeleku i tha Isakut: "Largohu nga ne, sepse ti je shumë më i fuqishëm se ne".

¹⁷ Kështu Isaku u largua që andej dhe u vendos në luginën e Gerarit, dhe aty banoi.

¹⁸ Dhe Isaku filloi të hapë puse uji që ishin hapur në kohën e Abrahamit, atit të tij, dhe që Filistejtë i kishin mbyllur mbas vdekjes së Abrahamit, dhe u vuri po ato emra që u kishte vënë babai i tij.

¹⁹ Pastaj shërbëtorët e Isakut gërmuan në luginë dhe gjetën aty një pus me ujë të freskët.

²⁰ Por barinjtë e Gerarit u grindën me çobanët e Isakut, duke u thënë: "Uji është yni". Dhe ai e quajti pusin Esek, sepse ata e kishin kundërshtuar.

²¹ Shërbëtorët hapën pastaj një pus tjetër, por ata kundërshtuan edhe për këtë. Dhe Isaku e quajti Sitnah.

²² Atëherë ai u largua që andej dhe hapi një pus tjetër për të cilin nuk pati kundërshtim. Dhe ai e quajti atë Rehoboth, sepse ai tha: "Tani Zoti na ka vënë larg dhe ne do të kemi mbarësi në këtë vend".

²³ Pastaj që këtejmi Isaku u ngjit në Beer-Sheba.

²⁴ Dhe Zoti iu shfaq po atë natë dhe i tha: "Unë jam Perëndia i Abrahamit, babait tënd; mos ki frikë, sepse unë jam me ty; do të të bekoj dhe do të shumoj pasardhësit e tu, për hir të Abrahamit, shërbëtorit tim".

²⁵ Atëherë ai ndërtoi në atë vend një altar dhe përmendi emrin e Zotit, dhe po aty ai ngriti edhe çadrën e tij. Aty shërbëtorët e Isakut hapën një pus.

²⁶ Pastaj Abimeleku nga Gerari shkoi tek ai bashkë me Ahucathin, mikun e tij, dhe me Pikolin, kreun e ushtrisë së tij.

²⁷ Dhe Isaku u tha atyre: "Pse keni ardhur tek unë, për deri sa më urreni dhe më keni larguar prej jush?".

²⁸ Atëherë ata u përgjigjën: "Ne e pamë qartë që Zoti është me ty.

Kështu thamë: "Le të bëjmë një betim midis nesh, midis nesh dhe teje, dhe të përfundojmë një aleancë me ty":

29 dhe kështu ti nuk do të na bësh asnjë të keqe, ashtu si ne nuk të kemi prekur, nuk të kemi bërë veçse të mira dhe të kemi lënë të ikësh në paqe. Ti je tani i bekuari i Zotit".

30 Kështu Isaku shtroi për ta një banket dhe ata hëngrën e pinë.

31 Të nesërmen në mëngjes u ngritën herët dhe shkëmbyen një betim. Pastaj Isaku i përcolli dhe ata ikën në paqe.

32 Po atë ditë ndodhi që shërbëtorët e Isakut erdhën për ta lajmëruar për pusin që kishin hapur duke i thënë: "Kemi gjetur ujë".

33 Dhe ai e quajti atë Shibah. Për këtë arësye qyteti mban emrin Beer-Sheba edhe sot e kësaj dite.

34 Në moshën dyzetvjeçare Esau mori për grua Juditin, të bijën e Beerit, Hiteut dhe të Basemathit, bijë e Elonit, Hiteut.

35 Këto u bënë shkas për një hidhërim të thellë të Isakut dhe të Rebekës.

Kapitull 27

1 Kur Isaku u plak dhe sytë e tij u dobësuan aq shumë sa nuk shikonte më, ai thirri të birin Esau dhe i tha: "Biri im!".

2 Esau i tha: "Ja ku jam!". Atëherë Isaku i tha: "Ja, unë jam plak dhe nuk e di në ç'ditë kam për të vdekur.

3 Prandaj merr tani armët e tua, kukurën dhe harkun tënd, dil nëpër fushat dhe kap për mua kafshë gjahu;

4 pastaj më përgatit një gjellë të shijshme nga ato që më pëlqejnë dhe sillma, që unë ta ha dhe shpirti im të të bekojë para se të vdes".

5 Tani Rebeka rrinte duke dëgjuar, ndërsa Isaku i fliste birit të tij Esau. Kështu Esau shkoi nëpër fusha për të gjuajtur kafshë të egra për t'ia shpënë të atit.

6 Atëherë Rebeka i foli Jakobit, birit të saj, dhe i tha: "Ja, unë dëgjova babanë tënd që i fliste Esaut, vëllait tënd duke i thënë:

7 "Më sill gjah dhe më përgatit një gjellë të shijshme, që unë ta ha dhe të të bekoj në prani të Zotit, para se të vdes".

8 Prandaj, biri im, bindju zërit tim dhe bëj atë që të urdhëroj.

9 Shko tani në kope dhe më sill dy keca të mirë; unë do të përgatis një gjellë të shijshme për babanë tënd, nga ato që i pëlqejnë atij.

10 Pastaj ti do t'ia çosh babait tënd që ta hajë, dhe kështu ai do të bekojë para se të vdesë".

11 Jakobi i tha Rebekës, nënës së tij: "Ja, vëllai im Esau është leshtor, ndërsa unë e kam lëkurën të lëmuar.

12 Ndofta babai im më prek me dorë; do t'i dukem atij mashtrues dhe do të tërheq mbi vete një mallkim në vend të një bekimi".

13 Por nëna e tij iu përgjegj: "Ky mallkim le të bjerë mbi mua, biri im! Bindju vetëm asaj që të thashë dhe shko të marrësh kecat".

14 Ai vajti pra t'i marrë dhe ia çoi nënës së tij; dhe e ëma përgatiti me to një gjellë të shijshme, nga ato që i pëlqenin babait të tij.

15 Pastaj Rebeka mori rrobat më të bukura të Esaut, birit të saj më të madh, që i mbante në shtëpi pranë vetes, dhe ia veshi Jakobit, birit të saj më të vogël;

16 dhe me lëkurët e kecave veshi duart e tij dhe pjesën e lëmuar të qafës së tij.

17 Pastaj vuri në dorë të Jakobit, birit të saj, gjellën e shijshme dhe bukën që kishte përgatitur.

18 Atëherë ai shkoi tek i ati dhe i tha: "Ati im!". Isaku u përgjegj: "Ja ku jam; kush je ti, biri im?".

19 Atëherë Jakobi i tha babait të tij: "Jam Esau, i parëlinduri yt. Bëra siç më ke thënë. Tani çohu, ulu dhe fillo të hash nga gjahu im, me qëllim që shpirti yt të më bekojë".

20 Por Isaku i tha të birit: "Por si bëre që e gjete kaq shpejt, biri im?". Ai u përgjegj: "Sepse Zoti, Perëndia yt, bëri që të vijë tek unë".

21 Atëherë Isaku i tha Jakobit: "Afrohu dhe lërmë të të prek, biri im, për të ditur nëse je pikërisht biri im Esau ose jo".

22 Dhe kështu Jakobi iu afrua Isakut, babait të tij; dhe mbasi ky e preku me dorë, tha: "Zëri është i Jakobit, por duart janë duart e Esaut".

23 Kështu ai nuk e njohu, sepse duart e tij ishin leshtore ashtu si duart e vëllait të tij Esau; dhe e bekoi.

24 Dhe tha: "A je ti me të vërtetë biri im Esau?". Ai u përgjigj: "Po".

25 Atëherë Isaku i tha: "Më shërbe që të ha nga gjahu i birit tim dhe shpirti im të të bekojë". Kështu Jakobi i shërbeu dhe Isaku hëngri. Jakobi i solli edhe verë dhe ai e piu.

26 Pastaj babai i tij Isaku i tha: "Tani afrohu dhe më puth, biri im".

27 Dhe ai u afrua dhe e puthi. Dhe Isaku ndjeu erën e rrobave të tij dhe e bekoi duke thënë: "Ja, era e tim biri është si era e një fushe, që Zoti e ka bekuar.

28 Perëndia të dhëntë vesën e qiellit dhe pjellorinë e tokës, si edhe bollëkun e grurit dhe të verës.

29 Të shërbefshin popujt dhe kombet u përkulshin para teje. Qofsh pronar i vëllezërve të tu dhe bijtë e nënës sate u përkulshin para teje. I mallkuar qoftë cilido të mallkon, i bekuar qoftë cilido të bekon!".

30 Dhe ndodhi që, pikërisht kur Isaku kishte mbaruar së bekuari Jakobin dhe ky sapo ishte larguar nga prania e të atit Isak, vëllai i tij Esau u kthye nga gjahu.

31 Edhe ai përgatiti një gjellë të shijshme dhe ia shpuri babait të tij, dhe i tha: "Çohu ati im dhe ha nga gjahu i birit tënd, me qëllim që shpirti yt të më bekojë".

32 Isaku, babai i tij, i tha: "Kush je ti?". Ai u përgjegj: "Jam Esau, biri yt i parëlindur".

33 Atëherë Isakun e zunë ca të dridhura shumë të forta dhe i tha: "Kush është ai, pra, që gjuajti gjahun dhe ma solli? Unë i hëngra të gjitha para se të vije ti dhe e bekova; dhe i bekuar ka për të mbetur ai".

34 Me të dëgjuar fjalët e të atit, Esau dha një ulurimë të fortë dhe shumë të hidhur. Pastaj i tha të atit: "Bekomë edhe mua, ati im!".

35 Por Isaku iu përgjigj: "Yt vëlla erdhi me mashtrim dhe mori bekimin tënd".

36 Esau i tha: "Jo më kot është quajtur Jakob? Ai ma zuri vendin deri tani dy herë: më hoqi parëbirninë për të ja tani po merr bekimin tim". Pastaj shtoi: "A nuk ke ruajtur një bekim për mua?".

37 Atëherë Isaku u përgjegj dhe i tha Esaut: "Ja, unë e bëra zotrinë tënd dhe i dhashë tërë vëllezërit e tij si shërbëtorë, dhe e pajisa me grurë dhe me verë; ç'mund të bëj për ty, biri im?".

38 Esau i tha babait të tij: "A ke vetëm këtë bekim, ati im? Bekomë edhe mua, o ati im!". Dhe Esau ngriti zërin dhe qau.

39 Isaku, babai i tij, u përgjigj duke i thënë: "Ja, banesa jote do të privohet nga pjelloria e tokës dhe nga vesa që zbret nga lartësia e qiellit.

40 Ti do të jetosh me shpatën tënde dhe do të jesh shërbëtori i vëllait tënd; por do të ndodhë që, kur do të luftosh, do ta thyesh zgjedhën e tij nga qafa jote".

41 Kështu Esau filloi ta urrejë Jakobin për shkak të bekimit që i kishte dhënë i ati, dhe tha në zemër të vet: "Ditët e zisë për babanë po afrohen; atëherë do të vras vëllanë tim Jakobin".

42 Kur i treguan Rebekës fjalët e Esaut, birit të saj më të madh, ajo dërgoi ta thërrasin birin e saj më të vogël, Jakobin, dhe i tha: "Ja, Esau, yt vëlla, ngushëllohet ndaj teje, duke menduar të të vrasë.

43 Prandaj, biri im, bindju fjalëve që të them: Çohu dhe ik shpejt në Haran te Labano, vëllai im;

44 dhe qëndro ca kohë me të, deri sa t'i kalojë zemërimi vëllait tënd,

45 deri sa mëria e vëllait tënd të largohet prej teje dhe ai të harrojë atë që i ke bërë; atëherë do të dërgojë njerëz që të të marrin prej andej. Pse duhet t'ju humbas që të dyve brënda një dite të vetme?".

46 Pastaj Rebeka i tha Isakut: "Jam neveritur nga jeta për shkak të bijave të Hethit. Në rast se Jakobi merr për grua një nga bijat e Hethit, një grua si ato të vendit, ç'më duhet jeta?".

Kapitull 28

1 Atëherë Isaku thiri Jakobin, e bekoi, i dha këtë urdhër dhe i tha: "Mos u marto me një grua nga Kanaanët.

2 Çohu, shko në Padan-Aram, në shtëpinë e Bethuelit, i ati i nënës sate, dhe merr për grua një nga bijat e Labanos, vëllait të nënës sate.

3 Perëndia i plotfuqishëm të bekoftë, të bëftë pjellor dhe të shumoftë, në mënyrë që ti të bëhesh një kuvend popujsh,

4 dhe të dhëntë bekimin e Abrahamit ty dhe pasardhësve të tu, në mënyrë që ti të jesh zot i vendit ku banon si i huaj dhe që Perëndia ia fali Abrahamit".

5 Kështu Isaku e nisi Jakobin, që shkoi në Padan-Aram te Labano, biri i Bethuelit, Arameu, i vëllai i Rebekës, nëna e Jakobit dhe e Esaut.

6 Por Esau pa që Isaku kishte bekuar Jakobin dhe e kish nisur në Padan-Aram që të merrte atje një grua por, duke e bekuar, i kishte dhënë këtë urdhër duke thënë: "Mos merr grua nga bijat e Kanaanit";

7 dhe Jakobi i ishte bindur të atit dhe nënës së tij, dhe ishte nisur për në Padan-Aram.

8 Kur Esau u bind se bijat e Kanaanit shiheshin me sy të keq nga Isaku, babai i tij,

9 shkoi tek Ismaeli dhe mori Mahalathin, të bijën e Ismaelit, që ishte biri i Abrahamit, dhe motër e Nebajothit, me qëllim që ajo të bëhej gruaja e tij, përveç grave të tjera që kishte.

10 Dhe Jakobi u nis në Beer-Sheba dhe shkoi në drejtim të Haranit.

11 Arriti në një farë vendi dhe aty kaloi natën, sepse dielli kishte perënduar. Atëherë mori një nga gurët e atij vendi, e vuri nën krye të tij dhe aty ra në gjumë.

12 Dhe pa në ëndërr një shkallë të mbështetur mbi tokë, maja e së cilës prekte qiellin; dhe ja engjëjt e Perëndisë hipnin e zbrisnin në të.

13 Dhe ja, Zoti ndodhej në majë të saj dhe i tha: "Unë jam Zoti,

Perëndia i Abrahamit, babait tënd, dhe Perëndia i Isakut; tokën mbi të cilën je shtrirë do të ta jap ty dhe pasardhësve të tu;

¹⁴ dhe pasardhësit e tu do të jenë si pluhur i tokës, dhe ti do të shtrihesh në perëndim dhe në lindje, në veri dhe në jug; dhe tërë familjet e tokës do të bekohen nëpërmjet teje dhe pasardhësve të tu.

¹⁵ Dhe ja, unë jam me ty dhe do të të mbroj kudo që të vesh, dhe do të të sjell përsëri në këtë vend; sepse nuk do të të braktis para se të bëj atë që të kam thënë".

¹⁶ Atëherë Jakobit i doli gjumi dhe tha: "Me siguri Zoti është në këtë vend dhe unë nuk e dija".

¹⁷ Dhe pati frikë e tha: "Sa i tmerrshëm është ky vend! Kjo nuk është tjetër veçse shtëpia e Perëndisë, dhe kjo është porta e qiellit!".

¹⁸ Kështu Jakobi u ngrit herët në mëngjes, mori gurin që kishte vënë nën krye të vet, e ngriti si një përmendore dhe derdhi vaj mbi majën e saj.

¹⁹ Dhe e quajti këtë vend Bethel, kurse më parë emri i qytetit ishte Luc.

²⁰ Pastaj Jakobi lidhi një kusht duke thënë: "Në qoftë se Perëndia do të jetë me mua dhe do të më mbrojë gjatë këtij udhëtimi që jam duke bërë, në qoftë se do të më japë bukë për të ngrënë dhe rroba për t'u mbuluar,

²¹ dhe do të kthehem në shtëpinë e babait tim në paqe, atëherë Zoti do të jetë Perëndia im;

²² dhe ky gur që kam ngritur si përmendore, do të jetë shtëpia e Perëndisë; dhe nga të gjitha ato që do të më japësh, unë do të japë të dhjetën"

Kapitull 29

¹ Pastaj Jakobi u nis dhe shkoi në vendin e lindorëve.

² Shikoi dhe pa një pus në një arë, dhe aty pranë tri kope dhensh të mbledhura tok, sepse ai pus shërbente për t'u dhënë ujë kopeve të dhenve; dhe rrasa mbi grykën e pusit ishte e madhe.

³ Aty mblidheshin zakonisht tërë kopetë; atëherë çobanët e hiqnin rrasën nga gryka e pusit dhe u jepnin ujë dhenve; pastaj e vinin përsëri rrasën në vendin e saj, në grykën e pusit.

⁴ Dhe Jakobi u tha atyre: "Vëllezër të mi, nga jeni?" Ata u përgjigjën: "Jemi nga Harani".

⁵ Atëherë ai u tha atyre: "E njihni ju Labanon, birin e Nahorit?". Ata u përgjigjën: "E njohim".

⁶ Ai u tha atyre: "A është mirë ai?". Ata u përgjigjën: "Është mirë; dhe ja bija e tij Rakela, e cila po vjen me delet".

⁷ Ai tha: "Ja, është ende ditë për diell dhe nuk ka ardhur koha për të mbledhur bagëtinë; jepuni ujë deleve dhe pastaj i çoni të kullosin"

⁸ Por ata u përgjigjën: "Nuk mundemi deri sa të gjitha kopetë të mblidhen, e të kemi hequr rrasën nga gryka e pusit; atëherë do t'u japim ujë deleve".

⁹ Ai po vazhdonte të fliste me ta kur arriti Rakela me delet e të atit, sepse ajo ishte një bareshë.

¹⁰ Kur Jakobi pa Rakelën, bijën e Labanos, vëllai i nënës së tij, dhe delet e Labanos, vëlla i nënës së tij, ai u afrua, e hoqi rrasën nga gryka e pusit, dhe i dha ujë kopesë së Labanos, vëllait të nënës së tij.

¹¹ Atëherë Jakobi puthi Rakelën, ngriti zërin dhe qau.

¹² Pastaj Jakobi e njoftoi Rakelën se ishte i një gjaku me të atin dhe ishte bir i Rebekës. Dhe ajo vrapoi t'ia tregonte të atit.

¹³ Sapo Labano dëgjoi lajmet e Jakobit, birit të motrës së tij, vrapoi drejt tij, e përqafoi, e puthi dhe e çoi në shtëpinë e tij. Dhe Jakobi i tregoi Labanos tërë ato gjëra.

¹⁴ Atëherë Labano i tha: "Ti je me të vërtetë nga mishi dhe gjaku im!". Dhe ai qëndroi një muaj me të.

¹⁵ Pastaj Labano i tha Jakobit: "Pse je fisi im duhet të më shërbesh pa marrë asgjë? Më thuaj sa duhet të jetë paga jote".

¹⁶ Tani Labano kishte dy bija: e madhja quhej Lea dhe e vogla Rakela.

¹⁷ Lea kishte sy të perënduar, por Rakela ishte e hijshme dhe e pashme.

¹⁸ Prandaj Jakobi e donte Rakelën dhe i tha Labanos: "Unë do të të shërbej shtatë vjet për Rakelën, bijën tënde më të vogël".

¹⁹ Labano iu përgjigj: "Më mirë të ta jap ty se sa një njeriu tjetër; rri me mua".

²⁰ Kështu Jakobi shërbeu shtatë vjet për Rakelën; dhe iu dukën pak ditë sepse e dashuronte.

²¹ Pastaj Jakobi i tha Labanos: "Më jep gruan time, sepse afati u mbush dhe lejo që të bashkohem me të".

²² Atëherë Labano mblodhi tërë burrat e vendit dhe shtroi një banket.

²³ Por, kur ra mbrëmja, ai mori bijën e tij Lea dhe e çoi te Jakobi, që hyri te ajo.

²⁴ Përveç kësaj Labano i dha shërbyesen e tij Zilpah si shërbyese të Leas, bijës së tij.

²⁵ Të nesërmen në mëngjes, ai pa se ishte Lea. Atëherë Jakobi i tha Labanos: "Çfarë më bëre? A nuk të kam shërbyer për Rakelën? Pse më mashtrove?".

²⁶ Labano u përgjegj: "Nuk është zakon të veprohet kështu në vendin tonë, nuk mund të japësh më të voglën para më të madhes.

²⁷ Mbaro javën e kësaj dhe do të japim edhe tjetrën, për shërbimin që do të më bësh për shtatë vjet të tjera".

²⁸ Atëherë Jakobi bëri si i thanë dhe mbaroi javën e Leas; pastaj Labano i dha për grua bijën e tij Rakela.

²⁹ Përveç kësaj Labano i dha shërbyesen e tij Bilhah si shërbyese Rakelës, bijës së tij.

³⁰ Dhe Jakobi hyri gjithashtu te Rakela dhe e dashuroi atë më tepër se Lean; dhe shërbeu shtatë vjet të tjera te Labano.

³¹ Zoti, duke parë që për Lean nuk kishte dashuri, ia çeli barkun asaj, ndërsa Rakela ishte shterpë.

³² Kështu Lea u ngjiz dhe lindi një djalë që e quajti Ruben, sepse tha: "Zoti e pa trishtimin tim; prandaj tani burri im do të më dojë".

³³ Pastaj u ngjiz përsëri dhe lindi një djalë dhe ajo tha: "Zoti e pa se nuk kisha dashuri, prandaj më dha edhe këtë bir". Dhe e quajti Simeon.

³⁴ Ajo u ngjiz përsëri dhe lindi një djalë, dhe tha: "Kësaj radhe burri im do të më dojë, sepse i kam lindur tre bij". Prandaj u quajt Levi.

³⁵ Ajo u ngjiz përsëri dhe lindi djalë dhe tha: "Këtë radhë do të kremtoj Zotin". Prandaj e quajti Juda. Pastaj nuk pati më fëmijë.

Kapitull 30

¹ Kur Rakela pa që nuk po i bënte fëmijë Jakobit, u bë ziliqare e motrës së saj dhe i tha Jakobit: "Më bëj me fëmijë përndryshe unë po vdes".

² Jakobi u mbush tërë inat kundër Rakelës dhe i tha: "Se mos jam unë në vend të Perëndisë që nuk të lejon të kesh fëmijë?".

³ Ajo u përgjegj: "Ja shërbyesja ime Bilhah; hyr tek ajo, që ajo të lindë mbi gjunjët e mi; kështu nëpërmjet saj do të mund të bëhem me fëmijë".

⁴ Kështu ajo i dha për grua shërbyesen e vetë Bilhah dhe Jakobi hyri tek ajo.

⁵ Dhe Bilhah u ngjiz dhe i dha një bir Jakobit.

⁶ Atëherë Rakela tha: "Perëndia më dha të drejtë; ai dëgjoi gjithashtu zërin tim dhe më dha një bir". Prandaj i vuri emrin Dan.

⁷ Pastaj Bilhah, shërbyesja e Rakelës, u ngjiz përsëri dhe i lindi një bir të dytë Jakobit.

⁸ Atëherë Rakela tha: "Kam luftuar shumë me motrën time dhe kam dalë fitimtare". Prandaj e quajti djalin Neftali.

⁹ Por Lea, duke parë që nuk po bënte më fëmijë, mori shërbyesen e saj Zilpah dhe ia dha për grua Jakobit

¹⁰ Kështu Zilpah, shërbyesja e Leas, i lindi një bir Jakobit.

¹¹ dhe Lea tha: "Ç'fat!". Dhe i vuri emrin Gad.

¹² Pastaj Zilpah, shërbëtore e Leas, i lindi Jakobit një bir të dytë.

¹³ Dhe Lea tha: "Sa e lumtur jam! Sepse gratë do të më quajnë të lumtur". Prandaj i vuri emrin Asher.

¹⁴ Në kohën e korrjes së grurit, Rubeni doli dhe gjeti në fushat mandragora dhe ia çoi nënës së tij, Leas. Atëherë Rakela i tha Leas: "Më jep edhe mua ca mandragora të birit tënd!".

¹⁵ Ajo iu përgjegj: "Të duket gjë e vogël që më more burrin, dhe tani kërkon të marrësh edhe mandragorat e djalit tim?". Rakela tha: "Mirë, pra, si shpërblim për mandragorat e birit tënd, sonte ai do të bjerë në shtrat me ty".

¹⁶ Kur në mbrëmje Jakobi u kthye nga arat, Lea doli ta takojë dhe i tha: "Duhet të hysh tek unë, se të kam shtënë në dorë me mandragorat e birit tim". Kështu, atë natë, ai ra në shtrat me të.

¹⁷ Kështu Perëndia ia plotësoi dëshirën Leas, e cila u ngjiz dhe i lindi Jakobit birin e pestë.

¹⁸ Dhe ajo tha: "Perëndia më dha shpërblimin që më takonte, sepse i dhashë shërbyesen time burrit tim". Dhe e quajti Isakar.

¹⁹ Pastaj Lea u ngjiz përsëri dhe i dha Jakobit një bir të gjashtë.

²⁰ Atëherë Lea tha: "Perëndia më ka dhënë një dhunti të mirë; këtë radhë burri im do të banojë me mua, sepse i kam lindur gjashtë bij". Dhe i vuri emrin Zabulon.

²¹ Pastaj lindi një bijë dhe e quajti Dina.

²² Perëndia u kujtua edhe për Rakelën; dhe Perëndia ia plotësoi dëshirën dhe e bëri të frytshme;

²³ kështu ajo u ngjiz dhe lindi një djalë, dhe tha: "Perëndia e hoqi turpin tim".

²⁴ Dhe e quajti Jozef, duke thënë: "Zoti më shtoftë një bir tjetër".

²⁵ Mbas lindjes së Jozefit nga Rakela, Jakobi i tha Labanos: "Më

Gjenezë

lejo të iki, që të shkoj në shtëpinë time, në vendin tim.

²⁶ Më jep gratë e mia dhe bijtë e mi, për të cilët të kam shërbyer dhe lermë të iki, mbasi ti e njeh mirë shërbimin që të kam bërë".

²⁷ Por Labano i tha: "Në rast se kam gjetur hir në sytë e tu, qëndro, sepse kam prekur me dorë që Zoti më ka bekuar për shkakun tënd".

²⁸ Pastaj tha: "Ma cakto pagesën tënde dhe unë do të ta jap".

²⁹ Jakobi iu përgjegj: "Ti e di si të kam shërbyer, dhe çfarë i ka ndodhur bagëtisë sate në duart e mia.

³⁰ Sepse ajo që ti kishe para se të vija unë ishte pak, por tani është rritur shumë; dhe Zoti të ka bekuar kudo që kam qënë unë. Por tani kur do të punoj edhe për shtëpinë time?".

³¹ Labano tha: "Sa duhet të të jap?". Jakobi iu përgjigj: "Nuk duhet të më japësh asgjë; në qoftë se ti do të bësh atë që po të them, do të mbetem këtu për të kullotur kopetë e tua dhe për t'u kujdesur për to.

³² Do të kaloj ditën e sotme në mes tërë kopeve të tua dhe do të veçoj të gjitha kafshët laramane dhe pikalarme, të gjithë qingjat e zinj dhe të gjitha dhitë lara-lara ose pika-pika. Dhe këto kafshë do të jenë pagesa ime.

³³ Kështu tani e tutje ndershmëria ime do të përgjigjet para teje për personin tim, kur do të vish të kontrollosh pagesën time; çdo bagëti që nuk është laramane a me pika midis dhive dhe çdo qengj jo i zi do të konsiderohet i vjedhur po të gjindet pranë meje".

³⁴ Labano tha: "Mirë, le të bëhet ashtu si thua ti!".

³⁵ dhe po atë ditë veçoi cjeptë vija-vija dhe me pika dhe të gjitha dhitë laramane dhe pika pika, çdo bagëti që kishte një njollë të bardhë apo çdo dele e zezë midis dhenve, dhe ua la bijve të vet.

³⁶ Dhe Labano vendosi një distancë prej tri ditësh me këmbë midis vetes së tij dhe Jakobit; dhe Jakobi kulloste pjesën që mbeti nga kopetë e Labanos.

³⁷ Dhe Jakobi mori disa purteka të njoma plepi, bajameje dhe rrapi; u bëri disa zhvoshkje, duke zbuluar të bardhën e purtekave.

³⁸ Pastaj i vendosi purtekat që kishte zhvoshkur që të shikoheshin nga dhentë në koritë, domethënë në vendet ku kopetë vinin për të pirë ujë; dhe kafshët vinin në afsh kur vinin për të pirë.

³⁹ Kështu kafshët vinin në afsh përpara purtekave dhe pillnin qengia vija-vija, lara-lara dhe pika pika.

⁴⁰ Pastaj Jakobi i veçonte këta qengja dhe bënte që kopetë t'i kthenin sytë nga kafshët vija-vija dhe nga tërë ato të zeza në kopenë e Labanos. Ai formoi kështu kope të veçanta, që nuk i bashkoi me kopetë e Labanos.

⁴¹ Por ndodhte që sa herë kafshët e fuqishme të kopesë vinin në afsh, Jakobi i vinte purtekat në koritë para deleve, në mënyrë që këto të hynin në afsh afër purtekave;

⁴² Por kur kafshët e kopesë ishin të dobëta, nuk i vinte ato; kështu që qengjat e dobëta ishin të Labanos dhe ata të shëndoshë të Jakobit.

⁴³ Kështu ai u bë shumë i pasur dhe pati një numër të madh kopesh, shërbëtoresh, shërbëtorësh, devesh dhe gomarësh.

Kapitull 31

¹ Por Jakobi dëgjoi fjalët e bijve të Labanos që thoshin: "Jakobi mori gjithçka kishte ati ynë; dhe me atë që i përkiste atit tonë, ai krijoi gjithë këtë pasuri".

² Jakobi vuri re edhe fytyrën e Labanos; dhe ja, ndaj tij nuk ishte si më parë.

³ Pastaj Zoti i tha Jakobit: "Kthehu në vendin e etërve të tu dhe te fisi yt, dhe unë do të jem me ty".

⁴ Atëherë Jakobi dërgoi e thirri Rakelën dhe Lean, që të vinin në fushat pranë kopesë së tij,

⁵ dhe u tha atyre: "Unë e shoh që fytyra e atit tuaj ndaj meje nuk është si më parë; por Perëndia i atit tim ka qënë me mua.

⁶ Dhe ju e dini se unë i kam shërbyer atit tuaj me tërë forcën time,

⁷ ndërsa ati juaj më ka mashtruar dhe ka ndryshuar pagesën time dhjetë herë, por Perëndia nuk e lejoi të më bëjë të keq.

⁸ Në qoftë se ai thoshte: "Krerët laramane do të jenë pagesa jote", e tërë kopeja pillte qengja laramane; dhe po të thoshte: "Krerët vija-vija do të jenë pagesa jote", tërë kopeja pillte qengja vija-vija.

⁹ Kështu Perëndia ia hoqi bagëtinë atit tuaj dhe ma dha mua.

¹⁰ Një herë, në kohën kur kopetë hynin në afsh, unë ngrita sytë dhe pashë në ëndërr që cjeptë që ndërzenin femrat ishin vija-vija, me pulla dhe lara-lara.

¹¹ Dhe engjëlli i Perëndisë më tha në ëndërr: "Jakob!". Unë iu përgjigja: "Ja ku jam!".

¹² Atëherë ai tha: "Ço tani sytë dhe shiko: tërë deshtë që ndërzejnë femrat janë vija-vija, me pulla dhe lara-lara, sepse pashë të gjitha ato që të punon Labano.

¹³ Unë jam Perëndia i Bethelit, ku ti ke vajosur një përmendore dhe më lidhe një kusht. Tani çohu, lërë këtë vend dhe kthehu në vendlindjen tënde"".

¹⁴ Rakela dhe Lea iu përgjigjën dhe i thanë: "Mos kemi ndoshta ne akoma pjesë dhe trashëgimi në shtëpinë e atit tonë?

¹⁵ A nuk na ke trajtuar si të huaja për arësye se na ka shitur dhe veç kësaj ka ngrënë edhe paratë tona?

¹⁶ Të gjitha pasuritë që Perëndia i hoqi atit tonë janë tonat dhe të bijve tanë; prandaj bëj të gjitha ato që Perëndia të ka thënë".

¹⁷ Atëherë Jakobi u ngrit dhe i vuri bijtë e tij dhe gratë e tij mbi devetë,

¹⁸ dhe mori me vete tërë bagëtinë e tij duke marrë me vete gjithë pasurinë që kishte vënë, bagëtinë që i përkiste dhe atë që e kishte blerë në Padam-Aram, për të vajtur tek Isaku, në vendin e Kanaanëve.

¹⁹ Ndërsa Labano kishte vajtur të qethte dhentë e tij, Rakela vodhi idhujt e të atit.

²⁰ Dhe Jakobi u largua fshehurazi nga Labano, Arameu, pa i thënë se kishte ndërmend të ikte.

²¹ Kështu ai iku me gjithçka kishte; u ngrit, kaloi lumin dhe u drejtua për në malin e Galaadit.

²² Ditën e tretë i treguan Labanos se Jakobi kishte ikur.

²³ Atëherë ai mori me vete vëllezërit e tij, e ndoqi shtatë ditë rrugë dhe e arriti në malin e Galaadit.

²⁴ Por Perëndia iu shfaq në ëndërr natën Labanos, Arameut, dhe i tha: "Ruhu e mos i fol Jakobit, as për të mirë e as për të keq".

²⁵ Labano e arriti, pra, Jakobin. Tani Jakobi e kishte ngritur çadrën e tij në mal; dhe gjithashtu Labano dhe vëllezërit e tij kishin ngritur çadrat e tyre mbi malin e Galaadit.

²⁶ Atëherë Labano i tha Jakobit: "Ç'bëre duke më mashtruar në këtë mënyrë dhe duke i marrë bijat e mia si robëresha lufte?

²⁷ Pse ike dhe u largove nga unë fshehurazi, pa më lajmëruar aspak? Unë do të kisha përcjellë me gëzim dhe me këngë, me lodërz dhe qeste.

²⁸ Dhe nuk më lejove të puth bijtë e bijat e mia! Ti ke vepruar pa mënd.

²⁹ Tani unë kam në dorë t'ju bëj keq, por Perëndia i atit tënd më foli natën e kaluar, duke thënë: "Ruhu, mos t'i flasësh Jakobit as për mirë apo për keq".

³⁰ Sigurisht ike, sepse kishe një dëshirë të madhe të ktheheshe përsëri në shtëpinë e atit tënd; po pse vodhe perënditë e mia?".

³¹ Atëherë Jakobi iu përgjegj Labanos: "Unë kisha frikë, sepse mendoja që ti mund të më merrje me forcë bijat e tua.

³² Por kushdo qoftë ai të cilit do t'i gjesh perënditë e tu, ai duhet të vdesë në prani të vëllezërve tanë; kërko ti vetë atë që të përket tek unë dhe merre!". Jakobi nuk e dinte që ato i kishte vjedhur Rakela.

³³ Kështu Labano hyri në çadrën e Jakobit, në çadrën e Leas dhe në çadrën e dy shërbyeseve, por nuk gjeti asgjë. Doli pastaj nga çadra e Leas dhe hyri në çadrën e Rakelës.

³⁴ Por Rakela kishte marrë idhujt dhe i kishte vënë në samarin e devesë, pastaj qe ulur mbi to. Labano kërkoi në tërë çadrën, por nuk gjeti asgjë.

³⁵ Dhe ajo i tha atit: "Mos u zemëro, zotëria im, në rast se unë nuk mund të çohem përpara teje, sepse jam me të përmuajshmet e grave". Kështu ai kërkoi, por nuk i gjeti idhujt.

³⁶ Atëherë Jakobi u zemërua dhe u grind me Labanon; dhe Jakobi iu përgjegj dhe i tha Labanos: "Cili është faji im, cili është mëkati im, që ti të më ndjekësh me aq tërbim?

³⁷ Ti rrëmove në tërë gjërat e mia. Çfarë gjete nga të gjitha ato që i përkasin shtëpisë sate? Vëri këtu para vëllezërve të mi dhe vëllezërve të tu dhe le të vendosin ata midis nesh të dy!

³⁸ Kam qënë njëzet vjet me ty; delet dhe dhitë e tua nuk kanë dështuar dhe unë nuk kam ngrënë deshtë e kopesë sate.

³⁹ Unë nuk t'i kam sjellë kurrë kafshët të shqyera nga bishat; dëmin e kam pësuar vetë; ti kërkoje me ngulm nga unë atë që ishte vjedhur ditën apo natën.

⁴⁰ Ky ishte fati im; ditën më ligte vapa dhe natën të ftohtit e madh, dhe gjumi më ikte nga sytë.

⁴¹ Kam qënë njëzet vjet në shtëpinë tënde; të kam shërbyer katërmbëdhjetë vjet për dy bijat e tua dhe gjashtë vjet për kopenë tënde. Ti e ke ndryshuar dhjetë herë pagesën time.

⁴² Në qoftë se Perëndia i atit tim, Perëndia i Abrahamit dhe Tmerri i Isakut, nuk do të kishte qënë në favorin tim, ti me siguri do të më kishe kthyer duar bosh. Perëndia e pa trishtimin tim dhe mundin e duarve të mia, dhe mbrëmë dha vendimin e tij".

⁴³ Atëherë Labano u përgjegj dhe tha: "Këto bija janë bijat e mia, këta bij janë bijtë e mi, këto kope janë kopetë e mia, dhe gjithçka të zë syri është imja. Por çfarë mund t'u bëj sot këtyre bijave të mia apo bijve që ato kanë lindur?

⁴⁴ Prandaj eja të bëjmë një besëlidhie midis teje dhe meje, dhe që ajo shërbeftë si dëshmi midis teje dhe meje".

⁴⁵ Atëherë Jakobi mori një gur dhe e ngriti si një përmendore.

⁴⁶ Pastaj Jakobi u tha vëllezërve të tij: "Mblidhni gurë". Dhe ata morën gurë dhe bënë një tog me ta, dhe hëngrën bukë pranë këtij togu.

⁴⁷ Labano e quajti atë tog Jegar-Sahadutha, ndërsa Jakobi e quajti Galed.

⁴⁸ Dhe Labano tha: "Sot ky tog është një dëshmi midis teje dhe meje". Prandaj u quajt Galed,

⁴⁹ edhe Mitspah, sepse Labano tha: "Zoti të mos e ndajë syrin mua dhe ty kur do të jetë e pamundur të shohim shoqi-shoqin.

⁵⁰ Në rast se ti keqtrajton bijat e mia ose martohesh me gra të tjera veç bijave të mia, edhe sikur të mos ketë asnjeri me ne, kujtohu që Perëndia është dëshmitar midis meje dhe teje".

⁵¹ Labano i tha gjithashtu Jakobit: "Ja ky tog gurësh, dhe ja përmendorja që kam ngritur midis teje dhe meje.

⁵² Le të jetë ky tog një dëshmi dhe le të jetë kjo përmendore një dëshmi që unë nuk do ta kapërcej këtë tog për të të bërë keq ty, dhe që ti nuk do ta kapërcesh këtë tog dhe këtë përmendore për të më bërë keq mua.

⁵³ Perëndia i Abrahamit dhe Perëndia i Nahorit, Perëndia i atit të tyre, u bëftë gjykatës midis nesh!". Dhe Jakobi u betua për Tmerrin e Isakut, atit të tij.

⁵⁴ Pastaj Jakobi bëri një fli në mal dhe i ftoi vëllezërit e tij të hanin bukë. Dhe ata hëngrën bukë dhe e kaluan natën në mal.

⁵⁵ Labano u ngrit herët në mëngjes, i puthi bijtë dhe bijat e tij dhe i bekoi. Pastaj Labano u nis dhe u kthye në shtëpinë e tij.

Kapitull 32

¹ Ndërsa Jakobi vazhdonte rrugën e tij, i dolën përpara engjëj të Perëndisë.

² Mbasi i pa Jakobi, tha: "Ky është fushimi i Perëndisë"; dhe e quajti atë vend Mahanaim.

³ Pastaj Jakobi dërgoi para tij disa lajmëtarë vëllait të tij Esau, në vendin e Seirit, në fushën e Edomit.

⁴ Dhe u dha atyre këtë urdhër duke thënë: "Do t'i thoni kështu Esaut, zotërisë tim: "Kështu thotë shërbyesi yt Jakobi: Unë kam banuar pranë Labanos dhe kam qëndruar aty deri tani;

⁵ kam qe, gomarë, kope, shërbyes dhe shërbyese; dhe këtë po ja tregoj zotërisë tim, për të gjetur hir në sytë e tu"".

⁶ Lajmëtarët u kthyen pastaj te Jakobi, duke i thënë: "Vajtëm te vëllai yt Esau; dhe tani ai po vjen vetë që të takohet me ty dhe ka me vete katërqind burra".

⁷ Atëherë Jakobin e zuri një frikë e madhe dhe një ankth dhe ndau dysh njerëzit që ishin me të, kopetë, bagëtinë e trashë dhe devetë, dhe tha:

⁸ "Në qoftë se Esau vjen kundër njerit grup dhe e sulmon, grupi që mbetet do të mund të shpëtojë".

⁹ Pastaj Jakobi tha: "O Perëndi i atit tim Abraham, Perëndi i atit tim Isak, o Zot, që më ke thënë: "Ktheu në vendin tënd dhe pranë fisit tënd dhe unë do të bëj të mirë",

¹⁰ unë nuk jam i denjë i të gjitha mirësive dhe i gjithë besnikërisë që ke treguar ndaj shërbyesit tënd, sepse unë e kalova këtë Jordan vetëm me shkopin tim dhe tani janë bërë dy grupe.

¹¹ Çliromë, të lutem, nga duart e vëllait tim, nga duart e Esaut, sepse unë kam frikë nga ai dhe druaj që ai të vijë për të më sulmuar, pa kursyer as nënat as fëmijët.

¹² Dhe ti the: "Pa tjetër, unë do të të bëj mirë dhe do t'i bëj pasardhësit e tu si rëra e detit, që nuk mund të llogaritet se është shumë e madhe"".

¹³ Kështu Jakobi e kaloi natën në atë vend, dhe nga ato që kishte nëpër duar ai zgjodhi një dhuratë për vëllanë e tij Esau:

¹⁴ dyqind dhi, njëzet cjep, dyqind dele dhe njëzet desh,

¹⁵ tridhjetë deve qumështore me të vegjëlit e tyre, dyzet lopë dhe dhjetë dema, njëzet gomarica dhe dhjetë mëza.

¹⁶ Pastaj ua dorëzoi shërbyesve të tij, çdo kope për llogari të vet, dhe u tha shërbëtorëve të tij: "Kaloni para meje dhe lini një farë hapësire midis një kopeje dhe tjetrës".

¹⁷ Dhe i dha urdhër të parit: "Kur vëllai im Esau do të të takojë dhe do të të pyesë: "I kujt je ti dhe ku shkon? Të kujt janë këto kafshë para teje?",

¹⁸ ti do të përgjigjesh: "Janë të shërbëtorit tënd Jakobit; është një dhuratë e dërguar zotërisë tim Esau; dhe ja, ai vetë po vjen mbas nesh"".

¹⁹ Ai i dha të njëjtin urdhër të dytit, të tretit dhe gjithë atyre që ndiqnin kopetë, duke u thënë: "Në këtë mënyrë do t'i flisni Esaut kur do ta takoni,

²⁰ dhe do t'i thoni: "Ja, shërbëtori yt Jakobi është duke ardhur vetë pas nesh"". Sepse thoshte: "Unë do ta qetësoj me dhuratën që më paraprin e pastaj do të shikoj fytyrën e tij; ndofta do të më presë mirë".

²¹ Kështu dhurata shkoi para tij, por ai e kaloi natën në fushim.

²² Por atë natë ai u ngrit, mori dy gratë e tij, dy shërbëtoret dhe të njëmbëdhjetë fëmijët e tij dhe e kaloi vaun e lumit Jabbok.

²³ I mori me vete dhe bëri që të kalonin përruan të gjitha gjërat që zotëronte.

²⁴ Kështu Jakobi mbeti vetëm dhe një burrë luftoi me të deri në agim.

²⁵ Kur ky burrë e pa se nuk mund ta mundte, i preku zgavrën e ijës; dhe zgavra e ijes së Jakobit u përdrodh, ndërsa ai luftonte kundër tij.

²⁶ Dhe ai tha: "Lërmë të shkoj, se po lind agimi". Por Jakobi iu përgjegj: "Nuk do të të lë të shkosh, në rast se nuk më bekon më parë!".

²⁷ Tjetri i tha: "Cili është emri yt?". Ai u përgjegj: "Jakob".

²⁸ Atëherë ai i tha: "Emri yt nuk do të jetë më Jakob, por Israel, sepse ti ke luftuar bashkë me Perëndinë dhe me njerëzit, dhe ke fituar".

²⁹ Jakobi i tha: "Të lutem, tregomë emrin tënd". Por ai iu përgjegj: "Pse e do emrin tim?".

³⁰ Dhe kështu ai e bekoi. Atëherë Jakobi e quajti këtë vend Peniel, sepse tha: "E pashë Perëndinë ballë për ballë dhe jeta ime u fal".

³¹ Mbasi ai kaloi Penielin, dielli po ngrihej; dhe Jakobi çalonte për shkak të ijës.

³² Për këtë arësye, deri në ditën e sotme, bijtë e Izraelit nuk e hanë gilcën e kofshës që kalon nëpër zgavrën e ijës, sepse ai njeri kishte prekur zgavrën e ijes së Jakobit në pikën e gilcës së kofshës.

Kapitull 33

¹ Jakobi ngriti sytë, vështroi dhe pa që po vinte Esau, që kishte me vete katërqind burra. Atëherë i ndau bijtë e tij midis Leas, Rakelës dhe dy shërbyeseve të tij.

² Në krye vuri shërbyeset dhe bijtë e tyre, pastaj Lean dhe bijtë e saj dhe së fundi Rakelën dhe Jozefin.

³ Ai vetë kaloi para tyre dhe u përkul deri në tokë shtatë herë deri sa arriti pranë vëllait të vet.

⁴ Atëherë Esau vrapoi drejt tij, e përqafoi, iu hodh në qafë dhe e puthi; dhe që të dy qanë.

⁵ Pastaj Esau ngriti sytë, pa gratë e fëmijët dhe tha: "Kush janë këta me ty?". Jakobi iu përgjegj: "Janë bijtë që Perëndia pati mirësinë t'i japë shërbyesit tënd".

⁶ Atëherë u afruan shërbyeset, ato dhe bijtë e tyre, dhe u përkulën.

⁷ U afruan edhe Lea dhe bijtë e saj, dhe u përkulën. Pastaj u afruan Jozefi dhe Rakela, dhe u përkulën edhe ata.

⁸ Esau tha: "Çfarë ke ndërmend të bësh me tërë atë grup që takova?". Jakobi u përgjigj: "Është për të gjetur hir në sytë e zotërisë tim".

⁹ Atëherë Esau tha: "Kam mjaft për vete, o vëllai im; mbaj për vete atë që është jotja".

¹⁰ Por Jakobi tha: "Jo, të lutem; në qoftë se kam gjetur hir në sytë e tu, prano dhuratën time nga dora ime, sepse kur pashë fytyrën tënde, për mua ishte njëlloj sikur të shikoja fytyrën e Perëndisë, dhe ti më ke pritur mirë.

¹¹ Pranoje, pra, dhuratën që të është sjellë, sepse Perëndia është treguar shumë i mirë me mua dhe unë kam gjithçka". Dhe nguli këmbë aq shumë, sa që Esau pranoi.

¹² Pastaj Esau tha: "Le të nisemi, të fillojmë të ecim dhe unë do të shkoj para teje".

¹³ Por Jakobi u përgjigj: "Zotëria im e di që fëmijët janë në moshë të vogël dhe që kam me vete dele dhe lopë qumështore; po t'i mbajmë keq qoftë edhe një ditë të vetme, tërë kafshët kanë për të vdekur.

¹⁴ Le të kalojë zotëria im para shërbëtorit të tij, dhe unë do ta ndjek ngadalë me hapin e kafshëve që më paraprijnë dhe me hapin e fëmijëve, deri sa të arrijë te zotëria im në Seir".

¹⁵ Atëherë Esau tha: "Më lejo të paktën të lë me ty disa nga njerëzit që janë me mua". Por Jakobi u përgjigj: "Pse ta bëjmë këtë? Mjafton që unë të gjej hir në sytë e zotërisë tim".

¹⁶ Kështu po atë ditë Esau u rikthye në rrugën e tij drejt Seirit.

¹⁷ Jakobi u nis në drejtim të Sukothit, ndërtoi atje një shtëpi për vete dhe kasolle për bagëtinë; prandaj ai vend u quajt Sukoth.

¹⁸ Pastaj Jakobi, duke u kthyer nga Padan-Arami, arriti shëndoshë e mirë në qytetin e Sikemit, në vendin e Kanaanit, ku ngriti çadrat e tij përballë qytetit.

¹⁹ Dhe bleu nga bijtë e Hamorit, at i Sikemit, për njëqind copë paresh, pjesën e fushës ku kishte ngritur çadrat e tij përballë qytetit.

²⁰ Pastaj aty ngriti një altar dhe e quajti El-Elohej-Izrael.

Gjenezë

Kapitull 34

¹ Por Dina, vajza që Lea i kishte lindur Jakobit, doli për të parë bijat e vendit.

² Dhe Sikemi, biri i Hamorit Hiveut, princi i vendit, sa e pa e rrëmbeu, ra në shtrat me të dhe e dhunoi.

³ Dhe shpirti i tij u lidh me Dinën, të bijën e Jakobit; ai e dashuroi vajzën dhe i foli zemrës së saj.

⁴ Pastaj i tha të atit Hamor: "Ma jep këtë vajzë për grua".

⁵ Por Jakobi dëgjoi që ai e kishte çnderuar bijën e tij Dina; por bijtë e tij ishin nëpër fushat me bagëtinë e tij, dhe Jakobi heshti deri sa u kthyen.

⁶ Atëherë Hamori, ati i Sikemit, shkoi tek Jakobi për t'i folur.

⁷ Sapo dëgjuan për atë që kishte ndodhur, bijtë e Jakobit u kthyen nga fushat; ata ishin të hidhëruar dhe shumë të zemëruar, sepse ai kishte kryer një veprim të turpshëm në Izrael, duke rënë në shtrat me të bijën e Jakobit, gjë që nuk duhej bërë.

⁸ Por Hamori u foli atyre duke thënë: "Shpirti i tim biri Sikem është lidhur me bijën tuaj, prandaj jepjani për grua;

⁹ të bëjmë krushqi bashkë: na jepni bijat tuaja dhe merrni bijat tona.

¹⁰ Kështu ju do të banoni me ne dhe vendi do të jetë në dispozicionin tuaj; banoni në të, bëni tregëti dhe blini prona".

¹¹ Pastaj Sikemi u tha të atit dhe të vëllezërve të Dinës: "Bëni që unë të gjej hir në sytë tuaj dhe do t'ju jap çfarëdo gjë që do të më kërkoni.

¹² Më caktoni madje një pajë të madhe dhe një dhuratë, dhe unë do t'ju jap sa të kërkoni, por ma jepni vajzën për grua".

¹³ Atëherë bijtë e Jakobit iu përgjegjën Sikemit dhe Hamorit, të atit, dhe u folën atyre me dredhi, sepse Sikemi kishte çnderuar motrën e tyre Dina,

¹⁴ dhe u thanë atyre: "Nuk mund ta bëjmë këtë gjë, domethënë ta japim motrën tonë një njeriu të parrethprerë, sepse kjo do të ishte një turp për ne.

¹⁵ Vetëm me këtë kusht do ta pranojmë kërkesën tuaj, domethënë po të jetë se bëheni si ne, duke rrethprerë çdo mashkull nga ju.

¹⁶ Atëherë ne do t'ju japim bijat tona dhe do të marrim bijat tuaja, do të banojmë bashkë me ju dhe do të bëhemi një popull i vetëm.

¹⁷ Por në qoftë se nuk doni të na dëgjoni dhe nuk dëshironi të rrethpriteni, ne do të marrim bijën tonë dhe do të ikim".

¹⁸ Fjalët e tyre i pëlqyen Hamorit dhe Sikemit, birit të Hamorit.

¹⁹ Dhe i riu nuk vonoi ta kryejë atë gjë, sepse e donte të bijën e Jakobit dhe ishte njeriu më i nderuar në tërë shtëpinë e atit.

²⁰ Hamori dhe Sikemi, bir i tij, erdhën në portat e qytetit të tyre dhe u folën njerëzve të qytetit të tyre, duke thënë:

²¹ "Këta njerëz dëshirojnë të jetojnë në paqe me ne; le të rrinë në vendin tonë dhe të merren me tregti, sepse vendi është mjaft i madh edhe për ata. Ne do të marrim bijat e tyre për gra dhe do t'ju japim bijat tona.

²² Por këta njerëz do të pranojnë të banojnë me ne për të formuar një popull të vetëm, me të vetmin kusht që çdo mashkull te ne të rrethpritet, ashtu si rrethpriten ata.

²³ Bagëtia e tyre, pasuria e tyre dhe kafshët e tyre a nuk do të bëhen ndofta një ditë tonat? Le të pranojmë kërkesën e tyre dhe ata do të banojnë bashkë me ne".

²⁴ Dhe të gjithë ata që dilnin nga portat e qytetit dëgjuan fjalët e Hamorit dhe të birit të tij Sikem; dhe çdo mashkull u rrethpre, tërë ata dilnin nga porta e qytetit.

²⁵ Por ndodhi që ditën e tretë, ndërsa ata vuanin, dy nga bijtë e Jakobit, Simeoni dhe Levi, vëllezër të Dinës, morën secili shpatën e vet, u vërsulën mbi qytetin që rrinte në siguri dhe vranë tërë meshkujt.

²⁶ Vranë me shpatë edhe Hamorin dhe birin e tij Sikem, pastaj muarrën Dinën nga shtëpia e Sikemit dhe ikën.

²⁷ Bijtë e Jakobit u vërsulën mbi të vrarët dhe plaçkitën qytetin; sepse motrën e tyre e kishin çnderuar.

²⁸ Kështu ata morën kopetë me bagëti të imët dhe të trashë, gomarët e tyre, gjithçka që ishte në qytet dhe gjithçka që ishte nëpër fushat,

²⁹ dhe morën me vete si plaçkë tërë pasuritë e tyre, tërë fëmijët e tyre të vegjël, gratë e tyre dhe gjithçka ndodhej në shtëpitë.

³⁰ Atëherë Jakobi i tha Simeonit dhe Levit: "Ju më keni futur në telashe duke më bërë të urryer nga banorët e vendit, Kanaanët dhe Perezejtë. Me qenë se ne jemi pakicë, ata do të grumbullohen kundër meje dhe do të më sulmojnë, dhe unë ashtu si shtëpia ime do të shfarosemi".

³¹ Por ata u përgjigjën: "A duhet ta trajtonte ai motrën tonë si një prostitutë?".

Kapitull 35

¹ Perëndia i tha Jakobit: "Çohu, ngjitu në Bethel dhe vendosu aty; dhe bëj aty një altar Perëndisë që t'u shfaq, kur ikje para vëllait tënd Esau".

² Atëherë Jakobi i familjes së tij dhe gjithë atyre që ishin me të: "Hiqni nga rrethi juaj perënditë e huaja, pastrohuni dhe ndërroni rrobat tuaja;

³ pastaj të ngrihemi dhe të shkojmë në Bethel, dhe unë do t'i bëj një altar Perëndisë që plotësoi dëshirën time ditën e fatkeqësisë sime dhe që më shoqëroi në udhëtimin që kam bërë".

⁴ Atëherë ata i dhanë Jakobit tërë perënditë e huaja që kishin dhe varëset që mbanin në veshë; dhe Jakobi i fshehu nën lisin që ndodhet pranë Sikemit.

⁵ Pastaj ata u nisën dhe tmerri i Perëndisë ra mbi të gjitha qytetet rreth tyre, kështu që nuk i ndoqën bijtë e Jakobit.

⁶ Kështu Jakobi arriti në Luc, domethënë në Bethel, që ndodhet në vendin e Kanaanit; erdhi aty me të gjithë njerëzit që ishin me të.

⁷ Dhe aty ndërtoi një altar dhe këtë vend e quajti El-Bethel, sepse aty i qe çfaqur Perëndia kur po ikte para vëllait të tij.

⁸ Atëherë vdiq Debora, taja e Rebekës, dhe e varrosën poshtë Bethelit, në këmbët e lisit që u quajt Alon-Bakuth.

⁹ Perëndia iu shfaq përsëri Jakobit, kur ky po vinte nga Padam-Arami dhe e bekoi.

¹⁰ Dhe Perëndia i tha: "Emri yt është Jakob; ti nuk do të quhesh më Jakob, por emri yt do të jetë Izrael". Dhe i vuri emrin Izrael.

¹¹ Pastaj Perëndia i tha: "Unë jam Perëndia i Plotfuqishëm; ti bëhu i frytshëm dhe shumëzo; një komb, madje një tërësi kombesh do të rrjedhin prej teje, dhe disa mbretër kanë për të dalë nga ijët e tua;

¹² dhe do të të jap ty dhe pasardhësve të tu pas teje vendin që i dhashë Abrahamit dhe Isakut".

¹³ Pastaj Perëndia u ngjit më lart nga ai, nga vendi ku i kishte folur.

¹⁴ Atëherë Jakobi ndërtoi një përmendore, një përmendore prej guri, në vendin ku Perëndia i kishte folur; mbi të hodhi pak verë dhe derdhi ca vaj sipër.

¹⁵ Dhe Jakobi e quajti Bethel vendin ku Perëndia i kishte folur.

¹⁶ Pastaj u nisën nga Betheli; kishte edhe një copë rrugë për të arritur në Efratë, kur Rakela lindi. Ajo pati një lindje të vështirë;

¹⁷ dhe gjatë lindjes së vështirë mamia i tha: "Mos ki frikë, sepse edhe këtë herë ke një djalë".

¹⁸ Dhe ndërsa shpirti po e linte (sepse vdiq), i vuri emrin Ben-Oni, por i ati e quajti Beniamin.

¹⁹ Kështu Rakela vdiq dhe u varros në rrugën e Efratës (domethënë të Betlemit).

²⁰ Dhe Jakobi ngriti mbi varrin e saj një përmendore. Dhe kjo përmendore ekziston ende sot e kësaj dite mbi varrin e Rakelës.

²¹ Pastaj Izraeli u nis dhe ngriti çadrën përtej Migdal-Ederit.

²² Dhe ndodhi që, ndërsa Izraeli banonte në atë vend, Rubeni shkoi e ra në shtrat me Bilhah, konkubinën e atit të tij. Dhe Izraeli e mori vesh.

²³ Bijtë e Jakobit ishin dymbëdhjetë. Bijtë e Leas ishin: Rubeni, i parëlinduri i Jakobit, Simeoni, Levi, Juda, Isakari dhe Zabuloni.

²⁴ Bijtë e Rakelës ishin: Jozefi dhe Beniamini.

²⁵ Bijtë e Bilhahut, shërbëtorja e Rakelës, ishin: Dani dhe Neftali.

²⁶ Bijtë e Zilpahës, shërbëtorja e Leas, ishin: Gadi dhe Asheri. Këta janë bijtë e Jakobit që i lindën në Padan-Aram.

²⁷ Pastaj Jakobi erdhi tek Isaku, i ati, në Marme, në Kirjath-Arba (domethënë në Hebron), ku Abrahami dhe Isaku kishin qëndruar ca kohë.

²⁸ Isaku jetoi njëqind e tetëdhjetë vjet.

²⁹ Kështu Isaku dha shpirt, vdiq dhe u bashkua me popullin e tij, ishte i plakur dhe i ngopur me ditë, dhe Esau dhe Jakobi, bijtë e tij, e varrosën.

Kapitull 36

¹ Këta janë pasardhësit e Esaut, që është Edomi.

² Esau i mori gratë e tij nga bijat e Kanaanëve: Adën, e bija e Elonit Hiteut, dhe Oholibamahën, e bija e Cibeonit Hiveut;

³ dhe Basemathin, e bija e Ismaelit dhe motra e Nebajothit.

⁴ Ada i lindi Esaut Elifazin;

⁵ Basemathi lindi Reuelin, kurse Oholibamahu lindi Jeushin, Jalamin dhe Korahin. Këta janë bijtë e Esaut që i lindën në vendin e Kanaanit.

⁶ Pastaj Esau mori gratë e tij, bijtë dhe bijat e tij, gjithë njerëzit e shtëpisë së tij, kopetë e tij, tërë bagëtinë e tij dhe tërë pasurinë që kishte blerë në vendin e Kanaanëve, dhe shkoi në një vend, larg vëllait të tij Jakob,

⁷ sepse pasuritë e tyre ishin tepër të mëdha, që ata të mund të banonin bashkë; vendi ku rrinin nuk ishte në gjendje t'i mbante për shkak të bagëtisë së tyre.

⁸ Kështu Esau u vendos mbi malin e Seirit; Esau është Edomi.

⁹ Këta janë pasardhësit e Esaut, atit të Edomitëve, në malin e Seirit.

¹⁰ Këta janë emrat e bijve të Esaut: Elifazi, i biri i Adës, gruaja e Esaut; Reueli, i biri i Bazemathës, gruaja e Esaut.

¹¹ Bijtë e Elifazit qenë: Temani, Omari, Cefoni, Gatami dhe Kenaci.

¹² Timna ishte konkubina e Elifazit, i biri i Esaut. Ajo i lindi Amalekun Elifazit. Këta qenë bijtë e Adës, gruaja e Esaut.

¹³ Këta qenë bijtë e Reuelit: Nahathi dhe Zerahu, Shamahu dhe Micahu. Këta qenë bijtë e Basemathës, gruaja e Esaut.

¹⁴ Këta qenë bijtë e Oholibamahës, e bija e Anahut, e bija e Cibeonit, gruaja e Esaut; ajo i lindi Esaut: Jeushin, Jalamin dhe Korahun.

¹⁵ Këta qenë krerët e bijve të Esaut: bijtë e Elifazit, i parëlinduri i Esaut; kreu Teman, kreu Omar, kreu Cefo, kreu Kenaz,

¹⁶ kreu Korah, kreu Gatam dhe kreu Amalek; këta qenë krerët e rrjedhur nga Elifazi në vendin e Edomit; ata qenë bijtë e Adës.

¹⁷ Këta qenë bijtë e Reuelit, i biri i Esaut: kreu Nahath, kreu Zerah, kreu Shamah dhe kreu Micah; këta qenë krerët e rrjedhur nga Reueli në vendin e Edomit; ata qenë bijtë e Basemathës, gruaja e Esaut.

¹⁸ Këta qenë bijtë e Oholibamahës, gruaja e Esaut, kreu Jeush; kreu Jeush, kreu Jalam dhe kreu Korah; ata qenë krerët e rrjedhur nga Oholibamah, e bija e Anahut dhe gruaja e Esaut.

¹⁹ Këta qenë bijtë e Esaut, që është Edomi, dhe këta qenë krerët e tyre.

²⁰ Këta qenë bijtë e Seirit, Horeut, që banonin atë vend: Lotani, Shobali, Cibeoni, Anahu.

²¹ Dishoni, Etseri dhe Dishani. Këta qenë krerët e Horejve, bijtë e Seirit, në vendin e Edomit.

²² Bijtë e Lotanit qenë: Hori dhe Hemami; dhe motra e Lotanit qe Timna.

²³ Këta qenë bijtë e Shobalit: Alvani, Manahathi, Ebali, Shefo dhe Onami.

²⁴ Këta qenë bijtë e Cibeonit: Aja dhe Anahu. Anahu është ai që zbuloi në shkretëtirë ujëra të nxehta ndërsa po kulloste gomarët e Cibeonit, atit të tij.

²⁵ Këta qenë bijtë e Anahut: Dishoni dhe Oholibamah, e bija e Anahut.

²⁶ Këta qenë bijtë e Dishonit: Hemdani, Eshbani, Ithrani dhe Kerani.

²⁷ Këta qenë bijtë e Etserit: Bilhani, Zaavani dhe Akani.

²⁸ Këta qenë bijtë e Dishanit: Utsi dhe Arani.

²⁹ Këta qenë krerët e Horejve: kreu Lothan, kreu Shobal, kreu Cibeon, kreu Anah,

³⁰ kreu Dishon, kreu Etser, kreu Dishan. Këta qenë krerët e Horejve, krerët që ata patën në vendin e Seirit.

³¹ Këta qenë mbretërit që mbretëruan në vendin e Edomit, para se ndonjë mbret të sundonte mbi bijtë e Izraelit:

³² Bela, i biri i Beorit, mbretëroi në Edom, dhe emri i qytetit të tij qe Dinhabah.

³³ Bela vdiq dhe në vend të tij mbretëroi Jobabi, i biri i Zerahut, nga Botsrahu.

³⁴ Jobabi vdiq dhe në vend të tij mbretëroi Hushami, nga vendi i Temanitëve.

³⁵ Hushami vdiq, dhe në vend të tij mbretëroi Hadabi, i biri i Bedadit, që mundi Madianitët në fushat e Moabit; dhe emri i qytetit të tij qe Avith.

³⁶ Hadadi vdiq dhe në vend të tij mbretëroi Samlahu, nga Masrekahu.

³⁷ Samlahu vdiq dhe në vend të tij mbretëroi Sauli nga Rohoboth, mbi Lumë.

³⁸ Sauli vdiq dhe në vend të tij mbretëroi Baal-Hanani, i biri i Akborit.

³⁹ Baal-Hanani, i biri i Akborit, vdiq dhe në vendin e tij mbretëroi Hadari. Emri i qytetit të tij qe Pau, dhe emri i gruas së tij qe Mehetabel, e bija e Metredës dhe e Mezahabut.

⁴⁰ Këto qenë emrat e krerëve të Esaut, simbas familjeve të tyre dhe territoreve të tyre, me emrat e tyre; kreu Timnah, kreu Alvah, kreu Jetheth,

⁴¹ kreu Oholibamah, kreu Elah, kreu Pinon,

⁴² kreu Kenac, kreu Teman, kreu Mibcar,

⁴³ kreu Magdiel dhe kreu Iram. Këta qenë krerët e Edomit simbas vendbanimit të tyre, në vendin që zotëronin. Ky qe Esau, ati i Edomitëve.

Kapitull 37

¹ Por Jakobi banoi në vendin ku i ati kishte qëndruar, në vendin e Kanaanëve.

² Këta janë pasardhësit e Jakobit. Jozefi, në moshën shtatëmbëdhjetëvjeçare, kulloste kopenë bashkë me vëllezërit e tij; i riu rrinte me bijën e Bilhahës dhe me bijtë e Zilpahës, që ishin gratë e babait të tij. Por Jozefi i tregoi të atit për namin e keq që përhapej mbi sjelljen e tyre.

³ Por Izraeli e donte Jozefin më tepër se tërë bijtë e tij, sepse ishte biri i pleqërisë së tij; dhe i bëri një rrobe të gjatë deri te këmbët.

⁴ Por vëllezërit e tij, duke parë që i ati i tyre e donte më tepër nga të gjithë vëllezërit e tjerë, filluan ta urrejnë dhe nuk mund t'i flisnin në mënyrë miqësore.

⁵ Por Jozefi pa një ëndërr dhe ua tregoi vëllezërve të tij; dhe këta e urryen edhe më tepër.

⁶ Ai u tha atyre: "Dëgjoni, ju lutem, ëndrrën që pashë.

⁷ Ne ishim duke lidhur duaj në mes të arës, kur papritmas duajt e mi u drejtuan dhe qëndruan drejt, kurse duajt tuaja u mblodhën dhe u përkulën përpara duajve të mi".

⁸ Atëherë vëllezërit e tij i thanë: "A duhet të mbretërosh ti mbi ne, ose do të na sundosh me të vërtetë?". Dhe e urryen edhe më tepër për shkak të ëndrrave të tij dhe të fjalëve të tij.

⁹ Ai pa një ëndërr tjetër dhe ua tregoi vëllezërve të tij, duke thënë: "Pashë një ëndërr tjetër! Dhe ja, dielli, hëna dhe njëmbëdhjetë yje përkuleshin para meje".

¹⁰ Dhe ai ia tregoi këtë ëndërr atit të tij dhe vëllezërve të tij; i ati e qortoi dhe i tha: "Ç'kuptim ka ëndrra që ke parë? A do të duhet që pikërisht unë, nëna jote dhe vëllezërit e tu të vijnë e të përkulemi deri në tokë para teje?".

¹¹ Dhe vëllezërit e tij e kishin zili, por i ati e mbante përbrenda këtë gjë.

¹² Ndërkaq vëllezërit e Jozefit kishin vajtur për të kullotur kopenë e atit të tyre në Sikem.

¹³ Dhe Izraeli i tha Jozefit: "Vëllezërit e tu a nuk janë ndofta duke kullotur kopenë në Sikem? Eja, do të dërgoj tek ata". Ai u përgjegj: "Ja ku jam".

¹⁴ Izraeli i tha: "Shko të shikosh në se vëllezërit e tu janë mirë dhe në se kopeja shkon mirë, dhe kthehu të më japësh përgjigje". Kështu e nisi në luginën e Hebronit dhe ai arriti në Sikem.

¹⁵ Ndërsa ai endej në fushë, një burrë e gjeti dhe e pyeti: "Çfarë kërkon?".

¹⁶ Ai u përgjegj: "Jam duke kërkuar vëllezërit e mi; të lutem më trego se ku ndodhen duke kullotur bagëtinë".

¹⁷ Ai burrë i tha: "Ata kanë ikur së këtejmi, sepse i dëgjova që thonin: "Të shkojmë në Dothan"". Atëherë Jozefi shkoi të kërkojë vëllezërit e tij dhe i gjeti në Dothan.

¹⁸ Ata e panë së largu, dhe para se t'u afrohej, komplotuan kundër tij për ta vrarë.

¹⁹ Dhe i thanë njëri tjetrit: "Ja ku po vjen ëndërruesi!

²⁰ Ejani, pra, ta vrasim dhe ta hedhim në një pus; do të themi pastaj që një kafshë e egër e hëngri; kështu do të shohim se ç'përfundim do të kenë ëndrrat e tij".

²¹ Rubeni i dëgjoi këto dhe vendosi ta shpëtojë nga duart e tyre, dhe tha: "Nuk do ta vrasim".

²² Pastaj Rubeni shtoi: "Mos derdhni gjak, por hidheni në këtë pus të shkretëtirës dhe mos e goditni me dorën tuaj". Thoshte kështu për ta shpëtuar nga duart e tyre dhe për t'ia shpënë të atit.

²³ Kur Jozefi arriti pranë vëllezërve të tij, këta e zhveshën nga veshja e tij, nga rrobja e gjatë që i arrinte deri te këmbët;

²⁴ pastaj e kapën dhe e hodhën në pus. Por pusi ishte bosh, nuk kishte ujë brenda.

²⁵ Pastaj u ulën për të ngrënë; por, duke ngritur sytë, ata panë një karvan Ismaelitësh që vinte nga Galaadi me deveтë e tyre të ngarkuara me erëza, balsame dhe mirrë, dhe udhëtonte për t'i çuar në Egjipt.

²⁶ Atëherë Juda u tha vëllezërve të tij: "Ç'dobi do të kemi po të vrasim vëllanë tonë dhe të fshehim gjakun e tij?

²⁷ Ejani, t'ia shesim Ismaelitëve dhe të mos e godasë dora jonë, sepse është vëllai ynë, mishi ynë". Dhe vëllezërit e tij e dëgjuan.

²⁸ Ndërsa po kalonin ata tregtarë Madianitë, ata e ngritën dhe e nxorën Jozefin jashtë pusit dhe ia shitën Ismaelitëve për njëzet monedha argjendi. Dhe këta e shpunë Jozefin në Egjipt.

²⁹ Rubeni u kthye te pusi, por Jozefi nuk ishte më në pus. Atëherë ai i çorri rrobat e tij.

³⁰ Pastaj u kthye te vëllezërit e tij dhe tha: "Djali nuk është më; po unë, ku do të shkoj unë?".

³¹ Kështu ata muarën rrobën e gjatë të Jozefit, therën një cjap dhe e futën rrobën në gjak.

³² Pastaj e çuan rrobën te babai dhe i thanë: "Kemi gjetur këtë; shiko pak nëse rrobja e birit tënd".

³³ Dhe ai e njohu dhe tha: "Është rrobja e tim biri, e ka ngrënë ndonjë kafshë e egër; me siguri Jozefin e kanë bërë copë e çikë".

³⁴ Atëherë Jakobi i shqeu rrobat e tij, veshi një grathore dhe mbajti zi për birin e tij shumë ditë.

³⁵ Dhe të gjithë bijtë dhe të gjitha bijat e tij erdhën për ta ngushëlluar, por ai nuk pranoi të ngushëllohet dhe tha: "Unë do të zbres në Sheol pranë birit tim për të mbajtur zi". Kështu e qau i ati.

³⁶ Ndërkaq Madianitët e shitën Jozefin në Egjipt dhe ia shitën Potifarit, oficer i Faraonit dhe kapiten i rojeve.

Kapitull 38

¹ Por në atë kohë ndodhi që Juda la vëllezërit e tij dhe shkoi të rrijë me një burrë nga Adullami, që quhej Hirah.

² Kur Juda pa vajzën e një burri Kananean të quajtur Shua e mori për grua dhe u bashkua me të.

³ Dhe ajo u ngjiz dhe lindi një bir, që ajo e quajti Er.

⁴ Pastaj ajo u ngjiz dhe lindi një bir, që ai e quajti Onan.

⁵ Ajo u ngjiz përsëri dhe lindi një bir, të cilit i vuri emrin Shelah. Juda ishte në Kecib kur ajo lindi.

⁶ Pastaj Juda i dha Erit të parëlindurit të tij, një grua të quajtur Tamara.

⁷ Por Eri, i parëlinduri i Judës, ishte i keq në sytë e Zotit dhe Zoti e bëri të vdesë.

⁸ Atëherë Juda i tha Onanit: "Shko te gruaja e vëllait tënd, martohu me të dhe krijoi trashëgimtarë vëllait tënd".

⁹ Por Onani, duke ditur se këta pasardhës nuk kishin për të qënë të vetët, kur bashkohej me gruan e të vëllait, e hidhte farën e tij përtokë për të mos i dhënë pasardhës vëllait të tij.

¹⁰ Kjo nuk i pëlqeu Zotit, që e bëri të vdesë edhe atë.

¹¹ Atëherë Juda i tha Tamarës, nuses së birit të tij: "Rri si e ve në shtëpinë e atit tënd, deri sa biri im Shelah të rritet". Sepse mendonte: "Kam frikë se edhe ai ka për të vdekur si vëllezërit e tij". Kështu Tamara u nis dhe banoi në shtëpinë e të atit.

¹² Mbas një kohe të gjatë vdiq gruaja e Judës, që ishte e bija e Shuas; kur mbaroi zinë, Juda u ngjit tek ata që qethnin delet e tij në Timnah bashkë me mikun e tij Hirah, i quajtur Adullamiti.

¹³ Këtë e mori vesh Tamara dhe asaj i thanë: "Ja, vjehrri yt po ngjitet në Timnah për të qethur delet e tij".

¹⁴ Atëherë ajo hoqi rrobat e saj të vejërisë, u mbulua me një velo dhe u mbështoll e tëra; pastaj u ul te porta e Enaimit, që ndodhet në rrugën drejt Timnahut; në fakt ajo kishte parë që Shelahu ishte rritur më në fund, por ajo nuk i ishte dhënë për grua.

¹⁵ Sa e pa Juda mendoi që ajo ishte prostitutë, sepse e kishte fytyrën të mbuluar.

¹⁶ Prandaj ai iu afrua asaj në rrugë dhe i tha: "Lërmë të hyj te ti". Në të vërtetë nuk e dinte se ajo ishte nusja e djalit të tij. Ajo iu përgjegj: "Çfarë do të më japësh për të hyrë tek unë?"

¹⁷ Atëherë ai i tha: "Do të të dërgoj një kec nga kopeja ime". Ajo e pyeti: "A më jep një peng deri sa të ma dërgosh?".

¹⁸ Ai i tha: "Çfarë pengu duhet të të jap?". Ajo u përgjegj: "Vulën tënde, kordonin tënd dhe bastunin që ke në dorë". Ai ia dha, hyri te ajo dhe u ngjiz me të.

¹⁹ Pastaj ajo u ngrit dhe iku; hoqi velin dhe veshi përsëri rrobat e saj të vejërisë.

²⁰ Por Juda i dërgoi kecin me anë të mikut të tij, Adulamitit, për të rimarë pengun nga duart e asaj gruaje; po ai nuk e gjeti atë.

²¹ Atëherë pyeti njerëzit vendas duke thënë: "Ku është ajo prostitutë që rrinte në Enaim, në rrugë?". Ata u përgjigjen: "Nuk ka pasur asnjë prostitutë këtu".

²² Kështu ai u kthye te Juda dhe i tha: "Nuk e gjeta; veç kësaj vendasit më thanë: "Nuk ka pasur asnjë prostitutë këtu"".

²³ Atëherë Juda tha: "Le ta mbajë, pra, pengun që i dhashë, sepse nuk duam të mbulohemi me turp. Ja, unë i dërgova këtë kec dhe ti nuk e gjete".

²⁴ Tre muaj më vonë erdhën dhe i thanë Judës: "Tamara, nusja e birit tënd, është bërë prostitutë; dhe, nga ky shkak, ajo ka mbetur gjithashtu me barrë". Atëherë Juda u tha: "Nxirreni jashtë dhe digjeni!".

²⁵ Ndërsa po e nxirrnin jashtë, ajo i çoi fjalë të vjehrrit: "Njeriu të cilit i përkasin këto sende, më la me barrë". Pastaj tha: "Shiko në se mund të dallosh të kujt janë këto sende: vula, kordoni dhe bastuni".

²⁶ Juda i njohu dhe tha: "Ajo është më e drejtë se unë, se unë nuk ia dhashë Shelahut, birit tim". Dhe ai nuk pati më marrëdhënie me të.

²⁷ Kur edhi koha e lindjes, ajo kishte në bark dy binjakë.

²⁸ Ndërsa po lindte, njeri prej tyre nxori jashtë një dorë dhe mamia e kapi dhe i lidhi një fije të kuqe flakë, duke thënë: "Ky doli i pari".

²⁹ Por ai e tërhoqi dorën e tij, dhe ja që doli jashtë vëllai i tij. Atëherë mamia tha: "Si ia çave rrugën vetes?". Për këtë arësye u quajt Perets.

³⁰ Pastaj doli vëllai i tij, që kishte rreth dorës fijen ngjyrë të kuqe flakë; dhe u quajt Zerah.

Kapitull 39

¹ Ndërkaq Jozefi u çua në Egjipt; dhe Potifari, oficeri i Faraonit dhe kapiten i rojeve, një egjiptas, e bleu nga Ismaelitët që e kishin sjellë atje.

² Zoti qe me Jozefin, dhe ky pasurohej dhe banonte në shtëpinë e zotërisë së tij, egjiptasit.

³ Dhe zotëria e tij e pa që Zoti qe me të dhe që Zoti e sillte mbarë në duart e tij gjithçka bënte.

⁴ Kështu Jozefi fitoi hir në sytë e atij dhe hyri në shërbimin personal të Potifarit, që e emëroi kryeadministrator të shtëpisë së tij dhe i la në dorë gjithçka zotëronte.

⁵ Nga çasti që e bëri kryeadministrator të shtëpisë së tij dhe për gjithçka që zotëronte, Zoti e bekoi shtëpinë e egjiptasit për shkak të Jozefit; dhe bekimi i Zotit përfshiu gjithçka ai kishte në shtëpi dhe në fushë.

⁶ Kështu Potifari la gjithçka kishte në dorë të Jozefit dhe nuk shqetësohej më për asgjë, përveç ushqimit të vet. Dhe Jozefi ishte i bukur nga forma dhe kishte një pamje tërheqëse.

⁷ Mbas gjithë këtyre gjërave, gruaja e zotërisë së tij ia vuri sytë Jozefit dhe i tha: "Bjerë e fli me mua".

⁸ Por ai e refuzoi dhe i tha gruas së zotërisë së tij: "Ja, zotëria ime nuk shqetësohet për ato që ka lënë në shtëpi me mua dhe ka lënë në duart e mia gjithçka zotëron.

⁹ Nuk ka asnjë më të madh se unë në këtë shtëpi; ai nuk më ka ndaluar asgjë veç teje, sepse je gruaja e tij. Si mund ta bëj unë këtë të keqe të madhe dhe të kryej një mëkat kundër Perëndisë?".

¹⁰ Me gjithë faktin që ajo i fliste Jozefit për këtë gjë çdo ditë, ai nuk pranoi të binte në shtrat me të dhe t'i jepej asaj.

¹¹ Një ditë ndodhi që ai hyri në shtëpi për të bërë punën e tij, dhe nuk ndodhej në shtëpi asnjë prej shërbëtorëve.

¹² Atëherë ajo e kapi nga rrobat dhe i tha: "Eja të shtrihesh me mua". Por ai ia la në dorë roben e tij, iku duke vrapuar jashtë.

¹³ Kur ajo pa që ai ia kishte lënë në dorë rroben e tij dhe kishte ikur jashtë,

¹⁴ thirri shërbëtorët e vet dhe u tha: "Shikoni, ai na solli në shtëpi një hebre për t'u tallur me ne; ai erdhi tek unë për të rënë me mua, por unë bërtita me të madhe.

¹⁵ Me të dëgjuar që unë ngrita zërin dhe fillova të bërtas, ai la rroben e tij pranë meje, iku dhe vrapoi jashtë".

¹⁶ Kështu ajo mbajti pranë saj rroben e tij, deri sa u kthye në shtëpi zotëria e saj.

¹⁷ Atëherë ajo i foli në këtë mënyrë: "Ai shërbëtor hebre, që ti na solle, erdhi tek unë për të më vënë në lojë.

¹⁸ Por sa ngrita zërin dhe bërtita, ai la rroben pranë meje dhe iku jashtë".

¹⁹ Kështu, kur zotëria e saj dëgjoi fjalët e gruas së vet që i fliste në këtë mënyrë duke thënë: "Shërbëtori yt më ka bërë këtë gjë!", ai u inatos.

²⁰ Atëherë zotëria e Jozefit e mori dhe e futi në burg, në vendin ku ishin mbyllur të burgosurit e mbretit. Kështu ai mbeti në atë burg.

²¹ Por Zoti qe me Jozefin dhe u tregua dashamirës ndaj tij, duke bërë që t'i hynte në zemër drejtorit të burgut.

²² Kështu drejtori i burgut i besoi Jozefit tërë të burgosurit që ndodheshin në burg; dhe ai ishte përgjegjës për të gjitha që bëheshin aty brënda.

²³ Drejtori i burgut nuk kontrollonte më asgjë nga ato që i ishin besuar Jozefit, sepse Zoti ishte me të, dhe Zoti e bënte të mbarë gjithçka që ai bënte.

Kapitull 40

¹ Mbas këtyre gjërave, ndodhi që kupëmbajtësi dhe bukëpjekësi i mbretit të Egjiptit fyen zotërinë e tyre, mbretin e Egjiptit.

² Dhe Faraoni u zemërua me të dy oficerët e tij, kryekupëmbajtësin dhe kryebukëpjekësin,

³ dhe i futi në burg, në shtëpinë e kreut të rojeve, në po atë burg ku ishte mbyllur Jozefi.

⁴ Dhe kapiteni i rojeve i la nën mbikqyrjen e Jozefit, i cili i ndihmonte. Kështu ata qëndruan në burg për një farë kohe.

⁵ Po atë natë, kupëmbajtësi dhe bukëpjekësi i mbretit të Egjiptit,

që ishin të mbyllur në burg, panë që të dy një ëndërr, secili ëndrrën e tij, me një kuptim të veçantë.

⁶ Dhe të nesërmen në mëngjes Jozefi erdhi tek ata dhe vuri re se ishin të shqetësuar.

⁷ Atëherë ai pyeti oficerët e Faraonit, që ishin me të në burg, në shtëpinë e zotërisë së tij dhe u tha: "Pse keni sot një fytyrë kaq të trishtuar?".

⁸ Ata iu përgjegjën: "Kemi parë një ëndërr dhe askush nuk është në gjëndje ta interpretojë". Atëherë Jozefi u tha atyre: "Interpretimet nuk i përkasin vallë Perëndisë? Më tregoni ëndrrat, ju lutem".

⁹ Kështu kryekupëmbajtësi i tregoi Jozefit ëndrrën e tij dhe i tha: "Në ëndrrën time kisha përpara një hardhi;

¹⁰ dhe në atë hardhi kishte tri degë, të cilat sa vunë lastarë, lulëzuan dhe dhanë vile rrushi të pjekur.

¹¹ Tani unë kisha në dorë kupën e Faraonit; mora rrushin, e shtrydha në kupën e Faraonit dhe e vura kupën në dorë të Faraonit".

¹² Jozefi i tha: "Ky është interpretimi i ëndrrës: tri degët janë tri ditë;

¹³ në krye të tri ditëve Faraoni do të të bëjë të ngresh përsëri kokën lart, do të të rivendosë në detyrën tënde dhe ti do t'i japësh në dorë kupën Faraonit, siç bëje më parë, kur ishe kupëmbajtësi i tij.

¹⁴ Por më kujto mua kur të jesh i lumtur; të lutem, trego dashamirësi ndaj meje, duke i folur për mua Faraonit, dhe më nxirr nga kjo shtëpi;

¹⁵ sepse mua më sollën fshehurazi nga vendi i hebrejve, dhe këtu s'kam bërë gjë për t'u futur në këtë burg të nëndheshëm".

¹⁶ kryebukëpjekësi, duke parë se interpretimi ishte i favorshëm, i tha Jozefit: "Edhe unë në ëndrrën time kisha tri shporta me bukë të bardhë, mbi krye;

¹⁷ dhe në shportën më të lartë kishte çdo lloj gjellësh të pjekura në furrë për Faraonin; dhe zogjtë i hanin nga shporta që kisha mbi krye".

¹⁸ Atëherë Jozefi u përgjegj dhe tha: "Ky është interpretimi i ëndrrës: tri shportat janë tri ditë;

¹⁹ në krye të tri ditëve Faraoni do të të heqë kokën nga shpatullat, do të varë në një pemë, dhe zogjtë do të hanë mishrat e trupit tënd".

²⁰ Tani ditën e tretë, ditën e përvjetorit të Faraonit, ndodhi që ai shtroi një banket për gjithë shërbëtorët e tij; dhe bëri që të ngrinin kokën lartë si kryekupëmbajtësi dhe kryebukëpjekësi, në mes të shërbëtorëve të tij.

²¹ Kështu e rivendosi kryekupëmbajtësin në detyrën e tij si kupëmbajtës që t'i jepte kupën në dorë Faraonit,

²² por bëri që ta varnin kryebukëpjekësin simbas interpretimit që Jozefi u kishte dhënë.

²³ Por kryekupëmbajtësi nuk u kujtua për Jozefin, por e harroi.

Kapitull 41

¹ Por ndodhi që mbas dy vitesh të plota Faraoni pa një ëndërr. Ai ndodhej pranë një lumi,

² dhe ja që ndërsa po ngjiten nga lumi shtatë lopë, të hijshme e të majme, që nisën të kullosin ndër xunkthe.

³ Pas atyre, u ngjitën nga lumi shtatë lopë të tjera të shëmtuara dhe të dobëta, dhe u ndalën pranë të parave në bregun e lumit.

⁴ Tani lopët e shëmtuara dhe të dobëta hëngrën lopët e hijshme dhe të majme. Pastaj Faraoni u zgjua.

⁵ Më pas e zuri gjumi përsëri dhe pa një ëndërr të dytë; dhe, ja, shtatë kallinj të trashë dhe të bukur që dilnin nga një kërcell i vetëm.

⁶ Pastaj, ja, shtatë kallinj të hollë dhe të tharë nga era lindore, që mbinin pas tyre.

⁷ Dhe kallinjtë e hollë gëlltitën shtatë kallinjtë e trashë dhe të plotë. Atëherë Faraoni u zgjua dhe, ja, ishte një ëndërr.

⁸ Në mëngjes shpirti i tij qe i trazuar, dhe dërgoi e thirri tërë magjistarët dhe të diturit e Egjiptit; pastaj Faraoni u tregoi ëndrrat e tij, por asnjeri prej tyre nuk qe në gjendje t'ia interpretonte Faraonit.

⁹ Atëherë kryekupëmbajtësi i foli Faraonit duke i thënë: "Sot kujtoj gabimet e mia.

¹⁰ Faraoni ishte zemëruar me shërbëtorët e tij dhe më kishte futur në burg në shtëpinë e kreut të rojeve, mua dhe kryebukëpjekësin.

¹¹ Po atë natë, unë dhe ai pamë një ëndërr; secili pa një ëndërr që kishte kuptimin e tij.

¹² Me ne ishte edhe një hebre i ri, shërbëtor i kreut të rojeve; atij i treguam ëndrrat tona dhe ai na i interpretoi, duke i dhënë secilit interpretimin e ëndrrës së tij.

¹³ Dhe gjërat u zhvilluan pikërisht simbas interpretimit që na kishte dhënë ai. Faraoni më rivendosi në detyrën time dhe e vari tjetrin".

¹⁴ Atëherë Faraoni dërgoi ta thërrisnin Jozefin, që e nxorrën menjëherë nga burgu nëntokësor. Kështu ai u rrua, ndërroi rrobat dhe erdhi te Faraoni.

¹⁵ Dhe Faraoni i tha Jozefit: "Kam parë një ëndërr dhe askush nuk është në gjëndje ta interpretojë; por kam dëgjuar për ty se, kur ke dëgjuar një ëndërr, je në gjendje ta interpretosh".

¹⁶ Jozefi iu përgjegj Faraonit duke i thënë: "Nuk jam unë, por Perëndia do të japë një përgjigje për të mirën e Faraonit".

¹⁷ Atëherë Faraoni i tha Jozefit: "Ja, në ëndrrën time unë rrija në bregun e lumit,

¹⁸ kur u ngjitën nga lumi shtatë lopë të majme dhe të hijshme, që nisën të kullosnin ndër xunkthe.

¹⁹ Pas tyre u ngjitën shtatë lopë të tjera të dobëta, shumë të shëmtuara dhe thatime; lopë të tilla aq të shëmtuara nuk kisha parë kurrë në gjithë shtetin e Egjiptit.

²⁰ Dhe lopët e dobëta dhe të shëmtuara i hëngrën të shtatë lopët e para të majme;

²¹ por edhe pasi i hëngrën, asnjeri nuk mund të dallonte që i kishin ngrënë, sepse ato ishin të shëmtuara si më parë. Kështu u zgjova.

²² Pastaj pashë në ëndrrën time shtatë kallinj që dilnin nga një kërcell i vetëm, të plotë dhe të bukur;

²³ dhe ja shtatë kallinj të tjerë të fishkur, të hollë dhe të tharë nga era lindore, që mbinin pas të parëve.

²⁴ Pastaj shtatë kallinjtë e hollë gëlltitën shtatë kallinjtë e bukur. Këtë gjë ua tregova magjistarëve, por asnjeri prej tyre nuk qe në gjendje të më jepte një shpjegim".

²⁵ Atëherë Jozefi i tha Faraonit: "Ëndërrat e Faraonit janë një ëndërr e njëjtë. Perëndia i tregoi Faraonit atë që po gatitet të bëjë.

²⁶ Shtatë lopët e bukura janë shtatë vite dhe shtatë kallinjtë e bukur janë shtatë vite; është e njëjta ëndërr.

²⁷ Edhe shtatë lopët e dobëta dhe të shëmtuara, që ngjiteshin pas atyre, janë shtatë vite; edhe shtatë kallinjtë bosh dhe të tharë nga era lindore janë shtatë vite zije buke.

²⁸ Këto janë ato që i thanë Faraonit: Perëndia i tregoi Faraonit atë që po përgatitet të bëjë.

²⁹ Ja, po vijnë shtatë vite bollëku të madh në tërë vendin e Egjiptit;

³⁰ por pas këtyre do të vinë shtatë vite zije buke dhe gjithë ai bollëk do të harrohet në vendin e Egjiptit; dhe zija do të ligështojë vendin.

³¹ Dhe në vend nuk do ta kujtojnë më bollëkun e mëparshëm për shkak të zisë së bukës që do të vijë, sepse kjo do të jetë shumë e rëndë.

³² Fakti që kjo ëndërr i është shfaqur Faraonit dy herë do të thotë që këtë vendim e ka marrë Perëndia, dhe Perëndia do të bëjë që të ndodhë shpejt.

³³ Prandaj Faraoni të kërkojë një njeri të zgjuar dhe të urtë dhe ta caktojë në krye të Egjiptit.

³⁴ Faraoni duhet të veprojë kështu: të emërojë në vend mbikqyrës për të mbledhur një të pestën e prodhimeve të vendit të Egjiptit, gjatë shtatë viteve të bollëkut.

³⁵ Ata të grumbullojnë të gjitha ushqimet e këtyre viteve të mbara që po vijnë dhe të grumbullojnë grurin nën autoritetin e Faraonit dhe ta ruajnë për furnizimin e qyteteve.

³⁶ Këto ushqime do të jenë një rezervë për vendin në parashikim të shtatë viteve të zisë së bukës që do të bjerë në vendin e Egjiptit; kështu vendi nuk do të humbasë nga zija".

³⁷ Kjo gjë i pëlqeu Faraonit dhe gjithë nëpunësve të tij.

³⁸ Dhe Faraoni u tha nëpunësve të tij: "A mund të gjejmë një njeri si ky, tek i cili të gjendet Fryma e Perëndisë?".

³⁹ Atëherë Faraoni i tha Jozefit: "Me qënë se Perëndia të bëri të dish të gjitha këto gjëra, nuk ka asnjeri të zgjuar dhe të ditur sa ti.

⁴⁰ Ti do të jesh mbi shtëpinë time dhe i tërë populli im do t'u bindet urdhërave të tua; vetëm për fronin unë do të jem më i madh se ti".

⁴¹ Faraoni i tha Jozefit: "Shiko, unë të emëroj mbi gjithë shtetin e Egjiptit".

⁴² Pastaj Faraoni hoqi unazën nga dora e vet dhe ia vuri në dorë Jozefit; e veshi me rroba krejt prej liri dhe i vari në qafë një gjerdan të artë.

⁴³ E hipi pastaj në karron e tij të dytë, dhe para tij thërrisnin: "Në gjunjë!". Kështu Faraoni e vendosi mbi tërë shtetin e Egjiptit.

⁴⁴ Veç kësaj Faraoni i tha Jozefit: "Faraoni jam unë, por pa ty asnjeri nuk ka për të ngritur dorën ose këmbën në tërë shtetin e Egjiptit".

⁴⁵ Dhe Faraoni e quajti Jozefin me emrin Cofnath-Paneah dhe i dha për grua Asenathin, të bijën e Potiferahut, prift i Onit. Dhe Jozefi u nis për të vizituar shtetin e Egjiptit.

⁴⁶ Tani Jozefi ishte tridhjetë vjeç kur u paraqit para Faraonit, mbretit të Egjiptit. Pastaj Jozefi u largua nga Faraoni dhe i ra anembanë Egjiptit.

⁴⁷ Gjatë shtatë viteve të bollëkut, toka prodhoi shumë;

⁴⁸ dhe Jozefi grumbulloi tërë ushqimet në vendin e Egjiptit gjatë

atyre shtatë viteve dhe i vendosi nëpër qytetet; në çdo qytet vendosi ushqimet e territorit përreth.

⁴⁹ Kështu Jozefi grumbulloi grurë, si rëra e detit, aq shumë sa pushoi së mbajturi llogari sepse sasia e grurit ishte e pallogaritshme.

⁵⁰ Para se të vinte viti i zisë, Jozefit i lindën dy fëmijë që Asenathi, e bija e Potiferahut, prift i Onit, i lindi.

⁵¹ Jozefi e quajti të parëlindurin Manasi, sepse tha: "Perëndia bëri që të harroj çdo shqetësim timin dhe tërë shtëpinë e atit tim".

⁵² Të dytit i vuri emrin Efraim, sepse tha: "Perëndia më ka bërë frytdhënës në vendin e pikëllimit tim".

⁵³ Shtatë vitet e bollëkut që kanë qenë në shtetin e Egjiptit morën fund,

⁵⁴ dhe filluan shtatë vitet e zisë, ashtu si kishte thënë Jozefi. Kishte mungesë ushqimesh në të tëra vendet, por në tërë vendin e Egjiptit kishte bukë.

⁵⁵ Pastaj tërë vendi i Egjiptit filloi të vuajë nga uria, dhe populli e ngriti zërin për t'i kërkuar bukë Faraonit. Atëherë Faraoni u tha tërë Egjiptasve: "Shkoni tek Jozefi dhe bëni si t'ju thotë ai".

⁵⁶ Zija ishte përhapur mbi sipërfaqen e tërë vendit dhe Jozefi i hapi tërë depot dhe u shiti grurë Egjiptasve. Por zija u bë më e rëndë në vendin e Egjiptit.

⁵⁷ Kështu njerëzit e të gjitha vendeve vinin në Egjipt te Jozefi për të blerë grurë, sepse zija qe shtuar mbi tërë tokën.

Kapitull 42

¹ Por Jakobi, pasi mësoi se në Egjipt kishte grurë, u tha bijve të tij: "Pse shikoni njëri-tjetrin?".

² Pastaj tha: "Ja, dëgjova se në Egjipt ka grurë; shkoni atje poshtë për të blerë grurë për ne, që të mundim të jetojmë dhe të mos vdesim".

³ Kështu dhjetë vëllezërit e Jozefit zbritën në Egjipt për të blerë grurë.

⁴ Por Jakobi nuk e dërgoi Beniaminin, vëllanë e Jozefit, me vëllezërit e tij, sepse thoshte: "Të mos i ngjasë ndonjë fatkeqësi".

⁵ Bijtë e Izraelit arritën aty, pra, për të blerë grurë, në mes të të ardhurve të tjerë, sepse në vendin e Kanaanëve mbretëronte zija.

⁶ Jozefi ishte qeveritari i vendit; ai u shiste grurë tërë njerëzve të vendit; dhe vëllezërit e Jozefit erdhën dhe u përulën para tij me fytyrën për tokë.

⁷ Jozefi pa vëllezërit e tij dhe i njohu, por u suall me ta si një i huaj dhe përdori fjalë të ashpra me ta, duke u thënë: "Nga vini?". Ata u përgjigjën: "Nga vendi i Kanaanit për të blerë ushqime".

⁸ Kështu Jozefi njohu vëllezërit e tij, por ata nuk e njohën atë.

⁹ Atëherë Jozefit iu kujtuan ëndrrat që kishte parë rreth tyre dhe tha: "Ju jeni spiunë! Keni ardhur këtu për të parë pikat e pambrojtura të vendit!".

¹⁰ Ata iu përgjegjën: "Jo, zotëria im; shërbëtorët e tu kanë ardhur për të blerë ushqime.

¹¹ Jemi të gjithë bijtë e të njejtit njeri, jemi njerëz të ndershëm; shërbëtorët e tu nuk janë spiunë".

¹² Por ai u tha atyre: "Jo, ju keni ardhur për të parë pikat e pambrojtura të vendit!".

¹³ Atëherë ata thanë: "Ne, shërbëtorët e tu, jemi dymbëdhjetë vëllezër, bij të njëjtit njeri nga vendi i Kanaanit. Dhe ja, pra, më i riu është sot me atin tonë, dhe njeri prej tyre nuk është më".

¹⁴ Por Jozefi u tha atyre: "Çështja qëndron ashtu siç ju thashë: ju jeni spiunë!

¹⁵ Ja si do të viheni në provë: ashtu siç është e vërteta që Faraoni jeton, nuk do të dilni këtej para se vëllai juaj më i vogël të vijë këtu.

¹⁶ Dërgoni njerin prej jush të marrë vëllanë tuaj; dhe ju do të qëndroni këtu në burg, që fjalët tuaja të provohen dhe të shihet nëse thoni të vërtetën; për ndryshe, ashtu siç është e vërtetë që Faraoni jeton, ju jeni spiunë!".

¹⁷ Kështu i futi bashkë në burg për tri ditë.

¹⁸ Ditën e tretë, Jozefi u tha atyre: "Bëni këtë dhe do të jetoni; unë kam frikë nga Perëndia!

¹⁹ Në rast se jeni njerëz të ndershëm, njeri nga ju vëllezërit të rrijë i lidhur me zinxhir në burgun tonë, dhe ju shkoni t'u çoni grurë familjeve tuaja që vdesin urie;

²⁰ pastaj më sillni vëllanë tuaj më të vogël; kështu do të vërtetohen fjalët tuaja dhe ju nuk keni për të vdekur". Dhe ata vepruan kështu.

²¹ Atëherë i thonin njëri-tjetrit: "Ne jemi me të vërtetë fajtorë ndaj vëllait tonë, sepse e pamë ankthin e shpirtit të tij kur ai na lutej, por nuk ia vumë veshin! Ja pse na ra kjo fatkeqësi".

²² Rubeni iu përgjegj atyre duke thënë: "A nuk ju thoja unë: "Mos kryeni këtë mëkat kundër fëmijës!"? Por ju nuk më dëgjuat. Prandaj tani na kërkohet llogari për gjakun e tij".

²³ Ata nuk e dinin që Jozefi i kuptonte, sepse midis tij dhe atyre kishte një përkthyes.

²⁴ Atëherë ai u largua nga ata dhe qau. Pastaj u kthye pranë tyre dhe u foli; mori Simeonin dhe vuri ta lidhnin me zinxhir para syve të tyre.

²⁵ Pastaj Jozefi urdhëroi të mbushnin me grurë thasët e tyre, të vendosnin paratë e secilit në trastën e tij dhe t'u jepnin ushqime për udhëtimin. Dhe kështu u bë.

²⁶ Ata ngarkuan, pra, grurin mbi gomarët e tyre dhe u larguan.

²⁷ Tani, në vendin ku po kalonin natën, njëri prej tyre hapi trastën e vet për t'i dhënë ushqim gomarit të tij dhe pa aty brenda paratë e veta, që ishin në grykë të trastës.

²⁸ kështu iu drejtua vëllezërve të tij: "Paratë e mia m'u rikthyen; ja ku janë në trastën time". Atëherë, zemërvrarë dhe të trembur, i thonin njëri-tjetrit: "Ç'është vallë kjo që na bëri Perëndia?".

²⁹ Kështu arritën te Jakobi, ati i tyre, në vendin e Kanaanit dhe i treguan të gjitha ato që kishin ndodhur, duke thënë:

³⁰ "Njeriu, që është zot i vendit, na foli ashpër dhe na trajtoi si spiunë të vendit.

³¹ Dhe ne i thamë: "Jemi njerëz të ndershëm, nuk jemi spiunë;

³² jemi dymbëdhjetë vëllezër, bij të atit tonë; njëri nuk është më dhe më i riu ndodhet sot me atin tonë në vendin e Kanaanit".

³³ Por ai njeri, zoti i vendit, na tha: "Nga kjo do të provoj nëse jeni njerëz të ndershëm: lini pranë meje një prej vëllezërve tuaj, merrni me vete ushqime për familjen tuaj që po vdes nga uria dhe shkoni;

³⁴ pastaj më sillni vëllanë tuaj më të vogël. Kështu do të provoj që nuk jeni spiunë, por njerëz të ndershëm; unë do t'ju kthej vëllanë tuaj dhe ju do të keni mundësi të bëni tregëti këtu"".

³⁵ Ndërsa ata po zbraznin trastat e tyre, ja që pakot e parave të secilit ishin në trastën e secilit; kështu ata dhe ati i tyre i panë pakot e parave të tyre dhe i zuri frika.

³⁶ Atëherë Jakobi, ati i tyre, tha: "Ju më keni lënë pa bijtë e mi! Jozefi nuk është më, Simeoni nuk është më, dhe doni të më hiqni edhe Beniaminin! E tërë kjo rëndon mbi mua!".

³⁷ Rubeni i tha të atit: "Po nuk ta ktheva, urdhëro të vriten dy bijtë e mi. Besoma mua, unë do të ta kthej".

³⁸ Por Jakobi u përgjigj: "Biri im nuk ka për të zbritur me ju, sepse vëllai i tij vdiq dhe mbeti vetëm ky: po t'i ndodhte ndonjë fatkeqësi gjatë udhëtimit, do të kallnit në varr pleqërinë time të dhembshme".

Kapitull 43

¹ Por zija ishte e madhe në vend;

² dhe kur mbaruan së ngrëni grurin që kishin sjellë nga Egjipti, i ati u tha atyre: "Kthehuni për të na blerë pak ushqime".

³ Por Juda iu përgjegj duke thënë: "Ai njeri na ka paralajmëruar haptas duke thënë: "Nuk keni për ta parë fytyrën time, në qoftë se vëllai juaj nuk do të jetë me ju".

⁴ Në qoftë se ti e nis vëllanë tonë me ne, ne do të zbresim dhe do të blejmë ushqime;

⁵ por në rast se nuk e nis, ne nuk kemi për të zbritur, sepse ai njeri na tha: "Nuk keni për ta parë fytyrën time, në rast se vëllai juaj nuk do të jetë me ju"".

⁶ Atëherë Izraeli tha: "Pse më dhatë këtë dhembje duke i thënë atij njeriu që kishit edhe një vëlla?".

⁷ Ata iu përgjigjën: "Ai njeri na pyeti me shumë kujdes për ne dhe farefisin tonë, duke thënë: "Gjallë është ende ati juaj? Keni ndonjë vëlla tjetër?". Dhe ne u përgjigjëm në bazë të këtyre pyetjeve të tij. Ku të na shkonte nga mendja që ai do të na thoshte: "Sillneni këtu vëllanë tuaj"?".

⁸ Pastaj Juda i tha Izraelit, atit të tij: "Lëre fëmijën të vijë me mua, dhe do të çohemi dhe do të shkojmë në mënyrë që të rrojmë dhe jo të vdesim, si ne ashtu dhe ti e të vegjëlit tanë.

⁹ Unë bëhem garant për të; do t'i kërkosh llogari dorës sime për atë. Në rast se nuk e rikthej dhe nuk e vë para teje, do të jem fajtor para teje për gjithnjë.

¹⁰ Po të mos ishim vonuar, në këtë orë do të ishim kthyer për të dytën herë".

¹¹ Atëherë Izraeli, ati i tyre, u tha atyre: "Po të jetë ashtu, veproni në këtë mënyrë: merrni në trastat tuaja disa nga prodhimet më të mira të vendit dhe i çoni atij njeriu një dhuratë: pak balsam,

¹² Merrni me vete dyfishin e parave dhe kthejani paratë që ju vunë në grykën e trastave tuaja, ndofta ka qenë një gabim.

¹³ Merrni edhe vëllanë tuaj, dhe çohuni dhe kthehuni tek ai njeri;

¹⁴ dhe Perëndia i plotfuqishëm t'ju bëjë të gjeni hir para atij njeriu, kështu që ai të lirojë vëllanë tjetër tuajin dhe Beniaminin. Sa për mua, po të jetë se duhet të mbetem pa bijtë e mi, ashtu qoftë!".

¹⁵ Ata, pra, morën me vete dhuratën si dhe dyfishin e parave dhe Beniaminin; u ngritën dhe zbritën në Egjipt dhe u paraqitën para Jozefit.

¹⁶ Kur Jozefi pa Beniaminin bashkë me ta, i tha kryeshërbëtorit të shtëpisë së tij: "Çoji këta njerëz në shtëpi, ther një kafshë dhe përgatit

një banket, sepse ata do të hanë drekë bashkë me mua".

¹⁷ Dhe ai bëri ashtu siç e urdhëroi Jozefi dhe i çoi në shtëpinë e Jozefit.

¹⁸ Por ata u trembën, për shkak se i kishin çuar në shtëpi të Jozefit dhe thanë: "Na sollën këtu për shkak të atyre parave që na u vunë në trastat të parën herë, për të gjetur një shkas kundër nesh, për t'u sulur mbi ne dhe për të na zënë sklleverë bashkë me gomarët tonë".

¹⁹ Pasi iu afruan kryeshërbëtorit të shtëpisë së Jozefit, folën me të te dera e shtëpisë dhe thanë:

²⁰ "Zotëria im, ne zbritëm në të vërtetë herën e parë këtu për të blerë ushqime;

²¹ dhe ndodhi që, kur arritëm në vendin ku kaluam natën, hapëm trastat dhe, ja, paratë e secilit prej nesh ndodheshin në grykë të trastës së vet; paratë tona me peshën e tyre të saktë; tani i kemi risjellë me vete.

²² Dhe kemi sjellë me vete para të tjera për të blerë ushqime; ne nuk e dimë kush mund t'i ketë vënë paratë tona në trastat tona".

²³ Por ai tha: "Qetësohuni, mos u trembni: Perëndia juaj dhe Perëndia e atit tuaj ka vënë një thesar në trastat tuaja. Unë i pata paratë tuaja". Pastaj u solli Simeonin.

²⁴ Ai njeri i futi në shtëpinë e Jozefit, u dha ujë që të lanin këmbët dhe ushqim për gomarët e tyre.

²⁵ Atëherë ata përgatitën dhuratën, duke pritur që Jozefi të vinte në mesditë, sepse kishin dëgjuar që do të rrinin për të ngrënë në atë vend.

²⁶ Kur Jozefi arriti në shtëpi, ata i paraqitën dhuratën që kishin sjellë me vete në shtëpi, dhe u përkulën para tij deri në tokë.

²⁷ Ai i pyeti si ishin dhe tha: "Ati juaj, për të cilin më keni folur, a është mirë? Është ende gjallë?".

²⁸ Ata u përgjegjën: "Shërbëtori yt, ati ynë, është mirë; jeton ende". Dhe e nderuan duke u përkulur.

²⁹ Pastaj Jozefi ngriti sytë, pa vëllanë e tij Beniaminin, bir i nënës së tij, dhe tha: "Ky është vëllai juaj më i vogël për të cilin më folët?". Dhe shtoi: "Perëndia të ndihmoftë, biri im!".

³⁰ Atëherë Jozefi nxitoi të dalë jashtë, sepse ishte mallëngjyer thellë për shkak të vëllait të tij, dhe kërkonte vend ku të qante. Hyri kështu në dhomën e tij dhe aty qau.

³¹ Pastaj lau fytyrën dhe doli; dhe duke i dhënë zemër vetes, tha: "Shtrojeni drekën".

³² Dreka u shtrua veçmas për të, veçmas për ata dhe për Egjiptasit që hanin veçmas nga ai, sepse Egjiptasit nuk mund të hanin bashkë me Hebrejtë; kjo do të ishte një gjë e neveritshme për Egjiptasit.

³³ Kështu ata u ulën përpara tij: i parëlinduri simbas së drejtës së tij të parëbirnisë dhe më i riu simbas moshës së tij; dhe e shikonin njëri-tjetrin me habi.

³⁴ Dhe Jozefi urdhëroi që t'u sillnin racione nga tryeza e vet; por racioni i Beniaminit ishte pesë herë më i madh nga ai i secilit prej tyre. Dhe pinë dhe u gëzuan me të.

Kapitull 44

¹ Jozefi i dha këtë urdhër kryeshërbëtorit të shtëpisë së tij: "Mbushi trastat e këtyre njerëzve me aq ushqime sa mund të mbajnë dhe vëri paratë e secilit në grykën e çdo traste.

² Përveç kësaj vëre kupën time, kupën prej argjendi, në grykën e trastës të më të riut, bashkë me paratë e grurit të tij". Dhe ai bëri ashtu siç i tha Jozefi.

³ Në mëngjes, sa u bë ditë, i nisën ata njerëz me gomarët e tyre.

⁴ Sapo ishin dalë nga qyteti dhe nuk ishin akoma larg, kur Jozefi i tha kryeshërbëtorit të shtëpisë së tij: "Çohu, ndiqi ata njerëz dhe kur t'i kesh arritur, thuaju atyre: "Pse e shpërblyet të mirën me të keqe?

⁵ A nuk është ajo kupa me të cilën pi zotëria im dhe që e përdor për të parathënë të ardhmen? Keni vepruar keq duke u sjellë kështu"".

⁶ Ai i arriti ata dhe u tha këto fjalë.

⁷ Atëherë ata iu përgjegjën: "Pse zotëria im na drejton fjalë si këto? Shërbyesit e tu duhet t'i shmangen një qëndrimi të tillë!

⁸ Ja, pra, ne të kemi rikthyer nga vendi i Kanaanit paratë që kishim gjetur në grykën e trastave tona; si mund të vidhnim argjend ose flori nga shtëpia e zotërisë tënd?

⁹ Ai prej shërbëtorëve të tu të cilit do t'i gjendet kupa, të dënohet me vdekje; edhe gjithashtu ne do të bëhemi sklleverë të zotërisë tënd".

¹⁰ Ai tha: "Mirë, pra, le të bëhet si thoni ju: ai të cilit do t'i gjendet kupa do të bëhet sklavi im dhe ju do të jeni të pafaj".

¹¹ Kështu secili prej tyre nxitoi të ulë për tokë trastën e vet dhe e hapi.

¹² Dhe kryeshërbëtori i kontrolloi, duke filluar nga më i moshuari dhe duke mbaruar me më të riun; dhe kupa u gjet në thesin e Beniaminit.

¹³ Atëherë ata i shqyen rrobat e tyre, ringarkuan secili gomarin e vet dhe u kthyen në qytet.

¹⁴ Juda dhe vëllezërit e tij arritën në shtëpinë e Jozefit, që gjendej akoma aty, dhe u shtrinë për tokë para tij.

¹⁵ Dhe Jozefi u tha atyre: "Çfarë veprimi është ky që keni bërë? Nuk e dini që një njeri si unë është në gjendje të parathotë të ardhmen?".

¹⁶ Juda u përgjegj: "Ç'do t'i themi zotërisë tim? Çfarë fjale do të përdorim ose si do të mund të justifikohemi? Perëndia ka rigjetur paudhësinë e shërbëtorëve të tu. Ja, jemi sklleverë të zotërisë tim, si ne ashtu edhe ai në dorën e të cilit u gjet kupa".

¹⁷ Por Jozefi tha: "Larg meje një veprim i tillë! Njeriu, në dorën e të cilit u gjet kupa, do të jetë sklavi im; sa për ju, kthehuni në paqe tek ati juaj".

¹⁸ Atëherë Juda iu afrua Jozefit dhe i tha: "Të lutem, zotëria im, lejoje shërbëtorin tënd që t'i thotë një fjalë zotërisë tim, dhe mos u zemëro me shërbëtorin tënd, sepse ti je si Faraoni.

¹⁹ Zotëria im i pyeti shërbëtorët e tij duke thënë: "A keni ju baba apo vëlla?".

²⁰ Dhe ne iu përgjegjëm zotërisë tim: "Kemi një baba që është plak me një bir të ri, që i ka lindur në pleqëri; i vëllai ka vdekur, kështu ai ka mbetur i vetmi bir i nënës së tij dhe i ati e do".

²¹ Atëherë ti u the shërbëtorëve të tu: "Sillmani këtu që të mund ta shoh me sytë e mi".

²² Dhe ne i thamë zotërisë tim: "Fëmija nuk mund ta lërë atin e tij, sepse po të duhej ta linte, i ati do të vdiste".

²³ Por ti u the shërbëtorëve të tu: "Në rast se vëllai juaj më i ri nuk zbret bashkë me ju, ju nuk do ta shihni më fytyrën time".

²⁴ Kështu që kur u ngjitëm përsëri te shërbëtori yt, ati im, i treguam fjalët e zotërisë tim.

²⁵ Atëherë ati ynë tha: "Kthehuni të na blini pak ushqime".

²⁶ Ne u përgjegjëm: "Nuk mund të zbresim atje poshtë; do të zbresim vetëm në rast se vjen me ne vëllai ynë më i vogël; sepse nuk mund ta shohim fytyrën e atij njeriu po të jetë se vëllai ynë më i vogël nuk është me ne".

²⁷ Dhe shërbëtori yt, ati ynë, na u përgjegj: "Ju e dini që gruaja ime më lindi dy bij;

²⁸ njëri prej tyre më la dhe unë i thashë: Me siguri ai është bërë copë e çikë dhe nuk e kam parë më qysh atëherë;

²⁹ dhe po të ma hiqni edhe këtë dhe i ndodh ndonjë fatkeqësi, ju do të kallni në varr pleqërinë time të dhembshme".

³⁰ Kështu, pra, kur të arrij te shërbëtori yt, ati im, në qoftë se fëmija nuk është me ne, sepse jeta e tij është e lidhur me atë të fëmijës,

³¹ do të ndodhë që, sa të shohë që fëmija nuk është me ne, ai ka për të vdekur; dhe shërbëtorët e tu do ta kenë kallur në varr pleqërinë e shërbëtorit tënd, të atit tonë.

³² Tani, me qenë se shërbëtori yt është bërë dorëzanë për fëmijën pranë atit tim dhe i ka thënë: "Në rast se nuk do ta rikthej do të jem për gjithnjë fajtor ndaj atit tim",

³³ lejo, pra, tani që shërbëtori yt të mbetet sklav i zotërisë tim në vend të fëmijës, dhe që fëmija të kthehet me vëllezërit e tij.

³⁴ Sepse si mund të rikthehem tek ati im në qoftë se fëmija nuk është me mua? Ah, mos e pafsha dhembjen që do të pushtonte atin tim!".

Kapitull 45

¹ Atëherë Jozefi nuk e përmbajti dot më veten para tërë të pranishmëve dhe briti: "Nxirrini jashtë të gjithë nga prania ime!". Kështu nuk mbeti asnjëri me Jozefin kur ai u tregoi vëllezërve të tij se kush ishte.

² Dhe qau aq fort sa që e dëgjuan edhe vet Egjiptasit, dhe ky lajm arriti edhe në shtëpinë e Faraonit.

³ Pastaj Jozefi u tha vëllezërve të tij: "Unë jam Jozefi, a është ende gjallë ati im?". Por vëllezërit e tij nuk mund t'i përgjigjeshin, sepse ishin të tronditur thellë në praninë e tij.

⁴ Atëherë Jozefi u tha vëllezërve të tij: "Afrohuni, pra, tek unë!". Ata iu afruan dhe ai u tha: "Unë jam Jozefi, vëllai juaj, që ju e shitët që ta çonin në Egjipt.

⁵ Por tani mos u trishtoni dhe mos t'ju vijë keq që më shitët me qëllim që të çohesha këtu poshtë, sepse Perëndia më ka dërguar para jush për të ruajtur jetën tuaj.

⁶ Në fakt u bënë dy vjet që ra zija e bukës në vend; dhe do të ketë pesë vjet të tjera gjatë të cilave as do të lërohet, as do të korret.

⁷ Por Perëndia më ka dërguar para jush, me qëllim që të ruhet diçka mbi tokë për t'ju shpëtuar jetën në një çlirim të madh.

⁸ Nuk jeni ju, pra, që më dërguat këtu, por është Perëndia; ai më caktoi si atë i Faraonit, si zot i krejt shtëpisë së tij dhe si qeveritar i tërë vendit të Egjiptit.

⁹ Nxitoni të riktheheni tek ati im dhe i thoni: "Kështu thotë biri yt Jozefi: Perëndia më ka caktuar si zot i gjithë Egjiptit; zbrit tek unë, mos

u vono;

¹⁰ ti do të banosh në vendin e Goshenit dhe do jesh afër meje; ti dhe bijtë e tu, bijtë e bijve të tu, kopetë e bagëtive të imta e të trasha dhe gjithçka ti zotëron.

¹¹ Dhe atje unë do të të ushqej, sepse do të ketë edhe pesë vjet të tjera zije, me qëllim që ti të mos katandisesh në mjerim: ti, familja jote dhe gjithçka zotëron".

¹² Dhe ja, sytë tuaja dhe sytë e vëllait tim Beniaminit shohin që është goja ime që ju flet.

¹³ Tregojani, pra, atit tim tërë lavdinë time këtu në Egjipt dhe gjithçka patë, shpejtoni ta sillni atin tim këtu".

¹⁴ Pastaj iu hodh në qafë vëllait të tij Beniamin dhe qau, dhe Beniamini qau i shtrënguar në qafën e tij.

¹⁵ Ai puthi gjithashtu tërë vëllezërit e tij dhe qau i shtrënguar me ta. Pastaj vëllezërit e tij filluan të flasin me të.

¹⁶ Jehona e kësaj ngjarjeje u përhap në shtëpinë e Faraonit dhe njerëzit thanë: "Kanë ardhur vëllezërit e Jozefit". Kjo i pëlqeu Faraonit dhe shërbëtorëve të tij.

¹⁷ Atëherë Faraoni i tha Jozefit: "Thuaju vëllezërve të tu: "Bëni këtë: Ngarkoni kafshët tuaja dhe shkoni; kthehuni në vendin e Kanaanit.

¹⁸ Pastaj merrni atin tuaj dhe familjet tuaja, dhe ejani tek unë; unë do t'ju jap më të mirat e vendit të Egjiptit dhe do të hani prodhimet më të zgjedhura të vendit".

¹⁹ Ti ke urdhërin t'u thuash atyre: "Bëni këtë: Merrni me vete nga vendi i Egjiptit qerre për të vegjëlit tuaj dhe për gratë tuaja; merrni atin tuaj dha ejani.

²⁰ Dhe mos u shqetësoni për orenditë shtëpiake, sepse sendet më të mira që ka Egjipti do të jenë tuajat"".

²¹ Bijtë e Izraelit vepruan kështu, dhe Jozefi u dha atyre qerre, simbas urdhërit të Faraonit, si edhe ushqime për udhëtimin.

²² Të gjithëve u dha një palë rroba për ndërresë për secilin, por Beniaminit i dha treqind sikla argjendi dhe pesë ndërresa veshmbathje;

²³ atit të tij i dërgoi: dhjetë gomarë të ngarkuar me gjërat më të mira të Egjiptit, dhjetë gomarica të ngarkuara me grurë, bukë dhe ushqime për atin e tij gjatë udhëtimit.

²⁴ Kështu u nisi vëllezërit e tij dhe, ndërsa ata po iknin, u tha: "Mos u grindni rrugës".

²⁵ Atëherë ata u ngjitën përsëri nga Egjipti dhe arritën në vendin e Kanaanit te Jakobi, ati i tyre.

²⁶ Dhe i kallëzuan gjithçka, duke thënë: "Jozefi është ende gjallë dhe është qeveritari i gjithë shtetit të Egjiptit". Por zemra e atij nuk iu ngroh, sepse nuk u besonte atyre.

²⁷ Po kur ata i treguan tërë fjalët që u kishte thënë Jozefi dhe kur pa qerret që Jozefi kishte dërguar për ta marrë atë, atëherë shpirti i Jakobit atit të tyre, u ringjall

²⁸ dhe Izraeli tha: "Mjaft; djali im Jozefi është ende gjallë; unë do të shkoj ta shoh para se të vdes".

Kapitull 46

¹ Izraeli, pra, u nis me të gjitha ato që kishte dhe, kur arriti në Beer-Sheba, i bëri fli Perëndisë të atit të tij Isak.

² Dhe Perëndia i foli Izraelit në vegime nate dhe tha: "Jakob, Jakob!". Ai u përgjegj: "Ja ku jam".

³ Atëherë Perëndia tha: "Unë jam Perëndia, Perëndia i atit tënd; mos ki frikë të zbresësh në Egjipt, sepse aty do të të bëj një komb të madh.

⁴ Unë do të zbres bashkë me ty në Egjipt dhe do të bëj që sigurisht të kthehesh, dhe Jozefi do të t'i mbyllë sytë".

⁵ Atëherë Jakobi u nis nga Beer-Sheba dhe bijtë e Izraelit e hipën Jakobin, atin e tyre, fëmijët e vegjël dhe gratë e tyre mbi qerret që Faraoni kishte dërguar për t'i mbartur.

⁶ Kështu ata morën me vete bagëtinë dhe sendet që kishin blerë në vendin e Kanaanit dhe erdhën në Egjipt. Është fjala për Jakobin me tërë pasardhësit e tij.

⁷ Ai mori me vete në Egjipt bijtë e tij, bijtë e bijve të tij, bijat e tij dhe bijat e bijve të tij dhe tërë pasardhësit e tij.

⁸ Këta janë emrat e bijve të Izraelit që erdhën në Egjipt: Jakobi dhe bijtë e tij. I parëlinduri i Jakobit: Rubeni.

⁹ Bijtë e Rubenit: Hanoku, Pallu, Hetsroni dhe Karmi.

¹⁰ Bijtë e Simeonit: Jemueli, Jamini, Ohadi, Jakini, Tsohari dhe Sauli, biri i një Kananease.

¹¹ Bijtë e Levit: Gershomi, Kehathi dhe Merari.

¹² Bijtë e Judës: Eri, Onani, Shelahu, Peretsi dhe Zerahu; (por Eri dhe Onani vdiqën në vendin e Kanaanit). Bijtë e Peretsit qenë: Hetsroni dhe Hamuli.

¹³ Bijtë e Isakarit: Tola, Puvahu, Jobi dhe Shimroni.

¹⁴ Bijtë e Zabulonit: Seredi, Eloni dhe Jahleeli.

¹⁵ Këta qenë bijtë që Lea i lindi Jakobit në Padan-Aram, përveç bijës së saj Dina. Bijtë dhe bijat e saj ishin gjithsej tridhjetë e tre veta.

¹⁶ Bijtë e Gadit: Tsifioni, Haxhi, Shuni, Etsboni, Eri, Arodi dhe Areli.

¹⁷ Bijtë e Asherit: Jmna, Jshua, Jshni, Beriahu dhe Serahu motra e tyre. Dhe bijtë e Beriahut: Heberi dhe Malkieli.

¹⁸ Këta qenë bijtë e Zilpahut që Labano i kishte dhënë bijës së tij Lea; dhe ajo i lindi Jakobit: gjithsej gjashtëmbëdhjetë veta.

¹⁹ Bijtë e Rakelës, gruas së Jakobit: Jozefi dhe Beniamini.

²⁰ Dhe Jozefi në vendin e Egjiptit, i lindën Manasi dhe Efraimi. Nëna e tyre ishte Asenathi, e bija e Potiferahut, prift i Onit.

²¹ Bijtë e Beniaminit: Belahu, Bekeri, Ashbeli, Gerau, Naamani, Ehi, Roshi, Mupimi, Hupimi dhe Ardi.

²² Këta qenë bijtë e Rakelës që i lindën Jakobit: gjithsej katërmbëdhjetë veta.

²³ Biri i Danit: Hushimi.

²⁴ Bijtë e Neftalisë: Jahtseeli, Guni, Jetseri dhe Shilemi.

²⁵ Këta qenë bijtë e Bilhahut, që Labano ia kishte dhënë bijës së tij Rakela dhe që kjo ia lindi Jakobit: gjithsej shtatë veta.

²⁶ Njerëzit që erdhën me Jakobin në Egjipt, pasardhës të tij, pa llogaritur gratë e bijve të Jakobit, ishin gjithsej gjashtëdhjetë e gjashtë veta.

²⁷ Bijtë e Jozefit, që i lindën në Egjipt, ishin dy. Tërë personat e familjes së Jakobit që erdhën në Egjipt ishin gjithsej shtatëdhjetë veta.

²⁸ Por Jakobi dërgoi para tij Judën me qëllim që ta fuste në vendin e Goshenit. Dhe kështu ata arritën në vendin e Goshenit.

²⁹ Atëherë Jozefi e mbrehu qerren e tij dhe mori të përpjetën për në Goshen që të takonte Izraelin, atin e tij; sa e pa, iu hodh në qafë dhe qau gjatë i shtrënguar pas tij.

³⁰ Dhe Izraeli i tha Jozefit: "Tani le të vdes, sepse pashë fytyrën tënde dhe ti je akoma gjallë".

³¹ Atëherë Jozefi u tha vëllezërve të tij dhe familjes së atit të tij: "Do të ngjitem për ta njoftuar Faraonin dhe do t'i them: "Vëllezërit e mi dhe familja e atit tim, që ishin në vendin e Kanaanit, kanë ardhur tek unë.

³² Ata janë barinj, sepse kanë qenë gjithnjë rritës bagëtish, dhe kanë sjellë me vete kopetë e tyre dhe gjithçka zotërojnë".

³³ Kur Faraoni do t'ju thërrasë dhe do t'ju thotë: "Me ç'punë merreni?", ju do t'i përgjigjeni:

³⁴ "Shërbëtorët e tu kanë qënë rritës bagëtish nga fëmijëria e deri sot, si ne ashtu dhe etërit tanë", që të keni mundësi të banoni në vendin e Goshenit. Sepse Egjiptasit ndiejnë neveri për tërë barinjtë".

Kapitull 47

¹ Jozefi shkoi, pra, të njoftojë Faraonin dhe i tha: "Ati im dhe vëllezërit e mi, me gjithë kopetë e tyre, të bagëtive të imta dhe të trasha dhe me gjithçka kanë, kanë ardhur nga vendi i Kanaanit; dhe ja, tani ndodhen në vendin e Goshenit".

² Pastaj mori pesë nga vëllezërit e tij dhe ia paraqiti Faraonit.

³ Atëherë Faraoni u tha vëllezërve të Jozefit: "Me ç'punë merreni?". Ata iu përgjigjën Faraonit: "Shërbëtorët e tu janë barinj, si ne ashtu dhe etërit tanë".

⁴ Pastaj i thanë Faraonit: "Kemi ardhur për të banuar në këtë vend, sepse nuk kishte më kullota për kopetë e shërbëtorëve të tu, sepse ka zi të madhe në vendin e Kanaanit. Lejona tani që shërbëtorët e tu të banojnë në vendin e Goshenit".

⁵ Atëherë Faraoni ia drejtoi fjalën Jozefit, duke i thënë: "Ati yt dhe vëllezërit e tu erdhën te ti;

⁶ vendi i Egjiptit është në dispozicionin tënd; bëj që ati yt dhe vëllezërit e tu të banojnë në pjesën më të mirë të vendit; le të banojnë edhe në vendin e Goshenit. Dhe në qoftë se ti di që midis tyre ka njerëz të zotë, caktoji kryeintendentë të bagëtisë sime".

⁷ Pastaj Jozefi e çoi Jakobin, atin e tij, te Faraoni dhe ia paraqiti. Dhe Jakobi bekoi Faraonin.

⁸ Atëherë Faraoni i tha Jakobit: "Sa vjet ke që jeton?".

⁹ Jakobi iu përgjegj Faraonit: "Vitet e shtegtimit tim janë njëqind e tridhjetë; vitet e jetës sime kanë qenë të pakta dhe të këqija, dhe nuk e kanë arritur numrin e viteve të jetës së etërve të mi, në ditët e shtegtimit të tyre".

¹⁰ Jakobi e bekoi përsëri Faraonin dhe u largua nga prania e Faraonit.

¹¹ Kështu Jozefi vendosi atin e tij dhe vëllezërit e tij dhe u dha atyre një pronë në vendin e Egjiptit, në pjesën më të mirë të vendit, në krahinën e Ramsesit, ashtu siç kishte urdhëruar Faraoni.

¹² Dhe Jozefi e mbajti me bukë të atin, të vëllezërit dhe tërë familjen e të atit duke i furnizuar sipas numrit të bijve.

¹³ Ndërkaq në të gjithë vendin nuk kishte bukë, sepse zija e bukës

ishte shumë e madhe; vendi i Egjiptit dhe vendi i Kanaanit vuanin nga uria.

¹⁴ Jozefi mblodhi tërë paratë që gjendeshin në vendin e Egjiptit dhe në vendin e Kanaanit në këmbim të grurit që ata blinin; dhe këto para Jozefi i çoi në shtëpinë e Faraonit.

¹⁵ Por kur në vendin e Egjiptit dhe në vendin e Kanaanit nuk pati më para, tërë Egjiptasit erdhën te Jozefi dhe thanë: "Na jep bukë! Pse duhet të vdesim para syve të tu? Sepse paratë tona kanë mbaruar".

¹⁶ Jozefi tha: "Jepni bagëtinë tuaj; dhe unë do t'ju jap bukë në këmbim të bagëtisë suaj, në qoftë se i keni mbaruar paratë".

¹⁷ Atëherë ata i çuan Jozefit bagëtinë e tyre; dhe Jozefi u dha atyre bukë në këmbim të kuajve të tyre, të kopeve të tyre me dele, të qeve dhe të gomarëve. Kështu i furnizoi me bukë për atë vit në këmbim të gjithë bagëtisë së tyre.

¹⁸ Mbasi kaloi ai vit, u kthyen tek ai vitin pasues dhe i thanë: "Nuk mund t'ja fshehim zotërisë tonë që, me qenë se paratë mbaruan dhe kopetë e bagëtisë sonë janë bërë pronë e zotërisë tonë, nuk mbetet asgjë tjetër që zotëria ime mund të na marrë veç trupave tonë dhe tokave tona.

¹⁹ Pse duhet të mbarojmë para syve të tu, ne dhe tokat tona? Blina ne dhe tokat tona në këmbim të bukës, dhe ne me tokat tona do të jemi skllevër të Faraonit; na jep të mbjellim që të mund të jetojmë dhe jo të vdesim, dhe toka të mos shndërrohet në një shkretëtirë".

²⁰ Kështu Jozefi bleu për Faraonin tërë tokat e Egjiptit, sepse Egjiptasit shitën secili arën e vet, me që ishin goditur rëndë nga zija e bukës. Kështu vendi u bë pronë e Faraonit.

²¹ Sa për popullin, e zhvendosi nëpër qytete, në të katër anët e Egjiptit;

²² vetëm tokat e priftërinjve nuk i bleu, sepse priftërinjtë merrnin furnizime nga Faraoni dhe rronin nga furnizimet që u jepte Faraoni; për këtë arsye ata nuk i shitën tokat e tyre.

²³ Por Jozefi i tha popullit: "Ja, sot ju bleva ju dhe tokat tuaja për Faraonin; ja ku e keni farën; mbillni tokën;

²⁴ në kohën e korrjes, të pestën pjesë do t'ia jepni Faraonit dhe katër pjesë do të jenë tuajat për të siguruar farën e arave, ushqimin tuaj dhe të personave të shtëpisë suaj dhe për ushqimin e fëmijëve tuaj".

²⁵ Dhe ata thanë: "Ti na shpëtove jetën! Paçim hir në sytë e zotërisë tonë, dhe ne do të jemi skllevërit e Faraonit".

²⁶ Jozefi e bëri ligj këtë në vendin e Egjiptit, i cili vazhdon edhe sot e kësaj dite dhe sipas të cilit e pesta pjesë e korrjes duhet t'i jepet Faraonit. Vetëm tokat e priftërinjve nuk u bënë pronë e Faraonit.

²⁷ Kështu Izraeli banoi në vendin e Egjiptit, në vendin e Goshenit; aty ata patën prona, qenë frytdhënës dhe u shumuan fort.

²⁸ Jakobi jetoi në vendin e Egjiptit shtatëmbëdhjetë vjet dhe kohëzgjatja e jetës së Jakobit qe njëqind e dyzet e shtatë vjet.

²⁹ Kur koha e vdekjes po i afrohej Izraelit, ai thirri të birin Jozef dhe i tha: "Në paça gjetur hir në sytë e tu, vëre dorën tënde poshtë kofshës sime dhe sillu me mua me mirëdashje dhe besnikëri; të lutem, mos më varros në Egjipt!

³⁰ Por kur do të pushoj me etërit e mi, më nxirr jashtë Egjiptit dhe më varros në varrin e tyre!". Ai u përgjigj: "Do të bëj si thua ti".

³¹ Atëherë Jakobi tha: "Betomu". Dhe Jozefi iu betua. Pastaj Izraeli, duke u mbështetur te koka e shtratit, ra në adhurim.

Kapitull 48

¹ Mbas këtyre gjërave, ndodhi që i thanë Jozefit: "Ja, ati yt është i sëmurë". Kështu ai mori me vete dy bijtë e tij, Manasin dhe Efraimin.

² Kur i thanë Jakobit: "Ja, biri yt Jozefi po vjen te ti", Izraeli mblodhi tërë forcat dhe u ul mbi shtratin e tij.

³ Atëherë Jakobi i tha Jozefit: "Perëndia i plotfuqishëm m'u shfaq në Luc, në vendin e Kanaanit, më bekoi

⁴ dhe më tha: "Ja, unë do të të bëj frytdhënës, do të të shumoj, do të bëj prej teje një shumicë popujsh dhe do t'u jap këtë vend pasardhësve të tu pas teje, si pronë përjetë".

⁵ Tani dy bijtë e tu, që të kanë lindur në vendin e Egjiptit para se unë të vija tek ti në Egjipt, janë të mitë. Efraimi dhe Manasi janë të mitë, ashtu si Rubeni dhe Simeoni.

⁶ Por bijtë që ke lindur mbas tyre do të jenë të tutë; në territorin e trashëgimisë së tyre do të thirren me emrin e vëllezërve të tyre.

⁷ Sa për mua, ndërsa po kthehesha nga Padani, Rakela vdiq pranë meje gjatë udhëtimit, në vendin e Kanaanit, aty afër Efratës; dhe e varrosa atje, në rrugën e Efratës, që është Betlemi".

⁸ Kur Izraeli pa bijtë e Jozefit, tha: "Kush janë këta?".

⁹ Jozefi iu përgjegj të atit: "Janë fëmijët e mi që Perëndia më ka dhënë këtu". Atëherë ai tha: "M'i afro dhe unë do t'i bekoj".

¹⁰ Tani sytë e Izraelit ishin venitur për shkak të moshës dhe nuk shihte fare. Jozefi i afroi ata dhe ai i puthi dhe i përqafoi.

¹¹ Pastaj Izraeli i tha Jozefit: "Unë nuk mendoja të shikoja përsëri fytyrën tënde, por tani Perëndia më dha mundësinë të shikoj edhe pasardhësit e tu".

¹² Jozefi i tërhoqi nga gjunjët e të atit dhe u përul me fytyrën në tokë.

¹³ Pastaj Jozefi i mori që të dy: Efraimin në të djathtë të tij dhe në të majtë të Izraelit, Manasin në të majtë të tij dhe në të djathtë të Izraelit, dhe i afroi pranë atij.

¹⁴ Atëherë Izraeli zgjati dorën e tij të djathtë dhe e vuri mbi kryet e Efraimit që ishte më i riu, dhe vuri dorën e tij të majtë mbi kryet e Manasit duke kryqëzuar duart, ndonëse Manasi ishte i parëlinduri.

¹⁵ Kështu bekoi Jozefi dhe tha: "Perëndia, para të cilit ecën etërit e mi Abrahami dhe Isaku, Perëndia që më ka ushqyer qysh prej lindjes sime deri më sot,

¹⁶ Engjëlli që më ka çliruar nga çdo e keqe, le t'i bekojë këta fëmijë! Le të quhen me emrin tim dhe me emrin e etërve të mi Abraham dhe Isak, dhe të shumohen fort mbi tokë!".

¹⁷ Kur Jozefi pa që i ati kishte vënë dorën e djathtë mbi kokën e Efraimit, kjo nuk i pëlqeu; prandaj ai kapi dorën e atit të tij për ta hequr nga kryet e Efraimit dhe për ta vënë mbi kryet e Manasit.

¹⁸ Pastaj Jozefi i tha atit të tij: "Jo kështu, ati im, sepse i parëlinduri është ky këtu; vëre dorën tënde të djathtë mbi kryet e tij".

¹⁹ Por i ati refuzoi dhe tha: "E di, biri im, e di; edhe ai do të bëhet një popull, edhe ai do të jetë i madh; megjithatë, vëllai yt më i vogël do të bëhet më i madh se ai, dhe pasardhësit e tij do të bëhen një mori kombesh".

²⁰ Dhe atë ditë i bekoi duke thënë: "Për ty Izraeli ka për të bekuar, duke thënë: "Perëndia të të bëj si Efraimi dhe si Manasi!"". Kështu ai e vuri Efraimin para Manasit.

²¹ Pastaj Izraeli i tha Jozefit: "Ja, unë kam për të vdekur pas pak, por Perëndia do të jetë me ju dhe do t'ju çojë përsëri në vendin e etërve tuaj.

²² Veç kësaj, ty po të jap një pjesë më të madhe në krahasim me vëllezërit e tu, atë që fitova nga Amorejtë me shpatën dhe harkun tim".

Kapitull 49

¹ Pastaj Jakobi thirri bijtë e tij dhe tha: "Mblidhuni që unë t'ju njoftoj çfarë do t'ju ndodhë në ditët e ardhshme.

² Mblidhuni dhe dëgjoni, o bijtë e Jakobit! Dëgjoni Izraelin, atin tuaj!

³ Ruben, ti je i parëlinduri im, forca ime, filli i fuqisë sime, i dalluar për dinjitet dhe për forcë.

⁴ I rrëmbyer si uji, ti nuk do të kesh epërsinë, sepse hipe mbi shtratin e atit tënd dhe e përdhose. Ai hipi mbi shtratin tim.

⁵ Simeoni dhe Levi janë vëllezër: shpatat e tyre janë vegla dhune.

⁶ Mos hyftë shpirti im në mendjen e tyre, lavdia ime mos u bashkoftë me kuvendin e tyre! Sepse në mërinë e tyre kanë vrarë njerëz, dhe në kryeneçësinë e tyre u kanë prerë leqet e këmbëve demave.

⁷ Mallkuar qoftë mëria e tyre, sepse ka qenë e egër, dhe tërbimi i tyre sepse ka qenë mizor! Unë do t'i ndaj te Jakobi dhe do t'i shpërndaj te Izraeli.

⁸ Judë, vëllezërit e tu do të të lavdërojnë; dora jote do të jetë mbi zverkun e armiqve të tu; bijtë e atit tënd do të përkulen para teje.

⁹ Juda është një luan i ri; ti zë fill nga preja, biri im; ai përkulet, struket si një luan, si një luaneshë; kush guxon ta zgjojë?

¹⁰ Skeptri nuk do t'i hiqet Judës, as bastuni i komandimit nga këmbët e tij, deri sa të vijë Shilohu; dhe atij do t'i binden popujt.

¹¹ Ai e lidh gomarin e tij të vogël në pjergull dhe kërriçin e gomaricës së tij në pjergullën më të mirë; i lan rrobat e tij në verë dhe mantelin e tij në gjakun e rrushit.

¹² Ai i ka sytë të ndritura nga vera dhe dhëmbët e bardha nga qumështi.

¹³ Zabuloni do të banojë në breg të deteve; dhe do të përbëjë një vendstrehim për anijet; kufiri i tij do të zgjatet drejt Sidonit.

¹⁴ Isakari është një gomar i fuqishëm, i shtrirë nëpër vathë.

¹⁵ Ai e pa që çlodhja është e mirë dhe që vendi është i këndshëm; ai përkuli kurrizin për të mbajtur peshën dhe u bë një shërbëtor i punës së detyruar.

¹⁶ Dani do ta gjykojë popullin e tij, si një nga fiset e Izraelit.

¹⁷ Dani do të jetë një gjarpër në rrugë, një nepërkë nëpër shteg, që kafshon thembrat e kalit, kështu që kalorësi rrëzohet së prapthi.

¹⁸ Unë pres shpëtimin tënd, o Zot!

¹⁹ Një bandë grabitësish do të sulmojë Gadin, por edhe ai do t'i sulmojë këmba këmbës.

²⁰ Nga Asheri do të vijë buka e shijshme dhe ai do të japë kënaqësira reale.

²¹ Neftali është një drenushe e lënë e lirë, ai thotë fjalë të bukura.

²² Jozefi është një degë e një druri frytdhënës; një degë e një druri

Gjenezë

frytdhënës që ndodhet pranë një burimi; degët e tij shtrihen mbi murin.

²³ Harkëtarët e kanë provokuar, i kanë hedhur shigjeta, e kanë ndjekur;

²⁴ por harku i tij ka mbetur i fortë; krahët e tij janë përforcuar nga duart e të Fuqishmit të Jakobit (e atij që është bariu dhe shkëmbi i Izraelit),

²⁵ nga Perëndia e atit tënd që do të të ndihmojë dhe nga Shumë i Larti që do të të bekojë me bekimet e qiellit nga lart, me bekimet e humnerës që ndodhet poshtë, me bekimet e sisëve dhe gjirit të nënës.

²⁶ Bekimet e atit tënd ua kalojnë bekimeve të të parëve të mi, deri në majat e kodrave të përjetshme. Ata do të jenë mbi kryet e Jozefit dhe mbi kurorën e atij që u nda nga vëllezërit e tij.

²⁷ Beniamini është një ujk grabitqar; në mëngjes ha gjahun dhe në mbrëmje ndan prenë.

²⁸ Tërë këta janë dymbëdhjetë fiset e Izraelit; dhe pikërisht këtë u tha ati i tyre kur i bekoi. I bekoi duke i dhënë secilit një bekim të veçantë.

²⁹ Pastaj Jakobi i urdhëroi duke thënë: "Unë jam duke u ribashkuar me popullin tim; më varrosni pranë etërve të mi në shpellën që ndodhet në arën e Efron Hiteut,

³⁰ në shpellën që është në fushën e Makpelahut përballë Mamres, në vendin e Kanaanit, atë që Abrahami bleu në arën nga Efron Hiteu, si vendvarrim, pronë e tij.

³¹ Atje u varrosën Abrahami dhe Sara, gruaja e tij, aty u varrosën Isaku dhe Rebeka, e shoqja, dhe aty unë varrosa Lean.

³² Ara dhe shpella që ndodhet aty u blenë nga bijtë e Hethit".

³³ Kur Jakobi mbaroi së dhëni këto urdhëra bijve të tij, mblodhi këmbët në shtrat dhe vdiq; dhe u bashkua me popullin e tij.

Kapitull 50

¹ Atëherë Jozefi u hodh mbi fytyrën e të atit, qau mbi të dhe e puthi.

² Pastaj Jozefi urdhëroi mjekët që ishin në shërbim të tij të balsamosnin të atin; dhe mjekët e balsamosën Izraelin.

³ U deshën dyzet ditë, sepse e tillë ishte koha e nevojshme për balsamimin; dhe Egjiptasit e qanë shtatëdhjetë ditë.

⁴ Kur kaluan ditët e zisë të mbajtura për të, Jozefi foli në shtëpinë e Faraonit duke thënë: "Në qoftë se kam gjetur hirin tuaj, i thoni Faraonit këto fjalë:

⁵ Ati im më ka vënë të betohem dhe më ka thënë: 'Ja, unë jam duke vdekur; më varros në varrin që kam gërmuar në vendin e Kanaanit'. Tani, pra, më lejo të ngjitem për të varrosur atin tim, pastaj do të kthehem".

⁶ Faraoni u përgjegj: "Ngjitu dhe varrose atin tënd ashtu si të ka vënë të betohesh".

⁷ Atëherë Jozefi u ngjit për të varrosur të atin; dhe me të u ngjitën tërë shërbëtorët e Faraonit, të moshuarit e shtëpisë së tij dhe tërë të moshuarit e vendit të Egjiptit,

⁸ dhe tërë shtëpia e Jozefit, vëllezërit e tij dhe shtëpia e të atit. Në vendin e Goshenit lanë vetëm fëmijët e tyre të vegjël, kopetë me bagëtinë e imët dhe me bagëtinë e trashë.

⁹ Me të u ngjitën lart gjithashtu qerre dhe kalorës, aq sa u formua një vargan i madh njerëzish.

¹⁰ Me të arritur në lëmin e Atadit, që është përtej Jordanit, u dëgjuan vajtime të mëdha dhe solemne; dhe Jozefi mbajti shtatë ditë zi për të atin.

¹¹ Kur banorët e vendit, Kananejtë, panë zinë në lëmin e Atadit, thanë: "Kjo është një zi e madhe për Egjiptasit!". Prandaj ai vend u quajt Abel-Mitsraim dhe ndodhet përtej Jordanit.

¹² Bijtë e tij bënë për të atë që ai i kishte urdhëruar.

¹³ Bijtë e tij e bartën në vendin e Kanaanit dhe e varrosën në shpellën e fushës së Malkpelahut, përballë Mamres, që Abrahami e kishte blerë bashkë me arën nga Efron Hiteu, si vendvarrim, pronë e tij.

¹⁴ Mbasi varrosi të atin, Jozefi u kthye në Egjipt bashkë me vëllezërit e tij dhe me të gjithë ata që ishin ngjitur deri atje për të varrosur atin e tij.

¹⁵ Vëllezërit e Jozefit kur panë se ati i tyre vdiq, thanë: "Mos vallë Jozefi na mban inat dhe merr hak për tërë të keqen që i kemi bërë?".

¹⁶ Atëherë i çuan fjalë Jozefit: "Ati yt para se të vdiste dha këtë porosi duke thënë:

¹⁷ "Kështu do t'i thoni Jozefit: "Falu vëllezërve të tu të keqen që të kanë bërë, mëkatin e tyre, sepse të kanë bërë keq". Falu, pra, tani krimin shërbëtorëve të Perëndisë të atit tënd". Jozefi qau kur i folën kështu.

¹⁸ Pastaj erdhën edhe vëllezërit e tij dhe u shtrinë para tij, dhe i thanë: "Ja, ne jemi shërbëtorët e tu".

¹⁹ Jozefi u tha atyre: "Mos u trembni, se mos jam unë në vend të Perëndisë?.

²⁰ Ju keni kurdisur të këqija kundër meje, por Perëndia ka dashur që t'i shërbejë së mirës, për të kryer atë që po ndodh sot: të mbash gjallë një popull të shumtë.

²¹ Tani, pra, mos kini frikë; unë do të siguroj ushqimin për ju dhe për bijtë tuaj". Kështu u dha zemër dhe i foli zemrës së tyre me ëmbëlsi.

²² Kështu Jozefi banoi në Egjipt, ai dhe shtëpia e të atit, dhe jetoi njëqind e dhjetë vjet.

²³ Jozefi pa bijtë e Efraimit deri në breznië e tretë; edhe bijtë e Makirit, bir i Manasit, lindën mbi gjunjët e tij.

²⁴ Pastaj Jozefi u tha vëllezërve të tij: "Unë po vdes; por Perëndia do t'ju vizitojë me siguri dhe do t'ju çojë me siguri nga ky vend në vendin që i premtoi me betim Abrahamit, Isakut dhe Jakobit".

²⁵ Pastaj Jozefi i vuri të betohen bijtë e Izraelit, duke thënë: "Perëndia me siguri do t'ju vizitojë; atëherë ju do t'i hiqni kockat e mia që këtej".

²⁶ Pastaj Jozefi vdiq në moshën njëqind e dhjetë vjeç; e balsamosën dhe e futën në një arkivol në Egjipt.

Eksodit

Kapitull 1

1 Këta janë emrat e bijve të Izraelit që erdhën në Egjipt me Jakobin. Secili prej tyre erdhi me familjen e tij:

2 Rubeni, Simeoni, Levi dhe Juda,

3 Isakari, Zabuloni dhe Beniamini,

4 Dani dhe Naftali, Gadi dhe Asheri.

5 Tërë njerëzit që kishin dalë nga gjaku i Jakobit arrinin shtatëdhjetë veta (Jozefi ndodhej tashmë në Egjipt).

6 Pastaj Jozefi vdiq, dhe po ashtu vdiqën tërë vëllezërit e tij dhe gjithë ai brez.

7 Dhe bijtë e Izraelit qenë frytdhënës, u shumëzuan fort dhe u bënë të shumtë, u bënë jashtëzakonisht të fortë; dhe vendi u mbush me ta.

8 Por tani doli në Egjipt një mbret i ri, që nuk e kishte njohur Jozefin.

9 Ai i tha popullit të tij: "Ja, populli i bijve të Izraelit është më i shumtë dhe më i fortë se ne.

10 Të përdorim, pra, dinakëri ndaj tyre, me qëllim që të mos shumëzohen dhe, në rast lufte të mos bashkohen me armiqtë tanë dhe të luftojnë kundër nesh, dhe pastaj të largohen nga vendi".

11 Vunë, pra, kryeintendentë të punimeve mbi ta, me qëllim që t'i shtypnin me angaritë e tyre. Kështu ata i ndërtuan Faraonit qytetet-depozitë Pitom dhe Raamses.

12 Por sa më tepër i shtypnin, aq më shumë shtoheshin dhe përhapeshin; prandaj Egjiptasit arritën të kenë shumë frikë nga bijtë e Izraelit,

13 dhe Egjiptasit i detyruan bijtë e Izraelit t'u shërbenin me ashpërsi,

14 dhe ua nxinë jetën me një skllavëri të vrazhdë, duke i futur në punimin e argjilës dhe të tullave si dhe në çdo lloj pune në ara. I detyronin t'i bënin tërë këto punë me ashpërsi.

15 Mbreti i Egjiptit u foli edhe mamive hebre, nga të cilat njëra quhej Shifrah dhe tjetra Puah, dhe u tha:

16 "Kur do të ndihmoni gratë hebre lindëse, dhe do t'i shihni të ulura në ndenjësen e lindjes, në rast se fëmija është mashkull, vriteni; po të jetë femër, lëreni të jetojë".

17 Por mamitë patën frikë nga Perëndia dhe nuk bënë ashtu siç i kishte urdhëruar mbreti i Egjiptit, por i lanë gjallë fëmijët meshkuj.

18 Atëherë mbreti i Egjiptit thirri mamitë dhe u tha: "Pse e bëtë këtë dhe i latë gjallë fëmijët meshkuj?".

19 Mamitë iu përgjigjën Faraonit: "Sepse gratë hebre nuk janë si gratë egjiptase, por janë të fuqishme dhe lindin para se t'u vijë mamia pranë".

20 Dhe Perëndia u bëri të mirë këtyre mamive; dhe populli u shtua dhe u bë jashtëzakonisht i fortë.

21 Kështu, duke qenë se ato mami kishin frikë nga Perëndia, ky u dha familje më vete.

22 Atëherë Faraoni i dha këtë urdhër tërë popullit të tij duke thënë: "Çdo mashkull që lind, hidheni në lumë; por lini gjallë tërë femrat".

Kapitull 2

1 Por një njeri i shtëpisë së Levit shkoi e mori për grua një bijë të Levit.

2 Dhe gruaja u ngjiz dhe lindi një bir; dhe, duke parë që ishte i bukur, e mbajti fshehur tre muaj.

3 Por, kur nuk mundi ta mbante më të fshehur, mori një kanistër prej xunkthi, e leu me bitum dhe katran, vendosi në të fëmijën dhe e la në kallamishtën në bregun e lumit.

4 Motra e fëmijës rrinte në një farë largësie për të mësuar se çfarë do t'i ndodhte.

5 Por vajza e Faraonit zbriti për t'u larë në lumë, ndërsa shërbëtoret e saj shëtisnin buzë lumit. Ajo pa kanistrën në kallamishte dhe dërgoi shërbëtoren e saj ta marrë.

6 E hapi dhe pa fëmijën; dhe ja, i vogli po qante; asaj iu dhimbs dhe tha: "Ky është një fëmijë hebre".

7 Atëherë motra e fëmijës i tha bijës së Faraonit: "A duhet të shkoj të thërras një tajë nga gratë hebre që ta mëndë këtë fëmijë për ty?".

8 E bija e Faraonit iu përgjegj: "Shko". Dhe vajza shkoi të thërrasë nënën e fëmijës.

9 Dhe bija e Faraonit i tha: "Merre me vete këtë fëmijë, mënde për mua, dhe unë do të të jap pagën tënde". Kështu gruaja e mori fëmijën dhe e mëndi.

10 Kur fëmija u rrit, ajo ia çoi bijës së Faraonit; ai u bë bir i saj dhe ajo e quajti Moisi, duke thënë: "Sepse unë e nxora nga uji".

11 Në ato ditë, kur Moisiu ishte rritur, ndodhi që ai doli për të gjetur vëllezërit e tij dhe vuri re se bënin punë të rënda; dhe pa një Egjiptas që po rrihte një burrë hebre, një nga vëllezërit e tij.

12 Dhe vështroi andej e këtej, dhe, duke parë se nuk kishte njeri, e vrau Egjiptasin dhe e fshehu pastaj nën rërë.

13 Ditën e nesërme doli dhe pa dy burra hebrenj që po grindeshin; ai i tha atij që kishte faj: "Pse e rreh shokun tënd?".

14 Por ai iu përgjigj: "Kush të ka vënë prijës dhe gjykatës mbi ne? Mos do të më vrasësh siç vrave Egjiptasin?". Atëherë Moisiu u tremb, dhe tha: "Me siguri kjo gjë dihet nga të gjithë".

15 Kur Faraoni dëgjoi të flitej për ngjarjen, kërkoi të vrasë Moisiun; por Moisiu iku nga prania e Faraonit dhe u vendos në vendin e Madianit; dhe u ul afër një pusi.

16 Por prifti i Madianit kishte shtatë bija; dhe ato erdhën për të mbushur ujë dhe për të mbushur koritat për t'i dhënë të pijë kopesë së atit të tyre.

17 Por erdhën disa barinj dhe i përzunë. Atëherë Moisiu u ngrit dhe u erdhi në ndihmë, duke i dhënë të pijë kopesë së tyre.

18 Kur shkuan te Reueli, ati i tyre, ai u tha: "Vallë si u kthyet kaq shpejt sot?".

19 Ato u përgjigjën: "Një Egjiptas na liroi nga duart e barinjve; përveç kësaj mbushi ujë për ne dhe i dha të pijë kopesë".

20 Atëherë ai u tha bijave të tij: "Po ai ku është? Pse e latë këtë njeri? Thirreni, të vijë të hajë".

21 Dhe Moisiu pranoi të banojë tek ai njeri; dhe ai i dha Moisiut për grua bijën e tij, Seforën.

22 Pastaj ajo lindi një bir që ai e quajti Gershom, sepse tha: "Unë jam mik në dhe të huaj".

23 Por ndodhi që, mbas një kohe të gjatë vdiq mbreti i Egjiptit, dhe bijtë e Izraelit rënkonin për shkak të skllavërisë; ata bërtitën dhe britma e tyre për shkak të skllavërisë u ngjit deri tek Perëndia.

24 Kështu Perëndia dëgjoi rënkimin e tyre, dhe Perëndisë iu kujtua besëlidhja që kishte përfunduar me Abrahamin, me Isakun dhe me Jakobin.

25 Dhe Perëndia shikoi bijtë e Izraelit, dhe Perëndia u kujdes për ta.

Kapitull 3

1 Ndërkaq Moisiu po kulloste kopenë e Jethros, vjehrrit të tij dhe prift i Madianit; ai e çoi kopenë matanë shkretëtirës dhe arriti në malin e Perëndisë, në Horeb.

2 Dhe Engjëlli i Zotit iu shfaq në një flakë zjarri, në mes të një ferrishtjeje. Moisiu vështroi dhe ja që ferrishtja po digjej nga zjarri, por nuk konsumohej.

3 Atëherë Moisiu tha: "Tani do të zhvendosem për të parë këtë shfaqje madhështore: pse ferrishtja nuk po konsumohet!".

4 Zoti vuri re që ai ishte zhvendosur për të parë, dhe Perëndia e thirri nga mesi i ferrishtes dhe i tha: "Moisi, Moisi!". Ai u përgjigj: "Ja ku jam".

5 Perëndia tha: "Mos u afro këtu: hiq sandalet nga këmbët, sepse vendi në të cilin ndodhesh është vend i shenjtë".

6 Pastaj tha edhe këto fjalë: "Unë jam Perëndia i atit tënd, Perëndia i Abrahamit, Perëndia i Isakut dhe Perëndia i Jakobit". Dhe Moisiu fshehu fytyrën e tij, sepse kishte frikë të shikonte Perëndinë.

7 Pastaj Zoti tha: "Sigurisht që e kam parë pikëllimin e popullit tim që ndodhet në Egjipt dhe e kam dëgjuar britmën e tij për shkak të shtypësve të tij, sepse i njoh vuajtjet e tij.

8 Kështu zbrita për ta çliruar nga dora e Egjiptasve dhe për ta çuar nga ky vend në një vend të mirë dhe të hapur, në një vend ku rrjedh qumështi dhe mjalti, në vendin ku ndodhen Kananejtë, Hitejtë, Amorejtë, Perezejtë, Hivejtë dhe Jebusejtë.

9 Dhe tani, ja britma e bijve të Izraelit ka arritur deri tek unë, dhe kam parë gjithashtu se si Egjiptasit i shtypin.

10 Prandaj eja dhe unë do të të dërgoj te Faraoni me qëllim që ta nxjerrësh popullin tim, bijtë e Izraelit, nga Egjipti".

11 Por Moisiu i tha Perëndisë: "Kush jam unë që të shkoj te Faraoni dhe t'i nxjerr bijtë e Izraelit nga Egjipti?".

12 Perëndia tha: "Unë do të jem me ty, dhe kjo do të jetë për ty shenja që të kam dërguar unë: Kur të kesh nxjerrë popullin nga Egjipti, ju do t'i shërbeni Perëndisë mbi këtë mal".

13 Atëherë Moisiu i tha Perëndisë: "Ja, kur të shkoj te bijtë e Izraelit dhe t'u them: "Perëndia i etërve tuaj më ka dërguar te ju", po të jetë se ata më thonë: "Cili është emri i tij?", ç'përgjigje duhet t'u jap?".

14 Perëndia i tha Moisiut: "UNË JAM AI QË JAM". Pastaj tha: "Do t'u thuash kështu bijve të Izraelit: "UNË JAM-i më ka dërguar tek

ju"".

¹⁵ Perëndia i tha akoma Moisiut: "Do t'u thuash kështu bijve të Izraelit: "Zoti, Perëndia i etërve tuaj, Perëndia i Abrahamit, Perëndia i Isakut dhe Perëndia i Jakobit më ka dërguar tek ju. Ky është emri im përjetë. Ky ka për të qenë gjithnjë emri im me të cilin do të kujtohem nga të gjitha breznitë".

¹⁶ Shko dhe mblidh pleqtë e Izraelit dhe u thuaj atyre: "Zoti, Perëndia i etërve tuaj, Perëndia i Abrahamit, i Isakut dhe i Jakobit m'u shfaq, duke thënë: Unë patjetër ju kam vizituar dhe kam parë atë që ju bëjnë në Egjipt;

¹⁷ dhe kam thënë: Nga shtypja e Egjiptit do t'ju çoj në vendin e Kananejve, të Hitejve, të Amorejve, të Perezejve, të Hivejve dhe të Jebusejve, në një vend ku rrjedh qumësht dhe mjaltë".

¹⁸ Dhe ata do t'i binden zërit tënd; dhe ti dhe pleqtë e Izraelit do të shkoni te mbreti i Egjiptit dhe do t'i thoni: "Zoti, Perëndia i Hebrenjve na doli përpara; dhe tani na lër të shkojmë dhe të bëjmë tri ditë rrugë në shkretëtirë, që t'i bëjmë fli Zotit, Perëndisë tonë".

¹⁹ Por unë e di që mbreti i Egjiptit nuk do t'ju lejojë të shkoni, veç po të jetë i shtrënguar nga një dorë e fuqishme.

²⁰ Atëherë unë do të shtrij dorën time dhe do të godas Egjiptin me të gjitha mrekullitë që unë do të bëj në mes tyre; pas kësaj ai do t'ju lërë të ikni.

²¹ Dhe do t'i jap këtij populli të mira para syve të Egjiptasve; dhe do të ndodhë që kur të niseni, nuk do të shkoni duarbosh;

²² por çdo grua do t'i kërkojë fqinjës së saj dhe gruas që banon në shtëpinë e saj sende argjendi, sende ari dhe rroba; dhe ju do t'ua vini në shtat bijve dhe bijave tuaja; kështu do t'i zhvishni Egjiptasit".

Kapitull 4

¹ Moisiu u përgjigj dhe tha: "Por ja, ata nuk do të më besojnë as do t'i binden zërit tim, sepse do të thonë: "Zoti nuk të është shfaqur"".

² Atëherë Zoti i tha: "Ç'është ajo që ke në dorë?". Ai u përgjegj: "Një bastun".

³ Zoti tha: "Hidhe për tokë". Ai e hodhi për tokë, dhe ai u bë një gjarpër, para të cilit Moisiu iku me vrap.

⁴ Atëherë Zoti i tha Moisiut: "Zgjate dorën dhe kape nga bishti". (Ai zgjati dorën dhe e mori, dhe në dorën e tij ai u bë një bastun).

⁵ "Këtë ke për të bërë", tha Zoti, "me qëllim që të besojnë se Zoti, Perëndia i etërve të tyre, Perëndia i Abrahamit, Perëndia i Isakut dhe Perëndia i Jakobit të është shfaqur".

⁶ Zoti i tha akoma: "Tani vër dorën në gjirin tënd". Dhe ai vuri dorën e tij në gji dhe pastaj e tërhoqi, dhe ja, dora ishte lebrosur, e bardhë si bora.

⁷ Zoti i tha akoma: "Vëre përsëri dorën në gjirin tënd". Ai e vuri përsëri dorën e tij në gji dhe pastaj e tërhoqi nga gjiri, dhe ja, ajo ishte bërë njëlloj si mishi i tij.

⁸ "Tani ka për të ndodhur që, po të jetë se nuk të besojnë dhe nuk e dëgjojnë zërin e shenjës së parë, do të besojnë zërin e shenjës së dytë.

⁹ Por, në rast se ata nuk do t'u besojnë as këtyre dy shenjave dhe nuk do t'i binden zërit tënd, ti atëherë merr ujë nga lumi dhe derdhe mbi tokë të thatë; dhe uji që do të kesh marrë nga lumi do të bëhet gjak mbi tokën e thatë".

¹⁰ Atëherë Moisiu i tha Zotit: "Mjerisht, o Zot, unë nuk jam njeri i gojës; nuk isha i tillë në të kaluarën dhe nuk jam i tillë që kur i ke folur shërbëtorit tënd, sepse jam i ngathët në fjalë dhe kuvend".

¹¹ Zoti i tha: "Kush e ka bërë gojën e njeriut, ose kush e bën njeriun të pagojë, të shurdhër, me sy ose të verbër? A nuk jam unë vallë, Zoti?

¹² Dhe tani shko, unë do të jem me gojën tënde dhe do të të mësoj atë që duhet të thuash".

¹³ Por Moisiu tha: "Oh! Zot, dërgo mesazhin tënd nëpërmjet kujt të duash!".

¹⁴ Atëherë zemërimi i Zotit u ndez kundër Moisiut, dhe i tha: "A nuk është ndofta Aaroni vëllai yt, Leviti? Unë e di që ai flet bukur. Ja tani, ai po del të takojë; sa të të shohë do të ndjejë gëzim në zemër të vet.

¹⁵ Ti do t'i flasësh dhe do t'i vësh fjalët në gojën e tij, dhe unë do të jem me gojën tënde dhe me gojën e tij dhe do t'ju mësoj atë që duhet të bëni.

¹⁶ Ai do të jetë zëdhënësi yt në popull; kështu ai për ty do të jetë goja dhe ti për të do të jesh si Perëndia.

¹⁷ Tani merr në dorë këtë bastun me të cilin ke për të bërë mrekullitë".

¹⁸ Atëherë Moisiu iku, u kthye te Jethro, vjehrri i tij, dhe i tha: "Oh, lërmë të shkoj dhe të kthehem te vëllezërit e mi që janë në Egjipt, për të parë në se ende janë gjallë". Dhe Jethro i tha Moisiut: "Shko në paqe".

¹⁹ Zoti i tha Moisiut në Madian: "Shko, kthehu në Egjipt sepse të gjithë ata që kërkonin jetën tënde kanë vdekur".

²⁰ Kështu Moisiu mori të shoqen dhe bijtë e tij, i hipi mbi gomar dhe u kthye në vendin e Egjiptit. Dhe Moisiu mori në dorë bastunin e Perëndisë.

²¹ Zoti i tha pastaj Moisiut: "Kur të jesh kthyer në Egjipt, do të kujdesesh të bësh para Faraonit tërë mrekullitë që të kam dhënë pushtet të kryesh; por unë do ta ngurtësoj zemrën e tij dhe ai nuk do ta lërë popullin të shkojë.

²² Dhe ti do t'i thuash Faraonit: "Kështu thotë Zoti: Izraeli është biri im, i parëlinduri im".

²³ Prandaj unë të them: Lëre birin tim të shkojë, që të më shërbejë; por në qoftë se ti nuk e lë të shkojë, ja, unë do të vras birin tënd, të parëlindurin tënd".

²⁴ Por gjatë udhëtimit, në vendin ku kishin fushuar, Zoti shkoi të takojë Moisiun dhe u përpoq ta bënte të vdiste.

²⁵ Atëherë Sefora mori një strall të mprehtë dhe preu prepucin e birit të saj dhe e hodhi në këmbët e Moisiut, duke thënë: "Ti për mua je një dhëndër në gjak!".

²⁶ Kështu Zoti e la. Atëherë ajo tha: "Ti je një dhëndër gjakatar", për shkak të rrethprerjes.

²⁷ Zoti i tha Aaronit: "Shko në shkretëtirë të takosh Moisiun". Dhe ai shkoi, e takoi atë në malin e Perëndisë dhe e puthi.

²⁸ Dhe Moisiu i tregoi Aaronit tërë fjalët që Zoti e kishte porositur të thoshte, dhe tërë shenjat e mahnitshme që i kishte urdhëruar të bënte.

²⁹ Atëherë Moisiu dhe Aaroni shkuan dhe mblodhën tërë pleqtë e bijve të Izraelit.

³⁰ Dhe Aaroni tregoi tërë fjalët që Zoti i kishte thënë Moisiut, dhe bëri mrekullitë në sy të popullit.

³¹ Kështu populli i besoi. Ata kuptuan që Zoti kishte vizituar bijtë e Izraelit dhe kishte parë dëshpërimin e tyre; dhe u përkulën dhe e adhuruan.

Kapitull 5

¹ Pas kësaj, Moisiu dhe Aaroni shkuan te Faraoni dhe i thanë: "Kështu thotë Zoti, Perëndia i Izraelit: "Lëre popullin tim të shkojë, me qëllim që të kremtojë për mua një festë në shkretëtirë"".

² Por Faraoni u përgjigj: "Kush është Zoti që unë duhet t'i bindem zërit të tij dhe ta lë Izraelin të shkojë? Unë nuk e njoh Zotin dhe nuk kam për ta lënë Izraelin të shkojë".

³ Atëherë ata i thanë: "Perëndia i Hebrenjve na doli përballë; tani na lër të ecim tri ditë me radhë në shkretëtirë që të bëjmë një flijim për Zotin, që është Perëndia ynë, që ai të mos na godasë me murtajë ose me shpatë".

⁴ Mbreti i Egjiptit u tha atyre: "Pse vallë Moisiu dhe Aaroni e largojnë popullin nga puna e tij? Kthehuni në mundimet tuaja!".

⁵ Faraoni tha përsëri: "Ja, tani populli i vendit është i shumtë, dhe ju doni që ai të ndërpresë mundimet e tij".

⁶ Kështu po atë ditë Faraoni i urdhëroi shtypësit e popullit dhe kryeintendentët e tij, duke thënë:

⁷ "Mos i jepni më kashtë popullit për të bërë tulla, si më parë; le të shkojnë ata vetë të mbledhin kashtën!

⁸ Por i detyroni të prodhojnë të njëjtën sasi tullash që bënin më parë, pa asnjë pakësim; sepse ata janë përtacë, dhe për këtë arsye ata bërtasin, duke thënë: "Të shkojmë të bëjmë fli për Perëndinë tonë!".

⁹ I mbingarkoni me punë të rëndë këta njerëz, dhe ata ta kryejnë pa u vënë veshin fjalëve mashtruese".

¹⁰ Atëherë shtypësit e popullit dhe kryeintendentët e tij dolën dhe i thanë popullit: "Kështu thotë Faraoni: "Unë nuk do t'ju jap më kashtë.

¹¹ Shkoni vetë ta gjeni kashtën ku mund të jetë, sepse puna juaj nuk do të pakësohet aspak"".

¹² Kështu populli u shpërnda në gjithë vendin e Egjiptit, për të mbledhur kallamishte në vend të kashtës.

¹³ Dhe kontrollorët i nxisnin duke thënë: "Përfundoni punën tuaj çdo ditë si në kohën kur kishte kashtë!".

¹⁴ Dhe kryepunëtorët e skuadrave të bijve të Izraelit, të caktuar mbi ta nga kontrollorët e Faraonit, i rrahën dhe i pyetën: "Pse nuk e keni përfunduar, dje dhe sot si më parë, sasinë e caktuar të tullave?".

¹⁵ Atëherë kryepunëtorët e skuadrave të bijve të Izraelit erdhën për të protestuar te Faraoni, duke thënë: "Pse sillesh kështu me shërbëtorët e tu?

¹⁶ Nuk u jepet më kashtë shërbëtorëve të tu, dhe na thuhet: "Bëni tulla!". Dhe ja, shërbëtorët e tu i rrahin, por faji është i popullit tënd".

¹⁷ Atëherë ai u përgjigj: "Jeni përtacë, shumë përtacë! Për këtë arsye thoni: "Të bëjmë fli për Zotin".

¹⁸ Shkoni, pra, të punoni! Nuk do t'ju jepet kashtë, por do të dorëzoni po atë sasi tullash".

¹⁹ Kryepunëtorët e skuadrave të bijve të Izraelit u bindën se i gjeti halli, sepse u thuhej: "Mos e pakësoni në asnjë mënyrë numrin e caktuar të tullave për çdo ditë".

²⁰ Pastaj, si dolën nga Faraoni, takuan Moisiun dhe Aaronin, që po i prisnin,

²¹ dhe u thanë atyre: "Le t'i hedhë sytë Zoti mbi ju dhe le të gjykojë, sepse na keni bërë të urryer në sytë e Faraonit dhe në sytë e shërbëtorëve të tij duke vënë në duart e tyre shpatën për të na vrarë".

²² Atëherë Moisiu u kthye te Zoti dhe i tha: "O Perëndi, pse e fute në halle këtë popull? Pse pra më dërgove?

²³ Sepse, qysh prej ditës që vajta te Faraoni, për t'i folur në emrin tënd, ai i ka bërë të keqe këtij populli dhe ti nuk e çlirove aspak popullin tënd".

Kapitull 6

¹ Zoti i tha Moisiut: "Tani ke për të parë çfarë kam për t'i bërë Faraonit; sepse i detyruar nga një dorë e fuqishme ai do t'i lërë të shkojnë; po, i detyruar nga një dorë e fuqishme do t'i dëbojë nga vendi i tij".

² Pastaj Zoti i foli Moisiut dhe i tha: "Unë jam Zoti,

³ dhe i jam shfaqur Abrahamit, Isakut dhe Jakobit, si Perëndi i plotfuqishëm; por ata nuk më kishin njohur kurrë me emrin tim, Zot.

⁴ Kam caktuar gjithashtu besëlidhjen time me ta, duke u premtuar se do t'u jap vendin e Kanaanit, vendin ku qëndruan si të huaj.

⁵ Dëgjova edhe kujën e bijve të Izraelit që Egjiptasit i mbajnë në sklllavëri dhe m'u kujtua besëlidhja ime.

⁶ Prandaj u thuaj bijve të Izraelit: "Unë jam Zoti; do t'ju heq nga punët e rënda që ju kanë imponuar Egjiptasit, do t'ju çliroj nga sklavërimi i tyre dhe do t'ju çliroj me krah të shtrirë dhe ndëshkime të mëdha.

⁷ Do t'ju marr si popullin tim, dhe do të jem Perëndia juaj; dhe ju do të mësoni që unë jam Zoti, Perëndia juaj, që ju heq nga punët e rënda të imponuara nga Egjiptasit.

⁸ Dhe do t'ju bëj të hyni në vendin, që u betova t'i jap Abrahamit, Isakut dhe Jakobit; dhe do t'jua jap atë në trashëgimi. Unë jam Zoti"".

⁹ Kështu u foli Moisiu bijve të Izraelit; por ata nuk ia vunë veshin Moisiut, nga shkaku i ankthit dhe i sklllavërisë së rëndë.

¹⁰ Zoti i foli edhe më Moisiut, duke i thënë:

¹¹ "Shko, foli Faraonit, mbretit të Egjiptit, që të lejojë bijtë e Izraelit të dalin nga vendi i tij".

¹² Por Moisiu foli përpara Zotit dhe i tha: "Ja, bijtë e Izraelit nuk më dëgjuan; si mundet Faraoni të më dëgjojë mua, që jam i parrethprerë në buzë?".

¹³ Por Zoti i foli Moisiut dhe Aaronit dhe i urdhëroi të shkonin te bijtë e Izraelit dhe te Faraoni mbret i Egjiptit, me qëllim që t'i nxirrnin bijtë e Izraelit nga vendi i Egjiptit.

¹⁴ Këta janë kryetarët e familjeve të tyre. Bijtë e Rubenit, të parëlindurit të Izraelit qenë: Hanoku dhe Pallu, Hetsroni dhe Karmi. Këto qenë familjet e Rubenit.

¹⁵ Bijtë e Simeonit qenë: Jemueli, Jamini, Ohadi, Jakini, Tsohari dhe Sauli, bir i Kananeases. Këto qenë familjet e Simeonit.

¹⁶ Këta janë emrat e bijve të Levit, sipas brezave të tyre: Gershomi, Kehathi dhe Merari. Levi jetoi njëqind e tridhjetë e shtatë vjet.

¹⁷ Bijtë e Gershomit qenë: Libni dhe Shimej, bashkë me familjet e tyre.

¹⁸ Bijtë e Kehathit qenë: Amrami, Jitshari, Hebroni dhe Ucieli. Kehathi jetoi njëqind e tridhjetë e tre vjet.

¹⁹ Bijtë e Merarit qenë: Mahli dhe Mushi. Këto qenë edhe familjet e Levitëve sipas brezave të tyre.

²⁰ Amrami mori për grua Jokebedën, motrën e atit të tij; dhe ajo i lindi Aaronin dhe Moisiun. Amrami jetoi njëqind e tridhjetë e shtatë vjet.

²¹ Bijtë e Itsharit qenë: Koreu, Nefegu dhe Zikri.

²² Bijtë e Ucielit qenë: Mishaeli, Eltsafani dhe Sitri.

²³ Aaroni mori për grua Elishebën, të bijën e Aminadabit dhe motër e Nahashonit; dhe ajo i lindi Nadabin, Abihun, Eleazarin dhe Ithamarin.

²⁴ Bijtë e Koreut qenë: Asiri, Elkanahu dhe Abiasafi. Këto qenë familjet e Koreut.

²⁵ Eleazari, bir i Aaronit, mori për grua një nga bijat e Putielit; dhe ajo i lindi Fineasin. Këta qenë të parët e etërve të Levitëve në familjet e tyre.

²⁶ Dhe këta janë vet Aaroni dhe Moisiu, të cilëve Zoti u tha: "Nxirrni bijtë e Izraelit nga vendi i Egjiptit, sipas renditit të tyre".

²⁷ Këta janë ata që i folën Faraonit mbretit të Egjiptit për të nxjerrë bijtë e Izraelit nga Egjipti; ata janë vetë Moisiu dhe Aaroni.

²⁸ Por erdhi dita kur Zoti i foli Moisiut në vendin e Egjiptit,

²⁹ kur Zoti iu drejtua Moisiut dhe i tha: "Unë jam Zoti! Thuaji Faraonit, mbretit të Egjiptit, tërë ato që po të them".

³⁰ Atëherë Moisiu u përgjigj kështu para Zotit: "Ja, unë jam i parrethprerë në buzë; prandaj si mund të më dëgjojë Faraoni?".

Kapitull 7

¹ Zoti i tha Moisiut: "Shiko, unë po të bëj si perëndi për Faraonin, dhe vëllai yt Aaroni do të jetë profeti yt.

² Ti do të thuash tërë ato që do të të urdhëroj unë dhe vëllai yt Aaroni do t'i flasë Faraonit, që t'i lërë të shkojnë bijtë e Izraelit nga vendi i tij.

³ Por unë do ta ngurtësoj edhe më tepër zemrën e Faraonit dhe do t'i shumëzoj shenjat dhe mrekullitë e mia në vendin e Egjiptit.

⁴ Prandaj Faraoni nuk do t'jua vërë veshin, dhe kështu unë do ta zgjas dorën mbi Egjipt dhe do të nxjerr nga vendi i Egjiptit radhët e mia, popullin tim, bijtë e Izraelit, duke dhënë ndëshkime të mëdha.

⁵ Egjiptasit do të marrin vesh atëherë që unë jam Zoti, kur do të shtrij dorën time mbi Egjipt dhe do të nxjerr nga mesi i tyre bijtë e Izraelit".

⁶ Dhe Moisiu dhe Aaroni vepruan kështu; ata bënë pikërisht ashtusiç i kishte urdhëruar Zoti.

⁷ Kur i folën Faraonit, Moisiu ishte tetëdhjetë vjeç dhe Aaroni tetëdhjetë e tre.

⁸ Zoti i foli Moisiut dhe Aaronit, duke u thënë:

⁹ "Kur Faraoni t'ju flasë dhe t'ju thotë: "Bëni një mrekulli", ti do t'i thuash Aaronit: "Merr bastunin tënd dhe hidhe para Faraonit, që të bëhet gjarpër"".

¹⁰ Moisiu dhe Aaroni vajtën pra te Faraoni dhe vepruan ashtu, pikërisht siç i kishte urdhëruar Zoti. Aaroni e hodhi bastunin e tij përpara Faraonit dhe shërbëtorëve të tij, dhe ai u bë gjarpër.

¹¹ Atëherë edhe Faraoni thirri të diturit dhe yshtësit; dhe magjistarët e Egjiptit me artin e tyre të fshehtë bënë edhe ata të njëjtën gjë.

¹² Secili prej tyre hodhi bastunin e tij, dhe bastunët u bënë gjarpërinj; por bastuni i Aaronit i përpiu bastunët e tyre.

¹³ Por zemra e Faraonit u ngurtësua dhe ai nuk i dëgjoi ata, ashtu siç kishte thënë Zoti.

¹⁴ Zoti i tha Moisiut: "Zemra e Faraonit është ngulmuese;

¹⁵ ai nuk pranon ta lërë popullin të shkojë. Shko te Faraoni nesër në mëngjes, kur ai ka për të dalë për të vajtur drejt ujit. Ti do të qëndrosh ta presësh në breg të lumit dhe do të marrësh në dorë bastunin që është shndërruar në gjarpër.

¹⁶ Dhe do t'i thuash: "Zoti, Perëndia i Hebrenjve, më ka dërguar te ti që të të them: Lëre popullin tim të shkojë që të më shërbejë në shkretëtirë; por ja, deri tani nuk ke dëgjuar".

¹⁷ Kështu thotë Zoti: "Nga kjo do të kuptosh që unë jam Zoti; ja, me bastunin që kam në dorë unë do të rrah ujërat që janë në lumë, dhe ato do të shndërrohen në gjak.

¹⁸ Dhe peshqit që janë në lumë do të ngordhin, lumi do të mbajë erë të keqe, dhe Egjiptasve do t'u vijë ndot të pinë ujin e lumit"".

¹⁹ Dhe Zoti i tha Moisiut: "Thuaji Aaronit: "Merr bastunin tënd dhe shtrije dorën mbi ujërat e Egjiptit, mbi lumenjtë e tij, mbi kanalet e tij, mbi pellgjet e tij dhe mbi të gjitha depot e ujit; kështu ato do të bëhen gjak. Dhe do të ketë gjak në gjithë vendin e Egjiptit, si në enët prej druri ashtu dhe në enët prej guri"".

²⁰ Moisiu dhe Aaroni vepruan ashtu, pikërisht siç i kishte urdhëruar Zoti. Kështu ai ngriti bastunin dhe rrahu ujërat që ndodheshin në lumë, para syve të Faraonit dhe para syve të shërbëtorëve të tij; dhe të gjitha ujërat që ishin në lumë u shndërruan në gjak.

²¹ Dhe peshqit që ishin në lumë ngordhën; dhe lumi u qelb, kështu që Egjiptasit nuk mund të pinin më ujët e lumit. Kështu pati gjak në tërë vendin e Egjiptit.

²² Por magjistarët e Egjiptit bënë të njëjtën gjë me artet e tyre të fshehta; dhe zemra e Faraonit u ngurtësua dhe ai nuk i dëgjoi ata, ashtu siç kishte thënë Zoti.

²³ Pas kësaj Faraoni ktheu krahët dhe u drejtua nga shtëpia e tij; dhe nuk i dha rëndësi as kësaj gjëje.

²⁴ Dhe tërë Egjiptasit gërmuan në afërsi të lumit për të kërkuar ujë të pijshëm, sepse nuk mund të pinin ujin e lumit.

²⁵ Kaluan kështu shtatë ditë, që kur Zoti kishte rrahur lumin.

Kapitull 8

¹ Pastaj Zoti i tha Moisiut: "Shko te Faraoni dhe thuaji: "Kështu thotë Zoti: Lëre popullin tim të shkojë me qëllim që të më shërbejë.

² Dhe në qoftë se nuk pranon ta lësh të shkojë, ja, unë do ta godas gjithë vendin tënd me kamxhikun e bretkosave.

³ Kështu lumi do të mbushet me bretkosa, dhe ato do të ngjiten dhe do të hyjnë në shtëpinë tënde, në dhomën ku fle ti, mbi shtratin tënd, në shtëpitë e shërbëtorëve të tu dhe midis popullit, në furrat e tua dhe në magjet e bukës.

⁴ Dhe bretkosat do të vijnë kundër teje, kundër popullit tënd dhe kundër tërë shërbëtorëve të tu"".

⁵ Pastaj Zoti i tha Moisiut: "I thuaj Aaronit: "Shtri dorën tënde me bastunin tënd mbi lumenjtë, mbi kanalet dhe pellgjet dhe bëj që të ngjiten bretkosat mbi vendin e Egjiptit"".

⁶ Kështu Aaroni shtriu dorën e tij mbi ujërat e Egjiptit, dhe bretkosat u ngjitën dhe mbuluan vendin e Egjiptit.

⁷ Por magjistarët bënë të njëjtën gjë me artet e tyre të fshehta dhe i bënë bretkosat të ngjiten në vendin e Egjiptit.

⁸ Atëherë Faraoni thirri Moisiun dhe Aaronin dhe u tha: "Lutjuni Zotit që t'i largojë bretkosat nga unë, nga populli im, dhe unë do ta lejoj popullin të shkojë, që të bëjë fli për Zotin".

⁹ Moisiu i tha Faraonit: "Bëmë nderin të më thuash kur të ndërhyj për ty, për shërbëtorët e tu dhe për popullin tënd, pranë Zotit me qëllim që ai të zhdukë bretkosat që ndodhen rreth teje dhe shtëpive të tua, dhe të mbeten vetëm në lumë".

¹⁰ Ai u përgjigj: "Nesër". Dhe Moisiu tha: "Do të bëhet siç thua ti, kështu që ti të dish se askush nuk është si Zoti, Perëndia ynë.

¹¹ Dhe bretkosat do të largohen nga ti, nga shtëpitë e tua, nga shërbëtorët e tu dhe nga populli yt; ato do të mbeten vetëm në lumë".

¹² Moisiu dhe Aaroni dolën nga Faraoni; dhe Moisiu iu lut Zotit për bretkosat që kishte dërguar kundër Faraonit.

¹³ Dhe Zoti veproi sipas fjalës së Moisiut, dhe bretkosat ngordhën në shtëpitë, në oborret dhe në arat.

¹⁴ I grumbulluan pastaj në togje dhe vendi filloi të mbajë erë të keqe.

¹⁵ Po kur Faraoni pa që kishte pak lehtësim, e ngurtësoi zemrën e tij dhe nuk i dëgjoi më, ashtu siç kishte thënë Zoti.

¹⁶ Pastaj Zoti i tha Moisiut: "I thuaj Aaronit: "Zgjate bastunin tënd dhe rrih pluhurin e tokës, dhe ai do të bëhet mushkonja për tërë vendin e Egjiptit"".

¹⁷ Dhe ata kështu vepruan. Aaroni shtriu dorën me bastunin e tij, rrahu pluhurin e tokës dhe njerëzit e kafshët u mbuluan nga mushkonja; tërë pluhuri i tokës u shndërrua mushkonja në të gjithë vendin e Egjiptit.

¹⁸ Magjistarët u përpoqën të bënin të njëjtën gjë me anë të arteve të tyre të fshehta për të prodhuar mushkonja, por nuk ia dolën dot. Mushkonjat mbuluan, pra, njerëzit dhe kafshët.

¹⁹ Atëherë magjistarët i thanë Faraonit: "Ky është gishti i Perëndisë". Por zemra e Faraonit u ngurtësua dhe ai nuk i dëgjoi më, ashtu si kishte thënë Zoti.

²⁰ Pastaj Zoti i tha Moisiut: "Çohu herët në mëngjes dhe paraqitu tek Faraoni, kur ai del për të vajtur drejt ujit; dhe i thuaj: "Kështu thotë Zoti: Lëre popullin tim që të mund të më shërbejë.

²¹ Por në rast se ti nuk e lë popullin tim të shkojë, ja unë do të dërgoj kundër teje, mbi shërbëtorët e tu, mbi popullin tënd e brenda shtëpive të tua mori mizash; shtëpitë e Egjiptasve do të jenë plot me mori mizash, dhe kështu do të jetë toka mbi të cilën ndodhen.

²² Por atë ditë unë do ta veçoj vendin e Goshenit, ku banon populli im; dhe atje nuk do të ketë mori mizash, që ti të dish që unë jam Zoti në mes të vendit.

²³ Unë do të bëj një dallim midis popullit tim dhe popullit tënd. Nesër ka për të ndodhur kjo mrekulli"".

²⁴ Dhe Zoti ashtu veproi; erdhën grumbuj të dendur mizash në shtëpinë e Faraonit dhe në shtëpitë e shërbëtorëve të tij, dhe në gjithë vendin e Egjiptit toka u shkretua nga moria e mizave.

²⁵ Atëherë Faraoni thirri Moisiun dhe Aaronin dhe u tha: "Shkoni, bëni fli për Perëndinë tuaj në vend".

²⁶ Por Moisiu u përgjigj: "Kjo s'ka si bëhet, sepse do t'i bënim Zotit, Perëndisë tonë, fli që janë të neveritshme për Egjiptasit. Ja, duke bërë para syve të tyre fli që janë të neveritshme për Egjiptasit, a nuk do të na vrasin me gurë?

²⁷ Do të shkojmë në shkretëtirë duke ecur tri ditë me radhë dhe do të bëjmë fli për Zotin, Perëndinë tonë, ashtu si do të na urdhërojë Ai".

²⁸ Faraoni tha: "Unë do t'ju lë të shkoni, që të bëni fli për Zotin, Perëndinë tuaj, në shkretëtirë; vetëm, mos shkoni shumë larg. lutuni për mua".

²⁹ Moisiu tha: "Ja, unë po dal nga ti dhe do t'i lutem Zotit dhe nesër moria e mizave do të largohet nga Faraoni, nga shërbëtorët e tij dhe nga populli i tij; mjafton që Faraoni të mos tallet me ne, duke e penguar popullin të shkojë e të bëjë fli për Zotin".

³⁰ Moisiu u largua pastaj nga prania e Faraonit dhe iu lut Zotit.

³¹ Dhe Zoti veproi simbas fjalës së Moisiut dhe largoi morinë e mizave nga Faraoni, nga shërbëtorët e tij dhe nga populli i tij; nuk mbeti as edhe një mizë.

³² Por edhe këtë herë Faraoni e fortësoi zemrën e tij dhe nuk e la popullin të shkojë.

Kapitull 9

¹ Atëherë Zoti i tha Moisiut: "Shko te Faraoni dhe i thuaj: "Kështu thotë Zoti, Perëndia i Hebrenjve: Lëre popullin tim të shkojë, që të mund të më shërbejë.

² Por në rast se nuk pranon ta lësh të shkojë dhe e mban akoma,

³ ja, dora e Zotit do të jetë mbi bagëtinë tënde, që është nëpër fusha, mbi kuajt, mbi gomarët, mbi devetë, mbi bagëtinë e trashë dhe të imët, dhe do të ketë gjëmë të madhe.

⁴ Por Zoti do të bëjë dallim midis bagëtisë së Izraelit dhe asaj të Egjiptit; kështu asnjë ngordhje nuk do të ketë në gjithçka që u përket bijve të Izraelit"".

⁵ Pastaj Zoti caktoi një afat, duke thënë: "Nesër Zoti do ta bëjë këtë në vend".

⁶ Dhe Zoti e bëri atë të nesërmen, dhe tërë bagëtia e Egjiptit ngordhi; por nga bagëtia e bijve të Izraelit nuk ngordhi as edhe një kokë.

⁷ Faraoni dërgoi njerëz për të parë, dhe ja asnjë kokë bagëtie e Izraelitëve s'kishte ngordhur. Por zemra e Faraonit u fortësua dhe ai nuk e la popullin të shkojë.

⁸ Pastaj Zoti u tha Moisiut dhe Aaronit: "Merrni ca grushte hi furre, dhe Moisiu ta shpërndajë atë drejt qiellit në sytë e Faraonit.

⁹ Ai do të bëhet një pluhur i imët në të gjithë vendin e Egjiptit, dhe do të shkaktojë ulcera që do të përftojnë puçrra me qelb te njerëzit dhe te kafshët në të gjithë vendin e Egjiptit".

¹⁰ Atëherë ata morën hi furre dhe u paraqitën para Faraonit; dhe Moisiu e shpërndau drejt qiellit, dhe ai shkaktoi ulcera që përftuan puçrra te njerëzit dhe te kafshët.

¹¹ Dhe magjistarët nuk mundën të qëndronin para Moisiut për shkak të ulcerave, sepse magjistarët dhe tërë Egjiptasit ishin prekur nga ulcerat.

¹² Por Zoti e ngurtësoi zemrën e Faraonit, dhe ky nuk i dëgjoi ata, ashtu siç i kishte thënë Zoti Moisiut.

¹³ Pas kësaj Zoti i tha Moisiut: "Çohu herët në mëngjes, paraqitu para Faraonit dhe thuaji: "Kështu thotë Zoti, Perëndia i Hebrenjve: Lëre popullin tim të shkojë, që të ketë mundësi të më shërbejë.

¹⁴ Sepse këtë herë do t'i dërgoj tërë plagët e mia pikërisht mbi ty, mbi shërbëtorët e tu dhe mbi popullin tënd, që të mësosh se nuk ka asnjë të ngjashëm me mua në gjithë dheun.

¹⁵ Në fakt, në qoftë se tani unë do ta kisha shtrirë dorën dhe do të kisha goditur me murtajë ty dhe popullin tënd, ti do të ishe fshirë nga faqja e dheut.

¹⁶ Por, pikërisht për këtë arsye, të kam falur, për të të treguar fuqinë time dhe që emri im të shpallet në gjithë dheun.

¹⁷ Dhe ti akoma i kundërvihesh popullit tim dhe nuk e lë të shkojë?

¹⁸ Ja, nesër në këtë orë, unë do të bëj që të bjerë një breshër aq i fortë, që Egjipti nuk e ka parë prej ditës së krijimit të tij deri tani.

¹⁹ Dhe tani dërgo njeri që të sigurosh bagëtinë tënde dhe tërë ato që ke nëpër fusha. Sepse tërë njerëzit dhe kafshët, që ndodhen nëpër fushat dhe nuk janë çuar në shtëpi, do të goditen nga breshëri dhe do të vdesin"".

²⁰ Ndër shërbëtorët e Faraonit, ata që patën frikë nga fjalët e Zotit i strehuan në shtëpitë e tyre shërbëtorët dhe bagëtinë e tyre;

²¹ por ata që nuk i morrën parasysh fjalët e Zotit i lanë shërbëtorët dhe bagëtinë e tyre në fusha.

²² Atëherë Zoti i tha Moisiut: "Shtrije dorën drejt qiellit, që të bjerë breshër në tërë vendin e Egjiptit, mbi njerëzit, mbi kafshët dhe mbi çdo lloj bimësie të fushave në vendin e Egjiptit".

²³ Dhe Moisiu e shtriu bastunin e tij drejt qiellit; dhe Zoti dërgoi bubullima dhe breshër, dhe zjarri ra duke goditur me rrufe në tokë; dhe Zoti bëri që të bjerë breshër mbi vendin e Egjiptit.

²⁴ Kështu ra breshër dhe pati një zjarr të përzier me breshrin; dhe ky ishte aq i fortë, sa nuk ishte parë ndonjë herë në të gjithë vendin e Egjiptit, që ditën që ishte bërë komb.

²⁵ Dhe breshri goditi në gjithë vendin e Egjiptit gjithçka që ishte në fushat, si njerëzit ashtu dhe kafshët; breshri goditi çdo lloj bimësie në fushat dhe bëri copë copë çdo pemë që ndodhej në fushë.

²⁶ Vetëm në vendin e Goshenit, ku ishin bijtë e Izraelit nuk ra

breshër.

²⁷ Atëherë Faraoni dërgoi e thirri Moisiun dhe Aaronin dhe u tha atyre: "Këtë herë unë mëkatova; Zoti është i drejtë, ndërsa unë dhe populli im jemi të këqij.

²⁸ Lutjuni Zotit që të mbarojnë bubullimat e Perëndisë dhe breshri; unë do t'ju lë të shkoni dhe nuk do të jeni të detyruar të rrini më këtu".

²⁹ Moisiu i tha: "Mbasi të dal nga qyteti, do t'i shtrij duart nga Zoti; bubullimat do të pushojnë dhe nuk do të ketë më bresher, që ti të mësosh që toka i përket Zotit.

³⁰ Por unë e di që ti dhe shërbëtorët e tu, nuk do të keni frikë akoma nga Zoti Perëndi".

³¹ Tani liri dhe elbi u prekën, sepse elbi ishte në kalli dhe liri kishte lulëzuar;

³² por gruri dhe gruri i fortë nuk u prekën, sepse janë të vonshëm.

³³ Kështu Moisiu, pasi la Faraonin, doli nga qyteti dhe i shtriu duart drejt Zotit; atëherë bubullimat dhe breshri pushuan dhe nuk ra më shi mbi tokë.

³⁴ Kur Faraoni pa që shiu, breshri dhe bubullimat pushuan, vazhdoi të mëkatojë dhe e ngurtësoi zemrën e tij, ai dhe shërbëtorët e tij.

³⁵ Kështu zemra e Faraonit u ngurtësua dhe ai nuk i la të bijtë e Izraelit të shkojnë, ashtu si i kishte thënë Zoti nëpërmjet Moisiut.

Kapitull 10

¹ Pastaj Zoti i tha Moisiut: "Shko te Faraoni; sepse e kam fortësuar zemrën e tij dhe zemrën e shërbëtorëve të tij, me qëllim që unë të mund të tregoj këto shenjat e mia në mes tyre,

² dhe me qëllim që ti të mundësh t'u tregosh bijve të tu dhe bijve të bijve të tu gjërat e mëdha që kam bërë, duke vënë në lojë Egjiptasit, dhe shenjat e mia që kam bërë midis tyre, që të dini se unë jam Zoti".

³ Kështu Moisiu dhe Aaroni shkuan te Faraoni dhe i thanë: "Kështu thotë Zoti, Perëndia i Hebrenjve: "Deri kur do të refuzosh të ulësh kokën para meje? Lëre popullin tim të shkojë që të mund të më shërbejë.

⁴ Sepse po refuzove ta lësh popullin tim të shkojë, që nesër do të sjell karkaleca në territorin tënd.

⁵ Dhe ato do të mbulojnë faqen e dheut, kështu që asnjeri nuk do të mund ta shohë tokën; dhe ato do të përpijnë edhe atë që ka mbetur, atë që ju ka lënë breshri, dhe do të përpinë çdo pemë që rritet për ju në fusha.

⁶ Dhe do t'i mbushin shtëpitë tuaja, shtëpitë e tërë shërbëtorëve të tu dhe shtëpitë e tërë Egjiptasve, diçka që as etërit e tu as etërit e etërve të tu nuk e kanë parë kurrë, nga dita që qenë mbi dhe deri në këtë ditë"". Me t'i thënë këto fjalë ktheu kurrizin dhe doli nga prania e Faraonit.

⁷ Pastaj shërbëtorët e Faraonit i thanë: "Deri kur ky njeri do të jetë pengesë për ne? Lëri këta njerëz të ikin, që t'i shërbejnë Zotit Perëndisë të tyre! Nuk e ke kuptuar akoma që Egjipti është shkatërruar?".

⁸ Kështu Moisiu dhe Aaroni u rikthyen te Faraoni; dhe ky u tha atyre: "Shkoni, shërbejini Zotit, Perëndisë tuaj. Por kush janë ata që do të shkojnë?". Moisiu tha:

⁹ "Ne do të shkojmë me fëmijët tanë dhe me pleqtë tanë, me bijtë tanë dhe bijat tona; do të shkojmë me kopetë tona të bagëtive të imta dhe të trasha, sepse duhet të kremtojmë një festë kushtuar Zotit".

¹⁰ Faraoni u tha atyre: "Zoti qoftë me ju, kur unë do t'ju lë të ikni bashkë me fëmijët tuaj! Por kini kujdes se mos keni qëllime të këqia!

¹¹ Jo, jo! Shkoni ju, burra, t'i shërbeni Zotit; sepse kjo është ajo që kërkoni". Dhe i dëbuan nga prania e Faraonit.

¹² Atëherë Zoti i tha Moisiut: "Shtrije dorën tënde mbi vendin e Egjiptit për karkalecat, me qëllim që ato të ngjiten dhe të mbulojnë vendin e Egjiptit dhe të përpijnë tërë bimësinë e vendit, tërë ato që ka lënë breshri".

¹³ Atëherë Moisiu zgjati bastunin e tij mbi vendin e Egjiptit; dhe Zoti ngriti një erë nga lindja mbi vendin tërë atë ditë dhe tërë natën; sa erdhi mëngjesi, era e lindjes solli karkalecat.

¹⁴ Dhe karkalecat u ngjitën në tërë vendin e Egjiptit dhe u ulën në tërë territorin e tij në numër të madh. Nuk kishte pasur kurrë një murtajë të tillë karkalecash më parë dhe nuk do të ndodhë ndonjë tjetër.

¹⁵ Ato mbuluan faqen e tërë dheut, aq sa e nxinë dheun; përpinë tërë bimësinë e vendit dhe tërë pemët e druve që breshri kishte lënë; dhe nuk mbeti asgjë e blertë mbi drurët dhe shkurrëzat e fushës, në tërë vendin e Egjiptit.

¹⁶ Atëherë Faraoni thirri me nxitim Moisiun dhe Aaronin dhe u tha: "Unë kam mëkatuar kundër Zotit, Perëndisë tuaj, dhe kundër jush.

¹⁷ Por tani të lutem, falmani mëkatin edhe një herë; dhe lutjuni Zotit, Perëndisë tuaj, që të largojë nga unë këtë mynxyrë vdekjeprurëse".

¹⁸ Dhe Moisiu doli nga Faraoni, dhe iu lut Zotit.

¹⁹ Pastaj Zoti ngriti një erë të kundërt, një erë nga perëndimi shumë të fortë, që i largoi karkalecat dhe i hodhi në Detin e Kuq. Nuk mbeti asnjë karkalec në tërë territorin e Egjiptit.

²⁰ Por Zoti e fortësoi zemrën e Faraonit dhe ai nuk i la bijtë e Izraelit të ikin.

²¹ Atëherë Zoti i tha Moisiut: "Shtrije dorën drejt qiellit, me qëllim që të jetë errësirë në vendin e Egjiptit, errësirë që të mund të preket me dorë".

²² Dhe Moisiu e shtriu dorën e tij drejt qiellit, dhe u bë errësirë e madhe në tërë vendin e Egjiptit për tri ditë.

²³ Njëri nuk shikonte tjetrin dhe asnjeri nuk lëvizi nga vendi ku ndodhej për tri ditë; por për të gjithë bijtë e Izraelit kishte dritë në banesat e tyre.

²⁴ Atëherë Faraoni thirri Moisiun dhe i tha: "Shkoni, shërbejini Zotit, le të mbeten vetëm kopetë tuaja me bagëti të imët dhe të trashë; edhe fëmijët tuaj mund të vinë me ju".

²⁵ Moisiu tha: "Ti duhet të na lejosh gjithashtu të marrim dhe disa fli dhe olokauste, që t'ia ofrojmë Zotit, Perëndisë tonë.

²⁶ Edhe bagëtia jonë do të vijë me ne; nuk do të lëmë këtu as edhe një thua të saj, sepse do të marrim disa krerë për t'i shërbyer Zotit, Perëndisë tonë; dhe nuk e dimë me se do t'i shërbejmë Zotit, deri sa të arrijmë atje poshtë".

²⁷ Por Zoti e fortësoi zemrën e Faraonit dhe ai nuk deshi t'i linte të shkonin.

²⁸ Atëherë Faraoni i tha Moisiut: "Qërohu nga unë! Ruhu se më del përpara, sepse ditën që do të më dalësh përpara do të vdesësh!".

²⁹ Moisiu iu përgjigj: "Mirë e the; unë nuk do të të dal më përpara".

Kapitull 11

¹ Pastaj Zoti i tha Moisiut: "Unë do të sjell edhe një plagë tjetër mbi Faraonin dhe Egjiptin; pas kësaj ai do t'ju lejojë të ikni prej këtej. Kur do t'ju lejojë të shkoni, ai do t'ju dëbojë përfundimisht prej këtej.

² Tani foli popullit në mënyrë që çdo burrë t'i kërkojë fqinjit të tij dhe çdo grua fqinjës së saj sende argjendi dhe ari".

³ Dhe Zoti e bëri popullin të ketë hir në sytë e Egjiptasve; edhe Moisiu gëzonte konsideratë të madhe në vendin e Egjiptit, në sytë e shërbëtorëve të Faraonit dhe në sytë e popullit.

⁴ Pastaj Moisiu tha: "Kështu thotë Zoti: "Aty nga mesnata, unë do të kaloj përmes Egjiptit;

⁵ dhe çdo i parëlindur në vendin e Egjiptit do të vdesë, nga i parëlinduri i Faraonit që rri mbi fron, tek i parëlinduri i shërbëtores që rri pas mokrës, si dhe pjellja e parë e bagëtisë.

⁶ Atëherë në vendin e Egjiptit do të ketë një britmë të madhe, që nuk është dëgjuar kurrë më parë dhe që nuk do të dëgjohet asnjëherë tjetër.

⁷ Por kundër asnjërit prej bijve të Izraelit, qofshin ata njerëz apo kafshë, asnjë qen s'ka për të lëvizur gjuhën, me qëllim që të dini se Zoti bën dallimin midis Egjiptasve dhe Izraelit.

⁸ Dhe tërë këta shërbëtorët e tu do të zbresin tek unë dhe do të përkulen para meje, duke thënë: "Nisu, ti dhe populli yt që të ndjek nga pas!". Mbas kësaj unë do të nisem"". Dhe Moisiu u largua nga Faraoni tërë zemërim.

⁹ Pastaj Zoti i tha Moisiut: "Faraoni nuk do t'jua vërë veshin, me qëllim që mrekullitë e mia të shumëzohen në vendin e Egjiptit".

¹⁰ Dhe Moisiu dhe Aaroni bënë tërë ato mrekulli para Faraonit; por Zoti e ngurtësoi zemrën e Faraonit dhe ky nuk i la bijtë e Izraelit dalin nga vendi i tij.

Kapitull 12

¹ Zoti u foli Moisiut dhe Aaronit në vendin e Egjiptit, duke u thënë:

² "Ky muaj do të jetë për ju muaji më i rëndësishëm, do të jetë për ju muaji i parë i vitit.

³ I thoni gjithë asamblesë së Izraelit: "Ditën e dhjetë të këtij muaji, çdo burrë të marrë për vete një qengj, sipas madhësisë së familjes të atit, një qengj për shtëpi.

⁴ Por në qoftë se shtëpia është tepër e vogël për një qengji, le të marrë një së bashku me fqinjin më të afërt, duke llogaritur numrin e personave; ju do të përcaktoni sasinë e qengjit të nevojshëm, në bazë të asaj që çdonjëri mund tëhajë.

⁵ Qengji juaj duhet të jetë pa të meta, mashkull, motak; mund të merrni një qengj ose një kec.

⁶ Do ta ruani deri në ditën e katërmbëdhjetë të këtij muaji, dhe tërë asambleja e popullit të Izraelit do të therë atë në të ngrysur.

⁷ Pastaj do të marrin nga ai gjak dhe do ta vënë mbi dy shtalkat dhe mbi arkitraun e shtëpive ku do ta hanë.

⁸ Do të hanë mishin e pjekur në zjarr, po atë natë, do ta hanë atë me bukë pa maja dhe me barishte të hidhura.

⁹ Nuk do të hani fare mish të gjallë apo të zier në ujë, por të pjekur në zjarr me kokën, këmbët dhe të brendshmet.

¹⁰ Dhe nuk do të lini asnjë mbetje deri në mëngjes; dhe ç'të mbetet deri në mëngjes, do ta digjni në zjarr.

¹¹ Do ta hani në këtë mënyrë: ijengjeshur, sandalembathur dhe me bastunin tuaj në dorë; do ta hani me nxitim: se është Pashka e Zotit.

¹² Atë natë unë do të kaloj nëpër vendin e Egjiptit dhe do të godas çdo të parëlindur në vendin e Egjiptit, qoftë njeri apo kafshë, dhe do t'i jap hakun gjithë perëndive të Egjiptit. Unë jam Zoti.

¹³ Dhe gjaku do të jetë për ju një shenjë mbi shtëpitë ku ndodheni; kur ujë të shoh gjakun do të kaloj tutje dhe nuk do të ketë plagë mbi ju për t'ju zhdukur, kur të godas vendin e Egjiptit.

¹⁴ Ajo ditë do të jetë për ju një ditë për t'u mbajtur mend dhe ta kremtoni si festë kushtuar Zotit; do ta kremtoni nëpër kohëra si ligj të përjetshëm.

¹⁵ Për shtatë ditë do të hani bukë të ndorme. Ditën e parë do të kujdeseni të hiqni çdo maja nga shtëpitë tuaja, sepse kushdo që do të hajë bukë të mbrujtur, nga dita e parë deri në të shtatën, do të këputet nga Izraeli.

¹⁶ Ditën e parë do të keni një mbledhje të shenjtë, dhe një mbledhje të shenjtë edhe ditën e shtatë. Të mos bëhet asnjë punë ato ditë; të përgatitet vetëm ajo që do të hajë secili dhe asgjë tjetër.

¹⁷ Do të kremtoni, pra, festën e të ndormëve, sepse pikërisht në këtë ditë bëra të dalin radhët tuaja nga vendi i Egjiptit; do ta kremtoni, pra, këtë ditë nëpër kohëra si ligj të përjetshëm.

¹⁸ Gjatë muajit të parë, nga dita e katërmbëdhjetë e muajit, në mbrëmje, deri ditën e njëzetenjëtë, në mbrëmje, do të hani bukë të ndorme.

¹⁹ Për shtatë ditë të mos gjendet maja në shtëpitë tuaja, sepse kushdo që do të hajë diçka të mbrujtur, do të këputet nga asambleja e Izraelit, qoftë ai i huaj apo i lindur në vend.

²⁰ Nuk do të hani asgjë të mbrujtur; në të gjitha banesat tuaja do të hani bukë të ndorme"".

²¹ Moisiu, pra, thirri gjithë pleqtë e Izraelit dhe u tha atyre: "Shkoni dhe merrni qengja për ju dhe për familjet tuaja, dhe flijoni Pashkët.

²² Pastaj do të merrni një tufëz hisopi, do ta ngjyeni në gjakun që është në legen, dhe me gjakun që është në legen do të spërkatni arkitraun dhe të dy shtalkat e dyerve; dhe asnjë prej jush nuk do të dalë nga dera e shtëpisë së tij deri në mëngjes.

²³ Sepse Zoti do të kalojë për të goditur Egjiptasit; po, kur do të shohë gjakun mbi arkitraun dhe mbi dy shtalkat, Zoti do të kalojë më tej derës dhe nuk do ta lejojë shkatërruesin të hyjë në shtëpitë tuaja për t'ju goditur.

²⁴ Zbatojeni, pra, këtë si një porosi të përjetshme për ju dhe për bijtë tuaj.

²⁵ Kur të hyni në vendin që do t'ju japë Zoti, siç e ka thënë, zbatoni këtë rit.

²⁶ Kur bijtë tuaj do t'ju pyesin: "Ç'kuptim ka ky rit për ju?",

²⁷ ju do t'u përgjigjeni: "Kjo është flija e Pashkës së Zotit, që kaloi tej shtëpive të bijve të Izraelit në Egjipt, kur goditi Egjiptasit dhe i fali shtëpitë tona"". Dhe populli u përkul dhe adhuroi.

²⁸ Atëherë bijtë e Izraelit shkuan dhe vepruan ashtu; ata bënë ashtu si i kishte urdhëruar Zoti Moisiun dhe Aaronin.

²⁹ Prandaj ndodhi që në mesnatë Zoti goditi tërë të parëlindurit në vendin e Egjiptit, që nga i parëlinduri i Faraonit që rrinte mbi fronin e tij, deri te i parëlinduri i të burgosurit që ishte në burg, si dhe çdo pjellë e parë e bagëtive.

³⁰ Kështu Faraoni u ngrit natën, ai me gjithë shërbëtorët e tij dhe gjithë Egjiptasit; dhe u dëgjua një klithmë e madhe në Egjipt, sepse nuk kishte shtëpi ku të mos kishte një të vdekur.

³¹ Atëherë ai thirri Moisiun dhe Aaronin natën dhe u tha: "Çohuni dhe largohuni nga mesi i popullit tim, ju dhe bijtë e Izraelit; dhe shkoni t'i shërbeni Zotit, siç e keni thënë.

³² Merrni me vete kopetë e bagëtive të imta dhe të trasha, siç keni thënë, dhe shkoni; dhe më bekoni edhe mua!".

³³ Dhe Egjiptasit e nxisnin popullin për të shpejtuar nisjen nga vendi, sepse thonin: "Do të vdesim të gjithë".

³⁴ Populli mori me vete brumin e bukës para se ai të vinte; i mbështolli magjet e tij me rroba trupi dhe i vuri mbi kurriz.

³⁵ Dhe bijtë e Izraelit bënë ashtu siç i kishte thënë Moisiu dhe u kërkuan Egjiptasve sende argjendi, sende ari dhe rroba;

³⁶ dhe Zoti bëri që Egjiptasit ta shikonin me sy të mirë popullin dhe t'i jepnin atë që kërkonte. Kështu i zhveshën Egjiptasit.

³⁷ Bijtë e Izraelit u nisën nga Ramsesi për në Sukoth, ishin rreth gjashtëqind mijë njerëz më këmbë, pa llogaritur fëmijët.

³⁸ Dhe me ta iku gjithashtu një përzierje e madhe njerëzish, bashkë me kopetë e tyre të bagëtive të imta dhe të trasha, një numër i madh kafshësh.

³⁹ Dhe ata e poqën brumin që kishin sjellë nga Egjipti, duke bërë kuleçë të ndorme; në fakt brumi nuk kishte maja, sepse ata u dëbuan nga Egjipti dhe nuk mundën të mënojnë, as të përgatisin rezerva për udhëtimin.

⁴⁰ Koha që bijtë e Izraelit kaluan në Egjipt qe katërqind e tridhjetë vjet.

⁴¹ Në fund të katërqind e tridhjetë vjetëve, pikërisht atë ditë, ndodhi që të gjitha radhët e Zotit dolën nga vendi i Egjiptit.

⁴² Kjo është një natë për t'u kremtuar për nder të Zotit, sepse ai i nxori nga vendi i Egjiptit; kjo natë do të jetë një kremtim solemn ndaj Zotit, për të gjithë bijtë e Izraelit brez pas brezi.

⁴³ Pastaj Zoti i tha Moisiut dhe Aaronit: "Ky është rregulli i Pashkëve: asnjë i huaj nuk do të hajë;

⁴⁴ por çdo skllav, i blerë me para, mbasi të jetë rrethprerë, mund të hajë.

⁴⁵ Të ardhurit dhe mercenarët nuk do të hanë.

⁴⁶ Qengji do të hahet vetëm në një shtëpi; asnjë pjesë të mishit të tij nuk do ta nxirrni jashtë shtëpisë dhe nuk do të thyeni asnjë kockë të tij.

⁴⁷ Tërë asambleja e Izraelit do ta kremtojë atë.

⁴⁸ Dhe kur një i huaj do të banojë me ty do të dojë të kremtojë Pashkët për nder të Zotit, tërë meshkujt e familjes së tij duhet të rrethpriten më parë dhe pastaj ai le të afrohet për të kremtuar këtë ditë, ai do të konsiderohet si i lindur në vend; por asnjë i parrethprerë s'ka për të ngrënë.

⁴⁹ Do të ketë një ligj të vetëm për atë që ka lindur në vend dhe për të huajin që banon me ju".

⁵⁰ Tërë bijtë e Izraelit vepruan në këtë mënyrë: ata bënë pikërisht atë që Zoti i kishte urdhëruar Moisiut dhe Aaronit.

⁵¹ Kështu ndodhi që pikërisht atë ditë Zoti i bëri bijtë e Izraelit të dalin nga vendi i Egjiptit, simbas radhëve të tyre.

Kapitull 13

¹ Zoti i foli Moisiut duke i thënë:

² "Më shenjtëro çdo të parëlindur, ai që çel barkun ndër bijtë e Izraelit, qofshin njerëz apo kafshë; më takon mua".

³ Pastaj Moisiu i tha popullit: "Mbajeni mend këtë ditë, gjatë së cilës dolët nga Egjipti, nga shtëpia e skllavërisë; sepse Zoti ju nxori nga ky vend me dorë të fuqishme; nuk do të hahet bukë me maja.

⁴ Ju po dilni sot, në muajin e Abibit.

⁵ Atëherë pra kur Zoti do të bëjë që të hyni në vendin e Kananejve, të Hitejve, të Amorejve, të Hivejve dhe të Jebusejve që u është betuar etërve të tu të japë, vend ku rrjedh qumështi dhe mjalti, do të kryesh këtë rit gjatë këtij muaji.

⁶ Shtatë ditë me radhë do të hash bukë të ndorme; dhe ditën e shtatë do të bëhet një festë për Zotin.

⁷ Do të hahet bukë e ndorme gjatë shtatë ditëve; dhe nuk do të duket bukë me maja tek ju, as do të duket maja pranë teje, brenda tërë kufijve të tu.

⁸ Atë ditë do t'ia shpjegosh këtë gjë birit tënd, duke i thënë: "Veprohet kështu për shkak të asaj që bëri Zoti për mua kur dola nga Egjipti".

⁹ Dhe do të jetë për ty si një shenjë mbi dorën tënde dhe si një kujtim ndër sytë e tu, me qëllim që ligji i Zotit të jetë në gojën tënde; sepse Zoti të bëri të dalësh nga Egjipti me dorë të fuqishme.

¹⁰ Zbatoje pra këtë rregull në kohën e caktuar, vit pas viti.

¹¹ Kur Zoti do të ketë bërë që të hysh në vendin e Kananejve, ashtu siç të është betuar ty dhe etërve të tu, dhe do të ta ketë dhënë atë,

¹² do t'i shenjtërosh Zotit tërë ata që çelin barkun dhe çdo pjellje të parë të bagëtisë që ti zotëron: meshkujt do t'i takojnë Zotit.

¹³ Kështu do të shpengosh çdo pjellje të parë të gomarit me një qengj; por në qoftë se nuk dëshiron ta shpengosh, atëherë thyeja qafën; kështu do të shpengosh çdo të parëlindur të njeriut ndër bijtë e tu.

¹⁴ Kur në të ardhmen biri yt do të pyesë, duke thënë: "Çfarë do të thotë kjo?", ti do t'i përgjigjesh: "Zoti na bëri të dalim nga Egjipti, nga shtëpia e skllavërisë, me dorë të fuqishme;

¹⁵ dhe ndodhi që, kur Faraoni nguli këmbë të mos na linte të shkonim, Zoti vrau tërë të parëlindurit në vendin e Egjiptit, si të parëlindurit e njerëzve ashtu dhe të parëlindurit e kafshëve. Prandaj unë i bëj fli Zotit tërë meshkujt që çelin barkun, por shpengoj çdo të parëlindur të bijve të mi".

¹⁶ Kjo do të jetë si një shenjë mbi dorën tënde dhe një ballore midis syve të tu, sepse Zoti na bëri të dalim nga Egjipti me dorë të fuqishme".

¹⁷ Kur Faraoni e la popullin të shkojë, Perëndia nuk e çoi nëpër rrugën e vendit të Filistejve, megjithëse kjo ishte më e shkurtëra, sepse

Perëndia tha: "Që të mos pendohet populli, kur të shohë luftën, dhe të mos kthehet në Egjipt".

¹⁸ Por Perëndia bëri që populli të vinte një herë përqark, nëpër rrugën e shkretëtirës, drejt Detit të Kuq. Dhe bijtë e Izraelit dolën të armatosur nga vendi i Egjiptit.

¹⁹ Dhe Moisiu mori me vete eshtrat e Jozefit, sepse i kishte vënë bijtë e Izraelit të betoheshin shprehimisht, duke thënë: "Me siguri Perëndia do t'ju vizitojë; atëherë i bartni me vete eshtrat e mia".

²⁰ Kështu ata u nisën nga Sukothi dhe fushuan në Etham, buzë shkretëtirës.

²¹ Dhe Zoti shkonte para tyre, ditën në një kolonë resh për t'i udhëhequr në rrugë, dhe natën në një kolonë zjarri për t'u bërë atyre dritë, që të mund të ecnin ditën dhe natën.

²² Kolona e reve nuk tërhiqej kurrë ditën përpara popullit, as kolona e zjarrit natën.

Kapitull 14

¹ Pastaj Zoti i foli Moisiut, duke i thënë:

² "U thuaj bijve të Izraelit të kthehen prapa dhe të vendosin kampin e tyre përballë Pi-Hahirothit, midis Migdolit dhe detit, përballë Baal-Tsefonit; vendosni kampin tuaj përpara këtij vendi pranë detit.

³ Atëherë Faraoni do të thotë për bijtë e Izraelit: "Ata po enden si të humbur në vend; shkretëtira i mban të mbyllur".

⁴ Dhe unë do ta ngurtësoj zemrën e Faraonit, dhe ai do t'i ndjekë ata; por unë do të siguroj lavdi nga Faraoni dhe nga gjithë ushtria e tij, dhe Egjiptasit do të mësojnë që unë jam Zoti". Dhe ata ashtu vepruan.

⁵ Pastaj iu njoftua mbretit të Egjiptit që populli kishte ikur; dhe zemra e Faraonit dhe e shërbëtorëve të tij ndryshoi kundrejt popullit, dhe ata thanë: "Ç'bëmë që e lamë Izraelin të ikë nga shërbimi ynë?".

⁶ Kështu Faraoni bëri që të përgatitej qerrja e tij dhe mori me vete popullin e tij.

⁷ Mori dhe gjashtëqind qerre të zgjedhura dhe tërë qerret e Egjiptit, me luftëtarë në secilin prej tyre.

⁸ Dhe Zoti i ngurtësoi zemrën e Faraonit, mbretit të Egjiptit, dhe ai ndoqi bijtë e Izraelit, që dilnin plot trimëri.

⁹ Egjiptasit i ndoqën; dhe tërë kuajt, qerret e Faraonit, kalorësit e tij dhe ushtria e tij i arritën kur kishin fushuar pranë detit, në afërsi të Pi-Hahirothit, përballë Baal-Tsefonit.

¹⁰ Ndërsa Faraoni po afrohej, bijtë e Izraelit ngritën sytë; dhe ja, Egjiptasit marshonin prapa tyre, prandaj patën shumë frikë; dhe bijtë e Izraelit i klithën Zotit,

¹¹ dhe i thanë Moisiut: "Pse, nuk kishte varre në Egjipt, që na solle të vdesim në shkretëtirë? Pse e bëre këtë gjë me ne, duke na nxjerrë nga Egjipti?

¹² A nuk ishte vallë kjo për të cilën të flisnim në Egjipt, duke të thënë: "Na lër rehat, kështu do të mund t'u shërbejmë Egjiptasve"? Sepse për ne do të qe më mirë t'u shërbenim Egjiptasve se sa të vdesim në shkretëtirë".

¹³ Por Moisiu i tha popullit: "Mos kini frikë, qëndroni dhe çlirimi do të vijë nga Zoti, i cili do ta bëjë sot për ju; sepse Egjiptasit që shihni sot, nuk do t'i shihni më kurrë.

¹⁴ Zoti do të luftojë për ju, dhe ju do të rrini të qetë".

¹⁵ Pastaj Zoti i tha Moisiut: "Pse më bërtet mua? U thuaj bijve të Izraelit të shkojnë përpara.

¹⁶ Dhe ti ço lart bastunin tënd, shtrije dorën mbi det dhe ndaje atë, në mënyrë që bijtë e Izraelit të mund të kalojnë në mes të detit në të thatë.

¹⁷ Sa për mua, unë do të ngurtësoj zemrën e Egjiptasve, dhe këta do t'i ndjekin ata. Kështu unë do të fitoj lavdi nga Faraoni, nga tërë ushtria e tij, nga qerret dhe kalorësit e tij.

¹⁸ Dhe Egjiptasit do të dinë që unë jam Zoti, kur unë do të fitoj lavdi nga Faraoni, nga qerret e tij dhe nga kalorësit e tij".

¹⁹ Atëherë Engjëlli i Perëndisë, që ecte përpara kampit të Izraelit, u zhvendos dhe shkoi e u vu prapa tyre; edhe kolona e reve lëvizi nga përpara dhe shkoi e u vu prapa tyre.

²⁰ Dhe kështu vajti e u vendos midis fushimit të Egjiptit dhe fushimit të Izraelit; dhe reja prodhonte errësirë për njërën palë, ndërsa u jepte dritë të tjerëve natën. Kështu tërë natën kurrkush nuk iu afrua tjetrit.

²¹ Atëherë Moisiu shtriu dorën e tij mbi detin; dhe Zoti bëri që të tërhiqet deti nga një erë e fortë nga lindja që fryu tërë atë natë dhe e shndërroi detin në tokë të thatë; dhe ujërat u ndanë.

²² Kështu bijtë e Izraelit hynë në mes të detit në të thatë; dhe ujërat formonin si një mur në të djathtë dhe të majtë të tyre.

²³ Dhe Egjiptasit i ndoqën; dhe tërë kuajt e Faraonit, qerret e tij dhe kalorësit e tij hynë pas tyre në mes të detit.

²⁴ Aty nga agimi i mëngjesit ndodhi që Zoti i hodhi sytë në kampin e Egjiptasve nga kolona e zjarrit dhe nga reja, dhe i dha dërmën.

²⁵ Ai bëri të shkëputen rotat e qerreve të tyre dhe e bëri të vështirë përparimin e tyre. Kështu Egjiptasit thanë: "T'ia mbathim para Izraelit, sepse Zoti lufton bashkë me ta kundër Egjiptasve".

²⁶ Pastaj Zoti i tha Moisiut: "Shtrije dorën tënde mbi detin, me qëllim që ujërat e tij të kthehen mbi Egjiptasit, mbi qerret dhe kalorësit e tyre".

²⁷ Atëherë Moisiu shtriu dorën e tij mbi detin; kështu në të gdhirë, deti u kthye në vendin e tij të zakonshëm; Egjiptasit ikën para tij; dhe Zoti i përlau Egjiptasit në mes të detit.

²⁸ Ujërat u kthyen dhe mbuluan qerret, kalorësit dhe tërë ushtrinë e Faraonit që kishin hyrë në det për të ndjekur Izraelitët; dhe nuk shpëtoi asnjë prej tyre.

²⁹ Por bijtë e Izraelit vazhduan të ecnin në tokë të thatë në mes të detit, dhe ujërat qenë për ta si një mur, në të djathtë të tyre dhe në të majtë të tyre.

³⁰ Kështu, atë ditë, Zoti e shpëtoi Izraelin nga dora e Egjiptasve, dhe Izraeli pa mbi bregun e detit Egjiptasit e vdekur.

³¹ Izraeli pa fuqinë e madhe që Zoti kishte treguar kundër Egjiptasve, dhe populli pati frikë nga Zoti dhe besoi te Zoti dhe te Moisiu shërbëtor i tij.

Kapitull 15

¹ Atëherë Moisiu dhe bijtë e Izraelit i kënduan këtë kantik Zotit dhe folën duke thënë: "Unë do t'i këndoj Zotit, sepse u lartësua shumë; hodhi në det kuaj dhe kalorës.

² Zoti është forca ime dhe kantiku im, ka qënë shpëtimi im. Ky është Perëndia im, unë do ta përlëvdoj; është Perëndia i atit tim, unë do ta lartësoj.

³ Zoti është një luftëtar, emri i tij është Zoti.

⁴ Ai hodhi në det qerret e Faraonit dhe ushtrinë e tij, luftëtarët më të mirë të tij u mbytën në Detin e Kuq.

⁵ Ata mbulohen nga humnera; ranë në fund si një gur.

⁶ E djathta jote, o Zot, është e mrekullueshme në fuqinë e saj. E djathta jote, o Zot, i dërmoi armiqtë.

⁷ Me madhështinë e madhërisë sate, ti i përmbys ata që ngrihen kundër teje; ti nxjerr jashtë zemërimin tënd, ai i prish ata sikur të ishin kallamishte.

⁸ Sa të shfrysh nga vrimat e hundëve, ujërat janë grumbulluar, valët janë ngritur si një mur, dhe dallgët janë përforcuar në zemrën e detit.

⁹ Armiku thoshte: "Do t'i ndjek, do t'i arrij, do të ndaj kufomat, lakmia ime do të ngopet mbi ta; do të zhvesh shpatën time, dora ime do t'i shfarosë".

¹⁰ Po ti dërgove jashtë frymën tënde dhe deti i mbuloi; u mbytën si plumbi në ujërat e fuqishme.

¹¹ Kush barazohet me ty midis perëndive, o Zot? Kush barazohet me ty, i mrekullueshëm në shenjtëri, i madhërishëm në lëvdata, o çudibërës?

¹² Ti shtrive dorën e djathtë, dhe toka i gëllti.

¹³ Me mëshirën tënde, ke udhëhequr popullin që e ke shpenguar; me forcën tënde e ke çuar drejt banesës sate të shenjtë.

¹⁴ Popujt e kanë dëgjuar këtë dhe dridhen. Ankthi ka mbërthyer banorët e Filistinës.

¹⁵ Që tani krerët e Edomit e kanë humbur, të fuqishmit e Moabit i ka zënë frika, tërë banorët e Kanaanit po shkrihen.

¹⁶ Frika dhe tmerri do të bjerë mbi ta. Falë forcës së krahut tënd do të bëhen të palëvizshëm si guri, deri sa populli yt, o Zot, të kalojë, deri sa të kalojë populli që ti ke blerë.

¹⁷ Ti do t'i futësh dhe do t'i vendosësh në malin e trashëgimisë sate, në vendin që ke përgatitur, o Zot, për banesën tënde, në shenjtëroren që duart e tua, o Perëndi, kanë vendosur.

¹⁸ Zoti do të mbretërojë gjithnjë, përjetë".

¹⁹ Pasi kuajt e Faraonit me qerret e tij dhe kalorësit e tij kishin hyrë në det, dhe Zoti kishte kthyer mbi ta ujërat e detit, por bijtë e Izraelit kishin ecur në mes të detit, në të thatë.

²⁰ Atëherë profetesha Miriam, motra e Aaronit, mori në dorë dajren, dhe të gjitha gratë e ndoqën nga pas me dajre dhe me valle.

²¹ Dhe Miriami u këndonte atyre: "Këndojini Zotit, sepse u lartësua shumë; hodhi në det kuaj dhe kalorës".

²² Pastaj Moisiu i nisi Izraelitët nga Deti i Kuq dhe këta u drejtuan nga shkretëtira e Shurit; ecën tri ditë në shkretëtirë dhe nuk gjetën ujë.

²³ Kur arritën në Mara nuk mundën të pinë ujërat e Marës sepse ishin të hidhura; prandaj ky vend u quajt Mara.

²⁴ Atëherë populli murmuriti kundër Moisiut, duke thënë: "Ç'do të pimë?".

²⁵ Kështu ai i bërtiti Zotit; dhe Zoti i tregoi një dru; ai e hodhi atë

në ujë, dhe ujërat u bënë të ëmbla. Atje Zoti i dha popullit një ligj dhe një dekret, dhe e vuri kështu popullin në provë.

²⁶ dhe tha: "Në qoftë se ti dëgjon me vëmëndje zërin e Zotit, Perëndisë tënd, dhe bën atë që është e drejtë në sytë e tij dhe dëgjon urdhërimet e tij dhe respekton tërë ligjet e tij, unë nuk do të jap asnjë nga ato sëmundje që u kam dhënë Egjiptasve, sepse unë jam Zoti që të shëron".

²⁷ Kështu arritën në Elim, ku kishte dymbëdhjetë burime uji dhe shtatëdhjetë palma; dhe e ngritën kampin e tyre pranë ujërave.

Kapitull 16

¹ Pastaj ata u nisën nga Elimi dhe tërë asambleja e bijve të Izraelit arriti në shkretëtirën e Sinit, që ndodhet midis Elimit dhe Sinait, ditën e pesëmbëdhjetë të muajit të dytë mbas nisjes së tyre nga vendi i Egjiptit.

² Dhe tërë asambleja e bijve të Izraelit murmuriti kundër Moisiut dhe Aaronit në shkretëtirë.

³ Bijtë e Izraelit u thanë atyre: "Ah, le të kishim vdekur nga dora e Zotit në vendin e Egjiptit, ku uleshim pranë tenxhereve me mish dhe hanim bukë sa ngopeshim! Sepse ju na çuat në këtë shkretëtirë që të vdesë nga uria tërë kjo asamble".

⁴ Zoti i tha Moisiut: "Ja, unë do të bëj që të bjerë manë mbi juve nga qielli; dhe populli do të dalë çdo ditë për të mbledhur racionin e ditës, sepse unë dua ta vë në provë për të parë në se do të ecë ose jo simbas ligjit tim.

⁵ Por ditën e gjashtë, kur do të përgatisin nozullimin që duhet të çojnë në shtëpi, ai do të jetë dyfishi i atij që mbledhin çdo ditë".

⁶ Atëherë Moisiu dhe Aaroni u thanë gjithë bijve të Izraelit: "Në mbrëmje do të mësoni që Zoti është ai që ju nxori nga vendi i Egjiptit;

⁷ dhe në mëngjes keni për të parë lavdinë e Zotit, sepse ai i ka dëgjuar murmuritjet tuaja kundër Zotit; por ne çfarë jemi që murmurisni kundër nesh?".

⁸ Moisiu tha akoma: "Kjo ka për të ndodhur, kur Zoti do t'ju japë mish për të ngrënë në mbrëmje dhe bukë që të ngopeni në mëngjes, sepse Zoti i dëgjoi murmuritjet tuaja kundër tij. Po ne çfarë jemi? Murmuritjet tuaja nuk janë kundër nesh, por kundër Zotit".

⁹ Pastaj Moisiu i tha Aaronit: "Thuaji gjithë asamblesë së bijve të Izraelit: "Afrohuni para Zotit, sepse ai i dëgjoi murmuritjet tuaja"".

¹⁰ Ndërsa Aaroni i fliste tërë asamblesë së bijve të Izraelit, ata u sollën drejt shkretëtirës; dhe ja lavdia e Zotit u shfaq në re.

¹¹ Dhe Zoti i foli Moisiut, duke i thënë:

¹² "Unë i dëgjova murmuritjet e bijve të Izraelit; folu atyre, duke thënë: "Në të ngrysur do të hani mish dhe në mëngjes do të ngopeni me bukë; dhe do të mësoni që unë jam Zoti, Perëndia juaj"".

¹³ Dhe kështu, aty nga mbrëmja ndodhi që shkurtat u ngritën dhe mbuluan kampin; dhe në mëngjes kishte një shtresë vese rreth kampit.

¹⁴ Pastaj shtresa e vesës u zhduk, dhe ja, mbi sipërfaqen e shkretëtirës u duk një gjë e hollë dhe e rrumbullakët, e hollë si bryma mbi tokë.

¹⁵ Kur bijtë e Izraelit e panë, i thanë njeri tjetrit: "Çfarë është?", sepse nuk e dinin se ç'ishte. Dhe Moisiu u tha atyre: "Kjo është buka që Zoti iu dha për të ngrënë.

¹⁶ Ja çfarë ka urdhëruar Zoti: Secili të mbledhë aq sa i duhet për ushqimin e tij, një omer për frymë, sipas numrit të personave që jeni; secili nga ju të marrë për ata që janë në çadrën e tij".

¹⁷ Bijtë e Izraelit vepruan kështu; disa prej tyre mblodhën më tepër dhe të tjerët më pak.

¹⁸ E matën me omerin; dhe kush kishte mbledhur shumë nuk pati tepricë; dhe kush kishte mbledhur më pak nuk pati mangut. Gjithkush mblodhi simbas nevojës së tij për ushqim.

¹⁹ Pastaj Moisiu u tha atyre: "Asnjeri të mos e lërë të teprojë për nesër në mëngjes".

²⁰ Por ata nuk iu bindën Moisiut dhe disa prej tyre lanë teprica edhe për të nesërmen; ajo u kalb duke prodhuar krimba dhe doli një erë e keqe; dhe Moisiu u zemërua me ta.

²¹ Kështu e mblidhnin çdo mëngjes; secili sipas nevojës së tij për ushqim; por kur dielli bëhej i nxehtë, mana e mbledhur shkrihej.

²² Kështu ditën e gjashtë mblodhën një racion të dyfishtë buke, dy omerë për secilin prej tyre. Dhe të gjithë krerët e asamblesë erdhën për t'ia referuar Moisiut.

²³ Atëherë ai u tha: "Kjo është ajo që ka thënë Zoti: Nesër është një ditë solemne pushimi, një e shtunë e shenjtë për Zotin; piqni sot atë që duhet të piqni dhe zieni atë që duhet të zieni; dhe çdo gjë që ju tepron, vëreni mënjanë dhe ruajeni deri nesër".

²⁴ Ata pra e ruajtën deri të nesërmen, ashtu si kishte urdhëruar Moisiu; dhe ushqimet e ruajtura nuk lëshuan erë të keqe dhe nuk prodhuan krimba.

²⁵ Moisiu tha: "Hajeni sot, se sot është e shtuna e shenjtë e Zotit; sot nuk do ta gjeni nëpër fushat.

²⁶ Mblidhni gjatë gjashtë ditëve; sepse ditën e shtatë nuk do ta gjeni më".

²⁷ Dhe ditën e shtatë ndodhi që disa njerëz nga populli dolën për ta mbledhur, por nuk e gjetën.

²⁸ Atëherë Zoti i tha Moisiut: "Deri kur do të kundërshtoni të zbatoni urdhërimet e mia dhe ligjet e mia?

²⁹ Mos harroni që Zoti ju ka dhënë të shtunën; për këtë arësye ditën e gjashtë ju jep bukë për dy ditë. Secili të qëndrojë në vendin e tij; asnjeri të mos dalë nga çadra e tij ditën e shtatë".

³⁰ Kështu populli pushoi ditën e shtatë.

³¹ Dhe shtëpia e Izraelit e quajti Mana; ajo ishte e ngjashme me farën e koriandrit, e bardhë dhe me shijen e revanisë që bëhet me mjaltë.

³² Pastaj Moisiu tha: "Kjo është ajo që Zoti ka urdhëruar: "Mbush me të një omer, me qëllim që të ruhet për pasardhësit tuaj, që ata të shohin bukën që ju bëra të hani në shkretëtirë, kur ju nxora nga vendi i Egjiptit"".

³³ Moisiu i tha pastaj Aaronit: "Merr një enë, vër brenda saj një omer të plotë mane dhe vendose para Zotit, me qëllim që të ruhet për pasardhësit tuaj".

³⁴ Ashtu si e kishte urdhëruar Zoti Moisiun, Aaroni e vendosi para Dëshmisë, që të ruhej.

³⁵ Dhe bijtë e Izraelit hëngrën manën dyzet vjet, deri sa arritën në një vend të banuar; hëngrën manën deri sa arritën në kufirin e vendit të Kanaanit.

³⁶ Omeri është e dhjeta pjesë e efës.

Kapitull 17

¹ Pastaj tërë asambleja e bijve të Izraelit u nis nga shkretëtira e Sinit, duke marshuar me etapa sipas urdhrave të Zotit, dhe u vendos në Redifim. Por nuk kishte ujë së pijshëm për popullin.

² Atëherë populli u grind me Moisiun dhe i tha: "Na jep ujë për të pirë". Moisiu u përgjigj: "Pse grindeni me mua? Pse tundoni Zotin?".

³ Atje populli pati etje për ujë dhe murmuriti kundër Moisiut, duke thënë: "Pse na bëre të ikim nga Egjipti që të vdesim nga etja ne, bijtë tanë dhe bagëtia jonë?".

⁴ Kështu Moisiu i thirri Zotit, duke i thënë: "Çfarë të bëj për këtë popull? Edhe pak dhe ata do të më vrasin me gurë".

⁵ Zoti i tha Moisiut: "Kalo para popullit dhe merr me vete disa pleq nga Izraeli; merr në dorë edhe bastunin me të cilin rrahe lumin, dhe nisu.

⁶ Ja, unë do të rri përpara teje, atje mbi shkëmbin në Horeb; ti do të rrahësh shkëmbin, prej të cilit do të burojë ujë dhe populli do të pijë". Kështu bëri Moisiu para syve të pleqve të Izraelit.

⁷ Prandaj e quajti këtë vend Masa dhe Meriba për shkak të grindjeve që pati me bijtë e Izraelit, dhe sepse kishin tunduar Zotin, duke thënë: "A është vallë Zoti në mes nesh, apo jo?".

⁸ Atëherë erdhi Amaleku për të luftuar kundër Izraelit në Refidim.

⁹ Dhe Moisiu i tha Jozueut: "Zgjidh për ne disa burra dhe dil për të luftuar kundër Amalekut; nesër do të jem në majë të kodrës me shkopin e Perëndisë në dorë".

¹⁰ Jozueu bëri ashtu siç i kishte thënë Moisiu dhe luftoi kundër Amalekut, ndërsa Moisiu, Aaroni dhe Huri u ngjitën në majë të kodrës.

¹¹ Dhe ndodhi që, kur Moisiu ngrinte dorën e tij, Izraeli fitonte; përkundrazi, kur e ulte dorën, fitonte Amaleku.

¹² Por duart e Moisiut ishin rënduar, kështu që ata morën një gur dhe ia vunë poshtë, ai u ul mbi të ndërsa Aaroni dhe Huri i mbanin duart, njëri nga një krah, tjetri nga krahu tjetër; kështu duart e tij mbetën të palëvizura deri në perëndimin e diellit.

¹³ Prandaj Jozueu mundi Amalekun dhe njerëzit e tij, duke i prerë me shpata.

¹⁴ Pastaj Zoti i tha Moisiut: "Shkruaje këtë ngjarje në një libër, që të mos harrohet kurrë, dhe njofto Jozueun që unë do ta fshij fare kujtimin e Amalekut nën qiellin".

¹⁵ Moisiu ndërtoi pastaj një altar, të cilit i vuri emrin: "Zoti është flamuri im"; dhe tha:

¹⁶ "Dora u ngrit kundër fronit të Zotit, dhe Zoti do t'i bëjë luftë Amalekut brez pas brezi".

Kapitull 18

¹ Jethro, prift i Madianit, vjehrri i Moisiut, dëgjoi të gjitha ato që Perëndia kishte bërë për Moisiun dhe për Izraelin popullin e tij: si e kishte nxjerrë Zoti Izraelin nga Egjipti.

² Atëherë Jethro, vjehrri i Moisiut, mori Seforan, gruan e Moisiut, e cila i ishte kthyer, dhe dy bijtë e saj, prej të cilëve njëri quhej Gershom, (sepse Moisiu kishte thënë: "Kam qenë mik në tokë të huaj")

³ dhe tjetri Eliezer (sepse ai kishte thënë: "Perëndia i atit tim ka

qenë ndihmësi im dhe më ka shpëtuar nga shpata e Faraonit").

⁵ Jethro, pra, vjehrri i Moisiut, erdhi te Moisiu bashkë me bijtë e tij dhe bashkëshorten e tij, në shkretëtirë ku ishte vendosur ai, në malin e Perëndisë.

⁶ I kishte çuar fjalë Moisiut: "Unë, Jethro, vjehrri yt, po vij te ti bashkë me gruan tënde dhe dy bijtë e saj".

⁷ Kështu Moisiu doli për të takuar vjehrrin e tij, u përkul dhe e puthi; pyetën njëri tjetrin për shëndetin e tyre, pastaj hynë në çadër.

⁸ Atëherë Moisiu i tregoi vjehrrit të tij të gjitha ato që Zoti u kishte bërë Faraonit dhe Egjiptasve për shkak të Izraelit, të gjitha fatkeqësitë e pësuara gjatë udhëtimit, dhe si i kishte shpëtuar Zoti.

⁹ Dhe Jethro u gëzua për të gjitha të mirat që Zoti i kishte bërë Izraelit, duke e shpëtuar nga dora e Egjiptasve.

¹⁰ Pastaj Jethro i tha: "Bekuar qoftë Zoti, që ju çliroi nga dora e Egjiptasve dhe nga dora e Faraonit, dhe çliroi popullin nga zgjedha e Egjiptasve!

¹¹ Tani e di që Zoti është më i madhi nga tërë perënditë; po, ai ua vërtetoi atyre me sa krenari, kur vepruan me kryelartësi kundër Izraelit".

¹² Pastaj Jethro, vjehrri i Moisiut, mori një olokaust dhe disa fli për t'ia ofruar Perëndisë; dhe Aaroni dhe tërë pleqtë e Izraelit erdhën të hanë me vjehrrin e Moisiut përpara Perëndisë.

¹³ Por ndodhi që, të nesërmen, Moisiu u ul për të gjykuar popullin; populli u mblodh rreth Moisiut që nga mëngjesi deri në mbrëmje.

¹⁴ Kur vjehrri i Moisiut pa të gjitha ato që ky bënte për popullin, tha: "Ç'është kjo që bën ti me popullin? Pse ulesh vetëm, dhe tërë populli të rri përqark nga mëngjesi deri në mbrëmje?".

¹⁵ Moisiu iu përgjigj vjehrrit të tij: "Sepse populli vjen tek unë për t'u këshilluar me Perëndinë.

¹⁶ Kur ata kanë ndonjë problem, vinë tek unë, dhe unë gjykoj njërin dhe tjetrin dhe u bëj të njohur kanunet e Perëndisë dhe ligjet e tij".

¹⁷ Por vjehrri i Moisiut i tha: "Ajo që bën ti nuk shkon mirë.

¹⁸ Do të rraskapitesh më në fund, ti dhe ky popull që është me ty, sepse detyra që ke marrë përsipër është shumë e vështirë. Nuk mund t'ia dalësh në krye vetëm.

¹⁹ Tani dëgjomë; unë do të të jap një këshillë dhe Perëndia qoftë me ty: përfaqësoje ti popullin përpara Perëndisë dhe paraqitja Perëndisë problemet e tyre.

²⁰ Mësoju atyre statutet dhe ligjet dhe tregohu rrugën nëpër të cilën duhet të ecin dhe atë që duhet të bëjnë.

²¹ Por zgjidh në mes të gjithë popullit disa njerëz të aftë që kanë frikë nga Perëndia, njerëz të besuar, që e urrejnë fitimin e padrejtë dhe vendosi mbi popullin si krerë të mijërave, krerë të qindrave, krerë të pesëdhjetave dhe krerë të dhjetrave.

²² Dhe lejo që të jenë ata që do ta gjykojnë popullin në çdo kohë; ata do të të parashtrojnë çdo problem me rëndësi të madhe, ndërsa për probleme të vogla do të vendosin vetë. Kështu do të jetë më lehtë për ty, dhe ata do ta mbajnë peshën bashkë me ty.

²³ Në qoftë se ti vepron kështu, dhe kështu të urdhëron Perëndia, mund të mbahesh; dhe tërë ky popull do të arrijë faqebardhë në vendin e caktuar për të".

²⁴ Moisiu e dëgjoi zërin e vjehrrit të tij, dhe bëri gjithçka që i kishte thënë.

²⁵ Kështu Moisiu zgjodhi në tërë Izraelin disa njerëz të aftë dhe i vuri si krerë të popullit: krerë të mijërave, krerë të qindrave, krerë të pesëdhjetave dhe krerë të dhjetrave.

²⁶ Kështu ata e gjykonin popullin në çdo kohë; çështjet e vështira ia parashtronin Moisiut, por çdo problem të vogël e zgjidhnin vetë.

²⁷ Pastaj Moisiu u nda nga vjehrri i tij, i cili u kthye në vendin e vet.

Kapitull 19

¹ Ditën e parë të muajit të tretë nga dalja prej vendit të Egjiptit, po atë ditë, bijtë e Izraelit arritën në shkretëtirën e Sinait.

² Të nisur nga Refidimi, ata arritën në shkretëtirën e Sinait dhe fushuan aty; Izraeli e ngriti kampin e tij përballë malit.

³ Pastaj Moisiu u ngjit drejt Perëndisë; dhe Zoti i thirri nga mali, duke i thënë: "Kështu do t'i thuash shtëpisë së Jakobit dhe këtë do t'u njoftosh bijve të Izraelit:

⁴ "Ju e patë atë që u bëra Egjiptasve, dhe si ju solla mbi krahë shqiponje pranë meje.

⁵ Prandaj, në qoftë se do ta dëgjoni me vëmendje zërin tim dhe zbatoni besëlidhjen time, do të jeni thesari im i veçantë ndërmjet tërë popujve, sepse gjithë toka është imja.

⁶ Dhe do të jeni për mua një mbretëri priftërinjsh dhe një komb i shenjtë. Këto janë fjalët që do t'u thuash bijve të Izraelit"".

⁷ Atëherë Moisiu dërgoi e thirri pleqtë e popullit, dhe u tha tërë këto fjalë që Zoti kishte urdhëruar të thoshte.

⁸ Dhe tërë populli u përgjigj bashkë dhe tha: "Ne do të bëjmë gjithçka që ka thënë Zoti". Kështu Moisiu i raportoi Zotit fjalët e popullit.

⁹ Dhe Zoti i tha Moisiut: "Ja, unë do të vij te ti në një re të dendur, me qëllim që populli të dëgjojë kur unë do të flas me ty, dhe të të besojë për gjithnjë". Pastaj Moisiu i tregoi Zotit fjalët e popullit.

¹⁰ Atëherë Zoti i tha Moisiut: "Shko te populli, shenjtëroje atë sot dhe nesër, dhe bëj që të lajë rrobat.

¹¹ Dhe të jenë gati për ditën e tretë, sepse ditën e tretë Zoti do të zbresë mbi malin e Sinait para syve të tërë popullit.

¹² Ti do të përcaktosh rreth e qark kufij për popullin dhe do të thuash: Ruhuni se ngjiteni në mal ose prekni skajet e tij. Kushdo që do të prekë malin do të dënohet me vdekje.

¹³ Asnjë dorë nuk do ta prekë, por do të vritet me gurë ose do të shpohet me shigjeta, qoftë njeri ose kafshë; nuk do të mbetet gjallë. Kur briri të dëgjohet shtruar, atëherë të ngjiten mbi mal".

¹⁴ Kështu Moisiu zbriti nga mali drejt popullit; shenjtëroi popullin dhe ata i lanë rrobat e tyre.

¹⁵ Pastaj i tha popullit: "Bëhuni gati brenda tri ditëve; mos iu afroni grave".

¹⁶ Ditën e tretë, sa u bë mëngjes, pati bubullima dhe vetëtima; mbi mal doli një re e dendur dhe u dëgjua një zë shumë i fortë borie; dhe tërë populli që ishte në kamp u drodh.

¹⁷ Pastaj Moisiu e nxori popullin nga kampi për ta çuar përballë Perëndisë; dhe ata qëndruan në këmbët e malit.

¹⁸ Mali i Sinait ishte tërë tym, sepse Zoti kishte zbritur mbi të në zjarr; tymi i tij ngrihej si tymi i një furre, dhe tërë mali dridhej fort.

¹⁹ Ndërsa zëri i borisë po bëhej gjithnjë më i fortë, Moisiu fliste, dhe Perëndia i përgjigjej me një zë gjëmues.

²⁰ Zoti zbriti pra mbi malin e Sinait, në majë të tij; pastaj Zoti thirri Moisiun në majë të malit dhe Moisiu u ngjit atje.

²¹ Dhe Zoti i tha Moisiut: "Zbrit dhe paralajmëro popullin solemnisht, që të mos sulet drejt Zotit për ta parë, dhe kështu shumë prej tyre të gjejnë vdekjen.

²² Edhe priftërinjtë që do t'i afrohen Zotit të shenjtërohen, që Zoti të mos sulet kundër tyre".

²³ Moisiu i tha Zotit: "Populli nuk mund të ngjitej mbi malin e Sinait, sepse ti na ke urdhëruar solemnisht, duke thënë: "Vër kufi rreth malit dhe shenjtëroje"".

²⁴ Por Zoti i tha: "Shko, zbrit poshtë; pastaj ngjitu, ti edhe Aaroni bashkë me ty; por priftërinjtë dhe populli të mos sulen për t'u ngjitur te Zoti, që ai të mos u sulet atyre".

²⁵ Kështu Moisiu zbriti te populli dhe i foli atij.

Kapitull 20

¹ Atëherë Perëndia shqiptoi tërë këto fjalë, duke thënë:

² "Unë jam Zoti, Perëndia yt, që të nxori nga vendi i Egjiptit, nga shtëpia e skllavërisë.

³ Nuk do të kesh perëndi të tjerë para meje.

⁴ Nuk do të bësh skulpturë ose shëmbëlltyrë të asnjë gjëje që ndodhet aty në qiejt ose këtu poshtë në tokë ose në ujërat nën tokë.

⁵ Nuk do të përkulesh para tyre dhe as do t'i shërbesh, sepse unë, Zoti, Perëndia yt, jam një Perëndi xheloz që dënon padrejtësinë e etërve mbi fëmijvë të tyre deri në brezin e tretë dhe të katërt të atyre që më urrejnë,

⁶ dhe unë përdor dashamirësi për mijëra, për ata që më duan dhe që zbatojnë urdhërimet e mia.

⁷ Nuk do ta përdorësh emrin e Zotit, të Perëndisë tënd, kot, sepse Zoti nuk do të lërë të pandëshkuar atë që përdor kot emrin e tij.

⁸ Mbaje mend ditën e shtunë për ta shenjtëruar.

⁹ Do të punosh gjashtë ditë dhe në ato do të bësh të gjithë punën tënde;

¹⁰ por dita e shtatë është e shtuna, e shenjtë për Zotin, Perëndinë tënd; nuk do të bësh në atë ditë asnjë punë, as ti, as biri yt, as bija jote, as shërbëtori yt, as shërbëtorja jote, as kafshët e tua, as i huaji që ndodhet brenda portave të tua;

¹¹ sepse në gjashtë ditë Zoti krijoi qiejt dhe tokën, detin dhe gjithçka që është në to, dhe ditën e shtunë ai pushoi; prandaj Zoti e ka bekuar ditën e shabatit dhe e ka shenjtëruar atë.

¹² Do të nderosh atin tënd dhe nënën tënde, me qëllim që ditët e tua të jenë të gjata mbi tokën që Zoti, Perëndia yt, po të jep.

¹³ Nuk do të vrasësh.

¹⁴ Nuk do të shkelësh besnikërinë bashkëshortore.

¹⁵ Nuk do të vjedhësh.

¹⁶ Nuk do të bësh dëshmi të rreme kundër të afërmit tënd.

¹⁷ Nuk do të dëshirosh shtëpinë e të afërmit tënd; nuk do të

dëshirosh gruan e të afërmit tënd, as shërbëtorin e tij, as shërbëtoren e tij, as lopën e tij, as gomarin e tij, as asgjë tjetër që është e të afërmit tënd".

[18] Tani tërë populli dëgjonte bubullimat, tingullin e borisë dhe shihte shkreptimat dhe malin që nxirrte tym. Para kësaj pamjeje, populli dridhej dhe qëndronte larg.

[19] Prandaj ata i thanë Moisiut: "Fol ti me ne dhe ne do të të dëgjojmë, por të mos na flasë Perëndia që të mos vdesim".

[20] Moisiu i tha popullit: "Mos u trembni, sepse Perëndia erdhi që t'ju provojë, dhe me qëllim që frika e tij të jetë gjithmonë para jush, dhe kështu të mos mëkatoni".

[21] Populli, pra, qëndronte larg, por Moisiu iu afrua errësirës së dendur ku ndodhej Perëndia.

[22] Pastaj Zoti i tha Moisiut: "Do t'u thuash kështu bijve të Izraelit: "Ju vetë e patë që kam folur me ju nga qielli.

[23] Nuk do të bëni perëndi të tjera afër meje; nuk do të bëni perëndi prej argjendi ose prej ari.

[24] Do të bësh për mua një altar prej dheu dhe mbi të do të ofrosh olokaustet e tua, flitë e tua të falënderimit, delet dhe qetë e tua; në çdo vend ku do të bëj që emri im të kujtohet, do të vij te ti dhe do të të bekoj.

[25] Dhe në rast se do të ndërtosh për mua një altar me gurë, nuk do ta ndërtosh me gurë të latuar; sepse duke ngritur mbi to daltën do t'i ndotësh.

[26] Dhe nuk do të ngjitesh në altarin tim me anë shkallaresh, me qëllim që mbi të të mos zbulohet lakuriqësia jote"".

Kapitull 21

[1] "Tani këto janë ligjet që do t'u vësh para tyre:

[2] Në rast se blen një skllav hebre, ai do të të shërbejë gjashtë vjet; por vitin e shtatë do të shkojë i lirë, pa paguar asgjë.

[3] Në rast se ka ardhur vetëm, do të shkojë vetëm; po të kishte grua, e shoqja do të shkojë bashkë me të.

[4] Në qoftë se zotëria e tij i jep grua dhe kjo i lind bij e bija, gruaja dhe fëmijët e saj do të jenë të zotërisë, dhe ai do të shkojë vetëm.

[5] Por në qoftë se skllavi thotë haptazi: "Unë e dua zotërinë time, gruan time dhe fëmijët e mi, dhe nuk dua të shkoj i lirë",

[6] atëherë pronari e tij do t'ia afrojë Perëndisë dhe do ta avitë te dera ose te shtalka; pastaj pronari e tij do t'i shpojë veshin me një fëndyell; dhe ai do t'i shërbejë për gjithnjë.

[7] Në rast se dikush shet bijën e tij si shërbëtore, ajo nuk do të shkojë ashtu si shkojnë skllevërit.

[8] Në qoftë se ajo nuk i pëlqen zotërisë së saj, që e kishte marrë për vete, ai do ta lërë të shpengohet; por nuk do të ketë të drejtën tua shesë njerëzve të huaj, sepse kjo do t'ishte ta trajtosh me mashtrim.

[9] Dhe në qoftë se e marton me birin e tij, do ta trajtojë në bazë të së drejtës të bijave.

[10] Në rast se merr një grua tjetër, ai nuk do të pakësojë ushqimin dhe veshmbathjen e saj, as edhe bashkëbanimin e saj.

[11] Në rast se nuk bën këto tri gjëra për të, ajo do të shkojë pa dhënë asgjë, pa paguar çmim.

[12] Kush rreh një njeri dhe për këtë shkak ky vdes, do të dënohet me vdekje.

[13] Në qoftë se nuk i ka ngritur kurrfarë prite, por Perëndia ka bërë që t'i bjerë në dorë, unë do të caktoj një vend ku ai mund të gjejë strehë.

[14] Në qoftë se ndokush vepron me paramendim kundër të afërmit të tij për ta vrarë me mashtrim, ti do të shkëputësh edhe nga altari im, për të siguruar vdekjen e tij.

[15] Kush rreh atin ose nënën e tij do të dënohet me vdekje.

[16] Kush rrëmben një njeri dhe e shet, ose gjendet në duart e tij, do të dënohet me vdekje.

[17] Kush mallkon të atin ose të ëmën do të dënohet me vdekje.

[18] Në qoftë se dy njerëz zihen dhe njëri prej tyre godet tjetrin me gur ose me grusht dhe ky nuk vdes, por duhet të qëndrojë në shtrat,

[19] në qoftë se pastaj ngrihet dhe ecën jashtë duke u mbështetur me bastun, ai që e ka goditur do të nxirret i pafajshëm; do ta zhdëmtojë vetëm për kohën e humbur dhe do ta kurojë deri në shërim të plotë.

[20] Në qoftë se dikush rreh skllavin ose skllaven e tij me bastun, dhe ai ose ajo i vdesin në dorë, zotëria do të dënohet;

[21] por në rast se mbijeton një ose dy ditë, nuk do të dënohet, sepse është pronë e tij.

[22] Në qoftë se disa grinden dhe rrahin një grua me barrë aq sa ajo të dështojë, por nuk pëson dëme të tjera, rrahësi do të gjobitet aq sa t'i kërkojë bashkëshorti i gruas; ai do të paguajë zhdëmtimin simbas përcaktimit të gjykatësve;

[23] por po të jetë se rrjedh ndonjë dëm, do të japësh jetë për jetë,

[24] sy për sy, dhëmb për dhëmb, dorë për dorë, këmbë për këmbë,

[25] djegie për djegie, plagë për plagë, mbretje për mbretje.

[26] Në rast se dikush godet syrin e skllavit ose të skllaves së tij dhe ai humbet, do t'i lërë të shkojnë të lirë si kompensim për syrin e humbur.

[27] Dhe në rast se shkakton rënien e një dhëmbi skllavit ose skllaves së tij, do t'i lërë të shkojnë të lirë si kompensim për dhëmbin e humbur.

[28] Në rast se një ka godet për vdekje me brirët e tij një burrë ose një grua, kau duhet të vritet me gurë dhe mishi i tij nuk do të hahet; por i zoti i kaut do të konsiderohet i pafajshëm.

[29] Por në qoftë se kau e kishte zakon prej kohësh të plagoste me brirët e tij dhe i zoti ishte paralajmëruar, por nuk e kishte mbajtur të mbyllur, dhe kau pastaj vret një burrë o një grua, kau do të vritet me gurë dhe i zoti gjithashtu do të vritet.

[30] Në qoftë se i caktohet një çmim për shpengim, ai duhet të japë për të shpenguar jetën e tij aq sa i kanë caktuar.

[31] Në qoftë se kau godet një bir ose një bijë, do të veprohet ndaj tij sipas po këtij ligji.

[32] Në qoftë se kau godet një skllav ose një skllave, i zoti i kaut do t'i paguajë të zotit të skllavit tridhjetë sikla argjendi dhe kau do të vritet me gurë.

[33] Në qoftë se dikush hap një gropë, ose dikush gërmon një gropë dhe nuk e mbulon, dhe një ka ose një gomar bien brenda,

[34] pronari i gropës do ta paguajë zhdëmtimin; ai do t'i paguajë me para pronarit vleftën e kafshës dhe kafsha e ngordhur do të jetë e tij.

[35] Në qoftë se kau i një njeriu godet për vdekje kaun e një tjetri, do të shitet kau i gjallë dhe do të ndahet çmimi i tij; edhe kau i ngordhur do të ndahet midis tyre.

[36] Por në qoftë se dihet se ky ka e kishte zakon prej kohe të godiste me brirët, dhe i zoti nuk e ka mbajtur të mbyllur, ky do të paguajë ka për ka dhe kafsha e ngordhur do të jetë e tij".

Kapitull 22

[1] "Në rast se ndokush vjedh një ka a një dele dhe i vret ose i shet, do të kthejë pesë qe për kaun dhe katër dele për delen.

[2] Në rast se vjedhësi, i kapur kur po bën një thyerje, rrihet dhe vdes, pronari nuk është fajtor për vrasjen e tij.

[3] Në rast se dielli ishte ngritur kur ndodhi ngjarja, ai është fajtor për vrasje. Hajduti duhet ta lajë dëmin; dhe po të jetë se nuk ka me se ta lajë, shitet për vjedhjen e kryer prej tij.

[4] Në rast se gjëja e vjedhur, qoftë ka ose gomar ose dele, gjendet e gjallë në duart e tij, do të kthejë dyfishin e saj.

[5] Në rast se ndokush dëmton një arë ose një vresht, duke i lëshuar kafshët e tij të kullosin në arën e një tjetri, do ta lajë dëmin e bërë me atë që ka më të mirë në arën dhe në vreshtin e tij.

[6] Në rast se një zjarr përhapet dhe shtrihet deri te ferrat kështu që digjet gruri në duaj ose gruri në këmbë ose ara, ai që ka ndezur zjarrin do ta lajë dëmin.

[7] Në rast se dikush i jep fqinjit të vet para ose sende për ruajtje, dhe këto vidhen nga shtëpia e këtij, në rast se gjendet vjedhësi, ai do të kthejë dyfishin.

[8] Në rast se nuk gjendet vjedhësi, i zoti i shtëpisë do të dërgohet para Perëndisë për t'u betuar se nuk ka vënë dorë mbi pasurinë e fqinjit të tij.

[9] Për çfarëdo lloj krimi, fjala vjen qoftë edhe për një ka, një gomar, një dele, një veshje apo çfarëdo sendi të humbur që një tjetër thotë se është i tij, çështja e të dy palëve do të shtrohet para Perëndisë; ai që Perëndia do të dënojë, do t'i kthejë dyfishin fqinjit të tij.

[10] Në qoftë se ndokush i jep për ruajtje fqinjit të tij një gomar, një ka, një dele apo çfarëdo lloj tjetër kafshe, dhe kjo ngordh ose plagoset ose dhe merret pa e parë njeri,

[11] të dy palët do të betohen para Zotit për të mësuar në se marrësi në dorëzim nuk ka vënë dorë mbi pasurinë e fqinjit të tij. I zoti i gjësë do të pranojë betimin, dhe tjetri nuk do të jetë i detyruar të lajë dëmet.

[12] Por në qoftë se gjëja i është vjedhur, ai duhet ta lajë dëmin që ka pësuar i zoti.

[13] Në qoftë se kafsha është shqyer, do ta çojë si provë, dhe nuk do të jetë i detyruar të dëmshpërblejë kafshën e shqyer.

[14] Në qoftë se dikush merr hua nga fqinji i tij një kafshë, dhe kjo plagoset apo ngordh kur i zoti nuk është i pranishëm, ai duhet të dëmshpërblejë dëmin.

[15] Në qoftë se i zoti është i pranishëm, nuk do të dëmshpërblejë dëmin; në qoftë se kafsha është marrë me qira, ajo përfshihet në çmimin e qirasë.

[16] Në qoftë se dikush mashtron një vajzë ende të pafejuar dhe bie në shtrat me të, duhet të paguajë për pajën e saj dhe ta marrë për grua.

[17] Në qoftë se ati refuzon prerazi t'ia japë, ai do të paguajë shumën e kërkuar për pajën e vajzave të virgjëra.

¹⁸ Nuk do ta lësh të jetojë shtrigën.

¹⁹ Kush çiftëzohet me një kafshë do të dënohet me vdekje.

²⁰ Kush i bën flijime një perëndie tjetër, veç Zotit, do të shfaroset.

²¹ Mos keqtrajto të huajin dhe mos e mundo, sepse edhe ju ishit të huaj në vendin e Egjiptit.

²² Nuk do të mundosh asnjë grua të ve, as asnjë jetim.

²³ Në rast se i mundon ata në një farë mënyre dhe ata bërtasin në drejtimin tim, unë do ta dëgjoj pa tjetër britmën e tyre;

²⁴ do të zemërohem dhe do t'ju vras me shpatë; gratë tuaja do të mbeten të veja dhe bijtë tuaj jetimë.

²⁵ Në rast se ti i jep para hua dikujt nga popullit yt, të varfrin që është me ty, nuk do ta trajtosh si fajdexhi; nuk do t'i imponosh asnjë kamatë.

²⁶ Në qoftë se merr peng rrobën e fqinjit tënd, do t'ia kthesh para se të perëndojë dielli,

²⁷ sepse ajo është e vetmja mbulesë e tij dhe veshja me të cilën mbështjell trupin. Me se tjetër mund të flinte ai? Dhe po të ndodhë që ai të më drejtohet mua, unë do ta dëgjoj, sepse jam mëshirëplotë.

²⁸ Mos blasfemo Perëndinë dhe mos mallko princin e popullit tënd.

²⁹ Mos ngurro të më japësh detyrimin nga korrja jote dhe nga ajo që rrjedh nga mokrrat e tua. Do të më japësh të parëlindurin e bijve të tu.

³⁰ Do të veprosh njëlloj me lopën dhe me delen tënde: pjella e tyre e parë do të rrijë shtatë ditë pranë nënës; ditën e tetë do të ma japësh mua.

³¹ Ju do të jeni për mua njerëz të shenjtë; nuk do të hani mish të asnjë kafshe të shqyer në fusha; hidhuani atë qenve".

Kapitull 23

¹ "Nuk do të hapësh asnjë fjalë të rreme dhe nuk do t'i japësh asnjë ndihmë të pabesit për t'u bërë dëshmitar i anshëm.

² Nuk do të shkosh pas shumicës për të bërë të keqen; dhe nuk do të dëshmosh në një çështje gjyqësore duke u radhitur nga ana e shumicës për të prishur drejtësinë.

³ Nuk do të favorizosh as të varfrin në gjyqin e tij.

⁴ Në rast se takon kaun e armikut tënd ose gomarin e tij që ka humbur rrugën, do t'ia kthesh atij.

⁵ Në rast se sheh gomarin e atij që të urren të shtrirë për tokë nën barrën, ruhu se e braktis, por ndihmo të zotin ta zgjidhë.

⁶ Mos shkel të drejtën e të varfrit tënd në gjyqin e tij.

⁷ Shmangu nga çdo pavërtetësi; mos vrit të pafajshmin dhe të drejtin, sepse unë nuk do ta fal të ligun.

⁸ Mos prano asnjë dhuratë, sepse dhurata verbon atë që sheh dhe prapëson fjalët e njerëzve të drejtë.

⁹ Mos shtyp të huajin, sepse ju e njihni shpirtin e të huajit, sepse keni qenë të huaj në vendin e Egjiptit.

¹⁰ Gjashtë vjet me radhë do të mbjellësh tokën tënde dhe do të korrësh frytet e saj;

¹¹ por vitin e shtatë do ta lësh të pushojë dhe ajo do të mbetet djerr, me qëllim që ta gëzojnë të varfrit e popullit tënd; dhe gjëja e fshatit do të hajë atë që kanë për të lënë ata. Po ashtu do të veprosh me vreshtin tënd dhe ullinjtë e tu.

¹² Gjashtë ditë do të bësh punën tënde por ditën e shtatë do të pushosh, me qëllim që kau yt dhe gomari yt të mund të pushojnë, dhe biri i shërbëtores sate dhe i huaji të mund ta marrin veten.

¹³ Do t'u kushtoni kujdes tërë gjërave që ju kam thënë dhe nuk do ta shqiptoni emrin e perëndive të tjerë; të mos dëgjohet të dalë nga goja juaj.

¹⁴ Tri herë në vit do të më kremtosh një festë.

¹⁵ Do të kremtosh festën e të ndormëve. Shtatë ditë do të hash bukë pa maja, siç të kam urdhëruar, në kohën e caktuar në muajin e Abibit, sepse në atë muaj ti dole nga Egjipti; dhe askush nuk do të paraqitet para meje duarbosh.

¹⁶ Do të kremtosh edhe festën e korrjes, të prodhimit të hershëm të punës sate, të asaj që ke mbjellë në ara; si dhe festën e të vjelave, në fund të vitit, kur do të mbledhësh nga arat frytet e punës sate.

¹⁷ Tri herë në vit tërë meshkujt do të paraqiten para Perëndisë, Zotit.

¹⁸ Nuk do të ofrosh gjakun e flisë sime bashkë me bukën e mbrujtur; dhe yndyra e flive të festës sime nuk do të teprojë deri në mëngjes.

¹⁹ Do të çosh në shtëpinë e Zotit, Perëndisë tënd, të parat fruta të tokës. Nuk do ta ziesh kecin me qumështin e nënës së tij.

²⁰ Ja, pra, unë po dërgoj një Engjëll para teje që të të ruajë gjatë rrugës, dhe të të futë në vendin që kam përgatitur.

²¹ Ki kujdes para tij dhe bindju zërit të tij; mos ngri krye kundër tij, sepse ai nuk do t'i falë shkeljet tuaja, sepse emri im gjendet në të.

²² Por në qoftë se i bindesh plotësisht zërit të tij dhe bën të gjitha ato që do të them, unë do të jem armiku i armiqve të tu dhe kundërshtari i kundërshtarëve të tu;

²³ sepse Engjëlli im do të shkojë para teje dhe do të të futë në vendin e Amorejve, të Hitejve, të Perezejve, të Kananejve, të Hivejve dhe të Jebusejve, dhe unë do t'i shfaros ata.

²⁴ Nuk do përkulesh para perëndive të tyre, dhe nuk do t'u shërbesh. Nuk do të bësh atë që bëjnë ato; por do t'i shkatërrosh plotësisht dhe do të thyesh shtyllat e tyre.

²⁵ Shërbejini Zotit, Perëndisë tuaj, ai do të bekojë bukën tënde dhe ujin tënd; dhe unë do të largoj sëmundjen nga ti.

²⁶ Në vendin tënd nuk do të ketë asnjë grua që të dështojë, asnjë grua shterpë. Unë do ta plotësoj numrin e ditëve të tua.

²⁷ Unë do të dërgoj para teje tmerrin tim dhe do t'i jap dërmën çdo populli pranë të cilit do të arrish, do të bëj që të gjithë armiqtë e tu të të kthejnë kurrizin.

²⁸ Dhe do të dërgoj para teje grerëza, që do t'i përzënë Hivejtë, Kananejtë dhe Hitejtë para syve të tu.

²⁹ Nuk do t'i përzë ata para teje brenda një viti, me qëllim që vendi të mos kthehet në një shkretëtirë dhe kafshët e fushave të mos shumëzohen kundër teje.

³⁰ Do t'i përzë para teje pak e nga pak, në mënyrë që ti të rritesh në numër dhe të shtiesh në dorë vendin.

³¹ Dhe unë do t'i caktoj kufijtë e tu nga Deti i Kuq në detin e Filistejve dhe nga shkretëtira deri te Lumi; sepse unë do të lë në duart e tua banorët e vendit dhe ti do t'i dëbosh para syve të tu.

³² Nuk do të lidhësh asnjë aleancë me ta, as edhe me perënditë e tyre.

³³ Ata nuk do të banojnë në vendin tënd, që të mos të bëjnë të mëkatosh kundër meje: ti do t'u shërbeje perëndive të tyre, dhe kjo do të ishte një lak".

Kapitull 24

¹ Pastaj Perëndia i tha Moisiut: "Ngjitu te Zoti, ti dhe Aaroni, Nadabi dhe Abihu si dhe shtatëdhjetë nga pleqtë e Izraelit, dhe adhuroni nga larg;

² pastaj Moisiu do t'i afrohet Zotit; por të tjerët nuk do t'i afrohen, as populli nuk ka për t'u ngjitur bashkë me atë".

³ Atëherë Moisiu erdhi dhe i tregoi popullit tërë fjalët e Zotit dhe tërë ligjet. Dhe gjithë populli u përgjigj me një zë dhe tha: "Ne do të bëjmë tërë gjërat që Zoti ka thënë".

⁴ Dhe Moisiu i shkroi tërë fjalët e Zotit; pastaj u ngrit herët në mëngjes dhe ngriti në këmbët e malit një altar dhe dymbëdhjetë shtylla për të dymbëdhjetë fiset e Izraelit.

⁵ Pastaj dërgoi bij të rinj të Izraelit për të ofruar olokauste dhe për të flijuar dema të rinj si theror falënderimi ndaj Zotit.

⁶ Dhe Moisiu mori gjysmën e gjakut dhe e vuri në legenë; dhe gjysmën tjetër të gjakut e shpërndau mbi altar.

⁷ Pastaj mori librin e besëlidhjes dhe ia lexoi popullit, i cili tha: "Ne do të bëjmë tërë ato që ka thënë Zoti, dhe do t'i bindemi".

⁸ Pastaj Moisiu mori gjakun, spërkati popullin me të dhe tha: "Ja gjaku i besëlidhjes që Zoti ka lidhur me ju sipas tërë këtyre fjalëve".

⁹ Pastaj Moisiu dhe Aaroni, Nadabi dhe Abihu dhe shtatëdhjetë nga pleqtë e Izraelit u ngjitën.

¹⁰ dhe panë Perëndinë e Izraelit. Nën këmbët e tij ishte si një dysheme e punuar me safir, e qartë si qielli vetë.

¹¹ Por ai nuk e shtriu dorën kundër krerëve të bijve të Izraelit; dhe ata e panë Perëndinë, dhe hëngrën dhe pinë.

¹² Pastaj Zoti i tha Moisiut: "Ngjitu tek unë në mal dhe qëndro aty; dhe unë do të jap disa pllaka prej guri, ligjin dhe urdhërimet që kam shkruar, me qëllim që ti t'ua mësosh atyre".

¹³ Pas kësaj Moisiu u ngrit bashkë me Jozueun zbatuesin e tij; dhe Moisiu u ngjit në malin e Perëndisë.

¹⁴ Por pleqve u tha: "Na prisni këtu, deri sa të kthehemi tek ju. Ja, Aaroni dhe Huri janë me ju; kushdo që ka probleme le t'u drejtohet atyre".

¹⁵ Moisiu, pra, u ngjit në mal dhe reja e mbuloi përsëri malin.

¹⁶ Tani lavdia e Zotit mbeti në malin e Sinait dhe reja e mbuloi atë gjashtë ditë; ditën e shtatë Zoti thirri Moisiun nga mesi i resë.

¹⁷ Dhe pamja e lavdisë së Zotit dukej në sytë e bijve të Izraelit si një zjarr që digjej në majën e malit.

¹⁸ Kështu Moisiu hyri në mes të resë dhe u ngjit në mal; dhe Moisiu mbeti në mal dyzet ditë dhe dyzet net.

Eksodit

Kapitull 25

¹ Zoti i foli Moisiut duke thënë:

² "U thuaj bijve të Izraelit që të më bëjnë një ofertë; do ta pranoni ofertën nga çdo njeri që e bën i shtyrë nga zemra e tij.

³ Dhe kjo është oferta që do të pranoni prej tyre: ar, argjend dhe bronz;

⁴ stofa me ngjyrë vjollce, të purpurt, të kuqe flakë; li të hollë dhe lesh dhie;

⁵ lëkura dashi të ngjyrosura në të kuq, lëkurë baldose dhe dru akacie;

⁶ vaj për dritën e shandanit, aroma për vajin e vajosjes dhe për temianin erëmirë;

⁷ gurë oniksi dhe gurë për të ngallmuar në petkun e priftërinjve dhe në gjoksore.

⁸ Le të më bëjnë një shenjtërore, që unë të banoj në mes tyre.

⁹ Ju do ta bëni atë sipas tërë asaj që unë do t'iu tregoj, si për modelin e tabernakullit ashtu edhe për modelin e të gjitha orendive.

¹⁰ Do të bëjnë, pra, një arkë prej druri të akacies, i gjatë dy kubitë e gjysmë, i gjerë një kubit e gjysmë dhe i lartë një kubit e gjysmë.

¹¹ Do ta veshësh nga brenda dhe nga jashtë; me ar safi dhe sipër do t'i bësh një kurorë ari, që të sillet përqark.

¹² Do të shkrish për të katër unaza ari dhe do t'i vësh në katër këmbët e saj: dy unaza nga një anë dhe dy unaza nga ana tjetër.

¹³ Do të bësh edhe disa shtiza prej druri të akacies dhe do t'i veshësh me ar.

¹⁴ Pastaj do t'i kalosh shtizat nëpër unazat e arkës, për ta mbajtur.

¹⁵ Shtizat do të qëndrojnë në unazat e arkës; nuk do të hiqen prej asaj.

¹⁶ Dhe në arkë do të vësh Dëshminë që do të të jap.

¹⁷ Do të bësh edhe një pajtues prej ari safi; gjatësia e tij do të jetë dy kubitë e gjysmë, dhe gjerësia e tij një kubit e gjysmë.

¹⁸ Do të bësh pastaj dy kerubinë prej ari, këta do të punohen me çekiç në të dy skajet e pajtuesit;

¹⁹ bëje një kerubin në një nga skajet dhe një kerubin në skajin tjetër; kerubinët do t'i bëni prej një cope të vetme me pajtuesin në skajet e tij.

²⁰ Dhe kerubinët do t'i kenë krahët e hapura me drejtim lart, në mënyrë që të mbulojnë pajtuesin me krahët e tyre; do të kenë drejtim nga njëri tjetri, ndërsa fytyrat e kerubinëve do të jenë të kthyera në drejtim të pajtuesit.

²¹ Do ta vësh pastaj pajtuesin lart, mbi arkën; dhe në arkë do të futësh Dëshminë që do të të jap.

²² Aty unë do të të takoj, nga lart, mbi pajtuesin, midis dy kerubinëve që janë mbi arkën e dëshmisë, do të njoftoj tërë urdhërat që do të të jap për bijtë e Izraelit.

²³ Do të bësh edhe një tryezë prej druri të akacies, e gjatë dy kubitë, e gjerë një kubit dhe e lartë një kubit e gjysmë.

²⁴ Do ta veshësh me ar safi dhe do t'i bësh rreth e qark një kurorë prej ari.

²⁵ Do t'i bësh rreth e përqark një buzë të lartë një pëllëmbë dore dhe rreth kësaj buze një kurorë prej ari.

²⁶ Do t'i bësh gjithashtu katër unaza ari dhe do t'i vësh unazat në katër qoshet, që ndodhen në katër këmbët e tryezës.

²⁷ Unazat do të jenë pranë buzës për të kaluar shufrat e caktuara që do ta mbajnë tryezën.

²⁸ Shufrat do t'i bësh me dru të akacies dhe do t'i veshësh me ar; ato do të shërbejnë për të mbajtur tryezën.

²⁹ Do të përgatisësh edhe pjatat e tij, gotat e tij, kupat e tij dhe filxhanët e tij me të cilët bëhen libacionet; dhe do t'i bësh me ar safi.

³⁰ Dhe do të vësh mbi tryezë bukën e paraqitjes, që do të rrijë vazhdimisht para meje.

³¹ Do të përgatisësh një shandan prej ari safi; shandani, këmba dhe trungu i tij do të punohen me çekiç; kupat, mollët dhe lulet e tij do të jenë një copë.

³² Nga anët e tij do të dalin gjashtë krahë: tre krahë nga njëra anë e shandanit dhe tre krahë nga ana tjetër e tij;

³³ mbi njerin krah do të modelohen tri kupa në formë të bajames, me një mollë dhe një lule, dhe mbi krahun tjetër tri kupa në formë të bajames, me një mollë dhe një lule. Kështu do të veprohet për gjashtë krahët që dalin nga shandani.

³⁴ Në trungun e shandanit do të ketë katër kupa në formë të bajames, me mollët dhe lulet e tyre.

³⁵ Do të ketë një mollë poshtë dy krahëve të parë që dalin prej tij, një mollë poshtë dy krahëve të tjerë që dalin jashtë tij, dhe një mollë poshtë dy krahëve të fundit që dalin prej shandanit: kështu do të bëhet për të gjashtë krahët që dalin nga shandani.

³⁶ Këto mollë dhe këta krahë, do të përbëjnë tërësinë, shandani do të jetë prej ari safi dhe i punuar me çekiç.

³⁷ Do të bësh edhe shtatë llambat e tij, të cilat duhet të vendosen në mënyrë që të ndriçojnë pjesën e përparme të shandanit.

³⁸ Dhe të tërë veglat për të lëvizur qirinjtë dhe mbajtësin e tij do të jenë prej ari safi.

³⁹ Shandani dhe veglat e tij do të bëhen me një talent prej ari të papërzier.

⁴⁰ Dhe shiko të bësh çdo gjë simbas modelit që t'u tregua në mal".

Kapitull 26

¹ "Do të bësh pastaj tabernakullin me dhjetë pëlhura prej liri të hollë të përdredhur, me fije ngjyrë vjollce, të purpurt dhe flakë të kuqe, së bashku me kerubinë të punuar artistikisht.

² Gjatësia e çdo pëlhure do të jetë njëzet e tetë kubitë dhe gjerësia e çdo pëlhure katër kubitë; të gjitha pëlhurat do të kenë po atë masë.

³ Pesë pëlhura do të bashkohen midis tyre dhe pesë pëlhurat e tjera do të bashkohen gjithashtu midis tyre.

⁴ Do të bësh sythe ngjyrë vjollce mbi buzën e pëlhurës së jashtme të serisë së parë; të njëjtën gjë do të bësh në buzën e pëlhurës së jashtme të serisë së dytë.

⁵ Do të bësh pesëdhjetë sythe mbi pëlhurën e parë dhe pesëdhjetë sythe mbi buzën e pëlhurës së jashtme: këto sythe do të korrespondojnë me njëri-tjetrin.

⁶ Dhe do të bësh pesëdhjetë kapëse ari dhe do t'i bashkosh pëlhurat njëra me tjetrën me anë të kapëseve, në mënyrë që tabernakulli të formojë një të tërë.

⁷ Do të bësh gjithashtu pëlhurë me lesh dhie, që të shërbejnë si çadër mbi tabernakullin: do të bësh njëmbëdhjetë pëlhura të tilla.

⁸ Gjatësia e çdo pëlhure do të jetë tridhjetë kubitë dhe gjerësia e çdo pëlhure katër kubitë; të njëmbëdhjetë pëlhurat do të kenë të gjitha po atë masë.

⁹ Do të bashkosh pesë pëlhurat midis tyre, dhe gjashtë të tjerat midis tyre; do ta ripalosësh mbi vetveten pëlhurën e gjashtë në pjesën e përparme të çadrës.

¹⁰ Do të bësh gjithashtu pesëdhjetë sythe mbi buzën e pëlhurës së jashtme të serisë së parë dhe pesëdhjetë sythe në buzën e pëlhurës së jashtme të serisë së dytë të pëlhurave.

¹¹ Do të bësh edhe pesëdhjetë kapëse prej bronzi dhe do t'i futësh kapëset në sythet, duke e bashkuar kështu çadrën në mënyrë që formojnë një të tërë.

¹² Nga pjesa që tepron nga pëlhurat e çadrës, gjysma e pëlhurës së tepërt do të bjerë mbi pjesën e poshtme të tabernakullit;

¹³ dhe kubiti nga një anë dhe kubiti nga ana tjetër që janë të tepërt në gjatësinë e pëlhurave të çadrës, do të bien mbi të dy anët e tabernakullit, njëri nga një krah dhe tjetri në krahun tjetër për ta mbuluar atë.

¹⁴ Do të bësh gjithashtu një mbulesë për çadrën me lëkura dashi të ngjyrosura në të kuq, dhe mbi këtë një tjetër mbulesë me lëkura baldose.

¹⁵ Do të bësh për tabernakullin disa dërrasa prej druri të akacies, të vendosura më këmbë.

¹⁶ Gjatësia e një dërrase do të jetë dhjetë kubitë dhe gjerësia e saj një kubitë e gjysëm.

¹⁷ Çdo dërrasë do të ketë dy kllapa për të bashkuar një dërrasë me tjetrën; kështu do të veprosh për të gjitha dërrasat e tabernakullit.

¹⁸ Do të bësh kështu dërrasat e tabernakullit, njëzet dërrasa për anën jugore.

¹⁹ Do të vësh dyzet baza argjendi poshtë njëzet dërrasave: dy baza poshtë secilës dërrasë për të dy kllapat e veta.

²⁰ Do të bësh edhe njëzet dërrasa për krahun e dytë të tabernakullit, për anën e tij veriore,

²¹ dhe dyzet bazat e tyre prej argjendi, dy baza nën çdo dërrasë.

²² Për krahun e pasmë të tabernakullit, në drejtim të perëndimit, do të bësh gjashtë dërrasa.

²³ Do të bësh edhe dy dërrasa për të dy qoshet e pasme të tabernakullit.

²⁴ Ato do të çiftëzohen poshtë dhe do të bashkohen lart me një unazë. Kështu ka për të ndodhur me të dyja dërrasat, që ndodhen në të dy qoshet.

²⁵ Do të ketë, pra, tetë dërrasa me bazat e tyre prej argjendi: gjashtëmbëdhjetë baza, dy baza poshtë çdo dërrase.

²⁶ Do të bësh edhe disa traversa prej druri të akacies: pesë për dërrasat e njërës anë të tabernakullit,

²⁷ pesë traversa për dërrasat e anës tjetër të tabernakullit dhe pesë traversa për dërrasat e pjesës së pasme të tabernakullit, në drejtim të perëndimit.

²⁸ Traversa qendrore, në mes të dërrasave, do të kalojë nga njëra anë në tjetrën.

²⁹ Do t'i veshësh me ar dërrasat dhe do t'i bësh prej ari unazat e tyre nëpër të cilat do të kalojnë traversat, dhe do t'i veshësh me ar traversat.

³⁰ Do ta ngresh tabernakullin me trajtën e përpiktë që t'u tregua në mal.

³¹ Do të bësh një vel me fije në ngjyrë vjollce, të purpurt, flakë të kuqe dhe me li të hollë dhe të përdredhur, të stolisur me kerubinë të punuar artistikisht,

³² dhe do ta varësh në katër shtylla prej akacieje të veshura me ar, me grremçat e tyre të arta të vëna mbi baza argjendi.

³³ Do ta varësh velin në kapëset; dhe aty, në anën e brendshme të velit, do të futësh arkën e dëshmisë; veli do t'ju shërbejë si ndarës midis vendit të shenjtë dhe vendit shumë të shenjtë.

³⁴ Pastaj do ta vësh pajtuesin mbi arkën e dëshmisë në vendin shumë të shenjtë.

³⁵ Jashtë velit do të vësh përkundrazi tryezën, ndërsa shandani do të shkojë përballë tryezës në krahun jugor të tabernakullit, dhe do ta vendosësh tryezën në krahun verior.

³⁶ Do të bësh gjithashtu për hyrjen e çadrës një perde me fije në ngjyrë vjollce, të purpurt, flakë të kuqe dhe prej liri të përdredhur, puna e një qëndistari.

³⁷ Do të bësh gjithashtu pesë shtylla akacieje për perden dhe do t'i veshësh me ar; grremçat e tyre do të jenë prej ari dhe do të shkrish për to pesë baza prej bronzi".

Kapitull 27

¹ "Do të bësh edhe një altar prej druri të akacies, i gjatë pesë kubitë dhe i gjerë pesë kubitë; altari do të jetë katror dhe do të ketë tre kubitë lartësi.

² Në katër qoshet e tij do të bësh brinj, që do të formojnë një tërësi me të; dhe do ta veshësh atë me bronz.

³ Do të bësh edhe enët e tij për të mbledhur hirin, lopatëzat e tij, legenët e tij, pirunjtë e tij dhe mangallët e tij; të gjitha veglat e tij do t'i bësh prej bronzi.

⁴ Do t'i bësh gjithashtu një grilë prej bronzi në formë rrjete dhe mbi rrjetë, në katër qoshet e tij, do të bësh katër unaza prej bronzi;

⁵ dhe do ta vësh nën kornizën e altarit, në pjesën e poshtme, në mënyrë që rrjeta të ndodhet në gjysmën e lartësisë së altarit.

⁶ Do të bësh edhe disa shufra për altarin, shufra me drurin e akacies, dhe do t'i veshësh me bronz.

⁷ Shufrat do të kalojnë nëpër unazat; dhe shufrat do të jenë në të dy anët e altarit, kur ky do të duhet të bartet.

⁸ Do ta bësh me dërrasa dhe bosh nga brenda; duhet ta bësh ashtu siç t'u tregua në mal.

⁹ Do të bësh edhe oborrin e tabernakullit; nga ana e jugut, oborri do të ketë perde prej liri të hollë të përdredhur, me një gjatësi prej njëqind kubitësh nga një anë;

¹⁰ dhe njëzet shtylla me njëzet bazat e tyre prej bronzi; grremçat e shtyllave dhe shtizat e tyre do të jenë prej argjendi.

¹¹ Kështu edhe në gjatësinë nga ana e veriut, do të ketë perde me një gjatësi prej njëqind kubitësh, me njëzet shtylla dhe njëzet bazat e tyre prej bronzi; grremçat e shtyllave do të jenë prej argjendi.

¹² Dhe për gjerësinë e oborrit nga ana e perëndimit, do të ketë pesëdhjetë kubitë perdesh me dhjetë shtyllat dhe dhjetë bazat e tyre.

¹³ Nga ana lindore gjerësia e oborrit do të jetë gjithashtu pesëdhjetë kubitë.

¹⁴ Nga një anë e portës së hyrjes do të ketë pesëmbëdhjetë kubitë perde, me tri shtyllat dhe tri bazat e tyre;

¹⁵ dhe nga ana tjetër do të ketë gjithashtu pesëmbëdhjetë kubitë perde me tri shtyllat dhe tri bazat e tyre.

¹⁶ Për portën e hyrjes në oborr do të ketë një perde prej njëzet kubitësh, me fill ngjyrë vjollce, të purpurt, flakë të kuqe dhe prej liri të hollë të përdredhur, punë e një qëndistari, me katër shtyllat dhe katër bazat e tyre.

¹⁷ Tërë shtyllat rreth oborrit do të bashkohen me shtiza argjendi; grremçat e tyre do të jenë prej argjendi dhe bazat e tyre prej bronzi.

¹⁸ Gjatësia e oborrit do të jetë njëqind kubitë, gjerësia pesëdhjetë kubitë dhe lartësia pesë kubitë, me perde prej liri të hollë të përdredhur dhe me bazat prej bronzi.

¹⁹ Të gjitha veglat e caktuara për shërbimin e tabernakullit, tërë kunjat e tij dhe tërë kunjat e oborrit do të jenë prej bronzi.

²⁰ Do të urdhërosh bijtë e Izraelit që të sjellin vaj ulliri safi prej ullinjsh të shtypur, për dritën e shandanit për t'i mbajtur vazhdimisht të ndezura llambat.

²¹ Në çadrën e mbledhjes, jashtë velit që ndodhet përpara dëshmisë, Aaroni dhe bijtë e tij do t'i mbajnë llambat të ndezura, në mënyrë që të digjen nga mbrëmja deri në mëngjes para Zotit. Kjo do të jetë një rregull e përhershme midis bijve të Izraelit për të gjithë brezat e ardhshëm".

Kapitull 28

¹ "Pastaj afro pranë vetes sate Aaronin, tët vëlla, dhe bijtë e tij së bashku me të, nga gjiri i bijve të Izraelit, që të më shërbejnë mua si prift; e kam fjalën për Aaronin, Nadabin, Eleazarin dhe Ithamarin, bij të Aaronit.

² Dhe do t'i bësh Aaronit, vëllait tënd, rroba të shenjta, për t'i dhënë nder e hijeshi.

³ Do të flasësh me të gjithë personat e aftë, që i kam mbushur me frymën e diturisë, dhe ata t'i bëjnë rrobat e Aaronit për ta shenjtëruar, me qëllim që të më shërbejnë mua si prift.

⁴ Dhe këto janë rrobat që do të bëjnë: një pektoral, një efod, një mantel, një tunikë e thurur me shtiza, një çallmë dhe një brez. Do të bëjnë, pra, rroba të shenjta për Aaronin, vëllanë tënd dhe për bijtë e tij, me qëllim që të më shërbejnë mua si prift;

⁵ ata do të përdorin ar dhe fill ngjyrë vjollce, të purpurt, flakë të kuqe dhe li të hollë.

⁶ Do ta bësh efodin me ar dhe fill ngjyrë vjollce, të purpurt, të kuqe flakë si dhe me fill liri të hollë dhe të përdredhur, të punuar artistikisht.

⁷ Në dy skajet e tij do të ketë të lidhura dy supore, me qëllim që të mbahet si një i tërë.

⁸ Brezi i punuar artistikisht, që ndodhet mbi efodin, do të ketë po atë punë të efodit: prej ari dhe me fije ngjyrë vjollce, të purpurt, me flakë të kuqe dhe prej liri të hollë të përdredhur.

⁹ Pastaj do të marrësh dy gurë oniksi dhe do të gdhendësh mbi ta emrat e bijve të Izraelit:

¹⁰ gjashtë nga emrat e tyre mbi një gur dhe gjashtë emrat e tjerë mbi gurin tjetër, sipas radhës së tyre të lindjes.

¹¹ Do të gdhendësh mbi këta gurë emrat e bijve të Izraelit ashtu siç bën prerësi i gurit në gdhendjen e një vule; do t'i futësh në rrathë ari.

¹² Do t'i vësh të dy gurët mbi supet e efodit, si gurë kujtimore për bijtë e Izraelit; dhe Aaroni do t'i çojë emrat e tyre si një kujtim para Zotit mbi dy shtyllat e tij.

¹³ Do të bësh gjithashtu rrathë ari

¹⁴ dhe dy zinxhirë prej ari safi, të thurur si një litar, dhe do të vësh në rrathët zinxhirët e thurur në atë mënyrë.

¹⁵ Do të bësh gjithashtu pektoralin e gjykimit, të punuar në mënyrë artistike; do ta bësh punën si për efodin: prej ari, me fill ngjyrë vjollce, të purpurt dhe flakë të kuqe, si dhe me li të hollë të përdredhur.

¹⁶ Do të jetë katror dhe i palosur më dysh; do të jetë një pëllëmbë i gjatë dhe një pëllëmbë i gjerë.

¹⁷ Dhe do të ngallmosh katër radhë gurësh: në radhën e parë një sardonio, një topaz dhe një smerald;

¹⁸ në radhën e dytë: një bruz, një safir dhe një diamant;

¹⁹ në radhën e tretë: një hiacint, një agat dhe një ametist;

²⁰ në radhën e katërt: një grisolist, një oniks dhe një diaspër. Këta gurë do të ngallmohen në rrathët e tyre të artë.

²¹ Dhe gurët do t'u korrespondojnë emrave të bijve të Izraelit: dymbëdhjetë, simbas emrave të tyre, të gdhendur si vula, secila me emrin e fiseve të Izraelit.

²² Do të bësh gjithashtu mbi pektoral zinxhirë të vegjël prej ari safi të thurur si kordonë.

²³ Pastaj do të bësh mbi pektoral dyj unaza prej ari, dhe do t'i vësh të dy unazat në dy skajet e pektoralit.

²⁴ Pastaj do t'i fiksosh dy kordonat prej ari në dy unazat në skajet e pektoralit;

²⁵ dhe dy majat e tjera të dy kordonëve do t'i lidhësh me të dy rrathët dhe do t'i vendosësh mbi dy supet e efodit, nga përpara.

²⁶ Do të bësh edhe dy unaza ari dhe do t'i vendosësh në dy skajet e pektoralit, mbi palën e tij, që ndodhet në pjesën e brendshme të efodit.

²⁷ Do të bësh dy unaza të tjera ari dhe do t'i vendosësh mbi të dy supet e efodit poshtë, në pjesën e përparme pranë pikës së bashkimit, mbi brezin e punuar artistikisht të efodit.

²⁸ Dhe pektorali do të fiksohet me anë të dy unazave të tij në unazat e efodit me një kordon ngjyrë vjollce, në mënyrë që pektorali të ndodhet mbi brezin e punuar artistikisht të efodit dhe të mos shkëputet dot prej këtij të fundit.

²⁹ Kështu Aaroni do t'i çojë emrat e bijve të Izraelit të skalitur në pektoralin e gjykimit, mbi zemrën e tij, kur do të hyjë në shenjtërore, në kujtim të përjetshëm përpara Zotit.

³⁰ Do të vësh mbi pektoralin e gjykimit Urim-in dhe Thumim-in; dhe do të jenë mbi zemrën e Aaronit kur të paraqitet përpara Zotit. Kështu Aaroni do të çojë gjykimin e bijve të Izraelit mbi zemrën e tij para Zotit, vazhdimisht.

Eksodit

³¹ Do të bësh edhe mantelin e efodit, krejt në ngjyrë vjollce. ³² Në mes të tij do të ketë një hapje për të kaluar kokën; rreth e qark kësaj hapjeje do të ketë një buzë prej stofi të punuar, si hapja e një parzmoreje, me qëllim që të mos shqyhet.

³³ Rreth e qark kësaj buze të mantelit do të bësh disa shegë ngjyrë vjollce, të purpurt dhe flakë të kuqe, dhe rreth tyre, zile ari; ³⁴ një zile ari dhe një shegë, një zile ari dhe një shegë, rreth e qark, mbi buzën e mantelit.

³⁵ Aaroni do ta përdorë për të kryer shërbimin; dhe tingulli i saj do të dëgjohet kur të hyjë në vendin e shenjtë përpara Zotit dhe kur të dalë andej, me qëllim që ai të mos vdesë.

³⁶ Do të bësh edhe një pllakë prej ari safi dhe mbi të do të gdhendësh, ashtu siç bëhet mbi një vulë, fjalët: SHENJTËRI ZOTIT.

³⁷ Do t'i lidhësh asaj një rrip ngjyrë vjollce, për ta bashkuar me çallmën; ajo duhet të ndodhet në pjesën e përparme të çallmës.

³⁸ Kështu do të qëndrojnë mbi ballin e Aaronit, dhe Aaroni do të mbajë fajin të shoqëruar me gjërat e shenjta të paraqitura nga bijtë e Izraelit, në çdo lloj ofertash të shenjta; ajo do të rrijë vazhdimisht mbi ballin e tij, në mënyrë që ato të jenë të mirëpritura nga Zoti.

³⁹ Do të endësh gjithashtu tunikën prej liri të hollë, të punuar me shtiza; do të bësh një çallmë prej liri të hollë dhe një brez, një punë qëndistari.

⁴⁰ Për bijtë e Aaronit do të bësh disa tunika, breza dhe mbulesa koke, me qëllim që t'u japësh atyre nder dhe hijeshi.

⁴¹ Me ato do të veshësh më vonë vëllanë tënd Aaronin dhe bijtë e tij bashkë me të; ti do t'i vajosësh, do t'i shugurosh dhe do t'i shenjtërosh, që të më shërbejnë si priftërinj.

⁴² Do t'u bësh gjithashtu disa pantallona prej liri për të mbuluar lakuriqësinë e tyre; ato do të shkojnë nga ijët deri te kofshët.

⁴³ Aaroni dhe bijtë e tij do t'i veshin kur të hyjnë në çadrën e mbledhjeve, ose kur t'i afrohen altarit për të bërë shërbimin në vendin e shenjtë, me qëllim që mos bëhen fajtorë dhe të mos vdesin. Ky është një statut i përjetshëm për të dhe për trashëgimtarët e tij".

Kapitull 29

¹ "Kjo është ajo që do të bësh për t'i shuguruar në mënyrë që të më shërbejnë si priftërinj. Merr një dem të vogël dhe dy desh pa të meta, ² disa bukë pa maja, ëmbëlsira pa maja të zëna me vaj dhe revani pa maja të lyer me vaj; (do t'i bësh me majë mielli të grurit).

³ Do t'i vësh në një shportë dhe do t'i çosh bashkë me demin e vogël dhe dy deshtë.

⁴ Do ta afrosh Aaronin dhe bijtë e tij në hyrjen e çadrës së mbledhjes dhe do t'i lash me ujë.

⁵ Pastaj do të marrësh rrobat dhe do ta riveshësh Aaronin me tunikën, me mantelin e efodit, me efodin dhe me pektoralin, dhe do t'i ngjeshësh brezin e punuar artistikisht të efodit.

⁶ Do t'i vësh mbi krye çallmën dhe mbi çallmën do të vësh diademën e shenjtë.

⁷ Pastaj do të marrësh vajin e vajosjes, do ta derdhësh mbi kryet e tij dhe do ta vajosësh.

⁸ Pastaj do t'i afrosh bijtë e tij dhe do t'u riveshësh tunikat.

⁹ Do t'u ngjeshësh Aaronit dhe bijve të tij brezat dhe do të vësh mbi ta mbulesa kokash; priftëria do t'iu përkasë atyre për gjithë jetën. Kështu do të shugurosh Aaronin dhe bijtë e tij.

¹⁰ Pastaj do të afrosh demin e vogël para çadrës së mbledhjes; dhe Aaroni dhe bijtë e tij do të vënë duart e tyre mbi kokën e demit të vogël.

¹¹ Dhe do ta therësh demin e vogël para Zotit, në hyrje të çadrës së mbledhjes.

¹² Do të marrësh pastaj gjakun e demit të vogël dhe do ta vësh me gishtin tënd mbi brirët e altarit, dhe gjithë mbetjen e gjakut do ta derdhësh në këmbët e altarit.

¹³ Do të marrësh gjithashtu gjithë dhjamin që mbulon zorrët, bulën e ngjitur me mëlçinë dhe dy veshkat me dhjamin që kanë sipër, dhe do t'i tymosësh mbi altarin.

¹⁴ Por mishin e demit të vogël, lëkurën dhe fëlliqësirat e tij do t'i djegësh me zjarr jashtë kampit: ky është një flijim për mëkatin.

¹⁵ Pastaj do të marrësh një nga deshtë dhe Aaroni dhe bijtë e tij do të vënë duart e tyre mbi kokën e dashit.

¹⁶ Pastaj do ta therësh dashin, do të marrësh gjakun e tij dhe do ta spërkatësh përrreth altarit.

¹⁷ Pas kësaj do ta ndash në copa dashin, do të lash zorrët dhe këmbët e tij, do t'i vësh bashkë me copat e tij dhe me kokën e tij.

¹⁸ Pastaj do ta tymosësh tërë dashin mbi altar: ky është një olokaust për Zotin; është një erë e këndshme, një flijim i bërë me anë të zjarrit për Zotin.

¹⁹ Pastaj do të marrësh dashin tjetër, dhe Aaroni dhe bijtë e tij do të vënë duart e tyre mbi kokën e dashit.

²⁰ Do ta therësh dashin, do të marrësh prej gjakut të tij dhe do ta vësh mbi bulën e veshit të djathtë të Aaronit dhe mbi bulën e veshit të djathtë të bijve të tij, mbi gishtin e madh të dorës së tyre të djathtë dhe mbi gishtin e trashë të këmbës së tyre të djathtë, dhe do ta spërkatësh gjakun rreth e qark altarit.

²¹ Do të marrësh pastaj nga gjaku që është mbi altar dhe nga vaji i vajosjes dhe do të spërkatësh Aaronin dhe rrobat e tij, bijtë e tij dhe rrobat e tyre. Kështu do të shenjtërohet ai dhe rrobat e tij, bijtë e tij dhe rrobat e tyre bashkë me të.

²² Do të marrësh edhe dhjamin e dashit, dhjamin e bishtit, dhjamin që mbulon zorrët, bulën e mëlçisë, dy veshkat dhe dhjamin që është mbi to dhe kofshën e djathtë, (sepse është një dash shenjtërimi);

²³ do të marrësh edhe një bukë, një ëmbëlsirë me vaj dhe një revani nga shporta e bukës së ndorme, që është para Zotit,

²⁴ dhe të gjitha këto gjëra do t'i vësh në duart e Aaronit dhe në duart e bijve të tij, dhe do t'i tundësh si një ofertë e bërë përpara Zotit.

²⁵ Pastaj do t'i marrësh nga duart e tyre dhe do t'i tymosësh mbi altarin, mbi olokaustin, si një erë e këndshme përpara Zotit; është një flijim i bërë me të zjarrit Zotit.

²⁶ Pas kësaj do të marrësh gjoksin e dashit të përdorur për shugurimin e Aaronit dhe do ta tundësh si një ofertë e lëvizur përpara Zotit; dhe kjo do të jetë pjesa e jote.

²⁷ Dhe nga dashi i përdorur për shenjtërim do të ruash gjoksin e ofertës së lëvizur dhe kofshën e ofertës së ngritur, që u takojnë Aaronit dhe bijve të tij.

²⁸ Ai do të jetë nga ana e bijve të Izraelit për Aaronin dhe bijtë e tij një rregull i përhershëm, sepse është një ofertë lartësimi. Do të jetë një ofertë lartësimi nga ana e bijve të Izraelit që është marrë nga flitë e tyre të falënderimit, oferta e tyre për lartësim te Zoti.

²⁹ Dhe rrobat e shenjta të Aaronit do t'u kalojnë bijve të tij mbas tij, me qëllim që të vajosen dhe të shenjtërohen tek ata.

³⁰ Ai bir që bëhet prift në vend të tij do t'i veshë ato për shtatë ditë, kur do të hyjë në çadrën e mbledhjes për të kryer shërbesën në vendin e shenjtë.

³¹ Pastaj do të marrësh dashin e shenjtërimit dhe do ta gatuash mishin e tij në një vend të shenjtë;

³² dhe Aaroni dhe bijtë e tij do të hanë, në hyrje të çadrës së mbledhjes, mishin e dashit dhe bukën që është në shportë.

³³ Do të hanë gjërat që kanë shërbyer për të bërë shlyerjen për t'u shuguruar dhe shenjtëruar; por asnjë i huaj nuk do të hajë prej tyre, sepse janë gjëra të shenjta.

³⁴ Dhe në qoftë se tepron mish i shenjtërimit ose bukë deri në mëngjes, do të djegësh atë që mbetet në zjarr; nuk do të hahet, sepse është e shenjtë.

³⁵ Do të bësh, pra, për Aaronin dhe për bijtë e tij gjitha ato që të kam urdhëruar: do t'i shenjtërosh brenda shtatë ditëve.

³⁶ Dhe çdo ditë do të ofrosh një dem të vogël, si flijim për mëkatin, për të larë fajin që ke bërë dhe do ta vajosësh për ta shenjtëruar.

³⁷ Për shtatë ditë do të bësh shlyerjen e fajit për altarin dhe do ta shenjtërosh; altari do të jetë një vend shumë i shenjtë: çdo gjë që do të prekë altarin do të jetë e shenjtë.

³⁸ Kjo është ajo që do të ofrosh mbi altar: dy qengja motakë çdo ditë, për gjithnjë.

³⁹ Njërin prej qengjave do ta ofrosh në mëngjes dhe tjetrin në të ngrysur.

⁴⁰ Me qengjin e parë do të ofrosh një të dhjetën e efës së miellit të brumosur me një çerek hine vaji thjesht ulliri, dhe një libacion me një çerek hine verë.

⁴¹ Qengjin e dytë do ta ofrosh në të ngrysur; do ta shoqërosh me të njëjtin blatim dhe me të njëjtin libacion të mëngjesit; është një flijim parfumi të këndshëm i ofruar nëpërmjet zjarrit për Zotin.

⁴² Do të jetë një olokaust i përjetshëm për gjithë brezat e ardhshëm, ti ofruar në hyrje të çadrës së mbledhjes, përpara Zotit, kur unë do t'ju takoj për të folur me ty.

⁴³ Dhe atje do të takohem me bijtë e Izraelit; dhe çadra do të shenjtërohet nga lavdia ime.

⁴⁴ Kështu unë do të shenjtëroj çadrën e mbledhjes dhe altarin; do të shenjtëroj gjithashtu Aaronin dhe bijtë e tij, që të më shërbejnë si priftërinj.

⁴⁵ Do të banoj në mes të bijve të Izraelit dhe do të jem Perëndia i tyre.

⁴⁶ Dhe ata do të mësojnë që unë jam Zoti, Perëndia i tyre, që i nxori nga vendi i Egjiptit për të banuar midis tyre. Unë jam Zoti, Perëndia i tyre".

Kapitull 30

¹ "Do të bësh edhe një altar për të djegur temjanin; dhe do ta bësh prej druri të akacies.

² Do të jetë një kubit i gjatë dhe një kubit i gjerë; do të jetë katror dhe do të ketë një lartësi dy kubitësh; brirët e tij do të përbëjnë një pjesë të vetme me të.

³ Do ta veshësh me ar safi: pjesën e tij të sipërme, anët e tij rreth e qark dhe brirët e tij; do t'i bësh edhe një kurorë ari.

⁴ Do t'i bësh edhe dy unaza ari nën kurorë, në të dy krahët e tij; do t'i vësh në të dy krahët e tij për të kaluar shtizat, të cilat shërbejnë për ta mbartur.

⁵ Shtizat do të bëhen me dru të akacies dhe do t'i veshësh me ar.

⁶ Do ta vendosësh altarin përpara velit që ndodhet përpara arkës së dëshmisë, përballë pajtuesit që ndodhet mbi dëshminë, ku unë do të të takoj.

⁷ Mbi të Aaroni do të djegë temjan të parfumuar; do ta djegë çdo mëngjes, kur rregullon llambat.

⁸ Kur Aaroni ndez llambat në të ngrysur, do të djegë temjanin: një temjan i vazhdueshëm përpara Zotit, për brezat e ardhshëm.

⁹ Nuk do të ofroni mbi të as temjan të huaj, as olokaust, as blatim; dhe mbi të nuk do të derdhni libacione.

¹⁰ Dhe Aaroni do të bëjë një herë në vit shlyerjen e mëkatit mbi brirët e tij; me gjakun e flisë së shlyerjes së mëkatit do të bëjë mbi të shlyerjen një herë në vit, brez pas brezi. Do të jetë gjë shumë e shenjtë, e shenjtë për Zotin".

¹¹ Zoti i foli akoma Moisiut, duke thënë:

¹² "Kur do të bësh llogarinë e bijve të Izraelit, për regjistrimin e tyre, secili do t'i japë Zotit shpengimin e jetës së tij, kur do të numërohen, me qëllim që të mos goditen nga ndonjë plagë, kur do të bësh regjistrimin e tyre.

¹³ Kjo është ajo që do të japë secili nga ata që paguajnë taksë: gjysmë sikli, simbas siklit të shenjtërores, (sikli është baras me njëzet gere), një gjysmë sikli do të jetë oferta që duhet t'i bëhet Zotit.

¹⁴ Kushdo që do të përfshihet nga regjistrimi, njëzet vjeç e lart, do t'i japë Zotit këtë ofertë.

¹⁵ I pasuri nuk do të japë më tepër, as i varfëri më pak se gjysmë sikli, kur do t'i bëhet kjo ofertë Zotit për të shlyer fajet e jetës suaj.

¹⁶ Do të marrësh, pra, nga djemtë e Izraelit këto të holla shërbimit dhe do t'i përdorësh për shërbimin e çadrës së mbledhjes: kjo do të jetë për bijtë e Izraelit një kujtim para Zotit për të bërë shlyerjen për jetën tuaj".

¹⁷ Zoti i foli akoma Moisiut, duke i thënë:

¹⁸ "Do të bësh edhe një legen prej bronzi, me bazën e tij prej bronzi, për t'u larë; do ta vendosësh midis çadrës së mbledhjes dhe altarit dhe do të vësh edhe ujë.

¹⁹ Dhe aty Aaroni dhe bijtë e tij do të lajnë duart dhe këmbët.

²⁰ Kur do të hyjnë në çadrën e mbledhjes, do të lahen me ujë, që të mos vdesin; kështu edhe kur do t'i afrohen altarit për të shërbyer, për të tymosur një ofertë të bërë Zotit me anë të zjarrit.

²¹ Do të lajnë duart dhe këmbët e tyre, që të mos vdesin. Ky do të jetë një rregull i përjetshëm, për atë dhe për pasardhësit e tij, brez pas brezi".

²² Zoti i foli akoma Moisiut, duke i thënë:

²³ "Gjej edhe aromat më të mira: pesëqind sikla mirrë të lëngët, dyqind e pesëdhjetë, domethënë gjysma, cinamon aromatik dhe dyqind e pesëdhjetë kanellë aromatike,

²⁴ pesëqind sikla, në bazë të siklit të shenjtërores, kasie dhe një hin vaj ulliri.

²⁵ Me këto të përgatitësh një vaj për vajosjen e shenjtë, një parfum të prodhuar me artin e parfumierit: ky do të jetë vaji i vajosjes së shenjtë.

²⁶ Me të do të vajosësh çadrën e mbledhjes dhe arkën e dëshmisë,

²⁷ tryezën dhe të gjitha veglat e tij, shandanin dhe të gjitha përdorëset e tij, altarin e temjanit,

²⁸ altarin e olokausteve dhe të gjitha përdorëset e tij, legenin dhe bazën e tij.

²⁹ Do të shenjtërosh kështu këto gjëra dhe do të jenë shumë të shenjta; të gjitha sendet që u përkasin, do të jenë të shenjta.

³⁰ Do të vajosësh edhe Aaronin dhe bijtë e tij dhe do t'i shenjtërosh, me qëllim që të më shërbejnë si priftërinj.

³¹ Pastaj do t'u flasësh bijve të Izraelit, duke u thënë: "Ky do të jetë për mua një vaj për vajosjen e shenjtë, brez pas brezi.

³² Nuk do të derdhni mbi mish njeriu dhe nuk do të përgatisni tjetër po ashtu; ai është i shenjtë, do të jetë i shenjtë edhe për ju.

³³ Kushdo që përgatit të ngjashëm, apo kushdo që e vë mbi një të huaj, do të shfaroset nga populli i tij"".

³⁴ Zoti i tha akoma Moisiut: "Gjej disa aroma, storaks, guaska erëmira, galban, aroma me temjan të kulluar, në doza të barabarta;

³⁵ do të përgatitësh me to një parfum simbas artit të parfumierit, një parfum të kripur, të pastër dhe të shenjtë;

³⁶ do ta kthesh një pjesë të tij në pluhur shumë të hollë dhe do ta vendosësh pak nga ai përpara dëshmisë në çadrën e mbledhjes, ku unë do të të takoj: ai do të jetë për ju një gjë shumë e shenjtë.

³⁷ Por nga temjani që ke për të bërë, nuk do të përgatisni për veten tuaj me të njëjtën përbërje; kjo do të jetë për ty një gjë e shenjtë kushtuar Zotit.

³⁸ Kushdo që do të përgatisë një temjan të këtij lloji, do të shfaroset nga populli i tij".

Kapitull 31

¹ Zoti i foli akoma Moisiut, duke i thënë:

² "Shiko, unë e thirra me emër Betsaleelin, birin e Urit, birin e Hurit, nga fisi i Judës;

³ dhe e mbusha me Frymën e Perëndisë, me dituri, me zgjuarësi, me njohuri dhe çdo shkathtësi,

⁴ që të jetë i aftë të përgatisë vizatime artistike, të punojë arin, argjendin dhe bronzin,

⁵ për të gdhendur gurë për t'u ngallmuar, për të punuar drurin dhe për të kryer çdo lloj punimesh.

⁶ Dhe ja, i dhashë për shok Oholiabin, të birin e Ahisamakut, nga fisi i Danve; dhe shtiva dituri në mendjen e të gjithë njerëzve të shkathët, me qëllim që të mund të bëjnë të gjitha ato që të kam urdhëruar:

⁷ çadrën e mbledhjes, arkën e dëshmisë dhe pajtuesin që ndodhet mbi të, dhe të gjitha orenditë e çadrës;

⁸ tryezën dhe orenditë e saj, shandanin prej ari safi dhe të gjitha pjesët e tij, altarin e temjanit,

⁹ altarin e olokausteve dhe tërë veglat e tij, enën e madhe dhe bazën e saj,

¹⁰ dhe rrobat e endura hollë me mjeshtëri, rrobat e shenjta për priftin Aaron dhe rrobat e bijve të tij për të shërbyer si priftërinj,

¹¹ vajin për vajosje dhe temjanin e parfumuar për vendin e shenjtë. Ata do të veprojnë simbas të gjithë urdhrave që të kam dhënë ty".

¹² Zoti i foli akoma Moisiut, duke i thënë:

¹³ "Fol edhe me bijtë e Izraelit, duke u thënë: Tregoni kujdes të madh për të respektuar të shtunat e mia, sepse është një shenjë midis meje dhe jush për të gjithë brezat tuaj, në mënyrë që të njihni se unë jam Zoti që ju shenjtëron.

¹⁴ Do të respektoni, pra, të shtunën, sepse është për ju një ditë e shenjtë; kush e përdhos atë, do të dënohet me vdekje; kushdo që bën atë ditë ndonjë punë, do të shfaroset nga gjiri i popullit të tij.

¹⁵ Do të punohet gjashtë ditë; por dita e shtatë është e shtuna e pushimit, e shenjtë për Zotin; kushdo që do të bëjë ndonjë punë ditën e shtunë do të dënohet me vdekje.

¹⁶ Andaj bijtë e Izraelit do ta respektojnë të shtunën, duke e kremtuar atë brez pas brezi, si një besëlidhje të përjetshme.

¹⁷ Ajo është një shenjë e përjetshme midis meje dhe bijve të Izraelit, sepse në gjashtë ditë Zoti bëri qiellin dhe tokën, dhe ditën e shtatë pushoi dhe u shlodh".

¹⁸ Kur Zoti mbaroi së foluri me Moisiun në malin Sinai, i dha dy pllaka të dëshmisë, pllaka guri, të shkruara me gishtin e Perëndisë.

Kapitull 32

¹ Por populli, duke parë që Moisiu po vononte të zbriste nga mali, u mblodh rreth Aaronit dhe i tha: "Hajt tani, na bëj një perëndi të shkojë para nesh, sepse sa për Moisiun, njeriun që na nxori nga vendi i Egjiptit, nuk dimë çfarë i ka ndodhur".

² Aaroni iu përgjigj atyre: "Hiqni unazat prej ari që janë në veshët e grave tuaja, të bijve tuaj, dhe të bijave tuaja dhe m'i sillni mua".

³ Kështu tërë populli hoqi unazat prej ari që kishin në veshët dhe ia çoi Aaronit,

⁴ i cili i mori nga duart e tyre dhe, mbasi i modeloi me daltë, bëri një viç prej metali të shkrirë. Atëherë ata thanë: "O Izrael, ky është perëndia yt që të nxori nga vendi i Egjiptit!".

⁵ Kur Aaroni pa këtë, ngriti një altar përpara tij dhe vuri kasnecë që thanë: "Nesër do të jetë festë për nder të Zotit!".

⁶ Të nesërmen ata u ngritën herët, ofruan olokauste dhe çuan fli falënderimi; populli u ul për të ngrënë e për të pirë, pastaj u ngrit për të dëfryer.

⁷ Atëherë Zoti i tha Moisiut: "Tani shko, zbrit, sepse populli yt, që ti nxore nga vendi i Egjiptit, është korruptuar,

⁸ u larguan shpejt, janë përdalë nga rruga që unë e kisha urdhëruar të ndiqte; bëri një viç prej metali të shkrirë, u përkul para tij, i ofroi flijime dhe tha: "O Izrael, kjo është perëndia jote që të nxori nga vendi i

Egjiptit"".

⁹ Zoti i tha akoma Moisiut: "E pashë këtë popull, dhe ja, është një popull me qafë të fortë.

¹⁰ Më lër, pra, të veproj, në mënyrë që zemërimi im të ndizet kundër tyre dhe t'i konsumoj; por nga ti do të bëj një komb të madh".

¹¹ Atëherë Moisiu e luti Zotin, Perëndinë e tij, dhe i tha: "Pse, o Zot, zemërimi yt duhet të ndizet kundër popullit tënd që e nxore nga vendi i Egjiptit me fuqi të madhe dhe me dorë të fortë?

¹² Pse duhet që Egjiptasit të thonë: "Ai i nxori për t'ju bërë të keq, që të vriten mbi malet dhe për t'i shfarosur nga faqja e dheut"? Hiq dorë nga zemërimi yt i zjarrtë dhe nga qëllimi yt për t'i bërë keq popullit tënd.

¹³ Kujto Abrahamin, Isakun dhe Izraelin, shërbëtorë të tu, të cilëve u je betuar mbi veten tënde, duke u thënë atyre: "Unë do të shumëzoj pasardhësit tuaj si yjet e qiellit dhe do t'u jap pasardhësve tuaj tërë atë vend për të cilin të fola, dhe ata do ta zotërojnë përjetë"".

¹⁴ Kështu Zoti ndryshoi mendim lidhur me të keqen që kishte thënë se do t'i bënte popullit të tij.

¹⁵ Atëherë Moisiu u kthye dhe zbriti nga mali me dy pllakat e dëshmisë në duar, pllaka të shkruara nga të dy anët, si përpara ashtu edhe prapa.

¹⁶ Pllakat ishin vepër e Perëndisë dhe shkrimi i tyre ishte shkrimi i Perëndisë, i gdhendur mbi pllakat.

¹⁷ Por Jozueu, duke dëgjuar britmën e popullit që bërtiste, i tha Moisiut: "Ka një zhurmë lufte në kamp".

¹⁸ Por ai u përgjigj: "Kjo nuk është as një britmë fitoreje, as një britmë humbjeje; britma që unë dëgjoj është e njerëzve që këndojnë".

¹⁹ Si iu afrua kampit, pa viçin dhe vallet; atëherë Moisiu u ndez nga zemërimi dhe ai i hodhi pllakat nga duart e tij dhe i theu në këmbët e malit.

²⁰ Pastaj mori viçin që ata kishin bërë, e dogji në zjarr dhe e bëri pluhur; pastaj e përhapi pluhurin në ujë dhe ia dha për të pirë bijve të Izraelit.

²¹ Pastaj Moisiu i tha Aaronit: "Çfarë të ka bërë ky popull, të cilin e ke ngarkuar me një mëkat kaq të madh?".

²² Aaroni u përgjigj: "Zemërimi i zotërisë sime të mos ndizet, ti vetë e njeh këtë popull dhe e di që ai është i prirur ndaj së keqes.

²³ Ata më kanë thënë: "Na bëj një perëndi që të shkojë para nesh, sepse Moisiut, njeriut që na nxori nga vendi i Egjiptit, nuk dimë se çfarë i ka ndodhur".

²⁴ Atëherë unë u thashë atyre: "Kush ka ar të mos e mbajë me vete". Kështu ata ma dhanë mua dhe unë e hodha në zjarr, dhe na doli ky viç".

²⁵ Kur Moisiu pa që populli ishte pa fre (dhe Aaroni e kishte lënë të shfrenohej duke e ekspozuar në turpin e armiqve të tij),

²⁶ u ndal në hyrje të kampit dhe tha: "Kushdo që është me Zotin, le të vijë tek unë!". Dhe gjithë bijtë e Levit u mblodhën pranë tij.

²⁷ Dhe ai u tha atyre: "Kështu thotë Zoti, Perëndia i Izraelit: "Secili prej jush të vërë shpatën në krahun e tij; kaloni dhe rikaloni nga një hyrje e kampit në tjetrën, secili të vrasë vëllanë e tij, mikun e tij, fqinjin e tij!"".

²⁸ Bijtë e Levit bënë ashtu siç u kishte thënë Moisiu, dhe atë ditë ranë rreth tre mijë njerëz.

²⁹ Pastaj Moisiu tha: "Shenjtërohuni sot Zotit, që ai t'ju japë një bekim, sepse secili prej jush ka qenë kundër birit të tij dhe vëllait të tij".

³⁰ Të nesërmen Moisiu i tha popullit: "Ju keni bërë një mëkat të madh; por tani unë do të ngjitem tek Zoti; ndofta do të mund të bëj shlyerjen për mëkatin tuaj".

³¹ Moisiu u kthye, pra, te Zoti dhe tha: "Medet, ky popull ka kryer një mëkat të madh dhe ka bërë për vete një perëndi prej ari.

³² Megjithatë tani, të lutem, falua mëkatin e tyre; përndryshe, më fshi nga libri yt që ke shkruar!".

³³ Por Zoti iu përgjegj Moisiut: "Atë që ka bërë mëkat kundër meje, atë do ta fshij nga libri im!

³⁴ Tani shko, çoje popullin ku të kam thënë. Ja, Engjëlli im do të shkoj para teje, por ditën që do të vij për t'i dënuar, do t'i dënoj për mëkatin e tyre".

³⁵ Kështu Zoti goditi popullin, sepse kishte bërë viçin që Aaroni kishte modeluar.

Kapitull 33

¹ Zoti i tha Moisiut: "Shko, ngjitu që këtej, ti së bashku me popullin që nxore nga vendi i Egjiptit, drejt vendit, që u premtova me betim Abrahamit, Isakut dhe Jakobit, duke u thënë: "Unë do t'ua jap pasardhësve të tu".

² Unë do të dërgoj një Engjëll para teje dhe do t'i dëboj Kananejtë, Amorejtë, Hitejtë, Perezejtë, Hivejtë dhe Jebusejtë.

³ Ngjitu drejt vendit ku rrjedh qumësht dhe mjaltë, sepse unë do të ngjitem bashkë me ty, sepse je një popull me qafë të fortë, dhe nuk dua të shfaros rrugës".

⁴ Kur populli dëgjoi këto fjalë të kobshme, ndjeu një hidhërim të thellë, dhe askush nuk vuri stolitë e tij.

⁵ Në fakt Zoti i kishte thënë Moisiut: "U thuaj bijve të Izraelit: "Ju jeni një popull me qafë të fortë; në qoftë se unë do të ngjitesha edhe për një çast të vetëm në mesin tënd, do të konsumoja! Prandaj tani hiqi stolitë e tua dhe kështu unë do të di çfarë duhet të bëj me ty"".

⁶ Kështu bijtë e Izraelit i hoqën stolitë e tyre, që nga nisja e tyre nga mali Horeb e tutje.

⁷ Pastaj Moisiu mori çadrën dhe e ngriti jashtë kampit, larg tij dhe e quajti tenda e mbledhjes; kushdo që kërkonte Zotin, dilte drejt çadrës së mbledhjes, që ndodhej jashtë kampit.

⁸ Kur Moisiu dilte për të shkuar në çadër, tërë populli ngrihej, dhe secili rrinte më këmbë në hyrje të çadrës së vet dhe ndiqte me sy Moisiun, deri sa ai të hynte në çadër.

⁹ Dhe kur Moisiu hynte në tendë, shtylla e resë zbriste dhe ndalej në hyrje të saj, dhe Zoti fliste me Moisiun.

¹⁰ Tërë populli e shihte shtyllën e resë së ndaluar në hyrjen e çadrës; kështu tërë populli ngrihej dhe secili përkulej në hyrje të çadrës së vet.

¹¹ Kështu Zoti fliste me Moisiun ballë për ballë, ashtu si një njeri flet me mikun e tij; pastaj Moisiu kthehej në kamp. Por Jozueu, biri i Nunit, zbatuesi i tij i ri, nuk largohej nga çadra.

¹² Pastaj Moisiu i tha Zotit: "Pa shiko, ti më thua: "Bëj që ky popull të ngjitet". Por ti nuk më ke thënë cilin do të dërgosh me mua. Megjithatë ke thënë: "Unë të njoh personalisht dhe ke gjetur hir në sytë e mi".

¹³ Prandaj tani, që më ke me sy të mirë, më bëj të njohura rrugët e tua, që të kem mundësi të të njoh dhe të fitoj hir në sytë e tu. Merr parasysh gjithashtu se ky komb është populli yt".

¹⁴ Zoti u përgjigj: "Prania ime do të shkojë me ty, dhe unë do të të jap pushim".

¹⁵ Atëherë Moisiu i tha: "Në qoftë se prania jote nuk vjen me mua, mos na nis që këtej.

¹⁶ Si do të mund të njihet tani që unë dhe populli yt, kemi gjetur hir në sytë e tu? Ndofta kjo ndodh sepse ti vjen me ne? Kështu unë dhe populli yt do të dallohemi nga tërë popujt që jetojnë mbi faqen e dheut".

¹⁷ Zoti i tha Moisiut: "Do ta bëj cdhe këtë gjë që ke kërkuar, sepse ti ke gjetur hir në sytë e mi dhe të njoh personalisht".

¹⁸ Atëherë Moisiu tha: "Tregomë lavdinë tënde!".

¹⁹ Zoti iu përgjigj: "Unë do të bëj që të kalojë para teje gjithë mirësia ime dhe do të shpall emrin e Zotit para teje. Do të fal atë që do të fal dhe do të mëshiroj atë që do të mëshiroj".

²⁰ Dhe tha akoma: "Ti nuk mund të shikosh fytyrën time, sepse asnjë njeri nuk mund të më shikojë dhe të jetojë".

²¹ Pastaj Zoti tha: "Ja një vend afër meje; ti do të rrish mbi shkëmbin;

²² dhe ndërsa do të kalojë lavdia ime, unë do të të vë në një çarë të shkëmbit dhe do të të mbuloj me dorën time, deri sa të kem kaluar;

²³ pastaj do ta tërheq dorën dhe ti do të më shikosh nga kurrizi; por fytyra ime nuk mund të shihet".

Kapitull 34

¹ Zoti i tha Moisiut: "Preji dy pllaka guri ashtu si të parat; dhe unë do të shkruaj mbi pllakat fjalët që ishin mbi pllakat e para që theve.

² Kështu ji gati në mëngjes dhe ngjitu në mëngjes në malin Sinai, dhe qëndro aty afër meje në majë të malit.

³ Askush të mos ngjitet bashkë me ty dhe të mos duket asnjeri në tërë malin; as kope me bagëti të imët a të trashë përreth këtij mali".

⁴ Kështu Moisiu preu dy pllaka guri, si të parat; u ngrit herët në mëngjes dhe u ngjit në malin Sinai ashtu siç e kishte urdhëruar Zoti, dhe mori me dorë të dyja pllakat prej guri.

⁵ Atëherë Zoti zbriti në re dhe u ndal aty pranë tij, dhe shpalli emrin e Zotit.

⁶ Dhe Zoti kaloi pranë tij dhe thirri: "Zoti, Perëndia i përjetshëm, i mëshirshëm dhe i dhembshur, i ngadalshëm në zemërim, i pasur në mirësi dhe në besnikëri,

⁷ që përdor mëshirën për mijëra njerëz, që fal padrejtësinë, shkeljet dhe mëkatin por nuk e lë të pandëshkuar fajtorin, dhe që viziton padrejtësinë e etërve mbi bijtë dhe mbi bijtë e bijve deri në brezin e tretë dhe të katërt".

⁸ Dhe Moisiu nxitoi përkulet deri në tokë, dhe adhuroi.

⁹ Pastaj tha: "O Perëndi, në rast se kam gjetur hir në sytë e tu, eja në mes nesh, sepse ky është një popull me qafë të fortë; na fal padrejtësinë tonë dhe mëkatin tonë, dhe na merr si trashëgiminë tënde".

¹⁰ Zoti u përgjigj: "Ja, unë po bëj një besëlidhje: Do të bëj para gjithë popullit mrekulli, që nuk janë bërë kurrë mbi të gjithë dheun dhe në asnjë komb tjetër; dhe tërë populli në mes të të cilit

¹¹ Kqyr atë që po të urdhëroj sot: Ja unë do t'i dëboj para teje Amorejtë, Kananejtë, Hitejtë, Perezejtë, Hivejtë dhe Jebusejtë.

¹² Ruhu se bën ndonjë aleancë me banorët e vendit në të cilin ke për të vajtur, me qëllim që të mos jetë një grackë për ty;

¹³ por rrëzo altarët e tyre, copëto shtyllat e tyre të shenjta dhe rrëzo shëmbëllyrat e tyre,

¹⁴ (sepse nuk do t'i përulesh një perëndi tjetër, sepse Zoti, emri i të cilit është "Xhelozi", është një Perëndi xheloz).

¹⁵ Mos bëj asnjë aleancë me banorët e vendit sepse, kur ata kurvërohen te idhujt e tyre dhe ofrojnë fli idhujve të tyre, ndokush prej tyre të fton dhe ti ha nga flitë e tyre,

¹⁶ dhe merr nga bijat e tyre për bijtë e tu, dhe vajzat e tyre të kurvërohen te idhujt e tyre dhe t'i shtyjnë bijtë e tu të kurvërohen te idhujt e tyre.

¹⁷ Nuk do të bësh idhull me metal të shkrirë.

¹⁸ Do të kremtosh festën e të ndormeve. Shtatë ditë me radhë do të hash bukë pa maja, ashtu siç të kam urdhëruar në kohën e caktuar, në muajin e Abibit, sepse në muajin e Abibit ti ke dalë nga Egjipti.

¹⁹ Kushdo që çel barkun është imi; është imja çdo pjellë e parë mashkull të të gjithë bagëtisë sate, qoftë e trashë ose e imët.

²⁰ Do të shpengosh me një qengj pjellën e parë mashkull të gomarit; po të jetë se nuk do ta shpengosh, do t'i thyesh qafën. Do të shpengosh edhe çdo të parëlindur të bijve të tu. Asnjeri nuk do të paraqitet para meje duarbosh.

²¹ Do të punosh gjashtë ditë; por ditën e shtatë do të pushosh: do të pushosh edhe në kohën e lërimit dhe të korrjes.

²² Do të kremtosh festën e javëve, domethënë, të prodhimit të parë të korrjes së grurit dhe festën e të vjelave në fund të vitit.

²³ Tri herë në vit do të paraqitet çdo mashkull i juaj para Perëndisë, Zotit, Perëndisë të Izraelit.

²⁴ Sepse unë do të dëboj kombe para teje dhe do të zgjeroj kufijtë e tu, dhe askush nuk do të dëshirojë vendin tënd, kur do të ngjitesh tri herë në vit, për të dalë përpara Zotit, Perëndisë tënd.

²⁵ Nuk do të ofrosh me bukë të mbrujtur gjakun e viktimës së flijuar për mua; flia e festës së Pashkës nuk do të lihet deri në mëngjes.

²⁶ Do të çosh në shtëpinë e Zotit, Perëndisë tënd, prodhimet e para të fryteve të tokës sate. Nuk do ta gatuash kecin në qumështin e nënës së tij".

²⁷ Pastaj Zoti i tha Moisiut: "Shkruaji këto fjalë, sepse mbi bazën e këtyre fjalëve kam përfunduar një aleancë me ty dhe me Izraelin".

²⁸ Kështu Moisiu mbeti aty me Zotin dyzet ditë dhe dyzet net; nuk hëngri bukë as piu ujë. Dhe Zoti shkroi mbi pllakat fjalët e besëlidhjes, dhjetë urdhërimet.

²⁹ Por Moisiu, kur zbriti nga mali i Sinait (duke zbritur nga mali Moisiu kishte në dorë dy pllakat e dëshmisë), nuk e dinte që lëkura e fytyrës së tij qe bërë rrëzëllyese, sepse kishte qenë të fliste me Zotin.

³⁰ Kështu, kur Aaroni dhe tërë bijtë e Izraelit panë Moisiun, ja, që lëkura e fytyrës së tij ishte rrëzëllyese dhe ata kishin frikë t'i afroheshin atij.

³¹ Por Moisiu i thirri dhe Aaroni dhe tërë krerët e asamblesë u rikthyen tek ai, dhe Moisiu u foli atyre.

³² Pastaj, tërë bijtë e Izraelit u afruan, dhe ai i urdhëroi të bënin të gjitha ato që Zoti i kishte thënë në malin Sinai.

³³ Mbasi Moisiu mbaroi së foluri me ta, vuri një vel mbi fytyrën e tij.

³⁴ Por kur Moisiu hynte përpara Zotit për të biseduar me atë, hiqte velin deri sa të dilte jashtë; duke dalë jashtë, u tregonte bijve të Izraelit ato që e kishin urdhëruar të bënte.

³⁵ Bijtë e Izraelit, duke parë fytyrën e Moisiut, shihnin se lëkura e tij rrëzëllente; pastaj Moisiu vinte përsëri velin mbi fytyrën e tij, deri sa hynte të fliste me Zotin.

Kapitull 35

¹ Moisiu thirri asamblenë e bijve të Izraelit dhe u tha atyre: "Këto janë gjërat që Zoti më ka urdhëruar të bëj.

² Do të punohet gjashtë ditë, por dita e shtatë do të jetë për ju një ditë e shenjtë, një e shtunë pushimi, e shenjtëruar ndaj Zotit. Kushdo që bën ndonjë punë atë ditë do të dënohet me vdekje.

³ Nuk do të ndizni zjarr në asnjë prej banesave tuaja ditën e shtunë".

⁴ Pastaj Moisiu i foli tërë asamblesë së bijve të Izraelit dhe tha: "Kjo është ajo që Zoti ka urdhëruar, duke thënë:

⁵ "Merrni ndërmjet jush një ofertë për Zotin; kushdo që ka zemër bujare do t'i çojë një ofertë Zotit: ar, argjend dhe bronz,

⁶ stofa ngjyrë vjollce, të purpurta ose flakë të kuqe, li të hollë dhe lesh dhie,

⁷ lëkura dashi të ngjyera në të kuq, lëkura baldose dhe dru të akacies,

⁸ vaj për ndriçim të shandanit dhe aroma për vajin e vajosjes dhe për temjanin aromatik,

⁹ gurë oniksi dhe gurë për t'u ngallmuar mbi efodin dhe pektoralin.

¹⁰ Kushdo ndërmjet jush që është i aftë, le të vijë dhe të bëjë tërë ato gjëra që Zoti ka urdhëruar:

¹¹ tabernakullin, çadrën e tij dhe mbulesën, kapëset, dërrasat, traversat, shtyllat dhe bazat e tij,

¹² arkën, shtizat e saj, pajtuesin dhe velin e mbulesës së arkës,

¹³ tryezën dhe shtizat e saj, tërë veglat e saj dhe bukën e paraqitjes;

¹⁴ shandanin për dritë dhe veglat e tij, llambat e tij dhe vajin për ndriçim të shandanit;

¹⁵ altarin e temjanit dhe shtizat e tij, vajin e vajosjes, temjanin aromatik dhe perden e hyrjes në tabernakull,

¹⁶ altarin e olokausteve me grilën e tij prej bronzi, shtizat dhe tërë veglat e tij, legenin dhe bazën e tij,

¹⁷ perdet e oborrit, shtyllat e tij dhe bazat e tyre, dhe perdja e hyrjes në oborr;

¹⁸ kunjat e tabernakullit, kunjat e oborrit dhe litarët e tyre;

¹⁹ rrobat e punuara hollë për të bërë shërbimin në vendin e shenjtë, rrobat e shenjta për priftin Aaron dhe rrobat e bijve të tij që të shërbejnë si priftërinj"".

²⁰ Atëherë gjithë asambleja e bijve të Izraelit u largua nga prania e Moisiut.

²¹ Kështu tërë ata që ishin të shtyrë nga zemra e tyre dhe tërë ata që ishin të shtyrë nga fryma e tyre, erdhën për t'i sjellë ofertën e tyre Zotit për veprën e çadrës së mbledhjes, për të gjitha shërbimet e tij dhe për rrobat e shenjta.

²² Erdhën burra dhe gra, ata që kishin zemër bujare, dhe sollën me vete kapëse, vathë, unaza me vulë dhe byzylykë, lloj lloj xhevahiresh prej ari; gjithkush i solli ndonjë ofertë prej ari Zotit.

²³ Dhe të gjithë ata që kishin stofa ngjyrë vjollce, të purpurt, flakë të kuqe, ose li të hollë, apo lesh dhie, ose lëkura dashi me ngjyrë të kuqe, ose lëkurë baldose, i sollën.

²⁴ Kushdo që mund të bënte një ofertë prej argjendi o prej bronzi, e solli ofertën e shenjtëruar për Zotin; dhe kushdo që kishte dru prej akacieje për ndonjë punë të caktuar për shërbimin, e solli.

²⁵ Të gjitha gratë e zonja torën me duart e tyre dhe prunë fillin ngjyrë vjollcë, të purpurt dhe flakë të kuqe, si dhe li të hollë.

²⁶ Dhe të gjitha gratë që ishin të shtyra nga zemra e tyre dhe kishin zhdërvjelltësi, torën lesh dhie.

²⁷ Krerët e popullit sollën gurë oniksi dhe gurë për t'u ngallmuar në efodin dhe pektoralin,

²⁸ aroma dhe vaj për ndriçim të shandanit, vaj për vajosjen dhe për temjanin aromatik.

²⁹ Të gjithë bijtë e Izraelit, burra e gra, që ishin të shtyrë nga zemra për t'i çuar diçka për tërë veprën që Zoti kishte urdhëruar të bënin me anë të Moisiut, i çuan Zotit oferta vullnetare.

³⁰ Moisiu u tha bijve të Izraelit: "Shikoni, Zoti i thirri me emër Betsaleelin, birin e Urit, birin e Hurit, nga fisi i Judës,

³¹ dhe e mbushi me Frymën e Perëndisë, me dituri, me zgjuarsi, me njohuri dhe me gjithfarë aftësish,

³² që të mund të krijojë vizatime artistike, të punojë arin, argjendin dhe bronzin,

³³ të gdhendë gurë për t'u ngallmuar, për të punuar drurin dhe për të kryer çdo lloj punimi artistik.

³⁴ I ka shtënë gjithashtu në zemër aftësinë për të mësuar të tjerët, atij dhe Oholiabit, birit të Ahisamakut, nga fisi i Danve.

³⁵ I mbushi me diturinë e zemrës për të kryer gjithfarë punimesh të gdhendësit, të vizatuesit, të qëndistarit dhe të endësit, në ngjyrë vjollcë, të purpurt, flakë të kuqe, dhe prej liri të hollë, i aftë për të kryer çdo lloj punimi dhe për të krijuar vizatime artistike.

Kapitull 36

¹ Tani Betsaleeli dhe Oholiabi si dhe të gjithë njerëzit e aftë, të cilët Zoti i ka pajisur me dituri dhe zgjuarsi për të kryer të gjitha punimet për shërbimin e shenjtërores, kanë për të vepruar sipas urdhrave të Zotit".

² Moisiu thirri, pra, Betsaleelin dhe Oholiabin dhe të gjithë njerëzit e urtë nga zemra, të cilët shtyheshin nga zemra për t'i hyrë punës dhe për ta kryer atë.

³ Dhe ata morën nga Moisiu të gjitha ofertat e sjella nga bijtë e Izraelit për punimet për ndërtimin e shenjtërores dhe kryerjen e tyre. Por çdo mëngjes bijtë e Izraelit vazhdonin t'i sillnin Moisiut oferta

⁴ Atëherë të gjithë njerëzit e aftë që kryenin punime të çfarëdo lloji në shenjtëroren, duke lënë secili punën që bënte, erdhën

⁵ dhe i folën Moisiut, duke thënë: "Populli po sjell shumë më tepër nga sa nevojitet për të kryer punimet që Zoti ka urdhëruar të bëhen".

⁶ Atëherë Moisiu dha këtë urdhër që u shpall nëpër kamp, duke thënë: "Asnjë burrë dhe asnjë grua të mos bëjë më ndonjë ofertë për shenjtëroren". Kështu ndaluan popullin të sillte tjetër material.

⁷ Sepse materiali që kishin mjaftonte për të gjitha punimet që kishin për të bërë, madje tepronte.

⁸ Tërë njerëzit e aftë, midis atyre që punonin për ndërtimin e tabernakullit, bënë dhjetë pëlhura prej liri të hollë të përdredhur dhe me fill ngjyrë vjollce, të purpurt dhe flakë të kuqe; ai i bëri me kerubinë të punuar artistikisht.

⁹ Çdo pëlhurë kishte një gjatësi dhe një gjerësi prej katër kubitësh; të gjitha pëlhurat kishin të njëjtën masë.

¹⁰ Ai bashkoi pesë pëlhura, dhe bashkoi gjithashtu pesë pëlhurat e tjera.

¹¹ Dhe bëri sythe ngjyrë vjollce mbi buzën e pëlhurës së jashtme të serisë së parë të pëlhurave; bëri të njëjtën gjë në buzën e pëlhurës së jashtme të serisë së dytë.

¹² Ai bëri pesëdhjetë sythe mbi pëlhurën e parë dhe bëri gjithashtu pesëdhjetë sythe mbi buzën e pëlhurës së jashtme të serisë së dytë; sythet korrespondonin njëri me tjetrin.

¹³ Dhe bëri edhe pesëdhjetë kapëse ari dhe bashkoi pëlhurat njërën me tjetrën me anë të kapëseve; kështu tabernakulli përbënte një të tërë.

¹⁴ Ai bëri gjithashtu pëlhura me leshin e dhive, që të shërbenin si çadra mbi tabernakullin; ai bëri njëmbëdhjetë pëlhura nga këto pëlhura.

¹⁵ Çdo pëlhurë kishte një gjatësi prej tridhjetë kubitësh, dhe një gjerësi prej katër kubitësh; të njëmbëdhjetë pëlhurat kishin të njëjtën masë.

¹⁶ Ai bashkoi pesë pëlhura nga njëra anë dhe gjashtë pëlhura nga ana tjetër.

¹⁷ Bëri gjithashtu pesëdhjetë sythe mbi buzën e pëlhurës së jashtme të serisë së parë të pëlhurave dhe pesëdhjetë sythe mbi buzën e perdes së jashtme të serisë së dytë.

¹⁸ Dhe bëri pesëdhjetë kapëse prej bronzi për ta bashkuar çadrën, me qëllim që të përbënte një të tërë.

¹⁹ Bëri gjithashtu për çadrën një mbulesë me lëkura dashi të ngjyera me të kuq, dhe mbi të një mbulesë me lëkura baldosash.

²⁰ Pastaj bëri për tabernakullin dërrasat prej druri të akacies, të vendosura më këmbë.

²¹ Gjatësia e një dërrase ishte dhjetë kubitë dhe gjerësia e saj një kubit e gjysmë.

²² Çdo dërrasë kishte dy kllapa për të bashkuar njërën dërrasë me tjetrën; kështu ai veproi për të gjitha dërrasat e tabernakullit.

²³ Pastaj ai bëri dërrasat për tabernakullin: njëzet dërrasa për krahun jugor;

²⁴ dhe bëri dyzet baza prej argjendi nën njëzet dërrasat: dy baza poshtë çdo dërrase për të dy kllapat e veta.

²⁵ Dhe për anën e dytë të tabernakullit, anën veriore, ai bëri njëzet dërrasa,

²⁶ me dyzet bazat e tyre prej argjendi, dy baza nën çdo dërrasë.

²⁷ Për pjesën e pasme të tabernakullit, në drejtim të perëndimit, ai bëri gjashtë dërrasa.

²⁸ Bëri gjithashtu dy dërrasa për të dy qoshet e pasme të tabernakullit.

²⁹ Këto çiftoheshin poshtë dhe ishin bashkuar lart me një unazë. Kështu veproi për të dy dërrasat, që ndodheshin në të dy qoshet.

³⁰ Kishte, pra, tetë dërrasa me bazat e tyre prej argjendi: gjashtëmbëdhjetë baza, dy baza nën çdo dërrasë.

³¹ Bëri gjithashtu disa traversa prej druri të akacies: pesë për dërrasat e njërit krah të tabernakullit,

³² pesë traversa për dërrasat e krahut tjetër të tabernakullit, dhe pesë traversa për dërrasat e pjesës së pasme të tabernakullit, në perëndim.

³³ Pastaj bëri që traversa e qendrës të kalonte në mes të dërrasave, nga njëra anë në tjetrën.

³⁴ I veshi pastaj dërrasat me ar dhe i bëri prej ari unazat e tyre nga do të kalonin traversat, dhe i veshi me ar traversat.

³⁵ Bëri gjithashtu velin me fill ngjyrë vjollce, të purpurt dhe flakë të kuqe, dhe me li të hollë të përdredhur me kerubinë të punuar artistikisht;

³⁶ Bëri për të katër shtylla prej druri të akacies me grremçat e tyre prej ari; dhe shkriu për shtyllat katër baza prej argjendi.

³⁷ Dhe bëri për hyrjen e çadrës një perde prej filli ngjyrë vjollce, të purpurt dhe flakë të kuqe, dhe prej liri të hollë të përdredhur, shkurt puna e një qëndistari.

³⁸ Bëri gjithashtu pesë shtyllat e saj së bashku me grremçat e tyre i veshi me ar kapitelet dhe dërrasat e tyre; por pesë bazat e tyre ishin prej bronzi.

Kapitull 37

¹ Pastaj Betsaleeli bëri arkën prej druri të akacies, ajo ishte e gjatë dy kubitë e gjysmë, e gjerë një kubit dhe e lartë një kubit e gjysmë.

² E veshi me ar safi nga brenda dhe nga jashtë, dhe i bëri një kurorë që i vinte rrotull.

³ Shkriu për këtë qëllim katër unaza prej ari dhe i vuri në katër këmbët e saj: dy unaza nga njëra anë dhe dy unaza nga ana tjetër.

⁴ Bëri edhe disa shtiza me dru akacieje dhe i veshi me ar.

⁵ Pastaj i kaloi shtizat nëpër unazat, që ishin anëve të arkës dhe që shërbenin për ta mbartur atë.

⁶ Bëri edhe një pajtues prej ari safi, të gjatë dy kubitë e gjysmë dhe të gjerë një kubit e gjysmë.

⁷ Bëri edhe dy kerubinë prej ari; këto u punuan me çekiç në të dy skajet e pajtuesit:

⁸ një kerubin në njërin skaj dhe një kerubin në skajin tjetër; kerubinët i bëri njësh me pajtuesin në të dy skajet e tij.

⁹ Kerubinët i kishin krahët e hapura lart, në mënyrë që të mbulonin pajtuesin me krahët e tyre; ishin kthyer njëri ndaj tjetrit, ndërsa fytyrat e kerubinëve ishin kthyer nga pajtuesi.

¹⁰ Bëri edhe tryezën me dru të akacies me gjatësi dy kubitë, gjerësi një kubit dhe një lartësi një kubit e gjysmë.

¹¹ E veshi me ar safi dhe i bëri rreth e rrotull një kurorë prej ari.

¹² Dhe i bëri rreth e qark një buzë të lartë sa pëllëmba e dorës dhe rreth e rrotull kësaj buze bëri një kurorë prej ari.

¹³ Dhe për këtë qëllim derdhi katër unaza ari dhe i vuri unazat në të katër qoshet, që janë në katër këmbët e tryezës.

¹⁴ Unazat ishin afër buzës për të kaluar nëpër to shtizat e caktuara për të mbartur tryezën.

¹⁵ I bëri shtizat me dru të akacies dhe i veshi me ar; ato do të shërbenin për ta mbartur tryezën.

¹⁶ I bëri edhe orenditë që do të viheshin mbi tryezë prej ari safi: pjatat e tij, gotat e tij, filxhanët e tij, kupat e tij me të cilët bëhen libacionet.

¹⁷ Edhe shandanin e bëri me ar safi; e punuan me çekiç; këmba, trungu, kupat, mollët dhe lulet e tij përbënin të gjitha një tërësi të vetme.

¹⁸ Nga anët e tij dilnin gjashtë krahë: tre krahë të shandanit nga një anë dhe tre krahë të shandanit nga ana tjetër.

¹⁹ mbi njërin krah kishte tri kupa në formë bajameje, me një mollë dhe një lule; në krahun tjetër tri kupa në formë të bajames me një mollë dhe një lule. E njëjta gjë ndodhte për të gjashtë krahët që dilnin nga shandani.

²⁰ Dhe në trungun e shandanit kishte katër kupa në formë të bajames, me mollët dhe lulet e tyre.

²¹ Kishte një mollë poshtë dy krahëve të para që dilnin prej tij, një mollë poshtë dy krahëve të tjerë që dilnin prej tij, dhe një mollë poshtë dy krahëve të fundit që dilnin prej tij; kështu ishte për të gjashtë krahët që dilnin nga shandani.

²² Këto mollë dhe këto krahë përbënin një të tërë të vetme me shandanin; gjithçka ishte prej ari safi të punuar me çekiç.

²³ Ai i bëri gjithashtu shtatë llambat e tij, zbrazësit dhe mbajtësit e tyre, me ar safi.

²⁴ Për të bërë shandanin dhe të gjitha pjesët e tij përdori një talent ari të pastër.

²⁵ Pastaj bëri altarin e temjanit me dru të akacies; ishte i gjatë një kubit dhe i gjerë një kubit; ishte katror dhe kishte një lartësi prej dy kubitësh; brirët e tij përbënin një të tërë vetme me të.

²⁶ E veshi me ar safi: pjesën e tij të sipërme, anët e tij rreth e qark dhe brirët e tij; dhe i bëri rreth e rrotull një kurorë prej ari.

²⁷ I bëri edhe dy unaza ari, nën kurorë, në të dy krahët e tij; i vuri në të dy krahët për të kaluar shtizat. Këto shtiza shërbenin për ta mbartur atë.

²⁸ Dhe i bëri shtizat prej druri të akacies dhe i veshi me ar.

²⁹ Pastaj përgatiti vajin e shenjtë për vajosjen dhe temjanin aromatik, të pastër, simbas artit të parfumierit.

Kapitull 38

¹ Pastaj bëri altarin e olokausteve prej druri të akacies, i gjatë pesë kubitë dhe i gjerë po pesë kubitë; ishte katror dhe i lartë tre kubitë.

² Në të katër qoshet e tij bëri disa brirë, që përbënin një të tërë me të, dhe e veshi me bronz.

³ Bëri gjithashtu të gjitha përdorëset e altarit: enët për hirin, lopatat e vogla, legenat, mashat dhe mangallet; të gjitha veglat e tij i bëri prej bronzi.

⁴ Dhe bëri për altarin një grilë prej bronzi në formën e një rrjete nën kornizën, në pjesën e poshtme në mënyrë që rrjeta të ndodhej në gjysmën e lartësisë së altarit.

⁵ Derdhi katër unaza për të katër cepat e grilës prej bronzi, me qëllim që të kalonin shtizat.

⁶ Pastaj i bëri shtizat prej druri të akacies dhe i veshi me bronz.

⁷ Pas kësaj i kaloi shtizat nëpër unazat që ndodheshin anëve të altarit, me të cilat do të mbartej: e ndërtoi me dërrasa dhe bosh nga brenda.

⁸ Pastaj bëri legenin prej bronzi dhe bazën e tij prej bronzi, duke përdorur pasqyrat e grave që vinin për të bërë shërbime në hyrje të çadrës së mbledhjes.

⁹ Pastaj bëri oborrin: nga ana e Negevit, në drejtim të jugut, perdet e oborrit ishin prej liri të hollë të përdredhur dhe me një gjatësi prej njëqind kubitësh,

¹⁰ dhe kishin njëzet shtyllat e tyre dhe njëzet bazat e tyre prej bronzi; grremçat e shtyllave dhe shtizat e tyre ishin prej argjendi.

¹¹ Në krahun verior kishte njëqind kubitë perde me njëzet shtyllat e tyre dhe njëzet bazat e tyre prej bronzi; grremçat e shtyllave dhe shtizat e tyre ishin prej argjendi.

¹² Në krahun perëndimor kishte pesëdhjetë kubitë perde me dhjetë shtyllat e tyre dhe dhjetë bazat e tyre; grremçat e shtyllave dhe shtizat e tyre ishin prej argjendi.

¹³ Përpara, nga ana e lindjes, kishte pesëdhjetë kubitë:

¹⁴ nga njëri krah kishte pesëdhjetë kubitë perde, me tri shtyllat dhe tri bazat e tyre;

¹⁵ dhe nga ana tjetër (si këtej ashtu dhe matanë portës së hyrjes në oborr) kishte pesëmbëdhjetë kubitë perde, me tri shtyllat dhe tri bazat e tyre.

¹⁶ Të gjitha perdet rreth oborrit ishin prej liri të hollë të përdredhur.

¹⁷ bazat e shtyllave ishin prej bronzi, grremçat e shtyllave dhe shtizat e tyre ishin prej argjendi, kapitelet e shtyllave ishin të veshura me argjend dhe të gjitha shtyllat e oborrit ishin të lidhura me disa shtiza argjendi.

¹⁸ Perdja për hyrjen në oborr ishte e qëndisur, me fill ngjyrë vjollce, të purpurt dhe të kuq të ndezur, dhe me li të përdredhur; kishte një gjatësi prej njëzet kubitësh, një lartësi prej pesë kubitësh, dhe korrespondonte me perdet e oborrit.

¹⁹ Kishte katër shtylla me katër bazat e tyre prej bronzi; grremçat e tyre ishin prej argjendi dhe kapitelet e tyre dhe shtizat e tyre ishin të veshura me argjend.

²⁰ Të gjitha kunjat e tabernakullit dhe të rrethojës së oborrit ishin prej bronzi.

²¹ Kjo është lista e sendeve të tabernakullit, të tabernakullit të dëshmisë, që u renditën me urdhër të Moisiut, për shërbimin e Levitëve, nën drejtimin e Ithamarit, birit të priftit Aaron.

²² Betsaleeli, bir i Urit, bir i Hurit, nga fisi i Judës, bëri të gjitha ato që i kishte urdhëruar Zoti Moisiut,

²³ duke pasur me vete Oholiabin, birin e Ahisamakut, nga fisi i Danit, gdhendës, vizatues dhe qëndistar i stofave ngjyrë vjollcë, të purpurta, të kuqe të ndezur dhe prej liri të hollë.

²⁴ Gjithë ari i përdorur për të gjitha punimet për vendin e shenjtë, domethënë ari i ofertave, qe nëntë talente dhe shtatëqind e tridhjetë sikla, simbas siklit të shenjtërores.

²⁵ Dhe argjendi, që u mblodh me rastin e regjistrimit të asamblesë, ishte njëqind talente dhe një mijë e shtatëqind e shtatëdhjetë e pesë sikla, simbas siklit të shenjtërores:

²⁶ një beka për frymë, (domethënë një gjysmë sikli, simbas siklit të shenjtërores), për çdo burrë që e kapte regjistrimi, nga mosha njëzet vjeç e lart, pra, gjashtëqind e tre mijë e pesëqind e pesëdhjetë burra.

²⁷ Njëqind talentet prej argjendi shërbyen për të shkrirë bazat e shenjtërores dhe bazat e velit: njëqind baza për njëqind talentet, një talent për bazë.

²⁸ Dhe me një mijë e shtatëqind e shtatëdhjetë e pesë sikla ai bëri grremçat për shtyllat, i veshi kapitelet e tyre dhe bëri shtizat për shtyllat.

²⁹ Bronzi i ofertave arrinte në shtatëdhjetë talente dhe dy mijë e katërqind sikla.

³⁰ Dhe me këtë ai bëri bazat e hyrjes së çadrës së mbledhjes, altarin prej bronzi dhe me grilën e tij dhe me të gjitha orenditë e altarit,

³¹ bazat e oborrit, bazat e hyrjes në oborr, të gjithë kunjat e tabernakullit dhe të gjithë kunjat e rrethimit të oborrit.

Kapitull 39

¹ Pastaj me stofa ngjyrë vjollce, të purpurt dhe flakë të kuqe, bëri rroba të punuara mirë për të shërbyer në shenjtërore, dhe bënë rrobat e shenjta për Aaronin, ashtu siç e kishte urdhëruar Zoti Moisiun.

² Ai bëri efodin prej ari e me fill ngjyrë vjollce, të purpurt dhe flakë të kuqe, dhe me li të hollë të përdredhur.

³ Dhe e rrahën arin në peta dhe e prenë në fije, për ta endur në stofën ngjyrë vjollce, të purpurt dhe flakë të kuqe dhe në lirin e hollë të përdredhur: puna e një artizani të shkathët.

⁴ I bënë edhe supore të bashkuara; kështu efodi mbahej tok në të dy skajet e tij.

⁵ Dhe brezi i punuar artistikisht që ishte mbi efodin për ta lidhur kishte po atë përgatitje: me ar, me fije, ngjyrë vjollce, të purpurt dhe flakë të kuqe, dhe me li të hollë të përdredhur, ashtu si e kishte urdhëruar Zoti Moisiun.

⁶ Pastaj u punuan gurët e oniksit, që u ngallmuan në rrathë ari, dhe që u gdhendën, ashtu siç gdhenden vulat e vogla, me emrat e bijve të Izraelit.

⁷ Ai pastaj i vuri mbi suporet e efodit, si gurë për të përkujtuar bijtë e Izraelit ashtu siç e kishte urdhëruar Zoti Moisiun.

⁸ Pastaj ai bëri pektoralin e punuar artistikisht, ashtu si puna e efodit: me ar, me fill ngjyrë vjollce, të purpurt dhe flakë të kuqe, si dhe me li të hollë të përdredhur.

⁹ Pektorali kishte formë katrore; e bënë të palosur më dysh, të gjatë sa pëllëmba dhe të gjerë po aq, kur ishte i palosur më dysh.

¹⁰ Dhe u ngallmuan katër radhë gurësh; në radhën e parë: një sardon, një topaz dhe një smerald;

¹¹ në radhën e dytë: një rubin, një safir dhe një diamant;

¹² në radhën e tretë: një hiacint, një agat dhe një ametist;

¹³ në radhën e katërt: një grizolit, një oniks dhe një diaspër. Këta gurë ishin futur në rrathët e tyre prej ari.

¹⁴ Gurët u korrespondonin emrave të bijve të Izraelit: dymbëdhjetë, simbas emrave të tyre të gdhendur si vula, secili me emrin e njërit nga dymbëdhjetë fiset.

¹⁵ Mbi pektoralin bënë gjithashtu zinxhirë prej ari safi, të lidhur si kordonë.

¹⁶ Bënë edhe dy rrathë të artë dhe dy unaza të arta, dhe i vunë dy unazat në dy skajet e pektoralit.

¹⁷ Pastaj i fiksuan të dy kordonët e artë mbi të dy unazat, në skajet e pektoralit;

¹⁸ pas kësaj fiksuan dy majat e dy kordonëve në të dy rrathët dhe i vendosën mbi dy suporet e efodit, në pjesën e përparme të tij.

¹⁹ Bënë gjithashtu dy unaza ari dhe i vunë në dy skajet e pektoralit, në buzën e tij, që ndodhet në pjesën e brendshme të efodit.

²⁰ Bënë gjithashtu dy unaza të tjera ari dhe i vunë mbi dy suporet e efodit poshtë, nga përpara, pranë pikës së bashkimit, mbi brezin e punuar artistikisht të efodit.

²¹ Pastaj i lidhën unazat e pektoralit me unazat e efodit me një kordon ngjyrë vjollce, me qëllim që pektorali të rrinte mbi brezin e punuar artistikisht të efodit, dhe të mos shkëputej prej këtij të fundit, ashtu si i kishte urdhëruar Zoti Moisiun.

²² Ai bëri gjithashtu mantelin e efodit, i tëri ngjyrë vjollce, një punim prej ëndësi.

²³ Në mes të mantelit kishte një hapje, për të futur kokën; rreth e qark hapjes kishte një buzë stofi të punuar, ashtu si hapja e një parzmoreje, me qëllim që të mos shqyhej.

²⁴ Mbi buzën e mantelit bënë disa shegë në ngjyrë vjollce, të purpurt dhe flakë të kuqe, me fill të përdredhur.

²⁵ Dhe bënë disa zile prej ari të pastër; dhe i vunë në mes të shegëve në buzën e mantelit, rreth e qark shegëve;

²⁶ një zile dhe një shegë, një zile dhe një shegë, rreth e përqark, mbi buzën e mantelit, për të bërë shërbimin, ashtu siç e kishte urdhëruar Zoti Moisiun.

²⁷ Ata bënë edhe tunikat prej liri të hollë; një punë prej ëndësi, për Aaronin dhe bijtë e tij,

²⁸ çallma prej liri të hollë, zbukurimin e mbulesave të kokës prej liri të hollë dhe pantallonat prej liri të hollë të përdredhur,

²⁹ dhe brezin prej liri të hollë të përdredhur, në ngjyrë vjollce, të purpurt dhe flakë të kuqe, një punë prej qëndistari, ashtu siç e kishte urdhëruar Zoti Moisiun.

³⁰ Pastaj bënë pllakën e diademës së shenjtë prej ari safi dhe gdhendën mbi të si mbi një vulë fjalët: SHENJTËRI ZOTIT.

³¹ Dhe mbërthyen në të një kordele ngjyrë vjollce për ta lidhur në majë të çallmës, ashtu si e kishte urdhëruar Zoti Moisiun.

³² Kështu përfundoi tërë puna e tabernakullit dhe e çadrës së mbledhjes. Bijtë e Izraelit vepruan sipas të gjitha urdhrave që Zoti i kishte dhënë Moisiut; ata vepruan në këtë mënyrë.

Eksodit

33 Pastaj i çuan Moisiut tabernakullin, çadrën dhe tërë veglat e saj, kapëset, dërrasat, traversat, shtyllat dhe bazat e tyre,

34 mbulesën me lëkura dashi të ngjyera në të kuq, mbulesën me lëkura baldose dhe velin e perdes,

35 arkën e dëshmisë me shtizat e saj dhe pajtuesin,

36 tryezën me të gjitha veglat e saj dhe bukën e paraqitjes,

37 shandani prej ari safi me llambat e tij (llambat e vendosura në rregull), të gjitha orenditë e tij dhe vajin për dritën e shandanit,

38 altarin prej ari, vajin e vajosjes, temjanin e parfumuar dhe perden për hyrjen e çadrës,

39 altarin prej bronzi, grilën e tij prej bronzi, shtizat e tij dhe të gjitha veglat e tij, legenin me bazën e tij,

40 perdet e oborrit, shtyllat e tij me gjithë bazat, perden për hyrjen e oborrit, kordonët e oborrit, kunjat e tij dhe të gjitha veglat për shërbimin e tabernakullit, për çadrën e mbledhjes,

41 rrobat e punuara mirë për të shërbyer në shenjtërore, rrobat e shenjta për priftin Aaron dhe rrobat e bijve të tij për të shërbyer si priftërinj.

42 Bijtë e Izraelit e kryen tërë punën, sipas të gjitha porosive që Zoti i kishte dhënë Moisiut.

43 Moisiu, pra, shqyrtoi tërë punën; dhe ja, ata e kishin kryer simbas urdhrave të Zotit; ata e kishin bërë kështu. Kështu Moisiu i bekoi.

Kapitull 40

1 Pastaj Zoti i foli Moisiut, duke thënë:

2 "Ditën e parë të muajit të parë do të ngresh tabernakullin, çadrën e mbledhjes.

3 Do të vendosësh atje arkën e dëshmisë dhe do ta fshehësh arkën me një vel.

4 Do të sjellësh brenda tryezën dhe do të vendosësh mbi të gjërat që duhen; do të sjellësh gjithashtu shandanin dhe do të ndezësh llambat e tij.

5 Do të vendosësh altarin e artë për temjanin përpara arkës së dëshmisë, dhe do të vësh perden në hyrje të tabernakullit.

6 Do ta vësh altarin e olokausteve para hyrjes së tabernakullit, të çadrës së mbledhjes.

7 Do ta vendosësh legenin midis çadrës së mbledhjes dhe altarit dhe do të vësh ujë në të.

8 Do t'i vendosësh perdet e oborrit rreth e qark dhe do të vësh një perde në hyrje të oborrit.

9 Pastaj do të marrësh vajin e vajosjes dhe do të vajosh tabernakullin dhe tërë gjërat që ndodhen aty, dhe do ta shenjtërosh me të gjitha veglat e tij; dhe do të jetë i shenjtë.

10 Do të vajosh altarin e olokausteve dhe tërë orenditë e tij; do ta shenjtërosh kështu altarin dhe altari do të jetë shumë i shenjtë.

11 Do të vajosh edhe legenin me të gjithë bazën e tij dhe do ta shenjtërosh.

12 Pastaj do të afrosh Aaronin dhe bijtë e tij në hyrje të çadrës së mbledhjes dhe do t'i lash me ujë.

13 Do ta veshësh Aaronin me rrobat e shenjta, do ta vajosh dhe do ta shenjtërosh, që të më shërbejë si prift.

14 Do të afrosh edhe bijtë e tij dhe do t'i veshësh me tunika,

15 do t'i vajosh ashtu si do të kesh vajuar atin e tyre, që të më shërbejnë si priftërinj; vajisja e tyre do t'u japë priftëri përjetë, brez pas brezi".

16 Moisiu ashtu veproi; bëri pikërisht të gjitha ato që Zoti i kishte urdhëruar.

17 Kështu ditën e parë të muajit të parë të vitit të dytë, u ndërtua tabernakulli.

18 Moisiu e ngriti tabernakullin, hodhi bazat e tij, sistemoi dërrasat e tij, i vuri traversat e tij dhe ngriti shtyllat e tij.

19 Mbi tabernakullin shtriu perden dhe mbi këtë vendosi mbulesën e çadrës, ashtu siç e kishte urdhëruar Zoti Moisiun.

20 Pastaj mori dëshminë dhe e vendosi brenda arkës, u vuri shtizat unazave të arkës, dhe e vuri pajtuesin mbi arkë;

21 e çoi arkën në tabernakull, e vari velin e perdes dhe kështu fshehu arkën e dëshmisë, ashtu si e kishte urdhëruar Zoti Moisiun.

22 Vendosi gjithashtu tryezën në çadrën e mbledhjes, në krahun verior të tabernakullit, jashtë velit.

23 Vendosi sipër me rregull bukën përpara Zotit, ashtu si e kishte urdhëruar Zoti Moisiun.

24 Pastaj vuri shandanin në çadrën e mbledhjes, përballë tryezës, nga ana jugore e tabernakullit;

25 dhe ndezi llambat përpara Zotit, ashtu si e kishte urdhëruar Zoti Moisiun.

26 Pastaj vuri altarin e artë në çadrën e mbledhjes, përpara velit,

27 dhe mbi të dogji temjanin e parfumuar, ashtu siç e kishte urdhëruar Zoti Moisiun.

28 Vuri gjithashtu perden në hyrje të tabernakullit.

29 Pastaj vendosi altarin e olokausteve në hyrje të tabernakullit, të çadrës së mbledhjes, dhe mbi të ofroi olokaustin dhe blatimin, ashtu si e kishte urdhëruar Zoti Moisiun.

30 Pastaj vuri legenin midis çadrës së mbledhjes dhe altarit dhe e mbushi me ujë për t'u larë.

31 Dhe me këtë ujë, Moisiu, Aaroni dhe bijtë e tij lanë duart dhe këmbët;

32 kur hynin në çadrën e mbledhjes dhe kur i afroheshin altarit, ata laheshin, ashtu si e kishte urdhëruar Zoti Moisiun.

33 Ndërtoi gjithashtu oborrin rreth tabernakullit dhe altarit dhe vuri perden në hyrje të oborrit. Kështu Moisiu e përfundoi punën e tij.

34 Atëherë reja e mbuloi çadrën e mbledhjes dhe lavdia e Zotit e mbushi tabernakullin.

35 Dhe Moisiu nuk mundi të hyjë në çadrën e mbledhjes, sepse reja e kishte mbuluar nga sipër dhe lavdia e Zotit mbushte tabernakullin.

36 Në të tëra zhvendosjet e tyre, kur reja ngrihej mbi tabernakullin, bijtë e Izraelit niseshin;

37 por në rast se reja nuk ngrihej, nuk niseshin deri ditën që ajo të ngrihej.

38 Sepse reja e Zotit qëndronte mbi tabernakullin gjatë ditës, dhe natën mbi të qëndronte një zjarr, para syve të të gjithë shtëpisë së Izraelit, gjatë gjithë zhvendosjeve së tyre.?

Levitikut

Kapitull 1

¹ Zoti thirri Moisiun dhe i foli nga çadra e mbledhjes, duke thënë:

² "Folu bijve të Izraelit dhe u thuaj atyre: Kur dikush nga ju sjell një ofertë për Zotin, sillni si fli tuajën një kafshë të marrë nga kopeja e bagëtisë së trashë ose të imët.

³ Në rast se oferta e tij është një olokaust i një koke bagëtie nga kopeja, le të ofrojë një mashkull pa të meta; ta çojë në hyrjen e çadrës së mbledhjes me vullnetin e tij përpara Zotit.

⁴ Do të vërë pastaj dorën e tij mbi kokën e olokaustit, që do të pranohet në vend të tij, për të shlyer dënimin në vend të tij.

⁵ Pastaj do të therë demin e vogël para Zotit; dhe priftërinjtë, bijtë e Aaronit, do të sjellin gjakun dhe do ta spërkatin rreth e qark altarit, që ndodhet në hyrje të çadrës së mbledhjes;

⁶ do ta rrjepë olokaustin dhe do ta presë në copa.

⁷ Dhe bijtë e priftit Aaron do të vënë zjarr mbi altar dhe do të sistemojnë drutë mbi zjarrin.

⁸ Pastaj priftërinjtë, bijtë e Aaronit, do të vendosin copat, kokën dhe dhjamin mbi drutë e vëna mbi zjarrin që gjendet mbi altarin;

⁹ por do t'i lajnë me ujë zorrët dhe këmbët, dhe prifti do të tymosë çdo gjë mbi altar, si një olokaust, një flijim që është bërë me zjarr me erë të këndshme për Zotin.

¹⁰ Në qoftë se oferta e tij është një olokaust nga kopeja: dele ose dhi, të ofrojë një mashkull pa të meta.

¹¹ Do ta therë nga krahu verior i altarit, përpara Zotit; dhe priftërinjtë, bijtë e Aaronit, do të spërkasin gjakun e tij rreth e qark altarit.

¹² Pastaj do ta presë në copa bashkë me kokën dhe dhjamin e tij, dhe prifti do t'i vërë mbi drutë që ndodhen mbi zjarrin që është mbi altar;

¹³ por do t'i lajë zorrët dhe këmbët me ujë, dhe prifti do të paraqesë çdo gjë dhe do ta tymosë mbi altar. Ky është një olokaust, një flijim i bërë me zjarr me erë të këndshme për Zotin.

¹⁴ Në qoftë se ofrimi i tij për Zotin është një olokaust zogjsh, të sjellë turtuj ose pëllumba të rinj.

¹⁵ Prifti do t'i paraqesë në altar, do t'u këpusë kokën, do t'i tymosë këto mbi altar, dhe gjaku i tij do të rrjedhë mbi një krah të altarit.

¹⁶ Pastaj do t'u heqë gushën me gjithë puplat dhe do t'i hedhë pranë altarit, në drejtim të lindjes, në vendin e hirit.

¹⁷ Do t'i thyejë pastaj duke i mbajtur nga krahët, por pa i ndarë në dy pjesë, dhe prifti do t'i tymosë mbi altar, mbi drutë e vëna mbi zjarr. Ky është një olokaust, një flijim i bërë me zjarr me erë të këndshme për Zotin".

Kapitull 2

¹ "Kur dikush i sjell si fli Zotit një blatim, oferta e tij të jetë nga maja e miellit; le të derdhë vaj mbi të dhe t'i vërë temjan sipër.

² Do t'ia çojë priftërinjve, bijve të Aaronit; prifti do të marrë prej saj një grusht majë mielli dhe vaji me gjithë temjanin dhe do ta tymosë mbi altar si kujtim. Është një flijim i bërë me zjarr me erë të këndshme për Zotin.

³ Ajo që mbetet nga blatimi do të jetë për Aaronin dhe bijtë e tij; është një gjë shumë e shenjtë e bërë me zjarr për Zotin.

⁴ Kur çon si fli një blatim ushqimesh të pjekura në furrë, do të jetë me kulaç prej maje mielli, pa maja, të zëna me vaj dhe me revani pa maja të lyer me vaj.

⁵ Por në qoftë se ofrimi jote është një blatim ushqimi të pjekur në skarë, do të jetë prej majës së miellit të përzier me vaj dhe pa maja.

⁶ Do ta ndash në copa dhe do të derdhësh vaj mbi të; është një blatim ushqimor.

⁷ Por në rast se flija jote është një blatim ushqimi i gatuar në tigan, do të jetë prej majës së miellit me vaj.

⁸ Do t'i çosh Zotit blatimin ushqimor të përgatitur me këto gjëra; do t'i paraqitet priftit, që do ta çojë në altar.

⁹ Prifti do të marrë nga blatimi pjesën që do të shërbejë si kujtim dhe do ta tymosë mbi altar. Është një flijim i bërë me zjarr me erë të këndshme për Zotin.

¹⁰ Ajo që mbetet nga blatimi i ushqimit do të jetë për Aaronin dhe bijtë e tij; është një gjë shumë e shenjtë ndër flijimet e bëra me zjarr për Zotin.

¹¹ Çdo blatim ushqimor që do t'i çoni Zotit do të jetë pa maja, sepse nuk do të tymosni asgjë që përmban maja ose mjaltë, si flijim që bëhet me zjarr për Zotin.

¹² Mund t'ia çoni Zotit si një blatim të prodhimeve të para, por ato nuk do të vihen mbi altarin si oferta me erë të këndshme.

¹³ Çdo blatim ushqimor që do të ofrosh, do ta ndreqësh me kripë; nuk do të lësh mangut kripën nga blatimet e tua, sipas besëlidhjes me Perëndinë. Mbi të gjitha ofertat e tua do të ofrosh kripë.

¹⁴ Në rast se i ofron Zotit një blatim ushqimesh nga prodhimet e tua të para, do të ofrosh si blatim ushqimor të prodhimeve të tua të para kallinj të thekur në zjarr, kokrra gruri të shtypura nga kallinj të plotë.

¹⁵ Dhe do të vësh mbi to vaj dhe temjan; është një blatim ushqimor.

¹⁶ Pas kësaj prifti do të tymosë si kujtim një pjesë të grurit dhe një pjesë të vajit, së bashku me tërë temjanin. Është një flijim i bërë me zjarr për Zotin".

Kapitull 3

¹ "Kur një njeri ofron një flijim falënderimi, po të jetë se ofron një bagëti të trashë të marrë nga kopeja, qoftë mashkull apo femër, do ta ofrojë pa të meta përpara Zotit.

² Do të vërë dorën mbi kokën e ofertës së tij dhe do ta therë në hyrje të çadrës së mbledhjes; pastaj priftërinjtë, bijtë e Aaronit, do të shpërndajnë gjakun rreth e qark altarit.

³ Nga ky flijim falënderimi do të paraqesë, si flijim të bërë me zjarr për Zotin, dhjamin që mbulon zorrët dhe të gjithë dhjamin që rri ngjitur me zorrët,

⁴ të dy veshkat dhe dhjamin që është mbi ato rreth ijeve, por do të shkëpusë bulën me dhjamë të mëlçisë së zezë që ndodhet mbi veshkat.

⁵ Pas kësaj bijtë e Aaronit do ta tymosin në altarin mbi olokaustin, që ndodhet mbi drutë e vëna mbi zjarr. Është një flijim i bërë me zjarr me erë të këndshme për Zotin.

⁶ Në rast se oferta e tij, si flijim falënderimi për Zotin, është një bagëti e imët, qoftë mashkull apo femër, do ta ofrojë pa të meta.

⁷ Në rast se paraqet si flijim e tij një qengj, do ta ofrojë përpara Zotit.

⁸ Do të vërë dorën e tij mbi kokën e ofertës së tij dhe do ta therë në hyrje të çadrës së mbledhjes; pastaj bijtë e Aaronit do ta shpërndajnë gjakun rreth e qark mbi altarin.

⁹ Nga flijimi i falënderimit do të paraqitet, si flijim i bërë me zjarr për Zotin, dhjami i tij; ai do të shkëpusë tërë bishtin e majmë afër shtyllës kurrizore, dhjamin që mbulon zorrët dhe të gjithë dhjamin që rri ngjitur me zorrët,

¹⁰ të dy veshkat dhe dhjamin që është mbi to rreth ijeve, por do të shkëpusë bulën e majme të mëlçisë mbi veshkat.

¹¹ Pastaj prifti do të tymosë mbi altarin si ushqim. Është një ofertë e bërë me zjarr për Zotin.

¹² Në rast se oferta e tij është një dhi, do ta ofrojë para Zotit.

¹³ Do të vërë dorën e tij mbi kokën e saj do ta therë në hyrje të çadrës së mbledhjes; pastaj bijtë e Aaronit do të shpërndajnë gjakun rreth e qark mbi altarin.

¹⁴ Prej saj do të paraqesë, si flijim të bërë me zjarr për Zotin, dhjamin që mbulon zorrët dhe tërë dhjamin që rri ngjitur me zorrët,

¹⁵ të dy veshkat dhe dhjamin që është mbi to rreth ijeve, por do të shkëpusë bulën e majme të mëlçisë mbi veshkat.

¹⁶ Pastaj prifti do t'i tymosë mbi altar si ushqim. Është një ofertë e bërë me zjarr me erë të këndshme. E tërë yndyra i përket Zotit.

¹⁷ Ky është një ligj i përjetshëm për të gjithë brezat tuaj, në të gjitha vendet ku do të banoni: nuk do të hani as yndyrë, as gjak".

Kapitull 4

¹ Zoti i foli akoma Moisiut, duke thënë:

² "Folu bijve të Izraelit dhe u thuaj atyre: Në rast se dikush kryen mëkat nga padituria kundër çfarëdo urdhërimi, duke bërë diçka që nuk duhet të bënte,

³ në rast se mëkaton prifti që ka qënë vajuar, duke e bërë kështu popullin fajtor, t'i ofrojë Zotit për mëkatin e kryer një dem të vogël pa të meta, si flijim për mëkatin.

⁴ Do ta çojë demin e vogël në hyrje të çadrës së mbledhjes përpara Zotit; do të vërë dorën e tij mbi kokën e demit të vogël dhe do ta therë demin e vogël përpara Zotit.

⁵ Pastaj prifti që ka qënë vajosur do të marrë gjak nga demi i vogël dhe do ta çojë atë në çadrën e mbledhjes;

⁶ prifti do të ngjyejë gishtin e tij në gjak dhe do të spërkasë pak nga ky gjak shtatë herë para Zotit, përballë velit të shenjtërores.

⁷ Pastaj prifti do të vërë pak nga ai gjak mbi brirët e altarit të temjanit të parfumuar para Zotit, që ndodhet në çadrën e mbledhjes; do të derdhë mbetjen e gjakut të demit të vogël mbi bazën e altarit të olokausteve, që ndodhet në hyrje të çadrës së mbledhjes.

⁸ Do të heqë prej tij tërë dhjamin e flisë së mëkatit të demit të vogël: dhjamin që mbulon zorrët dhe tërë dhjamin që rri ngjitur me zorrët,

⁹ të dy veshkat dhe dhjamin që ndodhet mbi ta rreth ijeve, por do të shkëputë bulën e majme të mëlçisë mbi veshkat,

¹⁰ ashtu siç veprohet për demin e vogël të flijimit të falënderimit; pastaj prifti do t'i tymosë ato mbi altarin e olokausteve.

¹¹ Por lëkurën e demit të vogël dhe tërë mishin e tij, së bashku me kokën e tij, këmbët e tij, zorrët e tij dhe fëlliqësirat e tij,

¹² gjithë demin e vogël, do ta çojë jashtë kampit, në një vend të pastër, ku hidhet hiri; dhe do ta djegë mbi dru me zjarr; do të digjet aty ku hidhet hiri.

¹³ Në rast se gjithë asambleja e Izraelit kryen mëkat nga padituria, dhe kjo gjë mbahet e fshehtë nga sytë e asamblesë, ajo ka bërë diçka që Zoti e ka ndaluar të bëhet dhe kështu është bërë fajtore;

¹⁴ kur mëkati i bërë do të bëhet i njohur, asambleja do të ofrojë si fli për mëkatin një dem të vogël dhe do ta çojë përpara çadrës së mbledhjes.

¹⁵ Pleqtë e asamblesë do të vënë duart e tyre mbi kokën e demit të vogël përpara Zotit; pastaj demi i vogël do të theret përpara Zotit.

¹⁶ Pastaj prifti që ka qënë vajuar do të sjellë pak gjak nga demi i vogël në çadrën e mbledhjes;

¹⁷ pas kësaj prifti do të ngjyejë gishtin e tij në gjak dhe do ta spërkasë atë shtatë herë përpara Zotit, përballë velit.

¹⁸ Do të vërë pak nga ai gjak mbi brirët e altarit që është përpara Zotit, në çadrën e mbledhjes; dhe do të derdhë mbetjen e gjakut në bazën e altarit të olokaustit, që është në hyrjen e çadrës së mbledhjes.

¹⁹ Së këtejmi do të heqë tërë dhjamin dhe do ta tymosë mbi altar.

²⁰ Do të veprojë me këtë dem të vogël ashtu siç pat vepruar me demin e vogël të ofruar për mëkatin; do të bëjë të njëjtën gjë. Kështu prifti do të bëjë shlyerjen për anëtarët e asamblesë dhe këta do të jenë të falur.

²¹ Pastaj do ta çojë demin e vogël jashtë kampit dhe do ta djegë ashtu siç ka djegur demin e parë të vogël. Ky është flijimi i mëkatit për asamblenë.

²² Në rast se një ndër krerët ka kryer një mëkat dhe nga padituria ka bërë një nga gjërat që Zoti, Perëndia i tij, e ka ndaluar të bëhet, duke u bërë, pra, fajtor,

²³ kur ai bëhet i vetëdijshëm për mëkatin që ka kryer, do të çojë si ofertë të tij një cjap mashkull, pa të meta.

²⁴ Do të vërë dorën mbi kokën e cjapit dhe do ta therë në vendin ku theren olokaustet përpara Zotit. Është një flijim për mëkatin.

²⁵ Pastaj prifti do të marrë me gishtin e tij pak gjak nga flijimi për mëkatin dhe do të vërë mbi brirët e altarit të olokausteve, dhe do të derdhë gjakun e cjapit mbi bazën e altarit të olokaustit;

²⁶ pastaj do të tymosë tërë dhjamin e tij mbi altar, si dhjamin e flijimit të falënderimit. Kështu prifti do të bëjë shlyerjen për atë, dhe mëkati do t'i falet.

²⁷ Në rast se dikush nga populli kryen një mëkat nga padituria kundër çfarëdo urdhërimi të Zotit, duke bërë një diçka që nuk duhet të bënte, duke u bërë, pra, fajtor,

²⁸ kur ai bëhet i vetëdijshëm për mëkatin që ka kryer, do të sjellë si ofertë një dhi femër, pa të meta, për mëkatin e kryer.

²⁹ Do të vërë dorën mbi kokën e flisë për mëkatin dhe do ta therë flinë për mëkatin në vendin e olokaustit.

³⁰ Pastaj prifti do të marrë me gishtin e tij pak nga gjaku i tij dhe do ta vërë mbi brirët e altarit të olokaustit, dhe do të derdhë mbetjen e gjakut të tij mbi bazën e altarit.

³¹ Do të marrë tërë dhjamin e tij, ashtu si mori dhjamin nga flijimi i falënderimit; pastaj prifti do ta tymosë atë mbi altar si një erë të këndshme për Zotin. Kështu prifti do të bëjë shlyerjen dhe ai do të falet.

³² Në qoftë se ai sjell një qengj si fli të tij për mëkatin, duhet të sjellë një femër pa të meta.

³³ Do të vërë dorën mbi kokën e flisë për mëkatin dhe do ta therë si fli për mëkatin në vendin ku theren olokaustet.

³⁴ Pastaj prifti do të marrë me gishtin e tij pak nga gjaku i flisë për mëkatin dhe do ta vërë mbi brirët e altarit të olokaustit, dhe do të derdhë mbetjen e gjakut të tij mbi bazën e altarit.

³⁵ Do të marrë tërë dhjamin, siç merret dhjami i qengjit të flijimit të falënderimit; pastaj prifti do ta tymosë mbi altar, mbi flijimet e bëra me zjarr për Zotin. Kështu prifti do të kryejë shlyerjen për shkak të mëkatit që ka kryer, dhe ai do të jetë falur".

Kapitull 5

¹ "Në qoftë se dikush kryen një mëkat, pasi të jetë betuar botërisht se do të dëshmojë, kur ai është dëshmitar, sepse e ka parë faktin ose i është bërë i njohur, po të jetë se nuk e kallëzon, do të mbajë fajin.

² Ose kur dikush prek diçka të papastër, qoftë edhe në mënyrë të pandërgjegjshme, si kërmën e një kafshe të papastër ose kërmën e një kafshe shtëpiake të papastër apo kërmën të një rrëshqanori të papastër, do të mbetet ai vetë i papastër dhe fajtor.

³ Ose kur prek një papastërti njerëzore, qoftë edhe në mënyrë të pandërgjegjshme, çfarëdo gjë me anë të të cilit njeriu bëhet i papastër kur e pranon, është fajtor.

⁴ Ose në qoftë se dikush në mënyrë të pandërgjegjshme, duke folur pa u menduar thellë me buzët e tij, betohet se do të bëjë një të mirë apo një të keqe, çfarëdo gjë që një njeri mund të thotë me mendjelehtësi me një betim, kur e pranon gabimin, është fajtor për secilën nga këto gjëra.

⁵ Prandaj në se dikush është bërë fajtor në një nga këto gjëra, do të pranojë mëkatin që ka kryer;

⁶ do t'i çojë pra Zotit, si fli të fajit të tij për mëkatin që ka kryer, një femër të kopesë, një dele apo një dhi, si flijim për mëkatin; dhe prifti do të bëjë për të shlyerjen për shkak të mëkatit të tij.

⁷ Në qoftë se nuk ka mjetet për të siguruar një dele, do t'i çojë Zotit, si fli për mëkatin e kryer, dy turtuj ose dy pëllumba të rinj: njërin si flijim për mëkatin dhe tjetrin si olokaust.

⁸ Do t'ia çojë priftit, i cili do të ofrojë së pari atë të mëkatit; do t'i këpusë kokën pranë qafës, por pa e ndarë plotësisht;

⁹ pastaj do të spërkasë pak gjak të flijimit për mëkatin mbi faqen e altarit, dhe mbetja e gjakut do të derdhet në bazën e altarit. Ky është një flijim për mëkatin.

¹⁰ Me zogun tjetër do të bëjë një olokaust, simbas normave të caktuara. Kështu prifti do të bëjë për atë person shlyerjen e mëkatit që ka kryer, dhe ai do t'i falet.

¹¹ Por në rast se i mungojnë mjetet për të siguruar dy turtuj ose dy pëllumba të rinj, atëherë kush ka mëkatuar do të sjellë si ofertë të dhjetën pjesë të një efe në majë mielli, si flijim për mëkatin; nuk do të vërë mbi të as vaj as temjan, sepse është një flijim për mëkatin.

¹² Do ta çojë miellin te prifti dhe ky do të marrë një grusht prej tij si kujtim, dhe do ta tymosë mbi altarin sipër flijimeve të bëra me zjarr për Zotin. Éshtë një flijim për mëkatin.

¹³ Kështu prifti do të shlyejë për mëkatin që ai ka kryer në një nga këto gjëra, dhe ai do t'i jetë falur. Mbetja do t'i takojë priftit, si në blatimin e ushqimit".

¹⁴ Zoti i foli akoma Moisiut, duke thënë:

¹⁵ "Në qoftë se dikush kryen ndonjë shkelje dhe mëkaton nga padituria kundër gjërave të shenjta të Zotit, atëherë do t'i çojë Zotit ofertën e tij për shkeljen, një dash pa të meta të marrë nga kopeja, të cilin ti e çmon në sikla argjendi, simbas siklit të shenjtërores, si ofertë për shkeljen.

¹⁶ Dhe do ta lajë dëmin e shkaktuar ndaj gjësë së shenjtë, duke shtuar një të pestën e vlerës, dhe do t'ia japë priftit; kështu prifti do të bëjë për të shlyerjen me dashin e ofertës për shkeljen, dhe shkelja do t'i falet.

¹⁷ Në qoftë se dikush mëkaton dhe, në mënyrë të pandërgjegjshme, kryen një diçka që Zoti ka ndaluar të bëhet, është gjithashtu fajtor dhe i detyruar të vuajë dënimin.

¹⁸ Ai do t'i sjellë priftit si ofertë për shkeljen, një dash pa të meta, të marrë nga kopeja, sipas vlerësimit tënd. Kështu prifti do të bëjë për të shlyerjen për mëkatin e tij nga padituria, të cilin e ka kryer në mënyrë të pandërgjegjshme dhe ky do t'i jetë falur.

¹⁹ Kjo është një ofertë për shkeljen; ai është me siguri fajtor përpara Zotit".

Kapitull 6

¹ Zoti i foli Moisiut, duke thënë:

² "Në qoftë se dikush mëkaton dhe bën një shkelje kundër Zotit, duke u sjellë në mënyrë të gënjeshtërt me fqinjin e tij lidhur me një depozitë, ose me një peng apo për një vjedhje, ose ka mashtruar fqinjin e tij,

³ o sepse ka gjetur një gjë të humbur dhe ka gënjyer lidhur me të dhe është betuar në mënyrë të rreme, për çfarëdo gjë njeriu mund të mëkatojë në veprimet e tij,

⁴ atëherë, në qoftë se ka mëkatuar dhe është fajtor, ai duhet të rikthejë atë që ka vjedhur, apo gjënë e zhvatur me mashtrim, ose depozitën që i është besuar ose sendin e humbur që ka gjetur,

⁵ ose të gjitha ato për të cilat është betuar në mënyrë të rreme. Jo vetëm do t'i kthejë plotësisht, por do t'u shtojë një të pestën dhe do t'ia dorëzojë të zotit në po atë ditë të ofertës së tij për shkeljen.

⁶ Pastaj do t'i sjellë priftit ofertën e tij për shkeljen përpara Zotit:

një dash pa të meta, të marrë nga kopeja sipas vlerësimit tënd, si ofertë për shkeljen.

⁷ Kështu prifti do të bëjë shlyerjen për të përpara Zotit, dhe do t'i falet çdo faj për të cilin është bërë fajtor".

⁸ Zoti i foli akoma Moisiut, duke thënë:

⁹ "Jepu këtë urdhër Aaronit dhe bijve të tij, dhe u thuaj atyre: Ky është ligji i olokaustit. Olokausti do të mbetet mbi mangallin sipër altarit tërë natën, deri në mëngjes; dhe zjarri i altarit do të mbahet i ndezur.

¹⁰ Prifti do të veshë tunikën e tij prej liri dhe do të veshë mbi trup pantallonat; dhe do të mbledhë hirin e olokaustit, që zjarri ka konsumuar mbi altar, dhe do ta vendosë pranë altarit.

¹¹ Pastaj do të heqë rrobat e tij dhe do të veshë të tjera, dhe do ta çojë hirin jashtë kampit në një vend të pastër.

¹² Zjarri mbi altar do të mbahet i ndezur dhe nuk do të lihet të shuhet; prifti do të djegë dru mbi të çdo mëngjes, do të vendosë sipër olokaustin dhe do të tymosë sipër dhjamin e flijimeve të falënderimit.

¹³ Zjarri duhet të digjet vazhdimisht mbi altarin dhe nuk duhet të shuhet.

¹⁴ Ky është ligji i blatimit të ushqimit. Bijtë e Aaronit do ta paraqesin përpara Zotit përballë altarit.

¹⁵ Njëri prej tyre do të marrë nga ai një grusht maje mielli me vajin e tij dhe me gjithë temjanin që ndodhet mbi blatimin e ushqimit dhe do ta tymosë mbi altar me erë të këndshme, si një kujtim për Zotin.

¹⁶ Aaroni dhe bijtë e tij do ta hanë atë që ka për të mbetur; do të hahet pa maja në vend të shenjtë; ata do ta hanë në oborrin e çadrës së mbledhjes.

¹⁷ Të mos piqet me maja; është pjesa që u dhashë atyre nga flijimet e mia të bëra me zjarr. Është gjë shumë e shenjtë, ashtu si flijimi për mëkatin dhe si flijimi për shkeljen.

¹⁸ Çdo mashkull ndër bijtë e Aaronit do të mund të hajë. Është një ligj i përjetshëm për gjithë brezat tuaj, që lidhet me flijimet e bëra me zjarr për Zotin. Kushdo që prek këto gjëra duhet të jetë i shenjtë".

¹⁹ Zoti i foli akoma Moisiut, duke thënë:

²⁰ "Kjo është oferta që Aaroni dhe bijtë e tij do t'i bëjnë Zotit ditën në të cilën janë vajuar: një e dhjeta e efës maje mielli, si blatim i zakonshëm i ushqimit, gjysmën në mëngjes dhe gjysmën në mbrëmje.

²¹ Ajo do të përgatitet me vaj mbi një skarë; do ta çosh të përzier mirë dhe do të ofrosh copat e pjekura të blatimit të ushqimit, si erë e këndshme për Zotin.

²² Prifti, njërit prej bijve të tij që është vajuar për t'i zënë vendin, do t'i bëjë këtë ofertë; sipas ligjit të përjetshëm, do të tymoset e tëra.

²³ Çdo blatim i ushqimit të priftit do të tymoset i tëri; ai nuk do të hahet".

²⁴ Zoti i foli akoma Moisiut, duke thënë:

²⁵ "Folu Aaronit dhe bijve të tij dhe u thuaj atyre: Ky është ligji i flijimit për mëkatin. Në vendin ku theret olokausti, të theret flia për mëkatin përpara Zotit. Është gjë shumë e shenjtë.

²⁶ Prifti që e ofron për mëkatin, do ta hajë; duhet të hahet në një vend të shenjtë, në oborrin e çadrës së mbledhjes.

²⁷ Kushdo që prek mishin e saj bëhet i shenjtë; dhe në qoftë se pak nga gjaku i tij bie mbi një rrobe, ajo duhet të lahet në vend të shenjtë.

²⁸ Por ena prej balte në të cilën është pjekur do të thyhet; dhe në rast se është pjekur në një enë prej bronzi, kjo do të fërkohet mirë dhe do të shpëlahet me ujë.

²⁹ Çdo mashkull midis priftërinjve do të mund të hajë prej tij; është gjë shumë e shenjtë.

³⁰ Por nuk do të hahet asnjë fli për mëkatin, gjaku i së cilës është çuar në çadrën e mbledhjes për të shlyer mëkatin në shenjtërore. Ajo do të digjet me zjarr".

Kapitull 7

¹ "Ky është ligji i ofertës për shkeljen, (është gjë shumë e shenjtë).

² Në vendim ku theret olokausti, do të theret flia për shkeljen; dhe gjaku i saj do të spërkatet rreth e qark altarit.

³ Prej saj do të paraqitet tërë dhjami: do të hiqet bishti i majmë, dhjami që mbulon zorrët,

⁴ të dy veshkat, dhjami që është mbi to rreth ijeve dhe bula e dhjamur e mëlçisë së zezë mbi veshkat.

⁵ Pastaj prifti do t'i tymosë mbi altar, si një flijim i bërë me zjarr për Zotin. Ky është një flijim për shkeljen.

⁶ Çdo mashkull midis priftërinjve do të mund të hajë nga ajo; do të hahet në vend të shenjtë; është gjë shumë e shenjtë.

⁷ Flijimi për shkeljen është si flijimi i mëkatit; i njëjti ligj vlen për të dy rastet; flia me të cilën prifti bën shlyerjen i takon atij.

⁸ Dhe prifti, që ofron olokaustin e dikujt, do të marrë për vete lëkurën e olokaustit që ka ofruar.

⁹ Kështu çdo blatim i ushqimit i pjekur në furrë, apo i përgatitur në tigan ose mbi skarë, do të jetë i priftit që e ka ofruar.

¹⁰ Dhe çdo blatim i ushqimit i përzier me vaj ose i thatë i përket tërë bijve të Aaronit, si për njerin si për tjetrin.

¹¹ Ky është ligji i flijimit të falënderimit, që do t'i çohet Zotit.

¹² Në qoftë se dikush e ofron për dhënie hiri, do të ofrojë me flijimin e dhënies së hirit kulaç pa maja të përzier me vaj, revani pa maja të përzier me vaj dhe kulaç me majë mielli të përzier me vaj.

¹³ Bashkë me kulaçet e bukës pa maja, si ofertë të tij do të paraqesë, me flijimin e dhënies së hirit, flijimin e tij të falënderimit.

¹⁴ Nga çdo ofertë ai do të ofrojë një kulaç si një blatim të lartë për Zotin; ai do të jetë i priftit që ka spërkatur gjakun e flijimit të falënderimit.

¹⁵ Mishi i flijimit të dhënies së hirit i paraqitur si falënderim do të hahet po atë ditë gjatë së cilës ofrohet; nuk do të lihet asgjë prej tij deri në mëngjes.

¹⁶ Por në qoftë se flijimi që dikush ofron është një kushtim ose një ofertë spontane, do të hahet ditën në të cilën paraqitet flijimi; ajo që tepron duhet të hahet të nesërmen.

¹⁷ Por ajo që mbetet nga mishi i flijimit do të digjet me zjarr ditën e tretë.

¹⁸ Në qoftë se në ditën e tretë hahet nga mishi i flijimit të falënderimit, ai nuk do të pranohet dhe nuk do t'i llogaritet; do të jetë një veprim i neveritshëm; dhe ai që ha, do të mbajë fajin e mëkatit të tij.

¹⁹ Mishi, që prek çfarëdo gjë të papastër nuk do të hahet; do të digjet me zjarr. Sa për mishin tjetër, kushdo që është i pastër do të mund të hajë nga ai.

²⁰ Por personi, që duke qenë i papastër, ha mish nga flijimi i falënderimit që i përket Zotit, do të shfaroset nga populli i tij.

²¹ Përveç kësaj në se dikush prek çfarëdo gjë të papastër (një papastërti njerëzore, një kafshë të papastër ose çfarëdo gjë të neveritshme dhe të ndyrë) dhe ha mish nga flijimi i falënderimit që i përket Zotit, ai do të shfaroset nga populli i tij".

²² Zoti i foli akoma Moisiut, duke thënë:

²³ "Folu bijve të Izraelit dhe u thuaj atyre: Nuk do të hani asnjë yndyrë të lopës apo të deles apo të dhisë.

²⁴ Dhjami i një kafshe që ka ngordhur në mënyrë të natyrshme dhe dhjami i një kafshe të shqyer mund të shërbejë për çdo përdorim tjetër, por nuk do të hani aspak;

²⁵ sepse kushdo që në fakt ha dhjamin e një kafshe që ofrohet si flijim i bërë me zjarr për Zotin, ai që ha nga ky mish do të shfaroset nga populli i tij.

²⁶ Përveç kësaj nuk do të hani asnjë gjak, as të zogjve, as të katërkëmbëshve, në asnjë nga banesat tuaja.

²⁷ Kushdo që ha çfarëdo lloj gjaku, do të shfaroset nga populli i tij".

²⁸ Zoti i foli akoma Moisiut, duke thënë:

²⁹ "Folu bijve të Izraelit dhe u thuaj atyre: Kush i ofron Zotit flijimin e tij të falënderimit do t'ia çojë ofertën e tij Zotit, duke e hequr nga flijimi i tij i falënderimit.

³⁰ Do t'i çojë me duart e tij ofertat e bëra me zjarr për Zotin; do të çojë dhjamin bashkë me gjoksin, për të tundur gjoksin si ofertë e tundur përpara Zotit.

³¹ Prifti do ta tymosë dhjamin mbi altar, ndërsa gjoksi do të jetë i Aaronit dhe i bijve të tij.

³² Do t'i jepni priftit gjithashtu, si një ofertë të lartë, kofshën e djathtë të flijimeve tuaja të falënderimit.

³³ Ai nga bijtë e Aaronit që ofron gjakun dhe dhjamin e flijimeve të falënderimit do të ketë, si pjesë të tij, kofshën e djathtë.

³⁴ Sepse nga flitë e falënderimit të ofruara nga bijtë e Izraelit unë marr gjoksin e ofertës së tundur dhe kofshën e ofertës së lartë, dhe ua jap priftit Aaron dhe bijve të tij, si një detyrim i përjetshëm nga ana e bijve të Izraelit".

³⁵ Kjo është pjesa e caktuar e Aaronit dhe bijve të tij nga flijimet e bëra me zjarr për Zotin, ditën që do të paraqiten për t'i shërbyer Zotit si priftërinj.

³⁶ Këtë ka urdhëruar Zoti për bijtë e Izraelit t'u jepnin atyre ditën që i vajosi, si një ligj i përjetshëm brez pas brezi.

³⁷ Ky është ligji i olokaustit, i blatimit të ushqimit, i flijimit për mëkatin, i flijimit për shkeljen, i shenjtërimit dhe i flijimit të falënderimit.

³⁸ ligji që Zoti i dha Moisiut mbi malin Sinai, ditën që i urdhëroi bijtë e Izraelit t'i paraqisnin ofertat e tyre Zotit në shkretëtirën e Sinait.

Kapitull 8

¹ Zoti i foli akoma Moisiut, duke thënë:

² "Merr Aaronin dhe bijtë e tij bashkë me të, rrobat, vajin e vajosjes, demin e vogël të flijimit për mëkatin, dy deshtë dhe shportën e bukëve të ndorme;

³ dhe mblidhe gjithë asamblenë në hyrje të çadrës së mbledhjes".

⁴ Atëherë Moisiu bëri ashtu si e kishte urdhëruar Zoti, dhe asambleja u mblodh në hyrje të çadrës së mbledhjes.

⁵ Dhe Moisiu i tha asamblesë: "Kjo është ajo që Zoti ka urdhëruar të bëhet".

⁶ Pastaj Moisiu e afroi Aaronin dhe bijtë e tij dhe i lau me ujë.

⁷ Pastaj i veshi Aaronit tunikën, i ngjeshi brezin, i veshi mantelin, i vendosi efodin, dhe i ngjeshi brezin e punuar artistikisht nga efodi me të cilin i fiksoi në trup efodin.

⁸ I vuri gjithashtu pektoralin dhe mbi të vendosi Urim-in dhe Thumim-in.

⁹ Pastaj i vuri çallmën mbi krye dhe në pjesën e përparme të çallmës vendosi pllakën e artë, diademën e shenjtë, ashtu siç e kishte urdhëruar Zoti Moisiun.

¹⁰ Pastaj Moisiu mori vajin e vajosjes, vajosi tabernakullin dhe të gjitha gjërat që ndodheshin aty, duke i shenjtëruar në këtë mënyrë.

¹¹ Me pak vaj spërkati shtatë herë altarin, vajosi altarin dhe të pajisjet e tij, si dhe legenin dhe bazën e tij, për t'i shenjtëruar.

¹² Pas kësaj derdhi pak nga vaji i vajosjes mbi kokën e Aaronit dhe e vajosi për ta shenjtëruar.

¹³ Pastaj Moisiu i afroi bijtë e Aaronit, i veshi me tunika, iu ngjeshi breza dhe u vuri mbulesa të kokës, ashtu si e kishte urdhëruar Zoti Moisiun.

¹⁴ Pastaj afroi demin e vogël të flijimit për mëkatin dhe Aaroni dhe bijtë e tij vunë duart e tyre mbi kokën e demit të vogël të flijimit për mëkatin.

¹⁵ Pastaj Moisiu e theri, mori gjak prej tij, e vuri me gisht mbi brirët e altarit rreth e qark dhe e pastroi altarin; pastaj derdhi gjakun në bazën e altarit dhe e shenjtëroi për të bërë mbi të shlyerjen.

¹⁶ Pastaj mblodhi gjithë dhjamin që ishte mbi zorrët, bulën e majme të mëlçisë dhe të dy veshkat me dhjamin e tyre, dhe Moisiu i tymosi mbi altar.

¹⁷ Por demin e vogël, lëkurën e tij, mishin dhe fëlliqësirat e tij i dogji me zjarr jashtë kampit, ashtu si e kishte urdhëruar Zoti Moisiun.

¹⁸ Pastaj paraqiti dashin e olokaustit dhe Aaroni dhe bijtë e tij vunë duart e tyre mbi kokën e dashit.

¹⁹ Moisiu e theri dhe spërkati gjakun rreth e qark altarit.

²⁰ Pastaj e preu dashin në copa dhe Moisiu tymosi kokën, copat dhe dhjamin.

²¹ Pasi i lau zorrët dhe këmbët me ujë, Moisiu e tymosi tërë dashin mbi altar. Ishte një olokaust me një erë të këndshme, një flijim i bërë me zjarr për Zotin, ashtu si e kishte urdhëruar Zoti Moisiun.

²² Pastaj paraqiti dashin e dytë, dashin e shenjtërimit, dhe Aaroni dhe bijtë e tij vunë duart e tyre mbi kokën e dashit.

²³ Pastaj, pra, e theri, mori pak nga gjaku i tij dhe e vuri në skajin e veshit të djathtë të Aaronit dhe mbi gishtin e madh të dorës së tij djathtë dhe mbi gishtin e madh të këmbës së tij të djathtë.

²⁴ Pastaj Moisiu i afroi bijtë e Aaronit dhe vuri pak gjak në skajin e veshit të tyre të djathtë, mbi gishtin e madh të dorës së tyre të djathtë dhe mbi gishtin e madh të këmbës së tyre të djathtë; dhe Moisiu spërkati mbetjen e gjakut rreth e qark mbi altar.

²⁵ Pastaj mori dhjamin, bishtin e majmë, tërë dhjamin që ishte mbi zorrët, bulën e majme të mëlçisë, të dy veshkat dhe dhjamin e tyre, dhe kofshën e djathtë;

²⁶ dhe nga shporta e bukëve të ndorme, që ndodhej para Zotit mori një kulaç pa maja, një kulaç buke me vaj dhe një revani, dhe i vuri mbi dhjamin dhe mbi kofshën e djathtë.

²⁷ Pastaj i vuri tërë këto gjëra në duart e Aaronit dhe në duart e bijve të tij dhe i tundi si ofertë e tundur përpara Zotit.

²⁸ Pastaj Moisiu i mori nga duart e tyre dhe i tymosi mbi altarin sipër olokaustit. Ishte një flijim shenjtërimi me erë këndshme, një flijim i bërë me zjarr për Zotin.

²⁹ Pastaj Moisiu mori gjoksin dhe e tundi si një ofertë të tundur përpara Zotit; kjo ishte pjesa e dashit të shenjtërimit që i takoi Moisiut, si e kishte urdhëruar Zoti Moisiun.

³⁰ Moisiu mori pastaj ca vaj të vajosjes dhe ca gjak që ndodhej mbi altar dhe i spërkati mbi Aaronin, mbi rrobat e tij, mbi bijtë e tij dhe mbi rrobat e bijve të tij me të; kështu shenjtëroi Aaronin, rrobat e tij, bijtë e tij dhe rrobat e bijve të tij me të.

³¹ Pastaj Moisiu i tha Aaronit dhe bijve të tij: "Piqeni mishin në hyrje të çadrës së mbledhjes dhe hajeni aty me bukën që është në shportën e shenjtërimit, siç kam urdhëruar, duke thënë: "Aaroni dhe bijtë e tij do të hanë".

³² Atë që tepron nga mishi dhe nga buka do ta digjni me zjarr.

³³ Shtatë ditë me radhë nuk do të dilni nga hyrja e çadrës së mbledhjes, deri sa të plotësohen ditët e shenjtërimit tuaj, sepse do të nevojiten shtatë ditë për të plotësuar shenjtërimin tuaj.

³⁴ Ashtu siç është vepruar në këtë ditë, kështu ka urdhëruar Zoti të bëhet për të bërë shlyerjen për ju.

³⁵ Do të qëndroni pra shtatë ditë në hyrje të çadrës së mbledhjes, ditë e natë, dhe do të respektoni urdhërimin e Zotit, që të mos vdisni; sepse kështu më kishte qenë urdhëruar".

³⁶ Kështu Aaroni dhe bijtë e tij bënë tërë ato gjëra që Zoti kishte urdhëruar me anë të Moisiut.

Kapitull 9

¹ Ndodhi në ditën e tetë që Moisiu thirri Aaronin, bijtë e tij dhe pleqtë e Izraelit,

² dhe i tha Aaronit: "Merr një viç për flijimin për mëkatin dhe një dash për një olokaust, që të dy pa të meta, dhe ofroji para Zotit.

³ Pastaj do t'u flasësh bijve të Izraelit, duke u thënë: Merrni një cjap për flijimin për mëkatin, një viç dhe një qengj, që të dy motakë, pa të meta, për një olokaust,

⁴ një dem të vogël dhe një dash për flijimin e falënderimit, për t'i flijuar përpara Zotit, dhe një ofertë ushqimesh, të përziera me vaj, sepse sot Zoti do t'ju shfaqet".

⁵ Dhe kështu ata sollën përpara çadrës së mbledhjes atë që Moisiu kishte urdhëruar; dhe tërë asambleja u afrua dhe qëndroi në këmbë përpara Zotit.

⁶ Atëherë Moisiu tha: "Kjo është ajo që Zoti ju ka urdhëruar; bëjeni dhe lavdia e Zotit do t'ju shfaqet".

⁷ Pastaj Moisiu i tha Aaronit: "Afroju altarit; paraqit flijimin tënd për mëkatin dhe olokaustin tënd, dhe bëj shlyerjen për vete dhe për popullin; paraqit gjithashtu ofertën e popullit dhe bëj shlyerjen për ata, siç ka urdhëruar Zoti".

⁸ Kështu Aaroni iu afrua altarit dhe theri viçin e flijimit për mëkatin, që e kishte për vete.

⁹ Pastaj bijtë e tij i paraqitën gjakun dhe ai ngjeu gishtin e tij në gjak dhe e vuri atë mbi brirët e altarit, dhe derdhi mbetjen e gjakut në bazën e altarit;

¹⁰ por dhjamin, veshkat dhe bulën e majme të mëlçisë të flijimit për mëkatin, i tymosi mbi altar ashtu si e kishte urdhëruar Zoti Moisiun.

¹¹ Mishin dhe lëkurën përkundrazi i dogji jashtë kampit.

¹² Pastaj theri olokaustin; bijtë e Aaronit i dhanë gjakun dhe ai e spërkati rreth e qark mbi altarin.

¹³ Pastaj i dhanë olokaustin e bërë copë-copë dhe kokën; dhe ai i tymosi mbi altar.

¹⁴ Lau zorrët dhe këmbët dhe i tymosi bashkë me olokaustin mbi altar.

¹⁵ Pastaj paraqiti ofertën e popullit. Mori cjapin, që ishte flia për mëkatin e popullit, e theri dhe e ofroi për mëkatin, si ofertë të parë.

¹⁶ Pastaj paraqiti olokaustin dhe e ofroi sipas rregullit të caktuar.

¹⁷ Paraqiti pas kësaj blatimin e ushqimit; mori një grusht prej tij dhe e tymosi mbi altar, përveç olokaustit të mëngjesit.

¹⁸ Theri edhe demin e vogël dhe dashin, si flijim falënderimi për popullin. Bijtë e Aaronit i dhanë gjakun dhe ai e spërkati rreth e qark mbi altarin.

¹⁹ I paraqitën dhjamin e kaut, të dashit, bishtin e majmë, dhjamin që mbulon zorrët, veshkat dhe bulën e majme të mëlçisë;

²⁰ vunë dhjamin mbi gjokset, dhe ai tymosi dhjamin mbi altar;

²¹ por gjokset dhe kofshën e djathtë Aaroni i tundi përpara Zotit si ofertë e tundur, sipas mënyrës që kishte urdhëruar Moisiu.

²² Pastaj Aaroni ngriti duart e tij drejt popullit dhe e bekoi, mbasi bëri flijimin për mëkatin, olokaustin dhe flijimin e falënderimit, zbriti nga altari.

²³ Pastaj Moisiu dhe Aaroni hynë në çadrën e mbledhjes; pastaj dolën dhe bekuan popullin. Atëherë lavdia e Zotit iu shfaq tërë popullit.

²⁴ Pastaj një zjarr doli nga prania e Zotit dhe konsumoi mbi altar olokaustin dhe dhjamin; tërë populli e pa, shpërtheu në britma gëzimi dhe u përul me fytyrë për tokë.

Kapitull 10

¹ Pastaj Nadabi dhe Abihu, bij të Aaronit, morrën secili temjanicën e vet, i vunë brenda zjarr, vendosën mbi të temjanin dhe ofruan para Zotit një zjarr të palejueshëm, që ai nuk ua kishte urdhëruar.

² Atëherë një zjarr doli nga prania e Zotit dhe i përpiu ata; dhe ata vdiqën përpara Zotit.

³ Prandaj Moisiu i tha Aaronit: "Kjo është ajo për të cilën foli Zoti, duke thënë: "Unë do të jem shenjtëruar nga ata që më afrohen mua dhe

do të jem përlavdëruar përpara tërë popullit"". Dhe Aaroni heshti.

⁴ Pastaj Moisiu thirri Mishaelin dhe Eltsafanin, bij të Uzielit, ungj i Aaronit, dhe u tha atyre: "Afrohuni dhe largoni vëllezërit tuaj nga pjesa e përparme e shenjtërores, jashtë kampit".

⁵ Kështu ata u afruan dhe i larguan ata të veshur me tunikat e tyre, jashtë kampit, siç kishte thënë Moisiu.

⁶ Pastaj Moisiu u tha Aaronit, Eleazarit dhe Ithamarit, bij të tij: "Mos e zbuloni kokën tuaj dhe mos i grisni rrobat tuaja që të mos vdisni, dhe që Zoti të mos zëmërohet kundër tërë asamblesë; por vëllezërit tuaj, e tërë shtëpia e Izraelit, të mbajnë zi për zjarrin që ka ndezur Zoti.

⁷ Mos u largoni nga hyrja e çadrës së mbledhjes që të mos vdisni, sepse vaji i vajosjes së Zotit është mbi ju". Dhe ata bënë ashtu si kishte thënë Moisiu.

⁸ Zoti i foli akoma Aaronit, duke thënë:

⁹ "Mos pini verë as pije dehëse as ti as bijtë e tu, kur të hyni në çadrën e mbledhjes, që të mos vdisni; do të jetë një ligj i përjetshëm për të gjithë brezat tuaj,

¹⁰ me qëllim që të mundni të dalloni midis të shenjtit dhe profanit, midis të papastrit dhe të pastrit,

¹¹ dhe të mundni t'u mësoni bijve të Izraelit të gjitha ligjet, që Zoti u ka dhënë atyre me anë të Moisiut".

¹² Pastaj Moisiu i tha Aaronit, dhe Eleazarit dhe Ithamarit, bijve që i kishin mbetur Aaronit: "Merrni blatimin e ushqimit që tepron nga flijimet e bëra me zjarr për Zotin dhe hajeni pa maja pranë altarit, sepse është gjë shumë e shenjtë.

¹³ Do ta hani në vend të shenjtë, sepse është pjesa që të përket ty dhe bijve të tu nga flijimet e bëra me zjarr për Zotin, sepse kështu më ishte urdhëruar.

¹⁴ Gjoksin dhe kofshën e ofertës së tundur do t'i hani ti dhe bijtë e tu dhe bijat e tua bashkë me ty, në një vend të pastër, sepse janë pjesa që të përket ty dhe bijve të tu, dhe që ju është dhënë juve nga flijimet e falenderimit të bijve të Izraelit.

¹⁵ Bashkë me ofertat e dhjamit të bëra me zjarr, do të çohen kofsha e ofertës së lartë dhe gjoksi i ofertës tundur para Zotit; edhe kjo të përket ty dhe bijve të tu, si një statut i përhershëm, si ka urdhëruar Zoti".

¹⁶ Pastaj Moisiu hetoi me kujdes për cjapin e flijimit për mëkatin; dhe ja, ishte djegur; prandaj u zemërua kundër Eleazarit dhe kundër Ithamarit, bijtë e Aaronit që kishin mbetur, duke thënë:

¹⁷ "Pse nuk e hëngrët flijimin për mëkatin në vend të shenjtë, sepse është gjë shumë e shenjtë, dhe Zoti ua ka dhënë me qëllim që të sillni padrejtësinë e asamblesë, që të bëni shlyerjen për ta përpara Zotit?

¹⁸ Dhe ja, gjaku i flisë nuk u çua brenda vendit të shenjtë; ju duhet ta kishit ngrënë në vend të shenjtë, si kisha urdhëruar".

¹⁹ Aaroni i tha pastaj Moisiut: "Ja, sot ata më kanë ofruar flijimin e tyre për mëkatin dhe olokaustin e tyre përpara Zotit, dhe më kanë ndodhur gjëra të tilla; po të kisha ngrënë sot viktimën e flijimit për mëkatin, a do t'i pëlqente kjo syve të Zotit?".

²⁰ Kur Moisiu i dëgjoi këto, mbeti i kënaqur.

Kapitull 11

¹ Pastaj Zoti i foli Moisiut dhe Aaronit, duke u thënë atyre:

² "Foluni bijve të Izraelit dhe u thoni: Këto janë kafshët që do të mund të hani nga tërë kafshët që janë mbi tokë.

³ Mund të hani çdo kafshë dythundrake që e ka këmbën të ndarë dhe ripërtypet.

⁴ Por nga ripërtypësit dhe nga dythundrakët nuk do të hani këto: devenë sepse përtypet, por nuk është dythundrake; për ju është e papastër;

⁵ baldosën, sepse ripërtypet, por nuk është dythundrake; për ju është e papastër;

⁶ lepurin, sepse ripërtypet, por nuk është dythundrak; për ju është i papastër;

⁷ derrin, sepse është dythundrak dhe e ka këmbën të ndarë, por nuk është ripërtypës; për ju është i papastër.

⁸ Nuk do të hani nga mishi i tyre dhe nuk do të prekni trupat e tyre të pajetë; për ju janë të papastër.

⁹ Midis gjithë kafshëve që ndodhen në ujë mund të hani këto: mund të hani të gjithë ato që kanë pendë e luspa në ujë, si në dete ashtu dhe në lumenj.

¹⁰ Por të gjitha ato që nuk kanë as pendë as luspa, si në dete, ashtu dhe në lumenj, tërë ato që lëviznin në ujë dhe të gjitha ato që jetojnë në ujë janë të neveritshme për ju.

¹¹ Do të jenë të neveritshme për ju; nuk do të hani mishin e tyre dhe do keni neveri për trupin e tyre të pajetë.

¹² Çdo gjë që në ujë nuk ka pendë dhe luspa do të jetë e neveritshme për ju.

¹³ Midis zogjve do të keni neveri këta; nuk duhet t'i hani, sepse janë të neveritshëm: shqiponjën, shqiponjën e detit dhe fajkuan peshkatar;

¹⁴ qiftin dhe çdo lloj fajkoi;

¹⁵ çdo lloj korbi;

¹⁶ strucin, hutën, pulëbardhën dhe çdo lloj krahathatë;

¹⁷ bufin, karabullakun e detit, ibisin;

¹⁸ mjellmën, pelikanin, hutën;

¹⁹ lejlekun, çdo lloj çafke, pupëzen dhe lakuriqin e natës.

²⁰ Do të keni neveri për çdo insekt me krahë që ecën me katër këmbë.

²¹ Por nga të gjitha insektet me krahë që ecin me katër këmbë, mund të hani ato që i kanë kofshët mbi këmbët për të kërcyer në tokë.

²² Nga këta mund të hani çdo lloj karkaleci, çdo lloj bulku dhe çdo lloj akridi.

²³ Çdo lloj tjetër insekti me krahë që ka katër këmbë do të jetë i neveritshëm për ju.

²⁴ Këto kafshë do t'ju bëjnë të papastër; kushdo që prek trupin e tyre të pajetë do të jetë i papastër deri në mbrëmje.

²⁵ Kushdo mbart trupat e tyre të pajetë, do të lajë rrobat dhe do të jetë i papastër deri në mbrëmje.

²⁶ Çdo kafshë dythundrake që nuk e ka këmbën të ndarë dhe nuk ripërtypet është e papastër për ju; kushdo që do ta prekë do të bëhet i papastër.

²⁷ Ndër të gjitha kafshët katërkëmbëshe, ata që ecin mbi shputën e këmbëve janë të papastër për ju; kushdo që prek trupin e tyre të pajetë do të jetë i papastër deri në mbrëmje.

²⁸ Kushdo që transporton trupin e tyre të pajetë do të lajë rrobat e tij dhe do të jetë i papastër deri në mbrëmje. Për ju ata janë të papastër.

²⁹ Ndër kafshët që zvarriten mbi tokë, këta janë të papastër për ju: urithi, miu dhe çdo lloj hardhje,

³⁰ gekoja, varani, hardhuca, këmrilli dhe kameleoni.

³¹ Këto kafshë midis tërë atyre që zvarriten janë të papastra për ju; kushdo që i prek kur kanë ngordhur, do të jetë i papastër deri në mbrëmje.

³² Çdo gjë mbi të cilën një prej tyre bie kur kanë ngordhur do të jetë e papastër; qoftë kjo një vegël prej druri, apo rroba, apo lëkurë, apo thes apo çfarëdo sendi tjetër i përdorur për punë, duhet të futet në ujë dhe do të jetë i papastër deri në mbrëmje; pastaj do të jetë i pastër.

³³ Çdo enë prej argjile brenda të cilës një prej tyre bie, do ta thyeni; dhe gjithçka që ndodhet në të do të jetë i papastër.

³⁴ Çdo ushqim që hahet mbi të cilin bie uji i kësaj ene do të bëhet i papastër; dhe çdo gllënjkë që mund të merret prej tij do të jetë e papastër.

³⁵ Çdo gjë mbi të cilën bie një pjesë e trupit të tyre të ngordhur, qoftë furra apo furnela, do të copëtohet; ata janë të papastër dhe do të konsiderohen të papastër nga ana juaj.

³⁶ Por një burim apo një çisternë, ku mblidhet uji do të jetë i pastër, por çdo gjë që prek trupat e tyre të pajetë do të jetë e papastër.

³⁷ Dhe në rast se një pjesë e trupave të tyre të pajetë bie mbi çfarëdo lloj fare që të mbillet, kjo do të mbetet e pastër;

³⁸ por në rast se vihet ujë mbi farën dhe një pjesë e trupave të pajetë të tyre bie mbi të, ajo është e papastër për ju.

³⁹ Në rast se ngordh një kafshë që ju lejohet ta hani, ai që të prekë trupin e pajetë të saj do të jetë i papastër deri në mbrëmje.

⁴⁰ Ai që ha nga ky trup i ngordhur do të lajë rrobat e tij dhe do të jetë i papastër deri në mbrëmje; po kështu ai që transporton këtë trup të ngordhur do të lajë rrobat e tij dhe do të jetë i papastër deri në mbrëmje.

⁴¹ Çdo gjë që hiqet zvarrë mbi tokë është një gjë e neveritshme; nuk duhet ta hani.

⁴² Ndër të gjitha kafshët që hiqen zvarrë mbi tokë, nuk do të hani asnjërën prej atyre që ecin mbi bark, që lëvizin me katër këmbë, ose të atyre që kanë shumë këmbë, sepse kjo është e neveritshme.

⁴³ Mos u bëni të neveritshëm me asnjë nga këto kafshë që zvarriten; mos u bëni të papastër me to, në mënyrë që të ndoteni.

⁴⁴ Sepse unë jam Zoti, Perëndia juaj; shenjtërohuni, pra, dhe jini të shenjtë, sepse unë jam i shenjtë; mos u infektoni me asnjë prej këtyre kafshëve që zvarriten mbi tokë.

⁴⁵ Sepse unë jam Zoti që ju bëri të dilni nga vendi i Egjiptit, për të qënë Perëndia juaj; jini pra të shenjtë sepse unë jam i shenjtë.

⁴⁶ Ky është ligji përkatës i katërkëmbëshve, zogjve dhe i çdo qënieje të gjallë që lëviz në ujë, dhe i çdo qënieje që hiqet zvarrë mbi tokë,

⁴⁷ me qëllim që të dini të dalloni midis asaj që është e pastër dhe asaj që është e papastër, dhe midis kafshës që mund të hahet dhe të asaj që nuk duhet të hahet".

Levitikut

Kapitull 12

¹ Zoti i foli akoma Moisiut, duke thënë:

² "Folu kështu bijve të Izraelit: Në qoftë se një grua mbetet me barrë dhe lind një mashkull, do të jetë e papastër për shtatë ditë, do të jetë e papastër si në ditët e zakoneve të saj.

³ Ditën e tetë do të rrethpritet mishi i prepucit të djalit.

⁴ Pastaj ajo do të rrijë akoma tridhjetë e tre ditë për të pastruar gjakun e saj; nuk do të prekë asnjë send të shenjtë dhe nuk do të hyjë në shenjtëroren, deri sa të plotësohen ditët e pastrimit të saj.

⁵ Por në rast se lind një vajzë, ajo do të jetë e papastër dy javë si në kohën e zakoneve të saj; dhe do të rrijë gjashtëdhjetë ditë për t'u pastruar nga gjaku.

⁶ Kur të plotësohen ditët e pastrimit të saj, pavarësisht në se është fjala për një djalë apo vajzë, do t'i çojë priftit, në hyrje të çadrës së mbledhjes, një qengj motak si olokaust dhe një pëllumb të ri o një turtull, si flijim për mëkatin.

⁷ Pastaj prifti do t'i ofrojë para Zotit dhe do të bëjë shlyerjen për të; dhe ajo do të jetë pastruar nga rrjedha e gjakut të saj. Ky është ligji për gruan që lind një mashkull apo një femër.

⁸ Dhe në rast se i mungojnë mjetet për të ofruar një qengj, do të marrë dy turtuj ose dy pëllumba të rinj, njërin si olokaust dhe tjetrin si flijimin e mëkatit. Prifti do të bëjë shlyerjen për të, dhe ajo do të jetë e pastër".

Kapitull 13

¹ Zoti u foli akoma Moisiut dhe Aaronit, duke thënë:

² "Kur një njeri ka mbi lëkurën e trupit të tij një ënjtje apo një kore ose një njollë të shndritshme, dhe bëhet mbi lëkurë e trupit të tij një shenjë e plagës së lebrës, ai do t'i çohet priftit Aaron apo njërit prej bijve të tij priftërinj.

³ Prifti do të shqyrtojë plagën mbi lëkurën e trupit; në qoftë se qimja e plagës është bërë e bardhë dhe plaga duket më e thellë se lëkura e trupit, kemi të bëjmë me plagë të lebrës; prifti, pasi ta shqyrtojë, do ta shpallë të papastër atë njeri.

⁴ Por në qoftë se njolla e shndritshme mbi lëkurën e trupit është e bardhë dhe nuk duket se është më e thellë se lëkura, dhe qimja e saj nuk është bërë e bardhë, prifti do ta izolojë për shtatë ditë atë që ka plagën.

⁵ Ditën e shtatë, prifti do ta ekzaminojë përsëri; dhe në qoftë se plaga duket se është ndalur dhe nuk është përhapur mbi lëkurë, prifti do ta izolojë edhe shtatë ditë të tjera.

⁶ Prifti do ta shqyrtojë përsëri ditën e shtatë; dhe, po të shikojë që plaga është zvogëluar dhe nuk është përhapur mbi lëkurë, prifti do ta shpallë të pastër: ishte vetëm një puçërr me qelb. Ai do të lajë rrobat e tij dhe do të jetë i pastër.

⁷ Por në rast se puçrra është zgjeruar mbi lëkurën pasi ai iu paraqit priftit për t'u shpallur i pastër, ai do të kontrollohet përsëri nga prifti;

⁸ prifti do ta kontrollojë; në rast se shikon që puçrra është zgjeruar mbi lëkurë, prifti do ta shpallë atë të papastër; është lebër.

⁹ Kur te një njeri shfaqet një plagë e lebrës, ai do t'i çohet priftit.

¹⁰ Prifti do ta ekzaminojë; dhe në qoftë se ënjtja mbi lëkurë është e bardhë dhe e ka zbardhur qimen, dhe në ënjtje ka pak mish të gjallë,

¹¹ kemi një lebër kronike mbi lëkurën e trupit të tij dhe prifti do ta shpallë atë të papastër; nuk do ta izolojë, sepse është i papastër.

¹² Por në qoftë se lebra përhapet edhe më mbi lëkurë në mënyrë që të mbulojë tërë lëkurën e atij që ka plagën, nga koka deri te këmbët, kudo që shikon prifti,

¹³ prifti do ta kontrollojë; dhe në qoftë se lebra ka mbuluar tërë trupin e tij, do ta shpallë të pastër atë që ka plagën; është bërë i tëri i bardhë, pra, është i pastër.

¹⁴ Por ditën që do të dalë mbi të mish i gjallë, ai do të shpallet i papastër.

¹⁵ Kur prifti ka për të parë mishin e gjallë, do ta shpallë atë të papastër; mishi i gjallë është i papastër; është lebër.

¹⁶ Por në rast se mishi i gjallë ndryshon përsëri dhe bëhet i bardhë, ai duhet të shkojë te prifti;

¹⁷ dhe prifti do ta kontrollojë; dhe në qoftë se plaga është bërë e bardhë, prifti do ta shpallë të pastër atë që ka plagën; ai është i pastër.

¹⁸ Kur mbi lëkurën e trupit zhvillohet një ulcerë, dhe ajo është shëruar,

¹⁹ dhe në vendin e ulcerës formohet një ënjtje e bardhë ose një njollë e shndritshme e bardhë-kuqalashe, kjo duhet t'i tregohet priftit.

²⁰ Prifti do ta ekzaminojë; në qoftë se njolla duket më e thellë se lëkura dhe qimja e saj është bërë e bardhë, prifti do ta shpallë atë të papastër; është plagë lebre që ka shpërthyer në ulcerë.

²¹ Por në rast se prifti, duke e ekzaminuar, sheh që në njollë nuk ka qime të bardha dhe që ajo nuk është më e thellë se lëkura dhe është pakësuar, ai do ta izolojë shtatë ditë.

²² Në rast se njolla zgjerohet mbi lëkurë, prifti do ta shpallë të papastër; është një plagë lebre.

²³ Por në rast se njolla ka mbetur në vend dhe nuk është zgjeruar, ajo është mbresë e ulcerës dhe prifti do ta shpallë të pastër.

²⁴ Në rast se dikush pëson mbi lëkurën e tij një djegie të shkaktuar nga zjarri, dhe mishi i gjallë i djegies bëhet një njollë e shndritshme, e bardhë-kuqalashe, ose e bardhë,

²⁵ prifti do ta shqyrtojë; dhe në qoftë se qimja e njollës është bërë e bardhë dhe njolla duket më e thellë se lëkura, është lebër që ka shpërthyer në djegien. Prifti do ta shpallë të papastër; është plagë lebre.

²⁶ Por në rast se prifti, duke shqyrtuar, sheh që në njollë nuk ka qime të bardhë në njollë dhe që kjo nuk është më e thellë se lëkura, por është pakësuar, prifti do ta izolojë shtatë ditë atë njeri.

²⁷ Ditën e shtatë, prifti do ta kontrollojë; dhe në qoftë se njolla është përhapur edhe më mbi lëkurë, prifti do ta shpallë të papastër; është plagë lebre.

²⁸ Në qoftë se njolla e shndritshme ka mbetur përkundrazi në të njëjtin vend dhe nuk është përhapur mbi lëkurë, por është pakësuar, është ënjtje shkaktuar nga djegia; prifti do ta shpallë të pastër, sepse është mbresa e djegies.

²⁹ Kur një burrë apo një grua ka një plagë në kokë apo në mjekër,

³⁰ prifti do të ekzaminojë plagën; në rast se duket më e thellë se lëkura dhe në të ka qime të verdha dhe të holla, prifti do ta shpallë atë të papastër; është qere, domethënë lebër e kokës apo e mjekrës.

³¹ Në qoftë se përkundrazi prifti shqyrton plagën e qeres, dhe kjo nuk duket më e thellë se lëkura dhe në të nuk ka qime të zeza, prifti do ta izolojë shtatë ditë atë që ka plagën e qeres.

³² Ditën e shtatë prifti do të kontrollojë plagën dhe, po të jetë se qerja nuk është përhapur dhe nuk ka në të qime të verdha, dhe qerja nuk duket më e thellë se lëkura,

³³ ai person do të rruhet, por nuk do të rruajë pjesën e prekur nga qerja; dhe prifti do ta izolojë shtatë ditë të tjera atë që ka qeren.

³⁴ Ditën e shtatë prifti do të kontrollojë qeren; dhe në qoftë se qerja nuk është përhapur mbi lëkurë dhe nuk duket më e thellë se lëkura, prifti do ta shpallë të pastër; ai do të lajë rrobat e tij dhe do të jetë i pastër.

³⁵ Por në qoftë se, pasi është shpallur i pastër, qerja është përhapur mbi lëkurë,

³⁶ prifti do ta kontrollojë atë; në qoftë se qerja është përhapur mbi lëkurë, prifti nuk duhet të kërkojë qimen e verdhë; ai është i papastër.

³⁷ Por në qoftë se qerja duket se është ndaluar dhe në të janë rritur qime të zeza, qerja është shëruar; ai është i pastër dhe prifti do ta shpallë të pastër.

³⁸ Në rast se një burrë apo një grua ka mbi lëkurën e trupit të tij njolla të shndritshme, veçanërisht njolla të shndritshme bardhoshe,

³⁹ prifti do t'i shqyrtojë; dhe në qoftë se njollat e shndritshme mbi lëkurën e trupit të tyre kanë një ngjyrë të bardhë të zbehtë, është një erupsion të lëkurës; ai është i pastër.

⁴⁰ Në rast se një njeriu i bien flokët e kokës, është tullac, por është i pastër.

⁴¹ Në rast se i bien flokët mbi ballë, është tullac mbi ballë, por i pastër.

⁴² Por në rast se në pjesën tullace të kokës ose të ballit shfaqet një plagë e bardhë-kuqalashe, është lebër, që ka shpërthyer mbi kokë apo mbi ballë.

⁴³ Prifti do ta shqyrtojë; dhe në qoftë se ënjtja e plagës mbi pjesën tullace të kokës apo të ballit është e bardhë-kuqalashe, njëlloj si lebra mbi lëkurën e trupit,

⁴⁴ është lebroz; është i papastër, dhe prifti do ta shpallë atë të papastër, për shkak të plagës mbi kokën e tij.

⁴⁵ Lebrozi, i prekur nga kjo plagë, do të veshë rroba të grisura dhe do ta mbajë kokën e zbuluar; do të mbulojë mjekrën e tij dhe do të bërtasë: "papastër, papastër".

⁴⁶ Do të jetë i papastër tërë kohën që do të ketë plagën; është i papastër; do të jetojë vetëm; do të banojë jashtë kampit.

⁴⁷ Në qoftë se ka një plagë lebre mbi një palë rroba, qoftë rrobë leshi apo një rrobë liri,

⁴⁸ një stofë o një punë me shtiza, prej liri ose leshi, në lëkurë apo në çfarëdo sendi prej lëkure,

⁴⁹ në se plaga është e gjelbëruar ose kuqalashe mbi rrobat apo mbi lëkurën, mbi stofin ose mbi punën e bërë me shtiza, ose mbi çfarëdo tjetër sendi të punuar me lëkurë, është plagë lebre, dhe do t'i tregohet priftit.

⁵⁰ Prifti do të shqyrtojë plagën dhe do të izolojë shtatë ditë atë që ka plagën.

⁵¹ Ditën e shtatë do të ekzaminojë plagën; dhe në qoftë se plaga është përhapur mbi rrobat, o mbi stofën, o mbi trikotazhin, o mbi lëkurën apo mbi çfarëdo sendi të punuar me lëkurë, është një plagë lebre

të keqe; është një gjë e papastër.

⁵² Ai do t'i djegë këto rroba o stofin ose trikotazhin prej leshi a prej liri ose çfarëdo sendi të bërë me lëkurë, mbi të cilin ndodhet plaga, sepse është një lebër e keqe; do të digjen në zjarr.

⁵³ Por në rast se prifti ekzaminon plagën, dhe kjo nuk është përhapur mbi rrobat o mbi stofin, o mbi trikotazhin ose mbi çdo send prej lëkure,

⁵⁴ prifti do të urdhërojë që të lahet sendi mbi të cilin është kjo plagë, dhe do ta izolojë personin për shtatë ditë të tjera.

⁵⁵ Prifti do të ekzaminojë plagën, mbasi të jetë larë; në qoftë se plaga nuk ka ndryshuar ngjyrë, edhe sikur të mos jetë përhapur, është gjë e papastër; do ta djegësh në zjarr; ajo vazhdon të hajë nga brenda apo nga jashtë.

⁵⁶ Në qoftë se prifti e ekzaminon dhe plaga, pasi është larë, është përmirësuar, do ta shkulë nga rrobat, a nga lëkura, a nga stofi apo nga trikotazhi.

⁵⁷ Por në rast se duket ende mbi rrobat, stofin, trikotazhin, ose mbi çdo send tjetër prej lëkure, është një e keqe që po përhapet; do të djegësh me zjarr sendin mbi të cilin ndodhet plaga.

⁵⁸ Rrobat, o stofi, o trikotazhi ose çdo send tjetër i bërë me lëkurë që ke larë dhe nga i cili është zhdukur plaga, do të lahet një herë të dytë dhe do të jetë i pastër.

⁵⁹ Ky është ligji për plagën e lebrës mbi një palë rroba leshi ose prej liri, mbi stofin apo trikotazh ose çfarëdo sendi të bërë prej lëkure, për ta shpallur të pastër apo për ta shpallur të papastër".

Kapitull 14

¹ Zoti i foli akoma Moisiut, duke i thënë:

² "Ky është ligji lidhur me lebrozin për ditën e pastrimit të tij. Ai do t'i çohet priftit.

³ Prifti do të dalë nga kampi dhe do ta vizitojë atë dhe në qoftë se plaga e lebrës i është shëruar të lebrosurit,

⁴ prifti do të urdhërojë të merren për atë që do të pastrohet dy zogj të gjallë dhe të pastër, dru kedri, nga skarlati dhe hisopi.

⁵ Prifti do të urdhërojë që të theret një nga zogjtë në një enë prej argjili me ujë të rrjedhshëm.

⁶ Pastaj do të marrë zogun e gjallë, drurin e kedrit, skarlatin dhe hisopin, dhe do t'i zhytë, me zogun e gjallë, në gjakun e zogut të therur në ujë të rrjedhshëm.

⁷ Do ta spërkatë pastaj shtatë herë mbi atë që duhet të pastrohet nga lebra; do ta shpallë atë të pastër dhe do të lërë të shkojë të lirë zogun e gjallë nëpër fusha.

⁸ Ai që duhet të pastrohet do të lajë rrobat e tij, do të rruajë tërë qimet e tij, do të lahet në ujë dhe do të jetë i pastër. Pas kësaj mund të hyjë në kamp, por do të qëndrojë shtatë ditë jashtë çadrës së tij.

⁹ Ditën e shtatë do të rruajë tërë qimet e kokës së tij, të mjekrës së tij dhe të vetullave të tij; do të rruajë shkurt të gjitha qimet e tij. Do të lajë rrobat e tij dhe do të lajë trupin e tij në ujë dhe do të jetë i pastër.

¹⁰ Ditën e tetë do të marrë dy qengja pa të meta, një qengj femër njëvjeçar pa të meta, tri të dhjeta efe majë mielli, të përziera me vaj, si një ofertë ushqimi, dhe një log vaji;

¹¹ dhe prifti që kryen pastrimin do të paraqesë atë që duhet të pastrohet dhe të gjitha këto gjëra para Zotit në hyrje të çadrës së mbledhjes.

¹² Pastaj prifti do të marrë një qengj dhe do ta ofrojë si flijim riparimi, me logun e vajit, dhe do t'i tundë si një ofertë e tundur para Zotit.

¹³ Do ta therë pastaj qengjin në vendin ku theren flijimet për mëkatin dhe olokaustet, në vendin e shenjtë, sepse si flijim riparimi i përket priftit, kështu është flijimi për mëkatin; është gjë shumë e shenjtë.

¹⁴ Prifti do të marrë pak gjak nga flijimi i riparimit dhe do ta vërë në skajin e veshit të djathtë të atij që duhet të pastrohet, mbi gishtin e madh të dorës së tij të djathtë dhe mbi gishtin e madh të këmbës së tij të djathtë.

¹⁵ Pastaj prifti do të marrë pak vaj nga logu dhe do të derdhë mbi pëllëmbën e dorës së tij të majtë;

¹⁶ pastaj prifti do të ngjyejë gishtin e dorës së tij të djathtë në vajin që ka në dorën e majtë dhe me gishtin do të spërkatë shtatë herë pak vaj përpara Zotit.

¹⁷ Dhe nga mbetja e vajit që ka në dorë, prifti do të vërë pak në skajin e veshit të djathtë të atij që duhet të pastrohet, mbi gishtin e madh të dorës së tij të djathtë dhe mbi gishtin e madh të këmbës së tij të djathtë, në vendin ku ka vënë gjakun e flijimit të riparimit.

¹⁸ Mbetjen e vajit që ka në dorë, prifti do ta vërë mbi kokën e atij që duhet të pastrohet; kështu prifti do të bëjë për të shlyerjen përpara Zotit.

¹⁹ Pastaj prifti do të ofrojë flijimin për mëkatin dhe do të bëjë shlyerjen për atë që do të pastrohet nga papastërtia e tij; pas kësaj do të therë olokaustin.

²⁰ Prifti do të ofrojë olokaustin dhe blatimin e ushqimit mbi altar; kështu ai do të ketë mundësi të bëjë për të shlyerjen dhe ai do të jetë i pastër.

²¹ Në rast se ky person është i varfër dhe nuk mund t'i sigurojë këto gjëra, do të marrë vetëm një qengj për ta ofruar si flijim për shkeljen e kryer, si një ofertë të tundur, për të bërë shlyerjen

²² dhe dy turtuj apo dy pëllumba të rinj, sipas mundësive të tij; njëri do të jetë flijimi për mëkatin dhe tjetri për olokaustin.

²³ Ditën e tetë do t'i çojë, për pastrimin e tij, këto gjëra priftit në hyrje të çadrës së mbledhjes përpara Zotit.

²⁴ Dhe prifti do të marrë qengjin e flijimit për shkeljen dhe logun e vajit, dhe do t'i tundë si një ofertë e tundur përpara Zotit.

²⁵ Pastaj do të therë qengjin e flijimit për shkeljen e kryer. Prifti do të marrë pak gjak nga flijimi për shkeljen dhe do ta vërë në skajin e veshit të djathtë të atij që do të pastrohet mbi gishtin e madh të dorës së tij të djathtë dhe mbi gishtin e madh të këmbës së tij të djathtë.

²⁶ Prifti do të derdhë pak vaj mbi pëllëmbën e dorës së tij të majtë.

²⁷ Dhe me gishtin e dorës së tij të djathtë, prifti do të spërkasë shtatë herë pak nga vaji që ka në dorën e tij të majtë përpara Zotit.

²⁸ Pastaj prifti do të vërë pak nga vaji që ka në dorë mbi skajin e veshit të djathtë të atij që duhet të pastrohet, mbi gishtin e tij të madh të dorës së djathtë dhe mbi gishtin e madh të këmbës së tij të djathtë, në vendin ku ka vënë gjakun e flijimit të shkeljes.

²⁹ Mbetjen e vajit që ka në dorë, prifti do ta vërë mbi kokën e atij që do të pastrohet, për të bërë shlyerjen për atë përpara Zotit.

³⁰ Pastaj do të ofrojë një nga turtujt a një nga të dy pëllumbat e rinj, sipas mundësive të tij;

³¹ do të ofrojë atë që ka mundur sigurojë, njërin si flijim për mëkatin dhe tjetrin si olokaust, bashkë me blatimin e ushqimit; kështu prifti do të bëjë shlyerjen përpara Zotit për atë që do të pastrohet.

³² Ky është ligji për atë që është prekur nga plaga e lebrës dhe nuk ka mjetet për të siguruar atë që kërkohet për pastrimin e tij".

³³ Zoti u foli akoma Moisiut dhe Aaronit, duke thënë:

³⁴ "Kur do të hyni në vendin e Kanaanit që unë ju jap në pronësi, në rast se dërgoj plagën e lebrës në një shtëpi të vendit që është prona juaj,

³⁵ i zoti i shtëpisë do të shkojë t'ia deklarojë priftit, duke thënë: "Më duket se ka një farë plage në shtëpinë time".

³⁶ Atëherë prifti do të urdhërojë që të zbrazet shtëpia para se ai të hyjë për të shqyrtuar plagën, me qëllim që gjithçka që ndodhet në shtëpi të mos bëhet e papastër. Pastaj prifti do të hyjë për të ekzaminuar shtëpinë.

³⁷ Do të ekzaminojë pastaj plagën; në qoftë se plaga që ndodhet mbi muret e shtëpisë ka disa zgavra të gjelbëra apo të kuqërreme që duken më të thella se sipërfaqja e mureve,

³⁸ prifti do të dalë nga shtëpia, te porta dhe do ta mbyllë shtëpinë për shtatë ditë.

³⁹ Ditën e shtatë prifti do të kthehet dhe do ta ekzaminojë shtëpinë; në rast se plaga është përhapur në muret e shtëpisë,

⁴⁰ prifti do të urdhërojë që të hiqen gurët mbi të cilët ndodhet plaga dhe t'i hedhin në një vend të papastër jashtë qytetit.

⁴¹ Pastaj do të urdhërojë që të kruhet pjesa e brendshme e shtëpisë rreth e qark, dhe do ta hedhin suvanë që kanë rrëzuar jashtë qytetit, në vend të papastër.

⁴² Pastaj do të marrin gurë të tjerë dhe do t'i vënë në vendin e të parëve, dhe do të marrin gëlqere tjetër për të suvatuar shtëpinë.

⁴³ Por në rast se plaga shpërthen përsëri në shtëpi, mbasi janë hequr gurët dhe mbasi shtëpia është kruar dhe është suvatuar përsëri,

⁴⁴ prifti do të hyjë për të kontrolluar shtëpinë; në qoftë se plaga është e përhapur në shtëpi, kemi një lebër të keqe në shtëpi; kjo është e papastër.

⁴⁵ Prandaj do ta shëmbë shtëpinë dhe do t'i çojë gurët, lëndën e drurit dhe suvanë jashtë qytetit, në një vend të papastër.

⁴⁶ Përveç kësaj kushdo që hyn në shtëpi gjatë gjithë kohës që mbeti e mbyllur, do të jetë i papastër deri në mbrëmje.

⁴⁷ Kush fle në shtëpi, do të lajë rrobat e tij; po kështu ai që ha në shtëpi do të lajë rrobat e tij.

⁴⁸ Por në qoftë se prifti hyn në shtëpi dhe e kontrollon, dhe plaga nuk është përhapur në shtëpi pasi është suvatuar, prifti do ta shpallë atë të pastër, sepse plaga është shëruar.

⁴⁹ Pastaj, për të pastruar shtëpinë, do të marrë dy zogj, dru kedri, skarlat dhe hisop;

⁵⁰ do të therë pastaj një nga zogjtë në një enë argjili me ujë të rrjedhshëm;

⁵¹ dhe do të marrë drurin e kedrit, hisopin, skarlatin dhe zogun e

Levitikut

gjallë, dhe do t'i zhytë në gjakun e zogut të therur dhe në ujë të rrjedhshëm, dhe do ta spërkatë shtëpinë shtatë herë.

⁵² Kështu do ta pastrojë shtëpinë me gjakun e zogut, me ujin e rrjedhshëm, me zogun e gjallë, me drurin e kedrit, me hisopin dhe me skarlatin;

⁵³ por do ta lërë zogun të ikë i lirë jashtë qytetit, nëpër fusha; kështu do të bëjë shlyerjen, për shtëpinë, dhe kjo do të jetë e pastër.

⁵⁴ Ky është ligji për çdo plagë të lebrës dhe të qeres,

⁵⁵ për lebrën e rrobave dhe të shtëpisë,

⁵⁶ për ënjtjet, puçrrat me qelb dhe njollat e shndritshme,

⁵⁷ për mësuar kur një gjë është e papastër dhe kur është e pastër. Ky është ligji për lebrën".

Kapitull 15

¹ Zoti u foli akoma Moisiut dhe Aaronit, duke u thënë:

² "Foluni bijve të Izraelit dhe u thoni atyre: Kushdo që ka një fluks nga trupi i tij, ky fluks është i papastër.

³ Papastërtia e tij është prodhuar nga fluksi: ai është i papastër për sa kohë fluksi i trupit të tij është ende në veprim, ashtu edhe kur fluksi në trupin e tij është ndaluar.

⁴ Çdo shtrat mbi të cilin shtrihet ai që ka fluksin do të jetë i papastër; po ashtu do të jetë e papastër çdo gjë mbi të cilën ai ulet.

⁵ Kushdo që prek shtratin e tij do të lajë rrobat e tij dhe do të lahet me ujë, dhe ka për të qënë i papastër deri në mbrëmje.

⁶ Kush ulet mbi çfarëdo gjëje mbi të cilën është ulur ai që ka fluksin, do të lajë rrobat e tij dhe veten me ujë, dhe do të jetë i papastër deri në mbrëmje.

⁷ Kush prek trupin e atij që ka fluksin, do të lajë rrobat e tij dhe do të lahet në ujë, dhe do të jetë i papastër deri në mbrëmje.

⁸ Në qoftë se ai që ka fluksin pështyn mbi dikë që është i pastër, ky do të lajë rrobat e tij dhe do të lahet në ujë, dhe do të jetë i papastër deri në mbrëmje.

⁹ Çdo shalë mbi të cilën hipën ai që ka fluksin do të jetë e papastër.

¹⁰ Kushdo që prek çfarëdo gjëje që ka qenë nën të, do të jetë i papastër deri në mbrëmje. Kushdo që trasporton këto sende do të lajë rrobat e tij dhe do të lahet me ujë, dhe do të jetë i papastër deri në mbrëmje.

¹¹ Kushdo që prek atë që ka fluksin, pa i larë duart, duhet të lajë rrobat e tij dhe të lahet në ujë, dhe do të jetë i papastër deri në mbrëmje.

¹² Ena prej balte, e prekur nga ai që ka fluksin, do të thyhet; dhe çdo enë prej druri do të lahet në ujë.

¹³ Kur ai që ka fluksin është pastruar nga fluksi i tij, do të numërojë shtatë ditë për pastrimin e tij; pastaj do të lajë rrobat e tij dhe do të lajë trupin e tij në ujë të rrjedhshëm, dhe do të jetë i pastër.

¹⁴ Ditën e tetë do të marrë dy turtuj ose dy pëllumba të rinj dhe do të vijë përpara Zotit në hyrje të çadrës së mbledhjes, dhe do t'ia japë priftit.

¹⁵ Prifti do t'i ofrojë: njërin si flijim për mëkatin dhe tjetrin si olokaust; kështu prifti do të bëjë shlyerjen për të përpara Zotit, për shkak të fluksit të tij.

¹⁶ Në rast se një njeri ka një lëshim farë, ai do të lajë tërë trupin e tij në ujë, dhe do të jetë i papastër deri në mbrëmje.

¹⁷ Çdo rrobë dhe çdo lëkurë mbi të cilat ka farë do të lahet me ujë, dhe do të jetë e papastër deri në mbrëmje.

¹⁸ Në rast se një burrë bie në shtrat me një grua dhe ka një lëshim farë, do të lahen që të dy me ujë dhe do të jenë të papastër deri në mbrëmje.

¹⁹ Në qoftë se një grua ka një fluks në trupin e saj, dhe ky është një fluks gjaku, papastërtia e saj do të zgjasë shtatë ditë; kushdo që e prek atë do të jetë i papastër deri në mbrëmje.

²⁰ Çfarëdo gjë mbi të cilën ajo shtrihet gjatë papastërtisë së saj, do të jetë e papastër; çfarëdo gjë mbi të cilën ulet, do të jetë e papastër.

²¹ Kushdo që prek shtratin e saj do të lajë rrobat e tij dhe do të lahet në ujë, dhe do të jetë i papastër deri në mbrëmje.

²² Kushdo që prek çfarëdo gjë mbi të cilën ajo është ulur, do të lajë rrobat e tij dhe do të lahet në ujë; do të jetë i papastër deri në mbrëmje.

²³ Kur ajo është ulur mbi shtrat ose mbi çfarëdo gjë tjetër, kur dikush e prek atë do të jetë i papastër deri në mbrëmje.

²⁴ Në rast se një burrë bie në shtrat me të, papastërtia e saj kalon mbi të dhe ai do të jetë i papastër për shtatë ditë; dhe çdo shtrat mbi të cilin ai shtrihet, do të jetë i papastër.

²⁵ Në qoftë se një grua ka një fluks gjaku prej disa ditësh jashtë kohës së papastërtisë së zakoneve, ose fluksi vazhdon tej kohës së duhur, ajo do të jetë e papastër për gjithë ditët e fluksit të papastër, ashtu si është në ditët e papastërtisë së saj të zakoneve.

²⁶ Çdo shtrat mbi të cilin shtrihet gjatë ditëve të fluksit të saj, do të jetë për të si shtrati i zakoneve të saj; dhe çdo gjë mbi të cilën ajo ulet do të ketë po atë papastërti të zakoneve të saj.

²⁷ Kushdo që prek këto gjëra do të jetë i papastër; do të lajë rrobat e tij dhe do të lahet në ujë; do të jetë i papastër deri në mbrëmje.

²⁸ Por pas pastrimit të saj nga fluksi, do të numërojë shtatë ditë, dhe pastaj do të jetë e pastër.

²⁹ Ditën e tetë do të marrë dy turtuj ose dy pëllumba të rinj dhe do t'ia çojë priftit në hyrje të çadrës së mbledhjes.

³⁰ Prifti do ta ofrojë njërin prej tyre si flijim për mëkatin dhe tjetrin si olokaust; prifti do të kryejë për të shlyerjen, përpara Zotit, të fluksit që e bënte të papastër.

³¹ Kështu do t'i mbani të ndarë bijtë e Izraelit nga ajo që i ndot, që të mos vdesin për shkak të papastërtisë së tyre, duke ndotur tabernakullin tim që ndodhet midis tyre.

³² Ky është ligji për atë që ka një fluks dhe për atë që ka një lëshim fare, gjë që e bën të papastër,

³³ dhe për gruan që vuan për shkak të zakoneve të saja periodike, për burrin ose gruan që ka një fluks dhe për burrin që bie në shtrat me një grua të papastër".

Kapitull 16

¹ Zoti i foli Moisiut mbas vdekjes së dy bijve të Aaronit, që vdiqën kur u paraqitën para Zotit me zjarr të ndaluar.

² Zoti i tha Moisiut: "Foli Aaronit, vëllait tënd, dhe thuaji të mos hyjë në çfarëdo kohe në shenjtërore, përtej perdes, përpara pajtuesit që ndodhet mbi arkë, që të mos vdesë, sepse unë do të shfaqem në renë mbi pajtuesin.

³ Aaroni do të hyjë në shenjtërore në këtë mënyrë; do të marrë një dem të vogël për flijimin e mëkatin dhe një dash për olokaustin.

⁴ Do të veshë tunikën e shenjtë prej liri dhe do të mbajë mbi trupin e tij pantallona prej liri; do të ngjeshë brezin prej liri dhe do ta vërë mbi kokë çallmën prej liri. Këto janë veshjet e shenjta; ai do t'i veshë pasi ta ketë larë trupin me ujë.

⁵ Nga asambleja e bijve të Izraelit do të marrë dy cjep për flijimin e mëkatit dhe një dash për olokaustin.

⁶ Aaroni do të ofrojë demin e vogël për flijimin e mëkatit, që e ka për vete, dhe do të bëjë shlyerjen për vete dhe për shtëpinë e tij.

⁷ Pastaj do t'i marrë të dy cjeptë dhe do t'i paraqesë përpara Zotit në hyrje të çadrës së mbledhjes.

⁸ Aaroni do t'i hedhë në short dy cjeptë: njëri prej tyre do të caktohet për Zotin dhe tjetri do të shërbejë si cjap për shlyerjen e fajit.

⁹ Aaroni do të afrojë cjapin e caktuar për Zotin dhe do ta ofrojë si flijim për mëkatin;

¹⁰ por cjapi i caktuar si cjap fajshlyes do të paraqitet i gjallë para Zotit, me qëllim që mbi të të bëhet shlyerja dhe për ta çuar pastaj në shkretëtirë si cjap fajshlyes.

¹¹ Aaroni do të ofrojë, pra, demin e vogël të flijimit për mëkatin dhe do të bëjë shlyerjen për vete dhe për shtëpinë e tij; dhe do ta therë demin e vogël të flijimit për mëkatin për vete.

¹² Pastaj do të marrë një temjanicë plot me qymyr të ndezur të marrë nga altari përpara Zotit dhe do t'i ketë duart e tij të mbushura me temjan të parfumuar në pluhur, dhe do të çojë çdo gjë matanë velit.

¹³ Do ta vërë temjanin mbi zjarr përpara Zotit, me qëllim që reja e temjanit të mbulojë pajtuesin që është mbi dëshminë; kështu ai nuk do të vdesë.

¹⁴ Pastaj do të marrë ca gjak të demit të vogël dhe do të spërkatë me gishtin e tij mbi pajtuesin nga ana lindore, do të spërkatë shtatë herë edhe pak gjak me gishtin e tij përpara pajtuesit.

¹⁵ Pastaj do të therë cjapin e flijimit për mëkatin, që është për popullin, dhe do të çojë gjakun e tij matanë velit; dhe do të bëjë me këtë gjak atë që ka bërë me gjakun e demit të vogël; do ta spërkatë mbi pajtuesin dhe para pajtuesit.

¹⁶ Kështu do të bëjë shlyerjen për shenjtëroren, për shkak të papastërtive të bijve të Izraelit, të shkeljeve të tyre dhe të të gjitha mëkateve të tyre. Do të veprojë në të njëjtën mënyrë për çadrën e mbledhjes, që mbetet midis tyre, në mes të papastërtive të tyre.

¹⁷ Në çadrën e mbledhjes, kur ai do të hyjë në shenjtëroren për të bërë shlyerjen, nuk do të ketë njeri, deri sa ai të ketë dalë dhe të ketë bërë shlyerjen për veten, për shtëpinë e tij dhe për tërë asamblenë e Izraelit.

¹⁸ Ai do të dalë drejt altarit që ndodhet para Zotit dhe do të bëjë shlyerjen për të: do të marrë ca gjak nga demi i vogël dhe ca gjak nga cjapi dhe do ta vërë mbi brirët e altarit rreth e qark.

¹⁹ Pastaj do të spërkatë ca gjak mbi të me gishtin e tij shtatë herë me radhë; kështu do ta pastrojë dhe do ta shenjtërojë nga papastërtitë e bijve të Izraelit.

²⁰ Kur të ketë mbaruar së kryeri shlyerjen për shenjtëroren, për çadrën e mbledhjes dhe për altarin, do të afrojë cjapin e gjallë.

²¹ Aaroni do të vendosë të dyja duart e tij mbi kokën e cjapit të gjallë dhe do të rrëfejë mbi të tërë padrejtësitë e bijve të Izraelit, të gjitha shkeljet e tyre, tërë mëkatet e tyre, dhe do t'i vërë mbi kokën e cjapit; pastaj do ta çojë në shkretëtirë me anë të një njeriu të zgjedhur enkas.

²² Cjapi do të mbartë mbi vete në tokë të vetmuar të gjitha padrejtësitë e tyre dhe ai njeri do ta lërë të shkojë në shkretëtirë.

²³ Pastaj Aaroni do të hyjë në çadrën e mbledhjes, do të zhveshë rrobat e tij prej liri që kishte veshur për të hyrë në shenjtërore dhe do t'i lërë aty.

²⁴ Do të lajë trupin e tij me ujë në një vend të shenjtë, do të veshë rrobat e tij dhe do të dalë për të ofruar olokaustin e tij dhe olokaustin e popullit, dhe do të bëjë shlyerjen për vete dhe për popullin.

²⁵ Pastaj do të tymosë mbi altar dhjamin e flijimit për mëkatin.

²⁶ Ai që ka lëshuar cjapin, e zgjedhur si cjap fajshlyes, do të lajë rrobat e tij dhe trupin e tij me ujë dhe, mbas kësaj mund të kthehet në kamp.

²⁷ Do të çohen pas kësaj jashtë kampit demi i vogël i flijimit për mëkatin dhe cjapi i flijimit për mëkatin, gjaku i të cilit është çuar në shenjtërore për të bërë shlyerjen; dhe do të djegin në zjarr lëkurët, mishin dhe ndyrësitë e tyre.

²⁸ Pastaj ai që i djeg do të lajë rrobat dhe trupin e tij me ujë; pas kësaj, ai mund të kthehet në kamp.

²⁹ Ky do të jetë për ju një ligj i përjetshëm: në muajin e shtatë, ditën e dhjetë të muajit, do të përulni shpirtrat tuaj dhe nuk do të kryeni asnjë punë, as ai që ka lindur në vend as i huaji që banon midis jush.

³⁰ Sepse atë ditë prifti do të bëjë shlyerjen për ju, për t'ju pastruar, me qëllim që të jeni të pastruar nga tërë mëkatet tuaja përpara Zotit.

³¹ Éshtë për ju një e shtunë madhështore pushimi dhe ju do të përulni shpirtrat tuaj; është një ligj i përjetshëm.

³² Prifti, që është vajosur dhe që është shenjtëruar për të shërbyer si prift në vend të atit të tij, do të bëjë shlyerjen dhe do të veshë rrobat prej liri, rrobat e shenjta.

³³ Ai do të bëjë shlyerjen për shenjtëroren e shenjtë; do të bëjë shlyerjen për çadrën e mbledhjes dhe për altarin, do të bëjë njëkohësisht shlyerjen për priftërinjtë dhe për tërë popullin e asamblesë.

³⁴ Ky do të jetë për ju një ligj i përjetshëm, për të shlyer mëkatet e bijve të Izraelit për të gjitha mëkatet e tyre, një herë në vit". Dhe Moisiu bëri ashtu siç e kishte urdhëruar Zoti.

Kapitull 17

¹ Zoti i foli akoma Moisiut, duke i thënë:

² "Foli Aaronit, bijve të tij dhe të gjithë bijve të Izraelit dhe u thuaj atyre: Kjo është ajo që Zoti ka urdhëruar, duke thënë:

³ Kushdo nga shtëpia e Izraelit ther një ka ose një qengj apo një dhi brenda kampit, ose jashtë kampit,

⁴ dhe nuk e çon në hyrjen e çadrës së mbledhjes për ta paraqitur si një ofertë për Zotin përpara tabernakullit të Zotit, do të mbahet si fajtor gjaku; ka derdhur gjak dhe ky njeri do të shfaroset në mes të popullit të tij;

⁵ dhe kjo me qëllim që bijtë e Izraelit, në vend që të flijojnë flitë e tyre në fusha, t'ia çojnë Zotit në hyrje të çadrës së mbledhjes, priftit, dhe t'ia ofrojnë Zotit si flijim falënderimi.

⁶ Prifti do të spërkasë gjakun mbi altarin e Zotit, në hyrje të çadrës së mbledhjes, dhe do të tymosë dhjamin me erë shumë të këndshme për Zotin.

⁷ Ata nuk do t'i ofrojnë më flijimet e tyre demonëve, prapa të cilëve janë poshtëruar. Ky do të jetë për ta një ligj i përjetshëm, për gjithë brezat e tyre.

⁸ U thuaj akoma: "Cilido burrë i shtëpisë së Izraelit ose nga të huajt që banojnë midis jush të ofrojë një olokaust apo një flijim,

⁹ dhe po të mos e çojë në hyrjen e çadrës së mbledhjes për t'ia ofruar Zotit, ky njeri do të shfaroset në mes të popullit të tij.

¹⁰ Në rast se dikush nga shtëpia e Izraelit apo nga të huajt që banojnë midis jush ha çfarëdo lloj gjaku, unë do të kthej fytyrën time kundër atij që ha gjak dhe do ta shfaros në mes të popullit të tij.

¹¹ Sepse jeta e mishit është në gjak. Prandaj ju kam urdhëruar ta vini mbi altar për të bërë shlyerjen për jetën tuaj, sepse është gjaku që bën shlyerjen e fajit për jetën.

¹² Prandaj u kam thënë bijve të Izraelit: asnjëri prej jush nuk ka për të ngrënë gjak; as i huaji që banon midis jush nuk ka për të ngrënë gjak".

¹³ Dhe në qoftë se ndonjë prej bijve të Izraelit ose të të huajve që banojnë midis jush zë në gjah një kafshë ose një zog që mund të hahet, do të derdhë gjakun e tij dhe do ta mbulojë me dhe;

¹⁴ sepse është jeta e çdo mishi; gjaku i tij mban jetën e tij. Prandaj u kam thënë bijve të Izraelit: "Nuk do të hani gjakun e asnjë mishi, sepse jeta e çdo mishi është gjaku i tij; kushdo që do ta hajë do të shfaroset".

¹⁵ Dhe çfarëdo personi, qoftë i lindur në vend apo i huaj, që ha një kafshë të ngordhur në mënyrë natyrale apo të shqyer, do të lajë rrobat dhe do të lahet vetë me ujë, dhe ka për të qenë i papastër deri në mbrëmje; pastaj do të jetë i pastër.

¹⁶ Por në rast se nuk lan rrobat e tij dhe nuk lan trupin e tij, do të mbajë fajin e paudhësisë së tij".

Kapitull 18

¹ Zoti i foli akoma Moisiut, duke i thënë:

² "Folu bijve të Izraelit dhe u thuaj atyre: Unë jam Zoti, Perëndia juaj.

³ Nuk do të bëni siç bëjnë në vendin e Egjiptit, ku keni banuar, dhe nuk do të bëni siç bëjnë në vendin e Kanaanit ku po ju çoj; ju nuk do të ndiqni zakonet e tyre.

⁴ Do të zbatoni dekretet e mia dhe do të respektoni statutet e mia, duke iu përmbajtur atyre. Unë jam Zoti, Perëndia juaj.

⁵ Do të respektoni statutet dhe dekretet e mia, me anën e të cilave, kushdo që i zbaton në praktikë, ka për të jetuar. Unë jam Zoti.

⁶ Asnjë nga ju nuk do t'i afrohet ndonjë të afërmi nga gjaku për të zbuluar lakuriqësinë e tij. Unë jam Zoti.

⁷ Nuk do të zbulosh lakuriqësinë e atit tënd apo lakuriqësinë e nënës sate; ajo është nëna jote; nuk do të zbulosh lakuriqësinë e saj.

⁸ Nuk do të zbulosh lakuriqësinë e gruas së atit tënd; ajo është lakuriqësia e atit tënd.

⁹ Nuk do të zbulosh lakuriqësinë e motrës sate, bijë e atit tënd ose bijë e nënës sate, qoftë e lindur në shtëpi ose jashtë saj.

¹⁰ Nuk do të zbulosh lakuriqësinë e bijës së birit tënd apo të bijës së bijës sate, sepse lakuriqësia e tyre është vetë lakuriqësia jote.

¹¹ Nuk do të zbulosh lakuriqësinë e bijës së gruas të atit tënd, e lindur nga ati yt; është motra jote; mos zbulo lakuriqësinë e saj.

¹² Nuk do të zbulosh lakuriqësinë e motrës së atit tënd; është një e afërme e ngushtë e atit tënd.

¹³ Nuk do të zbulosh lakuriqësinë e motrës së nënës sate, sepse është një e afërme e ngushtë e nënës sate.

¹⁴ Nuk do të zbulosh lakuriqësinë e vëllait të atit tënd; nuk do t'i afrohesh gruas së tij; ajo është halla jote.

¹⁵ Nuk do të zbulosh lakuriqësinë e nuses së birit tënd; ajo është gruaja e djalit tënd; mos zbulo lakuriqësinë e saj.

¹⁶ Nuk do të zbulosh lakuriqësinë e gruas së vëllait tënd; është lakuriqësia e vëllait tënd.

¹⁷ Nuk do të zbulosh lakuriqësinë e një gruaje dhe të bijës së saj; nuk do të marrësh bijën e birit të saj, as bijën e bijës së saj për të zbuluar lakuriqësinë; janë të afërm të ngushtë të saj; është një incest.

¹⁸ Nuk do të marrësh një grua bashkë me motrën për ta bërë shemër, duke zbuluar lakuriqësinë e saj ndërsa tjetra është akoma gjallë.

¹⁹ Nuk do t'i afrohesh një gruaje për të zbuluar lakuriqësinë e saj në periudhën e papastërtisë së saj të shkaktuar nga zakonet.

²⁰ Nuk do të kesh marrëdhënie seksuale me gruan e fqinjit tënd për t'u ndotur me të.

²¹ Nuk do të lejosh që asnjë prej trashëgimtarëve të tu t'i ofrohet Molekut; dhe nuk do të përdhosësh emrin e Perëndisë tënd. Unë jam Zoti.

²² Nuk do të kesh marrëdhënie seksuale me një burrë, ashtu si bëhet me një grua; është një gjë e neveritshme.

²³ Nuk do të bashkohesh me asnjë kafshë duke u ndotur me të; gjithashtu asnjë grua të mos i afrohet një kafshe për t'u bashkuar me të; është një degjenerim i neveritshëm.

²⁴ Mos u ndotni me asnjë nga këto gjëra, sepse me gjithë këto gjëra janë ndotur kombet që po bëhem gati t'i përzë përpara jush.

²⁵ Vendi është ndotur; prandaj unë do ta dënoj për paudhësinë e tij, dhe vendi do të vjellë banorët e tij.

²⁶ Ju, pra, do të respektoni statutet dhe dekretet e mia dhe nuk do të kryeni asnjë nga ato gjëra të neveritshme, as ai që ka lindur në vend ashtu edhe i huaji që banon midis jush,

²⁷ (sepse të gjithë këto gjëra të neveritshme i kanë bërë banorët e vendit që ishin para jush, dhe vendi është ndotur),

²⁸ që edhe ju, po të jetë se e ndotni, vendi të mos ju vjellë ashtu si ka vjellë kombin që ishte para jush.

²⁹ Sepse cilido që kryen ndonjë prej këtyre gjërave të neveritshme, personat që i kryejnë do të shfarosen në mes të tyre.

³⁰ Do të respektoni, pra, urdhërimet e mia, nuk do të ndiqni asnjë nga zakonet e neveritshme që janë para jush dhe nuk do të ndoteni me to. Unë jam Zoti, Perëndia juaj".

Levitikut

Kapitull 19

¹ Zoti i foli akoma Moisiut, duke i thënë:
² "Foli tërë asamblesë së bijve të Izraelit dhe u thuaj atyre: Jini të shenjtë, sepse unë Zoti, Perëndia juaj, jam i shenjtë.
³ Secili prej jush të respektojë nënën dhe atin e tij, po kështu të respektojë të shtunat e mia. Unë jam Zoti Perëndia juaj.
⁴ Mos iu drejtoni idhujve dhe mos bëni perëndi me metal të shkrirë. Unë jam Zoti, Perëndia juaj.
⁵ Kur t'i ofroni një flijim falënderimi Zotit, do ta ofroni në mënyrë që të pëlqehet.
⁶ Do të hahet po atë ditë që e ofroni dhe ditën vijuese; dhe në rast se mbetet diçka deri në ditën e tretë, do ta digjni me zjarr.
⁷ Në rast se hahet ndonjë pjesë e tij ditën e tretë është një gjë e neveritshme; flijimi nuk do të pëlqehet.
⁸ Prandaj kushdo që e ha do të rëndohet me fajin e paudhësisë së tij, sepse ka përdhosur atë që është e shenjtë për Zotin; ky njeri do të shfaroset në mes të popullit të tij.
⁹ Kur do të korrni tokat tuaja, nuk do të korrësh deri në cepat e arës sate dhe nuk do të mbledhësh kallinjtë që kanë mbetur pas korrjes sate;
¹⁰ dhe në vreshtin tënd nuk do të kthehesh prapë, as do të mbledhësh bistakët e mbetur nga vreshti yt; do t'i lësh për të varfrin dhe për të huajin. Unë jam Zoti, Perëndia juaj.
¹¹ Nuk do të vidhni, nuk do të gënjeni dhe nuk do të mashtroni njëri-tjetrin.
¹² Nuk do të bëni betim të rremë në emrin tim, nuk do të përdhosni emrin e Perëndisë tuaj. Unë jam Zoti.
¹³ Nuk do të mundosh fqinjin tënd dhe as do ta vjedhësh; mëditjen e punëtorit mos e mbaj te ti deri në mëngjesin vijues.
¹⁴ Nuk do të mallkosh të shurdhërin dhe nuk do të vësh asnjë pengesë para të verbrit, por do të kesh frikë nga Perëndia yt. Unë jam Zoti.
¹⁵ Nuk do të bësh padrejtësi gjatë gjykimit; nuk do të tregohesh i anshëm me të varfërin as do të nderosh personat e fuqishëm; por do të gjykosh të afërmin tënd me drejtësi.
¹⁶ Nuk do të shkosh e të sillesh duke shpifur nëpër popullin tënd, as do të mbash qëndrim kundër jetës të të afërmit tënd. Unë jam Zoti.
¹⁷ Nuk do të urresh vëllanë tënd në zemrën tënde; qorto gjithashtu fqinjin tënd, por mos u ngarko me asnjë mëkat për shkak të tij.
¹⁸ Nuk do të hakmerresh dhe nuk do të mbash mëri kundër bijve të popullit tënd, por do ta duash të afërmin tënd si veten tënde. Unë jam Zoti.
¹⁹ Të respektoni statutet e mia. Nuk do të bashkosh kafshë të llojeve të ndryshme; nuk do të mbjellësh arën tënde me lloje të ndryshme farërash, nuk do të veshësh asnjë palë rroba të endura me materiale të ndryshme.
²⁰ Në qoftë se dikush ka marrëdhënie seksuale me një grua që është skllave e premtuar një njeriu, por që nuk është shpenguar dhe nuk ka fituar lirinë, do të dënohen që të dy, por nuk do të dënohen me vdekje, sepse ajo nuk ishte e lirë.
²¹ Burri do t'i çojë Zotit, në hyrje të çadrës së mbledhjes, një dash si fli për shkeljen;
²² dhe me dashin e flijimit për shkeljen prifti do të bëjë për të shlyerjen përpara Zotit për mëkatin që ai ka kryer; dhe mëkati që ai ka kryer do t'i falet.
²³ Kur të hyni në vendin tuaj dhe të keni mbjellë lloj-lloj drurësh frutorë, do t'i konsideroni frutat e tyre si të parrethprera; për tre vjet do të jenë për ju si të parrethprera; prandaj nuk duhet të hahen.
²⁴ Por vitin e katërt të gjitha frutat e tyre do të jenë të shenjtëruara, do të jenë për lavdinë e Zotit.
²⁵ Vitin e pestë do të hani frutat e tyre, me qëllim që prodhimi i tyre të mund të rritet. Unë jam Zoti, Perëndia juaj.
²⁶ Nuk do të hani asgjë që përmban gjak. Nuk do të zbatoni asnjë lloj shortarie ose magjie.
²⁷ Nuk do t'i prisni rrumbullak flokët anëve të kokës, as do të shkurtosh fundin e mjekrës sate.
²⁸ Nuk do të bëni asnjë prerje në mishin tuaj për një të vdekur, nuk do të bëni asnjë tatuazh mbi trupin tuaj. Unë jam Zoti.
²⁹ Mos e ndot bijën tënde duke e bërë kurvë, që vendi të mos jepet pas kurvërisë dhe të mos mbushet me prapësi.
³⁰ Të respektoni të shtunat e mia dhe do të keni respekt për shenjtëroren time. Unë jam Zoti.
³¹ Mos iu drejtoni mediumeve dhe magjistarëve; mos u konsultoni për të mos u ndotur me anë të tyre. Unë jam Zoti, Perëndia juaj.
³² Çohu në këmbë para atij që ka kokën të zbardhur, nderoje plakun dhe ki frikë nga Perëndia yt. Unë jam Zoti.
³³ Kur një i huaj banon bashkë me ju në vendin tuaj, mos e trajtoni keq.
³⁴ Të huajin që banon midis jush ta trajtoni njëlloj si ai që ka lindur midis jush; ti do ta duash si veten tënde, sepse edhe ju ishit të huaj në vendin e Egjiptit. Unë jam Zoti, Perëndia juaj.
³⁵ Nuk do të bëni padrejtësi në gjykime, përsa u përket masave të gjatësisë, të peshës dhe të kapacitetit.
³⁶ Do të keni peshore të sakta, pesha të sakta, efa të saktë, hin të saktë. Unë jam Zoti, Perëndia juaj që ju nxori nga vendi i Egjiptit.
³⁷ Do të respektoni, pra, të gjitha statutet dhe dekretet e mia dhe do t'i vini në zbatim. Unë jam Zoti.

Kapitull 20

¹ Zoti i foli akoma Moisiut, duke i thënë:
² "Do t'u thuash bijve të Izraelit: Cilido nga bijtë e Izraelit ose nga të huajt që banojnë në Izrael do që t'i japë Molekut ndonjë nga trashëgimtarët e tij, do të dënohet me vdekje; populli i vendit do ta vrasë me gurë.
³ Unë vet do të kthej fytyrën time kundër këtij njeriu dhe do ta shfaros në mes të popullit të tij, sepse i ka dhënë Molekut disa nga trashëgimtarët e tij për të ndotur shenjtëroren time dhe për të përdhosur emrin tim të shenjtë.
⁴ Dhe në rast se populli i vendit mbyll sytë para këtij njeriu, kur ai i jep trashëgimtarët e tij Molekut, dhe nuk e dënon me vdekje,
⁵ do të jem unë që do të kthej fytyrën time kundër këtij njeriu dhe kundër familjes së tij, do ta shfaros në mes të popullit të tij atë dhe tërë ata që kurvërohen me të, duke u shitur para Molekut.
⁶ Dhe në rast se një person u drejtohet mediumeve dhe magjistarëve për t'u kurvëruar pas tyre, unë do ta kthej fytyrën time kundër këtij personi dhe do ta shfaros në mes të popullit të tij.
⁷ Shenjtërohuni, pra, dhe qofshi të shenjtë, sepse unë jam Zoti, Perëndia juaj.
⁸ Respektoni statutet e mia dhe i vini në zbatim. Unë jam Zoti që ju shenjtëron.
⁹ Kushdo që mallkon të atin ose të ëmën, do të dënohet me vdekje, sepse ka mallkuar të atin o të ëmën; gjaku i tij do të bjerë mbi të.
¹⁰ Në rast se ndonjëri shkel kurorën me gruan e një tjetri, në qoftë se shkel kurorën me gruan e fqinjit të tij, shkelësi dhe shkelësja e kurorës do të dënohen me vdekje.
¹¹ Në qoftë se dikush bie në shtrat me gruan e atit të tij, ai zbulon lakuriqësinë e të atit; prandaj që të dy do të dënohen pa tjetër me vdekje; gjaku i tyre do të bjerë mbi ta.
¹² Në rast se dikush bie në shtrat me nusen e birit të tij, që të dy do të dënohen me vdekje; kanë kryer një degjenerim të neveritshëm; gjaku i tyre do të bjerë mbi ta.
¹³ Në qoftë se dikush ka marrëdhënie seksuale me një burrë ashtu si ato që bëhen me një grua, që të dy kanë kryer një degjenerim të neveritshëm, do të dënohen pa tjetër me vdekje; gjaku i tyre do të bjerë mbi ta.
¹⁴ Në qoftë se dikush merr për grua bijën dhe nënën e saj, kemi një incest; do të digjen në zjarr si ai ashtu dhe ato, me qëllim që të mos ketë incest midis jush.
¹⁵ Në rast se një burrë bashkohet me një kafshë, ai do të dënohet me vdekje; do të vritet edhe kafsha.
¹⁶ Në rast se një grua i afrohet një kafshe për t'u bashkuar me të, do të vrasësh gruan dhe kafshën; do të dënohen pa tjetër me vdekje; gjaku i tyre do të bjerë mbi ta.
¹⁷ Në qoftë se dikush merr motrën e vet, bijën e atit të tij ose bijën e nënës së tij dhe sheh lakuriqësinë e saj dhe ajo sheh lakuriqësinë e tij, ky është një turp; të dy do të shfarosen në sytë e bijve të popullit të tyre; ai ka zbuluar lakuriqësinë e motrës së vet; do të mbajë dënimin e paudhësisë së tij.
¹⁸ Në rast se dikush bie në shtrat me një grua gjatë kohës së zakoneve të saj dhe zbulon lakuriqësinë e saj, ai ka zbuluar fluksin e saj dhe ajo ka zbuluar fluksin e gjakut të vet; që të dy do të shfarosen në mes të popullit të tyre.
¹⁹ Nuk do të zbulosh lakuriqësinë e motrës së nënës sate ose të motrës së atit tënd, sepse në këtë mënyrë zbulohet lakuriqësia e një të afërmi të një gjaku; që të dy do të mbajnë dënimin e paudhësisë së tyre.
²⁰ Në qoftë se dikush bie në shtrat me gruan e ungjit të tij, ai zbulon lakuriqësinë e ungjit të tij; që të dy do të mbajnë dënimin për mëkatin e tyre; do të vdesin pa fëmijë.
²¹ Në qoftë se dikush merr gruan e vëllait të tij, kjo është një gjë e papastër; ai ka zbuluar lakuriqësinë e vëllait të tij; nuk do të kenë fëmijë.
²² Do të respektoni, pra, të gjitha statutet dhe dekretet e mia dhe do t'i vini në zbatim, me qëllim që vendi ku po ju çoj të banoni të mos ju vjellë jashtë.

²³ Dhe nuk do të ndiqni zakonet e kombeve që unë po bëhem gati t'i përzë përpara jush; ata i kanë bërë tërë këto gjëra, prandaj unë i urrej.

²⁴ Por juve ju thashë: Ju do të shtini në dorë vendin e tyre; do t'ju jap si pronë; është një vend ku rrjedh qumësht dhe mjaltë. Unë jam Zoti, Perëndia juaj, që ju ka ndarë nga popujt e tjerë.

²⁵ Do të dalloni, pra, kafshët e pastra nga ato të papastra, zogjtë e pastër nga ata të papastër, dhe nuk do bëheni të neveritshëm duke ngrënë kafshë, zogj o çfarëdo gjë që hiqet zvarrë mbi tokë dhe që unë i kam veçuar për ju si të papastra.

²⁶ Dhe do të jeni të shenjtë për mua, sepse unë, Zoti, jam i shenjtë, dhe ju kam ndarë nga popujt e tjerë me qëllim që të jeni të mitë.

²⁷ Në qoftë se një burrë apo një grua është medium apo magjistar, ata do të dënohen pa tjetër me vdekje; do t'i vrisni me gurë; gjaku i tyre do të bjerë mbi ta".

Kapitull 21

¹ Zoti i tha akoma Moisiut: "Folu priftërinjve, bijve të Aaronit, dhe u thuaj: Asnjë prift të mos ndotet për një të vdekur në mes të popullit të tij,

² veç se po të jetë një i afërm i tij i një gjaku: nëna, ati, biri, bija, vëllai

³ dhe motra e tij ende e virgjër që jeton me të, dhe që nuk është martuar ende; për atë mund të ndotet.

⁴ Duke qënë një udhëheqës në mes të popullit të tij, nuk do të ndotet duke përdhosur veten e tij.

⁵ Priftërinjtë nuk do të bëjnë tonsurën mbi kokën e tyre, nuk do të rruajnë mjekrën e tyre dhe nuk do të bëjnë prerje mbi mishin e tyre.

⁶ Do të jenë të shenjtë për Perëndinë e tyre dhe nuk do të përdhosin emrin e Perëndisë së tyre, sepse i ofrojnë flijime Zotit, përgatitura me zjarr dhe bukën Perëndisë së tyre; prandaj do të jenë të shenjtë.

⁷ Nuk do të marrin për grua një kurvë, as edhe një grua faqenxirë; nuk do të marrin një grua të ndarë nga burri, sepse janë të shenjtë ndaj Perëndisë së tyre.

⁸ Ti do ta konsiderosh priftin të shenjtë, sepse ai i ofron bukën Perëndisë tënd; ai ka për të qënë i shenjtë për ty, sepse unë, Zoti që ju shenjtëroj, jam i shenjtë.

⁹ Në rast se e bija e një prifti humb nderin duke u bërë kurvë, ajo turpëron te atin: ajo do të digjet me zjarr.

¹⁰ Por ai që është kryeprift midis vëllezërve të tij, mbi kokën e të cilit është vënë vaji i vajosjes dhe që është shenjtëruar për të veshur rrobat e shenjta, nuk do të zbulojë kokën dhe nuk do të shqyejë rrobat.

¹¹ Nuk do t'i afrohet asnjë kufome; nuk do të ndotet as për të atin, as për të ëmën.

¹² Nuk do të dalë nga shenjtërorja dhe nuk do të përdhosë shenjtëroren e Perëndisë së tij, sepse shenjtërimi i vajosjes nga ana e Perëndisë është mbi të. Unë jam Zoti.

¹³ Do të marrë për grua një virgjëreshë.

¹⁴ Nuk do të marrë as grua të ve, as të ndarë nga burri, as grua faqenxirë, as kurvë; por do të marrë për grua një virgjëreshë nga populli i tij.

¹⁵ Nuk do të turpërojë trashëgimtarët e tij në mes të popullit; sepse unë jam Zoti që ju shenjtëron".

¹⁶ Zoti i foli akoma Moisiut, duke i thënë:

¹⁷ "Foli Aaronit dhe i thuaji: Në brezat e ardhshëm asnjë burrë nga fisi yt, që ka ndonjë gjymtim, nuk do të mund të afrohet për të ofruar bukën e Perëndisë së tij;

¹⁸ sepse asnjë njeri që ka ndonjë gjymtim nuk do të mund të afrohet: as i verbri, as i çali as ai që ka një fytyrë të përçudnuar, ose ka një gjymtyrë të deformuar,

¹⁹ një thyerje të këmbës apo të dorës,

²⁰ as gungaçi as shkurtabiqi as ai që ka një njollë në sy apo një ekzemë, a zgjeben apo herdhe të shtypura.

²¹ Asnjë burrë nga fisi i priftit Aaron që ka ndonjë gjymtim nuk do të afrohet për t'i ofruar flijimet e bëra me zjarr Zotit. Ka një gjymtim; të mos afrohet për të ofruar bukën e Perëndisë së tij.

²² Ai do të mund të hajë bukën e Perëndisë së tij, gjëra shumë të shenjta dhe gjëra të shenjta;

²³ nuk do t'i afrohet velit as edhe altarit, sepse ka një gjymtim. Nuk do të përdhosë vendet e mia të shenjta, sepse unë jam Zoti që i shenjtëroj".

²⁴ Dhe Moisiu ia tha këto gjëra Aaronit, bijve të tij dhe gjithë bijve të Izraelit.

Kapitull 22

¹ Zoti i foli akoma Moisiut, duke i thënë:

² "Folu Aaronit dhe bijve të tij që të heqin dorë nga gjërat e shenjta që më janë shenjtëruar nga bijtë e Izraelit dhe të mos përdhosin emrin tim të shenjtë. Unë jam Zoti.

³ U thuaj atyre: "Cilido burrë i fisit tuaj që në brezat e ardhshme do t'u afrohet në gjendje papastërtie gjërave të shenjta, që bijtë e Izraelit ia kanë shenjtëruar Zotit, do të shfaroset nga prania ime. Unë jam Zoti.

⁴ Asnjë burrë nga fisi i Aaronit, i sëmurë nga lebra ose me fluks qoftë, nuk do të hajë gjëra të shenjta deri sa të bëhet i pastër. Gjithashtu ai që prek çfarëdo gjë që është bërë e papastër nga kontakti me një kufomë, apo ai që ka pasur një lëshim fare,

⁵ ose ai që ka prekur një zvarranik e ka bërë të papastër, ose një njeri që i ka komunikuar një papastërti të çfarëdo lloji,

⁶ personi që ka prekur këto gjëra do të jetë i papastër deri në mbrëmje dhe nuk ka për të ngrënë gjëra të shenjta para se të ketë larë trupin e tij me ujë;

⁷ mbas perëndimit të diellit do të jetë i pastër dhe do të mund të hajë gjëra të shenjta, sepse janë ushqimi i tij.

⁸ Prifti nuk do të hajë mish kafshe të ngordhur në mënyrë të natyrshme apo të shqyer, për të mos u bërë i papastër. Unë jam Zoti.

⁹ Priftërinjtë do të respektojnë, pra, atë që kam urdhëruar, përndryshe do të mbajnë dënimin e mëkatit të tyre dhe do të vdesin sepse kanë përdhosur gjërat e shenjta. Unë jam Zoti që i shenjtëroj.

¹⁰ Asnjë i huaj nuk do të hajë gjëra të shenjta; as një mik i priftit, as një rrogtar nuk do të mund të hajë gjërat e shenjta.

¹¹ Por në rast se prifti ble një person me paratë e tij, ky do të mund të hajë nga ky ushqim ashtu si edhe ata që kanë lindur në shtëpinë e tij; këta mund të hanë nga ushqimi i tij.

¹² Bija e priftit që është martuar me një të huaj nuk do të hajë gjëra të shenjta të ofruara për ngritje.

¹³ Por në qoftë se bija e priftit ka mbetur e ve, apo është ndarë nga burri dhe nuk ka fëmijë, dhe është kthyer të rrijë me të atin ashtu si kur ishte e re, do të mund të hajë nga buka e atit të saj; po asnjë i huaj nuk do ta hajë atë.

¹⁴ Në qoftë se dikush ha gabimisht një gjë të shenjtë, do t'i japë priftit gjënë e shenjtë, duke i shtuar një të pestën.

¹⁵ Priftërinjtë nuk do të përdhosin, pra, gjërat e shenjta të bijve të Izraelit, që ata i ofrojnë Zotit për ngritje,

¹⁶ dhe nuk do të bëjnë që ata të mbajnë dënimin e mëkatit për të cilin do të bëheshin fajtorë, duke ngrënë gjërat e tyre të shenjta; sepse unë, Zoti, i shenjtëroj"".

¹⁷ Zoti i foli akoma Moisiut duke i thënë:

¹⁸ "Folu Aaronit, bijve të tij dhe gjithë bijve të Izraelit dhe u thuaj atyre: Kushdo nga shtëpia e Izraelit ose nga të huajt në Izrael, që paraqet si olokaust për Zotin një ofertë për çfarëdo kushti ose çfarëdo dhurate sipas dëshirës;

¹⁹ për të qënë i mirëpritur, do të ofrojë një mashkull, pa të meta, të marrë nga qetë, nga dhentë apo nga dhitë.

²⁰ Nuk do të ofroni asgjë që ka një të metë, sepse nuk do të ishte e pëlqyer.

²¹ Kur dikush i ofron Zotit një flijim falënderimi, që është marrë nga kopeja apo nga tufa, qoftë për të përmbushur një kusht, qoftë si ofertë vullnetare, viktima për t'u pëlqyer duhet të jetë e përsosur; nuk duhet të ketë asnjë të metë.

²² Nuk do t'i ofroni Zotit një viktimë të verbër, të çalë apo të gjymtuar, apo që ka ulcera, ekzemë ose zgjebe; dhe nuk do të bëni mbi altar flijime me zjarr për Zotin.

²³ Do të mund të paraqesësh si ofertë vullnetare një ka ose një dele që ka një këmbë shumë të gjatë apo shumë të shkurtër; por si kusht nuk do të ishte i mirëpritur.

²⁴ Nuk do t'i ofrosh Zotit asnjë kafshë me herdhe të vrara, a të shtypura, të këputura apo të prera; flijime të tilla nuk do të bëni në vendin tuaj.

²⁵ Nuk do pranoni nga i huaji asnjë nga këto viktima për ta ofruar si bukë të Perëndisë tuaj, sepse në to ka gjymtime dhe të meta; nuk do të pëlqeheshin për ju.

²⁶ Zoti i foli akoma Moisiut, duke i thënë:

²⁷ "Kur do të lindë një viç, a një qengj a një kec, do ta lini shtatë ditë me të ëmën; nga dita e tetë e tutje do të pëlqehet si flijim i bërë me zjarr për Zotin.

²⁸ Nuk do të therni një lopë apo një dele me gjithë të voglin e saj në të njëjtën ditë.

²⁹ Kur do t'i ofroni Zotit një flijim falënderimi, paraqiteni në mënyrë që të pëlqehet.

³⁰ Viktima do të hahet po atë ditë; nuk do të lini asgjë deri në mëngjes. Unë jam Zoti.

³¹ Do të respektoni, pra, urdhërimet e mia dhe do t'i vini në zbatim. Unë jam Zoti.

³² Nuk do të përdhosni emrin tim të shenjtë, por do të shenjtërohem në mes të bijve të Izraelit. Unë jam Zoti që ju shenjtëron

³³ që ju nxori nga vendi i Egjiptit për të qënë Perëndia juaj. Unë jam Zoti".

Kapitull 23

¹ Zoti i foli akoma Moisiut, duke i thënë:

² "Folu bijve të Izraelit dhe u thuaj atyre: Ja festat e Zotit, që ju do t'i shpallni si mbledhje të shenjta. Festat e mia janë këto:

³ Do të punohet gjashtë ditë, por dita e shtatë është një e shtunë pushimi dhe mbledhjeje të shenjtë. Atë ditë nuk do të bëni asnjë punë; është e shtuna e shenjtëruar Zotit në të tëra vendet ku do të banoni.

⁴ Këto janë festat e Zotit, mbledhjet e shenjta që ju do t'i shpallni në kohën e tyre.

⁵ Muajin e parë, ditën e katërmbëdhjetë të muajit, midis dy mbrëmjeve, bien Pashkët e Zotit;

⁶ dhe ditën e pesëmbëdhjetë të po atij muaji bie festa e bukës së ndorme për nder të Zotit; për shtatë ditë do të hani bukë të ndorme.

⁷ Ditën e parë do të bëni një mbledhje të shenjtë; nuk do të bëni atë ditë asnjë punë të rëndë;

⁸ dhe për shtatë ditë do t'i ofroni Zotit flijime të bëra me zjarr. Ditën e shtatë do të bëhet një mbledhje e shenjtë; gjatë asaj dite nuk do të bëni asnjë punë të rëndë".

⁹ Zoti i foli akoma Moisiut, duke i thënë:

¹⁰ "Folu bijve të Izraelit dhe u thuaj: Kur do të hyni në vendin që unë po ju jap dhe do të kryeni të korrat, do t'i çoni priftit një demet si prodhim i parë i korrjes suaj;

¹¹ Ai do ta tundë demetin përpara Zotit për ju, me qëllim që të pëlqehet; prifti do ta tundë një ditë pas së shtunës.

¹² Ditën gjatë së cilës do të tundni demetin, do t'i ofroni një qengj motak, pa të meta, si olokaust për Zotin.

¹³ Blatimi i ushqimit që do ta shoqërojë do të jetë dy të dhjeta të efës majë mielli të përzier me vaj, si flijim i bërë me zjarr, me një erë të këndshme për Zotin; libacioni do të jetë një çerek hin verë.

¹⁴ Nuk do të hani as bukë, as grurë të pjekur, as kallëza të freskëta, deri në atë ditë, deri sa të mos keni çuar ofertën e Perëndisë tuaj. Ky është një ligj i përjetshëm për të gjithë brezat tuaja, në të gjitha vendet ku do të banoni.

¹⁵ Nga dita pas së shtunës, domethënë nga dita që keni çuar demetin e ofertës së tundur, do të numëroni shtatë të shtuna të plota.

¹⁶ Do të numëroni pesëdhjetë ditë deri në ditën pas së shtunës së shtatë, pastaj do t'i ofroni Zotit një blatim të ri ushqimi.

¹⁷ Do të çoni në banesat tuaja dy bukë për një ofertë të tundur prej dy të dhjeta të efës majë mielli; ato do të jenë pjekur me maja, si prodhime të parë të ofruara për Zotin.

¹⁸ Së bashku me këto bukë do të ofroni shtatë qengja motakë pa të meta, një dem të vogël dhe dy desh; ata do të jenë një olokaust për Zotin së bashku me blatimet e tyre ushqimore dhe me libacionet e tyre; do të jetë një flijim me erë të këndshme i bërë me zjarr për Zotin.

¹⁹ Pastaj do të ofroni një cjap si fli për mëkatin dhe dy qengja motakë si flijim falënderimi.

²⁰ Prifti do t'i tundë bashkë me bukën e prodhimit të parë dhe me dy qengjat, si ofertë e tundur përpara Zotit; ata do t'i shenjtërohen Zotit dhe do t'i takojnë priftit.

²¹ Po atë ditë do të shpallni një mbledhje të shenjtë. nuk do të bëni atë ditë asnjë punë të rëndë. Është një ligj i përjetshëm për të gjithë brezat tuaj, në të gjitha vendet ku do të banoni.

²² Kur do të korrni të mbjellat e tokës suaj, nuk do të korrni deri në cepat e arës sate dhe nuk do të mblidhni kallinjtë që kanë mbetur pas; do t'i lini për të varfrin dhe për të huajin. Unë jam Zoti, Perëndia juaj".

²³ Zoti i foli akoma Moisiut, duke i thënë:

²⁴ "Folu bijve të Izraelit dhe u thuaj: Në muajin e shtatë, ditën e parë të muajit do të bëni një pushim solemn, një kremtim festiv të njoftuar me buri, një mbledhje të shenjtë.

²⁵ Nuk do të bëni në atë ditë asnjë punë të rëndë dhe do t'i ofroni Zotit disa flijime të bëra me zjarr".

²⁶ Zoti i foli akoma Moisiut, duke i thënë:

²⁷ "Dita e dhjetë e këtij muaji shtatë do të jetë dita e shlyerjes së mëkateve. Do të ketë për ju një mbledhje të shenjtë; do të përulni shpirtin tuaj dhe do t'i ofroni Zotit një flijim të bërë me zjarr.

²⁸ Gjatë kësaj dite nuk do kryeni asnjë punë, sepse është dita e shlyerjes për ju përpara Zotit, Perëndisë tuaj.

²⁹ Sepse çdo njeri që në këtë ditë nuk përulet, do të shfaroset në mes të popullit të tij.

³⁰ Dhe çdo person që gjatë kësaj dite do të bëjë çfarëdo pune, unë, këtë person do ta shfaros në mes të popullit të tij.

³¹ Nuk do të kryeni asnjë punë. Është një ligj i përjetshëm për të gjithë brezat tuaj, në të gjitha vendet ku do të banoni.

³² Do të jetë për ju një e shtunë pushimi, gjatë së cilës do të përulni shpirtin tuaj; ditën e nëntë të muajit, nga mbrëmja deri në mbrëmjen vijuese, do të kremtoni të shtunën tuaj".

³³ Zoti i foli akoma Moisiut, duke i thënë:

³⁴ "Folu bijve të Izraelit dhe u thuaj atyre: Dita e pesëmbëdhjetë e këtij muaji të shtatë do të jetë festa e kasolleve për shtatë ditë, për nder të Zotit.

³⁵ Ditën e parë do të bëhet një mbledhje e shenjtë; nuk do të bëni gjatë kësaj dite asnjë punë të rëndë.

³⁶ Shtatë ditë me radhë do t'i ofroni Zotit një flijim të bërë me zjarr. Ditën e tetë do të keni një mbledhje të shenjtë dhe do t'i ofroni Zotit një flijim të bërë me zjarr. Është dita e kuvendit madhështor, nuk do të bëni gjatë kësaj dite asnjë punë të rëndë.

³⁷ Këto janë festat e Zotit që ju do t'i shpallni si mbledhje të shenjta, për t'i ofruar Zotit një flijim të bërë me zjarr, një olokaust dhe një blatim ushqimi, një viktimë dhe libacione, çdo gjë në ditën e caktuar,

³⁸ përveç të shtunave të Zotit, përveç dhuratave dhe kushteve tuaja sipas dëshirës që do t'i paraqisni Zotit.

³⁹ Përveç kësaj ditën e pesëmbëdhjetë të muajit të shtatë, kur të keni vjelur prodhimet e tokës, do të kremtoni një festë për Zotin shtatë ditë me radhë; dita e parë do të jetë një ditë pushimi dhe dita e tetë do të jetë gjithashtu një ditë pushimi.

⁴⁰ Ditën e parë do të mblidhni frutat e druvëve madhështorë: degë palme, degë me gjethe të dendura dhe shelgje përrenjsh, dhe do të gëzoheni përpara Zotit, Perëndisë tuaj, shtatë ditë me radhë.

⁴¹ Do ta kremtoni këtë festë për nder të Zotit shtatë ditë për çdo vit. Është një ligj i përjetshëm për të gjithë brezat tuaj. Do ta kremtoni muajin e shtatë.

⁴² Do të banoni në kasolle shtatë ditë me radhë; të gjithë ata që kanë lindur në Izrael do të banojnë në kasolle,

⁴³ me qëllim që pasardhësit tuaj të dinë që unë i kam detyruar bijtë e Izraelit të banojnë në kasolle, kur i nxora nga vendi i Egjiptit. Unë jam Zoti, Perëndia juaj".

⁴⁴ Kështu Moisiu u njoftoi bijve të Izraelit festat e Zotit.

Kapitull 24

¹ Zoti i foli akoma Moisiut, duke i thënë:

² "Urdhëro bijtë e Izraelit të të sjellin vaj të pastër ullinjsh të shtypur për dritën e shandanit, për t'i mbajtur llambat vazhdimisht të ndezura.

³ Në çadrën e mbledhjes, jashtë velit që është përpara dëshmisë, Aaroni do të kujdeset për vazhdimësinë nga mbrëmja deri në mëngjes para Zotit. Është një ligj i përjetshëm për të gjithë brezat tuaj.

⁴ Ai do të kujdeset për llambat e shandanit prej floriri të pastër që janë para Zotit, për vazhdimësinë.

⁵ Do të marrësh majë mielli dhe me të do të pjekësh dymbëdhjetë kulaç; çdo kulaç do të jetë dy të dhjetat e efës.

⁶ Do t'i vendosësh në dy radhë, gjashtë në çdo radhë, mbi tryezën prej ari të pastër, përpara Zotit.

⁷ Dhe në çdo radhë do të vësh temjan të pastër, i cili ka për të qenë një kujtim mbi bukën, si një flijim i bërë me zjarr për Zotin.

⁸ Çdo të shtunë ai do t'i vendosë bukët përpara Zotit, në vazhdimësi; ato do të merren nga bijtë e Izraelit; kjo është një besëlidhje e përjetshme.

⁹ Bukët i përkasin Aaronit dhe bijve të tij, dhe këta do t'i hanë në një vend të shenjtë, sepse do të jenë një gjë shumë e shenjtë për atë midis flijimeve të bëra me zjarr para Zotit. Është një ligj i përjetshëm".

¹⁰ Ndërkaq biri i një gruaje izraelite dhe i një egjiptasi doli në mes të bijve të Izraelit; dhe ndërmjet djalit të gruas izraelite dhe një izraeliti plasi një grindje.

¹¹ Biri i izraelites blasfemoi emrin e Zotit dhe e mallkoi atë; kështu e çuan te Moisiu. (Nëna e tij quhej Shelomith, ishte e bija e Dibrit, nga fisi i Danve).

¹² E futën në burg, deri sa t'u tregohej vullneti i Zotit.

¹³ Dhe Zoti i foli Moisiut, duke i thënë:

¹⁴ "Çoje atë blasfemues jashtë kampit; të gjithë ata që e kanë dëgjuar të vënë duart e tyre mbi kokën e tij dhe gjithë asambleja ta vrasë me gurë.

¹⁵ Pastaj folu bijve të Izraelit dhe u thuaj atyre: "Kushdo që mallkon Perëndinë e tij, do të mbajë fajin e mëkatit të tij.

¹⁶ Dhe kushdo që e shan emrin e Zotit do të dënohet me vdekje; tërë asambleja do ta vrasë me gurë. I huaj apo i lindur në vend, ai që blasfemon emrin e Zotit do të dënohet me vdekje.

¹⁷ Kush ia heq jetën një njeriu, do të vritet.

¹⁸ Kush rreh për vdekje një kafshë, do ta paguajë: jetë për jetë.

¹⁹ Kur dikush i shkakton një dëmtim fqinjit të tij, ai do të pësojë po atë që i ka bërë tjetrit;

²⁰ thyerje për thyerje, sy për sy, dhëmb për dhëmb; ai do të pësojë po atë gjymtim që u ka shkaktuar të tjerëve.

²¹ Kush rreh për vdekje një kafshë, do ta paguajë; por ai që ia heq jetën një njeriu do të vritet.

²² Do të keni të njëjtin ligj për të huajin dhe për atë që ka lindur në vend; sepse unë jam Zoti, Perëndia juaj".

²³ Pastaj Moisiu u foli bijve të Izraelit, të cilët e çuan jashtë kampit atë blasfemues dhe e vranë me gurë. Kështu bijtë e Izraelit vepruan ashtu si i kishte urdhëruar Zoti Moisiun.

Kapitull 25

¹ Zoti i foli akoma Moisiut në malin Sinai, duke i thënë:

² "Folu bijve të Izraelit dhe u thuaj atyre: Kur do të hyni në vendin që unë po ju jap, toka do të respektojë një të shtunë pushimi për Zotin.

³ Gjashtë vjet me radhë do të mbjellësh arën tënde, gjashtë vjet me radhë do të krasitësh vreshtin tënd dhe do të mbledhësh prodhimet;

⁴ por viti i shtatë do të jetë një e shtunë pushimi për tokën, një e shtunë për nder të Zotit; nuk do të mbjellësh as arën tënde, as do të krasitësh vreshtin tënd.

⁵ Nuk do të korrësh atë që rritet vetvetiu në prodhimin tënd dhe nuk do të vjelësh rrushin e vreshtit të pakrasitur; do të jetë një vit pushimi për tokën.

⁶ Atë që toka do të prodhojë gjatë pushimit të saj do të shërbejë si ushqim për ty, për shërbëtorin ose shërbëtoren, për punëtorin tënd dhe për të huajin, me një fjalë për ata që banojnë me ty,

⁷ për bagëtinë dhe kafshët që ndodhen në vendin tënd; tërë prodhimi i saj do të shërbejë si ushqim i tyre.

⁸ Gjithashtu do të llogaritësh për vete shtatë të shtuna vitesh: shtatë herë shtatë vjet; këto shtatë javë vitesh do të bëjnë për ty një periudhë prej dyzet e nëntë vjetësh.

⁹ Ditën e dhjetë të muajit të shtatë do t'i biesh burisë; ditën e shlyerjes do të bëni që të bjerë buria në të gjithë vendin.

¹⁰ Dhe do të shenjtëroni vitin e pesëdhjetë dhe do shpallni në vend lirinë për të gjithë banorët e tij. Do të jetë për ju një jubile; secili prej jush do të kthehet në pronën e vet dhe secili prej jush do të kthehet në familjen e vet.

¹¹ Viti i pesëdhjetë do të jetë për ju një jubile; nuk do të mbillni dhe nuk do të korrni atë që rritet vetiu dhe nuk do të vilni vreshtat e pakrasitur.

¹² Sepse është jubileu; ai do të jetë i shenjtë për ju; do të hani prodhimet që ju japin arat.

¹³ Në këtë vit të jubileut secili do të kthehet në pronën e vet.

¹⁴ Në rast se i shisni diçka fqinjit tuaj, ose blini diçka nga fqinji juaj, nuk do t'i bëni asnjë të padrejtë njëri tjetrit.

¹⁵ Do të blesh nga fqinji yt në bazë të numrit të viteve që kanë kaluar mbas jubileut, dhe ai do të të shesë në bazë të numrit të viteve të korrjes.

¹⁶ Sa më tepër vite mbeten, aq më tepër do ta ngresh çmimin; sa më pak vite mbeten, aq më shumë do ta ulësh çmimin; sepse ai të shet në bazë të numrit të korrjeve.

¹⁷ Asnjë nga ju të mos dëmtojë fqinjin e tij, por të keni frikë nga Perëndia juaj; sepse unë jam Zoti, Perëndia juaj.

¹⁸ Ju do të vini në zbatim statutet e mia, do të respektoni dekretet e mia dhe do t'i zbatoni; kështu do të banoni të sigurt në vendin tuaj.

¹⁹ Toka do të prodhojë frytet e saj dhe ju do t'i hani sa të ngopeni, dhe do të banoni të sigurt në të.

²⁰ Por në rast se thoni: "Çfarë do të hamë vitin e shtatë, po nuk mbollëm dhe nuk korrëm prodhimet tona?".

²¹ Unë kam urdhëruar që bekimi im të vijë mbi ju vitin e gjashtë, dhe ai do t'ju japë një korrje që do të mjaftojë për tre vjet.

²² Kështu vitin e tetë do të mbillni dhe do të hani nga korrja e vjetër deri në vitin e nëntë; do të hani nga korrja e vjetër deri sa të vijë e reja.

²³ Tokat nuk do të shiten për gjithnjë, sepse toka është imja; sepse ju jeni të huaj dhe qiramarrës tek unë.

²⁴ Prandaj në të gjithë vendin që keni pronë do jepni të drejtën e shpengimit të tokës.

²⁵ Në qoftë se yt vëlla bëhet i varfër dhe shet një pjesë të pronës së tij, ai që ka të drejtën e shpengimit, i afërti i tij më i ngushtë, do të vijë dhe do të shpengojë atë që vëllai i tij ka shitur.

²⁶ Dhe në qoftë se dikush nuk ka njeri që të mund ta shpengojë pronën e tij, por arrin të gjejë vetë shumën e nevojshme për shpengimin,

²⁷ do të numërojë vitet që kaluan dhe do t'i japë blerësit shumën e viteve që mbeten akoma, dhe do të rifitojë kështu pronën e tij.

²⁸ Por në qoftë se nuk është në gjendje ta shpengojë pronën e tij, ajo që ka shitur do të mbetet në dorë të blerësit deri në vitin e jubileut; atë vit do të shpengohet dhe do të kthehet në zotërim të tij.

²⁹ Në rast se dikush shet një shtëpi në një qytet të rrethuar me mure, ai ka të drejtë ta shpengojë gjatë një viti të tërë mbas shitjes se saj; e drejta e riblerjes zgjat një vit të tërë.

³⁰ Por në qoftë se shtëpia që ndodhet në qytetin e rrethuar me mure nuk është riblerë para se të ketë kaluar një vit i tërë, ajo do të mbetet për gjithnjë pronë e blerësit dhe e trashëgimtarëve të tij; nuk do të shpengohet me rastin e jubileut.

³¹ Shtëpitë e fshatrave të parrethuara me mure do të konsiderohen përkundrazi si tokë bujqësore; mund të shpengohen dhe me rastin e jubileut do të jenë të shpenguara.

³² Përsa u përket qyteteve të Levitëve, Levitët do të mund të riblejnë gjithnjë shtëpitë e qyteteve që ishin pronë e tyre.

³³ Në rast se pastaj dikush ble një shtëpi nga Levitët, shtëpia e shitur në qytet që është pronë e tyre do të shpengohet vitin e jubileut, sepse shtëpitë e qyteteve të Levitëve janë pronë e tyre, në mes të bijve të Izraelit.

³⁴ Por tokat e kullotës të qyteteve të tyre nuk mund të shiten, sepse janë pronë e përjetshme e tyre.

³⁵ Në rast se vëllai yt varfërohet dhe ndodhet ngushtë në mes tuaj, ti do ta përkrahësh si të huaj dhe si mik që të mund të jetojë pranë teje.

³⁶ Mos nxirr nga ai asnjë përfitim ose dobi; por ki frikë nga Perëndia yt, dhe vëllai yt do të jetojë pranë teje.

³⁷ Nuk do t'i japësh hua paratë e tua me kamatë, as do t'i japësh ushqimet e tua për të nxjerrë ndonjë përfitim.

³⁸ Unë jam Zoti, Perëndia juaj, që ju nxori nga vendi i Egjiptit që t'ju jap vendin e Kanaanit dhe që të jem Perëndia juaj.

³⁹ Në rast se vëllai yt që jeton pranë teje bëhet i varfër dhe shitet te ti, nuk do ta detyrosh të të shërbejë si skllav,

⁴⁰ por do të rrijë pranë teje si argat dhe si mik; do të të shërbejë deri në vitin e jubileut.

⁴¹ Atëherë do të largohet prej teje, ai dhe bijtë e tij, dhe do të kthehet në familjen e tij; kështu do të rifitojë pronën e etërve të tij.

⁴² Sepse ata janë shërbëtorët e mi, që unë i kam nxjerrë nga vendi i Egjiptit; nuk duhet, pra, të shiten si shiten skllevërit.

⁴³ Nuk do ta sundosh me ashpërsi, por të kesh frikë Perëndinë tënd.

⁴⁴ Sa për skllavin dhe skllaven që mund të kesh, do t'i marrësh nga kombet që ju rrethojnë; prej tyre do të blini skllavin dhe skllaven.

⁴⁵ Mund të blini gjithashtu skllevër ndër bijtë e të huajve që jetojnë midis jush dhe midis familjeve të tyre që gjenden midis jush dhe që kanë lindur në vendin tuaj; ata do të jenë pronë e juaj.

⁴⁶ Dhe mund t'ua lini si trashëgim bijve tuaj pas jush, si pronë e tyre; mund t'i shfrytëzoni si skllevër për gjithnjë; por, sa për vëllezërit tuaj, bijtë e Izraelit, askush nuk do të sundojë mbi tjetrin me ashpërsi.

⁴⁷ Në rast se një i huaj që jeton pranë teje pasurohet dhe vëllai yt që jeton pranë tij varfërohet, dhe i shitet të huajit ose mikut që ndodhet pranë tejë, ose dikujt nga familja e të huajit,

⁴⁸ pas shitjes së tij, mund të blihet përsëri; mund ta riblejë një nga vëllezërit e tij.

⁴⁹ Mund ta riblejë ungji i tij ose biri i ungjit të tij; mund të riblihet nga një i afërti i po atij gjaku; ose po të ketë mjetet, mund të shpengohet vet.

⁵⁰ Do të bëjë llogarinë me blerësin e tij, qysh prej vitit që iu shit atij deri në vitin e jubileut; dhe çmimi që do të paguhet do të llogaritet në bazë të numrit të viteve, duke i vlerësuar ditët e tij si ato të një argati.

⁵¹ Në qoftë se mbeten akoma shumë vjet, do ta paguajë shpengimin e tij në bazë të numrit të tyre dhe çmimit me të cilin qe blerë;

⁵² po të jetë se mbeten vetëm pak vite për të arritur në jubile, do ta bëjë llogarinë me blerësin e tij dhe do ta paguajë çmimin e shpengimit të tij në bazë të pak viteve që kanë mbetur.

⁵³ Si argat le të mbetet bashkë me të zotin një vit pas tjetrit, por ky nuk do ta trajtojë me ashpërsi përpara syve të tua.

⁵⁴ Dhe po nuk u shpengua me asnjë nga këto mënyra, do të lihet i lirë në vitin e jubileut, ai dhe bijtë e tij.

⁵⁵ Sepse bijtë e Izraelit janë shërbëtorët e mi; janë shërbëtorët e mi, që i nxora nga vendi i Egjiptit. Unë jam Zoti, Perëndia juaj".

Levitikut

Kapitull 26

¹ "Nuk do të bëni idhuj, nuk do të ngrini figura të gdhendura ose ndonjë kolonë dhe nuk do të vendosni në vendin tuaj asnjë gur të stolisur me figura, me qëllim që të përuleni para tij; sepse unë jam Zoti, Perëndia juaj.

² Do të respektoni të shtunat e mia dhe do të respektoni shenjtëroren time. Unë jam Zoti.

³ Në rast se silleni simbas statuteve të mia, në se respektoni urdhrat e mia dhe i zbatoni në praktikë,

⁴ unë do t'ju jap shirat simbas stinëve, toka do të japë prodhimin e saj dhe drurët e fshatit do të japin frytet e tyre.

⁵ Të shirat do të vazhdojnë deri në kohën e vjeljes së rrushit dhe vjelja e rrushit do të vazhdojë deri në kohën e mbjelljeve; do të hani bukën tuaj sa të ngopeni dhe do të banoni të sigurt në vendin tuaj.

⁶ Unë do të bëj që të mbretërojë paqja në vend; do të bini në shtrat dhe askush nuk ka për t'ju trembur; do të zhduk nga vendi juaj kafshët e këqia dhe shpata nuk ka për të kaluar nëpër vendin tuaj.

⁷ Ju do t'i ndiqni armiqtë tuaj dhe ata do të bien para jush të shpuar tej për tej nga shpata.

⁸ Pesë prej jush do të ndjekin njëqind prej tyre, dhe njëqind prej jush do të ndjekin dhjetë mijë prej tyre, dhe armiqtë tuaj do të bien para jush të shpuar tej për tej nga shpata.

⁹ Unë do të kthehem nga ju, do t'ju bëj pjellorë dhe do t'ju shumzoj, dhe kështu do të vërtetoj besëlidhjen time me ju.

¹⁰ Ju do të hani nga prodhimi i vjetër, i ruajtur për një kohë të gjatë dhe do ta hiqni atë për t'i bërë vend prodhimit të ri.

¹¹ Unë do ta vendos banesën time midis jush dhe nuk do t'ju përzë.

¹² Do të eci midis jush dhe do të jem Perëndia juaj, dhe ju do të jeni populli im.

¹³ Unë jam Zoti, Perëndia juaj, që ju nxori nga vendi i Egjiptit, që të mos ishit më sklleverit e tij; e kam thyer zgjedhën tuaj dhe kam bërë që të ecni me kokën lart.

¹⁴ Por në rast se nuk më dëgjoni dhe nuk zbatoni në praktikë të gjitha urdhërimet e mia,

¹⁵ në rast se përçmoni statutet e mia dhe shpirti juaj hedh poshtë dekretet e mia, duke mos zbatuar në praktikë të gjithë urdhërimet e mia, duke shkelur besëlidhjen time,

¹⁶ edhe unë do ta bëj këtë për ju: do të çoj kundër jush tmerrin, ligështimin dhe ethet, të cilët do të konsumojnë sytë tuaj dhe do ta bëj jetën tuaj të meket; dhe do ta mbillni kot farën tuaj, sepse do ta hanë armiqtë tuaj.

¹⁷ Do ta kthej fytyrën time kundër jush dhe armiqtë tuaj do t'ju mundin; do të sundoheni prej atyre që ju urrejnë dhe do t'ua mbathni këmbëve pa qenë të ndjekur nga askush.

¹⁸ Dhe në qoftë se edhe mbas kësaj nuk më dëgjoni, unë do t'ju dënoj shtatë herë më tepër për mëkatet tuaja.

¹⁹ Do ta thyej kryelartësinë e forcës suaj, do ta bëj qiellin tuaj si hekur dhe tokën tuaj si bakër.

²⁰ Forca juaj do të konsumohet më kot, sepse toka juaj nuk do të japë më prodhimet e saj, dhe drurët e fushës nuk do të japin më frutat e tyre.

²¹ Dhe në rast se silleni si armiq të mi dhe nuk doni të më dëgjoni, unë do t'ju godas shtatë herë më tepër me plagë, simbas mëkateve tuaja.

²² Do të dërgoj kundër jush bishat e fushës, që do të rrëmbejnë fëmijët tuaj, do të shfarosin bagëtinë tuaj, do t'ju pakësojnë shumë dhe do t'i bëjnë të shkreta rrugët tuaja.

²³ Dhe në se, me gjithë këto gjëra, nuk do të ndreqeni për t'u kthyer tek unë, por me sjelljen tuaj

²⁴ silleni si armiq të mi, edhe unë do të bëhem armiku juaj, dhe do t'ju godas shtatë herë më tepër për mëkatet tuaja.

²⁵ Dhe do të sjell kundër jush shpatën që do të kryejë hakmarrjen e besëlidhjes sime; ju do të mblidheni në qytetet tuaja, por unë do të dërgoj në mes jush murtajën dhe do të bini në duart e armikut.

²⁶ Kur do t'ju heq bukën e gojës, dhjetë gra do të pjekin bukën tuaj në të njëjtën furrë dhe do të racionojnë bukën tuaj, duke e shpërndarë me peshë; ju do të hani, por nuk do të ngopeni.

²⁷ Dhe në se, me gjithë këtë nuk do të më dëgjoni, por do të silleni si armiq të mi,

²⁸ edhe unë do të bëhem armiku i juaj plot mëri dhe do t'ju dënoj shtatë herë më shumë për mëkatet tuaja.

²⁹ Do të hani mishin e bijve tuaj dhe do të hani mishin e bijave tuaja.

³⁰ Unë do të shkatërroj vendet tuaja të larta, do të rrëzoj idhujtë tuaj dhe do t'i hedh kufomat tuaja mbi gërmadhat pa jetë të idhujve tuaj; dhe do t'ju urrej.

³¹ Do t'i katandis qytetet tuaja në shkretëtira, do të shkretoj vendet tuaja të shenjta dhe nuk do të thith më erën e këndshme të parfumeve tuaja.

³² Do të shkretoj vendin; dhe armiqtë tuaj që banojnë në të do të mbeten të habitur.

³³ Do t'ju shpërndaj midis kombeve dhe do të nxjerr shpatën kundër jush; vendi juaj do të shkretohet dhe qytetet tuaja do të jenë të shkretuara.

³⁴ Atëherë toka do të gëzojë të shtunat e saj për gjithë kohën që do të jetë e shkretuar dhe ju do të jeni në vendin e armiqve tuaj; kështu toka do të pushojë dhe do të gëzojë të shtunat e saj.

³⁵ Për gjithë kohën që do të mbetet e shkretuar do të gëzojë pushimin që nuk pati në të shtunat tuaja, kur banonit në të.

³⁶ Atyre prej jush që do të shpëtojnë do t'u kall në zemër tmerrin në vendin e armiqve të tyre; fërfërima e një gjethi që lëviz do t'i bëjë që t'ua mbathin këmbëve; do të turren ashtu siç iket përpara shpatës dhe do të bien pa i ndjekur askush.

³⁷ Do të përplasen njëri me tjetrin, ashtu si përpara shpatës, pa i ndjekur askush; dhe nuk do të mund të qëndroni përpara armiqve tuaj.

³⁸ Do të shuheni midis kombeve dhe vendi i armiqve tuaj do t'ju gëlltisë.

³⁹ Ata prej jush që do të mbijetojnë do të përgjërohen për shkak të paudhësisë së tyre në vendin e armiqve; edhe do të përgjërohen gjithashtu për shkak të paudhësisë së etërve të tyre.

⁴⁰ Por në se do të pranojnë paudhësinë e tyre dhe paudhësinë e etërve të tyre në shkeljet që kanë kryer kundër meje dhe gjithashtu sepse janë sjellë si armiq të mi,

⁴¹ sa që më kanë shtyrë të bëhem armik i tyre dhe t'i çoj në vendin e armiqve të tyre; në rast se zemra e tyre e parrethprerë do të përulet dhe do të pranojë ndëshkimin e paudhësisë së tyre,

⁴² atëherë unë do të kujtohem për besëlidhjen time të lidhur me Jakobin, do të kujtohem për besëlidhjen time të lidhur me Isakun dhe për besëlidhjen time me Abrahamin dhe do të kujtohem për vendin;

⁴³ sepse vendi do të braktiset prej tyre dhe do të gëzojë të shtunat e tij, ndërsa do të jetë i shkretuar pa ta; kështu ata do të pranojnë ndëshkimin e paudhësisë së tyre për faktin se kanë përçmuar dekretet e mia dhe kanë kundërshtuar statutet e mia.

⁴⁴ Megjithatë kur do të ndodhen në vendin e armiqve të tyre, unë nuk do t'i përçmoj dhe nuk do t'i urrej aq sa t'i asgjësoj krejt dhe të prish besëlidhjen time që kam lidhur me ta; unë jam Zoti, Perëndia i tyre;

⁴⁵ por për dashuri ndaj tyre do të kujtohem për besëlidhjen e lidhur me stërgjyshërit e tyre, që i nxora nga vendi i Egjiptit para syve të kombeve për të qënë Perëndia i tyre. Unë jam Zoti".

⁴⁶ Këto janë statutet, dekretet dhe ligjet që Zoti vendosi midis tij dhe bijve të Izraelit, mbi malin Sinai me anë të Moisiut.

Kapitull 27

¹ Zoti i foli akoma Moisiut, duke i thënë:

² "Folu bijve të Izraelit dhe u thuaj atyre: Kur një njeri lidh një kusht të rëndësishëm për t'i shenjtëruar Zotit një person dhe mendon t'i japë një barasvlerë,

³ në rast se vlerësimi yt ka të bëjë me një mashkull njëzet vjeç e lart, deri në gjashtëdhjetë vjeç, atëherë vlerësimi yt do të jetë pesëdhjetë sikla argjendi, simbas siklit të shenjtërores.

⁴ Po të jetë se ka të bëjë me një grua, vlerësimi yt do të jetë tridhjetë sikla.

⁵ Për ata që janë pesë vjeç e lart, deri njëzet vjeç, vlerësimi yt do të jetë njëzet sikla për një mashkull dhe dhjetë sikla për një femër.

⁶ Nga një muajsh e lart deri në pesë vjeç, vlerësimi yt do të jetë pesë sikla argjendi për një mashkull dhe tri sikla argjendi për një femër.

⁷ Nga gjashtëdhjetë vjeç e lart vlerësimi yt do të jetë pesëmbëdhjetë sikla për një mashkull dhe dhjetë sikla për një femër.

⁸ Por në se ai është tepër i varfër për të paguar shumën e kërkuar nga vlerësimi yt, atëherë do të paraqitet para priftit dhe ky do të bëjë vlerësimin. Prifti do ta bëjë vlerësimin duke pasur parasysh mjetet që ka ai që e ka lidhur kushtin.

⁹ Në rast se është puna për kafshë që mund t'i paraqiten si ofertë Zotit, çdo kafshë e ofruar Zotit do të jetë gjë e shenjtë.

¹⁰ Ai nuk do të mund as ta zëvendësojë, as ta këmbejë, as një të mirë me një të keqe, as një të keqe me një të mirë; por, edhe sikur të këmbente një kafshë me një tjetër, që të dyja do të jenë gjë e shenjtë.

¹¹ Por në qoftë se është puna për një kafshë të papastër, që mund t'i ofrohet Zotit, atëherë ai do ta paraqesë kafshën para priftit;

¹² dhe prifti do të bëjë vlerësimin, qoftë kafsha e mirë apo e keqe; çfarëdo vlerësimi të bëjë prifti, ai do të vlejë.

¹³ Por në qoftë se dikush dëshiron ta shpengojë, duhet të shtojë një të pestën e vlerësimit.

¹⁴ Në rast se dikush shenjtëron shtëpinë e tij për ta bërë gjë të shenjtë për Zotin, prifti do të bëjë vlerësimin, qoftë ajo e mirë apo e

keqe; çfarëdo vlerësimi të bëjë prifti ai do të vlejë.

¹⁵ Dhe në se ai që ka shenjtëruar shtëpinë e tij dëshiron ta shpengojë, duhet t'i shtojë një të pestën e vlerësimit dhe ajo do të bëhet e tij.

¹⁶ Në qoftë se dikush i shenjtëron Zotit një arë, pronë e tij, vlerësimi i saj do të bëhet në bazë të farës së nevojshme për të: pesëdhjetë sikla argjendi për një omer farë elbi.

¹⁷ Në rast se e shenjtëron arën e tij nga viti i jubileut, çmimi do të mbetet ai i caktuar nga vlerësimi yt;

¹⁸ por në rast se e shenjtëron arën e tij pas jubileut, prifti do të vlerësojë çmimin e saj duke llogaritur vitet që mbeten deri në jubile, duke pasur parasysh vlerësimin tënd.

¹⁹ Dhe në qoftë se ai që ka shenjtëruar arën do ta shpengojë, duhet t'i shtojë një të pestën vlerësimit tënd dhe ajo do të mbetet e tij.

²⁰ Por në rast se nuk dëshiron ta shpengojë arën e tij ose ia ka shitur një tjetri, nuk do të mund ta shpengojë më;

²¹ dhe ara, kur shpengohet në jubile, do të jetë e shenjtë për Zotin si një arë që i është caktuar Perëndisë, dhe do të bëhet pronë e priftit.

²² Në rast se dikush i shenjtëron Zotit një arë të blerë prej tij dhe që nuk bën pjesë në pronën e tij,

²³ prifti do të caktojë vlerësimin e tij për të deri në vitin e jubileut, dhe ai person do të paguajë po atë ditë çmimin e caktuar, si një gjë të shenjtë për Zotin.

²⁴ Vitin e jubileut ara do t'i kthehet atij që i qe blerë dhe pasurisë së cilës ajo bënte pjesë.

²⁵ Të gjitha vlerësimet e tua do të bëhen në sikla të shenjtërores; një sikël vlen njëzet gere.

²⁶ Por asnjeri nuk mund t'i shenjtërojë pjelljet e para të bagëtisë, sepse si të parëlindur i përkasin Zotit; qoftë ka apo qengj, ai i takon Zotit.

²⁷ Në rast se është puna për një kafshë të papastër, do ta shpengojë simbas çmimit të caktuar nga vlerësimi yt, duke i shtuar një të pestën; në rast se nuk shpengohet, do të shitet me çmimin e caktuar simbas vlerësimit tënd.

²⁸ Megjithatë nuk do të mund të shitet a të shpengohet asgjë nga ato që i janë caktuar Zotit dhe që dikush ka caktuar për Zotin, midis tërë gjërave që i përkasin, qoftë një person, një kafshë o një copë toke nga pasuria e tij; çdo gjë e caktuar Perëndisë është një gjë shumë e shenjtë për Zotin.

²⁹ Asnjë person i caktuar të shfaroset nuk mund të shpengohet; ai duhet të vritet.

³⁰ Çdo e dhjetë e tokës, qoftë nga prodhimet e tokës, qoftë nga pemët e drurëve, i takon Zotit; është një gjë e shenjtëruar Zotit.

³¹ Në se dikush do të shpengojë një pjesë të së dhjetës së vet, do t'i shtojë një të pestën.

³² Dhe për të dhjetën e bagëtive të trasha dhe të imta, koka e dhjetë e të gjitha kafshëve që kalojnë nën shufrën do t'i shenjtërohet Zotit.

³³ Nuk do të bëjë dallim midis së mirës dhe të keqes, as do të bëjë këmbime; dhe po të këmbejë njërën me tjetrën, të dyja do të jenë gjë e shenjtë; nuk do të mund të shpengohen.

³⁴ Këto janë urdhërimet që Zoti i dha Moisiut për bijtë e Izraelit në malin Sinai.

Numrave
Numrave

Kapitull 1

¹ Zoti i foli akoma Moisiut në shkretëtirën e Sinait, në çadrën e mbledhjes, ditën e parë të muajit të dytë, gjatë vitit të dytë nga dalja e tyre nga vendi i Egjiptit, dhe i tha:

² "Bëni regjistrimin e gjithë asamblesë së bijve të Izraelit në bazë të familjeve të tyre dhe të shtëpive të etërve të tyre, duke numëruar një për një emrat e çdo mashkulli.

³ Nga mosha njëzet vjeç e lart, të gjithë ata që në Izrael mund të shkojnë në luftë: ti dhe Aaroni do t'i regjistroni, grup pas grupi.

⁴ Dhe me ju do të jetë një burrë për çdo fis, një që të jetë i pari i shtëpisë së atit të tij.

⁵ Këta janë emrat e burrave që do të jenë me ju. nga Ruben, Elitsur, bir i Shedeurit;

⁶ nga Simeoni, Shelumieli, bir i Tsurishadait;

⁷ nga Juda, Nahshoni, bir i Aminadabit;

⁸ nga Isakari, Nethaneeli, bir i Tsuarit;

⁹ nga Zabuloni, Eliabi, bir i Helonit;

¹⁰ nga bijtë e Jozefit, për Efraimin, Elishama, bir i Amihudit; për Manasën, Gamalieli, bir i Pedahtsurit;

¹¹ nga Beniamini, Abidani, bir i Gideonit;

¹² nga Dani, Ahiezeri, bir i Amishadaidit;

¹³ nga Asheri, Pagieli, bir i Okranit;

¹⁴ nga Gadi, Eliasafi, bir i Deuelit;

¹⁵ nga Neftali, Ahira, bir i Enanit".

¹⁶ Këta janë ata që u zgjodhën nga asambleja, prijësit e fiseve të etërve të tyre, krerët e divizioneve të Izraelit.

¹⁷ Moisiu dhe Aaroni morën, pra, këta burra që ishin caktuar me emër,

¹⁸ dhe thirrën tërë asamblenë, ditën e parë të muajit të dytë; ata u treguan fisin e tyre, në bazë të familjeve të tyre dhe të shtëpive të etërve të tyre, duke numëruar personat me moshë njëzet vjeç e lart, një për një.

¹⁹ Ashtu si Zoti pat urdhëruar Moisiun, ai bëri regjistrimin e tyre në shkretëtirën e Sinait.

²⁰ Nga bijtë e Rubenit, i parëlinduri i Izraelit, trashëgimtarët e tyre në bazë të familjeve të tyre dhe të shtëpive të etërve të tyre, duke numëruar emrat e gjithë meshkujve, një për një, nga mosha njëzet vjeç e lart, tërë ata që ishin të aftë të shkonin në luftë:

²¹ ata që u regjistruan nga fisi i Rubenit ishin dyzet e gjashtë mijë e pesëqind.

²² Nga bijtë e Simeonit, trashëgimtarët e tyre në bazë të familjeve të tyre dhe të shtëpive të etërve të tyre, ata që u regjistruan duke numëruar emrat e të gjithë meshkujve, një për një, nga mosha njëzet vjeç e lart, të gjithë ata që ishin të aftë të shkonin në luftë:

²³ ata që u regjistruan nga fisi i Simeonit ishin pesëdhjetë e nëntë mijë e treqind.

²⁴ Nga bijtë e Gadit, trashëgimtarët e tyre në bazë të familjeve të tyre dhe të shtëpive të etërve të tyre, duke numëruar emrat e atyre që ishin njëzet vjeç e lart, të gjithë ata që ishin të aftë të shkonin në luftë:

²⁵ ata që u regjistruan nga fisi i Gadit ishin dyzet e pesë mijë e gjashtëqind e pesëdhjetë.

²⁶ Nga bijtë e Judës, trashëgimtarët e tyre në bazë të familjeve të tyre dhe të shtëpive të etërve të tyre, duke i numëruar emrat e tyre nga njëzet vjeç e lart, të gjithë ata që ishin të aftë të shkonin në luftë:

²⁷ ata që u regjistruan nga fisi i Judës ishin shtatëdhjetë e katër mijë e gjashtëqind.

²⁸ Nga bijtë e Isakarit, trashëgimtarët e tyre në bazë të familjeve të tyre dhe të shtëpive të etërve të tyre, duke i numëruar emrat nga njëzet vjeç e lart, të gjithë ata që ishin të aftë të shkonin në luftë:

²⁹ ata që u regjistruan nga fisi i Isakarit ishin pesëdhjetë e katër mijë e katërqind.

³⁰ Nga bijtë e Zabulonit, trashëgimtarët e tyre në bazë të familjeve dhe të shtëpive të etërve të tyre duke i numëruar nga mosha njëzet vjeç e lart, të gjithë ata që ishin të aftë të shkonin në luftë:

³¹ ata që u regjistruan nga fisi i Zabulonit ishin pesëdhjetë e shtatë mijë e katërqind.

³² Ndër bijtë e Jozefit: nga bijtë e Efraimit, trashëgimtarët e tyre në bazë të familjeve dhe të shtëpive të etërve të tyre, duke i numëruar emrat nga mosha njëzet vjeç e lart, të gjithë ata që ishin të aftë për të shkuar në luftë:

³³ ata që u regjistruan nga fisi i Efraimit ishin dyzet mijë e pesëqind.

³⁴ Nga bijtë e Manasit, trashëgimtarët e tyre në bazë të familjeve dhe të shtëpive të etërve të tyre, duke i numëruar emrat nga mosha njëzet vjeç e lart, të gjithë ata që ishin të aftë të shkonin në luftë:

³⁵ ata që u regjistruan nga fisi i Manasit ishin tridhjetë e dy mijë e dyqind.

³⁶ Nga bijtë e Beniaminit, trashëgimtarët e tyre në bazë të familjeve të tyre dhe të etërve të tyre, duke i numëruar emrat nga mosha njëzet vjeç e lart, të gjithë ata që ishin të aftë të shkonin në luftë:

³⁷ ata që u regjistruan nga fisi i Beniaminit ishin tridhjetë e pesë mijë e katërqind.

³⁸ Nga bijtë e Danit, trashëgimtarët e tyre në bazë të familjeve dhe të shtëpive të etërve të tyre, duke i numëruar emrat nga mosha njëzet vjeç e lart, të gjithë ata që ishin të aftë të shkonin në luftë:

³⁹ ata që u regjistruan nga fisi i Danit ishin gjashtëdhjetë e dy mijë e shtatëqind.

⁴⁰ Nga bijtë e Asherit, trashëgimtarët e tyre në bazë të familjeve të tyre dhe të shtëpive të etërve të tyre, duke i numëruar emrat nga mosha njëzet vjeç e lart, të gjithë ata që ishin të aftë të shkonin në luftë:

⁴¹ ata që u regjistruan nga fisi i Asherit ishin dyzet e një mijë e pesëqind.

⁴² Nga bijtë e Neftalit, trashëgimtarët e tyre në bazë të familjeve të tyre dhe të shtëpive të etërve të tyre, duke i numëruar emrat nga mosha njëzet vjeç e lart, të gjithë ata që ishin të aftë të shkonin në luftë:

⁴³ ata që u regjistruan nga fisi i Neftalit ishin pesëdhjetë e tre mijë e katërqind.

⁴⁴ Këta ishin të regjistruarit nga Moisiu dhe Aaroni, së bashku me dymbëdhjetë burrat, prijës të Izraelit, secili përfaqësues i shtëpisë së atit të tij.

⁴⁵ Kështu tërë bijtë e Izraelit që u regjistruan në bazë të shtëpive të etërve të tyre, nga mosha njëzet vjeç e lart, domethënë tërë njerëzit që në Izrael ishin të aftë të shkonin në luftë,

⁴⁶ të gjithë ata që u regjistruan ishin gjashtëqind e tre mijë e pesëqind e pesëdhjetë.

⁴⁷ Por Levitët nuk u regjistruan bashkë me të tjerët, simbas fisit të etërve të tyre,

⁴⁸ sepse Zoti i kishte folur Moisiut, duke i thënë:

⁴⁹ "Vetëm në fisin e Levit nuk do të bësh regjistrimin dhe nuk do të llogaritësh numrin e tyre me bijtë e Izraelit;

⁵⁰ por besoju Levitëve kujdesin për tabernakullin e dëshmisë, për të gjitha orenditë e tij dhe për çdo gjë që i përket. Ata do të mbartin tabernakullin dhe tërë orenditë e tij, do të bëjnë shërbimin dhe do të fushojnë rreth tabernakullit.

⁵¹ Kur tabernakulli duhet të zhvendoset, Levitët do ta bëjnë pjesë-pjesë; kur tabernakulli duhet të ndalet, ata do ta ngrenë; dhe i huaji që do të afrohet do të dënohet me vdekje.

⁵² Bijtë e Izraelit do t'i ngrenë çadrat e tyre secili në kampin e vet, secili pranë flamurit të vet, simbas renditjes së tyre.

⁵³ Por Levitët do t'i ngrenë çadrat e tyre rreth tabenakullit të dëshmisë me qëllim që mëria ime të mos bjerë mbi asamblenë e bijve të Izraelit; kështu Levitët do të kujdesen për tabernakullin e dëshmisë".

⁵⁴ Bijtë e Izraelit iu bindën gjithçkaje që Zoti kishte urdhëruar Moisiun, dhe kështu bënë.

Kapitull 2

¹ Zoti i foli akoma Moisiut dhe Aaronit, duke u thënë:

² "Bijtë e Izraelit do të vendosen secili pranë flamurit të vet nën shenjat e shtëpisë së etërve të tyre; do të vendosen rreth e rrotull çadrës së mbledhjes, por në një farë largësie prej saj.

³ Në krahun lindor, ndaj diellit që po ngrihet, do të vendoset flamuri i kampit të Judës simbas renditjes së tij; prijësi i bijve të Efraimit është Nashoni, bir i Aminadabit;

⁴ ata që u regjistruan në divizionin e tij ishin shtatëdhjetë e katër mijë e gjashtëqind.

⁵ Pranë tij do të vendoset fisi i Isakarit; prijësi i bijve të Isakarit është Nethaneeli, bir i Tsuarit;

⁶ ata që u regjistruan në divizionin e tij ishin pesëqind e katër mijë e katërqind.

⁷ Pastaj do të vijë fisi i Zabulonit; prijësi i bijve të Zabulonit është Eliabi, bir i Helonit;

⁸ ata që u regjistruan në divizionin e tij ishin pesëdhjetë e shtatë mijë e katërqind.

⁹ Të gjithë ata që u regjistruan në kampin e Judës, simbas ndarjeve të tij, ishin njëqind e tetëdhjetë e gjashtë mijë e katërqind. Ata do ta fillojnë marshimin të parët.

¹⁰ Në krahun jugor do të vihet flamuri i kampit të Rubenit simbas renditjes së ushtarëve të tij; dhe prijësi i bijve të Rubenit është Elitsuri, bir i Shedeurit;

¹¹ dhe ata që u regjistruan në divizionin e tij ishin dyzet e gjashtë mijë e pesëqind.

¹² Pranë tij do të vendoset fisi i Simeonit; dhe prijësi i bijve të Simeonit ështe Shelumjeli, bir i Tsurishadait;

¹³ ata që u regjistruan në divizionin e tij ishin pesëdhjetë e nëntë mijë e treqind.

¹⁴ Pastaj do të vijë fisi i Gadit; prijësi i bijve të Gadit është Eliasafi, bir i Reuelit,

¹⁵ ata që u regjistruan në divizionin e tij ishin dyzet e pesë mijë e gjashtëqind e pesëdhjetë.

¹⁶ Tërë ata që janë regjistruar në kampin e Rubenit, simbas divizioneve të tyre, ishin njëqind e pesëdhjetë e një mijë e katërqind e pesëdhjetë. Këta do ta fillojnë marshimin të dytët.

¹⁷ Pastaj do të niset për marshim çadra e mbledhjes bashkë me kampin e Levitëve në mes të kampeve të tjera. Do ta fillojnë marshimin në po atë rend të sistemimit të tyre, duke qëndruar secili në vendin e tij, pranë flamurit të vet.

¹⁸ Në krahun perëndimor do të jetë flamuri i kampit të Efraimit simbas renditjes së tij, prijësi i bijve të Efraimit është Elishama, bir i Amihudit;

¹⁹ ata që u regjistruan në divizionin e tij ishin dyzet mijë e pesëqind.

²⁰ Pranë tij do të zërë vend fisi i Manasit; prijësi i bijve të Manasit është Gamalieli, bir i Pedahtsurit;

²¹ ata që u regjistruan në divizionin e tij ishin tridhjetë e dy mijë e dyqind.

²² Pastaj do të vijë fisi i Beniaminit; prijësi i bijve të Beniaminit është Abidan, bir i Gideonit;

²³ ata që u regjistruan në divizionin e tij ishin tridhjetë e pesë mijë e katërqind.

²⁴ Të gjithë ata që janë regjistruar në kampin e Efraimit, simbas divizioneve të tyre, ishin njëqind e tetë mijë e njëqind. Këta do ta fillojnë marshimin të tretët.

²⁵ Në krahun perëndimor do të jetë flamuri i kampit të Danit simbas renditjes së tij; prijësi i bijve të Danit është Ahiezeri, bir i Amishadait;

²⁶ ata që u regjistruan në divizionin e tij ishin gjashtëdhjetë e dy mijë e shtatëqind.

²⁷ Pranë tij do të zërë vend fisi i Asherit; prijësi i bijve të Asherit është Pagieli, bir i Okranit;

²⁸ ata që u regjistruan në divizionin e tij ishin dyzet e një mijë e pesëqind.

²⁹ Pastaj do të vijë fisi i Neftalit; prijësi i bijve të Neftalit është Ahira, bir i Enanit;

³⁰ ata që u regjistruan në divizionin e tij ishin pesëdhjetë e tre mijë e katërqind.

³¹ Të gjithë ata që u regjistruan në divizionin e Danit, ishin njëqind e pesëdhjetë e shtatë mijë e gjashtëqind. Ata do të nisen për marshim të fundit, pranë flamujve të tyre".

³² Këta janë bijtë e Izraelit që u regjistruan në bazë të shtëpive të etërve të tyre. Të gjithë ata që u regjistruan në kampet e ndryshme simbas divizioneve të tyre ishin gjashtëqind e tre mijë e pesëqind e pesëdhjetë.

³³ Por Levitët nuk u regjistruan me bijtë e Izraelit, sepse kështu e kishte urdhëruar Zoti Moisiun.

³⁴ Bijtë e Izraelit iu bindën të gjitha urdhrave që Zoti i kishte dhënë Moisiut: kështu ata fushuan pranë flamurëve të tyre dhe kështu e nisnin marshimin, secili simbas familjes së tij dhe simbas shtëpisë së etërve të tij.

Kapitull 3

¹ Këta janë pasardhësit e Aaronit dhe të Moisiut në kohën kur Zoti i foli Moisiut në malin Sinai.

² Këta janë emrat e bijve të Aaronit: Nadabi, i parëlinduri, Abihu, Eleazari dhe Ithamari.

³ Këta janë emrat e bijve të Aaronit, të vajosur si priftërinj, që ai i shenjtëroi për të shërbyer si priftërinj.

⁴ Nadabi dhe Abihu vdiqën para Zotit, kur ofruan një zjarr të palejueshëm para Zotit në shkretëtirën e Sinait; ata nuk patën bij. Kështu Eleazari dhe Ithamari shërbyen si priftërinj në prani të Aaronit, atit të tyre.

⁵ Pastaj Zoti i foli Moisiut, duke i thënë:

⁶ "Afro fisin e Levitëve dhe paraqite para priftit Aaron, që të vihet në shërbim të tij.

⁷ Ata do të zbatojnë të gjitha udhëzimet e tij dhe do të kryejnë të gjitha detyrat që lidhen me tërë asamblenë para çadrës së mbledhjes, duke kryer shërbimin e tabernakullit.

⁸ Do të kujdesen për të gjitha orenditë e çadrës së mbledhjes dhe do të përmbushin të gjitha detyrimet e bijve të Izraelit, duke kryer shërbimin e tabernakullit.

⁹ Levitët do t'ua japësh Aaronit dhe bijve të tij; ata duhet t'u jepen plotësisht nga gjiri i bijve të Izraelit.

¹⁰ Ti do të vendosësh Aaronin dhe bijtë e tij në mënyrë që ata të kryejnë funksionet e priftërisë së tyre; por çdo i huaj tjetër që afrohet do të dënohet me vdekje".

¹¹ Zoti i foli akoma Moisiut, duke i thënë:

¹² "Ja, unë i mora Levitët nga gjiri i bijve të Izraelit në vend të çdo të parëlinduri që çel barkun e nënës midis bijve të Izraelit; prandaj Levitët do të jenë të mitë;

¹³ sepse çdo i parëlindur është imi; ditën që godita të gjithë të parëlindurit në vendin e Egjiptit, unë ia shenjtërova vetvetes të gjithë të parëlindurit në Izrael, qoftë të njerëzve, qoftë të kafshëve; ata do të jenë të mitë. Unë jam Zoti.

¹⁴ Pastaj Zoti i foli Moisiut në shkretëtirën e Sinait, duke i thënë:

¹⁵ "Bëj regjistrimin e bijve të Levit në bazë të shtëpive të etërve të tyre dhe të familjeve të tyre; do të bësh regjistrimin e të gjithë meshkujve një muajsh e lart".

¹⁶ Kështu Moisiu bëri regjistrimin simbas urdhërit të Zotit ashtu siç ishte urdhëruar.

¹⁷ Këta janë bijtë e Levit, simbas emrave të tyre: Gershon, Kehat dhe Merari.

¹⁸ Këta janë emrat e bijve të Gershonit, simbas familjeve të tyre: Libni dhe Shimei;

¹⁹ bijtë e Kehathit, simbas familjeve të tyre, ishin Amrami, Itsehari, Hebroni dhe Uzieli;

²⁰ bijtë e Merarit, simbas familjeve të tyre, ishin Mahli dhe Mushi. Këto janë familjet e Levitëve, në bazë të shtëpive të etërve të tyre.

²¹ Nga Gershoni rrjedhin familja e Libnitëve dhe familja e Shimetëve; këto janë familjet e Gershonitëve.

²² Ata që u regjistruan, duke numëruar tërë meshkujt e moshës një muajsh e lart, ishin shtatë mijë e pesëqind.

²³ Familjet e Gershonitëve duhet të zinin vend prapa tabernakullit, në drejtim të perëndimit.

²⁴ I pari i shtëpisë së etërve të Gershonitëve ishte Eliasafi, bir i Laelit.

²⁵ Detyrat e bijve të Gershonit në çadrën e mbledhjes kishin të bënin me tabernakullin, me çadrën dhe mbulesën e saj, me perden e hyrjes në çadrën e mbledhjes,

²⁶ me perdet e oborrit, me perden në hyrjen e oborrit rreth tabernakullit dhe rreth altarit dhe litarët e tij për tërë shërbimin që u takonte.

²⁷ Nga Kehathi rrjedhin familja e Amramitëve, familja e Itseharit, familja e Hebronitëve dhe familja e Uzielitëve; këto janë familjet e Kehathitëve.

²⁸ Duke numëruar tërë meshkujt që ishin në moshë një muajsh e lart, kishte tetë mijë e gjashtëqind veta, që kujdeseshin për shenjtëroren.

²⁹ Familjet e bijve të Kehathit duhet të zinin vend në krahun jugor të tabernakullit.

³⁰ I pari i shtëpisë së etërve të Kehathit ishte Elitsafani, bir i Uzielit.

³¹ Detyrat e tyre kishin të bënin me arkën, me tryezën, me shandanin, me altarët dhe me orenditë e shenjtërores me të cilat ata kryenin shërbimin, me velin dhe gjithë punën që lidhet me këto gjëra,

³² Princi i princave të Levitëve ishte Eleazari, bir i priftit Aaron; ai mbikqyrte ata që kujdeseshin për shenjtëroren.

³³ Nga Merari rrjedhin familja e Mahlitëve dhe familja e Mushitëve; këto janë familjet e Merarit.

³⁴ Ata që u regjistruan, duke numëruar tërë meshkujt nga mosha një muajsh e lart, ishin gjashtë mijë e dyqind.

³⁵ Prijësi i shtëpisë së etërve të familjeve të Merarit ishte Tsurieli, bir i Abihailit. Ata duhet të zinin vend në krahun verior të tabernakullit.

³⁶ Detyrat e caktuara për bijtë e Merarit kishin të bënin me dërrasat e tabernakullit, me traversat e tij, me shtyllat dhe bazat e tyre, me tërë veglat e tij dhe tërë punën që ka të bëjë me këto gjëra,

³⁷ me shtyllat e oborrit rreth e qark, me bazat e tyre, me kunjat dhe me litarët e tyre.

³⁸ Përpara tabernakullit, në krahun e tij lindor, përballë çadrës së mbledhjes, nga ana lindjes së diellit, duhet të zinin vend Moisiu, Aaroni dhe bijtë e tij; ata kujdeseshin për shenjtëroren duke plotësuar detyrat e bijve të Izraelit; por çdo i huaj tjetër që do të afrohej, do të dënohej me vdekje.

³⁹ Tërë Levitët e regjistruar nga Moisiu dhe Aaroni në bazë të familjeve të tyre simbas urdhrit të Zotit, të gjithë meshkujt që nga mosha një muajsh e lart ishin njëzet mijë.

⁴⁰ Pastaj Zoti i tha Moisiut: "Bëj regjistrimin e të gjithë të

parëlindurve meshkuj ndër bijtë e Izraelit nga mosha një muajsh e lart dhe llogarit edhe emrat e tyre.

⁴¹ Do t'i marrësh Levitët për mua, unë jam Zoti, në vend të të gjithë të parëlindurve ndër bijtë e Izraelit dhe bagëtinë e Levitëve në vend të të parëlindurve ndër bagëtitë e bijve të Izraelit".

⁴² Kështu Moisiu bëri regjistrimin e të gjithë të parëlindurve ndër bijtë e Izraelit, ashtu siç e kishte urdhëruar Zoti.

⁴³ Të gjithë të parëlindurit meshkuj që u regjistruan duke numëruar emrat e tyre nga mosha një muajsh e lart, ishin njëzet e dy mijë e dyqind e shtatëdhjetë e tre.

⁴⁴ Pastaj Zoti i foli Moisiut, duke i thënë:

⁴⁵ "Merr Levitët në vend të të gjithë të parëlindurve të Izraelit, dhe bagëtinë e Levitëve në vend të bagëtisë së tyre; Levitët do të jenë të mitë. Unë jam Zoti.

⁴⁶ Për shpengimin e dyqind e shtatëdhjetë e tre të parëlindur të Izraelit që e kalojnë numrin e Levitëve,

⁴⁷ do të marrësh pesë sikla për frymë, simbas siklit të shenjtërores; sikli ka njëzet gere.

⁴⁸ Paratë do t'ia japësh Aaronit dhe bijve të tij për të shpenguar ata që e kalojnë numrin e tyre".

⁴⁹ Kështu Moisiu mori paratë e shpengimit nga ata që e kalonin numrin e të parëlindurve të shpenguar nga Levitët;

⁵⁰ mori paratë e të parëlindurve të bijve të Izraelit; një mijë e treqind e gjashtëdhjetë e pesë sikla, simbas siklit të shenjtërores.

⁵¹ Pastaj Moisiu paratë e atyre që ishin shpenguar ia dha Aaronit dhe bijve të tij, simbas urdhërit të Zotit, ashtu si e kishte urdhëruar Zoti Moisiun.

Kapitull 4

¹ Zoti i foli akoma Moisiut dhe Aaronit, duke u thënë:

² "Numëroni bijtë e Kehathit, midis bijve të Levit, në bazë të familjeve të tyre dhe të shtëpive të etërve të tyre,

³ nga mosha tridhjetë vjeç e lart deri në moshën pesëdhjetë vjeç, të gjithë atyre që hyjnë në shërbim për të punuar në çadrën e mbledhjes.

⁴ Ky është shërbimi i bijve të Kehathit në çadrën e mbledhjes, që ka të bëjë me gjërat shumë të shenjta.

⁵ Kur kampi duhet lëvizur, Aaroni dhe bijtë e tij do të vinë për të hequr velin e ndarjes dhe do të mbulojnë me të arkën e dëshmisë;

⁶ pastaj do të vënë mbi të një mbulesë prej lëkure të baldosës, do të shtrijnë mbi të një cohë krejt ngjyrë vjollcë dhe do të fusin në të shtizat e saj.

⁷ Do të shtrijnë një cohë ngjyrë vjollcë mbi tryezën e bukëve të paraqitjes dhe do të vënë mbi të pjatat, gotat, legenët dhe kupat e libacioneve; mbi të do të jetë edhe buka e përjetshme.

⁸ Mbi këto gjëra do të shtrijnë një cohë të kuqe të ndezur dhe mbi të një mbulesë prej lëkure të baldosës, dhe do të fusin në të shtizat.

⁹ Pastaj do të marrin një mbulesë ngjyrë vjollcë, me të cilën do të mbulojnë shandanin e ndriçimit, llambat e tij dhe gërshërët e tij, të gjitha enët e vajit të caktuara për shërbimin;

¹⁰ pastaj do ta vënë shandanin me të gjithë veglat e tij në një mbulesë prej lëkure të baldosës dhe do ta vendosin mbi një bartinë.

¹¹ Do të shtrijnë mbi altarin prej ari një pëlhurë ngjyrë vjollcë dhe mbi të një mbulesë prej lëkure të baldosës dhe do të futin në të shtizat.

¹² Pastaj do të marrin të gjitha veglat e shërbimit që përdoren në shenjtëroren, do t'i fusin në një cohë ngjyrë vjollcë, do t'i mbështjellin me një mbulesë prej lëkure të baldosës dhe do t'i vendosin mbi një bartinë.

¹³ Pastaj do të heqin hirin nga altari dhe do të shtrijnë mbi të një cohë të kuqe;

¹⁴ mbi të do të vendosen të gjitha veglat që përdoren për shërbimin e tij, mangallet, mashat, lopatëzat, legenat, të gjitha veglat e altarit; do të shtrijnë mbi të një mbulesë prej lëkure të baldosës dhe do të futin në të shtizat.

¹⁵ Pasi që Aaroni dhe bijtë e tij të kenë mbaruar së mbuluari shenjtëroren dhe tërë orenditë e saj, kur kampi është bërë gati të niset, bijtë e Kehathit do të vijnë për t'i mbartur, por ata nuk do të prekin gjërat e shenjta, që të mos vdesin. Këto janë gjërat nga çadra e mbledhjes të cilat bijtë e Kehathit duhet të trasportojnë.

¹⁶ Eleazari, bir i priftit Aaron, do të ngarkohet me vajin e shandanit, me temjanin aromatik, me ofertën e përjetshme të ushqimit dhe të vajit të vajosjes; ai do të ngarkohet edhe me tërë tabernakullin dhe me tërë ç'ka përmban ai, me shenjtëroren dhe me të gjitha pajisjet e saj".

¹⁷ Pastaj Zoti u foli Moisiut dhe Aaronit, duke u thënë:

¹⁸ "Kini kujdes që klani i familjeve të Kehathitëve të mos shfaroset në mes të Levitëve;

¹⁹ bëni, pra, këtë për ta, me qëllim që ata të jetojnë dhe të mos vdesin kur u afrohen gjërave shumë të shenjta: Aaroni dhe bijtë e tij do

të hyjnë dhe do t'i caktojnë secilit shërbimin e tij dhe detyrën e tij.

²⁰ Por ata nuk do të hyjnë për të parë në kohën kur gjërat e shenjta po mbulohen, që të mos vdesin".

²¹ Zoti i foli akoma Moisiut, duke i thënë:

²² "Numëro edhe bijtë e Gershonit, në bazë të shtëpive të etërve të tyre dhe të familjeve të tyre.

²³ Do ta bësh regjistrimin nga mosha tridhjetë vjeç e lart, deri në moshën pesëdhjetë vjeç të të gjithë atyre që hyjnë për të bërë shërbimin, për të punuar në çadrën e mbledhjes.

²⁴ Kjo është detyra e familjeve të Gershonitëve, shërbimi që duhet të kryejnë dhe gjërat që duhet të sjellin:

²⁵ do të bartin pëlhurat e tabernakullit dhe çadrën e mbledhjes, mbulesën e saj, mbulesën prej lëkure të baldosës që është sipër dhe perden në hyrje të çadrës së mbledhjes,

²⁶ perdet e oborrit me perden për hyrjen në oborr, perdet që janë rreth tabernakullit dhe altarit, litarët e tyre dhe të gjitha veglat e caktuara për shërbimin e tyre; ç'të jetë e nevojshme të bëhet ata do ta bëjnë.

²⁷ Tërë shërbimi i bijve të Gershonitëve, të gjitha gjërat që duhet të bartin dhe të gjitha gjërat që duhet të kryejnë, do të bëhen me urdhër të Aaronit dhe të bijve të tij; ju do t'u ngarkoni atyre përgjegjësinë për tërë gjërat që duhet të bartin.

²⁸ Ky është shërbimi i familjeve të Gershonitëve në çadrën e mbledhjes; dhe detyrat e tyre do t'i kryejnë nën urdhrat e Ithamarit, birit të priftit Aaron.

²⁹ Do të bësh regjistrimin e bijve të Merarit në bazë të familjeve të tyre dhe të shtëpive të etërve të tyre;

³⁰ do të bësh regjistrimin nga mosha tridhjetë vjeç e lart, deri në moshën pesëdhjetë vjeç të të gjithë atyre që hyjnë në çadrën e mbledhjes për të kryer shërbimin.

³¹ Kjo është ajo që i është besuar përgjegjësisë së tyre në pajtim me gjithë shërbimin e tyre në çadrën e mbledhjes; dërrasat e tabernakullit, traversat, shtyllat dhe bazat e tij,

³² shtyllat që ndodhen rreth e rrotull oborrit, bazat e tyre, kunjat e tyre, litarët e tyre, me të gjitha veglat e tyre dhe tërë shërbimet që këto gjëra përmbajnë; dhe do t'i caktoni secilit personalisht objektet që duhet të mbajë.

³³ Ky është shërbimi i familjeve të bijve të Merarit, në pajtim me detyrat e tyre në çadrën e mbledhjes, nën urdhërat e Ithamarit, birit të priftit Aaron".

³⁴ Moisiu, Aaroni dhe prijësit e asamblesë kryen, pra, regjistrimin e bijve të Kehathitëve në bazë të familjeve të tyre dhe të shtëpive të etërve të tyre,

³⁵ e të gjithë atyre që nga mosha tridhjetë vjeç e lart, deri në pesëdhjetë vjeç hynin për të shërbyer në çadrën e mbledhjes.

³⁶ Ata që u regjistruan simbas familjeve të tyre ishin dy mijë e shtatëqind e pesëdhjetë.

³⁷ Këta qenë ata që u regjistruan nga familjet e Kehathitëve, të gjithë ata që shërbenin në çadrën e mbledhjes; Moisiu dhe Aaroni bënë regjistrimin e tyre simbas urdhrit që Zoti kishte dhënë me anë të Moisiut.

³⁸ Ata që u regjistruan nga bijtë e Gershonit në bazë të familjeve të tyre dhe të shtëpive të etërve të tyre,

³⁹ nga mosha tridhjetë vjeç e lart, deri në moshën pesëdhjetë vjeç, tërë ata që hynin për të shërbyer në çadrën e mbledhjes;

⁴⁰ ata që u regjistruan në bazë të familjeve të tyre dhe të shtëpive të etërve të tyre, ishin dy mijë e gjashtëqind e tridhjetë.

⁴¹ Këta qenë ata që u regjistruan nga familjet e Gershonit, të gjithë ata që bënin shërbim në çadrën e mbledhjes; Moisiu dhe Aaroni kryen regjistrimin e tyre simbas urdhrit të Zotit.

⁴² Ata që u regjistruan nga familjet e bijve të Merarit në bazë të familjeve të tyre dhe të shtëpive të etërve të tyre,

⁴³ nga mosha tridhjetë vjeç e lart, deri në moshën pesëdhjetë vjeç, tërë ata që hynin për të shërbyer në çadrën e mbledhjes;

⁴⁴ ata që u regjistruan simbas familjeve të tyre ishin tre mijë e dyqind.

⁴⁵ Këta janë ata që u regjistruan nga familjet e bijve të Merarit; ata që u regjistruan nga Moisiu dhe Aaroni, simbas urdhërit të Zotit të dhënë me anë të Moisiut.

⁴⁶ Të gjithë ata që u regjistruan nga Levitët, që Moisiu, Aaroni dhe prijësit e Izraelit i regjistruan, në bazë të familjeve të tyre dhe të shtëpive të etërve të tyre,

⁴⁷ nga mosha tridhjetë vjeç e lart deri në moshën pesëdhjetë vjeç, tërë ata që hynin për të shërbyer dhe për të mbajtur pesha në çadrën e mbledhjes;

⁴⁸ ata që u regjistruan ishin tetë mijë e pesëqind e tetëdhjetë.

⁴⁹ Ata u regjistruan, simbas urdhrit të Zotit për Moisiun, secili në bazë të shërbimit që duhet të bënte dhe të asaj që duhet të mbante. Kështu ata u regjistruan nga ai, ashtu siç e kishte urdhëruar Zoti

Moisiun.

Kapitull 5

¹ Pastaj Zoti i foli Moisiut, duke i thënë:

² "Urdhëro bijtë e Izraelit të nxjerrin jashtë kampit çdo lebroz, këdo që ka një fluks ose është i papastër nga kontakti që ka pasur me një trup të vdekur.

³ Dëboni jashtë kampit qoftë meshkujt, qoftë femrat; do t'i dëboni jashtë kampit për të mos ndotur kampin në mes të cilit unë banoj".

⁴ Dhe bijtë e Izraelit vepruan ashtu dhe i nxorën jashtë kampit. Ashtu si i kishte folur Zoti Moisiut, kështu vepruan bijtë e Izraelit.

⁵ Zoti i foli akoma Moisiut, duke i thënë:

⁶ "Thuaju bijve të Izraelit: Kur një burrë apo një grua bën çfarëdo lloj fyerje kundër një njeriu, duke vepruar kështu kryen një mëkat kundër Zotit, dhe ky person bëhet fajtor;

⁷ ai do ta njohë fyerjen që ka bërë dhe do të shpërblejë plotësisht dëmin e bërë, duke i shtuar një të pestën dhe duke ia dhënë personit që ka fyer.

⁸ Por në rast se ky nuk ka ndonjë të afërm person të një gjaku të cilit mund t'i bëhet shpërblimi për fyerjen e kryer, shpërblimi do t'i shkojë Zotit për priftin, veç dashit fajshlyes, me të cilin do të bëhet shlyerja për të.

⁹ Çdo ofertë e ngritur e çfarëdo gjëje të shenjtëruar që bijtë e Izraelit i paraqesin priftit, do t'i përkasë këtij.

¹⁰ Sendet që dikush shenjtëron do të jenë të priftit; atë që dikush i jep priftit, do t'i përkasë këtij".

¹¹ Zoti i foli akoma Moisiut, duke i thënë:

¹² "Folu bijve të Izraelit dhe u thuaj atyre: Në qoftë se një grua i dredhon burrit të saj dhe kryen një pabesi kundrejt tij,

¹³ dhe një burrë ka marrëdhënie seksuale me të, por kjo gjë është bërë fshehurazi nga burri i saj; kur fëlliqësia e saj mbetet e fshehtë, sepse nuk ka asnjë dëshmitar kundër saj dhe nuk është kapur në flagrancë,

¹⁴ në qoftë se një ndjenjë zilie e zë dhe bëhet xheloz për gruan e tij që është fëlliqur; ose në qoftë se një ndjenjë zilie e zë dhe ai bëhet xheloz për gruan e tij edhe sikur ajo të mos jetë fëlliqur,

¹⁵ burri do ta çojë gruan e tij te prifti dhe do t'i japë atij një ofertë për atë: një të dhjetën e një efe miell elbi; nuk do t'i derdhë sipër vaj ulliri as do t'i vërë sipër temjan, sepse është një blatim ushqimor për xhelozi, një blatim përkujtimor, e caktuar për të kujtuar një faj.

¹⁶ Prifti do ta afrojë gruan dhe do ta mbajë më këmbë përpara Zotit.

¹⁷ Pastaj prifti do të marrë ujë të shenjtë nga një enë prej dheu; do të marrë gjithashtu ca pluhur që ndodhet mbi dyshemenë e tabernakullit dhe do ta hedhë në ujë.

¹⁸ pastaj prifti do të mbajë në këmbë gruan para Zotit, do t'i zbulojë kokën dhe do të vërë në duart e saja blatimin përkujtimor, që është blatimi ushqimor për xhelozinë, ndërsa prifti do të mbajë në dorë ujin e hidhur që sjell mallkimin.

¹⁹ Pastaj prifti do ta vërë gruan të betohet dhe do t'i thotë: "Në qoftë se asnjë burrë s'ka rënë në shtrat me ty dhe nuk je larguar nga rruga e drejtë për t'u fëlliqur, ndërsa ishe e martuar me burrin tënd, je e përjashtuar nga çdo efekt i dëmshëm i këtij uji të hidhur që sjell mallkimin.

²⁰ Por në se ti je shthurur, ndërsa ishe e martuar me burrin tënd, dhe je fëlliqur me një burrë që nuk është bashkëshorti yt ka pasur marrëdhënie seksuale me ty",

²¹ atëherë prifti do të vërë gruan të betohet me një betim mallkimi dhe do t'i thotë: "Zoti të bëftë objekt mallkimi dhe nëme midis popullit tënd, kur do të bëjë të të dobësohen ijet dhe të fryhet barku yt;

²² dhe ky ujë që sjell mallkimin hyftë në zorrët e tua, të bëftë të fryhet barku yt dhe dobësoftë ijet e tua!". Dhe gruaja do të thotë: "Amen! Amen!".

²³ Pastaj prifti do t'i shkruajë këto mallkime mbi një rrotull dhe do t'i zhdukë në ujin e hidhur.

²⁴ Pas kësaj do t'i japë gruas për të pirë ujë të hidhur që sjell mallkimin dhe ky ujë që sjell mallkimin do të hyjë në të për të prodhuar hidhërim;

²⁵ pastaj prifti do të marrë nga duart e gruas blatimin e ushqimit për xhelozinë, do të tundë blatimin para Zotit dhe do t'ia ofrojë në altar;

²⁶ prifti do të marrë nga duart e gruas një grusht të blatimit ushqimor si kujtim dhe do ta tymosë mbi altar; pastaj do t'i japë gruas ujë për të pirë.

²⁷ Mbas pirjes së ujit, do të ndodhë që, në se ajo është fëlliqur dhe ka kryer një pabesi ndaj burrit të saj, uji që sjell mallkimin do të hyjë në trupin e saj për të prodhuar hidhërim; barku i saj do të fryhet, ijet e saj do të dobësohen dhe ajo grua do të bëhet një mallkim në mes të popullit të saj.

²⁸ Por në qoftë se gruaja nuk është fëlliqur dhe është e pastër, ajo do të njihet si e pafajshme dhe do të ketë fëmijë.

²⁹ Ky është ligji për xhelozinë, në rastin kur gruaja, duke qenë e martuar me një burrë, merr rrugë të keqe dhe fëlliqet,

³⁰ ose në rastin kur ndjenja e xhelozisë e zë një burrë dhe ky bëhet xheloz për gruan e tij; ai do ta paraqesë gruan e tij para Zotit dhe prifti do të zbatojë me të plotësisht këtë ligj.

³¹ Bashkëshorti nuk do të ketë asnjë faj, por e shoqja do të marrë dënimin e paudhësisë së saj".

Kapitull 6

¹ Zoti i foli akoma Moisiut, duke i thënë:

² "Folu bijve të Izraelit dhe u thuaj atyre: Kur një burrë a një grua do të lidhin një kusht të veçantë, kushtin e nazireatit, për t'iu shenjtëruar Zotit,

³ do të heqin dorë nga vera dhe nga pije të tjera që të dehin, nuk do të pinë uthull të bërë nga vera, as uthull të përgatitur me pije dehëse; nuk do të pinë asnjë lëng rrushi dhe nuk do të hanë rrush, as të freskët as të thatë.

⁴ Gjatë gjithë kohës së shenjtërimit të tij, ai nuk do të hajë asnjë prodhim të vreshtit, as kokrrat as lëkurën e rrushit.

⁵ Gjatë gjithë kohës së kushtit të shenjtërimit, brisku nuk do të kalojë mbi kokën e tij; deri sa të mbushen ditët për të cilët iu shenjtërua Zotit do të jetë i shenjtë; do t'i lërë flokët e tij të rriten të gjatë mbi kokën e tij.

⁶ Për gjithë kohën që i është shenjtëruar Zotit nuk do t'i afrohet ndonjë trupi të vdekur;

⁷ as sikur të ishte i ati apo e ëma, i vëllai ose e motra, ai nuk do të ndotet për ta kur vdesin, sepse mban mbi krye shenjën e shenjtërimit të tij Perëndisë.

⁸ Për gjithë kohën e shenjtërimit të tij, ai do të jetë i shenjtë për Zotin.

⁹ Në rast se dikush vdes papritmas afër tij dhe koka e tij e shenjtëruar mbetet e ndotur, ai do ta rruajë kokën ditën e pastrimit të tij; do ta rruajë ditën e shtatë;

¹⁰ ditën e tetë do t'i çojë dy turtuj ose dy pëllumba të rinj priftit, në hyrje të çadrës së mbledhjes.

¹¹ Prifti do të ofrojë njërin prej tyre si flijim për mëkatin dhe tjetrin si olokaust dhe do të bëjë shlyerjen për të, sepse ka mëkatuar për shkak të trupit të vdekur; dhe po atë ditë do të shenjtërojë kokën e tij.

¹² Do t'i shenjtërojë përsëri Zotit ditët e nazireatit të tij dhe do të çojë një qengj motak si fli shlyerjeje; por ditët e mëparshme nuk do të llogariten më, sepse nazireati i tij është ndotur.

¹³ Ky është ligji i nazireatit: kur ditët e shenjtërimit të tij do të plotësohen, atë njeri do ta sjellin në hyrjen e çadrës së mbledhjes.

¹⁴ Dhe ai do t'ia paraqesë ofertën e tij Zotit: një qengj mashkull motak pa të meta për olokaustin, një qengj femër motak pa të meta për flijimin për mëkatin dhe një dash pa të meta për flijimin e falënderimit;

¹⁵ një shportë me bukë të ndorme të përgatitura me majë mielli, me kuleç të zëna me vaj, një revani pa maja të lyer me vaj, me ofertat e tyre ushqimore dhe libacionet e tyre.

¹⁶ Prifti do t'i paraqesë këto gjëra përpara Zotit dhe do të ofrojë flijimin e tij për mëkatin dhe olokaustin e tij;

¹⁷ do të ofrojë dashin si flijim falënderimi ndaj Zotit, bashkë me shportën e bukëve të ndorme; prifti do të ofrojë gjithashtu blatimin e tij ushqimor dhe libacionin e tij.

¹⁸ Nazireu do të rruajë kokën e tij të shenjtëruar në hyrje të çadrës së mbledhjes dhe do të marrë flokët e kokës së tij të shenjtëruar dhe do t'i vërë mbi zjarrin që është nën flijimin e falënderimit.

¹⁹ Prifti do të marrë shpatullën e pjekur të dashit, një kulaç pa maja nga shporta dhe një revani pa maja dhe do të vërë në dorë të nazireut, mbasi ky të ketë rruar kokën e tij të shenjtëruar.

²⁰ Prifti do ti tundë si oferta para Zotit; është një gjë e shenjtë që i përket priftit, bashkë me gjoksin e ofertës së tundur dhe me kofshën e ofertës së ngritur. Pas kësaj nazireu do të mund të pijë verë.

²¹ Ky është ligji për nazireun që i ka premtuar Zotit një ofertë për shenjtërimin e tij, veç atyre që mjetet e tij do t'i lejojnë të bëjë. Në bazë të kushtit të lidhur, ai duhet të sillet në pajtim me ligjin e shenjtërimit të tij".

²² Zoti i foli akoma Moisiut, duke i thënë:

²³ "Folu Aaronit dhe bijve të tij, dhe u thuaj atyre: Ju do t'i bekoni kështu bijtë e Izraelit, duke u thënë:

²⁴ "Zoti të të bekojë dhe të të ruajë!

²⁵ Zoti të bëjë që të shkëlqejë fytyra e tij mbi trupin tënd dhe të tregohet i mbarë me ty!

²⁶ Zoti të kthejë fytyrën e tij mbi ty dhe të të sjellë paqe!".

²⁷ Kështu do ta vënë emrin tim mbi bijtë e Izraelit dhe unë do t'i bekoj".

Kapitull 7

¹ Kur Moisiu mbaroi ndërtimin e tabernakullit, e vajosi dhe e shenjtëroi me gjithë pajisjet e tij, ai vajosi gjithashtu altarin dhe të gjitha orenditë e tij; kështu ai i vajosi dhe i shenjtëroi.

² Pastaj prijësit e Izraelit, të parët e shtëpive të etërve të tyre, që ishin prijësit e fiseve dhe ishin në krye të atyre që u regjistruan, paraqitën një ofertë

³ dhe e çuan ofertën e tyre para Zotit: gjashtë qerre të mbuluara dhe dymbëdhjetë qe, një qerre për çdo dy prijës dhe një ka për secilin prej tyre; dhe i ofruan para tabernakullit.

⁴ Atëherë Zoti i foli Moisiut, duke i thënë:

⁵ "Prano këto gjëra prej tyre për t'i përdorur në shërbim të çadrës së mbledhjes, dhe do t'ua japësh Levitëve, secilit simbas shërbimit që ka".

⁶ Moisiu mori, pra, qerret dhe qetë dhe ua dha Levitëve.

⁷ Dy qerre dhe katër qe ua dha bijve të Gershonit simbas shërbimit të tyre;

⁸ katër qerre dhe tetë qe ua dha bijve të Merarit simbas shërbimit të tyre, nën mbikqyrjen e Ithamarit, birit të priftit Aaron;

⁹ por bijve të Kehathit nuk u dha asgjë, sepse ishin ngarkuar me shërbimin e objekteve të shenjta, që ata i mbanin mbi shpatulla.

¹⁰ Prijësit e paraqitën ofertën e tyre për kushtimin e altarit, ditën kur u vajos; kështu prijësit paraqitën ofertën e tyre para altarit.

¹¹ Pastaj Zoti i tha Moisiut: "Prijësit do ta paraqesin ofertën e tyre një në ditë për kushtimin e altarit".

¹² Ai që e paraqiti ofertën e tij ditën e parë ishte Nahshoni, bir i Aminadabit, nga fisi i Judës;

¹³ ai ofroi një pjatë argjendi me një peshë prej njëqind e tridhjetë siklash dhe një legen argjendi prej shtatëdhjetë siklash, simbas siklit të shenjtërores, që të dy të mbushur me majë mielli të përzier me vaj, si blatim ushqimor,

¹⁴ një kupë ari prej dhjetë siklash e mbushur me temjan,

¹⁵ një dem të vogël, një dash, një qengj motak si olokaust,

¹⁶ një dhi si flijim për mëkatin

¹⁷ dhe, si flijim falënderimi, dy qe, pesë desh, pesë cjep dhe pesë qengja motakë. Kjo qe oferta e Nahshonit, djalit të Aminadabit.

¹⁸ Ditën e dytë erdhi oferta e Nethaneelit, birit të Tsuarit, princit të Isakarit.

¹⁹ Ai paraqiti si ofertë të tij një pjatë argjendi me një peshë prej njëqind e tridhjetë siklash dhe një legen argjendi prej shtatëdhjetë siklash, simbas siklit të shenjtërores; që të dy të mbushur me majë mielli të përzier me vaj, si blatim ushqimor,

²⁰ një kupë ari prej dhjetë siklash e mbushur me temjan,

²¹ një dem i vogël, një dash dhe një qengj motak si olokaust,

²² një kec si flijim për mëkatin

²³ dhe, si flijim falënderimi dy qe, pesë desh, pesë cjep dhe pesë qengja motakë. kjo ishte oferta e Nethaneelit, birit të Tsuarit.

²⁴ Ditën e tretë ishte radha e Eliabit, birit të Helonit, prijësit të bijve të Zabulonit.

²⁵ Oferta e tij qe një pjatë argjendi me një peshë prej njëqind e tridhjetë siklash dhe një legen i vogël shtatëdhjetë siklash, simbas siklit të shenjtërores, që të dy të mbushur me majë mielli të përzier me vaj, si blatim i ushqimit,

²⁶ një kupë ari prej dhjetë siklash e mbushur me temjan,

²⁷ një dem të vogël, një dash dhe një qengj motak si olokaust,

²⁸ një kec si flijim për mëkatin

²⁹ dhe, si flijim falënderimi, dy qe, pesë desh, pesë cjep dhe pesë qengja motakë. Kjo qe oferta e Eliabit, birit të Helonit.

³⁰ Ditën e katërt ishte radha e Elitsurit, birit të Rubenit.

³¹ Ai ofroi një pjatë argjendi me një peshë prej njëqind e tridhjetë siklash dhe një legen argjendi me një peshë prej shtatëdhjetë siklash, simbas siklit të shenjtërores, që të dy të mbushur me majë mielli të përzier me vaj, si blatim i ushqimit,

³² një kupë ari prej dhjetë siklash të mbushur me temjan,

³³ një dem të vogël, një dash dhe një qengj motak si olokaust,

³⁴ dhe një kec si flijim për mëkatin

³⁵ dhe, si flijim falënderimi, dy qe, pesë desh, pesë cjep dhe pesë qengja motakë. Kjo qe oferta e paraqitur nga Elitsuri, bir i Shedeurit.

³⁶ Ditën e pestë qe radha e Shelumielit, birit të Tsurishadait, prijësit të bijve të Simeonit.

³⁷ Ai ofroi një pjatë argjendi me një peshë prej njëqind e tridhjetë siklash dhe një legen argjendi prej shtatëdhjetë siklash, simbas siklit të shenjtërores, që të dy të mbushur me majë mielli të përzier me vaj, si blatim ushqimor,

³⁸ një kupë ari prej dhjetë siklash të mbushur me temjan,

³⁹ një dem të vogël, një dash dhe një qengj motak si olokaust,

⁴⁰ një kec si flijim për mëkatin

⁴¹ dhe, si flijim falënderimi, dy qe, pesë desh, pesë cjep dhe pesë qengja motakë. Kjo ishte oferta e bërë nga Shelumieli, bir i Curishadait.

⁴² Ditën e gjashtë ishte radha e Eliasafit, bir i Deuelit, prijësit të bijve të Gadit.

⁴³ Ai ofroi një pjatë argjendi me një peshë prej njëqind e tridhjetë siklash dhe një legen prej shtatëdhjetë siklash, simbas siklit të shenjtërores; si pjata ashtu dhe legeni ishin mbushur me majë mielli të përzier me vaj, si blatim i ushqimit,

⁴⁴ një kupë ari prej dhjetë siklash e mbushur me temjan,

⁴⁵ një dem i vogël, një dash dhe një qengj motak si olokaust,

⁴⁶ një kec si flijim për mëkatin

⁴⁷ dhe, si flijim falënderimi, dy qe, pesë desh, pesë cjep dhe pesë qengja motakë. Kjo qe oferta e bërë nga Eliasafi, bir i Deuelit.

⁴⁸ Ditën e shtatë qe radha e Elishamit, birit të Amihudit, prijësit të bijve të Efraimit.

⁴⁹ Ai ofroi një pjatë argjendi me një peshë prej njëqind e tridhjetë siklash dhe një legen me një peshë prej shtatëdhjetë siklash, simbas siklit të shenjtërores, që të dy të mbushur me majë mielli të përzier me vaj, si blatim i ushqimit,

⁵⁰ një kupë ari prej dhjetë siklash e mbushur me temjan,

⁵¹ një dem i vogël, një dash dhe një qengj motak si olokaust,

⁵² një kec si flijim për mëkatin,

⁵³ dhe, si flijim falënderimi, dy qe, pesë desh, pesë cjep dhe pesë qengja motakë. Kjo qe oferta e bërë nga Elishama, bir i Amihudit.

⁵⁴ Ditën e tetë ishte radha e Gamalielit, birit të Pedahtsurit, prijësit të bijve të Manasit.

⁵⁵ Oferta e tij ishte një pjatë argjendi me një peshë prej njëqind e tridhjetë siklash dhe një legen argjendi prej shtatëdhjetë siklash, simbas siklit të shenjtërores, që të dy të mbushur me majë mielli të përzier me vaj, si blatim i ushqimit,

⁵⁶ një kupë ari prej dhjetë siklash e mbushur me temjan,

⁵⁷ një dem të vogël, një dash dhe një qengj motak si olokaust,

⁵⁸ një kec si flijim për mëkatin

⁵⁹ dhe, si flijim falënderimi, dy qe, pesë desh, pesë cjep dhe pesë qengja motakë. Kjo qe oferta e bërë nga Gamalieli, bir i Pedahtsurit.

⁶⁰ Ditën e nëntë i erdhi radha Abidanit, birit të Gideonit, prijësit të Beniaminit.

⁶¹ Oferta e tij ishte një pjatë argjendi me një peshë prej njëqind e tridhjetë siklash dhe një legen argjendi me një peshë prej shtatëdhjetë siklash, simbas siklave të shenjtërores, që të dy të mbushur me majë mielli të përzier me vaj, si blatim i ushqimit,

⁶² një kupë ari prej dhjetë siklash të mbushur me temjan,

⁶³ një dem i vogël, një dash dhe një qengj motak si olokaust,

⁶⁴ një kec si flijim për mëkatin

⁶⁵ dhe, si flijim falënderimi, dy qe, pesë desh, pesë cjep dhe pesë qengja motakë. Kjo qe oferta e Abidanit, birit të Amishadait, prijësit të bijve të Danit.

⁶⁶ Ditën e dhjetë i erdhi radha Ahiezerit, birit të Amishadait, prijësit të bijve të Danit.

⁶⁷ Oferta e tij ishte një pjatë argjendi me një peshë prej njëqind e tridhjetë siklash dhe një legen argjendi prej shtatëdhjetë siklash, simbas siklit të shenjtërores; që të dy ishin mbushur me majë mielli të përzier me vaj, si blatim i ushqimit,

⁶⁸ një kupë ari prej dhjetë siklash e mbushur me temjan,

⁶⁹ një dem i vogël, një dash dhe një qengj motak si olokaust,

⁷⁰ një kec si flijim për mëkatin

⁷¹ dhe, si flijim falënderimi, dy qe, pesë desh, pesë cjep dhe pesë qengja motakë. Kjo qe oferta e Ahiezerit, birit të Amishadait.

⁷² Ditën e njëmbëdhjetë i erdhi radha Pagielit, birit të Okranit, prijësit të bijve të Asherit.

⁷³ Oferta e tij ishte një pjatë argjendi prej njëqind e tridhjetë siklash dhe një legen argjendi prej shtatëdhjetë siklash, simbas siklit të shenjtërores; që të dy ishin mbushur me majë mielli të përzier me vaj, si blatim i ushqimit,

⁷⁴ një kupë ari prej dhjetë siklash mbushur me temjan,

⁷⁵ një dem të vogël, një dash dhe një qengj motak si olokaust,

⁷⁶ një kec si flijim për mëkatin

⁷⁷ dhe, si flijim falënderimi, dy qe, pesë desh, pesë cjep dhe pesë qengja motakë. Kjo qe oferta e Pagielit, birit të Okranit.

⁷⁸ Ditën e dymbëdhjetë i erdhi radha Ahirit, birit të Enanit, prijësit të bijve të Neftalit.

⁷⁹ Ai ofroi një pjatë argjendi me një peshë prej njëqind e tridhjetë siklash dhe një legen argjendi shtatëdhjetë siklash, simbas siklit të shenjtërores, që të dy ishin mbushur me majë mielli të përzier me vaj, si

blatim i ushqimit,

⁸⁰ një kupë ari prej dhjetë siklash e mbushur me temjan,

⁸¹ një dem të vogël, një dash dhe një qengj motak si olokaust,

⁸² një kec si flijim për mëkatin

⁸³ dhe, si flijim falënderimi, dy qe, pesë desh, pesë cjep dhe pesë qengja motakë. Kjo qe oferta e Ahirit, birit të Enanit.

⁸⁴ Këto ishin dhuratat për kushtimin e altarit që u bënë nga prijësit e Izraelit kur altari u vajos: dymbëdhjetë pjata argjendi, dymbëdhjetë legena argjendi, dymbëdhjetë kupa ari;

⁸⁵ çdo pjatë argjendi peshonte njëqind e tridhjetë sikla dhe çdo legen argjendi shtatëdhjetë sikla; shuma e argjendit që përmbanin enët arrinte dy mijë e katërqind sikla, simbas siklit të shenjtërores;

⁸⁶ të dymbëdhjetë kupat prej ari të mbushura me parfum peshonin dhjetë sikla secila, simbas siklit të shenjtërores; gjithë ari i kupave peshonte njëqind e njëzet sikla.

⁸⁷ Shuma e kafshëve për olokaustin ishte dymbëdhjetë dema të vegjël, dymbëdhjetë desh, dymbëdhjetë qengja motakë bashkë me blatimet e ushqimit dhe dymbëdhjetë keca si flijim për mëkatin.

⁸⁸ Shuma e kafshëve si flijim falënderimi ishte njëzet e katër dema të vegjël, gjashtëdhjetë desh, gjashtëdhjetë cjep dhe gjashtëdhjetë qengja motakë. Këto ishin dhuratat për kushtimin e altarit pas vajosjes së tij.

⁸⁹ Dhe kur Moisiu hynte në çadrën e mbledhjes për të folur me Zotin, dëgjonte zërin e tij që i fliste nga pjesa e sipërme e pajtuesit që ndodhet mbi arkën e dëshmisë midis dy kerubinëve; kështu i fliste Zoti.

Kapitull 8

¹ Zoti i foli akoma Moisiut, duke i thënë:

² "Foli Aaronit dhe i thuaj: Kur do të vendosësh llambat, shtatë llambat duhet të ndriçojnë pjesën e përparme të shandanit".

³ Dhe Aaroni veproi kështu: i vendosi llambat në mënyrë që të ndriçonin pjesën e përparme të shandanit, ashtu siç e kishte urdhëruar Zoti Moisiun.

⁴ Shandani ishte ndërtuar kështu: ishte prej ari të rrahur; ishte punuar me çekiç nga këmba e tij deri tek lulet e tij. Moisiu kishte bërë shandanin simbas modelit që i kishte treguar Zoti.

⁵ Pastaj Zoti i foli Moisiut, duke i thënë:

⁶ "Merr Levitët ndër bijtë e Izraelit dhe pastroji.

⁷ Do të veprosh kështu për t'i pastruar: do të spërkatësh ujë mbi ta për t'i pastruar; pastaj do të heqin një brisk mbi tërë trupin e tyre, do të lajnë rrobat e tyre dhe do të pastrohen.

⁸ Pastaj do të marrin një dem të vogël me blatimin e ushqimit prej majë mielli të përzier me vaj ndërsa ti do të marrësh një dem tjetër si flijim për mëkatin.

⁹ Do t'i afrosh Levitët përpara çadrës së mbledhjes dhe do të thërrasësh tërë asamblenë e bijve të Izraelit;

¹⁰ Kështu do t'i afrosh Levitët përpara Zotit dhe bijtë e Izraelit do të vënë duart e tyre mbi Levitët;

¹¹ pastaj Aaroni do t'i paraqesë Levitët si ofertë të tundur para Zotit nga ana e bijve të Izraelit, me qëllim që të kryejnë shërbimin e Zotit.

¹² Pastaj Levitët do të vënë duart e tyre mbi kokën e demave të vegjël, dhe ti do të ofrosh njërin prej tyre si flijim për mëkatin dhe tjetrin si olokaust për Zotin, për të bërë shlyerjen për Levitët.

¹³ Do t'i mbash më këmbë Levitët përpara Aaronit dhe para bijve të tij dhe do t'i paraqitësh si një ofertë të tundur për Zotin.

¹⁴ Kështu do t'i ndash Levitët nga gjiri i bijve të Izraelit dhe Levitët do të jenë të mitë.

¹⁵ Pas kësaj Levitët do të hyjnë në çadrën e mbledhjes për të kryer shërbimin; kështu ti do t'i pastrosh dhe do t'i paraqitësh si një ofertë të tundur,

¹⁶ sepse më janë dhënë plotësisht nga gjiri i bijve të Izraelit; unë i mora për vete, në vend të të gjithë atyre që çelin barkun e nënës, në vend të të parëlindurve të të gjithë bijve të Izraelit.

¹⁷ Sepse të gjithë të parëlindurit e bijve të Izraelit, si të njerëzve ashtu dhe të kafshëve, më takojnë mua; i shenjtërova për vete ditën që godita tërë të parëlindurit në vendin e Egjiptit.

¹⁸ Mora Levitët në vend të të gjithë të parëlindurve të bijve të Izraelit.

¹⁹ Dhe i dhurova Aaronit dhe bijve të tij Levitët nga gjiri i bijve të Izraelit me qëllim që të kryejnë shërbimin e bijve të Izraelit në çadrën e mbledhjes dhe të bëjnë shlyerjen për bijtë e Izraelit kur i afrohen shenjtërores".

²⁰ Kështu vepruan Moisiu, Aaroni dhe tërë asambleja e bijve të Izraelit me Levitët; bijtë e Izraelit u bënë Levitëve të gjitha ato që Zoti i kishte urdhëruar Moisiut lidhur me ta.

²¹ Dhe Levitët u pastruan dhe i lanë rrobat e tyre; pastaj Aaroni i paraqiti si një ofertë të tundur përpara Zotit dhe bëri shlyerjen për ta, për t'i pastruar.

²² Pas kësaj Levitët hynë në çadrën e mbledhjes për të bërë shërbimin e tyre në prani të Aaronit dhe të bijve të tij. Ata u bënë Levitëve atë që Zoti i kishte urdhëruar Moisiut lidhur me ta.

²³ Pastaj Zoti i foli Moisiut duke i thënë:

²⁴ "Kjo është ajo që u takon Levitëve; nga mosha njëzet e pesë vjeç e lart Leviti do të hyjë në çadrën e mbledhjes për të kryer shërbimet e rastit;

²⁵ në moshën pesëdhjetë vjeç do ta ndërpresë këtë shërbim dhe nuk do të shërbejë më.

²⁶ Do të mund të ndihmojë vëllezërit e tij në çadrën e mbledhjes, ndërsa këta kryejnë detyrat e tyre; por ai vetë nuk do të kryejë asnjë shërbim. Kështu do të veprosh me Levitët lidhur me detyrat e tyre".

Kapitull 9

¹ Zoti i foli akoma Moisiut, në shkretëtirën e Sinait, muajin e parë të vitit të dytë që kur kishin dalë nga vendi i Egjiptit, duke i thënë:

² "Bijtë e Izraelit do ta festojnë Pashkën në kohën e caktuar.

³ Do ta kremtoni në kohën e caktuar, ditën e katërmbëdhjetë të këtij muaji, në të ngrysur; do ta kremtoni simbas të gjitha statuteve dhe dekreteve të saj".

⁴ Kështu Moisiu u foli bijve të Izraelit me qëllim që të kremtonin Pashkën

⁵ ditën e katërmbëdhjetë të muajit të parë në të ngrysur, në shkretëtirën e Sinait; bijtë e Izraelit vepruan simbas urdhrave të dhëna Moisiut nga Zoti.

⁶ Por kishte disa njerëz që ishin të papastër sepse kishin prekur trupin e vdekur të një personi dhe nuk mund ta kremtonin Pashkën atë ditë. Por këta njerëz u paraqitën po atë ditë përpara Moisiut dhe Aaronit,

⁷ dhe i thanë Moisiut: "Ne jemi të papastër sepse kemi prekur trupin e vdekur të një personi; pse vallë na pengohet të paraqesim ofertën e Zotit në kohën e duhur, në mes të bijve të Izraelit?".

⁸ Moisiu iu përgjegj atyre: "Prisni që të dëgjoj çfarë do të urdhërojë Zoti lidhur me ju".

⁹ Dhe Zoti i foli Moisiut, duke thënë:

¹⁰ "Folu bijve të Izraelit dhe u thuaj atyre: Në rast se dikush nga ju ose nga trashëgimtarët tuaj është i papastër për shkak të një trupi të vdekur, apo gjendet larg në udhëtim, do të kremtojë njëlloj Pashkën për nder Zotit.

¹¹ Do ta kremtojnë ditën e katërmbëdhjetë të muajit të dytë në të ngrysur; do të hanë bukë të ndorme dhe barishte të hidhura;

¹² nuk do të lënë asnjë teprice deri në mëngjes dhe nuk do të thyejnë asnjë kockë. Do ta kremtojnë simbas të gjitha statuteve të Pashkës.

¹³ Por ai që është i pastër dhe nuk është në udhëtim, në rast se nuk e kremton Pashkën, do të shfaroset në mes të popullit të tij, sepse nuk i paraqiti ofertën në kohën e duhur Zotit; ky njeri do të mbajë dënimin e mëkatit të tij.

¹⁴ Në rast se një i huaj që banon në mes jush kremton Pashkën e Zotit, ai duhet ta bëjë mbas statuteve dhe dekreteve të Pashkës. Ju do të keni një statut të vetëm për të huajin dhe për atë që ka lindur në vend".

¹⁵ Por ditën në të cilën tabernakulli u ngrit, reja mbuloi tabernakullin, perden e dëshmisë; dhe që nga mbrëmja deri në mëngjes reja mbi tabernakullin kishte marrë një pamje zjarri.

¹⁶ Kështu ndodhte gjithnjë: reja e mbulonte tabernakullin gjatë ditës dhe natën kishte pamjen e një zjarri.

¹⁷ Sa herë që reja ngrihej mbi çadrën, bijtë e Izraelit nisseshin për rrugë pas kësaj; dhe aty ku ndalej reja, aty bijtë e Izraelit vendosnin kampin e tyre.

¹⁸ Me urdhër të Zotit bijtë e Izraelit nisnin ecjen e tyre dhe me urdhër të tij fushonin; rrinin në kampin e tyre aq kohë sa qëndronte reja mbi tabernakull.

¹⁹ Kur reja qëndronte për shumë ditë mbi tabernakullin, bijtë e Izraelit respektonin urdhrin e Zotit dhe nuk lëviznin.

²⁰ Por në rast se reja ndalej vetëm pak ditë mbi tabernakullin, me urdhër të Zotit ata qëndronin në kampin e tyre dhe me urdhër të Zotit niseshin për rrugë.

²¹ Në rast se reja ndalej vetëm nga mbrëmja deri në mëngjes, kur ajo ngrihej në mëngjes, ata niseshin për rrugë; si ditën ashtu dhe natën, kur reja ngrihej, ata viheshin në lëvizje.

²² Në qoftë se reja qëndronte e palëvizshme mbi tabernakullin dy ditë, një muaj apo një vit, bijtë e Izraelit qëndronin në kampin e tyre dhe nuk lëviznin; por kur ajo ngrihej, ata nisnin udhëtimin.

²³ Me urdhër të Zotit fushonin dhe me urdhër të tij viheshin në lëvizje; respektonin urdhrin e Zotit, simbas asaj që ai kishte urdhëruar me anë të Moisiut.

Numrave

Kapitull 10

¹ Zoti i foli akoma Moisiut, duke i thënë

² "Bëj dy bori prej argjendi; do t'i bësh me argjend të rrahur; do t'i përdorësh për të thirrur asamblenë dhe për të lëvizur fushimet.

³ Nën tingullin e të dyjave gjithë asambleja do të mblidhet pranë teje, në hyrje të çadrës së mbledhjes.

⁴ Nën tingullin e njërës bori, prijësit, krerët e divizioneve të Izraelit do të mblidhen pranë teje.

⁵ Kur do t'i bini alarmit për herë të parë, ata që janë në lindje do të vihen në lëvizje.

⁶ Kur do t'i bini alarmit për herë të dytë, ata që janë në jug do të vihen në lëvizje; duhet t'i bini alarmit që të vihen në lëvizje.

⁷ Kur duhet të mblidhet asambleja do t'i bini borisë, pa i rënë alarmit.

⁸ Do t'u bien borive bijtë e Aaronit, priftërinjtë; ky do të jetë një statut i përjetshëm për ju dhe për trashëgimtarët tuaj.

⁹ Kur në vendin tuaj do të shkoni në luftë kundër armikut që ju shtyp, do t'i bini alarmit me boritë; kështu do të kujtoheni përpara Zotit Perëndisë tuaj, dhe do të çliroheni nga armiqtë tuaj.

¹⁰ Po kështu në ditët tuaja të gëzimit, në festat tuaja të caktuara dhe në fillim të muajve tuaj të parë, do t'u bini borive mbi rastin e olokausteve dhe të flijimeve tuaja të falënderimit; dhe kështu ato do të bëjnë që të kujtoheni përpara Perëndisë tuaj. Unë jam Zoti, Perëndia juaj".

¹¹ Por ndodhi që në vitin e dytë, në muajin e dytë, ditën e njëzetë të muajit, reja u ngrit mbi tabernakullin e dëshmisë.

¹² Dhe bijtë e Izraelit u nisën për rrugë, duke lënë shkretëtirën e Sinait; pastaj reja u ndal në shkretëtirën e Paranit.

¹³ Kështu u nisën për rrugë herën e parë simbas urdhrit që Zoti kishte dhënë me anë të Moisiut.

¹⁴ I pari lëvizi flamuri i kampit të bijve të Judës, i ndarë simbas formacioneve të tij. Divizionin e Judës e komandonte Nahshoni, bir i Aminadabit.

¹⁵ Nethaneeli, bir i Tsuarit, komandonte divizionin e fisit të bijve të Isakarit,

¹⁶ ndërsa Eliabi, bir i Helonit, komandonte divizionin e fisit të bijve të Zabulonit.

¹⁷ Pastaj u çmontua tabernakulli dhe bijtë e Merarit dhe të Gershonit u nisën për rrugë, duke transportuar tabernakullin.

¹⁸ Pastaj u vu në lëvizje flamuri i kampit të Rubenit, i ndarë simbas formacioneve të tij. Divizionin e Rubenit e komandonte Elitsuri, bir i Shedeurit.

¹⁹ Shelumieli, bir i Tsurishadait, komandonte divizionin e fisit të bijve të Simeonit,

²⁰ ndërsa Eliasafi, bir i Deuelit, komandonte divizionin e fisit të bijve të Gadit.

²¹ Pastaj u vunë në lëvizje Kehathitët, duke transportuar sendet e shenjta; ata do ta ngrinin tabernakullin para ardhjes së tyre.

²² Pas kësaj u nis flamuri i kampit të bijve të Efraimit, i ndarë simbas formacioneve të tij. Divizionin e Efraimit e komandonte Elishama, bir i Amihudit.

²³ Gamalieli, bir i Pedahtsurit, komandonte divizionin e fisit të bijve të Manasit,

²⁴ ndërsa Abidani, bir i Gideonit, komandonte divizionin e fisit të bijve të Beniaminit.

²⁵ Pastaj filloi të lëvizë flamuri i kampit të bijve të Danit, i ndarë simbas formacioneve të tij, që përbënte praparojën e të gjitha kampeve. Divizioni i Danit komandohej nga Ahiezieri, bir i Amishadait.

²⁶ Pagieli, bir i Okranit, komandonte divizionin e fisit të bijve të Asherit,

²⁷ ndërsa Ahira, bir i Enanit, komandonte divizionin e fisit të bijve të Neftalit.

²⁸ Kjo ishte radha e marshimit të bijve të Izraelit, simbas divizioneve të tyre. Kështu u vunë në lëvizje.

²⁹ Por Moisiu i tha Hobabit, birit të Reuelit, Madianitit, vjehrri i Moisiut: "Ne po vihemi në marshim drejt vendit për të cilin Zoti ka thënë "Unë do t'jua jap". Eja me ne dhe do të të bëjmë të mira,

³⁰ Hobabi iu përgjegj: "Unë nuk do të vij, por do të kthehem në vendin tim te të afërmit e mi".

³¹ Atëherë Moisiu i tha: "Mos na lërë, sepse ti e di ku duhet të fushojmë në shkretëtirë dhe ti do të jesh si sytë për ne.

³² Në qoftë se vjen me ne, çdo të mirë që do të na bëjë Zoti, ne do ta bëjmë ty".

³³ Kështu u nisën nga mali i Zotit dhe ecën tri ditë; dhe arka e besëlidhjes së Zotit shkoi para tyre gjatë një udhëtimi prej tri ditësh, për të gjetur një vend ku ata të pushonin.

³⁴ Dhe reja e Zotit qëndronte mbi ta gjatë ditës, kur niseshin nga kampi.

³⁵ Kur nisej arka, Moisiu thoshte: "Çohu, o Zot, me qëllim që të shkatërrohen armiqtë e tu dhe të ikin me vrap para teje ata që të urrejnë!".

³⁶ Dhe kur ndalej, thoshte: "Kthehu, o Zot, pranë morisë së madhe të njerëzve të Izraelit!".

Kapitull 11

¹ Por populli u ankua dhe kjo nuk tingëlloi mirë në veshët e Zotit; sa e dëgjoi, Zoti u zemërua, dhe zjarri i tij shpërtheu midis tyre dhe shkatërroi skajin e kampit.

² Atëherë populli i bërtiti Moisiut; Moisiu iu lut Zotit dhe zjarri u shua.

³ Kështu ky vend u quajt Taberah, sepse zjarri i Zotit ishte ndezur midis tyre.

⁴ Dhe fundërrinën heterogjene që ishte midis popullit e pushtoi një lakmi e madhe; edhe bijtë e Izraelit filluan të ankohen dhe të thonë: "Kush do të na japë mish për të ngrënë?

⁵ Nuk i harrojmë peshqit që i hanim falas në Egjipt, kastravecat, pjeprat, preshtë, qepët dhe hudhrat.

⁶ Por tani e tërë qënia jonë ka shteruar; para syve tanë nuk ka asgjë tjetër veç kësaj mane".

⁷ Mana i ngjante farës së koriandrit dhe kishte pamjen e bdelit.

⁸ Populli shkonte rreth e rrotull për ta mbledhur; pastaj e bënte miell me mokrat ose e shtypte në havan, e zinte në një tenxhere ose përgatiste kuleç, të cilët kishin shijen e kuleçëve me vaj.

⁹ Kur binte vesa mbi kamp natën, binte mbi të edhe mana.

¹⁰ Por Moisiu dëgjoi popullin që ankohej, në të gjitha familjet e tij, secili në hyrje të çadrës së vet; zemërimi i Zotit shpërtheu me të madhe dhe kjo nuk i pëlqeu aspak edhe Moisiut.

¹¹ Atëherë Moisiu i tha Zotit: "Pse e trajtove kaq keq shërbëtorin tënd? Pse nuk gjeta hir para syve të tu për ta vënë barrën e gjithë këtij populli mbi mua?

¹² Mos vallë unë e kam gjeneruar tërë këtë popull? Mos vallë kam qenë unë që e kam nxjerrë në dritë, që ti të më thuash: "Mbaje në prehrin tënd, ashtu si taja mban fëmijën që pi sisë, deri në vendin që ti u ke premtuar me betim etërve të tij"?

¹³ Ku mund të gjej mish për t'i dhënë tërë këtij populli? Sepse vazhdon të qajë para meje, duke thënë: "Na jep mish për të ngrënë!".

¹⁴ Unë nuk mund ta mbaj vetëm tërë këtë popull; është një barrë shumë e rëndë për mua.

¹⁵ Në qoftë se kjo është mënyra me të cilën ti dëshiron të më trajtosh, të lutem, më vrit menjëherë po të kem gjetur hir para syve të tu; por mos lejo që unë të shoh fatkeqësinë time!".

¹⁶ Atëherë Zoti i tha Moisiut: "Mblidhmë shtatëdhjetë njerëz nga pleqtë e Izraelit, që ti i njeh si pleq të popullit dhe funksionarë të tij; silli në çadrën e mbledhjes dhe të rrinë aty me ty.

¹⁷ Unë do të zbres dhe aty do të flas me ty; do të marr pastaj nga Fryma që është mbi ty dhe do t'ua kaloj atyre, me qëllim që ta mbajnë bashkë me ty barrën e popullit, dhe të mos e mbash ti vetëm.

¹⁸ Pastaj do t'i thuash popullit: Shenjtërohuni për nesër, dhe do të hani mish, sepse keni qarë në veshët e Zotit, duke thënë: "Kush do të na japë mish për të ngrënë? Ishim kaq mirë në Egjipt!". Prandaj Zoti do t'ju japë mish dhe ju do ta hani.

¹⁹ Dhe do ta hani jo për një ditë, jo për dy ditë, jo për pesë ditë, jo për dhjetë ditë, jo për njëzet ditë,

²⁰ por për një muaj të tërë, deri sa t'ju dalë nga hunda dhe t'ju shkaktojë neveri, sepse keni hedhur poshtë Zotin dhe keni qarë para tij, duke thënë: "Pse vallë dolëm nga Egjipti?"".

²¹ Atëherë Moisiu tha: "Ky popull, në mes të të cilit ndodhem, ka gjashtëqind mijë të rritur, dhe ti ke thënë: "Unë do t'u jap mish dhe ata do të hanë mish një muaj të tërë!".

²² Mos duhen therur kope të tëra bagëtish të trasha dhe të imta që të kenë mjaft mish? Apo mbledhur për ta gjithë peshku i detit që ta kenë një sasi të mjaftueshme?"

²³ Zoti iu përgjegj Moisiut: "Krahu i Zotit është shkurtuar ndofta? Tani do të shikosh në se fjala ime do të shkojë në vend apo jo".

²⁴ Pastaj Moisiu doli dhe i njoftoi popullit fjalët e Zotit; mblodhi pastaj shtatëdhjetë njerëz pleq të popullit dhe i vendosi rreth e qark çadrës së mbledhjes.

²⁵ Atëherë Zoti zbriti në renë dhe i foli atij, mori nga Fryma që qëndronte mbi të dhe e çoi mbi të shtatëdhjetë pleqtë; por kur Fryma u vu mbi ta, ata bënë profeci, me gjithë se më vonë nuk bënë më.

²⁶ Por dy njerëz, njëri quhej Eldad dhe tjetri Medad, kishin mbetur në kamp; dhe Fryma u vu edhe mbi ta; këta ishin ndër të regjistruarit, por nuk kishin dalë për të shkuar në çadër; megjithatë bënë profeci në kamp.

²⁷ Një djalë shkoi me vrap t'ia referojë këtë gjë Moisiut dhe i tha: "Eldadi dhe Medadi po bëjnë profeci në kamp".

²⁸ Atëherë Jozueu, bir i Nunit dhe shërbëtor i Moisiut, një nga të rinjtë e tij, filloi të thotë: "Moisi, imzot, bëji që të heqin dorë!".

²⁹ Por Moisiu iu përgjegj: "Ndofta je xheloz për mua? Ah, le të ishin të gjithë profetë në popullin e Zotit dhe dhëntë Zoti që Fryma e tij të vihet mbi ta!".

³⁰ Pastaj Moisiu u kthye në kamp bashkë me pleqtë e Izraelit.

³¹ Atëherë u ngrit një erë me urdhër të Zotit dhe solli shkurta nga ana e detit, dhe i la të binin pranë kampit, një ditë ecjeje nga një anë dhe një ditë ecjeje nga ana tjetër rreth e qark kampit, me

³² Populli mbeti në këmbë gjithë atë ditë, tërë natën dhe tërë ditën vijuese, dhe mblodhi shkurtat. (Ai që mblodhi më pak pati dhjetë homer); dhe i shtrinë rreth e qark kampit.

³³ Kishin akoma mishin ndër dhëmbë dhe nuk e kishin përtypur akoma, kur zemërimi i Zotit kundër popullit u ndez dhe ai e goditi popullin me një plagë shumë të rëndë.

³⁴ Kështu ky vend u quajt Kibroth-Hataavah sepse aty u varrosën njerëzit që ishin dhënë pas epsheve.

³⁵ Nga Kibroth-Hataavau populli u nis për në Haltseroth dhe u ndal në këtë vend.

Kapitull 12

¹ Miriami dhe Aaroni iu kundërvunë Moisiut me fjalë për shkak të gruas etiopase me të cilën qe martuar; në fakt ai qe martuar me një grua etiopase.

² Dhe i thanë: "Mos vallë Zoti ka folur vetëm me anë të Moisiut? A nuk ka folur ai edhe nëpërmjet nesh?". Dhe Zoti dëgjoi.

³ (Sepse Moisiu ishte një njeri shumë zemërbutë, më tepër se kushdo mbi faqen e dheut).

⁴ Zoti u tha menjëherë Moisiut, Aaronit dhe Miriamit: "Ju të tre dilni dhe shkoni në çadrën e mbledhjes". Kështu ata të tre dolën.

⁵ Atëherë Zoti zbriti në një kolonë reje, u ndal në hyrjen e çadrës dhe thirri Aaronin dhe Miriamin; që të dy i erdhën përpara.

⁶ Pastaj Zoti tha: "Dëgjoni tani fjalët e mia! Në se ka një profet midis jush, unë, Zoti i bëhem i njohur atij në vegim, flas me të në ëndërr.

⁷ Por nuk veproj kështu me shërbëtorin tim Moisi, që është besnik në tërë shtëpinë time.

⁸ Me të unë flas sy për sy, duke bërë që ai të më shohë, dhe jo me shprehje të errëta; dhe ai sodit dukjen e Zotit. Pse nuk keni pasur frikë të flisni kundër shërbëtorit tim, kundër Moisiut?".

⁹ Kështu zemërimi i Zotit u ndez kundër tyre, pastaj ai u largua.

¹⁰ Kur reja u tërhoq nga pjesa e sipërme e çadrës, Miriami ishte bërë lebroze e bardhë si bora; Aaroni shikoi Miriamin, dhe ja, ajo ishte lebroze.

¹¹ Aaroni i tha Moisiut: "O zoti im, mos na ngarko me fajin që kemi kryer nga budallallëku dhe mëkatin që kemi bërë.

¹² Mos lejo që ajo të jetë si një i vdekur, mishi i së cilës është gjysmë i konsumuar kur del nga barku i nënës së saj!".

¹³ Kështu Moisiu i thirri Zotit, duke i thënë: "Shëroje, o Perëndi, të lutem!".

¹⁴ Atëherë Zoti iu përgjegj Moisiut: "Po ta kishte pështyrë i ati në fytyrë, nuk do të ishte ndofta e turpëruar shtatë ditë? Izolojeni, pra, jashtë kampit shtatë ditë; pastaj pranojeni përsëri".

¹⁵ Miriami e izoluan jashtë kampit për shtatë ditë; dhe populli nuk e filloi marshimin e tij deri sa Miriami ripranohej në kamp.

¹⁶ Pastaj populli u nis nga Hatserothi dhe ngriti kampin e tij në Paran.

Kapitull 13

¹ Zoti i foli Moisiut, duke i thënë:

² "Dërgo njerëz të kqyrin vendin e Kanaanit që unë po u jap bijve të Izraelit. Do të dërgoni një nga çdo fis i etërve të tyre; të gjithë të jenë nga princat e tyre".

³ Kështu Moisiu i nisi nga shkretëtira e Paranit, simbas urdhrit të Zotit; të gjithë këta ishin krerë të bijve të Izraelit.

⁴ Këta ishin emrat e tyre: Shamua, bir i Zakurit, për fisin e Rubenit;

⁵ Shafati, bir i Horit, për fisin e Simeonit;

⁶ Kalebi, bir i Jefunehut, për fisin e Judës;

⁷ Igali, bir i Jozefit, për fisin e Isakarit;

⁸ Hoshea, bir i Nunit, për fisin e Efraimit;

⁹ Palti, bir i Rafut, për fisin e Beniaminit;

¹⁰ Gadieli, bir i Sodit, për fisin e Zabulonit;

¹¹ Gadi, bir i Susit, për fisin e Jozefit, domethënë për fisin e Manasit;

¹² Amieli, bir i Gemalit, për fisin e Danit;

¹³ Seturi, bir i Mikaelit, për fisin e Asherit;

¹⁴ Nahbi, bir i Vofsit, për fisin e Neftalit;

¹⁵ Geueli, bir i Makit, për fisin e Gadit.

¹⁶ Këto janë emrat e personave që Moisiu dërgoi për të vëzhguar vendin. Moisiu i vuri Hosheas, birit të Nunit, emrin e Jozueut.

¹⁷ Moisiu, pra, i dërgoi për të vëzhguar vendin e Kanaanit dhe u tha atyre: "Ngjituni që këtej në Negev dhe pastaj në krahinën malore,

¹⁸ për të parë si është vendi, në qoftë se populli që banon aty është i fortë apo i dobët, i pakët në numër apo i shumtë;

¹⁹ si është vendi ku banon, i mirë apo i keq, si janë qytetet në të cilat jeton, a ka kampe ose vende të fortifikuara;

²⁰ dhe si është toka, pjellore apo e varfër, në rast se ka pemë ose jo. Bëhuni trima dhe sillni frytet nga ky vend". Ishte koha kur kishte filluar të piqej rrushi.

²¹ Ata u ngjitën, pra, dhe vëzhguan vendin e Tsinit deri në Rehob, duke hyrë në të nga ana e Hamathit.

²² U ngjitën përmes Negevit dhe shkuan deri në Hebron, ku ishin Ahimani, Sheshai dhe Talmai, pasardhës të Anakut. (Hebronin e kishin ndërtuar shtatë vjet para Tsoanit të Egjipit).

²³ Arritën pastaj deri në luginën e Eshkolit, ku prenë një degë me një vile rrushi, që e mbanin që të dy me një purtekë; dhe morën gjithashtu shegë dhe fiq.

²⁴ Ky vend u quajt lugina e Eshkolit, për shkak të viles së rrushit që bijtë e Izraelit prenë aty.

²⁵ Mbas dyzet ditësh ata u kthyen nga vëzhgimi i vendit,

²⁶ dhe shkuan të takojnë Moisiun, Aaronin dhe tërë asamblenë e bijve të Izraelit në shkretëtirën e Paranit, në Kadesh; para tyre dhe tërë asamblesë paraqitën një raport dhe u treguan pemët e vendit.

²⁷ Kështu para tij raportuan duke thënë: "Ne arritëm në vendin ku na dërgove; aty rrjedh me të vërtetë qumësht dhe mjaltë, dhe këto janë pemët e tij.

²⁸ Por populli që banon në këtë vend është i fortë, qytetet janë të fortifikuara dhe shumë të mëdha; dhe aty pamë edhe pasardhësit e Anakut.

²⁹ Amalekitët banojnë në krahinën e Negevit; Hitejtë, Gebusejtë dhe Amorejtë banojnë përkundrazi në krahinën malore, ndërsa Kananejtë banojnë pranë detit dhe gjatë Jordanit".

³⁰ Atëherë Kalebi e qetësoi popullin që murmuriste kundër Moisiut dhe tha: "Le të ngjitemi menjëherë dhe ta pushtojmë vendin, sepse këtë mund ta bëjmë me siguri".

³¹ Por njerëzit që kishin shkuar me të thanë: "Nuk mund të sulemi kundër këtij populli, sepse është më i fortë se ne".

³² Kështu i paraqitën një informacion të keq për vendin që kishin vëzhguar duke thënë: "Vendi që kemi përshkruar për ta vëzhguar është një vend që i ha banorët e tij; dhe të gjithë njerëzit që kemi parë në të janë njerëz me shtat të lartë.

³³ Përveç kësaj aty pamë gjigantë (pasardhësit e Anakut rrjedhin nga gjigantët), përballë të cilëve na dukej se ishim karkaleca, dhe kështu duhet t'u dukeshim atyre".

Kapitull 14

¹ Atëherë tërë asambleja ngriti zërin dhe filloi të bërtasë; dhe atë natë populli qau.

² Dhe të gjithë bijtë e Izraelit murmurisnin kundër Moisiut dhe kundër Aaronit dhe tërë asambleja u tha atyre: "Sikur të kishim vdekur në vendin e Egjiptit ose të kishim vdekur në këtë shkretëtirë!

³ Pse Zoti na çon në këtë vend që të biem nga goditja e shpatave? Gratë dhe fëmijët tanë do të bëhen pre e armikut. A nuk do të ishte më mirë për ne të kthehemi në Egjipt?".

⁴ Dhe i thanë njëri tjetrit: "Të zgjedhim një kryetar dhe të kthehemi në Egjipt!".

⁵ Atëherë Moisiu dhe Aaroni ranë përmbys përpara tërë asamblesë së mbledhur të bijve të Izraelit.

⁶ Jozueu, bir i Nunit, dhe Kalebi, bir i Jenufehut, që ishin ndër ata që kishin vëzhguar vendin, grisën rrobat e tyre,

⁷ dhe i folën kështu asamblesë së bijve të Izraelit: "Vendi që kemi përshkuar për ta vëzhguar është një vend i mirë, shumë i mirë.

⁸ Në rast se Zoti kënaqet me ne, do të na çojë në këtë vend dhe do të na japë neve, "një vend ku rrjedh qumësht dhe mjaltë".

⁹ Vetëm mos ngrini krye kundër Zotit dhe mos kini frikë nga populli i vendit, sepse ai do të jetë ushqimi ynë; mbrojtja e tyre është larguar nga ata dhe Zoti është me ne; mos kini frikë nga ata".

¹⁰ Atëherë tërë asambleja foli për t'i vrarë me gurë; por lavdia e Zotit iu shfaq në çadrën e mbledhjes tërë bijve të Izraelit.

¹¹ Pastaj Zoti i tha Moisiut: "Deri kur do të më përçmojë ky popull? Dhe deri kur do të refuzojnë të besojnë pas gjithë atyre

mrekullive që kam bërë në mes të tyre?

¹² Unë do ta godas me murtajë dhe do ta shkatërroj, por do të bëj prej teje një komb më të madh dhe më të fuqishëm se ai".

¹³ Moisiu i tha Zotit: "Por do të dëgjojnë Egjiptasit, nga mesi i të cilëve e ke ngritur këtë popull për fuqinë tënde,

¹⁴ dhe do t'ia bëjnë të ditur banorëve të këtij vendi. Ata kanë dëgjuar që ti, o Zot, je në mes të këtij populli, i shfaqesh atij sy për sy, që reja jote qëndron mbi ta dhe që ecën para tyre ditën në një kolonë reje dhe natën në një kolonë të zjarrtë.

¹⁵ Tani në se e bën këtë popull të vdesë si një njeri i vetëm, kombet që kanë dëgjuar namin tënd do të flasin, duke thënë:

¹⁶ "Me qenë se Zoti nuk ka qenë i zoti ta futë këtë popull në vendin që ishte betuar t'i jepte, e vrau në shkretëtirë".

¹⁷ Por tani, të lutem, le të shfaqet fuqia e Zotit tim në madhështinë e saj, ashtu si fole duke thënë:

¹⁸ "Zoti është i ngadaltë në zemërim dhe i madh në mëshirë; ai fal padrejtësinë dhe mëkatin, por nuk lë pa ndëshkuar fajtorin, duke dënuar paudhësinë e etërve te bijtë, deri në brezin e tretë ose të katërt".

¹⁹ Fale paudhësinë e këtij populli, me madhështinë e mëshirës sate, ashtu siç e ke falur këtë popull nga Egjipti deri këtu".

²⁰ Atëherë Zoti tha: "Unë fal, ashtu si kërkove ti;

²¹ por, ashtu siç është e vërtetë që unë jetoj, e gjithë toka do të jetë plot me lavdinë e Zotit,

²² dhe tërë këta njerëz që kanë parë lavdinë time dhe mrekullitë që kam bërë në Egjipt e në shkretëtirë, dhe më kanë tunduar dhjetë herë dhe nuk e kanë dëgjuar zërin tim,

²³ me siguri nuk kanë për ta parë vendin që u betova t'u jap etërve të tyre. Askush nga ata që më kanë përçmuar nuk ka për ta parë;

²⁴ por shërbëtorin tim Kaleb, duke qenë se veproi i shtyrë nga një frymë tjetër e më ka ndjekur plotësisht, unë do ta fus në vendin ku ka shkuar; dhe pasardhësit e tij do ta zotërojnë.

²⁵ Amalekitët dhe Kananejtë banojnë në luginë, nesër kthehuni prapa dhe nisuni drejt shkretëtirës, në drejtim të Detit të Kuq".

²⁶ Zoti u foli akoma Moisiut dhe Aaronit, duke u thënë:

²⁷ "Deri kur do të duroj këtë asamble të keqe që murmurit kundër meje? Unë dëgjova murmuritjet që bëjnë bijtë e Izraelit kundër meje.

²⁸ U thuaj atyre: Ashtu siç është e vërtetë që unë jetoj, thotë Zoti, unë do t'ju bëj atë që kam dëgjuar prej jush.

²⁹ Kufomat tuaja do të bien në këtë shkretëtirë; ju të gjithë që jeni regjistruar, nga mosha njëzet vjeç e lart, dhe që keni murmuritur kundër meje,

³⁰ nuk do të hyni me siguri në vendin ku u betova se do të banoni, me përjashtim të Kalebit, birit të Jefunehut, dhe të Jozueut, birit të Nunit.

³¹ Të vegjlit tuaj përkundrazi, që ju thatë se do të ishin viktima të armiqve, do t'i fus; dhe ata do të njohin vendin që ju keni përçmuar.

³² Por sa për ju, kufomat tuaja do të bien në këtë shkretëtirë.

³³ Dhe bijtë tuaj do të kullosin kopetë në shkretëtirë dyzet vjet me radhë dhe do të mbajnë ndëshkimin për pabesitë tuaja, deri sa të treten kufomat tuaja në shkretëtirë.

³⁴ Në bazë të numrit të ditëve që keni përdorur për të vëzhguar vendin, domethënë dyzet ditë, për çdo ditë do të mbani fajin tuaj një vit, gjithsej, pra, dyzet vjet; dhe kështu do të kuptoni se ç'do të thotë që unë jam tërhequr nga ju.

³⁵ Unë, Zoti, fola; me siguri, kështu do të veproj kundër gjithë kësaj asambleje të keqe që u mblodh kundër meje; në këtë shkretëtirë do të treten dhe këtu do të vdesin".

³⁶ Njerëzit që Moisiu kishte dërguar për të vëzhguar vendin, mbas kthimit të tyre e kishin shtyrë tërë asamblenë të murmuriste kundër tij, duke paraqitur një raport të keq për vendin,

³⁷ ata njerëz, që kishin përpiluar raportin e keq për vendin, vdiqën nga një plagë përpara Zotit.

³⁸ Por Jozueu, bir i Nunit, dhe Kalebi, bir i Jefunehut, mbetën të gjallë midis gjithë atyre që kishin shkuar të vëzhgonin vendin.

³⁹ Atëherë Moisiu u njoftoi këto fjalë tërë bijve të Izraelit, dhe populli ndjeu një dhimbje të thellë.

⁴⁰ U ngritën herët në mëngjes dhe u ngjitën në majë të malit, duke thënë: "Ja ku jemi; ne do të ngjitemi në vendin për të cilin na foli Zoti, sepse kemi mëkatuar".

⁴¹ Por Moisiu tha: "Pse e shkelni urdhrin e Zotit? Nuk ka për t'ju dalë mbarë.

⁴² Mos u ngjitni, sepse do t'ju mundin armiqtë tuaj, Zoti nuk është në mes jush.

⁴³ Para jush në fakt ndodhen Amalekitët dhe Kananejtë, dhe ju do të rrëzoheni nga shpatat e tyre; sepse jeni larguar nga rruga e Zotit, Zoti nuk do të jetë me ju".

⁴⁴ Me gjithë atë ata patën guxim të ngjiten në majë të malit; por arka e besëlidhjes së Zotit dhe Moisiu nuk lëvizën nga mesi i kampit.

⁴⁵ Atëherë Amalekitët dhe Kananejtë, që banonin mbi këtë mal, zbritën poshtë, i thyen dhe i vunë përpara deri në Hormah.

Kapitull 15

¹ Pastaj Zoti i foli Moisiut, duke i thënë:

² "Folu bijve të Izraelit dhe u thuaj: Kur do të hyni në vendin ku duhet të banoni dhe që unë ju jap,

³ do t'i ofroni Zotit një flijim të bërë me zjarr, një olokaust apo një flijim për kryerjen e një kushti apo si ofertë vullnetare ose në festat tuaja të caktuara, për t'i bërë një erë të këndshme Zotit me një kafshë, të marrë nga kopeja e kafshëve të trasha a të imta,

⁴ ai që do të paraqesë ofertën e tij Zotit, do të ofrojë si blatim ushqimor një të dhjetën e efas majë mielli të përzier me një çerek hini vaji;

⁵ gjithashtu do t'i çosh një libacion prej një çerek hini verë së bashku me olokaustin ose flijimin, për çdo qengj.

⁶ Në qoftë se bëhet fjalë për një dash, do të çosh si blatim ushqimi dy të dhjeta efe majë mielli të përzier me një të tretë hini vaji,

⁷ dhe do të bësh një libacion vere prej një të trete hini si një ofertë me erë të këndshme për Zotin.

⁸ Por në rast se në vend të olokaustit ose të flijimit çon një dem të vogël, për kryerjen e një kushti apo si një flijimi falënderimi për Zotin,

⁹ së bashku me demin e vogël do të ofrohet, si blatim i ushqimit, majë mielli në një sasi tre të dhjeta të efas i përzier me gjysmë hini vaji;

¹⁰ dhe do të çosh si libacion gjysmë hini verë; është një flijim që bëhet me zjarr, me një erë të këndshme për Zotin.

¹¹ Kështu do të veprohet për çdo dem të vogël, për çdo dash, për çdo qengj ose kec, simbas numrit që përgatitni.

¹² Do të veproni kështu për çdo kafshë që do të sillni.

¹³ Të gjithë ata që kanë lindur në vend do veprojnë kështu, kur do t'i ofrojnë një flijim me zjarr, me erë të këndshme Zotit.

¹⁴ Dhe në se një i huaj që banon me ju ose kushdo tjetër që të ndodhet me ju në brezat e ardhshëm, dëshiron të ofrojë një flijim të bërë me zjarr, me erë të këndshme për Zotin, do të veprojë si ju.

¹⁵ Do të ketë një statut të vetëm për gjithë asamblenë, për ju dhe për të huajin që banon midis jush; do të jetë një statut i përjetshëm për të gjithë brezat tuaj; ashtu siç jeni ju, ashtu do të jetë edhe i huaji përpara Zotit.

¹⁶ Do të jetë po ai ligj dhe po ai dekret për ju dhe për të huajin që banon me ju".

¹⁷ Zoti i foli akoma Moisiut, duke i thënë:

¹⁸ "Folu bijve të Izraelit dhe u thuaj atyre: Kur do të arrini në vendin ku po ju çoj unë,

¹⁹ dhe do të hani bukën e vendit, do t'i paraqisni Zotit një ofertë të lartë.

²⁰ Nga prodhimi i parë i brumit tuaj do të paraqisni një kulaç si ofertë e lartë; do ta paraqisni si një ofertë e lartë e lëmit.

²¹ Nga prodhimi i parë i brumit tuaj do t'i jepni Zotit një ofertë të lartë për gjithë brezat tuaj.

²² Në qoftë se keni kryer një mëkat nga paditurisë dhe nuk keni respektuar të gjitha këto urdhërime që Zoti i ka dhënë Moisiut,

²³ të gjitha ato që Zoti ka urdhëruar me anë të Moisiut, nga dita që Zoti ju ka dhënë urdhra dhe më vonë për të gjitha brezat tuaj,

²⁴ në qoftë se mëkati është kryer nga paditurisë, pa u marrë vesh nga asambleja, gjithë asambleja do të ofrojë një dem të vogël si olokaust me erë të këndshme për Zotin së bashku me blatimin e tij të ushqimit dhe libacionin e tij simbas asaj që është dekretuar, si dhe një kec si flijim për mëkatin.

²⁵ Kështu prifti do të bëjë shlyerjen për të gjithë asamblenë e bijve të Izraelit dhe ky mëkat do t'u falet, sepse është një mëkat i kryer nga paditurisë, dhe ata kanë sjellë ofertën e tyre, një flijimi i bërë me zjarr për Zotin, dhe flijimi i tyre për mëkatin, për mëkatin e tyre nga paditurisë përpara Zotit.

²⁶ Do t'i falet tërë asamblesë së bijve të Izraelit dhe të huajit që banon midis tyre, sepse tërë populli e kreu këtë mëkat nga paditurisë.

²⁷ Në qoftë se është një person i vetëm që kryen mëkatin nga paditurisë, ai të ofrojë një dhi motake si flijim për mëkatin.

²⁸ Dhe prifti do të bëjë shlyerjen përpara Zotit për personin që ka mëkatuar nga paditurisë, kur e ka bërë pa njohjen e duhur; prifti do të bëjë shlyerjen për të dhe mëkati do t'i falet.

²⁹ Si për ata që kanë lindur në vend midis bijve të Izraelit ose për një të huaj që banon midis jush, do të keni një ligj të vetëm për atë që mëkaton nga paditurisë.

³⁰ Por ai që kryen një mëkat me qëllim, qoftë i lindur në vend apo i huaj, fyen Zotin; ky njeri do të shfaroset në mes të popullit të tij.

³¹ Sepse ka përçmuar fjalën e Zotit dhe ka dhunuar urdhërimet e tij; ky njeri duhet të shfaroset, do të mbajë barrën e paudhësisë së tij".

³² Ndërsa bijtë e Izraelit ishin në shkretëtirë, gjetën një njeri që mblidhte dru ditën e shtunë.

³³ Ata që e gjetën duke mbledhur dru, e çuan te Moisiu, tek Aaroni dhe para tërë asamblesë.

³⁴ Dhe e futën në burg, sepse nuk ishte përcaktuar akoma se ç'duhet t'i bënin.

³⁵ Pastaj Zoti i tha Moisiut: "Ky njeri duhet të vritet; e tërë asambleja do ta vrasë me gurë jashtë kampit".

³⁶ Kështu tërë asambleja e çoi jashtë kampit dhe e vrau me gurë; dhe ai vdiq, ashtu si i kishte urdhëruar Zoti Moisiun. Qëllimi i thekëve në rrobat

³⁷ Zoti i foli akoma Moisiut, duke i thënë:

³⁸ "Folu bijve të Izraelit dhe u thuaj atyre që të bëjnë brez pas brezi thekë në cepat e rrobave të tyre dhe të vënë në çdo cep një kordon në ngjyrë manushaqeje.

³⁹ Do të jetë një thek të cilin do ta shikoni për të kujtuar të gjitha urdhërimet e Zotit dhe për t'i zbatuar, dhe jo për të ndjekur zemrën tuaj dhe sytë tuaja që ju çojnë në kurvërim.

⁴⁰ Kështu do të kujtoni të gjitha urdhërimet e mia dhe do t'i zbatoni në praktikë, dhe do të jeni të shenjtë për Perëndinë tuaj.

⁴¹ Unë jam Zoti, Perëndia juaj që ju nxori nga vendi i Egjiptit për të qenë Perëndia juaj. Unë jam Zoti, Perëndia juaj".

Kapitull 16

¹ Koreu, bir i Itsharit, bir i Kehathit, bir i Levit, tok me Dathanin dhe Abiramin, birin e Eliabit, dhe me Onin, birin e Pelethit, bij të Rubenit,

² u ngritën para Moisiut, së bashku me disa bij të tjerë të Izraelit, dyqind e pesëdhjetë prijës të asamblesë, anëtarë të emëruar të këshillit, njerëz që u shkonte fjala.

³ Ata u mblodhën kundër Moisiut dhe Aaronit, dhe u thanë: "Mjaft më ju, sepse tërë asambleja është e shenjtë, secili nga anëtarët e tij, dhe Zoti është në mes tyre; pse, pra, ngriheni mbi asamblenë e Zotit?".

⁴ Me të dëgjuar këto fjalë, Moisiu ra përmbys me fytyrën për tokë;

⁵ pastaj i foli Koreut dhe gjithë njerëzve të tij, duke u thënë: "Nesër në mëngjes Zoti do të tregojë kush është i tij dhe kush është i shenjtë, dhe ai do ta afrojë pranë vetes; do të afrojë pranë vetes atë që ai ka zgjedhur.

⁶ Bëni kështu: merrni temjanica, ti Kore, dhe gjithë njerëzit e tu;

⁷ nesër i mbushni me zjarr dhe u hidhni sipër temjan para Zotit; dhe ai që Zoti do të ketë zgjedhur do të jetë i shenjtë. E kaluat masën, o bij të Levit!".

⁸ Pastaj Moisiu i tha Koreut: "Tani dëgjoni, o bij të Levit!

⁹ A është gjë e vogël për ju që Perëndia i Izraelit ju ka ndarë nga asambleja e Izraelit dhe ju ka afruar ndaj vetes që të kryeni shërbimin e tabernakullit të Zotit dhe që të rrini përpara asamblesë dhe t'u shërbeni atyre;

¹⁰ Ai ju ka afruar ndaj vetes ty dhe të gjithë vëllezërit e tu, bij të Levit bashkë me ty. Po tani kërkon të kesh edhe priftërinë?

¹¹ Për këtë arsye ti edhe tërë njerëzit e tu jeni mbledhur kundër Zotit. Dhe kush është Aaroni që të murmurisni kundër tij?".

¹² Atëherë Moisiu dërgoi të thërrasin Datanin dhe Abiramin, bij të Eliabit; por ata thanë: "Ne nuk do të ngjitemi.

¹³ A është vallë gjë e vogël që na nxore nga një vend ku rrjedh qumësht dhe mjaltë, për të na lënë të vdesim në shkretëtirë, me qëllim që ti të sundosh mbi ne?

¹⁴ Përveç kësaj nuk na çove në një vend ku rrjedh qumësht dhe mjaltë dhe nuk na ke lënë si trashëgim fusha dhe vreshta! Dëshiron ti t'u nxjerrësh sytë këtyre njerëzve? Nuk do të ngjitemi".

¹⁵ Atëherë Moisiu u zemërua shumë dhe i tha Zotit: "Mos prano blatimin e tyre; unë nuk kam marrë prej tyre as edhe një gomar dhe nuk u kam bërë atyre asnjë padrejtësi".

¹⁶ Pastaj Moisiu i tha Koreut: "Ti dhe gjithë njerëzit e tu paraqituni nesër para Zotit, ti dhe ata bashkë me Aaronin;

¹⁷ dhe secili prej jush të marrë temjanicën e tij, t'i shtjerë temjan dhe secili të sjellë temjanicën e tij para Zotit; do të jenë dyqind e pesëdhjetë temjanica. Edhe ti dhe Aaroni do të merrni secili temjanicën e tij".

¹⁸ Dhe kështu secili mori temjanicën e tij, e mbushi me zjarr, vuri përsipër temjan dhe qëndroi në hyrjen e çadrës së mbledhjes bashkë me Moisiun dhe Aaronin.

¹⁹ Koreu thirri tërë asamblenë kundër tyre në hyrje të çadrës së mbledhjes; dhe lavdia e Zotit u shfaq para tërë asamblesë.

²⁰ Atëherë Zoti u foli Moisiut dhe Aaronit, duke u thënë:

²¹ "Ndahuni nga kjo asamble dhe unë do t'i zhduk në një çast".

²² Por ata ranë përmbys me fytyrën për tokë dhe thanë: "O Perëndi, Perëndia i frymëve të çdo mishi! Sepse një njeri i vetëm ka mëkatuar, a duhet të zemërohesh ti me të gjithë asamblenë?".

²³ Atëherë Zoti i foli Moisiut, duke i thënë:

²⁴ "Foli asamblesë dhe u thuaj: "Largohuni nga afërsia e banesës së Koreut, Dathanit dhe të Abiramit"".

²⁵ Pastaj Moisiu u ngrit dhe shkoi te Datani dhe Abirami; atë e ndoqën pleqtë e Izraelit.

²⁶ Pas kësaj i foli asamblesë duke thënë: "Largohuni nga çadrat e këtyre njerëzve të këqij, dhe mos prekni asgjë që u përket atyre që të mos treteni në të gjitha mëkatet e tyre".

²⁷ Kështu ata u larguan nga afërsia e banesës së Koreut, të Datanit dhe të Abiramit. Datani dhe Abirami dolën dhe u ndalën në hyrje të çadrave të tyre bashkë me gratë e tyre, me bijtë e tyre dhe me të vegjëlit e tyre.

²⁸ Atëherë Moisiu tha: "Nga kjo do të mësoni që Zoti më ka dërguar për të bërë tërë këto vepra dhe se nuk kam vepruar me kokën time.

²⁹ Në qoftë se këta njerëz vdesin si vdesin gjithë njerëzit, në qoftë se fati i tyre është fati i përbashkët i të gjithë njerëzve, Zoti nuk më ka dërguar;

³⁰ por në qoftë se Zoti bën diçka të re, në qoftë se toka hap gojën e saj dhe gëlltit ata dhe çdo gjë që ata kanë, dhe ata zbresin të gjallë në Sheol, atëherë do të pranoni që këta njerëz kanë përçmuar Zotin.

³¹ Por ndodhi që, posa mbaroi shqiptimi i këtyre fjalëve, dheu u ça poshtë tyre,

³² toka hapi gojën e saj dhe i gëllti me gjithë familjet e tyre, me të gjithë njerëzit që mbanin anën e Koreut, me të gjitha pasuritë e tyre.

³³ Kështu zbritën të gjallë në Sheol; toka u mbyll mbi ta dhe ata u zhdukën nga asambleja.

³⁴ Tërë Izraeli që ndodhej rreth tyre, duke dëgjuar britmat e tyre ua mbathi këmbëve, sepse thoshte: "Të mos na gëlltisë toka edhe ne!".

³⁵ Dhe një zjarr doli nga prania e Zotit dhe gëllti dyqind e pesëdhjetë veta që ofronin temjanin.

³⁶ Pastaj Zoti i foli Moisiut, duke i thënë:

³⁷ "I thuaj Eleazarit, birit të priftit Aaron, të nxjerrë jashtë temjanicat nga zjarri, sepse ato janë të shenjta dhe ta hedhë zjarrin larg;

³⁸ dhe nga temjanicat e atyre që kanë kryer mëkate duke vënë në rrezik jetën e tyre, të bëhen aq petëza të rrahura për të veshur altarin, sepse i kanë paraqitur para Zotit dhe për këtë arsye janë të shenjta; dhe do të shërbejnë si një qortim për bijtë e Izraelit".

³⁹ Kështu prifti Eleazar mori temjanicat prej bronzi të paraqitura prej atyre që ishin djegur, dhe bëri petëza për të veshur altarin,

⁴⁰ me qëllim që t'u shërbenin si kujtim bijve të Izraelit, dhe asnjë i huaj që nuk ishte nga fisi i Aaronit të afrohej për të ofruar temjan para Zotit dhe të mos pësonte fatin e Koreut dhe të njerëzve të tij, ashtu si Zoti i kishte thënë me anë të Moisiut.

⁴¹ Të nesërmen gjithë asambleja e bijve të Izraelit murmuriti kundër Moisiut dhe Aaronit, duke thënë: "Ju keni bërë të vdesë populli i Zotit".

⁴² Por ndodhi që, ndërsa asambleja po mblidhej kundër Moisiut dhe Aaronit, ata u kthyen nga çadra e mbledhjes; dhe ja, reja e mbulonte atë dhe u shfaq lavdia e Zotit.

⁴³ Atëherë Moisiu dhe Aaroni shkuan përpara çadrës së mbledhjes.

⁴⁴ Dhe Zoti i foli Moisiut, duke i thënë:

⁴⁵ "Largohuni nga kjo asamble dhe unë do t'i zhduk në një çast". Dhe ata ranë përmbys me fytyrën për tokë.

⁴⁶ Kështu Moisiu i tha Aaronit: "Merr temjanicën, vër brenda saj zjarr të marrë nga altari, vendos mbi të temjan dhe çoje shpejt në mes të asamblesë, dhe bëj shlyerjen e fajit për ta, sepse ka shpërthyer zemërimi i Zotit, dhe plaga ka filluar".

⁴⁷ Atëherë Aaroni mori temjanicën, ashtu siç kishte thënë Moisiu, dhe vrapoi në mes të asamblesë; dhe ja, fatkeqësia kishte filluar në mes të popullit; kështu ai vuri temjanin në temjanicën dhe bëri shlyerjen për popullin.

⁴⁸ Dhe u ndal midis të gjallëve dhe të vdekurve, dhe fatkeqësia u ndal.

⁴⁹ Ata që vdiqën nga fatkeqësia ishin katërmbëdhjetë mijë e shtatëqind veta, përveç atyre që kishin vdekur për ngjarjet e Koreut.

⁵⁰ Kështu Aaroni u kthye te Moisiu në hyrje të çadrës së mbledhjes, sepse fatkeqësia ishte ndalur.

Kapitull 17

¹ Pastaj Zoti i foli akoma Moisiut, duke i thënë:

² "Folu bijve të Izraelit dhe bëj që të ti japin shufra, një për çdo shtëpi e etërve të tyre, domethënë dymbëdhjetë shufra nga të gjithë prijësit e tyre simbas shtëpive të etërve të tyre; do të shkruash emrin e secilit mbi shufrën e tij;

³ dhe do të shkruash emrin e Aaronit mbi shufrën e Levit, sepse do

të ketë një shufër për çdo kryetar të shtëpive të etërve të tyre.

⁴ Pastaj do t'i vësh në çadrën e mbledhjes, përpara dëshmisë, ku unë takohem me ju.

⁵ Dhe do të ndodhë që shufra e njeriut që unë zgjedh, do të lulëzojë dhe unë do të bëj që të pushojnë murmuritjet e bijve të Izraelit kundër jush".

⁶ Kështu Moisiu u foli bijve të Izraelit dhe të gjithë prijësit e tyre i dhanë secili një shufër, simbas shtëpive të etërve të tyre, domethënë dymbëdhjetë shufra; dhe shufra e Aaronit ishte midis shufrave të tyre.

⁷ Pastaj Moisiu i vuri këto shufra përpara Zotit në çadrën e dëshmisë.

⁸ Të nesërmen Moisiu hyri në çadrën e dëshmisë; dhe ja, shufra e Aaronit për shtëpinë e Levit kishte lulëzuar; kishte nxjerrë lastarë, kishte çelur lule dhe kishte prodhuar bajame.

⁹ Atëherë nxori tërë shufrat jashtë pranisë së Zotit, përpara të gjithë bijve të Izraelit; dhe ata i panë dhe secili mori shufrën e vet.

¹⁰ Pastaj Zoti i tha Moisiut: "Ktheja shufrën Aaronit përpara çadrës së dëshmisë, me qëllim që të ruhet si një shenjë qortimi për rebelët, me qëllim që të marrin fund murmuritjet e tyre kundër meje dhe ata të mos vdesin".

¹¹ Moisiu veproi ashtu siç e kishte urdhëruar Zoti.

¹² Bijtë e Izraelit i folën pastaj Moisiut, duke i thënë: "Ja, po vdesim, kemi marrë fund, të gjithë kemi marrë fund!

¹³ Kushdo që i afrohet tabernakullit të Zotit, vdes; duhet të vdesim të gjithë?".

Kapitull 18

¹ Pastaj Zoti i tha Aaronit: "Ti, bijtë e tu, dhe shtëpia e atit tënd bashkë me ty, do të mbani barrën e paudhësive të kryera kundër shenjtërores, dhe ti e bijtë e tu do të mbani barrën e paudhësive të kryera gjatë ushtrimit të priftërisë suaj.

² Do të afrosh gjithashtu vëllezërit e tu, fisin e Levit, fisin e atit tënd, me qëllim që të bashkohen me ty dhe të të shërbejnë, kur ti dhe bijtë e tu do të jeni para çadrës së dëshmisë.

³ Ata do të të shërbejnë ty dhe do të kryejnë tërë detyrat e çadrës; por nuk do t'u afrohen orendive të shenjtërores dhe altarit, përndryshe do të vdisni së bashku, ti dhe ata.

⁴ Ata do të bashkohen me ty dhe do të kryejnë të gjitha detyrat e çadrës së mbledhjes që lidhen me punën në çadër, por asnjë i huaj nuk do t'ju afrohet juve.

⁵ Ju do të kryeni, pra, shërbimin e shenjtërores dhe të altarit, që të mos ketë më zemërim kundër bijve të Izraelit.

⁶ Ja, unë vetë mora vëllezërit tuaj, Levitët, nga mesi i bijve të Izraelit; ata ju janë dhënë dhuratë nga Zoti për të kryer shërbimet e çadrës së mbledhjes.

⁷ Ti dhe bijtë e tu do të ushtroni priftërinë tuaj për të gjitha gjërat që kanë të bëjnë me altarin dhe që ndodhen matanë velit; dhe do të kryeni shërbimin tuaj. Unë ju jap priftërinë tuaj si një dhuratë për shërbimin, por i huaji që do të afrohet do të vritet".

⁸ Zoti i foli akoma Aaronit, duke i thënë: "Ja, unë të besoj kujdesin e ofertave të mia të larta, të gjitha gjërave të shenjtëruara të bijve të Izraelit; t'i jap ty dhe bijve të tu si një statut të përjetshëm për shkak të vajosjes suaj.

⁹ Kjo do të takojë nga gjërat shumë të shenjta të pakonsumuara në zjarr: të gjitha ofertat e tyre, domethënë çdo blatim ushqimor, çdo flijim për mëkatin dhe çdo flijim për shkeljen e bërë që do të më paraqesin, janë gjëra shumë të shenjta që të përkasin ty dhe bijve të tu.

¹⁰ Do t'i hash në vend shumë të shenjtë; do t'i hajë çdo mashkull; do të jenë për ty gjëra të shenjta.

¹¹ Do të të përkasin ty edhe këto: dhuratat që bijtë e Izraelit do të paraqesin për ngritje dhe të gjitha ofertat e tyre të tundura; unë t'i jap ty, bijve të tu dhe bijave të tua, si një statut i përjetshëm. Kushdo që është i pastër në shtëpinë tënde mund t'i hajë.

¹² Pjesa më e mirë e vajit, e mushtit dhe e grurit, prodhimet e para që i japin Zotit, unë t'i jap ty.

¹³ Prodhimet e para të gjitha gjërave që prodhon toka dhe që ata i paraqesin Zotit, do të jenë tuajat. Kushdo që është i pastër në shtëpinë tënde mund t'i hajë.

¹⁴ Çdo gjë e shenjtëruar në Izrael do të jetë jotja.

¹⁵ Çdo pjellje e parë e çdo mishi që ata do t'i ofrojnë Zotit, qoftë të njerëzve ashtu dhe të kafshëve, do të jetë jotja; por me siguri do të shpengosh pjelljen e parëlindurin e njeriut dhe do të shpengosh pjelljen e parë të kafshëve të papastra.

¹⁶ Dhe ata që duhet të shpengosh, do t'i shpengosh në moshën një muajsh, simbas vlerësimit tënd, për pesë sikla argjendi, simbas siklit të shenjtërores, që është njëzet gere.

¹⁷ Por nuk do të shpengosh pjelljen e parë të lopës, të deles dhe të dhisë; janë gjëra të shenjta; do të spërkatësh gjakun e tyre mbi altarin dhe do të tymosësh dhjamin e tyre si flijim i bërë me zjarr, me erë të këndshme për Zotin.

¹⁸ Mishi i tyre do të jetë yti; do të jetë yti si gjoksi i ofertës së tundur ashtu dhe kofsha e djathtë.

¹⁹ Unë të jap ty, bijve dhe bijave të tua bashkë me ty, si statut të përjetshëm, të gjitha ofertat e larta të gjërave të shenjta që bijtë e Izraelit i paraqesin Zotit. Është një besëlidhje e kripës dhe e përjetshme përpara Zotit, për ty dhe për pasardhësit e tu".

²⁰ Zoti i tha akoma Aaronit: "Ti nuk do të kesh asnjë trashëgimi në vendin e tyre dhe nuk do të kesh pjesë në mes tyre; unë jam pjesa jote dhe trashëgimia jote në mes të bijve të Izraelit.

²¹ Ja, bijve të Levit unë u lë si trashëgim të gjitha të dhjetat në Izrael në këmbim të shërbimit që kryejnë, shërbimin e çadrës së mbledhjes.

²² Dhe bijtë e Izraelit nuk do t'i afrohen më çadrës së mbledhjes, përndryshe do të ngarkoheshin me një mëkat dhe do të vdisnin.

²³ Shërbimin në çadrën e mbledhjes do ta bëjnë vetëm Levitët; dhe këta do të mbajnë barrën e paudhësive të tyre; do të jetë një statut i përjetshëm për gjithë brezat tuaj; dhe nuk do të kenë asnjë trashëgimi midis bijve të Izraelit;

²⁴ sepse unë u jap si trashëgimi Levitëve të dhjetat që bijtë e Izraelit do t'i paraqesin Zotit si një ofertë të lartë; prandaj u thashë atyre: "Nuk do të kenë asnjë trashëgimi midis bijve të Izraelit"".

²⁵ Zoti i foli akoma Moisiut, duke i thënë:

²⁶ "Folu Levitëve dhe u thuaj atyre: Kur do të merrni nga bijtë e Izraelit të dhjetat që unë ju jap nga ana e tyre si trashëgiminë tuaj, do t'i bëni një ofertë të lartë Zotit, një të dhjetën e së dhjetës;

²⁷ dhe oferta juaj e lartë do t'ju llogaritet si gruri që vjen nga lëmi dhe si bolleku i mushtit të butit.

²⁸ Kështu edhe ju do t'i bëni një ofertë të lartë Zotit nga të gjitha të dhjetat që do të merrni nga bijtë e Izraelit, dhe nga ato do të jepni ofertën e lartë të Zotit priftit Aaron.

²⁹ Nga të gjitha gjërat që ju kanë dhuruar, do t'i ofroni ofertën e lartë Zotit, nga pjesa më e mirë, pjesën e shenjtëruar.

³⁰ Prandaj do t'u thuash atyre: "Kur të keni ofruar më të mirën, ajo që mbetet do t'u llogaritet Levitëve si prodhim i lëmit dhe si prodhim i mushtit të butit.

³¹ Mund ta hani në çfarëdo vend, ju dhe familja juaj, sepse është shpërblimi juaj për shërbimin tuaj në çadrën e mbledhjes.

³² Kështu nuk do të jeni fajtorë të asnjë mëkati, sepse keni ofruar gjërat më të mira; por nuk do të përdhosni gjërat e shenjta të bijve të Izraelit, përndryshe do të vdisni"".

Kapitull 19

¹ Zoti u foli akoma Moisiut dhe Aaronit, duke u thënë:

² "Ky është statuti i ligjit që Zoti ka urdhëruar, duke thënë: "U thuaj bijve të Izraelit që të sjellin një mëshqerrë të kuqe, pa të meta dhe mbi të cilën nuk është vënë asnjë zgjedhë.

³ Do t'ia jepni priftit Eleazar, që do ta çojë jashtë kampit dhe do ta therë në praninë tuaj.

⁴ Prifti Eleazar do të marrë me gisht pak gjak të saj dhe do ta spërkasë shtatë herë përpara çadrës së mbledhjes;

⁵ pastaj do t'i vihet zjarri mëshqerrës para syve të tij; lëkura e saj, mishi i saj, gjaku i saj dhe ndyrësirat e saj do të digjen.

⁶ Pastaj prifti do të marrë dru kedri, hisopi dhe copë të kuqërremtë dhe do t'i hedhë në mes të zjarrit që po djeg mëshqerrën.

⁷ Pastaj prifti do të lajë rrobat e tij dhe trupin me ujë dhe do të kthehet në kamp; prifti do të jetë i papastër deri në mbrëmje.

⁸ Edhe ai që ka djegur mëshqerrën do të lajë rrobat e tij dhe trupin me ujë, dhe do të jetë i papastër deri në mbrëmje.

⁹ Një njeri i pastër do të mbledhë hirin e mëshqerrës dhe do ta depozitojë jashtë kampit në një vend të pastër, ku do të ruhet për asamblenë e bijve të Izraelit si një pastrim: shërben për t'u pastruar nga mëkati.

¹⁰ Dhe ai që ka grumbulluar hirin e mëshqerrës, duhet të lajë rrobat e tij dhe do të jetë i papastër deri në mbrëmje. Ky do të jetë një statut i përjetshëm për bijtë e Izraelit dhe për të huajin që banon midis tyre.

¹¹ Kush prek një trup të vdekur të çfarëdo personi do të jetë i papastër shtatë ditë.

¹² Ai do të pastrohet me atë ujë ditën e tretë dhe të shtatë, dhe do të jetë i pastër; por në rast se nuk pastrohet ditën e tretë dhe të shtatë, nuk do të jetë i pastër.

¹³ Kushdo që prek trupin e një personi të vdekur dhe nuk pastrohet, ndot banesën e Zotit, ky person do të shfaroset nga gjiri i Izraelit. Me qenë se uji i pastrimit nuk u spërkat mbi të, ai është i

papastër; papastërtia e tij është akoma mbi të.

¹⁴ Ky është një ligj për atë që vdes në një çadër: kushdo që hyn në çadër dhe kushdo që është në çadër do të jenë të papastër për shtatë ditë.

¹⁵ Dhe çdo enë e hapur, mbi të cilën nuk është vënë kapaku, do të jetë e papastër.

¹⁶ Kushdo që në fushë prek një person të vrarë me shpatë ose që ka pësuar vdekje të natyrshme, ose prek një kockë njeriu ose një varr, do të jetë i papastër për shtatë ditë.

¹⁷ Dhe për një person të papastër do të merret hiri i viktimës së djegur për ta pastruar nga mëkati dhe nga një enë do të derdhet mbi të ujë i rrjedhshëm;

¹⁸ pastaj një njeri i pastër do të marrë hisop, do ta fusë në ujë dhe do të spërkatë çadrën, të gjitha veglat, tërë personat që ndodhen aty dhe atë që ka prekur një kockë, ose të vrarin ose të vdekurin nga vdekja e natyrshme ose varrin.

¹⁹ Njeriu i pastër do të spërkatë të papastrin ditën e tretë dhe ditën e shtatë; ditën e shtatë njeriu i papastër do të pastrohet; do të lajë rrobat dhe veten e tij me ujë, dhe në mbrëmje do të jetë i pastër.

²⁰ Por ai që është i papastër dhe nuk pastrohet, do të shfaroset në mes të asamblesë, sepse ka ndotur shenjtëroren e Zotit; uji i pastrimit nuk është spërkatur mbi të; ai është i papastër.

²¹ Ky do të jetë një statut i përjetshëm. Ai që spërkat ujin e pastrimit do të lajë rrobat e tij, dhe ai që prek ujin e pastrimit do të jetë i papastër deri në mbrëmje.

²² Çdo gjë që prek personi i papastër do të jetë e papastër; dhe personi që prek atë do të jetë i pastër deri në mbrëmje"".

Kapitull 20

¹ Pastaj tërë asambleja e bijve të Izraelit arriti në shkretëtirën e Sinit në muajin e parë dhe populli qëndroi në Kadesh. Këtu vdiq dhe u varros Miriami.

² Por mungonte uji për asamblenë, prandaj u mblodhën kundër Moisiut dhe Aaronit.

³ Kështu populli u grind me Moisiun dhe i foli, duke i thënë: "Të kishim vdekur kur vdiqën vëllezërit tanë para Zotit!

⁴ Pse e çuat asamblenë e Zotit në këtë shkretëtirë që të vdesim, ne dhe bagëtia jonë?

⁵ Dhe pse na bëtë të dalim nga Egjipti për të na sjellë në këtë vend të keq? Nuk është një vend që prodhon grurë, fiq, rrush ose shegë dhe mungon uji për të pirë".

⁶ Atëherë Moisiu dhe Aaroni u larguan nga asambleja për të vajtur në hyrje të çadrës së mbledhjes dhe ranë përmbys me fytyrën për tokë; dhe lavdia e Zotit iu shfaq atyre.

⁷ Pastaj Zoti i foli Moisiut, duke i thënë:

⁸ "Merr bastunin; ti dhe vëllai yt Aaron thirrni asamblenë dhe para syve të tyre i flisni shkëmbit, dhe ai do të japë ujin e tij; kështu do të nxjerrësh për ta ujë nga shkëmbi dhe do t'u japësh të pinë njerëzve dhe bagëtisë së tyre".

⁹ Moisiu mori, pra, bastunin që ishte përpara Zotit, ashtu si e kishte urdhëruar Zoti.

¹⁰ Kështu Moisiu dhe Aaroni thirrën asamblenë përpara shkëmbit dhe Moisiu u tha atyre: "Tani dëgjoni, o rebelë; a duhet të nxjerrim ujë për ju nga ky shkëmb?"

¹¹ Pastaj Moisiu ngriti dorën, goditi shkëmbin me bastunin e tij dy herë dhe prej tij doli ujë me bollëk; kështu asambleja dhe bagëtia pinë ujë.

¹² Atëherë Zoti u tha Moisiut dhe Aaronit: "Me qenë se nuk më besuat për të më mbuluar me lavdi para syve të bijve të Izraelit, ju nuk do ta futni këtë asamble në vendin që unë u dhashë atyre".

¹³ Këto janë ujërat e Meribës ku bijtë e Izraelit u grindën me Zotin, dhe ky u tregua i Shenjtë në mes tyre.

¹⁴ Pastaj Moisiu dërgoi lajmëtarë në Kadesh te mbreti i Edomit për t'i thënë: "Kështu thotë Izraeli, vëllai yt: Ti i njeh të gjitha fatkeqësitë që kemi pësuar,

¹⁵ si zbritën etërit tanë në Egjipt dhe ne qëndruam një kohë të gjatë në atë vend, dhe Egjiptasit na keqtrajtuan ne dhe etërit tanë.

¹⁶ Por, kur i thirrëm Zotit, ai e dëgjoi zërin tonë dhe dërgoi një Engjëll dhe na nxori nga Egjipti; dhe tani jemi në Kadesh, një qytet në afërsi të kufijve tuaj.

¹⁷ Po na lejo të kalojmë nëpër vendin tënd; ne nuk do të shkelim as arat as vreshtat tuaja, nuk do të pijmë ujin e puseve; do të ndjekim rrugën mbretërore, pa u kthyer as djathtas as majtas, deri sa të kalojmë kufijtë e tu".

¹⁸ Por Edomi iu përgjigj: "Ti nuk do të kalosh nëpër territorin tim, përndryshe do të të kundërvihem me shpatë".

¹⁹ Bijtë e Izraelit i thanë: "Ne do të ngjitemi nga rruga kryesore; dhe në rast se ne dhe bagëtia jonë do të pimë nga uji yt, do të ta paguajmë; na lejo vetëm të kalojmë më këmbë dhe asgjë më tepër".

²⁰ Por ai u përgjigj: "Nuk do të kaloni!".

²¹ <aaa part missing> Dhe Edomi refuzoi të lejojë kalimin e Izraelit nëpër territorin e tij; kështu Izraeli u largua prej tij.

²² Atëherë bijtë e Izraelit, tërë asambleja u nisën nga Kadeshi dhe arritën në malin Hor.

²³ Dhe Zoti i foli Moisiut dhe Aaronit në malin Hor, në kufijtë e vendit të Edomit, duke thënë:

²⁴ "Aaroni po bashkohet me popullin e tij, dhe nuk ka për të hyrë në vendin që u kam dhënë bijve të Izraelit, sepse keni ngritur krye kundër urdhrit tim në ujërat e Meribës.

²⁵ Merr Aaronin dhe Eleazarin, birin e tij, dhe çoji lart, në malin e Horit.

²⁶ Zhvishe Aaronin nga rrobat e tij dhe vishja të birit, Eleazarit; dhe aty Aaroni do të bashkohet me popullin e tij dhe do të vdesë".

²⁷ Moisiu bëri ashtu siç e kishte urdhëruar Zoti; dhe ata hipën mbi malin e Horit para syve të të gjithë asamblesë.

²⁸ Moisiu ia zhveshi rrobat Aaronit dhe ia veshi Eleazarit, birit të tij; dhe Aaroni vdiq aty, në majë të malit. Pastaj Moisiu dhe Eleazari zbritën nga mali.

²⁹ Kur tërë asambleja pa që Aaroni kishte vdekur, e tërë shtëpia e Izraelit e qau Aaronin për tridhjetë ditë.

Kapitull 21

¹ Kur mbreti Kananeas i Aradit, që banonte në Negev, dëgjoi që Izraeli po vinte nga rruga e Atharimit, luftoi kundër Izraelit dhe zuri disa robër.

² Atëherë Izraeli i lidhi një kusht Zotit dhe tha: "Në rast se ti ma shtie në dorë këtë popull, unë do të shkatërroj tërësisht qytetet e tyre".

³ Zoti e dëgjoi zërin e Izraelit dhe ia shtiu në dorë Kananejtë; dhe ai i shkatërroi plotësisht ata bashkë me qytetet e tyre, dhe ky vend u quajt Hormah.

⁴ Pastaj bijtë e Izraelit u nisën nga mali i Horit, dhe u drejtuan nga Deti i Kuq, për t'i ardhur qark vendit të Edomit; dhe populli u dëshpërua për shkak të rrugës.

⁵ Populli, pra, foli kundër Perëndisë kundër Moisiut, duke thënë: "Pse na nxorët nga Egjipti që të vdesim në këtë shkretëtirë? Sepse këtu nuk ka as bukë as ujë, na vjen neveri për këtë ushqim të keq".

⁶ Atëherë Zoti dërgoi midis popullit gjarpërinj flakërues, të cilët kafshonin njerëzit, dhe shumë Izraelitë vdiqën.

⁷ Dhe kështu populli shkoi te Moisiu dhe i tha: "Kemi mëkatuar, sepse kemi folur kundër Zotit dhe kundër teje; lutju Zotit që të largojë nga ne këta gjarpërinj" Dhe Moisiu u lut për popullin.

⁸ Pastaj Zoti i tha Moisiut: "Bëj një gjarpër flakërues dhe vëre mbi një shtizë; kështu çdo njeri që do të kafshohet prej tij dhe do ta shikojë, ka për të jetuar".

⁹ Moisiu bëri atëherë një gjarpër prej bronzi dhe e vuri mbi një shtizë, dhe ndodhte që, kur një gjarpër kafshonte dikë, në rast se ky shikonte gjarprin prej bronzi, ai vazhdonte të jetonte.

¹⁰ Pastaj bijtë e Izraelit u nisën dhe u vendosën në Oboth.

¹¹ Pasi u nisën nga Obothi, u strehuan në Ije-Abarim, në shkretëtirën përballë Moabit, nga ana ku lind dielli.

¹² U nisën që këtej dhe u vendosën në luginën e Zeredit.

¹³ Pastaj u nisën që këtej dhe u vendosën në krahun tjetër të Arnonit, që rrjedh në shkretëtirë që vjen nga kufijtë e Amorejve; sepse Arnoni është kufiri i Moabit, midis Moabit dhe Amorejve.

¹⁴ Për këtë në Librin e Luftrave të Zotit thuhet: "Vaheb në Sufah, luginat e Arnonit

¹⁵ dhe tatëpjeta e luginave që shkon deri në banesat e Arit dhe që mbështetet në kufirin e Moabit".

¹⁶ Dhe që këtej shkuan në Beer, që është pusi për të cilin Zoti i pat thënë Moisiut: "Mblidhe popullin dhe unë do t'i jap ujë".

¹⁷ Atëherë Izraeli këndoi këtë himn: "Buro o pus! I këndoni atij!

¹⁸ Pusit, ujin e të cilit princët e kanë kërkuar dhe fisnikët e popullit e kanë gërmuar, duke u mbështetur në fjalën e ligjvënësve, me bastunët e tyre". Pastaj nga shkretëtira shkuan në Matanah;

¹⁹ nga Matanahu në Nahaniel; dhe nga Nahanieli në Bamoth,

²⁰ dhe nga Bamothi në luginën që ndodhet në fushën e Moabit, në drejtim të lartësisë së Pisgahut që sundon shkretëtirën.

²¹ Pastaj Izraeli dërgoi lajmëtarë të tij te Sihoni, mbret i Amorejve, për t'i thënë:

²² "Na lejoni të kalojmë nëpër vendin tënd; ne nuk do të hyjmë nëpër arat ose nëpër vreshtat, nuk do pimë ujin e puseve; do të ndjekim rrugën Mbretërore deri sa t'i kalojmë kufijtë e tu".

²³ Por Sihoni nuk e lejoi Izraelin të kalonte nëpër territorin e tij; për më tepër Sihoni mblodhi njerëzit e tij dhe doli kundër Izraelit në shkretëtirë; arriti në Jahats dhe luftoi kundër Izraelit.

²⁴ Izraeli e mundi, duke e kaluar në majën e shpatës, dhe pushtoi vendin e tij nga Arnoni deri në Jakob, deri në kufijtë e bijve të Amonit, sepse kufiri i bijve të Amonit ishte i fortë.

²⁵ Kështu Izraeli pushtoi tërë ato qytete dhe banoi në të gjitha qytetet e Amorejve, në Heshbon dhe në të gjitha qytetet e territorit të tyre,

²⁶ sepse Heshboni ishte qyteti i Sihonit, mbretit të Amorejve, i cili i kishte bërë luftë mbretit të mëparshëm të Moabit dhe i kishte hequr nga dora tërë vendin e tij deri në Arnon.

²⁷ Prandaj poetët thonë: "Ejani në Heshbon! Qyteti i Sihonit duhet të rindërtohet dhe të fortifikohet!

²⁸ Sepse një zjarr ka dalë nga Heshboni, një flakë nga qyteti i Sihonit; kjo ka përpirë Arin e Moabit, zotërit e lartësive të Arnonit.

²⁹ Mjerë ti, o Moab! Je i humbur, o popull i Kemoshit! Bijtë e tij kanë marrë arratinë dhe bijat e tij i janë dhënë si skllave Sihonit, mbretit të Amorejve.

³⁰ Por ne i qëlluam me shigjeta; Heshboni është shkatërruar deri në Dibon. Kemi shkretuar gjithshka deri në Nofah, që ndodhet pranë Medebas".

³¹ Kështu Izraeli u vendos në vendin e Amorejve.

³² Pastaj Moisiu dërgoi njerëz për të vëzhguar Jaazerin, dhe kështu Izraelitët pushtuan qytetet e territorit të tij dhe përzunë Amorejtë që ndodheshin aty.

³³ Pastaj ndryshuan drejtim dhe u ngjitën në rrugën e Bashanit; dhe Ogu, mbreti i Bashanit, doli kundër tyre me gjithë njerëzit e tij për t'u ndeshur në Edrej.

³⁴ Por Zoti i tha Moisiut: "Mos ki frikë nga ai, sepse unë e lë në duart e tua me gjithë njerëzit e tij dhe vendin e tij; trajtoje ashtu siç ke trajtuar Sihonin, mbretin e Amorejve që banonte në Heshbon.

³⁵ Kështu Izraelitët e mundën atë, bijtë e tij dhe tërë popullin e tij, deri sa nuk mbeti asnjë i gjallë, dhe pushtuan vendin e tij.

Kapitull 22

¹ Pastaj bijtë e Izraelit u nisën dhe ngritën kampin e tyre në fushat e Moabit, matanë Jordanit, në bregun e kundërt të Jerikos.

² Por Balaku, bir i Tsiporit, pa të gjitha ato që Izraeli u kishte bërë Amorejve;

³ dhe Moabi pati një frikë të madhe nga ky popull, që ishte kaq i madh; Moabin e zuri një frikë e madhe për shkak të bijve të Izraelit.

⁴ Kështu Moabi u tha pleqve të Madianit: "Tani kjo turmë do të gllabërojë gjithçka që kemi rreth nesh, ashtu si kau përlan barin e fushave". Balaku, bir i Tsiporit, ishte në atë kohë mbreti i Moabit.

⁵ Ai i dërgoi lajmëtarë Balaamit, birit të Beorit, në Pethori që është pranë Lumit, në vendin e bijve të popullit të tij, për ta thirrur dhe për t'i thënë: "Ja, një popull ka dalë nga Egjipti; ai mbulon faqen e dheut dhe është vendosur përballë meje.

⁶ Eja, pra, të lutem, dhe mallkoje për mua këtë popull, sepse është tepër i fuqishëm për mua; ndofta do t'ia dal ta mund dhe ta dëboj nga vendi im; sepse unë e di mirë që ai që ti bekon është i bekuar dhe ai që ti mallkon është i mallkuar".

⁷ Atëherë pleqtë e Moabit dhe pleqtë e Madianit u nisën duke mbajtur në dorë shpërblimin e shortarit, dhe, kur arritën te Balaami, i treguan fjalët e Balakut.

⁸ Por Balaami u tha atyre: "Kaloni natën këtu dhe do t'ju njoftoj përgjigjen që Zoti do të më japë". Kështu princët e Moabit mbetën me Balaamin.

⁹ Atëherë Perëndia i shkoi Balaamit dhe i tha: "Ç'janë këta njerëz që janë me ty?".

¹⁰ Dhe Balaami iu përgjegj Perëndisë: "Balaku, bir i Tsiporit, mbret i Moabit, më ka çuar fjalë:

¹¹ "Ja, populli që ka dalë nga Egjipti mbulon faqen e dheut; prandaj eja dhe mallkoje për mua; ndofta do t'ia dal ta mund dhe ta dëboj"".

¹² Dhe Perëndia i tha Balaamit: "Ti nuk do të shkosh me ta, nuk do ta mallkosh atë popull, se është një popull i bekuar".

¹³ Kështu Balaami u ngrit në mëngjes dhe u tha princërve të Balakut: "Ktheuni në vendin tuaj, sepse Zoti nuk më dha leje të vij me ju".

¹⁴ Pas kësaj princët e Moabit u ngritën, u kthyen te Balaku dhe thanë: "Balaami nuk pranoi të vijë me ne".

¹⁵ Atëherë Balaku dërgoi përsëri disa princa, në një numër më të madh dhe më të rëndësishëm në krahasim me të parët.

¹⁶ Ata erdhën te Balaami dhe thanë: "Kështu thotë Balaku, bir i Tsiporit: "Asgjë nuk duhet të të ndalë vish tek unë,

¹⁷ sepse unë do të të mbush me nderime dhe do të bëj të gjitha ato që do të më thuash ti; eja, pra, të lutem, dhe mallkoje këtë popull për mua"".

¹⁸ Por Balaami u përgjegj dhe u tha shërbëtorëve të Balakut: "Edhe sikur Balaku të më jepte shtëpinë e tij të mbushur me argjend dhe me ar, nuk mund të shkel urdhrin e Zotit, Perëndisë tim, për të kryer veprime të vogla apo të mëdha.

¹⁹ Prandaj, ju lutem, rrini këtu këtë natë, në mënyrë që të mësoj çfarë do të më thotë tjetër Zoti".

²⁰ Dhe Perëndia i shkoi atë natë Balaamit dhe i tha: "Në rast se këta njerëz kanë ardhur të të thërresin, çohu dhe shko me ta; por do të bësh vetëm ato gjëra që unë do të të them".

²¹ Kështu Balaami u çua në mëngjes, shaloi gomaricën e tij dhe shkoi bashkë me princat e Moabit.

²² Por zemërimi i Perëndisë u ndez sepse ai ishte nisur; dhe Engjëlli i Zotit i doli rrugës si armik kundër tij. Ai i kishte hipur gomaricës së tij dhe kishte me vete dy shërbëtorë.

²³ Gomarica pa Engjëllin e Zotit që rrinte në rrugë me shpatën e tij të zhveshur në dorë, doli nga rruga dhe hyri nëpër ara. Atëherë Balaami e rrahu gomaricën për ta kthyer përsëri në rrugë.

²⁴ Por Engjëlli i Zotit u ndal në një shteg të ngushtë midis vreshtave, ku kishte një mur nga një anë dhe një mur nga ana tjetër.

²⁵ Kur gomarica pa Engjëllin e Zotit, u shtrëngua pas murit dhe e shtypi këmbën e Balaamit pas murit; kështu Balaami e rrahu përsëri.

²⁶ Atëherë Engjëlli i Zotit shkoi tutje dhe u ndal në një vend të ngushtë, ku nuk mund të lëvizje as djathtas as majtas.

²⁷ Gomarica pa Engjëllin e Zotit dhe u shtri nën Balaamin; zemërimi i Balaamit u shtua dhe ai rrahu gomaricën me bastunin e tij.

²⁸ Atëherë Zoti ia çeli gojën gomaricës që i tha Balaamit: "Çfarë të kam bërë që më rreh në këtë mënyrë tri herë me radhë?".

²⁹ Dhe Balaami iu përgjegj gomaricës: "Pse je tallur me mua; sikur të kisha një shpatë në dorë, tani do të vrisja".

³⁰ Gomarica i tha Balaamit: "A nuk jam vallë gomarica me të cilën ke udhëtuar gjithnjë deri më sot? Mos vallë jam mësuar të sillem kështu me ty?". Ai u përgjegj: "Jo".

³¹ Atëherë Zoti ia hapi sytë Balaamit dhe ai pa Engjëllin e Zotit që rrinte në rrugë me shpatën e tij të zhveshur në dorë. Dhe Balaami u përkul dhe ra përmbys me fytyrën për tokë.

³² Engjëlli i Zotit i tha: "Pse e rrahe plot tri herë gomaricën tënde? Ja, unë kam dalë si armiku yt, sepse rruga që ndjek ti nuk pajtohet me vullnetin tim;

³³ gomarica më pa dhe më ka evituar plot tri herë; në rast se nuk do të më kishte evituar, me siguri do të të kisha vrarë duke e lënë atë të gjallë".

³⁴ Atëherë Balaami i tha Engjëllit të Zotit: "Unë kam bërë mëkat, sepse nuk e dija që ti rrije në rrugë kundër meje; prandaj tani, në se ajo që po bëj nuk të pëlqen, atëherë unë do të kthehem prapa".

³⁵ Por Engjëlli i Zotit i tha Balaamit: "Shko, pra, me këta njerëz; por do të thuash vetëm ato gjëra që do të të them unë". Kështu Balaami shkoi me princat e Balakut.

³⁶ Kur Balaku dëgjoi që Balaami po vinte, shkoi ta takojë në qytetin e Moabit që ndodhet në kufirin e shënuar nga Arnoni, në skajin e fundit të territorit të tij.

³⁷ Kështu Balaku i tha Balaamit: "A nuk të kisha dërguar të të thërrisja me urgjencë? Pse nuk erdhe tek unë? A nuk jam vallë në gjendje të të nderoj?".

³⁸ Balaami iu përgjegj Balakut: "Ja, erdha te ti; por tani a mund të them diçka? Fjalën që Perëndia do të më vërë në gojën time, atë do të them unë".

³⁹ Balaami shkoi bashkë me Balakun dhe arritën në Kirjath-Hutsoth.

⁴⁰ Pastaj Balaku flijoi qe dhe dele dhe u dërgoi disa prej tyre Balaamit dhe prijësve që ishin me të.

⁴¹ Në mëngjes Balaku mori Balaamin dhe u ngjit në Bamoth Baal, dhe këtej ai pa pjesën skajore të popullit.

Kapitull 23

¹ Pastaj Balaami i tha Balakut: "Më ndërto këtu shtatë altarë dhe më përgatit këtu shtatë dema dhe shtatë desh".

² Balaku bëri ashtu siç i kishte thënë Balaami, pastaj Balaku dhe Balaami ofruan një dem të vogël dhe një dash mbi secilin altar.

³ Pastaj Balaami i tha Balakut: "Qëndro pranë olokaustit tënd dhe unë do të shkoj; ndofta Zoti do të vijë të takohet me mua; dhe atë që ka për të më treguar do të ta njoftoj". Kështu ai shkoi në një bregore të zhveshur.

⁴ Dhe Perëndia i doli përpara Balaamit, dhe Balaami i tha: "Unë kam përgatitur shtatë altarë dhe kam ofruar nga një dem të vogël dhe nga një dash për çdo altar".

⁵ Atëherë Zoti i vuri një mesazh në gojë Balaamit dhe i tha: "Kthehu te Balaku dhe foli kështu".

⁶ U kthye tek ai, dhe ja, ai qëndronte pranë olokaustit, ai dhe të gjithë prijësit e Moabit.

⁷ Atëherë Balaami shqiptoi orakullin e tij dhe tha: "Balaku, mbret i Moabit, më ka sjellë nga Arami, nga malet e Lindjes: "Eja, mallko për mua Jakobin, eja dhe padit Izraelin!".

⁸ Si mund të mallkoj atë që Zoti nuk e ka mallkuar? Si mund të padis atë që Zoti nuk e ka paditur?

⁹ Unë e shoh nga maja e shkëmbinjve dhe e sodis nga lartësitë; ja, është një popull që qëndron vetëm dhe nuk është përfshirë në gjirin e kombeve.

¹⁰ Kush mund të llogarisë pluhurin e Jakobit apo të numërojë çerekun e Izraelit? Vdeksha unë si njerëzit e drejtë dhe qoftë fundi im i njëllojtë me atë të tyren!".

¹¹ Atëherë Balaku i tha Balaamit: "Ç'më bëre? Të mora që të mallkosh armiqtë e mi, kurse ti i bekove me të madhe".

¹² Por ai u përgjigj dhe tha: "A nuk duhet të kujdesem unë të them me të shpejtë atë që Zoti më vë në gojë?".

¹³ Pastaj Balaku i tha: "Eja, pra, me mua në një vend tjetër, prej ku mund ta shikosh, megjithëse ke për të parë vetëm skajin e tij dhe nuk e ke për ta parë të tërë, dhe që andej do ta mallkosh për mua".

¹⁴ Kështu e çoi në kampin e Tsofimit, në majë të Pisgahut; aty ndërtoi shtatë altarë dhe ofroi një dem të vogël dhe një dash mbi çdo altar.

¹⁵ Balaami i tha pastaj Balakut: "Qëndro këtu pranë olokaustit tënd dhe unë do të shkoj të takohem me Zotin atje lart".

¹⁶ Dhe Zoti i doli përpara Balaamit, i vuri një mesazh në gojë dhe i tha: "Kthehu te Balaku dhe foli kështu".

¹⁷ Kështu u kthye tek ai, dhe ja, ai rrinte pranë olokaustit të tij me prijësit e Moabit. Balaku i tha: "Çfarë ka thënë Zoti?".

¹⁸ Atëherë Balaami shqiptoi orakullin e tij dhe tha: "Çohu, Balak, dhe dëgjo! Rri veshngrehur, bir i Tsiporit!

¹⁹ Perëndia nuk është një njeri, që mund të gënjejë, as edhe bir njeriu që mund të pendohet. Kur ka thënë një gjë, nuk do ta bëjë? Ose kur ka shpallur një gjë, nuk do ta kryejë?

²⁰ Ja, unë mora urdhrin që të bekoj; po, ai ka bekuar dhe unë nuk do ta heq bekimin e tij.

²¹ Ai nuk ka vërejtur paudhësi te Jakobi dhe nuk ka parë përdhosje tek Izraeli. Zoti, Perëndia i tij, është me të, dhe klithma e një mbreti është midis tyre.

²² Perëndia, që e nxori nga Egjipti, është për të si brirët e fuqishëm të buallit.

²³ Nuk ka magji kundër Jakobit, nuk ka shortari kundër Izraelit. Tani duhet të themi ç'ka bërë Perëndia me Jakobin dhe Izraelin.

²⁴ Ja, një popull do të ngrihet si një luaneshë dhe si një luan; dhe nuk do të mblidhet para se të ketë gëlltitur prenë dhe të ketë pirë gjakun e atyre që ka vrarë".

²⁵ Atëherë Balaku i tha Balaamit: "Mos e mallko aspak, por as mos e beko".

²⁶ Por Balaami iu përgjigj dhe i tha Balakut: "A nuk të kam thënë vallë që unë do të bëj tërë ato që do të thoshte Zoti?".

²⁷ Pastaj Balaku i tha Balaamit: "Eja me mua, unë do të të çoj në një vend tjetër; ndofta do t'i pëlqejë Perëndisë që ti ta mallkosh për mua që andej".

²⁸ Kështu Balaku e çoi Balaamin në majë të Peorit, që sundon shkretëtirën.

²⁹ Dhe Balaami i tha Balakut: "Më ndërto këtu shtatë altarë dhe më përgatit këtu shtatë dema të vegjël dhe shtatë desh".

³⁰ Dhe Balaku bëri ashtu siç i kishte thënë Balaami, dhe ofroi një dem të vogël dhe një dash mbi çdo altar.

Kapitull 24

¹ Kur Balaami u bind se në sytë e Zotit ishte një gjë e mirë të bekoje Izraelin, nuk përdori si herët e tjera magjinë, por ktheu fytyrën nga shkretëtira.

² Dhe, me sytë e ngritur, Balaami pa Izraelin që kishte fushuar sipas fiseve, dhe Fryma e Perëndisë e mbuloi atë.

³ Atëherë shqiptoi orakullin e tij dhe tha: "Kështu thotë Balaami, bir i Beorit, kështu thotë njeriu, sytë e të cilit janë hapur,

⁴ kështu thotë ai që dëgjon fjalët e Perëndisë, ai që kundron vizionin e të Plotfuqishmit, ai që rrëzohet, por syçelë:

⁵ "Sa të bukura janë çadrat e tua, o Jakob, banesat e tua o Izrael!

⁶ Ato shtrihen si lugina, si kopshte gjatë një lumi, si aloe që Zoti ka mbjellë, si kedra pranë ujërave.

⁷ Do të derdhë ujë nga kovat e tij, pasardhësit e tij do të banojnë pranë ujërave të shumta, mbreti i tij do të ngrihet më lart se Agagu dhe mbretëria e tij do të lartësohet.

⁸ Perëndia, që e nxori nga Egjipti, është për të si brirët e fuqishëm të buallit. Ai do të gëlltisë kombet armike për të, do të coptojë kockat e tyre dhe do t'i shpojë tej për tej me shigjetat e tij.

⁹ Ai përkulet, mblidhet kruspull si një luan dhe si një luaneshë; kush do të guxojë ta çojë? Qoftë i bekuar ai që të bekon dhe qoftë i mallkuar ai që të mallkon!".

¹⁰ Atëherë zemërimi i Balakut u ndez kundër Balaamit; kështu ai rrahu duart dhe Balaku i tha Balaamit: "Unë të thirra për të mallkuar armiqtë e mi, kurse ti i bekove tri herë me radhë.

¹¹ Tani ik në shtëpinë tënde! Kisha thënë se do të të mbushja me nderime; por ja, Zoti nuk ka lejuar t'i marrësh".

¹² Balaami iu përgjigj kështu Balakut: "A nuk u kisha folur lajmëtarëve që më kishe dërguar, duke u thënë:

¹³ "Edhe sikur Balaku të më jepte shtëpinë e tij plot me argjend dhe me ar, nuk mund të shkel urdhrat e Zotit për të bërë të mirë ose të keq me nismën time, por duhet të them atë që Zoti do të thotë"?.

¹⁴ Dhe ja, tani do të kthehem te populli im; eja, unë do të njoftoj atë që ky popull do t'i bëjë popullit tënd në ditët e fundit".

¹⁵ Atëherë ai shqiptoi orakullin e tij dhe tha: "Kështu thotë Balaami, bir i Beorit; kështu thotë njeriu sytë e të cilit janë hapur,

¹⁶ kështu thotë ai që dëgjon fjalët e Zotit, që njeh shkencën e të Lartit, që sodit vizionin e të Plotfuqishmit, ai që bie por syçelë:

¹⁷ E shoh, por jo tani; e sodis, por jo afër: një yll do të dalë nga Jakobi dhe një skeptër do të ngrihet nga Izraeli, i cili do ta shtypë Moabin fund e krye dhe do të rrëzojë tërë bijtë e Shethit.

¹⁸ Edomi do të bëhet pronë e tij, po ashtu edhe Seiri, armiku i tij, do të bëhet pronë e tij; Izraeli do të kryejë trimërira.

¹⁹ Nga Jakobi do të dalë një sundues që do të shfarosë ata qytetarë që kanë mbijetuar.

²⁰ Pastaj shikoi nga ana e Amalekut dhe shqiptoi orakullin e tij, duke thënë: "Amaleku ishte i pari i kombeve, por fundi i tij do të kulmojë në shkatërrim".

²¹ Shikoi edhe nga Kenejtë dhe shqiptoi orakullin e tij, duke thënë: "Banesa jote është e fortë dhe foleja jote është vendosur në shkëmb;

²² megjithatë Keneu do të shkretohet, për deri sa Asiri do të të çojë në robëri".

²³ Pastaj shqiptoi orakullin e tij dhe tha: "Medet! Kush do të mbetet gjallë kur Zoti ta ketë kryer këtë?

²⁴ Por anije do të vinë nga Kitimi, do të poshtërojnë Asurin dhe Eberin, dhe ai do të shkatërrohet gjithashtu".

²⁵ Pastaj Balaami u ngrit, u nis dhe u kthye në shtëpinë e tij; edhe Balaku iku në rrugën e tij. e Moabit

Kapitull 25

¹ Ndërsa Izraeli ndodhej në Shitim, populli filloi të shthurret me bijat e Moabit.

² Ato e ftuan popullin të kryejë flijime për perënditë e tyre dhe populli hëngri dhe ra përmbys përpara perëndive të tyre.

³ Kështu Izraeli u bashkua me Baal-Peorin, dhe zemërimi i Zotit u ndez kundër Izraelit.

⁴ Pastaj Zoti i tha Moisiut: "Merr të gjithë krerët e popullit, vriti e vari para Zotit përjashta, në diell me qëllim që zemërimi i zjarrtë i Zotit të largohet nga Izraeli".

⁵ Kështu u foli Moisiu gjykatësve të Izraelit: "Secili nga ju të vrasë ata njerëz të tij që janë bashkuar me Baal-Peorin".

⁶ Dhe ja, një nga bijtë e Izraelit erdhi dhe u paraqiti vëllezërve të tij një grua madianite, para syve të Moisiut dhe tërë asamblesë së bijve të Izraelit, ndërsa këta po qanin në hyrjen e çadrës së mbledhjes.

⁷ Duke parë këtë skenë, Finehasi, bir i Eleazarit, që ishte bir i priftit Aaron, u ngrit në mes të asamblesë dhe mori në dorë një shtizë;

⁸ ndoqi pastaj burrin e Izraelit në alkovën e tij dhe e shpoi që të dy, burrin e Izraelit dhe gruan, në pjesën e poshtme të barkut. Kështu u ndal fatkeqësia në mes të bijve të Izraelit.

⁹ Nga kjo fatkeqësi vdiqën njëzet e katër mijë veta.

¹⁰ Atëherë Zoti i foli Moisiut, duke i thënë:

¹¹ "Finehasi, bir i Eleazarit, që ishte bir i priftit Aaron, e largoi zemërimin tim nga bijtë e Izraelit, sepse ai ishte i frymëzuar nga po ajo xhelozia ime; kështu në xhelozinë time nuk i kam shfarosur bijtë e Izraelit.

¹² Prandaj i thuaj: "Ja, unë po lidh një aleancë paqeje me të,

¹³ që do të jetë për të dhe për pasardhësit pas tij besëlidhja e një priftërie të përjetshme, sepse është treguar i zellshëm për Perëndinë e tij dhe ka kryer shlyerjen e fajit për bijtë e Izraelit".

¹⁴ Burri i Izraelit, që u vra bashkë me gruan madianite, quhej Zimri, bir i Salut, i pari i një shtëpie patriarkale të Simeonitëve.

¹⁵ Dhe gruaja që u vra, Madianitja, quhej Kozbi, bijë e Tsurit, që ishte i pari i një shtëpie patriarkale në Madian.

¹⁶ Pastaj Zoti i foli Moisiut duke i thënë:

Numrave

¹⁷ "Bjeruni Madianitëve dhe i sulmoni,
¹⁸ sepse ju kanë rënë më qafë me dredhitë e tyre dhe ju kanë mashtruar në rastin e Peorit dhe në atë të Kozbit, bijë e një princi të Madianit, motër e tyre, që u vra ditën e fatkeqësisë për çështjen e Peorit".

Kapitull 26

¹ Pas fatkeqësisë, ndodhi që Zoti u foli Moisiut dhe Eleazarit, birit të priftit Aaron, duke u thënë:

² "Bëni regjistrimin e tërë popullsisë së bijve të Izraelit, nga mosha njëzet e një vjeç e lart, në bazë të shtëpive të etërve të tyre, të të gjithë atyre që në Izrael mund të shkojnë në luftë".

³ Kështu Moisiu dhe prifti Eleazar u folën atyre në fushat e Moabit, pranë Jordanit, në bregun e kundërt të Jerikos, duke u thënë:

⁴ "Të bëhet regjistrimi i njerëzve nga mosha njëzet e një vjeç e lart ashtu si e ka urdhëruar Zoti Moisiun dhe bijtë e Izraelit, kur dolën nga vendi i Egjiptit".

⁵ Rubeni ishte i parëlinduri i Izraelit. Bijtë e tij qenë: Hanoku, prej të cilit rrjedh familja e Hanokitëve; Palu, prej të cilit rrjedh familja e Paluitëve;

⁶ Hetsroni, prej të cilit rrjedh familja e Hetsronitëve; Karmi, prej të cilit rrjedh familja e Karmitëve.

⁷ Këto janë familjet e Rubenitëve; ata që u regjistruan në radhët e tyre qenë dyzet e tre mijë e shtatëqind e tridhjetë veta.

⁸ I biri i Palus ishte Eliabi.

⁹ Djemtë e Eliabit qenë Nemueli, Dathani dhe Abirami. Këta janë po ai Datham dhe ai Abiram, anëtarë të këshillit, që ngritën krye kundër Moisiut dhe Aaronit së bashku me njerëzit e Koreut, kur ngritën krye kundër Zotit;

¹⁰ dhe toka hapi gojën e saj dhe i gëlltiti bashkë me Koreun, kur këta njerëz vdiqën dhe zjarri përpiu dyqind e pesëdhjetë njerëz në shenjë qortimi.

¹¹ Por bijtë e Koreut nuk vdiqën.

¹² Bijtë e Simeonit simbas familjeve të tyre qenë: nga Nemueli, familja e Nemuelitëve; nga Jamini, familja e Jaminitëve; nga Jakini, familja e Jakinitëve;

¹³ nga Zerahu, familja e Zerahitëve; nga Sauli, familja e Saulitëve.

¹⁴ Këto janë familjet e Simeonitëve: njëzet e dy mijë e dyqind veta.

¹⁵ Bijtë e Gadit simbas familjeve të tyre qenë: nga Tsefoni, familja e Tsefonitëve; nga Hagi, familja e Hagitëve; nga Shuni, familja e Shunitëve;

¹⁶ nga Ozni, familja e Oznitëve; nga Eri, familja e Eritëve;

¹⁷ nga Arodi, familja e Aroditëve; nga Areli, familja e Arelitëve.

¹⁸ Këto janë familjet e bijve të Gadit, në bazë të regjistrimit: dyzet mijë e pesëqind veta.

¹⁹ Bijtë e Judës ishin: Eri dhe Onani; por Eri dhe Onani vdiqën në vendin e Kanaanit.

²⁰ Bijtë e Judës simbas familjeve të tyre qenë: nga Shelahu, familja e Shelanitëve; nga Peretsi, familja e Peretsitëve; nga Zerahu, familja e Zerahitëve.

²¹ Bijtë e Peretsit qenë: nga Hetsroni, familja e Hetsronitëve; nga Hamuli, familja e Hamulitëve.

²² Këto janë familjet e Judës në bazë të regjistrimit: shtatëdhjetë e gjashtë mijë e pesëqind veta.

²³ Bijtë e Isakarit simbas familjeve të tyre ishin: nga Tola, familja e Tolaitëve; nga Puvahu, familja e Puvitëve;

²⁴ nga Jashubi, familja e Jashubitëve; nga Shimroni, familja e Shimronitëve.

²⁵ Këto janë familjet e Isakarit në bazë të regjistrimit: gjithsej gjashtëdhjetë e katër mijë e treqind.

²⁶ Bijtë e Zabulonit simbas familjeve të tyre qenë: nga Seredi, familja e Sarditëve; nga Eloni, familja e Elonitëve; nga Jahleeli, familja e Jahleelitëve.

²⁷ Këto janë familjet e Zabulonitëve në bazë të regjistrimit: gjithsej gjashtëdhjetë mijë e pesëqind.

²⁸ Bijtë e Jozefit simbas familjeve të tyre qenë: Manasi dhe Efraimi.

²⁹ Bijtë e Manasit qenë: nga Makiri, familja e Makiritëve. Makirit i lindi Galaadi; nga Galaadi rrodhi familja e Galaaditëve.

³⁰ Këta janë bijtë e Galaadit: nga Jezeri, familja e Jezeritëve; nga Heleku, familja e Helekitëve;

³¹ nga Asrieli, familja e Asrielitëve; nga Shekemi, familja e Shekemitëve;

³² nga Shemida, familja e Shemidaitëve; nga Heferi, familja e Heferitëve.

³³ Por Tselofehadi, bir i Heferit, nuk pati meshkuj, por vetëm vajza; dhe emrat e vajzave të Tselihadit qenë: Mahlah, Noah, Hoglah, Milkah dhe Thirtsah.

³⁴ Këto janë familjet e Manasit; ata që u regjistruan qenë pesëdhjetë e dy mijë e shtatëqind.

³⁵ Këto janë bijtë e Efraimit simbas familjeve të tyre; nga Shuthelahu, familja e Shuthelahitëve; nga Bekeri, familja e Bekeritëve; nga Tahani, familja e Tahanitëve.

³⁶ Këto janë bijtë e Shuthelahut: nga Efrani, familja e Efranitëve.

³⁷ Këto janë familjet e bijve të Efraimit në bazë të regjistrimit: gjithsej tridhjetë e dy mijë e pesëqind. Këta janë bijtë e Jozefit simbas familjeve të tyre.

³⁸ Bijtë e Beniaminit simbas familjeve të tyre qenë: nga Bela, familja e Belaitëve; nga Ashbeli, familja e Ashbelitëve; nga Ahirami, familja e Ahiramitëve;

³⁹ nga Shufami, familja e Shufamitëve; nga Hufami, familja e Hufamitëve.

⁴⁰ Bijtë e Belas qenë: Ardi dhe Naamani; nga Ardi rrjedh familja e Arditëve; nga Naamani, familja e Naamitëve.

⁴¹ Këta janë bijtë e Beniaminit simbas familjeve të tyre. Ata që u regjistruan ishin dyzet e pesë mijë e gjashtëqind.

⁴² Këta janë bijtë e Danit simbas familjeve të tyre: nga Shuhami, familja e Shuhamitëve. Këta janë bijtë e Danit simbas familjeve të tyre.

⁴³ Shuma e familjeve të Shuhamitëve në bazë të regjistrimit ishte gjashtëdhjetë e katër mijë e katërqind.

⁴⁴ Bijtë e Asherit simbas familjeve të tyre qenë: nga Jimna, familja e Jimnitëve; nga Jishvi, familja e Jishvitëve; nga Beriahu, familja e Beriahitëve.

⁴⁵ Nga bijtë e Beriahut: nga Heberi, familja e Heberitëve; nga Malkieli, familja e Malkialitëve.

⁴⁶ Bija e Asherit quhej Serah.

⁴⁷ Këto janë familjet e bijve të Asherit në bazë të regjistrimit: pesëdhjetë e tre mijë e katërqind.

⁴⁸ Bijtë e Neftalit simbas familjeve të tyre qenë: nga Jahtseeli, familja e Jahtseelitëve; nga Guni, familja e Gunitëve;

⁴⁹ nga Jetseri, familja e Jetseritëve; nga Shilemi, familja e Shilemitëve.

⁵⁰ Këto janë familjet e Neftalit simbas familjeve të tyre. Ata që u regjistruan qenë dyzet e pesë mijë e katërqind.

⁵¹ Ata që u regjistruan nga bijtë e Izraelit qenë: gjashtëqind e një mijë e shtatëqind e tridhjetë veta.

⁵² Atëherë Zoti i foli Moisiut, duke i thënë:

⁵³ "Vendi do të ndahet midis tyre si trashëgimi, simbas numrit të personave.

⁵⁴ Atyre që janë më të shumtë do t'u japësh në trashëgimi një pjesë më të madhe; atyre që janë në numër më të vogël do t'u japësh një pjesë më të vogël; secili do të marrë pjesën e tij në bazë të regjistrimit.

⁵⁵ Por ndarja e vendit do të bëhet me short; ata do të marrin trashëgiminë e tyre në bazë të emrave të fiseve atërore.

⁵⁶ Ndarja e trashëgimisë do të bëhet me short midis të gjitha fiseve të mëdha ose të vogla.

⁵⁷ Dhe këta qenë ata që u regjistruan nga Levitët, simbas familjeve të tyre: nga Gershoni, familja e Gershonitëve; nga Kohathi, familja e Kohathitëve; nga Merari, familja e Meraritëve.

⁵⁸ Këto janë familjet e Levit: familja e Libnitëve, familja e Hebronitëve, familja e Mahlitëve, familja e Mushitëve, familja e Korahitëve. Dhe Kohathit i lindi Amrami.

⁵⁹ Gruaja e Amramit quhej Jokebed; ishte bijë e Levit dhe i kishte lindur Levit në Egjipt; në Amram ajo lindi Aaronin, Moisiun dhe Miriamin, motrën e tyre.

⁶⁰ Aaronit i lindën Nadabi dhe Abihuri, Eleazari dhe Ithamari.

⁶¹ Por Nadabi dhe Abihu vdiqën kur i paraqitën Zotit një zjarr të palejueshëm.

⁶² Ata që u regjistruan në radhët e tyre qenë njëzet e tre mijë veta; të gjithë ishin meshkuj me moshë një muajsh e lart. Ata nuk u regjistruan bashkë me bijtë e tjerë të Izraelit, sepse atyre nuk iu dha asnjë trashëgimi midis bijve të Izraelit.

⁶³ Këta janë ata që u regjistruan nga Moisiu dhe nga prifti Eleazar, që regjistruan bijtë e Izraelit në fushat e Moabit, pranë Jordanit, në bregun përballë Jerikos.

⁶⁴ Midis tyre nuk kishte asnjë nga ata që u regjistruan nga Moisiu dhe nga prifti Aaron, kur ata regjistruan bijtë e Izaelit në shkretëtirën e Sinait,

⁶⁵ sepse Zoti pat thënë për ata: "Ata do të vdesin, do të vdesin në shkretëtirë". Dhe prej tyre nuk mbeti as edhe një, me përjashtim të Kalebit, birit të Jenufehut, dhe të Jozueut, birit të Nunit.

Kapitull 27

¹ Pastaj u afruan bijat e Tselofehadit, birit të Heferit, bir i Galaadit, bir i Makirit, bir i Manasit, i familjeve të Manasit, birit të Jozefit; dhe këto janë emrat e bijave: Mahlah, Noah, Hoglah, Milkah dhe Thirtsah,

² dhe ato u paraqitën para Moisiut, para priftit Eleazar, prijësve dhe tërë asamblesë në hyrje të çadrës së mbledhjes dhe thanë:

³ "Ati ynë vdiq në shkretëtirë, por nuk bënte pjesë në grupin e atyre që u mblodhën kundër Zotit, në grupin e Koreut, por vdiq për shkak të mëkatit të tij pa patur bij.

⁴ Pse duhet të humbasë emri i atit tonë në mes të familjes së tij nga që nuk pati bij? Na jep, pra, një pronë në mes të vëllezërve të atit tonë".

⁵ Atëherë Moisiu e shtroi rastin e tyre para Zotit.

⁶ Dhe Zoti i foli Moisiut duke i thënë:

⁷ "Bijat e Tselofehadit kanë hak. Po, do t'u japësh atyre si trashëgimi një pronë midis vëllezërve të atit të tyre dhe do t'u kalosh atyre trashëgiminë e atit të tyre.

⁸ Do t'u flasësh gjithashtu bijve të Izraelit dhe do t'u thuash: "Kur një njeri vdes pa lënë ndonjë bir, trashëgiminë e tij do t'ia kaloni bijës së tij.

⁹ Në qoftë se nuk ka asnjë bijë, trashëgiminë e tij do t'ua jepni vëllezërve të tij.

¹⁰ Në rast se nuk ka vëllezër, trashëgiminë e tij do t'ua jepni vëllezërve të atit të tij.

¹¹ Dhe në rast se ai nuk ka asnjë vëlla, trashëgiminë e tij do t'ia jepni fisit më të afërt të familjes së tij; dhe ai do ta zotërojë". Kjo do të jetë për bijtë e Izraelit një formë e së drejtës, ashtu si e ka urdhëruar Zoti Moisiun.

¹² Pastaj Zoti i tha Moisiut: "Ngjitu mbi malin e Abarimit dhe sodit vendin që unë po ju jap bijve të Izraelit.

¹³ Mbasi ta kesh parë, edhe ti do të bashkohesh me popullin tënd, ashtu siç u bashkua Aaroni, vëllai yt,

¹⁴ sepse ngritët krye kundër urdhrit tim në shkretëtirën e Tsinit kur asambleja kundërshtoi, dhe nuk më shenjtëruat në ujërat para syve të tyre". (Këto janë ujërat e Meribës në Kadesh, në shkretëtirën e Sinit).

¹⁵ Pastaj Moisiu i foli Zotit, duke i thënë:

¹⁶ "Zoti, Perëndia i frymëve të çdo mishi, le të caktojë mbi këtë asamble një njeri

¹⁷ që të hyjë dhe të dalë para tyre, dhe t'i bëjë të hyjnë e të dalin, në mënyrë që asambleja e Zotit të mos jetë si një kope pa bari".

¹⁸ Atëherë Zoti i tha Moisiut: "Merr Jozueun, djalin e Nunit, njeriun brenda të cilit është Fryma, dhe vërë dorën tënde mbi të;

¹⁹ pastaj do ta paraqitësh para priftit Eleazar dhe para tërë asamblesë dhe do t'i japësh disa urdhra në prani të tyre,

²⁰ dhe do ta bësh pjesëmarrës të autoritetit tënd me qëllim që tërë asambleja e bijve të Izraelit t'i bindet.

²¹ Ai do të paraqitet përpara priftit Eleazar, i cili do të kërkojë për të mendimin e shprehur nga Urimi përpara Zotit; me urdhër të tij do të hyjnë dhe do të dalin, ai dhe tërë bijtë e Izraelit, tërë asambleja".

²² Moisiu, pra, bëri ashtu si i kishte urdhëruar Zoti; mori Jozueun dhe e paraqiti përpara priftit Eleazar dhe tërë asamblesë;

²³ pastaj vuri duart e tij mbi të dhe i dha urdhra ashtu si kishte urdhëruar Zoti me anë të Moisiut.

Kapitull 28

¹ Zoti i foli akoma Moisiut, duke i thënë:

² "Jepu këtë urdhër bijve të Izraelit dhe u thuaj atyre: Do të kujdeseni të më paraqisni në kohën e caktuar ofertën time, me ushqimin e flijimeve të mia të përgatitura me zjarr, me erë të këndshme për mua.

³ Dhe do t'u thuash atyre: Ky është flijimi i bërë me zjarr, që do t'i ofroni Zotit: dy qengja motakë pa të meta, si olokaust i përjetshëm.

⁴ Një qengj do ta ofrosh në mëngjes, ndërsa qengjin tjetër në të ngrysur;

⁵ dhe, si blatim i ushqimit, një të dhjetë efe majë mielli të përzier me një çerek hini vaji të papërzier.

⁶ Është një olokaust i përjetshëm, i vendosur në malin Sinai, një flijim i bërë me zjarr dhe me erë të këndshme për Zotin.

⁷ Libacioni i tij do të jetë një çerek hini për çdo qengj; do t'ia derdhësh libacionin e pijeve dehëse Zotit në vendin e shenjtë.

⁸ Qengjin tjetër do ta ofrosh në të ngrysur; do ta ofrosh si blatimin e ushqimit të mëngjesit dhe libacionin; është një flijim i bërë me zjarr, me erë të këndshme për Zotin.

⁹ Ditën e shtunë do të ofroni dy qengja motakë, pa të meta dhe, si blatim i ushqimit, dy të dhjeta majë mielli të përziera me vaj bashkë me libacionin.

¹⁰ Është olokausti i së shtunës, për çdo të shtunë, përveç olokaustit të përjetshëm dhe libacionit.

¹¹ Në fillim të muajve tuaj do t'i ofroni si olokaust Zotit dy dema të vegjël, një dash, shtatë qengja motakë pa të meta

¹² dhe tre të dhjeta majë mielli të përzier me vaj, si blatim i ushqimit për çdo dem të vogël, dy të dhjeta lule mielli të përzier me vaj, si blatim i ushqimit për dashin,

¹³ dhe një të dhjetë majë mielli të përzier me vaj si blatim i ushqimit për çdo qengj. Është një olokaust me erë të këndshme, një flijim i bërë me zjarr për Zotin.

¹⁴ Libacionet do të jenë gjysmë hin vere për çdo dem të vogël, një e treta e hinit për çdo dash dhe një e katërta e hinit për çdo qengj. Ky është olokausti i çdo muaji, për të gjithë muajt e vitit.

¹⁵ Dhe do t'i ofrohet Zotit një kec si flijim për mëkatin, përveç olokaustit të përjetshëm dhe libacionit.

¹⁶ Ditën e katërmbëdhjetë të muajit të parë do të jetë Pashka për nder të Zotit.

¹⁷ Dhe ditën e pesëmbëdhjetë të atij muaji do të jetë festë. Shtatë ditë me radhë do të hahet bukë e ndorme.

¹⁸ Ditën e parë do të mbahet një mbledhje e shenjtë; nuk do të bëni asnjë punë të rëndë.

¹⁹ por do t'i ofroni si flijim të bërë me zjarr një olokaust Zotit: dy dema të vegjël, një dash dhe shtatë qengja motakë, të cilët nuk duhet të kenë të meta,

²⁰ së bashku me blatimin e ushqimit me majë mielli të përzier me vaj; do të ofroni tre të dhjeta për çdo dem të vogël dhe dy të dhjeta për një dash;

²¹ Do të ofroni një të dhjetë për secilin nga shtatë qengjat,

²² dhe do të ofroni një cjap si flijim për mëkatin, për të bërë shlyerjen për ju.

²³ Do të ofroni këto flijime përveç olokaustit të mëngjesit, që është një olokaust i përjetshëm.

²⁴ Kështu do të ofroni çdo ditë, për shtatë ditë me radhë, ushqimin e flijimit të përgatitur me zjarr, me një erë të këndshme për Zotin. Do të ofrohet, përveç olokaustit të përjetshëm, bashkë me blatimin e tij.

²⁵ Ditën e shtatë do të keni një mbledhje të shenjtë; nuk do të bëni asnjë punë të rëndë.

²⁶ Ditën e marrjes së prodhimit të parë, kur do t'i paraqisni Zotit një blatim të ri ushqimor, në festën tuaj të javëve, do bëni një mbledhje të shenjtë; nuk do të kryeni asnjë punë të rëndë.

²⁷ Atëherë do të ofroni si olokaust me erë të këndshme për Zotin dy dema të vegjël, një dash dhe shtatë qengja motakë,

²⁸ me blatimin e tyre ushqimor të përbërë nga majë mielli të përzier me vaj; tre të dhjeta për çdo dem të vogël, dy të dhjeta për dashin,

²⁹ dhe një të dhjetë për secilin nga shtatë qengjat;

³⁰ do të ofroni edhe një kec për të kryer shlyerjen për ju.

³¹ Do të ofroni këto flijime, veç olokaustit të përjetshëm me blatimin e tyre ushqimit dhe libacionet e tyre. Duhet të jenë kafshë pa të meta.

Kapitull 29

¹ Në muajin e shtatë, ditën e parë të muajit do të keni një mbledhje të shenjtë; nuk do të bëni asnjë punë të rëndë; do të jetë për ju dita e rënies së borive.

² Do të ofroni si olokaust, me erë të këndshme për Zotin, një dem të vogël, një dash dhe shtatë qengja motakë pa të meta,

³ bashkë me blatimin e tyre ushqimor prej majë mielli të përzier me vaj; tri të dhjeta për demin e vogël, dy të dhjeta për dashin,

⁴ dhe një të dhjetë për secilin nga shtatë qengjat;

⁵ dhe një kec, si flijim për mëkatin, për të bërë shlyerjen për ju,

⁶ përveç olokaustit mujor me blatimin e tij ushqimor, olokaustit të përjetshëm me blatimin e tij ushqimor, simbas normave të caktuara. Do të jetë një flijim i bërë me zjarr, me erë të këndshme për Zotin.

⁷ Ditën e dhjetë të këtij muaji të shtatë do të keni një mbledhje të shenjtë dhe do të përulni shpirtërat tuaja; nuk do të bëni asnjë punë,

⁸ dhe do të ofroni si olokaust me erë të këndshme për Zotin një dem të vogël, një dash dhe shtatë qengja motakë, që duhet të jenë pa të meta,

⁹ me blatimin e tyre ushqimor prej majë mielli të përzier me vaj: tre të dhjeta për demin e vogël, dy të dhjeta për dashin,

¹⁰ një të dhjetë për secilin nga të shtatë qengjat,

¹¹ dhe një kec si flijim për mëkatin, përveç flijimit për shlyerjen e fajit, olokaustit të përjetshëm me blatimin e tij dhe libacionet e tyre.

¹² Ditën e pesëmbëdhjetë të muajit të shtatë do të keni një mbledhje të shenjtë; nuk do të bëni asnjë punë të rëndë dhe do të kremtoni një festë për Zotin shtatë ditë me radhë.

¹³ Do të ofroni si olokaust, me erë të këndshme për Zotin, një dem të vogël, një dash dhe shtatë qengja motakë, që nuk duhet të kenë të meta;

¹⁴ me blatimin e tyre ushqimor prej maje mielli të përzier me vaj: tre të dhjeta për secilin nga trembëdhjetë demat e vegjël, dy të dhjeta për secilin nga dy deshtë.

¹⁵ një të dhjetë për secilin nga katërmbëdhjetë qengjat,

¹⁶ dhe një kec si flijim për mëkatin, përveç olokaustit të përjetshëm, blatimit të tij dhe libacionit.

¹⁷ Ditën e dytë do të ofroni dymbëdhjetë dema të vegjël, dy desh dhe katërmbëdhjetë qengja motakë pa të meta,

¹⁸ me blatimin e tyre ushqimor dhe libacionet e tyre për demat e vegjël, për deshtë dhe për qengjat në bazë të numrit të tyre, simbas normave të caktuara,

¹⁹ dhe një kec si flijim për mëkatin, përveç olokaustit të përjetshëm, blatimit të tij ushqimor dhe libacioneve të tyre.

²⁰ Ditën e tretë do të ofroni njëmbëdhjetë dema të vegjël, dy desh dhe katërmbëdhjetë qengja motakë, pa të meta,

²¹ bashkë me blatimet e tyre ushqimore dhe libacionet për demat e vegjël, për deshtë dhe për qengjat, në bazë të numrit të tyre, simbas normave të caktuara,

²² dhe një cjap si flijim për mëkatin, përveç olokausti të përjetshëm, blatimit të tij të ushqimit dhe libacionit të tij.

²³ Ditën e katërt do të ofroni dhjetë dema të vegjël, dy desh dhe katërmbëdhjetë qengja motakë, pa të meta,

²⁴ bashkë me blatimet e tyre të ushqimit dhe të libacioneve për demat e vegjël, për deshtë dhe për qengjat, në bazë të numrit të tyre simbas normave të caktuara,

²⁵ dhe një kec, si flijim për mëkatin, përveç olokaustit të përjetshëm, blatimit të tij ushqimor dhe libacionit të tij.

²⁶ Ditën e pestë do të ofroni nëntë dema të vegjël, dy desh dhe katërmbëdhjetë qengja motakë, pa të meta,

²⁷ me blatimin e tyre ushqimor dhe libacionet e tyre për demat e vegjël, për deshtë dhe për qengjat, në bazë të numrit të tyre, simbas normave të caktuara,

²⁸ dhe një cjap, si flijim për mëkatin, përveç olokaustit të përjetshëm, blatimit të ushqimit dhe të libacionit të tij.

²⁹ Ditën e gjashtë do të ofroni tetë dema të vegjël, dy desh dhe katërmbëdhjetë qengja pa të meta,

³⁰ me blatimet e tyre të ushqimit dhe me libacionet e tyre për demat e vegjël, për deshtë dhe për qengjat, në bazë të numrit të tyre, simbas normave të caktuara,

³¹ dhe një cjap, si flijim për mëkatin, përveç olokaustit të përjetshëm, blatimit të tij ushqimor dhe libacionit të tij.

³² Ditën e shtatë do të ofroni shtatë dema të vegjël, dy desh dhe katërmbëdhjetë qengja motakë, pa të meta,

³³ bashkë me blatimin e ushqimit dhe të libacioneve të tyre për demat e vegjël, për deshtë dhe për qengjat, në bazë të numrit të tyre, simbas normave të caktuara,

³⁴ dhe një cjap, si flijim për mëkatin, përveç olokaustit të përjetshëm, blatimit të tij të ushqimit dhe libacionit të tij.

³⁵ Ditën e tetë do të keni një asamble solemne; nuk do të kryeni atë ditë asnjë punë të rëndë,

³⁶ dhe do të ofroni si olokaust, si flijim të përjetshëm të bërë me zjarr me erë të këndshme për Zotin, një dem të vogël, një dash dhe shtatë qengja motakë, pa të meta,

³⁷ me blatimin e tyre të ushqimit dhe me libacionet e tyre për demin e vogël, për dashin dhe për qengjat, në bazë të numrit të tyre, simbas normave të caktuara,

³⁸ dhe një cjap, si flijim për mëkatin, përveç olokaustit të përjetshëm, blatimit ushqimor të tij dhe libacionit të tij.

³⁹ Këto janë flijimet që do t'i ofroni Zotit në festat tuaja të caktuara (përveç ofertave për kushtet tuaja dhe ofertave tuaja vullnetare), si olokaustet dhe blatimet tuaja dhe si libacione dhe flijime tuaja të falënderimit".

⁴⁰ Dhe Moisiu u referoi bijve të Izraelit të gjitha ato që Zoti i kishte urdhëruar.

Kapitull 30

¹ Pastaj Moisiu u foli prijësve të fiseve të bijve të Izraelit, duke u thënë: "Kjo është ajo që Zoti ka urdhëruar:

² "Kur dikush lidh një kusht me Zotin ose lidh një detyrim duke u betuar, nuk do ta shkelë fjalën e tij, por do të bëjë gjithçka ka dalë nga goja e tij.

³ Kur një femër lidh një kusht me Zotin dhe lidh një detyrim ndërsa është ende në shtëpinë e atit, gjatë rinisë së saj,

⁴ në qoftë se i ati, duke mësuar kushtin e saj dhe detyrimin me të cilën është lidhur, nuk thotë asgjë lidhur me këtë, tërë kushtet e saj do të jenë të vlefshme dhe do të mbeten të vlefshme tërë detyrimet me të cilat është lidhur.

⁵ Por në qoftë se i ati, ditën që e mëson, i kundërvihet asaj, të gjitha kushtet e saj dhe të gjitha detyrimet me të cilat është lidhur, nuk do të jenë të vlefshme; dhe Zoti do ta falë, sepse i ati iu kundërvu.

⁶ Por në qoftë se ajo martohet ndërsa është e lidhur me kushte ose ka një detyrim të lidhur në mënyrë të paarsyeshme me buzët e saja,

⁷ dhe në qoftë se bashkëshorti i saj e di dhe ditën që e merr vesh nuk thotë asgjë lidhur me të, kushtet e saj do të mbeten të vlefshme njëlloj si detyrimet me të cilat ajo është lidhur.

⁸ Por në qoftë se bashkëshorti i saj, ditën që e mëson, i kundërvihet, ai do të anulojë kushtin që ajo ka lidhur dhe detyrimin që ka marrë në mënyrë të paarsyeshme me buzët e saj; dhe Zoti do ta falë.

⁹ Por kushti i një gruaje të ve ose e një gruaje të ndarë, cilido qoftë detyrimi me të cilin është lidhur, do të mbetet i vlefshëm

¹⁰ Në qoftë se ajo lidh një kusht në shtëpinë e bashkëshortit të saj, ose merr përsipër një detyrim me betim,

¹¹ dhe i shoqi e ka marrë vesh, në qoftë se i shoqi nuk thotë asgjë lidhur me këtë dhe nuk i kundërvihet, të gjitha kushtet e saj do të mbeten të vlefshme ashtu si edhe detyrimet që ka marrë përsipër.

¹² Por në qoftë se i shoqi i anulon ditën që i ka marrë vesh të gjitha ato që kanë dalë nga buzët e saj, qofshin kushte apo detyrime me të cilat është lidhur; këto nuk do të jenë të vlefshme, bashkëshorti i saj i ka anuluar dhe Zoti do ta falë.

¹³ Bashkëshorti mund të konfirmojë dhe të anulojë çfarëdo kushti dhe çfarëdo betimi që lidh gruan e tij, që synon ta mundojë personin e saj.

¹⁴ Por në qoftë se bashkëshorti, çdo ditë që kalon, nuk thotë asgjë lidhur me këtë, ai konfirmon në këtë mënyrë tërë kushtet dhe detyrimet me të cilat ajo është lidhur; i konfirmon sepse nuk ka thënë asgjë lidhur me to ditën që i ka marrë vesh.

¹⁵ Por në qoftë se i anulon mbasi i ka marrë vesh, do të mbajë peshën e mëkatit të bashkëshortes së tij"".

¹⁶ Këto janë statutet që Zoti i ka dhënë me porosi Moisiut lidhur me marrëdhëniet, midis bashkëshortit dhe bashkëshortes, midis atit dhe bijës, kur ajo është akoma vajzë në shtëpinë e atit të saj.

Kapitull 31

¹ Pastaj Zoti i foli akoma Moisiut, duke i thënë: "Merrua hakun bijve të Izraelit kundër Madianitëve;

² pas kësaj do të bashkohesh me popullin tënd".

³ Atëherë Moisiu i foli popullit, duke thënë; "Disa njerëz ndër ju të armatosen për luftë dhe të marshojnë kundër Madianit për të kryer hakmarrjen e Zotit mbi Madianin.

⁴ Do të dërgoni në luftë një mijë burra nga çdo fis, nga të gjitha fiset e Izraelit".

⁵ Kështu u rekrutuan ndër divizionet e Izraelit një mijë burra nga çdo fis, domethënë dymbëdhjetë mijë burra, të armatosur për luftë.

⁶ Pastaj Moisiu i nisi për luftë, njëmijë njerëz nga çdo fis, së bashku me Finehasin, birin e priftit Eleazar, që kishte në dorë veglat e shenjta dhe boritë e alarmit.

⁷ Dhe luftuan kundër Madianit, ashtu si e kishte urdhëruar Zoti Moisiun, dhe vranë tërë meshkujt.

⁸ Bashkë me viktimat që ata bënë, ata vranë edhe mbretërit e Madianit: Evin, Rekemin, Tsurin, Hurin dhe Reban, pesë mbretërit e Madianit; vranë gjithashtu me shpatë Balaamin, birin e Beorit.

⁹ Bijtë e Izraelit zunë robinja edhe të gjitha gratë e Madianit dhe fëmijët e tyre, rrëmbyen tërë bagëtinë e tyre, tërë kopetë e tyre dhe tërë pasuritë e tyre;

¹⁰ pastaj u vunë zjarrin të gjitha qyteteve ku ata banonin dhe të gjitha kalave të tyre,

¹¹ dhe morën gjithë plaçkën e luftës dhe tërë prenë, njerëz dhe kafshë:

¹² pastaj i çuan të burgosurit, prenë dhe plaçkën e luftës Moisiut, priftit Eleazar dhe asamblesë së bijve të Izraelit, që ishin vendosur në fushat e Moabit, pranë Jordanit, në bregun përballë Jerikos.

¹³ Moisiu, prifti Eleazar dhe gjithë prijësit e asamblesë dolën për t'i takuar jashtë kampit.

¹⁴ Por Moisiu u zemërua me komandantët e ushtrisë, me krerët e mijësheve dhe të qindësheve, që po ktheheshin nga kjo fushatë lufte.

¹⁵ Moisiu u tha atyre: "Keni lënë gjallë të gjitha gratë?

¹⁶ Të nxitura nga Balaami, ato i shtynë bijtë e Izraelit të mëkatojnë kundër Zotit, në ngjarjen e Peorit, kur shpërtheu fatkeqësia në asamblenë e Zotit.

¹⁷ Prandaj vrisni çdo mashkull nga fëmijët dhe vrisni çdo grua që ka marrëdhënie seksuale me një burrë,

¹⁸ por ruajini të gjalla për vete të gjitha vajzat që nuk kanë pasur marrëdhënie seksuale me burra.

¹⁹ Ju do të qëndroni jashtë kampit shtatë ditë; kushdo që ka vrarë

dikë dhe kushdo që ka prekur një person të vrarë, do të pastrohet ditën e tretë dhe ditën e shtatë; ky rregull vlen si për ju ashtu dhe për robërit tuaj.

20 Do të pastroni gjithashtu çdo rrobë, çdo send prej lëkure, çdo punë të bërë me leshin e dhisë dhe çdo vegël prej druri".

21 Pastaj prifti Eleazar u tha ushtarëve që kishin shkuar në luftë: "Kjo është rregulla e ligjit që Zoti i ka përcaktuar Moisiut:

22 vetëm arin, argjendin, bronzin, hekurin, kallajin dhe plumbin,

23 çdo gjë që i reziston zjarrit, do ta kaloni nëpër zjarr dhe do të bëhet i pastër; por do të pastrohen edhe me ujin e pastrimit kundër papastërtisë; ndërsa tërë gjërat që nuk mund t'i rezistojnë zjarrit, do t'i trajtoni me ujë.

24 Dhe ditën e shtatë do të lani rrobat tuaja dhe do të jeni të pastër; pas kësaj mund të hyni në kamp".

25 Zoti i foli akoma Moisiut, duke i thënë:

26 "Ti, me gjithë priftin Eleazar dhe me kryefamiljarët e asamblesë, llogarite tërë plaçkën e zënë, njerëzit dhe bagëtinë;

27 dhe ndaje plaçkën midis atyre që kanë marrë pjesë në luftë dhe që kanë vajtur të luftojnë dhe gjithë asamblesë.

28 Do të marrësh nga luftëtarët që kanë vajtur të luftojnë një haraç për Zotin; domethënë një të pesëqindtën e personave, të bagëtive të imta dhe të trasha dhe të gomarëve.

29 Do të marrësh nga gjysma e tyre dhe do t'ia japësh priftit Eleazar si një ofertë për Zotin.

30 Dhe nga gjysma që u takon bijve të Izraelit do të marrësh një të pesëdhjetën e personave, të bagëtisë së imët dhe të trashë dhe nga gomarët do t'u japësh Levitëve, që kanë përgjegjësinë e tabernakullit të Zotit".

31 Dhe Moisiu e prifti Eleazar vepruan ashtu si e kishte urdhëruar Zoti Moisiun.

32 Dhe plaçka që mbetej nga plaçkitja e kryer nga luftëtarët përbëhej nga gjashtëqind e shtatëdhjetë e pesë mijë dele,

33 shtatëdhjetë e dy mijë lopë,

34 gjashtëdhjetë e një mijë gomarë,

35 dhe tridhjetë e dy mijë persona gjithsej, domethënë gra që nuk kishin pasur marrëdhënie seksuale me burra.

36 Gjysma, domethënë pjesa për ata që kishin shkuar në luftë, ishte treqind e tridhjetë e shtatë mijë e pesëqind dele,

37 nga të cilat gjashtëqind e shtatëdhjetë e pesë për haraçin e Zotit;

38 tridhjetë e gjashtë mijë lopë, nga të cilat shtatëdhjetë e dy për haraçin e Zotit;

39 tridhjetë mijë e pesëqind gomarë, nga të cilët gjashtëdhjetë e një për haraçin e Zotit;

40 dhe gjashtëmbëdhjetë mijë persona, nga të cilët tridhjetë e dy për haraçin e Zotit.

41 Kështu Moisiu i dha haraçin, që ishte oferta e ngritur e Zotit, priftit Eleazar, ashtu si e kishte urdhëruar Zoti.

42 Gjysma që u përkiste bijve të Izraelit, që Moisiu kishte ndarë nga pjesa që u takonte njerëzve që kishin shkuar në luftë,

43 gjysma që i përkiste asamblesë, ishte treqind e tridhjetë e shtatë mijë e pesëqind dele,

44 tridhjetë e gjashtë mijë lopë,

45 tridhjetë mijë e pesëqind gomarë,

46 gjashtëmbëdhjetë mijë persona.

47 Nga gjysma që u përkiste bijve të Izraelit, Moisiu mori një të pesëdhjetën e njerëzve dhe të kafshëve, dhe ua dha Levitëve të cilët kanë përgjegjësinë e tabernakullit të Zotit, ashtu si e kishte urdhëruar Zoti Moisiun.

48 Komandantët e mijësheve të ushtrisë, krerët e mijësheve dhe të qindësheve, iu afruan Moisiut;

49 dhe ata i thanë Moisiut: "Shërbëtorët e tu kanë bërë llogarinë e luftëtarëve që ishin nën urdhrat tona, dhe nuk mungonte asnjëri prej tyre.

50 Prandaj ne po sjellim, si ofertë për Zotin, sendet e arit që secili ka gjetur: zinxhirë, byzylykë, unaza, vathë dhe gjerdanë për të bërë shlyerjen për ne përpara Zotit.

51 Kështu Moisiu dhe prifti Eleazar morën nga duart e tyre tërë objektet e punuara.

52 Tërë ari i ofertës që ata i paraqitën Zotit nga ana e krerëve të mijësheve dhe nga ana e krerëve të qindësheve, peshonte gjashtëmbëdhjetë mijë e shtatëqind e pesëdhjetë sikla.

53 (Njerëzit e ushtrisë mbajtën për vete plaçkën që kishin siguruar).

54 Moisiu dhe prifti Eleazar morën pastaj arin nga krerët e mijësheve dhe të qindësheve dhe e çuan në çadrën e mbledhjes, si kujtim i bijve të Izraelit përpara Zotit.

Kapitull 32

1 Bijtë e Rubenit dhe bijtë e Gadit kishin një sasi jashtëzakonisht të madhe bagëtish; dhe kur panë që vendi i Jazerit dhe vendi i Galaadit ishin një tokë e përshtatshme për të rritur bagëti,

2 bijtë e Gadit dhe bijtë e Rubenit erdhën për të folur me Moisiun, me priftin Eleazar dhe me prijësit e asamblesë, dhe thanë:

3 "Atarothi, Diboni, Jaazeri, Nimrahu, Heshboni, Elealehu, Sebami, Nebo dhe Beoni,

4 vendi që Zoti ka goditur para asamblesë së Izraelit, është një vend i përshtatshëm për të rritur bagëti, dhe shërbëtorët e tu kanë bagëti".

5 Ata thanë akoma: "Në rast se kemi gjetur hirin tënd, jepua këtë vend shërbëtorëve të tu në pronësi dhe mos na bëj të kalojmë Jordanin".

6 Por Moisiu iu përgjegj bijve të Gadit dhe bijve të Rubenit: "A duhet të shkojnë në luftë vëllezërit tuaj, ndërsa ju po rrini këtu?

7 Pse duhet të demoralizoni zemrat e bijve të Izraelit që të hyjnë në vendin që u ka dhënë Zoti?

8 Kështu vepruan etërit tuaj kur i nisa nga Kadesh-Barneu për ta vëzhguar vendin.

9 U ngjitën deri në luginën e Eshkolit; dhe, pasi e panë vendin, i demoralizuan zemrat e bijve të Izraelit, dhe kështu këta nuk hynë në vendin që Zoti u kishte dhënë.

10 Kështu zemërimi i Zotit u ndez atë ditë dhe ai u betua, duke thënë:

11 "Me siguri asnjë nga njerëzit, që kanë ardhur nga vendi i Egjiptit në moshën njëzet e një vjeç e lart nuk do ta shohë kurrë vendin që jam betuar t'u jap Abrahamit, Isaut dhe Jakobit, sepse ata nuk më kanë ndjekur plotësisht,

12 me përjashtim të Kalebit, birit të Jenufeut, i quajtur Kenizeu, dhe të Jozueut, birit të Nunit, sepse këta e kanë ndjekur plotësisht Zotin".

13 Kështu zemërimi i Zotit u ndez kundër Izraelit; dhe ai bëri të enden dyzet vjet në shkretëtirë, deri sa mbaroi gjithë brezi që kishte bërë të këqia para Zotit.

14 Dhe ja, ju po zini vendin e etërve tuaj, një farë mëkatarësh, për të rritur edhe më zemërimin e zjarrtë të Zotit kundër Izraelit.

15 Sepse, po të refuzoni të shkoni pas tij, ai do të vazhdojë ta lërë Izraelin në shkretëtirë, dhe ju do të shkaktoni humbjen e tërë këtij populli".

16 Atëherë ata iu afruan Moisiut dhe i thanë: "Ne do të ndërtojmë këtu vathë për bagëtinë tonë dhe qytete për të vegjlit tanë;

17 por ne jemi gati të marshojmë me armë në krye të bijve të Izraelit, deri sa t'i çojmë në vendin e tyre; ndërkaq të vegjlit tanë do të banojnë në qytetet e fortifikuara për shkak të banorëve të vendit.

18 Nuk do të kthehemi në shtëpitë tona derisa secili nga bijtë e Izraelit të ketë shtënë në dorë trashëgiminë e tij,

19 sepse nuk do të pranojë asnjë trashëgimi bashkë me ta matanë Jordanit dhe më tutje, sepse trashëgimia jonë na ra nga kjo anë e Jordanit, në drejtim të lindjes".

20 Atëherë Moisiu u tha atyre: "Në rast se bëni këtë, në rast se armatoseni për luftë para Zotit,

21 dhe tërë njerëzit e armatosur kalojnë Jordanin para Zotit, deri sa ai t'i ketë dëbuar armiqtë e tij nga prania e tij

22 dhe toka të jetë nënshtruar para Zotit dhe mbas kësaj ju ktheheni prapa, atëherë nuk do të jeni fajtorë para Zotit dhe para Izraelit, dhe ky vend do të jetë prona juaj para Zotit.

23 Dhe në qoftë se nuk veproni kështu, atëherë do të mëkatoni kundër Zotit; dhe të jeni të sigurtë që mëkati juaj do t'ju gjejë.

24 Ndërtoni qytete për të vegjlit tuaj dhe vathë për kopetë tuaja, dhe bëni atë që goja juaj ka thënë".

25 Dhe bijtë e Gadit dhe bijtë e Rubenit i folën Moisiut duke i thënë: "Shërbëtorët e tu do të bëjnë ashtu si urdhëron zotëria im.

26 Të vegjlit tanë, bashkëshortet tona, kopetë tona dhe tërë bagëtia jonë do të mbeten këtu në qytetet e Galaadit;

27 por shërbëtorët e tu, tërë njerëzit e armatosur për luftë, do ta kalojnë Jordanin për të luftuar para Zotit ashtu siç thotë zotëria ime".

28 Atëherë Moisiu u dha porosi për ta priftit Eleazar, Jozueut, birit të Nunit, dhe kryefamiljarëve të fiseve të bijve të Izraelit.

29 Moisiu u tha atyre: "Në rast se bijtë e Gadit dhe bijtë e Rubenit e kalojnë Jordanin bashkë me ju, tërë njerëzit e armatosur për të luftuar para Zotit, dhe vendi do të nënshtrohet para jush, do t'u jepni atyre si pronë vendin e Galaadit.

30 Por në rast se nuk e kalojnë Jordanin të armatosur bashkë me ju, do të kenë prona në mes jush në vendin e Kanaanit".

31 Atëherë bijtë e Gadit dhe bijtë e Rubenit u përgjigjën duke thënë: "Do të veprojmë ashtu si u ka thënë Zoti shërbëtorëve të tu.

32 Do ta kalojmë Jordanin të armatosur para Zotit në vendin e

Kanaanit, me qëllim që zotërimi i trashëgimisë sonë të mbetet nga kjo anë e Jordanit".

33 Moisiu u dha kështu bijve të Gadit, bijve të Rubenit dhe gjysmës së fisit të Manasit, birit të Jozefit, mbretërinë e Sihonit, mbretit të Amorejve, dhe mbretërinë e Ogut, mbretit të Bashabit, vendin me qytetet përreth.

34 Kështu bijtë e Gadit ndërtuan Dibonin, Ataronin, Aroerin,

35 Atroth-Shofanin, Jaazerin, Jogbehahun,

36 Beth-Nimrahun dhe Beth-Aranin, qytete të fortifikuara, dhe vathë për kopetë e bagëtive.

37 Bijtë e Rubenit ndërtuan Heshbonin, Elealehun, Kirjathaimin,

38 Neboh dhe Baal-Meonin (emrat e tyre janë ndryshuar) dhe Sibmahun; dhe u vunë emra të tjerë qyteteve që ndërtuan.

39 Dhe bijtë e Makirit, birit të Manasit, shkuan në vendin e Galaadit, e pushtuan dhe shpronësuan Amorejtë që banonin aty.

40 Kështu Moisiu i dha Galaadin Makirit, birit të Manasit, i cili u vendos aty.

41 Jairi, bir i Manasit, shkoi dhepushtoi fshatrat e tyre dhe i quajti Havoth-Jair.

42 Nobahu përkundrazi shkoi dhe pushtoi Kenathin me lagjet e tij të jashtme; dhe e quajti Nobah simbas emrit të tij.

Kapitull 33

1 Këto janë etapat e bijve të Izraelit që dolën nga vendi i Egjiptit, simbas formacioneve të tyre, nën udhëheqjen e Moisiut dhe të Aaronit.

2 Moisiu shënoi me shkrim vendet e tyre të nisjes, për çdo etapë, sipas urdhrave të Zotit; dhe këto janë etapat e tyre, në bazë të vendnisjeve të tyre.

3 U nisën nga Ramesesi në muajin e parë, ditën e pesëmbëdhjetë të muajit të parë. Një ditë pas Pashkës bijtë e Izraelit u nisën me plot vetëbesim, para syve të të gjithë Egjiptasve,

4 ndërsa Egjiptasit varrosnin tërë të parëlindurit e tyre që Zoti kishte goditur midis tyre. Zoti kishte zbatuar gjykimin e tij edhe mbi perënditë e tyre.

5 Kështu, pra, bijtë e Izraelit u nisën nga Ramesesi dhe e ngritën kampin e tyre në Sukoth.

6 U nisën nga Sukothi dhe fushuan në Etham, që ndodhet në skaj të shkretëtirës.

7 U nisën nga Ethami dhe u kthyen në drejtim të Pi-Hahirothit që ndodhet përballë Baal-Tsefonit, dhe e ngritën kampin përpara Migdolit.

8 U nisën nga Hahirothi, kaluan detin në drejtim të shkretëtirës, ecën tri ditë në shkretëtirën e Ethamit dhe e ngritën kampin e tyre në Mara.

9 U nisën nga Mara dhe arritën në Elim; në Elim kishte dymbëdhjetë burime uji dhe shtatëdhjetë palma; dhe fushuan aty.

10 U nisën nga Elimi dhe fushuan pranë Detit të Kuq.

11 U nisën nga Deti i Kuq dhe fushuan në shkretëtirën e Sinit.

12 U nisën nga shkretëtira e Sinit dhe ngritën kampin e tyre në Dofkah.

13 U nisën nga Dofkahu dhe fushuan në Alush.

14 U nisën nga Alushi dhe e ngritën kampin e tyre në Refidim, ku nuk kishte ujë për të pirë për popullin.

15 U nisën nga Refidimi dhe fushuan në shkretëtirën e Sinait.

16 U nisën nga shkretëtira e Sinait dhe u vendosën në Kibroth-Hataavah.

17 U nisën nga Kibroth-Hataavahu dhe fushuan në Hatseroth.

18 U nisën nga Hatserothi dhe fushuan në Rithmah.

19 U nisën nga Rithmahu dhe fushuan në Rimon-Perets.

20 U nisën nga Rimon-Peretsi dhe fushuan në Libnah.

21 U nisën nga Libnahu dhe fushuan në Risah.

22 U nisën nga Risahu dhe fushuan në Kehelathah.

23 U nisën nga Kehelathahu dhe fushuan në malin Shefer.

24 U nisën nga mali Shefer dhe fushuan në Haradah.

25 U nisën nga mali i Haradahut dhe fushuan në Makeloth.

26 U nisën nga Makelothi dhe fushuan në Tahath.

27 U nisën nga Tahahu dhe fushuan në Terah.

28 U nisën nga Terahu dhe fushuan në Mithkah.

29 U nisën nga Mithkahu dhe fushuan në Hashmonah.

30 U nisën nga Hashmonahu dhe fushuan në Mozeroth.

31 U nisën nga Mozerothi dhe fushuan nga Bene-Jaakan.

32 U nisën nga Bene-Jaakani dhe fushuan në Hor-Hagidgad.

33 U nisën nga Hor-Hagidgadi dhe fushuan në Jotbathah.

34 U nisën nga Jotbathahu dhe fushuan në Abronah.

35 U nisën nga Abronahu dhe fushuan në Etsion-Geber.

36 U nisën nga Etsion-Geberi dhe fushuan në shkretëtirën e Sinit, domethënë në Kadesh.

37 Pastaj u nisën nga Kadeshi dhe fushuan në malin Hor, në kufi të vendit të Edomit.

38 Pastaj prifti Aaron u ngjit në malin Hor me urdhër të Zotit dhe vdiq aty në vitin e dyzetë prej kohës kur bijtë e Izraelit kishin dalë nga vendi i Egjiptit, ditën e parë të muajit të pestë.

39 Aaroni ishte njëqind e njëzet e tre vjeç kur vdiq në malin Hor.

40 Mbreti i Aradit, Kananeu, që banonte në Negev, në vendin e Kanaanit, dëgjoi se arritën bijtë e Izraelit.

41 Kështu ata u nisën nga mali Hor dhe fushuan në Tsalmonah.

42 U nisën nga Tsalmonahu dhe fushuan në Punon.

43 U nisën nga Punoni dhe fushuan në Oboth.

44 U nisën nga Obothi dhe fushuan në Ije-Abarim, në kufi me Moabin.

45 U nisën nga Ije-Abarimi dhe fushuan në Dibon-Gad.

46 U nisën nga Dibon-Gadi dhe fushuan në Almon-Diblathaim.

47 U nisën nga Almon-Diblathaimi dhe fushuan në malet e Abarimit, përballë Nebit.

48 U nisën nga malet e Abarimit dhe fushuan në fushat e Moabit, pranë Jordanit, mbi bregun përballë Jerikos.

49 Fushuan pranë Jordanit, nga Beth-Jeshimoth deri në Abel-Shitim, në fushat e Moabit.

50 Pastaj Zoti i foli Moisiut, në fushat e Moabit, pranë Jordanit mbi bregun përballë Jerikos, dhe i tha:

51 "Folu bijve të Izraelit dhe u thuaj atyre: Kur të kaloni Jordanin, për të hyrë në vendin e Kanaanit,

52 do të dëboni të gjithë banorët e vendit, do të shkatërroni të gjitha figurat e tyre dhe të tëra statujat e tyre prej metali të shkrirë, do të rrënoni të gjitha vendet e larta të tyre.

53 Do ta shtini në dorë vendin dhe do të vendoseni në të, sepse jua kam dhënë në pronësi.

54 Do ta ndani me short vendin, simbas familjeve tuaja. Familjeve më të mëdha do t'u jepni një pjesë më të madhe, dhe më të voglave një pjesë më të vogël. Secili do të marrë atë që do t'i bjerë me short; ndarjet do të bëhen në bazë të fiseve të etërve tuaj.

55 Por në rast se nuk i dëboni banorët e vendit, ata që do të lini do të jenë si hala në sy dhe do t'ju shqetësojnë në vendin që do të banoni.

56 Dhe do të ndodhë që unë t'ju trajtoj ashtu siç kisha menduar t'i trajtoj ata".

Kapitull 34

1 Zoti i foli akoma Moisiut, duke i thënë.

2 "Urdhëro bijtë e Izraelit dhe u thuaj atyre: Kur do të hyni në vendin e Kanaanit, ky është vendi që ju takon si trashëgimi, vendi i Kanaanit me këta kufij të veçantë:

3 Kufiri juaj jugor do të fillojë në shkretëtirën e Tsinit, gjatë kufirit të Edomit; kështu kufiri juaj do të shtrihet nga skaji i Detit të Kripur në drejtim të lindjes;

4 kufiri juaj do të shkojë pastaj nga e përpjeta e Akrabimit, do të kalojë nëpër Tsin dhe do të shtrihet në jug të Kadesh-Barneas; do të vazhdojë pastaj në drejtim të Hatsar-Adarit dhe do të kalojë nëpër Atsmoni.

5 Nga Atsmoni kufiri do të kthejë deri në përroin e Egjiptit dhe do të përfundojë në det.

6 Kufiri juaj në perëndim do të jetë Deti i Madh; ky do të jetë kufiri juaj perëndimor.

7 Ky do të jetë kufiri juaj verior: duke u nisur nga Deti i Madh do të caktoni kufirin tuaj deri në malin Hor;

8 nga mali Hor do të caktoni kufirin tuaj deri në hyrje të Hamathit, dhe skaji i kufirit do të jetë në Tsedad;

9 kufiri do të vazhdojë pastaj deri në Zifron dhe do të mbarojë në Hatsar-Enan; ky do të jetë kufiri juaj verior.

10 Do ta vijëzoni kufirin tuaj lindor nga Hatsar-Enani deri në Shefam;

11 kufiri do të zbresë nga Shefami në drejtim të Riblahut, në lindje të Ainit; pastaj kufiri do të zbresë dhe do të shtrihet deri sa të arrijë bregun lindor të detit të Kinerethit;

12 pastaj kufiri do të zbresë në drejtim të Jordanit, për të arritur deri në Detin e Kripur. Ky do të jetë vendi juaj me kufijtë e tij rreth e qark".

13 Kështu Moisiu u njoftoi këtë urdhër bijve të Izraelit dhe u tha atyre: "Ky është vendi që do të merrni si trashëgimi duke hedhur short, dhe që Zoti ka urdhëruar t'u jepet nëntë fiseve e gjysmë,

14 sepse fisi i bijve të Rubenit, në bazë të shtëpive të etërve të tyre, dhe fisi i bijve të Gadit, në bazë të shtëpive të etërve të tyre, dhe gjysma e fisit të Manasit e kanë marrë trashëgiminë e tyre.

15 Këto dy fise e gjysmë e kanë marrë trashëgiminë e tyre në lindje të Jordanit, mbi bregun përballë Jerikos, në drejtim të lindjes".

16 Zoti i foli akoma Moisiut, duke i thënë:

¹⁷ "Këta janë emrat e burrave që do të kryejnë ndarjen e vendit midis jush: prifti Eleazar dhe Jozueu, bir i Nunit.

¹⁸ Do të merrni edhe një prijës nga çdo fis, për të bërë ndarjen e vendit.

¹⁹ Këta janë emrat e burrave: Kalebi, bir i Jefunehut, nga fisi i Judës;

²⁰ Shemueli, bir i Amihudit, nga fisi i bijve të Simeonit;

²¹ Elidadi, bir i Kislonit, nga fisi i Beniaminit;

²² prijësi Buki, bir i Joglit, nga fisi i bijve të Danit;

²³ prijësi Haniel, bir i Efodit, për bijtë e Jozefit, nga fisi i bijve të Manasit;

²⁴ prijësi Kemuel, bir i Shiftanit, për fisin e bijve të Efraimit;

²⁵ prijësi Elitsafan, bir i Parnakut, për fisin e bijve të Zabulonit;

²⁶ prijësi Paltiel, bir i Azanit, për fisin e bijve të Isakarit;

²⁷ prijësi Ahihud, bir i Shelomit, për fisin e bijve të Asherit;

²⁸ dhe prijësi Pedahel, bir i Amihudit, për fisin e bijve të Neftalit".

²⁹ Këta janë burrat të cilët Zoti i urdhëroi t'u jepnin trashëgiminë bijve të Izraelit në vendin e Kananit.

Kapitull 35

¹ Zoti i foli akoma Moisiut në fushat e Moabit pranë Jordanit, në bregun përballë Jerikos, dhe i tha:

² "Urdhëro bijtë e Izraelit që, nga trashëgimia që do të zotërojnë, t'u japin Levitëve disa qytete për të banuar, do t'u jepni gjithashtu kullota rreth qyteteve.

³ Dhe ata do të kenë qytete për të banuar, ndërsa kullotat do t'u shërbejnë për bagëtinë e tyre dhe për të gjitha kafshët e tyre.

⁴ Kullotat e qyteteve që do t'u jepni Levitëve do të shtrihen nga muret e qyteteve e tutje, një mijë kubitë, rreth e qark.

⁵ Do të masni, pra, jashtë qytetit dy mijë kubitë nga ana e lindjes, dy mijë kubitë nga ana e jugut, dy mijë kubitë nga ana perëndimore dhe dy mijë kubitë nga ana veriore; qyteti do të ndodhet në mes. Këto janë tokat për kullotë rreth qyteteve që do t'u përkasin Levitëve.

⁶ Ndër qytet që do t'u jepni Levitëve do të caktoni qytete strehimi, në të cilat mund të gjejë strehim ai që ka vrarë dikë; dhe këtyre qyteteve do t'u shtoni dyzet e dy qytete të tjera.

⁷ Gjithsej qytetet që do t'u jepni Levitëve do të jenë, pra, dyzet e tetë bashkë me tokat për kullotë.

⁸ Qytetet që do t'u jepni Levitëve do të rrjedhin nga pronësia e bijve të Izraelit; nga fiset më të mëdha do të merrni më shumë, nga fiset më të vogla do të merrni më pak; çdo fis do t'u japë Levitëve ndonjë nga qytetet e tij, në përpjestim me trashëgiminë që do t'i takojë".

⁹ Pastaj Zoti i foli Moisiut, duke i thënë:

¹⁰ "Folu bijve të Izraelit dhe u thuaj atyre: Kur të kaloni Jordanin për të hyrë në vendin e Kanaanit,

¹¹ do të caktoni disa qytete që do të jenë për ju qytete strehimi, ku mund të ikë vrasësi që ka vrarë dikë pa dashje.

¹² Këto qytete do t'ju shërbejnë si vende strehimi kundër hakmarrësve, që vrasësi të mos vritet para se të ketë dalë në gjyq përpara asamblesë.

¹³ Nga qytetet që do të jepni, gjashtë do të jenë, pra, qytete strehimi.

¹⁴ Do të jepni trie qytete në pjesën lindje të Jordanit dhe trie qytete në vendin e Kanaanit; këto do të jenë qytete strehimi.

¹⁵ Këto gjashtë qytete do të shërbejnë si vende strehimi për bijtë e Izraelit, për të huajin dhe për atë që banon midis jush, me qëllim që ai që ka vrarë dikë pa dashje të mund të strehohet.

¹⁶ Por në rast se dikush godet një tjetër me një vegël hekuri dhe ky vdes, ai person është vrasës dhe si i tillë do të vritet.

¹⁷ Dhe në rast se e godet me një gur që kishte në dorë, që mund të shkaktojë vdekjen, dhe i godituri vdes, ai person është vrasës; vrasësi do të vritet.

¹⁸ Ose në rast se e godet me një vegël druri që kishte në dorë, dhe që mund të shkaktojë vdekjen, dhe i godituri vdes, ky person është vrasës; vrasësi do të vritet.

¹⁹ Do të jetë vetë hakmarrësi i gjakut ai që do ta vrasë vrasësin; kur do ta takojë, do ta vrasë.

²⁰ Në rast se dikush i jep një të shtyrë një personi tjetër sepse e urren apo e qëllon me diçka me dashje, dhe ai vdes,

²¹ ose e godet për armiqësi me dorën e vet dhe ai vdes, ai që ka goditur do të vritet; ai është vrasës; hakmarrësi i gjakut do ta vrasë vrasësin kur do ta takojë.

²² Por në rast se në një moment i jep një të shtyrë pa armiqësi, ose e qëllon me diçka, por pa dashje,

²³ ose, pa e parë, shkakton që t'i bjerë mbi trup një gur që mund të shkaktojë vdekjen, dhe ai vdes, pa qenë ai armiku i tij ose që kërkon të keqen e tij,

²⁴ atëherë asambleja do të gjykojë midis atij që ka goditur dhe hakmarrësit të gjakut në bazë të këtyre rregullave.

²⁵ Asambleja do ta lirojë vrasësin nga dora e hakmarrësit të gjakut dhe do ta lejojë të shkojë në qytetin e strehimit ku kishte ikur, dhe ai do të banojë atje deri sa të vdesë kryeprifti që është vajosur me vaj të shenjtëruar.

²⁶ Por në rast se vrasësi në çfarëdo kohe del jashtë kufijve të qytetit të strehimit ku kishte ikur,

²⁷ dhe hakmarrësi i gjakut e gjen vrasësin jashtë kufijve të qytetit të strehimit dhe e vret, hakmarrësi i gjakut nuk do të jetë fajtor për gjakun e derdhur,

²⁸ sepse vrasësi duhet të kishte mbetur në qytetin e tij të strehimit deri sa të vdiste kryeprifti; mbas vdekjes së kryepriftit, vrasësi mund të kthehet në tokën që është pronë e tij.

²⁹ Këto le t'ju shërbejnë si rregulla të së drejtës për të gjithë brezat tuaja, kudo që të banoni.

³⁰ Në qoftë se dikush vret një person, vrasësi do të vritet në bazë të deponimit të dëshmitarëve; por nuk do të dënohet askush në bazë të deponimit të një dëshmitari të vetëm.

³¹ Nuk do të pranoni asnjë çmim për shpengimin e jetës së një vrasësi që është dënuar me vdekje, sepse ai duhet të vritet.

³² Nuk do të pranoni asnjë çmim për shpengimin e një vrasësi që ka ikur në qytetin e tij të strehimit, me qëllim që të kthehet të banojë në tokën e tij para vdekjes së kryepriftit.

³³ Nuk do të ndotni vendin ku jetoni, sepse gjaku ndot vendin; nuk mund të bëhet asnjë shlyerje për vendin, për gjakun që është derdhur në të veçse me anë të gjakut të atij që e ka derdhur.

³⁴ Nuk do të ndotni, pra, vendin ku banoni, dhe në mes të të cilit banoj edhe unë, sepse unë jam Zoti që banon midis bijve të Izraelit.

Kapitull 36

¹ Kryefamiljarët e bijve të Galaadit, birit të Makielit, bir i Manasit, të familjeve të bijve të Jozefit, u ngritën më këmbë dhe i dolën përpara Moisiut dhe prijësve, kryefamiljarëve të bijve të Izraelit,

² dhe thanë: "Zoti ka urdhëruar zotërinë time t'u japë në trashëgimi me short vendin e bijve të Izraelit; zotëria ime ka marrë gjithashtu urdhërin e Zotit t'u japë trashëgiminë e vëllait tonë Tselofehad bijave të tij.

³ Në qoftë se ato martohen me një nga bijtë e fiseve të tjera të Izraelit, trashëgimia e tyre do të hiqet nga trashëgimia e etërve tanë dhe do t'i shtohet trashëgimisë së fisit në të cilin do të hyjnë; kështu do të hiqet nga trashëgimia që na ra me short.

⁴ Kur të vijë jubileu i bijve të Izraelit, trashëgimia e tyre do t'i shtohet trashëgimisë së fisit të cilit i përkasin tani; kështu trashëgimia e tyre do të hiqet nga trashëgimia e fisit të etërve tanë".

⁵ Atëherë Moisiu urdhëroi bijtë e Izraelit simbas porosisë që kishte nga Zoti, duke thënë: "Fisi i bijve të Jozefit e ka mirë.

⁶ Kjo është ajo që Zoti urdhëron lidhur me bijat e Tselofehadit: "Ato mund të martohen me cilindo që u duket i përshtatshëm, mjafton që të martohen në një familje që bën pjesë në fisin e etërve të tyre".

⁷ Kështu trashëgimia e bijve të Izraelit nuk do të kalojë nga një fis në tjetrin, sepse çdo bir i Izraelit do të mbetet i lidhur me trashëgiminë e fisit të etërve të tij.

⁸ Dhe çdo vajzë që zotëron një trashëgimi në një nga fiset e bijve të Izraelit, do të martohet me një burrë që i përket një familjeje të fisit të atit të saj; kështu çdo bir i Izraelit do të ruajë trashëgiminë e etërve të tij.

⁹ Në këtë mënyrë asnjë trashëgimi nuk do të kalojë nga një fis në tjetrin, por secili fis i bijve të Izraelit do të mbetet i lidhur me trashëgiminë e tij".

¹⁰ Bijat e Tselofehadit vepruan ashtu si e kishte urdhëruar Zoti Moisiun.

¹¹ Mahlah, Thirtsah, Hoglah, Milkah dhe Noah, bija të Tselofehadit, u martuan me bijtë e ungjërve të tyre;

¹² u martuan në familjet e bijve të Manasit, birit të Jozefit, dhe trashëgimia e tyre mbeti në fisin e familjes së tyre.

¹³ Këto janë urdhërimet dhe dekretet që Zoti u dha bijve të Izraelit me anë të Moisiut në fushat e Moabit pranë Jordanit, në bregun përballë Jerikos.

Ligji i Përtërirë
Ligji i Përtërirë

Kapitull 1

¹ Këto janë fjalët që Moisiu i drejtoi Izraelit matanë Jordanit, në shkretëtirë, në Arabah, përballë Sufit, midis Paranit, Tofelit, Labanit, Hatserothit dhe Zahabit.

² Ka njëmbëdhjetë ditë rrugë nga mali Horeb, duke ndjekur rrugën e malit Seir, deri në Kadesh-Barnea.

³ Në vitin e dyzetë në muajin e njëmbëdhjetë, ditën e parë të muajit, Moisiu u foli bijve të Izraelit, simbas porosive që i kishte dhënë Zoti,

⁴ mbas mundjes së Sihonit, mbretit të Amorejve që banonte në Heshbon, dhe të Ogut, mbretit të Bashanit që banonte në Ashtaroth dhe në Edrej.

⁵ Matanë Jordanit, në vendin e Moabit, Moisiu filloi ta shpjegojë këtë ligj, duke thënë:

⁶ "Zoti, Perëndia ynë, na foli në Horeb dhe na tha: "Ju keni ndenjur mjaft afër këtij mali;

⁷ çoni çadrat, vihuni në lëvizje dhe shkoni në drejtim të krahinës malore të Amorejve dhe në drejtim të gjitha vendeve të afërta me Arabahun, në krahinën malore dhe në ultësirën, në Negev e në bregun e detit, në vendin e Kananejve dhe në Liban, deri në lumin e madh, në lumin e Eufratit.

⁸ Ja, unë e vura vendin para jush; hyni dhe shtjireni në dorë vendin që Zoti ishte betuar t'ua jepte etërve tuaj, Abrahamit, Isakut dhe Jakobit, atyre dhe pasardhësve të tyre mbas tyre"".

⁹ "Në atë kohë unë ju fola dhe ju thashë: "Unë nuk mund ta mbaj i vetëm barrën që përfaqësoni ju të tërë.

¹⁰ Zoti, Perëndia juaj, ju ka shumuar, dhe ja, sot jeni në numër të madh si yjet e qiellit.

¹¹ Zoti, Perëndia i etërve tuaj, ju bëftë njëmijë herë më të shumtë, dhe ju bekoftë ashtu si ju ka premtuar!

¹² Por si mundem unë, duke qenë i vetëm, të mbaj barrën tuaj, peshën tuaj dhe grindjet tuaja?

¹³ Zgjidhni nga fiset tuaja burra të urtë, me gjykim e me përvojë, dhe unë do t'i bëj prijës tuaj".

¹⁴ Dhe ju m'u përgjigjët, duke thënë: "Ajo që ti propozon të bësh është e mirë".

¹⁵ Atëherë mora prijësit e fiseve tuaja, njerëz të urtë dhe me përvojë, dhe i caktova si prijës tuaj, prijës të mijëravë, të qindrave të pesëdhjetëve, të dhjetëve, dhe oficerë të fiseve tuaja.

¹⁶ Në atë kohë u dhashë këtë urdhër gjykatësve tuaj, duke u thënë: "Dëgjoni dhe gjykoni me drejtësi grindjet midis vëllezërve tuaj, midis një njeriu dhe të vëllait ose të huajit që ndodhet pranë tij.

¹⁷ Në gjykimet tuaja nuk do të keni konsiderata personale; do të dëgjoni si të madhin ashtu edhe të voglin; nuk do të keni frikë nga asnjeri, sepse gjykimi i përket Perëndisë; çështjen që është shumë e vështirë për ju do të ma paraqisni mua, dhe unë do ta dëgjoj".

¹⁸ Në atë kohë unë ju urdhërova të gjitha gjërat që duhet të bënit".

¹⁹ "Pastaj u nisëm nga mali i Horebit dhe përshkuam gjithë atë shkretëtirë të madhe dhe të tmerrshme që keni parë, duke u drejtuar nga krahina malore e Amorejve, ashtu si na kishte urdhëruar Zoti, Perëndia ynë, dhe arritëm në Kadesh-Barnea.

²⁰ Atëherë ju thashë: "Keni arritur në krahinën malore të Amorejve, që Zoti, Perëndia ynë, na jep.

²¹ Ja, Zoti, Perëndia ynë, e ka vënë vendin para teje, ngjitu dhe shtjire në dorë, ashtu si të ka thënë Zoti, Perëndia i etërve të tu; mos ki frikë dhe mos u ligështo".

²² Atëherë ju, të gjithë ju, u afruat pranë meje dhe më thatë: "Të dërgojmë disa njerëz para nesh që të vëzhgojnë vendin për ne dhe të na tregojnë rrugën nëpër të cilën ne duhet të ngjitemi dhe qytetet në të cilat duhet të hyjmë".

²³ Ky propozim më pëlqeu, kështu mora dymbëdhjetë njerëz nga radhët tuaja, një për çdo fis.

²⁴ Dhe ata u nisën, u ngjitën drejt maleve, arritën në luginën e Eshkolit dhe vëzhguan vendin.

²⁵ Morën me vete disa fruta të vendit, na i sollën dhe na paraqitën raportin e tyre, duke thënë: "Vendi që po na jep Zoti, Perëndia ynë, është i mirë"".

²⁶ "Por ju nuk deshët të ngjiteni dhe ngritët krye kundër urdhërit të Zotit, Perëndisë tuaj;

²⁷ dhe murmuritët në çadrat tuaja dhe thatë: "Zoti na urren, për këtë arsye na nxori nga vendi i Egjiptit për të na dorëzuar në duart e Amorejve dhe për të na shkatërruar.

²⁸ Ku mund të shkojmë? Vëllezërit tonë na pezmatuan zemrën duke na thënë: Është një popull më i madh dhe më shtatlartë se ne; qytetet janë të mëdha dhe të fortifikuara deri në qiell; pamë bile edhe bijtë e Anakimit".

²⁹ Atëherë unë ju thashë: "Mos u trembni dhe mos kini frikë nga ata.

³⁰ Zoti, Perëndia juaj, që shkon para jush, do të luftojë ai vetë për ju, ashtu si ka bërë para syve tuaj në Egjipt

³¹ dhe në shkretëtirë, ku ke parë se si Zoti, Perëndia yt, të ka shpënë ashtu si një njeri çon fëmijën e tij, gjatë gjithë rrugës që keni përshkruar deri sa arritët në këtë vend".

³² Megjithatë ju nuk patët besim tek Zoti, Perëndia juaj,

³³ që shkonte në rrugë para jush për t'ju gjetur një vend ku të ngrinit çadrat, me zjarrin e natës dhe me renë e ditës, për t'ju treguar cilën rrugë duhet të ndiqnit.

³⁴ "Kështu Zoti dëgjoi fjalët tuaja, u zemërua dhe u betua duke thënë:

³⁵ Me siguri, asnjë nga njerëzit e këtij brezi të keq nuk do ta shohë vendin e mirë që jam betuar t'u jap etërve tuaj,

³⁶ me përjashtim të Kalebit, birit të Jenufehut. Ai do ta shohë; atij dhe bijve të tij do t'u jap tokën që ai ka shkelur, sepse i ka shkuar pas Zotit plotësisht".

³⁷ Edhe kundër meje Zoti u zemërua për fajin tuaj dhe tha: "As ti nuk ke për të hyrë;

³⁸ por Jozueu, bir i Nunit, që qëndron para teje, ka për të hyrë; përforcoje, se ai do ta bëjë Izraelin ta zotërojë vendin.

³⁹ Fëmijët tuaj, që ju thatë se do të bëhen pre e armiqve, që sot nuk njohin as të mirën as të keqen, janë ata që do të hyjnë; do t'jua jap atyre vendin dhe ata do ta zotërojnë.

⁴⁰ Ju ktheheni prapa dhe shkoni nga shkretëtira, në drejtim të Detit të Kuq".

⁴¹ Atëherë ju u përgjigjët, duke më thënë: "Kemi mëkatuar kundër Zotit. Ne do të ngjitemi dhe do të luftojmë pikërisht ashtu si ka thënë Zoti, Perëndia ynë". Dhe secili prej jush ngjeshi armët dhe filloi me guxim të ngjitet në drejtim të krahinës malore.

⁴² Dhe Zoti më tha: "U thuaj atyre: Mos u ngjitni dhe mos luftoni, sepse unë nuk jam midis jush, dhe ju do të mundeni nga armiqtë tuaj".

⁴³ Unë jua thashë, por ju nuk më dëgjuat; bile ngritët krye kundër urdhrit të Zotit, u sollët me mendjemadhësi dhe u ngjitët drejt krahinës malore.

⁴⁴ Atëherë Amorejtë, që banojnë në këtë krahinë malore, dolën kundër jush, ju ndoqën si bëjnë bletët dhe ju prapsën nga Seiri deri në Hormah.

⁴⁵ Pastaj ju u kthyet dhe filluat të qani përpara Zotit; por Zoti nuk mori parasysh ankimet tuaja dhe nuk ju dëgjoi.

⁴⁶ Kështu mbetët shumë ditë në Kadesh, gjithë kohën që qëndruat atje".

Kapitull 2

¹ "Pastaj u kthyem prapa dhe u nisëm nëpër shkretëtirë në drejtim të Detit të Kuq, ashtu si më pati thënë Zoti, dhe u sollëm rreth malit Seir për një kohë të gjatë.

² Pastaj Zoti më foli duke thënë:

³ "Jeni sjellë mjaft rreth këtij mali; ktheheni nga veriu.

⁴ Dhe urdhëron popullin duke i thënë: Jeni duke kaluar kufirin e bijve të Ezaut, vëllezërve tuaj, që banojnë në Seir; ata do të kenë frikë nga ju; prandaj hapni sytë;

⁵ mos i provokoni, sepse nuk do t'ju jap asgjë nga vendi i tyre, as aq sa mund të shkelë një këmbë, sepse malin e Seirit ia kam dhënë Ezaut, si pronë të tij.

⁶ Do të blini me para prej tyre ushqimet që do të hani dhe do të blini gjithashtu me para ujin që do të pini.

⁷ Sepse Zoti, Perëndia yt, të ka bekuar në gjithë punën e duarve të tua; është kujdesur për udhëtimin tënd nëpër shkretëtirën e madhe. Zoti, Perëndia yt, ka qenë me ty gjatë këtyre dyzet viteve dhe asgjë nuk të ka munguar".

⁸ Kështu kaluam përtej bijve të Ezaut, vëllezërve tanë, që banonin në Seir dhe, duke evituar rrugën e Arabahut, si dhe Eliathin dhe Etsion-Geberin, u tërhoqëm dhe vazhduam duke kaluar nëpër shkretëtirën e Moabit.

⁹ Pastaj Zoti më tha: "Mos sulmo Moabin dhe mos lufto kundër tij, sepse nuk do të të jap asnjë pjesë të vendit të tyre si trashëgimi, duke qenë se u kam dhënë Arin si pronë pasardhësve të Lotit.

¹⁰ (Në kohët e kaluara këtu banonin Emimët, një popull i madh, i shumtë dhe trupmadh si Anakimët.

¹¹ Edhe këta konsideroheshin gigantë, ashtu si Anakimët; por

Moabitët i quanin Emimë.

¹² Seiri banohej në fillim nga Horejtë; por pasardhësit e Ezaut i dëbuan, i shkatërruan dhe u vendosën në vendin e tyre, ashtu si ka bërë Izraeli në vendin që zotëron dhe që i ka dhënë Zoti).

¹³ Tani çohuni dhe kaloni përroin e Zeredit". Kështu ne kapërcyem përroin e Zeredit.

¹⁴ Koha e nevojshme për të arritur nga Kadesh-Barnea deri në kalimin e përroit të Zeredit, ishte tridhjetë e tetë vjet, deri sa tërë brezi i luftëtarëve të zhdukej plotësisht nga kampi, ashtu si u qe betuar atyre Zoti.

¹⁵ Në fakt dora e Zotit qe kundër tyre për t'i asgjësuar nga kampi, deri sa të zhdukeshin.

¹⁶ Kështu, kur luftëtari i fundit vdiq në mes të popullit,

¹⁷ Zoti më foli duke thënë:

¹⁸ "Sot ti po bëhesh gati të kalosh kufirin e Moabit në Ar;

¹⁹ <aaa up to 37> por duke iu afruar bijve të Amonit, mos i sulmo dhe mos u shpall luftë, sepse unë nuk do të jap asnjë pjesë të vendit të bijve të Amonit si trashëgimi, sepse ua kam dhënë bijve të Lotit si pronë të tyre".

²⁰ (Edhe konsiderohej si një vend gjigantësh; në kohërat e kaluara këtu banonin gjigantë; por Amonitët i quanin Zamzumimë,

²¹ një popull i madh, i shumtë dhe shtatlartë si Anakimët; por Zoti i shkatërroi para Amonitëve, që i dëbuan dhe u vendosën në vendin e tyre,

²² ashtu si kishte vepruar Zoti me pasardhësit e Ezaut që banonin në Seir, kur shkatërroi Horejtë përpara tyre. Ata i dëbuan dhe u vendosën në vendin e tyre deri në ditët tona.

²³ Edhe Avejtë, që banonin në fshatrat deri në Gaza, u shkatërruan nga Kaftorejtë, që kidhin ardhur nga Kaftori, të cilët u vendosën në vendin e tyre).

²⁴ "Çohuni, vihuni në marshim dhe kaloni përroin Arnon; ja, unë po e kaloj nën pushtetin tënd Sihonin, Amoreun, mbretin e Heshbonit, dhe vendin e tij; fillo ta shtiesh atë në dorë dhe shpalli luftë.

²⁵ Sot do të filloj t'u kall frikën dhe terrorin tënd popujve nën tërë qiejt, të cilët do të dëgjojnë të flitet për ty, do të dridhen dhe do t'i zërë ankthi nga shkaku yt.

²⁶ Atëherë nga shkretëtira e Kedemothit i dërgova lajmëtarë Sihonit, mbretit të Heshbonit, me propozime paqësore, për t'i thënë:

²⁷ Lërmë të kaloj nëpër vendin tënd; unë do të shkoj nëpër rrugën Mbretërore, pa u kthyer as djathtas as majtas.

²⁸ Ti do të më shesësh me para ushqimet që do të ha dhe do të më japësh me para ujin që do të pi; më lejo vetëm të kaloj me këmbë

²⁹ (ashtu si kanë bërë për mua pasardhësit e Ezaut që banojnë në Seir dhe Moabitët që banojnë në Ar), deri sa unë të kem kaluar Jordanin për të hyrë në vendin që Zoti, Perëndia ynë, na dha".

³⁰ Por Sihoni, mbret i Heshbonit, nuk deshi të na linte të kalonim nëpër territorin e tij, sepse Zoti, Perëndia yt, i kishte ngurtësuar frymën dhe e kishte bërë kryeneç, për të ta dhënë në duart e tua, siç është pikërisht sot.

³¹ Dhe Zoti më tha: "Shiko, kam filluar të kaloj nën pushtetin tënd Sihonin dhe vendin e tij; fillo ta pushtosh, që ti të bëhesh zotëruesi i vendit të tij".

³² Atëherë Sihoni doli kundër nesh me gjithë njerëzit e tij, për t'u ndeshur në Jahats.

³³ Por Zoti, Perëndia ynë, na e dha në dorë, dhe ne e mundëm atë, bijtë e tij dhe tërë njerëzit e tij.

³⁴ Në atë kohë pushtuam tërë qytetet e tij dhe shfarosëm burrat, gratë dhe fëmijët e çdo qyteti; nuk lamë gjallë asnjë.

³⁵ Morëm si plaçkë vetëm bagëtinë dhe plaçkën e qyteteve që kishim pushtuar.

³⁶ Nga Aroeri, që ndodhet në brigjet e përroit Arnon dhe nga qyteti që është në luginë, deri në Galaad, nuk pati asnjë qytet që të ishte shumë i fortë për ne; Zoti Perëndia ynë, na i dha të gjitha në dorën tonë.

³⁷ Por nuk iu afrove vendit të bijve të Amonit, dhe asnjë vendi anës përroit Jabok, as qyteteve të vendit malor dhe tërë qëndrave që Zoti, Perëndiai ynë, na kishte ndaluar të sulmonim.

Kapitull 3

¹ "Pastaj u kthyem dhe u ngjitëm nëpër rrugën e Bashanit; dhe Ogu, mbret i Bashanit, me gjithë njerëzit e tij, na doli kundër për t'u ndeshur në Edrej.

² Por Zoti më tha: "Mos ki frikë nga ai, sepse unë do ta jap atë në duart e tua, tërë njerëzit e tij dhe vendin e tij; do t'i bësh atij atë që i bëre Sihonit, mbretit të Amorejve, që banonte në Heshbon".

³ Kështu Zoti, Perëndia ynë, na dha në dorë edhe Ogun, mbretin e Bashanit, me gjithë njerëzit e tij; dhe ne e mundëm atë pa lënë gjallë asnjë.

⁴ Në atë kohë pushtuam tërë qytetet e tij; nuk pati qytet që nuk ra në dorën tonë: gjashtëdhjetë qytete, tërë krahina e Argobit, mbretëria e Ogut në Bashan.

⁵ Tërë këto qytete ishin të fortifikuara me mure të larta, porta dhe shufra hekuri, pa llogaritur një numër të madh fshatrash.

⁶ Ne vendosëm t'i shfarosim, ashtu si kishim vepruar me Sihonin, mbretin e Heshbonit, duke shkatërruar plotësisht tërë qytetet, duke shfarosur burrat, gratë dhe fëmijët.

⁷ Por mbajtëm si plaçkë tërë bagëtinë dhe plaçkat e qyteteve të tyre.

⁸ Në atë kohë, pra, morëm nga duart e dy mbretërve të Amorejve vendin që ndodhet matanë Jordanit, nga përroi i Armonit deri në malin e Hermonit,

⁹ (Hermoni quhet Sirion nga Sidonët dhe Senir nga Amorejtë),

¹⁰ të gjitha qytetet e fushës, tërë Galaadin, tërë Bashanin deri në Salkah dhe në Edrej, qytete të mbretërisë së Ogut në Bashan.

¹¹ Sepse Ogu, mbret i Bashanit, ishte i vetmi që kishte mbetur gjallë nga fisi i gjigantëve. Ja, shtratin e tij ishte një shtrat prej hekuri (a nuk ndodhet sot ndofta në Rabah të Amonitëve?). Ai është i gjatë nëntë kubitë dhe i gjerë katër kubitë, simbas kubitit të njeriut.

¹² Në atë kohë ne pushtuam këtë vend; unë u dhashë Rubenitëve dhe Gaditëve territorin e Aroerit, gjatë përroit Arnon deri në gjysmën e krahinës malore të Galaadit së bashku me qytetet e tij;

¹³ dhe i dhashë gjysmës së fisit të Manasit mbetjen e Galaadit dhe tërë Bashanin, mbretërinë e Ogut (tërë krahinën e Argobit me gjithë Bashanin, që quhej vendi i gjigantëve.

¹⁴ Jairi, bir i Manasit, mori tërë krahinën e Argobit, deri në kufijtë e Geshuritëve dhe të Maakathitëve; dhe u vuri emrin e tij lagjeve të Bashanit, që edhe sot quhen qytetet e Jairit).

¹⁵ Dhe i dhashë Makirin Galaadit.

¹⁶ Rubenitëve dhe Gaditëve u dhashë territorin e Galaadit deri në përroin e Armonit, bashkë me gjysmën e lumit që shërben si kufi, dhe deri në lumin Jabok, që është kufiri i bijve të Amonit,

¹⁷ dhe Arabahun, me Jordanin si kufi, nga Kinerethi deri në bregun lindor të detit të Arabahut poshtë shpateve të Pisgahut.

¹⁸ Në atë kohë unë ju dhashë këtë urdhër, duke thënë: "Zoti, Perëndia juaj, ju ka dhënë këtë vend që ta zotëroni. Ju të gjithë, njerëz trima, do të kaloni Jordanin të armatosur, në krye të bijve të Izraelit, të vëllezërve tuaj.

¹⁹ Por bashkëshortet tuaja, të vegjëlit dhe bagëtia juaj (e di që keni shumë bagëti) do të mbeten në qytetet që ju kam dhënë,

²⁰ për deri sa Zoti t'i lërë vëllezërit tuaj të çlodhen, ashtu siç bëri me juve, dhe të shtien edhe ata në dorë vendin që Zoti, Perëndia juaj, u jep atyre matanë Jordanit. Pastaj secili ka për t'u kthyer në trashëgiminë që ju dhashë".

²¹ Në atë kohë urdhërova gjithashtu Jozueun, duke thënë: "Sytë e tu kanë parë të gjitha ato që Zoti, Perëndia juaj, u ka bërë këtyre dy mbretërve; në të njëjtën mënyrë do të veprojë Zoti në të gjitha mbretëritë që do të përshkosh.

²² Mos kini frikë prej tyre, sepse Zoti, Perëndia juaj, ka për të luftuar ai vetë për ju".

²³ Në të njëjtën kohë unë iu luta Zotit, duke i thënë:

²⁴ O Zot, O Zot, ti ke filluar t'i tregosh shërbëtorit tënd madhështinë tënde dhe dorën e fuqishme që ke; sepse cila është perëndia në qiell apo në tokë që mund të kryejë vepra dhe mrekulli si ato që bën ti?

²⁵ Prandaj më ler të kaloj Jordanin për të parë vendin e bukur që është matanë tij, krahinën e bukur malore dhe Libanin".

²⁶ Por Zoti u zemërua me mua, për shkakun tuaj, dhe nuk e plotësoi dëshirën time. Kështu Zoti më tha: "Mjaft me kaq; mos më fol më për këtë gjë.

²⁷ Ngjitu në majën e Pisgahut, hidh sytë nga perëndimi, nga veriu, nga jugu dhe nga lindja dhe sodit me sytë e tu, sepse ti nuk do ta kalosh këtë Jordan.

²⁸ Por jepi urdhër Jozueut, përforcoje dhe jepi zemër, sepse ai do ta kalojë Jordanin në krye të këtij populli dhe do ta bëjë Izraelin zot të vendit që ke për të parë".

²⁹ Kështu u ndalëm në luginën përballë Beth-Peorit".

Kapitull 4

¹ "Tani, pra, o Izrael, dëgjo statutet dhe dekretet që po ju mësoj, që t'i zbatoni në praktikë, të jetoni dhe të shtini në dorë vendin që Zoti, Perëndia i etërve tuaj, ju jep.

² Nuk do t'i shtoni asgjë atyre që unë ju urdhëroj dhe nuk do t'u hiqni asgjë, por zotohuni të zbatoni urdhrat e Zotit, Perëndisë tuaj, që unë ju porosis.

³ Sytë tuaj panë atë që Zoti bëri në Baal-Peor; sepse Zoti, Perëndia

Ligji i Përtërirë

juaj, shkatërroi para jush të gjithë ata që kishin shkuar pas Baal-Peorit;

⁴ por ju që i qëndruat besnikë Zotit, Perëndisë tuaj, sot jeni të gjithë të gjallë.

⁵ Ja, unë ju mësova statutet dhe dekretet, ashtu si Zoti, Perëndia im, më ka urdhëruar, me qëllim që t'i zbatoni në vendin në të cilin po hyni për ta shtënë në dorë.

⁶ Do t'i respektoni, pra, dhe do t'i zbatoni në praktikë; sepse kjo do të jetë dituria dhe zgjuarsia juaj në sytë e popujve, të cilët, duke dëgjuar të flitet për të gjitha këto statute, kanë për të thënë: "Ky komb i madh është një popull i ditur dhe i zgjuar!".

⁷ Cili komb i madh ka në fakt Perëndinë aq pranë vetes, si Zotin Perëndinë tonë, që është pranë nesh sa herë e kërkojmë?

⁸ Cili komb i madh ka statute dhe dekrete të drejta si gjithë ky ligj që po ju vë përpara sot?

⁹ Vetëm kini kujdes për veten tuaj dhe tregohuni të zellshëm për shpirtin tuaj, në mënyrë që të mos harroni gjërat që sytë tuaj kanë parë dhe këto të mos largohen nga zemra juaj për të gjitha ditët e jetës suaj. Por ua mësoni bijve tuaj dhe bijve të bijve tuaj,

¹⁰ veçanërisht për ditën gjatë së cilës jeni paraqitur para Zotit, Perëndisë tuaj në Horeb, kur Zoti më tha: "Më mblidh popullin dhe ai të dëgjojë fjalët e mia, që të mësojnë të më kenë frikë gjatë të gjitha ditëve që do të jetojnë mbi tokë dhe t'ua mësojnë bijve të tyre".

¹¹ Atëherë ju u afruat dhe u ndalët në këmbët e malit; dhe mali digjej nga flakët që ngriheshin në mes të qiellit, dhe ishte rrethuar nga terrina, nga re dhe nga një errësirë e dëndur.

¹² Dhe Zoti ju foli nga mesi i zjarrit; ju dëgjuat tingëllimin e fjalëve, por nuk patë asnjë figurë; dëgjuat vetëm një zë.

¹³ Kështu ju u shpalli besëlidhjen e tij, që ju porositi të respektoni, domethënë të dhjetë urdhërimet; dhe i shkroi mbi dy pllaka prej guri.

¹⁴ Dhe mua, në atë kohë, Zoti më urdhëroi t'ju mësoj statutet dhe dekretet, që t'i zbatoni në vendin ku jeni duke hyrë për t'u bërë zotër të tij.

¹⁵ Me qenë, pra se nuk patë asnjë figurë ditën që Zoti ju foli në Horeb nga mesi i zjarrit, tregoni kujdes të veçantë për shpirtërat tuaja,

¹⁶ me qëllim që të mos shthureni dhe të mos gdhendni ndonjë shëmbëllytrë, në trajtën e ndonjë figure: paraqitjen e një burri apo të një gruaje,

¹⁷ paraqitjen e një kafshe që është mbi tokë, paraqitjen e një zogu që fluturon në qiell,

¹⁸ paraqitjen e çdo gjëje që zvarritet mbi dhe, paraqitjen e një peshku që noton në ujërat poshtë tokës;

¹⁹ sepse duke ngritur sytë në qiell dhe duke parë diellin, hënën, yjet, të tëra, domethënë tërë ushtrinë qiellore, ti të mos nxitesh të biesh përmbys përpara këtyre gjërave dhe t'u shërbesh, gjërave që Zoti, Perëndia yt, u ka dhënë të tëra popujve që ndodhen nën të gjithë qiejtë;

²⁰ por Zoti ju mori dhe ju nxori nga furra e hekurt, nga Egjipti, për të qenë populli i tij, trashëgimia e tij, ashtu siç jeni sot.

²¹ Zoti u zemërua me mua për shkakun tuaj, dhe u betua që nuk do ta kaloja Jordanin dhe nuk do të hyja në vendin e mirë që Zoti, Perëndia yt, të jep si trashëgimi.

²² Kështu unë do të vdes në këtë vend pa kaluar Jordanin; ju do ta kaloni dhe do të shtini në dorë atë vend të mirë.

²³ Ruhuni se harroni besëlidhjen e Zotit, Perëndia juaj, ka lidhur me ju, dhe bëni ndonjë shëmbëllytrë të gdhendur në trajtën e çfarëdo gjëje që Zoti, Perëndia yt, e ka ndaluar.

²⁴ Sepse Zoti, Perëndia yt, është një zjarr që të konsumon, një Zot ziliqar.

²⁵ Kur të kesh pjellë bij dhe bij të bijve të tu, dhe të keni banuar për një kohë të gjatë në atë vend, në rast se shthureni dhe sajoni shëmbëllytra të gdhendura në trajtën e çfarëdo gjëje, dhe bëni të keqen në sytë e Zotit, Perëndisë tuaj, dhe ta ngacmuar,

²⁶ unë thërres sot për të dëshmuar kundër jush qiellin dhe tokën, se ju do të zhdukeni shpejt plotësisht nga vendi ku shkoni për t'u bërë zotër të tij, duke kaluar Jordanin. Ju atje nuk do t'i zgjatni ditët tuaja, por do të shkatërroheni plotësisht.

²⁷ Dhe Zoti do t'ju shpërndajë midis popujve, dhe nuk do të mbetet nga ju veçse një numër i vogël njerëzish midis kombeve ku do t'ju çojë Zoti.

²⁸ Dhe atje do t'u shërbeni perëndive prej druri e prej guri, të bëra nga dora e njeriut, që nuk shohin, nuk dëgjojnë, nuk hanë dhe nuk nuhasin.

²⁹ Por aty do të kërkosh Zotin, Perëndinë tënd; dhe do ta gjesh, në rast se do ta kërkosh me gjithë zemër dhe me gjithë shpirt.

³⁰ Kur do të jesh në ankth dhe do të kenë ndodhur tërë këto gjëra, në kohën e fundit, do të kthehesh tek Zoti, Perëndia yt, dhe do ta dëgjosh zërin e tij;

³¹ (sepse Zoti, Perëndia yt, është një Zot mëshirëplotë); ai nuk të ka braktisur dhe nuk do të shkatërrojë, nuk do të harrojë besëlidhjen për të cilën iu betua etërve të tu.

³² Pyet gjithashtu kohërat e lashta, që kanë qenë para teje, nga dita që Perëndia krijoi njeriun në tokë, dhe pyet nga një anë e qiellit në tjetrin në se ka pasur ndonjë herë një gjë aq të madhe si kjo ose në se është dëgjuar një gjë e tillë si kjo.

³³ A ka pasur vallë ndonjë popull që të ketë dëgjuar zërin e Perëndisë të flasë nga mesi i zjarrit, siç e dëgjove ti, dhe të ketë mbetur gjallë?

³⁴ A ka pasur vallë ndonjë Perëndi që ka provuar të shkojë e të marrë për vete një komb në mes të një kombi tjetër me anë provash, shenjash, mrekullish dhe betejash, me dorë të fuqishme, me krahë të shtrirë dhe me ankthe të mëdha terrori, siç bëri për ju Zoti, Perëndia juaj, në Egjipt para syve tuaj?

³⁵ Të tëra këto të janë treguar, në mënyrë që të pranosh se Zoti është Perëndi dhe që nuk ka asnjë tjetër veç tij.

³⁶ Nga qielli bëri që të dëgjosh zërin e tij që të të mësojë; dhe mbi tokë të bëri të shikosh zjarrin e tij të madh dhe dëgjove fjalët e tij në mes të zjarrit.

³⁷ Dhe nga që i deshi etërit e tu, ai zgjodhi pasardhësit e tyre dhe i nxori nga Egjipti në prani të tij, me anë fuqisë së tij të madhe.

³⁸ duke dëbuar para teje kombe më të mëdha dhe më të fuqishme se ti, me qëllim që ti të hyje dhe ta merrje si trashëgimi vendin e tyre.

³⁹ Mëso, pra, sonte dhe mbaje në zemrën tënde që Zoti është Perëndi atje lart në qiejt dhe këtu poshtë në tokë, dhe se nuk ka asnjë tjetër.

⁴⁰ Respekto pra statutet dhe urdhërimet e tij që unë po të jap sot, që të jetosh në begati ti dhe bijtë e tu mbas teje dhe të zgjatësh ditët e tua në vendin që Zoti, Perëndiai yt, po të jep për gjithnjë".

⁴¹ Atëherë Moisiu veçoi tri qytete matanë Jordanit, në drejtim të lindjes,

⁴² në të cilët mund të strehohej vrasësi që kishte vrarë të afërmin e tij padashur, pa e urryer më parë, dhe me qëllim që të ruante jetën e tij duke u strehuar në njerin prej këtyre qyteteve:

⁴³ Betseri në shkretëtirën e krahinës fushore për Rubenitët, Ramothi në Galaad për Gaditët dhe Golani në Bashan për Manasitët.

⁴⁴ Ky është ligji që Moisiu u paraqiti bijve të Izraelit.

⁴⁵ Këto janë regullat, statutet dhe dekretet që Moisiu u dha bijve të Izraelit kur dolën nga Egjipti,

⁴⁶ matanë Jordanit, në luginën përballë Beth-Peorit, në vendin e Sihonit, mbretit të Amorejve, që banonte në Heshbon, dhe që Moisiu dhe bijtë e Izraelit i mundën kur dolën nga Egjipti.

⁴⁷ Ata shtinë në dorë vendin e tij dhe vendin e Ogut, mbretit të Balshanit, dy mbretër të Amorejve, që banonin matanë Jordanit, në drejtim të lindjes,

⁴⁸ nga Aroreri, që ndodhet në brigjet e përroit Arnon, deri në malin Sion, (domethënë mali i Hermonit),

⁴⁹ bashkë me gjithë fushën matanë Jordanit, në drejtim të lindjes, deri në detin e Arabahut, poshtë shpateve të Pisgahut.

Kapitull 5

¹ Moisiu mblodhi tërë Izraelin dhe i tha: "Dëgjo, Izrael, statutet dhe dekretet që unë shpall sot në veshët e tu me qëllim që ti t'i mësosh dhe të zotohesh t'i zbatosh.

² Zoti, Perëndia ynë, lidhi një besëlidhje me ne në Horeb.

³ Zoti e lidhi këtë besëlidhje jo me etërit tanë, por me ne që jemi këtu të gjithë të gjallë.

⁴ Zoti ju foli në sy në mal, nga mesi i zjarrit.

⁵ Unë ndodhesha atëherë midis Zotit dhe jush për t'ju referuar fjalën e tij, sepse ju patët frikë nga zjarri dhe nuk u ngjitët në mal. Ai tha:

⁶ "Unë jam Zoti, Perëndia yt, që të ka nxjerrë nga vendi i Egjiptit, nga shtëpia e skllavërisë.

⁷ Nuk do të kesh perëndi të tjera përpara meje.

⁸ Nuk do të bësh asnjë skulpturë apo shëmbëllytrë të gjërave që janë atje lart në qiell, këtu poshtë në tokë apo në ujërat poshtë tokës.

⁹ Nuk do të biesh përmbys para tyre dhe nuk do t'u shërbesh, sepse unë, Zoti, Perëndia yt, jam një Perëndi xheloz që dënon paudhësinë e etërve ndaj bijve deri në brezin e tretë dhe të katërt të atyre që më urrejnë,

¹⁰ por tregohem i dashur ndaj mijëra njerëzish që më duan dhe respektojnë urdhërimet e mia.

¹¹ Nuk do ta përdorësh më kot emrin e Zotit, Perëndisë tënd, sepse Zoti nuk ka për ta lënë të padënuar atë që përdor emrin e tij kot.

¹² Respekto ditën e shtunë për të shenjtëruar, ashtu siç të ka porositur Zoti, Perëndia yt.

¹³ Do të punosh gjashtë ditë dhe gjatë këtyre ditëve do të bësh çdo punë tënde,

¹⁴ por dita e shtatë është e shtuna, e shenjtë për Zotin, Perëndinë tënd; nuk do të bësh gjatë kësaj dite asnjë punë, as ti, as biri yt, as bija jote, as shërbëtori, as shërbëtorja, as kau, as gomari, asnjë nga kafshët e tua, dhe të huajt që ndodhen brenda portave të shtëpisë sate, me qëllim që shërbëtori dhe shërbëtorja jote të çlodhen si ti.

¹⁵ Dhe mos harro që ke qenë skllav në vendin e Egjipit dhe që Zoti, Perëndia yt, të nxori që andej me një dorë të fuqishme dhe vepruese; prandaj Zoti, Perëndia yt, të urdhëron të respektosh ditën e shtunë.

¹⁶ Do të nderosh atin dhe nënën tënde ashtu si të ka urdhëruar Zoti, Perëndia yt, që të jetosh gjatë dhe të gëzosh begatinë në tokën që Zoti, Perëndia yt, po të jep.

¹⁷ Nuk do të vrasësh.

¹⁸ Nuk do të shkelësh besnikërinë bashkëshortore.

¹⁹ Nuk do të vjedhësh.

²⁰ Nuk do të bësh dëshmi të rreme kundër të afërmit tënd.

²¹ Nuk do të dëshirosh gruan e të afërmit tënd, nuk do të dëshirosh shtëpinë e të afërmit tënd, as arën, as shërbëtorin, as shërbëtoren, as kaun, as gomarin dhe asnjë send që janë pronë e tij".

²² Këto fjalë tha Zoti përpara tërë asamblesë tuaj, nga mesi i zjarrit, të resë dhe të errësirës së dendur, me zë të fortë; dhe nuk shtoi tjetër. I shkroi mbi dy pllaka prej guri dhe mi dha mua.

²³ Kur ju dëgjuat zërin në mes të errësirës, ndërsa mali ishte tërë flakë, ju m'u afruat, gjithë prijësit e fiseve dhe pleqtë tuaj,

²⁴ dhe thatë: "Ja, Zoti, Perëndia ynë, na tregoi lavdinë dhe madhërinë e tij, dhe ne dëgjuam zërin e tij nga mesi i zjarrit; sot kemi parë që Perëndia mund të flasë me njeriun dhe ky të mbetet i gjallë.

²⁵ Po pse duhet të vdesim? Ky zjarr i madh në të vërtetë do të na gllabërojë; në rast se vazhdojmë akoma zërin e Zotit, të Perëndisë tonë, ne kemi për të vdekur.

²⁶ Sepse, midis gjithë njerëzve, kush është ai që, si ne, ka dëgjuar zërin e Perëndisë të gjallë të flasë në mes të zjarrit dhe ka mbetur i gjallë?

²⁷ Afrohu ti dhe dëgjo të gjitha ato që Zoti, Perëndia ynë, do të të thotë, dhe ne do ta dëgjojmë dhe do të bëjmë ato që kërkon ai".

²⁸ Zoti dëgjoi tingullin e fjalëve tuaja ndërsa më flisnit; kështu Zoti më tha: "Unë dëgjova tingullin e fjalëve që ky popull të drejtoi; çdo gjë që ata thanë është mirë.

²⁹ Ah, sikur të kishin gjithnjë një zemër të tillë, të më kishin frikë dhe të respektonin tërë urdhërimet e mia, që të rronin gjithnjë në begati ata dhe bijtë e tyre!

³⁰ Shko dhe u thuaj: Kthehuni në çadrat tuaja.

³¹ Por ti qëndro këtu me mua dhe unë do të të tregoj tërë urdhërimet, tërë statutet dhe dekretet që do t'u mësosh atyre, me qëllim që t'i zbatojnë në vendin që unë po u jap si trashëgimi".

³² Kini pra kujdes të bëni atë që Zoti, Perëndia juaj, ju ka urdhëruar; mos u shmangni as djathtas, as majtas;

³³ ecni të tërë në rrugën që Zoti, Perëndia juaj, ju ka caktuar, që të jetoni, të keni mbarësi dhe të zgjatni ditët tuaja në vendin që do të pushtoni".

Kapitull 6

¹ Ky është urdhërimi, statutet dhe dekretet që Zoti, Perëndia juaj, ka urdhëruar t'ju mësojë, për t'i zbatuar në vendin në të cilin po hyni për ta marrë në zotërim,

² me qëllim që ti të kesh frikë nga Zoti, Perëndia yt, të respektosh gjatë gjithë ditëve të jetës sate, ti, yt bir dhe djali i birit tënd, të tëra statutet dhe të gjitha urdhërimet e tij që unë po të jap, dhe me qëllim që ditët e jetës sate të zgjaten.

³ Dëgjo, pra, Izrael, dhe ki kujdes t'i zbatosh në praktikë, me qëllim që të njohësh begatinë dhe të shumëzohesh me të madhe në vendin ku rrjedh qumësht dhe mjalt, ashtu si të ka thënë Zoti, Perëndia i etërve të tu.

⁴ Dëgjo, Izrael, Zoti, Perëndia ynë, është një i vetëm.

⁵ Ti do ta duash, pra, Zotin, Perëndinë tënd, me gjithë zemër, me gjithë shpirt dhe me tërë forcën tënde.

⁶ Dhe këto fjalë që sot po të urdhëroj do të mbeten në zemrën tënde;

⁷ do t'ua ngulitësh bijve të tu, do të flasësh për to kur rri ulur në shtëpinë tënde, kur ecën rrugës, kur ke rënë në shtrat dhe kur çohesh.

⁸ Do t'i lidhësh si një shenjë në dorë, do të jenë si shirita midis syve,

⁹ dhe do t'i shkruash mbi pllakat e shtëpisë sate dhe mbi portat e tua.

¹⁰ Kur pastaj Zoti, Perëndia yt, do të të fusë në vendin për të cilin iu betua etërve të tu, Abrahamit, Isakut dhe Jakobit, të të japë qytete të mëdha dhe të bukura që ti nuk i ke ndërtuar,

¹¹ dhe shtëpi plot me të mira që ti nuk i ke mbushur, puse të çelur që ti nuk i ke gërmuar, vreshta dhe ullishte që ti nuk i ke mbjellë; kur të kesh ngrënë dhe të jesh ngopur,

¹² ki kujdes të mos harrosh Zotin që të nxori nga vendi i Egjiptit, nga shtëpia e skllavërisë.

¹³ Do të kesh frikë nga Zoti, Perëndia yt, do t'i shërbesh dhe do të betohesh për emrin e tij.

¹⁴ Nuk do të shkoni pas perëndive të tjera midis perëndive të popujve që ju rrethojnë.

¹⁵ (sepse Zoti, Perëndia yt, që ndodhet në mes teje, është një Perëndi ziliqar); përndryshe zemërimi i Zotit, Perëndisë tënd, do të ndizej kundër teje dhe do të bënte që ti të zhdukesh nga faqja e dheut.

¹⁶ Nuk do të tundoni Zotin, ashtu si u përpoqët në Masa.

¹⁷ Do të respektoni me kujdes urdhërimet e Zotit, Perëndisë tuaj, rregullat dhe statutet e tij që ai ju ka urdhëruar.

¹⁸ Prandaj do të bësh atë që është e drejtë dhe e mirë në sytë e Zotit, që ti të përparosh dhe të hysh e të pushtosh vendin e mirë që Zoti iu betua t'u japë etërve të tu,

¹⁹ duke dëbuar tërë armiqtë e tu, ashtu siç kishte premtuar Zoti.

²⁰ Kur në të ardhmen biri yt do të të pyesë: "Çfarë kuptimi kanë këto rregulla, statute dhe dekrete, që Zoti, Perëndia ynë, ju ka urdhëruar?",

²¹ ti do t'i përgjigjesh birit tënd: "Ishim skllevër të Faraonit në Egjipt dhe Zoti na nxori nga Egjipti me një dorë të fuqishme

²² Përveç kësaj Zoti veproi para syve tona, kreu mrekulli të mëdha dhe të tmerrshme kundër Egjiptit, Faraonit dhe gjithë shtëpisë së tij.

²³ Dhe na nxori që andej për të na çuar në vendin që u ishte betuar t'u jepte etërve tanë.

²⁴ Kështu Zoti na urdhëroi të zbatonim në praktikë të gjitha këto statute duke pasur frikë nga Zoti, Perëndia ynë, që të kemi gjithnjë mirëqënie dhe që ai të na mbante të gjallë, siç po ndodh tani.

²⁵ Dhe kjo do të jetë drejtësia jonë në rast se kujdesemi të zbatojmë në praktikë tërë urdhërimet e Zotit, Perëndisë tonë, ashtu siç na ka urdhëruar"".

Kapitull 7

¹ "Kur Zoti, Perëndia yt, do të të fusë në vendin ku ti po hyn për ta zotëruar atë, dhe kur të ketë dëbuar para teje shumë kombe: Hitejtë, Girgashejtë, Amorejtë, Kananejtë, Perezejtë, Hivejtë dhe Gebusejtë,

² dhe kur Zoti, Perëndia yt, t'i ketë lënë në pushtetin tënd, ti do t'i mundësh dhe do të vendosësh shfarosjen e tyre, nuk do të bësh asnjë aleancë me ta dhe nuk do të tregosh asnjë mëshirë ndaj tyre.

³ Nuk do të lidhësh martesë me ta. Nuk do t'u japësh bijat e tua bijve të tyre dhe nuk do të marrësh bijat e tyre për bijtë e tu,

⁴ sepse do t'i largonin bijtë e tu nga unë për t'u shërbyer perëndive të tjera, dhe zemërimi i Zotit do të ndizej kundër jush dhe do t'ju shkatërronte menjëherë.

⁵ Por me ta do të silleni kështu: do të shkatërroni altarët e tyre, do të copëtoni kolonat e tyre të shenjta, do të rrëzoni Asherimet e tyre dhe do t'u vini flakën shëmbëlltyrave të tyre të gdhendura.

⁶ Me qenë se ti je një popull që je shenjtëruar tek Zoti, Perëndia yt; Zoti, Perëndia yt, të ka zgjedhur për të qenë thesari i tij i veçantë midis tërë popujve që ndodhen mbi faqen e dheut.

⁷ Zoti nuk e ka vënë dashurinë e tij mbi ju, as nuk ju ka zgjedhur, sepse nuk ishit më të shumtë nga asnjë popull tjetër; ju ishit në fakt më i vogli i të gjithë popujve;

⁸ por sepse Zoti ju do dhe ka dashuri të mbajë betimin që u ka bërë etërve tuaj, ai ju nxori me një dorë të fuqishme dhe ju shpëtoi nga shtëpia e skllavërisë, nga dora e Faraonit, mbretit të Egjiptit.

⁹ Prano, pra, që Zoti, Perëndia yt, është Perëndia, Perëndia besnik që respekton besëlidhjen e tij dhe tregohet i mbarë deri në brezin e njëmijtë ndaj atyre që e duan dhe që zbatojnë urdhërimet e tij,

¹⁰ por u përgjigjet menjëherë atyre që e urrejnë, duke i zhdukur; ai nuk vonon, por do t'u përgjigjet menjëherë atyre që e urrejnë.

¹¹ Prandaj respekto urdhërimet, statutet dhe dekretet që po të jap sot, duke i zbatuar në praktikë.

¹² Kështu, në rast se ju keni parasysh këto ligje, i respektoni dhe i zbatoni në praktikë, Zoti, Perëndia juaj, do të mbajë besëlidhjen me ju dhe dashamirësinë për të cilën u është betuar etërve tuaj.

¹³ Ai do të të dojë, do të të bekojë dhe do të të shumëzojë, do të bekojë frytin e gjiut tënd dhe frytin e tokës sate, grurin tënd, mushtin dhe vajin tënd, pjelljet e lopëve dhe të deleve tua në vendin që u betua t'u japë etërve të tu.

¹⁴ Ti do të jesh më i bekuari i të gjithë popujve dhe nuk do të ketë midis teje asnjë burrë apo grua shterpë, as edhe midis bagëtisë sate.

¹⁵ Zoti do të largojë nga ti çfarëdo lloj sëmundje, nuk do të dërgojë mbi ty asnjë të keqe vdekjeprurëse të Egjiptit që ke njohur, por do t'i

dërgojë mbi të gjithë ata që të urrejnë.

¹⁶ Do të shfarosësh, pra, të gjithë popujt që Zoti, Perëndia yt, po ti jep në pushtetin tënd; syri yt nuk duhet të ketë mëshirë për ta dhe mos u shërbe perëndive të tyre, sepse ky do të ishte një kurth për ty.

¹⁷ Në zemrën tënde mund të thuash: "Këta kombe janë më të mëdhenj se unë, si do të arrij unë t'i dëboj?".

¹⁸ Mos ki frikë prej tyre, por kujto atë që Zoti, Perëndia yt, i bëri Faraonit dhe të gjithë Egjiptasve;

¹⁹ kujto provat e mëdha që pe me sytë e tu, shenjat dhe mrekullitë e dorës së fuqishme dhe të krahut të shtrirë me të cilët Zoti, Perëndia yt, të nxori nga Egjipti; kështu do të veprojë Zoti, Perëndia yt, me të gjithë popujt nga të cilët ke frikë.

²⁰ Përveç kësaj, Zoti, Perëndia yt, do të çojë kundër tyre grerat, deri sa ata që kanë mbetur dhe ata që janë fshehur nga frika jote të kenë vdekur.

²¹ Mos ki frikë prej tyre, sepse Zoti, Perëndia yt, është në mes jush, një Perëndi i madh dhe i tmerrshëm.

²² Zoti, Perëndia yt, do t'i dëbojë pak e nga pak këto kombe para teje; ti nuk do të arrish t'i zhdukësh menjëherë, sepse përndryshe bishat e fushës do të shtoheshin shumë kundër teje;

²³ por Zoti, Perëndia yt, do t'i vërë nën pushtetin tënd, dhe do t'i hutojë shumë deri sa të shfarosen.

²⁴ Do të japë në duart e tua mbretërit e tyre dhe ti do të zhdukësh emrat e tyre nën qiejtë; askush nuk mund të rezistojë para teje, deri sa t'i kesh shfarosur.

²⁵ Do t'u vësh flakën shëmbëlltyrave të gdhendura të perëndive të tyre; nuk do të dëshirosh arin dhe argjendin që ndodhet mbi to dhe nuk do ta marrësh për vete, përndryshe do të biesh në kurth, sepse kjo është një gjë e neveritshme për Zotin, Perëndinë tënd.

²⁶ dhe nuk do të futësh gjëra të neveritshme në shtëpinë tënde, sepse do të dënohesh me shkatërrim ashtu si ato gjëra; do ta urresh dhe do ta kesh neveri plotësisht, sepse është një gjë e caktuar për t'u shkatërruar".

Kapitull 8

¹ "Kini kujdes të zbatoni në praktikë të gjitha urdhërimet që po ju jap sot, me qëllim që të jetoni, të shumëzoheni dhe të pushtoni vendin që Zoti u betua t'u japë etërve tuaj.

² Kujto gjithë rrugën që Zoti, Perëndia yt, të ka bërë të përshkosh në këtë dyzetë vjet në shkretëtirë që ti të ulësh kokën dhe të vihesh në provë, për të ditur çfarë kishte në zemrën tënde dhe në se do të respektoje apo jo urdhërimet e tij.

³ Kështu, pra, ai të bëri të ulesh kokën, të provosh urinë, pastaj të ka ushqyer me manna që ti nuk e njihje dhe as etërit e tu s'e kishin njohur kurrë, me qëllim që ti të kuptosh se njeriu nuk rron vetëm me bukë, por rron me çdo fjalë që del nga goja e Zotit.

⁴ Petkat e tua nuk je konsumuar mbi trup dhe këmba jote nuk është enjtur gjatë këtyre dyzet viteve.

⁵ Prano, pra, në zemrën tënde se, ashtu si njeriu korigjon birin e vet, ashtu Zoti Perëndia, yt, të korigjon ty.

⁶ Prandaj zbato urdhërimet e Perëndisë, të Zotit tënd, duke ecur në rrugët e tij dhe duke ia pasur frikën;

⁷ sepse, Zoti Perëndia yt, po të bën të hysh në një vend të mirë, një vend me rrjedha uji e me burime që dalin nga luginat dhe nga malet;

⁸ një vend me grurë dhe elb, me vreshta, me fiq dhe shegë, një vend me ullinj që japin vaj dhe me mjaltë;

⁹ një vend ku do të hash bukë sa të duash, ku nuk do të të mungojë kurrgjë; një vend ku gurët janë hekur dhe ku do të rrëmosh bakër nga malet.

¹⁰ Do të hash, pra, dhe do të ngopesh, dhe do të bekosh, Zotin Perëndinë tënd, për shkak të vendit të bukur që të ka dhënë.

¹¹ Ruhu mirë të mos harrosh Zotin, Perëndinë tënd, duke shtuar për të mos zbatuar urdhërimet e tij, dekretet e tij, statutet e tij që sot do të japë;

¹² e të mos ndodhë që, pasi të kesh ngrënë deri sa të ngopesh dhe të kesh ndërtuar dhe banuar shtëpi të bukura,

¹³ pasi të kesh parë të shtohet bagëtia jote e trashë dhe e imët të shtohet, argjendi dhe ari yt, dhe të rriten tërë të mirat e tua,

¹⁴ zemra jote të lartohet dhe ti të harrosh Zotin, Perëndinë tënd, që të nxori nga vendi i Egjiptit, nga shtëpia e skllavërisë;

¹⁵ që të ka sjellë nëpër këtë shkretëtirë të madhe dhe të tmerrshme, vend gjarprinjsh veprues dhe akrepash, tokë e thatë pa ujë; që nxori ujë nga shkëmbijtë shumë të fortë;

¹⁶ dhe që në shkretëtirë të ka ushqyer me manë të cilën etërit e tu nuk e njihnin, për të përulur dhe për të vënë në provë dhe së fundi për të bërë të mirë.

¹⁷ Ruhu, pra, të thuash në zemrën tënde: "Forca ime dhe fuqia e dorës sime m'i kanë siguruar këto pasuri".

¹⁸ Por kujto Zotin, Perëndinë tënd, sepse ai të jep forcën për të fituar pasuri, për të ruajtur besëlidhjen për të cilën Ai iu betua etërve të tu, ashtu siç është në fuqi sot.

¹⁹ Por në qoftë se ti harron Zotin, Perëndinë tënd, për të shkuar pas perëndive të tjera dhe për t'u shërbyer dhe për të rënë përmbys para tyre, unë sot shpall solemnisht para jush se do të vdisni me siguri.

²⁰ Do të vdisni si kombet që Zoti zhduk para jush, sepse nuk e keni dëgjuar zërin e Zotit, Perëndisë tuaj".

Kapitull 9

¹ "Dëgjo, o Izrael! Sot ti do të kalosh Jordanin për të hyrë dhe për të pushtuar kombe më të mëdha dhe më të fuqishme se ti, qytete të mëdha dhe të fortifikuara deri në qiell,

² një popull të madh dhe me shtat të lartë, pasardhësit e Anakimëve që ti i njeh, dhe për të cilët ke dëgjuar të thonë: "Kush mund t'i përballojë pasardhësit e Anakut?".

³ Dije, pra, që sot Zoti, Perëndia yt, është ai që do të marshojë para teje si një zjarr gllabërues; ai do t'i shkatërrojë dhe do t'i rrëzojë para teje; kështu ti do t'i përzësh dhe do t'i vrasësh shpejt, ashtu si të ka thënë Zoti.

⁴ Kur Zoti, Perëndia yt, do t'i ketë dëbuar para teje, mos thuaj në zemrën tënde: "Është për shkak të drejtësisë sime që Zoti më dha në zotërim këtë vend". Është përkundrazi ligësia e këtyre kombeve që e shtyu Zotin t'i dëbojë para teje.

⁵ Jo, nuk është as nga drejtësia jote as nga ndershmëria e zemrës sate, që ti hyn për të pushtuar vendin e tyre, por nga ligësia e këtyre kombeve që Zoti, Perëndia yt, po i dëbon para teje, dhe për të mbajtur fjalën e dhënë etërve të tu, Abrahamit, Isakut dhe Jakobit.

⁶ Dije, pra, që nuk është për shkak të drejtësisë sate që Zoti, Perëndia yt, të jep në zotërim këtë vend të mirë, sepse ti je një popull kokëfortë.

⁷ Kujtohu dhe mos harro si e ke provokuar zemërimin e Zotit, Perëndisë tënd, në shkretëtirë. Prej ditës që keni dalë nga vendi i Egjiptit, deri në arritjen në këtë vend, keni mbajtur një qëndrim prej rebeli, ndaj Zotit.

⁸ Edhe në Horeb provokuat zemërimin e Zotit; dhe Zoti u zemërua kundër jush aq sa donte t'ju shkatërronte.

⁹ Kur u ngjita në mal për të marrë pllakat prej guri, pllakat e besëlidhjes që Zoti kishte lidhur me ju, unë mbeta në mal dyzet ditë dhe dyzet net, pa ngrënë bukë dhe pa pirë ujë.

¹⁰ dhe Zoti më dha dy pllaka guri, të shkruara me gishtin e Perëndisë, mbi të cilat ishin tërë fjalët që Zoti ju kishte thënë në mal, në mes të zjarrit, ditën e asamblesë.

¹¹ Dhe pas dyzet ditëve dhe dyzet netve Zoti më dha dy pllaka prej guri, pllakat e besëlidhjes.

¹² Pastaj Zoti më tha: "Çohu, zbrit me të shpejtë që këtej, sepse populli yt që ti nxore nga Egjipti është shthurur; kanë devijuar shpejt nga rruga që unë u kisha urdhëruar atyre të ndiqnin dhe kanë krijuar një shëmbëlltyrë prej metali të shkrirë".

¹³ Zoti më foli akoma, duke thënë: "Unë e pashë këtë popull; ja ai është një popull kokëfortë;

¹⁴ lë që ta shkatërroj dhe të fshij emrin e tij nën qiejtë, dhe do të të bëj ty një komb më të fuqishëm dhe më të madh se ai".

¹⁵ Kështu u ktheva dhe zbrita nga mali, ndërsa mali digjej nga zjarri; dhe dy pllakat e besëlidhjes ishin në duart e mia.

¹⁶ Shikova, dhe ja, ju kishit mëkatuar kundër Zotit, Perëndisë tuaj, dhe kishit bërë një viç prej metali të shkrirë. Kishit lënë shumë shpejt rrugën që Zoti ju kishte urdhëruar të ndiqnit.

¹⁷ Atëherë i kapa dy pllakat, i flaka me duart e mia dhe i copëtova para syve tuaja.

¹⁸ Pastaj u shtriva përpara Zotit, si herën e parë, dyzet ditë dhe dyzet net me radhë; nuk hëngra bukë as piva ujë për shkak të mëkateve që kishit kryer, duke bërë atë që është e keqe për sytë e Zotit, për të provokuar zemërimin e tij.

¹⁹ Sepse unë kisha frikë nga zemërimi dhe nga tërbimi me të cilët Zoti ishte ndezur kundër jush, aq sa dëshëronte shkatërrimin tuaj. Por Zoti edhe këtë herë më dëgjoi.

²⁰ Dhe Zoti u zemërua shumë gjithashtu kundër Aaronit, aq sa donte ta shkatërronte atë; kështu atë herë unë u luta edhe për Aaronin.

²¹ Pastaj mora objektin e mëkatit tuaj, viçin që kishit bërë, e dogja në zjarr, e copëtova dhe e thërmova në copa shumë të vogla, deri sa e katandisa në pluhur të hollë, dhe e hodha pluhurin në përruan që zbret nga mali.

²² Edhe në Taberah, në Masa dhe në Kibroth-Atavah ju provokuat zemërimin e Zotit.

²³ Kur pastaj Zoti ju nisi jashtë Kadesh-Barneas duke thënë:

"Ngjituni dhe shtini në dorë vendin që ju dhashë", ju ngritët krye kundër Zotit, Perëndisë tuaj, nuk i besuat dhe nuk iu bindët zërit të tij.

²⁴ Ü bëtë rebelë kundër Zotit, qysh nga dita që ju kam njohur.

²⁵ Kështu mbeta përmbys para Zotit dyzet ditë dhe dyzet net; dhe e bëra këtë sepse Zoti kishte thënë se donte t'ju shkatërronte.

²⁶ Dhe iu luta Zotit, dhe i thashë: "O Zot, o Zot, mos e shkatërro popullin tënd dhe trashëgiminë tënde, që i ke çliruar me madhështinë tënde, qi i nxore nga Egjipti me një dorë të fuqishme.

²⁷ Kujto shërbëtorët e tu: Abrahamin, Isakun dhe Jakobin; mos shiko kokëfortësinë e këtij populli, ligësinë ose mëkatin e tij,

²⁸ me qëllim që vendi prej ku i nxore të mos thotë: Me qënë se Zoti nuk ishte në gjendje t'i fuste në tokën që u kishte premtuar dhe me qënë se i urrente, i nxori që të vdesin në shkretëtirë.

²⁹ Megjithatë ata janë populli yt dhe trashëgimia jote, që ti nxore nga Egjipti me fuqinë tënde të madhe dhe me krahun tënd të shtrirë"".

Kapitull 10

¹ "Në atë kohë Zoti më tha: "Pre dy pllaka prej guri të njëllojta me të parat dhe ngjitu tek unë në mal; bëj një arkë prej druri.

² Unë do të shkruaj mbi pllakat fjalët që ishin mbi pllakat e para që ti copëtove, dhe ti do t'i vësh në arkë".

³ Kështu bëra një arkë prej dru akacjeje dhe preva dy pllaka prej guri të njëllojta me të parat; pastaj u ngjita në mal me dy pllakat në dorë.

⁴ Dhe Zoti shkroi mbi pllakat atë që kishte shkruar herën e parë, domethënë dhjetë urdhërimet që Zoti kishte shpallur për ju në mal, në mes të zjarrit, ditën e asamblesë. Pastaj Zoti m'i dorëzoi mua.

⁵ Atëherë u ktheva dhe zbrita nga mali; i vura pllakat në arkën që kisha bërë; dhe ato ndodhen aty, ashtu si më kishte urdhëruar Zoti.

⁶ (Bijtë e Izraelit u nisën nga puset e bijve të Jakaanit në drejtim të Moserahut. Aty vdiq Aaroni dhe aty u varros; dhe Eleazari bir i tij, u bë prift në vend të tij.

⁷ Që andej u nisën në drejtim të Gudgodahut dhe nga Gudgodahu për në Jotbathah, vendi me rrjedha ujore.

⁸ Në atë kohë Zoti veçoi fisin e Levit për ta mbartur arkën e besëlidhjes së Zotit, për të qënë përpara Zotit dhe për t'i shërbyer, si dhe për të bekuar në emër të tij deri ditën e sotme.

⁹ Prandaj Levi nuk ka pjesë, as trashëgimi me vëllezërit e tij; Zoti është trashëgimia e tij, ashtu si Zoti, Perëndia yt, u kishte premtuar).

¹⁰ Unë mbeta në mal dyzet ditë e dyzet net me radhë si herën e parë; Zoti më dëgjoi edhe këtë herë dhe nuk pranoi të të shkatërrojë.

¹¹ Atëherë Zoti më tha: "Çohu, nis rrugën në krye të popullit, që ata të futen e të pushtojnë vendin që jam betuar t'u jap etërve të tyre".

¹² Dhe tani, o Izrael, çfarë kërkon nga ti Zoti, Perëndia yt? Të kesh frikë nga Zoti, Perëndia yt, të ecësh në tërë rrugët e tij, ta duash dhe t'i shërbesh Zotit, Perëndisë tënd, me gjithë zemër e me gjithë shpirt,

¹³ dhe të respektosh për të mirën tënde të gjitha urdhërimet dhe statutet e Zotit që sot të urdhëroj.

¹⁴ Ja, Zotit, Perëndisë tënd, i përkasin qiejtë, qiejtë e qiejve, toka dhe gjithçka ajo përmban;

¹⁵ por Zoti u fali dashurinë e tij vetëm etërve të tu dhe i deshi ata; dhe mbas tyre midis tërë popujve zgjodhi pasardhësit e tyre, domethënë ju, ashtu siç po ndodh sot.

¹⁶ Prandaj do të rrethpritni prepucin e zemrës suaj dhe nuk do ta fortësoni më qafën tuaj;

¹⁷ sepse Zoti, Perëndia juaj, është Perëndia i perëndive, Zotëria i zotërive, Perëndia i madh, i fortë dhe i tmerrshëm që nuk është fare i anshëm dhe nuk pranon dhurata,

¹⁸ që u siguron drejtësi jetimëve dhe të vejave, që e do të huajin dhe i jep bukë dhe veshje.

¹⁹ Duajeni, pra, të huajin, sepse edhe ju ishit të huaj në vendin e Egjiptit.

²⁰ Do të kesh frikë nga Zoti, Perëndia yt, do t'i shërbesh atij, do të jesh lidhur ngushtë me të dhe do të betohesh me emrin e tij.

²¹ Ai është lavdia jote, ai është Perëndia yt, që ka bërë për ty ato gjëra të mëdha dhe të tmershme që sytë e tua i kanë parë.

²² Etërit e tu zbritën në Egjipt në një numër që nuk e kapërxente të shtatëdhjetë personat; dhe tani Zoti, Perëndia yt, të ka shumëzuar si yjet e qiellit".

Kapitull 11

¹ "Duaje, pra, Zotin, Perëndinë tënd, dhe respekto gjithnjë rregullat e tij, statutet e tij, dekretet e tij dhe urdhërimet e tij.

² Pranoni sot (sepse nuk u flas bijve tuaj që nuk e kanë njohur as e kanë parë disiplinën e Zotit, Perëndisë tuaj), madhështinë e tij, dorën e tij të fuqishme dhe krahun e tij të shtrirë,

³ shenjat e tij dhe veprat e tij që ka bërë në Egjipt kundër Faraonit, mbretit të Egjiptit, dhe kundër vendit të tij,

⁴ atë që u bëri ushtrisë së Egjiptit, kuajve të saj dhe qerreve të saj, duke derdhur mbi të ujërat e Detit të Kuq ndërsa ata po ju ndiqnin, dhe si i shkatërroi Zoti për gjithnjë;

⁵ atë që bëri për ju në shkretëtirë, deri sa të arrinit në këtë vend;

⁶ dhe atë që u bëri Dathanit dhe Abiramit, bijve të Eliabit, birit të Rubenit; si e hapi gojën toka dhe i gëlltiti me gjithë familjet e tyre, me çadrat e tyre dhe me çdo gjë të gjallë që i pasonte, në mes të gjithë Izraelit.

⁷ Por sytë tuaja panë gjërat e mëdha që Zoti ka kryer.

⁸ Respektoni, pra, tërë urdhërimet që unë po ju jap sot, që të jeni të fortë dhe të mundni të pushtoni vendin që po bëheni gati të zotëroni,

⁹ dhe me qëllim t'i zgjatni ditët tuaja në vendin që Zoti u betua t'u japë etërve tuaj dhe pasardhësve të tyre, një vend ku rrjedh qumësht dhe mjaltë.

¹⁰ Mbasi vendi në të cilin jeni duke hyrë për ta pushtuar nuk është si vendi i Egjiptit prej të cilit keni dalë, ku mbillnit farën tuaj dhe pastaj e vaditnit me këmbën tuaj si një kopsht perimesh;

¹¹ por vendi ku jeni duke hyrë për ta pushtuar është një vend me male dhe lugina, që thith ujin e shiut që vjen nga qielli;

¹² një vend për të cilin Zoti, Perëndia yt, ka kujdes dhe mbi të cilin i janë drejtuar vazhdimisht sytë e Zotit, Perëndisë tënd, fillimi i vitit deri në mbarim të tij.

¹³ Por në rast se do t'i bindeni me kujdes urdhërimeve të mia që ju jap sot, duke dashur Zotin, Perëndinë tuaj, dhe duke i shërbyer me gjithë zemër dhe me gjithë shpirt,

¹⁴ do të ndodhë që unë do t'i jap vendit tuaj shiun në kohën e duhur, shiun e parë dhe shiun e fundit, që ti të mbledhësh grurin, verën dhe vajin tënd;

¹⁵ dhe do të bëj që të rritet edhe bari në fushat e tua për bagëtinë tënde, dhe ti do të hash dhe do të ngopesh.

¹⁶ Kini kujdes që zemra juaj të mos mashtrohet dhe të mos largoheni nga rruga e drejtë, duke shërbyer dhe u përulur para perëndive të tjera;

¹⁷ sepse në këtë rast do të ndizet zemërimi i Zotit dhe ai do të mbyllë qiejtë dhe nuk do të ketë më shi, toka nuk do të japë prodhimet e saj dhe ju do të vdisni shpejt në vendin e mirë që Zoti po ju jep.

¹⁸ Do t'i shtini këto fjalë në zemrën dhe në mëndjen tuaj, do t'i lidhni si një shenjë në dorë dhe do të jenë si ballore midis syve.

¹⁹ do t'ua mësosh bijve tuaj, duke u folur për to kur rri ulur në shtëpinë tënde, kur ecnën rrugës, kur rri shtrirë dhe kur çohesh;

²⁰ do t'i shkruash në shtalkat e shtëpi tënde dhe mbi portat e tua,

²¹ me qëllim që ditët tuaja dhe ditët e bijve tuaj, në vendin që Zoti është betuar t'u japë etërve tuaj, të jenë të shumta si ditët e qiellit mbi tokë.

²² Sepse, duke respektuar me kujdes të gjitha urdhërimet që unë ju urdhëroj të zbatoni në praktikë, duke dashur Zotin, Perëndinë tuaj, duke ecur në të gjitha udhët e tij dhe duke qenë të lidhur ngushtë me të,

²³ Zoti do të dëbojë para jush të gjitha kombet dhe ju do të shtini në dorë kombe më të mëdha dhe më të fuqishme se ju.

²⁴ Çdo vend që do të shkelë këmba juaj, do të jetë juaji; kufijtë tuaj do të shtrihen nga shkretëtira deri në Liban, dhe nga lumi, lumi Eufrat, deri në detin perëndimor.

²⁵ Askush nuk do të jetë në gjendje t'ju bëj ballë; Zoti, Perëndia juaj, ashtu siç ju tha, do të përhapë frikën dhe tmerrin për ju në të gjithë vendin që ju do të shkelni.

²⁶ Shikoni, unë vë sot para jush bekimin dhe mallkimin;

²⁷ bekimin në rast se u bindeni urdhërimeve të Zotit, Perëndisë tuaj, që sot ju përcaktoj;

²⁸ mallkimin, në rast se nuk u bindeni urdhërimeve të Zotit, Perëndisë tuaj, dhe largoheni nga rruga që ju përcaktoj sot, për të ndjekur perëndi të tjerë që nuk i keni njohur kurrë.

²⁹ Dhe kur Zoti, Perëndia juaj do të ketë futur në vendin që ti shkon të pushtosh, ti do ta vësh bekimin në malin Gerizim dhe mallkimin në malin Ebal.

³⁰ A nuk janë ata matanë Jordanit, në perëndim të rrugës ku dielli perëndon; në vendin e Kananejve që banojnë në Arabah, përballë Gilgalit, pranë lisit të Morehut?

³¹ Sepse ju po gatiteni të kaloni Jordanin për të hyrë dhe për të pushtuar vendin që Zoti, Perëndia juaj, po ju jep; ju do ta zotëroni dhe do të banoni në të.

³² Kini kujdes, pra, të zbatoni të gjitha statutet dhe dekretet, që unë shtroj sot para jush".

Ligji i Përtërirë

Kapitull 12

¹ "Këto janë statutet dhe dekretet që duhet të keni kujdes të respektoni në vendin që Zoti, Perëndia i etërve të tu, të ka dhënë si trashëgimi për të gjitha ditët që do të jetoni mbi tokë.

² Do të shkatërroni tërësisht të gjitha vendet ku kombet që jetoni duke përzënë u shërbejnë perëndive të tyre; mbi malet e larta, mbi kodrat dhe nën çdo pemë që gjelbëron.

³ Do të rrënoni altarët e tyre, do të copëtoni kolonat e tyre të shenjta, do t'u vini flakën Asherimëve të tyre, do të rrëzoni shëmbëllyrat e gdhendura të perëndive të tyre, do të zhdukni emrin e tyre nga këto vende.

⁴ Nuk do të veproni kështu me Zotin, Perëndinë tuaj,

⁵ por do ta kërkoni në vendin që Zoti, Perëndia juaj, do të zgjedhë midis tërë fiseve tuaj, për t'iu vënë emrin e tij si banesë e tij; dhe aty do të shkoni;

⁶ aty do të çoni olokaustet dhe flijimet tuaja, të dhjetat tuaja, ofertat e larta të duarve tuaja, ofertat tuaja të kushtimit dhe ofertat vullnetare, si dhe të parëlindurit e bagëtive të trasha dhe të imta;

⁷ dhe aty do të hani përpara Zotit, Perëndisë tuaj, dhe do të gëzoheni, ju dhe familjet tuaja, për të gjitha ato që keni shtënë në dorë dhe për të cilat Zoti, Perëndia juaj, do t'ju bekojë.

⁸ Nuk do të veproni ashtu siç veprojmë sot këtu, ku secili bën të gjitha ato që i duken të drejta në sytë e tij,

⁹ sepse nuk keni hyrë akoma në pushimin dhe në trashëgiminë që Zoti, Perëndia juaj, ju jep.

¹⁰ Por ju do të kaloni Jordanin dhe do të banoni në vendin që Zoti, Perëndia juaj, ju jep në trashëgimi; dhe ai do t'ju japë pushim nga të gjithë armiqtë tuaj që ju rrethojnë dhe ju do të keni një banim të sigurt.

¹¹ Atëherë do të ketë një vend ku Zoti, Perëndia juaj, do të zgjedhë për të vendosur emrin e tij dhe aty do të çoni tërë ato që unë ju urdhëroj: olokaustet tuaja, flijimet tuaja, të dhjetat tuaja, ofertat e larta të duarve tuaja dhe të gjitha ofertat e zgjedhura që i keni premtuar si kusht Zotit.

¹² Dhe do të gëzoheni përpara Zotit, Prëndisë tuaj, ju, bijtë dhe bijat tuaja, shërbëtorët dhe shërbëtoret tuaja, dhe Leviti që do të banojë brenda portave tuaja, sepse ai nuk ka as pjesë, as trashëgimi midis jush.

¹³ Ki kujdes të mos ofrosh olokaustet e tua në çdo vend që sheh;

¹⁴ por në vendin që Zoti do të zgjedhë në një nga fiset e tua, atje do të ofrosh olokaustet e tua dhe aty do të bësh çdo gjë që unë të urdhëroj.

¹⁵ Por sa herë që të duash, mund të vrasësh kafshë dhe të hash mishin e tyre në të gjitha qytetet, simbas bekimit që të ka bërë Zoti; atë mund ta hanë si i papastri, ashtu dhe i pastri, siç bëhet me mishin e gazelës dhe të drerit;

¹⁶ por nuk do të hani gjakun e tyre; do ta derdhni mbi tokë siç derdhet uji.

¹⁷ Brenda qyteteve të tua nuk mund të hash të dhjetat e grurit tënd, të mushtit tënd, të vajit tënd, as pjellën e parë të bagëtive të tua të trasha dhe të imta, as atë që ke premtuar si zotim as në ofertat e tua vullnetare, as në ofertat e larta të duarve të tua.

¹⁸ Por do t'i hash përpara Zotit, Perëndisë tënd, në vendin që Zoti, Perëndia yt, ka për të zgjedhur, ti, biri yt dhe bija jote, shërbëtori yt dhe shërbëtorja jote, dhe Leviti që do të banojë brenda portave të tua; dhe do të gëzosh përpara Zotit, Perëndisë tënd, çdo gjë mbi të cilën ti vë dorë.

¹⁹ Ki kujdes të mos shpërfillësh Levitin, deri sa të jetosh në atë vend.

²⁰ Kur Zoti, Perëndia yt, do t'i zgjerojë kufijtë e tu, ashtu si të ka premtuar, dhe ti do të thuash: "Do të ha mish", sepse ke dëshirë të hash mish, do të mund të hash mish sa herë që e dëshiron.

²¹ Në qoftë se vendi që Zoti, Perëndia yt, ka zgjedhur për të vendosur emrin e tij do të jetë larg teje, mund të vrasësh kafshë nga bagëtia e trashë dhe e imët, ashtu si të kam urdhëruar; dhe mund të hash brenda portave të tua sa herë të duash.

²² Vetëm do ta hash ashtu siç hahet mishi i gazelës dhe i drerit; do të mundë ta hajë si i papastri ashtu edhe i pastri.

²³ Por ruhu se ha gjakun, sepse gjaku është jeta; dhe ti nuk do ta hash jetën bashkë me mishin.

²⁴ Nuk do ta hash, por do ta derdhësh për tokë ashtu siç bëhet me ujin.

²⁵ Nuk do ta hash me qëllim që të përparosh ti dhe bijtë e tu mbas teje, pse keni bërë një gjë që është e drejtë në sytë e Zotit.

²⁶ Por gjërat e shenjta që ke për të ofruar dhe ato të premtuara si kusht, do t'i marrësh dhe do të shkosh në vendin që ka zgjedhur Zoti,

²⁷ dhe do të ofrosh olokaustet e tua, të plota, mishin dhe gjakun mbi altarin e Zotit, Perëndisë tënd; gjaku i flijimeve të tua përkundrazi do të shpërndahet mbi altarin e Zotit, Perëndisë tënd, dhe ti do të hash mishin e tyre.

²⁸ Ki kjdes dhe bindju të gjitha fjalëve që të urdhëroj, që të përparosh ti dhe bijtë e tu pas teje, pse keni bërë atë që është e mirë dhe e drejtë në sytë e Zotit, Perëndisë tënd.

²⁹ Kur Zoti, Perëndia yt, do të ketë shfarosur para teje kombet që ti shkon për t'i shpronësuar, dhe kur t'i kesh shpronësuar dhe të banosh në vendin e tyre,

³⁰ ruhu të mos biesh në kurthin e ngritur, duke ndjekur shembullin e tyre, pasi ata janë shkatërruar para teje, dhe të informohesh mbi perënditë e tyre, duke thënë: "Si u shërbenin këto kombe perëndive të tyre? Edhe unë do të veproj kështu".

³¹ Ti nuk do të veprosh kështu me Zotin, me Perëndinë tënd, sepse ata me perënditë e tyre kanë bërë tërë ato gjëra të neveritshme për Zotin dhe që ai i urren; kanë djegur madje në zjarr bijtë dhe bijat e tyre për nder të perëndive të tyre.

³² Do të kujdeseni të zbatoni në praktikë tërë gjërat që ju urdhëroj; nuk do t'u shtoni as do t'u hiqni asgjë".

Kapitull 13

¹ "Në rasat se midis jush del një profet apo një ëndërrimtar dhe ju propozon një shenjë apo një mrekulli,

² dhe shenja apo mrekullia për të cilën ju foli realizohet dhe ai thotë: "Le të shkojmë pas perëndive të tjera që ti nuk i ke njohur kurrë dhe le t'u shërbejmë",

³ ti nuk do të dëgjosh fjalët e këtij profeti apo të këtij ëndërrimtari, sepse Zoti, Perëndia juaj, ju vë në provë për të ditur në se e doni Zotin, Perëndinë tuaj, me gjithë zemër dhe me gjithë shpirt.

⁴ Do të shkoni pas Zotit, Perëndisë tuaj, do të keni frikë nga ai, do të respektoni urdhërimet e tij, do t'i bindeni zërit të tij, do t'i shërbeni dhe do të jeni të lidhur ngushtë me të.

⁵ Por ai profet ose ai ëndërrimtar do të vritet, sepse ka folur në mënyrë të t'ju largojë nga Zoti, Perëndia juaj, që ju nxori nga vendi i Egjiptit dhe ju çliroi nga shtëpia e skllavërisë, për t'ju çuar jashtë rrugës në të cilën Zoti, Perëndia yt, të ka urdhëruar të ecësh. Në këtë mënyrë do të shkulësh të keqen nga gjiri yt.

⁶ Në rast se vëllai yt, bir i nënës sate, biri yt ose bija jote, gruaja që prehet mbi gjirin tënd apo shoku që ti e do si shpirtin tënd të nxit fshehtazi, duke thënë: "Shkojmë t'u shërbejmë perëndive

⁷ hyjnive të popujve që ju rrethojnë, që janë pranë apo larg teje, nga një skaj i tokës deri në skajin tjetër të tokës,

⁸ mos iu nënshtro atij dhe mos e dëgjo; syri yt nuk duhet të ketë mëshirë për të; mos e kurse, mos e fsheh.

⁹ Por ti duhet ta vrasësh; dora jote të jetë e para që të ngrihet kundër tij, për ta vrarë; pastaj le të vijë dora e gjithë popullit.

¹⁰ Ti do ta vrasësh me gurë dhe ai do të vdesë, sepse ka kërkuar të largojë nga Zoti, Perëndia yt, që të nxori nga Egjipti, nga shtëpia e skllavërisë.

¹¹ Kështu tërë Izraeli do ta dëgjojë këtë ngjarje dhe do të ketë frikë, e nuk ka për të kryer më asnjë veprim të keq si ky në gjirin tënd.

¹² Në qoftë se një ndër qytetet e tua që Zoti, Perëndia yt, të jep për të banuar, dëgjon të thuhet

¹³ që njerëz të çoroditur kanë dalë nga gjiri juaj dhe kanë mashtruar banorët e qytetit të tyre duke thënë: "Shkojmë t'u shërbejmë perëndive të tjera", që ju nuk i keni njohur kurrë,

¹⁴ ti do të bësh hetime, kërkime dhe do të marrësh me kujdes në pyetje; dhe në qoftë se është e vërtetë dhe e sigurt që ky veprim i neveritshëm është kryer me të vërtetë në gjirin tënd,

¹⁵ atëherë do të vrasësh me shpatën tënde banorët e atij qyteti, duke vendosur shfarosjen e tij dhe gjithçka që ndodhet në të; do të vrasësh edhe bagëtinë e tij.

¹⁶ Pastaj do të mbledhësh tërë plaçkën e tij në mes të sheshit dhe do ta djegësh me zjarr qytetin dhe tërë plaçkën e tij përpara Zotit, Perëndisë tuaj; ajo do të mbetet një grumbull gërmadhash për gjithnjë dhe nuk do të rindërtohet më kurrë.

¹⁷ Prandaj asgjë nga ato që janë caktuar të shkatërrohen të mos ju ngjitet në dorë, me qëllim që Zoti të heqë dorë nga zjarri i zemërimit të tij dhe të tregohet i dhimshur t'i vijë keq për ty dhe të të shumëzojë, ashtu siç u është betuar etërve tuaj,

¹⁸ sepse ti e dëgjove zërin e Zotit, Perëndisë tënd, duke respektuar të gjitha urdhërimet e tij që po të përcakton sot duke bërë atë që është e drejtë në sytë e Zotit, Perëndisë tuaj".

Kapitull 14

¹ "Ju jeni bijtë e Zotit, Perëndisë tuaj; nuk do të bëni asnjë prerje dhe nuk do të ruheni midis syve për një të vdekur;

² sepse ti je një popull i shenjtë për Zotin, Perëndinë tënd, dhe Zoti të ka zgjedhur për të qenë një popull i tij, një thesar i veçantë ndër të gjithë popujt që janë mbi faqen e dheut.

³ Nuk do të hash asgjë të neveritshme.

⁴ Këto janë kafshët që mund të hani: lopa, delja, dhia,

⁵ dreri, gazela, dhia e egër, stambeku, antilopa dhe kaprolli.

⁶ Mund të hani çdo kafshë që e ka thundrën të ndarë, dhe që përtypet midis kafshëve.

⁷ Por nga ato që vetëm përtypen dhe që kanë vetëm thundrën të ndarë nuk do të hani devenë, lepurin dhe baldosën, që përtypen por nuk e kanë thundrën të ndarë; për ju janë të papastra;

⁸ edhe derri, që e ka thundrën të ndarë por nuk përtypet, është i papastër për ju. Nuk do të hani mishin e tyre dhe nuk do të prekni trupat e tyre të vdekur.

⁹ Ndër të gjitha kafshët që rrojnë në ujë, mund të hani të gjitha ato që kanë pendë dhe luspa;

¹⁰ por nuk do të hani asnjë nga ato që nuk kanë pendë dhe luspa; janë të papastra për ju.

¹¹ Mund të hani çdo zog të pastër;

¹² por nuk do të hani këto: shqiponjën, shqiponjën e detit dhe fajkuan e detit,

¹³ qiftin, fajkuan dhe çdo lloj zhgabe,

¹⁴ çdo lloj korbi,

¹⁵ strucin, kukuvajkën mjekroshe, pulëbardhën dhe çdo lloj krahathatë,

¹⁶ bufin, ibisin, mjellmën,

¹⁷ pelikanin, martin peshkatarin, kormoranin,

¹⁸ lejlekun, çdo lloj gate, pupëzën dhe lakuriqin e natës.

¹⁹ Çdo insekt që fluturon është i papastër për ju; nuk do ta hani.

²⁰ Por mund të hani çdo zog që është i pastër.

²¹ Nuk do të hani asnjë kafshë që ka ngordhur në mënyrë të natyrshme; mund t'ua jepni të huajve që janë brenda portave tuaja që t'i hanë ose mund t'ua shisni një të huaji, sepse ti je një popull që i je shenjtëruar Zotit, Perëndisë tënd. Nuk do ta gatuash kecin bashkë në qumështin e nënes së tij.

²² Do të zotohesh të japësh të dhjetën e asaj që mbjell dhe që të prodhon ara çdo vit.

²³ Do të hash përpara Zotit, Perëndisë tënd, në vendin që ai ka zgjedhur si vendbanim për emrin e tij, të dhjetën e grurit tënd, të mushtit tënd, të vajit tënd, dhe pjelljen e parë tufave të bagëtive të trasha dhe të imta, në mënyrë që ti të mësosh të kesh gjithnjë frikë nga Zoti, Perëndia yt.

²⁴ Por në rast se rruga është shumë e gjatë për ty dhe nuk mund t'i çosh deri atje të dhjetat, sepse vendi që Zoti, Perëndia yt, ka caktuar për të vendosur emrin e tij është shumë larg nga ty, kur Zoti, Perëndia yt, do të të ketë bekuar,

²⁵ atëherë do t'i këmbesh ato me para dhe me paratë në dorë do të shkosh në vendin që ka zgjedhur Zoti, Perëndia yt;

²⁶ dhe do t'i përdorësh këto para për të blerë të gjitha ato që dëshiron zemra jote: lopë, dele, verë, pije dehëse, ose çfarëdo gjë që dëshiron zemra jote; dhe aty do të hash përpara Zotit, Perëndisë tënd, dhe do të gëzohesh ti bashkë me familjen tënde.

²⁷ Përveç kësaj nuk do të lesh pas dore Levitin, që banon brenda portave të tua, sepse ai nuk ka pjesë as trashëgimi me ty.

²⁸ Në fund të çdo tre viteve, do të vësh mënjanë të gjitha të dhjetat e prodhimeve të tua të vitit të tretë, dhe do t'i vendosësh brenda portave të tua;

²⁹ dhe Leviti, që nuk ka pjesë as trashëgimi me ty, dhe i huaji, jetimi dhe e veja që gjenden brenda portave të tua, do të vinë, do të hanë dhe do të ngopen, me qëllim që Zoti, Perëndia yt, të të bekojë në çdo punë që do të të zërë dora".

Kapitull 15

¹ "Në mbarim të çdo shtatë viteve do të bësh faljen e borxheve.

² Dhe kjo do të jetë forma e faljes: Çdo huadhënës do të falë atë që i ka dhënë hua të afërmit të tij; nuk do të kërkojë kthimin e saj nga i afërmi dhe nga vëllai i tij, sepse është shpallur falja e borxheve nga Zoti.

³ Mund ta kërkosh borxhin nga i huaji; por do t'i falësh vëllait tënd atë që ai të ka marrë hua.

⁴ Nuk do të ketë asnjë nevojtar midis jush, sepse Zoti do të të bekojë me të madhe në vendin që Zoti, Perëndia yt, po të jep si trashëgimi, që ti ta zotërosh,

⁵ por vetëm me kusht që ti t'i bindesh me zell zërit të Zotit, Perëndisë tënd, duke pasur kujdes të zbatosh në praktikë të gjitha këta urdhërimet, që sot të cakton.

⁶ Sepse Zoti, Perëndia yt, do të të bekojë siç të ka premtuar; atëherë do t'u japësh hua shumë kombeve, por ti nuk do të kërkosh hua; do të sundosh mbi shumë kombe, por ato nuk do të sundojnë mbi ty.

⁷ Në rast se ke ndonjë vëlla nevojtar midis jush, midis ndonjë prej qyteteve që Zoti, Perëndia yt, po të jep, nuk do të fortësosh zemrën dhe nuk do të mbyllësh dorën para vëllait tënd nevojtar;

⁸ por do t'i hapësh me zemërgjerësi dorën tënde dhe do t'i japësh hua aq sa i nevojitet për të përballuar nevojat që ka.

⁹ Ki kujdes që të mos ketë asnjë mendim të keq në zemrën tënde, i cili të të bëjë të thuash: "Viti i shtatë, viti i familjes, është afër", dhe ta shikosh me sy të keq vëllanë tënd nevojtar dhe të mos i japësh asgjë; ai do të bërtiste kundër teje para Zotit dhe ti do të mëkatoje.

¹⁰ Jepi me bujari dhe zemra jote të mos trishtohet kur i jep, sepse pikërisht për këtë Zoti, Perëndia yt, do të të bekojë në çdo punë tënden dhe në çdo gjë që do të të zërë dora.

¹¹ Sepse nevojtarët nuk do të mungojnë kurrë në vend, prandaj unë po të jap këtë urdhërim tënd dhe të them: "Hapja me bujari dorën tënde vëllait tënd, të varfërit tënd dhe nevojtarit në vendin tuaj".

¹² Në rast se një vëlla apo një motër hebre shitet te ti, do të të shërbejë gjashtë vjet; por vitin e shtatë do ta lësh të ikë i lirë.

¹³ Dhe kur do ta lësh të ikë i lirë, nuk do ta lësh të shkojë duarbosh;

¹⁴ do t'i japësh bujarisht dhurata nga kopeja jote, nga lëmi dhe nga hambari yt; do ta bësh pjestar të bekimeve me të cilat Zoti, Perëndia yt, të ka mbushur;

¹⁵ dhe nuk do të harrosh se ke qenë skllav në vendin e Egjiptit dhe se Zoti, Perëndia yt, të ka liruar; prandaj sot të urdhëroj këtë.

¹⁶ Por në rast se ai të thotë: "Nuk dua të largohem prej teje", sepse të do ty dhe shtëpinë tënde, sepse ka mbarësi bashkë me ty,

¹⁷ atëherë do të marrësh një fëndyell, do t'i shposh veshin kundër portës dhe ai do të jetë skllavi yt për gjithnjë. Po ashtu do të veprosh me skllaven tënde.

¹⁸ Nuk duhet të të duket e vështirë ta nisësh të lirë, sepse të ka shërbyer gjashtë vjet me gjysmën e pagës së një argati; dhe Zoti, Perëndia yt, do të bekojë të gjitha veprimet e tua.

¹⁹ Do t'i shenjtërosh Zotit, Perëndisë tënd, tërë pjelljet e para meshkuj të bagëtive të tua të trasha dhe të imta. Nuk do të bësh asnjë punë me pjelljen e parë të lopës sate dhe nuk do të qethësh pjelljen e parë të deles sate.

²⁰ Do t'i hash çdo vit, ti dhe familja jote, përpara Zotit, Perëndisë tënd, në vendin që Zoti ka zgjedhur.

²¹ Por në qoftë se kafsha ka ndonjë metë, në rast se është e çalë, e verbër, apo ka ndonjë metë tjetër të rëndë, nuk do t'ia flijosh Zotit, Perëndisë tënd;

²² do ta hash brenda portave të tua; të papastrin dhe të pastrin mund ta hanë njëlloj sikur të ishte një gazelë apo një dre.

²³ Por nuk do të hash gjakun e tyre; do ta derdhësh në tokë si uji".

Kapitull 16

¹ "Respekto muajin e Abibit dhe kremto Pashkën për nder të Zotit, Perëndisë tënd, sepse në muajin e Abibit Zoti, Perëndia yt, të nxori nga Egjipti, gjatë natës.

² Do t'i bësh fli, pra, Pashkën e Zotit, Perëndisë tënd, me bagëti të trasha dhe të imta, në vendin që Zoti ka zgjedhur për të ruajtur emrin e tij.

³ Dhe nuk do të hash bashkë me të bukë të mbrujtur; shtatë ditë do të hash bukë të ndorme (sepse dole me nxitim nga vendi i Egjiptit), me qëllim që ta kujtosh ditën që dole nga Egjipti tërë ditët e jetës sate.

⁴ Nuk do të shihet maja pranë teje, brenda tërë kufijve të tua, për shtatë ditë me radhë; dhe nuk do të mbetet asgjë nga mishi që flijove mbrëmjen e ditës së parë për gjithë natën deri në mëngjes.

⁵ Nuk do të mund ta flijosh Pashkën në çfarëdo qyteti që Zoti, Perëndia yt, të jep,

⁶ por do ta flijosh Pashkën vetëm në vendin që Zoti, Perëndia yt, ka zgjedhur për të ruajtur emrin e tij; do ta flijosh në mbrëmje, në perëndim të diellit, në orën që dole nga Egjipti.

⁷ Do ta pjekësh viktimën dhe do ta hash në vendin që Zoti, Perëndia yt, ka zgjedhur; dhe në mëngjes do të largohesh dhe do të kthehesh në çadrat e tua.

⁸ Gjashtë ditë me radhë do të hash bukë të ndorme; dhe ditën e shtatë do të mbahet një asamble solemne për nder të Zotit, Perëndisë tënd; ti nuk do të bësh gjatë kësaj dite asnjë punë.

⁹ Do të numërosh shtatë javë; fillo numërosh shtatë javë nga koha që fillon të korrësh grurin;

¹⁰ pastaj do ta kremtosh festën e Javëve për nder të Zotit, Perëndisë tënd, duke bërë ofertat e tua vullnetare dhe kjo në masën që Zoti, Perëndia yt, të bekon.

¹¹ Dhe do të gëzosh përpara Zotit, Perëndisë tënd, ti, biri yt dhe bija jote, shërbëtori yt dhe shërbëtorja jote, Leviti që ndodhet brenda portave të tua, dhe i huaji, jetimi dhe e veja që ndodhen në mes teje, në vendin që Zoti, Perëndia yt, ka zgjedhur për të ruajtur emrin e tij.

¹² Do të kujtosh që ke qenë skllav në Egjipt dhe do të kujdesesh t'i

zbatosh në praktikë këto statute.

¹³ Do të kremtosh festën e Kasolleve shtatë ditë me radhë, mbasi të kesh mbledhur prodhimin e lëmit dhe të fushës sate;

¹⁴ dhe do të gëzohesh në festën tënde, ti, biri yt dhe bija jote, shërbëtori yt dhe shërbëtorja jote, dhe Leviti, i huaji, jetimi dhe e veja që ndodhen brenda portave të tua.

¹⁵ Do të kremtosh një festë për shtatë ditë me radhë për nder të Zotit, Perëndisë tënd, në vendin që Zoti ka zgjedhur, sepse Zoti, Perëndia yt, do të bekojë të gjitha të korrat e tua dhe tërë punën e duarve të tua, dhe ti do të jesh shumë i kënaqur.

¹⁶ Tri herë në vit çdo mashkull i yt do t'i paraqitet Zotit, Perëndisë tënd, në vendin që ai ka zgjedhur, në festën e bukëve në festën e ndorme, në festën të Javëve dhe të Kasolleve; asnjeri prej tyre nuk do të paraqitet para Zotit duarbosh.

¹⁷ Por secili do të japë nga pjesa e tij simbas bekimit që Zoti, Perëndia yt, të ka dhënë.

¹⁸ Do të caktosh gjykatës dhe zyrtarë brenda portave të tua për çdo fis tëndin, në të gjitha qytetet që Zoti, Perëndia yt, të jep; dhe ata do ta gjykojnë popullin me vendime të drejta.

¹⁹ Nuk do ta prishësh drejtësinë, nuk do të tregohesh i anshëm dhe nuk do të pranosh dhurata, sepse dhurata i verbon sytë e njerëzve të urtë dhe korrupton fjalët e njerëzve të drejtë.

²⁰ Do të zbatosh plotësisht drejtësinë, në mënyrë që ti të jetosh dhe të zotërosh vendin që Zoti, Perëndia yt, po të jep.

²¹ Nuk do të ngresh për ty asnjë Asherah, me asnjë lloj druri pranë altarit që do t'i ndërtosh Zotit, Perëndisë tënd;

²² dhe nuk do të ngresh asnjë shtyllë të shenjtë, që Zoti, Perëndia yt, urren".

Kapitull 17

¹ "Nuk do t'i flijosh Zotit, Perëndisë tënd, ka, dele ose dhi që kanë ndonjë të metë ose gjymtim, sepse kjo do t'ishte një gjë e neveritshme për Zotin, Perëndinë tënd.

² Në rast se gjendet midis teje, në një nga qytetet që Zoti, Perëndia yt, po të jep, një burrë apo një grua që bën atë që është e keqe për sytë e Zotit, Perëndisë tënd, duke shkelur besëlidhjen e tij,

³ dhe që shkon t'u shërbej perëndive të tjera dhe bie përmbys para tyre, para diellit, hënës apo tërë ushtrisë qiellore, gjë që unë nuk të kam urdhëruar,

⁴ dhe që të është referuar dhe që ke dëgjuar të flitet për të, atëherë hetoje me kujdes; dhe në qoftë se është e vërtetë dhe e sigurtë se ky akt i neveritshëm është kryer në Izrael,

⁵ do ta çosh në portat e qytetit tënd atë burrë ose grua që ka kryer këtë veprim të keq, dhe do ta vrasësh me gurë atë burrë ose atë grua; dhe kështu ata do të vdesin.

⁶ Ai që duhet të vdesë do të dënohet me vdekje me deponimin e dy apo tri dëshmitarëve, por nuk do të dënohet me vdekje askush me deponimin e një dëshmitari të vetëm.

⁷ Dora e dëshmitarëve do të jetë e para që do të ngrihet kundër tij për t'i shkaktuar vdekjen; pastaj do të ngrihet dora e të gjithë popullit; kështu do të çrrënjosësh të keqen nga gjiri yt.

⁸ Në rast se të paraqitet një rast shumë i vështirë për t'u gjykuar, midis vrasësve, midis një padie e tjetrës, midis një plagosjeje e tjetrës, grindje brenda portave të shtëpisë sate, atëherë do të

⁹ do të takohesh me priftërinjtë levitikë dhe me gjykatësit në funksion në atë kohë dhe do të këshillohesh me ta; atëherë ata do të shpallin vendimin e gjyqit;

¹⁰ dhe ti do t'i përmbahesh vendimit që ata të kanë treguar në vendin ku Zoti ka zgjedhur dhe do të kujdesesh të bësh të gjitha ato që të kanë mësuar.

¹¹ Do t'i përmbahesh ligjit që të kanë mësuar dhe vendimit që të kanë deklaruar; nuk do të shmangesh nga vendimi që të kanë treguar as djathtas, as majtas.

¹² Por njeriu që do të veprojë me mendjemadhësi dhe nuk do ta dëgjojë priftin që ndodhet aty për t'i shërbyer Zotit, Perëndisë tënd, ose gjykatësit, ky njeri ka për të vdekur; kështu do të shkulësh të keqen nga Izraeli;

¹³ tërë populli do të mësojë kësisoji atë që ndodhi, do të ketë frikë dhe nuk do të veprojë me mendjemadhësi.

¹⁴ Kur do të hysh në vendin që Zoti, Perëndia yt, po të jep dhe do ta shtiesh në dorë dhe do të banosh atje, në rast se do të thuash: "Dua të caktoj mbi mua një mbret ashtu si kombet që më rrethojnë",

¹⁵ do të caktosh mbi ty mbretin që Zoti, Perëndia yt, ka për të zgjedhur. Do të caktosh mbi ty një mbret zgjedhur midis vëllezërve të tu; nuk mund të caktosh mbi ty një të huaj që të mos jetë vëllai yt.

¹⁶ Por ai nuk duhet të ketë një numër të madh kuajsh, as ta kthejë popullin në Egjipt për të shtënë në dorë një numër të madh kuajsh, sepse Zoti ju ka thënë: "Nuk do të ktheheni më në atë rrugë".

¹⁷ Nuk duhet të ketë një numër të madh grash, me qëllim që zemra e tij të mos shthuret; dhe nuk duhet të grumbullojë për vete një sasi të madhe argjendi dhe ari.

¹⁸ Përveç kësaj, kur të ulet mbi fronin e mbretërisë së tij, do të shkruajë për veten e tij në një libër një kopje të këtij ligji, simbas kopjes së priftërinjve levitikë.

¹⁹ Do ta mbajë pranë vetes këtë libër dhe do ta lexojë çdo ditë të jetës së tij, që të mësojë të ketë frikë nga Zoti, Perëndia i tij, dhe të zbatojë në praktikë të gjitha fjalët e këtij ligji dhe të këtyre statuteve,

²⁰ me qëllim që zemra e tij të mos ngrihet mbi vëllezërit e tij dhe të mos shmanget nga ky urdhërim as djathtas, as majtas, dhe të zgjasë kështu ditët e mbretërimit të tij, ai vetë dhe bijtë e tij, në mes të Izraelit".

Kapitull 18

¹ "Tërë priftërinjtë levitë, tërë fisi i Levit, nuk do të kenë pjesë as trashëgimi në Izrael; do të jetojnë me flijimet e bëra me zjarr për Zotin, trashëgimi e tij.

² Nuk do të kenë asnjë trashëgimi nga vëllezërit e tyre; sepse Zoti është trashëgimia e tyre, ashtu siç ua ka thënë.

³ Kjo është ajo që i detyrohet prifti populli, ata që ofrojnë një flijim, qoftë një lopë, një dele apo një dhi; ata do t'i japin priftit shpatullat, nofullat dhe plëndësin.

⁴ Do t'i japësh prodhimin e parë të grurit tënd, të mushtit tënd dhe të vajit tënd, si dhe qethjen e parë të dhenve të tua;

⁵ sepse Zoti, Perëndia yt, e ka zgjedhur midis gjithë fiseve të tu për të kryer shërbimin në emër të Zotit, atë vetë dhe bijtë e tij për gjithnjë.

⁶ Por në rast se një Levit, që ka ardhur nga një prej qyteteve të tua të të gjithë Izraelit, ku ai banonte, vjen me gjithë dëshirën e zemrës së tij në vendin e zgjedhur nga Zoti,

⁷ atëherë ai do të mund të shërbejë në emër të Zotit, Perëndisë së tij, ashtu si gjithë vëllezërit e tij Levitë që ndodhen aty përpara Zotit.

⁸ Ata do të marrin për mbajtjen e tyre pjesë të barabarta, përveç parave nga shitja e pasurisë së tyre.

⁹ Kur do të hysh në vendin që Zoti, Perëndia yt, po të jep, nuk do të mësosh të shkosh pas veprave të neveritshme të këtyre kombeve.

¹⁰ Të mos gjendet midis teje ndonjë që e kalon birin ose bijën e vet nëpër zjarr, as ndonjë që praktikon shortarinë, bën parashikime, interpreton shenjat dhe merret me magji,

¹¹ as ai që përdor yshtje, as mediume që konsultojnë frymat, as magjistarë, as ai që ndjell të vdekurit,

¹² sepse të gjithë ata që merren me këtë punë neveriten nga Zoti; dhe për shkak të kësaj neverie, Zoti është duke i përzënë para teje.

¹³ Ti do të jesh i përkryer para Zotit, Perëndisë tënd;

¹⁴ sepse kombet, që ti do të dëbosh, i kanë dëgjuar shortarët dhe magjistarët; kurse ty, Zoti, Perëndia yt, nuk të ka lejuar të veprosh kështu.

¹⁵ Zoti, Perëndia yt, do të krijojë për ty një profet si unë në mes teje dhe vëllezërve të tu; atë keni për ta dëgjuar,

¹⁶ në bazë të gjithë atyre gjërave që i kërkove Zotin, Perëndinë tënd, në Horeb, ditën e asamblesë, kur the: "Të mos dëgjoj më zërin e Zotit, Perëndisë tim, dhe të mos shoh më këtë zjarr të madh, që unë të mos vdes".

¹⁷ Dhe Zoti më tha: "Atë që thanë, është mirë;

¹⁸ unë do të nxjerr për ta një profet nga gjiri i vëllezërve të tyre dhe do të vë në gojën e tij fjalët e mia, dhe ai do t'u thotë atyre të gjitha ato që unë do t'i urdhëroj.

¹⁹ Dhe do të ndodhë që në se dikush nuk i dëgjon fjalët e mia që ai thotë në emrin tim, unë do t'i kërkoj llogari.

²⁰ Por profeti që pretendon të thotë në emrin tim një gjë për të cilën unë e kam urdhëruar ta thotë ose që flet në emër të perëndive të tjera, ai profet do të vritet".

²¹ Dhe ne se ti thua në zemrën tënde: "Si do të bëjmë për të dalluar fjalën që Zoti nuk ka thënë?".

²² Kur profeti flet në emër të Zotit dhe kjo gjë nuk ndodh dhe nuk realizohet, kemi të bëjmë me një gjë që Zoti nuk e ka thënë; e ka thënë profeti me mendjemadhësi; mos ki frikë prej tij".

Kapitull 19

¹ "Kur Zoti, Perëndia yt, të ketë shfarosur kombet e vendeve që të jep dhe ti t'i kesh dëbuar dhe të banosh në qytetet dhe shtëpitë e tyre,

² do të veçosh tri qytete, në mes të vendit, që Zoti, Perëndia yt, të jep si trashëgimi.

³ Do të përgatisësh rrugë dhe do ta ndash në tri pjesë vendin që Zoti, Perëndia yt, të jep si trashëgimi, me qëllim që çdo vrasës të mund të strehohet në të.

⁴ Dhe ky është rregulli për vrasësin që strehohet aty, që të shpëtojë

jetën e tij: kushdo që ka vrarë të afërmin e tij pa dashje, pa e urryer më parë.

⁵ Kështu, kur dikush shkon me shokun e tij në pyll për të prerë dru dhe, ndërsa i bie një druri me sëpatë, sëpata del nga bishti dhe godet shokun që pastaj vdes, ai person do të strehohet në një nga këto qytete dhe do ta shpëtojë jetën;

⁶ sepse hakmarrësi i gjakut, ndërsa zemërimi i vlon në zemër, të mos e ndjekë vrasësin dhe ta arrijë, kur rruga është shumë e gjatë, dhe ta vrasë edhe pse nuk e meriton vdekjen, sepse në të kaluarën nuk e kishte urryer shokun e tij.

⁷ Prandaj të urdhëroj në këtë mënyrë: "Veço tri qytete".

⁸ Në rast se më pas Zoti, Perëndia yt, zgjeron kufijtë e tu, ashtu si u është betuar etërve të tu dhe të ta jep tërë vendin që u kishte premtuar t'ua jepte etërve të tu,

⁹ në rast se ti respekton këto urdhra që unë të jap sot, duke e dashur Zotin, Perëndinë tënd, dhe duke ecur gjithnjë në rrugët e tij, atëherë do t'u shtosh tri qytete të tjera tri të parave,

¹⁰ me qëllim që të mos derdhet gjak i pafajshëm në mes të vendit që Zoti, Perëndia yt, të jep si trashëgimi dhe ti të mos bëhesh fajtor për vrasje.

¹¹ Por në rast se një njeri urren të afërmin e tij, i zë pritë, e sulmon dhe e plagos për vdekje, dhe pastaj strehohet në një nga këto qytete,

¹² pleqtë e qytetit të tij do të dërgojnë ta marrin që andej dhe do t'ia dorëzojnë hakmarrësit të gjakut që të vritet.

¹³ Syri yt nuk do të ketë mëshirë për të, por do t'i heqësh Izraelit fajin që ka derdhur gjak të pafajshëm, dhe kështu do të kesh mbarësi.

¹⁴ Nuk do të lëvizësh kufijtë e të afërmit tënd, të vendosura nga pasardhësit në trashëgiminë që do të gëzosh në vendin që Zoti, Perëndia yt, të jep në zotërim.

¹⁵ Një dëshmitar i vetëm nuk mjafton për të akuzuar dikë për çfarëdo krimi apo mëkati të kryer; fakti do të përcaktohet me deponimin e dy ose tre dëshmitarëve.

¹⁶ Në rast se kundër dikujt ngrihet një dëshmitar i rremë dhe e akuzon për një krim,

¹⁷ atëherë dy njerëzit midis të cilëve zhvillohet mosmarrëveshja do të paraqiten përpara Zotit, përpara priftërinjve dhe gjykatësve në funksion ato ditë.

¹⁸ Gjykatësi do ta hetojë me kujdes çështjen; dhe në rast se del që ai dëshmitar është një dëshmitar i rremë, që ka deponuar gënjeshtra kundër vëllait,

¹⁹ atëherë do t'i bëni atij atë që kishte ndër mënd t'i bënte vëllait të tij. Kështu do ta shkulni të keqen nga mesi juaj.

²⁰ Të tjerët do ta mësojnë dhe do të trëmben, dhe qysh atëherë nuk do të kryhet më në mes tuaj një veprim aq i keq.

²¹ Syri yt nuk do të ketë mëshirë, por do t'i përmbahet rregullit jetë për jetë, sy për sy, dhëmb për dhëmb, dorë për dorë, këmbë për këmbë".

Kapitull 20

¹ "Kur të shkosh në luftë kundër armiqve të tu dhe të shikosh kuaj, qerre dhe njerëz në një numër më të madh se ato që ke ti, mos ki frikë prej tyre, sepse Zoti, Perëndia yt, që të bëri të ngjitesh nga vendi i Egjiptit, është me ty.

² Kështu, në çastin kur do të jeni duke filluar betejën, prifti do të dalë përpara dhe do t'i flasë popullit

³ dhe do t'i thotë: "Dëgjo, Izrael! Sot jeni gatitur për t'u ndeshur me armiqtë tuaj; zemra juaj të mos ju ligështohet; mos kini frikë, mos e humbni dhe mos u trembni para tyre,

⁴ sepse Zoti, Perëndia juaj, është ai që ecën me ju për të luftuar për ju kundër armiqve tuaj dhe për t'ju shpëtuar".

⁵ Pastaj oficerët do t'i flasin popullit, duke thënë: "A ka njeri që ka ndërtuar një shtëpi të re dhe ende nuk e ka përuruar? Le të shkojë dhe të kthehet në shtëpinë e tij, që të mos vdesë gjatë betejës dhe një tjetër të përurojë shtëpinë e tij.

⁶ A ka njeri që ketë mbjellë një vresht dhe të mos ketë shijuar akoma frutet e tij? Le të shkojë e të kthehet në shtëpi të tij, që të mos vdesë gjatë betejës dhe një tjetër të gëzojë frytet e tij.

⁷ A ka njeri që është fejuar me një femër dhe nuk e ka marrë akoma me vete? Le të shkojë dhe të kthehet në shtëpi të tij, që të mos vdesë në betejë dhe një tjetër ta marrë atë".

⁸ Pastaj oficerët do t'i flasin akoma popullit, duke i thënë: "A ka ndonjë që ka frikë dhe të cilit i mungon guximi? Le të shkojë dhe të kthehet në shtëpi të tij, që guximi i vëllezërve të tij të mos mehet ashtu si i ndodhi atij".

⁹ Kur oficerët të kenë mbaruar së foluri popullit, do të caktojnë komandantët e trupave të popullit.

¹⁰ Kur t'i afrohesh një qyteti për ta sulmuar, do t'i ofrosh së pari paqen.

¹¹ Në qoftë se pranon ofertën tënde të paqes dhe t'i hap dyert e tij, tërë populli që ndodhet aty ka për të paguar haraçin dhe do të të shërbejë.

¹² Por në rast se nuk do të bëjë paqe me ty dhe kërkon luftë kundër teje, atëherë ti do ta rrethosh.

¹³ Kur më vonë Zoti, Perëndia yt, do të ta japë në dorë, do të vrasësh me shpatë tërë meshkujt e tij;

¹⁴ por gratë, fëmijët, bagëtinë dhe të gjitha ato që ndodhen në qytetet, tërë prenë e tij, do t'i marrësh si plaçkën tënde; dhe do të hash plaçkën e armiqve të tu që Zoti, Perëndia yt, të ka dhënë.

¹⁵ Kështu do të veprosh në të gjitha qytetet që janë shumë larg nga ti dhe që nuk janë qytete të këtyre kombeve.

¹⁶ Por nga qytetet e këtyre popujve që Zoti, Perëndia yt, të jep si trashëgimi, nuk ke për të lënë asgjë që merr frymë;

¹⁷ por do të vendosësh shfarosjen e plotë të tyre, domethënë të Hitejve, të Amorejve, të Kananejve, të Perezejve, të Hivejve dhe të Jebusejve, ashtu si të ka urdhëruar Zoti, Perëndia yt,

¹⁸ me qëllim që ata të mos ju mësojnë të imitoni tërë ndyrësirat që bëjnë për perënditë e tyre, dhe ju të mos mëkatoni kundër Zotit, Perëndisë tuaj.

¹⁹ Kur të rrethosh një qytet për një kohë të gjatë, duke luftuar kundër tij, për ta shtënë në dorë, nuk do të shkatërrosh drurët frutorë me goditje të sëpatës, do të hash frutat e tyre dhe nuk do t'i rrëzosh; sepse vallë druri i fushës a është njeri që ti ta përdorësh në rrethimin?

²⁰ Por mund të shkatërrosh dhe të rrëzosh gjithë drurët që ti e di që nuk janë frutorë, për të ndërtuar vepra rrethimi kundër qytetit që të lufton, deri sa ai të bjerë".

Kapitull 21

¹ "Në rast se në vendin që Zoti, Perëndia yt, është duke të dhënë, gjindet një i vrarë, i shtrirë në një fushë, dhe nuk dihet se kush e ka vrarë,

² pleqtë dhe gjykatësit e tu do të dalin dhe do të masin largësinë midis të vrarit dhe qyteteve që ndodhen rreth e rrotull.

³ Pastaj pleqtë e qytetit më të afërt me të vrarin do të marrin një mëshqerrë që nuk ka punuar akoma dhe as nuk është mbrehur.

⁴ Pleqtë e atij qyteti do të zbresin mëshqerrën pranë një rrjedhe uji, në një vend as të lëruar as të mbjellë, dhe aty afër rrjedhës së ujit do t'ia thyejnë qafën mëshqerrës.

⁵ Pastaj do të afrohen priftërinjtë, bij të Levit, sepse Zoti, Perëndia yt, i ka zgjedhur për të shërbyer dhe për të dhënë bekimin në emër të Zotit, dhe fjala e tyre duhet të zgjidhë çdo mosmarrëveshje dhe çdo dëmtim trupor.

⁶ Atëherë tërë pleqtë e qytetit, që është më afër me të vrarin, do të lajnë duart mbi mëshqerrën së cilës i është thyer qafa pranë rrjedhës së ujit;

⁷ dhe, duke marrë fjalën, do të thonë: "Duart tona nuk e kanë derdhur këtë gjak, as sytë tona s'e kanë parë.

⁸ O Zot, fale popullin tënd Izrael që ti ke çliruar, dhe mos i ngarko fajin e gjakut të pafajshëm popullit tënd Izrael". Dhe ai gjak do t'u falet atyre.

⁹ Kështu ti do të heqësh nga vetja jote fajin e gjakut të pafajshëm, duke bërë atë që është e drejtë në sytë e Zotit.

¹⁰ Kur të shkosh në luftë kundër armiqve të tu dhe Zoti, Perëndia yt, të t'i japë në dorë dhe ti t'i zësh robër,

¹¹ në rast se sheh midis robërve një grua të pashme dhe të pëlqen aq sa të duash ta bësh bashkëshorten tënde,

¹² do ta çosh në shtëpinë tënde, dhe ajo do të rruajë kokën dhe do të presë thonjtë,

¹³ do të heqë rrobat e robinjës, do të banojë në shtëpinë tënde dhe do të mbajë zi një muaj të tërë për të atin dhe për të ëmën, pastaj ti do të hysh te ajo dhe do të jesh bashkëshorti i saj dhe ajo do të jetë bashkëshortja jote.

¹⁴ Në qoftë se më vonë nuk të pëlqen më, do ta lësh të shkojë ku të dojë, por nuk mund ta shesësh për para as ta trajtosh si skllave, sepse ti e ke poshtëruar.

¹⁵ Në qoftë se një burrë ka dy gra, dhe njerën e dashuron dhe tjetrën e urren, dhe si e dashuruara ashtu dhe ajo e urryera i kanë lindur fëmijë, në rast se i parëlinduri është fëmija e gruas së urryer,

¹⁶ ditën që u lë me testament pasurinë që zotëron bijve, nuk mund t'i shënojë të drejtat e paralindjes djalit të gruas që dashuron duke e preferuar nga djali i gruas që urren që është i parëlinduri;

¹⁷ por do të njohë si të parëlindur djalin e gruas së urryer, duke i dhënë një pjesë të dyfishtë të gjitha atyre që zotëron; sepse ai është prodhimi i parë i fuqisë së tij dhe atij i përket e drejta e paralindjes.

¹⁸ Në qoftë se një burrë ka një fëmijë kokëfortë dhe rebel që nuk i bindet as zërit të babait, as atij të nënës dhe me gjithëse e kanë

ndëshkuar, nuk u bindet atyre,

¹⁹ i ati dhe e ëma do ta marrin dhe do ta çojnë te pleqtë e qytetit të tij, në portën e vendit ku banon,

²⁰ dhe do t'u thonë pleqve të qytetit: "Ky biri ynë është kokëfortë dhe rebel; nuk do t'i bindet zërit tonë; është grykës dhe pijanec".

²¹ Atëherë tërë banorët e qytetit të tij do ta vrasin me gurë dhe ai ka për të vdekur; kështu do të shrrënjosësh të keqen nga mesi yt, tërë Izraeli do të mësojë dhe do të ketë frikë.

²² Në rast se dikush ka kryer një krim që meriton vdekjen dhe ka pësuar vdekjen, dhe ti e ke varur në një dru,

²³ kufoma e tij nuk do të rrijë tërë natën mbi pemën, por do ta varrosësh po atë ditë; sepse ai që rri varur është i mallkuar nga Perëndia, dhe ti nuk do ta ndotësh tokën që Zoti, Perëndia yt, të jep si trashëgimi".

Kapitull 22

¹ "Në qoftë se shikon kaun ose delen e vëllait tënd që e kanë humbur rrugën, ti nuk do të bësh sikur nuk i ke parë, por do ta marrësh përsipër t'ia çosh përsëri vëllait tënd.

² Dhe në qoftë se vëllai yt nuk banon afër teje dhe ti nuk e njeh, do ta çosh kafshën në shtëpinë tënde deri sa yt vëlla të fillojë ta kërkojë; dhe atëherë do t'ia kthesh.

³ Në të njëjtën mënyrë do të veprosh me gomarin, rrobat dhe çfarëdo send tjetër që yt vëlla ka humbur dhe ti ke gjetur; ti nuk do të bësh sikur nuk i ke parë.

⁴ Në qoftë se ti shikon gomarin e vëllait tënd apo kaun e tij të rrëzuar gjatë rrugës, ti nuk do të bësh sikur nuk i ke parë, por do të ndihmosh tët vëlla për t'i ngritur.

⁵ Gruaja nuk do të veshë rroba burrash, as burri nuk ka për të veshur rroba grash, sepse kushdo që bën gjëra të tilla neveritet nga Zoti, Perëndia yt.

⁶ Në rast se rrugës të rastis të gjesh mbi një dru ose për tokë një fole zogu me gjithë të vegjëlit ose me vezët dhe nënën që ngroh të vegjëlit apo vezët, nuk ke për të marrë nënën me të vegjëlit;

⁷ do të lesh nënën të ikë dhe do të marrësh për vete të vegjëlit, që ti të kesh mbarësi dhe të zgjatësh ditët e tua.

⁸ Kur të ndërtosh një shtëpi të re do të ngresh një parapet rreth çatisë së saj për të mos tërhequr një faj gjaku mbi shtëpinë tënde, në rast se dikush rrëzohet nga çatia.

⁹ Nuk do të mbjellësh në vreshtin tënd farëra të llojeve të ndryshme, me qëllim që prodhimi i asaj që ke mbjellë dhe renta e vreshtit të mos preken.

¹⁰ Nuk do të punosh njëkohësisht me një ka dhe një gomar.

¹¹ Nuk do të veshësh rroba të bëra me një stof të përzierë leshi dhe liri.

¹² Nuk do të vësh theka në katër cepat e mantelit me të cilin mbulohesh.

¹³ Në qoftë se një burrë martohet me një grua, hyn tek ajo dhe pastaj fillon ta urrejë,

¹⁴ dhe e padit për gjëra të turpshme dhe i nxjerr një nam të keq, duke thënë: "Mora këtë grua, por kur iu afrova nuk gjeta tek ajo shenjat e virgjërisë",

¹⁵ babai dhe nëna e së resë do të marrin shenjat e virgjërisë së saj dhe do t'ua tregojnë pleqve të qytetit, te porta;

¹⁶ dhe babai i së resë do t'u thotë pleqve: "Unë ia dhashë time bijë për grua këtij burri, por ai filloi ta urrejë,

¹⁷ dhe tani e akuzon për gjëra të turpshme, duke thënë: Nuk gjeta tek jote bijë shenjat e virgjërisë; por këto janë shenjat e virgjërisë të bijës sime". Dhe do të shpalosin çarçafin përpara pleqve të qytetit.

¹⁸ Atëherë pleqtë e atij qyteti do të marrin bashkëshortin dhe do ta dënojnë me rrahje;

¹⁹ dhe duke qenë se i ka hapur një nam të keq një virgjëreshe të Izraelit, do t'i vënë një gjobë prej njëqind siklash argjendi, që do t'ia japin të atit të së resë; kështu ajo do të mbetet bashkëshorte e tij dhe ai nuk do të mund ta përzërë deri sa të rrojë.

²⁰ Por në qoftë se vërtetohet fakti dhe tek e reja nuk janë gjetur shenjat e virgjërisë,

²¹ atëherë do ta nxjerrin të renë te pragu i shtëpisë së babait të saj dhe njerëzit e qytetit të saj do ta vrasin me gurë, dhe ajo ka për të vdekur, sepse ka kryer një vepër të turpshme në Izrael, duke u bërë kurvë në shtëpinë e atit të saj. Kështu do të shkulësh të keqen nga gjiri juaj

²² Në rast se një burrë gjendet në shtrat me një grua të martuar, do të vriten që të dy, si burri që ka rënë me gruan dhe gruaja. Kështu do të shkulësh të keqen nga gjiri i Izraelit.

²³ Kur një vajzë e virgjër është e fejuar, dhe një burrë e gjen në qytet dhe bie në shtrat me të,

²⁴ që të dy do t'i çoni në portën e atij qyteti dhe do t'i vritni me gurë, dhe ata do të vdesin: vajza sepse, ndonëse ishte në qytet, nuk bërtiti, dhe burri sepse ka çnderuar gruan e të afërmit të tij. Kështu do ta shkulësh të keqen nga gjiri yt.

²⁵ Por në rast se burri gjen një vajzë të fejuar, në arë, e dhunon dhe shtrihet me të, atëherë do të vritet vetëm burri që është shtrirë me të;

²⁶ por nuk do t'i bësh asgjë vajzës; kjo nuk ka asnjë mëkat që meriton vdekjen, sepse ky rast është si ai kur një njeri ngrihet kundër të afërmit të tij dhe e vret;

²⁷ në fakt ai e gjeti në arë; vajza e fejuar ka bërtitur, por nuk kishte njeri që ta shpëtonte.

²⁸ Në rast se një burrë gjen një vajzë të virgjër që nuk është e fejuar, e merr dhe bie në shtrat me të, dhe kapen në flagrancë,

²⁹ burri që është shtrirë me të do t'i japë atit të vajzës pesëdhjetë sikla argjendi dhe ajo do të bëhet bashkëshortja e tij, sepse e ka çnderuar dhe nuk mund ta përzërë sa të jetë gjallë.

³⁰ Asnjeri nuk ka për të marrë gruan e atit të tij, as ka për të ngritur skajin e mbulesës së atit të tij".

Kapitull 23

¹ "Ai që është tredhur me anë të shtypjes apo të gjymtimit, nuk ka për të hyrë në asamblenë e Zotit.

² Një kopil nuk do të hyjë në asamblenë e Zotit; asnjë nga pasardhësit e tij, qoftë edhe ata të brezit të dhjetë, s'ka për të hyrë në asamblenë e Zotit.

³ Amoniti dhe Moabiti nuk do të hyjnë në asamblenë e Zotit, asnjë nga pasardhësit e tyre, as edhe në brezin e dhjetë, nuk kanë për të hyrë kurrë në asamblenë e Zotit,

⁴ sepse nuk ju pritën në rrugë me bukë dhe me ujë kur dolët nga Egjipti dhe sepse rekrutuan kundër jush Balaamin, birin e Beorit nga Pethori i Mesopotamisë, për t'ju mallkuar.

⁵ Megjithatë Zoti, Perëndia yt, nuk deshi të dëgjojë Balaamin; por Zoti, Perëndia yt, e ndërroi për ty mallkimin në bekim, sepse Zoti, Perëndia yt, të do.

⁶ Nuk do t'u kërkosh kurrë as paqen, as begatinë e tyre deri sa të jetosh.

⁷ Nuk do të urresh Idumeon, sepse ai është vëllai yt; nuk do të urresh Egjiptasin, sepse ti ishe i huaj në vendin e tij,

⁸ bijtë që do t'u lindin atyre, në brezin e tretë, do të mund të hyjnë në asamblenë e Zotit.

⁹ Kur të dalësh me ushtrinë kundër armiqve të tu, ruhu nga çdo gjë e keqe.

¹⁰ Në rast se dikush në mes teje është i papastër nga një ngjarje e natës, ka për të dalë nga kampi dhe nuk do të kthehet më;

¹¹ në mbrëmje do të lahet me ujë dhe pas perëndimit të diellit do të mund të kthehet në kamp.

¹² Do të kesh edhe një vend jashtë kampit, dhe do të shkosh atje për nevojat e tua;

¹³ dhe midis veglave të tua do të kesh edhe një kunj dhe kur të shkosh për t'u mbledhur kruspull përjashta, me të do të gërmosh një gropë dhe pastaj do të mbulosh jashtëqitjet e tua.

¹⁴ Me qenë se Zoti, Perëndia yt, ecën në mes të kampit tënd që të të bëjë të lirë dhe që të të japë në dorë armiqtë e tu; prandaj kampi yt do të jetë i shenjtë që Zoti të mos shohë në gjirin tënd asnjë paturpësi dhe të largohet prej teje.

¹⁵ Nuk do t'i dorëzosh pronarit të tij skllavin që i ka ikur për t'u strehuar pranë teje.

¹⁶ Ai do të banojë me ty, në mes jush, në vendin që ka zgjedhur, në atë qytetin tënd që do t'i duket më i mirë; dhe nuk do ta ngacmosh.

¹⁷ Nuk do të ketë asnjë grua që të merret me kurvëri midis bijave të Izraelit, nuk do të ketë asnjë burrë që të merret me kurvëri midis bijve të Izraelit.

¹⁸ Në shtëpinë e Zotit, Perëndisë tënd, nuk do të çosh shpërblimin e një kurve as çmimin e një qeni, për asnjë kusht, sepse këto dy gjëra janë një ndyrësi për Zotin, Perëndinë tënd.

¹⁹ Vëllait tënd nuk do t'i japësh hua me kamatë: interes për të holla, interes për ushqime ose çfarëdo gjë tjetër që huazohet me interes.

²⁰ Të huajit mund t'i japësh hua me kamatë, por jo vëllait tënd, me qëllim që Zoti, Perëndia yt, të të bekojë në të gjitha gjërat mbi të cilat do të vësh dorë në vendin ku je duke hyrë për ta pushtuar.

²¹ Kur lidh një kusht me Zotin, Perëndinë tënd, nuk do të vonosh ta kryesh, sepse i Zoti, Perëndia yt, do të të kërkojë me siguri llogari dhe ti do të ishe fajtor.

²² por në rast se ti nuk lidh kushte, nuk kryen mëkat.

²³ Mbaje fjalën që ka dalë nga goja jote, sepse ke marrë përsipër në mënyrë të neveritshme përpara Zotit, Perëndisë tënd, atë që ke premtuar me gojën tënde.

²⁴ Kur hyn në vreshtin e të afërmit tënd, mund të hash rrush sa të

ngopesh, por nuk do vësh rrush në shportën tënde.

²⁵ Kur hyn në arën e grurit të të afërmit tënd, mund të mbjellësh kallinj; por nuk do të përdorësh drapërin në arën e grurit të të afërmit tënd".

Kapitull 24

¹ "Kur një njeri merr një grua dhe martohet me të, dhe më vonë ndodh që ajo nuk e kënaq më, sepse ai ka gjetur në të diçka të turpshme, le të shkruajë një shkresë ndarjeje, t'ia japë në dorë dhe ta dëbojë nga shtëpia e saj;

² në qoftë se ajo del nga shtëpia e saj dhe bëhet bashkëshorte e një burri tjetër,

³ në rast se bashkëshorti i fundit fillon ta urrejë, ai shkruan për të një shkresë ndarjeje, ia jep në dorë dhe e dëbon nga shtëpia e tij, ose në se bashkëshorti i fundit që e kishte marrë për grua vdes,

⁴ burri i parë që e kishte dëbuar nuk do të mund ta marrë përsëri për grua, pasi ajo është ndotur, sepse kemi të bëjmë me një akt të neveritshëm në sytë e Zotit; dhe ti nuk do ta njollosësh me mëkat vendin që Zoti, Perëndia yt, të jep si trashëgimi.

⁵ Në qoftë se një njeri është i porsamartuar, ai nuk do të shkojë në luftë dhe nuk do t'i ngarkohen detyra; ai do të jetë i lirë në shtëpinë e tij për një vit dhe do të bëjë të lumtur gruan me të cilën është martuar.

⁶ Asnjeri nuk do të marrë peng gurin e mokrës së poshtme apo atë të sipërme, sepse do të ishte njëlloj siur të merrte peng jetën e dikujt.

⁷ Në rast se kapet një njeri duke rrëmbyer një nga vëllezërit e tij ndër bijtë e Izraelit, dhe e trajton keq dhe e shet, ai rrëmbyes do të vritet; kështu do ta shkulësh të keqen nga gjiri yt.

⁸ Në raste lebre trego kujdes të madh dhe bëj gjithçka t'ju mësojnë priftërinjtë levitë; do të keni kujdes të veproni ashtu siç i kam urdhëruar.

⁹ Mbaj mend atë që Zoti, Perëndia yt, i bëri Miriamit gjatë udhëtimit, mbas daljes suaj nga Egjipti.

¹⁰ Kur i jep hua diçka të afërmit tënd nuk do të hysh në shtëpinë e tij për të marrë pengun e tij;

¹¹ do të rrish jashtë saj, dhe njeriu të cilit i ke dhënë hua do të ta sjellë jashtë pengun.

¹² Dhe në rast se ai njeri është i varfër, nuk do të shkosh të flesh duke pasur akoma pengun e tij.

¹³ Duhet t'ia kthesh pengun në perëndim të diellit, në mënyrë që ai të flerë në mantelin e tij dhe të të bekojë; dhe kjo do të vihet në llogarinë e drejtësisë para syve të Zotit, Perëndisë tënd.

¹⁴ Nuk do t'i hash hakun argatit të varfër dhe nevojtar, qoftë ai një nga vëllezërit e tu apo një nga të huajit që banojnë në vendin tënd, brenda portave të tua;

¹⁵ do t'i japësh pagën e tij po atë ditë, para se të perëndojë dielli, sepse ai është i varfër dhe kjo është dëshira e tij; kështu ai nuk do të bërtasë kundër teje para Zotit dhe ti nuk do të kesh mëkat.

¹⁶ Nuk do të dënohen me vdekje etërit për bijtë e tyre, as do të vriten bijtë për etërit e tyre; secili do të dënohet me vdekje për mëkatin e vet.

¹⁷ Nuk do të cënosh të drejtën e të huajit o të jetimit dhe nuk do të marrësh peng rrobat e gruas së ve;

¹⁸ por do të kujtosh se ke qenë skllav në Egjipt dhe se të ka liruar Zoti, Perëndia yt; prandaj të veprosh në këtë mënyrë.

¹⁹ Kur korr në arën tënde dhe harron aty një demet, nuk do të kthehesh prapa për ta marrë; do të jetë për të huajin, për jetimin dhe gruan e ve, me qëllim që Zoti, Perëndia yt, të të bekojë në tërë veprën e duarve të tua.

²⁰ Kur do të shkundësh kokrrat e ullinjve të tua, nuk do të kthehesh në degët e tyre; ullinjtë që kanë mbetur do të jenë për të huajin, për jetimin dhe për gruan e ve.

²¹ Kur të vjelësh vreshtin tënd, nuk do të kalosh një herë të dytë; vilet e mbetura do të jenë për të huajin, për jetimin dhe për gruan e ve.

²² Dhe do të kujtosh se ke qenë skllav në vendin e Egjiptit; prandaj të urdhëroj të veprosh në këtë mënyrë".

Kapitull 25

¹ "Në rast se fillon një grindje midis burrave dhe ata paraqiten në gjyq, gjykatësit do t'i gjykojnë duke i dhënë pafajësinë të pafajshmit dhe duke dënuar fajtorin.

² Pastaj në se fajtori meriton të rrihet, gjykatësi do të urdhërojë që ta shtrijnë për tokë dhe ta rrahin në prani të tij, me një numër goditjesh simbas shkallës së fajit të tij.

³ Mund t'i jepen dyzet goditje, por jo më tepër, sepse, duke e kaluar këtë masë dhe e rrahur me një numër më të madh goditjesh, yt vëlla të mos përçmohet në sytë e tu.

⁴ Nuk do t'i vësh turizën kaut që shin grurin.

⁵ Në rast se disa vëllezër banojnë bashkë dhe njeri prej tyre vdes pa lënë fëmijë, gruaja e të ndjerit nuk do të martohet me një të huaj jashtë familjes; i kunati do të hyjë tek ajo dhe do ta marrë

⁶ dhe i parëlinduri që ajo do të lindë do të marrë emrin e vëllait të vdekur, me qëllim që emri i tij të mos fshihet në Izrael.

⁷ Por në rast se ai burrë nuk dëshiron të marrë të kunatën, kjo do të ngjitet në portën e pleqve dhe do të thotë: "Im kunat nuk pranon ta ngrerë emrin e vëllait të tij në Izrael; ai nuk dëshiron të kryejë ndaj meje detyrën e kunatit".

⁸ Atëherë pleqtë e qytetit të tij do të thërrasin dhe do t'i flasin; dhe në qoftë se ai ngul këmbë dhe thotë: "Nuk dua ta marr",

⁹ atëherë kunata e tij do t'i afrohet në prani të pleqve do t'i heqë sandalën nga këmba, do ta pështyjë në fytyrë dhe do t'i thotë: "Këtë do të pësojë ai që nuk dëshiron të ndërtojë shtëpinë e vëllait të tij".

¹⁰ Dhe emri i tij në Izrael do të jetë: "Shtëpia e atij të cilit i është hequr sandalja".

¹¹ Në rast se dy burra kanë një grindje midis tyre, dhe gruaja e njerit afrohet për të liruar të shoqin nga duart e atij që e rreh, shtrin dorën dhe e kap nga organet gjenitale, asaj do t'i pritet dora;

¹² syri yt nuk do të ketë mëshirë për të.

¹³ Nuk do të kesh në thesin tënd dy pesha, një të madhe dhe një të vogël.

¹⁴ Nuk do të kesh në shtëpi dy masa, një të madhe dhe një të vogël.

¹⁵ Do të kesh një peshë të saktë dhe të drejtë, do të kesh një masë të saktë dhe të drejtë, me qëllim që ditët e tua të zgjaten në vendin që Zoti, Perëndia yt, po të jep.

¹⁶ Sepse të gjithë ata që kryejnë veprime të tilla, të gjithë ata që sillen në mënyrë jo të drejtë, urrehen nga Zoti, Perëndia yt.

¹⁷ Kujto atë që të bëri Amaleku gjatë rrugës, kur dolët nga Egjipti;

¹⁸ ai doli përballë rrugës, duke sulmuar nga prapa tërë të dobëtit që ishin të fundit, kur ti ishe i lodhur dhe mbaruar, dhe nuk pati fare frikë nga Perëndia.

¹⁹ Kur, pra, Zoti, Perëndia yt, do të sigurojë qetësi nga armiqtë e tu rreth e përqark vendit që Zoti, Perëndia yt, të jep si trashëgimi për ta pushtuar, do të fshish kujtimin e Amalekut nën qiellin; mos e harro!".

Kapitull 26

¹ "Kur të hysh në vendin që Zoti, Perëndia yt, të jep si trashëgimi, dhe ta shtiesh në dorë dhe të banosh në të,

² do të marrësh disa nga prodhimet e para të të gjitha prodhimeve të tokës së mbledhura nga ti në vendin që Zoti, Perëndia yt, po të jep, do t'i vësh në një shportë dhe do të shkosh në vendin që Zoti, Perëndia yt, ka zgjedhur për të ruajtur emrin e tij.

³ Pastaj do t'i paraqitesh priftit në funksion ato ditë dhe do t'i thuash: "Unë i deklaroj sot Zotit, Perëndisë tënd, që kam hyrë në vendin që Zoti u betua t'u japë etërve tanë".

⁴ Atëherë prifti do të marrë shportën nga duart e tua dhe do ta vërë përpara altarit të Zotit, Perëndisë tënd;

⁵ dhe ti do të përgjigjesh duke thënë para Zotit, Perëndisë tënd: "Ati im ishte një Arameo para se të vdesë; ai zbriti në Egjipt dhe banoi aty si i huaj me pak njerëz; aty u bë një komb i madh, i fuqishëm dhe i shumtë.

⁶ Por Egjiptasit na trajtuan keq, na shtypën dhe na imponuan një skllavëri të rëndë.

⁷ Atëherë bërtitëm dhe Zoti, Perëndia i etërve tanë, e dëgjoi zërin tonë, pa dëshpërimin tonë, punën tonë të rëndë dhe shtypjen tonë.

⁸ Kështu Zoti na nxori nga Egjipti me një dorë të fuqishme dhe me krah të shtrirë, me gjëra të tmerrshme e me mrekulli dhe me shenja;

⁹ pastaj na solli këtu dhe na dha këtë vend, ku rrjedh qumësht dhe mjaltë.

¹⁰ Dhe ja tani unë solla prodhimet e para të tokës që ti, o Zot, më ke dhënë!". Do t'i vendosësh para Zotit, Perëndisë tënd, dhe do të biesh përmbys përpara Zotit, Perëndisë tënd;

¹¹ dhe do të gëzoheni, ti, Leviti dhe i huaji që ndodhet në radhët e tua për të mirat që Zoti, Perëndia yt, të ka dhënë ty dhe shtëpisë sate.

¹² Kur të kesh mbaruar së dhëni tërë të dhjetat e të ardhurave të tua në vitin e tretë, viti i të dhjetave, dhe ua ke dhënë Levitit, të huajit, jetimit dhe gruas së ve, me qëllim që t'i hanë brenda portave të tua dhe të ngopen,

¹³ do të thuash përpara Zotit, Perëndisë tënd: "Unë kam hequr nga shtëpia ime atë që është shenjtëruar dhe ua kam dhënë Levitit, të huajit, jetimit dhe gruas së ve, në bazë të të gjitha gjërave që më ke urdhëruar; nuk kam shkelur as kam harruar asnjë nga urdhrat e tua.

¹⁴ Nuk i hëngra gjatë zisë sime, nuk mora prej tyre kur isha i papastër dhe nuk ua ofrova të vdekurve; iu binda zërit të Zotit, Perëndisë tim, dhe veprova në bazë të të gjitha gjërave që më ke urdhërar.

Ligji i Përtërirë

15 Kthe ndaj nesh vështrimin tënd nga banesa jote e shenjtë, nga qielli, dhe beko popullin tënd të Izraelit dhe vendin që na ke dhënë, siç iu betove etërve tanë, një vend ku rrjedh qumësht e mjaltë.

16 Sot Zoti, Perëndia yt, të urdhëron të zbatosh në praktikë këto statute dhe dekrete; ki kujdes që t'i zbatosh me gjithë zemër dhe me gjithë shpirt.

17 Ti sot deklarove që Zoti është Perëndia yt, që do të ecësh në rrugët e tij dhe do të respektosh statutet, urdhërimet dhe dekretet e tij, dhe do t'i bindesh zërit të tij.

18 Sot Zoti ka deklaruar gjithashtu që ti je popull i tij, një thesar i veçantë, siç ka thënë, me qëllim që ti të respektosh të githa urdhërimet e tij,

19 dhe ti të mund të lartësohesh mbi të gjitha kombet që ai ka bërë për lavdi, famë dhe zulmë dhe që ti të jesh një popull i shenjtëruar për Zotin, Perëndinë tënd, ashtu siç e ka thënë ai".

Kapitull 27

1 Atëherë Moisiu dhe pleqtë e Izraelit i dhanë popullit këtë urdhër: "Respektoni të gjitha urdhërimet që po ju caktoj sot.

2 Ditën që do të kapërceni Jordanin për të hyrë në vendin që Zoti, Perëndia juaj, ju jep, do të ngresh për vete gurë të mëdhenj dhe do t'i lyesh me gëlqere.

3 Pastaj do të shkruash mbi ta tërë fjalët e këtij ligji, kur të kapërcesh Jordanin për të hyrë në vendin që Zoti, Perëndia yt, të jep, një vend ku rrjedh qumësht dhe mjaltë, ashtu si të ka thënë Zoti, Perëndia i etërve të tu.

4 Kështu, pra, kur të kaloni Jordanin, do të ngrini në malin Ebal këta gurë, që sot ju urdhëroj, dhe do t'i lyeni me gëlqere.

5 Aty do t'i ngresh edhe një altar Zotit, Perëndisë tënd, një altar gurësh, mbi të cilët nuk do të përdorësh vegël hekuri.

6 Do të ndërtosh altarin e Zotit, Perëndisë tënd, me gurë të paçënuar, dhe mbi të do t'i ofrosh olokauste Zotit, Perëndisë tënd.

7 Do të ofrosh flijime falenderimi, dhe aty do të hash dhe do të gëzohesh përpara Zotit, Perëndisë tënd.

8 Dhe do të shkruash mbi këta gurë tërë fjalët e këtij ligji me gërma shumë të qarta".

9 Pastaj Moisiu dhe priftërinjtë levitë i folën tërë Izraelit, duke thënë: "Mbaj qetësi dhe dëgjo, o Izrael! Sot je bërë populli i Zotit, Perëndisë tënd.

10 Do t'i bindesh, pra, zërit të Zotit, Perëndisë tënd, dhe do t'i zbatosh në praktikë urdhërimet dhe ligjet që sot të urdhëroj".

11 Po atë ditë Moisiu i dha këtë urdhër popullit, duke i thënë:

12 "Ja ata do të rrijnë në malin Gerizim për të bekuar popullin kur të keni kapërcyer Jordanin: Simeoni, Levi, Juda, Isakari, Jozefi dhe Beniamini;

13 dhe ja ata që do të rrijnë në malin Ebal për të shqiptuar mallkimin: Rubeni, Gadi, Asheri, Zabuloni, Dani dhe Neftali.

14 Levitët do të flasin dhe do t'u thonë me zë të lartë gjithë burrave të Izraelit:

15 "Mallkuar qoftë ai njeri që bën një shëmbëlltyrë të gdhendur o prej metali të shkrirë, gjë e neveritshme për Zotin, vepër e duarve të një artizani, dhe e vendos në një vend sekret!". Dhe tërë populli do të përgjigjet dhe do të thotë: "Amen".

16 "Mallkuar qoftë ai që përçmon atin ose nënën e tij!". Dhe tërë populli do të thotë: "Amen".

17 "Mallkuar qoftë ai që zhvendos kufijtë e të afërmit të tij!". Dhe tërë populli do të thotë: "Amen".

18 "Mallkuar qoftë ai që i humb rrugën të verbërit!". Dhe tërë populli do të thotë: "Amen".

19 "Mallkuar qoftë ai që cënon të drejtën e të huajit, të jetimit dhe të gruas së ve!". Dhe tërë populli do të thotë: "Amen".

20 "Mallkuar qoftë ai që bie në shtrat me gruan e atit të tij,; sepse ka ngritur cepin e mbulesës së atit të tij!". Dhe tërë populli do të thotë: "Amen".

21 "Mallkuar qoftë ai që bie në shtrat me çfarëdo kafshë!". Dhe tërë populli do të thotë: "Amen".

22 "Mallkuar qoftë ai që bie në shtrat me motrën e tij, me bijën e atit të tij ose me bijën e nënes së tij!". Dhe tërë populli do të thotë: "Amen".

23 "Mallkuar qoftë ai që bie në shtrat me vjehrrën e tij!". Dhe tërë populli do të thotë: "Amen".

24 "Mallkuar qoftë ai që vret të afërmin e tij në mënyrë të fshehtë!". Dhe tërë populli do të thotë: "Amen".

25 "Mallkuar qoftë ai që pranon një dhuratë për të goditur për vdekje një të pafajshëm!". Dhe tërë populli do të thotë: "Amen".

26 "Mallkuar qoftë ai që nuk u përmbahet fjalëve të këtij ligji për t'i zbatuar në praktikë!". Tërë populli do të thotë: "Amen".

Kapitull 28

1 "Tani, në rast se ti i bindesh me zell zërit të Zotit, Perëndisë tënd, duke pasur kujdes të zbatosh tërë urdhërimet e tij që sot unë po të urdhëroj, do të ndodhë që Zoti, Perëndia yt, do të lartësojë mbi të gjitha kombet e dheut;

2 të gjitha këto bekime do të bien mbi ty dhe do të të zënë, në rast se dëgjon zërin e Zotit, Perëndisë tënd:

3 Do të jesh i bekuar në qytete dhe në fshatra.

4 I bekuar do të jetë edhe fryti i barkut tënd, fryti i tokës dhe i bagëtisë sate, pjelljet e lopëve të tua dhe fryti i deleve të tua.

5 Të bekuara do të jenë shporta dhe magjija jote.

6 Do të jesh i bekuar kur hyn dhe i bekuar kur del.

7 Zoti do të veprojë në mënyrë që armiqtë e tu, që ngrihen kundër teje, të munden para teje; do të dalin kundër teje nëpër një rrugë, por do të ikin para teje nëpër shtatë rrugë.

8 Dhe Zoti do ta urdhërojë bekimin të ndodhet mbi ty në hambaret e tua dhe mbi të gjitha ato gjëra ku ti do të vësh dorë; dhe do të të bekojë në vendin që Zoti, Perëndia yt, të jep.

9 Zoti do të të vendosë në mënyrë që të jesh për të një popull i shenjtë, ashtu si të është betuar, në qoftë se do të respektosh urdhërimet e Zotit, Perëndisë tënd, dhe do të ecësh në rrugët e tij;

10 kështu tërë popujt e dheut do të shohin që ti je i thirrur me emrin e Zotit, dhe do të kenë frikë prej teje.

11 Zoti, Perëndia yt, do të të mbushë me të mira, me frytin e barkut tënd, me frytin e bagëtisë sate dhe me frytin e tokës sate në vendin që Zoti u betua t'u japë etërve të tu.

12 Zoti do të hapë për ty qiellin, thesarin e tij të mirë, për t'i dhënë tokës sate shiun në kohën e duhur dhe për të bekuar veprën e duarve të tua; ti do t'u japësh hua shumë kombeve, por nuk do të marrësh asgjë hua.

13 Zoti do të bëjë që të jesh koka dhe jo bishti, dhe do të jesh gjithnjë lart dhe kurrë poshtë, në rast se u bindesh urdhërimeve të Zotit, Perëndisë tënd, që sot të urdhëron t'i respektosh dhe t'i zbatosh në praktikë.

14 Kështu nuk do të shmangesh as djathtas, as majtas nga asnjë prej fjalëve që sot ju urdhëroj, për të shkuar pas perëndive të tjera dhe për t'u shërbyer atyre.

15 Por në rast se nuk i bindesh zërit të Zotit, Perëndisë tënd, për të respektuar me kujdes të gjitha urdhërimet dhe të gjitha statutet e tij që sot të urdhëroj, do të ndodhë që të gjitha këto mallkime do të bien mbi ty dhe do të të gjejnë.

16 Do të jesh i mallkuar në qytet dhe do të jesh i mallkuar në fshat.

17 Të mallkuara do të jenë shporta jote dhe magjija jote.

18 I mallkuar do të jetë fryti i barkut tënd, fryti i tokës sate, pjelljet e lopëve të tua dhe fryti i deleve të tua.

19 Do të jesh i mallkuar kur hyn dhe i mallkuar kur del.

20 Zoti do të dërgojë kundër teje mallkimin, rrëmujën dhe mosmiratimin për çdo gjë mbi të cilën do të vësh dorë dhe që do të bësh, deri sa ti të shkatërrohesh dhe të vdesësh shpejt, për shkak të ligësisë së veprimeve të tua në të cilat më ke braktisur.

21 Zoti do të bëjë që të të zërë murtaja, deri sa të konsumohesh prej saj në vendin ku je duke hyrë për ta pushtuar.

22 Zoti do të godasë me ligështim, me ethe, me mahisje, me vapë djegëse, me shpatë, me plasje dhe vrug, që do të ndjekin deri në shkatërrimin tënd.

23 Qielli mbi kokën tënde do të jetë prej bakri dhe toka poshtë teje do të jetë prej hekuri.

24 Zoti do ta kthejë shiun e vendit tënd në rërë dhe pluhur, që do të bien mbi ty deri sa të shkatërrohesh.

25 Zoti do të të braktisë në disfatë dhe në masakër para armiqve të tu; do të dalësh kundër tyre nga një rrugë dhe do të largohesh prej tyre duke ua mbathur nëpër shtatë rrugë; dhe kështu do të bëhesh një objekt urrejtjeje nga ana e të gjitha mbretërive të dheut.

26 Kufomat e tua do t'u shërbejnë si ushqim tërë zogjve të qiellit dhe kafshëve të tokës, dhe askush nuk ka për t'i përzenë.

27 Zoti do të të godasë me ulcerën e Egjiptit, me hemorroidet, me zgjeben dhe me qerren, sëmundje nga të cilat nuk do të mund të shërohesh.

28 Zoti do të të godasë me marrëzinë, me verbërinë dhe me shushatjen e zemrës;

29 dhe do të ecësh me tahmin në mes të ditës, ashtu si ecën i verbëri në errësirë; nuk do të kesh mbarësi në rrugët e tua, por do të jesh vetëm i shtypur dhe i zhveshur vazhdimisht pa pasur ndihmën e askujt.

30 Do të fejohesh me një femër, por një burrë tjetër do të bjerë në shtrat me të; do të ndërtosh një shtëpi, por nuk do të banosh në të; do të mbjellësh një vresht, por nuk do të mbledhësh rrushin e tij.

31 Kau yt do të vritet para syve të tu, por ti nuk do të hash mishin e

tij; gomarin tënd do të ta marrin në praninë tënde dhe nuk do të ta kthejnë; delet e tua do t'ua japin armiqve të tu dhe askush nuk do të të ndihmojë.

³² Bijtë e tu dhe bijat e tua do t'i jepen një populli tjetër; sytë e tu do të shikojnë dhe do të përgjerohen tërë ditën nga dëshira për t'i parë, dhe dora jote do të jetë pa fuqi.

³³ Një popull që ti nuk e ke njohur, do të hajë frytin e tokës sate dhe të gjithë mundit tënd, dhe pa tjetër do të jesh i shtypur dhe i dërmuar vazhdimisht.

³⁴ Do të çmëndesh para pamjes që do të shohin sytë e tu.

³⁵ Zoti do të të godasë në gjunjët dhe në kofshët me një ulcer të keqe, nga e cila nuk do të mund të shërohesh, nga tabani i këmbëve deri në majë të kokës.

³⁶ Zoti do të të çojë ty dhe mbretin tënd, që e ke vënë mbi ty, në një komb që as ti, as etërit e tu, nuk e keni njohur; dhe atje do t'u shërbeni perëndive të tjera prej druri dhe prej guri;

³⁷ dhe do të bëhesh objekt habie, proverbi dhe talljeje në mes tërë popujve pranë të cilëve do të të çojë Zoti.

³⁸ Do të çosh shumë farë në arë por do të korrësh pak, sepse karkaleci do ta gllabërojë.

³⁹ Do të mbjellësh vreshta, do t'i punosh, por nuk do të pish verë as do të mbledhësh rrush, sepse krimbi do t'i hajë.

⁴⁰ Do të kesh ullinj në të gjithë territorin tënd, por nuk do të lyesh me vaj, sepse ullinjtë e tu do të bien.

⁴¹ Do të të lindin bij dhe bija, por nuk do të jenë të tutë, sepse do të shkojnë në skllavëri.

⁴² Tërë pemët e tua dhe frytet e tokës sate do të jenë pre nga karkalecit.

⁴³ I huaji që ndodhet në mes teje do të ngrihet gjithnjë e më lart mbi ty dhe ti do të biesh gjithnjë e më poshtë.

⁴⁴ Ai do të japë hua, por ti nuk do t'i japësh hua atij; ai do të jetë koka dhe ti bishti.

⁴⁵ Të gjitha këto mallkime do të bien mbi ty, do të të ndjekin dhe do të të zënë deri sa të shkatërrohesh, sepse nuk iu binde zërit të Zotit, Perëndisë tënd, duke respektuar urdhërimet dhe statutet që ai të ka urdhëruar.

⁴⁶ Ato do të jenë si një shenjë dhe si një mrekulli për ty dhe pasardhësit e tu, për gjithnjë.

⁴⁷ Sepse nuk i ke shërbyer Zotit, Perëndisë tënd, me gëzim dhe hare në zemër për bollëkun në çdo gjë,

⁴⁸ do t'u shërbesh armiqve të tu që Zoti do të dërgojë kundr teje, në një gjendje urie, etjeje, lakuriqësie dhe mungese të çdo gjëje; dhe ai do të vërë një zgjedhë të hekurt rreth qafës sate deri sa të të shkatërrojë.

⁴⁹ Zoti do të sjellë kundër teje nga larg, nga skajet e dheut, një komb të shpejtë, si shqiponja që fluturon, një komb gjuhën e të cilit ti nuk do ta kuptosh,

⁵⁰ një komb me një pamje të egër që nuk do të respektojë plakun dhe nuk do të ketë mëshirë për të voglin,

⁵¹ dhe do të hajë frytin e bagëtisë sate dhe prodhimin e tokës sate, deri sa të shkatërrohesh; dhe nuk do të lërë as grurë, as musht, as vaj as pjelljet e lopëve të tua ose pjelljet e deleve të tua, deri sa të ketë shkatërruar.

⁵² Dhe do të rrethojë në të gjitha qytetet e tua, deri sa të rrëzohen në të gjithë vendin muret e larta dhe të fortifikuara te të cilat kishte besim. Do të rrethojë në të gjitha qytetet e tua, në të gjithë vendin që Zoti, Perëndia yt, të ka dhënë.

⁵³ Përveç kësaj gjatë rrethimit dhe në fatkeqësinë në të cilën do të të katandisë armiku yt, do të hash frytin e barkut tënd, mishin e bijve dhe të bijave të tua, që Zoti, Perëndia yt, të ka dhënë.

⁵⁴ Njeriu më zemërbutë dhe më delikat do të ketë një zemër kaq keqdashëse ndaj vëllait të tij, ndaj gruas që pushon mbi kraharorin e tij e ndaj fëmijëve që ka akoma,

⁵⁵ sa të mos i japë asnjerit prej tyre mishin e bijve të tij, që ai do të hajë për vete, sepse nuk do t'i mbetet asgjë gjatë rrethimit dhe në mjerimin në të cilin do ta katandisin armiqtë e tu në të gjitha qytetet e tua.

⁵⁶ Gruaja më zemërbutë dhe delikate midis jush, që për delikatesën dhe elegancën e saj do të kishte guxuar të vendoste tabanin e këmbës në tokë, do të ketë një zemër keqbërëse ndaj burrit që pushon mbi gjirin e saj, ndaj djalit dhe vajzës së saj,

⁵⁷ ndaj placentës që del nga barku i saj dhe ndaj fëmijëve që lind, sepse ajo do t'i hajë fshehurazi, për shkak se çdo gjë mungon gjatë rrethimit dhe për shkak të mjerimit të madh që do të pësosh nga armiqtë e tu në të gjitha qytetet e tua.

⁵⁸ Po të mos kesh kujdes të zbatosh në praktikë të gjitha fjalët e këtij ligji, që janë shkruar në këtë libër, duke pasur frikë nga ky emër i lavdishëm dhe i tmerrshëm, Zoti, Perëndia yt,

⁵⁹ atëherë Zoti do të lëshojë mbi ty dhe mbi pasardhësit e tu mjerime të papërshkrueshme, të mëdha dhe të zgjatura, si dhe sëmundje të këqija dhe të qëndrueshme;

⁶⁰ përveç kësaj do të kthejë mbi ty të gjitha sëmundjet e Egjiptit, nga të cilat kishe frikë, dhe ato do të të ngjiten.

⁶¹ Edhe gjitha sëmundjet dhe tërë fatkeqësitë e pashkruara në librin e këtij ligji, Zoti do t'i sjellë mbi ty, deri sa të shkatërrohesh.

⁶² Kështu do të mbeteni pak, mbasi keni qenë shumë si yjet e qiellit, sepse nuk i je bindur zërit të Zotit, Perëndisë tënd.

⁶³ Dhe do të ndodhë që, ashtu si Zoti ndjente kënaqësi t'ju bënte të mirë dhe t'ju shumëzonte, po kështu Zoti do të ndjejë kënaqësi duke ju zhdukur dhe shkatërruar; dhe do t'ju rrëmbejnë nga vendi ku po hyni për ta pushtuar.

⁶⁴ Zoti do të të shpërndajë midis tërë popujve, nga njeri skaj i tokës në tjetrin; dhe atje ti do t'u shërbesh perëndive të tjera, që as ti as etërit e tu nuk i keni njohur kurrë, perëndi prej druri dhe prej guri.

⁶⁵ Dhe midis atyre kombeve nuk do të gjesh prehje dhe vend ku të pushojnë tabanët e këmbëve të tua; aty Zoti do të të japë një zemër të drithëruar, sy përgjërues dhe ankth në shpirt.

⁶⁶ Jeta jote do të qëndrojë përpara pezull në pasiguri; do të dridhesh natën dhe ditën dhe nuk do të kesh asnjë siguri për qenien tënde.

⁶⁷ Në mëngjes do të thuash: "Ah, të ishte mbrëmje!", dhe në mbrëmje do të thuash: "Ah, të ishte mëngjes!", për shkak të llahtarës që do të mbushë zemrën tënde dhe të pamjes që do të shohin sytë e tu.

⁶⁸ Dhe Zoti do të të kthejë në Egjipt me anije, nëpër rrugën që të pata thënë: "Nuk do ta shohësh më kurrë". Dhe aty do t'ju ofrojnë armiqve tuaj për t'ju shitur si skllevër dhe si skllave, por askush nuk do t'ju blejë".

Kapitull 29

¹ Këto janë fjalët e besëlidhjes që Zoti i urdhëroi Moisiut të përfundonte me bijtë e Izraelit në vendin e Moabit, përveç besëlidhjes që kishte bërë me ta në malin Horeb.

² Moisiu thirri tërë Izraelin dhe u tha atyre: "Ju keni parë të gjitha ato që i ka bërë Zoti në Egjipt para syve tuaj Faraonit, të gjithë shërbëtorëve të tij dhe tërë vendit;

³ sytë tuaj kanë parë mjerimet e mëdha, shenjat dhe mrekullitë e mëdha;

⁴ por deri sot Zoti nuk ju ka dhënë zemër për të kuptuar, sy për të parë dhe veshë për të dëgjuar.

⁵ Unë ju kam udhëhequr dyzet vjet në shkretëtirë; rrobat tuaja nuk ju janë prishur në trup, sandalet tuaja nuk iu janë konsumuar në këmbët tuaja.

⁶ Nuk keni ngrënë bukë dhe nuk keni pirë verë as pije dehëse, me qëllim që të njihnit që unë jam Zoti, Perëndia juaj.

⁷ Kur arritët në këtë vend, Sihoni, mbret i Heshbonit, dhe Ogu, mbret i Bashanit, dolën kundër nesh për të luftuar, por ne i mundëm.

⁸ pushtuam vendin e tyre dhe ia dhamë në trashëgimi Rubenitëve, Gaditëve dhe gjysmës së fisit të Manasit.

⁹ Respektoni, pra, fjalët e kësaj besëlidhje dhe zbatojeni në praktikë, me qëllim që të keni mbarësi në çdo gjë që bëni.

¹⁰ Sot të gjithë ju ndodheni para Zotit, Perëndisë tuaj: krerët tuaj, fiset tuaja, pleqtë tuaj, zyrtarët tuaj, tërë njerëzit e Izraelit,

¹¹ fëmijët tuaj, gratë tuaja dhe i huaji që ndodhet në mes të kampit tënd, duke filluar nga ai që çan drutë deri tek ai që nxjerr ujin tënd,

¹² për të hyrë në besëlidhjen e Zotit, Perëndisë tënd, dhe në betimin e tij që Zoti, Perëndia yt, bën sot me ty,

¹³ për të të vendosur sot si popull i tij dhe për të qënë Perëndia yt, ashtu si të tha dhe si iu betua etërve të tu, Abrahamit, Isakut dhe Jakobit.

¹⁴ Unë e bëj këtë besëlidhje dhe këtë betim jo vetëm me ju,

¹⁵ por edhe me ata që janë sot para Zotit, Perëndisë tonë, dhe me ata që sot nuk janë këtu me ne.

¹⁶ (Sepse ju e dini që kemi banuar në vendin e Egjiptit dhe kemi kaluar në mes të kombeve, që u keni rënë mes për mes;

¹⁷ dhe keni parë gjërat e tyre të neveritshme, idhujt e tyre prej druri, guri, argjendi dhe ari, që ndodhen në mes tyre).

¹⁸ Të mos ketë midis jush burrë a grua, familje a fis zemra e të cilit të largohet nga Zoti, Perëndia ynë, dhe të shkojë t'u shërbejë perëndive të këtyre kombeve, nuk duhet të ketë midis jush asnjë rrënjë që prodhon helmin dhe pelinin;

¹⁹ dhe të mos ndodhë që dikush, duke dëgjuar fjalët e këtij betimi, të vetëbekohet në zemër të tij, duke thënë: "Do të kem paqe, edhe sikur të eci në kokëfortësinë e zemrës sime", ashtu si i dehuri të mund të përfshihej të përkorin.

²⁰ Por Zoti nuk mund ta falë kurrë; por në këtë rast zemërimi i Zotit dhe zilia e tij do të ndizen kundër tij dhe të gjitha mallkimet që janë shkruar në këtë libër do të bien mbi të, dhe Zoti do ta fshijë emrin e

Ligji i Përtërirë

tij poshtë qiellit;

²¹ Zoti do ta veçojë për ta shkatërruar nga të gjitha fiset e Izraelit, simbas të gjitha mallkimeve të besëlidhjes së shkruar në këtë libër të ligjit.

²² Kështu brezi i ardhshëm i bijve tuaj që do të dalë pas jush dhe i huaji që do të vijë nga një vend i largët, duke parë mjerimet dhe lëngatat që Zoti u ka dhënë, do të thonë:

²³ "Tërë toka është squfur, kripë, zjarrmi; nuk është mbjellë, nuk prodhon më asgjë dhe në të nuk rritet asnjë bar, ashtu si pas shkatërrimit të Sodomës, të Gomorrës, të Admahut dhe të Tseboimit, që Zoti shkatërroi gjatë zemërimit dhe tërbimit të tij".

²⁴ Po, të gjitha kombet do të thonë: "Pse Zoti e trajtoi kështu këtë vend? Pse ky zemërim kaq i madh?".

²⁵ Atëherë do të përgjigjen: "Sepse kanë braktisur besëlidhjen e Zotit, Perëndisë së etërve të tyre, që ai lidhi me ta kur i nxori nga vendi i Egjiptit;

²⁶ sepse ata shkuan t'u shërbejnë perëndive të tjera dhe ranë përmbys përpara tyre, perëndi që ata nuk i njihnin dhe që Zoti nuk u kishte dhënë atyre.

²⁷ Për këtë arësye u ndez zemërimi i Zotit kundër këtij vendi, me qëllim që të gjitha mallkimet e shkruara në këtë libër të binin mbi të;

²⁸ dhe Zoti i shkëputi nga vendi i tyre me zemërim, me tërbim dhe me indinjatë të madhe dhe i hodhi në një vend tjetër, siç po ndodh sot".

²⁹ Gjërat e fshehta i përkasin Zotit, Perëndisë tonë, por gjërat e shfaqura janë për ne dhe për bijtë tanë për gjithnjë, me qëllim që të zbatojmë në praktikë tërë fjalët e këtij ligji".

Kapitull 30

¹ "Kështu, kur të të kenë rënë në kurriz tërë këto gjëra, bekimi dhe mallkimi që unë të kam vënë përpara, dhe ti do t'ua kujtosh të gjitha kombeve në mes të të cilëve Zoti, Perëndia yt, do të ketë dëbuar,

² dhe kur të kthehesh tek Zoti, Perëndia yt, dhe t'i bindesh zërit të tij, ti dhe bijtë e tu, me gjithë zemër e më gjithë shpirt, duke respektuar tërë ato që po të urdhëroj sot,

³ Zoti, Perëndia yt, do të të kthejë nga skllavëria, do të ketë mëshirë për ty dhe do të të mbledhë përsëri nga radhët e të gjithë popujve, ndër të cilët Zoti, Perëndia yt, të kishte shpërndarë.

⁴ Edhe sikur të kesh qenë përzënë në skajin e qiellit, Zoti, Perëndia yt, do të të mbledhë dhe do të të marrë që andej.

⁵ Zoti, Perëndia yt, do të të rikthejë në vendin që etërit e tu kanë zotëruar dhe ti do ta zotërosh atë; dhe ai do të bëjë të mira dhe do të të shumëzojë më tepër se etërit e tu.

⁶ Zoti, Perëndia yt, do ta rrethpresë zemrën tënde dhe zemrën e pasardhësve të tu, që ti ta duash Zotin, Perëndinë tënd, me gjithë zemër e me gjithë shpirt, dhe kështu ti të jetosh.

⁷ Dhe Zoti, Perëndia yt, do t'i lëshojë tërë këto mallkime mbi armiqtë e tu dhe mbi tërë ata që të urrejnë dhe të kanë persekutuar.

⁸ Ti përkundrazi do të kthehesh dhe do t'i bindesh zërit të Zotit dhe do të zbatosh në praktikë të gjitha urdhërimet që të porosit sot.

⁹ Zoti, Perëndia yt, do të sjellë shumë mbarësi në gjithë veprën e duarve të tua, në frytin e barkut tënd, në frytin e bagëtisë sate dhe në frytin e tokës sate; sepse Zoti do të kënaqet përsëri duke të të bërë të mirën, ashtu si u kënaq kur ua bëri etërve të tu,

¹⁰ sepse do t'i bindesh zërit të Zotit, Perëndisë tënd, duke respektuar urdhërimet dhe statutet e tij që janë shkruar në këtë libër të ligjit, sepse do të jesh rikthyer tek Zoti, Perëndia yt, me gjithë zemër dhe me gjithë shpirt.

¹¹ Ky urdhërim që të jap sot nuk është shumë i vështirë për ty, as shumë larg teje.

¹² Nuk është në qiell, që ti të thuash: "Kush do të ngjitet në qiell që të na e sjellë dhe ta dëgjojmë, me qëllim që ta zbatojmë në praktikë?".

¹³ Dhe nuk është matanë detit që ti të thuash: "Kush do të kalojë për ne matanë detit që të na e sjellë dhe ta dëgjojmë, në mënyrë që ta zbatojmë në praktikë?".

¹⁴ Por fjala është shumë afër teje; është në gojën tënde dhe në zemrën tënde, që ti ta zbatosh në praktikë.

¹⁵ Shiko, unë vë sot para teje jetën dhe të mirën, vdekjen dhe të keqen;

¹⁶ prandaj unë të urdhëroj ta duash Zotin, Perëndinë tënd, të ecësh në rrugët e tij, të respektosh urdhërimet, statutet dhe dekretet e tij, që ti të jetosh dhe të shumëzohesh; dhe Zoti, Perëndia yt, do të bekojë në vendin që ti po shkon për ta pushtuar.

¹⁷ Por në qoftë se zemra jote shikon gjetiu dhe ti nuk bindesh dhe e lë veten të biesh përmbys para perëndive të tjera dhe t'u shërbesh atyre,

¹⁸ unë ju deklaroj sot që me siguri keni për t'u zhdukur, që nuk do t'i zgjatni ditët tuaja në vendin ku po gatiteni të hyni për ta pushtuar, duke kaluar Jordanin.

¹⁹ Unë marr sot si dëshmitarë kundër teje qiellin dhe tokën, që unë të kam vënë përpara jetës dhe vdekjes, bekimit dhe mallkimit; zgjidh, pra, jetën që të mund të jetoni ti dhe pasardhësit e tu,

²⁰ dhe të mund ta duash Zotin, Perëndinë tënd, t'i bindesh zërit të tij dhe të qendrosh i lidhur ngushtë me të, sepse ai është jeta jote dhe gjatësia e ditëve të tua, kështu që ti të mund të jetosh në vendin që Zoti u betua t'u japë etërve të tu: Abrahamit, Isakut dhe Jakobit".

Kapitull 31

¹ Moisiu shkoi dhe u drejtoi edhe këto fjalë tërë Izraelit,

² dhe u tha banorëve të tij: "Unë jam sot njëqind e njëzet vjeç, nuk mundem më të hyj dhe të dal; përveç kësaj Zoti më ka thënë: "Ti nuk do ta kalosh Jordanin".

³ Zoti, Perëndia yt, do të kalojë ai vetë para teje, dhe do të shkatërrojë para teje këto kombe, dhe ti do t'i shpronësosh; vetë Jozueu do të kalojë para teje, siç e ka thënë Zoti.

⁴ Dhe Zoti do t'u bëjë atyre atë që u bëri Sihonit dhe Ogut, mbretit të Amorejve, dhe vendit të tyre, kur i shkatërroi.

⁵ Zoti do t'i kalojë në pushtetin tuaj dhe ju do t'i trajtoni sipas të gjitha urdhërave që ju kam dhënë.

⁶ Tregohuni të fortë dhe trima, mos kini frikë, mos u trembni prej tyre, sepse Zoti, Perëndia yt, është ai vetë që ecën me ty; ai nuk do të lërë dhe nuk ka për të të braktisur".

⁷ Pastaj Moisiu thirri Jozueun dhe i tha në prani të të gjithë Izraelit: "Qofsh i fortë dhe trim, sepse ti do të hysh bashkë me këtë popull në vendin që Zoti u betua t'u japë etërve të tyre, dhe ti do t'ua japësh atyre si trashëgimi

⁸ Përveç kësaj Zoti vetë ecën para teje; ai do të jetë me ty; nuk do të lërë dhe s'ka për të të braktisur; mos u tremb dhe mos u tmerro".

⁹ Kështu Moisiu e shkrojti këtë ligj dhe ia dorëzoi priftërinjve, bijve të Levit, që mbajnë arkën e besëlidhjes të Zotit dhe të gjithë pleqve të Izraelit.

¹⁰ Pastaj Moisiu i urdhëroi ata, duke thënë: "Në fund të çdo shtatë vjetve, në kohën e caktuar si vit i faljes, në festën e Kasolleve,

¹¹ kur tërë Izraeli do të vijë të paraqitet përpara Zotit, Perëndisë tënd, në vendin që ai ka zgjedhur, do të lexosh këtë ligj para tërë Izraelit, në veshët e tërë izraelitëve.

¹² Do të mbledhësh popullin, burra, gra, fëmijë dhe të huajin që ndodhet brenda portave të tua, që të dëgjojnë dhe të mësojnë të kenë frikë nga Zoti, Perëndia juaj, dhe kenë kujdes të zbatojnë në praktikë tërë fjalët e këtij ligji,

¹³ kështu që bijtë e tyre që akoma nuk e njohin, të dëgjojnë Zotin, Perëndinë tuaj, dhe të kenë frikë prej tij, për të gjithë kohën që do të jetoni në vendin që ju po hyni ta pushtoni, duke kaluar Jordanin".

¹⁴ Pastaj Zoti i tha Moisiut: "Ja, dita e vdekjes sate po afrohet; thirr Jozueun dhe paraqituni në çadrën e mbledhjes me qëllim që të mund t'i jap urdhrat e mia". Moisiu dhe Jozueu shkuan, pra, të paraqiten në çadrën e mbledhjes.

¹⁵ Dhe Zoti u paraqit në çadër në një shtyllë reje; dhe shtylla e resë u ndal në hyrjen e çadrës.

¹⁶ Dhe Zoti i tha Moisiut: "Ja, ti do të shkosh të flesh bashkë me etërit e tu; dhe ky popull do të çohet dhe do të kurvërohet duke shkuar pas perëndive të huaja të vendit në mes të të cilit po shkon; dhe do të më braktisë mua dhe do të shkelë besëlidhjen që kam lidhur me të.

¹⁷ Dhe atë ditë zemërimi im do të ndizet kundër tyre; unë do t'i braktis dhe do t'u fsheh fytyrën time, dhe do të përpihen. Shumë të këqia dhe fatkeqësi do t'u bien përsipër; dhe atë ditë ata do të thonë: "Këto të këqia na kanë zënë ndofta sepse Perëndia ynë nuk është në mes nesh?".

¹⁸ Atë ditë unë do ta fsheh me siguri fytyrën time për shkak të tërë të këqiave që ata kanë bërë, duke iu drejtuar perëndive të tjera.

¹⁹ Tani shkruajeni për ju këtë kantik dhe mësojuani bijve të Izraelit; vëreni në gojën e tyre, me qëllim që ky kantik të më shërbejë si dëshmi kundër bijve të Izraelit.

²⁰ Kur t'i kem futur në vendin, që u premtova etërve të tyre me betim, aty ku rrjedh qumësht dhe mjaltë, dhe ata të kenë ngrënë, të jenë ngopur dhe kenë vënë dhjamë, atëherë do t'u drejtohen perëndive të tjera për t'i shërbyer, dhe do të përçmojnë dhe do të shkelin besëlidhjen time.

²¹ Atëherë do të ndodhë që kur shumë të këqia dhe fatkeqësi do t'u kenë zënë, ky himn fetar do të dëshmojë kundër tyre, sepse ai nuk do të harrohet dhe do të mbetet mbi buzët e pasardhësve të tyre; unë njoh në fakt qëllimet e tyre, edhe para se t'i kem futur në vendin që u kam premtuar me betim".

²² Kështu Moisiu e shkrojti atë ditë këtë kantik dhe ua mësoi bijve të Izraelit.

²³ Pastaj i dha urdhërat e tij Jozueut, birit të Nunit dhe i tha: "Të jesh i fortë dhe trim, sepse ti do t'i futësh bijtë e Izraelit në vendin që u kam premtuar me betim; dhe unë do të jem me ty".

²⁴ Kur Moisiu mbaroi së shkruari në një libër tërë fjalët e këtij ligji,

²⁵ u dha këtë urdhër Levitëve që mbanin arkën e besëlidhjes të Zotit, duke thënë:

²⁶ "Merreni këtë libër të ligjit dhe vendoseni në arkën e besëlidhjes të Zotit, Perëndisë tuaj, me qëllim që të mbetet si një dëshmi kundër teje;

²⁷ sepse unë e njoh frymën tënde rebele dhe fortësinë e qafës sate. Ja, sot kur akoma jam i gjallë midis jush, ju u bëtë rebelë kundër Zotit; aq më tepër do të bëheni mbas vdekjes sime!

²⁸ Mblidhni pranë meje të gjithë pleqtë e fiseve tuaja dhe zyrtarët tuaj, me qëllim që të dëgjojnë këto fjalë dhe unë të thërras të dëshmojnë kundër tyre qiellin dhe tokën.

²⁹ Sepse unë e di që, mbas vdekjes sime, do të korruptoheni plotësisht dhe do të largoheni nga rruga që ju kam urdhëruar, dhe ditët e fundit do të goditeni nga fatkeqësia, sepse keni për të bërë atë që është e keqe për sytë e Zotit, duke provokuar indinjatën e tij me veprën e duarve tuaja".

³⁰ Kështu Moisiu, në veshët e të gjithë asamblesë së Izraelit, shqiptoi fjalët e këtij kantiku deri në fund.

Kapitull 32

¹ "Dëgjoni, o qiej, dhe unë do të flas; dhe dëgjo, o tokë, fjalët e gojës sime.

² Mësimi im do të zbresë si shiu, fjala ime do të pikojë si vesa, si shiu i imët mbi barin e njomë dhe si një rrebesh mbi drurët e vegjël,

³ sepse unë shpall emrin e Zotit. Lëvdoni Perëndinë tonë!

⁴ Ai është Shkëmbi, vepra e tij është e përsosur, sepse në të gjitha rrugët e tij ka drejtësi. Është një Perëndi që nuk e njeh padrejtësinë; ai është i drejtë dhe i mirë.

⁵ Por ata janë korruptuar; nuk janë bij të tij, për shkak të fajit të tyre, janë një brez i shtrëmbër dhe i degjeneruar.

⁶ Kështu doni ta shpërbleni Zotin, o popull i pamend dhe i marrë? A nuk është ai ati yt që të ka blerë? A nuk është ai që të ka bërë dhe të ka vendosur?

⁷ Kujto ditët e lashtësisë, ki parasysh vitet e shumë kohërave të shkuara, pyet atin tënd, dhe ai do të ta tregojë, pyet pleqtë e tu dhe ata do të ta thonë.

⁸ Kur Shumë i Larti u dha kombeve trashëgiminë e tyre, kur ndau bijtë e Adamit, ai përcaktoi kufijtë e popujve, në bazë të numrit të bijve të Izraelit.

⁹ Me qenë se pjesa e Zotit është populli i tij, Jakobi është pjesa e trashëgimisë së tij.

¹⁰ Ai e gjeti në një tokë të shkretë, në një vetmi të helmuar dhe të mjerë. Ai e rrethoi, u kujdes për të dhe e ruajti si bebja e syrit të tij.

¹¹ Ashtu si një shqiponjë nxit zogjtë e saj, fluturon mbi të vegjëlit e saj, shtrin krahët e saj, i merr dhe i mbart mbi krahët e saj,

¹² Zoti e drejtoi vetë, dhe asnjë perëndi e huaj nuk ishte me të.

¹³ Ai e bëri të ngasë me kalë mbi lartësitë e tokës, me qëllim që të hante prodhimin e fushave; e bëri të thithë mjaltin nga shkëmbi dhe vajin nga shkëmbi i strallit,

¹⁴ ajkën e lopëve dhe qumështin e deleve me gjithë yndyrën e qengjave, deshtë e Bashanit dhe cjeptë me majën e miellit të grurit; dhe ti ke pirë verën, gjakun e rrushit.

¹⁵ Por Jeshuruni u majm dhe kundërshtoi (je bërë i majmë, i trashë dhe i dhjamur); braktisi Perëndinë që e ka bërë dhe përçmoi Shkëmbin e shpëtimit të tij.

¹⁶ Ata nxitën smirën e tij me perëndi të huaja, provokuan zemërimin e tij me veprime të neveritshme.

¹⁷ U kanë bërë flijime demonëve që nuk janë Perëndi, perëndive që nuk i njihnin, perëndive të reja, të shfaqura kohët e fundit, që etërit tuaj nuk ua kishin frikën.

¹⁸ Ke lënë pas dore Shkëmbin që të ka pjellë dhe ke harruar Perëndinë që të ka formuar.

¹⁹ Por Zoti e pa këtë dhe i hodhi poshtë, për shkak të provokimit të bijve të tij dhe të bijave të tij,

²⁰ dhe tha: "Unë do t'u fsheh atyre fytyrën time dhe do të shoh cili do të jetë fundi i tyre, sepse janë një brez i degjeneruar, bij tek të cilët nuk ka fare besnikëri.

²¹ Ata më kanë bërë ziliqar me atë që nuk është Perëndi, kanë provokuar zemërimin tim me idhujt e tyre të kotë; dhe unë do t'i bëj ziliqarë me njerëz që nuk janë një popull, do të ngacmoj smirën e tyre me një komb që s'është në vete.

²² Sepse një zjarr është ndezur gjatë zemërimit tim dhe ka për të djegur pjesët më të thella të Sheolit; do të gllabërojë tokën dhe prodhimet e saj dhe do t'u vërë zjarrin themeleve të maleve.

²³ Unë do të mblesh mbi ta mjerime, do t'i mbaroj shigjetat e mia kundër tyre.

²⁴ Ata do të veniten nga uria, do të përpihen nga një vapë djegëse dhe nga një murtajë e tmerrshme; do të dërgoj kundër tyre dhëmbët e kafshëve të egra, me helmin e gjarpërinjve që hiqen zvarrë nëpër pluhur.

²⁵ Nga jashtë shpata do t'i privojë nga fëmijët, nga brenda terrori, duke shkaktuar njëkohësisht vdekjen e të riut dhe të virgjëreshës, të foshnjës së gjirit dhe të plakut të thinjur.

²⁶ Unë kam thënë: "Do t'i fshij një herë e mirë, do të zhduk kujtimin e tyre në mes të njerëzve",

²⁷ por i trembem provokimit të armikut, sepse kundërshtarët e tyre, duke interpretuar keq situatën, mund të thonë: "Triumfoi dora jonë dhe jo Zoti i cili ka bërë tërë këto gjëra!".

²⁸ Sepse janë një komb që ka humbur gjykimin dhe nuk ka në ta asnjë zgjuarësi.

²⁹ Po të ishin të urtë do ta kuptonin këtë, do të merrnin parasysh fundin që i pret.

³⁰ Si do të mundte një person i vetëm të ndiqte një mijë e dyqind veta dhe, dy persona të bënin të iknin dhjetë mijë veta, po të mos i kishte shitur Shkëmbi dhe po të mos i kishte dorëzuar Zoti tek armiku?

³¹ Sepse shkëmbi i tyre nuk është si Shkëmbi ynë; vetë armiqtë tanë janë gjykatësit e tyre;

³² por hardhia e tyre vjen nga hardhia e Sodomës dhe nga fushat e Gomorës; rrushi i tyre është i helmatisur dhe vilet e rrushit të tyre janë të hidhura;

³³ vera e tyre është një helm gjarpërinjsh, një helm mizor gjarpërinjsh helmonjës.

³⁴ E tërë kjo a nuk është ruajtur vallë pranë meje, e vulosur në thesaret e mia?

³⁵ Mua më përket hakmarrja dhe shpërblimi; do të vijë koha dhe do t'u merren këmbët! Sepse dita e gjëmës së tyre është e afërt, dhe gjërat e përgatitura për ta shpejtohen të vijnë.

³⁶ Po, Zoti do të gjykojë popullin e tij, por do t'i vijë keq për shërbëtorët e tij kur të shohë që fuqia e tyre është zhdukur dhe që nuk mbetet më asnjeri, as skllav as i lirë.

³⁷ Atëherë ai do të thotë: "Ku janë perënditë e tyre, shkëmbi në të cilin gjenin strehë,

³⁸ që hanin yndyrën e flijimeve të tyre dhe pinin verën e libacioneve të tyre? Le të ngrihen për t'i ndihmuar dhe për të qenë strehimi juaj!".

³⁹ Tani e shikoni që unë jam Ai dhe që nuk ka Perëndi tjetër përbri meje. Unë të bëj që të vdesësh dhe të jetosh, unë të plagos dhe të shëroj, dhe nuk ka njeri që mund të të lirojë nga dora ime.

⁴⁰ Po, unë ngre dorën time në drejtim të qiellit dhe them: Unë jetoj për gjithnjë.

⁴¹ kur të mpreh shpatën time dhe dora ime të përgatitet të gjykojë, do të hakmerrem me armiqtë e mi dhe do të shpërblej ata që më urrejnë.

⁴² Do t'i deh me gjak shigjetat e mia dhe shpata ime do të gëlltisë mishin, bashkë me gjakun e të vrarëve dhe të robërve, të krerëve flokëgjatë të armikut.

⁴³ Gëzohuni, o kombe, bashkë me popullin e tij, sepse Zoti merr hak për gjakun e shërbëtorëve të tij, merr hak kundër kundërshtarëve të tij, por do të ketë mëshirë për tokën dhe për popullin e tij".

⁴⁴ Kështu Moisiu erdhi bashkë me Jozueun, birin e Nunit, dhe shqiptoi tërë fjalët e këtij kantiku në veshët e popullit.

⁴⁵ Kur Moisiu mbaroi së shqiptuari tërë këto fjalë para tërë Izraelit,

⁴⁶ u tha atyre: "Merrini me zemër tërë fjalët me të cilat kam dëshmuar sot kundër jush. Do t'ua lini porosi bijve, që ata të kenë kujdes të zbatojnë në praktikë tërë fjalët e këtij ligji.

⁴⁷ Sepse kjo nuk është një fjalë pa vlerë për ju, por është jeta juaj; dhe me këtë fjalë do të zgjasni ditët tuaja në vendin ku po hyni për ta pushtuar, duke kapërcyer Jordanin".

⁴⁸ Po atë ditë Zoti i foli Moisiut, duke i thënë:

⁴⁹ "Ngjitu mbi malin e Abarimëve, mbi malin e Nebos, që ndodhet në vendin e Moabit, në bregun e kundërt të Jerikos, dhe vështro vendin e Kanaanit, që unë ju jap bijve të Izraelit.

⁵⁰ Ti ke për të vdekur në malin mbi të cilin po ngjitesh dhe do të bashkohesh me popullin tënd, ashtu si Aaroni, vëllai yt, ka vdekur mbi malin e Horit dhe u bashkua me popullin e tij,

⁵¹ sepse u treguat të pabesë me mua në mes të bijve të Izraelit, në ujërat e Meribës në Kadesh, në shkretëtirën e Tsinit, dhe sepse nuk më shenjtëruat në mes të bijve të Izraelit.

⁵² Ti do ta shikosh vendin para teje, por atje, në vendin që unë ju jap bijve të Izraelit, ti nuk ke për të hyrë".

Ligji i Përtërirë
Kapitull 33

¹ Ky është bekimi me të cilin Moisiu, njeri i Perëndisë, bekoi bijtë e Izraelit, para se të vdiste.

² Dhe u tha: "Zoti erdhi nga Sinai dhe u ngrit mbi ta në Seir; u paraqit në madhështinë e tij nga mali Paran, arriti nga mesi i një morie shenjtorësh; nga e djathta e tyre dilte për ta një ligj i zjarrtë.

³ Me siguri ai i do popujt; të gjithë shenjtorët e tij janë në duart e tua; ata janë ulur në këmbët e tua, secili i dëgjon fjalët e tua.

⁴ Moisiu na ka urdhëruar një ligj, një trashëgimi të asamblesë së Jakobit.

⁵ Ai ka qenë mbret në Jeshuruni, kur mblidheshin krerët e popullit, tërë fiset e Izraelit tok.

⁶ Roftë Rubeni dhe mos vdektë; por njerëzit e tij mbetshin pak".

⁷ Judës përkundrazi i tha këto: "Dëgjo, o Zot, zërin e Judës dhe ktheje tek populli i tij; dora e tij lufton për çështjen e tij; behu ti një ndihmës i tij kundër armiqve të tij.

⁸ Pastaj për Levin tha: "Thumimët dhe Urimët e tu i përkasin njeriut tënd besimtar, që ti provove në Masa dhe me të cilin je grindur në ujërat e Meribës.

⁹ Ai thotë për të atin dhe për të ëmën: "Unë nuk i kam parë"; ai nuk i njohu vëllezërit e tij dhe nuk njohu bijtë; sepse Levitët kanë respektuar fjalën tënde dhe kanë ruajtur besëlidhjen tënde.

¹⁰ Ata u mësojnë dekretet e tua Jakobit dhe ligjin tënd Izraelit; vënë temjanin para teje dhe tërë olokaustin mbi altarin tënd.

¹¹ O Zot, beko forcën e tij dhe prano veprën e duarve të tij. Shpo tej e përtej ata që ngrejnë krye kundër atij dhe që e urrejnë, me qëllim që të mos ngrihen më".

¹² Përsa i përket Beniaminit, ai tha: "I dashuri i Zotit do të banojë me siguri pranë tij. Zoti do ta mbrojë vazhdimisht dhe do të banojë në krahët e tij".

¹³ Përsa i përket Jozefit, ai tha: "Vendi i tij qoftë i bekuar nga Zoti me dhurata të çmuara të qiellit, me vesën, me ujërat e humnerës që ndodhet poshtë,

¹⁴ me frytet e çmuara të diellit, me prodhimet e çmuara të çdo muaji,

¹⁵ me prodhimet më të mira të maleve të lashta, me dhuratat e çmuara të kodrave të përjetshme.

¹⁶ me dhuratat e çmuara të tokës dhe të të gjitha gjërave që ajo përmban. Favori i atij që ishte në ferrishte të bjerë mbi kryet e Jozefit, mbi majën e kokës së atij që është zgjedhur ndërmjet vëllezërve të tij!

¹⁷ Madhështia e tij është si ajo e demit të tij të parëlindur, brirët e tij janë si brirët e një bualli. Me to do të shpojë tërë popujt, deri në skajet e dheut. Këto janë moritë e Efraimit. Këto janë mijërat e Manasit".

¹⁸ Përsa i përket Zabulonit, ai tha: "Gëzoje, Zabulon, daljen tënde, dhe ti Isakar, ndejtjen në çadrat e tua!

¹⁹ Ata do të thërrasin popujt në mal dhe aty do të ofrojnë flijime drejtësie; sepse ata do të thithin bollëkun e detrave dhe thesaret e fshehura në rërë".

²⁰ Përsa i përket Gadit, ai tha: "I bekuar qoftë ai që e shtrin Gadin. Ai rri shtrirë si një luaneshë dhe copëton krahë dhe kafkë.

²¹ Ai shtie në dorë pjesën e parë për veten e tij, sepse aty ishte pjesa e parë e rezervuar e udhëheqësit; ai erdhi me krerët e popullit dhe zbatoi drejtësinë e Zotit dhe dekretet e tij me Izraelin".

²² Përsa i përket Danit, ai tha: "Dani është një luan i vogël, që hidhet nga Bashani".

²³ Përsa i përket Neftalit, ai tha: "O Neftali, i ngopur me favore dhe i mbushur me bekime të Zotit, pushto perëndimin dhe jugun".

²⁴ Përsa i përket Asherit, ai tha: "Më i bekuari nga tërë bijtë qoftë Asheri! Le të jetë i preferuari i vëllezërve të tij dhe të zhysë këmbën e tij në vaj.

²⁵ Sandalet e tij të jenë prej hekuri dhe prej bronzi, dhe forca jote të vazhdojë sa janë ditët e tua.

²⁶ Askush nuk është barabar me Perëndinë e Jeshurunit, që shkon me kalë nëpër qiejtë në ndihmën tënde dhe shkon mbi retë me madhështinë e tij.

²⁷ Perëndia i kohëve të lashta është streha jote dhe poshtë teje ndodhen krahët e tij të përjetshëm. Ai do ta dëbojë armikun para teje dhe do të thotë: "Shkatërroje!".

²⁸ Atëherë Izraeli do ta ndiejë veten të sigurtë, në një vend gruri dhe mushti; dhe qielli i tij di të japë vesë.

²⁹ Ti je i lumtur, o Izrael! Kush është barabar me ty, o popull i shpëtuar nga Zoti? Ai është mburoja që të ndihmon dhe shpata e lavdisë sate. Armiqtë e tu do të nënshtrohen dhe ti do të shkelësh vendet e tyre të larta".

Kapitull 34

¹ Pastaj Moisiu u ngjit nga fusha e Moabit në Malin Nebo, në majën e Pisgahut, që ndodhet në bregun e kundërt të Jerikos. Dhe Zoti i tregoi tërë vendin e Galaadit deri në Dan,

² tërë Naftalin, vendin e Efraimit dhe të Manasit, tërë vendin e Judës deri në detin perëndimor,

³ Negevin dhe fushën e luginës së Jerikos, qytet i palmave, deri në Tsoar.

⁴ Zoti tha: "Ky është vendi që u premtova me betim Abrahamit, Isakut dhe Jakobit, duke u thënë: "Unë do t'ua jap pasardhësve tuaj". Ti e pe me sytë e tua, por nuk do të hysh në të!".

⁵ Kështu Moisiu, shërbëtori i Zoit, vdiq aty, në vendin e Moabit, simbas fjalës së Zotit.

⁶ Dhe Zoti e varrosi në luginën e vendit të Moabit; përballë Beth-Peorit; dhe askush nuk e ka mësuar deri më sot vendin e varrit të tij.

⁷ Moisiu ishte njëqind e njëzet vjeç kur vdiq; shikimi i tij nuk ishte dobësuar dhe fuqia e tij nuk i qe mpakur.

⁸ Bijtë e Izraelit e qanë në fushat e Moabit tridhjetë ditë; pastaj ditët e zisë dhe të vajtimit për Moisiun morën fund.

⁹ Atëherë Jozueu, bir i Nunit, u mbush me frymën e diturisë, sepse Moisiu kishte vënë duart mbi të; kështu bijtë e Izraelit iu bindën atij dhe vepruan ashtu si e kishte urdhëruar Moisiun Zoti.

¹⁰ Nuk doli më në Izrael një profet i ngjashëm me Moisiun, me të cilin Zoti fliste sy për sy,

¹¹ në të gjitha shenjat dhe mrekullitë që Zoti e dërgoi të bënte në vendin e Egjiptit para Faraonit, para tërë shërbëtorëve të tij dhe tërë vendit të tij,

¹² në të gjithë madhështinë e fuqisë dhe në të gjitha gjërat e mëdha dhe të tmerrshme që Moisiu kreu përpara syve të të gjithë Izraelit.

Jozueut

Kapitull 1

¹ Mbas vdekjes së Moisiut, shërbëtorit të Zotit, ndodhi që Zoti i foli Jozueut, djalit të Nunit, që i shërbente Moisiut, dhe i tha:

² "Moisiu, shërbëtori im, vdiq; prandaj çohu, kalo Jordanin, ti dhe gjithë ky popull, dhe shko në atë vend që unë u jap atyre, bijve të Izraelit.

³ Unë ju kam dhënë çdo vend që tabani i këmbës suaj ka për të shkelur, siç i thashë Moisiut.

⁴ Territori yt do të shtrihet nga shkretëtira dhe nga Libani deri në lumin e madh, në lumin e Eufratit, nga tërë vendi i Hitejve deri në Detin e Madh, në perëndim.

⁵ Askush nuk do të mund të të kundërshtojë gjatë tërë ditëve të jetës sate; ashtu siç kam qenë me Moisiun, kështu do të jem me ty; nuk do të të lë, as nuk do të të braktis.

⁶ Ji i fortë dhe trim, sepse ti do të bësh që ky popull të zotërojë vendin që u betova t'u jap etërve të tyre.

⁷ Vetëm tregohu i fortë dhe shumë trim, duke u përpjekur të veprosh simbas tërë ligjit që Moisiu, shërbëtori im, të ka urdhëruar; mos u shmang prej tij as djathtas, as majtas, që të kesh mbarësi kudo që të shkosh.

⁸ Ky libër i ligjit mos u ndaftë kurrë nga goja jote, por mendohu për të ditë e natë, duke kërkuar të veprosh simbas të gjitha atyre që janë shkruar, sepse atëherë do të kesh sukses në veprimet e tua, atëherë do të përparosh.

⁹ A nuk të urdhërova unë? Ji i fortë dhe trim; mos ki frikë dhe mos u thyej, sepse Zoti, Perëndia yt, është me ty kudo që të shkosh".

¹⁰ Atëherë Jozueu urdhëroi oficerët e popullit, duke u thënë:

¹¹ "Kaloni përmes kampit dhe jepini popullit këtë urdhër, duke i thënë: Siguroni rezerva ushqimore, sepse brenda tri ditëve do të kaloni Jordanin për të vajtur të pushtoni vendin që Zoti, Perëndia juaj, ju jep si trashëgimi".

¹² Jozueu u foli gjithashtu Rubenitëve, Gaditëve dhe gjysmës së fisit të Manasit, duke u thënë:

¹³ "Mbani mend fjalën që Moisiu, shërbëtori i Zotit, ju urdhëroi kur ju tha: "Zoti, Perëndia juaj, ju ka dhënë pushim dhe ju ka dhënë këtë vend.

¹⁴ Gratë tuaja, të vegjëlit tuaj, dhe bagëtia juaj do të mbeten në vendin që Moisiu ju ka dhënë nga kjo anë e Jordanit; por ju, tërë luftëtarët tuaj trima do të kaloni të armatosur para vëllezërve tuaj dhe do t'i ndihmoni,

¹⁵ derisa Zoti t'u këtë dhënë pushim vëllezërve tuaj ashtu si juve, dhe ta kenë shtënë në dorë vendin që Zoti, Perëndia juaj, u jep atyre. Atëherë mund të ktheheni për të pushtuar vendin që ju përket, dhe që Moisiu, shërbëtor i Zotit, ju ka dhënë këtej Jordanit në drejtim të Lindjes"".

¹⁶ Atëherë ata iu përgjigjën Jozueut, duke i thënë: "Ne do të bëjmë të gjitha ato që ti na urdhëron dhe do të shkojmë kudo që të na çosh.

¹⁷ Ashtu siç i jemi bindur për çdo gjë Moisiut, kështu do të të bindemi ty. Vetëm me ty qoftë Zoti, Perëndia yt, ashtu siç ka qenë me Moisiun!

¹⁸ Kushdo që ngre krye kundër urdhrave të tua, dhe nuk u bindet fjalëve të tua, do të vritet. Vetëm ji i fortë dhe trim!".

Kapitull 2

¹ Jozueu, bir i Nunit, dërgoi dy burra te Shitimi për të vëzhguar fshehurazi, duke u thënë: "Shkoni, kontrolloni vendin dhe Jerikon". Kështu ata shkuan dhe hynë në shtëpinë e një prostitute, të quajtur Rahab, dhe aty banuan.

² Këtë gjë ia referuan mbretit të Jerikos, duke i thënë: "Ja, disa bij të Izraelit erdhën këtu sonte natën për të vëzhguar vendin".

³ Atëherë mbreti i Jerikos dërgoi t'i thotë Rahabit: "Nxirri jashtë njerëzit që kanë ardhur te ti dhe kanë hyrë në shtëpinë tënde, sepse ata kanë ardhur për të vëzhguar tërë vendin".

⁴ Por gruaja i mori dy burrat dhe i fshehu; pastaj tha: "Është e vërtetë, këta njerëz erdhën tek unë, por nuk dija nga ishin.

⁵ Në çastin kur mbyllej porta e qytetit, kur ishte errësuar, ata burra dolën; nuk e di se ku shkuan; ndiqini menjëherë, sepse mund t'i arrini".

⁶ (Ajo përkundrazi i kishte hipur mbi çati dhe i kishte fshehur midis kërcejve të lirit, që i kishte shtrirë mbi shtrat).

⁷ Atëherë ata i ndoqën në rrugën e Jordanit, në drejtim të vahut të lumit; dhe sapo dolën ndjekësit, porta u mbyll.

⁸ Por para se t'i zinte gjumi spiunët, Rahabi u ngjit pranë tyre në çati,

⁹ dhe u tha atyre burrave: "Unë e di që Zoti ju ka dhënë vendin, që tmerri juaj na ka zënë, dhe që të gjithë banorët e vendit dridhen nga frika para jush.

¹⁰ Sepse ne kemi dëgjuar si i thau ujërat e Detit të Kuq Zoti përpara jush kur dolët nga Egjipti, dhe atë që ju u bëtë dy mbretërve të Amorejve, matanë Jordanit, Sihonit dhe Ogut, që vendosët t'i shfarosni.

¹¹ Duke dëgjuar këto gjëra zemra jonë u mpak, për shkakun tuaj askujt nuk i mbeti asnjë fije trimërie, sepse Zoti, Perëndia juaj, është Perëndi atje lart në qiejt dhe këtu poshtë në tokë.

¹² Prandaj, ju lutem, betohuni në emër të Zotit që, ashtu si kam treguar dhembshuri ndaj jush, edhe ju do të tregoni po atë dhembshuri ndaj shtëpisë së atit tim; më jepni, pra, një shenjë të sigurt,

¹³ që do t'i lini të gjallë atin tim, nënën time, vëllezërit dhe motrat e mia dhe të gjitha gjërat që u përkasin atyre, dhe që do të shpëtoni jetën tonë nga vdekja".

¹⁴ Ata burra iu përgjigjën: "Jeta jonë për atë tuajën, mjaft që të mos e tregoni çështjen tonë; dhe kur Zoti do të na japë vendin, ne do të të trajtojmë me mëshirë dhe me shpirtlirësi".

¹⁵ Atëherë ajo i zbriti nga dritarja me një litar, sepse shtëpia e saj ndodhej mbi muret e qytetit, dhe ajo banonte mbi muret.

¹⁶ Dhe u tha atyre: "Shkoni në drejtim të malit, që ndjekësit tuaj të mos ju gjejnë; dhe qëndroni tri ditë të fshehur atje, deri sa të kthehen ndjekësit tuaj; pastaj do të vazhdoni rrugën tuaj".

¹⁷ Atëherë ata burra i thanë: "Ne do të çlirohemi nga betimi që na detyrove të bëjmë,

¹⁸ po të jetë se, kur të hyjmë në këtë vend, ti nuk ngjit në dritaren nga e cila po na zbret këtë kordon të hollë me ngjyrë të kuqërreme dhe po nuk mblodhe në shtëpinë tënde atin tënd, nënën tënde vëllezërit e tu dhe tërë familjen e atit tënd.

¹⁹ Por në rast se dikush del jashtë pragut të shtëpisë sate, gjaku i tij do të bjerë mbi krye të vet, dhe ne nuk do të kemi faj për këtë; por gjaku i kujtdo qoftë që do të jetë me ty në shtëpi do të bjerë mbi kokën tonë, në qoftë se dikush i prek me dorë.

²⁰ Por në rast se ti tregon punën tonë, ne do të çlirohemi nga betimi që na ke detyruar të bëjmë".

²¹ Ajo tha: "U bëftë ashtu si thatë ju". Pastaj u nda me ta dhe ata ikën. Ajo lidhi në dritare kordonin e hollë të kuqërreme.

²² Ata ikën, pra, dhe shkuan në mal ku ndenjën tri ditë, deri sa u kthyen ndjekësit; ndjekësit i kishin kërkuar gjatë gjithë rrugës, por pa i gjetur dot.

²³ Kështu të dy burrat u kthyen, zbritën nga mali, kaluan Jordanin dhe erdhën te Jozueu, bir i Nunit, dhe i treguan të gjitha ato që kishin kaluar.

²⁴ Dhe i thanë Jozueut: "Me siguri Zoti na e ka lënë në duart tona tërë vendin; që tani tërë banorët e vendit dridhen nga frika para nesh".

Kapitull 3

¹ Jozueu u ngrit herët në mëngjes; ai dhe tërë bijtë e Izraelit u nisën pastaj nga Shitimi dhe arritën në Jordan; u ndalën aty para se ta kalojnë

² Mbas tri ditëve, oficerët kaluan nëpër tërë kampin,

³ dhe i dhanë popullit këtë urdhër, duke i thënë: "Kur të shihni arkën e besëlidhjes së Zotit, Perëndisë tuaj, të mbajtur nga priftërinjtë levitë, do të niseni nga vendi juaj dhe do ta ndiqni.

⁴ Midis jush dhe arkës do të ketë një largësi prej rreth dy mijë kubitësh. Mos iu afroni asaj, me qëllim që të njihni rrugën nëpër të cilën duhet të shkoni, sepse deri tani nuk keni kaluar kurrë nëpër këtë rrugë".

⁵ Dhe Jozueu i tha popullit: "Shenjtërohuni, sepse nesër Zoti ka për të bërë mrekulli midis jush".

⁶ Pastaj Jozueu u foli priftërinjve, duke u thënë: "Merrni arkën e besëlidhjes dhe kaloni përpara popullit". Kështu ata morën arkën e besëlidhjes dhe ecën para popullit.

⁷ Atëherë Zoti i tha Jozueut: "Sot do të filloj të të bëj të madh në sytë e të gjithë Izraelit, me qëllim që të kuptojnë se ashtu siç kam qenë me Moisiun, kështu do të jem edhe me ty.

⁸ Prandaj ti jepu këtë urdhër priftërinjve që mbajnë arkën e besëlidhjes, duke u thënë: "Kur të arrini në breg të Jordanit, do të ndaleni në Jordan"".

⁹ Jozueu u tha atëherë bijve të Izraelit: "Afrohuni dhe dëgjoni fjalët e Zotit, Perëndisë tuaj".

¹⁰ Pastaj Jozueu tha: "Nga kjo do të njihni që Zoti i gjallë është midis jush dhe që me siguri ka për të dëbuar para jush Kananejtë, Hitejtë, Hivejtë, Perezejtë, Girgasejtë, Amorejtë dhe Jebusejtë;

¹¹ ja, arka e besëlidhjes së Zotit të gjithë dheut po bëhet gati të kalojë para jush në lumin Jordan.

¹² Merrni, pra, dymbëdhjetë burra nga fiset e Izraelit, një për çdo fis.

¹³ Dhe ka për të ndodhur që, porsa tabanët e këmbëve të priftërinjve që mbajnë arkën e Zotit, Zot i gjithë tokës, do të takojnë në ujërat e Jordanit, ujërat e Jordanit do të ndahen, dhe ujërat që zbresin nga lart do të ndalen tok".

¹⁴ Kështu, kur populli ngriti çadrat për të kaluar Jordanin, priftërinjtë që mbanin arkën e besëlidhjes ecnin përpara popullit.

¹⁵ Sapo ata që mbanin arkën arritën në Jordan dhe këmbët e priftërinjve që trasportonin arkën u zhytën në ujërat e bregut të tij (Jordani është i mbushur plot deri në brigjet e tij gjatë tërë kohës së korrjes),

¹⁶ ujërat që zbrisnin nga sipër u ndalën dhe u ngritën tok shumë më lart se Adami, qyteti që ndodhet pranë Tsartanit; kështu që ujërat që zbrisnin në drejtim të detit të Arabahut, Detit të Kripur, u ndanë tërësisht prej tyre; dhe populli i kaloi përballë Jerikos.

¹⁷ Priftërinjtë që mbanin arkën e besëlidhjes të Zotit u ndalën në vend të thatë në mes të Jordanit, ndërsa tërë Izraeli po kalonte në të thatë, deri sa tërë populli mbaroi së kapërcyeri Jordanin.

Kapitull 4

¹ Kur tërë populli mbaroi së kapërcyeri Jordanin, Zoti i foli Jozueut, duke i thënë:

² "Merrni nga radhët e popullit dymbëdhjetë burra, një për çdo fis,

³ dhe u jepni këtë urdhër, duke thënë: "Merrni dymbëdhjetë gurë që këtej, në mes të Jordanit, pikërisht në vendin ku u ndalën këmbët e priftërinjve, i merrni, me vete matanë lumit dhe i vendosni në vendin ku do të strehoheni sonte"".

⁴ Atëherë Jozueu thirri dymbëdhjetë burrat që kishte zgjedhur ndër bijtë e Izraelit, një për çdo fis,

⁵ dhe u tha atyre: "Kaloni para arkës së Zotit, Perëndisë tuaj, në mes të Jordanit, dhe secili prej jush të mbajë në kurriz një gur, simbas numrit të fiseve të bijve të Izraelit,

⁶ me qëllim që kjo të jetë një shenjë midis jush. Kur në të ardhmen bijtë tuaj do t'ju pyesin, duke thënë: "Ç'janë për ju këta gurë?",

⁷ ju do t'u përgjigjeni kështu: "Ujërat e Jordanit u ndanë para arkës së besëlidhjes të Zotit; kur ajo kaloi Jordanin, ujërat e tij u ndanë dhe këta gurë do të jenë për bijtë e Izraelit një kujtim për jetë"".

⁸ Bijtë e Izraelit bënë pikërisht ashtu si i kishte urdhëruar Jozueu: morën dymbëdhjetë gurë në mes të Jordanit, ashtu si e kishtc porositur Zoti Jozueun, në bazë të numrit të fiseve të Izraelit, dhe i morën me vete matanë lumit në vendin ku do të kalonin natën, dhe i vendosën aty.

⁹ Jozueu ngriti gjithashtu dymbëdhjetë gurë në mes të Jordanit, në vendin ku ishin ndalur këmbët e priftërinjve që mbanin arkën e besëlidhjes; dhe aty kanë mbetur deri më sot.

¹⁰ Priftërinjtë që mbanin arkën u ndalën në mes të Jordanit deri sa u plotësua tërësisht ajo që i kishte urdhëruar Zoti Jozueut t'i thoshte popullit, në bazë të gjitha atyre që Moisiu i kishte urdhëruar

¹¹ Kur tërë populli mbaroi së kaluari, arka e Zotit dhe priftërinjtë kaluan në prani të popullit.

¹² Bijtë e Rubenit, bijtë e Gadit dhe gjysma e fisit të Manasit kaluan të armatosur në krye të bijve të Izraelit, ashtu siç u kishte thënë Moisiu.

¹³ Rreth dyzet mijë njerëz me veshje lufte kaluan para Zotit në fushat e Jerikos, gati për të luftuar.

¹⁴ Po atë ditë, Zoti e bëri të madh Jozueun në sytë e tërë Izraelit, dhe banorët e tij patën frikë nga ai ashtu si patën frikë nga Moisiu gjatë gjithë ditëve të jetës së tij.

¹⁵ Pastaj Zoti i foli Jozueut dhe i tha:

¹⁶ "Urdhëro priftërinjtë që mbajnë arkën e Dëshmisë të dalin nga Jordani".

¹⁷ Atëherë Jozueu urdhëroi priftërinjtë duke u thënë: "Dilni nga Jordani".

¹⁸ Dhe ndodhi që kur priftërinjtë që mbanin arkën e besëlidhjes së Zotit, dolën nga Jordani dhe tabanët e këmbëve të tyre shkelën tokën e thatë, ujërat e Jordanit u kthyen në vendin e tyre dhe filluan të rrjedhin si më parë në lartësinë e brigjeve të tij.

¹⁹ Populli doli nga Jordani ditën e dhjetë të muajit të parë dhe ngriti kampin e tij në Gilgal, në skajin lindor të Jerikos.

²⁰ Ata dymbëdhjetë gurë që i kishin marrë nga Jordani, Jozueu i çoi në Gilgal.

²¹ Pastaj u foli bijve të Izraelit dhe u tha atyre: "Kur në të ardhmen bijtë tuaj do t'i pyesin etërit e tyre duke thënë: "Ç'janë këta gurë?",

²² ju do t'ua bëni të ditur bijve tuaj, duke thënë: "Izraeli e kaloi këtë Jordan në të thatë,

²³ sepse Zoti, Perëndia juaj, i thau ujërat e Jordanit para jush deri sa të kalonit, ashtu si Zoti, Perëndia juaj, veproi në Detin e Kuq, të cilin e thau para nesh deri sa të kalonim,

²⁴ me qëllim që tërë popujt e tokës të pranojnë që Zoti ka dorë të fuqishme, dhe që ju të keni gjithnjë frikë nga Zoti, Perëndia juaj"". i Pashkës

Kapitull 5

¹ Kur të gjithë mbretërit e Amorejve që ndodheshin matanë Jordanit në drejtim të perëndimit dhe tërë mbretërit e Kananejve që ishin pranë detit mësuan që Zoti kishte tharë ujërat e Jordanit para bijve

² Në atë kohë Zoti i tha Jozueut: "Bëj thika prej guri dhe fillo përsëri të rrethpresësh bijtë e Izraelit".

³ Kështu Jozueu bëri thika prej guri dhe rrethpreu bijtë e Izraelit mbi kodrinën e Haaralothit.

⁴ Kjo qe arsyeja për të cilin Jozueu i rrethpreu; i tërë populli që kishte dalë nga Egjipti, meshkujt, tërë burrat luftëtarë, kishin vdekur në shkretëtirë gjatë rrugës, mbasi kishin dalë nga Egjipti.

⁵ Ndërsa tërë populli që kishte dalë nga Egjipti ishte rrethprerë, tërë populli që kishte lindur në shkretëtirë gjatë rrugës mbas daljes nga Egjipti, nuk ishte rrethprerë.

⁶ Në fakt bijtë e Izraelit kishin ecur dyzet vjet nëpër shkretëtirë deri sa tërë populli, domethënë luftëtarët që kishin dalë nga Egjipti, u shkatërruan, sepse nuk i ishin bindur zërit të Zotit. Atyre Zoti u ishte betuar që nuk do t'u tregonte vendin që do t'u jepte etërve të tyre, një vend ku rrjedh qumësht dhe mjaltë.

⁷ Kështu Jozueu i rrethpreu bijtë e tyre, që Perëndia i kishte vënë në vend të tyre, sepse ishin të parrethprerë, sepse nuk ishin rrethprerë gjatë rrugës.

⁸ Kur mbaroi rrethprerja e tërë meshkujve, ata qëndruan atje ku ishin, në kamp, deri sa u shëruan.

⁹ Atëherë Zoti i tha Jozueut: "Sot ju hoqa turpërimin e Egjiptit", dhe ai vend u quajt Gilgal deri në ditët e sotme.

¹⁰ Bijtë e Izraelit e ngritën kampin e tyre në Gilgal dhe e kremtuan Pashkën ditën e katërmbëdhjetë të muajit, në të ngrysur, në fushat e Jerikos.

¹¹ Të nesërmen e Pashkës hëngrën prodhime të vendit, bukë të ndorme dhe grurë të pjekur po atë ditë.

¹² Të nesërmen hëngrën prodhime të vendit, mana mbaroi; kështu bijtë e Izraelit nuk patën më manë, por atë vit hëngrën frytet e vendit të Kanaanit.

¹³ Por ndodhi që, ndërsa Jozueu ishte afër Jerikos, ngriti sytë dhe shikoi, dhe ja, një njeri i qëndronte përpara, me në dorë një shpatë të zhveshur. Jozueu i doli përballë dhe i tha: "A je ti për ne o për armiqtë tanë?".

¹⁴ Ai u përgjigj: "Jo, unë jam kreu i ushtrisë së Zotit; sapo kam arritur në këtë çast". Atëherë Jozueu ra përmbys para tij dhe tha: "Çfarë dëshiron t'i thotë Zotëria ime shërbëtorit të tij?".

¹⁵ Kreu i ushtrisë së Zotit i tha Jozueut: "Zbath sandalet, sepse vendi ku je është i shenjtë". Dhe Jozueu veproi ashtu.

Kapitull 6

¹ Jeriko ishte i mbyllur dhe i mbrojtur mirë nga frika e bijve të Izraelit; askush nuk dilte dhe askush nuk hynte në të.

² Zoti i tha Jozueut: "Shiko, unë të kam dhënë në dorë Jerikon, mbretin e tij dhe luftëtarët e tij trima.

³ Ju të gjithë, luftëtarët, do të marshoni rreth qytetit, do të silleni një herë rreth tij. Kështu do të bëni gjashtë ditë me radhë.

⁴ Shtatë priftërinj do të çojnë përpara arkës shtatë bori prej briri të dashit; por ditën e shtatë do të silleni rreth qytetit shtatë herë dhe priftërinjtë do t'u bien borive.

⁵ Kur ata t'u bien pa pushim brirëve të dashit dhe ju të dëgjoni zërin e borisë, tërë populli do të bëjë një ulurimë të madhe; atëherë muret e qytetit do të shemben dhe populli do të ngjitet, gjithsekush drejt, përpara.

⁶ Kështu Jozueu, bir i Nunit, thirri priftërinjtë dhe u tha atyre: "Merrni arkën e besëlidhjes dhe shtatë priftërinj të mbajnë shtatë bori prej briri të dashit përpara arkës së Zotit".

⁷ Pastaj i tha popullit: "Shkoni përpara dhe marshoni rreth qytetit, njerëzit e armatosur të ecin përpara arkës së Zotit".

⁸ Kështu, kur Jozueu mbaroi së foluri popullit, shtatë priftërinjtë që mbanin shtatë bori prej briri të dashit përpara Zotit nisën të marshojnë dhe u ranë borive; dhe arka e besëlidhjes së Zotit i ndiqte nga pas.

⁹ Njerëzit e armatosur marshonin përpara priftërinjve që u binin borive, kurse praparoja vinte pas arkës; gjatë marshimit priftërinjtë u binin borive.

¹⁰ Jozueu kishte urdhëruar popullin, duke i thënë: "Mos bërtitni, të mos dëgjohet as zëri juaj dhe të mos dalë asnjë fjalë nga goja juaj, deri

ditën kur do t'ju them: "Bërtisni!". Atëherë do të bërtisni".

¹¹ Kështu arka e Zotit u soll rreth qytetit një herë; pastaj u kthyen në kamp dhe aty e kaluan natën.

¹² Jozueu u ngrit herët në mëngjes, dhe priftërinjtë morën arkën e Zotit.

¹³ Shtatë priftërinjtë, që mbanin shtatë boritë prej briri të dashit përpara arkës së Zotit, shkonin përpara dhe u binin borive. Njerëzit e armatosur marshonin para tyre, kurse praparoja vinte mbas arkës së Zotit; gjatë marshimit priftërinjtë u binin borive.

¹⁴ Ditën e dytë marshuan vetëm një herë rreth qytetit dhe pastaj u kthyen në kamp. Kështu vepruan gjashtë ditë me radhë.

¹⁵ Por ditën e shtatë u ngritën herët, në agim, dhe marshuan rreth qytetit në të njëjtën mënyrë shtatë herë; vetëm atë ditë marshuan shtatë herë rreth qytetit.

¹⁶ Herën e shtatë, kur priftërinjtë u ranë borive, Jozueu i tha popullit: "Bërtisni, sepse Zoti ju dha qytetin!

¹⁷ Qyteti do të shfaroset, ai dhe çdo gjë që është në të. Vetëm prostituta Rehab do të shpëtojë, ajo dhe gjithë ata që janë bashkë me të në shtëpi, sepse ajo fshehu vëzhguesit që ne kishim dërguar.

¹⁸ Por ju kini shumë kujdes lidhur me atë që është caktuar të shfaroset, që të mos jeni ju vetë të mallkuar, duke marrë diçka që është caktuar të shfaroset, dhe ta bëni kështu kampin e Izraelit të mallkuar, duke tërhequr mbi të fatkeqësi.

¹⁹ Por i gjithë argjendi, ari dhe sendet prej bronzi dhe hekuri i shenjtërohen Zotit; do të hyjnë në thesarin e Zotit".

²⁰ Populli, pra, bërtiti kur priftërinjtë u ranë borive; dhe ndodhi që, kur populli dëgjoi tingullin e borive, nxori një britmë të madhe dhe muret u rrëzuan duke u shëmbur. Populli u ngjit në qytet, secili drejt, përpara, dhe e shtiu në dorë atë.

²¹ Dhe shfarosën gjithçka ishte në qytet, duke vrarë me shpatë burra e gra, fëmijë dhe pleq e madje qe, dele dhe gomarë.

²² Pastaj Jozueu u tha dy burrave që kishin vëzhguar vendin: "Shkoni në shtëpinë e asaj prostitute dhe nxirrni jashtë gruan dhe tërë ato gjëra që i përkasin asaj, siç i jeni betuar".

²³ Atëherë të rinjtë që kishin vëzhguar vendin shkuan dhe nxorën jashtë Rahabin, të atin, të ëmën, të vëllezërit dhe gjithçka i përkiste asaj; kështu nxorën jashtë të gjithë të afërmit e saj dhe i lanë jashtë kampit të Izraelit.

²⁴ Pastaj i vunë zjarrin qytetit dhe tërë gjërave që ai përmbante; morën vetëm argjendin, arin dhe sendet prej bronzi e hekuri, që i vunë në thesarin e shtëpisë së Zotit.

²⁵ Por Jozueu e la të gjallë prostitutën Rahab, familjen e atit të saj dhe gjithçka që i përkiste; kështu që ajo banoi në mes të Izraelit deri sot, sepse ajo kishte fshehur zbuluesit që Jozueu kishte dërguar për të vëzhguar Jerikon.

²⁶ Atë ditë Jozueu u betua duke thënë: "Qoftë i mallkuar para Zotit ai njeri që do të ngrihet të rindërtojë qytetin e Jerikos! Ai do të hedhë themelet mbi të parëlindurin e tij, dhe do t'i lartojë portat mbi birin e tij më të vogël".

²⁷ Zoti ishte me Jozueun, dhe fama e tij u përhap në të gjithë vendin.

Kapitull 7

¹ Por bijtë e Izraelit kryen një shkelje rreth gjërave të caktuara për shfarosje, sepse Akani, djalë i Karmit, i Zabdiut, birit të Zerahut, nga fisi i Judës, mori disa sende të caktuara për shfarosje,

² Ndërkaq Jozueu dërgoi njerëz nga Jeriko në Ai, që është afër Beth-Avenit, i cili ndodhet në lindje të Bethelit, dhe u tha atyre: "Ngjituni për të vëzhguar vendin". Kështu njerëzit u ngjitën për të vëzhguar Ain.

³ Pastaj u kthyen tek Jozueu dhe thanë: "Nuk është e nevojshme të ngjitet tërë populli; por le të ngjiten dy mijë a tre mijë burra për të sulmuar Ain; mos e lodh tërë popullin, sepse ata të Ait janë të paktë në numër".

⁴ Kështu u ngjitën rreth tre mijë burra të zgjedhur nga radhët e popullit, por para burrave të Ait, ua mbathën këmbëve.

⁵ Dhe burrat e Ait vranë rreth tridhjetë e gjashtë prej tyre; i ndoqën nga porta e qytetit deri në Shebarim, duke i goditur në tatëpjetë. Dhe zemra e popullit u ligështua, u bë si uji.

⁶ Jozueu i grisi atëherë rrobat e tij dhe ra përmbys me fytyrë për tokë, përpara arkës së Zotit deri në mbrëmje, ai dhe pleqtë e Izraelit, dhe hodhën pluhur mbi kokën e tyre.

⁷ Pastaj Jozueu tha: "O Zot, o Zot, pse bëre që ky popull të kalojë Jordanin dhe të bjerë në duart e Amorejve për t'u vrarë? Ah, sikur të ishim kënaqur duke qëndruar këtej Jordanit!

⁸ O Zot, ç'mund të them pasi Izraeli i ktheu kurrizin armikut të tij?

⁹ Kananejtë dhe tërë banorët e vendit do ta marrin vesh, do të na rrethojnë dhe do të zhdukin emrin tonë nga faqja e dheut; çfarë do të bësh ti atëherë për emrin tënd të madh?".

¹⁰ Por Zoti i tha Jozueut: "Çohu! Pse rri përmbys me fytyrë për tokë?

¹¹ Izraeli ka mëkatuar; ata kanë shkelur besëlidhjen që u kisha porositur; kanë marrë madje gjëra të caktuara që të shfarosen, kanë vjedhur dhe kanë gënjyer; dhe pastaj i kanë vënë midis plaçkave të tyre.

¹² Prandaj bijtë e Izraelit nuk mund t'iu bëjnë ballë armiqve të tyre, dhe kanë kthyer kurrizin para tyre, sepse janë bërë ata vetë të mallkuar. Unë nuk do të jem më me ju, në rast se nuk shkatërroni gjërat e caktuara që të shfarosen midis jush.

¹³ Çohu, shenjtëro popullin dhe i thuaj: "Shenjtërohuni për nesër, sepse kështu ka thënë Zoti, Perëndia i Izraelit: "O Izrael, në gjirin tënd ka gjëra të caktuara për t'u shkatërruar. Ti nuk do të mund t'u bësh ballë armiqve të tu, për deri sa nuk ke hequr gjërat e caktuara për shkatërrim midis jush.

¹⁴ Nesër në mëngjes, pra, do të paraqiteni, fis më fis, dhe fisi, që Zoti do të caktojë do të paraqitet, familje më familje, dhe familja që Zoti do të caktojë do të shkojë shtëpi më shtëpi, dhe shtëpia që Zoti do të caktojë do të paraqitur me të gjithë njerëzit e saj.

¹⁵ Dhe atij që do t'i gjenden gjëra të caktuara të shfarosen do t'i vihet flaka, atij vet dhe gjithçka që i përket, sepse ka shkelur besëlidhjen e Zotit dhe ka kryer një gjë të keqe në Izrael"".

¹⁶ Jozueu, pra, u ngrit herët në mëngjes dhe e renditi Izraelin simbas fiseve të tij; dhe u caktua fisi i Judës.

¹⁷ Pastaj afroi familjet e Judës, dhe u caktua familja e Zarhitëve. Pastaj afroi familjen e Zarhitëve, person mbas personi, dhe u caktua Zabdi.

¹⁸ Pastaj afroi shtëpinë e Zabdit, person për person, dhe u caktua Akani, bir i Karmit, i Zabdit, birit të Zerahut, nga fisi i Judës.

¹⁹ Atëherë Jozueu i tha Akanit: "Biri im, të lutem, mbushe me lavdi Zotin, Perëndinë e Izraelit, rrëfeji atij dhe më thuaj atë që ke bërë; mos ma fshih".

²⁰ Akani iu përgjigj Jozueut dhe i tha: "Në të vërtetë jam unë që kam mëkatuar kundër Zotit, Perëndisë së Izraelit, dhe ja ç'kam bërë.

²¹ Kur pashë midis plaçkës një mantel të bukur të Shinarit, dyqind sikla argjendi dhe një shufër ari që peshon pesëdhjetë sikla, pata një dëshirë të madhe për to dhe i mora; dhe ja, i kam fshehur në tokë në mes të çadrës sime; dhe argjendi është poshtë".

²² Atëherë Jozueu dërgoi lajmëtarë që vrapuan në çadër; dhe ja, plaçka ishte fshehur në çadrën e tij, dhe argjendi ndodhej poshtë.

²³ Ata e morën nga çadra, ia çuan Jozueut dhe tërë bijve të Izraelit, dhe e vendosën përpara Zotit.

²⁴ Atëherë Jozueu, dhe tërë Izraeli bashkë me të, mori Akanin, birin e Zerahut, argjendin, mantelin, shufrën prej ari, bijtë dhe bijat e tij, qetë e tij, gomarët e tij, delet e tij dhe të gjitha gjërat që i përkisnin, dhe i ngjiti në luginën e Akorit.

²⁵ Dhe Jozueu tha: "Pse na vure në telashe? Zoti do të të vërë në telashe ty sot!". Dhe i tërë Izraeli e vrau me gurë; dhe mbasi e vranë me gurë, e dogjën në zjarr.

²⁶ Pastaj ngritën mbi të një grumbull të madh gurësh, që ekziston edhe sot. Kështu Zoti u qetësua nga rrëmbimi i zemërimit të tij. Prandaj ky vend quhet edhe sot lugina e Akorit.

Kapitull 8

¹ Pastaj Zoti i tha Jozueut: "Mos ki frikë dhe mos u tmerro. Merr të gjithë luftëtarët e tu dhe nisu dhe sulmo Ain. Shiko, unë po të jap në dorë mbretin e Ait, popullin e tij, qytetin e tij dhe vendin e tij.

² Dhe do t'u bësh Ait dhe mbretit të tij ato që u ke bërë Jerikos dhe mbretit të tij; do të merrni për vete vetëm plaçkën dhe bagëtinë e tij. Zëri një pritë qytetit në pjesën e prapme të tij".

³ Kështu Jozueu dhe të gjithë luftëtarët e tij u ngritën më këmbë për të sulmuar Ain. Ai zgjodhi tridhjetë mijë njerëz, luftëtarë trima, dhe i nisi natën.

⁴ duke u dhënë këtë urdhër: "Ja, ju do të rrini në pritë kundër qytetit, duke qëndruar prapa tij; mos u largoni shumë nga qyteti, por rrini gjithnjë në gatishmëri.

⁵ Pastaj unë dhe tërë njerëzit që janë me mua do t'i afrohemi qytetit; dhe kur ata do të dalin kundër nesh si herën e parë, ne do të ikim para tyre.

⁶ Ata do të dalin për të na ndjekur deri sa t'i kemi tërhequr larg qytetit, sepse do të thonë: "Ikin me vrap para nesh si herën e parë". Dhe, ndërsa ne do të ikim me vrap para tyre,

⁷ ju do të dilni nga prita dhe do të pushtoni qytetin, sepse Zoti, Perëndia juaj, do ta japë në duart tuaja.

⁸ Me ta pushtuar qytetin, do t'i vini flakën; do të bëni atë që ka urdhëruar Zoti. Kini mendjen, ky është urdhri që ju jap".

Jozueut

⁹ Kështu Jozueu i nisi; ata shkuan në vendin e pritës dhe u ndalën midis Bethelit dhe Ait, në krahun perëndimor të Ait; por Jozueu mbeti atë natë në mes të popullit.

¹⁰ Jozueu u ngrit herët në mëngjes, kaloi në paradë popullin dhe u ngjit bashkë me pleqtë e Izraelit në krye të popullit kundër Ait.

¹¹ Tërë luftëtarët që ishin me të u ngjitën dhe u afruan; kështu arritën përballë qytetit dhe fushuan në veri të Ait. Midis tyre dhe Ait kishte një luginë.

¹² Atëherë ai mori rreth pesëmijë njerëz dhe i vuri në pritë midis Bethelit dhe Ait, në perëndim të qytetit.

¹³ Pasi populli zuri pozicion, kampi qendror ishte në pritë në perëndim të qytetit, Jozueu atë natë përparoi në mes të luginës.

¹⁴ Kur mbreti i Ait pa këtë gjë, njerëzit e qytetit u ngritën herët me ngut në mëngjes dhe dolën për të luftuar kundër Izraelit: mbreti dhe tërë populli i tij, në pozicionin e caktuar përballë Arabahut; por mbreti nuk e dinte që i kishin zënë pritë në pjesën prapa qytetit.

¹⁵ Atëherë Jozueu dhe i tërë Izraeli, duke u shtirur sikur ishin mundur para tyre, ua mbathën këmbëve në drejtim të shkretëtirës.

¹⁶ I tërë populli që ndodhej në qytet u thirr për t'i ndjekur; kështu e ndoqën Jozueun dhe shkuan larg qytetit.

¹⁷ S'mbeti burrë në Ai dhe në Bethel pa dalë pas Izraelit. E lanë kështu qytetin të hapur dhe iu vunë pas Izraelit.

¹⁸ Atëherë Zoti i tha Jozueut: "Shtrije shtizën që ke në dorë në drejtim të Ait, sepse unë do të ta dorëzoj në dorë". Dhe Jozueu e shtriu shtizën që kishte në dorë në drejtim të qytetit.

¹⁹ Me të shtrirë dorën, burrat që ishin në pritë u ngritën me të shpejtë nga vendi i tyre, hynë në qytet, e zunë dhe nxituan t'i vënë flakën.

²⁰ Kur njerëzit e Ait shikuan prapa, ja, ata panë tymin e qytetit që ngjitej në qiell; dhe nuk patën asnjë mundësi të iknin as nga një anë, as nga ana tjetër, sepse populli që ikte me vrap në drejtim të shkretëtirës u kthye kundër atyre që e ndiqnin.

²¹ Kështu, kur Jozueu dhe i tërë Izraeli panë që njerëzit e pritës e kishin pushtuar qytetin dhe që tymi i tij ngrihej lart, u kthyen prapa dhe mundën njerëzit e Ait.

²² Edhe të tjerët dolën nga qyteti kundër tyre; kështu ata të Ait u gjendën të zënë në kurth në mes të forcave të Izraelit, duke pasur nga një anë njërën palë, nga ana tjetër palën tjetër; dhe i mundën deri sa nuk mbeti asnjë i gjallë apo ikanak.

²³ Por mbretin e Ait e zunë të gjallë dhe e çuan tek Jozueu.

²⁴ Kur Izraeli mbaroi së vrari tërë banorët e Ait në fushë dhe në shkretëtirë ku ata e kishin ndjekur, dhe u therën të gjithë deri sa u shfarosën të tërë, gjithë Izraeli u kthye në drejtim të Ait dhe i ra me shpatë.

²⁵ Tërë ata që u vranë atë ditë, burra dhe gra, ishin dymbëdhjetë mijë veta, të gjithë banorë të Ait.

²⁶ Jozueu nuk e uli dorën që mbante shtizën, deri sa i shfarosi të gjithë banorët e Ait.

²⁷ Izraeli mori për vete vetëm bagëtinë dhe plaçkën e atij qyteti, simbas urdhrit që Zoti i kishte dhënë Jozueut.

²⁸ Kështu Jozueu i vuri flakën Ait dhe e katandisi në një grumbull gërmadhash për gjithnjë, një vend të shkretuar deri ditën e sotme.

²⁹ Pastaj e vari mbretin e Ait në një dru dhe e la atje deri në mbrëmje; në perëndim të diellit, Jozueu urdhëroi që kufoma e tij të ulej nga druri, të hidhej në hyrje të portës së qytetit dhe mblodhën mbi të një numër të madh gurësh, që shihen edhe sot.

³⁰ Atëherë Jozueu ndërtoi një altar për Zotin, Perëndinë e Izraelit, në malin Ebal,

³¹ ashtu si Moisiu, shërbëtor i Zotit, u kishte urdhëruar bijve të Izraelit, siç shkruhet në librin e ligjit të Moisiut, u ngrit një altar gurësh të palatuar mbi të cilët askush nuk kish kaluar, ndonjë vegël të hekurt; pastaj mbi të bënë olokauste për Zotin dhe flijime falënderimi.

³² Aty Jozueu shkroi mbi gurë një kopje të ligjit, që Moisiu pati shkruar në prani të bijve të Izraelit.

³³ I tërë Izraeli, si të huajt ashtu edhe ata që kishin lindur izraelitë, pleqtë, oficerët dhe gjykatësit e tij, rrinin më këmbë në të dyja anët e arkës, përballë priftërinjve levitë që mbartnin arkën e besëlidhjes së Zotit, gjysma përballë malit Gerizim dhe gjysma tjetër përballë malit Ebal, ashtu si Moisiu, shërbëtor i Zotit, kishte urdhëruar më parë, për të bekuar popullin e Izraelit.

³⁴ Pas kësaj, Jozueu lexoi tërë fjalët e ligjit, bekimet dhe mallkimet, ashtu si shkruhet në librin e ligjit.

³⁵ Nga të gjitha ato që kishte urdhëruar Moisiu, Jozueu nuk la pa lexuar asnjë fjalë përpara gjithë asamblesë së Izraelit, duke përfshirë gratë, fëmijët dhe të huajt që banonin në mes tyre.

Kapitull 9

¹ Me të mësuar këto gjëra, tërë mbretërit që ndodheshin këtej Jordanit, në krahinën malore, në fushat dhe gjatë bregut të Detit të Madh në drejtim të Libanit, Hiteu, Amoreu, Kananeu, Perezeu, Hiveu dhe Jebuseu,

² u mblodhën bashkë në besëlidhje midis tyre për të luftuar kundër Jozueut dhe Izraelit.

³ Por kur banorët e Gabaonit mësuan atë që Jozueu kishte bërë në Jeriko dhe në Ai,

⁴ vepruan me dinakëri dhe u nisën gjoja si ambasadorë; ata ngarkuan mbi gomarët e tyre thasë të vjetra të konsumuara dhe kacekë të vjetër të shqyer dhe të arnuar për të transportuar verën,

⁵ dhe mbathën sandale të vjetra dhe të grisura dhe veshën trupin me rroba të përdorura; dhe e gjithë buka e tyre ishte e fortë dhe e thërmuar.

⁶ U paraqitën kështu para Jozueut në kampin e Gilgalit dhe i thanë atij dhe tërë njerëzve të Izraelit: "Ne kemi ardhur nga një vend i largët; prandaj bëni aleancë me ne".

⁷ Por njerëzit e Izraelit iu përgjigjën kështu Hivejve: "Ndoshta banoni në mes nesh; si mund të lidhim aleancë me ju?".

⁸ Ata i thanë Jozueut: "Ne jemi shërbëtorë të tu!". Jozueu u tha atyre: "Kush jeni dhe nga vini?".

⁹ Atëherë ata u përgjigjën: "Shërbëtorët e tu kanë ardhur nga një vend shumë i largët, për shkak të emrit të Zotit, Perëndisë tënd, sepse kemi dëgjuar të flitet për të dhe për të gjitha ato që ka bërë në Egjipt,

¹⁰ ashtu edhe për të gjitha ato që u ka bërë dy mbretërve të Amorejve matanë Jordanit, Sihonit, mbretit të Heshbonit, dhe Ogut, mbretit të Bashanit, që banonte në Ashtaroth.

¹¹ Prandaj pleqtë tanë dhe të gjithë banorët e vendit tonë na thanë: Merrni nozullime me vete për udhëtimin, u dilni përpara dhe u thoni: "Ne jemi shërbëtorët tuaj; bëni, pra, aleancë me ne".

¹² Kjo është buka jonë që morëm të ngrohtë me vete si rezervë nga shtëpitë tona ditën që u nisëm për të ardhur tek ju, dhe tani është bërë e fortë dhe e thërmuar;

¹³ dhe këta janë calikët e verës që ishin të rinj kur i mbushëm dhe ja, ku janë prishur; dhe ja, rrobat dhe sandalet tona, që janë ngrënë për shkak të udhëtimit shumë të gjatë".

¹⁴ Atëherë njerëzit e Izraelit morën disa nga nozullimet e tyre, por pa u konsultuar me Zotin.

¹⁵ Kështu Jozueu lidhi paqe me ta dhe nënshkroi një besëlidhje në bazë të së cilës ata mbeteshin të gjallë; dhe krerët e asamblesë u detyruan të betohen për këto gjëra.

¹⁶ Por tri ditë pas nënshkrimit të besëlidhjes mësuan se ata ishin fqinj të tyre dhe banonin në mes tyre.

¹⁷ Atëherë bijtë e Izraelit u nisën dhe ditën e tretë arritën në qytetet e tyre; qytetet e tyre ishin Gabaoni, Kefirahu, Beerothi dhe Kiriath-Jearimi.

¹⁸ Por bijtë e Izraelit nuk i vranë, sepse krerët e asamblesë u ishin betuar atyre në emër të Zotit, Perëndisë së Izraelit. Mirëpo tërë asambleja murmuriti kundër krerëve.

¹⁹ Atëherë krerët i thanë tërë asamblesë: "Ne u jemi betuar atyre në emër të Zotit, Perëndisë së Izraelit; prandaj nuk mund t'i ngasim.

²⁰ Këtë do t'u bëjmë atyre: do t'i lëmë të gjallë që të mos tërheqim zemërimin e Zotit, për shkak të betimit që u kemi bërë atyre".

²¹ Krerët u thanë atyre: "Le të jetojnë, pra, por do të punojnë si druvarë dhe do të bartin ujë për gjithë asamblenë, siç u kishin thënë krerët".

²² Pastaj Jozueu i thirri dhe foli me ta, duke thënë: "Pse na gënjyet duke thënë: "Ne banojmë shumë larg nga ju, kurse ju banoni në mes nesh?"

²³ Prandaj tani jeni të mallkuar, dhe do të jeni gjithnjë skllevër, druvarë o bartës të ujit për shtëpinë e Perëndisë tim".

²⁴ Atëherë ata iu përgjigjën Jozueut dhe thanë: "Shërbëtorëve të tu u qe thënë qartë se Perëndia yt, Zoti, kishte urdhëruar shërbëtorin e tij Moisiun t'ju jepte tërë vendin dhe të shfaroste para jush tërë banorët e tij. Prandaj ne na hyri një frikë e madhe për jetën tonë nga shkaku juaj, dhe kemi vepruar në këtë mënyrë.

²⁵ Dhe ja, tani jemi në dorën tënde; bëna atë që të duket e mirë dhe e drejtë".

²⁶ Jozueu i trajtoi, pra, në këtë mënyrë: i liroi nga duart e bijve të Izraelit, me qëllim që këta të mos i vrisnin;

²⁷ por po atë ditë i caktoi që të jenë druvarë dhe bartës të ujit për asamblenë dhe për altarin e Zotit, në vendin që ai do të zgjidhte deri në ditën e sotme.

Kapitull 10

¹ Kur Adoni-Tsedek, mbret i Jeruzalemit, mësoi që Jozueu kishte pushtuar Ain dhe kishte vendosur shfarosjen e tij, dhe kishte bërë në Ai dhe kundër mbretit të tij po atë që kishte bërë në Jeriko kundër

² u frikësua shumë, sepse Gabaoni ishte një qytet i madh, si një qytet mbretëror dhe ishte më i madh se Ai; tërë banorët e tij ishin trima.

³ Prandaj Adoni-Tsedek, mbret i Jeruzalemit, dërgoi t'u thotë sa vijon Hohamit, mbretit të Hebronit, Pramit, mbretit të Jarmuthit, Jafias, mbretit të Lakishit dhe Debiritit, mbretit të Eglonit:

⁴ "Ngjituni tek unë dhe më ndihmoni të sulmoj Gabaonin, sepse ka bërë paqe me Jozueun dhe me bijtë e Izraelit".

⁵ Kështu pesë mbretërit e Amorejve, mbreti i Jeruzalemit, mbreti i Herbonit, mbreti i Jarmuthit, mbreti i Lakishit dhe mbreti i Eglonit, u mblodhën, u ngjitën me të gjithë ushtritë e tyre, ngritën kampin e tyre përballë Gabaonit dhe e sulmuan.

⁶ Atëherë Gabaonitët i çuan fjalë Jozueut, që ndodhej në kampin e Gilgalit: "Mos u moho ndihmën shërbëtorve të tu; nxito të ngjitesh te ne, na shpëto dhe na ndihmo, sepse të gjithë mbretërit e Amorejve që banojnë në krahinën malore janë mbledhur kundër nesh".

⁷ Kështu Jozueu u ngjit në Gilgal, ai vetë me gjithë luftëtarët, të gjithë luftëtarë trima.

⁸ Zoti i tha Jozueut: "Mos ki frikë nga ata, sepse i kam lënë në duart e tua; asnjë prej tyre nuk do të jetë në gjendje të të rezistojë".

⁹ Kështu Jozueu u lëshua mbi ta papritmas, sepse kishte marshuar tërë natën nga Gilgali.

¹⁰ Kështu Zoti i theu para Izraelit, u shkaktoi një disfatë të madhe pranë Gabaonit, i ndoqi nëpër rrugën që ngjitet në Beth-Horon dhe i mundi deri në Azekah dhe Makedah.

¹¹ Ndërsa iknin përpara Izraelit dhe ndodheshin në tatëpjetën e Beth-Horonit, Zoti hodhi kundër tyre nga qielli gurë të mëdhenj deri në Azekah, dhe ata vdiqën; ata që vdiqën nga breshëri i gurëve ishin më shumë se ata që bijtë e Izraelit vranë me shpatë.

¹² Ditën që Zoti i dorëzoi Amorejtë në duar e bijve të Izraelit, Jozueu i foli Zotit dhe në prani të Izraelit tha: "O Diell, ndalu mbi Gabaonin, dhe ti, hënë, në luginën e Ajalonit!".

¹³ Kështu dielli u ndal dhe hëna qëndroi në vend deri sa mbaroi hakmarrja e popullit kundër armiqve të tij. A nuk është shkruar kjo në librin e të Drejtit? Kështu dielli u ndal në mes të qiellit dhe nuk u nxitua të perëndojë pothuajse një ditë të tërë.

¹⁴ Dhe nuk pati kurrë, as më parë dhe as më vonë, një ditë si ajo kur Zoti plotësoi dëshirën e zërit të një njeriu, pse Zoti luftoi për Izraelin.

¹⁵ Pastaj Jozueu dhe i tërë Izraeli bashkë me të u kthyen në kampin e Gilgalit.

¹⁶ Por ata pesë mbretër kishin ikur me vrap dhe ishin fshehur në shpellën e Makedahut.

¹⁷ Këtë ia thanë Jozueut: "Pesë mbretërit u gjetën të fshehur në shpellën e Makedahut".

¹⁸ Atëherë Jozueu tha: "Rrukullisni gurë të mëdhenj te hyrja e shpellës dhe vini njerëz që t'i ruajnë.

¹⁹ Ju ndërkaq mos u ndalni, por ndiqni armiqtë tuaj dhe goditni prapavijat e tij; mos i lejoni të hyjnë në qytetet e tyre, sepse Zoti, Perëndia juaj, i ka lënë në duart tuaja".

²⁰ Kur Jozueu dhe bijtë e Izraelit mbaruan së shfarosuri armiqtë e tyre me një kërdi të madhe deri sa i zhdukën krejt, dhe ata që shpëtuan kërkuan strehë në qytetet e fortifikuara,

²¹ tërë populli u kthye shëndoshë e mirë pranë Jozueut në kampin e Makedahut. Askush nuk guxoi të flasë kundër ndonjërit prej bijve të Izraelit.

²² Atëherë Jozueu ta: "Hapni hyrjen e shpellës, nxirrni jashtë saj të pesë mbretërit dhe m'i sillni".

²³ Kështu vepruan; nxorën nga shpella të pesë mbretërit dhe i çuan tek ai, domethënë mbreti i Jeruzalemit, mbreti i Hebronit, mbreti i Jarmuthit, mbreti i Lakishit dhe mbreti i Eglonit.

²⁴ Kur u nxorën jashtë këta mbretër dhe u çuan tek Jozueu, ky thirri tërë njerëzit e Izraelit dhe u tha krerëve të luftëtarëve që kishin shkuar bashkë me të: "Afrohuni dhe vini këmbët tuaja mbi qafën e këtyre mbretërve". Ata u afruan dhe vunë këmbët e tyre mbi qafën e tyre.

²⁵ Pastaj Jozueu u tha: "Mos kini frikë, mos u tmerroni, tregohuni të fortë dhe trima, sepse kështu do të veprojë Zoti me të gjithë armiqtë tuaj kundër të cilëve duhet të luftoni".

²⁶ Pas kësaj Jozueu i rrahu dhe i bëri të vdesin, pastaj i vari në pesë pemë, ku mbetën të varur deri në mbrëmje.

²⁷ Në perëndim të diellit, Jozueu urdhëroi t'i ulnin nga drurët dhe t'i hidhnin në shpellën ku ishin fshehur; pastaj në hyrje të shpellës vunë gurë të mëdhenj, që kanë mbetur aty deri sot.

²⁸ Po atë ditë Jozueu mori Makedahun dhe i vrau me shpatë të gjithë bashkë me mbretin e tij; vendosi t'i shfarosë të gjithë personat që gjendeshin aty; nuk la asnjë të gjallë dhe e trajtoi mbretin e

²⁹ Pastaj Jozueu dhe tërë Izraeli bashkë me të kaluan nga Makedahu në Libnah dhe e sulmuan këtë vend.

³⁰ Zoti e dha edhe këtë qytet me gjithë mbretin e tij në duart e Izraelit; dhe Jozueu i vrau me shpatë të gjithë banorët e tij; nuk la asnjë njeri të gjallë e trajtoi mbretin ashtu si kishte trajtuar mbretin e Jerikos.

³¹ Pastaj Jozueu, dhe tërë Izraeli bashkë me të, kaloi nga Libnahu në Lakish; vendosi kampin e vet kundër tij dhe e sulmoi.

³² Dhe Zoti e dha Lakishin në duart e Izraelit, që e pushtoi ditën e dytë dhe vrau me shpatë të gjithë personat që gjendeshin aty, pikërisht ashtu si kishte vepruar në Libnah.

³³ Atëherë Horami, mbreti i Gezerit, shkoi në ndihmë të Lakishit; por Jozueu e mundi atë dhe popullin e tij dhe nuk la asnjë të gjallë.

³⁴ Pastaj Jozueu dhe tërë Izraeli bashkë me të kaluan nga Lakishi në Eglon; e ngritën kampin e tyre kundër tij dhe e sulmuan.

³⁵ E pushtuan po atë ditë dhe i vranë banorët me shpatë. Po atë ditë Jozueu vendosi të vriteshin gjithë personat që gjendeshin në vend, ashtu si kishte vepruar në Lakish.

³⁶ Pastaj Jozueu dhe tërë Izraeli bashkë me të kaluan nga Egloni në Hebron dhe e sulmuan këtë.

³⁷ E pushtuan dhe vranë me shpatë mbretin e tij, të gjitha qytetet dhe tërë personat që gjendeshin aty, nuk lanë asnjë njeri të gjallë, pikërisht ashtu si kishin vepruar në Eglon; por aty vendosi të shfarosen të gjithë personat që gjendeshin në vend.

³⁸ Pastaj Jozueu dhe i tërë Izraeli bashkë me të u kthyen në drejtim të Debiritit dhe e sulmuan.

³⁹ Shtinë në dorë mbretin dhe të gjithë qytetet e tij; i vranë me shpatë dhe shfarosën të gjithë njerëzit që gjendeshin në vend; nuk mbeti asnjë i gjallë. Ai e trajtoi Debiritin dhe mbretin e tij ashtu si kishte trajtuar Hebronin, Libnahun dhe mbretin e tij.

⁴⁰ Jozueu goditi, pra, gjithë vendin, krahinën malore, Negevin, ultësirën, shpatet e maleve, gjithë mbretërit e tyre; vendosi të shfarosë çdo gjë të gjallë, ashtu si kishte urdhëruar Zoti, Perëndia i Izraelit.

⁴¹ Kështu Jozueu i mundi nga Kades-Barnea deri në Gaza dhe nga tërë vendi i Gosenit deri në Gabaon.

⁴² Në një herë të vetme Jozueu kapi tërë ata mbretër dhe vendet e tyre, sepse Zoti, Perëndia i Izraelit, luftonte për Izraelin.

⁴³ Pastaj Jozueu dhe tërë Izraeli bashkë me të u kthyen në kampin e Gilgalit.

Kapitull 11

¹ Kur Jabini, mbret i Hatsorit, i mësoi këto ngjarje, u dërgoi lajmëtarë Johabit, mbretit të Madonit, mbretit të Shimronit dhe atij të Akshafit,

² mbretërve që ndodheshin në veri të zonës malore, në Arabah, në jug të Kinerethit, në ultësirën dhe mbi lartësitë e Dorit, në perëndim,

³ Kananejve që ishin në lindje dhe në perëndim, Amorejve, Hitejve, Perezejve dhe Jebusejve në krahinën malore, Hivejve në këmbët e malit Hermon në vendin e Mitspahut.

⁴ Kështu ata dolën, ata vetë me tërë ushtritë e tyre, një turmë shumë e madhe si rëra që është mbi bregun e detit dhe me kuaj e qerre në një numër shumë të madh.

⁵ Kështu tërë këta mbretër u bashkuan dhe erdhën në afërsitë e ujërave të Meromit për të ngritur një kamp të përbashkët dhe për të luftuar kundër Izraelit.

⁶ Por Zoti i tha Jozueut: "Mos u tremb nga ata, sepse nesër në këtë orë ke për t'i parë të gjithë të vrarë para Izraelit. Do të presësh leqet e këmbëve të kuajve të tyre dhe do të djegësh qerret e tyre".

⁷ Jozueu, pra, dhe gjithë luftëtarët bashkë me të, marshuan papritmas kundër tyre afër ujërave të Meromit dhe i sulmuan;

⁸ dhe Zoti i dha në duart e Izraelitëve, të cilët i mundën dhe i ndoqën deri në Sidonin e madh, deri në ujërat e Misrefothit dhe në luginën e Mitspahut, në drejtim të lindjes; i mundën deri në atë pikë sa nuk lanë të gjallë asnjë prej tyre.

⁹ Jozueu i trajtoi si i kishte thënë Zoti preu leqet e këmbëve të kuajve të tyre dhe ua dogji qerret.

¹⁰ Në po atë periudhë Jozueu u kthye dhe pushtoi Hatsorin, vrau mbretin e tij me shpatë, sepse në të kaluarën Hatsori kishte qenë kryeqyteti i tërë këtyre mbretërive.

¹¹ Vrau me shpatë tërë njerëzit që gjendeshin aty, duke vendosur shfarosjen e tyre; pastaj i vuri flakën Hatsorit.

¹² Kështu Jozueu pushtoi tërë qytetet e këtyre mbretërive, zuri mbretërit e tyre dhe i vrau me shpatë, duke vendosur shfarosjen e tyre, ashtu si kishte urdhëruar Moisiu, shërbëtori i Zotit.

Jozueut

¹³ Por Izraeli nuk u vuri flakën asnjërit prej qyteteve që ngriheshin në kodrinat, me përjashtim të Hatsorit, i vetmi qytet që Jozueu dogji.

¹⁴ Bijtë e Izraelit morën për vete tërë plaçkën e këtyre qyteteve dhe bagëtinë, por vranë tërë njerëzit dhe nuk lanë shpirt të gjallë.

¹⁵ Ashtu si e kishte urdhëruar Zoti Moisiun, shërbëtorin e tij, kështu Moisiu urdhëroi Jozueun, dhe ky nuk la pas dore asgjë nga tërë ato që Zoti i kishte urdhëruar Moisiut.

¹⁶ Kështu Jozueu shtiu në dorë tërë atë vend, krahinën malore, tërë Negevin, tërë vendin e Goshenit, ultësirën, Arabahun, krahinën malore të Izraelit dhe ultësirat e tij,

¹⁷ nga mali Holak, që ngrihet në drejtim të Seirit, deri në Baal-Gad në luginën e Libanit në këmbët e malit Hermon; zuri tërë mbretërit e tyre, i goditi dhe i vrau.

¹⁸ Jozueu luftoi gjatë kundër të gjithë këtyre mbretërve.

¹⁹ Nuk pati qytet që të bënte paqe me bijtë e Izraelit, me përjashtim të Hivejve që banonin në Gabaon; i pushtuan të gjitha me luftë.

²⁰ Në fakt ishte Zoti vetë që fortësonte zemrën e tyre që të bënin luftë kundër Izraelit, me qëllim që Izraeli të vendoste shfarosjen e tyre pa asnjë mëshirë për ta, por t'i zhdukte nga faqja e dheut ashtu si e kishte urdhëruar Zoti Moisiun.

²¹ Po në këtë periudhë Jozueu u nis në marshim dhe shfarosi Anakitët e krahinës malore, ata të Hebronit, të Debirit, të Anabit, të të gjithë krahinës malore të Judës dhe të të gjithë krahinës malore të Izraelit; Jozueu vendosi shfarosjen e tyre të plotë bashkë me qytetet e tyre.

²² Nuk mbetën më Anakitë në vendin e bijve të Izraelit; mbetën disa prej tyre vetëm në Gaza, në Gath dhe në Ashod.

²³ Kështu Jozueu shtiu në dorë tërë vendin, pikërisht ashtu siç i kishte thënë Zoti Moisiut; Jozueu ia la pastaj si trashëgim Izraelit, simbas ndarjeve të tyre në fise. Dhe kështu vendi pati një pushim nga lufta.

Kapitull 12

¹ Këta janë mbretërit e vendit të mundur nga bijtë e Izraelit, që pushtuan territorin e tyre matanë Jordanit, në drejtim të lindjes, nga përroi Arnon deri në malin Hermon dhe tërë Arabahun lindor;

² Sihoni, mbret i Amorejve, që banonte në Heshbon dhe sundonte nga Aroeri, që gjendet mbi brigjet e lumit të Harnonit, nga gjysma e lumit dhe nga gjysma e Galaadit deri në lumin Jakob, që është kufi me bijtë e Anonit;

³ dhe në pjesën lindore të Arabahut nga deti i Kinerethit deri në detin e Arabahut, nga Deti i Kripur deri në Beth-Jeshimoth, dhe në jug deri në shpatet e Pisgahut.

⁴ Pastaj territori i Ogut, mbretit të Bashanit, një nga gjigantët që kishin shpëtuar dhe që banonte në Ashtaroth dhe në Edrej,

⁵ dhe që sundonte mbi malin Hermon, mbi Salkahun, mbi tërë Bashanin deri në kufirin e Geshuritëve dhe Maakathitëve, dhe mbi gjysmën e Galaadit deri në kufirin e Sihonit, mbretit të Heshbonit.

⁶ Moisiu, shërbëtori i Zotit, dhe bijtë e Izraelit i mundën; pastaj Moisiu, shërbëtori i Zotit ua dha në zotërim vendin e tyre Rubenitëve, Gaditëve dhe gjysmës së fisit të Manasit.

⁷ Këta janë përkundrazi mbretërit e vendit që Jozueu dhe bijtë e Izraelit i mundën këtej Jordanit, në perëndim, nga Baal-Gadi në luginën e Libanit deri në malin Halak që ngrihet mbi Seir, vend që Jozueu

⁸ në krahinën malore, në ultësirën, në Arabah, në shpatet e maleve, në shkretëtirë dhe në Negev; vendi i Hitejve, i Amorejve, i Kananejve, i Perezejve, i Hivejve dhe i Jebusejve;

⁹ mbreti i Jerikos, një; mbret i Ait, afër Bethelit, një;

¹⁰ mbreti i Jeruzalemit, një; mbreti i Hebronit, një;

¹¹ mbreti i Jarmuthit, një; mbreti i Lakishit, një;

¹² mbreti i Eglonit, një; mbreti i Gezerit, një;

¹³ mbreti i Debirit, një; mbreti i Gederit, një;

¹⁴ mbreti i Hormahut, një; mbreti i Aradit, një;

¹⁵ mbreti i Libnahut, një; mbreti i Adulamit, një;

¹⁶ mbreti i Makedahut, një; mbreti i Bethelit, një;

¹⁷ mbreti i Tapuahut, një; mbreti i Heferit, një;

¹⁸ mbreti i Afekut, një; mbreti i Sharonit, një;

¹⁹ mbreti i Madonit, një; mbreti i Hatsorit, një;

²⁰ mbreti i Shirom-Meronit, një; mbreti i Akshafit, një;

²¹ mbreti i Taanakut, një; mbreti i Megidos, një;

²² mbreti i Kedeshit, një; mbreti i Jokneamit, në Karmel, një;

²³ mbreti i Dorit, mbi lartësinë e Dorit; mbreti i popujve të Gilgalit, një;

²⁴ mbreti i Tirtsahut, një. Gjithsej tridhjetë e një mbretër.

Kapitull 13

¹ Por Jozueu ishte plak dhe në moshë të shtyrë; dhe Zoti i tha: "Ti je plak dhe i shtyrë në moshë, dhe të mbetet një pjesë shumë e madhe e vendit për të pushtuar.

² Ky është vendi që mbetet akoma: tërë territori i Filistejve dhe gjithë ai i Geshuritëve,

³ nga Shikori që rrjedh në lindje të Egjiptit, deri në kufirin e Ekronit nga veriu (krahinë që konsiderohet kananease), tokat e pesë princave të Filistejve, domethënë të Gazës, të Ashdodit, të Ashkalonit, të Gathit, të Ekronit dhe të Avejve gjithashtu,

⁴ në jug, tërë vendi i Kananejve, dhe Mearahu që u përket Sidonëve deri në Afek, deri në kufirin e Amorejve;

⁵ vendi i Gibliteve dhe tërë Libani në drejtim të lindjes, nga Baal-Gadi në këmbët e malit Hermon deri në hyrje të Hamathit;

⁶ tërë banorët e krahinës malore të Libanit deri në ujërat e Misrefothit, dhe gjithë Sidonët. Unë do t'i dëboj para bijve të Izraelit; ti ndërkaq ndaje me short vendin midis Izraelitëve si trashëgimi, ashtu si të kam urdhëruar.

⁷ Ndaje, pra, këtë vend si trashëgimi midis nëntë fiseve dhe gjysmës së fisit të Manasit".

⁸ Rubenitët dhe Gaditët, bashkë me gjysmën e fisit tjetër, kanë marrë trashëgiminë e tyre, që Moisiu u dha atyre matanë Jordanit, në lindje, ashtu siç ua kishte dhënë Moisiu, shërbëtor i Zotit;

⁹ nga Aroeri që ndodhet në brigjet e përroit Arnon dhe nga qyteti që është në mes të luginës, tërë rrafshnaltën e Medebas deri në Dibon;

¹⁰ tërë qytetet e Sihonit, mbretit të Amorejve, që mbretëronte në Heshbon, deri në kufirin e bijve të Amonit;

¹¹ Galaadin, territorin e Geshuritëve dhe të Maakathitëve, tërë malin Hermon dhe tërë Bashanin deri në Salkah;

¹² tërë mbretërinë e Ogut, në Bashan, që mbretëronte në Ashtaroth dhe në Edrei dhe ishte i vetmi gjigant i mbetur gjallë. Në fakt Moisiu i kishte mundur dhe dëbuar.

¹³ Por bijtë e Izraelit nuk i përzunë Geshuritët dhe Maakathitët; kjo është arësyeja pse Geshuritët dhe Maakathitët banojnë në mes të Izraelit deri në ditët e sotme.

¹⁴ Vetëm fisit të Levit, Moisiu nuk i kishte dhënë asnjë trashëgimi; flijimet e bëra me zjarr për nder të Zotit, Perëndisë së Izraelit, përfaqësonin trashëgiminë e tij, ashtu si u kishte thënë ai.

¹⁵ Kështu Moisiu i kishte dhënë fisit të bijve të Rubenit pjesën që u përkiste, simbas familjeve të tyre;

¹⁶ territori i tyre niste nga Aroeri që ndodhet mbi brigjet e përroit Arnon dhe nga qyteti që gjendet në mes të luginës, tërë rrafshnalta pranë Medebës,

¹⁷ Heshboni dhe tërë qytetet e tij që ndodhen në rrafshnaltën: Diboni, Bamoth-Baali, Beth-Baal-Meoni,

¹⁸ Jahtsahu, Kedemothi, Mefaathi,

¹⁹ Kirjathaimi, Sibmahu, Tsereth-Hashahari mbi malin e luginës,

²⁰ Beth-Peori, shpatet e Pisgahut dhe Beth-Jeshimothi;

²¹ të gjitha qytetet e rrafshnaltës dhe tërë mbretëria e Sihonit, mbretit të Amorejve që mbretëronte në Heshbon, të cilin Moisiu e mundi me princat e Madianit: Evi, Rekem, Tsur, Hur dhe Reba, princa vasalë të Sihonit, që banonin në atë vend.

²² Bijtë e Izraelit vranë gjithashtu me shpatë Balaamin, birin e Beorit, shortarin, bashkë me të tjerët që u vranë në radhët e Madianitëve.

²³ Territori i bijve të Rubenit kufizohej me Jordanin. Kjo ishte trashëgimia e bijve të Rubenit në bazë të familjeve të tyre, së bashku me qytetet dhe fshatrat e tyre.

²⁴ Moisiu i kishte dhënë gjithashtu fisit të Gadit, bijve të Gadit, pjesën e tyre, simbas familjeve të tyre.

²⁵ Territori i tyre përfshinte Jazerin, të gjitha qytetet e Galaadit, gjysmën e vendit të bijve të Amonit deri në Aroer, që ngrihet përballë Rabahut,

²⁶ dhe nga Heshboni deri në Ramath-Mitspah dhe Betonim, dhe nga Mahanaimi deri në kufirin e Debirit,

²⁷ dhe në luginë, Beth-Harami, Beth-Nimrahi, Sukothi dhe Tsafoni, pjesa që mbeti nga mbretëria e Sihonit, mbretit të Heshbonit, që ka Jordanin për kufi, deri në skajin e Detit të Kinerethit, matanë Jordanit, në drejtim të lindjes.

²⁸ Kjo qe trashëgimia e bijve të Gadit, simbas familjeve të tyre, me qytetet dhe fshatrat e tyre.

²⁹ Moisiu i kishte dhënë gjithashtu gjysmës së fisit të Manasit, bijve të Manasit, pjesën e tyre, simbas familjeve të tyre.

³⁰ Territori i tyre përfshinte Mahanaimin, tërë Bashanin, tërë mbretërinë e Ogut, mbretit të Bashanit, tërë fshatrat e Jairit që ndodhen në Bashan, gjithsej shtatëdhjetë qytete.

³¹ Gjysma e Galaadit, Ashtarothit dhe Edreit, qytete të mbretërisë

së Ogut në Bashan, kaluan në dorë të bijve të Makirit, birit të Manasit, simbas familjeve të tyre.

³² Këto janë pjesët që Moisiu u kishte ndarë si trashëgimi në fushat e Moabit, matanë Jordanit, në bregun përballë Jerikos, në lindje.

³³ Por fisit të Levit Moisiu nuk i la asnjë trashëgimi; Zoti, Perëndia i Izraelit, ishte trashëgimia e tij, ashtu siç u kishte thënë ai vetë.

Kapitull 14

¹ Këto janë territoret që bijtë e Izraelit morën si trashëgimi në vendin e Kanaanit, dhe që prifti Eleazar, Jozueu, bir i Nunit, dhe kryetarët e familjeve të fiseve të bijve të Izraelit u ndanë atyreve si trashëgimi.

² Trashëgimia e tyre u vendos me short, ashtu si u kishte urdhëruar Zoti me anë të Moisiut nëntë fiseve dhe gjysmës së fisit,

³ sepse dy fiseve të tjera dhe gjysmës së fisit, Moisiu u kishte dhënë trashëgiminë e tyre matanë Jordanit; por nuk u kishte dhënë asnjë trashëgimi Levitëve,

⁴ sepse bijtë e Jozefit formonin dy fise, atë të Manasit dhe atë të Efraimit; Levitëve nuk iu dha asnjë pjesë në vend, por vetëm disa qytete për të banuar bashkë me kullota për bagëtinë e tyre dhe pasuritë që kishin.

⁵ Bijtë e Izraelit vepruan ashtu si e kishte urdhëruar Zoti Moisiun dhe e ndanë vendin.

⁶ Atëherë bijtë e Judës u paraqitën para Jozueut në Gilgal; dhe Kalebi, bir i Jefunehut, Kenizeu, i tha: "Ti e di atë që Zoti i tha Moisiut, njeriut të Perëndisë, lidhur me mua dhe me ty në Kadesh-Barnea.

⁷ Unë isha dyzet vjeç kur Moisiu, shërbëtori i Zotit, më dërgoi në Kadesh-Barnea për të vëzhguar vendin; unë i paraqita një raport ashtu si ma thoshte zemra.

⁸ Ndërsa vëllezërit e mi që kishin ardhur me mua e shkurajuan popullin, unë ndoqa plotësisht Zotin, Perëndinë tim.

⁹ Atë ditë Moisiu bëri këtë betim: "Toka që ke shkelur me këmbë do të jetë trashëgimia jote dhe e bijve të tu për gjithnjë, sepse ke ndjekur plotësisht Zotin, Perëndinë tim".

¹⁰ Dhe ja, tani Zoti më ka ruajtur të gjallë, siç e kishte thënë, këto dyzet e pesë vjet që kur Zoti i tha këto fjalë Moisiut, ndërsa Izraeli endej nëpër shkretëtirë; dhe ja, sot u bëra tetëdhjetë e pesë vjeç.

¹¹ Por sot jam akoma i fortë si ditën që Moisiu më nisi; po atë fuqi që kisha atëherë e kam edhe tani, qoftë për të luftuar, qoftë për të shkuar dhe për të ardhur.

¹² Prandaj ma jep këtë mal për të cilin foli Zoti atë ditë; sepse ti vetë e dëgjove atë ditë që aty ishin Anakimët dhe kishte qytete të mëdha dhe të fortifikuara. Në rast se Zoti do të jetë me mua, unë do t'i dëboj, ashtu si ka thënë Zoti".

¹³ Atëherë Jozueu e bekoi dhe i dha si trashëgimi Hebronin Kalebit, djalit të Jefunehut.

¹⁴ Për këtë arësye Hebroni ka mbetur pronë e Kalebit, birit të Jefunehut, Kenizeu, deri në ditën e sotme, sepse ai ka ndjekur plotësisht Zotin, Perëndinë e Izraelit.

¹⁵ Më parë Hebroni quhej Kirjath-Arba, Arba pati qenë njeriu më i madh në radhët e Anakimëve. Dhe vendi nuk pati më luftë.

Kapitull 15

¹ Pjesa që iu dha me short fisit të bijve të Judës, simbas familjeve të tyre, shtrihej deri në kufirin e Edomit, në shkretëtirën e Tsinit, në skajin jugor.

² Kufiri i tyre jugor fillonte në skajin e Detit të Kripur, nga kepi që drejtohet në jug,

³ dhe zgjatej në jug në drejtim të të përpjetës së Akrabimit, kalonte nëpër Tsin, pastaj ngjitej në drejtim të Adarit dhe kthente nga ana e Karkaas;

⁴ kalonte pastaj nga Atsmoni dhe vazhdonte deri në përruan e Egjiptit, dhe mbaronte në det. "Ky do të jetë", tha Jozueu, "kufiri juaj në jug".

⁵ Kufiri në lindje ishte Deti i Kripur deri në grykëderdhjen e Jordanit. Kufiri verior fillonte me mëngën e detit pranë grykëderdhjes së Jordanit;

⁶ pastaj kufiri ngjitej në drejtim të Beth-Oglahut, kalonte në veri të Beth-Arabahut dhe ngjitej deri në gurin e Bohanit, birit të Rubenit.

⁷ Pastaj nga Lugina e Akorit kufiri ngjitej në Debir, kthehej prapa në veri në drejtim të Gilgalit, që ndodhet përballë së përpjetës të Adumumit, në jug të luginës; pastaj kufiri kalonte në ujërat e En-Shemeshit dhe mbaronte në En-Roguel.

⁸ Kufiri pas kësaj ngjitej nëpër luginën e birit të Hinonit deri te shpatet jugore të qytetit të Jebusejve (që është Jeruzalemi). Pastaj kufiri ngjitej deri në majën e malit që ndodhet përballë luginës së Hinomit në perëndim, që mbetet në skajin e luginës të Refaimit në veri.

⁹ Nga maja e malit kufiri shtrihej deri në burimin e ujërave të Neftoahut, vazhdonte në drejtim të qyteteve të malit Efron dhe pastaj kthente deri në Baalah, që është Kirjath-Jearimi.

¹⁰ Nga Baalahu kufiri kthente pastaj në perëndim të malit Seir, kalonte mbi faqen veriore të malit Jearim (që është Kesaloni), zbriste në Beth-Shemesh dhe kalonte nëpër Timah.

¹¹ Pastaj kufiri arrinte anën veriore të Ekronit, kthente nga Shikroni, kalonte nëpër malin e Baalahut, shtrihej deri në Jabneel dhe mbaronte në det.

¹² Kufiri në perëndim ishte Deti i Madh. Këta ishin rreth e qark kufijtë e bijve të Judës simbas familjeve të tyre.

¹³ Kalebit, birit të Jefunehut, Jozueu i dha një pjesë në mes të bijve të Judës, ashtu siç i kishte porositur Zoti; Kirjath-Arba, që është Hebroni (Arba ishte ati i Anakut).

¹⁴ Dhe Kalebi dëboi që andej tre djemtë e Anakut, Sheshain, Ahimanin dhe Talmain, pasardhës të Anakut;

¹⁵ Që këtej ai u ngrit kundër banorëve të Debirit (që më parë quhej Kirjath-Sefer).

¹⁶ Dhe Kalebi tha: "Atij që do të sulmojë Kirjath-Seferin dhe do ta shtjerë në dorë, unë do t'i jap për grua vajzën time Aksah".

¹⁷ Atëherë Othnieli, bir i Kenazit, vëllai i Kalebit, e shtiu në dorë, dhe Kalebi i dha për grua bijën e tij Aksah.

¹⁸ Kur ajo erdhi të banojë me të, i mbushi mendjen Othnielit t'i kërkonte atit të saj një fushë. Atëherë ajo zbriti nga gomari dhe Kalebi i tha: "Çfarë do?".

¹⁹ Ajo iu përgjigj: "Më bëj një dhuratë; mbasi më ke dhënë tokë në Negev, më jep edhe burime ujore". Kështu ai i dhuroi burimet e sipërme dhe burimet e poshtme.

²⁰ Kjo qe trashëgimia e fisit të bijve të Judës, simbas familjeve të tyre;

²¹ qytetet e vendosura në skajin e fisit të bijve të Judës, në drejtim të kufirit të Edomit, në Negev ishin: Kabtseeli, Ederi dhe Jaguri,

²² Kinahu, Dimonahu, Adadahu,

²³ Kadeshi, Hatsori, Ithnami,

²⁴ Zifi, Telemi, Bealothi,

²⁵ Hatsor-Hadattahu, Kerioth-Hetsroni (domethënë në Hatsori),

²⁶ Amami, Shema, Moladahu,

²⁷ Hatsar-Gadahu, Heshmoni, Beth-Peleti,

²⁸ Hatsar-Shuali, Beer-Sheba, Bizjothjahu,

²⁹ Baala, Ijimi, Etsemi,

³⁰ Eltoladi, Kesili, Hormahu,

³¹ Tsiklagu, Madmanahu, Sansanahu,

³² Lebaothi, Shilhimi, Aini, Rimoni; gjithsej njëzet e nëntë qytete me fshatrat e tyre.

³³ Në ultësirë: Eshaoli, Tsoreahu, Ashnahu,

³⁴ Zanoahu, En-Ganimi, Tapuahu, Enami;

³⁵ Jarmuthi, Adulami, Sosohu, Azekahu,

³⁶ Shaaraimi, Adithaimi, Gederahu dhe Gederothaimi: katërmbëdhjetë qytete me gjithë fshatrat e tyre;

³⁷ Tsenani, Hadashahu, Migdal-Gadi,

³⁸ Dileani, Mitspahu, Joktheeli,

³⁹ Lakishi, Bokskathi, Egloni,

⁴⁰ Kaboni, Lahmasi, Kitlishi,

⁴¹ Gederothi, Beth-Dagoni, Naamahu dhe Makedahu; gjashtëmbëdhjetë qytete me gjithë fshatrat e tyre.

⁴² Libnahu, Etheri, Ashani;

⁴³ Jiftahu, Ashna, Netsibi;

⁴⁴ Kejlahu, Akzibi dhe Mareshahu: nëntë qytete me fshatrat e tyre;

⁴⁵ Ekroni me qytetet dhe fshatrat e tij;

⁴⁶ nga Ekroni deri në det, çdo gjë që ishte afër Ashdotit me fshatrat e tyre.

⁴⁷ Ashdoti me gjithë qytetet dhe fshatrat e tij; Gaza me qytetet dhe fshatrat e tij deri në përroin e Egjiptit dhe në detin e Madh me bregun e tij.

⁴⁸ Në zonën malore: Shanoiri, Jatiri dhe Sokohu,

⁴⁹ Danahu, Kirjath-Sanahu, domethënë Debiri,

⁵⁰ Anabi, Esthemothi, Animi,

⁵¹ Gosheni, Holoni dhe Gilohu: njëmbëdhjetë qytete bashkë me fshatrat e tyre;

⁵² Arabi, Dumahu, Esheani,

⁵³ Janumi, Beth-Tapuahu, Afekahu,

⁵⁴ Humtahu, Kirjath-Arba (domethënë Hebroni) dhe Tsiori: nëntë qytete me gjithë fshatrat e tyre;

⁵⁵ Maoni, Karmeli, Zifi dhe Jutahu,

⁵⁶ Jizreeli, Jokdeami, Zanoahu,

⁵⁷ Kaini, Gibeahu dhe Timnahu: dhjetë qytete me fshatrat e tyre;

58 Halhuli, Beth-Tsuri, Gedori,

59 Maarathi, Beth-Anothi dhe Eltekoni: gjashtë qytete me fshatrat e tyre;

60 Kirjath-Baal (domethënë Kirjath-Jearimi) dhe Rabahu: dy qytete bashkë me fshatrat e tyre.

61 Në shkretëtirë: Beth-Arabahu, Midini, Sekakahu,

62 Nibshani, qyteti i kripës dhe Engedi: gjashtë qytete me fshatrat e tyre.

63 Përsa u përket Jebusejve që banonin në Jeruzalem, bijtë e Judës nuk mundën t'i dëbojnë; kështu Jebusejtë kanë banuar në Jeruzalem bashkë me bijtë e Judës deri në ditën e sotme.

Kapitull 16

1 Pjesa që iu dha me short bijve të Jozefit shtrihej nga Jordani pranë Jerikos, në drejtim të ujërave të Jerikos në lindje, deri në shkretëtirën që ngjitet nga Jeriko në Bethel nëpër krahinën malore.

2 Kufiri vijonte pastaj nga Betheli në Luc dhe kalonte në Ataroth nëpër kufirin e Arkejve,

3 dhe zbriste në perëndim në drejtim të kufirit të Jafletejve deri në kufirin e Beth-Horonit të poshtëm dhe deri në Gezer, duke mbaruar në det.

4 Kështu bijtë e Jozefit, Manasi dhe Efraimi, patën secili trashëgiminë e vet.

5 Këto qenë kufijtë e bijve të Efraimit, simbas familjeve të tyre. Kufiri i trashëgimisë së tyre, në lindje, ishte Atrothi deri në Beth-Horonin e sipërm;

6 kufiri shtrihej deri në det në veri të Mikmethathit, pastaj kthente nga lndja deri në Tanaath-Shiloh dhe i kalonte përpara në lindje të Janoahut.

7 Nga Janoahu zbriste pastaj në Ataroth dhe Naarah dhe zgjatej deri në Jeriko, për të mbaruar në Jordan.

8 Nga Tapuah kufiri shtrihej në perëndim deri në përruan Kanah dhe mbaronte në det. Kjo qe trashëgimia e fisit të Efraimit, simbas familjeve të tyre,

9 bashkë me qytetet e rezervuara për bijtë e Efraimit në mes të trashëgimisë së bijve të Manasit, të gjitha qytetet bashkë me fshatrat e tyre.

10 Por ata nuk i dëbuan Kananejtë që banonin në Gezer; kështu Kananejtë kanë banuar në mes të Efraimit deri ditën e sotme, por u bënë skllevër.

Kapitull 17

1 Kjo qe pjesa që i ra me short fisit të Manasit, sepse ai ishte i parëlinduri i Jozefit, Maikirit, të parëlindurit të Manasit dhe atë i Galaadit, iu caktua Galaadi dhe Bashani, sepse ishte luftëtar.

2 Ju dha me short gjithashtu një pjesë bijve të tjerë të Manasit, simbas familjeve të tyre: bijve të Abiezerit, bijve të Helekut, bijve të Asrielit, bijve të Heferit, bijve të Shemidit. Këta ishin fëmijët meshkuj të Manasit, birit të Jozefit, simbas familjeve të tyre.

3 Tselofehadi, bir i Heferit, bir i Galaadit, bir i Makirit, bir i Manasit, nuk pati djem, por vetëm vajza, të cilat quheshin Mahlah, Noah, Higlah, Milkah dhe Tirtsah.

4 Ato u paraqitën para priftit Eleazar, para Jozueut, birit të Nunit, dhe para princave, duke thënë: "Zoti urdhëroi Moisiun që të na japë një trashëgimi në mes të vëllezërve tanë". Dhe Jozueu u dha një trashëgimi në mes të vëllezërve të atit të tyre, simbas urdhrit të Zotit.

5 Kështu i ranë dhjetë pjesë Manasit, përveç vendit të Galaadit dhe të Bashanit që ndodheshin matanë Jordanit,

6 në fakt bijat e Manasit morën një trashëgimi në mes të të bijve të tij, dhe vendi i Galaadit iu caktua bijve të tjerë të Manasit.

7 Kufiri i Manasit shtrihej nga Asheri në Mikmethsah, që ndodheshin përballë Sikemit, pastaj kthente nga e djathta në drejtim të banorëve të En-Tapuahut.

8 Vendi i Tapuahut i përkiste Manasit; por Tapuahu në kufi të Manasit ishte pronë e bijve të Efraimit.

9 Pastaj kufiri zbriste në përruan Kanah, në jug të përroit; këto qytete që ishin pronë e Efraimit ngriheshin në mes të qyteteve të Manasit; por kufiri i Manasit ndodhej në krahun verior të përroit dhe mbaronte në det.

10 Territori në jug i përkiste Efraimit, kurse ai në veri ishte pronë e Manasit, dhe deti ishte kufiri i tyre; në veri kufizoheshin me Asherin dhe në lindje me Isakarin.

11 Përveç kësaj, në territorin e Isakarit dhe në atë të Asherit Manasi zotëronte: Beth-Shean me fshatrat e tij, Ibleam me fshatrat e tij, banorët e Dorit me fshatrat e tij, banorët e En-Dorit me fshatrat e tij, banorët e Tanaakut me fshatrat e tij, banorët e Megidos me fshatrat e tij, tri krahina kodrinore.

12 Por bijtë e Manasit nuk mundën t'i pushtojnë ato qytete, sepse Kananejtë ishin të vendosur të rrinin në atë vend.

13 Por bijtë e Izraelit u bënë të fortë, nënshtruan Kananejtë dhe i robëruan, por nuk i dëbuan krejt.

14 Atëherë bijtë e Jozefit i folën Jozueut dhe i thanë: "Pse na dhe si trashëgimi vetëm një pjesë, vetëm një hise, kur ne jemi një popull i madh që Zoti e ka bekuar deri sot?".

15 Jozueu u tha atyre: "Në rast se jeni një popull i madh në numër, shkoni në pyll dhe hapni tokë të re që të keni tokë në vendin e Perezejve dhe të gjigantëve, sepse krahina malore e Efraimit është tepër e paktë për ju".

16 Por bijtë e Jozefit iu përgjigjën: "Krahina malore nuk na mjafton; dhe të gjithë Kananejtë që banojnë në krahinën fushore kanë qerre të hekurta, si ata që janë në Beth-Shean dhe në fshatrat e tij, ashtu dhe ata që banojnë në luginën e Jizreelit".

17 Atëherë Jozueu i foli shtëpisë së Jozefit, Efraimit dhe Manasit, dhe tha: "Ti je një popull i madh në numër dhe ke një forcë të madhe; nuk do të kesh vetëm një pjesë,

18 por edhe krahina malore do të jetë jotja; ndonëse është pyll, ti do ta shpyllëzosh dhe do të jetë jotja deri në skajet e tij më të largëta, sepse ti do t'i dëbosh Kananejtë megjithëse kanë qerre të hekurta dhe janë të fortë".

Kapitull 18

1 Pastaj tërë asambleja e bijve të Izraelit u mblodh në Shiloh, dhe aty ngritën çadrën e mbledhjes. Vendi u ishte nënshtruar atyre.

2 Por kishte midis bijve të Izraelit shtatë fise, që nuk e kishin marrë akoma trashëgiminë e tyre.

3 Kështu Jozueu u tha bijve të Izraelit: "Deri kur nuk do të kujdeseni të shkoni të merrni vendin që Zoti, Perëndia i etërve tuaj, ju ka dhënë?

4 Zgjidhni midis jush tre burra për çdo fis dhe unë do t'i nis. Ata do të ngrihen, do ta përshkojnë vendin, do të bëjnë përshkrimin e tij në bazë të pjesës së tyre të trashëgimisë dhe pastaj do të kthehen tek unë.

5 Ata do ta ndanë në shtatë pjesë: Juda do të mbetet në territorin e tij në jug dhe shtëpia e Jozefit në territorin e tij në veri.

6 Ju do të bëni, pra, përshkrimin e vendit në shtatë pjesë; do ta sillni tek unë dhe unë do të hedh shortin për ju këtu, para Zotit, Perëndisë tonë.

7 Por Levitët nuk duhet të kenë asnjë pjesë në mes tuaj, sepse priftëria e Zotit është trashëgimia e tyre; dhe Gadi, Rubeni dhe gjysma e fisit të Manasit kanë marrë trashëgiminë e tyre matanë Jordanit në lindje, që Moisiu, shërbëtori i Zotit, u ka dhënë atyre".

8 Ata njerëz, pra, u ngritën dhe u nisën; dhe Jozueu i urdhëroi ata që nisëshin për të përshkruar vendin, duke u thënë: "Shkoni, përshkoni vendin dhe bëni përshkrimin e tij; pastaj kthehuni tek unë, dhe këtu unë do të hedh shortin për ju para Zotit në Shiloh".

9 Kështu ata njerëz u nisën, e përshkuan vendin dhe bënë në një libër përshkrimin e shtatë pjesëve të tij simbas qyteteve; pastaj u kthyen tek Jozueu në kampin e Shilohut.

10 Atëherë Jozueu hodhi shortin për ta në Shiloh para Zotit dhe e ndau vendin midis bijve të Izraelit, simbas ndarjeve të tyre.

11 U hodh në short pjesa e fisit të bijve të Beniaminit, simbas familjeve të tyre; territori që u ra në short kishte kufijtë e tij midis bijve të Judës dhe bijve të Jozefit.

12 Nga ana veriore kufiri i tyre fillonte me Jordanin, ngjitej në shpatin në veri të Jerikos, kalonte krahinën malore në drejtim të perëndimit dhe mbaronte në shkretëtirën e Beth-Avenit.

13 Që andej kufiri ngjitej në Luc, mbi shpatin në jug të Lucit (që është Betheli); pastaj zbriste në Ataroth-Adar, pranë malit që ndodhet në jug të Beth-Horonit të poshtëm.

14 Pastaj kufiri shtrihej, duke kthyer në krahun perëndimor drejt jugut të malit që ngrihej përballë Beth-Horonit, në jug, dhe mbaronte në Kirjath-Baal (që është Kiriath-Jearimi), qytet i bijve të Judës. Ky ishte krahu perëndimor.

15 Ana jugore fillonte në skajin e Kiriath-Jearimit. Kufiri zgjatej në drejtim të perëndimit deri sa prekte burimin e ujërave të Neftoahut;

16 pastaj kufiri zbriste në skajin e malit që ndodhet përballë luginës së birit të Hinomit, që është në luginën e gjigantëve, në veri, dhe zbriste nëpër luginën e Hinomit, në anën jugore të qytetit të Jebuzejve, deri në En-Rogel.

17 Pastaj kthente në drejtim të veriut dhe arrinte në En-Shemesh; shtrihej në drejtim të Gelilothit, që ndodhet përballë së përpjetës së Adumimit, dhe zbriste në gurin e Bohanit, birit të Rubenit;

18 pas kësaj kalonte në shpatin verior përballë Arabahut dhe zbriste në drejtim të tij.

19 Kufiri kalonte pastaj nga shpati verior i Beth-Hoglahut dhe

mbaronte në kepin verior të Detit të Kripur, në skajin jugor të Jordanit. Ky ishte kufiri në jug.

²⁰ Jordani shërbente si kufi nga ana lindore. Kjo ishte trashëgimia e bijve të Beniaminit në bazë të kufijve rreth e qark, simbas familjeve të tyre.

²¹ Qytetet e fiseve të bijve të Beniaminit, simbas familjeve të tyre, ishin Jeriko, Beth-Hoglahu, Emek-Ketsitsi,

²² Beth-Arabahu, Tsemaraimi, Betheli,

²³ Avimi, Parahu, Ofrahu,

²⁴ Kefar-Haamoni, Ofni dhe Geba: dymbëdhjetë qytete me fshatrat e tyre;

²⁵ Gabaoni, Ramahu, Beerothi,

²⁶ Mitspehu, Kefirahu, Motsahu,

²⁷ Rekemi, Irpeeli, Taralahu,

²⁸ Tselahu, Efeli, Gebusi (që është Jeruzalemi), Gibeathi dhe Kirjathi: katërmbëdhjetë qytete me gjithë fshatrat e tyre. Kjo qe trashëgimia e bijve të Beniaminit, simbas familjeve të tyre.

Kapitull 19

¹ Pjesa e dytë që u hodh me short i takoi Simeonit, fisit të bijve të Simeonit simbas familjeve të tyre. Trashëgimia e tyre ndodhej në mes të trashëgimisë së bijve të Judës.

² Trashëgimia e tyre përfshinte Beer-Sheban (Sheban), Moladahun,

³ Hatsar-Shualin, Balahun, Etsemin,

⁴ Eltoladin, Bethulin, Hormahun,

⁵ Tsiklagun, Beth-Markabothin, Hatsar-Susahin,

⁶ Beth-Lebaothin dhe Sharuhenin: trembëdhjetë qytete me fshatrat e tyre;

⁷ Ainin, Rimonin, Etherin dhe Ashanin: katër qytete me fshatrat e tyre,

⁸ dhe të gjitha fshatrat që ndodheshin rreth këtyre qyteteve, deri në Baalath-Beer, Ramah të Negevit. Kjo përfaqësonte trashëgiminë e fisit të bijve të Simeonit, simbas familjeve të tyre.

⁹ Trashëgiminë e bijve të Simeonit e morën bijtë e Judës, sepse pjesa e bijve të Judës ishte tepër e madhe për ata; kështu bijtë e Simeonit e patën trashëgiminë e tyre në mes të trashëgimisë së bijve të Judës.

¹⁰ Pjesa e tretë që u hodh me short u ra bijve të Zabulonit, simbas familjeve të tyre. Territori i trashëgimisë së tyre shtrihej deri në Sarid.

¹¹ Kufiri i tyre ngjitej në perëndim në drejtim të Maralahut dhe arrinte në Dabesheth dhe pastaj në përruan që rrjedh përballë Jokneamit.

¹² Nga Saridi kthente në lindje në drejtim të lindjes, deri në kufirin e Flakëve të Taborit, pastaj shtrihej në drejtim të Daberathit, duke arritur deri në Jafia.

¹³ Që këtej kalonte në lindje deri në Gath-Hefer dhe Eth-Katsin, pastaj shtrihej deri në Rimon dhe arrinte në Neath.

¹⁴ Pas kësaj kufiri kthente në drejtim të veriut nga ana e Hanathonit dhe mbaronte në luginën e Jiftah-Elit.

¹⁵ Ai përfshinte gjithashtu Katahun, Nahalalin, Shimronin, Idalahin dhe Betlemin: dymbëdhjetë qytete me fshatrat e tyre.

¹⁶ Kjo qe trashëgimia e bijve të Zabulonit, simbas familjeve të tyre, këto qytete bashkë me fshatrat e tyre.

¹⁷ Pjesa e katërt që u hodh me short i ra Isakarit, bijve të Isakarit, simbas familjeve të tyre.

¹⁸ Territori i tyre shkonte deri në Jezreel, Kesulloth, Shunem,

¹⁹ Hafaraim, Shion, Anaharath,

²⁰ Rabith, Kishion, Abets,

²¹ Remeth, En-Ganim, En-Hadah dhe Beth-Patsets.

²² Pastaj kufiri arrinte deri në Tabor, Shahatsimah dhe Beth-Shemesh, dhe mbaronte në Jordan: gjashtëmbëdhjetë qytete me fshatrat e tyre.

²³ Kjo qe trashëgimia e fisit të bijve të Isakarit, simbas familjeve të tyre, qytetet bashkë me fshatrat e tyre.

²⁴ Pjesa e pestë që u hodh me short u ra bijve të Asherit, simbas familjeve të tyre.

²⁵ Ky territor përfshinte Helkathin, Halin, Betenin, Akshafin,

²⁶ Alamelekun, Amadin dhe Mishalin. Kufiri i tyre arrinte, në drejtim të perëndimit, malin Karmel dhe Shihor-Libnathin.

²⁷ Pastaj kthente nga lindja, në drejtim të Beth-Dagonit, arrinte në Zabulon dhe në luginën e Jiftah-Elit në veri të Beth-Emekut dhe të Nejelit, dhe zgjatej në drejtim të Kabulit në të majtë,

²⁸ dhe në drejtim të Ebronit, Rehobit, Hamonit dhe Kanahut deri në Sidonin e Madh.

²⁹ Pastaj kufiri kthente në drejtim të Ramahut deri në qytetin e fortifikuar të Tirit, kthente nga ana e Hosas dhe mbaronte në det nga ana e territorit të Akzibit.

³⁰ Ai përfshinte gjithashtu Umahun, Afekun dhe Rehobin: njëzet e dy qytete me fshatrat e tyre.

³¹ Kjo qe trashëgimia e fisit të bijve të Asherit, simbas familjeve të tyre, këto qytete bashkë me fshatrat e tyre.

³² Pjesa e gjashtë që u hodh me short u ra bijve të Neftalit, simbas familjeve të tyre.

³³ Kufiri i tyre shtrihej nga Helefi, nga lisi në Zaananim, nga Adami-Nekebi dhe Jabneeli deri në Lakum dhe mbaronte në Jordan.

³⁴ Pastaj kufiri kthente në perëndim në drejtim të Aznoth-Taborit, dhe që këtej vazhdonte deri në Hukok; arrinte në Zabulon nga ana e jugut, në Asher nga perëndimi dhe në Juda të Jordanit nga ana e lindjes.

³⁵ Qytetet e fortifikuara ishin: Tsidimi, Tseri, Hamathi, Rakathi, Kinerethi,

³⁶ Adamahu, Ramahu, Hatsori,

³⁷ Kedeshi, Edrei, En-Hatsori,

³⁸ Jironi, Migdal-Eli, Horemi, Beth-Anathi dhe Beth-Shemeshi: nëntëmbëdhjetë qytete bashkë me fshatrat e tyre.

³⁹ Kjo qe trashëgimia e fisit të bijve të Neftalit, simbas familjeve të tyre, qytetet me fshatrat e tyre.

⁴⁰ Pjesa e shtatë që u hodh me short i ra fisit të bijve të Danit, simbas familjeve të tyre.

⁴¹ Territori i trashëgimisë së tyre përfshinte Tsorahun, Eshtaolin, Ir-Shemeshin,

⁴² Shaalabinin, Aijalonin, Jithlahun,

⁴³ Elonin, Timnathahun, Ekronin,

⁴⁴ Eltekehun, Gibethonin, Baalathin,

⁴⁵ Jehudin, Bene-Berakun, Gath-Rimonin,

⁴⁶ Me-Jarkon dhe Rakonin me territorin që shtrihej përpara Jafos.

⁴⁷ Por territori i bijve të Danit u shtri matanë këtyre kufijve, sepse bijtë e Danit shkuan për të luftuar kundër Leshemit; e pushtuan dhe vranë me shpatë banorët e tij; kështu e pushtuan, u vendosën aty dhe i vunë emrin Dan, nga emri i atit të tyre.

⁴⁸ Kjo qe trashëgimia e fisit të bijve të Danit, simbas familjeve të tyre, këto qytete me fshatrat e tyre.

⁴⁹ Kur bijtë e Izraelit përfunduan ndarjen e trashëgimisë së vendit simbas kufijve të tij, i dhanë Jozueut, birit të Nunit, një trashëgimi në mes të tyre.

⁵⁰ Simbas urdhrit të Zotit, i dhanë qytetin që ai kërkoi, Timnath-Serahun, në krahinën malore të Efraimit. Ai ndërtoi qytetin dhe banoi në të.

⁵¹ Këto janë trashëgimitë që prifti Eleazar, Jozueu, bir i Nunit, dhe kryetarët e familjeve të fiseve të bijve të Izraelit ndanë me short në Shiloh, përpara Zotit, në hyrje të çadrës së mbledhjes. Kështu ata përfunduan ndarjen e vendit.

Kapitull 20

¹ Pastaj Zoti i foli Jozueut, duke i thënë:

² "Folu bijve të Izraelit dhe u thuaj atyre: "Vendosuni në qytetet e strehimit, për të cilat ju fola me anë të Moisiut,

³ me qëllim që të mund të strehohet vrasësi që ka vrarë dikë pa dashje dhe pa paramendim; ato do të shërbejnë si vend strehimi për t'i shpëtuar hakmarrësit të gjakut.

⁴ Kur vrasësi do të ikë në një nga këto qytete, do të ndalet në hyrje të portës së qytetit dhe do t'ua parashtrojë rastin e tij pleqve të atij qyteti; këta do ta presin në qytetin e tyre, do t'i gjejnë vend dhe ai do të banojë me ta.

⁵ Në rast se hakmarrësi i gjakut do ta ndjekë, ata nuk do t'ia dorëzojnë vrasësin, sepse ai ka vrarë të afërmin e tij pa paramendim, pa e urryer më parë.

⁶ Vrasësi do të qëndrojë në atë qytet deri sa, me vdekjen e kryepriftit që do të jetë në funksion ato ditë, do të dalë në gjyq para asamblesë. Atëherë vrasësi mund të kthehet dhe të hyjë në qytetin e tij dhe në shtëpinë e tij, në qytetin nga i cili kishte ikur"".

⁷ Ata, pra, caktuan Kedeshin në Galile, në zonën malore të Neftalit, Sikemin në krahinën malore të Efraimit dhe Kiriath-Arbën (që është Hebroni), në krahinën malore të Judës.

⁸ Dhe matanë Jordanit, në lindje të Jerikos, caktuan Betserin në shkretëtirën e rrafshnaltës të fisit të Rubenit, Ramothin në Galaad të fisit të Gadit dhe Golanin në Bashan të fisit të Manasit.

⁹ Këto ishin qytetet që iu caktuan tërë bijve të Izraelit dhe të huajit që banonte midis tyre, në mënyrë që kushdo që kishte vrarë dikë pa dashje të mund të strehohej dhe të mos vritej nga hakmarrësi i gjakut, para se të dilte përpara asamblesë.

Jozueut

Kapitull 21

¹ Kryetarët e familjeve të Levitëve u paraqitën para priftit Eleazar, Jozueut, birit të Nunit, dhe kryetarëve të familjeve të fiseve të bijve të Izraelit,

² dhe u folën në Shiloh, në vendin e Kanaanit, duke u thënë: "Zoti urdhëroi, me anë të Moisiut, që të na jepeshin disa qytete për të banuar me kullota për bagëtinë tonë".

³ Kështu bijtë e Izraelit u dhanë Levitëve, duke i marrë nga trashëgimia e tyre, qytetet që vijojnë bashkë me toka për kullotë, simbas urdhrit të Zotit.

⁴ U hodh shorti për familjet e Kehathitëve; dhe bijve të priftit Aaron, që ishin Levitë, u ranë në short trembëdhjetë qytete nga fisi i Judës, nga fisi i Simeonit dhe nga fisi i Beniaminit.

⁵ Bijve të tjerë të Kehathit u ranë në short dhjetë qytete nga familjet e fisit të Efraimit, nga fisi i Danit dhe nga gjysma e fisit të Manasit.

⁶ Bijve të Gershonit u ranë në short trembëdhjetë qytete nga fisi i Isakarit, nga fisi i Neftalit dhe nga gjysmë fisi i Manasit në Bashan.

⁷ Bijve të Merarit, simbas familjeve të tyre, u ranë dymbëdhjetë qytete nga fisi i Rubenit, nga fisi i Gadit dhe nga fisi i Zabulonit.

⁸ Bijtë e Izraelit ua dhanë, pra, me short këto qytete me gjithë kullotat e tyre Levitëve, ashtu si kishte urdhëruar Zoti me anë të Moisiut.

⁹ Kështu ata dhanë, duke i marrë nga fisi i bijve të Judës dhe nga fisi i bijve të Simeonit, qytetet e përmendura këtu,

¹⁰ që ranë në dorë të bijve të Aaronit që u përkisnin familjeve të Kehathitëve, bij të Levit, sepse hiseja e parë që u hodh me short u ra atyre.

¹¹ Ata morën, pra, Kirjath-Arbën, domethënë Hebronin (Arba ishte ati i Anakut), në krahinën malore të Judës, me tokat e saj për kullotë rreth e qark,

¹² por territorin e qytetit dhe fshatrat e tij ia dhanë Tsalebit, birit të Jenufehut, si pronë të tij.

¹³ Përveç kësaj u dhanë bijve të priftit Aaron Hebronin (si qytet strehimi për vrasësin) me të gjitha tokat për kullotë, Libnahun me tokat për kullotë,

¹⁴ Jatirin me tokat për kullotë, Eshtemoan me tokat për kullotë,

¹⁵ Holonin me tokat për kullotë, Debirin me tokat për kullotë,

¹⁶ Ainin me tokat e tij për kullotë, Jutahun me tokat e tij për kullotë dhe Beth-Shemeshin me tokat e tij për kullotë: nëntë qytete që u morën nga këto dy fise.

¹⁷ Nga fisi i Beniaminit, Gabaonin me tokat e tij për kullotë, Gebën me tokat e tij për kullotë,

¹⁸ Anatothin me tokat e tij për kullotë dhe Almonin me tokat e tij për kullotë: katër qytete.

¹⁹ Shuma e qyteteve të priftërinjve, bij të Aaronit, ishte trembëdhjetë qytete me tokat e tyre për kullotë.

²⁰ Familjeve të bijve të Kehathëve, domethënë Levitëve që mbeteshin, bij të Kehathit, u ranë qytete që u morën nga fisi i Efraimit.

²¹ Atyre iu dha Sikemi (si qytet për strehimin e vrasësit) me gjithë tokat për kullotë në krahinën malore të Efraimit, Gezeri me gjithë tokat për kullotë,

²² Kibtsaimi me tokat e tij për kullotë dhe Beth-Horoni me tokat e tij për kullotë: katër qytete.

²³ Nga fisi i Danit: Eltekehu me tokat për kullotë, Gibethoni me gjithë tokat për kullotë,

²⁴ Aijaloni me gjithë tokat për kullotë, Gath-Rimoni me gjithë tokat për kullotë: katër qytete.

²⁵ Nga gjysma e fisit të Manasit: Taanaku me tokat e tij për kullotë, Gath-Rimoni me tokat e tij për kullotë: dy qytete.

²⁶ Të gjitha këto dhjetë qytete me tokat e tyre për kullotë u ranë familjeve të bijve të tjerë të Kehathit.

²⁷ Bijve të Gershonit, që u përkisnin familjeve të Levitëve, u dhanë, duke i marrë nga gjysma e fisit të Manasit, Golanin në Bashan (si qytet për strehimin e vrasësit), me gjithë tokat për kullotë, dhe Beeshterahun me tokat e tij për kullotë: dy qytete;

²⁸ nga fisi i Isakarit, Kishionin me tokat e tij për kullotë, Daberathin me tokat e tij për kullotë,

²⁹ Jarmuthin me tokat e tij për kullotë, En-Ganimin me tokat e tij për kullotë: katër qytete;

³⁰ nga fisi i Asherit, Mishalin me tokat e tij për kullotë, Abdonin me tokat e tij për kullotë,

³¹ Helkathin me tokat e tij për kullotë dhe Rehobin me tokat e tij për kullotë: katër qytete;

³² dhe nga fisi i Neftalit, Kadeshin në Galile (si qytet strehimi për vrasësin), me gjithë tokat e tij për kullotë, Hamoth-Dorin me tokat e tij për kullotë; dhe Kartanin me tokat e tij për kullotë: tri qytete.

³³ Shuma e qyteteve të Gershonitëve, simbas familjeve të tyre, ishte trembëdhjetë qytete me tokat e tyre për kullotë.

³⁴ Familjeve të bijve të Merarit, domethënë Levitëve të tjerë, iu dhanë, duke i marrë nga fisi i Zabulonit, Jokneamin me tokat e tij për kullotë, Kartahin me tokat e tij për kullotë,

³⁵ Dimnahun me tokat e tij për kullotë dhe Nahalalin me tokat e tij për kullotë: katër qytete;

³⁶ nga fisi i Rubenit, Betserin me tokat e tij për kullotë, Jatsahun me tokat e tij për kullotë,

³⁷ Kedmothin me tokat e tij për kullotë dhe Mefaathin me tokat e tij për kullotë: katër qytete;

³⁸ dhe nga fisi i Gadit, Ramothin në Galaad (si qytet strehimi për vrasësin), me tokat e tij për kullotë, Mahanaimin me tokat e tij për kullotë,

³⁹ Heshbonin me tokat e tij për kullotë dhe Jazerin me tokat e tij për kullotë: gjithsejt katër qytete.

⁴⁰ Shuma e qyteteve që iu dhanë me short bijve të Merarit, simbas familjeve të tyre që përbënin familjet e Levitëve të tjerë, ishin dymbëdhjetë qytete.

⁴¹ Shuma e qyteteve të Levitëve në mes të zotërimeve të bijve të Izraelit ishte dyzet qytete me tokat e tyre për kullotë.

⁴² Secili nga këto qytete kishte rreth e qark toka për kullotë; e njëjta gjë ishte në çdo qytet.

⁴³ Kështu Zoti i dha Izraelit tërë vendin që ishte betuar t'ua jepte etërve të tyre, dhe bijtë e Izraelit e pushtuan dhe banuan në të.

⁴⁴ Zoti u siguroi pushim rreth e qark, siç ishte betuar etërve të tyre; asnjë nga armiqtë e tyre nuk mundi t'u bëjë ballë; Zoti i dorëzoi tërë armiqtë në duart e tyre.

⁴⁵ Nuk ra për tokë asnjë nga fjalët që Zoti i pati thënë shtëpisë së Izraelit; të tëra u vërtetuan.

Kapitull 22

¹ Pastaj Jozueu thirri Rubenitët, Gaditët dhe gjysmën e fisit të Manasit dhe u tha atyre:

² "Ju keni zbatuar të gjitha ato që Moisiu, shërbëtori i Zotit, ju kishte urdhëruar dhe i jeni bindur zërit tim lidhur me ato që ju kam porositur.

³ Ju nuk keni braktisur vëllezërit tuaj gjatë kësaj kohe të gjatë deri më sot dhe keni zbatuar urdhrat që Zoti, Perëndia juaj, ju ka porositur.

⁴ Dhe tani që Zoti, Perëndia juaj, i ka lënë të pushojnë vëllezërit tuaj, ashtu siç u kishte premtuar, kthehuni dhe shkoni në çadrat tuaja në vendin që ju përket, dhe që Moisiu, shërbëtori i Zotit, ju ka caktuar matanë Jordanit.

⁵ Vetëm kini kujdes të zbatoni urdhërimet dhe ligjin që Moisiu, shërbëtori i Zotit, ju ka dhënë, duke e dashur Zotin, Perëndinë tuaj, duke ecur në të gjitha rrugët e tij, duke zbatuar të gjitha urdhërimet e tij, duke qendruar sa më afër tij dhe duke i shërbyer me gjithë zemër dhe me gjithë shpirt".

⁶ Pastaj Jozueu i bekoi dhe u dha urdhër të largohen, dhe ata u kthyen në çadrat e tyre.

⁷ Moisiu i kishte dhënë gjysmës së fisit të Manasit një trashëgimi në Bashan, kurse Jozueu i dha gjysmës tjetër një trashëgimi midis vëllezërve të tyre, nga kjo anë e Jordanit, në perëndim. Kështu, kur Jozueu i ktheu në çadrat e tyre, i bekoi,

⁸ dhe u foli atyre, duke thënë: "Ju po ktheheni në çadrat tuaja me pasuri të mëdha, me një numër të madh bagëtish, me argjend, me flori, me bronz, me hekur e një numër të madh rrobash; ndani me vëllezërit plaçkën e armiqve tuaj".

⁹ Kështu bijtë e Rubenit, bijtë e Gadit dhe gjysma e fisit të Manasit u kthyen, duke i lënë bijtë e Izraelit në Shilon, në vendin e Kanaanit, për të shkuar në vendin e Galaadit, pronë e tyre dhe që e kishin marrë simbas urdhrit të dhënë nga Zoti me anë të Moisiut.

¹⁰ Pasi arritën në brigjet e Jordanit që ndodhet në vendin e Kanaanit, bijtë e Rubenit, bijtë e Gadit dhe gjysma e fisit të Manasit ndërtuan një altar, pranë Jordanit, një altar me pamje të madhërishme.

¹¹ Bijtë e Izraelit dëgjuan se thuhej: "Ja, bijtë e Rubenit, bijtë e Gadit dhe gjysma e fisit të Manasit kanë ndërtuar një altar në kufijtë e vendit të Kanaanit, në brigjet e Jordanit, në anën e pushtuar nga bijtë e Izraelit".

¹² Kur bijtë e Izraelit e mësuan këtë gjë, tërë asambleja e bijve të Izraelit u mblodh në Shilon për të bërë luftë kundër tyre.

¹³ Atëherë bijtë e Izraelit u dërguan bijve të Rubenit, bijve të Gadit dhe gjysmës së fisit të Manasit, në vendin e Galaadit, Finehasin, birin e priftit Eleazar,

¹⁴ dhe bashkë me të dhjetë princa, një princ për çdo shtëpi atërore të fiseve të ndryshme të Izraelit; secili prej tyre ishte kreu i një shtëpie atërore midis ndarjeve të Izraelit.

¹⁵ Ata shkuan te bijtë e Rubenit, te bijtë e Gadit dhe te gjysma e fisit të Manasit në vendin e Galaadit dhe folën me ta, duke thënë:

¹⁶ "Kështu thotë tërë asambleja e Zotit: "Ç'është kjo shkelje që keni kryer kundër Perëndisë së Izraelit, duke mos e ndjekur më sot Zotin, duke ndërtuar një altar për të ngritur krye sot kundër Zotit?

¹⁷ Mos qe vallë gjë e vogël paudhësia e Peorit, nga e cila nuk jemi larë ende deri më sot dhe që solli një fatkeqësi mbi asamblenë e Zotit,

¹⁸ që ju shtyn sot të mos e ndiqni Zotin? Sepse, po të jetë se sot ngreni krye kundër Zotit, nesër ai do të zemërohet kundër tërë asamblesë së Izraelit.

¹⁹ Në qoftë se e konsideroni të papastër vendin që zotëroni, mund të kaloni në vendin që është pronë e Zotit, ku ndodhet tabernakulli i Zotit, dhe të banoni midis nesh; por mos ngrini krye kundër Zotit dhe kundër nesh, duke ndërtuar një altar përveç atij të Zotit, Perëndisë tonë.

²⁰ Kur Akani, bir i Zerahut, kreu një shkelje në gjërat e caktuara të shfarosen, a nuk tërhoqi vallë zemërimin e Zotit mbi gjithë asamblenë e Izraelit? Dhe ai njeri nuk qe i vetmi që gjeti vdekjen në paudhësinë e tij"".

²¹ Atëherë bijtë e Rubenit, bijtë e Gadit dhe gjysma e fisit të Manasit u përgjegjën dhe u thanë krerëve të ndarjeve të Izraelit:

²² "Zoti Perëndia i perëndive, Zoti Perëndia i perëndive! Ai e di, bile edhe Izraeli do ta mësojë. Në qoftë se e bëmë për rebelim ose për mosbesnikëri ndaj Zotit, mos na kurseni në këtë ditë.

²³ Në rast se kemi ndërtuar një altar për të mos e ndjekur më Zotin ose për të ofruar mbi të olokaustet apo blatime ushqimore, ose për të bërë mbi të flijime falënderimi, le të na kërkojë llogari vetë Zoti!

²⁴ Por në të vërtetë ne e bëmë këtë me frikë, për një arësye, duke menduar që në të ardhmen pasardhësit tuaj mund t'u thonin pasardhësve tanë: "Çfarë ju lidh me Zotin, Perëndinë e Izraelit?

²⁵ Zoti e ka vënë Jordanin si kufi midis jush dhe nesh, o bij të Rubenit, o bij të Gadit; ju nuk keni asnjë pjesë te Zoti". Kështu pasardhësit tuaj mund t'i largojnë pasardhësit tanë nga frika e Zotit.

²⁶ Prandaj thamë: "Le të ndërtojmë një altar, jo për olokauste as për flijime,

²⁷ por që të shërbejë si dëshmi midis jush dhe nesh dhe midis pasardhësve tanë pas nesh, në mënyrë që të mund të kryejmë shërbimin e Zotit përpara tij, me olokaustet tona, flijimet tona dhe ofertat tona të falënderimit, me qëllim që pasardhësit tuaj të mos u thonë një ditë pasardhësve tanë: Ju nuk keni asnjë pjesë tek Zoti".

²⁸ Prandaj thamë: Në rast se ndodh që një ditë të na thonë këtë neve ose pasardhësve tanë, atëherë do të përgjigjemi: Shikoni formën e altarit të Zotit që ndërtuan etërit tanë, jo për olokauste as për flijime, por që të shërbejë si dëshmitar midis nesh dhe jush.

²⁹ Nuk na ka shkuar mendja të ngremë krye kundër Zotit dhe as të heqim dorë nga bindja ndaj Zotit, duke ndërtuar një altar për olokaustet, për blatimet e ushqimit ose për flijimet, përveç altarit të Zotit, Perëndisë tonë, që ndodhet përpara tabernakullit të tij!".

³⁰ Kur prifti Finehas dhe princat e asamblesë, krerët e ndarjeve të Izraelit që ishin me të, dëgjuan fjalët që thanë bijtë e Rubenit, bijtë e Gadit dhe bijtë e Manasit, mbetën të kënaqur.

³¹ Atëherë Finehasi, bir i priftit Eleazar, u tha bijve të Rubenit, të Gadit dhe të Manasit: "Sot pranojmë që Zoti është midis nesh, sepse ju nuk keni kryer këtë shkelje ndaj Zotit; kështu i keni shpëtuar bijtë e Izraelit nga dora e Zotit".

³² Pastaj Finehasi, bir i priftit Eleazar dhe princat i lanë bjtë e Rubenit dhe të Gadit, dhe vendin e Galaadit, dhe u kthyen në vendin e Kanaanit pranë bijve të Izraelit, të cilëve u treguan ngjarjen.

³³ Kjo gjë u pëlqeu bijve të Izraelit, dhe bijtë e Izraelit bekuan Perëndinë, dhe nuk folën më të shkojnë për luftuar kundër bijve të Rubenit dhe të Gadit dhe të shkatërronin vendin në të cilin ata banonin.

³⁴ Dhe bijtë e Rubenit dhe të Gadit e quajtën "Dëshmitar" këtë altar, sepse thanë: "Ai është dëshmitar midis nesh që Zoti është Perëndia".

Kapitull 23

¹ Shumë kohë mbas pushimit që Zoti i kishte siguruar Izraelit nga të gjithë armiqtë që e rrethonin, Jozueu, tanimë i plakur dhe me moshë të shtyrë,

² mblodhi tërë Izraelin, pleqtë e tij, krerët, gjykatësit dhe oficerët e tij, dhe u tha: "Unë jam plak dhe i shtyrë në moshë,

³ Ju i patë të gjitha ato që Zoti, Perëndia juaj, u ka bërë të gjitha kombeve, për shkakun tuaj, sepse ka qenë vetë Zoti, Perëndia juaj, që ka luftuar për ju.

⁴ Dhe ja, unë kam ndarë midis jush me short, si trashëgimi për fiset tuaja, kombet që mbeten, bashkë me tërë kombet që kam shfarosur, nga Jordani deri në Detin e Madh, në perëndim.

⁵ Dhe Zoti, Perëndia juaj, do t'i dëbojë ai vetë para jush; kështu ju do të shtini në dorë vendin e tyre, ashtu si ju ka premtuar Zoti, Perëndia juaj.

⁶ Jini, pra, shumë të vendosur në zbatimin dhe vënien në praktikë të ligjit të Moisiut, pa u shmangur as djathtas as majtas,

⁷ pa u përzier me kombet që mbeten midis jush; nuk do të përmendni as emrin e perëndive të tyre dhe nuk do të betoheni për ta; nuk do t'i shërbeni dhe nuk do të bini përmbys para tyre;

⁸ por do të lidheni ngushtë me Zotin, Perëndinë tuaj, siç keni bërë deri sot.

⁹ Në fakt Zoti ka dëbuar para jush kombe të mëdhenj dhe të fuqishëm; dhe askush nuk ka mundur t'ju bëjë ballë deri më sot.

¹⁰ Një i vetëm nga ju do të ndjekë njëmijë prej tyre, sepse Zoti, Perëndia juaj, është ai që lufton për ju, siç e ka premtuar.

¹¹ Tregoni, pra, kujdes të madh për shpirtrat tuaj, për ta dashur Zotin, Perëndinë tuaj.

¹² Por në rast se i shmangeni dhe bashkoheni me mbeturinat e këtyre kombeve që kanë mbetur midis jush dhe bashkoheni me anë martesash me ta dhe përziheni me ta dhe ata me ju,

¹³ dijeni me siguri që Zoti, Perëndia juaj, nuk ka për të vazhduar t'i dëbojë këto kombe para jush; por ata do të bëhen për ju një kurth, një kamzhik në ijët tuaja dhe hala në sytë tuaja, deri sa ju të zhdukeni nga ky vend i mirë që Zoti, Perëndia juaj, ju ka dhënë.

¹⁴ Dhe ja, unë po iki sot në rrugën e gjithë botës; pranoni, pra, me gjithë zemër e me gjithë shpirt që nuk ka rënë për tokë asnjë nga fjalët e mira që Zoti, Perëndia juaj, ka thënë lidhur me ju; të tëra u vërtetuan për ju; as edhe një nuk ra për tokë.

¹⁵ Dhe ka për të ndodhur që, ashtu si për të gjitha gjërat e mira që Zoti, Perëndia juaj, ju kishte premtuar ju kanë dalë, kështu Zoti do të sjellë mbi ju të tëra fatkeqësitë, deri sa t'ju zhdukë nga ky vend i mirë që Perëndia juaj, Zoti ju ka dhënë.

¹⁶ Në rast se shkelni besëlidhjen që Zoti, Perëndia juaj, ju ka urdhëruar, dhe shkoni t'u shërbeni perëndive të tjera dhe bini përmbys para tyre, atëherë zemërimi i Zotit do të ndizet kundër jush dhe ju do të zhdukeni shpejt nga vendi i mirë që Ai ju ka dhënë".

Kapitull 24

¹ Pastaj Jozueu mblodhi të gjitha fiset e Izraelit në Sikem, dhe thirri pleqtë e Izraelit, krerët, gjykatësit dhe oficerët e tij, që u paraqitën përpara Perëndisë.

² Dhe Jozueu i tha tërë popullit: "Kështu flet Zoti, Perëndia i Izraelit: "Në kohërat e kaluara, etërit tuaj, si Terahu, ati i Abrahamit dhe i Nahorit, banonin matanë lumit dhe u shërbenin perëndive të tjera.

³ Unë mora atin tuaj Abrahamin nga ana tjetër e lumit, e bëra të kalojë nëpër gjithë vendin e Kanaanit, shumëzova pasardhësit e tij dhe i dhashë Isakun.

⁴ Isakut i dhashë Jakobin dhe Esaun; Esaut i dhashë si trashëgimi malin e Seirit; por Jakobi dhe bijtë e tij zbritën në Egjipt.

⁵ Pastaj dërgova Moisiun dhe Aaronin dhe godita Egjiptin me atë që bëra në mes të tij; pastaj ju nxora jashtë.

⁶ Kështu nxora nga Egjipti etërit tuaj, dhe ju arritët në det. Egjiptasit i ndoqën etërit tuaj me qerre dhe me kalorës deri në Detin e Kuq.

⁷ Por ata i klithën Zotit, dhe ai vendosi një errësirë të dendur midis jush dhe Egjiptasve; pastaj hodha mbi ta detin, që i mbuloi; dhe sytë tuaj panë atë që u bëra Egjiptasve. Pastaj qëndruat për një kohë të gjatë në shkretëtirë.

⁸ Unë ju çova në vendin e Amorejve, që banonin matanë Jordanit; ata luftuan kundër jush dhe unë jua dhashë në dorë; ju pushtuat vendin e tyre dhe unë i shpartallova para jush.

⁹ Pastaj Balaku, bir i Tsiporit, mbret i Moabit, u ngrit për të luftuar Izraelin; dhe dërgoi të thërrasë Balaamin, djalin e Beorit, që t'ju mallkonte;

¹⁰ por unë nuk desha të dëgjoj Balaamin; prandaj ai ju bekoi me të madhe, dhe ju çlirova nga duart e Balakut.

¹¹ Kaluat pastaj Jordanin dhe arritët në Jeriko; banorët e Jerikos luftuan kundër jush; kështu bënë Amorejtë, Perezejtë, Kanaňejtë, Hitejtë, Girgasejtë, Hivejtë dhe Jebusejtë; por unë jua dorëzova në dorë.

¹² Dhe çova para jush grerëzat, që i bënë të ikin para jush, ashtu si kishte ndodhur me dy mbretërit e Amorejve; por kjo nuk ishte merita e shpatës ose e harkut tënd.

¹³ Dhe ju dhashë një tokë për të cilën nuk kishit punuar dhe qytete që nuk i kishit ndërtuar, dhe ju banuat në to; dhe tani hani frytin e vreshtave dhe të ullishteve që nuk keni mbjellë".

¹⁴ Prandaj tani t'ia kini frikën Zotit dhe shërbejeni me ndershmëri dhe besnikëri; hiqni perënditë të cilëve u shërbyen etërit tuaj matanë lumit dhe në Egjipt, dhe vihuni në shërbim të Zotit.

¹⁵ Dhe në rast se ju duket një gjë e keqe t'i shërbeni Zotit, zgjidhni

Jozueut

sot kujt doni t'i shërbeni, o perënditë të cilëve u shërbyen etërit tuaj matanë lumit, o perënditë e Amorejve, në vendin e të cilëve

¹⁶ Atëherë populli u përgjigj dhe tha: "Larg qoftë që ne të braktisim Zotin për t'u shërbyer perëndive të tjera!

¹⁷ Sepse Zoti, Perëndia ynë, është ai që na nxori ne dhe etërit tanë nga vendi i Egjiptit, nga shtëpia e skllavërisë, që ka bërë mrekullira të mëdha para syve tanë dhe që na ka mbrojtur gjatë gjithë rrugës që bëmë dhe midis gjithë popujve në mes të të cilëve kemi kaluar;

¹⁸ dhe Zoti ka dëbuar para nesh tërë popujt dhe Amorejtë që banonin në këtë vend; prandaj ne do t'i shërbejmë Zotit, sepse ai është Perëndia ynë".

¹⁹ Por Jozueu i tha popullit: "Ju nuk mund t'i shërbeni Zotit, sepse ai është një Perëndi i shenjtë, një Perëndi ziliqar; ai nuk do t'i falë shkeljet dhe mëkatet tuaja.

²⁰ Kur ta braktisni Zotin dhe t'u shërbeni perëndive të huaja, ai do të kthehet për t'ju bërë keq dhe për t'ju konsumuar pas aq të mirave që ju ka bërë".

²¹ Dhe populli i tha Jozueut: "Jo, ne do t'i shërbejmë Zotit".

²² Atëherë Jozueu i tha popullit: "Ju jeni dëshmitarë kundër vetvetes, pse keni zgjedhur për vete Zotin për t'i shërbyer!". Ata iu përgjigjën: "Jemi dëshmitarë!".

²³ Jozueu tha: "Hiqni, pra, perënditë e huaja që janë në mes tuaj dhe përuleni zemrën tuaj Zotit, Perëndisë së Izraelit!".

²⁴ Populli iu përgjigj Jozueut: "Ne do t'i shërbejmë Zotit, Perëndisë tonë, dhe do t'i bindemi zërit të tij".

²⁵ Kështu Jozueu lidhi atë ditë një besëlidhje me popullin, dhe i dha statutet dhe dekretet në Sikem.

²⁶ Pastaj Jozueu shkroi këto gjëra në librin e ligjit të Perëndisë; dhe mori një gur të madh dhe e vendosi aty, poshtë lisit, pranë shenjtërores së Zotit.

²⁷ Jozueu i tha pastaj tërë popullit: "Ja, ky gur do të jetë një dëshmitar kundër nesh, sepse ai i dëgjoi tërë fjalët që na tha Zoti; ai, pra, do të shërbejë si dëshmitar kundër jush, me qëllim që të mos e mohoni Perëndinë tuaj".

²⁸ Pastaj Jozueu e ktheu popullin në vendin ku ishte më parë, secili në trashëgiminë e vet.

²⁹ Pas këtyre gjërave Jozueu, bir i Nunit dhe shërbëtor i Zotit, vdiq në moshën njëqind e dhjetë vjeç,

³⁰ dhe e varrosën në territorin e pronës së tij në Timnath-Serah, që ndodhet në krahinën malore të Efraimit, në veri të malit Gaash.

³¹ Izraeli i shërbeu Zotit gjatë gjithë jetës së Jozueut dhe gjatë gjithë jetës së pleqve që jetuan pas Jozueut dhe që dinin tërë veprat që Zoti kishte bërë për Izraelin.

³² Eshtrat e Jozefit, që bijtë e Izraelit kishin sjellë nga Egjipti, i varrosën në Sikem, në pjesën e arës që Jakobi ua kishte blerë bijve të Hamorit, atit të Sikemit, për njëqind pjesë argjendi, dhe që ishte pronë e bijve të Jozefit.

³³ Pastaj vdiq edhe Eleazari, bir i Aaronit, dhe e varrosën në malin, që ishte pronë e birit të tij Finehas dhe që ia kishin dhënë në krahinën malore të Efraimit.

Gjyqtarëve

Kapitull 1

1 Mbas vdekjes së Jozueut, bijtë e Izraelit konsultuan Zotin, duke thënë: "Kush prej nesh ka për të vajtur i pari të luftojë kundër Kananejve?".

2 Zoti u përgjegj: "Do të shkojë Juda; ja, vendin ia kam dhënë në duart e tij".

3 Atëherë Juda i tha Simeonit, vëllait të tij: "Eja me mua në vendin që më ra me short dhe do të luftojmë kundër Kananejve; pastaj edhe unë do të vij në vendin që të ra ty me short". Dhe Simeoni u nis me të.

4 Juda, shkoi, pra, dhe Zoti u la në dorë Kananejtë dhe Perezejtë; dhe në Bezek vranë dhjetë mijë burra.

5 Dhe në Bezek gjetën Adoni-Bezekun dhe e sulmuan; mundën Kananejtë dhe Perezejtë.

6 Adoni-Bezeku ia mbathi, por ata e ndoqën e zunë dhe i prenë gishtërinjtë e mëdhenj të duarve dhe të këmbëve.

7 Atëherë Adoni-Bezeku tha: "Shtatëdhjetë mbretër me gishtërinjtë e mëdhenj të duarve dhe të këmbëve të prerë mblidhnin ato që mbeteshin në tryezën time. Perëndia më ktheu atë që kam bërë". E çuan pastaj në Jeruzalem ku vdiq.

8 Bijtë e Judës sulmuan Jeruzalemin dhe e morën; i vranë me shpatë banorët e tij dhe i vunë flakën qytetit.

9 Pastaj bijtë e Judës zbritën të luftojnë Kananejtë, që banonin në krahinën malore, në Negev dhe në ultësirë.

10 Juda marshoi pastaj kundër Kananjve që banonin në Hebron (emri i të cilit më parë ishte Kirjath-Arba) dhe mundi Seshain, Ahimanin dhe Talmain.

11 Që këtej marshoi kundër banorëve të Debirit (që më parë quhej Kirjath-Sefer).

12 Atëherë Kalebi tha: "Atij që do të sulmojë Kiriath-Seferin dhe do ta shtjerë në dorë, unë do t'i jap për grua bijën time Aksah".

13 E pushtoi Othnieli, bir i Kenazit, vëllai i vogël i Kalebit, dhe ky i dha për grua bijën e tij Aksah.

14 Kur ajo erdhi të banojë me të, e bindi t'i kërkojë të atit të saj një fushë. Sapo ajo zbriti nga gomari, Kalebi e pyeti: "Çfarë kërkon?".

15 Ajo u përgjegj: "Më bëj një dhuratë, me qenë se ti më dhe toka në Negev, më jep edhe disa burime ujore". Atëherë ai i dhuroi burimet e sipërme dhe ato të poshtme.

16 Atëherë bijtë e Keneos, vjehrrit të Moisiut, shkuan nga qyteti i palmave bashkë me bijtë e Judës në shkretëtirën e Judës, që ndodhet në Negev, afër Aradit; shkuan dhe u vendosën midis popullit.

17 Pastaj Juda u nis bashkë me vëllanë e tij Simeon dhe mundi Kananejtë që banonin në Tsefath dhe vendosën shfarosjen e tyre; për këtë arsye qyteti u quajt Hormah.

18 Juda mori edhe Gazën me territorin e saj, Askalonin me territorin e tij dhe Ekronin me territorin e tij.

19 Kështu Zoti mbajti anën e Judës, që dëboi banorët e krahinës malore, por nuk mundi të dëbojë banorët e fushës, sepse kishin qerre të hekurta.

20 Pastaj i dhanë Hebronin Kalebit, ashtu si kishte thënë Moisiu; dhe ai i dëboi tre bijtë e Anakut.

21 Bijtë e Beniaminit nuk arritën t'i dëbojnë Jebusejtë që banonin në Jeruzalem; kështu Jebusejtë kanë banuar bashkë me bijtë e Beniaminit në Jeruzalem deri në ditën e sotme.

22 Edhe shtëpia e Jozefit u ngrit gjithashtu kundër Bethelit, dhe Zoti qe me ta.

23 Shtëpia e Jozefit dërgoi njerëz për të vëzhguar në Bethel (qytet që më parë qyhej Luc).

24 Zbuluesit panë një burrë që dilte nga qyteti dhe i thanë: "Tregona rrugën për të hyrë në qytet dhe ne do të tregohemi të mëshirshëm me ty".

25 Ai u tregoi rrugën për të hyrë në qytet, dhe ata i vranë me shpatë banorët e qytetit, por e lanë të shkojë atë burrë me gjithë familjen e tij.

26 Ai shkoi në vendin e Hitejve dhe ndërtoi aty një qytet që e quajti Luc, emër që mban edhe sot e kësaj dite.

27 Manasi përkundrazi nuk i dëboi banorët e Beth-Sheanit dhe të fshatrave të tij kufitarë, as banorët e Tanaakut dhe të fshatrave të tij kufitarë, as banorët e Dorit dhe të fshatrave të tij kufitarë, as banorët e Ibleamit dhe të fshatrave të tij kufitarë, as banorët e Megidos dhe të fshatrave të tij kufitarë, sepse Kananejtë ishin të vendosur të qëndronin në atë vend.

28 Më vonë, kur Izraeli u bë i fortë, i nënshtroi Kananejtë dhe i bëri skllevër, por nuk i dëboji krejt.

29 As Efraimi nuk i dëboi Kananejtë që banonin në Gezer; kështu Kananejtë banuan në Gezer në mes të tyre.

30 As Zabuloni nuk i dëboi banorët e Kitronit dhe ata të Nahalolit; kështu Kananejtë banuan në mes të tyre, por iu nënshtruan skllavërisë.

31 As Asheri nuk i dëboi banorët e Akosit, as banorët të Sidonit, as ata të Ahlabit, të Akzibit, të Helbahut, të Afikut dhe të Rehobit;

32 kështu bijtë e Asherit u vendosën në mes të Kananejve që banonin në këtë vend, sepse nuk i dëbuan.

33 As Neftsali nuk i dëboi banorët e Beth-Shemeshit dhe ata të Beth-Anathit, dhe u vendos në mes të Kananejve që banonin në këtë vend; por banorët e Beth-Shemeshit dhe të Beth-Anathit iu nënshtruan skllavërisë.

34 Amorejtë i detyruan bijtë e Danit të qëndronin në krahinën malore dhe nuk i lanë të zbresin në luginë.

35 Amorejtë ishin të vendosur të qëndronin në malin Heres, në Ajalon dhe në Shaal-Bim; por kur dora e shtëpisë së Jozefit u fuqizua, ata iu nënshtruan skllavërisë.

36 Kufiri i Amorejve shtrihej nga e përpjeta e Akrabimit, nga Sela e lart.

Kapitull 2

1 Por Engjëlli i Zotit u ngjit nga Gilgali në Bokim dhe tha: "Unë ju nxora nga Egjipti dhe ju çova në vendin që isha betuar t'u jepja etërve tuaj. Kisha thënë gjithashtu: "Nuk do ta prish kurrë besëlidhjen time me ju.

2 Por ju nuk do të lidhni asnjë aleancë me banorët e këtij vendi dhe do të shembni altarët e tyre". Por ju nuk iu bindët zërit tim. Pse e bëtë këtë?

3 Kështu unë po ju them tani: Unë nuk do t'i dëboj para jush; por ata do të jenë si gjemba në ijet tuaja, dhe perënditë e tyre do të jenë për ju si një lak".

4 Sapo Engjëlli i Zotit mbaroi së thëni këto fjalë tërë bijve të Izraelit, populli ngriti zërin dhe filloi të qajë.

5 Prandaj ky vend u quajt Bokim dhe u bënë flijime për Zotin.

6 Jozueu i dha urdhër popullit të largohet dhe bijtë e Izraelit shkuan secili në trashëgiminë e tij për të marrë në zotërim vendin.

7 Populli i shërbeu Zotit gjatë gjithë jetës së Jozueut dhe gjatë gjithë jetës së pleqve që jetuan pas Jozueut, dhe që kishin parë të gjitha veprat e mëdha që Zoti kishte bërë për Izraelin.

8 Pastaj Jozueu, bir i Nunit dhe shërbëtor i Zotit, vdiq në moshën njëqind e dhjetë vjeç,

9 dhe e varrosën në territorin e trashëgimisë së tij në Timath-Heres, në krahinën malore të Efraimit, në veri të malit Gaash.

10 Kur tërë ai brez u bashkua me etërit e vet, mbas atij doli një brez i ri që nuk e njihte Zotin, as veprat që kishte bërë për Izraelin.

11 Bijtë e Izraelit bënë atë që ishte keq në sytë e Zotit dhe u vunë në shërbim të Baalit;

12 ata braktisën Zotin, Perëndinë e etërve të tyre, i cili i kishte nxjerrë nga Egjipti, dhe adhuruan perëndi të tjera ndërmjet perëndive të popujve që i rrethonin, ranë përmbys para tyre dhe kështu provokuan zemërimin e Zotit;

13 ata brakisën Zotin dhe u vunë në shërbim të Baalit dhe të Ashtarothit.

14 Dhe zemërimi i Zotit u ndez kundër Izraelit dhe e dha në dorë të kusarëve që e zhveshën; dhe ai i shiti në duart e armiqve të tyre që ndodheshin rreth e qark, të cilëve nuk qenë më në gjendje t'u bënin ballë.

15 Kudo që shkonin dora e Zotit ishte kundër tyre dhe u sillte mjerime, ashtu si kishte thënë Zoti, ashtu siç u ishte betuar ai; dhe u hidhëruan shumë.

16 Pastaj Zoti nxirrte gjyqtarë, që i lironin nga duart e atyre që i zhvishnin.

17 Mjerisht ata nuk i dëgjonin as gjyqtarët e tyre, por kurvëroheshin përpara perëndive të tjera dhe binin përmbys para tyre. Ata braktisën shpejt rrugën e ndjekur nga etërit e tyre, të cilët u ishin bindur urdhrave të Zotit; por ata nuk vepruan ashtu.

18 Kur Zoti u nxirrte gjyqtarë, Zoti ishte me gjyqtarin dhe i lironte nga dora e armiqve të tyre gjatë gjithë jetës së gjyqtarit; sepse Zoti prekej nga vajtimet e tyre të shkaktuara nga ata që i shtypnin dhe i mundonin.

19 Por kur gjyqtari vdiste, ata vazhdonin të korruptoheshin më shumë se etërit e tij, duke ndjekur perëndi të tjera dhe duke rënë përmbys para tyre; dhe nuk hiqnin dorë aspak nga veprat e tyre dhe nga sjellja e tyre kokëforte.

20 Prandaj mëria e Zotit u ndez kundër Izraelit, dhe ai tha: "Duke qenë se ky komb ka shkelur besëlidhjen që unë kisha përfunduar me

etërit e tyre dhe ata nuk i janë bindur zërit tim,

²¹ edhe unë nuk do të dëboj më para tyre asnjë prej kombeve që Jozueu la kur vdiq;

²² kështu me anë tyre do të vë në provë Izraelin për të parë në se do t'i përmbahen rrugës së Zotit dhe do të ecin në të siç bënë etërit e tyre, ose jo".

²³ Prandaj Zoti i la këto kombe të qëndrojnë aty pa i dëbuar menjëherë, dhe nuk i dha në duart e Jozueut.

Kapitull 3

¹ Këto janë kombet që Zoti la me qëllim që me anë të tyre të vinte në provë Izraelin, domethënë tërë ata që nuk kishin njohur luftërat e Kanaanit:

² (kjo kishte si qëllim të vetëm t'ua bënte të njohur dhe t'u mësonte bijve të Izraelit luftën, të paktën atyre që nuk e kishin njohur më parë)

³ pesë princat e Filistejve, tërë Kananejtë, Sidonitët dhe Hivejtë që banonin në malin e Libanit, nga mali i Baal-Hermonit deri në hyrje të Hamathit.

⁴ Këto kombe u lanë për të vënë në provë Izraelin, për të parë në se ata do t'u bindeshin urdhërimeve që Zoti u kishte dhënë etërve të tyre me anë të Moisiut.

⁵ Kështu bijtë e Izraelit banuan në mes të Kananejve, të Hitejve, të Amorejve, të Perezejve, të Hivejve dhe të Jebusejve;

⁶ u martuan me bijat e tyre dhe u dhanë bijat e veta për gra bijve të tyre, dhe u shërbyen perëndive të tyre.

⁷ Kështu bijtë e Izraelit bënë atë që është e keqe në sytë e Zotit; e harruan Zotin, Perëndinë e tyre, dhe i shërbyen Baalit dhe Asherothit.

⁸ Prandaj zemërimi i Zotit u ndez kundër Izraelit, dhe ai i dorëzoi në duart e Kushan-Rishathaimit për tetë vjet me radhë.

⁹ Pastaj bijtë e Izraelit i klithën Zotit dhe Zoti u dha një çlirimtar, Othnielin, birin e Kenazit, vëllai i vogël i Kalebit; dhe ky i çliroi.

¹⁰ Fryma e Zotit ishte mbi të, dhe ai ishte gjyqtar i Izraelit; doli për të luftuar dhe Zoti i dha në dorë Kushan-Rishathaimin, mbretin e Mesopotamisë, dhe dora e tij qe e fuqishme kundër Kushan-Rishathaimit.

¹¹ Vendi pati paqe për dyzet vjet me radhë; pastaj Othnieli, bir i Kenazit, vdiq.

¹² Por bijtë e Izraelit filluan përsëri të bëjnë atë që është e keqe në sytë e Zotit; atëherë Zoti e bëri të fortë Eglonin, mbretin e Moabit, kundër Izraelit, sepse ata kishin bërë atë që ishte e keqe në sytë e Zotit.

¹³ Egloni mblodhi rreth vetes bijtë e Amonit dhe të Amalekut, dhe u nis e mundi Izraelin; dhe pushtoi qytetin e palmave.

¹⁴ Kështu bijtë e Izraelit u bënë shërbëtorë të Eglonit, mbretit të Moabit, për tetëmbëdhjetë vjet.

¹⁵ Por bijtë e Izraelit i klithën Zotit dhe Zoti u dha atyre një çlirimtar, Ehudin, birin e Gerit, Beniaminitin, që ishte mëngjarash. Bijtë e Izraelit i dërguan nëpërmjet tij haraçin e tyre Eglonit, mbretit të Moabit.

¹⁶ Ehudi bëri një shpatë me dy tehe, të gjatë një kubitë; e ngjeshi në brez poshtë veshjes, në krahun e djathtë.

¹⁷ Pastaj i çoi haraçin Eglonit, mbretit të Moabit, që ishte një njeri shumë i trashë.

¹⁸ Kur mbaroi paraqitja e haraçit, ai ktheu në shtëpi njerëzit që kishin sjellë haraçin

¹⁹ Por ai vetë, nga vendi i idhujve pranë Gilgalit, u kthye prapa dhe tha: "O mbret, kam diçka që dua të të them fshehurazi". Mbreti i tha: "Heshtni!". Dhe të gjithë ata që e shoqëronin dolën jashtë.

²⁰ Atëherë Ehudi iu afrua mbretit (që ishte ulur vetëm në fresk, në sallën lart). Ehudi i tha: "Kam një fjalë për të të thënë nga ana e Zotit". Kështu mbreti u ngrit nga froni i tij;

²¹ atëherë Ehudi zgjati dorën e majtë, nxori shpatën nga krahu i djathtë dhe ia futi në bark.

²² Edhe doreza e shpatës u fut pas presës dhe dhjami u mbyll pas presës sepse ai nuk e tërhoqi shpatën nga barku i mbretit; dhe zorrët e tij dolën jashtë.

²³ Pastaj Ehudi dolli në portik, dhe mbylli me çelës dyert e sallës së sipërme.

²⁴ Kur doli; erdhën shërbëtorët për të parë, dhe ja, dyert e sallës së sipërme ishin mbyllur me çelës; kështu ata thanë: "Me siguri ai bën nevojën e tij në dhomëzen e sallës së freskët".

²⁵ Dhe pritën aq sa e ndjenë veten të shushatur; por duke qenë se nuk po hapeshin portat e sallës, ata muarrën çelsin dhe hapën; dhe, ja, zotëria e tyre rrinte shtrirë në tokë: ai kishte vdekur.

²⁶ Ndërsa ata ngurronin, Ehudi pati kohë të ikte, kaloi matanë vendit të idhujve dhe shpëtoi duke arritur në Seirah.

²⁷ Me të arritur, i ra borisë në krahinën malore të Efraimit, dhe bijtë e Izraelit zbritën bashkë me ta nga krahina malore, dhe ai u vu në krye të tyre.

²⁸ Dhe u tha atyre: "Ejani pas meje, sepse Zoti ju ka dhënë në dorë Moabitët, armiqtë tuaj". Ata zbritën pas tij, zunë vatë e Jordanit që çojnë në Moab, dhe nuk lanë të kalojë asnjeri.

²⁹ Në atë kohë mundën rreth dhjetë mijë Moabitë, të gjithë të fortë dhe trima; nuk shpëtoi as edhe një.

³⁰ Kështu atë ditë Moabi u poshtërua nga dora e Izraelit, dhe vendi pati paqe tetëdhjetë vjet me radhë.

³¹ Mbas Ehudit, erdhi Shamgari, bir i Anathit. Ai mundi gjashtëqind Filistej me një hosten qesh; edhe ai çliroi Izraelin.

Kapitull 4

¹ Pas vdekjes së Ehudit, bijtë e Izraelit rifilluan të bëjnë atë që ishte e keqe në sytë e Zotit.

² Dhe Zoti i dha në duart e Jabinit, mbretit të Kanaanit, që mbretëronte në Hatsor. Komandanti i ushtrisë së tij ishte Sisera, që banonte në Harosheth të kombeve.

³ Dhe bijtë e Izraelit i klithën Zotit, sepse Jabini kishte nëntëqind qerre të hekurta dhe prej njëzet vjetve shtypte rëndë bijtë e Izraelit.

⁴ Në atë kohë gjyqtare e Izraelit ishte një profete, Debora, gruaja e Lapidothit.

⁵ Ajo e kishte zakon të ulej nën palmën e Deboras, midis Ramahut dhe Bethelit, në krahinën malore të Efraimit, dhe bijtë e Izraelit vinin tek ajo për të kërkuar të drejtën.

⁶ Ajo dërgoi të thërrasë Barakun, birin e Abinoamit, nga Kedeshi i Neftalit, dhe i tha: "A nuk të ka urdhëruar Zoti, Perëndia i Izraelit: "Shko, marsho mbi malin Tabor dhe merr me vete dhjetë mijë burra nga bijtë e Neftalit dhe të Zabulonit.

⁷ Unë do të tërheq në drejtimin tënd, në përruan Kishon, Siseran, komandantin e ushtrisë së Jabinit, me gjithë qerret dhe trupat e tij të shumta, dhe do të ta dorëzoj në dorën tënde"?".

⁸ Baraku iu përgjegj: "Në rast se vjen me mua, unë do të shkoj; por në qoftë se ti nuk vjen me mua, nuk kam për të shkuar".

⁹ Ajo tha: "Do të vij me siguri me ty; megjithatë në rrugën që je duke ndërmarrë nuk ke për të siguruar asnjë lavdi për vete, sepse Zoti do ta dorëzojë Siseran në duart e një gruaje". Pastaj Debora u ngrit dhe shkoi me Barakun në Kadesh;

¹⁰ Baraku thirri Zabulonin dhe Neftalin në Kedesh; ai lëvizi në krye të dhjetë mijë burrave, dhe Debora shkoi bashkë me të.

¹¹ Heberi, Keneu, ishte ndarë nga Kenejtë, pasardhës të Hobabit, vjehrrit të Moisiut, dhe i kishte ngritur çadrat e tij në lisin e Tsaanaimit, që ndodhet pranë Kedeshit.

¹² Siseras i thanë që Baraku, bir i Abinoamit, ishte ngjitur në malin Tabor.

¹³ Kështu Sisera rreshtoi tërë qerret e tij, njëqind qerre të hekurta, dhe tërë njerëzit që ishin me të, nga Haroshethi i kombeve deri në përruan e Kishonit.

¹⁴ Atëherë Debora i tha Barakut: "Çohu, sepse kjo është dita që Zoti e dorëzoi Siseran në dorën tënde. A nuk ka dalë vallë, Zoti para teje?". Kështu Baraku zbriti nga mali Tabor, i pasuar nga dhjetë mijë burra.

¹⁵ Zoti e mundi Siseran, të gjitha qerret dhe tërë ushtrinë e tij, që u shfaros me shpatë përpara Barakut; por Sisera zbriti nga qerrja dhe iku me këmbë.

¹⁶ Por Baraku i ndoqi qerret dhe ushtrinë deri në Harosheth të kombeve; dhe tërë ushtria e Siseras u shkatërrua nga goditjet me shpatë; nuk shpëtoi as edhe një njeri.

¹⁷ Ndërkaq Sisera kishte ikur më këmbë në drejtim të çadrës së Jaelës, gruas së Heberit, Keneut, sepse mbretëronte paqja midis Jabinit, mbretit të Hatsorit, dhe shtëpisë së Heberit, Keneut.

¹⁸ Atëherë Jaela doli për të pritur Siseran dhe i tha: "Hyrë, zotëria ime, hyrë tek unë; mos ki frikë". Kështu ai hyri tek ajo në çadër, dhe ajo e mbuloi me një mbulesë.

¹⁹ Pastaj ai i tha: "Më jep pak ujë për të pirë se kam etje". Kështu ajo hapi calikun e qumështit dhe i dha për të pirë; pastaj e mbuloi.

²⁰ Ai i tha: "Qëndro në hyrje të çadrës; dhe në rast se vjen dikush dhe të pyet: "A ka njeri këtu?", ti do të thuash: "Nuk ka njeri"".

²¹ Atëherë Jaela, gruaja e Heberit, mori një kunj të çadrës dhe një çekiç, iu afrua ngadalë atij dhe nguli në tëmth kunjin, që u fut në tokë. Atë e kishte zënë një gjumë i thellë; ishte i sfilitur; dhe kështu vdiq.

²² Por ja, ndërsa Baraku ndiqte Siseran, Jaela doli për ta takuar dhe i tha: "Eja me mua dhe do të të tregojë njeriun që kërkon". Ai hyri në çadrën e saj dhe ja, Sisera dergjej i vdekur me kunjin në tëmthat.

²³ Kshtu atë ditë Perëndia e poshtëroi Jabin, mbretin e Kanaanit, përpara bijve të Izraelit.

²⁴ Dora e bijve të Izraelit u bë gjithnjë më e rëndë mbi Jabin, mbretin e Kanaanit, deri sa arritën ta shkatërronin plotësisht Jabin,

mbretin e Kanaanit.

Kapitull 5

¹ Atë ditë Debora këndoi këtë kantik me Barakun, birin e Abinoamit, duke thënë:

² "Me qenë se krerët kanë marrë komandën në Izrael, me qenë se populli është ofruar spontanisht, bekoni Zotin!

³ Dëgjoni, o mbretër! Vini veshë, o princa! Unë, pikërisht unë, do t'i këndoj Zotit, do të këndoj lavdinë e Zotit, Perëndisë së Izraelit.

⁴ O Zot, kur dole nga Seiri, kur po kapërceje fushat e Edomit, toka u drodh dhe pikoi nga qiejtë; po, pikoi ujë nga retë.

⁵ Malet u shkrinë para Zotit, vetë Sinai u drodh para Zotit, Perëndisë të Izraelit.

⁶ Në kohën e Shamgarit, birit të Anathit, në kohën e Jaeles rrugët ishin të shkreta, dhe kalimtarët ndiqnin shtigje dredha-dredha.

⁷ Mungonin krerë në Izrael; po, mungonin, deri sa nuk dola unë, Debora, si nënë në Izrael.

⁸ Ata zgjidhnin perëndi të tjera, kur lufta ishte te pragu. Nuk shihej asnjë mburojë apo shtizë midis dyzet mijë burrave të Izraelit.

⁹ Zemra ime është me ata udhëheqës të Izraelit që u ofruan spontanisht në mes të popullit. Bekoni Zotin!

¹⁰ Ju që shkoni hipur mbi gomarë të bardha, ju që rrini ulur mbi qilima të shtrenjtë, dhe ju që ecni nëpër rrugë, këndoni!

¹¹ Larg britmave të harkëtarëve, larg koritave, të kremtojnë veprat e drejta të Zotit, veprat e drejta për krerët e tij në Izrael! Atëherë populli i Zotit zbriti në portat.

¹² Zgjohu, zgjohu, o Debora! Zgjohu, zgjohu, dhe merrja një këngë! Çohu, o Barak, dhe çoji larg robërit e tu, o bir i Abinoamit!

¹³ Atëherë iu dha qeverimi mbi fisnikët e popullit atyre që kishin mbetur; Zoti ma dha mua qeverimin midis të fuqishmëve.

¹⁴ Nga Efraimi erdhën ata që i kishin rrënjët tek Amaleku; në suitën tënde, Beniamin, midis njerëzve të tu; nga Makir i zbritën disa krerë dhe nga Zabuloni ata që mbajnë shkopin e komandimit.

¹⁵ Princat e Isakarit erdhën me Deboran; ashtu siç ishte Isakari, kështu qe edhe Baraku; ata u hodhën në luginë në gjurmët e saj. Ndër divizionet e Rubenit, të mëdha ishin vendimet e zemrës!

¹⁶ Pse mbete ti midis të ngujuarve për të dëgjuar fyellin e barinjve? Midis divizioneve të Rubenit, të mëdha ishin vendimet e zemrës!

¹⁷ Galaadi ndaloi matanë Jordanit; po Dani pse mbeti mbi anijet? Asheri u vendos pranë bregut të detit dhe mbeti në portet e tij.

¹⁸ Zabuloni është një popull që ka vënë në rrezik jetën e tij deri në vdekje, po kështu edhe Neftali në zonat e larta të fushës.

¹⁹ Mbretërit erdhën dhe luftuan; atëherë luftuan mbretërit e Kanaanit dhe të Taanakit, pranë ujërave të Megidos; por nuk suallën asnjë plaçkë prej argjendi.

²⁰ Nga qielli luftuan yjet, gjatë lëvizjes së tyre luftuan kundër Siseras.

²¹ Përroi Kishon i përmbysi, përroi i vjetër, përroi i Kishonit. Shpirti im, vepro me forcë!

²² Atëherë thundrat e kuajve trokëllinin me forcë në galop, në galopin e pitokëve të tyre.

²³ "Mallkoni Merozin", tha Engjëlli i Zotit, "mallkoni, mallkoni banorët e tij, sepse nuk i shkuan në ndihmë Zotit, në ndihmë të Zotit në mes të trimave të tij!".

²⁴ E bekuar qoftë midis grave Jaela, gruaja e Heberit, Keneut! Qoftë e bekuar midis grave që banojnë në çadra!

²⁵ Ai kërkoi ujë dhe ajo i dha qumësht; në një kupë princash i ofroi ajkë.

²⁶ Me një dorë kapi kunjin dhe me dorën e djathtë çekiçin e artizanëve; e goditi Siseran, i çau kokën dhe ia shpoi tejpërtej tëmthat.

²⁷ Te këmbët e saj ai u këput, ra dhe u dergj pa shpirt; në këmbët e saj u këput dhe ra; aty ku u këput, aty ra i vdekur.

²⁸ E ëma e Siseras shikoi nga dritarja dhe thirri nga hekurat e saj: "Pse qerrja jote po vonon aq shumë të vijë? Pse ecin kaq ngadalë qerret e tij?".

²⁹ Gratë e saj më të urta iu përgjegjën, dhe ajo përsëriti me vete fjalët e saj:

³⁰ "Ata kanë gjetur plaçkë dhe janë duke e ndarë në pjesë. Për çdo burrë një ose dy vajza; për Siseran një plaçkë me rroba shumëngjyrëshe, një plaçkë me rroba shumëngjyrëshe dhe të qëndisura, me rroba shumëngjyrëshe dhe të qëndisura nga të dy anët për shpatullat e atyre që bartin tutje plaçkën".

³¹ Kështu u zhdukshin të gjithë armiqtë e tu, o Zot! Por ata që të duan qofshin si dielli, kur lind me gjithë forcën e tij!". Pastaj vendi pati qetësi për dyzet vjet me radhë.

Kapitull 6

¹ Bijtë e Izraelit bënë atë që është e keqe në sytë e Zotit dhe Zotit i dha në duart e Madianit shtatë vjet me radhë.

² Dora e Madianit u bë e fortë kundër Izraelit; nga frika e Madianitëve, bijtë e Izraelit bënë shpella në male, si dhe guva dhe fortesa.

³ Kur Izraeli mbaronte së mbjelluri, Madianitët bashkë me Amalekitët dhe bijtë e lindjes niseshin kundër tij,

⁴ e ngrinin kampin e tyre kundër Izraelitëve, shkatërronin të gjitha prodhimet e vendit deri në Gaza dhe nuk linin në Izrael as mjete jetese, as dhen, as lopë, as gomarë.

⁵ Sepse niseshin me bagëtinë e tyre dhe me çadrat e tyre, dhe arrinin të shumtë si karkalecat; ata dhe devetë e tyre ishin të panumërt dhe vinin në vend për ta shkatërruar.

⁶ Kështu Izraeli u katandis në një varfëri të madhe për shkak të Madianit, dhe bijtë e Izraelit i klithën Zotit.

⁷ Kur bijtë e Izraelit e thirrën Zotin për shkak të Madianit,

⁸ Zoti u dërgoi bijve të Izraelit një profet, që u tha atyre: "Kështu flet Zoti, Perëndia i Izraelit: Unë ju nxora nga Egjipti dhe nga shtëpia e skllavërisë;

⁹ ju çlirova nga dora e Egjiptasve dhe nga dora e të gjithë atyre që ju shtypnin; i dëbova para jush dhe ju dhashë vendin e tyre,

¹⁰ dhe ju thashë: "Unë jam Zoti, Perëndia i juaj; mos kini frikë nga perënditë e Amorejve në vendin e të cilëve banoni"; por ju nuk ma keni dëgjuar fjalën".

¹¹ Pastaj erdhi Engjëlli i Zotit dhe u ul nën lisin e Ofrahut, që i përkiste Joashit, Abiezeritit, ndërsa biri tij Gedeoni shtinte grurin në një vend të ngushtë për ta shpëtuar nga Madianitët.

¹² Engjëlli i Zotit iu shfaq dhe i tha: "Zoti është me ty, o luftëtar trim!".

¹³ Gedeoni iu përgjegj: "Imzot, në rast se Zoti është me ne, atëherë pse na ndodhën tërë këto? Ku janë mrekullitë që na kanë treguar etërit tanë duke thënë: "A nuk na nxori Zoti nga Egjipti?". Por tani Zoti na ka braktisur dhe na ka lënë në duart e Madianit".

¹⁴ Atëherë Zoti iu drejtua atij dhe i tha: "Shko me këtë fuqi që ke dhe shpëtoje Izraelin nga dora e Madianit. A nuk jam unë që po të dërgoj?".

¹⁵ Ai iu përgjegj: "O Imzot, si mund ta shpëtoj Izraelin? Ja, familja ime është më e dobëta e Manasit, dhe unë jam më i vogli në shtëpinë e atit tim".

¹⁶ Zoti i tha: "Por unë do të jem me ty dhe ti ke për t'i mundur Madianitët sikur ata të ishin një njeri i vetëm".

¹⁷ Atëherë Gedeoni i tha: "Në rast se kam gjetur hirin tënd, më jep një shenjë se je ti ai që flet me mua.

¹⁸ Mos u largo, pra, që këtej para se të kthehem te ti, të të sjell blatimin e ushqimit dhe të ta vë përpara". Zoti tha: "Do të pres sa të kthehesh ti".

¹⁹ Atëherë Gedeoni hyri në shtëpi dhe përgatiti një kec dhe kuleç pa maja me një efa miell; e vuri mishin në një shportë dhe lëngun në një kusi, ia çoi atij nën lisin dhe ia ofroi.

²⁰ Engjëlli i Zotit i tha: "Merre mishin dhe kuleçët pa maja, vendosi mbi këtë shkëmb dhe derdh mbi to lëngun e mishit". Dhe ai veproi kështu.

²¹ Atëherë Engjëlli i Zotit shtriu majën e bastunit që kishte në dorë dhe preku mishin dhe kuleçët pa maja; e nga shkëmbi u ngrit një flakë që dogji mishin dhe kuleçët pa maja; pastaj Engjëlli i Zotit u zhduk nga sytë e tij.

²² Kështu Gedeoni e kuptoi se kishte të bënte me Engjëllin e Zotit dhe tha: "Vaj medet, o Zot, o Zot! Sepse e pashë Engjëllin e Zotit sy në sy!".

²³ Zoti i tha: "Paqja qoftë me ty, mos ki frikë, s'ke për të vdekur!".

²⁴ Atëherë Gedeoni ndërtoi një altar për Zotin dhe e quajti "Jehovah Shalom". Ai gjendet edhe sot në Ofrahun e Abiezeritëve.

²⁵ Po atë natë Zoti i tha: "Merr demin e atit tënd dhe demin e dytë shtatëvjeçar, shemb altarin e Baalit që i përket atit tënd, dhe rrëzo Asherahun që i qendron afër;

²⁶ pastaj ndërto një altar për Zotin, Perëndinë tënd, në majë të këtij shkëmbi simbas rregullit të caktuar; pastaj merr demin e dytë dhe ofroje si olokaust mbi lëndën e drurit të Asherahut që do të kesh rrëzuar".

²⁷ Atëherë Gedeoni mori dhjetë burra në mes të shërbëtorëve të tij dhe veproi ashtu siç i kishte thënë Zoti; por me qenë se kishte frikë nga shtëpia e atit të tij dhe nga njerëzit e qytetit, në vend që ta bënte këtë punë ditën, e bëri natën.

²⁸ Kur të nesërmen në mëngjes njerëzit e qytetit u ngritën, panë që altari i Baalit ishte shembur, që Asherahu që ndodhej pranë tij ishte rrëzuar dhe që demi i dytë ishte ofruar si olokaust mbi altarin që ishte ndërtuar.

²⁹ Dhe i thanë njeri tjetrit: "Kush e bëri këtë?". Kur pastaj u informuan dhe pyetën, atyre u thanë: "Gedeoni, bir i Joashit, e bëri këtë".

³⁰ Atëherë njerëzit e qytetit i thanë Joashit: "Nxirr jashtë birin tënd dhe të dënohet me vdekje se ka shembur altarin e Baalit dhe ka rrëzuar Asherahun që ndodhej pranë tij".

³¹ Joashi iu përgjegj të gjithë atyre që ishin ngritur kundër tij: "Ju doni ta mbroni çështjen e Baalit ose ta ndihmoni atë? Ai që do të kërkojë të mbrojë çështjen e tij do të vritet para mëngjesit të ditës së nesërme. Në rast se ai është zoti, le ta mbrojë vetë çështjen e tij, sepse i kanë shembur altarin e tij".

³² Prandaj atë ditë Gedeoni u mbiquajt Jerubaal, sepse u tha: "Le të jetë Baali që të luftojë kundër tij, sepse ai ia ka shembur atij altarin".

³³ Tërë Madianitët, Amalekitët dhe bijtë e lindjes u mblodhën, kaluan Jordanin dhe ngritën kampin e tyre në luginën e Jizreelit.

³⁴ Por Fryma e Zotit depërtoi te Gedeoni që i ra borisë; dhe Abiezeritët u thirrën që t'i shkonin pas.

³⁵ Ai dërgoi lajmëtarë edhe në tërë Manasin, i cili u thirr gjithashtu që t'i shkonte pas; dërgoi lajmëtarë edhe te fiset e Asherit, të Zabulonit dhe të Neftalit, të cilët u nisën për të takuar të tjerët.

³⁶ Pastaj Gedeoni i tha Perëndisë: "Në rast se ke ndër mend ta shpëtosh Izraelin me dorën time, siç ke thënë,

³⁷ ja, unë do të vë një gëzof me lesh te lëmi: në rast se do të ketë vesë vetëm mbi gëzofin dhe gjithë vendi rreth e qark do të mbetet i thatë, atëherë do të kuptoj se ke ndërmend ta shpëtosh Izraelin me dorën time, ashtu si ke thënë".

³⁸ Dhe kështu ndodhi. Të nesërmen në mëngjes Gedeoni u ngrit herët, shtrydhi gëzofin dhe prej tij doli një kupë plot me ujë.

³⁹ Por Gedeoni i tha akoma Perëndisë: Mos u ndeztë zemërimi yt kundër meje; unë do të flas edhe një herë. Më lër ta bëj provën edhe një herë tjetër vetëm. Le të mbetet i thatë vetëm gëzofi dhe të ketë vesë mbi të gjithë vendin rreth e qark".

⁴⁰ Dhe Perëndia veproi ashtu atë natë; vetëm gëzofi mbeti i thatë, dhe pati vesë mbi të gjithë tokën rreth e qark.

Kapitull 7

¹ Jerubaali, pra, (domethënë Gedeoni) dhe gjithë njerëzit që ishin me të u ngritën herët në mëngjes dhe fushuan pranë burimit të Harodit. Kampi i Madianit ndodhej në veri të tyre, pranë kodrës së Morehut, në luginë.

² Atëherë Zoti i tha Gedeonit: "Për mua njerëzia që është me ty është tepër e madhe, që unë të jap Madianin në duart e tij; Izraeli do të mund të mburrej para meje duke thënë: "Është dora ime që më ka shpëtuar".

³ Prandaj shpalli tërë popullit, duke i thënë: "Ai që ka frikë dhe dridhet, le të kthehet prapa dhe të largohet nga mali i Galaadit"". Atëherë u kthyen prapa njëzet e dy mijë burra dhe mbetën në vend dhjetë mijë.

⁴ Zoti i tha Gedeonit: "Njerëzit janë përsëri shumë; bëji të zbresin në ujë dhe atje do t'i vë në provë për ty. Ai për të cilin do të them: "Ky të vijë me ty", ka për të ardhur me ty; dhe ai për të cilin do të them: "Ky mos të vijë me ty, nuk ka për të ardhur".

⁵ Gedeoni i vuri njerëzit të zbrisnin në ujë; dhe Zoti tha: "Tërë ata që do të lëpijnë ujin me gjuhë, ashtu siç e lëpinë qeni, do t'i vësh mënjanë; dhe kështu do të veprosh edhe me të gjithë ata që do të gjunjëzohen për të pirë ujë".

⁶ Numri i atyre që lëpinë ujin duke e çuar në gojë me dorë arriti në treqind veta; gjithë të tjerët u gjunjëzuan për të pirë ujë.

⁷ Atëherë Zoti i tha Gedeonit: "Me anë të treqind burrave që lëpinë ujin unë do t'ju shpëtoj dhe do t'i jap Madianitët në duart e tua. Gjithë të tjerat le të kthehen në shtëpitë e tyre".

⁸ Atëherë treqind burrat morën në duart e tyre ushqimet dhe boritë e tyre; kështu Gedeoni i ktheu tërë burrat e tjerë të Izraelit, secilin në çadrën e tij, por mbajti me vete treqind burrat. Kampi i Madianit gjendej poshtë tij, në luginë.

⁹ Po atë natë Zoti i tha Gedeonit: "Çohu dhe bjeri kampit, sepse unë ta kam lënë ty në dorë.

¹⁰ Por në rast se ke frikë ta bësh, zbrit në kamp me Purahun, shërbëtorin tënd,

¹¹ dhe do të dëgjosh çfarë thonë; mbas kësaj, duart e tua do të forcohen dhe do të jesh në gjendje të sulmosh kampin". Ai zbriti, pra, deri në pozicionet e përparuara të kampit bashkë me Purahun, shërbëtorin e tij.

¹² Por Madianitët, Amalekitët dhe tërë bijtë e lindjes ishin shpërndarë në luginë si një mori karkalecash dhe devetë e tyre të panumërta ishin si rëra që ndodhet mbi bregun e detit.

¹³ Kur arriti Gedeoni, një burrë po i tregonte një shoku të vet një ëndërr që kishte parë dhe thoshte: "Sapo pashë një ëndërr; më dukej sikur kisha përpara një bukë prej elbi që rrokullisej në drejtim të kampit të Madianit, arrinte në çadër dhe e godiste duke e përmbysur dhe duke e rrëzuar.

¹⁴ Atëherë shoku i tij iu përgjegj dhe i tha: "Kjo nuk është tjetër veçse shpata e Gedeonit, birit të Joashit, burrë i Izraelit; në duart e tij Perëndia e ka lënë Madianin dhe tërë kampin".

¹⁵ Mbasi dëgjoi tregimin e ëndrrës dhe interpretimin e saj, Gedeoni ra përmbys në shenjë adhurimi; pastaj u kthye në kampin e Izraelit dhe tha: "Çohuni se Zoti ka dhënë në duart tuaja kampin e Madianit!"

¹⁶ Pastaj i ndau të treqind burrat në tre grupe dhe i dorëzoi secilit prej tyre bori dhe enë boshe me nga një pishtar brenda;

¹⁷ dhe u tha: "Shikomëni mua dhe veproni ashtu si do të veproj unë; kur të kem arritur në kufijtë e kampit, ju do të veproni pikërisht si unë.

¹⁸ Kur do t'i bie borisë, unë dhe të gjithë ata që janë me mua, edhe ju do t'i bini borive rreth e qark gjithë kampit dhe do të bërtisni: "Për Zotin dhe për Gedeonin"".

¹⁹ Gedeoni dhe njëqind burrat që ishin me të arritën në buzë të kampit në prag të mesnatës, fill pas ndërrimit të rojeve. Ata u ranë borive dhe thyen enët që mbanin në dorë.

²⁰ Atëherë të tre grupimet u ranë borive dhe thyen enët duke mbajtur me dorën e majtë pishtarët dhe me atë të djathtë boritë, dhe filluan të bërtisnin: "Shpata e Zotitt dhe e Gedeonit!".

²¹ Secili prej tyre qëndroi në vendin e tij rreth kampit; e tërë ushtria armike përkundrazi filloi të rendë, të bërtasë dhe të ikë me vrap.

²² Ndërsa treqind burrat u binin borive, Zoti e ktheu shpatën e secilit kundër shokut të tij në tërë kampin. Ushtria armike ia mbathi në Beth-Shitah në drejtim të Tserahut, deri në buzë të Abel-Meholahut pranë Tabathit.

²³ Atëherë Izraelitët e Neftalit, të Asherit dhe të tërë Manasit u mblodhën dhe i ndoqën Madianitët.

²⁴ Gedeoni dërgoi pastaj lajmëtarë në të gjithë krahinën malore të Efraimit për të thënë: "Zbrisni kundër Madianitëve dhe shtini në dorë vatë e lumenjve deri në Beth-Barah dhe në Jordan". Kështu tërë burrat e Efraimit u mblodhën dhe zunë vatë e lumenjve deri në Beth-Barah dhe në Jordan.

²⁵ Dhe zunë dy princa të Madianit, Orebin dhe Zeebin; Orebin e vranë në shkëmbin e Orebit dhe Zeebin në grykën e Zeebit. I ndoqën Madianitët dhe ia çuan kokat e Orebit dhe të Zeebit Gedeonit në krahun tjetër të Jordanit.

Kapitull 8

¹ Burrat e Efraimit i thanë Gedeonit: "Pse je sjellë në këtë mënyrë me ne, duke mos na thirrur kur shkove të luftosh kundër Madianit?". Dhe patën një grindje të ashpër me të.

² Ai iu përgjegj atyre: "Por çfarë kam bërë unë kundër jush? Qëmtimi i Efraimit nuk vlen vallë më tepër se sjellja e Abiezerit?

³ Perëndia ju dha në dorë princat e Madianit, Orebin dhe Zeebin; çfarë mund të bëja për ju?". Kur tha këto fjalë, zemërimi i tyre kundër tij u fashit.

⁴ Gedeoni arriti pastaj në Jordan dhe e kaloi atë me të treqind burrat që ishin me të; megjithëse të lodhur ata vazhdonin ta ndiqnin armikun.

⁵ Atyre të Sukothit u tha: "Ju lutem, u jepni bukë njerëzve që më vijnë pas, sepse janë të lodhur, dhe unë jam duke ndjekur Zebahun dhe Tsalmunain, mbretër të Madianit".

⁶ Por krerët e Sukothit u përgjegjën: "Mos vallë Zebahu dhe Tsalmunai janë në dorën tënde, që ne të duhet t'i japim bukë ushtrisë tënde?"

⁷ Atëherë Gedeoni tha: "Për këtë, kur Zoti të më japë në dorë Zebahun dhe Tsalmunain, do të copëtoj trupin tuaj me gjembat dhe me ferrat e shkretëtirës.

⁸ Që andej shkoi në Penuel dhe u foli në të njëjtën mënyrë banorëve të tij; burrat e Penuelit iu përgjigjën në të njëjtën mënyrë si ata të Sukothit.

⁹ Kështu ai u foli edhe burrave të Penuelit, duke u thënë: "Kur të kthehem në paqe, do të rrëzoj këtë kala".

¹⁰ Zebahu dhe Tsalmunai ndodheshin në Karkor me gjithë ushtrinë e tyre prej rreth pesëmbëdhjetë mijë burrash, ajo që mbetej nga tërë ushtria e bijve të lindjes, sepse njëqind e njëzet mijë njerëz që mbanin shpatë i kishin vrarë.

¹¹ Gedeoni shkoi nëpër rrugët e atyre që banonin në çadra, në lindje të Nobahut dhe të Jogbehahut, dhe mundi ushtrinë që e pandehte veten në siguri.

¹² Dhe Zebahu dhe Tsalmunai ikën me vrap; por ai i ndoqi dhe i

zuri të dy mbretërit e Madianit, Zebahun dhe Tsalmunain, dhe e shpartalloi tërë ushtrinë.

¹³ Pastaj Gedeoni, bir i Joashit, u kthye në fushën e betejës nëpër të përpjetën e Heresit.

¹⁴ Kapi një të ri nga njerëzit e Sukothit dhe e mori në pyetje, dhe ky i dha me shkrim emrat e krerëve dhe të pleqve të Sukothit, gjithsej shtatëdhjetë e shtatë burra.

¹⁵ Pastaj shkoi te njerëzit e Sukothit dhe tha: "Ja, Zebahu dhe Tsalmunai, në lidhje me të cilët jeni tallur me mua, duke thënë: "Mos vallë Zebahu dhe Tsalmunai janë në dorën tënde, që ne të duhet t'u japim bukë njerëzve të tu të lodhur?"".

¹⁶ Mori pastaj pleqtë e qytetit dhe me gjembat dhe ferrat e shkretëtirës ù mësim burrave të Sukothit.

¹⁷ Rrëzoi gjithashtu kalanë e Penuelit dhe vrau njerëzit e qytetit.

¹⁸ Pastaj u tha Zebahut dhe Tsalmunait: "Si ishin njerëzit që keni vrarë në Tabor?". Ata u përgjigjën: "Ishin si ti; secili prej tyre kishte pamjen e birit të një mbreti".

¹⁹ Ai vazhdoi: "Ishin vëllezërit e mi, bij të nënës sime; ashtu siç është e vërtetë që Zoti rron, po të mos i kishit vrarë, unë nuk do t'ju vrisja!".

²⁰ Pastaj i tha Jetherit, birit të tij të parë: "Çohu dhe vriti!". Por i riu nuk e nxori shpatën, sepse kishte frikë, ishte ende i ri.

²¹ Atëherë Zebahu dhe Tsalmunai thanë: "Çohu ti vetë dhe na godit, sepse si të jetë burri ashtu është edhe forca e tij". Kështu Gedeoni u ngrit dhe vrau Zebahun dhe Tsalmunain, dhe shtiu në dorë gjysmëhënat që devetë e tyre mbanin në qafë.

²² Atëherë burrat e Izraelit i thanë Gedeonit: "Mbretëro mbi ne ti, biri yt dhe i biri i birit tënd, sepse na ke çliruar nga sundimi i Madianit".

²³ Por Gedeoni u përgjegj: "Unë nuk do të mbretëroj mbi ju, as edhe biri im!".

²⁴ Pastaj Gedeoni u tha: "Por dua t'ju kërkoj diçka: secili prej jush të më japë vathët e plaçkës së tij". Ata kishin vathët prej ari sepse ishin Ismaelitë.

²⁵ Ata u përgjigjën: "Ne i japim me gjithë qejf". Kështu ata shtrinë një mantel dhe secili hodhi vathët e plaçkës së tij.

²⁶ Pesha e vathëve prej ari që ai kishte kërkuar ishte njëmijë e shtatëqind sikla ari, përveç gjysmëhënëzave, varëseve dhe rrobave të purpurta që vishnin mbretërit e Madianit, përveç qaforeve që devetë e tyre mbanin në qafë.

²⁷ Pastaj Gedeoni me to bëri një efod, dhe e vendosi në Ofrah, në qytetin e tij; tërë Izraeli shkoi atje dhe u kurvërua me të dhe kështu u shndërrua në një lak për Gedeonin dhe shtëpinë e tij.

²⁸ Kështu Madiani u poshtërua përpara bijve të Izraelit dhe nuk ngriti më kokë; dhe vendi pati paqe dyzet vjet me radhë, gjatë gjithë jetës së Gedeonit.

²⁹ Pastaj Jerubaali, bir i Joashit, u kthye të banojë në shtëpinë e tij.

³⁰ Gedeoni pati shtatëdhjetë fëmijë që dolën nga ijet e tij, sepse pati shumë gra.

³¹ Por konkubina e tij që banonte në Sikem, i lindi edhe ajo një djalë, të cilit i vuri emrin Abimelek.

³² Pastaj Gedeoni, bir i Joashit, vdiq në pleqëri të mbarë dhe u varros në varrin e Joashit, të atit të tij, në Ofrah të Abiezeritëve.

³³ Pas vdekjes së Gedeonit, bijtë e Izraelit filluan përsëri të kurvërohen përpara Baalit dhe zgjodhën Baal-Berithin si zot të tyre.

³⁴ Bijtë e Izraelit nuk u kujtuan fare për Zotin, Perëndinë e tyre, që i kishte çliruar nga të gjithë armiqtë që i rrethonin,

³⁵ dhe nuk u treguan fare mirënjohës ndaj shtëpisë së Jerubaalit (domethënë të Gedeonit) për gjithë ato të mira që i kishte bërë Izraelit.

Kapitull 9

¹ Abimeleku, bir i Jerubaalit, shkoi në Sikem te vëllezërit e nënës së tij dhe foli me ta dhe me gjithë familjen e atit të nënës së tij, duke thënë:

² "U thoni gjithë banorëve të Sikemit: "Ç'është më e mirë për ju, që të gjithë shtatëdhjetë bijtë e Jerubaalit të mbretërojnë mbi ju, apo të mbretërojë mbi ju vetëm një?". Dhe mos harroni që unë rrjedh nga kocka dhe mishi juaj".

³ Vëllezërit e nënës së tij i përhapën këto fjalë të tij tërë banorëve të Sikemit; dhe zemra e tyre anoi në dobi të Abimelekut, sepse thanë: "Është vëllai ynë".

⁴ Kështu i dhanë shtatëdhjetë sikla argjendi, që i tërhoqën nga tempulli i Baal-Berithit, me të cilat Abimeleku rekrutoi njerëz pa kurrfarë vlere, por trima; dhe ata i shkuan pas.

⁵ Pastaj ai shkoi në shtëpinë e atit të tij në Ofrah dhe vrau mbi po atë gur vëllezërit e tij, të shtatëdhjetë bijtë e Jerubaalit. Por Jothami biri më i vogël i Jerubaalit, shpëtoi sepse ishte fshehur.

⁶ Atëherë tërë banorët e Sikemit dhe tërë shtëpia e Milos u mblodhën dhe shkuan ta shpallin mbret Abimelekun, pranë lisit të monumentit që gjendet në Sikem.

⁷ Kur Jothami u informua për këtë gjë, shkoi dhe zuri në majën e malit Gerezim dhe, duke ngritur zërin, thirri: "Dëgjomëni, banorë të Sikemit, dhe Perëndia të mund t'ju dëgjojë!

⁸ Një ditë drurët u nisën për të vajosur një mbret që të mbretëronte mbi ta; dhe i thanë ullirit: "Mbretëro mbi ne".

⁹ Por ulliri u përgjegj me këto fjalë: "A duhet të heq dorë nga vaji im metë cilin Perëndia dhe njerëzit nderohen, dhe të shkoj të shqetësohem për drurët?".

¹⁰ Atëherë drurët i thanë fikut: "Eja ti të mbretërosh mbi ne".

¹¹ Por fiku iu përgjegj atyre: "A duhet të heq dorë nga ëmbëlsia ime dhe nga fruti im shumë i shijshëm dhe të shkoj të shqetësohem për drurët?".

¹² Atëherë drurët iu drejtuan hardhisë: "Eja ti të mbretërosh mbi ne".

¹³ Por hardhia u përgjegj kështu: "A duhet të heq dorë nga vera ime e ëmbël që gëzon Perëndinë dhe njerëzit, dhe të shkoj të shqetësohem për drurët?".

¹⁴ Atëherë tërë drurët i thanë ferrës: "Eja ti të mbretërosh mbi ne".

¹⁵ Ferra iu përgjegj me këto fjalë drurëve: "Në rast se doni me të vërtetë të më vajosni si mbret për të sunduar mbi ju, ejani të strehoheni nën hijen time; përndryshe daltë një zjarr nga ferra dhe përpiftë kedrat e Libanit!".

¹⁶ Por ju nuk u suallët me besnikëri dhe me ndershmëri duke e shpallur mbret Abimelekun, nuk mbajtët një qëndrim të mirë ndaj Jerubaalit dhe shtëpisë së tij dhe nuk e keni trajtuar siç e meritonte,

¹⁷ sepse im atë ka luftuar për ju, ka rrezikuar jetën e vet dhe ju ka çliruar nga sundimi i Madianit.

¹⁸ Kurse sot ju keni ngritur krye kundër shtëpisë së atit tim, keni vrarë të shtatëdhjetë bijtë e tij mbi po atë gur dhe keni shpallur mbret të Sikemitëve Abimelekun, birin e shërbëtores, sepse është vëllai juaj.

¹⁹ Në rast se sot keni vepruar me besnikëri dhe ndershmëri ndaj Jerubaalit dhe shtëpisë së tij, atëherë e gëzofshi Abimelekun dhe ai u gëzoftë me ju!

²⁰ Por në rast se punët nuk janë kështu, le të dalë nga Abimeleku një zjarr që të gllabërojë banorët e Sikemit dhe shtëpinë e Milos, dhe le të dalë nga banorët e Sikemit dhe nga shtëpitë e Milos një zjarr që të gllabërojë Abimelekun".

²¹ Pastaj Jothemi iku, ia mbathi dhe shkoi të banojë në Beer nga frika e vëllait të tij Abimelek.

²² Abimeleku sundoi tre vjet mbi Izraelin.

²³ Pastaj Perëndia dërgoi një frymë të keq midis Abimelekut dhe banorëve të Sikemit, dhe banorët e Sikemit e tradhtuan Abimelekun,

²⁴ me qëllim që dhuna e ushtruar kundër të shtatëdhjetë bijve të Jerubaalit të zgjidhej dhe gjaku i tyre të binte mbi vëllanë e tyre Abimelek, që i kishte vrarë dhe mbi banorët e Sikemit, që e kishin ndihmuar të vriste vëllezërit e tij.

²⁵ Banorët e Sikemit vunë njerëz në pritë kundër tij në majën e maleve, dhe këta plaçkitën tërë ata që kalonin në rrugë afër tyre. Abimeleku u informua për këtë.

²⁶ Pastaj Gaali, bir i Ebedit, dhe vëllezërit e tij erdhën dhe u transferuan në Sikem, dhe banorët e Sikemit krijuan besim tek ai.

²⁷ Ata dolën në ara, mblodhën rrushin në vreshtat e tyre, e shtypën dhe bënë festë. Pastaj hynë në shtëpinë e zotit të tyre, hëngrën, pinë dhe mallkuan Abimelekun.

²⁸ Gaali, bir i Ebedit, tha: "Kush është Abimeleku dhe çfarë përfaqëson Sikemi, pse duhet t'i shërbejmë? A nuk është vallë bir i Jerubaalit, dhe a nuk është Zebuli mëkëmbësi i tij? Më mirë u shërbeni njerëzve të Hamorit atit të Sikemit! Po pse u dashka që ne t'i shërbejmë këtij njeriu?

²⁹ Po ta kisha këtë popull nën urdhrat e mia, unë do ta kisha dëbuar Abimelekun!". Pastaj i tha Abimelekut: "Forcoje ushtrinë tënde dhe më dil përpara!".

³⁰ Kur Zebuli, qeveritari i qytetit, dëgjoi këto fjalë të Gaalit, birit të Ebedit, u zemërua shumë,

³¹ dhe i dërgoi fshehurazi lajmëtarë Abimelekut për t'i thënë: "Ja, Gaali, bir i Ebedit, dhe vëllezërit e tij kanë ardhur në Sikem; ata po e ngrenë qytetin kundër teje.

³² Prandaj çohu natën, ti dhe njerëzit e tu, dhe zëru pritë në fushë;

³³ dhe nesër në mëngjes, sa të lindë dielli do të ngrihesh dhe do t'i sulesh qytetit. Kur pastaj Gaali me gjithë njerëzit që janë me të do të dalë kundër teje, ti do t'i bësh atë që beson se është më e përshtatshme".

³⁴ Abimeleku dhe tërë njerëzit që ishin me të u ngritën natën dhe zunë një pritë kundër Sikemit, të ndarë në katër grupe.

³⁵ Kur Gaali, bir i Ebedit, doli dhe u ndal në hyrjen e portës së qytetit, Abimeleku doli nga prita me gjithë njerëzit që ishin me të.

³⁶ Duke i parë ata njerëz, Gaali i tha Zebulit: "Ja, disa njerëz që

zbresin nga maja e maleve". Por Zebuli iu përgjegj: "Hijet e maleve të duken ty si njerëz".

³⁷ Gaali nisi përsëri të flasë, duke thënë: "Shiko, ka njerëz që zbresin nga majat e lartësive të vendit, dhe një grup tjetër po vjen nga rruga e lisit të shortarëve".

³⁸ Atëherë Zebuli i tha: "Ku e ke kapadaillëkun, kur thoje: "Kush është Abimeleku, pse duhet t'i shërbejmë?". A nuk është ky popull që ti përçmoje? Dil, pra, përpara dhe lufto kundër tij!".

³⁹ Atëherë Gaali doli në krye të banorëve të Sikemit dhe i nisi betejën kundër Abimelekut.

⁴⁰ Por Abimeleku e ndoqi dhe ai iku me vrap para tij; shumë njerëz ranë për tokë të plagosur për vdekje deri në hyrje të portës.

⁴¹ Abimeleku u ndal pastaj në Arumah, dhe Zebuli dëboi Gaalin dhe vëllezërit e tij, që nuk qëndruan dot më në Sikem.

⁴² Të nesërmen populli i Sikemit doli nëpër fusha; Abimeleku u informua për këtë.

⁴³ Atëherë ai mori njerëzit e tij, i ndau në tre grupe dhe zuri pritë në fusha; kur pa që populli po dilte nga qyteti, ai u hodh kundër tij dhe bëri kërdinë.

⁴⁴ Pastaj Abimeleku dhe njerëzit që ishin me të u sulën përpara dhe zunë hyrjen e portës së qytetit, kurse dy grupet e tjera u sulën mbi tërë ata që ishin nëpër fusha dhe bënë kërdinë.

⁴⁵ Abimeleku e pushtoi me sulm po atë ditë qytetin dhe vrau popullin që gjendej në të; pastaj e sheshoi qytetin dhe aty hodhi kripë.

⁴⁶ Kur të gjithë banorët e kalasë së Sikemit dëgjuan këtë ngjarje, u tërhoqën në kullën kryesore të tempullit të perëndisë Berith.

⁴⁷ Kështu i thanë Abimelekut që tërë banorët e kalasë së Sikemit ishin mbledhur mbledhur.

⁴⁸ Atëherë Abimeleku u ngjit në malin Tsalmon, ai vetë bashkë me njerëzit e tij; pastaj Abimeleku kapi një sëpatë, preu degën e një druri, e ngriti dhe e vuri mbi shpatullat e tij; padstaj u tha njerëzve që ishin me të: "Atë që patë që unë bëra, bëjeni shpejt edhe ju!".

⁴⁹ Kështu secili prej tyre preu një degë dhe shkoi pas Abimeleku; i vendosën degët përballë kullës kryesore dhe e dogjën atë. Kështu gjetën vdekjen gjithë njerëzit e kalasë së Sikemit, pothuajse një mijë veta, gra e burra.

⁵⁰ Pastaj Abimeleku shkoi në Thebets, e rrethoi dhe e pushtoi.

⁵¹ Në mes të qytetit kishte një kullë të fortifikuar, ku ishin strehuar tërë njerëzit e qytetit, gra e burra; u mbyllën brenda dhe hipën mbi çatinë e kullës.

⁵² Kështu Abimeleku arriti në këmbët e kalasë dhe e sulmoi; iu afrua pastaj portës së kalasë për t'i vënë flakën.

⁵³ Por një grua hodhi poshtë pjesën e sipërme të një mokre mbi kokën e Abimelekut dhe i theu kafkën.

⁵⁴ Ai thirri menjëherë të riun që i mbante armët dhe i tha: "Nxirre shpatën dhe më vrit, që të mos thonë: "E vrau një grua!"". Kështu i riu e shpoi tejembanë dhe ai vdiq.

⁵⁵ Kur Izraelitët panë që Abimeleku kishte vdekur, secili u kthye në shtëpinë e tij.

⁵⁶ Kështu Perëndia ia shkarkoi Abimelekut të keqen që kishte bërë kundër atit të tij, duke vrarë shtatëdhjetë vëllezërit e tij.

⁵⁷ Perëndia bëri që të binte mbi kokën e njerëzve të Sikemit tërë e keqja e bërë; kështu kundër tyre u realizua mallkimi i Jothamit, birit të Jerubaalit.

Kapitull 10

¹ Pas Abimelekut doli për të shpëtuar Izraelin, Tola, bir i Puahut, biri i Dodit, njeri i Isakarit. Ai banonte në Shamir, në krahinën malore të Efraimit;

² qe gjyqtar i Izraelit për njëzet e tre vjet me radhë; pastaj vdiq dhe e varrosën në Shamir.

³ Mbas tij doli Jairi, Galaaditi, që qe gjyqtar i Izraelit njëzet e dy vjet me radhë.

⁴ Ai kishte tridhjetë bij që u hipnin tridhjetë gomaricave dhe kishin tridhjetë qytete, që quhen edhe sot fshatrat e Jairit dhe ndodhen në vendin e Galaadit.

⁵ Pastaj Jairi vdiq dhe u varros në Kamon.

⁶ Pastaj bijtë e Izraelit filluan përsëri të bëjnë atë që është e keqe për sytë e Zotit dhe u shërbyen Baalit dhe Ashtarothit, perëndive të Sirisë, perëndive të Sidonit, perëndive të Moabit, perëndive

⁷ Kështu zemërimi i Zotit kundër Izraelit u ndez dhe ai i dorëzoi në duart e Filistejve dhe në duart e bijve të Amonit.

⁸ Atë vit ata u ranë më qafë dhe shtypën bijtë e Izraelit; gjatë tetëmbëdhjetë vjetve me radhë ata shtypën tërë bijtë e Izraelit që ndodheshin matanë Jordanit, në vendin e Amorejve, në Galaad.

⁹ Pastaj bijtë e Amonit kaluan Jordanin për të luftuar edhe kundër Judës, kundër Beniaminit dhe kundër shtëpisë së Efraimit; dhe Izraeli u ndodh në një situatë shumë fatkeqe.

¹⁰ Atëherë bijtë e Izraelit i klithën Zotit, duke i thënë: "Kemi mëkatuar ndaj teje, sepse kemi braktisur Perëndinë tonë dhe i kemi shërbyer Baalit".

¹¹ Zoti u tha bijve të Izraelit: "A nuk ju çlirova unë nga Egjiptasit, nga Amorejtë, nga bijtë e Amonit dhe nga Filistejtë?

¹² Kur ata të Sidonit, Amalekitët dhe Maonitët ju shtypnin dhe ju bëtë thirrje, a nuk ju çlirova nga duart e tyre?

¹³ Megjithatë ju më braktisët dhe u vutë në shërbim të perëndive të tjera; prandaj unë nuk do t'ju çliroj më.

¹⁴ Shkoni, pra, t'u thërrisni perëndive që keni zgjedhur; le t'ju shpëtojnë ato në kohën e fatkeqësive tuaja!".

¹⁵ Bijtë e Izraelit i thanë Zotit: "Kemi mëkatuar; bëna çfarë të duash, por na çliro sot, të lutemi shumë".

¹⁶ Atëherë hoqën nga mjedisi i tyre perënditë e huaja dhe i shërbyen Zotit që u trishtua për vuajtjet e Izraelit.

¹⁷ Pastaj bijtë e Amonit u mblodhën dhe ngritën kampin e tyre në Galaad dhe bijtë e Izraelit u mblodhën dhe ngritën kampin e tyre në Mitspah.

¹⁸ Populli, domethënë princat e Galaadit i thanë njeri tjetrit: "Kush do të jetë njeriu që do të fillojë të luftojë kundër bijve të Amonit? Ai do të jetë kreu i të gjithë banorëve të Galaadit".

Kapitull 11

¹ Jefteu, Galaaditi, ishte një njeri i fortë dhe trim, bir i një prostitute dhe i Galaadit.

² Bashkëshortja e Galaadit i lindi bij të tjerë; kur bijtë e gruas së tij arritën në moshën madhore, ata e dëbuan Jefteun dhe i thanë: "Ti nuk do të kesh trashëgimi në shtëpinë e atit tonë, sepse je biri i një gruaje tjetër".

³ Atëherë Jefteu iku larg vëllezërve të tij dhe u vendos në vendin e Tobit. Rreth Jefteut u mblodhën njerëz pa asnjë vlerë, që kryenin sulme bashkë me të.

⁴ Pas një farë kohe bijtë e Amonit i shpallën luftë Izraelit.

⁵ Kur bijtë e Amonit filluan luftën kundër Izraelit, pleqtë e Galaadit shkuan ta kërkojnë Jefteun në vendin e Tobit;

⁶ dhe i thanë Jefteut: "Eja me ne dhe bëhu kapidani ynë, për të luftuar kundër bijve të Amonit".

⁷ Por Jefteu iu përgjegj pleqve të Galaadit duke thënë: "A nuk më keni urryer dhe dëbuar nga shtëpia e atit tim? Pse vini tani tek unë kur jini keq?".

⁸ Pleqtë e Galaadit i thanë Jefteut: "Pikërisht për këtë jemi kthyer tani te ti, me qëllim që ti të vish me ne për të luftuar kundër bijve të Amonit, dhe të vihesh në krye të gjithë banorëve të Galaadit".

⁹ Atëherë Jefteu iu përgjegj pleqve të Galaadit: "Në qoftë se më ktheni tek ju për të luftuar kundër bijve të Amonit, dhe Zoti i lë në pushtetin tim, unë do të bëhem komandanti juaj".

¹⁰ Pleqtë e Galaadit i thanë Jefteut: "Zoti le të jetë dëshmitar midis nesh, në rast se nuk veprojmë ashtu si ke thënë ti".

¹¹ Pastaj Jefteu shkoi tek pleqtë e Galaadit dhe populli e zgjodhi komandant dhe udhëheqës të tij; dhe Jefteu përsëriti para Zotit në Mitspah tërë fjalët që pati thënë më parë.

¹² Pastaj Jefteu i dërgoi lajmëtarë mbretit të bijve të Amonit për t'i thënë: "Çfarë ka midis teje dhe meje, që ti të vish e të bësh luftë në vendin tim?".

¹³ Mbreti i bijve të Amonit iu përgjegj me këto fjalë lajmëtarëve të Jefteut: "Sepse, kur Izraeli doli nga Egjipti, ai pushtoi vendin tim, nga Arnoni deri në Jabok dhe në Jordan. Tani, pra, m'i kthe këto toka në mënyrë miqësore".

¹⁴ Jefteu i dërgoi përsëri lajmëtarë mbretit të bijve të Amonit për t'i thënë:

¹⁵ "Kështu thotë Jefteu: Izraeli nuk shtiu në dorë as vendin e Moabit, as vendin e bijve të Amonit;

¹⁶ por kur Izraeli doli nga Egjipti dhe kapërceu shkretëtirën deri në Detin e Kuq dhe arriti në Kadesh,

¹⁷ i dërgoi lajmëtarë mbretit të Edomit për t'i thënë: "Të lutem më lër të kaloj nëpër vendin tënd"; por mbreti i Edomit nuk pranoi. I dërgoi lajmëtarë edhe mbretit të Moabit, por edhe ky nuk pranoi. Kështu Izraeli mbeti në Kadesh.

¹⁸ Duke ecur pastaj nëpër shkretëtirë, shkoi rreth vendit të Edomit dhe vendit të Moabit e arriti në lindje të vendit të Moabit; dhe ngriti kampin e tij matanë Arnonit, pa hyrë të territorin e Moabit, sepse Arnoni përfaqësonte kufirin e Moabit.

¹⁹ Pastaj Izraeli i dërgoi lajmëtarë Sihonit, mbretit të Amorejve, dhe të Heshbonit, dhe i tha: "Të lutemi, na lër të kalojmë nëpër vendin tënd për të arritur në tonin".

²⁰ Por Sihoni nuk pati besim ta lërë të kalojë Izraelin nëpër

territorin e tij; përkundrazi Sihoni i mblodhi gjithë njerëzit e tij të cilët u vendosën në Jahats dhe luftoi kundër Izraelit.

²¹ Por Zoti, Perëndia i Izraelit e dha Sihonin dhe gjithë njerëzit e tij në duart e Izraelit, që i mundi; kështu Izraeli pushtoi tërë vendin e Amorejve, që banonin në atë krahinë;

²² pushtoi tërë territorin e Amorejve, nga Arnoni në Jabok dhe nga shkretëtira deri në Jordan.

²³ Dhe tani që Zoti, Perëndia i Izraelit, ka dëbuar Amorejtë përpara popullit të Izraelit, ti dëshëron të zotërosh vendin e tyre?

²⁴ A nuk zotëron ti atë që Kemoshi, zoti yt, të ka dhënë në zotërim? Kështu edhe ne do të zotërojmë vendin e atyre që Zoti ka dëbuar para nesh.

²⁵ Mos je ti, vallë, më i mirë se Balaku, bir i Tsiporit dhe mbret i Moabit? A pati ndofta mosmarrëveshje me Izraelin, apo i bëri luftë?

²⁶ Kaluan treqind vjet që Izraeli banon në Heshbon dhe në fshatrat e tij përreth, në Aroer dhe në fshatrat e tij përreth dhe në të gjitha qytetet mbi brigjet e Arnonit; pse nuk ja keni marrë gjatë kësaj kohe?

²⁷ Prandaj unë nuk të kam bërë asnjë padrejtësi dhe ti sillesh keq me mua duke më bërë luftë. Zoti, gjyqtari, le të vendosë sot drejtësinë midis bijve të Izraelit dhe bijve të Amonit!".

²⁸ Por mbreti i bijve të Amonit nuk mori parasysh fjalët që Jefteu i kishte dërguar.

²⁹ Atëherë Fryma e Zotit erdhi mbi Jefteun dhe ai kaloi nëpër Galaadin dhe Manasin, arriti në Mitspah të Galaadit dhe që këtej lëvizi kundër bijve të Amonit.

³⁰ Jefteu lidhi një kusht me Zotin dhe tha: "Në rast se ti më jep në duart e mia bijtë e Amonit,

³¹ çfarë të dalë nga dyert e shtëpisë sime për të më pritur kur të kthehem fitimtar nga bijtë e Amonit, do t'i përkasë Zotit dhe unë do t'ia ofroj si olokaust".

³² Kështu Jefteu marshoi kundër bijve të Amonit për t'u bërë luftë, dhe Zoti ia dha në dorë.

³³ Ai i mundi duke bërë një masakër të madhe, nga Aroeri deri në drejtim të Minithit (duke u marrë njëzet qytete) dhe deri në Abel-Keramim. Kështu bijtë e Amonit u poshtëruan përpara bijve të Izraelit.

³⁴ Pastaj Jefteu u kthye në shtëpinë e tij, në Mitspah; dhe ja që i doli për ta pritur e bija me dajre dhe valle. Ajo ishte bija e vetme e tij, sepse ai nuk kishte djem ose vajza të tjera.

³⁵ Sa e pa, grisi rrobat e tij dhe tha: "Oh, bija ime, ti po më bën shumë fatkeq, ti po më sjell mjerim! Unë i kam dhënë fjalën Zotit dhe nuk mund të tërhiqem".

³⁶ Ajo i tha: "O atë, në rast se i ke dhënë fjalën Zotit, vepro me mua simbas fjalëve që kanë dalë nga goja jote, sepse Zoti ta mori hakun me armiqtë e tu, bijtë e Amonit".

³⁷ Pastaj i tha të atit: "Të më lejohet kjo e drejtë: lermë të lirë dy muaj, në mënyrë që të sillem nëpër male duke qarë virgjërinë time me shoqet e mia".

³⁸ Ai iu përgjegj: "Shko!". Dhe e la të shkonte për dy muaj. Kështu ajo shkoi me shoqet e saj dhe qau ndër male virgjërinë e saj.

³⁹ Mbas dy muajsh ajo u kthye tek i ati; dhe ai veproi me të simbas kushtit që kishte lidhur. Ajo nuk kishte njohur burrë. Kështu u bë zakon në Izrael

⁴⁰ që bijat e Izraelit të shkojnë çdo vit e të qajnë bijën e Jefteut, Galaaditit, katër ditë me radhë.

Kapitull 12

¹ Njerëzit e Efraimit u mblodhën, kaluan në Tsafon dhe i thanë Jefteut: "Pse shkove të luftosh kundër bijve të Amonit dhe nuk na thirre të vinim bashkë me ty? Ne do t'i vëmë zjarrin shtëpisë sate bashkë me ty brenda".

² Jefteu iu përgjegj atyre: "Unë dhe populli im kemi pasur një grindje të madhe me bijtë e Amonit; dhe kur ju kërkova ndihmë nuk më liruat nga duart e tyre.

³ Kështu, duke parë se nuk më vinit në ndihmë, vura në rrezik jetën time dhe marshova kundër bijve të Amonit, dhe Zoti m'i dha në duart e mia. Pse, pra, jeni ngritur sot kundër meje për të më luftuar?".

⁴ Pastaj Jefteu mblodhi tërë njerëzit e Galaadit dhe u ndesh me Efraimin; dhe njerëzit e Galaadit e mundën Efraimin, sepse këta thonin: "Ju Galaaditët jeni ikanakë të Efraimit në mes të Efraimit dhe në mes të Manasit!".

⁵ Njerëzit e Galaadit zunë vatë e Jordanit para se të arrinin ata të Efraimit; kështu kur ndonje nga ikanakët e Efraimit thoshte: "M lini të kaloj", njerëzit e Galaadit e pyesnin: "A je ti një Efraimit?". Në rast se ai përgjigjej: "Jo", Galaaditët i thonin:

⁶ "Atëherë thuaj Shiboleth; në rast se ai thoshte "Shiboleth", sepse nuk mund ta shqiptonte si duhet, e kapnin dhe e vrisnin pranë vautë të Jordanit. Në atë kohë u vranë në këtë mënyrë dyzet e dy mijë njerëz të Efraimit.

⁷ Jefteu ushtroi funksionin e gjyqtarit gjashtë vjet me radhë. Pastaj Jefteu, Galaaditi, vdiq dhe u varros në një nga qytetet e Galaadit.

⁸ Mbas tij gjyqtar i Izraelit u bë Ibtsani nga Betlemi.

⁹ Ai pati tridhjetë bij; martoi tridhjetë bijat e tij dhe solli nga jashtë tridhjetë vajza për bijtë e tij. Qe gjyqtar i Izraelit shtatë vjet me radhë.

¹⁰ Pastaj Ibtsani vdiq dhe u varros në Betlem.

¹¹ Mbas tij gjyqtar i Izraelit u bë Eloni, Zabulonit; qe gjyqtar i Izraelit dhjetë vjet me radhë.

¹² Pastaj Eloni, Zabulonit, vdiq dhe e varrosën në Ajalon, në vendin e Zabulonit.

¹³ Mbas tij qe gjyqtar i Izraelit Abdoni, bir i Hilelit, Pirathoniti.

¹⁴ Ai pati dyzet bij dhe tridhjetë nipa, që u hipnin shtatëdhjetë gomarëve të vegjël. Ai qe gjyqtar i Izraelit tetë vjet me radhë.

¹⁵ Pastaj Abdoni, bir i Hilelit, Pirathoniti, vdiq dhe e varrosën në Pirathon, në vendin e Efraimit, në krahinën malore të Amalekut.

Kapitull 13

¹ Bijtë e Izraelit filluan përsëri të bëjnë atë që është e keqe për sytë e Zotit, dhe Zoti i dha në duart e Filistejve për dyzet vjet.

² Ishte një njeri nga Tsorahu, prej familjes së Danitëve, që quhej Manoah; gruaja e tij ishte shterpë dhe nuk kishte fëmijë.

³ Engjëlli i Zotit iu shfaq kësaj gruaje dhe i tha: "Ja, ti je shterpë dhe nuk ke fëmijë, por ke për të mbetur me barrë dhe do të pjellësh një fëmijë.

⁴ Prandaj ruhu se pi verë o pije dehëse, dhe mos ha asnjë gjë të papastër.

⁵ Sepse ti do të mbetesh me barrë dhe do të pjellësh një djalë, mbi kokën e të cilit nuk do të kalojë brisku, sepse fëmija do të jetë një Nazireo kushtuar Perëndisë që në barkun e nënës së tij; ai do të fillojë ta çlirojë Izraelin nga duart e Filistejve".

⁶ Atëherë gruaja shkoi t'i thotë bashkëshortit të saj: "Një njeri i Perëndisë erdhi tek unë; pamja e tij ishte si ajo e Engjëllit të Perëndisë, me të vërtetë e frikshme. Unë nuk e pyeta se nga vinte, dhe ai nuk më tha emrin e tij;

⁷ por më tha: "Ja, ti do të mbetesh me barrë dhe do të pjellësh një djalë; prandaj tani mos pi verë as pije dehëse, dhe mos ha asgjë të papastër, sepse fëmija do të jetë një Nazireo i kushtuar Perëndisë që në barkun e nënës së tij deri në ditën e vdekjes së tij"".

⁸ Atëherë Manoahu iu lut me të madhe Zotit dhe i tha: "O Zot, të lutem që njeriu i Perëndisë i dërguar prej teje të kthehet përsëri pranë nesh dhe të na mësojë se çfarë duhet të bëjmë me fëmijën që ka për të lindur".

⁹ Perëndia e dëgjoi zërin e Manoahut; dhe Engjëlli i Perëndisë u kthye përsëri te gruaja, ndërsa ajo ndodhej në arë, por burri i saj Manoah nuk ishte me të.

¹⁰ Dhe gruaja me të shpejtë shkoi të informojë bashkëshortin e saj dhe i tha: "Ja, m'u shfaq ai burrë, që erdhi tek unë pardje".

¹¹ Atëherë Manoahu u ngrit dhe ndoqi gruan e tij dhe, kur arritën tek ai njeri, i tha: "Ti je ai njeri që i foli kësaj gruaje?". Ai u përgjegj: "Jam unë".

¹² Por Manoahu tha: "Kur të realizohet fjala jote, cili duhet të jetë stili i jetës së djalit dhe ç'duhet të bëjë?".

¹³ Engjëlli i Zotit iu përgjegj Manoahut: "Gruaja duhet të ketë kujdes për të gjitha ato që i thashë.

¹⁴ Të mos hajë asnjë nga prodhimet e rrushit, të mos pijë verë a pije dehëse, të mos hajë asnjë gjë të papastër; të ketë parasysh të gjitha porositë që i kam urdhëruar".

¹⁵ Atëherë Manoahu i tha Engjëllit të Zotit: "Na lejo të të mbajmë dhe të të përgatisim një kec!".

¹⁶ Engjëlli i Zotit iu përgjegj Manoahut me këto fjalë: "Edhe sikur të më mbash nuk do ta ha ushqimin tënd; por në rast se ti dëshiron të bësh një olokaust, ofroja Zotit". (Manoahu nuk e dinte se ai ishte Engjëlli i Zotit).

¹⁷ Pastaj Manoahu i tha Engjëllit të Zotit: "Cili është emri yt që kur të realizohen fjalët e tua, ne të kemi mundësi të të nderojmë?".

¹⁸ Engjëlli i Zotit iu përgjegj: "Pse vallë kërkon të mësosh emrin tim? Ai është i mrekullueshëm".

¹⁹ Kështu Manoahu mori kecin dhe blatimin e ushqimit dhe ia ofroi Zotit mbi gurin. Atëherë Engjëlli bëri një mrekulli, ndërsa Manoahu dhe e shoqja shikonin;

²⁰ ashtu si flaka ngjitej nga altari në qiell, Engjëlli i Zotit u ngjit me flakën e altarit. Duke parë këtë, Manoahu bashkë me gruan e tij ranë përmbys për tokë.

²¹ Engjëlli i Zotit nuk iu shfaq më as Manoahut, as bashkëshortes së tij. Atëherë Manoahu kuptoi se ai ishte Engjëlli i Zotit.

²² Manoahu i tha pastaj bashkëshortes së tij: "Ne me siguri do të

Gjyqtarëve

vdesim, sepse pamë Perëndinë".

²³ Por e shoqja i tha: "Po të kishte dashur me të vërtetë vdekjen tonë, Zoti nuk do të kishte pranuar nga duart tona olokaustin dhe blatimin e ushqimit, as do të na kishte treguar tërë këto gjëra, dhe tani nuk do të bënte që të dëgjonim gjëra si këto".

²⁴ Pastaj gruaja lindi një djalë të cilit ia vunë emrin Sanson. Fëmija u rrit dhe Zoti e bekoi.

²⁵ Fryma e Zotit filloi të lëvizë mbi të në kampin e Danit, midis Tsorahut dhe Eshtaolit.

Kapitull 14

¹ Sansoni zbriti në Timnah dhe aty pa një grua midis bijave të Filistejve.

² Kur u kthye në shtëpi, foli për të me të atin dhe të ëmën, duke u thënë: "Pashë në Timnah një femër midis bijave të Filistejve; ma merrni për grua".

³ Babai dhe nëna e tij i thanë: "A nuk ka vallë një grua midis bijave të vëllezërve të tu në gjithë popullin tonë, që ti të shkosh të marrësh një grua midis Filistejve të parrethprerë?". Por Sansoni iu përgjegj atit të tij me këto fjalë: "Merrma atë, sepse më pëlqen".

⁴ Por i ati dhe e ëma nuk e dinin se kjo vinte nga Zoti dhe që Sansoni kërkonte një rast kundër Filistejve. Në atë kohë, Filistejtë sundonin në Izrael.

⁵ Pastaj Sansoni zbriti me të atin dhe me të ëmën në Timnah; sapo arritën në vreshtat e Timnahut, një luan i vogël u doli përpara duke ulëritur.

⁶ Atëherë Fryma e Zotit zbriti në mënyrë të fuqishme mbi të dhe ai, pa pasur asgjë në dorë, e shqeu luanin, ashtu si shqyhet një kec; por nuk i tha asgjë atit dhe nënes së tij për atë që kishte bërë.

⁷ Pastaj zbriti dhe i foli gruas, dhe ajo i pëlqeu Sansonit.

⁸ Mbas disa ditësh ai u kthye për ta marrë me vete dhe doli nga rruga për të parë skeletin e luanit; dhe ja, në trupin e luanit kishte një mori bletësh dhe mjaltë.

⁹ Ai mori pak mjaltë në dorë dhe filloi ta hajë ndërsa po ecte; kur arriti tek i ati dhe tek e ëma, u dha edhe atyre dhe ata e hëngrën; por nuk u tha që e kishte marrë mjaltin nga trupi i luanit.

¹⁰ Pastaj i ati zbriti tek ajo grua, dhe aty Sansoni shtroi një gosti siç e kishin zakon të rinjtë.

¹¹ Dhe ndodhi që, kur njerëzit e panë vendit, ata morën tridhjetë shokë, që të rrinin bashkë me të.

¹² Sansoni u tha atyre: "Unë do t'ju propozoj një gjëzë; në rast se ju arrini të gjeni shpjegimin e saj të ma njoftoni brenda shtatë ditëve të gostisë, do t'ju jap tridhjetë tunika dhe tridhjetë ndërresa rrobash;

¹³ por në rast se nuk mund të ma shpjegoni, do të më jepni mua tridhjetë tunika dhe tridhjetë ndërresa rrobash".

¹⁴ Ata iu përgjegjën: "Propozo gjëzën tënde, që ta dëgjojmë". Ai u tha: "Nga gllabëruesi doli ushqimi, dhe nga i forti doli e ëmbla". Tri ditë me radhë ata nuk arritën ta shpjegojnë gjëzën.

¹⁵ Ditën e shtatë i thanë bashkëshortes së Sansonit: "Mbushja mendjen burrit tënd që të na shpjegojë gjëzën; ndryshe do të djegim ty dhe do t'i vëmë flakën shtëpisë së atit tënd. A na keni ftuar për të na zhveshur? Vallë a s'është ashtu?".

¹⁶ Gruaja e Sansonit qau para tij dhe i tha: "Ti ke vetëm urrejtje ndaj meje dhe nuk më do; ti u propozove një gjëzë bijve të popullit tim, por nuk ia shpjegova as atit tim; as nënës sime, pse duhet të ta shpjegoj ty?".

¹⁷ Ajo qau para tij gjatë shtatë ditëve të festës. Kështu ditën e shtatë Sansoni ia shpjegoi, sepse e mërziste; pastaj ua shpjegoi gjëzën bijve të popullit të saj.

¹⁸ Njerëzit e qytetit, ditën e shtatë, para se të perëndonte dita, i thanë Sansonit: "A ka gjë më të ëmbël se mjalti? A ka gjë më të fortë se luani?". Dhe ai iu përgjegj atyre: "Po të mos kishit lëruar me mëshqerrën time, nuk do ta kishit zgjidhur gjëzën time".

¹⁹ Atëherë Fryma e Zotit erdhi mbi të në mënyrë të fuqishme dhe ai zbriti deri në Ashkelon, vrau tridhjetë njerëz nga ata, mori plaçkat e tyre dhe u dha ndërresat e rrobave atyre që e kishin shpjeguar gjëzën. Kështu zemërimi i tij u ndez; pastaj ai u ngjit përsëri në shtëpinë e të atit.

²⁰ Por gruan e Sansonit ia dhanë shokut të tij, që kishte qenë shoku i tij më i mirë.

Kapitull 15

¹ Mbas një farë kohe, kur korret gruri, Sansoni shkoi të vizitojë të shoqen, duke pasur me vete një kec, dhe tha: "Dua të hyj në dhomë të gruaja ime". Por i ati i saj nuk e lejoi të hyjë,

² dhe i tha: "Mendoja pikërisht që ti e urren, prandaj ia dhashë shokut tënd; a nuk është më e bukur motra e saj më e vogël? Merre, pra, në vend të saj".

³ Sansoni iu përgjegj atyre: "Këtë herë nuk do të kem asnjë faj ndaj Filistejve në rast se do t'u bëj ndonjë të keqe".

⁴ Kështu Sansoni shkoi dhe kapi treqind dhelpra; pastaj mori pishtarë, iktheu dhelprat bisht më bisht dhe i vuri nga një pishtar midis dy bishtave.

⁵ Pastaj ndezi pishtarët dhe i la dhelprat të iknin nëpër fushat e grurit të Filistejve, dhe dogji demetet dhe grurin akoma në këmbë madje edhe vreshtat dhe ullishtat.

⁶ Atëherë Filistejtë pyetën: "Kush e bëri këtë?". Muarrën këtë përgjigje: "Sansoni, dhëndri i burrit të Timnahut, sepse ky mori gruan dhe ia dha si bashkëshorte shokut të tij". Kështu Filistejtë u ngritën dhe i vunë flakën asaj dhe atit të saj.

⁷ Sansoni u tha atyre: "Me qenë se keni bërë këtë gjë, unë do të hakmerrem sigurisht kundër jush dhe pastaj do të rri".

⁸ Kështu i goditi në mënyrë të pamëshirshme, duke bërë kërdi të madhe. Pastaj zbriti dhe qendroi në shpellën e shkëmbit të Etamit.

⁹ Atëherë Filistejtë dolën, ngritën kampin e tyre në Juda dhe u shtrinë deri në Lehi.

¹⁰ Njerëzit e Judës u thanë atyre: "Pse dolët kundër nesh?". Ata iu përgjigjen: "Dolëm për të kapur Sansonin dhe për t'i bërë atij atë që ai na ka bërë neve".

¹¹ Atëherë tre mijë burra të Judës zbritën në shpellën e shkëmbit të Etamit dhe i thanë Sansonit: "Nuk e di që Filistejtë na sundojnë? Çfarë na bëre kështu?". Ai u përgjegj kështu: "Atë që më bënë mua, unë ua bëra atyre".

¹² Ata i thanë: "Ne kemi zbritur që të të kapim dhe të të dorëzojmë në duart e Filistejve". Sansoni u përgjegj: "Betohuni që ju nuk do të më vrisni".

¹³ Atëherë ata i folën duke thënë: "Jo, vetëm do të të lidhim dhe do të të dorëzojmë në duart e tyre; por me siguri nuk do të të vrasim". Kështu e lidhën me dy litarë të rinj dhe e nxorën nga shpella.

¹⁴ Kur arriti në Lehi, Filistejtë i dolën përpara me klithma gëzimi; por Fryma e Zotit erdhi fuqishëm mbi të dhe litarët që kishte në krahë u bënë si fije liri që digjen; dhe lidhjet i ranë nga duart.

¹⁵ Gjeti pastaj një nofull gomari akoma të freskët, shtriu dorën dhe e kapi; me të vrau një mijë njerëz.

¹⁶ Atëherë Sansoni tha: "Me një nofull gomari, pirgje mbi pirgje! Me një nofull gomari vrava një mijë njerëz".

¹⁷ Kur mbaroi së foluri hodhi nofullën dhe e quajti atë vend Ramath-Lehi.

¹⁸ Pastaj pati një etje të madhe dhe kërkoi ndihmën e Zotit, duke thënë: "Ti lejove këtë çlirim të madh me dorën e shërbëtorit tënd, por a duhet të vdes unë tani nga etja dhe të bie në duart e atyre që nuk janë rrethprerë?".

¹⁹ Atëherë Perëndia çau shkëmbin e lugët që ndodhet në Lehi dhe doli ujë prej tij. Ai piu ujë, fryma i tij u gjallërua dhe ai mori jetë. Prandaj e quajti këtë burim En-Hakore; ajo ekziston në Lehi edhe sot.

²⁰ Sansoni qe gjyqtar i Izraelit për njëzet vjet në kohën e Filistejve.

Kapitull 16

¹ Pastaj Sansoni shkoi në Gaza dhe aty pa një prostitutë, dhe hyri tek ajo.

² Kur u thanë atyre të Gazës: "Sansoni erdhi këtu", ata rrethuan vendin dhe qëndruan në pritë tërë natën pranë portës së qytetit, duke mbajtur heshtje të plotë, dhe thanë: "Në të gdhirë do ta vrasim".

³ Sansoni ndejti shtrirë deri në mesnatë; pastaj në mesnatë u ngrit, kapi kanatet e portës së qytetit dhe dy shtalkat e saj i shkuli nga vendi bashkë me shufrat prej hekuri, i ngarkoi mbi kurriz dhe i çoi në majë të malit që ndodhet përballë Hebronit.

⁴ Mbas kësaj ra në dashuri me një grua nga lugina e Sorekut, që quhej Delilah.

⁵ Atëherë princat e Filistejve shkuan tek ajo dhe i thanë: "Bëje për vete dhe zbulo ku qëndron tërë ajo forcë e madhe e tij, në mënyrë që ta mposhtim për ta lidhur dhe për ta nënshtruar; pastaj do të të japim secili një mijë e njëqind sikla argjendi.

⁶ Kështu Delilah i tha Sansonit: "Më thuaj të lutem, ku qëndron forca jote e madhe dhe në çfarë mënyre mund të të lidhin që të të nënshtrojnë".

⁷ Sansoni iu përgjegj: "Në rast se më lidhin me shtatë tela të freskëta, jo akoma të thara, të harkut, unë do të bëhem i dobët dhe do të

jem si gjithë burrat e tjerë".

⁸ Atëherë princat e Filistejve i suallën shtatë tela të freskëta harku, jo akomë të thata, dhe ajo e lidhi me këto tela.

⁹ Mirëpo kishte njerëz që rrinin në pritë pranë saj, në një dhomë të brendshme. Ajo i tha: "Sansone, Filistejtë i ke mbi kokë!". Por ai i këputi litarët, ashtu si këputet një fije shtupe kur ndjen zjarrin. Kështu e fshehta e forcës së tij mbeti e panjohur.

¹⁰ Pastaj Delilah i tha Sansonit: "Ja, je tallur me mua dhe më ke treguar gënjeshtra; por tani, të lutem, më thuaj se me çfarë gjë mund të lidhesh".

¹¹ Ai iu përgjegj: "Në qoftë se më lidhin me litarë të rinj që nuk kanë qenë përdorur kurrë, unë do të bëhem i dobët dhe do të jem si çfarëdo burrë tjetër".

¹² Prandaj Delilah mori litarë të rinj, e lidhi dhe i tha: "Sanson, Filistejtë i ke mbi kokë". Dhe kishte njerëz në pritë në dhomën e brendshme. Ai i këputi litarët që kishte në krahë si të ishin penj.

¹³ Atëherë Delilah i tha Sansonit: "Deri tani je tallur me mua dhe më ke thënë gënjeshtra; tregomë me se mund të lidhesh". Dhe ai iu përgjegj: "Mjafton të thurësh shtatë gërshetat e kokës sime me majën e tezgjahut".

¹⁴ Ajo i thuri dhe i fiksoi në shulin e tezgjahut pastaj i tha: "Sanson, Filistejtë i ke mbi kokë". Por ai u zgjua nga gjumi dhe shkuli shulin nga tezgjahu dhe nga maja.

¹⁵ Atëherë ajo i tha: "Si mund të më thuash: "Të dua", kur zemra jote nuk është me mua? Tri herë me radhë je tallur me mua dhe nuk më ke treguar ku qëndron forca jote e madhe".

¹⁶ Tani, me qenë se ajo e bezdiste çdo ditë me fjalët e saj dhe e nxiste me ngulm, ai u zemërua për vdekje,

¹⁷ dhe ia çeli asaj tërë zemrën, duke i thënë: "Kurrë nuk ka kaluar brisku mbi kokën time, sepse jam një Nazireo i Perëndisë, qysh në barkun e nënes sime; po të rruhesha, forca ime do të ikte, do të bëhesha i dobët dhe i njëllojtë si gjithë burrat e tjerë".

¹⁸ Kur Delilah u bind që ai ia kishte çelur plotësisht zemrën, dërgoi të thërrasin princat e Filistejve dhe u dërgoi këto fjalë: "Ejani lart këtë radhë se ai ma hapi tërë zemrën e tij". Atëherë princat

¹⁹ Pastaj ajo e vuri në gjumë mbi gjunjët e saj, thirri një njeri që i rrovi të shtatë gërshetat të kokës së Sansonit; pastaj filloi ta trajtoj keq, dhe fuqia e tij e la.

²⁰ Atëherë ajo i tha: "Sanson, Filistejtë i ke mbi kokë". Ai u zgjua nga gjumi dhe tha: "Unë do t'ia dal si herët e tjera, do të shpengohem". Por nuk e dinte që Zoti e kishte braktisur.

²¹ Dhe Filistejtë e zunë dhe i nxorën sytë; e zbritën në Gaza dhe e lidhën me zinxhirë prej bronzi. Dhe e vunë të rrotullojë mokrën në burg.

²² Ndëkaq flokët e kokës, mbasi u rruan, filluan përsëri të rriten.

²³ Princat e Filistejve u mblodhën për t'i paraqitur një flijim të madh Dagonit, perëndisë së tyre, dhe për t'u gëzuar. Ata thonin: "Perëndia ynë na ka dhënë në dorë Sansonin, armikun tonë".

²⁴ Kur populli e pa, filloi të lavdërojë perëndinë e vet dhe të thotë: "Perëndia ynë na dha në dorë armikun tonë, atë që shkatërronte vendin tonë dhe që ka vrarë aq shumë njerëz tanë".

²⁵ Kështu në gëzimin e zemrës së tyre, ata thanë: "Silleni Sansonin që të dëfrehemi me të!". E nxorrën Sansonin nga burgu dhe ai bëri karagjozllëqe para tyre. Pastaj e vunë midis shtyllave.

²⁶ Atëherë Sansoni i tha fëmijës, që e mbante prej dore: "Lërmë të prek shtyllat mbi të cilat qendron shtëpia,

²⁷ që të mund të mbështetem në to". Shtëpia ishte pot me burra dhe gra; aty ndodheshin tërë princat e Filistejve, dhe mbi çati tre mijë veta, burra e gra, që shikonin Sansonin ndërsa ky bënte palaçon.

²⁸ Atëherë Sansoni kërkoi ndihmën e Zotit dhe tha: "O Zot, o Zot, të lutem mos më harro! Më jep forcën e nevojshme për këtë herë vetëm, o Perëndi që të hakmerrem me Filistejtë me një goditje të vetme, për shkak të humbjes së dy syve të mi".

²⁹ Pastaj Sansoni kapi dy shtyllat qendrore, që mbanin tempullin, dhe u mbështet tek ato, tek njera me dorën e djathtë dhe tek tjetra me dorën e majtë;

³⁰ pastaj Sansoni tha: "Le të vdes bashkë me Filistejtë!". U përkul pastaj me të gjithë forcën e tij, dhe shtëpia u shemb mbi princat dhe mbi gjithë popullin që ndodhej brenda; dhe qenë më shumë ata që ai vrau duke vdekur se ata që kishte vrarë kur qe gjallë.

³¹ Pastaj vëllezërit e tij dhe tërë shtëpia e atit të tij zbritën dhe e morën; dhe e çuan ta varrosin midis Tsorahut dhe Eshtaolit, në varrin e Manoahut, të atit të tij. Ai qe gjyqtar i Izraelit njëzet vjet me radhë.

Kapitull 17

¹ Në krahinën malore të Efraimit ishte një njeri që quhej Mikah.

² Ai i tha nënes së tij: "Një mijë e njëqind siklat prej argjendi që të kanë marrë dhe për të cilat ke thënë një mallkim, që e dëgjova me veshët e mi, ja, i kam unë; ato para i kisha marrë unë". Nëna e tij tha: "Im bir qoftë i bekuar nga Zoti!".

³ Kështu ai ia ktheu nënes së tij të një mijë e njëqind siklat prej argjendi dhe e ëma tha: "Unë ia shenjtëroj plotësisht nga dora ime këtë argjend Zotit për birin tim, për ta bërë një shëmbëllyrë të gdhendur dhe një figurë me derdhje prandaj po ta kthej tani".

⁴ Pas kthimit të argjendit nënes së tij, e ëma mori dyqind sikla argjendi dhe ia dha shkrirësit, i cili bëri një shëmbëllyrë të gdhendur dhe një figurë me derdhje metali; dhe këto u vendosën në shtëpinë e Mikahut.

⁵ Kështu ky njeri, Mikahu, pati një shtëpi perëndish; bëri një efod dhe një shtëpi idhujsh, dhe shenjtëroi një nga bijtë e tij që i shërbente ai prift.

⁶ Në atë kohë nuk kishte mbret në Izrael; secili bënte atë që i dukej e drejtë në sytë e tij.

⁷ Ishte një i ri nga Betlemi i Judës, nga familja e Judës, i cili ishte Levit dhe banonte në atë vend si i huaj.

⁸ Ky njeri u nis nga qyteti i Betlemit të Judës për t'u vendosur aty ku mund të gjente një vend; duke ecur arriti në krahinën malore të Efraimit, në shtëpinë e Mikahut.

⁹ Mikahu e pyeti: "Nga po vjen?". Ai u përgjegj: "Jam një Levit nga Betlemi i Judës dhe jam duke kërkuar një vend ku mund të vendosem".

¹⁰ Mikahu i tha: "Rri me mua, dhe bëhu ati dhe prifti im; do të të jap dhjetë sikla argjendi çdo vit, rroba dhe ushqim". Atëherë Leviti hyri.

¹¹ Kështu Leviti pranoi të rrinte me atë njeri, që e trajtoi të riun sikur të ishte një nga bijtë e tij.

¹² Mikahu e shenjtëroi Levitin; i riu i shërbeu si prift dhe u vendos në shtëpinë e Mikahut.

¹³ Pastaj Mikahu i tha: "Tani e di që Zoti do të më bëjë të mira, sepse kam një Levit që më shërben si prift".

Kapitull 18

¹ Në atë kohë nuk kishte mbret në Izrael; po në këtë kohë fisi i Danitëve kërkonte për vete një territor për t'u vendosur, sepse deri në ato ditë nuk i ishte caktuar asnjë trashëgimi midis fiseve të Izraelit.

² Bijtë e Danit dërguan, pra, te Tsorahu dhe te Eshtaoli pesë burra trima, që përfaqësonin tërë fisin e tyre, për të vëzhguar dhe për të kontrolluar vendin; dhe u thanë atyre: "Shkoni të vëzhgoni vendin!". Kështu ata arritën në krahinën malore të Efraimit, në shtëpinë e Mikahut, dhe e kaluan natën aty.

³ Ndërsa ishin pranë shtëpisë së Mikahut, njohën zërin e të riut Levit; atëherë ata hynë në shtëpi dhe e pyetën: "Kush të solli këtu? Çfarë bën në këtë vend? Çfarë ke ti këtu?".

⁴ Ai iu përgjegj: "Mikahu më ka bërë këtë dhe atë; më mori në shërbim të tij dhe unë jam prifti i tij".

⁵ Atëherë ata i thanë: "Pyet, pra, Perëndinë që të dimë në se rruga që kemi nisur do të jetë e mbarë".

⁶ Prifti iu përgjegj: "Shkoni në paqe; rruga që bëni kryhet nën shikimin e Zotit".

⁷ Kështu të pesë burrat u nisën dhe arritën në Laish, panë që populli që banonte aty bënte një jetë të sigurt, simbas zakoneve të atyre të Sidonit, një jetë të qetë dhe të sigurt, sepse nuk kishte njeri

⁸ Pastaj u kthyen te vëllezërit e tyre në Tsorah dhe në Eshtaol; dhe vëllezërit i pyetën ata: "Çfarë thoni?".

⁹ Ata u përgjigjën: "Le të ngrihemi dhe të sulemi kundër atyre njerëzve, sepse kemi parë vendin dhe është me të vërtetë i mrekullueshëm. Pse mbani një qëndrim jo aktiv? Mos ngurroni të lëvizni për ta pushtuar vendin!

¹⁰ Kur të arrini, keni për të gjetur një popull të sigurt dhe një vend të gjërë, sepse Perëndiae ka dhënë në duart tuaja; është një vend ku nuk mungon asgjë nga ajo që është mbi tokë".

¹¹ Atëherë gjashtëqind burra të familjes së Danitëve u nisën nga Tsorahu dhe nga Eshtoali, të armatosur mirë për luftë.

¹² Ata u ngjitën dhe ngritën kampin e tyre në Kirjath-Jearim, në Jude; (prandaj ky vend, që ndodhet prapa Kiriath-Jearimit, quhet edhe sot e kësaj dite kampi i Danit).

¹³ Që këtej kaluan në krahinën malore të Efraimit dhe arritën në shtëpinë e Mikahut.

¹⁴ Atëherë të pesë burrat, që kishin shkuar të vëzhgonin vendin e Laishit, filluan t'u thonë vëllezërve të tyre: "A e dini ju që në këto shtëpi ka një efod, një shtëpi idhujsh, një shëmbëllyrë të gdhendur

¹⁵ Kështu ata u drejtuan nga ajo anë, arritën në shtëpinë e Levitit të

ri, në banesën e Mikahut, dhe e përshëndetën.

16 Ndërsa të gjashtëqind burrat e bijve të Danit, të armatosur mirë për luftë, rrinin para portës,

17 pesë burrat që kishin vajtur të vëzhgonin vendin u ngjitën lart, hynë në shtëpi, morën shëmbëlltyrën e gdhendur, efodin, shtëpinë e idhujve dhe figurën prej metali të shkrirë. Prifti rrinte para portës bashkë me gjashtëqind njerëzit e armatosur mirë për luftë.

18 Kur këta hynë në shtëpinë e Mikahut dhe morën shëmbëlltyrën e gdhendur, efodin, shtëpinë e idhujve dhe figurën prej metali të shkrirë, prifti u tha atyre: "Ç'po bëni kështu?".

19 Ata iu përgjegjën: "Hesht, vëre dorën mbi gojë, eja me ne, dhe do të jesh për ne një atë dhe një prift. Ç'është më mirë për ty, të jesh prifti i shtëpisë së një njeriu të vetëm apo të jesh prifti i një fisi ose të një familjeje në Izrael?".

20 Kështu prifti ndjeu një gëzim në zemrën e tij; mori efodin, shtëpinë e idhujve dhe shëmbëlltyrën e gdhendur dhe u bashkua me ata njerëz.

21 Atëherë rifilluan marshimin, duke vënë para fëmijët, bagëtinë dhe orenditë.

22 Kur ishin larguar nga shtëpia e Mikahut, burrat që banonin në shtëpitë afër asaj të Mikahut u mblodhën dhe ndoqën bijtë e Danit.

23 U bërtitën pastaj bijve të Danit. Këta u kthyen dhe i thanë Mikahut: "Çfarë ke që ke mbledhur këta njerëz?".

24 Ai u përgjegj: "Morët me vete perënditë që i kisha bërë unë dhe priftin, dhe ikët. Tani ç'më mbetet? Si mund të më thoni: "Çfarë ke?".

25 Bijtë e Danit i thanë: "Bëj që zëri yt të mos dëgjohet më prapa nesh, sepse njerëz të zemëruar mund të hidhen mbi ju, dhe ti do të humbje jetën tënde dhe atë të familjes sate!".

26 Bijtë e Danit e vazhduan rrugën e tyre; dhe Mikahu, kur pa se ata ishin më të fortë se ai, u kthye dhe shkoi në shtëpinë e tij.

27 Kështu ata, mbasi morën gjërat që kishte bërë Mikahu dhe priftin që kishte në shërbim të tij, arritën në Laish, ku jetonte një popull që rrinte i qetë dhe i sigurtë; e vranë me shpatë dhe i vunë flakën qytetit.

28 Nuk pati asnjë që ta çlironte, sepse ndodhej larg Sidonit, dhe banorët e tij nuk mbanin marrëdhënie me njerëz të tjerë. Ai ndodhej në luginën që zgjatej në drejtim të Beth-Rehobit. Pastaj Danitët e rindërtuan qytetin dhe banuan në të.

29 e quajtën Dan, nga emri i Danit, ati i tyre, që ishte bir i Izraelit; por më parë qyteti quhej Laish.

30 Pastaj bijtë e Danit ngritën për vete shëmbëlltyrën e gdhendur; dhe Jonathani, bir i Gershomit, bir i Manasit, dhe bijtë e tij u bënë priftërinj të fiseve të Danitëve deri ditën e robërimit të banorëve të vendit.

31 Kështu ngritën për vete shëmbëlltyrën e gdhendur nga Mikahu, gjatë gjithë kohës që shtëpia e Perëndisë mbeti në Shiloh.

Kapitull 19

1 Në atë kohë, kur nuk kishte mbret në Izrael, një Levit, që banonte në pjesën më të lartë të krahinës malore të Efraimit, mori si konkubinë një grua nga Betlemi i Judës.

2 Kjo konkubinë kreu një shkelje të kurorës kundër tij dhe e la për t'u kthyer në shtëpinë e atit të saj në Betlem të Judës, ku qendroi katër muaj.

3 Burri i saj u ngrit dhe shkoi te ajo për t'i folur zemrës së saj dhe për ta kthyer në shtëpi. Ai kishte marrë me vete shërbëtorin e tij dhe dy gomarë. Kështu ajo e çoi në shtëpinë e atit të saj; sa e pa, i ati i së resë e priti tërë gëzim.

4 Vjehrri i tij, i ati i së resë, e mbajti dhe ai qëndroi tri ditë me të; kështu hëngrën e pinë, dhe e kaluan natën aty.

5 Ditën e katërt u ngritën herët në mëngjes dhe Leviti po bëhej gati të nisej, por i ati i vajzës së re i tha dhëndrit të tij: "Ha diçka që të mbahesh, pastaj shkoni".

6 Kështu u ulën bashkë, hëngrën dhe pinë njeri afër tjetrit. Pastaj i ati i së resë i tha burrit të saj: "Të lutem, prano ta kalosh natën këtu, dhe zemra jote të gëzohet".

7 Ai u ngrit për të ikur, por i vjehrri nguli këmbë aq shumë sa që ai vendosi ta kalojë natën aty.

8 Ditën e pestë ai u ngrit herët në mëngjes që të ikte; dhe i ati i së resë i tha: "Të lutem, ngrohe zemrën". Kështu u ndalën deri në pasdite dhe që të dy hëngrën.

9 Kur ai njeri u ngrit për të ikur bashkë me konkubinën e tij dhe shërbëtorin e tij, i vjehrri, i ati i së resë, i tha: "Ja, ka filluar të erret; të lutem kaloje natën këtu; shiko, dita është duke mbaruar; kaloje këtu natën dhe zemra jote të gëzohet; nesër do të niseni herët dhe do të arrini në shtëpi".

10 Por ai njeri nuk deshi ta kalojë natën aty; kështu u ngrit, u nis dhe arriti përballë Jebusit, që është Jeruzalemi, me dy gomarët e tij të shaluar dhe me konkubinën e tij.

11 Kur arritën pranë Jebusit, dita kishte kaluar tërësisht; shërbëtori i tha zotit të tij: "Eja, të lutem, të hyjmë në këtë qytet të Jebusejve dhe ta kalojmë natën aty".

12 I zoti iu përgjegj: "Jo, nuk do të hyjmë në një qytet të huajsh që nuk janë bij të Izraelit, por do të shkojmë deri në Gibeah".

13 Pastaj i tha shërbëtorit të tij: "Eja, të arrijmë në një nga këto vende dhe ta kalojmë natën në Gibeah ose në Ramah".

14 Kështu shkuan tutje dhe e vazhduan udhëtimin; dhe dielli perëndoi mbi ta pranë Gibeahut, që është pronë e Beniaminit.

15 Aty u kthyen për të hyrë dhe për të kaluar natën në Gibeah. Kështu Leviti hyri dhe u ndal në sheshin e qytetit; por askush nuk i priti për të kaluar natën në shtëpinë e tij.

16 Pikërisht në atë kohë një plak po kthehej në mbrëmje nga puna e tij në ara; ai ishte nga krahina malore e Efraimit dhe banonte si i huaj në Gibeah, por njerëzit e vendit ishin Beniaminitë.

17 Me të ngritur sytë, pa kalimtarin në sheshin e qytetit. Plaku i tha: "Ku po shkon dhe nga po vjen?".

18 Leviti iu përgjegj: "Po shkojmë nga Betlemi i Judës në drejtim të pjesës më të largët të krahinës malore të Efraimit. Unë jam që andej dhe kisha vajtur në Betlem të Judës; tani po shkoj në shtëpinë e Zotit, por nuk ka njeri që të më presë në shtëpinë e tij.

19 Megjithatë ne kemi kashtë dhe bar për gomarët tanë dhe bukë e verë për mua, për shërbëtoren tënde dhe për djalin që është bashkë me shërbëtorin tënd; nuk na mungon asgjë".

20 Plaku i tha: "Paqja qoftë me ty! Megjithatë më lejo të kujdesem për çdo nevojë që ke; por ti nuk duhet ta kalosh natën në shesh".

21 Kështu e çoi në shtëpinë e tij dhe u dha ushqim gomarëve; udhëtarët lanë këmbët, pastaj hëngrën dhe pinë.

22 Ndërsa po kënaqeshin, disa njerëz të qytetit, njerëz të këqij, rrethuan shtëpinë dhe ranë portës dhe i thanë të zotit plak të shtëpisë: "Nxirre jashtë atë njeri që ka hyrë në shtëpinë tënde, sepse duam ta njohim!".

23 Por i zoti i shtëpisë me të dalë jashtë, u tha atyre: "Jo, vëllezërit e mi, mos u sillni në mënyrë kaq të keqe; ky njeri erdhi në shtëpinë time, prandaj mos kryeni një poshtërsi të tillë!.

24 Ja ku janë këtu vajza ime e virgjër dhe konkubina e këtij njeriu; unë do t'i nxjerr jashtë, poshtërojini dhe bëni atë që mendoni; por mos kryeni kundër këtij njeriu një turp të tillë!".

25 Por ata njerëz nuk e dëgjuan. Atëherë ai burrë mori konkubinën e tij dhe ua nxori atyre; ata e njohën dhe e përdorën tërë natën deri në mëngjes; e lanë të ikë vetëm kur filloi të zbardhë dita.

26 Ndaj të gdhirë kjo grua erdhi e u rrëzua para portës së shtëpisë të njeriut pranë të cilit rrinte burri i saj dhe mbeti aty deri sa u bë ditë.

27 Në mëngjes burri i saj u ngrit, hapi portën e shtëpisë dhe doli për të vazhduar udhëtimin e tij; dhe ja, konkubina e tij rrinte shtrirë te porta e shtëpisë me duart në pragun e saj.

28 Ai i tha: "Çohu dhe eja të shkojmë!". Por nuk mori asnjë përgjigje. Atëherë burri e ngarkoi mbi gomarin dhe u nisën për t'u kthyer në shtëpinë e vet.

29 Me të arritur në shtëpi, kapi një thikë, mori konkubinën e tij dhe e preu, gjymtyrë për gjymtyrë, në dymbëdhjetë copa, që i shpërndau në gjithë territorin e Izraelit.

30 Kushdo që e pa këtë tha: "Nuk ka ndodhur kurrë dhe nuk është parë asnjë herë një gjë e tillë, qysh prej kohës që bijtë e Izraelit dolën nga vendi i Egjiptit e deri sot! Mbajeni parasysh këtë gjë; këshillohuni dhe flisni".

Kapitull 20

1 Atëherë tërë bijtë e Izraelit lëvizën, nga Dani deri në Beer-Sheba dhe në vendin e Galaadit, dhe asambleja u mblodh si një njeri i vetëm përpara Zotit në Mitspah.

2 Krerët e tërë popullit, e gjithë fiseve të Izraelit u paraqitën përpara asamblesë së popullit të Perëndisë; ishin katërqind mijë këmbësorë, të aftë të përdornin shpatën.

3 (Dhe bijtë e Beniaminit dëgjuan që bijtë e Izraelit ishin ngjitur në Mitspah). Atëherë bijtë e Izraelit thanë: "Na tregoni, si u krye ky krim?".

4 Atëherë Leviti, burri i gruas që ishte vrarë, u përgjegj: "Unë kisha hyrë bashkë me konkubinën time në Gibeah të Beniaminit për të kaluar natën.

5 Por banorët e Gibeahut u ngritën kundër meje dhe rrethuan natën shtëpinë në të cilën ndodhesha, dhe kjo për të më vrarë; por ata dhunuan përkundrazi konkubinën time dhe ajo vdiq.

6 Kështu unë mora konkubinën time, e preva copë-copë, dhe e dërgova nëpër gjithë territorin e trashëgimisë së Izraelit, sepse këta kryen një krim dhe një poshtërsi në Izrael.

⁷ Dhe ja, tani tërë ju, o bij të Izraelit, jepni mendimin dhe këshillën tuaj".

⁸ Atëherë tërë populli u ngrit si një njeri i vetëm, duke thënë: "Asnjë prej nesh nuk do të kthehet në çadrën e tij, asnjë prej nesh nuk do të kthehet në shtëpinë e tij.

⁹ Dhe tani, ja se ç'do t'i bëjmë Gibeahut: do të shkojmë kundër tij duke hedhur me short,

¹⁰ dhe do të marrim nga të gjitha fiset e Izraelit dhjetë njerëz mbi njëqind, njëqind mbi një mijë dhe një mijë mbi dhjetë mijë, të cilët do të shkojnë të kërkojnë ushqime për popullin, me qëllim që duke shkuar kundër Gibeahut të Beniaminit të mund t'ia lajmë të gjitha poshtërsitë që ka kryer në Izrael".

¹¹ Kështu tërë burrat e Izraelit u mblodhën kundër atij qyteti, të bashkuar si një njeri i vetëm.

¹² Fiset e Izraelit dërguan pastaj njerëz në gjithë fisin e Beniaminit për t'i thënë: "Ç'është ky krim që është kryer ndër ju?

¹³ Prandaj na dorëzoni ata njerëz, ata kriminelë që janë në Gibeah, që t'i vrasim dhe të heqim të keqen nga Izraeli". Por bijtë e Beniaminit nuk pranuan të dëgjojnë zërin e vëllezërve të tyre, të bijve të Izraelit.

¹⁴ Bijtë e Beniaminit madje u mblodhën nga qytetet e tyre në Gibeah për të luftuar kundër bijve të Izraelit.

¹⁵ Atë ditë bijtë e Beniaminit të thirrur nga qytetet e tyre për t'u mbledhur ishin njëzet e gjashtë mijë burra të aftë për të përdorur shpatën, pa llogaritur banorët e Gibeahut, që arrinin në shtatëqind burra të zgjedhur.

¹⁶ Midis tërë këtyre njerëzve kishte shtatëqind burra të zgjedhur, që ishin mëngjarashë. Tërë këta ishin të aftë të hidhnin një gur me hoben kundër një fije floku, pa gabuar goditjen.

¹⁷ Njerëzit e Izraelit të thirrur për t'u mbledhur, pa përfshirë ata të Beniaminit, ishin katërqind mijë burra të aftë për të përdorur shpatën, të gjithë luftëtarë.

¹⁸ Kështu bijtë e Izraelit lëvizën, u ngjitën në Bethel dhe konsultuan Perëndinë, duke thënë: "Kush prej nesh do të nisë i pari luftën kundër bijve të Beniaminit?". Zoti u përgjegj: "Juda do të fillojë i pari".

¹⁹ Të nesërmen në mëngjes bijtë e Izraelit u nisën dhe e ngritën kampin e tyre kundër Gibeahut.

²⁰ Njerëzit e Izraelit dolën për të luftuar kundër Beniaminit dhe u rreshtuan për betejë kundër luftëtarëve të tij pranë Gibeahut.

²¹ Atëherë bijtë e Beniaminit dolën nga Gibeahu dhe po atë ditë shtrinë të vdekur për tokë njëzet e dy mijë burra të Izraelit.

²² Por populli, burrat e Izraelit, morën zemër përsëri dhe u rreshtuan përsëri për betejë në po atë vend ku ishin rreshtuar ditën e parë.

²³ Atëherë bijtë e Izraelit shkuan dhe qanë përpara Zotit deri në mbrëmje, dhe u konsultuan me Zotin, duke thënë: "A duhet ta vazhdoj luftën kundër bijve të Beniaminit, vëllait tim?". Zoti iu përgjegj: "Suluni kundër tyre".

²⁴ Bijtë e Izraelit u ndeshën për herë të dytë me bijtë e Beniaminit.

²⁵ Beniaminitët dolën për herë të dytë nga Gibeahu kundër tyre dhe shtrinë për tokë tetëmbëdhjetë mijë burra të tjerë nga bijtë e Izraelit, të gjithë të aftë të përdornin shpatën.

²⁶ Atëherë tërë bijtë e Izraelit, domethënë tërë populli, u ngjitën në Bethel dhe qanë; mbetën aty përpara Zotit dhe agjëruan atë ditë deri në mbrëmje, dhe ofruan olokauste dhe flijime falenderimi përpara Zotit.

²⁷ Pastaj bijtë e Izraelit u konsultuan me Zotin (arka e besëlidhjes së Perëndisë ndodhej aty në atë kohë,

²⁸ dhe Finehasi, bir i Eleazarit, bir i Aaronit, shërbente në atë kohë para saj) dhe thanë: "A duhet të vazhdojë akoma të dal për të luftuar kundër bijve të Beniaminit, vëllait tim, apo duhet të heq dorë nga një gjë e tillë?". Zoti u përgjegj: "Suluni, sepse nesër do t'i jap në duart tuaja".

²⁹ Kështu Izraeli zuri një pritë rreth e rrotull Gibeahut.

³⁰ Bijtë e Izraelit u vërsulën për të tretën herë kundër bijve të Beniaminit, dhe u rreshtuan për betejë në afërsi të Gibeahut si herët e tjera.

³¹ Bijtë e Beniaminit dolën kundër popullit dhe armiqtë e tyre i tërhoqën larg qytetit; dhe filluan të godasin dhe të vrasin, si herët e tjera, disa nga populli i Izraelit nëpër rrugët (nga të cilat njera shkon në Bethel dhe tjetra në Gibeah), dhe në fshatrat; ata vranë rreth tridhjetë veta.

³² Kështu bijtë e Beniaminit thanë: "Ja ku janë, të mundur para syve tona si herën e parë!". Por bijtë e Izraelit thanë: "Të ikim dhe t'i tërheqim larg qytetit, mbi rrugët kryesore!".

³³ Atëherë tërë njerëzit e Izraelit lëvizën nga pozicionet e tyre dhe u rreshtuan për betejë në Baal-Thamar; ndërkaq njerëzit e Izraelit që ishin në pritë dolën nga vëndet e tyre të fshehta në fushën e Gibeahut.

³⁴ Dhjetë mijë burra të zgjedhur në të gjithë Izraelin u vërsulën kundër Gibeahut; Beteja qe e ashpër, por Beniaminitët nuk e shihnin katastrofën që po u afrohej.

³⁵ Kështu Zoti mundi Beniaminin para Izraelit; dhe bijtë e Izraelit vranë atë ditë njëzet e pesë mijë e njëqind burra të Beniaminit, të gjithë të zotë të përdornin shpatën.

³⁶ Kështu bijtë e Beniaminit e kuptuan se ishin mundur. Izraelitët i kishin lëshuar terren Beniaminit, sepse kishin besim te njerëzit që kishin zënë pritë në afërsi të Gibeahut.

³⁷ Njerëzit e pritës u hodhën menjëherë mbi Gibeahun; ata ecën përpara dhe vranë me shpatë gjithë banorët e qytetit.

³⁸ Midis njerëzve të Izraelit dhe atyre që kishin ngritur pritën ishte caktuar një sinjal; këta të fundit duhet të bënin që të ngrihej një re e madhe tymi nga qyteti.

³⁹ Njerëzit e Izraelit, pra, kishin kthyer krahët gjatë luftimit; dhe ata të Beniaminit kishin filluar të godisnin dhe të vrisnin rreth tridhjetë njerëz të Izraelit. Në fakt ata thonin: "Me siguri ata janë plotësisht të mundur para nesh si në betejën e parë!".

⁴⁰ Por kur sinjali i kolonës së tymit filloi të ngrihet nga qyteti, ata të Beniaminit u kthyen prapa dhe ja, tërë qyteti ishte pushtuar nga flaka që po ngrihej në qiell.

⁴¹ Atëherë njerëzit e Izraelit u kthyen dhe njerëzit e Beniaminit i zuri një frikë e madhe, duke parë gjëmën e madhe që u kishte rënë.

⁴² Prandaj filluan të ikin përpara njerëzve të Izraelit në drejtim të shkretëtirës, por pa arritur t'i shmangen betejës; dhe ata që dilnin nga qyteti u vërsulën në mes tyre dhe i masakruan.

⁴³ I rrethuan Beniaminitët, i ndoqën pa pushim dhe i luftuan deri përballë Gibeahut nga ana lindore.

⁴⁴ Beniaminitët humbën tetëmbëdhjetë mijë njerëz, të gjithë burra trima.

⁴⁵ Ata që mbetën gjallë kthyen kurrizin dhe ua mbathën në drejtim të shkretëtirës, të shkëmbit të Rimonit; dhe ata zunë rrugës pesë mijë prej tyre i ndoqën deri në Gidon dhe vranë dy mijë të tjerë.

⁴⁶ Kështu numri i përgjithshëm i Beniaminitëve që u vranë atë ditë ishte njëzet e pesë mijë veta, të gjithë të zotë të përdornin shpatën, tërë njerëz trima.

⁴⁷ Gjashtëqind burra, që kishin kthyer kurrizin dhe kishin ikur në shkretëtirë në drejtim të shkëmbit të Rimonit, mbetën aty katër muaj.

⁴⁸ Pastaj Izraelitët u kthyen kundër bijve të Beniaminit dhe vranë me shpatë tërë banorët e qytetit, duke përfshirë edhe bagëtinë dhe gjithçka gjenin; u vunë flakën edhe tërë qyteteve që u dilnin përpara.

Kapitull 21

¹ Por njerëzit e Izraelit ishin betuar në Mitspah, duke thënë: "Asnjë nga ne nuk do t'ja japë bijën e tij për grua një Beniaminiti".

² Pastaj populli erdhi në Bethel, ku qëndroi deri në mbrëmje përpara Perëndisë; dhe ngriti zërin dhe qau me të madhe,

³ duke thënë: "O Zot, Perëndi i Izraelit, pse ndodhi kjo në Izrael, që sot të mungojë një fis në Izrael?".

⁴ Të nesërmen populli u ngrit herët në mëngjes, ndërtoi në atë vend një altar dhe ofroi olokauste dhe flijime falenderimi.

⁵ Pastaj bijtë e Izraelit thanë: "Cili nga fiset e Izraelit nuk ka dalë në asamble para Zotit?". Sepse kishin bërë një betim solemn kundër kujtdo që nuk kishte dalë përpara Zotit në Mitspah, duke thënë: "Ai njeri do të vritet".

⁶ Bijtë e Izraelit ishin të hidhëruar për Beniaminin, vëllanë e tyre, dhe thonin: "Sot u zhduk një fis i Izraelit.

⁷ Si do të bëjmë t'u gjejmë gra atyre që shpëtuan, sepse jemi betuar në emër të Zotit të mos u japim atyre për grua asnjë prej vajzave tona?".

⁸ Pastaj thanë: "Cili është midis fiseve të Izraelit ai që nuk ka dalë para Zotit në Mitspah?". Dhe ja që asnjeri nga Jabesi i Galaadit nuk kishte ardhur në kamp për asamblenë;

⁹ në fakt u kalua në revistë populli, u vu re që në gjirin e tij nuk kishte asnjë nga banorët e Jabesit të Galaadit.

¹⁰ Atëherë asambleja dërgoi atje dymbëdhjetë mijë burra nga më trimat dhe u dha këtë urdhër, duke thënë: "Shkoni dhe vrisni me shpatë banorët e Jabesit të Galasadit, duke përfshirë gratë dhe fëmijët.

¹¹ Do të veproni kështu: do të shfarosni çdo mashkull dhe çdo grua që ka pasur marrëdhënie seksuale me një burrë".

¹² Ata gjetën midis banoëve të Jabesit të Galaadit katërqind vajza që nuk kishin pasur marrëdhënie seksuale me burra, dhe i çuan në kamp, në Shilon, që ndodhet në vendin e Kanaanit.

¹³ Atëherë tërë asambleja dërgoi lajmëtarë për të folur me bijtë e Beniaminit, që ndodheshin në shkëmbin e Rimonit, dhe për t'u shpallur paqen.

¹⁴ Kështu Beniaminitët u kthyen dhe muarrën ato gra që nuk ishin vrarë në Jabes të Galaadit; por nuk pati mjaft për të gjithë.

¹⁵ Populli ishte i hidhëruar për ato që i kish bërë Beniaminit, sepse Zoti kishte hapur një të çarë midis fiseve të Izraelit.

¹⁶ Atëherë pleqtë e asamblesë thanë: "Si do të bëjmë t'u gjejmë gra

atyre që kanë mbetur gjallë, mbasi gratë beniaminite janë vrarë?".

¹⁷ Pastaj thanë: "Njerëzit e Beniaminit që kanë mbetur gjallë duhet të kenë një trashëgimi, me qëllim që të mos zhduket një fis në Izrael.

¹⁸ Por ne nuk mund t'u japim atyre për bashkëshorte bijat tona", me qenë se bijtë e Izraelit ishin betuar, duke thënë: "I mallkuar qoftë ai që do t'i japë një grua Beniaminit!".

¹⁹ Atëherë thanë: "Ja, çdo vit bëhet një festë për nder të Zotit në Shiloh, që ndodhet në veri të Bethelit, në lindje të rrugës që ngjitej nga Betheli në Sikem, dhe në jug të Lebonahut".

²⁰ Kështu u dhanë këtë urdhër bijve të Beniaminit, duke u thënë: "Shkoni dhe fshihuni në vreshtat,

²¹ dhe rrini e shikoni; kur vajzat e Shilohut do të dalin për të hedhur valle në kor, ju do të dilni nga vreshtat, dhe secili do të rrëmbejë gruan e tij midis vajzave të Shilohut; pastaj do të shkoni në vendin e Beniaminit.

²² Kur etërit o vëllezërit e tyre do të vinë te ne për të protestuar, ne do t'u themi: "Na i jepni, ju lutem, sepse në këtë luftë nuk kemi zënë një grua për secilin prej tyre; por në rast se nuk ua jepni atyre as në këtë rast, ju do të jeni fajtorë"".

²³ Bijtë e Beniaminit vepruan kështu: morën gra simbas numrit të tyre, midis valltareve; i rrëmbyen, pastaj u nisën dhe u kthyen në trashëgiminë e tyre, i rindërtuan qytetet dhe banuan në to.

²⁴ Në të njëjtën kohë bijtë e Izraelit u nisën që andej, secili shkoi në fisin dhe në familjen e tij, e që andej secili u kthye në trashëgiminë e tij.

²⁵ Në atë kohë nuk kishte asnjë mbret në Izrael; secili bënte atë që i dukej e drejtë në sytë e tij.

Ruth

Kapitull 1

¹ Në kohën kur qeverisnin gjyqtarët, vendin e pllakosi zia, dhe një njeri nga Betlemi i Judës shkoi të banojë në vendin e Moabit me gjithë gruan dhe dy bijtë e tij.

² Emri i burrit ishte Elimelek, emri i gruas së tij Naomi dhe emri i dy bijve të tij Mahlon dhe Kilion, Efratej nga Betlemi i Judës. Ata shkuan në vendin e Moabit dhe u vendosën aty.

³ Pastaj Elimeku, burri i Naomit, vdiq dhe ajo mbeti me dy bijtë e saj.

⁴ Këta u martuan me gra moabite, nga të cilat njëra quhej Orpah dhe tjetra Ruth; dhe banuan aty rreth dhjetë vjet.

⁵ Pastaj edhe Mahloni dhe Kilioni vdiqën që të dy, dhe kështu ajo grua mbeti pa dy djemtë e saj dhe pa burrin.

⁶ Atëherë u ngrit me gjithë nuset e saj për t'u kthyer nga vendi Moabit, sepse kishte dëgjuar të thuhej që Zoti e kishte vizituar popullin e vet dhe i kishte dhënë bukë.

⁷ Ajo u nis, pra, me të dy nuset e saj nga vendi në të cilin rrinte, dhe filloi të ecë për t'u kthyer në vendin e Judës.

⁸ Por Naomi u tha dy nuseve të saj: "Shkoni, kthehuni çdo njëra në shtëpinë e nënës së saj; Zoti qoftë i mirë me ju, ashtu si ju keni qenë të mira me ata që kanë vdekur dhe me mua!

⁹ Zoti ju bëftë të gjeni qetësi çdo njëra në shtëpinë e burrit të sajë!". Pastaj ajo i puthi dhe ato filluan të qajnë me zë të lartë,

¹⁰ dhe i thanë: "Jo, ne do të kthehemi me ty pranë popullit tënd".

¹¹ Por Naomi u përgjegj: "Kthehuni bijat e mija! Pse të vini me mua? Mos kam në barkun tim fëmijë që mund të bëhen bashkëshortët tuaj?

¹² Kthehuni mbrapa, bijat e mija, shkoni, sepse unë jam shumë e vjetër për t'u martuar prapë; edhe sikur të thoja: "Kam akoma shpresë"; edhe sikur të martohesha sonte dhe të lindja djem,

¹³ a do të prisnit ju sa të rriteshin? A do të hiqnit dorë nga martesa për këtë shkak? Jo, bijat e mija, sepse kushtet në të cilat ndodhem janë më të hidhura nga tuajat, sepse dora e Zotit është shtrirë kundër meje".

¹⁴ Atëherë ato e ngritën zërin dhe qanë përsëri; pastaj Orpahu puthi vjehrrën, por Ruthi nuk u ndahej asaj.

¹⁵ Atëherë Naomi i tha Ruthit: "Ja, kunata jote u kthye te populli i vet dhe te perënditë e saj; ktheu mbrapa dhe ti, ashtu si kunata jote!".

¹⁶ Por Ruthi u përgjegj: "Mos ngul këmbë me mua që unë të të braktis dhe të mos të të ndjek më, sepse kudo që të shkosh ti do të shkoj edhe unë, dhe kudo që të rrish ti do të rri edhe unë; populli yt do të jetë populli im, Perëndia yt do të jetë edhe Perëndia im;

¹⁷ aty ku të vdesësh ti do të vdes edhe unë, dhe atje do të më varrosin. Kështu të veprojë me mua Zoti, bile edhe më keq, në rast se veç vdekjes ndonjë gjë tjetër do të më ndajë prej teje!".

¹⁸ Kur Naomi e kuptoi që Ruthi ishte e vendosur ta ndiqte, nuk i foli më.

¹⁹ Kështu e bënë rrugën bashkë deri sa arritën në Betlem. Kur arritën në Betlem, tërë qyteti zihente për shkak të tyre. Gratë thonin: "Kjo është Naomi?".

²⁰ Ajo iu përgjegj atyre: "Mos më quani Naomi; thirrmëni Mara, sepse i Plotfuqishmi më ka mbushur me hidhërim.

²¹ Unë u nisa në bollëk dhe Zoti më ktheu në shtëpi të zhveshur nga çdo gjë. Pse të më quani Naomi, kur Zoti ka dëshmuar kundër meje dhe i Plotfuqishmi më ka sjellë fatkeqë?".

²² Kështu Naomi u kthye bashkë me Ruthin, nusen e saj, që kishte ardhur nga vendi i Moabit. Ato arritën në Betlem kur kishte filluar korrja e elbit.

Kapitull 2

¹ Naomi kishte një fis të burrit të saj, një njeri të fuqishëm dhe të pasur, nga familja e Elimelekut, që quhej Boaz.

² Ruthi, Moabitja, i tha Naomit: "Lermë të shkoj nëpër ara e të mbledh kallinj prapa atij në sytë e të cilit do të gjej hir". Ajo iu përgjegj: "Shko, bija ime".

³ Kështu Ruthi shkoi dhe nisi të mbledhë kallinjtë prapa korrësve; dhe i rastisi të ndodhej në pjesën e arës që ishte pronë e Boazit, i cili i përkiste familjes së Elimelekut.

⁴ Por ja, që Boazi erdhi në Betlehem dhe u tha korrësve: "Zoti qoftë me ju!". Ata iu përgjigjën: "Zoti të bekoftë!".

⁵ Pastaj Boazi i tha shërbëtorit të tij të caktuar të mbikqyrë korrësit: "E kujt është kjo vajzë?".

⁶ Shërbëtori i caktuar të mbikqyrë korrësit u përgjigj: "Është një vajzë moabite, që është kthyer me Naomin nga vendi i Moabit.

⁷ Ajo na tha: "Ju lutem, më lini të mbledh kallinjtë midis demeteve prapa korrësve". Kështu ajo erdhi dhe qëndroi nga mëngjesi deri tani; pushoi vetëm një çast në shtëpi".

⁸ Atëherë Bozai i tha Ruthit: "Dëgjo, bija ime, mos shko në ndonjë arë tjetër për të mbledhur kallinjtë që kanë mbetur, mos u largo që këtej, por rri me shërbëtoret e mia.

⁹ Mbaj sytë në arën që po korrin dhe shko prapa korrësve. A nuk i kam urdhëruar shërbyesit e mi të mos të të bezdisin? Kur ke etje, shko atje ku janë shtambat, për të pirë ujin që kanë nxjerrë shërbëtorët".

¹⁰ Atëherë Ruthi u shtri përdhe, duke rënë përmbys me fytyrën për tokë dhe i tha: "Për çfarë arësye kam gjetur kaq hir në sytë e tu, sa ti të kujdesesh për mua që jam një e huaj?".

¹¹ Boazi iu përgjegj duke thënë: "Më kanë treguar të gjitha ato që ti ke bërë për vjehrrën tënde mbas vdekjes së burrit tënd, dhe si ke lënë atin tënd, nënën tënde dhe vendlindjen tënde, për të jetuar me një popull që nuk e njihje më parë.

¹² Zoti të shpërbleftë për ato që ke bërë dhe shpërblimi yt të jetë i plotë nga ana e Zotit, Perëndisë së Izraelit, nën krahët e të cilit erdhe të strehohesh!".

¹³ Ajo i tha: "Le të arrij të më shikosh me sy të mirë, o imzot, sepse ti më ke ngushëlluar dhe i ke folur zemrës së shërbëtores sate, megjithëse unë nuk jam as sa një nga shërbëtoret e tua".

¹⁴ Në kohën e drekës Boazi i tha: "Eja këtu, ha bukë dhe ngjyeje kafshatën tënde në uthull". Kështu ajo u ul midis korrësve. Boazi i ofroi grurë të pjekur, dhe ajo hëngri sa u ngop dhe vuri mënjanë tepricat.

¹⁵ Pastaj u ngrit për të vazhduar mbledhjen e kallinjve që kishin mbetur, dhe Boazi u dha këtë urdhër shërbëtorëve të tij duke thënë: "Lëreni të vazhdojë të mbledhë kallinjtë edhe midis duajve dhe mos e qortoni;

¹⁶ përveç kësaj lini që të bien për të kallinj nga doreza dhe mos i merrni, me qëllim që t'i mbledhë ajo, dhe mos i bërtisni".

¹⁷ Pastaj ajo vazhdoi të mbledhë kallinj në arë deri në mbrëmje, pastaj shiu atë që kishte mbledhur dhe siguroi pothuaj një efë elbi.

¹⁸ E ngarkoi në kurriz, hyri në qytet dhe e vjehrra pa atë që kishte mbledhur. Pastaj Ruthi nxori atë që kishte tepruar nga ushqimi pasi ajo ishte ngopur dhe ia dha.

¹⁹ E vjehrra e pyeti: "Ku i ke mbledhur kallinjtë sot? Ku ke punuar? Bekuar qoftë ai që tregoi kujdes për ty!". Kështu Ruthi i tregoi së vjehrrës pranë kujt kishte punuar dhe shtoi: "Njeriu pranë të cilit punova sot quhet Boaz".

²⁰ Naomi i tha nuses: "Qoftë i bekuar nga Zoti ai që nuk e ka hequr mirësinë e tij nga të gjallët dhe të vdekurit". Dhe shtoi: "Ky njeri është një i afërti ynë i ngushtë, një njeri që ka të drejtë të na shpengojë".

²¹ Atëherë Ruthi, Moabitja, i tha: "Më tha edhe: "Rri me shërbëtorët e mi, deri sa të kenë mbaruar korrjen time"".

²² Naomi i tha Ruthit, nuses së saj: "E mira është që ti të shkosh, bija ime, me shërbëtoret e tij dhe mos të gjejnë në një arë tjetër".

²³ Kështu ajo mbeti duke mbledhur kallinj me shërbëtoret e Boazit deri në fund të korrjes së elbit dhe të grurit. Dhe banonte bashkë me të vjehrrën.

Kapitull 3

¹ Pastaj Naomi, e vjehrra, i tha: "Bija ime, a nuk do të kërkoj unë një vend paqeje për ty, që ti të jesh e lumtur?

² Boazi, me shërbëtoret e të cilit ti ke qenë, a nuk është vallë fisi ynë? Ja, sonte ai duhet të shohë elbin në lëmë.

³ Prandaj lahu, lyeju me vaj, vish rrobat më të mira që ke dhe zbrit në lëmë; por bëj që ai të mos të njohë deri sa të ketë mbaruar së ngrëni e së piri.

⁴ Kur të shkojë të shtrihet, kqyr vendin ku shtrihet; pastaj shko aty, zbulo këmbët e tij dhe shtriu edhe ti. Dhe ai do të thotë atë që duhet të bësh".

⁵ Ruthi iu përgjegj: "Do të bëj të gjitha ato që më the".

⁶ Kështu zbriti në lëmë dhe bëri të gjitha ato që i kishte porositur e vjehrra.

⁷ Boazi hëngri e piu dhe me zemër të gëzuar shkoi të shtrihet pranë grumbullit të grurit. Atëherë ajo erdhi ngadalë, i zbuloi këmbët dhe u shtri.

⁸ Aty nga mesnata ai u zgjua përnjëherësh dhe u kthye; ja, një grua ishte shtrirë te këmbët e tij.

⁹ "Kush je ti?", i tha. Ajo u përgjegj: "Jam Ruthi, shërbëtorja jote; shtrije skajin e mantelit tënd mbi shërbëtoren tënd, sepse ti gëzon të drejtën e shpengimit".

¹⁰ Ai tha: "Qofsh e bekuar nga Zoti bija ime! Mirësia që tregove këtë herë të fundit ia kalon së parës, sepse nuk ke rendur pas të rinjve, të

Ruth

varfër a të pasur.

¹¹ Prandaj tani mos ki frikë, bija ime; unë do të bëj për ty gjithçka që më kërkon, sepse të gjithë njerëzit e qytetit tim e dinë që ti je një grua e virtytshme.

¹² Është e vërtetë që unë gëzoj të drejtën e shpengimit; por është një që është fis më i afërt se unë.

¹³ Kaloje këtu natën; dhe nesër në mëngjes, në rast se ai do të kërkojë të drejtën e tij ndaj teje, mirë, pra le ta bëjë; por në rast se nuk e kërkon të drejtën e tij mbi ty, unë do të kërkoj që të vlejë e drejta ime dhe do të të shpengoj ashtu siç është e vërtetë që Zoti rron! Rri shtrirë deri në mëngjes".

¹⁴ Kështu ajo qëndroi shtrirë në këmbët e tij deri në mëngjes; por u ngrit përpara se një njeri të njohë tjetrin, sepse ai i kishte thënë: "Asnjeri nuk duhet ta dijë që kjo grua erdhi në lëmë!".

¹⁵ Pastaj shtoi: "Sill mantelin që ke veshur dhe mbaje". Ajo e mbajti dhe ai derdhi mbi të gjashtë masa elbi, pastaj ia vuri mbi kurriz; pas kësaj ajo u kthye në qytet.

¹⁶ Kështu u kthye tek e vjehrra, që i tha: "Ti je bija e ime?". Atëherë ajo i tregoi të gjitha ato që ai burrë kishte bërë për të,

¹⁷ dhe shtoi: "Më dha edhe këto gjashtë masa elbi, sepse më tha: "Nuk duhet të kthehesh te vjehrra jote duar bosh"".

¹⁸ Naomi i tha: "Qëndro këtu, o bija ime, deri sa të mësosh si ka për të mbaruar kjo çështje, sepse ai burrë nuk do të rrijë deri sa ta ketë sistemuar sot çështjen".

Kapitull 4

¹ Boazi shkoi te porta e qytetit dhe u ul aty. Dhe ja, po kalonte ai që kishte të drejtën e shpengimit dhe për të cilin Boazi kishte folur. Boazi i tha: "O ti biri i filanit, afrohu dhe ulu këtu". Ai u afrua dhe u ul.

² Boazi mori atëherë dhjetë burra nga pleqtë e qytetit dhe u tha atyre: "Uluni këtu". Ata u ulën.

³ Pastaj Boazi i tha atij që kishte të drejtën e shpengimit: "Naomi, që u kthye nga vendi i Moabit, ka shitur pjesën e tokës që i përkiste vëllait tonë Elimelek.

⁴ Mendova të të informoj dhe të të them: "Blije në prani të banorëve të vendit dhe të pleqve të popullit tim. Në rast se do të shpengosh, shpengoje; por në rast se nuk ke ndër mend ta shpengosh, ma thuaj që ta di edhe unë; sepse asnjeri veç teje nuk gëzon të drejtën e shpengimit, dhe pas teje vij unë"". Ai u përgjegj: "Do të kërkoj të drejtën time".

⁵ Atëherë Boazi tha: "Ditën që do ta blesh arën nga dora e Naomit, ti do ta blesh edhe nga Ruthi, Moabitja, bashkëshortja e të ndjerit, për ta ringjallur emrin e të ndjerit në trashëgiminë e tij".

⁶ Ai që gëzonte të drejtën e shpengimit u përgjegj: "Unë nuk mund ta shpengoj për vete, sepse do të shkatërroj trashëgiminë time; shpengo ti atë që duhet të shpengoja unë, sepse unë nuk mund ta shpengoj".

⁷ Ky ishte zakoni në kohërat e kaluara në Izrael lidhur me të drejtën e shpengimit dhe të ndryshimit të pronësisë: personi hiqte sandalen dhe ja jepte tjetrit; kjo ishte mënyra e dëshmisë në Izrael.

⁸ Kështu ai që gëzonte të drejtën e shpengimit i tha Boazit: "Blije ti vetë", dhe hoqi sandalen.

⁹ Atëherë Boazi u tha pleqve dhe tërë popullit: "Ju sot jeni dëshmitarë që unë bleva sot në duart e Naomit të gjitha ato që ishin pronë e Elimelekut, të Kilionit dhe të Mahlonit.

¹⁰ Gjithashtu bleva për grua Ruthin, Moabiten, bashkëshorten e Mahlonit, për ta ringjallur emrin e të ndjerit në trashëgiminë e tij, me qëllim që emri i të ndjerit të mos shuhet midis vëllezërve të tij dhe në portën e qytetit të tij. Ju sot jeni dëshmitarë të këtij fakti.

¹¹ Atëherë tërë populli që ndodhej te porta dhe pleqtë u përgjigjën: "Ne jemi dëshmitarë të kësaj ngjarjeje. Zoti e bëftë gruan që hyn në shtëpinë tënde si Rakelën dhe si Lean, dy gratë që ngritën shtëpinë e Izraelit. Paç pushtet në Efrathah dhe u bëfsh i famshëm në Betlem.

¹² Shtëpia jote u bëftë si shtëpia e Peretsit, që Tamara i lindi Judës, për shkak të pasardhësve që Zoti do të të japë nga kjo re".

¹³ Kështu Boazi e mori Ruthin, që u bë bashkëshortja e tij. Ai hyri tek ajo dhe Zoti i dha mundësinë të lindë, dhe ajo lindi një djalë.

¹⁴ Atëherë gratë i thanë Naomit: "Bekuar qoftë Zoti, që sot nuk të la pa një shpëtimtar. Emri i tij u bëftë i famshëm në Izrael!

¹⁵ Pastë mundësi ai të rimëkëmbë jetën tënde dhe u bëftë mbështetja e pleqërisë sate, sepse e ka lindur nusja jote që të do dhe që vlen për ty më tepër se shtatë bij".

¹⁶ Pastaj Naomi e mori fëmijën, e vuri në gjirin e saj dhe u bë taja e saj.

¹⁷ Fqinjët i vunë një emër dhe thonin: "I lindi një djalë Naomit!". E quajtën Obed. Ai qe ati i Isait, ati i Davidit.

¹⁸ Ja pasardhësit e Peretsit: Peretsit i lindi Hetsroni;

¹⁹ Hetsronit i lindi Rami; Ramit i lindi Aminadabi;

²⁰ Aminadabit i lindi Nahshoni; Nahshonit i lindi Salmoni;

²¹ Salmonit i lindi Boazi; Boazit i lindi Obedi;

²² Obedit i lindi Isai dhe Isait i lindi Davidi.

1 Samuelit

Kapitull 1

¹ Ishte një njeri nga Ramathaim-Tsofini, nga zona malore e Efraimit, që quhej Elkanah; ishte bir i Jerohamit, bir i Elihut, bir i Tohut dhe bir i Efraimitit Tsuf.

² Ai kishte dy gra: e para quhej Ana dhe tjetra Penina. Penina kishte fëmijë, kurse Ana nuk kishte.

³ Çdo vit ky njeri nisej nga qyteti i tij për të adhuruar dhe për t'i ofruar flijime Zotit të ushtërive në Shiloh, ku gjendeshin dy bijtë e Efraimit, Hofni dhe Finehasi, priftërinj të Zotit.

⁴ Kur i vinte dita Elkanahut të ofronte flijimin, ai kishte zakon t'u jepte pjesën që u takonte gruas së tij Penina dhe pjesët gjithë bijve dhe bijave të tij;

⁵ por Anës i jepte një pjesë të dyfishtë, sepse e donte Anën, megjithëse Zoti ia kishte mbyllur barkun.

⁶ Por shemra e saj e ngacmonte vazhdimisht për ta zëmëruar, sepse Zoti ia kishte mbyllur barkun.

⁷ Kështu ndodhte çdo vit; sa herë që Ana ngjitej në shtëpinë e Zotit, Penina e ngacmonte; prandaj ajo qante dhe nuk hante më.

⁸ Atëherë burri i saj Elkanahu i tha: "Ana, pse qan? Pse nuk ha? Pse është trishtuar zemra jote? A nuk jam unë për ty më i mirë se dhjetë fëmijë?".

⁹ Pasi hëngrën dhe pinë në Shiloh, Ana u ngrit. Prifti Eli ishte ulur mbi ndenjësen që ndodhet në hyrje të tabernakullit të Zotit.

¹⁰ Në trishtimin e shpirtit të saj i lutej Zotit duke qarë me dënesë.

¹¹ Pastaj lidhi një kusht, duke thënë: "O Zot i ushtrive, në se vërtetë interesohesh për fatkeqësinë që i ka rënë shërbëtores sate, në se ti më mban mend mua dhe nuk e harron shërbëtoren tënde, por dëshiron t'i japësh shërbëtores sate një fëmijë mashkull, unë do t'ja jap Zotit për të gjitha ditët e jetës së tij dhe brisku nuk ka për të kaluar mbi kokën e tij".

¹² Ndërsa ajo e zgjaste lutjen e saj përpara Zotit, Eli shikonte me kujdes gojën e saj.

¹³ Ana fliste në zemër të saj; vetëm buzët i lëviznin, por zëri saj nuk dëgjohej; pikërisht për këtë Eli mendonte që ishte e dehur.

¹⁴ Kështu Eli i tha: "Deri kur do të jesh e dehur? Të daltë pija!".

¹⁵ Por Ana u përgjegj dhe tha: "Jo, imzot, unë jam një grua e vrarë në frym dhe nuk kam pirë as verë, as pije të tjera dehëse, por isha duke hapur zemrën time para Zotit.

¹⁶ Mos mendo se shërbëtorja jote është një grua e çoroditur, sepse ka qënë dhëmbja dhe hidhërimi i pamasë që më shtynë të flas deri tani".

¹⁷ Atëherë Eli iu përgjegj: "Shko në paqe dhe Perëndia i Izraelit të dhëntë atë që i kërkove".

¹⁸ Ajo u përgjegj: "Shërbëtorja jote pastë gjetur hirin në sytë e tu". Kështu gruaja iku në rrugën e saj, nisi të ushqehej dhe pamja e saj nuk ishte më e trishtuar.

¹⁹ Ata u ngritën herët në mëngjes dhe ranë përmbys përpara Zotit; pastaj u nisën dhe u kthyen në shtëpinë e tyre në Ramah. Elkanahu njohu Anën, bashkëshorten e tij, dhe Zoti u kujtua për të.

²⁰ Në kohën e caktuar, Ana mbeti me barrë dhe lindi një djalë të cilit ia vunë emrin Samuel, duke thënë: "Sepse ia kërkova Zotit".

²¹ Atëherë burri i saj Elkanahu u ngjit me gjithë familjen e tij për t'i ofruar Zotit flijimin vjetor dhe për të plotësuar kushtin e lidhur.

²² Por Ana nuk u ngjit, sepse i tha burrit të saj: "Unë nuk do të ngjitem deri sa fëmija të jetë zvjerdhur; atëherë do ta çoj me qëllim që ta paraqes para Zotit dhe të mbetet pranë tij për gjithnjë".

²³ Burri i saj, Elkanahu, iu përgjegj: "Bëj si të të duket më mirë; qëndro deri sa të jetë zvjerdhur, mjaft që Zoti ta mbajë fjalën!". Kështu gruaja mbeti në shtëpi dhe i dha gji birit të saj deri sa ky u zvordh.

²⁴ Mbasi e zvordhi e mori me vete, bashkë me tri dema të vegjël, një efë mielli dhe një calik verë; dhe i çoi në shtëpinë e Zotit në Shiloh. Djali ishte akoma shumë i vogël.

²⁵ Pastaj ata flijuan një dem dhe ia çuan djalin Elit.

²⁶ Ana i tha: "Imzot! Ashtu siç është e vërtetë që jeton shpirti yt, o imzot, unë jam ajo grua që rrinte këtu, afër teje, dhe i lutej Zotit.

²⁷ Jam lutur për të pasur këtë djalë, dhe Zoti më dha atë që i kisha kërkuar.

²⁸ Prandaj edhe unë ia fal Zotit; deri sa të rrojë, ai do t'i kushtohet Zotit". Dhe aty ranë përmbys para Zotit.

Kapitull 2

¹ Atëherë Ana u lut dhe tha: "Zemra ime ngazëllohet në Zotin, forca ime ngrihet tek i Zoti; goja ime hapet kundër armiqve të mi, sepse gëzohem nga shpëtimi yt.

² Nuk ka asnjë të shenjtë si Zoti, sepse nuk ka asnjë tjetër veç teje, nuk ka asnjë shkëmb si Perëndia ynë.

³ Mos vazhdoni të flisni me aq mburrje; të mos dalin fjalë arrogante nga goja juaj, sepse Zoti është Perëndia i njohjes dhe ai i peshon veprimet.

⁴ Dhe harqet e të fuqishmëve thyhen, ndërsa të dobëtit janë pajisur me forcë.

⁵ Ata që ishin të ngopur shkojnë si punëtorë ditorë për një copë buke, ndërsa ata që ishin të uritur nuk vuajnë më nga uria. Madje edhe ajo që ishte shterpë, ka pjellë shtatë herë, ndërsa ajo që ka shumë fëmijë është dobësuar.

⁶ Zoti të bën të vdesësh dhe të bën të jetosh; të zbret në Sheol dhe të ngjit që andej.

⁷ Zoti të varfëron dhe të pasuron, ai të poshtëron dhe ai të lartëson.

⁸ Ai e ngre të mjerin nga pluhuri dhe e heq të varfërin nga plehrat, në mënyrë që të ulet me princat dhe të trashëgojnë një fron lavdie; sepse shtyllat e dheut i përkasin Zotit, dhe mbi to ai ka mbështetur botën.

⁹ Ai ruan rrugën që bëjnë shenjtorët e tij, por të pafetë do të vdesin në errësirë, sepse njeriu nuk do të mbizotërojë me anë të forcës.

¹⁰ Kundërshtarët e Zotit do të copëtohen; ai do të gjëmojë kundër tyre nga qielli. Zoti do të gjykojë popujt deri në skajet e tokës, do t'i japë forcë mbretit të tij dhe do ta lartojë forcën e të vajosurit të tij".

¹¹ Pastaj Elkanahu u kthye në shtëpinë e tij në Ramah, dhe fëmija qendroi që t'i shërbejë Zotit në prani të priftit Eli.

¹² Bijtë e Elit ishin njerëz të këqij; nuk e njihnin Zotin.

¹³ Dhe ja si silleshin këta priftërinj me popullin; kur dikush ofronte një flijim, shërbëtori i priftit vinte, kur mishi ziente, me një pirun me tri maja në dorë,

¹⁴ dhe e fuste në tenxhere, në kazan apo në kusi, dhe tërë atë që piruni i madh tërhiqte sipër prifti e mbante për vete. Kështu vepronin me tërë Izraelitët që shkonin në Shiloh.

¹⁵ Edhe para se të digjnin dhjamin, shërbëtori i priftit vinte dhe i thoshte atij që bënte flijimin: "Më jep mish për ta pjekur për priftin, sepse ai nuk do të pranojë prej teje mish të pjekur, por mish të gjallë".

¹⁶ Dhe në qoftë se njeriu i thoshte: "Më parë të tymoset dhjami, pastaj të marrësh sa të duash", ai përgjigjej: "Jo, duhet të ma japësh tani; përndryshe do ta marr me forcë".

¹⁷ Prandaj mëkati i dy të rinjve ishte shumë i madh përpara Zotit, sepse ata përçmonin ofertat që i bëheshin Zotit.

¹⁸ Por Samueli kryente shërbimin para Zotit, megjithëse akoma fëmijë, dhe ishte mbështjellë me një efod prej liri.

¹⁹ E ëma i përgatiste një veshje të vogël dhe ia çonte çdo vit kur ngjitej me burrin e saj për të ofruar flijimin vjetor.

²⁰ Atëherë Eli bekonte Elkanahun dhe bashkëshorten e tij, duke thënë: "Zoti të dhëntë fëmijë të tjerë nga kjo grua, me kërkesën që ajo i ka bërë Zotit!". Pastaj ata ktheheshin në shtëpinë e tyre.

²¹ Kështu Zoti vizitoi Anën, dhe kjo mbeti me barrë dhe lindi tre djem dhe dy vajza. Ndërkaq djali Samuel po rritej pranë Zotit.

²² Por Eli ishte shumë plak dhe dëgjoi të gjitha ato që bijtë e tij i bënin gjithë Izraelit dhe si ata binin në shtrat me gratë që kryenin shërbimin në hyrje të çadrës së mbledhjes;

²³ dhe u tha atyre: "Pse bëni gjëra të tilla? Sepse dëgjoj nga tërë populli për veprimet tuaja të këqija.

²⁴ Mos, bijtë e mi, sepse zërat që dëgjoj për ju nuk janë aspak të mira; ju e shtyni popullin e Zotit të mëkatojë.

²⁵ Në rast se një njeri mëkaton kundër një njeriu tjetër, Perëndia e gjykon, por në rast se një njeri mëkaton kundër Zotit, kush do të ndërhyjë për të?". Por ata nuk e dëgjuan zërin e atit të tyre, sepse Zoti dëshironte të vdisnin.

²⁶ Ndërkaq fëmija Samuel po rritej në shtat dhe në mirëdashjen e Zotit dhe të njerëzve.

²⁷ Një njeri i Perëndisë erdhi tek Eli dhe i tha: "Kështu flet Zoti: A nuk u shfaqa në shtëpinë e atit tënd, kur në Egjipt ata ishin skllevër të shtëpisë së Faraonit?

²⁸ Nuk e kam zgjedhur unë midis gjithë fiseve të Izraelit, që të jetë prifti im, të ngjitet në altarin tim, të djegë temjanin dhe të veshë efodin para meje? Dhe a nuk kam qenë unë ai që i dha shtëpisë së atit tënd tërë flijimet e djegura të bijve të Izraelit të bëra me zjarr?

²⁹ Pse pra i përçmoni flijimet dhe blatimet e mia që kam urdhëruar të bëhen në banesën time, dhe pse nderoni më tepër fëmijët tuaj se mua,

1 Samuelit

duke u trashur me pjesën më të mirë të blatimeve të Izraelit, të popullit tim?

³⁰ Prandaj kështu thotë Zoti, Perëndia i Izraelit: Unë kisha shpallur që shtëpia jote dhe shtëpia e atit tënd do të kishin ecur gjithnjë para meje, por tani Zoti thotë: Qoftë larg meje kjo gjë; sepse unë nderoj ata që më nderojnë, por ata që më përçmojnë do të përçmohen gjithashtu nga ana ime.

³¹ Ja, po vijnë ditët kur unë do të shkatërroj forcën tënde dhe forcën e shtëpisë së atit tënd në mënyrë që të mos ketë më asnjë plak në shtëpinë tënde.

³² Dhe ke për të parë mjerimin e banesës sime, ndonëse dhe Perëndia i ka bërë aq të mira Izraelit, nuk do të ketë kurrë më asnjë plak në shtëpinë tënde.

³³ Por ai nga të tutë që nuk kam për të hequr nga altari im do të konsumojë sytë e tu dhe do ta mbushë me trishtim zemrën tënde; dhe tërë pasardhësit e shtëpisë sate do të vdesin në lulen e rinisë.

³⁴ Do të të shërbejë si shenjë ajo që ka për t'u ndodhur dy bijve të tu, Hofnit dhe Finehasit; që të dy do të vdesin në të njëjtën ditë.

³⁵ Por unë do të zgjedh për vete një prift besnik, që ka për të vepruar simbas asaj që ndjej në zemrën dhe në shpirtin tim; unë do t'i ndërtoj një shtëpi të qendrueshme, dhe ai ka për të ecur gjithmonë para të vajosurit tim.

³⁶ Dhe kushdo që ka për të mbetur në shtëpinë tënde do të vijë të përulet para tij për një monedhë argjendi dhe një copë buke, dhe do të thotë: "Më prano, të lutem, në një nga detyrat priftërore, që të mund të ha një copë buke"".

Kapitull 3

¹ Samueli i ri i shërbente Zotit në prani të Eliut. Fjala e Zotit ishte e rrallë në ato ditë, dhe nuk kishte ndonjë zbulesë të gjerë.

² Në atë kohë Eli rrinte shtrirë në vendin e tij të zakonshëm (tani shikimi i tij kishte filluar të errësohej dhe ai nuk mund të shikonte).

³ Llampa e Perëndis nuk ishte shuar akoma dhe Samueli ishte shtrirë në tabernakullin e Zotit, ku gjendej edhe arka e Perëndisë.

⁴ Atëherë Zoti thirri Samuelin që u përgjegj: "Ja ku jam!".

⁵ Pastaj vrapoi tek Eli dhe i tha: "Ja ku jam, se ti më thirre". Ai u përgjegj: "Unë nuk të kam thirrur, shko të flesh". Kështu ai vajti të flerë.

⁶ Zoti e thirri përsëri Samuelin. Dhe Samueli u ngrit, shkoi tek Eli dhe i tha: "Ja ku jam, se ti më thirre". Por ai u përgjegj: "Biri im, unë nuk të kam thirrur; shko të flesh".

⁷ (Por Samueli nuk e njihte akoma Zotin, dhe fjala e tij nuk i ishte shfaqur akoma).

⁸ Zoti e thirri përsëri për të tretën herë Samuelin. Kështu ai u ngrit, shkoi tek Eli dhe i tha: "Ja ku jam, se ti më thirre". Atëherë Eli kuptoi që Zoti e thërriste të riun.

⁹ Prandaj Eli i tha Samuelit: "Shko e bjer dhe, në qoftë se të thërret prapë, do të thuash: "Folë, o Zot, sepse shërbëtori yt të dëgjon"". Kështu Samueli vajti e u shtrihet në vendin e tij.

¹⁰ Pastaj Zoti erdhi, u vendos aty afër dhe thirri si herët e tjera: "Samuel, Samuel!". Samueli u përgjegj: "Folë, sepse shërbëtori yt të dëgjon".

¹¹ Atëherë Zoti i tha Samuelit: "Ja, jam duke bërë në Izrael një gjë që do të shungullojë veshët e kujtdo që ka për ta dëgjuar.

¹² Atë ditë unë do të kryej kundër Eliut të gjitha ato që thashë lidhur me shtëpinë e tij, nga fillimi deri në fund.

¹³ Po i deklaroj që jam bërë gati të ndëshkoj shtëpinë e tij për gjithnjë, për shkak të paudhësisë që e karakterizon, sepse bijtë e tij janë bërë të neveritshëm dhe ai nuk i ka frenuar.

¹⁴ Prandaj unë i betohem shtëpisë së Elit që paudhësia e shtëpisë së Elit nuk do të shlyhet kurrë me flijime dhe me blatime".

¹⁵ Samueli mbeti i shtrirë deri në mëngjes, pastaj hapi dyert e shtëpisë së Zotit. Ai kishte frikë t'i tregonte Elit vegimin e tij.

¹⁶ Por Eli thirri Samuelin, duke thënë: "Samuel, biri im!". Ai u përgjegj: "Ja ku jam".

¹⁷ Ai tha: "Çfarë të tha? Të lutem, mos më fshih asgjë. Perëndia vëproftë ashtu me ty, madje edhe më keq, në rast se ti më fsheh diçka nga të gjitha ato që të tha".

¹⁸ Samueli ia tregoi atëherë të gjitha, pa i fshehur asgjë. Dhe Eli tha: "Ai është Zoti; le të bëjë atë që i pëlqen atij".

¹⁹ Ndërkaq Samueli rritej; dhe Zoti ishte me të dhe nuk la të shkonin kot asnjë nga fjalët e tij.

²⁰ Tërë Izraeli, nga Dani deri tek Beer-Sheba, mësoi që Samueli ishte bërë profet i Zotit.

²¹ Zoti vazhdonte t'i shfaqej në Shiloh, sepse në Shiloh Zoti i shfaqej Samuelit me anë të fjalës së vet.

Kapitull 4

¹ Fjala e Samuelit i drejtohej tërë Izraelit. Izraeli doli të luftojë kundër Filistejve dhe ngriti kampin e tij pranë Eben-Ezerit, ndërsa Filistejtë u vendosën pranë Afekut.

² Pastaj Filistejtë u renditën për betejë kundër Izraelit; filloi një betejë e madhe, por Izraeli u mund nga Filistejtë, të cilët vranë në fushën e betejës rreth katër mijë veta.

³ Kur populli u kthye në kamp, pleqtë e Izraelit thanë: "Pse Zoti na mundi sot përpara Filistejve? Të shkojmë të marrim në Shiloh arkën e besëlidhjes së Zotit, në mënyrë që të ndodhet në mes nesh dhe të na shpëtojë nga duart e armiqve tanë!".

⁴ Kështu populli dërgoi në Shiloh njerëz që të merrnin që andej arkën e besëlidhjes së Zotit të ushtërive, që ulet midis kerubinëve; dhe dy bijtër e Elit, Hofni dhe Finehasi, ishin aty me arkën e besëlidhjes së Perëndisë.

⁵ Kur arka e besëlidhjes së Zotit hyri në kamp, i gjithë Izraeli shpërtheu në një britmë gëzimi aq të fuqishme sa vetë toka e drodh.

⁶ Filistejtë, duke dëgjuar buçimën e asaj britme, thanë: "Çfarë kuptimi ka buçima e kësaj britme të madhe në kampin e Hebrenjve?". Pastaj mësuan që arka e Zotit kishte arritur në kamp.

⁷ Kështu Filistejtë u trembën, sepse thonin: "Perëndia erdhi në kamp". Dhe thirrën: "Mjerë ne! Një gjë e tillë nuk ka ndodhur kurrë më parë.

⁸ Mjerë ne! Kush do të na shpëtojë nga duart e këtyre perëndive të fuqishme? Këto janë perënditë që i goditën Egjiptasit me lloj lloj plagësh në shkretëtirë.

⁹ Qëndroni të fortë dhe silluni si burra, o Filistej, që të mos bëheni skllevër të Hebrenjve, ashtu si ata qenë skllevërit tuaj. Silluni si burra dhe luftoni!".

¹⁰ Kështu Filistejtë luftuan dhe Izraeli u mund; dhe gjithkush vrapoi te çadra e vet. Masakra qe me të vërtetë e madhe; Izraeli humbi tridhjetë mijë këmbësorë.

¹¹ Edhe arka e Perëndisë u morr dhe dy djemtë e Elit, Hofni dhe Finehasi, vdiqën.

¹² Një njeri i Beniaminit vrapoi nga fusha e betejës dhe arriti po atë ditë në Shiloh, me rroba të grisura dhe kokën të mbuluar me dhe.

¹³ Kur arriti, ja, Eli ishte ulur mbi ndenjësen e tij në anë të rrugës, duke shikuar, sepse zemra e tij dridhej për arkën e Perëndisë. Sapo ai njeri hyri në qytet dhe njoftoi për atë që kishte ndodhur, një britmë u ngrit nga tërë qyteti.

¹⁴ Kur dëgjoi zhurmën e britmave, Eli tha: "Ç'kuptim ka zhurma e kësaj rrëmuje?". Pastaj ai njeri erdhi me të shpejtë për t'i treguar Elit atë që kishte ndodhur.

¹⁵ Eli ishte nëntëdhjetë e tetë vjeç; shikimi i tij qe errësuar aq sa që ai nuk shikonte më.

¹⁶ Njeriu i tha Elit: "Jam ai që ka ardhur nga fusha e betejës. Sot kam ikur me vrap nga fusha e betejës". Eli tha: "Si vajtën punët, biri im?".

¹⁷ Atëherë lajmëtari u përgjegj dhe tha: "Iezraeli ia mbathi përpara Filistejve dhe u bë një masakër e madhe në popull; edhe dy djemtë e tu, Hofni dhe Finehasi, vdiqën, dhe arka e Perëndisë u morr".

¹⁸ Sa u zu në gojë arka e Perëndisë, Eli ra nga ndenjësja prapa, përbri derës, theu qafën dhe vdiq, sepse ishte plak dhe i rënduar. Qe gjyqtar i Izraelit dyzet vjet me radhë.

¹⁹ E reja e tij, gruaja e Finehasit, ishte me barrë dhe në prag të lindjes; kur dëgjoi lajmin që arka e Perëndisë ishte kapur dhe vjehrri i saj dhe i shoqi kishin vdekur, u kërrus dhe lindi, sepse e zunë dhimbjet.

²⁰ Në çastin kur ishte duke vdekur, gratë që kujdeseshin për të i thanë: "Mos u tremb, sepse ke lindur një djalë". Por ajo nuk u përgjegj dhe nuk u kushtoi vëmëndje fjalëve të tyre,

²¹ por ia vuri emrin Ikabod fëmijës, duke thënë: "Lavdia u largua nga Izraeli", sepse arka e Perëndisë ishte marr për shkak të vjehrrit të saj dhe të burrit të saj.

²² Ajo tha: "Lavdia është larguar nga Izraeli, sepse arka e Perëndisë është marr".

Kapitull 5

¹ Atëherë Filistejtë e morën arkën e Perëndisë dhe e mbartën nga Eben-Ezeriu në Ashdod;

² pastaj Filistejtë e morën arkën e Perëndisë, e çuan në tempullin e Dagonit dhe e vendosën pranë Dagonit.

³ Të nesërmen banorët e Ashdodit u ngritën herët, por Dagoni qe rrëzuar me fytyrë për tokë përpara arkës së Zotit. Kështu e morën Dagonin dhe e vunë përsëri në vendin e tij.

⁴ Të nesërmen u ngritën herët, dhe ja Dagoni qe rrëzuar përsëri me fytyrën për tokë përpara arkës së Zotit, kurse koka e Dagonit dhe të dy pëllëmbët e duarve të tij u gjetën të prera mbi prag; nga Dagoni kishte

mbetur vetëm trungu.

⁵ Prandaj, deri ditën e sotme, priftërinjtë e Dagonit dhe tërë ata që hyjnë në tempullin e Dagonit nuk vënë këmbë mbi pragun e Dagonit në Ashdod.

⁶ Pastaj dora e Zotit rëndoi mbi banorët e Ashdodit dhe i shkretoi, i goditi me hemoroide Ashdodin dhe territorin e tij.

⁷ Kur banorët e Ashdodit panë që punët shkonin në atë mënyrë, ata thanë: "Arka e Perëndisë të Izraelit nuk duhet të mbetet në mes nesh, sepse dora e tij ka qenë e rëndë me ne dhe me Dagonin, perëndinë tonë".

⁸ Kështu ata mblodhën pranë tyre tërë princat e Filistejve dhe thanë: "Çfarë duhet të bëjmë me arkën e Perëndisë të Izraelit?". Princat u përgjegjën: "Të mbartet arka e Perëndisë të Izraelit në Gatha".

⁹ Kështu arka e Perëndisë të Izraelit u mbart aty. Por mbas transportimit të saj, dora e Zotit u kthye kundër atij qyteti, duke i shkaktuar një lemeri të madhe; dhe Zoti i goditi njerëzit e qytetit, të mëdhenj e të vegjël, me një epidemi hemoroidesh.

¹⁰ Atëherë arkën e Perëndisë e dërguan në Ekron. Por, sapo arka e Perëndisë arriti në Ekron, banorët e Ekronit protestuan duke thënë: "Kanë sjellë arkën e Perëndisë të Izraelit te ne, që të vdesim ne dhe populli ynë!".

¹¹ Kështu mblodhën tërë pincat e Filistejve dhe u thanë: "Largojeni arkën e Perëndisë të Izraelit; ajo të kthehet në vendin e saj, që të mos shkaktojë vdekjen tonë dhe të popullit tonë!". Në fakt ishte përhapur një lemeri vdekjeprurëse në të gjithë qytetin, sepse dora e Perëndisë rëndonte shumë mbi të.

¹² Ata që nuk vdisnin prekeshin nga hemoroidet, dhe britmat e qytetit ngjiteshin deri në qiell.

Kapitull 6

¹ Arka e Zotit mbeti shtatë muaj në vendin e Filistejve.

² Pastaj Filistejtë mblodhën priftërinjtë dhe shortarët dhe thanë: "Ç'duhet të bëjmë me arkën e Zotit? Na trego mënyrën që duhet të përdorim për ta kthyer përsëri në vendin e saj".

³ Atëherë ata u përgjegjën: "Në qoftë se e ktheni arkën e Perëndisë së Izraelit, mos e ktheni bosh, por dërgoni me të të paktën një ofertë zhdëmtimi; atëherë do të shëroheni dhe do të mësoni pse dora e tij nuk ju ndahej".

⁴ Ata pyetën: "Çfarë oferte zhdëmtimi do t'i dërgojmë neve?". Ata u përgjegjën: "Pesë hemoroide ari dhe pesë minj ari simbas numrit të princave të Filistejve, sepse e njëjta plagë ka goditur ju dhe princat tuaj.

⁵ Bëni, pra, disa figura të hemoroideve dhe të minjve tuaj që shkatërrojnë vendin, dhe i thurrni lavdi Perëndisë së Izraelit; ndofta ai do ta zbusë dorën e tij mbi ju, mbi perënditë tuaja dhe mbi vendin tuaj.

⁶ Pse, vallë, e ngurtësoni zemrën tuaj ashtu si Egjiptasit dhe Faraoni ngurtësuan zemrën e tyre? Kur kreu gjëra të fuqishme midis tyre, nuk i lanë të shkojnë, dhe kështu ata mundën të shkojnë?

⁷ Bëni, pra, një qerre të re, pastaj merrni dy lopë qumështore mbi të cilat nuk është vënë kurrë zgjedha dhe i mbrihni lopët në qerre, por i çoni viçat e tyre në stallë larg tyre.

⁸ Pastaj merrni arkën e Zotit dhe vendoseni mbi qerre; dhe punimet prej ari që i çoni Zotit si ofertë zhdëmtimi i vini në një shportë pranë saj.

⁹ Dhe rrini e shikoni, në rast se ngjitet nëpër rrugën që të çon në territorin e tij, në Beth-Shemesh, është Zoti që na ka bërë këtë të keqe të madhe; ndryshe do të mësojmë që nuk ka qenë dora e tij që na ka goditur, por kjo ka ndodhur rastësisht".

¹⁰ Ata, pra, vepruan kështu: morën dy lopë qumështore, i mbrehën në qerre dhe mbyllën viçat në stallë.

¹¹ Pastaj vendosën mbi qerre arkën e Zotit dhe shportën me minjtë prej ari dhe figurat e hemorroideve.

¹² Atëherë lopët u nisën pikërisht në drejtim të Beth-Shemshit, duke ndjekur gjithnjë atë rrugë dhe duke pëllitur ndërsa po ecnin, pa u kthyer as djathtas, as majtas. Princat e Filistejve i ndoqën deri në kufirin e Beth-Shemshit.

¹³ Banorët e Beth-Shemshit ishin duke korrur grurin në luginë; duke ngritur sytë, panë arkën dhe u gëzuan qe e panë.

¹⁴ Qerrja, pasi arriti në kampin e Jozueut në Beth-Shemesh, u ndal aty. Aty kishte një gur të madh; kështu ata çanë lëndën e drurit të qerres dhe i ofruan lopët si olokauste Zotit.

¹⁵ Levitët hoqën arkën e Zotit dhe shportën që i rrinte pranë dhe në të cilën gjendeshin sendet prej ari, dhe e vendosën mbi një gur të madh. Po atë ditë njerëzit e Beth-Shemshit ofruan dhe i bënë flijime Zotit.

¹⁶ Mbasi pesë princat e Filistejve panë këtë gjë, po atë ditë u kthyen në Ekron.

¹⁷ Këto janë hemoroidet prej ari që Filistejtë i dërguan Zotit si ofertë zhdëmtimi; një për Ashdodin, një për Gazën, një për Askalonin, një për Gathin, një për Ekronin;

¹⁸ dhe minjtë prej ari simbas numrit të të gjitha qyteteve të Filistejve që u përkisnin pesë princërve, nga qytetet e fortifikuara deri në fshatrat e fushës, deri në gurin e madh e mbi të cilin u vendos arka e Zotit dhe që qëndron deri në ditën e sotme në fushën e Jozueut, Bethshemitit.

¹⁹ Zoti goditi disa njerëz të Beth-Shemeshit, sepse kishin shikuar brenda arkës së Zotit; ai goditi shtatëdhjetë njerëz të popullit. Populli mbajti zi për ta, sepse Zoti e kishte prekur me një fatkeqësi të madhe.

²⁰ Njerëzit e Beth-Shemeshit thanë: "Kush mund të rezistojë përpara Zotit, këtij Perëndie të shenjtë? Nga kush do të ngjitet arka, kur të niset nga ne?".

²¹ Kështu u dërguan lajmëtarë banorëve të Kiriath-Jearimit për t'u thënë: "Filistejtë e kanë kthyer arkën e Zotit; zbrisni dhe çojeni lart te ju".

Kapitull 7

¹ Atëherë njerëzit e Kiriath-Jearimit erdhën, e çuan lart arkën e Zotit dhe e vendosën në shtëpinë e Abinadadit në kodër, dhe shenjtëruan të birin Eleazarin që të ruante arkën e Zotit.

² Shumë kohë kishte kaluar nga dita që arka ishte vendosur në Kiriath-Jearim; kishin kaluar njëzet vjet dhe tërë shtëpia e Izraelit i ankohej Zotit.

³ Atëherë Samueli i foli tërë shtëpisë së Izraelit, duke thënë: "Në rast se ktheheni tek Zoti me gjithë zemër, hiqni nga gjiri juaj perëndit e huaja dhe Ashtarithin dhe mbani zemrën tuaj tek Zoti dhe

⁴ Kështu bijtë e Izraelit hoqën mënjanë Baalët dhe Ashtarothët dhe i shërbyen vetëm Zotit.

⁵ Pastaj Samueli tha: "Mblidhni tërë Izraelin në Mitspah dhe unë do t'i lutem Zotit për ju".

⁶ Kështu ata u mblodhën në Mitspah, morën ujë dhe e derdhën përpara Zotit; pastaj po atë ditë agjëruan dhe atje thanë: "Kemi mëkatuar kundër Zotit". Samueli i gjykoi bijtë e Izraelit në Mitspah.

⁷ Kur Filistejtë mësuan që bijtë e Izraelit ishin mbledhur në Mitspah, princat e Filistejve u nisën kundër Izraelit. Kur bijtë e Izraelit dëgjuan këtë patën frikë nga Filistejtë.

⁸ Atëherë bijtë e Izraelit i thanë Samuelit: "Mos e ndërpre klithmën tënde për neve tek Zoti, që ai të na shpëtojë nga duart e Filistejve".

⁹ Kështu Samueli mori një qengj pirës dhe e ofroi tërësisht si olokaust Zotit; Samueli i thirri Zotit për Izraelin dhe Zoti ia plotësoi kërkesën.

¹⁰ Ndërsa Samueli ofronte olokaustin, Filistejtë u afruan për të sulmuar Izraelin; por Zoti bubulloi me buçimë të madhe kundër Filistejve dhe i ngatërroi deri në atë pikë sa u mundën para Izraelit.

¹¹ Njerëzit e Izraelit dolën nga Mitspahu, i ndoqën Filistejtë dhe i mundën deri poshtë Beth-Karit.

¹² Atherë Samueli mori një gur e ngriti midis Mitspahut dhe Shenit dhe e quajti Eben-Ezer, duke thënë: "Deri këtu Zoti na ka ndihmuar".

¹³ Kështu Filistejtë u poshtëruan dhe nuk u kthyen më të shkelin territorin e Izraelit; dhe dora e Zotit u ngrit kundër Filistejve gjatë gjithë kohës së Samuelit.

¹⁴ Edhe qytetet që Filistejtë i kishin marrë Izraelit iu kthyen Izraelit, nga Ekroni deri në Gath. Izraeli çliroi territorin e tij nga duart e Filistejve. Dhe u vendos paqja midis Izraelit dhe Amorejve.

¹⁵ Samueli qe gjykatës i Izraelit gjatë gjithë jetës së tij.

¹⁶ Çdo vit ai i binte përqark Bethelit, Gilgalit dhe Mitspahut dhe ushtronte funksionin e gjyqtarit të Izraelit mbi tërë këto vende.

¹⁷ Pastaj kthehej në Ramah, sepse aty ishte shtëpia e tij. Aty e gjykonte Izraelin dhe po aty ngriti një altar për Zotin.

Kapitull 8

¹ Kur Samueli u plak emëroi bijtë e tij si gjyqtarë të Izraelit.

² I parëlinduri i tij quhej Joel dhe i dyti Abiah; ata ushtronin funksionin e gjyqtarit në Beer-Sheba.

³ Por bijtë e tij nuk ndoqën shembëllin e tij, u larguan nga rruga e drejtë duke siguruar fitime të palejueshme, pranuan dhurata dhe e prishnin drejtësinë.

⁴ Atëherë tërë pleqtë e Izraelit u mblodhën, erdhën te Samueli në Ramah,

⁵ dhe i thanë: "Ja, ti tani je plakur dhe bijtë e tu nuk ndjekin gjurmët e tua; prandaj cakto mbi ne një mbret që të na qeverisë ashtu siç ndodh në të gjithë kombet".

⁶ Por kjo nuk i pëlqeu Samuelit, sepse ata kishin thënë: "Na jep një mbret që të na qeverisë". Prandaj Samueli iu lut Zotit.

⁷ Dhe Zoti i tha Samuelit: "Dëgjo zërin e popullit për të gjitha ato

që të thotë, sepse ata nuk të kanë hedhur poshtë ty, por kanë hedhur poshtë mua, me qëllim që unë të mos mbretëroj mbi ta.

⁸ Sillen me ty, ashtu siç kanë bërë gjithnjë nga dita që i nxora nga Egjipti e deri më sot: më kanë braktisur për t'u shërbyer perëndive të tjera.

⁹ Tani, pra, dëgjo kërkesën e tyre, por lajmëroi solemnisht dhe shpallju të drejtat e mbretit që do të sundojë mbi ta".

¹⁰ Kështu Samueli i tregoi tërë fjalët e Zotit drejtuar popullit që i kërkonte një mbret.

¹¹ Dhe tha: "Këto do të jenë të drejtat e mbretit që do të mbretërojë mbi ju. Ai do t'i marrë bijtë tuaj dhe do t'i caktojë në qerret e tij, me qëllim që të bëhen kalorës të tij dhe të vrapojnë përpara qerreve;

¹² për t'i bërë ata kapidanë të mijësheve dhe të pesëdhjetësheve, për t'i vënë ata t'i lërojnë arat, t'i korrin të lashtat, t'i prodhojnë armë lufte dhe vegla për qerret e tij.

¹³ Do të marrë bijat tuaja për t'i bërë parfumiere, gjellbërëse dhe furrtare.

¹⁴ Do të marrë arat tuaja, vreshtat dhe ullishtet tuaja; më të mirat që keni, për t'ua dhënë eunukëve dhe shërbëtorëve të tij.

¹⁵ Do të marrë të dhjetën e farërave dhe të vreshtave tuaja për t'ua dhënë eunukëve dhe shërbëtorëve të tij.

¹⁶ Do të marrë shërbëtorët, shërbëtoret, të rinjtë tuaj më të mirë dhe gomarët që keni për t'i përdorur në punimet e tij.

¹⁷ Do të marrë edhe të dhjetën e kopeve tuaja, dhe ju do të jeni skllevërit e tij.

¹⁸ Atë ditë ju do të ulërini për shkak të mbretit që keni për vete, por Zoti nuk do t'ju përgjigjet".

¹⁹ Me gjithatë populli nuk deshi t'i dëgjojë fjalët e Samuelit dhe tha: "Jo, do të kemi një mbret mbi ne.

²⁰ Kështu do të jemi edhe ne si gjithë kombet; mbreti ynë do të na qeverisë, do të na dalë në krye dhe do të luftojë në betejat tona".

²¹ Samueli i dëgjoi tërë fjalët e popullit dhe ia tregoi Zotit.

²² Zoti i tha Samuelit: "Dëgjoje kërkesën e tyre dhe cakto një mbret mbi ta". Atëherë Samueli u tha njerëzve të Izraelit: "Secili të kthehet në qytetin e tij".

Kapitull 9

¹ Kishte një njeri të Beniaminit, që quhej Kish, ishte bir i Abielit, bir i Tserorit, bir i Bekorathit, bir i Afiahut, bir i një Beniaminiti, një njeri i fortë dhe trim.

² Ai kishte një djalë të quajtur Saul, i ri dhe i bukur, ndër bijtë e Izraelit nuk kishte asnjë më të bukur se ai; që nga supet e lart, ai ua kalonte, për shtat, gjithë njerëzve të tjerë.

³ Gomarët e Kishit, atit të Saulit, kishin humbur; Kishi i tha të birit, Saulit: "merr me vete një nga shërbëtorët, çohu dhe shko të kërkosh gomarët".

⁴ Kështu ai kaloi nëpër krahinën malore të Efraimit dhe përshkoi vendin e Shalishas, pa i gjetur; pastaj kaloi nëpër vendin e Shaalimit, por nuk ishin as aty; përshkuan pastaj vendin e Beniaminitëve, por nuk i gjetën as aty.

⁵ Kur arritën në vendin e Tsufit, Sauli i tha shërbëtorit të tij që ishte me të: "Çohu, të kthehemi, që të mos ndodhë që im atë të heqë mendjen nga gomaret dhe të fillojë të shqetësohet për ne".

⁶ Shëbëtori i tha: "Ja, në këtë qytet jeton një njeri i Perëndisë, që e nderojnë shumë; tërë ato që ai thotë, realizohen pa tjetër. Tani le të shkojmë atje; ndofta do të na tregojë rrugën që duhet të ndjekim".

⁷ Sauli i tha shërbëtorit të tij: "Por ja, në qoftë se shkojmë, çfarë t'i çojmë njeriut të Perëndisë? Sepse buka e thasëve tanë ka mbaruar dhe nuk kemi asnjë dhuratë për t'i çuar njeriut të Perëndisë. Çfarë kemi me vete?".

⁸ Dhe shërbëtori iu përgjegj Saulit, duke thënë: "Ja, unë kam në dorë një çerek sikli prej argjendi; do t'ia jap njeriut të Perëndisë dhe ai do të na tregojë rrugën që duhet të ndjekim".

⁹ (Në të kaluarën në Izrael, kur dikush shkonte për t'u këshilluar me Perëndinë, thoshte: "Çohu të shkojmë te shikuesi", sepse profeti i sotëm në të kaluarën quhej shikues).

¹⁰ Atëherë Sauli i tha shërbëtorit të tij: "Mirë e the. Çohu të shkojmë!". Dhe u drejtuan nga qyteti ku gjendej njeriu i Perëndisë.

¹¹ Ndërsa merrnin të përpjetën që të çon në qytet, takuan rrugës dy vajza që kishin dalë për të mbushur ujë dhe i pyetën ato: "Këtu është shikuesi?".

¹² Ato u përgjigjën duke thënë: "Po, ja ku është pak përpara jush, nxitoni. Sot erdhi në qytet, sepse sot populli duhet të bëjë një flijim në vendin e lartë.

¹³ Sa të hyni në qytet, do ta gjeni me siguri para se të ngjitet në vendin e lartë për të ngrënë. Populli nuk do të hajë deri sa ai të mbërrijë, sepse ai ka për të bekuar flijimin; pastaj të ftuarit do të fillojnë të hanë. Prandaj ngjituni lart, sepse tani do ta gjeni".

¹⁴ Kështu u ngjitën në qytet; ndërsa ata hynin në qytet, Samueli dilte në drejtim të tyre për t'u ngjitur në vendin e lartë.

¹⁵ Por një ditë para arritjes së Saulit, Zoti e kishte lajmëruar Samuelin duke thënë:

¹⁶ "Nesër në këtë orë do të dërgoj një njeri nga vendi i Beniaminit, dhe ti do ta vajosësh si udhëheqës të popullit tim të Izraelit. Ai do të shpëtojë popullin tim nga duart e Filistejve, sepse pashë mjerimin e popullit tim, sepse britmat e tij arritën deri tek unë".

¹⁷ Kur Samueli pa Saulin, Zoti i tha: "Ky është njeriu për të cilin të fola; ai do të mbretërojë mbi popullin tim".

¹⁸ Pastaj Sauli iu afrua Samuelit në mes të portës dhe i tha: "Tregomë të lutem, ku është shtëpia e shikuesit".

¹⁹ Samueli iu përgjegj Saulit dhe i tha: "Jam unë shikuesi. Ngjitu para meje në kodër; sot do të hani me mua. Nesër në mëngjes do të lë të shkosh dhe do të tregoj tërë ato që ke në zemër.

²⁰ Përsa u përket gomarëve të tu që të kanë humbur tri ditë më parë, mos u mërzit se i kanë gjetur. E kujt i drejtohet gjithë dëshira e Izraelit, veçse ty dhe tërë shtëpisë së atit tënd?".

²¹ Sauli, duke u përgjegjur, tha: "A nuk jam unë një Beniaminit, një nga fiset më të vogla të Izraelit? Dhe familja ime a nuk është, vallë më e vogla e gjithë familjeve të fisit të Beniaminit? Pse më flet, pra, në këtë mënyrë?".

²² Atëherë Samueli mori Saulin dhe shërbëtorin e tij, i futi në sallë dhe i uli në krye të tryezës të të ftuarve që ishin rreth tridhjetë e pesë veta.

²³ Pastaj Samueli i tha gjellëbërësit: "Sill pjesën që të dhashë dhe për të cilën të thashë: "Vëre mënjanë"".

²⁴ Gjellëbërësi mori atëherë kofshën dhe atë që i ngjitej asaj, dhe ia vuri përpara Saulit. Pastaj Samueli tha: "Ja, ajo që u mbajt rezervë, u vu mënjanë për ty; haje se është ruajtur apostafat për ty kur ftova popullin". Kështu atë ditë Sauli hëngri bashkë me Samuelin.

²⁵ Pastaj zbritën nga vendi i lartë në qytet dhe Samueli foli me Saulin mbi taracë.

²⁶ Të nesërmen u ngritën herët, në të gdhirë. Samueli e thirri Saulin në taracë, duke i thënë: "Çohu, dhe unë do të lë të shkosh". Sauli u ngrit dhe që të dy, ai dhe Samueli, dolën jashtë.

²⁷ Kur zbritën në periferi të qytetit, Samueli i tha Saulit: "Thuaji shërbëtorit të kalojë para nesh dhe të shkojë përpara, por ti ndalu një çast, në mënyrë që të të kem mundësi të të njoftoj fjalën e Perëndisë".

Kapitull 10

¹ Atëherë Samueli mori një enë të vogël me vaj dhe e derdhi mbi kokën e tij; pastaj e puthi dhe tha: "A nuk të ka vajosur Zoti si kreu i trashëgimisë së tij?

² Sot, kur ti ikësh nga unë, do të gjesh dy njerëz pranë varrit të Rakelës në kufirin e Beniaminit, në Tseltsah. Ata do të thonë: Gomaret që shkove të kërkosh u gjetën; tani yt atë nuk shqetësohet për gomaret, por për ju, dhe thotë: "Çfarë duhet të bëj për birin tim?".

³ Pastaj ti do ta kalosh atë vend dhe do të arrish në lisin e Taborit; aty do të takosh tre njerëz që shkojnë për të adhuruar Perëndinë në Bethel: njëri do të mbajë tre keca, tjetri tri bukë dhe i treti një calik me verë.

⁴ Ata do të të përshëndetin dhe do të të japin dy bukë, që do t'i marrësh nga duart e tyre.

⁵ Pastaj ti do të arrish në kodrinën e Perëndisë, ku gjendet garnizoni i Filistejve; dhe këtu, duke arritur në qytet, do të takosh një grup profetësh që do të zbresin nga vendi i lartë, të paraprirë nga një harpë, një dajre, një fyell dhe një qeste, dhe që do të bëjnë profeci.

⁶ Atëherë Fryma e Zotit do të të ngarkojë të bësh profeci me ta, dhe do të shndërrohesh në një njeri tjetër.

⁷ Kur këto shenja do të realizohen, bëj atë që rasti kërkon, sepse Perëndia është me ty.

⁸ Pastaj ti do të zbresësh para meje në Gilgal: dhe ja, unë do të zbres te ti për të ofruar olokauste dhe për të kryer flijime falenderimi. Ti do të presësh shtatë ditë deri sa unë të vij te ti dhe të të them çfarë duhet të bësh".

⁹ Sapo ktheu kurrizin për të lënë Samuelin, Perëndia ia ndërroi zemrën në një tjetër, dhe tërë ato shenja u realizuan po atë ditë.

¹⁰ Sapo arritën atje në kodër, një grup profetësh i doli përpara; atëherë ai u ngarkua nga Fryma e Perëndisë dhe filloi të bëjë profeci në mes tyre.

¹¹ Atëherë tërë ata që e kishin njohur më parë, duke parë që profetizonte bashkë me profetët, i thonin njëri tjetrit: "Çfarë i ka ndodhur birit të Kishit? Është edhe Sauli midis profetëve?".

¹² Pastaj një vendas u përgjegj, duke thënë: "Po kush është ati i tyre?". Për këtë arësye u bë proverb thënia: "Është edhe Sauli midis

prefetëve?".

¹³ Me të mbaruar profecitë, Sauli u drejtua në vendin e lartë.

¹⁴ Pastaj ungji i Saulit e pyeti atë dhe shërbëtorin e tij: "Ku keni vajtur?". Ai u përgjegj: "Të kërkojmë gomaret, por, duke parë se nuk ishin, shkuam te Samueli".

¹⁵ Ungji i Saulit shtoi: "Më trego, të lutem, çfarë ju tha Samueli".

¹⁶ Kështu iu përgjegj Sauli ungjit të tij: "Ai na siguroi që gomaret i kishin gjetur". Por nuk tha asgjë lidhur me atë që Samueli kishte thënë për mbretërinë.

¹⁷ Pastaj Samueli mblodhi popullin para Zotit në Mitspah,

¹⁸ dhe u tha bijve të Izraelit: "Kështu thotë Zoti, Perëndia i Izraelit: "Unë e nxora Izraelin nga Egjipti dhe ju çlirova nga duart e Egjiptasve dhe nga duart e të gjitha mbretërve që ju shtypnin".

¹⁹ Por sot ju keni hedhur poshtë Perëndinë tuaj që ju ka shpëtuar nga fatkeqësitë dhe mundimet tuaja dhe i thoni: "Cakto një mbret mbi ne!". Prandaj paraqituni para Zotit sipas fiseve dhe sipas mijësheve".

²⁰ Pastaj Samueli afroi tërë fiset e Izraelit, dhe u zgjodh fisi i Beniaminit.

²¹ Pas kësaj afroi fisin e Beniaminit sipas familjeve të tij dhe u zgjodh familja e Matrit. Pastaj u zgjodh Sauli, bir i Kishit; e kërkuan, por nuk e gjetën.

²² Atëherë u këshilluan përsëri me Zotin: "A ndodhet tanimë këtu?". Zoti u përgjegj: "Ja ku është fshehur midis bagazheve".

²³ Vrapuan ta nxjerrin që andej; kështu ai u paraqit para popullit, dhe ishte më i lartë se gjithë njerëzit nga supi e lart.

²⁴ Pastaj Samueli i tha tërë popullit: "E shihni atë që ka zgjedhur Zoti? Nuk ka asnjë si ai në tërë popullin. Kështu tërë populli lëshoi britma gëzimi dhe thirri: "Rroftë mbreti!".

²⁵ Atëherë Samueli i paraqiti popullit të drejtat e mbretërisë dhe i shkroi në një libër, që vendosi përpara Zotit. Pas kësaj Samueli ktheu tërë popullin, secili shkoi në shtëpinë e tij.

²⁶ Edhe Samueli shkoi në shtëpinë e tij në Gibeah, dhe me të shkuan njerëz trima, të cilëve Perëndia u kish prekur zemrën.

²⁷ Por disa njerëz që nuk vlenin asgjë thanë: "Si mund të na shpëtojë ky njeri?". Kështu e përçmuan dhe nuk i bënë asnjë dhuratë. Por ai nuk tha asnjë fjalë.

Kapitull 11

¹ Pastaj Amoniti Nahash shkoi të ngrejë kampin kundër Jabeshit të Galaadit. Atëherë tërë ata të Jabeshit i thanë Nahashit: "Lidh aleancë me ne dhe ne do të të shërbejmë".

² Amoniti Nahash iu përgjegj kështu: "Unë do të bëj aleancë me ju me këtë kusht: t'ju nxjerr syrin e djathtë të gjithëve për të poshtëruar tërë Izraelin.

³ Pleqtë e Jabeshit i thanë: "Na jep shtatë ditë kohë që të dërgojmë lajmëtarë në tërë territorin e Izraelit; dhe në qoftë se nuk vjen asnjeri për të na shpëtuar, do të dorëzohemi në duart e tua".

⁴ Kështu lajmëtarët arritën në Gibeah të Saulit dhe i njoftuan këto fjalë para popullit; atëherë tërë populli ngriti zërin dhe qau.

⁵ Ndërkaq Sauli po kthehej nga fshati pas qeve të tij. Dhe Sauli tha: "Çfarë ka populli që qan?". I njoftoi atëherë fjalët e njerëzve të Jabeshit.

⁶ Me të dëgjuar këto fjalë, Fryma e Perëndisë përfshiu Saulin, zemërimi i të cilit u rrit me të madhe.

⁷ Ai mori një pendë qesh, i preu copë-copë dhe i dërgoi në të gjithë territorin e Izraelit me anë të lajmëtarëve, duke thënë: "Kështu do të trajtohen qetë, e atij që nuk do të ndjekë Saulin dhe Samuelin". Tmerri i Zotit zuri popullin dhe ai u ngrit si një njeri i vetëm.

⁸ Sauli i kaloi në revistë në Bezek, dhe ishin treqind mijë bij të Izraelit dhe tridhjetë mijë burra të Judës.

⁹ Pastaj u thanë lajmëtarëve që kishin ardhur: "Kështu do t'u thoni njerëzve të Jabeshit nga Galaadi: "Nesër, kur dielli të fillojë të ngrohë, do të çliroheni"". Lajmëtarët shkuan t'ua njoftojnë këtë njerëzve të Jabeshit, dhe u gëzuan.

¹⁰ Atëherë njerëzit e Jabeshit u thanë Amonitëve: "Nesër do të vimë tek ju dhe do të bëni ç'të doni me ne".

¹¹ Të nesërmen, Sauli e ndau popullin në tre grupe, të cilët hynë në mes të kampit armik para mëngjesit dhe i grinë Amonitët deri në zheg të ditës. Ata që shpëtuan u shpërndanë dhe nuk mbetën as dy veta bashkë.

¹² Populli i tha atëherë Samuelit: "Kush ka thënë: "A duhet të mbretërojë Sauli mbi ne?". Na i jepni këta njerëz dhe ne do t'i vrasim".

¹³ Por Sauli u përgjegj: "Asnjeri nuk do të vritet në këtë ditë, sepse sot Zoti ka realizuar një çlirim të madh në Izrael".

¹⁴ Pastaj Samueli i tha popullit: "Ejani, shkojmë në Gilgal dhe aty ta përtërijmë mbretërinë".

¹⁵ Kështu tërë populli shkoi në Gilgal dhe aty përpara Zotit në Gilgal e caktuan Saulin mbret. Aty përpara Zotit ofruan flijime falenderimi; dhe po aty Sauli dhe tërë njerëzit e Izraelit u gëzuan shumë.

Kapitull 12

¹ Atëherë Samueli i tha tërë Izraelit: "Ja, unë ju dëgjova për të gjitha ato që më thatë dhe vura një mbret mbi ju.

² Dhe tani ja, mbreti që do të shkojë para jush. Unë tashmë jam plak dhe i thinjur, dhe bijtë e mi janë midis jush, unë kam ecur para jush qysh nga rinia ime deri më sot.

³ Ja ku jam, dëshmoni kundër meje përpara Zotit dhe përpara atij që është vajosur: Kujt i kam marrë kaun? Kujt i kam marrë gomarin? Kujt i kam ngrënë hakun? Cilin kam shtypur? Nga duart e kujt kam pranuar ndonjë dhuratë që më ka zënë sytë? Unë do t'jua kthej".

⁴ Ata iu përgjegjën: "Ti nuk na ke ngrënë hakun, nuk na ke shtypur dhe nuk ke marrë asgjë nga duart e askujt".

⁵ Ai u tha atyre: "Zoti është dëshmitar kundër jush dhe i vajosuri i tij është dëshmitar në këtë ditë, që nuk gjetët asgjë në duart e mia". Ata iu përgjegjën: "Po, ai është dëshmitar!".

⁶ Atëherë Samueli i tha popullit: "Është Zoti që i vendosi Moisiun dhe Aaronin, dhe që i nxori etërit tuaj nga Egjipti.

⁷ Prandaj paraqituni që unë të kem mundësi para Zotit të vë në dukje bashkë me ju veprat e drejta që Zoti ka kryer për ju dhe për etërit tuaj.

⁸ Pas vajtjes së Jakobit në Egjipt dhe mbas thirrjeve të etërve tuaj drejtuar Zotit, Zoti dërgoi Moisiun dhe Aaronin që i nxorën etërit tuaj nga Egjipti dhe i bëri të banojnë në këtë vend.

⁹ Por ata e harruan Zotin, Perëndinë e tyre, dhe ai i shiti në duart e Siseras, komandantit të ushtrisë së Hatsorit, dhe në pushtetin e Filistejve dhe të mbretit të Moabit, të cilët u shpallën luftë atyre.

¹⁰ Atëherë i thirrën Zotit dhe i thanë: "Kemi mëkatuar, sepse kemi braktisur Zotin dhe i kemi shërbyer Baalëve dhe Ashtarothëve; por tani na çliro nga duart e armiqve tanë dhe ne do të të shërbejmë ty".

¹¹ Dhe kështu Zoti dërgoi Jerubaalin, Bedanin, Jeftin dhe Samuelin, dhe ju çliroi nga duart e armiqve tuaj që ndodheshin rreth e rrotull, dhe ju jetuat në siguri.

¹² Por kur patë që Nabashi, mbret i bijve të Amonit, filloi të lëvizë kundër jush, më thatë: "Jo, një mbret duhet të sundojë mbi ne", pikërisht kur Zoti, Perëndia juaj, ishte mbreti juaj.

¹³ Ky është, pra, mbreti që keni zgjedhur dhe keni kërkuar; ja, Zoti ka vënë një mbret mbi ju.

¹⁴ Në qoftë se keni frikë nga Zoti, i shërbeni dhe dëgjoni zërin e tij, dhe nuk ngrini krye kundër urdhërimeve të Zotit, atëherë ju dhe mbreti që mbretëron mbi ju do të ndiqni Zotin, Perëndinë tuaj.

¹⁵ Por në rast se nuk i bindeni zërit të Zotit dhe kundërshtoni urdhërimet e tij, atëherë dora e Zotit do të ngrihet kundër jush, ashtu si është ngritur kundër etërve tuaj.

¹⁶ Prandaj tani ndaluni dhe shikoni këtë gjë të madhe që Zoti do të bëjë para syve tuaj.

¹⁷ A nuk jemi vallë në kohën e korrjes së grurit? Unë do të kërkoj ndihmën e Zotit dhe ai do të dërgojë bubullima dhe shi; kështu do të kuptoni dhe do të shihni se e keqja që keni bërë duke kërkuar një mbret për ju, është e madhe në sytë e Zotit".

¹⁸ Atëherë Samueli kërkoi ndihmën e Zotit dhe ai dërgoi atë ditë bubullima dhe shi; dhe tërë populli pati një frikë të madhe nga Zoti dhe nga Samueli.

¹⁹ Pastaj tërë populli i tha Samuelit: "Lutju Zotit, Perëndisë tënd, për shërbëtorët e tu, që të mos vdesin, sepse tërë mëkateve tona u kemi shtuar të keqen e kërkimit të një mbreti për ne".

²⁰ Samueli iu përgjegj popullit: "Mos u frikësoni; edhe se keni bërë gjithë këtë të keqe, mos lini së ndjekuri Zotin, por shërbejini Zotit me të gjithë zemrën tuaj.

²¹ Mos u largoni për të ndjekur gjëra të kota, që nuk vlejnë as çlirojnë, sepse janë gjëra të kota.

²² Sepse Zoti nuk do ta braktisë popullin e tij, për hir të tij të madh, sepse i pëlqeu Zotit të ju bëjë popullin e vet.

²³ Sa për mua, mos ndodhtë kurrë që unë të mëkatoj kundër Zotit duke hequr dorë nga lutjet për ju; përkundrazi, do t'ju tregoj rrugën e mirë dhe të drejtë.

²⁴ Vetëm kini frikë nga Zoti dhe i shërbeni besnikërisht me gjithë zemër; mbani parasysh gjërat e mëdha që ka bërë për ju.

²⁵ Por në rast se vazhdoni të bëni të keqen, si ju ashtu dhe mbreti juaj do të flakeni tutje".

1 Samuelit

Kapitull 13

¹ Sauli ishte tridhjetë vjeç kur filloi të mbretërojë; dhe mbasi mbretëroi dy vjet mbi Izraelin,

² ai zgjodhi tre mijë ushtarë të Izraelit: dy mijë rrinin me të në Mikmash dhe në krahinën malore të Betelit; dhe një mijë me Jonathanin në Gibeah të Beniaminit; e ktheu prapa pjesën tjetër të popullit, secili shkoi në çadrën e vet.

³ Jonathani e mundi garnizonin e Filistejve që ndodhej në Geba, dhe Filistejtë e mësuan këtë ngjarje; Atëherë Sauli urdhëroi që t'u binin borive në tërë vendin, duke thënë: "Le ta dijnë Hebrenjtë!".

⁴ Dhe në tëtë Izraelin filluan të thonë: "Sauli mundi garnizonin e Filistejve dhe Izraeli tani urrehet nga Filistejtë". Kështu populli u thirr në Gilgal për të shkuar pas Saulit.

⁵ Edhe Filistejtë u mblodhën për të luftuar kundër Izraelit, me tridhjetë mijë qerre, gjashtë mijë kalorës dhe shumë njerëz, si rëra në bregun e detit. Ata u nisën pra, dhe u vendosën në Mikmash, në lindje të Beth-Avenit.

⁶ Kur Izraelitët e panë se ishin në rrezik (pse populli u gjend ngushtë), u fshehën në shpella, në gëmusha, ndër shkëmbinj, në guva dhe në hauze.

⁷ Disa Hebrenj kaluan Jordanin për të vajtur në vendin e Gadit dhe të Galaadit. Sauli ishte akoma në Gilgal dhe tërë populli shkonte pas tij duke u dridhur.

⁸ Ai priti shtatë ditë simbas kohës së caktuar nga Samueli; por Samueli nuk po vinte në Gilgal dhe populli kishte filluar të shpërndahej larg tij.

⁹ Atëherë Sauli tha: "Më sillni olokaustin dhe flijimet e falenderimit". Pastaj ofroi olokaustin.

¹⁰ Sapo kishte mbaruar së ofruari olokaustin, kur erdhi Samueli; dhe Sauli i doli përpara për ta përshëndetur.

¹¹ Por Samueli i tha: "Çfarë bëre kështu?". Sauli u përgjegj: "Kur pashë që populli po shpërndahej larg meje, që ti nuk kishe arritur ditën e caktuar dhe që Filistejtë po mblidheshin në Mikmash, thashë me vete:

¹² "Tani Filistejtë do të më sulen në Gilgal dhe unë akoma nuk i jam lutur Zotit". Prandaj e mblodha veten dhe ofrova olokastin".

¹³ Atëherë Samueli i tha Saulit: "Ti ke vepruar pa mend; nuk ke respektuar urdhërimin që Zoti, Perëndia yt, të kishte dhënë. Në fakt Zoti do të vendoste për gjithnjë mbretërinë tënde mbi Izraelin.

¹⁴ Tani përkundrazi mbretëria jote nuk ka për të vazhduar, Zoti ka kërkuar një njeri simbas zemrës së tij, dhe Zoti e ka caktuar princ të popullit të tij, sepse ti nuk ke respektuar atë që Zoti të pati urdhëruar".

¹⁵ Pastaj Samueli u ngrit dhe u ngjit nga Gilgali në Gibeah të Beniaminit, dhe Sauli kaloi në revistë popullin që gjendej me të; ishin rreth gjashtë qind veta.

¹⁶ Sauli, Jonathani, bir i tij, dhe njerëzit që mbetën me ta qëndruan në Gibeah të Beniaminit, ndërsa Filistejtë ishin vendosur në Mikmash.

¹⁷ Pastaj nga kampi i Filistejve dolën disa cuba, të ndarë në tri grupe: njeri grup mori udhën në drejtim të Ofrahut, drejt vendit të Shualit;

¹⁸ një grup tjetër u fut në rrugën e Beth-Horonit; grupi i tretë mori rrugën e kufirit që sundon luginën e Tseboimit, në drejtim të shkretëtirës.

¹⁹ Në tërë vendin e Izraelit nuk gjeje as edhe një kovaç, sepse Filistejtë thonin: "Hebrenjtë të mos prodhojnë shpata ose shtiza".

²⁰ Kështu tërë Izraelitët shkonin te Filistejtë për të mprehur kush plorin, kush sëpatën, kush belin.

²¹ Çmimi për mprehje ishte një pim për belin, për sëpatën, për sfurkun, për rregullimin e hostenëve.

²² Kështu ditën e betejës nuk shihje as shpatë, as shtizë në duart e tërë njeëzve që ishin me Saulin dhe me Jonathanin, ato i kishin vetëm Sauli dhe Jonathani, bir i tij.

²³ Garnizoni i Filistejve doli pastaj dhe u drejtua nga qafa e Mikmashit.

Kapitull 14

¹ Një ditë ndodhi që Jonathani, bir i Saulit, i tha shqyrtarit të tij të ri: "Eja, shkojmë drejt pozicioneve të Filistejve, që ndodhen në anën tjetër". Por nuk i tha asgjë të atit.

² Sauli rrinte atëherë në skajin e Gibeahut nën shegën që është në Migron, dhe njerëzit që ishin me të arrinin në rreth gjashtë qind veta.

³ Ahijahu, bir i Ahitubit, vëllai i Ikabodit, birit të Finehasit, birit të Elit, prift i Zotit, në Shiloh kishte veshur efodin. Por populli nuk e dinte që Jonathani kishte ikur.

⁴ Ndërmjet kalimeve nëpër të cilat Jonathani kërkonte të arrinte në pozicionin e Filistejve, kishte një shkëmb që ngrihej nga një anë dhe një shkëmb që ngrihej nga ana tjetër; njëri quhej Botsets dhe tjetri Seneh.

⁵ Njeri nga shkëmbinjtë ngrihej në veri, përballë Mikmashit dhe tjetri në jug, përballë Gibeahut.

⁶ Jonathani i tha shqyrtarit të ri: "Eja, shkojmë drejt pozicioneve të këtyre të parrethprerëve; ndofta Zoti ka për të vepruar në favorin tonë, sepse asgjë nuk e pengon Zotin të sigurojë shpëtimin me shumë ose me pak njerëz".

⁷ Shqyrtari i tij iu përgjegj: "Bëj ç'ke për zemër; shko përpara; jam gati të shkoj me ty ku të dëshirojë zemra jote".

⁸ Atëherë Jonathani tha: "Ja, ne do të shkojmë drejt atyre njerëzve dhe do t'i bëjmë që të na shohin.

⁹ Po të na thonë: "Ndaluni deri sa t'ju arrijmë", ne do të qëndrojmë në vend dhe nuk do të shkojmë tek ata;

¹⁰ por në rast se na thonë: "Ejani te ne", ne do të shkojmë, sepse Zoti i ka dhënë në duart tona; dhe kjo do të na shërbejë si shenjë".

¹¹ Kështu të dy u panë nga garnizoni i Filistejve; dhe Filistejtë thanë: "Ja Hebrenjtë që po dalin nga shpellat ku ishin fshehur!".

¹² Pastaj njerëzit e garnizonit iu kthyen Jonathanit dhe shqyrtarit të tij dhe thanë: "Ejani te ne se kemi diçka për t'ju thënë". Atëherë Jonathani i tha shqyrtarit të tij: "Eja pas meje, sepse Zoti i ka dhënë në duart e Izraelit".

¹³ Jonathani u ngjit duke u kacavarur me duar dhe me këmbë, i ndjekur nga shqyrtari i tij. Filistejtë binin përpara Jonathanit, dhe shqyrtari pas tij i vriste.

¹⁴ Kjo qe masakra e parë e kryer nga Jonathani dhe nga shqyrtari i tij; në të humbën jetën rreth njëzet veta, në një sipërfaqe prej rreth gjysmë jugeri tokë.

¹⁵ Tmerri u përhap në kamp, në fshatra dhe në gjithë popullin; edhe garnizoni dhe cubat u trembën gjithashtu; bile edhe toka u drodh dhe u shndërrua kështu në një llahtarë të Perëndisë.

¹⁶ Rojet e Saulit në Gibeah të Beniaminit vështruan dhe panë që turma po shpërndahej dhe po ikte sa andej këtej.

¹⁷ Atëherë Sauli u tha njerëzve që ishin me të: "Bëni apelin për të parë se kush ka ikur nga ne". U bë apeli, dhe ja, mungonin Jonathani dhe shqyrtari i tij.

¹⁸ Atëherë Sauli i tha Ahijaut: "Afroje arkën e Perëndisë!" (sepse në atë kohë arka e Perëndisë ishte me bijtë e Izraelit).

¹⁹ Ndërsa Sauli fliste me priftin, rrëmuja në kampin e Filistejve vazhdonte të shtohej; kështu Sauli i tha priftit: "Hiqe dorën tënde!".

²⁰ Pastaj Sauli dhe tërë populli që ishte me të u mblodhen dhe lëvizën drejt vendit të betejës; dhe ja që shpata e secilit drejtohej kundër shokut të tij dhe rrëmuja ishte shumë e madhe.

²¹ Vetë Hebrenjtë, të cilët prej pak kohe gjendeshin me Filistejtë dhe ishin ngjitur bashkë me ta në kamp nga krahina përreth, u bashkuan me Izraelitët që ishin me Saulin dhe Jonathanin.

²² Po kështu tërë Izraelitët që ishin fshehur në zonën malore të Efraimit, kur mësuan që Filistejtë po ia mbathnin, filluan edhe ata t'i ndjekin duke marrë pjesë në betejë.

²³ Kështu atë ditë Zoti e shpëtoi Izraelin dhe beteja u shtri deri në Beth-Aven.

²⁴ Por atë ditë njerëzit e Izraelit ishin të rraskapitur, sepse Sauli e kishte vënë popullin të betohej: "I mallkuar qoftë ai që do të prekë ushqim para mbrëmjes, para se të hakmerrem me armiqtë e mi".

²⁵ Tërë populli hyri në një pyll, ku kishte mjaltë për tokë.

²⁶ Me të hyrë populli në pyll, ai pa mjaltin që kullonte; por askush nuk e çoi dorën në gojë, sepse populli kishte frikë nga betimi që kishte bërë.

²⁷ Por Jonathani nuk e kishte dëgjuar atin e tij kur ai e kishte vënë popullin të betohej; prandaj zgjati majën e bastunit që kishte në dorë, e ngjeu në hojet e mjaltit dhe e çoi në gojë; kështu shikimi i tij u bë më i qartë.

²⁸ Njeri nga populli mori fjalën dhe tha: "Ati yt e ka vënë enkas popullin ta bëjë këtë betim, duke thënë: "Mallkuar qoftë ai njeri që do të prekë ushqim sot", megjithëse populli ishte i rraskapitur".

²⁹ Atëherë Jonathani tha: "Ati im i solli dëm vendit; unë shijova pak nga ky mjaltë dhe shikimi im u bë më i qartë.

³⁰ Sa më mirë do të kishte qenë sikur populli të kishte ngrënë sot lirisht plaçkën që gjeti te armiqtë! A nuk do të kishte pasur një masakër më të madhe të Filistejve?".

³¹ Po atë ditë ata i mundën Filistejtë nga Mikmashi deri në Aijalon, por populli ishte tepër i lodhur.

³² Kështu populli u hodh mbi plaçkën, rrëmbeu dele, lopë dhe viça dhe i theri për vete në tokë; dhe populli i hëngri me gjithë gjakun e tyre.

³³ Këtë ia treguan Saulit dhe i thanë: "Ja, populli po mëkaton kundër Zotit duke ngrënë mish me gjithë gjakun. Ai tha: "Ju keni kryer një shkelje; rrukullisni menjëherë një gur të madh pranë meje".

³⁴ Pastaj Sauli urdhëroi: "Shpërndahuni midis popullit dhe i thoni: "Secili të sjellë këtu tek unë lopën dhe delen e tij; i therrni këtu dhe pastaj i hani, por mos mëkatoni ndaj Zotit, duke ngrënë mish me gjithë gjakun e tij!". Kështu gjithkush nga populli solli me vete lopën e tij dhe

e theri në atë vend.

³⁵ Sauli ndërtoi pastaj një altar kushtuar Zotit; ky ishte altar i parë që ai i ndërtoi Zotit.

³⁶ Pastaj Sauli tha: "Të zbresim natën për të ndjekur Filistejtë dhe t'i zhveshim deri në dritën e mëngjesit; dhe të mos lëmë asnjë prej tyre të gjallë". Populli u përgjegj: "Vepro si të të duket më

³⁷ Kështu Sauli e pyeti Perëndinë: "A duhet të zbres për të ndjekur Filistejtë? A do t'i lësh në duart e Izraelit?". Por Perëndia nuk dha asnjë përgjigje.

³⁸ Atëherë Sauli tha: "Afrohuni këtu, ju gjithë krerë të popullit, pranoni dhe shikoni mëkatin e kryer sot;

³⁹ sepse, ashtu siç është e vërtetë që Zoti, shpëtimtari i Izraelit, jeton edhe sikur të gjendej te Jonathani, biri im, ai duhet të vdesë". Por asnjeri nga tërë populli nuk iu përgjegj atij.

⁴⁰ Atëherë ai i tha gjithë Izraelit: "Ju qëndroni në një anë, dhe unë dhe biri im Jonathan do të qëndrojmë nga ana tjetër". Populli iu përgjegj Saulit: "Bëj atë që të duket më mirë".

⁴¹ Prandaj Sauli i tha Zotit: "O Perëndi i Izraelit, na jep përgjigjen e drejtë". Kështu u caktuan Jonathani dhe Sauli dhe populli jo.

⁴² Pastaj Sauli tha: "Hidhni short midis meje dhe Jonathanit, birit tim". Kështu u caktua Jonathani.

⁴³ Atëherë Sauli i tha Jonathanit: "Më trego ç'ke bërë". Jonathani i tha: "Kam provuar pak mjaltë me majën e bastunit që kisha në dorë; ja, ku jam, kam për të vdekur!".

⁴⁴ Sauli tha: "Perëndia e bëftë këtë dhe bile më keq, sepse ti ke për të vdekur me siguri, o Jonathan!".

⁴⁵ Po populli i tha Saulit: "A duhet të vdesë Jonathani që ka sjellë këtë çlirim të madh në Izrael? Mos ndodhtë kurrë! Ashtu siç është e vërtetë që Zoti jeton, nuk ka për të rënë në tokë as edhe një fije floku nga koka e tij, sepse sot ai ka vepruar bashkë me Perëndinë"! Kështu populli e shpëtoi Jonathanin dhe ai nuk vdiq.

⁴⁶ Pastaj Sauli u kthye nga ndjekja e Filistejve dhe Filistejtë u kthyen në vendin e tyre.

⁴⁷ Kështu Sauli e forcoi mbretërinë e Izraelit dhe luftoi kundër gjithë armiqve që ndodheshin rreth e qark: Moabit, bijve të Amonit, Edomit, mbretërve të Tsobahut dhe Filistejve; ai korrte fitore nga çdo anë që të kthehej.

⁴⁸ Kreu vepra trimërie, mundi Amalekitët dhe çliroi nga duart e atyre që e plaçkitnin.

⁴⁹ Bijtë e Saulit ishin Jonathani, Jishuji dhe Malkishuahu; dy bijat e tij quheshin Merab, më e madhja, dhe Mikal më e vogla.

⁵⁰ E shoqja e Saulit quhej Ahinoam, ishe bija e Ahimaazit; emri i komandantit të ushtrisë së tij ishte Abner, bir i Nrerit, ungji i Saulit.

⁵¹ Kishi, ati i Saulit, dhe Neri, ati i Abnerit, ishin bijtë e Abielit.

⁵² Gjatë gjithë jetës së Saulit pati një luftë të pamëshirshme kundër Filistejve; çdo njeri i fortë dhe çdo të ri trim që Sauli shikonte, i merrte me vete.

Kapitull 15

¹ Pastaj Samueli i tha Saulit: "Zoti më ka dërguar që të të vajos mbret mbi popullin tënd, mbi Izraelin; tani dëgjo fjalët e Zotit.

² Kështu thotë Zoti i ushtrive: Unë do ta dënoj Amalekun për atë që i bëri Izraelit kur i preu rrugën, ndërsa po dilte nga Egjipti.

³ Tani shko, godit Amalekun dhe cakto shfarosjen e të gjitha gjërave që ai ka pa pasur fare mëshirë për të, por vrit burra dhe gra, fëmijë dhe foshnja gjiri, lopë e dhen, deve dhe gomarë".

⁴ Sauli thirri popullin dhe kaloi në parakalim në Telaim; dyqind mijë këmbësorë dhe dhjetë mijë njerëz të Judës.

⁵ Sauli erdhi në qytetin e Amalekut dhe zuri pritë në luginë.

⁶ pastaj Sauli u tha Kenejve: "Shkoni, tërhiquni, dilni jashtë Amalekitëve, që të mos ju shkatërrojë bashkë me ta, sepse ju u treguat të mëshirshëm me të gjithë bijtë e Izraelit kur po dilnin nga Egjipti". Kështu Kenejtë u tërhoqën nga radhët e Amalekitëve.

⁷ Sauli i mundi Amalekitët nga Havilahu deri në Shur, që ndodhet përballë Egjiptit.

⁸ Ai e zuri të gjallë Agagun, mbretin e Amalekitëve, dhe vendosi shfarosjen e të gjithë popullit, duke i vrarë me shpatë.

⁹ Por Sauli dhe populli kursyen Agagun dhe pjesën më të mirë të deleve dhe të lopëve, të kafshëve të majme, të qengjave dhe të kafshëve më të mira, duke mos vendosur shkatërrimin e tyre; por vendosën zhdukjen e tërë sendeve që ishin të një cilësie të dobët dhe pa asnjë vlerë.

¹⁰ Atëherë fjala e Zotit iu drejtua Samuelit, duke i thënë:

¹¹ "Unë jam penduar që e kam bërë Saulin mbret, sepse ai është larguar nga unë dhe nuk ka zbatuar urdhërat e mia". Samueli u trishtua dhe i klithi tërë natën Zotit.

¹² Në mëngjes herët Samueli u ngrit për t'i dalë përpara Saulit; por erdhën t'i thonë Samuelit: "Sauli ka shkuar në Karmel, dhe i ka ngritur vetes një monument; pastaj është kthyer duke kaluar tutje dhe ka zbritur në Gilgal".

¹³ Atëherë Samueli shkoi te Sauli dhe ky i tha: "Qofsha i bekuar nga Zoti! Unë e kam zbatuar urdhrin e Zotit".

¹⁴ Por Samueli tha: "Ç'është kjo blegërimë dhensh që më vjen në vesh dhe kjo pëllitje lopësh që po dëgjoj?".

¹⁵ Sauli u përgjegj: "Këto janë kafshë që ua kemi marrë Amalekitëve, sepse populli kurseu pjesën më të mirë të deleve dhe të lopëve për t'i ofruar si flijime Zotit, Perëndisë tënd; por pjesën tjetër e kemi caktuar të shfaroset".

¹⁶ Atëherë Samueli i tha Saulit: "Mjaft! Unë do të të tregoj atë që më tha Zoti sonte!". Sauli i tha "Folë".

¹⁷ Kështu Samueli tha: "A nuk është vallë e vërtetë që kur ishe i vogël në sytë e tu ishe bërë kreu i fiseve të Izraelit, dhe që Zoti të ka vajosur mbret të Izraelit?

¹⁸ Zoti të kishte ngarkuar një mision, duke thënë: "Shko, vendos shfarosjen e mëkatarëve Amalekitë dhe lufto kundër tyre deri sa të shfarosen".

¹⁹ Pse, pra, nuk iu binde zërit të Zotit, por u hodhe mbi plaçkën dhe bëre atë që është e keqe në sytë e Zotit?".

²⁰ Sauli i tha Samuelit: "Por unë iu binda zërit të Zotit, plotësova misionin që Zoti më kishte ngarkuar, solla Agagun, mbretin e Amalekut, dhe caktova për shfarosje Amalekitët.

²¹ Por populli mori gjërat më të mira që duhet të ishin shfarosur, për t'i bërë flijime Zotit, Perëndisë tënd, në Gilgal".

²² Samueli i tha: "Ndoshta i pëlqejnë Zotit olokaustet dhe flijimet si bindje ndaj zërit të Zotit? Ja, bindja është më e mirë se flijimi; dhe të dëgjosh me kujdes është më mirë se dhjami i deshve.

²³ Sepse rebelimi është si mëkati i shortarisë dhe kryeneçësia është si kulti i idhujve dhe i perëndive shtëpiake. Duke qenë se ke hedhur poshtë fjalën e Zotit, edhe ai të ka hedhur poshtë si mbret".

²⁴ Atëherë Sauli i tha Samuelit: "Kam mëkatuar sepse kam shkelur urdhrin e Zotit dhe fjalët e tua, dhe kjo sepse kisha frikë nga populli dhe dëgjova zërin e tij.

²⁵ Por tani, të lutem, falma mëkatin tim dhe kthehu me mua, që unë të mund të bie përmbys para Zotit".

²⁶ Por Samueli iu përgjegj Saulit: "Unë nuk do të kthehem me ty, sepse ke hedhur poshtë fjalën e Zotit dhe Zoti të ka hedhur poshtë ty, që ti të mos jesh më mbret mbi Izraelin".

²⁷ Ndërsa Samueli po kthehej për të ikur, Sauli i kapi skajin e mantelit të tij që u gris.

²⁸ Atëherë Samueli i tha: "Zoti hoqi sot nga duart e tua mbretërinë e Izraelit dhe ia dha një tjetri, që është më i mirë se ti.

²⁹ Lavdia e Izraelit nuk do të gënjejë, dhe nuk do të pendohet, sepse ai nuk është njeri që pendohet".

³⁰ Atëherë Sauli tha: "Kam mëkatuar, por tani më ndero, të lutem, para pleqve të popullit tim dhe përpara Izraelit; kthehu me mua, që të bie përmbys përpara Zotit, Perëndisë tënd".

³¹ Kështu Samueli u kthye me Saulin, dhe Sauli ra përmbys përpara Zotit.

³² Pastaj Samueli tha: "Më sillni Agagun, mbretin e Amalekitëve". Agagu shkoi tek ai me qejf. Agagu thoshte: "Me siguri hidhërimi i vdekjes ka kaluar".

³³ Samueli i tha: "Ashtu si shpata i la pa fëmijë gratë, kështu edhe nëna jote do të mbetet pa të birin midis grave". Pastaj Samueli e preu copë-copë Agagun përpara Zotit në Gilgal.

³⁴ Pastaj Samueli shkoi në Ramah dhe Sauli shkoi në shtëpinë e tij, në Gibeahun e tij.

³⁵ Samueli nuk shkoi për ta parë më Saulin deri ditën e vdekjes së tij, sepse Samueli mbante zi për Saulin; dhe Zoti u pendua që e kishte bërë Saulin mbret të Izraelit.

Kapitull 16

¹ Zoti i tha Samuelit: "Deri kur do të mbash zi për Saulin, kurse unë e kam hedhur poshtë që mos mbretërojë mbi Izrael? Mbushe me vaj bririn tënd dhe nisu; po të dërgoj tek Isai, Betlemiti, sepse kam zgjedhur një mbret midis bijve të tij".

² Samueli u përgjigj: "Si mund të shkoj? Sauli ka për ta mësuar dhe do të më vrasë". Zoti tha: "Do të marësh me vete një mëshqerrë dhe do të thuash: "Kam ardhur për t'i ofruar një flijim Zotit".

³ Do të ftosh Isain në ceremoninë e flijimit, unë do të të tregoj atë që duhet të bësh, dhe ti do të të vajosur atë që do të të them unë".

⁴ Kështu Samueli bëri atë që i kishte thënë Zoti dhe shkoi në Betlem; pleqtë e qytetit i dolën përpara duke u dridhur dhe i thanë: "Po na vjen në mënyrë paqësore?".

⁵ Ai u përgjegj "Vij në mënyrë paqësore; kam ardhur për t'i ofruar

një flijim Zotit; pastrohuni dhe ejani me mua në flijim". Vuri të pastrohen edhe Isain dhe bijtë e tij dhe i ftoi në flijim.

⁶ Kur ata arritën, ai ia vuri syrin Eliabit dhe tha: "Me siguri i vajosuri i Zotit është para tij".

⁷ Por Zoti i tha Samuelit: "Mos ia shiko as pamjen as shtatgjatësinë, sepse unë e kam refuzuar, sepse Zoti nuk shikon si shikon njeriu, njeriu shikon pamjen, kurse Zoti shikon zemrën".

⁸ Atëherë Isai thirri Abinadabin dhe e bëri të kalojë përpara Samuelit; por Samueli tha: "Zoti nuk zgjodhi as këtë".

⁹ Pastaj Isai bëri të kalojë Shamahu, por Samueli tha: "Zoti nuk zgjodhi as këtë".

¹⁰ Kështu Isai bëri të kalojnë shtatë nga bijtë e tij përpara Samuelit; por Samueli i tha Isait: "Zoti nuk zgjodhi asnjë prej tyre".

¹¹ Pastaj Samueli i tha Isait: "A janë këtu tërë bijtë e tu?". Ai u përgjigj: "Mungon më i riu që tani është duke kullotur delet". Samueli i tha Isait: "Dërgo ta sjellin, sepse nuk do të shtrohemi në tryezë para se ai të vijë këtu".

¹² Atëherë ai dërgoi njerëz ta marrin. Davidi ishte kuqalash, me sy të bukur dhe pamje të hijshme. Dhe Zoti tha: "Ngrihu, vajose se ai është".

¹³ Atëherë Samueli mori bririn e vajit dhe e vajosi para vëllezërve të tij; që nga ajo ditë Fryma e Zotit zbriti te Davidi. Pastaj Samueli u ngrit dhe shkoi në Ramah.

¹⁴ Fryma e Zotit ishte larguar nga Sauli dhe një frym i keq e terrorizonte nga ana e Zotit.

¹⁵ Shërbëtorët e Saulit i thanë "Ja, një frym i keq të shqetëson nga ana e Perëndisë.

¹⁶ Zoti ynë të urdhërojë, pra, që shërbëtorët e tu që rrinë përpara teje të gjejnë një njeri që i bie mirë harpës; kur pastaj fryma e keq nga ana e Perëndisë do të të zotërojë, ai do t'i bjerë harpës dhe ti do ta ndjesh veten mirë".

¹⁷ Sauli u tha shërbëtorëve të tij: "Më gjeni një njeri që i bie mirë dhe ma sillni".

¹⁸ Atëherë një nga shërbëtorët filloi të thotë: Ja, unë pashë një nga bijtë e Isait, Betlemitit, që i bie mirë dhe që është një njeri i fortë dhe trim, i shkathët në luftim, gojëtar i hijshëm; dhe Zoti është me të".

¹⁹ Sauli, pra, i dërgoi lajmëtarë Isait për t'i thënë: "Më dërgo birin tënd Davidin, që është me kopenë".

²⁰ Atëherë Isai mori një gomar të ngarkuar me bukë, një calik me verë, një kec dhe ia dërgoi Saulit me anë të Davidit, birit të tij.

²¹ Davidi arriti te Sauli dhe hyri në shërbim të tij; Sauli i hyri në zemër dhe e bëri shqyrtar të tij.

²² Sauli dërgoi pastaj t'i thonë Isait: "Të lutem, lëre Davidin në shërbimin tim, sepse ai gëzon hirin tim".

²³ Kur fryma e keq nga ana e Perëndisë sundonte mbi Saulin, Davidi merrte harpën dhe i binte; atëherë Sauli e ndjente veten të qetësuar dhe më mirë dhe fryma e keqe largohej prej tij.

Kapitull 17

¹ Filistejtë i mblodhën trupat e tyre për luftë; u mblodhën në Sokoh, që është pronë e Judës, dhe e ngritën kampin e tyre në Efes-Damim midis Sokohut dhe Azekahut.

² Edhe Sauli dhe njerëzit e Izraelit u mblodhën dhe e ngritën kampin e tyre në luginën e Terebintos, dhe u rreshtuan për betejë kundër Filistejve.

³ Filistejtë ndodheshin në mal nga një anë dhe Izraeli ishte në mal nga ana tjetër, dhe midis tyre ndodhej lugina.

⁴ Nga kampi i Filistejve doli një kampion i quajtur Goliath, nga Gathi, i lartë gjashtë kubitë dhe një pëllëmbë.

⁵ Kishte në kokë një helmetë prej bronzi, ishte veshur me një parzmore, pesha e të cilit ishte pesë mijë sikla bronzi;

⁶ në këmbë kishte këmbore prej bronzi dhe mbi sup mbante një ushtë prej hekuri.

⁷ Maja e ushtës së tij ishte si shuli i një endësi dhe peshonte gjashtë qind sikla argjendi: para tij ecte shqytari i tij.

⁸ Ai u ndal dhe u thirri grupeve të ushtarëve të Izraelit: "Pse keni dalë për t'u radhitur në formacion beteje? A nuk jam unë një Filiste dhe ju shërbëtorë të Saulit? Zgjidhni një burrë që të dalë kundër meje.

⁹ Në rast se do të jetë në gjendje të luftojë me mua dhe të më vrasë, ne do të jemi shërbëtorët tuaj; por në rast se dal unë fitues dhe e vras, atëherë ju do të jeni shërbëtorët tanë dhe do të na shërbeni".

¹⁰ Pastaj Filisteu shtoi: "Unë sot po sfidoj trupat e Izraelit: "Më jepni një burrë që të do të luftojmë!".

¹¹ Kur Sauli dhe tërë Izraeli dëgjuan këto fjalë të Filisteut, mbetën të shtangur dhe u hyri një frikë e madhe.

¹² Davidi ishte biri i atij Efrateut të Betlemit të Judës, që mbante emrin Isai dhe kishte tetë bij. Në kohën e Saulit, ky njeri ishte i plakur dhe i shtyrë në moshë.

¹³ Tre bijtë më të mëdhenj të Isait kishin shkuar në luftë me Saulin: emrat e tre bijve të tij që kishin shkuar në luftë ishin: Eliabi, i parëlinduri, Abinadabi, i dyti dhe Shamahu i treti.

¹⁴ Davidi ishte më i riu dhe tre më të mëdhenjtë kishin shkuar pas Saulit.

¹⁵ Davidi përkundrazi shkonte dhe vinte nga Sauli për të kullotur kopenë e atit të tij në Betlem.

¹⁶ Filisteu u dilte përpara në mëngjes dhe në mbrëmje, dhe vazhdoi të dalë dyzet ditë me radhë.

¹⁷ Isai i tha Davidit, birit të tij: "Merr për vëllezërit e tu një efë nga ky grurë i pjekur dhe dhjetë bukë dhe çoji shpejt vëllezërve të tu në kamp.

¹⁸ Dërgo edhe këto dhjetë forma djathi komandantit të mijëshes së tyre; shiko si janë vëllezërit e tu dhe më sill një peng nga ana e tyre.

¹⁹ Sauli me gjithë vëllezërit e tu dhe gjithë burrat e Izraelit janë në luginën e Terebintit për të luftuar Filistejtë".

²⁰ Kështu Davidi u ngrit herët në mëngjes, ia la delet e tij një rojtari, mori ngarkesën e tij dhe u nis ashtu siç e kishte urdhëruar Isai. Arriti në kampin e qerreve, kur ushtria po dilte për t'u radhitur në formacion beteje dhe lëshonte britma lufte.

²¹ Izraelitët dhe Filistejtë ishin radhitur për betejë, një ushtri kundër tjetrës.

²² Davidi, pasi la ngarkesën e tij në duart e rojtarit të bagazheve, vrapoi në drejtim të grupimeve të betejës; me të arritur në vend, pyeti vëllezërit e tij si ishin.

²³ Ndërsa po fliste me ata, ja ku doli nga radhët e Filistejve ai kampion, Filisteu i Gathit, që mbante emrin Goliath dhe përsëriti po ato fjalë; dhe Davidi i dëgjoi.

²⁴ Tërë njerëzit e Izraelit, me ta parë atë njeri, ikën para tij dhe u hyri një frikë e madhe.

²⁵ Njerëzit e Izraelit thonin: "E keni parë këtë njeri që shkon përpara? Ai shkon përpara për të vënë në provë sedrën e Izraelit. Ai që do ta vrasë, kushdo qoftë, do të shpërblehet me pasuri të mëdha nga mbreti, ky do t'i japë për grua të bijën dhe do të përjashtojë nga çdo haraç shtëpinë e atit të tij në Izrael".

²⁶ Atëherë Davidi, duke iu drejtuar njerëzve që ishin pranë tij, tha: "Çfarë do t'i bëjnë atij burri që do ta vrasë këtë Filiste dhe do ta largojë turpin nga Izraeli? Po kush është ky Filiste, i parrethprerë, që guxon të poshtërojë ushtrinë e Perëndisë së gjallë?".

²⁷ Njerëzit iu përgjegjën me po ato fjalë, duke thënë: "Kështu do të bëhet me atë që do ta vrasë".

²⁸ Eliabi, vëllai i tij më i madh, e dëgjoi ndërsa fliste me ata njerëz; kështu Eliabi u zemërua me Davidin dhe tha: "Pse erdhe këtu? Kujt ia le ato pak dele në shkretëtirë? Unë e njoh krenarinë tënde dhe ligësinë e zemrës sate, ke zbritur këtu për të parë betejën?".

²⁹ Davidi u përgjegj: "Ç'kam bërë unë tani?. Nuk ishte veçse një pyetje e thjeshtë!".

³⁰ Duke u larguar prej tij, iu drejtua një tjetri dhe i bëri po atë pyetje; dhe njerëzit i dhanë po atë përgjigje të mëparshme.

³¹ Sa dëgjuan fjalët që Davidi kishte thënë, ia treguan Saulit dhe ky dërgoi njerëz që ta thërresin.

³² Davidi i tha Saulit: "Asnjeri të mos ligështohet për shkak të tij! Shërbëtori yt do të shkojë të luftojë me këtë Filiste".

³³ Sauli i tha Davidit: "Ti nuk mund të shkosh të luftosh kundër këtij Filisteu, sepse ti je akoma djalosh, ndërsa ai është një luftëtar qysh në të ritë e tij".

³⁴ Por Davidi iu përgjegj Saulit: "Shërbëtori yt kulloste kopenë e atit të tij; kur një luan ose një ari vinte për të rrëmbyer një dele nga kopeja,

³⁵ unë e ndiqja, e godisja dhe ia rrëmbeja nga goja; në qoftë se ai kthehej kundër meje, unë e kapja nga krifa, e godisja dhe e vrisja.

³⁶ Po, shërbëtori yt ka vrarë luanin dhe ariun; dhe ky Filiste i parrethprerë do të pësojë të njëjtin fat, sepse ka fyer ushtrinë e Perëndisë të gjallë".

³⁷ Davidi shtoi: "Zoti që më shpëtoi nga kthetrat e luanit dhe nga panxha e ariut, do të më shpëtojë edhe nga dora e këtij Filisteu". Atëherë Sauli i tha Davidit: "Shko dhe Zoti qoftë me ty".

³⁸ Pastaj Sauli e veshi Davidin me armaturën e tij, i vuri në kokë një përkrenare prej bronzi dhe i veshi parzmoren.

³⁹ Pastaj Davidi ngjeshi shpatën e Saulit mbi armaturën dhe u përpoq të ecë, sepse nuk ishte mësuar. Por Davidi i tha Saulit: "Unë nuk mund të eci me këtë armaturë, sepse nuk jam mësuar me të". Dhe kështu Davidi e hoqi nga trupi i tij.

⁴⁰ Pastaj mori në dorë shkopin e tij, zgjodhi pesë gurë të lëmuar në përrua, i vuri në torbën e bariut, në një thes të vogël që kishte me vete; pastaj me hobenë në dorë u nis kundër Filisteut.

⁴¹ Edhe Filisteu përparoi duke iu afruar gjithnjë e më tepër

Davidit, ndërsa shqyrtari i tij e paraprinte.

⁴² Filisteu shikonte me kujdes dhe, me të parë Davidin, e përçmoi sepse ishte vetëm një i ri, kuqalash dhe i hijshëm.

⁴³ Filisteu i tha Davidit: "Mos jam vallë një qen që po del kundër meje me shkop në dorë?". Dhe Filisteu e mallkoi Davidin në emër të perëndive të tij.

⁴⁴ Pastaj Filisteu i tha Davidit: "Eja këtu, dhe unë do t'ia jap mishin tënd shpendëve të qiellit dhe kafshëve të fushave".

⁴⁵ Atëherë Davidi iu përgjegj Filisteut: "Ti po më vjen me shpatë, me shtizë dhe me ushtë; kurse unë po të dal në emër të Zotit të ushtërive, Perëndisë të ushtrisë së Izraelit që ti ke fyer.

⁴⁶ Pikërisht sot Zoti do të të dorëzojë në duart e mia; dhe unë do të të rrëzoj, do të pres kokën tënde dhe do t'u jap pikërisht sot kufomat e ushtrisë së Filistejve shpendëve të qiellit dhe bishave të tokës, me qëllim që gjithë dheu të mësojë se ka një Perëndi në Izrael.

⁴⁷ Atëherë gjithë kjo turmë do të mësojë që Zoti nuk të shpëton me anë të shpatës as me anë të shtizës; sepse përfundimi i betejës varet nga Zoti, dhe ai do t'ju dorëzojë në duart tona".

⁴⁸ Kur Filisteu lëvizi dhe shkoi përpara për t'u ndeshur me Davidin, edhe Davidi nxitoi menjëherë drejt mejdanit, ballë Filisteut;

⁴⁹ vuri dorën në thes, nxori prej tij një gur, e hodhi me hobenë dhe e goditi në ballë Filisteun; guri iu fut në ballë dhe ai ra me fytyrë për tokë.

⁵⁰ Kështu Davidi me një hobe dhe një gur mundi Filisteun; e goditi dhe e vrau, megjithëse Davidi nuk kishte asnjë shpatë në dorë.

⁵¹ Pastaj Davidi vrapoi, u hodh mbi Filisteun, ia mori shpatën dhe e vrau duke i prerë me të kokën. Kur Filistejtë e panë që heroi i tyre vdiq, ikën me vrap.

⁵² Atëherë njerëzit e Izraelit dhe të Judës u ngritën, duke lëshuar britma lufte, dhe i ndoqën Filistejtë deri në hyrjen e luginës dhe në portat e Ekronit. Filistejtë e plagosur për vdekje ranë në rrugën e Shaarimit, deri në Gath dhe në Ekron.

⁵³ Kur bijtë e Izraelit u kthyen nga ndjekja e Filistejve, plaçkitën kampin e tyre.

⁵⁴ Pas kësaj Davidi mori kokën e Filisteut dhe e çoi në Jeruzalem, por armët e tij i vendosi në çadrën e tij.

⁵⁵ Kur Sauli kishte parë Davidin që po dilte kundër Filisteut, kishte pyetur komandantin e ushtrisë së tij, Abnerin: "Abner, bir i kujt është ky i ri?". Abneri iu përgjegj: "Ashtu siç është e vërtetë që ti rron, o mbret, nuk e di".

⁵⁶ Atëherë mbreti tha: "Merr informata mbi prindërit e këtij djaloshi".

⁵⁷ Kur Davidi u kthye nga vrasja e Filisteut, Abneri e mori dhe e çoi përparea Saulit, ndërsa ai mbante akoma në dorë kokën e Filisteut.

⁵⁸ Sauli i tha: "O i ri, bir i kujt je?". Davidi u përgjegj: Jam bir i shërbëtorit tënd, Betlemitit Isai".

Kapitull 18

¹ Kur mbaroi së foluri me Saulin, shpirti i Jonathanit mbeti i lidhur me shpirtin e Davidit, dhe Jonathani e deshi si shpirtin e vet.

² Po atë ditë Sauli e mori me vete dhe nuk e lejoi të kthehet në shtëpinë e atit të tij.

³ Kështu Jonathani lidhi një besëlidhje me Davidin, sepse e donte si shpirtin e vet.

⁴ Pastaj Jonathani hoqi mantelin që kishte veshur dhe ia dha Davidit, dhe i shtoi gjithashtu rrobat, shpatën, harkun dhe brezin e tij.

⁵ Davidi shkonte kudo që Sauli e dërgonte dhe dilte me sukses. Kështu Sauli e vuri në krye të luftëtarëve dhe shihej me sy të mirë nga gjithë populli, madje edhe nga shërbëtorët e Saulit.

⁶ Gjatë kthimit të tyre, kur Davidi po kthehej nga vrasja e Filisteut, gratë e të gjitha qyteteve të Izraelit i dolën para mbretit Saul, duke kënduar dhe hedhur valle me dajre, me thirrje gëzimi dhe me vegla muzikore.

⁷ Kështu gratë u përgjigjeshin njëra tjetrës duke kënduar, dhe thoshnin: "Sauli vrau mijëshn e tij dhe Davidi dhjetëmijëshn e tij.

⁸ Kjo gjë e pezmatoi shumë Saulin dhe këto fjalë nuk i pëlqyen; ai tha: "Davidit i njohin dhjetë mijë dhe mua vetëm një mijë. Tani nuk i mungon veçse mbretëria!".

⁹ Kështu nga ajo ditë Sauli e shikoi me zili Davidin.

¹⁰ Të nesërmen një frym i keq nga ana e Perëndisë e zotëroi Saulin që sillej si një i marrë në mes të shtëpisë, kurse Davidi i binte harpës me dorën e tij si ditët e tjera dhe Sauli mbante në dorë shtizën.

¹¹ Kështu Sauli e vërtiti shtizën, duke thënë: "Do ta gozhdoj Davidin në mur!". Por Davidi iu shmang goditjes dy herë.

¹² Sauli kishte frikë nga Davidi, sepse Zoti ishte me të dhe e kishte braktisur Saulin.

¹³ Prandaj Sauli e largoi nga vetja dhe e bëri komandant të një mijë njerëzve; dhe ai shkonte e vinte në krye të popullit.

¹⁴ Davidit i shkonin mbarë të gjitha veprat, dhe Zoti ishte me të.

¹⁵ Sauli, duke parë që atij i shkonte shumë mbarë çdo gjë, kishte frikë prej tij;

¹⁶ por tërë Izraeli dhe Juda e donin Davidin, sepse shkonte e vinte në krye të tyre.

¹⁷ Pastaj Sauli i tha Davidit: "Ja Merabi, bija ime më e madhe; do të ta jap për grua; u bëfsh për mua një bir trim dhe març pjesë në betejat e Zotit". Sauli mendonte kështu: "Të mos jetë dora ime ta godasë, por dora e Filisejve".

¹⁸ Por Davidi iu përgjegj Saulit: "Kush jam unë dhe çfarë është jeta ime dhe familja e atit tim në Izrael, që unë të bëhem dhëndri i mbretit?".

¹⁹ Kur erdhi çasti për t'ia dhënë Davidit Merabin, bijën e Saulit, atë ia dhanë për grua Meholathitit Adriel.

²⁰ Por Mikal, bija e Saulit, e dashuronte Davidin; këtë ia njoftuan Saulit dhe kjo gjë i pëlqeu.

²¹ Kështu Sauli mendoi: "Do t'ia jap, në mënyrë që ky të jetë një lak për të dhe ai të bjerë në duart e Filistejve".

²² Pas kësaj Sauli i urdhëroi shërbëtorët e tij: "Bisedoni fshehurazi me Davidin dhe i thoni: "Ja, mbreti ështëi kënaqur nga ti dhe gjithë shërbëtorët e tij të duan, prandaj bëhu dhëndri i mbretit".

²³ Shërbëtorët e Saulit ia çuan këto fjalë Davidit. Por Davidi u përgjegj: "Ju duket gjë e vogël të bëhesh dhëndri i mbretit?. Unë jam një njeri i varfër dhe nga shtresë e ulët".

²⁴ Shërbëtorët i njoftuan Saulit: "Davidi u përgjegj në këtë mënyrë".

²⁵ Atëherë Sauli tha: "Do t'i thoni kështu Davidit: "Mbreti nuk dëshëron asnjë prikë, por njëqind lafsha të Filisejve për t'u hakmarrë me armiqtë e mbretit"". Sauli kurdiste komplote për të shkaktuar vdekjen e Davidit me anë të Filisejve.

²⁶ Kur shërbëtorët i njoftuan Davidit këto fjalë, Davidit iu duk gjë e mirë të bëhej dhëndër i mbretit. Ditët e caktuara nuk kishin kaluar akoma,

²⁷ kur Davidi u ngrit dhe iku me njerëzit e tij, dhe vrau dyqind veta nga Filistejtë. Pastaj Davidi solli lafshat e tyre dhe dorëzoi mbretit këtë sasi të saktë për t'u bërë dhëndër i tij. Atëherë Sauli i dha të bijën Mikal për grua.

²⁸ Kështu Sauli e pa dhe e kuptoi që Zoti ishte me Davidin; dhe Mikal, bija e Saulit, e donte.

²⁹ Sauli pati edhe më tepër frikë nga Davidi dhe mbeti armiku i tij gjatë gjithë ditëve që jetoi.

³⁰ Pastaj princat e Filistejve dolën për të luftuar por, sa herë që dilnin, Davidi ia dilte më mirë se të gjithë shërbëtorët e Saulit; kështu emri i tij u bë shumë i famshëm.

Kapitull 19

¹ Sauli i foli birit të tij Jonathan dhe të gjithë shërbëtorëve të tij që të vritej Davidi. Por Jonathani, bir i Saulit, ndiente një dashuri të madhe për Davidin.

² Kështu Jonathani e informoi Davidin, duke i thënë: "Sauli, ati im, kërkon të shkaktojë vdekjen tënde; prandaj nesër në mëngjes ruhu, rri në një vend të fshehtë dhe fshiu.

³ Unë do të dal dhe do të qëndroj pranë atit tim në fushën ku ndodhesh ti, dhe do t'i flas për ty atit tim. Do të shoh ç'ka për të ndodhur dhe do të njoftoj".

⁴ Kështu Jonathani i foli Saulit, atit të tij, në favor të Davidit dhe i tha: "Mbreti të mos bëj mëkat në dëm të shërbëtorit të tij, në dëm të Davidit, sepse ai nuk ka kryer mëkate kundër teje, dhe veprat e tij kanë qenë shumë të vlefshme.

⁵ Ai ka vënë në rrezik jetën e tij, kur vrau Filisteun, dhe Zoti ka kryer një çlirim të madh për gjithë Izraelin. Ti e ke parë dhe je gëzuar; pse duhet të mëkatosh kundër gjakut të pafajshëm, duke shkaktuar vdekjen e Davidit pa shkak?".

⁶ Sauli dëgjoi zërin e Jonathanit dhe u betua: "Siç është e vërtetë që Zoti rron, ai nuk ka për të vdekur!".

⁷ Atëherë Jonathani thirri Davidin dhe i njoftoi tërë këto gjëra. Pastaj Jonathani e shpuri përsëri Davidin te Sauli dhe ai qëndroi në shërbim të tij si më parë.

⁸ Filloi përsëri lufta; kështu Davidi doli të luftojë kundër Filistejve dhe i mundi keq; ata ia mbathën para tij.

⁹ Por një frym i keq nga ana e Zotit e pushtoi Saulin, ndërsa rrinte në shtëpinë e tij me shtizë në dorë dhe Davidi i binte harpës.

¹⁰ Sauli u orvat të gozhdonte Davidin në mur me shtizën e tij, por Davidi iu shmang Saulit, dhe ky e nguli shtizën e tij në mur. Davidi iku po atë natë dhe shpëtoi nga rreziku.

¹¹ Atëherë Sauli dërgoi lajmëtarë në shtëpi të Davidit për ta

1 Samuelit

përgjuar dhe për ta vrarë të nesërmen në mëngjes; por Mikal, bashkëshortja e Davidit, e njoftoi për këtë gjë, duke thënë: "Në rast se sonte

¹² Kështu Mikal e zbriti Davidin nga dritarja dhe ai iku; ia mbathi me vrap dhe shpëtoi.

¹³ Pastaj Mikal mori idhullin e shtëpisë dhe e vuri në shtrat, në vend të kokës vuri një mbulesë prej leshi të dhisë dhe e mbuloi me një pëlhurë.

¹⁴ Kur Sauli dërgoi lajmëtarët e tij për të marrë Davidin, ajo tha: "Është i sëmurë".

¹⁵ Atëherë Sauli dërgoi përsëri lajmëtarë për të parë Davidin dhe u tha atyre: "Ma sillni me shtratin e tij që unë të shkaktoj vdekjen e tij".

¹⁶ Kur arritën lajmëtarët, në shtrat ishte idhulli i shtëpisë, me një mbulesë prej leshi të dhisë në vend të kokës.

¹⁷ Atëherë Sauli i tha Mikalit: "Pse më mashtrove në këtë mënyrë dhe bëre të ikë armiku im, duke e lejuar të shpëtojë?". Mikal iu përgjegj Saulit: "Ai më tha: "Lermë të ikij, përndryshe të vrava"".

¹⁸ Davidi iku, pra, dhe shpëtoi kokën; shkoi te Samueli në Ramah dhe i tregoi të gjitha ato që i kishte bërë Sauli. Pas kësaj ai dhe Samueli vajtën të banojnë në Najoth.

¹⁹ Këtë gjë ia njoftuan Saulit, i cili tha: "Davidi është në Najoth të Ramahut".

²⁰ Atëherë dërgoi lajmëtarë për të marrë Davidin; por kur këta panë asamblenë e profetëve që profetizonin, nën kryesinë e Samuelit, Fryma e Perëndisë i përshkoi lajmëtarët e Saulit që filluan edhe ata të bëjnë profeci.

²¹ Këtë ngjarje ia njoftuan Saulit që dërgoi lajmëtarë të tjerë, të cilët gjithashtu filluan të bëjnë profeci. Sauli dërgoi përsëri lajmëtarë për të tretën herë, por edhe këta filluan të bëjnë profeci.

²² Atëherë shkoi vetë në Ramah dhe, kur arritën në hauzin e madh që ndodhet në Seku, pyeti: "Ku janë Samueli dhe Davidi?". Dikush iu përgjegj: "Ja, ndodhen në Najoth të Ramahut".

²³ Kështu ai shkoi vetë atje, në Najoth të Ramahut, per edhe ai u përshkua nga Fryma e Perëndisë, dhe e vazhdoi udhëtimin e tij duke bërë profeci deri sa arriti në Najoth të Ramahut.

²⁴ Edhe ai i hodhi rrobat e tij dhe bëri profeci përpara Samuelit, dhe qendroi i shtrirë lakuriq për tokë tërë atë ditë dhe tërë atë natë. Prandaj thuhet: "Edhe Sauli figuron midis profetëve?".

Kapitull 20

¹ Davidi iku nga Najothi i Ramahut, shkoi te Jonathani dhe i tha: "Çfarë kam bërë? Cili është faji im dhe cili është mëkati im kundër atit tënd, që ai kërkon jetën time?".

² Jonathani iu përgjegj: "Mos ndodhtë kurrë! Ti nuk ke për të vdekur; ja im atë nuk bën asnjë veprim të madh apo të vogël pa ma njoftuar mua. Pse im atë të ma fshihte këtë gjë? Nuk është e mundur".

³ Davidi u betua përsëri dhe tha: "Yt atë e di me siguri që unë gëzoj hirin tënd dhe do të ketë thënë: "Jonathani të mos e dijë këtë, që të mos hidhërohet". Por siç është e vërtetë që Zoti jeton, dhe që rron shpirti yt, mua nuk më ndan nga vdekja veçse një hap".

⁴ Jonathani i tha Davidit: "Çfarëdo gjë që të më kërkosh, unë do ta bëj për ty".

⁵ Davidi iu përgjegj Jonathanit: "Ja, nesër fillon hëna e re dhe unë duhet të ulem në tryezë me mbretin, por të më lër të shkoj dhe unë do të fshatrat deri në mbrëmjen e ditës së tretë.

⁶ Në qoftë se atit tënd i bie në sy mungesa ime, ti do t'i thuash: "Davidi më është lutur me insistim të hidhet për pak kohë deri në Betlem, në qytetin e tij, sepse aty kremtohet flijimi për tërë familjen e tij".

⁷ Në qoftë se thotë: "Mirë", shërbëtori yt ka për të shpëtuar. Por në rast se zemërohet, dije se ka vendosur të ma bëjë të keqen.

⁸ Tregohu, pra, i mëshirshëm me shërbëtorin tënd, sepse e ke bërë të lidhet në një besëlidhje të Zotit me ty; por në rast se kam ndonjë faj, vritmë ti. Pse duhet të më çosh tek at yt?"

⁹ Jonathani tha "Larg qoftë ky mendim! Po ta dija që im atë ka vendosur të ta bëjë të keqen, nuk do të ta tregoja ty?".

¹⁰ Davidi i tha Jonathanit: "Kush do të më njoftojë në se yt atë të përgjigjet rëndë?".

¹¹ Jonathani i tha Davidit: "Eja, të dalim ndër fusha!". Kështu që të dy dolën jashtë, në fushë.

¹² Atëherë Jonathani i tha Davidit: "Paça dëshmitar Zotin, Perëndinë e Izraelit! Nesër ose pasnesër, në këtë orë, do të hetoj qëllimet e atit tim, dhe në qoftë se ai shikon me sy të mirë Davidin, dhe po të mos dërgoj njeri të të njoftojë,

¹³ Zoti le t'i bëjë këtë gjë Jonathanit, madje edhe më keq. Në qoftë se përkundrazi im atë ka ndërmend të bëjë një të keqe, unë do të të njoftoj dhe do të të lë të shkosh me qëllim që ti të shkosh në paqe; dhe Zoti qoftë me ty, ashtu siç ka qenë me atin tim!

¹⁴ Deri sa të jem gjallë, a nuk do të përdorësh ndaj meje mirësinë e Zotit, me qëllim që mos vritem?".

¹⁵ Por nuk do të heqësh dorë kurrë të përdorësh mirësinë ndaj shtëpisë sime, as atëherë kur Zoti të ketë shfarosur nga faqja e dheut tërë armiqtë e Davidit".

¹⁶ Kështu Jonathani lidhi një besëlidhje me shtëpinë e Davidit, duke thënë: "Zoti t'u kërkojë llogari armiqve të Davidit për gjakun!".

¹⁷ Për hir të dashurisë që kishte për të, Jonathani e vuri përsëri Davidin të betohet, sepse ai e donte si shpirtin e vet.

¹⁸ Pastaj Jonathani i tha: "Nesër fillon hëna e re dhe mungesa jote do të bjerë në sy, sepse vendi yt do të mbetet bosh.

¹⁹ Do të lësh të kalojmë tri ditë, pastaj do të zbresësh me të shpejtë dhe do të shkosh në vendin ku u fshehe ditën e ngjarjes, dhe do të rrish pranë gurit të Ezelit.

²⁰ Unë do të hedh tri shigjeta përbri gurit sikur të gjuaja në shenjë.

²¹ Pastaj do të dërgoj një djalosh, duke i thënë: "Shko të kërkosh shtigjeta". Në rast se i them djaloshit: "Shiko, shigjetat janë nga ana jote, prandaj merri!" atëherë eja sepse, ashtu si Zoti jeton, punët të ecin mbarë ty dhe nuk ka asnjë rrezik.

²² Në qoftë se përkundrazi i them djaloshit: "Shiko, shigjetat janë matanë teje", atëherë shko, sepse Zoti të bën të ikësh.

²³ Sa për gjërat për të cilat kemi folur midis nesh, ja, Zoti qoftë dëshmitar midis teje dhe meje për gjithnjë".

²⁴ Kështu Davidi u fsheh nëpër ara; kur filloi hëna e re, mbreti u ul për të ngrënë.

²⁵ Mbreti u ul në karrigen e tij, si herët e tjera, në karrigen pranë murit; Jonathani u ul përballë tij. Abneri u ul pranë Saulit, por vendi i Davidit mbeti bosh.

²⁶ Megjithatë Sauli nuk tha asgjë atë ditë, sepse mendonte: "Do t'i ketë ndodhur diçka; nuk do të jetë i pastër; me siguri ai nuk është i pastër".

²⁷ Por të nesërmen, ditën e dytë të hënës së re, vendi i Davidit ishte akoma bosh. Atëherë Sauli i tha Jonathanit, birit të tij: "Pse biri i Isait nuk erdhi për të ngrënë as dje, as sot?".

²⁸ Jonathani iu përgjegj Saulit: "Davidi më kërkoi me insistim ta lë të shkojë në Betlem,

²⁹ dhe tha: "Të lutem lermë të shkoj, sepse kemi në qytet një flijim në familje, dhe vëllai im më ka detyruar të marr pjesë në të; tani, pra, po të gëzoj hirin tënd, të lutem, lermë të hidhem shpejt për të parë vëllezërit e mi". Për këtë arësye nuk erdhi në tryezën e mbretit".

³⁰ Atëherë zemërimi i Saulit u ndez kundër Jonathanit dhe i tha: "O bir i çorodituri dhe rebel, vallë nuk e di unë që ti mban anën e birit të Isait, për turpin tënd dhe për turpin e lakuriqësisë të nënës sate?

³¹ Sepse për deri sa biri i Isait do të jetojë mbi tokë, nuk do të ketë qëndrueshmëri as për ty, as për mbretërinë tënde. Prandaj dërgo ta marrin dhe sille tek unë, sepse ai duhet të vdesë.

³² Jonathani iu përgjegj Saulit, atit të tij duke i thënë: "Pse duhet të vdesë? Çfarë ka bërë?".

³³ Atëherë Sauli e vërtiti ushtën kundër tij për ta vrarë. Jonathani e kuptoi që vrasja e Davidit ishte diçka e vendosur nga ana e t'atit.

³⁴ Kështu Jonathani u ngrit i zemëruar nga tryeza dhe nuk hëngri gjë as ditën e dytë të hënës së re, mbasi ishte i hidhëruar për Davidin, sepse i ati e kishte trajtuar në mënyrë të turpshme.

³⁵ Të nesërmen në mëngjes, Jonathani doli në fushë në vendin e caktuar me Davidin, duke pasur me vete një djalosh.

³⁶ Ai i tha djaloshit: "Vrapo të më sjellësh shigjetat që unë gjuaj". Ndërsa djaloshi vraponte, ai hodhi një shigjetë që kaloi përtej tij.

³⁷ Kur djaloshi arriti në vendin ku ndodhej shigjeta që Jonathani kishte hedhur, Jonathani i bërtiti nga prapa: "Shigjeta, vallë ka rënë matanë teje?"

³⁸ Pastaj Jonathani i bërtiti akoma djaloshit: "Vepro shpejt, mbaro punë, mos u ndal!". Kështu djaloshi i Jonathanit mblodhi shigjetat dhe u kthye tek i zoti.

³⁹ Por djaloshi nuk e dinte asgjë; vetëm Jonathani dhe Davidi e dinin si qëndronte çështja.

⁴⁰ Pastaj Jonathani ia dha armët e tij djaloshit dhe i tha: "Nisu, çoji në qytet".

⁴¹ Me t'u nisur djaloshi, Davidi u ngrit nga krahu jugor, ra përmbys tri herë me fytyrë për tokë; pastaj të dy puthen me njeri tjetrin dhe qanë bashkë; por Davidi qau më tepër.

⁴² Pastaj Jonathani i tha Davidit: "Shko në paqe, tani që ne të dy jemi betuar në emër të Zotit; Zoti le të jetë përgjithmonë dëshmitar midis meje dhe teje dhe ndërmjet pasardhësve të tu dhe pasardhësve të mi". Pastaj Davidi u ngrit dhe iku; dhe Jonathani u kthye në qytet.

Kapitull 21

¹ Pastaj Davidi shkoi në Nob tek prifti Ahimelek; Ahimeleku i doli përpara Davidit duke u dridhur dhe i tha: "Pse je vetëm dhe nuk ka njeri me ty?".

² Davidi iu përgjegj priftit Ahimelek: "Mbreti më urdhëroi diçka dhe më tha: "Asnjeri të mos dijë kurrgjë për çështjen për të cilën po të dërgoj dhe për atë që të kam urdhëruar". Njerëzti e mi i kam drejtuar në filan vend.

³ Dhe tani çfarë ke në dorë? Më jep pesë bukë ose çfarë të kesh".

⁴ Prifti iu përgjegj Davidit, duke thënë: "Nuk kam bukë të zakonshme, ka vetëm bukë të shenjtëruar, me kusht që burrat e tu t'u jenë përmbajtur së paku kontakteve me gratë".

⁵ Davidi iu përgjegj priftit: "Kemi mbetur pa gra, qysh se jemi nisur, tri ditë më parë; enët e njerëzve të mi janë të pastra; në fakt edhe buka është e zakonshme, megjithëse sot është shenjtëruar në enët".

⁶ Kështu prifti i dha bukën e shenjtëruar, sepse aty nuk kishte tjetër bukë veç asaj të paraqitjes, që ishte hequr nga prania e Zotit, për ta zëvendësuar me bukë të ngrohtë në çastin kur hiqet.

⁷ Atë ditë ndodhej aty një nga shërbëtorët e Saulit, që qëndronte para Zotit; quhej Doeg, Edomiti, kryebariu i Saulit.

⁸ Davidi i tha Ahimelekut: "Mos ke rastësisht për kollaj ndonjë shtizë a ndonjë shpatë? Mbasi unë nuk kam marrë me vete as shpatën, as armët e mia, sepse detyra e ngarkuar nga mbreti ishte urgjente".

⁹ Prifti u përgjegj: "Është shpata e Goliathit, Filisteut, që ti vrave në luginën e Terebintos; është aty prapa efodit, e mbështjellë me një pëlhurë; në rast se e do, merre, sepse këtu nuk kemi tjetër veç kësaj". Davidi tha: "Asnjë nuk ia kalon asaj; nëma!".

¹⁰ Atë ditë Davidi u ngrit dhe iku nga prania e Saulit; ai shkoi në Akish, te mbreti i Gathit.

¹¹ Shërbëtorët e Akishit i thanë: "A nuk është ky Davidi, mbret i vendit? A nuk këndonin në kor për të në valle, duke thënë: "Sauli ka vrarë një mijë të tij dhe Davidi dhjetë mijë të tij"?".

¹² Davidi i mbajti në zemër këto fjalë dhe pati frikë të madhe nga Akishi, mbret i Gathit.

¹³ Kështu ndërroi mënyrën e sjelljes së tij para tye dhe e hiqte veten si të marrë në duart e tyre; bënte shkaravina mbi kanatet e dyerve dhe lëshonte jargë mbi mjekrën e tij.

¹⁴ Atëherë Akishi u tha shërbëtorëve të tij: "Ja, e shikoni, ky është i marrë; pse ma keni sjellë?

¹⁵ Mos vallë më mungojnë të marrët, dhe ju më sillni këtë për të bërë të marrin në praninë time? Ai nuk ka për të hyrë në shtëpinë time!".

Kapitull 22

¹ Pastaj Davidi u nis që andej dhe u strehua në shpellën e Adulamit; kur vëllezërit e tij dhe tërë shtëpia e atit të tij e mësuan, zbritën aty poshtë tek ai.

² Dhe tërë ata që hasnin vështirësi, që kishin borxhe o që ishin të pakënaqur u mblodhën pranë tij dhe ai u bë kreu i tyre. Ishin me të rreth katërqind veta.

³ Që andej Davidi shkoi në Mitspah të Moabit dhe i tha mbretit të Moabit: "Lejo që ati dhe nëna ime të vijnë dhe të banojnë me ju, deri sa unë të mësoj se çfarë do të bëjë Perëndia për mua".

⁴ Kështu ai i çoi para mbretit të Moabit, dhe ata qëndruan me të tërë kohën që Davidi ndodhej në fortesë.

⁵ Pastaj profeti Gad i tha Davidit: "Mos qëndro më në fortesë, por nisu dhe shko në vendin e Judës". Atëherë Davidi u nis dhe shkoi në pyllin e Herethit.

⁶ Kur Sauli mësoi që Davidi dhe njerëzit që ishin me të qenë zbuluar (Sauli ndodhej atëherë në Gibeah poshtë nën drurin e marinës në Ramah, me ushtën e tij në dorë dhe të gjithë shërbëtorët e tij e rrethonin).

⁷ Sauli u tha shërbëtorëve që i rrinin rreth e qark: "Më dëgjoni tani, Beniaminitë! Biri i Isait do t'ju japë juve ara dhe vreshta. Do t'ju bëjë të gjithëve komandantë të mijëshëve dhe qindëshëve?

⁸ Të gjithë ju keni komplotuar, dhe asnjë nga ju nuk më ka informuar për besëlidhjen, që im bir ka lidhur me birin e Isait; dhe nuk ka asnjë prej jush që t'i vijë keq për mua që të më njoftojë që im bir ka ngritur kundër meje shërbëtorin tim që të më kurdisë kurthe siç bën sot?".

⁹ U përgjegj atëherë Idumei Doeg, që rrinte në krye të shërbëtorëve të Saulit, dhe tha: "Unë e pashë birin e Isait kur erdhi në Nob tek Ahimeleku, bir i Ahitubit;

¹⁰ ky është këshilluar me Zotin lidhur me të, i dha ushqime dhe i dorëzoi shpatën e Filisteut Goliath".

¹¹ Atëherë mbreti dërgoi të thërrasin priftin Ahimelek, birin e Ahitubit, dhe tërë shtëpinë e atit të tij, priftërinjtë që ishin në Nob; dhe ata erdhën të gjithë te mbreti.

¹² Sauli tha: "Tani dëgjo, o bir i Ahitubit!". Ai u përgjegj: Ja ku jam, o imzot".

¹³ Sauli i tha: "Pse ti dhe biri i Isait keni komlotuar kundër meje, duke i dhënë bukë dhe një shpatë, dhe je këshilluar me Perëndinë lidhur me të, me qëllim që të ngrihet kundër meje dhe të më kurdisë kurthe siç bën sot?".

¹⁴ Atëherë Ahimeleku iu përgjegj mbretit, duke thënë: "Po midis gjithë shërbëtorëve të tu kush është besnik si Davidi, dhëndër i mbretit, i gatshëm nën urdhrat e tua dhe i nderuar në shtëpinë tënde?

¹⁵ Vallë sot kam filluar të këshillohem me Perëndinë për të? Mos qoftë kurrë, që mbreti të akuzojë për gjëra të tilla shërbëtorin e tij apo dikë nga shtëpia e atit tim, sepse shërbëtori yt nuk dinte asgjë nga tërë kjo, as pak e as shumë".

¹⁶ Mbreti tha: "Ti me siguri ke për të vdekur, Ahimelek, ti dhe tërë shtëpia e atit tënd!".

¹⁷ Atëherë mbreti urdhëroi rojet që e rrethonin: "Kthehuni dhe vritni priftërinjtë e Zotit, sepse edhe ata mbajnë anën Davidit dhe e dinin që ai kishte ikur, por nuk më njoftuan". Por shërbëtorët e mbretit nuk deshën të zgjatnin duart për të goditur priftërinjtë e Zotit.

¹⁸ Atëherë mbreti i tha Doegut: "Kthehu ti dhe godit priftërinjtë!". Kështu Idumeti Doeg u kthye dhe goditi priftërinjtë; atë ditë vrau tetëdhjetë e pesë persona që mbanin efodin prej liri.

¹⁹ Sauli goditi gjithashtu me shpatë Nobin, qytetin e priftërinjve, burrat, gratë, të vegjëlit, foshnjat e gjirit, lopët, gomarët dhe delet; i vrau të gjithë me shpatë.

²⁰ Megjithatë një nga bijtë e Ahimelekut, bir i Ahitubit, i quajtur Abiathar, shpëtoi dhe u strehua pranë Davidit.

²¹ Abiathari i njoftoi Davidit që Sauli kishte vrarë priftërinjtë e Zotit.

²² Davidi i tha Abiatharit: "Unë e dija mirë atë ditë që Idumeu Doeg, i cili ndodhej aty, pa dyshim do ta lajmëronte Saulin. Unë jam shkaktari i vdekjes të të gjithë personave të shtëpisë së atit tënd.

²³ Rri me mua, mos ki frikë; ai që kërkon jetën time kërkon edhe tënden; por me mua do të jesh i sigurt.

Kapitull 23

¹ Pastaj i thanë Davidit: "Ja, Filistejtë janë duke luftuar kundër Kejlahut dhe po plaçkisnin lëmenjtë".

² Kështu Davidi u këshillua me Zotin, duke thënë: "Të shkoj unë t'i mund këta Filistej?". Zoti iu përgjegj me këto fjalë Davidit: "Shko, mundi Filistejtë dhe shpëto Kejlahun".

³ Por njerëzit e Davidit i thanë: "Ja, ne na ka zënë frika që këtu në Jude, si do të bëhet pastaj në rast se shkojmë në Kejlah kundër trupave të Filistejve?".

⁴ Davidi u këshillua përsëri me Zotin dhe Zoti iu përgjegj dhe i tha: "Çohu, zbrit në Kejlah, sepse unë do t'i jap Filistejtë në duart e tua".

⁵ Atëherë Davidi shkoi me njerëzit e tij në Kejlah, luftoi kundër Filistejve, ua mori bagëtinë dhe bëri kërdi të madhe në radhët e tyre. Kështu Davidi çliroi banorët e Kejlahut.

⁶ Kur Abiathari, bir i Ahimelekut, u strehua pranë Davidit në Kejlah, solli me vete edhe efodin.

⁷ Saulin e njoftuan që Davidi kishte arritur në Kejlah. Atëherë Sauli tha: "Perëndia e ka dorëzuar në duart e mia, sepse vajti të mbyllet në një qytet që ka porta dhe shule.".

⁸ Sauli mblodhi tërë popullin për luftë, për të zbritur në Kejlah dhe për të rrethuar Davidin dhe njerëzit e tij.

⁹ Kur Davidi mësoi që Sauli po kurdiste të keqen kundër tij, i tha priftit Abiathar: "Sille këtu efodin".

¹⁰ Pastaj Davidi tha: "O Zot, Perëndi i Izraelit, shërbëtori yt e ka kuptuar qartë që Sauli kërkon të vijë në Kejlah për ta shkatërruar qytetin për shkakun tim.

¹¹ Krerët e Kejlahut a do të më dorëzojnë në duart e tij? A do të zbresë Sauli si ka dëgjuar shërbëtori yt? O Zot, Perëndi i Izraelit, bëja të ditur shërbëtorit tënd!". Zoti u përgjegj: "Ka për të zbritur".

¹² Davidi pyeti akoma: "Krerët e Kejlahut a do të më dorëzojnë mua dhe njerëzit e mi në duart e Saulit?". Zoti u përgjegj: "Do t'ju dorëzojnë".

¹³ Atëherë Davidi dhe njerëzit e tij, rreth gjashtëqind veta, dolën nga Kejlahu dhe brodhën sa andej e këtej. Kur Sauli u njoftua që Davidi kishte ikur nga Kejlahu, ai hoqi dorë nga fushata e tij.

¹⁴ Davidi banoi në fortesa të shkretëtirës dhe qëndroi në krahinën malore të shkretëtirës së Zifit. Sauli e kërkonte vazhdimisht, por Perëndia nuk ia dorëzoi në dorë.

¹⁵ Davidi, duke ditur që Sauli ishte nisur për ta vrarë, mbeti në shkretëtirën e Zifit, në pyll.

¹⁶ Atëherë Jonathani, bir i Saulit, u ngrit dhe shkoi te Davidi në pyll; dhe e ndihmoi të gjejë forcë te Perëndia.

1 Samuelit

17 Pastaj i tha: "Mos ki frikë, sepse Sauli, ati im, nuk do të arrijë të të shtjerë në dorë; ti do të mbretërosh mbi Izraelin dhe unë do të jem i dyti pas teje. Vetë Sauli, ati im, e di këtë".

18 Kështu të dy bënë një besëlidhje para Zotit; pas kësaj Davidi mbeti në pyll, kurse Jonathani shkoi në shtëpinë e tij.

19 Pastaj Zifejtë shkuan te Sauli në Gibeah dhe i thanë: "A nuk rri Davidi i fshehur në fortesa në pyll, mbi kodrën e Hakilahut që ndodhet në jug të shkretëtirës?

20 Prandaj, o mbret, zbrit, sepse gjithë dëshira e shpirtit tënd është të zbresësh; do të mendojmë ne ta dorëzojmë në duart e mbretit".

21 Sauli tha: "Qofshi të bekuar nga Zoti, sepse ju ka ardhur keq për mua!

22 Shkoni, ju lutem, dhe sigurohuni më mirë për të njohur dhe për të parë vendin ku strehohet, dhe kush e ka parë atje, sepse më thonë që ai është shumë dinak.

23 Përpiquni të njihni të gjitha vendet e fshehta ku strehohet; pastaj kthehuni tek unë me lajme të sigurta dhe unë do të vij me ju. Kështu, në qoftë se ai është në atë vend, unë do të kërkoj midis të gjithë mijërave të Judës".

24 Atëherë ata u ngritën dhe shkuan në Zif, përpara Saulit: por Davidi dhe njerëzit e tij ishin në shkretëtirën e Maonit, në Arabah, në jug të shkretëtirës.

25 Kur Sauli dhe njerëzit e tij shkuan ta kërkojnë, Davidin e kishin lajmëruar; prandaj ai zbriti te shkëmbi dhe mbeti në shkretëtirën e Maonit. Kur e mori vesh Sauli, e ndoqi Davidin në shkretëtirën e Maonit.

26 Sauli ecte mbi një anë të malit, ndërsa Davidi me gjithë njerëzit e tij ecnin në anën tjetër. Kur Davidi po shpejtonte marshimin e tij për t'i shpëtuar Saulit, ndërsa Sauli dhe njerëzit e tij ishin duke rrethuar Davidin dhe njerëzit e tij për t'i kapur,

27 arriti te Sauli një lajmëtar që tha: "Shpejtohu të vish, sepse Filistejtë kanë pushtuar vendin".

28 Kështu Sauli nuk e ndoqi më Davidin dhe shkoi të përballojë Filistejtë; prandaj ky vend u quajt "shkëmbi i ndarjes".

29 Pastaj që andej Davidi shkoi për t'u vendosur në fortesat e En-Gedit.

Kapitull 24

1 Kur Sauli u kthye nga ndjekja e Filistejve, i njoftuan sa vijon: "Ja, Davidi është në shkretëtirën e En-Gedit".

2 Atëherë Sauli mori tre mijë njerëz të zgjedhur nga tërë Izraeli dhe shkoi të kërkojë Davidin dhe njerëzit e tij përballë shkëmbinjve të dhive të egra.

3 Me të arritur në vathët e deleve gjatë rrugës, ku ndodhej një shpellë, Sauli hyri brenda saj për të bërë një nevojë natyrale. (Davidi dhe njerëzit e tij ishin në fund të shpellës).

4 Njerëzit e Davidit i thanë: "Kjo është dita gjatë së cilës Zoti të thotë: "Ja, unë po ta dorëzoj në dorën tënde armikun tënd; bëj me të ç'të duash"". Atëherë Davidi u ngrit dhe pa u diktuar preu një cep të mantelit të Saulit.

5 Por pas kësaj Davidit i rrahu zemra, sepse i kishte prerë cepin e mantelit Saulit.

6 Kështu u tha njerëzve të tij: "Të më ruajë Zoti nga kryerja e një veprimi të tillë kundër zotërisë sime, kundër të vajosurit të Zotit, nga shtrirja e dorës sime kundër tij, sepse është i vajosuri i Zotit".

7 Me këto fjalë Davidi i ndali njerëzit e tij dhe nuk i la të hidhen kundër Saulit. Pastaj Sauli u ngrit, doli nga shpella dhe vazhdoi rrugën e tij.

8 Pas kësaj edhe Davidi u ngrit, doli nga shpella dhe i thirri Saulit, duke thënë: "O mbret, o imzot!". Atëherë Sauli u kthye, dhe Davidi uli fytyrën për tokë dhe u përul.

9 Davidi i tha Saulit: "Pse dëgjon fjalët e njerëzve që thonë: "Davidi kërkon të të bëj keq?".

10 Ja, sot sytë e tu panë që sot Zoti të kishte dorëzuar në duart e mia në atë shpellë; dikush më tha të të vras, por unë të kurseva dhe thashë: "Nuk do ta shtrij dorën kundër zotërisë tim, sepse është i vajosuri i Zotit".

11 Veç kësaj, o ati im, shiko në dorën time cepin e mantelit tënd. Në rast se kam prerë cepin e mantelit tënd dhe nuk të kam vrarë, mund të kuptosh dhe të bindesh që nuk ka në veprimet e mia ligësi, as rebelim dhe se nuk kam mëkatuar kundër teje; por ti po më kurdis gracka për të më hequr jetën!

12 Zoti le të vendosë midis teje dhe meje dhe Zoti le të më marrë hakun kundër teje; sepse unë nuk do ta ngre dorën kundër teje.

13 Ashtu si thotë proverbi i lashtë: "Ligësia vjen nga të liqtë". Por unë nuk do të shtrij dorën time kundër teje.

14 Kundër kujt ka dalë mbreti i Izraelit? Cilin je duke persekutuar? Një qen të ngordhur, një plesht?

15 Zoti le të jetë gjykatës dhe le të sigurojë drejtësi midis meje dhe teje; të ketë mundësinë të shohë dhe të mbrojë çështjen time, të më japë hak, duke më liruar nga duart e tua".

16 Kur Davidi mbaroi së thëni këto fjalë Saulit, ky i tha: "Ky është zëri yt, biri im David?". Dhe Sauli ngriti zërin dhe filloi të qajë.

17 Pastaj i tha Davidit: "Ti je më i drejtë se unë, sepse më ke bërë të mira, kurse unë të kam bërë të këqija.

18 Ti sot tregove që je sjellë mirë me mua, sepse Zoti më kishte lënë në duart e tua, por ti nuk më vrave.

19 Kur, pra, një njeri takon armikun e tij dhe e lë të shkojë në paqe? Zoti të dhëntë të mira për atë që më ke bërë sot.

20 Tani e di me siguri që ti do të mbretërosh dhe që mbretëria e Izraelit do të jetë e qëndrueshme në duart e tua.

21 Prandaj betomu në emër të Zotit që nuk do t'i vrasësh pasardhësit e mi pas meje dhe nuk do ta fshish emrin tim nga shtëpia e atit tim".

22 Davidi iu betua Saulit. Pastaj Sauli shkoi në shtëpinë e tij, ndërsa Davidi dhe njerëzit e tij u ngjitën në fortesë.

Kapitull 25

1 Pastaj Samueli vdiq, dhe tërë Izraeli u mblodh dhe e qau, e varrosën në shtëpinë e tij në Ramah. Atëherë Davidi u ngrit dhe zbriti në shkretëtirën e Paranit.

2 Në Maon jetonte një njeri pronat e të cilit ndodheshin në Karmel; ky njeri ishte shumë i pasur; kishte tre mijë dele dhe një mijë dhi, dhe ndodhej në Karmel për të qethur delet e tij.

3 Ky njeri quhej Nabal dhe gruaja e tij Abigail; ajo ishte një grua me gjykim të shëndoshë dhe e hijshme, por burri i saj ishte i ashpër dhe i keq në veprimet e tij; ai rridhte nga Kalebi.

4 Kur Davidi mësoi në shkretëtirë që Nabali ishte duke qethur delet e tij,

5 dërgoi dhjetë të rinj; Davidi u tha të rinjve: "Ngjituni në Karmel, shkoni tek Nabali dhe pyeteni nga ana ime në se është mirë,

6 dhe i thoni kështu: "Shëndet! Paqe ty, paqe shtëpisë sate dhe paqe çdo gjëje që të përket!

7 Mësova që te ti ndodhen qethësit; kur barinjtë e tu ndodheshin te ne, nuk u kemi bërë asnjë të keqe, dhe nuk u ka munguar gjë gjatë kohës që kanë qenë në Karmel.

8 Pyet shërbëtorët e tu dhe do të ta thonë. Paçin hirin tënd këta të rinj, sepse kemi ardhur në një ditë gëzimi; jepu, të lutem, shërbëtorëve të tu dhe birit tënd David ç'të kesh mundësi"".

9 Kështu të rinjtë e Davidit shkuan dhe i njoftuan Nabalit tërë këto fjalë në emër të Davidit, pastaj pritën.

10 Por Nabali iu përgjegj shërbëtorëve të Davidit, duke thënë: "Kush është Davidi dhe kush është biri i Isait? Sot ka shumë shërbëtorë që largohen nga zotërinjtë e tyre.

11 Do të marr, pra, bukën time, ujin tim dhe mishin e kafshëve që kam vrarë për qethësit e mi, për t'ua dhënë njerëzve që unë nuk di se nga vijnë?".

12 Kështu të rinjtë e Davidit morën përsëri rrugën e tyre, u kthyen dhe shkuan të njoftojnë tërë këto fjalë.

13 Atëherë Davidi u tha njerëzve të tij: "Secili do të ngjesh shpatën". Kështu secili ngjeshi shpatën e tij dhe Davidi ngjeshi të vetën; rreth katërqind veta shkuan pas Davidit dhe dyqind mbetën me plaçkat.

14 Por një nga shërbëtorët e lajmëroi Abigailin, gruan e Nabalit, duke thënë: "Ja, Davidi ka dërguar lajmëtarë nga shkretëtira për të përshëndetur zotin tonë, por ai i ka fyer.

15 Mirëpo këta njerëz janë sjellë shumë mirë me ne, nuk na kanë bërë asnjë të keqe dhe nuk ka munguar asgjë në kohën që kemi bredhur bashkë me ta nëpër fusha.

16 Ata kanë qenë për ne një mur mbrojtjeje natën e ditën për gjithë kohën që kemi kullotur bashkë me ta kopenë tonë.

17 Dije dhe shiko atë që duhet të bësh, sepse ka për t'i ngjarë ndonjë fatkeqësi zotit tonë dhe tërë shtëpisë së tij; ai është një njeri aq i keq, sa nuk mund t'i flasësh".

18 Atëherë Abigaili mori me nxitim dyqind bukë, dy calikë verë, pesë dele të gatuara, pesë masa gruri të pjekur, njëqind vile rrush të thatë dhe dyqind bukë fiku dhe i ngarkoi mbi gomarë.

19 Pastaj u tha shërbëtorëve të saj: "Shkoni para meje, unë do t'ju ndjek". Por nuk i tha asgjë Nabalit, burrit të saj.

20 Ndërsa ajo po zbriste hipur mbi gomar nëpër një shteg të fshehur nga mali, Davidi dhe njerëzit e tij zbrisnin në drejtim të saj, dhe ajo i ndeshi ata.

21 Davidi kishte thënë: "Kam ruajtur më kot tërë ato që ai njeri kishte në shkretëtirë. Nuk i ka dalë mangut kurrë asgjë nga tërë ato që kishte, por ai ma ktheu të mirën me të keqe.

²² Kështu ua bëftë Perëndia armiqve të Davidit, madje edhe më keq, në rast se nga të gjitha ato që ai zotëron kam për të lënë të gjallë një mashkull të vetëm deri në mëngjes".

²³ Kur Abigaili pa Davidin, zbriti shpejt nga gomari dhe ra përmbys me fytyrën për tokë përpara Davidit.

²⁴ Kështu u shtri në këmbët e tij dhe tha: "O imzot, mbi mua, vetëm mbi mua bie faji! Por lejo shërbëtoren tënde të të flasë, dhe ti dëgjo fjalët e saj.

²⁵ Të lutem, mos ia vër re atij njeriu të neveritshëm, Nabalit, sepse ai është pikërisht ashtu si e ka emrin, ai quhet Nabal dhe karakterizohet nga budallallëku; por unë, shërbëtorja jote, nuk i kam parë të rinjtë e dërguar nga zotëria im.

²⁶ Kështu, pra, imzot, ashtu siç është e vërtetë që Zoti rron dhe që shpirti yt jeton, Zoti të ka penguar të derdhësh gjak dhe të vendosësh drejtësi me duart e tua. Armiqtë e tu dhe ata që duan t'i bëjnë keq zotërisë sime qofshin si Nabali!

²⁷ Dhe tani kjo dhuratë që shërbyesja jote i ka sjellë zotërisë sime, t'u jepet të rinjve që ndjekin zotërinë tim.

²⁸ Por falja fajin shërbëtores sate; me siguri Zoti do ta bëjë të qëndrueshme shtëpinë e zotërisë tim, sepse zotëria im lufton në betejat e Zotit, dhe gjatë tërë kohës së jetës sate nuk është gjetur asnjë e keqe te ti.

²⁹ Në rast se del dikush që të të persekutojë dhe të kërkojë jetën tënde, jeta e zotërisë sim do të ruhet në peshtafin e jetës pranë Zotit, Perëndisë tënd, ndërsa jetën e armiqve të tu Zoti do ta flakë si nga zgavra e një hobëje.

³⁰ Kështu, kur Zoti t'i ketë bërë zotërisë tim të mirat që i ka premtuar dhe të të ketë vënë në krye të Izraelit,

³¹ kjo gjë nuk do të jetë dhimbje për ty, as edhe një brejtje e ndërgjegjes së zotërisë tim; domethënë të ketë derdhur gjak pa shkak dhe të ketë marrë hak me vetëgjyqësi. Por kur Zoti do t'i bëjë të mira zotërisë tim, kujto shërbëtoren tënde".

³² Atëherë Davidi i tha Abigailit: "Qoftë i bekuar Zoti, Perëndia i Izraelit, që sot të dërgoi ballë meje!

³³ E bekuar qoftë këshilla jote dhe e bekuar qofsh ti që më pengove sot të derdh gjak dhe të vendos drejtësinë me duart e mia!

³⁴ Sepse, sigurisht, ashtu siç është e vërtetë që rron Zoti, Perëndia i Izraelit, që më ka penguar të të bëjë të keqen, po të mos ishe nxituar të më dilje përpara, në të gdhirë të ditës Nabalit nuk do t'i kishte mbetur asnjë njeri i gjallë".

³⁵ Kështu Davidi mori nga duart e saj ato që ajo kishte sjellë dhe i tha: "Kthehu në paqe në shtëpinë tënde; shiko, unë dëgjova zërin tënd dhe pata respekt për personin tënd".

³⁶ Abigaili u kthye pastaj te Nabali; ai kishte shtruar banket në shtëpinë e tij, një banket prej mbreti. Nabali e kishte zemrën të gëzuar, ishte i dehur xurxull; prandaj ajo nuk i tha asgjë, as pak as shumë, deri sa gdhiu.

³⁷ Por të nesërmen në mëngjes, kur efekti i verës kishte kaluar, gruaja i tregoi Nabalit këto gjëra; atëherë zemra iu ligështua dhe ai mbeti si një gur.

³⁸ Rreth dhjetë ditë më vonë Zoti e goditi Nabalin dhe ai vdiq.

³⁹ Kur mësoi që Nabali kishte vdekur, Davidi tha: "Qoftë i bekuar Zoti, që më dha hak për fyerjen e rëndë të Nabalit dhe nuk e lejoi shërbëtorin e tij të kryejë ndonjë të keqe! Zoti bëri që të bjerë mbi kokën e tij ligësia e Nabalit". Pastaj Davidi dërgoi një njeri të flasë me Abigailin, me qëllim që ajo të bëhej bashkëshortja e tij.

⁴⁰ Shërbëtorët e Davidit erdhën te Abigaili në Karmel dhe i folën kështu, duke thënë: "Davidi na ka dërguar te ti, sepse dëshiron të të marrë për grua".

⁴¹ Atëherë ajo u ngrit në këmbë, ra përmbys me fytyrën për tokë dhe tha: "Ja, t'u bëftë shërbëtorja jote skllave, që t'u lajë këmbët shërbëtorëve të zotërisë tim"

⁴² Pastaj Abigaili u ngrit me nxitim, hipi mbi një gomar dhe, e ndihmuar nga pesë vajza, ndoqi lajmëtarët e Davidit dhe u bë bashkëshortja e tij.

⁴³ Davidi mori edhe Ahinoamin e Jezreelit, dhe që të dyja u bënë bashkëshorte të tij.

⁴⁴ Por Sauli ia kishte dhënë vajzën e tij Mikal, që ishte gruaja e Davidit, Paltit, birit të Lashit, që ishte nga Galimi.

Kapitull 26

¹ Zifejtë erdhën te Sauli në Gibeah dhe i thanë: "Mos është fshehur Davidi në kodrën e Hakilahut në kufi me shkretëtirën?".

² Atëherë Sauli u ngrit dhe zbriti në drejtim të shkretëtirës së Zifit, duke pasur me vete tre mijë njerëz të zgjedhur të Izraelit, për të kërkuar Davidin në shkretëtirën e Zifit.

³ Sauli e ngriti kampin e tij në kodrën e Hakilahut, që ndodhet në kufi me shkretëtirën pranë rrugës, ndërsa Davidi gjendej në shkretëtirë. Kur e kuptoi që Sauli vinte për ta kërkuar në shkretëtirë,

⁴ Davidi dërgoi disa spiunë dhe mësoi që Sauli kishte arritur me të vërtetë.

⁵ Atëherë Davidi u ngrit dhe shkoi në vendin ku Sauli kishte ngritur kampin. Davidi vrojtoi vendin ku ishin shtrirë Sauli dhe Abneri, bir i Nerit, komandant i ushtrisë së tij. Sauli ishte shtrirë në kampin e qerreve dhe njerëzit e tij ishin rreth tij.

⁶ Davidi iu drejtua pastaj Hiteut Alimelek dhe Abishait, birit të Tserujahut dhe vëlla i Joabit; dhe u tha atyre: "Kush do të vijë me mua te Sauli në kamp?". Abidshai u përgjegj: "Do të vij unë bashkë me ty".

⁷ Kështu Davidi dhe Abishai arritën natën te këta njerëz; dhe ja që Sauli rrinte shtrirë i përgjumur në kampin e qerreve, me shtizën e tij të ngulur në tokë, nga ana e kokës, kurse Abneri dhe njerëzit e tij po flinin rreth tij.

⁸ Atëherë Abishai i tha Davidit: "Sot Perëndia të ka dhënë në dorë armikun tënd; prandaj, të lutem, më lejo ta godas me shtizë dhe ta mbërthej në tokë me një të rënë të vetme; nuk do të ketë nevojë për një goditje të dytë".

⁹ Por Davidi i tha Abishait: "Mos e vrit; kush me të vërtetë mund të ngrejë dorën kundër të vajosurit të Zotit pa u bërë fajtor?".

¹⁰ Pastaj Davidi shtoi: "Ashtu siç është e vërtetë që Zoti rron, vetëm Zoti do ta godasë; o sepse do t'i vijë dita dhe ka për të vdekur, o sepse do të shkojë të luftojë dhe do të vritet.

¹¹ Zoti të më ruajë që të mos e shtyj dorën kundër të vajosurit të Zotit! Tani, të lutem merre shtizën që është pranë kokës së tij dhe enën e ujit dhe të ikim".

¹² Kështu Davidi mori shtizën dhe kanën e ujit që ishte pranë kokës së Saulit dhe iku. Asnjeri nuk pa gjë, asnjeri nuk vuri re, asnjeri nuk u zgjua; të gjithë flinin, sepse një gjumë i thellë i dërguar nga Zoti i kishte zënë.

¹³ Pastaj Davidi kaloi në krahun e kundërt dhe u ndal larg, në majën e malit; kishte një lartësi të madhe midis tyre.

¹⁴ Atëherë Davidi u thirri njerëzve të Saulit dhe të Abnerit, birit të Nerit, dhe u tha: "Abner, nuk po përgjigjesh?". Abneri u përgjegj dhe tha: "Kush je ti që po i bërtet mbretit?".

¹⁵ Davidi i tha kështu Abnerit: "A nuk je një njeri trim? Dhe kush është baraz me ty në Izrael? Pse, pra, nuk e ruajte mirë mbretin, zotërinë tënde? Njëri nga populli erdhi në fakt për të vrarë mbretin, zotërinë tënde.

¹⁶ Ajo që ke bërë nuk është aspak e mirë. Ashtu siç është e vërtetë që Zoti rron, ju meritoni vdekjen, sepse nuk e keni ruajtur mirë zotërinë tuaj, të vajosurin e Zotit! Dhe tani shiko ku është shtiza e mbretit dhe kana e ujit që ishte pranë kokës së tij!".

¹⁷ Sauli njohu zërin e Davidit dhe tha: "A është zëri yt, o biri im David?". Davidi u përgjegj: "Është zëri im, o mbret, o imzot!".

¹⁸ Pastaj shtoi: "Pse zotëria im e persekuton shërbëtorin e tij? Ç'kam bërë? Çfarë të keqe kam kryer?

¹⁹ Prandaj tani, të lutem, dëgjo, o mbret, o imzot, fjalët e shërbëtorit tënd. Në rast se Zoti të nxit kundër meje, ai le të pranojë një blatim! Por në rast se janë njerëz, qofshin të mallkuar përpara Zotit, sepse sot më kanë përzënë që të më pengonin të merrja pjesën në trashëgiminë e Zotit, duke më thënë: "Shko t'u shërbesh perëndive të tjera.

²⁰ Tani, pra, gjaku im mos rëntë në tokë larg pranisë të Zotit! Sepse mbreti i Izraelit doli për të kërkuar një pleshti, ashtu si gjuajnë një thëllëzë nëpër male".

²¹ Atëherë Sauli tha: "Kam mëkatuar; ktheu, biri im David, sepse nuk do të bëj më asnjë të keqe, sot jeta ime ishte e çmuar në sytë e tua; ja, kam vepruar si një budalla dhe kam gabuar rëndë".

²² Davidi u përgjegj: "Ja, shtiza e mbretit; le të vijë këtu një nga të rinjtë e ta marrë.

²³ Zoti do t'i japë secilit simbas drejtësisë dhe besnikërisë së tij; sot në fakt Zoti të kishte dhënë në duart e mia, por unë nuk desha të shtrija dorën time kundër të vajosurit të Zotit.

²⁴ Ashtu si sot jeta jote ka qenë e çmuar në sytë e mi, kështu ka për të qenë e çmuar jeta ime në sytë e Zotit; dhe ai të më largojë çdo fatkeqësi".

²⁵ Atëherë Sauli i tha Davidit: "Qofsh i bekuar, biri im David. Ti do të bësh vepra të mëdha dhe ke për të dalë me siguri fitimtar". Kështu Davidi vazhdoi rrugën e tij dhe Sauli u kthye në shtëpinë e vet.

1 Samuelit

Kapitull 27

¹ Davidi tha në zemër të tij: "Një ditë ose një tjetër unë do të vritem nga dora e Saulit; prandaj nuk ka asgjë më të mirë për mua se sa të shpëtoj kokën në vendin e Filistejve; kështu Sauli do të heqë

² Prandaj Davidi u ngrit dhe shkoi, bashkë me gjashtëqind njerëzit që kishte me vete, te Akishi, bir i Maokut, mbret i Gathit.

³ Kështru Davidi qëndroi me Akishin në Gath, ai vetë dhe njerëzit e tij, secili me familjen e vet; Davidi me dy bashkëshortet e tij: Jezreelitja Ahinoama dhe Karmelitja Abigail, që kishte qenë gruaja e Nabalit.

⁴ Pastaj i njoftuan Saulit që Davidi kishte ikur në Gath, dhe ai nuk e kërkoi më.

⁵ Davidi i tha Akishit: "Në rast se gëzoj hirin tënd, të më jepet një vend në një qytet të fushës ku unë të mund të banoj. Pse duhet që shërbetori yt të banojë me ty në qytetin mbretëror?".

⁶ Kështu atë ditë Akishi i dha Tsiklagun; për këtë arësye Tsiklagu u ka përkitur mbretërve të Judës deri ditën e sotme.

⁷ Davidi qëndroi në vendin e Filistejve një vit e katër muaj.

⁸ Davidi dhe njerëzit e tij niseshin dhe bënin plaçkitje në vendin e Geshuritëve, të Girzitëve dhe të Amalekitëve; këto popullata banonin prej kohëve të vjetra në këtë vend duke u shtrirë nga Shuri deri në vendin e Egjiptit.

⁹ Davidi e shkretonte vendin dhe nuk linte gjallë as burra as gra; pastaj merrte dele, lopë, gomarë, deve dhe rroba, dhe kthehej dhe shkonte tek Akishi.

¹⁰ Kur Akishi e pyeste: "Ku keni plaçkitur sot?", Davidi i përgjigjej: "Kundër jugut të Judës, kundër jugut të Kenejve".

¹¹ Davidi nuk linte gjallë as burra as gra, sepse mund të çonin lajme, dhe thoshte: "Mund të japim njoftime mbi ne dhe të thonë: "Kështu ka bërë Davidi"". Kështu veproi ai gjatë gjithë kohës që qëndroi në vendin e Filistejve.

¹² Kështu Akishi i besonte Davidit dhe thoshte: "Ai u bë i urrejtshëm nga populli i Izraelit dhe kështu do të jetë gjithmonë shërbëtori im".

Kapitull 28

¹ Ato ditë Filistejtë mblodhën ushtrinë e tyre për të luftuar Izraelin. Atëherë Akishi i tha Davidit: "Dije mirë që duhet të dalësh të luftosh bashkë me mua, ti dhe njerëzit e tu".

² Davidi iu përgjegj Akishit: "Ti me siguri ke për të parë atë që do të bëjë shërbëtori yt". Atëherë Akishi i tha Davidit: "Mirë, pra, unë do të të bëhem roje personale për gjithnjë".

³ Samueli kishte vdekur dhe gjithë Izraeli e kishte qarë, e kishin varrosur në Ramah, në qytetin e tij. Dhe Sauli kishte përzënë nga vendi mediumet dhe shortarët.

⁴ Kështu Filistejtë u mblodhën dhe erdhën të fushojnë në Shunem, ndërsa Sauli mblodhi tërë Izraelin dhe fushoi në Gilboa.

⁵ Kur Sauli pa ushtrinë e Filistejve pati frikë dhe zemra e tij u drodh fortë.

⁶ Kështu Sauli i kërkoi këshillë Zotit dhe Zoti nuk iu përgjegj as me anë të ëndrrave, as nëpërmjet Urimit dhe as me anë të profetëve.

⁷ Atëherë Sauli u tha shërbëtorëve të tij: "Më gjeni një grua që të jetë mediume, me qëllim që unë të mund të shkoj tek ajo për t'u këshilluar". Shërbëtorët e tij i thanë: "Ja, në En-Dor ka një grua që është mediume".

⁸ Kështu Sauli u vesh ndryshe për të mos u njohur dhe u nis me dy burra. Arritën tek ajo grua natën dhe Sauli i tha: "Bëj një shortari për mua, të lutem, me një seancë spiritizmi dhe më thirr atë që do të të them".

⁹ Gruaja iu përgjegj: "Ja, ti e di ç'ka bërë Sauli; ai i ka shfarosur nga vendi mediumet dhe shortarët. Pse i ngre një grackë jetës sime, për të shkaktuar vdekjen time?".

¹⁰ Atëherë Sauli iu betua në emër të Zotit, duke thënë: "Ashtu siç është e vërtetë që Zoti rron, asnjë ndëshkim nuk do të kesh për këtë!".

¹¹ Gruaja i tha: "Cilin duhet të të nxjerr?". Ai i tha: "Më nxirr Samuelin".

¹² Kur pa Samuelin, gruaja bërtiti me zë të lartë; dhe gruaja i tha Saulit: "Pse më mashtrove? Ti je Sauli!".

¹³ Mbreti iu përgjegj: "Mos ki frikë; çfarë shikon?". Gruaja i tha Saulit: "Shoh një qenie mbinjerëzore që ngrihet nga toka".

¹⁴ Ai e pyeti: "Ç'formë ka?". Ajo u përgjegj: "Është një plak që po ngjitet dhe është mbështjellë me një mantel". Atëherë Sauli kuptoi se ishte Samueli, u përul me fytyrën për tokë dhe ra përmbys.

¹⁵ Samueli i tha Saulit: "Pse më shqetësove duke bërë që të dal?". Sauli iu përgjegj: "Ndodhem në një ankth të madh, sepse Filistejtë më luftojnë dhe Perëndia është larguar nga unë, dhe nuk më përgjigjet

¹⁶ Samueli i tha: "Pse këshillohesh me mua, në qoftë se Zoti është larguar nga ti dhe është bërë armiku yt?

¹⁷ Zoti veproi ashtu siç kishte thënë nëpërmjet meje. Zoti e shkëputi mbretërinë nga duart e tua dhe ia dha një tjetri, Davidit,

¹⁸ sepse nuk iu binde zërit të Zotit dhe nuk zbatove në jetë zemërimin e thellë të tij kundër Amalekut; për këtë arsye Zoti të bëri sot këtë gjë.

¹⁹ Zoti do ta japë edhe Izraelin bashkë me ty në duart e Filistejve; nesër ti dhe bijtë e tu do të jeni me mua. Zoti do të japë gjithashtu ushtrinë e Izraelit në duart e Filistejve.

²⁰ Atëherë Sauli ra menjëherë për së gjati për tokë, sepse ishte trembur shumë nga fjalët e Samuelit; ai kishte qenë edhe më parë pa fuqi, sepse nuk kishte ngrënë gjë tërë atë ditë dhe tërë atë natë.

²¹ Gruaja iu afrua Saulit dhe duke e parë të tmerruar fare, i tha: "Ja, shërbëtorja jote iu bind zërit tënd; unë vura në rrezik jetën time për t'iu bindur fjalëve që më the.

²² Prandaj dëgjo edhe ti zërin e shërbëtores sate dhe lermë të vë para teje një copë buke; ha, sepse kështu do të marrësh fuqi për ta rifilluar rrugën".

²³ Por ai refuzoi dhe tha: "Nuk do të ha". Por shërbëtorët e tij bashkë me gruan ngulën këmbë dhe ai i dëgjoi; kështu u ngrit nga toka dhe u ul në shtrat.

²⁴ Gruaja kishte në shtëpi një viç të majmë; e theri shpejt e shpejt, pastaj mori miellin, gatoi brumin dhe përgatiti disa bukë pa maja.

²⁵ I vuri këto ushqime Saulit dhe shërbëtorëve të tij, dhe ata i hëngrën; pastaj u ngritën dhe u nisën po atë natë.

Kapitull 29

¹ Filistejtë i mblodhën tërë forcat e tyre në Afek, ndërsa Izralitët e ngritën kampin e tyre pranë burimit të Jezreelit.

² Princat e Filistejve ecnin me qindëshet dhe mijëshet e tyre, ndërsa Davidi dhe njerëzit e tij ecnin në praparojë me Akishin.

³ Atëherë krerët e Filistejve thanë: "Çfarë po bëjnë kështu këta Hebrenj?". Akishi iu përgjegj krerëve të Filistejve: "A nuk është ky Davidi, shërbëtori i Saulit, i mbretit të Izraelit, që ka qenë me mua këto ditë o këto vite? Tek ai nuk kam gjetur asnjë të metë të madhe nga dita e dezertimit të tij e deri më sot!".

⁴ Por krerët e Filistejve u zemëruan me të dhe i thanë: "Ktheje prapa atë njeri me qëllim që të kthehet në vendin që i ke caktuar. Të mos vijë të luftojë me ne që të mos na bëhet armiku ynë gjatë betejës. Si mund ta rifitojë ai favorin e zotërisë së tij, veçse me kokën e këtyre njerëzve?

⁵ Nuk është ky Davidi për të cilin këndonin në kor në vallet, duke thënë: "Sauli ka vrarë mijëshen e tij dhe Davidi dhjetë mijëshen e tij?"".

⁶ Atëherë Akishi thirri Davidin dhe i tha: "Ashtu siç është e vërtetë që Zoti rron, ti je një njeri i drejtë dhe shoh me kënaqësi ecjakun tënd me mua në ushtri, sepse nuk kam gjetur asgjë të keqe që

⁷ Prandaj kthehu prapa dhe shko në paqe, mos bëj asgjë që nuk u pëlqen princave të Filistejve".

⁸ Davidi i tha Akishit: "Çfarë kam bërë dhe çfarë ke gjetur te shërbëtori yt prej ditës që erdha me ty e deri më sot, që të më pengojnë të luftoj kundër armiqve të mbretit, zotërisë tim?".

⁹ Akishi iu përgjegj Davidit, duke thënë: "E kupton që për sytë e mi ti je i këndshëm si një engjëll i Perëndisë; por princat e Filistejve kanë thënë: "Ai nuk duhet të marrë pjesë me ne në betejë!".

¹⁰ Prandaj çohu herët nesër në mëngjes bashkë me shërbëtorët e zotërisë tënd që kanë ardhur bashkë me ty; çohuni në mëngjes herët dhe nisuni në të gdhirë".

¹¹ Kështu Davidi dhe njerëzit e tij u ngritën herët në mëngjes për t'u nisur dhe për t'u kthyer në vendin e Filistejve. Filistejtë përkundrazi shkuan në Jezreel.

Kapitull 30

¹ Kur Davidi dhe njerëzit e tij arritën në Tsiklag ditën e tretë, Amalekitët kishin kryer një plaçkitje në Negev dhe në Tsiklag; kishin pushtuar Tsiklagun dhe i kishin vënë zjarrin;

² kishin zënë robër gratë dhe tërë ata që ndodheshin aty, të vegjël a të rritur; nuk kishin vrarë asnjeri, por i kishin marrë me vete dhe kishin shkuar.

³ Kur Davidi dhe njerëzit e tij arritën në qytet, ja, qyteti ishte shkatërruar nga zjarri, dhe gratë, bijtë dhe bijat e tyre i kishin marrë me vete si robër.

⁴ Atëherë Davidi dhe tërë ata që ishin me të ngritën zërin dhe qanë, deri sa nuk patën forcë të qajnë.

⁵ Dy bashkëshortet e Davidit, Jezreelitja Ahinoama dhe Karmelitja Abigail, e cila kishte qënë bashkëshorte e Nabalit, figuronin gjithashtu midis robërve.

⁶ Davidi ishte shqetësuar shumë se njerëzit flisnin për ta vrarë atë

me gurë, sepse të gjithë e kishin shpirtin të trishtuar për shkak të bijve dhe të bijave të tyre; por Davidi u forcua tek Zoti, Perëndia i tij.

⁷ Pastaj Davidi i tha priftit Abiathar, birit të Ahimelekut: "Të lutem, më sill efodin". Abiathari i solli efodin Davidit.

⁸ Kështu Davidi u këshillua me Zotin dhe e pyeti: "A duhet ta ndjek këtë bandë? Do ta arrij?". Zoti iu përgjegj: "Ndiqe, sepse do ta arrish me siguri dhe do të rimarrësh pa tjetër çdo gjë".

⁹ Kështu Davidi u nis me gjashtëqind njerëzit që kishte me vete dhe arriti në përruan Besor, ku u ndalën ata që kishin mbetur prapa;

¹⁰ por Davidi vazhdoi ndjekjen me katërqind njerëz, kurse dyqind mbetën prapa, sepse ishin tepër të lodhur për të kapërcyer përruan e Besorit.

¹¹ Gjetën në fushë një Egjiptas dhe ia çuan Davidit. I dhanë bukë për të ngrënë dhe ujë për të pirë;

¹² i dhanë gjithashtu një copë bukë fiku dhe dy vile rrushi. Pasi hëngri, ai e mblodhi veten, sepse nuk kishte ngrënë bukë as nuk kishte pirë ujë tri ditë e tri netë me radhë.

¹³ Davidi e pyeti: "Ti kujt i përket dhe nga vjen?". Ai u përgjegj: "Jam një egjiptas i ri, shërbëtor i një Amalekiti; pronari im më braktisi, sepse tri ditë më parë u sëmura.

¹⁴ Kemi bërë një plaçkitje në jug të Kerethejve, në territorin e Judës dhe në jug të Tsalebit, dhe i kemi vënë zjarrin Tsiklagut".

¹⁵ Davidi i tha: "A mund të më çosh poshtë ku ndodhet kjo bandë?". Ai u përgjegj: "Betomu në emër të Perëndisë që nuk do të më vrasësh dhe nuk do të më dorëzosh në duart e pronarit tim, dhe unë do të të çoj poshtë, aty ku gjendet kjo bandë".

¹⁶ Dhe e çoi poshtë; dhe ja Amalekitët ishin shpërndarë në të gjithë vendin; hanin, pinin dhe bënin festë për plaçkën e madhe që kishin sjellë nga vendi i Filistejve dhe nga vendi u Judës.

¹⁷ Davidi i sulmoi nga muzgu deri në mbrëmjen e ditës tjetër; asnjeri prej tyre nuk shpëtoi, përveç katërqind të rinjve që u hipën deveve dhe ia mbathën.

¹⁸ Kështu Davidi rimori të gjitha ato që Amalekitët kishin marrë me vete; Davidi gjeti edhe dy gratë e tij.

¹⁹ Kështu ata nuk humbën asgjë, as të vegjëlit as të rriturit, as bijtë as bijat, as plaçkat dhe as ndonjë gjë tjetër që u kishin marrë. Davidi i rimori të gjitha.

²⁰ Kështu Davidi shtiu në dorë kopetë e bagëtisë së imët dhe tufat e bagëtisë së trashë; dhe ata që ecnin para bagëtive thonin: "Kjo është plaçka e Davidit!".

²¹ Pastaj Davidi arriti te dyqind njerëzit që kishin qenë tepër të lodhur për të shkuar pas Davidit që ai i kishte lënë në përruan e Besorit. Këta i dolën para Davidit dhe njerëzve që ishin me të. Kështu Davidi iu afrua atyre dhe i përshëndeti.

²² Atëherë tërë njerëzit e këqij dhe të poshtër që kishin shkuar me Davdin filluan të thonë: "Me qenë se këta nuk erdhën me ne; nuk do t'u japim asgjë nga plaçka që kemi shtënë në dorë, përveç grave dhe fëmijve të secilit; t'i marrin dhe të ikin!".

²³ Por Davidi tha: "Mos u sillni kështu, o vëllezërit e mi, me atë që Zoti na ka dhënë duke na mbrojtur dhe duke vënë në duart tona bandën që kishte ardhur kundër nesh.

²⁴ Po kush do t'ju dëgjojë në këtë propozim? E njëjtë ka për të qenë pjesa e atij që shkon për të luftuar dhe e atij që rri pranë plaçkave; do t'i ndajmë pjesët bashkë".

²⁵ Qysh prej asaj dite u veprua kështu; Davidi e bëri atë statut dhe normë për Izraelin deri në ditën e sotme.

²⁶ Kur Davidi u kthye në Tsiklag, një pjesë të plaçkës ua dërgoi pleqve të Judës, miq të tij, duke thënë: "Ja një dhuratë e ardhur nga plaçka që u morëm armiqve të Zotit".

²⁷ U dërgoi atyre të Bethelit, të Ramothit të Negevit dhe atyre të Jatirit,

²⁸ atyre të Areorit, atyre të Sifmothit, atyre të Eshtemoas,

²⁹ atyre të Rakalit, atyre të qyteteve të Jerameelitëve dhe atyre të qyteteve të Kenejve,

³⁰ atyre të Hormahut, atyre të Kor-Ashanit, atyre të Athakut,

³¹ atyre të Hebronit dhe atyre të të gjithë vendeve nga kishte kaluar Davidi me njerëzit e tij.

Kapitull 31

¹ Filistejtë u ndeshën me Izraelin dhe Izraelitët ua mbathën para Filistejve, dhe ranë të vrarë në malin Gilboa.

² Filistejtë ndoqën me furi Saulin dhe bijtë e tij; kështu Filistejtë vranë Jonathanin, Abinadabin dhe Malkishuahun, bij të Saulit.

³ Beteja u ashpërsua kundër Saulit; harkëtarët e arritën dhe ai u plagos rëndë prej tyre.

⁴ Sauli i tha shërbëtorëve të tij: "Nxirre shpatën tënde dhe më shpo me të; të mos vinë këta të parrethprerë të më shpojnë dhe të tallen me mua". Por shqyrtari i tij nuk deshi ta kryejë këtë veprim, sepse e kishte zënë një frikë e madhe. Atëherë Sauli mori shpatën dhe u hodh mbi të.

⁵ Kur shqyrtari pa se Sauli kishte vdekur, edhe ai u hosh mbi shpatën e vet dhe vdiq me të.

⁶ Kështu po atë ditë vdiqën bashkë Sauli, tre bijtë e tij, shqyrtari dhe tërë njerëzit e tij.

⁷ Kur Izraelitët që ndodheshin matanë luginës dhe matanë Jordanit panë që njerëzit e Izraelit ua kishin mbathur me vrap dhe që Sauli dhe bijtë e tij kishin vdekur, braktisën qytetet dhe ua mbathën. Atëherë erdhën Filistejtë dhe u vendosën aty.

⁸ Të nesërmen Filistejtë erdhën për të zhveshur të vrarët dhe gjetën Saulin dhe tre bijtë e tij të rënë në malin Gilboa.

⁹ I prenë kokën Saulit, e zhveshën nga armatimi i tij dhe dërguan lajmëtarë në tërë vendin e Filistejve për ta çuar lajmin në tempullin e idhujve të tyre dhe popullit.

¹⁰ E vendosën pastaj armaturën e tij në tempullin e Ashtarothit dhe e varën kufomën e tij në muret e Beth-Shanit.

¹¹ Por kur banorët e Jabeshit të Galaadit mësuan atë që Filistejtë i kishin bërë Saulit,

¹² tërë njerëzit trima u ngritën, ecën tërë natën dhe hoqën nga muret e Beth-Shanit kufomën e Saulit dhe kufomat e bijve të tij; pastaj u kthyen në Jabesh dhe këtu i dogjën ato.

¹³ Pastaj muarrën kockat e tyre, i varrosën poshtë marinës në Jabesh dhe agjëruan shtatë ditë me radhë.

2 Samuelit

Kapitull 1

¹ Pas vdekjes së Saulit, Davidi u kthye nga masakra e Amalekitëve dhe u ndal dy ditë në Tsiklag.

² Ditën e tretë arriti në kampin e Saulit një burrë me rroba të grisura dhe me kokën me dhe. Sa arriti pranë Davidit, ai ra për tokë dhe u përkul.

³ Davidi e pyeti: "Nga vjen?". Ai iu përgjigj: "Kam ikur nga kampi i Izraelit".

⁴ Davidi i tha: "Si u bë? Të lutem, më trego". Ai iu përgjigj: "Populli iku nga fusha e betejës dhe shumë njerëz ranë dhe vdiqën; edhe Sauli dhe biri i tij Jonatan kanë vdekur".

⁵ Atëherë Davidi e pyeti të riun që i tregonte ngjarjen: "Si e di ti që Sauli dhe biri i tij Jonatani kanë vdekur?".

⁶ I riu që i tregonte ngjarjen tha: "Ndodhesha rastësisht në malin Gilboa, kur pashë Saulin të mbështetur në shtizën e tij, ndërsa qerret dhe kalorësit e ndiqnin nga afër.

⁷ Ai u kthye, më pa dhe më thirri. Unë iu përgjigja: "Ja ku jam".

⁸ Ai më pyeti: "Kush je ti?". Unë iu përgjigja: "Jam një Amalekit".

⁹ Atëherë ai më tha: "Afrohu tek unë dhe më vrit, sepse një ankth i madh më ka pushtuar, por jeta është e tëra akoma tek unë".

¹⁰ Kështu iu afrova atij dhe e vrava, sepse e kuptoja që ai nuk do të mund të jetonte mbas rënies së tij. Pastaj mora diademën që kishte mbi kokë dhe byzylykun që mbante në krah, dhe i solla këtu te zotëria im".

¹¹ Atëherë Davidi kapi rrobat e veta dhe i grisi; po kështu vepruan tërë njerëzit që ishin me të.

¹² Kështu mbajtën zi, qanë dhe agjëruan deri në mbrëmje për Saulin, për Jonatanin, birin e Saulit, për popullin e Zotit dhe për shtëpinë e Izraelit, sepse kishin rënë nga shpata.

¹³ Pastaj Davidi e pyeti të riun që i kishte treguar ngjarjen: "Nga ç'vend je?". Ai u përgjigj: "Jam biri i një të huaji, i një Amalekiti".

¹⁴ Atëherë Davidi i tha: "Si nuk pate frikë të shtrish dorën për të vrarë të vajosurin e Zotit?

¹⁵ Pastaj thirri një nga njerëzit e tij dhe i tha: "Afrohu dhe hidhu mbi të!". Ai e goditi dhe Amalekiti vdiq.

¹⁶ Pas kësaj Davidi tha: "Gjaku yt rëntë mbi kokën tënde, sepse me gojën tënde ke dëshmuar kundër vetes sate, duke thënë: "Unë kam vrarë të vajosurin e Zotit"".

¹⁷ Atëherë Davidi ia mori këtij vajtimi për Saulin dhe Jonatanin, birin e tij,

¹⁸ dhe urdhëroi t'u mësonin bijve të Judës këngën e harkut. Ja, ajo gjendet e shkruar në librin e të Drejtit.

¹⁹ "Madhështia e Izraelit qëndron e vrarë në lartësitë e tua! Si është e mundur që ranë trimat?

²⁰ Mos ia njoftoni Gathit, mos e bëni të ditur nëpër rrugët e Ashkalonit, që të mos gëzohen bijat e Filistejve, që të mos ngazëllohen bijat e të parrethprerëve.

²¹ O male të Gilboas, mos rëntë më as vesa as shiu mbi ju, mos pastë as fusha ofertash; sepse aty u hodh mburoja e trimave, mburoja e Saulit, sikur ky të mos ishte i vajosur.

²² Nga gjaku i të vrarëve, nga dhjami i trimave, harku i Jonatanit nuk u tërhoq kurrë dhe shpata e Saulit nuk u vërtit kurrë bosh.

²³ Sauli dhe Jonatani; aq të dashur dhe të përzemërt në jetë, nuk u ndanë në vdekjen e tyre. Ishin më të shpejtë se shqiponjat, më të fortë se luanët.

²⁴ Bija të Izraelit, vajtoni Saulin që ju vishte në luks me rroba flakë të kuqe, që i zbukuronte me ar veshjet tuaja.

²⁵ Vallë, si ranë trimat në mes të betejës, si u vra Jonathani në lartësitë e tua?

²⁶ Unë jam në ankth për ty, o vëllai im Jonatan; ti ishe shumë i dashur për mua, dashuria jote për mua ishte më e mrekullueshme se dashuria e grave.

²⁷ Vallë, si ranë trimat dhe si u shkatërruan armët e luftës?".

Kapitull 2

¹ Mbas kësaj, Davidi u këshillua me Zotin, duke thënë: "A duhet të shkoj në ndonjë nga qytetet e Judës?". Zoti iu përgjigj: "Shko". Davidi e pyeti: "Ku të shkoj?". Zoti u përgjigj: "Në Hebron".

² Kështu Davidi shkoi atje me dy gratë e tij, Jezreeliten Ahinoam dhe Karmeliten Abigail, që kishte qenë gruaja e Nabalit.

³ Davidi çoi edhe njerëzit që ishin me të, secili me familjen e tij, dhe u vendosën në qytetet e Hebronit.

⁴ Pastaj erdhën njerëzit e Judës dhe e vajosën Davidin mbret të shtëpisë së Judës. Pas kësaj i thanë Davidit se qenë njerëzit e Jabeshit të Galaadit ata që kishin varrosur Saulin.

⁵ Atëherë Davidi u dërgoi lajmëtarë njerëzve të Jabeshit të Galaadit për t'u thënë: "Qofshi të bekuar nga Zoti për mirësinë që treguat ndaj Saulit, zotërisë suaj, duke e varrosur!

⁶ Tani Zoti tregoftë mirësi dhe besnikëri ndaj jush. Edhe unë do t'ju bëj të mirë, sepse keni bërë një gjë të tillë.

⁷ Prandaj le të marrin forcë duart tuaja dhe qofshi trima, sepse Sauli, zotëria juaj, vdiq, por shtëpia e Judës më ka vajosur mbret të saj".

⁸ Ndërkohë Abneri, bir i Nerit, komandant i ushtrisë së Saulit, mori Ish-Boshethin, birin e Saulit, dhe e çoi në Mahanaim;

⁹ dhe e bëri mbret të Galaadit, të Ashuritëve, të Jezreelit, të Efraimit, të Beniaminit dhe të tërë Izraelit.

¹⁰ Ish-Boshethi, bir i Saulit, ishte dyzet vjeç kur filloi të mbretërojë mbi Izrael dhe mbretërimi i tij vazhdoi dy vjet. Por shtëpia e Judës shkonte pas Davidit.

¹¹ Koha që Davidi mbretëroi në Hebron mbi shtëpinë e Judës ishte shtatë vjet e gjashtë muaj.

¹² Ndërkaq Abneri, bir i Nerit, dhe shërbëtorët e Ish-Boshethit, birit të Saulit, lëvizën nga Mahanaim në drejtim të Gabaonit.

¹³ Edhe Joabi, biri i Tserujahut dhe shërbëtorët e Davidit lëvizën dhe i takuan pranë hauzit të Gabaonit. Kështu u ndalën njëra palë nga njëra anë e hauzit dhe tjetra nga ana tjetër.

¹⁴ Atëherë Abneri i tha Joabit: "Le të çohen të rinjtë dhe të dalin para nesh". Joabi u përgjigj: "Po, le të çohen".

¹⁵ Kështu u ngritën dhe dolën përpara në numër të barabartë: dymbëdhjetë për Beniaminin dhe për Ish-Boshethin, birin e Saulit, dhe dymbëdhjetë për shërbëtorët e Davidit.

¹⁶ Secili kapi kundërshtarin e tij nga koka dhe i futi shpatën në ije; kështu ranë të gjithë bashkë. Ky vend u quajt për këtë arësye fusha e njerëzve të fortë; gjendet në Gabaon.

¹⁷ Po atë ditë u zhvillua një betejë shumë e ashpër në të cilën Abneri me njerëzit e Izraelit u mund nga shërbëtorët e Davidit.

¹⁸ Dhe aty ishin tre djemtë e Tserujahut: Joabi, Abishai dhe Asaheli; dhe Asaheli ishte i shpejtë si një gazelë fushe.

¹⁹ Asaheli filloi të ndiqte Abnderin pa u kthyer as djathtas, as majtas pas Abnerit.

²⁰ Pastaj Abneri u kthye prapa dhe tha: "Je ti, Asahel?". Ai u përgjigj: "Jam unë".

²¹ Abneri i tha: "Kthehu djathtas ose majtas, kap një nga të rinjtë dhe merrja armët!". Por Asaheli nuk deshi të hiqte dorë nga ndjekja e tij.

²² Abneri i tha përsëri Asahelit: "Hiq dorë nga ndjekja. Pse më detyron të të shtrij për tokë? Si do të mund ta shikoj atëherë në fytyrë vëllanë tënd Joab?".

²³ Por ai nuk pranoi të ndërrojë rrugë; prandaj Abneri me pjesën e prasme të shtizës e goditi në pjesën e poshtme të barkut dhe shtiza i doli nga pas; ai ra për tokë dhe vdiq në vend; dhe tërë ata që kalonin nga vendi ku Asaheli kishte rënë dhe kishte vdekur ndaleshin.

²⁴ Por Joabi dhe Abishai e ndoqën Abnerin; kur perëndoi dielli ata arritën në qafën e Amahut, që ndodhet përballë Giahut, në rrugën e shkretëtirës së Gabaonit.

²⁵ Bijtë e Beniaminit u mblodhën pas duke formuar një grup të vetëm dhe u ndalën në majë të një kodre.

²⁶ Atëherë Abneri thirri Joabin dhe tha: "Shpata, vallë duhet të gllabërojë gjithnjë? Nuk e di ti që në fund do të ketë hidhërim? Vallë, kur do ta urdhërosh popullin të mos ndjekë më vëllezërit e tij?".

²⁷ Joabi u përgjigj: "Ashtu siç është e vërtetë që Perëndia jeton, po të mos kishe folur ti, populli nuk do të kishte hequr dorë nga ndjekja e vëllezërve të tij deri në mëngjes".

²⁸ Atëherë Joabi i ra borisë dhe tërë populli u ndal, nuk e ndoqi më Izraelin dhe hoqi dorë nga luftimi.

²⁹ Abneri dhe njerëzit e tij ecën gjithë atë natë nëpër Abrahun, kapërcyen Jordanin, kaluan tërë Bithronin dhe arritën në Mahanaim.

³⁰ Edhe Joabi u kthye nga ndjekja e shërbëtorëve të Abnerit dhe mblodhi tërë popullin; Davidit i mungonin nëntëmbëdhjetë veta dhe Asaheli.

³¹ Por shërbëtorët e Davidit kishin vrarë treqind e gjashtëdhjetë veta të Beniaminit dhe Abnerit.

³² Pastaj çuan Asahelin dhe e varrosën në varrin e atit të tij, që ndodhet në Betlem. Pas kësaj Joabi dhe njerëzit e tij ecën tërë natën dhe arritën në Hebron në të gdhirë.

Kapitull 3

¹ Lufta midis shtëpisë së Saulit dhe shtëpisë së Davidit qe e gjatë. Davidi bëhej gjithnjë më i fortë, ndërsa shtëpia e Saulit dobësohej gjithnjë e më shumë.

² Në Hebron Davidit i lindën disa djem. I parëlinduri i tij qe Amnoni, që ia lindi Jezreelitja Ahinoam;

³ i dyti qe Kileabi, ia lindi Karmelitja Abigail, dikur bashkëshorte e Nabalit; i treti qe Absalomi, bir i Maakahut, e bija e Talmait, mbret i Geshurit;

⁴ i katërti qe Adonijahu, bir i Hagithit; i pesti qe Shefatiahu, bir i Abitalit,

⁵ dhe i gjashti qe Ithreami, bir i Eglahit, bashkëshorte e Davidit. Këta fëmijë i lindën Davidit në Hebron.

⁶ Gjatë luftës midis shtëpisë së Davidit dhe shtëpisë së Saulit, Abneri qëndroi i lidhur fort me shtëpinë e Saulit.

⁷ Sauli kishte pasur një konkubinë të quajtur Ritspah, bijë e Ajahut; dhe Ish-Boshethi i tha Abnerit: "Pse ke hyrë te konkubina e atit tim?".

⁸ Abneri u zemërua shumë nga fjalët e Ish-Boshethit dhe iu përgjigj: "Mos vallë jam një kokë qeni i Judës? Deri më sot jam treguar besnik i shtëpisë së Saulit, atit tënd, i vëllezërve dhe i miqve të saj dhe nuk të kam dorëzuar në duart e Davidit, dhe pikërisht sot ti më qorton për fajin që kam kryer me këtë grua!

⁹ Perëndia t'i bëjë Abnerit këtë dhe më keq në rast se nuk i bëj Davidit atë që Zoti i është betuar:

¹⁰ ta kaloj mbretërinë nga shtëpia e Saulit dhe të vendosë fronin e Davidit mbi Izrael dhe mbi Judën, nga Dani deri në Beer-Sheba".

¹¹ Ish-Boshethi nuk iu përgjigj dot as edhe me një fjalë të vetme Abnerit, sepse ia kishte frikën.

¹² Atëherë Abneri i dërgoi në emër të tij lajmëtarë Davidit për t'i thënë: "Kujt i përket vendi? Bëj aleancë me mua dhe dora ime do të jetë me ty për të ta sjellë tërë Izraelin".

¹³ Davidi iu përgjigj: "Kam diçka për të të kërkuar: Unë do të bëj aleancë me ty, por ti nuk do të ma shohësh fytyrën po nuk më sjelle më parë Mikalin, bijën e Saulit, kur të vish të më shikosh".

¹⁴ Kështu Davidi i dërgoi lajmëtarë Ish-Boshethit, birit të Saulit, për t'i thënë: "Ma kthe bashkëshorten time Mikal, me të cilën u fejova për njëqind lafsha të Filistejve".

¹⁵ Ish-Boshethi dërgoi ta marrin te burri i saj Paltiel, bir i Laishit.

¹⁶ Burri i saj shkoi me të dhe e ndoqi duke qarë deri në Bahurim. Pastaj Abneri i tha: "Shko, kthehu prapa!". Dhe ai u kthye.

¹⁷ Pastaj Abneri u drejtoi fjalën pleqve të Izraelit, duke thënë: "Prej shumë kohe kërkoni Davidin si mbretin tuaj.

¹⁸ Tani erdhi koha të veprojmë, sepse Zoti ka folur për Davidin, duke thënë: "Me anë të Davidit, shërbëtorit tim, unë do të shpëtoj popullin tim të Izraelit nga duart e Filistejve dhe nga tërë armiqtë e tij".

¹⁹ Abneri foli edhe me ata të Beniaminit. Pastaj Abneri shkoi te Davidi në Hebron për t'i njoftuar tërë ato që iu dukën të mira Izraelit dhe gjithë shtëpisë së Beniaminit.

²⁰ Kështu Abneri arriti te Davidi në Hebron me njëzet njerëz, dhe Davidi shtroi një banket për Abnerin dhe për njerëzit që ishin me të.

²¹ Pastaj Abneri i tha Davidit: "Unë do të ngrihem dhe do të shkoj të mbledh tërë Izraelin rreth mbretit, zotërisë tim, me qëllim që të lidhin aleancë me ty dhe ti të mund të mbretërosh mbi gjithçka dëshëron zemra jote". Pastaj Davidi u nda me Abnerin, që u largua në paqe.

²² Por ja, shërbëtorët e Davidit dhe Joabi po ktheheshin nga një plaçkitje, duke sjellë me vete një plaçkë të madhe; por Abneri nuk ishte më me Davidin në Hebron, sepse ky ishte ndarë me të dhe ai kishte ikur në paqe.

²³ Kur mbërritën Joabi dhe tërë ushtarët që ishin me të, dikush ia tregoi ngjarjen Joabit, duke thënë: "Erdhi Abneri, bir i Nerit, te mbreti; ky u nda me të dhe ai iku në paqe".

²⁴ Atëherë Joabi shkoi te mbreti dhe i tha: "Ç'bëre ashtu? Ja, Abneri erdhi; pse u ndave me të dhe ai u largua?

²⁵ Ti e di se Abneri, bir i Nerit, erdhi se të mashtrojë, që të njohë lëvizjet e tua dhe për të mësuar tërë ato që bën ti".

²⁶ Pasi u largua nga Davidi, Joabi dërgoi lajmëtarë pas Abnerit, të cilët e kthyen prapa nga hauzi i Sirahut pa e ditur Davidi.

²⁷ Kur Abneri u kthye në Hebron, Joabi e mori mënjanë në mes të portës, gjoja për t'i folur fshehtazi, dhe këtu e goditi në bark dhe e vrau për të marrë hakun e gjakut të Asahelit, vëllait të tij.

²⁸ Më vonë Davidi e mësoi këtë ngjarje dhe tha: "Unë dhe mbretëria ime jemi përjetë të pafajshëm përpara Zotit për gjakun e Abnerit, birit të Nerit.

²⁹ Ky gjak rëntë mbi kryet e Joabit dhe mbi tërë shtëpinë e atit të tij; mos iu ndafshin kurrë shtëpisë së Joabit ata që vuajnë nga fluksi apo nga lebra, ata që duhet të mbështeten me shkop, që vdesin nga shpata o që janë pa bukë!".

³⁰ Kështu Joabi dhe Abishai, vëllai i tij, vranë Abnerin, sepse ky kishte vrarë Asahelin, vëllanë e tyre në Gabaon gjatë betejës.

³¹ Pastaj Davidi i tha Joabit dhe tërë popullit që ishte me të: "Grisni rrobat e trupit, mbështilluni me thasë dhe mbani zi për vdekjen e Abnerit!". Edhe mbreti David shkoi pas arkivolit.

³² Kështu e varrosën Abnerin në Hebron, dhe mbreti ngriti zërin dhe qau përpara varrit të Abnerit; edhe tërë populli qau.

³³ Mbreti ia mori një vajtimi për Abnerin dhe tha: "A duhet të vdiste Abneri si vdes një budalla?

³⁴ Duart e tua nuk ishin të lidhura, as këmbët e tua nuk ishin të shtrënguara me zinxhirë prej bronzi! Ti re para keqbërësve".

³⁵ Pastaj tërë populli erdhi për të ftuar Davidin që të hante, sa ishte akoma ditë; por Davidi u betua duke thënë: "Kështu ma bëftë Perëndia madje më keq, po futa në gojë bukë apo ndonjë gjë tjetër para se të perëndojë dielli".

³⁶ Tërë populli e kuptoi dhe e miratoi këtë gjë; çdo gjë që bënte mbreti miratohej nga tërë populli.

³⁷ Kështu tërë populli dhe tërë Izraeli e kuptuan që qëllimi i mbretit nuk ishte aspak ta vriste atë ditë Abnerin, birin e Nerit.

³⁸ Pastaj mbreti u tha shërbëtorëve të tij: "Nuk e dini që një princ dhe një njeri i madh humbi sot jetën në Izrael?

³⁹ Megjithëse jam vajosur mbret, unë jam ende i dobët, ndërsa këta njerëz, bijtë e Tserajahut, janë shumë më të fortë se unë. E shpagoftë Zoti keqbërësin simbas të këqijave që ka bërë".

Kapitull 4

¹ Kur Ish-Boshethi, bir i Saulit, mësoi që Abneri kishte vdekur në Hebron, i ranë krahët dhe i tërë Izraeli u trondit rëndë.

² I biri i Saulit kishte dy njerëz që ishin udhëheqës ushtarakë; njeri quhej Baanah dhe tjetri Rekab; ishin bij të Rimonit prej Beerothit, nga fisi i Beniaminit. (Sepse edhe Beerothi konsiderohet si pjesë e Beniaminit,

³ megjithëse Beerothitët kanë mërguar në Gittaim, ku kanë qëndruar deri ditën e sotme).

⁴ Por Jonathani, bir i Saulit, kishte një djalë sakat nga këmbët; ai ishte pesë vjeç kur erdhi nga Jezreeli lajmi i vdekjes së Saulit dhe të Jonathanit. Taja e tij e mori dhe ikën, por, duke ikur me nxitim, fëmija u rrëzua dhe mbeti i çalë. Emri i tij ishte Mefibosheth.

⁵ Bijtë e Rimon Beerothitit, Rekabi dhe Baanahu, u nisën dhe arritën në kohë të zhegut në shtëpinë e Ish-Boshethit, ndërsa ai po bënte pushimin e tij të mbasditës.

⁶ Hynë brenda shtëpisë sikur do të merrnin grurë dhe e goditën në bark. Pastaj Rekabi dhe vëllai i tij Baanahu ua mbathën këmbëve.

⁷ Kur hynë në shtëpi, Ish-Boshethi rrinte shtrirë në shtrat në dhomën e tij; e goditën, e vranë dhe i prenë kokën; pastaj pasi e morën kokën, ecën tërë natën duke ndjekur rrugën në drejtim të Arabahut.

⁸ Kështu ia çuan kokën e Ish-Boshethit Davidit në Hebron dhe i thanë mbretit: "Ja koka e Ish-Boshethit, birit të Saulit, i cili kërkonte jetën tënde; sot Zoti i ka dhënë mbretit zotërisë tim, hakmarrjen mbi Saulin dhe mbi pasardhësit e tij".

⁹ Por Davidi iu përgjigj Rekabit dhe Baanahut, vëllait të tij, bij të Rimon Beerothitit, dhe u tha atyre: "Ashtu siç është e vërtetë që rron Zoti, i cili më ka liruar nga çdo fatkeqësi,

¹⁰ në rast se kam kapur dhe kam bërë që të vritet në Tsiklag atë që solli lajmin: "Ja, Sauli vdiq", megjithëse ai pandehte se më kishte sjellë një lajm të mirë dhe priste të merrte një shpërblim,

¹¹ aq më tepër tani që disa kriminelë kanë vrarë një njeri të drejtë në shtëpinë e tij, në shtratin e tij, a nuk duhet t'ju kërkoj llogari për gjakun e tij nga duart tuaja dhe t'ju zhduk nga faqja e dheut?".

¹² Kështu Davidi u dha urdhër të rinjve të tij dhe këta i vranë; ua prenë duart dhe këmbët, pastaj i varën pranë hauzit të Hebronit. Pas kësaj morën kokën e Ish-Boshethit dhe e varrosën në Hebron.

Kapitull 5

¹ Atëherë tërë fiset e Izraelit erdhën te Davidi në Hebron dhe i thanë: "Ne jemi kocka dhe mishi yt.

² Edhe në të kaluarën, kur Sauli mbretëronte mbi ne, ishe ti që udhëhiqje dhe e çoje në rrugë të drejtë Izraelin. Zoti të ka thënë: "Ti do të ushqesh popullin tim, Izraelin, ti do të jesh princ që do të sundojë mbi Izraelin"".

³ Kështu tërë pleqtë e Izraelit erdhën te mbreti në Hebron dhe mbreti David lidhi një aleancë me ta në Hebron para Zotit, dhe ata e vajosën Davidin mbret të Izraelit.

⁴ Davidi ishte tridhjetë vjeç kur filloi të mbretërojë dhe mbretëroi dyzet vjet.

⁵ Në Hebron mbretëroi shtatë vjet e gjashtë muaj mbi Judën; dhe

2 Samuelit

në Jeruzalem mbretëroi tridhjetë e tre vjet mbi gjithë Izraelin dhe Judën.

⁶ Mbreti me njerëzit e tij u nis në drejtim të Jeruzalemit kundër Jebusejve, që banonin në atë vend. Këta i thanë Davidit: Nuk do të hysh këtu, sepse të verbërit dhe çalamanët do të të sprapsin!", duke

⁷ Por Davidi e pushtoi qytetin e fortifikuar të Sionit (që është qyteti i Davidit).

⁸ Davidi tha atë ditë: "Kushdo që i mund Jebusejtë, të arrijë deri në kanal dhe t'i zmprapsë çalamanët dhe të verbërit që i urren Davidi". Prandaj thonë: "I verbri dhe çalamani nuk do të hyjnë në Shtëpi".

⁹ Kështu Davidi u vendos në qytetin e fortifikuar dhe e quajti Qyteti i Davidit. Pastaj Davidi filloi të ndërtojë rreth e qark duke nisur nga Milo dhe në drejtim të pjesës së brendshme.

¹⁰ Davidi bëhej gjithnjë më i madh Dhezoti, Perëndia i ushtrive, ishte me të.

¹¹ Pastaj Hirami, mbret i Tiros, i dërgoi Davidit lajmëtarë, dru kedri, zdruktharë dhe muratorë, që i ndërtuan një shtëpi Davidit.

¹² Atëherë Davidi u bind se Zoti po e vendoste si mbret të Izraelit dhe e lartësonte mbretërinë e tij për dashurinë që kishte për popullin e Izraelit.

¹³ Pas arritjes së tij nga Hebroni, Davidi mori konkubina dhe bashkëshorte të tjera nga Jeruzalemi dhe kështu i lindën bij dhe bija të tjera.

¹⁴ Këta janë emrat e bijve që i lindën në Jeruzalem: Shamua, Shobab, Nathan, Salomon,

¹⁵ Ibhar, Elishua, Nefeg, Jafia,

¹⁶ Elishama, Eliada, Elifelet.

¹⁷ Kur Filistejtë mësuan që Davidi ishte vajosur mbret i Izraelit, tërë Filistejtë dolën në kërkim të Davidit. Sa e mësoi këtë, Davidi zbriti në qytetin e fortifikuar.

¹⁸ Filistejtë arritën dhe u përhapën në luginën e Refaimit.

¹⁹ Atëherë Davidi u këshillua me Zotin duke i thënë: "A duhet të dal kundër Filistejve? A do m'i lësh në duart e mia? Zoti i dha këtë përgjigje Davidit: "Dil, sepse pa tjetër do t'i lë Filistejtë në duart e tua".

²⁰ Kështu Davidi shkoi në Baal-Peratsim, ku i mundi, dhe tha: "Zoti ka krijuar një të çarë midis armiqve të mi përpara meje, si një e çarë e hapur nga ujërat".

²¹ Filistejtë i braktisën atje idhujt e tyre dhe Davidi dhe njerëzit e tij i morën me vete.

²² Më vonë Filistejtë dolën përsëri dhe u përhapën në luginën e Refaimëve.

²³ Kur Davidi u këshillua me Zotin, ai i tha: "Mos u dil përballë; merrua krahët, hidhu mbi ta përballë Balsamit.

²⁴ Kur të dëgjosh një zhurmë hapash në majat e Balsamit, hidhu menjëherë në sulm, sepse atëherë Zoti do të dalë para teje për të mundur ushtrinë e Filistejve".

²⁵ Davidi veproi pikërisht ashtu si kishte urdhëruar Zoti dhe i mundi Filistejtë që nga Geba deri në Gezer

Kapitull 6

¹ Davidi i mblodhi përsëri gjithë burrat më të zgjedhur të Izraelit, gjithsej tridhjetë mijë veta.

² Pastaj u ngrit dhe shkoi me gjithë popullin që ishte me të nga Baale e Judës, për të transportuar që andej arkën e Perëndisë me vete emrin e Zotit të ushtrive, që rri midis kerubinëve.

³ Dhe e vendosën arkën e Perëndisë mbi një qerre të re e hoqën nga shtëpia e Abinabadit që ishte mbi kodër; Uzahu dhe Ahio, bij të Abinadabit, ngisnin qerren e re.

⁴ Kështu e hoqën arkën e Perëndisë nga shtëpia e Abinadabit që ishte mbi kodër, dhe Ahio ecte përpara arkës.

⁵ Davidi dhe tërë shtëpia e Izraelit u binin para Zotit Iloj Iloj veglash prej druri të selvisë, qesteve, harpave, dajreve, sistrave dhe cembaleve.

⁶ Kur arritën te lëmi i Nakonit, Uzahu zgjati dorën drejt arkës së Perëndisë dhe e mbajti atë, sepse qetë u penguan.

⁷ Atëherë zemërimi i Zotit u ndez kundër Uzahut, dhe Perëndia e goditi për fajin e tij; ai vdiq në atë vend pranë arkës së Perëndisë.

⁸ Davidi u trishtua shumë sepse Zoti kishte hapur një të çarë në popull, duke goditur Uzahun. Kështu ai vend u quajt Perets-Uzah edhe sot e kësaj dite.

⁹ Davidi pati frikë atë ditë nga Zoti dhe tha: "Si mund të vijë tek unë arka e të Zotit?".

¹⁰ Kështu Davidi nuk deshi ta mbartë arkën e Zotit pranë vetes së tij në qytetin e Davidit, por e transferoi në shtëpinë e Obed-Edomit nga Gathi.

¹¹ Arka e Zotit mbeti tre muaj në shtëpinë e Obed-Edomit nga Gathi, dhe Zoti bekoi Obed-Edomin dhe tërë shtëpinë e tij.

¹² Atëherë i thanë mbretit David: "Zoti ka bekuar shtëpinë e Obed-Edomit dhe gjithshka që është pronë e tij, për shkak të arkës së Perëndisë". Atëherë Davidi shkoi dhe e mbarti me gëzim arkën e Perëndisë

¹³ Kur ata që mbartnin arkën e Zotit bënë gjashtë hapa, ai flijoi një ka dhe një viç të majmë.

¹⁴ Davidi hidhte valle me gjithë forcat e tija përpara Zotit, duke veshur një efod prej liri.

¹⁵ Kështu Davidi dhe tërë shtëpia e Izraelit mbartën arkën e të Zotit me thirrje gëzimi dhe duke u rënë borive.

¹⁶ Por ndodhi që, ndërsa arka e Zotit po hynte në qytetin e Davidit, Mikal, bija e Saulit, duke shikuar nga dritarja, pa mbretin David që po hidhej dhe kërcente përpara Zotit dhe e përçmoi me zemrën e saj.

¹⁷ Kështu, sollën arkën e Zotit dhe e vendosën në vendin e saj, në mesin e çadrës që Davidi kishte ngritur për të. Pastaj Davidi ofroi olokauste dhe flijime falenderimi përpara Zotit.

¹⁸ Kur mbaroi së ofruari olokaustet dhe flijimet e falenderimit, Davidi bekoi popullin në emër të Zotit të ushtrive,

¹⁹ dhe i shpërndau tërë popullit, gjithë turmës së Izraelit, burra dhe gra, secilit prej tyre nga një kulaç, nga një racion mishi dhe një sasi rrush të thatë.

²⁰ Ndërsa Davidi po kthehej për të bekuar familjen e tij, Mikal, bija e Saulit, i doli përpara Davidit dhe i tha: "Sa i nderuar ka qënë sot mbreti i Izraelit që u zbulua para syve të shërbëtoreve të

²¹ Atëherë Davidi iu përgjigj Mikalit: "E bëra përpara Zotit që më ka zgjedhur në vend të atit tënd dhe të tërë shtëpisë së tij për të më vendosur princ të Izraelit, të popullit të Zotit; prandaj bëra festë përpara Zotit.

²² Prandaj do ta ul veten edhe më poshtë dhe do të bëhem më i pavlerë në sytë e mi; por lidhur me shërbëtoret për të cilat më fole, unë do të nderohem pikërisht prej tyre".

²³ Mikal, bija e Saulit, nuk pati fëmijë deri ditën e vdekjes së saj.

Kapitull 7

¹ Ndodhi që, kur mbreti u vendos në shtëpinë e tij dhe Zoti i siguroi paqe nga të gjithë armiqtë që e rrethonin,

² mbreti i tha profetit Nathan: "Shiko, unë banoj në një shtëpi prej kedri, por arka e Perëndisë ndodhet poshtë një çadre".

³ Nathani iu përgjigj mbretit: "Shko, bëj gjithçka ke në zemër, sepse Zoti është me ty".

⁴ Por po atë natë fjala e Zotit iu drejtua Nathanit në këtë mënyrë:

⁵ "Shko t'i thuash shërbëtorit tim David: Kështu thotë Zoti: "A do të më ndërtosh një shtëpi, që unë të banoj në të?

⁶ Sepse nuk kam banuar në një shtëpi nga dita që kam nxjerrë bijtë e Izraelit nga Egjipti e deri më sot, por kam bredhur nën një çadër dhe në një tabernakull.

⁷ Kudo që kam shkuar në mes të të gjithë bijve të Izraelit, a i kam folur vallë ndonjë fisi të cilin e kisha urdhëruar të ushqente popullin tim të Izraelit, duke i thënë: Pse nuk më ndërtoni një shtëpi prej kedri?".

⁸ Tani do t'i thuash kështu shërbëtorit tim David; Kështu thotë Zoti i ushtrive: "Unë të mora nga vatha, ndërsa shkoje me dele, që ti të bëheshe udhëheqës i Izraelit, i popullit tim.

⁹ Kam qenë pranë teje kudo që ke shkuar, kam shfarosur tërë armiqtë e tu para teje dhe e bëra emrin tënd të madh si ai i të mëdhenjve që janë mbi dhe.

¹⁰ Do t'i caktoj një vend Izraelit, popullit tim, dhe do ta ngulit që ai të banojë në shtëpinë e tij dhe të mos e shqetësojë më, që njerëzit e këqinj të mos vazhdojnë ta shtypin si në të kaluarën,

¹¹ nga dita që kam vendosur gjyqtarë mbi popullin tim të Izraelit. Do të të siguroj paqe nga tërë armiqtë e tu. Përveç kësaj Zoti të shpall se ka për të të ndërtuar një shtëpi.

¹² Kur t'i kesh mbushur ditët e tua dhe të jesh duke pushuar bashkë me etërit e tu, unë do të ngre mbas teje pasardhësit e tu që do të dalin nga barku yt dhe do të vendos mbretërinë tënde.

¹³ Ai do të ndërtojë një shtëpi në emrin tim dhe unë do ta bëj të qëndrueshëm për gjithnjë fronin e mbretërisë së tij.

¹⁴ Unë do të jem për të një baba dhe ai një djalë për mua; kur do të bëjë ndonjë të keqe, unë do ta dënoj me shufra njeriu dhe me goditje të bijve të njerëzve,

¹⁵ por mëshira ime do të largohet, ashtu siç ia kam hequr Saulit, që e kam hequr nga detyra para teje.

¹⁶ Shtëpia jote dhe mbretëria jote do të bëhen të qendrueshme për gjithnjë para meje, dhe froni yt do të jetë i qëndrueshëm për gjithnjë".

¹⁷ Nathani i foli Davidit duke iu përmbajtur këtyre fjalëve dhe simbas vegimit të tij.

¹⁸ Atëherë mbreti David shkoi dhe u ul përpara Zotit dhe tha: "Kush jam unë, o Zot, o Zot, dhe çfarë është shtëpia ime që më bëri të vij deri këtu?

¹⁹ Por kjo ishte akoma një gjë e vogël në sytë e tu, o Zot, o Zot, sepse ti ke folur edhe për shtëpinë e shërbëtorit tënd për një të ardhme të largët; dhe ky është ligji i njeriut, o Zot, o Zot.

²⁰ Çfarë mund të të thoshte më tepër Davidi? Ti e njeh shërbëtorin tënd, o Zot, o Zot!

²¹ Për dashurinë e fjalës sate dhe simbas zemrës sate ke bërë tërë këto gjëra të mëdha, me qëllim që t'ia bësh të njohur shërbëtorit tënd.

²² Për këtë je i madh, o Zot, o Perëndi. Asnjeri nuk është si ti dhe nuk ka tjetër Perëndi veç teje, me sa kemi dëgjuar me veshët tona.

²³ Dhe kush është si populli yt, si Izraeli, i vetmi komb mbi dhe që Perëndia erdhi ta shpengojë për vete si popullin e tij për të bërë emër dhe për të kryer për ty vepra të mëdha dhe të tmerrshme për tokën tënde përpara popullit tënd, të cilin e ke shpenguar për vete nga Egjipti, nga kombet e perëndive të tyre?

²⁴ Dhe ti ke vendosur për vete që populli yt i Izaelit, të jetë populli yt për gjithnjë; dhe ti, o Zot, je bërë Perëndia i tij.

²⁵ Dhe tani, o Zot, o Perëndi, fjalën që ke thënë lidhur me shërbëtorin tënd dhe me shtëpinë e tij mbaje të qëndrueshme për gjithnjë dhe vepro ashtu si ke thënë,

²⁶ me qëllim që emri yt të lavdërohet përjetë dhe të thuhet: "Zoti i ushtrive është Perëndia i Izraelit". Dhe shtëpia e shërbëtorit tënd David u bëftë e qëndrueshme para teje!

²⁷ Sepse ti, o Zoti i ushtrive, Perëndia i Izraelit, ia ke treguar këtë shërbëtorit tënd, duke i thënë: "Unë do të ndërtoj një shtëpi për ty". Prandaj shërbëtori yt pati guximin të të drejtojë këtë lutje.

²⁸ Dhe tani, o Zot, o Zot, ti je Perëndia, fjalët e tua janë të vërteta, dhe i ke premtuar këto gjëra të bukura shërbëtorit tënd.

²⁹ Prandaj tani prano të bekosh shtëpinë e shërbëtorit tënd, në mënyrë që ajo të qëndrojë gjithnjë para teje, sepse ti, o Zot, o Zot, ke folur, dhe si pasojë e bekimit tënd shtëpia e shërbëtorit tënd do të jetë e bekuar përjetë!".

Kapitull 8

¹ Pas këtyre gjërave, Davidi i mundi Filistejtë, i poshtëroi dhe u hoqi nga dora qytetin e tyre më të rëndësishëm.

² Mundi edhe Moabitët dhe i mati me litar, mbasi i shtriu për tokë. Me dy litarë mati ata që duhet të vriteshin dhe me një litar të plotë ata që do të mbeteshin të gjallë. Kështu Moabitët u bënë nënshtetas dhe taksapagues të Davidit.

³ Davidi mundi edhe Hadadezerin, birin e Rehobit, mbret të Tsobahut, ndërsa ai shkonte të rivendoste sundimin e tij gjatë lumit Eufrat.

⁴ Davidi i mori njëmijë e gjashtëqind kalorës dhe njëzet mijë këmbësorë. Ai u preu gjithashtu leqet e këmbëve tërë kuajve, por la mjaft prej tyre për njëqind qerre.

⁵ Kur Sirët e Damaskut erdhën për të ndihmuar Hadadezerin, mbretin e Tsobahut, Davidi vrau njëzet e dy mijë prej tyre.

⁶ Pastaj Davidi vendosi garnizone në Sirinë e Damaskut dhe Sirët u bënë nënshtetas dhe taksapagues të Davidit; Zoti e mbronte Davidin kudo që shkonte.

⁷ Davidi mori monedhat prej ari që shërbëtorët e Hadadezerit kishin me vete dhe i çoi në Jeruzalem.

⁸ Mbreti David mori edhe një sai të madhe bronzi në Betah dhe në Berothai, qytete të Hadedezerit.

⁹ Kur Toi, mbret i Hamathit, mësoi që Davidi kishte mundur tërë ushtrinë e Hadedezerit,

¹⁰ i dërgoi mbretit David të birin Joram, për ta përshëndetur dhe për ta bekuar, sepse i kishte bërë luftë Hadedezerit dhe e kishte mundur. Në fakt Hadedezeri ishte gjithnjë në luftë me Toin; Jorami kishte me vete enë argjendi, ari dhe bronzi.

¹¹ Mbreti David ia shenjtëroi edhe këto Zotit, ashtu siç i kishte shenjtëruar atij argjendin dhe arin që vinte nga kombet që kishte nënshtruar:

¹² nga Sirët, nga Moabitët, nga Amonitët, nga Filistejtë nga Amalekitët dhe nga plaçka e Hadedezerit, birit të Rehobit, mbret i Tsobahut.

¹³ Davidi i bëri emër vetes kur u kthye, mbasi kishte mundur tetëmbëdhjetë mijë Sirë në luginën e Kripës.

¹⁴ Vendosi garnizone edhe në Idumea; kështu tërë Idumea dhe tërë Edomitët u bënë nënshtetas të Davidit; dhe Zoti e mbronte Davidin kudo që shkonte.

¹⁵ Kështu Davidi mbretëroi mbi tërë Izraelin, duke dhënë vendime dhe duke administruar drejtësinë te popullit të tij.

¹⁶ Joabi, bir i Tserujahut, ishte komandant i ushtrisë; Jozafat, bir i Ahiludit, ishte arkivist;

¹⁷ Tsadoku, bir i Ahitubit, dhe Ahimeleku, bir i Abietharit, ishin priftërinj; Serajahu ushtronte funksionin e sekretarit;

¹⁸ Benajahu, bir i Jehojadit, ishte kreu i Kerethejve dhe i Pelethejve, dhe bijtë e Davidit ishin ministra.

Kapitull 9

¹ Davidi tha: "A ka mbetur akoma ndonjë nga shtëpia e Saulit, ndaj të cilit mund të sillem mirë për hir të Jonathanit?".

² Kishte një shërbëtor në shtëpinë e Saulit, që quhej Tsiba, dhe atë e çuan te Davidi. Mbreti i tha: "Ti je Tsiba?". Ai u përgjigj: "Jam shërbëtori yt".

³ Pastaj mbreti pyeti: "A ka njeri tjetër të shtëpisë së Saulit, të cilit mund t'i kushtoj mirësinë e Perëndisë?". Tsiba iu përgjigj mbretit: "Është akoma një djalë i Jonatanit, që është sakat nga këmbët".

⁴ Mbreti i tha: "Ku është?". Tsiba iu përgjigj mbretit: "Është në shtëpinë e Makirit, birit të Amielit, në Lodebar".

⁵ Atëherë mbreti David dërgoi ta marrë nga shtëpia e Makirit, birit të Amielit, në Lodebar.

⁶ Kështu Mefiboshethi, bir i Jonatanit, bir i Saulit erdhi te Davidi, ra përmbys me fytyrën për tokë. Davidi i tha: "Mefibosheth!". Ai u përgjigj: "ja shërbëtori yt!".

⁷ Davidi i tha: "Mos ki frikë, sepse kam ndër mend të sillem mirë me ty për dashurinë që kisha për Jonatanin, atin tënd; do të kthej tërë tokat e Saulit, të parit tënd, dhe ti do të hash gjithnjë në tryezën time".

⁸ Mefiboshethi ra përmbys dhe tha: "Ç'është shërbëtori yt, që ti të përfillësh një qen të ngordhur si unë?".

⁹ Atëherë mbreti thirri Tsiban, shërbëtorin e Saulit, dhe i tha: "Tërë ato që i përkisnin Saulit dhe tërë shtëpisë së tij, po ia jap birit të zotërisë tënd.

¹⁰ Kështu, pra, bashkë me bijtë dhe shërbëtorët e tu, do të punosh tokën për të dhe do të mbledhësh prodhimet e saj, me qëllim që i biri i zotërisë tënd të ketë bukë për të ngrënë; por Mefiboshethi, bir i zotërisë tënd do të hajë gjithnjë në tryezën time". Tsiba kishte pesëmbëdhjetë bij dhe njëzet shërbëtorë.

¹¹ Tsiba i tha mbretit: "Shërbëtori yt do të bëjë të gjitha ato që mbreti, zotëria im, i urdhëron shërbëtorit të tij". Kështu Mefiboshethi hante në tryezën e Davidit si një nga bijtë e mbretit.

¹² Mefiboshethi kishte një djalë të vogël që quhej Mika; dhe tërë ata që rrinin në shtëpinë e Tsibas ishin shërbëtorë të Mefiboshethit.

¹³ Mefiboshethi banonte në Jeruzalem, sepse hante gjithnjë në tryezën e mbretit. Ishte sakat nga të dy këmbët.

Kapitull 10

¹ Mbas këtyre gjërave, mbreti i bijve të Amonit vdiq dhe biri i tij Hanun mbretëroi në vend të tij.

² Davidi tha: "Unë dua të sillem me Hanunin, birin e Nahashit, me po atë dashamirësi që i ati tregoi ndaj meje". Kështu Davidi dërgoi shërbëtorët e tij për ta ngushëlluar për humbjen e atit. Por kur shërbëtorët e Davidit arritën në vendin e bijve të Amonit,

³ krerët e bijve të Amonit i thanë Hanunit, zotërisë së tyre: "Beson me të vërtetë që Davidi të ka dërguar njerëz për ngushëllim për të nderuar atin tënd? A nuk të ka dërguar përkundrazi shërbëtorët e tij për të vëzhguar qytetin, për të spiunuar dhe për të shkatërruar atë?".

⁴ Atëherë Hanuni i zuri shërbëtorët e Davidit, i detyroi të rruajnë gjysmën e mjekrës dhe të presin për gjysmë rrobat e tyre deri në vithe, pastaj i la të shkojnë.

⁵ I informuar për këtë ngjarje, Davidi dërgoi disa persona për t'i takuar, sepse këta njerëz e ndjenin veten shumë të turpëruar. Mbreti dërgoi t'u thonë: "Rrini në Jeriko sa t'ju rritet mjekra, pastaj do të ktheheni".

⁶ Kur bijtë e Amonit e kuptuan që ishin bërë të urryer për Davidin, dërguan të rekrutojnë njëzet mijë këmbësorë te Sirët e Beth-Rehobit dhe te Sirët e Tsobas, një mijë njerëz të mbretit të Maakahut dhe dymbëdhjetë mijë nga njerëzit e Tobit.

⁷ Me të dëgjuar këtë lajm, Davidi dërgoi kundër tyre Joabin me gjithë ushtrinë e njerëzve trima.

⁸ Bijtë e Amonit dolën dhe u renditën për betejë në hyrjen e portës së qytetit, ndërsa Sirët e Tsobas dhe të Rehobit, dhe njerëzit e Tobit dhe të Maakahut u rreshtuan në fushë të hapur.

⁹ Kur Joabi e kuptoi se kundër tij ishin dy fronte beteje, njeri nga përpara dhe tjetri nga prapa, ai zgjodhi disa nga njerëzit më të mirë të Izraelit dhe i renditi për betejë kundër Sirëve;

¹⁰ Pjesën tjetër të njerëzve e la në duart e vëllait të tij Abishai për t'i rendituar kundër bijve të Amonit.

¹¹ Pastaj i tha: "Në qoftë se Sirët janë më të fortë se unë, ti do të më vish në ndihmë; por në qoftë se bijtë e Amonit janë më të fortë se ti, atëherë unë do të të vij në ndihmë.

¹² Tregohu guxmtar dhe të jemi të fortë për të mbrojtur popullin tonë dhe qytetet e Perëndisë tonë; dhe Zoti të bëjë atë që i pëlqen".

¹³ Pastaj Joabi me gjithë njerëzit e tij ecën përpara për të luftuar kundër Sirëve; por këta ikën para tij.

¹⁴ Kur bijtë e Amonit panë që Sirët kishin ikur, ua mbathën edhe ata para Abishait dhe hynë përsëri në qytet. Atëherë Joabi u kthye nga ekspedita kundër bijve të Amonit dhe erdhi në Jeruzalem.

¹⁵ Kur Sirët panë që ishin mundur nga Izraeli, u mblodhën të tërë.

¹⁶ Hadadezeri dërgoi lajmëtarë për të sjellë Sirët që ishin matanë Lumit. Ata arritën në Helam, me komandantin e ushtrisë të Hadedezerit, Shobakun, në krye.

¹⁷ Kur Davidi u njoftua për këtë gjë, mblodhi tërë Izraelin, kaloi Jordanin dhe arriti në Helam. Sirët u radhitën kundër Davidit dhe nisën betejën.

¹⁸ Por Sirët ua mbathën përpara Izraelit; dhe Davidi vrau nga Sirët njerëzit e shtatëqind qerreve dhe dyzet mijë kalorës, goditi Shobakun, komandantin e ushtrisë së tyre, i cili vdiq në atë vend.

¹⁹ Kur tërë mbretërit vasalë të Hadadezerit e panë që ishin mundur nga Izraeli, bënë paqe me Izraelin dhe iu nënshtruan atij. Kështu Sirët patën frikë të ndihmonin akoma bijtë e Amonit.

Kapitull 11

¹ Me fillimin e vitit të ri, në kohën kur mbretërit shkojnë të luftojnë, Davidi dërgoi Joabin me shërbëtorët e tij dhe me tërë Izraelin për të shkatërruar vendin e bijve të Amonit dhe për të rrethuar Rabahun; por Davidi mbeti në Jeruzalem.

² Një mbrëmje u ngrit nga shtrati i tij dhe filloi të shëtisë në taracën e pallatit mbretëror. Nga taraca pa një grua që po bënte banjo; dhe gruaja ishte shumë e bukur.

³ Kështu Davidi dërgoi të kërkojë informata për gruan; dhe i thanë: "Éshtë Bath-Sheba, bija e Eliamit, bashkëshortja e Hiteut Uriah".

⁴ Davidi dërgoi lajmëtarë për ta marrë; kështu ajo erdhi tek ai dhe ajo ra në shtrat me të; pastaj u pastrua nga papastërtia e saj dhe u kthye në shtëpinë e vet.

⁵ Gruaja mbeti me barrë dhe ia njoftoi Davidit, duke i thënë: "Jam me barrë".

⁶ Atëherë Davidi dërgoi t'i thotë Joabit: "Dërgomë Hiteun Uriah". Dhe Joabi dërgoi Uriahun te Davidi.

⁷ Kur Uriahu arriti tek ai, Davidi e pyeti për gjendjen shëndetsore të Joabit dhe të popullit, dhe si shkonte lufta.

⁸ Pastaj Davidi i tha Uriahut: "Zbrit në shtëpinë tënde dhe laji këmbët". Uriahu doli nga shtëpia e mbretit dhe i nisën një dhuratë nga ana e mbretit.

⁹ Por Uriahu fjeti te porta e shtëpisë së mbretit bashkë me tërë shërbëtorët e zotërisë së tij dhe nuk zbriti në shtëpinë e tij.

¹⁰ Kur e njoftuan Davidin për këtë gjë dhe i thanë: "Uriahu nuk zbriti në shtëpinë e tij". Davidi i tha Uriahut: "A nuk vjen vallë nga një udhëtim? Pse, pra, nuk zbrite në shtëpinë tënde?".

¹¹ Uriahu iu përgjigj Davidit: "Arka, Izraeli dhe Juda banojnë në çadra, zotëria im Joab dhe shërbëtorët e zotërisë tim e kanë ngritur kampin e tyre në fushë të hapur. Si mund të hyj unë në shtëpinë time për të ngrënë dhe për të pirë? Ashtu siç është e vërtetë që ti rron dhe që rron shpirti yt, unë nuk do ta bëj këtë gjë!".

¹² Atëherë Davidi i tha Uriahut: "Qëndro edhe sot këtu, nesër do të të lë të shkosh". Kështu Uriahu qëndroi në Jeruzalem atë ditë dhe ditën tjetër.

¹³ Davidi e ftoi pastaj të hajë e të pijë bashkë me të dhe e dehu. Por në mbrëmje Uriahu doli për të shkuar në shtrojën e tij bashkë me shërbëtorët e zotërisë së tij dhe nuk zbriti në shtëpinë e tij.

¹⁴ Të nesërmen në mëngjes, Davidi i shkroi një letër Joabit dhe ia dërgoi me anë të Uriahut.

¹⁵ Në letër kishte shkruar kështu: "Vendoseni Uriahun në vijë të parë, ku beteja është më e ashpër, pastaj tërhiquni nga ai, me qëllim që të goditet dhe të vdesë".

¹⁶ Ndërsa rrethonte qytetin, Joabi e vuri Uriahun në vendin ku e dinte se kishte njerëz trima.

¹⁷ Banorët e qytetit bënë një dalje dhe sulmuan Joabin, disa nga shërbëtorët e Davidit ranë dhe vdiq edhe Hiteu Uriah.

¹⁸ Atëherë Joabi dërgoi një lajmëtar për t'i njoftuar Davidit tërë ngjarjet e luftës,

¹⁹ dhe i dha lajmëtarit këtë urdhër: "Kur të kesh mbaruar së treguari mbretit tërë ngjarjet e luftës,

²⁰ në qoftë se ai zemërohet dhe të thotë: "Pse iu afruat qytetit për të luftuar? A nuk e dinit që do të gjuanin nga muret lart?

²¹ Kush e vrau Abimelekun, birin e Jerubeshethit? A nuk qe një grua që i hodhi një gur nga muret, dhe kështu ai vdiq në Thebets?. Sepse ju jeni afruar te muret?", atëherë ti do të thuash: "Vdiq edhe shërbëtori yt Hiteu Uriah"".

²² Kështu lajmëtari u nis dhe, kur arriti, i tregoi Davidit të gjitha ato që Joabi e kishte ngarkuar të thoshte.

²³ Lajmëtari i tha Davidit: "Armiqtë patën epërsi mbi ne dhe bënë një dalje kundër nesh në fushë të hapur, por ne i sprapsëm deri në hyrjen e portës;

²⁴ atëherë harkëtarët gjuajtën mbi shërbëtorët e tu nga lartësia e mureve dhe disa shërbëtorë të mbretit vdiqën, dhe vdiq edhe shërbëtori yt, Hiteu Uriah".

²⁵ Atëherë Davidi i tha lajmëtarit: "Do t'i thuash kështu Joabit: "Mos u hidhëro për këtë gjë, sepse shpata ha o njerin o tjetrin; lufto me forcë më të madhe kundër qytetit dhe shkatërroje". Dhe ti jepi zemër".

²⁶ Kur gruaja e Uriahut dëgjoi që burri i saj kishte vdekur, ajo mbajti zi për bashkëshortin e saj.

²⁷ Me të mbaruar zija, Davidi dërgoi ta marrë dhe e priti në shtëpinë e tij. Ajo u bë gruaja e tij dhe i lindi një djalë. Por ajo që Davidi kishte bërë nuk i pëlqeu Zotit.

Kapitull 12

¹ Pastaj Zoti i dërgoi Nathanin Davidit; dhe Nathani shkoi tek ai dhe i tha: "Na ishin dy njerëz në të njëjtin qytet, njeri i pasur dhe tjetri i varfër.

² I pasuri kishte një numër të madh kopesh me bagëti të imët dhe të trashë;

³ por i varfëri nuk kishte asgjë, veçse një qengj femër që e kishte blerë dhe ushqyer; ai ishte rritur bashkë me të dhe me fëmijët e tij, duke ngrënë ushqimin e tij, duke pirë në kupën e tij dhe duke fjetur mbi gjirin e tij; ishte për të si bija e tij.

⁴ Një udhëtar arriti në shtëpinë e njeriut të pasur; ky refuzoi të merrte ndonjë bagëti nga kopetë e tij për t'i përgatitur për të ngrënë udhëtarit që kishte ardhur tek ai, por mori manarin e njeriut të varfër dhe e gatoi për njeriun që i kishte ardhur"

⁵ Atëherë zemërimi i Davidit u rrit me të madhe kundër këtij njeriu dhe i tha Nathanit: "Ashtu siç është e vërtetë që Zoti rron, ai që ka bërë këtë gjë meriton të vdesë!

⁶ Ai do t'a paguajë katërfish vlerën e manarit, sepse ka bërë një gjë të tillë dhe nuk ka pasur mëshirë".

⁷ Atëherë Nathani i tha Davidit: "Ti je ai njeri! Kështu thotë Zoti, Perëndia i Izraelit: "Unë të kam vajosur mbret të Izraelit dhe të kam çliruar nga duart e Saulit.

⁸ Të kam dhënë shtëpinë e zotërisë sate, të kam vënë në krahët e tua gratë e zotërisë tënd dhe të kam dhënë shtëpinë e Izraelit dhe të Judës; dhe në qoftë se kjo ishte shumë pak, unë do të të kisha dhënë shumë gjëra të tjera.

⁹ Pse, pra, ke përçmuar fjalën e Zotit, duke bërë atë që është e keqe për sytë e tij? Ti ke bërë të vdesë me shpatë Hiteun Uriah, more për grua bashkëshorten e tij dhe e vrave me shpatën e bijve të Amonit.

¹⁰ Kështu, pra, shpata nuk do të largohet kurrë nga shtëpia jote, sepse ti më ke përçmuar dhe ke marrë gruan e Hiteut Uriah si bashkëshorten tënde".

¹¹ Kështu thotë Zoti: "Ja, unë do të sjell kundër teje fatkeqësinë nga vetë shtëpia jote, dhe do t'i marrë gratë e tua para syve të tu për t'ia dhënë një tjetri, që do të bashkohet me to ditën.

¹² Sepse ti e ke bërë këtë gjë fshehurazi, kurse unë do ta bëj përpara tërë Izraelit në dritën e diellit".

¹³ Atëherë Davidi i tha Nathanit: "Kam mëkatuar kundër Zotit". Nathani iu përgjigj Davidit: "Zoti e ka hequr mëkatin tënd; ti nuk ke për të vdekur.

¹⁴ Megjithatë, duke qenë se më këto veprime u ke dhënë rastin armiqve të Zotit të blasfemojnë, djali që ka lindur duhet të vdesë".

¹⁵ Pastaj Nathani u kthye në shtëpinë e vet. Kështu Zoti goditi fëmijën që bashkëshortja e Uriahut i kishte lindur Davidit, dhe ai u sëmur.

¹⁶ Atëherë Davidi iu lut Perëndisë për fëmijën dhe agjëroi; pastaj hyri në shtëpi dhe e kaloi natën i shtrirë për tokë.

¹⁷ Pleqtë e shtëpisë së tij ngulën këmbë që ai të ngrihej nga toka, por ai nuk deshi dhe nuk pranoi të hante me ta.

¹⁸ Ditën e shtatë fëmija vdiq dhe shërbëtorët e Davidit kishin frikë t'i njoftonin që fëmija kishte vdekur, sepse thonin: "Ja, kur fëmija ishte akoma i gjallë, ne i kemi folur, por ai nuk i dëgjonte fjalët tona. Si të bëjmë tani për t'i thënë se fëmija ka vdekur? Kjo mund t'i shkaktojë ndonjë të keqe".

¹⁹ Kur Davidi pa që shërbëtorët e tij flisnin me zë të ulët, e kuptoi se fëmija kishte vdekur; prandaj Davidi u tha shërbëtorëve të tij: "Ka vdekur fëmija?". Ata u përgjigjën: "Ka vdekur".

²⁰ Atëherë Davidi u ngrit nga toka, u la, u vajos dhe ndërroi rrobat; pastaj shkoi në shtëpinë e Zotit dhe ra përmbys; pastaj u kthye në shtëpinë e tij dhe kërkoi t'i sillnin ushqim dhe hëngri.

²¹ Shërbëtorët e tij i thanë: "Ç'bëre? Kur fëmija ishte akoma gjallë

ti ke agjëruar dhe ke qarë; mbas vdekjes së fëmijës, u ngrite dhe hëngre".

²² Ai u përgjigj: "Kur fëmija ishte akoma gjallë, unë agjëronja dhe qaja, sepse thoja: "Kushedi Zotit mund t'i vijë keq për mua dhe e lë fëmijën të jetojë?". Por tani ai ka vdekur. Pse duhet të agjëroj?

²³ Vallë, a kam mundësi ta kthej? Unë do të shkoj tek ai, por ai nuk do të kthehet tek unë!".

²⁴ Pastaj Davidi ngushëlloi Bath-Shebën, bashkëshorten e tij, hyri tek ajo dhe ra në shtrat me të; kështu ajo lindi një djalë, që ai e quajti Solomon; dhe Zoti e deshi.

²⁵ Pastaj dërgoi një mesazh me anë të profetit Nathan që i vuri emrin Jedidiah, për shkak të dashurisë të Zotit.

²⁶ Ndërkaq Joabi lufonte kundër Rabahut të bijve të Amonit dhe pushtoi qytetin mbretëror.

²⁷ Pastaj Joabi i dërgoi lajmëtarë Davidit për t'i thënë: "Kam sulmuar Rabahun dhe kam shtënë në dorë rezervat e tij të ujit.

²⁸ Prandaj tani mblidh popullin që ka mbetur, vendos kampin tënd përballë qytetit dhe shtjere atë në dorë, përndryshe do ta marr unë qytetin dhe ai do të mbajë emrin tim".

²⁹ Atëherë Davidi mblodhi tërë popullin, shkoi në Rabah, e sulmoi dhe e pushtoi.

³⁰ Hoqi pastaj kurorën nga koka e mbretit të tyre; ajo peshonte një talent ari dhe kishte gurë të çmuar; ajo u vu mbi kokën e Davidit. Ai mori me vete gjithashtu nga qyteti një plaçkë të madhe.

³¹ I nxori banorët që ishin në qytet dhe i vuri të punonin me sharra, me lesa dhe më sëpata prej hekuri, i futi të punojnë në furrat e tullave; kështu bëri në të gjitha qytetet e bijve të Amonit. Pastaj Davidi u kthye në Jeruzalem bashkë me tërë popullin.

Kapitull 13

¹ Pastaj ndodhi që Absalomi, bir i Davidit, kishte një motër shumë të bukur që quhej Tamara; por Amnoni, bir i Davidit, u dashurua me të.

² Amnoni u dashurua me aq pasion me motrën e tij Tamara sa ra i sëmurë, sepse ajo ishte e virgjër; dhe Amnonit i dukej e vështirë t'i bënte gjë.

³ Amnoni kishte një shok, që quhej Jonadab, bir i Shimeahut, vëllait të Davidit; Jonadabi ishte një njeri shumë dinak.

⁴ Ky i tha: "Pse, o bir i mbretit, vazhdon të dobësohesh çdo ditë që kalon? Nuk dëshiron të ma thuash?". Amnoni iu përgjigj: "Kam rënë në dashuri me Tamarën, motrën e vëllait tim Absalom".

⁵ Atëherë Jonadabi i tha: "Rri në shtrat dhe bëj sikur je i sëmurë; kur të vijë yt atë të të shikojë, thuaji: "Bëj, të lutem, që motra ime Tamara të vijë të më japë të ha dhe ta përgatisë ushqimin në praninë time, në mënyrë që unë ta shikoj dhe ta marr nga duart e saj"".

⁶ Kështu Amnoni ra në shtrat dhe u shti i sëmurë; kur më vonë erdhi mbreti ta shikojë, Amnoni i tha: "Lër, të lutem, që motra ime Tamara të vijë dhe të më përgatisë nja dy kuleç në praninë time; kështu do të marr ushqim nga duart e saj".

⁷ Atëherë Davidi dërgoi njeri në shtëpinë e Tamarës për t'i thënë: "Shko në shtëpinë e vëllait tënd Amnon dhe përgatiti diçka për të ngrënë".

⁸ Tamara shkoi në shtëpinë e vëllait të saj Amnon, që rrinte shtrirë në shtrat. Pastaj mori pak miell, e brumosi, përgatiti disa kuleçë para syve të tij dhe i poqi.

⁹ Pastaj mori një enë me bisht dhe i derdhi kuleçët para tij, por Amnoni nuk pranoi t'i hajë dhe tha: "Nxirrni jashtë që këtej tërë njerëzit". Tërë sa ishin dolën jashtë.

¹⁰ Atëherë Amnoni i tha Tamarës: "Ma ço ushqimin në dhomën time dhe do ta marr nga duart e tua". Kështu Tamara i mori kuleçët që kishte përgatitur dhe i çoj në dhomën e Amnonit, vëllait të saj.

¹¹ Ndërsa po ia jepte për të ngrënë, ai e kapi dhe i tha: "Eja, shtrihu me mua, motra ime".

¹² Ajo iu përgjigj: "Jo, vëllai im, mos më poshtëro kështu; kjo nuk bëhet në Izrael; mos kryej një poshtërsi të tillë!

¹³ Po unë ku ta çoj turpin tim? Kurse ti do të konsiderohesh si keqbërës në Izrael. Tani, të lutem, foli mbretit dhe ai nuk ka për të më refuzuar ndaj teje".

¹⁴ Por ai nuk deshi ta dëgjojë dhe, duke qenë më i fortë se ajo, e dhunoi dhe ra në shtrat me të.

¹⁵ Pastaj Amnoni filloi ta urrejë me një urrejtje shumë të madhe, kështu që urrejtja që ndjente për të ishte më e madhe se dashuria me të cilën e kishte dashuruar më parë. Kështu Amnoni i tha: "Çohu, shko!".

¹⁶ Por ajo iu përgjigj: "Oh, jo! Dëmi që do të më bëje duke më përzënë do të ishte më i madh se ai që më ke bërë deri tani". Por ai nuk deshi ta dëgjojë.

¹⁷ Thirri, pra, shërbëtorin që e ndihmonte dhe i tha: "Largoje këtë larg meje dhe mbylle portën prapa saj".

¹⁸ Ajo kishte veshur një tunikë me mëngë, sepse kështu visheshin vajzat e mbretit akoma të virgjëra. Kështu shërbëtori i Amnonit e nxori jashtë dhe mbylli derën prapa saj.

¹⁹ Tamara atëherë hodhi mbi kryet e saj, grisi tunikën më mëngë që kishte veshur, vuri dorën mbi kokë dhe iku duke ulëritur.

²⁰ Absalomi, vëllai, i tha: "Ndofta vëllai yt Amnon ka qenë me ty? Tani për tani hesht, motra ime; ai është yt vëlla; mos e lësho veten për këtë". Kështu Tamara mbeti e dëshpëruar në shtëpinë e Absalomit, vëllait të saj.

²¹ Kur mbreti David i mësoi të gjitha këto, u zemërua shumë.

²² Por Absalomi nuk i drejtoi asnjë fjalë Amnonit, as për të mirë as për të keq, sepse e urrente Amnonin se kishte poshtëruar motrën e tij Tamara.

²³ Dy vjet më vonë, kur Absalomi kishte qethësit e bagëtive në Baal-Hatsroit pranë Efraimit, ftoi të gjithë bijtë e mbretit.

²⁴ Absalomi shkoi të takohet me mbretin dhe i tha: "Shërbëtori yt ka qethësit; të lutem të vijë edhe mbreti me gjithë shërbëtorët e tij në shtëpinë e shërbëtorit tënd!".

²⁵ Por mbreti i tha Absalomit: "Jo, biri im, nuk po vijmë tani të gjithë, që të mos të të rëndojë". Megjithëse ai nguli këmbë, mbreti nuk desh të shkonte, por i dha bekimin e tij.

²⁶ Atëherë Absalomi i tha: "Në rast se nuk do të vish ti, të lutem, lejo Amnonin, vëllanë tim, të vijë me ne". Mbreti iu përgjigj: "Pse duhet të vijë me ty?".

²⁷ Por Absalomi nguli këmbë aq shumë sa që Davidi lejoi të shkojnë bashkë me të Amnonin dhe gjithë bijtë e mbretit.

²⁸ Absalomi u kishte dhënë këtë urdhër shërbëtorëve të tij, duke thënë: "Hapni sytë, kur Amnoni të jetë dehur nga vera dhe unë t'ju them: "Goditeni Amnonin!", ju vriteni dhe mos kini frikë. A nuk jam unë që ju urdhëroj? Bëhuni trima dhe tregohuni të fortë!".

²⁹ Kështu shërbëtorët e Absalomit vepruan kundër Amnonit, ashtu si kishte urdhëruar Absalomi. Atëherë tërë bijtë e mbretit u ngritën, hipën secili mbi mushkën e vet dhe ua mbathën.

³⁰ Ndërsa ishin akoma rrugës, Davidi i arriti ky lajm: "Absalomi ka vrarë tërë bijtë e mbretit dhe nuk ka shpëtuar asnjëri prej tyre".

³¹ Atëherë mbreti u ngrit, grisi rrobat e tij dhe u shtri për tokë; dhe të gjithë shërbëtorët e tij, i rrinin rrotull, me rrobat e grisura.

³² Por Jonadabi, bir i Shimeahut dhe vëlla i Davidit, tha: "Të mos mendojë zotëria im që tërë të rinjtë, bijtë e mbretit, u vranë; Amnoni është i vetmi që vdiq. Me urdhër të Absalomit kjo gjë u vendos që ditën që Amnoni poshtëroi motrën e tij Tamara.

³³ Prandaj mbreti, zotëria im, të mos hidhërohet duke menduar se të gjithë bijtë e mbretit kanë vdekur; vetëm Amnoni ka vdekur,

³⁴ dhe Absalomi ka ikur". Ndërkaq i riu që bënte roje ngriti sytë, shikoi, dhe ja, një turmë e madhe njerëzish vinte nga rruga prapa tij, nga ana e malit.

³⁵ Jonadabi i tha mbretit: "Ja bijtë e mbretit që po vijnë! Gjendja është pikërisht ashtu siç tha shërbëtori yt".

³⁶ Sa mbaroi fjalën, arritën bijtë e mbretit, të cilët e ngritën zërin dhe filluan të qajnë; edhe mbreti dhe tërë shërbëtorët e tij filluan të qajnë me të madhe.

³⁷ Absaloni kishte ikur dhe kishte shkuar te Talmai, bir i Amihudit, mbret i Geshurit. Davidi mbante zi çdo ditë për birin e tij.

³⁸ Kështu Absalimo ia mbathi dhe shkoi në Geshur, ku qëndroi tre vjet.

³⁹ Mbreti David dëshironte të shkonte te Absalomi, sepse ishte ngushulluar tanimë nga vdekja e Amnonit.

Kapitull 14

¹ Joabi, bir i Tserujahut, vuri re që zemra e mbretit ishte e shqetësuar për Absalomin.

² Kështu Joabi dërgoi dikë në Tekoa dhe solli që andej një grua të urtë, së cilës i tha: "Bëj sikur mban zi dhe vish një palë rroba zije; mos u lyej me vaj, por sillu si një grua që qan prej kohe një të vdekur.

³ Shko pra te mbreti dhe foli në këtë mënyrë". Dhe Joabi e mësoi se ç'duhej të thoshte.

⁴ Gruaja e Tekoas shkoi të flasë me mbretin, u hodh me fytyrën për tokë, u përul dhe tha: "Ndihmomë, o mbret!".

⁵ Mbreti i tha: "Çfarë ke?". Ajo u përgjigj: "Mjerësisht jam e ve dhe burri më ka vdekur.

⁶ Shërbëtorja jote kishte dy djem, por këta patën një grindje midis tyre në arë, dhe, me qenë se nuk kishte njeri t'i ndante, njeri goditi tjetrin dhe e vrau.

⁷ Tani tërë farë e fis është ngritur kundër shërbëtores sate, duke thënë: "Na dorëzo atë që vrau vëllanë, që ta bëjmë të vdesë për jetën e vëllait që ai ka vrarë dhe për të shfarosur edhe trashëgimtarin". Në këtë mënyrë do të shuhet e vetmja urë zjarri që më ka mbetur dhe nuk kanë

2 Samuelit

për t'i lënë burrit tim as emër as pasardhës mbi faqen e dheut".

⁸ Mbreti i tha gruas: "Shko në shtëpinë tënde; unë do të jap urdhrat për çështjen tënde".

⁹ Gruaja e Tekoas i tha mbretit: "O mbret, zotëria ime, faji të bjerë mbi mua dhe mbi shtëpinë e atit tim, por mbreti dhe froni i tij të jenë të pafaj".

¹⁰ Mbreti tha: "Në qoftë se dikush të thotë diçka, sille tek unë dhe ke për të parë që nuk do të të bjerë më në qafë".

¹¹ Atëherë ajo tha: "Të mos e harrojë mbreti, të lutem, Zotin, Perëndinë tënd, në mënyrë që hakmarrësi i gjakut të mos vazhdojë të shkatërrojë dhe biri im të mos shfaroset". Ai u përgjigj: "Ashtu siç është e vërtetë që Zoti rron, birit tënd, nuk do t'i bjerë në tokë asnjë qime floku!".

¹² Atëherë gruaja i tha: "Lejoje shërbëtoren tënde t'i thotë akoma një fjalë mbretit!". Ai u përgjigj: "Thuaje, pra".

¹³ Gruaja ia rifilloi: "Pse ke menduar një gjë të tillë kundër popullit të Perëndisë? Duke folur në këtë mënyrë në fakt mbreti është deri diku fajtor, sepse mbreti nuk e kthen atë që është në mërgim.

¹⁴ Ne duhet të vdesim dhe jemi si ujët që derdhet mbi tokë, që nuk mund të mblidhet; por Perëndia nuk të heq jetën, por gjen mënyrën që ai që është në mërgim të mos qëndrojë larg tij.

¹⁵ Dhe tani kam ardhur të flas për këtë gjë me mbretin, me zotërinë time, sepse populli më ka trembur; dhe shërbëtorja jote ka thënë: "Dua të flas me mbretin; ndofta mbreti do të bëjë atë që shërbëtorja e tij do t'i thotë.

¹⁶ Mbreti do të dëgjojë shërbëtoren e tij dhe do ta çlirojë nga duart e atyre që duan të më heqin mua dhe birin tim nga trashëgimia e Perëndisë".

¹⁷ Shërbëtorja jote thoshte: "Oh, fjala e mbretit, e tim zoti, më ngushëlloftë, sepse mbreti, zotëria ime, është si një engjëll i Perëndisë që di të dallojë të mirën dhe të keqen". Zoti, Perëndia yt, qoftë me ty".

¹⁸ Mbreti u përgjigj dhe i tha gruas: "Të lutem, mos më fshih asgjë nga ato që do të pyes. Gruaja i tha: "Le të flasë mbreti, Zotëria ime".

¹⁹ Atëherë mbreti tha: "A nuk është ndoshta dora e Joabit me ty në tërë këtë çështje?". Gruaja u përgjigj: "Ashtu siç është e vërtetë që ti rron, o mbret, zotëria im, çështja është pak a shumë ashtu siç e ka thënë mbreti, zotëria im; ka qenë në fakt shërbëtori yt Joabi ai që ka dhënë këto urdhëra dhe ka vënë tërë këto fjalë në gojën e shërbëtores sate.

²⁰ Shërbëtori yt Joab e bëri këtë gjë për të sjellë një ndryshim në gjendjen e tanishme; por zotëria ime ka po atë dituri të një engjëlli të Perëndisë për të kuptuar tërë ato që ndodhin mbi dhe".

²¹ Atëherë mbreti i tha Joabit: "Ja, do të bëj pikërisht këtë. Shko, pra, dhe bëj që të kthehet i riu Absalom.

²² Atëherë Joabi u shtri me fytyrën për tokë, u përul dhe e bekoi mbretin. Pastaj Joabi tha: "Sot shërbëtori yt kupton se ka gjetur hirin tënd, o mbret, o imzot, sepse mbreti bëri atë që shërbëtori kishte kërkuar".

²³ Kështu Joabi u ngrit dhe shkoi në Geshur, dhe e solli Absalomin në Jeruzalem.

²⁴ Por mbreti tha: "Të mblidhet në shtëpinë e tij dhe të mos e shohë fytyrën time!". Kështu Absalomi u tërhoq në shtëpinë e tij dhe nuk e pa fytyrën e mbretit.

²⁵ Në të gjithë Izraelin nuk kishte njeri që ta lavdëronin më tepër për bukuri se sa Absalomit; nga tabanët e këmbëve deri në majën e kokës nuk kishte asnjë të metë tek ai.

²⁶ Kur priste flokët (dhe këtë e bënte çdo vit sepse flokët i rëndonin shumë), ai i peshonte flokët e kokës së tij; ato peshonin dyqind sikla simbas masave të caktuara nga mbreti.

²⁷ Absalomit i lindën tre djem dhe një vajzë e quajtur Tamara, që ishte e hijshme.

²⁸ Absalomi banoi dy vjet në Jeruzalem, pa e parë fytyrën e mbretit.

²⁹ Pastaj Absalomi thirri Joabin për ta dërguar te mbreti, por ai nuk deshi të vinte; e dërgoi ta thërriste një herë të dytë, por ai nuk deshi të vinte.

³⁰ Atëherë Absalomi u tha shërbëtorëve të tij: "Ja, ara e Joabit është pranë arës sime dhe aty ka elb; shkoni t'i vini zjarrin!". Kështu shërbëtorët e Absalomit i vunë zjarrin arës.

³¹ Atëherë Joabi u ngrit, shkoi në shtëpinë e Absalomit dhe i tha: "Pse shërbëtorët e tu i vunë zjarrin arës sime?".

³² Absalomi iu përgjigj Joabit: "Unë të kisha dërguar fjalë: "Eja këtu, që të kem mundësi të të dërgoj te mbreti për t'i thënë: "Pse jam kthyer nga Geshuri? Do të kishte qenë më mirë për mua të kisha mbetur atje". Tani më lejo të shoh fytyrën e mbretit. Në rast se tek unë ka ndonjë paudhësi, ai të shkaktojë vdekjen time".

³³ Joabi shkoi atëherë te mbreti dhe ia tregoi çështjen. Ky thirri Absalomin që shkoi te mbreti dhe ra përmbys me fytyrën për tokë përpara tij; dhe mbreti e puthi Absalomin.

Kapitull 15

¹ Mbas kësaj Absalomi gjeti një karrocë, disa kuaj dhe pesëdhjetë njerëz që të vraponin para tij.

² Absalomi ngrihej herët në mëngjes dhe rrinte anës rrugës që të çonte te porta e qytetit. Kështu, në qoftë se dikush kishte ndonjë gjyq dhe shkonte te mbreti për të siguruar drejtësi, Absalomi e thërriste dhe i thoshte: "Nga cili qytet je?". Tjetri i përgjigjej: "Shërbëtori yt është nga filan fis i Izraelit".

³ Atëherë Absalomi i thoshte: "Shif, argumentat e tua janë të mira dhe të drejta, por nuk ka njeri nga ana mbretit që të të dëgjojë".

⁴ Pastaj Absalomi shtonte: "Sikur të më bënin mua gjyqtar të vendit, kushdo që të kishte një proçes apo një çështje do të vinte tek unë dhe unë do t'i siguroja drejtësi".

⁵ Kur dikush afrohej për të rënë përmbys përpara tij, ai shtrinte dorën, e merrte dhe e puthte.

⁶ Absalomi sillej kështu me të gjithë ata të Izraelit që vinin te mbreti për të kërkuar drejtësi; në këtë mënyrë Absalomi fitoi zemrën e njerëzve të Izraelit.

⁷ Ndodhi që, pas katër vjetve, Absalomi i tha mbretit: "Të lutem, lermë të shkoj në Hebron për të përmbushur një kusht që kam lidhur me Zotin.

⁸ Sepse gjatë qëndrimit të tij në Geshur të Sirisë, shërbëtori yt ka lidhur një kusht duke thënë: "Në rast se Zoti më kthen në Jeruzalem, unë do t'i shërbejë Zotit!".

⁹ Mbreti i tha: "Shko në paqe!". Atëherë ai u ngrit dhe vajti në Hebron.

¹⁰ Pastaj Absalomi dërgoi emisarë ndër të gjitha fiset e Izraelit për të thënë: "Kur të dëgjoni tingullin e borisë, do të thoni: "Absalomi u shpall mbret në Hebron".

¹¹ Me Absalomin u nisën nga Jeruzalemi dyqind njerëz si të ftuar; ata shkuan pa të keq, pa ditur gjë.

¹² Absalomi, ndërsa ofronte flijimet, dërgoi të thërrasë nga qyteti i tij Gjiloh Ahithofelin, Gilonitin, këshilltarin e Davidit. Kështu komploti bëhej më i fortë, sepse populli shtohej rreth Absalomit.

¹³ Pastaj arriti te Davidi një lajmëtar për të thënë: "Zemra e njerëzve të Izraelit ndjek Absalomin".

¹⁴ Atëherë Davidi u tha gjithë shërbëtorëve të tij që ishin me të në Jeruzalem: "Çohuni dhe t'ia mbathim; përndryshe asnjeri prej nesh nuk ka për të shpëtuar nga duart e Absalomit. Nxitoni të ikni, që të mos na kapë në befasi dhe të bjerë mbi ne shkatërrimi, dhe të mos godasë qytetin me majën e shpatës".

¹⁵ Shërbëtorët e mbretit i thanë: "Ja, shërbëtorët e tu janë gati të bëjnë gjithçka që i pëlqen mbretit, zotërisë tonë".

¹⁶ Kështu mbreti u nis, i ndjekur nga tërë shtëpia e tij, por la dhjetë konkubina për të ruajtur pallatin.

¹⁷ Mbreti u nis, i ndjekur nga tërë populli, që u ndal te shtëpia e fundit.

¹⁸ Tërë shërbëtorët e mbretit kalonin përpara dhe pranë tij; tërë Kerethejtë, tërë Pelethejtë dhe tërë Gitejtë, gjithsej gjashtëqind veta që e kishin ndjekur nga Gathi, ecnin para mbretit.

¹⁹ Atëherë mbreti i tha Itait nga Gathi: "Pse vjen edhe ti me ne? Kthehu dhe rri me mbretin, sepse ti je i huaj dhe për më tepër i mërguar nga atdheu yt.

²⁰ Ti ke arritur vetëm dje dhe sot do të të duhej të endesh sa andej e këtej, kur unë vetë nuk e di se ku po shkoj? Kthehu prapa dhe kthe me vëllezërit e tu në mirësi dhe në besnikëri".

²¹ Por Itai iu përgjigj mbretit duke thënë: "Ashtu siç është e vërtetë që Zoti rron, dhe që jeton mbreti, zotëria im, në çdo vend që të jetë mbreti, zotëria im, për të vdekur ose për të jetuar, aty do të jetë edhe shërbëtori yt".

²² Atëherë Davidi i tha Itait: "Shko përpara dhe vazhdo". Kështu Itai, Giteu, shkoi tutje me gjithë njerëzit e tij dhe tërë fëmijët që ishin me të.

²³ Tërë banorët e vendit qanin me zë të lartë, ndërsa tërë populli kalonte. Mbreti kapërceu përruan e Kidronit dhe tërë populli kaloi në drejtim të shkretëtirës.

²⁴ Dhe ja po vinte edhe Tsadoku me tërë Levitët, të cilët mbanin arkën e besëlidhjes së Perëndisë Ata e vendosën arkën e Perëndisë dhe Abiathari ofroi flijime, deri sa tërë populli mbaroi daljen nga qyteti.

²⁵ Pastaj mbreti i tha Tsadokut: "Çoje në qytet arkën e Perëndisë! Po të kem gjetur hirin e Zotit, ai do të më kthejë dhe do të bëjë që ta shoh përsëri qytetin bashkë me banesën e tij.

²⁶ Por në rast se thotë: "Nuk të pëlqej", ja ku jam, le të më bëjë atë që i pëlqen"..

²⁷ Mbreti i tha akoma priftit Tsadok: "A nuk je ti shikues? Kthehu në paqe në qytet me dy bijtë tuaj: Ahimaatsin, birin tënd, dhe më Jonathain, birin e Abiatharit.

²⁸ Shikoni, unë do të pres në fushat e shkretëtirës, deri sa të më vijë nga ana juaj ndonjë fjalë për të më njoftuar".

²⁹ Kështu Tsadoku dhe Abiathari e çuan përsëri në Jeruzalem arkën e Perëndisë dhe qëndruan aty.

³⁰ Davidi mori të përpjetën e malit të Ullinjve dhe, duke u ngjitur, qante; ecte kokëmbuluar dhe këmbëzbathur. Dhe tërë njerëzit që ishin me të ishin kokëmbuluar dhe qanin duke u ngjitur.

³¹ Dikush erdhi t'i thotë Davidit: "Ahithofeli figuron me Absalomin në mes të komplotistëve". Davidi tha: "O Zot, të lutem, bëji të kota këshillat e Ahithofelit!".

³² Kur Davidi arriti në majë të malit; ku adhuroi Perëndinë, ja që doli përpara Hushai, Arkiti, me rroba të grisura dhe kokën të mbuluar me dhe.

³³ Davidi i tha: "Po të jetë se vazhdon rrugën me mua, do të më bëhesh barrë;

³⁴ por në rast se kthehesh në qytet dhe i thua Absalomit: "Unë do të jem shërbëtori yt, o mbret; ashtu si kam qenë shërbëtor i atit tënd në të kaluarën, kështu do të jem shërbëtori yt"; ti do ta bësh të kotë në favorin tim këshillën e Ahithofelit.

³⁵ Nuk do të kesh atje pranë teje priftërinjtë Tsadok dhe Abiathar? Të gjitha ato që do të dëgjosh që thuhen nga ana e shtëpisë së mbretit, do t'ua bësh të njohura priftërinjve Tsadok dhe Abiathar.

³⁶ Ja, ata kanë atje me vete dy bijtë e tyre, Ahimats, birin e Tsadokut, dhe Jonathanin, birin e Abiatharit; me anë të tyre do të më njoftoni të gjitha ato që do të dëgjoni".

³⁷ Kështu Hushai, miku i Davidit, u kthye në qytet dhe Absalomi hyri në Jeruzalem.

Kapitull 16

¹ Davidi sapo e kishte kaluar majën e malit; kur ja, Tsiba, shërbëtor i Mefiboshethit, i doli përpara me gomarë me samar dhe të ngarkuar me dyqind bukë, njëqind vile rrushi të thatë, njëqind fruta vere dhe një calik me verë.

² Mbreti i tha Tsibas: "Ç'ke ndërmënd të bësh me këto gjëra?". Tsiba iu përgjigj: "Gomarët do t'i shërbejnë shtëpisë së mbretit për të hipur; buka dhe frutat e verës do të përdoren për të ushqyer të rinjtë, dhe vera do të pihet nga ata që do të jenë të lodhur në shkretëtirë".

³ Mbreti tha: "Ku është biri i zotërisë tënd?". Tsiba iu përgjigj mbretit: "Ja, mbeti në Jeruzalem, sepse tha: "Sot shtëpia e Izraelit do të më kthejë mbretërinë e atit tim"".

⁴ Atëherë mbreti i tha Tsibas: "Ja, të gjitha ato që janë pronë e Mefiboshethit janë të tua". Tsiba iu përgjigj: "Unë po bie përmbys para teje. Paça hirin tënd, o mbret, o imzot!".

⁵ Kur mbreti David arriti në Bahurim, që andej doli një njeri që ishte i fisit të shtëpisë së Saulit, ai quhej Shimei dhe ishte bir i Gerit. Ai po dilte duke shqiptuar mallkime,

⁶ dhe hidhte gurë kundër Davidit dhe gjithë shërbëtorëve të mbretit David, ndërsa tërë populli dhe tërë trimat ishin radhitur në të djathtë dhe në të majtë të mbretit.

⁷ Ndërsa mallkonte, Shimei thoshte: "Shko, pra, shko, njeri gjakatar dhe i kobshëm!

⁸ Zoti ka bërë që mbi kokën tënde të bjerë gjaku i shtëpisë së Saulit, në vend të cilit ti ke mbretëruar; dhe Zoti e ka dhënë mbretërinë në duart e Absalomit, birit tënd; dhe ja, tani je bërë rob i vetë ligësisë sate, sepse je njeri gjakatar".

⁹ Atëherë Abishai, bir i Tserajahut, i tha mbretit: "Pse ky qen i ngordhur duhet të mallkojë mbretin, zotërinë time? Të lutem, më lër të shkoj t'i pres kokën!".

¹⁰ Por mbreti iu përgjigj: "Ç'kam të bëj unë me ju, bijtë e Tserujahut? Prandaj lëreni të mallkojë, sepse Zoti i ka thënë: "Mallko Davidin!". Dhe kush mund të thotë: "Pse silleni kështu?"

¹¹ Pastaj Davidi i tha Abishait dhe tërë shërbëorëve të tij: "Ja, im bir, që ka dalë nga barku im, kërkon të më heqë jetën aq më shumë dhe ky Beniaminit! Lëreni të rrijë dhe të mallkojë, sepse ia ka urdhëruar Zoti.

¹² Ndoshta Zoti do ta shohë hidhërimin tim dhe do të më bëjë të mira në vend të mallkimeve që më drejton sot".

¹³ Kështu Davidi dhe njerëzit e tij e vazhduan rrugën e tyre; edhe Shimei ecte anës së malit, përballë Davidit, dhe rrugës e mallkonte atë, i hidhte gurë dhe pluhur.

¹⁴ Mbreti dhe tërë njerëzit që ishin me të arritën në vendin e caktuar të lodhur, dhe aty e morën veten.

¹⁵ Ndërkohë Absalomi dhe tërë populli, njerëzit e Izraelit, kishin hyrë në Jeruzalem; Ahithofeli ishte me të.

¹⁶ Kur Hushai, Arkiti, miku i Davidit, arriti tek Absalomi, Hushai i tha Absalomit: "Rroftë mbreti! Rroftë mbreti!".

¹⁷ Absalomi i tha Hushait: "Kjo është dashuria që ke për mikun tënd? Pse nuk shkove me mikun tënd?".

¹⁸ Hushai iu përgjigj Absalomit: "Jo, unë do të jem me atë që Zoti, gjithë ky popull dhe tërë njerëzit e Izraelit kanë zgjedhur, dhe do të mbetem me të.

¹⁹ A nuk duhet vallë, të vihem në shërbim të birit të tij? Ashtu si i kam shërbyer atit tënd, në të njëjtën mënyrë do të shërbej edhe ty".

²⁰ Atëherë Absalomi i tha Ahithofelit: "Jepni këshillën tuaj! Ç'duhet të bëjmë?".

²¹ Ahithofeli iu përgjigj kështu Absalomit: "Hyrë te konkubinat e atit tënd që ai ka lënë për të ruajtur shtëpinë, kështu tërë Izraeli do të mësojë që je bërë i urryer për atin tënd dhe ata që janë me ty do të marrin guxim".

²² Ngritën pastaj një çadër mbi taracën për Absalomin, dhe Absalomi hyri te konkubinat e atit të tij në sytë e tërë Izraelit.

²³ Në ato ditë, këshilla e dhënë nga Ahithofeli kishte po atë vlerë të atij që kishte konsultuar fjalën e Perëndisë. Këtë vlerë kishte çdo këshillë e Ahithofelit si për Davidin ashtu dhe për Absalomin.

Kapitull 17

¹ Pastaj Ahithefeli i tha Absalomit: "Lermë të zgjedh dymbëdhjetë mijë njerëz, dhe të nisem që sonte e ta ndjek Davidin;

² duke e sulmuar sa është i lodhur dhe i dobët; do ta tremb dhe gjithë njerëzit që janë me të do të ikin; kështu do të mund të godas vetëm mbretin,

³ dhe tërë popullin do ta kthej te ti. Vdekja e njeriut që ti kërkon do të favorizojë kthimin e të gjithëve; kështu tërë populli do të jetë në paqe".

⁴ Ky propozim u pëlqeu Absalomit dhe të gjithë pleqve të Izraelit.

⁵ Megjithatë Absalomi tha: "Thirrni edhe Arkitin Hushai dhe të dëgjojmë çfarë ka për të thënë për këtë çështje".

⁶ Kur Hushai erdhi tek Absalomi, ky i tha: "Ahithofeli ka folur në këtë mënyrë; a duhet të veprojmë si ka thënë ai? Përndryshe, bëj një propozim ti!".

⁷ Hushai iu përgjigj Absalomit: "Këtë radhë këshilla e dhënë nga Ahithofeli nuk është e mirë".

⁸ Hushai shtoi: "Ti e njeh atin tënd dhe njerëzit e tij që janë trima dhe të egërsuar në kulm, si një arushë në fushë së cilës ia kanë marrë këlyshët; përveç kësaj ati yt është një luftëtar dhe nuk ka për ta kaluar natën me popullin.

⁹ Me siguri në këtë orë ai është fshehur në ndonjë vrimë ose në ndonjë vend tjetër; në qoftë se në fillim do të hidhet mbi disa nga njerëzit e tu, kushdo që do të mësojë ka për të thënë: "Midis njerëzve që ndiqnin Absalomin ndodhi një masakër".

¹⁰ Atëherë edhe më trimi, edhe sikur të kishte zemër luani, do të dëshpërohej shumë, sepse tërë Izraeli e di që yt atë është trim dhe që njerëzit që e shoqërojnë janë trima.

¹¹ Prandaj këshilloj që i tërë Izraeli nga Dani deri në Beer-Sheba të mblidhet rreth teje, i shumtë si rëra që ndodhet në bregun e detit, dhe që ti të marrësh pjesë personalisht në betejë.

¹² Kështu do ta arrijmë në çdo vend që të ndodhet dhe do të biem mbi të ashtu si vesa bie mbi tokë; dhe nga gjithë njerëzit që janë me të nuk ka për të shpëtuar as edhe një.

¹³ Në rast se tërhiqet në ndonjë qytet, tërë Izraeli do t'i çojë litarë atij qyteti dhe ne do ta tërheqim në përrua, deri sa aty të mos mbetet asnjë gur".

¹⁴ Absalomi dhe tërë njerëzit e Izraelit thanë: "Këshilla e Arkitit Hushai është më e mirë se ajo e Ahithofelit". Në të vërtetë Zoti kishte vendosur ta bënte të kotë këshillën e mirë të Ahithofelit për të shkatërruar Absalomin.

¹⁵ Atëherë Hushai u tha priftërinjve Tsodak dhe Abiathar: "Ahithofeli ka këshilluar Absalomin dhe pleqtë e Izraelit kështu e kështu, ndërsa unë i këshillova në këtë dhe atë mënyrë.

¹⁶ Prandaj tani dërgoni me nxitim njeri që të informoni Davidin dhe i thoni: "Mos kalo natën në fushat e shkretëtirës, por pa tjetër shko më tutje, me qëllim që mbreti dhe gjithë njerëzit që janë me të të mos shfarosen".

¹⁷ Por Jonathani dhe Ahimaatsi mbetën në En-Rogel, sepse nuk mund të dukeshin që hynin në qytet; kështu një shërbëtor do të shkonte për t'i informuar, dhe ata do të shkonin për të njoftuar mbretin David.

¹⁸ Por një djalë i pa dhe njoftoi Absalomin. Të dy u nisën atëherë me nxitim dhe arritën në Bahurim në shtëpinë e një njeriu që kishte në oborr një sternë dhe zbritën në të.

¹⁹ Pastaj gruaja mori një mbulesë, e shtriu mbi grykën e sternës dhe shpërndau mbi të grurë të bluar, pa u vënë re nga njeri.

²⁰ Kur shërbëtorët e Absalomit shkuan në shtëpinë e gruas dhe pyetën: "Ku janë Ahimatsi dhe Jonathani?", gruaja u përgjigj: "Ata e kaluan rrëkenë". Ata filluan t'i kërkojnë, por nuk i gjetën dhe u kthyen

2 Samuelit

në Jeruzalem.

²¹ Pas nisjes së këtyre të fundit, të dy dolën nga sterna dhe shkuan të njoftojnë mbretin David. Dhe i thanë Davidit: "Shpejtoni dhe kaloni menjëherë lumin, sepse kjo është ajo që Ahithofeli ka këshilluar kundër jush".

²² Atëherë Davidi u ngrit me gjithë njerëzit që ishin me të dhe kaloi Jordanin. Në të gdhirë nuk kishte mbetur as edhe një pa e kaluar Jordanin.

²³ Kur Ahithofeli pa që këshilla e tij nuk ishte ndjekur, shaloi gomarin dhe shkoi në shtëpinë e vet në qytetin e tij. Vuri në rregull gjërat e shtëpisë dhe vari veten. Kështu vdiq dhe u varros në varrin e të atit.

²⁴ Pastaj Davidi arriti në Mahanaim; dhe Absalomi kaloi Jordanin me gjithë njerëzit e Izraelit.

²⁵ Absalomi kishte vënë në krye të ushtrisë Amasan në vend të Joabit. Amasan ishte bir i një burri të quajtur Jithra Izraeliti, i cili kishte pasur marrëdhënie seksuale me Abigailin, bijën e Nahashit, motër e Tserujahut, nënë e Joabit.

²⁶ Kështu Izraeli dhe Absalomi e ngritën kampin e tyre në vendin e Galaadit.

²⁷ Kur Davidi arriti në Mahanaim, Shobi, bir i Nahashit nga Rabahu dhe i bijve të Amonit, Makiri, bir i Amielit nga Lodebaru dhe Barzilai, Galaaditi nga Rogelimi,

²⁸ sollën shtretër, legena, enë prej dheu, grurë, elb, miell, grurë të pjekur, bathë, thjerrëza, perime të pjekura,

²⁹ miell, gjalpë, dele dhe djathë lope për Davidin dhe për njerëzit që ishin me të, me qëllim që të hanin, sepse thonin: "Këta njerëz kanë vuajtur nga uria, nga lodhja dhe nga etja në shkretëtirë".

Kapitull 18

¹ Davidi kaloi në revistë njerëzit që ishin me të dhe caktoi mbi ta komandantë të mijëshëve dhe të qindshëve.

² Pastaj Davidi nisi përpara një të tretën e njerëzve të tij nën komandën e Joabit, një të tretën nën komandën e Abishait birit të Tserujahut, vëlla i Joabit, dhe një të tretën nën komandën e Itait të Gathit. Pastaj mbreti i tha popullit: "Dua të vij edhe unë me ju!".

³ Por populli u përgjigj: "Ti nuk duhet të vish, sepse po të na vënë përpara, nuk do të na jepnin rëndësi; edhe po të vdiste gjysma jonë, nuk do të na jepnin rëndësi; por ti vlen sa dhjetë mijë nga ne; është më mirë të rrish gati të na ndihmosh nga qyteti".

⁴ Mbreti iu përgjigj me këto fjalë: "Do të bëj atë që ju duket më mirë". Kështu mbreti mbeti pranë portës së qytetit, ndërsa tërë populli dilte në formacion nga njëqind dhe nga një mijë veta.

⁵ Mbreti u dha këtë urdhër Joabit, Abishait dhe Itait: "Për hirin tim, silluni me kujdes me të riun Absalom!". Tërë populli e dëgjoi kur mbreti e dha këtë urdhër të gjithë komandantëve lidhur me Absalomin.

⁶ Kështu ushtria doli në fushë kundër Izraelit dhe beteja u zhvillua në pyllin e Efraimit.

⁷ Populli i Izraelit u mund atje nga shërbëtorët e Davidit; dhe në atë vend masakra qe e madhe; atë ditë ranë njëzet mijë njerëz.

⁸ Beteja u shtri në të gjithë krahinën; dhe pylli gllabëroi më tepër njerëz nga sa kishte gllabëruar shpata.

⁹ Pastaj Absalomi u ndesh me njerëzit e Davidit. Absalomi i kishte hipur një mushke, e cila u fut poshtë degëve të dendura të një lisi të madh e kapur me koka e Absalomit mbeti e kapur në lis, dhe ai mbeti

¹⁰ Një njeri e pa këtë gjë dhe lajmëroi Joabin, duke thënë: "E pashë Absalomin të varur në një lis".

¹¹ Atëherë Joabi iu përgjigj njeriut që e kishte informuar: "Ja, ti e pe? Po pse nuk e shtrive menjëherë të vdekur në tokë? Unë do të të kisha dhënë dhjetë sikla argjendi dhe një brez".

¹² Por ai njeri i tha Joabit: "Edhe sikur të më jepnin në dorë një mijë sikla argjendi, unë nuk do ta shtrija dorën kundër birit të mbretit, sepse ne e kemi dëgjuar urdhrin që mbreti të ka dhënë ty, Abishait dhe Itait, duke thënë: "Kini kujdes të mos i bëni asnjë të keqe të riut Absalom".

¹³ Në fakt do të kisha vepruar në mënyrë jo të ndershme kundër vetë jetës sime, sepse asgjë nuk i mbahet e fshehur mbretit; edhe ti vetë do të ishe kundër meje".

¹⁴ Atëherë Joabi tha: "Nuk dua të humb kohën me ty në këtë mënyrë". Kështu mori në dorë tri shtiza dhe i futi në zemrën e Absalomit, që ishte akoma gjallë në pjesën e dendur të lisit.

¹⁵ Pastaj dhjetë shqyrtarë të rinj të Joabit e rrethuan Absalomin, e goditën akoma dhe e mbaruan.

¹⁶ Atëherë Joabi urdhëroi që ti binin borisë, populli nuk e ndoqi më Izraelin sepse nuk e lejoi Joabi.

¹⁷ Pas kësaj e morën Absalomin, e hodhën në një gropë të madhe në pyll dhe hodhën mbi të një sasi të madhe gurësh; pastaj tërë Izraelitët ikën, secili në çadrën e vet.

¹⁸ Absalomi, sa qe gjallë, i kishte ngritur vetes një monumet në Luginën e Mbretit, sepse thoshte: "Unë nuk kam djalë që të ruajë kujtimin e emrit tim". Kështu i dha emrin e tij këtij monumenti, që edhe sot quhet "monumenti i Absalomit".

¹⁹ Ahimatsi, bir i Tsadokut, i tha Joabit: "Lermë të shkoj me vrap dhe t'i çoj mbretit lajmin që Zoti i siguroi drejtësi kundër armiqve të tij".

²⁰ Joabi iu përgjigj: "Ti nuk do ta çosh lajmin sot; do ta çosh një ditë tjetër; nuk do ta çosh lajmin sot, sepse biri i mbretit ka vdekur".

²¹ Pastaj Joabi i tha Etiopasit: "Shko dhe tregoja mbretit atë që ke parë". Etiopasi u përul para Joabit dhe iku me vrap.

²² Ahimatsi, bir i Tsadokut, i tha prapë Joabit: "Sido që të ndodhë, të lutem, më lejo të fugoj prapa Etiopasit". Joabi i tha: "Po pse dëshiron të fugosh, biri im? Sidoqoftë nuk do të kesh asnjë shpërblim për lajmin që çon".

²³ Dhe tjetri tha: "Sido që të ndodhë, dua të vrapoj". Joabi i tha: "Vrapo!". Atëherë Ahimatsi filloi të vrapojë nëpër rrugën e fushës dhe e kaloi Etiopasin.

²⁴ Davidi ishte ulur midis dy profetëve; roja hipi në çatinë e portës pranë mureve; ngriti sytë dhe shikoi, dhe ja, një njeri vraponte krejt vetëm.

²⁵ Roja bërtiti dhe njoftoi mbretin. Mbreti tha: "Në rast se është vetëm, sjell lajme". Dhe ai po afrohej gjithnjë e më tepër.

²⁶ Pastaj roja pa një njeri tjetër që vraponte dhe i thirri rojes së portës: "Ja një tjetër njeri që vrapon vetëm!". Mbreti tha: "Edhe ky sjell lajme".

²⁷ Roja shtoi: "Mënyra e të vrapuarit të të parit më duket si ajo e Ahimatsit, e birit të Tsadokut!". Mbreti tha: "Është një njeri i mirë dhe vjen me lajme të bukura".

²⁸ Ahimatsi i bërtiti mbretit dhe tha: "Paqe!". Pastaj u shtri përpara mbretit me fytyrën për tokë dhe tha: "I bekuar qoftë Zoti, Perëndia yt, që ka lënë në pushtetin tënd njerëzit që kishin ngritur duart kundër mbretit, zotërisë tim!".

²⁹ Mbreti tha: "A është mirë i riu Absalom?". Ahimatsi u përgjigj: "Kur Joabi dërgoi shërbëtorin e mbretit dhe mua, shërbëtorin tënd, pashë një rrëmujë të madhe, por nuk e di përse bëhej fjalë".

³⁰ Mbreti i tha: "Kthehu dhe qëndro këtu". Dhe ai u kthye dhe mbeti aty.

³¹ Pikërisht në atë çast arriti Etiopasi, i cili tha: "Lajme të mira, o mbret, o imzot. Zoti të ka siguruar sot drejtësi, duke të çliruar nga duart e gjithë atyre që kishin ngritur krye kundër teje".

³² Mbreti i tha Etiopasit: "A është mirë i riu Absalom?". Etiopasi u përgjigj: "Armiqtë e mbretit, zotërisë tim, dhe tërë ata që ngriheshin kundër teje për të të bërë të keqe qofshin si ai i ri!".

³³ Atëherë mbreti, duke u dridhur i tëri, u ngjit në dhomën që ishte mbi portën dhe qau; dhe thoshte: "O biri im Absalom; biri im, biri im Absalom! Të kisha vdekur unë në vendin tënd, o Absalom, biri im, biri im!".

Kapitull 19

¹ Pastaj i thanë Joabit: "Ja, mbreti qan dhe mban zi për Absalomin".

² Kështu fitorja atë ditë u shndërrua në zi për të gjithë popullin, sepse populli dëgjoi atë ditë të thuhet: "Mbreti është i dëshpëruar për shkak të birit të tij".

³ Atë ditë populli hyri fshehurazi në qytet, ashtu si largohen fshehurazi dhe tërë turp ata që ia mbathin gjatë betejës.

⁴ Mbreti kishte mbuluar fytyrën dhe bërtiste me zë të lartë: "O biri im Absalom, o Absalom, biri im, biri im!".

⁵ Atëherë Joabi hyri në shtëpi të mbretit dhe tha: "Ti sot mbulon me turp fytyrën e gjithë njerëzve që në këtë ditë shpëtuan jetën tënde, atë të bijve dhe të bijave të tua, jetën e bashkëshortes dhe të konkubinave të tua,

⁶ sepse i dashuron ata që të urrejnë dhe urren ata që të duan; sot ke treguar qartë që komandantët dhe ushtarët nuk kanë asnjë vlerë për ty; dhe tani kuptoj se, po të ishte gjallë Absalomi dhe ne të ishim këtë ditë të tërë të vdekur, atëherë do të ishe i kënaqur.

⁷ Tani, pra, çohu dil dhe foli zemrës së shërbëtorëve të tu, sepse betohem në emër të Zotit se, po nuk dole, asnjeri nuk do të qëndrojë me ty këtë natë; dhe kjo do të ishte fatkeqësia më e madhe që të ka rënë që kur ishe i ri e deri më sot".

⁸ Atëherë mbreti u ngrit dhe u ul te porta; dhe kjo iu njoftua tërë popullit, duke thënë: "Ja, mbreti është ulur te porta". Kështu tërë populli doli në prani të mbretit. Ndërkaq ata të Izraelit kishin ikur secili në çadrën e vet.

⁹ Në të gjitha fiset e Izraelit populli i tërë diskutonte dhe thoshte: "Mbreti na çliroi nga duart e armiqve tanë dhe na shpëtoi nga duart e

Filistejve; dhe tani i është dashur të ikë nga vendi për shkak të Absalomit.

¹⁰ Por Absalomi, të cilin ne e kishim vajosur mbret mbi ne, vdiq në betejë. Dhe tani pse nuk flisni për kthimin e mbretit?".

¹¹ Atëherë mbreti David dërgoi t'u thotë priftërinjve Tsadok dhe Abiathar: "Foluni pleqve të Judës dhe u thoni atyre: "Pse ju duhet të jeni të fundit për kthimin e mbretit në shtëpinë e tij, sepse bisedat e tërë Izraelit kanë arritur deri te mbreti, pikërisht në këtë shtëpi?

¹² Ju jeni vëllezër të mi, ju jeni kocka dhe mishi im. Pse duhet të jeni të fundit në kthimin e mbretit?".

¹³ Dhe i thoni Amasas: "A nuk je ti kocka dhe mishi im? Këtë më bëftë Perëndia, madje edhe më keq, në rast se ti nuk bëhesh për gjithnjë komandanti i ushtrisë në vend të Joabit".

¹⁴ Kështu Davidi anoi zemrën e të gjithë njerëzve të Judës, sikur të ishte zemra e një njeriu të vetëm; prandaj ata i dërguan t'i thonë mbretit: "Kthehu ti me gjithë shërbëtorët e tu".

¹⁵ Atëherë mbreti u kthye dhe arriti në Jordan; dhe ata të Judës erdhën në Gilgal për t'i dalë përpara mbretit dhe për t'i siguruar kalimin e Jordanit.

¹⁶ Beniaminiti Shimei, bir i Geras, që ishte nga Bahurimi, nxitoi me njerëzit e Judës t'i dalë përpara Davidit.

¹⁷ Ai kishte me vete një mijë njerëz të Beniaminit dhe Tsiban, shërbëtorin e shtëpisë së Saulit, me pesëmbëdhjetë bijtë e tij dhe njëzet shërbëtorët e tij. Ata e kaluan Jordanin para mbretit.

¹⁸ Ata kaluan me trap për ta çuar matanë familjen e mbretit dhe për të bërë atë që u dukej e mirë për mbretin. Ndërkaq Shimei, bir i Geras, ra përmbys përpara mbretit, në çastin kur ai kalonte Jordanin,

¹⁹ Dhe i tha mbretit: "Mos më ngarko me asnjë faj, imzot, dhe harro të keqen që shërbëtori yt ka bërë ditën që mbreti, zotëria im, dilte nga Jeruzalemi; mbreti të mos e ketë parasysh.

²⁰ Sepse shërbëtori yt pranon se ka mëkatuar. Dhe ja, sot kam qenë i pari i tërë shtëpisë së Jozefit që i dal përpara mbretit, zotërisë tim".

²¹ Por Abishai, bir i Tserujahut, filloi të thotë: A nuk duhet të dënohet me vdekje Shimei, sepse ka mallkuar njeriun e vajosur nga Zoti?".

²² Davidi tha: "Ç'marrëdhënie kam unë me ju, bijtë e Tserujahut, që sot u treguat kundërshtarë të mi? A mund ta dënosh sot me vdekje dikë në Izrael? A nuk e di, vallë që sot jam mbret i Izraelit?".

²³ Pastaj mbreti i tha Shimeit: "Ti nuk ke për të vdekur!". Dhe mbreti iu betua atij për këtë.

²⁴ Edhe Mefiboshethi, nip i Saulit, i doli përpara mbretit. Ai nuk i kishte mjekuar këmbët, nuk e kishte rruar mjekrën dhe nuk i kishte larë rrobat nga dita që kishte ikur mbreti deri në kthimin e tij në paqe.

²⁵ Kur arriti nga Jeruzalemi për të takuar mbretin, ky i tha: "Pse nuk erdhe me mua, Mefibosheth?".

²⁶ Ai u përgjigj: "O mbret, imzot, shërbëtori im më mashtroi, sepse shërbëtori yt kishte thënë: "Unë do të shaloj gomarin, do të hip mbi të dhe do të shkoj me mbretin", sepse shërbëtori yt është çalaman.

²⁷ Përveç kësaj, ai ka shpifur kundër shërbëtorit tënd pranë mbretit, zotërisë sime; por mbreti, zotëria im, është si një engjëll i Perëndisë; bëj, pra, atë që do të të pëlqejë.

²⁸ Në fakt tërë ata të shtëpisë së atit tim nuk meritojnë tjetër gjë veç vdekjes përpara mbretit, zotërisë tim; megjithatë ti e kishe caktuar shërbëtorin tënd ndër ata që hanin në tryezën tënde. Prandaj çfarë të drejte tjetër do të kisha për t'i bërtitur mbretit?".

²⁹ Mbreti i tha: "Nuk është nevoja të shtosh fjalë të tjera. Unë kam vendosur; Ti dhe Tsiba ndajini tokat".

³⁰ Atëherë Mefiboshethi iu përgjigj mbretit: "Le t'i marrë të gjitha, sepse mbreti, zotëria im, u kthye në paqe në shtëpinë e tij".

³¹ Edhe Galaaditi Barzilaj zbriti nga Rogelimi dhe kaloi Jordanin bashkë me mbretin, për ta shoqëruar matanë Jordanit.

³² Barzilaj ishte shumë i vjetër, tetëdhjetë vjeç; ai e kishte furnizuar me ushqime mbretin kur ky ndodhej në Mahanaim, sepse ishte shumë i pasur.

³³ Mbreti i tha Barzilait: "Eja me mua matanë lumit dhe unë do të kujdesem për ushqimin tënd pranë meje në Jeruzalem".

³⁴ Por Barzilaj iu përgjigj mbretit: "Sa vjet jetë më kanë mbetur akoma që unë të shkoj me mbretin në Jeruzalem?

³⁵ Tani unë jam tetëdhjetë vjeç; a mund të dalloj akoma atë që është e mirë nga ajo që është e keqe? A mund ta shijojë akoma shërbëtori yt atë që ha o atë që pi? A mund të dëgjojë unë akoma zërin e këngëtarëve dhe të këngëtareve. Pse shërbëtori yt duhet t'i bëhet barrë mbretit, zotërisë tim?

³⁶ Shërbëtori yt do të shkojë me mbretin matanë Jordanit për një copë rrugë; po pse mbreti duhet të ma lajë me një shpërblim të tillë?

³⁷ Por lëre shërbëtorin tënd të kthehet prapa dhe që unë të mund të vdes në qytetin tim pranë varrit të atit tim dhe të nënës sime! Por ja shërbëtori yt Kimham; le të vijë ai me mbretin, zotërinë tim, dhe bëj për të atë që do të të pëlqej".

³⁸ Mbreti u përgjigj: "Kimhami do të vijë me mua dhe unë do të bëj për të atë që do të të pëlqejë ty; po, unë do të bëj për ty të gjitha ato që më kërkon".

³⁹ Kështu tërë populli kaloi Jordanin dhe e kaloi edhe mbreti. Pastaj mbreti e puthi Barzilain dhe e bekoi, dhe ai u kthye në shtëpinë e vet.

⁴⁰ Mbreti vazhdoi rrugën në drejtim të Gilgalit, i shoqëruar nga Kimhami. Tërë populli i Judës e përcolli mbretin dhe kështu bëri edhe gjysma e popullit të Izraelit.

⁴¹ Atëherë tërë Izraelitët erdhën te mbreti dhe i thanë: "Pse vëllezërit tanë, njerëzit e Judës, të kanë marrë fshehurazi dhe kanë bërë të kalojnë Jordanin mbreti, familja e tij dhe të gjithë njerëzit e Davidit?".

⁴² Tërë njerëzit e Judës iu përgjigjën njerëzve të Izraelit: "Sepse mbreti është fisi ynë i afërt. Pse zemëroheni për këtë? Mos kemi ngrënë, vallë me shpenzimet e mbretit, ose na ka dhënë ndonjëherë dhurata?".

⁴³ Por njerëzit e Izraelit iu përgjigjën njerëzve të Judës, duke thënë: "Ne na takojnë dhjetë pjesë të mbretit, prandaj Davidi është më tepër yni se sa juaji; për çfarë arësye na keni përçmuar? Nuk kemi qenë ne të parët që propozuam kthimin e mbretit tonë?". Por fjala e njerëzve të Judës ishte më e ashpër se ajo e njerëzve të Izraelit.

Kapitull 20

¹ Ndodhej aty një keqbërës i quajtur Sheba, bir i Bikrit, një Beniaminit, i cili i ra borisë dhe tha: "Nuk kemi asnjë pjesë me Davidin dhe asnjë trashëgimi me birin e Isait! O Izraelitë, secili të shkojë në çadrën e vet".

² Kështu tërë njerëzit e Izraelit e braktisën Davidin për të ndjekur Shebin, birin e Bikrit. Por njerëzit e Judës mbetën të bashkuar me mbretin e tyre dhe e shoqëruan nga Jordani deri në Jeruzalem.

³ Kur mbreti David hyri në shtëpinë e tij në Jeruzalem, i mori të dhjetë konkubinat që kishte lënë për të ruajtur shtëpinë dhe i vendosi në një banesë të mbikqyrur; ai i mbante ato, por nuk hynte te ato; kështu ato mbetën të mbyllura deri ditën e vdekjes së tyre, në një gjendje vejërie.

⁴ Pastaj mbreti i tha Amasas: "Më mblidh njerëzit e Judës brenda tri ditëve dhe ti vetë të jesh këtu".

⁵ Amasa u nis, pra, për të mbledhur njerëzit e Judës, por vonoi tej afatit të caktuar.

⁶ Atëherë Davidi i tha Abishait: "Sheba, biri i Bikrit, do të na bëjë më keq se Absalomi; merr shërbëtorët e zotërisë tënd dhe ndiqe që të mos shtjerë në dorë qytete të fortifikuara dhe të na shpëtojë".

⁷ Nën komandën e tij shkuan njerëzit e Joabit: Kerethejtë, Pelethejtë dhe tërë njerëzit më trima; dolën nga Jeruzalemi për të ndjekur Sheban, birin e Bikrit.

⁸ Kur ata arritën pranë gurit të madh që është në Gabaon, Amasa u doli përpara. Joabi kishte veshur një uniformë ushtarake, mbi të cilën kishte brezin me një shpatë në këllëfin e ngritur me ijet; ndërsa po ecte përpara, shpata i ra.

⁹ Joabi i tha Amasas: "A je mirë, vëllai im?". Pastaj Joabi me dorën e djathtë e kapi Amasan nga mjekra për ta puthur.

¹⁰ Amasa nuk vuri re shpatën që Joabi kishte në dorën tjetër; me të ai e goditi në bark dhe përbrëndësat e barkut u përhapën për tokë pa e goditur për së dyti, dhe ai vdiq. Pastaj Joabi dhe i vëllai Abishai filluan të ndiqnin Sheban, birin e Bikrit.

¹¹ Ndërkaq njeri prej të rinjve të Joabit kishte mbetur pranë Amasas dhe thoshte: "Kush e do Joabin dhe kush është për Davidin le të shkojnë pas Joabit!".

¹² Por Amasa po përpëlitej në gjak, në mes të rrugës. Kur ai njeri vuri re që tërë populli po ndalej, e tërhoqi zvarrë Amasan jashtë rrugës në një fushë dhe i hodhi sipër një mantel, sepse të gjithë ata që i afroheshin ndaleshin.

¹³ Kur u hoq nga rruga, të gjithë vazhduan pas Joabit për të ndjekur Sheban, birin e Bikrit.

¹⁴ Joabi kaloi në të gjitha fiset e Izraelit deri në Abel dhe në Beth-Maakah. Të gjithë Berejtë u mblodhën dhe i shkuan pas.

¹⁵ Shkuan pastaj të rrethojnë Sheban në Abel të Beth-Maakahut dhe ndërtuan kundër qytetit një ledh prej dheu që ngrihej pranë mureve; tërë njerëzit që ishin me Joabin përpiqeshin të dëmtonin muret për t'i rrëzuar.

¹⁶ Atëherë një grua e urtë thirri nga qyteti: "Dëgjoni, dëgjoni! Ju lutem, i thoni Joabit të afrohet, sepse dua t'i flas!".

¹⁷ Kur iu afrua, gruaja e pyeti: "A je ti Joabi?". Ai u përgjigj: "Jam unë". Atëherë ajo i tha: "Dëgjo fjalët e shërbëtores sate". Ai u përgjigj: "Po dëgjoj".

¹⁸ Ajo vazhdoi: "Dikur e kishin zakon të thonin: "Do t'i kërkojmë

këshillë Abelit", sepse kështu problemi ishte i zgjidhur.

¹⁹ Jemi në një nga qytetet më paqësore e më besnike të Izraelit; dhe ti kërkon të shkatërrosh një qytet që është një nënë në Izrael. Pse kërkon të shkatërrosh trashëgiminë e Zotit?".

²⁰ Joabi u përgjigj: "Qoftë larg, larg meje mendimi i shkatërrimit dhe i shkretimit.

²¹ Punët nuk qëndrojnë kështu; një njeri nga krahina malore e Efraimit i quajtur Sheba, bir i Bikrit, ka ngritur dorën kundër mbretit, kundër Davidit. Më dorëzoni vetëm atë dhe unë do të largohem nga qyteti". Gruaja i tha Joabit: "Ja, koka e tij do të hidhet nga muri".

²² Atëherë gruaja, me urtësinë e saj, iu drejtua tërë popullit; kështu ia prenë kokën Shebas, birit të Bikrit, dhe ia hodhën Joabit. Ky urdhëroi t'i bien borisë dhe të gjithë u larguan nga qyteti dhe secili shkoi në çadrën e vet. Pastaj Joabi u kthye në Jeruzalem pranë mbretit.

²³ Joabi ishte në krye të gjithë ushtrisë së Izraelit; Benajahu, bir i Jehojadit, ndodhej në krye të Kerethejve dhe të Pelethejve.

²⁴ Adorami merrej me haraçit; Jozafati, bir i Ahiludit, ushtronte funksionin e kançelierit;

²⁵ Sheva ishte sekretar; Tsadoku dhe Abiathari ishin priftërinj;

²⁶ dhe Ira i Jairit ishte kryeministri i Davidit.

Kapitull 21

¹ Në kohën e Davidit pati zi buke për tre vjet me radhë; Davidi kërkoi fytyrën e Zotit dhe Zoti i tha: "Kjo ndodh për shkak të Saulit dhe të shtëpisë së tij gjakatare, sepse ai i ka bërë të vdesin Gabaonitët".

² Atëherë mbreti thirri Gabaonitët dhe u foli atyre. (Gabaonitët nuk u përkisnin bijve të Izraelit, por ishin mbeturina të Amorejve; bijtë e Izraelit ishin betuar se do t'i kursenin, por Sauli, në zellin e tij të madh për bijtë e Izraelit dhe të Judës, ishte orvatur t'i shfaroste).

³ Atherë Davidi u tha Gabaonitëve: "Çfarë duhet të bëj për ju dhe në ç'mënyrë duhet të veproj për të ndrequr gabimin e bërë, me qëllim që ju të bekoni trashëgiminë e Zotit?".

⁴ Gabaonitët u përgjigjen: "Ne nuk na interesen të kemi ar apo argjend nga Sauli apo nga shtëpia e tij, as duhet të vrisni për ne ndonjë njeri në Izrael". Mbreti tha: "Atë që kërkoni, unë do ta bëj për ju".

⁵ Ata iu përgjigjën mbretit: "Për njeriun që na ka konsumuar dhe që ka menduar të na shfarosë për të na zhdukur nga tërë territori i Izraelit,

⁶ të na dorëzohen shtatë burra nga trashëgimtarët e tij dhe ne do t'i varim përpara Zotit në Gibeah të Saulit, që është i zgjedhuri i Zotit". Mbreti tha: "Do t'jua dorëzoj".

⁷ Mbreti e kurseu Mefoboshethin, birin e Jonatanit, bir të Saulit, për shkak të betimit të Zotit që ekzistonte midis tyre, midis Davidit dhe Jonathanit, birit të Saulit.

⁸ Por mbreti mori dy bijtë që Ritspah, bija e Ajahut, i kishte lindur Saulit, Armonin dhe Mefibeshethin, dhe pesë bijtë që Mikal, e bija e Saulit, i kishte lindur Adrielit nga Mehola, birit të Barzilait,

⁹ dhe ua dorëzoi Gabaonitëve, që i varën në mal, përpara Zotit. Kështu u vranë në ditët e para të korrjeve, kur filloi korrja e elbit.

¹⁰ Ritspah, e bija e Ajahut, mori një mbulesë të ashpër dhe e shtriu mbi shkëmb, duke qendruar aty nga fillimi i korrjes deri sa mbi ta ra shi nga qielli. Ajo nuk i lejoi shpendët e qiellit të zbrisnin.

¹¹ Kur i treguan Davidit atë që kishte bërë Ritspah, bija e Ajahut, konkubinë e Saulit,

¹² Davidi shkoi të marrë eshtrat e Saulit dhe ato të Jonatanit, birit të tij, nga banorët e Jabeshit të Galaadit, që i kishin marrë me vete nga sheshi i Beth-Shanit, ku Filistejt i kishin varur kur kishin mundur Saulin në Gilboa.

¹³ Ai solli që andej eshtrat e Saulit dhe ato të birit të tij, Jonatanit, dhe u mblodhën edhe eshtrat e atyre që ishin varur.

¹⁴ Eshtrat e Saulit dhe të Jonatanit, birit të tij, u varrosën në vendin e Beniaminit, në Tselah, në varret e Kishit, atit të Saulit. Kështu bënë të gjitha ato që mbreti kishte urdhëruar. Pas kësaj Perëndia dëgjoi lutjen që u bë për vendin.

¹⁵ Filistejtë i shpallën përsëri luftë Izraelit dhe Davidi zbriti me gjithë shërbëtorët e tij për të luftuar kundër Filistejve; dhe Davidi u lodh;

¹⁶ Ishbi-Benobi, një nga pasardhësit e gjigantëve që kishte një shtizë që peshonte treqind sikla bronzi dhe mbante në brez një shpatë të re, kishte ndër mend të vriste Davidin;

¹⁷ por Abishai, bir i Tserujahut, shkoi në ndihmë të mbretit, goditi Filisteun dhe e vrau. Atëherë njerëzit e Davidit u betuan: "Ti nuk do të dalësh më me ne për të luftuar dhe nuk do ta shuash llambën e Izraelit".

¹⁸ Pas kësaj u bë një betejë tjetër me Filistejtë në Gob; atëherë Hushathiti Sibekai vrau Safin, një nga pasardhësit e gjigantëve.

¹⁹ U bë një betejë tjetër me Filistejtë në Gob; dhe Elhanani, bir i Jaare-Oregimit nga Betlemi, vrau vëllanë e Goliathit nga Gathi; shkopi i shtizës së tij ishte shuli i vegjës së endësit.

²⁰ U bë një betejë tjetër në Gath, ku ishte një njeri me shtat të lartë, i cili kishte gjashtë gishtërinj në çdo dorë dhe gjashtë gishtërinj në çdo këmbë, gjithsej njëzet e katër gishtërinj; edhe ai ishte një pasardhës i gjigantëve.

²¹ Ai e fyu Izraelin, por Jonathani, bir i Shimeahut, vëlla i Davidit, e vrau.

²² Këta të katër ishin pasardhësit e gjigantëve në Gath. Ata u vranë nga dora e Davidit dhe e shërbëtorëve të tij.

Kapitull 22

¹ Davidi i drejtoi Zotit fjalët e këtij kantiku ditën që Zoti e çliroi nga duart e të gjithë armiqve të tij dhe nga dora e Saulit. Ai tha:

² "Zoti është fortesa ime, kalaja ime dhe çlirimtari im,

³ Perëndia im, shkëmbi në të cilin strehohem, mburoja ime, fuqia e shpëtimit tim, strehimi im i lartë, streha ime. O shpëtimtari im, ti më shpëton nga dhuna!

⁴ Unë i kërkoj ndihmë Zotit që meriton të lavdërohet, dhe kështu më shpëtoi nga duart e armiqve të mi.

⁵ Valët e vdekjes më kishin rrethuar dhe përrenjtë e shkatërrimit më kishin tmerruar.

⁶ Dhimbjet e Sheolit më kishin zënë dhe lakun e vdekjes e kisha para syve.

⁷ Në ankthin tim i kërkova ndihmë Zotit dhe i klitha Perëndisë tim. Ai e dëgjoi zërin tim nga tempulli ku ndodhej dhe klithma ime arriti në veshët e tij.

⁸ Atëherë toka u trondit dhe u drodh, themelet e qiejve u lëkundën dhe u shkundën, sepse ai ishte tërë zemërim.

⁹ Një tym ngjitej nga fejzat e hundës së tij dhe një zjarr përvëlues i dilte nga goja; prej tij dilnin thëngjij.

¹⁰ Ai i uli qiejtë dhe zbriti me një mjegull të dendur poshtë këmbëve të tij.

¹¹ Ai rrinte kaluar mbi një kerubin, fluturonte dhe dukej mbi flatrat e erës.

¹² Si shatorre rreth vetes kishte vënë terrin, errësirën e ujërave dhe retë e dendura të qiellit.

¹³ Nga shkëlqimi që i priste dilnin thëngjij.

¹⁴ Zoti gjëmoi në qiejt dhe Më i Larti bëri të dëgjohet zëri i tij.

¹⁵ Hodhi shigjeta dhe shpërndau armiqtë, hodhi shigjetat e tij dhe i shpërndau.

¹⁶ Atëherë doli shtrati i detit dhe themelet e botës u zbuluan, me qortimin e Zotit, me erën që shfrynë, fejzat e hundës së tij.

¹⁷ Ai nga lart shtriu dorën dhe më kapi, më nxori nga ujërat e mëdha.

¹⁸ Më çliroi nga armiku im i fuqishëm dhe nga ata që më urrenin, sepse ishin më të fortë se unë

¹⁹ Ata ishin ngritur kundër mejë ditën e mjerimit tim, por Zoti qe përkrahësi im,

²⁰ ai më çoi larg tyre; ai më shpëtoi sepse i pëlqej.

²¹ Zoti më ka shpërblyer simbas së drejtës sime dhe më ka dhënë simbas pastërtisë së duarve të mia,

²² sepse kam ndjekur rrugët e Zotit dhe nuk jam larguar pabesisht nga Perëndia im.

²³ Sepse kam mbajtur para vetes të gjitha ligjet e tij dhe nuk jam larguar nga statutet e tij.

²⁴ Kam qenë i ndershëm me të dhe i jam ruajtur paudhësisë.

²⁵ Prandaj Zoti më ka dhënë simbas së drejtës sime, simbas pastërtisë sime përpara syve të tij.

²⁶ Ti tregohesh i mëshirshëm me njeriun e përshpirtshëm dhe i drejtë me njeriun e drejtë;

²⁷ ti tregohesh i pastër me njeriun e pastër dhe dinak me njeriun e çoroditur.

²⁸ Ti shpëton njerëzit e hidhëruar, por shikimi yt ndalet mbi kryelartët për t'i ulur.

²⁹ Po, ti je drita ime, o Zot; Zoti ndriçon terrin tim.

³⁰ Me ty mund të sulmoj një grup, me Perëndinë tim mund të kapërcej një mur.

³¹ Rruga e Zotit është e përsosur; fjala e Zotit është purifikuar me zjarrin. Ai është mburoja e të gjithë atyre që kanë shpresë tek ai.

³² Në fakt kush është Perëndi përveç Zotit? Dhe kush është Kalaja përveç Perëndisë tonë?

³³ Zoti është kalaja ime e fuqishme, ai e bën të përsosur rrugën time.

³⁴ Ai i bën këmbët e mia si ato të drerit dhe më bën të mbahem mirë në vendet e mia të larta.

³⁵ Ai i mëson duart e mia për betejë dhe krahët e mia mund të tendosin një hark prej bronzi.

³⁶ Ti më ke dhënë edhe mburojën e shpëtimit tënd dhe mirësia jote më ka bërë të madh.

³⁷ Ti i ke zgjedhur hapat e mia dhe këmbët e mia nuk kanë ngurruar në këtë rast.

³⁸ Unë i kam ndjekur armiqtë e mi dhe i kam shkatërruar, nuk jam kthyer prapa para se t'i shfarosja.

³⁹ I kam shkatërruar dhe shtypur, dhe ata nuk kanë mundur më të ngrihen kundër meje; ata kanë rënë nën këmbët e mia.

⁴⁰ Ti më ke dhënë forcë në betejë, dhe bëre që të më përulen ata që ngriheshin kundër meje;

⁴¹ bëre që të më kthenin kurrizin armiqtë e mi përpara meje, dhe unë zhduka ata që më urrenin.

⁴² Ata shikuan, por nuk pati njeri që t'i shpëtonte; i klithën Zotit, por ai nuk iu përgjigj atyre.

⁴³ Unë i thërmova si pluhuri i tokës, i copëtova dhe i shkela si balta e rrugëve.

⁴⁴ Ti më ke çliruar nga mosmarrëveshjet e popullit tim, më ke ruajtur si udhëheqës i kombeve; një popull që nuk e njihja më ka shërbyer.

⁴⁵ Bijtë e të huajve më nënshtrohen mua; sa më dëgjojnë, më binden.

⁴⁶ Bijtë e të huajve kanë humbur guximin, kanë dalë duke u dridhur nga fortesat e tyre.

⁴⁷ Rroftë Zoti! Qoftë e bekuar Fortesa ime! U lartësoftë në qiell Perëndia, Fortesa e shpëtimit tim!

⁴⁸ Është Perëndia që hakmerret për mua, që më nënshtron popujt,

⁴⁹ dhe më liron nga armiqtë e mi. Ti më larton mbi ata që ngrihen kundër meje dhe më çliron nga njeriu i furishëm.

⁵⁰ Prandaj, o Zot, do të të kremtoj midis kombeve dhe do të këndojë lavdinë e emrit tënd.

⁵¹ Lirime të mëdha i siguron mbretit të tij, sillet dashamirës me të vajosurin, me Davidin dhe me pasardhësit e tij përjetë".

Kapitull 23

¹ Këto janë fjalët e fundit të Davidit. Kështu thotë Davidi, bir i Isait, kështu thotë njeriu që u ngrit lart, i vajosuri i Perëndisë së Jakobit, këngëtari i ëmbël i Izraelit:

² "Fryma e Zotit ka folur nëpërmjet meje dhe fjala e tij ka qenë mbi buzët e mia.

³ Perëndia i Izraelit ka folur, Kalaja e Izraelit më ka thënë: "Ai që mbretëron me drejtësi mbi njerëzit, ai që mbretëron në frikën e Perëndisë,

⁴ është si drita e mëngjesit në të dalë diellit, në një mëngjes pa re, ashtu si shkëlqimi mbas shiut, që bën të mbijë bari i njomë nga dheu".

⁵ A nuk është vallë kështu shtëpia ime përpara Perëndisë? Sepse ai ka lidhur me mua një besëlidhje të përjetshme që parashikon çdo gjë dhe që është e sigurt. A nuk do të bëjë ai të lulëzojë shpëtimi im i plotë dhe të gjitha ato që unë dëshiroj?

⁶ Njerëzit e kobshëm do të hidhen tej të gjithë si gjembat, sepse nuk mund të kapen me duar.

⁷ Kush i prek duhet të armatoset me një hekur ose me shkopin e një ushte; ato digjen plotësisht në vend me zjarr".

⁸ Këto janë emrat e luftëtarëve trima që ishin në shërbim të Davidit: Josheb-Bashshebethi, Tahkemoniti, prijës i oficerëve kryesorë. Atë e quajtën Etseniti Adino; sepse kishte vrarë tetëqind njerëz në një herë të vetme.

⁹ Pas tij vinte Eleazari, bir i Dodas, që ishte bir i Ahohit, një ndër tre luftëtarët trima që ishin me Davidin, kur sfiduan Filistejtë e mbledhur për të luftuar, ndërsa Izraelitët ishin tërhequr.

¹⁰ Ai u ngrit dhe i goditi Filistejtë, deri sa dora e tij e rraskapitur i ngriu me shpatën. Atë ditë Zoti korri një fitore të madhe dhe populli shkoi pas tij vetëm për të bërë plaçkë.

¹¹ Prapa tij vinte Shamahu, bir i Agesë, Hararitit. Filistejtë ishin mbledhur në një numër të madh në një fushë të mbjellë me thjerrëza. Populli ia kishte mbathur përpara Filistejve,

¹² por Shamahu, ishte vendosur në mes të kampit dhe e mbrojti atë, dhe bëri kërdinë në radhët e Filistejve. Kështu Zoti korri një fitore të madhe.

¹³ Tre nga tridhjetë krerët zbritën në kohën e korrjes dhe erdhën te Davidi në shpellën e Adullamit, ndërsa një grup Filistejsh kishte ngritur kampin e tij në luginën e gjigantëve.

¹⁴ Davidi ndodhej atëherë në kala dhe kishte një garnizon Filistejsh në Betlem.

¹⁵ Davidi pati një dëshirë të madhe dhe tha: "Ah, sikur dikush të më jepte të pija ujë nga pusi i Betlemit, që është afër portës".

¹⁶ Të tre trimat çanë në mes të kampit të Filistejve dhe morën ujë nga pusi i Betlemit, pranë portës; pastaj e morën me vete dhe ia çuan Davidit. Por ai nuk desh ta pinte, por e derdhi përpara Zotit,

¹⁷ duke thënë: "Larg qoftë për mua, o Zot, një veprim i tillë! A nuk u vu, vallë gjaku i njerëzve, jeta e tyre në rrezik?". Dhe nuk deshi ta pinte. Kështu vepruan ata tre trima.

¹⁸ Abishai, vëlla i Joabit dhe biri Tserujahut, ishte prijës i një treshe tjetër. Ngriti ushtën e tij kundër treqind njerëzve dhe i vrau; kështu u bë i famshëm në mes të treve.

¹⁹ Ishte më i dëgjuari i treshes; prandaj u bë dhe kryetari i tyre, por nuk arriti të barazohet me tre të parët.

²⁰ Benajahu, bir i Jehojadit, bir i një trimi nga Kabtseeli, bëri trimëri të mëdha. Vrau dy heronj të Moabit, që ishin si luanë. Zbriti edhe në mes të një sterne ku vrau një luan, një ditë që binte borë.

²¹ Ai vrau gjithashtu një Egjiptas gjigand që kishte në dorë një shtizë; por Benajahu i doli përballë me një bastun, i hoqi nga dora shtizën dhe e vrau me shtizën e tij.

²² Këto gjëra bëri Benajahu, bir i Jehojadit, dhe u bë i famshëm ndër të tre trima.

²³ Ishte më i dëgjuari i tridhjetëve, por nuk arriti të barazohet me treshen e parë. Davidi e bëri shef të truprojes së tij.

²⁴ Pastaj vinin: Asaheli, vëlla i Joabit, njeri nga tridhjetët; Elhanani, bir i Dodos, nga Betlemi;

²⁵ Shamahu nga Harodi; Elika nga Harodi;

²⁶ Heleci nga Palti; Ira, bir i Ikeshit, nga Tekoa;

²⁷ Abiezeri nga Anathothi; Mebunai nga Husha;

²⁸ Tsalmoni nga Ahoahu; Maharai nga Netofa;

²⁹ Helebi, bir i Baanahut (nga Netofa);

³⁰ Benajahu nga Pirathoni; Hidai nga përrenjtë e Gaashit;

³¹ Abi-Alboni nga Arbathi; Azmavethi nga Barhumi;

³² Eliahba nga Shaalboni (nga bijtë e Jasenit), Jonathani;

³³ Shamahu nga Harari; Ahiami, bir i Shararit, nga Harari;

³⁴ Elifeleti, bir i Ahasbait, bir i një Maakatheu; Eliami, bir i Ahithofelit, nga Gilo;

³⁵ Hetsrai nga Karmeli; Paarai nga Arabi;

³⁶ Igali, bir i Nathanit, nga Tsobahu; Bani nga Gadi;

³⁷ Tseleku, Amoniti; Naharai nga Beerothi (shqyrtar i Joabit, birit të Tserujahut);

³⁸ Ira nga Jetheri; Garedi nga Jetheri;

³⁹ Uriahu, Hiteu. Gjithsej tridhjetë e shtatë veta.

Kapitull 24

¹ Zemërimi i Zotit u ndez përsëri dhe ai nxiti Davidin kundër popullit, duke i thënë: "Shko të bësh regjistrimin e Izraelit dhe të Judës".

² Kështu mbreti i tha Joabit, komandantit të ushtrisë që ishte me të: "Shko nëpër të gjitha fiset e Izraelit, nga Dani deri në Beer-Sheba, dhe bëni regjistrimin e popullsisë që unë të di numrin e saj".

³ Joabi iu përgjigj mbretit: "Zoti, Perëndia yt, ta shumëzojë popullin njëqind herë më tepër nga ç'është dhe sytë e mbretit, të zotërisë tim, të mund ta shohin këtë gjë. Po pse mbreti, zotëria im, e dëshiron një gjë të tillë?".

⁴ Megjithatë urdhëri i mbretit iu imponua Joabit dhe krerëve të ushtrisë. Kështu Joabi dhe krerët e ushtrisë u larguan nga mbreti dhe shkuan të bëjnë regjistrimin e popullsisë së Izraelit.

⁵ Ata kaluan Jordanin dhe ngritën kampin e tyre në Aroer, në të djathtë të qytetit që ishte në mes të luginës së Gadit dhe në drejtim të Jezerit.

⁶ Pastaj shkuan në Galaad dhe në vendin e Tahtim-Hodshit; pastaj vajtën në Dan-Jaan dhe në rrethinat e Sidonit.

⁷ Shkuan edhe në kalanë e Tiros dhe në të gjitha qytetet e Hivejve dhe të Kananejve, dhe arritën në jug të Judës, deri në Beer-Sheba.

⁸ Kështu përshkuan tërë vendin dhe mbas nëntë muajsh e njëzet ditë u kthyen përsëri në Jeruzalem.

⁹ Joabi i dorëzoi mbretit shifrën e regjistrimit të popullsisë: kishte në Izrael tetëqind mijë njerëz të fortë, të aftë për të përdorur shpatën, por njerëzit e Judës ishin pesëqind mijë.

¹⁰ Por, mbasi bëri regjistrimin e popullsisë, zemra e Davidit e qortoi shumë rëndë atë dhe ai i tha Zotit: "Kam kryer një mëkat shumë të rëndë duke vepruar në këtë mënyrë; por tani, o Zot, shlyej paudhësinë e shërbëtorit tënd, sepse kam vepruar me marrëzi të madhe"".

¹¹ Kur në mëngjes Davidi u ngrit, fjala e Zotit iu drejtua profetit Gad, shikuesit të Davidit, duke thënë:

¹² "Shko e i thuaj Davidit: Kështu thotë Zoti: "Unë të propozoj tri gjëra; zgjidh njerën prej tyre dhe unë do ta bëj atë për ty"".

¹³ Kështu Gadi shkoi te Davidi për t'i njoftuar ngjarjen dhe i tha: "A do që të vijnë për ty shtatë vjet zi buke në vendin tënd, apo tre vjet arratisje përpara armiqve që të ndjekin, apo tri ditë murtaje në vendin tënd? Tani mendohu dhe shiko pak se çfarë përgjigje duhet t'i jap atij që më ka dërguar".

2 Samuelit

¹⁴ Davidi i tha Gadit: "Gjendem në një situatë tërë ankth! Le të bie edhe në duart e Zotit, sepse dhembshuria e tij është e madhe, por mos rënça në duart e njerëzve!".

¹⁵ Kështu Zoti dërgoi murtajën në Izrael, nga ai mëngjes deri në kohën e caktuar. Shtatëdhjetë mijë veta të popullit vdiqën nga Dani deri në Beer-Sheba.

¹⁶ Ndërsa engjëlli e shtrinte dorën mbi Jeruzalem për ta shkatërruar, Zotit i erdhi keq për këtë fatkeqësi dhe i tha engjëllit që shfaroste popullin: "Mjaft! Tani tërhiqe dorën!". Engjëlli i Zoti ndodhej afër lëmit të Araunahut, Gebuseitit.

¹⁷ Kur Davidi pa engjëllin që godiste popullin, i tha Zotit: "Ja, unë kam kryer një mëkat, kam vepruar në mënyrë të padrejtë, por këto dele ç'kanë bërë? Prandaj dora jote të drejtohet kundër meje dhe kundër shtëpisë së atit tim!".

¹⁸ Atë ditë Gadi erdhi te Davidi dhe i tha: "Shko dhe ndërto një altar për Zotin në lëmin e Araunahut, Gebuseitit".

¹⁹ Kështu Davidi shkoi, simbas fjalës së Gadit, ashtu si kishte urdhëruar Zoti.

²⁰ Araunahu shikoi dhe dalloi mbretin dhe shërbëtorët e tij që drejtoheshin nga ai; atëherë ai doli dhe u shtri para mbretit me fytyrën për tokë.

²¹ Pastaj Araunau tha: "Pse mbreti, zotëria im, ka ardhur te shërbëtori i tij?". Davidi u përgjigj: "Për të blerë nga ti këtë lëmë dhe për të ndërtuar mbi të një altar për Zotin, me qëllim që mjerimi të largohet nga populli".

²² Araunahu i tha Davidit: "Mbreti, zotëria im, le të marrë dhe të ofrojë atë që i pëlqen! Ja qetë e olokaustit; veglat e shirjes dhe zgjedha e qeve do të shërbejë si dru.

²³ O mbret, të gjitha këto gjëra Araunahu ia fal mbretit". Pastaj Araunahu i tha mbretit: "Zoti, Perëndia yt, të qoftë i mbarë!".

²⁴ Por mbreti iu përgjigj Araunahut: "Jo, unë do t'i blej këto gjëra nga ti me çmimin që kushtojnë, dhe nuk do t'i ofrojë Zotit, Perëndisë tim, olokauste që nuk më kushtojnë asgjë". Kështu Davidi bleu lëmin dhe qetë për pesëdhjetë sikla argjendi.

²⁵ Pastaj Davidi ndërtoi në atë vend një altar për Zotin dhe ofroi olokauste dhe flijime falenderimi. Kështu Zoti mori parasysh lutjen e bërë nga vendi dhe mjerimi u largua nga populli i Izraelit.

1 Mbretërve

Kapitull 1

¹ Tani mbreti David ishte plak dhe i shtyrë në moshë dhe, megjithëse e mbulonin me rroba, nuk ngrohej dot.

² Prandaj shërbëtorët e tij thanë: "Të kërkohet për mbretin, zotërinë tonë, një vajzë e virgjër që ta ndihmojë atë, të kujdeset për të dhe të flerë mbi gjirin e tij; kështu mbreti, zotëria jonë, do të mund të ngrohet.

³ Atëherë kërkuan në të gjithë territorin e Izraelit një vajzë të bukur dhe gjetën Abishagin, Shunamiten, dhe e çuan te mbreti.

⁴ Vajza ishte shumë e bukur, kujdesej për mbretin dhe i shërbente; por mbreti nuk e njohu.

⁵ Adonijahut, birit të Hagithit, i qe rritur mendja, dhe thoshte: "Do të jem unë mbret!". Dhe gjeti qerre, kalorës dhe pesëdhjetë njerëz që të vraponin para tij.

⁶ (I ati i tij nuk e kishte qortuar kurrë në jetën e tij, duke i thënë: "Pse bën kështu?". Edhe Adonijahu ishte shumë i bukur dhe kishte lindur mbas Absalomit).

⁷ Ai u mor vesh me Joabin, birin e Tserujahut, dhe me priftin Abiathar, të cilët i vajtën pas Adonijahut dhe e ndihmuan.

⁸ Por prifti Tsadok, Benajathi, biri i Jehojadit, profeti Nathan, Shimei, Rei dhe trimat e Davidit nuk ishin me Adonijahun.

⁹ Adonijahu flijoi dele, qe dhe viça të majmë pranë shkëmbit të Zoheletit, që ndodhet afër kroit të Rogelit dhe ftoi të gjithë vëllezërit e tij, bij të mbretit, dhe të gjithë njerëzit e Judës që ishin në shërbim të mbretit.

¹⁰ Por nuk ftoi profetin Nathan, as Banajahun, as trimat, as Salomonin, vëllanë e tij.

¹¹ Atëherë Nathani i foli Bath-Shebës, nënës së Salomonit, dhe i tha: "Nuk ke dëgjuar që Adonijahu, bir i Hagithit, është bërë mbret, dhe Davidi, zotëria ynë, nuk e di aspak?

¹² Prandaj më lejo të të jap një këshillë, që të shpëtosh jetën tënde dhe atë të birit tënd, Salomonit.

¹³ Shko, hyr te mbreti David dhe i thuaj: "O mbret, o imzot, a nuk i je betuar vallë shërbëtores sate duke thënë: Biri yt Salomoni ka për të mbretëruar pas meje dhe do të ulet mbi fronin tim? Pse, pra, u bë mbret Adonijahu?".

¹⁴ Pastaj, ndërsa ti do të jesh akoma duke folur me mbretin, unë do të hyj pas teje dhe do të mbështes fjalët e tua".

¹⁵ Kështu Bath-Sheba hyri në dhomën e mbretit. (Mbreti ishte shumë plak dhe shërbehej nga Shunamitja, Abishagai).

¹⁶ Bath-Sheba u përul dhe ra përmbys përpara mbretit. Mbreti i tha: "Çfarë do?".

¹⁷ Ajo iu përgjigj: "O imzot, ti i je betuar shërbëtores sate në emër të Zotit, Perëndisë tënd, duke thënë: "Biri yt Salomoni ka për të mbretëruar pas meje dhe do të ulet mbi fronin tim".

¹⁸ Tani përkundrazi Adonijahu është bërë mbret dhe ti, o mbret, o imzot as nuk e di fare.

¹⁹ Ai ka flijuar një numër të madh qesh, viçash të majmë dhe delesh; ka ftuar tërë bijat e mbretit, priftin Abiathar dhe Joabin, komandantin e ushtrisë, por nuk ka ftuar Salomonin, shërbëtorin tënd.

²⁰ Tani sytë e tërë Izraelit janë kthyer nga ti o mbret, o imzot, që ti t'u tregosh atyre kush do të ulet në fronin e mbretit, zotit tim, mbas tij.

²¹ Përndryshe ka për të ndodhur që kur mbreti, zotëria ime, do të flerë me gjithë etërit e tij, unë dhe biri im Salomon do të trajtohemi si fajtorë".

²² Ndërsa ajo fliste akoma me mbretin, arriti profeti Nathan.

²³ Atëherë ia njoftuan mbretit ngjarjen, duke thënë: "Ja profeti Nathan!". Ky hyri në prani të mbretit dhe u shtri para tij me fytyrën për tokë.

²⁴ Nathani tha: "O mbret, o imzot, ndofta ke thënë: "Adonijahu do të mbretërojë pas meje dhe do të ulet mbi fronin tim"?

²⁵ Në fakt sot ai zbriti dhe flijoi një numër të madh qesh, viçash të majmë dhe delesh, ftoi tërë bijtë e mbretit, krerët e ushtrisë dhe priftin Abiathar; dhe ja tani ata po hanë e pinë përpara tij dhe thonë: "Rroftë mbreti Adonijah".

²⁶ Por ai nuk më ka ftuar mua, shërbëtorin tënd, as priftin Tsadok, as Benajahun, birin e Jehojadit, as Salomonin, shërbëtorin tënd.

²⁷ Kjo, a u bë pikërisht nga mbreti, zoti im, pa i njoftuar shërbëtorit tënd kush do të ulet në fronin e mbretit, të zotit tim, mbas tij?".

²⁸ Mbreti David, duke u përgjigjur, tha: "Thirrmëni Bath-Shebën". Ajo hyri te mbreti dhe qëndroi më këmbë para tij.

²⁹ Mbreti u betua dhe tha: "Ashtu siç është e vërtetë që rron Zoti, i cili ka liruar jetën time nga çdo fatkeqësi,

³⁰ unë do të bëj sot pikërisht atë që të jam betuar për Zotin, Perëndinë e Izraelit, duke thënë: "Biri yt Salomon ka për të mbretëruar pas meje dhe do të ulet mbi fronin tim në vendin tim"".

³¹ Bath-Sheba u përul me fytyrën për tokë, ra përmbys para mbretit dhe tha: "O Zot, bëj që mbreti David të jetojë përjetë!".

³² Pastaj mbreti David tha: "Thirrmëni priftin Tsadok, profetin Nathan dhe Benajahun, birin e Jehojadit". Ata erdhën në prani të mbretit.

³³ Mbreti u tha atyre: "Merrni me vete shërbëtorët e zotit tuaj, e hipeni birin tim Salomon mbi mushkën time dhe e zbrisni në Gihon.

³⁴ Atje prifti Tsadok dhe profeti Nathan ta vajosin mbret të Izraelit. Pastaj i bini borisë dhe thoni: "Rroftë mbreti Salomon!".

³⁵ Do të shkoni, pra, pas tij dhe ai do të vijë të ulet mbi fronin tim dhe do të mbretërojë në vendin tim, sepse e kam bërë princ të Izraelit dhe të Judës".

³⁶ Benajahu, bir i Jehojadit, iu përgjigj mbretit duke thënë: "Amen! Kjo është edhe dëshira e Zotit, Perëndisë së mbretit zotit tim!

³⁷ Ashtu si ka qenë Zoti me mbretin, zotin tim, kështu qoftë me Salomonin dhe e bëftë fronin tim më të madh se froni i mbretit David, i zotit tim!".

³⁸ Atëherë prifti Tsadok, profeti Nathan, Benajahu, bir i Jehojadit, Kerethejtë dhe Peletheitë, dolën e hipën Salomonin mbi mushkën e mbretit David dhe e çuan në Gihon.

³⁹ Prifti Tsadok mori bririn e vajit nga tabernakulli dhe vajosi Salomonin. Pastaj i ranë borisë dhe tërë populli tha: "Rroftë mbreti Salomon!".

⁴⁰ Pastaj tërë populli shkoi pas tij, duke u rënë fyejve dhe duke ndjerë një gëzim të madh aq sa toka dukej se po çohej nga brohoritjet e tyre.

⁴¹ Adonijahu dhe tërë të ftuarit e tij, ndërsa po mbaronin së ngrëni, dëgjuan zhurmë; dhe kur Joabi dëgjoi zërin e borisë, ai tha: "Ç'është kjo zhurmë e madhe që vjen nga qyteti?".

⁴² Ndërsa vazhdonte të fliste, ja që arriti Jonathani, bir i priftit Abiathar. Adonijahu i tha: "Hyr, ti je një trim dhe me siguri sjell lajme të mira".

⁴³ Jonathani iu përgjigj Adonijahut dhe tha: "Aspak! Mbret Davidi, zoti ynë, bëri mbret Salomonin.

⁴⁴ Ai nisi me të priftin Tsadok, profetin Nathan, Benajahun, birin e Jehojadës, Kerethejtë dhe Peletheitë, që e hipën mbi mushkën e mbretit.

⁴⁵ Kështu prifti Tsadok dhe profeti Nathan e vajosën mbret në Gibon, dhe që andej janë nisur të gjithë tërë gëzim dhe tërë qyteti po zien. Kjo është zhurma që keni dëgjuar.

⁴⁶ Përveç kësaj Salomoni është ulur në fronin e mbetërisë.

⁴⁷ Dhe shërbëtorët e mbretit kanë vajtur të urojnë mbretin David, zotërinë tonë, duke thënë: "Perëndia yt e bëftë emrin e Salomonit më të lavdishëm se yti dhe e bëftë fronin e tij më të madh se yti!". Pastaj mbreti ra përmbys mbi shtrat,

⁴⁸ dhe tha gjithashtu: "Qoftë i bekuar Zoti, Perëndia i Izraelit, që sot uli një njeri mbi fronin tim, duke u lejuar syve të mi ta shikojnë"".

⁴⁹ Atëherë tërë të ftuarve të Adonijahut u hyri tmerri, ata u ngritën dhe ikën secili në rrugën e tij.

⁵⁰ Adonijahu, duke pasur frikë nga Salomoni, u ngrit dhe shkoi të kapet në brirët e altarit.

⁵¹ Këtë ia thanë Salomonit: "Ja, Adonijahu ka frikë nga mbreti Salomon dhe është kapur te brirët e altarit, duke thënë: "Mbreti Salomon të më betohet sot që nuk do ta bëjë të vdesë nga shpata shërbëtorin e tij"".

⁵² Salomoni u përgjigj: "Në qoftë se tregohet njeri i drejtë, nuk do t'i bjerë në tokë as edhe një fije floku, por në rast se tek ai gjendet ndonjë ligësi, ai ka për të vdekur".

⁵³ Kështu mbreti Salomon dërgoi njerëz ta zbrisnin nga altari. Ai erdhi pastaj të bjerë përmbys përpara mbretit Salomon dhe ky i tha: "Shko në shtëpinë tënde".

Kapitull 2

¹ Duke iu afruar Davidit dita e vdekjes, ai urdhëroi të birin Salomon, duke i thënë:

² "Unë jam duke shkuar atje ku shkojnë tërë banorët e tokës; prandaj tregohu i fortë dhe sillu si burrë!

³ Respekto urdhrat e Zotit, Perëndisë tënd, duke ecur në rrugët e tij, duke zbatuar në praktikë statutet e tij, urdhërimet e tij, dekretet e tij dhe porositë e tij, ashtu siç është shkruar në ligjin e Moisiut, me qëllim që ti t'ia dalësh mbanë në të gjitha gjërat që do të bësh dhe nga çdo anë që të kthehesh,

⁴ dhe me qëllim që Zoti ta plotësojë premtimin që më ka bërë kur tha: "Në qoftë se bijtë e tu do të kujdesen për të ecur para meje me të vërtetë me gjithë zemër e me gjithë shpirt, nuk do të mungojë kurrë dikush mbi fronin e Izraelit".

⁵ Edhe ti e di ç'më ka bërë mua Joabi, bir i Tserujahut, dhe ç'u ka bërë dy krerëve të ushtrive të Izraelit, Abnerit, birit të Nerit, dhe Amas, birit të Jetherit, që ai i vrau; në kohë paqeje ka derdhur gjak lufte dhe ka njollosur me gjak lufte brezin që mbante në mes dhe sandalet që mbante në këmbë.

⁶ Vepro, pra me urti dhe mos lejo që flokët e tij të bardha të zbresin në paqe në Sheol.

⁷ Por trego mirësi me bijtë e Galaaditit Barzilai dhe ata të jenë ndër ata që hanë në tryezën tënde, sepse me një mirësi të njëllojtë ata erdhën tek unë kur po ikja me vrap para Absalomit, vëllait tënd.

⁸ Ja, pranë teje është edhe Shimei, bir i Beniaminitit Gera, nga Bahurimi. Ai shqiptoi një mallkim të tmerrshëm ditën që shkoja në Mahanaim, por pastaj zbriti të më takojë në Jordan dhe unë iu betova në emër të Zotit: "Nuk do të bëj të vdesësh nga shpata".

⁹ Tani, pra, mos e lër të pandëshkuar, sepse ti je njeri i urtë dhe di atë që duhet të bësh. Bëj që flokët e tij të bardha të zbresin të lyera me gjak në Sheol".

¹⁰ Kështu Davidin e zuri gjumi me etërit e tij dhe u varros në qytetin e Davidit.

¹¹ Davidi mbretëroi mbi Izrael dyzet vjet, shtatë vjet në Hebron dhe tridhjetë e tre vjet në Jeruzalem.

¹² Pastaj Salomoni u ul mbi fronin e Davidit, atit të tij, dhe mbretëria e tij u vendos në mënyrë të qëndrueshme.

¹³ Adonijahu, bir i Hagithit, shkoi te Bath-Sheba, nëna e Salomonit. Kjo i tha: "A vjen me qëllime paqësore?". Ai u përgjigj: "Po, paqësore".

¹⁴ Pastaj shtoi: "Kam diçka për të të thënë". Ajo u përgjigj: "Thuaje, pra".

¹⁵ Kështu ai tha: "Ti e di që mbretëria më takonte mua dhe që tërë Izraeli priste që unë të mbretëroja. Por mbretëria m'u hoq dhe kaloi në duart e vëllait tim, sepse atij ia dha Zoti.

¹⁶ Tani do të të bëj një kërkesë, mos ma hidh poshtë". Ajo u përgjigj: "Thuaje, pra".

¹⁷ Atëherë ai tha: "Të lutem, thuaji mbretit Salomon, i cili nuk e refuzon asgjë, që të më japë për grua Shunamiten Abishaga".

¹⁸ Bath-Sheba iu përgjigj: "Mirë! Do t'i flas mbretit në favorin tënd".

¹⁹ Bath-Sheba shkoi, pra, te mbreti Salomon për t'i folur në favor të Adonijahut. Mbreti u ngrit për t'i dalë përpara, u përul përpara saj, pastaj u ul në fronin e tij dhe urdhëroi që të vinin një fron tjetër për nënën e mbretit, dhe ajo u ul në të djathtë të tij.

²⁰ Ajo tha: "Kam një kërkesë të vogël, mos ma refuzo". Mbreti iu përgjigj: "Bëje, pra, kërkesën tënde, o nëna ime; unë nuk do ta refuzoj".

²¹ Atëherë ajo i tha: "Shunamitja Abishag t'i jepet si grua vëllait tënd Adonijah".

²² Mbreti Salomon iu përgjigj nënës së tij, duke i thënë: "Pse kërkon Shunamiten Abishag për Adonijahun? Kërko për të edhe mbretërinë, sepse ai është vëllai im madhor; kërkoje për të, për priftin Abiathar dhe për Joabin, birin e Tserujahut!".

²³ Atëherë mbreti Salomon u betua në emër të Zotit, duke thënë: "Perëndia ma bëftë këtë edhe më keq në rast se Adonijahu nuk e ka thënë këtë fjalë duke vënë në rrezik jetën e tij!

²⁴ Prandaj, tani, ashtu siç është e vërtetë që rron Zoti, i cili më ka caktuar, ka vendosur të ulem në fronin e atit tim David dhe më ka themeluar një shtëpi ashtu siç kishte premtuar, sot Adonijahu do të ekzekutohet!".

²⁵ Kështu mbreti Salomon dërgoi Benajahun, birin e Jehojadit, që u hodh mbi Adonijahun dhe ky vdiq.

²⁶ Pastaj mbreti i tha priftit Abiathar: "Shko në Anathoth në arat e tua, sepse ti meriton vdekjen; por unë nuk do të bëj që të vdesësh sot, sepse ke çuar arkën e Perëndisë, Zotit, përpara atit

²⁷ Kështu Salomoni largoi Abiatharin nga funksioni i priftit të Zotit me qëllim që të shkonte në vend fjala që Zoti kishte shqiptuar lidhur me shtëpinë e Elit në Shiloh.

²⁸ Ndërkaq lajmi i kishte vajtur Joabit, sepse Joabi kishte ndjekur Adonijahun por nuk kishte ndjekur Absalomin. Prandaj ai u strehua në tabernakullin e Zotit dhe u kap pas brirëve të altarit.

²⁹ Pastaj i thanë mbretit Salomon: "Joabi është strehuar në tabernakullin e Zotit dhe ndodhet pranë altarit". Atëherë Salomoni dërgoi Benajahun, birin e Jehojadit, duke i thënë: "Shko, godite!".

³⁰ Kështu Benajahu hyri në tabernakullin e Zotit dhe i tha Joabit: "Dil jashtë!". Ai u përgjigj: "Jo, dua të vdes këtu!". Benajahu ia njoftoi ngjarjen mbretit, duke thënë: "Kështu foli Joabi dhe kështu m'u përgjigj".

³¹ Atëherë mbreti tha: "Bëj ashtu si të ka thënë ai: godite dhe varrose; kështu do të largosh prej meje dhe prej shtëpisë së atit tim gjakun që Joabi derdhi pa shkak.

³² Kështu Zoti do të hedhë mbi kokën e tij gjakun që ka derdhur, duke goditur dy njerëzit më mirë dhe më të drejtë se ai dhe që i vrau me shpatë, pa dijeninë e atit tim David; është fjala për Abnerin, birin e Nerit, komandant i ushtrisë së Izraelit, dhe për Amasan, birin e Jetherit, komandant i ushtrisë së Judës.

³³ Gjaku i tyre do të bjerë mbi kokën e Joabit dhe mbi kokën e pasardhësve të tij përjetë, por do të ketë paqe për gjithmonë nga ana e Zotit për Davidin, për pasardhësit e tij, për shtëpinë e tij dhe për fronin e tij".

³⁴ Atëherë Benajahu, bir i Jehojadit, shkoi, e goditi dhe e vrau: dhe Joabi u varros në shtëpinë e tij, në shkretëtirë.

³⁵ Në vend të tij mbreti caktoi si komandant të ushtrisë Benajahun, birin e Jehojadit, dhe vuri priftin Tsadok në vend të Abiatharit.

³⁶ Pastaj mbreti dërgoi të thërrasin Shimein dhe i tha: "Ndërto një shtëpi në Jeruzalem dhe atje do të banosh, nuk do të dalësh më për të shkuar andej e këtej.

³⁷ Ditën që ke për të dalë dhe ke për të kaluar përruan Kidron, dije me siguri që ke për të vdekur; gjaku yt do të bjerë mbi kokën tënde".

³⁸ Shimei iu përgjigj kështu mbretit: "Mirë; shërbëtori yt do të bëjë ashtu si ka thënë mbreti, zotëria ime. Kështu Shimei qëndroi në Jeruzalem për një kohë të gjatë.

³⁹ Por pas tre vjetëve ndodhi që dy shërbëtorë të Shimeit ikën pranë Akishit, birit të Makaahut, mbretit të Gathit. Këtë gjë ia njoftuan Shimeit dhe i thanë: "Ja, shërbëtorët e tu janë në Gath".

⁴⁰ Atëherë Shimei u ngrit, shaloi gomarin e tij dhe shkoi në Gath për të kërkuar shërbëtorët e tij; Shimei shkoi atje dhe i ktheu shërbëtorët e tij nga Gathi.

⁴¹ Salamonit i thanë që Shimei kishte vajtur nga Jeruzalemi në Gath dhe se qe kthyer.

⁴² Atëherë mbreti dërgoi e thirri Shimein dhe i tha: "A nuk të vura të betoheshe në emër të Zotit dhe të kisha paralajmëruar solemnisht, duke të thënë: "Dije me siguri që ditën që do të dalësh andej këtej, ke për të vdekur". Dhe ti m'u përgjigje: "Fjala që dëgjova më shkon mbarë".

⁴³ Pse, pra, nuk e respektove betimin që i bëre Zotit dhe urdhrin që të kishte dhënë?".

⁴⁴ Mbreti i tha gjithashtu Shimeit: "Ti e di gjithë të keqen që i ke bërë Davidit, atit tim, dhe zemra jote është e ndërgjegjshme për këtë, prandaj Zoti do të bëjë që të bjerë mbi kokën tënde ligësia jote,

⁴⁵ por mbreti Salomon ka për të qënë i bekuar dhe froni i Davidit do të jetë i qëndrueshëm përpara Zotit përjetë".

⁴⁶ Pastraj mbreti i dha urdhër Benajahut, birit të Jehojadit, që doli e goditi Shimen dhe ky vdiq. Kështu mbeti i patundur mbretëria në duart e Salomonit.

Kapitull 3

¹ Pastaj Salomoni bëri krushqi me Faraonin, mbretin e Egjiptit. U martua me të bijën e Faraonit dhe e çoi në qytetin e Davidit, deri sa të mbaronte së ndërtuari shtëpinë e tij, shtëpinë e Zotit dhe muret rrethuese të Jeruzalemit.

² Populli ofronte flijime në vendet e larta, sepse deri në atë ditë nuk ishte ndërtuar akoma një tempull në emër të Zotit.

³ Salomoni e donte Zotin dhe respektonte statutet e Davidit, atit të tij; megjithatë ofronte flijime dhe digjte temjan në vendet e larta.

⁴ Mbreti shkoi në Gabaon për të ofruar flijime, sepse ky ishte vendi i lartë më i rëndësishëm; dhe mbi këtë altar Salomoni ofroi një mijë olokauste.

⁵ Në Gabaon, Zoti i doli në ëndërr natën Salamonit. Perëndia i tha: "Kërko ç'të duash dhe unë do ta jap".

⁶ Salamoni u përgjigj: "Ti ke treguar një dashamirësi të madhe ndaj shërbëtorit tënd David, atit tim, sepse ai ecte para teje me besnikëri, me drejtësi dhe me zemër të pastër ndaj teje; ti ke vazhduar të shfaqësh ndaj tij këtë dashamirësi të madhe dhe i ke dhënë një bir që të ulet mbi fronin e tij, siç po ndodh sot.

⁷ Tani, o Zot, Perëndia im, ti ke bërë të mbretërojë shërbëtori yt në vend të Davidit, atit tim, por unë jam veçse një fëmijë dhe nuk di si të sillem.

⁸ Përveç kësaj shërbëtori yt është në mes të popullit që ti ke zgjedhur, një popull i madh, tepër i shumtë për t'u numëruar dhe llogaritur.

⁹ Jepi, pra, shërbëtorit tënd një zemër të zgjuar, në mënyrë që të administrojë drejtësinë për popullin tënd dhe të dallojë të mirën nga e keqja. Kush në fakt mund të administrojë drejtësinë për popullin tënd kaq të madh?".

¹⁰ I pëlqeu Perëndisë që Salomoni bëri këtë kërkesë.

¹¹ Atëherë Perëndia i tha: "Me qenë se kërkove këtë dhe nuk kërkove për vete as jetë të gjatë, as pasuri, as vdekjen e armiqve të tu, por ke kërkuar zgjuarsi për të kuptuar atë që është e drejtë,

¹² ja, unë po bëj atë që ti ke kërkuar: po të jap një zemër të urtë dhe të zgjuar, sa nuk ka pasur asnjëri para teje dhe nuk ka për të dalë askush si ti mbas teje.

¹³ Po të jap edhe atë që nuk ke kërkuar: pasuri dhe lavdi, kështu që midis mbretërve nuk do të ketë asnjë si ti, për të gjitha ditët e jetës sate.

¹⁴ Në rast se ti ecën në rrugët e mia duke iu bindur statutet dhe urdhërimet e mia, ashtu si bëri Davidi, ati yt, unë kam për t'i zgjatur ditët e tua".

¹⁵ Salomoni u zgjua, dhe ja, ishte në ëndërr. Atëherë ai u kthye në Jeruzalem, u paraqit para arkës së besëlidhjes të Zotit, ofroi olokauste dhe flijime falënderimi, dhe shtroi një banket për të tërë shërbëtorët e tij.

¹⁶ Pastaj erdhën te mbreti dy prostituta dhe u paraqitën para tij.

¹⁷ Një nga të dy gratë tha: "O imzot, kjo grua dhe unë banojmë në të njëjtën shtëpi; unë linda kur ajo ishte akoma në shtëpi.

¹⁸ Tri ditë pasi linda unë, lindi edhe kjo grua; dhe nuk kishte njeri tjetër në shtëpi përveç ne të dyjave.

¹⁹ Djali i kësaj gruaje vdiq natën, sepse ajo kishte rënë në shtrat sipër tij.

²⁰ Atëherë ajo u ngrit në mes të natës, mori djalin tim nga krahu im, ndërsa shërbëtorja jote po flinte, dhe e vuri mbi gjirin e saj, dhe mbi gjirin tim vendosi djalin e saj të vdekur.

²¹ Kur në mëngjes u ngrita për t'i dhënë gji djalit tim, pashë që kishte vdekur; por kur e kqyra me kujdes në mëngjes, pashë që nuk ishte djali që kisha lindur".

²² Atëherë gruaja tjetër tha: "Nuk është e vërtetë; djali im është ai që jeton, dhe yti është ai i vdekur". Por e para nguli këmbë: "Nuk është e vërtetë; yt bir është ai vdekur dhe imi është ai i gjallë". Kështu grindeshin përpara mbretit.

²³ Atëherë mbreti tha: "Njëra thotë: "Ai i gjallë është djali im dhe ai i vdekur është yti". Dhe tjetra thotë: "Nuk është e vërtetë; ai i vdekur është djali yt dhe ai i gjallë është imi"".

²⁴ Atëherë mbreti urdhëroi: "Më sillni një shpatë!". Kështu sollën një shpatë para mbretit.

²⁵ Pastaj mbreti urdhëroi: "Ndajeni fëmijën e gjallë në dy pjesë dhe jepini gjysmën njërës dhe gjysmën tjetrës".

²⁶ Atëherë gruaja e fëmijës së gjallë, që e donte shumë fëmijën e vet, i tha mbretit: "Imzot, jepjani asaj fëmijën e gjallë, por mos e vrisni". Tjetra përkundrazi thoshte: "Të mos jetë as imi, as yti; por ndaheni!".

²⁷ Atëherë mbreti u përgjigj duke thënë: "Jepini së parës fëmijën e gjallë dhe mos e vrisni, sepse ajo është nëna e fëmijës".

²⁸ Tërë Izraeli e mësoi vendimin që u dha nga mbreti dhe patën frikë nga mbreti sepse shihnin që dituria e Perëndisë ishte tek ai për të ushtruar drejtësinë.

Kapitull 4

¹ Mbreti Salomon mbretëronte mbi tërë Izraelin.

² Këta ishin funksionarët e tij të lartë: Azariahu, bir i priftit Tsadok,

³ Elihorefi dhe Ahijahu, bij të Shishas, ishin sekretarë; Jozafati, bir i Ahiludit, ishte kancelier;

⁴ Benajahu, bir i Jehojadit, ishte komandant i ushtrisë; Tsadoku dhe Abiathari ishin priftërinjtë;

⁵ Azariahu, bir i Nathanit, ishte kryetar i prefektëve; Zabudi, bir i Nathanit, ishte prift dhe këshilltar personal i mbretit.

⁶ Ahishari ishte maxhordom dhe Adinorami, bir i Abdas, ishte caktuar për haraçet.

⁷ Salomoni kishte dymbëdhjetë prefektë në të gjithë Izraelin, të cilët kujdeseshin për mbajtjen e mbretit dhe të shtëpisë së tij; secili prej tyre ishte ngarkuar për tu kujdesur për një muaj në vit.

⁸ Këto janë emrat e tyre: Ben-Hur në krahinën malore të Efraimit;

⁹ Ben-Dekjer në Makats, Shaalbim, Beth-Shemesh dhe Elon të Beth-Hananit;

¹⁰ Ben-Hesed në Aruboth; Sokothi dhe tërë vendi i Heferit ishin pronë e tij;

¹¹ Ben-Abinabadi, në gjithë krahinën e Dorit; Tafatha, bijë e Salomonit, ishte gruaja e tij;

¹² Baana, bir i Ahiludit, kishte Taanakun, Megidon dhe tërë Beth-Shenin, që është pranë Tsarethanit, poshtë Jizreelit, dhe që shtrihet nga Beth-Sheani deri në Abel-Meholahu dhe matanë Jokneamit.

¹³ Ben-Geber, bir i Ramoth të Galaadit, kishte fshatrat e Jairit, birit të Manasit, në Galaad, si edhe Argobin në Bashan, gjashtëdhjetë qytete të mëdha me mure dhe shule prej bronzi;

¹⁴ Ahinadabi, bir i Idos, në Mahanaim;

¹⁵ Ahimatsi, në Neftali; edhe ai kishte për grua Basmethin, një nga bijat e Salomonit;

¹⁶ Banahun, bir i Hushait, në Asher dhe në Aloth;

¹⁷ Jozafati, bir i Parnahut, në Isakar;

¹⁸ Shimei, bir i Elahut, në Beniamin;

¹⁹ Geberi, bir i Urit, në vendin e Galaadit, në vendin e Sihonit, mbretit të Amorejve, dhe të Ogut, mbretit të Bashanit; ai ishte i vetmi prefekt që ishte në vend.

²⁰ Juda dhe Izraeli ishin të shumtë si rëra që është në bregun e detit. Ata hanin dhe pinin me gaz.

²¹ Kështu Salomoni sundone mbi gjithë mbretërinë nga Lumi deri në vendin e Filistejve dhe në kufijtë e Egjiptit. Këta i sillnin haraçe dhe i shërbyen tërë ditët e jetës së tij.

²² Furnizimi ditor i ushqimeve për Salomonin përbëhej nga tridhjetë kore lule dielli dhe gjashtëdhjetë kore mielli të zakonshëm,

²³ dhjetë qe të majmë, njëzet qe të kullotës dhe njëqind dele pa llogaritur drerët, gazelat, kapronjtë dhe shpendët e majmë.

²⁴ Ai sundonte gjithë vendin nga kjo anë e Lumit, nga Tifsahu deri në Gaza, mbi tërë mbretërit nga kjo anë e Lumit, dhe jetonte në paqe me të gjithë shtetet kufitare që ishin rreth e qark.

²⁵ Juda dhe Izraeli, nga Dani deri në Beer-Sheba, jetuan të sigurtë, secili nën pjergullën dhe fikun e tij, tërë kohën që mbretëroi Salomoni.

²⁶ Salomoni kishte gjithashtu dyzet mijë stalla kuajsh për qerret e tij dhe dymbëdhjetë mijë kalorës.

²⁷ Këta prefektë, secili në muajin e tij, merreshin me mbajtjen e mbretit Salomon dhe të gjithë atyre që pranoheshin në tryezën e tij; dhe nuk linin t'u mungonte asgjë.

²⁸ Sillnin edhe elbin dhe kashtën për kuajt dhe mushkat në vendin e duhur, secili sipas urdhrave që kishte marrë.

²⁹ Perëndia i dha Salomonit dituri, zgjuarsi të madhe dhe një mëndje të hollë si rëra që është në bregun e detit.

³⁰ Dhe dituria e Salomonit ia kaloi diturisë të të gjithë bijve të Lindjes dhe tërë diturisë të Egjiptasve.

³¹ Ai ishte më i ditur se çdo njeri tjetër: më tepër se Ezrahiti Ethan; më tepër se Hemani, se Kakoli dhe se Darda, bijtë e Maholit; dhe fama e tij u përhap në të gjitha kombet e afërta.

³² Shqiptoi tre mijë proverba dhe kantikët e tij qenë një mijë e peseqind.

³³ Foli edhe për drurët, nga kedri i Libanit deri në isopin që mbin nga muri; foli gjithashtu për kafshët, për zogjtë, për rrëshqanorët dhe për peshqit.

³⁴ Nga të gjithë popujt vinin njerëz për të dëgjuar diturinë e Salomonit; ata ishin të dërguar nga tërë mbretërit e dheut që kishin dëgjuar të flitej për diturinë e tij.

Kapitull 5

¹ Kur Hirami, mbret i Tiros, mësoi që Salomoni ishte vajosur mbret në vend të atit të tij, dërgoi shërbëtorët e tij, sepse Hirami kishte qenë gjithnjë mik i Davidit.

² Atëherë Salomoni dërgoi t'i thotë Hiramit:

³ "Ti e di që ati im David nuk ka mundur të ndërtojë një tempull në emër të Zotit, Perëndisë të tij, për shkak të luftrave të ndërmarra nga çdo anë kundër tij, deri sa Zoti i vuri armiqtë e tij nën shputën e këmbëve të tij.

⁴ Por tani Zoti, Perëndia im, më ka dhënë paqe rreth e qark; dhe nuk kam më kundërshtarë, as ndonjë fatkeqësi.

⁵ Prandaj tani kam ndërmend të ndërtoj një tempull në emër të Zotit, Perëndisë tim, sipas premtimit që i bëri Zoti atit tim David, kur i tha: "Yt bir, që unë do të vendos mbi fronin tënd, ka për të qënë ai që do të ndërtojë një tempull në emrin tim".

⁶ Jep urdhër, pra, që të priten për mua kedrat e Libanit. Shërbëtorët e mi do të punojnë me shërbëtorët e tu, dhe si pagë unë do t'u jap shërbëtorëve të tu tërë ato që do të më kërkosh ti. Ti e di mirë që ndër ne nuk ka njeri që di t'i presë drurët si ata të Sidonit".

⁷ Kur Hirami i dëgjoi fjalët e Salomonit, u gëzua së tepërmi dhe tha: "Qoftë i bekuar sot Zoti, që i ka dhënë Davidit një bir të urtë për të mbretëruar mbi këtë popull të madh".

⁸ Pastaj Hirami dërgoi t'i thotë Salomonit: "E shqyrtova me kujdes mesazhin që më çove. Unë do të bëj të gjitha ato që dëshiron ti lidhur me lëndën e kedrit dhe të qiparisit.

⁹ Shërbëtorët e mi do t'i sjellin nga Libani deri në det dhe do t'i transportojnë që andej me trap deri në vendin që ti do të më tregosh; pastaj do t'i shkarkojnë atje dhe ti do t'i çosh tutje. Si shpërblim, ti do të plotësosh dëshirën time, duke furnizuar me ushqime shtëpinë time".

¹⁰ Kështu Hirami e furnizoi Salomonin me tërë lëndën e kedrit dhe të qiparisit që ai kishte nevojë.

¹¹ Salomoni nga ana e tij e furnizoi Hiramin me njëzet mijë kore

gruri për të mbajtur shtëpinë e tij dhe njëzet kore vaj të pastër ulliri; Salomoni i jepte Hiramit çdo vit tërë këto gjëra.

¹² Zoti i dha dituri Salomonit, ashtu siç ia kishte premtuar; kështu mbretëroi paqja midis Hiramit dhe Salomonit, dhe të dy bënë aleancë.

¹³ Mbreti Salomon rekrutoi njerëz për punë të detyruar në tërë Izraelin, dhe ata që u caktuan për punë të detyruar ishin tridhjetë mijë njerëz.

¹⁴ I dërgonte me turne në Liban nga dhjetëmijë në muaj; kalonin një muaj në Liban dhe dy muaj në shtëpitë e tyre; Adonirami ishte drejtuesi i punimeve të detyruara.

¹⁵ Salomoni kishte gjithashtu shtatëdhjetë mijë njerëz që transportonin ngarkesa dhe tetëdhjetë mijë gurgdhëndës në male,

¹⁶ pa llogaritur tremijë e treqind përgjegjës të caktuar nga Salomoni për veprimtaritë e ndryshme dhe për të mbikqyrur personat e caktuar në punimet.

¹⁷ Mbreti urdhëroi të nxirreshin gurë të mëdhenj, gurë me vlerë dhe gurë katërkëndësh për të bërë themelet e tempullit.

¹⁸ Kështu punëtorët e Salomonit dhe punëtorët e Hiramit dhe Giblejtë nxorën gurët, dhe përgatitën lëndën e drurit dhe gurët për ndërtimin e tempullit.

Kapitull 6

¹ Në vitin katërqind e tetëdhjetë mbas daljes së bijve të Izraelit nga vendi i Egjiptit, në vitin e katërt të mbretërimit të tij mbi Izrael, në muajin e Zivit, që është muaji i dytë, Salomoni filloi të ndërtojë shtëpinë e Zotit.

² Tempulli që ndërtoi mbreti Salomon për Zotin ishte gjashtëdhjetë kubitë i gjatë, njëzet i gjerë dhe tridhjetë i lartë.

³ Portiku përpara tempullit ishte njëzet kubitë i gjatë, i barabartë, pra, me gjerësinë e tempullit, dhe gjerësia e tij shtrihej dhjetë kubitë nga fasada e tempullit.

⁴ Në tempull vuri dritare me hekura.

⁵ Pranë murit të tempullit ai ndërtoi dhoma që rrethonin tërë murin e tempullit, si vendin e shenjtë ashtu dhe vendin shumë të shenjtë; kështu ai bëri dhoma anësore rreth e qark.

⁶ Dhomat e katit të parë ishin të gjera pesë kubitë, ato të katit të mesëm gjashtë kubitë dhe ato të katit të tretë shtatë kubitë; në fakt ai kishte ndërtuar dalje rreth e rrotull mureve të tempullit, në mënyrë që trarët e mbështetjes të mos futeshin në muret e tempullit.

⁷ Për ndërtimin e tempullit u përdorën gurë që ishin latuar në gurore; kështu gjatë ndërtimit të tempullit nuk u dëgjua zhurma e çekiçit, e sëpatës ose e ndonjë vegle tjetër prej hekuri.

⁸ Hyrja e katit të parë gjendej në krahun e djathtë të tempullit; kështu me anë të një shkalle në trajtë spirale hipje në katin e mesëm, dhe nga kati i mesëm në të tretin.

⁹ Mbasi përfundoi ndërtimin e tempullit, Salomoni e mbuloi me trarë dhe me dërrasa kedri.

¹⁰ Ndërtoi katet anësore me dhoma rreth e qark tempullit, secili i lartë pesë kubitë, dhe i lidhi me tempullin me trarë kedri.

¹¹ Fjala e Zotit iu drejtua Salomonit, duke i thënë:

¹² "Për këtë tempull që po më ndërton, në qoftë se ti u përmbahesh statuteve të mia, zbaton në praktikë dekretet e mia dhe u bind të gjitha urdhërimeve të mia duke ecur në to unë do të përmbush me ty premtimin që i dhashë Davidit, atit tënd:

¹³ do të banoj në mes të bijve të Izraelit dhe nuk do ta braktis popullin tim të Izrarelit".

¹⁴ Kështu Salomoni ndërtoi tempullin dhe e përfundoi.

¹⁵ Pastaj ndërtoi muret ndarës të tempullit me dërrasa të kedrit; dhe nga dyshemeja e tempullit deri në tavan e veshi nga brenda me dru; pastaj e mbuloi dyshemenë e tempullit me dërrasa qiparisi.

¹⁶ Veshi gjithashtu me dërrasa kedri një hapësirë prej njëzet kubitësh në fund të tempullit, nga dyshemeja deri në tavan; dhe këtë hapësirë të brendshme e rezervoi si shenjtërore, si një vend shumë të shenjtë.

¹⁷ Shtëpia, domethënë tempulli, përpara vendit shumë të shenjtë ishte e gjatë dyzet kubitë.

¹⁸ Pjesa e brendshme e tempullit ishte prej kedri të gdhendur me sfera dhe me lule të çelura; çdo gjë ishte prej kedri dhe nuk dukej asnjë gur.

¹⁹ Salomoni e përgatiti vendin shumë të shenjtë në pjesën e brendshme të tempullit, për të vënë aty arkën e besëlidhjes të Zotit.

²⁰ Vendi shumë i shenjtë ishte njëzet kubitë i gjatë, njëzet kubitë i gjerë dhe njëzet kubitë i lartë. Salomoni e veshi me ar të kulluar; dhe e veshi altarin me kedër.

²¹ Kështu Salomoni e veshi pjesën e brendshme të tempullit me ar të kulluar, shtriu zinxhira ari përpara vendit shumë të shenjtë dhe e veshi me ar.

²² Veshi me ar tërë tempullin deri sa mbaroi së ndërtuari dhe veshi me ar gjithashtu tërë altarin që i takonte vendit shumë të shenjtë.

²³ Në pjesën e brendshme të vendit shumë të shenjtë bëri dy kerubinë me dru ulliri, që ishin dhjetë kubitë të lartë.

²⁴ Krahu i një kerubini ishte pesë kubitë dhe tjetri ishte gjithashtu pesë kubitë; kishte, pra, dhjetë kubitë nga maja e një krahu deri te maja e tjetrit.

²⁵ Edhe kerubini tjetër ishte dhjetë kubitësh; të dy kerubinët kishin po ato përmasa dhe po atë formë.

²⁶ Lartësia e një kerubini ishte dhjetë kubitë po kështu edhe ajo e kerubinit tjetër.

²⁷ Salomoni i vendosi kerubinët në mes të vendit shumë të shenjtë. kerubinët i kishin krahët të hapur; krahu i të parit prekte njërin mur ndarës dhe krahu i të dytit prekte murin tjetër; krahët e tyre të brendshme takoheshin në mes të shtëpisë.

²⁸ Pastaj i veshi me ar kerubinët.

²⁹ Pastaj riprodhoi mbi të gjitha muret ndarës të trempullit, rreth e qark, figura në reliev kerubinësh, palma dhe lule të çelura, si brenda ashtu dhe jashtë.

³⁰ Pastaj veshi me ar dyshemenë e tempullit, si nga brenda ashtu dhe nga jashtë.

³¹ Për të hyrë në vendin tepër të shenjtë bëri një portë me dy kanate me dru ulliri; arkitravi dhe shtalkat zinin një të katërtën e murit.

³² Të dy kanatet ishin me dru ulliri. Mbi to gdhendi figura kerubinësh, palma dhe lulesh të çelura, i veshi me ar duke e shtrirë arin mbi kerubinët dhe mbi palmash.

³³ Për portën e tempullit bëri gjithashtu shtalka me dru ulliri, që zinin një të katërtën e gjerësisë së murit,

³⁴ dhe dy kanate me dru qiparisi; çdo kanat përbëhej nga dy pjesë që hapeshin dhe mbylleshin.

³⁵ Mbi to gdhendi kerubinë, palma dhe lule të çelura dhe i veshi me ar, që e shtriu me saktësi mbi skulpturat.

³⁶ Pastaj ndërtoi oborrin e brendshëm me tri radhë gurësh katërkëndësh dhe një radhë trarësh kedri.

³⁷ Vitin e katërt, në muajin e Zivit, u hodhën themelet e shtëpisë të Zotit;

³⁸ vitin e njëmbëdhjetë, në muajin e Bulit, që është muaji i tetë, tempulli u mbarua në të gjitha pjesët e tij, sipas vizatimeve të dhëna. Kështu Salomonit iu deshën shtatë vjet për ta ndërtuar.

Kapitull 7

¹ Por Salomonit iu deshën trembëdhjetë vjet për të ndërtuar shtëpinë e tij; kështu ai përfundoi tërë shtëpinë e tij.

² Ai ndërtoi shtëpinë e "Pyllit të Libanit", e gjatë njëqind kubitë, e gjerë pesëdhjetë e lartë tridhjetë; ajo mbështetej mbi katër radhë shtyllash kedri, mbi të cilat mbështeteshin trarët e kedrit.

³ Një tavan prej kedri mbulonte dhomat që mbështeteshin mbi shtyllat, dhe që ishin gjithashtu dyzet e pesë, pesëmbëdhjetë për çdo radhë.

⁴ Kishte tri radhë dritaresh, të kundërvëna njëra me tjetrën në tri plane të ndryshme.

⁵ Të gjitha portat me shtalkat e tyre dhe arkitrarët e tyre ishin katërkëndëshe dhe dritaret i kundërviheshin njëra tjetrës në tre plane të ndryshme.

⁶ Ai ndërtoi edhe portikun e shtyllave, i gjatë pesëdhjetë kubitë dhe i gjerë tridhjetë; në pjesën e përparme kishte një hajat, me shtylla dhe që ishte i mbuluar me çati.

⁷ Pastaj ndërtoi portikun e fronit ku admnistronte drejtësia, i quajtur "Portiku i gjykimit"; dhe e mbuloi me kedër nga dyshemeja në tavan.

⁸ Shtëpia ku ai banonte, e ndërtuar në të njëjtën mënyrë, kishte përkundrazi një oborr tjetër në pjesën e brendshme të portikut. Salomoni bëri gjithashtu një shtëpi me një portik të ngjashëm me këtë për bijën e Faraonit, që kishte marrë për grua.

⁹ Të gjitha ndërtimet ishin me gurë të zgjedhur, të prerë sipas masës me sharrë nga brenda dhe nga jashtë nga themelet deri në kornizat, dhe nga jashtë deri në oborrin më të madh.

¹⁰ Edhe themelet ishin me gurë të zgjedhur, me gurë të mëdhenj, disa dhjetë kubitësh dhe të tjerë tetë kubitësh.

¹¹ Mbi to kishte gurë të zgjedhur, të prerë me masë, dhe dru kedri.

¹² Oborri i madh kishte rreth e qark tri radhë gurësh të latuar dhe një radhë trarësh prej kedri, ashtu si oborri i brendshëm i shtëpisë të Zotit dhe si portiku i tempullit.

¹³ Mbreti Salomon solli nga Tiro Hiramin,

¹⁴ birin e një të veje nga fisi i Neftalit; i ati ishte nga Tiro dhe punonte bronzin; ishte tërë dituri, zgjuarsi dhe shkathtësi për të kryer çdo punim bronzi. Ai vajti te mbreti Salomon dhe kreu të gjitha punimet

që i caktuan.

¹⁵ Derdhi dy shtylla prej bronzi. Secila kishte një lartësi prej tetëmbëdhjetë kubitësh dhe një rreth prej dymbëdhjetë kubitësh.

¹⁶ Bëri edhe dy kapitele prej bronzi të derdhur për t'i vënë në majë të shtyllave; një kapitel ishte i lartë pesë kubitë dhe pesë kubitë ishte gjithashtu lartësia e kapitelit të dytë.

¹⁷ Pastaj bëri një rrjetëz me kurora në formë të zinxhirësh për kapitelet që ishin në majë të shtyllave, shtatë për një kapitel dhe shtatë për kapitelin tjetër.

¹⁸ Kështu bëri shtyllat e dy radhëve të shegës rreth e qark rrjetëzës, për të mbuluar kapitelet që ishin në majën e shtyllave; bëri të njëjtën gjë për secilin nga kapitelet.

¹⁹ Kapitelet që ishin në majë të shtyllave në portik kishin formën e zambakut dhe qenë katër kubitësh.

²⁰ Përveç kësaj mbi kapitelet në majë të të dy kolonave, mbi pjesën e mysët afër rrjetëzës, kishte dyqind shegë të vëna me radhë rreth e qark.

²¹ Pastaj vendosi shtyllat në portikun e tempullit; vendosi shtyllën në të djathtë dhe e quajti Jakin, pastaj vendosi shtyllën në të majtë dhe e quajti Boaz.

²² Në majë të shtyllave kishte një punim në formë zambaku. Kështu mbaroi punimi i shtyllave.

²³ Pastaj bëri detin me metal të shkrirë, në formë rrethore, që nga një buzë në buzën tjetër kishte një gjatësi prej dhjetë kubitësh; lartësia e tij ishte pesë kubitë dhe rrethi ishte tridhjetë kubitë.

²⁴ Nën buzë dhe rreth e qark detit kishte kolokuintide zbukuruese, dhjetë në çdo kubit; kolokuintidet zbukuruese ishin vendosur në dy radhë dhe ishin bërë me derdhje.

²⁵ Deti mbështetej mbi dymbëdhjetë qe, prej të cilëve tre shikonin nga veriu, tre nga perëndimi, tre nga jugu dhe tre nga lindja; deti ishte vënë mbi ta dhe pjesët e tyre të prapme ishin të kthyera nga brenda.

²⁶ Ai kishte trashësinë e një pëllëmbë; buza e tij ishte si buza e një kupe, si lulja e një zambaku; ai përmbante dy mijë bate.

²⁷ Bëri gjithashtu dhjetë qerrëza prej bronzi, secila e gjatë katër kubitë, e gjerë katër kubitë e e lartë tre kubitë,

²⁸ qerrëzat ishin ndërtuar si vijon: kishin panele anësore dhe këto mbylleshin me anë të kornizave.

²⁹ Mbi panelet, që ishin midis kornizave, ishin përfytyruar luanë, qe dhe kerubinë. Mbi kornizat mbështetej një piedestal, ndërsa sipër dhe poshtë luanëve dhe qeve kishte kurora në formë vargjesh zbukuruese.

³⁰ Çdo qerre e vogël kishte katër rrota prej bronzi me boshtet gjithashtu prej bronzi; katër këmbët e tyre kishin disa spaleta poshtë vazos; dhe spaletat ishin bërë me derdhje, me kurora në anët e secilës prej tyre.

³¹ Hapja e saj, në pjesën e brendshme të kurorës dhe në pjesën e saj të lartë, ishte e rrumbullakët; ishte e thellë një kubit, kishte formën e një piedestali dhe një diametër prej një kubiti e gjysmë; edhe rreth hapjes kishte skulptura, por panelet ishin katrorë dhe jo të rrumbullakët.

³² Katër rrotat ishin nën panelet dhe boshtet e rrotave ishin fiksuar në bazë. Lartësia e çdo rrote ishte një kubit e gjysmë.

³³ Punimi i rrotave ishte si ai i një qerreje. Boshtet, rrathët, rrezet dhe bucelat ishin të gjitha prej bronzi të derdhur.

³⁴ Në të katër qoshet e çdo qerreje kishte katër spaleta, që përbënin një tërësi me vetë qerren.

³⁵ Në majë të qerrës kishte një mbajtëse të rrumbullakët, e cila ishte gjysmë kubiti e lartë; dhe në majë të qerrës, kornizat dhe panelet e saj përbënin një tërësi me të.

³⁶ Mbi sipërfaqen e kornizave dhe të paneleve të saj, Hirami gdhendi kerubinë, luanë dhe palma, sipas hapësirave të lira, dhe kurora rreth e qark.

³⁷ Kështu ai veproi me të dhjetë qerret, që u derdhën të gjitha njëlloj me po ato madhësi dhe po atë formë.

³⁸ Pastaj përgatiti dhjetë enë prej bronzi, secila prej tyre përmbante dyzet bate dhe ishte katër kubitësh; dhe çdo enë mbështetej mbi njërën nga dhjetë qerret.

³⁹ Ai i vendosi qerret pesë nga ana e djathtë të tempullit dhe pesë nga ana e majtë e tij, dhe e vuri detin në krahun e djathtë të tempullit, nga ana jug-lindore.

⁴⁰ Hirami bëri enët, lopatëzat dhe kupat. Kështu Hirami përfundoi çdo punë që duhet të bënte për mbretin Salomon në shtëpinë e Zotit:

⁴¹ dy shtylla, dy kapitele me vazo në majë të shtyllave, dy rrjetëza për të mbuluar dy kapitele me vazo në majë të shtyllave,

⁴² katërqind shegë për dy rrjetëza (dy radhë shegësh për çdo rrjetëz për të mbuluar dy kapitelet me vazo në majë të shtyllave),

⁴³ dhjetë qerrëza, dhjetë enë mbi qerret,

⁴⁴ deti, një i vetëm, dhe dymbëdhjetë qe poshtë detit,

⁴⁵ vazot, lopatëzat, enët. Të gjitha këto vegla, që Salomoni vuri Hiramin t'i bëjë për shtëpinë e Zotit, ishin prej bronzi të lëmuar.

⁴⁶ Mbreti i shkriu në fushën e Jordanit në një tokë argjilore, midis Sukothit dhe Tsarethanit.

⁴⁷ Salomoni nuk u kujdes t'i peshojë tërë këto vegla, sepse ishin shumë; pesha e bronzit nuk u përcaktua.

⁴⁸ Salomoni bëri që të prodhohen tërë orenditë e shtëpisë të Zotit: altari prej ari, tryeza prej ari mbi të cilën viheshin bukët e paraqitjes;

⁴⁹ shandanët prej ari të kulluar, pesë në të djathtë dhe pesë në të majtë përpara vendit shumë të shenjtë, me lulet, me llambat dhe me gërshërët prej ari;

⁵⁰ kupat, thikat, vazot e mëdha, lugët dhe mangallët prej ari të kulluar; dhe menteshat prej ari të portave të shtëpisë së brendshme (domethënë të vendit shumë të shenjtë) dhe portat në hyrje të vetë tempullit.

⁵¹ Kështu përfundoi tërë puna që mbreti Salomon kishte bërë për shtëpinë e Zotit. Pastaj Salomoni solli argjendin, arin dhe veglat, të cilat i kishte shenjtëruar Davidi, ati i tij, dhe i vendosi në thesaret e shtëpisë të Zotit.

Kapitull 8

¹ Atëherë Salomoni mblodhi në prani të tij në Jeruzalem pleqtë e Izraelit dhe tërë krerët e fiseve, prijësit e familjeve të Izraelit, për të çuar arkën e besëlidhjes të Zotit në qytetin e Davidit, domethënë në Sion.

² Tërë burrat e Izraelit u mblodhën rreth e qark mbretit Salomon për festën në muajin e Ethanimit, që është muaji i shtatë.

³ Kështu tërë pleqtë e Izraelit erdhën dhe priftërinjtë morën arkën;

⁴ dhe çuan lart arkën e Zotit, çadrën e mbledhjeve dhe tërë orenditë e shenjta që ishin në çadër. Priftërinjtë dhe Levitët i mbartën këto gjëra.

⁵ Mbreti Salomon dhe tërë asambleja e Izraelit, e mbledhur rreth tij, u mblodhën bashkë me të përpara arkës dhe flijuan një numër aq të madh delesh dhe qesh, që nuk mund të numëroheshin as të llogaritëshin.

⁶ Pastaj priftërinjtë e çuan arkën e besëlidhjes të Zotit në vendin e saj, në shenjtëroren e tempullit, në vendin shumë të shenjtë, nën krahët e kerubinëve.

⁷ Në fakt kerubinët i shtrinin krahët e tyre mbi vendin e arkës dhe mbulonin nga lart arkën dhe shufrat e saj.

⁸ Shufrat ishin aq të gjata sa që skajet e tyre dukeshin nga vendi i shenjtë, përpara shenjtërores, por nuk dukeshin nga jashtë. Ato kanë mbetur atje deri në ditën e sotme.

⁹ Në arkë nuk kishte asgjë tjetër veç dy pllakave prej guri që Moisiu kishte depozituar në malin Horeb, kur Zoti bëri një besëlidhje me bijtë e Izraelit, pas daljes së tyre nga vendi i Egjiptit.

¹⁰ Por ndodhi që, ndërsa priftërinjtë po dilnin nga vendi i shenjtë, reja e mbushi shtëpinë e Zotit,

¹¹ dhe priftërinjtë nuk mundën të qëndrojnë për të shërbyer për shkak të resë, sepse lavdia e Zotit mbushte shtëpinë e tij.

¹² Atëherë Salomoni tha: "Zoti ka thënë se do të banojë në një re të dendur.

¹³ Unë kam ndërtuar për ty një shtëpi madhështore, një vend ku ti do të banosh për gjithnjë".

¹⁴ Pastaj mbreti u kthye dhe bekoi tërë asamblenë e Izraelit, ndërsa tërë asambleja e Izraelit rrinte në këmbë.

¹⁵ Dhe tha: "I bekuar qoftë Zoti, Perëndia i Izraelit, që i ka premtuar me gojën e tij atit tim David dhe që e ka mbajtur premtimin e dhënë me të fuqisë së tij, duke thënë:

¹⁶ "Nga dita që nxora popullin tim të Izraelit nga Egjipti, unë nuk kam zgjedhur asnjë qytet midis tërë fiseve të Izraelit për të ndërtuar një shtëpi, ku emri im të qëndronte, por kam zgjedhur Davidin që të mbretërojë mbi popullin tim të Izraelit".

¹⁷ Por Davidi, ati im, e kishte në zemër të ndërtonte një shtëpi në emër të Zotit, Perëndisë të Izraelit;

¹⁸ por Zoti i tha Davidit, atit tim: "Ti ke pasur në zemër të ndërtosh një shtëpi në emrin tim, dhe bëre mirë të kesh një gjë të tillë në zemër;

¹⁹ por nuk do të jesh ti që do të ndërtosh tempullin, do të jetë përkundrazi biri yt që do të dalë nga barku yt; do të jetë ai që do të ndërtojë tempullin në emrin tim".

²⁰ Kështu Zoti e mbajti fjalën që kishte thënë; dhe unë zura vendin e Davidit, atit tim, u ula mbi fronin e Izraelit, ashtu si kishte thënë Zoti, dhe ndërtova tempullin në emër të Zotit, Perëndisë të Izraelit.

²¹ Atje kam përgatitur një vend për arkën, në të cilën ndodhet besëlidhja e Zotit, që ai lidhi me etërit tanë kur i nxori nga vendi i Egjiptit".

²² Pastaj Salomoni u vendos para altarit të Zotit, përballë tërë asamblesë së Izraelit, shtriu duart në drejtim të qiellit.

²³ dhe tha: "O Zot, Perëndia i Izraelit, nuk ka asnjë Perëndi të ngjashëm me ty as atje lart në qiell, as këtu poshtë në tokë! Ti e ruan

beselidhjen dhe tregohesh shpirtmadh me shërbëtorët e tu që ecin para teje me gjithë zemër.

²⁴ Ndaj shërbëtorit tënd David, atit tim, ti mbajte atë që i kishe premtuar; po, sot ke kryer me dorën tënde atë që kishe premtuar me gojën tënde.

²⁵ Tani, pra, o Zot, Perëndi i Izraelit, mbaje premtimin që i kishe bërë Davidit, atit tim, duke thënë: "Ty nuk do të të mungojë asnjëri nga ata që ulen para teje mbi fronin e Izraelit, nëqoftëse bijtë e tu të kenë kujdes sjelljen e tyre dhe të ecin para meje si ke ecur ti".

²⁶ Prandaj të lutem tani, o Perëndi i Izraelit, të plotësosh fjalën që i ke thënë shërbëtorit tënd David, atit tim!

²⁷ Po a është e vërtetë që Perëndia banon mbi tokë? Ja, qiejt dhe qiejt e qiejvë nuk mund të të nxënë dhe aq më pak ky tempull që kam ndërtuar!

²⁸ Megjithatë o Zot, Perëndia im, dëgjo me vëmendje lutjen e shërbëtorit tënde dhe kërkesën e tij, duke dëgjuar thirrjen dhe lutjen që shërbëtori yt larton sot para teje.

²⁹ Sytë e tu u drejtofshin natë e ditë në këtë tempull, drejt vendit për të cilin ke thënë: "Aty do të jetë emri im", për të dëgjuar lutjen që shërbëtori yt do të bëjë duke t'u drejtuar nga ky vend.

³⁰ Dëgjo lutjen e shërbëtorit tënd dhe të popullit tënd të Izraelit kur do të të luten duke t'u drejtuar nga ky vend. Dëgjo nga vendi ku ti banon në qiejt; dëgjo dhe fal.

³¹ Në qoftë se dikush mëkaton kundër të afërmit të tij dhe, duke qenë i detyruar të betohet, vjen të betohet para altarit tënd në këtë tempull,

³² ti dëgjoje nga qielli, ndërhy dhe gjyko shërbëtorët e tu; dëno fajtorin, duke bërë që të bjerë mbi kokën e tij sjellja e tij dhe shpalle të drejtë të pafajshmin duke i dhënë atë që i takon sipas së drejtës së tij.

³³ Kur populli yt i Izraelit do të mundet para armikut sepse ka mëkatuar kundër teje, në rast se kthehet te ti dhe lavdëron emrin tënd, në rast se të lutet dhe të stërlutet në këtë tempull,

³⁴ ti dëgjoje nga qielli dhe fale mëkatin e popullit tënd të Izraelit, dhe ktheje në vendin që u ke dhënë etërve të tyre.

³⁵ Kur qielli do të mbyllet dhe nuk do të ketë më shi sepse kanë mëkatuar kundër teje, në qoftë se luten duke t'u drejtuar nga ky vend, në qoftë se lavdërojnë emrin tënd dhe heqin dorë nga mëkati i tyre sepse i ke dëshpëruar shumë,

³⁶ ti dëgjoji nga qielli, fale mëkatin e shërbëtorëve të tu dhe të popullit tënd të Izraelit, duke u treguar rrugën e mirë nëpër të cilën duhet të ecin, dhe dërgo shiun mbi tokën që i ke dhënë si trashëgimi popullit tënd.

³⁷ Kur vendi të preket nga zia e bukës ose murtaja, nga ndryshku apo nga bloza, nga një dyndje karkalecash dhe krimbash, kur armiku ta rrethojë popullin tënd në vendin e qyteteve të tua, kur të pëllcasë një fatkeqësi apo një epidemi çfarëdo,

³⁸ çdo lutje, çdo kërkesë që do të të drejtohet nga çfarëdo personi apo nga tërë populli yt i Izraelit, kur secili të ketë pranuar plagën e zemrës së tij dhe të ketë shtrirë duart në drejtim të këtij tempulli,

³⁹ ti dëgjoje nga qielli, nga vendbanimi yt, dhe fal, ndërhy dhe jepi secilit sipas sjelljes së tij, ti që njeh zemrën e secilit; (në të vërtetë vetëm ti ua njeh zemrën gjithë bijve të njerëzve),

⁴⁰ me qëllim që ata të kenë frikë prej teje tërë kohën që do të jetojnë në vendin që u ke dhënë etërve tanë.

⁴¹ Edhe i huaji, që nuk i përket popullit tënd të Izraelit, kur të vijë nga një vend i largët për shkak të emrit tënd,

⁴² (sepse do të dëgjohet të flitet për emrin tënd të madh, për dorën tënde të fuqishme dhe për krahun tënd të shtrirë) kur të vijë të të lutet duke t'u drejtuar nga ky tempull,

⁴³ ti dëgjo nga qielli, nga vendbanimi yt, dhe jepi të huajit tërë ato që kërkon, me qëllim që tërë popujt e dheut të njohin emrin tënd dhe kështu të kenë frikë prej teje, ashtu siç bën populli yt i Izraelit, dhe të dinë që emri yt përmendet në këtë tempull që kam ndërtuar.

⁴⁴ Kur populli yt të dalë në luftë kundër armikut të tij, duke ndjekur rrugën që i tregove, në rast se i luten Zotit dhe duke iu drejtuar qytetit të zgjedhur prej teje dhe tempullit që ndërtova në emrin tënd,

⁴⁵ dëgjo nga qielli lutjen dhe kërkesën e tyre dhe përkrahe çështjen e tyre.

⁴⁶ Kur të mëkatojnë kundër teje (sepse nuk ka njeri që nuk mëkaton) dhe ti, i zemëruar me ta, do t'i braktisësh në dorë të armikut dhe ai do t'i shpërngulë në vendin e tij, afër apo larg,

⁴⁷ në rast se në vendin ku janë shpërngulur vijnë në vete, në rast se kthehen te ti dhe të luten nga vendi ku i kanë prurë si robër dhe thonë: "Kemi mëkatuar, kemi vepruar në mënyrë të padrejtë, kemi bërë të keqen",

⁴⁸ në rast se kthehen nga ana jote me gjithë zemër dhe me gjithë shpirt në vendin e armiqve që i kanë shpërngulur dhe të luten duke u kthyer nga vendi që ti u ke dhënë etërve të tyre, nga qyteti që ti ke zgjedhur dhe nga tempulli që unë kam ndërtuar në emrin tënd,

⁴⁹ ti dëgjo nga qielli, nga vendbanimi yt, lutjen dhe kërkesën e tyre dhe përkrahe çështjen e tyre,

⁵⁰ dhe fale popullin tënd që ka mëkatuar kundër teje për të gjitha shkeljet që ka bërë kundër teje dhe bëj që të gjejnë mëshirë pranë atyre që i kanë shpërngulur, me qëllim që këta të fundit të tregohen të mëshirshëm me ta,

⁵¹ (sepse ata janë populli yt dhe trashëgimia jote, ata që nxore nga Egjipti, nga një furrë hekuri).

⁵² Mbaji sytë e hapur ndaj lutjes së shërbëtorit tënd dhe lutjes së popullit tënd të Izraelit, në mënyrë që të plotësosh tërësisht gjithë ato që të kërkojnë.

⁵³ sepse ti i ke veçuar nga të gjithë popujt e tokës që të jenë trashëgimia jote, sipas atyre që ke shpallur me anë të shërbëtorit tënd Moisi, ku nxore nga Egjipti etërit tanë, o Zot, o Zot!".

⁵⁴ Kur Salomoni mbaroi së drejtuari Zotit tërë këtë lutje dhe kërkesë, ai u ngrit para altarit të Zotit ku ishte gjunjëzuar me duart e shtrira në drejtim të qiellit.

⁵⁵ Pastaj u ngrit dhe bekoi tërë asamblenë e Izraelit me zë të lartë, duke thënë:

⁵⁶ "I bekuar qoftë Zoti, që i dha paqe popullit të Izraelit, sipas gjithë atyre premtimeve që kishte bërë; as edhe një fjalë e vetme nuk mbeti pa u zbatuar nga të gjitha premtimet e bëra prej tij me anë të shërbëtorit të tij Moisi,

⁵⁷ Zoti, Perëndia ynë, qoftë me ne ashtu siç ka qenë me etërit tanë; mos na lëntë dhe mos na braktistë,

⁵⁸ por t'i kthejë zemrat tona nga ai, me qëllim që ne të ecim në të gjitha rrugët e tij dhe t'u bindeni urdhërimet e tij, statutet e tij dhe dekretet e tij që u ka parashtruar etërve tanë.

⁵⁹ Këto fjalë, që i kam drejtuar si lutje Zotit, mbetshin pranë Zotit, Perëndisë tonë, ditë e natë, me qëllim që Ai të përkrahë çështjen e shërbëtorit të tij dhe çështjen e popullit të tij, sipas nevojës së përditshme,

⁶⁰ me qëllim që tërë popujt e dheut të pranojnë që Zoti është Perëndia dhe nuk ka asnjë tjetër veç tij.

⁶¹ Le të jetë, pra, zemra juaj e dhënë plotësisht Zotit, Perëndisë tonë, për të ndjekur statutet e tij dhe për të respektuar urdhërimet e tij, si po bëni sot!".

⁶² Pastaj mbreti dhe tërë Izraeli bashkë me të ofruan flijime përpara Zotit.

⁶³ Salomoni flijoi si flijim falënderimi, që ai i ofroi Zotit, njëzet e dy mijë lopë dhe njëqind e njëzet mijë dele. Kështu mbreti dhe tërë bijtë e Izraelit ia kushtuan shtëpinë e Zotit.

⁶⁴ Po atë ditë mbreti shenjtëroi pjesën qendrore të oborrit, që ndodhet përpara shtëpisë të Zotit; në fakt atje ai ofroi olokauste, blatimet ushqimore dhe dhjamin e flijimeve të falënderimit, sepse altari prej bronzi, që ndodhet përpara Zotit, ishte tepër i vogël për të nxënë olokaustet, blatimet e ushqimit dhe dhjamin e flijimeve të falënderimit.

⁶⁵ Në atë kohë Salomoni kremtoi një festë përpara Zotit, Perëndisë tonë, dhe tërë Izraeli qe bashkë me të. Me të u bashkua një kuvend i madh njerëzish, të ardhur nga rrethet e Hamathit deri në përruan e Egjiptit, për shtatë ditë dhe për shtatë ditë të tjera, gjithsej për katërmbëdhjetë ditë.

⁶⁶ Ditën e tetë ai e shpërndau popullin, dhe ata që ishin mbledhur e bekuan mbretin dhe u kthyen në çadrat e tyre të gëzuar dhe me zemër të kënaqur për tëtë të mirat që Zoti u kishte bërë shërbëtorit të tij David dhe Izraelit, popullit të tij.

Kapitull 9

¹ Mbas përfundimit nga ana e Salomonit të ndërtimit të shtëpisë të Zotit, të pallatit mbretëror dhe të gjitha gjërave që Salomoni dëshironte dhe kishte ndërmend të bënte,

² Zoti iu shfaq një herë të dytë Salomonit, ashtu siç i qe shfaqur në Gabaon,

³ dhe Zoti i tha: "Unë e përmbusha lutjen tënde dhe kërkesën që bëre para meje; kam shenjtëruar këtë tempull që ti ke ndërtuar për t'i vënë emrin tim për gjithnjë; aty do të jenë për gjithnjë sytë dhe zemra ime.

⁴ Sa për ty, në qoftë se do të ecësh para meje ashtu si ka ecur Davidi, ati yt, me ndershmëri zemre dhe me drejtësi, duke bërë tërë gjërat që të kam urdhëruar, dhe në rast se do të respektosh statutet dhe dekretet e mia,

⁵ unë do ta bëj të qëndrueshëm fronin e mbretërisë sate mbi Izrael për gjithnjë, ashtu siç ia kisha premtuar Davidit, atit tënd, duke thënë: "Nuk të ka për të munguar kurrë një njeri për t'u ulur mbi fronin e Izraelit".

⁶ Por në rast se ju ose bijtë tuaj do të largohen nga unë dhe nuk do

të zbatoni urdhërimet dhe statutet e mia që kam vënë para jush dhe do të shkoni t'u shërbeni perëndive të tjera dhe të bini përmbys para tyre,

⁷ unë do ta zhduk Izraelin nga faqja e vendit që i kam dhënë dhe nuk do të jem i pranishëm në tempullin që kam shenjtëruar në emrin tim; kështu Izraeli do të bëhet gazi dhe tallja e tërë popujve.

⁸ Dhe ky tempull, megjithëse kaq i madhërishëm, do të jetë një vend i shkretë; kushdo që do t'i kalojë afër do të mbetet i habitur dhe do të fërshëllejë, dhe ka për të thënë: "Pse Zoti e ka trajtuar kështu këtë vend dhe këtë tempull?".

⁹ Atëherë do t'i përgjigjen: "Sepse kanë braktisur Zotin, Perëndinë e tyre, që i nxori etërit e tyre nga vendi i Egjiptit dhe janë dhënë pas perëndive të tjera, janë përkulur para tyre dhe u kanë shërbyer; për këtë arsye Zoti ka sjellë mbi ta tërë këtë fatkeqësi"".

¹⁰ Njëzet vjet pasi Salomoni kishte ndërtuar dy ndërtesat, shtëpinë e Zotit dhe pallatin mbretëror,

¹¹ (Hirami, mbret i Tiros, e kishte furnizuar Salomonin me gjithë drurin e kedrit dhe të qiparisit dhe me arin që dëshironte), mbreti Salomon i dha Hiramit njëzet qytete në vendin e Galilesë.

¹² Hirami erdhi nga Tiro për të parë qytetet që i kishte dhënë Salomoni, por nuk i pëlqyen;

¹³ dhe tha: "Ç'qytete janë këto që më ke dhënë, o vëllai im?". Dhe i quajti "vendi i Kabulit", emër që përdoret edhe sot e kësaj dite.

¹⁴ Pastaj Hirami i dërgoi mbretit njëqind e njëzet talente ari.

¹⁵ Ky është raporti i punës së detyruar që mbreti Salomon rekrutoi për të ndërtuar shtëpinë e Zotit, shtëpinë e tij, Milon, muret e Jeruzalemit, Hatsorin, Megidon dhe Gezerin.

¹⁶ (Faraoni, mbret i Egjiptit, kishte dalë dhe kishte pushtuar Gezerin, i kishte vënë flakën dhe kishte vrarë Kananejtë që banonin në qytete; pastaj ia kishte dhënë si prikë vajzës së tij, bashkëshortes së Salomonit).

¹⁷ Pastaj Salomoni rindërtoi Gezerin, Beth-Horonin e poshtëm,

¹⁸ Baalathin dhe Tadmorin në pjesën e shkretë të vendit,

¹⁹ të gjitha qytetet e furnizimit që i përkisin Salomonit, qytetet për qerret e tij, qytetet për kalorësit e tij, të gjitha atë që i pëlqyen Salomonit të ndërtojë në Jeruzalem, në Liban dhe në tërë vendin ku sundonte.

²⁰ Tërë njerëzit që mbetën nga Amorejtë, Hitejtë, Perezejtë, Hivejtë dhe Jebusejtë, që nuk ishin bij të Izraelit,

²¹ domethënë pasardhësit e tyre që kishin mbetur pas tyre në vend dhe që Izraelitët nuk kishin arritur t'i shfarosnin, Salomoni i rekrutoi për punë të detyruar deri në ditën e sotme.

²² Por nga bijtë e Izraelit, Salomoni nuk përdori asnjë për punë të detyruar; ata ishin përkundrazi luftëtarët e tij, shërbëtorët e tij, ministrat e tij, princat e tij, kapedanët e tij, komandantët e qerreve dhe e kalorësve të tij.

²³ Shefat e nëpunësve që drejtonin punimet e Salmonit ishin pesëqind e pesëdhjetë veta; ata mbikqyrnin njerëzit që kryenin punimet.

²⁴ Mbas kalimit të vajzës së Faraonit nga qyteti i Davidit në shtëpinë që Salomoni i kishte ndërtuar, ky u mor me ndërtimin e Milos.

²⁵ Tri herë në vit Salomoni ofronte olokauste dhe flijime falënderimi mbi altarin që kishte ndërtuar për Zotin dhe digjte temjan mbi altarin që ndodhej para Zotit. Kështu e mbaroi tempullin.

²⁶ Mbreti Salomon ndërtoi edhe një flotë në Etsion-Geber, në afërsi të Elathit, mbi bregun e Detit të Kuq, në vendin e Edomit.

²⁷ Hirami dërgoi mbi anijet e flotës shërbëtorët e tij, marinarë që e njihnin detin, me qëllim që të punonin me shërbëtorët e Salomonit.

²⁸ Ata shkuan në Ofir, ku morën katërqind e njëzet talente ari dhe ia sollën Salomonit.

Kapitull 10

¹ Kur mbretëresha e Shebës dëgjoi të flitet për diturinë e Salomonit për shkak të emrit të Zotit, erdhi ta vërë në provë me anë pyetjesh të vështira.

² Ajo arriti në Jeruzalem me një suitë shumë të madhe, me deve të ngarkuara me aroma dhe me një sasi të madhe ari dhe gurësh të çmuara; pastaj shkoi te Salomoni dhe i foli atij për të gjitha gjërat që kishte në zemër.

³ Salomoni iu përgjigji të gjitha pyetjeve të saj, dhe nuk pati asgjë që të ishte e fshehtë për mbretin dhe që ky të mos ishte në gjendje ta shpjegonte.

⁴ Kur mbretëresha e Shebës pa gjithë diturinë e Salomonit, shtëpinë që ai kishte ndërtuar,

⁵ gjellët e tryezës së tij, banesat e shërbëtorëve të tij, shërbimin e kamarierëve të tij dhe rrobat e tyre, kupëmbajtësit e tij dhe olokaustet që ai ofronte në shtëpinë e Zotit, ajo mbeti pa fjalë.

⁶ Pastaj i tha mbretit: "Ishte e vërtetë, pra, ajo që kisha dëgjuar në vendin tim për fjalët e tua dhe diturinë tënde.

⁷ Por nuk u besova këtyre gjërave deri sa nuk erdha vetë dhe nuk i pashë me sytë e mi; e mirë, pra, as gjysmën e tyre nuk më kishin thënë. Dituria dhe begatia jote tejkalojnë famën për të cilën me kishin folur.

⁸ Lum njerëzit e tu, lum shërbëtorët e tu që rrinë gjithnjë përpara teje dhe dëgjojnë diturinë tënde!

⁹ Qoftë i bekuar Zoti, Perëndia yt, që pati mirësinë të të vërë mbi fronin e Izraelit! Për shkak të dashurisë së tij të përjetshme për Izraelin, Zoti të ka vënë mbret për të ushtruar arsyen dhe drejtësinë".

¹⁰ Pastaj ajo i fali mbretit njëqind e njëzet talente ari dhe një sasi të madhe aromash dhe gurësh të çmuar. Nuk u çuan më aq aroma sa i dha mbretëresha Sheba mbretit Salomon.

¹¹ (Flota e Hiramit që transporton flori nga Ofiri, solli që andej një sasi të madhe dru santali dhe gurësh të çmuar;

¹² me durin e santalit mbreti bëri mbështetëse për shtëpinë e Perëndisë dhe për pallatin mbretëror si edhe qeste dhe harpa për këngëtarët. Dru santali nuk sollën më dhe nuk është parë më deri më sot).

¹³ Mbreti Salomon i dha mbretëreshës Sheba të gjitha gjërat që ajo i kërkoi; përveç këtyre, Salomoni i dhe asaj shumë gjëra me bujarinë e tij të madhe mbretërore. Pastaj ajo mori përsëri rrugën dhe u kthye në vendin e saj bashkë me shërbëtorët e vet.

¹⁴ Pesha e arit që Salomoni merrte çdo vit ishte gjashtëqind e gjashtëdhjetë e gjashtë talent ari,

¹⁵ përveç atij që vinte nga tregtarët, nga lëvizja e mallrave, nga gjithë mbretërit e Arabisë dhe nga qeveritarët e vendit.

¹⁶ Mbreti Salomon dha urdhër të përgatiteshin dyqind mburoja të mëdha me flori të rrahur, duke përdorur për secilin prej tyre gjashtëqind sikla ari,

¹⁷ dhe treqind mburoja prej ari të rrahur, duke përdorur për secilën prej tyre tri mina ari; mbreti i vendosi në pallatin e "Pyllit të Libanit".

¹⁸ Gjithashtu mbreti bëri një fron të madh prej fildishi të veshur me ar të kulluar.

¹⁹ Froni kishte shtatë shkallëza dhe maja e tij ishte e rrumbullakët në pjesën e prapme; kishte dy krahë në anët e karriges dhe pranë dy krahëve rrinin dy luanë.

²⁰ Dymbëdhjetë luanë qëndronin në të dy skajet e gjashtë shkallëve. Asnjë gjë e tillë nuk ishte bërë në ndonjë mbretëri.

²¹ Të gjitha kupat e pijeve të mbretit Salomon ishin prej ari, dhe të gjitha kupat e pallatit "Pylli i Libanit" ishin prej ari të kulluar. Asnjëra nuk ishte prej argjendi, sepse në kohën e Salomonit argjendi nuk vlente asgjë.

²² Në fakt mbreti kishte në det Flotën e Tarshishit bashkë me flotën e Hiramit; çdo tre vjet flota e Tarshishit sillte ar, argjend, fildish, majmunë dhe pallonj.

²³ Kështu mbreti Salomon ua kaloi në pasuri dhe dituri tërë mbretërve të tokës.

²⁴ Dhe tëtë bota kërkonte praninë e Salomonit për të dëgjuar diturinë që Perëndia kishte vënë në zemrën e tij.

²⁵ Dhe secili sillte dhuratën e tij: enë argjendi, enë ari, veshje, armë, aroma, kuaj dhe mushka, një farë sasie çdo vit.

²⁶ Salomoni grumbulloi qerre dhe kalorës; ai pati një mijë e katërqind qerre dhe dymbëdhjetë mijë kalorës, që i ndau nëpër qytetet sipas qerreve dhe në Jeruzalem afër tij.

²⁷ Përveç kësaj mbreti në Jeruzalem e bëri argjendin të rëndonte si gurët dhe i bëri kedrat të shumtë si fiku egjiptian i fushës.

²⁸ Kuajt e Salomonit importoheshin nga Egjipti dhe nga Kue; tregtarët e mbretit shkonin e i merrnin në Kue me një çmim të caktuar.

²⁹ Një qerre importohej nga Egjipti për gjashtëqind sikla argjendi dhe një kalë njëqind e pesëdhjetë. Kështu, me anë të këtyre tregtarëve, ua eksportonin gjithë mbretërve të Hitejve dhe mbretërve të Sirisë.

Kapitull 11

¹ Por mbreti Salomon, veç bijës së Faraonit, dashuroi shumë gra të huaja, moabite, amonite, idumeje, sidonie dhe hiteje,

² që u përkisnin popujve për të cilët Zoti u kishte thënë bijve të Izraelit: "Ju nuk do të lidhni martesë me ta, as ata me ju, sepse ata do ta kthejnë me siguri zemrën tuaj nga perëndit e tyre". Por Salamoni u bashkua me këto gra nga dashuria.

³ Ai pati si bashkëshorte shtatëqind princesha dhe treqind konkubina; dhe bashkëshortet e tij ia çoroditën zemrën.

⁴ Kështu, kur Salomoni u plak, bashkëshortet e tij ia kthyen zemrën në drejtim të perëndive të tjera; dhe zemra e tij nuk i përkiste plotësisht Zotit, Perëndisë të tij, ashtu si zemra e Davidit, atit të tij.

⁵ Salomoni ndoqi, pra, Ashtorethin, perëndeshën e Sidonëve, dhe Milkomin, të neveritshmin e Amonitëve.

⁶ Kështu Salomoni bëri atë që ishte e keqe në sytë e Zotit dhe nuk e ndoqi tërësisht Zotin, ashtu si kishte bërë i ati David.

⁷ Atëherë Salomoni ndërtoi mbi malin përballë Jeruzalemit një

vend të lartë për Kemoshin, të neveritshmin e Moabit, dhe për Molekun, të neveritshmin e bijve të Amonit.

⁸ Kështu bëri për të gjitha bashkëshortet e huaja të tij që dignjin temjan dhe u ofronin flijime perëndive të tyre.

⁹ Prandaj Zoti u zemërua me Solomonin, sepse zemra e tij qe larguar nga Zoti, Perëndia i Izraelit, që i ishte shfaqur dy herë,

¹⁰ dhe lidhur me këtë e kishte urdhëruar të mos shkonte pas perëndive të tjera; por ai nuk respektoi atë që Zoti e kishte urdhëruar.

¹¹ Prandaj Zoti i tha Salomonit: "Me qenë se kë bërë këtë gjë dhe nuk ke respektuar besëlidhjen time dhe statutet e mia që të kisha urdhëruar, unë do të ta heq mbretërinë nga dora dhe do t'ja jap shërbëtorit tënd.

¹² Megjithatë, për dashurinë që ndiej për Davidin, atin tënd, këtë nuk do ta bëj gjatë jetës sate, por do ta heq nga duart e birit tënd.

¹³ Por nuk do t'i marr tërë mbretërinë, do t'i lë birit tënd një fis, për dashurinë që ndiej për Davidin, shërbëtorin tim, dhe për hir të Jeruzalemit që kam zgjedhur".

¹⁴ Zoti ngriti kundër Salomonit një armik, Hadadin, Idumeon, që ishte një pasardhës i mbretit të Edomit.

¹⁵ Kur Davidi kishte vajtur të luftonte në Edom, dhe kur Joabi, komandant i ushtrisë, kishte dalë për të varrosur të vdekurit, mbasi kishte vrarë tërë meshkujt që ishin në Edom,

¹⁶ (Joabi, pra, me të gjithë Izraelin kishte mbetur atje gjashtë muaj deri sa i shfarosi gjithë meshkujt në Edom),

¹⁷ ndodhi që Hadadi arriti të ikë bashkë me disa Idumej në shërbim të atit të tij, për të vajtur në Egjipt. Atëherë Hadadi ishte djalosh.

¹⁸ Ata u nisën nga Madiani dhe shkuan në Paran; morën pastaj me vete njerëz nga Parani dhe arritën në Egjipt te Faraoni, mbret i Egjiptit, i cili i dha Hadadit një shtëpi, i siguroi ushqim dhe i dha madje edhe toka.

¹⁹ Hadadi ia fitoi zemrën Faraonit deri në atë pikë sa ai i dha për grua motrën e bashkëshortes së tij, motrën e mbretëreshës Tahpenes.

²⁰ Motra e Tahpenes i lindi djalin Genubath, që Tahpenes rriti në shtëpinë e Faraonit; dhe Genubathi mbeti në shtëpinë e Faraonit midis bijve të Faraonit.

²¹ Kur Hadadi në Egjipt mësoi që Davidi ishte shtrirë pranë etërve të tij në një gjumë të rëndë dhe që Joabi, komandant i ushtrisë kishte vdekur, Hadadi i tha Faraonit: "Më ler të iki, dhe të shkoj në vendin tim".

²² Faraoni iu përgjigji: "Çfarë të mungon tek unë që kërkon të shkosh në vendin tënd?". Ai i tha: "Asgjë, megjithatë më lër të shkoj".

²³ Perëndia ngriti kundër Salomonit një armik tjetër, Rezonin, birin e Eliadahut, që kishte ikur nga zotëria e tij, Hadadezeri, mbret i Tsobahut.

²⁴ Ai mblodhi rreth tij disa njerëz dhe u bë kryetar i një bande grabitësish, kur Davidi kishte masakruar ata të Tsobahut. Pastaj ata shkuan në Damask, u vendosën atje dhe mbretëruan në Damask.

²⁵ Rezoni qe armik i Izraelit gjatë gjithë kohës së Salomonit (përveç së keqes që bëri Hadadi). Kishte neveri për Izraelin dhe mbretëroi në Siri.

²⁶ Edhe Jeroboami, shërbëtor i Salomonit, ngriti krye kundër mbretit. Ai ishte bir i Nebatit, Efrateut të Tseredës, dhe kishte nënë një të ve me emrin Tseruah.

²⁷ Arsyeja pse ngriti krye kundër mbretit ishte kjo: Salomoni, duke ndërtuar Milon, kishte mbyllur të çarën e qytetit të Davidit, atit të tij.

²⁸ Jeroboami ishte një njeri i fortë dhe trim; dhe Salomoni, duke parë se si punonte ky i ri, i besoi mbikqyrjen e të gjithë atyre që merreshin me punimet e shtëpisë së Jozefit.

²⁹ Në atë kohë, ndërsa Jeroboami po dilte nga Jeruzalemi, profeti Ahijah nga Shilohu, që kishte veshur një mantel të ri, e takoi rrugës; dhe ishin ata të dy vetëm në fushë.

³⁰ Ahijahu mori mantelin e ri që vishte dhe e grisi në dymbëdhjetë pjesë;

³¹ pastaj i tha Jeroboamit: "Merr për vete dhjetë pjesë, sepse kështu thotë Zoti, Perëndia i Izraelit: "Ja, unë do ta heq mbretërinë nga duart e Salomonit dhe do të të jap ty dhjetë fise,

³² (por atij do t'i mbetet një fis për hir të Davidit, shërbëtorit tim, dhe për hir të Jeruzalemit, për qytetin që kam zgjedhur midis gjithë fiseve të Izraelit);

³³ sepse ata më kanë braktisur dhe kanë rënë përmbys përpara Ashtorethit, perëndeshës së Sidonitëve, përpara Kemoshit, perëndisë së Moabit, dhe përpara Milkomit, perëndisë së bijve të Amonit, dhe nuk kanë ecur në rrugët e mia për të bërë atë që është e drejtë në sytë e mi dhe për të respektuar statutet dhe dekretet e mia, ashtu si bëri ati i tij, Davidi.

³⁴ Megjithatë nuk do të heq nga duart e tij tërë mbretërinë, sepse e kam caktuar princ për të gjithë kohën e jetës së tij, për dashurinë që ndjej për Davidin, shërbëtorin tim, që unë kam zgjedhur dhe që ka respektuar urdhërimet dhe statutet e mia.

³⁵ Por do të heq mbretërinë nga duart e të birit, dhe do të të jap ty dhjetë fise;

³⁶ birit të tij do t'i lë një fis, me qëllim që Davidi, shërbëtori im, të ketë gjithmonë një llambë para meje në Jeruzalem, qytet që kam zgjedhur për t'i vënë emrin tim.

³⁷ Kështu do të të marr ty dhe ti do të mbretërosh mbi gjithçka dëshiron zemra jote, dhe do të jesh mbret i Izraelit.

³⁸ Në rast se dëgjon me kujdes të gjitha ato që po të urdhëroj dhe ecën në rrugët e mia, dhe bën atë që është e drejtë në sytë e mi, duke respektuar statutet dhe urdhërimet e mia, ashtu siç veproi Davidi, shërbëtori im, unë do të jem me ty dhe do të të ndërtoj një shtëpi të qëndrueshme, ashtu si ja ndërtova Davidit, dhe do të të jap Izraelin;

³⁹ për këtë do të poshtëroj pasardhësit e Davidit, por jo për gjithnjë"".

⁴⁰ Prandaj Salomoni kërkoi të shkaktonte vdekjen e Jeroboamit; por Jeroboami u ngrit dhe iku në Egjipt pranë Shishakut, mbretit të Egjiptit, dhe qëndroi në Egjipt deri sa vdiq Salomoni.

⁴¹ Pjesa tjetër e bëmave të Salomonit, gjithë ato që bëri dhe dituria e tij a nuk janë vallë të shkruara në librin e bëmave të Salomonit?

⁴² Salomoni mbretëroi në Jeruzalem mbi të gjithë Izraelin dyzet vjet.

⁴³ Pastaj Salomonin e zuri gjumi me etërit e tij dhe u varros në qytetin e Davidit, atit të tij; në vend të tij mbretëroi i biri, Roboami.

Kapitull 12

¹ Roboami shkoi në Sikem, sepse tërë Izraeli kishte ardhur aty për ta bërë mbret.

² Kur Jeroboami, bir i Nebatit, e mësoi këtë (ai ishte në Egjipt, ku kishte ikur larg pranisë së mbretit Salomon), dhe Jeroboami jetonte në Egjipt.

³ Atëherë dërguan ta thërrasin. Kështu Jeroboami dhe tërë asambleja e Izraelit erdhën t'i flasin Roboamit dhe thanë:

⁴ "Yt atë e ka bërë zgjedhën tonë të rëndë; tani ti lehtëso skllavërinë e ashpër të atit tënd dhe zgjedhën e rëndë që na ka imponuar dhe ne do të të shërbejmë".

⁵ Ai iu përgjigj atyre: "Shkoni dhe kthehuni tek unë pas tri ditëve". Dhe populli iku.

⁶ Atëherë mbreti Roboam u këshillua me pleqtë që kishin qenë në shërbim të atit të tij, Salomonit, kur ishte i gjallë, dhe u tha: "Çfarë më këshilloni t'i përgjigjem këtij populli?".

⁷ Ata iu përgjigjën, duke thënë: "Në rast se sot ti do të bëhesh shërbëtor i këtij populli dhe do t'i shërbesh, në rast se do të tregohesh mirëdashës me ta dhe do t'u thuash fjalë të mira, ata do të jenë shërbëtorë të tu përjetë".

⁸ Por Roboami hodhi poshtë këshillën që i dhanë pleqtë dhe u këshillua me të rinjtë që ishin rritur me të dhe ishin në shërbim të tij,

⁹ dhe u tha atyre: "Çfarë më këshilloni t'i përgjigjem këtij populli që më foli, duke më thënë: "Lehtëso zgjedhën që na ka vënë yt atë"?".

¹⁰ Atëherë të rinjtë që ishin rritur me të iu përgjigjën, duke thënë: "Kështu do t'i përgjigjesh këtij populli që të është drejtuar ty duke të thënë: "Yt atë e ka bërë të rëndë zgjedhën tonë; tani ti lehtësoje atë". Kështu do t'u thuash atyre: "Gishti im i vogël është më i trashë nga brinjët e atit tim;

¹¹ prandaj, në qoftë se im atë ju ka ngarkuar me një zgjedhë të rëndë, unë do ta bëj edhe më të rëndë; në qoftë se im atë ju ka dënuar me fshikull, unë do t'ju dënoj me kamxhik"".

¹² Tri ditë më vonë Jeroboami dhe tërë populli erdhën te Roboami, ashtu si kishte urdhëruar mbreti, duke thënë: "Kthehuni tek unë pas tri ditëve".

¹³ Mbreti iu përgjigj ashpër popullit, duke mos pranuar këshillën që i kishin dhënë pleqtë;

¹⁴ përkundrazi i foli popullit sipas këshillës së të rinjve, duke thënë: "Im atë e ka bërë të rëndë zgjedhën tuaj; por unë do ta bëj edhe më të rëndë; im atë ju ka dënuar me fshikull, kurse unë do t'ju dënoj me kamxhik".

¹⁵ Kështu mbreti nuk mori parasysh kërkesën e popullit, sepse rrjedha e ngjarjeve varej nga Zoti, në mënyrë që të përmbushej fjala që Zoti i kishte drejtuar Jeroboamit, birit të Nebatit, me anë të Ahijahut nga Shiloh.

¹⁶ Kur tërë Izraeli pa që mbreti nuk e dëgjonte, iu përgjigj atij duke i thënë: "Çfarë pjese kemi ne me Davidin? Nuk kemi asnjë trashëgimi me të birin e Isait! Në çadrat e tua, o Izrael! Tani kujdesohu

¹⁷ Por mbi bijtë e Izraelit që banonin në qytetet e Judës mbretëronte Roboami.

¹⁸ Mbreti Roboam dërgoi Adoramin, të ngarkuarin me haraçet, por tërë Izraeli e qëlloi me gurë dhe ai vdiq. Atëherë mbreti Roboam

shpejtoi të hipë mbi një qerre për të ikur në Jeruzalem.

¹⁹ Kështu Izraeli ngriti krye kundër shtëpisë së Davidit deri në ditën e sotme.

²⁰ Kur tërë Izraeli dëgjoi që Jeroboami ishte kthyer, dërgoi ta thërrasë dhe të paraqitej përpara asamblesë dhe, e bëri mbret mbi tërë Izraelin. Asnjeri nuk e ndoqi shtëpinë e Davidit, me përjashtim të të vetmit fis të Judës.

²¹ Roboami, me të arritur në Jeruzalem, mblodhi tërë shtëpinë e Judës dhe fisin e Beniaminit, njëqind e tetëdhjetë mijë luftëtarë të zgjedhur për të luftuar kundër shtëpisë së Izraelit dhe për t'i kthyer kështu mbretërinë Roboamit, birit të Salomonit.

²² Por fjala e Perëndisë iu drejtua Shemajahut, njeriut të Perëndisë, duke i thënë:

²³ "Folë me Roboamin, birin e Salomonit, mbret të Judës, me tërë shtëpinë e Judës dhe të Beniaminit dhe pjesës tjetër të popullit, dhe u thuaj atyre:

²⁴ Kështu flet Zoti: "Mos dilni të luftoni kundër vëllezërve tuaj, bijve të Izraelit! Secili të kthehet në shtëpinë e tij, sepse kjo gjë vjen nga unë". Ata iu bindën fjalës të Zotit dhe u kthyen prapa, sipas fjalës të Zotit.

²⁵ Pastaj Jeroboami ndërtoi Sikemin në zonën malore të Efraimit dhe u vendos aty; pastaj doli që andej dhe ndërtoi Penuelin.

²⁶ Jeroboami tha në zemër të vet: "Tani mbretëria do t'i kthehet me sa duket shtëpisë së Davidit.

²⁷ Në rast se ky popull shkon në Jeruzalem për t'ë ofruar flijime në shtëpinë e Zotit, zemra e këtij populli do të kthehet përsëri nga zotëria e tij, nga Roboami, mbret i Judës; kështu do të më vrasin dhe do të kthehen nga Roboami, mbret i Judës".

²⁸ Mbasi u këshillua, mbreti bëri dy viça prej ari dhe i tha popullit: "Është shumë për ju të shkoni deri në Jeruzalem! O Izrael, ja ku janë perënditë e tua që të kanë nxjerrë nga vendi i Egjiptit!".

²⁹ Pastaj vendosi njërin prej tyre në Bethel dhe tjetrin në Dan.

³⁰ Ky ishte shkaku i mëkatit, sepse populli shkonte deri në Dan për të rënë përmbys përpara një viçi.

³¹ Ai ndërtoi edhe tempuj mbi vendet e larta dhe bëri priftërinj duke i marrë nga të gjitha shtresat, por që nuk ishin bij të Levit.

³² Jeroboami caktoi një festë në muajin e tetë, ditën e pesëmbëdhjetë të muajit, të njëllojtë me festën e kremtohej në Judë dhe ofroi flijime mbi altarin. Kështu veproi në Bethel për të flijuar viçat që ai kishte bërë; dhe në Bethel vendosi priftërinjtë e vendeve të larta që kishte ngritur.

³³ Ditën e pesëmbëdhjetë të muajit të tetë, muaj i zgjedhur nga ai vetë, Jeroboami u ngjit në altarin që kishte ndërtuar në Bethel; caktoi një festë për bijtë e Izraelit dhe u ngjit në altar për të djegur temjan.

Kapitull 13

¹ Dhe ja, një njeri i Perëndisë arriti nga Juda në Bethel me urdhër të Zotit, ndërsa Jeroboami qëndronte pranë altarit për të djegur temjan.

² Me urdhër të Zotit klithi kundër altarit dhe tha: "Altar, altar, kështu thotë Zoti: "Ja, në shtëpinë e Davidit do të lindë një djalë, i quajtur Jozia, i cili ka për të flijuar mbi ty priftërinjtë e vendeve të larta dhe do të djegë mbi ty kocka njerëzore"".

³ Po atë ditë dha një shenjë të mrekullueshme, duke thënë: "Kjo është shenja për të cilën foli Zoti; ja, altari do të çahet dhe hiri që është mbi të do të shpërndahet".

⁴ Kur mbreti Jeroboam dëgjoi fjalët që njeriu i Perëndisë kishte shqiptuar kundër altarit në Bethel, shtriu dorën nga altari dhe tha: "Kapeni!". Por dora që Jeroboami kishte shtrirë kundër tij u tha dhe nuk mundi më ta tërheqë.

⁵ Përveç kësaj, altari u ça dhe hiri i tij u shpërnda, sipas shenjës që njeriu i Perëndisë kishte dhënë me urdhër të Zotit.

⁶ Atëherë mbreti iu drejtua njeriut të Zotit dhe i tha: Oh, lutju shumë Zotit, Perëndisë tënd, dhe lutu për mua, deri sa të më ripërtërihet dora". Njeriu i Perëndisë iu lut shumë Zotit dhe mbretit iu ripërtëri dora, ashtu siç ishte më parë.

⁷ Atëherë mbreti i tha njeriut të Perëndisë: "Eja në shtëpi bashkë me mua që ta marrësh veten; do të të bëj edhe një dhuratë".

⁸ Por njeriu i Perëndisë iu përgjigj mbretit: "Edhe sikur të më jepje gjysmën e shtëpisë sate, unë nuk do të vija me ty dhe as do të haja bukë e as do të pija ujë në këtë vend,

⁹ sepse kështu më ka urdhëruar Zoti: "Ti nuk do të hash bukë as do të pish ujë dhe nuk do të kthehesh nga rruga që ke përshkuar kur shkove".

¹⁰ Kështu ai shkoi nëpër një rrugë tjetër dhe nuk u kthye nëpër rrugën që kishte përshkuar kur vajti në Bethel.

¹¹ Në Bethel banonte një profet plak; bijtë e tij shkuan e treguan tërë atë që njeriu i Perëndisë kishte bërë atë ditë në Bethel dhe i treguan atit të tyre fjalët që ai i kishte thënë mbretit.

¹² I ati i pyeti ata: "Nëpër çfarë rruge iku?". Ç'është e vërteta, bijtë e tij e kishin parë nëpër çfarë rruge kishte shkuar njeriu i Perëndisë i ardhur nga Juda.

¹³ Atëherë ai u tha bijve të tij: "Më shaloni gomarin". I shaluan gomarin dhe ai hipi mbi të;

¹⁴ e ndoqi njeriun e Perëndisë dhe e gjeti ulur nën një lis dhe i tha: "A je ti njeriu i Perëndisë që ka ardhur nga Juda?". Ai iu përgjigj: "Jam unë".

¹⁵ Atëherë profeti plak i tha: "Eja në shtëpinë time për të ngrënë diçka".

¹⁶ Por ai u përgjigj: "Nuk mund të kthehem prapa as të vij me ty, nuk mund të ha bukë dhe të pi ujë me ty në këtë vend,

¹⁷ sepse Zoti më ka thënë: "Ti atje nuk do të hash bukë as do të pish ujë, dhe nuk do të kthehesh nëpër rrugën e përshkuar kur shkove".

¹⁸ Tjetri i tha: "Edhe unë jam profet si ti; dhe një engjëll më ka folur nga ana e Zotit, duke thënë: "Merre me vete në shtëpinë tënde që të hajë bukë dhe të pijë ujë"". Por ai gënjente.

¹⁹ Kështu njeriu i Perëndisë u kthye prapa bashkë me të dhe hëngri bukë në shtëpinë e atij dhe piu ujë.

²⁰ Ndërsa ishin ulur në tryezë, fjala e Zotit iu drejtua profetit që e kishte kthyer prapa;

²¹ dhe ai i thirri njeriut të Perëndisë të ardhur nga Juda, duke thënë: "Kështu flet Zoti: "Me qenë se nuk iu binde urdhërit të Zotit dhe nuk respektove porosinë e Zotit, Perëndisë tënd, që të kishte dhënë,

²² por u ktheve prapa dhe hëngre bukë e pive ujë në vendin që Zoti të pati thënë: "Mos ha bukë e mos pi ujë", kufoma jote nuk ka për të hyrë në varret e prindërve të tu".

²³ Kur mbaroi së ngrëni dhe së piri, profeti që e kishte kthyer prapa i shaloi gomarin.

²⁴ Kështu ai u nis, por një luan i doli rrugës dhe e vrau. Kufoma e tij u hodh në mes të rrugës, ndërsa gomari i qëndronte afër dhe vetë luani mbeti pranë kufomës.

²⁵ Disa njerëz kaluan andej dhe panë kufomën të hedhur në rrugë dhe luanin që rrinte afër kufomës; ata shkuan dhe e treguan këtë gjë në qytetin ku banonte profeti plak.

²⁶ Sa e dëgjoi profeti që e kishte kthyer prapa, ai tha: "Është njeriu i Perëndisë, që nuk iu bind urdhërit të Zotit; për këtë arësye Zoti e ka lënë në kthetrat e një luani, që e ka shqyer dhe vrarë, sipas fjalës që kishte thënë Zoti".

²⁷ Pastaj iu drejtua bijve të tij dhe u tha: "Më shaloni gomarin". Ata ia shaluan.

²⁸ Kështu ai u nis dhe e gjeti kufomën të hedhur në mes të rrugës, ndërsa gomari dhe luani rrinin afër kufomës; luani nuk e kishte ngrënë kufomën as kishte shqyer gomarin.

²⁹ Profeti mori kufomën e njeriut të Perëndisë, e ngarkoi mbi gomarin dhe u kthye; kështu profeti plak u kthye në qytet për ta vajtuar dhe për ta varrosur.

³⁰ E vendosi kufomën në varrin e tij; dhe filluan ta qajnë, duke thënë: "Oh, vëllai im!".

³¹ Mbas varrimit, profeti plak u tha bijve të tij: "Kur të vdes unë, më varrosni në varrin e njeriut të Perëndisë; m'i vini kockat pranë kockave të tij.

³² Sepse me siguri do të vërtetohet fjala e thënë prej tij me urdhër të Zotit kundër altarit të Bethelit dhe kundër tërë shenjtëroreve të vendeve të larta në qytetet e Samarisë".

³³ Mbas kësaj ngjarjeje, Jeroboami nuk u tërhoq nga rruga e tij e keqe, por bëri priftërinj të tjerë për vendet e larta, duke i marrë nga çdo shtresë personash; kushdo që e dëshironte, shenjtërohej prej tij dhe bëhej prift i vendeve të larta.

³⁴ Ky qe mëkati i shtëpisë së Jeroboamit, që shkaktoi shkatërrimin e saj dhe shfarosjen e saj nga faqja e dheut.

Kapitull 14

¹ Në atë kohë Abijahu, bir i Jeroboamit, u sëmur.

² Jeroboami i tha bashkëshortes së vet: "Çohu, të lutem, ndërro petkat që të mos dihet se je gruaja e Jeroboamit, dhe shko në Shiloh. Atje është profeti Ahijah, që ka parashikuar se unë do të bëhesha mbret e këtij populli.

³ Merr me vete dhjetë bukë, disa kuleç dhe një enë me mjaltë dhe shko tek ai; ai do të të thotë se ç'ka për të ndodhur me fëmijën".

⁴ Gruaja e Jeroboamit veproi në këtë mënyrë: u ngrit, shkoi në Shiloh dhe arriti në shtëpinë e Ahijahut. Ahijahu nuk shikonte dot sepse sytë i qenë errur nga pleqëria.

⁵ Zoti i kishte thënë Abijahut: "Ja, gruaja e Jeroboamit është duke ardhur për t'u këshilluar me ty për të birin që është i sëmurë. Ti do t'i thuash kështu e kështu. Kur do të hyjë, ajo do të shtihet se është një grua

1 Mbretërve

tjetër".

⁶ Sapo Ahijahu dëgjoi zhurmën e hapave të saj kur po hynte nga porta, ai tha: "Hyr, o bashkëshorte e Jeroboamit. Pse bën sikur je një person tjetër? Unë duhet të të jap lajme të këqija.

⁷ Shko dhe i thuaj Jeroboamit: "Kështu flet Zoti, Perëndia i Izraelit: Unë të kam ngritur nga gjiri i popullit dhe të kam bërë princ të popullit tim të Izraelit,

⁸ e rrëmbeva mbretërinë nga duart e shtëpisë së Davidit dhe ta dhashë ty, por ti nuk ke qenë si shërbëtori im Davidi që ka respektuar urdhërimet e mia dhe më ka ndjekur me gjithë zemër, duke bërë ato që ishin të drejta në sytë e mia;

⁹ ti ke vepruar më keq nga të gjithë ata që qenë para teje, sepse ke arritur të sajosh perëndi të tjera dhe shëmbëlltyra me derdhje për të provokuar zemërimin tim, dhe më ke hedhur prapa krahëve.

¹⁰ Prandaj, ja, unë do të dërgoj fatkeqësinë mbi shtëpinë e Jeroboamit dhe do të shfaros nga shtëpia e tij çdo mashkull në Izrael, qoftë skllav apo i lirë, dhe do ta fshij plotësisht shtëpinë e Jeroboamit, ashtu si fshihen plehrat deri sa të zhduken tërësisht.

¹¹ Ata të shtëpisë së Jeroboamit që do të vdesin në qytet do t'i hanë qentë; dhe ata që do të vdesin nëpër ara, do t'i hanë shpendët e qiellit; sepse kështu ka folur Zoti.

¹² Prandaj çohu dhe shko në shtëpinë tënde; sa të hysh në qytet, fëmija ka për të vdekur.

¹³ Tërë Izraeli do ta vajtojë dhe do ta varrosë. Ai do të jetë i vetmi nga shtëpia e Jeroboamit që do të varroset, sepse është i vetmi nga shtëpia e Jeroboamit tek i cili u gjet diçka e mirë dhe që i pëlqen Zotit, Perëndisë të Izraelit.

¹⁴ Zoti do të vendosë mbi Izraelin mbretin e tij, që po atë ditë do të shfarosë shtëpinë e Jeroboamit. Ç'po them kështu. Kjo po ndodh që tani.

¹⁵ Zoti do të shfryjë mbi Izraelin si mbi kallamishtet e ujit, do ta shrrënjosë Izraelin nga kjo tokë e mirë që u kishte dhënë etërve të tij dhe do t'i shkoqë ata matanë Lumit, sepse kanë bërë Asherimët e tyre, duke shkaktuar zemërimin e Zotit.

¹⁶ Ai do ta braktisë Izraelin për shkak të mëkateve të Jeroboamit, sepse ai ka kryer mëkate dhe ka bërë që të mëkatojë edhe Izraeli"".

¹⁷ Pastaj gruaja e Jeroboamit u ngrit dhe u nis, arriti në Tirtsah; me të arritur në pragun e shtëpisë, fëmija i vdiq.

¹⁸ E varrosën dhe tërë Izraeli e qau, sipas fjalës që Zoti kishte thënë me anë të profetit Ahijah, shërbëtorit të tij.

¹⁹ Bëmat e tjera të Jeroboamit, si luftoi dhe si mbretëroi, janë shkruar në librin e Kronikave të mbretërve të Izraelit.

²⁰ Kohëvazhdimi i mbretërisë së Jeroboamit qe njëzet e dy vjet; pastaj atë e zuri gjumi bashkë me etërit e tij dhe në vend të tij mbretëroi i biri, Nadabi.

²¹ Roboami, bir i Salomonit, mbretëroi në Judë. Ai ishte dyzet e një vjeç kur u bë mbret dhe mbretëroi shtatëmbëdhjetë vjet në Jeruzalem, në qytetin që Zoti kishte zgjedhur nga tërë fiset e Izraelit

²² Ata të Judës bënë atë që është e keqe në sytë e Zotit; dhe me mëkatet që bënë shkaktuan xhelozinë e Zotit më tepër nga ç'kishin bërë etërit e tyre.

²³ Edhe ata ndërtuan vende të larta, shtylla dhe Asherime në të gjitha kodrat e larta dhe poshtë çdo druri të gjelbër.

²⁴ Përveç kësaj, kishte në vend njerëz që jepeshin mbas kurvërisë së shenjtë. Ata merreshin me të gjitha gjërat e neveritshme të kombeve që Zoti kishte dëbuar përpara bijve të Izraelit.

²⁵ Në vitin e pestë të mbretit Roboam, mbreti i Egjiptit Sishak doli kundër Jeruzalemit,

²⁶ dhe mori me vete thesaret e shtëpisë të Zotit dhe thesaret e pallatit mbretëror; mori me vete çdo gjë, duke përfshirë shqytat e arta që Salomoni kishte bërë.

²⁷ Në vend të tyre mbreti Roboam dha urdhër të bëheshin shqyta prej bronzi dhe ua dorëzoi komandanteve të rojeve që ruanin hyrjen e pallatit mbretëror.

²⁸ Sa herë që mbreti hynte në shtëpinë e Zotit, rojet i çonin në sallën e rojeve.

²⁹ Pjesa tjetër e bëmave të Roboamit dhe të gjitha ato që ai bëri a nuk janë të shkruara vallë në Kronikat e mbretërve të Judës?

³⁰ U bë një luftë e pandërprerë midis Roboamit dhe Jeroboamit.

³¹ Pastaj Roboamin e zuri gjumi me etërit e tij dhe u varros me ta në qytetin e Davidit. E ëma quhej Naamaha, ishte Amonite. Në vend të tij mbretëroi i biri, Abijami.

Kapitull 15

¹ Në vitin e tetëmbëdhjetë të mbretërisë së Jeroboamit, birit të Nebatit, Abijami filloi të mbretërojë mbi Judën.

² Ai mbretëroi tre vjet në Jeruzalem. E ëma quhej Maakah dhe ishte bijë e Abishalomit.

³ Ai kreu mëkatet që i ati kishte bërë para tij dhe zemra e tij nuk iu shenjtërua plotësisht Zotit, Perëndisë të tij, ashtu si zemra e Davidit, atit të tij.

⁴ Megjithatë për dashurinë që ushqente për Davidin, Zoti, Perëndia i tij, i la një llambë në Jeruzalem, dhe e ngriti të birin mbas tij dhe e bëri të qendrueshëm Jeruzalemin,

⁵ sepse Davidi kishte bërë atë që është e drejtë në sytë e Zotit dhe nuk ishte larguar nga ajo që Zoti i kishte urdhëruar të bënte gjatë gjithë kohës së jetës së tij, me përjashtim të rastit të Uriahut, Hiteut.

⁶ Midis Roboamit dhe Jeroboamit pati luftë sa qe gjallë Roboami.

⁷ Pjesa tjetër e bëmave të Abijamit dhe të gjitha ato që ai bëri a nuk janë të shkruara vallë në librin e Kronikave të mbretërve të Judës? Pati luftë midis Abijamit dhe Jeroboamit.

⁸ Pastaj Abijamin e zuri gjumi bashkë me etërit e tij dhe e varrosën në qytetin e Davidit. Në vend të tij mbretëroi i biri, Asa.

⁹ Në vitin e njëzet të mbretërisë së Jeroboamit, mbretit të Izraelit, Asa filloi të mbretërojë në Judë.

¹⁰ Ai mbretëroi dyzet e një vjet në Jeruzalem. E ëma quhej Maakah dhe ishte bijë e Abishalomit.

¹¹ Asa bëri atë që është e drejtë në sytë e Zotit, ashtu si i ati Davidi.

¹² Eliminoi nga vendi ata që merreshin me kurvëri të shenjtë dhe tërë idhujtë e krijuar nga etërit e tij.

¹³ Hoqi nga posti i mbretëreshës nënën e tij Maakah, sepse ajo kishte bërë një idhull të neveritshëm të Asherahut; Asa e rrëzoi atë idhull të neveritshëm dhe e dogji pranë përroit Kidron.

¹⁴ Por vendet e larta nuk u eliminuan; megjithatë zemra e Asas mbeti plotësisht shenjtëruar Zotit gjatë gjithë jetës së tij.

¹⁵ Ai solli në shtëpinë e Zotit gjërat e shenjtëruara nga i ati dhe gjërat që ai vetë i kishte shenjtëruar: argjendin, arin dhe enët.

¹⁶ Pati luftë midis Asas dhe Baashas, mbretit të Izraelit, gjatë gjithë jetës së tyre.

¹⁷ Baasha, mbret i Izraelit, doli kundër Judës dhe ndërtoi Ramahun, me qëllim që të pengonte këdo që të shkonte ose të vinte nga Asa, mbret i Judës.

¹⁸ Atëherë Asa mori tërë argjendin dhe arin që kishte mbetur në thesaret e shtëpisë të Zotit dhe thesaret e pallatit mbretëror dhe ua dorëzoi shërbëtorëve të tij; mbreti Asa i dërgoi pastaj te Ben-Hadadi, bir i Tabrimonit, që ishte bir i Hezionit, mbretit të Sirisë, që banonte në Damask, për t'i thënë:

¹⁹ "Le të ketë aleancë midis teje dhe meje ashtu si ka pasur midis atit tim dhe atit tënd. Ja, unë po të dërgoj një dhuratë ari dhe argjendi; shko dhe prishe aleancën tënde me Baasham, mbretin e Izraelit, me qëllim që ai të tërhiqet nga unë".

²⁰ Ben-Hadadi dëgjoi këshillat e mbretit Asa dhe dërgoi komandantët e ushtrisë së tij kundër qyteteve të Izraelit; pushtoi Ijoin, Danin, Abel-Beth-Maakahun dhe tërë krahinën e Kinerothit me gjithë vendin e Neftalit.

²¹ Sapo Baasha e mësoi këtë lajm, ndërpreu ndërtimin e Ramahut dhe qëndroi në Tirtsah.

²² Atëherë mbreti Asa thirri tërë ata të Judës, pa përjashtuar asnjë; ata morën nga Ramahu gurët dhe lëndën që Baasha kishte përdorur për të ndërtuar, dhe me këto materiale mbreti Asa ndërtoi Geban e Beniaminit dhe Mitspahun.

²³ Pjesën tjetër të bëmave të Asas, të gjitha trimëritë e tij, të gjitha ato që bëri dhe qytetet që ndërtoi a nuk janë vallë të shkruara në librin e Kronikave të mbretërve të Judës? Por në pleqëri ai vuante nga një dhimbje të këmbët.

²⁴ Pastaj e zuri gjumi me etërit e tij dhe e varrosën bashkë me ta në qytetin e Davidit, atit të tij. Në vendin e tij mbretëroi i biri, Jozafati.

²⁵ Nadabi, bir i Jeroboamit, filloi të mbretërojë mbi Izrael vitin e dytë të Asas, mbretit të Judës, dhe mbretëroi në Izrael dy vjet.

²⁶ Ai bëri atë që është e keqe në sytë e Zotit dhe ndoqi rrugët e atit të tij dhe mëkatin në të cilin e kishte futur Izraelin.

²⁷ Pastaj Baasha, bir i Ahijahut, nga shtëpia e Isakarit, komplotoi kundër tij dhe e vrau në Gibethon që u përkiste Filistejve, ndërsa Nadabi dhe tërë Izraeli kishin rrethuar Gibethonin.

²⁸ Baasha e vrau në vitin e tretë të Asas, mbretit të Judës, dhe mbretëroi në vend të tij.

²⁹ Me t'u bërë mbret, ai shfarosi tërë shtëpinë e Jeroboamit; nga Jeroboami s'la të gjallë asnjë, për e shfarosi krejt shtëpinë e tij, sipas fjalës që kishte thënë Zoti me anë të shërbëtorit të tij Ahijah, Shilonitit,

30 për shkak të mëkateve të Jeroboamit, të kryera nga ai dhe që Izraeli i kreu me nxitjen e tij, duke shkaktuar zemërimin e Zotit, Perëndisë të Izraelit.

31 Pjesa tjetër e bëmave të Nadabit dhe të gjitha atë që ai bëri a nuk janë vallë të shkruara në librin e Kronikave të mbretërve të Izraelit?

32 Pati luftë midis Asas dhe Baashas, mbretit të Izraelit, gjatë gjithë kohës së jetës së tyre.

33 Vitin e tretë të sundimit të Asas, mbretit të Judës, Baasha, bir i Ahijahut, filloi të mbretërojë mbi tërë Izraelin në Tirtsah; dhe mbretëroi njëzet e katër vjet.

34 Ai bëri atë që është e keqe në sytë e Zotit dhe vazhdoi rrugët e Jeroboamit dhe mëkatin që ky e kishte shtyrë Izraelin të kryente.

Kapitull 16

1 Pastaj fjala e Zotit iu drejtua Jehuhit, birit të Hananit, kundër Baashas, duke thënë:

2 "Të kam ngritur nga pluhuri dhe të kam bërë princ të popullit tim Izraelit, por ti ke ndjekur rrugën e Jeroboamit dhe ke bërë të mëkatojë popullin tim të Izraelit, duke provokuar zemërimin tim me mëkatet e tij;

3 prandaj do të zhduk Baashan dhe shtëpinë e tij dhe do ta bëj me shtëpinë tënde atë që kam bërë me shtëpinë e Jeroboamit, birit të Nebatit.

4 Ata të Baashas që do të vdesin në qytet do t'i hanë qentë, dhe ata që do të vdesin në ara do t'i hanë shpendët e qiellit".

5 Pjesa tjetër e bëmave dhe të trimërive a nuk janë vallë të shkruara në librin e Kronikave të mbretërve të Izraelit?

6 Pastaj Baashan e zuri gjumi me etërit e tij dhe e varrosën në Tirtsah. Në vend të tij mbretëroi i biri, Elahu.

7 Përveç kësaj fjala e Zotit iu drejtua me anë të profetit Jehu, birit të Hananit, kundër Baashas dhe kundër shtëpisë së tij për gjithë të këqijat që Baasha kishte bërë në sytë e Zotit, duke shkaktuar zemërimin e tij me veprat e kryera nga dora e tij, duke u bërë si shtëpia e Jeroboamit, edhe sepse e kishte vrarë atë.

8 Në vitin e njëzet e gjashtë të Asas, mbretit të Judës, Elahu, bir i Baashas, filloi të mbretëroj mbi Izraelin në Tirtsah dhe qëndroi në fron dy vjet.

9 Zimri, shërbëtori i tij, komandant i gjysmës së qerreve të tij, komplotoi kundër tij. Ndërsa ai ndodhej në Tirtsah, duke pirë dhe duke u dehur në shtëpinë e Artsas, prefektit të pallatit të Tirtsahut,

10 Zimri hyri, e goditi dhe e vrau në vitin e njëzet e shtatë të Asas, mbretit të Judës, dhe mbretëroi në vend të tij.

11 Kur filloi të mbretërojë, sapo u ul në fron, shkatërroi tërë shtëpinë e Baashas; nuk la të gjallë as edhe një mashkull midis kushërinjve të afërt të tij dhe miqve.

12 Kështu Zimri shfarosi tërë shtëpinë e Baashas, sipas fjalës së Zotit të drejtuar kundër Baashas me anë të profetit Jehu,

13 për shkak të mëkateve të Baashas dhe të mëkateve të birit të tij Elah, që ata vetë kishin kryer dhe që kishin bërë t'i kryente Izraeli, duke nxitur zemërimin e Zotit, Perëndisë të Izraelit, me idhujt e tyre.

14 Pjesa tjetër e bëmave të Elahut dhe tërë atë që ai bëri a nuk janë vallë të shkruara në librin e Kronikave të mbretërve të Izraelit?

15 Në vitin e njëzet e shtatë të Asas, mbretit të Judës, Zimri mbretëroi shtatë ditë në Tirtsah. Populli kishte fushuar kundër Gibethonit, që u përkiste Filistejve.

16 Kështu populli që kishte ngritur kampin dëgjoi të thuhet: "Zimri ka komplotuar, madje ka vrarë mbretin!". Po atë ditë në kamp tërë Izraeli bëri mbret të Izraelit, Omrin, komandantin e ushtrisë.

17 Pastaj Omri u nis nga Gibethoni dhe rrethoi Tirtsahun.

18 Kur Zimri pa që qyteti ishte pushtuar, u tërhoq në kullën e pallatit mbretëror, i vuri zjarrin pallatit mbretëror që ndodhej mbi të dhe kështu vdiq,

19 për shkak të mëkateve që kishte kryer, duke bërë aë që është e keqe në sytë e Zotit, duke ndjekur rrugën e Jeroboamit dhe duke kryer mëkatin që ky kishte bërë duke e nxitur Izraelin të mëkatojë.

20 Pjesa tjetër e bëmave të Zimrit dhe të komploti që ai thuri a nuk janë vallë të shkruara në librin e Kronikave të mbretërve të Izraelit?

21 Atëherë populli i Izraelit u nda në dy pjesë: gjysma e popullit shkonte pas Tibnit, birit të Ginathit, për ta bërë mbret; gjysma tjetër shkonte pas Omrit.

22 Por populli që shkonte pas Omrit pati epërsi mbi popullin që ndiqte Tibnin, birin e Ginathit. Tibni vdiq dhe mbretëroi Omri.

23 Në vitin e tridhjetë e njëtë të Asas, mbretit të Judës, Omri filloi të mbretërojë mbi Izraelin dhe mbretëroi dymbëdhjetë vjet. Gjashtë vjet mbretëroi në Tirtsah,

24 pastaj bleu nga Shemeri malin e Samarisë për dy talentë argjendi; ndërtoi në mal një qytet të cilin e quajti Samaria, nga emri i Shemerit, zotëria i malit.

25 Omri bëri atë që është e keqe për sytë e Zotit dhe u suall më keq se të gjithë paraardhësit e tij;

26 ndoqi tërësisht rrugën e Jeroboamit, birit të Nebatit, dhe mëkatet që ky kishte detyruar Izraelin t'i kryejë, duke shkaktuar zemërimin e Zotit, Perëndisë të Izraelit, me idhujt e tij.

27 Pjesa tjetër e bëmave të kryera nga Omri dhe trimëritë e tij a nuk janë vallë të shkruara në librin e Kronikave të mbretërve të Izraelit?

28 Pastaj Omrin e zuri gjumi me etërit e tij dhe e varrosën në Samari. Në vend të tij mbretëroi i biri, Ashabi.

29 Ashabi, bir i Omrit, filloi të mbretërojë mbi Izraelin në vitin e tridhjetë e tetë të Asas, mbretit të Judës; dhe Ashabi, bir i Omrit, mbretëroi në Samari mbi Izraelin njëzet e dy vjet.

30 Ashabi, bir i Omrit bëri ato gjëra që shihen me sy të keq nga Zoti më tepër se ata që e kishin paraprirë.

31 Përveç kësaj, sikur të ishte për të një gjë e vogël ndjekja e mëkateve të Jeroboamit; birit të Nebatit mori për grua Jezebelën, bijën e Ethbaalit, mbretit të Sidonitëve, dhe shkoi t'i shërbejë Baalit dhe të bjerë përmbys para tij.

32 I ngriti pastaj një altar Baalit, në tempullin e Baalit, që kishte ndërtuar në Samari.

33 Ashabi bëri edhe një Asherah; Ashabi provokoi zemërimin e Zotit, Perëndisë të Izraelit, më tepër se gjithë etërit e Izraelit që e kishin paraprirë.

34 Gjatë ditëve të sundimit të tij, Hieli nga Betheli rindërtoi Jerikon; hodhi themelet e tij mbi Abiramin, të parëlindurin e tij, dhe ngriti portat mbi Segubin, më të riun nga bijtë e tij, sipas fjalës që Zoti kishte thënë me anë të Jozueut, birit të Nunit.

Kapitull 17

1 Elia, Tishbiti, një nga banorët e Galaadit i tha Ashabit: "Ashtu siç është e vërtetë që rron Zoti, Perëndia i Izraelit, në prani të cilit unë ndodhem, nuk do të ketë as vesë as shi gjatë këtyre viteve, veçse me fjalën time".

2 Pastaj fjala e Zotit iu drejtua atij, duke thënë:

3 "Largohu që këtej, ktheu nga lindja dhe fshihu pranë përroit Kerith, që ndodhet në lindje të Jordanit.

4 Do të pish ujë në përrua dhe unë i kam urdhëruar korbat që të japin të hash atje".

5 Kështu ai u nis dhe veproi sipas fjalës të Zotit; shkoi dhe u vendos pranë përroit Kerith, që ndodhet në lindje të Jordanit.

6 Korbat i sillnin bukë e mish në mëngjes dhe bukë e mish në mbrëmje, dhe pinte ujë në përrua.

7 Mbas një farë kohe përroi shteroi, sepse nuk binte shi mbi vendin.

8 Atëherë Zoti i foli, duke thënë:

9 "Çohu dhe shko të vendosësh në Sarepta të Sidonëve, sepse atje kam urdhëruar një grua të ve të të sigurojë ushqimin".

10 Ai u ngrit, pra, dhe shkoi në Sarepta; sapo arriti në portën e qytetit, ai pa një të ve që mblidhte dru. Ai e thirri dhe i tha: "Shko dhe më merr pak ujë në një enë që të mund të pi".

11 Ndërsa ajo po shkonte për të marrë ujin, ai e thirri dhe i tha: "Më sill edhe një copë bukë".

12 Ajo u përgjigj: "Ashtu siç është e vërtetë që rron Zoti, Perëndia yt, bukë nuk kam, por kam vetëm një dorë miell në një enë dhe pak vaj në një qyp; dhe tani po mbledh dy copa dru për t'i përgatitur për vete dhe për djalin tim; do t'i hamë dhe pastaj kemi për të vdekur".

13 Elia i tha: "Mos ki frikë; shko dhe bëj si the; por më parë bëj një kulaç të vogël për mua dhe sillma; pastaj ta bësh për vete dhe për djalin tënd.

14 Sepse kështu thotë Zoti, Perëndia i Izraelit: "Ena e miellit nuk do të mbarojë dhe qypi i vajit nuk do të pakësohet deri ditën, që Zoti të dërgojë shiun mbi tokë"".

15 Kështu ajo shkoi dhe veproi sipas fjalës së Elias; dhe kështu hëngrën ajo, Elia dhe gjithë familja e saj për një kohë të gjatë.

16 Ena e miellit nuk mbaroi dhe qypi i vajit nuk u pakësua, sipas fjalës që Zoti kishte shqiptuar me anë të Elias.

17 Mbas këtyre ngjarjeve, biri i gruas, që ishte e zonja e shtëpisë, u sëmur; sëmundja e tij qe aq e rëndë, sa nuk i mbeti më frymë jete.

18 Atëherë ajo i tha Elias: "Çfarë lidhje kam me ty, o njeri i Perëndisë? Ndofta ke ardhur tek unë për të më kujtuar mëkatin që kam bërë dhe për të vrarë djalin tim?".

19 Ai iu përgjigj: "Më jep djalin tënd". Kështu ia mori nga gjiri i saj, e çoi në dhomën lart dhe e shtriu në shtratin e tij.

20 Pastaj i kërkoi ndihmë Zotit dhe tha: "O Zot, Perëndia im, mos ke goditur me fatkeqësi edhe këtë grua të ve, që më strehon, duke bërë t'i vdesë i biri?".

21 U shtri pastaj tri herë mbi fëmijën dhe kërkoi ndihmën e Zotit,

duke thënë: "O Zot, Perëndia im, të lutem bëj që t'i kthehet shpirti kësaj fëmije".

22 Zoti e plotësoi dëshirën e shprehur në zërin e Elias; shpirti i fëmijës u kthye tek ai dhe ai mori jetë përsëri.

23 Atëherë Elia mori fëmijën, e zbriti nga dhoma e sipërme e shtëpisë dhe ia dha nënës së tij, duke i thënë: "Shiko, fëmija jote është gjallë!".

24 Atëherë gruaja i tha Elias: "Tani pranoj që ti je një njeri i Perëndisë dhe që fjala e Zotit në gojën tënde është e vërtetë".

Kapitull 18

1 Shumë kohë më vonë, gjatë vitit të tretë, fjala e Zotit iu drejtua Elias, duke i thënë: "Shko dhe paraqitu te Ashabi dhe unë do të dërgoj shiun mbi vendin".

2 Elia shkoi të paraqitet te Ashabi. Atëherë në Samari kishte pllakosur një zi e madhe e bukës.

3 Ashabi dërgoi të thërrasë Abdian, që ishte mexhordomi i tij. (Abdia kishte frikë të madhe nga Zoti;

4 kështu, kur Jezebeli shfaroste profetët e Zotit, Abdia mori njëqind profetë dhe fshehu pesëdhjetë prej tyre në një shpellë, duke i furnizuar me bukë dhe me ujë).

5 Ashabi i tha Abdias: "Shko nëpër vendin në drejtim të të gjitha burimeve dhe rrjedhave ujore; ndofta do të gjejmë bar të mjaftueshëm për të mbajtur gjallë kuajt dhe mushkat dhe nuk do të detyrohemi të vrasim asnjë nga kafshët tona".

6 Kështu e ndanë vendin që do të përshkohej; Ashabi shkoi vetëm nga një anë dhe Abdia vetëm nga ana tjetër.

7 Ndërsa Abdia po udhëtonte, ja ku doli përpara Elia; Abdiu e njohu dhe u shtri me fytyrë për tokë përpara tij, duke thënë: "Ti je zotëria im Elia?".

8 Ai u përgjigj: "Jam unë; shko e i thuaj zotërisë sate: Elia është këtu".

9 Por Abdia u përgjigj: Çfarë mëkati kam kryer që ti dorëzon shërbëtorin tënd në duart e Ashabit që ai të shkaktojë vdekjen time?

10 Ashtu siç është e vërtetë që Zoti, Perëndia yt, rron, nuk ka komb dhe mbretëri në të cilin zoti im nuk ka dërguar njerëz të të kërkojnë; dhe kur thonin: "Nuk është këtu", ai i vinte të betoheshin mbretërinë dhe kombin që nuk kishin mundur të të gjenin.

11 Dhe tani ti thua: "Shko t'i thuash zotërisë sate: Elia është këtu!".

12 Por do të ndodh që sapo të largohem prej teje, Fryma e Zotit do të të çojë në një vend të panjohur nga unë; kështu unë do të shkoj t'ia njoftoj Ashabit, dhe ky, duke mos të gjetur, do të më vrasë. Dhe shërbëtori yt i druhet Zotit që i ri!

13 A nuk i kanë njoftuar zotërisë sime atë që unë kam bërë kur Jezebeli vriste profetët e Zotit? Si fsheha njëqind nga këta profetë të Zotit, pesëdhjetë në një shpellë dhe pesëdhjetë në një tjetër, duke i furnizuar me bukë dhe me ujë?

14 Dhe tani ti thua: "Shko t'i thuash zotërisë sate: Elia është këtu!". Por ai do të më vrasë".

15 Atëherë Elia u përgjigj: "Ashtu siç është e vërtetë që rron Zoti i ushtrive në prani të të cilit ndodhem, sot do të paraqitem te Ashabi".

16 Abdia, pra, shkoi të kërkojë Ashabin dhe i njoftoi çështjen, dhe Ashabi i doli përpara Elias.

17 Me ta parë Elian i tha: "Ti je pikërisht ai që e bën rrëmujë Izraelin?".

18 Elia u përgjigj: "Nuk jam unë që e bëj rrëmujë Izraelin, por ti dhe shtëpia e atit tënd, sepse keni braktisur urdhërimet e Zotit dhe ti ke shkuar pas Baalëve.

19 Prandaj dërgo tani të thërrasin tërë Izraelin pranë meje në malin Karmel, bashkë me katërqind e pesëdhjetë profetët e Baalit dhe katërqind profetët e Asherahut që hanë në tryezën e Jezebelit".

20 Kështu Ashabi dërgoi e thirri tërë bijtë e Izraelit dhe i mblodhi profetët në malin Karmel.

21 Atëherë Elia iu afrua tërë popullit dhe tha: "Deri kur do të lëkundeni midis dy mendimeve? Në qoftë se Zoti është Perëndia, shkoni pas tij; por në qoftë se përkundrazi është Baali, atëherë ndiqni atë". Populli nuk tha asnjë fjalë.

22 Atëherë Elia i tha popullit: "Kam mbetur vetëm unë nga profetët e Zotit, ndërsa profetët e Baalit janë katërqind e pesëdhjetë.

23 Le të na jepen dy dema të rinj; ata të zgjedhin një dem për veten e tyre, le ta copëtojnë dhe ta vënë mbi drutë pa i ndezur ato; unë do të përgatis demin tjetër dhe do ta vendos mbi drutë pa i ndezur ato.

24 Ju do t'i bëni thirrje perëndisë suaj dhe unë do të thërres Zotin; perëndia që do të përgjigjet me anë të zjarrit është Perëndia". Tërë populli u përgjigj dhe tha: "E the bukur!".

25 Atëherë Elia u tha profetëve të Baalit: "Zgjidhni një dem të ri dhe përgatiteni të parët sepse jeni më shumë; pastaj kërkoni ndihmën e perëndisë suaj, pa e ndezur zjarrin".

26 Kështu ata morën demin që u dhanë dhe e përgatitën; pastaj përmendën emrin e Baalit nga mëngjesi deri në drekë, duke thënë: "O Baal, na u përgjigj!". Por nuk u dëgjua asnjë zë dhe asnjeri nuk u përgjigj; ndërkaq ata kërcenin rreth altarit që kishin ndërtuar.

27 Në mesditë Elia filloi të tallet me ta dhe tha: "Ulërini më fort sepse ai është zoti; ndofta është duke menduar thellë, ose është i zënë me punë ose udhëton, ose ka rënë në gjumë e duhet zgjuar".

28 Dhe kështu ata filluan të ulërijnë më fort dhe të priten me shpata dhe shtiza sipas zakoneve që kishin, deri sa të kullonin gjak.

29 Me të kaluar mesdita, ata bënë profeci deri në kohën që ofrohej blatimi; por nuk u dëgjua asnjë zë, asnjeri nuk u përgjigj dhe askush nuk ua vuri veshin.

30 Atëherë Elia i tha tërë popullit: "Afrohuni pranë meje!". Kështu tërë populli iu afrua dhe ai ndreqi altarin e Zotit që e kishin prishur.

31 Pastaj Elia mori dymbëdhjetë gurë, sipas numrit të fiseve të bijve të Jakobit, të cilit Zoti i kishte thënë: "Emri yt do të jetë Izrael".

32 Me gurët ndërtoi një altar në emër të Zotit dhe hapi një gropë rreth tij me një kapacitet prej dy masash gruri.

33 Pastaj rregulloi drutë, copëtoi demin dhe e vuri mbi drutë. Dhe tha: "Mbushni katër enë me ujë dhe i derdhni mbi olokaustin dhe mbi drutë".

34 Përsëri tha: "Bëjeni një herë të dytë". Dhe ata e bënë një herë të dytë. Ai tha akoma: "Bëjeni për të tretën herë". Dhe ata e bënë për të tretën herë.

35 Uji rridhte rreth altarit dhe ai mbushi me ujë edhe gropën.

36 Në orën që ofrohej blatimi, profeti Elia u afrua dhe tha: "O Zot, Perëndia i Abrahamit, i Isakut dhe i Izraelit, vepro në mënyrë të tillë që të dihet që ti je Perëndi në Izrael, që unë jam shërbëtori yt që i bëra tërë këto gjëra me urdhrin tënd.

37 Përgjigjmu, o Zot, përgjigjmu, që ky popull të pranojë që ti, o Zot, je Perëndia, dhe ke bërë të kthehen te ti zemrat e tyre".

38 Atëherë ra zjarri i Tzotit dhe konsumoi olokaustin, drutë, gurët dhe pluhurin, si dhe thau ujin që ishte në gropë.

39 Para kësaj pamjeje tërë populli u shtri me fytyrën për tokë dhe tha: "Zoti është Perëndia!.

40 Pastaj Elia u tha atyre: "Zini Profetët e Baalit; mos lini t'ju ikë as edhe një!". Kështu ata i kapën dhe Elia i zbriti në përruan Kishon, ku i theri.

41 Pastaj Elia i tha Ashabit: "Ngjitu, ha dhe pi, sepse dëgjohet që tani zhurma e një shiu të madh"

42 Kështu Ashabi u ngjit për të ngrënë dhe për të pirë; por Elia u ngjit në majë të Karmelt, u përkul deri në tokë dhe vuri fytyrën midis gjunjëve,

43 dhe i tha shërbëtorit të tij: "Tani ngjitu dhe shiko nga ana e detit!". Ai u ngjit, shikoi dhe tha: Nuk ka asgjë". Elia i tha: "Kthehu të shikosh, shtatë herë".

44 Herën e shtatë shërbëtori tha: "Éshtë një re e vogël, e madhe si pëllëmba e një dore që ngjitet nga deti". Atëherë Elia tha: "Shko dhe i thuaj Ashabit: "Lidhi kuajt në qerre dhe zbrit para se të të zërë shiu"".

45 Brenda një kohe të shkurtër qielli u errësua për shkak të reve e të erës, dhe ra një shi i madh. Kështu Ashabi hipi mbi qerre dhe shkoi në Jezreel.

46 Dora e Zotit ishte mbi Elian, që shtrëngoi ijet dhe vrapoi para Ashabit deri në hyrje të Jezreelit.

Kapitull 19

1 Ashabi i njoftoi Jezebelit tërë ato gjëra që Elia kishte bërë dhe si kisht vrarë me shpatë tërë profetët.

2 Atëherë Jezebeli i dërgoi një lajmëtar Elias për t'i thënë: "Perënditë të më bëjnë kështu dhe më keq, në rast se nesër në këtë orë nuk do të të kem bërë ty si një nga ata".

3 Kur dëgjoi këto fjalë, Elia u ngrit dhe iku për të shpëtuar. Arriti në Beer-Sheba, që i përket Judës, dhe la aty shërbëtorin e tij.

4 Përkundrazi u fut në shkretëtirë një ditë rrugë, shkoi të ulet poshtë një gjinestre dhe kërkoi të vdesë, duke thënë: "Tani mjaft, o Zot! Merr jetën time, se unë nuk jam më i mirë se etërit e mi".

5 Pastaj u shtri dhe e zuri gjumi poshtë gjinestrës, por ja që një engjëll e preku dhe i tha: "Çohu dhe ha".

6 Ai shikoi dhe pa pranë kokës së tij një kulaç të pjekur mbi gurë të nxehtë dhe një enë me ujë. Ai hëngri dhe piu, pastaj përsëri u shtri.

7 Engjëlli i Zotit u kthye për herë të dytë, e preku dhe i tha: "Çohu dhe ha, sepse rruga është tepër e gjatë për ty".

8 Ai u ngrit, hëngri dhe piu; pastaj me forcën që i dha ai ushqim eci dyzet ditë dhe dyzet netë deri sa arriti në malin e Perëndisë, në Horeb.

9 Atje hyri në një shpellë dhe aty kaloi natën. Dhe ja, fjala e Zotit

iu drejtua dhe i tha: "Ç'bën këtu Elia?".

¹⁰ Ai u përgjigj: "Më nxiti një zili e madhe për Zotin, Perëndinë e ushtrive, sepse bijtë e Izraelit e kanë braktisur besëlidhjen tënde, kanë prishur altarët e tu dhe kanë vrarë me shpatë profetët e tu. Kam mbetur vetëm unë dhe ata kërkojnë të më vrasin".

¹¹ Perëndia i tha: "Dil dhe ndalu mbi malin përpara Zotit". Dhe ja, po kalonte Zoti. Një erë e fortë dhe e furishme çante malet dhe thyente shkëmbinjtë përpara Zotit, por Zoti nuk ishte në erë. Mbas erës ra një tërmet, por Zoti nuk ishte në tërmet.

¹² Mbas tërmetit ra një zjarr, por Zoti nuk ishte në zjarr. Mbas zjarrit u dëgjua një zë, si një shushuritje e ëmbël.

¹³ Sa e dëgjoi këtë, Elia e mbuloi fytyrën me mantelin, doli dhe u ndal në hyrje të shpellës; dhe ja, një zë i tha: "Ç'bën aty Elia?".

¹⁴ Ai u përgjigj: "U nxita nga një zili e madhe për Zotin, për Perëndinë e ushtrive, sepse bijtë e Izraelit kanë braktisur besëlidhjen tënde, kanë prishur altarët dhe kanë vrarë me shpatë profetët e tu. Kam mbetur vetëm unë dhe ata përpiqen të më vrasin".

¹⁵ Zoti i tha: "Shko, merr përsëri rrugën e kthimit deri në shkretëtirën e Damaskut; kur të arrish aty, do ta vajosësh Hazaelin mbret të Sirisë.

¹⁶ Do të vajosësh gjithashtu Jehun, birin e Nimshit, mbret të Izraelit; do të vajosësh pastaj Eliseun, birin e Shafatit nga Abel-Melohahu, si profet në vendin tënd.

¹⁷ Kështu që ai që do të shpëtojë nga shpata e Hazaelit, do të vritet nga Jehu; dhe ai që do të shpëtojë nga shpata e Jehut, do të vritet nga Eliseu.

¹⁸ Por kam lënë në Izrael një tepricë prej shtatë mijë njerëzish; të gjithë nuk janë gjunjëzuar përpara Baalit dhe nuk e kanë puthur me buzët e tyre".

¹⁹ Elia u nis që andej dhe gjeti Eliseun, birin e Shafatit, ndërsa lëronte me dymbëdhjetë pendë që para tij, dhe ai vetë gjendej me pendën e dymbëdhjetë. Elia i kaloi afër dhe i hodhi sipër mantelin e tij.

²⁰ Atëherë Eliseu la qetë dhe vrapoi pas Elias, duke thënë: "Të lutem, më lër të shkoj të puth atin tim dhe nënen time, pastaj do të të ndjek". Elia iu përgjigj: "Shko dhe kthehu, sepse ç'të kam bërë?".

²¹ Me t'u larguar nga ai, Eliseu mori një pendë qe dhe i ofroi si flijim; me veglat e qeve poqi mishin dhe ua dhe njerëzve, që e hëngrën. Pastaj u ngrit, shkoi pas Elias dhe u vu në shërbim të tij.

Kapitull 20

¹ Ben-Hadadi, mbret i Sirisë, mblodhi tërë ushtrinë e tij; me të ishin tridhjetë e dy mbretër me kuaj dhe qerre; pastaj u nis, rrethoi Samarinë dhe e sulmoi.

² Pastaj i dërgoi lajmëtarë në qytet Ashabit, mbretit të Izraelit, për t'i thënë:

³ "Kështu thotë Ben-Hadadi: "Argjendi dhe ari yt janë të mitë, po kështu bashkëshortet e tua dhe bijtë e tu më të mirë janë të mitë"".

⁴ Mbreti i Izraelit u përgjigj: "Është ashtu si thua ti, o mbret, o imzot; unë dhe tërë ato që kam jemi të tuat".

⁵ Lajmëtarët e kthyen përsëri dhe thanë: "Kështu flet Ben-Hadadi: "Unë të çova fjalë se duhet të më japësh argjendin dhe arin tënd, gratë e tua dhe bijtë e tu;

⁶ por nesër, në këtë orë, do të dërgoj te ti shërbëtorët e mi, të cilët do të bastisin shtëpinë tënde dhe shtëpinë e shërbëtorëve të tu; ata do të marrin të gjitha gjërat që janë me të shtrenjta për ty"".

⁷ Atëherë mbreti i Izraelit thirri tërë pleqtë e vendit dhe u tha: "Shikoni, ju lutem, se si ky njeri kërkon shkatërrimin tonë, sepse më ka dërguar të kërkojë gratë e mia dhe bijtë e mi, argjendin dhe arin tim, dhe unë nuk i kam refuzuar asgjë".

⁸ Tërë pleqtë dhe tërë populli thanë: "Mos e dëgjo dhe mos prano".

⁹ Ashabi iu përgjigj pastaj lajmëtarëve të Ben-Hadadit: "I thoni mbretit, zotit time: "Të gjitha gjërat që i kërkove shërbëtorit tënd herën e parë do t'i bëj, por këtë nuk mund ta bëj"". Kështu lajmëtarët shkuan t'i njoftojnë përgjigjen Ben-Hadadit.

¹⁰ Atëherë Ben-Hadadi i çoi fjalë Ashabit: "Perëndit të më bëjnë kështu dhe më keq në rast se pluhuri i Samarisë do të mjaftojë që të mbushin grushtat tërë njerëzit që më pasojnë!".

¹¹ Mbreti i Izraelit u përgjigj: "I thoni: "Ai që ka armaturën në trup të mos lavdërohet si ai që e heq"".

¹² Kur Ben-Hadadi mori këtë përgjigje, ai ndodhej bashkë me mbretërit duke pirë në çadrat, dhe u tha shërbëtorëve të tij: "Bëhuni gati për mësymje!". Kështu ata u përgatitën për të sulmuar qytetin.

¹³ Por ja që një profet iu afrua Ashabit, mbretit të Izraelit, dhe i tha: "Kështu thotë Zoti: "E shikon këtë turmë të madhe? Ja, që sot unë do të lë në dorën tënde dhe kështu do të mësosh që unë jam Zoti"".

¹⁴ Ashabi i tha: "Me anë të kujt?". Ai u përgjigj: "Kështu thotë Zoti: "Me anë të të rinjve në shërbim të krerëve të krahinave"". Ashabi tha: Kush do ta fillojë betejën?". Profeti u përgjigj: "Ti".

¹⁵ Atëherë Ashabi kaloi në revistë të rinjtë që ishin në shërbim të krerëve të krahinave; ata ishin dyqind e tridhjetë e dy veta. Pastaj kaloi në revistë tërë popullin, tërë bijtë e Izraelit; ishin shtatë mijë veta.

¹⁶ Në mesditë bënë një dalje, ndërsa Ben-Hadadi ishte duke pirë dhe duke u dehur bashkë me tridhjetë e dy mbretërit që i kishin ardhur në ndihmë.

¹⁷ Të rinjtë në shërbim të krerëve të krahinave dolën të parët. Ben-Hadadi dërgoi njerëz për të parë dhe ata i njoftuan: "Nga Samaria kanë dalë disa njerëz".

¹⁸ Mbreti tha: "Në rast se kanë dalë me qëllime paqësore, i zini të gjallë; në qoftë se kanë dalë për të luftuar, i zini gjithashtu të gjallë".

¹⁹ Kështu të rinjtë në shërbim të krerëve të krahinave dolën nga qyteti bashkë me ushtrinë që i pasonte,

²⁰ dhe secili prej tyre vrau nga një njeri. Kështu Sirët ua mbathën këmbëve dhe Izraelitët i ndoqën; dhe Ben-Hadadi, mbret i Sirisë, iku me kalë bashkë me disa kalorës.

²¹ Edhe mbreti i Izraelit mori pjesë në luftimet, shkatërroi kuaj dhe qerre dhe u shkaktoi Sirëve një disfatë të madhe.

²² Atëherë profeti iu afrua mbretit të Izraelit dhe i tha: "Shko, përforcohu dhe mendo mirë atë që duhet të bësh, sepse mbas një viti mbreti i Sirisë do të të sulmojë".

²³ Shërbëtorët e mbretit të Sirisë i thanë: "Perëndia i tyre është Perëndia i maleve; prandaj ata qenë më të fortë se ne; por në rast se ndeshemi në fushë, ne do të jemi me siguri më të fortë.

²⁴ Prandaj vepro kështu: tërë mbretërve hiqua komandën që kanë dhe në vend të tyre cakto kapedanë.

²⁵ Mblidh një ushtri baras me atë që ke humbur, me po aq kuaj dhe qerre; pastaj do të ndeshemi në fushë dhe me siguri do të jemi më të fortë se ata". Ai pranoi këshillën e tyre dhe veproi ashtu siç i thanë.

²⁶ Pas një viti Ben-Hadadi kaloi në revistë Sirët dhe doli në drejtim të Afekut për të luftuar Izraelin.

²⁷ Edhe bijtë e Izraelit u thirrën për t'u mbledhur dhe u furnizuan me ushqime; pastaj u nisën kundër Sirëve dhe ngritën kampin e tyre përballë tyre; dukeshin si dy kope të vogla dhish, ndërsa Sirët e kishin mbushur vendin.

²⁸ Atëherë një njeri i Perëndisë iu afrua mbretit të Izraelit dhe i tha: "Kështu thotë Zoti: "Me qenë se Sirët kanë thënë: Zoti është Perëndia i maleve dhe nuk është Perëndia i luginave unë do të jap në duart e tua tërë këtë mizëri të madhe; dhe ju do të mësoni që unë jam Zoti"".

²⁹ Shtatë ditë me radhë qëndruan në kampet e tyre njeri përballë tjetrit, por ditën e shtatë filloi beteja dhe bijtë e Izraelit vranë brenda një dite të vetme njëqind mijë këmbësorë sirë.

³⁰ Ata që shpëtuan ikën në qytetin e Afekut, ku muret ranë mbi njëzet e shtatë mijë prej tyre. Edhe Ben-Hadadi iku dhe shkoi në qytet për t'u fshehur në një dhomë të brendshme.

³¹ Shërbëtorët e tij i thanë: "Ja, kemi dëgjuar të thuhet që mbretërit e shtëpisë së Izraelit janë zemërbutë; prandaj të veshim thasë dhe vëmë litarë në qafë dhe të dalim të presim mbretin e Izraelit; ndofta ai ka për të na lënë të gjallë".

³² Kështu ata u veshën me thasë dhe vunë litarë në qafë, shkuan te mbreti i Izraelit dhe i thanë: "Shërbëtori yt Ben-Hadadi thotë: "Të lutem, lërmë të gjallë"". Ashabi u përgjigj: "Është ende gjallë? Ai është vëllai im".

³³ Këta njerëz e muarrën këtë si shenjë të mbarë dhe nxituan të kërkonin vërtetimin e kësaj thënie, duke thënë: "Ben-Hadadi është, pra, vëllai yt!". Ai u përgjigj: "Shkoni ta merrni". Kështu Ben-Hadadi shkoi te Ashabi, që e hipi në qerren e tij.

³⁴ Atëherë Ben-Hadadi i tha: "Unë do të të kthej qytetet që ati im i hoqi atit tënd; dhe kështu ti do të vendosësh tregje në Damask, ashtu si kishte bërë im atë në Samari". Ashabi i tha: "Me këtë kusht do të të lë të ikësh". Kështu Ashabi lidhi një besëlidhje me të dhe e la të ikë.

³⁵ Atëherë një nga bijtë e profetëve i tha shokut të tij me urdhër të Zotit: "Më godit!". Por ky nuk pranoi ta godasë.

³⁶ Atëherë i pari i tha: "Me qenë se nuk iu binde zërit të Zotit, sapo të largohesh nga unë një luan do të të vrasë". Kështu, me t'u larguar nga ai, doli një luan dhe e vrau.

³⁷ Pastaj profeti gjeti një njeri dhe i tha: "Më godit!". Ky e rrahu dhe e plagosi.

³⁸ Atëherë profeti shkoi ta presë mbretin në rrugë, duke u maskuar me një rryp pëlhure mbi sytë.

³⁹ Kur po kalonte mbreti, i thirri dhe i tha: "Shërbëtori yt u fut në mes të betejës, kur dikush u tërhoq mënjanë dhe më solli një njeri, duke më thënë: "Ruaje këtë njeri; në rast se vritet, do të paguash me jetën tënde ose do të paguash një talent argjendi".

⁴⁰ Ndërsa shërbëtori yt ishte i zënë sa andej e këtej, ai person u zhduk". Mbreti i Izraelit i tha: "Ja vendimi yt; e ke shqiptuar ti vetë".

⁴¹ Atëherë ai hoqi me nxitim nga sytë rripin e përlhurës dhe mbreti i Izraelit e pa që ishte një nga profetët.

⁴² Pastaj profeti i tha mbretit: "Kështu thotë Zoti: "Me qenë se e le të shpëtojë nga dora njeriun që kisha caktuar të shfarosej, jeta jote ka për tu paguar për të tijën dhe populli yt për popullin e tij".

⁴³ Kështu mbreti i Izraelit u kthye në shtëpinë e tij i hidhëruar dhe i zemëruar, dhe shkoi në Samari.

Kapitull 21

¹ Mbas këtyre ngjarjeve, ndodhi që Nabothi i Jezreelit kishte një vresht në Jezreel, afër pallatit të Ashabit, mbretit të Samarisë.

² Kështu Ashabi i foli Nabothit dhe i tha: "Më jep vreshtin që ta bëj kopsht perimesh, sepse ndodhet afër shtëpisë sime. Në këmbim do të jap një vresht më të mirë ose, po të të pëlqejë më tepër, barasvlerën në të holla".

³ Por Nabothi iu përgjigj Ashabit: "Të më ruajë Zoti të të lë trashëgiminë e etërve të mi!".

⁴ Prandaj Ashabi u kthye në shtëpi i trishtuar dhe i zemëruar për përgjigjen që Nabothi i Jezreelit kishte dhënë: "Nuk do të jap trashëgiminë e etërve të mi!". Ra mbi shtratin e tij, ktheu kokën mënjanë dhe nuk deshi të hante.

⁵ Atëherë Jezebeli, bashkëshortja e tij, iu afrua dhe i tha: "Pse e ke frymën kaq të trishtuar dhe nuk ha?".

⁶ Ai iu përgjigj: "Sepse fola me Nabothin e Jezreelit dhe i thashë: "Më jep me para vreshtin tënd ose, po të të pëlqejë më shumë, të të jap një vresht tjetër si këmbim". Por ai m'u përgjigj: "Nuk do të të jap vreshtin tim!"".

⁷ Atëherë gruaja e tij Jezebel i tha: "A nuk je ti që mbretëron tani mbi Izrael? Çohu, ha dhe zemra jote të gëzohet; vreshtin e Nabothit në Jezreel do të ta jap unë".

⁸ Kështu ajo shkroi disa letra në emër të Ashabit, i vulosi me vulën e këtij dhe ua dërgoi pleqve dhe parisë që banonin në po atë qytet me Nabothin.

⁹ Në letrat ajo shkruante kështu: "Shpallni agjërimin dhe e ulni Nabothin në rreshtin e parë përpara popullit;

¹⁰ i vini përballë dy njerëez të poshtër që të deponojnë kundër tij, duke thënë: "Ti ke blasfemuar Perëndinë dhe mbretin"; pastaj çojeni jashtë, goditeni me gurë dhe kështu të vdesë".

¹¹ Njerëzit e qytetit të Nabothit, pleqtë dhe paria që banonin në qytetin e tij vepruan ashtu si Jezebeli kishte dërguar t'u thoshte, siç ishte shkruar në letrat që u kishte drejtuar.

¹² Shpallën agjërimin dhe e ulën Nabothin përpara popullit.

¹³ Pastaj erdhën dy njerëz të poshtër që u ulën përballë tij; dhe këta dy të poshtër deponuan kundër Nabothit përpara popullit, duke thënë: "Nabothi ka mallkuar Perëndinë dhe mbretin". Pastaj e çuan jashtë qytetit dhe e vranë me gurë; kështu ai vdiq.

¹⁴ Pas kësaj i çuan fjalë Jezebelit: "Nabothi u vra me gurë dhe vdiq".

¹⁵ Kur Jezebeli mësoi që Nabothi ishte vrarë me gurë dhe kishte vdekur, i tha Ashabit: "Çohu dhe shtjere në dorë vreshtin e Nabothit në Jezreel, që ai nuk pranoi të të japë me para, sepse Nabothi nuk jeton më, por ka vdekur".

¹⁶ Me të dëgjuar Ashabi që Nabothi kishte vdekur, u ngrit dhe u nis për të shtënë në dorë vreshtin e Nabothit në Jezreel.

¹⁷ Atëherë fjala e Zotit iu drejtua Elias, Tishbitit, me këto fjalë, duke i thënë:

¹⁸ "Çohu dhe dil para Ashabit, mbretit të Izraelit, që banon në Samari; Ja, ai është në vreshtin e Nabothit, ku ka shkuar për ta shtënë në dorë.

¹⁹ Do t'i flasësh kështu: Kështu thotë Zoti: "Në fillim vrave një njeri dhe pastaj i rrëmbeve pronën". Pastaj t'i thuash: Kështu thotë Zoti: "Po në atë vend ku qentë kanë lëpirë gjakun e Nabothit, ata kanë për të lëpirë edhe gjakun tënd"".

²⁰ Ashabi i tha Elias: "Më gjete pra, o armiku im?". Elia u përgjigj: "Po, të gjeta, sepse je shitur për të bërë atë që është e keqe në sytë e Zotit.

²¹ Ja, unë do të sjell mbi ty fatkeqësinë, do t'i zhduk tërë pasardhësit e tu dhe do të shfaros nga shtëpia e Ashabit çdo mashkull, skllav apo i lirë në Izrael.

²² Do ta bëj shtëpinë tënde si shtëpinë e Jeroboamit, birit të Nabatit, dhe si shtëpinë e Baashas, birit të Ahijahut, sepse ti ke nxitur zemërimin tim dhe e ke bërë Izraelin të mëkatojë.

²³ Edhe për sa i përket Jezebelit, Zoti flet dhe thotë: "Qentë do ta hanë Jezebelin poshtë mureve të Jezreelit".

²⁴ Ata të Ashabit që do të vdesin në qytet do t'i hanë qentë, ata që do të vdesin përkundrazi në ara do t'i hanë shpendët e qiellit".

²⁵ Në të vërtetë nuk pati kurrë ndonjë njeri që u shit për të bërë atë që është e keqe në sytë e Zotit si Ashabi, sepse ishte i shtyrë nga gruaja e tij Jezebeli.

²⁶ Ai u suall në mënyrë të neveritshme duke u dhënë pas idhujve, ashtu si kishin bërë Amorejtë që Zoti i kishte dëbuar përpara bijve të Izraelit.

²⁷ Kur Ashabi dëgjoi këto fjalë, grisi rrobat e tij, e mbuloi trupin me një thes dhe agjëroi; binte në shtrat i mbështjellë me thesin dhe ecte si i përvuajtur.

²⁸ Atëherë fjala e Zotit iu drejtua Elias, Tishbitit, duke i thënë:

²⁹ "A e pe si u poshtërua Ashabi para meje? Duke qenë se u poshtërua para meje, unë nuk do ta godas me fatkeqësinë sa është i gjallë, por do të dërgoj fatkeqësinë mbi shtëpinë e tij gjatë jetës së birit të tij".

Kapitull 22

¹ Kaluan tre vjet pa luftë midis Sirisë dhe Izraelit.

² Por në vitin e tretë Jozafati, mbreti i Judës, zbriti të takohet me mbretin e Izraelit.

³ Mbreti i Izraelit u kishte thënë shërbëtorëve të tij: "Ju nuk e dini që Ramothi i Galaadit është yni dhe ne po rrimë të qetë pa e rimarrë nga duart e mbretit të Sirisë?".

⁴ Pastaj i tha Jozafatit: "A nuk do të vije të luftoje me mua në Ramoth të Galaadit?". Jozafati iu përgjigj mbretit të Izraelit me këto fjalë: "Ki besim tek unë ashtu si te vetja jote, te njerëzit e mi si te njerëzit e tu, mbi kuajt e mi ashtu si ke besim te kuajt e tu".

⁵ Jozafati i tha gjithashtu mbretit të Izraelit: "Të lutem këshillohu po sot me Zotin".

⁶ Atëherë mbreti i Izraelit thirri profetët që ishin rreth katërqind, dhe iu tha: "A duhet të shkoj të luftoj kundër Ramothit të Galaadit, apo të heq dorë nga kjo?". Ata iu përgjigjën: "Shko, sepse Perëndia do ta japë në duart e mbretit".

⁷ Por Jozafati tha: "A nuk ka këtu ndonjë profet tjetër të Zotit, me të cilin mund të këshillohemi?".

⁸ Mbreti i Izraelit iu përgjigj Jozafatit: "Ka akoma një njeri, Mikajahu, bir i Imlahut, me anë të të cilit mund të këshillohesh me Zotin; por unë e urrej sepse nuk profetizon kurrë asgjë të mirë lidhur me mua, por vetëm të keqen". Jozafati u përgjigj: "Mbreti nuk duhet të flasë kështu!".

⁹ Atëherë mbreti i Izraelit thirri një eunuk dhe i tha: "Sill menjëherë Mikajahun, birin e Imlahut".

¹⁰ Mbreti i Izraelit dhe Jozafati, mbret i Judës, ishin ulur secili në fronin e tij, të veshur me rrobat e tyre mbretërore, në lëmin që ndodhet në hyrje të portës së Samarisë; dhe tërë profetët profetizonin para tyre.

¹¹ Sedekia, bir i Kenaanahut, që i kishte bërë vetes brirë prej hekuri, tha: "Kështu thotë Zoti: "Me këta brirë do të shposh tejpërtej Sirët deri sa t'i shkatërrosh plotësisht"".

¹² Tërë profetët bënin profeci të njollojtë dhe thonin: "Shko kundër Ramothit të Galaadit dhe do t'ia dalësh, sepse Zoti do ta japë në duart e mbretit".

¹³ Lajmëtari që kishte shkuar të thërriste Mikajahun i foli kështu dhe tha: "Ja, fjalët e profetëve përputhen duke shpallur gjëra të mira për mbretin; të lutem, fjala jote të jetë si ajo e secilit prej tyre, dhe shpall edhe ti gjëra të mira".

¹⁴ Por Mikajahu u përgjigj: "Ashtu siç është e vërtetë që Zoti rron, unë do them ato që do të më thotë Zoti".

¹⁵ Si ariti para mbretit, mbreti i tha: "Mikajah, a duhet të shkojmë të luftojmë kundër Ramothit të Galaadit, apo duhet të heqim dorë?". Ai u përgjigj: "Shko, ti do t'ia dalësh, sepse Zoti do ta japë në duart e mbretit".

¹⁶ Atëherë mbreti i tha: "Sa herë jam përgjëruar të më thuash vetëm të vërtetën në emër të Zotit?".

¹⁷ Mikajahu u përgjigj: "Pashë tërë Izraelin të shpërndarë nëpër male, sikur të ishin dhen pa bari; dhe Zoti ka thënë: "Ata nuk kanë më zot; secili të kthehet në paqe në shtëpinë e vet"".

¹⁸ Mbreti i Izraelit i tha Jozafatit: "A nuk të kisha thënë unë që në lidhje me mua, ai nuk do të profetizonte asgjë të mirë, por vetëm të keqe?".

¹⁹ Atëherë Mikajahu tha: "Prandaj dëgjo fjalën e Zoti. Unë e kam parë Zotin ulur mbi fronin e tij, ndërsa tërë ushtria e qiellit i rrinte përqark në të djathtë dhe në të majtë.

²⁰ Zoti tha: "Kush do t'ia prishë mendjen Ashabit që të dalë dhe të vritet në Ramoth të Galaadit?". Tani dikush përgjigjet në një mënyrë dhe dikush në një tjetër.

²¹ Atëherë doli një frymë, që u paraqit përpara Zotit dhe tha: "Do t'ia prish mendjen unë".

²² Zoti i tha: "Në çfarë mënyre?". Ai u përgjigj: "Do të dal dhe do të jem fryma e gënjeshtrës në gojën e tërë profetëve të tij". Zoit i tha:

"Do t'ia dalësh me siguri ta mashtrosh; dil dhe vepro ashtu".

²³ Prandaj Zoti ka vënë një frymë gënjeshtre në gojën e të gjithë profetëve të tu; por Zoti parashikon fatkeqësira kundër teje".

²⁴ Atëherë Sedekia, bir i Kenaanahut, u afrua dhe i ra me një shpullë Mikajahut, duke i thënë: "Nga kaloi Fryma e Zotit kur doli nga unë për të folur me ty?".

²⁵ Mikajahu u përgjigj: "Do ta shohësh ditën që do të shkosh, në një dhomë të brendshme për t'u fshehur".

²⁶ Atëherë mbreti i Izraelit tha: "Merre Mikajahun dhe çoje tek Amoni, guvernatori i qytetit dhe tek Joasi, bir i mbretit, dhe u thuaj atyre:

²⁷ Kështu thotë mbreti: "Futeni këtë në burg dhe ushqeheni me bukë dhe me ujë hidhërimi, deri sa të kthehem shëndoshë e mirë".

²⁸ Atëherë Mikajahu tha: "Në rasat se ti kthehesh shëndoshë e mirë, kjo do të thotë se Zoti nuk ka folur nëpërmjet meje". Dhe shtoi: "Dëgjoni, o popuj të tërë!".

²⁹ Mbreti i Izraelit dhe Jozafati, mbret i Judës, dolën, pra, kundër Ramothit të Galaadit.

³⁰ Mbreti i Izraelit i tha Jozafatit: "Unë do të ndërroj petkat që të mos njihem dhe pastaj do të shkoj të luftoj; por ti vish rrobat e tua mbretërore". Kështu mbreti i Izraelit u vesh me rroba të tjera dhe shkoi të luftojë.

³¹ Mbreti i Sirisë u kishte dhënë këtë urdhër tridhjetë e dy kapitenëve të qerreve të tij, duke thënë: "Mos luftoni kundër askujt, i madh apo i vogël qoftë; por vetëm kundër mbretit të Izraelit".

³² Kështu, kur kapitenët e qerreve panë Jozafatin, ata thanë: "Ky është me siguri mbreti i Izraelit". Dhe u kthyen nga ai për ta sulmuar; por Jozafati lëshoi një ulërimë.

³³ Kur kapitenët e qerreve e kuptuan që nuk ishte mbreti i Izraelit, hoqën dorë nga ndjekja.

³⁴ Por një njeri lëshoi rastësisht shigjetë me harkun e tij dhe goditi mbretin e Izraelit midis sythave të parzmores të tij; prandaj mbreti i tha karrocierit: "Kthehu dhe më ço jashtë rrëmujës, sepse jam i plagosur".

³⁵ Por beteja qe aq e ashpër atë ditë, sa që mbreti u detyrua të qëndrojë në qerren e tij përpara Sirëve, dhe vdiq aty nga mbrëmja; gjaku i plagës kishte rjedhur në fund të qerres.

³⁶ Kur po ngrysej, një ulërimë përshkoi radhët e ushtrisë: "Secili të kthehet në qytetin e vet, secili në fshatin e tij!".

³⁷ Kështu mbreti vdiq dhe u çua në Samari; pastaj u bë varrimi i mbretit në Samari.

³⁸ Pas kësaj lanë qerren dhe armët në një hauz të Samarisëç dhe qentë lëpinë gjakun e tij, sipas fjalës që kishte thënë Zoti.

³⁹ Pjesa tjetër e bëmave të Ashabit, të gjitha ato që ai bëri, shtëpia e fildishtë që ndërtoi dhe tërë qytetet që ngriti a nuk janë të shkruara vallë në librin e Kronikave të mbretërve të Izraelit?

⁴⁰ Kështu Ashabin e zuri gjumi me etërit e tij. Në vend të tij mbretëroi Ashaziahu, i biri.

⁴¹ Jozafati, bir i Asas, filloi të mbretërojë mbi Judën vitin e katërt të Ashabit, mbret i Izraelit.

⁴² Jozafati ishte tridhjetë e pesë vjeç kur filloi të mbretërojë, dhe mbretëroi njëzet e pesë vjet në Jeruzalem. E ëma quhej Azubah dhe ishte bijë e Shilhit.

⁴³ Ai ndoqi tërë rrugët e Asas, atit të tij, dhe nuk u largua prej tyre, duke bërë atë që është e drejtë në sytë e Zotit. Megjithatë vendet e larta nuk u hoqën; kështu populli vazhdonte të ofronte flijime dhe të digjte temjan në vendet e larta.

⁴⁴ Dhe Jozafati jetonte në paqe me mbretin e Izraelit.

⁴⁵ Pjesa tjetër e bëmave të Jozafatit, trimëritë e tij dhe luftrat e tij a nuk janë vallë të shkruara në librin e Kronikave të mbretërve të Judës?

⁴⁶ Ai zhduku nga vendi mbeturinat e atyre që merreshin me kurvëri dhe, që kishin mbetur nga koha e Asas, atit të tij.

⁴⁷ Në atë kohë nuk kishte asnjë mbret në Edom, por vetëm një përfaqësues i mbretit.

⁴⁸ Jozafati bëri që të ndërtohen anije në Tarshish për të vajtur në Ofir, që të kërkohej ar, por anijet nuk arritën kurrë të dalin në det, sepse u shkatërruan në Etsion-Geber.

⁴⁹ Atëherë Ashaziahu, bir i Ashabit, i tha Jozafatit: "Lejo që shërbëtorët e mi të hipin mbi anijet bashkë me shërbëtorët e tu". Por Jozafati nuk pranoi.

⁵⁰ Jozafatin e zuri gjumi bashkë me etërit e tij dhe u varros bashkë me ta në qytetin e Davidit, atit të tij. Në vend të tij mbretëroi i biri Jehoram.

⁵¹ Ashaziahu, bir i Ashabit, filloi të mbretërojë mbi Izraelin në Samari vitin e shtatëmbëdhjetë të Jozafatit, mbretit të Judës, dhe mbretëroi dy vjet mbi Izraelin.

⁵² Ai bëri atë që është e keqe në sytë e Zotit dhe ndoqi rrugën e atit të tij, të nënës së tij dhe atë të Jeroboamit, birit të Nebathit, që e kishte bërë Izraelin të kryente mëkate.

⁵³ U vu në shërbim të Baalit dhe ra përmbys përpara tij, duke shkaktuar zemërimin e Zotit, Perëndisë të Izraelit, pikërisht ashtu si kishte vepruar i ati.

2 Mbretërve

Kapitull 1

¹ Mbas vdekjes së Ashabit, Moabi u rebelua kundër Izraelit.

² Ashaziahu ra nga dritarja e katit të sipërm në Samari dhe u dëmtua. Atëherë dërgoi lajmëtarë të cilëve u tha: "Shkoni të konsultoni Baal-Zebubin, perëndinë e Ekronit, për të ditur në se do ta marr veten nga kjo fatkeqësi".

³ Por një engjëll i Zotit i tha Tishbitit Elia: "Çohu dhe u dil përpara lajmëtarëve të mbretit të Samarisë dhe u thuaj atyre: "Mos vallë nuk ka Perëndi në Izrael, që ju shkoni të konsultoheni me Baal-Zebubin, perëndinë e Ekronit?

⁴ Prandaj kështu thotë Zoti: "Ti nuk do të zbresësh më nga shtrati në të cilin ke hipur, por me siguri ke për të vdekur"". Pastaj Elia u largua.

⁵ Lajmëtarët u kthyen te Ashaziahu, që i pyeti ata: "Pse u kthyet?".

⁶ Ata u përgjigjën: "Një njeri na doli përpara dhe na tha: "Shkoni te mbreti që ju ka dërguar dhe i thoni: Kështu thotë Zoti: Mos vallë nuk ka asnjë Perëndi në Izrael që ti dërgon njerëz për t'u konsultuar me Baal-Zebubin, perëndinë e Ekronit? Prandaj nuk do të zbresësh nga shtrati mbi të cilin ke hipur, por me siguri ke për të vdekur"".

⁷ Atëherë mbreti i pyeti ata: "Si ishte njeriu që ju doli përpara dhe ju tha këto fjalë?".

⁸ Ata u përgjigjën: "Ishte një njeri i veshur me rroba leshi dhe me një brez prej lëkure rreth ijeve"; Ashaziahu tha: "Është Elia, Tishbiti!".

⁹ Atëherë mbreti dërgoi tek Elia një kapiten pesëdhjetësheje me pesëdhjetë njerëzit e tij; ai u ngjit tek ai dhe e gjeti Elian të ulur në majë të malit. Kapiteni i tha: "O njeriu i Perëndisë, mbreti të urdhëron të zbresësh".

¹⁰ Elia u përgjigj dhe i tha kapitenit të pesëdhjetëshes: "Në rast se jam një njeri i Perëndisë, të zbresë zjarr nga qielli dhe të të zhdukë ty dhe të pesëdhjetë njerëzit që janë me ty!". Dhe nga qielli zbriti një zjarr, që zhduku atë dhe të pesëdhjetë njerëzit e tij.

¹¹ Atëherë mbreti i dërgoi një kapiten tjetër pesëdhjetësheje me pesëdhjetë njerëzit e tij, që iu drejtua Elias dhe i tha: "O njeriu i Perëndisë, mbreti të urdhëron të zbresësh menjëherë".

¹² Elia u përgjigj dhe u tha atyre: "Në qoftë se jam një njeri i Perëndisë, le të zbresë zjarr nga qielli dhe të të zhdukë ty dhe pesëdhjetë njerëzit e tu". Dhe nga qielli zbriti zjarri i Perëndisë që zhduku atë dhe të pesëdhjetë njerëzit e tij.

¹³ Mbreti dërgoi edhe një kapiten të tretë pesëdhjetësheje me pesëdhjetë njerëzit e tij. Ky kapiten i tretë pesëdhjetësheje u ngjit dhe shkoi e u shtri para Elias, duke e lutur: "O njeriu i Perëndisë, të lutem, jeta ime e këtyre pesëdhjetë shërbëtorëve të tu qofshin të çmuara në sytë e tu!

¹⁴ Ja, një zjarr zbriti nga qielli dhe zhduku dy kapitenët e parë të pesëdhjetëshes me pesëdhjetë njerëzit e tyre; por tani jeta ime qoftë e çmuar në sytë e tu".

¹⁵ Engjëlli i Zotit i tha Elias: "Zbrit me të dhe mos ki frikë prej tij". Prandaj Elia u ngrit dhe zbriti bashkë me të te mbreti,

¹⁶ dhe i tha: "Kështu thotë Zoti: "Pse nuk paska në Izrael asnjë Perëndi, me fjalën e të cilit të mund të këshillohesh, që ti dërgove lajmëtarë te Baal-Zebubi, perëndi e Ekronit? Për këtë arësye ti nuk do të zbresësh nga shtrati në të cilin ke hipur, por ke për të vdekur me siguri"".

¹⁷ Kështu Ashaziahu vdiq, sipas fjalës së Zotit, të cilën e shqiptoi Elia. Me qenë se nuk kishte bij, Jerohami filloi të mbretërojë në vend të tij, gjatë vitit të dytë të Jerohamit, birit të Jozafatit, mbretit të Judës.

¹⁸ Pjesa tjetër e bëmave të kryera nga Ashaziahu a nuk është e shkruar vallë në librin e Kronikave të mbretërve të Izraelit?

Kapitull 2

¹ Kur Zoti deshi ta çonte në qiell Elian në një shakullinë, Elia u nis nga Gilgali bashkë me Eliseun.

² Atëherë Elia i tha Eliseut: "Ndalu këtu, të lutem, sepse Zoti më dërgoi deri në Bethel". Por Eliseu u përgjigj: "Ashtu siç është e vërtetë që Zoti rron dhe që edhe ti vetë rron, unë nuk do të lë". Kështu zbritën në Bethel.

³ Dishepujt e profetëve që ishin në Bethel shkuan pastaj ta takojnë Eliseun dhe i thanë: A e di që Zoti do ta çojë sot zotin tënd përmbi ty?". Ai u përgjigj: "Po, e di; heshtni!".

⁴ Pastaj Elia i tha: "Elise, ndalu këtu, të lutem, sepse Zoti më dërgon në Jeriko". Ai u përgjigj: "Ashtu siç është e vërtetë që Zoti rron dhe që ti vetë rron, unë nuk do të lë". Kështu zbritën në Jeriko.

⁵ Atëherë dishepujt e profetëve që ishin në Jeriko iu afruan Eliseut dhe i thanë: "A e di që Zoti do ta çojë sot zotin tënd përmbi ty?". Ai u përgjigj: "Po, e di; heshtni!".

⁶ Pastaj Elia i tha: "Ndalu këtu, të lutem, sepse Zoti më çon në Jordan". Ai u përgjigj: "Ashtu siç është e vërtetë që Zoti rron dhe që edhe ti rron, unë nuk do të të lë". Kështu e vazhduan rrugën bashkë.

⁷ Pesëdhjetë veta nga radhët e dishepujve të profetëve shkuan pas tyre dhe u ndalën përballë tyre, nga larg, ndërsa Elia dhe Eliseu u ndalën në bregun e Jordanit.

⁸ Atëherë Elia mori mantelin e tij, e mbështolli dhe rahu me të ujërat, që u ndanë andej dhe këndej; kështu kaluan që të dy në të thatë.

⁹ Mbas kalimit, Elia i tha Eliseut: "Kërko çfarë do që unë të bëj, për ty, para se të më largojnë prej teje". Eliseu u përgjigj: "Të lutem, bëj që një pjesë e dyfishtë e frymës tënde të vijë mbi mua".

¹⁰ Elia tha: "Ti ke kërkuar një gjë të vështirë; megjithatë, po të më shohësh kur do të më largojnë prej teje, kjo do të të jepet, përndryshe nuk do ta kesh".

¹¹ Ndërsa ecnin duke folur, ata u ndanë nga njeri tjetri nga një qerre e zjarrtë dhe nga kuaj të zjarrtë, dhe Elia u ngjit në qiell në një shakullinë.

¹² Eliseu e pa këtë dhe filloi të bërtasë: "O ati im, o ati im, qerre e Izraelit dhe kalorësia e tij". Pastaj nuk e pa më. Atëherë kapi rrobat e tij dhe i grisi më dysh.

¹³ Mblodhi pastaj mantelin e Elias që i kishte rënë nga trupi, u kthye prapa dhe u ndal në bregun e Jordanit.

¹⁴ Pastaj mori mantelin e Elias që i kishte rënë nga trupi, rrahu ujërat me të dhe tha: "Ku është Zoti, Perëndia i Elias?". Kur edhe ai rrahu ujërat, këto u ndanë sa andej edhe këtej dhe Eliseu kaloi.

¹⁵ Kur dishepujt e profetëve që ishin në Jeriko dhe ndodheshin kështu përballë Jordanit e panë Eliseun, ata thanë: "Fryma e Elias është vendosur mbi Eliseun". Pastaj i dolën përpara, u përkulën deri në tokë përpara tij

¹⁶ dhe i thanë: "Ja, ka midis shërbëtorëve të tu pesëdhjetë njerëz të fuqishëm; lëri të shkojnë e të kërkojnë zotin tënde se mos Fryma e Zotit e ka marrë dhe e ka hedhur mbi ndonjë mal apo në ndonjë luginë". Eliseu u përgjigj: "Mos dërgoni njeri".

¹⁷ Por ata ngulën këmbë aq shumë sa ai mbeti i hutuar dhe tha: "Çojini". Atëherë ata dërguan pesëdhjetë njerëz për të kërkuar Elian tri ditë me radhë, por nuk e gjetën.

¹⁸ Kur ata u kthyen tek Eliseu, që ishte ndalur në Jeriko, ai u tha atyre: "A nuk ju kisha thënë: Mos shkoni?".

¹⁹ banorët e qytetit i thanë Eliseut: "Ja, qëndrimi në këtë qytet është i këndshëm, siç mund ta vërë re zoti jonë, por ujërat janë të këqija dhe vendi jopjellor.

²⁰ Ai tha: "Më sillni një pjatë të re dhe mbusheni me kripë". Ata ia sollën.

²¹ Ai shkoi te burimi i ujërave, hodhi aty kripën dhe tha: "Kështu thotë Zoti: "Unë do t'i bëj të mbara këto ujëra, ato nuk do të shkaktojnë më as vdekje, as shterpësi"".

²² Kështu ujërat kanë mbetur të mbara deri më sot, sipas fjalës që Eliseu kishte shqiptuar.

²³ Që andej Eliseu u ngjit në Bethel. Ndërsa po ngjitej nëpër rrugë dolën nga qyteti disa të rinj dhe filluan të tallen me të, duke thënë: "Ngjitu, o kokë tullaci! Ngjitu, o kokë tullaci".

²⁴ Ai u kthye, i pa dhe i mallkoi në emër të Zotit, atëherë dolën nga pylli dy arinj, që i bënë copë-copë dyzet e dy nga këta të rinj.

²⁵ Që këtej Eliseu shkoi në malin Karmel dhe që andej u kthye pastaj në Samari.

Kapitull 3

¹ Jehorami, bir i Ashabit, filloi të mbretërojë mbi Izraelin në Samari vitin e tetëmbëdhjetë të Jozafatit, mbretit të Judës, dhe mbretëroi dymbëdhjetë vjet me radhë.

² Ai bëri atë që është e keqe për sytë e Zotit, por jo si i ati i tij dhe nëna e tij, sepse hoqi shtyllën e Baalit, të ndërtuar nga i ati.

³ Megjithatë ai mbeti i lidhur me mëkatet e Jeroboamit, birit të Nebatit, që i kishte bërë Izraelin të mëkatojë, dhe nuk u shkëput nga ato.

⁴ Mesha, mbret i Moabit, ishte një rritës dhensh dhe i paguante mbretit të Izraelit një haraç prej njëqind mijë qengjash dhe leshin e njëqind mijë deshve.

⁵ Por me vdekjen e Ashabit, mbretit të Moabit u rebelua kundër mbretit të Izraelit.

⁶ Atëherë mbreti Jehoram doli nga Samaria dhe kërkoi të mblidhet tërë Izraeli;

7 pastaj u nis dhe i çoi fjalë Jozafatit, mbretit të Judës: "Mbreti i Moabit ka ngritur krye kundër meje; a do të vish me mua për të luftuar kundër Moabit?". Ai u përgjigj: "Do të vij, ki besim tek unë ashtu si ke besim tek vetja jote, te populli im ashtu si te populli yt, te kuajt e mi ashtu si te kuajt e tu".

8 Pastaj pyeti: "Nëpër çfarë rruge do të shkojmë?". Jehorami u përgjigj: "Nga rruga e shkretëtirës së Edomit".

9 Kështu mbreti i Izraelit, mbreti i Judës dhe mbreti i Edomit filluan marshimin; mbasi ecën përqark shkretëtirës shtatë ditë, filloi t'i mungojë uji ushtrisë dhe kafshëve që e ndiqnin.

10 Atëherë mbreti i Izraelit tha: "Sa keq! Zoti i ka thirrur bashkë këta tre mbretër për t'i dorëzuar në duart e Moabit!".

11 Por Jozafati pyeti: "A ka këtu ndonjë profet të Zotit me anë të të cilit mund të këshillohemi me Zotin?". Njëri nga shërbëtorët e mbretit të Izraelit u përgjigj dhe tha: "Kemi këtu Eliseun, birin e Shafatit, i cili derdhte ujë mbi duart e Elias".

12 Jozafati tha: "Fjala e Zotit është me të". Kështu mbreti i Izraelit, Jozafati dhe mbreti i Edomit zbritën drejt tij.

13 Por Eliseu i tha mbretit të Izraelit: "Ç'punë kam unë me ty? Shko te profetët e atit tënd dhe të nënës sate!". Mbreti i Izraelit iu përgjigj: "Jo, sepse Zoti i ka thirrur bashkë të këta tre mbretër për t'i dorëzuar në duart e Moabit".

14 Atëherë Eliseu tha: "Ashtu siç është e vërtetë që rron Zoti i ushtrive, në prani të të cilit ndodhem unë, po të mos ishte për respektin që kam për Jozafatin, mbretin e Judës, nuk do të isha kujdesur aspak për ty dhe nuk do të të kisha begenisur as edhe me një shikim.

15 Por tani më sillni një muzikant". Por ndodhi që, ndërsa muzikanti i binte harpës, dora e Zotit u ndodh mbi Eliseun.

16 Atëherë ai tha: "Kështu flet Zoti: "Gërmoni shumë gropa në këtë luginë".

17 Sepse kështu thotë Zoti: "Ju nuk do të shihni as erë, as shi; megjithatë kjo luginë do të mbushet me ujë; dhe do të pini ju, bagëtia juaj dhe kafshët tuaja të transportit.

18 Por kjo është akoma pak në sytë e Zotit, sepse ai do t'ju japë në dorë edhe Moabin.

19 Ju do të shkatërroni të gjitha qytetet e fortifikuara dhe të gjitha qytetet më të mira, do të rrëzoni të gjithë drurët e mirë, do të zini të gjitha burimet e ujit dhe do të shkatërroni me gurë të gjitha parcelat e mira të tokës"".

20 Të nesërmen, në orën në të cilën ofrohet blatimi i ushqimit, ja që erdhi uji nga ana e Edomit dhe vendi u mbush plot me ujë.

21 Tërë Moabitët, që mësuan që këta mbretër kishin dalë për të bërë luftë, mblodhën tërë ata që ishin në gjendje të mbanin armë, të rinj dhe pleq, dhe u rreshtuan në kufi.

22 Kur u ngritën në mëngjes herët, dielli shndriste mbi ujërat; atëherë Moabitët panë para tyre ujërat të kuqe si gjak;

23 dhe thanë: "Po ky është gjak! Me siguri këta mbretër janë përleshur dhe kanë vrarë njeri tjetrin. Kështu, pra, o Moab, të bëjmë plaçkë!".

24 Kështu u sulën drejt kampit të Izraelit; por Izaelitët u ngritën dhe i vunë përpara Moabitët, që ia mbathën para tyre. Hynë pastaj në vend dhe vazhduan t'i vrasin Moabitët.

25 Shkatërruan qytetet; çdo copë tokë të mirë e mbushën me gurë, duke hedhur secili gurin e tij; i zunë të gjitha burimet e ujit dhe prenë tërë drurët e mirë. Në Kir-Hareseth mbetën vetëm gurët, por hobetarët e rrethuan dhe e sulmuan.

26 Mbreti i Moabit, duke parë që beteja ishte tepër e fortë për të, mori me vete shtatëqind veta që vringëllonin shpatat, për të çarë rrugën deri te mbreti i Edomit; por nuk mundën.

27 Atëherë ai mori të parëlindurin e tij që do të mbretëronte në vend të tij, dhe e ofroi si olokaust mbi muret. Pati atëherë një zemërim të madh kundër atyre Izraelitëve që u larguan nga ai dhe u kthyen në vendin e tyre.

Kapitull 4

1 Një grua, bashkëshortja e një dishepulli të profetëve, i thirri Eliseut duke i thënë: "Shërbëtori yt, burri im, vdiq, dhe ti e di që shërbëtori yt kishte frikë nga Zoti; tani huadhënësi ka ardhur

2 Eliseu i tha: "Ç'duhet të bëj për ty? Më thuaj, çfarë ke në shtëpi?". Ajo u përgjigj: Shërbëtorja jote nuk ka asgjë në shtëpi përveç një ene të vogël me vaj".

3 Atëherë ai i tha: "Shko dhe kërko hua nga gjithë fqinjët e tu disa enë boshe; dhe mos u kërko pak.

4 Kur të kthehesh, mbyll portën prapa teje dhe bijve të tu, pastaj derdh vajin në tërë enët, duke vënë mënjanë ato që do të mbushen".

5 Ajo u largua prej tij dhe mbylli portën pas vetes dhe bijve; këta i sillnin enët dhe ajo derdhte vajin në to.

6 Kur enët u mbushën, ajo i tha të birit: "Sillmë edhe një enë". Por ai iu përgjigj: "Nuk ka më enë". Dhe vaji u ndal.

7 Atëherë ajo shkoi t'ia njoftojë ngjarjen njeriut të Perëndisë, që i tha: "Shko të shesësh vajin dhe paguaj borxhin tënd; me atë që do teprojë, ke për të jetuar ti dhe bijtë e t".

8 Ndodhi që një ditë Eliseu shkoi në Shunem, ku banonte një grua e pasur, dhe kjo e detyroi të hante pak ushqim. Kështu sa herë që ai kalonte andej, shkonte të hante tek ajo.

9 Ajo i tha burrit të saj: "Ja, unë jam e sigurt që ai që kalon gjithnjë te neve është një njeri i shenjtë i Perëndisë.

10 Të lutem, të ndërtojmë një dhomë të vogël me mur në katin e sipërm dhe të vëmë për të një shtrat, një tryezë, një karrige dhe një shandan; kështu, kur të vijë te ne, mund të rrijë në atë dhomë".

11 Një ditë që Eliseu po kalonte andej shkoi në dhomën lart dhe u shtri.

12 Pastaj i tha Gehazit, shërbëtorit të tij: "Thirre këtë Shunamite". Ai e thirri dhe ajo u paraqit përpara tij.

13 Pastaj Eliseu i tha shërbëtorit të tij: "I thuaj kështu: "Ja, ti ke treguar një kujdes të veçantë për ne; çfarë mund të bëj për ty? A dëshiron t'i them diçka në emrin tënd mbretit apo komandantit të ushtrisë?"". Ajo u përgjigj:

14 "Unë jetoj në mes të popullit tim". Atëherë Eliseu i tha: "Çfarë mund të bëj për të?". Gehazi u përgjigj: "Të thuash të vërtetën, ajo nuk ka fëmijë dhe burri i saj është i vjetër".

15 Eliseu i tha: "Thirre!". Ai e thirri dhe ajo u ndal te porta.

16 Atëherë Eliseu i tha: "Në këtë stinë, mot, ti do të përqafosh një bir". Ajo u përgjigj: "Jo, imzot; o njeri i Perëndisë, mos e gënje shërbëtoren tënde!".

17 Gruaja mbeti me barrë dhe lindi një djalë vitin tjetër, në po atë stinë siç i kishte thënë Eliseu.

18 Fëmija u rrit; një ditë që kishte vajtur tek i ati bashkë me korrësit,

19 i tha të atit: "Koka ime, koka ime!". I ati urdhëroi shërbëtorin e tij: "Çoje tek e ëma!".

20 Ky e mori dhe e çoi tek e ëma. Fëmija qëndroi në prehrin e saj deri në mesditë, pastaj vdiq.

21 Atëherë ajo u ngjit, u shtri në shtratin e njeriut të Perëndisë, mbylli portën prapa tij dhe doli.

22 Pastaj thirri burrin e saj dhe i tha: "Të lutem, më dërgo një nga shërbëtorët e tu dhe një gomare; po vrapoj te njeriu i Perëndisë dhe po kthehem".

23 Ai e pyeti: "Pse dëshiron të shkosh tek ai pikërisht sot? Nuk është as dita e hënës së re, as e shtuna". Ajo u përgjigj: "Çdo gjë do të shkojë mbarë!".

24 Pastaj vuri t'i shalojnë gomaren dhe urdhroi shërbëtorin e vet: "Më udhëhiq dhe shko përpara; mos e ngadalëso hapin për mua, veçse po ta urdhërova unë".

25 Kështu ajo u nis dhe shkoi te njeriu i Perëndisë, në malin Karmel. Sa e pa njeriu i Perëndisë nga larg, i tha Gehazit, shërbëtorit të tij: "Ja, Shunamitja!

26 Të lutem, shko ta takosh dhe i thuaj: "A je mirë? A është mirë burri yt? Dhe fëmija a është mirë?"". Ajo u përgjigj: "Janë mirë".

27 Kur arriti te njeriu i Perëndisë në mal, i përqafoi këmbët. Gehazi u afrua për ta larguar, por njeriu i Perëndisë i tha: "Lëre të qetë, sepse ka shpirtin të trishtuar, dhe Zoti ma ka fshehur dhe nuk ma ka treguar".

28 Ajo tha: "A i kisha kërkuar, vallë një bir zotit tim? A nuk të kisha thënë vallë: "Mos më gënje"?".

29 Atëherë Eliseu i tha Gehazit: "Ngjeshe brezin, merr në dorë bastunin tim dhe nisu. Në qoftë se takon ndonjë njeri, mos e përshëndet; dhe në qoftë se dikush të përshëndet, mos iu përgjigj: do ta vendosësh bastunin tim mbi fytyrën e fëmijës".

30 E ëma e fëmijës i tha Eliseut: "Ashtu siç është e vërtetë që Zoti rron dhe që edhe ti rron, unë nuk do të të lë". Kështu Eliseu u ngrit dhe i shkoi pas.

31 Gehazi i kishte paraprirë dhe kishte vënë bastunin mbi fytyrën e fëmijës, por nuk pati як zë as përgjigje. Prandaj ai u kthye të takohet me Eliseun dhe i tregoi atë që i kishte ndodhur, duke i thënë: "Fëmija nuk u zgjua".

32 Kur Eliseu hyri në shtëpi, e pa fëmijën të vdekur dhe të shtrirë në shtratin e tij.

33 Atëherë ai hyri, mbylli derën pas atyre të dyve dhe iu lut Zotit.

34 Pastaj hipi mbi shtratin dhe u shtri mbi fëmijën; vuri gojën e vet mbi gojën e tij, duart e veta mbi duart e tij; u shtri mbi të dhe mishi i fëmijës filloi të ngrohet.

35 Pastaj Eliseu u tërhoq prapa dhe shkoi sa andej e këtej nëpër shtëpi; pas kësaj u ngjit përsëri dhe u shtri mbi fëmijën; fëmija teshtiu shtatë herë dhe hapi sytë.

36 Atëherë ai thirri Gehazin dhe i tha: "Thirre Shunamiten". Ai e

thirri; kur ajo arriti tek Eliseu, ky i tha: "Merre djalin tënd".

^{37} Ajo hyri dhe u hosh në këmbët e tij, duke u shtrirë për tokë; pastaj mori djalin e saj dhe doli.

^{38} Pasta Eliseu u kthye në Gilgal; kishte rënë zia e bukës në vend. Ndërsa dishepujt e profetëve ishin ulur përpara tij, ai i tha shërbëtorit të tij: "Vër mbi zjarr kusinë e madhe dhe përgatit një supë për dishepujt e profetit".

^{39} Njeri prej tyre që kishte dalë ndër fusha për të mbledhur barëra, gjeti një bimë të egër kacavarëse, prej së cilës mblodhi kolokuintidet dhe mbushi veshjen e tij me to; pastaj u kthye dhe i copëtoi në kusinë e supës, megjithëse nuk e dinte se ç'ishin.

^{40} Pastaj ua zbrazën supën burrave që ta hanin, por ata e provuan dhe thanë: "Vdekja është në kusi, o njeri i Perëndisë", dhe nuk mundën ta hanë.

^{41} Eliseu urdhëroi atëherë: "Më sillni miell". E hodhi në kusi, pastaj tha: "Ua zbrazni njerëzve që ta hanë". Dhe nuk kishte më asgjë të keqe në kusi.

^{42} Erdhi pastaj një njeri nga Baal-Shalila, që i solli njeriut të Perëndisë bukë nga korrja e parë; njëzet bukë prej elbi dhe disa kallinj gruri. Eliseu tha: "Jepjua njerëzve që ta hanë".

^{43} Por shërbëtori i tij u përgjigj: "Si mund të shtroj këtë përpara njëqind vetave?". Eliseu urdhëroi përsëri: "Jepjua njerëzve që ta hanë, sepse kështu thotë Zoti: "Do të hanë dhe ka për të tepruar"".

^{44} Kështu ai e shtroi para njerëzve, që hëngrën dhe teproi sipas fjalës së Zotit.

Kapitull 5

^{1} Naamani, komandant i ushtrisë së mbretit të Sirisë, ishte një njeri i madh dhe shumë i çmuar në sytë e zotit të tij, sepse nëpërmjet tij Zoti i kishte dhënë fitoren Sirisë; por ky njeri i madh dhe trim ishte lebroz.

^{2} Disa banda të Sirisë gjatë një sulmi për plaçkitje kishin marrë me vete nga vendi i Izraelit, si robinjë, një vajzë të vogël që kishte përfunduar si shërbëtore e gruas së Naamanit.

^{3} Ajo i tha zonjës së saj: "Po të mundte të shkonte zoti im te profeti që është në Samari, me siguri ky do ta shëronte nga lebra".

^{4} Kështu Naamani shkoi tek zoti e tij dhe ia tregoi çështjen, duke thënë: "Vajza nga vendi i Izraelit ka thënë kështu e kështu".

^{5} Atëherë mbreti i Sirisë tha: "Shko, pra, unë do t'i dërgoj një letër mbretit të Izraelit". Ai, pra, u nis duke marrë me vete dhjetë talente argjendi, gjashtë mijë sikla ari dhe dhjetë palë ndërresash.

^{6} I çoi mbretit të Izraelit gjithashtu letrën, në të cilën thuhej: "Kur të të arrijë kjo letër, dije që po të dërgoj shërbëtorin tim Naaman, që ta shërosh nga lebra".

^{7} Mbasi lexoi letrën, mbreti i Izraelit grisi rrobat e tij dhe tha: "A jam unë Perëndia, i pajisur me fuqinë të të shkaktojë vdekjen dhe ngjalljen, që ai më dërgon një njeri për ta shëruar nga lebra? Prandaj shikoni, që ai tani kërkon preteks kundër meje".

^{8} Kur Eliseu, njeriu i Perëndisë, mësoi që mbreti i Izraelit kishte grisur rrobat e tij, dërgoi t'i thotë mbretit: "Pse i grise rrobat? Le të vijë ai njeri tek unë dhe do të mësojë që ka një profet në Izrael".

^{9} Kështu Naamani erdhi me kuajt dhe me qerret e tij dhe u ndal te porta e shtëpisë së Eliseut.

^{10} Atëherë Eliseu i dërgoi një lajmëtar për t'i thënë: "Shko të lahesh shtatë herë në Jordan dhe mishi yt do të kthehet si më parë dhe do të jesh i pastër"

^{11} Por Naamani u zemërua dhe iku, duke thënë: "Ja, unë mendoja: "Ai ka për të dalë me siguri përballë meje, do të ndalet, do të përmendë emrin e Zotit, Perëndisë së tij, do të lëvizë dorën mbi pjesët e sëmura dhe do të më shërojë nga lebra".

^{12} Lumenjtë e Damaskut, Abanahu dhe Farpari, a nuk janë më të mirë se tërë ujërat e Izraelit? Nuk mund të lahesha në to dhe të bëhem i pastër?". Kështu u kthye dhe iku tërë inat.

^{13} Por shërbëtorët e tij iu afruan dhe i folën, duke i thënë: "Ati ynë, në qoftë se profeti do të kishte urdhëruar një gjë të madhe, ti a do ta kishe bërë? Aq më tepër tani që të ka thënë: "Lahu dhe do të pastrohesh"?".

^{14} Atëherë ai zbriti dhe u zhyt shtatë herë në Jordan, sipas fjalës së njeriut të Perëndisë, mishi i tij u bë si mishi i një fëmije të vogël dhe ai pastrua.

^{15} Pastaj u kthye me gjithë suitën e tij te njeriu i Perëndisë, shkoi e u paraqit para tij dhe tha: "Tani e pranoj që nuk ka asnjë Perëndi në gjithë dheun, përveç se në Izrael. Prandaj tani prano një dhuratë, të lutem, nga shërbëtori yt".

^{16} Por ai u përgjigj: "Ashtu siç është e vërtetë që rron Zoti, në prani të të cilit ndodhem, nuk kam për të pranuar asgjë". Naamani ngulte këmbë që të pranonte, por ai refuzonte.

^{17} Atëherë Naamani tha: "Me qenë se ti nuk do, lejo që t'i jepet shërbëtorit tënd aq tokë sa mund të mbajnë dy mushka, sepse shërbëtori yt nuk do t'u ofrojë më olokauste as flijime perëndive të tjera, por vetëm Zotit.

^{18} Megjithatë Zoti ta falë shërbëtorin e tij për këtë gjë: kur zoti im shkon në tempullin e Rimonit për të adhuruar dhe mbështetet në krahun tim, edhe do të bie përmbys në tempullin e Rimonit; Zoti ta falë shërbëtorin e tij për këtë gjë, kur unë do të bie përmbys në tempullin e Rimonit".

^{19} Profeti i tha: "Shko i qetë!". Kështu u nda prej tij dhe bëri një copë rrugë të mirë.

^{20} Por Gehazi, shërbëtori i Eliseut, njeriut të Perëndisë, tha me veten e tij: "Ja, zoti im është sjellë tepër mirë me Naamanin, me këtë Sirian, duke mos pranuar nga dora e tij atë që ai kishte sjellë".

^{21} Kështu Gehazi ndoqi Naamanin; kur Naamani pa që ai vraponte prapa tij, u hodh nga qerrja për t'i dalë përballë dhe i tha: "A shkon çdo gjë mirë?".

^{22} Ai u përgjigj: "Çdo gjë mirë. Zoti im më dërgon të të them: "Ja, pikërisht tani kanë ardhur tek unë nga krahina malore e Efraimit dy të rinj nga dishepujt e profetëve; të lutem, jepu atyre një talent argjendi dhe dy palë rroba"".

^{23} Atëherë Naamani tha: "Të lutem, prano dy talenta!", dhe insistoi me të. Pastaj lidhi dy talenta prej argjendi, në dy thasët me dy palë rroba dhe ua dorëzoi dy prej shërbëtorëve të tij, që i bartën para tij.

^{24} Kur arriti në kodër, mori thasët nga duart e tyre, i rivendosi në shtëpi; pastaj i ktheu prapa njerëzit, që ikën.

^{25} Pastaj shkoi të paraqitet përpara zotit të tij, Eliseu i tha: "Ku ke vajtur, Gehazi?". Ai u përgjigj: "Shërbëtori yt nuk ka vajtur asgjëkundi".

^{26} Por Eliseu i tha: "Fryma ime, vallë a nuk të ka ndjekur, kur ai njeri u kthye prapa nga qerrja e tij që të të dalë përpara? Vallë, tani është çasti për të marrë para, për të marrë rroba, ullishte dhe vreshta, dele dhe lopë, skllevër dhe skllave?

^{27} Prandaj lebra e Naamanit do të të ngjitet ty dhe pasardhësve të tu përjetë". Kështu Gehazi doli nga prania e Eliseut lebroz i tëri, i bardhë si bora.

Kapitull 6

^{1} Dishepujt e profetëve i thanë Eliseut: "Ja, vendi ku ne banojmë me ty është tepër i vogël për ne.

^{2} Na lër të shkojmë deri në Jordan: atje secili prej nesh do të gjejë një tra dhe do të bëjmë një vend për të banuar". Eliseu u përgjigj: "Shkoni".

^{3} Njëri prej tyre tha: "Të lutem, prano të vish edhe me shërbëtorët e tu". Ai u përgjigj: "Do të vij".

^{4} Kështu ai shkoi me ata. Kur arritën në Jordan, filluan të presin disa drurë.

^{5} Ndërsa njeri prej tyre po i binte një trungu, hekuri i sëpatës i ra në ujë. Ai filloi të bërtasë dhe tha: "Oh, o imzot, këtë e kisha marrë hua".

^{6} Njeriu i Perëndisë pyeti: "Ku ka rënë?". Ai i tregoi vendin. Atëherë Eliseu preu një copë druri, e hodhi në atë pikë dhe nxorri në sipërfaqe hekurin.

^{7} Pastaj tha: "Merre". Kështu ai shtriu dorën dhe e mori.

^{8} Ndërsa mbreti i Sirisë ishte në luftë kundër Izraelit, duke u këshilluar me shërbëtorët e tij, ai tha: "Kampi im do të jetë në filan vend".

^{9} Atëherë njeriu i Perëndisë dërgoi t'i thotë mbretit të Izraelit: "Mos trego pakujdesi për filan vend, sepse aty po zbresin Sirët".

^{10} Prandaj mbreti i Izraelit dërgoi njerëz në vendin që njeriu i Perëndisë i kishte treguar dhe e kishte paralajmëruar të tregohej i kujdesshëm. Kështu ai u tregua vigjilent ndaj këtij vendi dhe kjo ndodhi jo vetëm një a dy herë.

^{11} Shumë i tronditur në zemër të tij për këtë gjë, mbreti i Sirisë mblodhi shërbëtorët e tij dhe u tha: "A dini të më thoni se kush nga tanët mban anën e mbretit të Izraelit?".

^{12} Një nga shërbëtorët e tij u përgjigj: "Asnjeri, o mbret, imzot, por Eliseu, profeti që ndodhet në Izrael, i bën të njohur mbretit të Izraelit bile edhe fjalët që ti thua në dhomën e gjumit".

^{13} Atëherë mbreti tha: "Shkoni të shihni se ku është, që të mund të dërgoj njerëz për ta marrë". I bënë këtë njoftim: "Ja, ndodhet në Dothan".

^{14} Kështu mbreti dërgoi aty kuaj, qerre dhe një ushtri të madhe; këta arritën natën dhe rrethuan qytetin.

^{15} Të nesërmen shërbëtori i njeriut të Perëndisë u ngrit në mëngjes dhe doli; dhe ja, qyteti ishte rrethuar nga një ushtri me kuaj dhe kalorës. Atëherë shërbëtori i tij i tha: "Oh, ç'do të bëjmë, imzot?".

^{16} Ai u përgjigj: "Mos ki frikë, sepse ata që janë me ne, janë më të shumtë se ata që janë me ta".

17 Pastaj Eliseu u lut dhe tha: "O Zot, të lutem, hap sytë e tij që të mund të shohë". Atëherë Zoti ia hapi sytë të riut dhe ai pa; dhe ja, mali ishte plot me kuaj dhe me qerre të zjarrta rreth e qark Eliseu.

18 Ndërsa Sirët po zbrisnin në drejtim të Eliseut, ky iu lut Zotit dhe i tha: "Të lutem, goditi këta njerëz me verbëri". Dhe ai i verboi sipas fjalës së Eliseut.

19 Atëherë Eliseu u tha atyre: "Nuk është kjo rruga dhe nuk është ky qyteti; ejani pas meje dhe unë do t'ju çoj te njeriu që kërkoni". I çoi pastaj në Samari.

20 Kur arritën në Samari, Eliseu tha: "O Zot, hapua sytë që të shohin". Zoti ua hapi sytë dhe ata panë; ja, ndodheshin brenda në Samari.

21 Kur mbreti i Izraelit i pa, i tha Eliseut: "O ati im, duhet t'i vras? A duhet t'i vras?"

22 Ai u përgjigj: "Mos i vrit! A do të vrisje, vallë ata që ke zënë robër me shpatën dhe me harkun tënd? Vëru përpara bukë dhe ujë, që të hanë dhe të pinë dhe pastaj të kthehen te zotit të tyre".

23 Atëherë ai përgatiti për ta një banket të madh. Pasi hëngrën dhe pinë, u ndame ta dhe ata u kthyen përsëri te zotit të tyre. Kështu bandat e Sirëve nuk erdhën më të bëjnë sulme në territorin e Izraelit.

24 Mbas këtyre ngjarjeve ndodhi që Ben Hadadi, mbret i Sirisë, mblodhi tërë ushtrinë e tij dhe u nis kundër Samarisë për ta rrethuar.

25 Në Samari ra një zi e madhe; rrethimi i Sirëve qe aq i fortë sa një kokë gomari shitej tetëdhjetë sikla argjendi dhe një çerek kabi glasash pëllumbi pesë sikla argjendi.

26 Kur mbreti i Izraelit po kalonte mbi muret, një grua i bërtiti dhe i tha: "Ndihmë, o mbret, o imzot!".

27 Ai iu përgjigj: "Në rast se nuk të ndihmon Zoti, ku mund ta gjej unë ndihmën për ty? Mos vallë me prodhimet e lëmit dhe të trullit?".

28 Pastaj mbreti shtoi: "Çfarë ke?". Ajo u përgjigj: "Kjo grua më tha: "Më jep djalin tënd që ta hamë sot; djalin tim do ta hamë nesër".

29 Kështu e gatuam djalin tim dhe e hëngrëm. Të nesërmen i thashë: "Më jep djalin tënd që ta hamë". Por ajo e fshehu djalin e saj".

30 Kur mbreti dëgjoi këto fjalë të gruas, grisi rrobat e tij. Ndërsa kalonte mbi muret, populli shikoi, dhe ja, ai kishte një grathore mbi lëkurë.

31 Atëherë mbreti tha: "Perëndia të më bëjë këtë dhe më keq, në qoftë se sot koka e Eliseut, birit të Shafatit, ka për të mbetur akoma mbi supet e tij!".

32 Eliseu po rrinte ulur në shtëpinë e tij dhe me të ishin ulur pleqtë. Mbreti dërgoi para tij një njeri; por para se lajmëtari të arrinte tek ai, ai u tha pleqve: "A e shikoni se ky bir vrasësi ka dërguar një person për të më prerë kokën? Kini kujdes, kur të arrijë lajmëtari, mbyllni portën dhe bllokojeni te porta. A nuk dëgjohet prapa tij vallë, zhurma e hapave të zotit të tij?".

33 Ndërsa ai vazhdonte të fliste akoma me ta, ja ku zbriti tek ai lajmëtari. Atëherë mbreti tha: "Ja, kjo fatkeqësi vjen nga Zoti; çfarë mund të shpresoj akoma unë nga Zoti?".

Kapitull 7

1 Atëherë Eliseu tha: "Dëgjoni fjalën e Zotit! Kështu thotë Zoti: "Nesër në këtë orë, në portën e Samarisë një masë maje mielli do të kushtojë një sikël dhe dy masa elbi do të kushtojnë gjithashtu një sikël"".

2 Por kapiteni, në krahun e të cilit mbështetej mbreti, iu përgjigj njeriut të Perëndisë: "Ja, edhe sikur Zoti të bënte dritare në qiell, a do të ndodhte, vallë një gjë e tillë?". Eliseu u përgjigj: "Mirë, pra, ke për ta parë me sytë e tu, por nuk do t'i hash".

3 Kishte katër lebrozë në hyrje të portës, të cilët i thanë njeri tjetrit: "Pse po rrimë ulur këtu duke pritur vdekjen?

4 Në rast se themi: "Le të hyjmë në qytet", atje sundon uria dhe aty kemi për të vdekur; në rast se mbetemi këtu, do të vdesim njëlloj. Prandaj ejani, të shkojmë të paraqitemi te kampi i Sirëve; po të jetë se na lënë të gjallë, do të jetojmë; po të jetë se na vrasin, do të vdesim".

5 Në muzg u ngritën për të vajtur në kampin e Sirëve; kur arritën në skajin e kampit të Sirëve, atje nuk kishte njeri.

6 Perëndia në të vërtetë kishte bërë që ushtria e Sirëve të dëgjonte një zhurmë qerresh dhe kuajsh, zhurmën e një ushtrie të madhe, dhe ata i kishin thënë njeri tjetrit: "Ja, mbreti i Izraelit ka rekrutuar kundër nesh mbretin e Hitejve dhe mbretin e Egjiptasve për të na sulmuar".

7 Prandaj ata, në muzg, ishin ngritur dhe kishin ikur duke braktisur çadrat, kuajt dhe gomarët e tyre, tërë kampin siç ishte; kishin ikur kështu për të shpëtuar kokën.

8 Kur arritën në skajin e kampit, këta lebrozë hynë në një çadër, ku hëngrën e pinë; morën me vete argjend, ar dhe rroba, dhe shkuan t'i fshehin. Pastaj u kthyen dhe hynë në një çadër tjetër; edhe andej morën shumë gjëra dhe shkuan t'i fshehin.

9 Pastaj thanë midis tyre: "Nuk veprojmë mirë kështu; kjo është ditë sihariqi, por ne nuk hapim as gojën. Në rast se presim deri në mëngjes, mund të pësojmë ndonjë ndëshkim. Prandaj tani të nxitojmë dhe të shkojmë të njoftojmë shtëpinë e mbretit".

10 Kështu shkuan dhe thirrën rojet e qytetit, jua njoftuan gjendjen duke thënë: "Kemi shkuar në kampin e Sirëve dhe ja, nuk kishte njeri dhe as nuk dëgjohej zë njeriu; aty kishte vetëm kuaj dhe gomarë të lidhur dhe çadra të paprekura".

11 Atëherë rojet thirrën dhe e çuan lajmin brenda shtëpisë së mbretit.

12 Kështu mbreti u ngrit natën dhe u tha shërbëtorëve të tij: "Do t'ju them unë ç'na kanë bërë Sirët. Duke ditur që ne jemi të uritur dolën nga kampi për t'u fshehur në fushë, duke thënë: "Si të dalim

13 Një nga shërbëtorët e tij iu përgjigj: "Të lutem, lejo që disa njerëz të marrin pesë nga kuajt që akoma mbeten në qytet. Ja, ata do të jenë e shumta si shumica e Izraelit që ka mbetur në qytet, ose si shumica e Izraelit që tashmë ka vdekur; t'i çojmë, pra, të shohin".

14 Morën, pra, dy qerre me kuajt e tyre dhe mbreti i dërgoi në gjurmët e ushtrisë së Sirëve, duke thënë: "Shkoni dhe shikoni".

15 Kështu ata shkuan prapa tyre deri në Jordan; por ja, tërë rruga ishte plot me rroba dhe me armë që sirët i kishin hedhur rrugës gjatë ikjes së tyre të nxituar. Pastaj lajmëtarët u kthyen dhe ia njoftuan gjendjen mbretit.

16 Atëherë populli doli jashtë dhe plaçkiti kampin e Sirëve; një masë maje mielli kushtonte një sikël, dhe dy masa elbi kushtonin gjithashtu një sikël, sipas fjalës së Zotit.

17 Mbreti kishte vënë si roje të portës kapitenin në krahun e të cilit mbështetej; por populli e shkeli pranë portës dhe ai vdiq, ashtu si kishte thënë njeriu i Perëndisë, kur i foli mbretit që kishte zbritur për ta takuar.

18 Ndodhi pikërisht ashtu siç i kishte folur mbretit njeriu i Perëndisë, duke i thënë: "Nesër, në këtë orë, në portën e Samarisë dy masa elbi do të kushtojnë një sikël dhe një masë maje mielli do të kushtojë gjithashtu një sikël",

19 Kapiteni i ishte përgjigjur pastaj njeriut të Perëndisë, duke i thënë: "Ja, edhe sikur Zoti të hapë dritare në qiell, a ka për të ndodhur një gjë e tillë?". Eliseu i kishte dhënë këtë përgjigje: "Mirë, pra, do ta shohësh me sytë e tua, por nuk do të hash".

20 I ndodhi pikërisht kjo: populli e shkeli me këmbë pranë portës dhe ai vdiq.

Kapitull 8

1 Eliseu i tha gruas, djalin e së cilës e kishte ringjallur: "Çohu dhe shko jashtë, ti me gjithë familjen tënde, për të banuar ku të mundesh, sepse Zoti ka vendosur të pllakosë zia, që do të zgjasë shtatë vjet në vend".

2 Kështu gruaja u ngrit dhe veproi sipas fjalës së njeriut të Perëndisë; iku me familjen e saj dhe banoi në vendin e Filistejve shtatë vjet.

3 Si kaluan shtatë vjet, gruaja u kthye nga vendi i Filistejve dhe shkoi te mbreti për t'i kërkuar shtëpinë dhe tokat e veta.

4 Mbreti ishte duke folur me Gehazin, shërbëtorin e njeriut të Perëndisë, dhe i thoshte: "Tregomë, të lutem, tërë veprat e mëdha që ka bërë Eliseu".

5 Pikërisht, ndërsa ai i tregonte mbretit se si Eliseu e kishte ringjallur të vdekurin, ja ku u paraqit gruaja, së cilës ai i kishte ringjallur të birin, për t'i kërkuar mbretit shtëpinë dhe tokat e veta. Atëherë Gehazi tha: "O mbret, o imzot, kjo është gruaja dhe ky është biri që Eliseu ka ringjallur".

6 Mbreti e pyeti gruan dhe ajo i tregoi ngjarjen; atëherë mbreti ngarkoi një funksionar, të cilit i tha: "Ktheja tërë atë që i përkasin dhe të gjitha të ardhurat e tokave, nga dita e largimit të saj nga vendi ynë deri më tani".

7 Pastaj Eliseu shkoi në Damask. Ben-Hadadi, mbret i Sirisë, ishte i sëmurë dhe e njoftuan: "Njeriu i Perëndisë ka ardhur deri këtu".

8 Atëherë mbreti i tha Hazaelit: "Merr me vete një dhuratë dhe shko të takosh njeriun e Perëndisë, dhe këshillohu nëpërmjet tij me Zotin, duke thënë: "A do të shërohem nga kjo sëmundje?"".

9 Kështu Hazaeli shkoi të takohet me Eliseun duke sjellë si dhuratë gjërat më të mira të Damaskut: një ngarkesë prej dyzet devesh. Pastaj ai vajti, u paraqit tek ai dhe i tha: "Biri yt Ben-Hadadi, mbret i Sirisë, më ka dërguar te ti për të pyetur: "A do të shërohem nga kjo sëmundje?"".

10 Eliseu iu përgjigj: "Shko t'i thuash: "Do të shërohesh me siguri". Por Zoti më bën të shoh se ai ka për të vdekur me siguri".

11 Pastaj ai e ngurtësoi fytyrën me një shikim të ngulët deri sa u skuq; pastaj njeriu i Perëndisë filloi të qajë.

12 Atëherë Hazaeli pyeti: "Pse po qan zoti im?". Ai u përgjigj: "Sepse e di të keqen që do t'u bësh bijve të Izraelit: do t'u vësh flakën

fortesave të tyre, do të vrasësh me shpatë të rinjtë e tyre, do t'i bësh copë-copë fëmijët e tyre dhe do t'i çash barkun grave me barrë".

¹³ Hazaeli tha: "Por ç'është, vallë shërbëtori yt, një qen, që të bëj këtë hata?". Eliseu u përgjigj: "Zoti më bën të shoh që ti do të bëhesh mbret i Sirisë".

¹⁴ Pastaj Hazaeli u largua nga Eliseu dhe u kthye te zoti e tij, që e pyeti: "Çfarë të tha Eliseu?". Ai u përgjigj: "Më tha që do të shërohesh me siguri".

¹⁵ Të nesërmen Hazaeli mori një batanije e zhyti në ujë dhe e shtriu mbi fytyrën e mbretit që vdiq. Kështu Hazaeli mbretëroi në vend të tij.

¹⁶ Vitin e pestë të Joramit, birit të Ashabit, mbret i Izraelit, Jehorami, bir i Jozafatit, mbret i Judës, filloi të mbretërojë mbi Judën.

¹⁷ Ai ishte tridhjetë e dy vjeç kur filloi të mbretërojë, dhe mbretëroi tetë vjet në Jeruzalem.

¹⁸ Ndoqi rrugën e mbretërve të Izraelit, ashtu si kishte bërë shtëpia e Ashabit, sepse gruaja e tij ishte një bijë e Ashabit, dhe bëri atë që është e keqe në sytë e Zotit.

¹⁹ Megjithatë Zoti nuk deshi ta shkatërronte Judën, për hir të dashurisë që kishte për Davidin, shërbëtorin e tij, sepse i kishte premtuar t'u jepte një llambë për gjithnjë atij dhe bijve të tij.

²⁰ Gjatë ditëve të mbretërimit të tij, Edomi ngriti krye kundër pushtetit të Judës dhe zgjodhi edhe një mbret.

²¹ Atëherë Jorami shkoi në Tsair me gjithë qerret e tij; pastaj natën u ngrit dhe mundi Edomitët që e kishin rrethuar dhe kapitenët e qerreve, ndërsa njerëzit mundën të ikin në çadrat e tyre.

²² Kështu Edomi ka qenë i panënshtruar ndaj pushtetit të Judës deri në ditën e sotme. Në atë kohë edhe Libnahu ngriti krye.

²³ Pjesa tjetër e bëmave të Joramit dhe të gjitha ato që bëri a nuk janë të shkruara në librin e Kronikave të mbretërve të Judës?

²⁴ Kështu Joramin e zuri gjumi bashkë me etërit e tij dhe u varros bashkë me ta në qytetin e Davidit. Në vend të tij mbretëroi i biri, Ashaziahu.

²⁵ Në vitin e dymbëdhjetë të Joramit, birit të Ashabit, mbreti i Izraelit, filloi të mbretërojë Ashaziahu, bir i Jerohamit, si mbret i Judës.

²⁶ Ashaziahu ishte njëzet e dy vjeç kur filloi të mbretërojë, dhe mbretëroi një vit në Jeruzalem. E ëma quhej Athaliah, ishte mbesa e Omrit, mbretit të Izraelit.

²⁷ Ai vazhdoi rrugën e shtëpisë së Ashabit dhe bëri atë që është e keqe në sytë e Zotit, ashtu si shtëpia e Ashabit, sepse ishte i lidhur me marrëdhënie krushqie me shtëpinë e Ashabit.

²⁸ Me Joramin, birin e Ashabit, ai shkoi të luftojë kundër Hazaelit, mbretit të Sirisë, në Ramoth të Galaadit; por Sirët plagosën Joramin;

²⁹ atëherë mbreti Joram u kthye në Jezreel për të mjekuar plagët që kishte marrë nga Sirët në Ramah, kur luftonte kundër Hazaelit, mbretit të Sirisë. Dhe Ashaziahu, bir i Jerohamit mbret i Judës, zbriti në Jezreel për të parë Joramin, birin e Ashabit, sepse ky ishte i sëmurë.

Kapitull 9

¹ Atëherë profeti Eliseu thirri një nga dishepujt e profetëve dhe i tha: "Ngjesh brezin, merr me vete këtë enë të vogël me vaj dhe shko në Ramoth të Galaadit.

² Kur të arrish aty, kërko të takosh Jehun, birin e Jozafatit, që është bir i Nimshit; hyrë në dhomë, merre nga mesi i vëllezërve të tij dhe çoje në një dhomë të veçantë.

³ Do të marrësh pastaj enën e vogël me vaj dhe do ta derdhësh mbi kokën e tij, duke thënë: Kështu thotë Zoti: "Unë të vajos mbret të Izraelit". Pastaj hape portën dhe mbathja pa humbur kohë".

⁴ Atëherë i riu, shërbëtori i profetit, u nis për në Ramoth të Galaadit.

⁵ Kur arriti aty, i gjeti kapitenët e ushtarët të ulur bashkë dhe tha: "Kam një kumtesë për ty, o kapiten". Jehu e pyeti: "Për cilin prej nesh?". Ai u përgjigj: "Për ty, kapiten".

⁶ Atëherë u ngrit dhe hyri në shtëpi; i riu i derdhi vajin mbi kryet, duke i thënë: "Kështu thotë Zoti, Perëndia i Izraelit: "Unë të vajos mbret të popullit të Zotit, të Izraelit.

⁷ Ti do të godasësh shtëpinë e Ashabit, zotit sate, kështu do të marr hak për gjakun që kanë derdhur profetët, shërbëtorë të mi, dhe për gjakun e tërë shërbëtorëve të Zotit, që është derdhur nga dora e Jezebelit.

⁸ Tërë shtëpia e Ashabit do të shuhet dhe unë do të shfaros nga kjo shtëpi tërë meshkujt, skllevër apo të lirë, që janë në Izrael.

⁹ Kështu do ta katandis shtëpinë e Ashabit si shtëpinë e Joreboamit, birit të Nebatit, dhe si atë të Baashas, birit të Ahijahut.

¹⁰ Qentë do të hanë Jezebelin në fushën e Jezreelit, dhe nuk do të ketë njeri që ta varrosë"". Pastaj i riu hapi portën dhe iku me vrap.

¹¹ Kur Jehu doli nga shërbëtorët e zotit të tij, një nga këta e pyeti: "A shkon çdo gjë mirë? Pse ai i marrë erdhi te ty?". Ai u përgjigj: "Ju e njihni njeriun dhe fjalët e tij!".

¹² Por ata thanë: "S'është e vërtetë! Na e thuaj, pra!". Jehu u përgjigj: "Ai më tha kështu e ashtu, duke deklaruar: Kështu thotë Zoti: "Unë të vajos mbret të Izraelit"".

¹³ Atëherë ata shpejtuan të merrnin secili mantelin e tij dhe ta shtrijnë poshtë tij në po ato shkallëza; pastaj i ranë borisë dhe thanë: "Jehu është mbret!".

¹⁴ Kështu Jehu, bir i Josafatit, që ishte i biri i Nimshit, kurdisi një komplot kundër Joramit. (Por Jorami, me tërë Izraelin, ishte duke mbrojtur Ramothin e Galaadit kundër Hazaelit, mbretit të Sirisë).

¹⁵ pastaj mbreti Joram ishte kthyer nga Jezreeli për të shpëtuar plagët që i kishin shkaktuar Sirët ndërsa luftonte kundër Hazaelit, mbretit të Sirisë). Jehu tha: "Në rast se mendoni në të njëjtën mënyrë, asnjeri të mos dalë nga qyteti për të njoftuar Jezreelin".

¹⁶ Pastaj Jehu hipi mbi një qerre dhe u nis për në Jezreel, sepse aty ndodhej i sëmurë Jorami, dhe Ashaziahu, mbret i Judës, kishte zbritur për të vizituar Joramin.

¹⁷ Roja që rrinte mbi kullën e Jezreelit vuri re ushtrinë e madhe të Jehut që vinte dhe tha: "Shoh një grumbull të madh!". Jorami urdhëroi: "Merr një kalorës dhe çoje t'i takojë për t'i pyetur: "A sillni paqen?"".

¹⁸ Atëherë një njeri i hipur mbi kalë u doli përpara dhe u tha: "Kështu pyet mbreti: "A sillni paqe?"". Jehu u përgjigj: "Ç'të hyn në punë paqja? Kalo prapa dhe ndiqmë". Roja njoftoi duke thënë: "Lajmëtari arriti tek ata, por nuk po kthehet".

¹⁹ Atëherë Jorami dërgoi një kalorës të dytë, i cili me të arritur tek ata, tha: "Kështu pyet mbreti: "A sillni paqen?". Jehu u përgjigj: "Ç'të hyn në punë paqja? Kalo prapa dhe ndiqmë".

²⁰ Roja njoftoi duke thënë: "Lajmëtari ka arritur tek ata, por nuk po kthehet. Mënyra e të ngarit të qerres është ajo e Jehut, birit të Nimshit, sepse e nget si i çmëndur".

²¹ Atëherë Jorami tha: "Përgatitni qerren!". Kështu i përgatitën qerren. Pastaj Jorami, mbret i Izraelit dhe Ashaziahu, mbret i Judës, dolën secili me qerren e vet për t'i dalë përpara Jehut dhe gjetën në fushën e Nabothit të Jezreelit.

²² Kur Jorami pa Jehun, i tha: "A sjell paqen, Jehu?". Jehu u përgjigj: "Ç'paqe mund të ketë deri sa vazhdojnë kurvëritë e nënës sate Jezebel dhe magjitë e shumta të saj?".

²³ Atëherë Jorami e kthehu drejtimin e qerres dhe iku me vrap duke i thënë Ashaziahut: "Tradhti, Ashaziah!".

²⁴ Por Jehu e ndau harkun me të gjithë forcën e tij dhe e goditi Joramin midis shpatullave; shigjeta i shpoi zemrën dhe ai u plandos në qerren e tij.

²⁵ Pastaj Jehu i tha Bidkarit, ndihmësit të tij: "Merre dhe hidhe në kampin e Nabothit të Jezreelit sepse më kujtohet, kur ti dhe unë shkonim me kalë bashkë me suitën e Ashabit, atit të tij, Zoti shqiptoi kundër tij këtë orakulli".

²⁶ "Dje me siguri pashë gjakun e Nabothit dhe gjakun e bijve të tij", thotë Zoti, "dhe unë do të shpërblej në po këtë fushë", thotë Zoti! Kape, pra, dhe hidhe në fushë, sipas fjalës së Zotit".

²⁷ Duke parë këtë, Ashaziahu, mbret i Judës, iku me vrap nëpër rrugën e shtëpisë me kopsht, por Jehu, iu ndjek prapa dhe tha: "Bjerini, edhe atij me qerre". Dhe e gjuajtën në të përpjetën e Gurit, që është afër Ibleamit. Por ai iku në Megido, ku vdiq.

²⁸ Atëherë shërbëtorët e tij e çuan mbi një qerre në Jeruzalem dhe e varrosën në varrin e tij bashkë me etërit e tij, në qytetin e Davidit.

²⁹ Ashaziahu kishte filluar të mbretëronte mbi Judë, vitin e dymbëdhjetë të Joramit, birit të Ashabit.

³⁰ Kur Jehu arriti në Jezreel, Jezebeli e mori vesh. Atëherë filloi të zbukurojë sytë, rregulloi flokët dhe doli në dritare për të parë.

³¹ Ndërsa Jehu po hynte në portë, ajo i tha: "A sjell paqen, Zimri, vrasës i zotit sate?".

³² Jehu ngriti sytë nga dritarja dhe tha: "Kush është me mua? Kush?". Dy ose tre eunikë dolën në dritare duke shikuar nga ai.

³³ Ai tha: "Hidheni poshtë!". Ata e hodhën poshtë, dhe pak gjak i saj ra mbi murin dhe mbi kuajt; dhe Jehu kaloi mbi të.

³⁴ Pastaj hyri brenda, hëngri dhe piu; në fund tha: "Shkoni të shihni atë grua të mallkuar dhe varroseni, sepse është bijë mbreti".

³⁵ Shkuan, pra, ta varrosin, por gjetën prej saj vetëm kafkën, këmbët dhe pëllëmbët e duarve.

³⁶ U kthyen t'i tregonin gjendjen Jehut, që tha: "Kjo është fjala e Zotit e shqiptuar me anë të shërbëtorit të tij Elia, Tishbitit, kur tha: "Qentë kanë për të ngrënë mishin e Jezebelit në fushën e Jezreelit;

³⁷ kufoma e Jezebelit do të jetë në fushën e Jezreelit si pleh në sipërfaqen e tokës; kështu nuk do të mundin të thonë: Këtu prehet Jezebeli"".

Kapitull 10

¹ Ashabi kishte në Samari shtatëdhjetë bij. Jehu shkroi letra dhe ua dërgoi në Samari krerëve të qytetit, pleqve dhe tutorëve të bijve të Ashabit; në to thoshte:

² "Sa t'ju arrijë kjo letër, me qenë se keni me vete bijtë e zotit suaj dhe keni qerre dhe kuaj, një qytet të fortifikuar dhe armë,

³ zgjidhni birin më të mirë dhe më të përshtatshëm të zotit suaj, vendoseni mbi fronin e atit të tij dhe luftoni për shtëpinë e zotit suaj".

⁴ Por ata patën shumë frikë dhe thanë: "Ja, dy mbretër nuk mundën ta përballojnë; si mund ta përballojmë ne?".

⁵ Prandaj prefekti i pallatit, qeveritari i qytetit, pleqtë dhe tutorët e bijve të Ashabit dërguan t'i thonë Jehut: "Ne jemi shërbëtorët e tu dhe do të bëjmë të gjitha ato që do të na urdhërosh; nuk do të zgjedhim asnjë mbret; bëj atë që të duket më e mirë".

⁶ Atëherë ai u shkroi një letër të dytë, në të cilën thoshte: "Në rast se mbani anën time dhe doni t'i bindeni zërit tim, merrni kokat e atyre njerëzve, të bijve të zotit suaj dhe ejani tek unë në Jezreel, nesër në këtë orë". Bijtë e mbretit, gjithsej shtatëdhjetë, rrinin me fisnikët e qytetit, që i edukonin.

⁷ Me të marrë letrën, ata morën bijtë e mbretit dhe i therën të shtatëdhjetët; pastaj i vunë në shporta kokat e tyre dhe ia çuan Jehut në Jezreel.

⁸ Kështu erdhi një lajmëtar për t'i njoftuar ngjarjen dhe i tha: "Kanë sjellë kokat e bijve të mbretit". Jehu u përgjigj: "Vendosini në dy grumbuj në hyrje të portës deri nesër në mëngjes".

⁹ Të nesërmen ai doli dhe, duke qëndruar në këmbë, i tha tërë popullit: "Ju jeni të drejtë; ja, unë kam komplotuar kundër zotërisë sime dhe e kam vrarë; po kush i ka vrarë tërë këta?

¹⁰ Pranoni, pra, që nuk ka rënë për tokë asnjë nga fjalët e Zotit që ky ka shqiptuar kundër shtëpisë të Ashabit; Zoti në të vërtetë ka kryer atë që kishte thënë me anë të shërbëtorit të tij Elia.

¹¹ Kështu Jehu bëri që të vdesin tërë ata që kishin mbetur nga shtëpia e Ashabit në Jezreel, tërë të mëdhenjtë, miqtë dhe priftërinjtë e tij, pa lënë asnjë prej tyre.

¹² Pastaj u ngrit dhe shkoi në Samari. Gjatë rrugës, me të arritur në Beth-Eked,

¹³ Jehu takoi vëllezërit e Ashaziahut, mbretit të Judës, dhe tha: "Kush jeni?". Ata u përgjigjen: "Jemi vëllezërit e Ashaziahut dhe po zbresim për të përshëndetur bijtë e mbretit dhe bijtë e mbretëreshës".

¹⁴ Atëherë ai urdhëroi: "Kapini të gjallë!". Kështu i zunë të gjallë dhe i therën pranë pusit të Beth-Ekedit, gjithsej dyzet e dy veta; nuk kursyen as edhe një.

¹⁵ U nis që andej dhe gjeti Jehonadabin, birin e Rekabit, që iu kishte dalë para; e përshëndeti dhe i tha: "A është zemra jote e drejtë ashtu siç është imja ndaj teje?". Jehonadabi u përgjigj: "Është".

¹⁶ "Eja me mua dhe do të shohësh zellin tim për Zotin!". Pastaj e mori me vete në qerren e tij.

¹⁷ Me të arritur në Samari, vrau tërë ata që kishin mbetur nga shtëpia e Ashabit në Samari, deri në shkatërrimin e plotë të saj, sipas fjalës që Zoti i kishte thënë Elias.

¹⁸ Pastaj Jehu mblodhi tërë popullin dhe i tha: "Ashabi i ka shërbyer pak Baalit, por Jehu do t'i shërbejë shumë më tepër.

¹⁹ Tani thirri pranë meje tërë profetët e Baalit, tërë shërbëtorët dhe priftërinjtë e tij; të mos mungojë asnjë prej tyre, sepse duhet t'i bëj një flijim të madh Baalit; ai që do të mungojë, nuk do mbetet i gjallë". Por Jehu vepronte me mashtrim për të shkatërruar adhuruesit e Baalit.

²⁰ Pastaj Jehu urdhëroi: "Shpallni një festë solemne për nder të Baalit!". Festa u shpall.

²¹ Pastaj Jehu dërgoi lajmëtarë nëpër gjithë Izraelin; kështu tërë adhuruesit e Baalit erdhën dhe nuk mungoi asnjë prej tyre; hynë në tempullin e Baalit dhe tempulli u mbush plot nga një anë në anën tjetër.

²² Jehu i tha rojtarit të rrobave: "Nxirri jashtë rrobat për të gjithë adhuruesit e Baalit". Kështu ai i nxori rrobat për ta.

²³ Atëherë Jehu, bashkë me Jehonadabin, birin e Rekabit, hyri në tempullin e Baalit dhe u tha adhuruesve të Baalit: "Kërkoni mirë dhe shikoni që këtu të mos ketë asnjë shërbëtor të Zotit, por vetëm adhurues të Baalit".

²⁴ Kështu ata hynë për të ofruar flijime dhe olokauste. Jehu kishte vënë jashtë tempullit tetëdhjetë burra, të cilëve u kishte thënë: "Në rast se dikush lë të ikë një njeri i vetëm nga njerëzit që kam lënë në duart tuaja, do ta paguajë me jetën e tij jetën e atij që ka ikur".

²⁵ Kështu, sa mbaroi oferta e olokaustit, Jehu u dha këtë urdhër rojeve dhe kapitenëve: "Hyni, vritni dhe mos lini që asnjë t'ju ikë!". Prandaj ata i kaluan në majë të shpatës, pastaj rojet dhe kapiteneti i hodhën jashtë dhe depërtuan në pjesën e brendshme të tempullit të Baalit;

²⁶ pastaj çuan jashtë shtyllat e shenjta të tempullit të Baalit dhe i dogjën.

²⁷ Pastaj shkatërruan statujën e Baalit dhe shembën tempullin e tij, duke e katansdisur në një vend ku grumbullohen plehrat e kështu mbetet edhe sot e kësaj dite.

²⁸ Kështu Jehu bëri që të zhduket Baali nga Izraeli;

²⁹ megjithatë ai nuk u tërhoq nga mëkatet e Jeroboamit, birit të Nebatit, me të cilët e kishte bërë të kryente mëkate Izraelin, domethënë nga viçat e artë që ishin në Bethel dhe në Dan.

³⁰ Prandaj Zoti i tha Jehut: "Me qenë se ke vepruar mirë, duke bërë atë që është e drejtë në sytë e mi, dhe i ke bërë shtëpisë së Ashabit të gjitha atë që kisha në zemër, bijtë e tu do të ulen mbi fronin e Izraelit deri në brezin e katërt".

³¹ Por Jehu nuk u kujdesua të ndiqte me gjithë zemër ligjin e Zotit, Perëndisë së Izraelit; në fakt ai nuk u largua nga mëkatet e Jeroboamit, me të cilat e kishte bërë Izraelin të mëkatonte.

³² Në atë kohë Zoti filloi t'i presë disa pjesë të Izraelit; në fakt Hazaeli i mundi Izraelitët gjatë gjithë kufirit të tyre:

³³ nga Jordani drejt lindjes, pushtoi tërë vendin e Galaadit, Gaditët, Rubenitët dhe Manasitët; nga Aroeri, që është afër përroit të Amonit, deri në Galaad dhe Bashan.

³⁴ Pjesa tjetër e bëmave të Jehut, tërë ato që bëri dhe të gjitha trimëritë e tij a nuk janë të shkruara në librin e Kronikave të mbretërve të Izraelit?

³⁵ Pastaj Jehun e zuri gjumi bashkë me etërit e tij dhe e varrosën në Samari. Në vend të tij mbretëroi i biri Jehoahazi.

³⁶ Jehu mbretëroi mbi Izraelin në Samari njëzet e tetë vjet.

Kapitull 11

¹ Kur Athaliah, e ëma e Ashaziahut, pa që i biri kishte vdekur, u ngrit dhe zhduku tërë pasardhësit mbretërorë.

² Por Jehosheba, bija e mbretit Joram dhe e motra e Ashaziahut, mori Joasin, birin e Ashaziahut, e nxorri fshehurazi nga mesi i bijve të mbretit që ishin vrarë dhe e vuri me tajën në dhomën e shtretërve; kështu ia fshehën Athaliahut dhe nuk u vra.

³ Mbeti, pra, i fshehur gjashtë vjet në shtëpinë e Zotit me të, ndërsa Athaliah mbretëronte mbi vendin.

⁴ Vitin e shtatë Jehojada dërgoi të thërrasë komandantët e qindsheve të rojeve personale dhe të rojeve dhe i solli pranë vetes në shtëpinë e Zotit; ai lidhi një besëlidhje me ta, i vuri të betohen në shtëpinë e Zotit dhe u tregoi birin e mbretit.

⁵ Pastaj i urdhëroi, duke thënë: "Kjo është ajo që ju do të bëni: një e treta e atyre prej jush që hyjnë në shërbim ditën e shtunë, ka për të ruajtur shtëpinë e mbretit;

⁶ një e treta portën e Surit dhe një e treta portën prapa rojeve. Ju do të ruani shtëpinë, duke ndaluar hyrjen në të.

⁷ Dy pjesët e tjera prej jush, domethënë tërë ata që e lënë shërbimin ditën e shtunë, kanë për të ruajtur shtëpinë e Zotit rreth mbretit.

⁸ Ju do të viheni rreth mbretit, secili me armët e tij në dorë; dhe kushdo që do të kërkojë të futet në radhët tuaja, do të vritet. Ju do të jeni me mbretin qoftë kur del, qoftë kur hyn".

⁹ Kështu komandantët e qindsheve vepruan pikërisht ashtu si kishte urdhëruar prifti Jehojada. Secili mori njerëzit e tij, ata që hynin në shërbim ditën e shtunë dhe ata që linin shërbimin ditën e shtunë, dhe shkuan te prifti Jehojada.

¹⁰ Prifti u dha komandantëve të qindsheve shtizat dhe mburojat që i kishte pasur mbreti David dhe që ishin në shtëpinë e Zotit.

¹¹ Rojet, secili me armën e tij në dorë, u vendosën në krahun jugor të tempullit deri në krahun e tij verior, pranë altarit dhe tempullit, rreth mbretit.

¹² Pastaj Jehojada e çoi jashtë birin e mbretit, i vuri mbi kokë diademën dhe i dorëzoi ligjin. E shpallën mbret dhe e vajosën; pastaj duartrokitën dhe thirrën: "Rroftë mbreti!".

¹³ Kur Athaliahu dëgjoi zhurmën e rojeve dhe të popullit, shkoi në drejtim të popullit në shtëpinë e Zotit.

¹⁴ Vështroi dhe e pa mbretin në këmbë mbi podiumin, sipas zakonit; kapitenët dhe borizanët ishin afër mbretit, ndërsa tërë populli i vendit ishte në festë dhe u binte borive. Atëherë Athaliahu grisi rrobat e saj dhe bërtiti: "Tradhëti, tradhëti!".

¹⁵ Por prifti Jehojada urdhëroi komandantët e qindshëve, që komandonin ushtrinë, dhe u tha atyre: "Nxirreni jashtë nga rreshtat dhe kushdo që i shkon pas të vritet me shpatë!". Në fakt prifti kishte thënë: "Mos lejoni që ajo të vritet në shtëpinë e Zotit".

¹⁶ Kështu e kapën dhe, sa po arriti në shtëpinë e mbretit nëpër rrugën e portës së kuajve, aty e vranë.

¹⁷ Pastaj Jehojada bëri një besëlidhje midis Zotit, mbretit dhe popullit, me qëllim që Izraeli të ishte populli i Zotit; lidhi gjithashtu një

besëlidhje midis mbretit dhe popullit.

¹⁸ Atëherë tërë populli i vendit shkoi në tempullin e Baalit dhe e shkatërroi; i bëri copë-copë tërë altarët dhe shëmbëlltyrat e tij, vrau para altarëve Matanin, priftin e Baalit. Pastaj prifti Jehojada vendosi roje rreth shtëpisë së Zotit.

¹⁹ Pastaj mori komandantët e qindsheve të rojeve personale të mbretit dhe të rojeve dhe tërë popullin e vendit; këta bënë që mbreti të zbresë nga shtëpia e Zotit dhe, duke ndjekur rrugën e portës së rojeve e çuan në shtëpinë e mbretit, ku ai u ul në fronin e mbretërve.

²⁰ Kështu populli i vendit bëri festë dhe qyteti mbeti i qetë, sepse kishin vrarë me shpatë Athaliahun në shtëpinë e mbretit.

²¹ Joasi ishte shtatë vjeç kur filloi të mbretërojë.

Kapitull 12

¹ Në vitin e shtatë të Jehut, Joasi filloi të mbetërojë dhe mbretëroi dyzet vjet në Jeruzalem. Nëna e tij quhej Tsibiah, ishte nga Beer-Sheba.

² Joasi bëri atë që ishte e drejtë në sytë e Zotit për tërë kohën që udhëhiqej nga prifti Jehojada.

³ Megjithatë vendet e larta nuk u ndryshuan; populli vazhdonte të bënte flijime dhe të digjte temjan në vendet e larta.

⁴ Joasi u tha priftërinjve: "Tërë paratë e gjërave të shenjtëruara që çohen në shtëpinë e Zotit, paratë e vëna mënjanë, paratë e caktuara për shpengimin e vetes dhe tërë paratë që secili e ndjen në zemër t'ia çojë shtëpisë së Zotit,

⁵ t'i marrin priftërinjtë, secili nga i njohuri i tij, dhe të ndreqin dëmtimet që ka pasur tempulli kudo që të ndodhen".

⁶ Por në vitin e njëzetetretë të mbretit Joas priftërinjtë nuk kishin ndrequr akoma dëmtimet e tempullit.

⁷ Atëherë mbreti Joas thirri priftin Jehojada dhe priftërinjtë e tjerë dhe u tha: "Pse nuk i keni ndrequr dëmtimet e tempullit? Prandaj mos merrni më para nga të njohurit tuaj, por u jepni për të ndrequr dëmtimet e tempullit".

⁸ Priftërinjtë pranuan të mos merrnin më para nga populli, as edhe të ndreqnin dëmtimet e tempullit.

⁹ Pastaj prifti Jehojada mori një arkë, hapi një vrimë në kapakun e saj dhe e vendosi përbri altarit, në krahun e djathtë të atij që hyn në shtëpinë e Zotit; priftërinjtë që ruanin hyrjen vendosën aty tërë paratë e sjella në shtëpinë e Zotit.

¹⁰ Kur ata shihnin që në arkë kishte shumë para, atëherë vinin sekretari i mbretit dhe kryeprifti që i vinin paratë në qese dhe numëronin paratë e gjetura në shtëpinë e Zotit.

¹¹ Pastaj paratë që ishin peshuar i dorëzonin në duart e atyre që kryenin punë, të cilëve u ishte besuar mbikqyrja e shtëpisë së Zotit; dhe këta ua kalonin marangozëve dhe ndërtuesve që punonin në shtëpinë e Zotit,

¹² muratorëve dhe gdhëndësve, për të blerë dru dhe gurë të latuar, të nevojshëm për të ndrequr dëmtimet e shtëpisë së Zotit dhe për të mbuluar të gjitha shpenzimet e bëra për ndreqjen e tempullit.

¹³ Por me paratë e sjella në shtëpinë e Zotit nuk u bënë, për shtëpinë e Zotit, as kupa prej argjendi, as pastrues, as enë, as bori, asnjë send ari ose asnjë send argjendi;

¹⁴ paratë u jepeshin vetëm atyre që kryenin punimet, të cilët i përdornin për të restauruar shtëpinë e Zotit.

¹⁵ Përveç kësaj nuk u kërkohej asnjë llogari atyre që u ishin dorëzuar paratë, të cilat duhet t'u jepeshin zbatuesve të punimeve, sepse këta punonin me përpikmëri.

¹⁶ Paratë e flijimeve të shlyerjes dhe ato të flijimeve për mëkatet nuk çoheshin në shtëpinë e Zotit; ato ishin për priftërinjtë.

¹⁷ Në atë kohë Hazaeli, mbret i Sirisë, doli për të luftuar kundër Gathit dhe e pushtoi; pastaj Hazaeli u përgatit të sulmonte Jeruzalemin.

¹⁸ Atëherë Joasi, mbret i Judës, mori tërë sendet e shenjta që etërit e tij Jozafati, Jehorami dhe Ashaziahu, mbretër të Judës kishin shenjtëruar, ato që kishte shenjtëruar ai vetë dhe tërë arin që gjendej në thesarët e shtëpisë së Zotit dhe në shtëpinë e mbretit, dhe i dërgoi të gjitha Hazaelit, mbretit të Sirisë, që u tërhoq nga Jeruzalemi.

¹⁹ Pjesa tjetër e bëmave të Joasit dhe tërë ato që bëri a nuk janë të shkruara në librin e Kronikave të mbretërve të Judës?

²⁰ Shërbëtorët e Joasit ngritën krye, kurdisën një komplot dhe e vranë në shtëpinë e Milos, në tatëpjetën në drejtim të Silas.

²¹ Jozakari, bir i Shimeathit, dhe Jehozabadi, bir i Shomerit, shërbëtorë të tij, e goditën dhe ai vdiq. E varrosën pastaj bashkë me etërit e tij në qytetin e Davidit. Në vend të tij mbretëroi i biri, Amatsiahu.

Kapitull 13

¹ Në vitin e njëzretetretë të Joasit, birit të Ashaziahut, mbret i Judës, Jehozazi, bir i Jehut, filloi të mbretërojë mbi Izrael në Samari, dhe mbretëroi shtatëmbëdhjetë vjet.

² Ai bëri atë që është e keqe në sytë e Zotit dhe vijoi mëkatet e Jeroboamit, birit të Nebatit, me të cilët e kishte bërë Izraelin të kryente mëkate, dhe nuk u largua nga kjo rrugë.

³ Atëherë zemërimi i Zotit shpërtheu kundër Izraelit dhe i dorëzoi në duart e Hazaelit, mbretit të Sirisë, dhe në duart e Ben-Hadadit, birit të Hazaelit, për tërë atë kohë.

⁴ Por Jehohazi iu lut Zotit dhe Zoti e kënaqi, sepse pa shtypjen e Izraelit dhe se si mbreti i Sirisë i shtypte.

⁵ Prandaj Zoti i dha një çlirues Izraelit, dhe kështu banorët e tij mundën t'i shpëtojnë pushtetit të Sirëve; kështu bijtë e Izraelit mundën të banojnë në çadrat e tyre si në të kaluarën.

⁶ Megjithatë nuk u larguan nga mëkatet e shtëpisë së Jeroboamit me të cilat e kishin bërë të kryente mëkate Izraelin, por vazhduan në këtë rrugë; bile edhe Asherahu mbeti më këmbë në Samari.

⁷ Nga të gjitha trupat e Jehoahazit Zoti la vetëm pesëdhjetë kalorës, dhjetë qerre dhe dhjetë mijë këmbësorë, sepse mbreti i Sirisë i kishte shkatëruar dhe katandisur në pluhur për t'u shkelur.

⁸ Pjesa tjetër e bëmave të Jehoahazit, tërë atë që bëri dhe tërë trimëritë e tij a nuk janë të shkruara në librin e Kronikave të mbretërve të Izraelit?

⁹ Kështu Jehoahazin e zuri gjumi me etërit e tij dhe u varros në Samari. Në vend të tij mbretëroi i biri, Joasi.

¹⁰ Në vitin e tridhjetë e shtatë të Joasit, mbretit të Judës, bir i Jehoahazit, filloi të mbretërojë mbi Izraelin në Samari, dhe mbretëroi gjashtëmbëdhjetë vjet.

¹¹ Ai bëri atë që është e keqe në sytë e Zotit dhe nuk u largua nga mëkatet e Jeroboamit, birit të Nebatit, me të cilat e kishte bërë të kryente mëkate Izraelin, por vazhdoi në këtë rrugë.

¹² Pjesa tjetër e bëmave të Joasit, tërë atë që bëri dhe trimëria me të cilën luftoi kundër Amatsiahut, mbretit të Judës, a nuk janë të shkruara në librin e Kronikave të mbretërve të Izraelit?

¹³ Kështu Joasin e zuri gjumi me etërit e tij dhe Jeroboami u ul mbi fronin e tij. Pastaj Joasi u varros në Samari me mbretërit e Izraelit.

¹⁴ Eliseu u sëmur nga ajo sëmundje prej së cilës duhet të vdiste; prandaj Joasi, mbret i Izraelit, erdhi ta shohë dhe qau mbi të, duke thënë: "O ati im, o ati im, qerrja e Izraelit dhe kalorësia e tij!".

¹⁵ Atëherë Eliseu i tha: "Merr një hark dhe disa shigjeta", ai mori një hark dhe disa shigjeta.

¹⁶ Eliseu i tha pastaj mbretit të Izraelit: "Rroke harkun"; ai e rroku dhe Eliseu vuri duart e tij mbi duart e mbretit.

¹⁷ Pastaj tha: "Hape dritaren nga lindja!". Ai e hapi. Atëherë Eliseu tha: "Gjuaj!". Ai gjuajti. Pas kësaj Eliseu i tha: "Shigjeta e fitores së Zotit dhe shigjeta e fitores kundër Sirëve, sepse ti do t'i mundësh Sirët në Afek deri sa t'i shfarosësh".

¹⁸ Pastaj tha: "Merri shigjetat!", dhe ai i mori. Eliseu i tha pastaj mbretit të Izraelit: "Rrihe tokën"; ai e rrahu tri herë dhe pastaj u ndal.

¹⁹ Por njeriu i Perëndisë u zemërua me të dhe i tha "Duhet ta kishe rrahur pesë ose gjashtë herë; atëherë do t'i kishe mundur Sirët deri sa t'i zhdukje fare; tani përkundrazi do t'i mundësh Sirët vetëm tri herë".

²⁰ Pastaj Eliseu vdiq dhe e varrosën. Në fillim të vitit vijues disa banda Moabitësh pushtuan vendin.

²¹ Por ndodhi që, ndërsa disa varrosnin një njeri, panë një bandë plaçkitësish; kështu e hodhën njeriun në varrin e Eliseut. Sa arriti ai të prekë kockat e Eliseut, u ringjall dhe u ngrit më këmbë.

²² Hazaeli, mbret i Sirisë, e shtypi Izraelin gjatë tërë jetës së Jehoahazit;

²³ por Zoti i fali ata, i erdhi keq dhe u kthye me ta për shkak të besëlidhjes që kishte me Abrahamin, me Isakun dhe me Jakobin; dhe këtë radhë nuk deshi t'i shkatërrojë apo t'i largojë nga prania e tij.

²⁴ Pastaj vdiq Hazaeli, mbret i Sirisë, dhe në vend të tij mbretëroi i biri, Ben-Hadadi.

²⁵ Atëherë Joasi, bir i Jehoahazit rimori nga duart e Ben-Hadadit, birit të Hazaelit, qytetet që ai kishte marrë me luftë kundër Jehoahazit, atit të tij. Tri herë të mira Joasi e mundi dhe ripushtoi kështu qytetet e Izraelit.

Kapitull 14

¹ Vitin e dytë të Joasit, birit të Jehoahazit, mbret i Izraelit, filloi të mbretërojë Amatsiahu, bir i Joasit, mbret i Judës.

² Kur filloi të mbretërojë ishte njëzet e pesë vjeç, dhe mbretëroi njëzet e nëntë vjet në Jeruzalem. E ëma quhej Jehoadan, ishte nga Jeruzalemi.

³ Ai bëri atë që është e drejtë në sytë e Zotit, por jo si Davidi, ati i

tij; bëri gjithçka ashtu siç kishte vepruar Joasi, ati i tij.

⁴ Megjithatë vendet e larta nuk u hoqën; populli vazhdonte të bënte flijime dhe të digjte temjan në vendet e larta.

⁵ Sa filloi të ushtrojë një kontroll të rreptë mbi mbretërinë, ai i vrau shërbëtorët e tij që kishin vrarë të atin, mbretin;

⁶ por nuk vrau bijtë e vrasësve, sipas asaj që është shkruar në librin e ligjit të Moisiut, në të cilin Zoti ka urdhëruar duke thënë: "Etërit nuk do të dënohen me vdekje për bijtë e tyre, as bijtë nuk do të vriten për etërit e tyre; secili do të dënohet me vdekje për mëkatin e vet".

⁷ Ai vrau dhjetë mijë Idumej në luginën e Kripës; dhe me luftë pushtoi Selën dhe i vuri emrin Joktheel, që ka mbetur deri më sot.

⁸ Atëherë Amatsiahu i dërgoi lajmëtarë Joasit, birit të Jehoahazit, birit të Jehut, mbret i Izraelit, për t'i thënë: "Eja, të ndeshemi njeri me tjetrin në betejë".

⁹ Joasi, mbret i Izraelit, dërgoi t'i thonë Amatsiahut, mbretit të Judës: "Gjembi i Libanit i dërgoi fjalë kedrit të Libanit: "Jepi tët bijë për grua birit tim". Por andej kaloi një kafshë e egër e Libanit dhe e shkeli gjembin.

¹⁰ Ti ke mundur Edomin dhe zemra jote të ka bërë krenar. Lavdërou megjithatë, por rri në shtëpinë tënde. Pse dëshiron një fatkeqësi, duke marrë më qafë veten dhe Judën bashkë me ty?".

¹¹ Por Amatsiahu nuk e dëgjoi. Kështu Joasi mbret i Izraelit, doli; prandaj ai dhe Amatsiahu, mbret i Judës, u ndeshën njeri me tjetrin në Beth-Shemesh, që ishte pronë e Judës.

¹² Juda u mund nga Izraeli, dhe secili prej tyre iku në çadrën e vet.

¹³ Në Beth-Shemesh Joasi, mbret i Izraelit, kapi Amatsiahun, mbretin e Judës, birin e Joasit, që ishte bir i Ashaziahut. Pastaj shkoi në Jeruzalem ku bëri një të çarë prej katërqind kubitësh në muret e Jeruzalemit, nga porta e Efraimit deri te porta e Qoshes.

¹⁴ Gjithashtu mori tërë arin dhe argjendin dhe tërë sendet që ndodheshin në shtëpinë e Zotit dhe në thesaret e shtëpisë së mbretit, bashkë me njerëzit peng, dhe u kthye në Samari.

¹⁵ Pjesa tjetër e bëmave të Joasit, trimëria e tij dhe si luftoi kundër Amatsiahut mbretit të Judës, a nuk janë të shkruara në librin e Kronikave të mbretërve të Izraelit?

¹⁶ Kështu Joasin e zuri gjumi bashkë me etërit e tij dhe u varros në Samari me mbretërit e Izraelit. Në vend të tij mbretëroi i biri, Jeroboami.

¹⁷ Amatsiahu, bir i Joasit dhe mbret i Judës, jetoi edhe pesëmbëdhjetë vjet mbas vdekjes së Joasit, birit të Jehoahazit dhe mbret i Izraelit.

¹⁸ Pjesa tjetër e bëmave të Amatsiahut a nuk është e shkruar në librin e Kronikave të mbretërve të Judës?

¹⁹ Kundër tij u kurdis një komplot në Jeruzalem dhe ai iku në Lakish; por e ndoqën deri në Lakish, ku e vranë.

²⁰ Pastaj e mbartën me kuaj dhe e varrosën në Jeruzalem bashkë me etërit e tij në qytetin e Davidit.

²¹ Atëherë tërë populli i Judës mori Azariahun, që ishte gjashtëmbëdhjetë vjeç, dhe e bëri mbret në vend të atit të tij Amatsiah.

²² Mbasi mbretin e zuri gjumi bashkë me etërit e tij, ai rindërtoi Elathin dhe ripushtoi Judën.

²³ Në vitin e pesëmbëdhjetë të Amatsiahut, birit të Joasit dhe mbret i Judës, filloi të mbretërojë në Samari Jeroboami, bir i Joasit, mbret i Izraelit, dhe e mbajti fronin dyzet e një vjet.

²⁴ Ai bëri atë që është e keqe për sytë e Zotit; nuk u largua nga asnjë prej mëkateve të Jeroboamit, birit të Nebatit, që kishte bërë të kryente mëkate Izraelin.

²⁵ Ai rivendosi kufijtë e Izraelit nga hyrja e Hamathit në detin e Arahahut, sipas fjalës të Zotit, Perëndisë të Izraelit, të shqiptuar nga profeti Jona, birit të Amitait, që ishte nga Gath-Heferi.

²⁶ Në fakt Zoti kishte parë që dëshpërimi i Izraelit ishte shumë i thellë; nuk kishte më as skllevër as të lirë, dhe nuk kishte as edhe një që t'i vinte në ndihmë Izraelit.

²⁷ Zoti nuk kishte thënë akoma të zhdukej emri i Izraelin poshtë qiellit; prandaj e shpëtoi me anë të Jeroboamit, birit të Joasit.

²⁸ Pjesa tjetër e bëmave të Jeroboamit, tërë atë që kreu, trimëria e tij në luftë dhe si i ripushtoi Izraelit Damaskun dhe Hamathin që kishin qenë pronë e Judës, a nuk janë të shkruara në librin e Kronikave të mbretërve të Izraelit?

²⁹ Kështu Jeroboamin e zuri gjumi me etërit e tij, mbretërit e Izraelit. Në vend të tij mbretëroi i biri, Zakaria.

Kapitull 15

¹ Në vitin e njëzeteshtatë të Jeroboamit, mbretit të Izraelit, filloi të mbretërojë Azariahu, bir i Amatsiahut dhe mbret i Judës.

² Ishte gjashtëmbëdhjetë vjeç kur filloi të mbretërojë, dhe mbretëroi pesëdhjetë e dy vjet në Jeruzalem. E ëma quhej Jekoliah dhe ishte nga Jeruzalemi.

³ Ai bëri atë që është e drejtë në sytë e Zotit, pikërisht ashtu si kishte vepruar i ati, Amatsiahu.

⁴ Megjithatë vendet e larta nuk u hoqën nga vendi, populli vazhdonte të bënte flijime dhe të digjte temjan në vendet e larta.

⁵ Pastaj Zoti goditi mbretin, që u bë lebroz deri në ditën e vdekjes së tij dhe banoi në një shtëpi të izoluar; Jothami, bir i mbretit ishte mbikqyrësi i pallatit mbretëror dhe i siguronte drejtësinë popullit të vendit.

⁶ Pjesa tjetër e bëmave të Azariahut dhe tërë ato që bëri a nuk janë të shkruara në librin e Kronikave të mbretërve të Judës?

⁷ Kështu Azariahun e zuri gjumi me etërit e tij dhe e varrosën bashkë me etërit e tij në qytetin e Davidit. Në vend të tij mbretëroi i biri, Jotham.

⁸ Vitin e tridhjetetetë të Azariahut, mbretit të Judës, Zakaria, bir i Jeroboamit, filloi të mbretërojë mbi Izraelin në Samari, dhe e mbajti fronin gjashtë muaj.

⁹ Ai bëri atë që është e keqe në sytë e Zotit, ashtu si kishin bërë etërit e tij; nuk u largua nga mëkatet e Jeroboamit, birit të Nebatit, që e kishte çuar në mëkat Izraelin.

¹⁰ Pastaj Shalumi, bir i Jabeshit, kurdisi një komplot kundër tij; e goditi dhe e vrau përpara popullit, dhe mbretëroi në vend të tij.

¹¹ Pjesa tjetër e bëmave të Zakarisë a nuk është shkruar në librin e Kronikave të mbretërve të Izraelit?

¹² Kjo ishte fjala e Zotit që i kishte thënë Jehut: "Bijtë e tu do të ulen në fronin e Izraelit deri në brezin e katërt". Dhe kështu ndodhi.

¹³ Shalumi, bir i Jabeshit, filloi të mbretërojë vitin e tridhjetenëntë të Uziahut, mbretit të Judës, dhe mbretëroi plot një muaj në Samari.

¹⁴ Pastaj Menahemi, bir i Gadit, doli nga Titrtsahu dhe hyri në Samari; në Samaria goditi Shalumin, birin e Jabeshit, e vrau dhe mbretëroi në vend të tij.

¹⁵ Pjesa tjetër e bëmave të Shalumit dhe komploti që ai kurdisi a nuk janë të shkruara në librin e Kronikave të mbretërve të Izraelit?

¹⁶ Pastaj Menahemi, duke u nisur nga Tirtsahu, goditi Tifsahun, tërë ata që gjendeshin aty dhe territorin e tij, sepse nuk i kishin hapur portat; kështu i goditi dhe u çau barkun grave me barrë.

¹⁷ Vitin e tridhjetenëntë të mbretërisë së Azariahut, mbretit të Judës, Menahemi, bir i Gadit, filloi të mbretërojë mbi Izraelin, dhe e mbajti fronin dhjetë vjet në Samari.

¹⁸ Ai bëri atë që është e keqe për sytë e Zotit; nuk u largua nga mëkatet e Jeroboamit, birit të Nebatit, që e kishte bërë Izraelin të kryente mëkate.

¹⁹ Puli, mbret i Sirisë, erdhi kundër vendit. Atëherë Menahemi i dha Pulit një mijë talenta argjendi me qëllim që ta ndihmonte për ta bërë më të qëndrueshme mbretërinë në duart e tij.

²⁰ Menahemi bëri që këto të holla të paguheshin nga Izraeli, nga të gjithë njerëzit e pasur, në masën pesëdhjetë sikla argjendi për frymë, për t'ia dhënë mbretit të Asirisë. Kështu mbreti i Asirisë u kthye dhe nuk qëndroi në vend.

²¹ Pjesa tjetër e bëmave të Menahemit dhe tërë ato që bëri a nuk janë të shkruara në librin e Kronikave të mbretërve të Izraelit?

²² Kështu Menahemin e zuri gjumi me etërit e tij. Në vend të tij mbretëroi i biri, Pekahiahu.

²³ Në vitën e pesëdhjetë të Azariahut, mbretit të Judës, Pekahiahu, bir i Menahemit, filloi të mbretërojë mbi Izraelin në Samari; dhe mbretëroi dy vjet.

²⁴ Ai bëri atë që është e keqe në sytë e Zotit; nuk u largua nga mëkatet e Jeroboamit, birit të Nebatit, që e kishin bërë Izraelin të kryente mëkate.

²⁵ Pastaj Pekahu, bir i Remaliahut, kapitenit të tij, kurdisi një komplot kundër tij dhe e goditi në Samari, në kullën e pallatit mbretëror, bashkë me Argobin dhe Ariehun, duke pasur me vete pesëdhjetë burra të Galaadit. Ai vrau dhe mbretëroi në vend të tij.

²⁶ Pjesa tjetër e bëmave të Pekahiahut dhe tërë ato që bëri a nuk janë të shkruara në librin e Kronikave të mbretërve të Izraelit?

²⁷ Vitin e pesëdhjetedytë të Azariahut, mbretit të Judës, Pekahu, bir i Remaliahut, filloi të mbretërojë mbi Izraelin në Samari, dhe mbretëroi njëzet vjet.

²⁸ Ai bëri atë që është e keqe në sytë e Zotit; nuk u largua nga mëkatet e Jeroboamit, birit të Nebatit, që e kishte bërë Izraelin të kryente mëkate.

²⁹ Në kohën e Pekahiahut, mbretit të Izraelit erdhi Tiglath-Pileseri,

mbret i Asirisë, dhe pushtoi Ijonin, Abel-Keth-Maakahun, Janoahun, Kedeshin, Hatsorin, Galaadin, Galilenë dhe tërë vendin e Neftalit; dhe i internoi tërë banorët e tyre në Asiri.

³⁰ Pastaj Hosea, bir i Elahut, kurdisi një komplot kundër Pekahut, birit të Remaliahut, e goditi dhe e vrau; kështu mbretëroi në vendin e tij, vitin e njëzetë të mbretërimit të Jothamit, birit të Uziahut.

³¹ Pjesa tjetër e bëmave të Pekahut dhe tërë ato që bëri a nuk janë të shkruara në librin e Kronikave të mbretërve të Izraelit?

³² Vitin e dytë të mbretërisë së Pekahut, birit të Remaliahut, mbret i Izraelit, filloi të mbretërojë Jothami, bir i Uziahut, mbret i Judës.

³³ Kur filloi të mbretërojë ishte njëzet e pesë vjeç, dhe mbajti fronin gjashtëmbëdhjetë vjet në Jeruzalem. E ëma quhej Jerusha; ishte bijë e Tsadokut.

³⁴ Ai bëri atë që është e drejtë në sytë e Zotit; ashtu si kishte vepruar Uziahu, i ati.

³⁵ Megjithatë vendet e larta nuk u hoqën nga vendi; populli vazhdonte të bënte flijime dhe të digjte temjan në vendet e larta. Ai ndërtoi portën e sipërme të shtëpisë të Zotit.

³⁶ Pjesa tjetër e bëmave të Jothmit dhe tërë ato që bëri a nuk janë të shkruara në librin e Kronikave të mbretërve të Judës?

³⁷ Në atë kohë Zoti dërgoi kundër Judës, Retsinin, mbretin e Sirisë dhe Pekahun, birin e Remaliahut.

³⁸ Kështu Jothamin e zuri gjumi me etërit e tij dhe u varros me ta në qytetin e Davidit, atit të tij. Në vend të tij mbretëroi i biri, Ashazi.

Kapitull 16

¹ Në vitin e shtatëmbëdhjetë të Pekahiahut, birit të Remaliahut, filloi të mbretërojë Ashazi, biri i Jothamit, mbret i Judës.

² Kur filloi të mbretërojë, Ashazi ishte njëzet vjeç dhe qëndroi në fron gjashtëmbëdhjetë vjet në Jeruzalem. Ai nuk bëri atë që është e drejtë në sytë e Zotit, Perëndisë të tij, ashtu si kishte bërë Davidi, ati i tij;

³ por ndoqi rrugën e mbretërve të Izraelit dhe bëri madje të kalojë nëpër zjarr edhe të birin, sipas riteve të neveritshme të kombeve që Zoti kishte dëbuar para bijve të Izraelit;

⁴ përveç kësaj bënte flijime dhe digjte temjan në vendet e larta, në kodrat dhe poshtë drurëve që gjelbëronin.

⁵ Atëherë Retsini, mbret i Sirisë, dhe Pekahu, bir i Remaliahut, dolën për të luftuar kundër Jeruzalemit; rrethuan aty Ashazin, por nuk arritën ta mundin.

⁶ Në atë kohë Retsini, mbret i Sirisë, ripushtoi Elathin dhe përzuri Judenjtë nga Elathi; kështu Sirët hynë në Elath dhe kanë mbetur atje deri ditën e sotme.

⁷ Ashazi i dërgoi lajmëtarë Tiglath-Pileserit, mbretit të Asirëve, për t'i thënë: "Unë jam shërbëtori dhe biri yt; dil dhe më çliro nga duart e mbretit të Sirisë dhe të mbretit të Izraelit, që janë ngritur kundër meje".

⁸ Ashazi mori pastaj argjendin dhe arin që ndodhej në shtëpinë e Zotit dhe në thesaret e pallatit mbretëror dhe ia dërgoi si dhuratë mbretit të Asirisë.

⁹ Atëherë mbreti i Asirisë e dëgjoi; pastaj mbreti i Asirisë doli kundër Damaskut, e pushtoi dhe internoi banorët e tij në Kir, dhe vrau Retsinin.

¹⁰ Atëherë mbreti Ashaz shkoi në Damask për të takuar Tiglath-Peleserin, mbretin e Asirisë; pasi pa altarin që ishte në Damask, mbreti Ashaz i dërgoi priftit Uria vizatimin dhe modelin e altarit, me gjitha hollësitë për ndërtimin e tij.

¹¹ Kështu prifti Uria ndërtoi një altar, sipas porosive që mbreti Ashaz i kishte dërguar nga Damasku; prifti Uria e ndërtoi para se mbreti Ashaz të kthehej nga Damasku.

¹² Kur u kthye nga Damasku, mbreti pa altarin; pastaj mbreti iu afrua altarit dhe ofroi flijime mbi të.

¹³ Pastaj dogji mbi të olokaustin e tij dhe ofertën e tij ushqimore, derdhi libacionin e tij dhe spërkati mbi altarin gjakun e flijimeve të tij të falenderimit.

¹⁴ Sa për altarin prej bronzi që ishte përballë Zotit, e hoqi nga vendi i tij përballë tempullit midis altarit dhe shtëpisë të Zotit dhe e vendosi në veri të altarit.

¹⁵ Pastaj mbreti Ashaz urdhëroi priftin Uria dhe i tha: "Bëj që të tymoset mbi altar olokausti i madh i mëngjesit dhe blatimi ushqimor i mbrëmjes, olokausti i mbretit dhe blatimi i tij ushqimor, olokaustet e tërë popullit të vendit dhe libacionet e tij; dhe do të spërkatë mbi to tërë gjakun e olokausteve dhe të gjakun e flijimeve; sa për altarin prej bronzi, do të merrem unë me të.

¹⁶ Kështu prifti Uria bëri tërë ato që mbreti Ashaz i kishte urdhëruar.

¹⁷ Mbreti Ashaz hoqi gjithashtu panelet nga qerret dhe enët e vogla, hoqi detin nga demat prej bronzi që e mbanin dhe e vendosi mbi një dysheme prej gurësh.

¹⁸ Për shkak të mbretit të Asirisë, ai hoqi portikun e së shtunës, që kishin ndërtuar në tempull, edhe nga shtëpia e Zotit hoqi gjithashtu hyrjen e jashtme të mbretit.

¹⁹ Pjesa tjetër e bëmave të kryera nga Ashazi a nuk është vallë e shkruar në librin e Kronikave të mbretërve të Judës?

²⁰ Kështu Ashazin e zuri gjumi me etërit e tij dhe u varros me ta në qytetin e Davidit. Në vend të tij mbretëroi i biri, Ezekia.

Kapitull 17

¹ Në vitin e dymbëdhjetë të Ashazit, mbretit të Judës, Hosea, bir i Elahut, filloi të mbretërojë mbi Izraelin dhe e mbajti fronin nëntë vjet.

² Ai bëri atë që është e keqe në sytë e Zotit, por jo si mbretërit e Izraelit që qenë para tij.

³ Shalmaneseri, mbret i Asirisë, doli kundër tij; Hosea u bë kështu shërbëtor i tij dhe i paguante një haraç.

⁴ Por mbreti i Asirisë zbuloi një komplot te Hosea, sepse ky kishte dërguar lajmëtarë te So, mbret i Egjiptit dhe nuk i sillte më haraçin mbretit të Asirisë, siç bënte zakonisht çdo vit. Prandaj mbreti i Asirisë e futi në burg dhe e mbante të lidhur.

⁵ Pastaj mbreti i Asirisë pushtoi tërë vendin, doli kundër Samarisë dhe e rrethoi gjatë tre vjetve.

⁶ Në vitin e nëntë të Hoseas, mbreti i Asirisë pushtoi Samarinë, i shpërnguli Izraelitët në Asiri dhe i vendosi në Halah dhe mbi Haborin, lumë i Gozanit, si dhe në qytetet e Medit.

⁷ Kjo ndodhi sepse bijtë e Izraelit kishin kryer mëkate kundër Zotit, Perëndisë të tyre, që i kishte nxjerrë nga vendi i Egjiptit duke i çliruar nga pushteti i Faraonit, mbretit të Egjiptit, dhe kishin nderuar perëndi të tjera;

⁸ kështu ata kishin ndjekur zakonet e kombeve që Zoti i kishte dëbuar përpara bijve të Izraelit dhe ato të futura nga mbretërit e Izraelit.

⁹ Bijtë e Izraelit kishin kryer gjithashtu në mënyrë të fshehtë kundër Zotit, Perëndisë të tyre, gjëra jo të drejta dhe kishin ndërtuar vende të larta në të gjitha qytetet e tyre, nga kullat e rojes deri në qytetet e fortifikuara.

¹⁰ Kishin ndërtuar për veten e tyre shtylla të shenjta dhe Asherime mbi çdo kodër të lartë dhe poshtë çdo druri gjelbërues;

¹¹ dhe aty, në të tëra vendet e larta, kishin djegur temjan, ashtu si kishin bërë kombet që Zoti kishte dëbuar përpara tyre, dhe kishin kryer veprime të liga, duke shkaktuar zemërimin e Zotit;

¹² u kishin shërbyer gjithashtu idhujve, për të cilët Zoti u pat thënë: "Mos bëni një gjë të tillë!".

¹³ Megjithatë Zoti e kishte paralajmëruar Izraelin dhe Judën me anë të të gjithë profetëve dhe të shikuesve, duke thënë: "Kthehuni prapa nga rrugët tuaja të këqija dhe respektoni urdhërimet dhe statutet e mia, sipas tërë ligjit që u caktova etërve tuaj dhe që ju dërgova me anë të shërbëtorëve të mi, profetëve".

¹⁴ Por ata nuk dëgjuan çfarë thuhej dhe u bënë edhe më kokëfortë, si kishin vepruar etërit e tyre, që nuk patën besim tek Zoti, Perëndia i tyre.

¹⁵ Dhe hodhën poshtë statutet dhe besëlidhjen që ai kishte lidhur me etërit e tyre dhe paralajmërimet që u kishte dhënë. Prandaj ndoqën gjëra të kota duke u bërë ata vetë mendjelehtë dhe shkuan pas kombeve që i rrethonin, që Zoti i kishte ndaluar t'i imitonin.

¹⁶ Kështu ata braktisën tërë urdhërimet e Zotit, Perëndisë të tyre; bënë dy viça prej metali të shkrirë, bënë një Asherah, adhuruan tërë ushtrinë e qiellit dhe u vunë në shërbim të Baalit;

¹⁷ kaluan nëpër zjarr bijtë dhe bijat e tyre, praktikuan shortarinë, interpretuan shenjat e këqija dhe bënë atë që është e keqe në sytë e Zotit, duke shkaktuar zemërimin e tij.

¹⁸ Prandaj Zoti u zemërua shumë me Izraelin dhe e largoi nga prania e tij; mbeti vetëm fisi i Judës.

¹⁹ As Juda nuk i respektoi urdhërimet e Zotit, Perëndisë të tij, por ndoqi zakonet e futura nga Izraeli.

²⁰ Prandaj Zoti hodhi poshtë tërë fisin e Izraelit, i poshtëroi dhe i braktisi në duart e cubave, deri sa i përzuri nga prania e tij.

²¹ Kur ai e shkëputi Izraelin nga shtëpia e Davidit, ata shpallën mbret Jeroboamin, birin e Nebatit; pastaj Jeroboami e shmangu Izraelin nga rruga e Zotit dhe e bëri të kryente një mëkat të madh.

²² Kështu bijtë e Izraelit ndoqën tërë mëkatet e kryera prej Jeroboamit dhe nuk u larguan prej tyre,

²³ deri sa Zoti e largoi Izraelin nga prania e tij, ashtu si kishte thënë me anë të të tërë profetëve, shërbëtorëve të tij; dhe Izraeli u shpërngul kështu me dhunë në vendin e Asirisë, ku ndodhet sot e kësaj dite.

²⁴ Pastaj mbreti i Asirisë solli njerëz nga Babilonia, nga Kuthahu,

nga Ava, nga Hamathi dhe nga Sefarvaimi dhe i vendosi në qytetet e Samarisë në vend të bijve të Izraelit; kështu ata futën në dorë Samarinë dhe banuan në qytetet e saj.

25 Por në fillim të ngulimit të tyre atje, ata nuk kishin frikë nga Zoti; prandaj Zoti dërgoi në mes të tyre, disa luanë, të cilët vranë disa banorë.

26 Atëherë i thanë mbretit të Asirisë: "Njerëzit që ti i ke kaluar dhe vendosur në Samari nuk njohin ligjin e Perëndisë të vendit; prandaj ai ka dërguar në mes tyre luanë që i vrasin ata, sepse nuk njohin ligjin e Perëndisë të vendit".

27 Atëherë mbreti i Asirisë dha këtë urdhër, duke thënë: "Bëni që të kthehet një nga priftërinjtë që keni internuar që andej; ai të shkojë të vendoset pranë tyre dhe t'u mësoj ligjin e Perëndisë të vendit".

28 Kështu një nga priftërinjtë, që ishin internuar nga Samaria, shkoi dhe u vendos në Bethel dhe u mësoi atyre si duhet t'i druheshin Zotit.

29 Megjithatë, tërë këto kombe vazhduan të bëjnë perënditë e tyre dhe i vendosën në tempujt e vendeve të larta që kishin ndërtuar Samaritanët, çdo komb në qytetin ku banonte.

30 Ata të Babilonisë bënë Sukoth-Benothin, ata të Kuthit Nergalin, ata të Hamathit Ashiman;

31 ata të Avas bënë Nibhazin dhe Tartakun; dhe ata të Sefarvaimit i digjnin bijtë e tyre për nder të Adramelekut dhe të Anamelekut, perëndi të Sefarvaimit.

32 Ata kishin frikë nga Zoti, por zgjodhën priftërinj të vendeve të larta të ardhur nga çdo klasë dhe që ofronin flijime për ta në tempujt e vendeve të larta.

33 Kështu ata kishin frikë nga Zoti dhe u shërbenin perëndive të tyre, sipas zakoneve të kombeve nga të cilat qenë shpërngulur.

34 Edhe sot e kësaj dite vazhdojnë të ndjekin zakonet e vjetra; nuk kanë frikë nga Zoti dhe nuk veprojnë sipas statuteve dhe urdhërimeve të tij dhe as sipas ligjeve dhe urdhërimeve që Zoti u kishte dhënë bijve të Jakobit, të quajtur prej tij Izrael.

35 Me ta në fakt Zoti kishte vendosur dhe u kishte urdhëruar: "Mos kini frikë nga perëndi të tjera, mos bini përmbys para tyre, mos u shërbeni dhe mos u ofroni flijime,

36 por kini frikë nga Zoti, që ju bëri të dilni nga vendi i Egjiptit me fuqi të madhe dhe me krahun e tij të shtrirë; para tij bini përmbys dhe atij i ofroni flijime.

37 Kini kujdes të zbatoni gjithnjë statutet, dekretet, ligjin dhe urdhërimet që ai shkroi për ju; por mos kini frikë nga perënditë e tjera.

38 Mos harroni besëlidhjen që kam lidhur me ju dhe mos kini frikë nga perëndi të tjera;

39 por kini frikë nga Zoti, Perëndia juaj, dhe ai do t'ju çlirojë nga duart e tërë armiqve tuaj".

40 Por ata nuk e dëgjuan dhe vazhduan përkundrazi të ndjekin zakonet e tyre të lashta.

41 Kështu këto kombe kishin frikë nga Zoti dhe u shërbenin idhujve të tyre. Edhe bijtë e tyre dhe bijtë e bijve të tyre kanë vazhduar të veprojnë deri më sot siç kanë vepruar etërit e tyre.

Kapitull 18

1 Në vitin e tretë të Hoseas, birit të Elahut, mbret i Izraelit, filloi të mbretërojë Ezekia, bir i Ashazit, mbret i Judës.

2 Ishte njëzet e pesë vjeç kur filloi të mbretërojë, dhe mbretëroi njëzet e nëntë vjet në Jeruzalem. E ëma quhej Abi; ishte bijë e Zakarias.

3 Ai bëri atë që ishte e drejtë në sytë e Zotit, sipas tërë atyre që kishte bërë Davidi, ati i tij.

4 I hoqi nga vendi vendet e larta, bëri copë-copë shtyllat e shenjta, rëzoi Asherahun dhe bëri copë-copë gjarpërin prej bronzi që e pat bërë Moisiu, sepse deri në atë kohë bijtë e Izraelit i kishin ofruar temjan dhe e quajti Nehushtan.

5 Ai pati besim tek Zoti, Perëndia i Izraelit; dhe mbas tij, midis tërë mbretërve të Judës, nuk pati asnjë si ai, as edhe midis atyre që kishin qenë para tij.

6 Mbeti i lidhur me Zotin, nuk pushoi së ndjekuri gjurmët e tij dhe respektoi urdhërimet që Zoti i kishte dhënë Moisiut.

7 Kështu Zoti mbeti pranë tij, dhe atij i dilnin mbarë të gjitha ndërmarrjet e tij. Ngriti krye kundër mbretit të Asirisë dhe nuk iu nënshtrua më;

8 mundi Filistejtë deri në Gaza dhe aty ku arrinte territori i tyre, nga kulla e rojes deri në qytetin e fortifikuar.

9 Vitin e katërt të mbretit Ezekia, që ishte viti i shtatë i Hoseas, birit të Elahut, mbret i Izraelit, Shalmaneseri, mbret i Asirisë, doli kundër Samarisë dhe e rrethoi.

10 Dhe pas tre vjetve e pushtoi; vitin e gjashtë të Ezekias, që ishte viti i nëntë i Hoseut, mbretit të Izraelit, Samaria u pushtua me forcë.

11 Mbreti i Asirisë i shpërnguli pastaj Izraelitët në Asiri dhe i vendosi në Halah dhe mbi Haborin, lumë i Gozanit, dhe në qytetet e Medasve,

12 sepse nuk i ishin bindur zërit të Zotit, Perëndisë të tyre, dhe kishin shkelur besëlidhjen e tij; tërë ato që Moisiu, shërbëtor i Zotit, kishte urdhëruar ata as e kishin dëgjuar, as e kishin vënë në praktikë.

13 Vitin e katërmbëdhjetë të mbretit Ezekia, Senasheribi, mbret i Asirisë, doli kundër tërë qyteteve të fortifikuara të Judës dhe i pushtoi.

14 Atëherë Ezekia, mbret i Judës, dërgoi t'i thotë mbretit të Asirisë në Lakish: "Kam mëkatuar; tërhiqu prej meje dhe kam për të pranuar të gjitha ato që do të më caktosh". Mbreti i Asirisë i caktoi Ezekias, mbretit të Judës, treqind talenta argjendi dhe tridhjetë talenta ari.

15 Kështu Ezekia dha tërë argjendin që gjendej në shtëpinë e Zotit dhe në thesaret e pallatit të mbretit.

16 Në atë kohë Ezekia hoqi nga portat e tempullit të Zotit dhe nga shtalkat arin me të cilin Ezekia, mbret i Judës, i kishte veshur dhe ia dha mbretit të Asirisë.

17 Atëherë mbreti i Asirisë i dërgoi Ezekias, nga Lakishi në Jeruzalem, Tartanin, Rabsarisin dhe Rabshakehun me një ushtri të madhe. Ata dolën dhe arritën në Jeruzalem. Kur arritën në Jeruzalem, shkuan

18 Kur thërritën mbretin, u ndalën përballë Eliakimi, bir i Hilkiahut, prefekti i pallatit, Shebna, sekretari, dhe Joahu, bir i Asafit, arkivisti.

19 Atëherë Rabshakehu u tha atyre: "Shkoni t'i thoni Ezekias: Kështu thotë i madhi, mbret i Asirisë: Ku e gjen gjithë këtë besim?

20 A mendon vallë që këshilla dhe forca për të bërë luftë janë vetëm fjalë të kota? Te kush ke besim kur ke ngritur krye kundër meje?

21 Ja tani, ti ke besim në përkrahjen e këtij kallami të thyer, të Egjiptit, që çan dorën e atij që mbështetet në të dhe e shpon. I tillë është pikërisht Faraoni, mbreti i Egjiptit, për tërë ata që kanë besim tek ai.

22 Ndofta do të më thoni: "Ne kemi besim tek Zoti, Perëndia ynë". A nuk është, vallë, po ai për të cilin Ezekia ka hequr vendet e larta dhe altarët, duke i thënë Judës dhe Jeruzalemit: "Ju do të adhuroni vetëm përpara këtij altari në Jeruzalem"?

23 Tani vër një bast me zotërinë tim, mbretin e Asirisë! Unë do të jap dy mijë kuaj, në rast se ti je në gjendje të gjesh kalorësit që u hipin.

24 Si mund ta bësh të tërhiqet qoftë edhe një kapiten të vetëm midis shërbëtorëve më të vegjël të zotërisë sime? Megjithatë ke besim tek Egjipti për të pasur qerre dhe kalorës.

25 Tani, a kam dalë, vallë, pa Zotin kundër këtij vendi për ta shkatërruar? Zoti më ka thënë: "Dil kundër këtij vendi dhe shkatërroje".

26 Atëherë Eliakimi, bir i Hilkiahut, Shebna dhe Joashi i thanë Rabshakehut: "Të lutem, folu shërbëtorëve të tu në gjuhën aramaike, se ne e kuptojmë; por mos na fol në gjuhën hebraike, sepse populli që është mbi muret dëgjon".

27 Por Rabshakehu iu përgjigj atyre në këtë mënyrë: "A më ka dërguar vallë zotëria im t'i them këto gjëra zotërisë sate dhe ty, apo më tepër njerëzve që qëndrojnë mbi muret, të dënuar të hanë jashtëqitjet e tyre dhe të pinë shurrën e tyre bashkë me ju?".

28 Atëherë Rabshakehu u ngrit dhe bërtiti me zë të lartë në gjuhën hebraishte, duke thënë: "Dëgjoni fjalën e të madhit, mbretit të Asirisë!

29 Kështu thotë mbreti: "Mos u mashtroni nga Ezekia, sepse ai nuk mund t'ju shpëtojë nga duart e mia;

30 të mos ju shtyjë Ezekia të keni besim tek Zoti, duke thënë: Me siguri Zoti do të na çlirojë dhe ky qytet nuk do t'i dorëzohet mbretit të Asirisë".

31 Mos dëgjoni Ezekian, sepse kështu thotë mbreti i Asirisë: "Bëni paqe me mua dhe dorëzohuni në duart e mia, kështu secili do të hajë frutat e vreshtit dhe të fikut të tij dhe do të pijë ujin e sternës së tij,

32 deri sa të vijë unë dhe t'ju çoj në një vend të ngjashëm me vendin tuaj, një vend që jep grurë dhe verë, një vend që ka bukë dhe vreshta, një vend me ullinj, vaj dhe mjaltë; dhe ju do të jetoni dhe nuk do të vdisni". Mos dëgjoni fjalët e Ezekias, që kërkon t'ju mashtrojë, duke thënë: "Zoti do të na çlirojë".

33 A ka çliruar ndonjë prej perëndive të fiseve vendin e tij nga duart e mbretit të Asirisë?

34 Ku janë perënditë e Hamathit dhe të Arpadit? Ku janë perënditë e Sefarvaimit, të Henas dhe të Ivahut? E kanë çliruar ata vallë Samarinë nga duart e mia?

35 Kush midis tërë perëndive të këtyre vendeve ka çliruar vendin e tij nga duart e mia, që Zoti të çlirojë Jeruzalemin nga duart e mia?".

36 Por populli heshti dhe nuk u përgjigj as edhe një fjalë, sepse urdhri i mbretit ishte: "Mos i jepni përgjigje".

37 Atëherë Eliakimi, bir i Hilkiahut, prefekt i pallatit, Shebna, sekretari, dhe Joahu, bir i Asafit, arkivisti, shkuan tek Ezekia me rroba të grisura dhe i referuan fjalët e Rabshekahut.

Kapitull 19

¹ Kur mbreti Ezekia dëgjoi këto gjëra, grisi rrobat e tij, u mbulua me një thes dhe hyri në shtëpinë e Zotit.

² Pastaj dërgoi Eliakimin, prefektin e pallatit, Shebnan, sekretarin, dhe pleqtë e priftërinjve, të mbuluar me thasë, te profeti Isaia, bir i Amotsit.

³ Ata i thanë: "Kështu thotë Ezekia: "Kjo është një ditë ankthi, ndëshkimesh dhe turpi, sepse bijtë janë duke lindur, por nuk ka forcë për t'i pjellë.

⁴ Ndofta Zoti, Perëndia yt, ka dëgjuar tërë fjalët e Rabshakehut, që mbreti i Asirisë, zotëria e tij, ka dërguar për të fyer Perëndinë e gjallë, dhe do ta dënojë për shkak të fjalëve që Zoti, Perëndia yt, ka dëgjuar. Larto, pra, një lutje për atë që mbetet akoma"".

⁵ Kështu shërbëtorët e mbretit Ezekia shkuan tek Isaia.

⁶ Dhe Isaia u tha atyre: "Këtë do t'i thoni zotërisë suaj: Kështu thotë Zoti: "Mos u tremb nga fjalët që dëgjove, me të cilat shërbëtorët e mbretit të Asirisë më kanë fyer.

⁷ Ja, unë do të dërgoj mbi të një frymë dhe sa të dëgjojë ndonjë lajm, do të kthehet në vendin e tij; dhe në vendin e tij unë do ta bëj që të bjerë nga shpata"".

⁸ Kështu Rabshakehu u kthye dhe e gjeti mbretin e Asirisë që rrethonte Libnahun, sepse kishte mësuar që ai qe nisur nga Lakishi.

⁹ Por ai mori lajme nga Tirhakahu, mbret i Etiopisë, të cilat thonin: "Ja, ai lëvizi për të luftuar kundër teje". Atëherë i dërgoi përsëri lajmëtarë Ezekias, duke i thënë:

¹⁰ "Do t'i flisni kështu Ezekias, mbretit të Judës, duke i thënë: "Mos e lër që Perëndia yt, tek i cili ke besim, të të mashtrojë duke thënë: Jeruzalemi nuk do të jepet në duart e mbretit të Asirisë.

¹¹ Ja, ti ke dëgjuar atë që mbretërit e Asirisë u kanë bërë tërë vendeve, duke vendosur shkatërrimin e tyre. A do të shpëtoje ti vetëm?

¹² A i kanë çliruar, vallë perënditë e kombeve ata që etërit e mi kanë shkatërruar: Gozanin, Haranin, Retsefin dhe bijtë e Edenit që ishin në Telasar?

¹³ Ku janë mbreti i Hamathit, mbreti i Arpadit dhe mbreti i qytetit të Sefarvaimit, të Henas dhe të Ivahut?".

¹⁴ Ezekia e mori letrën nga duart e lajmëtarëve dhe e lexoi; pastaj shkoi në shtëpinë e Zotit dhe e shtriu para Zotit.

¹⁵ Pastaj Ezekia filloi të lutet para Zotit duke thënë: "O Zot, Perëndia i Izraelit, që ulesh mbi kerubinët, ti je Perëndia, i vetmi, i të tëra mbretërive të tokës. Ti ke bërë qiejtë dhe tokën.

¹⁶ Vër veshin, o Zot, dëgjo; hap sytë, o Zot, dhe shiko! Dëgjo fjalët e Senakeribit, që ka dërguar këtë njeri për të fyer Perëndinë e gjallë!

¹⁷ Është e vërtetë, o Zot, që mbretërit e Asirisë kanë shkatërruar kombet dhe vendet e larta,

¹⁸ kanë hedhur në zjarr perënditë e tyre, sepse ato ishin perëndi, por veprë e duarve të njerëzve, dru dhe gur; prandaj i shkatërruan.

¹⁹ Por tani, o Zot, na shpëto, të lutem, nga duart e tij, me qëllim që tërë mbretëritë e tokës të dinë që ti vetëm, o Zot, je Perëndia".

²⁰ Atëherë Isaia, bir i Amotsit, dërgoi t'i thotë Ezekias: "Kështu flet Zoti, Perëndi i Izraelit: "Dëgjova lutjen që ti më drejtove për Senakeribin, mbretin e Asirisë.

²¹ Kjo është fjala që Zoti ka shqiptuar kundër atij: Bija e virgjër e Sionit të përbuz dhe tallet me ty; bija e Jeruzalemit tund kokën prapa teje.

²² Cilin ke fyer dhe poshtëruar? Kundër kujt ke ngritur zërin dhe sytë me arogancë? Kundër të Shenjtit të Izraelit!

²³ Me anë të lajmëtarëve të tu ke fyer Zotin dhe ke thënë: "Me morinë e qerreve të mia kam hipur në majë të maleve në skutat e Libanit. Do të rrëzoj kedrat e tij më të larta dhe qiparisat e tij më të bukur; do të arrij në strehimin e tij më të thellë, në pjesën më të harlisur të pyllit.

²⁴ Unë kam gërmuar dhe kam pirë ujëra të huaja; me shputën e këmbëve të mia kam tharë tërë lumenjtë e Egjiptit".

²⁵ A nuk ke dëgjuar, vallë, që prej një kohe të gjatë kam përgatitur këtë gjë dhe prej kohërave të lashta e kam hartuar planin? Dhe tani e solla punën që të ndodhë kjo: që ti t'i katandisësh në një grumbull gërmadhash qytetet e fortifikuara.

²⁶ Prandaj banorët e tyre të cilëve u mungonte forca, ishin tmerruar dhe e kishin humbur torruan; ishin si bari i fushave, si bari i blertë, si bari mbi çatitë, që digjet para se të rritet.

²⁷ Por unë e di se si ulesh, si del dhe si hyn dhe bile tërbimin tënd kundër meje.

²⁸ Me qenë se tërbimi yt kundër meje dhe arroganca jote kanë arritur në veshët e mi, do të të vë unazën time në fejzat e hundës, frerin tim te goja, dhe do të të kthej në rrugën nëpër të cilën ke ardhur".

²⁹ Kjo ka për të qenë shenja për ty: Sivjet do të hani atë që rritet vetë, vitin e dytë atë që prodhon ai; por vitin e tretë do të mbillni dhe do të korrni, do të mbillni vreshta dhe do të hani frytin e tyre.

³⁰ Pjesa tjetër e bëmave e shtëpisë së Judës që do të shpëtojë, ka për të vazhduar të lëshojë rrënjë poshtë dhe të prodhojë fryte lart.

³¹ Sepse nga Jeruzalemi ka për të dalë një pakicë dhe nga mali i Sionit ata që kanë shpëtuar. Zelli i Zotit të ushtrive do ta bëjë këtë.

³² Prandaj kështu thotë Zoti për mbretin e Asirisë: "Ai nuk ka për të hyrë në këtë qytet as ka për të hedhur shigjeta, nuk ka për t'i dalë përpara me mburoja as ka për të ndërtuar ndonjë ledh kundër tij.

³³ Ai do të kthehet nëpër rrugën që ndoqi kur erdhi dhe nuk ka për të hyrë në këtë qytet, thotë Zoti.

³⁴ Unë do ta mbroj këtë qytet për ta shpëtuar, për dashurinë që kam ndaj vetes dhe për dashurinë e Davidit, shërbëtorit tim".

³⁵ Atë natë ndodhi që engjëlli i Zotit doli dhe vrau në kampin e Asirëve njëqind e tetëdhjetë e pesë mijë njerëz; kur njerëzit u ngritën në mëngjes, ja të gjithë ishin bërë kufoma.

³⁶ Atëherë Senakeribi, mbret i Asirisë, ngriti çadrat, u nis e u kthye në shtëpi, dhe mbeti në Ninivë.

³⁷ Dhe ndodhi që, ndërsa ai po adhuronte në shtëpinë e perëndisë së tij Nisrok, bijtë e tij Adrameleku dhe Sharetseri e vranë me goditje të shpatës; pastaj u strehuan në vendin e Araratit. Në vend të tij mbretëroi i biri, Esarhadoni.

Kapitull 20

¹ Në ato ditë Ezekia u sëmur për vdekje. Atëherë profeti Isaia, bir i Amotsit, shkoi tek ai dhe i tha: "Kështu flet Zoti: "Rregullo shtëpinë tënde, sepse ke për të vdekur dhe nuk ke për t'u shëruar"".

² Atëherë ai ktheu fytyrën nga muri dhe iu lut Zotit, duke thënë:

³ "Të lutem shumë, o Zot, mos harro si kam ecur para teje me besnikëri dhe me zemër të pastër, duke bërë atë që është e mirë për sytë e tu". Pastaj Ezekia shpërtheu në vaj.

⁴ Isaia nuk kishte arritur akoma në oborrin qendror, kur fjala e Zotit iu drejtua, duke i thënë:

⁵ "Kthehu prapa dhe i thuaj Ezekias, princit të popullit tim: "Kështu flet Zoti, Perëndia i Davidit, atit tënd: Kam dëgjuar lutjen tënde dhe kam parë lotët e tu; ja, unë po të shëroj; ditën e tretë do të ngjitesh në shtëpinë e Zotit.

⁶ Do t'i shtoj pesëmbëdhjetë vjet jetës sate, do të të çliroj ty dhe këtë qytet nga duart e mbretit të Asirisë dhe do ta mbroj këtë qytet për dashurinë që kam ndaj vetes dhe ndaj Davidit, shërbëtorit tim"".

⁷ Pastaj Isaia tha: "Merrni një jaki fiqsh". Kështu ata e morën dhe e vunë mbi ulçerën, dhe mbreti u shërua.

⁸ Por Ezekia i tha Isait: Cila është shenja që Zoti do të më shërojë dhe që ditën e tretë do të ngjitem në shtëpinë e Zotit?".

⁹ Atëherë Isaia iu përgjigj: "Kjo është për ty shenja nga ana e Zotit që Zoti do të plotësojë atë që ka thënë: A dëshiron që hieja të shkojë përpara dhjetë shkallëza ose të kthehet prapa dhjetë shkallëza?".

¹⁰ Ezekia u përgjigj: "Është lehtë për hijen të shkojë përpara dhjetë shkallëza. Jo! Më mirë hieja të shkojë prapa dhjetë shkallëza".

¹¹ Atëherë profeti Isai kërkoi ndihmën e Zotit, që bëri hijen të kthehej prapa dhjetë shkallëzat që i kishte zënë në shkallën e Ashazit.

¹² Në atë kohë Berodak-Baladani, bir i Baladanit, mbret i Babilonisë, i dërgoi letra dhe një dhuratë Ezekias, sepse kishte dëgjuar që Ezekia kishte qenë i sëmurë.

¹³ Ezekia priti në audiencë të dërguarit dhe u tregoi tërë shtëpinë e thesarit të tij: argjendin, arin, aromat, vajrat shumë të mira, arsenalin e tij dhe të gjitha gjërat që ndodheshin në magazinat e tij. Nuk pati asgjë në shtëpinë e tij dhe në të gjitha pronat e tij që Ezekia nuk ua tregoi atyre.

¹⁴ Atëherë profeti Isaia shkoi te mbreti Ezekia dhe i tha: "Çfarë thanë ata njerëz dhe nga kanë ardhur te ti?". Ezekia iu përgjigj: "Kanë ardhur nga një vend i largët, nga Babilonia".

¹⁵ Isaia i tha: "Çfarë kanë parë në shtëpinë tënde?". Ezekia u përgjigj: "Kanë parë të gjitha ato që ka shtëpia ime; u tregova edhe ato gjëra që janë në magazinat e mia".

¹⁶ Atëherë Isaiai i tha Ezekias: "Dëgjo fjalën e Zotit:

¹⁷ "Ja, do të vijnë ditët, kur tërë ato që ka shtëpia jote dhe tërë ato që etërit e tu kanë grumbulluar deri më sot, do të çohen në Babiloni; asgjë nuk do të lihet, thotë Zoti.

¹⁸ Përveç kësaj, disa nga bijtë e tu, që kanë dalë nga ti dhe që të kanë lindur, do të bëhen eunukë në pallatin e mbretit të Babilonisë"".

¹⁹ Ezekia iu përgjigj pastaj Isaias: "Fjala e Zotit që ti ke shqiptuar është e mirë". Në fakt ai mendonte: "A nuk është një gjë e bukur që të ketë paqe dhe siguri gjatë jetës sime?".

²⁰ Pjesa tjetër e bëmave të Ezekias dhe të gjitha trimëritë e tij, ndërtimi i rezervuarit dhe i ujësjellësit, me anën e të cilëve pruri ujin në qytet, a nuk janë të shkruara në librin e Kronikave të mbretërve të

Judës?

²¹ Pastaj Ezekian e zuri gjumi me etërit e tij dhe në vend të tij mbretëroi i biri, Manasi.

Kapitull 21

¹ Manasi ishte dymbëdhjetë vjeç kur filloi të mbretërojë, dhe e mbajti fronin pesëdhjetë e pesë vjet në Jeruzalem. E ëma quhej Eftsibah.

² Ai bëri atë që ishte e keqe në sytë e Zotit, sipas zakoneve të neveritshme të kombeve që Zoti kishte dëbuar para bijve të Izraelit.

³ Ai rindërtoi vende të larta që Ezekia, i ati, kishte shkatërruar; ngriti altarin e Baalit, bëri një Asherah ashtu si kishte bërë Ashabi, mbret i Izraelit; dhe adhuroi tërë ushtrinë e qiellit dhe u vu në shërbim të tij.

⁴ Ai ngriti gjithashtu altare në shtëpinë e Zotit, lidhur me të cilën Zoti kishte thënë: "Në Jeruzalem do të vë emrin tim".

⁵ I ngriti altare tërë ushtrisë së qiellit në dy oborret e shtëpisë të Zotit.

⁶ Kaloi edhe nëpër zjarr të birin, u muarr me magji dhe shortari dhe u këshillua me mediume dhe magjistarë. Bëri atë që është plotësisht e keqe në sytë e Zotit, duke shkaktuar zemërimin e tij.

⁷ Vuri madje një shëmbëlltyrë të gdhendur të Asherahut, që kishte bërë, në tempull, lidhur me të cilin Zoti i kishte thënë Davidit dhe Salomonit, birit të tij: "Në këtë tempull dhe në Jeruzalem, që kam zgjedhur ndër gjithë fiset e Izraelit, do të vendos emrin tim përjetë;

⁸ dhe nuk do të bëj që këmba e Izraelit të endet larg vendit që u kam dhënë etërve të tyre, me kusht që ata të kujdesen të zbatojnë në praktikë atë që kam urdhëruar dhe gjithë ligjin që Moisiu, shërbëtori im, u ka urdhëruar".

⁹ Por ata nuk e dëgjuan dhe Manasi i shtyu të vepronin më keq se kombet që Zoti kishte shkatërruar para bijve të Izraelit.

¹⁰ Atëherë Zoti foli me anë të shërbëtorëve të tij, profetëve, duke thënë:

¹¹ "Meqenëse Manasi, mbret i Judës, ka kryer këto gjëra të neveritshme (ka bërë një keqe më të madhe se ajo që kanë bërë Amorejtë, që ishin para tij, dhe me anë idhujve të tij e ka bërë edhe Judën të kryejë mëkate),

¹² kështu thotë Zoti, Perëndia i Izraelit: "Ja, unë do të sjell mbi Jeruzalemin dhe mbi Judën një fatkeqësi të tillë, sa që kushdo që ta dëgjojë do t'i tronditen veshët.

¹³ Do të zgjas mbi Jeruzalem rripin matës të Samarisë dhe plumbçen e shtëpisë së Ashabit, dhe do ta pastrojë Jeruzalemin si pastrohet një pjatë e cila, pasi të jetë pastruar, kthehet përmbys.

¹⁴ Kështu do të braktis mbetjen e trashëgimisë sime dhe do ta jap në duart e armiqve të tyre, dhe ata do të bëhen preja dhe plaçka e gjithë armiqve të tyre,

¹⁵ sepse kanë bërë atë që është e keqe në sytë e mi dhe kanë shkaktuar zemërimin tim nga dita që etërit e tyre dolën nga Egjipti e deri më sot".

¹⁶ Manasi derdhi gjithashtu shumë gjak të pafajshëm, duke e mbushur Jeruzalemin nga njeri skaj në tjetrin, përveç mëkatit të tij që shtyu Judën të mëkatojë, duke bërë atë që është e keqe në sytë e Zotit.

¹⁷ Pjesa tjetër e veprave të Manasit, tërë ato që kreu dhe mëkatet që bëri a nuk janë të shkruara në librin e Kronikave të mbretërve të Judës?

¹⁸ Kështu Manasin e zuri gjumi me etërit e tij dhe e varrosën në kopshtin e pallatit të tij, në kopshtin e Uzas. Në vend të tij mbretëroi i biri, Amoni.

¹⁹ Amoni ishte njëzet e dy vjeç kur filloi të mbretërojë, dhe mbajti fronin dy vjet në Jeruzalem. E ëma quhej Meshulemeth, ishte e bija e Harutsit nga Jotbahu.

²⁰ Ai bëri atë që është e keqe në sytë e Zotit, ashtu si kishte vepruar i ati, Manasi.

²¹ Ndoqi plotësisht rrugën e ndjekur nga i ati, u shërbeu idhujve të cilëve u kishte shërbyer i ati dhe i adhuroi.

²² Braktisi Zotin, Perëndinë e etërve të tij, dhe nuk eci në rrugën e Zotit.

²³ Shërbëtorët e Amonit kurdisën një komplot kundër tij dhe e vranë mbretin në pallatin e tij.

²⁴ Por populli i vendit vrau tërë ata që kishin marrë pjesë në komplot kundër mbretit Amon dhe në vend të tij u bë mbret i biri, Josia.

²⁵ Pjesa tjetër e bëmave të kryera nga Amoni a nuk janë të shkruara në librin e Kronikave të mbretit të Judës?

²⁶ <aaa add> Ai u varros në varrin e tij, në kopshtin e Uzas. Në vendin e tij mbretëroi i biri, Josia.

Kapitull 22

¹ Josia ishte tetë vjeç kur filloi të mbretërojë, dhe mbajti fronin e tij tridhjetë vjet në Jeruzalem. E ëma quhej Jedidah, ishte e bija e Adajahut nga Botskathi.

² Ai bëri atë që ishte e drejtë në sytë e Zotit dhe vazhdoi tërësisht rrugën e Davidit, atit të tij, duke mos devijuar as më të djathtë as më të majtë.

³ Në vitin e tetëmbëdhjetë të mbretit Josia, mbreti dërgoi në shtëpinë e Zotit Shafanin, sekretarin, birin e Atsaliahut, që ishte bir i Meshulamit, duke thënë:

⁴ "Shko te kryeprifti Hilkiah dhe i thuaj që të mbledhë paratë që kanë sjellë në shtëpinë e Zotit dhe ato që derëtarët kanë mbedhur nga populli.

⁵ T'u jepet në dorë atyre që kryejnë punën, që u është besuar mbikqyrja e shtëpisë të Zotit; dhe këta t'ua japin punëtorëve që ndodhen në shtëpinë e Zotit për të meremetuar dëmtimet e tempullit;

⁶ marangozave, ndërtuesve dhe muratorëve, për të blerë lëndën e drurit dhe gurë të latuar, të cilat nevojiten për të ndrequr tempullin.

⁷ Por mos kërkoni fare llogari për paratë e dorëzuara në duart e tyre, sepse ata veprojnë me ndershmëri".

⁸ Atëherë kryeprifti Hilkiah i tha Shafanit, sekretarit: "Gjeta në shtëpinë e Zotit librin e ligjit". Hilkiahu ia dha pastaj librin Shafanit që e lexoi.

⁹ Kështu Shafani, sekretari, shkoi te mbreti për t'i njoftuar ngjarjen, duke i thënë: "Shërbëtorët e tu kanë mbledhur paratë e gjetura në tempull dhe i kanë dorëzuar në duart e atyre që bëjnë punën, të cilëve u është besuar mbikqyrja e shtëpisë të Zotit".

¹⁰ Shafani, sekretari, i tha gjithashtu mbretit: "Prifti Hilkiah më ka dhënë një libër". Dhe Shafani e lexoi në prani të mbretit.

¹¹ Kur mbreti dëgjoi fjalët e ligjit, ai grisi rrobat e tij.

¹² Pastaj mbreti urdhëroi priftin Hilkiah, Ahikamin, birin e Shafanit, Agborin, birin e Mikajahut, Shafanin, sekretarin, dhe Asajahun, shërbëtorin e mbretit:

¹³ "Shkoni dhe konsultohuni me Zotin për mua për popullin dhe për tërë Judën, lidhur me fjalët e këtij libri që u gjet; sepse i madh është zemërimi i Zotit kundër nesh, sepse etërit tanë nuk iu bindën fjalëve të këtij libri dhe nuk kanë vepruar në përshtatje me të gjitha ato që janë shkruar për ne".

¹⁴ Atëherë prifti Hilkiah, Ahikami, Akbori, Shafani dhe Asajahu shkuan te profetesha Huldah, bashkëshorte e Shalumit të Tikvahut, që ishte i biri i Harahsit, ruajtësit të rrobave, (ajo banonte në Jeruzalem, në lagjen e dytë) dhe folën me të.

¹⁵ Ajo u përgjigj: "Kështu thotë Zoti, Perëndia i Izraelit: njoftojani atij që ju dërgoi tek unë:

¹⁶ "Kështu thotë Zoti: Ja, unë do të sjell një fatkeqësi mbi këtë vend dhe mbi banorët e tij, tërë fjalët e librit që mbreti i Judës ka lexuar,

¹⁷ sepse ata më kanë braktisur dhe u kanë djegur temjan perëndive të tjera për të më zemëruar me të gjitha veprat e duarve të tyre. Prandaj zemërimi im u ndez kundër këtij vendi dhe nuk do të shuhet".

¹⁸ Por mbretit të Judës, që ju ka dërguar për t'u konsultuar me Zotin, do t'i thoni kështu: "Kështu thotë Zoti, Perëndia i Izraelit, lidhur me fjalët që ti ke dëgjuar,

¹⁹ sepse zemra jote u mallëngjye dhe ti u përule përpara Zotit kur dëgjove atë që kam thënë kundër këtij vendi dhe banorëve të tij, që do të bëheshin një dëshpërim dhe një mallkim, dhe grise rrobat dhe qave përpara meje, edhe unë të dëgjova", tha Zoti.

²⁰ "Prandaj, ja, unë do të të bashkoj me etërit e tu dhe ty do të të vendosin në paqe në varrin tënd; dhe sytë e tu nuk kanë për të parë tërë të keqen që unë do t'i sjell këtij vendi"". Dhe ata ia njoftuan mbretit këtë mesazh.

Kapitull 23

¹ Atëherë mbreti dërgoi njerëz për të mbledhur pranë vetes tërë pleqtë e Judës dhe të Jeruzalemit.

² Mbreti u ngjit pastaj në shtëpinë e Zotit dhe me të u ngjitën tërë njerëzit e Judës, tërë banorët e Jeruzalemit, priftërinjtë, profetët dhe tërë populli, nga më i madhi deri te më i vogli; dhe ai lexoi në prani të tyre tërë fjalët e librit të besëlidhjes, që ishte gjetur në shtëpinë e Zotit.

³ Pastaj mbreti, duke qëndruar më këmbë mbi podium, lidhi një besëlidhje përpara Zotit, duke u zotuar të ndiqte Zotin, të respektonte porositë dhe statutet e tij me gjithë zemër dhe me gjithë shpirt, për të zbatuar në praktikë fjalët e kësaj besëlidhje, të shkruara në atë libër. Tërë populli e pranoi besëlidhjen.

⁴ Mbreti urdhëroi pastaj kryepriftin Hilkiah, priftërinjtë e rangut të dytë dhe derëtarët të çonin jashtë tempullit të Zotit objektet që ishin ndërtuar për Baalin, për Asherahun dhe për ushtrinë e qiellit;

⁵ Ai zhduku gjithashtu priftërinjtë idhujtarë që mbretërit e Judës

kishin caktuar për të djegur temjan në vendet e larta të qyteteve të Judës e në rrethinat e Jeruzalemit, dhe ata që i digjnin temjan Baalit, diellit, hënës, shenjave të zodiakut dhe gjithë ushtrisë së qiellit.

⁶ E çoi Asherahun nga shtëpia e Zotit jashtë Jeruzalemit në përruan e Kidronit; e dogji pranë përroit Kidron, e bëri hi dhe hirin e tij e hodhi mbi varret e njerëzve të popullit.

⁷ Shembi edhe shtëpitë e njerëzve që merreshin me kurvërinë e shenjtë dhe që ndodheshin në shtëpinë e Zotit, ku gratë endnin çadra për Asherahun.

⁸ Solli tërë priftërinjtë nga qytetet e Judës dhe përdhosi vendet e larta ku priftërinjtë kishin djegur temjan, nga Geba deri në Beer-Sheba. Rrëzoi gjithashtu vendet e larta të portave, që ishin në hyrje të portës së Jozueut guvernator i qytetit, që ishin në të majtë të atij që hyn në portën e qytetit.

⁹ Megjithatë priftërinjtë e vendeve të larta nuk u ngjitën në altarin e Zotit në Jeruzalem, por hëngrën bukë të ndorme në mes të vëllezërve të tyre.

¹⁰ Përveç kësaj ai përdhosi Tofethin, që ndodhej në luginën e bijve të Hinomit, me qëllim që asnjëri të mos kalonte birin apo bijën e tij nëpër zjarr për nder të Molekut.

¹¹ Pastaj ai hoqi kuajt që mbretërit e Judës i kishin kushtuar diellit në hyrje të shtëpisë së Zotit, pranë dhomës së eunukut Nethan-Melek, që ndodhej në oborr; dhe u vuri flakën qerreve të diellit.

¹² Mbreti shembi altarët që ishin mbi terracën e dhomës së sipërme të Ashazit dhe që mbretërit e Judës kishin ndërtuar, si dhe altarët që Manasi kishte bërë në dy oborret e shtëpisë së Zotit, i bëri copë-copë dhe hodhi pluhurin e tyre në përruan e Kidronit.

¹³ Mbreti përdhosi gjithashtu vendet e larta që ishin përballë Jeruzalemit; në jug të malit të korruptimit, që Salomoni, mbret i Izraelit, kishte ndërtuar për Ashtorethin, të neveritshmin e Sidonitëve, për Kemoshin, të neveritshmin e Moabit dhe për Milkomin, të neveritshmin e bijve të Amonit.

¹⁴ Ai i bëri copë-copë edhe shtyllat e shenjta, rrëzoi Asherimet dhe mbushi vendet e tyre me kocka njerëzore.

¹⁵ Rrëzoi gjithashtu altarin që ishte në Bethel dhe vendin e lartë të ndërtuar nga Jeroboami, bir i Nebatit që e kishte bërë Izraelin të mëkatonte; e dogji vendin e lartë sa e bëri pluhur; dogji edhe Asherahun.

¹⁶ Ndërsa Josia po kthehej, pa varrezat që ishin atje mbi mal; atëherë ai dërgoi njerëz që të merrnin kockat nga varrezat dhe i dogji mbi altar, duke e ndotur, sipas fjalës së Zotit, të shqiptuar nga njeriu i Perëndisë, që kishte paralajmëruar këto gjëra.

¹⁷ Pastaj tha: "Çfarë momumenti është ai që po shoh?". Njerëzit e qytetit iu përgjigjën: "Është varri i njeriut të Perëndisë që erdhi nga Juda dhe që shpalli kundër altarit të Bethelit këto gjëra që ti ke bërë".

¹⁸ Ai tha: "Lëreni; asnjeri të mos prekë kockat e tij!". Kështu ata i lanë kockat e tij së bashku me kockat e profetit që kishte ardhur nga Samaria.

¹⁹ Josia hoqi gjithashtu tërë tempujt e vendeve të larta që ishin në qytetin e Samarisë dhe që mbretërit e Izraelit kishin ndërtuar për të nxitur zemërimin e Zotit. Ai u bëri pikërisht atë që kishte bërë në Bethel.

²⁰ Flijoi mbi altarët tërë priftërinjtë e vendeve të larta që ishin aty dhe dogji aty kocka njerëzore. Pastaj u kthye në Jeruzalem.

²¹ Mbreti i dha tërë popullit këtë urdhër: "Kremtoni Pashkën për nder të Zotit, Perëndisë tuaj, ashtu siç është shkruar në këtë libër të besëlidhjes".

²² Me siguri një Pashkë e tillë nuk ishte kremtuar kështu nga koha e gjyqtarëve që e kishin qeverisur Izraelin, dhe as në tërë kohën e mbretërve të Izraelit dhe të mbretërve të Judës.

²³ Por në vitin e tetëmbëdhjetë të mbretit Josia kjo Pashkë u kremtua për nder të Zotit në Jeruzalem.

²⁴ Josia eliminoi edhe mediumët dhe magjistarët, hyjnitë familjare dhe idhujt, si dhe të gjitha shkeljet e neveritshme që shiheshin në vendin e Judës dhe në Jeruzalem, për të zbatuar në praktikë fjalët e ligjit, të shkruara në librin që prifti Hilkiah kishte gjetur në shtëpinë e Zotit.

²⁵ Para tij nuk pati asnjë mbret që, si ai, t'i ishte kthyer Zotit me gjithë zemër, me gjithë shpirt dhe me gjithë forcën, sipas tërë ligjit të Moisiut; as pas tij nuk ka dalë ndonjë si ai.

²⁶ Megjithatë Zoti nuk e fashiti zemërimin e tij të zjarrtë që e kishte përfshirë kundër Judës, për shkak të gjithë provokimeve të kryera nga Manasi.

²⁷ Kështu Zoti tha: "Do ta largoj edhe Judën nga prania ime, ashtu si largova Izraelin, dhe do ta flak këtë qytet, Jeruzalemin, që e unë kisha zgjedhur, dhe tempullin për të cilin kisha thënë: "Aty do të jetë emri im"".

²⁸ Pjesa tjetër e bëmave të Josias dhe tërë ato që ka bërë a nuk janë të shkruara në librin e Kronikave të mbretërve të Judës?

²⁹ Gjatë mbretërisë së tij, Faraoni Neko, mbret i Egjiptit, doli kundër mbretit të Asirisë në lumin Eufrat. Mbreti Josia marshoi kundër tij, por Faraoni e vrau në Meghido që në ndeshjen e parë.

³⁰ Atëherë shërbëtorët e tij e çuan të vdekur mbi një qerre nga Meghido deri në Jeruzalem, ku e varrosën në varrin e tij. Pastaj populli i vendit mori Jehoahazin, birin e Josias, e vajosi dhe e bëri mbret në vend të atit të tij.

³¹ Jehoahazi ishte njëzet e tre vjeç kur filloi të mbretërojë dhe e mbajti fronin tre muaj në Jeruzalem. E ëma quhej Hamutal, ishte bija e Jeremias nga Libnahu.

³² Ai bëri atë që është e keqe në sytë e Zotit, në të gjitha ashtu si kishin vepruar etërit e tij.

³³ Faraoni Neko e lidhi me zinxhira në Riblah, në vendin e Hamathit, që të mos mbretëronte më në Jeruzalem, dhe i imponoi vendit një haraç prej njëqind talentesh argjendi dhe një talent ari.

³⁴ Pastaj Faraoni Neko bëri mbret Eliakimin, birin e Josias, në vend të atit të tij Josia, dhe e ndërroi emrin e tij në Jehojakimi. Pastaj mori Jehoahazin dhe shkoi në Egjipt, ku vdiq.

³⁵ Jehojakimi i dha Faraonit argjendin dhe arin; por për të paguar paratë sipas urdhërit të Faraonit i vuri taksa vendit. Për të paguar Faraonin Neko, ai mblodhi argjendin dhe arin nga populli i vendit nga secili në bazë të vlerësimit të pronave të tij.

³⁶ Jehojakimi ishte njëzet e pesë vjeç kur filloi të mbretërojë dhe mbretëroi njëmbëdhjetë vjet në Jeruzalem. E ëma quhej Zebidah, ishte bija e Pedaijahut të Rumahut.

³⁷ Ai bëri atë që është e keqe në sytë e Zotit në të gjitha ashtu si kishin vepruar etërit e tij.

Kapitull 24

¹ Gjatë mbretërimit të tij erdhi Nebukadnetsari, mbret i Babilonisë, dhe Jehojakimi u bë shërbëtor i tij për tre vjet; pastaj ngriti krye kundër tij.

² Atëherë Zoti dërgoi kundër tij banda Kaldeasish, Sirësh, Moabitësh dhe Amonitësh; i dërgoi kundër Judës për ta shkatërruar, sipas fjalës që Zoti kishte shqiptuar me anë të shërbëtorëve të tij, profetëve.

³ Kjo ndodhi në Judë vetëm me urdhër të Zotit, që donte ta largonte nga prania e tij për shkak të mëkateve të Manasit, për të gjitha ato që kishte bërë,

⁴ por edhe për shkak të gjakut të pafajshëm të derdhur prej tij, sepse ai e kishte mbushur Jeruzalemin me gjak të pafajshëm. Për këtë arësye Zoti nuk deshi ta falë.

⁵ Pjesa tjetër e bëmave të Jehojakimit dhe tërë atë që bëri a nuk janë të shkruara në librin e Kronikave të mbretërve të Judës?

⁶ Kështu Jehojakimin e zuri gjumi me etërit e tij dhe në vend të tij mbretëroi i biri, Jehojakini.

⁷ Por mbreti i Egjiptit nuk doli më nga vendi i tij, sepse e mbreti i Babilonisë kishte shtënë në dorë fërë ato që ishin pronë e mbretit të Egjiptit, nga përroi i Egjiptit deri në lumin Eufrat.

⁸ Jehojakini ishte tetëmbëdhjetë vjeç kur filloi të mbretërojë, dhe mbretëroi tre muaj në Jeruzalem. E ëma quhej Nehushta, ishte bija e Elnathanit nga Jeruzalemi.

⁹ Ai bëri atë që është e keqe në sytë e Zotit, në të gjitha, ashtu si kishte vepruar ati i tij.

¹⁰ Në atë kohë shërbëtorët e Nebukadnetsarit, mbretit të Babilonisë, u vërsulën kundër Jeruzalemit dhe qyteti mbeti i rrethuar.

¹¹ Nebukadnetsari, mbret i Babilonisë, arriti para qytetit ndërsa shërbëtorët e tij po e rrethonin.

¹² Atëherë Jehojakini, mbret i Judës, i doli përpara mbretit të Babilonisë bashkë me nënën e tij, me shërbëtorët, me krerët dhe me eunukët e tij. Kështu mbreti i Babilonisë e bëri rob vitin e tetë të mbretrimit të tij.

¹³ Pastaj, ashtu siç i kishte thënë Zoti, mori që andej tërë thesaret e shtëpisë së Zotit dhe thesaret e pallatit mbretëror, i bëri copë-copë të gjitha veglat prej ari që Salomoni, mbret i Izraelit, kishte bërë për tempullin e Zotit.

¹⁴ Internoi pastaj tërë Jeruzalemin, tërë krerët, tërë njerëzit trima, gjithsej dhjetë mijë robër, si dhe të gjithë artizanët dhe farkëtarët; mbetën vetëm njerëzit më të varfër të vendit.

¹⁵ Kështu ai internoi Jehojakinin në Babiloni; çoi gjithashtu në robëri nga Jeruzalemi në Babiloni nënën e mbretit, bashkëshortet e tija, eunukët e tij dhe fisnikët e vendit,

¹⁶ të gjithë njerëzit e aftë për luftë që ishin shtatë mijë veta, artizanët dhe farkëtarët, një mijë veta, tërë njerëzit trima dhe të aftë për luftë. Mbreti i Babilonisë i internoi në Babiloni.

¹⁷ Në vendin e Jehojakinit, mbreti i Babilonisë, bëri mbret Mataniahun, ungjin e tij, të cilit i ndërroi emrin në Sedekia.

¹⁸ Sedekia ishte njëzet e një vjeç kur filloi të mbretërojë dhe e mbajti fronin në Jeruzalem njëmbëdhjetë vjet. E ëma quhej Hamutal, ishte bija e Jeremias nga Libnahu.

¹⁹ Ai bëri atë që është e keqe në sytë e Zotit, në të gjitha, ashtu si kishte vepruar Jehojakimi.

²⁰ Kjo ndodhi në Jeruzalem dhe në Judë për shkak të zemërimit të Zotit, i cili në fund i dëboi nga prania e tij. Më vonë Sedekia ngriti krye kundër mbretit të Babilonisë.

Kapitull 25

¹ Vitin e nëntë të mbretërisë së tij në muajin e dhjetë, më dhjetë të muajit, ndodhi që Nebukadnetsari, mbret i Babilonisë, erdhi me gjithë ushtrinë e tij kundër Jeruzalemit, ngriti kampin e tij kundër tij dhe ndërtoi përreth vepra rrethonjëse.

² Kështu qyteti mbeti i rrethuar deri në vitin e njëmbëdhjetë të mbretit Sedekia.

³ Ditën e nëntë të muajit të katërt, uria ishte aq e madhe në qytet sa që nuk kishte bukë për popullin e vendit.

⁴ Atëherë u hap një e çarë në muret e qytetit dhe tërë luftëtarët ikën natën, nëpër rrugën e portës midis dy mureve, që ndodhej pranë kopshtit të mbretit, megjithëse Kaldeasit ishin rreth qytetit. Kështu mbreti mori rrugën e Arabahut.

⁵ Por ushria e Kaldeasve e ndoqi mbretin dhe e arriti në fushën e Jerikos, ndërsa tërë ushtria e tij shpërndahej larg tij.

⁶ Kështu ata e zunë mbretin dhe e çuan te mbreti i Babilonisë në Riblah, ku u shqiptua vendimi kundër tij.

⁷ Vranë pastaj bijtë e Sedekias në sytë e tij; pastaj i nxorën sytë Sedekias, e lidhën me zinxhira prej bronzi dhe e çuan në Babiloni.

⁸ Ditën e shtatë të muajit të pestë (ishte viti i nëntëmbëdhjetë i Nebukadnetsarit, mbretit të Babilonisë) arriti në Jeruzalem Nebuzaradani, kapiteni i rojes personale, shërbëtor i mbretit të Babolonisë.

⁹ Ai dogji shtëpinë e Zotit dhe pallatin mbretëror, i vuri flakën tërë shtëpive të Jeruzalemit, domethënë tërë shtëpive të fisnikëve.

¹⁰ Kështu tërë ushtria e Kaldeasve, që ishte me kapitenin e rojeve, shembi muret që rrethonin Jeruzalemin.

¹¹ Pastaj Nebuzaradani, kapiteni i rojeve, internoi pjesën tjetër të popullit që kishte mbetur në qytet, dezertorët që ishin hedhur nga ana e mbretit të Babilonisë dhe ata që mbeten nga turma.

¹² Por kapiteni i rojeve la disa nga më të varfërit e vendit që të merreshin me punimin e vreshtave dhe të arave.

¹³ Kaldeasit i bënë copë-copë shtyllat prej bronzi që ishin në shtëpinë e Zotit, qerret dhe detin prej bronzi që ishin në shtëpinë e Zotit, dhe e çuan bronzin në Babiloni.

¹⁴ Ata muarrën edhe tiganët, lopatëzat, thikat, kupat dhe të gjitha veglat prej bronzi, që përdoreshin gjatë shërbimit të tempullit.

¹⁵ Kapiteni i rojes mori gjithashtu mangallët dhe kupat, ato gjëra që ishin prej ari dhe argjendi të pastër.

¹⁶ Sa për dy shtyllat, detin dhe qerret që Salomoni kishte ndërtuar për shtëpinë e Zotit, bronzi i tërë këtyre objekteve kishte një peshë që nuk mund të llogaritej.

¹⁷ Lartësia e një shtylle ishte tetëmbëdhjetë kubitë; mbi të kishte një kapitel prej bronzi. Lartësia e kapitelit ishte tre kubitë; rreth e qark kapitelit kishte një rrjetëz dhe disa shegë tërësisht prej bronzi. Shtylla tjetër, me rrjetëzën ishte njëlloj si kjo.

¹⁸ Kapiteni i rojes mori Serajahun, kryepriftin, Sofonien, priftin e dytë dhe tre derëtarët.

¹⁹ Nga qyteti mori edhe një eunuk që komandonte luftëtarët; pesë nga këshilltarët personalë të mbretit që i gjetën në qytet; sekretarin e komandantit të ushtrisë që rekrutonte popullin e vendit, dhe gjashtëdhjetë veta nga populli i vendit që u gjetën në qytet.

²⁰ Kështu Nebuzaradani, kapiten i rojes, i mori dhe i çoi te mbreti i Babilonisë në Riblah;

²¹ dhe mbreti i Babilonisë urdhëroi që të vriten në Riblah, në vendin e Hamathit. Kështu Juda u internua larg vendit të tij.

²² Sa për popullin që mbeti në vendin e Judës, që e kishte lënë Nebukadnetsari, mbret i Babilonisë, ky vuri në krye të tij Gedaliahun, birin e Ahikamit, që ishte bir i Shafanit.

²³ Kur tërë kapitenët e trupave dhe njerëzit e tyre dëgjuan që mbreti i Babilonisë kishte caktuar Gedaliahun si qeveritar, shkuan te Gedaliahu në Mitspah; ata ishin Ishmaeli, bir i Nethaniahut, Johanani, bir i Kareahut, Serajahu, bir i Tanhumethit nga Netofahu, Jaazaniahu, bir i një Maakathitit, së bashku me njerëzit e tyre.

²⁴ Gedaliahu iu betua atyre dhe njerëzve të tyre, duke thënë: "Mos kini frikë nga shërbëtorët e Kaldeasve; qëndroni në vend, i shërbeni mbretit të Babilonisë dhe do ta ndjeni veten mirë".

²⁵ Por muajin e shtatë, Ishmaeli, bir i Nethaniahut, që ishte bir i Elishamit, nga familja mbretërore, erdhi bashkë me dhjetë njerëz; këta goditën dhe vranë Gedaliahun si edhe Judejtë dhe Kaldeasit që ishin me të në Mitspah.

²⁶ Atëherë tërë populli, nga më i vogli deri te më i madhi, dhe kapitenët e trupave u ngritën dhe shkuan në Egjipt, sepse kishin frikë nga Kaldeasit.

²⁷ Në vitin e tridhjetë e shtatë të robërisë së Jehojakinit, mbretit të Judës, në muajin e dymbëdhjetë, ditën e njëzeteshtatë të muajit, Evilmerodaku, mbret i Babilonisë, pikërisht vitin që filloi të mbretërojë, fali Johajakinin, mbretin e Judës, dhe e nxori nga burgu.

²⁸ I foli me dashamirësi dhe i ofroi një fron më të lartë se ata që kishin mbretërit që ishin me të në Babiloni.

²⁹ Kështu Jehojakini ndërroi rrobat e tij prej të burgosurit dhe hëngri gjithnjë në prani të mbretit për të gjithë ditët e jetës së tij.

³⁰ Ushqimi i tij ishte siguruar rregullisht nga mbreti, një racion në ditë, për të gjitha ditët e jetës së tij.

1 Kronikave

Kapitull 1

¹ Adami, Sethi, Enoshi,

² Kenani, Mahalaleeli, Jaredi,

³ Enoku, Methusalehu, Lameku,

⁴ Noeu, Semi, Kami dhe Jafeti.

⁵ Bijtë e Jafetit ishin Gomeri, Magogu, Madai, Javani, Tubali, Mesheku dhe Tirasi.

⁶ Bijtë e Gomerit ishin Ashkenazi, Rifathi dhe Togarmahu.

⁷ Bijtë e Javanit ishin Elishami, Tarshishi, Kitimi dhe Dodanimi.

⁸ Bijtë e Kamit ishin Kushi, Mitsraimi, Puti dhe Kanaani.

⁹ Bijtë e Kushit ishin Seba, Havilahu, Sabtahu, Raamahu dhe Sabtekahu. Bijtë e Raamahut ishin Sheba dhe Dedani.

¹⁰ Kushit i lindi Nimrodi, që filloi të jetë një njeri i fuqishëm mbi tokë.

¹¹ Mitsraimit i lindën: Ludimët, Anamimët, Lehabimët, Naftuhimët,

¹² Pathrusimët, Kasluhimët (prej të cilëve dolën Filistejtë) dhe Kaftorimët.

¹³ Kanaanit i lindi Sidoni, i parëlinduri i tij, dhe Hethi,

¹⁴ Gebusejtë, Amorejtë, Girgasejtë,

¹⁵ Hivejtë, Arkejtë, Sinejtë,

¹⁶ Arvadejtë, Tsemarejtë dhe Hamathejtë.

¹⁷ Bijtë e Semit ishin Elami, Asuri, Arpakshadi, Ludi dhe Arami, Uzi, Huli, Getheri dhe Mesheku.

¹⁸ Arpakshadit i lindi Shelahu dhe Shelahut i lindi Eberi.

¹⁹ Eberit i lindën dy bij: njeri quhej Peleg, sepse në ditët e tij toka u nda, dhe i vëllai quhej Joktan.

²⁰ Joktanit i lindi Almodali, Shelefi, Hatsarmavethi, Jerahu,

²¹ Hadorami, Uzali, Diklahu,

²² Ebali, Abimaeli, Sheba,

²³ Ofiri, Havilahu dhe Jobabi. Të tërë këta ishin bijtë e Joktanit.

²⁴ Semi, Arpakshadi, Shelahu,

²⁵ Eberi, Pelegu, Reu,

²⁶ Serugu, Nahori, Terahu,

²⁷ Abrami, që është Abrahami.

²⁸ Bijtë e Abrahamit ishin Isaku dhe Ismaeli.

²⁹ Këta janë pasardhësit e tyre: i parëlinduri i Ismaelit ishte Nebajothi; pastaj vinin Kedari, Abdeeli, Mibsami,

³⁰ Mishma, Dumahu, Masa, Hadadi, Tema,

³¹ Jeturi, Nafishi dhe Kedemahu. Këta ishin bijtë e Ismaelit.

³² Bijtë e Keturahës, konkubinës së Abrahamit: ajo lindi Zimramin, Jokshanin, Medanin, Madianin, Ishbakun dhe Shuahun. Bijtë e Jokshanit ishin Sheba dhe Dedani.

³³ Bijtë e Madianit ishin Efahu, Eferi, Hanoku, Abidahu dhe Eldaahu. Të tërë këta ishin bijtë e Keturahut.

³⁴ Abrahamit i lindi Isaku. Bijtë e Isakut ishin Esau dhe Izraeli.

³⁵ Bijtë e Esaut ishin Elifazi, Reueli, Jeushi, Jalami dhe Korahu.

³⁶ Bijtë e Elifazit ishin Temani, Omari, Tsefoi, Gatami, Kenazi, Timna dhe Amaleku.

³⁷ Bijtë e Reuelit ishin Nahathi, Zerahu, Shamahu dhe Mizahu.

³⁸ Bijtë e Seirit ishin Lotani, Shobali, Tsibeoni, Anahu, Dishoni, Etseri dhe Dishani.

³⁹ Bijtë e Lotanit ishin Hori dhe Hemani; Timna quhej e motra e Lotanit.

⁴⁰ Bijtë e Shobalit ishin Aliani, Manahathi, Ebali, Shefi dhe Onami. Ajahu dhe Anahu ishin bij të Tsibeonit.

⁴¹ Dishoni ishte bir i Anahut. Bijtë e Dishonit ishin Hemdani, Eshbani, Ithrani dhe Kerani.

⁴² Bijtë e Etserit ishin Bilhani, Zaavani dhe Akani. Bijtë e Dishanit ishin Utsi dhe Arani.

⁴³ Këta janë mbretërit që mbretëruan në vendin e Edomit para se ndonjë mbret të mbretëronte mbi bijtë e Izraelit: Bela, bir i Beorit; emri i qytetit të tij ishte Dinhabah.

⁴⁴ Kur vdiq Bela, në vend të tij mbretëroi Jobabi, bir i Zerahut nga Botsrahu.

⁴⁵ Kur vdiq Jobabi, në vend të tij mbretëroi Hushami nga vendi i Temanitëve.

⁴⁶ Kur vdiq Hushami, në vend të tij mbretëroi Hadadi, bir i Bedadit, që mundi Madianitët në fushat e Moabit; qyteti i tij quhej Avith.

⁴⁷ Kur vdiq Hadadi, në vend të tij mbretëroi Samlahu nga Masre Kahu.

⁴⁸ Kur vdiq Samlahu, në vend të tij mbretëroi Sauli nga Rehobothi mbi Lum.

⁴⁹ Kur vdiq Sauli, në vend të tij mbretëroi Baal-Hanani, bir i Akborit.

⁵⁰ Kur vdiq Baal-Hanani, në vend të tij mbretëroi Hadabi. Emri i qytetit të tij ishte Pan dhe e shoqja quhej Mehetabeel; ishte bijë e Matredit, që ishte e bija e Mezahabit.

⁵¹ Pastaj vdiq Hadabi. Krerët e Edomit ishin: shefi Timnah, shefi Avlah, shefi Jetheth,

⁵² shefi Oholibamah, shefi Elah, shefi Pinon,

⁵³ shefi Kenaz, shefi Teman, shefi Mibtsar,

⁵⁴ shefi Magdiel, shefi Iram. Këta ishin shefat e Edomit.

Kapitull 2

¹ Këta qenë bijtë e Izraelit: Rubeni, Simeoni, Levi, Juda, Isakari, Zabuloni,

² Dani, Jozefi, Beniamini, Neftali, Gadi dhe Asheri.

³ Bijtë e Judës ishin Eri, Onani dhe Shelahu; këta të tre i lindi e bija e Shuas, Kananeasja. Eri, i parëlinduri i Judës, ishte i keq në sytë e Zotit, i cili e bëri të vdesë.

⁴ Tamara, nusja e të birit, i lindi Peretsin dhe Zerahun. Juda pati gjithsej pesë bij.

⁵ Hetsroni dhe Hamuli ishin bijtë e Peretsit.

⁶ Zimri, Ethani, Hemani, Kalkoli dhe Dara ishin bijtë e Zerahut; gjithsej pesë.

⁷ I biri i Karmit, Akani, vuri në rrezik Izraelin, duke kryer një shkelje rreth gjërave të caktuara të zhdukeshin.

⁸ Ethanit i lindi Arariahu.

⁹ Bijtë që i lindën Hetsronit quheshin Jerahmeel, Ram dhe Kelubai.

¹⁰ Ramit i lindi Aminadabi, Aminadabit i lindi Nahshoni, princi i bijve të Judës;

¹¹ Nahshonit i lindi Salma; Salmas i lindi Boazi, Boazit i lindi Obedi.

¹² Obedit i lindi Isai.

¹³ Isait i lindi Eliabi, i parëlinduri i tij, Abinadabi i dyti, Shemiahu i treti,

¹⁴ Nethaneeli, i katërti, Radai i pesti,

¹⁵ Otsemi i gjashti, dhe Davidi i shtati.

¹⁶ Motrat e tyre ishin Tserujah dhe Abigail. Abishai, Joabi dhe Asaheli ishin bij të Tserujahës; gjithsej tre.

¹⁷ Abigaili lindi Amasan, atë i të cilit ishte Jetheri, Ismaeliti.

¹⁸ Kalebi, bir i Hetsronit, pati fëmijë nga gruaja e tij Azubah dhe nga Jeriotha. Bijtë e saj quheshin Jesher, Shobab dhe Ardon.

¹⁹ Pas vdekjes së Azabahut, Kalebi u martua me Efrathin që i lindi Hurin.

²⁰ Hurit i lindi Uri dhe Urit i lindi Betsaleeli.

²¹ Pastaj Hetsroni hyri tek e bija e Makirit, atit të Galaadit, me të cilën që martuar kur ishte shtatëdhjetë vjeç; dhe ajo i lindi Segubin.

²² Segubit i lindi Jairi, të cilit do t'i përkisnin njëzet e tre qytete në vendin e Galaadit.

²³ (Geshuri dhe Arami u morën atyre fshatrat e Jairit, Kenathin dhe fshatrat përreth, gjashëdhjetë qytete). Tërë këto ishin pronë e bijve të Makirit, atit të Galaadit.

²⁴ Mbas vdekjes së Hetsronit në Kaleb-Efrathah, Abiah, gruaja e Hetsronit i lindi Ashurin, atin e Tekoas.

²⁵ Bijtë e Jerahmeelit, të parëlindurit të Hetsronit, ishin Rami, i parëlinduri, Bunahu, Oreni, Otsemi dhe Ahijahu.

²⁶ Jerahmeeli pati një grua tjetër, që quhej Atarah, që u bë nëna e Onamit.

²⁷ Bijtë e Ramit, të parëlindurit të Jerahmeelit, qenë Maatsi, Jamini dhe Ekeri.

²⁸ Bijtë e Onamit ishin Shamai dhe Jada. Bijtë e Shamait ishin Nadabi dhe Abishuri.

²⁹ Gruaja e Abishurit quhej Abihail dhe i lindi Ahbanin dhe Molidin.

³⁰ Bijtë e Nadabit ishin Seledi dhe Apaimi. Seledi vdiq pa lënë fëmijë.

³¹ I biri i Apaimit ishte Ishi; i biri i Ishit ishte Sheshani; i biri i Sheshanit ishte Ahlai.

³² Bijtë e Jadait, vëllait të Shamait, ishin Jetheri dhe Jonathani. Jetheri vdiq pa lënë fëmijë.

³³ Pelethi dhe Zaza ishin bijtë e Jonathanit. Këta ishin bijtë e Jerahmeelit.

³⁴ Seshani nuk pati djem por vetëm vajza. Por Seshani kishte një skllav egjiptas të quajturt Jarha.

³⁵ Seshani e martoi të bijën me Jarhën, skllavin e tij, dhe ajo i lindi Atain.
³⁶ Atait i lindi Nathani dhe Nathanit i lindi Zabadi.
³⁷ Zabadit i lindi Eflali; Eflalit i lindi Obedi;
³⁸ Obedit i lindi Jehu; Jehut i lindi Azariahu;
³⁹ Azariahut i lindi Heletsi; Heletsit i lindi Eleasahu;
⁴⁰ Eleasahut i lindi Sismai; Sismait i lindi Shallumi;
⁴¹ Shallumit i lindi Jekamiahu dhe Jekamiahut i lindi Elishama.
⁴² Bijtë e Kalebit, vëllait të Jerahmeelit, ishin Mesha, i parëlinduri që ishte ati i Zifit, dhe bijtë e Mareshahut, ati i Hebronit.
⁴³ Bijtë e Hebronit ishin Korahu, Tapuahu, Rekemi dhe Shema.
⁴⁴ Shemas i lindi Rahami, ati i Jorkeamit, dhe Rekemit i lindi Shamai.
⁴⁵ Shamai pati si djalë Maonin, i cili ishte ati i Beth-Tsurit.
⁴⁶ Efah, konkubina e Kalebit, lindi Haranin, Motsan dhe Gazezin. Haranit i lindi Gazezin.
⁴⁷ Bijtë e Jahdait ishin Regemi, Jothami, Geshani, Peleti, Efahu dhe Shaafi.
⁴⁸ Maakah, konkubina e Kalebit, lindi Sheberin dhe Tirhanahun.
⁴⁹ Ajo lindi Shaafin, atin e Madmanahut, Shevan, atin e Makbenës dhe të Gibeut. Vajza e Kalebit quhej Aksaha.
⁵⁰ Këta qenë bijtë e Kalebit: i biri i Hurit, të parëlindurit të Efratahut, Shobali, ati i Kirjath-Jearimit.
⁵¹ Salma, ati i Betlemit, dhe Harefi, ati i Beth-Gaderit.
⁵² Shobali, ati i Kirjath-Jearimit, pati si fëmijë: Haroehin dhe gjysmën e Memuhothit.
⁵³ Familjet e Kirjath-Jearimit ishin Ithrejtë, Puthejtë, Sumathejtë dhe Misharaejtë; prej tyre rrjedhin Tsorathitët dhe Eshtaolitët.
⁵⁴ Bijtë e Salmës ishin Betlemi dhe Netofathei, Atroth-Beth-Joabi, gjysme e Menathejve, Tsorejtë,
⁵⁵ dhe familjet e shkruesve që banonin në Jabets ishin Tirathejtë, Shimeathejtë dhe Sukathejtë. Këta ishin Kenejtë që rrjedhin nga Hamathi, ati i shtëpisë së Rekabit.

Kapitull 3

¹ Këta ishin bijtë e Davidit, që i lindën në Hebron; i parëlinduri ishte Amnoni, nga Ahinoami, Jezreelitja; i dyti ishte Danieli, nga Abigail, Karmelitja;
² i treti ishte Absalomi, bir i Maakahut, e bija e Talmait, mbret i Geshurit; i katërti ishte Adonijahu, bir i Haghithit;
³ i pesti ishte Shefatiahu nga Abitali; i gjashti ishte Ithreami, nga Eglahu, bashkëshortja e tij.
⁴ Këta të gjashtë i lindën në Hebron. Ai mbretëroi atje shtatë vjet e gjashtë muaj, kurse në Jeruzalem mbretëroi tridhjetë e tre vjet.
⁵ Këta përkundrazi i lindën në Jeruzalem; Shimea, Shobabi, Nathani dhe Salomoni, domethënë katër fëmijë të lindur nga Bath-Sheba, e bija e Amielit.
⁶ Ishin përveç tyre Ibhari, Elishama, Elifeleti,
⁷ Nogahu, Nefegu, Jafia,
⁸ Elishama, Eliada dhe Elifeleti, gjithsej nëntë.
⁹ Tërë këta ishin bijtë e Davidit, pa llogaritur bijtë e konkubinave të tij. Tamara ishte motra e tyre.
¹⁰ I biri i Salomonit ishte Roboami, bir i të cilit ishte Abijahu, bir i të cilit ishte Asa, bir i të cilit ishte Jozafati,
¹¹ bir i të cilit ishte Jorami, bir i të cilit ishte Ahaziahu, bir i të cilit ishte Joasi,
¹² bir i të cilit ishte Amatsiahu, bir i të cilit ishte Azariahu, bir i të cilit ishte Jothami,
¹³ bir i të cilit ishte Ashazi, bir i të cilit ishte Ezekia, bir i të cilit ishte Manasi,
¹⁴ bir i të cilit ishte Amoni, bir i të cilit ishte Josia.
¹⁵ Bijtë e Josias ishin Johnani, i parëlinduri, i dyti Jehojakimi, i treti Sedekia dhe i katërti Shalumi.
¹⁶ Bijtë e Jehojakimit ishin djali i tij Jekoniahu, bir i të cilit ishte Sedekia.
¹⁷ Bijtë e Jekoniahut, të të burgosurit, ishin i biri Shealtieli,
¹⁸ dhe Malkirami, Pedajahu, Shenatsari, Jekamiahu, Hoshama dhe Nedabiahu.
¹⁹ Bijtë e Pedajahut ishin Zorobabeli dhe Shimei. Bijtë e Zorobabelit ishin Meshulami, Hananiahu dhe Shelomith, motra e tyre;
²⁰ pastaj vinin Hashubahu, Oheli, Berekiahu, Hasadiahu dhe Jushab-Hasedi, gjithsej pesë.
²¹ Bijtë e Hananiahut ishin Pelatisahu dhe Jeshajahu, bijtë e Refajahut, bijtë e Arnanit, bijtë e Obadiahut, bijtë e Shekaniahut.
²² Biri i Shakaniahut ishte Shemajahu. Bijtë e Shemajahut ishin Hatushi, Igali, Bariahu, Neraiahu dhe Shafati, gjithsej gjashtë.
²³ Bijtë e Neariahut ishin Elioenai, Ezekia dhe Azrikami, gjithsej tre.
²⁴ Bijtë e Elioenait ishin Hodaviahu, Eliashibi, Pelajahu, Akubi, Johanani, Delajahu dhe Anani, gjithsej shtatë.

Kapitull 4

¹ Bijtë e Judës ishin Peretsi, Hetsroni, Karmi, Huri dhe Shobali.
² Reajahut, birit të Shobalit, i lindën Ahumai dhe Lahadi. Këto ishin familjet e Tsorathejve;
³ Këta ishin bijtë e atit të Etamit: Jezreeli, Ishma dhe Idbashi; motra e tyre quhej Hatselelponi.
⁴ Penueli ishte ati i Gedorit; Ezeri ishte ati i Hushahut. Këta ishin bijtë e Hurit, të parëlindurit të Efratahut, atit të Betlemit.
⁵ Ashuri, ati i Tekoas, pati dy bashkëshorte, Helahën dhe Naarahën.
⁶ Naaraha i lindi Ahuzamin, Heferin, Tememin dhe Ahashtarin. Këta ishin bijtë e Naarahës.
⁷ Bijtë e Helahës ishin Tserethi, Tsohari dhe Ethnani.
⁸ Kotzit i lindën Anubi, Cobe-Tsobebahu dhe familjet e Aharhelit, birit të Harumit.
⁹ Jabetsin e nderonin më tepër se vëllezërit; e ëma i kishte vënë emrin Jabets, sepse thoshte: "E polla me dhimbje".
¹⁰ Jabetsi kërkoi ndihmën e Perëndisë të Izraelit, duke thënë: "Oh, sikur të më bekoje dhe zgjeroje kufijtë e mi, dhe dora jote të ishte me mua dhe të më ruante nga e keqja që të mos vuaj!". Dhe Perëndia i dha atë që kishte kërkuar.
¹¹ Kelubit, vëllait të Shulahut, i lindi Mehiti, që ishte ati i Eshtonit.
¹² Eshtonit i lindën Beth-Rafa, Paseahu dhe Tehinahu, ati i Ir-Nahashit. Këta ishin burrat e Rehahut.
¹³ Bijtë e Kenazit ishin Othnieli dhe Serajahu. Bijtë e Othnielit ishin Hathathi,
¹⁴ dhe Meonathai prej të cilit lindi Ofrahu. Serajahut i lindi Joabi, ati i banorëve të luginës së artizanëve, sepse ishin artizanë.
¹⁵ Bijtë e Kalebit, bir i Jefunehut, ishin Iru, Elahu dhe Naami. Kenazi ishte bir i Elahut.
¹⁶ Bijtë e Jehaleelit ishin Zifi, Zifahu, Tiria dhe Asareeli.
¹⁷ Bijtë e Ezrahut ishin Jetheri, Meredi, Eferi dhe Jaloni. Bashkëshortja e Meredit lindi Miriamin, Shamain dhe Ishbahun, atin e Eshtemoas.
¹⁸ (Gruaja e tij Jehudijah lindi Jeredin, atin e Gedorit, Heberin, atin e Sokohit dhe Jekuthielin, atin e Zanoahut). Këta qenë bijtë e Bithiahut, e bijës së Faraonit, që Meredi kishte marrë për grua.
¹⁹ Bijtë e gruas së Hodihajut, motër e Nahamit, ishin ati i Keliahut, Garmeui, dhe Eshtemoa, Maakatheu.
²⁰ Bijtë e Shimonit ishin Amoni, Rinahu, Benhanani dhe Tiloni. Bijtë e Ishit ishin Zohethi dhe Ben-Zohethi.
²¹ Bijtë e Shelahut, birit të Judës, ishin Eri, ati i Lekahut, Laadahu, ati i Mareshahut, dhe familjet e shtëpisë së punonjësve të endjes së lirit të Beth-Ashbeas.
²² Jokimi dhe njerëzia e Kozebës, Joasi dhe Safari, që sunduan në Moab, dhe Jashubi-Lehemi. Por këto fakte janë të vjetra.
²³ Ata ishin poçarë dhe banonin në Netaim dhe në Gederah; banonin aty bashkë me mbretin dhe ishin në shërbim të tij.
²⁴ Bijtë e Simeonit ishin Jemueli, Jamini, Jaribi, Zerahu dhe Shauli,
²⁵ bir i të cilit ishte Shalumi, bir i të cilit ishte Mibsami, bir i të cilit ishte Mishma.
²⁶ Bijtë e Mishmas ishin i biri Hamuel, bir i të cilit ishte Zakuri, bir i të cilit ishte Shimei.
²⁷ Shimei pati gjashtëmbëdhjetë djem e gjashtë vajza; por vëllezërit e tij nuk patën shumë fëmijë; dhe fisi i tyre nuk u shtua si ai i bijve të Judës.
²⁸ Ata u vendosën në Beer-Sheba, në Moladah, në Hatsar-Shual,
²⁹ në Bilbah, në Etsem, në Tolad,
³⁰ në Bethuel, në Hormah, në Tsiklag,
³¹ në Beth-Markaboth, në Hatsar-Susim, në Beth-Biri dhe në Shaaraim. Këto ishin qytetet e tyre, deri në mbretërinë e Davidit.
³² Fshatrat e tyre ishin Etami, Aini, Rimoni, Tokeni dhe Ashani: pesë qytete,
³³ si dhe tërë fshatrat që ishin rreth këtyre qyteteve, deri në Baal. Këto ishin banesat e tyre, dhe ata ruajtën gjenealogjinë e tyre;
³⁴ Meshobabi, Jamleku, Joshahi, bir i Amatsiahut,
³⁵ Joeli dhe Jehu, bir i Joshibiahut, bir i Serajahut, bir i Asielit,
³⁶ Elioneai, Jaakobahu, Jeshohajai, Asajahu, Adieli, Jesimieli dhe Benajahu,
³⁷ Ziza, bir i Shifit, bir i Alonit, bir i Jedajahut, bir i Shimrit, bir i Shemajahut.
³⁸ Këta, që u përmendën në emër, ishin princër në familjet e tyre

1 Kronikave

dhe shtëpitë e tyre atërore u rritën shumë.

³⁹ Shkuan drejt hyrjes së Gedorit deri në perëndim të luginës për të kërkuar kullota për kopetë e tyre.

⁴⁰ Gjetën kullota të bollshme dhe të mira, dhe vendi ishte i gjërë, i qetë, sepse më parë banonin aty pasuesit e Kamit.

⁴¹ Ata që u përmendën me emër, në kohën e Ezekias, mbretit të Judës, erdhën dhe i sulmuan çadrat e tyre dhe Menuitët, që gjendeshin aty, dhe i shfarosën krejt deri në ditën e sotme; pastaj u vendosën në vendin e tyre, sepse aty kishte kullota për kopetë e tyre.

⁴² Pastaj disa prej tyre, pesëqind burra nga bijtë e Simeonit, shkuan në malin Seir të udhëhequr nga Pelatiahu, Neariahu dhe Uzieli, bij të Ishit.

⁴³ Pastaj ata vranë mbeturinat e Amalekitëve që kishin shpëtuar dhe banuar deri ditën e sotme atje.

Kapitull 5

¹ Bijtë e Rubenit, të parëlindurit të Izraelit. Ai ishte me të vërtetë i parëlinduri, por me qenë se kishte përdhosur shtratin e të atit, parëbirnia iu dha bijve të Jozefit, birit të Izraelit; kështu gjenealogjia nuk jepet në bazë të parëbirnisë.

² Ndonëse Juda mbizotëroi mbi vëllezërit e tij dhe nga ai rrodhi një shef, e drejta e parëbirnisë i takonte Jozefit.

³ Bijtë e Rubenit, të parëlindurit të Izraelit, ishin Hanoku, Pallu, Hetsroni dhe Karmi.

⁴ Bijtë e Joelit ishin Shemejahu, bir i të cilit ishte Gogu, bir i të cilit ishte Shimei,

⁵ bir i të cilit ishte Mikahu, bir i të cilit ishte Reajahi, bir i të cilit ishte Baali,

⁶ bir i të cilit ishte Beerahu, që u çua në robëri nga Tilgath-Pilneseri, mbret i Asirisë. Ai ishte princ i Rubenitëve.

⁷ Vëllezërit e tij, sipas familjeve të tyre, ashtu siç janë rreshtuar në gjenealogjinë sipas brezave të tyre, ishin i pari Jejeli, pastaj Zakaria,

⁸ Bela, bir i Azazit, birit të Shemas, i cili ishte bir i Joelit, që banonte në Aroer dhe deri në Nebo dhe në Baal-Meon.

⁹ Dhe ata u vendosën në perëndim duke arritur deri në fillim të shkretëtirës, nga kjo anë e lumit Eufrat, sepse bagëtia e tyre ishte shumëzuar në vendin e Galaadit.

¹⁰ Në kohën e Saulit ata u shpallën luftë Hagarenëve, të cilët i mundën; pastaj u vendosën në çadrat e tyre, të ngritura në tërë pjesën në perëndim të Galaadit.

¹¹ Bijtë e Gadit banonin përballë tyre në vendin e Bashanit, deri në Salkah.

¹² Joeli ishte i pari i tyre, i dyti ishte Shafami, pastaj vinin Janai dhe Shafati në Bashan.

¹³ Vëllezërit e tyre, sipas shtëpive atërore të tyre, ishin: Mikaeli, Meshulami, Sheba, Jorai, Jakani, Zia dhe Eberi, gjithsej shtatë.

¹⁴ Ata ishin bij të Abihailit, birit të Hurit, birit të Jaroahut, birit të Galaadit, birit të Mikaelit, birit të Jesishait, birit të Jahdos, birit të Buzit;

¹⁵ Ahi, bir i Abdielit, birit të Gunit, ishte i pari i shtëpisë së tyre prindërore.

¹⁶ Ata banonin në Galaad dhe në Bashan, në fshatrat e tij dhe në të gjitha tokat për kullotë të Sharonit deri atje ku shtriheshin.

¹⁷ Të gjitha këto toka u regjistruan në listat gjenealogjike të përpiluara në kohën e Jothamit, mbretit të Judës, dhe në kohën e Jeroboamit, mbretit të Izraelit.

¹⁸ Bijtë e Rubenit, Gaditët dhe gjysma e fisit të Manasit kishin dyzet e katër mijë e shtatëqind e gjashtëdhjetë njerëz trima, njerëz që mbanin mburoja dhe shpata, përdornin harkun dhe ishin të stërvitur

¹⁹ Ata u shpallën luftë Hagarenëve, Jeturëve, Nafishëve dhe Nodabëve.

²⁰ Ata u ndihmuan kundër tyre, sepse gjatë betejës i thirrën Perëndisë, që e dëgjoi lutjen e tyre, sepse ata kishin pasur besim tek ai; kështu Hagarenët dhe tërë ata që ishin bashkë me ta u dorëzuan në duart e tyre.

²¹ Pastaj ata muarrën bagëtinë e tyre: pesëdhjetë mijë deve, dyqind e pesëdhjetë mijë dele, dy mijë gomarë dhe njëqind mijë njerëz.

²² Në të vërtetë shumë njerëz ranë të vrarë, sepse këtë luftë e kishte dashur Perëndia. Ata u vendosën pastaj në vendin e tyre deri sa ranë në robëri.

²³ Kështu bijtë e gjysmës së fisit të Manasit banuan në vend; ata u shtrinë nga Bashani deri në Baal-Hermon, në Senir dhe në malin Hermon.

²⁴ Këta ishin krerët e shtëpive të tyre atërore: Eferi, Ishi, Elieli, Azrieli, Jeremia, Hodavia dhe Jahdieli, njerëz të fortë dhe trima, njerëz të famshëm, krerë të shtëpive të tyre atërore.

²⁵ Por ata u treguan jobesnikë ndaj Perëndisë të etërve të tyre dhe u kurvëruan, duke shkuar pas perëndive të popujve të vendit që Perëndia kishte shkatërruar para tyre.

²⁶ Prandaj Perëndia i Izraelit nxiti frymën e Pulit, mbretit të Asirisë, domethënë frymën e Tilgath-Pilniserit, mbretit të Asirisë, që internoi Rubenitët, Gaditët dhe gjysmën e fisit të Manasit, dhe i vendosi në Halah, në Habor, në Hara dhe pranë lumit të Gozanit, ku gjenden edhe sot.

Kapitull 6

¹ Bijtë e Levit ishin Gershomi, Kehathi dhe Merari.

² Bijtë e Kehathit ishin Amrami, Itshari, Hebroni dhe Uzieli.

³ Bijtë e Amramit ishin Aaroni, Moisiu dhe Miriami. Bijtë e Aaronit ishin Nadabi, Abihu, Eleazari dhe Ithamari.

⁴ Eleazarit i lindi Finehasi; Finehasit i lindi Abishua;

⁵ Abishuas i lindi Buki; Bukit i lindi Uzi.

⁶ Uzit i lindi Zerahiahu; Zerahiahut i lindi Merajothi;

⁷ Merajothit i lindi Amariahu; Amariahut i lindi Ahitubi;

⁸ Ahitubit i lindi Tsadoku; Tsadokut i lindi Ahimaatsi.

⁹ Ahimaatsit i lindi Azariahu; Azariahut i lindi Johanani.

¹⁰ Johananit i lindi Azariahu (ai shërbeu si prift në tempullin që Salomoni ndërtoi në Jeruzalem);

¹¹ Azariahut i lindi Amariahu; Amariahut i lindi Ahitubi;

¹² Ahitubit i lindi Tsadoku; Tsadokut i lindi Shalumi;

¹³ Shalumit i lindi Hilkiahu; Hilkiahut i lindi Azariahu;

¹⁴ Azariahut i lindi Serajahu; Serajahut i lindi Jehotsadaku;

¹⁵ Jehotsadaku shkoi në mërgim, kur Zoti çoi në robëri Judën dhe Jeruzalemin me anë të Nebukadnetsarit.

¹⁶ Bijtë e Levit ishin Gershomi, Kehathi dhe Merari.

¹⁷ Këta janë emrat e bijve të Gershomit: Libni dhe Shimei.

¹⁸ Bijtë e Kehathit ishin Amrami, Itshari, Hebroni dhe Uzieli.

¹⁹ Bijtë e Merarit ishin Mahli dhe Mushi. Këto janë familjet e Levit, sipas etërve të tyre.

²⁰ Gershomi pati si djalë Libnin, bir i të cilit ishte Jahathi, bir i të cilit ishte Zimahu,

²¹ bir i të cilit ishte Joabi, bir i të cilit ishte Ido, biri të cilit ishte Zerahu, bir i të cilit ishte Jeatherai.

²² Bijtë e Kehathit ishin Aminadabi, bir i të cilit ishte Koreu, bir i të cilit ishte Asiri,

²³ bir i të cilit ishte Elkanahu, bir i të cilit ishte Ebiasaf, biri të cilit ishte Asiri,

²⁴ bir i të cilit ishte Tahathi, bir i të cilit ishte Uriel, biri të cilit ishte Uziahu, bir i të cilit ishte Shauli.

²⁵ Bijtë e Elkanahut ishin Amasai dhe Ahimothi,

²⁶ bir i të cilit ishte Elkanah, bir i të cilit ishte Cofaj, biri i të cilit ishte Nahathi,

²⁷ biri i të cilit ishte Eliab, bir i të cilit ishte Jerohami, bir i të cilit ishte Elkanahu.

²⁸ Bijtë e Samuelit ishin Joeli, i parëlinduri, dhe Abia, i dyti.

²⁹ Bijtë e Merarit ishin Mahli, bir i të cilit ishte Libni, bir i të cilit ishte Shimei, bir i të cilit ishte Uzahu,

³⁰ bir i të cilit ishte Shimea, bir i të cilit ishte Haghiah, bir i të cilit ishte Asajahu.

³¹ Këta janë ata që Davidi caktoi për shërbimin e këngës në shtëpinë e Zotit, mbasi iu gjet një vend prehjeje arkës.

³² Ata ushtruan shërbimin e tyre me këngë përpara tabernakullit të çadrës së mbledhjes, deri sa Salomoni ndërtoi shtëpinë e Zotit në Jeruzalem; dhe shërbenin sipas rregullores që u ishte caktuar.

³³ Këta janë ata që kryenin shërbimin dhe këta bijtë e tyre: Nga bijtë e Kehathitit ishte Hemani, këngëtari, bir i Joelit, bir i Samuelit,

³⁴ bir i Elkanahut, bir i Jerohamit, bir i Elielit, bir i Toahut,

³⁵ bir i Tsufit, bir i Elkanahut, bir i Mahathit, bir i Amasait,

³⁶ bir i Elkanahut, bir i Joelit, bir i Azariahut, bir i Sofonias,

³⁷ bir i Tahathit, bir i Asirit, bir i Ebiasafit, bir i Koreut,

³⁸ bir i Itsharit, bir i Kehathit, bir i Levit, bir i Izraelit.

³⁹ Pastaj vinte i vëllai Asaf, që rrinte në të djathtë të tij; Asafi, bir i Berekiahut, bir i Shimeut,

⁴⁰ bir i Mikaelit, bir i Baasejahut, bir i Malkijahut,

⁴¹ bir i Ethnit, bir i Zerahut, bir i Adajahut,

⁴² bir i Ethanit, bir i Zimahut, bir i Shimeit,

⁴³ bir i Jahathit, bir i Ghershomit, bir i Levit.

⁴⁴ Bijtë e Merarit, vëllezërit e tyre, qëndronin në të majtë dhe ishin Ethsani, bir i Kishit, bir i Abdiut, bir i Mallukut,

⁴⁵ bir i Hadshabiahut, bir i Amatsiahut, bir i Hilkiahut,

⁴⁶ bir i Amtsit, bir i Banit, bir i Shemerit,

⁴⁷ bir i Mahlit, bir i Mushit, bir i Merarit, bir i Levit.

⁴⁸ Vëllezërit e tyre, Levitët, ishin caktuar për çdo lloj shërbimi në tabernakullin e shtëpisë së Perëndisë.

⁴⁹ Por Aaroni dhe bijtë e tij ofronin flijime mbi altarin e

olokausteve dhe mbi altarin e temjanit, duke e bërë gjithë shërbimin në vendin shumë të shenjtë, dhe për të bërë shlyerjen për Izraelin, sipas gjithë atyre që kishte urdhëruar Moisiu, shërbëtor i Perëndisë.

50 Këta ishin bijtë e Aaronit: Eleazari, bir i të cilit ishte Finehasi, bir i të cilit ishte Abishua,

51 bir i të cilit ishte Buki, bir i të cilit ishte Uzi, bir i të cilit ishte Zerahiah,

52 bir i të cilit ishte Merajothi, bir i të cilit ishte Amariahu, bir i të cilit ishte Ahitubi,

53 bir i të cilit ishte Tsadoku, bir i të cilit ishte Ahimaatsi.

54 Këto ishin vendet e banesave të tyre, sipas ngulimeve të tyre në territoret e tyre, që iu dhanë me short bijve të Aaronit të familjes së Kehathitëve;

55 atyre iu dha Hebroni në vendin e Judës me tokat përreth për të kullotur;

56 por arat e qyteti dhe fshatrat e tij iu dhanë Kalebit, birit të Jefunehut.

57 Bijve të Aaronit iu dha Hebroni, një ndër qytetet e strehimit, Libnahu me tokat e tij për kullotë, Jatiri, Eshteoma me tokat e tij për kullotë,

58 Hileni me tokat e tij për kullotë, Debiri me tokat e tij për kullotë,

59 Ashani me tokat e tij për kullotë, Beth-Semeshu me tokat e tij për kullotë.

60 Nga fisi i Beniaminëve morën Gebën me tokat e tij për kullotë, Alemethin me tokat e tij për kullotë dhe Anathothin me tokat e tij për kullotë. Të gjitha qytetet që u ndanë midis familjeve të tyre ishin gjithsej trembëdjetë.

61 Pjesës tjetër të bijve të Kehathit iu dhanë me short dhjetë qytete nga ana e familjes së fisit, që iu morën gjysmës së fisit, domethënë nga gjysma e fisit të Manasit.

62 Bijve të Ghershomit, sipas familjeve të tyre, iu dhanë trembëdjetë qytete, që iu morën fisit të Isakar, nga fisi i Asherit, fisit të Neftalit dhe fisit të Manasët në Bashanit.

63 Bijve të Merarit, sipas familjeve të tyre, iu dhanë me short dymbëdhjetë qytete, që iu morën fisit të Rubenit, fisit Gadit dhe fisit të Zabulonit.

64 Kështu bijtë e Izraelit u dhanë Levitëve këto qytete bashkë me toket e tyre për kullotë.

65 Ata ua dhanë me short këto qytete, që janë përmëndur me emrin dhe që u janë marrë fisit të bijve të Judës, fisit të bijve të Simeonit dhe fisit të bijve të Beniaminit.

66 Disa familje të bijve të Kehathit patën qytete në territorin që iu caktua atyre dhe që u morën nga fisi i Efraimit.

67 Ata u dhanë atyre edhe Sikemin, një ndër qytetet e strehimit, me tokat e tij për kullotë në krahinën malore të Efraimit, dhe Ghezerin me tokat e tij për kullotë,

68 Jokmeamin me tokat e tij për kullotë, Beth-Horonin me tokat e tij për kullotë,

69 Ajalonin me tokat e tij për kullotë, Gath-Rimonin me tokat e tij për kullotë.

70 Dhe nga gjysma e fisit të Manasit, Anerin me tokat e tij për kullotë, Bileamin me tokat e tij për kullotë iu dha pjesës tjetër së familjes së bijve të Kehathit.

71 Bijve të Gershonit iu dhanë, duke i marrë nga familja e gjysmës së fisit të Manasit, Golanin në Bashan me tokat e tij për kullotë dhe Ashtarothin me tokat e tij për kullotë.

72 Nga fisi i Isakarit: Kedeshi me tokat e tij për kullotë, Daberathi me tokat e tij për kullotë,

73 Ramothi me tokat e tij për kullotë dhe Anemi me tokat e tij për kullotë.

74 Nga fisi i Asherit: Mashalin me tokat e tij për kullotë, Abdonin me tokat e tij për kullotë,

75 Hukokun me tokat e tij për kullotë dhe Rehobin me tokat e tij për kullotë.

76 Nga fisi i Neftalit: Kedeshin në Galile me tokat e tij për kullotë, Hamonin me tokat e tij për kullotë dhe Kirjathaimin me tokat e tij për kullotë.

77 Bijve të tjerë të Merarit iu dhanë, nga fisi i Zabulonit, Rimonin me tokat e tij për kullotë dhe Taborin me tokat e tij për kullotë.

78 Matanë Jordanit, pranë Jerikos, në lindje të Jordanit, nga fisi i Rubenit: Betserin në shkretëtirë me tokat e tij për kullotë dhe Jahatsahu me tokat e tij për kullotë,

79 Kedemothi me tokat e tij për kullotë dhe Mefaathi me tokat e tij për kullotë.

80 Nga fisi i Gadit: Ramothi në Galaad me tokat e tij për kullotë, Mahanbim me tokat e tij për kullotë,

81 Heshboni me tokat e tij për kullotë dhe Jazeri me tokat e tij për kullotë.

Kapitull 7

1 Tola, Puvahu, Jashubi, dhe Shimroni, gjithsej katër, ishin bijtë e Isakarit.

2 Bijtë e Tolit ishin Uzi, Refajahu, Jerieli, Jahmai, Jibsami dhe Shemueli, të parët e shtëpive të tyre atërore. Bijtë e Tolit ishin njerëz të fortë dhe trima në brezat e tyre, numri i tyre, në kohën e Davidit, arriti në njëzet e dy mijë e gjashtëqind veta.

3 Biri i Uzit ishte Izrahiahu, bijtë e Izrahiahut ishin Mikaeli, Obadiahu, Joeli dhe Ishiahu; që të pesë ishin të parë.

4 Kishin me vete, sipas brezave të tyre dhe në bazë të shtëpive atërore ushtri gati për luftë dhe që arrinte në tridhjetë e gjashtë mijë ushtarë, sepse kishin një numër të madh bashkëshortesh dhe fëmijësh.

5 Vëllezërit e tyre, që u përkisnin të gjitha familjeve të ndryshme të Isakarit dhe që ishin regjistruar në gjenealogjinë e tyre, ishin gjithsejt tetëdhjetë e gjashtë mijë njerëz të fortë dhe trima.

6 Bijtë e Beniaminit ishin Belahu, Bekeri dhe Jediaeli, gjithsej tre.

7 Bijtë e Belahut ishin Etsboni, Uzi, Uzieli, Jerimothi dhe Iri, pesë të parët e shtëpive të tyre atërore, njerëz të fortë dhe trima dhe ishin të regjistruar në gjenealogjitë në një numër prej njëzet e dy mijë e tridhjetë e katër vetash.

8 Bijtë e Bekerit ishin Zemirahu, Joashi, Eliezeri, Elioneai, Omri, Jeremothi, Abijahu, Anathothi dhe Alemethi. Të gjithë këta ishin bijtë e Bekerit;

9 Ata ishin të regjistruar në gjenealogjitë sipas brezave të tyre, si të parët e shtëpive të tyre atërore, njerëz të fortë dhe trima, gjithsej njëzet mijë e dyqind veta.

10 Biri i Jediaelit ishte Bilhani. Bijtë e Bilhanit ishin Jeushi, Beniamini, Ehudi, Kenaanahu, Zethani, Tarshishi dhe Ahishahari.

11 Tërë këta ishin bij të Jediaelit, të parë të shtëpive të tyre atërore, njerëz të fortë dhe trima, gjithsej shtatëmbëdhjetë mijë e dyqind veta gati të nisen për luftë dhe të lufojnë.

12 Shupimi dhe Hupimi ishin bij të Irit; Hushimi ishte bir i Aherit.

13 Bijtë e Neftalit ishin Jahtsieli, Guni, Jetseri, Shalumi, bijtë e Bilhahut.

14 Bijtë e Manasit ishin Asrieli, që konkubina e tij siriane i lindi bashkë me Makirin, atin e Galaadit;

15 Makiri mori një grua për Hupimin dhe Shupimin; emri i motrës së tij ishte Maakah dhe emri i së dytës ishte Zelofehad; Zelofehad lindi vetëm vajza.

16 (Maakah, gruaja e Makirit, lindi një djalë, të cilit i vuri emrin Peresh; vëllai i tij përkundrazi quhej Sheresh dhe bijtë e tij Ulam dhe Rekem.

17 Bedani që bir i Ulamit. Këta qenë bijtë e Galaadit, birit të Makirit, bir i Manasit.

18 Motra e tij Hamoleketh lindi Ishodin, Abiezerin dhe Mahlahun.

19 Bijtë e Shemidas ishin Ahiani, Shekemi, Likhi dhe Aniami.

20 Bijtë e Efraimit ishin Shuthelahu, bir i të cilit ishte Beredi, bir i të cilit ishte Tahathi, bir i të cilit ishte Eladahu, bir i të cilit ishte Tahathi,

21 bir i të cilit ishte Zabadi, bij të të cilit ishin Shuthekahu, Ezeri, Eleadi, që u vranë nga njerëzit e Gathit, të lindur në vend, sepse kishin dalë për të plaçkitur bagëtinë e tyre.

22 Ati i tyre Efraim i qau për një kohë të gjatë dhe vëllezërit e tij erdhen për ta ngushëlluar.

23 Pastaj hyri te bashkëshortja e tij, që mbeti me barrë dhe i lindi një djalë; dhe ai e quajti Beriah, sepse shtëpia e tij ishte goditur nga fatkeqësia.

24 Ai pati si vajzë Sheerahën që ndërtoi Beth-Horonin e poshtëm dhe të sipërm si edhe Uzen-Sheerahun.

25 I biri ishte Refahu, bashkë me Rescefin, i cili pati si djalë Telahun, që pati si bir Tahanin,

26 bir i të cilit ishte Ladani, bir i të cilit ishte Amihudi, bir i të cilit ishte Elishami,

27 bir i të cilit ishte Nuni, bir i të cilit ishte Jozueu.

28 Pronat dhe banesat e tyre ishin Betheli dhe fshatrat e tij përreth: në lindje Naarani, në perëndim Gezeri me fshatrat e tij përreth dhe Sikemi me fshatrat e tij përreth deri në Gaza me fshatrat e tij përreth.

29 Gjatë kufijve të Manasit ishin: Beth-Sheani me fshatrat e tij përreth, Taanaku me fshatrat e tij përreth, Megidou me fshatrat e tij përreth dhe Dor me fshatrat e tij përreth. Në këto vende banuan bijtë e Jozefit, biri të Izraelit.

30 Bijtë e Asherit ishin Jimnahu, Ishvahu, Ishvi, Beriah dhe motra e tyre Serah.

31 Bijtë e Beriahut ishin Heberi dhe Malkeli, që ishte ati i Birzavithit.

32 Heberit i lindi Jafleti, Shomeri, Hothami dhe motra e tyre Shua.

33 Bijtë e Jafletit ishin Pasaku, Bimhali dhe Ashvathi. Këta ishin bijtë e Jefletit.

34 Bijtë e Shemerit ishin Ahi, Rohagahu, Jehubahu dhe Arami.

35 Bijtë e vëllait të tij Helem ishin Tsofahu, Imna, Sheleshi dhe Amali.

36 Bijtë e Tsofahut ishin Suahu, Harmeferi, Shuali, Beri, Imrahu,

37 Betseri, Hodi, Shama, Shilshahu, Jithrani dhe Beera.

38 Bijtë e Jetherit ishin Jefuneu, Pispahu dhe Ara.

39 Bijtë e Ula ishin Arahu, Anieli dhe Ritsa.

40 Tërë këta ishin bijtë e Aserit, të parët e shtëpive të tyre atërore, njerëz të zgjedhur, të fortë dhe trima, të parë midis princërve. Ata ishin të regjistruar sipas gjenealogjisë në shërbimin ushtarak për të shkuar në luftë; numri i tyre arrinte në njëzet e gjashtë mijë veta.

Kapitull 8

1 Beniaminit i lindi Balahu, djali i tij i parë, Ashbeli, i dyti, Anbarahu, i treti,

2 Nohahu, i katërti dhe Rafa i pesti.

3 Bijtë e Belahut ishin Adari, Gheri, Abihudi,

4 Abishua, Naamani, Ahoahu,

5 Ghera, Shefufani dhe Hurami.

6 Këta ishin bijtë e Ehudit (që ishin të parët e shtëpive atërore të banorëve të Gebës që u internuan në Manahath):

7 Naamani, Ahijahu dhe Ghera, që i internoi; atij i lindën Uza dhe Ahihudi.

8 Shaharaimit i lindën fëmijë në tokën e Moabit, mbasi u nda nga bashkëshortja e tij,

9 lindi Jobabi, Tsibia, Mesha, Malkami,

10 Jeutsi, Shakia dhe Mirmah. Këta ishin bijtë e tij, të parët e shtëpive të tyre atërore.

11 Nga Hushimi lindën Abitubi dhe Elpaali.

12 Bijtë e Elpaalit ishin Eberi, Mishami, Shemedi, që ndërtoi Onon, Lodin dhe fshatrat përreth,

13 Beria dhe Shema, që ishin të parët e shtëpive atërore të banorëve të Ajalonit dhe që i bënë të ikin me vrap banorët e Gathit.

14 Ahio, Shashaku, Jeremothi,

15 Zebadiahu, Aradi, Ederi,

16 Mikaeli, Ishpahu, Joha ishin bijtë e Beriahut.

17 Zebadiahu, Meshulami, Hizki, Heberi,

18 Ishmerai, Jizliahu dhe Jobabi ishin bijtë e Elpaalit,

19 Jakimi, Zikri, Zabdi,

20 Elianai, Tsilethaj, Elieli,

21 Adajahu, Berajahu dhe Shimrathi ishin bijtë e Shimeit.

22 Ishpani, Eberi, Elieli,

23 Abdoni, Zikri, Hanani,

24 Hananiahu, Elami, Anthothijahu,

25 Ifdejahu dhe Penueli ishin bijtë e Shashakut.

26 Shamsherai, Shehariahu, Athaliahu,

27 Jaareshiahu, Elijahu dhe Zikri ishin bijtë e Jerohamit.

28 Këta ishin të parët më të rëndësishëm të shtëpive atërore në brezat e tyre; ata banonin në Jeruzalem.

29 I ati i Gabaonit banonte në Gabaon dhe gruaja e tij quhej Maakah.

30 I parëlinduri i tij ishte Abdoni; pastaj i lindën Tsuri, Kishi, Baali dhe Nadabi,

31 Gedori, Ahio, Zekeri,

32 dhe Miklothi të cilit i lindi Shimeahu. Edhe këta banuan përballë vëllezërve të tyre në Jeruzalem bashkë me vëllezërit e tyre.

33 Nerit i lindi Kishi; Kishit i lindi Sauli, Saulit i lindi Jonathani, Malkishua, Abinadabi dhe Eshbaali.

34 I biri i Jonathanit ishte Merib-Baali. Merib-Baalit i lindi Mikahu.

35 Bijtë e Mikahut ishin Pitoni, Meleku, Taarea dhe Ashazi.

36 Ashazit i lindi Jeoadahu; Jeoadahut i lindën Ameketthi, Azmavethi dhe Zimri; Zimrit i lindi Motsa.

37 Motsas i lindi Binea, bir i të cilit ishte Rafahu, bir i të cilit ishte Eleasahu, bir i të cilit ishte Atseli.

38 Atseli pati gjashtë bij, emrat e të cilëve ishin: Azrikam, Bokeru, Ishmael, Sheariah, Obadiah dhe Hanan. Tërë këta ishin bij të Atselit.

39 Bijtë e Eshekut, vëllait të tij, ishin Ulami, djali i parë, Jeushi i dyti, dhe Elifeleti, i treti.

40 Bijtë e Ulamit ishin njerëz të fortë dhe trima, harkëtarë të mirë; ata patën shumë bij e nipër, njëqind e pesëdhjetë. Tërë këta ishin trashëgimtarë të Beniaminit.

Kapitull 9

1 Kështu tërë Izraelitët u regjistruan sipas gjenealogjive dhe u shkruan në librin e mbretërve të Izraelit. Por Juda u internua në Babiloni për shkak të mosbesnikërisë së tij.

2 Tani banorët e parë që u vendosën rishtas në pronat e tyre, në qytetet e tyre, ishin Izraelitët, priftërinj, Levitë dhe Nethinej.

3 Në Jeruzalem u vendosën disa nga bijtë e Judës, nga bijtë e Beniaminit dhe nga bijtë e Efraimit dhe të Manasit:

4 Uthai, bir i Amihudit, bir i Omrit, bir i Imrit, bir i Banit nga pasardhësit e Peretsit, birit të Judës.

5 Nga Shilonitët: Asajahu, djali i parë dhe bijtë e tij.

6 Nga bijtë e Zerahut: Jeueli dhe vëllezërit e tij, gjithsej gjashtëqind e nëntëdhjetë veta.

7 Nga bijtë e Beniaminit: Salu, bir i Meshulamit, birit të Hodavias, birit të Hasenahit;

8 Ibnejahu, bir i Jerohamit, Elahu, bir i Uzit, birit të Mikrit, dhe Meshulami, bir i Shefatiahut, birit të Reuelit, që ishte bir i Ibnijahut;

9 vëllezërit e tyre, sipas brezave të tyre, ishin nëntëqind e pesëdhjetë e gjashtë veta. Tërë këta ishin të parë të një shtëpie atërore në shtëpitë e tyre atërore.

10 Nga priftërinjtë: Jedajahu, Jehojaribi dhe Jakini,

11 Azariahu, bir i Hilkiahut, bir i Meshullamit, bir i Tsadokut, bir i Merajothit, bir i Ahitubit, që ishte oficer në krye të shtëpisë së Perëndisë,

12 Adajahu, bir i Jerohamit, bir i Pashurit, bir i Malkijahut; Maasi, bir i Adielit, bir i Jahzerahut, bir i Meshulamit, bir i Meshillemithit, bir i Imerit;

13 dhe vëllezërit e tyre të parë të shtëpive të tyre atërore, një mijë e shtatëqind e gjashtëdhjetë veta, njerëz shumë të shkathët në shërbim të shtëpisë së Perëndisë.

14 Nga Levitët: Shemajahu, bir i Hasshubit, bir i Azrikamit, bir i Hashabiahut, të bijve të Merarit;

15 Bakbakari, Hereshi, Galali, Mataniahu, bir i Mikahut, bir i Zikrit, bir i Asafit;

16 Obadiahu, bir i Shemajahut, bir i Galalit, bir i Jeduthunit; Berakiahu, bir i Asas, bir i Elkanahut, që banonte në fshatrat e Netofathitëve.

17 Derëtarët ishin Shallumi, Akubi, Talmoni, Ahimani dhe vëllezërit e tyre; Shalumi ishte i pari i tyre.

18 Ata kanë mbetur deri tani derëtarë të kampit të bijve të Levit në portën e mbretit, në drejtim të lindjes.

19 Shalumi, bir i Koreut, bir i Ebiasafit, bir i Korahut, dhe vëllezërit e tij, Korahitët, nga shtëpia e atit të tij, ishin të ngarkuar me punën e shërbimit, si derëtarë të tabernakullit; etërit e tyre ishin caktuar në kampin e Zotit si derëtarë.

20 Finehasi, bir i Eleazarit, kishte qenë në të kaluarën i pari i tyre; dhe Zoti ishte me të.

21 Zakaria, bir i Meshelemiahut, ishte derëtar në hyrjen e çadrës së mbledhjeve.

22 Tërë ata që u zgjodhën si derëtarë ishin dyqind e dymbëdhjetë veta; ata ishin të regjistruar sipas gjenealogjive në fshatrat e tyre. Davidin dhe Samuelin shikuesi i kishte vendosur në zyrën e tyre.

23 Ata dhe bijtë e tyre mbanin përgjegjësinë e ruajtjes së portave të shtëpisë së Zotit, domethënë të shtëpisë së tabernakullit, si derëtarë.

24 Kishte derëtarë në të katër pikat e horizontit: në lindje, në perëndim, në veri dhe në jug.

25 Vëllezërit e tyre, që banonin në fshatrat e tyre, duhet të vinin herë pas here për të qëndruar me ta shtatë ditë,

26 sepse katër derëtarët kryesorë, që ishin Levitë, ishin gjithnjë në detyrë. Ata merreshin gjithashtu me mbikqyrjen e dhomave dhe të thesarëve të shtëpisë së Perëndisë;

27 banonin në afërsitë e shtëpisë së Perëndisë, sepse atyre u ishte besuar ruajtja e saj, si dhe hapja e saj çdo mëngjes.

28 Disa prej tyre ishin përgjegjës për objektet që përdoreshin në shërbimin e tempullit, dhe ata i numëronin kur i çonin brenda dhe kur i çonin jashtë.

29 Të tjerë përkundrazi ishin ngarkuar me ruajtjen e mobiljeve, të gjithë veglave, të majës së miellit, të verës, të vajit, të temjanit dhe të aromave.

30 Disa bij të priftërinjve përgatisnin melhemin e aromave.

31 Matithiahu, një prej Levitëve, i parëlinduri i Shalumit, Korahiti, ishte përgjegjës për gjërat që gatuheshin në tigane.

32 Disa nga vëllezërit e tyre midis Kehathitëve ishin të ngarkuar përkundrazi të përgatisnin çdo të shtunë bukët e paraqitjes.

33 Këta ishin këngëtarë, të parë të shtëpive atërore të Levitëve, që banonin në dhomat e tempullit; ata ishin të përjashtuar nga çdo shërbim tjetër, sepse ishin të zënë ditë e natë me punën e tyre.

³⁴ Këta ishin të parët e shtëpive atërore të Levitëve, të parë sipas brezave të tyre; ata banonin në Jeruzalem.

³⁵ Në Gabaon banonin Jejeli, ati i Gabaonit, gruaja e të cilit quhej Maakah.

³⁶ I parëlinduri i tij ishte Abdoni, pastaj erdhën Tsuri, Kishi, Baali, Neri, Nadabi,

³⁷ Gedori, Ahio, Zakaria dhe Miklothi.

³⁸ Miklothit i lindi Shimeami. Edhe këta banonin përballë vëllezërve të tyre në Jeruzalem së bashku me vëllezërit e tyre.

³⁹ Nerit i lindi Kishi, Kishit i lindi Sauli dhe Saulit i lindën Jonathani, Malkishua, Abinadabi dhe Eshbaali.

⁴⁰ Biri i Jonathanit ishte Merib-Baali dhe Merib-Baalit i lindi Mikahu.

⁴¹ Bijtë e Mikahut ishin Pitoni, Meleku, Tahrea dhe Ashazi.

⁴² Ashazit i lindi Jarahu; Jarahut i lindën Alemethi, Azmavethi dhe Zimri, Zimrit i lindi Motsa.

⁴³ Motsas i lindi Binea, bir i të cilit ishte Refaihu, bir i të cilit ishte Eleasahu, bir i të cilit ishte Atseli.

⁴⁴ Atseli pati gjashtë djem, dhe këta ishin emrat e tyre: Azriksani, Bokeru, Ismaeli, Sheariahu, Obadiahu dhe Hanani. Këta qenë bijtë e Atselit.

Kapitull 10

¹ Filistejtë luftuan kundër Izraelit dhe Izraelitët ikën me vrap para Filistejve dhe ranë të vrarë në malin Gilboa.

² Filistejtë ndoqën nga afër Saulin dhe bijtë e tij dhe vranë Jonathanin, Abinadabin dhe Malkishuan, bij të Saulit.

³ Beteja u bë e ashpër kundër Saulit, harkëtarët e goditën dhe ai u plagos rëndë.

⁴ Atëherë Sauli i tha shqyrtarit të tij: "Nxirr shpatën tënde dhe më shpo me atë, që këta të parrethprerë të mos vijnë e të tallen me mua". Por shqyrtari i tij nuk deshi ta bënte, sepse ishte trembur shumë. Atëherë Sauli mori shpatën dhe u hodh mbi të.

⁵ Kur shqyrtari i tij pa që Sauli kishte vdekur, edhe ai u hodh mbi shpatën e tij dhe vdiq.

⁶ Kështu vdiq Sauli me tre bijtë e tij; tërë shtëpia e tij u shua tok.

⁷ Kur të gjithë Izraelitët që banonin në këtë luginë panë që të tyret kishin ikur dhe që Sauli dhe bijtë e tij kishin vdekur, ata braktisën qytetet e tyre dhe ikën me vrap. Atëherë erdhën Filistejtë dhe u vendosën në vendin e tyre.

⁸ Të nesërmen Filistejtë erdhën për të zhveshur të vrarët dhe gjetën Saulin dhe bijtë e tij të rënë mbi malin Gilboa.

⁹ E zhveshën Saulin, i morën kokën dhe armaturën dhe çuan lajmëtarë në të gjithë vendin e Filistejve për të njoftuar lajmin në tempullin e idhujve të tyre dhe gjithë popullit.

¹⁰ E vendosën pastaj armaturën e tij në tempullin e perëndive të tyre dhe gozhduan kokën e tij në tempullin e Dagonit.

¹¹ Kur tërë banorët e Jabeshit të Galaadit mësuan tërë atë që Filistejtë i kishin bërë Saulit,

¹² tërë njerëzit trima u ngritën më këmbë, morën kufomën e Saulit dhe kufomat e bijve të tij dhe i çuan në Jabesh; pastaj i varrosën kockat e tyre nën brukën e Jabeshit dhe agjeruan shtatë ditë.

¹³ Kështu Sauli vdiq për shkak, të mosbesnikërisë së tij ndaj Zotit, sepse nuk kishte respektuar fjalën e Zotit dhe njëkohësisht kishte konsultuar një medium për të marrë këshilla prej saj,

¹⁴ dhe nuk ishte këshilluar përkundrazi me Zotin. Prandaj Zoti e bëri të vdesë dhe ia kaloi mbretërinë Davidit, birit të Isait.

Kapitull 11

¹ Atëherë tërë Izraeli u mblodh rreth Davidit në Hebron dhe i tha: "Ja, ne jemi kocka dhe mishi yt".

² Edhe në të kaluarën, kur ishte mbret Sauli, ti ishe ai që udhëhiqte dhe kthente pas Izraelin; dhe Zoti, Perëndia yt, të pati thënë: "Ti do të ushqesh popullin tim të Izraelit, ti do të jesh princ mbi popullin tim të Izraelit"'.

³ Kështu tërë pleqtë e Izraelit erdhën te mbreti në Hebron, dhe Davidi lidhi me ta një aleancë në Hebron përpara Zotit; pastaj ata e vajosën Davidin mbret të Izraelit, sipas fjalës së shqiptuar nga Zoti me anë të Samuelit.

⁴ Davidi së bashku me tërë Izraelin doli kundër Jeruzalemit, që është Jebusi, ku ndodheshin Jebusejtë, banorë të vendit.

⁵ Atëherë banorët e Jebusit i thanë Davidit: "Nuk do të hysh këtu". Por Davidi pushtoi qytetin e fortifikuar të Sionit, që është qyteti i Davidit.

⁶ Davidi kishte thënë: "Ai që do t'i mundë i pari Jebusejtë do të bëhet kryetar dhe princ". Doli i pari Joabi, bir i Tserujahut, që u bë kështu kryetar.

⁷ Davidi u vendos pastaj në kalanë që u quajt për këtë arsye "qyteti i Davidit".

⁸ Pastaj ai bëri ndërtime përreth qytetit nga Milo dhe në gjithë perimetrin e tij; Joabi meremetoi pjesën tjetër të qytetit.

⁹ Kështu Davidi bëhej gjithnjë e më i madh dhe Zoti i ushtrive ishte me të.

¹⁰ Këta janë komandantët e luftëtarëve trima që ishin në shërbim të Davidit dhe që i dhanë përkrahje të madhe me gjithë Izraelin në mbretërinë e tij për ta bërë mbret sipas fjalës të Zotit lidhur me Izraelin.

¹¹ Kjo është lista e luftëtarëve trima që ishin në shërbim të Davidit: Jashobeami, bir i një Hakmoniti, komandant i tridhjetë kapedanëve; ai rroku ushtën kundër treqind njerëzve, që i vrau në një ndeshje të vetme.

¹² Mbas tij vinte Eleazari, bir i Dodos, Ahohitit; ishte një nga tre luftëtarët trima.

¹³ Ai ishte me Davidin në Pas-Damim, ku ishin mbledhur Filistejtë për të luftuar dhe ku kishte një arë plotë me elb. Populli iku me vrap përpara Filistejve,

¹⁴ por ata u vendosën në mes të arës, e mbrojtën dhe i mundën Filistejtë; kështu Zoti realizoi fitore të madhe.

¹⁵ Tre nga të treqind kapedanët zbritën te shkëmbi drejt Davidit, në shpellën e Adulamit, ndërsa ushtria e Filistejve kishte fushuar në luginën e Refaimit.

¹⁶ Davidi ndodhej atëherë në kala, kurse në Betlem kishte një garnizon Filistejsh.

¹⁷ Davidi pati një dëshirë të madhe dhe tha: "Ah, sikur dikush të më jepte të pija ujë nga pusi i Betlemit që është pranë portës!".

¹⁸ Kështu këta të tre çanë nëpër kampin e Filistejve dhe mbushën ujë nga pusi i Betlemit që ndodhej te porta; pastaj e morën dhe ia çuan Davidit. Por Davidi nuk desh ta pinte, por e derdhi si libacion përpara Zotit,

¹⁹ duke thënë: "Të më ruajë Perëndia nga kryerja e një gjëje të tillë! A mund të pij unë gjakun e këtyre njerëzve, që kanë rrezikuar jetën e tyre? Sepse e kanë sjellë duke rrezikuar jetën e tyre". Dhe nuk deshi ta pinte. Kështu vepruan këta tre trima.

²⁰ Abishai, vëllai i Joabit, ishte i pari i tre të tjerëve. Ai drejtoi ushtën e tij kundër treqind njerëzve dhe i vrau; kështu u bë i famshëm midis të treve.

²¹ U bë më i njohur midis të treve dhe për këtë arësye u bë i pari i tyre, por nuk arriti të barazohet me tre të parët.

²² Benajahu, bir i Jehojadit, birit të një trimi nga Kabtseeli, bëri trimëri të madhe. Ai vrau dy heronjtë e Moabit, që ishin si luanë. Zbriti edhe në mes të një sterne, ku vrau një luan një ditë që binte borë.

²³ Vrau edhe një Egjiptas vigan, i lartë pesë kubitë, që kishte në dorë një shtizë të ngjashme me shulin e një endësi; por Benajahu i doli kundra me një bastun, i rrëmbeu me forcë nga duart Egjiptasit shtizën dhe e vrau me shtizën e tij.

²⁴ Këto gjëra bëri Benajahu, bir i Jehojadit, dhe u bë i famshëm midis tre trimave.

²⁵ Ishte më i shquari i të tridhjetëve, por nuk arriti të barazoht me tre të parët. Davidi e vuri në krye të rojeve të tij personale.

²⁶ Njerëz të tjerë të fortë dhe trima ishin: Asaheli, vëllai i Joabit, Elhanani, bir i Dodos, nga Betlemi,

²⁷ Shamothi nga Harori, Heletsi nga Peloni,

²⁸ Ira, bir i Ikeshit nga Tekoa, Abiezeri nga Anathothi,

²⁹ Sibekai nga Husha, Ilai, nga Ahoa,

³⁰ Maharai nga Netofa, Heledi, bir i Baanahut nga Netofa;

³¹ Ithai, bir i Ribait, i Gibeahut të bijve të Beniaminit, Benajahu nga Pirathoni,

³² Hurai nga Nahale-Gaashi, Abieli nga Arbathi,

³³ Azmavethi nga Baharumi, Eliahba nga Shaalboni.

³⁴ Bijtë e Hashemit nga Gizoni, Jonathani, bir i Shageut nga Harari,

³⁵ Haiami, bir i Sakarit, nga Harari; Elifali, bir i Urit,

³⁶ Heferi nga Mekrea, Ahijahu nga Paloni,

³⁷ Hetsro nga Karmeli, Naarai, bir i Ezbait,

³⁸ Joeli, vëllai i Nathanit, Mibhari, bir i Hagrit,

³⁹ Amoniti Tselek, Naharai nga Berothi (shqytar i Joabit, birit të Tserujahut),

⁴⁰ Ira nga Jetheri, Garebi nge Jetheri,

⁴¹ Uria, Hiteu, Zabadi, bir i Ahlait,

⁴² Adina, bir i Shizës, Rubenit (i pari i Rubenitëve) dhe tridhjetë të tjerë bashkë me të,

⁴³ Hanani, bir i Maakahut, Joshafati nga Mithni;

⁴⁴ Uzia nga Ashtarothi, Shama dhe Jejeli, bij të Hothamit nga Aroeri,

⁴⁵ Jediaeli, bir i Shimrit dhe Titsiti Joha, vëllai i tij,

1 Kronikave

⁴⁶ Elieli nga Mahavimi, Jeribai dhe Joshaviahu, bij të Elnaamit, dhe Ithmah, Moabiti,

⁴⁷ Elieli, Obedi dhe Jaasieli, Metsobaiti.

Kapitull 12

¹ Këta janë njerëzit që erdhën te Davidi në Tsiklag, kur ai qendronte larg pranisë së Saulit, birit të Kishit; ata ishin një pjesë e trimave që e ndihmuan në luftë;

² ishin të armatosur me harqe dhe mund të përdornin si dorën e djathtë ashtu edhe atë të majtë për të hedhur gurë dhe për të gjuajtur shigjeta me hark; i përkisnin fisit të Beniaminit, vëllezër të Saulit.

³ I pari i tyre ishte Ahiezeri, pastaj Joasi, bij të Shemaahut, nga Giberahu; Jezieli dhe Peleti, bij të Azmavethit; Berakahu dhe Jehu nga Anathothi;

⁴ Ishmajahu nga Gabaoni, trim midis të tridhjetëve dhe i pari i tyre; Jeremia, Jahazieli, Johanani, Jozabadi nga Gedera

⁵ Eluzai, Jerimothi, Bealiahu, Shemariahu, Shefatiahu nga Harufi;

⁶ Elkanahu, Jishshiahu, Azareli, Joezeri dhe Jashobeami, Koraiti;

⁷ Joelahu dhe Zebadiahu, bij të Jerohamit nga Gedori.

⁸ Ndër Gaditët disa njerëz vendosën të bashkohen me Davidin në kalanë e shkretëtirës; ishin njerëz të fortë dhe trima, të stërvitur për luftë, të shkathët të përdorimin e mburojës dhe të shtizës; fytyrat e tyre ishin si fytyrat e luanëve dhe në malet ishin të shpejtë si gazelat.

⁹ Ezeri ishte i pari i tyre, Obadiahu vinte i dyti dhe Eliabi i treti,

¹⁰ Mishmanahu i katërti, Jeremia i pesti

¹¹ Atai i gjashti, Elieli i shtati,

¹² Johanani i teti, Elzabadi i nënti,

¹³ Jeremia i dhjeti, Makbanai i njëmbëdhjeti.

¹⁴ Këta Gaditë ishin komandantë të ushtrisë; më i vogli komandonte njëqind ushtarë, më i madhi një mijë.

¹⁵ Këta ata që kaluan Jordanin në muajin e parë kur ky lumë kishte dalë nga shtrati i tij, dhe i bënë të ikin me vrap tërë banorët e luginave, në lindje dhe në perëndim.

¹⁶ Edhe disa nga bijtë e Beniaminit e të Judës shkuan te Davidi në kala.

¹⁷ Davidi u doli përpara dhe, duke marrë fjalën, tha: "Në rast se keni ardhur tek unë me qëllime paqësore për të më ndihmuar, jam gati të bashkohem me juve, por në se keni ardhur për të më tradhëtuar dhe për të më dorëzuar te duart e kundërshtarëve të mi, megjithëse unë nuk kam përdorur fare dhunën, Perëndia i etërve tanë le të shohë dhe le të dënojë".

¹⁸ Atëherë Fryma e përshkoi Amasain, të parin e të tridhjetëve, që thirri: "Ne jemi me ty, David; jemi me ty, o biri i Isait! Paqe, paqe ty dhe paqe atij që të ndihmon, sepse Perëndia yt të ndihmon". Atëherë Davidi i priti dhe i bëri komandantë të trupave.

¹⁹ Edhe nga Manasi disa kaluan me Davidin, kur ky vajti me Filistejtë për të luftuar kundër Saulit; por këta nuk i dhanë asnjë ndihmë Filistejve, sepse princat e Filistejve, mbasi u konsultuan, e kthyen prapa Davidin, duke thënë: "Ai ka për të kaluar me zotërinë e tij Saul duke vënë në rrezik kokat tona".

²⁰ Ndërsa shkonte në Tsiklag, ata të Manasit që kaluan me të ishin Adnahu, Jozbadi, Jedialeli, Mikaeli, Jozabadi, Elihu, Tsillethai, komandantë të mijëshve që i përkisnin Manasit.

²¹ Këta e ndihmuan Davidin kundër bandave të plaçkitësve, sepse ishin të gjithë njerëz të fortë dhe trima dhe u bënë komandantë në ushtri.

²² Në atë kohë, në të vërtetë, çdo ditë disa vinin te Davidi për ta ndihmuar deri sa formoi një ushtri të madhe si ushtria e Perëndisë.

²³ Ky është numri i krerëve të armatosur për luftë, që shkuan te Davidi në Hebron për t'i kaluar atij mbretërinë e Saulit, sipas fjalës së Zotit.

²⁴ Bijtë e Judës, që mbanin mburoja dhe shtiza ishin gjashtë mijë e teteqind veta, të armatosur për luftë.

²⁵ Nga bijtë e Simeonit, njerëz të fortë dhe trima në luftë, ishin shtatë mijë e njëqind veta.

²⁶ Nga bijtë e Levit, katër mijë e gjashtëqind veta;

²⁷ përveç Jehojadit, princit të familjes së Aaronit, që kishte tre mijë e shtatëqind veta,

²⁸ dhe Tsadoku, një ri i fortë dhe trim, me njëzet e dy krerë të shtëpisë së tij atërore.

²⁹ Nga bijtë e Beniaminit, vëllezër të Saulit, tre mijë (sepse pjesa më e madhe e tyre i kishte qëndruar besnike deri atëherë shtëpisë së Saulit).

³⁰ Nga bijtë e Efraimit, njëzet mijë e tetëqind veta, njerëz të fortë dhe trima, njerëz të famshëm, sipas shtëpive të tyre atërore.

³¹ Nga gjysma e fisit të Manasit, tetëmbëdhjetë mijë veta, që u zgjodhën individualisht për të vajtur dhe për ta shpallur mbret Davidin.

³² Nga bijtë e Isakarit, që i kuptonin kohrat dhe dinin kështu çfarë duhet të bënte Izraeli: dyqind krerë dhe tërë vëllezërit e tyre në urdhrat e tyre.

³³ Nga Zabuloni, pesëdhjetë mijë, që shkonin të luftonin, të shkathët për tu vendosur në rend beteje me të gjitha armët e luftës dhe të zotë të mbanin pozicionin e tyre me zemër të vendosur.

³⁴ Nga Neftali, një mijë krerë dhe me ta tridhjetë e shtatë mijë njerëz me mburoja dhe shtiza.

³⁵ Nga Danitët, të shkathët për t'u radhitur në rend beteje, njëzet e tetë mijë e gjashtëqind veta.

³⁶ Nga Asheri, dyzet mijë, që shkonin të luftonin dhe që ishin të shkathët për t'u vendosur në rend beteje.

³⁷ Nga ana tjetër e Jordanit, nga Rubenitët, nga Gaditët dhe nga gjysma e fisit të Manasit, njëqind e njëzet mijë veta, të pajisur me të gjitha armët për të luftuar.

³⁸ Tërë këta luftëtarë, të zotë të mbanin pozicionin e tyre me zemër të vendosur, erdhën në Hebron për ta shpallur Davidin mbret mbi tërë Izraelin; edhe pjesa tjetër e Izraelit ishte në një mëndje për ta bërë mbret Davidin.

³⁹ Ata qëndruan atje tri ditë me Davidin, duke ngrënë dhe duke pirë, sepse vëllezërit e tyre kishin siguruar ushqim për ta.

⁴⁰ Edhe nga ata që banonin afër tyre, madje edhe nga Isakari, nga Zabuloni dhe nga Neftali sillnin ushqime me gomarë, me deve, me mushka dhe me qe, furnizime të mëdha: miell, bukëfiqe dhe rrush të thatë, verë, vaj, lopë dhe dele me bollëk; sepse Izraeli ishte shend e verë.

Kapitull 13

¹ Davidi u këshillua me komandantët e mijëshëve e dhe të qindëshëve dhe me të gjithë princat.

² Pastaj Davidi i tha tërë asamblesë së Izraelit: "Në qoftë se kjo ju duket e mirë dhe në se na vjen nga Zoti, Perëndia ynë, t'u çojmë fjalë vëllezërve tanë që kanë mbetur në të gjitha krahinat e Izraelit, dhe me ta edhe priftërinjve dhe Levitëve në qytetet e tyre dhe tokat për kullotë të mblidhen pranë nesh,

³ dhe ta sjellim përsëri arkën e Perëndisë tonë te ne, sepse nuk e kemi kërkuar në kohën e Saulit".

⁴ Tërë asambleja pranoi të vepronte kështu, sepse kjo gjë dukej e drejtë në sytë e tërë popullit.

⁵ Atëherë Davidi mblodhi tërë Izraelin nga Shihori i Egjiptit, deri në hyrje të Hamathit, për të sjellë përsëri arkën e Perëndisë nga Kiriath-Jearimi.

⁶ Pastaj Davidi me tërë Izraelin u nis në drejtim të Baalahut, domethënë në drejtim të Kirjath-Jearimit që ishte pronë e Judës, për të mbartur që andej arkën e Perëndisë, të Zotit, që rri mbi kerubinët, ku përmëndet emri i tij.

⁷ Nga shtëpia e Abinadabit e transportuan arkën e Perëndisë mbi një qerre të re. Uza dhe Ahio e ngisnin qerren.

⁸ Davidi dhe tërë Izraeli e kremtonin këtë ngjarje përpara Perëndisë me tërë forcat e tyre, me këngë dhe qeste, me harpe, dajre, cembale dhe bori.

⁹ Kur arritën në lëmin e Kidonit, Uza shtriu dorën për të mbajtur arkën, sepse qetë ishin penguar.

¹⁰ Atëherë zemërimi i Zotit shpërtheu kundër Uzës dhe e goditi, sepse kishte shtrirë dorën e tij mbi arkë; ai vdiq atje përpara Perëndisë.

¹¹ Davidi u hidhërua shumë sepse Zoti kishte hapur një të çarë në popull duke goditur Uzën. Prandaj ky vend quhet edhe sot e Çara e Uzës.

¹² Atë ditë Davidi pati frikë nga Perëndia dhe tha: "Si mund ta transportoj arkën e Perëndisë në shtëpinë time?".

¹³ Kështu Davidi nuk deshi ta kishte arkën pranë vetes në qytetin e Davidit, por e kaloi në shtëpinë e Obed-Edomit nga Gathi.

¹⁴ Arka e Perëndisë mbeti tre muaj pranë familjes së Obed-Edomit në shtëpinë e saj; dhe Zoti bekoi shtëpinë e Obed-Edomit dhe gjithshka që ishte pronë e tij.

Kapitull 14

¹ Hirami, mbret i Tiros, i dërgoi Davidit lajmëtarë, dru kedri, muratorë, dhe marangozë për t'i ndërtuar një shtëpi.

² Atëherë Davidi e pranoi që Zoti e kishte vendosur mbret të Izraelit, sepse mbretëria e tij qe lavdëruar shumë për shkak të popullit të tij, Izraelit.

³ Davidi u martua me gra të tjera në Jeruzalem dhe i lindën djem e vajza.

⁴ Këto janë emrat e bijve që i lindën në Jeruzalem: Shamua, Shohabi, Salomoni,

⁵ Ibhari, Elishua, Elpeleti,

⁶ Nagahu, Nefegu, Jafia,

⁷ Elishama, Beelida dhe Elifeleti.

⁸ Kur Filistejtë mësuan që Davidi ishte vajosur mbret i tërë Izraelit, dolën të gjithë në kërkim të Davidit. Sa e mësoi këtë, Davidi u doli përballë.

⁹ Filistejtë arritën dhe u përhapën në luginën e Refaimit.

¹⁰ Atëherë Davidi u këshillua me Perëndinë, duke thënë: A duhet të dal kundër Filistejve? A do të m'i japësh në duart e mia?". Zoti u përgjigj: "Dil dhe unë do t'i jap në duart e tua".

¹¹ Ata dolën në Baal-Peratsim, ku Davidi i mundi dhe tha: "Perëndia ka hapur me duart e mia një kalim midis armiqve të mi, si një kalim i hapur nga ujërat". Prandaj i vunë këtij vendi emrin e Baal-Peratsimit.

¹² Filistejtë braktisën aty perënditë e tyre dhe Davidi urdhëroi që të digjeshin në zjarr.

¹³ Më vonë Filistejtë filluan të shpërndahen nëpër luginë.

¹⁴ Davidi u këshillua përsëri me Perëndinë, dhe Perëndia i tha: "Mos u dil prapa, por merru krahët dhe sulu mbi ta përballë ballsameve.

¹⁵ Kur të dëgjosh një zhurmë hapash në majat e ballsameve, hidhu menjëherë në sulm, sepse Perëndia do të të dalë përpara për të mundur ushtrinë e Filistejve".

¹⁶ Davidi bëri ashtu siç e kishte urdhëruar Perëndia, dhe ata mundën ushtrinë e Filistejve nga Gabaoni deri në Gezer.

¹⁷ Kështu fama e Davidit u përhap në të gjitha vendet, dhe Zoti solli tmerrin e tij mbi të gjitha kombet.

Kapitull 15

¹ Davidi ndërtoi disa shtëpi në qytetin e Davidit, përgatiti një vend për arkën e Perëndisë dhe ngriti një çadër për atë.

² Atëherë Davidi tha: "Asnjeri nuk duhet të mbartë arkën e Zotit përveç Levitëve, sepse Zoti ka zgjedhur ata për ta mbajtur arkën e Perëndisë dhe për t'i shërbyer atij përjetë".

³ Davidi mblodhi tërë Izraelin në Jeruzalem për ta çuar arkën e Zotit në vendin që i kishte përgatitur.

⁴ Davidi mblodhi edhe bijtë e Aaronit dhe Levitët.

⁵ Nga bijtë e Kehathit, Urielin, të parin, dhe njëqind e njëzet vëllezërit e tij;

⁶ nga bijtë e Merarit, Asajahun, të parin, dhe dyqind e njëzet vëllezërit e tij;

⁷ nga bijtë e Gershomit, Joelin, të parin, dhe njëqind e tridhjetë vëllezërit e tij;

⁸ nga bijtë e Elitsafanit, Shemajahun, të parin, dhe dyqind vëllezërit e tij;

⁹ nga bijtë e Hebronit, Elielin, të parin, dhe tetëdhjetë vëllezërit e tij;

¹⁰ nga bijtë e Uzielit, Aminadabin, të parin, dhe njëqind e dymbëdhjetë vëllezërit e tij.

¹¹ Pastaj Davidi thirri priftërinjtë Tsadok dhe Abiathar, dhe Levitët Uriel, Asajahu, Joel, Shemajahu, Eliel dhe Aminadab,

¹² dhe u tha atyre: "Ju jeni të parët e shtëpive atërore të Levitëve; shenjtërohuni, ju dhe vëllezërit tuaj, që të mund të transportojnë arkën e Zotit, Perëndisë të Izraelit, në vendin që i kam përgatitur.

¹³ Sepse herën e parë ju nuk ishit dhe Zoti, Perëndia ynë, hapi një të çarë midis nesh, sepse nuk e kishim kërkuar sipas rregullave të caktuara".

¹⁴ Kështu priftërinjtë dhe Levitët u shenjtëruan për të transportuar arkën e Zotit, Perëndisë të Izraelit.

¹⁵ Bijtë e Levitëve e mbajtën arkën e Perëndisë mbi shpatullat e tyre me anë të shufrave, ashtu si kishte urdhëruar Moisiu sipas fjalës së Zotit.

¹⁶ Pastaj Davidi urdhëroi krerët e Levitëve të caktonin vëllezërit e tyre këngëtarë me vegla muzikore, harpa, qeste dhe cembale për të pasur tinguj gëzimi.

¹⁷ Prandaj Levitët caktuan Hemanin, birin e Joelit, midis vëllezërve të tij, Asafin, birin e Berakiahut, dhe midis bijve të Merarit, vëllezërit e tyre, Ethanin, birin e Kushajahut.

¹⁸ Me ta ishin vëllezërit e tyre të klasës së dytë: Zakaria, Beni, Jaazieli, Semiramothi, Jehieli, Uni, Eliabi, Benajahu, Maasejahu, Matithiahu, Elifalehu, Miknejahu, Obed-Edomi dhe Jeeli, që ishin derëtarë.

¹⁹ Këngëtarët Heman, Asaf dhe Ethan përdornin cembale prej bronzi;

²⁰ Zakaria, Azieli, Shemiramothi, Jehieli, Uni, Eliabi, Maasejahu dhe Benajahu u binin harpave për zëra sopranoje;

²¹ Matithiahu, Elifalehu, Miknejahu, Obed-Edomi, Jejeli dhe Azaziahu u binin qesteve në oktavë për të udhëhequr këngën;

²² Kenaiahu, i pari i Levitëve, ishte i ngarkuar me këngën; ai drejtonte këngën, sepse ishte kompetent në këtë fushë.

²³ Berekiahu dhe Elkanahu ishin derëtarë pranë arkës.

²⁴ Priftërinjtë Shebarniahu, Joshafati, Nethaneel, Amasai, Zakaria, Benajah dhe Elezieri u binin borive përpara arkës së Perëndisë, kurse Obed-Edomi dhe Jehijahu kryenin detyrën e derëtarit afër arkës.

²⁵ Atëherë Davidi, pleqtë e Izraelit dhe komandantët e mijëshëve vepruan me gëzim në transportimin e arkës së besëlidhjes të Zotit nga shtëpia e Obed-Edomit.

²⁶ Kështu, sepse Perëndia i ndihmoi Levitët që mbanin arkën e besëlidhjes të Zotit, u ofruan si flijime shtatë dema dhe shtatë desh.

²⁷ Davidi kishte veshur një mantel prej liri të hollë, ashtu si tërë Levitët që mbanin arkën, këngëtarët dhe Kenianahu, drejtuesi i këngës së bashku me këngëtarët; Davidi kishte veshur gjithashtu një efod prej liri.

²⁸ Kështu tërë Izraeli e çoi lart arkën e besëlidhjes të Zotit me klithma gëzimi nën tingujt e burive, brirëve, cembaleve, qesteve dhe harpave.

²⁹ Por ndodhi që, ndërsa arka e besëlidhjes të Zotit arriti në qytetin e Davidit, Mikal, e bija e Saulit, duke shikuar nga dritarja, pa mbretin David që kërcente dhe hidhej përpjetë, dhe e përçmoi në zemër të saj.

Kapitull 16

¹ Kështu e prunë arkën e Perëndisë dhe e vendosën në mes të tabernakullit që Davidi kishte ngritur për të; pastaj ofruan olokauste dhe flijime falenderimi përpara Perëndisë.

² Kur Davidi mbaroi së ofruari olokaustet dhe flijimet e falenderimit, ai bekoi popullin në emër të Zotit;

³ pastaj u ndau tërë Izraelitëve, burra dhe gra, secilit prej tyre një bukë, një racion mish dhe një sasi rrushi të thatë.

⁴ Pastaj vendosi përpara arkës të Zotit disa Levitë për të kryer shërbimin për të kujtuar, për të falenderuar dhe për të lëvduar Zotin, Perëndinë e Izraelit:

⁵ Asafi, i pari, Zakaria i dyti mbas tij, pastaj Jeieli, Shemiramothi, Jehieli, Matithiahu, Eliabi, Benajahu, Obed-Edomi dhe Jejeli. Ata u binin harpave dhe qesteve, ndërsa Asafi u binte cembaleve.

⁶ Priftërinjtë Benajah dhe Jahaziel përkundrazi i binin trombës vazhdimisht përpara arkës së besëlidhjes së Perëndisë.

⁷ Atë ditë Davidi u besoi për herë të parë Asafit dhe vëllezërve të tij detyrën që të këndonin lëvdata Zotit.

⁸ Kremtoni Zotin, kujtoni emrin e tij; bëjini të njohura veprat e tij midis popujve.

⁹ Këndojini atij, lëvdoheni, mendoni të gjitha mrekullitë e tij.

¹⁰ Lëvdohuni me emrin e tij të shenjtë; u gëzofshin zemrat e të gjithë atyre që kërkojnë Zotin!

¹¹ Kërkoni Zotin dhe forcën e tij, kërkoni vazhdimisht fytyrën e tij!

¹² Kujtoni mrekullitë që ka bërë, çudite e tij dhe gjykimet që kanë dalë nga goja e tij,

¹³ ju, o stërmpa të Izraelit, shërbëtorit të tij, o bij të Jakobit, të zgjedhurit e tij!

¹⁴ Ai është Zoti, Perëndia ynë; gjykimet e tij i gjejmë mbi të gjithë tokën.

¹⁵ Mos harroni kurrë besëlidhjen e tij, fjalën e tij të urdhëruar për një mijë breza,

¹⁶ besëlidhjen e lidhur me Abrahamin, betimin që i ka bërë Isakut,

¹⁷ që ia konfirmoi Jakobit si një statut dhe Izraelit si një besëlidhje të përjetshme,

¹⁸ duke thënë: "Unë do t'ju jap vendin e Kanaanit si pjesë e trashëgimisë suaj".

¹⁹ kur nuk ishin veçse një numër i vogël, fare i pakët dhe të huaj në vend.

²⁰ Kur shkonin nga një komb në një tjetër, nga një mbretëri në një popull tjetër,

²¹ ai nuk lejoi që ndokush t'i shtypte; përkundrazi dënoi disa mbretër për dashurinë që ushqente për ta,

²² duke thënë: "Mos prekni të vajosurit e mi dhe mos u bëni asnjë të keqe profetëve të mi".

²³ Këndojini Zotit, o banorë të të gjithë tokës, lajmëroni çdo ditë shpëtimin e tij!

²⁴ Shpallni lavdinë e tij midis kombeve dhe mrekullitë e tij midis tërë popujve!

²⁵ Sepse Zoti është i madh dhe i denjë të lëvdohet në kulm; ai është me friksuësi nga tërë perënditë.

²⁶ Sepse tërë perënditë e kombeve janë idhuj, kurse Zoti ka krijuar qiejtë.

²⁷ Shkëlqimi dhe madhëria janë para tij, forca dhe gëzimi ndodhen në banesën e tij.

²⁸ Jepini Zotit, o familje të popujve, jepini Zotit lavdi dhe forcë.

²⁹ Jepini Zotit zulmin që i takon emrit të tij, çojini oferta dhe ejani

para tij. Bini përmbys para Zotit në shkëlqimin e shenjtërisë së tij;

30 dridhuni para tij, o banorë të të gjithë tokës! Po, bota është e qëndrueshme dhe nuk do të tundet.

31 Le të gëzohen qiejtë dhe toka, dhe le të thonë kombet: "Zoti mbretëron".

32 Le të gjëmojë deti dhe tërë ato që janë në të;

33 atëherë tërë drurët e pyllit do të lëshojnë britma gëzimi përpara Zotit, sepse ai vjen të gjykojë tokën.

34 Kremtoni Zotin, sepse ai është i mirë, sepse mirësia e tij vazhdon përjetë.

35 Thoni: "Shpëtona, o Perëndi i shpëtimit tonë! Na mblidh dhe na çliro nga kombet, me qëllim që të kremtojmë emrin tënd të shenjtë dhe të mburremi se të kemi lëvduar".

36 I bekuar qoftë Zoti, Perëndia i Izraelit, nga amshimi në amshim! Dhe tërë populli tha: "Amen", dhe lëvdoi Zotin.

37 Kështu Davidi la Asafin dhe vëllezërit e tij atje përpara arkës së besëlidhjes të Zotit, me qëllim që të shërbenin vazhdimisht përpara arkës, sipas nevojave të çdo dite,

38 la edhe Obed-Edomin dhe të gjashtëdhjetë e tetë vëllezërit e tij (Obed-Edomi, bir i Jeduthunit dhe Hosahu si derëtarë),

39 dhe priftin Tsadok dhe priftërinjtë vëllezër të tij përpara tabernakullit të Zotit, në vendin e lartë që ishte në Gabaon,

40 me qëllim që ata t'i ofronin Zotit olokauste mbi altarin e olokausteve, vazhdimisht në mëngjes e në mbrëmje, sipas tërë atyre që janë shkruar në ligjin e Zotit, që ai ia kishte imponuar Izraelit.

41 Dhe me ta ishin Hemani, Jeduthuni dhe të tjerët që ishin zgjedhur dhe caktuar me emër për të lëvduar Zotin, sepse mirësia e tij është e përjetshme.

42 Me ta ishin gjithashtu Hemani dhe Jeduthuni me bori dhe cembale, për ata që do t'u binin veglave, dhe me vegla muzikore për të shoqëruar këngët e Perëndisë. Bijtë e Jeduthunit duhet të rrinin te porta.

43 Më në fund tërë populli u kthye, secili në shtëpinë e vet, dhe Davidi u kthye për të bekuar shtëpinë e vet.

Kapitull 17

1 Ndodhi që Davidi, mbasi u vendos në shtëpinë e vet, i tha profetit Nathan: "Ja, unë banoj në një shtëpi prej kedri, ndërsa arka e besëlidhjes të Zotit ndodhet nën një çadër".

2 Nathani iu përgjegj Davidit: "Bëj të gjitha ato që ke në zemër, sepse Perëndia është me ty".

3 Por po atë natë fjala e Perëndisë iu drejtua Nathanit, duke i thënë:

4 "Shko t'i thuash shërbëtorit tim David: "Kështu thotë Zoti: Nuk do të jesh ti ai që do të më ndërtojë një shtëpi në të cilën unë të mund të banoj.

5 Në fakt nuk kam banuar kurrë në një shtëpi nga dita që kam nxjerrë Izraelin nga Egjipti deri më sot; por kam shkuar nga një çadër te tjetra dhe nga një banesë te tjetra.

6 Kudo kam shkuar me gjithë Izraelin, a i kam folur vallë ndonjerit prej gjyqtarëve të Izraelit, të cilët i kisha urdhëruar të ushqenin popullin tim, duke thënë: "Pse nuk më ndërtoni një shtëpi me dru kedri?".

7 Tani do t'i flasësh kështu shërbëtorit tim David: "Kështu thotë Zoti i ushtrive: Unë të mora nga vatha, kur po shkoje pas deleve, dhe të bëra princ mbi popullin tim, Izraelin.

8 kam qenë me ty kudo ku ke vajtur, kam shfarosur përpara teje tërë armiqtë e tu dhe e kam bërë emrin tënd si atë të njerëzve të mëdhenj që janë mbi dhe.

9 Përveç kësaj do t'i jap popullit tim Izraelit një vend ku të banojë në shtëpinë e tij dhe të mos e lëvizin më, dhe të këqijtë të mos vazhdojnë ta shkretojnë si më parë,

10 qysh prej kohës që kam vendosur gjyqtarët mbi popullin tim të Izraelit. Do të poshtëroj edhe tërë armiqtë e tu. Të njoftoj gjithashtu që Zoti do të të ndërtojë një shtëpi.

11 Kur të mbushen ditët e tua dhe të shkosh të bashkohesh me etërit e tu, unë do të nxjerrë një pasardhësin tënd, që do të jetë një nga bijtë e tu, dhe do ta konsolidoj mbretërinë e tij.

12 Ai do të më ndërtojë një shtëpi dhe unë do ta bëj të qëndrueshëm fronin e tij përgjithnjë.

13 Unë do të jem për të një atë dhe ai për mua një bir; dhe nuk do t'ia heq përkrahjen time ashtu siç ia kam hequr atij që të ka paraprirë.

14 Unë do ta bëj të qëndrueshëm për gjithnjë në shtëpinë time dhe në mbretërinë time, dhe froni i tij do të jetë i qëndrueshëm gjithnjë"".

15 Nathani i foli Davidit duke përdorur tërë këto fjalë dhe sipas gjithë vizionit të tij.

16 Atëherë mbreti David hyri, u ul përballë Zotit dhe tha: "Kush jam unë, o Zot Perëndi, ç'është shtëpia ime, që ti më bëre të arrij deri këtu?

17 Megjithatë kjo t'u duk një gjë e vogël para syve të tu, o Perëndi; ti fole edhe për shtëpinë e shërbëtorit tënd për një të ardhme të largët dhe më konsideroje sikur të isha një njeri i rangut të lartë, o Zot Perëndi.

18 Çfarë mund të thotë akoma Davidi për nderin që i ke bërë shërbëtorit tënd? Ti e njeh në të vërtetë shërbëtorin tënd.

19 O Zot, për dashurinë e shërbëtorit tënd dhe sipas zemrës sate, ti ke kryer gjithë këto vepra të fuqishme për t'i bërë të njohura tërë këto gjëra të mëdha.

20 O Zot, askush nuk është i ngjashëm me ty dhe nuk ka tjetër Perëndi veç teje, sipas tërë ato që kemi dëgjuar me veshët tona.

21 Dhe kush është si populli yt i Izraelit, i vetmi komb mbi tokë që Perëndia erdhi për ta çliruar dhe për ta bërë popullin e tij, për të të dhënë një emër me gjëra të mëdha dhe të tmerrshme, duke i dëbuar kombet përpara popullit tënd që ti ke çliruar nga Egjipti?

22 Ti e ke bërë popullin e Izraelit popullin tënd për gjithnjë; dhe ti, o Zot, je bërë Perëndia i tyre.

23 Prandaj fjala që ke shqiptuar, o Zot, përsa i përket shërbëtorit tënd dhe shtëpisë së tij, të ruajë vlerën e saj për gjithnjë! Bëj siç ke thënë!

24 Po, të mbetet e vlefshme, me qëllim që emri yt të shkëlqejë për gjithnjë dhe të kemi mundësinë të themi: "Zoti i ushtrive, Perëndia i Izraelit, është me të vërtetë Perëndia për Izraelin"; dhe shtëpia e shërbëtorit tënd David u bëftë e qëndrueshme para teje!

25 Ti vetë, o Perëndia im, i ke treguar shërbëtorit tënd se do t'i ndërtoje një shtëpi. Prandaj shërbëtori yt pati guximin të lutet në praninë tënde.

26 Dhe tani, o Zot, ti je Perëndia dhe i ke premtuar këtë të mirë shërbëtorit tënd.

27 Ndërkaq le të të pëlqejë të bekosh shtëpinë e shërbëtorit tënd, me qëllim që ajo të qëndrojë gjithnjë para teje, sepse atë që bekon ti, o Zot, është e bekuar për gjithnjë".

Kapitull 18

1 Mbas këtyre ngjarjeve, Davidi mundi Filistejtë dhe i poshtëroi, duke u hequr nga dora Gathin dhe fshatrat përreth tij.

2 Ai mundi gjithashtu Moabitët; dhe Moabitët u bënë nënshtetas dhe haraçpagues të Davidit.

3 Davidi mundi përveç tyre Hadarezerin, mbretin e Tsobahut, deri në Hamath, ndërsa ai shkonte për të vendosur sundimin e tij gjatë lumit Eufrat.

4 Davidi i mori një mijë qerre, i kapi shtatë mijë kalorës dhe njëzet mijë këmbësorë. Davidi preu gjithashtu kërcinjtë e tërë kuajve, por kursevi mjaft për njëqind qerre.

5 Kur Sirët e Damaskut erdhën për të ndihmuar Hadarezerin, mbretin e Tsobahut, Davidi vrau njëzet e dy mijë Sirë.

6 Pastaj Davidi vendosi garnizone në Sirinë e Damaskut, dhe Sirët u bënë nënshtetas dhe haraçpagues të Davidit; dhe Zoti e përkrahte Davidin kudo që ai shkonte.

7 Davidi mori mburojat e arta që shërbëtorët e Hadarezerit kishin me vete dhe i çoi në Jeruzalem.

8 Davidi mori edhe një sasi të madhe bronzi në Tibhath dhe në Kun, qytete të Hadarezerit. Me të Salomoni ndërtoi detin prej bronzi, shtyllat dhe veglat prej bronzi.

9 Kur Tou, mbret i Hamathit, mësoi që Davidi kishte mundur tërë ushtrinë e Hadarezerit, mbretit të Tsobahut,

10 i dërgoi mbretit David Hadoramin, birin e tij, për ta përshëndetur dhe për ta bekuar, sepse kishte luftuar kundër Hadarezerit dhe e kishte mundur (Hadarezeri ishte gjithnjë në luftë me Toun); dhe Hadorami pruri me vete lloj-lloj enësh ari, argjendi dhe bronzi.

11 Mbreti David ia shenjtëroi edhe këto Zotit, ashtu si kishte bërë me argjendin dhe me arin që u kishte marrë tërë kombeve, domethënë Edomitëve, Moabitëve, Amonitëve, Filistejve dhe Amalekitëve.

12 Përveç kësaj Abishai, bir i Tserujahut, mundi tetëmbëdhjetë mijë Edomitë në luginën e Kripës.

13 Vendosi garnizone edhe në Idumea dhe tërë Edomitët u bënë nënshtetas të Davidit; dhe Zoti e përkrahte Davidin kudo që shkonte.

14 Kështu Davidi mbretëroi mbi tërë Izraelin, duke shqiptuar gjykime dhe duke administruar drejtësinë tërë popullit të tij.

15 Joabi, bir i Tserujahut, ishte komandant i ushtrisë; Jozafati, bir i Ahikudit, ishte arkivist;

16 Tsadoku, bir i Ahitubit, dhe Abimeleku, bir i Abiatharit, ishin priftërinj; Shavsha ishte sekretar;

17 Benajahu, bir i Jehojadait, ishte kryetar i Kerethejve dhe i Pelethejve; bijtë e Davidit ishin të parët në krah të mbretit.

Kapitull 19

¹ Mbas këtyre ngjarjeve ndodhi që Nahashi, mbret i bijve të Amonit, vdiq dhe i biri mbretëroi në vend të tij.

² Davidi tha: "Unë dua të përdor me Hanunin, birin e Nahashit, po atë dashamirësi që i ati ka treguar ndaj meje". Kështu Davidi dërgoi lajmëtarë për ta ngushëlluar për humbjen e atit të tij. Por kur shërbëtorët e Davidit arritën ne vendin e bijve të Amonit te Hanuni për ta ngushëlluar,

³ krerët e bijve të Amonit i thanë Hanunit: "Ti beson që Davidi të ka dërguar ngushëllues për të nderuar atin tënd? Shërbëtorët e tij a nuk kanë ardhur vallë për të vëzhguar, për të shkatërruar dhe për të spiunuar vendin?".

⁴ Atëherë Hanuni mori shërbëtorët e Davidit, i detyroi të rruhen dhe të presin rrobat për gjysmë deri në mollaqet, pastaj i la të shkonin.

⁵ Ndërkaq disa shkuan të njoftojnë Davidin për atë që u kishte ndodhur këtyre njerëzve; atëherë Davidi dërgoi njerëz për t'i takuar, sepse ata ishin krejt të turpëruar. Mbreti porositi që t'u thonë atyre: "Qëndroni në Jeriko sa t'ju rritet mjekra, pastaj do të ktheheni".

⁶ Kur bijtë e Amonit e kuptuan se kishin shkaktuar urrejtjen e Davidit, Hanuni dhe Amonitët dërguan një mijë talenta argjendi për të rekrutuar në shërbimin e tyre qerre dhe kalorës nga Mesopotamia, nga Sirët e Maakahut dhe nga Tsobahu.

⁷ Rekrutuan gjithashtu tridhjetë e dy mijë qerre dhe mbretin e Maakahut me gjithë popullin tij, që fushuan përballë Medebas. Ndërkaq bijtë e Amonit ishin mbledhur nga qytetet e tyre për të marrë pjesë në luftë.

⁸ Kur Davidi e dëgjoi këtë, dërgoi kundër tyre Joabin dhe tërë ushtrinë e njerëzve trima.

⁹ Bijtë e Amonit dolën dhe u renditën për betejë në portën e qytetit, ndërsa mbretërit që kishin ardhur në ndihmë të tyre rrinin mënjanë në fushë.

¹⁰ Kur Joabi e kuptoi që kishte kundër tij dy fronte beteje, njeri përpara dhe tjetri prapa, zgjodhi nga njerëzit më të mirë të Izraelit dhe i vendosi në rend beteje kundër Sirëve;

¹¹ pjesën tjetër të popullit e vendosi nën urdhrat e vëllait të tij Abishai; këta u renditën kundër bijve të Amonit;

¹² pastaj i tha: "Në rast se Sirët janë më të fortë se unë, ti do të më vish në ndihmë; por në rast se bijtë e Amonit janë më të fortë se ti, atëherë do të vij unë të të ndihmoj.

¹³ Tregohu trim dhe të jemi të fortë për popullin tonë dhe për qytetet e Perëndisë tonë; dhe Zoti të bëjë atë që i pëlqen".

¹⁴ Pastaj Joabi me njerëzit që kishte me vete shkoi përpara për t'u ndeshur me Sirët; por këta ikën para tij.

¹⁵ Kur bijtë e Amonit panë që Sirët kishin ikur, edhe ata ua mbathën para Abishait, vëllait të Joabit, dhe u kthyen në qytet. Atëherë Joabi u kthye në Jeruzalem.

¹⁶ Sirët, duke qenë se ishin mundur nga Izraeli, dërguan lajmëtarë dhe prunë Sirët që ishin matanë lumit. Në krye të tyre ishte Shofaku, komandanti i ushtrisë të Hadarezerit.

¹⁷ Kur Davidi u njoftua për këtë gjë, mblodhi tërë Izraelin, kaloi Jordanin, marshoi kundër tyre dhe u vendos në rend beteje kundër tyre. Sapo Davidi u rreshtua në rend beteje kundër Sirëve, këta e filluan menjëherë betejën.

¹⁸ Por Sirët ua mbathën para Izraelit; dhe Davidi vrau shtatë mijë kalorës dhe dyzet mijë këmbësorë Sirë; vrau gjithashtu Shofakun, komandantin e ushtrisë.

¹⁹ Kur shërbëtorët e Hadarezerit panë se ishin mundur nga Izraeli, bënë paqe me Davidin dhe iu nënshtruan atij. Kështu Sirët nuk deshën më t'u vinin në ndihmë bijve të Amonit.

Kapitull 20

¹ Me fillimin e vitit të ri, në kohën kur mbretërit shkojnë të luftojnë, Joabi u vu në krye të një ushtrie të fuqishme dhe shkretoi vendin e bijve të Amonit; pastaj shkoi të rrethojë Rabahun, ndërsa

² Atëherë Davidi i hoqi kurorën nga koka e mbretit të tyre dhe pa që ajo peshonte një talent ari, dhe në të kishte gurë të çmuar; ajo pastaj u vu mbi kryet e Davidit. Përveç kësaj nga ai qytet ai mori një plaçkë shumë të madhe.

³ I nxori banorët që ishin në qytet dhe i vuri të punojnë me sharra, me lesa prej hekuri dhe me sëpata. Kështu veproi Davidi në të gjitha qytetet e bijve të Amonit. Pastaj Davidi u kthye në Jeruzalem me tërë popullin.

⁴ Mbas këtyre ngjarjeve u bë në Gezer një betejë me Filistejtë; atëherë Sibekai nga Hushahu vrau Sipain, një nga pasardhësit e gjigantëve, dhe kështu Filistejtë u poshtëruan.

⁵ U bë një betejë tjetër me Filistejtë; Elhanani, bir i Jairit, vrau Lahmin, vëllanë e Goliathit nga Gathi, që e kishte shtizën sa një shul endësi.

⁶ U bë edhe një beteje tjetër në Gath, ku kishte një njeri me shtat të madh, me gjashtë gishtërinj në secilën dorë dhe gjashtë gishtërinj në secilën këmbë, gjithsej njëzet e katër gishtërinj; edhe ai ishte një pasardhës i gjigantëve.

⁷ Ai e fyu Izraelin dhe Jonathani, bir i Shimeahut dhe vëlla i Davidit, e vrau.

⁸ Këta kishin lindur nga gjigantët e Gathit. Ata i zhduku dora e Davidit dhe ajo e shërbëtorëve të tij.

Kapitull 21

¹ Por Satanai u ngrit kundër Izraelit dhe e nxiti Davidin të bënte regjistrimin e popullit të Izraelit.

² Kështu Davidi i tha Joabit dhe krerëve të popullit: "Shkoni dhe bëni regjistrimin e Izraelitëve nga Beer-Sheba deri në Dan; pastaj më paraqitni raportin që unë të dij numrin e tyre".

³ Joabi u përgjigj: "Zoti e shumëzoftë popullin e tij njëqind herë aq. Por, o mbret, o imzot, a nuk janë vallë të gjithë shërbëtorë të zotërisë sime? Pse zoti im kërkon një gjë të tillë? Pse e bën fajtor Izraelin?".

⁴ Por kërkesa e mbretit mbizotëroi mbi atë të Joabit. Prandaj Joabi u nis, e përshkoi tërë Izraelin dhe u kthye pastaj në Jeruzalem.

⁵ Joabi i dërgoi Davidit shifrat e regjistrimit të popullsisë; në të gjithë Izraelin kishte një milion e njëqind mijë njerëz të aftë për të përdorur shpatën dhe në Judë katërqind e shtatëdhjetë mijë njerëz të aftë për të përdorur shpatën.

⁶ Por në regjistrimin e këtyre Joabi nuk përfshiu Levin dhe Beniaminin, sepse për të kërkesa e mbretit ishte e neveritshme.

⁷ Kjo gjë nuk i pëlqeu Perëndisë, prandaj e goditi Izraelin.

⁸ Kështu Davidi i tha Perëndisë: "Kam bërë një mëkat shumë të madh duke bërë këtë gjë; por tani, të lutem, hiqja paudhësinë shërbëtorit tënd, sepse unë kam vepruar shumë pa mend".

⁹ Atëherë Zoti i foli Gadit, shikuesit të Davidit, duke i thënë:

¹⁰ "Shko e i thuaj Davidit: "Kështu thotë Zoti: Unë të propozoj tri gjëra; zgjidh njerën nga këto dhe unë do ta kryej për ty"".

¹¹ Gadi shkoi te Davidi dhe i tha: "Kështu thotë Zoti: Zgjidh

¹² ose tre vjet zi buke, ose tre muaj shkatërrimesh përpara kundërshtarëve të tu, gjatë të cilave shpata e armiqve të tu do të të zërë, ose tri ditë shpate të Zotit, me fjalë të tjera murtaja në vend, gjatë të cilave engjëlli i Zotit do të të sjellë shkatërrim në gjithë territorin e Izraelit. Tani më bëj të ditur përgjigjen që duhet t'i jap atij që më ka dërguar".

¹³ Davidi i tha Gadit: "Unë jam në një ankth të madh! Oh, më mirë unë të bija në duart e Zotit sepse është shumë i mëshirshëm, por të mos bija në duart e njerëzve!".

¹⁴ Kështu Zoti dërgoi murtajën në Izrael dhe vdiqën shtatëdhjetë mijë Izraelitë.

¹⁵ Perëndia dërgoi gjithashtu një engjëll në Jeruzalem për ta shkatërruar; por kur po përgatitej të fillonte shkatërrimin, Zoti ktheu shikimin, u pendua për fatkeqësinë e caktuar dhe i tha engjëllit që shkatërronte: "Tani mjaft! Mbaje dorën!". Engjëlli i Zotit qëndronte më këmbë pranë lëmit të Ornanit, Jebuseut.

¹⁶ Davidi me sytë e ngritur, pa engjëllin e Zotit që rrinte midis tokës dhe qiellit me në dorë një shpatë të zhveshur dhe të drejtuar mbi Jeruzalem. Atëherë Davidi dhe pleqtë, të veshur me thasë, ranë përmbys me fytyrë për tokë.

¹⁷ Davidi i tha Perëndisë: "A nuk kam qenë unë, vallë, ai që urdhërio regjistrimin e popullsisë? Kam qenë unë që kam mëkatuar dhe që kam bërë të keqen; por këta, kopeja, çfarë kanë bërë? Të lutem, o Zot, Perëndia im, drejtoje dorën tënde kundër meje dhe kundër shtëpisë së atit tim, por mos e godit popullin tënd me këtë fatkeqësi".

¹⁸ Atëherë engjëlli i Zotit urdhëroi Gadin t'i thotë Davidit që ky të dalë dhe t'i ngrejë një altar Zotit në lëmin e Ornanit, Jebuseut.

¹⁹ Kështu Davidi doli sipas fjalës që Gadi kishte shqiptuar në emër të Zotit.

²⁰ Ornani u kthye dhe pa engjëllin; prandaj të katër bijtë e tij që ishin me të u fshehën, por Ornani vazhdoi të shijë grurin.

²¹ Kur Davidi arriti pranë Ornanit, ky e shikoi dhe e njohu Davidin; doli pastaj nga lëmi dhe ra përmbys para Davidit me fytyrë për tokë.

²² Atëherë Davidi i tha Ornanit: "Më jep sipërfaqen e lëmit; që të ndërtojë një altar për Zotin; ma jep për gjithë vlerën e saj, me qëllim që fatkeqësia të mos godasë më popullin".

²³ Ornani i tha Davidit: "Merre; dhe mbreti, zoti im, të bëjë atë që i duket më e mirë; ja, unë po të jap edhe qetë e olokaustit, veglat e shirjes për dru dhe grurin për blatimin e ushqimit; po t'i jap të gjitha".

²⁴ Por mbreti Davidi i tha Ornanit: "Jo! Unë dua ta ble për vlerën e

1 Kronikave

saj të plotë, sepse nuk ka për të marrë për Zotin atë që është prona jote dhe nuk kam për të ofruar një olokaust që nuk më kushton asgjë".

²⁵ Kështu Davidi i dha Ornanit si çmim të tokës peshën e gjashtëqind siklave ari.

²⁶ Pastaj Davidi ndërtoi aty një altar për Zotin, ofroi olokauste dhe flijime falenderimi dhe kërkoi ndihmën e Zotit, që iu përgjigj me zjarrin që zbriti nga qielli mbi altarin e olokaustit.

²⁷ Atëherë Zoti urdhëroi engjëllin ta fusë përsëri shpatën e tij në myll.

²⁸ Në atë kohë Davidi, duke parë që Zoti ia kishte plotësuar dëshirën në lëmin e Ornanit, Jebuseut, ofroi aty flijime.

²⁹ Në fakt tabernakulli i Zotit që Moisiu kishte ndërtuar në shkretëtirë dhe altari i olokausteve ndodheshin atëherë në vendin e lartë të Gabaonit.

³⁰ Por Davidi nuk mund të shkonte përpara atij altari për t'u këshilluar me Perëndinë, sepse ishte trembur përpara shpatës së engjëllit të Zotit.

Kapitull 22

¹ Pastaj Davidi tha: "Kjo është shtëpia e Zotit Perëndi dhe ky është altari i olokausteve për Izraelin".

² Atëherë Davidi dha urdhër të grumbulloheshin të huajt që ishin në vendin e Izraelit dhe i ngarkoi gurgdhendësit të latonin gurë për ndërtimin e shtëpisë së Perëndisë.

³ Davidi përgatiti gjithashtu hekur me bollëk për gozhdat e kanateve të dyerve dhe për kanxhët, një sasi bronzi me peshë të pallogaritshme,

⁴ dhe dru kedri që nuk mund të llogaritej, sepse Sidonët dhe Tirët i kishin sjellë Davidit dru kedri me bollëk.

⁵ Davidi thoshte: "Salomoni, biri im, është i ri dhe i mungon përvoja; shtëpia që do t'i ndërtohet Zotit ka për të qenë jashtëzakonisht madhështore dhe do të fitojë famë e lavdi në të gjitha vendet; prandaj kam për të bërë përgatitjet e duhura për të". Kështu Davidi, para se të vdiste, bëri përgatitje të mëdha.

⁶ Pastaj thirri birin e tij Salomonin dhe e urdhëroi të ndërtonte një shtëpi për Zotin, Perëndinë e Izraelit.

⁷ Davidi i tha Salomonit: "Biri im, unë vetë kisha në zemër të ndërtoja një shtëpi në emër të Zotit, Perëndisë tim;

⁸ por fjala e Zotit m'u drejtua, duke më thënë: "Ti ke derdhur shumë gjak dhe ke bërë shumë luftëra; prandaj nuk do të ndërtosh një shtëpi në emrin tim, sepse ke derdhur shumë gjak mbi tokë para meje.

⁹ Por ja, do të të lindë një djalë, që do të jetë paqedashës dhe unë do ta lë të shlodhet nga ana e të gjithë armiqve të tij që ndodhen rreth e qark. Ai do të quhet Salomon dhe gjatë ditëve të tij do t'i siguroj paqe dhe qetësi Izraelit.

¹⁰ Ai do të ndërtojë një shtëpi në emrin tim; ai do të jetë për mua një djalë dhe unë do të jem për të një baba; dhe do ta bëj të qëndrueshëm për gjithnjë fronin e mbretërisë së tij mbi Izraelin".

¹¹ Tani, biri im, Zoti qoftë me ty, në mënyrë që ti të përparosh dhe të ndërtosh shtëpinë e Zotit, Perëndisë tënd, ashtu si ka thënë ai për ty.

¹² Vetëm Zoti të dhëntë dituri dhe zgjuarësi, të besoftë përgjegjësinë mbi Izraelin, për të respektuar ligjin, e Zotit, Perëndisë tënd.

¹³ Atëherë do të kesh mbarësi, po të jetë se kujdesesh të zbatosh statutet dhe dekretet që Zoti i ka caktuar Moisiut për Izraelin. Ji i fortë dhe trim, mos ki frikë dhe mos u trondit.

¹⁴ Ja, unë jam preokupuar të përgatis për shtëpinë e Zotit njëqind mijë talenta ari, një milion talenta argjendi dhe një sasi të tillë bronzi dhe hekuri sa nuk peshohet dot. Kam përgatitur gjithashtu lëndë druri dhe gurë; dhe ti mund t'i shtosh edhe më.

¹⁵ Përveç kësaj ke me vete shumë punëtorë: gdhëndës, punëtorë të gurit dhe të drurit dhe çdo lloj teknikësh për çfarëdo lloj punimi.

¹⁶ Ka një sasi të pallogaritshme ari, argjendi, bronzi dhe hekuri. Çohu, pra, dhe të futju punës, dhe Zoti qoftë me ty!".

¹⁷ Davidi u dha gjithashtu urdhër tërë krerëve të Izraelit të ndihmonin Salomonin, birin e tij, dhe u tha atyre:

¹⁸ "A nuk është vallë Zoti, Perëndia juaj, me ju, dhe a nuk ju ka dhënë paqe rreth e qark? Në fakt ai i ka lënë banorët e vendit në duart e mia, dhe vendi është nënshtruar para Zotit dhe para popullit të tij.

¹⁹ Prandaj tani bëni që zemra dhe shpirti juaj të kërkojnë Zotin, Perëndinë tuaj; pastaj çohuni dhe ndërtoni shenjtëroren e Zotit, Perëndisë tuaj, për të transferuar arkën e besëlidhjes të Zotit dhe sendet që ia keni shenjtëruar Perëndisë në tempullin që do të ndërtohet në emër të Zotit".

Kapitull 23

¹ Davidi, tanimë i plakur dhe i velur me ditë, vendosi si mbret mbi Izraelin birin e tij Salomon.

² Ai mblodhi tërë krerët e Izraelit së bashku me priftërinjtë dhe me Levitët.

³ U llogaritën Levitët tridhjetë vjeç e lart; dhe numri i individëve ishte tridhjetë e tetë mijë.

⁴ Nga këta, njëzet e katër mijë u caktuan për të drejtuar punimet në shtëpinë e Zotit, gjashtë mijë ishin magjistratë dhe gjyqtarë,

⁵ katër mijë ishin derëtarë dhe katër mijë duhet të lëvdonin Zotin me veglat që Davidi kishte bërë për ta kremtuar.

⁶ Davidi i ndau në klasa, sipas bijve të Levit: Gershomi, Kehathi dhe Merari.

⁷ Nga Gershonitët: Ladani dhe Shimei.

⁸ Bijtë e Ladanit: Jejeli, i pari, Zethami dhe Joeli; tre gjithsej.

⁹ Bijtë e Shimeit: Shelomithi, Hazieli dhe Harani; gjithsej tre. Këta ishin të parët e shtëpive atërore të Ladanit.

¹⁰ Bijtë e Shimeit: Jahathi, Zina, Jeushi dhe Beriahu. Këta ishin katër bijtë e Shimeit.

¹¹ Jahathi ishte i pari, pas tij vinte Zina; Jeushi dhe Beriahu nuk patën shumë fëmijë, prandaj në regjistrimin përbënin një shtëpi të vetme atërore.

¹² Bijtë e Kehathit: Amrami, Itshari, Hebroni dhe Uzieli; gjithsej katër.

¹³ Bijtë e Amramit: Aaroni dhe Moisiu. Aaroni u nda veç për të shenjtëruar gjërat e shenjta, ai dhe bijtë e tij përjetë, për të djegur temjan përpara Zotit, për t'i shërbyer dhe për të bekuar emrin e tij përjetë.

¹⁴ Sa për Moisiun, njeriun e Perëndisë, bijtë e tij u llogaritën në fisin e Levit.

¹⁵ Bijtë e Moisiut ishin Gershomi dhe Eliezeri.

¹⁶ Nga bijtë e Gershomit, Shebueli ishte i pari.

¹⁷ Nga bijtë e Eliezerit, Rehabiahu ishte i pari. Eliezeri nuk pati fëmijë të tjerë, por bijtë e Rehabiahut ishin të shumtë.

¹⁸ Nga bijtë e Itsharit, Shelomithi ishte i pari.

¹⁹ Nga bijtë e Hebroit, Jerijahu ishte i pari, Amariahu i dyti, Jahazieli i treti dhe Jekaneami i katërti.

²⁰ Nga bijtë e Uzielit, Mikahu ishte i pari dhe Ishshiahu i dyti.

²¹ Bijtë e Merarit ishin Mahli dhe Mushi. Bijtë e Mahlit ishin Eleazari dhe Kishi.

²² Eleazari vdiq dhe nuk la djem, por vetëm vajzat që u martuan me bijtë e Kishit, vëllezër të tyre.

²³ Bijtë e Mushit ishin Mahli, Ederi dhe Jeremothi; gjithsej tre.

²⁴ Këta ishin bijtë e Levit sipas shtëpisë të tyre atërore, të parët e shtëpive atërore sipas regjistrimit të popullsisë, që u bë duke i numëruar emrat një për një. Këta ishin të ngarkuar me shërbimin e shtëpisë së Zotit njëzet vjeç e lart.

²⁵ Sepse Davidi kishte thënë: "Zoti, Perëndia i Izraelit, i ka dhënë paqe popullit të tij, në mënyrë që ai të mund të banonte në Jeruzalem përjetë.

²⁶ Kështu Levitët nuk do ta mbartin më tabernakullin dhe tërë objektet e shërbimit të tij".

²⁷ sipas porosisë të fundit të Davidit u bë regjistrimi i bijve të Levit, njëzet vjeç e lart.

²⁸ Sepse detyra e tyre ishte që të ndihmonin bijtë e Aaronit në shërbimin e shtëpisë së Zotit në oborret, në dhomat, në pastrimin e të gjitha gjërave të shenjta, në punën e shërbimit të shtëpisë së Perëndisë,

²⁹ me bukët e paraqitjes, me majën e miellit për ofertën e ushqimit, me kulëçët e ndorme; me gjërat që gatuhen në tigan, me atë që është përzier me vaj dhe me të gjitha masat dhe dimensionet.

³⁰ Përveç kësaj ata duhet të paraqiteshin çdo mëngjes për të kremtuar dhe për të lëvduar Zotin, dhe kështu edhe çdo mbrëmje,

³¹ si dhe për të ofruar vazhdimisht para Zotit tërë olokaustet, sipas numrit të caktuar nga ligji ditët e shtuna, kur fillon hëna e re dhe në festat solemne.

³² Ata duhet të kryenin gjithashtu detyrat e çadrës së mbledhjeve dhe të shenjtërores, si dhe të ndihmonin bijtë e Aaronit, vëllezërit e tyre, në shërbimin e shtëpisë të Zotit.

Kapitull 24

¹ Klasat e bijve të Aaronit ishin këto. Bijtë e Aaronit ishin Nadabi, Abihu, Eleazari dhe Ithamari.

² Nadabi dhe Abihu vdiqën para atit të tyre dhe nuk lanë fëmijë; prandaj ushtruan detyrën e priftit Eleazari dhe Ithamari.

³ Pastaj Davidi, së bashku me Tsadokun, nga bijtë e Eleazarit, dhe me Ahimelekun, nga bijtë e Ithamarit, i ndau sipas detyrave të shërbimit të tyre.

⁴ Me qenë se kishte më tepër familjarë midis bijve të Eleazarit sesa

midis bijve të Ithamarit, ata u ndanë në këtë mënyrë: për bijtë e Eleazarit, gjashtëmbëdhjetë të parë të shtëpisë atërore dhe për bijtë e Ithamarit, tetë të parë sipas shtëpive të tyre atërore.

⁵ Ata u ndanë me short, si njera palë ashtu dhe pala tjetër, sepse kishte princa të shenjtërores dhe princa të Perëndisë qoftë midis bijve të Eleazarit, qoftë midis bijve të Ithamarit.

⁶ Shkruesi Shemajahu, bir i Nathaneelit, një Levit i regjistroi në prani të mbretit, të princave, të priftit Tsadok, të Ahimelekut, birit të Abiathsarit, dhe të të parëve të shtëpive atërore të priftërinjve dhe të Levitëve. U hodh në short një shtëpi atërore për Eleazarin dhe një tjetër për Ithamarin.

⁷ I pari i caktuar nga shorti ishte Jehojaribi, i dyti Jedajahu,

⁸ i treti Harimi, i katërti Seorimi,

⁹ i pesti Malkijahu, i gjashti Mijamimi,

¹⁰ i shtati Hakotsi, i teti Abijahu,

¹¹ i nënti Jeshua, i dhjeti Shekanjahu,

¹² i njëmbëdhjeti Eliashibi, i dymbëdhjeti Jakimi,

¹³ i trembëdhjeti Hupahu, i katërmbëdhjeti Jeshebeabi,

¹⁴ i pesëmbëdhjeti Bilgahu, i gjashtëmbëdhjeti Imeri,

¹⁵ i shtatëmbëdhjeti Heziri, i tetëmbëdhjeti Hapitsetsi,

¹⁶ i nëntëmbëdhjeti Pethahiahu, i njëzeti Jehezekeli,

¹⁷ i njëzetenjëti Jakini, i njëzetedyti Gamuli,

¹⁸ i njëzetetreti Delajahu, i njëzetekatërti Maaziahu.

¹⁹ Këto ishin turnet për shërbimin e tyre kur hynin në shtëpinë e Zotit, sipas normave të caktuara nga Aaroni, ati i tyre, duke iu përmbajtur urdhrave të Zotit, Perëndisë të Izraelit.

²⁰ Sa për pjesën tjetër të bijve të Levit, të bijve të Amramit, Shubaeli; të bijve të Shubaelit, Jehdia.

²¹ Për Rehabiahun, bijve të Rehabiahut, ata kishin si të parë Ishshiahun.

²² Për Itsharitët, ata kishin si të parë Shelomothin: bijtë e Shelomothit kishin Jahathin.

²³ Bijtë e Hebronit patën si të parë Jeriahun, si të dytë Amariahun, të tretë Jahazielin dhe të katërt Jekomeamin.

²⁴ Nga bijtë e Uzielit të parë kishin Mikahun; nga bijtë e Mikahut, Shamirin;

²⁵ i vëllai i Mikahut, Ishshiahu; nga bijtë e Ishshiahut, Zakarian.

²⁶ Nga bijtë e Merarit ishin Mahli dhe Mushi; biri i Jaaziahut, Beno.

²⁷ Bijtë e Merarit me anë të Jaaziahut ishin Beno, Shohami, Zakuri dhe Ibri.

²⁸ Nga Mahli kemi Eleazarin, që nuk pati fëmijë.

²⁹ Nga Kishi, birin e Kishit, Jerahmeelin.

³⁰ Bijtë e Mushit ishin Mahli, Ederi dhe Jerimothi. Këta ishin bijtë e Levitëve sipas shtëpive të tyre atërore.

³¹ Edhe këta, ashtu si bijtë e Aaronit, vëllezër të tyre, hodhën në short në prani të mbretit David, të Tsadokut, të Ahimelekut dhe të parëve të shtëpive atërore të priftërinjve dhe të Levitëve. Të parët e shtëpive atërore u trajtuan në të njëjtën mënyrë si vëllezërit e tyre të rinj.

Kapitull 25

¹ Pastaj Davidi dhe komandantët e ushtrisë shkëputën nga shërbimi disa nga bijtë e Asafit, të Hemanit dhe të Jeduthunit që të këndonin me frymëzim me qeste, me harpa dhe me cembale. Numri i njerëzve që kryenin këtë shërbim ishte:

² nga bijtë e Asafit: Zakuri, Josefi, Nethaniahu, Asarelahu, bijtë e Asafit ishin nën drejtimin e Asafit, që i këndonte himnet me frymëzim në bazë të urdhrave të mbretit.

³ Nga Jeduthuni, bijtë e Jeduthunit: Gedaliahu, Tseri, Jeshajahu, Shimei, Hashabiahu dhe Matihiahu, gjashtë, nën drejtimin e atit të tyre Jezuduthun, që këndonte himne me frymëzim për të kremtuar dhe lëvduar Zotin.

⁴ Nga Hemani, bijtë e Hemanit: Bukiahu, Mataniahu, Uzieli, Shebueli, Jerimothi, Hananiahu, Hanani, Eliathahu, Gidalti, Romamt-Ezeri, Joshbekashahu, Malothi, Hothiri dhe Mahaziothi.

⁵ Tërë këta ishin bijtë e Hemanit, shikuesit të mbretit sipas fjalës së Perëndisë për të ngritur në qiell fuqinë e tij. Në fakt Perëndia i kishte dhënë Hemanit katërmbëdhjetë bij dhe tri bija.

⁶ Tërë këta ishin nën drejtimin e atit të tyre për të kënduar në shtëpinë e Zotit me cembale, dhe me harpa dhe me qeste, për shërbimin në shtëpinë e Perëndisë. Asafi, Jeduthuni dhe Hemani ishin nën urdhrat e mbretit.

⁷ Numri i tyre, së bashku me vëllezërit e tyre të ushtruar për t'i kënduar Zotit, të gjithë me vërtetë të aftë, ishte dyqind e tetëdhjetë e tetë veta.

⁸ Për të caktuar turnin e shërbimit të tyre si vegjëlit ashtu dhe të mëdhenjtë, mjeshtrat dhe dishepujt, hoqën me short.

⁹ I pari i caktuar me short për Asafin ishte Josefi; i dyti Gedaliahu, me vëllezërit dhe bijtë e tij, gjithsej dymbëdhjetë veta;

¹⁰ i treti ishte Zakuri, me bijtë dhe vëllezërit e tij, gjithsej dymbëdhjetë veta;

¹¹ i katërti ishte Jitsri, me bijtë dhe vëllezërit e tij, gjithsej dymbëdhjetë veta;

¹² i pesti ishte Nethaniahu, me bijtë dhe vëllezërit e tij, gjithsej dymbëdhjetë veta;

¹³ i gjashti ishte Bukiahu, me bijtë dhe vëllezërit e tij, gjithsej dymbëdhjetë veta;

¹⁴ i shtati ishte Jesharelahu, me bijtë dhe vëllezërit e tij, gjithsej dymbëdhjetë veta;

¹⁵ i teti ishte Jeshajahu, me bijtë dhe vëllezërit e tij, gjithsej dymbëdhjetë veta;

¹⁶ i nënti ishte Mataniahu, me bijtë dhe vëllezërit e tij, gjithsej dymbëdhjetë veta;

¹⁷ i dhjeti ishte Shimei, me bijtë dhe vëllezërit e tij, gjithsej dymbëdhjetë veta;

¹⁸ i njëmbëdhjeti ishte Azareli, me bijtë dhe vëllezërit e tij, gjithsej dymbëdhjetë veta;

¹⁹ i dymbëdhjeti ishte Hashabiahu, me bijtë dhe vëllezërit e tij, gjithsej dymbëdhjetë veta;

²⁰ i trembëdhjeti ishte Shubaeli, me bijtë dhe vëllezërit e tij, gjithsej dymbëdhjetë veta;

²¹ i katërmbëdhjeti ishte Matithiahu, me bijtë dhe vëllezërit e tij, gjithsej dymbëdhjetë veta;

²² i pesëmbëdhjeti ishte Jerimothi, me bijtë dhe vëllezërit e tij, gjithsej dymbëdhjetë veta;

²³ i gjashtëmbëdhjeti ishte Hanainahu, me bijtë dhe vëllezërit e tij, gjithsej dymbëdhjetë veta;

²⁴ i shtatëmbëdhjeti ishte Joshbekashahu, me bijtë dhe me vëllezërit e tij, gjithsej dymbëdhjetë veta;

²⁵ i tetëmbëdhjeti ishte Hanani, me bijtë dhe vëllezërit e tij, gjithsej dymbëdhjetë veta;

²⁶ i nëntëmbëdhjeti ishte Malothi, me bijtë dhe vëllezërit e tij, gjithsej dymbëdhjetë veta;

²⁷ i njëzeti ishte Eliathahu, me bijtë dhe vëllezërit e tij, gjithsej dymbëdhjetë veta;

²⁸ i njëzetenjëti ishte Hothiri, me bijtë dhe vëllezërit e tij, gjithsej dymbëdhjetë veta;

²⁹ i njëzetedyti ishte Gidalti, me bijtë dhe vëllezërit e tij, gjithsej dymbëdhjetë veta;

³⁰ i njëzetetreti ishte Mahaziothi, me bijtë dhe vëllezërit e tij, gjithsej dymbëdhjetë veta;

³¹ i njëzetekatërti ishte Romamti-Ezeri, me bijtë dhe vëllezërit e tij, gjithsej dymbëdhjetë veta.

Kapitull 26

¹ Për klasat e derëtarëve: të Korahitëve, Meshelemiahu, bir i Koreut, nga bijtë e Asafit.

² Bijtë e Meshelemiahut ishin Zakaria, djali i parë, Jediaeli i dyti, Zebadiahu i treti, Jathnieli i katërti,

³ Eliami, i pesti, Jehohanani, i gjashti, Eljehoenai i shtati.

⁴ Bijtë e Obed-Edomit ishin Shemajahu, djali i parë, Jehozabadi i dyti, Joahu i treti, Sakari i katërti, Nethaneli i pesti,

⁵ Amieli i gjashti, Isakari i shtati, Peulthai i teti, sepse Perëndia e kishte bekuar.

⁶ Shemajahut, birit të tij, i lindën bij që sundonin në shtëpitë e tyre atërore, sepse ishin njerëz të fortë dhe trima.

⁷ Bijtë e Shemajahut ishin Othni, Rafaeli, Obedi dhe Elzabadi, vëllezërit e të cilëve Elihu dhe Semakiahu ishin njerëz trima.

⁸ Tërë këta ishin bij të Obed-Edomit; ata, bijtë e tyre dhe vëllezërit e tyre, ishin njerëz të zotë, të fuqishëm dhe të aftë të kryenin shërbimin: gjashtëdhjetë pasardhës të Obed-Edomit.

⁹ Meshelemiahu pati bij dhe vëllezër, tetëmbëdhjetë trima.

¹⁰ Hosahu, nga bijtë e Merarit, pati si bij: Shimrin, i pari (megjithëse nuk ishte i parëlinduri, i ati e caktoi të parë),

¹¹ Hilkiahun i dyti, Tebaliahun i treti, Zakarian i katërti: të marrë së bashku bijtë dhe vëllezërit e Hosahut ishin trembëdhjetë.

¹² Këtyre klasave të derëtarëve, nëpërmjet të parëve të tyre, por edhe nëpërmjet vëllezërve të tyre, iu besuan shërbimi në shtëpinë e Zotit.

¹³ U hodh në short për çdo portë, qoftë të vegjëlit apo të mëdhenjtë, sipas shtëpive atërore.

¹⁴ Për portën lindore shorti i ra Shelemiahut. Pastaj u hodh shorti për portën veriore, e cila i ra birit të tij Zakaria, një këshilltar me mend.

¹⁵ Porta jugore i ra Obed-Edomit dhe magazinat bijve të tij,

¹⁶ Shupimit dhe Osahut i ra në perëndim, me portën e Shaleketshit, në rrugën përpjetë, një postë roje përballë tjetrës.

¹⁷ Në krahun lindor qëndronin gjithnjë gjashtë Levitë çdo ditë, në krahun jugor katër çdo ditë, dhe në magazinat nga dy për secilën prej tyre.

¹⁸ Në Parbar, në krahun perëndimor, ishin caktuar katër veta për rrugën dhe dy për Parbarin.

¹⁹ Këto ishin klasat e derëtarëve të zgjedhur midis bijve të Koreut dhe bijve të Merarit.

²⁰ Nga Levitët, Ahijahu ishte caktuar për ruajtjen e thesareve të shtëpisë së Perëndisë dhe të thesareve të gjërave të shenjtëruara.

²¹ Bijtë e Ladanit, bijtë e Gershonitëve që rridhnin nga Ladani, të parët e shtëpive atërore të Ladanit, Gershonitit, domethënë Jehieli.

²² Bijtë e Jehielit, Zethami dhe i vëllai Joeli, ishin caktuar për ruajtjen e thesareve të shtëpisë të Zotit.

²³ Midis Amramitëve, Jitsharitët, Hebronitët dhe Uzielitët,

²⁴ Shebueli, bir i Gershomit, që ishte bir i Moisiut, ishte kryeintendenti i thesareve.

²⁵ Vëllezërit e tij, me anë të Eliezerit, ishin i biri i Rehabiahu, bir i të cilit ishte Jeshajahu, bir i të cilit ishte Jorami, bir i të cilit ishte Zikri, bir i të cilit ishte Shelomithi.

²⁶ Ky Shelomith dhe vëllezërit e tij ishin caktuar për ruajtjen e të gjitha thesareve të gjërave të shenjta që mbreti David, të parët e shtëpive atërore dhe komandantët e ushtrisë kishin shenjtëruar.

²⁷ Ata kishin shenjtëruar një pjesë të plaçkës që kishin shtënë në dorë gjatë luftës për të mbajtur shtëpinë e Zotit.

²⁸ Përveç kësaj të gjitha ato që ishin shenjtëruar nga Samueli, shikuesi, nga Sauli, bir i Kishit, nga Abneri, bir i Nerit dhe nga Joabi, bir i Tserujahut, dhe çdo gjë tjetër e shenjtëruar nga cilido qoftë ishte nën përgjegjësinë e Shelomithit dhe të vëllezërve të tij.

²⁹ Ndër Jitsharitët, Kenajahu dhe bijtë e tij ishin të ngarkuar me punët e jashtme të Izraelit, në cilësinë e tyre si magjistrarë dhe si gjyqtarë.

³⁰ Ndër Hebronitët, Hashabiahu dhe vëllezërit e tij, një mijë e shtatëqind trima, u caktuan të mbikqyrnin Izraelin, këndej Jordanit, në perëndim, në të tëra çështjet e Zotit dhe të shërbimit të mbretit.

³¹ Jerijahu ishte i pari i Hebronitëve, sipas brezave të shtëpive të tyre atërore. Në vitin e dyzetë të mbretërimit të Davidit u bënë kërkime dhe u gjetën midis tyre njerëz të fortë dhe trima në Jazer të Galaadit.

³² Vëllezërit e tij ishin dy mijë e shtatëqind trima, të parë të shtëpive atërore. Mbreti David u besoi atyre mbikqyrjen e Rubenitëve, të Gaditëve, të gjysmës së fisit të Manasit për të gjitha gjërat që kishin të bënin me Perëndinë dhe me punët e mbretit.

Kapitull 27

¹ Dhe tani ja, bijtë e Izraelit, sipas numrit të tyre, të parëve të shtëpive atërore, komandantëve të mijësheve dhe të qindësheve dhe të oficerëve të tyre në shërbim të mbretit për të gjitha ato që

² Në krye të divizionit të parë, gjatë muajit të parë, ishte Jashobeami, bir i Zabdielit, dhe divizioni i tij përbëhej nga njëzet e katër mijë burra.

³ Ai ishte nga bijtë e Peretsit dhe komandant i të gjithë oficerëve të ushtrisë gjatë muajit të parë.

⁴ Në krye të divizionit të muajit të dytë ishte Dodai, Ahohiti; në divizionin e tij oficeri më i rëndësishëm ishte Miklothi; divizioni i tij përbëhej nga njëzet e katër mijë burra.

⁵ Komandanti i divizionit të tretë për muajin e tretë ishte Benajahu, bir i priftit Jehojada; ai ishte komandant dhe divizioni i tij përbëhej nga njëzet e katër mijë burra.

⁶ Benajahu ishte një trim midis të tridhjetëve dhe ishte i pari i të tridhjetëve; në divizionin e tij ndodhej edhe i biri i tij Amizabadi.

⁷ Komandanti i katërt për muajin e katërt ishte Asaheli, vëllai i Joabit; pas tij vinte i biri, Zebadiahu; divizioni i tij përbëhej nga njëzet e katër mijë burra.

⁸ Komandanti i pestë për muajin e pestë ishte komandanti Shamhuth, Izrahiti; divizioni i tij përbëhej nga njëzet e katër mijë burra.

⁹ Komandanti i gjashtë për muajin e gjashtë ishte Ira, bir i Ikeshit, Tekoitit; divizioni i tij përbëhej nga njëzet e katër mijë burra.

¹⁰ Komandanti i shtatë për muajin e shtatë ishte Heletsi, Peloniti, nga bijtë e Efraimit; divizioni i tij përbëhej nga njëzet e katër mijë burra.

¹¹ Komandanti i tetë për muajin e tetë ishte Sibekai, Hushathiti, nga Zarhitët; divizioni i tij përbëhej nga njëzet e katër mijë burra.

¹² Komandanti i nëntë për muajin e nëntë ishte Abiezeri nga Anatothi, një Beniaminit; divizioni i tij përbëhej nga njëzet e katër mijë burra.

¹³ Komandanti i dhjetë për muajin e dhjetë ishte Maharai nga Netofa, nga Zerahitët; divizioni i tij përbëhej nga njëzet e katër mijë burra.

¹⁴ Komandanti i njëmbëdhjetë për muajin e njëmbëdhjetë ishte Banajahu nga Pirathoni, një nga bijtë e Efraimit; divizioni i tij përbëhej nga njëzet e katër mijë burra.

¹⁵ Komandanti i dymbëdhjetë për muajin e dymbëdhjetë ishte Heldai nga Netofa, prej familjes së Othnielit; divizioni i tij përbëhej nga njëzet e katër mijë burra.

¹⁶ Përveç këtyre, të parët e fiseve të Izraelit ishin këta që vijojnë: i pari i Rubenitëve ishte Eliezeri, bir i Zikrit; i pari i Simeonitëve, Shefatiahu, bir i Maakahut;

¹⁷ i pari i Levitëve, Hashabiahu, bir i Kemuelit; i pari i Aaronit, Tsadoku;

¹⁸ i pari i Judës, Elihu, një ndër vëllezërit e Davidit, i pari i Isakarit, Omri, bir i Mikaelit;

¹⁹ i pari i Zabulonit, Ismajahu, bir i Obadiahut, i pari i Neftalit, Jerimothi, bir i Azrielit;

²⁰ i pari i bijve të Efraimit, Hoshea, bir i Azariahut, i pari i gjysmës së fisit të Manasit, Joeli, bir i Pedajahut;

²¹ i pari i gjysmës së fisit të Manasit në Galaad, Ido, bir i Zakarias; i pari i Beniaminit, Jaasieli, bir i Abnerit;

²² i pari i Danit, Azareeli, bir i Jerohamit. Këta ishin të parët e fiseve të Izraelit.

²³ Por Davidi nuk bëri regjistrimin e atyre që ishin më pak se njëzet vjeç, sepse Zoti i kishte thënë që do ta shumëzonte Izraelin si yjet e qiellit.

²⁴ Joabi, bir i Tserujahut, kishte filluar regjistrimin e popullsisë por nuk e kishte përfunduar; prandaj zëmërimi i Zotit goditi Izraelin dhe numri i të regjistruarve nuk u përfshi në Kronikat e mbretit David.

²⁵ Azmavethi, bir i Adielit, ishte ngarkuar me thesaret e mbretit; Jonathani, bir i Uziahut, ishte ngarkuar me thesaret që ndodheshin në fshatrat, në qytetet dhe në kalatë;

²⁶ Ezri, bir i Kelubit, ishte caktuar për punonjësit që punonin tokën;

²⁷ Shimei nga Ramahu ishte caktuar për vreshtat; Zabdihu i Sefamit ishte caktuar për prodhimin e vreshtave që depozitohej në kantina.

²⁸ Baal-Hanani nga Gederi ishte caktuar për ullishtet dhe për fiqtë e egjiptit që ndodheshin në fushë; Joashi ishte caktuar për depozitat e vajit;

²⁹ Shitrai nga Sharoni ishte caktuar për kopetë që kullotnin në Sharon; Shafati, bir i Adlait, ishte caktuar për kopetë që ndodheshin në luginat;

³⁰ Obili, Ismaeliti, ishte caktuar për devetë; Jehdejahu nga Merenothi merrej me gomarët;

³¹ Jazizi, Hagariti, ishte caktuar me kopetë e bagëtive të imta. Tërë këta ishin administratorë të pasurive të mbretit David.

³² Jonathani, ungji i Davidit, ishte këshilltar, njeri i zgjuar dhe shkrues; Jehieli, bir i Hakmonit, rrinte me bijtë e mbretit;

³³ Ahitofeli ishte këshilltar i mbretit; Hushai, Arkiti, ishte mik i mbretit.

³⁴ Ahithofelit i zunë vendin Jehojada, bir i Benajahut, dhe Abiathari; komandant i ushtrisë së mbretit ishte Joabi.

Kapitull 28

¹ Davidi mblodhi në Jeruzalem tërë krerët e Izraelit, të parët e fiseve, komandantët e divizioneve që ishin në shërbim të mbretit, komandantët e mijësheve, komandantët e qindësheve, administratorët

² Pastaj mbreti David u ngrit në këmbë dhe tha: "Më dëgjoni, o vëllezër të mi dhe o populli im! Unë kisha në zemër të ndërtoja një shtëpi paqeje për arkën e besëlidhjes të Zotit, për mbështetësen e këmbëve të Perëndisë tonë, dhe kisha bërë përgatitje për ta ndërtuar.

³ Por Perëndia më tha: "Ti nuk do të ndërtosh një shtëpi në emrin tim, sepse ke qenë një njeri lufte dhe ke derdhur gjak".

⁴ Megjithatë Zoti, Perëndia i Izraelit, më ka zgjedhur mua nga tërë shtëpia e atit tim, që të bëhem mbret i Izraelit përjetë. Në fakt ai ka zgjedhur Judën si princ, dhe në shtëpinë e Judës shtëpinë e atit tim dhe midis bijve të atit tim i ka pëlqyer të më bëjë mua mbret të të gjithë Izraelit.

⁵ Midis tërë bijve të mi (sepse Zoti më ka dhënë shumë fëmijë) ai ka zgjedhur birin tim Salomon, që të ulet në fronin e mbretërisë të Zotit mbi Izraelin.

⁶ Ai më tha: "Do të jetë biri yt Salomon ai që ka për të ndërtuar shtëpinë time dhe oborret e mia, sepse kam zgjedhur atë si djalin tim, dhe unë do të jem për atë si një baba.

⁷ Do ta bëj të qëndrueshme përjetë mbretërinë e tij në rast se u përmbahet në mënyrë të vendosur urdhërimeve dhe dekreteve të mia, ashtu si po bën sot".

⁸ Kështu, pra, përpara tërë Izraelit, asamblesë së Zotit, dhe përpara Perëndisë tonë që na dëgjon, zbatoni dhe kërkoni tërë urdhërimet e Zotit, Perëndisë tuaj, me qëllim që të mund ta zotëroni këtë vend të mirë dhe t'ia lini si trashëgimi bijve tuaj mbas jush, përjetë.

⁹ Ti Salomon, biri im njihe Perëndinë e atit tënd dhe shërbeji me gjithë zemër dhe me shpirt vullnetmirë, sepse Zoti heton të gjitha zemrat dhe kupton tërë qëllimet e mendimeve. Në rast se ti e kërkon, ai do të të lërë ta gjesh; por në rast se ti e braktis, ai do të të hedhë poshtë përjetë.

¹⁰ Tani ki parasysh që Zoti të ka zgjedhur për të ndërtuar një shtëpi si shenjtërore; tregohu i fortë dhe futju punës!".

¹¹ Atëherë Davidi i dha birit të tij Salomonit projektin e portikut të tempullit, të godinave të tij, të dhomave të tij, të thesareve të tij, të dhomave të sipërme, të dhomave të brendshme dhe të vendit të pajtuesit,

¹² si dhe projektin e të gjitha gjërave që kishte në mendje për Frymën lidhur me oborret e shtëpisë të Zotit, me të gjitha dhomat anësore, me thesaret e shtëpisë së Perëndisë dhe me thesaret e sendeve të shenjtëruara,

¹³ me klasat e priftërinjve dhe të Levitëve, me tërë punën lidhur me shërbimin e shtëpisë të Zotit dhe me të gjitha veglat e nevojshme për shërbimin e shtëpisë të Zotit.

¹⁴ I dha arin duke treguar peshën e sendeve prej ari, për të gjitha veglat që përdoren në çdo lloj shërbimi, dhe argjendin duke treguar peshën e të gjitha veglave prej argjendi, për të gjitha veglat që përdoren në çdo lloj shërbimi.

¹⁵ I dha gjithashtu peshën e arit për shandanët prej ari dhe për llambat e tyre prej ari, duke treguar peshën e çdo shandani dhe të llambave të tij, dhe peshën e argjendit për shandanët prej argjendi, duke treguar peshën e çdo shandani dhe të llambave të tij, sipas përdorimit të çdo shandani.

¹⁶ I dha gjithashtu, duke treguar peshën, arin për tryezat e bukëve të paraqitjes, për çdo tryezë, dhe argjendin për tryezat prej argjendi,

¹⁷ dhe arin e kulluar për pirunët e mëdhenj, për legenët e vegjël dhe për kupat, dhe arin, duke treguar peshën për kupat prej ari, për çdo kupë, dhe argjendin, duke treguar peshën për kupat prej argjendi, për çdo kupë.

¹⁸ I dha gjithashtu ar të kulluar për altarin e temjanit, duke treguar peshën, dhe për modelin e qerres, domethënë, kerubinët prej ari që hapnin krahët dhe mbulonin arkën e besëlidhjes të Zotit.

¹⁹ "Tërë kjo", tha Davidi, "m'u dha e shkruar nga dora e Zotit, që më bëri të kuptoj tërë punimet e këtij projekti".

²⁰ Davidi i tha pastaj të birit Salomon: "Ji i fortë dhe trim, përvishju punës, mos ki frikë dhe mos u trondit, sepse Zoti Perëndi, Perëndia im, do të jetë me ty. Ai nuk do të lërë dhe nuk do të braktisë deri sa të mbarosh tërë punën për shërbimin e shtëpisë të Zotit.

²¹ Dhe ja klasat e priftërinjve dhe të Levitëve për tërë shërbimin e shtëpisë së Perëndisë; përveç kësaj, për çdo punë do të kesh në dispozicion lloj lloj specialistësh vullnetmirë, në çdo veprimtari; edhe krerët edhe tërë populli do të jenë plotësisht nën urdhrat e tua".

Kapitull 29

¹ Pastaj mbreti David i tha tërë asamblesë: "Salomoni, biri im, i vetmi që Perëndia ka zgjedhur, është akoma i ri dhe i pa përvojë, ndërsa vepra është e madhe, sepse ky pallat nuk i është caktuar një njeriu, por Zotit Perëndi.

² Me të gjitha mundësitë e mia kam përgatitur për shtëpinë e Perëndisë tim ar për sendet prej ari, argjend për sendet prej argjendi, bronz për sendet prej bronzi, hekur për sendet prej hekuri, dru për sendet prej druri, gurë oniksi dhe gurë për t'u ngallmuar, gurë brilanti dhe me ngjyra të ndryshme, lloj lloj gurësh të çmuar dhe mermer në një sasi të madhe.

³ Përveç kësaj, duke qenë se e kam vendosur dashurinë time mbi shtëpinë e Perëndisë tim, përveç asaj që kam përgatitur për shtëpinë e shenjtërores, i dhuroj shtëpisë së Perëndisë tim thesarin tim personal prej ari dhe argjendi:

⁴ tre mijë talenta ari, nga ari i Ofirit, dhe shtatë mijë talenta argjendi të kulluar për të veshur muret e shenjtërores,

⁵ ari për sendet prej ari, argjendi për sendet prej argjendi dhe për të gjitha punimet që duhet të kryhen nga zejtarë të shkathët. Kush është sot i gatshëm ta mbushë dorën e tij për t'ia kushtuar Zotit?".

⁶ Atëherë të parët e shtëpive atërore, krerët e fiseve të Izraelit, komandantët e mijësheve dhe të qindësheve, administratorët e punëve të mbretit bënë oferta vullnetare,

⁷ dhe dhanë për punimin e shtëpisë së Perëndisë pesë mijë talenta ari, dhjetë mijë darika ari, dhjetë mijë talenta argjendi, tetëmbëdhjetë talenta prej bronzi dhe njëzqind mijë talenta prej hekuri.

⁸ Kushdo që zotëronte gurë të çmuar, i dorëzoi në duart e Jehielit, Gershonitit, me qëllim që të hynin në thesarin e shtëpisë të Zotit.

⁹ Populli u gëzua nga ofertat e tyre vullnetare, sepse i kishin bërë këto oferta Zotit me gjithë zemër; edhe mbreti David u gëzua shumë.

¹⁰ Kështu Davidi bekoi Zotin përpara tërë asamblesë dhe tha: "I bekuar je ti, o Zot, Perëndi i Izraelit, ati ynë, për gjithë amshimin.

¹¹ Jotja, o Zot, është madhështia, fuqia, lavdia, shkëlqimi, madhëria, sepse gjithshka që është në qiell dhe mbi tokë është jotja. E jotja o Zot është mbretëria, dhe ti ngrihesh sovran mbi gjithshka.

¹² Nga ti vijnë pasuria dhe lavdia; ti sundon mbi gjithçka; në dorën tënde janë forca dhe fuqia, dhe ti ke fuqinë për të bërë të madh dhe për t'u dhënë forcë të gjithëve.

¹³ Prandaj ne, o Perëndia ynë, të falenderojmë dhe kremtojmë emrin tënd të lavdishëm.

¹⁴ Po kush jam unë dhe kush është populli im që jemi në gjendje të të ofrojmë gjithçka në mënyrë spontane? Në të vërtetë të gjitha gjërat vijnë nga ti, dhe ne të kemi kthyer thjesht atë që kemi marrë nga dora jote.

¹⁵ Sepse ne jemi të huaj dhe shtegtarë përpara teje ashtu si qenë etërit tanë. Ditët tona mbi tokë janë si një hije dhe nuk ka shpresë.

¹⁶ O Zot, Perëndia ynë, tërë ky bollëk gjërash që kemi përgatitur për të të ndërtuar një tempull ty, në emrin tënd të shenjtë, vjen nga dora jote, është e tëra jotja.

¹⁷ Unë e di, o Perëndia im, që ti provon zemrën dhe gëzohesh kur sheh sjelljen e drejtë. Prandaj në drejtësinë e zemrës sime të kam ofruar në mënyrë spontane tërë këto gjëra; dhe tani shoh me gëzim që populli yt, që është këtu i pranishëm, bën ofertat e tij në mënyrë spontane.

¹⁸ O Zot, Perëndi i Abrahamit, i Isakut dhe i Izraelit, i etërve tanë, ruaj gjithnjë këto prirje dhe mendime në zemrën e popullit tënd dhe drejto zemrat e tyre nga ti;

¹⁹ dhe jepi Salomonit, birit tim, një zemër të ndershme, që ai të respektojë urdhërimet, porositë dhe statutet e tua, që të bëjë tërë këto gjëra dhe të ndërtojë tempullin për të cilin kam bërë përgatitjet".

²⁰ Pastaj Davidi i tha tërë asamblesë: "Tani bekoni Zotin, Perëndinë tuaj". Atëherë tërë asambleja bekoi Zotin, Perëndinë e etërve të tyre; u përkulën dhe ranë përmbys përpara Zotit dhe mbretit.

²¹ Të nesërmen bënë flijime për Zotin dhe i ofruan olokauste: një mijë dema të vegjël, një mijë desh, një mijë qengja me libacionet përkatëse dhe flijime të shumta për tërë Izraelin.

²² Atë ditë hëngrën dhe pinë me gëzim të madh para Zotit; dhe për herë të dytë e shpallën mbret Salomonin, birin e Davidit dhe e vajosën përpara Zotit që të ishte princ, dhe Tsadokun që të ishte prift.

²³ Pastaj Salomoni u ul në fronin e Zotit si mbret në vend të Davidit, atit të tij; ai pati mbarësi dhe tërë Izraeli iu bind.

²⁴ Gjithë krerët, trimat dhe tërë bijtë e mbretit David iu nënshtruan mbretit Salomon.

²⁵ Kështu Zoti e bëri shumë të madh Salomonin përpara tërë Izraelit dhe i dha një madhështi mbretërore që asnjë mbret para tij në Izrael nuk e kishte pasur kurrë.

²⁶ Davidi, bir i Isait, mbretëronte mbi tërë Izraelin.

²⁷ Ai mbretëroi dyzet vjet mbi Izraelin: shtatë vjet në Hebron dhe tridhjet e tre vjet në Jeuzalem.

²⁸ Vdiq shumë plak, i ngopur me ditë, me pasuri dhe lavdi. Në vend të tij mbretëroi i biri, Salomoni.

²⁹ Trimëritë e mbretit David, si të parat ashtu dhe të fundit, janë shkruar në librin e shikuesit Samuel, në librin e profetit Nathan dhe në librin e shikuesit Gad,

³⁰ me të gjitha ato gjëra që kanë të bëjnë me mbretërinë e tij, me fuqinë e tij dhe me të gjitha ngjarjet që i ndodhën atij, Izraelit dhe tërë mbretërive të vendeve të tjera.

2 Kronikave

Kapitull 1

¹ Salomoni, bir i Davidit, u forcua shumë në mbretërinë e tij, dhe Zoti, Perëndia i tij, qe me të dhe e bëri jashtëzakonisht të madh.

² Salomoni i foli tërë Izraelit, komandantëve të mijesheve dhe të qindsheve, gjyqtarëve, tërë princave të të gjithë Izraelit, të parëve të shtëpive atërore.

³ Pastaj Salomoni bashkë me tërë asamblenë shkoi në vendin e lartë, që ishte në Gabaon, sepse aty ndodhej çadra e mbledhjes së Perëndisë që Moisiu, shërbëtori i Zotit, kishte ndërtuar në shkretëtirë.

⁴ Arkën e Perëndisë, përkundrazi, Davidi e kishte mbartur nga Kirjath-Jearimi në vendin që kishte përgatitur për të; në të vërtetë ai kishte ngritur për të një çadër në Jeruzalem.

⁵ Altarin prej bronzi, që e kishte bërë Betsaleeli, bir i Urit, që ishte bir i Urit, e vendosi përpara tabernakullit të Zotit. Salomoni dhe asambleja shkuan për të kërkuar Zotin.

⁶ Atje Salomoni u ngjit në altarin prej bronzi përpara Zotit, që ishte në çadrën e mbledhjes, dhe mbi të ofroi një mijë olokauste.

⁷ Atë natë Perëndia iu shfaq Salomonit dhe i tha: "Më kërko atë që do dhe une do të ta jap".

⁸ Salomoni iu përgjigj Perëndisë: "Ti je treguar shumë dashamirës me Davidin, atin tim, dhe më ke bërë mua të mbretëroj në vend të tij.

⁹ Tani, o Zot Perëndi, u realizoftë premtimi yt që i ke bërë Davidit, atit tim, sepse ti me ke bërë mbret mbi një popull të madh si pluhuri i tokës!

¹⁰ Më jep, pra, dituri dhe zgjuarsi, që të mund të hyj dhe të dal para këtij popullit, sepse kush mund ta qeverisë, vallë, këtë popull të madh tëndin?".

¹¹ Perëndia i tha Salomonit: "Me qenë se kjo ishte gjëja që kishe në zemër dhe nuk më ke kërkuar as pasuri, as mall, as lavdi, as jetën e armiqve të tu dhe as jetë të gjatë, por kërkove për vete diturin dhe zgjuarsin që të mund të qeverisësh popullin tim mbi të cilin të vura mbret,

¹² dituria dhe zgjuarsia të janë dhënë. Përveç tyre do të të jap pasuri, mall dhe lavdi, të cilat nuk i ka pasur asnjë mbret para teje dhe nuk do t'i ketë asnjë pas teje".

¹³ Salomoni u kthye pastaj nga vendi i lartë që ishte në Gabaon, nga çadra e mbledhjes, në Jeruzalem, dhe mbretëroi mbi Izraelin.

¹⁴ Salomoni grumbulloi qerre dhe kalorës, dhe pati një mijë e katërqind qerre dhe dymbëdhjetë mijë kalorës, të cilët i vendosi në qytetet e qerreve dhe pranë mbretit në Jeruzalem.

¹⁵ Mbreti veproi gjithashtu në mënyrë të tillë që në Jeruzalem argjendi dhe ari të ishin të rëndomtë si gurët, dhe kedrat të bollshëm si fiku i Egjiptit në fushë.

¹⁶ Kuajt e Salomonit importoheshin nga Egjipti dhe nga Kue; tregtarët e mbretit shkonin t'i merrnin në Kue me një çmim të caktuar.

¹⁷ Ata sillnin dhe importonin nga Egjipti një qerre për gjashtëqind sikla argjendi dhe një kalë për njëqind e pesëdhjetë. Kështu, me anë të këtyre tregtarëve, ua eksportonin tërë mbretërve të Hitejve dhe të Sirisë.

Kapitull 2

¹ Pastaj Salomoni vendosi të ndërtojë një tempull në emër të Zotit dhe një pallat për vete.

² Salomoni rekrutoi shtatëdhjetë mijë burra që të mbartnin pesha, tetëdhjetë mijë të nxirrnin gurë në malet dhe tre mijë e gjashtëqind veta për t'i mbikqyrur.

³ Pastaj Salomoni i çoi fjalë Hiramit, mbretit të Tiros: "Ashtu si ke bërë me Davidin, atin tim, të cilit i dërgove kedra për të ndërtuar një shtëpi në të cilën të banonte, bëj të njëjtën gjë me mua.

⁴ Ja unë jam duke ndërtuar një tempull në emër të Zotit, Perëndisë tim, për t'ia kushtuar atij, për të djegur para tij temjan erëmirë, për të ekspozuar vazhdimisht bukët e paraqitjes dhe për të ofruar olokauste në mëngjes dhe në mbrëmje, të shtunave, kur të ketë hënë të re dhe në festat e caktuara nga Zoti, Perëndia ynë. Ky është një ligj i përjetshëm për Izraelin.

⁵ Tempulli që unë do të ndërtoj do të jetë i madh, sepse Perëndia ynë është më i madh se tërë perënditë e tjera.

⁶ Po kush do të jetë në gjendje t'i ndërtojë një tempull me qenë se qiejtë dhe qiejtë e qiejve nuk janë në gjendje ta nxenë? E kush jam unë që t'i ndërtoj një tempull, qoftë edhe vetëm për të djegur temjan para tij?

⁷ Prandaj dërgomë tani një njeri të shkathët që di të punojë arin, argjendin, bronzin, hekurin, të kuqen flakë, ngjyrë vjollcën dhe që të dijë të bëjë çdo lloj prerjesh, duke punuar bashkë me specialistët që janë pranë meje në Judë dhe në Jeruzalem, dhe që ati im David ka përgatitur.

⁸ Dërgomë edhe nga Libani dru kedri, qiparisi dhe santali, sepse e di që shërbëtorët e tu janë të aftë të presin drurin e Libanit; dhe ja, shërbëtorët e mi do të punojnë bashkë me shërbëtorët e tu,

⁹ për të më pregatitur lëndë druri me shumicë, sepse tempulli që do të ndërtoj do të jetë i madh dhe i mrekullueshëm.

¹⁰ Dhe shërbëtorëve të tu që do të rrëzojnë dhe do të presin drurët unë do t'u jap njëzet mijë kore gruri, njëzet mijë kore elbi, njëzet mijë bate verë dhe njëzet mijë bate vaji".

¹¹ Dhe Hirami, mbret i Tiros, u përgjigj me një shkrim, që i dërgoi Salomonit: "Me qenë se Zoti e do popullin e tij, të ka caktuar mbret mbi të".

¹² Hirami thoshte gjithashtu: "I bekuar qoftë Zoti, Perëndia i Izraelit, që ka bërë qiejtë dhe tokën, sepse i ka dhënë mbretit David një bir të urtë, shumë të zgjuar dhe të aftë, që do të ndërtojë një tempull për Zotin dhe një pallat mbretëror për vete!

¹³ Unë po të dërgoj një njeri të shkathët dhe të ditur të atit tim Hiram, që është

¹⁴ bir i një gruaje nga bijat e Danit, ndërsa i ati ishte një njeri nga Tiro. Ai di të punojë arin, bronzin, hekurin, gurin, drurin, purpurin dhe ngjyrë vjollcën, të kuqe flakë, pëlhurën e hollë dhe di të bëjë çdo prerje dhe çdo lloj vizatimi që i besohet. Ai do të punojë me specialistët e tu dhe me specialistët e zotit tim David, atit tënd.

¹⁵ Tani, pra, imzot le t'u dërgojë shërbëtorëve të tij grurin, elbin, vajin dhe verën, që u ka premtuar;

¹⁶ dhe ne do të presim tërë drurët e Libanit për të cilat ke nevojë; do t'i sjellim me trap nëpër det deri në Jafo dhe ti do t'i mbartësh në Jeruzalem".

¹⁷ Salomoni regjistrioi tërë të huajt që ndodheshin në vendin e Izraelit, mbas regjistrimit që kishte bërë Davidi, i ati; ata ishin njëqind e pesëdhjetë e tre mijë e gjashtëqind veta,

¹⁸ dhe mori shtatëdhjetë mijë prej tyre për të mbartur pesha, tetëdhjetë mijë për të prerë gurë në mal dhe tre mijë e gjashtëqind mbikqyrës që ta bënin popullin të punonte.

Kapitull 3

¹ Salomoni filloi pastaj ndërtimin e shtëpisë Zotit, në Jeruzalem mbi malin Moriah, aty ku Zoti i ishte shfaqur Davidit, atit të tij, në vendin që Davidi kishte përgatitur në lëmin e Ornanit, Jebuseut.

² Ai filloi të ndërtojë ditën e dytë të muajit të dytë të vitit të katërt të mbretërimit të tij.

³ Këto janë përmasat e themeleve që hodhi Salomoni për ndërtimin e shtëpisë së Perëndisë. Gjatësia ishte gjashtëdhjetë kubitë (në kubitë të masës së vjetër) dhe gjerësia njëzet kubitë.

⁴ Portiku përpara tempullit ishte njëzet kubitë i gjatë, duke barazuar kështu gjatësinë e tempullit, dhe ishte i lartë njëqind e njëzet kubitë. Ai e veshi nga brenda me ar të kulluar.

⁵ E veshi sallën e madhe me dru qiparisi, pastaj e veshi me ar të kulluar dhe mbi të gdhendi degë palme dhe zinxhirë të vegjël.

⁶ Përveç kësaj e zbukuroi sallën me gurë të çmuar si ornament; dhe ari ishte ai i Parvaimit.

⁷ Veshi gjithashtu me ar tempullin, trarët, pragjet, muret dhe portat; dhe mbi muret gdhëndi kerubinë.

⁸ Pastaj ndërtoi vendin shumë të shenjtë. Ky ishte njëzet kubitë i gjatë, duke barazuar kështu gjerësinë e tempullit, dhe njëzet kubitë i gjerë. E veshi me ar të kulluar me një vlerë prej gjashtëqind talentash.

⁹ Pesha e arit për gozhdat ishte pesëdhjetë sikla. Veshi me ar edhe dhomat e sipërme.

¹⁰ Në vendin shumë të shenjtë bëri dy kerubinë të gdhëndur dhe i veshi me ar.

¹¹ hapësira e krahëve të kerubinëve ishte njëzet kubitë; një krah i një kerubini, i gjatë pesë kubitë, prekte murin e tempullit, ndërsa krahu tjetër, gjithashtu i gjatë pesë kubitë, prekte krahun e kerubinit të dytë.

¹² Njeri krah i kerubinit të dytë, i gjatë pesë kubitë, prekte murin e tempullit, ndërsa tjetri i gjatë gjithashtu pesë kubitë, prekte krahun e kerubinit tjetër.

¹³ Krahët e hapur të këtyre kerubinëve ishin njëzet kubitë të gjatë. Ata qëndronin drejt në këmbë me fytyrë të kthyer nga pjesa e brendshme e tempullit.

¹⁴ Ai bëri gjithashtu velin me fill ngjyrë vjollcë të purpurt, të kuqe flakë dhe me pëlhurë të hollë, dhe mbi të qëndisën kerubinë.

¹⁵ Përpara tempullit bëri dy shtylla të larta tridhjetë e pesë kubitë; kapiteli në majë të çdo shtylle ishte pesë kubitë.

¹⁶ Bëri gjithashtu zinxhira të vegjël, si ato që ishin në shenjtërore dhe i vendosi në majë të shtyllave; pastaj bëri një mijë shegë dhe i vuri

mbi zinxhirët e vegjël.

¹⁷ Pastaj ngriti shtyllat përpara tempullit, njerën në të djathtë dhe tjetrën në të majtë; të djathtën e quajti Jakin dhe të majtën Boaz.

Kapitull 4

¹ Pastaj bëri një altar prej bronzi të gjatë njëzet kubitë, të gjerë njëzet kubitë dhe të lartë dhjetë kubitë.

² Bëri gjithashtu një det prej metali të shkrirë, në formë rrethi, që nga një cep në cepin tjetër ishte dhjetë kubitë; lartësia e tij ishte pesë kubitë dhe rrethi i tij tridhjetë kubitë.

³ Poshtë buzës kishte figura të ngjashme me qetë, dhjetë për çdo kubit, që rrethonin detin nga çdo anë. Qetë, të vendosur në dy radhë, ishin derdhur bashkë me detin.

⁴ Ky mbështetej mbi dymbëdhjetë qe, nga të cilët tre shikonin nga veriu, tre nga perëndimi, tre nga jugu dhe tre nga lindja. Deti ishte vendosur mbi ta dhe pjesët e tyre të pasme ishin kthyer nga ana e brendshme.

⁵ Ai kishte trashësinë e një pëllëmbe; buza e tij ishte bërë si buza e një kupe, si lulja e një zambaku; deti mund të përmbante deri tre mijë bate.

⁶ Bëri edhe dhjetë enë për pastrim dhe i vendosi pesë në të djathtë dhe pesë në të majtë; në to laheshin gjërat që i përkisnin olokaustit; në det laheshin përkundrazi priftërinjtë.

⁷ Bëri dhjetë shandane prej ari, sipas normave të caktuara, dhe i vendosi në tempull, pesë në të djathtë dhe pesë në të majtë.

⁸ Bëri dhjetë tryeza dhe i vendosi në tempull pesë në të djathtë dhe pesë në të majtë. Bëri gjithashtu njëqind kupa prej ari.

⁹ Pastaj bëri oborrin e priftërinjve dhe oborrin e madh me portat e tij të veshura me bronz.

¹⁰ Pas kësaj e vendosi detin nga krahu i djathtë, në drejtim të juglindjes.

¹¹ Hirami bëri gjithashtu enët, lopatëzat dhe legenët e vegjël. Kështu Hirami përfundoi punën që duhet të bënte për mbretin Salomon në shtëpinë e Perëndisë;

¹² dy shtyllat, dy kapitelet me vazo në majë të shtyllave, dy rrjetëzat për të mbuluar dy kapitelet me vazo në majë të shtyllave,

¹³ katërqind shegë për dy rrjetëzat (dy radhë shegësh për çdo rrjetëz me qëllim që të mbulohen dy kapitelet me vazo në majë të shtyllave).

¹⁴ Bëri edhe qerrëzat dhe enët e mëdha mbi qerrëzat,

¹⁵ detin, një të vetëm, dhe dymbëdhjetë qetë nën detin,

¹⁶ si edhe enët, lopatëzat, pirunët dhe të gjitha sendet e tyre, që mjeshtri Hiram i bëri prej bronzi të shndritshëm për mbretin Salomon, për shtëpinë e Zotit.

¹⁷ Mbreti i shkriu në fushën e Jordanit, në një tokë argjilore, midis Sukothit dhe Tseredahut.

¹⁸ Salomoni i bëri këto vegla në një sasi kaq të madhe, sa që pesha e bronzit nuk u përcaktua dot.

¹⁹ Kështu Salomoni përgatiti të gjitha orenditë për shtëpinë e Perëndisë; altarin prej ari dhe tryezat mbi të cilat vendoseshin bukët e paraqitjes,

²⁰ shandanët me llambat e tyre prej ari të kulluar që duhet të ndizeshin sipas normës së caktuar para shenjtërores;

²¹ lulet, llambat dhe veglat në formë gërshëre prej ari; ishin prej ari shumë të kulluar;

²² thikat, legenët, kupat dhe mangallët prej ari të kulluar. Sa për hyrjen e tempullit, portat e brendshme që të çonin në vendin shumë të shenjtë dhe portat që të futnin në anijatën e tempullit ishin prej ari.

Kapitull 5

¹ Kështu u përfundua tërë puna që Salomoni kishte urdhëruar për shtëpinë e Zotit. Atëherë Salomoni solli tërë gjërat që i ati kishte shenjtëruar: argjendin, arin dhe të gjitha veglat, dhe i futi në thesaret e shtëpisë së Perëndisë.

² Atëherë Salomoni mblodhi në Jeruzalem pleqtë e Izraelit dhe të gjithë krerët e fiseve, princat e familjeve atërore të bijve të Izraelit, për ta çuar lart arkën e besëlidhjes të Zotit nga qyteti i Davidit, domethënë nga Sioni.

³ Tërë burrat e Izraelit u mblodhën rreth mbretit për festën që binte në muajin e shtatë.

⁴ Kështu tërë pleqtë e Izraelit erdhën dhe Levitët morën arkën.

⁵ Ata e çuan lart arkën, çadrën e mbledhjes dhe të gjitha përdorëset e shenjta që ndodheshin në çadër. Këto gjëra i mbartën priftërinjtë dhe Levitët.

⁶ Mbreti Salomon dhe tërë asambleja e Izraelit, e mbledhur rreth tij, u grumbulluan rreth arkës dhe flijuan një sasi kaq të madhe dhensh dhe lopësh që nuk mund të numëroheshin as të llogariteshin.

⁷ Priftërinjtë e çuan pastaj arkën e besëlidhjes së Zotit në vendin e vet, në shenjtëroren e tempullit, në vendin shumë të shenjtë, nën krahët e kerubinëve.

⁸ Në fakt kerubinët i shtrinin krahët mbi vendin e arkës dhe mbulonin nga lart arkën dhe shufrat e saj.

⁹ Shufrat ishin aq të gjata sa që skajet e tyre në arkë mund të shiheshin përballë vendit shumë të shenjtë, por nuk dukeshin nga jashtë. Ato kanë mbetur atje deri ditën e sotme.

¹⁰ Në arkë nuk kishte asgjë tjetër veç dy pllakave që Moisiu kishte vendosur në malin Horeb, kur Zoti lidhi një besëlidhje me bijtë e Izraelit, kur këta kishin dalë nga Egjipti.

¹¹ Tani, ndërsa priftërinjtë dilnin nga vendi i shenjtë (tërë priftërinjtë e pranishëm në të vërtetë ishin shenjtëruar pa respektuar rendin e klasave,

¹² dhe tërë Levitët këngëtarë, Asafi, Hemani, Jeduthuni, bijtë dhe vëllezërit e tyre, të veshur me li të bardhë, me cembale, harpa dhe qeste në dorë rrinin më këmbë në lindje të altarit, dhe bashkë me ta njëqind e njëzet priftërinjtë që u binin borive)

¹³ dhe kur trumbetarët dhe këngëtarët si një njeri i vetëm bënë të dëgjohet bashkarisht zëri i tyre për të lëvduar dhe për të kremtuar Zotin dhe e ngritën zërin në tingullin e borive, të cembaleve dhe të veglave të tjera muzikore dhe lëvduan Zotin: "Sepse është i mirë, sepse mirësia e tij vazhdon në përjetësi", ndodhi që shtëpia, shtëpia e Zotit, u mbush me një re,

¹⁴ dhe priftërinjtë nuk mundën të rrinin për të shërbyer për shkak të resë, sepse lavdia e Zotit mbushte shtëpinë e Perëndisë.

Kapitull 6

¹ Atëherë Salomoni tha: "Zoti ka shpallur se do të banojë në renë e dendur.

² Dhe unë kam ndërtuar për ty një shtëpi të madhërishme, në vendin ku do të banosh përjetë".

³ Pastaj mbreti u kthye dhe bekoi tërë asamblenë e Izraelit, ndërsa tërë asambleja e Izraelit qëndronte më këmbë.

⁴ Pastaj tha: "I bekuar qoftë Zoti, Perëndia i Izraelit, që ka kryer me fuqinë e tij atë që i kishte premtuar me gojën e vet atit tim David, duke thënë:

⁵ "Nga dita që nxora popullin tim të Izraelit nga vendi i Egjiptit, unë nuk kam zgjedhur asnjë qytet ndër të gjitha fiset e Izraelit për të ndërtuar një shtëpi, ku emri im të mbetej, dhe nuk kam zgjedhur njeri që të bëhet princ mbi popullin tim të Izraelit,

⁶ por kam zgjedhur Jeruzalemin, që emri im të mbetet aty, dhe kam zgjedhur Davidin që të mbretërojë mbi popullin tim të Izraelit".

⁷ Davidi, ati im, kishte në zemër të ndërtonte një tempull, në emër të Zotit, Perëndisë të Izraelit,

⁸ por Zoti i tha Davidit, atit tim: "Ti ke pasur në zemër të ndërtosh një tempull në emrin tim, dhe ke bërë mirë që ke pasur një gjë të tillë në zemër;

⁹ por nuk do të jesh ti që do të ndërtosh tempullin, por biri yt që ka për të dalë nga ijët e tua, do të jetë ai që do ta ndërtojë tempullin në emrin tim".

¹⁰ Kështu Zoti e mbajti fjalën që kishte shqiptuar, dhe unë zura vendin e Davidit, atit tim dhe u ula mbi fronin e Izraelit, ashtu si kishte premtuar Zoti, dhe ndërtova tempullin në emrin e Zotit, Perëndisë të Izraelit.

¹¹ Aty vendosa arkën, në të cilën ndodhet besëlidhja e Zotit, që ai ka bërë me bijtë e Izraelit"

¹² Pastaj Salomoni zuri vend para altarit të Zotit, përballë asamblesë së Izraelit dhe shtriu duart

¹³ (Salomoni në fakt kishte ndërtuar një tribunë prej bronzi, të gjatë pesë kubitë, të gjerë pesë kubitë dhe të lartë tre kubitë, dhe e kishte vendosur në mes të oborrit; ai hipi në të, u gjunjëzua para tërë asamblesë së Izraelit, zgjati duart në drejtim të qiellit),

¹⁴ dhe tha: "O Zot, o Perëndi i Izraelit, nuk ka asnjë Perëndi të ngjashëm me ty as në qiell, as në tokë. Ti i përmbahesh besëlidhjes dhe mëshirës ndaj shërbëtorëve të tu që ecin përpara teje me gjithë zemër.

¹⁵ Ti me shërbëtorin tënd David, atin tim, e mbajte atë që i kishe premtuar; po, sot ke kryer me dorën tënde atë që i kishe premtuar me gojën tënde.

¹⁶ Prandaj tani o Zot, Perëndi i Izraelit, mbaje me shërbëtorin tënd David, atin tim, atë që i ke premtuar duke thënë: "Ty nuk do të të mungojë asnjë nga ata që ulen në fronin e Izraelit, me kusht që bijtë e tu të kujdesen për sjelljen e tyre dhe të ecin sipas ligjit tim ashtu si ke ecur ti përpara meje".

¹⁷ Tani, pra, o Zot, Perëndi i Izraelit, u bëftë fjala që i ke thënë shërbëtorit tënd David!

¹⁸ Por a është në fakt e vërtetë që Perëndia banon me njerëzit në

tokë? Ja, qiejtë dhe qiejtë e qiejve nuk mund të të nxënë, aq më pak ky tempull që unë kam ndërtuar!

¹⁹ Megjithatë, o Zot, Perëndia im, kushtoji vëmendje lutjes së shërbëtorit tënd dhe kërkesës së tij, duke dëgjuar britmën dhe lutjen që shërbëtori yt të drejton ty.

²⁰ Sytë e tu janë drejtuar ditë e natë ndaj këtij tempulli, në drejtim të vendit që ke thënë: "Atje do të jetë emri im", për të dëgjuar lutjet që shërbëtori yt do të bëjë duke u kthyer në drejtim të këtij vendi.

²¹ Dëgjo lutjet e shërbëtorit tënd dhe të popullit tënd të Izraelit kur do të luten të kthyer nga ky vend. Dëgjo nga vendi i banesës sate, nga qiejtë; dëgjo dhe fali.

²² Në qoftë se ndokush kryen një mëkat kundër të afërmit të tij dhe, i detyruar të betohet, vjen të betohet përpara altarit tënd në këtë tempull,

²³ ti dëgjo nga qielli, ndërhy dhe gjyko shërbëtorët e tu; dëno fajtorin, duke bërë që të bjerë mbi kokën e tij sjellja e tij, dhe shpalle të drejtë të pafajshmin duke i dhënë hak.

²⁴ Kur populli yt i Izraelit do të mundet nga armiku sepse ka mëkatuar kundër teje, në rast se kthehet te ti dhe lëvdon emrin tënd, në rast se të lutet dhe të stërlutet në këtë tempull,

²⁵ dëgjo nga qielli dhe fale mëkatin e popullit tënd të Izraelit, dhe bëje të kthehet në vendin që i ke dhënë atij dhe etërve të tij.

²⁶ Kur qielli do të jetë i mbyllur dhe nuk do të ketë shi sepse kanë mëkatuar kundër teje, në qoftë se ata luten të drejtuar nga ky vend, në qoftë se lavdërojnë emrin tënd dhe heqin dorë nga mëkati i tyre sepse i ke përulur,

²⁷ ti dëgjo nga qielli, fale mëkatin e shërbëtorëve të tu dhe të popullit tënd, të Izraelit, duke u mësuar rrugën e mirë nëpër të cilën duhet të ecin, dhe dërgo shiun mbi tokën që i ke dhënë si trashëgimi popullit tënd.

²⁸ Kur në vend do të ketë zi buke apo murtajë, ndryshk ose blozë, dyndje karkalecash dhe krimbash, kur armiku do t'i rrethojë në vendin e tyre, o në qytetet e tyre, kur do të pëlcasë një fatkeqësi ose një epidemi çfarëdo,

²⁹ çdo lutje, çdo kërkesë për falje që do të drejtohet nga çfarëdo individ apo nga tërë populli yt i Izraelit, kur secili ka pranuar plagën e tij dhe dhimbjen e tij dhe ka zgjatur duart e tij ndaj këtij tempulli,

³⁰ ti dëgjo nga qielli, vend i banesës sate, dhe fali; dhe jepi secilit sipas sjelljes së vet, ti që njeh zemrën e secilit (vetëm ti në të vërtetë njeh zemrën e bijve të njerëzve),

³¹ me qëllim që ata të të kenë frikë dhe të ecin në rrugët e tua për gjithë kohën që do të jetojnë në vendin që u ke dhënë etërve tanë.

³² Kur i huaji, që nuk i përket popullit të Izraelit, do të vijë nga një vend i largët për shkak të emrit tënd të madh, të dorës sate të fuqishme dhe të krahut tënd të shtrirë, kur do të vijë të lutet duke u kthyer nga ky tempull,

³³ ti dëgjo nga qielli, nga vendi i banesës sate, dhe jepi të huajit ato që të kërkon, me qëllim që tërë popujt e tokës të njohin emrin tënd dhe të kenë frikë nga ti, ashtu si bën populli yt i Izraelit, dhe të dinë që emri yt përmendet në këtë tempull që kam ndërtuar.

³⁴ Kur populli yt do të hyjë në luftë kundër armiqve të tij duke ndjekur rrugën nëpër të cilën e dërgove, në rast se të luten duke u drejtuar ndaj këtij qyteti që ti ke zgjedhur dhe ndaj tempullit që unë kam ndërtuar në emrin tënd,

³⁵ dëgjo nga qielli lutjen dhe kërkesën për falje dhe përkrah çështjen e tyre.

³⁶ Kur do të kryejnë mëkate kundër teje (sepse nuk ka njeri që të mos kryejë mëkate) dhe ti, i zemëruar kundër tyre, do t'i braktisësh në dorë të armiqve që do t'i internojnë në një vend të largët ose të afërt,

³⁷ në qoftë se në vendin ku janë internuar vijnë në vete, kthehen ndaj teje dhe të luten fort në vendin e robërisë së tyre, duke thënë: "Kemi kryer mëkate, kemi vepruar padrejtësisht, kemi bërë të keqen",

³⁸ në rast se kthehen me gjithë zemër dhe me tërë shpirt në vendin e robërisë së tyre ku janë shpërngulur dhe të luten duke u drejtuar ndaj vendit të tyre, ndaj qytetit që ti ke zgjedhur dhe tempullit që kam ndërtuar në emrin tënd,

³⁹ dëgjo nga qielli, vend i banesës sate, lutjen dhe stërlutjen e tyre, përkrah çështjen e tyre dhe fale popullin tënd që ka mëkatuar kundër teje!

⁴⁰ Tani, o Perëndia im, mbaj sytë hapur dhe dëgjo me vëmendje lutjen që bëhet në këtë vend!

⁴¹ Tani, pra, çohu, o Zot Perëndi, dhe eja në vendin e shlodhjes sate, ti dhe arka e forcës sate. Qofshin priftërinjtë e tu, o Zot Perëndi, të veshur me shpëtimin dhe u ngazëllofshin në mirësi shenjtorët e tu.

⁴² O Zot Perëndi, mos e kthe fytyrën e të vajosurit tënd; mbaj mend favoret që i ke bërë Davidit, shërbëtorit tënd!".

Kapitull 7

¹ Kur Salomoni mbaroi së luturi, nga qielli ra një zjarr që konsumoi olokaustin dhe flijimet dhe lavdia e Zotit mbushi tempullin.

² Priftërinjtë nuk mund të hynin në shtëpinë e Zotit, sepse lavdia e Zotit mbushte shtëpinë e Zotit.

³ Tërë bijtë e Izraelit, kur panë që zjarri po zbriste dhe lavdia e Zotit po vendosej mbi tempullin, ranë përmbys me fytyrë mbi dysheme, duke adhuruar dhe lëvduar Zotin, "sepse është i mirë, sepse mirësia e tij vazhdon në përjetsi".

⁴ Pastaj mbreti dhe tërë populli ofruan flijime përpara Zotit,

⁵ mbreti Salomon ofroi si flijim njëzet e dy mijë lopë dhe njëqind e njëzet mijë dele. Kështu mbreti dhe tërë populli shenjtëruan shtëpinë e Perëndisë.

⁶ Priftërinjtë kryenin detyrat e tyre, po kështu Levitët me veglat e tyre muzikore të kushtuara Zotit, që mbreti David kishte bërë për të lëvduar Zotin, "sepse mirësia e tij është e përjetshme", sa herë që Davidi lëvdonte me anë të tyre. Priftërinjtë u binin borive para tyre, ndërsa tërë Izraeli qëndronte në këmbë.

⁷ Salomoni shenjtëroi pjesën qëndrore të oborrit që ishte përballë shtëpisë të Zotit; aty pikërisht ofroi olokauste dhe dhjamin e flijimeve të falenderimit, sepse altari prej bronzi që Salomoni kishte bërë nuk i zinte dot olokaustet, blatimet e ushqimit dhe dhjamin.

⁸ Në atë kohë Salomoni kremtoi festën shtatë ditë dhe tërë Izraeli bashkë me të. Me Salomonin u bashkua një mori e madhe njerëzish të ardhur nga rrethinat e Hamathit deri në përroin e Egjiptit.

⁹ Ditën e tetë bënë një mbledhje solemne, sepse kishin kremtuar kushtimin e altarit shtatë ditë dhe festën shtatë ditë të tjera.

¹⁰ Ditën e njëzetetretë të muajit të shtatë ai i ktheu në çadrat e tij popullin tërë qejf dhe të gëzuar për të mirën që Zoti i kishte bërë Davidit, Salomonit dhe Izraelit, popullit tij.

¹¹ Kështu Salomoni përfundoi shtëpinë e Zotit dhe pallatin mbretëror të tij, dhe arriti të mbarojë gjithshka që kishte në zemër për shtëpinë e Zotit dhe për shtëpinë e vet.

¹² Pastaj Zoti iu shfaq natën Salomonit dhe i tha: "E plotësova lutjen tënde dhe zgjodha këtë vend për vete si shtëpi flijimesh.

¹³ Kur do të mbyll qiellin dhe nuk do të ketë më shi, kur do të urdhëroj që karkalecat të gllabërojnë vendin, kur do t'i dërgoj murtajën popullit tim,

¹⁴ në qoftë se populli im, i cili thirret me emrin tim, përulet, lutet, kërkon fytyrën time dhe kthehet prapa nga rrugët e këqija, unë do ta dëgjoj nga qielli, do t'i fal mëkatin e tij dhe do ta shëroj vendin e tij.

¹⁵ Tani sytë e mi do të jenë të hapur dhe veshët e mi të vëmendshëm për lutjen e bërë në këtë vend,

¹⁶ sepse tani kam zgjedhur dhe shenjtëruar këtë tempull, që emri im të mbetet aty përjetë; sytë dhe zemra ime do të jenë gjithnjë aty.

¹⁷ Sa për ty, në qoftë se do të ecësh para meje ashtu si ka ecur Davidi, ati yt, duke kryer të gjitha ato që të kam urdhëruar, dhe në rast se do të respektosh statutet dhe dekretet e mia,

¹⁸ do ta bëj të qëndrueshëm fronin e mbretërisë sate, ashtu siç jam marrë vesh me Davidin, atin tënd, duke thënë: "Nuk do të mungojë kurrë një njeri që të mbetërojë mbi Izraelin".

¹⁹ Por në rast se do të drejtoheni gjetiu dhe do të braktisni statutet dhe urdhërimet e mia që ju kam vënë përpara dhe do të shkoni t'u shërbeni perëndive të tjera dhe të bini përmbys përpara tyre,

²⁰ atëherë do t'ju çrrënjos nga vendi im që ju kam dhënë dhe nuk do të jem më i pranishëm në këtë tempull që ia shenjtërova emrit tim, duke e bërë gazin dhe lojën e të gjithë popujve.

²¹ Kushdo që do të kalojë pranë këtij tempulli aq të madhërishëm do të habitet dhe do të thotë: "Pse Zoti e ka trajtuar kështu këtë vend dhe këtë tempull?".

²² Atëherë do t'i përgjigjen. "Sepse kanë braktisur Zotin, Perëndinë e etërve të tyre që i nxori nga vendi i Egjiptit, kanë pranuar perëndi të tjera, kanë rënë përmbys para tyre dhe u kanë shërbyer; prandaj Zoti ka sjellë mbi ta tërë këtë fatkeqësi"".

Kapitull 8

¹ Njëzet vjet pasi Salomoni ndërtoi shtëpinë e Zotit dhe pallatin mbretëror të tij,

² Salomoni rindërtoi qytetet që Hirami i kishte dhënë Salomonit dhe bëri që të banojnë në to bijtë e Izraelit.

³ Salomoni marshoi pastaj kundër Hamath-Tsobahut dhe e pushtoi.

⁴ Përveç kësaj rindërtoi Tadmorin në shkretëtirë dhe të gjitha qytetet e furnizimit që kishte ndërtuar në Hamath.

⁵ Rindërtoi Beth-Horonin e sipërm dhe Beth-Horonin e poshtëm, qytete të fortifikuara me mure, porta dhe shufra.

⁶ si edhe Baalathin dhe tërë qytetet e furnizimit që i përkisnin

Salomonit, të gjitha qytetet e qerreve, qytetet e kalorësisë, me një fjalë të gjitha ato që i pëlqyen të ndërtojë në Jeruzalem, në Liban dhe në tërë vendin që ndodhej nën sundimin e tij.

⁷ Tërë njerëzit e mbetur nga Hitejtë, nga Amorejtë, nga Perezejtë, nga Hivejtë dhe nga Jebusejtë, që nuk ishin nga Izraeli,

⁸ (domethënë pasardhësit e tyre që kishin mbetur pas tyre në vend dhe që Izraelitët nuk kishin mundur t'i shkatërronin) Salomoni i rekrutoi për punë të detyrueshme deri ditën e sotme.

⁹ Por nga bijtë e Izraelit Salomoni nuk përdori asnjë si shërbëtor për punimet e tij; këta ishin përkundrazi njerëzit e tij të luftës, krerët e udhëheqësve të tij dhe komandantët e qerreve dhe të kalorësisë së tij.

¹⁰ Shefat e nënpunësve të mbretit Salomon që kontrollonin popullin ishin dyqind e pesëdhjetë.

¹¹ Por Salomoni bëri që vajza e Faraonit të ngjitej nga qyteti i Davidit në shtëpinë që kishte ndërtuar për të, sepse mendonte: "bashkëshortja ime nuk duhet të banojë në shtëpinë e Davidit, mbretit të Izraelit, sepse vendet ku ka hyrë arka e Zotit janë të shenjta".

¹² Atëherë Salomoni i ofroi olokauste Zotit mbi altarin e Zotit, që ai kishte ndërtuar përpara portikut të tempullit;

¹³ dhe e bënte këtë në bazë të numrit që kërkohej çdo ditë, duke i ofruar sipas urdhërimeve të Moisiut, të shtunave, kur kishte hënë të re dhe gjatë festave solemne, tri herë në vit, domethënë në festat e bukëve të ndorme, në festat e javëve dhe në festën e kasolleve.

¹⁴ Duke iu përmbajtur normave të Davidit, atit të tij, ai vendosi klasat e priftërinjve për shërbimin e tyre, Levitët në funksionet e tyre (të lëvdojnë Zotin dhe të shërbejnë para priftërinjve) sipas detyrave të përditshme, dhe derëtarët sipas klasave të tyre në çdo portë, sepse kështu kishte urdhëruar Davidi, njeriu i Perëndisë.

¹⁵ Ata nuk u larguan nga urdhëri i mbretit, që u ishte dhënë priftërinjve dhe Levitëve, për çdo gjë dhe për thesaret.

¹⁶ Tërë puna e Salomonit ishte e organizuar mirë nga dita që u hodhën themelet e shtëpisë të Zotit deri sa kjo mbaroi. Kështu shtëpia e Zotit u përfundua.

¹⁷ Atëherë mbreti Salomon shkoi në Etsion-Geber dhe në Elath mbi bregun e detit, në vendin e Edomit.

¹⁸ Hirami me anë të shërbëtorëve të tij i dërgoi anije dhe shërbëtorë që njihnin detin. Këta shkuan me shërbëtorët e Salomonit në Ofir, morën aty katërqind e pesëdhjetë talenta ari dhe ia çuan mbretit Salomon.

Kapitull 9

¹ Kur mbretëresha e Shebës dëgjoi të flitet për famën e Salomonit, ajo vajti në Jeruzalem për ta vënë në provë Salomonin me pyetje të vështira, e shoqëruar nga shumë njerëz, me deve të ngarkuara me

² Salomoni iu përgjigj të gjitha pyetjeve të saj, dhe nuk pati asnjë gjë të fshehur për Salomonin që ai nuk dinte ta shpjegonte.

³ Kur mbretëresha e Shebës pa diturinë e Salomonit dhe shtëpinë që kishte ndërtuar,

⁴ gjellërat e tryezës së tij, banesat e shërbëtorëve të tij, shërbimin e kamerierëve të tij dhe rrobat e tyre, kupëmbajtësit e tij dhe rrobat e tyre, si dhe olokaustet që ai ofronte në shtëpinë e Zotit, ajo mbeti e mahnitur.

⁵ Pastaj i tha mbretit: "Ishte, pra, e vërtetë ajo që kisha dëgjuar në vendin tim përsa u përket fjalëve të tua dhe diturisë sate.

⁶ Por nuk u besova këtyre gjërave deri sa erdha vetë dhe i pashë me sytë e mi; e mirë, pra, nuk më kishin thënë as gjysmën e vëllimit të diturisë sate. Ti kalon famën që kisha dëgjuar të flitet.

⁷ Lum njerëzit e tu, lum këta shërbëtorë të tu që rrinë gjithnjë para teje dhe dëgjojnë diturinë tënde!

⁸ Qoftë i bekuar Zoti, Perëndia yt, që të deshi, dhe të vuri mbi fronin e tij si mbret për Zotin, Perëndinë tënd! Duke qenë se Perëndia yt e do Izraelin dhe do ta bëjë të qëndrueshëm përjetë, të ka vendosur si mbret mbi të që të ushtrosh gjykime dhe drejtësi".

⁹ Pastaj ajo i fali mbretit njëqind e njëzet talenta ari dhe një sasi të madhe aromash dhe gurësh të çmuar. Nuk pati kurrë më aroma si ato që mbretëresha e Shebës i dha mbretit Salomon.

¹⁰ Shërbëtorët e Hiramit dhe shërbëtorët e Salomonit që mbartnin ar nga Ofiri, suallën edhe dru santali dhe gurë të çmuar;

¹¹ me drurin e santalit mbreti bëri shkallë për shtëpinë e Zotit dhe për pallatin mbretëror të tij; ai bëri gjithashtu qeste dhe harpa për këngëtarët. Asnjë vegël si këto nuk ishte parë më përpara në vendin e Judës.

¹² Mbreti Salomon i dha mbretëreshës së Shebas të gjithë gjërat e dëshiruara që ajo kërkoi, shumë më tepër nga ato që ajo i kishte sjellë mbretit. Pastaj ajo u kthye, duke shkuar me shërbëtorët e saj në vendin e vet.

¹³ Pesha e arit që Salomoni merrte çdo vit ishte gjashtëqind e gjashtëdhjetë e gjashtë talenta ari,

¹⁴ përveç atij që merrte nga tregtarët; edhe tërë mbretërit e Arabisë dhe qeveritarët e vendit i sillnin Salomonit ar dhe argjend.

¹⁵ Mbreti Salomon urdhëroi të bëhen dyqind mburoja të mëdha prej ari të rrahur, duke përdorur për secilën prej tyre gjashtëqind sikla ari të rrahur,

¹⁶ dhe treqind mburoja prej ari të rrahur, për secilën prej tyre përdori treqind sikla ari; pastaj mbreti i vendosi në pallatin e pyllit të Libanit.

¹⁷ Mbreti bëri gjithashtu një fron të madh prej fildishi, që e veshi me ar të kulluar.

¹⁸ Froni kishte shtatë shkallëza dhe një stol prej ari, që ishin të lidhura me fronin; kishte krahë në anët e fronit dhe dy luanë rrinin pranë krahëve.

¹⁹ Dymbëdhjetë luanë rrinin në të dy anët e skajeve të gjashtë shkallëzave. Asgjë e tillë nuk ishte bërë në një mbretëri tjetër.

²⁰ Të gjitha kupat për pijet e mbretit Salomon ishin prej ari, madje edhe ato të pallatit të pyllit të Libanit ishin prej ari të kulluar. Në kohën e Salomonit argjendi në të vërtetë nuk kishte asnjë vlerë.

²¹ Sepse anijet e mbretit shkonin në Tarshish me shërbëtorët e Hiramit; dhe një herë çdo tre vjet vinin anijet e Tarshishit, duke sjellë ar, argjend, fildish, majmunë dhe pallonj.

²² Kështu mbreti Salomon ua kaloi për pasuri dhe dituri tërë mbretërve të dheut.

²³ Tërë mbretërit e dheut kërkonin praninë e Salomonit për të dëgjuar diturinë që Perëndia i kishte vënë në zemër.

²⁴ Secili prej tyre i çonte dhuratën e vet: sende argjendi, sende ari, rroba, armë, aroma, kuaj dhe mushka, një sasi të caktuar çdo vit.

²⁵ Salomoni kishte katër mijë stalla për kuajt dhe për qerret dhe dymbëdhjetë mijë kalorës, që i shpërndau në qytetet për qerret dhe në Jeruzalem pranë tij.

²⁶ Kështu ai sundoi mbi tërë mbretërit nga Lumi deri në vendin e Filistejve dhe në kufi me Egjiptin.

²⁷ Mbreti veproi në mënyrë të tillë që në Jeruzalem argjendi të ishte i rëndomtë si gurët dhe kedrat të bollshëm si fiku i Egjiptit në fusha.

²⁸ Salomonit i sillnin kuaj nga Egjipti dhe nga të gjitha vendet.

²⁹ Pjesa tjetër e bëmave të Salomonit, nga të parat deri në të fundit, a nuk janë vallë të shkruara në librin e Nathanit, profetit, në profecinë e Ahijahut nga Shilohu dhe në vegimet e Idos, shikuesit, mbi Jeroboamin, birin e Nebatit?

³⁰ Salomoni mbretëroi në Jeruzalem mbi tërë Izraelin dyzet vjet.

³¹ Pastaj Salomoni pushoi bashkë me etërit e tij dhe e varrosën në qytetin e Davidit, atit të tij. Në vend të tij mbretëroi i biri, Roboami.

Kapitull 10

¹ Roboami shkoi në Sikem, sepse tërë Izraeli kishte ardhur në Sikem për ta bërë mbret.

² Kur Jeroboami, bir i Nebatit, e mësoi këtë (ai ishte akoma në Egjipt ku kishte ikur larg pranisë së mbretit Salomon), Jeroboami u kthye nga Egjipti.

³ Prandaj dërguan ta thërrasin. Kështu Jeroboami dhe tërë Izraeli erdhën t'i flasin Roboamit dhe thanë:

⁴ "Ati yt e ka bërë zgjedhën tonë të rëndë; tani ti lehtësoje robërinë e fortë të atit tënd dhe zgjedhën e rëndë që ai na ka imponuar, dhe ne do të të shërbejmë".

⁵ Ai u përgjigj kështu: "Kthehuni tek unë pas tri ditësh". Pastaj populli iku.

⁶ Atëherë mbreti Roboam u këshillua me pleqtë që kishin qenë në shërbim të atit të tij, Salomonit, kur ishte i gjallë, dhe i tha: "Çfarë më këshilloni t'i them këtij populli?".

⁷ Ata i folën duke thënë: "Në rast se tregohesh dashamirës me këtë popull dhe e kënaq, duke u dhënë atyre një përgjigje të favorshme, ata do të jenë shërbëtorë të tu përgjithmon".

⁸ Por Roboami hodhi poshtë këshillën e dhënë nga pleqtë dhe u konsultua me të rinjtë që ishin rritur me të dhe ishin në shërbim të tij,

⁹ dhe u tha atyre: "Çfarë më këshilloni t'i përgjigjem këtij populli që më foli duke thënë: "Lehtësoje zgjedhën e vënë nga ati yt?"".

¹⁰ Atëherë të rinjtë që ishin rritur me të i folën, duke thënë: "Kështu do t'i përgjigjesh këtij populli që të është drejtuar ty duke thënë: "Ati yt e ka bërë të rëndë zgjedhën tonë; tani lehtësoje atë". Kështu do t'u thuash atyre: "Gishti im i vogël është më i trashë se sa ijet e atit tim;

¹¹ prandaj në qoftë se ati im ju ka vënë një zgjedhë të rëndë, unë do ta bëj atë edhe më të rëndë; në qoftë se ati im ju ka ndëshkuar me fshikull, unë do t'ju dënoj me kamxhik"".

¹² Pas tri ditësh, Jeroboami dhe tërë populli erdhën te Roboami, ashtu si kishte urdhëruar mbreti, duke thënë: "Kthehuni tek unë pas tri ditësh".

¹³ Mbreti iu përgjigj atyre rëndë: kështu mbreti Roboam, duke hedhur poshtë këshillën e dhënë nga pleqtë,

¹⁴ u foli atyre sipas këshillës së dhënë nga të rinjtë, duke thënë: "Ati im e ka bërë të rëndë zgjedhën tuaj, por unë do ta bëj edhe më të rëndë; ati im ju ka ndëshkuar me fshikull, unë do t'ju dënoj me kamxhik".

¹⁵ Kështu mbreti nuk e dëgjoi popullin, sepse zhvillimi i ngjarjeve varej nga Perëndia, me qëllim që Zoti ta çonte në vend fjalën e tij, që ia kishte drejtuar Jeroboamit, birit të Nebatit, me anë të Ahijahut nga Shilohu.

¹⁶ Kur tërë Izraeli pa që mbreti nuk e dëgjonte, iu përgjigj mbretit duke thënë: "Çfarë pjese kemi ne nga Davidi? Nuk kemi asnjë trashëgimi nga biri i Isait! Secili në çadrën e vet, o Izrael! Tani kujdesohu për shtëpinë tënde, o David!". Kështu tërë Izraeli shkoi në çadrat e veta.

¹⁷ Por mbi bijtë e Izraelit që banonin në qytetin e Judës mbretëroi Roboami.

¹⁸ Mbreti Roboam dërgoi Hadoramin, të ngarkuarin me haraçet, por bijtë e Izraelit e vranë me gurë dhe ai vdiq. Atëherë mbreti Roboam u shpejtua të hipë mbi një qerre për të ikur me vrap në Jeruzalem.

¹⁹ Kështu Izraeli ka qenë rebel ndaj shtëpisë së Davidit deri ditën e sotme.

Kapitull 11

¹ Roboami, me të arritur në Jeruzalem, thirri shtëpinë e Judës dhe të Beniaminit, njëqind e tetëdhjetë mijë luftëtarë të zgjedhur, për të luftuar kundër Izraelit dhe për t'i kthyer kështu mbretërinë Roboamit.

² Por fjala e Zotit iu drejtua kështu Shemajahut, njeriu i Perëndisë, duke thënë:

³ "Foli Roboamit, birit të Salomonit, mbretit të Judës, dhe tërë Izraelit në Judë dhe në Beniamin, dhe u thuaj atyre:

⁴ Kështu flet Zoti: "Mos dilni të luftoni kundër vëllezërve tuaj. Secili të kthehet në shtëpinë e vet, sepse kjo gjë vjen nga unë"". Atëherë ata iu bindën fjalës të Zotit dhe u kthyen prapa pa dalë kundër Jeroboamit.

⁵ Roboami banoi në Jeruzalem dhe ndërtoi disa qytete për mbrojtje në Judë.

⁶ Ai ndërtoi Betlemin, Etamin, Tekoan,

⁷ Beth-Tsurin, Sokon, Adulamin,

⁸ Gathin, Mareshahun, Zifin,

⁹ Adoraimin, Lakishin, Azkahun,

¹⁰ Tsorahun, Ajalonin dhe Hebronin, që u bënë qytete të fortifikuara në Judë dhe në Beniamin.

¹¹ Përforcoi fortesat dhe vendosi komandantë dhe depo ushqimesh, vaji dhe vere.

¹² Në çdo qytet vendosi mburoja dhe shtiza dhe i bëri jashtëzakonisht të forta. Kështu ai pati me vete Judën dhe Beniaminin.

¹³ Përveç kësaj nga të gjitha territoret e tyre priftërinjtë dhe Levitët e tërë Izraelit morën anën e tij.

¹⁴ Në të vërtetë Levitët braktisën tokat e tyre për kullotë dhe pronat e tyre dhe shkuan në Judë dhe në Jeruzalem, sepse Jeroboami me bijtë e tij i kishte përzënë nga shërbimi si priftërinj të Zotit,

¹⁵ dhe kishte caktuar priftërinj për vendet e larta, për demonët dhe për viçat që kishte bërë.

¹⁶ Mbas Levitëve ata nga gjithë fiset e Izraelit që kishin vendosur në zemër të tyre të kërkonin Zotin, Perëndinë e Izraelit, vajtën në Jeruzalem për t'i ofruar flijime Zotit, Perëndisë të etërve të tyre.

¹⁷ Kështu e përforcuan mbretërinë e Judës dhe e bënë të qëndrueshëm për tre vjet Roboamin, birin e Salomonit, sepse për tre vjet ndoqën rrugën e Davidit dhe të Salomonit.

¹⁸ Roboami mori për grua Mahalathën, bijën e Jerimothit, birit të Davidit dhe të Abihajlit, bijës së Eliabit që ishte bir i Isait.

¹⁹ Ajo i lindi fëmijët Jeush, Shemariah dhe Zaaham.

²⁰ Mbas asaj mori për grua Maakahën, bijën e Absalomit, e cila i lindi Abijahun, Atain, Zizan dhe Shelomithin.

²¹ Roboami e donte Maakahën, bijën e Absalomit, më tepër se të gjitha bashkëshortet e konkubinat e tij (ai mori tetëmbëdhjetë bashkëshorte dhe shtatëdhjetë konkubina dhe i lindën njëzet e tetë djem dhe gjashtëdhjetë vajza).

²² Roboami e caktoi Abijahun, birin e Maakahës, si të parë që të ishte princ midis vëllezërve të tij, sepse mendonte ta bënte mbret.

²³ Ai veproi me zgjuarsi dhe i shpërndau disa nga bijtë e tij në të gjitha vendet e Judës dhe të Beniaminit, në të gjitha qytetet e fortifikuara; u dha atyre ushqime me shumicë dhe kërkoi për ta shumë bashkëshorte.

Kapitull 12

¹ Mbas forcimit të mbretërisë dhe të pushtetit të tij, Roboami braktisi ligjin e Zotit bashkë me tërë Izraelin.

² Në vitin e pestë të mbretit Roboam, Shishaku, mbret i Egjiptit, doli kundër Jeruzalemit (sepse ata kishin kryer mëkate kundër Zotit),

³ me njëmijë e dyqind qerre dhe gjashtëdhjetë mijë kalorës; dhe bashkë me të erdhi nga Egjipti një popull i pallogaritshëm: Libianë, Sukej dhe Etiopias.

⁴ Ai pushtoi qytetet e fortifikuara që ishin pronë e Judës dhe arriti deri në Jeruzalem.

⁵ Atëherë profeti Shemajah shkoi te Roboami dhe te krerët e Judës, që ishin mbledhur në Jeruzalem nga frika e Shishakut, dhe u tha atyre: "Kështu thotë Zoti: "Ju më kini braktisur, prandaj edhe unë ju braktis në duart e Shishakut"".

⁶ Atëherë princat e Izraelit dhe mbreti u përulën dhe thanë: "Zoti është i drejtë".

⁷ Kur Zoti pa që ata ishin përulur, fjala e Zotit iu drejtua Shemajahut, duke i thënë: "Me qenë se ata u përulën, unë nuk do t'i shkatërroj, por do t'ju jap pas pak çlirimin dhe zemërimi im nuk do të kthehet kundër Jeruzalemit nëpërmjet Shishakut.

⁸ Megjithatë do t'i nënshtrohen atij, kështu do të njohin nga përvoja ç'do të thotë të më shërbesh mua dhe t'u shërbesh mbretërive të kombeve".

⁹ Kështu Shishaku, mbret i Egjiptit, u sul kundër Jeruzalemit dhe mori me vete thesaret e shtëpisë të Zotit dhe thesaret e pallatit mbretëror; mori me vete çdo gjë; mori edhe mburojat prej ari që kishte bërë Salomoni.

¹⁰ Dhe në vend të tyre mbreti Roboam bëri mburoja prej bronzi dhe ua besoi ruajtjen e tyre kapitenëve të rojeve që ruanin portën e shtëpisë së mbretit.

¹¹ Sa herë që mbreti hynte në shtëpinë e Zotit, rojet shkonin dhe i merrnin dhe pastaj i çonin përsëri në sallën e rojeve.

¹² Me qenë se Roboami ishte përulur, zemërimi i Zotit u hoq nga ai dhe nuk e shkatërroi plotësisht; në Judë kishte akoma gjëra të mira.

¹³ Kështu mbreti Roboam u përforcua në Jeruzalem dhe vazhdoi të mbretërojë. Kur filloi të mbretërojë, Roboami ishte dyzet e një vjeç, dhe mbretëroi shtatëmbëdhjetë vjet në Jeruzalem, qyteti që Zoti

¹⁴ Ai veproj keq, sepse nuk u vu me zemrën e tij në kërkim të Zotit.

¹⁵ Bëmat e Roboamit, nga të parat deri në të fundit, a nuk janë vallë të shkruara në analet e profetit Shemajah dhe të shikuesit Ido, sipas gjenealogjive? Pati luftra të vazhdueshme midis Roboamit dhez Jeroboamit.

¹⁶ Pastaj Roboami pushoi bashkë me etërit e tij dhe u varros në qytetin e Davidit. Në vend të tij mbretëroi i biri, Abijahu.

Kapitull 13

¹ Në vitin e tetëmbëdhjetë të mbretërisë së Jeroboamit, Abijahu filloi të mbretërojë në Judë.

² Ai mbretëroi tre vjet në Jeruzalem. E ëma quhej Mikajah; ishte bija e Urielit nga Gibeahu. Pati luftë midis Abijahut dhe Jeroboamit.

³ Abijahu u përgatit për betejën me një ushtri me luftëtarë trima, katërqind mijë njerëz të zgjedhur; edhe Jeroboami u radhit në rend beteje kundër tij me tetëqind mijë burra të zgjedhur, njerëz të fortë dhe trima.

⁴ Duke qëndruar në malin e Tsemaraimit, që ndodhet në krahinën malore të Efraimit, Abijahu tha: "Më dëgjoni, Jeroboam dhe tërë Izraeli!

⁵ A nuk e dini vallë që Zoti, Perëndia i Izraelit, ia ka dhënë për gjithnjë Davidit mbretërimin mbi Izrael, atij dhe bijve të tij, me një besëlidhje kripe?

⁶ Megjithatë Jeroboami, bir i Nebatit, shërbëtor i Salomonit, birit të Davidit, u ngrit dhe u rebelua kundër zotërisë së tij.

⁷ Rreth tij ishin mbledhur njerëz të neveritshëm dhe horra, që ishin bërë të fortë kundër Roboamit, birit të Salomonit, kur Roboami ishte i ri dhe pa përvojë, dhe nuk ishte mjaft i fortë sa t'u rezistonte atyre.

⁸ Tani ju mendoni të mund t'i rezistoni mbretërisë të Zotit, që është në duart e bijve të Davidit, sepse jeni një shumicë e madhe dhe keni me vete viçat e artë që Jeroboami ka bërë për ju si perëndish tuaja.

⁹ A nuk keni dëbuar vallë priftërinjtë e Zotit, bij të Aaronit, dhe Levitët dhe nuk jeni bërë priftërinj si popujt e vendeve të tjera? Kështu kushdo që vjen me një dem të vogël dhe me shtatë desh për t'u shenjtëruar, mund të bëhet prift i atyre që nuk janë perëndi.

¹⁰ Sa për ne, Zoti është Perëndia ynë dhe ne nuk e kemi braktisur; priftërinjtë që i shërbejnë Zotit janë bij të Aaronit, ndërsa Levitët kryejnë detyrat e tyre.

¹¹ Çdo mëngjes e çdo mbrëmje ata i ofrojnë Zotit olokauste dhe temjan erëmirë; për më tepër ata i vendosin bukët e paraqitjes në një

tryezë të pastër, dhe çdo mbrëmje ndezin shandanin e artë me llambat e tij, sepse ne respektojmë urdhrin e Zotit, Perëndisë tonë, por ju e keni braktisur.

¹² Dhe ja, vet Perëndia është me ne, mbi kryet tonë dhe priftërinjtë me buri kumbonjëse janë duke i rënë alarmit kundër jush. O bij të Izraelit, mos luftoni kundër Zotit, Perëndisë të etërve tuaj, sepse nuk do të keni sukses".

¹³ Ndërkaq Jeroboami me një pritë u mori krahët për t'i sulmuar; kështu ndërsa ai ishte radhitur para Judës, ata të pritës ndodheshin prapa tyre.

¹⁴ Kur ata të Judës u kthyen, vunë re që beteja i priste si nga përpara ashtu dhe nga prapa. Atëherë i klithën Zotit dhe priftërinjtë u ranë borive.

¹⁵ Pastaj njerëzit e Judës lëshuan një britmë dhe, ndërsa njerëzit e Judës ulërinin, ndodhi që Perëndia goditi Jeroboamin dhe tërë Izraelin përpara Abijahut dhe Judës.

¹⁶ Kështu bijtë e Izraelit ikën përpara Judës, dhe Perëndia i dorëzoi në duart e tij.

¹⁷ Abijahu dhe njerëzit e tij i mundën keq; nga radhët e Izraelitëve ranë të vdekur pesëqind mijë luftëtarë të zgjedhur.

¹⁸ Kështu në atë kohë bijtë e Izraelit u poshtëruan, ndërsa bijtë e Judës u përforcuan sepse ishin mbështetur tek Zoti, Perëndia i etërve të tyre.

¹⁹ Abijahu e ndoqi Jeroboamin dhe i mori qytetet që vijojnë: Bethelin me fshatrat përreth, Jeshanahun me fshatrat përreth dhe Efraimin me fshatrat përreth.

²⁰ Kështu gjatë jetës së Abijahut, Jeroboami nuk e mblodhi më veten; pastaj Zoti e goditi dhe ai vdiq.

²¹ Abijahu përkundrazi u bë i fuqishëm, mori katërmbëdhjetë gra dhe pati njëzet e dy djem dhe gjashtëmbëdhjetë vajza.

²² Pjesa tjetër e bëmave të Abijahut, sjellja dhe fjalët e tija janë përshkruar në kronikat e profetit Ido.

Kapitull 14

¹ Pastaj Abijahun pushoi bashkë me etërit e tij dhe e varrosën në qytetin e Davidit. Në vend të tij mbretëroi i biri, Asa. Në kohën e tij vendi qe i qetë dhjetë vjet.

² Asa bëri atë që ishtë e mirë dhe e drejtë në sytë e Zotit, Perëndisë të tij.

³ Ai hoqi nga vendi altarët e perëndive të huaj dhe vendet e larta, shkatërroi shtyllat e shenjta dhe i bëri copë-copë Asherimët.

⁴ Përveç kësaj urdhëroi Judën të kërkojë Zotin, Perëndinë e etërve të tyre, dhe të zbatojë në praktikë ligjin dhe urdhërimet.

⁵ Hoqi gjithashtu nga të gjitha qytetet e Judës vendet e larta dhe idhujt; dhe me të mbretëria njohu një periudhë qetësie.

⁶ Ai ndërtoi qytete të fortifikuara në Judë, sepse vendi ishte i qetë. Në ato vite nuk pati asnjë luftë kundër tij, sepse Zoti i kishte dhënë qetësi.

⁷ Ai u thoshte atyre të Judës: "Le t'i ndërtojmë këto qytete dhe t'i rrethojmë me mure, me kulla, me porta dhe shufra. Vendi është akoma në dispozicionin tonë, sepse kemi kërkuar Zotin, Perëndinë tonë; ne e kemi kërkuar dhe ai na ka dhënë paqe rreth e qark". Kështu ata iu vunë ndërtimit dhe u begatuan.

⁸ Asa kishte një ushtri prej treqindmijë njerëzish nga Juda që mbanin ushta dhe mburoja, si dhe dyqind e tetëdhjetë mijë nga Beniamini që mbanin mburoja dhe gjuanin me hark; tërë këta ishin burra të fortë dhe trima.

⁹ Kundër tyre doli Zerahu, Etiopasi, me një ushtri prej një milion burrash dhe me treqind qerre dhe arriti deri në Mareshah.

¹⁰ Asa doli atëherë kundër tij dhe u vendosën në rend beteje në luginën e Tsefathahut pranë Mareshahut.

¹¹ Atëherë Asa i klithi Zotit, Perëndisë të tij, dhe tha: "O Zot, nuk ka njeri veç teje që mund të ndihmojë në luftimet midis një të fuqishmi dhe atij që i mungon forca. Na ndihmo, o Zot, Perëndia ynë, sepse ne mbështetemi te ti dhe dalim kundër kësaj shumice në emrin tënd. O Zot, ti je Perëndia ynë; mos lejo që njeriu të ta kalojë ty!".

¹² Kështu Zoti goditi Etiopasit përpara Asas dhe përpara Judës, dhe Etiopasit ua mbathën këmbëve.

¹³ Atëherë Asa dhe njerëzit që ishin me të i ndoqën deri në Gherar. Prandaj Etiopasit u mundën, prej tyre nuk mbeti asnjë i gjallë, sepse ata u shkatërruan përpara Zotit dhe ushtrisë së tij. Dhe ata morën një plaçkë shumë të madhe.

¹⁴ Pastaj sulmuan tërë qytetet rreth e qark Gherarit, sepse tmeri i Zotit i kishte zënë, dhe ata plaçkitën tërë qytetet në të cilat kishte plaçkë të madhe.

¹⁵ Sulmuan gjithashtu vathët e bagëtive dhe morën me vete një numër të madh dhensh dhe devesh. Pastaj u kthyen në Jeruzalem.

Kapitull 15

¹ Atëherë Fryma e Perëndisë erdhi mbi Azarisahun, birin e Odedit,

² që doli të takojë Asan dhe i tha: "Asa, dhe ju të gjithë nga Juda dhe nga Beniamini, më dëgjoni! Zoti është me ju, kur ju jeni me të. Në rast se e kërkoni, ai do të vijë tek ju, por në rast se e braktisni, edhe ai do t'ju braktisë.

³ Për një kohë të gjatë Izraeli ka qenë pa Perëndinë e vërtetë, pa priftërinj që të jepnin mësim dhe pa ligj.

⁴ Por në fatkeqësinë e tyre ata u rikthyen tek Zoti, Perëndia i Izraelit, e kërkuan dhe ai i la ta gjenin.

⁵ Në atë kohë nuk kishte siguri për ata që shkonin e vinin, sepse të gjithë banorët e vendeve ishin shumë të shqetësuar.

⁶ Një komb shtypej nga një tjetër, një qytet nga një tjetër, sepse Perëndia i hidhëronte me fatkeqësira të çdo lloji.

⁷ Por ju jeni të fortë dhe mos lini që krahët tuaja të dobësohen, sepse puna juaj do të shpërblehet.

⁸ Kur Asa dëgjoi këto fjalë dhe profecinë e profetit Oded, mori zemër dhe hodhi idhujt e neveritshëm nga tërë vendi i Judës dhe i Beniaminit si dhe nga qytetet që kishte pushtuar në zonën malore të Efraimit, dhe restauroi altarin e Zotit që ishte përpara portikut të Zotit.

⁹ Pastaj mblodhi tërë Judën dhe Beniaminin dhe ata të Efraimit, të Manasit dhe të Simeonit që banonin bashkë me ta; në fakt kishin ardhur tek ai në numër të madh nga Izraeli, kur kishin parë që Zoti, Perëndia i tyre, ishte me të.

¹⁰ Kështu u mblodhën në Jeruzalem në muajin e tretë të vitit të pesëmbëdhjetë të mbretërisë së Asas.

¹¹ Në atë kohë flijuan për Zotin plaçka që kishin marrë, shtatëqind lopë dhe shtatë mijë dele.

¹² Pastaj u zotuan me një besëlidhje të kërkojnë Zotin, Perëndinë e etërve të tyre, me gjithë zemër dhe me gjithë shpirtin e tyre.

¹³ Kushdo që nuk e kishte kërkuar Zotin, Perëndinë e Izraelit, do të dënohej me vdekje, qoftë i madh apo i vogël, burrë apo grua.

¹⁴ Përveç kësaj iu betuan Zotit me zë të lartë dhe me britma gëzimi, të shoqëruar me borità dhe brirët.

¹⁵ Tërë Juda u gëzua nga betimi, sepse ishin betuar me gjithë zemër dhe kishin kërkuar Zotin me gjithë vullnetin e tyre, dhe ai i kishte lënë ta gjenin. Kështu Zoti u dha paqe rreth e qark.

¹⁶ Ai hoqi nga pozita që kishte si mbretëreshë edhe Maakahën, nënën e mbretit Asa, sepse ajo kishte bërë një shëmbëlltyrë të neveritshme të Asherahut. Pastaj Asa e shkatërroi shëmbëlltyrën, e bëri copë-copë dhe e dogji pranë përroit Kidron.

¹⁷ Por vendet e larta nuk u zhdukën në Izrael, megjithëse zemra e Asas mbeti e ndershme gjatë gjithë jetës së tij.

¹⁸ Ai bëri që të sillen në shtëpinë e Perëndisë gjërat e shenjtëruara nga i ati dhe gjërat e shenjtëruara nga ai vetë: argjendin, arin dhe enët.

¹⁹ Dhe nuk pati më luftë deri në vitin e tridhjetë e pestë të mbretërisë së Asas.

Kapitull 16

¹ Në vitin e tridhjetë e gjashtë të mbretërisë së Asas, Baasha, mbret i Izraelit, doli kundër Judës dhe ndërtoi Ramahun për të penguar që dikush të hynte apo të dilte nga Asa, mbret i Judës.

² Atëherë Asa nxori nga thesaret e shtëpisë të Zotit dhe të pallatit mbretëror argjend dhe ar dhe ia dërgoi Ben-Hadadit, mbretit të Sirisë, që banonte në Damask, duke thënë:

³ "Le të ketë aleancë midis teje dhe meje, ashtu si kishte midis atit tim dhe atit tënd. Ja, unë po të dërgoj argjend dhe ar: prandaj, prishe aleancën me Baashan, mbretin e Izraelit me qëllim që ai të tërhiqet nga unë".

⁴ Ben-Hadadi e dëgjoi mbretin Asa dhe dërgoi komandantët e ushtrisë së tij kundër qyteteve të Izraelit. Këta sulmuan Ijonin, Danin, Abel-Maimin dhe gjitha qytetet-depozitë të Neftalit.

⁵ Kur Baasha e mësoi këtë, e ndërpreu ndërtimin e Ramahut dhe pezulloi punimet e tij.

⁶ Atëherë mbreti Asa mori të gjithë ata të Judës, që morën gurët dhe lëndën e drurit që Baasha kishte përdorur për të ndërtuar Ramahun dhe ne ndërtoi Geban dhe Mitspahun.

⁷ Në atë kohë shikuesi Hanani shkoi tek Asa, mbret i Judës, dhe i tha: "Me qenë se u mbështete te mbreti i Sirisë dhe nuk u mbështete tek Zoti, Perëndia yt, ushtria e mbretit të Sirisë të shpëtoi nga dora.

⁸ A nuk ishin vallë Etiopasit dhe Libianët një ushtri e pamasë me një numër shumë të madh qerresh dhe kalorësish? Megjithatë, me qenë se ishe mbështetur tek Zoti ai i dha në duart e tua.

⁹ Në të vërtetë Zoti me sytë e tij shikon përpara dhe mbrapa tërë dheun për të treguar forcën e tij ndaj atyre që kanë një zemër të ndershme ndaj tij. Në këtë ti ke vepruar si një i pamend; prandaj tani e tutje do të kesh luftëra".

¹⁰ Asa u indinjua dhe e futi në burg, sepse ishte zemëruar me të

2 Kronikave

për këto gjëra. Në këtë kohë Asa u suall egërsisht edhe me disa njerëz nga populli.

¹¹ Por ja, bëmat e Asait nga të parat deri në ato të fundit, i gjejmë të shkruara në librin e mbretit të Judës dhe të Izraelit.

¹² Në vitin e tridhjetë e nëntë të mbretërimit të tij Asa u sëmur nga këmbët, dhe sëmundja e tij ishte shumë e rëndë, por gjatë sëmundjes së tij Ai nuk kërkoi Zotin, por iu drejtua mjekëve.

¹³ Kështu Asa pushoi bashkë me etërit e tij dhe vdiq në vitin e dyzetenjëtë të mbretërisë së tij.

¹⁴ E varrosën në varrin që i kishte hapur vetes në qytetin e Davidit, e vendosën mbi një shtrat plot me aroma dhe melheme të ndryshme të parfumuara, të përgatitura sipas artit të parfumierit, dhe dogjën një sasi të madhe prej tyre për nder të tij.

Kapitull 17

¹ Në vend të tij mbretëroi i biri Jozafat, që u fortifikua kundër Izraelit.

² Ai vendosi trupa në tërë qytetet e fortifikuara të Judës dhe garnizone në vendin e Judës dhe në qytetin e Efraimit, që ati i tij kishte pushtuar.

³ Zoti ishte me Jozafatin, sepse ai eci në rrugët e para të Davidit, atit të tij. Ai nuk kërkoi Baalin,

⁴ por kërkoi Perëndinë e atit të tij dhe eci sipas urdhërimeve të tij dhe jo sipas bëmave të Izraelit.

⁵ Prandaj Zoti e përforcoi mbretërinë në duart e tij. Tërë Juda i çonte dhurata Jozafatit, dhe ai pati me shumicë pasuri dhe lavdi.

⁶ Zemra e tij u forcua në rrugët e Zotit dhe ai hoqi përsëri vendet e larta dhe Asherimët nga Juda.

⁷ Vitin e tretë të mbretërisë së tij ai dërgoi krerët e tij Ben-Hail, Obadiah, Zakaria, Nethaneel dhe Mikajaht që të jepnin mësime në qytetin e Judës;

⁸ dhe me ta dërgoi Levitët Shemajah, Nethanjah, Zebadjah, Asahel, Shemiramoth, Jonathan, Adonijah, Tobijah dhe Tobadonijah, dhe bashkë me këta edhe priftërinjtë Elishama dhe Jehoram.

⁹ Kështu ata dhanë mësime në Judë, duke pasur me vete librin e ligjit të Zotit; ata kaluan nëpër tërë qytetet e Judës, duke e mësuar popullin.

¹⁰ Tmerri i Zotit zuri të gjitha mbretëritë e vendeve që ishin rreth e qark Judës, dhe kështu ato nuk i shpallën luftë Jozafatit.

¹¹ Disa nga Filistejtë i çuan Jozafatit dhurata dhe një haraç në argjend; edhe Arabët i sollën bagëti të imta: shtatë mijë e shtatëqind desh dhe shtatë mijë e shtatëqind cjepë.

¹² Kështu Jozafati u bë gjithnjë e më i madh dhe ndërtoi në Judë fortesa dhe qytete-depozitë.

¹³ Kreu shumë punime në qytetet e Judës, dhe në Jeruzalem mbante luftëtarë, burra të fortë dhe trima.

¹⁴ Ky është regjistrimi i tyre, sipas shtëpive të tyre atërore. Nga Juda, komandantët e mijësheve ishin Adnahu, si prijës, dhe bashkë me të treqind mijë burra të fortë dhe trima;

¹⁵ pas tij vinin Jehohanani, siprijës, me dyqind e tetëdhjetë mijë burra;

¹⁶ pas tij ishte Amasiahu, bir i Zikrit, që i ishte kushtuar vullnetarisht Zotit, dhe me të dyqind mijë burra të fortë dhe trima.

¹⁷ Nga Beniamini ishte Eliada, burrë i fortë dhe trim, dhe me të dyqind mijë burra të armatosur me harqe dhe me mburoja;

¹⁸ pas tij vinte Jehozabadi, dhe me të njëqind e shtatëdhjetë mijë burra gati për të marrë pjesë në luftë.

¹⁹ Tërë këta ishin në shërbim të mbretit, përveç atyre që ai kishte vendosur në qytetet e fortifikuara të të gjithë Judës.

Kapitull 18

¹ Jozafati pati pasuri të mëdha dhe lavdi; ai bëri krushqi me Ashabin.

² Mbas disa vjetësh ai zbriti në Samari tek Ashabi. Atëherë Ashabi theri për të dhe për njerëzit që ishin me të një numër të madh delesh dhe lopësh dhe e bindi të dilte bashkë me të kundër Ramothit nga Galaadi.

³ Kështu Ashabi, mbret i Izraelit, i tha Jozafatit, mbretit të Judës: "A do të vish me mua kundër Ramothit nga Galaadi?". Jozafati iu përgjigj: "Ki besim tek unë si te vetja jote, te njerëzit e mi si te njerëzit e tu; do të vijmë në luftë bashkë me ty".

⁴ Pastaj Jozafati i tha mbretit të Izraelit: "Të lutem, konsulto po sot fjalën e Zotit".

⁵ Atëherë mbreti i Izraelit thirri profetët, katërqind veta, dhe u tha atyre: "A duhet të shkojmë të luftojmë kundër Ramothit nga Galaadi, apo duhet të heq dorë nga ky veprim?". Ata iu përgjigjën: "Shko, pra, sepse Perëndia do ta japë atë në duart e mbretit".

⁶ Por Jozafati tha: "Nuk ka këtu ndonjë profet tjetër të Zotit me të cilin mund të këshillohemi?".

⁷ Mbreti i Izraelit iu përgjigj Jozafatit: "Éshtë edhe një njeri, Mikajahu, bir i Imlas, me anë të të cilit mund të këshillohemi me Zotin; por unë e urrej, sepse nuk profetizon kurrë ndonjë gjë të mirë për mua, por vetëm të keqen". Jozafati tha: "Mbreti të mos flasë kështu".

⁸ Atëherë mbreti i Izraelit thirri një eunuk dhe i tha: "Sille shpejt Mikajahun, birin e Imlas".

⁹ Mbreti i Izraelit dhe Jozafati, mbret i Judës, ishin ulur secili në fronin e vet, të veshur me rrobat e tyre mbretërore; ishin ulur në lëmin që është te hyrja e portës së Samarisë; dhe tërë profetët bënin profeci përpara tyre.

¹⁰ Sedekia, bir i Kenaanahut, që kishte bërë brirë prej hekuri, tha: "Kështu thotë Zoti: "Me këta brirë do të shposh tejpërtej Sirët deri sa t'i shkatërrosh plotësisht"".

¹¹ Tërë profetët profetizuan në të njëjtën mënyrë, duke thënë: "Dil kundër Ramothit nga Galaadi dhe do t'ia dalësh, sepse Zoti do ta japë atë në duart e mbretit".

¹² Lajmëtari, që kishte shkuar të thërriste Mikajahun, i foli duke i thënë: "Ja, fjalët e profetëve përputhen duke thënë gjëra të mira për mbretin. Prandaj le të lutem që fjala jote të jetë si fjala e secilit prej tyre; edhe ti thuaj gjëra të mira".

¹³ Por Mikajahu u përgjigj: "Ashtu siç është e vërtetë që Zoti rron, çdo gjë që Perëndia im do të thotë unë do ta shpall!".

¹⁴ Si arriti para mbretit, mbreti i tha: "Mikajah, a duhet të shkojmë të luftojmë kundër Ramothit të Galaadit, apo duhet të heq dorë?". Ai u përgjigj: "Shkoni, pra, dhe do t'ju dalë mbarë, sepse ata do të jepen në duart tuaja".

¹⁵ Atëherë mbreti i tha: "Sa herë duhet të përgjërohem që të më thuash vetëm të vërtetën në emër të Zotit?".

¹⁶ Mikajahu u përgjigj: "E pashë tërë Izraelin të shpërndarë në malet, ashtu si dhentë që janë pa bari; dhe Zoti tha: "Ata nuk kanë më zot; le të kthehet secili në paqe në shtëpinë e vet"".

¹⁷ Mbreti i Izraelit i tha Jozafatit: "A nuk të kisha thënë se lidhur me mua ai nuk do të profetizonte asgjë të mirë, por vetëm të keqen?".

¹⁸ Atëherë Mikajahu i tha: "Prandaj dëgjo fjalën e Zotit. Unë e kam parë Zotin të ulur mbi fronin e tij, ndërsa tërë ushtria qiellore rrinte në të djathtë dhe në të majtë të tij.

¹⁹ Zoti tha: "Kush do ta mashtrojë Ashabin, mbretin e Izraelit, që ai të dalë dhe të vdesë në Ramoth të Galaadit?"". Dikush u përgjigj në një mënyrë, dikush në mënyre tjetër.

²⁰ Atëherë doli përpara një frymë që u paraqit para Zotit dhe tha: "Unë do t'ia mbush mendjen". Zoti i tha: "Në çfarë mënyrë?".

²¹ Ai u përgjigj: "Unë do të dal dhe do të jem një frymë i gënjeshtrës në gojën e të gjithë profetëve të tij". Zoti i tha: "Me siguri do t'arrish ta bësh të bësh për vete, shko dhe vepro kështu".

²² Prandaj ja, Zoti ka vënë një frymë gënjeshtre në gojën e këtyre profetëve të tu, por Zoti shpall fatkeqësi kundër teje".

²³ Atëherë Sedekia, bir i Kenaanahut, u afrua dhe goditi me një shpullë Mikajahun, dhe tha: "Nga kaloi Fryma e Zotit kur doli nga unë që të flasë me ty?".

²⁴ Mikajahu u përgjigj: "Ja, do ta shohësh ditën në të cilën do të shkosh në një dhomë të brendshme për t'u fshehur!".

²⁵ Atëherë mbreti i Izraelit tha: "Merreni Mikajahun dhe çojeni tek Amoni, qeveritar i qytetit, dhe tek Joasi, bir i mbretit,

²⁶ dhe u thoni atyre: Kështu thotë mbreti: "Futeni këtë në burg dhe ushqejeni me bukë dhe me ujë hidhërimi, deri sa unë të kthehem shëndoshë e mirë"".

²⁷ Mikajahu tha: "Në rast se ti kthehesh me të vërtetë shëndoshë e mirë, kjo do të thotë që Zoti nuk ka folur nëpërmjet meje". Dhe shtoi: "Dëgjoni, o ju popuj të gjithë!".

²⁸ Mbreti i Izraelit dhe Jozafati, mbret i Judës, dolën, pra, kundër Ramothit nga Galaadi.

²⁹ Mbreti i Izraelit i tha Jozafatit: "Unë do të vishem ndryshe dhe pastaj do të shkoj të luftoj, por ti vish rrobat e tua mbretërore". Kështu mbreti i Izraelit ndërroi rrobat dhe shkuan të luftojnë.

³⁰ Mbreti i Sirisë kishte dhënë këtë urdhër kapitenëve të qerreve të tij duke thënë: "Mos luftoni kundër askujt, të madh apo të vogël, por vetëm kundër mbretit të Izraelit".

³¹ Kështu, kur kapitenët e qerreve panë Jozafatin, ata thanë: "Ai është mbreti i Izraelit". Pastaj e rrethuan për ta sulmuar; por Jozafati lëshoi një britmë dhe Zoti i vajti në ndihmë; Perëndia i shtyu të largoheshin prej tij.

³² Kur kapitenët e qerreve e kuptuan se nuk ishte mbreti i Izraelit, hoqën dorë nga ndjekja.

³³ Por një njeri hodhi rastësisht një shigjetë me harkun e tij dhe e goditi mbretin e Izraelit midis lidhjeve të parzmores së tij; prandaj mbreti i tha shqytarit të tij: "Kthehu dhe më ço larg përleshjes, sepse jam plagosur".

³⁴ Por beteja ishte aq e ashpër atë ditë sa që mbreti u detyrua të qëndrojë mbi qerren e tij përballë Sirëve deri në mbrëmje, dhe kur perëndoi dielli ai vdiq.

Kapitull 19

¹ Jozafati, mbret i Judës, u kthye shëndoshë e mirë në shtëpinë e tij në Jeruzalem.

² Por shikuesi Jehu, bir i Hananit, i doli përpara dhe i tha mbretit Jozafat: "A duhet të ndihmoje ti një të pafe dhe të doje ata që urrenin Zotin? Prandaj mëria e Zotit është mbi ty.

³ Megjithatë janë gjetur te ti gjëra të mira, sepse ke hequr nga vendi Asherothët dhe zemra jote është përpjekur për të kërkuar Perëndinë".

⁴ Kështu Jozafati banoi në Jeruzalem; pastaj shkoi përsëri midis popullit, nga Beer-Sheba në krahinën malore të Efraimit, dhe i solli ata përsëri te Zoti, Perëndia i etërve të tij.

⁵ Pastaj ai emëroi gjyqtarë në vend, në të tëra qytetet e fortifikuara të Judës, qytet pas qyteti,

⁶ dhe u tha gjyqtarëve: "Kini kujdes për atë që bëni, sepse nuk gjykoni për njeriun por për Zotin, që do të jetë me ju kur do të administroni drejtësinë.

⁷ Prandaj tani frika e Zotit qoftë mbi ju. Tregoni kujdes për atë që bëni, sepse tek Zoti, Perëndia ynë, nuk ka asnjë padrejtësi, as anësi, as pranim dhuratash.

⁸ Edhe në Jeruzalem Jozafati vendosi disa Levitë priftërinj dhe të parë të shtëpive atërore të Izraelit për gjykimin e Zotit dhe për grindjet e ndryshme; këta banonin në Jeruzalem.

⁹ I urdhëroi ata duke thënë: "Ju do të veproni duke pasur frikë nga Zoti, me besnikëri dhe me zemër të pastër.

¹⁰ Në çdo grindje që do t'ju parashtrohet para jush nga ana e vëllezërve tuaj që banojnë në qytetet e tyre, qoftë për gjak të derdhur ose për shkelje të ligjit apo të një urdhërimi, kundër statuteve ose dekreteve, lajmërojini që të mos bëhen fajtorë përpara Zotit, dhe zemërimi të mos bjerë mbi ju dhe mbi vëllezërit tuaj. Veproni kështu dhe nuk do të bëheni fajtorë.

¹¹ Dhe ja, prifti më i lartë Amariah do të caktohet mbi ju për çdo çështje që i përket Zotit, ndërsa Zebadiahu, bir i Ismaelit, i pari i shtëpisë së Judës, do të jetë për çdo çështje që ka të bëjë me mbretin; edhe Levitët do të jenë në dispozicionin tuaj si gjyqtarë. Tregohuni të fortë dhe i hyni punës, dhe Zoti do të jetë me njeriun e drejtë".

Kapitull 20

¹ Mbas këtyreve ngjarjeve ndodhi që bijtë e Moabit, bijtë e Amonit dhe të tjerë me ta së bashku me Amonitët erdhën të luftojnë kundër Jozafatit.

² Kështu erdhën disa të informonin Jozafatin, duke thënë: "Një shumicë e madhe është nisur kundër teje që përtej detit, nga Siria; ja, tani ata janë në Hatsatson-Thamar" (që është En-Gedi).

³ Atëherë Jozafati u tremb dhe filloi të kërkojë Zotin, dhe shpalli një agjërim në gjithë Judën.

⁴ Kështu ata të Judës u mblodhën për të kërkuar ndihmën e Zotit, dhe nga të gjitha qytetet e Judës vinin për të kërkuar Zotin.

⁵ Pastaj Jozafati u ngrit më këmbë në mes të asamblesë së Judës dhe të Jeruzalemit në shtëpinë e Zotit përpara oborrit të ri

⁶ dhe tha: "O Zot, Perëndia i etërve tanë, a nuk je ti Perëndia që është në qiell? Po, ti sundon mbi të gjitha mbretëritë e kombeve, në duart e tua janë forca dhe fuqia dhe nuk ka njeri që mund të të rezistojë.

⁷ A nuk ke qenë ti, Perëndia ynë, që ke dëbuar banorët e këtij vendi përpara popullit tënd të Izraelit dhe ia ke dhënë për gjithnjë pasardhësve të mikut tënd Abraham?

⁸ Ata kanë banuar aty dhe kanë ndërtuar një shenjtërore për emrin tënd, duke thënë:

⁹ "Në rast se na godet një fatkeqësi, shpata, gjykimi apo murtaja ose zia e bukës, ne do të paraqitemi përpara këtij tempulli dhe përpara teje (sepse emri yt është në këtë tempull), do të të klithim ty nga fatkeqësia jonë, ti do të na dëgjosh dhe do të na vish në ndihmë".

¹⁰ Tani, ja, tani bijtë e Amonit, të Moabit dhe ata të malit Seir, në territorin e të cilëve nuk e lejove Izraelin të hynte kur ata po dilnin nga Egjipti (prandaj ata qëndruan larg tyre dhe nuk i shkatërruan),

¹¹ dhe ja, tani ata na shpërblejnë, duke ardhur të na dëbojnë nga trashëgimia jote që na ke dhënë në zotërim.

¹² O Perëndia ynë, a nuk do t'i dënosh ata? Sepse ne jemi pa forcë përpara kësaj shumice të madhe që vjen kundër nesh; nuk dimë çfarë të bëjmë, te ti syri ynë janë drejtuar te ti".

¹³ Tani tërë burrat e Judës, me fëmijët, bashkëshortet dhe bijtë e tyre, rrinin më këmbë përpara Zotit.

¹⁴ Atëherë në mes të asamblesë Fryma e Zotit përfshiu Jahazielin, birin e Zakarias, bir i Benajahut, bir i Jejelit, bir i Mataniahut, një Levit nga bijtë e Asafit.

¹⁵ Dhe ky tha: "Dëgjoni, ju të gjithë nga Juda, ju banorë të Jeruzalemit dhe ti, o mbret Jozafat! Kështu ju thotë Zoti: "Mos kini frikë, mos u tronditni për shkak të kësaj shumice të madhe, sepse beteja nuk është juaja, por e Perëndisë.

¹⁶ Nesër hidhuni kundër tyre; ja, ata do të ngjiten nëpër të përpjetën e Tsitsit, dhe ju do t'i gjeni në skajin e luginës përballë shkretëtirës së Jeruelit.

¹⁷ Nuk do të jeni ju që do të luftoni në këtë betejë; zini pozicion, qëndroni pa lëvizur dhe do të shihni lirimin e Zotit, që është me ju. O Judë, o Jeruzalem, mos kini frikë dhe mos u tronditni; nesër do të dilni kundër tyre, sepse Zoti është me ju"".

¹⁸ Atëherë Jozafati uli për tokë fytyrën e tij, dhe tërë Juda dhe banorët e Jeruzalemit ranë përmbys përpara Zotit dhe e adhuruan.

¹⁹ Pastaj Levitët, bijtë e Kehathitëve dhe të Korahitëve, u ngritën për të lëvduar me zë të lartë Zotin, Perëndinë e Izraelit.

²⁰ Mëngjesin vijues u çuan shpejt dhe u nisën për në shkretëtirën e Tekoas; ndërsa po viheshin për rrugë, Jozafati, duke qëndruar në këmbë, tha: "Dëgjomëni, o Judë, dhe ju banorë të Jeruzalemit! Besoni

²¹ Pastaj, pasi u këshillua me popullin, caktoi ata që duhet t'i këndonin Zotit dhe duhet ta lëvdonin për shkëlqimin e shenjtërisë së tij, ndërsa ecnin përpara ushtrisë dhe thonin: "Kremtoni Zotin, sepse mirësia e tij zgjat përjetë".

²² Kur ata filluan të këndojnë dhe të lëvdojnë, Zoti ngriti një pritë kundër bijve të Amonit dhe të Moabit dhe atyre të malit të Seirit që kishin ardhur kundër Judës, dhe mbetën të mundur.

²³ Bijtë e Amonit dhe të Moabit u ngritën kundër banorëve të malit të Seirit për të realizuar shfarosjen dhe shkatërrimin e tyre; mbasi kryen shfarosjen e banorëve të Seirit, ndihmuan njeri-tjetrin për të shkatërruar veten e tyre.

²⁴ Kështu kur ata të Judës arritën në lartësinë prej nga mund të kqyrej shkretëtira, u kthyen nga turma, dhe ja, nuk kishte veçse kufoma të shtrira për tokë, asnjë nuk kishte shpëtuar.

²⁵ Atëherë Jozafati dhe njerëzit e tij shkuan për të marrë plaçkën e luftës; midis tyre gjetën një sasi të madhe pasurish mbi kufomat e tyre dhe sende me vlerë; morën për vete më tepër se sa mund t'i mbartnin; iu deshën tri ditë për të marrë plaçkën, aq e shumtë ishte ajo.

²⁶ Ditën e katërt u mblodhën në Luginën e Bekimit, ku bekuan Zotin; prandaj ky vend quhet Lugina e Bekimit edhe sot.

²⁷ Pastaj tërë njerëzit e Judës dhe të Jeruzalemit, me Jozafatin në krye, u nisën me gëzim për t'u kthyer në Jeruzalem, sepse Zoti u kishte dhënë shkas të gëzohen mbi armiqtë e tyre.

²⁸ Kështu hynë në Jeruzalem me harpa, me qeste dhe me bori dhe u drejtuan nga shtëpia e Zotit.

²⁹ Tmerri i Zotit ra mbi të gjitha mbretëritë e vendeve të tjera, kur mësuan që Zoti kishte luftuar kundër armiqve të Izraelit.

³⁰ Mbretëria e Jozafatit qe e qetë; Perëndia i tij i dha paqe rreth e qark.

³¹ Kështu Jozafati mbretëroi mbi Judë. Ai ishte tridhjetë e pesë vjeç kur filloi të mbretërojë, dhe mbretëroi njëzet e pesë vjet në Jeruzalem; e ëma quhej Azubah dhe ishte bija e Shihlit.

³² Ai ndoqi kudo rrugët e atit të tij, Asa, dhe nuk u largua prej tyre, duke bërë atë që ishte e drejtë në sytë e Zotit.

³³ Megjithatë vendet e larta nuk u hoqën, sepse populli nuk e kishte akoma zemrën të kthyer në mënyrë të qëndrueshme nga Perëndia i etërve të tyre.

³⁴ Pjesa tjetër e bëmave të Jozafatit, nga e para deri në atë të fundit, janë të shkruara në analet e Jehut, birit të Hananit, që përfshihen në librin e mbretërve të Izraelit.

³⁵ Pas kësaj Jozafati, mbret i Judës, u lidh me Ashaziahun, mbretin e Izraelit, që vepronte me paudhësi;

³⁶ ai u lidh me të për të ndërtuar anije që të shkonin në Tarshish; i pajisën anijet në Etsion-Geber.

³⁷ Atëherë Eliezeri, bir i Dodavahut nga Mareshah, profetizoi kundër Jozafatit, duke thënë: "Nga që je bashkuar me Ashaziahun, Zoti ka shkatërruar veprat e tua". Kështu anijet u shkatërruan dhe nuk arritën dot në Tarshish.

Kapitull 21

¹ Pastaj Jozafati pushoi bashkë me etërit e tij dhe e varrosën me ta në vendin e tij mbretëroi i biri, Jehorami.

² Ai kishte vëllezër, bij të Jozafatit: Azariahun, Jehielin, Zakarian, Azariahun, Mikaelin dhe Shefatiahun; tërë këta ishin bij të Jozafatit, mbretit të Izraelit.

³ I ati u bëri atyre dhurata të mëdha prej argjendi, ari dhe sende të çmueshme, bashkë me qytete të fortifikuara në Judë, por ia dha

mbretërinë Jehoramit, sepse ishte i parëlinduri.

⁴ Por kur Jehorami shtiu në dorë mbretërinë e atit të tij dhe u përforcua, vrau me shpatë tërë vëllezërit e tij dhe disa krerë të Izraelit.

⁵ Jehorami ishte tridhjetë e dy vjeç kur filloi të mbretërojë, dhe mbretëroi tetë vjet në Jeruzalem.

⁶ Ai ndoqi rrugën e mbretërve të Izraelit ashtu si kishte bërë shtëpia e Ashabit, sepse gruaja e tij ishte një bijë e Ashabit, dhe bëri atë që është e keqe në sytë e Zotit.

⁷ Megjithatë Zoti nuk deshi ta shkatërrojë shtëpinë e Davidit, për shkak të besëlidhjes që kishte bërë me Davidin dhe sepse i kishte premtuar t'i jepte atij dhe bijve të tij një llambë përgjithmonë.

⁸ Gjatë ditëve të mbretërisë së tij, Edomi ngriti krye kundër pushtetit të Judës dhe zgjodhi një mbret.

⁹ Atëherë Jehorami u nis me komandantët e tij dhe me të gjitha qerret e tij; u ngrit, pra, natën dhe i mundi Edomitët, që e kishin rrethuar atë dhe komandantët e qerreve të tij.

¹⁰ Kështu Edomi nuk iu nënshtrua pushtetit të Judës deri ditën e sotme. Në atë kohë edhe Libnahu ngriti krye kundër pushtetit të tij, sepse Jehorami kishte braktisur Zotin, Perëndinë e etërve të tij.

¹¹ Edhe Jehorami ndërtoi vende të larta në malet e Judës, i shtyu banorët e Jeruzalemit në rrugën e kurvërimit dhe largoi Judën.

¹² Atëherë i erdhi një shkrim nga profeti Elia, në të cilën thuhej: "Kështu i thotë Zoti, Perëndia i Davditi, atit tënd: "Meqë nuk ke ndjekur rrugët e Jozafatit, atit tënd, dhe rrugët e Asas, mbretit të Judës,

¹³ por ke ndjekur rrugët e mbretërve të Izraelit dhe ke shtyrë në rrugën e kurvërimit Judën dhe banorët e Jeruzalemit, ashtu si ka vepruar shtëpia e Ashabit, dhe ke vrarë vëllezërit e tu, vetë familjen e atit tënd, që ishin më të mirë se ti,

¹⁴ ja, Zoti do të godasë me një fatkeqësi të madhe popullin tënd, fëmijët e tu, bashkëshortet e tua dhe gjithçka që ti zotëron;

¹⁵ ti vetë do të goditesh nga sëmundje shumë të rënda, nga një sëmundje e zorrëve që do të të nxjerrë çdo ditë pak e nga pak zorrët"".

¹⁶ Përveç kësaj Zoti zgjoi kundër Jehoramit frymën e Filistejve dhe të Arabëve, që banojnë pranë Etiopasve;

¹⁷ dhe këta dolën kundër Judës, e pushtuan dhe morën me vete tërë pasuritë që gjetën në pallatin mbretëror, duke përfshirë bijtë dhe gratë e tij; kështu nuk i mbeti asnjë bir përveç Jehoahazit, më i vogli prej bijve të tij.

¹⁸ Mbas tërë kësaj Zoti e goditi në zorrët me një sëmundje të pashërueshme.

¹⁹ Kështu, me kalimin e kohës, në fund të vitit të dytë, nga shkaku i sëmundjes, zorrët i dolën jashtë dhe vdiq duke hequr mundime të tmerrshme. Populli i tij nuk dogji parfume për nder të tij, ashtu si kishte bërë për etërit e tij.

²⁰ Ai ishte tridhjetë e dy vjeç kur filloi të mbretërojë, dhe mbretëroi tetë vjet në Jeruzalem. Iku pa lënë keqardhje; e varrosën në qytetin e Davidit, por jo në varret e mbretërve.

Kapitull 22

¹ Banorët e Jezrualemit shpallën mbret birin e tij më të vogël Ashaziahun, në vend të tij, sepse tërë bijtë më të mëdhenj ishin vrarë nga banda që kishte hyrë në kamp bashkë me Arabët. Kështu mbretëroi Ashaziahu, bir i Jehoramit, mbret i Judës.

² Ashaziahu ishte dyzet e dy vjeç kur filloi të mbretërojë, dhe mbretëroi një vit në Jeruzalem. E ëma quhej Athaliah; ishte bij i Omrit.

³ Edhe ai ndoqi rrugët e ndjekura nga shtëpia e Ashabit, sepse e ëma e këshillonte të vepronte në mënyrë të paudhë.

⁴ Prandaj ai bëri atë që është e keqe në sytë e Zotit, ashtu si vepronin ata të shtëpisë së Ashabit, sepse mbas vdekjes së atit të tij këta qenë, për shkatërrimin e tij, këshilltarët e tij.

⁵ Duke ndjekur këshillën e tyre, ai shkoi me Jehoramin, birin e Ashabit, mbretit të Izraelit të luftojë kundër Hazaelit, mbretit të Sirisë, në Ramoth të Galaadit; dhe Sirët e plagosën Jehoramin.

⁶ Kështu ai u kthye në Jezreel për të mjekuar plagët që kishte marrë në Ramah, duke luftuar kundër Hazaelit, mbretit të Sirisë. Ashaziahu, bir i Jehoramit, mbret i Judës, zbriti për të parë Jehoramin, birin e Ashabit, në Jezreel, sepse ky ishte i sëmurë.

⁷ Vizita që i bëri Ashaziahu Jehoramit ishte vendosur nga Perëndia për shkatërrimin e tij. Kur arriti në të vërtetë, ai doli me Jehoramin kundër Jehut, birit të Nimshit, që Zoti kishte vajosur për shfarosur shtëpinë e Ashabit.

⁸ Ndodhi që, ndërsa Jehu vendoste drejtësi në shtëpinë e Ashabit, u takua me krerët e Judës dhe me bijtë e vëllezërve të Ashaziahut që ishin në shërbim të Ashaziahut dhe i vrau.

⁹ Urdhëroi gjithashtu ta kërkojnë Ashaziahun dhe e kapën (ai ishte fshehur në Samari); e çuan pastaj tek Jehu që e vrau. Pastaj e varrosën, sepse thonin: "Është bir i Jozafatit, që e kërkonte Zotin me gjithë zemër". Kështu në shtëpinë e Ashaziahut nuk mbeti më njeri në gjendje të mbretërojë.

¹⁰ Kur Athaliah, nëna e Ashaziahut, pa që i biri kishte vdekur, u ngrit dhe vrau tërë pasardhësit mbretërorë të shtëpisë së Judës.

¹¹ Por Jehoshabeath, bija e mbretit mori Joasin, birin e Ashaziahut, e mori tinëz midis bijve të mbretit që ishin vrarë dhe vendosi bashkë me tajën në dhomën e saj. Kështu Jehoshabeath, bija e mbretit Jehoram, bashkëshortja e priftit Jehojada (ishte motra e Ashaziahut), e fshehu nga Athaliahu që nuk e vrau.

¹² Kështu mbeti i fshehur me ta në shtëpinë e Perëndisë gjashtë vjet, ndërsa Athaliah mbretëronte mbi vendin.

Kapitull 23

¹ Vitin e shtatë Jehojada mori kurajo, mori komandantët e qindësheve, domethënë Azariahun, birin e Jerohamit, Ismaelin, birin e Jehohanamit, Azariahun, birin e Obedit, Maasejahun, birin e Adajahut dhe

² Pastaj ata përshkuan Judën, mblodhën Levitët nga të gjitha qytetet e Judës dhe të parët e shtëpive atërore të Izraelit dhe erdhën në Jeruzalem.

³ Kështu tërë asambleja lidhi një aleancë me mbretin në shtëpinë e Perëndisë. Pastaj Jehojada u tha atyre: "Ja, biri i mbretit do të mbretërojë, si ka thënë Zoti për bijtë e Davidit.

⁴ Ja çfarë do të bëni ju: një e treta nga ju, priftërinj dhe Levitë, që marrin shërbimin ditën e shtunë, do të caktohen në portat e tempullit;

⁵ një e treta tjetër do të rrijë në pallatin e mbretit, dhe e treta tjetër në portën e themelimit, ndërsa tërë populli do të rrijë në oborrin e shtëpisë së Zotit.

⁶ Por askush nuk do të hyjë në shtëpinë e Zotit, përveç priftërinjve dhe Levitëve të shërbimit; këta mund të hyjnë sepse janë të shenjtëruar; por tërë populli do t'i përmbahet urdhrit të Zotit.

⁷ Levitët do ta rrethojnë mbretin nga çdo anë, secili me armën e tij në dorë; kushdo që hyn në tempull do të vritet; ju përkundrazi do të qëndroni me mbretin, kur të hyjë dhe të dalë".

⁸ Levitët dhe tërë Juda bënë pikërisht ashtu si kishte urdhëruar prifti Jehojada; secili mori njerëzit e tij, ata e merrnin shërbimin të shtunën dhe ata që e linin shërbimin të shtunën, sepse prifti Jehojada nuk kishte liruar nga puna klasat që dilnin.

⁹ Prifti Jehojada u dha komandantëve të qindësheve ushtat dhe mburojat e vogla e të mëdha që qenë të mbretit David dhe që ndodheshin në shtëpinë e Perëndisë.

¹⁰ Pastaj vendosi tërë popullin, secili me armën e tij në dorë, nga krahu i djathtë deri në krahun e majtë të tempullit; gjatë altarit dhe pranë tempullit, rrotull mbretit.

¹¹ Atëherë nxorën birin e mbretit, i vunë mbi kokë kurorën, i dorëzuan ligjin dhe e shpallën mbret; pastaj Jehojada dhe bijtë e tij e vajosën dhe thirrën: "Rroftë mbreti!".

¹² Kur Athaliah dëgjoi zhurmën e popullit që vinte duke brohoritur për mbretin, ajo shkoi drejt popullit, në drejtim të shtëpisë të Zotit.

¹³ Shikoi, dhe ja, mbreti qëndronte më këmbë në podiumin e tij në hyrje, kapitenët dhe borizanët ishin pranë mbretit, tërë populli i vendit ishte i gëzuar dhe u binte borive dhe këngëtarët me veglat e tyre musikore udhëhiqnin lavdërimin. Atëherë Athaliah grisi rrobat e saj dhe bërtiti: "Tradhëti, tradhëti!".

¹⁴ Por prifti Jehojada nxori komandantët e qindësheve që komandonin ushtrinë dhe u tha: "Nxirreni nga rreshtat dhe kushdo që i shkon pas të vritet me shpatë!". Prifti në të vërtetë kishte thënë: "Mos lejoni që të vritet në shtëpinë e Zotit".

¹⁵ Kështu e mbërthyen dhe, sa arriti në shtëpinë e mbretit nëpër rrugën e portës së kuajve, aty e vranë.

¹⁶ Pastaj Jehojada bëri një besëlidhje ndërmjet vetes, tërë popullit dhe mbretit, me qëllim që Izraeli të ishte populli i Zotit.

¹⁷ Atëherë tërë populli shkoi në tempullin e Baalit dhe e shkatërroi: copëtoi plotësisht altarët e tij dhe shëmbëlltyrat dhe vrau përpara altarëve Matanin, priftin e Baalit.

¹⁸ Pastaj Jehojada ua besoi mbikqyrjen e shtëpisë të Zotit priftërinjve levitë, që Davidi kishte vendosur në shtëpinë e Zotit për t'i ofruar olokauste Zotit siç është shkruar në ligjin e Moisiut, me gëzim dhe këngë, ashtu si kishte urdhëruar Davidi.

¹⁹ Vendosi gjithashtu derëtarë në portat e shtëpisë të Zotit, me qëllim që të mos hynte askush që të ishte në një farë mënyre i papastër.

²⁰ Mori pastaj komandantët e qindësheve, parinë, ata që kishin autoritet mbi popullin dhe tërë popullin e vendit dhe bëri që mbreti të zbresë nga shtëpia e Zotit; duke kaluar pastaj nga porta e sipërme, arritën në pallatin mbretëror dhe e ulën mbretin mbi fronin mbretëror.

²¹ Kështu tërë populli i vendit ishte në festë dhe qyteti mbeti i qetë, kur Athaliah u vra me shpatë.

Kapitull 24

¹ Joasi ishte shtatë vjeç kur filloi të mbretërojë, dhe mbretëroi dyzet vjet në Jeruzalem. E ëma quhej Tsibiah dhe ishte nga Beer-Sheba.

² Joasi bëri atë që është e drejtë në sytë e Zotit gjatë gjithë kohës që jetoi prifti Jehojada.

³ Jehojada i zgjodhi për të dy bashkëshorte dhe Joasit i lindën djem dhe vajza.

⁴ Mbas kësaj e shtyu zemra Joasin të ndreqë shtëpinë e Zotit.

⁵ Prandaj mblodhi priftërinjtë dhe Levitët dhe u tha atyre: "Shkoni në qytetet e Judës dhe mblidhni vit për vit nga gjithë Izraeli paratë që nevojiten për të restauruar shtëpinë e Perëndisë tuaj; përpiquni ta kryeni shpejt këtë punë". Por Levitët nuk treguan asnjë nxitim.

⁶ Atëherë mbreti thirri kryepriftin Jehojada dhe i tha: "Pse nuk u kërkove Levitëve që të sillnin nga Juda dhe nga Jeruzalemi taksën e caktuar nga Moisiu, shërbëtor i Zotit, dhe nga asambleja e Izraelit për çadrën e dëshmisë?".

⁷ Në të vërtetë bijtë e Athaliahës, të kësaj gruaje të keqe, kishin plaçkitur shtëpinë e Perëndisë dhe kishin përdorur madje gjithë gjërat e shenjtëruara të shtëpisë të Zotit për Baalët.

⁸ Me urdhër të mbretit bënë një arkë dhe e vunë jashtë, te porta e shtëpisë të Zotit.

⁹ Pastaj bënë një shpallje në Judë dhe në Jeruzalem, me qëllim që t'i çohej Zotit taksa që Moisiu, shërbëtori i Perëndisë, i kishte vënë Izraelit në shkretëtirë.

¹⁰ Tërë krerët dhe tërë populli u gëzuan dhe sollën paratë, duke i hedhur në arkë deri sa e mbushën.

¹¹ Kur arka çohej nga Levitët tek inspektori i mbretit, sepse shihnin se kishte në të shumë para, sekretari i mbretit dhe i ngarkuari nga kryeprifti vinin për të zbrazur arkën; pastaj e merrnin dhe e çonin përsëri në vendin e saj. Kështu vepronin çdo ditë; në këtë mënyrë grumbulluan një sasi të madhe parash.

¹² Pastaj mbreti dhe Jehojada ua jepnin këto atyre që bënin shërbimin në shtëpinë e Zotit; dhe ata paguanin gurgdhëndësit dhe marangozët për të restauruar shtëpinë e Zotit, si edhe punëtorët e hekurit dhe të bronzit që merreshin me shtëpinë e Zotit.

¹³ Kështu punëtorët i kryen me kujdes punimet dhe me anë të tyre ndreqjet shkuan mbarë; ata e kthyen përsëri shtëpinë e Perëndisë në gjendejn e saj origjinale dhe e përforcuan atë.

¹⁴ Kur kishin mbaruar, paratë që mbetën i çuan para mbretit dhe Jehojadës dhe me to bënë orendi për shtëpinë e Zotit, orendi për shërbimin dhe për olokaustet, kupa dhe vegla të tjera prej ari ose argjendi. Deri sa jetoi Jehojada, u ofruan vazhdimisht olokauste në shtëpinë e Zotit.

¹⁵ Por Jehojada, tanimë i plakur dhe i ngopur me ditë, vdiq; ai ishte njëqind e tridhjetë vjeç kur vdiq.

¹⁶ e varrosën në qytetin e Davidit bashkë me mbretërit, sepse kishte bërë të mira në Izrael, ndaj Perëndisë dhe ndaj shtëpisë së tij.

¹⁷ Mbas vdekjes së Jehojadës, krerët e Judës shkuan dhe ranë përmbys përpara mbretit; dhe mbreti i dëgjoi.

¹⁸ Pastaj ata braktisën shtëpinë e Zotit, Perëndisë të etërve të tyre, dhe u shërbyen Asherimëve dhe idhujve; për shkak të këtij mëkati, zemërimi i Perëndisë ra mbi Judën dhe mbi Jeruzalemin.

¹⁹ Zoti u dërgoi atyre profetë për t'i bërë të kthehen tek ai; këta dëshmuan kundër tyre, por ata nuk deshën t'i dëgjojnë.

²⁰ Atëherë Fryma e Perëndisë erdhi mbi Zakarian, birin e priftit Jehojada, që u ngrit përpara popullit dhe tha: "Kështu thotë Perëndia: Pse shkelni urdhërimet e Zotit dhe nuk keni mbarësi? Mëqe e keni braktisur Zotin edhe ai do t'ju braktisë".

²¹ Por ata komplotuan kundër tij dhe me urdhër të mbretit, e vranë me gurë në oborrin e shtëpisë të Zotit.

²² Kështu mbreti Joas nuk e kujtoi mirësinë që Jehojada, ati i Zakarias, kishte treguar ndaj tij dhe ia vrau të birin, i cili duke vdekur tha: "Zoti e shikoftë dhe të kërkoftë llogari!".

²³ Kështu ndodhi që, në fillim të vitit të ri, ushtria e Sirëve doli kundër Joasit. Ata erdhën në Judë dhe në Jeruzalem dhe shfarosën nga populli tërë krerët e tij, dhe tërë plaçkën ia çuan mbretit të Damaskut.

²⁴ Megjithëse ushtria e Sirëve kishte ardhur me pak veta, Zoti u dha në dorë një ushtri shumë të madhe, sepse kishin braktisur Zotin, Perëndinë e etërve të tyre. Kështu ata e gjykuan Joasin.

²⁵ Kur Sirët u tërhoqën nga ai (sepse e kishin lënë shumë të sëmurë), shërbëtorët e tij kurdisën një komplot kundër tij, për shkak të vrasjes së bijve të priftit Jehojada, dhe e shtratin e tij. Kështu ai vdiq dhe e varrosën në qytetin e Davidit, por jo në varrezat e mbretërve.

²⁶ <aaa add> Këta janë ata që komplotuan kundër tij: Zabadi, bir i Shimeathit, Amonitja, dhe Jehozbadi, bir i Shimrithit, Moabitja.

²⁷ <aaa add> Përsa u përket bijve të tij, profecitë e shumta të thëna kundër tij dhe meremetimi i shtëpisë së Perëndisë, ja, këto gjëra janë shkruar në historinë e librit të mbretërve. Në vend të tij mbretëroi i biri, Amatsiahu.

Kapitull 25

¹ Amatsiahu ishte njëzet e pesë vjeç kur filloi të mbretërojë, dhe mbretëroi njëzet e nëntë vjet në Jeruzalem. E ëma quhej Jehoadan dhe ishte nga Jeruzalemi.

² Ai bëri atë që është e drejtë në sytë e Zotit, por jo me gjithë zemër.

³ Mbasi përforcoi mbretërinë e tij, ai vrau shërbëtorët e tij që kishin vrarë mbretin, atin e tij.

⁴ Megjithatë ai nuk i vriste bijtë e tyre, por veproi siç është shkuar në ligj në librin e Moisiut, të cilin Zoti e urdhëroi duke thënë: "Etërit nuk do të vriten për fajin e bijve të tyre, dhe as bijtë e tyre nuk do të vriten për fajin e etërve; por secili do të dënohet me vdekje për mëkatin e vet".

⁵ Përveç kësaj Amatsiahu mblodhi ata të Judës dhe caktoi mbi ta komandantët e mijësheve dhe të qindësheve sipas shtëpive të tyre atërore, për tërë Judën dhe Beniaminin; pastaj bëri regjistrimin nga njëzet vjeç e lart dhe doli që ishin treqind mijë burra të zgjedhur, të aftë për luftë dhe të zotë të përdorin ushtën dhe mburojën.

⁶ Rekrutoi gjithashtu me para njëqind mijë burra nga Izraeli, të fortë dhe trima, për njëqind talenta argjendi.

⁷ Por një njeriu i Perëndisë erdhi tek ai dhe i tha: "O mbret, ushtria e Izraelit të mos vijë me ty, sepse Zoti nuk është me Izraelin, as me ndonjë nga bijtë e Efraimit!

⁸ Por në rast se dëshiron të shkosh, shko megjithatë; edhe po të tregohesh trim në betejë, Perëndia do të të bëjë të biesh para armikut, sepse Perëndia ka pushtet të ndihmojë dhe të të bëjë të biesh".

⁹ Amatsiahu i tha atëherë njeriut të Perëndisë: "Por çdo t'i bëj njëqind talentat që ia dhashë ushtrisë së Izraelit?". Njeriu i Perëndisë u përgjigj: "Zoti mund të të japë më tepër se aq".

¹⁰ Atëherë Amatsiahu e shpërndau ushtrinë që kishte ardhur tek ai nga Efraimi, me qëllim që të kthehej në shtëpi të saj; por zemërimi i pjesëtarëve të saj u rrit shumë kundër Judës dhe ata u kthyen në shtëpi me një zemërim të madh.

¹¹ Pastaj Amatsiahu, mbasi mori zemër, u vu në krye të popullit të tij, shkoi në luginën e Kripës dhe vrau dhjetë mijë njerëz të Seirit.

¹² Bijtë e Judës kapën gjallë dhjetë mijë të tjerë dhe i çuan në majë të shkëmbit, prej ku i hodhën poshtë; dhe të tërë u bënë copë-copë.

¹³ Por burrat e ushtrisë, që Amatsiahu kishte shpërndarë që të mos vinin me të për të luftuar, u vërsulën mbi qytetet e Judës, nga Samaria deri në Beth-Horon, duke vrarë tre mijë banorë dhe duke marrë një plaçkë të madhe.

¹⁴ Pas kthimit të tij nga masakra e Edomitëve, Amatsiahu urdhëroi që t'i sillnin perënditë e bijve të Seirit, i vendosi si perëndi të tij, ra përmbys përpara tyre dhe u ofroj temjan.

¹⁵ Prandaj zemërimi i Zotit u ndez kundër Amatsiahut dhe i dërgoi një profet për t'i thënë: "Pse kërkove perënditë e këtij populli, që nuk kanë qenë të zotë të çlirojnë popullin e tyre nga dora jote?".

¹⁶ Ndërsa vazhdonte të fliste akoma me të, mbreti i tha: "A të kemi bërë vallë këshilltar të mbretit? Pusho! Pse kërkon të vritesh?". Atëherë profeti nuk foli më, por tha: "Unë e di që Perëndia ka vendosur të të shkatërrojë, sepse ke bërë këtë dhe nuk more parasysh këshillën time".

¹⁷ Atëherë Amatsiahu, mbret i Judës, pasi u këshillua, dërgoi t'i thotë Joasit, birit të Jehoahazit, birit të Jehut, mbret i Izraelit: "Eja të ballafaqohemi njeri me tjetrin në betejë".

¹⁸ Por Joasi, mbret i Izraelit, dërgoi t'i thotë Amatsiahut, mbretit të Judës: "Gjembi i Libanit i çoi fjalë kedrit të Libanit: "Jepi vajzën tënde për grua birit tim". Por një kafshë e egër e Libanit kaloi andej dhe e shkeli gjembin.

¹⁹ Ti ke thënë: "Ja, unë kam mundur Edomin", dhe zemra jote të ka bërë krenar aq sa të mburresh. Rri në shtëpinë tënde. Pse kërkon të shkaktosh fatkeqësi, duke shkatërruar veten tënde dhe Judën bashkë me ty?".

²⁰ Por Amatsiahu nuk e dëgjoi; kjo gjë vinte në të vërtetë nga Perëndia, me qëllim që të jepeshin në dorën e armikut, sepse kishin kërkuar perënditë e Edomit.

²¹ Kështu Joasi, mbret i Izraelit, doli kundër Judës; dhe ai dhe Amatsiahu, mbret i Judës, u ndeshën me njeri-tjetrin në Beth-Shemesh që i përkiste Judës.

²² Juda u mund nga Izraeli, dhe secili ia mbathi në çadrën e vet.

²³ Joasi, mbret i Izraelit, zuri në Beth-Shemesh Amatsiahun, mbretin e Judës, birin e Joasit, bir i Jehoahazit; e çoi në Jeruzalem dhe bëri një të çarë prej katërqind kubitësh në muret e Jeruzalemit që nga porta Efraimit deri te porta e Qoshes.

24 Mori tërë arin dhe argjendin dhe të gjitha sendet që gjendeshin në shtëpinë e Perëndisë, që i ishin besuar Obed-Edomit, thesaret e pallatit mbretëror dhe disa pengje, pastaj u kthye përsëri në Samari.

25 Amatsiahu, bir i Joasit, mbretit të Judës, jetoi edhe pesëmbëdhjetë vjet mbas vdekjes së Joasit, birit të Jehoahazit, mbret i Izraelit.

26 Pjesa tjetër e bëmave të Amatsiahut, nga të parat gjer në ato të fundit, a nuk janë të shkruara vallë, në librin e mbretërve të Judës dhe të Izraelit?

27 Mbas largimit të Amatsiahut nga Zoti, u kurdis kundër tij një komplot në Jeruzalem; ai iku në Lakish, por e ndoqën deri në Lakish dhe aty e vranë.

28 E ngarkuan pastaj mbi kuaj dhe e varrosën bashkë me etërit e tij në qytetin e Judës.

Kapitull 26

1 Pastaj tërë populli i Judës mori Uziahun, që ishte atëherë gjashtëmbëdhjetë vjeç dhe e bëri mbret në vend të atit të tij, Amatsiahut.

2 Ai ndërtoi Elathin dhe ia ripushtoi Judës, mbasi mbretin e pushoi bashkë me etërit e tij.

3 Uziahu ishte gjashtëmbëdhjetë vjeç kur filloi të mbretërojë dhe mbretëroi pesëdhjetë e dy vjet në Jeruzalem. E ëma quhej Jekoliah dhe ishte nga Jeruzalemi.

4 Ai bëri atë që është e drejtë në sytë e Zotit, pikërisht ashtu si kishte bërë Amatsiahu, i ati.

5 Ai kërkoi Perëndinë gjatë jetës së Zakarias, që kuptonte vizionet e Perëndisë; dhe për deri sa kërkoi Zotin, Perëndia e begatoi.

6 Ai doli dhe luftoi kundër Filistejve, rrëzoi muret e Gathit, muret e Jabnehut dhe muret e Ashdodit, dhe ndërtoi qytete në afërsi të Ashdotit dhe midis Filistejve.

7 Perëndia e ndihmoi kundër Filistejve, kundër Arabëve që banonin në Gur-Baal dhe kundër Meunitëve.

8 Amonitët i paguanin Uziahut një haraç; fama e tij qe përhapur deri në kufijtë e Egjiptit; sepse ishte bërë shumë i fuqishëm.

9 Uziahu ndërtoi gjithashtu kulla në Jeruzalem në portën e Qoshes, në portën e Luginës dhe mbi Qoshen e mureve dhe i fortifikoi këto.

10 Ai ndërtoi kulla edhe në shkretëtirë dhe gërmoi shumë puse, sepse kishte një numër të madh bagëtish, si në pjesën e poshtme të vendit ashtu dhe në fushë; kishte gjithashtu bujqër dhe vreshtarë në malet dhe në Karmel, sepse e donte tokën.

11 Uziahu kishte gjithashtu një ushtri luftëtarësh që shkonte në luftë në formacion, sipas numrit të regjistruar nga sekretari Jeijel dhe nga komisari Maasejah nën urdhërat e Hananiahut, një nga kapitenët e mbretit.

12 Numri i përgjithshëm i të parëve të shtëpive atërore, njerëzve të fortë të luftës, ishte dy mijë e gjashtëqind veta.

13 Nën komandën e tyre ndodhej një ushtri prej treqind e shtatë mijë e pesëqind njerëz të aftë të luftojnë me trimëri të madhe, për të ndihmuar mbretin kundër armikut.

14 Uziahu i furnizoi ata, domethënë tërë ushtrinë, me mburoja, ushta, përkrenare, parzmore, harqe dhe hobe për të hedhur gurë.

15 Në Jeruzalem specialistët i ndërtuan gjithashtu disa makina të cilat ai i vendosi mbi kullat dhe në qoshet, për të hedhur shigjeta dhe gurë të mëdhenj. Fama e tij u përhap larg, sepse u ndihmua në mënyrë të mrekullueshme deri sa u bë i fuqishëm.

16 Por, mbasi u bë i fuqishëm, zemra e tij u bë krenare aq sa u korruptua dhe ai mëkatoi kundër Zotit, duke hyrë në tempullin e Zotit për të djegur temjan në altarin e temjanit.

17 Pas tij hyri prifti Azariah me tetëdhjetë priftërinj të Zotit, njerëz trima.

18 Ata iu kundërvunë mbretit Uziah dhe i thanë: "Nuk të takon ty, o Uziah, t'i ofrosh temjan Zotit, por priftërinjve, bijve të Aaronit, që janë shenjtëruar për të ofruar temjan. Dil nga vendi i shenjtë, sepse ke kryer mëkat! Kjo nuk do të të sjellë asnjë nder nga ana e Zotit Perëndi".

19 Atëherë Uziahu, që kishte në dorë një temjanisë për të ofruar temjanin, u zemërua; por ndërsa po u hakërrohej priftërinjve, mbi ballin e tij shpërtheu lebra, përpara priftërinjve, në shtëpinë e Zotit, pranë altarit të temjanit.

20 Kryeprifti Azariah dhe tërë priftërinjtë e tjerë u kthyen ndaj tij, dhe ja, mbi ballin e tij dukeshin shenjat e lebrës. Kështu e nxorën me të shpejtë dhe ai vetë nxitoi të dalë sepse Zoti e kishte goditur.

21 Mbreti Uziah mbeti lebroz deri ditën e vdekjes së tij dhe banoi në një shtëpi të izoluar, sepse ishte lebroz dhe ishte përjashtuar nga shtëpia e Zotit; dhe i biri Jotham ishte kryeintendenti i pallatit mbretëror dhe administronte drejtësinë e popullit të vendit.

22 Pjesa tjetër e bëmave të Uziahut, nga të parat deri në fundit, janë shkruar nga profeti Isaia, bir i Amotsit.

23 Kështu Uziahu pushoi bashkë me etërit e tij dhe e varrosën bashkë me etërit e tij në fushën e varrimit që u takonte mbretërve, sepse thuhej: "E ka zënë lebra". Në vend të tij mbretëroi i biri, Jothami.

Kapitull 27

1 Jothami ishte njëzet e pesë vjeç kur filloi të mbretërojë dhe mbretëroi gjashtëmbëdhjetë vjet në Jeruzalem. E ëma quhej Jerushah; ishte bija e Tsadokut.

2 Ai bëri atë që është e drejtë në sytë e Zotit, pikërisht ashtu si kishte vepruar i ati, Uziahu; (megjithëse nuk hyri në tempullin e Zotit), por populli i tij vazhdonte të korruptohej.

3 Ai ndërtoi portën e sipërme të shtëpisë së Zotit dhe bëri shumë punime në muret e Ofelit.

4 Përveç kësaj ndërtoi qytete në krahinën malore të Judës dhe kala dhe kulla ndër pyje.

5 I shpalli gjithashtu luftë mbretit të bijve të Amonit dhe i mundi ata. Bijtë e Amonit i dhanë atë vit njëqind talenta argjendi, dhjetë mijë kore gruri dhe dhjetë mijë elbi. Po kjo sasi iu dorëzua nga bijtë e Amonit vitin e dytë dhe të tretë.

6 Kështu Jothami u bë i fuqishëm, sepse rregulloi ecjen e tij përpara Zotit, Perëndisë së tij.

7 Pjesa tjetër e bëmave të Jothamit, tërë luftërat dhe ndërmarrjet e tij janë shkruar në librin e mbretërve të Izraelit dhe të Judës.

8 Ai ishte njëzet e pesë vjeç kur filloi të mbretërojë, dhe mbretëroi gjashtëmbëdhjetë vjet në Jeruzalem.

9 Pastaj Jothamin pushoi bashkë me etërit e tij dhe e varrosën në qytetin e Davidit. Në vend të tij mbretëroi i biri, Ashazi.

Kapitull 28

1 Ashazi ishte njëzet vjeç kur filloi të mbretërojë, dhe mbretëroi gjashtëmbëdhjetë vjet në Jeruzalem. Ai nuk bëri atë që është e drejtë në sytë e Zotit, siç kishte bërë Davidi, i ati;

2 por ndoqi rrugët e mbretërve të Izraelit, madje bëri shëmbëllytra prej metali të shkrirë për Baalët.

3 Ai dogji temjan në luginën e Birit të Hinomit dhe dogji në zjarr bijtë e tij, duke ndjekur veprimet e neveritshme të kombeve që Zoti kishte dëbuar përpara bijve të Izraelit;

4 përveç kësaj bënte flijime dhe dogji temjan mbi vendet e larta, mbi kodrat dhe nën çdo pemë të gjelbëruar.

5 Prandaj Zoti, Perëndia i tij, ia dha në dorë mbretit të Sirisë; ky i mundi dhe zuri një numër të madh robërish që i çuan në Damask. U dha gjithashtu në dorë të mbretit të Izraelit, që i shkaktoi një humbje të madhe.

6 Në të vërtetë Pekahu, bir i Remaliahut, brenda një dite vrau njëqind e njëzet mijë burra në Judë, tërë trima, sepse kishin braktisur Zotin, Perëndinë e etërve të tyre.

7 Zikri, një trim nga Efraimi, vrau Maasejahun, birin e mbretit, Azrikam, prefektin e pallatit, dhe Elkanahun, që zinte vendin e dytë pas mbretit.

8 Bijtë e Izraelit çuan robër, midis vëllezërve të tyre, dyqind mijë gra, bij dhe bija; u morën atyre edhe një plaçkë të madhe, që e çuan në Samari.

9 Por aty ishte një profet i Zotit, që quhej Obed. Ai doli para ushtrisë që po kthehej në Samari dhe tha: "Ja, me qenë se Zoti, Perëndia i etërve tuaj, ishte i zemëruar me Judën, ju dha ata në duart tuaja, por ju i vratë me tërbim, që arriti deri në qiell.

10 Dhe tani doni t'i nënshtroni, si skllevërit tuaj dhe skllavet tuaja, bijtë dhe bijat e Judës dhe të Jeruzalemit. Por në realitet a nuk jeni fajtorë ju vetë përpara Zotit, Perëndisë tuaj?

11 Dëgjomëni, pra, dhe kthejini robërit që keni zënë midis vëllezërve tuaj, sepse përndryshe zemërimi i zjarrtë i Zotit do të bjerë mbi ju".

12 Atëherë disa nga krerët e bijve të Efraimit, Azariahu, bir i Johananit, Berekiahu, bir i Meshilemothit, Ezekia, bir i Shalumit, dhe Amasa, bir i Hadlait, u ngritën kundër atyre që ktheheshin nga lufta,

13 dhe u thanë: "Ju nuk do t'i sillni këtu robërit, sepse mbi ne rëndon tanimë një faj kundër Zotit; ajo që keni ndër mend të bëni do t'i shtojë edhe më tepër mëkatet dhe fajin tonë, sepse faji ynë është mjaft i madh dhe një zemërim i zjarrtë i kërcënohet Izraelit".

14 Atëherë ushtarët i lanë robërit dhe plaçkën përpara komandantëve dhe tërë asamblesë.

15 Pastaj disa njerëz të thirrur me emër u ngritën dhe morën robërit dhe me rrobat e plaçkës veshën tërë ata që ishin lakuriq; u dhanë rroba dhe sandale, të hanë e të pinë dhe i vajosën; pastaj i mbartën të dobëtit mbi gomarë dhe i çuan në Jeriko, qyteti i palmave, pranë vëllezërve të tyre, pastaj u kthyen në Samari.

16 Në atë kohë mbreti Ashaz shkoi t'i kërkojë ndihmë mbretit të

Asirisë.

¹⁷ Edomitët kishin ardhur përsëri, kishin mundur Judën dhe kishin marrë me vete robërit.

¹⁸ Filistejtë kishin pushtuar edhe qytetet e fushës dhe të Negevit të Judës dhe kishin marrë Beth-Shemeshin, Ajalonin, Gederothin, Sokon me fshatrat e tij, Timnahun me fshatrat e tij, Gimzon me fshatrat e tij, dhe ishin vendosur aty.

¹⁹ Zoti në fakt kishte poshtëruar Judën për shkak të Ashazit, mbretit të Izraelit, që kishte nxitur rënien morale në Judë dhe kishte kryer mëkate të rënda kundër Zotit.

²⁰ Kështu Tilgath-Pilneseri, mbret i Asirisë, doli kundër tij dhe e shtypi më vend që ta ndihmonte,

²¹ megjithatë Ashazi kishte marrë një pjesë të thesareve të shtëpisë të Zotit, të pallatit të mbretit dhe të krerëve, dhe ia kishte dhënë të gjitha mbretit të Asirisë; megjithatë kjo nuk i vlejti fare.

²² Edhe kur ishte i shtypur, mbreti Ashaz mëkatoi edhe më shumë kundër Zotit.

²³ U ofroi flijime perëndive të Damaskut që e kishin mundur, duke thënë: "Me qenë se perënditë e mbretit të Sirisë i ndihmojnë ata, unë do t'i ofroj atyre flijime që të më ndimojnë edhe mua". Por qenë pikërisht ata që shkaktuan shkatërrimin e tij dhe atë të gjithë Izraelit.

²⁴ Ashazi mblodhi gjithë veglat e shtëpisë së Perëndisë, i bëri ato copë-copë, mbylli portat e shtëpisë të Zotit, ndërtoi altare në çdo kënd të Jeruzalemit,

²⁵ dhe në çdo qytet të Judës vendosi vende të larta për t'u djegur temjan perëndive të tjera, duke shkaktuar kështu zemërimin e Zotit, Perëndisë të etërve të tij.

²⁶ Pjesa tjetër e bëmave të tij dhe tërë sjelljet e tij, nga e para në të fundit, janë shkruar në librin e mbretërve të Judës dhe të Izraelit.

²⁷ Pastaj Ashazin pushoi bashkë me etërit e tij dhe e varrosën në qytet, në Jeruzalem, por nuk deshën ta vënë në varrezat e mbretërve të Izraelit. Në vend të tij mbretëroi i biri, Ezekia.

Kapitull 29

¹ Ezekia ishte njëzet e pesë vjeç kur filloi të mbretërojë dhe mbretëroi njëzet e nëntë vjet në Jeruzalem. E ëma quhej Abijah; ishte bija e Zakarias.

² Ai bëri atë që ishte e drejtë në sytë e Zotit, pikërisht ashtu si kishte vepruar Davidi, i ati.

³ Në vitin e parë të mbretërimit të tij, në muajin e parë, ai hapi portat e shtëpisë të Zotit dhe i restauroi.

⁴ Pastaj solli priftërinjtë dhe Levitët, dhe i mblodhi në sheshin lindor,

⁵ dhe u tha: "Më dëgjoni, o Levitë! Tani shenjtërohuni dhe shenjtëroni shtëpinë e Zotit, Perëndisë të etërve tuaj, dhe nxirrni nga vendi i shenjtë çdo gjë të papastër.

⁶ Sepse etërit tanë kanë kryer mëkate dhe kanë bërë atë që është e keqe në sytë e Zotit, Perëndisë tonë dhe e kanë braktisur, duke i hequr fytyrat e tyre nga banesa e Zotit dhe duke i kthyer krahët.

⁷ Ata madje kanë mbyllur portat e portikut, kanë shuar llambat dhe nuk kanë djegur më temjan as nuk kanë ofruar olokauste në vendin e shenjtë të Perëndisë të Izraelit.

⁸ Prandaj zemërimi i Zotit ra mbi Judën dhe Jeruzalemin, dhe ai i ka braktisur në telashe, në shkretim dhe në përbuzje, siç mund ta shihni me sytë tuaj.

⁹ Dhe ja, për shkak të kësaj, etërit tanë ranë nga goditjet e shpatës, dhe bijtë tanë, bijat tona dhe gratë tona janë në robëri.

¹⁰ Tani kam në zemër të bëj një besëlidhje me Zotin, Perëndinë e Izraelit, me qëllim që zjarri i zemërimit të tij të largohet prej nesh.

¹¹ Bij të mij, mos u tregoni të shkujdesur tani, sepse Zoti ju ka zgjedhur që t'i shërbeni atij, që të jemi shërbëtorët e tij dhe që t'i ofroni temjan".

¹² Atëherë Levitët u ngritën: Mahathi, bir i Amasait, Joeli, bir i Azariahut, nga bijtë e Kehathit. Nga bijtë e Merarit, Kishi, bir i Abdiut dhe Azariahu, bir i Jehalelelit. Nga Ghershonitët, Joahu, bir i Zimahut dhe Edeni, bir i Joahut.

¹³ Nga bijtë e Elitsafanit, Shimri dhe Jeieli. Nga bijtë e Asafit, Zakaria dhe Mataniahu.

¹⁴ Nga bijtë e Hemanit, Jehieli dhe Shimei. Nga bijtë e Jeduthunit, Shemajahu dhe Uzieli.

¹⁵ Ata mblodhën vëllezërit e tyre dhe u shenjtëruan; pastaj hynë në shtëpinë e Zotit për ta pastruar, sipas urdhrit të mbretit, në përputhje me fjalët e Zotit.

¹⁶ Kështu priftërinjtë hynë brënda shtëpisë të Zotit për ta pastruar dhe nxorën jashtë, në oborrin e shtëpisë të Zotit, të gjitha sendet e papastra që gjetën në tempullin e Zotit; Levitët i morën për t'i çuar jashtë në përroin e Kidronit.

¹⁷ Filluan të shenjtërohen ditën e parë të muajit; ditën e tetë të muajit hynë në portikun e Zotit; brenda tetë ditëve pastruan shtëpinë e Zotit dhe e përfunduan ditën e gjashtëmbëdhjetë të muajit të parë.

¹⁸ Pastaj hynë në pallatin e mbretit Ezekia dhe i thanë: "Kemi pastruar tërë shtëpinë e Zotit, altarin e olokausteve me të gjitha veglat e tij dhe tryezën e bukëve të paraqitjes me gjithë veglat e saj.

¹⁹ Përveç kësaj kemi vënë përsëri në vend dhe kemi pastruar të gjitha përdorëset që mbreti Ashaz në mëkatin e tij kishte flakur tej gjatë mbretërimit të tij; dhe ja, tani janë përpara altarit të Zotit".

²⁰ Atëherë mbreti Ezekia u ngrit shpejt, mblodhi parinë e qytetit dhe u ngjit në shtëpinë e Zotit.

²¹ Ata sollën shtatë dema, shtatë desh, shtatë qengja dhe shtatë cjep, si flijim për mëkatin për mbretërinë, për shenjtëroren dhe për Judën. Pastaj mbreti urdhëroi priftërinjtë, bijtë e Aaronit, t'i ofronin në altarin e Zotit.

²² Kështu therën demat, dhe priftërinjtë mblodhën gjakun e tyre dhe spërkatën altarin me të; në të njëjtën mënyrë therën deshtë dhe spërkatën gjakun e tyre mbi altar; pastaj therën qengjat dhe spërkatën me gjakun e tyre altarin.

²³ Pastaj i paraqitën mbretit dhe asamblesë cjeptë e flijimit për mëkatin, dhe ata vunë mbi to duart e tyre.

²⁴ Priftërinjtë i therën dhe ofruan gjakun e tyre mbi altar si flijim për mëkatin, si shlyerje e fajit për tërë Izraelin, sepse mbreti kishte urdhëruar të ofronin olokaustin dhe flijimin për mëkatin, për tërë Izraelin.

²⁵ Mbreti vendosi gjithashtu Levitët në shtëpinë e Zotit me cembale, me harpa dhe me qeste, sipas urdhrit të Davidit, të Gadit, shikuesi i mbretit, dhe të profetit Nathan, sepse urdhri ishte dhënë nga Zoti me anë të profetëve të tij.

²⁶ Kështu Levitët zunë vend me veglat e Davidit, dhe priftërinjtë me boritë.

²⁷ Atëherë Ezekia urdhëroi që olokausti të ofrohej mbi altar; dhe në çastin që filloi olokausti, filloi gjithashtu kënga e Zotit me boritë dhe me shoqërimin e veglave të Davidit, mbretit të Izraelit.

²⁸ Atëherë tërë asambleja u përul, ndërsa këngëtarët këndonin dhe trumbetierët u binin veglave të tyre; e tërë kjo vazhdoi deri në fund të olokaustit.

²⁹ Me të mbaruar olokausti, mbreti dhe tërë ata që ishin me të u përkulën dhe adhuruan.

³⁰ Pastaj mbreti Ezekia dhe paria urdhëruan Levitët të lëvdonin Zotin me fjalët e Davidit dhe të shikuesit Asaf; ata e lëvduan me gëzim, pastaj u përkulën dhe e adhuruan.

³¹ Atëherë Ezekia mori fjalën dhe tha: "Tani që i jeni shenjtëruar Zotit, afrohuni dhe sillni flijime dhe oferta falënderimi në shtëpinë e Zotit". Kështu asambleja solli flijime dhe oferta falenderimi; dhe të gjithë ata që ua donte zemra sollën olokauste.

³² Numri i olokausteve që solli asambleja ishte shtatëdhjetë dema, njëqind desh dhe dyqind qengja; të tëra këto ishin olokauste për Zotin.

³³ Kafshët e shenjtëruara ishin gjashtëqind lopë dhe tre mijë dele.

³⁴ Por priftërinjtë ishin shumë të pakët dhe nuk mund të rripnin tërë olokaustet; prandaj vëllezërit e tyre, Levitët, i ndihmuan deri sa mbaroi tërë puna dhe deri sa të shenjtëroheshin priftërinjtë e tjerë, sepse Levitët kishin zemrën më të pastër në shenjtërimin e priftërinjve.

³⁵ Pati një numër të madh olokaustesh së bashku me dhjamin e flijimeve të falënderimit dhe me blatimet e olokausteve. Kështu u rivendos shërbimi i shtëpisë të Zotit.

³⁶ Ezekia dhe tërë populli u gëzua që Perëndia e kishte përgatitur popullin; në të vërtetë kjo gjë u bë shpejt.

Kapitull 30

¹ Pastaj Ezekia i dërgoi lajmëtarë tërë Izraelit dhe Judës dhe i shkroi gjithashtu letra Efraimit dhe Manasit që të vinin në shtëpinë e Zotit në Jeruzalem për të festuar Pashkën për nder të Zotit, Perëndisë të Izraelit.

² Mbreti, paria dhe tërë asambleja në Jeruzalem vendosën ta kremtojnë Pashkën në muajin e dytë;

³ në të vërtetë nuk kishin mundur ta kremtonin në kohën e caktuar, sepse priftërinjtë nuk ishin shenjtëruar në numër të mjaftueshëm dhe populli nuk ishte mbledhur në Jeruzalem.

⁴ Kjo gjë i pëlqeu mbretit dhe tërë asamblesë.

⁵ Vendosën kështu të shpallin në tërë Izraelin, një njoftim nga Beer-Sheba deri në Dan, që në Jeruzalem të kremtuar Pashkën për nder të Zotit, Perëndisë të Izraelit, sepse prej shumë vitesh nuk e kishin kremtuar në mënyrën e paracaktuar.

⁶ Korrierët, pra, shkuan në gjithë Izraelin dhe në Judën me letrat e mbretit dhe të parisë së tij, duke shpallur sipas urdhrit të mbretit: "Bij të Izraelit, kthehuni tek Zoti, Perëndia i Abrahamit, i Isakut dhe i Izraelit,

me qëllim që ai të rikthehet pranë asaj që iu ka mbetur dhe që ka shpëtuar nga duart e mbretërve të Asirisë.

⁷ Mos jini si etërit tuaj dhe vëllezërit tuaj, që kanë mëkatuar kundër Zotit, Perëndisë të etërve të tyre, i cili për këtë shkak i ka braktisur dhe i ka lënë në pikëllim, siç e shihni.

⁸ Tani mos e fortësoni zverkun si etërit tuaj, por jepini dorën Zotit, ejani në shenjtëroren e tij që ai ka shenjtëruar përjetë dhe i shërbeni Zotit, Perëndisë tuaj, me qëllim që zjarri i zemërimit të tij të largohet nga ju.

⁹ Sepse, në rast se ktheheni tek Zoti, vëllezërit tuaj dhe bijtë tuaj do të trajtohen me dhembshuri nga ata që i kanë internuar dhe do të kthehen në këtë vend, sepse Zoti, Perëndia juaj, është i mëshirshëm dhe zemërmadh dhe nuk do ta heqë fytyrën prej jush, në rast se ktheheni tek ai".

¹⁰ Dhe korrierët kaluan nga një qytet në tjetrin në vendin e Efraimit dhe të Manasit deri në Zabulon; por njerëzit i përqeshnin dhe talleshin me ta.

¹¹ Megjithatë disa burra nga Asheri, nga Zabuloni dhe nga Manasi u përulën dhe erdhën në Jeruzalem.

¹² Por në Judë dora e Perëndisë veproi duke u dhënë atyre një zemër të njëllojtë për të kryer urdhrin e mbretit dhe të parisë, sipas fjalës të Zotit.

¹³ Një turmë e madhe u mblodh në Jeuzalem për të kremtuar festën e të Ndormëve gjatë muajit të dytë; ishte një kuvend shumë i madh.

¹⁴ U ngritën dhe zhdukën altarët që ishin në Jeruzalem; zhdukën gjithashtu tërë altarët e temjanit dhe i hodhën në përroin e Kidronit.

¹⁵ Pastaj flijuan Pashkën, ditën e katërmbëdhjetë të muajit të dytë. Priftërinjtë dhe Levitët, plot turp, u shenjtëruan dhe ofruan olokauste në shtëpinë e Zotit.

¹⁶ Ata zunë vendet që u përkisnin sipas normave të përshkruara nga ligji i Moisiut, njeriut të Perëndisë. Priftërinjtë spërkatnin gjakun, që merrnin nga duart e Levitëve.

¹⁷ Duke qenë se shumë njerëz të asamblesë nuk ishin shenjtëruar, Levitët kishin për detyrë t'i flijonin qengjat e Pashkës për tërë ata që nuk ishin të pastër, për t'ia shenjtëruar Zotit.

¹⁸ Në të vërtetë një pjesë e madhe e popullit, shumë nga Efraimi, nga Manasi, nga Isakari dhe nga Zabuloni nuk ishin pastruar, dhe e hëngrën njëlloj Pashkën, duke vepruar ndryshe nga sa ishte shkruar. Por Ezekia u lut për ata, duke thënë: "Zoti, që është i mirë, të falë cilindo

¹⁹ që ıa ka kushtuar zemrën e tij të kërkojë Perëndinë, Zotin, Perëndinë e etërve të tij, edhe pa pastrimin që kërkon shenjtërorja".

²⁰ Dhe Zoti dëgjoi Ezekian dhe shëroi popullin.

²¹ Kështu bijtë e Izraelit, që ishin në Jeruzalem, kremtuan festën e të Ndormëve shtatë ditë me radhë në një atmosferë gëzimi të madh, kurse Levitët dhe priftërinjtë lëvdonin çdo ditë Zotin, duke i kënduar me vegla tingëllonjëse Zotit.

²² Ezekia i foli zemrës të të gjithë Levitëve që tregonin njohje të mirë të gjërave të Zotit. Kështu ata hëngrën për shtatë ditët e caktuara të festës, duke ofruar flijime falenderimi dhe duke lëvduar Zotin, Perëndinë e etërve të tyre.

²³ Pastaj tërë kuvendi vendosi ta kremtojë festën shtatë ditë të tjera; kështu e kremtuan shtatë ditë të tjera me gëzim.

²⁴ Në fakt Ezekia, mbret i Judës, i kishte falur kuvendit një mijë dema të vegjël dhe shtatë mijë dele; edhe paria i kishte dhuruar kuvendit një mijë dema të vegjël dhe dhjetë mijë dele; dhe një numër i madh priftërinjsh ishte shenjtëruar.

²⁵ Tërë asambleja e Judës kremtoi festën bashkë me priftërinjtë, me Levitët, me tërë asamblenë e atyre që erdhën nga Izraeli dhe me të huajt që ishin mbërritur nga vendin e Izraelit ose që banonin në Judë.

²⁶ Kështu pati një gëzim të madh në Jeruzalem. Nga koha e Salomonit, birit të Davidit, mbret i Izraelit, nuk kishte ndodhur asgjë e tillë në Jeruzalem.

²⁷ Pastaj priftërinjtë Levitë u ngritën dhe bekuan popullin; zëri i tyre u dëgjua dhe lutja e tyre arriti deri në banesën e shenjtë të Zotit në qiell.

Kapitull 31

¹ Mbasi mbaruan tërë këtë punë, Izraelitët e pranishëm u nisën për në qytetet e Judës, për të thyer kollonat e shenjta, për të shembur Asherimët dhe për të shkatërruar vendet e larta dhe altarët në

² Ezekia rindërtoi klasat e priftërinjve dhe të Levitëve në bazë të klasave të tyre, secila sipas shërbimit të tij, priftërinjtë dhe Levitët për olokaustet dhe flijimet e falenderimit për të shërbyer, për të falenderuar dhe për të lëvduar në portat e kampeve të Zotit.

³ Mbreti caktoi edhe pjesën e pasurive të tij, që do t'i caktoheshin për olokauste; olokaustet e mëngjesit dhe të mbrëmjes, olokaustet e të shtunave, të ditëve të hënës së re dhe të festave solemne, ashtu siç është shkruar në ligjin e Zotit.

⁴ Gjithashtu urdhëroi popullin, ata që banonin në Jeruzalem, t'u jepnin priftërinjve dhe Levitëve pjesën që u takonte, me qëllim që të tregoheshin të vendosur në ligjin e Zotit.

⁵ Sa u përhap ky urdhër, bijtë e Izraelit dhanë me shumicë prodhimet e para të grurit, të verës, të vajit, të mjaltit dhe të të gjitha prodhimeve të arave; dhe çuan një të dhjetë të bollshme nga çdo gjë.

⁶ Bijtë e Izraelit dhe të Judës që banonin në qytetet e Judës çuan edhe ata të dhjetën e lopëve dhe të deleve, po kështu edhe të dhjetën e gjërave të shenjta të shenjtëruara Zotit, Perëndisë të tyre, dhe krijuan me to shumë grumbuj.

⁷ Filluan t'i bëjnë grumbujt në muajin e tretë dhe e përfunduan këtë punë në muajin e shtatë.

⁸ Kur Ezekia dhe krerët erdhën për të parë grumbujt, bekuan Zotin dhe popullin e tij të Izraelit.

⁹ Pastaj Ezekia pyeti priftërinjtë dhe Levitët për grumbujt;

¹⁰ kryeprifti Azariah, nga shtëpia e Tsadokut, iu përgjigj: "Që kur filloi prurja e ofertave në shtëpinë e Zotit, kemi ngrënë sa jemi ngopur dhe kanë mbetur gjëra me shumicë, sepse Zoti ka bekuar popullin e tij; dhe kjo është sasia e madhe që ka tepruar".

¹¹ Atëherë Ezekia i urdhëroi ata të përgatisnin disa dhoma në shtëpinë e Zotit. Ata i përgatitën,

¹² dhe sollën aty me besnikëri ofertat, të dhjetën dhe gjërat e shenjtëruara. Levitit Konaniahu iu besua kryeintendenca dhe mbas tij vinte i vëllai, Shimei.

¹³ Jehieli, Ahaziahu, Nahathi, Asahelli, Jerimothi, Jozabadi, Elieli, Ismakiahu, Mahathi dhe Benajahu ishin mbikqyrës nën urdhrat e Konaniahut dhe të vëllait të tij Shimei, me porosi të mbretit Ezekia dhe të Azariahut, kreu i shtëpisë së Perëndisë.

¹⁴ Leviti Kore, bir i Imnahut, rojë e portës lindore, ishte caktuar për ofertat vullnetare që i bëheshin Perëndisë për të shpërndarë ofertat e larta të Zotit dhe gjërat shumë të shenjta.

¹⁵ Nën urdhrat e tij ishin Edeni, Miniamini, Jeshua, Shemajahu, Amariahu, Shekaniahu në qytetet e priftërinjve, që duhet t'u bënin me përpikmëri shpërndarjen vëllezërve të tyre, të mëdhenj apo të vegjël, sipas klasave të tyre;

¹⁶ me përjashtim të meshkujve që ishin regjistruar në gjeneologjitë e tyre nga mosha tre vjeç e lart, ata u shpërndanin të gjithë atyre që hynin në shtëpinë e Zotit racionin e tyre të përditshëm për shërbimin e tyre, sipas funksioneve të tyre dhe në bazë të klasës së cilës i përkisnin,

¹⁷ priftërinjve të regjistruar në gjenealogjitë sipas shtëpive atërore dhe Levitëve me moshë njëzet vjeç e lart, sipas detyrave të tyre dhe klasave të cilave u përkisnin.

¹⁸ dhe gjithë atyre që ishin regjistruar në gjenealogjinë, domethënë fëmijët e tyre të vegjël, bashkëshortet e tyre bijtë e tyre dhe bijat e tyre si anëtarë të të gjithë asamblesë; sepse në funksionin që u ishte caktuar ata u shenjtëruan në shenjtëri.

¹⁹ Edhe për priftërinjtë, bijtë e Aaronit, që banonin në fshat, në zonat rreth qyteteve, kishte në çdo qytet njerëz të caktuar me emër për të ndarë racionet çdo mashkulli midis priftërinjve dhe tërë Levitëve të regjistruar në gjenealogjitë.

²⁰ Ezekia veproi kështu në të gjithë Judën; bëri atë që është e mirë, e drejtë dhe e vërtetë përpara Zotit, Perëndisë të tij.

²¹ Çdo punë që ndërmori për shërbimin e shtëpisë së Perëndisë, për ligjin dhe për urdhërimet, për të kërkuar Perëndinë e tij, ai bëri me gjithë zemër; prandaj ai pati mbarësi.

Kapitull 32

¹ Mbas këtyre gjërave dhe këtyre veprimeve besnikërie të Ezekias, Senasheribi, mbret i Asirisë, erdhi, hyri në Judë dhe rrethoi qytetet e fortifikuara, me qëllim që t'i pushtonte.

² Kur Ezekia pa që Senasheribi kishte ardhur me qëllim që të sulmonte Jeruzalemin,

³ vendosi me komandantët e tij dhe me trimat e tij të mbyllnin ujërat e burimeve që ndodheshin jashtë qytetit; dhe ata e ndihmuan në këtë punë.

⁴ Kështu u mblodh një numër i madh njerëzish, të cilët i zunë të gjitha burimet dhe përroin që rridhte nëpër vend, duke thënë: "Pse mbreti i Asirisë duhet të vijë dhe të gjejë ujë me shumicë?".

⁵ Atëherë Ezekia mori guxim, rindërtoi të gjitha muret e rrëzuara, ngriti kulla dhe përjashta ndërtoi një mur të jashtëm; gjithashtu ai fortifikoi Milon në qytetin e Davidit dhe urdhëroi të bëheshin shumë ushta dhe mburoja.

⁶ Caktoi komandantë ushtarakë mbi popullin, i mblodhi rreth vetes në sheshin e qytetit dhe i foli zemrës së tyre, duke thënë:

⁷ "Tregohuni të fortë dhe trima! Mos kini frikë dhe mos u tronditni

para mbretit të Asirisë dhe para morisë që është me të, sepse me ne është një më i madh nga ai që ndodhet me të.

⁸ Me të është një krah prej mishi, por me ne është Zoti, Perëndia ynë, për të na ndihmuar dhe për të luftuar nël betejat tona". Populli u qetësua nga fjalët e Ezekias, mbretit të Judës.

⁹ Mbas kësaj Senasheribi, mbret i Asirisë, ndërsa ndodhej me të gjitha forcat e tij përballë Lakishit, dërgoi shërbëtorët e tij në Jeruzalem për t'i thënë Ezekias, mbretit të Judës, dhe të gjithë atyre të Judës që ndodheshin në Jeruzalem:

¹⁰ "Kështu flet Senasheribi, mbret i Asirëve: Ku e mbështetni besimin që qëndroni të rrethuar në Jeruzalem?

¹¹ A nuk po ju gënjen Ezekia me qëllim që të vdisni nga uria dhe nga etja, duke thënë: "Zoti, Perëndia ynë, do të na çlirojë nga duart e mbretit të Asirisë"?

¹² A nuk i ka hequr vallë vetë Ezekia vendet e tij të larta dhe altarët e tij, duke i thënë Judës dhe Jeruzalemit: "Ju do të adhuroni përpara një altari të vetëm dhe mbi të do të ofroni temjan"?

¹³ A nuk e dini ju çfarë u kemi bërë unë dhe etërit e mi gjithë popujve të vendeve të tjera? A kanë qenë të aftë perënditë e kombeve të këtyre vendeve të çlirojnë në një farë mënyre vendet e tyre nga duart e mia?

¹⁴ Midis tërë perëndive të këtyre kombeve që etërit e mi kanë caktuar për shfarosje, kush, pra, ka mundur të çlirojë popullin e tij nga dora ime? Si do të mund t'ju çlirojë Perëndia juaj, pra, nga dora ime?

¹⁵ Prandaj tani mos e lini Ezekian t'ju gënjejë dhe t'ju mashtrojë në këtë mënyrë; mos i zini besë! Duke qenë se asnjë perëndi e ndonjë kombi o mbretërie, nuk ka mundur të çlirojë popullin e tij nga dora ime apo nga dora e etërve të mi, aq më pak Perëndia juaj do të mund t'ju çlirojë nga dora ime!".

¹⁶ Shërbëtorët e tij flissnin akoma kundër Zotit Perëndi dhe kundër shërbëtorit të tij Ezekia.

¹⁷ Senasheribi shkroi gjithashtu letra për të sharë Zotin, Perëndinë e Izraelit, dhe për të folur kundër tij, duke thënë: "Ashtu si perënditë e kombeve të vendeve të tjera nuk i kanë çliruar popujt e tyre nga dora ime, kështu as Perëndia i Ezekias nuk do ta çlirojë popullin e tij nga dora ime".

¹⁸ Ata bërtitën me zë të lartë në gjuhën judaike duke iu drejtuar popullit të Jeruzalemit që rrinte mbi muret, për ta trembur dhe për ta tmerruar, dhe kështu të shtinin në dorë qytetin.

¹⁹ Ata folën kundër Perëndisë të Jeruzalemit ashtu si kundër perëndive të popujve të tokës, që janë vepër e dorës së njeriut.

²⁰ Por mbreti Ezekia dhe profeti Isaia, bir i Amotsit, u lutën me këtë rast dhe klithën në drejtim të qiellit.

²¹ Atëherë Zoti dërgoi një engjëll që shfarosi gjithë burrat e fortë dhe trima, princat dhe komandantët në kampin e mbretit të Asirisë. Ky u kthye në vendin e tij i mbuluar me turp; pastaj hyri në tempullin e perëndisë së tij, ku vetë bijtë e tij e vranë me shpatë.

²² Kështu Zoti shpëtoi Ezekian dhe banorët e Jeruzalemit nga dora e Senasheribit, mbretit të Asirisë, dhe nga dora e gjithë të tjerëve dhe i mbrojti rreth e qark.

²³ Një numër i madh njerëzish i çuan oferta Zotit në Jeruzalem dhe sende të çmuara Ezekias, mbretit të Judës, i cili qysh atëherë u madhërua në sytë e tërë kombeve.

²⁴ Në ato ditë Ezekia u sëmur për vdekje. Ai iu lut Zotit, që i foli dhe i dha një shenjë.

²⁵ Por Ezekia nuk iu përgjigj mirësisë që iu bë atij, sepse zemra e tij ishte bërë krenare; prandaj mbi të, mbi Judën dhe mbi Jeruzalemin ra zemërimi i Zotit.

²⁶ Pastaj Ezekia e përunji krenarinë e zemrës së tij, ai dhe banorët e Jeruzalemit; prandaj zemërimi i Zotit nuk erdhi mbi ta gjatë jetës së Ezekias.

²⁷ Ezekia pati pasuri shumë të mëdha dhe nder. Ai bëri depozita për argjendin, arin, gurët e çmuar, aromat, mburojat, dhe për çdo lloj objekteseh të çmuara,

²⁸ magazina për drithërat, verën e vajin, stalla për çdo lloj gjedhi dhe vathë për delet.

²⁹ Veç këtyre ndërtoi qytete dhe pati një numër të madh kopesh dhe bagetish të trasha, sepse Perëndia i kishte dhënë pasuri shumë të mëdha.

³⁰ Ishte Ezekia vetë që mbylli burimin e sipërm të ujrave të Gihonit, dhe i kanalizoi poshtë në anën perëndimore të qytetit të Davidit. Ezekia ia doli mbanë në të gjitha veprat e tij.

³¹ Por kur krerët e Babilonisë i dërguan lajmëtarë për t'u informuar për mrekullinë që kishte ndodhur në vend, Perëndia e braktisi për ta vënë në provë e për të njohur gjithçka që ishte në zemrën e tij.

³² Pjesa tjetër e bëmave të Ezekias dhe veprat e tij të mira janë shkruar në vizionin e profetit Isaia, bir i Amotsit, dhe në librin e mbretërve të Judës e të Izraelit.

³³ Pastaj Ezekia pushoi bashkë me etërit e tij dhe u varros në shpalin e varreve të bijve të Davidit; në vdekjen e tij gjithë Juda dhe banorët e Jeruzalemit i bënë nderime. Në vend të tij mbretëroi biri i tij Manasi.

Kapitull 33

¹ Manasi ishte dymbëdhjetë vjeç kur filloi të mbretërojë, dhe mbretëroi pesëdhjet e pesë vjet në Jeruzalem.

² Ai bëri atë që është e keqe në sytë e Zotit, duke ndjekur gjërat e neveritshme të kombeve që Zoti kishte dëbuar përpara bijve të Izraelit.

³ Ai rindërtoi vendet e larta që Ezekia, i ati, kishte shkatërruar, ngriti altarë për Baalët, bëri Asherimët dhe ra përmbys përpara tërë ushtrisë së qiellit dhe u vu në shërbim të saj.

⁴ Ngriti gjithashtu altarë në shtëpinë e Zotit, për të cilën Zoti kishte thënë: "Emri im do të mbetet përjetë në Jeruzalem".

⁵ Ndërtoi altarë për gjithë ushtrinë e qiellit në të dy oborret e shtëpisë të Zotit.

⁶ I kaloi bijtë e tij nëpër zjarr në luginën e birit të Hinomit; përdori magjinë, shortarinë, dhe shtrigërinë, dhe konsultoi mediumet dhe magjistarët. Bëri plotësisht atë që është e keqe në sytë e Zotit, duke provokuar zemërimin e tij.

⁷ Vuri madje një shëmbëlltyrë të gdhendur, idhullin që kishte bërë, në shtëpinë e Perëndisë dhe për të cilën Perëndia i kishte thënë Davidit dhe Salomonit, birit të tij: "Në këtë shtëpi dhe në Jeruzalem, që kam zgjedhur midis tërë fiseve të Izraelit, do të vë emrin tim përjetë;

⁸ dhe nuk do të bëj që të endet më këmba e Izraelit larg vendit që u kam dhënë etërve të tyre, me kusht që të kujdesen të zbatojnë në praktikë gjithçka që kam urdhëruar, sipas tërë ligjit, statuteve dhe dekreteve të dhëna me anë të Moisiut".

⁹ Por Manasi iu shmang Judës dhe banorët e Jeruzalemit duke i shtyrë të vepronin më keq se kombet që Zoti kishte shkatërruar para bijve të Izraelit.

¹⁰ Zoti i foli Manasit dhe popullit të tij, por ata nuk ia vurën veshin.

¹¹ Atëherë Zoti solli kundër tyre komandantët e ushtrisë së mbretit të Asirisë, që e zunë Manasin me çengela në hundë, e lidhën me zinxhira prej bronzi dhe e çuan në Babiloni.

¹² Kur u gjend në hall, iu lut shumë Zotit, Perëndisë të tij, dhe u përul thellë përpara Perëndisë së etërve të tij.

¹³ Pastaj iu fal dhe iu lut shumë dhe Perëndia e dëgjoi lutjen e tij dhe e çoi përsëri në Jeruzalem, në mbretërinë e tij. Atëherë Manasi njohu që Zoti është Perëndia.

¹⁴ Pas kësaj, Manasi ndërtoi një mur jashtë qytetit të Davidit, në perëndim të Gihonit, në luginë, deri te porta e peshqve; muri i vinte përreth Ofelit, dhe e bëri shumë të lartë. Pastaj vendosi komandantë ushtarakë në të gjitha qytetet e fortifikuara të Judës.

¹⁵ Përveç kësaj hoqi nga shtëpia e Zotit perënditë e huaja dhe idhullin, së bashku me të gjithë altarët që kishte ndërtuar mbi malin e shtëpisë së Zotit dhe në Jeruzalem, dhe i hodhi jashtë qytetit.

¹⁶ Pastaj restauroi altarin e Zotit dhe mbi të ofroi flijime falenderimi dhe lëvdimi, si dhe urdhëroi Judën t'i shërbente Zotit, Perëndisë të Izraelit.

¹⁷ Megjithatë populli vazhdonte të ofronte flijime në vendet e larta, por vetëm Zotit, Perëndisë të tij.

¹⁸ Pjesa tjetër e bëmave të Manasit, lutja që i drejtoi Perëndisë së tij dhe fjalët e shikuesve që i folën në emër të Zotit, janë të shkruara në librin e mbretërve të Izraelit.

¹⁹ Përkundrazi lutja e tij dhe mënyra si Perëndia e dëgjoi, tërë mëkatet e tij dhe tërë pabesitë e tij, vendet ku ndërtoi vendet e larta dhe ngriti Asherimët dhe shëmbëlltyrat e gdhendura, para se të përulej, janë të shkruara në librin e Hozait.

²⁰ Pastaj Manasi pushoi bashkë me etërit e tij dhe e varrosën në shtëpinë e tij. Në vend të tij mbretëroi i biri, Amoni.

²¹ Amoni ishte njëzet e dy vjeç kur filloi të mbretërojë, dhe mbretëroi dy vjet në Jeruzalem.

²² Ai bëri atë që është e keqe në sytë e Zotit, ashtu si kishte bërë Manasi, ati i tij; në fakt Amoni u ofronte flijime tërë shëmbëlltyrave të gdhendura që kishte bërë i ati, Manasi, dhe u shërbente.

²³ Ai nuk u përul përpara Zotit, siç ishte përulur Manasi, i ati; Amoni madje mëkatoi gjithnjë e më shumë.

²⁴ Pastaj shërbëtorët e tij kurdisën një komplot kundër tij dhe e vranë në shtëpinë e tij.

²⁵ Por populli i vendit i dënoi me vdekje tërë ata që kishin komplotuar kundër mbretit Amon; pas kësaj populli bëri mbret në vend të tij, të birin, Josia.

2 Kronikave
Kapitull 34

¹ Josia ishte tetë vjeç kur filloi të mbretërojë, dhe mbretëroi tridhjetë e një vjet në Jeruzalem.

² Ai bëri atë që është e drejtë në sytë e Zotit dhe ndoqi rrugët e Davidit, atit të tij, pa u shmangur as në të djathtë as në të majtë.

³ Në vitin e tetë të mbretërimit të tij, kur ende ishte djalosh, filloi të kërkojë Perëndinë e Davidit, atit të tij, dhe në vitin e dymbëdhjetë filloi ta pastrojë Judën dhe Jeruzalemin nga vendet e larta, nga Asherimët, nga shëmbëlltyrat e gdhendura dhe nga shëmbëlltyrat prej metali të shkrirë.

⁴ Para tij u shembën altaret e Baalit; përveç tyre shembi altaret e temjanit që ishin mbi ta, bëri copë-copë Asherimët, shëmbëlltyrat e gdhendura dhe shëmbëlltyrat prej metali të shkrirë dhe i bëri pluhur, të cilin e shpërndau mbi varret e atyre që u kishin ofruar flijime.

⁵ Pastaj dogji kockat e priftërinjve mbi altaret e tyre, dhe kështu pastroi Judën dhe Jeruzalemin.

⁶ Të njëjtën gjë bëri në qytetet e Manasit, të Efraimit dhe të Simeonit deri në Neftali, me sëpatat e tyre rreth e qark.

⁷ Kështu ai shkatërroi altarët dhe Asherimët, i bëri pluhur shëmbëlltyrat e gdhendura dhe rrëzoi tërë altarët e temjanit në gjithë vendin e Izraelit, pastaj u kthye në Jeruzalem.

⁸ Në vitin e tetëmbëdhjetë të mbretërimit të tij, mbasi pastroi vendin dhe tempullin, dërgoi Shafanin, birin e Atsaliahut, Maasejahun, qeveritarin e qytetit, dhe Joahun, birin e Joahazit, arkivistin,

⁹ Ata shkuan te kryeprifti Hilkiah dhe dorëzuan paratë që kishin sjellë në shtëpinë e Perëndisë, që derëtarët Levitë kishin mbledhur nga Manasi, nga Efraimi dhe tërë pjesa tjetër e Izraelit, nga tërë Juda dhe Beniamini dhe nga banorët e Jeruzalemit.

¹⁰ Pastaj ua dorëzuan punëtorëve të ngarkuar me mbikqyrjen e shtëpisë të Zotit, të cilët ua dhanë punëtorëve që punonin në shtëpinë e Zotit për ta riparuar dhe për të restauruar tempullin.

¹¹ Ua dorëzuan marangozëve dhe ndërtuesve për të blerë gurë të latuar dhe lëndë druri për armaturat dhe trarët e shtëpive që mbretërit e Judës kishin shkatërruar.

¹² Këta njerëz e bënin punën e tyre me besnikëri. Mbikqyrësit e tyre ishin Jahathi dhe Obadiahu, Levitë nga bijtë e Merarit, dhe Zakaria dhe Meshullami nga bijtë e Kehathit, dhe tërë Levitët që ishin specialistë të veglave muzikore.

¹³ Këta mbikqyrnin gjithashtu mbartësit e peshave dhe drejtonin tërë ata që kryenin punime të çfarëdo lloji; përvçç kësaj, disa Levitë ishin shkrues, inspektorë dhe derëtarë.

¹⁴ Ndërsa po tërhiqeshin paratë që ishin çuar në shtëpinë e Zotit, prifti Hilkiah gjeti librin e Ligjit të Zotit, që ishte dhënë nëpërmjet Moisiut.

¹⁵ Atëherë Hilkiahu e mori fjalën dhe i tha sekretarit Shafan: "Kam gjetur në shtëpinë e Zotit librin e ligjit". Pastaj Hilkiahu ia dha librin Shafanit.

¹⁶ Shafani ia çoi librin mbretit dhe i tha gjithashtu: "Shërbëtorët e tu po bëjnë atë që u është urdhëruar të bëjnë.

¹⁷ Kanë mbledhur paratë e gjetura në shtëpinë e Zotit dhe i kanë dorëzuar në duart e mbikqyrësve dhe të punëtorëve".

¹⁸ Shafani, sekretari, i tha gjithashtu mbretit: "Prifti Hilkiah më dha një libër". Pastaj Shafani e lexoi në prani të mbretit.

¹⁹ Por ndodhi që, kur mbreti dëgjoi fjalët e ligjit, ai grisi rrobat e trupit.

²⁰ Pastaj mbreti i dha këtë urdhër Hilkiahut, Ahikamit, birit të Shafanit, Abdonit, birit të Mikahut, Shafanit, sekretarit, dhe Asajahut, shërbëtorit të mbretit, duke thënë:

²¹ "Shkoni të konsultoheni Zotin për mua dhe për ata që kanë mbetur në Izrael dhe në Judë, lidhur me fjalët e Librit që u gjet; i madh, pra, është zemërimi i Zotit që ra mbi ne, sepse etërit tanë nuk kanë ndjekur fjalën e Zotit, duke vepruar plotësisht sipas asaj që është shkruar në këtë libër".

²² Kështu Hilkiahu dhe ata që mbreti kishte caktuar shkuan te profetesha Huldah, bashkëshorte e Shallumit, birit të Tokhathit, bir i Hasrathit, ruajtësi i rrobave; (ajo banonte në Jeruzalem në lagjen e dytë), dhe i folën lidhur me këtë çështje.

²³ Ajo u përgjigj: "Kështu thotë Zoti, Perëndia i Izraelit: Njoftoni atë që ju ka dërguar tek unë:

²⁴ Kështu thotë Zoti: "Ja, unë do të sjell një fatkeqësi mbi këtë vend dhe mbi banorët e tij, të gjitha mallkimet që janë shkruar në librin, të cilin e kanë lexuar përpara mbretit të Judës.

²⁵ Duke qenë se më kanë braktisur dhe u kanë ofruar temjan perëndive të tjera për të provokuar zemërimin tim me të gjitha veprat e duarve të tyre, zemërimi im do të bjerë mbi këtë vend dhe nuk do të shuhet".

²⁶ Ndërsa mbretit të Judës që ju ka dërguar të këshilloheni me Zotin, njoftojini sa vijon: Kështu thotë Zoti, Perëndia i Izraelit, lidhur me fjalët që ke dëgjuar:

²⁷ "Duke qenë se zemra jote është mallëngjyer, sepse je përulur përpara Perëndisë duke dëgjuar fjalët e tij kundër këtij vendi dhe kundër banorëve të tij, je përulur para meje, ke grisur rrobat e tua dhe ke qarë para meje, edhe unë të dëgjova", thotë Zoti.

²⁸ "Ja, unë do të të bashkoj me etërit e tu, dhe do të të shtien në paqe në varrin tënd; sytë e tu nuk do të shohin tërë të keqen që unë do t'i sjell këtij vendi dhe banorëve të tij"". Ata ia njoftuan mesazhin mbretit.

²⁹ Atëherë mbreti urdhëroi të mblidhen pranë tij tërë pleqtë e Judës dhe të Jeruzalemit.

³⁰ Pastaj mbreti u ngjit në shtëpinë e Zotit me të gjithë burrat e Judës, me të gjithë banorët e Jeruzalemit, me priftërinjtë, me Levitët dhe me tërë popullin, nga më i vogli gjer te më i madhi, dhe këndoi në prani të tyre të gjitha fjalët e librit të besëlidjes, që ishte gjetur në shtëpinë e Zotit.

³¹ Pastaj mbreti, duke qëndruar më këmbë mbi podium, bëri një besëlidhje përpara Zotit, duke u zotuar të ndjekë Zotin, të zbatojë urdhërimet e tij, porositë e tij dhe statutet e tij me gjithë zemër dhe me gjithë shpirt, për të vënë në praktikë fjalët e besëlidhjes së shkruar në atë libër.

³² Dhe bëri që të përfshihen besëlidhje tërë ata që ndodheshin në Jeruzalem dhe në Beniamin; banorët e Jeruzalemit vepruan sipas besëlidhjes së Perëndisë, Perëndisë të etërve të tyre.

³³ Kështu Josia zhduku tërë gjërat e neveritshme nga të gjitha vendet që u përkisnin bijve të Izraelit dhe i detyroi tërë ata që ishin në Izrael t'i shërbenin Zotit, Perëndisë të tyre. Gjatë gjithë jetës së tij ata nuk hoqën dorë së ndjekuri Zotin, Perëdinë e etërve të tyre.

Kapitull 35

¹ Josia kremtoi në Jeruzalem Pashkën për nder të Zotit; Pashka u kremtua ditën e katërmbëdhjetë të muajit të parë.

² Ai i caktoi priftërinjtë në detyrat e tyre dhe i nxiti në shërbimin e shtëpisë të Zotit.

³ Pastaj u tha Levitëve që udhëzonin tërë Izraelin dhe që ishin shenjtëruar Zotit: "Vendoseni arkën e shenjtë në tempullin e ndërtuar nga Salomoni, bir i Davidit, mbret i Izraelit; ajo nuk do të jetë më barrë për shpatullat tuaja. Tani shërbejini Zotit, Perëndisë tuaj, dhe popullit të tij të Izraelit.

⁴ Vendosuni sipas shtëpive tuaja atërore, sipas klasave tuaja, në bazë të udhëzimeve të shkruara të Davidit, mbretit të Izraelit, dhe të Salomonit, birit të tij;

⁵ qëndroni në shenjtërore sipas ndarjeve të shtëpive atërore të vëllezërve tuaj, bij të popullit, dhe pjesa e shtëpisë atërore të Levitëve.

⁶ Flijoni Pashkën, shenjtërohuni dhe vihuni në dispozicion të vëllezërve tuaj, duke ndjekur fjalën e Zotit të transmetuar me anë të Moisiut".

⁷ Pastaj Josia u dha njerëzve të popullit, gjithë atyre që ishin të pranishëm, bagëti të imta, qengja dhe keca, gjithsej tridhjetë mijë kokë, të tëra për Pashkët, si edhe tre mijë qe; kjo vinte nga pasuria e mbretit.

⁸ Edhe princat i bënë një dhuratë spontane popullit, priftërinjve dhe Levitëve. Hilkiahu, Zakaria dhe Jehieli, drejtues të shtëpisë së Perëndisë, u dhanë priftërinjve për flijimet e Pashkës dy mijë e gjashtëqind qengja dhe keca si edhe treqind qe.

⁹ Përveç kësaj Konaniahu, bashkë me vëllezërit e tij Shemajah dhe Nethaneel, dhe Hashabiahu, Jejieli dhe Jozabadi, krerë të Levitëve, u dhanë Levitëve për flijimet e Pashkës pesë mijë qengja dhe keca si edhe pesëqind qe.

¹⁰ Sa u përgatit shërbimi, priftërinjtë zunë vendet e tyre, dhe Levitët sipas klasave të tyre, në bazë të urdhrit të dhënë nga mbreti.

¹¹ Pastaj flijuan Pashkën; priftërinjtë e spërkatnin gjakun me duart e tyre, ndërsa Levitët ripnin kafshët.

¹² Kështu vunë mënjanë olokaustet për t'ua shpërndarë bijve të popullit, sipas ndarjeve të shtëpive atërore, me qëllim që t'ia ofronin Zotit, siç është shkruar në librin e Moisiut. Vepruan njëlloj me qetë.

¹³ Pastaj poqën qengjat e Pashkës mbi zjarr sipas normave të përcaktuara; por ofertat e tjera të shenjtëruara i gatuan në tenxhere, në kazanë dhe në tiganë dhe ua shpërndanë menjëherë tërë bijve të popullit.

¹⁴ Pastaj përgatitën racione për vete dhe për priftërinjtë, sepse priftërinjtë, bijtë e Aaronit, ishin të zënë deri në mbrëmje për të ofruar olokaustet dhe pjesët me dhjamë; kështu Levitët përgatitën racione për vete dhe për priftërinjtë, bij të Aaronit.

¹⁵ Këngëtarët, bij të Asafit, ishin në vendin e tyre, sipas urdhrit të Davidit, të Asafit, të Hemanit dhe të Jeduthunit, shikuesit të mbretit. Në çdo portë kishte derëtarë; këta nuk patën nevojë të largoheshin nga shërbimi i tyre, sepse Levitët, vëllezërit e tyre, kishin përgatitur racione për ata.

¹⁶ Kështu atë ditë tërë shërbimi i Zotit u përgatit për të kremtuar Pashkën dhe për të ofruar olokauste mbi altarin e Zotit, sipas urdhrit të mbretit Josia.

¹⁷ Bijtë e Izraelit, që ishin të pranishëm, e kremtuan atëherë festën e Pashkës dhe festën e të ndormëve shtatë ditë me radhë.

¹⁸ Në Izrael nuk ishte kremtuar një Pashkë si ajo që nga koha e profetit Samuel. Asnjë nga mbretërit e Izraelit nuk kishte kremtuar ndonjëherë një Pashkë si ajo që u kremtua nga Josia, me pjesëmarrjen e priftërinjve, të Levitëve, të gjithë Judës dhe të Izraelit, të pranishëm bashkë me banorët e Jeruzalemit.

¹⁹ Kjo Pashkë u kremtua në vitin e tetëmbëdhjetë të mbretërimit të Josias.

²⁰ Mbas gjithë këtyre gjërave, kur Josia e vuri në rregull tempullin, Neko, mbret i Egjiptit, doli në Karkemish mbi Eufrat për të luftuar; dhe Josia u ngrit kundër tij.

²¹ Por Neko i dërgoi lajmëtarë për t'i thënë: "Çfarë ka midis meje dhe teje, o mbret i Judës? Këtë herë unë nuk kam ardhur kundër teje, por kundër një shtëpie me të cilën ndodhem në luftë; Perëndia më ka urdhëruar të shpejtohem; mos e kundërshto, pra, Perëndinë që është me mua, që ai të mos të të shkatërrojë".

²² Por Josia nuk deshi të tërhiqet nga ai; por për të luftuar kundër tij u vesh me rroba të tjera që të mos njihej dhe nuk i dëgjoi fjalët e Nekos, që vinin nga goja e Perëndisë. Kështu doli të ndeshet në luginën e Megidos.

²³ Por disa harkëtarë gjuajtën kundër mbretit Josia; atëherë mbreti u tha shërbëtorëve të tij: "Më largoni që këtej, sepse jam plagosur rëndë".

²⁴ Shërbëtorët e tij e hoqën nga qerrja e tij, e vunë në një qerre të dytë që ai kishte dhe e çuan në Jeruzalem. Kështu ai vdiq dhe u varros në varrezat e etërve të tij. Tërë Juda dhe Jeruzalemi mbajtën zi për Josian.

²⁵ Jeremia kompozoi një vajtim për Josian; tërë këngëtarët dhe këngëtaret në vajtimet e tyre kanë folur për Josian deri në ditën e sotme; dhe këto janë bërë një zakon në Izrael; dhe ja, ata janë shkruar në Vajtimet.

²⁶ Pjesa tjetër e bëmave të Josias, veprat e tij të mira sipas asaj që është shkruar në ligjin e Zotit,

²⁷ veprimet e tij, nga të parat deri në të fundit janë të shkruara në librin e mbretërve të Izraelit dhe të Judës.

Kapitull 36

¹ Atëherë populli i vendit mori Jehoahazin, birin e Josias, dhe e bëri mbret në Jeruzalem në vend të atit të tij.

² Jehoahazi ishte njëzet e tre vjeç kur filloi të mbretërojë, dhe mbretëroi tre muaj në Jeruzalem.

³ Mbreti i Egjiptit e hoqi nga froni në Jeruzalem dhe i vuri vendit një gjobë njëqind talentash argjendi dhe një talent ari.

⁴ Pastaj mbreti i Egjiptit bëri mbret të Judës dhe të Jeruzalemit vëllanë e tij Eliakimin, të cilit ia ndërroi emrin dhe e quajti Jehojakim. Neko përkundrazi mori vëllanë e tij Jehoahaz dhe e çoi në Egjipt.

⁵ Jehojakimi ishte njëzet e pesë vjeç kur filloi të mbretërojë, dhe mbretëroi njëmbëdhjetë vjet në Jeruzalem. Ai bëri atë që është e keqe në sytë e Zotit, Perëndisë së tij.

⁶ Nebukadnetsari, mbret i Babilonisë, doli kundër tij dhe e lidhi me zinxhira prej bronzi për ta çuar në Babiloni.

⁷ Nebukadnetsari çoi gjithashtu në Babiloni një pjesë të sendeve të shtëpisë të Zotit dhe i vuri në pallatin e tij në Babiloni.

⁸ Pjesa tjetër e bëmave të Jehojakimit, gjërat e neveritshme që kreu dhe të gjitha ato që u gjetën kundër tij, ja, janë të shkruara në librin e mbretërve të Izraelit dhe të Judës. në vend të tij mbretëroi i biri, Jehojakini.

⁹ Jehojakini ishte tetë vjeç kur filloi të mbretërojë, dhe mbretëroi tre muaj dhe dhjetë ditë në Jeruzalem. Ai bëri atë që është e keqe në sytë e Zotit.

¹⁰ Në fillim të vitit të ri mbreti Nebukadnetsar dërgoi ta marrë dhe e çoi në Babiloni me gjërat e çmuara të shtëpisë të Zotit. Pastaj bëri mbret të Judës dhe të Jeruzalemit Sedekian, vëllanë e Jehojakinit.

¹¹ Sedekia ishte njëzet vjeç kur filloi të mbretërojë, dhe mbretëroi njëmbëdhjetë vjet në Jeruzalem.

¹² Edhe ai bëri atë që është e keqe në sytë e Zotit, Perëndisë të tij, dhe nuk u përul përpara profetit Jeremia, që fliste nga ana e Zotit.

¹³ Ai ngriti krye gjithashtu kundër mbretit Nebukadnetsar, që e kishte vënë të betohej në emër të Perëndisë por ai e mpiu zverkun e tij dhe ngurtësoi zemrën e tij, duke mos pranuar të kthehej tek Zoti, Perëndia i Izraelit.

¹⁴ Edhe tërë krerët e priftërinjve dhe populli mëkatuan gjithnjë e më tepër duke ndjekur të gjitha gjërat e neveritshme të kombeve e e ndotën shtëpinë se Zotit, që ai u kishte shenjtëruar në Jeruzalem.

¹⁵ Zoti, Perëndia i etërve të tyre, u dërgoi atyre, që në fillim dhe me këmbëngulje, paralajmërime me anë të lajmëtarëve të tij, sepse donte ta shpëtonte popullin e tij dhe banesën e tij.

¹⁶ Por ata u tallën me lajmëtarët e Perëndisë, përçmuan fjalët e tij dhe vunë në lojë profetët e tij, deri sa zemërimi i Zotit kundër popullit të tij arriti një pikë në të cilën nuk kishte rrugëdalje.

¹⁷ Atëherë ai bëri që të dalin kundër tyre mbreti i Kaldeasve, që vrau me shpatë të rinjtë e tyre në shtëpinë e shenjtërores së tyre, pa pasur mëshirë për të riun, për virgjireshën, për plakun ose për flokëthinjurin. Zoti i dha të gjithë në duart e tij.

¹⁸ Nebukadnetsari solli në Babiloni të gjitha sendet e shtëpisë së Perëndisë, të mëdha ose të vogla, thesaret e shtëpisë të Zotit dhe thesaret e mbretit dhe të parisë së tij.

¹⁹ Pastaj i vunë zjarrin shtëpisë të Perëndisë, rrëzuan muret e Jeruzalemit, u vunë flakën të gjitha pallateve të tij dhe shkatërruan të gjitha sendet me vlerë.

²⁰ Përveç kësaj Nebukadnetsari internoi në Babiloni ata që i kishin shpëtuar shpatës; këta u bënë shërbëtorë të tij dhe të bijve të tij deri në ardhjen e mbretërisë së Persisë.

²¹ që kështu të realizohej fjala e Zotit që u shqiptua nga goja e Jeremias, deri sa vendi të kremtonte të shtunat e tij. Në fakt ai kremtoi të shtunën për gjithë kohën e shkretimit të tij deri sa u mbushën të shtatëdhjetë vjetët.

²² Në vitin e parë Kirit, mbretit të Persisë, me qëllim që të realizohej fjala e Zotit që u shqiptua nga goja e Jeremias, Zoti nxiti frymën e Kirit, mbret të Persisë, që të nxirrte një dekret për

²³ "Kështu thotë Kiri, mbret i Persisë: Zoti, Perëndia i qiejve, më ka dhënë tërë mbretëritë e dheut. Ai më ka urdhëruar t'i ndërtoj një shtëpi në Jeruzalem, që është në Judë. Kush nga ju i përket popullit të tij? Zoti, Perëndia i tij, qoftë me të dhe le të niset!".

Ezrës

Kapitull 1

¹ Në vitin e parë të Kirit, mbretit të Persisë, me qëllim që të realizohej fjala e Zotit që u shqiptua nga goja e Jeremias, Zoti nxiti frymën e Kirit, mbretit të Persisë, të nxirrte një dekret për të

² "Kështu thotë Kiri, mbret i Persisë: Zoti, Perëndia i qiejve, më ka dhënë tërë mbretëritë e dheut. Ai më ka urdhëruar t'i ndërtoj një shtëpi në Jeruzalem, që është në Judë.

³ Kush nga ju i përket popullit të tij? Zoti, Perëndia i tij, qoftë me të; le të shkojë në Jeruzalem, që ndodhet në Judë, dhe të rindërtojë shtëpinë e Zotit, Perëndisë të Izraelit, Perëndia që është në Jeruzalem.

⁴ Njerëzia e çdo vendi, ku ndonjë jude që ka shpëtuar banon ende, ta furnizojë atë me argjend, me ar, me të mira dhe me bagëti përveç ofertave vullnetare për shtëpinë e Perëndisë që është në Jeruzalem".

⁵ Atëherë kryetarët e familjeve të Judës dhe të Beniaminit, priftërinjtë dhe Levitët, bashkë me ata të cilëve Perëndia u kishte zgjuar frymën, u ngritën për të shkuar të rindërtojnë shtëpinë e Zotit që është në Jeruzalem.

⁶ Tërë fqinjët e tyre i ndihmuan me sende argjendi, ari, me të mira, me bagëti dhe me gjëra të çmuara përveç gjithë ofertave vullnetare.

⁷ Edhe mbreti Kir nxorri jashtë veglat e shtëpisë të Zotit që Nebukadnetsari kishte marrë me vete nga Jeruzalemi dhe i kishte vënë në tempullin e perëndisë të tij.

⁸ Kiri, mbret i Persisë, i nxorri jashtë me anë të Mithredathit, përgjegjësit të thesarit, dhe i numëroi përpara Sheshbatsarit, princit të Judës.

⁹ Ja numri i tyre: tridhjetë legena prej ari, një mijë legena prej argjendi, njëzet e nëntë thika,

¹⁰ tridhjetë kupa ari, katërqind e dhjetë kupa argjendi të dorës së dytë dhe një mijë veglat të tjera.

¹¹ Tërë sendet prej ari dhe argjendi ishin pesë mijë e katërqind. Sheshbatsari i solli të gjitha, bashkë me të mërguarit që u kthyen nga Babilonia në Jeruzalem.

Kapitull 2

¹ Këta janë njerëzit e provincës që u kthyen nga robëria, midis atyre që Nebukadnetsari, mbret i Babilonisë, kishte çuar në robëri në Babiloni, dhe që u kthyen në Jeruzalem dhe në Judë, secili në qytetin e tij.

² Ata që erdhën me Zorobabelin ishin Jeshua, Nehemia, Serajahu, Relajahu, Mardokeo, Bilshani, Mispari, Bigvai, Rehumi dhe Baanahu.

³ Bijtë e Paroshit, dy mijë e njëqind e shtatëdhjetë e dy.

⁴ Bijtë e Shefatiahut, treqind e shtatëdhjetë e dy.

⁵ Bijtë e Arahut, shtatëqind e shtatëdhjetë e pesë.

⁶ Bijtë e Pahath-Moabit, pasardhës të Jeshuas dhe të Joabit, dy mijë e tetëqind e dymbëdhjetë.

⁷ Bijtë e Elamit, një mijë e dyqind e pesëdhjetë e katër.

⁸ Bijtë e Zatuit, nëntëqind e dyzet e pesë.

⁹ Bijtë e Zakait, shtatëqind e gjashtëdhjetë.

¹⁰ Bijtë e Banit, gjashtëqind e dyzet e dy.

¹¹ Bijtë e Bebait, gjashtëqind e njëzet e tre.

¹² Bijtë e Azgadit, një mijë e dyqind e njëzet e dy.

¹³ Bijtë e Adonikamit, gjashtëqind e gjashtëdhjetë e gjashtë.

¹⁴ Bijtë e Bigvait, dy mijë e pesëdhjetë e gjashtë.

¹⁵ Bijtë e Adinit, katërqind e pesëdhjetë e katër.

¹⁶ Bijtë e Aterit, domethënë të Ezekias, nëntëdhjetë e tetë.

¹⁷ Bijtë e Betsait, treqind e njëzet e tre.

¹⁸ Bijtë e Jorahut, njëqind e dymbëdhjetë.

¹⁹ Bijtë e Hashumit, dyqind e njëzet e tre.

²⁰ Bijtë e Gibarit, nëntëdhjetë e pesë.

²¹ Bijtë e Betlemit, njëqind e njëzet e tre.

²² Burrat e Netofahut, pesëdhjetë e gjashtë.

²³ Burrat e Anathothit, njëqind e njëzet e tetë.

²⁴ Burrat e Azmavethit, dyzet e dy.

²⁵ Burrat e Kirjath-Arimit, të Kefirahut dhe të Beerothit, shtatëqind e dyzet e tre.

²⁶ Burrat e Ramahut dhe të Gebës, gjashtëqind e njëzet e një.

²⁷ Burrat e Mikmasit, njëqind e njëzet e dy.

²⁸ Burrat e Bethelit dhe të Ait, dyqind e njëzet e tre.

²⁹ Bijtë e Nebos, pesëdhjetë e dy.

³⁰ Bijtë e Magbishit, njëqind e pesëdhjetë e gjashtë.

³¹ Bijtë e një Elami tjetër, një mijë e dyqind e pesëdhjetë e katër.

³² Bijtë e Harimit, treqind e njëzet.

³³ Bijtë e Lodit, të Hadidit dhe të Onos, shtatëqind e njëzet e pesë.

³⁴ Bijtë e Jerikos, treqind e dyzet e pesë.

³⁵ Bijtë e Senaahut, tre mijë e gjashtëqind e tridhjetë.

³⁶ Priftërinjtë: bijtë e Jedajahut, nga shtëpia e Jeshuas, nëntëqind e shtatëdhjetë e tre.

³⁷ Bijtë e Imerit, një mijë e pesëdhjetë e dy.

³⁸ Bijtë e Pashurit, një mijë e dyqind e dyzet e shtatë.

³⁹ Bijtë e Harimit, një mijë e shtatëmbëdhjetë.

⁴⁰ Levitët: bijtë e Jeshuas dhe të Kadmielit, pasardhës të Hodaviahut, shtatëdhjetë e katër.

⁴¹ Këngëtarët: bijtë e Asafit, njëqind e njëzet e tetë.

⁴² Bijtë e derëtarëve: bijtë e Shalumit, bijtë e Aterit, bijtë e Talmonit, bijtë e Akubit, bijtë e Hatitas, bijtë e Shobait, gjithsej njëqind e tridhjetë e nëntë.

⁴³ Nethinejtë: bijtë e Tsihas, bijtë e Hasufas, bijtë e Tabaothit,

⁴⁴ bijtë e Kerosit, bijtë e Siahas, bijtë e Padonit,

⁴⁵ bijtë e Lebanahut, bijtë e Hagabahut, bijtë e Akubit,

⁴⁶ bijtë e Hagabit, bijtë e Shamlait, bijtë e Hananit,

⁴⁷ bijtë e Gidelit, bijtë e Gaharit, bijtë e Reajahut,

⁴⁸ bijtë e Retsinit, bijtë e Nekodas, bijtë e Gazamit,

⁴⁹ bijtë e Uzas, bijtë e Paseahut, bijtë e Besait,

⁵⁰ bijtë e Asnahut, bijtë e Mehunimit, bijtë e Nefusimit,

⁵¹ bijtë e Bakbukut, bijtë e Hakufas, bijtë e Harhurit,

⁵² bijtë e Batsluthit, bijtë e Mehidas, bijtë e Harshas,

⁵³ bijtë e Barkosit, bijtë e Siseras, bijtë e Thamahut,

⁵⁴ bijtë e Netsiahut, bijtë e Hatifas,

⁵⁵ bijtë e shërbëtorëve të Salomonit: bijtë e Sotait, bijtë e Soferethit, bijtë e Perudas,

⁵⁶ bijtë e Jaalas, bijtë e Darkonit, bijtë e Gidelit,

⁵⁷ bijtë e Shefatiahut, bijtë e Hatilit, bijtë e Pokereth-Hatsebaimit, bijtë e Amit.

⁵⁸ Tërë Nethinejtë dhe bijtë e shërbëtorëve të Salomonit ishin treqind e nëntëdhjetë e dy.

⁵⁹ Këta qenë ata që u kthyen nga Tel-Melahu, nga Tel-Harsha, nga Kerub-Adani dhe nga Imeri; por ata nuk qenë në gjendje të tregonin shtëpinë e tyre atërore dhe pasardhësit e tyre, për të provuar në se ishin nga Izraeli;

⁶⁰ bijtë e Delajahut, bijtë e Tobiahut, bijtë e Nekodas, gjithsej gjashtëqind e pesëdhjetë e dy.

⁶¹ Midis bijve të priftërinjve: bijtë e Habajahut, bijtë e Hakotsit, bijtë e Barzilait, që kishte për grua një nga bijat e Barzilait, Galaaditit, dhe që u quajt me emrin e tyre.

⁶² Këta kërkuan listën e tyre midis atyre të regjistruar në gjenealogjitë, por nuk e gjetën; prandaj u përjashtuan nga priftëria si të papastër.

⁶³ Qeveritari i urdhëroi ata të mos hanin asgjë nga gjërat shumë të shenjta deri sa të mos paraqitej një prift me Urim dhe Thumim.

⁶⁴ Tërë asambleja përbëhej nga dyzet e dy mijë e treqind e gjashtëdhjetë veta.

⁶⁵ Pa llogaritur shërbëtorët dhe shërbëtoret e tyre, që arrinin shtatë mijë e treqind e tridhjetë e shtatë; midis tyre kishte gjithashtu dyqind këngëtarë dhe këngëtare.

⁶⁶ Ata kishin shtatëqind e tridhjetë e gjashtë kuaj, dyqind e dyzet e pesë mushka,

⁶⁷ katërqind e tridhjetë e pesë deve dhe gjashtë mijë e shtatëqind e njëzet gomarë.

⁶⁸ Disa të parë të shtëpive atërore, kur arritën në shtëpinë e Zotit që është në Jeruzalem, dhanë bujarisht dhurata për shtëpinë e Perëndisë, në mënyrë që ajo të ngrihej përsëri në vendin e mëparshëm.

⁶⁹ I dhanë thesarit të veprës, sipas mjeteve të tyre, gjashtëdhjetë e një mijë darikë ari, pesë mijë mina argjendi dhe njëqind veshje prifti.

⁷⁰ Kështu priftërinjtë, Levitët, njerëzit e popullit, këngëtarët, derëtarët dhe Nethinejtë, u vendosën në qytetet e tyre, dhe gjithë Izraelitët në qytetet e tyre.

Kapitull 3

¹ Sa arriti muaji i shtatë dhe bijtë e Izraelit ishin në qytetet e tyre, populli u mblodh si një njeri i vetëm në Jeruzalem.

² Atëherë Jeshua, bir i Jotsadakut, bashkë me vëllezërit e tij priftërinj dhe me Zorobabelin, birin e Shealtielit me gjithë vëllezërit e tij, u ngritën dhe ndërtuan altarin e Perëndisë të Izraelit, për t'i ofruar olokauste, siç është shkruar në ligjin e Moisiut, njeriut të Perëndisë.

³ E rivendosën altarin mbi themelet e tij, megjithëse kishin frikë nga populli i tokave të afërta, dhe mbi të i ofruan olokauste Zotit, olokaustet e mëngjesit dhe të mbrëmjes.

⁴ Kremtuan gjithashtu festën e Kasolleve, ashtu siç është shkruar,

dhe ofruan çdo ditë olokauste, në bazë të numrit që kërkohej për çdo ditë.

⁵ Pastaj ofruan olokaustin e përjetshëm, olokaustet e hënës së re dhe të gjitha festave të përcaktuara nga Zoti, dhe ato të cilitdo që i bënte një ofertë vullnetare Zotit.

⁶ Nga dita e parë e muajit të shtatë filluan t'i ofrojnë olokauste Zotit, por themelet e tempullit të Zotit nuk ishin hedhur ende.

⁷ Pastaj u dhanë para gurëgdhendësve dhe marangozëve, si dhe ushqime, pije dhe vaj atyre të Sidonit dhe të Tiros që të sillnin dru kedri nga Libani në bazë të koncesionit që kishte marrë Kiri, mbret i Persisë.

⁸ Në muajin e dytë të vitit të dytë të arritjes së tyre në shtëpinë e Perëndisë në Jeruzalem, Zorobabeli, bir i Shealtielit, Jeshua, bir i Jotsadakut, vëllezërit e tjerë të tyre priftërinj dhe Levitët

⁹ Atëherë Jeshua me bijtë e tij dhe vëllezërit e tij, Kadmieli me bijtë e tij dhe bijtë e Judës u ngritën si një njeri i vetëm për të drejtuar ata që punonin në shtëpinë e Perëndisë; po kështu vepruan bijtë e Henadadit me bijtë e tyre dhe vëllezërit e tyre, Levitët.

¹⁰ Kur ndërtuesit hodhën themelet e tempullit të Zotit, ishin të pranishëm priftërinjtë të veshur me rrobat e tyre dhe me bori dhe Levitët, bijtë e Asafit, me cembale për të lëvduar Zotin sipas udhëzimeve të Davidit, mbretit të Izraelit.

¹¹ Ata këndonin, kremtonin dhe lëvdonin Zotin, "Sepse ai është i mirë, sepse mirësia e tij ndaj Izraelit është e përjetshme". Tërë populli lëshonte britma të forta gëzimi, duke lëvduar Zotin, sepse ishin hedhur themelet e shtëpisë së Zotit.

¹² Shumë priftërinj, Levitët dhe krerë të shtëpive atërore, pleq, që kishin parë tempullin e parë, qanin me zë të lartë kur hidheshin themelet e këtij tempulli para syve të tyre. Shumë të tjerë përkundrazi bërtisnin fort nga gëzimi,

¹³ kështu që njerëzit nuk mund të dallonin zhurmën e britmave të gëzimit nga ajo e vajit të popullit, sepse populli lëshonte britma të forta, dhe zhurma e tyre dëgjohej nga larg.

Kapitull 4

¹ Kur armiqtë e Judës dhe të Beniaminit dëgjuan që ata që kishin qenë në robëri po rindërtonin tempullin e Zotit, Perëndisë të Izraelit,

² iu afruan Zorobabelit dhe krerëve të shtëpive atërore dhe u thanë atyre: "Na lejoni të ndërtojmë bashkë me ju, sepse edhe ne kërkojmë Perëndinë tuaj, ashtu si ju; i kemi ofruar flijime atij nga koha e Esar-Hadonit, mbretit të Asirisë, që na solli këtu".

³ Por Zorobabeli, Jeshua dhe krerët e tjerë të shtëpive atërore të Izraelit iu përgjigjën atyre: "Nuk keni asnjë të drejtë të ndërtoni me ne një shtëpi, Perëndisë tonë, por ne vetë do ti ndërtojmë Zotit, Perëndisë së Izraelit, ashtu si na ka urdhëruar mbreti Kir, mbret i Persisë".

⁴ Atëherë njerëzit e vendit filluan ta shkurajojnë popullin e Judës dhe ta trëmbin, me qëllim që të mos ndërtonin.

⁵ Përveç kësaj rekrutuan disa këshilltarë kundër tyre për të hedhur poshtë qëllimin e tyre, dhe këtë e bënë gjatë gjithë kohës së Kirit, mbretit të Persisë, deri në mbretërimin e Darit, mbretit të Persisë.

⁶ Gjatë mbretërimit të Asueros, në fillim të mbretërimit të tij, ata shkruan një letër me akuza kundër banorëve të Judës dhe të Jeruzalemit.

⁷ Më vonë, në kohën e Artasersit, Bishlami, Mithredathi, Tabeeli dhe kolegët e tjerë të tyre i shkruan Artasersit, mbretit të Persisë. Letra ishte shkruar me shkronja aramaike dhe ishte përkthyer në gjuhën aramaike.

⁸ Rehumi, qeveritari, dhe Shimshai, sekretari, i shkruan mbretit Artasers një letër kundër Jeruzalemit me këtë përmbajtje:

⁹ "Rehumi, qeveritari, Shimshai, sekretari, dhe kolegët e tyre të tjerë, Dinaitët, Afarsathkitët, Tarpelitët, Afaresitët, Arkevitët, Babilonasit, Shushankitët, Dehavitët, Elamitët,

¹⁰ dhe popujt e tjerë që i madhi dhe i famshmi Osnapar ka internuar dhe ka vendosur në qytetin e Samarisë dhe në pjesën tjetër të krahinës matanë Lumit, e të tjera".

¹¹ Ja kopja e letrës që ata i dërguan: "Mbretit Artasers, nga shërbëtorët e tu, njerëzit e krahinës matanë Lumit, e të tjera.

¹² T'i njoftohet mbretit që Judejtë, që ikën nga ti dhe kanë ardhur pranë nesh në Jeruzalem, janë duke rindërtuar qytetin rebel të keq, po rindërtojnë muret dhe po ndreqin themelet.

¹³ Tani t'i bëhet e njohur mbretit që në rast se ky qytet rindërtohet dhe muret e tij përfundohen, ata nuk do të paguajnë asnjë haraç, tatim ose taksë për kalim, dhe thesari i mbretit do të ketë pasoja.

¹⁴ Tani, duke qenë se ne marrim ushqime nga pallati dhe nuk na duket e drejtë të shohim çnderimin e mbretit, prandaj i dërgojmë këtë njoftim mbretit,

¹⁵ me qëllim që të bëhen kërkime në librin e kujtimeve të etërve të tu; dhe në librin e kujtimeve do të gjesh dhe do të mësosh që ky qytet është një qytet rebel, shumë i rrezikshëm për mbretërin dhe për provincat, dhe se aty nxiten rebelime që nga kohët e lashta. Për këtë arësye qyteti u shkatërrua.

¹⁶ Ne i bëjmë të ditur mbretit, që në qoftë se ky qytet rindërtohet dhe muret e tij përfundohen, nuk do të mbetet asnjë zotërim në krahinën matanë Lumit".

¹⁷ Mbreti dërgoi këtë përgjigje: "Rehumit, qeveritarit, Shimshait, sekretarit, dhe pjesës tjetër të kolegëve të tyre që banonin në Samaria dhe pjesës tjetër të krahinës matanë Lumit: Përshëndetje, e të tjera.

¹⁸ Letra që na dërguat u lexua me kujdes përpara meje.

¹⁹ Unë dhashë urdhër të bëhen kërkime, dhe u gjet që ky qytet qysh prej kohësh të lashta është ngritur kundër mbretërve dhe që në të kanë ndodhur rebelime dhe kryengritje.

²⁰ Në Jeruzalem ka pasur mbretër të fuqishëm që kanë sunduar mbi gjithë vendin matanë Lumit, dhe të cilëve u pagoheshin haraçe, tatime dhe taksa kalimi.

²¹ Prandaj jepni urdhër që këta njerëz të pezullojnë punimet dhe ky qytet të mos rindërtohet deri sa të jetë dhënë nga unë urdhëri përkatës.

²² Tregohuni të kujdesshëm tani dhe mos e lini pas dore këtë punë. Pse, pra, dëmi duhet të shtohet në kurriz të mbretit?".

²³ Sapo kopja e letrës së mbretit Artasers u lexua përpara Rehumit, Shimshait, sekretarit, dhe kolegëve të tyre, ata shkuan me nxitim në Jeruzalem tek Judejtë dhe i detyruan të pezullojnë punimet me forcën e armëve.

²⁴ Kështu u pezullua puna e shtëpisë së Perëndisë që është në Jeruzalem, dhe mbeti pezull deri në vitin e dytë të mbretërimit të Darius, mbretit të Persisë.

Kapitull 5

¹ Por profetët Axhe dhe Zakaria, bir i Idos, u profetizuan Judejve që ishin në Judë dhe në Jeruzalem në emër të Perëndisë të Izraelit që ishte mbi ta.

² Atëherë Zorobabeli, bir i Shealtielit, dhe Jeshua, bir i Jotsadakut, u ngritën dhe nisën të ndërtojnë shtëpinë e Perëndisë në Jeruzalem; dhe me ta ishin profetët e Perëndisë, që i ndihmonin.

³ Në atë kohë erdhën tek ata Tatenai, qeveritar i krahinës matanë Lumit, Shethar-Boznai dhe kolegët e tyre dhe u folën kështu: "Kush ju dha urdhër të ndërtoni këtë tempull dhe të rindërtoni këto mure?".

⁴ Pastaj ne u treguam atyre emrat e njerëzve që ndërtonin këtë godinë.

⁵ Por pleqtë e Judejve i ruante syri i Perëndisë të tyre; dhe ata nuk mundën t'i bëjnë të ndërprisnin punën deri sa t'i dërgohej një raport Darit dhe të vinte një përgjigje për këtë çështje.

⁶ Kjo është një kopje e letrës që iu dërgua mbretit Dari nga Tatenai, qeveritari i krahinës matanë Lumit, nga Shethar-Boznai dhe nga kolegët e tij, Afarsekitët, që ishin matanë Lumit.

⁷ I dërguan një letër të shkruar në këtë mënyrë: "Mbretit Dari, shëndet të plotë!

⁸ I bëjmë të njohur mbretit që ne kemi vajtur në krahinën e Judës, në tempullin e Perëndisë të madh. Ai po ndërtohet me gurë të mëdhenj dhe po vihet lëndë druri për ndarëset e tij. Kjo punë po kryhet me kujdes dhe po ecën mirë në duart e tyre.

⁹ Ne kemi pyetur ata pleq dhe u kemi folur kështu: "Kush ju ka dhënë urdhër të ndërtoni këtë tempull dhe të ndërtoni këto mure?".

¹⁰ U kemi kërkuar edhe emrat e tyre, me qëllim që të vinim me shkrim emrat e njerëzve që janë në krye të tyre, dhe pastaj të t'i bënim të njohur.

¹¹ Dhe ata na janë përgjigjur kështu, duke thënë: "Ne jemi shërbëtorët e Perëndisë të qiellit dhe të dheut dhe rindërtojmë tempullin që ishte ndërtuar shumë vjet më parë; një mbret i madh i Izraelit e kishte ndërtuar dhe mbaruar.

¹² Duke qenë se etërit tanë kanë provokuar zemërimin e Perëndisë të qiellit, ai i dha në duart e Nebukadnetsarit, mbretit të Babilonisë, Kaldeasit, i cili shkatërroi këtë tempull dhe e internoi popullin në Babiloni.

¹³ Por në vitin e parë të Kirit, mbretit të Babilonisë, mbreti Kir dha urdhër t'i ndërtohej kjo shtëpi Perëndisë.

¹⁴ Përveç kësaj mbreti Kir nxori jashtë nga tempulli i Babilonisë përdorëset prej ari dhe argjendi të shtëpisë së Perëndisë, që Nebukadnetsari kishte hequr nga tempulli i Jeruzalemit dhe i kishte çuar në tempullin e Babilonisë, dhe ia dorëzoi njërit që quhej Sheshbatsar, që ai e kishte bërë qeveritar,

¹⁵ duke i thënë: "Merri këto vegla dhe shko t'i vësh përsëri në tempullin që është në Jeruzalem; dhe shtëpia e Perëndisë të rindërtohet në vendin e saj.

¹⁶ Atëherë vetë Sheshbatsari erdhi dhe hodhi themelet e shtëpisë së Perëndisë që është në Jeruzalem; që nga kjo kohë e deri më sot ajo

është në ndërtim, dhe nuk ka mbaruar akoma".

¹⁷ Prandaj tani, në rast se kjo i pëlqen mbretit, të bëhen kërkime në shtëpinë e thesareve të mbretit që është në Babiloni, për të parë nëse mbreti Kir ka dhënë me të vërtetë një urdhër për të ndërtuar këtë shtëpi të Perëndisë në Jeruzalem; dhe mbreti të na çojë vendimin e tij lidhur me këtë gjë".

Kapitull 6

¹ Atëherë mbreti Dar urdhëroi që të bëheshin kërkime në shtëpinë e arkivave ku ruheshin thesaret në Babiloni;

² dhe në Ahmetha, në kështjellën që është në provincën e Medisë, u gjet një rrotull, dhe në të një dokument të shkruar kështu:

³ "Në vitin e parë të mbretit Kir, mbreti Kir u shpall një urdhëresë lidhur me shtëpinë e Perëndisë në Jeruzalem: "Të rindërtohet tempulli, vendi ku ofrohen flijime. Të hidhen mirë themelet e tij. Të ketë një lartësi prej gjashtëdhjetë kubitësh dhe një gjerësi prej gjashtëdhjetë kubitësh,

⁴ me tri radhë gurësh të mëdhenj dhe një radhë lëndë të re druri; dhe shpenzimet të paguhen nga pallati mbretëror.

⁵ Përveç kësaj, veglat prej ari dhe prej argjendi të shtëpisë së Perëndisë, që Nebukadnetsari ka hequr nga tempulli që është në Jeruzalem dhe i ka çuar në Babiloni, të rikthehen dhe të çohen në tempullin që është në Jeruzalem; dhe secila të vihet në vendin e vet në shtëpinë e Perëndisë".

⁶ Tani, pra, Tatenai, qeveritari i krahinës matanë Lumit, Shethar-Boznai dhe kolegët tuaj, Afarsekitët, që ndodhen matanë Lumit, rrini larg këtij vendi!

⁷ Lini që të vazhdojë puna për këtë shtëpi të Perëndisë; qeveritari i Judejve dhe pleqtë e Judejve ta rindërtojnë këtë shtëpi të Perëndisë në vendin e saj.

⁸ Përveç kësaj po lëshoj një urdhër për atë që duhet të bëni për pleqtë e Judejve në rindërtimin e kësaj shtëpie të Perëndisë; këtyre njerëzve t'u paguhen tërë shpenzimet nga të ardhurat e mbretit që vijnë nga taksat e mbledhura matanë Lumit, me qëllim që punimet të mos ndërpriten.

⁹ Gjërat e nevojshme për olokaustet e Perëndisë së qiellit: demat, deshtë, qengjat, bashkë me grurin, kripën, verën, vajin, duhet të dorëzohen çdo ditë, pa mosplotësuar kurrë kërkesat e priftërinjve që janë në Jeruzalem,

¹⁰ me qëllim që t'i ofrojnë flijime me erë të këndshme Perëndisë së qiellit dhe të luten për jetën e mbretit dhe të bijve të tij.

¹¹ Kam dhënë gjithashtu urdhër që në qoftë se dikush e shtrëmbëron këtë dekret, t'i hiqet një tra shtëpisë së tij, të ngrihet dhe ai të varet tek ai; dhe shtëpia e tij të katandiset në një plehërishte për shkak të veprimit të tij.

¹² Perëndia që e ka bërë emrin e tij të banojë atje shkatërroftë çdo mbret dhe çdo popull që guxon të shtrijë dorën e tij për ta ndryshuar këtë ose për të shkatërruar shtëpinë e Perëndisë që është në Jeruzalem! Unë, Darius, e kam nxjerrë këtë dekret; të zbatohet me përpikmëri".

¹³ Atëherë Tatenai, qeveritar i krahinës matanë Lumit, Shethar-Boznai dhe kolegët e tyre vepruan pikërisht ashtu siç i kishte porositur mbreti Dar.

¹⁴ Kështu pleqtë e Judejve vazhduan të ndërtojnë dhe të bëjnë përparime, të nxitur nga fjalët e frymëzuara të profetit Axhe dhe të Zakarias, birit të Idos. Ata e mbaruan ndërtimin sipas urdhërit të Perëndisë të Izraelit dhe sipas rregullit të Kirit, të Darit dhe të Artasersit, mbretit të Persisë.

¹⁵ Tempulli u përfundua ditën e tretë të muajit të Adarit, që është viti i gjashtë i mbretërimit të Darit.

¹⁶ Atëherë bijtë e Izraelit, priftërinjtë, Levitët dhe të kthyerit e tjerë nga robëria e kremtuan me gëzim kushtimin e kësaj shtëpie të Perëndisë.

¹⁷ Për kushtimin e kësaj shtëpie të Perëndisë ata ofruan njëqind dema, dyqind desh, katërqind qengja dhe dymbëdhjetë cjep, sipas numrit të fiseve të Izraelit, si flijime për mëkatin për gjithë Izraelin.

¹⁸ Pastaj vendosën priftërinjtë sipas klasave të tyre dhe Levitët sipas ndarjeve të tyre, për shërbimin e Perëndisë në Jeruzalem, ashtu siç është shkruar në librin e Moisiut.

¹⁹ Të kthyerit nga robëria e kremtuan Pashkën ditën e katërmbëdhjetë të muajit të parë,

²⁰ sepse priftërinjtë dhe Levitët ishin pastruar bashkarisht; të gjithë ishin të pastër. Atëherë e flijuan Pashkën për gjithë të kthyerit nga robëria, për vëllezërit e tyre priftërinj dhe për veten e tyre.

²¹ Kështu bijtë e Izraelit që ishin kthyer nga robëria e hëngrën Pashkën bashkë me tërë ata që ishin ndarë nga papastërtia e popujve të vendit dhe që ishin bashkuar me ta për të kërkuar Zotin, Perëndinë e Izraelit.

²² Dhe kremtuan me gëzim shtatë ditë me radhë festën e të Ndormëve, sepse Zoti i kishte mbushur me gëzim, duke përkulur në favor të tyre zemrën e mbretit të Asirisë, kështu që t'i bënte më të fuqishme duart e tyre për ndërtimin e shtëpisë së Perëndisë, Perëndisë të Izraelit.

Kapitull 7

¹ Mbas këtyre gjërave, nën mbretërimin e Artasersit, mbretit të Persisë, Ezdra, bir i Serajahut, bir i Azarias, bir i Hilkiahut,

² bir i Shalumit, biri i Tsadokut, bir i Ahitubit,

³ bir i Amariahut, bir i Azarias, bir i Merajothit,

⁴ bir i Zerajahut, bir i Uzit, bir i Bukit,

⁵ bir i Abishuas, bir i Finehasit, bir i Eleazarit, bir i Aaronit, kryeprift;

⁶ ky Ezdra vinte nga Babilonia. Ishte një shkrues kompetent në ligjin e Moisiut të dhënë nga Zoti, Perëndia i Izraelit. Mbreti i dha të gjitha ato që ai kërkoi, sepse dora e Zotit, Perëndisë të tij, ishte mbi të.

⁷ Në vitin e shtatë të mbretit Artasersit, ngjitën gjithashtu në Jeruzalem disa nga bijtë e Izraelit dhe të priftërinjve, Levitë, këngëtarë, derëtarë dhe Nethinej.

⁸ Ezdra arriti në Jeruzalem në muajin e pestë, që ishte viti i shtatë i mbretit.

⁹ Ai e filloi udhëtimin e tij nga Babilonia ditën e parë të muajit të parë dhe arriti në Jeruzalem ditën e parë të muajit të pestë, sepse dora mirëbërëse e Perëndisë të tij ishte mbi të.

¹⁰ Në të vërtetë Ezdra i ishte kushtuar me gjithë zemër të studjonte ligjin e Zotit, ta zbatonte në praktikë dhe të mësonte në Izrael statutet dhe dekretet.

¹¹ Ja kopja e letrës që mbreti Artasers i dorëzoi priftit Ezdra, shkruesit, një shkrues kompetent në urdhërimet e Zotit dhe në statutet e tij e dhëna Izraelit.

¹² "Artasersi, mbret i mbretërve, priftit Ezdra, shkruesit kompetent në ligjin e Perëndisë të qiellit. Përshëndetje, e të tjera.

¹³ Unë kam nxjerrë një dekret sipas të cilit kushdo nga populli i Izraelit dhe nga priftërinjtë e tij dhe nga Levitët e mbretërisë sime që ka vendosur lirisht të shkojë në Jeruzalem, mund të vijë me ty.

¹⁴ Në të vërtetë ti je dërguar nga ana e mbretit dhe nga shtatë këshilltarët e tij për të bërë hulumtime në Judë dhe në Jeruzalem mbi ligjin e Perëndisë tënd, që është në duart e tua.

¹⁵ dhe për t'i çuar argjendin dhe arin që mbreti dhe këshilltarët e tij ia kanë ofruar spontanisht Perëndisë të Izraelit, banesa e të cilit është në Jeruzalem,

¹⁶ dhe tërë argjendin dhe arin që mund të gjesh në tërë krahinën e Babilonisë, së bashku me ofertën vullnetare, që bëhen në mënyrë spontane nga populli dhe nga priftërinjtë për shtëpinë e Perëndisë të tyre në Jeruzalem.

¹⁷ Prandaj me këto para ti do të kujdesesh të blesh dema, desh dhe qengja me ofertat e tyre të ushqimit dhe të libacioneve, dhe do t'i ofrosh mbi altarin e shtëpisë së Perëndisë tuaj që është në Jeruzalem.

¹⁸ Sa për pjesën tjetër të argjendit dhe të arit, do të bëni atë që të duket e mirë ty dhe vëllezërve të tu, sipas vullnetit të Perëndisë tuaj.

¹⁹ Edhe veglat që të janë dhënë për shërbimin e shtëpisë së Perëndisë tënd, vendosi përsëri përpara Perëndisë të Jeruzalemit.

²⁰ Për çfarëdo lloj nevoje tjetër të shtëpisë së Perëndisë tënd që të takon ty ta plotësosh, do ta plotësosh me shpenzimet e thesarit mbretëror.

²¹ Unë, mbreti Artasers, urdhëroj të gjithë arkëtarët e krahinës matanë Lumit: gjithçka që do të kërkojë prifti Ezdra, shkruesi i ligjit të Perëndisë të qiellit, t'i plotësohen menjëherë,

²² deri në njëqind talenta argjendi, njëqind kore gruri, njëqind bate vere dhe njëqind bate vaji dhe kripë në sasi të pakufizuar.

²³ Tërë ato që janë urdhëruar nga Perëndia i qiellit të zbatohen me zell për shtëpinë e Perëndisë të qiellit. Pse zemërimi duhet të bjerë mbi mbretërinë e mbretit dhe të bijve të tij?

²⁴ Përveç kësaj ju njoftojmë se nuk është e lejueshme të merren haraçe, tatime ose taksa kalimi nga asnjë prej priftërinjve, Levitëve, këngëtarëve, derëtarëve, Nethinejve dhe shërbëtorëve të kësaj shtëpie të Perëndisë.

²⁵ Dhe ti, o Ezdra, sipas diturisë së Perëndisë tënd që ti zotëron, cakto zyrtarë dhe gjyqtarë që t'i sigurojnë drejtësinë tërë popullit që ndodhet në krahinën matanë Lumit, gjithë atyre që njohin ligjet e Perëndisë tënd; dhe ua mëso atyre që nuk i njohin.

²⁶ Dhe ai që nuk respekton ligjin e Perëndisë tënd dhe ligjin e mbretit t'i jepet menjëherë gjyqit, ose me vdekje, ose me dëbim ose me konfiskimin e pasurisë ose me burgim".

²⁷ I bekuar qoftë Zoti, Perëndia i etërve tanë, që i ka shtënë një gjë të tillë zemrës së mbretit, që të zbukurojë shtëpinë e Zotit që është në

Jeruzalem,

²⁸ dhe më bëri të gëzoj favoret te mbreti, këshilltarët e tij dhe të tërë princat e fuqishëm mbretërorë. Kështu e ndjeva veten të trimëruar, sepse dora e Zotit, Perëndisë tim, ishte mbi mua, dhe mblodha krerët e Izraelit që të niseshin me mua.

Kapitull 8

¹ Këta janë krerët e shtëpive atërore dhe lista gjenealogjike e atyre që u kthyen me mua nga Babilonia, nën mbretërimin e Artasersit.

² Nga bijtë e Finehasit, Gershomi; nga bijtë e Ithamarit, Danieli; nga bijtë e Davidit, Hatushi.

³ Nga bijtë e Shekaniahut: nga bijtë e Paroshit, Zakaria, dhe bashkë me të u regjistruan njëqind e pesëdhjetë meshkuj.

⁴ Nga bijtë e Pahath-Moabit, Elihoenai, bir i Zerahiahut, dhe me të dyqind meshkuj.

⁵ Nga bijtë e Shekaniahut, i biri i Jahazielit dhe bashkë me të treqind meshkuj.

⁶ Nga bijtë e Adinit, Ebedi, bir i Jonathanit, dhe bashkë me të pesëdhjetë meshkuj.

⁷ Nga bijtë e Elamit, Isai, bir i Athaliahut, dhe bashkë me të shtatëdhjetë meshkuj.

⁸ Nga bijtë e Shefatiahut, Zebadiahu, bir i Mikaelit, dhe bashkë me të tetëdhjetë meshkuj.

⁹ Nga bijtë e Joabit, Obadiahu, bir i Jehielit, dhe bashkë me të dyqind e tetëmbëdhjetë meshkuj.

¹⁰ Nga bijtë e Shelomithit, bir i Josifiahut dhe bashkë me të njëqind e gjashtëdhjetë meshkuj.

¹¹ Nga bijtë e Bebait, Zakaria, bir i Bebait, dhe bashkë me të njëzet e tetë meshkuj.

¹² Nga bijtë e Azgadit, Johanani, bir i Hakatas, dhe bashkë me të njëqind e dhjetë meshkuj.

¹³ Nga bijtë e Adonikamit, të fundit, emrat e të cilëve ishin: Elifelet, Jehiel dhe Shemajah, dhe bashkë me ta gjashtëdhjetë meshkuj.

¹⁴ Nga bijtë e Bigvait, Uthai dhe Zabudi, dhe bashkë me ta shtatëdhjetë meshkuj.

¹⁵ Unë i mblodha pranë lumit që rrjedh në drejtim të Ahavës, dhe fushuam aty tri ditë. Kur kalova në revistë popullin dhe priftërinjtë, nuk gjeta asnjë bir Leviti.

¹⁶ Atëherë dërgova të thërrasë Eliezerin, Arielin, Shemajahun, Elnathanin, Jaribin, Elnathanin, Nathanin, Zakarian dhe Meshulamin, që ishin të parë, si edhe Jojaribin dhe Elnathanin që ishin njerëz të urtë,

¹⁷ dhe i urdhërova të shkonin tek Ido, kreu i lokalitetit të Kasifias, dhe u vura në gojë fjalët që duhet t'i thonin Idos dhe vëllezërve të tij, Nethinejve në lokalitetin e Kasifias, që të na dërgonin njerëz që të kryenin shërbimin në shtëpinë e Perëndisë tonë.

¹⁸ Me qenë se dora mirëbërëse e Perëndisë tonë ishte mbi ne, ata na dërguan Sherebiahun, një njeri me mend, nga bijtë e Mahlit, birit të Levit, bir i Izraelit, bashkë me bijtë e vëllezërit e tij, gjithsej tetëmbëdhjetë;

¹⁹ dhe Hashabiahun, dhe me të Isai nga bijtë e Merarit, vëllezërit dhe bijtë e tyre, gjithsej njëzet;

²⁰ dhe nga Nethinej, që Davidi dhe krerët kishin caktuar në shërbim të Levitëve, dyqind e njëzet Nethinej, të gjithë të caktuar me emër.

²¹ Aty, pranë lumit Ahava, unë shpalla një agjërim për t'u përulur përpara Perëndisë tonë, për t'i kërkuar një udhëtim të sigurt për ne, për fëmijët tonë dhe për të gjitha pasuritë tona.

²² Në fakt unë kisha turp t'i kërkoja mbretit një roje ushtarësh dhe kalorësish që të na mbronte nga armiku gjatë udhëtimit, sepse i kishim thënë mbretit: "Dora e Perëndisë tonë është mbi gjithë ata që kërkojnë për të mirën e tyre, por fuqia e tij dhe zemërimi i tij janë kundër të gjithë atyre që e braktisin".

²³ Kështu ne agjeruam dhe iu lutëm Perëndisë tonë për këtë arësye, dhe ai e dëgjoi lutjen tonë.

²⁴ Atëherë unë zgjodha dymbëdhjetë nga krerët e priftërinjve: Sherebiahun, Hashabiahun dhe bashkë me ta dhjetë nga vëllezërit e tyre,

²⁵ dhe u peshova atyre argjendin, arin, veglat, që ishin oferta e bërë për shtëpinë e Perëndisë tonë nga mbreti, nga këshilltarët dhe nga paria e tij, dhe nga të gjithë Izraelitët që ndodheshin atje.

²⁶ Në duart e tyre peshova gjithashtu gjashtëqind e pesëdhjetë talenta argjendi, vegla prej argjendi me një vlerë prej njëqind talentash, njëqind talenta ari,

²⁷ njëzet kupa ari me një vlerë prej një mijë darikë, dy enë prej bronzi të hollë dhe të shndritshëm, i çmueshëm si ari.

²⁸ Pastaj u thashë atyre: "Ju i jeni shenjtëruar Zotit; edhe përdorëset janë të shenjta, dhe argjendi dhe ari janë një ofertë vullnetare për Zotin, Perëndinë e etërve tuaj.

²⁹ Kini kujdes dhe ruajini deri sa t'i peshoni përpara krerëve të priftërinjve, Levitëve dhe të parëve të shtëpive atërore të Izraelit në Jeruzalem, në dhomat e shtëpisë të Zotit".

³⁰ Kështu priftërinjtë dhe Levitët morën argjendin, arin dhe veglat që u peshuan atëherë, për t'i çuar në Jeruzalem në shtëpinë e Perëndisë tonë.

³¹ Ditën e dymbëdhjetë të muajit të parë u nisëm nga lumi Ahava për të shkuar në Jeruzalem; dora e Perëndisë tonë ishte mbi ne dhe gjatë udhëtimit na liroi nga armiku dhe nga pritat e tij.

³² Arritëm kështu në Jeruzalem dhe qëndruam tri ditë atje.

³³ Ditën e katërt në shtëpinë e Perëndisë tonë, u peshuan argjendi, ari dhe veglat në duart e Meremothit, birit të priftit Uriah, me të cilin ishte Eleazari, bir i Finehasit, dhe me ta Levitët Jozabad, bir i Jeshuas, dhe Noadiahu, bir i Binuit.

³⁴ U njëhsua dhe u peshua çdo gjë; dhe pesha e të gjitha gjërave u vu me shkrim.

³⁵ Të mërguarit që u kthyen nga robëria, i ofruan si olokauste Perëndisë të Izraelit dymbëdhjetë dema për tërë Izraelin, nëntëdhjetë e gjashtë desh, shtatëdhjetë e shtatë qengja dhe dymbëdhjetë cjep si flijim për mëkatin, e tërë kjo si olokaust për Zotin.

³⁶ Pastaj ua dorëzuan dekretet e mbretit satrapëve të mbretit dhe qeveritarëve të krahinës matanë Lumit, dhe këta ndihmuan popullin dhe shtëpinë e Perëndisë.

Kapitull 9

¹ Mbasi përfunduan këto gjëra, krerët erdhën tek unë, duke thënë: "Populli i Izraelit, priftërinjtë dhe Levitët nuk janë ndarë nga popujt e këtyre vendeve, për gjërat e neveritshme të Kananejve, të

² Në fakt ata kanë marrë si bashkëshorte disa nga bijat e tyre për vete dhe për bijtë e tyre, duke përzier kështu fisin e shenjtë me popujt e këtyre vendeve. Mjerisht gjyqtarët kanë qenë të parët që e kryen këtë mëkat".

³ Kur dëgjova këtë gjë, grisa rrobat dhe mantelin, shkula flokët e kokës dhe mjekrën, dhe u ula i shtangur.

⁴ Atëherë tërë ata që dridheshin nga fjalët e Perëndisë të Izraelit u mblodhën rreth meje për shkak të mëkatit të atyre që ishin kthyer nga robëria; dhe unë mbeta i ulur dhe i shtangur deri në blatimin e mbrëmjes.

⁵ Në blatimin e mbrëmjes u ngrita nga agjërimi, me rrobat dhe mantelin të grisur; pastaj rashë në gjunjë dhe shtriva duart nga Zoti, Perëndia im,

⁶ dhe thashë: "O Perëndia im, unë jam i pështjelluar dhe më vjen turp të ngre fytyrën time ndaj teje, o Perëndia im, sepse paudhësitë tona janë shumëzuar deri mbi kokën tonë, dhe faji ynë ka arritur deri në qiell.

⁷ Nga ditët e etërve tanë deri në ditën e sotme kemi qenë shumë fajtorë, dhe për shkak të paudhësive tona ne, mbretërit tanë dhe priftërinjtë tanë u lamë në duart e mbretërve të kombeve të huaja, nën kanosjen e shpatës, të internimit, të plaçkitjes dhe të turpit, ashtu si po ndodh tani.

⁸ Por tani Zoti, Perëndia ynë, na ka dhënë hir për një çast të shkurtër, duke na lënë një mbetje dhe duke na dhënë një strehë në vendin e tij të shenjtë, dhe kështu Perëndia ynë i ka ndriçuar sytë tanë dhe na ka dhënë një rizgjim të vogël në skllavërinë tonë.

⁹ Në të vërtetë ne ishim skllevër, megjithatë Perëndia ynë nuk na braktisi në skllavërinë tonë, por na siguroi mirëdashjen e mbretërve të Persisë, duke na rizgjuar për të ngritur përsëri shtëpinë e Perëndisë tonë, duke restauruar rrënojat e saj dhe për të na dhënë një mur mbrojtjeje në Judë dhe Jeruzalem.

¹⁰ Por tani, o Perëndia ynë, çfarë do të themi pas kësaj? Sepse i kemi braktisur urdhërimet e tua,

¹¹ që na kishe urdhëruar me anë të shërbëtorëve të tu, profetëve, duke thënë: "Vendi në të cilin po hyni për ta shtënë në dorë është një vend i papastër për shkak të papastërtisë së popujve të këtyre vendeve, për shkak të gjërave të neveritshme me të cilat e kanë mbushur fund e krye ne ndotjet e tyre.

¹² Prandaj tani mos u jepni bijat tuaja bijve të tyre dhe mos merrni bijat e tyre për bijtë tuaj; mos kërkoni kurrë begatinë e tyre, as mirëqënien e tyre, sepse kështu do të bëheni të fortë, do të hani prodhimet më të mira të vendit dhe do t'ua lini atë në trashëgimi bijve tuaj përjetë".

¹³ Por mbas gjithë asaj që na ra mbi krye për shkak të veprimeve tona të këqija dhe të fajeve tona të mëdha, duke qenë se ti, o Perëndia ynë, na dënove më pak nga sa e meritonin fajet tona dhe na le një pikë si kjo,

¹⁴ a do të kthehemi përsëri të shkelim urdhërimet e tua dhe të bashkohemi me martesë me popujt që kryejnë këto gjëra të neveritshme? A nuk do të zemëroheshe kundër nesh deri sa të

Ezrës

shkatërroje pa lënë asnjë të mbetur ose të shpëtuar?

¹⁵ O Zot, Perëndia i Izraelit, ti je i drejtë, prandaj ne kemi mbetur sot, një mbetje njerëzish që kanë shpëtuar. Ja ku jemi para teje me fajin tonë, megjithëse për shkak të tij asnjë nuk mund të qëndrojë para teje!".

Kapitull 10

¹ Ndërsa Ezdra lutej dhe bënte këtë rrëfim, duke qarë dhe duke rënë përmbys përpara shtëpisë së Perëndisë, rreth tij u mblodh një mori e madhe nga Izraeli: burra, gra, dhe fëmijë; dhe populli qante me të madhe.

² Atëherë Shekaniahu, bir i Jehielit, një nga bijtë e Elamit, filloi t'i thotë Ezdras: "Ne kemi mëkatuar kundër Perëndisë tonë, duke u martuar me gra të huaja që i kemi marrë nga popujt e këtij vendi; megjithëkëtë mbetet ende një shpresë për Izraelin.

³ Prandaj të bëjmë një besëlidhje me Perëndinë tonë, t'i kthejmë tërë këto gra dhe bijtë që kanë lindur prej tyre, sipas këshillës së Perëndisë dhe të atyre që dridhen përpara urdhërit të Perëndisë tonë. Dhe të veprohet sipas ligjit.

⁴ Çohu sepse kjo të përket ty; ne do të jemi me ty. Merr guxim dhe vepro!".

⁵ Atëherë Ezdra u ngrit dhe i vuri të betohen krerët e priftërinjve, Levitët dhe tërë Izraelin se do të vepronin ashtu siç ishte thënë. Dhe ata u betuan.

⁶ Pastaj Ezdra u ngrit përpara shtëpisë së Perëndisë dhe shkoi në dhomën e Jehohananit, birit të Eliashibit. Sa qëndroi aty, ai nuk hëngri bukë as piu ujë, sepse mbante zi për mëkatin e atyre që ishin kthyer nga robëria.

⁷ Edhe u bë një shpallje në Judë dhe në Jeruzalem për të gjithë të kthyerit nga robëria, me qëllim që të mblidheshin në Jeruzalem;

⁸ në rast se dikush nuk do të vinte brenda tri ditëve sipas këshillës së krerëve dhe të pleqve, tërë pasuritë e tij do të konfiskoheshin dhe ai vetë do të përjashtohej nga asambleja e të kthyerve nga robëria.

⁹ Kështu gjithë burrat e Judës dhe të Beniaminit u mblodhën në Jeruzalem brenda tri ditëve. Ishte dita e njëzet e muajit të nëntë. Tërë populli zuri vend në sheshin e shtëpisë së Perëndisë, duke u dridhur nga shkaku i kësaj gjëje dhe nga shiu i fortë.

¹⁰ Atëherë prifti Ezdra u ngrit dhe u tha atyre: "Ju keni mëkatuar duke u martuar me gra të huaja dhe kështu e keni shtuar fajin e Izraelit.

¹¹ Por tani rrëfehuni te Zoti, Perëndia i etërve tuaj, dhe bëni vullnetin e tij, duke u ndarë nga popujt e këtij vendi dhe nga gratë e huaja!".

¹² Atëherë tërë asambleja u përgjigj dhe tha me zë të lartë: "Po, duhet të bëjmë ashtu siç thua ti!

¹³ Por populli është i madh në numër dhe është stina e shirave të mëdha; nuk është, pra, i mundur qëndrimi jashtë. Nuk është me siguri puna e një dite ose dy ditëve, sepse jemi të shumtë që kemi mëkatuar në këtë çështje.

¹⁴ Të mbeten këtu, pra, krerët tanë në vend të tërë asamblesë dhe të gjithë ata që në qytetet tona janë martuar me gra të huaja të vijnë në kohë të caktuara bashkë me pleqtë dhe me gjyqtarët e çdo qyteti, deri sa të largohet prej nesh zemërimi i zjarrtë i Perëndisë tonë për shkak të kësaj gjëje.

¹⁵ Vetëm Jonathani, bir i Asahelit, dhe Jaziahu, bir i Tikvahut, e kundërshtuan këtë propozim, të përkrahur nga Meshulami dhe nga Leviti Shabethai.

¹⁶ Kështu të kthyerit nga robëria vepruan siç ishte thënë dhe u zgjodhën prifti Ezdra dhe disa kryefamiljarë sipas shtëpive të tyre patriarkale, të tërë të caktuar me emër; ata filluan mbledhjet ditën e parë të muajit të dhjetë për të shqyrtuar rastet e ndryshme.

¹⁷ Ditën e parë të muajit të parë përfunduan tërë rastet e burrave që ishin martuar me gra të huaja.

¹⁸ Midis bijve të priftërinjve që ishin martuar me gra të huaja figuronin: nga bijtë e Jeshuas, biri i Jotsadakut, dhe midis vëllezërve të tij: Maasejahu, Eliezeri, Jaribi dhe Gedaliahu.

¹⁹ Ata u zotuan t'i ndanin gratë e tyre; pastaj, për shkak të fajit të tyre, secili paraqiti një dash për të shlyer mëkatin e tij.

²⁰ Nga bijtë e Imerit: Hanani dhe Zebadiahu.

²¹ Nga bijtë e Harimit: Maasejahu, Elia, Shemajahu, Jehieli dhe Uziahu.

²² Nga bijtë e Pashurit: Elioenai, Maasejahu, Ishmaeli, Nethaneeli, Jozabadi dhe Elasahu.

²³ Nga Levitët: Jozabadi, Shimei, Kelajahu, domethënë Kelita, Pethajahu, Juda dhe Eliezeri.

²⁴ Nga këngëtarët: Eliashibi. Nga derëtarët: Shallumi, Telemi dhe Uri.

²⁵ Midis Izraelitëve: bijtë e Paroshit: Ramiahu, Iziahu, Malkiahu, Mijamini, Eleazari, Malkiahu dhe Benajahu.

²⁶ Nga bijtë e Elamit: Mataniahu, Zakaria, Jehieli, Abdi, Jeremothi dhe Elia.

²⁷ Nga bijtë e Zatuit: Elioenai, Eliashibi, Mataniahu, Jeremothi, Zabadi dhe Aziza.

²⁸ Nga bijtë e Bebait: Jehohanani, Hananiahu, Zabai dhe Athlai.

²⁹ Nga bijtë e Banit: Meshulami, Maluku, Adajahu, Jashubi, Sheali dhe Ramothi.

³⁰ Nga bijtë e Pahath-Moabit: Adnai, Kelali, Benajahu, Maasejahu, Mataniahu, Betsaleeli, Binui dhe Manasi.

³¹ Nga bijtë e Harimit: Eliezeri, Ishshijahu, Malkiahu, Shemajahu, Simeoni,

³² Beniamini, Malluku dhe Shemariahu.

³³ Nga bijtë e Hashumit: Matenai, Matatahu, Zabadi, Elifeleti, Jeremai, Manasi dhe Shimei.

³⁴ Nga bijtë e Banit: Maadai, Amrami, Ueli,

³⁵ Benajahu, Bedejahu, Keluhi,

³⁶ Vaniahu, Meremothi, Eliashibi,

³⁷ Mataniahu, Matenai, Jaasai,

³⁸ Bani, Binui, Shimei,

³⁹ Shelemiahu, Nathani, Adajahu,

⁴⁰ Maknadbai, Shashai, Sharai,

⁴¹ Azareli, Shelemiahu, Shemariahu,

⁴² Shalumi, Amariahu dhe Jozefi.

⁴³ Nga bijtë e Nebos: Jejeli, Matithiahu, Zabadi, Zebina, Jadai, Joeli dhe Benajahu.

⁴⁴ Tërë këta ishin martuar me gra të huaja; dhe disa nga këta kishin pasur fëmijë nga këto gra.

Nehemisë

Kapitull 1

¹ Fjalët e Nehemias, birit të Hakaliahut. Ndodhi që në muajin e Kisleut, në vitin e njëzetë, ndërsa unë ndodhesha në kalanë e Suzës,

² arriti në Judë Hanani, një nga vëllezërit e mi, bashkë me disa burra të tjerë. Unë i pyeta lidhur me Judejtë që kishin shpëtuar, që ishin kthyer gjallë nga robëria, dhe lidhur me Jeruzalemin.

³ Ata më thanë: "Ata që kanë shpëtuar nga robëria janë atje poshtë në krahinë, në një varfëri të madhe dhe me faqe të zezë; përveç kësaj muret e Jeruzalemit janë plot me të çara dhe portat e tij janë konsumuar nga zjarri".

⁴ Sa i dëgjova këto fjalë, u ula dhe qava; pastaj mbajta zi disa ditë me radhë, agjerova dhe u luta përpara Perëndisë të qiellit.

⁵ Dhe thashë: "Të lutem shumë, o Zot, Perëndia i qiellit, Perëndi i madh dhe i tmerrshëm, që i qëndron besnik besëlidhjes dhe ke mëshirë për ata që të duan dhe respektojnë urdhërimet e tua,

⁶ qofshin veshët e tua të vëmendshëm dhe sytë e tu të hapur për të dëgjuar lutjen e shërbëtorit tënd që tani ta drejton ty ditën dhe natën për bijtë e Izraelit, shërbëtorë të tu, duke rrëfyer mëkatet e bijve të Izraelit, që ne kemi kryer kundër teje. Po, unë dhe shtëpia e atit tim kemi mëkatuar.

⁷ Jemi sjellë shumë keq me ty dhe nuk kemi respektuar urdhërimet, statutet dhe dekretet që ti i ke urdhëruar Moisiut, shërbëtorit tënd.

⁸ Mbaje mend fjalën që i urdhërove Moisiut, shërbëtorit tënd, duke i thënë: "Në qoftë se do të mëkatoni, unë do t'ju shpërndaj midis popujve;

⁹ por në rast se do të ktheheni tek unë dhe do të respektoni urdhërimet e mia, dhe do t'i zbatoni në praktikë, edhe sikur njerëzit tuaj të shpërndarë të jenë në kufijtë e qiellit, unë do t'i mbledh që andej dhe do t'i sjell përsëri në vendin që kam zgjedhur ku të banojë emri im".

¹⁰ Tani këta janë shërbëtorët e tu dhe populli yt, që ti i ke çliruar me fuqinë tënde të madhe dhe me dorën tënde të fortë.

¹¹ O Zot, të lutem, qofshin veshët e tu të vëmendshëm ndaj lutjes së shërbëtorit tënd dhe lutjes së shërbëtorëve të tu që ndjejnë kënaqësi kur kanë frikë prej emrit tënd; jepi, madje sot të lutem, një sukses të mirë shërbëtorit tënd, duke bërë që ai të gjejë zemërbutësi në sytë e këtij njeriu". Unë atëherë isha kupëmbajtësi i mbretit.

Kapitull 2

¹ Në muajin e Nisanit, vitin e njëzetë të mbretit Artakserks, sapo e sollën verën para tij, unë e mora verën dhe ia zgjata atij. Unë nuk kisha qenë i trishtuar kurrë në prani të tij.

² Prandaj mbreti më tha: "Pse ke pamje të trishtuar, ndonëse nuk je i sëmurë? Kjo nuk mund të jetë veçse një trishtim i zemrës". Atëherë më zuri një frikë shumë e madhe,

³ dhe i thashë mbretit: "Rroftë mbreti përjetë! Si mund të mos jetë fytyra ime e trishtuar kur qyteti ku janë varrosur etërit e mi është shkatërruar dhe portat e tij janë konsumuar nga zjarri?".

⁴ Mbreti më tha: "Çfarë kërkon?". Atëherë unë iu luta Perëndisë të qiellit

⁵ dhe pastaj iu përgjigja mbretit: "Në qoftë se kjo i pëlqen mbretit dhe shërbëtori yt ka gjetur mirëdashje në sytë e tu, më lejo të shkoj në Judë, në qytetin e varreve të etërve të mi, që ta rindërtoj atë".

⁶ Mbreti më tha (mbretëresha i rrinte ulur në krah): "Sa do të zgjasë udhëtimi dhe kur do të kthehesh?". Kështu i pëlqeu mbretit më lërë të shkoj dhe unë i tregova një afat kohe.

⁷ Pastaj i thashë mbretit: "Në rast se kështu i pëlqen mbretit, të më jepen letra për qeveritarët e krahinës matanë Lumit që të më japin lejen e kalimit deri sa të arrijë në Judë,

⁸ dhe një letër për Asafin, mbikëqyrësin e pyllit të mbretit, që të më japë lëndën e drurit për të ndërtuar portat e qytezës së bashkuar me tempullin, për muret e qytetit dhe për shtëpinë në të cilën do të shkoj të banoj". Mbreti më dha letrat, sepse dora mirëdashëse e Perëndisë tim ishte mbi mua.

⁹ Arrita kështu te qeveritarët e krahinës matanë Lumit dhe u dhashë atyre letrat e mbretit. Me mua mbreti kishte dërguar një trup përcjellës të përbërë nga komandantë të ushtrisë dhe nga kalorës.

¹⁰ Por kur Sanballati, Horoniti dhe Tobiahu, shërbëtori i Amonit, e mësuan këtë gjë, u shqetësuan shumë, sepse kishte ardhur një burrë që kërkonte të mirën e bijve të Izraelit.

¹¹ Kështu arrita në Jeruzalem dhe qëndrova atje tri ditë.

¹² Pastaj u ngrita natën me pak burra të tjerë, por nuk i thashë gjë asnjeriut nga ato që Perëndia im më kishte vënë në zemër të bëja për Jeruzalemin. Nuk kisha me vete asnjë kafshë tjetër, barre, veç asaj së cilës i kisha hipur.

¹³ Dola natën nga porta e Luginës, në drejtim të burimit të Dragoit dhe të portës së Plehut, duke kontrolluar kështu muret e Jeruzalemit që ishin plot me të çara dhe portat e tij të konsumuara nga zjarri.

¹⁴ Vazhdova pastaj me portën e Burimit dhe pishinën e Mbretit, por nuk kishte vend nga të kalonte kafsha mbi të cilën kisha hipur.

¹⁵ Atëherë iu ngjita natën luginës, duke inspektuar gjithnjë muret; më në fund u ktheva prapa, duke hyrë nga porta e Luginës, dhe kështu u ktheva.

¹⁶ Zyrtarët nuk dinin se ku kisha shkuar dhe as me se isha marrë. Deri në atë çast nuk u kisha thënë asgjë Judejve, priftërinjve, parisë, zyrtarëve dhe as atyre që merreshin me punimet.

¹⁷ Atëherë u thashë atyre: "Ju shikoni gjendjen e mjeruar në të cilat ndodhemi: Jeruzalemi është shkatërruar dhe portat e tij janë konsumuar nga zjarri! Ejani, t'i rindërtojmë muret e Jeruzalemit, dhe kështu nuk do të jemi më të turpëruar!".

¹⁸ U tregova pastaj atyre si dora bamirëse e Perëndisë tim kishte qenë mbi mua si dhe fjalët që mbreti më kishte thënë. Atëherë ata thanë: "Të ngrihemi dhe t'i vihemi ndërtimit!". Kështu morën kurajo për t'i forcuar duart e tyre për këtë punë të rëndësishme.

¹⁹ Por kur Sanballati, Horoniti dhe Tobiahu, shërbëtori Amonit, dhe Geshemi, Arabi, e mësuan këtë gjë, filluan të tallen dhe të na përbuzin, duke thënë: "Çfarë po bëni? Mos doni, vallë, të ngrini krye kundër mbretit?".

²⁰ Atëherë unë u përgjigja dhe u thashë atyre: "Do të jetë vetë Perëndia i qiellit që do të na sigurojë suksesin. Ne, shërbëtorët e tij, do të fillojmë ndërtimin, por për ju nuk do të ketë as pjesë, as të drejtë, as kujtim në Jeruzalem".

Kapitull 3

¹ Eliashibi, kryeprifti, u ngrit atëherë bashkë me vëllezërit e tij priftërinj dhe ndërtuan portën e Deleve; e shenjtëruan dhe ia vunë kanatet. Vazhduan të ndërtojnë deri në kullën e Meahut, që pastaj

² Pranë Eliashibit ndërtuan njerëzit e Jerikos dhe pranë tyre ndërtoi Zakuri, bir i Imrit.

³ Bijtë e Senaahut ndërtuan portën e Peshqve, bënë kasën dhe vunë kanatet e saj, bravat dhe shufrat.

⁴ Pranë tyre punonte për riparimet Meremothi, bir i Urias, që ishte bir i Kotsit; pranë tyre për riparimet punonte Meshullami, bir i Berekiahut, që ishte bir i Meshezabeelit; pranë tyre punonte për riparimet Tsadoku, bir i Baanas;

⁵ pranë tyre për riparimet punonin Tekoitët; por fisnikët midis tyre nuk e ulën qafën për të bërë punën e Zotit të tyre.

⁶ Jehojada, bir i Paseahut, dhe Meshulami, bir i Besodejahut, restauruan portën e Vjetër; bënë kasën dhe vunë kanatet e saj, bravat dhe shufrat.

⁷ Pranë tyre punonin për riparimin e selisë së qeveritarit të krahinës matanë Lumit Melatiahu, Gabaoniti, Jadoni Meronithiti dhe njerëzit e Gabaonit dhe të Mitspahut.

⁸ Pranë tyre punonte për riparimet Uzieli, bir i Harhajahut, një ndër argjendarët; pranë tij punonte për riparimet Hananiahu, një nga parfumierët. Ata e përforcuan Jeruzalemin deri në Murin e Gjerë.

⁹ Pranë tyre punoi për riparimet Refajahu, bir i Hurit, kryetar i gjysmës së rrethit të Jeruzalemit.

¹⁰ Pranë tyre punonte për riparimet, përballë shtëpisë së tij, Jedajahu, bir i Harumafit; pranë tij punonin për riparimet Hatushi, bir i Hashabnejahut.

¹¹ Malkijahu, bir i Harimit, dhe Hashshubi, bir i Pahath-Moabit, ndreqën një pjesë tjetër të mureve dhe kullën e Furrave.

¹² Pranë tij punonte për riparimet, bashkë me bijat e tij, Shalumi, bir i Haloheshit, kryetar i gjysmës së rrethit të Jeruzalemit.

¹³ Hanuni dhe banorët e Zanoahit ndreqën portën e Luginës; e ndërtuan dhe e vunë kanatet, bravat dhe shufrat. Përveç kësaj ndreqën një mijë kubitë muri deri në portën e Plehut.

¹⁴ Malkijahu, bir i Rekabit, kryetar i rrethit të Beth-Hakeremit, ndreqi portën e Plehut; e ndërtoi, dhe i vuri kanatet, bravat dhe shufrat.

¹⁵ Shalumi, bir i Kol-Hezeut, kryetar i rrethit të Mitspahut, ndreqi portën e Burimit; e ndërtoi, e mbuloi dhe i vuri kanatet, bravat dhe shufrat. Ndreqi gjithashtu murin e pishinës të Siloes, pranë kopshtit të mbretit, deri në shkallëzat që zbresin nga qyteti i Davidit.

¹⁶ Pas tij Nehemia, bir i Azbukut, kryetari i gjysmës së rrethit të Beth-Zurit, punoi për riparimet deri përpara varreve të Davidit, deri te pishina artificiale dhe deri te shtëpia e Trimave.

¹⁷ Pas tij punuan për riparimet Levitët, nën drejtimin e Rehumit,

birit të Banit; pranë tij punonte për riparimet për rrethin e tij Hashabia, kryetar i gjysmës së rrethit të Keilahut.

¹⁸ Pas tij punuan për riparimet vëllezërit e tyre, nën mbikëqyrjen e Bavait, birit të Henadat, kryetar i gjysmës tjetër të rrethit të Keilahut.

¹⁹ Pranë tij Ezeri, bir i Jeshuas, kryetar i Mitspahut, ndreqi një pjesë tjetër të mureve, përballë të përpjetës së arsenalit, në qoshe.

²⁰ Mbas tij Baruku, bir i Zabait, riparoi me zell të madh një pjesë tjetër të mureve, nga qoshja deri te porta e shtëpisë së Eliashibit, kryepriftit.

²¹ Mbas tij Meremothi, bir i Urias, që ishte bir i Kotsit, ndreqi një pjesë tjetër të mureve, nga porta e shtëpisë së Eliashibit deri në skajin e shtëpisë së Eliashibit.

²² Mbas tij punuan për riparimet priftërinjtë që banonin përreth.

²³ Mbas tyre Beniamini dhe Hashubi punuan për riparimet përballë shtëpisë së tyre. Mbas tyre Azaria, bir i Maasejahut, që ishte bir i Ananiahut, punoi për riparimet afër shtëpisë së tij.

²⁴ Mbas tij Binui, bir i Henadadit, ndreqi një pjesë tjetër të mureve, nga shtëpia e Azarias deri në kthesë, domethënë në qoshe.

²⁵ Palali, bir i Uzait, bëri riparime përballë kthesës dhe kullës që spikat nga shtëpia e epërme e mbretit, që ishte pranë oborrit të burgut. Mbas tij bëri riparime Pedajahu, bir i Paroshit.

²⁶ Nethinejtë, që banonin mbi Ofelin, bënë riparime deri përpara portës së Ujërave, në drejtim të lindjes, dhe përballë kullës që spikaste.

²⁷ Mbas tyre Tekoitët riparuan një pjesë tjetër të mureve, përballë kalasë së madhe që spikaste dhe deri në murin e Ofelit.

²⁸ Mbi portën e Kuajve, priftërinjtë punuan në riparimet, secili përballë shtëpisë së vet.

²⁹ Mbas tyre Tsadoku, bir i Imerit, punoi për riparimet përballë shtëpisë së tij. Mbas tij punoi Shemajahu, bir i Shekaniahut, që ishte rojtar i portës lindore.

³⁰ Mbas tij Hananiahu, bir i Shelemiahut, dhe Hanuni, biri i gjashtë i Tsalafit, riparuan një pjesë tjetër të mureve. Mbas tyre Meshullami, bir i Berekiahut, punoi për riparimet përballë banesës së tij.

³¹ Mbas tij Malkijahu, një nga argjendarët, mori pjesë në riparimet deri në shtëpitë e Nethinejve dhe të tregtarëve, përballë portës së Mifkadit dhe deri në të përpjetën e qoshes.

³² Midis së përpjetës së qoshes dhe portës së Deleve punuan për riparimet argjendarët dhe tregtarët.

Kapitull 4

¹ Kur Sanballati dëgjoi që ne po rindërtonim muret, u zemërua, u revoltua thellë dhe filloi të tallet me Judejtë,

² dhe u tha përpara vëllezërve të tij dhe ushtarëve të Samarisë: "Çfarë po bëjnë këta Judej matufë? Do të fortifikohen? Do të ofrojnë flijime? A do të mbarojnë brenda një dite? Mos vallë do të ringjallin gurët e konsumuar nga zjarri i togjeve të rrënojave?".

³ Tobiahu, Amoniti, që i rrinte pranë, tha: "Le të ndërtojnë! Por në rast se një dhelpër hipën sipër, do ta rrëzojë murin e tyre prej guri!".

⁴ Dëgjo, o Perëndia ynë, sepse na përçmojnë! Bëj që të bjerë mbi kokën e tyre fyerja e tyre dhe braktisi në përbuzje në një vend robërie!

⁵ Mos e mbulo paudhësinë e tyre dhe mos lejo që mëkati i tyre të fshihet para teje, sepse kanë provokuar zemërimin tënd para ndërtuesve".

⁶ Ne, pra, i rindërtuam muret që u bashkuan deri në gjysmën e lartësisë së tyre; populli e kishte marrë me zemër punën.

⁷ Por kur Sanballati, Tobiahu, Arabët, Amonitët dhe Asdodejtë mësuan që riparimi i mureve të Jeruzalemit po përparonte dhe të çarat kishin filluar të mbylleshin, ata u zemëruan shumë,

⁸ dhe të gjithë së bashku komplotuan për të ardhur në Jeruzalem dhe për të krijuar trazira në të.

⁹ Por ne iu lutëm Perëndisë tonë dhe për shkak të tyre vumë roje natë e ditë kundër tyre.

¹⁰ Por ata të Judës thonin: "Forcat e mbartësve të peshave vijnë duke u pakësuar dhe gërmadhat janë aq të shumta sa nuk do të arrijmë të ndërtojmë muret!

¹¹ Përveç kësaj kundërshtarët tanë thonin: "Ata nuk do të dinë dhe nuk do të shohin asgjë, deri sa ne do të sulemi në mes të tyre dhe do t'i vrasim; kështu do të bëjmë që të ndërpriten punimet".

¹² Por kur Judejtë që banonin pranë tyre erdhën dhjetë herë rrjesht për të na thënë: "Ngado që të ktheheni, do të na sulen".

¹³ Unë vendosa njerëz të armatosur në vendet më të ulta prapa mureve; e vendosa popullin sipas familjeve, me shpatat e tyre, shtizat e tyre dhe harqet e tyre.

¹⁴ Mbasi e shqyrtova situatën u ngrita dhe u thashë parisë, gjyqtarëve dhe pjesës tjetër të popullit: "Mos kini frikë nga ata! Kujtoni Zotin e madh dhe të tmerrshëm dhe luftoni për vëllezërit tuaj, për bijtë dhe bijat tuaja, për bashkëshortet tuaja dhe për shtëpitë tuaja!".

¹⁵ Kur armiqtë tanë mësuan që ne ishim të informuar mbi këtë gjë dhe që Perëndia e kishte bërë të dështonte plani i tyre, ne të gjithë u kthyem tek muret, secili në punën e tij.

¹⁶ Qysh prej asaj dite, gjysma e shërbëtorëve të mi merrej me punët, ndërsa gjysma tjetër kishte rrokur shtizat, mburojat, harqet dhe kishte veshur parzmoret; komandantët qëndronin prapa tërë shtëpisë së Judës.

¹⁷ Por ata që ndërtonin muret dhe ata që mbartnin o ngarkonin peshat, me një dorë merreshin me punimet dhe me dorën tjetër mbanin armën e tyre.

¹⁸ Tërë ndërtuesit, duke punuar, mbanin secili shpatën e ngjeshur në ijet, ndërsa borizani rrinte pranë meje.

¹⁹ Atëherë unë u thashë parisë, zyrtarëve dhe pjesës tjetër të popullit: "Puna është e madhe dhe e shtrirë, dhe ne jemi të shpërndarë mbi muret, larg njeri tjetrit.

²⁰ Kudo që të dëgjoni tingullin e borisë, atje mblidhuni pranë nesh; Perëndia ynë do të luftojë për ne".

²¹ Kështu e vazhdonim punën, ndërsa gjysma e njerëzve kishte rrokur shtizën që në agim e deri sa dilnin yjet.

²² Në të njëjtën kohë i thashë gjithashtu popullit: "Secili nga ju të rrijë me shërbëtorin e tij brenda Jeruzalemit, për të na ruajtur natën dhe për të punuar pastaj ditën".

²³ Kështu as unë, as vëllezërit e mi, as shërbëtorët e mi, as njerëzit e rojes që më ndiqnin, nuk i hiqnim rrobat; por secili kishte armën e tij me ujë.

Kapitull 5

¹ Ndërkaq u ngrit një ankesë e madhe prej popullit dhe bashkëshorteve të tyre kundër Judejve, vëllezërve të tyre.

² Disa thonin: "Ne, bijtë tanë dhe bijat tona jemi shumë; prandaj të gjejmë grurë që të mund të hamë dhe të jetojmë!".

³ Të tjerë thonin: "Kemi hipotekuar arat tona, vreshtat tona dhe shtëpitë tona për të blerë grurë gjatë zisë!".

⁴ Disa të tjerë akoma thonin: "Kemi marrë para hua për të paguar haraçin e mbretit mbi arat tona dhe vreshtat tona.

⁵ Ndonëse mishi ynë është si mishi i vëllezërve tanë dhe bijtë tanë janë si bijtë e tyre, në realitet jemi të detyruar t'i kthejmë në skllevër bijtë tanë dhe bijat tona; disa nga bijat tona janë katandisur që tani në skllavëri dhe nuk kemi asnjë mundësi t'i shpengojmë, sepse arat tona dhe vreshtat tona janë në dorë të të tjerëve".

⁶ Kur dëgjova ankimet e tyre dhe këto fjalë, u indinjova shumë.

⁷ Mbasi u mendova mirë për këtë gjë, qortova parinë dhe gjyqtarët dhe u thashë atyre: "Secili prej jush kërkon një kamatë prej fajdexhiu nga vëllai i vet". Kështu mblodha kundër tyre një asamble të madhe

⁸ dhe u thashë: "Simbas mundësive tona ne kemi shpenguar vëllezërit tanë Judej që u ishin shitur kombeve; por tani a do t'i shisnit vëllezërit tuaj, apo duhet që ata të na shiten neve?". Atëherë ata heshtën me qenë se nuk gjenin fjalë për të thënë.

⁹ Dhe unë shtova: "Ajo që po bëni nuk është e mirë. A nuk duhet përkundrazi të ecni duke pasur frikë nga Perëndia ynë për të shmangur dëmin nga kombet që i kemi armiq?

¹⁰ Edhe unë, vëllezërit e mi dhe shërbëtorët e mi u kemi dhënë hua para dhe grurë. Ju lutem, të mos kërkojmë më kamatë për këtë!

¹¹ Ua ktheni që sot arat e tyre, vreshtat e tyre, ullishtat e tyre dhe shtëpitë e tyre, dhe të njëqindtën pjesë të parave, të grurit, të verës dhe të vajit që u keni kërkuar".

¹² Ata u përgjigjën: "Do t'i kthejmë dhe nuk do të kërkojmë më asgjë prej tyre; do të veprojmë ashtu si thua ti". Atëherë thirra priftërinjtë dhe i vura të betohen përpara atyre se do të vepronin sipas këtij premtimi.

¹³ Shkunda pastaj palën e rrobave të mia dhe thashë: "Kështu Perëndia ta shkundë nga shtëpia e tij dhe nga pasuria e tij cilindo që nuk do ta mbajë këtë premtim! Kështu të shkundet dhe të zbrazet ai nga të gjitha!". Atëherë tërë asambleja tha: "Amen!", dhe lavdëruan Zotin. Populli veproi sipas atij premtimi.

¹⁴ Përveç kësaj qysh prej ditës që u caktova të jem qeveritar i tyre në vendin e Judës, nga viti i njëzetë deri në vitin e tridhjetëdytë të mbretit Artakserks, gjatë dymbëdhjetë vjetëve, unë dhe vëllezërit

¹⁵ Ndërsa qeveritarët e mëparshëm që më kishin paraprirë e kishin rënduar popullin duke marrë bukë dhe verë, dhe përveç kësaj dyzet sikla argjendi. Madje edhe shërbëtorët e tyre silleshin si zotër me popullin, por unë nuk veprova kështu, sepse kisha frikë nga Perëndia.

¹⁶ Përkundrazi i hyra në të madhe punës së riparimit të këtyre mureve dhe nuk kemi bërë asnjë blerje toke; përveç kësaj tërë shërbëtorët e mi u mblodhën atje për të punuar.

¹⁷ Kisha gjithashtu në mencën time njëqind e pesëdhjetë Judej dhe zyrtarë, përveç atyre që vinin nga kombet fqinje.

¹⁸ Çdo ditë përgatitej një ka dhe gjashtë krerë të zgjedhur që merreshin nga kopeja; për mua gatuheshin edhe zogj, dhe çdo dhjetë ditë bëhej furnizimi me lloj lloj vere me shumicë; por me gjithë këtë, nuk e kam kërkuar kurrë kuotën e qeveritarit, sepse mbi këtë popull rëndonte tashmë shërbimi.

¹⁹ Më kujto, o Perëndia im, për tërë të mirat që i kam bërë këtij populli.

Kapitull 6

¹ Kur Sanballati, Tobiahu dhe Geshem Arabi dhe armiqtë tanë të tjerë mësuan që unë kisha rindërtuar muret dhe që nuk kishte mbetur asnjë e çarë në to (megjithëse atëherë nuk i kisha vënë akoma kanatet e portave),

² Sanballati dhe Geshemi më çuan për të thënë: "Eja dhe takohemi bashkë me një nga fshatrat e luginës së Onos". Por ata mendonin të ma punonin.

³ Kështu unë u dërgova atyre lajmëtarë për t'u thënë: "Jam duke bërë një punë të madhe dhe nuk mund të zbres. Pse duhet ta ndërpresim punën, kur unë po e lë për të zbritur tek ju?".

⁴ Plot katër herë ata më çuan njerëz për të thënë të njëjtën gjë, dhe unë u përgjigja në të njëjtën mënyrë.

⁵ Atëherë Sanballati më dërgoi shërbëtorin e tij që të më thotë po atë gjë për të pestën herë me një letër të hapur në dorë,

⁶ në të cilën ishte shkruar: "Është përhapur fjala midis kombeve, dhe Gashmu e pohon këtë, që ti dhe Judejtë po kurdisni një rebelim; prandaj, sipas këtyre zërave, ti po rindërton muret, për t'u bërë mbreti i tyre,

⁷ dhe ke caktuar madje profetë për të bërë shpalljen tënde në Jeruzalem, duke thënë: "Ka një mbret në Judë!". Tani, këto gjëra do t'i njoftohen mbretit. Prandaj eja dhe të këshillohemi bashkë".

⁸ Por unë i çova për të thënë: "Punët nuk janë ashtu si thua ti, por ti i shpik në mendjen tënde".

⁹ Tërë këta njerëz në fakt donin të na trembnin dhe thonin: "Duart e tyre do ta lënë punën që do të mbetet e papërfunduar". Prandaj tani, o Perëndi, forco duart e mia!

¹⁰ Atëherë unë shkova në shtëpinë e Shemajahut, birit të Delajahut, që ishte bir i Mehetabeelit, që ishte mbyllur aty brenda; ai më tha: "Takohemi bashkë në shtëpinë e Perëndisë, brenda tempullit, dhe

¹¹ Por unë u përgjigja: "A mundet një njeri si unë të marrë arratinë? A mundet një njeri si unë të hyjë në tempull për të shpëtuar jetën? Jo, unë nuk do të hyj".

¹² Kuptova pastaj që Perëndia nuk e kishte dërguar, por kishte shqiptuar atë proferi kundër meje, sepse Tobiahu dhe Sanbalati e kishin paguar.

¹³ Ishte paguar pikërisht për këtë: për të më trembur dhe për të më shtyrë të veproj në atë mënyrë dhe të mëkatoj, dhe kështu të më dilte një nam i keq dhe të mbulohesha me turp.

¹⁴ O Perëndia im, kujtoje Tobiahun dhe Sanbalatin, për këto vepra të tyre, si edhe profeteshën Noadiah dhe profetët e tjerë që kanë kërkuar të më trembin!

¹⁵ Muret u përfunduan ditën e njëzetepestë të muajit Elul, brenda pesëdhjetë e dy ditëve.

¹⁶ Kur tërë armiqtë tanë e mësuan këtë gjë dhe tërë kombet që na rrethonin e panë, ndjenë veten shumë të dëshpëruar, sepse e kuptuan që kjo vepër ishte kryer me ndihmën e Perëndisë tonë.

¹⁷ Në ato ditë edhe paria e Judës i dërgonte shpesh letra Tobiahut dhe merrte letra prej Tobiahut.

¹⁸ Shumë në Judë ishin në fakt të lidhur me të me anë të betimit, sepse ai ishte dhëndër i Shekanijahut, birit të Arahut, dhe biri i tij Jehohanan ishte martuar me bijën e Meshulamit, birit të Berekiahut.

¹⁹ Edhe në praninë time ata flisnin mirë për të dhe ia njoftonin fjalët e mia. Dhe Tobiahu dërgonte letra për të më trembur.

Kapitull 7

¹ Kur muret përfunduan dhe unë vura në vend portat, dhe derëtarët, këngëtarët dhe Levitët u caktuan në funksionet e tyre,

² komandën e Jeruzalemit ia dhashë Hananit, vëllait tim, dhe Hananiahut, qeveritarit të fortesës, sepse ishte njeri besnik dhe kishte frikë nga Perëndia më tepër se shumë të tjerë.

³ Dhe u thashë atyre: "Portat e Jeruzalemit nuk duhet të hapen deri sa të fillojë të djegë dielli; dhe ndërsa rojet janë akoma në vendroje, portat të mbahen të mbyllura dhe me shufra. Të vendosen roje nga banorët e Jeruzalemit, disa në vendin e tyre mbi muret dhe të tjerë përpara shtëpisë së tyre".

⁴ Qyteti ishte i madh dhe i gjerë, por brenda tij kishte pak njerëz dhe nuk ndërtoheshin shtëpi.

⁵ Atëherë Perëndia im më vuri në zemër detyrën të mbledh parinë, gjyqtarët dhe popullin, për t'i regjistruar sipas gjenealogjive të tyre. Dhe gjeta regjistrin gjenealogjik të atyre që ishin kthyer nga

⁶ Këta janë ata të krahinës që u kthyen nga robëria, ata që Nebukadnetsari, mbret i Babilonisë, kishte internuar dhe që ishin kthyer në Jeruzalem dhe në Judë, secili në qytetin e tij.

⁷ Këta janë ata që u kthyen me Zorobabelin, Jeshuan, Nehemian, Azarian, Raamiahun, Nahamanin, Mardokeon, Bilshanin, Misperethin, Bigvain, Nehumin dhe Banaahun. Numri i njerëzve të popullit të Izraelit:

⁸ bijtë e Paroshit, dy mijë e njëqind shtatëdhjetë e dy veta.

⁹ Bijtë e Shefatiahut, treqind e shtatëdhjetë e dy veta.

¹⁰ Bijtë e Arahut, gjashtëqind e pesëdhjetë e dy veta.

¹¹ Bijtë e Pahath-Moabit, bijtë e Jeshuas dhe të Joabit, dy mijë e tetëqind e tetëmbëdhjetë veta.

¹² Bijtë e Elamit, një mijë e dyqind e pesëdhjetë e katër veta.

¹³ Bijtë e Zatujit, tetëqind e dyzet e pesë veta.

¹⁴ Bijtë e Zakait, shtatëqind e gjashtëdhjetë veta.

¹⁵ Bijtë e Binuit, gjashtëqind e dyzet e tetë veta.

¹⁶ Bijtë e Bebait, gjashtëqind e njëzet e tetë veta.

¹⁷ Bijtë e Azgadit, dy mijë e treqind e njëzet e dy veta.

¹⁸ Bijtë e Adonikamit, gjashtëqind e gjashtëdhjetë e shtatë veta.

¹⁹ Bijtë e Bigvait, dy mijë e gjashtëdhjetë e shtatë veta.

²⁰ Bijtë e Adinit, gjashtëqind e pesëdhjetë e pesë veta.

²¹ Bijtë e Aterit, nga familja e Ezekias, nëntëdhjetë e tetë veta.

²² Bijtë e Hashumit, treqind e njëzet e tetë veta.

²³ Bijtë e Bezait, treqind e njëzet e katër veta.

²⁴ Bijtë e Harifit, njëqind e dymbëdhjetë veta.

²⁵ Bijtë e Gabaonit, nëntëdhjetë e pesë veta.

²⁶ Burrat e Betlemit dhe të Netofahut, njëqind e tetëdhjetë e tetë veta.

²⁷ Burrat e Anathothit, njëqind e njëzet e tetë veta.

²⁸ Burrat e Beth-Azmavethit, dyzet e dy veta.

²⁹ Burrat e Kirjath-Jearimit, të Kefirahut dhe të Beerothit, shtatëqind e dyzet e tre veta.

³⁰ Burrat e Ramahut dhe të Gebës, gjashtëqind e njëzet e një veta.

³¹ Burrat e Mikmasit, njëqind e njëzet e dy veta.

³² Burrat e Bethelit dhe të Ait, njëqind e njëzet e tre veta.

³³ Burrat e një Nebos tjetër, pesëdhjetë e dy veta.

³⁴ Bijtë e një Elami tjetër, një mijë e dyqind e pesëdhjetë e katër veta.

³⁵ Bijtë e Harimit, treqind e njëzet veta.

³⁶ Bijtë e Jerikos, treqind e dyzet e pesë veta.

³⁷ Bijtë e Lodit, të Hadidit dhe të Onos, shtatëqind e njëzet e një veta.

³⁸ Bijtë e Senaahut, tre mijë e nëntëqind e tridhjetë veta.

³⁹ Priftërinjtë: bijtë e Jedajahut, nga shtëpia e Jeshuas, nëntëqind e gjashtëdhjetë e tre veta.

⁴⁰ Bijtë e Imerit, një mijë e pesëdhjetë e dy veta.

⁴¹ Bijtë e Pashurit, një mijë e dyqind e dyzet e shtatë veta.

⁴² Bijtë e Harimit, një mijë e shtatëmbëdhjetë veta.

⁴³ Levitët: bijtë e Jeshuas, nga familja e Kadmielit, bijtë e Hodevahut, shtatëdhjetë e katër veta.

⁴⁴ Këngëtarët: bijtë e Asafit, njëqind e dyzet e tetë veta.

⁴⁵ Derëtarët: bijtë e Shalumit, bijtë e Aterit, bijtë e Talmonit, bijtë e Akubit, bijtë e Hatitas, bijtë e Shobait, njëqind e tridhjetë e tetë veta.

⁴⁶ Nethinejtë: bijtë e Tsihas, bijtë e Hasufas, bijtë e Taboathit,

⁴⁷ bijtë e Keros, bijtë e Sias, bijtë e Padonit,

⁴⁸ bijtë e Lebanas, bijtë e Hagabas, bijtë e Salmait,

⁴⁹ bijtë e Hananit, bijtë e Gidelit, bijtë e Gaharit,

⁵⁰ bijtë e Reajahut, bijtë e Retsinit, bijtë e Nekodës,

⁵¹ bijtë e Gazamit, bijtë e Uzas, bijtë e Paseahut,

⁵² bijtë e Besait, bijtë e Meunimit, bijtë e Nefishesimit,

⁵³ bijtë e Bakbukut, bijtë e Hakufas, bijtë e Harhurit,

⁵⁴ bijtë e Bazlithit, bijtë e Mehidas, bijtë e Harshas,

⁵⁵ bijtë e Barkos, bijtë e Siseras, bijtë e Tamahut,

⁵⁶ bijtë e Netsiahut, bijtë e Hatifas.

⁵⁷ Bijtë e shërbëtorëve të Salomonit: bijtë e Sotait, bijtë e Soferethit, bijtë e Peridas,

⁵⁸ bijtë e Jaalas, bijtë e Darkonit, bijtë e Gidelit,

⁵⁹ bijtë e Shefatiahut, bijtë e Hatilit, bijtë e Pokerethit nga Tsebaimi, bijtë e Amonit.

⁶⁰ Shuma e Nethinejve dhe bijve të shërbëtorëve të Salomonit, treqind e nëntëdhjetë e dy veta.

⁶¹ Këta janë ata që u kthyen nga Tel-Melahu, nga Tel-Harsha, nga Kerubi, nga Adoni dhe nga Imeri, dhe që nuk qenë në gjendje të përcaktonin shtëpinë e tyre atërore ose pasardhjen e tyre, për të vërtetuar që i përkisnin Izraelit;

⁶² bijtë e Delajahut, bijtë e Tobiahut, bijtë e Nekodas, gjashtëqind e dyzet e dy veta.

⁶³ Midis priftërinjve: bijtë e Habajahut, bijtë e Kotsit, bijtë e Barzilait; i cili ishte martuar me një nga bijat e Barzijlait, Galaaditit, dhe mori emrin e tyre.

⁶⁴ Këta kërkuan listat e tyre midis atyre që ishin regjistruar në gjenealogjitë, por nuk i gjetën; prandaj u përjashtuan nga prifëria si të papastër;

⁶⁵ qeveritari i urdhëroi që të mos hanin gjëra shumë të shenjta deri sa të paraqitej një prift me Urimin dhe me Thumimin.

⁶⁶ E tërë asambleja kishte gjithsej dyzet e dy mijë e treqind e gjashtëdhjetë veta,

⁶⁷ përveç shërbëtorëve të tyre dhe shërbëtoreve të tyre, që ishin shtatë mijë e treqind e tridhjetë e shtatë veta. Kishin gjithashtu dyqind e dyzet e pesë këngëtarë dhe këngëtare.

⁶⁸ Kishin shtatëqind e tridhjetë e gjashtë kuaj, dyqind e dyzet e pesë mushka,

⁶⁹ katërqind e tridhjetë e pesë deve dhe gjashtë mijë e shtatëqind e njëzet gomarë.

⁷⁰ Disa të parë të shtëpive atërore bënë dhurata për punën e ndërtimit. Qeveritari i dha thesarit një mijë darikë ari, pesëdhjetë kupa, pesëqind e tridhjetë rroba priftërinjsh.

⁷¹ Disa të parë të shtëpive atërore i dhanë thesarit për punën e ndërtimit njëzet mijë darikë ari dhe dy mijë mina argjendi.

⁷² Pjesa tjetër e popullit dha njëzet mijë darikë ari, dy mijë mina argjendi dhe gjashtëdhjetë e shtatë rroba priftërinjsh.

⁷³ Kështu priftërinjtë, Levitët, derëtarët, këngëtarët, disa nga populli, Nethinejtë dhe tërë Izraelitët u vendosën në qytetet e tyre. Kur arriti muaji i shtatë, bijtë e Izraelit ishin në qytetet e tyre.

Kapitull 8

¹ Atëherë tërë populli u mblodh si një njeri i vetëm në sheshin që ishte përpara portës së Ujërave; i thanë pastaj shkruesit Ezdra të sillte librin e ligjit të Moisiut, që Zoti i kishte dhënë Izraelit.

² Ditën e parë të muajit të shtatë, prifti Ezdra solli ligjin para asambleësë së burrave, të grave dhe të gjithë atyre që ishin të aftë të kuptonin.

³ Pastaj e lexoi në sheshin që ndodhet përpara portës së Ujërave, nga agimi deri në mesditë përpara burrave, grave dhe atyre që ishin të aftë të kuptonin; dhe veshët e të gjithë popullit ndiqnin me vëmendje librin e ligjit.

⁴ Shkruesi Ezdra qëndronte mbi një tribunë prej druri që kishin bërë për këtë rast. Pranë tij ishin në të djathtë Matithiahu, Shema, Ananiahu, Uria, Hilkiahu dhe Maasejahu; në të majtë Pedajahu, Mishaeli, Malkijahu, Hashumi, Hashbadana, Zakaria dhe Meshulami.

⁵ Ezdra e hapi librin në prani të të gjithë popullit, sepse rrinte më lart se tërë populli; sa e hapi, tërë populli u ngrit në këmbë.

⁶ Ezdra bekoi Zotin, Perëndinë i madh, dhe tërë populli u përgjigj: "Amen, amen", duke ngritur duart; pastaj u përkulën dhe ranë përmbys me fytyrë për tokë përpara Zotit.

⁷ Jeshua, Bani, Sherebiahu, Jamini, Akubi, Shabethai, Hodijahu, Maasejahu, Kelita, Azaria, Jozabadi, Hanani, Pelajahu dhe Levitët e ndihmonin popullin të kuptonte ligjin, ndërsa populli rrinte në këmbë në vendin e tij.

⁸ Ata lexonin në librin e ligjit të Perëndisë në mënyrë të qartë, duke shpjeguar domethënien e tij, me qëllim që të kuptonin atë që lexohej.

⁹ Nehemia, që ishte qeveritari, Ezdra, prift dhe shkrues, dhe Levitët që e mësonin popullin i thanë tërë popullit: "Kjo ditë i shenjtërohet Zotit, Perëndisë tuaj; mos mbani zi dhe mos qani!". Tërë populli

¹⁰ Pastaj Nehemia u tha atyre: "Shkoni, hani, ushqime shumë të shijshme dhe pini verëra të ëmbla, dhe u çoni racione atyre që nuk kanë përgatitur asgjë, sepse kjo ditë i është shenjtëruar Zotit tonë. Mos u trishtoni, sepse gëzimi i Zotit është fuqia juaj".

¹¹ Levitët e mbanin në heshtje tërë popullin, duke thënë: "Heshtni, sepse kjo ditë është e shenjtë. Mos u trishtoni!".

¹² Atëherë tërë populli shkoi të hajë, të pijë, t'u dërgojë racione të varfërve dhe të kremtojë me hare të madhe, sepse ata i kishin kuptuar fjalët që u ishin shpjeguar.

¹³ Ditën e dytë, krerët e shtëpive atërore të gjithë popullit, priftërinjtë dhe Levitët u mblodhën pranë Ezdras, shkruesit, për të dëgjuar fjalët e ligjit.

¹⁴ Gjetën të shkruar në ligj që Zoti kishte urdhëruar me anë të Moisiut që bijtë e Izraelit duhet të banonin në kasolle gjatë festës së muajit të shtatë,

¹⁵ dhe në të gjitha qytetet e tyre dhe në Jeruzalem duhet të përhapnin dhe të shpallnin një njoftim në të cilin të thuhej: "Shkoni në mal dhe sillni andej degë ulliri, degë ullastre, degë mërsine, degë palme dhe degë me gjethe të dendura, për të bërë kasolle, siç është shkruar".

¹⁶ Atëherë populli shkoi jashtë dhe solli degët, dhe i ndërtoi kasollet, kush mbi çatinë e shtëpisë së tij, kush në oborrin e tij, të tjerë në oborret e shtëpisë së Perëndisë, në sheshin e portës të Ujërave dhe në sheshin e portës së Efraimit.

¹⁷ Kështu tërë asambleja e atyre që ishin kthyer nga robëria ndërtoi kasolle dhe banoi në to. Nga koha e Jozueut, birit të Nunit, e deri në atë ditë, bijtë e Izraelit nuk kishin bërë asgjë të tillë. Dhe qe një gëzim shumë i madh.

¹⁸ Ezdra lexoi librin e ligjit të Perëndisë çdo ditë, nga dita e parë deri në ditën e fundit. E kremtuan festën shtatë ditë; ditën e tetë pati një asamble solemne, siç e kërkon ligji.

Kapitull 9

¹ Ditën e njëzetekatërt të po atij muaji, bijtë e Izraelit të veshur me thasë dhe të mbuluar me dhe, u mblodhën për një agjerim.

² Ata që i përkisnin fisit të Izraelit u ndanë nga gjithë të huajt dhe u paraqitën për të rrëfyer mëkatet e tyre dhe paudhësitë e etërve të tyre.

³ Pastaj u ngritën në këmbë në vendin e tyre dhe lexuan librin e ligjit të Zotit, Perëndisë të tyre, për një të katërtën pjesë të ditës; dhe për një të katër tjetrën të ditës bënë rrëfimin e mëkateve që kishin bërë ranë përmys përpara Zotit, Perëndisë të tyre.

⁴ Pastaj Jeshua, Bani, Kadmieli, Shebaniahu, Buni, Sherebiahu, Bani dhe Kenani u ngjitën mbi tribunën e Levitëve dhe i klithën me zë të lartë Zotit, Perëndisë të tyre.

⁵ Levitët Jeshua, Kadmiel, Bani, Hashabnejahu, Sherebiahu, Hodijahu, Shebanjahu dhe Pethahiahu thanë: "Çohuni dhe bekoni Zotin, Perëndinë tuaj, nga përjetësia në përjetësi! Qoftë i bekuar emri yt i lavdishëm, që lartësohet mbi çdo bekim dhe lëvdim!

⁶ Vetëm ti je Zoti! Ti ke bërë qiejtë, qiejtë e qiejve dhe tërë ushtrinë e tyre, dheun dhe tërë ato që qëndrojnë mbi të, detet dhe gjithçka që është në ta. Ti i mban gjallë tërë këto gjëra dhe ushtria e qiejve të adhuron.

⁷ Ti je Zoti, Perëndia që ka zgjedhur Abramin; e nxore nga Uri i Kaldeasve dhe i dhe emrin Abraham.

⁸ Ti e gjete zemrën e tij besnike para teje dhe bëre një besëlidhje me të për t'u dhënë pasardhësve të tij vendin e Kananejve, të Hitejve, të Amorejve, të Perezejve, të Jebusejve dhe të Girgasejve; ti e mbajte fjalën tënde; sepse je i drejtë.

⁹ Ti ke parë hidhërimin e etërve tanë në Egjipt dhe ke dëgjuar britmën e tyre pranë Detit të Kuq.

¹⁰ Ke bërë mrekulli dhe çudi kundër Faraonit, kundër tërë shërbëtorëve të tij dhe kundër tërë popullit të vendit të tij, sepse e dije që ata ishin sjellë me paturpësi me etërit tonë. Kështu i bëre një emër vetes që mbetet edhe sot.

¹¹ Ti ke ndarë detin para tyre, dhe ata kaluan në mes të detit në të thatë, ndërsa ti i hidhje në humnerë ndjekësit e tyre si një gur në ujëra të furishme.

¹² Ti i ke udhëhequr ditën me një kallonë reje dhe natën me një kollonë zjarri për t'i ndriçuar rrugën në të cilën do të ecnin.

¹³ Zbrite gjithashtu mbi malin Sinai, u fole nga qielli dhe u dhe dekrete të drejta dhe ligje të së vërtetës, statute dhe urdhërime të mira.

¹⁴ U bëre të njohur të shtunën tënde të shenjtë dhe u dhe urdhërime, statute dhe një ligj me anë të Moisiut, shërbëtorit tënd.

¹⁵ Ti gjithashtu u dhe bukë nga qielli kur ishin të uritur dhe u bëre që të buronte ujë nga shkëmbi kur kishin etje; dhe i urdhërove ata të shkonin të merrnin në zotërim vendin që ishe betuar t'u jepje.

¹⁶ Por ata dhe etërit tanë u sollën me mendjemadhësi, e fortësuan zverkun e tyre dhe nuk iu bindën urdhërimeve të tua.

¹⁷ Kundërshtuan të bindeshin dhe nuk kujtuan mrekullitë që ti kishe bërë midis tyre; ngurtësuan përkundrazi zverkun e tyre dhe në rebelimin e tyre zgjodhën një kryetar për t'u kthyer në skllavërinë e tyre. Por ti je një Perëndi i gatshëm të falë, shpirtmadh, plot mëshirë, i ngadalshëm në zemërim dhe plot mirësi. Ti nuk i ke braktisur,

¹⁸ as atëherë kur bënë një viç prej metali të shkrirë dhe thanë: "Ky është perëndia yt që të nxori nga Egjipti!"; kështu bënë një gjë blasfeme.

¹⁹ Megjithatë në shpirtmadhësinë tënde të madhe nuk i ke braktisur në shkretëtirë; kollona e resë nuk u largua prej tyre gjatë ditës për t'i udhëhequr ata në ecje, dhe kollona e zjarrit gjatë natës për t'ua ndriçuar atyre rrugën nëpër të cilën do të ecnin.

²⁰ Ke dhënë Frymën tënde të mirë për t'i mësuar; nuk ua ke refuzuar manën tënde gojëve të tyre dhe u ke dhënë ujë kur ishin të etur.

²¹ Për dyzet vjet i ke ushqyer në shkretëtirë, dhe nuk u ka munguar asgjë; rrobat e tyre nuk u prishën dhe këmbët e tyre nuk u ënjtën.

²² U dhe gjithashtu mbretëri dhe popuj, duke u caktuar krahinat

më të largëta; kështu ata shtinë në dorë vendin e Sihonit, vendin e mbretit të Heshbonit dhe vendin e Ogut, mbretit të Bashanit.

²³ I shumëzove bijtë e tyre si yjet e qiellit dhe i fute në vendin në të cilin u kishe thënë etërve të tyre të hynin për ta shtënë në dorë.

²⁴ Kështu bijtë e tyre hynë dhe zotëruan vendin; ti ke poshtëruar para tyre banorët e vendit, Kananejtë, dhe i dhe në duart e tyre bashkë me mbretërit e tyre dhe me popujt e vendit, me qëllim që ata të bënin çfarë t'u pëlqente.

²⁵ Ata pushtuan qytete të fortifikuara dhe një tokë pjellore dhe hynë në zotërim të shtëpive plot me të mira, të sternave të gatshme, të vreshtave, të ullishteve dhe të pemëve frutore me bollëk; ata hëngrën, u ngopën, u majmën dhe jetuan në gëzim për shkak të mirësisë sate të madhe.

²⁶ Megjithatë ata u treguan të pabindur, u rebeluan kundër teje, e hodhën ligjin tënd prapa krahëve, vranë profetët e tu që u bënin thirrje të rikthehesin te ti dhe kryen gjëra blasfeme.

²⁷ Prandaj ti i dhe në duart e armiqve të tyre, që i shtypën; por në kohën e fatkeqësisë së tyre ata klithën te ti, dhe ti i dëgjove nga qielli, dhe ti, me dhembshurinë tënde të madhe, u dhe atyre disa çlirimtarë që i shpëtuan nga duart e armiqve të tyre.

²⁸ Por kur ata kishin paqe, fillonin përsëri të bënin të keqen përpara teje; prandaj ti i braktise në duart e armiqve të tyre, që i sundonin; megjithatë, kur përsëri këlthitnin, ti i dëgjoje nga qielli, kështu që në shpirtmadhësinë tënde i ke çliruar shumë herë.

²⁹ Ti i nxisje të ktheheshin në ligjin tënd, por ata bëheshin krenarë dhe nuk u bindeshin urdhërimeve të tua, dhe mëkatonin kundër dekreteve të tua me anën e të cilëve, në qoftë se dikush i zbaton në praktikë, shpëton jetën; hiqnin shpatullat e tyre nga zgjedha, e forsësonin zverkun e tyre dhe kundërshtonin të bindeshin.

³⁰ Pate durim me ta shumë vjet me radhë, duke i nxitur me Frymën tënde dhe me gojën e profetëve të tu, por ata nuk deshën të të dëgjojnë; atëherë ti i dhe në duart e popujve të vendeve të ndryshme.

³¹ Por në mëshirën tënde të madhe nuk i shkatërrove plotësisht dhe nuk i braktise, sepse je një Perëndi zemërbutë dhe i mëshirshëm.

³² Tani pra, o Perëndia ynë, Perëndia i madh, i fuqishëm dhe i tmerrshëm, që respekton besëlidhjen dhe mëshirën të mos të duket para teje si gjë e vogël fatkeqësia që ka rënë mbi ne, mbi mbretërit tanë, mbi krerët tanë, mbi priftërinjtë tanë, mbi profetët tanë, mbi prindërit tanë dhe mbi tërë popullin tënd, nga koha e mbretërve të Asirisë e deri në ditën e sotme.

³³ Megjithatë ti ke qenë i drejtë në gjitha gjërat që na kanë ndodhur, sepse ti ke vepruar me besnikëri, ndërsa ne kemi vepruar me pabesi.

³⁴ Mbretërit tanë, krerët tanë, priftërinjtë tanë dhe etërit tanë nuk kanë zbatuar në praktikë ligjin tënd dhe as që u janë bindur urdhërimeve dhe porosive me të cilat i nxitje.

³⁵ Edhe kur të gjendeshin në mbretërinë e tyre, në mirëqënien e madhe që ti u kishe siguruar atyre dhe në vendin e gjerë dhe pjellor që ti u kishe vënë në dispozicion, nuk të shërbyen dhe nuk i braktisën veprimet e tyre të këqija.

³⁶ Dhe ja, sot jemi skllevër! jemi skllevër në vendin që u kishe dhënë etërve tanë, që të hanin frytet e tij dhe të gëzonin të mirat.

³⁷ Kështu prodhimet e bollshme të tij u shkojnë mbretit që ti ke vendosur mbi ne për shkak të mëkateve tona; ata sundojnë trupat tona dhe mbi bagëtinë tonë ashtu si duan; dhe ne ndodhemi në ankth të madh.

³⁸ Për shkak të gjithë kësaj, ne marrim një zotim të vendosur dhe e vëmë me të shkruar; dhe krerët tanë, Levitët tanë dhe priftërinjtë tanë do të vënë vulën e tyre mbi të.

Kapitull 10

¹ Ata që vunë vulën e tyre mbi dokumentin ishin: Nehemia, qeveritari, bir i Hakaliahut, dhe Sedekia,

² Serajahu, Azaria, Jeremia,

³ Pashuhuri, Amariahu, Malkija,

⁴ Hatushi, Shebaniahu, Maluku,

⁵ Harimi, Meremothi, Obadiahu,

⁶ Danieli, Ginethoni, Baruku,

⁷ Meshulami, Abijahu, Mijamini,

⁸ Maaziahu, Bilgai, Shemajahu. Këta ishin priftërinj.

⁹ Levitët: Jeshua, bir i Azaniahut, Binui nga bijtë e Henadadit dhe Kadmieli,

¹⁰ dhe vëllezërit e tyre Shebaniahu, Hodijahu, Kelita, Pelajahu, Hanani,

¹¹ Mika, Rehobi, Hashabiahu,

¹² Zakuri, Sherebiahu, Shebaniahu,

¹³ Hodijahu, Bani dhe Beninu.

¹⁴ Krerët e popullit: Paroshi, Pahath-Moabi, Elami, Zatu, Bani,

¹⁵ Buni, Azgabi, Bebai,

¹⁶ Adonijahu, Bigvai, Adini,

¹⁷ Ateri, Ezekia, Azuri,

¹⁸ Hodijahu, Hashumi, Betsai,

¹⁹ Harifi, Anatothi, Nebai,

²⁰ Magpiashi, Meshulami, Heziri,

²¹ Meshezabeeli, Tsadoku, Jadua,

²² Pelatiahu, Hanani, Anajahu,

²³ Hoshea, Hananiahu, Hasshubi

²⁴ Halloheshi, Pilha, Shobeku,

²⁵ Rehumi, Hashabnahu, Maasejahu,

²⁶ Ahijahu, Hanani, Anani

²⁷ Maluku, Harimi dhe Baanahu.

²⁸ Pjesa tjetër e popullit, priftërinjtë, Levitët, derëtarët, këngëtarët, Nethinejtë dhe tërë ata që ishin ndarë nga popujt e vendeve të huaja për të ndjekur ligjin e Perëndisë, bashkëshortet e tyre, bijtë e tyre dhe bijat e tyre, domethënë tërë ata që kishin njohuri dhe zgjuarësi,

²⁹ u bashkuan me vëllezërit e tyre, me më të shquarit, dhe u zotuan me mallkim dhe betim se do të ecnin në rrugën e caktuar nga ligji i Perëndisë, që ishte dhënë me anë të Moisiut, shërbëtorit të Perëndisë, dhe të respektonin e të zbatonin në praktikë të gjitha urdhërimet e Zotit, Zotit tonë, dekretet e tij dhe statutet e tij,

³⁰ të mos u japim bijat tona popujve të vendit dhe të mos marrim bijat e tyre për bijtë tanë,

³¹ të mos blejmë asgjë ditën e shtunë ose në një ditë tjetër të shenjtë nga popujt që çojnë për të shitur ditën e shtunë çfarëdo lloj mallrash dhe drithërash, ta lëmë tokën të pushojë çdo vit të shtatë dhe të mos vjelim asnjë borxh.

³² U zotuam prerazi të paguajmë çdo vit një të tretën e një sikli për shërbimin e shtëpisë së Perëndisë tonë,

³³ për bukët e paraqitjes, për blatimin e përjetshëm të ushqimit, për olokaustin e përjetshëm të të shtunave, të ditëve të hënës së re, të festave të caktuara, për gjërat e shenjtëruara, për ofertat e bëra për mëkatin, për shlyerjen e fajit të Izraelit, dhe për çdo punë të kryer në shtëpinë e Perëndisë tonë.

³⁴ Përveç kësaj hodhëm short midis priftërinjve, Levitëve dhe popullit për ofertën e druve që duhet të çohen në shtëpinë e Perëndisë tonë, çdo vit në afate të caktuara, sipas shtëpive tona atërore, me qëllim që të digjen në altarin e Zotit, Perëndisë tonë, ashtu siç është shkruar në ligj.

³⁵ U zotuam gjithashtu të çojmë çdo vit në shtëpinë e Zotit prodhimet e para të tokës sonë dhe frytet e para të çdo peme,

³⁶ dhe të parëlindurit e bijve tanë dhe të bagëtisë sonë, ashtu siç është shkruar në ligj, dhe me të pjelljen e parë të bagëtive tona të trasha dhe të imta për t'ua paraqitur në shtëpinë e Perëndisë tonë priftërinjve që kryejnë shërbim në shtëpinë e Perëndisë tonë.

³⁷ Përveç kësaj u zotuam t'u çojmë priftërinjve në dhomat e shtëpisë së Perëndisë tonë prodhimet e para të brumit tonë, ofertat tona, frutat e çdo peme, mushtin dhe vajin, dhe Levitëve të dhjetën e tokës sonë; vetë Levitët do të marrin të dhjetën pjesë në të gjitha qytetet ku ne punojmë.

³⁸ Një prift, pasardhës i Aaronit, do të jetë me Levitët kur ata do të marrin të dhjetat; dhe Levitët do ta çojnë të dhjetën e së dhjetës në shtëpinë e Perëndisë tonë, në dhomat e thesarit,

³⁹ sepse në këto dhoma bijtë e Izraelit dhe bijtë e Levit do të sjellin ofertat e grurit, të mushtit dhe të vajit; këtu janë veglat e shenjtërores, priftërinjtë që kryejnë shërbimin, derëtarët dhe këngëtarët. Ne nuk do ta braktisim shtëpinë e Perëndisë tonë.

Kapitull 11

¹ Krerët e popullit u vendosën në Jeruzalem; pjesa tjetër e popullit hodhi me short që një në çdo dhjetë veta të vinte të banonte në Jerualem, në qytetin e shenjtë; nëntë të dhjetat e tjerë duhet të qëndronin përkundrazi në qytetet e tjera.

² Populli bekoi tërë ata që spontanisht u ofruan të banojnë në Jeruzalem.

³ Këta janë krerët e provincës që u vendosën në Jeruzalem, (por në qytetet e Judës secili u vendos në pronën e vet, në qytetin e vet: Izraelitët, priftërinjtë, Levitët, Nethinejtë, dhe bijtë e shërbëtorëve të Salomonit).

⁴ Në Jeruzalem u vendosën një pjesë e bijve të Judës dhe të Beniaminit. Nga bijtë e Judës: Atahiahu, bir i Uziahut, bir i Zakarias, bir i Amariahut, bir i Shefatiahut, bir i Mahalaleelit, nga bijtë e Peretsit,

⁵ dhe Maaseja, bir i Barukut, bir i Kol-Hozehut, bir i Hazajahut, bir i Adajahut, bir i Jojaribit, bir i Zakarias, bir i Shilonitit.

⁶ Shuma e bijve të Peretsit që u vendosën në Jeruzalem: katërqind

e gjashtëdhjetë e tetë trima.

⁷ Këta janë bijtë e Beniaminit: Salu, bir i Mashulamit, bir i Joedit, bir i Pedajahut, bir i Kolajahut, bir i Maasejahut, bir i Ithielit, bir i Isaias;

⁸ mbas tij, Gabai dhe Sallai; gjithsej, nëntëqind e njëzet e tetë.

⁹ Joeli, bir i Zikrit, ishte i pari i tyre, dhe Juda, bir i Senuahut, ishte shefi i dytë i qytetit.

¹⁰ Nga priftërinjtë: Jedajahu, bir i Jojaribit dhe Jakini,

¹¹ Serajahu, bir i Hilkiahut, bir i Meshullamit, bir i Tsadokut, bir i Merajothit, bir i Ahitubit, ishte i pari i shtëpisë së Perëndisë,

¹² vëllezërit e tyre të caktuar me punë në tempull ishin tetëqind e njëzet e dy veta; dhe Adajahu, biri Jerohamit, bir i Pelaliahut, bir i Amtsit, bir i Zakarias, bir i Pashhurit, bir i Malkijahut

¹³ dhe vëllezërit e tij, të parët e shtëpive atërore, ishin gjithsej dyqind e dyzet e dy veta; dhe Amashaai, bir i Azareelit, bir i Ahzait, bir i Meshilemothit, bir i Imerit,

¹⁴ dhe vëllezërit e tyre, burra trima, ishin njëqind e njëzet e tetë veta. Zabdieli, bir i Gedolimit, ishte i pari i tyre.

¹⁵ Nga Levitët: Shemajahu, bir i Hashshubit, bir i Hazrikamit, bir i Hashabiahut, bir i Bunit,

¹⁶ Shabethai dhe Jozabadi, të caktuar në shërbimin e jashtëm të shtëpisë së Perëndisë, midis krerëve të Levitëve;

¹⁷ dhe Mataniahu, bir i Mikas, bir i Zabdiut, bir i Asafit, që fillonte lëvdimet gjatë lutjes, i pari dhe Bakbukiahu, i dyti ndër vëllezërit e tij, dhe Abda, bir i Shamuas, bir i Galalit, bir i Jeduthunit.

¹⁸ Shuma e Levitëve në qytetin e shenjtë: dyqind e tetëdhjetë e katër veta.

¹⁹ Derëtarët: Akubi, Talmoni dhe vëllezërit e tyre, rojtarë të portave: njëqind e shtatëdhjetë e dy veta.

²⁰ Pjesa tjetër e Izraelit, e priftërinjve dhe e Levitëve u vendosën në të gjitha qytetet e Judës, secili në pronën e vet.

²¹ Nethinejtë u vendosën mbi Ofelin; Tsiha dhe Gishpa ishin në krye të Nethinejve.

²² Kryetari i Levitëve në Jeruzalem ishte Uzi, bir i Banit, bir i Hashabiahut, bir i Mataniahut, bir i Mikas, nga bijtë e Asafit, që ishin këngëtarët e caktuar për shërbimin e shtëpisë së Perëndisë.

²³ Përsa u përket atyre, në fakt mbreti kishte dhënë urdhër që çdo ditë t'i jepej këngëtarëve një furnizim i caktuar

²⁴ Pethahiahu, bir i Meshezabeelit, nga bijtë e Zerahut, birit të Judës, ishte i deleguari i mbretit për të gjitha punët e popullit.

²⁵ Përsa u përket fshatrave me fushat e tyre, disa nga bijtë e Judës u vendosën në Kirjath-Arba dhe në fshatrat e tij, në Dibon dhe në fshatrat e tij, në Jekabseel dhe në fshatrat e tij,

²⁶ në Jeshuà, në Moladah, në Beth-Peleth,

²⁷ në Atsar-Shual, në Beer-Sheba dhe në fshatrat e tij,

²⁸ në Tsiklag, në Mekona dhe në fshatrat e tij,

²⁹ në En-Rimon, në Tsorah, në Jarmuth,

³⁰ në Zanoah, në Adullam dhe në fshatrat e tyre, në Lakish dhe në fushat e tij, në Azekah dhe në fshatrat e tij. U vendosën në Beer-Sheba deri në luginën e Hinomit.

³¹ Bijtë e Beniaminit u vendosën në Geba, në Mikmash, në Aijah, në Bethel dhe në fshatrat e tyre,

³² në Anathoth, në Nob, në Ananiah,

³³ në Atsor, në Ramah, në Gitaim,

³⁴ në Hadid, në Tseboim, në Nebalat,

³⁵ në Lod dhe në Ono, në luginën e artizanëve.

³⁶ Disa divizione të Levitëve të Judës u bashkuan në Beniamin.

Kapitull 12

¹ Këta janë priftërinjtë dhe Levitët që u kthyen me Zorobabelin, birin e Shealthielit, dhe me Jeshuan: Serajahu, Jeremia, Ezdra,

² Amariahu, Malluku, Hatushi,

³ Shekaniahu, Rehumi, Meremothi,

⁴ Ido, Ginethoi, Abijahu,

⁵ Mijamini, Maadiahu, Bilgahu,

⁶ Shemajahu, Jojaribi, Jedajahu,

⁷ Sallu, Amoku, Hilkiahu dhe Jedajahu. Këta ishin krerët e priftërinjve dhe të vëllezërve të tyre në kohën e Jeshuas.

⁸ Levitët përfaqësoheshin nga Jeshua, Binu, Kamieli, Sherebiahu, Juda dhe Mataniahu, që ishte caktuar bashkë me vëllezërit e tij në këngën e falenderimit.

⁹ Bakbukiahu dhe Uni, vëllezër të tyre, rrinin përballë tyre sipas funksioneve të tyre.

¹⁰ Jeshuas i lindi Jojakimi; Jojakimit i lindi Eliashibi; Eliashibit i lindi Jojada.

¹¹ Jojadas i lindi Jonathani; Joathanit i lindi Jadua.

¹² Në kohën e Jojakimit, priftërinjtë të parët e shtëpive atërore ishin si vijon: nga shtëpia e Serajahut, Merajahu; nga ajo e Jeremias, Hananiahu;

¹³ nga ajo e Ezdras, Meshulami; nga ajo e Amariahut, Jehohanani;

¹⁴ nga ajo e Melikut, Jonathani; nga ajo e Shebaniahut, Jozefi;

¹⁵ nga ajo e Harimit, Adna; nga ajo e Merajothit, Helkai;

¹⁶ nga ajo e Idos, Zakaria; nga ajo e Ginethonit, Meshulami;

¹⁷ nga ajo e Abijahut, Zikri; nga ajo e Miniaminit dhe e Moadiahut, Piltai;

¹⁸ nga ajo e Bilgahut, Shamua; nga ajo e Shemajahut, Jonathani;

¹⁹ nga ajo e Jojaribit, Matenai; nga ajo e Jedajahut, Uzi;

²⁰ nga ajo e Sallait, Kallai; nga ajo e Amokut, Eberi;

²¹ nga ajo e Hilkiahut, Hashabiahu dhe nga ajo e Jedajahut, Nethaneeli.

²² Gjatë mbretërimit të Darit, Persianit, u regjistruan bashkë me priftërinjtë, Levitët që ishin të parë të shtëpive atërore në kohën e Eliashibit, të Jojadas, të Johananit dhe të Jaduas.

²³ Bijtë e Levit, që ishin të parë të shtëpive atërore, u regjistruan përkundrazi në librin e Kronikave deri në kohën e Johananit, birit të Eliashibit.

²⁴ Krerët e Levitëve Hashabiahu, Sherabiahu dhe Jeshua, bir i Kadmielit, bashkë me vëllezërit e tyre, që rrinin përballë tyre, këndonin himne lëvdimi dhe falenderimi me grupe të alternuara, sipas urdhrit të Davidit, njeriut të Perëndisë.

²⁵ Mataniahu, Bakbukiahu, Obadiahu, Meshulami, Talmoni dhe Akubi ishin derëtarë dhe ruanin magazinat e portave.

²⁶ Këta jetonin në kohën e Jojakimit, birit të Jeshuas, bir i Jotsadakut, dhe në kohën e Nehemias, qeveritarit, dhe të Ezdras, që ishte prift dhe shkrues.

²⁷ Për kushtimin e mureve të Jeruzalemit dërguan të kërkojnë Levitë nga tërë vendet e tyre, për t'i sjellë në Jeruzalem që të kremtonin kushtimin me gëzim, me lavderime dhe me këngë, me cembale, me harpa dhe me qeste.

²⁸ Dhe bijtë e këngëtarëve u mblodhën nga krahina përreth Jeruzalemit, nga fshatrat e Netofathitëve,

²⁹ nga Beth-Gilgali, nga fusha e Gebas dhe të Azmavethit, sepse këngëtarët kishin ndërtuar fshatra përreth Jeruzalemit.

³⁰ Priftërinjtë dhe Levitët u pastruan vetë dhe pastruan popullin, portat dhe muret.

³¹ Pastaj unë bëra të hipnin mbi muret krerët e Judës dhe formova kështu dy kore të mëdha lëvdimi. I pari u nis në të djathtë, mbi muret, në drejtim të portës së Plehut;

³² prapa tij ecnin Hoshajahu, gjysma e krerëve të Judës,

³³ Azaria, Ezdra, Meshulami,

³⁴ Juda, Beniamini, Shemajahu, Jeremia,

³⁵ dhe disa nga bijtë e priftërinjve me boritë e tyre: Zakaria, bir i Jonathanit, bir i Shemajahut, bir i Mataniahut, bir i Mikajahut, bir i Zakurit, bir i Asafit,

³⁶ dhe vëllezërit e tij Shemajahu, Azareeli, Milalai; Gilalaji, Maai, Nethaneeli, Juda dhe Hanani, me veglat muzikore të Davidit, njeriut të Perëndisë. Ezdra, shkruesi, ecte në krye të tyre.

³⁷ Kur arritën te porta e Burimit u ngjitën drejtpërdrejt nëpër shkallët e qytetit të Davidit, ku muret lartohen mbi shtëpinë e Davidit, deri te porta e Ujërave, në lindje.

³⁸ Kori i dytë i lëvdimit mori drejtimin e kundërt; unë e ndiqja me gjysmën e popullit, mbi muret, mbi kullën e Furrave, deri te muri i Gjerë,

³⁹ pastaj mbi portën e Efraimit, mbi portën e Vjetër, mbi portën e Peshqve, mbi kullën e Hananeelit, mbi kullën e Meahut, deri te porta e Deleve; kori u ndal te porta e Burgut.

⁴⁰ Dy koret e lëvdimit u ndalën te shtëpia e Perëndisë; kështu bëra edhe unë me gjysmën e gjyqtarëve që ishin me mua,

⁴¹ dhe priftërinjtë Eliakim, Maasejah, Minialin, Mikajah, Elioenai, Zakaria, Hananiahu me boritë,

⁴² dhe Maasejahu, Shemajahu, Eleazari, Uzi, Jehohanani, Milkijahu, Elami dhe Ezetri. Këngëtarët kënduan me zë të lartë nën drejtimin e Jezrahiahut.

⁴³ Atë ditë ofruan flijime të mëdha dhe u gëzuan sepse Perëndia i kishte mbushur me një gëzim të madh. Edhe gratë dhe fëmijët u gëzuan; dhe gëzimi i Jeruzalemit dëgjohej nga larg.

⁴⁴ Në atë kohë disa njerëz u caktuan për dhomat që shërbenin si magazina për ofertat, për prodhimet e para dhe për të dhjetat, për të mbledhur aty nga arat e qyteteve pjesët e caktuara nga ligji për priftërinjtë dhe për Levitët, sepse Juda gëzohej për shkak të priftërinjve dhe të Levitëve që ishin në shërbim.

⁴⁵ Ata e kryenin shërbimin e Perëndisë së tyre dhe shërbimin e pastrimit, bashkë me këngëtarët dhe me derëtarët, sipas urdhrit të Davidit dhe të Salomonit, që ishte biri i tij.

⁴⁶ Në lashtësi, në kohën e Davidit dhe të Asafit, kishte në të vërtetë drejtues këngëtarësh dhe këngë lëvdimi dhe falenderimi drejtuar Perëndisë.

⁴⁷ Në kohën e Zerubabelit dhe të Nehemias, gjithë Izraeli u jepte çdo ditë racionet e caktuara këngëtarëve dhe derëtarëve; vinte gjithashtu mënjanë racionin për Levitët, dhe Levitët vinin mënjanë racionin e shenjtëruar për bijtë e Aaronit.

Kapitull 13

¹ po atë ditë u lexua në prani të popullit libri i Moisiut, dhe aty u gjet e shkruar që Amoniti dhe Moabiti nuk duhet të hynin kurrë në asamblenë e Perëndisë,

² sepse nuk i kishin pritur me bukë e me ujë bijtë e Izraelit dhe kishin rekrutuar kundër tyre me para Balaamin për t'i mallkuar; por Perëndia ynë e ndëroi mallkimin në bekim.

³ Sa e dëgjuan ligjin, ata ndanë nga Izraeli tërë njerëzit e huaj që ishin përzier me ta.

⁴ Para kësaj, prifti Eliashib, që ishte caktuar në dhomat e shtëpisë të Perëndisë tonë dhe kishte lidhur krushqi me Tobiahun,

⁵ kishte përgatitur për këtë një dhomë të madhe, ku vinin më parë ofertat, temjanin, përdorëset, të dhjetat e grurit, të verës dhe të vajit, tërë ato që me ligj u përkisnin Levitëve, këngëtarëve, derëtarëve, si edhe ofertat e mbledhura për priftërinjtë.

⁶ Por gjatë kësaj kohe unë nuk isha në Jeruzalem, sepse në vitin e tridhjetë e dytë të Artakserksit, mbretit të Babilonisë, isha kthyer pranë mbretit. Pas një farë kohe mora leje nga mbreti

⁷ dhe u ktheva në Jeruzalem; kështu pashë të keqen që Eliashibi kishte bërë për të favorizuar Tobiahun, duke përgatitur për të një dhomë në oborret e shtëpisë së Perëndisë.

⁸ Më erdhi shumë keq për këtë gjë dhe kështu hodha jashtë dhomës tërë orenditë shtëpiake që i përkisnin Tobiahut;

⁹ pastaj urdhërova që të pastroheshin ato dhoma dhe të rivendoseshin përdorëset e shtëpisë së Perëndisë, ofertat dhe temjani.

¹⁰ Pastaj mësova gjithashtu që racionet që u detyroheshin Levitëve nuk u ishin dhënë atyre dhe që Levitët dhe këngëtarët, që kryenin shërbimin, kishin ikur secili në tokën e vet.

¹¹ Atëherë qortova gjyqtarët dhe u thashë atyre: "Pse shtëpia e Perëndisë është braktisur?". Pastaj i mblodha dhe i vura përsëri në funksionet e tyre.

¹² Tërë Juda solli pastaj në magazinat të dhjetat e grurit, të mushtit dhe të vajit.

¹³ Mbikëqyrjen e magazinave ia besova priftit Shelemiah, shkruesit Tsadok dhe Pedajahut, një nga Levitët; si ndihmësa të tyre, zgjodha Hananin, birin e Zakurit, bir i Mataniahut, sepse këta konsideroheshin si njerëz besnikë. Atyre u takonte detyra të bënin ndarjet midis vëllezërve të tyre.

¹⁴ Për këtë më kujto mua, o Perëndia im, dhe mos i fshij veprat e mira që kam bërë për shtëpinë e Perëndisë tim dhe për ruajtjen e saj.

¹⁵ Në ato ditë vura re në Judë disa që shtrydhnin rrushin ditën e shtunë dhe mbartnin thasë gruri, duke i ngakuar mbi gomarët, bashkë me verën, rrushin, fiqtë dhe gjithfarë ngarkesash të tjera që sillnin

¹⁶ Përveç kësaj disa jerëz të Tiros, që banonin në Jeruzalem, importonin peshk dhe lloj-lloj mallrash dhe ua shisnin bijve të Judës ditën e shtunë dhe në Jeruzalem.

¹⁷ Atëherë qortova parinë e Judës dhe i thashë: "Ç'është kjo e keqe që kryeni duke përdhosur ditën e shtunë?

¹⁸ A nuk vepruan njëlloj etërit tonë? A nuk bëri Perëndia ynë të pllakosë mbi ne dhe mbi qytetin tonë tërë kjo fatkeqësi? Por ju po sillni një zemërim më të madh mbi Izraelin, duke përdhosur të shtunën!".

¹⁹ Kështu, sapo portat e Jeruzalemit filluan të jenë në terr, para se të fillonte e shtuna, unë urdhërova që portat të ishin mbyllur dhe të mos hapeshin deri pas së shtunës; vendosa madje disa shërbëtorë të mi te portat, me qëllim që asnjë ngarkesë të mos hynte në qytet gjatë ditës së shtunë.

²⁰ Por tregëtarët dhe shitësit e çdo lloj malli e kaluan natën jashtë Jeruzalemit një ose dy herë.

²¹ Atëherë unë i qortova dhe u thashë: "Pse e kaloni natën para mureve? Po ta bëni një herë tjetër, do të veproj kundër jush". Qysh prej atij çasti ata nuk erdhën më ditën e shtunë.

²² Urdhërova gjithashtu Levitët që të pastroheshin dhe të vinin të ruanin portat për të shenjtëruar ditën e shtunë. Edhe për këtë më kujto mua, o Perëndia im, dhe ki mëshirë për mua sipas madhësisë së dhembshurisë sate!

²³ Në ato ditë pashë gjithashtu disa Judej që ishin martuar me gra të Ashdodit, të Amonit dhe të Moabit,

²⁴ gjysma e bijve të tyre fliste gjuhën e Ashdodit dhe nuk dinte të fliste gjuhën judaike, por fliste vetëm gjuhën e këtij apo atij populli.

²⁵ Atëherë unë i qortova, i mallkova, rraha disa prej tyre, iu shkula flokët; pastaj i vura që të betohen në emër të Perëndisë se nuk do t'ia jepnin bijat e veta bijve të atyre dhe nuk do të merrnin bijat e tyre për bijtë e vet, as për vete.

²⁶ Dhe thashë: "A nuk mëkatoi, vallë, Salomoni, mbret i Izraelit, për këto gjëra? Megjithatë midis kaq kombeve nuk pati një mbret si ai; e donte Perëndia i tij, dhe Perëndia e kishte vendosur mbret mbi tërë Izraelin; por gratë e huaja e bënë edhe atë të mëkatojë.

²⁷ A duhet, pra, të dëgjojmë për ju se kryeni këtë të keqe të madhe, se mëkatoni kundër Perëndisë tonë, duke u martuar me gra të huaja?".

²⁸ Njeri nga bijtë e Joadas, birit të Elishibit, kryeriftit, ishte dhëndër i Sanballatit, Horonitit; unë e përzura larg vetes.

²⁹ Mbaji mend ata, o Perëndia im, sepse kanë ndotur priftërinë dhe besëlidhjen e priftërisë dhe të Levitëve!

³⁰ Kështu unë i pastrova nga çdo person i huaj dhe caktova detyrat e priftërinjve dhe të Levitëve, secili në detyrën e vet.

³¹ Dhashë gjithashtu dispozita lidhur me ofertën e druve në kohë të caktuara dhe lidhur me prodhimet e para. Më kujto, o Perëndia im, për të më bërë të mira!

Esterit

Kapitull 1

¹ Në kohën e Asueros, (ai Asuero që mbretëronte nga Indija deri në Etiopi mbi njëqind e njëzet e shtatë krahina),

² në atë kohë, kur mbreti Asuero rrinte në fronin e mbretërisë së tij që ishte në kështjellën e Suzës,

³ në vitin e tretë të mbretërimit të tij shtroi një banket për të gjithë princat dhe shërbëtorët e tij; komandantët e ushtrisë së Persisë dhe të Medisë, fisnikët dhe princat e krahinave u mblodhën para tij.

⁴ Atëherë ai tregoi pasuritë dhe lavdinë e mbretërisë së tij, madhështinë dhe epërsinë e saj për shumë ditë, njëqind e tetëdhjetë ditë.

⁵ Mbasi kaluan këto ditë, mbreti shtroi një banket tjetër prej shtatë ditësh, në oborrin e kopshtit të pallatit mbretëror, për tërë popullin që ndodhej në kështjellën e Suzës, nga më i madhi deri te më i vogli.

⁶ Kishte çadra të bardha dhe ngjyrë vjollce, që vareshin me kordonë të kuq flakë në unaza prej argjendi dhe në shtylla prej mermeri. Kishte divanë prej ari dhe prej argjendi mbi një dysheme prej mermeri të kuq dhe të bardhë, prej sedefi dhe alabastri.

⁷ Jepej për të pirë në enë ari, njëra e ndryshme nga tjetra, dhe kishte verë mbretërore me shumicë për hir të bujarisë së mbretit.

⁸ Në bazë të ligjit, askush nuk ishte i detyruar të pinte; në fakt mbreti kishte urdhëruar tërë funksionarët e shtëpisë së tij t'i shërbenin secilit atë që dëshironte.

⁹ Edhe mbretëresha Vashti shtroi një banket për gratë në pallatin e mbretit Asuero.

¹⁰ Ditën e shtatë, kur zemra e mbretit ishte e gëzuar për shkak të verës, ai urdhëroi Mehumanin, Bizthan, Harbonan, Bigthan, Abagthan, Zetharin dhe Karkasin, të shtatë eunukët që shërbënin në prani të mbretit Asuero,

¹¹ të sillnin para mbretit mbretëreshën Vashti me kurorën mbretërore, për t'i treguar popullit dhe princave bukurinë e saj; në të vërtetë ajo kishte një pamje të hijshme.

¹² Por mbretëresha Vashti nuk pranoi të vinte sipas urdhrit të mbretit që iu njoftua me anë të eunukëve; mbreti u pezmatua shumë dhe zemërimi i tij u zjente përbrenda.

¹³ Atëherë mbreti pyeti dijetarët që njihnin kohërat (kjo ishte në fakt mënyra e veprimit të mbretit me gjithë ata që njihnin ligjin dhe drejtësinë;

¹⁴ me të afërt për të ishin Karshena, Shethari, Admatha, Tarshishi, Meresi, Marsena dhe Memukani, shtatë princa të Persisë dhe të Medisë që pranoheshin të rrinin para mbretit dhe zinin postet e para në mbretëri):

¹⁵ "Simbas ligjit çfarë duhet t'i bëhet mbretëreshës Vashti, që nuk zbatoi urdhrin e mbretit Asuero që iu transmetua me anë të eunukëve?".

¹⁶ Memukami u përgjigj para mbretit dhe princave: "Mbretëresha Vashti nuk ka vepruar drejt vetëm ndaj mbretit, por edhe ndaj gjithë princave dhe tërë popujve që janë në të gjitha krahinat e mbretit Asuero.

¹⁷ Sjellja e mbretëreshës do të merret vesh nga të gjitha gratë që do të nxiten të përçmojnë burrat e tyre dhe të thonë: "Mbreti Asuero kishte urdhëruar që të sillnin para tij mbretëreshën Vashti, por ajo nuk i vajti".

¹⁸ Madje që sot princeshat e Persisë dhe të Medisë që kanë marrë vesh sjelljen e mbretëreshës, do t'u flasin gjithë princave të mbretit dhe nga kjo do të lindë shumë përçmim dhe zemërim.

¹⁹ Në qoftë se mbretit i duket me vend, le të nxjerrë ai një urdhëresë mbretërore që të përfshihet në ligjet e Persisë dhe të Medisë dhe të jetë e parevokueshme, në bazë të së cilës Vashti të mos dalë më në prani të mbretit Asuero; mbreti ti japë pastaj pozitën e saj mbretërore një tjetre më të mirë se ajo.

²⁰ Kur urdhëresa e nxjerrë nga mbreti do të njoftohet në tërë mbretërinë e tij, e cila është e gjerë, tërë gratë do të nderojnë bashkëshortët e tyre, nga më i madhi deri te më i vogli".

²¹ Ky propozim i pëlqeu mbretit dhe princave, dhe mbreti bëri ashtu si kishte thënë Memukani;

²² dërgoi letra në të gjitha krahinat e mbretërisë, çdo krahine sipas shkrimit të saj dhe, çdo populli sipas gjuhës së tij, në mënyrë që çdo burrë të ishte zot në shtëpinë e tij dhe të fliste gjuhën e popullit të tij.

Kapitull 2

¹ Mbas këtyre ngjarjeve, kur zemërimi i mbretit Asuero u qetësua, atij iu kujtua Vashti, atë që kishte bërë ajo dhe çfarë kishte vendosur lidhur me të.

² Atëherë shërbëtorët e mbretit që ishin në shërbim të tij i thanë: "Të kërkohen për mbretin vajza të virgjëra dhe të hijshme;

³ mbreti le të caktojë në tërë krahinat e mbretërisë së tij komisarë, të cilët të mbledhin tërë vajzat e virgjëra të hijshme në qytetin e Suzës, në shtëpinë e grave nën mbikqyrjen e Hegait, eunukut të mbretit dhe rojtar i grave, që do t'u japë atyre melhemet për t'u pastruar.

⁴ Vajza që do t'i pëlqejë mbretit të bëhet mbretëreshë në vend të Vashtit". Ky propozim u pëlqye nga mbreti dhe kështu u veprua.

⁵ Në qytetin e Suzës ishte një jude i quajtur Mardoke, bir i Jairit, bir i Shimeit, bir i Kishit, një Beniaminit,

⁶ që e kishin internuar nga Jeruzalemi bashkë me mërgimtarët e sjellë në robëri me Jekoniahun, mbretin e Judës, nga Nebukadnetsari, mbret i Babilonisë.

⁷ Ai e kishte rritur Hadasahun, domethënë Esterin, bijën e ungjit të tij, sepse ajo nuk kishte as baba as nënë. Vajza ishte e hijshme dhe kishte trup të bukur; pas vdekjes së atit dhe të nënes së saj, Mardokeu e mori si bijën e tij.

⁸ Kur urdhëri i mbretit dhe dekreti i tij u përhapën, dhe shumë vajza u mblodhën në qytetin e Suzës nën mbikëqyrjen e Hegait, edhe Esterin e çuan në pallatin e mbretit nën mbikëqyrjen e Hegait, rojtarit të grave.

⁹ Vajza i pëlqeu dhe fitoi simpatinë e tij; kështu ai u shpejtua t'i japë melhemet për pastrimin dhe ushqimin e saj; i dha gjithashtu shtatë vajza të reja të zgjedhura në pallatin e mbretit dhe e zhvendosi bashkë me to në apartamentin më të mirë të shtëpisë së grave.

¹⁰ Esteri nuk kishte treguar asgjë as për popullin e saj as për vendin e prejardhjes së saj, sepse Mardokeu i kishte urdhëruar të mos tregonte.

¹¹ Çdo ditë Mardokeu shëtiste përpara oborrit të shtëpisë së grave për të marrë vesh si ishte Esteri dhe ç'po bëhej me të.

¹² Kur i vinte radha çdo vajze të hynte te mbreti Asuero, mbasi kishte bërë dymbëdhjetë muaj përgatitjesh, sipas rregulloreve të grave, sepse kështu plotësoheshin ditët e pastrimit të tyre; gjashtë muaj për t'u lyer me vaj të mirrës dhe gjashtë muaj me aroma dhe melheme të grave për t'u pastruar,

¹³ vajza shkonte te mbreti; i lejohej të merrte me vete nga shtëpia e grave në pallatin e mbretit tërë ato që donte.

¹⁴ Atje ajo shkonte në mbrëmje dhe të nesërmen në mëngjes kalonte në shtëpinë e dytë të grave, nën mbikëqyrjen e Shaashgazit, eunukut të mbretit dhe rojtar i konkubinave. Ajo nuk kthehej më te mbreti, veçse po ta kërkonte mbreti dhe ta thërrisnin me emër.

¹⁵ Kur i erdhi radha për të shkuar te mbreti Esterit, bijës së Abihailit, ungji i Mardokeut, që e kishte marrë me vete si bijën e tij, ajo nuk kërkoi asgjë veç asaj që i tregoi Hegai, eunuku i mbretit, rojtari i grave. Dhe Esteri fitoi simpatinë e të gjithë atyre që e shihnin.

¹⁶ Esterin e çuan te mbreti Asuero në pallatin e tij mbretëror muajin e dhjetë, domethënë në muajin e Tebethit, në vitin e shtatë të mbretërimit të tij.

¹⁷ Mbreti e dashuroi Esterin më tepër se gjithë gratë e tjera, dhe ajo gjeti hir dhe mirëdashje në sytë e tij më tepër se tërë vajzat e tjera. Kështu aï i vuri mbi kokë kurorën mbretërore dhe e bëri mbretëreshë në vend të Vashtit.

¹⁸ Pastaj mbreti shtroi një banket të madh për tërë princat dhe shërbëtorët e tij, banketin e Esterit; përveç kësaj ai u dha një ditë pushimi krahinave dhe bëri dhurata me bujari mbretërore.

¹⁹ Kur vajzat u mblodhën herën e dytë, Mardokeu rrinte ulur te porta e mbretit.

²⁰ Esteri, sipas urdhrit që Mardokeu i kishte dhënë, nuk kishte treguar asgjë as për vendin e prejardhjes së saj, as për popullin e saj. Në të vërtetë Esteri zbatonte urdhërat e Mardokeut, ashtu si në kohën kur ishte nën kujdestarinë e tij.

²¹ Në ato ditë, ndërsa Mardokeu rrinte ulur te porta e mbretit, Bigtani dhe Tereshi, dy eunukë të mbretit dhe rojtarë të pragut, u zemëruan dhe kërkuan të shtrinin dorën kundër mbretit Asuero.

²² I njoftuar për këtë gjë, Mardokeu lajmëroi mbretëreshën Ester, dhe Esteri informoi mbretin në emër të Mardokeut.

²³ U bënë hetime dhe u provua se gjëja ishte e vërtetë, të dy eunukët u varën në trekëmbësh; pastaj kjo ngjarje u regjistrua në librin e Kronikave, në prani të mbretit.

Kapitull 3

¹ Mbas këtyre ngjarjeve, mbreti Asuero e gradoi Hamanin, birin e Hamedathas, Agagitit, e ngriti në rang dhe e vuri karrigen e tij mbi atë të të gjithë princave që ishin me të.

² Tërë shërbëtorët e mbretit që rrinin te porta e mbretit përkuleshin dhe binin përmbys para Hamanit, sepse kështu kishte urdhëruar mbreti për të. Por Mardokeu as përkulej, as binte përmbys.

³ Atëherë shërbëtorët e mbretit që rrinin te porta e tij i thanë Mardokeut: "Pse e shkel urdhrin e mbretit?".

⁴ Por, me gjithë se ia përsërsnin çdo ditë këtë urdhër, ai nuk i dëgjonte; prandaj ata ia njoftuan këtë gjë Hamanit, për të parë në se Mardokeu do të ngulte këmbë në qëndrimin e tij. Ai në fakt u kishte thënë atyre së ishte jude.

⁵ Kur Hamani pa që Mardokeu nuk përkulej as binte përmbys para tij, u zemërua shumë;

⁶ por nuk denjoi të shtrijë dorën e tij vetëm kundër Mardokeut, sepse e kishin njoftuar cilit popull i përkiste Mardokeu; kështu Hamani vendosi të shkatërrojë tërë Judejtë, popullin e Mardokeut, që gjendeshin në tërë mbretërinë e Asueros.

⁷ Në muajin e parë, që është muaji i Nisanit, në vitin e dymbëdhjetë të mbretit Asuero, në prani të Hamanit, u hodh Puri (domethënë u hodh shorti), për të vendosur ditën dhe muajin; dhe shorti ra mbi

⁸ Atëherë Hamani i tha mbretit Asuero: "Ka një popull të shpërndarë dhe të veçuar nga popujt e të gjitha krahinave të mbretërisë sate, ligjet e të cilit ndryshojnë nga ato të cilido popullit tjetër dhe që nuk respekton ligjet e mbretit; prandaj mbreti nuk ka asnjë përfitim t'i lërë të gjallë.

⁹ Në rast se kjo i pëlqen mbretit, të përpilohet një dekret për shkatërimin e tyre; dhe unë do të paguaj dhjetë mijë talenta argjendi në duart e atyre që kryejnë punën, me qëllim që të derdhen në thesaret e mbretit".

¹⁰ Atëherë mbreti hoqi nga dora unazën me vulën dhe ia dha Hamanit, Agagitit, birit të Hamedathas dhe armikut të Judejve.

¹¹ Pastaj mbreti i tha Hamanit: "Paratë t'u dhanë, po kështu të jepet populli; bëj me të çfarë të duash".

¹² Ditën e trembëdhjetë të muajit të parë u thirrën sekretarët e mbretit dhe u redaktua një dekret, në bazë të të gjitha gjërave që kishte urdhëruar Hamani, për t'ua dërguar satrapëve të mbretit, qeveritarëve të çdo krahine dhe krerëve të çdo populli, çdo krahine sipas shkrimit të saj dhe çdo populli sipas gjuhës së tij. Dekreti u redaktua në emër të mbretit Asuero dhe u vulos me vulën e mbretit.

¹³ Këto dokumente u dërguan me anë korierësh në të gjitha krahinat e mbretit, me qëllim që të shkatërrohesin, të vriteshin dhe të shfaroseshin tërë Judejtë, të rinj dhe pleq, fëmijë dhe gra, në një ditë të vetme, më trembëdhjetë të muajit të dymbëdhjetë, që është muaji i Adarit, dhe të plaçkiteshin pasuritë e tyre.

¹⁴ Një kopje e dekretit duhet të nxirrej si ligj në çdo krahinë dhe të shpallej për të gjithë popujt, me qëllim që të ishin gati për atë ditë.

¹⁵ Korierët u nisën me të shpejtë sipas urdhrit të mbretit, dhe dekreti u shpall në qytetin e Suzës. Mbreti dhe Hamani ishin ulur dhe pinin, por qyteti i Suzës ishte tmerruar.

Kapitull 4

¹ Kur Mardokeu mësoi të gjitha ato që kishin ndodhur, grisi rrobat e tij, u mbulua me një thes dhe me hi dhe doli nëpër qytet, duke lëshuar britma të forta dhe plot hidhërim;

² dhe arriti te porta e mbretit, sepse nuk lejohej që asnjeri i mbuluar me thes të hynte te porta e mbretit.

³ Në çdo krahinë, ku arritën urdhëri i mbretit dhe dekreti i tij, pati një keqardhje të madhe për Judejtë, me agjerime, me të qara dhe vajtime; dhe shumë njerëz u mbuluan me një thes dhe me hi.

⁴ Vajzat e Esterit dhe eunukët e saj erdhën t'ia njoftojnë ngjarjen, dhe mbretëresha u angështua shumë; pastaj i dërgoi rroba Mardokeut, që t'i vishte dhe të hiqte nga trupi i tij thesin, por ai nuk i pranoi.

⁵ Atëherë Esteri thirri Hathakun, njerin nga eunukët e mbretit të caktuar prej tij t'i shërbenin asaj dhe e urdhëroi të shkonte te Mardokeu për të mësuar se çfarë gjë e brengoste dhe për ç'arësye.

⁶ Kështu Hathaku shkoi te Mardokeu në sheshin e qytetit, që ndodhej përballë portës së mbretit.

⁷ Mardokeu i tregoi tërë ato që i kishin ndodhur dhe përmëndi gjithashtu shumën e parave që Hamani kishte premtuar të derdhte në thesarin mbretëror për të siguruar shkatërrimin e Judejve;

⁸ i dha gjithashtu një kopje të tekstit të dekretit që ishte shpallur në Suzë për shfarosjen e tyre, me qëllim që t'ia tregonte Esterit, t'i shpjegonte asaj dhe ta urdhëronte të shkonte te mbreti për ta lutur me të madhe dhe për të ndërhyrë pranë tij në favor të popullit të tij.

⁹ Kështu Hathaku u kthye tek Esteri dhe i njoftoi fjalët e Mardokeut.

¹⁰ Atëherë Esteri i foli Hathakut dhe e urdhëroi të shkonte e t'i thoshte Mardokeut:

¹¹ "Tërë shërbëtorët e mbretit dhe populli i krahinave të tij e dinë që cilido burrë ose grua që hyn në oborrin e brendshëm për të shkuar te mbreti, pa qenë i thirrur, duhet të dënohet me vdekje, në bazë të një ligji të veçantë, veç po të jetë se mbreti shtrin ndaj tij skeptrin e tij prej ari; vetëm kështu ai do të shpëtojë jetën e tij. Dhe kaluan tanimë tridhjetë ditë që nuk jam thirrur për të shkuar te mbreti".

¹² Kështu ia njoftuan Mardokeut fjalët e Esterit,

¹³ dhe Mardokeu iu përgjigj Esterit: "Mos mendo se do të shpëtosh vetëm ti nga gjithë Judejtë, sepse ndodhesh në pallatin e mbretit.

¹⁴ Sepse po të jetë se ti hesht në këtë moment, ndihma dhe çlirimi do të vijnë për Judejtë nga një anë tjetër; por ti dhe shtëpia e atit tënd do të shuheni. Përveç kësaj, kush e di nëse është pikërisht për një kohë të tillë që ti ke arritur në pozitë mbretërore?".

¹⁵ Atëherë Esteri urdhëroi t'i përgjigjeshin Mardokeut kështu:

¹⁶ "Shko, mblidh tërë Judejtë që ndodhen në Suzë, dhe agjeroni për mua; rrini pa ngrënë dhe pa pirë tri ditë, natë e ditë. Edhe unë me vajzat e mia do të agjerojmë në të njëjtën mënyrë; pastaj do të hyj te mbreti; megjithëse një gjë e tillë është kundër ligjit; dhe në qoftë se duhet të vdes, do të vdes".

¹⁷ Mardokeu iku dhe bëri të gjitha gjërat që Esteri kishte urdhëruar.

Kapitull 5

¹ Ditën e tretë, Esteri veshi rrobën mbretërore dhe u paraqit në oborrin e brendshëm të pallatit të mbretit, përballë apartamentit të mbretit. Mbreti ishte ulur mbi fronin mbretëror në pallatin mbretëror, përballë hyrjes së pallatit.

² Sa e pa mbreti mbretëreshën Ester më këmbë në oborr, ajo fitoi simpatinë e tij. Kështu mbreti zgjati në drejtim të Esterit skeptrin prej ari që mbante në dorë, dhe Esteri u afrua dhe preku majën e skeptrit.

³ Atëherë mbreti i tha: "Çfarë do, mbretëreshë Ester? Cila është kërkesa jote? Edhe sikur të jetë gjysma e mbretërisë sime, do të të jepet".

⁴ Esteri u përgjigj: "Në qoftë se kështu i pëlqen mbretit, le të vijë sot mbreti me Hamanin në banketin që i kam përgatitur".

⁵ Atëherë mbreti tha: "Silleni shpejt Hamanin, që të bëhet ç'ka thënë Esteri". Kështu mbreti dhe Hamani shkuan në banketin që Esteri kishte përgatitur.

⁶ Ndërsa po shërbehej vera gjatë banketit, mbreti i tha Esterit: "Cila është kërkesa jote? Do të të plotësohet. Çfarë kërkon? Qoftë edhe gjysma e mbretërisë sime, do të bëhet".

⁷ Esteri u përgjigj dhe tha: "Ja, kërkesa ime ajo që po kërkoj:

⁸ Në qoftë se kam gjetur hir në sytë e mbretit dhe në qoftë se mbretit i pëlqen të plotësojë kërkesën time dhe të më japë atë që kërkoj, le të vijë mbreti me Hamanin në banketin që unë do t'u përgatis atyre, dhe nesër kam për të bërë ashtu si ka thënë mbreti".

⁹ Atë ditë Hamani doli gjithë qejf dhe me zemër të kënaqur, por kur Hamani në portën e mbretit pa Mardokeun që as ngrihas as lëvizte para tij, u zemërua shumë me të.

¹⁰ Megjithatë Hamani e mbajti veten, shkoi në shtëpi dhe dërgoi të thërrasin miqtë e tij dhe Zereshin, bashkëshorten e tij.

¹¹ Pastaj Hamani u foli atyre mbi shkëlqimin e pasurive të tij, mbi numrin e madh të bijve të tij, mbi të gjitha gjërat me të cilat mbreti e kishte nderuar, dhe si e kishte ngritur mbi princat dhe shërbëtorët e mbretit.

¹² Hamani shtoi gjithashtu: "Edhe mbretëresha Ester nuk ka sjellë bashkë me mbretin në banket askënd tjetër veç meje; edhe nesër më ka ftuar ajo bashkë me mbretin.

¹³ Por tërë kjo nuk më mjafton deri sa do të shoh Mardokeun Judeun të ulur para portës së mbretit".

¹⁴ Aëherë bashkëshortja e tij Zeresh dhe tërë miqtë e tij i thanë: "Të përgatitet një trekëmbësh i lartë pesëdhjetë kubitë; nesër në mëngjes i thuaj mbretit që aty të varet Mardokeu; pastaj shko i kënaqur në banket me mbretin". Kjo gjë i pëlqeu Hamanit, që bëri të përgatitet trekëmbëshi.

Esterit

Kapitull 6

¹ Atë natë mbretin nuk e zinte gjumi. Atëherë urdhëroi që t'i sillnin librin e ngjarjeve për t'u mbajtur mend, Kronikat; dhe u lexua para mbretit.

² U gjet e shkruar që Mardokeu kishte denoncuar Bigthanan dhe Tereshin, dy eunukët e mbretit midis derëtarëve, që kishin kërkuar të shtrinin dorën kundër mbretit Asuero.

³ Atëherë mbreti pyeti: "Çfarë nderimi dhe shpërblimi iu dha Mardokeu për këtë?". Shërbëtorët e mbretit që i shërbenin u përgjigjën: "Nuk u bë asgjë për të".

⁴ Atëherë mbreti tha: "Kush është në oborr?". (Hamani sapo kishte hyrë në oborrin e jashtëm të pallatit të mbretit, për t'i kërkuar mbretit që ta varte Mardokeun në trekëmbëshin që kishte përgatitur për të).

⁵ Shërbëtorët e mbretit iu përgjigjën: "Ja, Hamani është në oborr". Mbreti tha: "Lëreni të hyjë".

⁶ Atëherë Hamani hyri dhe mbreti i tha: "Çfarë duhet t'i bëhet një njeriu që mbreti dëshiron ta nderojë?". Hamani mendoi në zemër të vet: "Cilin do të donte të nderonte mbretin më shumë se mua?".

⁷ Hamani iu përgjigj mbretit: "Për njeriun që mbreti dëshiron të nderojë,

⁸ të merret rroba mbretërore që ka veshur mbreti dhe kali mbi të cilin ka hipur dhe të vihet mbi kokën e tij një kurorë mbretërore.

⁹ T'i dorëzohet rrobja dhe kali njerit prej princave më fisnikë të mbretit dhe t'i vishen rrobat njeriut që mbreti dëshiron të nderojë; pastaj të çohet me kalë nëpër rrugët e qytetit dhe të shpallet para tij: "Kështu veprohet me njeriun që mbreti dëshëron të nderojë!"".

¹⁰ Atëherë mbreti i tha Hamanit: "Shpejto, merr rroben dhe kalin, siç e the, dhe vepro kështu me Judeun Mardoke, që rri ulur pranë portës së mbretit, mos lër pa kryer asgjë nga ato që ke thënë".

¹¹ Hamani mori, pra, rroben dhe kalin, ia veshi Mardokeut rroben dhe e çoi me kalë nëpër rrugët e qytetit, duke shpallur para tij: "Kështu veprohet me njeriun që mbreti dëshëron të nderojë!".

¹² Pastaj Mardokeu u kthye te porta e mbretit, por Hamani nxitoi të kthehet në shtëpinë e vet, i pikëlluar dhe kokëmbuluar.

¹³ Hamani i tregoi bashkëshortes së tij Zeresh dhe gjithë miqve të tij të gjitha sa i kishin ngjarë. Atëherë njerëzit e urtë dhe gruaja e tij Zeresh i thanë: "Në qoftë se Mardokeu para të cilit ke filluar të biesh është nga fisi i Judejve, ti nuk do të arrish të fitosh kundër tij, por do të rrëzohesh plotësisht para tij".

¹⁴ Ata po flisnin akoma me të, kur arritën eunukët e mbretit, të cilët nxituan ta çonin Hamanin në banketin që Ester i kishte përgatitur.

Kapitull 7

¹ Mbreti dhe Hamani shkuan, pra, në banketin bashkë me mbretëreshën Ester.

² Edhe ditën e dytë, ndërsa gjatë banketit po shërbehej vera, mbreti i tha Esterit: "Cila është kërkesa jote, o mbretëreshë Ester? Do të të plotësohet. Çfarë kërkon? Edhe sikur të jetë gjysma e mbretërisë sime, do të bëhet".

³ Atëherë mbretëresha Ester u përgjigj: "Në rast se kam gjetur hir në sytë e tu, o mbret, dhe në qoftë se kështu i pëlqen mbretit, kërkesa ime është që të më jepet jeta; dhe kërkoj që populli im të falet.

⁴ Sepse unë dhe populli im kemi qenë të shitur për t'u prishur, për t'u vrarë dhe për t'u shfarosur. Po të ishim shitur për t'u bërë skllevër dhe skllave do të kisha heshtur; por armiku nuk mund ta kompensojë kurrë dëmin që do t'i shkaktohej mbretit".

⁵ Mbreti Asuero i tha mbretëreshës Ester: "Kush është dhe ku ndodhet ai që ka guximin të bëjë një gjë të tillë?"

⁶ Esteri u përgjigj: Armiku dhe kundërshtari është ai i keqi Haman". Atëherë Hamanit i hyri tmerri në prani të mbretit dhe të mbretëreshës.

⁷ Mbreti u ngrit shumë i zemëruar nga banketi në të cilin shërbehej vera dhe shkoi në kopshtin e pallatit, ndërsa Hamani qëndroi për t'iu lutur me të madhe mbretëreshës Ester për jetën e tij, sepse

⁸ Pastaj mbreti u kthye nga kopshti i pallatit, në vendin e banketit ku shërbehej vera; ndërkaq Hamani kishte rënë mbi divanin në të cilin rrinte Esteri. Atëherë mbreti thirri: "Dashke gjithashtu të dhunosh mbretëreshën, ndërsa unë vetë jam në shtëpi?". Sa dolën këto fjalë nga goja e mbretit, ia mbuluan fytyrën Hamanit.

⁹ Pastaj Harbonahu, një nga eunukët, tha përpara mbretit: "Ja, në shtëpinë e vetë Hamanit është ngritur një trekëmbësh, i lartë pesëdhjetë kubitë, që Hamani kishte përgatitur për Mardokeun, i cili kishte folur për të mirën e mbretit". Mbreti tha: "Vareni aty këtë!".

¹⁰ Kështu Hamanin e varën në trekëmbëshin që kishte përgatitur për Mardokeun. Dhe zemërimi i mbretit u qetësua.

Kapitull 8

¹ Po atë ditë mbreti Asuero i dha mbretëreshës Ester shtëpinë e Hamanit, armikut të Judejve; dhe Mardokeu erdhi para mbretit, të cilit Esteri i kishte shpjeguar se ç'ishte ai për të.

² Kështu mbreti hoqi unazën që i kishte rimarrë Hamanit dhe ia dha Mardokeut. Pastaj Esteri e caktoi Mardokeun mbi shtëpinë e Hamanit.

³ Esteri foli akoma para mbretit, ra në këmbët e tij dhe iu lut me lot ndër sy që të pengonte komplotin e keq të Hamanit, Agagitit, dhe planin që ai kishte menduar kundër Judejve.

⁴ Atëherë mbreti zgjati skeptrin prej ari në drejtim të Esterit; kështu Esteri u ngrit, mbeti në këmbë para mbretit

⁵ dhe tha: "Në se i duket mirë mbretit, në rast se kam gjetur hir në sytë e tij, në rast se çështja i duket gjithashtu e drejtë mbretit dhe në rast se gjej pëlqim nga sytë e tij, të shkruhet për të revokuar dokumentet e hartuara nga Hamani, bir i Hamedathas, Agagitit, që ai shkroi për të shkatërruar Judejtë që janë në të gjitha krahinat e mbretit.

⁶ Si do të mund të rezistoja në fakt duke parë fatkeqësinë që do të godiste popullin tim? Ose si do të mund të rezistoja duke parë shkatërrimin e fisit tim?".

⁷ Atëherë mbreti Asuero i tha mbretëreshës Ester dhe Judeut Mardoke: "Ja, unë i dhashë Esterit shtëpinë e Hamanit, dhe këtë e varën në trekëmbësh, sepse kishte dashur të shtrinte dorën e tij mbi Judejtë.

⁸ Ju vetë shkruani një dekret në favor të Judejve në emër të mbretit, si t'ju duket më mirë, dhe vulloseni me unazën mbretërore, sepse vendimi i shkruar në emër të mbretit dhe i vulosur me unazën mbretërore është i prerë".

⁹ Atëherë, më njëzet e tre të muajit të tretë, që është muaji i Sivanit, u thirrën sekretarët e mbretit dhe sipas gjithë atyre që Mardokeu kishte urdhëruar, u dërguan shkrime Judejve, satrapëve, qeveritarëve dhe krerëve të njëqind e njëzet e shtatë krahinave, nga India deri në Etiopi, çdo krahine sipas shkrimit të saj, çdo popullit sipas gjuhës së tij, dhe Judejve sipas shkrimit dhe gjuhës së tyre.

¹⁰ Kështu ai shkroi në emër të mbretit Asuero, duke vënë vulën me unazën mbretërore, dhe i dërgoi dokumentet me anë të korierëve që ngisnin kuaj të shpejtë, të lindur nga kuaj të racës.

¹¹ Me anë të këtyre dokumenteve u jepej Judejve, në çfarëdo qyteti që të ndodheshin, e drejta të bashkoheshin dhe të mbronin jetën e tyre, duke shkatërruar, duke vrarë dhe duke shfarosur tërë njerëzit e armatosur të çfarëdo populli o krahine që t'i sulmonin, duke përfshirë fëmijët dhe gratë, dhe të plaçkisnin pasuritë e tyre,

¹² në një ditë të vetme, në të gjitha krahinat e mbretit Asuero: ditën e trembëdhjetë të muajit të dymbëdhjetë, që është muaji i Adarit.

¹³ Një kopje e dekretit, i shpallur si ligj në çdo krahinë, duhet të nxirrej për të gjithë popujt, me qëllim që Judejtë të ishin gati për atë ditë të hakmerreshin kundër armiqve të tyre.

¹⁴ Kështu korierët të hipur mbi kuaj të shpejtë u nisën të nxitur dhe të shtypur nga urdhri i mbretit; dhe dekreti u nxuar në qytetin e Suzës.

¹⁵ Mardokeu doli nga prania e mbretit me një rrobe mbretërore të purpurt dhe prej liri të bardhë, me një kurorë të madhe prej ari dhe një mantel prej pëlhure liri në ngjyrë të kuqe flakë; në qytetin

¹⁶ Për Judejtë ishte dritë, gëzim, gaz dhe lavdi.

¹⁷ Në çdo krahinë dhe në çdo qytet, kudo që arrinte urdhri i mbretit dhe dekreti i tij, për Judejtë kishte gëzim dhe ngazëllim, bankete dhe ditë të lumtura. Dhe shumë nga pjestarët e popujve të vendit u bënë Judej, sepse tmerri i Judejve i kishte zënë.

Kapitull 9

¹ Muajin e dymbëdhjetë, që është muaji i Adarit, ditën e trembëdhjetë të muajit, kur duhet të zbatoheshin urdhri dhe dekreti i mbretit, dita në të cilën armiqtë e Judejve shpresonin të sundonin mbi

² Judejtë u mblodhën në qytetet e tyre, në të gjitha krahinat e mbretit Asuero, për të shtrirë dorën kundër atyre që kërkonin t'u bënin keq; dhe askush nuk mundi t'u rezistonte atyre, sepse tmerri i Judejve i kishte zënë tërë popujt.

³ Tërë krerët e krahinave, satrapët, qeveritarët dhe ata që merreshin me punët e mbretit i përkrahën Judejtë, sepse tmerri i Mardokeut i kishte zënë.

⁴ Në fakt Mardokeu ishte i madh në pallatin e mbretit, dhe fama e tij përhapej në të gjitha krahinat, sepse ky njeri, Mardokeu, bëhej gjithnjë më i madh.

⁵ Kështu Judejtë goditën tërë armiqtë e tyre, duke i kaluar në tehun e shpatës dhe duke kryer një kërdi dhe një shkatërrim të madh; u sollën si deshën me armiqtë e tyre.

⁶ Në qytetin e Suzës Judejtë vranë dhe shfarosën pesëqind njerëz;

⁷ vranë edhe Parshandathan, Dalfonin, Aspathan,

⁸ Porathan, Adalian, Aridathan,

⁹ Parmashtan, Arisain, Aridain dhe Vajezathan,

¹⁰ dhjetë bijtë e Hamanit, birit të Hamedathas, armiku i Judejve, por nuk u dhanë pas plaçkitjes.

¹¹ Po atë ditë numri i atyre që ishin vrarë në qytetin e Suzës iu njoftua mbretit.

¹² Mbreti i tha atëherë mbretëreshës Ester: "Në qytetin e Suzës Judejte kanë vrarë dhe shfarosur pesëqind njerëz dhe dhjetë bij të Hamanit; çfarë kanë bërë vallë në krahinat e tjera të mbretit? Tani cila është kërkesa jote? Do të të plotësohet. Çfarë tjetër kërkon? Do të bëhet".

¹³ Atëherë Esteri tha: "Në qoftë se kështu i pëlqen mbretit, le të lejohen Judejtë që janë në Suzë të bëjnë edhe nesër atë që është dekretuar për sot; dhe të varen në trekëmbësh të dhjetë bijtë e Hamanit".

¹⁴ Mbreti urdhëroi që të veprohej pikërisht kështu. Dekreti u nxuarr në Suza dhe dhjetë bijtë e Hamanit u varën në trekëmbësh.

¹⁵ Judejtë që ishin në Suza u mblodhën edhe ditën e katërmbëdhjetë të muajit të Adarit dhe vranë në Suza treqind njerëz; por nuk u dhanë pas plaçkitjes.

¹⁶ Edhe Judejtë e tjerë që ishin në krahinat e mbretit u mblodhën, për të mbrojtur jetën e tyre dhe për të qenë të sigurt nga sulmet e armiqve të tyre; vranë shtatëdhjetë e pesë mijë nga ata që i urrenin, por nuk u dhanë pas plaçkitjes.

¹⁷ Kjo ndodhi ditën e trembëdhjetë të muajit të Adarit; ditën e katërmbëdhjetë u çlodhën dhe e kthyen në një ditë banketi e gëzimi.

¹⁸ Judejtë që ishin në Suza u grumbulluan përkundrazi ditën e trembëdhjetë dhe të katërmbëdhjetë; ditën e pesëmbëdhjetë të muajit u çlodhën, e bënë ditë banketi dhe gëzimi.

¹⁹ Për këtë arësye Judejtë e fushës, që banojnë në qytete pa mure, e kanë bërë ditën e katërmbëdhjetë të muajit të Adarit një ditë gëzimi, banketesh dhe feste, dhe në këtë ditë i dërgojnë dhurata njeri-tjetrit.

²⁰ Mardokeu i shkroi tërë këto gjëra dhe u dërgoi letra tërë Judejve që ishin në të gjitha krahinat e mbretit Asuero, afër dhe larg,

²¹ për t'i urdhëruar të kremtonin çdo vit ditën e katërmbëdhjetë dhe të pesëmbëdhjetë të muajit të Adarit,

²² si ditët gjatë të cilave Judejtë patën pushim nga sulmet e armiqve të tyre, dhe si muaji në të cilin dhembja e tyre u kthye në gëzim dhe zia në festë, dhe kështu ato t'i bënin ditë banketi e gëzimi, gjatë të cilave t'i dërgonin dhurata njeri-tjetrit dhe t'u bënin dhurata të varfërve.

²³ Judejtë u zotuan të respektonin atë që kishin filluar të bënin, ashtu si u kishte shkruar atyre Mardokeu.

²⁴ Në fakt Hamani, bir i Hamedathas, Agagitit, armiku i të gjithë Judejve, kishte komplotuar kundër Judejve për t'i shkatërruar dhe kishte hedhur Purin (domethënë kishte hedhur shortin), për t'i shfarosur dhe për t'i shkatërruar.

²⁵ Por kur Esteri u paraqit para mbretit, ky urdhëroi me shkrim që komploti i keq që Hamani kishte kurdisur kundër Judejve të binte mbi kryet e tij dhe që ai dhe bijtë e tij të vareshin në trekëmbësh.

²⁶ Prandaj ato ditë u quajtën Purim, nga fjala Pur. Në përshtatje, pra, me të gjitha ato që ishin shkruar në atë letër, me të gjitha ato që kishin parë lidhur me këtë dhe me ato që kishin ndodhur,

²⁷ Judejtë vendosën të zotoheshin pa iu shmangur për vete, për pasardhësit e tyre dhe për të gjithë ata që do të bashkoheshin me ta, të kremtonin çdo vit këto dy ditë sipas udhëzimeve të shkruara dhe kohës së caktuar.

²⁸ Ato ditë duhet të kujtoheshin dhe të kremtoheshin brez pas brezi, në çdo familje, në çdo krahinë, në çdo qytet; në asnjë mënyrë Judejtë nuk duhet të hiqnin dorë nga kremtimi i këtyre ditëve të Purimit, dhe kujtimi i tyre nuk duhet të zhdukej te pasardhësit e tyre.

²⁹ Mbretëresha Ester, bijë e Abihailit, dhe Judeu Mardoke shkruan me autoritet të plotë letrën e tyre të dytë lidhur me Purimin.

³⁰ Mardokeu u dërgoi letra tërë Judejve në njëqind e njëzet e shtatë krahina të mbretërisë së Asueros, me fjalë paqeje dhe të së vërtetës.

³¹ për t'i vendosur ato ditë të Purimit në kohën e caktuar, siç i kishin vendosur atyre Judeu Mardoke dhe mbretëresha Ester ashtu si kishin vendosur ata vetë për vete dhe për pasardhësit e tyre me rastin e agjerimit të tyre dhe të britmës së tyre.

³² Kështu dekreti i Esterit fiksoi caktimin e Purimit dhe u shkrua në një libër.

Kapitull 10

¹ Mbreti Asuero i vuri një haraç vendit dhe ishujve të detit.

² Gjithë faktet e forcës dhe fuqisë së tij dhe përshkrimi i kujdesshëm i Mardokeut, i cili u ngrit nga mbreti, a nuk janë vallë të shkruara në librin e Kronikave të mbretërve të Medisë dhe të Persisë?

³ Judeu Mardoke vinte i dyti në fakt mbas mbretit Asuero, i madh midis Judejve dhe i dashur nga moria e vëllezërve të tij; ai kërkonte të mirën e popullit të tij dhe kishte fjalë paqeje për gjithë fisin e tij.

Jobit

Kapitull 1

¹ Në vendin e Uzit ishte një njeri i quajtur Job. Ky njeri ishte i ndershëm dhe i drejtë, kishte frikë nga Perëndia dhe i largohej së keqes.

² I kishin lindur shtatë bij dhe tri bija.

³ Veç kësaj zotëronte shtatë mijë dele, tre mijë deve, pesëqind pendë qe, pesëqind gomarë dhe një numër shumë të madh shërbëtorësh. Kështu ky njeri ishte më i madhi ndër të gjithë njerëzit e Lindjes.

⁴ Bijtë e tij kishin zakon të shkonin për banket në shtëpinë e secilit ditën e caktuar; dhe dërgonin të thërrisnin tri motrat e tyre, që të vinin të hanin dhe të pinin bashkë me ta.

⁵ Kur mbaronte seria e ditëve të banketit, Jobi i thërriste për t'i pastruar; ngrihej herët në mëngjes dhe ofronte olokauste sipas numrit të gjithë atyre, sepse Jobi mendonte: "Ndofta bijtë e mi kanë mëkatuar dhe e kanë blasfemuar Perëndinë në zemrën e tyre". Kështu bënte Jobi çdo herë.

⁶ Një ditë ndodhi që bijtë e Perëndisë shkuan të paraqiten para Zotit, dhe ndër ta shkoi edhe Satanai.

⁷ Zoti i tha Satanait: "Nga vjen?". Satanai iu përgjigj Zotit dhe tha: "Nga ecejaket mbi dheun duke e përshkruar lart e poshtë"

⁸ Zoti i tha Satanait: "E ke vënë re shërbëtorin tim Job? Sepse mbi dhe nuk ka asnjë tjetër si ai që të jetë i ndershëm, i drejtë, të ketë frikë nga Perëndia dhe t'i largohet së keqes".

⁹ Atëherë Satanai iu përgjigj Zotit dhe tha: "Vallë më kot Jobi ka frikë nga Perëndia?

¹⁰ A nuk ke vënë ti një mbrojtje rreth tij, rreth shtëpisë së tij dhe të gjitha gjërave që ai zotëron? Ti ke bekuar veprën e duarve të tij dhe bagëtia e tij është shtuar shumë në vend.

¹¹ Por shtri dorën tënde dhe preki të gjitha ato që ai zotëron dhe ke për të parë po nuk të mallkoi ai haptazi".

¹² Zoti i tha Satanait: "Ja, të gjitha ato që ai zotëron janë në pushtetin tënd, por mos e shtri dorën mbi personin e tij". Kështu Satanai u largua nga prania e Zotit.

¹³ Kështu një ditë ndodhi që, ndërsa bijtë e tij dhe bijat e tij hanin e pinin verë në shtëpinë e vëllait të tyre më të madh, erdhi nga Jobi një lajmëtar për t'u thënë:

¹⁴ Qetë po lëronin dhe gomarët po kullotnin aty afër,

¹⁵ kur Sabejtë u sulën mbi ta, i morën me vete dhe vranë me shpatë shërbëtorët. Vetëm unë shpëtova për të ardhur të ta them".

¹⁶ Ai ishte duke folur ende, kur arriti një tjetër dhe tha: "Zjarri i Perëndisë ra nga qielli, zuri delet dhe shërbëtorët dhe i ka përpirë. Vetëm unë shpëtova për të ardhur të ta them".

¹⁷ Ai ishte duke folur, ende, kur arriti një tjetër dhe tha: "Kaldeasit kanë formuar tri banda, u sulën mbi devetë dhe i morën me vete, vranë me shpatë shërbëtorët. Vetëm unë shpëtova për të ardhur të ta them".

¹⁸ Ai ishte duke folur, ende, kur arriti një tjetër dhe tha: "Bijtë e tu dhe bijat e tua ishin duke ngrënë dhe duke pirë verë në shtëpinë e vëllait të tyre më të madh,

¹⁹ kur papritur një erë e furishme, që vinte nga shkretëtira, ra në të katër qoshet e shtëpisë e cila u shemb mbi të rinjtë, dhe ata vdiqën. Vetëm unë shpëtova dhe erdha të ta them".

²⁰ Atëherë Jobi u ngrit, grisi mantelin e tij dhe rroi kokën; pastaj ra përmbys dhe adhuroi,

²¹ dhe tha: "Lakuriq dolla nga barku i nënës sime dhe lakuriq do të kthehem. Zoti ka dhënë dhe Zoti ka marrë. Qoftë i bekuar emri i Zotit".

²² Në të gjitha këto Jobi nuk mëkatoi dhe nuk paditi Perëndinë për ndonjë padrejtësi.

Kapitull 2

¹ Një ditë ndodhi që bijtë e Perëndisë shkuan të paraqiten përpara Zotit, dhe midis tyre shkoi edhe Satanai për t'u paraqitur përpara Zotit.

² Zoti i tha Satanait: "Nga vjen?". Satanai iu përgjigj Zotit: "Nga ecejaket mbi dheun duke e përshkuar lart e poshtë". Zoti i tha Satanait:

³ "A e vure re shërbëtorin tim Job? Sepse mbi dhe nuk ka asnjë tjetër si ai që të jetë i ndershëm, i drejtë, të ketë frikë nga Perëndia dhe t'i largohet së keqes. Ai qëndron i patundur në ndershmërinë e tij, megjithëse ti më ke nxitur kundër tij për ta shkatërruar pa asnjë shkak".

⁴ Atëherë Satanai iu përgjigj Zotit dhe tha: "Lëkurë për lëkurë! Gjithçka që zotëron, njeriu është gati ta japë për jetën e tij.

⁵ Por shtrije dorën tënde dhe preki kockat e tij dhe mishin e tij dhe ke për të parë po nuk të mallkoi haptazi".

⁶ Zoti i tha Satanait: "Ja ai, është në pushtetin tënd, por mos ia merr jetën".

⁷ Kështu Satanai u largua nga prania e Zotit dhe e goditi Jobin me një ulcerë të keqe nga majat e këmbëve deri në pjesën e sipërme të kokës.

⁸ Jobi mori një copë balte për t'u kruar dhe rrinte ulur në mes të hirit.

⁹ Atëherë gruaja e tij i tha: "Qëndron ende në ndershmërinë tënde? Mallko Perëndinë dhe vdis!".

¹⁰ Por ai i tha asaj: "Ti flet si një grua pa mend. Në rast se pranojmë të mirën nga Perëndia, pse nuk duhet të pranojmë edhe të keqen?". Në të gjitha këto Jobi nuk mëkatoi me buzët e tij.

¹¹ Kur tre miq të Jobit mësuan tërë këto fatkeqësi që kishin rënë mbi të, erdhën secili nga vendi i vet, Elifazi nga Temani, Bildadi nga Shuahu dhe Tsofari nga Naamathi; ata në të vërtetë ishin marrë

¹² I ngritën sytë nga larg, por nuk e njohën dot; atëherë filluan të qajnë me zë të lartë, dhe secili grisi rrobat e tij dhe qiti mbi kryet e tij pluhur duke e hedhur në drejtim të qiellit.

¹³ Pastaj u ulën pranë tij për shtatë ditë e shtatë net, dhe asnjë nuk i drejtoi qoftë një fjalë të vetme, sepse e shikonin se dhembja e tij ishte shumë e madhe.

Kapitull 3

¹ Atëherë Jobi hapi gojën dhe mallkoi ditën e lindjes së tij.

² Kështu Jobi mori fjalën dhe tha:

³ "Humbtë dita në të cilën linda dhe nata që tha: "U ngjiz një mashkull!".

⁴ Ajo ditë u bëftë terr, mos u kujdesoftë për të Perëndia nga lart, dhe mos shkëlqeftë mbi të drita!

⁵ E marrshin përsëri terri dhe hija e vdekjes, qëndroftë mbi të një re, furtuna e ditës e tmerroftë!

⁶ Atë natë e marrtë terri, mos hyftë në ditët e vitit, mos hyftë në llogaritjen e muajve!

⁷ Po, ajo natë qoftë natë shterpe, mos depërtoftë në të asnjë britmë gëzimi.

⁸ E mallkofshin ata që mallkojnë ditën, ata që janë gati të zgjojnë Leviathanin.

⁹ U errësofshin yjet e muzgut të tij, le të presë dritën; por mos e pastë fare dhe mos paftë ditën që agon,

¹⁰ sepse nuk e mbylli portën e barkut të nënës sime dhe nuk ua fshehu dhembjen syve të mi

¹¹ Pse nuk vdiqa në barkun e nënës sime? Pse nuk vdiqa sapo dola nga barku i saj?

¹² Pse vallë më kanë pritur gjunjët, dhe sisët për të pirë?

¹³ Po, tani do të dergjesha i qetë, do të flija dhe do të pushoja,

¹⁴ bashkë me mbretërit dhe me këshilltarët e dheut, që kanë ndërtuar për vete rrënoja të shkretuara,

¹⁵ ose bashkë me princat që kishin ar ose që mbushën me argjend pallatet e tyre.

¹⁶ Ose pse nuk qeshë si një dështim i fshehur, si fëmijët që nuk e kanë parë kurrë dritën?

¹⁷ Atje poshtë të këqinjtë nuk brengosen më, atje poshtë çlodhen të lodhurit.

¹⁸ Atje poshtë të burgosurit janë të qetë bashkë, dhe nuk e dëgjojnë më zërin e xhelatit.

¹⁹ Atje poshtë ka të vegjël dhe të mëdhenj, dhe skllavi është i lirë nga pronari i tij.

²⁰ Pse t'i japësh dritë fatkeqit dhe jetën atij që ka shpirtin në hidhërim,

²¹ të cilët presin vdekjen që nuk vjen, dhe e kërkojnë më tepër se thesaret e fshehura;

²² gëzohen shumë dhe ngazëllojnë kur gjejnë varrin?

²³ Pse të lindë një njeri rruga e të cilit është fshehur, dhe që Perëndia e ka rrethuar nga çdo anë?

²⁴ Në vend që të ushqehem, unë psherëtij, dhe rënkimet e mia burojnë si uji.

²⁵ Sepse ajo që më tremb më shumë më bie mbi krye, dhe ajo që më tmerron më ndodh.

²⁶ Nuk kam qetësi, nuk kam prehje, por më pushton shqetësimi".

Kapitull 4

¹ Atëherë Elifazi nga Temani u përgjigji dhe tha:

² "A do të të bezdiste ndokush në rast se do të provonte të fliste? Por kush mund t'i ndalë fjalët?

³ Ja ti ke mësuar shumë prej tyre dhe ua ke fortësuar duart e lodhura,

⁴ fjalët e tua u kanë dhënë zemër të lëkundurve dhe kanë forcuar gjunjët që gjunjëzohen.

⁵ Por tani që e keqja të zuri ty, nuk je në gjendje të veprosh; të ka goditur ty, dhe ti e ke humbur fare.

⁶ Mëshira jote a nuk është vallë besimi yt, dhe ndershmëria e sjelljes sate, shpresa jote?

⁷ Mbaje mend: cili i pafajmë është zhdukur vallë, dhe a janë shkatërruar vallë njerëzit e ndershëm?

⁸ Ashtu siç e kam parë unë vetë, ata që lërojnë paudhësinë dhe mbjellin mjerimin, vjelin frytet e tyre.

⁹ Me frymën e Perëndisë ata vdesin, era e zemërimit të tij i tret ata.

¹⁰ Vrumbullima e luanit, zëri i luanit të egër dhe dhëmbët e luanëve të vegjël janë thyer.

¹¹ Luani vdes për mungesë gjahu dhe të vegjlit e luaneshës shpërndahen.

¹² Një fjalë më ka ardhur fshehurazi dhe veshi im ka zënë pëshpëritjen e saj.

¹³ Midis mendimeve të vizioneve të natës, kur një gjumë i rëndë bie mbi njerëzit,

¹⁴ më pushtoi një llahtari e madhe dhe një rrëqethje që bëri të dridhen gjithë kockat e mia.

¹⁵ Një frymë më kaloi përpara, dhe m'u ngritën përpjetë qimet e trupit.

¹⁶ Ai u ndal, por nuk munda ta dalloj pamjen e tij; një figurë më rrinte para syve; kishte heshtje, pastaj dëgjova një zë që thoshte:

¹⁷ "A mund të jetë një i vdekshëm më i drejtë se Perëndia? A mund të jetë një njeri më i pastër se Krijuesi i tij?

¹⁸ Ja, ai nuk u zë besë as shërbëtorëve të tij, dhe gjen madje të meta edhe tek engjëjt e tij;

¹⁹ aq më tepër tek ata që banojnë në shtëpi prej argjile, themelet e të cilave janë në pluhur, dhe shtypen si një tenjë.

²⁰ Nga mëngjesi deri në mbrëmje shkatërrohen; zhduken për fare, dhe asnjeri nuk i vë re.

²¹ Litarin e çadrës së tyre vallë a nuk ua këpusin? Ata vdesin, por pa dituri"".

Kapitull 5

¹ "Bërtit, pra! A ka vallë ndonjë që të përgjigjet? Kujt prej shenjtorëve do t'i drejtohesh?

² Zemërimi në fakt e vret të pamendin dhe zilia e vret budallanë.

³ E kam parë të pamendin të lëshojë rrënjë, por shumë shpejt e mallkova banesën e tij.

⁴ Bijtë e tij nuk kanë asnjë siguri, janë të shtypur te porta, dhe nuk ka njeri që t'i mbrojë.

⁵ I urituri përpin të korrat e tij, ia merr edhe sikur të jenë midis gjembave, dhe një lak përpin pasurinë e tij.

⁶ Sepse shpirtligësia nuk del nga pluhuri dhe mundimi nuk mbin nga toka;

⁷ por njeriu lind për të vuajtur, ashtu si shkëndija për t'u ngjitur lart.

⁸ Por unë do të kërkoja Perëndinë, dhe Perëndisë do t'i besoja çështjen time,

⁹ atij që bën gjëra të mëdha dhe që nuk mund të njihen; mrekulli të panumërta,

¹⁰ që i jep shiun tokës dhe dërgon ujin në fushat;

¹¹ që ngre të varfrit dhe vë në siguri lart ata që vuajnë.

¹² I bën të kota synimet e dinakëve, dhe kështu duart e tyre nuk mund të realizojnë planet e tyre;

¹³ i merr të urtët në dredhinë e tyre, dhe kështu këshilla e të pandershmëve shpejt bëhet tym.

¹⁴ Gjatë ditës ata hasin në errësirë, bash në mesditë ecin me tahmin sikur të ishte natë;

¹⁵ por Perëndia e shpëton nevojtarin nga shpata, nga goja e të fuqishmëve dhe nga duart e tyre.

¹⁶ Kështu ka shpresë për të mjerin, por padrejtësia ia mbyll gojën atij.

¹⁷ Ja, lum njeriu që Perëndia dënon; prandaj ti mos e përbuz ndëshkimin e të Plotfuqishmit;

¹⁸ sepse ai e bën plagën, dhe pastaj e fashon, plagos, por duart e tij shërojnë.

¹⁹ Nga gjashtë fatkeqësi ai do të të çlirojë, po, në të shtatën e keqja nuk do të të prekë.

²⁰ Në kohë zie do të të shpëtojë nga vdekja, në kohë lufte nga forca e shpatës.

²¹ Do t'i shpëtosh fshikullit të gjuhës, nuk do të trembesh kur të vijë shkatërrimi.

²² Do të qeshësh me shkatërrimin dhe me zinë, dhe nuk do të kesh frikë nga bishat e dheut;

²³ sepse do të kesh një besëlidhje me gurët e dheut, dhe kafshët e fushave do të jenë në paqe me ty.

²⁴ Do të dish që çadra jote është e siguruar; do të vizitosh kullotat e tua dhe do të shikosh që nuk mungon asgjë.

²⁵ Do të kuptosh që pasardhësit e tu janë të shumtë dhe të vegjlit e tu si bari i fushave.

²⁶ Do të zbresësh në varr në moshë të shkuar, ashtu si në stinën e vet mblidhet një tog duajsh.

²⁷ Ja ç'kemi gjetur; kështu është. Dëgjoje dhe përfito".

Kapitull 6

¹ Atëherë Jobi u përgjigj dhe tha:

² "Ah, sikur dhembja ime të ishte peshuar tërësisht, dhe fatkeqësia ime të vihej bashkë mbi peshoren,

³ do të ishte me siguri më e rëndë se rëra e detit! Për këtë arsye fjalët e mia nuk u përfillën.

⁴ Duke qenë se shigjetat e të Plotfuqishmit janë brenda meje, shpirti im ua pi vrerin; tmerrete Perëndisë janë renditur kundër meje.

⁵ Gomari i egër a pëllet vallë përpara barit, ose kau a buluron para forazhit të tij?

⁶ A hahet vallë një ushqim i amësht pa kripë, apo ka ndonjë farë shije në të bardhën e vezës?

⁷ Shpirti im nuk pranon të prekë gjëra të tilla, ato për mua janë si një ushqim i neveritshëm.

⁸ Ah sikur të mund të kisha atë që kërkoj, dhe Perëndia të më jepte atë që shpresoj!

⁹ Dashtë Perëndia të më shtypë, të shtrijë dorën e tij dhe të më shkatërrojë!

¹⁰ Kam megjithatë këtë ngushëllim dhe ngazëllehem në dhembjet që nuk po më kursehen, sepse nuk i kam fshehur fjalët e të Shenjtit.

¹¹ Cila është forca ime që ende të mund të shpresoj, dhe cili është fundi im që të mund ta zgjas jetën time?

¹² Forca ime a është vallë ajo e gurëve, ose mishi im është prej bronzi?

¹³ A s'jam fare pa ndihmë në veten time, dhe a nuk është larguar nga unë dituria?

¹⁴ Për atë që është i pikëlluar, miku duhet të tregojë dhembshuri, edhe në qoftë se ai braktis frikën e të Plotfuqishmit.

¹⁵ Por vëllezërit e mi më kanë zhgënjyer si një përrua, si ujërat e përrenjve që zhduken,

¹⁶ Ato turbullohen për shkak të akullit dhe në to fshihet bora,

¹⁷ por gjatë stinës së nxehtë ato zhduken; me vapën e verës ato nuk duken më në vendin e tyre.

¹⁸ Ato gjarpërojnë në shtigjet e shtretërve të tyre; futen në shkretëtirë dhe mbarojnë.

¹⁹ Karvanet e Temas i kërkojnë me kujdes, udhëtarët e Shebës kanë shpresa tek ata,

²⁰ por ata mbeten të zhgënjyer megjithë shpresat e tyre; kur arrijnë aty mbeten të hutuar.

²¹ Tani për mua ju jeni e njëjta gjë, shikoni tronditjen time të thellë dhe keni frikë.

²² A ju kam thënë vallë: "Më jepni diçka" o "më bëni një dhuratë nga pasuria juaj",

²³ ose "liromëni nga duart e armikut", ose "më shpengoni nga duart e personave që përdorin dhunën"?

²⁴ Më udhëzoni, dhe do të hesht; më bëni të kuptoj ku kam gabuar.

²⁵ Sa të frytshme janë fjalët e drejta! Por çfarë provojnë argumentet tuaja?

²⁶ Mos keni ndërmend vallë të qortoni ashpër fjalët e mia dhe fjalimet e një të dëshpëruari, që janë si era?

²⁷ Ju do të hidhnit në short edhe një jetim dhe do të hapnit një gropë për mikun tuaj.

²⁸ Por tani pranoni të më shikoni, sepse nuk do të gënjej para jush.

²⁹ Ndërroni mendim, ju lutem, që të mos bëhet padrejtësi! Po, ndërroni mendim, sepse bëhet fjalë për drejtësinë time.

³⁰ A ka vallë paudhësi në gjuhën time apo qiellza ime nuk i dallon më ligësitë?".

Kapitull 7

¹ "A nuk kryen vallë një punë të rëndë njeriu mbi tokë dhe ditët e tij a nuk janë si ditët e një argati?

² Ashtu si skllavi dëshiron fort hijen dhe ashtu si argati pret mëditjen e tij,

³ kështu edhe mua më ranë muaj fatkeqësie dhe m'u caktuan net me dhembje.

⁴ Sa të shtrihem, them: "Kur do të ngrihem?". Por nata është e gjatë dhe jam vazhdimisht i shqetësuar deri në agim.

⁵ Mishi im është i mbuluar me krimba dhe me buca dheu, lëkura

Jobit

ime plasaritet dhe është bërë e pështirë.

⁶ Ditët e mia janë më të shpejta se masuri i një endësi dhe po harxhohen pa shpresë.

⁷ Kujto që jeta ime është një frymë; syri im nuk do të shohë më të mirën.

⁸ Syri i atij që më shikon nuk do të më shohë më; sytë e tu do të jenë mbi mua, por unë nuk do të jem më.

⁹ Ashtu si reja davaritet dhe nuk duket më, kështu ai që zbret në Sheol nuk kthehet më;

¹⁰ nuk do të kthehet më në shtëpinë e tij, dhe banesa e tij nuk do ta njohë më.

¹¹ Prandaj nuk do ta mbaj gojën të mbyllur do të flas në ankthin e frymës time; do të ankohem në hidhërimin e shpirtit tim.

¹² A jam vallë deti apo një përbindësh i detit që ti më ruan me një roje?

¹³ Kur unë them: "Shtrati im do të më japë një lehtësim, shtroja ime do ta zbusë dhembjen time",

¹⁴ ti më tremb me ëndrra dhe më tmerron me vegime;

¹⁵ kështu shpirtit tim i parapëlqen të mbytet dhe të vdesë se sa të bëjë këtë jetë.

¹⁶ Unë po shpërbëhem; nuk kam për të jetuar gjithnjë; lërmë të qetë; ditët e mia nuk janë veçse një frymë.

¹⁷ Ç'është njeriu që ti ta bësh të madh dhe të kujdesesh për të,

¹⁸ dhe ta vizitosh çdo mëngjes duke e vënë në provë në çdo çast?

¹⁹ Kur do ta heqësh shikimin tënd nga unë dhe do të më lësh të përcjell pështymën time?

²⁰ Në rast se kam mëkatuar, çfarë të kam bërë ty, o rojtar i njerëzve? Pse më ke bërë objekt të goditjeve të tua, aq sa i jam bërë barrë vetes sime?

²¹ Pse nuk i fal shkeljet e mia dhe nuk e kapërcen paudhësinë time? Sepse shpejt do të jem pluhur; ti do të më kërkosh, por unë nuk do të jem më".

Kapitull 8

¹ Atëherë Bildadi nga Shuahu u përgjigj dhe tha:

² "Deri kur do të flasësh në këtë mënyrë, dhe fjalët e gojës sate do të jenë si një erë e furishme?

³ A mundet Perëndia të shtrëmbërojë gjykimin dhe i Potfuqishmi të përmbysë drejtësinë?

⁴ Në rast se bijtë e tu kanë mëkatuar kundër tij, ai i ka braktisur në prapësinë e tyre.

⁵ Por në rast se ti e kërkon Perëndinë dhe i lutesh fort të Plotfuqishmit,

⁶ në rast se je i pastër dhe i ndershëm, me siguri ai do të ngrihet në favorin tënd dhe do të rivendosë selinë e drejtësisë sate.

⁷ Ndonëse gjendja jote e kaluar ka qenë një gjë e vogël,

⁸ e ardhmja jote do të jetë e madhe. Pyet, pra, brezat që shkuan dhe shqyrto gjërat e zbuluara nga etërit e tyre;

⁹ ne në të vërtetë i përkasim së djeshmes dhe nuk dimë asgjë, sepse ditët tona mbi tokë janë si një hije.

¹⁰ A nuk do të mësojnë vallë ata dhe nuk do të flasin, duke nxjerrë fjalë nga zemra e tyre?

¹¹ A mund të rritet papirusi jashtë moçalit dhe a mund të zhvillohet xunkthi pa ujë?

¹² Ndërsa është ende i gjelbër, pa qenë prerë, ai thahet para çdo bari tjetër.

¹³ Këto janë rrugët e të gjithë atyre që harrojnë Perëndinë; kështu shpresa e të paudhit tretet.

¹⁴ Besimi i tij do të pritet dhe sigurimi i tij është si një pëlhurë merimange.

¹⁵ Ai mbështetet te shtëpia e tij, ajo nuk qëndron; kapet te ajo, por ajo nuk mban.

¹⁶ Ai është krejt i gjelbër në diell dhe degët e tij zgjaten mbi kopshtin e tij;

¹⁷ dhe rrënjët e tij pleksen rreth një grumbulli gurësh dhe depërtojnë midis gurëve të shtëpisë.

¹⁸ Por në rast se shkëputet nga vendi i tij, ky e mohon, duke thënë: "Nuk të kam parë kurrë!".

¹⁹ Ja, ky është gëzimi i mënyrës së tij të jetuarit, ndërsa të tjerët do të dalin nga pluhuri.

²⁰ Ja, Perëndia nuk e flak njeriun e ndershëm, as i ndihmon keqbërësit.

²¹ Ai do t'i japë edhe më buzëqeshje gojës sate dhe këngë gëzimi buzëve të tua.

²² Ata që të urrejnë do të mbulohen me turp dhe çadra e të paudhëve do të zhduket".

Kapitull 9

¹ Atëherë Jobi u përgjigj dhe tha:

² "Po, unë e di që është kështu, por si mund të jetë i drejtë njeriu përpara Perëndisë?

³ Në rast se dikush dëshiron të diskutojë me të, nuk mund t'i përgjigjet veçse një herë mbi një mijë.

⁴ Perëndia është i urtë nga zemra dhe i fuqishëm nga forca, kush, pra, u fortësua kundër tij dhe i shkoi mbarë?

⁵ Ai vendos malet dhe ato nuk e dijnë që ai i përmbys në zemërimin e tij.

⁶ Ai e tund dheun nga vendi i tij, dhe kollonat e tij dridhen.

⁷ Urdhëron diellin, dhe ai nuk lind, dhe vulos yjet.

⁸ I vetëm shpalos qiejt dhe ecën mbi valët e larta të detit.

⁹ Ka bërë Arushën dhe Orionin, Plejadat dhe krahinat e jugut.

¹⁰ Ai bën gjëra të mëdha dhe që nuk mund të hetohen, po, mrekulli të panumërta.

¹¹ Ja, më kalon afër dhe nuk e shoh, kalon tutje dhe nuk e kuptoj.

¹² Ja, ai kap gjahun dhe kush mund t'ia rimarrë? Kush mund t'i thotë: "Çfarë po bën?".

¹³ Perëndia nuk e tërheq zemërimin e tij; poshtë tij përkulen ndihmësit e Rahabit.

¹⁴ Si mund t'i përgjigjem, pra, dhe të zgjedh fjalët e mia për të diskutuar me të?

¹⁵ Edhe sikur të kisha të drejtë, nuk do të kisha mundësi t'i përgjigjem, por do t'i kërkoja mëshirë gjyqtarit tim.

¹⁶ Në rast se unë e thërres dhe ai më përgjigjet, nuk mund të besoj akoma se e ka dëgjuar zërin tim,

¹⁷ ai, që më godet me furtunën, dhe i shumëzon plagët e mia pa shkak.

¹⁸ Nuk më lë të marr frymë, përkundrazi më mbush me hidhërime.

¹⁹ Edhe në qoftë se bëhet fjalë për forcën, ja, ai është i fuqishëm; por sa për gjykimin, kush do të më caktojë një ditë për t'u paraqitur?

²⁰ Edhe sikur të isha i drejtë, vetë të folurit tim do të më dënonte; edhe sikur të isha i ndershëm, ai do të provonte se jam i çoroditur.

²¹ Jam i ndershëm, por nuk e çmoj fare veten time dhe e përçmoj jetën time.

²² Është e njëjta gjë, prandaj them: "Ai shkatërron njeriun e ndershëm dhe të keqin".

²³ Në qoftë se një fatkeqësi mbjell papritur vdekjen, ai qesh me vuajtjen e të pafajtjen e të pafajtjeve.

²⁴ Toka u është dhënë në dorë të këqijve; ai u vesh sytë gjyqtarëve të saj; po të mos jetë ai, kush mund të ishte, pra?

²⁵ Tani ditët e mia kalojnë më shpejt se një vrapues, ikin pa parë asnjë të mirë.

²⁶ Ikin shpejt si anijet prej xunkthi, si shqiponja që sulet mbi gjahun e vet.

²⁷ Në qoftë se them: "Dua ta harroj vajtimin, ta lë pamjen time të trishtuar dhe të tregohem i gëzuar",

²⁸ më hyn frika për të gjitha dhembjet e mia; e di mirë që ti nuk do të më konsiderosh të pafajshëm.

²⁹ Në qoftë se jam i dënuar tanimë, pse të lodhem më kot?

³⁰ Edhe sikur të lahesha me borë dhe të pastroja duart e mia me sodë,

³¹ ti do të më hidhje në baltën e një grope, edhe vetë rrobat e mia do të më kishin lemeri.

³² Në të vërtetë ai nuk është një njeri si unë, të cilit mund t'i përgjigjemi dhe të dalim në të gjyq bashkë.

³³ Nuk ka asnjë arbitër midis nesh, që të vërë dorën mbi ne të dy.

³⁴ Le të largojë nga unë shkopin e tij, tmerri i tij të mos më trembë.

³⁵ Atëherë do të mund të flas pa pasur frikë prej tij, sepse nuk jam kështu me veten time.

Kapitull 10

¹ "Jam neveritur nga jeta ime; do të shfryj lirisht vajtimin tim, duke folur në trishtimin e shpirtit tim!

² Do t'i them Perëndisë: "Mos më dëno! Bëmë të ditur pse grindesh me mua.

³ A të duket mirë të shtypësh, të përçmosh veprën e duarve të tua dhe të tregohesh në favor të qëllimeve të njerëzve të këqij?

⁴ A ke sy prej mishi, apo shikon edhe ti si shikon njeriu?

⁵ A janë vallë ditët e tua si ditët e një të vdekshmi, vitet e tua si ditët e një njeriu,

⁶ sepse ti duhet të hetosh lidhur me fajin tim dhe të kërkosh mëkatin tim,

⁷ megjithëse e di që nuk jam fajtor dhe që nuk ka njeri që mund të më çlirojë nga dora jote?

⁸ Duart e tua më kanë bërë dhe më kanë dhënë trajtë por tani ti kërkon të më zhdukësh.

⁹ Mbaj mend, të lutem, që më ke modeluar si argjila, dhe do të më bësh të kthehem në pluhur!

¹⁰ A nuk më ke derdhur vallë si qumështi dhe më ke piksur si djathi?

¹¹ Ti më ke veshur me lëkurë dhe me mish, më ke thurur me kocka dhe me nerva.

¹² Më ke dhënë jetë dhe dashamirësi, dhe providenca jote është kujdesur për frymën time,

¹³ por këto gjëra i fshihje në zemrën tënde; tani unë e di që ti mendoje një gjë të tillë.

¹⁴ Në qoftë se mëkatoj, ti më ndjek me sy dhe nuk më lë të pandëshkuar për fajin tim.

¹⁵ Në qoftë se jam i keq, mjerë unë! Edhe sikur të jem i drejtë, nuk do të guxoja të ngrija kokën, i ngopur siç jam nga poshtërsia dhe duke parë mjerimin tim.

¹⁶ Në rast se ngre kryet, ti më ndjek si luani, duke kryer përsëri mrekulli kundër meje.

¹⁷ Ti i përtërin dëshmitarët kundër meje, e shton zemërimin tënd kundër meje dhe trupa gjithnjë të reja më sulmojnë.

¹⁸ Pse, pra, më nxore nga barku? Të kisha vdekur, pa më parë sy njeriu!

¹⁹ Do të kisha qenë sikur të mos kisha ekzistuar kurrë, i mbartur nga barku në varr.

²⁰ A nuk janë vallë të pakta ditët e mia? Jepi fund, pra, lërmë të qetë që të mund ta mbledh pak veten;

²¹ para se të shkoj për të mos u kthyer më, drejt vendit të errësirës dhe të hijes së vdekjes,

²² të vendit të territ dhe të errësirës së madhe të hijes së vdekjes, ku ka vetëm pështjellim, ku madje edhe drita është si errësira".

Kapitull 11

¹ Atëherë Zofari nga Naamathi u përgjigj dhe tha:

² "Një mori e tillë fjalësh a do të mbetet pa përgjigje? A duhet të ketë të drejtë një njeri fjalëshumë?

³ Llafet e tua a do t'ua mbyllin gojën njerëzve? Ti do të tallesh dhe asnjë mos të të bëjë me turp?

⁴ Ti ke thënë: "Doktrina ime është e pastër dhe jam i pakritikueshëm para teje".

⁵ Por po të donte Perëndia të fliste dhe të hapte gojën e tij kundër teje,

⁶ për të treguar të fshehtat e diturisë, sepse dituria e vërtetë është e shumëtrajtshme, atëherë do të mësoje se Perëndia harron një pjesë të fajit tënd.

⁷ A mundesh ti të hulumtosh thellësitë e Perëndisë? A mund të depërtosh në përsosmërinë e të Plotfuqishmit?

⁸ Janë më të larta se qielli; çfarë mund të bësh? janë më të thella se Sheoli: çfarë mund të dish?

⁹ Madhësia e tyre është më e gjatë se toka dhe më e gjerë se deti.

¹⁰ Në rast se Perëndia kalon, burgos dhe nxjerr në gjyq, kush mund t'ia pengojë këtë veprim?

¹¹ Sepse ai i njeh njerëzit e rremë; e sheh padrejtësinë dhe e kqyr.

¹² Njeriu i pamend do të bëhet i urtë, kur kërriçi i gomares së egër të bëhet njeri.

¹³ Në rast se e përgatit zemrën tënde dhe shtrin ndaj saj duart e tua,

¹⁴ në rast se largon padrejtësinë që është në duart e tua dhe nuk lejon që çoroditja të zërë vend në çadrat e tua,

¹⁵ atëherë do të mund të lartosh ballin tënd pa njollë, do të jesh i patundur dhe nuk do të kesh frikë,

¹⁶ sepse do të harrosh hallet e tua, do t'i kujtosh si uji që ka rrjedhur;

¹⁷ jeta jote do të jetë më e ndritur se mesdita, edhe errësira për ty do të ishte si mëngjesi.

¹⁸ Do të jesh i sigurt sepse ka shpresë; do të shikosh rreth e qark dhe do të pushosh në siguri.

¹⁹ Do të biesh të flesh dhe nuk do të ketë njeri që të të trembë dhe shumë persona do të kërkojnë favorin tënd.

²⁰ Por sytë e të pabesëve do të treten; çdo shpëtim do t'u pritet, dhe shpresa e tyre do të jetë grahma e fundit".

Kapitull 12

¹ Atëherë Jobi u përgjigj dhe tha:

² "Pa dyshim ju jeni njerëz të urtë, dhe dituria do të marrë fund me ju.

³ Edhe unë kam mendje si ju, dhe nuk bie më poshtë se ju; përveç kësaj, kush nuk i di gjërat si këto?

⁴ Jam bërë gazi i miqve të mi; unë, të cilit Perëndia i përgjigjej kur i drejtohesha; të drejtin, të ndershmin, e kanë vënë në lojë.

⁵ Një llambë, e përçmuar në mendimet e atyre që jetojnë në mes të të mirave, është përgatitur për ata të cilëve u merren këmbët.

⁶ Çadrat e cubave përkundrazi janë të qeta dhe e ndjejnë veten të sigurt ata që provokojnë Perëndinë dhe që e hyjnizojnë forcën e tyre.

⁷ Por pyeti tani kafshët dhe do të të mësojnë, zogtë e qiellit dhe do të ta thonë,

⁸ ose foli tokës, dhe ajo do të të mësojë, dhe peshqit e detit do të ta tregojnë.

⁹ Midis tërë këtyre krijesave, cila nuk e di që dora e Zotit i ka bërë këto?

¹⁰ Ai ka në dorë të tij jetën e çdo gjallese dhe frymën e çdo qenieje njerëzore.

¹¹ Veshi a nuk i shqyrton vallë fjalët, ashtu si i shijon qiellza ushqimet?

¹² Ndër pleqtë gjejmë diturinë, dhe gjatësia e ditëve u jep edhe gjykimin.

¹³ Por tek ai gjejmë diturinë dhe forcën, atij i përkasin mendja dhe gjykimi.

¹⁴ Në rast se ai shkatërron, askush nuk mund të rindërtojë; në rast se fut në burg dikë, askush nuk mund t'ia hapë.

¹⁵ Në rast se i ndal ujërat, çdo gjë thahet; po t'i lërë të lira, përmbytin tokën.

¹⁶ Ai zotëron forcën dhe diturinë; prej tij varen ai që mashtrohet dhe ai që mashtron.

¹⁷ Ai i bën këshilltarët të ecin zbathur, i bën gjyqtarët të pamend.

¹⁸ Këput verigat e imponuara nga mbretërit dhe lidh me zinxhirë ijet e tyre.

¹⁹ I bën që të ecin zbathur priftërinjtë dhe përmbys të fuqishmit.

²⁰ I lë pa gojë ata tek të cilët ka besim dhe i lë pa mend pleqtë.

²¹ Zbraz përçmimin mbi fisnikët dhe ua liron brezin të fortëve.

²² Zbulon gjërat e thella të fshehura në terr dhe sjell në dritë hijen e vdekjes.

²³ I bën të mëdha kombet dhe pastaj i shkatërron, i zgjeron kombet dhe pastaj i mërgon.

²⁴ U heq arsyen sundimtarëve të tokës dhe i bën të enden në vende të shkreta pa rrugë.

²⁵ Ecin verbërisht në terr pa dritë dhe i bën të ecin si të dehur".

Kapitull 13

¹ "Ja, tërë këtë syri im e pa dhe veshi im e dëgjoi dhe e kuptoi.

² Atë që ju dini e di edhe unë; nuk vij pas jush.

³ Por do të dëshiroja të flas me të Plotfuqishmin, do të më pëlqente të diskutoja me Perëndinë;

⁴ sepse ju jeni trillues gënjeshtrash, jeni të gjithë mjekë pa asnjë vlerë.

⁵ Oh, sikur të heshtnit fare, kjo do të ishte dituria juaj.

⁶ Dëgjoni tani mbrojtjen time dhe vini re deklaratat e buzëve të mia.

⁷ A doni vallë të flisni në mënyrë të mbrapshtë në mbrotje të Perëndisë dhe të flisni në favor të tij me mashtrime?

⁸ A doni të përdorni anësi me të ose të mbroni një kauzë të Perëndisë?

⁹ Do të ishte më mirë për ju që ai t'ju hetonte, apo talleni me të ashtu si talleni me një njeri?

¹⁰ Me siguri ai do t'ju qortojë, në rast se fshehurazi veproni me anësi.

¹¹ Madhëria e tij vallë a nuk do t'ju kallë frikë dhe tmerri i tij a nuk do të bjerë mbi ju?

¹² Thëniet tuaja moralizuese janë proverba prej hiri, argumentet tuaja më të mira nuk janë veçse argumente prej argjila.

¹³ Heshtni dhe më lini mua të flas, pastaj le të më ndodhë çfarë të dojë.

¹⁴ Pse duhet ta mbaj mishin tim me dhëmbët dhe ta vë jetën time në duart e mia?

¹⁵ Ja, ai do të më vrasë, nuk kam më shpresë; sidoqoftë, do ta mbroj para tij qëndrimin tim.

¹⁶ Ai do të jetë edhe shpëtimi im, sepse një i pabesë nuk do të guxonte të paraqitej para tij.

¹⁷ Dëgjoni me vëmendje fjalimin tim dhe deklaratat e mia me veshët tuaj.

¹⁸ Ja, unë e kam përgatitur kauzën time; e di që do të njihem si i drejtë.

¹⁹ Kush kërkon, pra, të hahet me mua? Sepse atëherë do të heshtja dhe do të vdisja.

²⁰ Vetëm mos bëj dy gjëra me mua, dhe nuk do t'i fshihem pranisë sate;

²¹ largoje dorën nga unë dhe tmerri yt të mos më kallë më frikë.

²² Pastaj mund edhe të më thërrasësh edhe unë do të përgjigjem, ose do të flas unë, dhe ti do të përgjigjesh.

²³ Sa janë fajet e mia dhe mëkatet e mia? Më bëj të ditur shkeljet e mia dhe mëkatin tim!

²⁴ Pse më fsheh fytyrën tënde dhe më konsideron si armikun tënd?

²⁵ Mos do vallë të trembësh një gjethe të shtyrë sa andej dhe këndej dhe të ndjekësh ca kashtë të thatë?

²⁶ Pse shkruan kundër meje gjëra të hidhura dhe bën që të rëndojë mbi mua trashëgimia e fajeve të rinisë sime?

²⁷ Ti i vë këmbët e mia në pranga dhe kqyr me kujdes rrugët e mia; ti vendos një cak për tabanin e këmbëve të mia,

²⁸ Ndërkaq trupi im po shpërbëhet si një send i kalbur, si një rrobë që e ka grirë mola".

Kapitull 14

¹ "Njeriu i lindur nga një grua jeton pak ditë dhe është plot shqetësime.

² Mbin si një lule, pastaj pritet; ikën me vrap si një hije dhe nuk e ka të gjatë.

³ Mbi një qenie të tillë ti i mban sytë të hapur, dhe më bën që të dal në gjyq bashkë me ty.

⁴ Kush mund të nxjerrë një gjë të pastër nga një gjë e papastër? Askush.

⁵ Sepse ditët e saj janë të caktuara, numri i muajve të saj varet nga ti, dhe ti i ke vendosur kufij që nuk mund t'i kapërcejë.

⁶ Hiqe shikimin nga ai dhe lëre të qetë, deri sa të mbarojë ditën e tij si një argat.

⁷ Të paktën për drurin ka shpresë; në rast se pritet, rritet përsëri dhe vazhdon të mugullojë.

⁸ Edhe sikur rrënjët e tij të plaken nën tokë dhe trungu i tij të vdesë nën dhe,

⁹ me të ndjerë ujin, mugullon përsëri dhe lëshon degë si një bimë.

¹⁰ Njeriu përkundrazi vdes dhe mbetet i shtrirë për dhe; kur është duke nxjerrë frymën e fundit, ku është, pra?

¹¹ Mund të mungojnë ujërat në det dhe një lumë të meket dhe të thahet,

¹² por njeriu që dergjet nuk ngrihet më; sa të mos ketë më qiej, nuk do të zgjohet dhe nuk do të çohet më nga gjumi i tij.

¹³ Ah sikur të doje të më fshihje në Sheol, të më mbaje të fshehur sa të kalonte zemërimi yt, të më caktoje një afat dhe të më kujtoje!

¹⁴ Në qoftë se njeriu vdes, a mund të kthehet përsëri në jetë? Do të prisja çdo ditë të shërbimit tim të rëndë, deri sa të arrinte ora e ndryshimit tim.

¹⁵ Do të më thërrisje dhe unë do të të përgjigjesha; ti do të kishe një dëshirë të madhe për veprën e duarve të tua.

¹⁶ Atëherë ti do të më numëroje hapat, por nuk do të vije re mëkatet e mia;

¹⁷ do ta vulosje në një thes mëkatin tim dhe do ta mbuloje fajin tim.

¹⁸ Por ashtu si një mal rrëzohet dhe thërrmohet, ashtu si një shkëmb luan nga vendi i tij,

¹⁹ ashtu si ujërat gërryejnë gurët dhe vërshimet marrin me vete dheun, kështu ti shkatërron shpresën e njeriut.

²⁰ Ti e vë përfund për gjithnjë, dhe ai shkon; ti ia prish fytyrën dhe e dëbon.

²¹ Në rast se bijtë e tij janë të nderuar, ai nuk e di; po të jenë të përbuzur, ai nuk e vë re.

²² Ai ndjen vetëm dhembjen e madhe të mishit të tij dhe pikëllohet për veten e tij.

Kapitull 15

¹ Atëherë Elifazi nga Temani u përgjigj dhe tha:

² "Një njeri i urtë a përgjigjet vallë me njohuri të kota, dhe a mbushet me erëra lindore?

³ Diskuton vallë me ligjërata boshe dhe me fjalë që nuk shërbejnë për asgjë?

⁴ Po, ti heq mëshirën dhe eliminon lutjen përpara Perëndisë.

⁵ Sepse prapësia jote t'i sugjeron fjalët dhe ti po zgjedh gjuhën e dinakëve.

⁶ Jo unë, por vetë goja jote të dënon, dhe vetë buzët e tua dëshmojnë kundër teje.

⁷ A je ti vallë i pari njeri që ka lindur apo je formuar përpara kodrave?

⁸ A ke dëgjuar ti këshillën sekrete të Perëndisë apo vetëm ti zotëroke diturinë?

⁹ Çfarë di ti që ne nuk e dimë, ose çfarë kupton ti që nuk e kuptojmë edhe ne?

¹⁰ Midis nesh ka njerëz flokëbardhë dhe pleq më të thinjur se ati yt.

¹¹ Të duken gjëra të vogla përdëllimet e Perëndisë dhe fjalët e ëmbla që të drejton ty?

¹² Pse, pra, zemra jote të çon larg dhe pse sytë e tu vetëtijnë,

¹³ duke e drejtuar zemërimin tënd kundër Perëndisë dhe duke nxjerrë nga goja jote fjalë të tilla?".

¹⁴ "Ç'është njeriu që ta konsiderojë veten të pastër dhe i linduri nga një grua për të qenë i drejtë?

¹⁵ Ja, Perëndia nuk u zë besë as shenjtorëve të tij dhe qiejt nuk janë të pastër në sytë e tij;

¹⁶ aq më pak një qenie e neveritshme dhe e korruptuar, njeriu, që e pi paudhësinë sikur të ishte ujë!

¹⁷ Dua të të flas, më dëgjo; do të të tregoj atë që kam parë,

¹⁸ atë që të urtit tregojnë pa fshehur asgjë nga sa kanë dëgjuar prej etërve të tyre,

¹⁹ të cilëve vetëm iu dha ky vend dhe pa praninë e asnjë të huaji në radhët e tyre.

²⁰ I keqi heq dhembje tërë jetën e tij dhe vitet e caktuara për tiranin janë të numëruara.

²¹ Zhurma të llahtarshme arrijnë në veshët e tij, dhe në kohën e bollëkut i sulet rrënuesi.

²² Nuk ka shpresë kthimi nga errësira, dhe shpata e pret.

²³ Endet e kërkon bukë, po ku mund ta gjejë? Ai e di se dita e territ është përgatitur në krah të tij.

²⁴ Fatkeqësia dhe ankthi i shtien frikë, e sulmojnë si një mbret gati për betejë,

²⁵ sepse ka shtrirë dorën e tij kundër Perëndisë, ka sfiduar të Plotfuqishmin,

²⁶ duke u hedhur me kokëfortësi kundër tij me mburojat e tij të zbukuruara me tokëza.

²⁷ Ndonëse fytyra e tij është e mbuluar me dhjamë dhe ijet e tij janë fryrë nga shëndoshja e tepërt,

²⁸ ai banon në qytete të shkretuara, në shtëpi të pabanuara që do të katandisen në grumbuj gërmadhash.

²⁹ Ai nuk do të pasurohet dhe fati i tij nuk ka për të vazhduar, as edhe pasuria e tij nuk do të shtohet mbi tokë.

³⁰ Nuk do të arrijë të çlirohet nga terri, flaka do të thajë lastarët e tij, dhe do të çohet larg nga fryma e gojës së tij.

³¹ Të mos mbështetet te kotësia; duke gënjyer veten, sepse kotësia ka për të qenë shpërblimi i tij.

³² Do të kryhet para kohe, dhe degët e tij nuk do të gjelbërojnë më.

³³ Do të jetë si një hardhi nga e cila merret rrushi ende i papjekur, si ulliri nga i cili shkundet lulja.

³⁴ Sepse familja e hipokritëve do të jetë shterpë dhe zjarri do të përpijë çadrat e njeriut të korruptuar.

³⁵ Ata sajojnë paudhësinë dhe shkaktojnë shkatërrimin; në gjirin e tyre bluhet mashtrimi.

Kapitull 16

¹ Atëherë Jobi u përgjigj dhe tha:

² "Gjëra të tilla kam dëgjuar shumë! Të gjithë ju jeni ngushëllues të mërzitshëm!

³ Kur do të marrin fund fjalimet tuaja boshe? Ose çfarë të shtyn të përgjigjesh?

⁴ Edhe unë mund të flisja si ju, po të ishit ju në vendin tim; do të mund të radhitja fjalë kundër jush duke tundur kokën time kundër jush.

⁵ Por do t'ju jepja kurajo me gojën time dhe ngushëllimi i buzëve të mia do ta lehtësonte dhembjen tuaj.

⁶ Në rast se flas, dhembja ime nuk pakësohet, në qoftë se nuk flas më, çfarë lehtësimi kam?

⁷ Por tani ai më ka çuar në pikën e fundit të forcave të mia. Ti ke shkatërruar tërë familjen time;

⁸ më ke mbuluar me rrudha dhe kjo dëshmon kundër meje, dobësia ime ngrihet dhe dëshmon kundër meje.

⁹ Zemërimi i tij më grin dhe më përndjek, kërcëllin dhëmbët kundër meje; Armiku im mpreh shikimin mbi mua.

¹⁰ Duke hapur gojën e tyre kundër meje, ata më godasin me përçmim mbi faqet, mblidhen tok kundër meje.

¹¹ Perëndia më ka dhënë në duart e të pabesëve, më ka dorëzuar në duart e njerëzve të këqij.

¹² Jetoja i qetë, por ai më shkatërroi, më kapi për qafe dhe më bëri copë-copë, dhe më shndërroi në objekt goditjeje.

¹³ Harkëtarët e tij më rrethojnë në çdo anë, më shpon pa mëshirë

veshkat, derdh për tokë vrerin tim.

¹⁴ Ai më sulmon vazhdimisht me forcë, më sulet si një luftëtar.

¹⁵ kam qepur një grathore mbi lëkurën time, e kam ulur ballin tim në pluhur,

¹⁶ Fytyra ime është e kuqe nga të qarat dhe mbi qepallat e mia po zë vend hija e vdekjes,

¹⁷ megjithëse nuk ka asnjë dhunë në duart e mia, dhe lutja ime është e pastër.

¹⁸ O tokë, mos e mbulo gjakun tim, dhe britma ime mos gjeftë asnjë vend qetësimi.

¹⁹ Që tani, ja, dëshmitari im është në qiell, garanti im është lart.

²⁰ Shokët e mi më përqeshin, por sytë e mi derdhin lotë përpara Perëndisë.

²¹ Le të përkrahë ai arsyetimet e njeriut pranë Perëndisë, ashtu si bën njeriu me fqinjin e tij.

²² Do të kalojnë në të vërtetë edhe pak vjet akoma dhe unë do të shkoj pastaj në një rrugë pa kthim.

Kapitull 17

¹ "Fryma ime u copëtua, ditët po më shuhen, varri po më pret.

² A nuk jam i rrethuar nga njerëz që më përqeshin. Syri im ndalet mbi fyerjet e tyre.

³ Më jep, pra, një peng pranë teje, përndryshe kush do të më shtrëngonte dorën si garant?

⁴ Nga që i ke penguar mendjet e tyre të kuptojnë, prandaj nuk do t'i bësh të triumfojnë.

⁵ Kush i tradhton miqtë deri sa t'i grabisë, ka për t'i parë më pak sytë e fëmijëve të tij.

⁶ Por unë prej tij jam bërë gazi i popujve dhe jam katandisur në një njeri të cilin e pështyjnë në fytyrë.

⁷ Syri më erret për shkak të dhembjes dhe tërë gjymtyrët e mia nuk janë veçse hije.

⁸ Njerëzit e drejtë habiten nga kjo, dhe i pafajmi ngrihet kundër të pabesit.

⁹ Megjithatë i drejti mbetet i lidhur fort me rrugën e tij, dhe ai që i ka duart e pastra fortësohet gjithnjë e më tepër.

¹⁰ Sa për ju të gjithë, ktheluni, ejani, pra, sepse midis jush nuk po gjej asnjë njeri të urtë.

¹¹ Ditët e mia shkuan dhe planet e mia u prishën, pikërisht ato dëshira që unë ushqeja në zemër.

¹² Ata e ndërrojnë natën në ditë, "drita është afër", thonë, për shkak të errësirës.

¹³ Në rast se e pres Sheolin si shtëpinë time në rast e e shtrij shtrojen time në terr,

¹⁴ në rast se i them vendvarrit: "Ti je ati im", dhe krimbave: "Jeni nëna ime dhe motra ime",

¹⁵ ku është, pra, shpresa ime? Kush mund të dallojë ndonjë shpresë për mua?

¹⁶ A do të zbres vallë në portat e Sheolit, kur do të gjejmë bashkë prehje në pluhur?".

Kapitull 18

¹ Atëherë Bildadi nga Shuahu u përgjigj dhe tha:

² "Kur do t'u japësh fund fjalëve? Bëhu i zgjuar dhe pastaj flasim.

³ Pse jemi konsideruar si kafshë dhe jemi konsideruar të përçmuar në sytë e tu?

⁴ Ti që ha veten nga zemërimi, a duhet të braktiset toka për shkakun tënd apo shkëmbi të luajë nga vendi i tij?

⁵ Po, drita e të keqit shuhet dhe flaka e zjarrit të tij nuk ndrit më.

⁶ Drita në çadrën e tij po meket dhe llamba e tij mbi të po shuhet.

⁷ Hapat e tij të fuqishëm shkurtohen dhe vetë planet e tij po e çojnë në greminë.

⁸ Sepse këmbët e tij e shtyjnë në rrjetë dhe ai do të bjerë në ndonjë lak.

⁹ Një çark e kap nga thembra dhe një lak e mban fort.

¹⁰ Për të ka një lak të fshehur në tokë dhe një çark të vënë në shteg.

¹¹ Gjëra të tmerrshme e trembin nga çdo anë dhe e ndjekin në çdo hap.

¹² Forca e tij pakësohet për shkak të urisë dhe shkatërrimi është gati ta godasë anash.

¹³ Gëllti copa të lëkurës së tij; i parëlinduri i vdekjes gllabëron gjymtyrët e tij.

¹⁴ Atë e rrëmbejnë nga çadra tij që e dinte të sigurt dhe e çojnë para mbretit të tmerrit.

¹⁵ Në çadrën e tij banon ai që nuk është nga të vetët, dhe mbi shtëpinë e tij hedhin squfur.

¹⁶ Rrënjët poshtë thahen dhe degët lart priten.

¹⁷ Kujtimi i tij zhduket nga toka dhe emri i tij nuk do të përmendet më nëpër rrugë.

¹⁸ Ai shtyhet nga drita në terr dhe atë e përzënë nga bota.

¹⁹ Nuk ka as bij, as pasardhës në popullin e tij dhe asnjë që të mbijetojë në banesën e tij.

²⁰ Fundi i tij i lë të habitur ata që e kanë ndjekur dhe mbeten të tmerruar ata që e kanë pararendur.

²¹ Pikërisht kështu janë banesat e njerëzve të këqij, dhe ky është vendi i atij që nuk e njeh Perëndinë". Përgjigja e pestë e Jobit; ai e ndjen veten të përqeshur; gjithçka është kundër tij

Kapitull 19

¹ Atëherë Jobi u përgjigj dhe tha:

² "Deri kur do të hidhëroni shpirtin tim dhe do të më mundoni me ligjëratat tuaja?

³ U bënë dhjetë herë që më përqeshni dhe nuk keni turp që më fyeni.

⁴ Edhe sikur të ishte e vërtetë që kam gabuar, gabimi im më përket vetëm mua.

⁵ Por në rast se doni pikërisht të bëheni kryelartë me mua duke më qortuar për objektin e turpit tim,

⁶ mësoni atëherë që Perëndia më ka trajtuar në mënyrë të padrejtë dhe më ka zënë në rrjetat e tij.

⁷ Ja, unë bërtas: "Dhunë!", por nuk kam asnjë përgjigje; bërtas për ndihmë, por drejtësi nuk ka!

⁸ Më ka prerë rrugën dhe kështu nuk mund të kaloj; përhapi terrin në rrugën time.

⁹ Më ka zhveshur nga nderi im dhe më ka hequr nga koka kurorën.

¹⁰ Më ka shkatërruar nga të gjitha anët dhe unë po shkoj; e ka shkulur si një dru shpresën time.

¹¹ Zemërimi i tij kundër mejë është, ndezur dhe më konsideron si armik të tij.

¹² Ushtarët e tij kanë ardhur të gjithë së bashku dhe kanë ndërtuar rrugën e tyre kundër meje; kanë ngritur kampin e tyre rreth çadrës sime.

¹³ Ai ka larguar nga unë vëllezërit e mi, dhe të njohurit e mi janë bërë plotësisht të huaj me mua.

¹⁴ Farefisi im më ka braktisur dhe miqtë e mi të ngushtë më kanë harruar.

¹⁵ Shërbëtorët dhe shërbëtoret e mi më trajtojnë si një njeri të huaj, në sytë e tyre jam një i huaj.

¹⁶ Thërras shërbëtorin tim, por ai nuk përgjigjet; duhet t'i lutem me gojën time.

¹⁷ Fryma ime është e neveritshme për gruan time, dhe jam i neveritshëm edhe për fëmijët e barkut tim.

¹⁸ Edhe fëmijët më përçmojnë; në rast se provoj të ngrihem, flasin kundër meje.

¹⁹ Tërë miqtë më të ngushtë kanë lemeri prej meje, edhe ata që doja janë ngritur kundër meje.

²⁰ Kockat e mia i ngjiten lëkurës sime dhe mishit tim dhe nuk më ka mbetur veç se lëkura e dhëmbëve.

²¹ Mëshiromëni, mëshiromëni, të paktën ju, miqtë e mi, sepse dora e Perëndisë më ka goditur.

²² Pse më persekutoni si bën Perëndia dhe nuk ngopeni kurrë me mishin tim?

²³ Ah sikur fjalët e mia të ishin të shkruara; ah sikur të kishin zënë vend në një libër;

²⁴ sikur të ishin të gdhendura përjetë mbi një shkëmb me një stil prej hekuri dhe me plumb!

²⁵ Por unë e di që Shpëtimtari im jeton dhe që në fund do të ngrihet mbi tokë.

²⁶ Mbas shkatërrimit të lëkurës sime, në mishin tim do të shoh Perëndinë.

²⁷ Do ta shoh unë vetë; sytë e mi do ta sodisin, dhe jo një tjetër. Po më shkrihet zemra.

²⁸ Në rast se thoni: "Pse e persekutojmë?"; kur rrënja e këtyre të këqijave ndodhet tek unë,

²⁹ ju druani për veten tuaj shpatën, sepse zemërimi sjell ndëshkimin e shpatës, me qëllim që të dini që ekziston një gjykim".

Kapitull 20

¹ Atëherë Zofari nga Naamathi u përgjigj dhe tha:

² "Për këtë mendimet e mia më shtyjnë të përgjigjem, për shkak të shqetësimit që ndjej brenda vetes sime.

³ Kam dëgjuar një qortim që më turpëron, por fryma ime më shtyn të përgjigjem ashtu si e gjykoj.

⁴ A nuk e di ti që gjithnjë, qysh prej kohës që njeriu u vu mbi tokë,

5 triumfi i të këqijve zgjat pak dhe gëzimi i të pabesëve zgjat vetëm një çast?

6 Edhe sikur madhështia e tij të arrinte deri në qiell dhe koka e tij të prekte retë,

7 ai do të vdesë për gjithmonë si jashtëqitjet e tij; ata që e kanë parë do të thonë: "Ku është?".

8 Do të fluturojë si një ëndërr dhe nuk do të gjendet më; do të zhduket si një vegim nate.

9 Syri që e shihte, nuk do ta dallojë më; edhe banesa e tij nuk do ta shohë më.

10 Bijtë e tij do të kërkojnë të fitojnë favorin e të varfërve dhe duart e tij do të rivendosin pasurinë e tij.

11 Forca rinore që i mbushte kockat do të dergjet në pluhur bashkë me të.

12 Edhe sikur e keqja të jetë e ëmbël në gojën e tij, ai e fsheh atë nën gjuhë,

13 nuk lejon që të dalë që andej por vazhdon ta mbajë në gojë.

14 Por ushqimi i tij, që është në zorrët e veta transformohet dhe bëhet një helm gjarpëri brenda tij.

15 Ai do të vjellë pasuritë që ka gëllëtitur; vetë Perëndia do t'ia nxjerrë nga barku.

16 Ai ka thithur helm gjarpëri, gjuha e një nëpërke do ta vrasë.

17 Nuk ka për të parë më lumenj as përrenj që rrjedhin me mjaltë dhe gjalpë.

18 Do të kthejë atë për të cilën është lodhur pa e vënë aspak në gojë; nuk do të ketë asnjë gëzim nga përfitimet e tregtisë së tij.

19 Sepse ka shtypur dhe braktisur të varfrin, ka shtënë në dorë me forcë një shtëpi që nuk e kishte ndërtuar.

20 Duke qenë se lakmia e tij nuk ka njohur kurrë qetësi, ai nuk do të shpëtojë asgjë nga gjërat që dëshironte aq shumë.

21 Asgjë nuk do t'i shpëtojë pangopësisë së tij, prandaj mirëqënia e tij nuk do të zgjasë.

22 Kur të jetë në kulmin e bollëkut do të gjendet ngushtë; dora e të gjithë atyre që vuajnë do të ngrihet kundër tij.

23 Kur të jetë bërë gati për të mbushur barkun, Perëndia do të dërgojë mbi të zjarrin e zemërimit të tij, që do të bjerë mbi të kur të jetë duke ngrënë.

24 Ai mund të shpëtojë nga një armë prej hekuri, por atë do ta shpojë një hark prej bronzi.

25 Nxirret shigjeta që del nga trupi i tij, maja e shndritshme del nga vreri i tij, atë e pushton tmerri.

26 Errësirë e plotë është caktuar për thesaret e tij; do ta konsumojë një zjarr jo i nxitur; ata që kanë mbetur në çadrën e tij do të jenë në ankth.

27 Qielli do të zbulojë paudhësinë e tij dhe toka do të ngrihet kundër tij.

28 Të ardhurat e shtëpisë së tij do t'i merren, do t'i marrin në ditën e zemërimit të tij.

29 Ky është fati që Perëndia i cakton njeriut të keq, trashëgimi që i është dhënë nga Perëndia.

Kapitull 21

1 Atëherë Jobi u përgjigj dhe tha:

2 "Dëgjoni me kujdes atë që kam për të thënë, dhe kjo të jetë kënaqësia që më jepni.

3 Kini durim me mua dhe më lini të flas dhe, kur të kem folur, edhe talluni me mua.

4 A ankohem vallë për një njeri? Dhe pse fryma ime nuk duhet të trishtohet?

5 Shikomëni dhe habituni, dhe vini dorën mbi gojë.

6 Kur e mendoj, më zë frika dhe mishi im fillon të dridhet.

7 Pse, pra, jetojnë të pabesët dhe pse plaken dhe shtojnë pasuritë e tyre?

8 Pasardhësit e tyre fuqizohen bashkë me ta nën vështrimet e tyre dhe fëmijët e tyre lulëzojnë në sytë e tyre.

9 Shtëpitë e tyre janë në siguri, pa tmerre, dhe fshikulli i Perëndisë nuk rëndon mbi ta.

10 Demi i tyre mbars dhe nuk gabon, lopa e tyre pjell pa dështuar.

11 Dërgojnë jashtë si një kope të vegjlit e tyre dhe bijtë e tyre hedhin valle.

12 Këndojnë në tingujt e timpanit dhe të qestes dhe kënaqen me zërin e flautit.

13 I kalojnë në mirëqënie ditët e tyre, pastaj një çast zbresin në Sheol.

14 Megjithatë i thonin Perëndisë: "Largohu nga ne, sepse nuk dëshirojmë aspak të njohim rrugët e tua.

15 Kush është i Plotfuqishmi të cilit duhet t'i shërbejmë? Ç'përfitojmë veç kësaj kur e lusim?".

16 Ja, begatia e tyre a nuk është vallë në duart e tyre? Këshilla e të pabesëve është mjaft larg meje.

17 Sa herë shuhet llamba e të këqijve ose shkatërrimi bie mbi ta, vuajtjet që Perëndia cakton në zemërimin e tij?

18 A janë ata si kashta përpara erës ose si byku që e merr me vete stuhia?

19 Ju thoni se Perëndia ruan dënimin e paudhësisë së dikujt për bijtë e tij. Ta shpaguajë Perëndia, që ai të mund ta kuptojë.

20 Të shohë me sytë e tij shkatërrimin e vet dhe të pijë nga zemërimi i të Plotfuqishmit!

21 Çfarë i hyn në punë në fakt shtëpia e tij mbas vdekjes, kur numri i muajve të tij është mbushur?

22 A mundet ndokush t'i mësojë Perëndisë njohuri, atij që gjykon ata që ndodhen atje lart?

23 Dikush vdes kur ka plot fuqi, i qetë dhe i sigurt;

24 ka kovat plot me qumësht dhe palca e kockave të tij është e freskët.

25 Një tjetër përkundrazi vdes me shpirt të hidhëruar, pa pasë shijuar kurrë të mirën.

26 Që të dy dergjen bashkë në pluhur dhe krimbat i mbulojnë.

27 Ja, unë i njoh mendimet tuaja dhe planet me të cilat doni të ushtroni dhunën kundër meje.

28 Në fakt ju thoni: "Ku është shtëpia e princit, dhe ku është çadra, banesa e njerëzve të këqij?".

29 Nuk i keni pyetur ata që udhëtojnë dhe nuk i njihni shenjat e tyre?

30 Njerëzit e këqij në fakt shpëtojnë ditën e shkatërrimit dhe çohen në shpëtim ditën e zemërimit.

31 Kush e qorton për sjelljen e tij dhe kush i jep shpagim për atë që ka bërë?

32 Atë e çojnë në varr dhe i bëjnë roje varrit të tij.

33 Plisat e luginës do të jenë të ëmbël për të; tërë njerëzia do ta ndjekë, ndërsa një mori pa fund i shkon para.

34 Si mund të më ngushëlloni pra, me fjalë të kota, kur nga fjalët tuaja nuk mbetet veçse gënjeshtra?".

Kapitull 22

1 Atëherë Elifazi nga Temani u përgjigj dhe tha:

2 "A mundet vallë njeriu t'i sigurojë ndonjë përfitim Perëndisë? Me siguri i urti i sjell të mirë vetvetes.

3 Çfarë kënaqësie ka prej saj i Plotfuqishmi, në rast se ti je i drejtë, ose çfarë përfitimi ka në qoftë se ti ke një sjellje të ndershme?

4 Mos vallë nga frika që ka prej teje ai ndëshkon dhe hyn në gjyq me ty?

5 Apo ka gjasë më shumë se kjo ka si shkak ligësinë tënde të madhe dhe fajet e tua të shumta?

6 Pa arsye në fakt ti merrje pengje nga vëllezërit e tu dhe i zhvishje të zhveshurit nga rrobat e tyre.

7 Nuk i jepje ujë të lodhurit dhe i refuzoje bukën të uriturit.

8 Toka i përkiste njeriut të fuqishëm dhe banonte në të njeriu i nderuar.

9 E ktheje gruan e ve me duar bosh, dhe krahët e jetimëve ishin të këputur.

10 Ja pse je rrethuar kudo nga leqe dhe drithma të papritura të turbullojnë,

11 ose një errësirë nuk të lejon të shikosh dhe një vërshim uji të përmbyt.

12 A nuk është Perëndia lart në qiejt? Shiko yjet e larta, sa lart ndodhen!

13 Dhe ti thua: "Çfarë di Perëndia? A mund të gjykojë nëpërmjet territ të dendur?

14 Re të dendura e mbulojnë dhe kështu nuk mund të shikojë, dhe shëtit mbi kupën e qiejve".

15 A dëshiron ti të ndjekësh rrugën e lashtë të përshkruar prej kohe nga njerëzit e këqij,

16 që e çuan larg para kohe, dhe themelin e të cilëve e mori një lum që vërshonte?

17 Ata i thonin Perëndisë: "Largohu nga ne! Çfarë mund të na bëjë i Plotfuqishmi?".

18 Megjithatë Perëndia ua kishte mbushur shtëpitë me të mira. Por unë u rri larg këshillave të të pabesëve.

19 Të drejtët e shohin këtë dhe gëzohen, dhe i pafajmi tallet me ta;

20 po, me siguri, armiqtë tanë po shkatërrohen, dhe zjarri po përpin atë që mbetet.

21 Pajtohu, pra, me Perëndinë dhe do të kesh siguri; kështu do të kesh mirëqënie.

²² Prano udhëzime nga goja e tij dhe shtjeri fjalët e tij në zemrën tënde.

²³ Në rast se kthehesh tek i Plotfuqishmi, do të rimëkëmbesh; në qoftë se largon paudhësinë nga çadrat e tua

²⁴ dhe u hedh arin në pluhur dhe arin e Ofirit ndër gurët e përroit,

²⁵ atëherë i Plotfuqishmi do të jetë ari yt, thesari yt prej argjendi.

²⁶ Sepse atëherë do të gjesh kënaqësinë tënde tek i Plotfuqishmi dhe do të ngresh fytyrën në drejtim të Perëndisë.

²⁷ Do t'i lutesh dhe ai do të plotësojë dëshirën dhe ti do të realizosh kushtet që ke lidhur.

²⁸ Do të vendosësh një gjë dhe ajo do të dalë mbarë, dhe mbi udhën tënde do të shkëlqejë drita.

²⁹ Kur do të poshtërojnë, ti do të thuash: "Ngritja do të vijë". Ai do të përkrahë të përulurin

³⁰ dhe do të çlirojë edhe atë që nuk është i pafajmë; po, ai do të çlirohet nga shkaku i pastëtisë së duarve të tua".

Kapitull 23

¹ Atëherë Jobi u përgjigj dhe tha:

² "Edhe sot vajtimi im është i dhimbshëm; dora ime është e dobët për shkak të rënkimit tim.

³ Ah, sikur të dija ku ta gjeja, që të mund të arrija deri në fronin e tij!

⁴ Do ta parashtroja çështjen time para tij, do ta mbushja gojën time me argumente.

⁵ Do të dija fjalët me të cilat do të më përgjigjej, dhe do të kuptoja atë që kishte për të më thënë.

⁶ A do të më kundërshtonte me forcë të madhe? Jo, përkundrazi do të më kushtonte vëmendje.

⁷ Atje njeriu i drejtë do të mund të diskutonte me të, kështu gjyqtari im do të më shpallte të pafajshëm përjetë.

⁸ Ja, po shkoj në lindje, por aty nuk është; në perëndim, por nuk e shoh;

⁹ vepron në veri, por nuk e shoh; kthehet nga jugu, por nuk arrij ta shikoj.

¹⁰ Por ai e njeh rrugën që unë kam marrë; sikur të më provonte, do të dilja si ari.

¹¹ Këmba ime ka ndjekur me përpikmëri gjurmët e tij, i jam përmbajtur rrugës së tij pa devijuar;

¹² nuk jam larguar nga urdhërimet e buzëve të tij, përfitova shumë nga fjalët që kanë dalë prej gojës së tij më tepër se nga racioni tim i ushqimit.

¹³ Por atij nuk i gjendet shoku, kush, pra, mund ta ndryshojë? Atë që do, ai e bën,

¹⁴ kështu ai do të realizojë plotësisht atë që ka dekretuar kundër meje, dhe plane të tilla ka mjaft të tjera.

¹⁵ Prandaj në prani të tij e ndjej veten të tmerruar; kur e mendoj këtë, ia kam frikën atij.

¹⁶ Perëndia ma ligështon zemrën, i Plotfuqishmi më tmerron.

¹⁷ Sepse nuk u asgjësova përpara territ; dhe ai nuk e fshehu terrin e dendur nga fytyra ime".

Kapitull 24

¹ "Pse vallë i Plotfuqishmi nuk i rezervon vetes kohëra dhe ata që e njohin nuk shohin ditët e tij?

² Disa zhvendosin kufijtë, marrin me forcë kopetë dhe i çojnë në kullotë;

³ u marrin gomarin jetimëve dhe marrin peng kaun e gruas së ve;

⁴ i shtyjnë jashtë rruge nevojtarët, kështu tërë të varfrit e vendit janë të detyruar të fshihen.

⁵ Ja ku janë, si gomarë të egjër në shkretëtirë dalin në punën e tyre herët në mëngjes për të kërkuar ushqim; shkretëtira jep ushqim për ta dhe për bijtë e tyre.

⁶ Mbledhin forazhin e tyre në fushat dhe mbledhin vilet e pavjela në vreshtin e të pabesit.

⁷ E kalojnë natën lakuriq, pa rroba, dhe nuk kanë me se të mbulohen nga të ftohtit.

⁸ Të lagur nga rrebeshet që vijnë nga malet, për mungesë strehe shtrëngohen pas shkëmbinjve.

⁹ Të tjerë e rrëmbejnë nga gjiri jetimin dhe marrin pengje nga të varfrit.

¹⁰ E detyrojnë të varfrin të shkojë pa rroba dhe u marrin duajt të uriturve.

¹¹ Bëjnë vaj midis mureve të të pabesëve, e shtrydhin rrushin në trokull, por kanë etje.

¹² Vajtimi i atyre që po vdesin ngrihet nga qyteti, shpirti i të plagosurve kërkon ndihmë, por Perëndia nuk i vë mend të keqes që u ka bërë.

¹³ Të tjerë janë armiq të dritës, nuk njohin rrugët e saj dhe nuk qëndrojnë në shtigjet e saj.

¹⁴ Vrasësi ngrihet në të gdhirë, për të vrarë të varfrin dhe nevojtarin; natën përkundrazi sillet si vjedhësi.

¹⁵ Syri i shkelësit të kurorës bashkëshortore pret muzgun duke menduar: "Askush nuk do të më shohë", dhe vë një vel mbi fytyrën e tij.

¹⁶ Natën depërtojnë nëpër shtëpitë; ditën rrinë mbyllur; nuk e njohin dritën.

¹⁷ Mëngjesi është për ta si hija e vdekjes, sepse ata i njohin mirë tmerret e hijes së vdekjes.

¹⁸ Kalojnë shpejt mbi sipërfaqen e ujërave, pjesa e tyre është e mallkuar mbi tokë, dhe askush nuk do të hynte më në vreshtat e tyre.

¹⁹ Ashtu si thatësia dhe vapa tretin ujërat e dëborës, kështu bën edhe Sheoli me atë që ka mëkatuar.

²⁰ Gjiri i nënës e harron, krimbat e hanë duke e shijuar; atë nuk do ta kujtojnë më; i keqi do të pritet si një dru.

²¹ Ai gëlltiste gruan shterpë që nuk ka fëmijë dhe nuk i bënte asnjë të mirë gruas së ve!

²² Por Perëndia me forcën e tij tërheq tutje të fuqishmit dhe, në qoftë se shfaqen përsëri, asnjeri nuk mund të jetë i sigurt për jetën e tij.

²³ U jep siguri dhe ata i besojnë asaj; megjithatë sytë e tij kundrojnë rrugët e tyre.

²⁴ Ngrihen për pak kohë, por pastaj nuk janë më; rrëzohen dhe çohen tutje si gjithë të tjerët; priten si kokat e kallinjve të grurit.

²⁵ Në qoftë se nuk është kështu, kush mund të më përgënjeshtrojë dhe të shfuqizojë vlerën e fjalëve të mia?".

Kapitull 25

¹ Atëherë Bildadi nga Shuahu u përgjigj dhe tha:

² "Atij i përkasin sundimi dhe terrori: ai sjell paqen në vendet e tij shumë të larta.

³ A mund të llogariten vallë ushtritë e tij? Dhe mbi kë nuk del drita e tij?

⁴ Si mund të jetë, pra, njeriu i drejtë përpara Perëndisë, ose si mund të jetë i pastër një i lindur nga një grua?

⁵ Dhe në se edhe hëna nuk shkëlqen dhe yjet nuk janë të pastër në sytë e tij,

⁶ aq më pak njeriu, që është një vemje, biri i njeriut që është një krimb!".

Kapitull 26

¹ Atëherë Jobi u përgjigj dhe tha: "Si e ke ndihmuar të dobëtin,

² ose si e ke ndihmuar krahun pa forcë?

³ Si e ke këshilluar atë që nuk ka dituri, dhe çfarë njohurish të mëdha i ke komunikuar?

⁴ Kujt ia ke drejtuar fjalët e tua, dhe e kujt është fryma që ka dalë prej teje?

⁵ Të vdekurit dridhen nën ujërat, dhe kështu bëjnë edhe banorët e tyre.

⁶ Para atij Sheoli është i zbuluar, Abadoni është pa vel.

⁷ Ai shtrin veriun në zbrazëti dhe e mban tokën pezull mbi hiçin.

⁸ I mbyll ujërat në retë e tij, por ato nuk çahen nën peshën e tyre.

⁹ E mbulon pamjen e fronit të tij, duke shtrirë mbi të retë e tij.

¹⁰ Ka shënuar një kufi të veçantë mbi sipërfaqen e ujërave, në kufirin e dritës me terrin.

¹¹ Kollonat e qiellit dridhen dhe habiten nga kërcënimi i tij.

¹² Me forcën e tij qetëson detin, me zgjuarsinë tij ka rrëzuar Rahabin.

¹³ Me Frymën e tij ka zbukuruar qiejt, dora e tij ka shpuar tejpërtej gjarpërin dredharak.

¹⁴ Ja, këto janë vetëm thekët e veprave të tij. Ç'murmurimë të lehtë të tij arrijmë të dëgjojmë! Por vallë kush do të arrijë të kuptojë gjëmimin e fuqisë së tij?

Kapitull 27

¹ Jobi e mori fjalën përsëri dhe tha:

² "Ashtu si rron Perëndia që më ka hequr të drejtën time dhe i Plotfuqishmi që më ka hidhëruar shpirtin,

³ deri sa të ketë një frymë jete tek unë dhe të jetë fryma e Perëndisë në flegrat e hundës sime,

⁴ buzët e mia nuk do të thonë asnjë ligësi, as gjuha ime nuk ka për të shqiptuar asnjë gjë të rreme.

⁵ Nuk do të pranoj që ju keni të drejtë; deri në regëtimat e fundit nuk do të heq dorë nga ndershmëria ime.

⁶ Do të qëndroj i patundur në drejtësinë time, pa bërë lëshime; zemra nuk më qorton asnjë nga ditët e mia.

⁷ Armiku im qoftë si njeriu i keq, dhe ai që ngrihet kundër meje ashtu si njeriu i padrejtë.

⁸ Çfarë shprese mund të ketë në fakt i pabesi, edhe sikur të arrijë të sigurojë fitime, kur Perëndia i heq jetën?

⁹ A do ta dëgjojë Perëndia britmën e tij, kur mbi të do të bjerë fatkeqësia?

¹⁰ A do t'i vërë kënaqësitë e tij vallë tek i Plotfuqishmi dhe do të kërkojë ndihmën e Perëndisë në çdo kohë?

¹¹ Do t'ju jap mësime mbi fuqinë e Perëndisë, nuk do t'ju fsheh qëllimet e të Plotfuqishmit.

¹² Por ju të gjithë i keni vënë re këto gjëra, pse, pra, silleni në mënyrë kaq të kotë?

¹³ Ky është fati që Perëndia i rezervon njeriut të keq, trashëgimia që njerëzit që përdorin dhunën marrin nga i Plotfuqishmi.

¹⁴ Në rast se ka një numër të madh bijsh, këta i destinohen shpatës, dhe trashëgimtarët e tij nuk do të kenë bukë për t'u ngopur.

¹⁵ Ata që do të mbijetojnë pas tij do të varrosen nga vdekja dhe të vejat e tyre nuk do të qajnë.

¹⁶ Në rast se grumbullon argjend si pluhur dhe mbledh rrobe si baltë,

¹⁷ ai i grumbullon, por do t'i veshë i drejti, dhe argjendin do ta ndajë i pafajmi.

¹⁸ Ai ndërton shtëpinë e tij si një mole, si një kasolle që e ka bërë një rojtar.

¹⁹ I pasuri bie në shtrat, por nuk do të bashkohet me njerëzit e tij; hap sytë dhe nuk është më.

²⁰ Tmerri e kap në befasi si ujërat; në mes të natës një furtunë e rrëmben tinëzisht.

²¹ Era e lindjes e merr me vete dhe ai ikën, e fshin nga vendi i tij si një vorbull.

²² Ajo sulet kundër tij pa mëshirë, ndërsa ai kërkon në mënyrë të dëshpëruar të shpëtojë nga ajo dorë,

²³ njerëzia duartroket në mënyrë tallëse për të dhe fërshëllen kundër tij nga vendi ku ndodhet".

Kapitull 28

¹ "Me siguri ka një minierë për argjendin dhe një vend ku bëhet rafinimi i arit.

² Hekuri nxirret nga toka dhe guri i shkrirë jep bakrin.

³ Njeriu i jep fund territ dhe hulumton thellësitë më të mëdha në kërkim të gurëve të varrosur në terr dhe në hijen e vdekjes.

⁴ Ai çel një pus larg vendbanimit, në vende të harruara nga këmbësorët; janë pezull dhe lëkunden larg njerëzve.

⁵ Sa për tokën, prej asaj del buka, por nga poshtë është e trazuar nga zjarri.

⁶ Gurët e saj janë banesa e safirëve dhe përmbajnë pluhur ari.

⁷ Shpendi grabitqar nuk e njeh shtegun dhe as syri i skifterit nuk e ka parë kurrë.

⁸ Bishat e egra nuk e kanë përshkruar dhe as luani nuk ka kaluar kurrë andej.

⁹ Njeriu vë dorë mbi strallin dhe i rrëzon malet nga rrënjët.

¹⁰ Hap galeri ndër shkëmbinj dhe syri i tij sheh gjithçka që është e çmuar.

¹¹ Zë rrjedhat ujore që të mos rrjedhin, dhe nxjerr në dritë gjërat e fshehura.

¹² Po ku mund ta gjesh diturinë, dhe ku është vendi i zgjuarsisë?

¹³ Njeriu nuk ua di vlerën dhe ajo nuk gjendet mbi tokën e të gjallëve.

¹⁴ Humnera thotë: "Nuk është tek unë"; deti thotë: "Nuk qëndron pranë meje".

¹⁵ Nuk përftohet duke e shkëmbyer me ar të rafinuar as blihet duke peshuar argjend.

¹⁶ Nuk shtihet në dorë me arin e Ofirit, me oniksin e çmuar ose me safirin.

¹⁷ Ari dhe kristali nuk mund të barazohen me të dhe nuk këmbehet me enë ari të kulluar.

¹⁸ Korali dhe kristali as që meritojnë të përmenden; vlera e diturisë është më e madhe se margaritarët.

¹⁹ Topazi i Etiopisë nuk mund të barazohet dhe nuk mund të vlerësohet me ar të kulluar.

²⁰ Por atëherë nga rrjedh dituria dhe ku e ka selinë zgjuarsia?

²¹ Ajo u fshihet syve të çdo të gjalli, është e mbuluar për zogjtë e qiellit.

²² Abadoni dhe vdekja thonë: "Kemi dëgjuar të flitet për të me veshët tona".

²³ Vetëm Perëndia njeh rrugën e saj, vetëm ai e di ku ndodhet,

²⁴ sepse ai vë re skajet e tokës dhe sheh tërë ato që ndodhen nën qiejt.

²⁵ Kur caktoi peshën e erës dhe u caktoi ujërave një masë,

²⁶ kur bëri një ligj për shiun dhe një rrugë për vetëtimën e bubullimave,

²⁷ atëherë pa dhe e tregoi, e vendosi dhe madje e hetoi,

²⁸ dhe i tha njeriut: "Ja, të kesh frikë nga Zoti, kjo është dituri, dhe t'i largohesh së keqes është zgjuarsi"".

Kapitull 29

¹ Jobi e rifilloi ligjëratën e tij dhe tha:

² "Ah, sikur të isha si në muajt e së kaluarës, si në ditët kur Perëndia më mbronte,

³ kur llamba e tij shkëlqente mbi kokën time dhe me dritën e saj ecja në mes të errësirës;

⁴ siç isha në ditët e pjekurisë sime, kur mendja e fshehtë e Perëndisë kujdesej për çadrën time,

⁵ kur i Plotfuqishmi ishte akoma me mua dhe bijtë e mi më rrinin përqark;

⁶ kur laja këmbët e mia në gjalpë dhe shkëmbi derdhte për mua rrëke vaji.

⁷ Kur dilja ne drejtim të portës së qytetit dhe ngrija fronin tim në shesh,

⁸ të rinjtë, duke më parë, hiqeshin mënjanë, pleqtë ngriheshin dhe qëndronin më këmbë;

⁹ princat ndërprisnin bisedat dhe vinin dorën mbi gojë;

¹⁰ zëri i krerëve bëhej më i dobët dhe gjuha e tyre ngjitej te qiellza.

¹¹ veshi që më dëgjonte, më shpallte të lumtur, dhe syri që më shihte, dëshmonte për mua,

¹² sepse çliroja të varfrin që klithte për ndihmë, dhe jetimin që nuk kishte njeri që ta ndihmonte.

¹³ Bekimi i atij që ishte duke vdekur zbriste mbi mua dhe unë e gëzoja zemrën e gruas së ve.

¹⁴ Isha i veshur me drejtësi dhe ajo më mbulonte; drejtësia ime më shërbente si mantel dhe si çallmë.

¹⁵ Isha sy për të verbërin dhe këmbë për çalamanin;

¹⁶ isha një baba për të varfrit dhe hetoja rastin që nuk njihja.

¹⁷ I thyeja nofullat njeriut të keq dhe rrëmbeja gjahun nga dhëmbët e tij.

¹⁸ Dhe mendoja: "Kam për të vdekur në folenë time dhe do të shumëzoj ditët e mia si rëra;

¹⁹ rrënjët e mia do të zgjaten në drejtim të ujërave, vesa do të qëndrojë tërë natën në degën time;

²⁰ lavdia ime do të jetë gjithnjë e re tek unë dhe harku im do të fitojë forcë të re në dorën time".

²¹ Të pranishmit më dëgjonin duke pritur dhe heshtnin për të dëgjuar këshillën time.

²² Mbas fjalës sime ata nuk përgjigjeshin, dhe fjalët e mia binin mbi ta si pika vese.

²³ Më prisnin ashtu si pritet shiu dhe hapnin gojën e tyre si për shiun e fundit.

²⁴ Unë u buzëqeshja kur kishin humbur besimin, dhe nuk mund ta pakësonin dritën e fytyrës sime.

²⁵ Kur shkoja tek ata, ulesha si kryetar dhe rrija si një mbret midis trupave të tij, si një që ngushëllon të dëshpëruarit.

Kapitull 30

¹ "Tani përkundrazi më të rinjtë se unë më përqeshin, ata që etërit e tyre nuk do të kishin pranuar t'i vija midis qenve të kopesë sime.

² Fundja, për çfarë do të më shërbente forca e duarve të tyre? Fuqia e tyre është shkatërruar.

³ Të sfilitur nga mizerja dhe nga uria, ikin natën në shketëtirën e shkretuar dhe shterpë,

⁴ duke shkulur bar të hidhur pranë gëmushave dhe rrënjë gjineshtre për ushqimin e tyre.

⁵ Janë përzënë nga mjediset prej njerëzve që ulërijnë prapa tyre si të ishin vjedhës.

⁶ Janë të detyruar të jetojnë në skërkat e luginave, në shpellat e tokës dhe midis shkëmbinjve;

⁷ ulërijnë midis kaçubeve dhe shtrëngohen bashkë nën ferrishtat;

⁸ njerëz budallenj, po, njerëz pa vlerë, të dëbuar nga vendi i tyre.

⁹ Tani jam bërë kënga e tyre e talljes, po, jam bërë gazi i tyre.

¹⁰ Kanë tmerr nga unë, rrinë larg meje dhe nuk ngurrojnë të më pështyjnë në fytyrë.

¹¹ Meqenëse Perëndia ka lëshuar disi litarin e çadrës sime dhe më ka poshtëruar, ata kanë thyer çdo fre para meje.

¹² Këta zuzarë çohen në të djathtën time, i shtyjnë larg këmbët e mia dhe përgatitin kundër meje rrugët që të më shkatërrojnë.

¹³ Prishin rrugën time, keqësojnë fatkeqësinë time, megjithëse askush nuk i ndihmon.

¹⁴ Afrohen si nëpërmjet një të çare të madhe, sulen kundër meje si një stuhi.

¹⁵ Më sulmojnë tmerre; gjuajnë nderin tim si era, dhe begatia ime zhdavaritet si një re.

¹⁶ Unë shkrihem përbrenda, dhe ditët e hidhërimit më kanë pushtuar.

¹⁷ Natën ndjej sikur më shpojnë kockat, dhe dhembjet më brejnë pa pushim.

¹⁸ Nga dhuna e madhe rrobat e mia deformohen, më shtrëngojnë përreth si jaka e mantelit tim.

¹⁹ Ai më ka hedhur në baltë dhe jam bërë si pluhuri dhe hiri,

²⁰ Unë të bërtas ty, dhe ti nuk më përgjigjesh; të rri përpara, por ti rri duke më shikuar.

²¹ Je bërë mizor me mua; më përndjek me fuqinë e dorës sate.

²² Më ngre lart mbi erën, bën që të eci kaluar mbi të dhe më zhduk në stuhi.

²³ E di në të vërtetë që ti më çon në vdekje, në shtëpinë ku mblidhen gjithë të gjallët.

²⁴ me siguri nuk do ta shtrijë dorën e tij te varri, megjithëse në fatkeqësinë e tij bërtet për të kërkuar ndihmë.

²⁵ A nuk kam qarë vallë për atë që ishte në fatkeqësi, dhe a nuk jam hidhëruar për të varfrin?

²⁶ Kur prisja të mirën, erdhi e keqja; kur prisja dritën, erdhi errësira.

²⁷ Zorrët e mia ziejnë pa pushim, kanë ardhur për mua ditë vuajtjesh.

²⁸ Shkoj rreth e qark i nxirë, krejt, por jo nga dielli; ngrihem në kuvend dhe bërtas për të kërkuar ndihmë.

²⁹ Jam bërë vëlla me çakallin dhe shok me strucin.

³⁰ Lëkura ime që më mbulon është nxirë dhe kockat e mia digjen nga nxehtësia.

³¹ Qestja ime shërben vetëm për vajtime dhe flauti im për tinguj vajtues.

Kapitull 31

¹ "Unë kisha bërë një besëlidhje me sytë e mi; si mund ta fiksoja, pra, shikimin mbi një virgjëreshë?

² Cili është fati që më ka caktuar Perëndia nga atje lart dhe trashëgimia e të Plotfuqishmit nga vendet e larta?

³ A nuk është vallë fatkeqësia për njeriun e çorodituar dhe mjerimi për atë që kryen të keqen?

⁴ Nuk i shikon ai tërë rrugët e mia dhe nuk i numëron të gjitha hapat që bëj?

⁵ Në rast se kam vepruar me falsitet, ose në rast se këmba ime është shpejtuar të ndjekë mashtrimin,

⁶ le të më peshojë me një peshore të saktë, dhe Perëndia do ta njohë ndershmërinë time.

⁷ Në qoftë se hapat e mia kanë dalë nga rruga e drejtë, dhe në qoftë se zemra ime ka ndjekur sytë e mi, apo në se ndonjë njollë u është ngjitur duarve të mia,

⁸ le të mbjell unë dhe një tjetër të hajë, dhe pasardhësit e mi u çrrënjofshin.

⁹ Në rast se zemra ime është mashtruar nga një grua dhe kam përgjuar në portën e të afërmit tim,

¹⁰ gruaja ime le të bluajë për një tjetër dhe të tjerë u përkulshin mbi të.

¹¹ Sepse kjo do të ishte një mbrapshti, një faj që duhet të dënohet nga gjyqtarët,

¹² një zjarr që konsumon deri në Abadon, dhe do të kishte shkatërruar deri në rrënjë gjithë të korrat e mia.

¹³ Në rast se kam hedhur poshtë të drejtën e shërbëtorit tim dhe të shërbëtores sime, kur po grindeshin me mua,

¹⁴ çfarë do të bëja kur Perëndia të ngrihej kundër meje, dhe si do t'i përgjigjesha kur të më kërkonte llogari?

¹⁵ Ai që më ka bërë mua në barkun e nënës, a nuk e ka bërë edhe atë? A nuk ka qenë po ai Perëndi që na ka krijuar në bark?

¹⁶ Në rast se u kam refuzuar të varfërve atë që dëshironin dhe bëra të veniten sytë e gruas së ve,

¹⁷ në rast se e hëngra vetëm copën e bukës pa i dhënë një pjesë jetimit,

¹⁸ (por që në rininë time unë e rrita si një baba, dhe që në bark të nënës sime e kam ndihmuar gruan e ve)

¹⁹ në rast se kam parë dikë të vdesë për mungesë rrobash ose një varfër që nuk kishte me se mbulohej,

²⁰ në rast se ijet e tij nuk më kanë bekuar, dhe nuk është ngrohur me leshin e qengjave të mi,

²¹ në qoftë se kam ngritur dorën kundër jetimit, sepse e dija që do të ndihmohesha tek porta,

²² supi im u ndaftë nga shpatulla, krahu im u theftë në bërryl!

²³ Sepse fatkeqësia që vjen nga Perëndia më kall drithma, dhe për shkak të madhështisë së tij nuk mund të bëj asgjë.

²⁴ Në qoftë se kam pasur besim tek ari, dhe arit të kulluar i kam thënë: "Ti je shpresa ime",

²⁵ në rast se jam gëzuar sepse pasuritë e mia ishin të mëdha, dhe sepse dora ime ka grumbulluar shumë pasuri,

²⁶ në qoftë se kam shikuar diellin kur shkëlqen ose hënën që shkonte përpara duke ndritur, dhe zemra ime u mashtrua tinëz dhe goja ime puthi dorën time :

²⁷ edhe ky do të ishte një faj që duhet të dënohet nga gjyqtarët, sepse do të kisha mohuar Perëndinë që rri aty lart.

²⁸ Në rast se jam gëzuar për fatkeqësinë e armikut tim dhe u ngrita, sepse e kishte goditur fakeqësia

²⁹ (por unë nuk e lejova gojën time të mëkatonte, duke i uruar të vdesë me një mallkim);

³⁰ në qoftë se njerëzit e çadrës sime nuk kanë thënë: "Kush mund të gjejë një që nuk është ngopur me mishin e tij?".

³¹ (përveç kësaj asnjë i huaj nuk e kalonte natën jashtë, sepse i hapja portat e mia udhëtarit);

³² në rast se i kam mbuluar mëkatet e mia si Adami, duke e fshehur fajin tim në gji,

³³ sepse kisha frikë nga turma e madhe dhe përbuzja e familjeve më tmerronte, kështu që rrija i heshtur pa dalë nga shtëpia.

³⁴ Ah, sikur të kisha një që të më dëgjonte! Ja firma ime! I Plotfuqishmi të më përgjigjet! Kundërshtari im të shkruajë një dokument,

³⁵ dhe unë do ta mbaja me siguri mbi shpatullat e mia, dhe do ta mbaja si një diademë

³⁶ do t'i jepja llogari për të gjitha hapat e mia, duke iu paraqitur si një princ.

³⁷ Në qoftë se toka ime bërtet kundër meje dhe brazdat e saj qajnë bashkë me të,

³⁸ në rast se kam ngrënë frytin e saj pa paguar, në rast se u kam nxjerrë frymën e fundit zotërve të saj,

³⁹ në vend të grurit u rritshin ferra dhe barëra të këqija në vend të elbit".

⁴⁰ Këtu mbarojnë fjalët e Jobit.

Kapitull 32

¹ Atëherë këta tre njerëz nuk iu përgjigjën më Jobit, sepse ai e ndjente veten të drejtë.

² Por zemërimi i Elihut, birit të Barakelit, Buzitit, nga fisi i Ramit, u ndez kundër Jobit; zemërimi i tij u ndez, sepse ai e quante veten e tij të drejtë më tepër se Perëndia.

³ Zemërimi i tij u ndez edhe kundër tre miqve të tij, sepse nuk kishin gjetur përgjigjen e drejtë, megjithëse e dënonin Jobin.

⁴ Elihu kishte pritur për t'i folur Jobit, sepse ata ishin më të moshuar se ai.

⁵ Por kur Elihu u bind që në gojën e këtyre tre njerëzve nuk kishte më përgjigje, ai u zemërua.

⁶ Kështu Elihu, bir i Barakelit, Buzitit, mori fjalën dhe tha: "Unë jam akoma i ri me moshë dhe ju jeni pleq; prandaj ngurrova dhe pata frikë t'ju parashtroj mendimin tim.

⁷ Thoja: "Do të flasë mosha dhe numri i madh i viteve do t'u mësojë diturinë".

⁸ Por te njeriu ka një frymë, dhe është fryma e të Plotfuqishmit që i jep zgjuarsinë.

⁹ Nuk janë detyrimisht të mëdhenjtë që kanë diturinë ose pleqtë që kuptojnë drejtësinë.

¹⁰ Prandaj them: Dëgjomëni, do të shtroj edhe unë mendimin tim.

¹¹ Ja, prita fjalimet tuaja, dëgjova argumentat tuaja, ndërsa kërkonit të thonit diçka

¹² Ju kam ndjekur me vëmendje, dhe ja, asnjëri prej jush nuk e bindi Jobin ose nuk iu përgjigj fjalëve të tij.

¹³ Mos thoni, pra: "Kemi gjetur diturinë; vetëm Perëndia mund ta mundë plotësisht, por jo njeriu!".

¹⁴ Ai nuk i ka drejtuar fjalimet e tij kundër meje, prandaj nuk do t'i përgjigjem me fjalët tuaja.

¹⁵ Janë hutuar, nuk përgjigjen më, nuk gjejnë fjalë.

¹⁶ Duhet të pres akoma, sepse nuk flasin më, rrinë aty pa dhënë asnjë përgjigje.

¹⁷ Do të paraqes edhe unë pjesën time, do të shtroj edhe unë mendimin tim.

¹⁸ Sepse kam plot fjalë dhe fryma përbrenda më detyron.

¹⁹ Ja, gjiri im është si vera që nuk ka një shfrim, si shakujt e rinj, gati për të plasur.

²⁰ Do të flas, pra, për të pasur një lehtësim të vogël, do të hap buzët dhe do të përgjigjem.

²¹ Tani më lejoni të flas pa treguar anësi me asnjë dhe pa i bërë lajka kurrkujt;

²² sepse unë nuk di të bëj lajka, përndryshe Krijuesi im do të më hiqte shpejt nga mesi".

Kapitull 33

¹ "Tani pra, Job, dëgjo atë që kam për të thënë dhe vëru veshin gjithë fjalëve të mia!

² Ja, unë po hap gojën dhe gjuha ime flet në gojën time.

³ Fjalët e mia burojnë nga një zemër e drejtë, buzët e mia do të thonë njohuri të pastra.

⁴ Fryma e Perëndisë më ka krijuar dhe fryma e të Plotfuqishmit më jep jetë.

⁵ Në rast se mundesh, m'u përgjigj; përgatitu gjithashtu të mbrosh pozitat e tua.

⁶ Ja, unë jam i barabartë me ty përpara Perëndisë; edhe unë jam formuar nga argjili.

⁷ Ja, asnjë frikë nga unë nuk duhet të të lemerisë, dhe dora ime nuk do të rëndojë mbi ty.

⁸ Por ti u ke thënë veshëve të mi dhe dëgjova tingullin e fjalëve të tua, që thonin:

⁹ "Una jam i pastër, pa mëkat; jam i pafajmë, nuk ka asnjë faj tek unë.

¹⁰ Por Perëndia gjen kundër meje shkaqe armiqësie dhe më konsideron armikun e tij;

¹¹ i fut këmbët e mia në pranga dhe kqyr gjithë hapat e mia".

¹² Mirë, pra, unë të them se këtu nuk ke të drejtë, sepse Perëndia është më i madh se njeriu.

¹³ Pse hahesh me të, kur ai nuk jep llogari për asnjë nga veprimet e tij?

¹⁴ Në fakt Perëndia flet në një mënyrë apo në një tjetër por njeriu nuk e vë re:

¹⁵ në një ëndërr, në një vegim të natës, kur një gjumë i rëndë i zë njerëzit, kur dremitin në shtretërit e tyre.

¹⁶ Atëherë ai hap veshët e njerëzve dhe vulos paralajmërimet që u bën,

¹⁷ për ta larguar njeriun nga veprimet e tij dhe për ta mbajtur larg nga kryelartësia,

¹⁸ për të shpëtuar shpirtin e tij nga gropa dhe për të penguar që jeta e tij të mbarojë nga shpata.

¹⁹ Njeriu paralajmërohet gjithashtu me dhembjen në shtratin e vet dhe me torturën e pandërprerë të kockave të tij,

²⁰ aq sa i neveritet buka dhe madje edhe ushqimet më të shijshme.

²¹ Mishi konsumohet sa mbyll e hap sytë, ndërsa kockat e tij, që më parë nuk dukeshin, tani dalin jashtë;

²² kështu shpirti i tij i afrohet gropës dhe jeta e tij atyre që sjellin vdekjen.

²³ Por në rast se pranë tij ka një engjëll, një interpret, një i vetëm ndër një mijë, që t'i tregojë njeriut detyrën e tij.

²⁴ Perëndisë i vjen keq për të dhe thotë: "Kurseje që të mos zbresë në gropë; gjeta shpengimin për të".

²⁵ Atëherë mishi i tij do të bëhet më i freskët se kur ishte fëmijë dhe ai do të kthehet në ditët e rinisë së tij.

²⁶ Do t'i lutet fort Perëndisë, do të gjejë hir pranë tij dhe do të mund të sodisë fytyrën e tij me gëzim, sepse Perëndia do ta ketë rivendosur njeriun në drejtësinë e tij.

²⁷ Duke iu drejtuar njerëzve, do të thotë: "Kam mëkatuar dhe kam shkelur drejtësinë, dhe nuk u ndëshkova siç e meritoja.

²⁸ Perëndia i ka shpenguar shpirtin tim, që të mos zbriste në gropë dhe jeta ime mund të shohë dritën".

²⁹ Ja, Perëndia e bën këtë dy herë, tri herë me njeriun,

³⁰ për të shpëtuar shpirtin e tij nga gropa dhe për ta ndriçuar me dritën e jetës.

³¹ Ki kujdes, Jobi, dëgjomë; rri në heshtje, dhe unë do të flas.

³² Në qoftë se ke diçka për të thënë, përgjigjmu, folë, sepse do të dëshiroja të të jepja të drejtë.

³³ Përndryshe dëgjomë; hesht dhe unë do të të mësoj diturinë".

Kapitull 34

¹ Elihu nisi përsëri të flasë dhe tha:

² "Dëgjoni, o njerëz të urtë, fjalët e mia, dhe ju, njerëz të ditur, ma vini veshin!

³ Sepse veshi i shqyrton fjalët, ashtu si qiellza i shijon ushqimet.

⁴ Le të zgjedhim ne vetë atë që është e drejtë të pranojmë midis nesh atë që është e mirë.

⁵ Sepse Jobi ka thënë: "Jam i drejtë, por Perëndia më ka hequr drejtësinë time.

⁶ A duhet të gënjej kundër drejtësisë sime? Plaga ime është e pashërueshme, megjithëse jam pa mëkat".

⁷ Kush është si Jobi, që e pi përqeshjen si ujin,

⁸ që ecën bashkë me keqbërësit dhe shkon bashkë me njerëzit e këqij;

⁹ Sepse ka thënë: "Nuk i vlen fare njeriut të vendosë kënaqësinë e tij te Perëndia".

¹⁰ Më dëgjoni, pra, o njerëz me mend! Qoftë larg Perëndisë paudhësia dhe ligësia qoftë larg të Plotfuqishmit!

¹¹ Sepse ai ia kthen njeriut sipas veprave të tij dhe secilin e bën të gjejë shpërblimin për sjelljen e tij.

¹² Sigurisht Perëndia nuk kryen të keqen dhe i Plotfuqishmi nuk shtrembëron drejtësinë.

¹³ Kush i ka besuar kujdesin për tokën, ose kush e ka vendosur mbi tërë botën?

¹⁴ Në qoftë se Perëndia duhet të vendoste në zemër të vet të tërhiqte mbi vete Frymën e tij dhe frymën e tij,

¹⁵ çdo mish do të shkatërrohej njëkohësisht, dhe njeriu do të kthehej në pluhur.

¹⁶ Në qoftë se ke mend, dëgjoje këtë, vër veshin për të dëgjuar atë që po të them.

¹⁷ A mund të qeverisë ai që urren drejtësinë? A guxon ti të dënosh të Drejtin, të Fuqishmin?

¹⁸ Ai që i thotë një mbreti: "Je për t'u përbuzur" dhe princave: "Jeni të këqij".

¹⁹ Por ai nuk bën asnjë anësi me të mëdhenjtë dhe as e konsideron të pasurin më tepër se të varfrin, sepse të gjithë janë vepra e duarve të tij.

²⁰ Në një çast ata vdesin; në mesin e natës njerëzia tronditet dhe zhduket, të fuqishmit çohen tutje pa dorë njeriu.

²¹ Sepse ai i mban sytë te rrugët e njeriut, dhe shikon tërë hapat e tij.

²² Nuk ka terr as hije vdekjeje, ku mund të fshihen njerëzit e këqij.

²³ Në fakt Perëndia nuk ka nevojë ta kqyrë gjatë një njeri para se ta nxjerrë për gjykim para tij.

²⁴ Ai i lëgështon të fuqishmit pa bërë hetim dhe vë të tjerë në vendin e tyre.

²⁵ Duke qenë se i njeh veprat e tyre, i rrëzon natën dhe ata shkatërrohen;

²⁶ i godet si njerëz të këqij para syve të të gjithëve,

²⁷ sepse janë larguar nga ai pa u kujdesur për rrugët e tij,

²⁸ deri sa të arrijë tek ai britma e të varfrit, sepse ai dëgjon britmën e të pikëlluarve.

²⁹ Kur Perëndia jep qetësinë, kush do ta dënojë? Kur fsheh fytyrën e tij, kush do të mund ta shikojë, qoftë kundër një kombi të tërë ose kundër një njeriu të vetëm,

³⁰ për të penguar që i pabesi të mbretërojë dhe që populli të zihet ndër leqe?

³¹ Dikush mund t'i thotë Perëndisë: "Unë e mbart fajin tim, po nuk do ta bëj më të keqen;

³² tregomë atë që nuk arrij të shikoj; në rast se kam kryer ndonjë paudhësi, nuk do ta bëj më"?

³³ A duhet të të shpërblejë ai në bazë të konditave të tua, sepse ti nuk pranon gjykimin e tij? Ti duhet të zgjedhësh dhe jo unë; prandaj thuaj atë që di.

³⁴ Njerëzit me mend, si çdo njeri i urtë që më dëgjon, do të më thonë:

³⁵ "Jobi flet pa mend, fjalët e tij nuk kanë dituri".

³⁶ Le të provohet Jobi deri në fund, sepse përgjigjet e tij janë si ato të njerëzve të këqij,

³⁷ sepse i shton mëkatit të tij revoltën, rreh duart mes nesh dhe i shumëzon fjalët e tij kundër Perëndisë".

Kapitull 35

¹ Elihu vazhdoi të flasë dhe tha:

² "A të duket një gjë e drejtë kur thua: "Jam më i drejtë se Perëndia"?

³ Në fakt ke thënë: "Ç'dobi ke? Çfarë dobie do të kisha nga mëkati

im?".

⁴ Do të të përgjigjem ty dhe miqve të tu bashkë me ty.
⁵ Sodite qiellin dhe shiko me kujdes; shih retë, që ndodhen më lart se ti.
⁶ Në qoftë se ti mëkaton, çfarë efekti ka mbi të? Në qoftë se ti i shumëzon prapësitë e tua çfarë dëmi i shkakton?
⁷ Në rast se je i drejtë, çfarë i jep, ose çfarë merr ai nga dora jote?
⁸ Ligësia jote mund të dëmtojë vetëm një njeri si ti, dhe drejtësia jote mundet t'i sjellë vetëm dobi birit të një njeriu.
⁹ Ngrihet zëri për numrin e madh të shtypjeve, ngrihet zëri për të kërkuar ndihmë për shkak të dhunës së të fuqishmëve;
¹⁰ por asnjeri nuk thotë: "Ku është Perëndia, krijuesi im, që natën të jep këngë gëzimi,
¹¹ që na mëson më tepër gjëra se sa kafshëve të fushave dhe na bën më të urtë se zogjtë e qiellit?"
¹² Kështu ngrihen zëra, por ai nuk përgjigjet për shkak të krenarisë së njerëzve të këqij.
¹³ Me siguri Perëndia nuk ka për t'i dëgjuar ligjëratat boshe dhe i Plotfuqishmi nuk do t'jua vërë veshin.
¹⁴ Edhe sikur ti të thuash se nuk e shikon atë, çështja jote qëndron para tij, dhe ti duhet të presësh.
¹⁵ Por tani, duke qenë se në zemërimin e tij ai nuk dënon dhe nuk u jep shumë rëndësi shkeljeve,
¹⁶ Jobi hap kot buzët dhe mbledh fjalë që nuk kanë arsye".

Kapitull 36

¹ Elihu vazhdoi edhe më, duke thënë:
² "Prit edhe pak dhe do të të tregoj që ka ende gjëra për të thënë nga ana e Perëndisë.
³ Do ta sjell larg atë që di dhe do t'i jap hak atij që më ka krijuar.
⁴ Sigurisht fjalët e mia nuk janë të rreme; para teje ke një njeri me njohuri të përsosur.
⁵ Ja, Perëndia është i fuqishëm, por nuk përçmon njeri; është i fuqishëm në forcën e diturisë së tij.
⁶ Ai nuk e lë të jetojë njeriun e keq dhe u siguron drejtësinë të shtypurve.
⁷ Nuk i heq sytë nga të drejtët, por bën që të ulen për gjithnjë me mbretërit mbi fronin; kështu ata rrinë lart.
⁸ Por në rast se janë të lidhur me zinxhira dhe të mbajtur me veriga pikëllimi,
⁹ atëherë u tregon veprat e tyre dhe shkeljet e tyre, sepse u është rritur mendja.
¹⁰ Kështu ai ua hap veshët për t'u ndrequr dhe i nxit të largohen nga e keqja.
¹¹ Në rast se ata e dëgjojnë dhe nënshtrohen, do t'i mbarojnë ditët e tyre në mirëqënie dhe vitet e tyre në gëzime;
¹² por, në rast se nuk e dëgjojnë, do të vdesin nga shpata, do të vdesin pa ardhur në vete.
¹³ Por të pabesët nga zemra mbledhin zemërimin, nuk bërtasin për të kërkuar ndihmë,
¹⁴ kështu ata vdesin ende të rinj, dhe jeta e tyre mbaron midis Sodomitëve.
¹⁵ Perëndia çliron të pikëlluarit me anë të pikëllimit të tyre dhe u hap veshët me anë të fatkeqësisë.
¹⁶ Ai dëshiron të të largojë edhe ty nga kafshimi i fatkeqësisë, që të të çojë në një vend të gjerë pa kufizim, me një tryezë të shtruar me ushqime të shijshme.
¹⁷ Por ti je mbushur me mendimin e njeriut të keq, dhe gjykimi e drejtësia do të të kapin.
¹⁸ Në rast se ekziston zemërimi, ki kujdes që ai të mos të të fshijë me një goditje të vetme, sepse një shumë e madhe parash nuk do të mund të largonte.
¹⁹ Vallë a do t'i çmojë pasuritë e tua, kur ai ka ar dhe të gjitha burimet e fuqisë?
²⁰ Mos dëshiro natën, gjatë së cilës njerëzia çohet larg nga vendi i saj.
²¹ Ki kujdes të mos anosh nga paudhësia, sepse ti ke preferuar këtë pikëllim.
²² Ja, Perëndia ka shkëlqyer në fuqinë e tij; kush mund të na mësojë si ai?
²³ Vallë, kush mund t'i imponojë rrugën që duhet ndjekur dhe kush mund t'i thotë: "Ti ke bërë keq"?
²⁴ Kujtohu të lartësosh veprat e tij, që njerëzit i kanë kënduar;
²⁵ tërë njerëzit i admirojnë, vdekatari mund t'i sodite nga larg.
²⁶ Po, Perëndia është i madh, por ne nuk e njohim, dhe numri i viteve të tij është i panjohshëm.
²⁷ Ai tërheq atje lart pikat e ujit në formë avulli, i cili dëndësohet pastaj në shi,
²⁸ që retë zbrazin dhe lëshojnë mbi njeriun në sasi të madhe.
²⁹ Kush mund të kuptojë shtjellimin e reve, shungullimën që shpërthen në çadrën e tij?
³⁰ Ja, ai përhap rreth vetes dritën e tij dhe mbulon thellësitë e detit.
³¹ Me anë të tyre dënon popujt dhe jep ushqime me shumicë.
³² Mbulon duart me rrufetë dhe i urdhëron ato të godasin shenjën.
³³ Bubullima flet për të, edhe bagëtia e ndjen furtunën që po vjen.

Kapitull 37

¹ Prandaj zemra ime dridhet dhe brof jashtë vendit të saj.
² Dëgjoni me vëmendje shungullimën e zërit të saj, gjëmimin që del nga goja e saj!
³ Ai lëshon vetëtimën e tij nën gjithë qiellin dhe deri në skajet e tokës.
⁴ Prapa tij një zë vrumbullon; ai gjëmon me zërin e tij madhështor; ai nuk i përmban kur dëgjohet zëri i tij.
⁵ Perëndia gjëmon në mënyrë të mrekullueshme me zërin e tij dhe bën gjëra të mëdha që nuk mund t'i kuptojmë.
⁶ I thotë në fakt borës: "Bjerë mbi tokë", ia thotë si shirave të lehta ashtu dhe shirave të rrebeshta.
⁷ Ai ndal dorën e çdo njeriu, me qëllim që të gjithë vdekatarët të mund të njohin veprat e tij.
⁸ Bishat hyjnë në strukat e tyre dhe rrinë në strofkat e tyre.
⁹ Nga vendet më të largëta të jugut vjen stuhia dhe të ftohtit nga erërat e acarta të veriut.
¹⁰ Me frymën e Perëndisë formohet akulli dhe shtrirja e ujërave tërhiqet.
¹¹ I ngarkon retë e dendura me lagështirë dhe i shpërndan larg retë e tij dritëplota.
¹² Ato enden në qiell kudo, duke ndryshuar drejtimin në bazë të drejtimit të tij, për të kryer çfarëdo gjë që ai urdhëron mbi faqen e tokës së banuar.
¹³ I dërgon o për dënim, o për tokën e tij o për mirësi.
¹⁴ Dëgjo këtë, o Job, ndalu dhe merr parasysh mrekullitë e Perëndisë!
¹⁵ A e di ti si i drejton Perëndia dhe si bën të shkëlqejë shkrepëtima e reve të tij?
¹⁶ A e di ti si rrinë pezull retë në ajër, mrekullitë e atij që i di të gjitha?
¹⁷ A e di ti përse rrobat e tua janë të ngrohta, kur toka pushon për shkak të erës së jugut?
¹⁸ Vallë a e ke shtrirë ti bashkë me të kupën qiellore, duke e bërë të fortë si një pasqyrë prej metali të shkrirë?
¹⁹ Na mëso se çfarë duhet t'i themi, sepse ne nuk mund të përgatisim shkakun tonë për errësirën.
²⁰ A mund t'i thuhet vallë se unë dua të flas? Në rast se një njeri duhet të fliste, do të shkatërrohej me siguri.
²¹ Edhe tani askush nuk mund ta shikojë diellin me ngulm kur shkëlqen në qiell, mbas kalimit të erës që e ka bërë pa re.
²² Koha e bukur vjen nga veriu, por rreth Perëndisë kemi një madhështi të hatashme.
²³ Të Plotfuqishmin ne nuk mund ta arrijmë. Ai është i madhërishëm për nga fuqia, nga ndershmëria dhe nga drejtësia; ai nuk shtyp asnjeri.
²⁴ Prandaj njerëzit e kanë frikë; por ai nuk e përfill atë që e quan veten të ditur".

Kapitull 38

¹ Atëherë Zoti iu përgjigj Jobit në mes të furtunës dhe i tha:
² "Kush është ai që e errëson planin tim me fjalë që nuk kanë kuptim?
³ Mirë, pra, ngjishe brezin si një trim; unë do të të pyes dhe ti do të më përgjigjesh.
⁴ Ku ishe kur unë hidhja themelet e tokës? Thuaje, në rast se ke aq zgjuarsi.
⁵ Kush ka vendosur përmasat e saj, në rast se e di, ose kush ka vënë mbi të litarin për ta matur?
⁶ Ku janë vendosur themelet e saj, ose kush ia vuri gurin qoshes,
⁷ kur yjet e mëngjesit këndonin të gjithë së bashku dhe tërë bijtë e Perëndisë lëshonin britma gëzimi?
⁸ Kush e mbylli me porta detin kur shpërtheu duke dalë nga gjiri i nënës,
⁹ kur i dhashë retë për rroba dhe terrin për pelena?
¹⁰ Kur i caktova një kufi dhe i vendosa shufra hekuri dhe porta,
¹¹ dhe thashë: "Ti do të arrish deri këtu, por jo më tutje; këtu do të ndalen valët e tua krenare!"?

¹² Që kur se ti jeton a ke dhënë urdhra në mëngjes ose i ke treguar vendin agimit,

¹³ që ai të kapë skajet e tokës dhe të tronditë njerëzit e këqij?

¹⁴ Ndërron trajtë si argjila nën vulë dhe shquhet si një veshje.

¹⁵ Njerëzve të këqij u mohohet drita dhe krahu i ngritur u copëtohet.

¹⁶ A ke arritur vallë deri në burimet e detit ose a ke vajtur vallë në kërkim të thellësirave të humnerës?

¹⁷ Të janë treguar portat e vdekjes, apo ke parë vallë portat e hijes së vdekjes?

¹⁸ A e ke vënë re gjerësinë e tokës. Thuaje, në rast se i di të gjitha këto!

¹⁹ Ku është rruga që të çon në banesën e dritës? Dhe terri, ku është vendi i tij,

²⁰ që ti të mund t'i çosh në vendin e tij, dhe të mund të njohësh shtigjet që të çojnë në shtëpinë e tij?

²¹ Ti e di, sepse atëherë kishe lindur, dhe numri i ditëve të tua është i madh.

²² Vallë, a ke hyrë ndonjë herë në depozitat e borës ose a ke parë vallë depozitat e breshërit

²³ që unë i mbaj në ruajtje për kohërat e fatkeqësive, për ditën e betejës dhe të luftës?

²⁴ Nëpër çfarë rruge përhapet drita ose përhapet era e lindjes mbi tokë?

²⁵ Kush ka hapur një kanal për ujërat që vërshojnë dhe rrugën për bubullimën e rrufeve,

²⁶ që të bjerë shi mbi tokë të pabanuar, mbi një shkretëtirë, ku nuk ka asnjë njeri,

²⁷ për të shuar etjen e shkretëtirave të mjeruara, për të bërë që të mbijë dhe të rritet bari?

²⁸ Shiu, vallë, a ka një baba? Ose kush i prodhon pikat e vesës?

²⁹ Nga gjiri i kujt del akulli dhe kush e krijon brymën e qiellit?

³⁰ Ujërat ngurtësohen si guri dhe sipërfaqja e humnerës ngrin.

³¹ A mund t'i bashkosh ti lidhjet e Plejadave, apo të zgjidhësh vargjet e Orionit?

³² A i bën ti të duken yllësitë në kohën e tyre, apo e drejton ti Arushën e Madhe me të vegjlit e saj?

³³ A i njeh ti ligjet e qiellit, ose a mund të vendosësh ti sundimin e tyre mbi tokë?

³⁴ A mund ta çosh zërin tënd deri në retë me qëllim që të mbulohesh nga shiu i bollshëm?

³⁵ Mos je ti ai që hedh rrufetë atje ku duhet të shkojnë, duke thënë: "Ja ku jam?".

³⁶ Kush e ka vënë diturinë në mendje, ose kush i ka dhënë gjykim zemrës?

³⁷ Kush numëron retë me anë të diturisë, dhe kush derdh shakujt e qiellit

³⁸ kur pluhuri shkrihet në një masë dhe plisat bashkohen midis tyre?

³⁹ A mund ta gjuash ti gjahun për luaneshën apo të ngopësh të vegjlit e uritur të luanit,

⁴⁰ kur struken në strofkat e tyre apo rrinë në pritë në strukën e tyre?

⁴¹ Kush i siguron korbit ushqimin e tij, kur zogjtë e tij i thërrasin Perëndisë dhe enden pa ushqim?

Kapitull 39

¹ A e di ti kohën kur pjellin dhitë e malit apo ke vërejtur vallë pjelljen e drenushave?

² A di ti të numërosh muajt kur merr fund barra e tyre, apo njeh ti kohën kur duhet të pjellin?

³ Mblidhen dhe pjellin të vegjlit e tyre, duke u dhënë fund kështu dhembjeve të tyre.

⁴ Të vegjlit e tyre bëhen të fortë, rriten jashtë, shkëputen dhe nuk kthehen më pranë tyre.

⁵ Kush lë të lirë gomarin e egër, kush e ka zgjidhur gomarin e egër,

⁶ të cilit i kam caktuar të rrijë në shkretëtirë dhe tokën e kripur si banesë?

⁷ Ai përçmon zhurmën e qytetit dhe nuk dëgjon britmat e asnjë zotërie.

⁸ Hapësirat e gjera të maleve janë kullota e tij, dhe ai shkon dhe kërkon çdo gjë që është e gjelbër.

⁹ Bualli vallë a pranon të të shërbejë ose të kalojë natën pranë grazhdit tënd?

¹⁰ A mund ta lidhësh vallë buallin me litar që të lërojë tokën në hulli, ose të lesojë luginat pas teje?

¹¹ A do t'i kesh besim atij, sepse forca e tij është e madhe, ose do t'ia lësh atij punën tënde?

¹² A do të mbështetesh tek ai për të çuar në shtëpi grurin dhe për ta mbledhur në lëmë?

¹³ Krahët e strucit rrahin tërë gaz, por ato nuk janë me siguri krahët dhe pendët e lejlekut.

¹⁴ Ai në fakt i braktis vezët e tij për tokë dhe i lë të ngrohen në pluhur,

¹⁵ duke harruar që një këmbë mund t'i shtypë ose një kafshë e fushave mund t'i shkelë.

¹⁶ I trajton ashpër të vegjlit e tij, sikur të mos ishin të vetët; por lodhja e tij pa asnjë interes është e kotë,

¹⁷ sepse Perëndia e ka lënë pa dituri dhe nuk i ka dhënë zgjuarsi.

¹⁸ Por kur ngrihet më këmbë për të ikur, tallet me kalin dhe me kalorësin e tij.

¹⁹ A je ti ai që i ke dhënë forcën kalit dhe ia ke veshur qafën me jele që valëviten?

²⁰ A je ti ai që e bën të kërcejë si një karkalec? Hingëllima e tij krenare të kall tmerr.

²¹ Çukërmon në luginë duke u kënaqur nga forca e tij; sulet në mes të kacafytjes me armë.

²² Përbuz frikën dhe nuk trembet, as zmbrapset përpara shpatës.

²³ Mbi të kërcet këllëfi i shigjetave, shtiza që vetëtin dhe ushta.

²⁴ Me zjarr dhe vrull i zhduk distancat dhe nuk qëndron në vend kur bie buria.

²⁵ Që në dëgjimin e parë të burisë, ai thotë: "Aha"!, dhe e nuhat nga larg betejën, zërin kumbues të kapitenëve dhe britmën e luftës.

²⁶ Mos vallë për shkak të zgjuarsisë sate ngrihet e fluturon krahathati dhe i hap krahët e tij drejt jugut?

²⁷ Éshtë vallë nën komandën tënde që shqiponja ngrihet lart dhe e bën folenë e saj në vende të larta?

²⁸ Banon mbi shkëmbinj dhe qëndron mbi krepa të rrëpirta.

²⁹ Nga lart ajo përgjon gjahun dhe sytë e saj vrojtojnë larg.

³⁰ Të vegjlit e saj thithin gjak dhe, ku ka të vrarë, atje ndodhet ajo".

Kapitull 40

¹ Zoti vazhdoi t'i përgjigjet Jobit dhe tha:

² "Ai që kundërshton të Plotfuqishmin, a dëshiron vallë ta korrigjojë? Ai që qorton Perëndinë, t'i përgjigjet kësaj pyetjeje".

³ Atëherë Jobi iu përgjigj Zotit dhe i tha:

⁴ "Ja, jam shpirtvogël, çfarë mund të të përgjigjem? E vë dorën mbi gojën time.

⁵ Kam folur një herë, por nuk do të flas më; po, dy herë, por nuk do të shtoj asgjë".

⁶ Atëherë Zoti iu përgjigj Jobit në mes të furtunës dhe i tha:

⁷ "Çohu, ngjishe brezin si një trim; unë do të të pyes dhe ti do të më përgjigjesh.

⁸ A dëshiron pikërisht të anulosh gjykimin tim, të më dënosh mua për të justifikuar vetveten?

⁹ A ke ti një krah si ai i Perëndisë dhe a mund të të gjëmojë zëri sa zëri i tij?

¹⁰ Stolisu, pra, me madhështi dhe madhëri, vishu me lavdi dhe me shkëlqim.

¹¹ Jepu rrugë tërbimeve të zemërimit tënd; shiko tërë mendjemëdhenjtë dhe uli,

¹² shiko tërë kryelartët dhe poshtëroji, dhe shtypi njerëzit e këqij kudo që të ndodhen.

¹³ Varrosi të tërë në pluhur, mbylli në vende të fshehta.

¹⁴ Atëherë edhe unë do të lëvdoj, sepse dora jote e djathtë të ka siguruar fitore.

¹⁵ Shiko behemothin që e kam bërë njëlloj si ti; ai ha barin si kau.

¹⁶ Ja, forca e tij qëndron në ijet dhe fuqia e tij në muskujt e barkut të tij.

¹⁷ E lëkund bishtin e tij si një kedër; nervat e kofshëve të tij janë të thurura mirë.

¹⁸ Kockat e tij janë si tuba prej bronzi; kockat e tij janë si shufra hekuri.

¹⁹ Ai është e para nga veprat e Perëndisë; vetëm ai që e bëri mund t'i afrohet atij me shpatën e tij.

²⁰ Ndonëse malet prodhojnë ushqim për të, dhe aty tërë kafshët e fushave dëfrehen,

²¹ ai shtrihet nën bimët e lotusit, në vende të fshehura në kallamishte dhe në moçale.

²² Bimët e lotusit e mbulojnë me hijen e tyre, shelgjet e përroit e rrethojnë.

²³ Lumi mund të dalë nga shtrati i tij, por ai nuk ka frikë; është i

sigurt nga vetja e tij, edhe sikur Jordani të sulej kundër gojës së tij.

²⁴ Kush, pra, mund ta zërë nga sytë apo t'i shpojë flegrat e hundës me gremça?

Kapitull 41

¹ A mund ta nxjerrësh Leviathanin me grep ose të mbash të palëvizur gjuhën e tij me një litar?

² A mund t'i vësh një xunkth në flegrat e hundës ose t'i shposh nofullën me një çengel?

³ A do të të lutet ai së tepërmi apo do të të drejtojë fjalë të ëmbla?

⁴ A do të lidhë një besëlidhje me ty, që ti ta marrësh si shërbëtor për gjithnjë?

⁵ A do të lozësh me të si me një zog apo do ta mbash lidhur për vajzat e tua?

⁶ Miqtë e tu do të bëjnë me të takime të mrekullueshme apo do ta ndajnë vallë midis tregtarëve?

⁷ A mund të mbulosh lëkurën e tij me shigjeta dhe kokën e tij me fuzhnja?

⁸ Vëri duart mbi trupin e tij; do të të kujtohet luftimi dhe nuk ke për ta rifilluar.

⁹ Ja, shpresa e atij që e sulmon është e rreme; mjafton ta shikosh dhe të zë tmerri.

¹⁰ Askush nuk ka aq guxim sa ta provokojë. Kush, pra, është në gjendje të qëndrojë i fortë para meje?

¹¹ Kush më ka bërë një shërbim i pari që unë duhet ta shpërblej? Çdo gjë nën qiejt është imja.

¹² Nuk do t'i kaloj në heshtje gjymtyrët e tij, forcën e tij të madhe dhe bukurinë e armaturës së tij.

¹³ Kush mund ta zhveshë nga parzmorja e tij dhe kush mund t'i afrohet me një fre të dyfishtë?

¹⁴ Kush mund të hapë portat e gojës së tij, e rrethuar siç është nga tmerri i dhëmbëve të tij?

¹⁵ Shumë të bukura janë rreshtat e mburojave të tij, të salduara fort si prej një vule.

¹⁶ Ato janë aq afër njëra-tjetrës sa nuk kalon as ajri midis tyre.

¹⁷ Janë të ngjitura njëra me tjetrën, të bashkuara fort midis tyre, dhe nuk mund të ndahen.

¹⁸ Teshtimat e tij japin shkreptima drite dhe sytë e tij janë si qepallat e tmerrit.

¹⁹ Nga goja e tij dalin flakë, dalin shkëndija zjarri.

²⁰ Nga flegrat e hundës së tij del tym, si nga një enë që vlon ose nga një kazan.

²¹ Fryma e tij i vë zjarrin qymyrit dhe nga goja e tij del flakë.

²² Forca qëndron te qafa e tij dhe para tij hedh valle tmerri.

²³ Pjesët e flashkëta të mishit të tij janë fort kompakte, janë mjaft të ngjeshura mbi të dhe nuk lëvizin.

²⁴ Zemra e tij është e fortë si një gur, e fortë si pjesa e poshtme e mokrës.

²⁵ Kur ngrihet, të fuqishmit kanë frikë, dhe nga tmerri mbeten të hutuar.

²⁶ Shpata që arrin nuk i bën asgjë, e njëjta gjë ndodh me ushtën, shigjetën dhe shtizën.

²⁷ E quan hekurin si kashtë dhe bronzin si dru të brejtur nga krimbi.

²⁸ Shigjeta nuk e bën të ikë; gurët e hobesë për të janë si kallamishte.

²⁹ Topuzi i duket sikur është kashtë, ai tallet me vringëllimën e ushtës.

³⁰ Poshtë ka maja të mprehta dhe lë gjurmë si të lesës mbi baltë.

³¹ E bën të ziejë humnerën si ndonjë kazan dhe e bën detin si të ishte një enë me melhem.

³² Lë pas vetes një vazhdë drite dhe humnera duket si e mbuluar nga thinjat.

³³ Mbi tokë nuk ka asgjë që t'i ngjajë, që të jetë bërë pa pasur fare frikë.

³⁴ Shiko në fytyrë tërë njerëzit mendjemëdhenj; ai është mbret mbi të gjitha bishat më madhështore".

Kapitull 42

¹ Atëherë Jobi iu përgjigj Zotit dhe tha:

² "E pranoj që mund të bësh gjithçka, dhe që asnjë nga planet e tua nuk mund të pengohet.

³ Kush është ai që, pa pasur gjykim, errëson mendjen tënde? Prandaj thashë gjëra që nuk i kuptoja, gjëra shumë të larta për mua që nuk i njihja.

⁴ Dëgjomë, pra, dhe unë do të flas; unë do të të bëj pyetje dhe ti do të më përgjigjesh.

⁵ Veshi im kishte dëgjuar të flitej për ty por tani syri im të sheh.

⁶ Prandaj ndjej neveri ndaj vetes dhe pendohem mbi pluhurin dhe hirin".

⁷ Mbas këtyre fjalëve që Zoti i drejtoi Jobit, Zoti i tha Elifazit nga Temani: "Zemërimi im u ndez kundër teje dhe kundër dy miqve të tu, sepse nuk keni folur drejt për mua, ashtu si ka bërë shërbëtori im Job.

⁸ Tani, pra, merrni me vete shtatë dema dhe shtatë desh, shkoni te shërbëtori im Job dhe ofroni një olokaust për veten tuaj. Dhe shërbëtori im Jobi do të lutet për ju; dhe kështu për respektin që kam për të nuk do t'ju trajtoj sipas marrëzisë suaj, sepse nuk keni folur drejt për mua, si ka bërë shërbëtori im Job".

⁹ Elifazi nga Temani, Bildadi nga Shuahu dhe Tsofari nga Naamathi shkuan dhe vepruan ashtu si kishte urdhëruar Zoti; dhe Zoti tregoi kujdes për Jobin.

¹⁰ Mbasi Jobi u lut për miqtë e tij, Zoti u kthye në gjendjen e mëparshme; kështu Zoti i dha Jobit dyfishin e tërë atyre që kishte zotëruar.

¹¹ Tërë vëllezërit e tij, tërë motrat e tij dhe tërë të njohurit e tij të mëparshëm erdhën ta takonin; hëngrën bashkë me të në shtëpinë e tij; i dhanë zemër dhe e ngushëlluan për të gjitha fatkeqësitë që Zoti kishte dërguar mbi të; pastaj secili prej tyre i dha një monedhë argjendi dhe një unazë ari.

¹² Zoti i bekoi vitet e fundit të Jobit më tepër se vitet e para, sepse ai pati katërmbëdhjetë mijë dele, gjashtë mijë deve, një mijë pendë qe dhe një mijë gomarë.

¹³ Pati gjithashtu shtatë bij dhe tri bija;

¹⁴ e quajti të parën Jemimah, të dytën Ketsiah dhe të tretën Keren-Hapuk.

¹⁵ Në tërë vendin nuk kishte gra aq të bukura sa bijat e Jobit; dhe i ati u la atyre një trashëgimi midis vëllezërve të tyre.

¹⁶ Mbas kësaj Jobi jetoi njëqind e dyzet vjet dhe i pa bijtë e tij dhe bijtë e bijve të tij për katër breza.

¹⁷ Pastaj Jobi vdiq plak dhe i ngopur me ditë.

Psalmeve

Kapitull 1

¹ Lum njeriu që nuk ecën sipas këshillës të të pabesëve, që nuk ndalet në rrugën e mëkatarëve dhe nuk ulet bashkë me tallësit,
² por që gjen kënaqësinë e tij në ligjin e Zotit, dhe që mendon thellë ditë e natë mbi ligjin e tij.
³ Ai do të jetë si një pemë e mbjellë gjatë brigjeve të ujit, që jep frytin e tij në stinën e tij dhe të cilit gjethet nuk i fishken; dhe gjithçka bën do të ketë mbarësi.
⁴ Të tillë nuk janë të pabesët; janë si byku që era e shpërndan.
⁵ Prandaj të pabesët nuk do të përballojnë gjykimin, as mëkatarët në kuvendin e të drejtëve.
⁶ Sepse Zoti njeh rrugët të drejtëve, por rruga e të pabesëve të çon në shkatërrim.

Kapitull 2

¹ Pse ziejnë kombet dhe pse popujt kurdisin gjëra të kota?
² Mbretërit e dheut mblidhen dhe princat këshillohen bashkë kundër Zotit dhe të vajosurit të tij,
³ duke thënë: "Le t'i këputim prangat e tyre dhe t'i heqim qafe litarët e tyre".
⁴ Ai që ulet në qiejtë do të qeshë, Zoti do të tallet me ta.
⁵ Atëherë do t'u flasë në zemërimin e tij dhe do t'i trembë në indinjatën e tij të madhe,
⁶ dhe do të thotë: "E vendosa mbretin tim mbi Sion, malin tim të shenjtë.
⁷ Do të shpall dekretin e Zotit. Ai më ka thënë: "Ti je biri im, sot më linde.
⁸ Më kërko dhe unë do të jap kombet si trashëgimi për ty dhe mbarë dheun si zotërim tëndin.
⁹ Ti do t'i copëtosh me një shufër hekuri, do t'i bësh copë-copë si një enë prej argjile"".
¹⁰ Tani, pra, o mbretër, tregohuni të urtë; pranoni ndreqjen, o gjyqtarë të dheut.
¹¹ Shërbeni me frikë Zotin dhe gëzohuni me drithma.
¹² Nënshtrohuni Birit, që të mos zemërohet dhe të mos vdisni rrugës, sepse zemërimi i tij mund të ndizet në një çast. Lum ata që gjejnë strehë tek ai.

Kapitull 3

¹ O Zot, sa të shumtë janë armiqtë e mi! Shumë ngrihen kundër meje.
² Shumë thonë për mua: "Nuk ka shpëtim për të pranë Perëndisë". (Sela)
³ Por ti, o Zot, je një mburojë rreth meje; ti je lavdia ime dhe ai më larton kokën.
⁴ Me zërin tim i thirra Zotit dhe ai m'u përgjigj nga mali i tij i shenjtë. (Sela)
⁵ Unë rashë e fjeta; pastaj u zgjova, sepse Zoti më përkrah.
⁶ Unë do të kem frikë nga mizëri njerëzish që kanë fushuar rreth e qark kundër meje.
⁷ Çohu, o Zot, më shpëto, o Perëndia im; sepse ti i ke goditur tërë armiqtë e mi në nofull; u ke thyer dhëmbët të pabesëve.
⁸ Shpëtimi i përket Zotit, bekimi yt qoftë mbi popullin tënd. (Sela)

Kapitull 4

¹ Kur thërras, përgjigjmu, o Perëndi i drejtësisë sime; kur isha në fatkeqësi, ti më ke ndihmuar; ki mëshirë për mua dhe plotësoje lutjen time.
² Deri kur, o bij të njerëzve, do të fyhet rëndë lavdia ime? Deri kur do të jepeni pas kotësisë dhe do të shkoni pas gënjeshtrës? (Sela)
³ Por dijeni se Zoti ka zgjedhur një që është i shenjtë; Zoti do të më plotësojë dëshirën kur do t'i thërras atij.
⁴ Zemërohuni dhe mos mëkatoni; në shtratin tuaj mendohuni shumë në zemër tuaj dhe qëndroni në heshtje. (Sela)
⁵ Ofroni flijime drejtësie dhe kini besim te Zoti.
⁶ Shumë thonë: "Kush do të na tregojë të mirën?". O Zot, bëj që të shkëlqejë drita e fytyrës sate mbi ne.
⁷ Ti më ke shtënë në zemër më tepër gëzim nga sa ndjejnë ata, kur kanë grurë dhe musht me shumicë.
⁸ Në paqe do të bie dhe në paqe do të fle, sepse ti vetëm, o Zot, më mban në siguri.

Kapitull 5

¹ Vëru veshin fjalëve të mia, o Zot; dëgjo me vëmendje ankimin tim.
² Dëgjo zërin e britmës sime, o mbreti im dhe Perëndia im, sepse ty të drejtoj lutjen time.
³ O Zot, ti në mëngjes dëgjon zërin tim; në mëngjes do ta lartoj drejt teje lutjen time dhe do të pres,
⁴ sepse ti nuk je një Perëndi që kënaqet në pabesinë; te ti nuk mund të zërë vend e keqja.
⁵ Ata që lëvdojnë vetveten, nuk do të mund të qëndrojnë para syve të tua; ti i urren të gjithë ata që kryejnë padrejtësi.
⁶ Ti do të zhdukësh gjithë ata që thonë gënjeshtra; Zoti urren njerëzit gjakatarë dhe mashtrues.
⁷ Por unë, për shkak të mirësisë sate të madhe, do të hyj në shtëpinë tënde dhe do të adhuroj me frikë të madhe, duke u drejtuar në tempullin tënd të shenjtë.
⁸ O Zot, më udhëhiq për drejtësinë tënde, për shkak të armiqve të mi; bëje të drejtë para meje rrugën tënde,
⁹ sepse në gojën e tyre nuk ka asnjë drejtësi; zemra e tyre nuk mendon gjë tjetër veç shkatërrimit; gryka e tyre është një varr i hapur; me gjuhën e tyre bëjnë lajka.
¹⁰ Dënoji ata, o Perëndi; mos u realizofshin synimet e tyre; përsëri për të këqijat e shumta që kanë kryer sepse kanë ngritur krye kundër teje.
¹¹ Por le të gëzohen tërë ata që kanë strehë te ti, le të nxjerrin klithma gëzimi përjetë, sepse ti i mbron; le të ngazëllohen ata që duan emrin tënd,
¹² sepse ti, o Zot, do të bekosh të drejtin; do ta rrethosh me hirin tënd si me mburojë.

Kapitull 6

¹ O Zot, mos më ndreq në zemërimin tënd dhe mos më dëno në zjarrin e indinjatës sate.
² Ki mëshirë për mua, o Zot; sepse jam i sfilitur nga e keqja; shëromë, o Zot, sepse kockat e mia po vuajnë.
³ Edhe shpirti im po vuan shumë; po ti, o Zot, deri kur?
⁴ Sillu nga unë, o Zot, çliroje shpirtin tim; shpëtomë, për hir të mirësisë sate.
⁵ Sepse në vdekje nuk do të kujtoj njeri; kush do të të kremtojë në Sheol?
⁶ Unë jam sfilitur duke psherëtirë; çdo natë e lag shtratin me vajin tim dhe bëj që të rrjedhin lotë mbi shtrojen time.
⁷ Syri im ligështohet nga dhembja dhe plaket për shkak të tërë armiqve të mi.
⁸ Largohuni nga unë, ju të gjithë shkaktarë të padrejtësisë, sepse Zoti ka dëgjuar zërin e vajit tim.
⁹ Zoti ka dëgjuar lutjen time; Zoti e ka pranuar lutjen time.
¹⁰ Tërë armiqtë e mi do të shushaten dhe do të hutohen; do të kthejnë krahët dhe do të shushaten në çast.

Kapitull 7

¹ O Zot, Perëndia im, po kërkoj strehim te ti; shpëtomë nga tërë ata që më përndjekin dhe çliromë,
² që armiku të mos e shqyejë shpirtin tim si një luan, duke copëtuar pa mundur njeri të më çlirojë.
³ O Zot, Perëndia im, në rast se e kam bërë këtë, në qoftë se ka ligësi në duart e mia,
⁴ në rast se së mirës i jam përgjigjur me të keqen atij që jetonte në paqe me mua, ose në rast se e kam zhveshur armikun tim pa arësye,
⁵ le të më përndjekë armiku dhe të më arrijë, le ta marrë nëpër këmbë jetën time dhe ta zvarritë në pluhur lavdinë time. (Sela)
⁶ Çohu, o Zot, në zemërimin tënd; çohu kundër tërbimit të armiqve të mi dhe në favorin tim; ti ke vendosur gjykimin.
⁷ Kuvendi i popujve do të të rrethojë; kthehu mbi të në një vend të ngritur.
⁸ Zoti do të gjykojë popujt; gjykomë, o Zot, sipas drejtësisë sime dhe ndershmërisë sime.
⁹ Jepi fund ligësisë së njerëzve të këqij, por vendos njeriun e drejtë, sepse ti je Perëndia i drejtë, që provon zemrat dhe mendjet.
¹⁰ Mburoja ime është te Perëndia, që shpëton ata që janë të drejtë nga zemra.
¹¹ Perëndia është një gjykatës i drejtë dhe një Perëndi që zemërohet çdo ditë me keqbërësit.
¹² Në qoftë se keqbërësi nuk ndryshon, ai do të mprehë shpatën e

tij; e ka shtrirë harkun e tij dhe e ka përgatitur.

¹³ Ai ka përgatitur kundër tij armë vdekjeprurëse, i mban gati shigjetat e tij të zjarrta.

¹⁴ Ja, keqbërësi lind padrejtësinë; ai ka konceptuar ligësinë dhe ka për të pjellë mashtrimin.

¹⁵ Ai gërmon një gropë dhe e bën të thellë, por bie vetë në gropën që ka bërë.

¹⁶ Ligësia e tij do të kthehet mbi kryet e vet dhe dhuna e tij do të bjerë mbi çafkën e kokës.

¹⁷ Unë do ta falenderoj Zotin për drejtësinë e tij, dhe do të këndoj lëvdime në emër të Zotit, Shumë të Lartit.

Kapitull 8

¹ Sa i mrekullueshëm është emri yt mbi gjithë rruzullin, o Zot, Zoti ynë, që vure madhështinë tënde mbi qiejtë!

² Nga goja e të vegjëlve dhe foshnjave në gji ke vendosur lëvdimin për shkak të armiqve të tu, për t'i mbyllur gojën armikut dhe hakmarrësit.

³ Kur mendoj qiejtë e tu, që janë vepër e gishtërinjve të tu, hënën dhe yjet që ti ke vendosur,

⁴ çfarë është njeriu, që ta mbash mend, dhe biri i njeriut, që ta vizitosh?

⁵ Megjithatë ti e bëre pak më të ulët se Perëndia, dhe e kurorëzove me lavdi dhe me nder.

⁶ E bëre të mbretërojë mbi veprat e duarve të tua dhe vure çdo gjë nën këmbët e tij!

⁷ Dhentë dhe bagëtitë e tjera, madje bishat e egra,

⁸ zogjtë e qiellit dhe peshqit e detit, tërë ato që kalojnë nëpër shtigjet e detit.

⁹ O Zot, Zoti ynë, sa i mrekullueshëm është emri yt në të gjithë dheun!

Kapitull 9

¹ Unë do të të kremtoj, o Zot, me gjithë zemër, do të tregoj tërë mrekullitë e tua.

² Unë do të gëzohem dhe do të kënaqem me ty; do t'i këndoj lëvdime në emrin tënd, o Shumë i Larti.

³ Sepse armiqtë e mi tërhiqen, bien dhe vdesin para teje.

⁴ Ti në fakt ke përkrahur ndershmërinë time dhe çështjen time; je ulur mbi fronin si një gjyqtar i drejtë.

⁵ Ke qortuar kombet, ke shkatërruar të pabesin, ke fshirë emrat e tyre për gjithnjë.

⁶ Armiku është zhdukur, i kapur nga një pikëllim i përjetshëm! Dhe qyteteve që ti ke shkatërruar është zhdukur edhe kujtimi.

⁷ Por Zoti mbetet përjetë; ai ka vendosur fronin e tij për të gjykuar.

⁸ Ai do ta gjykojë botën me drejtësi, do t'i gjykojë popujt me paanësi.

⁹ Zoti do të jetë strehim i papushtueshëm për të shtypurin, një strehim i papushtueshëm në kohë ngushtice.

¹⁰ Dhe ata që e njohin emrin tënd do të kenë besim te ti, sepse ti, o Zot, nuk i braktis ata që të kërkojnë.

¹¹ Këndojini lavde Zotit që banon në Sion; u njoftoni popujve veprat e tij.

¹² Sepse ai që kërkon arësyen e gjakut i mban mënd ata; ai nuk e harron britmën e të pikëlluarve.

¹³ Ki mëshirë për mua, o Zot, ti që më ke rilartuar nga portat e vdekjes, shiko pikëllimin që më shkaktojnë ata që më urrejnë,

¹⁴ me qëllim që unë të kem mundësi të tregoj të gjitha lavdet e tua dhe në portat e bijës së Sionit të mund të kremtoj për çlirimin tënd.

¹⁵ Kombet janë zhytur në gropën që kishin hapur; këmba e tyre është kapur në rrjetën që kishin fshehur.

¹⁶ Zoti u bë i njohur me anë të gjykimit që ka dhënë; i pabesi u kap në lakun e veprës së duarve të tij. (Interlud. Sela)

¹⁷ Të pabesët do të zbresin në Sheol; po, të gjitha kombet që harrojnë Perëndinë.

¹⁸ Sepse nevojtari nuk do të harrohet përjetë; shpresa e të shtypurve nuk do të zhduket përjetë.

¹⁹ Çohu, o Zot, mos lejo që vdekatari të ketë epërsi; kombet të gjykohen para teje.

²⁰ O Zot, kallu frikën; bëj që kombet të pranojnë se janë vetëm vdekatarë. (Sela)

Kapitull 10

¹ O Zot, pse qëndron larg? Pse fshihesh në kohë fatkeqësish?

² I pabesi me kryelartësinë e tij ndjek me dhunë të mjerin; ata do të kapen nga vetë kurthet që ata kanë kurdisur,

³ sepse i pabesi mburret me dëshirat e shpirtit të tij, bekon grabitqarin dhe përbuz Zotin.

⁴ I pabesi, me arrogancën e fytyrës së tij, nuk e kërkon Zotin; tërë mendimet e tij janë: "Perëndia nuk ekziston".

⁵ Rrugët e tij lulëzojnë në çdo kohë; gjykimet e tua për të janë shumë të larta, larg kuptimit të tyre nga ana e tij; ai përqesh gjithë armiqtë e tij.

⁶ Ai thotë në zemër të tij: "Mua askush nuk më tund dot kurrë; nuk do të më ndodhë kurrë ndonjë e keqe".

⁷ Goja e tij është plot mallkime, hile dhe mashtrime; nën gjuhën e tij ka ligësi dhe paudhësi.

⁸ Ai rri në pritë në fshatra, vret të pafajshmin në vende të fshehta; sytë e tij përgjojnë fatkeqin.

⁹ Ai rri në pritë në vende të fshehta si luani në strofkën e tij; rri në pritë për të kapur të mjerin; ai e rrëmben të mjerin duke e tërhequr në rrjetën e tij.

¹⁰ Ai rri i strukur dhe i mbledhur, dhe fatzinjtë mposhten para forcës së tij.

¹¹ Ai thotë në zemër të tij: "Perëndia harron, fsheh fytyrën e tij, nuk do ta shohë kurrë".

¹² Çohu, o Zot; o Perëndi, ngre dorën tënde; mos i harro të mjerët.

¹³ Pse i pabesi përçmon Perëndinë? Ai thotë në zemër të tij: "Ti nuk do t'i kërkosh llogari".

¹⁴ Por ti e ke parë, sepse ti vëren me kujdes ligësinë dhe pikëllimin, për ta larë më pas me dorën tënde; fatkeqi i ka shpresat te ti; ti je ai që ndihmon jetimin.

¹⁵ Thyeja krahun të pabesit dhe të ligut; në rast se ti do të kërkosh ligësinë e tij, nuk do ta gjesh më.

¹⁶ Zoti është mbret përjetë; kombet janë zhdukur nga toka e tij.

¹⁷ O Zot, ti dëgjon dëshirën e njerëzve të përulur; ti e fortëson zemrën e tyre, veshët e tu janë të vëmendshëm,

¹⁸ për t'i dhënë të drejtë jetimit dhe të pikëlluarit, me qëllim që njeriu i krijuar nga dheu të mos kallë më tmerr.

Kapitull 11

¹ Unë gjej strehë te Zoti; si mund t'i thoni shpirtit tim: "Ik në malin tënd, si një zog i vogël"?

² Sepse ja, të pabesët nderin harkun e tyre, rregullojnë shigjetat mbi kordhëz, për t'i gjuajtur në errësirë kundër atyre që kanë të drejtë nga zemra.

³ Kur themelet janë shkatërruar, çfarë mund të bëjë i drejti?

⁴ Zoti është në tempullin e tij të shenjtë; Zoti ka fronin e tij në qiejtë; sytë e tij shohin, qepallat e tij vëzhgojnë bijtë e njerëzve,

⁵ Zoti vë në provë të drejtin, por shpirti i tij urren të pabesin dhe atë që do dhunën.

⁶ Ai do të bëjë që të bien mbi të pabesët leqe, zjarr, squfur dhe erëra zhuritëse; kjo do të jetë pjesa nga kupa e tyre.

⁷ Sepse Zoti është i drejtë; ai e do drejtësinë; njerëzit e drejtë do të sodisin fytyrën e tij.

Kapitull 12

¹ Na shpëto, o Zot, sepse njerëz të devotshëm ka më pak, dhe ata që thonë të vërtetën janë zhdukur në mes të bijve të njerëzve.

² Secili gënjen të afërmin e tij dhe flet me buzë lajkatare dhe me zemër të zhdyzuar.

³ Zoti i preftë të gjitha buzët lajkatare dhe gjuhën që flet me krenari,

⁴ të atyre që thonë: "Me gjuhën tonë do të sundojmë; buzët tona na përkasin neve; kush është zot mbi ne?".

⁵ "Për shkak të shtypjes së të mjerëve dhe të britmës së nevojtarëve, tani do të çohem", thotë Zoti, "dhe do t'i shpëtoj nga ata që u zënë pusi".

⁶ Fjalët e Zotit janë fjalë të pastra, si argjend i rafinuar në një furrë prej dheu, i pastruar shtatë herë.

⁷ Ti, o Zot, do t'i mbrosh dhe do t'i ruash, duke filluar nga ky brez përjetë.

⁸ Të pabesët sillen pa u ndëshkuar kudo, kur midis bijve të njerëzve lavdërohet e keqja.

Kapitull 13

¹ Deri kur do të më harrosh, o Zot? Vallë kështu do të jetë përjetë? Deri kur do të më fshehësh fytyrën tënde?

² Deri kur do të marr vendime në shpirtin tim dhe do të kem pikëllim në zemrën time tërë ditën? Deri kur do të ngrihet armiku im mbi mua?

³ Shiko me vëmendje dhe përgjigjmu, o Zot, Perëndia im, ndriço sytë e mi, që të mos më zërë gjumi në gjumin e vdekjes,

⁴ dhe armiku im të mos thotë: "E munda", dhe armiqtë e mi të mos

Psalmveve

gëzohen kur unë lëkundem.

⁵ Por më kam besim në mirësinë tënde dhe zemra ime do të ngazëllojë në çlirimin tënd;

⁶ unë do t'i këndoj Zotit, sepse ai më ka trajtuar me shumë shpirtmadhësi.

Kapitull 14

¹ I pamendi ka thënë në zemër të tij: "Nuk ka Perëndi". Janë të korruptuar, bëjnë gjëra të neveritshme; nuk ka asnjë që të bëjë të mirën.

² Zoti shikon nga qielli bijtë e njerëzve për të parë në se ndonjeri prej tyre ka arsye dhe kërkon Perëndinë.

³ Të gjithë kanë devijuar, janë korruptuar; asnjeri nuk bën të mirën, as edhe një.

⁴ Nuk kanë fare arsye të gjithë ata që kryejnë paudhësi, që hanë popullin tim si të hanin bukë dhe nuk kërkojnë ndihmën e Zotit?

⁵ Atje do t'i zërë një frikë e madhe, sepse Perëndia është me njerëzit e drejtë.

⁶ Ju kërkoni të prishni planet e të mjerit, sepse Zoti është streha e tij.

⁷ Oh! Le të vijë, pra, nga Sioni shpëtimi i Izraelit! Kur Zoti do ta kthejë popullin e tij nga robëria, Jakobi do të ngazëllojë, Izraeli do të gëzohet.

Kapitull 15

¹ O Zot, kush do të banojë në çadrën tënde? Kush do të banojë në malin tënd të shenjtë?

² Ai që ecën me ndershmëri dhe bën atë që është e drejtë dhe thotë të vërtetën që ka në zemër,

³ që nuk shan me gjuhën e tij, nuk i bën asnjë të keqe shokut të tij, dhe nuk shpif të afërmin e tij.

⁴ Në sytë e tij përçmohet njeriu pa vlerë, por ai ndërton ata që kanë frikë nga Zoti; edhe sikur të jetë betuar në dëm të tij, ai nuk tërhiqet;

⁵ nuk i jep paratë e tij me kamatë dhe nuk pranon dhurata kundër të pafajshmit. Ai që bën këto gjëra nuk do të hiqet kurrë.

Kapitull 16

¹ Më mbro, o Perëndi, sepse unë po kërkoj strehë te ti.

² I thashë Zotit: "Ti je Zoti im; nuk kam asnjë të mirë veç teje".

³ Gjithë dashuria ime është vendosur te njerëzit e shenjtë dhe të nderuar që janë mbi tokë.

⁴ Dhembjet e atyre që turren pas perëndive të tjera do të shumëzohen; unë nuk do t'i derdh libacionet e tyre të gjakut dhe nuk do të shqiptoj me buzët e mia emrat e tyre.

⁵ Zoti është pjesa ime nga trashëgimia dhe kupa ime; ti, o Zot, ruaje fort atë që më ka rënë në short.

⁶ Mua fati më ka rënë në vende të këndshme; po, një trashëgimi e bukur më ka rënë.

⁷ Unë do të bekoj Zotin që më këshillon; zemra ime më mëson edhe natën.

⁸ Unë e kam vënë vazhdimisht Zotin përpara syve të mi; duke qenë se ai rri në të djathtën time, unë nuk do të hiqem kurrë nga vendi.

⁹ Prandaj zemra ime gëzohet dhe shpirti im ngazëllon për lavdinë e trashëgimisë sime; edhe mishi im do të qëndrojë tërë besim dhe në siguri,

¹⁰ sepse ti nuk do ta lësh shpirtin tim në Sheol dhe nuk do të lejosh që i Shenjti yt të shohë korruptimin.

¹¹ Ti do të më tregosh shtegun e jetës; ka shumë gëzim në praninë tënde; në të djathtën tënde ka kënaqësi në përjetësi.

Kapitull 17

¹ O Zot, dëgjo një çështje të drejtë, dëgjo me vëmendej britmen time, dëgjo lutjen time, që nuk vjen nga buzë mashtruese.

² Ardhtë mbrojtja ime nga prania jote; sytë e tu pafshin atë që është e drejtë.

³ Ti ke hetuar zemrën time, e ke vizituar natën; më ke vënë në provë dhe nuk ke gjetur asgjë; kam vendosur të mos mëkatoj me gojën time.

⁴ Përsa u përket veprave të njerëzve, për fjalën e buzëve të tua, jam ruajtur nga rrugët e njerëzve të furishëm.

⁵ Hapat e mia kanë qëndruar të sigurt në shtigjet e tua dhe këmbët e mia nuk janë lëkundur.

⁶ Unë të drejtohem ty, o Perëndi, sepse ti m'i plotëson, zgjat veshët e tu ndaj meje, dëgjo fjalët e mia.

⁷ Tregomë mirësinë tënde të mrekullueshme, ti, që me të djathtën tënde i shpëton nga kundërshtarët e tyre ata që gjejnë strehë pranë teje.

⁸ Më ruaj si beben e syrit; më mbulo, nën hijen e krahëve të tu,

⁹ nga të pabesët që më shtypin dhe nga armiqtë për vdekje që më rrethojnë.

¹⁰ Zemrat e tyre janë fortësuar, goja e tyre flet me arrogancë.

¹¹ Tani në kanë rrethuar, ndjekin hapat tona; na ngulin sytë e tyre për të na rrëzuar.

¹² Armiku im i përngjan një luani që digjet nga dëshira që të shqyejë, dhe të një luani të vogël që rri në pritë në vënde të fshehta.

¹³ Çohu, o Zot, përballoje, rrëzoje; çliro shpirtin tim nga i pabesi me shpatën tënde.

¹⁴ O Zot, më çliro me dorën tënde nga njerëzit, nga njerëzit e kësaj bote që bën pjesë në këtë jetë, dhe barkun e të cilëve ti e mbush me thesaret e tua të fshehta; bijtë e tyre ngopen dhe u lënë fëmijëve të tyre ato që mbetet nga pasuritë e tyre.

¹⁵ Sa për mua, për hir të drejtësisë do të shoh fytyrën tënde; do të ngopem nga prania jote kur të zgjohem.

Kapitull 18

¹ "Të dua, o Zot, forca ime.

² Zoti është kështjella ime, fortesa ime dhe çliruesi im, Perëndia im, shkëmbi im ku gjej strehë, mburoja ime, fuqia e shpëtimit tim, streha ime e i lartë.

³ Unë i kërkoj ndihmë Zotit, që është i denjë për t'u lëvduar, dhe kështu shpëtoj nga armiqtë e mi.

⁴ Dhembje vdekjeje më kishin pushtuar dhe përrenj njerëzish të kobshëm më kishin tmerruar.

⁵ Ankthet e Sheolit më kishin rrethuar dhe leqet e vdekjes më rrinin përpara.

⁶ Në ankthin tim kërkova Zotin dhe i klitha Perëndisë tim; ai e dëgjoi zërin tim nga tempulli i tij dhe zëri im arriti para tij, në veshët e tij.

⁷ Atëherë dheu u trondit dhe u drodh; edhe themelet e maleve luajtën dhe ranë, sepse ai ishte zemëruar shumë.

⁸ Një tym i dilte nga flegrat e tij dhe një zjarr shkatërrimtar dilte nga goja e tij; nga ai shpërthenin thëngjij.

⁹ Ai i uli qiejtë dhe zbriti me një mjegull të dendur poshtë këmbëve të tij;

¹⁰ i kishte hipur një kerubini dhe fluturonte; fluturonte shpejt mbi krahët e erës.

¹¹ Me terrin ai kishte bërë velin e tij dhe si shatorre rreth vetes kishte vënë errësirën e ujërave dhe retë e dendura të qiellit.

¹² Nga shkëlqimi që e paraprinte dilnin re të dendura, brësher dhe thëngjij.

¹³ Zoti gjëmoi në qiejtë dhe Shumë i Larti bëri që të dëgjohet zëri i tij me brëshër dhe me thëngjij.

¹⁴ Hodhi shigjetat e tij dhe i shpërndau armiqtë; lëshoi një numër të madh rrufesh dhe i bëri të ikin me vrap.

¹⁵ Në qortimin tënd, o Zot, në shfryrjen e erës nga flegrat e tua, shtretërit e lumenjve u dukën dhe themelet e botës u zbuluan.

¹⁶ Ai nga lart shtriu dorën, më mori dhe më nxori jashtë ujërave të shumta.

¹⁷ Më çliroi nga armiku im i fuqishëm dhe nga ata që më urrenin, sepse ishin më të fortë se unë.

¹⁸ Ata u vërsulën kundër meje ditën e fatkeqësisë sime, por Zoti mbajti anën time,

¹⁹ dhe më nxori jashtë, larg; më çliroi sepse më do.

²⁰ Zoti më ka shpërblyer sipas drejtësisë sime dhe më ka dhënë sipas pastërtisë së duarve të mia,

²¹ sepse kam ndjekur rrugët e Zotit dhe nuk jam larguar pabesisht nga Perëndia im,

²² sepse kam mbajtur para meje tërë ligjet e tij dhe nuk u jam shmangur statuteve të tij.

²³ Kam qenë i ndershëm me të dhe i jam ruajtur paudhësisë.

²⁴ Sepse Zoti më ka dhënë sipas drejtësisë sime, sipas pastërtisë së duarve të mia përpara syve të tij.

²⁵ Ti tregohesh i dhimbshëm ndaj njeriut besimtar dhe i drejtë me njeriun e drejtë.

²⁶ Ti tregohesh i pastër me atë që është i pastër dhe dinak me të ligun,

²⁷ sepse ti je ai që shpëton njerëzit e pikëlluar dhe ul sytë që janë krenarë;

²⁸ ti je në fakt je ai që bën të shkëlqejë llambën time; o Zot, Perëndia im, ti ndriçon errësirën time,

²⁹ sepse me ty mund të sulmoj një aradhe dhe me Perëndinë tim mund të kërcej mbi një mur.

³⁰ Rruga e Perëndisë është e përsosur; fjala e Zotit është pastruar me anë të zjarrit; ai është mburoja e të gjithë atyre që gjejnë strehë tek ai.

³¹ Në fakt kush është Perëndi përveç Zotit? Kush është kështjellë

përveç Perëndisë tim?

³² Perëndia është ai që më rrethon me forcë dhe që e bën jetën time të përsosur.

³³ Ai i bën këmbët e mia të ngjashme me ato të sutave dhe më bën të fortë në vendet e mia të larta;

³⁴ ai i mëson duart e mia për betejë, dhe me krahët e mi mund të nderë një hark prej bakri.

³⁵ Ti më ke dhënë gjithashtu mburojën e shpëtimit tënd; dora jote e djathtë më ka mbajtur dhe mirësia jote më ka bërë të madh.

³⁶ Ti ke zgjeruar hapat e mi nën veten time dhe këmbët e mia nuk janë penguar.

³⁷ I kam ndjekur armiqtë e mi dhe i kam arritur, nuk jam kthyer prapa para së t'i shkatërroj.

³⁸ I kam goditur vazhdimisht dhe ata nuk kanë mundur të ngrihen përsëri; ata kanë rënë nën këmbët e mia.

³⁹ Ti më ke dhënë forcë për betejën dhe ke bërë të përulen ata që ngriheshin kundër meje;

⁴⁰ ti ke bërë të kthejnë kurrizin armiqtë e mi, dhe unë kam shkatërruar ata që më urrenin.

⁴¹ Ata klithën, por nuk pati njeri që t'i shpëtonte; ata i klithën Zotit, por ai nuk u dha përgjigje.

⁴² I kam shkelur deri sa i bëra si pluhuri para erës; i kam fshirë si balta e rrugëve.

⁴³ Ti më ke çliruar nga grindjet e popullit; ti më ke bërë udhëheqës të kombeve; një popull që nuk e njihja më ka shërbyer.

⁴⁴ Me të dëgjuar emrin tim, ata më dëgjuan dhe m'u bindën; të huajt m'u nënshtruan.

⁴⁵ Të huajt u ligështuan dhe dolën duke u dridhur nga fortesat e tyre.

⁴⁶ Rroftë Zoti, qoftë e bekuar Kështjella ime dhe lëvduar qoftë Perëndia i shpëtimit tim!

⁴⁷ Ai është Perëndia që hakmerret për mua dhe që më nënshtron popujt;

⁴⁸ ai më çliron nga armiqtë e mi. Ti më larton mbi ata që ngrihen kundër meje dhe më çliron nga njeriu që përdor dhunën.

⁴⁹ Prandaj, o Zot, unë do ta kremtoj midis kombeve emrin tënd me këngë.

⁵⁰ Çlirime të mëdha ai i jep mbretit të tij dhe tregohet dashamirës me Davidin, të vajosurin e tij, dhe me fisin e tij përjetë".

Kapitull 19

¹ Qiejtë tregojnë lavdinë e Perëndisë dhe kupa qiellore shpall veprën e duarve të tij.

² Një ditë i flet ditës tjetër dhe një natë ia tregon tjetrës.

³ Nuk kanë gojë, as fjalë; zëri i tyre nuk dëgjohet;

⁴ por harmonia e tyre përhapet mbi gjithë dheun dhe mesazhi i tyre arrin deri në skajin e botës; në qiejtë Perëndia ka vënë një çadër për diellin;

⁵ dhe ai është si një dhëndër që del nga dhoma e tij e martesës; ngazëllon si një trim që përshkon rrugën e tij.

⁶ Ai del nga një skaj i qiejve dhe rrotullimi i tij arrin deri në skajin tjetër; asgjë nuk mund t'i fshihet nxehtësisë së tij.

⁷ Ligji i Zotit është i përsosur, ai e përtërin shpirtin; dëshmia e Zotit është e vërtetë dhe e bën të ditur njeriun e thjeshtë.

⁸ Porositë e Zotit janë të drejta dhe e gëzojnë zemrën; urdhërimet e Zotit janë të pastra dhe ndriçojnë sytë.

⁹ Frika e Zotit është e pastër, mbetet përjetë; gjykimet e Zotit janë të vërteta, të gjitha janë të drejta;

¹⁰ janë më të dëshirueshme se ari, po, më tepër se shumë ari i kulluar; janë më të ëmbla se mjalti, nga ai që del nga hojet.

¹¹ Edhe shërbëtori yt mëson prej tyre; ke një shpërblim të madh duke i parë.

¹² Kush i njeh gabimet e tij? Pastromë nga ato që nuk i shoh.

¹³ Përveç kësaj ruaje shërbëtorin tënd nga mëkatet e vullnetit, dhe bëj që ato të mos më sundojnë mua; atëherë unë do të jem i ndershëm dhe i pastër nga shkelje të mëdha.

¹⁴ U miratofshin para teje fjalët e gojës sime dhe përsiatjet e zemrës sime, o Zot, kështjella ime dhe shpëtimtari im.

Kapitull 20

¹ Zoti të dhëntë përgjigje ditën e fatkeqësisë; emri i Perëndisë të Jakobit të mbroftë me siguri lart.

² Të dërgoftë ndihmë nga shenjtërorja dhe të dhëntë përkrahje nga Sioni;

³ Mos i harroftë të gjitha ofertat e tua dhe pranoftë olokaustin tënd. (Sela)

⁴ Të dhëntë atë që zemra jote dëshëron dhe plotësoftë të gjitha planet e tua.

⁵ Ne do të këndojmë tërë gaz në çlirimin tënd dhe do të lartojmë flamuret tona në emër të Perëndisë tonë. Zoti i plotësoftë të gjitha kërkesat e tua.

⁶ Tani e di që Zoti shpëton të vajosurin e tij; do t'i përgjigjet nga qielli i tij i shenjtë me forcën shpëtimtare të dorës së tij të djathtë.

⁷ Disa kanë besim te qerret dhe të tjerë te kuajt, por ne do të kujtojmë emrin e Zotit, Perëndisë tonë.

⁸ Ata u përkulën dhe ranë; por ne u ngritëm përsëri dhe mbahemi në këmbë.

⁹ Shpëtomë, o Zot; mbreti le të na përgjigjet ditën në të cilën do të këlthasim.

Kapitull 21

¹ O Zot, mbreti do të gëzohet me forcën tënde dhe do të ngazëllojë për shpëtimin tënd!

² Ti ia plotësove dëshirën e zemrës së tij dhe nuk hodhe poshtë kërkesën e buzëve të tij. (Sela)

³ Sepse ti i dole para me bekime begatie, i vure mbi kokë një kurorë prej ari shumë të kulluar.

⁴ Ai të kishte kërkuar jetë dhe ti i dhe ditë të gjata në përjetësi.

⁵ E madhe është lavdia e tij për shpëtimin tënd; ti i dhe madhështi dhe lavdi,

⁶ sepse ti e bën shumë të bekuar përjetë, e mbush me gëzim në praninë tënde.

⁷ Duke qenë se mbreti ka besim te Zoti dhe në mirësinë e Shumë të Lartit, ai nuk do të hiqet kurrë.

⁸ Dora jote do të arrijë tërë armiqtë e tu, dora jote e djathtë do të veprojë kundër atyre që të urrejnë.

⁹ Ti do t'i bësh si një furrë të zjarrtë kur do të dukesh i zemëruar; në zemërimin e tij Zoti do t'i hedhë në humnerë dhe zjarri do t'i përpijë.

¹⁰ Ti do të zhdukësh frytin e tyre nga toka dhe pasardhësit e tyre midis bijve të njerëzve,

¹¹ sepse kanë kurdisur të keqen kundër teje dhe kanë përgatitur plane të këqija, por nuk do t'ia dalin.

¹² Sepse ti do të bësh që ata të kthejnë kurrizin dhe do të drejtosh shigjetat e harkut tënd kundër fytyrës së tyre.

¹³ Çohu, o Zot, me forcën tënde; ne do të këndojmë dhe do të kremtojmë lëvdimet e fuqisë sate.

Kapitull 22

¹ Perëndia im, Perëndia im, pse më ke braktisur? Pse më rri kaq larg dhe nuk vjen të më çlirosh, duke dëgjuar fjalët e ofshamës sime?

² O Perëndia im, unë bërtas ditën, por ti nuk përgjigjesh, edhe natën unë nuk rri në heshtje.

³ Megjithatë ti je i Shenjti, që banon në lëvdimet e Izraelit.

⁴ Etërit tonë kanë pasur besim te ti; kanë pasur besim te ti dhe ti i ke çliruar.

⁵ Të klithën ty dhe u çliruan; patën besim te ti dhe nuk u zhgënjyen.

⁶ Por unë jam një krimb dhe jo një njeri; turpi i njerëzve dhe përçmimi i popullit.

⁷ Tërë ata që më shohin më përqeshin, zgjatin buzën dhe tundin kokën,

⁸ duke thënë: "Ai i ka besuar Zotiit; le ta çlirojë, pra, ta ndihmojë, mbasi e do".

⁹ Me siguri ti je ai që më nxori nga barku i nënës; bëre që të kem besim te ti qysh nga koha kur pushoja mbi sisët e nënes sime.

¹⁰ Unë u braktisa te ti qysh nga lindja ime; ti je Perëndia im qysh nga barku i nënes sime.

¹¹ Mos u largo nga unë, sepse ankthi është i afërt, dhe nuk ka asnjë që të më ndihmojë.

¹² Dema të mëdhenj më kanë rrethuar, dema të fuqishëm të Bashanit më rrinë përqark;

¹³ ata hapin gojën e tyre kundër meje, si një luan grabitqar që vrumbullit.

¹⁴ Më derdhin si ujë dhe tërë kockat e mia janë të ndrydhura; zemra ime është si dylli që shkrihet në mes të zorrëve të mia.

¹⁵ Forca ime është tharë si një enë balte dhe gjuha ime është ngjitur te qiellza; ti më ke vënë në pluhurin e vdekjes.

¹⁶ Sepse qentë më kanë rrethuar, një grup keqbërësish më rri rrotull; më kanë shpuar duart dhe këmbët.

¹⁷ Unë mund t'i numëroj gjithë kockat e mia; ato më shikojnë dhe më këqyrin.

¹⁸ Ndajnë midis tyre rrobat e mia dhe hedhin në short tunikën time.

¹⁹ Por ti, o Zot, mos u largo; ti që je forca ime, nxito të më

ndihmosh.

²⁰ Çliroje jetën time nga shpata, jetën time të vetme nga këmba e qenit.

²¹ Shpëtomë nga gryka e luanit dhe nga brirët e buajve. Ti m'u përgjigje.

²² Unë do t'u njoftoj emrin tënd vëllezërve të mi, do të lëvdoj në mes të kuvendit.

²³ Ju që keni frikë nga Zoti, lëvdojeni; dhe ju të gjithë, pasardhës të Jakobit, përlëvdojeni; dhe ju të gjithë, o fis i Izraelit, kini frikë nga ai.

²⁴ Sepse ai nuk ka përçmuar as nuk ka hedhur poshtë vuajtjen e të pikëlluarit, dhe nuk i ka fshehur fytyrën e tij; por kur i ka klithur atij, ai e ka kënaqur.

²⁵ Shkaku i lëvdimit tim në kuvendin e madh je ti; unë do t'i plotësoj zotimet e mia në prani të të gjithë atyre që kanë frikë nga ti.

²⁶ Nevojtarët do të hanë dhe do të ngopen; ata që kërkojnë Zotin do ta lëvdojnë; zemra juaj do të jetojë përjetë.

²⁷ Të gjitha skajet e tokës do ta mbajnë mend Zotin dhe do të kthehen tek ai; dhe të gjitha familjet e kombeve do të adhurojnë përpara teje.

²⁸ Sepse Zotit i përket mbretëria dhe ai sundon mbi kombet.

²⁹ Gjithë të pasurit e dheut do të hanë dhe do të adhurojnë; të gjithë ata që zbresin në pluhur dhe që nuk arrijnë të mbahen gjallë do të përkulen para teje.

³⁰ Pasardhësit do t'i shërbejnë; do t'i flitet për Zotin brezit të ardhshëm.

³¹ Ata do të vijnë dhe do t'i shpallin drejtësinë e tij një populli që nuk ka lindur akoma, dhe që ai vetë e ka krijuar.

Kapitull 23

¹ Zoti është bariu im, asgjë nuk do të më mungojë.

² Ai më çon në kullota me bar të njomë, më drejton pranë ujërave që të çlodhin.

³ Ai ma përtërin shpirtin, më çon nëpër shtigjet e drejtësisë, nga dashuria që ka për emrin e tij.

⁴ Edhe sikur të ecja në luginën e hijes së vdekjes, nuk do të kisha frikë nga asnjë e keqe, sepse ti je me mua; shkopi yt dhe thupra jote janë ato që më japin zemër.

⁵ Ti shtron para meje tryezën në prani të armiqve të mi; ti vajos kokën time me vaj; kupa ime po derdhet.

⁶ Me siguri pasuri dhe mirësi do të më shoqërojnë në gjithë ditët e jetës ime; dhe unë do të banoj në shtëpinë e Zotit ditë të gjata.

Kapitull 24

¹ Zotit i përket toka dhe të gjitha gjërat që janë mbi të, bota dhe banorët e saj.

² Sepse ai e ka themeluar mbi detet dhe e ka vendosur mbi lumenjtë.

³ Kush do t'i ngjitet malit të Zotit? Kush do të qëndrojë në vendin e tij të shenjtë?

⁴ Njeriu i pafajshëm nga duart dhe i pastër nga zemra, që nuk e ngre shpirtin për t'u dukur dhe nuk betohet në mënyrë të rreme.

⁵ Ai do të marrë bekimet e Zotit dhe drejtësinë nga Perëndia e shpëtimit të tij.

⁶ I tillë është brezi i atyre që e kërkojnë, që kërkojnë fytyrën tënde, o Perëndi e Jakobit. (Sela)

⁷ O ju porta, çoni kokat tuaja; dhe ju, porta të përjetshme, hapuni krejt dhe Mbreti i lavdisë do të hyjë.

⁸ Kush është ky Mbret i lavdisë? Është Zoti i fortë dhe i fuqishëm, Zoti i fortë në betejë.

⁹ O porta, çoni kokat tuaja; hapuni krejt, o porta të përjetshme, dhe Mbreti i lavdisë do të hyjë.

¹⁰ Kush është ky Mbret i lavdisë? Është Zoti i ushtrive; ai është Mbreti i lavdisë. (Sela)

Kapitull 25

¹ Te ti, o Zot, e lartoj shpirtin tim.

² O Perëndia im, kam besim te ti; bëj që të mos mbetem i zhgënjyer dhe që armiqtë e mi të mos triumfojnë mbi mua.

³ Po, bëj që asnjë nga ata që kanë besim te ti të mos zhgënjehet; u turpërofshin ata që sillen pabesisht pa shkak.

⁴ O Zot, më trego rrugët e tua, më mëso shtigjet e tua.

⁵ Më udhëhiq në të vërtetën tënde dhe më mëso, sepse ti je Perëndia i shpëtimit tim; unë shpresoj shumë te ti gjatë gjithë ditës.

⁶ Kujto, o Zot, mëshirën tënde dhe mirësinë tënde, sepse janë të përhershme.

⁷ Mos i kujto mëkatet e rinisë sime, as shkeljet e mia; por në dashamirësinë tënde më kujto, o Zot, për hir të mirësisë sate.

⁸ Zoti është i mirë dhe i drejtë, prandaj ai do t'u mësojë rrugën mëkatarëve.

⁹ Ai do të udhëheqë njerëzit zemërbutë në drejtësi dhe do t'u mësojë të përulurve rrugën e tij.

¹⁰ Të gjitha rrugët e Zotit janë mirësi dhe vërtetësi për ata që respektojnë besëlidhjen e tij dhe porositë e tij.

¹¹ Për hir të emrit tënd, o Zot, fale paudhësinë time, sepse ajo është e madhe.

¹² Kush është njeriu që ka frikë nga Zoti? Ai do t'i tregojë rrugën që duhet të zgjedhë.

¹³ Ai do të jetojë në bollëk dhe pasardhësit e tij do të trashëgojnë tokën.

¹⁴ Sekreti i Zotit u tregohet atyre që kanë frikë prej tij, dhe ai u bën të njohur atyre besëlidhjen e tij.

¹⁵ Sytë e mi drejtohen vazhdimisht te Zoti, sepse ai do të m'i nxjerrë këmbët nga rrjeta.

¹⁶ Kthehu nga unë dhe ki mëshirë për mua, sepse jam vetëm dhe i dëshpëruar.

¹⁷ Ankthet e zemrës sime janë shtuar; më çliro nga fatkeqësitë e mia.

¹⁸ Shiko pikëllimin tim dhe ankthin tim, dhe fali të gjitha mëkatet e mia.

¹⁹ Këqyr armiqtë e mi, sepse janë të shumtë dhe më urrejnë me një urrejtje plot dhunë.

²⁰ Ruaje jetën time dhe më çliro; bëj që të mos jem i pështjelluar, sepse unë po gjej strehë te ti.

²¹ Pastërtia dhe ndershmëria më mbrofshin, sepse unë shpresoj te ti.

²² O Perëndi, liroje Izraelin nga të gjitha mundimet e tij.

Kapitull 26

¹ Siguromë drejtësi, o Zot, sepse kam ecur në ndershmërinë time dhe kam pasur besim te Zoti pa u lëkundur.

² Më heto, o Zot, dhe më vër në provë; pastro me zjarr trurin dhe zemrën time.

³ Sepse mirësia jote më rri përpara syve dhe unë po eci në vërtetësinë tënde.

⁴ Nuk ulem me njerëz gënjeshtarë dhe nuk shoqërohem me njerëz hipokritë.

⁵ Unë urrej tubimin e njerëzve të këqij dhe nuk bashkohem me të pabesët.

⁶ Unë i laj duart e mia në çiltërsi dhe i shkoi rrotull altarit tënd, o Zot,

⁷ për të shpallur me zë të lartë lavdinë tënde dhe për të treguar tërë mrekullitë e tua.

⁸ O Zot, unë e dua selinë e shtëpisë sate dhe vendin ku qëndron lavdia jote.

⁹ Mos e vër shpirtin tim bashkë me atë të mëkatarëve dhe mos më bashko me njerëzit gjakatarë,

¹⁰ sepse ata kanë në duart e tyre plane të këqija dhe dora e tyre e djathtë është plot dhurata.

¹¹ Por unë do të eci në ndershmërinë time; më shpengo dhe ki mëshirë për mua.

¹² Këmba ime është e qëndrueshme në vënd të sheshtë. Në kuvende unë do të bekoj Zotin.

Kapitull 27

¹ Zoti është drita ime dhe shpëtimi im; nga kush do të kem frikë? Zoti është kështjella e jetës sime; nga kush do të kem frikë?

² Kur njerëzit e këqij, armiqtë dhe kundërshtarët e mi më sulmuan për të ngrënë mishin tim, ata vetë u lëkundën dhe ranë.

³ Edhe sikur një ushtri të dilte kundër meje, zemra ime nuk do të kishte frikë; edhe sikur një luftë të pëlciste kundër meje, edhe atëherë do të kisha besim.

⁴ Një gjë i kërkova Zotit dhe atë kërkoj: të banoj në shtëpinë e Zotit tërë ditët e jetës sime, për të soditur bukurinë e Zotit dhe për të admiruar tempullin e tij.

⁵ Sepse ditën e fatkeqësisë ai do të më fshehë në çadrën e tij, do të më fshehë në një vend sekret të banesës së tij, do të më lartojë mbi një shkëmb.

⁶ Dhe tani koka ime do të ngrihet mbi armiqtë e mi që më rrethojnë, dhe unë do të ofroj në banesën e tij flijime me britma gëzimi; do të këndoj dhe do të kremtoj lëvdimet e Zotit.

⁷ O Zot, dëgjo zërin tim, kur të këlthas ty; ki mëshirë për mua dhe përgjigjmu.

⁸ Zemra ime më thotë nga ana jote: "Kërkoni fytyrën time". Unë kërkoj fytyrën tënde, o Zot.

⁹ Mos ma fshih fytyrën tënde, mos e hidh poshtë me zemërim shërbëtorin tënd; ti ke qenë ndihma ime; mos më lër dhe mos më braktis, o Perëndi e shpëtimit tim.

¹⁰ Edhe sikur babai im dhe nëna ime të më kishin braktisur, Zoti do të më pranonte.

¹¹ O Zot, më mëso rrugën tënde dhe më udhëhiq në një shteg të sheshtë, për shkak të armiqve të mi.

¹² Mos më braktis në dëshirat e armiqve të mi, sepse kanë dalë kundër meje dëshmitarë të rremë, njerëz që duan dhunën.

¹³ Oh, sikur të mos isha i sigurt të shoh mirësinë e Zotit në dheun e të gjallëve!

¹⁴ Ki besim të madh te Zoti; ji i fortë, ki zemër; ki besim të madh te Zoti.

Kapitull 28

¹ Ty të këlthas, o Zot, o kështjella ime; mos rri në heshtje, sepse po të mos flasësh ti, unë bëhem njëlloj si ata që zbresin në gropë.

² Dëgjo zërin e lutjeve të mia kur të këlthas ty për ndihmë, kur ngre duart në drejtim të vendit tënd shumë të shenjtë.

³ Mos më tërhiq bashkë me të pabesët dhe ata që kryejnë paudhësi, të cilët flasin për paqe me të afërmit e tyre, por kanë shpirtligësi në zemër.

⁴ Jepu atyre sipas veprave që kanë kryer dhe sipas ligësisë së veprimeve të tyre; jepu atyre sipas veprës së duarve të tyre; jepu atyre hakun që meritojnë.

⁵ Duke qenë se ata nuk i çmojnë veprat e Zotit dhe atë që duart e tij kanë bërë, ai do t'i mposhtë dhe nuk do t'i lërë të begatohen.

⁶ I bekuar qoftë Zoti, sepse ka dëgjuar zërin e lutjeve të mia.

⁷ Zoti është forca ime dhe mburoja ime; zemra ime ka pasur besim tek ai dhe unë u ndihmova; prandaj zemra ime ngazëllen dhe unë do ta kremtoj këtë me këngën time.

⁸ Zoti është forca e popullit të tij, dhe streha e shpëtimit për të vajosurin e tij.

⁹ Shpëto popullin tënd dhe beko trashëgiminë tënde; ushqeji dhe përkrahi përjetë.

Kapitull 29

¹ I jepni Zotit, o bij të të fuqishmëve, i jepni Zotit lavdi dhe forcë.

² I jepni Zotit lavdinë që i përket emrit të tij; adhuroni Zotin në shkëlqimin e shenjtërisë së tij.

³ Zëri i Zotit është mbi ujërat; Perëndia i lavdisë gjëmon; Zoti është mbi ujërat e mëdha.

⁴ Zëri i Zotit është i fuqishëm, zëri i Zotit është i madhërishëm.

⁵ Zëri i Zotit thyen kedrat; po, Zoti thyen kedrat e Libanit;

⁶ i bën të hidhen si një viç, Libanin dhe Sirionin, si një buall i ri.

⁷ Zëri i Zotit çan flakët e zjarrit.

⁸ Zëri i Zotit e bën shkretëtirën të dridhet; Zoti bën që të dridhet shkretëtira e Kadeshit.

⁹ Zëri i Zotit bën që të lindin sutat dhe i lë pyjet pa gjethe; dhe në tempullin e tij çdo gjë thotë: "Lavdi!".

¹⁰ Zoti rrinte ulur në fron përmbi përmbytjen; po, Zoti rri ulur si mbret në përjetësi.

¹¹ Zoti do t'i japë forcë popullit të tij; Zoti do të bekojë popullin e tij me paqe.

Kapitull 30

¹ Do të të lëvdoj, o Zot, sepse ti më ngrite lart, dhe nuk i lejove armiqtë e mi të tallen me mua.

² O Zot, Perëndia im, unë të kam klithur ty, dhe ti më ke shëruar.

³ O Zot, ti e ke nxjerrë shpirtin tim jashtë Sheolit, më ke mbajtur gjallë që të mos zbrisja në gropë.

⁴ I këndoni lavde Zotit, ju, shenjtorë të tij, dhe kremtoni shenjtërinë e tij,

⁵ sepse zemërimi im mban vetëm një çast, por mirësia e tij mban një jetë të tërë. Të qarat mund të vazhdojnë një natë, por në mëngjes shpërthen një britmë gëzimi.

⁶ Kur kisha bollëk thoja: "Unë nuk do të prekem kurrë".

⁷ O Zot, për hirin tënd e kishe fortësuar malin tim, ti e fshehe fytyrën tënde, dhe unë mbeta i trembur.

⁸ Unë të klitha ty, o Zot, iu luta fort Zotit,

⁹ duke thënë: "Çfarë dobie do të kesh nga gjaku im po të jetë se zbres në gropë? A mundet pluhuri të të kremtojë? A mundet ai të shpallë të vërtetën tënde?

¹⁰ Dëgjo, o Zot, dhe ki mëshirë për mua, o Zot, bëhu ti ndihma ime".

¹¹ Ti e ke kthyer vajtimin tim në valle; ma ke hequr grethoren dhe më ke mbushur me gëzim,

¹² me qëllim që shpirti im të mund të të këndojë lavdi pa pushim. O Zot, Perëndia im, unë do të të kremtoj përjetë.

Kapitull 31

¹ Gjeta strehë te ti, o Zot; bëj që unë të mos ngatërrohem kurrë; çliromë për drejtësinë tënde.

² Ma vër veshin, nxito të më çlirosh; bëhu për mua një kështjellë e fortë dhe një vend i fortifikuar që të më shpëtosh.

³ Sepse ti je kështjella ime dhe kalaja ime; për hir të emrit tënd më udhëhiq dhe tregomë udhën.

⁴ Nxirrmë jashtë rrjetës që më kanë ngritur fshehurazi, sepse ti je kështjella ime.

⁵ Në duart e tua unë e besoj frymën time; ti më shpengove, o Zot, Perëndi e së vërtetës.

⁶ Unë i urrej ata që kanë dëshirë për t'u dukur, por kam besim te Zoti.

⁷ Unë do të ngazëlloj dhe do të kënaqem me mirësinë tënde, sepse ti ke parë pikëllimin tim dhe i ke kuptuar ankthet e shpirtit tim,

⁸ dhe nuk më dorëzove në duart e armikut, por m'i vure këmbët në një vend të gjerë.

⁹ Ki mëshirë për mua, o Zot, sepse jam me ankth; syri im, shpirti im dhe të përbrendshmet e mia po treten nga dhembja,

¹⁰ sepse jeta ime po mpaket nga pikëllimi dhe vitet e mia nga të qarat; forca ime po mpaket për shkak të mëkatit tim dhe kockat e mia po treten.

¹¹ Jam bërë një turp për tërë armiqtë e mi, veçanërisht për të afërmit e mi dhe një tmer për të njohurit e mi; ata që më shohin rrugës, ikin larg meje.

¹² Zemra e tyre më ka harruar si të isha një njeri i vdekur; i përngjaj një vazoje të thyer.

¹³ Sepse dëgjoi shpifjet e shumë njerëzve; rreth e qark sundon tmerri, ndërsa ata këshillohen midis tyre kundër meje dhe kurdisin komplote për të më zhdukur.

¹⁴ Por unë kam besim te ti, o Zot; kam thënë: "Ti je Perëndia im".

¹⁵ Ditët e mia janë në dorën tëndë; çliromë nga duart e armiqve të mi dhe të atyre që më përndjekin.

¹⁶ Bëj që të shkëlqejë fytyra jote mbi shërbëtorin tënd; shpëtomë për hir të mirësisë sate.

¹⁷ O Zot, bëj që unë të mos jem i pështjelluar, pse të kam kërkuar; u pështjellofshin të pabesët dhe rënçin në heshtje në Sheol.

¹⁸ Mbeçin pa fjalë buzët gënjeshtare, që flasin pa turp kundër të drejtit, me mëndjemadhësi dhe përçmim.

¹⁹ Sa e madhe është mirësia jote që ti u rezervon atyre që kanë frikë nga ti, dhe që ti përdor në prani të bijve të njerëzve ndaj atyre që gjejnë strehë te ti!

²⁰ Ti i fsheh në strehën e fshehtë të pranisë sate nga grackat e njerëzve, ti i ruan në një çadër të mbrojtur nga grindjet me fjalë.

²¹ Qoftë i bekuar Zoti, sepse më është treguar shumë dashamirës, duke më vendosur si në një vend të fortifikuar.

²² Kurse unë, në hutimin tim, thoja: "Më kanë larguar nga prania jote"; por ti dëgjove zërin e lutjeve të mia kur të klitha ty.

²³ Duajeni Zotin, ju, gjithë shenjtorë të tij! Zoti i mbron besnikët dhe i shpaguan gjerësisht ata që veprojnë me kryelartësi.

²⁴ Qofshi të fortë, mbarë ju që shpresoni tek Zoti, dhe ai do ta bëjë të patundur zemrën tuaj.

Kapitull 32

¹ Lum ai të cilit i kanë falur shkeljen, ai të cilit i kanë mbuluar mëkatin!

² Lum ai njeri të cilin Zoti nuk e padit për paudhësi dhe në frymën e të cilit nuk ka vend mashtrimi.

³ Ndërsa po heshtja, kockat e mia treteshin midis rënkimeve që kisha tërë ditën.

⁴ Sepse ditë e natë dora jote rëndonte mbi mua, fuqia ime i përngjante thatësisë së verës. (Sela)

⁵ Para teje pranova mëkatin tim, nuk e fsheha paudhësinë time. Thashë: "Do t'ia rrëfej shkeljet e mia Zotit", dhe ti e ke falur paudhësinë e mëkatit tim. (Sela)

⁶ Prandaj çdo njeri i përshpirtshëm do të të thërrase në kohën që mund të gjendesh; edhe sikur ujërat e mëdha të vërshojnë, ato nuk do të arrijnë deri tek ai.

⁷ Ti je vendi im i strehimit, ti do të më ruash nga fatkeqësia, ti do të më rrethosh me këngë çlirimi. (Sela)

⁸ Unë do të të edukoj dhe do të të mësoj rrugën, nëpër të cilën duhet të ecësh; unë do të të këshilloj dhe do ta mbaj syrin tim mbi ty.

⁹ Mos u bëni si kali dhe si mushka që nuk kanë mend, goja e të cilëve duhet të mbahet me fre dhe me kapistër, përndryshe nuk të

Psalmeve

afrohen.

¹⁰ Të shumta janë dhembjet e të pabesit, por ai që ka besim tek Zoti do të rrethohet nga mirësia e tij.

¹¹ Gëzohuni tek Zoti dhe ngazëlloni, o njerëz të drejtë; lëshoni britma gëzimi, ju të gjithë, o njerëz me zemër të drejtë.

Kapitull 33

¹ Ngazëlloni, o njerëz të drejtë, tek Zoti; lëvdimi u shkon për shtat njerëzve të drejtë.

² Kremtojeni Zotin me qeste; këndojini atij me harpën me dhjetë tela.

³ Këndojini një kantik të ri, bjerini me mjeshtëri veglës dhe brohoritni.

⁴ Sepse fjala e Zotit është e drejtë dhe të gjithë veprat e tij janë bërë me saktësi.

⁵ Ai e do drejtësinë dhe barazinë; toka është e mbushur nga mirësitë e Zotit.

⁶ Qiejtë u bënë me anë të fjalës së Zotit dhe tërë ushtria e tyre me anë të frymës së gojës së tij.

⁷ Ai mblodhi ujërat në një tog dhe vendosi thellësitë e tyre të mëdha si rezervuare.

⁸ Tërë toka le të ketë frikë nga Zoti dhe le të dridhen para tij tërë banorët e botës.

⁹ Sepse ai foli dhe gjëja u bë; ai udhëroi dhe gjëja u shfaq.

¹⁰ Zoti e bën të dështojë planin e kombeve dhe asgjeson synimet e popujve.

¹¹ Plani i Zotit mbetet përjetë dhe qëllimet e zemrës së tij për çdo brez.

¹² Lum ai komb që ka Perëndinë Zotin; lum populli që ai ka zgjedhur për trashëgim të tij.

¹³ Zoti shikon nga qielli; ai shikon tërë bijtë e njerëzve.

¹⁴ Nga vendi i banimit të tij ai këqyr tërë banorët e tokës.

¹⁵ Ai e ka formuar zemrën e të gjithëve, që kupton tërë veprat e tyre.

¹⁶ Mbreti nuk shpëtohet nga një ushtri e madhe; trimi nuk shpëton për shkak të forcës së tij të madhe.

¹⁷ Kali është një shpresë e kotë shpëtimi, dhe me forcën e tij të madhe nuk mund të shpëtojë asnjeri nga rreziku.

¹⁸ Ja, syri i Zotit është mbi ata që kanë frikë para tij, mbi ata që shpresojnë në mirësinë e tij,

¹⁹ për ta çliruar shpirtin e tyre nga vdekja dhe për t'i mbajtur të gjallë në kohë urie.

²⁰ Shpirti ynë pret Zotin; ai është ndihma jonë dhe mburoja jonë.

²¹ Po, zemra jonë do të gëzohet tek ai, sepse kemi besim, në emrin e tij të shenjtë.

²² Mirësia jote qoftë mbi ne, o Zot, sepse kemi pasur shpresë te ti.

Kapitull 34

¹ Unë do ta bekoj Zotin në çdo kohë; lëvdimi i tij do të jetë gjithnjë në gojën time.

² Shpirti im do të krenohet me Zotin; njerëzit e përulur do ta dëgjojnë dhe do të gëzohen.

³ Lartojeni Zotin bashkë me mua, dhe të lëvdojnë të gjithë emrin e tij.

⁴ Unë e kërkova Zotin, dhe ai m'u përgjigj dhe më çliroi nga të gjitha tmerret e mia.

⁵ Ata e shikuan atë dhe u ndriçuan, dhe fytyrat e tyre nuk u turpëruan.

⁶ Ky i pikëlluar klithi dhe Zoti e plotësoi, e shpëtoi nga të gjitha fatkeqësitë e tij.

⁷ Engjëlli i Zotit zë vend rreth atyre që kanë frikë prej tij dhe i çliron.

⁸ Provojeni dhe shihni sa i mirë është Zoti; lum ai njeri që gjen strehë tek ai.

⁹ Kini frikë nga Zoti, ju shenjtorë të tij, sepse asgjë nuk u mungon atyre që kanë frikë prej tij.

¹⁰ Luanët e vegjël vuajnë nga mungesa e madhe dhe nga uria, por atyre që kërkojnë Zotin nuk u mungon asgjë.

¹¹ Ejani, o bij, dëgjomëni; unë do t'ju mësoj frikën e Zotit.

¹² Cili është ai njeri që dëshiron jetën dhe do ditë të gjata për të parë të mirën?

¹³ Mbaje gjuhën tënde larg së keqes dhe buzët e tua të mos thonë gënjeshtra.

¹⁴ Largohu nga e keqja dhe bëj të mirën, kërko paqen dhe siguroje.

¹⁵ Sytë e Zotit janë mbi të drejtët dhe veshët e tij janë të vëmendshëm të kapin britmën e tyre.

¹⁶ Fytyra e Zotit është kundër atyre që sillen keq, për të çrrënjosur kujtimin e tyre nga faqja e dheut.

¹⁷ Të drejtët bërtasin dhe Zoti i dëgjon dhe i çliron nga të gjitha fatkeqësitë e tyre.

¹⁸ Zoti qëndron afër atyre që e kanë zemrën të thyer dhe shpëton ata që e kanë frymën të dërmuar.

¹⁹ Të shumta janë vuajtjet e njeriut të drejtë, por Zoti e çliron nga të gjitha.

²⁰ Ai i ruan tërë kockat e tij, dhe asnjë prej tyre nuk copëtohet.

²¹ Ligësia do të vrasë të keqin, dhe ata që urrejnë të drejtin do të shkatërrohen.

²² Zoti shpengon jetën e shërbëtorëve të tij, dhe asnjë nga ata që gjejnë strehë te ai nuk do të shkatërrohet.

Kapitull 35

¹ O Zot, përleshu me ata që përleshen me mua; lufto me ata që luftojnë kundër meje.

² Merr mburojën dhe parzmoren dhe çohu të më ndihmosh.

³ Nxirre shtizën dhe zëru rrugën atyre që më përndjekin; thuaji shpirtit tim: "Unë jam shpëtimi yt".

⁴ Mbetshin të shushatur dhe të turpëruar ata që kërkojnë jetën time; kthefshin kurrizin dhe mbetshin të shushatur ata që kurdisin të keqen kundër meje.

⁵ U shpërndafshin si byku nga era dhe engjëlli i Zotit i dëboftë.

⁶ Qoftë rruga e tyre e errët dhe me shkarje, dhe Engjëlli i Zotit i përndjektë.

⁷ Sepse pa pasur arsye më kanë ngritur fshehurazi rrjetën e tyre; pa pasur arsye ma kanë hapur gropën.

⁸ Një shkatërrim i papritur u rëntë mbi krye, i zëntë rrjeta që kanë fshehur dhe rënçin në gropën që kanë përgatitur për shkatërimin tim.

⁹ Atëherë shpirti im do të ngazëllejë tek Zoti dhe do të gëzohet për shpëtimin e tij.

¹⁰ Të gjitha kockat e mia do thonë: "O Zot, kush është si ti, që e çliron të mjerin nga ai që është më i fortë se ai, të mjerin dhe nevojtarin nga ai që plaçkit?".

¹¹ Dëshmitarë të pamëshirshëm ngrihen kundër meje dhe më pyesin për gjëra për të cilat unë nuk di asgjë.

¹² Të mirën e shpërblejnë me të keqen, duke e lënë kështu të pangushëlluar jetën time.

¹³ Megjithatë, kur ishin të sëmurë, unë vesha grathoren dhe e mundova shpirtin tim me agjerim, dhe lutesha me kokën e përkulur mbi gjoks.

¹⁴ Shkoja rreth e rrotull, sikur të ishte fjala për një shok o për vëllanë tim; shkoja fort i kërrusur nga dhembja, ashtu si një njeri që mban zi për të ëmën.

¹⁵ Por kur u pengova, ata u gëzuan dhe u mblodhën bashkë; u mblodhën kundër meje disa shpifës, të cilët nuk i njihja; më kanë shqyer pa pushim.

¹⁶ Bashkë me disa palaço zemërkatranë kërcëllijnë dhëmbët kundër meje.

¹⁷ O Zot, deri kur do të vazhdosh të shikosh? Shpëto jetën time nga shkatërrimet e kurdisura prej tyre, të vetmen pasuri që kam nga dhëmbët e luanëve.

¹⁸ Unë do të të kremtoj në kuvendin e madh, do të lavdëroj në mes të një populli të shumtë.

¹⁹ Mos u gëzofshin me mua ata që pa hak më janë bërë armiq, mos e shkelshin syrin ata që më urrejnë pa arsye,

²⁰ sepse nuk flasin kurrë për paqe, por kurdisin mashtrime kundër njerëzve paqësorë të vendit.

²¹ Po, e hapin gojën e tyre kundër meje dhe thonë: "Ah, ah! E kemi parë me sytë tanë".

²² O Zot, ti i ke parë këto gjëra, mos hesht; o Zot, mos u largo nga unë.

²³ Zgjohu dhe çohu, për të më siguruar drejtësi dhe për të mbrojtur çështjen time, o Perëndi dhe Zoti im.

²⁴ Gjykomë sipas drejtësisë sate, o Zot, Perëndia im, dhe bëj ata të mos kënaqen me mua,

²⁵ dhe të mos thonë në zemër të tyre: "Ah, pikërisht ashtu siç e donim"; dhe të mos thonë: "E gëlltitëm".

²⁶ U turpërofshin dhe u pështjellofshin gjihë ata që gezohen nga e keqja ime; u mbulofshin me turp dhe me fyerje ata që ekzaltohen kundër meje.

²⁷ Këndofshin dhe gëzofshin ata që kanë në zemër çështjen time të drejtë dhe thënçin vazhdimisht: "Lëvduar qoftë Zoti, që e do paqen e shërbëtorit të tij".

²⁸ Gjuha ime do të kremojë drejtësinë tënde dhe do të këndojë lëvdimin tënd tërë ditën.

Kapitull 36

¹ Mëkati i të pabesit i thotë zemrës sime: "Nuk ekziston asnjë frikë nga Perëndia përpara syve të tij.

² Sepse ai gënjen veten e tij në kërkimin e fajit që ka kryer në urrejtjen ndaj tij.

³ Fjalët e gojës së tij janë paudhësi dhe mashtrim; ai ka pushuar së qeni i urtë dhe nuk bën më të mira.

⁴ Ai thur paudhësi në shtratin e tij; vihet në një rrugë që nuk është e mirë dhe që nuk e dënon të keqen".

⁵ O Zot, mirësia jote arrin deri në qiell dhe besnikëria jote deri te retë.

⁶ Drejtësia jote është si malet e Perëndisë, dhe gjykimet e tua janë si një humnerë e madhe. O Zot, ti ruan njerëz dhe kafshë.

⁷ O Perëndi, sa e çmuar është mirësia jote! Prandaj bijtë e njerëzve gjejnë strehë nën hijen e krahëve të tu;

⁸ ata ngopen me bollëkun e shtëpisë sate, dhe ti u heq etjen në përroin e kënaqësive të tua.

⁹ Sepse pranë teje është burimi i jetës, dhe me anë të dritës sate ne shohim dritën.

¹⁰ Zgjate mirësinë tënde ndaj atyre që të njohin dhe drejtësinë tënde ndaj atyre që janë të drejtë nga zemra.

¹¹ Mos më vëntë këmbën kryelarti dhe dora e të pabesit mos më marrtë me vete.

¹² Ja, ata që kryejnë paudhësi kanë rënë; i kanë rrëzuar për tokë dhe nuk mund të ringjallen përsëri.

Kapitull 37

¹ Mos u dëshpëro për shkak të njerëzve të këqij; mos ki smirë ata që veprojnë me ligësi,

² sepse ata shpejt do të kositen si bari dhe do të thahen si bari i blertë.

³ Ki besim tek Zoti dhe bëj të mira; bano vendin dhe shto besnikërinë.

⁴ Gjej kënaqësinë tënde në Zotin dhe ai do të plotësojë dëshirat e zemrës sate.

⁵ Vendose fatin tënd tek Zoti, ki besim tek ai dhe ai ka për të vepruar.

⁶ Ai do të bëjë të shkëlqejë drejtësia jote si drita dhe ndershmëria e saj si mesdita.

⁷ Rri në heshtje para Zotit dhe prite atë; mos u hidhëro për atë që i shkojnë mbarë punët e veta, për njeriun që ndjek planet e këqija të tij.

⁸ Hiq dorë nga zemërimi dhe lëre përbuzjen; mos u dëshpëro; kjo do të të çonte edhe ty të bëje të keqen.

⁹ Sepse njerëzit e këqij do të shfarosen, por ata që shpresojnë tek Zoti do të bëhen zotër të tokës.

¹⁰ Edhe pak dhe i pabesi nuk do të jetë më; po, ti do të kërkosh me kujdes vendin e tij dhe ai nuk do të jetë më.

¹¹ Por zemërbutët do të zotërojnë tokën dhe do të gëzojnë një paqe të madhe.

¹² I pabesi komploton kundër të drejtit dhe kërcëllin dhëmbët kundër tij.

¹³ Zoti qesh me të, sepse e sheh që vjen dita e tij.

¹⁴ Të pabesët kanë nxjerrë shpatën dhe kanë nderur harkun e tyre për të rrëzuar të mjerin dhe nevojtarin, për të vrarë ata që ecën drejt në rrugën e tyre.

¹⁵ Shpata e tyre do të hyjë në zemrën e tyre dhe harqet e tyre do të thyhen.

¹⁶ Vlen më tepër e pakta e të drejtit se sa bollëku i shumë të pabesëve.

¹⁷ Sepse krahët e të pabesëve do të thyhen, por Zoti i përkrah të drejtët.

¹⁸ Zoti i njeh ditët e njerëzve të ndershëm dhe trashëgimia e tyre do të vazhdojë përjetë.

¹⁹ Ata nuk do të ngatërrohen në kohën e fatkeqësisë dhe në ditët e zisë do të ngopen.

²⁰ Por të pabesët do të vdesin dhe armiqtë e Zotit do të konsumohen dhe do të bëhen tym si dhjami i qengjave.

²¹ I pabesi merr hua dhe nuk e kthen, por i drejti ka mëshirë dhe dhuron.

²² Sepse të bekuarit nga Zoti do të trashëgojnë tokën, por ata që janë mallkuar prej tij do të shfarosen.

²³ Hapat e njeriut i drejton Zoti, kur atij i pëlqejnë rrugët e tij.

²⁴ Por kur njeriu rrëzohet, nuk shtrihet për tokë, sepse Zoti e mban për dore.

²⁵ Unë kam qenë fëmijë dhe tani jam plakur, por nuk e kam parë kurrë të drejtin të braktisur dhe pasardhësit e tij të lypin bukë.

²⁶ Ai ka mëshirë dhe jep kurdoherë hua; dhe pasardhësit e tij janë në bekim.

²⁷ Largohu nga e keqja dhe bëj të mirën, dhe do të kesh një banesë të përjetshme.

²⁸ Sepse Zoti e do drejtësinë dhe nuk ka për t'i braktisur kurrë shenjtorët e tij; ata do të ruhen përjetë, ndërsa pasardhësit e të pabesëve do të shfarosen.

²⁹ Të drejtët do të trashëgojnë tokën dhe do të banojnë gjithnjë mbi të.

³⁰ Nga goja e të drejtit del dituri dhe gjuha e tij flet për drejtësi.

³¹ Ligji i Perëndisë të tij është në zemrën e tij; hapat e tij nuk do të lëkunden.

³² I pabesi spiunon të drejtin dhe përpiqet ta vrasë.

³³ Zoti nuk do ta lërë në duart e tij dhe nuk do të lejojë që të dënohet, kur të gjykohet.

³⁴ Ki shpresë të patundur tek Zoti dhe ndiq rrugën tij, dhe ai do të të lartojë me qëllim që ti të trashëgosh tokën; kur të pabesët të jenë të shfarosur, ti do ta shikosh.

³⁵ E pashë njeriun e pushtetshëm dhe të furishëm të begatohet si një pemë e gjelbër në tokën e tij të lindjes,

³⁶ por pastaj u zhduk; dhe ja, nuk është më; e kërkova, por nuk e gjeta më.

³⁷ Ki kujdes për njeriun e ndershëm dhe këqyr njeriun e drejtë, sepse e ardhmja e këtij njeriu do të jetë paqja.

³⁸ Por shkelësit do të shkatërrohen të gjithë; në fund të pabesët do të dërrmohen.

³⁹ Por shpëtimi i të drejtëve vjen nga Zoti; ai është kështjella e tyre në kohën e fatkeqësisë.

⁴⁰ Dhe Zoti i ndihmon dhe i çliron; i çliron nga të pabesët dhe i shpëton, sepse kanë gjetur strehë tek ai.

Kapitull 38

¹ O Zot, mos më shaj në indinjatën tënde dhe mos më dëno në zemërimin tënd.

² Sepse shigjtat e tua më kanë shpuar dhe dora jote më shtyp.

³ Nuk ka asgjë të shëndoshë në mishin tim për shkak të zemërimit tënd; nuk ka qetësi në kockat e mia për shkak të mëkatit tim.

⁴ Paudhësitë e mia e kalojnë në fakt kohën time, janë si një barrë e madhe, shumë e rëndë për mua.

⁵ Plagët e mia janë të fëlliqura dhe të qelbëzuara nga marrëzia ime.

⁶ Jam krejt i kërrusur dhe dëshpëruar; sillem tërë ditën rreth e qark duke mbajtur zi,

⁷ sepse ijet e mia janë të pezmatuara dhe nuk ka asgjë të shëndoshë në mishin tim.

⁸ Jam i sfilitur dhe i vrarë; vrumbulloj nga drithma e zemrës sime.

⁹ O Zot, çdo dëshirë që kam është para teje dhe psherëtimat e mia nuk të janë fshehur.

¹⁰ Zemra ime rreh, fuqia po më lë; vetë drita e syve të mi ka ikur.

¹¹ Miqtë e mi dhe shokët e mi rrinë larg plagës sime, dhe fqinjët e mi ndalojnë larg meje.

¹² Ata që kërkojnë jetën time më ngrejnë kurthe dhe ata që duan të më bëjnë të keqen flasin për shkatërrimin dhe mendojnë mashtrime tërë ditën.

¹³ Por unë jam si një i shurdhër që nuk dëgjon dhe një memec që nuk e hap gojën.

¹⁴ Po, jam si një njeri që nuk dëgjon dhe që nuk mund të përgjigjet me gojën e tij.

¹⁵ Sepse shpresoj te ti, o Zot, ti do të përgjigjesh, o Zot, Perëndia im.

¹⁶ Sepse kam thënë: "U gëzofshin me mua, dhe kur këmba ime pengohet, mos u çofshin kundër meje".

¹⁷ Ndërsa jam duke rënë dhe dhembja ime është vazhdimisht para meje,

¹⁸ ndërsa rrëfej mëkatin tim dhe jam tepër i shqetësuar për mëkatin,

¹⁹ armiqtë e mi janë tërë gjallëri dhe janë të fortë, dhe ata që më urrejnë pa shkak shumohen.

²⁰ Edhe ata që ma shpërblejnë të mirën me të keqen më përndjekin, sepse unë ndjek rrugën e së mirës.

²¹ O Zot, mos më braktis; Perëndia im, mos u largo nga unë.

²² Nxito të më ndihmosh, o Zot, o shpëtimi im.

Kapitull 39

¹ Unë thoja: "Do të kujdesem për sjelljen time që të mos kryej mëkate me gjuhën time; do t'i vë një fre gojës sime, sa kohë që i pabesi rri para meje".

² Kam qëndruar i heshtur dhe i qetë, i jam përmbajtur pikërisht së mirës, dhe dhembja ime është ashpërsuar.

³ Zemra më digjte përbrenda; ndërsa mendohesha, një zjarr u ndez; atëherë fola me gjuhën time:

⁴ "O Zot, bëmë të njohur fundin tim dhe cila është masa e ditëve të mia; vepro në mënyrë që unë të di sa i brishtë jam.

⁵ Ja, ti i ke pakësuar ditët e mia aq sa është e gjatë një pëllëmbë, dhe zgjatja e jetës sime është si asgjë para teje; po, çdo njeri në gjendjen e tij më të mirë nuk është veçse avull. (Sela)

⁶ Po, njeriu sillet rreth e qark si një hije; po më kot lodhen të gjithë dhe grumbullojnë pasuri pa ditur kush do t'i mbledhë!

⁷ Por tani, o Zot, çfarë pres? Shpresa ime është te ti.

⁸ Çliromë nga të gjitha fajet e mia; bëj që të mos jem objekt i talljes nga njeriu pa mend.

⁹ Do të qëndroj në heshtje, nuk kam për të hapur gojën, sepse ti je ai që vepron.

¹⁰ Largo nga unë fshikullin tënd; unë po marr fund nën goditjet e dorës sate.

¹¹ Ti e korrigjon njeriun duke dënuar mëkatin e tij dhe konsumon si një krimb atë që për të është e çmuar. Po, çdo njeri nuk është veçse kotësi. (Sela)

¹² O Zot, dëgjo lutjen time dhe vëri veshin britmës sime; mos u trego i shurdhër ndaj lotëve të mi, sepse para teje unë jam një i huaj dhe një shtegtar si të gjithë etërit e mi.

¹³ Hiqe shikimin tënd nga unë, me qëllim që unë të marr përsëri fuqi para se të iki dhe të mos jem më".

Kapitull 40

¹ Unë kam pritur me ngulm dhe me durim Zotin, dhe ai u përkul mbi mua dhe dëgjoi britmën time.

² Më nxorri jashtë një gropë shkatërrimi, nga balta e moçalit, i vendosi këmbët e mia mbi një shkëmb dhe i ka bërë të qëndrueshme hapat e mia.

³ Ai vuri në gojën time një kantik të ri për të lëvduar Perëndinë tonë; shumë njerëz kanë për ta parë këtë, do të dridhen dhe do t'i besojnë Zotit.

⁴ Lum ai njeri që i beson Zotit dhe nuk u drejtohet krenarëve dhe as atyre që marrin rrugë të keqe duke u dhënë pas gënjeshtrës.

⁵ O Zot, Perëndia im, të shumta janë mrekullitë që ke bërë, dhe askush nuk mund të numërojë gjërat që ke menduar për ne. Po të duhej t'i shpallja dhe t'i tregoja, do të ishin tepër për t'i radhitur.

⁶ Ti nuk kënaqesh as me flijime as me oferta; më ke shpuar veshët. Ti nuk ke kërkuar as olokauste as flijime për mëkatin.

⁷ Atëherë unë thashë: "Ja, po vij. Në rrotullin e librit shkruhet për mua.

⁸ Perëndia im, unë gëzohem kur zbatoj vullnetin tënd dhe ligji yt është në zemrën time".

⁹ E shpalla drejtësinë tënde në kuvendin e madh; ja, unë nuk i mbaj buzët të mbyllura, o Zot, ti e di këtë.

¹⁰ Nuk e kam fshehur drejtësinë tënde në zemrën time; kam shpallur besnikërinë tënde dhe shpëtimin tënd; nuk e kam fshehur mirësinë tënde as të vërtetën tënde para kuvendit të madh.

¹¹ Mos moho, o Zot, mëshirën zemërbutë; mirësia jote dhe e vërteta jote më mbrofshin gjithnjë.

¹² Sepse të këqija të panumërta më rrethojnë; paudhësitë e mia më kanë zënë dhe nuk mund të shikoj; janë më të shumta se flokët e kokës sime, dhe zemra po më ligështohet.

¹³ Prano, o Zot, të më çlirosh. O Zot, nxito të më ndihmosh.

¹⁴ U turpërofshin dhe u pështjellofshin ata që duan të shkatërrojnë jetën time. Rënçin poshtë të mbuluar nga turpi ata që gëzohen me fatkeqësitë e mia.

¹⁵ U trëmbshin për turp të tyre ata që më thonë: "Ah, ah...!".

¹⁶ U gëzofshin dhe ngazëllofshin te ti të gjithë ata që të kërkojnë, ata që duan shpëtimin tënd thënçin: "Lëvduar qoftë Zoti".

¹⁷ Sa për mua, unë jam i varfër dhe nevojtar, por Zoti kujdeset për mua. Ti je mbështetja ime dhe çlirimtari im; Perëndia im, mos u vono.

Kapitull 41

¹ Lum ai që kujdeset për të varfërin; Zoti do ta çlirojë ditën e fatkeqësisë.

² Zoti do ta ruajë dhe do ta mbajë të gjallë; ai do të jetë i lumtur mbi tokë dhe ti nuk do ta lësh në duart e armiqve të tij.

³ Zoti do ta ndihmojë në shtratin e sëmundjes; gjatë sëmundjes së tij, o Zot, ti do ta transformosh plotësisht shtratin e tij.

⁴ Unë kam thënë: "O Zot, ki mëshirë për mua, ma shëro shpirtin, sepse kam mëkatuar kundër teje".

⁵ Armiqtë e mi ndjellin të keqen, duke thënë: "Kur do të vdesë dhe kur do të zhduket emri i tij?".

⁶ Në rast se dikush prej tyre vjen të më shikojë, gënjen, ndërsa zemra e tij mbledh paudhësi; pastaj del jashtë dhe e përhap rreth e rrotull.

⁷ Të gjithë ata që më urrejnë, pëshpëritin bashkë kundër meje; kundër meje kurdisin të keqen,

⁸ duke thënë: "Një e keqe e tmerrshme e ka zënë dhe ai nuk do të ngrihet kurrë më nga vendi ku dergjet".

⁹ Madje edhe miku im i ngushtë, tek i cili kisha besim dhe që hante bukën time, ka ngritur kundër meje thembrën e tij.

¹⁰ Por ti, o Zot, ki mëshirë për mua dhe më ço në këmbë që të mund t'ua shpaguaj.

¹¹ Nga kjo e di që ti më pëlqen, në rast se armiku im nuk triumfon mbi mua.

¹² Sa për mua, më ke përkrahur në ndershmërinë time dhe më ke vendosur në praninë tënde për gjithnjë.

¹³ Qoftë i bekuar Zoti, Perëndia i Izraelit, përjetë. Amen, amen.

Kapitull 42

¹ Ashtu si suta ka një dëshirë të madhe për rrëketë e ujit, kështu shpirti im ka një dëshirë të zjarrtë për ty, o Perëndi.

² Shpirti im ka një etje të madhe për Perëndinë, për Perëndinë e gjallë. Kur do të vij dhe do të paraqitem para Perëndisë?

³ Lotët e mia janë bërë ushqimi im ditë e natë, ndërsa më thonë vazhdimisht: "Ku është Perëndia yt?".

⁴ Duke kujtuar këto gjëra, brenda vetes sime i jap shfrim të lirë shpirtit tim, sepse kisha zakon të shkoja me turmën, duke e udhëhequr në shtëpinë e Perëndisë, në mes të këngëve të gëzimit dhe të lëvdimit të një turme në festë.

⁵ Pse ligështohesh, o shpirti im, pse vajton brenda trupit tim? Shpreso te Perëndia, sepse unë do ta kremtoj akoma për çlirimin e pranisë së tij.

⁶ O Perëndia im, shpirti më është ligështuar përbrenda; prandaj më kujtohesh ti nga vendi i Jordanit dhe nga majat e Hermonit, nga mali i Mitsarit.

⁷ Një hon thërret një hon tjetër në zhurmën e ujërave të tua; të gjitha dallgët e tua dhe valët e tua kanë kaluar përmbi mua.

⁸ Ditën Zoti më jep mirësinë e tij, dhe natën i ngre atij një kantik, një lutje Perëndisë të jetës sime.

⁹ Unë do t'i them Perëndisë, kështjellës sime: "Pse më harrove? Pse endem i veshur me rroba zie për shkak të shtypjes nga ana e armikut?".

¹⁰ Kockat e mia po vuajnë për vdekje për shkak të fyerjeve nga ana e armive të mi, që më thonë vazhdimisht: "Ku është Perëndia yt?".

¹¹ Pse ligështohesh, shpirti im, pse rënkon përbrenda meje? Shpreso te Perëndia, sepse unë do ta kremtoj akoma; ai është shpëtimi im dhe Perëndia im.

Kapitull 43

¹ Siguromë drejtësi, o Perëndi, dhe mbro çështjen time nga njerëzit e këqij; më çliro nga njeriu i rremë dhe i lig.

² Mbasi ti je Perëndia që më jep forcë, pse më ke kthyer? Pse shkoj i veshur me rroba zie për shkak të shtypjes nga ana e armikut?

³ Dërgo dritën tënde dhe të vërtetën tënde; këto le të më udhëheqin dhe të më çojnë në malin tënd të shenjtë dhe në vendin e banesës sate.

⁴ Atëherë un do të vij tek altari i Perëndisë, te Perëndia, që është gëzimi im dhe kënaqësia ime; do të të kremtoj me qeste, o Perëndi, Perëndia im.

⁵ Pse ligështohesh, shpirti im, pse rënkon brenda meje? Ki shpresë te Perëndia, sepse unë do ta kremtoj akoma, sepse ai është shpëtimi im dhe Perëndia im.

Kapitull 44

¹ O Perëndi, e kemi dëgjuar me veshët tona, etërit tanë na kanë treguar veprën që ti ke bërë në ditët e tyre në kohërat e lashta.

² Për t'i vendosur me dorën tënde ti ke shpronësuar kombet, ke çrrënjosur popuj për t'u bërë vend atyre. Në fakt nuk e pushtuan vendin me shpatën e tyre dhe nuk qe krahu i tyre që i shpëtoi, por ishte dora jote e djathtë, krahu yt dhe drita e fytyr

³ ës sate, sepse të pëlqenin.

⁴ Ti je mbreti im, o Perëndi, që vendos fitoret për Jakobin.

⁵ Me anën tënde do të përmbysim armiqtë tanë; në emër tënd do të shkelim ata që ngrihen kundër nesh.

⁶ Sepse nuk kam besim tek harku im dhe nuk do të jetë shpata ime ajo që do të më shpëtojë.

⁷ Por je ti ai që na shpëton nga armiqtë tanë dhe që i mbulon me turp ata që na urrejnë.

⁸ Ne do të lëvdojmë çdo ditë Perëndinë dhe do të kremtojmë emrin tënd përjetë. (Sela)

⁹ Por ti na dëbove dhe na mbulove me turp, dhe nuk del më me ushtritë tona.

¹⁰ Ti ke bërë të kthejmë kurrizin përpara armikut, dhe ata që na urrejnë na kanë grabitur.

¹¹ Ti na ke dhënë si dele për therje dhe na ke shpërndarë midis kombeve.

¹² Ti e ke shitur popullin tënd për asgjë dhe nuk ke nxjerrë asnjë fitim nga shitja e tij.

¹³ Ti na bëre për turp me fqinjët tanë, u bëmë gazi dhe tallja e atyre që rrijnë rreth nesh.

¹⁴ Ti na ke bërë të jemi gazi i kombëve; përsa na përket neve, popujt tundin kokën.

¹⁵ Turpi im më rri gjithmonë përpara, dhe fytyra ime është e mbuluar nga turpi,

¹⁶ për shkak të atij që më fyen dhe më poshtëron, për shkak të armikut dhe atij që kërkon hakmarrje.

¹⁷ Të tëra këto na kanë rënë mbi kurriz, por ne nuk kemi harruar dhe nuk kemi tradhëtuar besëlidhjen tënde.

¹⁸ Zemra jonë nuk është kthyer prapa dhe hapat tona nuk janë larguar nga rruga jote,

¹⁹ por ti na ke copëtuar, duke na futur në vende çakejsh dhe duke na mbuluar me hijen e vdekjes.

²⁰ Po të kishim harruar emrin e Perëndisë tonë dhe po t'i kishim shtrirë duart tona drejt një perëndie të huaj,

²¹ a nuk do ta kishte zbuluar Perëndia këtë gjë? Në fakt ai i njeh sekretet e zemrës.

²² Po, për shkakun tënd ne vritemi çdo ditë dhe konsiderohemi si dele.

²³ Zgjohu! Pse fle, o Zot? Çohu, mos na kthe për gjithnjë.

²⁴ Pse e fsheh fytyrën tënde, dhe harron pikëllimin tonë dhe shtypjen tonë?

²⁵ Sepse shpirtërat tona janë ulur deri te pluhuri dhe trupi ynë i është ngjitur tokës.

²⁶ Çohu të na ndihmosh dhe na shpëto për hir të mirësisë sate.

Kapitull 45

¹ Më burojnë nga zemra fjalë shumë të ëmbla; unë i këndoj mbretit poemën time. Gjuha ime do të jetë si pena e një shkruesi të shpejtë.

² Ti je shumë i bukur ndër të gjithë bijtë e njerëzve; buzët e tua janë plot nur, prandaj Perëndia të ka bekuar në përjetësi.

³ Ngjeshe shpatën në brezin tënd, o trim, i rrethuar nga shkëlqimi yt dhe nga madhështia jote,

⁴ dhe në madhështinë tënde shko përpara mbi qerren fitimtare për çështjen e së vërtetës, të shpirtmadhësisë dhe të drejtësisë, dhe dora jote e djathtë do të tregojë vepra të tmerrshme.

⁵ Shigjetat e tua janë të mprehta; popujt do të bien poshtë teje; ato do të hyjnë në zemërn e armiqve të mbretit.

⁶ Froni yt, o Perëndi, vazhdon në përjetësi; skeptri i mbretërisë sate është një skeptër drejtësie.

⁷ Ti e do drejtësinë dhe urren mbrapshtinë; prandaj Perëndia, Perëndia yt, të ka vajosur me vaj gëzimi përmbi shokët e tu.

⁸ Tërë rrobat e tua mbajnë erë mirre, aloe dhe kasie; nga pallatet e fildishta veglat muzikore me tela të gëzojnë.

⁹ Midis zonjave të nderit që të rrethojnë ka bija mbretërish; në të djathtën tënde është mbretëresha, e zbukuruar me ar Ofiri.

¹⁰ Dëgjo, vashë, shiko dhe vër veshin; harro popullin tënd dhe shtëpinë e atit tënd,

¹¹ dhe mbreti do të dëshirojë me të madhe bukurinë tënde; bjer përmbys para tij, sepse ai është Zoti yt.

¹² Bija e Tiros do të të sjellë disa dhurata dhe të pasurit e popullit do të kërkojnë favoret e tua.

¹³ Tërë shkëlqim është brenda e bija e mbretit; rrobat e saj janë të qëndisura me ar.

¹⁴ Atë do ta çojnë te mbreti me rroba të qëndisura, të shoqëruar nga virgjëresha shoqe të saj, që do të të paraqiten ty.

¹⁵ Ato do t'i çojnë me gëzim dhe hare dhe do të hyjnë në pallatin e mbretit.

¹⁶ Bijtë e tu do të zënë vendin e etërve të tu; ti do t'i bësh princa për tërë tokën.

¹⁷ Unë do të shpall kujtimin e emrit tënd për të gjitha brezat; prandaj popujt do të të kremtojnë në përjetësim, përjetë.

Kapitull 46

¹ Perëndia është për ne një streh dhe një forcë, një ndihmë gjithnjë e gatshme në fatkeqësi.

² Prandaj ne nuk do të kemi frikë edhe sikur toka të luajë dhe malet të hidhen në mes të detit,

³ dhe ujërat e tij të tërbohen dhe të shkumojnë, dhe malet të dridhen në fryerjen e tij. (Sela)

⁴ Éshtë një lumë brigjet e të cilit mbushin me gëzim qytetin e Perëndisë, vendin e shenjtë ku banon shumë i Larti.

⁵ Perëndia është në mes të tij, ai nuk do të luajë nga vendi; Perëndia do ta ndihmojë në dritat e para të mëngjesit.

⁶ Kombet do të ziejnë, mbretëritë do të tronditen; ai dërgoi jashtë zërin e tij, toka u shkri.

⁷ Zoti i ushtrive është me ne; Perëndia i Jakobit është streha jonë. (Sela)

⁸ Ejani dhe admironi veprat e Zotit, që ka bërë mrekulli mbi tokë.

⁹ Ai bën që të pushojnë luftërat deri në skajet e tokës; ai prish harqet dhe thyen shtizat, dhe djeg qerret me zjarr.

¹⁰ Ndaluni dhe pranoni që jam Perëndi; do të ngrihem lart midis kombeve, do të ngrihem lart mbi tokë.

¹¹ Zoti i ushtrive është me ne; Perëndia i Jakobit është streha jonë. (Sela)

Kapitull 47

¹ Duartrokisni, o popuj; kremtojeni Perëndinë me britma triumfi.

² Sepse Zoti, Shumë i Larti, është i tmerrshëm, një mbret i madh mbi gjithë dheun.

³ Ai do të na nënshtrojë popujt dhe kombet do t'i vërë nën këmbët tona.

⁴ Ai do të zgjedhë për ne trashëgiminë tonë, lavdinë e Jakobit që ai e do. (Sela)

⁵ Perëndia është ngritur në mes brohoritjesh gëzimi, Zoti me tingujt e borive.

⁶ Këndojini lavde Perëndisë tonë, këndojini lavde! Këndojini lavde mbretit tonë, këndojini lavde!

⁷ Sepse Perëndia është mbreti i gjithë dheut, këndojini lavde me zotësi.

⁸ Perëndia mbretëron mbi kombet; Perëndia ulet mbi fronin e tij të shenjtë.

⁹ Princat e popujve, populli i Perëndisë të Abrahamit, janë mbledhur bashkë; sepse Perëndia i përkasin mburojat e tokës; atë e lëvdojnë me të madhe.

Kapitull 48

¹ I madh është Zoti dhe meriton të lëvdohet në kulm në qytetin e Perëndisë tonë, në malin e tij të shenjtë.

² I bukur për nga lartësia e tij, gëzimi i gjithë dheut është mali i Sionit, nga ana e veriut, qyteti i Mbretit të madh.

³ Në pallatet e tij Perëndia u bë i njohur si një kala e papushtueshme.

⁴ Ja, mbretërit ishin mbledhur dhe shikonin përpara bashkarisht,

⁵ por sa e panë, mbetën të shushatur dhe ikën të tmerruar.

⁶ Atje i zunë drithmat dhe si të prerat e lindjes,

⁷ në të njëjtën mënyrë si era e lindjes që i bën copë-copë anijet e Tarshishit.

⁸ Siç e kishim dëgjuar, ashtu pamë në qytetin e Zotit disa ushtri, në qytetin e Perëndisë tonë; Perëndia do ta bëjë të qëndrueshëm përjetë.

⁹ Në tempullin tënd, o Perëndi, ne kemi rënë në mendime mbi mirësinë tënde.

¹⁰ Ashtu si emri yt, o Perëndi, kështu lëvdimi yt arrin deri në skajet e tokës; dora jote e djathtë është tërë drejtësi.

¹¹ Le të gëzohet mali Sion, le të ngazëllojnë vajzat e Judës për gjykimet e tua.

¹² I bini rrotull Sionit, vizitojeni, numëroni kullat e tij,

¹³ këqyrni fortesat e tij, admironi pallatet e tij, me qëllim që të mund t'ia tregoni brezave që do të vijnë.

¹⁴ Sepse ky Perëndi është Perëndia ynë në përjetësi, përjetë, gjithnjë; ai do të jetë udhëheqësi ynë deri në vdekje.

Kapitull 49

¹ Dëgjoni gjithë popujt, vini veshin, o banorë të botës,

² qofshin njerëz të popullit dhe fisnikë, të pasur dhe të varfër tok.

³ Nga goja ime do të dalin fjalë diturie dhe kredhja në mendime e zemrës sime do të sjellë mirëkuptim.

⁴ Unë do ta ndjek një proverb, do ta paraqes enigmën time me harpë.

⁵ Pse duhet të kem frikë nga ditët e fatkeqësisë, kur më rrethon ligësia e kundërshtarëve të mi,

⁶ ata që kanë besim në pasuritë e tyre dhe mburren me bollëkun e pasurisë së tyre?

⁷ Asnjeri nuk mund të shpengojë kurrsesi vëllanë e tij, as t'i japë Perëndisë çmimin e shpengimit të tij,

⁸ sepse shpengimi i shpirtit të tij është shumë i shtrenjtë, dhe çmimi i saj nuk do të mjaftonte kurrë,

⁹ për të bërë që ai të jetojë përjetë dhe të mos shohë gropën.

¹⁰ Në fakt të gjithë shohin që njerëzit e urtë vdesin dhe që po në atë mënyrë vdesin njerëzit e pamend a mendjeshkurtër, duke ua lënë të tjerëve pasuritë e tyre.

¹¹ Me mendjen e tyre ata pandehin se shtëpitë e tyre do të qëndrojnë për gjithnjë, që banesat e tyre janë të përjetshme; dhe kështu u vënë tokave emrin e tyre.

¹² Megjithatë edhe njeriu që jeton në mes të pasurive nuk e ka të gjatë; ai është njëlloj si kafshët që mbarojnë.

¹³ Kjo është sjellja e njerëzve pa mend dhe e atyre që u shkojnë dhe miratojnë fjalimet e tyre. (Sela)

¹⁴ Shtyhen si dele në drejtim të Sheolit; vdekja do t'i përpijë dhe në mëngjes njerëzit e drejtë do të sundojnë mbi ta. Luksi i tyre do të marrë fund në Sheol, larg banesës së tyre.

¹⁵ Por Perëndia im do ta shpengojë shpirtin tim nga pushteti i Sheolit, sepse ai do të më pranojë. (Sela)

¹⁶ Mos kij frikë kur dikush pasurohet, kur lavdia e shtëpisë së tij rritet,

¹⁷ sepse kur do të vdesë, nuk do të marrë asgjë me vete; lavdia e tij nuk do të zbresë pas tij.

¹⁸ Edhe në se në jetë e ndjente veten të lumtur (në fakt njerëzia të lavdëron kur pasurohesh),

¹⁹ ai do të arrijë brezin e etërve të tij, që nuk do ta shohin kurrë më dritën.

²⁰ Njeriu që jeton në mes të pasurive pa pasur gjykim është njëlloj si kafshët që zhduken.

Kapitull 50

¹ Perëndia i plotfuqishëm, Zoti ka folur dhe ka thirrur në mbledhje gjithë dheun, nga lindja në perëndim.

² Nga Sioni, përsosmëri e bukurisë, Perëndia shkëlqen.

³ Perëndia ynë do të vijë dhe nuk do të rijë në heshtje; do të paraprihet nga një zjarr shkatërrimtar dhe rreth tij do të ketë një furtunë të madhe.

⁴ Ai do të thërresë qiejtë nga lart dhe tokën për të gjykuar popullin e tij,

⁵ dhe do të thotë: "Mblidhni shenjtorët e mi, që kanë lidhur një besëlidhje me mua me anë të flijimit".

⁶ Dhe qiejtë do të shpallin drejtësinë e tij, sepse vetë Perëndia është gjykatësi. (Sela)

⁷ "Dëgjo, o populli im, dhe unë do të flas; dëgjo, o Izrael, dhe unë do të dëshmoj kundër teje. Unë jam Perëndia, Perëndia yt.

⁸ Nuk do të të qortoj për flijimet e tua as për olokaustet e tua që më rrijnë gjithnjë përpara.

⁹ Nuk do të marr asnjë dem nga shtëpia jote dhe asnjë cjap nga vathët e tua.

¹⁰ Të mia janë në fakt tërë kafshët e pyllit; imja është bagëtia që ndodhet me mijëra ndër male.

¹¹ I njohim tërë zogjtë e maleve; dhe të gjitha ato që lëvizin në fushat janë të miat.

¹² Po të kisha uri, nuk do ta thoja; sepse bota dhe sa ajo përmban janë të miat.

¹³ A ha unë vallë mish demi ose a pi gjak cjapi?

¹⁴ Dhuroji Perëndisë flijime lëvdimi dhe plotëso zotimet e tua që i ke bërë Shumë të Lartit.

¹⁵ Kërkomë ditën e fatkeqësisë, unë do të të çliroj dhe ti do të më lëvdosh".

¹⁶ Por të pabesit Perëndia i thotë: "Çfarë të drejte ke ti të përmendësh statutet e mia dhe të kesh mbi buzët e tua besëlidhjen time,

¹⁷ ti që e urren korrigjimin dhe i hedh pas kurrizit fjalët e mia?

¹⁸ Në rast se sheh një vjedhës, bashkohesh me të me gjithë qejf, dhe bëhesh shok i atyre që shkelin kurorën.

¹⁹ Ti gojën ia lë së keqes dhe gjuha jote kurdis mashtrime.

²⁰ Ti ulesh, flet kundër vëllait tënd dhe shpif kundër birit të nënës sate.

²¹ Ti i ke bërë këto gjëra dhe unë kam heshtur; ti ke menduar që unë jam krejt i ngjashëm me ty. Por unë do të të përgjigjem dhe do të vë çdo gjë para syve të tu.

²² Tani kuptoni këtë gjë ju që harroni Perëndinë, që unë të mos ju bëjë copë-copë dhe askush të mos ju çlirojë dot.

²³ Ai që ofron flijime lëvdimi më përlëvdon dhe atij që sillet drejt do t'i tregoj shpëtimin e Perëndisë".

Kapitull 51

¹ Ki mëshirë për mua, o Perëndi, sipas mirësisë sate; për dhembshurinë e madhe që ke fshiji të ligat që kam bërë.

² Më pastro tërësisht nga paudhësia ime dhe më pastro nga mëkati im,

³ Sepse i pranoj të ligat që kam bërë, dhe mëkati im më rri gjithnjë përpara.

⁴ Kam mëkatuar kundër teje, vetëm kundër teje, dhe kam bërë atë që është e keqe për sytë e tu, me qëllim që ti të njihesh i drejtë kur flet dhe i ndershëm kur gjykon.

⁵ Ja, unë jam mbruajtur në paudhësi, dhe nëna ime më ka lindur në mëkat.

⁶ Por ty të pëlqen e vërteta që qëndron në thelb, dhe më mëson diturinë në sekretin e zemrës.

⁷ Më pastro me hisop dhe do të jem i pastruar; më laj dhe do të jem më i bardhë se bora.

⁸ Bëj që të ndjej gëzim dhe ngazëllim; bëj që kockat që ke thyer të kremtojnë edhe ato.

⁹ Fshih fytyrën tënde nga mëkatet e mia dhe fshi të tëra paudhësitë e mia.

¹⁰ O Perëndi, krijo tek unë një zemër të pastër dhe përtëri tek unë një frymë të patundur.

¹¹ Mos më largo nga prania jote dhe mos më hiq Frymën tënde të shenjtë.

¹² Kthemë gëzimin e shpëtimit dhe përkahmë me frymë dashamirës.

¹³ Atëherë do t'u mësoj rrugët e tua shkelësve dhe mëkatarët do të kthehen drejt teje.

¹⁴ Çliromë nga gjaku i derdhur, o Perëndi, Perëndi i shpëtimit tim, dhe gjuha ime do të kremtojë tërë gaz drejtësinë tënde.

¹⁵ O Zot, hap buzët e mia, dhe goja ime do të shpallë lëvdimin tënd.

¹⁶ Ti në fakt nuk ndjen ndonjë kënaqësi në flijim, përndryshe do ta ofroja, nuk të pëlqen as olokausti.

¹⁷ Flijimet e Perëndisë janë frymë e thyer; o Perëndi, ti nuk e përçmon zemrën e thyer dhe të penduar.

¹⁸ Bëj të mirën Sionit për dashamirësinë tënde, ndërto muret e Jeruzalemit.

¹⁹ Atëherë do të gëzohesh në flijimet e drejtësisë, në olokaustet dhe në ofertat që digjen tërësisht; atëherë do të ofrohen dema të rinj mbi altarin tënd.

Kapitull 52

¹ Pse mburresh me të keqen, o njeri i fuqishëm? Mirësia e Perëndisë është e përjetshme.

² Gjuha jote shkakton rrënim; ajo është si një brisk i mprehur, o veprues mashtrimesh.

³ Ty të pëlqen e keqja ndaj së mirës, gënjeshtra më tepër se e folura drejt. (Sela)

⁴ Ty të pëlqen çdo fjalë shkatërrimi, o gjuhë hileqare.

⁵ Prandaj Perëndia do të të shkatërrojë për gjithnjë; ai do të të kapë, do të të heqë nga çadra jote dhe do të të shkulë nga toka e të gjallëve. (Sela)

⁶ Të drejtët do ta shohin, do të kenë frikë dhe do ta përqeshin atë, duke thënë:

⁷ "Ky është njeriu që nuk e kishte bërë Perëndinë kështjellë të tij; por kishte besim në bollëkun e pasurive të tij dhe bëhej i fortë nga ligësia e tij".

⁸ Por unë jam si një dru ulliri që gjelbëron në shtëpinë e Perëndisë; kam besim gjithnjë në mirësinë e Perëndisë.

⁹ Do të të kremtoj gjithnjë për sa ke bërë, dhe në prani të shenjtorëve të tu do të kem shpresë të patundur në emrin tënd, sepse ai është i mirë.

Kapitull 53

¹ Njeriu i pamend në zemër të vet ka thënë: "Perëndi nuk ka". Janë të korruptuar, bëjnë gjëra të neveritshme; s'ka njeri që të bëjë të mirën.

² Perëndia shikon nga qielli bijtë e njerëzve, për të parë në se ndonjë prej tyre ka mend dhe kërkon Perëndinë.

³ Të gjithë janë shmangur, të gjithë janë prishur; nuk ka njeri që të bëjë të mirën, as edhe një.

⁴ Nuk kanë asnjë dije këta veprues të paudhësisë që gllabërojnë popullin tim sikur të hanin bukë, dhe nuk kërkojnë Perëndinë?

⁵ Sepse i ka zënë një frikë e madhe, aty kur nuk kishte arsye për frikë, sepse Perëndia i ka shpërndarë eshtrat e atyre që ngrihen kundër teje. Ti e mbulove me turp, sepse Perëndia i ka hedhur poshtë.

⁶ Kush do të dërgojë nga Sioni shpëtimin e Izraelit? Kur Perëndia do të rivendosë fatin e popullit të tij në robëri, Jakobi do të ngazëllojë, Izraeli do të gëzohet.

Kapitull 54

¹ O Perëndia im, më shpëto me emrin tënd dhe siguromë drejtësi me fuqinë tënde.

² O Perëndia im, dëgjo lutjen time dhe vëru veshin fjalëve të gojës sime.

³ Sepse disa të huaj janë ngritur kundër meje dhe njerëz të furishëm kërkojnë jetën time, njerëz që nuk e kanë Perëndinë para syve të tyre. (Sela)

⁴ Ja, Perëndia është ndihma ime, Zoti e përkrah jetën time.

⁵ Ai do t'i ndëshkojë armiqtë e mi për të keqen që më kanë bërë; në besnikërinë tënde shkatërroji.

⁶ Me gjithë zemër do të ofroj flijime; do të kremtoj emrin tënd, o Zot, sepse është i mirë;

⁷ sepse më ke çliruar nga çdo ankth, sytë e mi kanë parë mbi armiqtë e mi atë që unë dëshiroja.

Kapitull 55

¹ O Perëndi, vëri veshin lutjes sime dhe ki parasysh kërkesën time.

² Dëgjo kërkesën time dhe përgjigjmu; ankohem vazhdimisht dhe rënkoj,

³ për zërin e armikut, për shtypjen e të pabesit; sepse më bien mbi kurriz disa fatkeqësi dhe në zemërimin e tyre më ndjekin këmba këmbës.

⁴ Zemra ime është e shqetësuar në trupin tim dhe tmerre që shkaktojnë vdekjen kanë rënë mbi mua.

⁵ Frika dhe të dridhma më kanë sulmuar dhe tmerri më ka mposhtur.

⁶ Prandaj kam thënë: "Ah, sikur të kisha krahë si një pëllumb! Do të fluturoja larg për të gjetur prehje.

⁷ Ja, do të ikja larg dhe do të qëndroja në shkretëtirë. (Sela)

⁸ Do të shpejtoja për të gjetur një strehë nga era e furishme dhe nga furtuna".

⁹ Shkatërroji, o Zot, ngatërro gjuhët e tyre, sepse kam parë dhunë dhe kacafytje në qytet.

¹⁰ Ditën dhe natën sillen mbi muret e tij; brenda tij sundojnë e keqja dhe çoroditja.

¹¹ Në mes të tij është lakmia; shtypja dhe gënjeshtra janë të zakonshme në rrugët e tij.

¹² Sepse nuk ka qenë një armiku im që tallej me mua, përndryshe do ta kisha duruar; nuk ka qenë një që më urrente ai që u ngrit kundër meje, ndryshe do t'i isha fshehur atij.

¹³ Por ke qenë ti, një njeri si unë, shoku im dhe miku i ngushtë.

¹⁴ Bënim bashkë biseda të këndshme dhe shkonim bashkë në shtëpinë e Perëndisë.

¹⁵ I zëntë befas vdekja, u ulshin të gjallë në Sheol, sepse në banesat e tyre dhe në mes tyre nuk ka veçse ligësi.

¹⁶ Sa për mua, do t'i kërkoj ndihmë Perëndisë, dhe Zoti do të më shpëtojë.

¹⁷ Në mbrëmje, në mëngjes dhe në mesditë do të ankohem dhe do të rënkoj, dhe ai do të dëgjojë zërin tim.

¹⁸ Ai do ta shpengojë jetën time dhe do ta sigurojë nga lufta që bëhet kundër meje, sepse janë të shumtë ata që janë ngritur kundër meje.

¹⁹ Perëndia do të më dëgjojë dhe ka për t'i poshtëruar, ai që ulet si sovran gjithnjë, sepse ata nuk ndryshojnë dhe nuk kanë frikë nga Perëndia. (Sela)

²⁰ Ai ka shtrirë duart kundër atyre që jetonin në paqe me të, ka shkelur besëlidhjen e tij.

²¹ Goja e tij ishte më e ëmbël se gjalpi, por në zemër ai kishte luftën; fjalët e tij ishin më të buta se vaji, por ishin shpata të zhveshura.

²² Hidh mbi Zotin barrën tënde, dha ai do të të mbajë; ai nuk do të lejojë kurrë që i drejti të lëkundet.

²³ Por ti, o Perëndi, do t'i zbresësh këta në pusin e humbjes; njerëzit gjakatarë dhe hileqarë nuk do të arrijnë në gjysmën e ditëve të tyre; por unë do të kem besim te ti.

Kapitull 56

¹ Ki mëshirë për mua, o Perëndi, sepse njerëzit do të donin të më përpijnë; më luftojnë vazhdimisht me sulmet e tyre.

² Armiqtë e mi do të donin vazhdimisht të më përpijnë. Po, janë të shumtë ata që më luftojnë në kryelartësinë e tyre.

³ Kur të kem frikë, do të mbështetem te ti.

⁴ Me ndihmën e Perëndisë do të kremtoj fjalën e tij; kam vënë besimin tim te Perëndia, nuk do të kem frikë. Çfarë mund të më bëjë njeriu?

⁵ Ata i shtrëmbërojnë vazhdimisht fjalët e mia; gjithë mendimet e tyre synojnë të më bëjnë të keq.

⁶ Mblidhen tok, rrinë në pritë; ruajnë hapat e mia, në pritje që të më marrin jatën.

⁷ Ata mendojnë të shpëtojnë me anë të ligësisë; në zemërimin tënd, o Perëndi, hidhi për tokë popujt.

⁸ Ti i ke numëruar hapat e bredhjes sime; vendosi lotët e mia në calikun tënd; a nuk i ke regjistruar në librin tënd?

⁹ Ditën që do të të thërrasë ty, armiqtë e mi do të kthejnë krahët. Këtë e di, sepse Perëndia është për mua.

¹⁰ Me ndihmën e Perëndisë do të kremtoj fjalën e tij; me ndihmën e Zotit do të kremtoj fjalën e tij.

¹¹ Kam vënë besimin tim te Perëndia, nuk do të kem frikë. Çfarë mund të më bëjë njeriu?

¹² Kushtet që kam lidhur me ty, o Perëndi, më detyrojnë. Do të të lëvdoj.

¹³ Sepse ti ke çliruar shpirtin tim nga vdekja dhe ke ruajtur këmbët e mia nga rënia, në mënyrë që unë eci përpara Perëndisë në dritën e të gjallëve.

Kapitull 57

¹ Ki mëshirë për mua, o Perëndi, ki mëshirë për mua, sepse shpirti im gjen strehë te ti; gjej strehë në hijen e krahëve të tu deri sa të kalojnë fatkeqësitë.

² Unë do t'i thërras Perëndisë, Shumë të Lartit, Perëndisë që kryen çdo gjë për mua.

³ Ai do të dërgojë nga qielli për të më shpëtuar, ai qorton ashpër atë që dëshiron të më përpijë. (Sela) Perëndia do të dërgoj mirësinë e tij dhe të vërtetën e tij.

⁴ Shpirti im është si në mes të luanëve; banoj midis njerëzve që vjellin zjarr, midis njerëzve dhëmbët e të cilëve janë shtiza dhe shigjeta, dhe gjuha e tyre është një shpatë e mprehur mirë.

⁵ U lartofsh mbi qiejtë, o Perëndi; shkëlqeftë lavdia jote mbi gjithë tokën.

⁶ Ata kanë shtrirë një rrjetë mbi hapat e mia; unë jam i tëri i kërrusur; kanë hapur një gropë para meje, por ata vetë ranë brenda. (Sela)

⁷ Zemra ime është e prirur mirë, o Perëndi, zemra ime është e prirur mirë; unë do të këndoj dhe do të lëvdoj.

⁸ Rizgjohu, fryma ime; rizgjohuni, psaltir dhe qeste; unë do të rizgjoj agimin.

⁹ Do të të kremtoj midis popujve, o Zot, do të këndoj lavdet e tua midis kombeve,

¹⁰ sepse e madhe deri në qiell është mirësia jote, dhe e vërteta jote arrin deri në retë.

¹¹ U lartofsh mbi qiejtë, o Perëndi; lavdia jote shkëlqeftë mbi të gjithë tokën.

Kapitull 58

¹ A flisni pikërisht sipas drejtësisë ju, o të fuqishëm? A gjykoni ju drejt, o bij të njerëzve?

² Në zemrën tuaj ju bluani përkundrazi të keqen; duart tuaja përhapin dhunën mbi tokë.

³ Këta të pabesë janë prishur që në barkun e nënës; këta gënjeshtarë kanë marrë rrugë të keqe që në lindje.

⁴ Helmi i tyre i ngjan helmit të gjarpërit; janë si gjarpri helmues i shurdhër që i zë veshët e vet,

⁵ për të mos dëgjuar zërin e magjistarëve apo të atij që është i aftë të bëjë magji.

⁶ O Perëndi, thyej dhëmbët e tyre në gojë; o Zot, thyej dhëmbët e luanëve.

⁷ U shkrifshin si uji që rrjedh. Kur gjuan shigjetat e tij, ato u bëfshin si shigjeta pa majë.

⁸ U bëfshin si kërmilli që shkrihet ndërsa po shkon; si dështimi i gruas mos pafshin diellin.

⁹ Para se tenxheret tuaja të ndjejnë zjarrin e ferrishteve, qofshin këto të blerta apo të ndezura, ai do t'i heqë tutje si një vorbull.

¹⁰ I drejti do të gëzohet duke parë hakmarrjen; do të lajë këmbët

në gjakun e të pabesit.

¹¹ Dhe njerëzia do të thotë: "Me siguri ka një shpërblim për të drejtin; me siguri ka një Perëndi që gjykon mbi tokë".

Kapitull 59

¹ Më çliro nga armiqtë e mi, o Perëndia im; më vër në një vend të sigurt aty lart, larg atyre që ngrihen kundër meje.

² Më çliro nga ata që bëjnë paudhësi dhe më shpëto nga njerëzit gjakatarë.

³ Sepse, ja, ata më ngrejnë prita; njerëz të fuqishëm mblidhen kundër meje pa ekzistuar, o Zot, ndonjë faj apo mëkat nga ana ime.

⁴ Megjithëse nuk ekziston ndonjë gabim nga ana ime, ata nxitojnë dhe përgatiten; zgjohu që të më vish në ndihmë dhe shiko.

⁵ Prandaj ti, o Zot, Perëndia i ushtrive, Perëndia i Izraelit, zgjohu, për të ndëshkuar tërë kombet; mos fal asnjë prej atyre që veprojnë në mënyrë të pabesë. (Sela)

⁶ Ata kthehen në mbrëmje, ulërijnë si qentë dhe sillen nëpër qytet.

⁷ Ja, ata nxjerrin fyerje nga goja e tyre; kanë shpata mbi buzët e tyre dhe thonë: "Kush na dëgjon?".

⁸ Por ti, o Zot, do të qeshësh me ta; do të tallesh me të gjitha kombet.

⁹ O forca ime, do të shikoj ty, sepse Perëndia është kështjella ime.

¹⁰ Perëndia im i dhembshur do të më dalë përballë; Perëndia im do të më bëjë të shoh atë që dëshiroj mbi armiqtë e mi.

¹¹ Mos i vrit, që populli im të mos harrojë; në sajë të fuqisë sate lëri të enden dhe rrëzoji, o Zot, mburoja jonë.

¹² Për mëkatin e gojës së tyre dhe për fjalët e buzëve të tyre i zëntë laku i kryelartësisë së tyre, për shkak të mallkimeve dhe të gënjeshtrave që thonë.

¹³ Asgjesoji në zemërimin tënd, asgjesoji dhe mos qofshin më; dhe le të dinë që Perëndia mbretëron te Jakobi dhe deri në kufijtë e tokës. (Sela)

¹⁴ Në mbrëmje ata kthehen, ulërijnë si qentë dhe sillen nëpër qytet.

¹⁵ Enden për të kërkuar ushqim dhe po të jetë se nuk e gjejnë për të ngrënë, e kalojnë natën duke u ankuar.

¹⁶ Por unë do të kremtoj fuqinë tënde dhe në mëngjes do të lëvdoj me zë të lartë mirësinë tënde, sepse ti ke qenë për mua një kështjellë dhe një strehë ditën e fatkeqësisë.

¹⁷ O forca ime, ty do të këndoj lavdet, sepse ti, o Perëndi, je kështjella ime, Perëndia që ka mëshirë për mua.

Kapitull 60

¹ O Perëndi, ti na ke prapsur, na ke shpërndarë, je zemëruar; tani na rivendos.

² Ti ke bërë që të dridhet toka, e ke çarë; shëro thyerjet e saj, sepse ajo lëkundet.

³ Ti e ke ngarkuar popullin tënd me gjëra të rënda; na ke dhënë të pimë verë që të trullos.

⁴ Por tani u ke dhënë atyre që të kanë frikë një flamur, që ta ngrenë në favor të së vërtetës. (Sela)

⁵ Shpëto me dorën tënde të djathtë dhe përgjigjmu, me qëllim që ata që ti i do të çlirohen.

⁶ Perëndia ka folur në shenjtërinë e tij: "Unë do të triumfoj, do të ndaj Sikemin dhe do të mas luginën e Sukothit.

⁷ Imi është Galaadi, imi është Manasi, Efraimi është forca e kokës sime, Juda është ligjëvënësi im;

⁸ Moabi është legeni në të cilin lahem; mbi Edomin do të hedh sandalin tim; mbi Filistejtë do të ngre britma fitoreje".

⁹ Kush do të më çojë në qytetin e fortë? Kush do të më çojë deri në Edom?

¹⁰ A nuk do të jesh pikërisht ti, o Perëndi, që na ke prapsur? Nuk do të dalësh më, o Perëndi, me ushtritë tona?

¹¹ Na ndihmo kundër armikut, sepse është e kotë ndihma e njeriut.

¹² Me Perëndinë do të kryejmë trimëri, dhe ai do të shkelë armiqtë tanë.

Kapitull 61

¹ O Perëndi, dëgjo britmën time; dëgjo me vëmendje lutjen time.

² Nga skaji i tokës unë të bërtas ty, ndërsa zemra ime po shkrihet; më ço në shkëmbin që është më i lartë se unë,

³ sepse ti ke qenë një strehë për mua dhe një kështjellë e fortifikuar para armikut.

⁴ Unë do të banoj në çadrën tënde për gjithnjë, do të kërkoj strehë në hijen e krahëve të tu. (Sela)

⁵ Sepse ti, o Perëndi, ke plotësuar kërkesat e mia, më ke dhënë trashëgiminë e atyre që kanë frikë nga emri yt.

⁶ Ti do t'i shtosh ditë të tjera jetës së mbretit; vitet e tij vazhdofshin për shumë breza.

⁷ Ai do të qëndrojë për gjithnjë në prani të Perëndisë; jepi urdhër mirësisë dhe së vërtetës ta ruajnë.

⁸ Kështu do t'i këndoj përjetë lavde emrit tënd dhe do t'i plotësoj zotimet e mia ditë për ditë.

Kapitull 62

¹ Shpirti im gjen prehje vetëm te Perëndia; nga ai vjen shpëtimi im.

² Vetëm ai është kështjella ime dhe shpëtimi im, ai është streha ime e lartë; unë nuk do të luaj kurrë.

³ Deri kur do të vërtiteni kundër një njeriu, për të kërkuar të gjithë së bashku ta vrisni, ashtu si bëhet me një mur që bën bark dhe një gardh që lëkundet?

⁴ Ata mendojnë vetëm ta rrëzojnë nga lartësia e tij, gjejnë kënaqësi në gënjeshtër, bekojnë me gojën e tyre, por në zemrat e tyre mallkojnë. (Sela)

⁵ Shpirti im, gjej prehje vetëm te Perëndia, sepse shpresa ime vjen nga ai.

⁶ Vetëm ai është kështjella ime dhe shpëtimi im; ai është streha ime e lartë; unë nuk do të luaj kurrë.

⁷ Te Perëndia është shpëtimi im dhe lavdia ime; kështjella ime e fortë dhe streha ime janë te Perëndia.

⁸ Ki besim tek ai vazhdimisht, o popull, hap zemrën tënde para tij; Perëndia është streha jonë. (Sela)

⁹ Me siguri, njerëzit e shtresës së ulët nuk janë veçse avull dhe njerëzit e shtresës së lartë nuk janë veçse gënjeshtarë; po t'i vësh mbi peshore të gjithë së bashku janë më të lehtë se vetë avulli.

¹⁰ Mos kini besim te zhvatja dhe mos ushqeni shpresa të kota te grabitja; mos shkoni mbas kotësisë; në rast se pasuritë janë të bollshme, mos u kushtoni zemrën.

¹¹ Perëndia ka folur një herë; dy herë kam dëgjuar këtë, që fuqia i përket Perëndisë;

¹² edhe ty, o Zot, të përket mirësia, sepse do të shpërblesh cilindo sipas veprave të tij.

Kapitull 63

¹ O Perëndi, ti je Perëndia im, unë të kërkoj në mëngjes; shpirti im është i etur për ty; ty të dëshiron mishi im në tokë të thatë dhe të djegur, pa ujë.

² Kështu të admirova në shenjtërore, duke soditur forcën tënde dhe lavdinë tënde.

³ Me qenë se mirësia jote vlen më tepër se jeta, buzët e mia do të të lëvdojnë.

⁴ Kështu do të të bekoj deri sa të jetoj dhe në emrin tënd do të ngre duart e mia.

⁵ Shpirti im do të ngopet si të kishte ngrënë palcë dhe dhjamë, dhe goja ime do të të lëvdojë me buzë të gëzuara.

⁶ Të kujtoj në shtratin tim, të mendoj kur rri zgjuar natën.

⁷ Duke qenë se ti ke qenë ndihma ime, unë këndoj tërë gëzim në hijen e krahëve të tu.

⁸ Shpirti im mbahet ngushtë te ti; dora jote e djathtë më mban.

⁹ Por ata që kërkojnë jetën time për ta shkatërruar, do të zbresin në pjesët më të ulta të tokës.

¹⁰ Ata do t'i dorëzohen pushtetit të shpatës dhe do të bëhen pre e çakejve.

¹¹ Por mbreti do të gëzohet te Perëndia; kushdo që betohet për të do të përlëvdohet, sepse goja e gënjeshtrave do të detyrohet të mbyllet.

Kapitull 64

¹ Dëgjo zërin tim, o Perëndi, në vajtimin që të drejtoj ty, ruaje jetën time nga tmerri i armikut.

² Më fshih nga dredhitë e njerëzve të këqij dhe nga turma zhurmëmadhe e atyre që kryejnë paudhësi.

³ Këta e mprehin gjuhën e tyre si një shpatë, dhe në vend të shigjetave lëshojnë fjalë të hidhura

⁴ për të goditur fshehurazi të pafajmin; e godasin papritur pa asnjë frikë.

⁵ I japin zemër njeri tjetrit në veprime të liga; flasin si të na vënë kurthe dhe thonë: "Kush ka për t'i parë?".

⁶ Kurdisin gjëra të këqija dhe thonë: "Kemi përgatitur një plan të përsosur". Mendimet e fshehura dhe zemra e njeriut janë të panjohëshme.

⁷ Por Perëndia do të hedhë kundër tyre shigjetat e tij dhe ata do të rrëzohen papritur.

⁸ Ata do të bien dhe e keqja që kanë bërë gjuhët e tyre do të bjerë mbi ta; kushdo që ka për t'i parë do të tundë kokën.

⁹ Atëherë tërë njerëzit do të kenë frikë dhe do të tregojnë veprën e Perëndisë, dhe do të njohin atë që ai ka bërë.

¹⁰ I drejti do të gëzohet tek Zoti dhe do të kërkojë strehë tek ai, dhe të gjithë të drejtët nga zemra do të përlëvdohen.

Kapitull 65

¹ Ty, o Perëndi, të përket lëvdimi në Sion; dhe do të kryhen zotimet para teje.

² Te ti, që plotëson lutjen, do të vijë çdo krijesë.

³ Mëkatet më kishin mundur, por ti siguron faljen për shkeljet tona.

⁴ Lum ai njeri që ti e zgjedh dhe e afron pranë vetes, që të banojë në oborret e tua; ne do të ngopemi me të mirat e shtëpisë sate, me gjërat e shenjta të tempullit tënd.

⁵ Në drejtësinë tënde, ti na përgjigjesh me vepra të tmerrshme, o Perëndia i shpëtimit tonë, ti që je shpresa e skajeve të tokës dhe e deteve të largëta.

⁶ Me fuqinë tënde i ke bërë malet të patundshëm dhe i ke ngjeshur me forcë.

⁷ Ti qetëson zhurmën e deteve, zhurmën e valëve të tyre dhe trazirën e popujve.

⁸ Dhe ata që banojnë në skajet e tokës kanë frikë nga mrekullitë e tua; ti bën që të shpërthejnë britma gëzimi nga lindja dhe nga perëndimi.

⁹ Ti e viziton tokën dhe bën që ajo të prodhojë më tepër, e pasuron në një masë të madhe; lumi i Perëndisë është plot ujë; ti u siguron njerëzve grurin e tyre, mbasi e ke përgatitur tokën.

¹⁰ Ti i mbush me ujë brazdat e saj, sheshon plisat, e zbut me shirat dhe bekon filizat.

¹¹ Ti e kurorëzon motin me bujarinë tënde të madhe dhe gjurmët e tua dallohen me bollëkun e të mirave.

¹² Kullotat e shkretëtirës janë plot me ujë, dhe kodrinat janë mbuluar me gëzim.

¹³ Kullotat mbulohen me kope dhe luginat mbulohen me grurë; ato lëshojnë britma gëzimi dhe këndojnë.

Kapitull 66

¹ Lëshoni klithma gëzimi Perëndisë, ju të gjithë banorë të tokës;

² i këndoni himne lavdisë së emrit të tij; bëjeni zulmëmadh lëvdimin e tij.

³ I thoni Perëndisë: "Sa të tmerrshme janë veprat e tua! Për shkak të madhështisë së fuqisë sate armiqtë e tu do të të nënshtrohen ty.

⁴ Tërë toka do të të adhurojë dhe do të këndojë për ty, do të këndojë lëvdimet e emrit tënd. (Sela)

⁵ Ejani dhe admironi atë që Perëndia ka bërë; ai është i tmerrshëm në veprat tij për bijtë e njerëzve.

⁶ Ai e ndryshoi detin në tokë të thatë; populli i tij e kaloi lumin me këmbë të thata; le të gëzohemi, pra, bashkë me të.

⁷ Me fuqinë e tij ai mbretëron në përjetësi; sytë e tij këqyrin kombet. Mos lejoni që rebelët të ngrenë krye. (Sela)

⁸ Ju o popuj, bekoni Perëndinë tonë; dhe shpallni me zë të lartë lëvdimin e tij.

⁹ Ai na mban gjallë dhe nuk lejon që këmbët tona të pengohen.

¹⁰ Sepse ti na ke vënë në provë, o Perëndi, na ke pastruar ashtu si pastrohet argjendi.

¹¹ Na ke bërë të biem në rrjetë, ke vënë një barrë të rëndë mbi kurrizet tona.

¹² Ke bërë që njerëzit të ecin me kalë mbi kokën tonë; kemi kaluar nëpër zjarr dhe nëpër ujë, por ti na ke nxjerrë jashtë në një vend të freskët.

¹³ Unë do të hyj në shtëpinë tënde me olokauste; do të plotësoj zotimet e mia,

¹⁴ që buzët e mia kanë formuluar dhe që goja ime ka shqiptuar kur kaloja fatkeqësi.

¹⁵ Do të të ofroj olokauste kafshësh të majme, me erën e këndshme të deshve; do të flijoj qe dhe cjep. (Sela)

¹⁶ Ejani dhe dëgjoni, ju të gjithë që i trëmbeni Perëndisë, dhe unë do t'ju tregoj atë që ai bëri me shpirtin tim.

¹⁷ I thirra atij me gojën time dhe e përlëvdova me gjuhën time.

¹⁸ Po të kisha ruajtur të keqen në zemrën time, Zoti nuk do të më kishte dëgjuar.

¹⁹ Por Perëndia më dëgjoi dhe i kushtoi kujdes zërit të lutjes sime.

²⁰ Qoftë i bekuar Perëndia, që nuk e hodhi poshtë lutjen time dhe nuk më mohoi mirësinë e tij.

Kapitull 67

¹ Perëndia pastë mëshirë për ne dhe na bekoftë; Perëndia e bëftë fytyrën e tij të shkëlqejë mbi ne, (Sela)

² me qëllim që mbi tokë të njihet rruga jote dhe shpëtimi yt midis gjithë kombeve.

³ Popujt do të të kremtojnë, o Perëndi, të gjithë popujt do të të kremtojnë.

⁴ Kombet do të gëzohen dhe do të ngazëllojnë, sepse ti do t'i gjykosh drejt popujt dhe do t'i udhëheqësh kombet mbi tokë. (Sela)

⁵ Le të të lëvdojnë popujt, o Perëndi, le të të lëvdojnë tërë popujt.

⁶ Toka do të prodhojë frytin e vet; Perëndia, Perëndia ynë, do të na bekojë.

⁷ Perëndia do të na bekojë dhe tërë skajet e tokës do ta kenë frikë.

Kapitull 68

¹ Perëndia u çoftë dhe u shpërndafshin armiqtë e tij, dhe ata që e urrejnë ikshin para tij.

² Ti do t'i shpërndash ashtu si zhdavaritet tymi, ashtu si shkrihet dylli para zjarrit; kështu do të vdesin të pabesët përpara Perëndisë.

³ Por të drejtët do të gëzohen, do të ngazëllohen përpara Perëndisë dhe do të galdojnë me këngë gëzimi.

⁴ Këndojini Perëndisë, këndojini lavde emrit të tij; pregatitini rrugën atij që kalon me kalë në shkretëtirë; emri i tij është Zoti; ngazëlloni para tij.

⁵ Perëndia në banesën e tij të shenjtë është babai i jetimëve dhe mbrojtësi i të vejave.

⁶ Perëndia bën që i vetmuari të banojë në një familje, çliron të burgosurit dhe siguron begatinë; por rebelët mbeten në tokë të djegur.

⁷ O Perëndi, kur dole përpara popullit tënd, kur marshove nëpër shkretëtirë. (Sela)

⁸ toka u drodh; edhe qiejtë lëshuan ujë në prani të Perëndisë, vetë Sinai u drodh në prani të Perëndisë, Perëndisë të Izraelit.

⁹ Ti ke derdhur një shi të bollshëm, o Perëndi, dhe i ke dhënë përsëri fuqi trashëgimisë sate.

¹⁰ Kopeja jote gjeti një banesë dhe në mirësinë tënde, o Perëndi, je kujdesur për të varfërit.

¹¹ Zoti shpalli fjalën dhe i madh ishte numri i atyre që e kanë shpallur:

¹² "Mbretërit e ushtrive ikin me ngut, ndërsa kush ka mbetur në shtëpi ndan plaçkën.

¹³ Edhe në se keni mbetur për të pushuar ndër vatha, ju jeni si krahët e pëllumbeshës të mbuluara me argjend dhe si pendët e saj të arta që shkëlqejnë".

¹⁴ Kur i Plotfuqishmi i shpërndau mbretërit në vend, Tsalmoni u mbulua me borë.

¹⁵ Një mal i Perëndisë është mali i Bashanit, një mal me shumë maja është mali i Bashanit.

¹⁶ O male me shumë maja pse shikoni me zili malin që Perëndia ka zgjedhur për banesë të tij? Po, Zoti do të banojë atje përjetë.

¹⁷ Qerret e Perëndisë janë një mori, mijëra e mijëra, Zoti është midis tyre ashtu si në Sinai, në shenjtërinë e tij.

¹⁸ Ti je ngjitur lart, ke burgosur robërinë, ke marrë dhurata nga njerëzit edhe nga rebelët, me qëllim që ti, o Zot Perëndi të mund të qëndrosh atje.

¹⁹ I bekuar qoftë Zoti, që për ditë mbart barrat tona; ai është Perëndia i shpëtimit tonë. (Sela)

²⁰ Perëndia është për ne Perëndia që çliron, dhe Zotit, Zotit, i përket çlirimi nga vdekja.

²¹ Po, Perëndia do të shtypë kokën e armiqve të tij, kokën me flokë të gjata të atyre që ecin në mëkat të tij.

²² Zoti ka thënë: "Do t'i kthej nga Bashani, do t'i kthej nga humnerat e detit,

²³ me qëllim që ti të dërrmosh armiqtë e tu, duke futur thellë këmbën tënde në gjakun e tyre, dhe gjuha e qenve të tu të ketë pjesën që i takon".

²⁴ Ata kanë parë varganin tënd, o Perëndi, varganin e Perëndisë tim, e Mbretit tim në shenjtërore.

²⁵ Këngëtarët ecnin përpara, ata që u binin veglave vinin në fund, dhe në mes qëndronin vajzat që u binin dajreve.

²⁶ Bekoni Perëndinë në kuvendet; bekoni Zotin ju që jeni nga gurra e Izraelit.

²⁷ Ja, Beniamini, më i vogli, por udhëheqësi i tyre, princat e Judës me trupat e tyre, princat e Zabulonit, princat e Neftalit.

²⁸ Perëndia yt ka vendosur forcën tënde; forco, o Perëndi, sa ke bërë për ne.

²⁹ Për shkak të tempullit tënd në Jeruzalem, mbretërit do të të sjellin dhurata.

30 Shaj kafshën e kallamishteve, tufën e demave me viçat e popujve, deri sa të poshtërohen duke sjellë shufra argjendi; shpërndaji popujt që kënaqen duke bërë luftë.

31 Nga Egjipti do të sjellin metal që shkëlqen, Etiopia do të nxitojë t'i shtrijë Perëndisë duart e saj.

32 O mbretëri të tokës, këndojini Perëndisë; këndojini lavde Zotit, (Sela)

33 atij që shkon me kalë mbi qiejtë e qiejve të përjetshme, ai nxjerr zërin e tij, një zë të fuqishëm.

34 Pranoni fuqinë e Perëndisë, madhështia e tij qëndron mbi Izraelin dhe fuqia e tij është në qiejtë.

35 O Perëndi, ti je i tmerrshëm nga shenjtorja jote; Perëndia i Izraelit është ai që i jep forcë dhe fuqi popullit. I bekuar qoftë Perëndia!

Kapitull 69

1 Shpëtomë, o Perëndi, se ujërat më kanë arritur deri në grykë.

2 Jam zhytur në një batak të thellë dhe nuk gjej asnjë pikë mbështetjeje; kam arritur në ujëra të thella dhe rryma më rrëmben me vete.

3 Jam lodhur duke bërtitur, gryka më është tharë; sytë e mi konsumohen në pritje të Perëndisë tim.

4 Ata që më urrejnë pa shkak janë më të shumtë se flokët e mi; janë të fuqishëm ata që duan të më shkatërrojnë dhe që janë pa të drejtë armiq të mi; jam i detyruar të kthej atë që nuk kam vjedhur.

5 O Perëndi, ti e di marrëzinë time dhe fajet e mia nuk të janë fshehur.

6 Mos u ngatërrofshin për shkakun tim ata që kanë shpresë te ti, o Zot, Zoti i ushtrive; mos u turpërofshin për shkakun tim ata që të kërkojnë, o Perëndi i Izraelit.

7 Për hir të dashurisë sate unë po heq një poshtërim dhe turpi më mbulon fytyrën.

8 Unë jam i bërë një i huaj për vëllezërit e mi dhe për bijtë e nënes sime.

9 Sepse zelli i shtëpisë sate më ka përpirë dhe fyerjet e rënda të atij që të fyen kanë rënë mbi mua.

10 Kam qarë duke pikëlluar shpirtin tim me agjërim, por kjo më ka sjellë çnderim.

11 Kam veshur madje si rroba një thes, por u bëra për ta objekt talljeje.

12 Ata që ulen te porta flasin për mua, dhe u bëra kënga e pijaneceve.

13 Por sa për mua, o Zot, lutja ime të drejtohet ty, o Zot, në kohë të pranueshme; në dhembshurinë tënde të madhe përgjigjmu, o Perëndi, në shpëtimin tënd të siguruar.

14 Më nxirr nga bataku që të mos fundosem në të, dhe bëj që të çlirohem nga ata që më urrejnë dhe nga ujërat e thella.

15 Mos më mbuloftë rryma e ujërave, mos më përpiftë humnera dhe mos u mbylltë gryka e pusit mbi mua.

16 Përgjigjmu, o Zot, sepse mirësia jote është e çmuar; në dhembshuritë e tua të mëdha sillu nga unë.

17 Mos e fshih fytyrën tënde nga shërbëtori yt, sepse jam në ankth; nxito të më përgjigjesh.

18 Afrohu te unë dhe më shpjego; çliromë nga armiqtë e mi.

19 Ti e njeh poshtërsinë time, turpin tim dhe çnderimin tim; armiqtë e mi janë të gjithë para teje.

20 Fyerja e rëndë më ka copëtuar zemrën dhe jam plot hidhërime; prita dikë që të më përdëllentë por më kot; prita dikë që të më ngushëllonte, por nuk u paraqit asnjë.

21 Më dhanë përkundrazi vrer në vend të ushqimit dhe për të ma shuar etjen më dhanë për të pirë uthull.

22 U bëftë tryeza e tyre një lak para tyre, dhe begatia e tyre një kurth.

23 Ju errshin sytë atyre kështu që të mos shohin më, dhe bëj që ijët e tyre të lëkunden vazhdimisht.

24 Zbraz mbi ta zemërimin tënd dhe i zëntë zjarri i indinjatës sate.

25 Banesa e tyre u shkretoftë dhe askush mos banoftë në çadrat e tyre,

26 sepse përndjekin atë që ti ke goditur dhe flasin me kënaqësi për dhembjen e atyre që ti ke plagosur.

27 Shto këtë faj fajit të tyre dhe mos arrifshin kurrë të kenë pjesë në drejtësinë tënde.

28 U shofshin nga libri i jetës dhe mos u shkrofshin midis të drejtëve.

29 Tani jam i hidhëruar dhe i dëshpëruar; shpëtimi yt, o Perëndi, më lartoftë.

30 Unë do ta kremtoj emrin e Perëndisë me një këngë, dhe do ta madhështoj me lavde.

31 Dhe kjo do t'i pëlqejë Zotit më tepër se një ka o një dem me brirë dhe thonj.

32 Njerëzit e përulur do të shohin dhe do të gëzohen; dhe për ju që kërkoni Perëndinë, u përtëriftë zemra juaj.

33 Sepse Zoti kënaq nevojtarët dhe nuk përçmon robërit e tij.

34 E mburrshin qiejtë dhe toka, detet dhe gjithçka lëviz në to.

35 Sepse Perëndia do të shpëtojë Sionin dhe do të rindërtojë qytetet e Judës; atëherë ata do të banojnë në to dhe do t'i zotërojnë.

36 Dhe pasardhësit e shërbëtorëve të tij do të kenë trashëgiminë dhe ata që e duan emrin e tij do të banojnë aty.

Kapitull 70

1 O Perëndi, nxito të më çlirosh. O Zot, nxito të më ndihmosh.

2 U turpërofshin dhe u hutofshin ata që kërkojnë jetën time; kthefshin kurrizin dhe u mbulofshin me turp ata që kërkojnë të keqen time.

3 Kthefshin kurrizin për shkak të turpit të tyre ata që thonë: "Ah, ah!".

4 U gëzofshin dhe ngazëllofshin te ti të gjithë ata që të kërkojnë, dhe ata që duan shpëtimin tënd thënçin vazhdimisht: "U përlëvdoftë Perëndia!".

5 Por unë jam i varfër dhe nevojtar; o Perëndi, nxito të më vish në ndihmë; ti je ndihma ime dhe çlirimtari im; o Zot, mos vono.

Kapitull 71

1 Unë po gjej strehë te ti, o Zot, bëj që të mos hutohem kurrë.

2 Në emër të drejtësisë sate, më çliro dhe më shpëto; zgjate veshin tënd ndaj meje dhe më shpëto.

3 Ti je për mua një këshjtëllë shpëtimi, ku unë mund të shkoj gjithnjë; ti ke urdhëruar shpëtimin tim, sepse je shkëmbi dhe kështjella ime.

4 Perëndia im, më çliro nga dora e të pabesit, nga dora e të çoroditurit dhe të atij që përdor dhunën.

5 Sepse ti je shpresa ime, o Zot, o Zot, besimi im që kurse isha fëmijë.

6 Ti ke qenë përkrahja ime qysh në bark të nënes sime; ti më nxore nga barku i nënës sime; ty do të drejtohet gjithnjë lëvdimi im.

7 Jam bërë për shumë njerëz si një mrekulli, por ti je streha e fortë.

8 Goja ime është plot me lëvdimet e tua dhe shpall lavdinë tënde tërë ditën.

9 Mos më hidh poshtë në kohën e pleqërisë; mos më braktis kur forca ime po pakësohet.

10 Sepse armiqtë e mi flasin kundër meje, dhe ata që kanë ngritur pusi kundër jetës sime thurrin komplote bashkë,

11 duke thënë: "Perëndia e ka braktisur; ndiqeni dhe kapeni, sepse nuk ka njeri që ta çlirojë".

12 O Perëndi, mos u largo nga unë; Perëndia im, nxito të më ndihmosh.

13 U ngatërrofshin dhe u asgjesofshin kundërshtarët e jetës sime; u mbulofshin me poshtërsi dhe me turp ata që dëshërojnë të më bëjnë të keqen.

14 Por unë do të kem shpresa gjithnjë dhe do të të lëvdoj gjithnjë e më tepër.

15 Goja ime do të tregojë tërë ditën drejtësinë tënde dhe çlirimet e tua, sepse nuk njoh numrin e tyre.

16 Do të thellohem në veprat e fuqishme të Zotit, të Zotit, dhe do të kujtoj drejtësinë tënde, vetëm tënden.

17 O Perëndi, ti më ke mësuar që në fëmijëri; dhe deri më sot unë kam shpallur mrekullitë e tua.

18 Edhe tani që jam plakur dhe jam thinjur, o Perëndi, mos më braktis deri sa t'i kem treguar këtij brezi fuqinë tënde dhe mrekullitë e tua gjithë atyre që do të vijnë.

19 Edhe drejtësia jote, o Perëndi, arrin deri në lartësitë e qiejve; ti ke bërë gjëra të mëdha. O Perëndi, kush të përngjan ty?

20 Ti, që më bëre të provoj shumë fatkeqësira, të rënda, do të më japësh përsëri jetën dhe do të më bësh të ngrihem lart nga humnerat e tokës.

21 Ti do të rritesh madhështinë time dhe do të kthehesh të më ngushëllosh.

22 Dhe unë do të lëvdoj me harpe për besnikërinë tënde, o Perëndia im, dhe do të këndoj lavde të tua me qeste, o i Shenjti i Izraelit.

23 Buzët e mia do të ngazëllojnë kur do të këndoj lavde të tua bashkë me shpirtin tim, që ti ke shpenguar.

24 Edhe gjuha ime do të flasë tërë ditën për drejtësinë tënde, sepse janë turpëruar dhe janë hutuar ata që kërkonin të më bënin të keqen.

Kapitull 72

¹ O Perëndi, paraqit mendimet e tua mbretit dhe drejtësinë tënde birit të mbretit,

² dhe ai do të gjykojë popullin tënd me drejtësi dhe të pikëlluarit e tu me saktësi.

³ Malet do t'i sjellin paqen popullit dhe kodrat drejtësinë.

⁴ Ai do t'u sigurojë drejtësi të pikëlluarve të popullit, do të shpëtojë bijtë e nevojtarëve dhe do të dërrmojë shtypësin.

⁵ Ata do të kenë frikë deri sa të ketë diell dhe hënë, për të gjitha brezat.

⁶ Ai do të zbresë si shiu mbi barin e kositur, si një rrebesh që vadit tokën.

⁷ Në ditët e tij i drejti do të lulëzojë dhe ka për të patur shumë paqe deri sa të mos ketë më hënë.

⁸ Ai do të mbretërojë nga një det te tjetri dhe nga lumi deri në skajet e tokës.

⁹ Banorët e shkretëtirës do të përkulen para tij, dhe armiqtë e tij do të lëpijnë pluhurin.

¹⁰ Mbretërit e Tarshishit dhe të ishujve do t'i paguajnë haraçin, mbretërit e Shebas dhe ai i Sabas do t'i ofrojnë dhurata.

¹¹ Po, gjithë mbretërit do ta adhurojnë dhe gjithë kombet do t'i shërbejnë.

¹² Sepse ai do ta çlirojë nevojtarin që bërtet dhe të mjerin që nuk ka se kush ta ndihmojë.

¹³ Atij do t'i vijë keq për të dobëtin dhe për nevojtarin dhe do të shpëtojë jetën e nevojtarëve.

¹⁴ Ai do të çlirojë jetën e tyre nga shtypja dhe nga dhuna, dhe gjaku i tyre do të jetë i çmuar para syve të tij.

¹⁵ Dhe ai do të jetojë; dhe do t'i jepet ari i Shebas, do të bëhen vazhdimisht lutje për të dhe do të bekohet tërë ditën.

¹⁶ Do të ketë bollëk gruri mbi tokë, në majat e maleve; kallinjtë e tij do të valëviten si drurët e Libanit, dhe banorët e qyteteve do të lulëzojnë si bari i tokës.

¹⁷ Emri i tij do të vazhdojë përjetë, emri i tij do të përhapet deri sa të ketë diell; dhe tërë kombet do të bekohen në të dhe do ta shpallin të lumtur.

¹⁸ I bekuar qoftë Zoti Perëndia, Perëndia i Izraelit; vetëm ai bën mrekulli.

¹⁹ Qoftë i bekuar përjetë emri i tij i lavdishëm, dhe tërë toka qoftë e mbushur me lavdinë e tij. Amen, amen.

²⁰ Këtu mbarojnë lutjet e Davidit, birit të Isait.

Kapitull 73

¹ Me siguri Perëndia është i mirë me Izraelin, me ata që janë të pastër nga zemra.

² Por, sa për mua, gati gati po më pengoheshin këmbët dhe për pak hapat e mia do të shkisnin.

³ Sepse i kisha zili mburravecët, duke parë mirëqënien e njerëzve të këqij.

⁴ Sepse nuk ka dhembje në vdekjen e tyre, dhe trupi i tyre është i majmë.

⁵ Ata nuk po heqin si vdekatarët e tjerë, as pësojnë goditje si njerëzit e tjerë.

⁶ Prandaj kryelartësia i rrethon si një gjerdan dhe dhuna i mbështjell si një rrobe.

⁷ Sytë u dalin jashtë nga dhjami dhe përfytyrimet e çoroditura të zemrës së tyre vërshojnë.

⁸ Ata tallen dhe kurdisin me pabesi shtypjen, flasin me arrogancë.

⁹ E drejtojnë gojën e tyre kundër qiellit dhe gjuha e tyre përshkon tokën.

¹⁰ Prandaj njerëzit e tyre kthehen nga ajo anë dhe pijnë me të madhe ujërat e tyre,

¹¹ dhe thonë: "Si është e mundur që Perëndia të dijë çdo gjë dhe të ketë njohuri te Shumë i Larti?".

¹² Ja, këta janë të pabesë; megjithatë janë gjithnjë të qetë dhe i shtojnë pasuritë e tyre.

¹³ Më kot, pra, pastrova zemrën time dhe i lava duart në pafajësinë time.

¹⁴ Sepse jam goditur tërë ditën dhe jam ndëshkuar çdo mëngjes.

¹⁵ Sikur të kisha thënë: "Do të flas edhe unë kështu", ja, do të kisha mohuar brezin e bijve të tu.

¹⁶ Atëherë kërkova ta kuptoj këtë gjë, por ajo m'u duk shumë e vështirë.

¹⁷ Deri sa hyra në shenjtoren e Perëndisë dhe mora parasysh fundin e tyre.

¹⁸ Me siguri, ti i vë në vënde të rrëshqitshme dhe kështu i bën që bien në shkatërrim.

¹⁹ Si u shkatërruan në një çast! Ata vdiqën të konsumuar nga tmerri!

²⁰ Ashtu si në një ëndërr, kur zgjohesh, kështu edhe ti, o Zot, kur të zgjohesh, do të përbuzësh pamjen e tyre të kotë.

²¹ Kur zemra ime acarohej dhe e ndjeja veten sikur më shponin nga brenda,

²² unë isha pa mend dhe pa kuptim; para teje isha si një kafshë.

²³ Por megjithatë unë jam gjithnjë me ty; ti më ke kapur nga dora e djathtë.

²⁴ Ti do të më udhëheqësh me këshillën tënde dhe do të më çosh pastaj në lavdi.

²⁵ Cilin kam në qiell veç teje? Dhe mbi tokë nuk dëshiroj tjetër njeri veç teje.

²⁶ Mishi im dhe zemra ime nuk mund të ligështohen, por Perëndia është këshjtella e zemrës sime dhe pjesa ime në përjetësi.

²⁷ Sepse ja, ata që largohen prej teje do të vdesin; ti shkatërron tërë ata që, duke kurvëruar, largohen prej teje.

²⁸ Por sa për mua, e mira është t'i afrohem Perëndisë; e kam bërë Zotin tim, Zotin, strehën time, për të treguar gjithë veprat e tua.

Kapitull 74

¹ O Perëndi, pse na ke hedhur poshtë për gjithnjë? Pse vlon zemërimi yt kundër kopesë së kullotës sate?

² Kujto popullin tënd, që dikur e more, që ti e shpengove që të ishte fisi i trashëgimisë sate, të këtij mali të Sionit, mbi të cilin ke banuar.

³ Drejto hapat e tua në këto rrënoja të pandreqshme; armiku i ka prishur të gjitha në shenjtërore.

⁴ Armiqtë e tu vrumbullojnë në vendin e kuvendeve të tua; kanë vënë aty shenjat e tyre si flamuj.

⁵ Dukej sikur godisnin me sëpata në pjesën e dëndur të një pylli.

⁶ Dhe tani me sqeparë dhe çekane po prishin tërë skulpturat e tij.

⁷ I kanë vënë zjarrin shenjtërores sate; kanë përdhosur banesën që mban emrin tënd, duke e hedhur poshtë.

⁸ Kanë thënë në zemër të tyre: "T'i shkatërrojmë të gjithë"; kanë djegur tërë qendrat e kuvendeve të shenjta në vend.

⁹ Ne nuk i shohim më shenjat tona; nuk ka më profet dhe midis nesh nuk ka asnjë që të dijë deri kur.

¹⁰ Deri kur, o Perëndi, kundërshtari do të fyejë? Armiku vallë, do ta përçmojë emrin tënd përjetë?

¹¹ Pse e tërheq dorën tënde, pikërisht të djathtën? Nxirre nga gjiri yt dhe shkatërroji.

¹² Por Perëndia është mbreti im qysh prej kohëve të lashta; ai sjell shpëtimin mbi tokë.

¹³ Me forcën tënde ndave detin dhe shtype kokën e përbindëshve të detit në ujërat.

¹⁴ Copëtove kokat e Levitanëve dhe ia dhe për të ngrënë popullit të shkretëtirës.

¹⁵ Bëre që të dalin burime dhe përrenj dhe thave lumenj të përhershëm.

¹⁶ Jotja është dita, jotja është edhe nata; ti ke vendosur dritën dhe diellin.

¹⁷ Ti ke caktuar tërë kufijtë e tokës dhe ke bërë verën dhe dimrin.

¹⁸ Mbaje mend këtë, o Zot, që armiku të ka fyer dhe që një popull i pamend ka përbuzur emrin tënd.

¹⁹ Mos ia braktis bishave jetën e turtulleshës sate; mos harro përjetë jetën e përvuajturve të tu.

²⁰ Respekto besëlidhjen, sepse vendet e errëta të tokës janë plot me strofka dhune.

²¹ Mos lejo që i shtypuri të kthehet i turpëruar; bëj që i përvuajturi dhe nevojtari të lëvdojnë emrin tënd.

²² Çohu o Perëndi, mbro kauzën tënde! Mos harro që i pamendi të fyen tërë ditën.

²³ Mos harro britmën e armiqve të tu; zhurma e tyre që ngrihen kundër teje ngjitet vazhdimisht në qiell.

Kapitull 75

¹ Ne të lëvdojmë, o Perëndi, ne të lëvdojmë, sepse emri yt na është i afërt; njeriu tregon mrekullitë e tua.

² Kur do të vijë koha e caktuar, unë do të gjykoj me drejtësi.

³ Toka dhe tërë banorët e saj shkrihen, por unë i bëj të qëndrueshme shtyllat e saj. (Sela)

⁴ U kam thënë fodullëve: "Mos u mburrni!", dhe të pabesëve: "Mos u bëni hundëpërpjetë!

⁵ Mos e ngrini lart kokën, mos flisni me qafë të fortë".

⁶ Sepse lëvdimi nuk vjen as nga lindja, as nga perëndimi, as edhe nga shkretëtira.

Psalmeve

⁷ Sepse Perëndia është ai që gjykon; ai ul njerin dhe ngre tjetrin.

⁸ Sepse Zoti ka në dorë një kupë vere që shkumon dhe plot me erëza, që ai e zbraz. Me siguri tërë të pabesët e dheut do ta kullojnë dhe do të pinë deri llumin.

⁹ Por unë do të shpall përjetë dhe do t'i këndoj lavde Perëndisë të Jakobit.

¹⁰ Dhe do të dërrmoj tërë fuqinë e të pabesëve, por fuqia e të drejtëve do të përlëvdohet.

Kapitull 76

¹ Perëndia njihet mirë në Judë, emri i tij është i madh në Izrael.

² Tabernakulli i tij është në Salem dhe ai banon në Sion.

³ Këtu ai ka copëtuar shigjetat e zjarrta të harkut, mburojën dhe shpatën e luftës. (Sela)

⁴ Ti dukesh i lavdishëm dhe i fuqishëm mbi malet e pres.

⁵ Trimat i kanë zhveshur, i ka zënë gjumi, dhe asnjë prej atyre trimave nuk ka mundur të përdorë duart e tij.

⁶ Mbas qortimit tënd, o Perëndia i Jakobit, qerret dhe kuajt mbetën të shushatur.

⁷ Nga ti, pikërisht nga ti, duhet të kenë frikë; dhe kush mund të rezistojë para teje kur zemërohesh?

⁸ Ti ke bërë që të dëgjohet nga qielli vendimi yt, tokën e zuri frika dhe heshti,

⁹ kur Perëndia u ngrit për të gjykuar, për të çliruar tërë nevojtarët e tokës. (Sela)

¹⁰ Edhe zemërimi i njerëzve do të shndrrohet në lavdi për ty, dhe ti do të rrethohesh me vetë mbeturinat e zemërimit të tyre.

¹¹ Bëjini zotime Zotit, Perëndisë tuaj, dhe plotësojini; tërë ata që rinë rreth tij t'i çojnë dhurata të Tmerrshmit.

¹² Ai u heq frymën qeveritarëve, nga ai druhen mbretërit e tokës.

Kapitull 77

¹ Zëri im lartohet te Perëndia dhe unë bërtas; zëri im lartohet te Perëndia dhe ai ka për të më dëgjuar.

² Ditën e fatkeqësisë sime kërkova Zotin; gjatë natës dora ime mbeti e nderur pa u lodhur dhe shpirti im nuk pranoi të ngushëllohet.

³ Më kujtohet Perëndia dhe rrënkoj; vajtoj dhe fryma ime dobësohet. (Sela)

⁴ Ti m'i mban të hapura qepallat; jam aq i turbulluar sa nuk mund të flas.

⁵ Sjell ndërmënd përsëri ditët e lashta, vitet e kohëve të shkuara.

⁶ Gjatë natës më kthehet në mendje kënga ime, mendoj thellë në zemrën time dhe fryma ime bën kërkime.

⁷ A do të më hedhë poshtë për gjithnjë Zoti? E nuk do të më pëlqejë më kurrë?

⁸ Dhe mirësia e tij ka marrë fund për gjithnjë dhe falja e tij ka munguar për brezat e ardhshme?

⁹ Vallë Perëndia e ka harruar mëshirën dhe në zemërimin e tij u ka dhënë fund dhembshurive të tij? (Sela)

¹⁰ Unë kam thënë: "Shkaku i hidhërimit tim është se dora e djathtë e Shumë të Lartit ka ndryshuar".

¹¹ Do t'i kujtoj veprat e Zotit; po, do të kujtoj mrekullitë e tua të kohëve të kaluara,

¹² do të mendohem thellë për gjithë veprat e tua dhe do të kem parasysh bëmat e tua.

¹³ O Perëndi, jeta jote është e shenjtë; cili Perëndi është i madh si Perëndia?

¹⁴ Ti je Perëndia që kryen mrekulli; ti ke bërë të njihet forca jote midis popujve.

¹⁵ Me krahun tënd ke shpenguar popullin tënd, bijtë e Jakobit dhe të Jozefit. (Sela)

¹⁶ Ujërat të panë, o Perëndi, ujërat të panë dhe u trembën; edhe humnerat u drithtuan.

¹⁷ Retë derdhën përmbytje uji, qiejtë gjëmuan dhe shigjetat e tua vepruan.

¹⁸ Gjëmimi i bubullimës sate ishte në vorbullën, vetëtimat ndriçuan botën dhe toka u tund dhe u drodh.

¹⁹ Ti e hape rrugën tënde në mes të detit, shtegun tënd në mes të ujërave të mëdha, dhe gjurmët e tua nuk u njohën.

²⁰ Ti e udhëheq popullin tënd si një kope me dorën e Moisiut dhe të Aaronit.

Kapitull 78

¹ Kushtoji kujdes, o populli im, ligjit tim; dëgjo fjalët e gojës sime.

² Do të hap gojën time për të thënë shëmbëlltyra, dhe kam për të paraqitur misteret e kohërave të lashta.

³ Atë që ne kemi dëgjuar dhe kemi njohur, dhe që etërit tanë na kanë treguar,

⁴ nuk do t'ua fshehim bijve të tyre, por do t'i tregojmë brezit të ardhshëm lavdet e Zotit, fuqinë e tij dhe mrekullinë që ai ka bërë.

⁵ Ai ka vendosur një dëshmi te Jakobi dhe ka vënë një ligj në Izrael, dhe ka urdhëruar etërit tanë që t'ua bëjnë të njohura bijve të tyre,

⁶ me qëllim që brezi i ardhshëm t'i njohë së bashku me bijtë që do të lindin; dhe këta nga ana e tyre t'ua tregojnë bijve të tyre,

⁷ dhe të vendosin te Perëndia besimin e tyre dhe të mos harrojnë veprat e Perëndisë, por të respektojnë urdhërimet e tij;

⁸ dhe të mos jenë si etërit e tyre, një brez kokëfortë dhe rebel, një brez me zemër të paqëndrueshme dhe me një frymë jo besnike ndaj Perëndisë.

⁹ Bijtë e Efraimit, njerëz të luftës, harkëtarë të zotë, kthyen shpinën ditën e betejës,

¹⁰ nuk respektuan besëlidhjen e Perëndisë dhe nuk pranuan të ecnin sipas ligjit të tij,

¹¹ harruan veprat e tij dhe mrekullitë që u kishte treguar.

¹² Ai bëri mrekulli në prani të etërve të tyre, në vendin e Egjiptit dhe në fushën e Tsoanit.

¹³ Ai e ndau detin dhe i bëri të kalojnë në mes të tij, dhe i mblodhi ujërat si një grumbull.

¹⁴ Ditën drejtoi me anë të resë dhe tërë natën me një dritë zjarri.

¹⁵ I çau shkëmbinjtë në shkretëtirë dhe i bëri të pijnë boll, si të ishte uji i humnerës së madhe.

¹⁶ Nxori rrëket nga shkëmbi dhe bëri që të rridhnin ujëra si lumenj.

¹⁷ Por ata vazhduan të mëkatojnë kundër tij dhe të ngrejnë krye kundër Shumë të Lartit në shkretëtirë,

¹⁸ dhe e tunduan Perëndinë në zemër të tyre, duke kërkuar ushqim sipas dëshirave të tyre.

¹⁹ Dhe folën kundër Perëndisë, duke thënë: "A mund të shtrojë Perëndia një sofër në shkretëtirë?

²⁰ Ja, ai e goditi shkëmbin dhe prej tij dolën ujëra dhe vërshuan përrenj. A mund t'i japë bukë dhe mish popullit të tij?"

²¹ Dhe kështu Zoti i dëgjoi dhe u zemërua fort, dhe një zjarr u ndez kundër Jakobit dhe zemërimi kundër Izraelit u ndez,

²² sepse nuk i kishin besuar Perëndisë dhe nuk kishin pasur besim në shpëtimin prej tij.

²³ Megjithatë ai i urdhëroi retë e sipërme dhe hapi dyert e qiellit,

²⁴ dhe bëri që mbi ta të binte mana për të ngrënë dhe u dha atyre grurin e qiellit.

²⁵ Njeriu hëngri bukën e engjëjve; ai u dërgoi atyre ushqime sa të ngopeshin.

²⁶ Ai bëri të ngrihet në qiell era e lindjes dhe në sajë të fuqisë së tij bëri të ngrihet era e jugut,

²⁷ bëri të binin mbi ta mish si pluhuri dhe zogj si rëra e detit.

²⁸ Bëri që këto të binin në mes të kampit të tyre, rreth çadrave të tyre.

²⁹ Kështu ata hëngrën sa u ngopën, sepse Perëndia u kishte siguruar atyre atë që ata kishin dëshiruar.

³⁰ Ata nuk kishin akoma kënaqur pangopësinë e tyre dhe kishin akoma ushqim në gojë,

³¹ kur zemërimi i Perëndisë shpërtheu kundër tyre, vrau më të fuqishmit prej tyre dhe rrëzoi më të mirët e Izraelit.

³² Megjithatë ata vazhduan të mëkatojnë dhe nuk u besuan mrekullive të tij.

³³ Atëherë ai harxhoi ditët e tyre në kotësi dhe vitet e tyre në tmerre të papritura.

³⁴ Kur i vriste, ata e kërkonin dhe ktheheshin të kërkonin Perëndinë me zell.

³⁵ Kujtoheshin që Perëndia ishte Kështjella e tyre dhe që Perëndia shumë i larti ishte Shpëtimtari i tyre.

³⁶ Por ata e mashtronin me gojën e tyre dhe e gënjenin me gjuhën e tyre.

³⁷ Në fakt zemra e tyre nuk ishte e qëndrueshme ndaj tij dhe ata nuk ishin besnikë ndaj besëlidhjes së tij.

³⁸ Por ai, që është i mëshirshëm, ua fali paudhësinë e tyre dhe nuk i shkatërroi, dhe shumë herë përmbajti zemërimin e tij dhe nuk e la indinjatën e tij të shpërthejë,

³⁹ duke mbajtur mend që ata ishin mish, një frymë që kalon dhe nuk kthehet më.

⁴⁰ Sa herë provokuan indinjatën e tij në shkretëtirë dhe e hidhëruar në vetmi!

⁴¹ Po, ata iu drejtuan Perëndisë shumë herë dhe përsëri e provokuan të Shenjtin e Izraelit.

⁴² Nuk e kujtuan më fuqinë e tij as ditën që i kishte çliruar nga armiku,

⁴³ kur ai kishte bërë mrekullitë e tij në Egjipt dhe në fushën e Tsoanit;
⁴⁴ i kishte shndërruar lumenjtë dhe rrjedhat e ujit të Egjiptasve në gjak, me qëllim që të mos pinin dot.
⁴⁵ Kishte dërguar kundër tyre mizëri mizash që t'i hanin dhe bretkosa që t'i shkatërronin.
⁴⁶ Ua kishte dhënë të korrat e tyre krimbave dhe frytin e mundit të tyre karkalecave.
⁴⁷ I kishte shkatërruar vreshtat e tyre me breshër dhe fiqtë e tyre të Egjiptit me ngrica.
⁴⁸ Kishte braktisur bagëtinë e tyre në mëshirë të breshërit dhe kopetë e tyre në mëshirë të rrufeve.
⁴⁹ Kishte lëshuar mbi ta zjarrin e zemërimit të tij, indinjatën, inatin dhe fatkeqësinë, një turmë lajmëtarësh të fatkeqësisë.
⁵⁰ I kishte hapur udhën zemërimit të tij dhe nuk i kishte kursyer nga vdekja, por ia kishte braktisur jetën e tyre murtajës.
⁵¹ I kishte goditur në Egjipt gjithë të parëlindurit dhe prodhimet e para në çadrat e Kamit.
⁵² Por e kishte bërë popullin e tij të ikte si bagëtia dhe e kishte çuar nëpër shkretëtirë sikur të ishte një kope.
⁵³ I kishte udhëhequr me siguri dhe ata nuk patën frikë, por deti i kishte përpirë armiqtë e tyre.
⁵⁴ Dhe ai i solli kështu në tokën e tij të shenjtë, në malin që dora e djathtë e tij kishte pushtuar.
⁵⁵ I dëboi kombet para tyre dhe u caktoi atyre me short trashëgiminë, dhe bëri që fiset e Izraelit të banonin në çadrat e tyre.
⁵⁶ Por ata u orvatën dhe provokuan indinjatën e Perëndisë shumë të lartë dhe nuk respektuan statutet e tij.
⁵⁷ U tërhoqën madje prapa dhe u suallën në mënyrë të pabesë ashtu si etërit e tyre, dhe devijuan si një hark që gabon;
⁵⁸ provokuan zemërimin e tij me vendet e tyre të larta dhe e bënë ziliqar me skulpturat e tyre.
⁵⁹ Perëndia dëgjoi dhe u zemërua, dhe ndjeu një neveri të madhe për Izraelin.
⁶⁰ Kështu ai braktisi tabernakullin e Shilohut, çadrën që kishte ngritur midis njerëzve;
⁶¹ dhe e la forcën e tij të bjerë rob dhe lavdinë e tij në dorë të armikut.
⁶² Ia braktisi popullin e tij shpatës dhe u zemërua shumë kundër trashëgimisë së tij.
⁶³ Zjarri i konsumoi të rinjtë e tyre dhe virgjëreshat e tyre nuk patën asnjë këngë dasme.
⁶⁴ Priftërinjtë e tyre u vranë nga shpata dhe gratë e reja nuk mbajtën zi.
⁶⁵ Pastaj Zoti u zgjua si nga gjumi, ashtu si një trim që bërtet nën ndikimin e verës.
⁶⁶ I goditi armiqtë e tij në kurriz dhe i mbuloi me një turp të përjetshëm.
⁶⁷ Hodhi poshtë çadrën e Jozefit dhe nuk zgjodhi fisin e Efraimit,
⁶⁸ por zgjodhi fisin e Judës, malin e Sionit, që ai e do.
⁶⁹ Ndërtoi shenjtëroren e tij, ashtu si vendet shumë të larta, ashtu si tokat që ka krijuar përjetë.
⁷⁰ Dhe zgjodhi Davidin, shërbëtorin e tij, dhe e mori nga vatha e dhenve,
⁷¹ dhe e mori nga delet që mëndnin për të kullotur Jakobin, popullin e tij dhe Izraelin, trashëgiminë e tij.
⁷² Dhe ai bëri që të kullosnin me ndershmërinë e zemrës së tyre dhe i udhëhoqi me shkathtësinë e duarve të tij.

Kapitull 79

¹ O Perëndi, kombet kanë hyrë në trashëgiminë tënde, kanë përdhosur tempullin tënd të shenjtë, e kanë katandisur Jeruzalemin në një grumbull gërmadhash.
² Trupat e vdekur të shërbëtorëve të tu ua dhanë për të ngrënë shpendëve të qiellit dhe mishin e shenjtorëve të tu bishave të fushave.
³ Kanë derdhur gjakun e tyre si ujë rreth Jeruzalemit, në mënyrë që asnjeri të mos i varroste.
⁴ Jemi bërë një turp për fqinjët tanë, tallja dhe gazi i atyre që na rrinë rreth e qark.
⁵ Deri kur, o Zot? A do të jesh i zemëruar përjetë? A do të flakërojë smira jote si një zjarr?
⁶ Lësho zemërimin tënd mbi kombet që nuk të njohin dhe mbi mbretëritë që nuk përmendin emrin tënd,
⁷ sepse kanë gllabëruar Jakobin dhe kanë shkretuar banesën e tij.
⁸ Mos kujto kundër nesh fajet e të pabesëve tanë; nxito të na dalësh para me dhembshuritë e tua, sepse jemi shumë të vuajtur.
⁹ Na ndihmo, o Perëndi i shpëtimit, për lavdinë e emrit tënd, dhe na çliro dhe na fal mëkatet tona për hir të emrit tënd.
¹⁰ Sepse kombet do të thonin: "Ku është Perëndia i tyre?". Para syve tona bëju të njohur kombeve hakmarrjen e gjakut të derdhur të shërbëtorëve të tu.
¹¹ Le të arrijë deri tek ti rrënkimi i robërve; sipas fuqisë së krahut tënd, shpëto ata që janë të dënuar me vdekje.
¹² Dhe ktheju fqinjëve tonë shtatëfish të zezën që të kanë bërë o Zot.
¹³ Dhe ne populli yt dhe kopeja e kullotës sate, do të të kremtojmë përjetë dhe do të shpallim lavdinë tënde brez pas brezi.

Kapitull 80

¹ Dëgjo, o bari i Izraelit, që udhëheq Jozefin si një kope; ti që rrin mbi Kerubinët, shkëlqe në lavdinë tënde.
² Rizgjoje fuqinë tënde përpara Efraimit, Beniaminit dhe Manasit, dhe eja të na çlirosh.
³ O Perëndi, na përtëri fuqitë, bëje fytyrën tënde të shkëlqejë dhe ne do të shpëtojmë.
⁴ O Zot, Perëndi i ushtrive, deri kur do të jesh i zemëruar kundër lutjes së popullit tënd?
⁵ Ti u ke dhënë për të ngrënë bukë të njomur me lot, dhe u ke dhënë për të pirë lot me shumicë.
⁶ Ti na ke bërë objekt mosmarrëveshjeje për fqinjët tanë, dhe armiqtë tanë qeshin njeri me tjetrin.
⁷ O Perëndi i ushtrive, na përtëri forcat tona; bëje fytyrën tënde të shkëlqejë përsëri dhe do të shpëtojmë.
⁸ Ti çove jashtë Egjiptit një hardhi; i dëbove kombet dhe e mbolle.
⁹ Ti e pastrove dheun para saj dhe ajo lëshoi rrënjë dhe e mbushi dheun.
¹⁰ Malet u mbuluan nga hija e saj dhe kedrat e Perëndisë me degët e saj.
¹¹ I zgjati degët e saj deri në det dhe llastarët deri te lumi.
¹² Pse i prishe gjerdhet e saj dhe kështu tërë kalimtarët kanë mundësi të korrin frytet e saj?
¹³ Derri i egër i pyllit e shkreton dhe egërsirat e fushës kullotin aty.
¹⁴ O Perëndi i ushtrive, të lutemi kthehu; shiko nga qielli, vështro dhe vizito këtë vresht
¹⁵ dhe drurët që mbolli e djathta jote dhe filizin që e ke forcuar për ty.
¹⁶ Ajo u dogj nga zjarri dhe është prerë; ata vdesin para kërcënimit të fytyrës sate.
¹⁷ Dora jote qoftë mbi njeriun e të djathtë tënde, mbi njeriun që ti e ke bërë të fortë për ty.
¹⁸ Kështu ne nuk do të largohemi më prej teje. Na ngjall dhe ne do të kërkojmë emrin tënd.
¹⁹ O Zot, Perëndia i ushtrive, na përtëri; bëje fytyrën tënde të shkëlqejë dhe do të shpëtojmë.

Kapitull 81

¹ I këndoni me gëzim Perëndisë, forcës sonë; lëshoni britma gëzimi për Perëndinë e Jakobit.
² Lartoni një këngë dhe i bini dajres, harpës melodioze bashkë me lirën.
³ I bini borisë ditën e hënës së re, ditën e hënës së plotë, ditën e festës sonë.
⁴ Sepse ky është një statut për Izraelin, një ligj i Perëndisë të Jakobit.
⁵ Ai e caktoi si një dëshmi te Jozefi, kur doli kundër vendit të Egjiptit. Atëherë unë dëgjova një gjuhë që nuk e kuptoja;
⁶ "O Izrael, unë e hoqa barrën nga shpatullat e tua; duart e tua e kanë lënë shportën.
⁷ Kur ishe keq ti më klithe mua dhe unë të çlirova; t'u përgjigja i fshehur në bubullimë, të vura në provë në ujërat e Meribas. (Sela)
⁸ Dëgjo, o populli im, dhe unë do të qortoj. O Izrael, sikur ti të më dëgjoje!
⁹ Mos pastë në mesin tënd asnjë perëndi të huaj dhe mos adhuro asnjë perëndi të huaj.
¹⁰ Unë jam Zoti, Perëndia yt, që të nxori nga vendi i Egjiptit; hap gojën tënde dhe unë do të ta mbush.
¹¹ Por populli im nuk e ka dëgjuar zërin tim dhe Izraeli nuk më është bindur.
¹² Prandaj i braktisa në ashpërsinë e zemrës së tyre, me qëllim që të ecnin sipas bindjeve të tyre.
¹³ Ah, sikur populli im të më dëgjonte, sikur Izraeli të ecte në rrugët e mia!
¹⁴ Do të poshtëroja menjëherë armiqtë e tij dhe do ta ktheja dorën

time kundër kundërshtarëve të tij.

¹⁵ Ata që urrejnë Zotin do t'i nënshtroheshin dhe fati i tyre do të caktohej përjetë.

¹⁶ Dhe unë do ta ushqeja (Izraelin) me grurin më të mirë dhe do ta ngopja me mjaltin që pikon nga shkëmbi".

Kapitull 82

¹ Perëndia rri në kuvendin e Perëndisë, ai gjykon në mes të perëndive.

² Deri kur do të gjykoni padrejtësisht dhe do të mbani anët e të pabesëve? (Sela)

³ Mbroni të dobëtin dhe jetimin, sigurojini drejtësi të vuajturit dhe të varfërit.

⁴ Çlironi të mjerin dhe nevojtarin; shpëtojeni nga dora e të pabesit.

⁵ Ata nuk dinë asgjë dhe nuk kuptojnë asgjë, dhe ecin në terr; të gjitha themelet e tokës po luajnë.

⁶ Unë kam thënë: "Ju jeni perëndi, jeni të gjithë bijtë e Shumë të Lartit.

⁷ Megjithatë ju do të vdisni si njerëzit e tjerë dhe do të bini si çdo i fuqishëm tjetër".

⁸ Çohu, o Perëndi, gjyko tokën, sepse ti do të trashëgosh tërë kombet.

Kapitull 83

¹ O Perëndi, mos rri në heshtje! Mos mbyll gojën, mos rri i qetë, o Perëndi!

² Sepse, ja, armiqtë e tu po ziejnë dhe ata që të urrejnë ngrenë kokën.

³ Thurrin gracka kundër popullit tënd dhe bëjnë komplote kundër atyre që ti mbron.

⁴ Ata thonë: "Ejani t'i shkatërrojmë si komb, emri i Izraelit të mos kujtohet më".

⁵ Sepse kanë komplotuar së bashku me një mendje dhe kanë lidhur një besëlidhje kundër teje.

⁶ Çadrat e Edomit dhe Ismaelitët, Moabi dhe Hagarenët,

⁷ Gebali, Amoni dhe Amaleku, Filistia me banorët e Tiros;

⁸ dhe Asiria është bashkuar me ta për të ndihmuar bijtë e Lotit. (Sela)

⁹ Vepro me ta ashtu si bëre me Madianin, me Siseran dhe me Jabinin pranë përroit të Kishonit,

¹⁰ të cilët u shkatërruan në Endor dhe u bënë si pleh për tokën.

¹¹ Bëj që krerët e tyre të jenë si Orebi dhe Zeebi, dhe tërë princat e tyre si Zebahu dhe Tsalmuna,

¹² sepse ata thanë: "Të shtiem në dorë kullotat e Perëndisë".

¹³ O Perëndia im, bëji njëlloj si pluhuri i vorbullës, si kashta në mëshirë të erës.

¹⁴ Ashtu si zjarri djeg pyllin dhe flaka gllabëron malet,

¹⁵ kështu ndiqi me furtunën tënde dhe trëmbi me uraganin tënd.

¹⁶ Mbulo fytyrat e tyre me turp, me qëllim që të kërkojnë emrin tënd, o Zot.

¹⁷ U turpërofshin dhe u tmerrofshin përjetë, u ngatërrofshin dhe vdekshin;

¹⁸ dhe ta dijnë se ti vetëm, që quhesh Zoti, je Shumë i Larti mbi gjithë dheun.

Kapitull 84

¹ Oh, sa të dashura janë banesat e tua, o Zot i ushtrive!

² Shpirti im dëshiron me zjarr dhe shkrihet për oborret e Zotit; zemra ime dhe mishi im i dërgojnë britma gëzimi Perëndisë të gjallë.

³ Edhe rabecka gjen një shtëpi dhe dallëndyshja një fole, ku të vërë të vegjëlit e saj pranë altarëve të tu, o Zot i ushtrive, Mbreti im dhe Perëndia im.

⁴ Lum ata që banojnë në shtëpinë tënde dhe të lëvdojnë vazhdimisht. (Sela)

⁵ Lum ata që e vënë forcën e tyre te ti dhe kanë në zemër rrugët e tua!

⁶ Kur kalojnë luginën e Bakas, e shndërrojnë atë në një vend burimesh, dhe shiu i parë e mbulon me bekime.

⁷ Ata kalojnë nga një forcë te tjetra dhe në fund paraqiten para Perëndisë në Sion.

⁸ O Zot, Perëndi i ushtrive, dëgjo lutjen time; vëri veshin, o Perëndi i Jakobit. (Sela)

⁹ Shiko, o Perëndi, mburojën tonë, dhe shiko fytyrën e të vajosurit tënd.

¹⁰ Po, një ditë në oborret e tua vlen më tepër se një mijë gjetiu; mua më pëlqen më tepër të qëndroj në pragun e shtëpisë së Perëndisë tim, se sa të banoj në çadrat e të pabesëve.

¹¹ Sepse Zoti Perëndi është diell dhe mburojë; Zoti do të japë hir dhe lavdi; ai nuk u refuzon asnjë të mirë atyre që ecin drejt.

¹² O Zot i ushtrive, lum njeriu që ka besim te ti!

Kapitull 85

¹ O Zot, ti ke qenë i mbarë për tokën tënde dhe e ke kthyer Jakobin nga robëria.

² Ti ke falur paudhësinë e popullit tënd dhe ke mbuluar tërë mëkatet e tyre. (Sela)

³ Ti ke larguar gjithë indinjatën tënde dhe ke lënë mënjanë zemërimin tënd të zjarrtë.

⁴ Na përtëri, o Perëndi i shpëtimit tonë, dhe jepi fund indinjatës sate kundër nesh.

⁵ A do të mbetesh i zemëruar me ne përjetë? A do ta vazhdosh zemërimin tënd brez pas brezi?

⁶ A nuk do të na japësh përsëri jetën, me qëllim që populli yt të mund të gëzohet te ti?

⁷ Tregona, o Zot, mirësinë tënde dhe falna shpëtimin tënd.

⁸ Una kam për të dëgjuar atë që Perëndia, Zoti, ka për të thënë; me siguri ai do t'i flasë për paqe popullit të tij dhe shenjtorëve të tij, por nuk do të lejojë që ata të jetojnë përsëri si njerëz pa mend.

⁹ Me siguri shpëtimi i tij është afër atyre që kanë frikë prej tij, sepse lavdia e tij mund të banojë në vendin tonë.

¹⁰ Mirësia dhe e vërteta u takuan; drejtësia dhe paqja janë puthur njera me tjetrën.

¹¹ E vërteta do të mbijë nga toka dhe drejtësia do të shikojë nga qielli.

¹² Po, Zoti do të japë atë që është e mirë, dhe toka jonë do të prodhojë frytin e saj.

¹³ Drejtësia do të ecë para tij dhe do të përgatisë udhën për hapat e tij.

Kapitull 86

¹ Vëri veshin, o Zot, dhe përgjigjmu, sepse jam i dëshpëruar dhe nevojtar.

² Ruaje jetën time sepse jam i shenjtë; ti je Perëndia im; shpëtoje shërbëtorin tënd që ka besim te ti.

³ Ki mëshirë për mua, o Zot, sepse të këlthas ty tërë ditën.

⁴ Gëzoje shërbëtorin tënd, sepse te ti, o Zot e lartoj shpirtin tim.

⁵ Sepse ti, o Zot, je i mirë dhe i gatshëm të falësh, dhe tregon mirësi të madhe ndaj gjithë atyre që të kërkojnë.

⁶ Vëri veshin, o Zot, lutjes time, dhe trego kujdes për britmën e përgjërimeve të mia.

⁷ Unë të kërkoj në ditën e fatkeqësisë sime, sepse ti do të më përgjigjesh.

⁸ Nuk ka asnjë të barabartë me ty midis perëndive, o Zot, as ka vepra të njëllojta me të tuat.

⁹ Tërë kombet që ti ke krijuar do të vinë të bien përmbys para teje, o Zot, dhe do të përlëvdojnë emrin tënd.

¹⁰ Sepse ti je i madh dhe kryen mrekulli; vetëm ti je Perëndia.

¹¹ Mësomë rrugën tënde, o Zot, dhe unë do të ec në të vërtetën tënde; bashkoje zemrën time me frikën e emrit tënd.

¹² Unë do të të lëvdoj, o Zot, Perëndia im, me gjithë zemër, dhe do ta përlëvdoj emrin tënd përjetë.

¹³ Sepse e madhe është mirësia jote ndaj meje; ti ke shpëtuar shpirtin tim nga Sheoli.

¹⁴ O Perëndi, njerëz kryelartë kanë dalë kundër meje dhe një turmë njerëzish të dhunës kërkojnë jetën time dhe nuk të vë ty para syve të tyre.

¹⁵ Por ti, o Zot, je një Perëndi i mëshirshëm dhe i dhembshur që zemërohet ngadalë dhe që ka shumë mirësi dhe të vërtetë.

¹⁶ Kthehu nga unë dhe ki mëshirë për mua; jepi forcën tënde shërbëtorit tënd dhe shpëto birin e shërbëtores sate.

¹⁷ Tregomë një shenjë të dashamirësisë sate, me qëllim që ata që më urrejnë ta shohin dhe të mbeten të shushatur, duke parë që ti, o Zot, më ke ndihmuar dhe më ke ngushëlluar.

Kapitull 87

¹ Ai i vuri themelet e tij mbi malet e shenjta.

² Zoti i do portat e Sionit më tepër se të gjitha banesat e Jakobit.

³ Gjëra të lavdishme thuhen për ty, o qytet i Perëndisë. (Sela)

⁴ Do të përmend Egjiptin dhe Babiloninë ndër ata që më njohin. Ja Filistia dhe Tiro, së bashku me Etiopinë: "Ky ka lindur atje".

⁵ Dhe do të thuhet për Sionin: "Ky dhe ai kanë lindur tek ai; dhe vetë Shumë i Larti do ta bëjë të qëndrueshëm".

⁶ Zoti duke shqyrtuar popujt, do të regjistrojë: "Ky ka lindur atje". (Sela)

⁷ Dhe këngëtarët dhe ata që u bien veglave do të thonë: "Të gjitha burimet e mia të jetës dhe të gëzimit janë te ti".

Kapitull 88

¹ O Zot, Perëndi i shpëtimit tim, unë bërtas ditë e natë para teje.

² Arriftë deri te ti lutja ime, vëri veshin britmës time,

³ sepse shpirti im është ngopur me të keqen, dhe jeta ime ka arritur deri në Sheol.

⁴ Tanimë përfshihem ndër ata që do të zbresin në gropë, jam si një njeri që nuk ka më forcë.

⁵ Jam braktisur midis të vdekurve ashtu si të vrarët që janë në varr, të cilët ti nuk i mban mend dhe që janë prerë e janë larguar nga dora jote.

⁶ Ti më ke shtënë në gropën më të thellë, në vënde të errëta, në humnerat.

⁷ Mbi mua ka shpërthyer zemërimi yt, dhe ti më ke marrë me vete megjithë valët tua. (Sela)

⁸ Ti më ke lënë pa miqtë e mi; më ke bërë për ta një objekt të neveritshëm; jam mbyllur dhe nuk mund të dal.

⁹ Syri im venitet nga dhembja; të kërkoj çdo ditë, o Zot, dhe i zgjat drejt teje duart e mia.

¹⁰ A do të bësh vallë mrekulli për të vdekurit? A do të ringjallen të vdekurit për të lëvduar? (Sela)

¹¹ A do të kremtohet mirësia jote në varr dhe besnikëria jote në vendin e shkatërrimit?

¹² A do të njihen mrekullitë e tua në terr dhe drejtësia jote mbi tokën e harresës?

¹³ Por unë të këlthas ty, o Zot, dhe lutja ime të drejtohet në mëngjes.

¹⁴ Pse më refuzon, o Zot, pse më fsheh fytyrën tënde?

¹⁵ Kam qenë i pikëlluar dhe duke vdekur qysh në rini; kam vuajtur nga tmerret e tua dhe e kam humbur.

¹⁶ Mbi mua ka kaluar zemërimi yt i zjarrtë; tmerret e tua më kanë asgjesuar,

¹⁷ më kanë rrethuar si ujërat gjatë gjithë ditës dhe të gjitha së bashku më kanë mbytur.

¹⁸ Ke larguar nga unë miqtë dhe të njohurit e mi; miku im më i ngushtë është errësira.

Kapitull 89

¹ Unë do të këndoj përjetë mirësitë e Zotit, me gojën time do t'u shpall besnikërinë tënde të gjitha brezave.

² Sepse kam thënë: "Mirësia jote do të ekzistojë përjetë, ti do të vendosësh besnikërinë tënde në vetë qiejtë".

³ "Unë kam lidhur një besëlidhje me të zgjedhurin tim, i jam betuar Davidit, shërbëtorit tim, duke thënë:

⁴ "Do t'i vendos pasardhësit e tu përjetë dhe do të ndërtoj fronin tënd për të gjitha brezat"". (Sela)

⁵ Dhe qiejtë do të kremtojnë mrekullitë e tua, o Zot, dhe besnikërinë tënde në kuvendin e shenjtorëve.

⁶ Sepse kush mund të krahasohet në qiell me Zotin? Dhe kush është i njëllojtë me Zotin midis bijve të të Fuqishmit?

⁷ Perëndisë ia kanë frikën shumë në kuvendin e shenjtorëve, dhe respektohet thellë nga tërë ata që e rrethojnë.

⁸ O Zot, Perëndi i ushtrive, kush është i fuqishëm si ti, o Zot? Besnikëria jote të rrethon kudo.

⁹ Ti e sundon tërbimin e detit; kur valët e tij ngrihen, ti i qetëson.

¹⁰ Ti e ke bërë copë-copë Egjiptin, duke e plagosur për vdekje; me krah të fuqishëm ke shpërndarë armiqtë e tu.

¹¹ Qiejtë janë të tutë, edhe toka është jotja; ti ke krijuar botën dhe të gjitha atë që janë në të.

¹² Ti ke krijuar veriun dhe jugun; Tabori dhe Hermoni lëshojnë britma gëzimi kur dëgjojnë emrin tënd.

¹³ Ti ke krah të fuqishëm; dora jote është e fortë, e djathta jote ngrihet në qiell.

¹⁴ Drejtësia dhe e drejta përbëjnë bazën e fronit tënd; mirësia dhe e vërteta shkojnë përpara fytyrës sate.

¹⁵ Lum ai popull që njeh britmën e gëzimit, o Zot, sepse ai do të ecë në dritën e fytyrës sate;

¹⁶ do të ngazëllojë tërë ditën me emrin tënd dhe do të gëzohet shumë në drejtësinë tënde.

¹⁷ Po, ti je mburrja e forcës së tyre, dhe me favorin tënd ti e shton fuqinë tonë.

¹⁸ Sepse mburoja jonë i përket Zotit dhe mbreti ynë të Shenjtit të Izraelit.

¹⁹ Ti i fole atëherë në vegim të dashurit tënd dhe the: "Ndihmova një të fuqishëm, përlëvdova një të zgjedhur nga populli.

²⁰ Gjeta Davidin, shërbëtorin tim, dhe e vajosa me vajin tim të shenjtë.

²¹ Dora ime do ta përkrahë me vendosmëri dhe krahu im do ta forcojë.

²² Armiku nuk do ta shtypë dhe i ligu nuk do ta pikëllojë.

²³ Do të asgjesoj para tij armiqtë e tij dhe do të godas ata që e urrejnë.

²⁴ Besnikëria ime dhe mirësia ime do të jenë me të, dhe me emrin tim do të bëhet i fuqishëm.

²⁵ Do ta shtrij dorën e tij mbi detin dhe dorën e djathtë të tij mbi lumenjtë.

²⁶ Ai do të kërkojë ndihmën time, duke thënë: "Ti je Ati im, Perëndia im dhe Kështjella ime e shpëtimit".

²⁷ Do ta bëj gjithashtu të parëlindurin tim, më të shkëlqyerin ndër mbretërit e dheut.

²⁸ Do të përdor mirësi ndaj tij përjetë, dhe besëlidhja ime me të do të mbetet e qëndrueshme.

²⁹ Do t'i bëj gjithashtu pasardhësit e tij të përjetshëm dhe fronin e tij si ditët e qiejve.

³⁰ Në rast se bijtë e tij braktisin ligjin tim dhe nuk ecin, sipas urdhërimeve të mia,

³¹ në rast se shkelin statutet e mia dhe nuk respektojnë urdhërimet e mia,

³² unë do ta dënoj shkeljen e tyre me shufër dhe paudhësinë e tyre me të rrahura,

³³ por nuk do ta heq mirësinë time prej tij dhe nuk do të lë që besnikëria ime të jetë e mangët.

³⁴ Nuk do të shkel besëlidhjen time dhe nuk do t'i ndryshoj fjalët që kanë dalë nga goja ime.

³⁵ Jam betuar një herë për shenjtërinë time dhe nuk do ta gënjej Davidin;

³⁶ pasardhësit e tij do të jenë përjetë dhe froni i tij do të jetë si dielli para meje,

³⁷ do të jenë të qëndrueshëm si hëna, dhe dëshmitari në qiell është besnik". (Sela)

³⁸ Por ti na ke braktisur dhe na ke kthyer; je zemëruar shumë kundër të vajosurin tënd.

³⁹ Ti ke përçmuar besëlidhjen e lidhur me shërbëtorin tënd dhe ke përdhosur kurorën e tij, duke bërë që të bjerë për tokë.

⁴⁰ Ke shembur gjithë mbrojtjet e tij dhe i ke katandisur në gërmadha kalatë e tij.

⁴¹ Tërë kalimtarët e kanë plaçkitur dhe ai është bërë gazi i fqinjëve të tij.

⁴² Ke lavdëruar dorën e djathtë të kundërshtarëve të tij dhe ke bërë të gëzohen tërë armiqtë e tu.

⁴³ Ke prishur tehun e shpatës së tij dhe nuk e ke ndihmuar në betejë.

⁴⁴ I ke dhënë fund madhështisë së tij dhe ke hedhur për tokë fronin e tij.

⁴⁵ Ke shkurtuar ditët e rinisë së tij dhe e ke mbuluar me turp. (Sela)

⁴⁶ Deri kur, o Zot? A do të fshihesh ti përjetë? A do të flakërojë si zjarr zemërimi yt?

⁴⁷ Kujto sa e shkurtër është jeta ime. Për çfarë kotësie ke krijuar gjithë bijtë e njerëzve?

⁴⁸ Cili është njeriu që jeton, pa parë vdekjen dhe që mund ta shkëputë jetën e tij nga pushteti Sheolit? (Sela)

⁴⁹ Ku janë, o Zot, mirësitë e tua të lashta, për të cilat iu betove Davidit në besnikërinë tënde?

⁵⁰ Kujto, o Zot, fyerjen që iu bë shërbëtorëve të tu, dhe si unë mbaj në zemër fyerjen e rëndë të të gjitha kombeve,

⁵¹ me të cilën armiqtë e tu kanë fyer, o Zot, me të cilën kanë fyer hapat e të vajosurit tënd.

⁵² I bekuar qoftë Zoti përjetë. Amen, po, amen!

Kapitull 90

¹ O Zot, ti ke qenë për ne një strehë brez pas brezi.

² Para se të kishin lindur malet dhe para se ti të kishe formuar tokën dhe botën, madje nga mot dhe përjetë ti je Perëndia.

³ Ti e kthen njeriun në pluhur dhe thua: "Kthehuni, o bij të njerëzve".

⁴ Sepse një mijë vjet në sytë e tu janë si dita e djeshme që ka kaluar, ose sikur të gdhish një natë.

⁵ Ti i përlan si një përmbytje. Ato janë si një ëndërr, janë si barr që gjelbëron në mëngjes.

⁶ Në mëngjes ai lulëzon dhe gjelbëron, në mbrëmje kositet dhe thahet.

⁷ Sepse jemi të konsumuar nga zemërimi yt dhe jemi të tmerruar nga tërbimi yt.

⁸ Ti i vë fajet tona para teje, mëkatet tona të fshehta në dritën e fytyrës sate.

⁹ Sepse tërë ditët tona zhduken në zemërimin tënd; ne po i mbarojmë vitet tona si një psherëtimë.

¹⁰ Ditët e viteve tona shkojnë deri në shtatëdhjetë vjet dhe për më të fortët në tetëdhjetë, por ajo që përbën krenarinë e tyre nuk është veçse mundim dhe dëshirë për t'u dukur, sepse kalon me të shpejtë dhe ne fluturojmë tutje.

¹¹ Kush e njeh forcën e zemërimit tënd dhe mërinë tënde sipas frikës që duhet pasur prej teje?

¹² Na mëso, pra, të numërojmë ditët tona për të pasur një zemër të urtë.

¹³ Kthehu, o Zot! Deri kur? Dhe ki mëshirë për shërbëtorët e tu.

¹⁴ Na ngop në mëngjes me mirësinë tënde, dhe ne do të ngazëllojmë dhe do të kënaqemi në gjitha ditët tona.

¹⁵ Na gëzo në përpjestim me ditët që na ke pikëlluar dhe në kompensim të viteve që kemi vuajtur nga fatkeqësitë.

¹⁶ Qoftë e qartë vepra jote shërbëtorëve të tu dhe lavdia jote bijve të tyre.

¹⁷ Hiri i Zotit Perëndisë tonë qoftë mbi ne dhe i bëftë të qëndrueshme veprën e duarve tona; po, bëje të qëndrueshme veprën e duarve tona.

Kapitull 91

¹ Kush banon në strehën e Shumë të Lartit, pushon në hijen e të Plotfuqishmit.

² Unë i them Zotit: "Ti je streha ime dhe kështjella ime, Perëndia im, të cilit i besoj".

³ Me siguri ai do të të çlirojë nga laku i gjuetarit të shpendëve dhe nga murtaja vdekjeprurëse.

⁴ Ai do të të mbulojë me pendët e tij dhe do të gjesh strehë nën krahët e tij; besnikëria e tij do të të shërbejë si mburojë dhe parzmore.

⁵ Ti nuk do të kesh frikë nga tmerri i natës, sa nga shigjeta që fluturon ditën,

⁶ as nga murtaja që endet në terr, as nga shfarosja që bën kërdinë në mesditë.

⁷ Një mijë do të bien në krahun tënd dhe dhjetë mijë në të djathtën tënde, por aty nuk do të të afrohet.

⁸ Mjafton që ti të këqyrësh me sytë e ty dhe do të shikosh shpërblimin e të pabesëve.

⁹ Duke qenë se ke thënë: "O Zot, ti je streha ime, dhe e ke bërë Shumë të Lartin strehën tënde,

¹⁰ nuk do të të gjejë asnjë e keqe, asnjë plagë nuk do t'i afrohet çadrës sate.

¹¹ Sepse ai do të urdhëroi Engjëjt e tij të të ruajnë në të gjitha rrugët e tua.

¹² Ata do të të mbajnë në duart e tyre, me qëllim që këmba jote të mos pengohet nga ndonjë gur.

¹³ Ti do të ecësh mbi luanin dhe gjarpërin helmues, do të shkelësh luanin e vogël dhe kuçedrën.

¹⁴ Duke qenë se ai ka vënë mbi mua dashurinë e tij, unë do ta çliroj dhe do ta çoj lart në vend të sigurt, sepse ai njeh emrin tim.

¹⁵ Ai do të më kërkojë dhe unë do t'i përgjigjem; do të jem me të në fatkeqësi; do ta çliroj dhe do ta përlëvdoj.

¹⁶ Do ta ngop me jetë të gjatë dhe do t'i tregoj shpëtimin tim.

Kapitull 92

¹ Është bukur të kremtosh Zotin, dhe të këndosh lavdet në emrin tënd, o Shumë i Larti;

² të shpallësh në mëngjes mirësinë tënde dhe çdo natë besnikërinë tënde,

³ me një harp me dhjetë tela, me lirën dhe me melodinë e qestes.

⁴ Duke qenë se ti më ke gëzuar me atë që ke bërë, unë ngazëllohem për veprat e duarve të tua.

⁵ Sa të mëdha janë veprat e tua, o Zot, sa të thella janë mendimet e tua!

⁶ Njeriu pa mend nuk i njeh dhe budallai nuk kupton këtë:

⁷ që të pabesët mbijnë si bari, dhe gjithë ata që kryejnë paudhësi lulëzojnë për t'u shkatërruar përjetë.

⁸ Por ti, o Zot, mbetesh i Shkëlqyeri përjetë.

⁹ Sepse ja, armiqtë e tu, o Zot, sepse ja armiqtë e tu do të vdesin dhe gjithë ata që kryejnë paudhësi do të shpërndahen.

¹⁰ Por ti më ke dhënë forcë të barabartë me atë të buallit, ti me ke vajosur me vaj të freskët.

¹¹ Dhe sytë e mi kanë për të parë disfatën e armiqve të mi dhe veshët e mi kanë për të dëgjuar disfatën e njerëzve të këqij që ngrihen kundër meje.

¹² I drejti do të lulëzojë si palma, do të rritet si kedri i Libanit.

¹³ Ata që janë mbjellë në shtëpinë e Zotit do të lulëzojnë në kopshtet e Perëndisë tonë.

¹⁴ Do të japin fryte edhe në pleqëri, do të jenë të lulëzuar dhe të blertë,

¹⁵ për të shpallur që Zoti është i drejtë; ai është Kështjella ime dhe nuk ka asnjë padrejtësi tek ai.

Kapitull 93

¹ Zoti mbretëron; ai është veshur me madhështi; Zoti është mbuluar me mantel, është ngjeshur me forca. Po, bota është e qëndrueshme nuk do të tundet kurrë.

² Froni yt është nga përjetësia i qëndrueshëm; ti je i tillë nga përjetësia.

³ Lumenjtë kanë ngritur, o Zot, lumenjtë kanë ngritur zërin e tyre; lumenjtë kanë ngritur valët e tyre plot zhurmë;

⁴ por Zoti në vëndet shumë të larta është më i fuqishëm së zërat e ujërave të mëdha, më i fuqishëm se baticat e detit.

⁵ Statutet e tua janë jashtëzakonisht të qëndrueshme. Shenjtëria i shkon shtëpisë sate, o Zot, përjetë.

Kapitull 94

¹ O Perëndi i hakmarrjes, o Zot, Perëndi i hakmarrjeve, shkëlqe.

² Çohu, o gjykatës i tokës, dhe jepu shpërblimin mëndjemëdhenjve.

³ Deri kur të pabesët, o Zot, deri kur të pabesët do të triumfojnë?

⁴ Ata vjellin fjalë dhe mbajnë fjalime të paturpshme; të gjithë ata që kryejnë paudhësi flasin me arrogancë.

⁵ Ata marrin nëpër këmbë popullin tënd, o Zot, dhe shtypin trashëgiminë tënde.

⁶ Vrasin gruan e ve dhe të huajin, dhe vrasin jetimët,

⁷ dhe thonë: "Zoti nuk shikon, Perëndia i Jakobit nuk kupton".

⁸ Kërkoni të kuptoni, o njerëz të pamend midis popullit; dhe ju budallenj, kur do të bëheni të zgjuar?

⁹ Ai që ka vënë veshin, a nuk dëgjon? Ai që ka formuar syrin, a nuk shikon?

¹⁰ Ai që ndreq kombet, a nuk do t'i dënojë ata, ai që i mëson diturinë njeriut?

¹¹ Zoti i njeh mendimet e njeriut dhe e di që nuk janë veçse kotësi.

¹² Lum ai njeri që ti ndreq, o Zot, dhe që ti mëson sipas ligjit tënd,

¹³ për t'i dhënë prehje në ditët e fatkeqësisë, deri sa t'i hapet gropa të pabesit.

¹⁴ Sepse Zoti nuk ka për të hedhur poshtë popullin e tij dhe nuk ka për të braktisur trashëgiminë e tij.

¹⁵ Gjykimi do të mbështetet përsëri mbi drejtësinë, dhe tërë ata që janë të drejtë nga zemra do t'i shkojnë pas.

¹⁶ Kush do të ngrihet në favorin tim kundër njerëzve të këqij? Kush do të më dalë krah kundër atyre që kryejnë paudhësi?

¹⁷ Në qoftë se Zoti nuk do të më kishte ndihmuar, do të kisha përfunduar shpejt në vendin e heshtjes.

¹⁸ Kur thashë: "Këmba ime ngurron", mirësia jote, o Zot, më ka përkrahur.

¹⁹ Kur një numër i madh shqetësimesh më mbysnin, përdëllimet e tua më jepnin zemër.

²⁰ Do të jetë vallë aleati yt gjykata e padrejtë, që thur padrejtësi në emër të ligjit?

²¹ Ata mblidhen tok kundër të drejtit dhe dënojnë gjakun e pafajshëm.

²² Por Zoti është kështjella ime dhe Perëndia im është kalaja në të cilën gjej strehë.

²³ Ai do të lëshojë mbi ta ligësinë e tyre dhe do t'i bëjë të vdesin për shkak të paudhësisë së tyre; Zoti, Perëndia ynë, do t'i shkatërrojë.

Kapitull 95

¹ Ejani, t'i këndojmë me gëzim Zotit; t'i dërgojmë britma gëzimi kalasë së shpëtimit tonë.

² Le të shkojmë në prani të tij me lavde, ta kremtojmë me këngë.

³ Sepse Zoti është një Perëndi i madh dhe një Mbret i madh mbi gjithë perënditë.

⁴ Në duart e tij janë thellësitë e tokës dhe të tijat janë majat e larta të maleve.

⁵ I tij është deti, sepse ai e ka bërë, dhe dheu i thatë që duart e tij kanë modeluar.

⁶ Ejani, të adhurojmë dhe të përkulemi; të gjunjëzohemi përpara Zotit që na ka bërë.

⁷ Sepse ai është Perëndia ynë dhe ne jemi populli i kullotës së tij dhe kopeja për të cilën ai kujdeset. Sot, po të jetë se dëgjoni zërin e tij,
⁸ "mos e fortësoni zemrën tuaj si në Meriba, si ditën e Masas në shkretëtirë,
⁹ ku etërit tuaj më tunduan dhe më vunë në provë, edhe pse i kishin parë veprat e mia.
¹⁰ Për dyzet vjet e pata neveri atë brez dhe thashë: "Janë një popull me zemër të përdalë dhe nuk i njohin rrugët e mia.
¹¹ Prandaj u betova në zemërimin tim: Nuk do të hyjnë në prehjen time".

Kapitull 96

¹ Këndojini Zotit një këngë të re, këndojini Zotit, o banorë të të gjithë tokës!
² Këndojini Zotit, bekoni emin e tij; lajmëroni çdo ditë shpëtimin e tij.
³ Shpallni lavdinë e tij midis kombeve dhe mekullitë e tij midis tërë popujve.
⁴ Sepse Zoti është i madh dhe i denjë për lëvdimin më të lartë; nga ai duhet të kemi frikë përmbi gjithë perënditë e tjera.
⁵ Sepse gjithë perënditë e kombeve janë idhuj, por Zoti ka bërë qiejtë.
⁶ Shkëlqimi dhe madhështia janë para tij, forca dhe bukuria janë në shenjtëroren e tij.
⁷ Jepini Zotit, o familje të popujve, jepini Zotit lavdi dhe forcë.
⁸ Jepini Zotit lavdinë që i takon emrit të tij, çojini oferta dhe ejani në oborret e tij.
⁹ Bini përmbys përpara Zotit në shkëlqimin e shenjtërisë së tij, dridhuni para tij, o banorë të të gjithë tokës.
¹⁰ U thoni gjithë kombeve: "Zoti mbretëron; bota është vendosur mirë dhe nuk do të luajë nga vendi; ai do t'i gjykojë popujt me drejtësi".
¹¹ Le të gëzohen qiejtë dhe të gëzohet toka; le të zhurmojë deti dhe gjithçka gjindet në të.
¹² Le të ngazëllohet fusha dhe gjithçka gjindet në të. Atëherë tërë drurët e pyllit do të lëshojnë britma gëzimi përpara Zotit,
¹³ sepse ai vjen, vjen për të gjykuar tokën. Ai do ta gjykojë botën me drejtësi dhe popujt në besnikërinë e tij.

Kapitull 97

¹ Zoti mbretëron; le të gëzohet toka dhe le të ngazëllohen ishujt e mëdhenj.
² Re dhe terr e mbështjellin; drejtësia dhe e drejta janë në themel të fronit të tij.
³ Një zjarr i shkon përpara dhe i zhduk armiqtë e tij rreth e qark.
⁴ Vetëtimat e tij ndriçojnë botën, toka i shikon dhe dridhet.
⁵ Malet shkrihen si dylli përpara Zotit, përpara Zotit të të gjithë tokës.
⁶ Qiejtë shpallin drejtësinë e tij dhe tërë popujt shohin lavdinë e tij.
⁷ U ngatërrofshin të gjithë ata që u shërbejnë skulpturave dhe ata që mburren me idhujt; rënçin përmbys përpara atij të gjitha perënditë.
⁸ Sioni ka dëgjuar dhe është gëzuar për to, dhe bijat e Judës janë gëzuar me gjykimet e tua, o Zot.
⁹ Sepse ti, o Zot, je Shumë i Larti mbi tërë tokën, ty të përlëvdojmë mbi gjithë perënditë e tjera.
¹⁰ Ju që e doni Zotin urreni të keqen! Ai ruan jetën e shenjtorëve të tij dhe i çliron nga dora e të pabesëve.
¹¹ Drita ka dalë për të drejtin dhe gëzimi për ata që janë të drejtë nga zemra.
¹² Ngazëllohuni tek Zoti, o njerëz të drejtë, dhe lëvdoni emrin e tij të shenjtë.

Kapitull 98

¹ Këndojini Zotit një himn të ri sepse ka bërë mrekulli; dora e tij e djathtë dhe krahu i tij i shenjtë i kanë siguruar shpëtimin.
² Zoti ka bërë të njohur shpëtimin e tij dhe ka shprehur drejtësinë e tij përpara kombeve.
³ Ai ka mbajtur mend mirësinë e tij dhe besnikërinë e tij për shtëpinë e Izraelit; të tëra skajet e tokës kanë parë shpëtimin e Perëndisë tonë.
⁴ Dërgojini britma gëzimi Zotit, o banorë të të gjithë tokës, shpërtheni në këngë gëzimi, ngazëlloni dhe këndoni lavde.
⁵ Këndojini lavde Zotit me qeste, me qesten dhe me zërin e këngës.
⁶ Dërgoni britma gëzimi me boritë dhe me zërin e brirti përpara Zotit, Mbretit.
⁷ Le të zhurmojë deti dhe gjithçka ndodhet në të, bota dhe banorët e saj.
⁸ Lumenjtë le të rrahin duart dhe malet le të ngazëllohen tok nga gëzimi përpara Zotit,
⁹ sepse ai vjen të gjykojë tokën; ai do të gjykojë botën me drejtësi dhe popujt me paanësi.

Kapitull 99

¹ Zoti mbretëron, popujt le të dridhen. Ai është ulur mbi Kerubinët, toka le të dridhet.
² Zoti është i madh në Sion dhe i shkëlqyeshëm mbi të gjithë popujt.
³ Ata do të kremtojnë emrin tënd të madh dhe të tmerrshëm. Ai është i shenjtë.
⁴ Mbreti është i fuqishëm dhe e do drejtësinë. Ti e ke vendosur të drejtën dhe e ushtrove Jakobin në gjykim dhe drejtësi.
⁵ Përlëvdoni Zotin, Perëndinë tonë, dhe bini përmbys përpara stolit të këmbëve të tij. Ai është i shenjtë.
⁶ Moisiu dhe Aaroni qenë ndër priftërinjtë e tij, dhe Samueli ndër ata që përmendën emrin e tij; ata iu drejtuan Zotit dhe ai iu përgjigj atyre.
⁷ Ai u foli atyre nga kolona e resë, dhe ata respektuan dëshmitë e tij dhe statutet që u dha atyre.
⁸ Ti plotësove dëshirën e tyre, o Zot, Perëndia ynë. Ti ishe për ata një Perëndi që fal, dhe kur dënon prapësitë e tyre.
⁹ Përlëvdoni Zotin, Perëndinë tonë, dhe adhurojeni në malin e tij të shenjtë, sepse Zoti, Perëndia ynë, është i shenjtë.

Kapitull 100

¹ Dërgojini klithma gëzimi Zotit, o banorë të të gjithë tokës!
² I shërbeni Zotit me gaz, ejani para tij me këngë gëzimi.
³ Pranoni që Zoti është Perëndia; na ka bërë ai dhe jo ne vetë; ne jemi populli i tij dhe kopeja e kullotës së tij.
⁴ Hyni në portat e tij me falenderim dhe në oborret e tij me lavde; kremtojeni, bekoni emrin e tij.
⁵ Sepse Zoti është i mirë; mirësia e tij është e përjetshme dhe besnikëria e tij vlen për të gjitha brezat.

Kapitull 101

¹ Unë do të këndoj mirësinë tënde dhe drejtësinë tënde; do të këndoj lavdet e tua, o Zot.
² Do të kujdesem të bëj një jetë të ndershme. Kur do të vish tek unë? Do të ec me zemër të pastër brenda shtëpisë sime.
³ Nuk do të vë para syve të mi asgjë të keqe; unë e urrej sjelljen e atyre që dënojnë; nuk do lejoj të bëhem si ata.
⁴ Zemra e çoroditur do të largohet nga unë; nuk dua t'ia di për të keqen.
⁵ Do të shfaros atë që shpif tinëz kundër të afërmit; nuk do të duroj njeriun hundëpërpjetë dhe zemërkrenar.
⁶ Sytë e mi do të jenë mbi besnikët e vendit dhe do t'i mbaj afër vetes; ai që do të ecë me ndershmëri do të jetë shërbëtori im.
⁷ Kush vepron me mashtrim, nuk ka për të banuar në shtëpinë time; kush thotë gënjeshtra nuk do të qëndrojë para syve të mi.
⁸ Çdo mëngjes do të asgjesoj gjithë të pabesët e vendit, për të çrrënjosur nga qyteti i Zotit të gjithë ata që kryejnë paudhësi.

Kapitull 102

¹ O Zot, dëgjo lutjen time dhe britma ime arriftë tek ty.
² Mos ma fshih fytyrën tënde ditën e fatkeqësisë sime. Zgjate ndaj meje veshin tënd; kur unë të kërkoj, nxito të më përgjigjesh.
³ Sepse ditët e mia davariten si tymi dhe kockat e mia digjen si urë zjarri.
⁴ Zemra ime është goditur dhe thahet si bari, dhe unë harroj madje të ha ushqim.
⁵ Duke vajtuar vazhdimisht, lëkura ime po u ngjitet kockave të mia.
⁶ I ngjaj pelikanit të shkretëtirës dhe jam bërë si bufi i vendeve të shkretuara.
⁷ Jam pa gjumë dhe si harabeli i vetmuar mbi çati.
⁸ Armiqtë e mi tallen me mua tërë ditën; ata që më përqeshin flasin kundër meje.
⁹ Sepse e ha hirin si buka dhe përzej lotët me atë që pi.
¹⁰ Po, për shkak të indinjatës sate dhe të zemërimit tënd, më ngrite dhe më hodhe larg.
¹¹ Ditët e mia janë si hija që zgjatet, dhe unë po thahem si bari.
¹² Por ti, o Zot, mbetesh përjetë, dhe kujtimi yt zgjat brez pas brezi.
¹³ Ti do të ngrihesh dhe do të të vijë keq për Sionin, sepse erdhi

koha të tregosh dhembshuri ndaj tij; dhe koha e caktuar erdhi.

¹⁴ Sepse shërbëtorët e tu i duan edhe gurët e tij dhe u vjen keq për pluhurin e tij.

¹⁵ Po, kombet do të kenë frikë nga emri i Zotit dhe gjithë mbretërit e dheut nga lavdia jote,

¹⁶ kur Zoti do të rindërtojë Sionin dhe do të duket në lavdinë e tij.

¹⁷ Ai do të dëgjojë lutjen e njerëzve të braktisur dhe nuk do ta përbuzë lutjen e tyre.

¹⁸ Kjo do të shkruhet për brezin e ardhshmëm, dhe populli që do të krijohet do të lëvdojë Zotin,

¹⁹ sepse ai shikon nga lartësia e shenjtërores së tij; nga qielli Zoti këqyr dheun,

²⁰ për të dëgjuar vajtimin e robërve, për të çliruar të dënuarit me vdekje;

²¹ me qëllim që në Sion të shpallin emrin e Zotit dhe në Jeruzalem lavdinë e tij,

²² kur popujt dhe mbretëritë do të mblidhen bashkë për t'i shërbyer Zotit.

²³ Rrugës ai ka pakësuar fuqinë time dhe ka shkurtuar ditët e mia.

²⁴ Kam thënë: "O Perëndia im, mos më merr në mes të ditëve të mia. Vitet e tua zgjasin brez pas brezi.

²⁵ Së lashti ti ke vendosur tokën dhe qiejtë janë vepër e duarve të tua;

²⁶ ata do të zhduken, por ti do të mbetesh; do të konsumohen të gjithë si një rrobe; ti do t'i ndërrosh si një rrobe dhe ata do të ndryshohen.

²⁷ Por ti je gjithnjë po ai dhe vitet e tua nuk do të kenë kurrë fund.

²⁸ Bijtë e shërbëtorëve të tu do të kenë një vendbanim dhe pasardhësit e tyre do të jenë të qëndrueshëm para teje".

Kapitull 103

¹ Beko, shpirti im, Zotin, dhe të gjitha ato që janë tek unë të bekojnë emrin e tij të shenjtë.

² Beko, shpirti im, Zotin dhe mos harro asnjë nga të mirat që ka bërë.

³ Ai fal të gjitha paudhësitë e tua dhe shëron të gjitha sëmundjet e tua,

⁴ shpengon jetën tënde nga shkatërrimi dhe të kurorëzon me mirësi dhe dhembshuri;

⁵ ai ngop me të mira gojën tënde dhe të bën të ri si shqiponja.

⁶ Zoti vepron me drejtësi dhe mbron çështjen e të shtypurve.

⁷ Ai i tregon Moisiut rrugët e tij dhe bijve të Izraelit veprat e tij.

⁸ Zoti është i mëshirshëm dhe zemërbutë, i ngadalshëm në zemërim dhe i madh në mirësi.

⁹ Ai nuk grindet përjetë dhe nuk e ruan zemërimin gjithnjë.

¹⁰ Ai nuk na trajton siç e meritojnë mëkatet tona dhe nuk na dënon në bazë të fajeve tona.

¹¹ Sepse sa të lartë janë qiejtë mbi tokën, aq e madhe është mirësia e tij ndaj atyre që kanë frikë prej tij.

¹² Sa larg është lindja nga perëndimi, aq shumë ai ka larguar nga ne fajet tona.

¹³ Ashtu si një baba është i mëshirshëm me bijtë e tij, kështu është i mëshirshëm Zoti me ata që kanë frikë prej tij.

¹⁴ Sepse ai e njeh natyrën tonë dhe nuk harron që ne jemi pluhur.

¹⁵ Ditët e njeriut janë si bari; ai lulëzon si lulja e fushës;

¹⁶ në qoftë se era i kalon sipër, ai nuk është më dhe vendi i tij nuk njihet më.

¹⁷ Por mirësia e Zotit vazhdon nga përjetësia në përjetësi për ata që kanë frikë prej tij, dhe drejtësia e tij për bijtë e bijve,

¹⁸ për ata që respektojnë besëlidhjen e tij dhe mbajnë në mendje urdhërimet e tij për t'i zbatuar në praktikë.

¹⁹ Zoti e ka vendosur fronin e tij në qiejtë, dhe mbretërimi i tij sundon mbi gjithçka.

²⁰ Bekoni Zotin ju, engjëj të tij të pushtetshëm dhe të fortë, që bëni atë që thotë ai, duke iu bindur zërit të fjalës së tij.

²¹ Bekoni Zotin, ju, tërë ushtritë e tij, ju, tërë ministrat e tij, që zbatoni vullnetin e tij.

²² Bekoni Zotin, ju, të gjitha veprat e tij, në të tëra vendet e sundimit të tij. Shpirti im, beko Zotin!

Kapitull 104

¹ Beko, o shpirti im, Zotin! O Zot, Perëndia im, ti je jashtëzakonisht i madh; je veshur me shkëlqim dhe madhështi.

² Ai mbështjell me dritë si të ishte një mantel dhe i shtrin qiejtë si një çadër,

³ ai ndërton mbi ujërat dhomat e tij të larta, i bën retë si qerren e tij dhe ecën mbi krahët e erës.

⁴ I bën erërat lajmëtarë të tij dhe flakët e zjarrit shërbëtorë të tij.

⁵ Ai e ka krijuar tokën mbi themelet e saj; kjo nuk do të luajë kurrë përjetë.

⁶ Ti e kishe mbuluar me humnerë si me një rrobe; ujërat ishin ndalur mbi malet.

⁷ Në qortimin tënd ato ikën, në zërin e gjëmimit tënd u larguan me nxitim.

⁸ Dolën malet dhe luginat u ulën në vendin që ti kishe caktuar për to.

⁹ Ti u vure ujërave një kufi që nuk duhet ta kapërxenin; ato nuk do të kthehen më të mbulojnë tokën.

¹⁰ Ai bën që të dalin burime në luginat; ato rrjedhin midis maleve,

¹¹ dhe u japin për të pirë tërë kafshëve të fushës; gomarët e egër shuajnë etjen e tyre.

¹² Pranë tyre banojnë shpendët e qiellit; midis gjelbërimeve lartojnë këngën e tyre.

¹³ Nga dhomat e sipërme të tij ai u jep ujë maleve; toka ngopet me frytin e veprave të tua.

¹⁴ Ai bën që të rritet bari për bagëtinë dhe bimësia në shërbim të njeriut, duke nxjerrë nga toka ushqimin e tij,

¹⁵ dhe verën që gëzon zemrën e njeriut, vajin që bën të shkëlqejë fytyra tij dhe bukën që i jep forcë zemrës së njeriut.

¹⁶ Kështu ngopen drurët e Zotit dhe kedrat e Libanit që ai ka mbjellë;

¹⁷ aty bëjnë folenë e tyre zogjtë, ndërsa lejleku bën nëpër selvitë banesën e tij.

¹⁸ Malet e larta janë për dhitë e egra, shkëmbinjtë janë streha e lepujve.

¹⁹ Ai ka bërë hënën për stinët, dielli e di orën e perëndimit të tij.

²⁰ Ti dërgon terrin dhe bëhet natë; gjatë asaj shkojnë rreth e qark gjithë kafshët e pyllit.

²¹ Luanët e vegjël vrumbullojnë duke kërkuar gjahun dhe i kërkojnë Perëndisë ushqimin e tyre.

²² Por, kur lind dielli, ata tërhiqen dhe rrinë në strofkat e tyre.

²³ Atëherë njeriu del për të punuar dhe punon deri në mbrëmje.

²⁴ Sa të shumta janë veprat e tua, o Zot! Ti i ke bërë të gjitha me dituri; toka është plot me pasuritë e tua.

²⁵ Ja deti, i madh dhe i gjerë, ku gëlojnë krijesa të panumërta;

²⁶ e përshkojnë anijet dhe Leviathani, që ti ke formuar për t'u tallur në të.

²⁷ Të gjithë presin që ti t'u japësh ushqimin në kohën e duhur.

²⁸ Ti ua jep atyre dhe ata e mbledhin; ti hap dorën dhe ngopen me të mira.

²⁹ Ti fsheh fytyrën tënde dhe ata e humbasin fare; ti heq frymën, dhe ata vdesin duke u kthyer përsëri në pluhurin e tyre.

³⁰ Ti dërgon frymën tënde dhe ata krijohen, kështu ti ripërtërin faqen e dheut.

³¹ Lavdia e Zotit të rrojë përjetë; le të gëzohet Zoti me veprat e tij;

³² ai shikon tokën dhe kjo dridhet; ai prek malet dhe ato nxjerrin tym.

³³ Unë do t'i këndoj Zotit deri sa të kem jetë; do t'i këndoj lavde Perëndisë tim deri sa të jem.

³⁴ Le të jetë mendimi im i pëlqyer prej tij; unë do të ngazëllohem tek Zoti.

³⁵ Le të zhduken mëkatarët nga toka dhe të pabesët mos qofshin më. Shpirti im, bekoje Zotin! Aleluja.

Kapitull 105

¹ Kremtoni Zotin, lutjuni për ndihmë emrit të tij, bëni të njohura veprat e tij midis popujve.

² Këndojini atij, këndojini lavde atij, mendoni thellë tërë mrekullitë e tij.

³ Mburruni me emrin e tij të shenjtë; le të kënaqet zemra e tërë atyre që kërkojnë Zotin.

⁴ Kërkoni Zotin dhe forcën e tij; kërkoni vazhdimisht fytyrën e tij.

⁵ Mbani mend çuditë që ai ka bërë, mrekullitë dhe gjykimet e gojës së tij,

⁶ ju, o pasardhës së Abrahamit, shërbëtorit të tij, o bij të Jakobit, të zgjedhur të tij.

⁷ Ai është Zoti, Perëndia ynë; gjykimet e tij janë mbi gjithë tokën.

⁸ Ai mban mend përjetë besëlidhjen e tij dhe për një mijë breza fjalën e komanduar prej tij,

⁹ besëlidhjen që lidhi me Abrahamin dhe betimin që i bëri Isakut,

¹⁰ që i konfirmoi Jakobit si statut të tij dhe Izraelit si një besëlidhje të përjetshme,

¹¹ duke thënë: "Unë do të të jap vendin e Kanaanit si pjesë e trashëgimisë suaj",

¹² kur nuk ishin veçse një numër i vogël, shumë të pakët dhe të huaj në vend,

¹³ dhe shkonin nga një komb te tjetri, nga një mbretëri te një popull tjetër.

¹⁴ Ai nuk lejoi që t'i shtypte njeri; përkundrazi ndëshkoi disa mbretër për hir të tyre,

¹⁵ dhe tha: "Mos prekni të vajosurit e mi dhe mos bëni asnjë të keqe profetëve të mi".

¹⁶ Pastaj solli zinë e bukës në vend dhe shkatërroi çdo burim ushqimesh.

¹⁷ Dërgoi para tyre një njeri, Jozefin, që u shit si skllav.

¹⁸ I shtrënguan këmbët me pranga dhe u rëndua me zinxhirë hekuri.

¹⁹ Fjala e Zotit e vuri në provë, deri sa u plotësua ajo që kishte thënë.

²⁰ Atëherë mbreti dërgoi ta zgjidhnin, sunduesi i popujve dërgoi ta çlironin,

²¹ dhe e bëri zot të shtëpisë së tij dhe qeveritar mbi të gjitha pasuritë e tij.

²² për t'i lidhur princat e tij me gjykimin e tij dhe për t'u mësuar pleqve të tij diturinë.

²³ Edhe Izraeli erdhi në Egjipt dhe Jakobi qëndroi për ca kohë në vendin e Kamit.

²⁴ Dhe Perëndia e shumëzoi shumë popullin e tij dhe e bëri më të fuqishëm se armiqtë e tij.

²⁵ Pastaj ndryshoi zemrën e tyre, me qëllim që të urrenin popullin e tij dhe të kurdisnin mashtrime kundër shërbëtorëve të tij.

²⁶ Atëherë ai dërgoi Moisiun, shërbëtorin e tij, dhe Aaronin që ai kishte zgjedhur.

²⁷ Ata kryen midis tyre mrekullitë e urdhëruara prej tij dhe bënë çudira në tokën e Kamit.

²⁸ Dërgoi terrin dhe e bëri vendin të binte në errësirë, dhe ata nuk kundërshtuan fjalën e tij.

²⁹ I ndryshoi ujërat e tij në gjak dhe bëri që të ngordhnin peshqit e tij.

³⁰ Vendi i tyre u mbush me bretkosa të cilat hynë deri në dhomat e mbretërve të tyre.

³¹ Me fjalën e tij erdhën një shumicë e madhe insektesh dhe mushkonjash në të gjithë territorin e tyre.

³² U dërgoi breshër në vend të shiut dhe flakë zjarri në vendin e tyre;

³³ goditi edhe vreshtat e tyre dhe drurët e fikut, shkatërroi drurët e territorit të tyre.

³⁴ Ai foli, dhe erdhën karkaleca dhe vemje në numër të madh,

³⁵ që përpinë tërë bimësinë e vendit të tyre dhe hëngrën frytin e tokës së tyre.

³⁶ Ai goditi edhe të gjithë të parëlindurit në vendin e tyre, prodhimet e para në tërë fuqinë e tyre;

³⁷ dhe e nxori popullin e tij me argjend dhe me ar, dhe nuk pati asnjeri ndër fiset e tij që të tronditej.

³⁸ Egjiptasit u gëzuan nga ikja e tyre, sepse tmerri i Izraelit kishte rënë mbi ta.

³⁹ Ai shpalosi një re për t'i mbuluar dhe ndezi një zjarr për t'i ndriçuar natën.

⁴⁰ Me kërkesën e tyre ai solli shkurtat dhe i ngopi me bukën e qiellit.

⁴¹ Çau shkëmbin dhe dolën prej tij ujëra; këto rridhnin në shketëtirë si një lumë.

⁴² Sepse atij iu kujtua premtimi i shenjtë që i kishte bërë Abrahamit, shërbëtorit të tij;

⁴³ pastaj nxori popullin e tij me gëzim dhe njerëzit e tij të zgjedhur me britma gëzimi,

⁴⁴ dhe u dha atyre vendet e kombeve, dhe ata trashëguan frytin e mundit të popujve,

⁴⁵ me qëllim që të respektonin statutet e tij dhe t'u bindeshin ligjeve të tij. Aleluja.

Kapitull 106

¹ Aleluja. Kremtoni Zotin, sepse ai është i mirë, sepse mirësia e tij vazhdon përjetë.

² Kush mund të përshkruajë bëmat e Zotit ose të shpallë tërë lavdinë e tij?

³ Lum ata që respektojnë drejtësinë, që bëjnë atë që është e drejtë në çdo kohë.

⁴ Mos më harro mua, o Zot, sipas mirësisë sate që tregon ndaj popullit tënd, dhe më vizito me shpëtimin tënd,

⁵ me qëllim që të shoh mirëqënien e të zgjedhurve të tu, të kënaqem në gëzimin e kombit tënd dhe të mbushem me lavdi për trashëgiminë tënde.

⁶ Ne dhe etërit tanë kemi mëkatuar, kemi bërë paudhësi dhe të këqija.

⁷ Etërit tanë në Egjipt nuk i kuptuan mrekullitë e tua, nuk kujtuan numrin e madh të mirësive të tua dhe ngritën krye pranë detit, Deti i Kuq.

⁸ Megjithatë Zoti i shpëtoi për hir të emrit të tij, për të bërë të njohur fuqinë e tij.

⁹ I bërtiti Detit të Kuq dhe ai u tha, dhe i udhëhoqi nëpër humnerat si nëpër një shkretëtirë.

¹⁰ I shpëtoi nga dora e atij që i urrente dhe i shpengoi nga dora e armikut.

¹¹ Dhe ujërat i mbuluan armiqtë e tyre, dhe nuk shpëtoi as edhe një prej tyre.

¹² Atëherë u besuan fjalëve të tij dhe kënduan lavdinë e tij.

¹³ Por shpejt i harruan veprat e tij dhe nuk pritën me besim plotësimin e planit të tij.

¹⁴ U ndezën nga lakmia në shkretëtirë dhe e tunduan Perëndinë në vetmi.

¹⁵ Dhe ai u dha atyre sa i kërkonin, por dërgoi midis tyre një lëngatë që pakësoi numrin e tyre.

¹⁶ Kur në kamp patën smirë Moisiun dhe Aaronin, i shenjti i Zotit,

¹⁷ toka u hap dhe përpiu Dathanin dhe groposi grupin e Abiramit.

¹⁸ Një zjarr shpërtheu në mes të tyre dhe flaka i përpiu të pabesët.

¹⁹ Bënë një viç në Horeb dhe adhuruan një shëmbëllytrë prej metali të shkrirë,

²⁰ dhe e ndërruan lavdinë e tyre me shëmbëllytrën e një kau që ha bar.

²¹ Harruan Perëndinë, Shpëtimtarin e tyre, që kishte bërë gjëra të mëdha në Egjipt,

²² mrekullitë në vendin e Kamit, gjëra të tmerrshme në Detin e Kuq.

²³ Prandaj ai foli t'i shfarosë, por Moisiu, i zgjedhuri i tij, u paraqit mbi të çarën përpara tij për të penguar që zemërimi i tij t'i shkatërronte.

²⁴ Ata e përçmuan akoma vendin e mrekullueshëm, nuk i besuan fjalës së tij,

²⁵ por murmuritën në çadrat e tyre dhe nuk dëgjuan zërin e Zotit.

²⁶ Prandaj ai ngriti dorën kundër tyre, duke u betuar se do t'i rrëzonte në shkretëtirë,

²⁷ dhe se do t'i zhdukte pasardhësit e tyre midis kombeve dhe se do t'i shpërndante në të gjitha vendet.

²⁸ Ata i shërbyen edhe Baal-Peorit dhe hëngrën flijimet e të vdekurve.

²⁹ E zemëruan Perëndinë me veprimet e tyre dhe në mes tyre plasi murtaja.

³⁰ Por Finehasi u ngrit dhe bëri drejtësi; dhe murtaja pushoi.

³¹ Dhe kjo iu vu në llogari të drejtësisë, brez pas brezi, përjetë.

³² Ata e provokuan përsëri në ujërat e Meribas, dhe Moisiu pësoi të keqen për shkak të tyre,

³³ sepse e ashpërsoi frymën e tij (të Moisiut) dhe ai foli pa u menduar me buzët e tij.

³⁴ Ata nuk shkatërruan popujt, siç i kishte porositur Zoti;

³⁵ por u përzien midis popujve dhe mësuan veprat e tyre;

³⁶ u shërbyen idhujve të tyre, dhe këta u bënë një lak për ta;

³⁷ ua flijuan demonëve bijtë dhe bijat e tyre,

³⁸ dhe derdhën gjak të pafajshëm, gjakun e bijve të tyre dhe të bijave të tyre, që u flijuan për idhujtë e Kanaanit; dhe vendi u ndot nga gjaku i derdhur.

³⁹ Kështu ata u ndotën me veprat e tyre dhe u kurvëruan me aktet e tyre.

⁴⁰ Dhe zemërimi i Zotit u ndez kundër popullit të tij, dhe ai ndjeu një neveri për trashëgiminë e tij.

⁴¹ I la në dorë të kombeve, dhe u sunduan nga ata që i urrenin.

⁴² Armiqtë e tyre i shtypën dhe ata iu nënshtruan pushtetit të tyre.

⁴³ Ai i çliroi shumë herë, por ata vazhduan të ngrenë krye dhe zhyten në paudhësinë e tyre.

⁴⁴ Megjithatë ai i kushtoi kujdes ankthit të tyre, kur dëgjoi britmat e tyre,

⁴⁵ dhe iu kujtua besëlidhja e lidhur me ta dhe në dhemshurinë e madhe të tij u qetësua.

⁴⁶ Bëri që ata të fitojnë përkrahje ndër gjithë ata që i kishin çuar në robëri.

⁴⁷ Na shpëto, o Zot, Perëndia ynë, dhe na mblidh midis kombeve, me qëllim që të kremtojmë emrin tënd të shenjtë dhe të lumturohemi duke të lëvduar.

⁴⁸ I bekuar qoftë Zoti, Perëndia i Izraelit, nga përjetësia në

përjetësi. Dhe tërë populli le të thotë: "Amen". Aleluja.

Kapitull 107

¹ Kremtoni Zotin, sepse ai është i mirë, sepse mirësia e tij vazhdon përjetë.

² Kështu thonë të shpenguarit prej Zotit që ai i ka çliruar nga dora e kundërshtarit,

³ <add> dhe që ka mbledhur nga vende të ndryshme, nga lindja dhe perëndimi, nga veriu dhe nga jugu.

⁴ Ata endeshin nëpër shkretëtirë, në vende të shkretuara, dhe nuk gjenin asnjë qytet ku të banonin.

⁵ Të uritur e të etur, jeta e tyre po ligështohej.

⁶ Por në fatkeqësitë e tyre ata i thirrën Zotit dhe ai i çliroi nga ankthet e tyre;

⁷ dhe i çoi në rrugën e drejtë, me qëllim që të arrinin në një qytet ku të banonin.

⁸ Le të kremtojmë Zotin për mirësinë e tij dhe për mrekullitë e tij në dobi të bijve të njerëzve.

⁹ Sepse ai ka ngopur shpirtin e etur dhe e ka mbushur me të mira shpirtin e uritur.

¹⁰ Të tjerë rrinin në terr dhe në hijen e vdekjes, robër të pikëlluar dhe në zinxhira,

¹¹ sepse ishin rebeluar kundër fjalëve të Perëndisë dhe i kishin përçmuar këshillat e Shumë të Lartit;

¹² prandaj ai rrëzoi zemrën e tyre me shqetësime; ata ranë poshtë dhe asnjeri nuk u vajti në ndihmë.

¹³ Por në fatkeqësinë e tyre ata i thirrën Zotit, dhe ai i shpëtoi nga ankthet e tyre,

¹⁴ i nxori nga terri dhe nga hija e vdekjes dhe i këputi lidhjet e tyre.

¹⁵ Le të kremtojmë Zotin për mirësinë e tij dhe për mrekullitë e tij në dobi të bijve të njerëzve,

¹⁶ sepse ai ka shembur portat prej bronzi dhe ka këputur shufrat prej hekuri.

¹⁷ Disa njerëz pa mend vuanin për sjelljen e tyre rebele dhe për mëkatet e tyre;

¹⁸ ata urrenin çdo ushqim dhe kishin arritur në prag të vdekjes,

¹⁹ por në fatkeqësinë e tyre i thirrën Zotit, dhe ai i shpëtoi nga ankthet e tyre.

²⁰ Ai dërgoi fjalën e tij dhe i shëroi, i shpëtoi nga gropa.

²¹ Le ta kremtojmë Zotin për mirësinë e tij dhe për mrekullitë e tij në dobi të bijve të njerëzve;

²² le të ofrojnë flijime lëvdimi dhe le të tregojnë veprat e tij me këngë gëzimi.

²³ Ata që zbresin në det me anije dhe që bëjnë tregëti mbi ujërat e mëdha,

²⁴ shohin veprat e Zotit dhe mrekullitë e tij në humnerat e detit.

²⁵ Sepse ai urdhëron dhe shkakton një erë furtune, që i ngre përpjetë valët e detit.

²⁶ Ata ngjiten deri në qiell dhe bien në humnera; shpirti i tyre ligështohet nga ankthi.

²⁷ Atyre u merren këmbët dhe lëkunden si të dehur, dhe nuk dinë më ç'të bëjnë.

²⁸ Por në fatkeqësitë e tyre i këlthasin Zotit, dhe ai i shpëton nga ankthet e tyre.

²⁹ Ai e fashit furtunën në një murmurim dhe valët e saj pushojnë.

³⁰ Kur ato qetësohen, ata gëzohen, dhe ai i çon në portin e dëshiruar prej tyre.

³¹ Le të kremtojmë Zotin për mirësinë e tij dhe për mrekullitë që bën në dobi të bijve të njerëzve;

³² le ta lëvdojnë në kuvendin e popullit dhe le ta lavdojnë në këshillin e pleqve.

³³ Ai i shndërroni lumenjtë në shkretëtirë dhe burimet e ujit në vende të thata;

³⁴ tokën pjellore në vend të thatë për shkak të sjelljes së keqe të banorëve të saj.

³⁵ Ai e shndërron shkretëtirën në liqen dhe tokën e thatë në burime uji.

³⁶ Atje ai strehon të uriturit, dhe këta ndërtojnë një qytet për të banuar,

³⁷ mbjellin arat dhe kultivojnë vreshta që prodhojnë një korrje të bollshme.

³⁸ Ai i bekon dhe ata shumëzohen fort, dhe ai nuk e pakëson bagëtinë e tyre.

³⁹ Por pastaj pakësohen në një numër të vogël dhe dobësohen për shkak të shtypjes, të fatkeqësisë dhe të ankthit.

⁴⁰ Ai hedh përbuzjen mbi princat dhe i bën që të enden nëpër vende të shkreta, ku nuk ekziston asnjë rrugë.

⁴¹ Por e ngre nevojtarin nga varfëria dhe i shton familjet e tyre si një kope.

⁴² Njerëzit e drejtë e shohin këtë dhe kënaqen, por tërë njerëzit e këqij e mbajnë gojën të mbyllur.

⁴³ Ai që është i urtë le t'i këqyrë këto gjëra dhe le të çmojë mirësinë e Zotit.

Kapitull 108

¹ Zemra ime është e prirur për mirë, o Perëndi, unë do të këndoj dhe do të kremtoj lëvdimet e tua me gjithë forcën time.

² Zgjohuni, o harpa dhe qeste, unë dua të zgjoj agimin.

³ Unë do të të kremtoj midis popujve, o Zot, dhe do të këndoj lëvdimet e tua midis kombeve.

⁴ Sepse mirësia jote është e madhe, arrin deri mbi qiejtë, dhe e vërteta jote deri te retë.

⁵ Qofsh i përlëvduar, o Perëndi, përmbi qiejtë dhe lavdia jote shkëlqeftë mbi gjithë tokën,

⁶ me qëllim që të dashurit e tu të çlirohen; shpëtomë me të djathtën tënde dhe përgjigjmu.

⁷ Perëndia ka folur në shenjtërinë e tij: "Unë do të triumfoj, do ta ndaj Sikemin midis tyre dhe të mas luginën e Sukothit.

⁸ Imi është Galaadi, imi është Manasi, Efraimi është forca e kokës sime, Juda është ligjvënësi im;

⁹ Moabi është legeni ku unë lahem; mbi Edomin do të hedh sandalen time, mbi Filisti do të dërgoj britma triumfi".

¹⁰ Kush do të më çojë në qytetin e fortë? Kush do të më çojë deri në Edom?

¹¹ A nuk je ti, o Perëndi, që na ke kthyer, dhe nuk del më, o Perëndi, me ushtritë tona?

¹² Na ndihmo ti kundër kundërshtarëve, sepse ndihma e njeriut është e kotë.

¹³ Me Perëndinë do të kryejmë trimëri, dhe do të jetë ai që do t'i shtypë armiqtë tanë.

Kapitull 109

¹ O Perëndi i lëvdimit tim, mos hesht,

² sepse njerëz të pabesë dhe të pandershëm kanë hapur gojën e tyre kundër meje dhe kanë folur kundër meje me një gjuhë gënjeshtare;

³ më kanë sulmuar me fjalë urrejtjeje dhe më kanë luftuar pa shkak.

⁴ Në këmbim të dashurisë sime më akuzojnë, por unë i drejtohem lutjes.

⁵ Ata më kanë larë të mirën me të keqen dhe dashurinë time me urrejtje.

⁶ Vendos një njeri të keq mbi të dhe një akuzues le të jetë në të djathtë të tij.

⁷ Kur të gjykohet, bëj që të gjendet fajtor dhe lutja e tij të bëhet mëkat.

⁸ Qofshin të pakta ditët e tij dhe një tjetër zëntë vendin e tij.

⁹ Bijtë e tij mbetshin jetimë dhe gruaja e tij e ve.

¹⁰ U bëfshin endacakë dhe lypsarë bijtë e tij dhe e kërkofshin ushqimin larg shtëpive të tyre të rrënuara.

¹¹ Fajdexhiu i marrtë të gjitha pasuritë e tij dhe të huajtë i vjedhshin frytin e mundit të tij.

¹² Askush mos pastë mëshirë për të dhe askujt mos i ardhtë keq për jetimët e tij.

¹³ U shkatërrofshin pasardhësit e tij; në brezin e dytë emri i tyre u shoftë.

¹⁴ U kujtoftë para Zotit paudhësia e etërve të tij dhe mëkati i nënës së tij mos u shoftë.

¹⁵ U dalshin gjithnjë mëkatet e tyre para Zotit, me qëllim që ai të zhdukë nga toka kujtimin e tyre.

¹⁶ Sepse atij nuk i shkoi ndër mend të kishte dhemshuri, por e ka përndjekur të varfërin, nevojtarin dhe atë që ishte zemërthyer deri sa t'u shkaktonte vdekjen.

¹⁷ Mbasi e ka dashur mallkimin, rëntë ai mbi të; dhe mbasi nuk është kënaqur me bekimin, ky u largoftë prej tij.

¹⁸ Mbasi u mbulua me mallkim si me një rrobe, i hyftë ai si ujë në trupin e tij dhe si vaj në kockat e tij;

¹⁹ Qoftë për të si një rrobe që e mbulon dhe si një brez që e lidh përjetë.

²⁰ Qoftë ky nga ana e Zotit shpërblimi për kundërshtarët e mi dhe për ata që flasin keq kundër meje.

²¹ Por ti, o Zot, o Zot, vepro në favorin tim për hir të emrit tënd, çliromë me dhemshurinë dhe mirësinë tënde,

²² sepse unë jam i varfër dhe nevojtar, dhe zemra ime është

plagosur brenda meje.

²³ Unë iki si një hije që zgjatet, jam i tronditur si një karkalec.
²⁴ Gjunjët e mi dridhen nga të pangrënët dhe trupi im është dobësuar për mungesë të dhjamit.
²⁵ Jam bërë një faqezi për ta; kur më shohin, tundin kokën.
²⁶ Ndihmomë, o Zot, Perëndia im, shpëtomë për dhemshurinë tënde,
²⁷ dhe ta dinë që kjo është vepër e duarve të tua, dhe që ti, o Zot, e ke bërë.
²⁸ Ata do të mallkojnë, por ti do të bekosh; kur të ngrihen, do të mbeten të hutuar, por shërbëtori yt do të gëzohet.
²⁹ U mbulofshin me turp kundërshtarët e mi dhe u mbështjellshin me turp si me mantel.
³⁰ Unë do të kremtoj me të madhe Zotin me gojën time dhe do ta lëvdoj në mes të një turme të madhe,
³¹ sepse ai rri në të djathtë të të varfërit për ta shpëtuar nga ata që e dënojnë me vdekje.

Kapitull 110

¹ Zoti i thotë Zotërisë time: "Ulu në të djathtën time deri sa t'i bëj armiqtë e tu stol të këmbëve të tua".
² Zoti do ta shtrijë nga Sioni skeptrin e fuqisë sate. Ai sundon në mes të armiqve të tu.
³ Populli yt do të afrohet vullnetarisht ditën e pushtetit tënd; në madhështinë e shenjtërisë, nga gjiri i agimit, ti do të kesh vesën e rinisë sate.
⁴ Zoti është betuar dhe nuk do të pendohet: "Ti je prift përjetë sipas urdhërit të Melkisedekut".
⁵ Zoti është në të djathtën tënde. Ai ka për të zhdukur disa mbretër ditën e zemërimit të tij.
⁶ Ai do të gjykojë kombet, do t'i mbushë me kufoma dhe do të zhdukë qeveritarët e pjesës më të madhe të tokës.
⁷ Rrugës do të pijë ujë nga përroi dhe si pasojë do të ngrerë kokën.

Kapitull 111

¹ Aleluja. Unë do të kremtoj Zotin me gjithë zemër në këshillën e të drejtëve dhe në kuvend.
² Të mëdha janë veprat e Zotit, të kërkuara nga të gjithë ata që kënaqen me to.
³ Veprat e tij janë madhështore dhe drejtësia e tij vazhdon përjetë.
⁴ Ai bën që mrekullitë e tij të kujtohen; Zoti është i dhemshur dhe plot mëshirë.
⁵ Ai u jep ushqime atyre që kanë frikë prej tij dhe do ta mbajë mend gjithnjë besëlidhjen e tij.
⁶ Ai i tregoi popullit të tij fuqinë e veprave të tij, duke i dhënë trashëgiminë e kombeve.
⁷ Veprat e duarve të tij janë e vërteta dhe drejtësia; tërë urdhërimet e tij janë të qëndrueshme,
⁸ të patundura përjetë, për gjithnjë, të kryera me vërtetësi dhe drejtësi.
⁹ Ai i dërgoi popullit të tij shpëtimin, ka vendosur besëlidhjen e tij përjetë; i shenjtë dhe i tmerrshëm është emri i tij.
¹⁰ Frika e Zotit është zanafilla e diturisë; kanë dituri të madhe ata që zbatojnë në praktikë urdhërimet e tij; lëvdimi i tij vazhdon në përjetësi.

Kapitull 112

¹ Aleluja. Lum njeriu që ka frikë nga Zoti dhe gjen një gëzim të madh në urdhërimet e tij.
² Pasardhësit e tij do të jenë të fuqishëm mbi tokë, brezat e njerëzve të drejtë do të jenë të bekuar.
³ Në shtëpinë e tij ka bollëk dhe pasuri dhe drejtësia e tij vazhdon përjetë.
⁴ Drita lind në terr për ata që janë të drejtë, për njeriun e dhemshur, të mëshirshëm dhe të drejtë.
⁵ Do të jetë i lumtur njeriu që ka dhemshuri dhe jep hua, dhe i drejton punët e tij me drejtësi,
⁶ sepse nuk do të lëvizet kurrë; i drejti do të kujtohet gjithnjë.
⁷ Ai nuk do t'u trëmbet lajmeve të këqia; zemra e tij është e fortë, me besim tek Zoti.
⁸ Zemra e tij është e sigurt; ai nuk do të ketë fare frikë, deri sa të mos shikojë triumfues mbi armiqtë e tij.
⁹ Ai ka shpërndarë lirisht, u ka dhënë nevojtarëve, drejtësia e tij vazhdon përjetë dhe fuqia e tij do të ngrihet në lavdi.
¹⁰ I pabesi do ta shohë dhe do të zemërohet, do të kërcëllijë dhëmbët dhe do të konsumohet; dëshira e të pabesëve nuk do të realizohet kurrë.

Kapitull 113

¹ Aleluja. Lëvdoni, o shërbëtorë të Zotit, lëvdoni emrin e Zotit.
² Qoftë i bekuar emri i Zotit tani dhe përjetë.
³ Nga lindja e diellit deri në perëndim të tij u lëvdoftë emri i Zotit.
⁴ Zoti shkëlqen mbi tërë kombet, lavdia e tij ndodhet përmbi qiejtë.
⁵ Kush i përngjan Zotit, Perëndisë tonë, që banon në vende shumë të larta,
⁶ kush ulet për të parë gjërat që ndodhen në qiejtë dhe mbi tokë?
⁷ Ai e ngre të mjerin nga pluhuri dhe nevojtarin nga plehrat,
⁸ për ta bërë të ulet me princat, me princat e popullit të tij.
⁹ Ai bën që gruaja shterpe të banojë në familje, si nënë e lumtur e fëmijëve. Aleluja.

Kapitull 114

¹ Kur Izraeli doli nga Egjipti dhe shtëpia e Jakobit nga një popull që fliste një gjuhë të huaj,
² Juda u bë shenjtorja e tij dhe Izraeli zotërimi i tij.
³ Deti e pa dhe iku, Jordani u kthye prapa.
⁴ Malet u hodhën si desh dhe kodrat si qengja.
⁵ Ç'pate ti, o det, që ike, dhe ti, o Jordan, që u ktheve prapa?
⁶ Dhe ju, o male, që u hodhët si desh, dhe ju, o kodra, si qengja?
⁷ Dridhu, o tokë, në prani të Zotit, në prani të Perëndisë të Jakobit,
⁸ që e shndërroi shkëmbin në liqen, shkrepin në një burim uji.

Kapitull 115

¹ Jo neve, o Zot, jo neve, por emrit tënd jepi lavdi, për mirësinë tënde dhe për besnikërinë tënde.
² Sepse do të thonë kombet: "Ku është tani Perëndia i tyre?".
³ Por Perëndia ynë është në qiejtë dhe bën tërë atë që i pëlqen.
⁴ Idhujt e tyre janë argjend dhe ar, vepër e duarve të njeriut.
⁵ kanë gojë por nuk flasin, kanë sy por nuk shohin,
⁶ kanë veshë por nuk dëgjojnë, kanë hundë por nuk nuhasin,
⁷ kanë duar por nuk prekin, kanë këmbë por nuk ecin; me grykën e tyre nuk nxjerrin asnjë zë.
⁸ Njëlloj si ata janë ata që i bëjnë, tërë ata që u besojnë atyre.
⁹ O Izrael, ki besim tek Zoti! Ai është ndihma e tyre dhe mburoja e tyre.
¹⁰ O shtëpi e Aaronit, ki besim tek Zoti! Ai është ndihma e tyre dhe mburoja e tyre.
¹¹ O ju që keni frikë nga Zoti; kini besim tek Zoti! Ai është ndihma e tyre dhe mburoja e tyre.
¹² Zoti na kujtoi dhe do të na bekojë; po, ai do të bekojë shtëpinë e Izraelit dhe do të bekojë shtëpinë e Aaronit.
¹³ Ai do të bekojë ata që kanë frikë nga Zoti, të vegjël dhe të mëdhenj.
¹⁴ Zoti ju bëftë të rriteni, ju dhe bijtë tuaj.
¹⁵ Qofshin të bekuar nga Zoti, që ka bërë qiejtë dhe tokën.
¹⁶ Qiejtë janë qiejtë e Zotit, por tokën ai ua ka dhënë bijve të njerëzve.
¹⁷ Nuk janë të vdekurit ata që lëvdojnë të Zotin, as ata që zbresin në vendin e heshtjes.
¹⁸ Por ne do ta bekojmë Zotin, tani dhe përjetë. Aleluja.

Kapitull 116

¹ Unë e dua Zotin, sepse ai dëgjoi zërin tim dhe lutjet e mia.
² Duke qenë se e ka kthyer ndaj meje veshin e tij, unë do ta kërkoj në gjithë ditët e jetës sime.
³ Vargonjtë e vdekjes më kishin rrethuar dhe ankthet e Sheolit më kishin pushtuar; fatkeqësia dhe dhembja më kishin vënë përfund.
⁴ Atëherë i kërkova ndihmë Zotit: "O Zot, të lutem, më shpëto".
⁵ Zoti është i dhemshur dhe i drejtë, Perëndia ynë është i mëshirshëm.
⁶ Zoti mbron njerëzit e thjeshtë; unë isha katandisur në një gjendje të mjeruar, dhe ai më shpëtoi.
⁷ Kthehu, o shpirti im, në prehjen tënde, sepse Zoti të mbushi me të mira.
⁸ Po, sepse ti ke çliruar jetën time nga vdekja, sytë e mi dhe lotët dhe këmbët e mia nga rrëzimi.
⁹ Unë do të eci në prani të Zotit në tokën e të gjallëve.
¹⁰ Unë kam besuar dhe prandaj flas. Unë isha shumë i pikëlluar,
¹¹ dhe thoja gjatë përhumbjes sime: "Çdo njeri është gënjeshtar".
¹² Ç'do t'i jap Zotit në këmbim të gjitha të mirave që më ka bërë?
¹³ Unë do të ngre kupën e shpëtimit dhe do të thërres emrin e Zotit.

¹⁴ Do të plotësoj zotimet e mia ndaj Zotit në prani të të gjithë popullit të tij.

¹⁵ Është e çmueshme në sytë e Zotit vdekja e të shenjtëve të tij.

¹⁶ Unë jam me të vërtetë shërbëtori yt, o Zot, jam shërbëtori yt, bir i shërbëtores sate; ti i këpute lidhjet e mia.

¹⁷ Unë do të të ofroj një flijim falenderimi dhe do të përmend emrin e Zotit.

¹⁸ Do t'i plotësoj zotimet e mia Zotit në prani të të gjithë popullit të tij,

¹⁹ në oborret e shtëpisë së Zotit, në mesin tënd, o Jeruzalem. Aleluja.

Kapitull 117

¹ Lëvdoni Zotin, ju gjithë kombet! Kremtojini, ju gjithë popujt!

² Sepse e madhe është dhemshuria e tij ndaj nesh, dhe besnikëria e Zotit vazhdon përjetë. Aleluja.

Kapitull 118

¹ Kremtojeni Zotin sepse ai është i mirë, sepse mirësia e tij vazhdon përjetë.

² Po, Izraeli le të thotë tani: "Dhemshuria e tij vazhdon përjetë".

³ Po, tani shtëpia e Aaronit le të thotë: "Dhemshuria e tij vazhdon përjetë".

⁴ Po, le të thonë tani ata që kanë frikë nga Zoti: "Dhemshuria e tij vazhdon përjetë".

⁵ Në ankth kërkova Zotin, dhe Zoti m'u përgjigj dhe më çoi larg.

⁶ Zoti është për mua; unë nuk do të kem fare frikë; çfarë mund të më bëjë njeriu?

⁷ Zoti është për mua nga ata që më ndihmojnë, dhe unë do t'i shikoj triumfues armiqtë e mi.

⁸ Është më mirë të gjesh strehë tek Zoti se sa t'i kesh besim njeriut.

⁹ Është më mirë të gjesh strehë tek Zoti se sa t'u kesh besim princave.

¹⁰ Tërë kombet më kishin rrethuar, por në emër të Zotit unë do t'i zhduk ato.

¹¹ Më kishin rrethuar, po, më kishin rrethuar, por në emër të Zotit unë do t'i shkatërroj.

¹² Më kishin rrethuar si bleta, por u shuan si zjarr ferrishtash; në emër të Zotit unë do t'i shkatërroj.

¹³ Ti më kishe shtyrë me dhunë për të më rrëzuar, por Zoti më ndihmoi.

¹⁴ Zoti është forca ime dhe kënga ime, ai ka qenë shpëtimi im.

¹⁵ Një britmë gëzimi dhe fitoreje jehon në çadrat e të drejtëve; dora e djathtë e Zotit bën çudi.

¹⁶ E djathta e Zotit u ngrit; e djathta e Zotit bën çudi.

¹⁷ Unë nuk do të vdes, por do të jetoj dhe do të tregoj veprat e Zotit.

¹⁸ Zoti më ka ndëshkuar rëndë, por nuk më ka lënë në dorë të vdekjes.

¹⁹ Më hapni portat e drejtësisë; unë do të hyj dhe do të kremtoj Zotin.

²⁰ Kjo është porta e Zotit, të drejtët do të kalojnë nëpër të.

²¹ Unë do të të kremtoj, sepse më je përgjigjur dhe ke qenë shpëtimi im.

²² Guri, që ndërtuesit kishin hedhur, u bë guri i qoshes.

²³ Kjo është vepër e Zotit, dhe është një gjë e mrekullueshme në sytë tona.

²⁴ Kjo është dita që Zoti ka bërë; le të gëzohemi dhe të ngazëllojmë në të.

²⁵ O Zot, na ndihmo tani; o Zot, bëj që tani të kemi mbarësi.

²⁶ I bekuar qoftë ai që vjen në emër të Zotit; ne ju bekojmë nga shtëpia e Zotit.

²⁷ Zoti është Perëndia dhe ka bërë që mbi ne të shkëlqejë drita e tij; lidheni viktimën e flijimit në brirët e altarit.

²⁸ Ti je Perëndia im, unë do të të kremtoj; ti je Perëndia im, unë do të të përlëvdoj.

²⁹ Kremtoni Zotin, sepse ai është i mirë, sepse mirësia e tij vazhdon përjetë.

Kapitull 119

¹ Lum ata që kanë një rrugë pa njollë dhe që ecin me ligjin e Zotit.

² Lum ata që respektojnë mësimet e tij, që e kërkojnë me gjithë zemër

³ dhe nuk kryejnë të keqen, por ecin në rrugët e tij.

⁴ Ti na ke urdhëruar të respektojmë urdhërimet e tua me kujdes.

⁵ Oh, rrugët e mia qofshin të qëndrueshme në respektimin e statuteve të tua.

⁶ Atëherë nuk do të turpërohem, kur të kem parasysh të gjitha urdhërimet e tua.

⁷ Do të të kremtoj me zemër të drejtë ndërsa mësoj dekretet e tua të drejta.

⁸ Do të respektoj statutet e tua, mos më braktis plotësisht.

⁹ Si mundet një i ri të bëjë rrugën e tij të pastër? Duke e ruajtur me fjalën tënde.

¹⁰ Të kam kërkuar me gjithë zemër; mos më lër të devijoj nga urdhërimet e tua.

¹¹ E kam ruajtur fjalën tënde në zemrën time, që të mos mëkatoj kundër teje.

¹² Ti je i bekuar, o Zot, më mëso statutet e tua.

¹³ Me buzët e mia kam numëruar të gjitha dekretet e gojës sate.

¹⁴ Gëzohem duke ndjekur porositë e tua, ashtu sikur të zotëroja tërë pasuritë.

¹⁵ Do të mendoj thellë mbi urdhërimet e tua dhe do të marrë në konsideratë shtigjet e tua.

¹⁶ Do të kënaqem me statutet e tua dhe nuk do ta harroj fjalën tënde.

¹⁷ Bëji të mirë shërbëtorit tënd, dhe unë do të jetoj dhe do të respektoj fjalën tënde.

¹⁸ Hapi sytë e mi dhe unë do të sodit mrekullitë e ligjit tënd.

¹⁹ Unë jam i huaji mbi dhe; mos m'i fshih urdhërimet e tua.

²⁰ Shpirti im tretet nga dëshira e dekreteve të tua në çdo kohë.

²¹ Ti i qorton kryelartët, që janë të mallkuar, sepse largohen nga urdhërimet e tua.

²² Hiq prej meje turpin dhe përbuzjen, sepse unë i kam respektuar porositë e tua.

²³ Edhe sikur princat të ulen dhe të flasin kundër teje, shërbëtori yt do të mendohet thellë mbi ligjet e tua.

²⁴ Porositë e tua janë gëzimi im dhe këshilltarët e mi.

²⁵ Unë bie përmbys në pluhur; më ringjall sipas fjalës sate.

²⁶ Të kam treguar rrugët e mia, dhe ti më je përgjigjur; më mëso statutet e tua.

²⁷ Më bëj që të kuptoj rrugën e urdhërimeve të tua, dhe unë do të mendohem thellë mbi mrekullitë e tua.

²⁸ Jeta ime tretet në dhimbje; më jep forcë sipas fjalës sate.

²⁹ Mbamë larg nga gënjeshtra dhe, në hirin tënd, bëmë të njohur ligjin tënd.

³⁰ Kam zgjedhur rrugën e besnikërisë; i kam vënë dekretet e tua para vetes.

³¹ Jam i lidhur me porositë e tua; o Zot, mos lejo që unë të hutohem.

³² Do të veproj në rrugën e urdhërimeve të tua, sepse ti do të më zgjerosh zemrën.

³³ Më mëso, o Zot, rrugën e statuteve të tu dhe unë do ta ndjek deri në fund.

³⁴ Më jep mënçuri dhe unë do ta ruaj ligjin tënd; po, do ta respektoj me gjithë zemër.

³⁵ Më bëj të ec në rrugën e urdhërimeve të tua, sepse në to gjej kënaqësinë time.

³⁶ Përkule zemrën time parimeve të tua dhe jo lakmisë.

³⁷ Largoji sytë e mi nga gjërat e kota dhe gjallëromë në rrugët e tua.

³⁸ Mbaje fjalën tënde shërbëtorit tënd, që ka frikë nga ty.

³⁹ Largo nga unë fyerjet e rënda, që më trembin, sepse dekretet e tua janë të mira.

⁴⁰ Ja, unë dëshiroj me zjarr urdhërimet e tua; gjallëromë në drejtësinë tënde.

⁴¹ Le të më arrijë shpirtmadhësia jote, o Zot, dhe shpëtimi yt sipas fjalës sate.

⁴² Kështu do të mund t'i përgjigjem atij që më fyen, sepse kam besim te fjala jote.

⁴³ Mos hiq plotësisht nga goja ime fjalën e së vërtetës, sepse unë kam shpresë te dekretet e tua.

⁴⁴ Kështu do të respektoj ligjin tënd vazhdimisht, përjetë.

⁴⁵ Do të ec në liri, sepse kërkoj urdhërimet e tua.

⁴⁶ Do të flas për porositë e tua para mbretërve dhe nuk do të turpërohem.

⁴⁷ Do të kënaqem me urdhërimet e tua, sepse i dua.

⁴⁸ Do të ngre duart e mia drejt urdhërimeve të tua, sepse i dua, dhe do të mendohem thellë mbi statutet e tua.

⁴⁹ Mbaje mend fjalën që i ke dhënë shërbëtorit tënd, me të cilën me kë bërë të kem shpresa.

⁵⁰ Ky është përdëllimi im në pikëllim, që fjala jote më ka dhënë jetë.

⁵¹ Kryelartët më mbulojnë me tallje, por unë nuk largohem nga

ligji yt.

⁵² Mbaj mend dekretet e tua të lashta, o Zot, dhe kjo më ngushëllon.

⁵³ Një indinjatë e madhe më pushton për shkak të të pabesëve që braktisin ligjin tënd.

⁵⁴ Statutet e tua kanë qenë kantikët e mi në shtëpinë e shtegëtimit tim.

⁵⁵ O Zot, unë kujtoj emrin tënd natën dhe respektoj ligjin tënd.

⁵⁶ Kjo ndodh sepse respektoj urdhërimet e tua.

⁵⁷ Ti je pjesa ime, o Zot, kam premtuar të respektoj fjalët e tua.

⁵⁸ Të jam lutur shumë, me gjithë zemër; ki mëshirë për mua sipas fjalës sate.

⁵⁹ Kam shqyrtuar rrugët e mia dhe i kam kthyer hapat e mia ndaj urdhërave të tua.

⁶⁰ Pa asnjë mëdyshje nxitova të respektoj urdhërimet e tua.

⁶¹ Litarët e të pabesëve më kanë mbështjellë, por unë nuk e kam harruar ligjin tënd.

⁶² Në mes të natës ngrihem që të të kremtoj, për shkak të dekreteve të tua të drejta.

⁶³ Unë jam shok i gjithë atyre që kanë frikë prej teje dhe i atyre që respektojnë urdhërimet e tua.

⁶⁴ O Zot, toka është e mbushur me mirësinë tënde; më mëso statutet e tua.

⁶⁵ Ti i ke bërë të mira shërbëtorit tënd, o Zot, sipas fjalës sate.

⁶⁶ Më mëso të gjykoj drejt dhe të kem njohje, sepse u besoj urdhërimeve të tua.

⁶⁷ Para se të pikëllohem endesha sa andej e këndej, por tani ndjek fjalën tënde.

⁶⁸ Ti je i mirë dhe bën të mira; më mëso statutet e tua.

⁶⁹ Kryelartët kanë trilluar kundër meje, por unë do të respektoj urdhërimet e tua me gjithë zemër.

⁷⁰ Zemra e tyre është e pandjeshme si dhjami; por unë kënaqem me ligjin tënd.

⁷¹ Ka qenë një e mirë për mua të jem pikëlluar, që kështu të mësoja statutet e tua.

⁷² Ligji i gojës sate për mua është më i çmuar se mijëra monedha ari dhe argjendi.

⁷³ Duart e tua më kanë bërë dhe më kanë dhënë trajtë; më jep zgjuarësi që të mund të mësoj urdhërimet e tua.

⁷⁴ Ata që kanë frikë prej teje do të më shohin dhe do të kënaqen, sepse pata shpresë në fjalën tënde.

⁷⁵ Unë e di, o Zot, që dekretet e tua janë të drejta, dhe që ti më ke hidhëruar në besnikërinë tënde.

⁷⁶ Mirësia jote qoftë përdëllimi im, sipas fjalës që i ke dhënë shërbëtorit tënd.

⁷⁷ Ardhshin tek unë dhemshuritë e tua të mëdha dhe kështu paça mundësi të jetoj, sepse ligji yt është kënaqësia ime.

⁷⁸ U ngatërrofshin mëndjemëdhenjtë, sepse më trajtojnë në mënyrë të padrejtë dhe pa arsye; por unë mendohem shumë mbi urdhërimet e tua.

⁷⁹ Le të drejtohen tek unë ata që kanë frikë nga ti dhe ata që njohin urdhërat e tua.

⁸⁰ Le të jetë zemra ime e paqortueshme lidhur me statutet e tua, me qëllim që unë të mos ngatërrohem.

⁸¹ Shpirti im shkrihet nga dëshira e zjarrtë e shpëtimit tënd; unë kam shpresë në fjalën tënde.

⁸² Sytë e mi dobësohen duke pritur të shkojë në vend fjala jote, ndërsa them: "Kur do të më ngushëllosh?".

⁸³ Ndonëse jam bërë si një calik i ekspozuar në tym, nuk i kam harruar statutet e tua.

⁸⁴ Sa janë ditët e shërbëtorit tënd? Kur do t'u vish hakut atyre që më ndjekin?

⁸⁵ Mëndjemëdhenjtë kanë hapur gropa për mua; ata nuk veprojnë sipas ligjit tënd.

⁸⁶ Tërë urdhërimet e tua meritojnë besim; më përndjekin pa të drejtë; ndihmomë.

⁸⁷ Më kanë eliminuar gati gati nga toka, por unë nuk i kam braktisur urdhërimet e tua.

⁸⁸ Gjallëromë sipas mirësisë sate, dhe unë do të respektoj porositë e gojës sate.

⁸⁹ Gjithnjë, o Zot, fjala jote është e qëndrueshme në qiejtë.

⁹⁰ Besnikëria jote vazhdon brez pas brezi; ti e ke vendosur tokën dhe ajo ekziston.

⁹¹ Qielli dhe toka ekzistojnë deri në ditën e sotme, sepse çdo gjë është në shërbimin tënd.

⁹² Në qoftë se ligji yt nuk do të kishte qenë kënaqësia ime, do të isha zhdukur në pikëllimin tim.

⁹³ Nuk do t'i harroj kurrë urdhërimet e tua, sepse me anë të tyre ti më ke dhënë jetën.

⁹⁴ Unë jam yti; shpëtomë, sepse kam kërkuar urdhërimet e tua.

⁹⁵ Të pabesët më zënë pusi që unë të vdes, por unë do të mbështetem në parimet e tua.

⁹⁶ Pashë caqet e çdo gjëje të përsour, por urdhërimi yt nuk ka asnjë cak.

⁹⁷ Oh, sa shumë e dua ligjin tënd! Ai është përsiatja ime gjithë ditën.

⁹⁸ Urdhërimet e tua më bëjnë më të urtë se armiqtë e mi, sepse janë gjithnjë me mua.

⁹⁹ Kuptoj më shumë se të gjithë mësuesit e mi, sepse urdhërimet e tua janë përsiatja ime.

¹⁰⁰ Kam më tepër zgjuarësi se pleqtë, sepse respektoj urdhërimet e tua.

¹⁰¹ Kam përmbajtur hapat e mia nga çdo shteg i keq, për të respektuar fjalën tënde.

¹⁰² Nuk jam larguar nga dekretet e tua, sepse ti vetë më ke mësuar.

¹⁰³ Sa të ëmbla janë fjalët e tua në gojën time! Janë më të ëmbla se mjalti në gojën time.

¹⁰⁴ Me anë të urdhërimeve të tua unë përfitoj zgjuarësinë; prandaj urrej çdo shteg falsiteti.

¹⁰⁵ Fjala jote është një llambë në këmbën time dhe një dritë në shtegun tim.

¹⁰⁶ Unë jam betuar dhe do ta mbaj betimin që të respektoj dekretet e tua të drejta.

¹⁰⁷ Unë jam shumë i pikëlluar, gjallëromë, o Zot, sipas fjalës sate.

¹⁰⁸ O Zot, prano ofertat spontane të gojës sime dhe mësomë dekretet e tua.

¹⁰⁹ Ndonëse e kam gjithnjë shpirtin në pëllëmbë të dorës, nuk e harroj ligjin tënd.

¹¹⁰ Të pabesët më kanë ngritur kurthe, por unë nuk jam larguar nga udhërimet e tua.

¹¹¹ Porositë e tua janë trashëgimia ime përjetë; ato janë gëzimi i zemrës sime.

¹¹² Jam zotuar me gjithë zemër për t'i zbatuar në praktikë statutet e tua përjetë, deri në fund.

¹¹³ Unë i urrej njerëzit që gënjejnë, por e dua ligjin tënd.

¹¹⁴ Ti je streha ime dhe mburoja ime; unë shpresoj në fjalën tënde.

¹¹⁵ Largohuni, o njerëz të këqij, sepse unë dua të respektoj urdhërimet e Perëndisë tim.

¹¹⁶ Më ndihmo sipas fjalës sate, që unë të jetoj, dhe të mos lejoj të ketë hutim në shpresën time.

¹¹⁷ Përforcomë dhe unë do të shpëtoj, dhe do t'i kem gjithnjë statutet e tua përpara syve të mi.

¹¹⁸ Ti i hedh poshtë të gjithë ata që largohen nga statutet e tua, sepse mashtrimi i tyre është gënjeshtër.

¹¹⁹ Ti zhduk si fundërrina tërë të pabesët e tokës; prandaj unë i dua porositë e tua.

¹²⁰ Mishi im dridhet i tëri nga frika jote, dhe unë kam frikë nga dekretet e tua.

¹²¹ Unë kam bërë atë që është e ndershme dhe e drejtë; mos më braktis në duart e shtypësve të mi.

¹²² Jepi siguri dhe mbarësi shërbëtorit tënd, dhe mos lejo që mëndjemëdhenjtë të më shtypin.

¹²³ Sytë e mi dobësohen duke kërkuar shpëtimin tënd dhe fjalën e drejtësisë sate.

¹²⁴ Kujdesu për shërbëtorin tënd sipas mirësisë sate dhe mësomë statutet e tua.

¹²⁵ Unë jam shërbëtori yt; më jep mendje, që të mund të njoh porositë e tua.

¹²⁶ Është koha, o Zot, që të veprosh; ata kanë anuluar ligjin tënd.

¹²⁷ Për këtë arësye unë i dua urdhërimet e tua më tepër se ari; po, më tepër se ari i kulluar.

¹²⁸ Për këtë arësye i konsideroj të drejta urdhërimet e tua dhe urrej çdo shteg të gënjeshtrës.

¹²⁹ Porositë e tua janë të mrekullueshme, prandaj shpirti im i respekton.

¹³⁰ Zbulimi i fjalëve të tua ndriçon dhe u jep mendje njerëzve të thjeshtë.

¹³¹ Unë hap gojën time dhe psherëtij, nga dëshira e madhe e porosive të tua.

¹³² Kthehu nga unë dhe ki mëshirë për mua, ashtu si bën me ata që e duan emrin tënd.

¹³³ Stabilizoi hapat e mia sipas fjalëve të tua dhe mos lejo që asnjë paudhësi të më sundojë.

¹³⁴ Më çliro nga shtypja e njerëzve dhe unë do të respektoj

Psalmeve

urdhërimet e tua.

¹³⁵ Bëj që të shkëlqejë fytyra jote mbi shërbëtorin tënd dhe më mëso statutet e tua.

¹³⁶ Rrëke lotësh zbresin nga sytë e mi, sepse nuk respektohet ligji yt.

¹³⁷ Ti je i drejtë, o Zot, dhe dekretet e tua janë të drejta.

¹³⁸ Ti i ke përcaktuar porositë e tua me drejtësi dhe me besnikëri të madhe.

¹³⁹ Zelli im të tret, sepse armiqtë e mi kanë harruar fjalët e tua.

¹⁴⁰ Fjala jote është e pastër nga çdo zgjyrë; prandaj shërbëtori yt e do.

¹⁴¹ Jam i vogël dhe i përbuzur, por nuk i harroi udhërimet e tua.

¹⁴² Drejtësia jote është një drejtësi e përjetshme dhe ligji yt është i vërtetë.

¹⁴³ Ankthi dhe shqetësimi më kanë pushtuar, por urdhërimet e tua janë gëzimi im.

¹⁴⁴ Porositë e tua janë të drejta përjetë; më jep mendje dhe unë do të jetoj.

¹⁴⁵ Unë bërtas me gjithë zemër; përgjigjmu, o Zot, dhe unë do të respektoj statutet e tua.

¹⁴⁶ Unë të kërkoj; shpëtomë, dhe do të respektoj porositë e tua.

¹⁴⁷ Unë zgjohem para agimit dhe bërtas; unë kam shpresë te fjala jote.

¹⁴⁸ Sytë e mi paraprijnë natën për të menduar thellë fjalën tënde.

¹⁴⁹ Dëgjo zërin tim sipas mirësisë sate; o Zot, gjallëromë sipas dekretit tënd të drejtë.

¹⁵⁰ Kam afër vetes ata që ndjekin të keqen, por ata janë larg ligjit tënd.

¹⁵¹ Ti je afër, o Zot, dhe të gjitha urdhërimet e tua janë të vërteta.

¹⁵² Prej shumë kohe kam mësuar urdhërimet e tua, të cilat i ke vendosur përjetë.

¹⁵³ Merr parasysh pikëllimin tim dhe më çliro, sepse nuk e kam harruar ligjin tënd.

¹⁵⁴ Mbro çështjen time dhe më shpengo; më gjallëro sipas fjalës sate.

¹⁵⁵ Shpëtimi është larg nga të pabesët, sepse ata nuk kërkojnë statutet e tua.

¹⁵⁶ Dhemshuritë e tua janë të mëdha, o Zot; më gjallëro sipas dekreteve të tua të drejta.

¹⁵⁷ Persekutuesit e mi dhe armiqtë e mi janë të shumtë; por unë nuk largohem nga porositë e tua.

¹⁵⁸ I pashë të pabesët dhe i urrej, sepse nuk respektojnë fjalën tënde.

¹⁵⁹ Ki parasysh sa i dua urdhërimet e tua! O Zot, gjallëromë sipas mirësisë sate.

¹⁶⁰ Shuma e fjalës sate është e vërteta; dhe të gjitha dekretet e tua të drejta qëndrojnë përjetë.

¹⁶¹ Princat më përndjekin pa arësye, por zemra ime ka shumë frikë nga fjala jote.

¹⁶² Unë ndjej një gëzim të madh në fjalën tënde, ashtu si ai që gjen një plaçkë të madhe.

¹⁶³ Urrej dhe s'e shoh dot me sy gënjeshtrën, por e dua ligjin tënd.

¹⁶⁴ Të lëvdoj shtatë herë në ditë për dekretet e tua të drejta.

¹⁶⁵ Paqe të madhe kanë ata që e duan ligjin tënd, dhe nuk ka asgjë që mund t'i rrëzojë.

¹⁶⁶ O Zot, unë shpresoj në shpëtimin tënd dhe i zbatoj në praktikë urdhërimet e tua.

¹⁶⁷ Unë kam respektuar porositë e tua dhe i dua me të madhe.

¹⁶⁸ Kam respektuar urdhërimet e tua dhe porositë e tua, sepse të gjitha rrugët janë para teje.

¹⁶⁹ Le të arrijë deri te ti britma ime, o Zot; me jep mendja sipas fjalës sate.

¹⁷⁰ Le të arrijë deri te ti lutja ime, çliromë sipas fjalës sate.

¹⁷¹ Buzët e mia do të përhapin lavde, me qëllim që ti të më mësosh statutet e tua.

¹⁷² Gjuha ime do të shpallë fjalën tënde, sepse tërë urdhërimet e tua janë të drejta.

¹⁷³ Dora jote më ndihmoftë, sepse unë kam zgjedhur urdhërimet e tua.

¹⁷⁴ Unë dëshiroj me zjarr shpëtimin tënd, o Zot, dhe ligji yt është gëzimi im.

¹⁷⁵ Le të kem mundësi të jetoj që të të lëvdoj, dhe le të më ndihmojnë dekretet e tua.

¹⁷⁶ Unë po endem si një dele e humbur. Kërko shërbëtorin tënd, sepse unë nuk i harroi urdhërimet e tua.

Kapitull 120

¹ Në ankthin tim i klitha Zotit, dhe ai m'u përgjigj.

² O Zot, më çliro nga buzët gënjeshtare dhe nga gjuha mashtruese.

³ Çfarë do të të japin ose çfarë do të të shtojnë, o gjuhë gënjeshtare?

⁴ Shigjeta të mprehta të një trimi, me qymyr dëllinje.

⁵ I mjeri unë, që banoj në Meshek dhe që strehohem në çadrat e Kedarit!

⁶ Tepër gjatë kam banuar me ata që e urrejnë paqen.

⁷ Unë jam për paqen; ata përkundrazi, kur unë flas, janë për luftën.

Kapitull 121

¹ Unë i ngre sytë nga malet; nga do të më vijë ndihma?

² Ndihma me vjen nga Zoti, që ka bërë qiejtë dhe tokën.

³ Ai nuk do të lejojë që të të merren këmbët, ai që të mbron nuk do të dremitë.

⁴ Ja, ai që mbron Izraelin nuk dremit dhe nuk fle.

⁵ Zoti është ai që të mbron, Zoti është hija jote, ai ndodhet në të djathtën tënde.

⁶ Dielli nuk ka për të të goditur ditën, as hëna natën.

⁷ Zoti do të të ruajë nga çdo e keqe; ai do të ruajë jetën tënde.

⁸ Zoti do të ruajë daljet dhe hyrjet e tua, tani dhe përjetë.

Kapitull 122

¹ U gëzova kur më thanë: "Shkojmë në shtëpinë e Zotit".

² Këmbët tona u ndalën brenda portave të tua, o Jeruzalem.

³ Jeruzalemi është ndërtuar si një qytet i bashkuar mirë,

⁴ ku ngjiten fiset, fiset e Zotit, për të kremtuar emrin e Zotit.

⁵ Sepse aty janë vënë fronet për gjykimin, fronet e shtëpisë së Davidit.

⁶ Lutuni për paqen e Jeruzalemit, le të begatohen ata që të duan.

⁷ Pastë paqe brenda mureve të tua dhe begati në pallatet e tua.

⁸ Për hir të vëllezërve të mi dhe të miqve të mi tani do të them: "Paqja qoftë te ti".

⁹ Për hir të shtëpisë së Zotit, Perëndisë tonë, unë do të kërkoj të mirën tënde.

Kapitull 123

¹ Drejt teje i ngre sytë e mi, drejt teje që je ulur në qiejtë.

² Ja, ashtu si sytë e shërbëtorëve drejtohen te dora e zotërve të tyre dhe sytë e shërbëtores te dora e zonjës së saj, kështu sytë tona drejtohen te Zoti, Perëndia ynë deri sa ai të ketë mëshirë për ne.

³ Ki mëshirë për ne, o Zot, ki mëshirë për ne, sepse jemi velur jashtë mase me përçmimin.

⁴ Shpirti ynë është velur jashtë mase me talljen e arrogantëve dhe me përçmimin e krenarëve.

Kapitull 124

¹ Në qoftë se Zoti nuk do të kishte mbajtur anën tonë, le të thotë Izraeli:

² "Në qoftë se Zoti nuk do të kishte mbajtur anën tonë, kur njerëzit u ngritën kundër nesh,

³ ata do të na kishin përpirë të gjallë, aq shumë shpërtheu zëmërimi i tyre kundër nesh;

⁴ atëherë ujërat do të na kishin mbuluar dhe përroi do të kishte kaluar mbi ne,

⁵ atëherë ujërat e fryra do të kishin kaluar mbi ne".

⁶ Bekuar qoftë Zoti, që nuk na la si pre të dhëmbëve të tyre.

⁷ Shpirti ynë shpëtoi si zogu nga laku i gjuetarit; laku u këput dhe ne shpëtuam.

⁸ Ndihma jonë është te emri i Zotit, që ka krijuar qiejtë dhe tokën.

Kapitull 125

¹ Ata që kanë besim tek Zoti janë si mali i Sionit, që nuk mund të lëvizet, por qëndron përjetë.

² Ashtu si Jeruzalemi është rrethuar nga male, kështu Zoti rri përreth popullit të tij, tani dhe përjetë.

³ Sepse skeptri i të pabesëve nuk do të pushojë përjetë mbi trashëgiminë e të drejtëve, që të drejtët të mos i shtyjnë duart e tyre për të bërë të keqen.

⁴ O Zot, bëju të mirë njerëzve të mirë dhe atyre që kanë zemër të ndershme.

⁵ Por ata që ndjekin rrugë dredha-dredha, Zoti do t'i bëjë që të ecin bashkë me ata që bëjnë paudhësi. Paqja qoftë mbi Izrael.

Kapitull 126

¹ Kur Zoti i bëri robërit e Sionit të kthehen, na u duk si ëndërr.
² Atëherë goja jonë u mbush me qeshje dhe gjuha jonë me këngë gëzimi, atëherë thuhej midis kombeve: "Zoti ka bërë gjëra të mëdha për ta".
³ Zoti ka bërë gjëra të mëdha për ne, dhe jemi tërë gëzim.
⁴ Bëj të rikthehen robërit tanë, o Zot, ashtu si përrenjtë në jug.
⁵ Ata që mbjellin me lotë, do të korrin me këngë gëzimi.
⁶ Vërtetë ecën duke qarë ai që mban farën që do të mbillet, por ai do të kthehet më këngë gëzimi duke sjellë duajt e tij.

Kapitull 127

¹ Në qoftë se Zoti nuk ndërton shtëpinë, me kot lodhen ndërtuesit; në qoftë se Zoti nuk ruan qytetin, më kot e ruanë rojet.
² Është e kotë që ju të çoheni herët dhe të shkoni vonë për të pushuar dhe për të ngrënë bukën e nxjerrë me punë të rëndë, sepse ai u jep pushim atyre që do.
³ Ja, bijtë janë një trashëgimi që vjen nga Zoti; fryti i barkut është një shpërblim.
⁴ Si shigjeta në duart e një trimi, kështu janë bijtë e rinisë.
⁵ Lum ai njeri që ka kukurën e tij plot! Ata nuk do të ngatërrohen kur të diskutojnë me armiqtë e tyre te porta.

Kapitull 128

¹ Lum kushdo që ka frikë nga Zoti dhe që ecën në rrugët tij.
² Atëherë ti do të hash me mundin e duarve të tua, do të jesh i lumtur dhe do të gëzosh begatinë.
³ Gruaja jote do të jetë si një hardhi prodhimtare në intimitetin e shtëpisë sate, bijtë e tu si drurë ulliri rreth tryezës sate!
⁴ Ja, kështu do të bekohet njeriu që ka frikë nga Zoti.
⁵ Zoti të bekoftë nga Sioni dhe ti pafsh begatinë e Jeruzalemit tërë ditët e jetës sate.
⁶ Po, pafsh bijtë e bijve të tu. Paqja qoftë mbi Izraelin.

Kapitull 129

¹ Shumë më kanë shtypur që në rininë time, le ta thotë Izraeli:
² "Shumë më kanë shtypur qysh prej rinisë sime, por nuk kanë mundur të më mposhtin.
³ Lëruesit kanë lëruar mbi kurrizin tim dhe kanë bërë aty brazda të gjata".
⁴ Zoti është i drejtë; ai i preu litarët e të pabesëve.
⁵ U turpërofshin të gjithë dhe kthefshin krahët ata që urrejnë Sionin!
⁶ U bëfshin si bari i çative, që thahet para se të rritet;
⁷ nuk ia mbush dorën korrësit, as krahët atyre që lidhin duajt;
⁸ dhe kalimtarët mos thënçin: "Bekimi i Zotit qoftë mbi ju; ne ju bekojmë në emër të Zotit".

Kapitull 130

¹ Nga vënde të thella unë të këllthas ty, o Zot.
² O Zot, dëgjo klithmën time; veshët e tu dëgjofshin me vëmendje zërin e lutjeve të mia.
³ Në rast se ti do të merrje parasysh fajet, o Zot, kush mund të rezistonte, o Zot?
⁴ Por te ti ka falje, me qëllim që të kenë frikë prej teje.
⁵ Unë pres Zotin, shpirti im e pret; unë kam shpresë në fjalën e tij.
⁶ Shpirti im pret Zotin, më tepër se rojet mëngjesin; po, më tepër se rojet mëngjesin.
⁷ O Izrael, mbaj shpresa tek Zoti, sepse pranë tij ka dhemshuri dhe shpëtim të plotë.
⁸ Ai do ta çlirojë Izraelin nga të gjitha paudhësitë e tij.

Kapitull 131

¹ O Zot, zemra ime nuk është mendjemadhe dhe sytë e mi nuk janë krenarë, dhe unë nuk merrem me gjëra tepër të mëdha dhe tepër të larta për mua.
² E kam qetësuar dhe e kam tulatur me të vërtetë shpirtin tim, si një fëmijë i zvjerdhur në gjirin e nënës së tij; shpirti im brenda meje është si një foshnje e zvjerdhur.
³ O Izrael, shpreso tek Zoti, tani dhe përjetë.

Kapitull 132

¹ Mbaje mend, o Zot, Davidin dhe të gjitha mundimet e tij,
² ashtu si ai iu betua Zotit dhe lidhi kusht me të Fuqishmin e Jakobit, duke thënë:
³ "Nuk do të hyj në çadrën e shtëpisë sime, nuk do të hipi mbi shtratin tim;
⁴ nuk do t'i jap gjumë syve të mi as pushim qepallave të mia,
⁵ deri sa të kem gjetur një vend për Zotin, një banesë për të Fuqishmin e Jakobit".
⁶ Ja, dëgjuam të flitet për të në Efratah, e gjetëm në fushat e Jaarit.
⁷ Le të shkojmë në banesën e tij, le ta adhurojmë përpara fronit të këmbëve të tij.
⁸ Çohu, o Zot, dhe eja në vendin ku pushon ti dhe arka e forcës sate.
⁹ Priftërinjtë e tu le të vishen me drejtësi, dhe le të këndojnë nga gëzimi shenjtorët e tu.
¹⁰ Për hir të Davidit, shërbëtorit tënd, mos e dëbo fytyrën e të vajosurit tënd.
¹¹ Zoti iu betua Davidit në të vërtetë dhe nuk do të ndryshojë: "Unë do të vë mbi fronin tënd një fryt të të përbrendëshmëve të tua.
¹² Në rast se bijtë e tu do të respektojnë besëlidhjen time dhe porositë e mia, që unë do t'u mësojë atyre, edhe bijtë e tyre do të ulen përjetë mbi fronin tënd".
¹³ Duke qenë se Zoti e ka zgjedhur Sionin, ai e ka dashur atë për banesën e tij:
¹⁴ "Ky është vendi im i pushimit përjetë; këtu do të banoj, sepse e kam dashur.
¹⁵ Do të bekoj fort zahiretë e tij, do t'i ngop me bukë të varfërit e tij;
¹⁶ do t'i vedh priftërinjtë e tij me shpëtim, do të ngazëllojnë shenjtorët e tij me britma gëzimi.
¹⁷ Këtu do ta rris fuqinë e Davidit dhe do t'i jap një llambë të vajosurit tim.
¹⁸ Do t'i mbuloj me turp armiqtë e tij, por mbi të do të lulëzojë kurora e tij".

Kapitull 133

¹ Ja, sa e mirë dhe e kënaqshme është që vëllezërit të banojnë bashkë në unitet!
² Është si vaji i çmuar i shpërndarë mbi krye, që zbret mbi mjekrën e Aaronit, që zbret deri në cep të rrobave të tij.
³ Është si vesa e Hermonit, që zbret mbi malet e Sionit, sepse atje Zoti ka vënë bekimin, jetën në përjetësi.

Kapitull 134

¹ Ja, bekoni Zotin, ju, të gjithë shërbëtorët e Zotit, që e kaloni natën në shtëpinë e Zotit.
² Ngrini duart në drejtim të shenjtores dhe bekoni Zotin.
³ Të bekoftë Zoti nga Sioni, ai që ka krijuar qiejtë dhe tokën.

Kapitull 135

¹ Aleluja. Lëvdoni emrin e Zotit, lëvdojeni, o shërbëtorë të Zotit,
² që rrini në shtëpinë e Zotit, në oborret e shtëpisë së Perëndisë tonë.
³ Lëvdoni Zotin, sepse Zoti është i mirë; i këndoni lavde emrit të tij, sepse ai është i dashur.
⁴ Sepse Zoti ka zgjedhur për vete Jakobin, dhe Izraelin si thesar të tij të veçantë.
⁵ Po, unë pranoj që Zoti është i madh dhe që Zoti ynë është përmbi të gjitha perënditë.
⁶ Zoti bën ç'të dojë në qiell dhe në tokë, në dete dhe në të gjitha humnerat.
⁷ Ai i larton avujt nga skajet e tokës, prodhon vetëtimat për shiun, e nxjerr erën nga depozitat e tij.
⁸ Ai i goditi të parëlindurit e Egjiptit, si të njerëzve ashtu edhe të kafshëve,
⁹ dërgoi shenja dhe mrekulli në mes teje, o Egjipt, mbi Faraonin dhe mbi të gjithë shërbëtorët e tij.
¹⁰ Ai goditi kombe të mëdha dhe vrau mbretër të fuqishëm:
¹¹ Sionin, mbretin e Amorejve, Ogun, mbretin e Bashanit, dhe tërë mbretëritë e Kanaanit.
¹² Dhe vendet e tyre ua dha në trashëgimi, në trashëgimi Izraelit, popullit të tij.
¹³ O Zot, emri yt rron përjetë; kujtimi yt, o Zot, brez pas brezi.
¹⁴ Sepse Zoti do t'i sigurojë drejtësinë popullit të tij dhe do të ketë mëshirë për shërbëtorët e tij.
¹⁵ Idhujt e kombeve janë argjendi dhe ari, vepra të dorës së njeriut;
¹⁶ kanë gojë por nuk flasin, kanë sy por nuk shohin,
¹⁷ kanë veshë por nuk dëgjojnë; nuk kanë frymë në gojën e tyre.
¹⁸ Të ngjashëm me ta janë ata që i bëjnë, kushdo që ka besim tek ata.
¹⁹ Shtëpi e Izraelit, bekoje Zotin; shtëpi e Aaronit, bekoje Zotin.

Psalmveve

²⁰ Shtëpi e Levit, bekoje Zotin; ju që keni frikë nga Zoti, bekojeni Zotin.

²¹ Nga Sioni u bekoftë Zoti, që banon në Jeruzalem. Aleluja.

Kapitull 136

¹ Kremtoni Zotin, sepse ai është i mirë dhe mirësia e tij vazhdon përjetë.

² Kremtoni Perëndinë e perëndive, sepse mirësia e tij vazhdon përjetë.

³ Kremtoni Zotin e zotërive, sepse mirësia e tij vazhdon përjetë,

⁴ atë që vetëm bën mrekulli të mëdha, sepse mirësia e tij vazhdon përjetë,

⁵ atë që ka bërë qiejtë me dituri, sepse mirësia e tij vazhdon përjetë,

⁶ atë që ka shtrirë tokën mbi ujërat, sepse mirësia e tij vazhdon përjetë,

⁷ atë që ka bërë ndriçuesit e mëdhenj, sepse mirësia e tij vazhdon përjetë,

⁸ diellin për të sunduar mbi ditën, sepse mirësia e tij vazhdon përjetë,

⁹ hënën dhe yjet për të sunduar mbi natën, sepse mirësia e tij vazhdon përjetë.

¹⁰ Ai që goditi Egjiptasit në parëbirnitë e tyre, sepse mirësia e tij vazhdon përjetë,

¹¹ dhe e nxori Izraelin nga mjedisi i tyre, sepse mirësia e tij vazhdon përjetë,

¹² me dorë të fuqishme dhe krah të shtrirë, sepse mirësia e tij vazhdon përjetë.

¹³ Atë që ndau Detin e Kuq në dy pjesë, sepse mirësia e tij vazhdon përjetë,

¹⁴ dhe e bëri Izraelin të kalojë në mes të tij, sepse mirësia e tij vazhdon përjetë,

¹⁵ por fshiu Faraonin dhe ushtrinë e tij në Detin e Kuq, sepse mirësia e tij vazhdon përjetë.

¹⁶ Atë që e çoi popullin e tij nëpër shkretëtirë, sepse mirësia e tij vazhdon përjetë,

¹⁷ atë që goditi mbretër të mëdhenj, sepse mirësia e tij vazhdon përjetë,

¹⁸ dhe vrau mbretër të fuqishëm, sepse mirësia e tij vazhdon përjetë;

¹⁹ Sihonin, mbretin e Amorejve, sepse mirësia e tij vazhdon përjetë,

²⁰ dhe Ogun, mbretin e Bashanit, sepse mirësia e tij vazhdon përjetë.

²¹ Dhe u dha atyre si trashëgimi vendin e tyre, sepse mirësia e tij vazhdon përjetë,

²² në trashëgimi Izraelit, shërbëtorit të tij, sepse mirësia e tij vazhdon përjetë.

²³ Ai u kujtua për ne në kushtet tona të këqija, sepse mirësia e tij vazhdon përjetë,

²⁴ dhe na çliroi nga armiqtë tanë, sepse mirësia e tij vazhdon përjetë.

²⁵ Ai i jep ushqim çdo krijese, sepse mirësia e tij vazhdon përjetë.

²⁶ Kremtoni Perëndinë e qiellit, sepse mirësia e tij vazhdon përjetë.

Kapitull 137

¹ Atje, pranë lumenjve të Babilonisë, rrinim ulur dhe qanim, duke kujtuar Sionin;

² mbi shelgjet e kësaj toke kishim varur qestet tona.

³ Atje, ata që na kishin çuar në robëri, na kërkonin fjalët e një kënge, po, ata që na shtypnin kërkonin këngë gëzimi, duke thënë: "Na këndoni një këngë të Sionit".

⁴ Si mund të këndonim këngët e Zotit në një vend të huaj?

⁵ Në rast se të harroj ty, o Jeruzalem, e harroftë dora ime e djathtë çdo shkathtësi;

⁶ m'u lidhtë gjuha me qiellzën, në rast se nuk të kujtoj ty, në rast se nuk e vë Jeruzalemin përmbi gëzimin tim më të madh.

⁷ Mbaji mënd, o Zot, bijtë e Edomit, që ditën e Jeruzalemit thonin: "Shkatërrojini, shkatërrojini që nga themelet".

⁸ O bijë e Babilonisë, që duhet të shkatërrohesh, lum ai që do ta lajë të keqen që na ke bërë!

⁹ Lum ai që merr foshnjët e tua dhe i përplas kundër shkëmbit!

Kapitull 138

¹ Unë do të të kremtoj me gjithë zemër, përpara perëndive do të këndoj lavdet e tua.

² Do të adhuroj i kthyer nga tempulli yt i shenjtë dhe do të kremtoj emrin tënd për mirësinë tënde dhe vërtetësinë tënde, sepse ti ke përlëvduar fjalën tënde dhe emrin tënd përmbi çdo gjë tjetër.

³ Ditën në të cilën të kërkova, ti m'u përgjigje dhe e rrite fuqinë e shpirtit tim.

⁴ Tërë mbretërit e tokës do të të kremtojnë, o Zot, kur të dëgjojnë fjalët e gojës sate,

⁵ dhe do të këndojnë rrugët e Zotit, sepse e madhe është lavdia e Zotit.

⁶ Ndonëse Zoti është i shkëlqyeshëm, ai tregon kujdes për njerëzit e thjeshtë, por mëndjemadhin e njeh nga larg.

⁷ Edhe sikur unë të eci në mes të fatkeqësisë, ti do të më ruash të gjallë; ti do të zgjatësh dorën kundër zemërimit të armiqve të mi, dhe dora jote e djathtë do të më shpëtojë.

⁸ Zoti do të kryejë veprën e tij tek unë; o Zot, mirësia jote vazhdon përjetë; mos i braktis veprat e duarve të tua.

Kapitull 139

¹ Ti më ke hetuar, o Zot, dhe më njeh.

² Ti e di kur ulem dhe kur ngrihem, ti e kupton nga larg mendimin tim.

³ Ti e shqyrton me kujdes ecjen time dhe pushimin tim dhe i njeh thellë të gjitha rrugët e mia.

⁴ Sepse, edhe para se të jetë fjala mbi gojën time ti, o Zot, e di atë plotësisht.

⁵ Ti më rrethon nga pas dhe përpara dhe vë dorën tënde mbi mua.

⁶ Njohja jote është shumë e mrekullueshme për mua, aq e lartë sa unë nuk mund ta arrij.

⁷ Ku do të mund të shkoja larg Frymës sate, ose ku do të mund të ikja larg pranisë sate?

⁸ Në rast se ngjitem në qiell, ti je atje; në rast se shtrij shtratin tim në Sheol, ti je edhe aty.

⁹ Në rast se marr krahët e agimit dhe shkoj të banoj në skajin e detit,

¹⁰ edhe aty dora jote do të më udhëheqë dhe dora jote e djathtë do të më kapë.

¹¹ Po të them: "Me siguri terri do të më fshehë", madje edhe nata do të bëhet dritë rreth meje;

¹² terri vetë nuk mund të të fshehë asgjë, madje nata shkëlqen si dita; terri dhe drita janë të barabarta për ty.

¹³ Po, ti ke formuar të përbrendëshmet e mia, ti më ke endur në barkun e nënes sime.

¹⁴ Unë do të të kremtoj, sepse jam krijuar në mënyrë të mrekulluar; veprat e tua janë të mrekullueshme, dhe unë e di shumë mirë këtë gjë.

¹⁵ Kockat e mia nuk ishin një e fshehtë për ty kur u formova në fshehtësi duke u endur në thellësitë e tokës.

¹⁶ Dhe sytë e tu panë masën pa trajtë të trupit tim, dhe në librin tënd ishin shkruar ditët që ishin caktuar për mua, megjithëse asnjë prej tyre nuk ekzistonte ende.

¹⁷ Oh, sa të çmuara janë për mua mendimet e tua, o Perëndi! Sa i madh është gjithë numri i tyre!

¹⁸ Po të doja t'i numëroja, do të ishin më të shumtë se rëra; kur zgjohem jam ende me ty.

¹⁹ Me siguri, ti do vrasësh të pabesin, o Perëndi; prandaj ju, njerëz gjakatarë largohuni nga unë.

²⁰ Ata flasin me pabesi kundër teje; armiqtë e tu përdorin më kot emrin tënd.

²¹ A nuk i urrej vallë ata që të urrejnë, o Zot, dhe a nuk i urrej ata që ngrihen kundër teje?

²² Unë i urrej me një urrejtje të përsosur; ata janë bërë armiqtë e mi.

²³ Më heto, o Perëndi, dhe njihe zemrën time; më provo dhe njihi mendimet e mia.

²⁴ dhe shiko në se ka tek unë ndonjë rrugë të keqe dhe më udhëhiq nëpër rrugën e përjetshme.

Kapitull 140

¹ Më çliro, o Zot, nga njerëzit e këqij; më mbro nga njerëzit e furishëm,

² që thurrin ligësi në zemër të tyre; ata mblidhen vazhdimisht për të bërë luftë.

³ Mprehin gjuhën e tyre si gjarpëri dhe kanë helm gjarpëri nën buzët e tyre. (Sela)

⁴ Më mbro, o Zot, nga duart e të pabesit dhe më mbro nga njeriu i dhunës, që komplotojnë për të më rrëzuar.

⁵ Kryelartët kanë fshehur për mua një lak dhe litarë, më kanë ngritur një rrjetë buzë shtegut, kanë vënë kurthe për mua. (Sela)

⁶ Unë i thashë Zotit: "Ti je Perëndia im; dëgjo, o Zot, britmën e lutjeve të mia.

⁷ O Zot Perëndi, ti je forca e shpëtimit tim, ti e ke mbuluar kokën time ditën e betejës.

⁸ O Zot, mos u jep të pabesëve atë që dëshirojnë; mos favorizo planet e tyre, që të mos lavdërohen. (Sela)

⁹ Bëj që koka e atyre që më rrethojnë të mbulohet nga çoroditja e vetë buzëve të tyre.

¹⁰ Rënçin mbi ta qymyre të ndezur; i hedhshin në zjarr, në gropa të thella, nga ku të mos mund të ngrihen.

¹¹ Njeriu gojëkeq mos qoftë i qëndrueshëm mbi tokë; fatkeqësia përndjektë njeriun e dhunës deri në shkatërrim".

¹² Unë e di që Zoti do të mbrojë çështjen e të pikëlluarit dhe do t'i sigurojë drejtësi të varfërit.

¹³ Sigurisht të drejtët do të kremtojnë emrin tënd, dhe njerëzit e ndershëm do të banojnë të praninë tënde.

Kapitull 141

¹ O Zot, unë të këlthas ty; nxito të më përgjigjesh. Vëri veshin zërit tim, kur të këlthas ty.

² Le të arrijë lutja ime para teje si temjani, ngritja e duarve të mia si flijimi i mbrëmjes.

³ O Zot, vër një roje para gojës sime.

⁴ Mos lejo që zemra ime të priret nga asgjë e keqe dhe kështu të kryejë veprime të këqija bashkë me ata që bëjnë paudhësi; dhe bëj që unë të mos ha ushqimet e tyre të shijshme.

⁵ Le të më rrahë madje i drejti, do të jetë një mirësjellje nga ana e tij; le të më qortojë ai, do të jetë si vaji mbi kokë; koka ime nuk ka për ta refuzuar. Por lutja ime vazhdon të jetë kundër veprimeve të tyre të këqija.

⁶ Princat e tyre i hodhën nga skërkat dhe ata do t'i dëgjojnë fjalët e mia, sepse ato janë të këndshme.

⁷ Ashtu si ai që lëron dhe çan tokën, kështu kockat tona janë të përhapura në hyrje të Sheolit.

⁸ Por sytë e mia janë drejtuar te ti, o Zot, Zoti im; unë strehohem te ti, mos më lër të pambrojtur.

⁹ Më ruaj nga laku që më kanë përgatitur dhe nga kurthet e njerëzve që kryejnë paudhësi.

¹⁰ Të pabesët rënçin vetë në rrjetat e tyre, ndërsa unë do të kaloj tutje.

Kapitull 142

¹ Unë i këlthas me zërin tim Zotit; me zërin tim i lutem Zotit.

² Para tij paraqes vajtimin tim, para tij parashtroj fatkeqësinë time.

³ Kur fryma po më dobësohej, ti e dije ecjen time. Ata kanë përgatitur një lak për mua te shtegu që po kaloja.

⁴ Vështroj në të djathtën time dhe shiko; nuk ka njeri që të më njohë; çdo rrugë shpëtimi është e mbyllur; asnjeri nuk kujdeset për jetën time.

⁵ Unë të këlthas ty, o Zot, dhe të them: "Ti je streha ime, pjesa ime në tokën e të gjallëve.

⁶ Dëgjo me vëmendje klithmën time, sepse jam katandisur si mos më keq; më çliro nga përndjekësit e mi, sepse janë më të fortë se unë.

⁷ Më nxirr nga burgu që të mund të kremtoj emrin tënd. Të drejtët do të mblidhen tok rreth meje, sepse ti do të më mbushësh me të mira".

Kapitull 143

¹ Dëgjo lutjen time, o Zot, vëru veshin lutjeve të mia; përgjigjmu me besnikërinë dhe drejtësinë tënde.

² Dhe mos hyr në gjyq me shërbëtorin tënd, sepse asnjë i gjallë nuk do të jetë i drejtë para teje.

³ Sepse armiku më përndjek, ai e ka rrëzuar deri për tokë jetën time; më detyron të banoj në vende të errëta, ashtu si ata që kanë vdekur prej një kohe të gjatë.

⁴ Prandaj fryma ime dobësohet brenda meje, dhe zemra ime e ka humbur krejt brenda trupit tim.

⁵ Kujtoj ditët e lashta; bie në mendime të thella mbi tërë veprat e tua; reflektoj mbi gjëra që kanë bërë duart e tua.

⁶ I zgjas duart e mia drejt teje; shpirti im është i etur për ty, si një tokë e thatë. (Sela)

⁷ Nxito të më përgjigjesh, o Zot, fryma ime po dobësohet; mos më fshih fytyrën tënde, që të mos bëhem i ngjashëm me ata që zbresin në gropë.

⁸ Më bëj të ndjej mirësinë tënde në mëngjes, sepse unë kam besim te ti; më trego rrugën nëpër të cilën duhet të eci, sepse unë e lartoj shpirtin tim drejt teje.

⁹ Më çliro nga armiqtë e mi, o Zot, te ti unë fshihem.

¹⁰ Më mëso so ta plotësoj vullnetin tënd, sepse ti je Perëndia im; Fryma jote e mirë le të më udhëheqë në tokë të shenjtë.

¹¹ Gjallëromë, o Zot, për hir të emrit tënd; me drejtësinë tënde më shpëto nga fatkeqësia.

¹² Në mirësinë tënde shkatërro armiqtë e mi dhe zhduki tërë ata që e pikëllojnë shpirtin tim, sepse unë jam shërbëtori yt.

Kapitull 144

¹ Bekuar qoftë Zoti, kështjella ime, që i mëson duart e mia për luftë dhe gishtërinjtë e mi për betejë.

² Ai është hiri im dhe kështjella ime, streha ime e lartë dhe çliruesi im, mburoja ime në të cilën gjej strehë, ai që ma nënshtron mua popullin tim.

³ O Zot, çfarë është njeriu që ti të kujdesesh për të, ose biri i njeriut që ti ta përfillësh?

⁴ Njeriu është si një frymë dhe ditët e tij janë si hija që kalon.

⁵ Uli qiejtë e tu, o Zot, dhe zbrit, dhe ata do të nxjerrin tym.

⁶ Hidh rrufetë dhe shpërndaji, lësho shigjetat e tua dhe bëji të ikin.

⁷ Shtrije dorën tënde nga lart, më shpëto dhe më çliro nga ujërat e mëdha dhe nga dora e të huajve,

⁸ goja e të cilëve thotë gënjeshtra dhe dora e djathtë e tyre është një e djathtë mashtrimi.

⁹ O Perëndi, do të këndoj një kantik të ri, do të këndoj lavdet e tua me një harpë me dhjetë tela.

¹⁰ Ti, që u jep fitoren mbretërve dhe që çliron shërbëtorin tënd David nga shpata e kobshme,

¹¹ më shpëto dhe më çliro nga dora e të huajve, goja e të cilëve thotë gënjeshtra dhe dora e djathtë e tyre është një e djathtë mashtrimi.

¹² Bijtë tanë në rininë e tyre qofshin si një bimë e harlisur, dhe bijat tona qofshin si shtylla qosheje, të gdhendura mirë për të zbukuruar një pallat.

¹³ Hambaret tona qofshin plot dhe paçin nga të gjitha të mirat; kopetë tona u shtofshin me mijëra dhe dhjetra mijëra në fushat tona;

¹⁴ qetë tanë tërheqshin ngarkesa të rënda dhe mos pastë asnjë sulm të papritur, dalje të papritur as britmë në sheshet tona.

¹⁵ Lum ai popull që është në gjendje të tillë, lum ai popull që ka për Perëndi Zotin.

Kapitull 145

¹ Unë do të të përlëvdoj, o Perëndia im dhe Mbreti im, dhe do të bekoj emrin tënd përjetë.

² Do të të bekoj çdo ditë dhe do të lëvdoj emrin tënd përjetë.

³ Zoti është i madh dhe i denjë për lëvdimin më të lartë dhe madhështia e tij është e panjohshme.

⁴ Një brez do t'i shpallë lëvdimet e veprave të tua tjetrit dhe do t'i njoftojë mrekullitë e tua.

⁵ Do të mendohem thellë mbi shkëlqimin e lavdishëm të madhërisë sate dhe mbi veprat e tua të mrekullueshme.

⁶ Këto do të flasin për fuqinë e veprave të tua të tmerrshme, dhe unë do të tregoj madhështinë tënde.

⁷ Ata do të shpallin kujtimin e mirësisë sate të madhe dhe do të këndojnë me gëzim drejtësinë tënde.

⁸ Zoti është i dhemshur dhe mëshirplot, i ngadalshëm në zemërim dhe i madh në mirësi.

⁹ Zoti është i mirë me të gjithë dhe plot dhemshuri për të gjitha veprat e tij.

¹⁰ Tërë veprat e tua do të të kremtojnë, o Zot, dhe shenjtorët e tu do të të bekojnë.

¹¹ Ata do të flasin për lavdinë e mbretërisë sate dhe do të tregojnë për fuqinë tënde,

¹² për t'u bërë të njohura bijve të njerëzve mrekullitë e tua dhe shkëlqimin e madhërishëm të mbretërisë sate.

¹³ Mbretëria jote është një mbretëri përjet dhe sundimi yt vazhdon brez pas brezi.

¹⁴ Zoti përkrah tërë ata që rrëzohen dhe ngre përsëri në këmbë tërë ata që janë rrëzuar.

¹⁵ Sytë e të gjithëve shikojnë drejt teje duke pritur, dhe ti u jep atyre ushqimin në kohën e duhur.

¹⁶ Ti i hap dorën tënde dhe plotëson dëshirën e çdo qënieje të gjallë.

¹⁷ Zoti është i drejtë në të gjitha rrugët e tij dhe dashamirës në të gjitha veprat e tij.

¹⁸ Zoti është pranë gjithë atyre që kërkojnë, pranë gjithë atyre që e kërkojnë në të vërtetë.

¹⁹ Ai kënaq dëshirën e atyre që kanë frikë prej tij, dëgjon britmën dhe i shpëton.
²⁰ Zoti mbron të gjithë ata që e duan dhe do të shkatërrojë të gjithë të pabesët.
²¹ Goja ime do të tregojë lëvdimin e Zotit, dhe çdo qënie do të bekojë emrin e tij të shenjtë përjetë.

Kapitull 146

¹ Aleluja. Shpirti im, lëvdo Zotin.
² Unë do ta lëvdoj Zotn deri sa të kem jetë, do të këndoj lavde për Perëndinë tim gjatë gjithë jetës sime.
³ Mos kini besim te princat dhe as te ndonjë bir njeriu, që nuk mund të shpëtojë.
⁴ Kur fryma e tij ikën, ai kthehet përsëri në tokë dhe po atë ditë planet e tij zhduken.
⁵ Lum ai që ka Perëndinë e Jakobit si ndihmë, shpresa e të cilit është tek Zoti, Perëndia i tij,
⁶ që ka krijuar qiejtë dhe tokën, detin dhe gjithçka është në to, që ruan besnikërinë përjetë,
⁷ që u jep të drejtë të shtypurve dhe ushqim të uriturve. Zoti çliron të burgosurit.
⁸ Zoti u hap sytë të verbërve, Zoti ngre ata që janë rrëzuar, Zoti i do të drejtët.
⁹ Zoti mbron të huajt, ndihmon jetimin dhe gruan e ve, por përmbys udhën e të pabesëve.
¹⁰ Zoti mbretëron përjetë, Perëndia yt, o Sion, brez pas brezi. Aleluja.

Kapitull 147

¹ Lëvdoni Zotin, sepse është një gjë e mirë t'i këndosh lavde Perëndisë tonë, sepse është e kënaqshme dhe e leverdishme ta lëvdosh.
² Zoti ndërton Jeruzalemin, dhe mbledh të humburit e Izraelit.
³ Ai shëron ata që e kanë zemrën të thyer dhe lidh plagët e tyre.
⁴ Llogarit numrin e yjeve dhe i thërret të gjitha sipas emrit të tyre.
⁵ I madh është Zoti ynë, e pamasë është fuqia e tij dhe e pafund zgjuarësia e tij.
⁶ Zoti larton njerëzit e përulur, por ul deri në tokë njerëzit e këqij.
⁷ Këndojini Zotit me falenderim, këndojini me qeste lavde Perëndisë tonë,
⁸ që mbulon qiellin me re, përgatit shiun për tokën dhe bën që të rritet bari në malet.
⁹ Ai i jep ushqime bagëtisë dhe zogjve të korbeve që thërresin.
¹⁰ Ai nuk kënaqet në forcën e kalit, dhe nuk gjen ndonjë gëzim në këmbët e njeriut.
¹¹ Zoti kënaqet me ata që kanë frikë prej tij, me ata që shpresojnë në mirësinë e tij.
¹² Lëvdo Zotin, o Jeruzalem, kremto Perëndinë tënd, o Sion.
¹³ Sepse ai ka përforcuar shufrat e portave të tua dhe ka bekuar bijtë e tu në mes teje.
¹⁴ Ai e ruan paqen brenda kufijve të tu dhe të ngop me grurin më të mirë.
¹⁵ Dërgon mbi tokë urdhërin e tij, fjala e tij merr dheun.
¹⁶ Dërgon borën si lesh dhe përhap brymën si hi.
¹⁷ Hedh breshërin e tij si me copa; kush mund t'i bëjë ballë të ftohtit të tij?
¹⁸ Dërgon fjalën e tij dhe i shkrin ato; bën që të fryjë era e tij, dhe ujërat rrjedhin.
¹⁹ Ai ia ka bërë të njohur Jakobit fjalën e tij, dhe Izraelit statutet e tij dhe dekretet e tij.
²⁰ Ai nuk e ka bërë këtë me asnjë komb tjetër; dhe ato nuk i njohin dekretet e tij Aleluja.

Kapitull 148

¹ Aleluja. Lëvdoni Zotin nga qiejtë, lëvdojeni në vendet shumë të larta.
² Lëvdojeni, ju të gjithë engjëjt e tij, lëvdojeni ju mbarë ushtritë e tij.
³ Lëvdojeni, o diell dhe hënë, lëvdojeni, ju mbarë yje të ndritshme.
⁴ Lëvdojeni, ju qiej të qiejve, dhe ju ujëra përmbi qiejtë.
⁵ Tërë këto gjëra le të lëvdojnë emrin e Zotit, sepse ai dha urdhër dhe ato u krijuan.
⁶ Ai i ka vendosur përjetë, në përjetësi; por ka bërë një statut që nuk do të kalojë kurrë.
⁷ Lëvdojeni Zotin nga toka, ju përbindësh të detit dhe mbarë oqeane,
⁸ zjarr dhe breshër, borë dhe re, ajër i shtrëngatës që zbaton urdhërat e tij,
⁹ mbarë male dhe kodra, mbarë dru frutorë dhe kedra;
¹⁰ ju mbarë kafshë të egra dhe shtëpiake, rrëshqanorë dhe zogj me krahë;
¹¹ ju mbretër të dheut dhe mbarë popuj, princa dhe gjyqtarë të tokës;
¹² të rinj dhe vajza, pleq dhe fëmijë.
¹³ Le të lëvdojnë emrin e Zotit, sepse vetëm emri i tij përlëvdohet. Lavdia e tij qëndron përmbi tokën dhe qiejtë.
¹⁴ Ai e ka rritur forcën e popullit të tij, një arsye kjo lëvdimi për të gjithë shenjtorët e tij, për bijtë e Izraelit, një popull i afërt për të. Aleluja.

Kapitull 149

¹ Aleluja. Këndojini Zotit një këngë të re, këndoni lavdinë e tij në kuvendin e shenjtorëve.
² Le të ngazëllohet Izraeli tek ai që e ka bërë, le të ngazëllohen bijtë e Sionit te Mbreti i tyre.
³ Le të lëvdojnë emrin e tij me valle, të këndojnë lavdet e tij me dajre dhe me qeste.
⁴ sepse Zoti kënaqet me popullin e tij; ai i kurorëzon me shpëtim njerëzit e përulur.
⁵ Le të ngazëllohen shenjtorët në lavdi, le të këndojnë nga gëzimi mbi shtretërit e tyre.
⁶ Le të kenë në gojën e tyre lavdet e Perëndisë dhe në dorën e tyre një shpatë që pret nga të dy anët;
⁷ për t'u hakmarrë me kombet dhe për t'u dhënë ndëshkime popujve,
⁸ për t'i lidhur mbretërit e tyre me zinxhirë dhe fisnikët e tyre me pranga hekuri,
⁹ për të zbatuar mbi ta gjykimin e shkruar. Ky është nderi që u rezervohet mbarë shenjtorëve të tij. Aleluja.

Kapitull 150

¹ Aleluja, lëvdoni Perëndinë në shenjtoren e tij, lëvdojeni në kupën qiellore të pushtetit të tij.
² Lëvdojeni për mrekullitë e tij, lëvdojeni sipas madhështisë e tij.
³ Lëvdojeni me tingullin e burive, lëvdojeni me tingullin e harpës dhe me qeste.
⁴ Lëvdojeni me dajre dhe me valle, lëvdojeni me vegla me tela dhe me frymë.
⁵ Lëvdojeni me cembale tingëlluese, lëvdojeni me cembale kumbuese.
⁶ Çdo gjë që merr frymë le të lëvdojë Zotin. Aleluja.

Proverbave

Kapitull 1

¹ Fjalët e urta të Salomonit, birit të Davidit, mbret i Izraelit,

² për të njohur diturinë dhe për të mësuar gjykimet e mënçura;

³ për të ditur si të veprosh me urti, me drejtësi, me gjykim dhe ndershmëri,

⁴ për t'u dhënë shkathtësi njerëzve të thjeshtë, njohje dhe reflektim të riut.

⁵ I urti do të dëgjojë dhe do të rritë diturinë e tij; njeriu i zgjuar do të përfitojë këshilla të urta,

⁶ për të kuptuar një sentencë dhe një enigmë, fjalët e të urtëve dhe thëniet e tyre të errëta.

⁷ Frika e Zotit është fillimi i njohjes; por njerëzit e pamend përçmojnë diturinë dhe arsimin.

⁸ Dëgjo, o biri im, mësimet e atit tënd dhe mos i lër pas dore mësimet e nënes sate,

⁹ sepse janë një nur që zbukuron kokën tënde dhe një stoli në qafën tënde.

¹⁰ Biri im, në qoftë se mëkatarët duan të të mashtrojnë, mos prano,

¹¹ në qoftë se thonë: "Eja me ne; kemi ngritur një pritë për të derdhur gjak; i ngritëm gracka të pafajmit pa ndonjë shkak;

¹² le t'i kapërdimë të gjallë, ashtu si Sheoli, tërësisht si ata që zbresin në gropë;

¹³ ne do të gjejmë lloj-lloj pasurish të çmueshme, do t'i mbushim shtëpitë tona me plaçka;

¹⁴ ti do ta hedhësh në short pjesën tënde me ne, dhe të gjithë ne do të kemi një qese të vetme";

¹⁵ biri im, mos shko me ta në po atë rrugë, ndale hapin nga shtegu i tyre,

¹⁶ sepse këmbët e tyre turren drejt së keqes dhe ata nxitojnë të derdhin gjak.

¹⁷ Shtrihet më kot rrjeta përpara çdo lloji zogjsh;

¹⁸ por këta kurdisin prita kundër gjakut të vet dhe ngrenë kurthe kundër vetë jetës së tyre.

¹⁹ Të tilla janë rrugët e çdo njeriu të etur për pasuri; ajo ia heq jetën atyre që e kanë.

²⁰ Dituria bërtet nëpër rrugë, zëri i saj dëgjohet nëpër sheshe;

²¹ ajo thërret në vendet ku ka turma dhe ligjëron në hyrje të portave të qytetit;

²² "Deri kur, o njerëz të thjeshtë, do t'ju pëlqejë thjeshtësia dhe tallësit do të kënaqen duke u tallur dhe budallenjtë do të urrejnë dijen?

²³ Ejani në vete nga qortimi im; ja, unë do të derdh mbi ju Frymën time dhe do t'ju bëj të njohura fjalët e mia.

²⁴ Sepse unë thirra dhe ju nuk keni dashur, shtriva dorën time dhe askush prej jush nuk i kushtoi vëmendje,

²⁵ përkundrazi hodhët poshtë të gjitha këshillat e mia dhe nuk pranuat ndreqjen time,

²⁶ edhe unë do të qesh me fatkeqësinë tuaj, do të tallem kur të vijë ajo që ju druani,

²⁷ kur ajo që druani të vijë si një furtunë, dhe fatkeqësia juaj të vijë si një stuhi, kur t'ju mbulojnë fatkeqësia dhe ankthi.

²⁸ Atëherë ata do të më thërrasin mua, por unë nuk do të përgjigjem; do të më kërkojnë me kujdes, por nuk do të më gjejnë.

²⁹ Sepse kanë urryer dijen dhe nuk kanë zgjedhur frikën e Zotit,

³⁰ nuk kanë dashur të pranojnë këshillën time dhe kanë përbuzur të gjitha qortimet e mia,

³¹ Prandaj do të hanë frytin e sjelljes së tyre dhe do të ngopen me këshillat e tyre.

³² Sepse përdalja e njerëzve të thjeshtë i vret dhe qetësia e rreme e budallenjve i zhduk;

³³ por ai që më dëgjon do të banojë një vend të sigurt, do të jetë me të vërtetë i qetë, pa frikë nga çfarëdo e keqe".

Kapitull 2

¹ Biri im, në rast se pranon fjalët e mia dhe i quan thesar urdhërimet e mia,

² duke i vënë veshin diturisë dhe duke e prirur zemrën ndaj arsyes;

³ po, në rast se kërkon me ngulm gjykimin dhe ngre zërin për të siguruar mirëkuptim,

⁴ në rast se e kërkon si argjendin dhe fillon të rrëmosh si për një thesar të fshehur,

⁵ atëherë do të ndjesh frikën e Zotit dhe ke për të gjetur kuptimin e Perëndisë.

⁶ Sepse Zoti jep diturinë; nga goja e tij rrjedhin njohuria dhe arsyeja.

⁷ Ai mban rezervë për njerëzit e drejtë një ndihmë të fuqishme, një mburojë për ata që ecin me ndershmëri

⁸ për të mbrojtur shtigjet e drejtësisë dhe për të ruajtur rrugën e shenjtorëve të tij.

⁹ Atëherë do të kuptosh drejtësinë, barazinë, ndershmërinë dhe tërë rrugët e së mirës.

¹⁰ Kur dituria të të hyjë në zemër, edhe njohja do të jetë e këndshme për shpirtin tënd,

¹¹ të menduarit do të kujdeset për ty dhe gjykimi do të të mbrojë,

¹² për të të çliruar nga rruga e keqe, nga njerëzit që flasin për gjëra të këqija,

¹³ nga ata që braktisin shtigjet e ndershmërisë për të ecur në rrugët e territ,

¹⁴ që gëzohen kur bëjnë të keqen dhe ndjejnë kënaqësi në çoroditjet e njeriut të keq,

¹⁵ shtigjet e të cilit janë të shtrembëra dhe rrugët dredha-dredha,

¹⁶ për të të shpëtuar nga gruaja që ka shkelur kurorën, nga gruaja e huaj që përdor fjalë mikluese,

¹⁷ që ka braktisur shokun e rinisë së saj dhe ka harruar marrëveshjen e lidhur me Perëndinë.

¹⁸ Sepse shtëpia e saj zbret drejt vdekjes dhe shtigjet e saj drejt të vdekurve.

¹⁹ Asnjë prej atyre që shkojnë tek ajo nuk kthehet, asnjë nuk i arrin shtigjet e jetës.

²⁰ Kështu do të mund të ecësh në rrugën e të mirëve dhe do të mbetesh në shtigjet e të drejtëve.

²¹ Sepse njerëzit e drejtë do të banojnë tokën dhe ata të ndershëm do të qëndrojnë aty;

²² por të pabesët do të shfarosen nga toka dhe shkelësit do të hiqen prej saj.

Kapitull 3

¹ Biri im, mos harro mësimet e mia dhe zemra jote le të ruajë urdhërimet e mia,

² sepse do të të shtohen ditë të gjata, vite jete dhe paqeje.

³ Mirësia dhe e vërteta mos të lënçin kurrë; lidhi rreth qafës, shkruaji mbi tabelën e zemrës sate;

⁴ do të gjesh kështu hir dhe arsye në sytë e Perëndisë dhe të njerëzve.

⁵ Ki besim tek Zoti me gjithë zemër dhe mos u mbështet në gjykimin tënd;

⁶ pranoje në të gjitha rrugët e tua, dhe ai do të drejtojë shtigjet e tua.

⁷ Mos e mbaj veten të ditur në sytë e tu, ki frikë nga Zoti dhe hiq dorë nga e keqja;

⁸ kjo do të jetë shërim për nervat e tua dhe freskim për kockat e tua.

⁹ Ndero Zotin me pasurinë tënde dhe me prodhimet e para të çdo të ardhure që ke;

¹⁰ hambarët e tu të grurit do të jenë plot e përplot dhe vozat e tua do të gufojnë me musht.

¹¹ Biri im, mos e përçmo ndëshkimin e Zotit dhe mos urre qortimin e tij,

¹² sepse Zoti qorton atë që do, si një baba djalin që atij i pëlqen.

¹³ Lum ai njeri që ka gjetur diturinë dhe njeriu që ka përftuar arsyen.

¹⁴ Sepse fitimi i tij është më i mirë se fitimi i argjendit dhe fryti i tij vlen më tepër se ari i kulluar.

¹⁵ Ajo është më e çmuar se perlat dhe mbarë gjërat më të këndshme nuk mund të barazohen me të.

¹⁶ Gjatësia e jetës është në të djathtë të saj, pasuria dhe lavdia në të majtë të saj.

¹⁷ Rrugët e saj janë rrugë të këndshme dhe në të tërë shtigjet e saj mbretëron paqja.

¹⁸ Ajo është një dru i jetës për ata që e kapin dhe lum ata që mbahen fort atje.

¹⁹ Me diturinë Zoti krijoi tokën dhe me zgjuarësinë i bëri të qëndrueshëm qiejtë.

²⁰ Me diturinë e tij u hapën humnerat dhe retë japin vesë.

²¹ Biri im, këto gjëra mos u largofshin kurrë nga sytë e tu. Mbaje diturinë dhe të menduarit;

²² Ato do të jenë jetë për shpirtin tënd dhe një zbukurim në qafën tënde,

²³ Atëherë do të ecësh i sigurt në rrugën tënde dhe këmba jote nuk

do të pengohet.

²⁴ Kur do të biesh për të fjetur, nuk do të kesh frikë; po, do të biesh dhe gjumi yt do të jetë i ëmbël.

²⁵ Nuk do të druash llahtarën e papritur, as shkatërrimin e të pabesëve kur do të ndodhë,

²⁶ sepse Zoti do të jetë pranë teje dhe do të pengojë që këmba jote të kapet në ndonjë lak.

²⁷ Mos i refuzo të mirën atij që i takon, kur e ke në dorë ta bësh.

²⁸ Mos i thuaj të afërmit tënd: "Shko dhe kthehu; do të të jap nesër", kur e ke me vete gjënë e nevojshme.

²⁹ Mos kurdis asnjë të keqe kundër të afërmit tënd, ndërsa ai banon me besim bashkë me ty.

³⁰ Mos bëj padi kundër askujt pa shkak; po të jetë se nuk të ka bërë asnjë të keqe.

³¹ Mos ki zili njeriun e dhunshëm dhe mos zgjidh asnjë nga rrugët e tij,

³² sepse Zoti e neverit njeriun e çoroditur, por këshilla e tij është për njerëzit e ndershëm.

³³ Mallkimi i Zotit është në shtëpinë e të pabesit, por ai bekon banesën e të drejtëve.

³⁴ Me siguri ai tallet me tallësit, por i fal të përvuajturit.

³⁵ Njerëzit e urtë do të trashëgojnë lavdinë, por poshtërsia do të jetë trashëgimia e atyre që nuk kanë mend.

Kapitull 4

¹ Dëgjoni, o bij, mësimet e një ati dhe tregoni kujdes që të mësoni të gjykoni,

² sepse ju jap një doktrinë të mirë; mos braktisni ligjin tim.

³ Kur isha ende fëmijë pranë atit tim, njomëzak dhe i dashur në sytë e nënes sime,

⁴ ai më mësonte dhe më thoshte: "Zemra jote të kujtojë fjalët e mia; ruaji urdhërimet e mia dhe do të jetosh.

⁵ Fito dituri, fito gjykim; mos i harro fjalët e gojës sime dhe mos u largo prej tyre;

⁶ mos e braktis diturinë dhe ajo do të të mbrojë; duaje, sepse ajo do të të ndihmojë.

⁷ Dituria është gjëja më e rëndësishme; prandaj fito diturinë. Edhe sikur të humbasësh ato që ke, fito diturinë.

⁸ Përlëvdoje dhe ajo do të të lartësojë, ajo do të të japë lavdi, po qe se ti e përvehtëson.

⁹ Ajo do të të vërë mbi kokën tënde një stoli prej nuri, do të të rrethojë me një kurorë lavdie".

¹⁰ Dëgjo, biri im, pranoji fjalët e mia dhe vitet e jetës sate do të shumohen.

¹¹ Të kam mësuar në rrugën e diturisë, të kam udhëhequr nëpër shtigjet e ndershmërisë.

¹² Kur do të ecësh, hapat e tua nuk do të pengohen; kur do të vraposh, nuk do të pengohesh.

¹³ Rroke mirë këtë mësim, mos e lër që të shkojë kot; ruaje, sepse ai është jeta jote.

¹⁴ Mos hyr në shtegun e të pabesëve dhe mos ec në rrugën e njerëzve të këqij;

¹⁵ evitoje atë, mos kalo nëpër të; largoju prej saj dhe shko tutje.

¹⁶ Sepse ata nuk mund të flenë, po të mos kenë bërë të keqen; gjumi i tyre zhduket po të jetë se nuk kanë rrëzuar dikë;

¹⁷ ata hanë bukën e paudhësisë dhe pinë verën e dhunës.

¹⁸ Por shtegu i të drejtëve është si drita e agimit, që shkëlqen gjithnjë e më mirë deri sa të bëhet ditë e plotë.

¹⁹ Rruga e të pabesëve është si terri; ata nuk shohin atë që do t'i rrëzojë.

²⁰ Biri im, trego kujdes për fjalët e mia, dëgjo thëniet e mia;

²¹ mos u largofshin kurrë nga sytë e tu, ruaji në qendër të zemrës sate;

²² sepse janë jetë për ata që i gjejnë, shërim për të gjithë trupin e tyre.

²³ Ruaje zemrën tënde me shumë kujdes, sepse nga ajo dalin burimet jetës.

²⁴ Hiq dorë nga e folura me hile dhe largo prej teje buzët e çoroditura.

²⁵ Sytë e tu le të shohin drejt dhe qepallat e tua të synojnë drejt para teje.

²⁶ Sheshoje shtegun e këmbëve të tua, dhe të gjitha rrugët e tua qofshin të caktuara mirë.

²⁷ Mos u shmang as në të djathtë as në të majtë; tërhiqe këmbën tënde nga e keqja.

Kapitull 5

¹ Biri im, ki kujdes për diturinë time, vëri veshin arsyetimit tim,

² me qëllim që ti të ruash gjykimin dhe buzët e tua të fiksojnë diturinë.

³ Sepse buzët e gruas që shkel kurorën nxjerrin mjaltë dhe goja e saj është më e butë se vaji;

⁴ por në fund ajo është e hidhur si pelini, e mprehtë si një shpatë me dy presa.

⁵ Këmbët e saj zbresin drejt vdekjes, hapat e saj çojnë drejtpërdrejt në Sheol.

⁶ Ajo nuk ecën në shtegun e jetës, por ti nuk i jep rëndësi kësaj gjëje; rrugët e saj janë të gabuara, por ti nuk e kupton.

⁷ Prandaj tani, bij të mi, më dëgjoni dhe mos u largoni nga fjalët e gojës sime.

⁸ Mbaje larg prej saj rrugën tënde dhe mos iu afro portës së shtëpisë së saj,

⁹ për të mos ua dhënë të tjerëve fuqinë tënde dhe vitet e tua dikujt që nuk ka mëshirë.

¹⁰ Me qëllim që të huajt të mos ngopen me pasurinë tënde, dhe mundi yt të mos shkojë në shtëpinë e një të huaji,

¹¹ dhe të mos rënkosh kur do të vijë fundi, kur mishi dhe trupi yt do të jenë të konsumuar,

¹² dhe të thuash: "Vallë si urreva mësimin, dhe si e ka përçmuar qortimin zemra ime?

¹³ Nuk dëgjova zërin e atyre që më mësonin dhe nuk ua vura veshin atyre që më udhëzonin.

¹⁴ U ndodha pothuajse në një të keqe të plotë në mes të turmës dhe të kuvendit".

¹⁵ Pi ujin e sternës sate dhe ujin e rrjedhshëm të pusit tënd.

¹⁶ A duhet burimet e tua të derdhen jashtë, si rrëke uji nëpër rrugë?

¹⁷ Qofshin vetëm për ty dhe jo për të huajtë bashkë me ty.

¹⁸ Qoftë i bekuar burimi yt dhe gëzohu me nusen e rinisë sate.

¹⁹ Drenushë e dashur dhe gazelë hirplotë, sisët e saj le të të kënaqin kurdoherë, dhe qofsh vazhdimisht i dhënë pas dashurisë që ke për të.

²⁰ Pse vallë, biri im, të biesh në dashuri me një grua që ka shkelur kurorën dhe të rrokësh gjirin e një të huaje?

²¹ Sepse rrugët e njeriut janë gjithnjë përpara syve të Zotit, dhe ai vëzhgon të gjitha shtigjet e tij.

²² I pabesi zihet nga vetë paudhësitë e tij dhe mbahet nga litarët e mëkatit të tij.

²³ Ai ka për të vdekur sepse nuk korrigjohet dhe do të zhduket për shkak të marrëzisë së tij.

Kapitull 6

¹ Biri im, në qoftë se je bërë garant për të afërmin tënd, në rast se ke dhënë dorën si garanci për një të huaj,

² je zënë në lakun e fjalëve të gojës sate, je zënë nga fjalët e gojës sate.

³ Bëj këtë, pra, biri im, dhe shpengohu, sepse ke rënë në duart e të afërmit tënd. Shko, hidhu në këmbët e tij dhe ngul këmbë me të madhe te i afërmi yt.

⁴ Mos u jep gjumë syve të tu as çlodhje qepallave të tua;

⁵ çlirohu si gazela nga dora e gjahtarit, si zogu nga dora e atij që kap zogtë.

⁶ Shko te milingona, o përtac, vër re zakonet e saj dhe bëhu i urtë.

⁷ Ajo nuk ka as kryetar, as mbikëqyrës, as zot;

⁸ e gjen ushqimin në verë dhe mbledh zahirenë e saj gjatë korrjes.

⁹ Deri kur, o përtac, do të rrish duke fjetur? Kur do të shkundesh nga gjumi yt?

¹⁰ Të flesh pak, të dremitësh pak, të rrish me duar në ijë për t'u çlodhur,

¹¹ kështu varfëria jote do të vijë si një vjedhës, dhe skamja jote si një njeri i armatosur.

¹² Njeriu pa vlerë, njeriu i keq, ecën me një gojë të çoroditur;

¹³ luan syrin, flet me këmbët, bën shenja me gishta;

¹⁴ ka ligësi në zemër, kurdis vazhdimisht të keqen dhe mbjell grindje.

¹⁵ Prandaj shkatërrimi i tij do të vijë papritur, në një çast do të shkatërrohet pa rrugëdalje tjetër.

¹⁶ Zoti i urren këto gjashtë gjëra, madje shtatë janë të neveritshme për të:

¹⁷ sytë krenarë, gjuha gënjeshtare, duart që derdhin gjak të pafajshëm,

¹⁸ zemra që kurdis plane të këqija, këmbët që turren shpejt drejt së keqes,

¹⁹ dëshmitari i rremë që thotë gënjeshtra dhe ai që shtie grindje

midis vëllezërve.

²⁰ Biri im, ruaje urdhërimin e atit tënd dhe mos harro mësimet e nënës sate.

²¹ Mbaji vazhdimisht të lidhura në zemrën tënde dhe fiksoji rreth qafës sate.

²² Kur do të ecësh, do të të udhëheqin; kur të pushosh, do të të ruajnë; kur të zgjohesh, do të flasin me ty.

²³ Sepse urdhërimi është një llambë, mësimi një dritë, dhe ndreqjet e mësimit janë rruga e jetës,

²⁴ për të të mbrojtur nga gruaja e keqe, nga lajkat e gjuhës të gruas së huaj.

²⁵ Mos dëshiro në zemrën tënde bukurinë e saj dhe mos u rrëmbe nga qepallat e saj.

²⁶ Sepse për një prostitutë burri katandiset për një copë bukë, dhe gruaja e një tjetri gjuan shpirtin e vyer të një burri.

²⁷ A mund të mbajë burri një zjarr në gji të tij pa djegur rrobat e trupit?

²⁸ A mund të ecë burri mbi qymyr të ndezur pa djegur këmbët e tij?

²⁹ Në këtë gjendje është ai që shkon tek gruaja e një tjetri; kush e prek nuk do të mbetet pa u ndëshkuar.

³⁰ Nuk përçmohet hajduti që vjedh për të shuar urinë kur është i uritur;

³¹ por në rast se kapet në faj, duhet të kthejë shtatëfishin, dhe të japë tërë pasurinë e shtëpisë së tij.

³² Por ai që kryen një shkelje kurore me një grua është një njeri pa mend; ai që bën një gjë të tillë shkatërron jetën e tij.

³³ Do të gjejë plagë dhe përçmim, dhe turpi i tij nuk do t'i hiqet kurrë.

³⁴ sepse xhelozia e tërbon bashkëshortin, që do të jetë i pamëshirshëm ditën e hakmarrjes.

³⁵ Ai nuk do të pranojë asnjë shpërblim dhe nuk do të kënaqet, edhe sikur t'i bëjnë shumë dhurata.

Kapitull 7

¹ Biri im, ruaji fjalët e mia dhe urdhërimet e mia në veten tënde,

² Ruaji urdhërimet e mia dhe ke për të jetuar; ruaji mësimet e mia si bebja e syve të tu.

³ Lidhi ndër gishta, shkruaji mbi tabelën e zemrës sate.

⁴ Thuaji diturisë: "Ti je motra ime" dhe quaje "shok" gjykimin,

⁵ me qëllim që të të ruajnë nga gruaja e tjetrit nga gruaja e huaj që përdor fjalë lajkatare.

⁶ Nga dritarja e shtëpisë sime shikoja nëpër parmakët prej hekuri

⁷ dhe pashë midis budallenjve; dallova midis të rinjve një djalë të ri që s'kishte gjykim,

⁸ që kalonte nëpër rrugë pranë qoshes të gruas së huaj dhe drejtohej nga shtëpia e saj,

⁹ në muzg, kur po ngryste dita, ndërsa zbriste nata e zezë dhe e errët.

¹⁰ I doli para një grua e veshur si prostitutë dhe dinake;

¹¹ ajo është turbulluese dhe provokuese, dhe nuk di t'i mbajë këmbët në shtëpinë e saj;

¹² herë mbi rrugë, herë në sheshet qëndron në pritë në çdo qoshe.

¹³ Kështu e zuri dhe e puthi, pastaj me paturpësi tha:

¹⁴ "Duhet të bëja flijimet e falenderimit; pikërisht sot i plotësova zotimet e mia;

¹⁵ prandaj të dola para që të të kërkoj dhe të gjeta.

¹⁶ E zbukurova shtratin tim me një mbulesë si sixhade, me li të ngjyrosur nga Egjipti;

¹⁷ e parfumova shtratin tim me mirrë, me aloe dhe me kanellë.

¹⁸ Eja, të dehemi me dashuri deri në mëngjes, të kënaqemi në qejfe dashurie,

¹⁹ sepse burri im nuk është në shtëpi, por ka shkuar në një udhëtim të gjatë;

²⁰ ka marrë me vete një thes të vogël me pare dhe do të kthehet në shtëpi vetëm kur të jetë hëna e plotë".

²¹ Ajo e mashtroi me fjalë bindëse, e tërhoqi me ëmbëlsinë e buzëve të saj.

²² Ai e ndoqi pa mëdyshje, si një ka që shkon në thertore, si një i lidhur në dënimin e budallait,

²³ deri sa një shigjetë nuk i shpon mëlçinë; ai nxiton si një zog, pa ditur që një lak është ngritur kundër jetës së tij.

²⁴ Prandaj, bij të mi, më dëgjoni, kushtojuni kujdes fjalëve të gojës sime.

²⁵ Zemra jote të mos shkojë pas rrugëve të saj, mos devijo nëpër shtigjet e saj,

²⁶ sepse ka rrëzuar shumë të plagosur për vdekje, dhe tërë ata që ajo ka vrarë ishin burra të fortë.

²⁷ Shtëpia e saj është rruga e Sheolit që zbret në thellësitë e vdekjes.

Kapitull 8

¹ A nuk bërtet vallë dituria dhe maturia a nuk e bën zërin e saj të dëgjohet?

² Ajo qëndron në këmbë mbi majën e lartësive, gjatë rrugës, në kryqëzimet e rrugëve;

³ bërtet pranë portave, në hyrje të qyteteve, në prag të dyerve;

⁴ "Ju drejtohem juve, o njerëz dhe zëri im u drejtohet bijve të njeriut.

⁵ Kuptoni, o njerëz të thjeshtë, maturinë, dhe ju, njerëz pa mend, kini një zemër të urtë.

⁶ Më dëgjoni, sepse do të flas për gjëra të rëndësishme dhe buzët e mia do të hapen për të thënë gjëra të drejta.

⁷ Sepse goja ime do të shpallë të vërtetën; pabesia është e neveritshme për buzët e mia.

⁸ Të gjitha fjalët e gojës sime janë të drejta, në to nuk ka asgjë të shtrembër dhe të çoroditur.

⁹ Janë të gjitha të drejta për atë që ka mend dhe për ata që kanë gjetur dijen.

¹⁰ Pranoni mësimin tim dhe jo argjendin, dijen në vend të arit të zgjedhur,

¹¹ sepse dituria vlen më tepër se margaritarët, të gjitha gjërat që dikush mund dikush të dëshiroje nuk barazohen me të.

¹² Unë, dituria, rri me maturinë dhe e gjej dijen në meditim.

¹³ Frika e Zotit është të urresh të keqen; unë e urrej kryelartësinë, arrogancën, rrugën e keqe dhe gojën e çoroditur.

¹⁴ Mua më takon mendimi dhe dituria e vërtetë; unë jam zgjuarsia, mua më përket forca.

¹⁵ Nëpërmjet meje mbretërojnë mbretërit dhe princat vendosin drejtësinë.

¹⁶ Nëpërmjet meje qeverisin krerët, fisnikët, tërë gjykatësit e tokës.

¹⁷ Unë i dua ata që më duan, dhe ata që më kërkojnë me kujdes më gjejnë.

¹⁸ Me mua janë pasuria dhe lavdia, pasuria që zgjat dhe drejtësia.

¹⁹ Fryti im është më i mirë se ari, po, se ari i kulluar, dhe prodhimi im më tepër se argjendi i zgjedhur.

²⁰ Unë eci në rrugën e drejtësisë, në mes të shtigjeve të drejtësisë,

²¹ për t'i bërë ata që më duan të trashëgojnë pasurinë e vërtetë dhe për të mbushur thesaret e tyre.

²² Zoti më zotëroi në fillim të rrugës së tij, përpara veprave të tij më të lashta.

²³ U vendosa nga amshimi, që në krye, para se toka të ekzistonte.

²⁴ Më prodhuan kur nuk kishte ende humnera, kur nuk kishte burime me ujë të bollshëm.

²⁵ Më prodhuan para se themelet e maleve të ishin përforcuar, para kodrinave,

²⁶ kur nuk kishte sajuar ende as tokën, as fushat dhe as plisat e para të dheut.

²⁷ Kur ai fiksonte qiejtë, unë isha aty; kur bënte një rreth mbi sipërfaqen e humnerës,

²⁸ kur i bënte të qëndrueshëm qiejtë e epërm, kur përforconte burimet e humnerës,

²⁹ kur i caktonte detit caqet e tij në mënyrë që ujërat të mos kalonin përtej urdhërit të tij, kur vendoste themelet e dheut,

³⁰ unë isha pranë tij si një arkitekt, isha çdo ditë kënaqësia e tij, duke u gëzuar çdo çast para tij;

³¹ kënaqesha në pjesën e banueshme të botës dhe gjeja ëndjen time me bijtë e njerëzve.

³² Tani, pra, më dëgjoni, o bij; lum ata që ndjekin rrugët e mia!

³³ Dëgjoni këto mësime, tregohuni të urtë dhe mos i hidhni poshtë!

³⁴ Lum ai njeri që më dëgjon, duke u gdhirë çdo ditë te portat e mia dhe duke ruajtur shtalkat e portave të mia.

³⁵ Sepse ai që më gjen, gjen jetën, dhe siguron përkrahjen e Zotit.

³⁶ Por ai që mëkaton kundër meje, i bën të keqe vetvetes; të gjithë ata që më urrejnë duan vdekjen".

Kapitull 9

¹ Dituria ka ndërtuar shtëpinë e saj, ka gdhendur shtatë shtyllat e saj.

² Ka vrarë kafshët e saj, ka përzier verën e saj dhe shtruar tryezën e saj.

³ Ka dërguar jashtë shërbëtoret e saj; nga vendet më të larta të qytetit ajo thërret:

4 "Ai që është budalla të vijë këtu!". Atij që i mungon gjykimi i thotë:

5 "Ejani, hani nga buka ime dhe pini verën që kam përzier.

6 Lëreni budallallëkun dhe do të jetoni, ecni në rrugën e arsyes".

7 Ai që korrigjon tallësin tërheq mbi vete të shara, dhe ai që qorton të pabesin merr të shara.

8 Mos qorto tallësin sepse ai do të të urrejë; qorto të urtin dhe ai do të të dojë.

9 Mësoje të urtin dhe ai do të bëhet edhe më i urtë. Mësoje të drejtin dhe ai do të rritë diturinë e tij.

10 Frika e Zotit është parimi i diturisë, dhe njohja e të Shenjtit është zgjuarsia.

11 Sepse nëpërmjet meje do të shumohen ditët e tua dhe do të të shtohen vite jete.

12 Në rast se je i urtë, je i urtë për veten tënde; në rast se je tallës, pasojat do t'i kesh vetëm ti.

13 Gruaja budallaqe është zhurmëmadhe, aspak e zgjuar dhe nuk di asgjë.

14 Rri ulur te porta e shtëpisë së saj, mbi një fron në vendet e larta të qytetit,

15 për të ftuar ata që kalojnë nëpër rrugë, që shkojnë drejt në rrugën e tyre:

16 "Ai që është budalla të vijë këtu!". Dhe atij që i mungon arsyeja i thotë:

17 "Ujërat e vjedhura janë të ëmbla; buka që hahet fshehurazi është e shijshme".

18 Por ai nuk e di që atje janë të vdekurit, që të ftuarit e saj janë në thellësinë e Sheolit.

Kapitull 10

1 Fjalët e urta të Salomonit. Një fëmijë e urtë e gëzon të atin, por një fëmijë budalla i shkakton vuajtje nënes së vet.

2 Thesaret e padrejtësisë nuk japin dobi, por drejtësia të çliron nga vdekja.

3 Zoti nuk do të lejojë që i drejti të vuajë nga uria, por hedh poshtë dëshirën e të pabesëve.

4 Kush punon me dorë përtace varfërohet, por dora e njerëzve të zellshëm të bën të pasurohesh.

5 Ai që mbledh gjatë verës është një bir i matur, por ai që fle në kohën e korrjeve është një bir që të mbulon me turp.

6 Ka bekime mbi kokën e të drejtit, por dhuna e mbulon gojën e të pabesëve.

7 Kujtimi i të drejtit është në bekim, por emri i të pabesit do të kalbet.

8 Zemërurti i pranon urdhërimet, por fjalamani budalla do të rrëzohet.

9 Ai që ecën në ndershmëri ecën i sigurt, por ai që ndjek rrugë dredharake ka për t'u zbuluar.

10 Kush e shkel syrin shkakton vuajtje, por fjalamani budalla do të rrëzohet.

11 Goja e të drejtit është një burim jete, por dhuna e mbulon gojën e të pabesëve.

12 Urrejtja shkakton grindje, por dashuria mbulon të gjitha fajet.

13 Dituria gjendet mbi buzët e atyre që kanë mendje, por shkopi është për kurrizin e atyre që nuk kanë mend.

14 Të urtët grumbullojnë njohuri, por goja e budallait është një shkatërrim i shpejtë.

15 Begatia e të pasurit është qyteti i tij i fortë; shkatërrimi i të varfërit është varfëria e tyre.

16 Puna e të drejtit i shërben jetës, fitimi i të pabesit mëkatit.

17 Kush ruan mësimet është në rrugën e jetës; por kush nuk pranon kritikën humb.

18 Kush e maskon urrejtjen ka buzë gënjeshtare dhe ai që përhap shpifje është budalla.

19 Në fjalët e shumta faji nuk mungon, por ai që i frenon buzët e tij është i urtë.

20 Gjuha e të drejtit është argjend i zgjedhur, por zemra e të pabesëve vlen pak.

21 Buzët e të drejtit ushqejnë mjaft njerëz, por budallenjtë vdesin sepse nuk kanë mend.

22 Bekimi i Zotit pasuron dhe ai nuk shton asnjë vuajtje.

23 Kryerja e një kobi për budallanë është si një zbavitje; kështu është dituria për njeriun që ka mend.

24 Të pabesit i ndodh ajo nga e cila trembet, por njerëzve të drejtë u jepet ajo që dëshirojnë.

25 Kur kalon furtuna, i pabesi nuk është më, por i drejti ka një themel të përjetshëm.

26 Ashtu si uthulla për dhëmbët dhe tymi për sytë, kështu është dembeli për ata që e dërgojnë.

27 Frika e Zotit i zgjat ditët, por vitet e të pabesit do të shkurtohen.

28 Shpresa e të drejtëve është gëzimi, por pritja e të pabesëve do të zhduket.

29 Rruga e Zotit është një kala për njeriun e ndershëm, por është shkatërrim për ata që kryejnë padrejtësi.

30 I drejti nuk do të lëvizet kurrë, por të pabesët nuk do të banojnë në tokë.

31 Goja e të drejtit prodhon dituri, por gjuha e çoroditur do të pritet.

32 Buzët e të drejtit njohin atë që është e pranueshme; por goja e të pabesëve njeh vetëm gjëra të çoroditura.

Kapitull 11

1 Peshorja e pasaktë është e neveritshme për Zotin, por peshimi i saktë i pëlqen.

2 Kur vjen kryelartësia, vjen edhe turpi; por dituria është me njerëzit e thjeshtë.

3 Njerëzit e drejtë udhëhiqen nga ndershmëria, por ligësia e të pabesëve do t'i shkatërrojë këta.

4 Pasuritë nuk sjellin dobi ditën e zemërimit, por drejtësia të shpëton nga vdekja.

5 Drejtësia e njeriut të ndershëm i hap rrugën, por i pabesi bie për shkak të paudhësisë së tij.

6 Drejtësia e njerëzve të drejtë i çliron këta, por njerëzit e pabesë do të kapen nga vetë ligësia e tyre.

7 Kur vdes një i pabesë, shpresa e tij humb dhe shpresa e njerëzve të padrejtë davaritet.

8 I drejti çlirohet nga fatkeqësia, por i pabesi i zë vendin.

9 Me gojën e tij hipokriti shkatërron të afërmin e tij, por të drejtët çlirohen për shkak të dijes së tyre.

10 Kur të drejtët begatohen, qyteti gëzohet; por kur vdesin të pabesët, dëgjohen britma gëzimi.

11 Nga bekimi i njerëzve të drejtë qyteti ngrihet, por goja e pafeve e çon në shkatërrim.

12 Kush e përbuz të afërmin e tij nuk ka mend, por njeriu i matur hesht.

13 Kush shkon rreth e qark duke përfolur, nxjerr sekretet, por ai që ka një shpirt besnik i fsheh ato.

14 Pa një udhëheqje të urtë populli bie, por gjen shpëtim në numrin e madh të këshilltarëve.

15 Kush bëhet garant për një të huaj do të pësojë dëmet e këtij veprimi, por ai që refuzon të japë dorën si garant është i sigurt.

16 Gruaja e bukur fiton lavdinë dhe njerëzit e dhunshëm grumbullojnë pasuri.

17 Njeriu i mëshirshëm i bën të mirë vetes, kurse njeriu mizor mundon mishin e tij.

18 I pabesi realizon një fitim të rremë, por ai që mbjell drejtësi do të ketë një shpërblim të sigurt.

19 Ashtu si drejtësia të çon në jetë, kështu ai që shkon pas të keqes gjen vdekjen.

20 Të çoroditurit nga zemra janë të neveritur për Zotin, por ata që janë të ndershëm në sjelljen e tyre pëlqehen nga ai.

21 Edhe kur i shtrëngon dorën një tjetri për një besëlidhje, njeriu i keq nuk do të mbetet i padënshkuar, por pasardhësit e të drejtëve do të shpëtojnë.

22 Si një unazë ari në feçkën e një derri, kështu është një grua e bukur që nuk ka mend.

23 Dëshira e të drejtëve është vetëm e mira, por shpresa e të pabesëve është zemërimi.

24 Ka nga ata që shkapërderdhin bujari dhe bëhen më të pasur, dhe ka nga ata që kursejnë më tepër se duhet dhe bëhen gjithnjë e më të varfër.

25 Njeriu bujar do të pasurohet dhe ai që vadit do të vaditet gjithashtu.

26 Populli mallkon atë që nuk pranon të japë grurin, por bekimi bie mbi kokën e atij që e shet.

27 Kush kërkon me zell të mirën fiton dashamirësinë, por ai që kërkon të keqen, kjo do t'i bjerë mbi të.

28 Kush ka besim në pasuritë e tij do të rrëzohet, por të drejtët do të çelin si gjethe.

29 Ai që bën rrëmujë në shtëpinë e vet do të trashëgojë erën, dhe budallai do të jetë shërbëtori i atij që është i urtë nga zemra.

30 Fryti i të drejtit është një dru i jetës, dhe ai që shtie në dorë shpirtërat është i urtë.

31 Ja, i drejti merr shpërblimin mbi tokë, e aq më tepër i pabesi dhe

mëkatari!

Kapitull 12

¹ Kush e do korrigjimin do diturinë, por ai që e urren kritikën është budalla.

² Njeriu i mirë gëzon përkrahjen e Zotit, por ky do të dënojë njeriun që sajon plane të këqija.

³ Njeriu nuk bëhet i qëndrueshëm me pabesinë, por rrënja e të drejtëve nuk do të lëvizet kurrë.

⁴ Gruaja e virtytshme është kurora e burrit të saj, por ajo që e turpëron është si një krimb në kockat e tij.

⁵ Mendimet e të drejtëve janë drejtësia, por synimet e të pabesëve janë mashtrimi.

⁶ Fjalët e të pabesëve rrinë në pritë për të derdhur gjak, por goja e njerëzve të drejtë do t'i çlirojë.

⁷ Të pabesët janë përmbysur dhe nuk janë më, por shtëpia e të drejtëve do të mbetet më këmbë.

⁸ Një njeri lëvdohet për gjykimin e tij, por ai që ka një zemër të çoroditur do të përçmohet.

⁹ Është më mirë të të çmojnë pak dhe të kesh një shërbetor, se sa të të nderojnë dhe të mos kesh bukë.

¹⁰ I drejti kujdeset për jetën e bagëtisë së tij, por të përbrendshmet e të pabesëve janë mizore.

¹¹ Kush punon tokën e tij do të ngopet me bukë, por ai që shkon pas kotësive është pa mend.

¹² I pabesi dëshiron gjahun e njerëzve të këqij, por rrënja e të drejtëve sjell fryt.

¹³ Njeriu i keq kapet në kurthin e mëkatit të buzëve të tij, por i drejti do t'i shpëtojë fatkeqësisë.

¹⁴ Njeriu do të ngopet me të mira për frytin e gojës së tij, dhe secili do të marrë shpërblimin simbas veprës së duarve të tij.

¹⁵ Rruga e budallait është e drejtë para syve të tij, por ai që dëgjon këshillat është i urtë.

¹⁶ Budallai e tregon menjëherë pezmatimin e tij, por njeriu i matur e fsheh turpin.

¹⁷ Ai që thotë të vërtetën shpall atë që është e drejtë, por dëshmitari i rremë thotë mashtrime.

¹⁸ Kush flet pa mend është si ai që shpon me shpatë, por gjuha e të urtëve sjell shërim.

¹⁹ Buza që thotë të vërtetën, do të bëhet e qëndrueshme përjetë, por gjuha që gënjen zgjat vetëm një çast.

²⁰ Mashtrimi është në zemrën e atyre që kurdisin të keqen, por për ata që këshillojnë paqen ka gëzim.

²¹ Asnjë e keqe nuk do t'i ndodhë të drejtit, por të pabesët do të kenë plot telashe.

²² Buzët gënjeshtare janë të neveritshme për Zotin, por ata që veprojnë me çiltërsi i pëlqejnë atij.

²³ Njeriu i matur e fsheh diturinë e tij, por zemra e budallenjve shpall budallallëkun e tyre.

²⁴ Dora e njeriut të kujdeshëm do të sundojë, por dora e përtacëve do t'i nënshtrohet punës së detyrueshme.

²⁵ Shqetësimi në zemrën e njeriut e rrëzon atë, por një fjalë e mirë e gëzon atë.

²⁶ I drejti e zgjedh me kujdes shokun e tij, por rruga e të pabesëve i bën që të humbasin.

²⁷ Përtaci nuk e pjek gjahun e tij, por kujdesi për njeriun është një pasuri e çmueshme.

²⁸ Mbi shtegun e drejtësisë ka jetë, dhe mbi këtë shteg nuk ka vdekje.

Kapitull 13

¹ Një bir i urtë dëgjon mësimet e atit të vet, por tallësi nuk e dëgjon qortimin.

² Nga fryti i gojës së tij njeriu do të hajë atë që është e mirë, por shpirti i të pabesëve do të ushqehet me dhunë.

³ Kush kontrollon gojën e tij mbron jetën e vet, por ai që i hap shumë buzët e tij shkon drejt shkatërrimit.

⁴ Shpirti i përtacit dëshiron dhe nuk ka asgjë, por shpirti i atyre që janë të kujdesshëm do të kënaqet plotësisht.

⁵ I drejti e urren gënjeshtrën, por i pabesi është i neveritshëm dhe do të turpërohet.

⁶ Drejtësia ruan atë që ndjek një rrugë të ndershme, por pabesia e rrëzon mëkatarin.

⁷ Ka nga ata që sillen si një i pasur, por nuk kanë asgjë; përkundrazi ka nga ata që sillen si një i varfër, por kanë shumë pasuri.

⁸ Pasuritë e një njeriu shërbejnë për të shpërblyer jetën e tij, por i varfëri nuk ndjen asnjë kërcënim.

⁹ Drita e të drejtëve shkëlqen bukur, por llamba e të pabesëve do të shuhet.

¹⁰ Nga krenaria rrjedhin vetëm grindjet, por dituria është me ata që u kushtojnë kujdes këshillave.

¹¹ Pasuria e përftuar në mënyrë jo të ndershme do të katandiset në pak gjëra, por atij që e grumbullon me mund do t'i shtohet ajo.

¹² Pritja e zgjatur e ligështon zemrën, por dëshira e plotësuar është një dru i jetës.

¹³ Ai që përçmon fjalën do të shkatërrohet, por ai që respekton urdhërimin do të shpërblehet.

¹⁴ Mësimet e të urtit janë burim jete për t'i evituar dikujt leqet e vdekjes.

¹⁵ Gjykimi i mirë siguron favor, por veprimi i të pabesëve është i dëmshëm.

¹⁶ Çdo njeri i matur vepron me dituri, por budallai kapardiset me marrëzinë e tij.

¹⁷ Lajmëtari i keq bie në telashe, por lajmëtari besnik sjell shërim.

¹⁸ Mjerimi dhe turpi do të vijnë mbi atë që nuk pranon korrigjimin, por ai që dëgjon qortimin do të nderohet.

¹⁹ Dëshira e realizuar është e ëmbël për shpirtin, por për budallenjtë është një gjë e neveritshme largimi nga e keqja.

²⁰ Kush shkon me të urtët bëhet i urtë, por shoku i budallenjve do të bëhet i keq.

²¹ E keqja përndjek mëkatarët, por i drejti do të shpërblehet me të mirën.

²² Njeriu i mirë i lë një trashëgim bijve të bijve të tij, por pasuria e mëkatarit vihet mënjanë për të drejtin.

²³ Ara e punuar e të varfërve jep ushqim me shumicë, por ka nga ata që vdesin për mungesë drejtësie.

²⁴ Kush e kursen shufrën urren birin e vet, por ai që e do e korrigjon me kohë.

²⁵ I drejti ha sa të ngopet, por barku i të pabesëve vuan nga uria.

Kapitull 14

¹ Gruaja e urtë ndërton shtëpinë e saj, por budallaqja e shkatërron me duart e veta.

² Kush ecën në drejtësinë e tij ka frikë nga Zoti, por ai që çoroditet në rrugët e tij e përçmon atë.

³ Në gojën e budallait gjejmë farën e kryelartësisë, por të urtët e ruajnë gojën e tyre.

⁴ Aty ku nuk ka qe grazhdi është bosh, por bolleku i korrjes qëndron në forcën e kaut.

⁵ Dëshmitari i ndershëm nuk gënjen, por dëshmitari i rremë thotë gënjeshtra.

⁶ Tallësi kërkon diturinë dhe nuk e gjen, por dija është një gjë e lehtë për atë që ka mend.

⁷ Largohu nga njeriu budalla sepse nuk do të gjesh dituri mbi buzët e tij.

⁸ Dituria e njeriut të matur qëndron në të dalluarit e rrugës së tij, por marrëzia e budallenjve është mashtrim.

⁹ Budallenjtë qeshin me mëkatin, por midis njerëzve të drejtë është falja.

¹⁰ Zemra njeh trishtimin e vet, por një i huaj nuk mund të marrë pjesë në gëzimin e saj.

¹¹ Shtëpia e të pabesëve do të shkatërrohet, por çadra e njerëzve të drejtë do të lulëzojë.

¹² Është një rrugë që njeriut i duket e drejtë, por në fund ajo të nxjerr në rrugët e vdekjes.

¹³ Edhe kur qesh, zemra mund të jetë e pikëlluar, dhe vetë gëzimi mund të përfundojë në vuajtje.

¹⁴ Zemërpërdali do të ngopet me rrugët e tij, dhe njeriu i mirë do të ngopet me frytet e tij.

¹⁵ Budallai i beson çdo fjale, por njeriu i matur tregon kujdes të veçantë për hapat e tij.

¹⁶ Njeriu i urtë i trëmbet së keqes dhe largohet prej saj, por budallai zemërohet dhe është fodull.

¹⁷ Ai që zemërohet me lehtësi kryen marrëzi dhe njeriu që ka qëllime të këqija është i urryer.

¹⁸ Teveqelit e trashëgojnë budallallëkun, por njerëzit e matur kurorëzohen me dije.

¹⁹ Njerëzit e këqij do të përkulen përpara njerëzve të mirë dhe të pabesët në portat e të drejtëve.

²⁰ Të varfërin e urren vetë miku i tij, por i pasuri ka shumë miklues.

²¹ Kush përçmon të afërmin e vet, mëkaton, por ai që ka mëshirë për të varfërit është i lumtur.

²² A nuk devijojnë, vallë nga rruga e drejtë ata që kurdisin të

Proverbave

keqen? Por ata që mendojnë të mirën kanë për të gjetur mirësi dhe të vërtetën.

²³ Në çdo mundim ka një fitim, por fjalët e kota çojnë vetëm në varfëri.

²⁴ Kurora e njerëzve të urtë është pasuria e tyre, por marrëzia e budallenjve është marrëzi.

²⁵ Një dëshmitar që thotë të vërtetën shpëton jetën e njerëzve, por një dëshmitar i rremë thotë gënjeshtra.

²⁶ Në frikën e Zotit gjendet një siguri e madhe, dhe bijtë e tij do të kenë një vend strehimi.

²⁷ Frika e Zotit është një burim jete, që i shmang leqet e vdekjes.

²⁸ Lavdia e mbretit qëndron në turmën e popullit, por shkatërrimi i princit qëndron në mungesën e njerëzve.

²⁹ Kush është i ngadalshëm në zemërim është shumë i matur, por ai që rrëmbehet me lehtësi vë në dukje marrëzinë e tij.

³⁰ Një zemër e shëndoshë është jetë për trupin, por lakmia është krimbi brejtës i kockave.

³¹ Kush shtyp të varfërin fyen rëndë atë që e ka bërë, por ai që ka mëshirë për nevojtarin e nderon atë.

³² I pabesi përmbyset nga vetë ligësia e tij, por i drejti ka shpresë në vetë vdekjen e tij.

³³ Dituria prehet në zemrën e atij që ka mend, por ajo që është në zemrën e budallenjve merret vesh.

³⁴ Drejtësia e larton një komb, por mëkati është turpi i popujve.

³⁵ Dashamirësia e mbretit është për shërbëtorin që vepron me urtësi, por zemërimi i tij është kundër atij që sillet me paturpësi.

Kapitull 15

¹ Përgjigja e ëmbël e fashit zemërimin, por fjala therëse e nxit zemërimin.

² Gjuha e të urtëve përdor dijen ndershmërisht, por goja e budallenjve nxjerr marrëzira.

³ Sytë e Zotit janë kudo për të shikuar të këqijtë dhe të mirët.

⁴ Një gjuhë e shëndoshë është një dru i jetës, por gjuha e çoroditur e sfilit shpirtin.

⁵ Budallai e përçmon korrigjimin e atit të tij, por ai që e çmon kritikën vepron me zgjuarsi.

⁶ Në shtëpinë e të drejtit ka bollëk të madh, por në të ardhurat e të pabesit ka telashe.

⁷ Buzët e të urtëve përhapin dijen, por nuk vepron kështu zemra e budallenjve.

⁸ Sakrifica e të pabesëve është një neveri për Zotin, por lutja e njerëzve të drejtë i pëlqen atij.

⁹ Rruga e të pabesit është një neveri për Zotin, por ai do atë që ndjek drejtësinë.

¹⁰ Një qortim i rëndë pret atë që braktis rrugën e drejtë, ai që urren kritikën ka për të vdekur.

¹¹ Sheoli dhe Abadoni janë para Zotit; ca më tepër janë zemrat e bijve të njerëzve!

¹² Tallësi nuk e do atë që e kritikon; ai nuk shkon tek të urtët.

¹³ Një zemër e gëzuar e bën të lumtur fytyrën, por nga pikëllimi i zemrës fryma dërrmohet.

¹⁴ Zemra e njeriut me mend kërkon dijen, por goja e budallenjve ushqehet me marrëzi.

¹⁵ Të gjitha ditët e të varfërit janë të këqija, por për një zemër të kënaqur ka festë përherë.

¹⁶ Më mirë pak me frikën e Zotit, se sa një thesar i madh me shqetësime.

¹⁷ Më mirë një pjatë me perime në të cilën ka dashuri se sa një ka i majmur në të cilin ka urrejtje.

¹⁸ Njeriu gjaknxehtë nxit grindje, por ai që nuk zemërohet shpejt i qetëson grindjet.

¹⁹ Rruga e përtacit është si një gardh ferrash, por shtegu i njerëzve të drejtë është i sheshtë.

²⁰ Biri i urtë gëzon atin, por njeriu budalla përçmon të ëmën.

²¹ Marrëzia është gëzim për atë që nuk ka mend, por njeriu që ka mend ecën drejt.

²² Planet dështojnë ku nuk ka arsye, por realizohen atje ku ka një mori këshilltarësh.

²³ Një njeri ndjen gëzim kur mund të jap një përgjigje dhe sa e mirë është fjala që thuhet në kohën e duhur!

²⁴ Njeriun e matur rruga e jetës e çon lart në mënyrë që të evitojë Sheolin poshtë.

²⁵ Zoti do të shkatërrojë shtëpinë e krenarëve, por do t'i bëjë të qëndrueshëm kufijtë e gruas së ve.

²⁶ Mendimet e këqija janë të neveritshme për Zotin, por fjalët e ëmbla janë të pastra.

²⁷ Kush lakmon fitime vë në rrezik shtëpinë e vet, por ai që i urren dhuratat ka për të jetuar.

²⁸ Zemra e të drejtit mendon thellë se si duhet të përgjigjet, por goja e të pabesit vjell gjëra të këqija.

²⁹ Zoti u rri larg të pabesëve, por dëgjon lutjet e të drejtëve.

³⁰ Drita e syve gëzon zemrën, një lajm i mirë i forteson kockat.

³¹ Veshi që dëgjon kritikën e jetës ka për të qëndruar bashkë me të urtët.

³² Kush nuk pranon qortimin e përçmon vetë shpirtin e tij, por ai që dëgjon qortimin bëhet më i urtë.

³³ Frika e Zotit është një mësim diturie, dhe përpara lavdisë vjen përulësia.

Kapitull 16

¹ Prirjet e zemrës i përkasin njeriut, por përgjigja e gjuhës vjen nga Zoti.

² Të gjitha rrugët e njeriut janë të pastra në sytë e tij, por Zoti i peshon frymët.

³ Besoja Zotit veprimet e tua dhe planet e tua do të realizohen.

⁴ Zoti ka bërë çdo gjë për vete të tij, edhe të pabesin për ditën e fatkeqësisë.

⁵ Ai që është zemërkrenar është i neveritshëm për Zotin; edhe sikur t'i shtrëngojë dorën një tjetri për besëlidhje, nuk ka për të mbetur pa u ndëshkuar.

⁶ Me mirësinë dhe me të vërtetën padrejtësia shlyhet, dhe me frikën e Zotit njeriu largohet nga e keqja.

⁷ Kur Zotit i pëlqejnë rrugët e një njeriu, ai bën që edhe armiqtë e tij të bëjnë paqe me të.

⁸ Më mirë të kesh pak me drejtësi, se sa të ardhura të mëdha pa drejtësi.

⁹ Zemra e njeriut programon rrugën e tij, por Zoti drejton hapat e tij.

¹⁰ Mbi buzët e mbretit është një vendim hyjnor; gjatë gjykimit goja e tij nuk duhet të gabojë.

¹¹ Kandari dhe peshoret e sakta janë të Zotit, të gjitha gurët e peshës janë vepër e tij.

¹² Është një gjë e neveritshme për mbretërit të bëjnë të keqen, sepse froni bëhet i qëndrueshëm me drejtësinë.

¹³ Buzët e drejta u pëlqejnë mbretërve; ata e duan atë që flet drejt.

¹⁴ Zemërimi i mbretit është si lajmëtari i vdekjes, por njeriu i urtë do ta qetësojë atë.

¹⁵ Në dritën e fytyrës së mbretit ka jetë, dhe favori i tij është si reja e shiut të fundit.

¹⁶ Është më mirë të fitosh dituri se sa ar, dhe të fitosh mënçuri se sa argjend.

¹⁷ Rruga kryesore e njerëzve të drejtë është të evitojnë të keqen; ai që do ta ruajë shpirtin e tij mbikqyr rrugën e tij.

¹⁸ Përpara shkatërrimit vjen kryelartësia dhe përpara rrëzimit fryma krenare.

¹⁹ Më mirë të kesh frymë të përulur me të mjerët se sa të ndash prenë me krenarët.

²⁰ Kush i kushton kujdes Fjalës do të gjejë të mirën, dhe kush i beson Zotit është i lumtur.

²¹ I urti nga zemra do quhet i matur, dhe ëmbëlsia e buzëve e shton diturinë.

²² Mendja është një burim jete për atë që e zotëron, por budallallëku është dënimi i budallenjve.

²³ Zemra e të urtit e bën të mençur gojën e tij dhe e shton diturinë e buzëve të tij.

²⁴ Fjalët e ëmbla janë si një huall mjalti, ëmbëlsi për shpirtin dhe ilaç për kockat.

²⁵ Ka një rrugë që njeriut i duket e drejtë, por në fund ajo të nxjerr në udhët e vdekjes.

²⁶ Personi që lodhet, lodhet për veten e tij, sepse goja e tij e nxit.

²⁷ Njeriu i keq kurdis të keqen dhe mbi buzët e tij ka si një zjarr të ndezur.

²⁸ Njeriu i çoroditur mbjell grindje dhe ai që shpif përçan miqtë më të mirë.

²⁹ Njeriu i dhunës e josh shokun e vet dhe e çon nëpër një rrugë jo të mirë.

³⁰ Kush mbyll sytë për të kurdisur gjëra të këqija, kafshon buzët kur shkakton të keqen.

³¹ Flokët e bardha janë një kurorë lavdie; atë e gjejmë në rrugën e drejtësisë.

³² Kush nuk zemërohet shpejt vlen më tepër se një luftëtar i fortë, dhe ai që e urdhëron frymën e tij vlen më tepër se ai që mposht një qytet.

³³ Shorti hidhet që në barkun e nënës, por çdo veprim varet nga Zoti.

Kapitull 17

¹ Është më mirë një copë bukë thatë me paqe se sa një shtëpi plot me kafshë të vrara me grindje.

² Shërbëtori që vepron me urtësi ka për të sunduar mbi të birin që e turpëron dhe do të marrë një pjesë të trashëgimisë bashkë me vëllezërit.

³ Poçi është për argjendin dhe furra për arin, por ai që provon zemrat është Zoti.

⁴ Njeriu i keq dëgjon buzët e liga, gënjeshtari dëgjon gjuhën e çoroditur.

⁵ Ai që përqesh të varfërin fyen Atë që e ka krijuar; ai që kënaqet me fatkeqësinë e tjetrit nuk do të mbetet pa u ndëshkuar.

⁶ Bijtë e bijve janë kurora e pleqve, dhe lavdia e bijve janë etërit e tyre.

⁷ Budallait nuk i shkon një e folur e bukur, aq më pak princit nuk i shkojnë buzë gënjeshtare,

⁸ Një dhuratë është një gur i çmuar në sytë e atij që e ka; ngado që kthehet, ai ia del.

⁹ Kush mbulon një faj fiton dashuri, por kush i rikthehet përsëri ndan miqtë më të mirë.

¹⁰ Një qortim depërton më thellë te njeriu me mend se sa njëqind goditje te budallai.

¹¹ Njeriu i keq nuk kërkon gjë tjetër veç të ngrerë krye, prandaj do të dërgohet kundër tij një lajmëtar mizor.

¹² Është më mirë të takosh një harushë se cilës i kanë vjedhur këlyshët e vet se sa një budalla në marrëzinë e tij.

¹³ E keqja nuk do të largohet nga shtëpia e atij që së mirës i përgjigjet me të keqen.

¹⁴ Të fillosh një grindje është sikur t'u çelësh rrugë ujërave; prandaj ndërprite grindjen përpara se të acarohet.

¹⁵ Ai që nxjerr të pafajshëm fajtorin dhe ai që dënon të drejtin janë që të dy të neveritshëm për Zotin.

¹⁶ Ç'duhet paraja në duart e budallait? Mos vallë për të blerë dituri, kur ai nuk ka mend fare?

¹⁷ Miku të do në çdo kohë, por vëllai lind për ditë të vështira.

¹⁸ Njeriu që nuk ka mend jep dorën si garanci dhe merr zotime për të afërmin e tij.

¹⁹ Ai që do mëkatin i do grindjet, dhe ai që ngre portën e tij kërkon rrënim.

²⁰ Njeriu zemërshthurur nuk gjen asnjë të mirë, dhe ai që ka gjuhën e çoroditur bie në telashe.

²¹ Atij që i lind një budalla do t'i vijnë hidhërime dhe ati i një budallai nuk mund të ketë gëzim.

²² Një zemër e gëzuar është një ilaç i mirë, por një frymë e dërrmuar i than kockat.

²³ I pabesi pranon dhurata fshehurazi për të prishur rrugët e drejtësisë.

²⁴ Dituria qëndron para atij që ka mend, por sytë e budallait enden deri në cepat më të largëta të dheut.

²⁵ Biri budalla është një burim vuajtjesh për atin e tij dhe hidhërim për atë që e ka lindur.

²⁶ Nuk është mirë të dënosh të drejtin, as të godasësh princat për ndershmërinë e tyre.

²⁷ Kush i mat fjalët e veta ka dije, dhe kush ka një shpirt të qetë është njeri i matur.

²⁸ Budallai, edhe kur hesht, konsiderohet i urtë dhe, kur i mban të mbyllura buzët e tij, konsiderohet i zgjuar.

Kapitull 18

¹ Kush veçohet kërkon kënaqësinë e tij dhe zemërohet kundër gjithë diturisë së vërtetë.

² Budallai nuk gjen kënaqësi te maturia, por vetëm në të vënit në dukje të zemrës së tij.

³ Kur vjen i pabesi vjen edhe përçmimi dhe bashkë me humbjen e nderit vjen turpi.

⁴ Fjalët e gojës së një njeriu janë ujëra të thella; burimi i diturisë është si një rrjedhë uji që shkon duke gurgulluar.

⁵ Nuk është mirë të preferosh të pabesin, apo të shkaktosh humbjen e të drejtit në gjyq.

⁶ Buzët e budallait të çojnë në grindje, dhe goja e tij kërkon goditje.

⁷ Goja e budallait është shkatërrimi i tij dhe buzët e tij janë një lak për jetën e tij.

⁸ Fjalët e shpifësit janë si një gjellë shumë e shijshme që zbret thellë në zorrë.

⁹ Edhe ai që është përtac në punën e tij është vëlla i planprishësit.

¹⁰ Emri i Zotit është një kala e fortë, tek ai turret i drejti dhe gjen siguri.

¹¹ Pasuria e kamësit është qyteti i tij i fortë dhe simbas mendimit të tij ajo është si një mur i lartë.

¹² Përpara shkatërrimit, zemra e njeriut ngrihet, por para lavdisë vjen përulësia.

¹³ Kush jep përgjigje për një çështje para se ta ketë dëgjuar, tregon marrëzinë e tij për turp të vet.

¹⁴ Fryma e njeriut i jep krahë në sëmundjen e tij, por kush mund ta ngrerë një frymë të demoralizuar?

¹⁵ Zemra e njeriut të matur fiton diturí, edhe veshi i të urtëve kërkon diturinë.

¹⁶ Dhurata e njeriut i hap rrugën dhe e çon në prani të të mëdhenjve.

¹⁷ I pari që mbron çështjen e vet duket sikur ka të drejtë; por pastaj vjen tjetri dhe e shqyrton.

¹⁸ Fati u jep fund grindjeve dhe i ndan të fuqishmit.

¹⁹ Një vëlla i fyer është si një qytet i fortë; dhe grindjet janë si shulat e një kalaje.

²⁰ Njeriu e ngop barkun me frytin e gojës së tij, ai ngopet me prodhimin e buzëve të tij.

²¹ Vdekja dhe jeta janë nën pushtetin e gjuhës; ata që e duan do të hanë frytet e saj.

²² Kush ka gjetur grua ka gjetur një gjë të mirë dhe ka siguruar një favor nga Zoti.

²³ I varfëri flet duke u lutur, kurse i pasuri përgjigjet me ashpërsi.

²⁴ Njeriu që ka shumë miq duhet gjithashtu të tregohet mik, por është një mik që është më i lidhur se një vëlla.

Kapitull 19

¹ Është më i mirë një i varfër që ecën në ndershmërinë e tij se sa ndonjë që është i çoroditur nga buzët dhe që është budalla.

² Përveç kësaj nuk është mirë që një shpirt të jetë pa dije; kush ecën me hapa të shpejta gabon rrugë.

³ Budallallëku i njeriut e bën rrugën e tij të rrëshqitshme dhe zemra e tij pezmatohet kundër Zotit.

⁴ Pasuritë sigurojnë një numër të madh miqsh, por i varfëri ndahet nga vet miku i tij.

⁵ Dëshmitari i rremë nuk do të mbetet pa u ndëshkuar dhe ai që thotë gënjeshtra nuk do të ketë shpëtim.

⁶ Të shumtë janë ata që kërkojnë favorin e princit dhe të gjithë janë miq të atij që bën dhurata.

⁷ Të gjithë vëllezërit e të varfërit e urrejnë atë, aq më tepër largohen prej tij miqtë e vet. Ai mund t'u shkojë pas me fjalë, por ata nuk gjenden më.

⁸ Kush fiton mënçuri do vetë jetën e tij dhe ai që mbetet i matur do të gjejë të mirën.

⁹ Dëshmitari i rremë nuk do të mbetet pa u ndëshkuar, dhe ai që thotë gënjeshtra do të humbasë.

¹⁰ Të jetuarit në kënaqësi nuk i shkon budallait, dhe aq më pak një shërbëtori të sundojë mbi princat.

¹¹ Mënçuria e bën njeriun të mos rrëmbehet shpejt nga zemërimi dhe është në lavdinë e tij t'i kapërcejë fyerjet.

¹² Zemërimi i mbretit është si ulërima e një luani, por favori i tij është si vesa mbi bar.

¹³ Një bir budalla është një fatkeqësi për të atin, dhe grindjet e vazhdueshme të bashkëshortes së tij janë si një e pikuar e vazhdueshme.

¹⁴ Shtëpia dhe pasuritë janë trashëgimi nga etërit, por një bashkëshorte e mënçur vjen nga Zoti.

¹⁵ Përtacia të bën të biesh në një gjumë të thellë dhe njeriu i plogët do të vuajë nga uria.

¹⁶ Kush respekton urdhërimin ruan jetën e tij, por ai që lë pas dore sjelljen e ti ka për të vdekur.

¹⁷ Ai që ka mëshirë për të varfërin i jep hua Zotit, i cili do t'ia kthejë ato që i ka dhënë.

¹⁸ Ndëshko birin tënd sa ka shpresë, por mos u shty deri sa të shkaktosh vdekjen e tij.

¹⁹ Njeriu shumë gjaknxehtë duhet të ndëshkohet si pasojë e kësaj, sepse po nuk u ndëshkua, ai do të bëhet edhe më tepër gjaknxehtë.

²⁰ Dëgjo këshillën dhe prano mësimet, që ti të bëhesh i urtë për kusurin e ditëve të tua.

²¹ Ka shumë plane në zemrën e njeriut, por vetëm plani i Zotit do të mbetet i pandryshuar.

²² Ajo që dëshiron njeriu është mirësia dhe një i varfër vlen më tepër se një gënjeshtar.

²³ Frika e Zotit të çon në jetë; kush e ka do të mbetet i ngopur dhe nuk do të preket nga asnjë e keqe.

²⁴ Përtaci e zhyt dorën e tij në pjatë, por nuk arrin as ta çojë në gojë.

²⁵ Godite tallësin dhe njeriu i thjeshtë do të bëhet mëndjehollë; qorto atë që ka mend dhe ai do të fitojë dituri.

²⁶ Kush përdor dhunë me të atin dhe dëbon nënën e tij, është një faqenxirë dhe me turp.

²⁷ Biri im, mos dëgjo më mësimet, dhe do të largohesh nga fjalët e diturisë.

²⁸ Dëshmitari i lig tallet me drejtësinë dhe goja e të pabesëve gëllton padrejtësinë.

²⁹ Ndëshkimet janë përgatitur për tallësit dhe goditjet për kurrizin e budallenjve.

Kapitull 20

¹ Vera është tallëse, pija dehëse është e turbullt dhe kush jepet pas tyre nuk është i urtë.

² Frika e mbretit është si ulërima e luanit; kush ia nxit zemërimin mëkaton kundër vetë jetës së vet.

³ Është një lavdi për njeriun t'u shmanget grindjeve, por çdo budalla përzihet në to.

⁴ Përtaci nuk lëron për shkak të të ftohtit; për pasojë do të lypë në kohën e vjeljeve, por nuk do të ketë asgjë.

⁵ Këshilla në zemrën e njeriut është si uji i thellë, por njeriu me mend do të dijë të mbushë nga ai ujë.

⁶ Shumë njerëz shpallin mirësinë e tyre; por kush mund të gjejë një njeri besnik?

⁷ I drejti ecën në ndershmërinë e tij; bijtë e tij do të bekohen pas atij.

⁸ Një mbret që ulet mbi fronin e gjyqit davarit me vështrimin e tij çdo të keqe.

⁹ Kush mund të thotë: "Pastrova zemrën time, jam i pastruar nga mëkati im"?

¹⁰ Peshimi i dyfishtë dhe matja e dyfishtë janë të dyja gjëra të neveritshme për Zotin.

¹¹ Edhe fëmija me veprimet e tij tregon në se ajo që bën është e pastër dhe e ndershme.

¹² Veshin që dëgjon dhe syrin që sheh i ka bërë që të dy Zoti.

¹³ Mos e duaj gjumin që të mos varfërohesh; mbaji sytë hapur dhe do të kesh bukë sa të ngopesh.

¹⁴ "Është i keq, është i keq", thotë blerësi; por mbasi ai ka ikur, lavdërohet për blerjen.

¹⁵ Ka flori dhe margaritarë të shumtë, por buzët e pasura me dije janë një xhevahir i çmuar.

¹⁶ Merr rrobën e atij që është bërë garant për një të huaj, dhe mbaje si peng për gruan e huaj.

¹⁷ Buka e nxjerrë me hile është e ëmbël për njeriun, por pastaj goja e tij do të mbushet me zaje.

¹⁸ Planet bëhen të qëndrueshme nga këshilla; prandaj bëje luftën me këshilla të urta.

¹⁹ Ai që shkon poshtë e lart duke përfolur tregon sekretet; prandaj mos u shoqëro me atë që flet tepër.

²⁰ Atij që mallkon të atin dhe të ëmën, llamba do t'i shuhet në terrin më të madh.

²¹ Trashëgimia e fituar me nxitim në fillim, nuk do të bekohet në fund.

²² Mos thuaj: "Do t'i përgjigjem së keqes me të keqen"; ki shpresë te Zoti dhe ai do të të shpëtojë.

²³ Peshimi i dyfishtë është i neveritshëm për Zotin dhe peshorja e pasaktë nuk është një gjë e mirë.

²⁴ Hapat e njeriut vijnë nga Zoti; si mund ta njohë, pra, njeriu rrugën e vet?

²⁵ Është një kurth për njeriun të marrë një zotim pa e matur mirë dhe, mbasi ta ketë marrë, të mendohet.

²⁶ Një mbret i urtë i shpartallon njerëzit e këqij dhe kalon mbi ta rrotën.

²⁷ Shpirti i njeriut është llamba e Zotit, që vëzhgon tërë skutat më të fshehta të zemrës.

²⁸ Mirësia dhe besnikëria ruajnë mbretin; ai e bën të qëndrueshëm fronin e tij me anë të mirësisë.

²⁹ Lavdia e të rinjve është forca e tyre, nderi i pleqve janë thinjat e tyre.

³⁰ Të rrahurat që lënë plagë të thella e heqin të keqen, ashtu si goditjet që vijnë në pjesën më të brendshme të zorrëve.

Kapitull 21

¹ Zemra e mbretit në duart e Zotit është si rrjedhat e ujit; atë e drejton ngado që do ai.

² Çdo rrugë e njeriut është e drejtë në sytë e tij, por Zoti i peshon zemrat.

³ Të zbatosh drejtësinë dhe paanësinë është një gjë që i pëlqen Zotit më shumë se flijimi.

⁴ Sytë krenarë dhe një zemër kryelartë, që janë llamba e të pabesëve, janë mëkat.

⁵ Synimet e njeriut të kujdesshëm çojnë me siguri në bollëk, por ai që ngutet do të bjerë me siguri në varfëri.

⁶ Të përftosh thesare me një gjuhë gënjeshtare është një kotësi kalimtare e atij që kërkon vdekjen.

⁷ Dhuna e të pabesëve merr tutje, sepse ata nuk pranojnë të zbatojnë drejtësinë.

⁸ Rruga e njeriut të fajshëm është dredha-dredha, por njeriu i drejtë vepron ndershmërisht.

⁹ Është më mirë të banosh mbi qoshen e një çatie se sa në një shtëpi bashkë me një grua grindavece.

¹⁰ Shpirti i të pabesit dëshiron të keqen; as shoku i tij nuk gjen mëshirë në sytë e tij.

¹¹ Kur tallësi ndëshkohet, i thjeshti bëhet i urtë; por kur i urti mësohet ai fiton dije.

¹² I drejti vëren me kujdes shtëpinë e të pabesit dhe përmbys të pabesët, sepse janë të këqij.

¹³ Kush mbyll veshin ndaj britmës së të varfërit, do të bërtasë edhe ai, por nuk do të ketë përgjigje.

¹⁴ Një dhuratë që bëhet fshehtas e fashit zemërimin dhe një dhuratë që jepet nën dorë qetëson zemërimin e fortë.

¹⁵ Të bësh atë që është e drejtë është një gëzim për të drejtin, por është një rrënim për ata që kryejnë paudhësi.

¹⁶ Njeriu që largohet nga rruga e maturisë ka për të banuar në kuvendin e të vdekurve.

¹⁷ Ai që i do qejfet do të jetë në varfëri, ai që e do verën dhe vajin nuk do të pasurohet.

¹⁸ I pabesi do t'i shërbejë si shpërblim të drejtit; dhe i paudhi në vend të njerëzve të drejtë.

¹⁹ Është më mirë të banosh në një shkretëtirë se sa me një grua grindavece dhe ngacmuese.

²⁰ Në shtëpinë e të urtit ka një thesar të çmuar dhe vaj, por njeriu budalla i bën të gjitha rrush e kumbulla.

²¹ Kush ndjek drejtësinë dhe dhembshurinë ka për të gjetur jetën, drejtësinë dhe lavdinë.

²² I urti ngjitet në qytetin e njerëzve të fortë dhe rrëzon forcën në të cilën kishte besim.

²³ Kush ruan gojën dhe gjuhën e tij mbron jetën e tij nga fatkeqësitë.

²⁴ Emri i krenarit pa cipë është: "tallës"; ai çdo gjë e bën me një mburrje të tepruar.

²⁵ Dëshirat e përtacit e vrasin atë, sepse duart e tij nuk pranojnë të punojnë.

²⁶ Ai dëshiron me zjarr tërë ditën, por i drejti dhuron duke mos refuzuar kurrë.

²⁷ Flijimi i të pabesit është gjë e neveritshme, aq më tepër në rast se e ofron me qëllim të keq.

²⁸ Dëshmitari i rremë do të vdesë, por njeriu që e dëgjon do të mund të flasë gjithnjë.

²⁹ I pabesi e fortëson fytyrën e tij, por njeriu i drejtë e bën të qëndrueshme rrugën e tij.

³⁰ Nuk ka as dituri, as zgjuarësi dhe as këshillë kundër Zotit.

³¹ Kali është gati për ditën e betejës, por fitorja i përket Zotit.

Kapitull 22

¹ Një nam i mirë është më i pëlqyeshëm se pasuritë e mëdha, dhe hiri është më i pëlqyeshëm se argjendi dhe ari.

² I pasuri dhe i varfëri kanë këtë të përbashkët: të dy i ka bërë Zoti.

³ Njeriu i matur e shikon të keqen dhe fshihet; por njerëzit naivë shkojnë tutje dhe dënohen.

⁴ Çmimi i përvujtërisë është frika e Zotit, pasuria, lavdia dhe jeta.

⁵ Ferra dhe leqe gjenden në udhën e të çoroditurit; kush kujdeset për jetën e vet rri larg tyre.

⁶ Mësoji fëmijës rrugën që duhet të ndjekë, dhe ai nuk do të largohet prej saj edhe kur të plaket.

⁷ I pasuri sundon mbi të varfërit, dhe huamarrësi është skllav i huadhënësit.

⁸ Kush mbjell padrejtësi ka për të korrur telashe dhe shufra e zemërimit të tij do të asgjesohet.

⁹ Njeriu me sy dashamirës do të bekohet, sepse i jep bukë të varfërit.

¹⁰ Përzëre tallësin dhe grindjet do të ikin bashkë me të; po, grindjet dhe fyerjet do të pushojnë.

¹¹ Kush e do pastërtinë e zemrës dhe ka hir mbi buzët do ta ketë shok mbretin.

¹² Sytë e Zotit ruajnë dijen, por ai i bën të kota fjalët e të pabesit.

¹³ Përtaci thotë: "Jashtë ka një luan; do të vritem rrugës".

¹⁴ Goja e gruas që shkel kurorën është një gropë e thellë; ai që ka zemëruar Zotin do të bjerë në të.

¹⁵ Marrëzia lidhet me zemrën e fëmijës, por shufra e korrigjimit do ta largojë prej saj.

¹⁶ Ai që shtyp të varfërin për t'u pasuruar dhe ai që i jep të pasurit, me siguri do të varfërohet.

¹⁷ Vëru veshin dhe dëgjo fjalët e të urtëve, dhe jepja zemrën dijes sime.

¹⁸ sepse për ty do të jetë e këndshme t'i ruash në intimitetin tënd dhe t'i kesh të gjitha gati mbi buzët e tua.

¹⁹ Me qëllim që besimin tënd ta kesh te Zoti, sot të kam mësuar, po, pikërisht ty.

²⁰ A nuk të kam shkruar në të kaluarën aforizma që kanë të bëjnë me këshillimin dhe diturinë,

²¹ në mënyrë që të njohësh sigurinë e fjalëve të së vërtetës, me qëllim që t'u përgjigjesh me fjalë të vërteta atyre që të dërgojnë?

²² Mos e vidh të varfërin, sepse është i varfër, dhe mos e shtyp të mjerin te porta,

²³ sepse Zoti do të mbrojë çështjen e tyre dhe do t'u heqë jetën atyre që i kanë zhveshur.

²⁴ Mos lidh miqësi me njeriun zemërak dhe mos u shoqëro me njeriun idhnak,

²⁵ që të mos mësosh rrugët e tij dhe të mos gjesh një kurth për shpirtin tënd.

²⁶ Mos u bëj si ata që japin dorën si garanci, që bëhen garant për borxhet e të tjerëve.

²⁷ Në qoftë se nuk ke asgjë me se të paguash, pse duhet të të heqë shtratin poshtë vetes?

²⁸ Mos e luaj kufirin e vjetër, të vendosur nga etërit e tu.

²⁹ A ke parë një njeri të papërtueshëm në punën e tij? Ai do të paraqitet në prani të mbretit dhe nuk do të qëndrojë para njerëzve të humbur.

Kapitull 23

¹ Kur ulesh të hash me një mbret, shiko me kujdes atë që ke përpara;

² dhe vër një thikë në grykë, po të jetë se ke oreks të madh.

³ Mos dëshiro gjellët e tij të mrekullueshme, sepse janë një ushqim mashtrues.

⁴ Mos u lodh për t'u pasuruar, hiq dorë nga qëllimi yt.

⁵ A do t'i fiksosh sytë e tu mbi atë që po zhduket? Sepse pasuria me siguri do të vërë fletë si një shqiponjë që fluturon drejt qiellit.

⁶ Mos ha bukën e atij që ka syrin e keq dhe mos dëshiro ushqimet e tij të shijshme;

⁷ sepse, ashtu si mendon në zemër të tij, ashtu është ai; "Ha dhe pi"!, do të thotë, por zemra e tij nuk është me ty.

⁸ Do të vjellësh kafshatën që ke ngrënë dhe do të harxhosh kot fjalët e tua të ëmbla.

⁹ Mos i drejto fjalën budallait, sepse ai do të përçmojë mençurinë e ligjëratës sate.

¹⁰ Mos e luaj kufirin e vjetër dhe mos hyr në arat e jetimëve,

¹¹ sepse Hakmarrësi i tyre është i fuqishëm; ai do të mbrojë çështjen e tyre kundër teje.

¹² Kushtoja zemrën tënde mësimeve dhe veshët e tu fjalëve të diturisë.

¹³ Mos ia kurse korrigjimin fëmijës; edhe sikur ta rrahësh me thupër, ai nuk do të vdesë;

¹⁴ do ta rrahësh me thupër, por do të shpëtosh shpirtin e tij nga Sheoli.

¹⁵ Biri im, në se zemra jote është e urtë, edhe zemra ime do të ngazëllojë;

¹⁶ zemra ime do të ngazëllojë, kur buzët e tua do të thonë gjëra të drejta.

¹⁷ Zemra jote mos i pastë zili mëkatarët, por vazhdoftë gjithnjë në frikën e Zotit;

¹⁸ sepse ka një të ardhme, dhe shpresa jote nuk do të shkatërrohet.

¹⁹ Dëgjo, biri im, ji i urtë, dhe drejtoje zemrën në rrugën e drejtë.

²⁰ Mos rri me ata që pijnë verë as me grykësit dhe mishngrënësit;

²¹ sepse pijaneci dhe grykësi do të varfërohen dhe gjumashi do të vishet me lecka.

²² Dëgjo atin tënd që të ka pjellë dhe mos e përçmo nënën tënde kur të jetë plakë.

²³ Bli të vërtetën dhe mos e shit, fito dituri, njohuri dhe gjykim.

²⁴ Babai i të drejtit do të gëzohet shumë; kush ka lindur një të urtë do t'ia ndjejë gëzimin.

²⁵ Le të gëzohet ati yt dhe nëna jote dhe le të gëzohet ajo që të ka lindur.

²⁶ Biri im, më jep zemrën tënde, dhe sytë e tu gjetshin gëzim në rrugët e mia.

²⁷ Sepse prostituta është një gropë e thellë dhe gruaja e tjetërkujt një pus i ngushtë.

²⁸ Edhe ajo rri në pritë si një vjedhës dhe rrit midis njerëzve numrin e atyre që janë jo besnikë.

²⁹ Për cilin janë "ah-ët", për cilin "obobo-të"? Për cilin grindjet, për cilin vajtimet? Për cilin plagët pa shkak? Për cilin sytë e skuqur?

³⁰ Për ata që ndalen gjatë pranë verës, për ata që kërkojnë verë të droguar.

³¹ Mos e shiko verën kur kuqëlon, kur rrëzëllen në kupë dhe shkon poshtë aq lehtë!

³² Në fund ajo kafshon si një gjarpër dhe shpon si një kuçedër.

³³ Sytë e tu kanë për të parë gjëra të çuditshme dhe zemra jote do të thotë gjëra të çoroditura.

³⁴ Do të jesh si ai që gjendet në mes të detit, si ai që bie të flerë në majë të direkut të anijes.

³⁵ Do të thuash: "Më kanë rrahur, por nuk më kanë bërë keq; më kanë goditur, por nuk e kam vënë re. Kur të zgjohem, do të kthehem t'i kërkoj përsëri!".

Kapitull 24

¹ Mos i ki zili njerëzit e këqij dhe mos dëshiro të rrish me ta,

² sepse zemra e tyre mendon për grabitje dhe buzët e tyre thonë se do të bëjnë të keqen.

³ Shtëpia ndërtohet me dituri dhe bëhet e qëndrueshme me maturi.

⁴ Me dijen mbushen dhomat me lloj-lloj të mirash të çmueshme dhe të pëlqyeshme.

⁵ Njeriu i urtë është plot forcë, dhe njeriu që ka dituri e rrit fuqinë e tij.

⁶ Sepse me këshilla të urta do të mund të bësh luftën tënde, dhe në numrin e madh të këshilltarëvë është fitorja.

⁷ Dituria është shumë e lartë për budallanë; ai nuk e hap kurrë gojën te porta e qytetit.

⁸ Kush mendon të bëjë keq do të quhet mjeshtër intrigash.

⁹ Synimi i pamend është mëkat dhe tallësi është një neveri për njerëzit.

¹⁰ Po të mos kesh guxim ditën e fatkeqësisë, forca jote është shumë e pakët.

¹¹ Çliro ata që i tërheqin drejt vdekjes dhe mbaji ata që po i çojnë në thertore.

¹² Po të thuash: "Ja, ne nuk e dinim", ai që peshon zemrat a nuk e shikon? Ai që ruan shpirtin tënd nuk e di vallë? Ai do t'i japë secilit simbas veprave të tij.

¹³ Biri im, ha mjaltin sepse është i mirë; një huall mjalti do të jetë i ëmbël për shijen tënde.

¹⁴ Kështu do të jetë njohja e diturisë për shpirtin tënd. Në rast se e gjen, do të ketë një të ardhme dhe shpresa jote nuk do të shkatërrohet.

¹⁵ O i pabesë, mos ngre kurthe kundër banesës së njeriut të drejtë, mos shkatërro vendin ku ai pushon,

¹⁶ sepse i drejti bie shtatë herë dhe ngrihet, kurse të pabesët përmbysen në fatkeqësi.

¹⁷ Kur armiku yt bie, mos u gëzo; kur është shtrirë për tokë, zemra jote të mos gëzohet,

¹⁸ me qëllim që Zoti të mos shikojë dhe të mos i vijë keq, dhe të mos largojë prej tij zemërimin e vet.

¹⁹ Mos u zemëro për shkak të atyre që bëjnë të keqen dhe mos i ki smirë të pabesët,

²⁰ sepse nuk do të ketë të ardhme për të keqin; llamba e të pabesëve do të fiket.

²¹ Biri im, ki frikë nga Zoti dhe nga mbreti; mos u bashko me ata që duan të ndryshojnë;

²² mjerimi i tyre do të vijë papritmas, dhe shkatërrimin e të dy palëve kush e njeh?

²³ Edhe këto gjëra janë për të urtit. Nuk është mirë të kesh preferenca personale në gjykim.

²⁴ Ai që i thotë të pabesit: "Ti je i drejtë", do të mallkohet nga popujt dhe kombet do ta nëmin.

²⁵ Por ata që e qortojnë të pabesin do të gjejnë kënaqësi dhe mbi ta

do të zbresin bekimet më të mira.

²⁶ Ai që jep një përgjigje të drejtë jep një të puthur mbi buzët.

²⁷ Vër në vijë punët e tua të jashtme, vër në rregull arat e tua dhe pastaj ndërto shtëpinë tënde.

²⁸ Mos dëshmo pa arsye kundër të afërmit tënd dhe mos gënje me buzët e tua.

²⁹ Mos thuaj: "Ashtu si ma bëri mua, kështu do t'ia bëj edhe unë; do t'ia kthej simbas sjelljes së tij".

³⁰ Kalova pranë arës së përtacit dhe pranë vreshtit të njeriut që s'ka mend;

³¹ dhe ja, kudo rriteshin ferrat, ferrishtet e zinin tokën dhe muri prej gurësh ishte shembur.

³² Duke parë këtë, u mendova me kujdes; nga sa pashë nxora një mësim:

³³ të flesh pak, të dremitësh pak, të rrish pak me duar në ije për të pushuar;

³⁴ kështu varfëria jote do të vijë si një vjedhës dhe skamja jote si një njeri i armatosur.

Kapitull 25

¹ Edhe këto janë fjalë të urta të Salomonit, të transkriptuara nga njerëzit e Ezekias, mbretit të Judës.

² Është lavdi e Perëndisë të fshehësh një gjë, por është lavdi e mbretërve ta hetosh atë.

³ Qiejtë për lartësinë e tyre, toka për thellësinë e saj dhe zemra e mbretërve janë të panjohshëm.

⁴ Hiq zgjyrën nga argjendi dhe ka për të dalë një enë për argjendarin.

⁵ Largo të pabesin nga prania e mbretit dhe froni i tij do të bëhet i qëndrueshëm në drejtësi.

⁶ Mos u përlëvdo në prani të mbretit dhe mos zër vendin e njerëzve të mëdhenj,

⁷ sepse është më mirë të thuhet: "Ngjitu këtu lart", se sa të të ulin përpara princit, që sytë e tu kanë parë.

⁸ Mos bëj padi me tepër nxitim, sepse në fund nuk do të dish çfarë të bësh, kur i afërmi yt do të ketë bërë me turp.

⁹ Diskutoje padinë tënde kundër të afërmit tënd, por mos e zbulo sekretin e një tjetri,

¹⁰ me qëllim që ai që të dëgjon të mos të të diskreditojë dhe nami yt të njolloset për gjithnjë.

¹¹ Një fjalë e thënë në kohën e duhur është si molla të arta mbi një enë argjendi.

¹² Për një vesh të bindur, një i urtë që qorton është si një vath i artë, një zbukurim prej ari të kulluar.

¹³ Një lajmëtar besnik është, për ata që e dërgojnë, si freskia e borës në kohën e korrjes, sepse ai e freskon shpirtin e zotit të tij.

¹⁴ Ai që mburret duke gënjyer se ka bërë një dhuratë është si retë dhe era pa shi.

¹⁵ Me durimin i mbushet mendja një princi dhe gjuha e ëmbël thyen kockat.

¹⁶ Në rast se gjen mjaltë, ha aq sa të mjafton, me qëllim që të mos dendesh dhe pastaj të vjellësh.

¹⁷ Shko rrallë në shtëpinë e të afërmit tënd, që ai të mos mërzitet me ty sa të të urrejë.

¹⁸ Njeriu që deponon gënjeshtra kundër të afërmit të tij është si një topuz, një shpatë dhe një shigjetë e mprehtë.

¹⁹ Besimi te një njeri i pabesë ditën e fatkeqësisë është si një dhëmb i thyer dhe një këmbë e ndrydhur.

²⁰ Kush i këndon këngë një zemre të pikëlluar është si ai që heq rrobat e tij në një ditë të ftohtë dhe si uthulla mbi sodën.

²¹ Në qoftë se armiku yt ka uri, jepi bukë për të ngrënë, dhe në se ka etje, jepi ujë për të pirë,

²² sepse kështu do të grumbullosh thëngjij mbi kokën e tij, dhe Zoti do të të shpërblejë.

²³ Era e veriut sjell shiun, dhe gjuha që shpif tinëz e bën fytyrën të indinjuar.

²⁴ Është më mirë të banosh në cep të një çatie se sa në një shtëpi bashkë me një grua grindavece.

²⁵ Një lajm i mirë nga një vend i largët është si ujë i freskët për një njeri të lodhur dhe të etur.

²⁶ I drejti që dridhet përpara të pabesit është si një burim i turbullt dhe një pus i ndotur.

²⁷ Të hash shumë mjaltë nuk është mirë, dhe të kërkosh lavdinë tënde nuk është lavdi.

²⁸ Njeriu që nuk di të frenojë zemërimin e tij është si një qytet i shkrehur pa mure.

Kapitull 26

¹ Ashtu si bora nuk i shkon verës as shiu të korrave, kështu nuk i shkon lavdia budallait.

² Ashtu si harabeli fluturon andej e këtej dhe dallëndyshja fluturon, kështu mallkimi pa arsye nuk ka efekt.

³ Kamxhiku për kalin, kapistra për gomarin dhe shkopi për kurrizin e budallenjve.

⁴ Mos iu përgjegj budallait simbas budallallëkut të tij, që të mos bëhesh edhe ti si ai.

⁵ Përgjigjju budallait simbas budallallëkut të tij, që ai të mos mendojë se është i urtë.

⁶ Kush dërgon një mesazh me anë të një budallai pret këmbët e tij dhe pi dhunë.

⁷ Ashtu si këmbët e çalamanit janë pak të qëndrueshme, kështu është një fjalë e urtë në gojën e budallenjve.

⁸ Kush i jep lavdi një budallai është si ai që lidh një gur te hobeja.

⁹ Një fjalë e urtë në gojën e budallenjve është si një gjemb që hyn në dorën e një të dehuri.

¹⁰ Perëndia i madh që ka krijuar të gjitha gjërat është ai që i jep shpërblimin budallait dhe shkelësve.

¹¹ Ashtu si një qen kthehet në të vjellat e tij, kështu budallai e përsërit budallallëkun e tij.

¹² A ke parë një njeri që e pandeh veten të urtë? Ka më tepër shpresë për një budalla se sa për të.

¹³ Përtaci thotë: "Ka një luan në rrugë, ka një luan nëpër rrugë!".

¹⁴ Ashtu si lëviz porta në menteshat e saj, kështu sillet përtaci në shtrat të tij.

¹⁵ Përtaci e fut dorën në pjatën e tij, por lodhet edhe ta çojë te goja.

¹⁶ Përtaci pandeh se është më i urtë se shtatë persona që japin përgjigje me mend.

¹⁷ Kalimtari që përzihet në një grindje që nuk i përket, është si ai që kap nga veshët një qen.

¹⁸ Ashtu si një i marrë që gjuan me ura zjarri, me shigjeta dhe me vdekje,

¹⁹ kështu është ai që mashtron të afërmin dhe thotë: "E bëra për shaka!".

²⁰ Kur mungojnë drutë, zjarri shuhet; dhe kur nuk ka një gojë të keqe, grindja merr fund.

²¹ Ashtu si qymyri jep shpuzën dhe drutë zjarrin, kështu njeriu grindavec i nxit grindjet.

²² Fjalët e gojëkeqit janë si ushqime shumë të shijshme dhe depërtojnë deri në thellësi të zorrëve.

²³ Buzët e zjarrta dhe zemra e keqe janë si zgjyra të argjendit të vendosura mbi një enë balte.

²⁴ Ai që urren shtiret me buzët e tij, por në zemër të vet përgatit mashtrimin.

²⁵ Kur ai flet në mënyrë të sjellshme mos i ki besim, sepse ka shtatë gjëra të neveritshme në zemër.

²⁶ Edhe sikur urrejtja e tij të jetë fshehur me tinëzi; ligësia e tij do të dalë hapur në kuvënd.

²⁷ Kush hap një gropë do të bjerë brenda dhe kush rrokullis një gur do të bjerë përsëri mbi të.

²⁸ Gjuha gënjeshtare urren ata që ka plagosur, dhe goja lajkatare sjell shkatërrimin.

Kapitull 27

¹ Mos u mburr me ditën e nesërme, sepse nuk di atë që mund të sjellë një ditë.

² Le të të lëvdoj një tjetër dhe jo goja jote, një i huaj dhe jo buzët e tua.

³ Guri peshon dhe rëra është e rëndë, por zemërimi i budallait peshon më tepër se të dyja bashkë.

⁴ Tërbimi është mizor dhe zemërimi është i furishëm, por kush mund t'i bëjë ballë xhelozisë?

⁵ Më mirë një qortim i hapur se një dashuri e fshehur.

⁶ Besnike janë plagët e një shoku, dhe të rreme të puthurat e një armiku.

⁷ Kush është i ngopur përçmon huallin e mjaltit; por për atë që ka uri çdo gjë e hidhur është e ëmbël.

⁸ Si zogu që endet larg folesë së tij, kështu është njeriu që endet larg shtëpisë së tij.

⁹ Vaji dhe parfumi gëzojnë zemrën, kështu bën ëmbëlsia e një shoku me këshillat e tij të përzërmërta.

¹⁰ Mos e braktis mikun tënd as mikun e atit tënd dhe mos shko në shtëpinë e vëllait tënd ditën e fatkeqësisë sate; është më mirë një që banon afër se sa një vëlla larg.

¹¹ Biri im, ji i urtë dhe gëzo zemrën time, kështu do të mund t'i përgjigjem atij që përflet kundër meje.
¹² Njeriu mendjemprehtë e shikon të keqen dhe fshihet, por naivët shkojnë tutje dhe ndëshkohen.
¹³ Merr rroben e atij që është bërë garant për një të huaj dhe mbaje si peng për gruan e huaj.
¹⁴ Ai që bekon të afërmin e tij me zë të lartë në mëngjes herët, do t'ia zënë si mallkim.
¹⁵ Pikëllimi i vazhdueshëm në një ditë shiu të madh dhe një grua grindavece i ngjasin njera tjetrës.
¹⁶ Kush arrin ta përmbajë, mban erën dhe zë vajin me dorën e tij të djathtë.
¹⁷ Hekuri mpreh hekurin, kështu njeriu mpreh fytyrën e shokut të tij.
¹⁸ Kush kujdeset për fikun do të hajë frytin e tij, dhe ai që i shërben zotit të tij do të nderohet.
¹⁹ Ashtu si në ujë fytyra pasqyron fytyrën, kështu zemra e njeriut e tregon njeriun.
²⁰ Sheoli dhe Abadoni janë të pangopur, dhe të pangopur janë gjithashtu sytë e njerëzve.
²¹ Poçja është për argjendin dhe furra për arin, kështu njeriu provohet nga lëvdata që merr.
²² Edhe sikur ta shtypje budallanë në një havan bashkë me grurë me dygeçin e tij, budallallëku nuk do të largohej prej tij.
²³ Përpiqu të njohësh mirë gjendjen e deleve të tua dhe ki kujdes për kopetë e tua,
²⁴ sepse pasuritë nuk zgjatin përherë, dhe as një kurorë nuk vazhdon brez pas brezi.
²⁵ Kur merret bari i thatë dhe del bari i njomë dhe mblidhet forazhi i maleve,
²⁶ qengjat do të furnizojnë rrobat e tua, cjeptë çmimin e një are
²⁷ dhe dhitë mjaft qumësht për ushqimin tënd, për ushqimin e shtëpisë sate dhe për të mbajtur shërbëtoret e tua.

Kapitull 28

¹ I pabesi ikën me vrap edhe në se askush nuk e ndjek, por i drejti është i sigurt si një luan.
² Për shkak të mëkatit të një vendi, shumë janë të parët e tij, por me një njeri me mend që ka dituri qëndrueshmëria e tij vazhdon gjatë.
³ Një i varfër që shtyp të mjerët është si një shi me shtamba që nuk jep bukë.
⁴ Ata që braktisin ligjin lëvdojnë të pabesët; por ata që zbatojnë ligjin i luftojnë ata.
⁵ Njerëzit e këqij nuk e kuptojnë drejtësinë, por ata që e kërkojnë Zotin kuptojnë çdo gjë.
⁶ Më i mirë është i varfëri që ecën në ndershmëri nga njeriu i paqëndrueshëm që ndjek rrugën dredha-dredha, edhe kur është i pasur.
⁷ Kush zbaton ligjin është një bir me mend, por shoku i grykësve turpëron atin e tij.
⁸ Kush i shton pasuritë e tij me fajde dhe me fitime të padrejta, i mbledh për atë që i vjen keq për të varfërit.
⁹ Në rast se dikush e kthen veshin gjetiu për të mos dëgjuar ligjin, vetë lutja e tij do të jetë një gjë e neveritshme.
¹⁰ Kush i fut njerëzit e drejtë në një rrugë të keqe, do të bjerë vetë në gropën e tij; por njerëzit e ndershëm do të trashëgojnë të mirën.
¹¹ I pasuri mendon se është i matur, por i varfëri që është i zgjuar e kqyr fund e krye.
¹² Kur të drejtët triumfojnë, ka lavdi të madhe, por kur mbizotërojnë të pabesët njerëzit fshihen.
¹³ Kush i fsheh shkeljet e tij nuk do të ketë mbarësi; por ai që i rrëfen dhe i braktis ato, ka për të fituar mëshirën.
¹⁴ Lum ai njeri që ka frikë vazhdimisht nga Zoti, por ai që e fortëson zemrën e tij do të bjerë në fatkeqësi.
¹⁵ Një i pabesë që sundon mbi një popull të varfër është si një luan që ulërin dhe një ari i uritur.
¹⁶ Një princ pa mend zhvat shumë, por ai që urren fitimin e pandershëm ka për t'i zgjatur ditët e tij.
¹⁷ Njeriu mbi të cilin rëndon një vrasje do të turret deri në varr; asnjë të mos e ndihmojë!
¹⁸ Ai që ecën me ndershmëri do të shpëtohet, por njeriu i paqëndrueshëm që ndjek rrugë dredha-dredha do të rrëzohet befas.
¹⁹ Kush punon tokën e tij do të ketë bukë me bollëk, por kush jepet pas kotësive do të ketë varfëri të madhe.
²⁰ Njeriu besnik do të mbushet me bekime, por ai që nxiton të pasurohet nuk do të jetë pa faj.
²¹ Nuk është mirë të kesh preferenca vetiake; njeriu kryen mëkat për një copë bukë.
²² Njeriu me sy të keq dëshiron të pasurohet shpejt, por nuk e kupton se do ta pllakosë varfëria.
²³ Kush qorton dikë ka për të gjetur pastaj favor më të madh se ai që i bën lajka me fjalë.
²⁴ Kush vjedh atin e tij dhe nënën e tij dhe thotë: "Nuk është mëkat", është shok i atij që shkatërron.
²⁵ Kush e ka zemrën të fryrë nga krenaria nxit grindje, por ai që ka besim te Zoti do të ketë mbarësi.
²⁶ Kush i beson zemrës së tij është budalla, por ai që ecën me urtësi do të shpëtojë.
²⁷ Ai që i jep të varfërit nuk do të ketë kurrë nevojë, por ai që i mbyll sytë e vet do të ketë shumë mallkime.
²⁸ Kur të pabesët lartohen, njerëzit fshihen; por kur vdesin, të drejtët shumohen.

Kapitull 29

¹ Njeriu që fortëson qafën kur qortohet, do të thyhet papritmas pa tjetër.
² Kur të drejtët shumohen, populli gëzohet, por, kur sundon i pabesi, populli rënkon.
³ Njeriu që e do diturinë gëzon të atin; por ai që shkon me prostitutat shkapaderdh pasurinë e vet.
⁴ Mbreti e bën të qëndrueshëm vendin me anë të drejtësisë, por ai që merr dhurata e çon në shkatërrim.
⁵ Njeriu që i bën lajka të afërmit të tij shtrin një rrjetë mbi hapat e tij.
⁶ Në mëkatin e një njeriut të keq ka një lak, por i drejti këndon dhe gëzohet.
⁷ I drejti interesohet për çështjen e të varfërve, por i pabesi nuk e kupton këtë interesim.
⁸ Tallësit kurdisin trazira në qytet, por njerëzit e urtë e qetësojnë zemërimin.
⁹ Në rast se një njeri i urtë hyn në grindje me një budalla, dhe budallai zemërohet dhe qesh, nuk ka paqe.
¹⁰ Njerëzit gjakatarë urrejnë të ndershmin, por njerëzit e drejtë kërkojnë të mbrojnë jetën e tij.
¹¹ Budallai e shfryn gjithë zemërimin e tij, por i urti e frenon dhe e ul.
¹² Në rast se një mbret dëgjon fjalët gënjeshtare, tërë ministrat e tij bëhen të pabesë.
¹³ I varfëri dhe shtypësi kanë këtë të përbashkët: Zoti ndriçon sytë e të dy palëve.
¹⁴ Mbreti që u siguron drejtësi të varfërve në të vërtetë do ta ketë fronin të vendosur për gjithnjë.
¹⁵ Shufra dhe qortimi japin dituri; por fëmija për të cilën nuk kujdeset kurrkush e turpëron nënen e vet.
¹⁶ Kur shtohen të pabesët shtohen edhe shkeljet, por të drejtët do të shohin shkatërrimin e tyre.
¹⁷ Korrigjo birin tënd, ai do të japë rehatinë dhe do t'i sigurojë kënaqësi shpirtit tënd.
¹⁸ Kur nuk ka një vizion profetik, populli bëhet i shfrenuar, por lum ai që respekton ligjin.
¹⁹ Një shërbëtor nuk ndreqet vetëm me fjalë; edhe kur i kupton, nuk bindet.
²⁰ A ke parë një njeri që ngutet në të folur? Ka më tepër shpresa te një budalla se sa te ai.
²¹ Në se dikush rrit me përkujdesje qysh në fëmijëri shërbëtorin e vet, në fund ai do të dojë të bëhet trashëgimtar i tij.
²² Njeriu zemërak kurdis grindje dhe njeriu idhnak kryen shumë mëkate.
²³ Kryelartësia e njeriut e çon poshtë atë, por ai që ka një shpirt të përvuajtur do të ketë lavdi.
²⁴ Kush bëhet ortak me një vjedhës urren jetën e vet. Ai dëgjon betimin, por nuk padit asgjë.
²⁵ Frika e njeriut përbën një lak, por ai që ka besim te Zoti është i siguruar.
²⁶ Të shumtë janë ata që kërkojnë favorin e princit, por drejtësia për çdo njeri vjen nga Zoti.
²⁷ Njeriu jo i drejtë është një neveri për të drejtët, dhe ai që ecën me ndershmëri është një neveri për të pabesët.

Kapitull 30

¹ Fjalët e Agurit, birit të Jahehut; mesazhi profetik që ky njeri shpalli në Ithiel, në Ithiel dhe në Ukal.
² Po, unë jam më budalla se gjithë të tjerët dhe nuk kam mendje njeriu.
³ Nuk kam mësuar diturinë dhe nuk kam dijen e Shenjtorit.

⁴ Kush u ngjit në qiell dhe zbriti prej tij? Kush e ka mbledhur erën në duart e tij? Kush i ka mbyllur ujërat në rroben e tij? Kush i ka vendosur të gjithë kufijtë e tokës? Cili është emri i tij dhe emri i të birit, po qe se ti e di?

⁵ Çdo fjalë e Perëndisë është rafinuar me zjarr. Ai është një mburojë për atë që gjen strehë tek ai.

⁶ Mos u shto asgjë fjalëve të tij që të mos të të qortojë dhe të dalësh gënjeshtar.

⁷ Unë të kërkova dy gjëra; mos m'i moho para se të vdes:

⁸ largo nga unë falsitetin dhe gënjeshtrën; mos më jep as varfëri as pasuri, më ushqe me bukën e nevojshme,

⁹ me qëllim që, pasi të jem ngopur, të mos të të mohoj dhe të them: "Kush është Zoti?", ose, pasi të jem bërë i varfër, të mos vjedh dhe të përdhos emrin e Perëndisë tim.

¹⁰ Mos shpif kundër shërbëtorit para të zotit, me qëllim që ai të mos të të mallkojë dhe ti të gjendesh fajtor.

¹¹ Ka një kategori njerëzish që mallkojnë atin e tyre dhe nuk bekojnë nënen e tyre.

¹² Ka një kategori njerëzish që e mbajnë veten për të pastër, por nuk janë të larë nga papastërtia e vet.

¹³ Ka një kategori njerëzish që i ka sytë shumë kryelartë dhe qepallat krenare.

¹⁴ Ka një kategori njerëzish dhëmbët e të cilëve janë si shpata dhe dhëmballët e tyre janë si thika, për të gëlltitur të varfërit mbi faqen e dheut dhe nevojtarët në mes të njerëzve.

¹⁵ Shushunja ka dy bija, që thonë: "Më jep, më jep!". Ka tri gjëra që nuk ngopen kurrë, madje katër nuk thonë kurrë: "Mjaft!".

¹⁶ Sheoli, barku shterp, toka që nuk ngopet me ujë dhe zjarri që nuk thotë kurrë: "Mjaft!".

¹⁷ Syrin që tallet me babanë dhe nuk pranon me përbuzje t'i bindet nënës, do ta nxjerrin korbat e përroit, do ta hanë të vegjëlit e shqiponjës.

¹⁸ Ka tri gjëra tepër të mrekullueshme për mua, madje katër, që unë nuk i marr vesh:

¹⁹ gjurma e shqiponjës në ajër, gjurma e gjarpërit mbi shkëmb, gjurma e anijes në mes të detit dhe gjurma e burrit me një vajzë.

²⁰ Kjo është sjellja e gruas që ka shkelur kurorën: ha, fshin gojën dhe thotë: "Nuk kam bërë asnjë të keqe!".

²¹ Tri gjëra e turbullojnë tokën, madje katër janë gjërat që ajo nuk mund të durojë:

²² një shërbëtor kur bëhet mbret, një budalla që ka bukë me bollëk,

²³ një grua të urryer që gjen burrë dhe një shërbëtore që i zë vendin zonjës.

²⁴ Ka katër kafshë të vogla mbi tokë, por janë jashtëzakonisht të urta:

²⁵ mizat e dheut, që janë një popull pa forcë, por që e mbledhin ushqimin e tyre në verë;

²⁶ lepujt, që janë një popull i dobët, por që e vendosin banesën e tyre në shkëmbinjtë;

²⁷ karkalecat, që nuk kanë mbret, por që shkojnë mbarë në grupe;

²⁸ hardhuca që mund ta zësh me duart, por që gjendet në pallatet e mbretërve.

²⁹ Tri qënie kanë një paraqitje të bukur, madje katër kanë një ecje madhështore;

³⁰ luani, kafsha më e fortë, që nuk zmprapset para askujt,

³¹ kali i luftës që ecën i ngrefosur, cjapi dhe mbreti kur është me ushtrinë e tij.

³² Në rast se ke vepruar si budalla duke lartësuar veten tënde ose të ka shkuar mendja, vëre dorën mbi gojë,

³³ sepse, duke rrahur qumështin prodhohet gjalpi, duke përdredhur hundën del gjak prej saj dhe duke shtrydhur mërinë prej saj del grindja.

Kapitull 31

¹ Fjalë të mbretit Lemuel, mesazhi profetik me të cilin e mësoi e ëma.

² Çfarë të të them, biri im? Çfarë të të them, biri i barkut tim? Çfarë të të them, bir i zotimeve të mia?

³ Mos ua jep forcën tënde grave as jetën tënde asaj që shkatërron mbretërit.

⁴ Nuk u shkon mbretërve, o Lemuel, nuk u shkon mbretërve të pinë verë as princave të dëshirojnë pije dehëse,

⁵ sepse duke pirë të mos harrojnë ligjin dhe të mos shtrembërojnë të drejtën e të pikëlluarve.

⁶ Jepini pije dehëse atij që është duke vdekur dhe verë atij që e ka zemrën të hidhëruar.

⁷ Le të pijë për të harruar varfërinë e tij dhe për të mos kujtuar më hallet e tij.

⁸ Hape gojën tënde në favor të memecit, në mbrojtje të të gjithë atyre që janë lënë pas dore.

⁹ Hape gojën tënde, gjyko me drejtësi dhe mbro çështjen e të mjerit dhe të nevojtarit.

¹⁰ Kush do të gjejë një grua të fortë dhe të virtytshme? Vlera e saj është shumë më e madhe nga ajo e margaritarëve.

¹¹ Zemra e burrit të saj ka besim tek ajo, dhe do të ketë gjithnjë fitime.

¹² Ajo i bën të mira dhe jo të keqe tërë ditët e jetës së saj.

¹³ Gjen lesh dhe li dhe punon me gëzim me duart e veta.

¹⁴ Ajo u përngjan anijeve të tregëtarëve: e sjell ushqimin e saj nga larg.

¹⁵ Çohet që me natë për t'i ndarë ushqimin familjes së saj dhe për t'u dhënë urdhërat e nevojshme shërbëtoreve të saj.

¹⁶ Ajo shikon një arë dhe e ble; me duart e saj mbjell një vresht.

¹⁷ Ngjesh me forcë ijët dhe i bën më të fortë krahët e saj.

¹⁸ E kupton që tregëtia e saj po shkon mbarë dhe llamba e saj e natës nuk i shuhet.

¹⁹ Shtrin dorën mbi furkën, pëllëmbat e saj zënë boshtin.

²⁰ I shtrin dorën të varfërit dhe i jep dorën nevojtarit.

²¹ Nuk i trembet borës për familjen e saj, sepse tërë ata të shtëpisë së vet kanë një veshje të dyfishtë.

²² Bën për vete mbulesa si sixhade dhe rrobat e saj janë prej liri shumë të hollë dhe të purpurta.

²³ Burri i saj nderohet te porta, kur ulet bashkë me pleqtë e vendit.

²⁴ Përgatit rroba prej liri dhe i shet, i furnizon me breza tregtarët.

²⁵ Forca dhe nderi janë rrobat e saj dhe qesh për ditët që do të vijnë.

²⁶ Hap gojën e saj me dituri dhe mbi gjuhën e saj është ligji i mirësisë.

²⁷ Ajo mbikqyr si shkon shtëpia e vet dhe nuk ha bukën e përtacisë.

²⁸ Bijtë e saj ngrihen dhe e shpallin fatlume; edhe burri i saj e lëvdon duke thënë:

²⁹ "Shumë bija kanë bërë gjëra të mëdha, por ti i kalon të gjitha ato".

³⁰ Hiri është i rremë dhe bukuria është e kotë, por gruaja që ka frikë nga Zoti është ajo që do të lëvdohet.

³¹ I jepni frytin e duarve të saj, dhe vet veprat e saj le ta lëvdojnë te portat.

Klerikëve

Kapitull 1

¹ Fjalët e Predikuesit, e birit të Davidit, mbretit të Jeruzalemit.

² "Kotësi e kotësive", thotë Predikuesi;

³ "Kotësi e kotësive; gjithçka është kotësi". Çfarë përfitimi ka njeriu nga gjithë mundi i tij, kur mundohet nën rrezet e diellit?

⁴ Një brez shkon, një brez vjen, por toka mbetet përjetë.

⁵ Edhe dielli lind e pastaj perëndon, dhe shpejtohet në drejtim të vendit nga del përsëri.

⁶ Era fryn në drejtim të jugut, pastaj kthehet nga veriu; kthehet dhe rikthehet vazhdimisht dhe bën po ato rrotullime.

⁷ Gjithë lumenjtë derdhen në det, por deti nuk mbushet kurrë; nga vendi prej të cilit lumenjtë vijnë, aty kthehen, përsëri.

⁸ Tërë gjërat kërkojnë mund, më tepër nga sa mund të thotë njeriu; syri nuk ngopet kurrë duke parë, po kështu veshi nuk ngopet kurrë duke dëgjuar.

⁹ Ajo që ka qenë është ajo që do të jetë; ajo që është bërë është ajo që do të bëhet; nuk ka asgjë të re nën diell.

¹⁰ A ka diçka për të cilën mund të thuhet: "Shiko, kjo është e re!". Kjo gjë ekzistonte që në shekujt që na kanë pararendur.

¹¹ Nuk mbetet asnjë kujtim nga gjërat e kaluara, dhe kështu nuk do të mbetet asnjë kujtim nga gjërat që do të ndodhin midis atyre që do të vijnë më pas.

¹² Unë, Predikuesi, kam qenë mbret i Izraelit në Jeruzalem,

¹³ dhe kam kërkuar me zemër të zbuloj dhe të hetoj me dituri çdo gjë që ndodh nën qiell; kjo është një punë e rëndë që Perëndia u ka dhënë bijve të njerëzve që ata të lodhen.

¹⁴ Unë i kam parë tërë gjërat që bëhen nën diell; dhe ja, të gjitha janë gjëra të kota dhe një kërkim për të kapur erën.

¹⁵ Ajo që është e shtrëmbër nuk mund të drejtohet dhe ajo që mungon nuk mund të numërohet.

¹⁶ Unë kam folur me zemrën time, duke thënë: "Ja, kam fituar madhështi dhe dituri më të madhe se të gjithë ata që kanë mbretëruar para meje në Jeruzalem dhe zemra ime ka parë shumë dituri dhe njohuri".

¹⁷ Dhe ia kushtova zemrën time për të njojtur diturinë si dhe njohjes së marrëzisë dhe budallallëkut; dhe kuptova që edhe kjo është një kërkim për të kapur erën.

¹⁸ Sepse aty ku ka shumë dituri ka edhe shumë shqetësim dhe kush shton diturinë shton dhembjen.

Kapitull 2

¹ Unë thashë në zemrën time: "Eja tani, dua të të vë në provë me gëzimin, dhe ti do të gëzosh ëndjen". Por ja, edhe kjo është kotësi.

² Për të qeshurit kam thënë: "Është një marrëzi, dhe për gëzimin: "Kujt i shërben?".

³ Kërkova në zemrën time si ta kënaq trupin tim me verë, duke e nxitur njëkohësisht zemrën time drejt diturisë dhe t'i qepet marrëzisë, deri sa të shoh cila është e mira që bijtë e njerëzve do të duhej të bënin nën qiell tërë ditët e jetës së tyre.

⁴ Kështu kreva punime të mëdha për vete; ndërtova shtëpi, mbolla vreshta,

⁵ bëra kopshte dhe parqe, duke mbjellë drurë frutorë të çdo lloji;

⁶ ndërtova pellgje për ujin me të cilat të mund të vadis pyllin që të rriten drurët.

⁷ Bleva shërbëtorë dhe shërbëtore dhe u bëra me shërbëtorë që lindën në shtëpi; pata pasuri të mëdha në kope me bagëti të trashë dhe të imët më tepër se ata që kishin qenë para meje në Jeruzalem.

⁸ Grumbullova për vete edhe argjend, ar dhe pasuritë e mbretërve dhe të krahinave; gjeta këngëtarë dhe këngëtare, kënaqësitë e bijve të njerëzve, dhe vegla muzikore të çdo lloji.

⁹ Kështu u bëra i madh dhe u begatova më tepër se ata që kishin qenë para meje në Jeruzalem; edhe dituria më mbeti mua.

¹⁰ Tërë ato që sytë e mi dëshironin, nuk ua mohova atyre; nuk i refuzova zemrës sime asnjë qejf, sepse zemra ime kënaqej me çdo punë timen; dhe ky ka qenë shpërblimi për çdo punë të bërë nga unë.

¹¹ Pastaj u ktheva të shikoj tërë veprat që kishin bërë duart e mia dhe mundin tim për t'i kryer; dhe ja, të gjitha ishin kotësi dhe një kërkim për të kapur erën; nuk kishte asnjë përfitim nën diell.

¹² Atëherë u ktheva të rrah me mend diturinë, marrëzinë dhe budallallëkun. "Çfarë do të bëjë njeriu që do të zërë vendin e mbretit, në mos atë që është bërë?".

¹³ Pastaj kuptova që dituria ka një epërsi mbi budallallëkun, ashtu si drita ka një epërsi mbi errësirën.

¹⁴ I urti i ka sytë në kokë, kurse budallai ecën në errësirë; por kuptova gjithashtu që të dyve u është rezervuar i njëjti fat.

¹⁵ Kështu thashë në zemrën time: "Po ai fat që i takon budallait më takon edhe mua". Ç'përfitim ke se ke qenë më i urtë?". Prandaj thashë në zemrën time: "Edhe kjo është kotësi".

¹⁶ Nuk mbetet në fakt asnjë kujtim jetëgjatë si i njeriut të urtë ashtu edhe i njeriut budalla, sepse në ditët e ardhme gjithçka do të harrohet. Dhe ashtu si vdes budallai, në të njëjtën mënyrë vdes i urti.

¹⁷ Prandaj fillova të urrej jetën, sepse të gjitha ato që bëhen nën diell më janë bërë të neveritshme, sepse të gjitha janë kotësi dhe një përpjekje për të kapur erën.

¹⁸ Kështu kam urryer çdo mundim që kam kryer nën diell, sepse duhet t'i lë të gjitha atij që do të vijë pas meje.

¹⁹ Dhe kush e di në se do të jetë i urtë ose budalla? Sidoqoftë ai do të jetë zot i gjithë punës që kam kryer me mund dhe për të cilën kam përdorur diturinë nën diell. Edhe kjo është kotësi.

²⁰ Kështu arrita të dëshpërohem në zemrën time për gjithë mundin që kam bërë nën diell.

²¹ Sepse këtu ka një njeri që ka punuar me dituri, me zgjuarësi dhe me sukses, por që duhet t'ia lërë trashëgiminë e tij një tjetri, që nuk është munduar fare! Edhe kjo është një kotësi dhe një e keqe e madhe.

²² Çfarë i mbetet në të vërtetë njeriut për tërë mundin e tij dhe për shqetësimin e zemrës së tij, me të cilën është munduar nën diell?

²³ Tërë ditët e tij nuk janë veçse dhembje dhe puna e tij është e rëndë. Zemra e tij nuk pushon as natën. Edhe kjo është kotësi.

²⁴ Për njeriun nuk ka gjë më të mirë se sa të hajë e të pijë dhe të gëzohet në mundin e tij; por kam vënë re se edhe kjo vjen nga dora e Perëndisë.

²⁵ Kush mund të hajë ose të gëzohet më shumë se unë?

²⁶ Sepse Perëndia i jep njeriut që i pëlqen dituri, njohje dhe gëzim; por mëkatarit i ngarkon detyrën të mbledhë dhe të grumbullojë, për t'ia lënë pastaj të gjitha atij që pëlqehet nga sytë e Perëndisë. Edhe kjo është kotësi dhe përpjekje për të kapur erën.

Kapitull 3

¹ Çdo gjë ka stinën e vet, çdo situatë ka një kohë nën qiell;

² një kohë për të lindur dhe një kohë për të vdekur, një kohë për të mbjellë dhe një kohë për të shkulur atë që është mbjellë,

³ një kohë për të vrarë dhe një kohë për të shëruar, një kohë për të shembur dhe një kohë për të ndërtuar,

⁴ një kohë për të qarë dhe një kohë për të qeshur, një kohë për të mbajtur zi dhe një kohë për të hedhur valle,

⁵ një kohë për të flakur gurët dhe një kohë për të mbledhur gurët, një kohë për të përqafuar dhe një kohë për të mos përqafuar,

⁶ një kohë për të kërkuar dhe një kohë për të humbur, një kohë për të ruajtur dhe një kohë për të hedhur tutje,

⁷ një kohë për të grisur dhe një kohë për të qepur, një kohë për të heshtur dhe një kohë për të folur,

⁸ një kohë për të dashuruar dhe një kohë për të urryer, një kohë për luftën dhe një kohë për paqen.

⁹ Çfarë përfitimi ka ai që punon nga të gjitha gjërat për të cilat mundohet?

¹⁰ Pashë punën që Perëndia u jep bijve të njerëzve, me qëllim që të mundohen.

¹¹ Ai e ka bërë të bukur çdo gjë në kohën vet; ka vënë madje përjetësinë në zemrat e tyre, pa i dhënë mundësinë asnjë njeriu të zbulojë veprën që Perëndia ka bërë nga fillimi deri në fund.

¹² Kështu kuptova që nuk ka gjë më të mirë se sa të gëzohesh dhe të bësh të mirë sa je gjallë;

¹³ dhe që çdo njeri që ha, pi dhe gëzon mirëqënie në gjithë mundin e tij, kjo është një dhuratë e Perëndisë.

¹⁴ E kuptova që tërë ato që bën Perëndia janë përjetë; nuk mund t'u shtosh dhe t'u heqësh asgjë; dhe Perëndia vepron kështu me qëllim që njerëzit të kenë frikë prej tij.

¹⁵ Ajo që është, ka qenë më parë; dhe ajo që do të vijë ka qenë më parë, dhe Perëndia heton atë që ka kaluar.

¹⁶ Kam parë gjithashtu nën diell që në vend të arsyes kishte paudhësi, që në vend të drejtësisë kishte paudhësi.

¹⁷ Kështu thashë në zemrën time: "Perëndia do të gjykojë të drejtin dhe të pabesin, sepse ka një kohë të caktuar për çdo gjë dhe për çdo vepër".

¹⁸ Thashë në zemrën time: "Përsa u përket kushteve në të cilat ndodhen bijtë e njerëzve, Perëndia i vë në provë, që ata vetë të kuptojnë që janë si kafshë".

¹⁹ Në fakt të gjitha ato që u ndodhin bijve të njerëzve u ndodhin

kafshëve; të dy palëve u ndodh e njëjta gjë. Ashtu si vdes njeri, kështu vdes tjetri. Po, të gjithë kanë po atë frymë; dhe njeriu nuk ka asnjë epërsi mbi kafshën, sepse gjithçka është kotësi.

²⁰ Të gjithë shkojnë në po atë vend; të gjithë vijnë nga pluhuri dhe kthehen në pluhur.

²¹ Kush e di në se fryma e bijve të njerëzve ngjitet lart dhe në se fryma e kafshës zbret poshtë në tokë?

²² Kështu e kuptova që nuk ka gjë më të mirë për njeriun se sa të gëzohet në punën e tij, sepse kjo është pjesa e tij. Kush do ta çojë në fakt të shohë atë që ka për të ndodhur pas tij?

Kapitull 4

¹ Kështu u ktheva dhe mendova për gjithë shtypjen që ndodhin nën diell; dhe ja, lotët e të shtypurve, të cilët nuk kanë njeri që t'i ngushëllojë; nga ana e shtypësve të tyre ishte forca, por as ata nuk kanë njeri që t'i ngushëllojë.

² Prandaj i konsiderova të vdekurit, ata që tashmë kanë vdekur, më të lumtur se të gjallët që jetojnë akoma;

³ por edhe më i lumtur se njera dhe tjetra palë është ai që nuk ka ekzistuar kurrë dhe ende nuk ka parë veprimet e këqija që kryhen nën diell.

⁴ Pashë gjithashtu që çdo mund dhe çdo sukses në punë ngjallin smirën njerit kundër tjetrit. Edhe kjo është kotësi dhe një përpjekje për të kapur erën.

⁵ Budallai rri me duar të kryqezuara dhe ha mishin e vet.

⁶ Vlen më tepër një grusht me pushim se sa dy grushte, me mundim, duke u përpjekur të kapësh erën.

⁷ Kam parë edhe një kotësi tjetër nën diell;

⁸ dikush është krejt vetëm dhe nuk ka as bir as vëlla, megjithatë mundi i tij nuk ka të sosur dhe sytë e tij nuk janë ngopur me pasuri. Por nuk e pyet veten: "Për kë po lodhem dhe lë veten pa asnjë të mirë?". Edhe kjo është kotësi dhe një mundim i rëndë.

⁹ Dy vlejnë më mirë se një i vetëm, sepse kanë një shpërblim të mirë për mundin e tyre.

¹⁰ Në fakt në se rrëzohen, njeri ngre tjetrin; por mjerë ai që është vetëm dhe rrëzohet, sepse nuk ka njeri që ta ngrerë!

¹¹ Kështu gjithashtu në se dy veta flenë bashkë, ata kanë mundësi të ngrohen; por ai që është vetëm si do t'ia bëjë të ngrohet?

¹² Në rast se dikush mund të mposhtë atë që është vetëm, dy veta mund t'i rezistojnë; një litar tresh nuk këputet aq shpejt.

¹³ Është më mirë një i ri i varfër dhe i urtë se një mbret plak dhe budalla, që nuk di më të pranojë qortime.

¹⁴ Sepse i riu ka dalë nga burgu për të mbretëruar, megjithëse kishte lindur i varfër në mbretërinë e tij.

¹⁵ I pashë tërë të gjallët që ecnin nën diell për t'u bashkuar me të riun, që shkon të zërë vendin e tjetrit.

¹⁶ Ishte i panumërt gjithë populli, gjithë ata që kishin qenë para tyre. Megjithatë ata që do të vijnë më pas nuk do të jenë të kënaqur prej tij! Edhe kjo është kotësi dhe një përpjekje për kapur erën.

Kapitull 5

¹ Ki kujdes hapat e tua kur shkon te shtëpia e Perëndisë; afrohu për të dëgjuar në vend që të ofrosh flijimin e budallenjve, të cilët as nuk dinë që veprojnë keq.

² Mos u nxito me gojën tënde, dhe zemra jote të mos shpejtohet të thotë asnjë fjalë përpara Perëndisë, sepse Perëndia është në qiell dhe ti mbi tokë; prandaj fjalët e tua të jenë të pakta.

³ Sepse nga punët e shumta vijnë ëndrrat, dhe nga fjalët e shumta zëri i budallait.

⁴ Kur i ke bërë një zotim Perëndisë mos humb kohë ta plotësosh, sepse ai nuk kënaqet me budallenjtë; plotëso zotimin që ke marrë.

⁵ Më mirë të mos marrësh zotime se sa t'i bësh dhe të mos i plotësosh.

⁶ Mos lejo që goja jote ta çojë trupin tënd të mëkatojë dhe mos thuaj para lajmëtarit të Perëndisë: "Ka qenë gabim". Pse Perëndia duhet të zemërohej me fjalët e tua dhe të shkatërronte veprën e duarve të tua?

⁷ Sepse në ëndrrat e shumta dhe fjalët e shumta ka kotësi; por ti ke frikë nga Perëndia.

⁸ Në rast se në provincë sheh shtypjen e të varfërit dhe shkeljen me dhunë të së drejtës dhe të drejtësisë, mos u habit nga kjo gjë; sepse mbi një pushtet të lartë ndodhet një më i lartë dhe mbi ta disa pushtete akoma më të larta.

⁹ Toka ofron përfitime më të mëdha se çdo gjë tjetër, dhe vetë mbreti shërbehet nga fusha.

¹⁰ Kush është i dhënë pas parasë, nuk ngopet kurrë me para, dhe kush dëshiron pasuritë nxjerr përfitim prej tyre. Edhe kjo është kotësi.

¹¹ Kur rritet pasuria, shtohen edhe ata që e përpijnë; dhe çfarë përfitimi kanë prej saj pronarët, veç asaj që e shohin me sytë e tyre?

¹² I ëmbël është gjumi i punonjësit, qoftë edhe kur ha pak ose shumë; por velitja e të pasurit nuk e lë atë të flerë.

¹³ Është një e keqe tjetër e vajtueshme që kam parë nën diell: pasuritë e ruajtura për pronarin e tyre në dëm të tij.

¹⁴ Këto pasuri humbasin për shkak të një pune të keqe, dhe kështu në duart e birit që ka lindur nuk mbetet më asgjë.

¹⁵ Ashtu si ka dalë nga barku i nënës, kështu lakuriq do të kthehet për të shkuar si pati ardhur, pa marrë gjë nga mundi i tij që mund ta marrë me vete.

¹⁶ Edhe kjo është një e keqe e vajtueshme që duhet të shkojë pikërisht ashtu si ka ardhur; dhe çfarë përfitimi ka se është munduar për erën?

¹⁷ Përveç kësaj ai ha çdo ditë të jetës së tij në errësirë, dhe ka shumë hidhërime, sëmundje dhe telashe.

¹⁸ Ja çfarë kuptova: është mirë dhe e përshtatshme për njeriun të hajë, të pijë dhe të gëzojë të mirën e gjithë mundit të tij nën diell, tërë ditët e jetës që Perëndia i jep, sepse kjo është pjesa e tij.

¹⁹ Çdo njeriu të cilit Perëndia i jep pasuri dhe të mira dhe të cilit i jep gjithashtu mundësinë t'i gëzojë ato, të marrë pjesën e vet dhe të gëzojë mundin e tij, kjo është një dhuratë e Perëndisë.

²⁰ Në fakt ai nuk do të kujtojë shumë ditët e jetës së tij, sepse Perëndia i përgjigjet me gëzimin e zemrës së tij.

Kapitull 6

¹ Éshtë një e keqe tjetër që kam parë nën diell dhe që është e përhapur midis njerëzve:

² dikujt Perëndia i ka dhënë pasuri, të mira dhe lavdi, dhe nuk i mungon asgjë nga gjithë ato që mund të dëshirojë, por Perëndia nuk i jep mundësinë t'i gëzojë, por i gëzon një i huaj. Kjo është kotësi dhe një e keqe e madhe.

³ Në qoftë se dikujt i lindin njëqind bij dhe jeton shumë vite dhe të shumta janë ditët e viteve të tij, por shpirti i tij nuk ngopet me të mira dhe nuk ka as varr unë them se një dështim është më i lumtur se ai;

⁴ sepse ka ardhuar më kot dhe po ikën në terr, dhe emri i tij është mbuluar nga terri.

⁵ Edhe sikur të mos e ketë parë as njohur diellin, megjithatë ka më shumë pushim se tjetri.

⁶ Po, edhe sikur të duhej të jetonte dy herë një mijë vjet, por pa mundur të gëzojë të mirat e tij. A nuk mbarojnë të gjitha në po atë vend?

⁷ Tërë mundi i njeriut është për gojën e tij, megjithatë oreksi i tij nuk ngopet kurrë.

⁸ Ç'përfitim ka i urti mbi budallanë? Ç'përfitim ka i varfëri në rast se di të ecë përpara njerëzve të gjallë?

⁹ Éshtë më mirë të shikosh me sy se sa të endesh me dëshirën. Edhe kjo është kotësi dhe një përpjekje për të kapur erën.

¹⁰ Ajo që është, prej kohe është quajtur me emrin e vet dhe dihet se ç'është njeriu, dhe që nuk mund të hahet me atë që është më i fortë se ai.

¹¹ Duke qenë se ka shumë gjëra që e shtojnë kotësinë, çfarë përfitimi ka prej tyre njeriu?

¹² Kush e di në fakt ç'është e mirë për njeriun në këtë jetë, gjatë tërë ditëve të jetës së tij të kotë që ai i kalon si një hije? Kush mund t'i thotë njeriut çfarë ka për të ndodhur pas tij nën diell?

Kapitull 7

¹ Një emër i mirë pëlqehet më tepër se një vaj i parfumuar, dhe dita e vdekjes është më e mirë se dita e lindjes.

² Éshtë më mirë të shkosh në një shtëpi ku mbahet zi se sa të shkosh në një shtëpi ku ka festë, sepse ky është fundi i çdo njeriu, dhe kush rron ka për të vënë mend.

³ Trishtimi është më i mirë nga gazi, sepse përpara një fytyre të trishtuar zemra bëhet më e mirë.

⁴ Zemra e të urtit është në shtëpinë ku mbahet zi, por zemra e budallenjve është në një shtëpi të gëzuar.

⁵ Éshtë më mirë për dikë të dëgjojë qortimin e të urtit se sa të dëgjojë këngën e budallenjve,

⁶ sepse ashtu siç është kërcitja e shkurreve nën një tenxhere, kështu është e qeshura e budallait. Edhe kjo është kotësi.

⁷ Me siguri shtypja e bën të pamend njeriun e urtë, dhe dhurata bën që të humbasë arsyen.

⁸ Më mirë fundi i një gjëje se fillimi i saj, dhe më mirë ai që ka frymë të durueshëm se ai që ka frymë krenar.

⁹ Mos u nxito në frymën tënd të zemërohesh, sepse zemërimi gjen strehë në gji të budallenjve.

¹⁰ Mos thuaj: "Si është e mundur që ditët e kaluara ishin më të mira nga këto?", sepse nuk është urtësi të bësh një pyetje të tillë.

¹¹ Dituria është e mirë bashkë me një pasuri dhe u sjell përfitime atyre që shohin diellin.

¹² Sepse dituria është një mbrojtje ashtu si është paraja; por epërsia e diturisë qëndron në këtë; dituria i bën të jetojnë ata që e zotërojnë.

¹³ Konsideroje veprën e Perëndisë: kush mund të drejtojë atë që ai ka bërë të shtrembër?

¹⁴ Në ditën e bollëkut ji i gëzuar, por në ditën e fatkqësisë mendohu thellë. Perëndia ka bërë si njërën ashtu dhe tjetrën, me qëllim që njeriu të mos zbulojë asgjë nga ato që do të ndodhin pas tij.

¹⁵ Pashë gjithçka në ditët e kotësisë sime. Ndodh që i drejti të vdesë në drejtësinë e vet dhe që i pabesi të jetojë gjatë në ligësinë e tij.

¹⁶ Mos ji tepër i drejtë as i urtë jashtë mase. Pse kërkon të shkatërrohesh?

¹⁷ Mos ji tepër i keq dhe mos u trego budalla. Pse kërkon të vdesësh para kohës sate?

¹⁸ Është mirë që ti të kapesh pas kësaj gjëje dhe të mos heqësh dorë prej saj, sepse ai që ka frikë Perëndinë do t'u shmanget tërë këtyre gjërave.

¹⁹ Dituria e bën të urtin më të fortë se dhjetë të fuqishëm në një qytet.

²⁰ Nuk ka në fakt asnjë njeri të drejtë mbi tokë që bën të mirën dhe të mos mëkatojë.

²¹ Përveç kësaj mos u vër veshin tërë fjalëve që thuhen, që të mos mallkohesh nga shërbëtori yt,

²² sepse zemra jote gjithashtu e di që ti vet i ke mallkuar shumë herë të tjerët.

²³ Unë i hetova të gjitha këto gjëra me dituri. Thashë: "Do të bëhem i urtë", por dituria është mjaft larg nga unë.

²⁴ Një gjë që është kaq larg dhe kaq e thellë, kush mund ta gjejë?

²⁵ Atëherë e vura zemrën time të njoh, të hetojë dhe të kërkojë diturinë dhe shkakun e gjërave dhe të njoh ligësinë e marrëzisë dhe budallallëkun e marrëzisë;

²⁶ dhe gjeta një gjë më të hidhur se vdekja; gruan zemra e së cilës është kurth dhe grackë dhe duart e së cilës janë pranga. Kush i pëlqen Perëndisë i shpëton asaj; por mëkatari do të kapet nga ajo.

²⁷ Ja ajo që gjeta", thotë Predikuesi, "duke i shqyrtuar një për një gjërat, për të gjetur shkakun e tyre.

²⁸ Atë që unë po kërkoj ende, por nuk e kam gjetur; një burrë ndër një mijë e gjeta, por një grua në mes gjithë atyre nuk e gjeta.

²⁹ Ja, vetëm këtë gjeta: Perëndia e ka bërë njeriun të drejtë, por njerëzit kanë kërkuar shumë marifete.

Kapitull 8

¹ Kush është si i urti? Kush e njeh interpretimin e sendeve? Dituria e njeriut bën që të shkëlqejë fytyra e tij dhe e ndryshon ashpërsinë e fytyrës së tij.

² Unë të jap një këshillë: respekto urdhërin e mbretit për shkak të betimit të bërë Perëndisë.

³ Mos u nxito të largohesh nga prania e tij dhe mos ngul këmbë në një gjë të keqe, sepse ai bën të gjitha gjërat që i pëlqen.

⁴ Në fakt fjala e mbretit është e fuqishme; dhe kush mund t'i thotë: "Çfarë po bën?".

⁵ Kush respekton urdhërin e tij nuk do të pësojë asnjë të keqe; zemra e njeriut të urtë di në fakt të dallojë kohën dhe gjykimin,

⁶ sepse për çdo gjë ka një kohë dhe një gjykim, dhe ligësia e njeriut rëndon shumë mbi të.

⁷ Sepse ai nuk e di çfarë ka për të ndodhur; kush në fakt do t'i tregojë si do të venë gjërat?

⁸ Nuk ka njeri që të ketë pushtet mbi frymën për ta përmbajtur, apo të ketë pushtet mbi ditën e vdekjes. Nuk ka leje në betejë, dhe padrejtësia nuk mund të shpëtojë atë që e kryen.

⁹ E pashë tërë këtë gjë dhe vura mend për të gjitha gjërat që bëhen nën diell; ka një kohë kur një njeri sundon mbi një tjetër për ta dëmtuar.

¹⁰ Pastaj pashë të pabesët që u varrosën, të cilët kishin hyrë dhe kishin dalë nga vendi i shenjtë; edhe ata ishin harruar në qytetin ku kishin bërë këto gjëra. Edhe kjo është kotësi.

¹¹ Sepse vendimi kundër një veprimi të keq nuk zbatohet menjëherë, zemra e bijve të njerëzve është e mbushur nga dëshira për të bërë të keqen.

¹² Edhe në qoftë se mëkatari bën njëqind herë të keqen dhe i zgjat ditët e tij, megjithatë, unë e di që do të kenë të mirën ata që kanë frikë nga Perëndia, që kanë frikë para tij.

¹³ Por nuk ka të mirë për të pabesin, dhe nuk ka për t'i zgjatur ditët e tij si hija sepse nuk ka frikë përpara Perëndisë.

¹⁴ Është një kotësi që ndodh mbi tokë; ka njerëz të drejtë që trajtohen ashtu sikur i përket veprës të të pabesëve, dhe ka të pabesë që trajtohen sikur i përket veprës të të drejtëve. Kam thënë që edhe kjo është kotësi.

¹⁵ Kështu lëvdova harenë, sepse nuk ka gjë më të mirë për njeriun nën diell se të hajë, të pijë dhe të jetë i gëzuar, sepse kjo i mbetet në mundin e tij gjatë ditëve të jetës që Perëndia i ka dhënë nën diell.

¹⁶ Kur unë e vura zemrën time të njoh diturinë dhe të mendojë përpjekjet që bëhen mbi tokë (edhe kur dikush nuk lë të pushojnë sytë e tij as ditën as natën),

¹⁷ atëherë pashë gjithë veprën e Perëndisë, që njeriu nuk mund të arrijë të zbulojë të gjitha ato që bëhen nën diell sepse, edhe sikur njeriu të mundohet duke kërkuar, nuk arrin t'i zbulojë; edhe sikur i urti të thotë që e di, nuk është në gjendje t'i zbulojë.

Kapitull 9

¹ Kështu unë e mendova gjithë këtë në zemrën time për të kërkuar ta qartësoj; që të drejtët dhe të urtët dhe veprat e tyre janë në duart e Perëndisë. Njeriu nuk njeh as dashurinë as urrejtjen; gjithçka është para tij.

² Çdo gjë u ndodh në mënyrë të njëllojtë të gjithëve: i njëjti fat pret të drejtin dhe të pabesin, të mirin, të pastrin dhe të papastrin, atë që ofron flijime dhe atë që nuk i ofron. Si i miri është edhe mëkatari, dhe ai që betohet si ai që ka frikë të betohet.

³ Kjo është një e keqe që bëhet nën diell; të gjithë kanë të njëjtin fat, dhe përveç kësaj zemra e bijve të njerëzve është plot ligësi dhe marrëzia qëndron në zemrën e tyre për deri sa jetojnë; pastaj shkojnë te të vdekurit.

⁴ Për deri sa njeriu është i bashkuar me gjithë të gjallët e tjerë ka shpresë, sepse një qen i gjallë vlen më tepër se një luan i ngordhur.

⁵ Të gjallët në fakt e dinë se kanë për të vdekur, por të vdekurit nuk dinë asgjë; për ta nuk ka më asnjë shpërblim, sepse kujtimi i tyre harrohet.

⁶ Edhe dashuria e tyre, urrejtja e tyre dhe smira e tyre janë zhdukur tashmë, dhe ata nuk do të kenë asnjë pjesë në të gjitha ato që bëhet nën diell.

⁷ Shko, ha bukën tënde me gëzim dhe pi verën tënde me zemër të gëzuar, sepse Perëndia i ka pëlqyer veprat e tua.

⁸ Rrobat e tua qofshin të bardha në çdo kohë dhe vaji mos mungoftë kurrë mbi kokën tënde.

⁹ Gëzoje jetën me gruan që do për të gjitha ditët e jetës tënde të kotësisë, që ai të ka dhënë nën diell për të gjitha ditët e kotësisë, sepse kjo është pjesa që të takon në jetë dhe në mundin që kryen nën diell.

¹⁰ Tërë ato që dora jote gjen për të bërë, bëji me gjithë forcën tënde, sepse në Sheol ku po shkon nuk ka më as punë, as mendim, as njohuri dhe as dituri.

¹¹ Gjithashtu pashë nën diell që vrapimi nuk fitohet nga ai që është i shpejtë as beteja nga të fortët; as buka nuk u shkon të urtëve, as pasuritë njerëzve të zgjuar, as favori atyre që janë të shkathët,

¹² Sepse njeriu nuk e njeh orën e tij; ashtu si peshqit që kapen në një rrjetë mizore dhe si zogjtë që kapen në një kurth, kështu bijtë e njerëzve kapen në kurth në kohën e fatkeqësisë, kur ajo bie papritur mbi ta.

¹³ E pashë edhe këtë shembull të diturisë nën diell dhe m'u duk i madh.

¹⁴ Ishte një qytet i vogël me pak njerëz brenda; një mbret i madh doli kundra, e rrethoi dhe ndërtoi bastione të mëdha.

¹⁵ Por gjendej në të një njeri i varfër dhe i urtë, i cili me diturinë e tij e shpëtoi qytetin. Megjithatë asnjëri nuk u kujtua për këtë njeri të varfër.

¹⁶ Atëherë unë thashë: "Dituria vlen më shumë se forca; por dituria e të varfërit përbuzet dhe fjalët e tij nuk dëgjohen".

¹⁷ Fjalët e të urtëve që thuhen shtruar dëgjohen më mirë se britmat e atij që sundon mbi budallenjtë.

¹⁸ Dituria vlen më tepër se armët e luftës, por një mëkatar i vetëm shkatërron një të mirë të madhe.

Kapitull 10

¹ Mizat e ngordhura e qelbin vajin e parfumierit; kështu pak marrëzi prish vlerën e diturisë dhe të lavdisë.

² Zemra e të urtit është në të djathtë të tij, por zemra e budallait është në të majtë të tij.

³ Edhe kur budallai ecën rrugës, arsyeja i mungon dhe u tregon të gjithëve se është budalla.

⁴ Në qoftë se zemërimi i një mbreti ndizet kundër teje, mos e lër vendin tënd, sepse gjakftohtësia i fashit fyerjet edhe kur janë të rënda;

⁵ Është një e keqe që kam parë nën diell, një gabim që vjen nga ai që qeveris:

⁶ marrëzia është vënë në detyra të larta, ndërsa të pasurit ulen në

vënde të ulëta.

⁷ Kam parë shërbëtorë mbi kuaj dhe princa të ecin më këmbë si shërbëtorë.

⁸ Kush çel një gropë mund të bjerë brënda dhe kush rrëzon një mur mund të kafshohet nga një gjarpër.

⁹ Kush zhvendos gurë mund të plagoset dhe kush çan drutë vihet në rrezik.

¹⁰ Në qoftë se sëpata topitet dhe nuk mprehet, duhet të përdoret me më tepër forcë; por dituria ka epërsinë t'ia dalë gjithnjë mbarë.

¹¹ Në qoftë se gjarpëri kafshon sepse nuk është magjepsur, magjistari bëhet i kotë.

¹² Fjalët e gojës të të urtit janë plot hir, por buzët e budallait e shkatërrojnë.

¹³ Fillimi i ligjëratës së tij është budallallëk dhe fundi është marrëzi e dëmshme.

¹⁴ Edhe sikur budallai t'i shumojë fjalët e tij, njeriu nuk di se çfarë do të ndodhë; kush mund t'i thotë çfarë do të ndodhë pas tij?

¹⁵ Lodhja e budallait e rraskapit, sepse ai nuk di as si të shkojë në qytet.

¹⁶ Mjerë ti, o vend, mbreti i të cilit është një fëmijë dhe princat e tij ia shtrojnë që në mëngjes!

¹⁷ Lum ti, o vend, që ke mbret nga një soj fisnik, dhe princa që hanë në kohën e duhur për të vënë në vend forcat e tyre dhe jo për t'u dehur!

¹⁸ Për shkak të përtacisë trarët e shtëpisë rrëzohen dhe gjerbon për shkak të plogështisë së duarve.

¹⁹ Një banket shtrohet për t'u dëfryer dhe vera i jep gaz jetës, por paraja i përgjigjet çdo nevojtari.

²⁰ Mos mallko mbretin as me mend dhe mos mallko të pasurin në dhomën tënde të fjetjes, sepse një zog i qiellit mund ta çojë larg zërin tënd, dhe një zog që fluturon mund ta bëjë të ditur këtë gjë.

Kapitull 11

¹ Hidh bukën tënde mbi ujërat, sepse pas shumë kohe do ta gjesh përsëri.

² Jepu pjesë shtatë, madje edhe tetë vetave, sepse ti nuk e di se çfarë fatkeqësie mund të të ndodhë mbi tokë.

³ Në rast se retë janë plot me shi, e derdhin mbi tokë; dhe në rast se një dru bie në jug apo në veri, ai mbetet aty ku bie.

⁴ Kush e ka mendjen te era nuk ka për të mbjellë dhe kush rri e shikon retë nuk ka për të korrur.

⁵ Ashtu si ti nuk njeh rrugën e erës dhe mënyrën si formohen kockat në barkun e gruas me barrë, kështu ti nuk e njeh veprën e Perëndisë që bën gjithçka.

⁶ Mbille farën tënde në mëngjes dhe në mbrëmje mos lër dorën tënde të pushojë, sepse ti nuk e di se cili nga të dy do të dalë më mirë; ky apo ai, apo do të jenë të mirë që të dy.

⁷ Drita është e ëmbël dhe është diçka e këndshme për sytë që shohin diellin.

⁸ Edhe kur një njeri të jetojë shumë vjet, le t'i gëzojë të gjitha, por le të mendojë edhe për ditët e territ që do të jenë të shumta; të gjitha ato që do të ndodhin janë kotësi.

⁹ Gëzohu, pra, o i ri, në rininë tënde, le të gëzohet zemra jote në ditët e rinisë sate; ndiq edhe rrugët e zemrës sate dhe pamjen e syve të tu, por dije që për të gjitha këto gjëra Perëndia do të të thërrasë në gjyq.

¹⁰ Elimino nga zemra jote trishtimin, dhe largo nga trupi yt dhembjen, sepse rinia dhe mituria janë kotësi.

Kapitull 12

¹ Por kujto Krijuesin tënd në ditët e rinisë sate, para se të vijnë ditët e këqija dhe të arrijnë vitet për të cilat ke për të thënë: "Nuk gjej asnjë kënaqësi në to",

² para se të errësohet dielli, drita, hëna dhe yjet, dhe të kthehen retë pas shiut;

³ në moshën gjatë së cilës rojtarët e shtëpisë dridhen, njerëzit e fortë përkulen, ato që bluajnë nuk punojnë më se kanë mbetur pak, ata që shikojnë nga dritaret errësohen

⁴ dhe portat mbi rrugë mbyllen; kur pakësohet zhurma e mokrës, dikush çohet me këngën e një zogu, dhe gjithë bijat e këngës dobësohen,

⁵ kur dikush ka frikë nga lartësitë dhe nga tmerret e rrugës; kur bajamja lulëzon, karkaleci është një peshë, dhe dëshira pakësohet, sepse njeriu shkon në banesën e tij të përjetshme dhe qaramanët enden rrugëve,

⁶ Kujto Krijuesin tënd përpara se të këputet kordoni prej argjendi, të thyhet vazoja prej ari, të thyhet shtamba te burimi dhe të bëhet copë-copë çikriku në pus,

⁷ dhe pluhuri t'i kthehet tokës siç ishte më parë dhe fryma t'i kthehet Perëndisë që e ka dhënë.

⁸ "Kotësi e kotësive", thotë Predikuesi, "gjithçka është kotësi".

⁹ Predikuesi, përveç se ka qenë një i urtë, i ka mësuar gjithashtu popullit dijen dhe ka peshuar, ka kërkuar dhe ka renditur një numër të madh fjalësh të urta.

¹⁰ Predikuesi është përpjekur të gjejë fjalë të këndshme; dhe gjërat e shkruara janë të drejta dhe të vërteta.

¹¹ Fjalët e të urtëve janë si hostenë dhe ato që mbledhin njerëzit e ditur janë si gozhda të ngulura mirë; ato jepen nga një Bari i vetëm.

¹² Biri im, ruhu nga çdo gjë që del jashtë kësaj. Shkruhen shumë libra, por nuk mbarohet kurrë kjo punë, dhe studimi i tepërt e lodh trupin.

¹³ Të dëgjojmë, pra, përfundimin e gjithë ligjëratës: "Ki frikë nga Perëndia dhe respekto urdhërimet e tij, sepse kjo është tërësia e njeriut".

¹⁴ Sepse Perëndia do të vërë të gjykohet çdo vepër, edhe çdo gjë që është fshehur, qoftë e mirë apo e keqe.

Kënga e Solomonit

Kapitull 1

¹ Kantiku i kantikëve që është i Salomonit.

² Më puth me të puthurat e gojës së vet! Sepse dashuria jote është më e mirë se vera.

³ Nga aroma e vajrave të tua të këndshme emri yt është një vaj i parfumuar i derdhur; prandaj të duan vajzat.

⁴ Tërhiqmë te ti! Ne do të rendim pas teje! Mbreti më çoi në dhomat e tij. Ne do të kënaqemi dhe do të gëzohemi te ti; ne do ta kujtojmë dashurinë tënde më shumë se verën. Kanë të drejtë që të duan.

⁵ Unë jam e zezë por e bukur, o bija të Jeruzalemit, si çadrat e Kedarit, si perdet e Salomonit.

⁶ Mos shikoni se jam e zezë, sepse dielli më ka nxirë. Bijtë e nënes sime janë zemëruar me mua; më kanë caktuar të ruaj vreshtat, por vreshtin tim nuk e kam ruajtur.

⁷ Thuamë, o ti që të dashuron zemra ime, ku e kullot kopenë dhe ku e lë të pushojë në mesditë. Pse vallë duhet të jem si një grua e mbuluar me vel pranë kopeve të shokëve të tu?

⁸ Në rast se ti nuk e di, o më e bukura e grave, ndiq gjurmët e kopesë dhe kulloti kecat e tua pranë çadrave të barinjve.

⁹ Mikesha ime, ti më ngjan si pela ime midis qerreve të Faraonit.

¹⁰ Faqet e tua janë të bukura me ornamente, dhe qafa jote me gjerdane margaritaresh.

¹¹ Ne do të bëjmë për ty gjerdane të arta me tokëza prej argjendi.

¹² Ndërsa mbreti është ulur në tryezë, livanda ime përhap aromën e saj.

¹³ Kënaqësia ime është një qeskë e vogël mirre; ajo do të pushojë tërë natën midis gjive të mia.

¹⁴ Kënaqësia ime është për mua një tufë lulesh alkane në vreshtat e En-gedit.

¹⁵ Ti je e bukur, mikja ime, ja, je e bukur! Sytë e tu janë si ato të pëllumbeshave.

¹⁶ Sa i bukur je, i dashuri im, madje dhe i dashurueshëm! Për më tepër shtrati ynë është blerosh.

¹⁷ Trarët e shtëpive tona janë prej kedri dhe tavanet tona prej qiparisi.

Kapitull 2

¹ Unë jam trëndafili i Sharonit, zambaku i luginave.

² Si një zambak midis gjembave, ashtu është mikesha ime midis vajzave.

³ Si një mollë midis pemëve të pyllit kështu është i dashuri im midis të rinjve. Kam dëshëruar shumë të rri në hijen e tij dhe aty jam ulur, fryti i tij ishte i ëmbël në gojën time.

⁴ Më çoi në shtëpinë e banketit dhe flamuri i tij mbi mua është dashuria.

⁵ Më mbani me pite rrushi, më përtërini me mollë, sepse unë vuaj nga dashuria.

⁶ Dora e tij e majtë është poshtë kokës sime, dora e tij e djathtë më përqafon.

⁷ Ju përgjërohem, o bija të Jeruzalemit, për gazelat dhe sutat e fushave, mos e ngacmoni dhe mos e zgjoni dashurinë time, deri sa kështu t'i pëlqejë

⁸ Ja zëri i të dashurit tim! Ja, ai vjen duke kërcyer mbi malet, duke u hedhur mbi kodrat.

⁹ I dashuri im i përngjan një gazele apo një dreri të ri. Ja ku është prapa murit tonë, shikon nga dritaret, hedh vështrime nëpërmjet hekurave të tyre.

¹⁰ I dashuri im më ka folur dhe më ka thënë: "Çohu, mikja ime, e bukura ime, dhe eja!

¹¹ Sepse, ja, dimri ka kaluar, shiu pushoi, iku.

¹² Lulet duken mbi tokë, koha e të kënduarit erdhi, dhe në vendin tonë dëgjohet zëri i turtulleshës.

¹³ Fiku nxjerr fiqtë e tij të papjekur, vreshtat në lulëzim përhapin një aromë të këndshme. Çohu, mikja ime, e bukura ime, dhe eja.

¹⁴ O pëllumbesha ime, që rri në të çarat e shkëmbinjve, në strukat e rrëmoreve, ma trego fytyrën tënde, më bëj ta dëgjoj zërin tënd, sepse zëri yt është i këndshëm dhe fytyra jote është e hijshme".

¹⁵ I zini dhelprat, dhelprat e vogla që dëmtojnë vreshtat, sepse vreshtat tona janë në lulëzim.

¹⁶ I dashuri im është imi, dhe unë jam e tij; ai e kullot kopenë midis zambakëve.

¹⁷ Para se të fryjë flladi i ditës dhe hijet të ikin, kthehu, i dashuri im, dhe sillu si një gazelë o një drenushë mbi malet që na ndajnë.

Kapitull 3

¹ Mbi shtratin tim gjatë natës kërkova atë që dashuron zemra ime, e kërkova, por nuk e gjeta.

² Tani do të ngrihem dhe do të shkoj rrotull nëpër qytet, nëpër rrugët dhe nëpër sheshet do të kërkoj atë që do zemra ime. E kërkova, por nuk e gjeta.

³ Rojet që sillen nëpër qytet më takuan. I pyeta ata: "A e patë atë që do zemra ime?".

⁴ Sapo i kalova, gjeta atë që do zemra ime. E shtrëngova fort dhe nuk kam ndërmend ta braktis deri sa ta çoj në shtëpinë e nënes sime dhe në dhomën e asaj që më ka ngjizur.

⁵ Ju përgjërohem, o bija të Jeruzalemit, për gazelat dhe sutat e fushave, mos e ngacmoni dhe mos e zgjoni dashurin time deri sa kështu t'i pëlqejë.

⁶ Kush është ajo që vjen nga shkretëtira, si kollona tymi, e parfumuar me mirrë dhe temjan dhe me lloj-lloj pluhurash aromatikë të tregëtarëve?

⁷ Ja shtrati i Salomonit, rreth të cilit qëndrojnë gjashtëdhjetë njerëz guximtarë, trima të Izraelit.

⁸ Të gjithë përdorin shpatën, janë të rrahur në çështjen e luftës; secili mban shpatën në ijë për tmerret e natës.

⁹ Mbreti Salomon i ka bërë vetes një lektizë me dru Libani.

¹⁰ I ka bërë kolonat e saj prej argjendi, shpinzën e saj prej ari, ndenjësen prej purpuri; pjesa e brendshme e saj është qendisur me dashuri nga bijat e Jeruzalemit.

¹¹ Dilni, bija të Sionit, soditni mbretin Salomon me kurorën me të cilën e ka kurorëzuar ëma, ditën e dasmës së tij, ditën e gëzimit të zemrës së tij.

Kapitull 4

¹ Sa e bukur je, o mikja ime, sa e bukur je! Sytë e tu prapa velit tënd janë si ato të pëllumbeshave; flokët e tu janë si një kope dhish, që kullosin në malin Galaad.

² Dhëmbët e tua janë si një kope delesh të qethura, që kthehen nga vendi i larjes; të gjitha kanë binjakët e tyre dhe asnjë prej tyre nuk është shterpë.

³ Buzët e tua janë si një fije e kuqe flake, dhe goja jote është e këndshme; tëmthat e tu prapa velit tënd janë si një thelë shege.

⁴ Qafa jote është si kulla e Davidit, e ndërtuar për një armëri; mbi të cilën janë varur një mijë mburoja, të gjitha mburojat e njerëzve trima.

⁵ Të dy sisët e tua janë si dy kaproj të vegjël, binjake të gazelave, që kullosin midis zambakëve.

⁶ Përpara se flladi i ditës të ndihet dhe hijet të ikin, do të shkoj në malin e mirrës dhe në kodrën e temjanit.

⁷ Ti je e tëra e bukur, mikja ime, dhe nuk ka në ty asnjë të metë.

⁸ Eja me mua nga Libani, o nusja ime, eja me mua nga Libani! Shiko nga maja e Amanas, nga maja e Senirit dhe e Hermonit, nga strofkat e luanëve dhe nga malet e leopardëve.

⁹ Ti më ke rrëmbyer zemrën, o motra ime, nusja ime; ti më ke rrëmbyer zemrën me një shikim të vetëm të syve të tu, me një gushore të vetme të qafës sate.

¹⁰ Sa e këndaqshme është dashuria jote, o motra ime, nusja ime! Sa më e mirë se vera është dashuria jote dhe aroma e vajrave të tua të parfumuara më e këndshme se gjithë aromat!

¹¹ Nusja ime, buzët e tua pikojnë si një huall mjaltë, mjaltë dhe qumësht ka nën gjuhën tënde, dhe aroma e rrobave të tua është si aroma e Libanit.

¹² Motra ime, nusja ime, është një kopsht i mbyllur, një burim i mbyllur, gurrë e vulosur.

¹³ Filizat e tua janë një kopësht shegësh me fryte të zgjedhura me bimë të alkanës me nardo,

¹⁴ me nardo dhe kroko, kanellë dhe çinamom, me të gjitha lloje e drurëve të temjanit, të mirrës dhe të aloes, me të gjitha aromat më të mira.

¹⁵ Ti je një burim lulishtesh, një pus ujërash të freskëta, rrëkesh që dalin nga Libani.

¹⁶ Zgjohu, o veri dhe eja, o jugë; fryj mbi kopshtin tim, dhe aromat e tij të përhapen! Le të hyjë i dashuri im në kopshtin e tij dhe të hajë frytet e zgjedhura!

Kënga e Solomonit

Kapitull 5

¹ Hyra në kopshtin tim, o motra ime, nusja ime, mblodha mirrën time me balsamin tim, hëngra huallin tim me mjaltin tim, piva verën time me qumështin tim. Shokë, hani, pini; po, dehuni, o të dashur!

² Unë flija, por zemra ime përgjonte. Dëgjoj zërin e të dashurit tim, që troket dhe thotë: "Hapma, motra ime, mikja ime, pëllumbesha ime, e përkryera ime, sepse koka ime është gjithë vesë dhe kaçurrelat e mia gjithë cirka të natës.

³ E hoqa rrobën time, si mund ta vesh përsëri? I lava këmbët, si mund t'i fëlliq përsëri?

⁴ I dashuri im e vuri dorën te vrima e derës, dhe të përbrëndshmet e mia u ngashërryen nga ai.

⁵ U ngrita për t'i hapur derën të dashurit tim, dhe nga duart e mia pikoi mirra, nga gishtërinjtë e mi mirra e lëngët, që rridhte mbi dorezën e bravës.

⁶ Ia hapa të dashurit tim, por i dashuri im ishte tërhequr dhe kishte ikur; zemra ime ligshtohej kur ai fliste. E kërkova, por nuk e gjeta; e thirra, por ai nuk m'u përgjigj.

⁷ Rojet që sillen nëpër qytet më gjetën, më rrahën, më plagosën; rojet e mureve më çorën velin.

⁸ Unë ju lutem shumë, o bija të Jeruzalemit, në rast se e gjeni të dashurin tim, çfarë do t'i thoni? I thoni se jam e sëmurë nga dashuria.

⁹ Çfarë ka më tepër i dashuri yt se një i dashur tjetër, o më e bukura midis grave? Çfarë ka i dashuri yt më tepër se një i dashur tjetër, përse përgjërohesh kështu?

¹⁰ I dashuri im është i bardhë dhe i kuq, ai dallon ndër dhjetë mijë veta.

¹¹ Koka e tij është ar i kulluar, kaçurelat e flokëve të tij janë rica-rica, të zeza korb.

¹² Sytë e tij janë si ato të pëllumbit pranë rrëkeve të ujit, të lara në qumësht, të ngallmuara si një gur i çmuar në një unazë.

¹³ Faqet e tij janë si një lehe balsami, si lehe barërash aromatike; buzët e tij janë zambakë, që nxjerrin mirra të lëngët.

¹⁴ Duart e tij janë unaza ari, të stolisura me gurë të çmuar; barku i tij është i fildisht që shndrit, i mbuluar me safire.

¹⁵ Këmbët e tij janë kollona mermeri të mbështetura në themele ari të kulluar. Pamja e tij është si Libani, madhështore si kedrat.

¹⁶ Goja e tij është vetë ëmbëlsia; po, ai është tërheqës në çdo pikpamje. Ky është i dashuri im, ky është miku im, o bija të Jeruzalemit.

Kapitull 6

¹ Ku shkoi i dashuri yt, o më e bukura midis grave? Ku shkoi i dashuri yt, që të mund ta kërkojmë bashkë me ty?

² I dashuri im zbriti në kopshtin e tij, në lehet e balsamit për të kullotur kopenë në kopshtet dhe për të mbledhur zambakë.

³ Unë jam e të dashurit tim dhe i dashuri im është imi; ai e kullot kopenë midis zambakëve.

⁴ Mikja ime, ti je e bukur si Tirtsahu, i hijshëm si Jeruzalemi, e tmerrshme si një ushtri me flamuj të shpalosur.

⁵ Largo nga unë sytë e tu, sepse më turbullojnë. Flokët e tu janë si një kope dhish, që kullosin mbi malin e Galaadit.

⁶ Dhëmbët e tua janë si një kope dhensh, që kthehen nga vendi ku lahen; të gjitha kanë binjakë dhe asnjëra prej tyre nuk është shterpe.

⁷ Tëmthat e tu prapa velit tënd janë si një rriskë shege.

⁸ Aty ka gjashtëdhjetë mbretëresha dhe tetëdhjetë konkubina, si dhe vajza pa numërim.

⁹ Por pëllumbesha ime, e përkryera ime, është e vetme; nëna e ka të vetme, e përzgjedhura e saj që e ka pjellë. Vajzat e kanë parë dhe e kanë shpallur të lume, po, edhe mbretëreshat dhe konkubinat, e kanë lavdëruar.

¹⁰ Kush është ajo që shfaqet si agimi, e bukur si hëna, e pastër si dielli, e tmerrshme si një ushtri me flamuj të shpalosur?

¹¹ Unë zbrita në kopshtin e arrave për të parë bimët e blerta të luginës, për të parë në se hardhitë ishin në lulëzim dhe shegët kishin bulëzuar.

¹² Nuk e di si, por dëshira ime më vuri mbi qerret e popullit tim fisnik.

¹³ Kthehu, kthehu, o Shulamite, kthehu, kthehu, që të mund të të admirojmë. Çfarë shikoni te Shulamitja? Si një valle me dy grupe?

Kapitull 7

¹ Sa të bukura janë këmbët e tua në këpucë, o bija e princit! Pjesët e rrumbullakta të ijëve të tua janë si stolira, vepër e dorës së një artisti.

² Kërthiza jote është një kupë e rrumbullakët, ku nuk mungon kurrë vera aromatike. Barku yt është një tog gruri, i rrethuar nga zambakë.

³ Dy sisët e tua janë si dy kaproj të vegjel, binjake të gazelave.

⁴ Qafa jote është si një kullë fildishi, sytë e tu janë si ato të pellgjeve të Heshbonit pranë portës së Bath-Rabimit. Hunda jote është si kulla e Libanit, që shikon në drejtim të Damaskut.

⁵ Koka jote lartohet mbi ty si Karmeli dhe flokët e kokës sate janë purpur; një mbret u zu rob i gërshetave të tua.

⁶ Sa e bukur je dhe sa e hijshme je, o e dashura ime, me të gjitha ëndjet që siguron!

⁷ Shtati yt është i njëllojtë me atë të palmës dhe sisët e tua janë si vile.

⁸ Kam thënë: "Do të ngjitem mbi palmë dhe do të kap degët e saj". Qofshin sisët e tua si vilet e rrushit, aroma e frymës sate si ajo e mollëve,

⁹ dhe të puthurat e gojës sate si një verë e zgjedhur, që zbret ëmbël për të kënaqur dëshirën time, duke çikur shumë lehtë buzët e atij që fle.

¹⁰ Unë jam e të dashurit tim dhe ai më dëshiron.

¹¹ Eja, i dashuri im, le të dalim nëpër fusha, ta kalojmë natën nëpër fshatra!

¹² Të çohemi shpejt në mëngjes për të shkuar në vreshtat dhe për të parë në qoftë se vreshti ka lëshuar llastarë, në se kanë çelur lulet e tij dhe në se shegët kanë lulëzuar. Aty do të jap dashurinë time.

¹³ Madërgonat përhapin aromën e tyre dhe mbi portat tona ka fryte të zgjedhura të çdo lloji, të freskëta dhe të thata, që i kam ruajtur për ty, i dashuri im.

Kapitull 8

¹ Ah, sikur të ishe ti si një vëllai im, që mënd në gjitë e nënës sime! Duke të gjetur jashtë do të të puthja, dhe askush nuk do të më përçmonte.

² Do të të çoja dhe do të fusja në shtëpinë e nënës sime; ti do të më mësoje dhe unë do të të jepja për të pirë verë aromatike, lëng nga shega ime.

³ Dora e tij e majtë qoftë nën kokën time dhe e djathta e tij më përqafoftë!

⁴ O bija të Jerzalemit, ju lutem shumë, mos e shqetësoni dhe mos e zgjoni dashurinë time, deri sa kështu t'i pëlqejë.

⁵ Kush është ajo që del nga shkretëtira duke u mbështetur tek i dashuri i saj? Të kam zgjuar nën mollën, ku nëna jote të ka lindur, ku ajo që të ka lindur të ka nxjerrë në dritë.

⁶ Më vër si një vulë mbi zemrën tënde, si një vulë mbi krahun tënd; sepse dashuria është e fortë si vdekja, xhelozia është e ashpër si Sheoli. Flakët e saj janë flakë zjarri, një flakë që përvëlon.

⁷ Ujërat e mëdha nuk do të mund ta shuajnë dashurinë, as lumenjtë ta përmbytin. Në rast se dikush do të jepte tërë pasuritë e shtëpisë së tij në këmbim të dashurisë, do të përbuzej me siguri.

⁸ Ne kemi një motër të vogël që ende nuk ka sisë; çfarë do të bëjmë për motrën tonë ditën që do të flitet për të?

⁹ Në qoftë se është një mur, do të ndërtojmë mbi të një pallat prej argjendi; në qoftë se është një portë, do ta forcojmë me dërrasa kedri.

¹⁰ Unë jam një mur, dhe sisët e mia janë si kulla; prandaj në sytë e tij jam bërë si ajo që ka gjetur paqen.

¹¹ Salomoni kishte një vresht në Baal-Hamon; ai ua besoi disa rojtarëve, secili prej tyre duhet t'i çonte si fryt të tij një mijë sikla argjendi.

¹² Vreshti im, që është imi, ndodhet para meje. Ti, Salomon, mbaji një mijë siklat dhe rojtarët e frytit të tij marrshin dyqind.

¹³ Ti që banon në kopshte, shokët po dëgjojnë zërin tënd; bëj ta dëgjoj edhe unë.

¹⁴ Eja shpejt, i dashuri im, dhe ngjaji një gazele apo një sute në malet e aromave!

Isaisë

Kapitull 1

¹ Vegimi i Isaias, birit të Amotsit, që ai pa për Judën dhe Jeruzalemin në ditët e Uziahut, të Jothamit, të Ashazit dhe të Ezekias; mbretër të Judës;

² Dëgjoni; o qiej; dhe dëgjo, o tokë, sepse Zoti ka folur: "Kam edukuar fëmijë dhe i rrita, ata u rebeluan kundër meje.

³ Kau e njeh të zotin e tij dhe gomari grazhdin e zotërisë së tij, por Izraeli nuk ka dije dhe populli im nuk ka mend".

⁴ Mjerë, komb mëkatar, popull i ngarkuar me paudhësi, racë keqbërësish, bij që veprojnë në mënyrë të çoroditur! Kanë braktisur Zotin, kanë përçmuar të Shenjtin e Izraelit, kanë devijuar dhe janë kthyer prapa.

⁵ Pse doni që të goditeni edhe më? Do të ngrini krye edhe më tepër. Gjithë koka është e sëmurë, gjithë zemra lëngon.

⁶ Nga tabani i këmbës deri te koka nuk ka asgjë të shëndoshë; vetëm plagë, vurrata dhe plagë të hapura, që nuk janë as pastruar, as lidhur as qetësuar me vaj.

⁷ Vendi juaj është shkretuar, qytetet tuaja janë djegur nga zjarri, tokën tuaj e përpijnë të huajtë para syve tuaj; është si një shkretim sikur ta kishin shkatërruar të huajtë.

⁸ Kështu bija e Sionit ka mbetur si një karakollë në një vresht, si një kasolle në një arë me shalqi, si një qytet i ngujuar.

⁹ Në qoftë se Zoti i ushtrive nuk do të na kishte lënë një mbetje të vogël, do të ishim si Sodoma, do t'i ngjisnim Gomorrës.

¹⁰ Dëgjoni fjalën e Zotit, o krerë të Sodomës, verini veshin ligjit të Perëndisë tonë, o popull i Gomorrës!

¹¹ "Ç'më duhet shumica e flijimeve tuaja, thotë Zoti. Jam ngopur nga olokaustet e deshve dhe nga dhjami i kafshëve të majme; gjakun e demave, të qengjave dhe e cjepve nuk e pëlqej.

¹² Kur vini të paraqiteni përpara meje, kush ua ka kërkuar këtë, që të shkelni oborret e mia?

¹³ Mos sillni më blatime të kota; temjani është neveri për mua; nuk mund t'i duroj hënat e reja dhe të shtunat, thirrjen e asambleve dhe paudhësinë bashkë me mbledhjet e shenjta.

¹⁴ Unë i urrej hënat e reja tuaja dhe festat tuaja solemne; janë një barrë për mua, jam lodhur duke i duruar.

¹⁵ Kur i shtrini duart tuaja, unë i fsheh sytë e mi nga ju; edhe kur i shumoni lutjet tuaja, unë nuk dëgjoj; duart tuaja janë tërë gjak.

¹⁶ Lahuni, pastrohuni, largoni nga prania ime ligësinë e veprimeve tuaja, mos bëni më keq.

¹⁷ Mësoni të bëni të mirën, kërkoni drejtësinë, ndihmoni të shtypurin, sigurojini drejtësi jetimit, mbroni çështjen e gruas së ve.

¹⁸ Ejani, pra, dhe të diskutojmë bashkë, thotë Zoti, edhe sikur mëkatet tuaja të ishin kuqe flakë, do të bëhen të bardha si bora, edhe sikur të ishin të kuqe si purpur, do të bëhen si leshi.

¹⁹ Në rast se jeni të gatshëm të bindeni, do të hani gjërat më të mira të vendit;

²⁰ por në rast se refuzoni dhe rebeloheni, do t'ju përpijë shpata", sepse goja e Zotit ka folur.

²¹ Si bëhet që qyteti besnik është shndërruar në një prostitutë? Ishte plot ndershmëri, drejtësia qëndronte në të, por tani aty banojnë vrasësit.

²² Argjendi yt është bërë zgjyrë, vera jote është holluar me ujë.

²³ Princat e tu janë rebelë dhe shokë me hajdutët; të gjithëve u pëlqejnë dhuratat dhe turren pas shpërblimeve. Nuk i sigurojnë drejtësi jetimit dhe çështja e gruas së ve nuk arrin para tyre.

²⁴ Prandaj Perëndia, Zoti i ushtrive, i Fuqishmi i Izraelit thotë: "Po, do të hakmerrem me kundërshtarët e mi, do të marr hak me armiqtë e mi.

²⁵ Do ta vë përsëri dorën time mbi ty, do të të pastroj nga zgjyrat e tua si me sodën dhe do të heq tërë plumbin tënd.

²⁶ Do të rivendos gjyqtarët e tu siç ishin në krye dhe këshilltarët e tu siç ishin në fillim. Mbas kësaj do të quhesh "qyteti i drejtësisë", "qyteti besnik".

²⁷ Sioni do të çlirohet me anë të drejtës dhe ata që do të pendohen me anë të drejtësisë.

²⁸ Por rebelët dhe mëkatarët do të shkatërrohen së bashku, dhe ata që braktisin Zotin do të shfarosen.

²⁹ Atëherë do t'ju vijë turp për lisat që keni dashur dhe do të skuqeni për kopshtet që keni zgjedhur.

³⁰ Sepse do të jeni si një lis me gjethe të fishkura dhe si një kopësht pa ujë.

³¹ Njeriu i fortë do të jetë si kallamishtet dhe vepra e tij si një shkëndijë; do të digjen të dy bashkë dhe askush nuk do t'i shuajë".

Kapitull 2

¹ Fjala që Isaia, bir i Amotsit, pati si vegim lidhur me Judën dhe Jeruzalemin.

² Në ditët e fundit do të vijë që mali ku ndodhet shtëpia e Zotit do të vendoset në majën e maleve dhe do të ngrihet mbi disa kodra, dhe këtu do të vershojnë tërë kombet.

³ Shumë popuj do të vijnë duke thënë: "Ejani, të ngjitemi në malin e Zotit, në shtëpinë e Perëndisë të Jakobit; ai do të na mësojë rrugët e tij dhe ne do të ecim në shtigjet e tij". Sepse nga Sioni do të dalë ligji dhe nga Jeruzalemi fjala e Zotit.

⁴ Ai do të sigurojë drejtësi midis kombeve dhe do të qortojë shumë popuj. Do t'i farkëtojnë shpatat e tyre duke i kthyer në plugje dhe heshtat e tyre në drapinj; një komb nuk ka për të ngritur shpatën kundër një kombi tjetër dhe nuk do të mësojnë më luftën.

⁵ O shtëpi e Jakobit, ejani dhe të ecim në dritën e Zotit!

⁶ Sepse ti, o Zot, ke braktisur popullin tënd, shtëpinë e Jakobit, sepse janë plot me praktika lindore, ushtrojnë magjinë si Filistejtë, lidhin aleanca me bijtë e të huajve.

⁷ Vendi i tyre është plot me argjend dhe me ar dhe thesaret e tyre nuk kanë fund; vendi i tyre është plot me kuaj dhe qerret e tyre s'kanë të sosur.

⁸ Vendi i tyre është plot me idhuj; bien përmbys përpara veprës së vetë duarve të tyre, përpara atyre gjërave që kanë bërë gishtat e tyre.

⁹ Prandaj njeriu i zakonshëm përulet dhe njeriu i shquar ulet, por ti nuk i fal.

¹⁰ Hyr në shkëmb dhe fshihu në pluhurin përpara tmerrit të Zotit dhe përpara shkëlqimit të madhërisë së tij.

¹¹ Vështrimi krenar i njeriut do të ulet dhe krenaria e vdekatarëve do të përulet; vetëm Zoti do të lartësohet atë ditë.

¹² Sepse dita e Zotit të ushtrive do të vijë kundër çdo gjëje krenare dhe kryelartë dhe kundër çdo gjëje që ngrihet, për ta ulur,

¹³ kundër gjithë kedrave të Libanit, të lartë dhe të ngritur, dhe kundër të gjitha lisave të Bashanit,

¹⁴ kundër të gjitha maleve të larta dhe kodrave të larta;

¹⁵ kundër çdo kulle shumë të lartë dhe kundër çdo muri të fortifikuar,

¹⁶ kundër gjithë anijeve të Tarshishit dhe kundër të gjitha gjërave të këndshme.

¹⁷ Kryelartësia e njeriut do të ulet dhe krenaria e njerëzve të shquar do të përulet; vetëm Zoti do të lartësohet atë ditë.

¹⁸ Idhujt do të hiqen plotësisht.

¹⁹ Njerëzit do të hyjnë në shpellat e shkëmbinjve dhe në guvat e tokës përpara tmerrit të Zotit dhe shkëlqimit të madhërisë së tij, kur do të ngrihet për ta bërë tokën të dridhet.

²⁰ Në këtë ditë njerëzit do t'ua hedhin minjve dhe lakuriqve të natës idhujt e tyre prej argjendi dhe idhujt e tyre prej ari, që i kanë prodhuar për t'i adhuruar,

²¹ për t'u futur në të çarat e shkëmbinjve dhe në greminat e krepave para tmerrit të Zotit dhe shkëlqimit të madhërisë së tij, kur do të ngrihet për ta bërë tokën të dridhet.

²² Mos kini më besim te njeri, në flegrat e të cilit nuk ka veç se një frymë; si mund të mbështetesh te ai?

Kapitull 3

¹ Ja, Perëndia, Zoti i ushtrive, është duke i hequr Jeruzalemit dhe Judës çdo mbështetje dhe përkrahje, çdo mbështjetje me bukë dhe çdo mbështetje me ujë;

² trimin dhe luftëtarin, gjyqtarin dhe profetin, falltarin dhe plakun,

³ komandantin e një pesëdhjetësheje dhe parinë, këshilltarin, ekspertin në artet magjike dhe yshtësin e shkathët.

⁴ Do t'u jap atyre djem si princa dhe fëmijë do t'i sundojnë.

⁵ Populli do të jetë i shtypur, njeri nga tjetri, dhe secili nga i afërmi i tij; fëmija do të jetë i pasjellshëm me plakun, njeriu i keq me njeriun e nderuar.

⁶ Dikush do të kapë vëllanë e vet në shtëpinë e atit të tij dhe do t'i thotë: "Ti ke një mantel, bëhu i pari ynë dhe kujdesu për këtë shkatërrim".

⁷ Por atë ditë ai do të deklarojë solemnisht duke thënë: "Unë nuk do t'i lidh plagët tuaja, sepse në shtëpinë time nuk ka as bukë as mantel; mos më vini të parë të popullit".

⁸ Në fakt Jeruzalemi dridhet dhe Juda po bie, sepse gjuha e tyre dhe veprat e tyre janë kundër Zotit, për të provokuar zemërimin e vështrimit të madhërisë së tij.

⁹ Anësia e tyre me personat dëshmon kundër tyre, ata vënë në

Isaisë

dukje mëkatin e tyre si Sodoma dhe nuk e fshehin. Mjerë ata, sepse i bëjnë keq vetes së tyre.

¹⁰ I thoni të drejtit se do t'i dalë mirë, sepse do të hajë frytin e veprave të tij.

¹¹ Mjerë i pabesi! Do t'i bjerë mbi kokë fatkeqësia, sepse do t'i jepet ajo që duart e tij kanë përgatitur.

¹² Shtypësit e popullit tim janë fëmijë, dhe gratë sundojnë mbi të. O populli im, ata që të udhëheqin të çojnë jashtë rruge dhe shkatërrojnë shtegun që ti përshkon.

¹³ Zoti paraqitet për të paditur dhe zë vend për të gjykuar popujt.

¹⁴ Zoti hyn në gjyq me pleqtë e popullit të tij dhe me princat e tij: "Jeni ju që e keni përpirë vreshtin; trupat pa jetë të të varfërve ndodhen në shtëpitë tuaja.

¹⁵ Çfarë të drejte keni të merrni nëpër këmbë popullin tim dhe të shtypni fytyrën e të varfërve?", thotë Perëndia, Zoti i ushtrive.

¹⁶ Zoti thotë akoma: "Me qenë se vajzat e Sionit janë fodulle dhe ecin qafëpërpjetë dhe me vështrime provokuese, duke ecur me hapa të vogla dhe duke bërë të tringëllojnë unazat që mbajnë te këmbët e tyre,

¹⁷ Zoti do të godasë me zgjebe majën e kokës së vajzave të Sionit dhe Zoti do të nxjerrë në shesh turpet e tyre".

¹⁸ Atë ditë Zoti do të heqë stolinë e unazave të kyçeve të këmbës, diejtë e vegjël dhe hënëzat,

¹⁹ vathët, byzylykët dhe velot,

²⁰ çallmat, zinxhirët e vegjël te këmbët, rrypat e brezit, enët e parfumeve dhe hajmalitë,

²¹ unazat, xhevahiret për hundë,

²² rrobat për festë, mantelet e vogla, shallët dhe çantat e vogla,

²³ pasqyrat, këmishëzat, kapuçët dhe robëdëshambrët.

²⁴ Dhe do të ndodhë që në vend të parfumit të ketë kalbësira, në vend të brezit një litar, në vend të kaçurelave shogësi, në vend të një veshjeje të kushtueshme një thes i ngushtë, një damkë zjarri në vend të bukurisë.

²⁵ Njerëzit e tu do të bien nga shpata, dhe trimat e tu në betejë.

²⁶ Portat e saj do të vajtojnë dhe do të mbajnë zi; e dëshpëruar ajo do të ulet për tokë.

Kapitull 4

¹ Po atë ditë shtatë gra do të kapin një burrë dhe do t'i thonë: "Ne do të hamë bukën tonë dhe do të vishemi me rrobat tona; vetëm na lër të mbajmë emrin tënd, për të hequr turpin tonë".

² Po atë ditë filizi i Zotit do të jetë gjithë shkëlqim dhe lavdi, dhe fryti i tokës do të jetë krenaria dhe zbukurimi i të shpëtuarve të Izraelit.

³ Dhe ka për të ndodhur që ata që do të kenë mbetur në Sion dhe ai që do të mbijetojë në Jeruzalem do të quhet i shenjtë, domethënë kushdo që në Jeruzalem figuron i shkruar ndër të gjallët.

⁴ Kur Zoti të ketë larë shëmtirat e bijave të Sionit dhe të ketë zhdukur gjakun nga mesi i Jeruzalemit me frymën e drejtësisë dhe me frymën e shfarosjes,

⁵ atëherë Zoti do të krijojë mbi çdo banesë të malit Sion dhe në kuvendet e tij një re tymi gjatë ditës dhe një shkëlqim zjarri flakërues gjatë natës, sepse mbi tërë lavdinë do të ketë një mbrojtje.

⁶ Dhe do të ketë një çadër që do të shërbejë për të bërë hije kundër të nxehtit të ditës, si dhe për të shërbyer si strehë dhe mbrojtje kundër furtunës dhe shiut.

Kapitull 5

¹ Dua të këndoj për të dashurin tim një kantik të mikut tim lidhur me vreshtin e tij. I dashuri im kishte një vresht mbi një kodrinë shumë pjellore.

² E rrethoi me një gardh, hoqi gurët, mbolli hardhi të cilësisë më të mirë, ndërtoi në mes një kullë dhe bëri një trokull. Ai priste që të prodhonte rrush të mirë, kurse prodhoi rrush të egër.

³ Kështu, pra, o banorë të Jeruzalemit dhe njerëz të Judës, gjykoni midis meje dhe vreshtit tim.

⁴ Çfarë mund t'i kisha bërë vreshtit tim që nuk ia kam bërë? Pse, ndërsa unë prisja të më jepte rrush të mirë, ajo më dha rrush të egër?

⁵ Por tani do t'ju njoftoj atë që gatitem të bëj me vreshtin tim: do ta heq gardhin dhe do të përpihet krejt, do të shemb murin e tij dhe atë do ta shkelin.

⁶ Do ta katandis në një shkretëtirë: as nuk do ta krasit as nuk do ta punoj me shatë, por do të mbijnë ferra dhe gjemba; dhe do të urdhëroj retë që të mos bjerë shi, fare.

⁷ Vreshti i Zotit të ushtrive është shtëpia e Izraelit, dhe njerëzit e Judës janë mbëltesa e kënaqësisë së tij. Ai priste ndershmëri, dhe ja, gjakderdhje, priste drejtësi dhe ja, britma ankthi.

⁸ Mjerë ata që i shtojnë shtëpisë një shtëpi tjetër, që bashkojnë një arë me një arë tjetër, deri sa të mos kenë më vend, dhe kështu mbeten të vetmuar për të banuar në mes të vendit.

⁹ Në veshët e mi Zoti i ushtrive është betuar: "Në të vërtetë shumë shtëpi do të shkretohen, shtëpi të bukura dhe të mëdha do të mbeten pa banorë".

¹⁰ Sepse dhjetë jugerë vresht do të prodhojnë vetëm një bato dhe një homer fare do të prodhojë vetëm një efa.

¹¹ Mjerë ata që ngrihen herët në mëngjes për t'u turrur pas pijeve dehëse dhe vonohen deri në mbrëmje sa të flakërohen nga vera!

¹² Në banketet e tyre ka qeste, harpa, dajre, fyell dhe verë, por ata nuk i kushtojnë kujdes veprës së Zotit dhe nuk marrin parasysh atë që ai ka bërë me duart e tij.

¹³ Prandaj populli im shkon në robëri për mungesë njohurie, fisnikëria e tij vdes nga uria dhe turma e tij do të digjet nga etja.

¹⁴ Prandaj Sheoli ka zmadhuar gojën e tij dhe e ka hapur gojën e tij jashtë mase, dhe në do të zbresin lavdia e tij, turma e tij, zhurma e tij dhe ai që feston në të.

¹⁵ Njeriu i zakonshëm do të përulet, njeriu i rëndësishëm do të ulet dhe sytë e krenarëve do të përulen.

¹⁶ Por Zoti i ushtrive do të jetë lartësuar në gjyq, dhe Perëndia i shenjtë do të tregohet i shenjtë në drejtësi.

¹⁷ Atëherë qengjat do të kullosin si në kullotat e tyre dhe të huajtë do të përpijnë arat e shkretuara të të pasurve.

¹⁸ Mjerë ata që tërheqin padrejtësinë me litarët e falsitetit dhe mëkatin si me litarët e qerres,

¹⁹ dhe thonë: "Le ta bëjë shpejt, le ta kryejë veprën e tij, që të mund ta shohim. Le të afrohet dhe të kryhet plani i të Shenjtit të Izraelit që të mund ta shohim".

²⁰ Mjerë ata që e quajnë të mirë të keqen dhe të keqe të mirën, që ndërrojnë terrin në dritë dhe dritën në terr, që ndërrojnë hidhësirën në ëmbëlsi dhe ëmbëlsinë në hidhësi!

²¹ Mjerë ata që janë të urtë në sytë e tyre dhe të zgjuar para vetvetes!

²² Mjerë kampionëve në pirjen e verës dhe të shkathtëve në përzierjen e pijeve dehëse,

²³ që e nxjerrin të pafajshëm njeriun e keq për një dhuratë dhe ia mohojnë të drejtit të drejtën e tij!

²⁴ Prandaj, ashtu si një gjuhë zjarri përpin kallamishtet dhe flaka konsumon kashtën, kështu rrënja e tyre do të hiqet si një kalbësirë dhe lulja e tyre do të hiqet si të ishte pluhur, sepse kanë hedhur poshtë ligjin e Zotit të ushtrive dhe kanë përçmuar fjalën e të Shenjtit të Izraelit.

²⁵ Për këtë zemërimi i Zotit është ndezur kundër popullit të tij; ai ka shtrirë dorën e vet kundër tij dhe e ka goditur; kështu malet u drodhën dhe kufomat e tyre rrinë si mbeturina në mes të rrugëve; megjithëkëtë zemërimi i tij nuk është qetësuar dhe dora e tij rri e shtrirë.

²⁶ Ai do të ngrerë një flamur për kombet e largëta dhe do t'u fërshëllejë nga skajet e tokës; dhe ja, ato do të vijnë shpejt dhe menjëherë.

²⁷ Asnjë prej tyre nuk do të jetë i lodhur ose do të lëkundet, asnjë nuk ka për të dremitur ose për të fjetur; brezi i ijëve të tyre nuk do të zgjidhet, nuk do të këputet gjalma e këpucëve të tyre.

²⁸ Shigjetat e tyre janë me majë dhe tërë harqet e tyre janë të ndërura; thundrat e kuajve të tyre do të duken si gurë dhe rrotat e qerreve të tyre si një shakullimë.

²⁹ Vrumbullima e tyre do të jetë si ajo e një luani: do të vrumbullojnë si luanë të vegjël, po, do të vrumbullojnë, do ta zënë gjahun dhe do ta çojnë në një vend të sigurt dhe askush nuk do t'ua heqë.

³⁰ Atë ditë do të ulërijnë kundër Judës ashtu si ulërin deti; po të shikosh vendin, ja errësira dhe ankthi, dhe drita do të errësohet nga retë.

Kapitull 6

¹ Në vitin e vdekjes së mbretit Uziah, unë pashë Zotin të ulur mbi një fron të ngritur dhe të lartë, dhe cepat e mantelit të tij mbushnin tempullin.

² Mbi të ishin serafinët; secili prej tyre kishte gjashtë krahë: me dy mbulonte fytyrën, me dy të tjerë këmbët dhe me dy fluturonte.

³ Njeri i bërtiste tjetrit dhe i thoshte: "I Shenjtë, i shenjtë, i shenjtë është Zoti i ushtrive. Tërë toka është plot me lavdinë e tij".

⁴ Shtalkat e portës u trondintën nga zëri i atij që bërtiste, ndërsa tempulli po mbushej me tym.

⁵ Atëherë unë thashë: "I mjeri unë! Unë jam i humbur, sepse jam një njeri me buzë të papastra dhe banoj në mes të një populli me buzë të papastra; megjithatë sytë e mi kanë parë Mbretin, Zotin e ushtrive".

⁶ Atëherë një nga serafinët fluturoi drejt meje, duke mbajtur në dorë një urë zjarri, që kishte marrë me mashë nga altari.

⁷ Me ai preku gojën time dhe tha: "Ja, kjo preku buzët e tua, paudhësia jote hiqet dhe mëkati yt shlyhet".

⁸ Pastaj dëgjova zërin e Zotit që thoshte: "Kë të dërgoj dhe kush do të shkojë për ne?". Unë u përgjigja: "Ja ku jam, dërgomë mua!".

⁹ Atëherë ai tha: "Shko dhe i thuaj këtij populli: Dëgjoni, pra, por pa kuptuar, shikoni, pra, por pa dalluar.

¹⁰ Bëje të pandieshme zemrën e këtij populli, ngurtëso veshët e tij dhe mbyll sytë e tij që të mos shikojë me sytë e tij, të mos dëgjojë me veshët e tij dhe të mos kuptojë me zemrën e tij, dhe kështudo të kthehet dhe të jet shëruar".

¹¹ Unë thashë: "Deri kur, o Zot?". Ai u përgjigj: "Deri sa qytetet të shkatërrohen dhe të jenë pa banorë, shtëpitë të mos kenë njeri dhe vendi të jetë i shkretuar dhe i pikëlluar,

¹² dhe deri sa Zoti të ketë larguar njerëzinë dhe të jetë një braktisje e madhe në mes të vendit.

¹³ Do të mbetet akoma një e dhjeta e popullsisë, por edhe kjo do të shkatërrohet; por ashtu si bafrës dhe lisit, kur priten u mbetet cungu, kështu një brez i shenjtë do të jetë trungu i tij".

Kapitull 7

¹ Ndodhi në ditët e Ashazit, birit të Jothamit, birit të Uziahut, mbret i Judës, që Retsini, mbret i Sirisë dhe Pekahu, bir i Remaliahut, mbret i Izraelit, dolën për luftë kundër Jeruzalemit, por nuk arritën ta shtien në dorë.

² Prandaj ia referuan shtëpisë së Davidit duke thënë: "Sirët kanë ngritur kampin e tyre në Efraim". Kështu zemra e Ashazit dhe zemra e popullit të tij u drodhën, ashtu si dridhen drurët e pyllit nga era.

³ Atëherë Zoti i tha Isaias: "Dil përpara Ashazit, ti dhe biri yt Shear-Jashubi, në skajin e kanalit të hauzit të sipërm në rrugën e arës së larësit,

⁴ dhe thuaji: Shiko të rrish i qetë, mos ki frikë dhe zemra jote të mos ligështohet për shkak të këtyre dy mbeturinave të urës së zjarrit që nxjerr tym, për zemërimin e zjarrtë të Retsinit dhe të Sirisë, dhe të birit të Remaliahut.

⁵ Sepse Siria, Efraimi dhe i biri i Remaliahut kanë menduar të këqija kundër teje, duke thënë:

⁶ "Të dalim kundër Judës, ta temerrojmë, të hapim një të çarë në muret e saj dhe të vendosim si mbret në mesin e saj të birin e Tabeelit"".

⁷ Kështu thotë Zoti, Zoti: "Kjo nuk ka për të ardhur, nuk ka për të ndodhur,

⁸ sepse kryeqyteti i Sirisë është Damasku dhe i pari i Damaskut është Retsini. Brënda gjashtëdhjetë e pesë vjetve Efraimi do të bëhet copë-copë dhe nuk do të jetë më popull.

⁹ Kryeqyteti i Efraimit është Samaria dhe i pari i Samarisë është i biri i Remaliahut. Po të mos besoni, me siguri nuk do të bëhemi të qëndrueshëm".

¹⁰ Zoti i foli përsëri Ashazit dhe i tha:

¹¹ "Kërkoji një shenjë për vete Zotit, Perëndisë tënd; kërkoja ose në thellësitë ose në lartësitë".

¹² Por Ashazi u përgjigj: "Unë nuk do të kërkoj asgjë, nuk dua të tundoj Zotin".

¹³ Atëherë Isaia tha: "Dëgjoni tani, o shtëpi e Davidit! Mos është, vallë, një gjë e vogël për ju të lodhësh njerëzit, që doni të lodhni edhe Perëndinë tim?

¹⁴ Prandaj vet Zoti do t'ju japë një shenjë: Ja, e virgjëra do të mbetet me barrë dhe do të lindë një fëmijë të cilin do ta quajë Emanuel.

¹⁵ Ai do të hajë ajkë dhe mjaltë deri sa të mësojë të hedhë poshtë të keqen dhe të zgjedhë të mirën.

¹⁶ Por para se fëmija të mësojë të hedhë poshtë të keqen dhe të zgjedhë të mirën, vendi të cilin ti e druan për shkak të dy mbretërve të tij do të braktiset.

¹⁷ Zoti do të sjellë mbretin e Asirisë mbi ty, mbi popullin tënd dhe mbi shtëpinë e atit tënd ditë që nuk kanë ardhur që kur Efraimi u nda nga Juda.

¹⁸ Atë ditë do të ndodhë që Zoti do t'u fërshëllejë mizave që ndodhen në skajet e lumenjve të Egjiptit dhe bletëve që ndodhen në vendin e Asirisë.

¹⁹ Ato do të vijnë dhe të vendosen në luginat e shkretuara, në të çarat e krepave, mbi të gjitha gëmushët me gjemba dhe mbi të gjitha kullotat.

²⁰ Atë ditë Zoti me një brisk të marrë hua përtej Lumit, domethënë me mbretin e Asirisë, do të rruajë kokën dhe qimet e këmbëve, si edhe mjekrën.

²¹ Atë ditë do të ndodhë që dikush do të mbajë një lopë të re dhe dy dele,

²² dhe për shkak të bollëkut të qumështit që do t'i japin, ai do të hajë ajkë, sepse ajkë dhe mjaltë kanë për të ngrënë të gjithë ata që kanë mbijetuar dhe janë lënë në mes të vendit.

²³ Atë ditë çdo vend ku mund të kishte një mijë hardhi me një vlerë prej një mijë siklash argjendi do të bëhet pre e ferrave dhe e gjembave.

²⁴ Do të hyhet në to me shigjeta dhe me hark, sepse tërë vendi do të jetë i mbuluar nga ferra dhe gjemba.

²⁵ Dhe mbi të gjitha kodrat që u çelën me shatë nuk do të kalohet më nga frika e ferrave dhe gjembave; do të jenë një vend ku do të dërgohen qetë dhe që do të shkelet nga dhentë".

Kapitull 8

¹ Zoti më tha: "Merr një rrasë të madhe dhe shkruaj mbi të me shkronja të zakonshme: "Maher-Shalal-Hash-Baz"".

² Atëherë mora me vete për të dëshmuar si dëshmitarë të besuar, priftin Uria të Zakarian, birin e Jaberekiahut.

³ U bashkova gjithashtu me profeteshën dhe kjo mbeti shtatzënë dhe lindi një djalë. Atëherë Zoti më tha: "Quaje Maher-Shalal-Hash-Baz;

⁴ sepse para se fëmija të dijë të thotë: "Ati im", o "Nëna ime", pasuritë e Damaskut dhe plaçka e Samarias do të çohen para mbretit të Asirisë".

⁵ Zoti më foli akoma dhe më tha:

⁶ "Me qenë se ky popull ka përçmuar ujërat e Siloeut që rrjedhin ëmbël dhe kënaqet për shkak të Retsinit dhe të birit të Remaliahut,

⁷ prandaj ja, Zoti do të bëjë që mbi ta vërshojnë ujërat e Lumit, të fuqishme dhe të bollshme, domethënë mbreti i Asirisë dhe tërë lavdia e tij; do të ngrihet mbi të gjitha kanalet e tij dhe do të vërshojë nga të gjitha brigjet e tij.

⁸ Do të kalojë nëpërmes Judës, do të vërshojë dhe do të kalojë përtej deri sa të arrijë te qafa dhe krahët e tij të shpalosur do të mbulojnë tërë hapësirën e vendit tënd, o Emanuel.

⁹ Bashkohuni, pra, madje me vrull, o popuj, por do të bëheni copë-copë, dëgjoni, o ju mbarë vënde të largëta. Ngjeshuni, pra, por do të bëheni copë-copë; ngjeshuni, pra, por do të bëheni copë-copë.

¹⁰ Bëni, pra, plane, por do të dalin bosh. Thoni një fjalë, por ajo nuk do të realizohet, sepse Perëndia është me ne".

¹¹ Sepse kështu më ka folur Zoti me dorë fuqishme dhe më ka lajmëruar të mos eci nëpër rrugën e këtij populli, duke thënë:

¹² "Mos quani përbetim të gjitha ato që ky popull i quan përbetim, mos kini frikë nga ajo që ai druan dhe mos u trembni.

¹³ Zotin e ushtrive, atë duhet të shenjtëroni. Ai të jetë frika juaj, tmerri juaj".

¹⁴ Ai do të jetë një shenjtërore, por edhe një gur pengese, një shkëmb pengimi për të dy shtëpitë e Izraelit, një lak dhe një kurth për banorët e Jeruzalemit.

¹⁵ Midis tyre shumë persona do të pengohen, do të bien, do të bëhen copë, do të mbeten në lak dhe do të kapen.

¹⁶ "Mbylle këtë dëshmi, vulose këtë ligj midis dishepujve të mi".

¹⁷ Unë pres Zotin, që fsheh fytyrën e tij në shtëpinë e Jakobit, dhe kam shpresë tek ai.

¹⁸ Ja, unë dhe bijtë që Zoti më ka dhënë jemi shenja dhe një parashikues në Izrael nga ana e Zotit të ushtrive, që banon në malin Sion.

¹⁹ Në rast se ju thuhet: "Këshillohuni me mediumet dhe me magjistarët, që murmuritin dhe përshpëritin, përgjigjuni: "A nuk duhet një popull të konsultojë Perëndinë e tij? A duhet, vallë, t'u drejtohet të vdekurve për llogari të të gjallëve?".

²⁰ Përmbahuni ligjit dhe dëshmisë! Në rast se një popull nuk flet në këtë mënyrë, kjo do të thotë se ai nuk ka dritë.

²¹ Ai do të sillet nëpër vendin e tij i raskaputur dhe i uritur; dhe kur të jetë i uritur do të pezmatohet dhe do të mallkojë mbretin e tij dhe Perëndinë e tij. Do ta kthejë shikimin lart,

²² pastaj do të kthejë drejt tokës, dhe ja fatkeqësi, errësirë, terr plot me ankth, dhe do të shtyhet në terrin më të dëndur.

Kapitull 9

¹ Por errësira nuk do të zgjasë gjithnjë mbi atë që tani është në ankth. Ashtu si në të kaluarën ai mbuloi me turp vendin e Zabulonit dhe vendin e Neftalit, kështu në të ardhmen do ta mbulojë

² Populli që ecte në terr pa një dritë të madhe; mbi ata që banonin në vendin e hijes së vdekjes doli një dritë.

³ Ti e ke rritur kombin, ke shtuar gëzimin e tyre; ata gëzohen para teje ashtu si gëzohet dikush në korrje dhe ashtu si gëzohet kur ndahet plaçka e luftës.

⁴ Sepse ti ke thyer zgjedhën që rëndonte mbi të, shkopin mbi kurrizin e tij dhe shufrën e atij që e shtypte, si në ditën e Madianit.

⁵ Sepse çdo këpucë luftëtari në përleshje dhe çdo mantel i rrëkëllyer në gjak, do të caktohet të digjet dhe do të jetë eshkë zjarri.

⁶ Sepse na ka lindur një fëmijë, një djalë na është dhënë. Mbi

supet e tij do të mbështetet perandoria dhe do të quhet Këshilltar i admirueshëm, Perëndi i fuqishëm, Atë i përjetshëm, Princ i paqes.

⁷ Nuk do të ketë të sosur rritja e perandorisë së tij dhe paqja mbi fronin e Davidit dhe në mbretërinë e tij, për ta vendosur pa u tundur dhe për ta përforcuar me anë të mençurisë dhe të drejtësisë, tani dhe përjetë. Këtë ka për të bërë zelli i Zotit të ushtrive.

⁸ Zoti ka dërguar një fjalë kundër Jakobit dhe ajo ka rënë mbi Izraelin.

⁹ Tërë populli do ta njohë, Efraimi dhe banorët e Samarias, që në kryelartësinë e tyre dhe arrogancën e zemrës së tyre thonë:

¹⁰ "Tullat kanë rënë, por do ta rindërtojmë me gurë të latuar; fiqtë e Egjiptit janë prerë, por ne do t'i zëvendësojmë me kedra".

¹¹ Për këtë Zoti do të nxisë kundër tij kundërshtarët e Retsinit dhe do të nxisë armiqtë e tij:

¹² Sirët nga lindja, Filistejtë nga perëndimi, që do ta hanë Izraelin gojëhapur. Megjithëkëtë zemërimi i tij nuk qetësohet dhe dora e tij mbetet e shtrirë.

¹³ Megjithatë populli nuk kthehet tek ai që e godet dhe nuk kërkon Zotin e ushtrive.

¹⁴ Prandaj Zoti do t'i presë Izraelit kokë dhe bisht, degë palme dhe xunkth brenda një dite të vetme.

¹⁵ Plaku dhe njeriu nga parësia janë koka; dhe profeti që u mëson të tjerëve gënjeshtra është bishti.

¹⁶ Ata që udhëheqin këtë popull e bëjnë shkojë në rrugë të gabuar, dhe ata që udhëhiqen prej tyre i përpijnë.

¹⁷ Prandaj Zoti nuk do të kënaqet me të rinjtë e tij dhe as do t'i vijë keq për jetimët e tij dhe gratë e veja të tij, sepse të gjithë janë hipokritë dhe të çoroditur, dhe çdo gojë thotë marrëzira. Megjithë tërë këto gjëra zemërimi i tij nuk qetësohet dhe dora e tij mbetet e shtrirë.

¹⁸ Sepse ligësia djeg si një zjarr, që përpin ferra dhe gjemba dhe flakëron në pjesën e dendur të pyllit, që ngrihet lart si një shtyllë tymi.

¹⁹ Për shkak të zemërimit të Zotit të ushtrive vendi digjet dhe populli është si eshkë për zjarrin; askujt nuk i vjen keq për vëllanë e vet.

²⁰ Këputet nga e djathta, por uria vazhdon; gëlltitet nga e majta, por pa u ngopur; secili përpin mishin e krahut të vet.

²¹ Manasi përpin Efraimin, dhe Efraimi Manasin; dhe tok janë kundër Judës. Megjithëkëtë zemërimi i tij nuk qetësohet dhe dora e tij mbetet e shtrirë.

Kapitull 10

¹ Mjerë ata që nxjerrin dekrete të padrejta dhe ata që vazhdojnë të hartojnë vendime të padrejta,

² për t'u mohuar drejtësinë të mjerëve, për t'u mohuar të drejtën të varfërve të popullit tim, dhe për t'i bërë gratë e veja pre të tyre dhe jetimët plaçkë të tyre.

³ Çfarë do të bëni ditën e ndëshkimit dhe të shkatërrimit që do të vijë nga larg? Te kush do të ikni për të kërkuar ndihmë dhe kujt do t'ia lini pasurinë tuaj?

⁴ Atyre nuk do t'u mbetet tjetër veç se të përkulen midis robërve ose të bien midis të vrarëve. Megjithëkëtë zemërimi i tij nuk qetësohet dhe dora e tij mbetet e shtrirë.

⁵ Mjerë Asiria, shufra e zemërimit tim, në duart e së cilës ndodhet shkopi i indinjatës sime!

⁶ Unë do ta dërgoj kundër një kombi të pabesë dhe kundër popullit të zemërimit tim. Do ta urdhëroj që ta plaçkitë, ta zhveshë dhe ta shkelë si baltën e rrugëve.

⁷ Por ajo mendon ndryshe dhe në zemër të vet ka plane të tjera, por dëshiron të shkatërrojë dhe të shfarosë një numër të madh kombesh.

⁸ Në fakt thotë: "Princat e mi nuk janë të gjithë mbretër?

⁹ A nuk është Kalno si Karkemishi? A nuk është Hamathi si Arpadi? A nuk është Samaria si Damasku?

¹⁰ Ashtu siç ka arritur dora ime mbretëritë e idhujve, shëmbëlltyrat e gdhendura të të cilëve ishin më të shumta se ato të Jeruzalemit dhe të Samarias,

¹¹ ashtu si bëra me Samarian dhe me idhujt e saj, a nuk do të veproj edhe në Jeruzalem dhe me idhujt e tij?".

¹² Por do të ndodhë që, kur Zoti të ketë mbaruar tërë veprën e tij në malin Sion dhe në Jeruzalem, ai do të thotë: "Unë do të dënoj frytin e mëndjemadhësisë së zemrës së mbretit të Asirisë dhe lavdinë e syve të tij krenarë".

¹³ Në fakt ai thotë: "E bëra me forcën e dorës sime dhe me diturinë time, sepse jam i zgjuar; lëviza kufijtë e popujve, plaçkita thesaret e tyre dhe si një njeri i fuqishëm shfuqizova ata që rrinin mbi fron.

¹⁴ Dora ime ka gjetur si një fole pasuritë e popujve; ashtu si dikush mbledh vezët e braktisura, kështu unë grumbullova tërë dheun dhe nuk pati asnjeri që të lëvizë krahët, apo të hapë sqepin dhe të pingërojë".

¹⁵ Mos vallë sëpata lëvdohet me atë që pret me të ose mburret sharra me atë që e përdor? Ashtu si shufra të duhej të drejtonte atë që e ngre, apo shkopi të mund të ngrihej a thua se nuk është prej druri!

¹⁶ Prandaj Perëndia, Zoti i ushtrive, do të dërgojë ligështimin midis radhëve të tyre më të fuqishme, dhe në vend të lavdisë së tij ai do të ndezë një zjarr, si flakët e një zjarri.

¹⁷ Kështu drita e Izraelit do të bëhet një zjarr dhe i Shenjti i tij një flakë, që do të flakërojë dhe do të përpijë ferrat dhe gjembat brenda një dite të vetme.

¹⁸ Ai do të konsumojë lavdinë e pyllit të tij dhe të fushës pjellore të tij nga shpirti deri te trupi; do të jetë si një i sëmurë që ligështohet.

¹⁹ Pjesa tjetër e drurëve të pyllit të tij do të katandiset në një numër aq të vogël që edhe një fëmijë mund t'i numërojë.

²⁰ Atë ditë do të ndodhë që pjesa që mbetet e Izraelit dhe ata që kanë shpëtuar nga shtëpia e Jakobit nuk do të mbështeten më mbi atë që i godiste, por do të mbështeten në të vërtetë mbi Zotin, të Shenjtin e Izraelit.

²¹ Një mbetje, mbetja e Jakobit, do t'i kthehet Zotit të fuqishëm.

²² Sepse, edhe sikur populli yt, o Izrael, të ishte si rëra e detit, vetëm një mbetje e tij do të kthehet; shfarosja e dekretuar do ta bëjë drejtësinë të vërshojë.

²³ Në fakt Zoti, Zoti i ushtrive, do të kryejë shfarosjen e dekretuar në mes të të gjithë dheut.

²⁴ Prandaj kështu thotë Zoti, Zoti i ushtrive: "O populli im, që banon në Sion, mos ki frikë nga Asiri, që të rreh me shufër dhe ngre kundër teje shkopin e tij, ashtu si bëri Egjipti.

²⁵ Sepse edhe pak kohë dhe indinjata do të marrë fund, ndërsa zemërimi im do të drejtohet për shkatërrimin e tyre.

²⁶ Zoti i ushtrive do të ngrejë kundër tij kamxhikun, ashtu siç e goditi Madianin te shkëmbi i Horebit; dhe ashtu si shtriu shkopin e tij mbi det, kështu do ta ngrerë akoma ashtu si bëri në Egjipt.

²⁷ Atë ditë do të ndodhë që barra e tij do të hiqet nga kurrizi dhe zgjedha e tij nga qafa jote; zgjedha do të shkatërrohet nga vajosj e vajit".

²⁸ Ai arrin në Ajath, e kapërcen Migronin dhe i lë ngarkesën e tij në Mikmash.

²⁹ Kapërcejnë vendkalimin, fushojnë në Geba; Ramahu dridhet, Gibeahu i Saulit ka ikur.

³⁰ Ço zërin tënd, o bija e Galimit! Kij kujdes, o Laish! E mjera Anathoth!

³¹ Madmenahu ka ikur, banorët e Gebimit kërkojnë një strehë.

³² Megjithatë do të qëndrojë sot në Nob, duke tundur grushtin kundër malit të bijës së Sionit, kodrës së Jeruzalemit.

³³ Ja, Zoti, Zoti i ushtrive, do t'i këpusë degët me dhunë të tmerrshme; më të lartat do të priten; më krenarët do të ulen.

³⁴ Ai do të rrëzojë me sëpatë pjesën më të dendur të pyllit dhe Libani do të bjerë nën goditjet e të Fuqishmit.

Kapitull 11

¹ Pastaj një degëz do të dalë nga trungu i Isaias dhe një filiz do të mbijë nga rrënjët e tij.

² Fryma e Zotit do të pushojë mbi të; fryma e diturisë dhe e zgjuarësisë, fryma e këshillës dhe e fuqisë, fryma e njohurisë dhe e frikës të Zotit.

³ I dashuri i tij do të qëndrojë në frikën nga Zoti, nuk do të gjykojë nga pamja, nuk do të japë vendime sipas fjalëve që thuhen,

⁴ por do t'i gjykojë me drejtësi të varfërit me drejtësi dhe do të marrë vendime të drejta për njerëzit e përulur të vendit. Do të godasë vendin me shufrën e gojës së tij dhe me frymën e buzëve të tij do ta bëjë të vdesë të pabesin.

⁵ Drejtësia do të jetë brezi i ijëve të tij dhe besnikëria brezi i anëve të tij.

⁶ Ujku do të banojë bashkë me qengjin dhe leopardi do të rrijë me kecin; viçi, luani i vogël dhe bagëtia e majmur do të rrinë bashkë dhe do të udhëhiqen nga një fëmijë.

⁷ Lopa do të kullosë bashkë me arushen, të vegjëlit e tyre do të rrinë bashkë, dhe luani do të ushqehet me kashtë si kau.

⁸ Foshnja e gjirit do të lozë mbi vrimën e gjarpërit dhe fëmija e zvjerdhur do të vërë dorën e tij në çerdhen e nëpërkës.

⁹ Nuk do të bëhet asnjë e keqe, asnjë shkatërrim mbi tërë malin tim të shenjtë, sepse vendi do të mbushet me njohurinë e Zotit, ashtu si ujërat mbulojnë detin.

¹⁰ Atë ditë do të ndodhë që rrënja e Isaias do të ngrihet si një flamur për popujt; kombet do ta kërkojnë dhe vendi i prehjes së tij do të jetë i lavdishëm.

¹¹ Po atë ditë do të ndodhë që Zoti do të shtrijë dorën e tij për herë të dytë për të shpenguar mbetjen e popullit të tij që shpëtoi nga Asiria dhe nga Egjipti, nga Pathrosi dhe Etiopia, nga Elami, nga Shinari, nga

Hamathi dhe nga ishujt e detit.

¹² Ai do të ngrerë flamurin për kombet, do të mbledhë të dëbuarit e Izraelit dhe do të grumbullojë ata që u shpërndanë nga Juda në të katër anët e dheut.

¹³ Smira e Efraimit do të zhduket dhe kundërshtarët e Judës do të asgjesohen; Efraimi nuk do ta ketë më zili Judën dhe Juda nuk do të ketë më armiqësi me Efraimin.

¹⁴ Ata do t'u sulen me turr Filistejve nga pas, në drejtim të perëndimit, bashkë do të plaçkitin bijtë e lindjes; do të vënë dorën e tyre mbi Edomin dhe mbi Moabin, dhe bijtë e Amonit do të jenë nënshtetas të tyre.

¹⁵ Zoti do të shkatërrojë plotësisht gjuhën e detit të Egjiptit dhe me fuqinë e frymës së tij do të lëvizë dorën e tij mbi lumin dhe do të godasë duke e ndarë në shtatë kanale, kështu që të ketë mundësi të kapërcehet me sandale.

¹⁶ Do të ketë një rrugë për mbetjen e popullit të tij që ka mbetur në Asiri, ashtu si pati një rrugë për Izraelin ditën që doli nga vendi i Egjiptit.

Kapitull 12

¹ Atë ditë do të thuash: "Unë të kremtoj, o Zot. Edhe pse ishe i zemëruar me mua, zemërimi yt me mua u qetësua dhe më ka ngushëlluar.

² Ja, Perëndia është shpëtimi im; unë do të kem besim dhe nuk do të kem frikë, sepse Zoti, po, Zoti është forca ime dhe kantiku im, dhe ka qenë shpëtimi im".

³ Ju do të merrni me gëzim ujin nga burimet e shpëtimit.

⁴ Atë ditë do të thoni: "Kremtoni Zotin, thërrisni emrin e tij, i bëni të njohura veprat e tij midis popujve, shpallni që emri i tij është i lartësuar.

⁵ Këndojini lavde Zotit, sepse ka bërë gjëra të madhërishme; kjo të dihet mbi gjithë tokën.

⁶ Bërtit dhe ngazëllohu nga gëzimi, o banore e Sionit, sepse i madh është i Shenjti i Izraelit në mes tuaj".

Kapitull 13

¹ Profecia mbi Babiloninë, që ju paraqit në vegim Isaias, birit të Amotsit.

² "Ngrini një flamur mbi një mal të lartë, ngrini zërin ndaj tyre, lëvizni dorën që të hyjnë në portat e princave.

³ Unë u dhashë urdhër atyre që më janë shenjtëruar mua, thirra trimat e mi për të zbatuar zemërimin tim, ata që ngazëllohen në madhërinë time.

⁴ Dëgjohet zhurma e një turme të madhe ndër malet, e ngjashme me atë të një populli të pamasë; zhurma plot rrëmet e mbretërive, e kombeve të mbledhura. Zoti i ushtrive kalon në revistë ushtrinë gati për betejë.

⁵ Vijnë nga një vend i largët, nga skaji i qiejve, Zoti dhe mjetet e zemërimit të tij, për të shkatërruar mbarë dheun.

⁶ Bërtisni, sepse dita e Zotit është e afërt; ajo po vjen si një shkatërrim nga ana e të Plotfuqishmit.

⁷ Prandaj të gjitha duart e njerëzve do të jenë të dobëta dhe çdo zemër e tyre do të ligështohet.

⁸ Do t'i zërë tmerri, do të kenë spazma dhe dhembje, do të përpëliten si një grua që po lind, do të shikojnë njëri tjetrin në fytyrë si të hutuar, fytyrat e tyre do të jenë fytyra të zjarrta.

⁹ Ja, dita e Zotit po vjen: një ditë mizore, indinjate dhe zemërimi të fortë, për ta bërë tokën shkretëtirë dhe për të shfarosur mëkatarët prej saj.

¹⁰ Sepse yjet e qiellit dhe yllësitë nuk do të shkëlqejnë më me dritën e tyre; dielli do të errësohet në lindjen e tij dhe hëna nuk do të përhapë më dritën e saj.

¹¹ Unë do të dënoj botën për ligësinë e saj dhe të pabesët për paudhësinë e tyre; do t'i jap fund krenarisë së kryelartëve dhe do të hedh poshtë arrogancën e tiranëve.

¹² Do ta bëjë njeriun e vdekshëm më të rrallë se ari i kulluar, njerëzinë më të rrallë se arin e Ofirit.

¹³ Prandaj do të bëj që të dridhen qiejtë, dhe toka do të tundet nga vendi i saj për shkak të indinjatës së Zotit të ushtrive ditën e zemërimit të zjarrtë të tij.

¹⁴ Atëherë si një gazelë e ndjekur apo si një kope që askush nuk e mbledh, gjithkush do të kthehet drejt popullit të tij, gjithkush do të ikë në vend të vet.

¹⁵ Kushdo që do të gjendet do të shpohet dhe kushdo që do të kapet do të vritet me shpatë.

¹⁶ Fëmijët e tyre do të bëhen copë-copë para syve të tyre, shtëpitë e tyre do të plaçkiten dhe gratë e tyre do të dhunohen.

¹⁷ Ja, unë po nxis kundër tyre Medët që nuk do ta kenë mendjen te argjendi dhe nuk gjejnë kënaqësi te ari.

¹⁸ Harqet e tyre do t'i rrëzojnë për tokë të rinjtë; nuk do të kenë mëshirë për foshnjat në bark të nënës; syri i tyre nuk do t'i kursejë fëmijët.

¹⁹ Kështu Babilonia, shkëlqimi i mbretërive, lavdia e krenarisë së Kaldeasve, do të jetë si Sodoma dhe Gomora kur Perëndia i përmbysi.

²⁰ Ajo nuk do të banohet më as nuk do të popullohet brez pas brezi; Arabi nuk do të ngrerë më aty çadrën e tij, as barinjtë nuk do t'i ndalin aty kopetë e tyre.

²¹ Por aty do të pushojnë bishat e shkretëtirës, shtëpitë e tyre do të mbushen me huta, do të banojnë aty strucat, do të hedhin valë satirët.

²² Hienat do të ulërijnë në shtëpitë e tij të shkretuara, çakajtë në pallatet e tij luksoze. Koha e tij po afrohet, ditët e tij nuk do të zgjaten më".

Kapitull 14

¹ Me qenë se Zotit do t'i vijë keq për Jakobin, ai do të zgjedhë përsëri Izraelin dhe do t'i rivendosë në tokën e tyre; të huajtë do të bashkohen me ta dhe do të lidhen me shtëpinë e Jakobit.

² Popujt do t'i marrin dhe do t'i çojnë përsëri në vendin e tyre dhe shtëpia e Izraelit do t'i zotërojë në vendin e Zotit si robër dhe robinja; do të zënë robër ata që i kishin zënë robër dhe do të mbretërojnë mbi shtypësit e tyre.

³ Kështu që ditën në të cilën Zoti do t'i japë prehje lodhjes sate, shqetësimit tënd nga skllavëria e rëndë së cilës i ishe nënshtruar,

⁴ ti do të shqiptosh këtë sentencë mbi mbretin e Babilonisë dhe do të thuash: "Ashtu si mbaroi shtypësi, tagrambledhja e arit ka mbaruar.

⁵ Zoti e ka thyer shkopin e të pabesëve, skeptrin e tiranëve.

⁶ Ai që në tërbim e sipër godiste popujt me goditje të pandërprera, ai që sundonte me zemërim mbi kombet tani përndiqet pa mëshirë.

⁷ Mbarë dheu pushon i qetë, njerëzit shpërthejnë në britma gëzimi.

⁸ Madje edhe selvitë e kedrat e Libanit gëzohen për ty dhe thonë: "Që kur ke rënë, asnjë druvar s'ka dalë kundër nesh".

⁹ Sheoli poshtë është në lëvizje për ty, me qëllim që të të dalë përpara kur të vish; ai zgjon frymët e të vdekurve, tërë princat e dheut; ka ngritur nga fronet e tyre gjithë mbretërit e kombeve.

¹⁰ Të gjithë e marrin fjalën për të të thënë: "Edhe ti je bërë i dobët si ne dhe je bërë i ngjashëm me ne.

¹¹ Salltaneti yt ka rënë në Sheol tok me tingujt e harpave të tua; poshtë teje shtrihet një shtrat me krimba dhe krimbat janë mbulesa jote".

¹² Vallë, si ke rënë nga qielli, o Lucifer, bir i agimit? Vallë si të hodhën për tokë ty që i hidhje poshtë kombet?

¹³ Ti thoshnje në zemrën tënde: "Unë do të ngjitem në qiell, do të ngre fronin tim përmbi yjet e Perëndisë; do të ulem mbi malin e asamblesë në pjesën skajore të veriut;

¹⁴ do të ngjitem mbi pjesët më të larta të reve, do të jem i ngjashëm me Shumë të Lartin".

¹⁵ Po përkundrazi do të hidhesh në Sheol, në thellësitë e gropës.

¹⁶ Ata që të shikojnë të ngulin sytë, të vërejnë me kujdes dhe thonë: "Ky është njeriu që bënte tokën të dridhej, që i trondiste mbretëritë,

¹⁷ që e katandisi botën në shkretëtirë, që shkatërron qytetet e saj dhe nuk i la kurrë të shkojnë të lirë robërit e tij?".

¹⁸ Të gjithë mbretërit e kombeve, tërë ata prehen në lavdi, secili në varrin e tij;

¹⁹ ty përkundrazi të hodhën larg varrit tënd si një farë e neveritshme, si një rrobe të të vrarëve nga shpata, që i zbresin mbi gurët e gropës, si një kufomë e shkelur.

²⁰ Ti nuk do të bashkohesh me ta në varr, sepse ke shkatërruar vendin tënd dhe ke vrarë popullin tënd; pasardhësit e keqbërësve nuk do të përmenden më.

²¹ Përgatitni masakrën e bijve të tij për shkak të paudhësisë së etërve të tyre, që të mos ngrihen më për të zotëruar tokën dhe për të mbushur faqen e dheut me qytete.

²² "Unë do të ngrihem kundër tyre", thotë Zoti i ushtrive, "dhe do të shfaros nga Babilonia emrin dhe ata që kishin shpëtuar, fëmijët dhe pasardhësit", thotë Zoti.

²³ "Do të bëj që atje të sundojë iriqi dhe moçali; do ta fshij me fshesën e shkatërrimit", thotë Zoti i ushtrive.

²⁴ Zoti i ushtrive është betuar duke thënë: "Në të vërtetë ashtu siç e kam menduar ashtu do të jetë, dhe ashtu si kam vendosur, kështu ka për të ndodhur.

²⁵ Do ta dërrmoj Asirinë në vendin tim, do ta shkel në malet e mia; atëherë zgjedha e tij do t'u hiqet atyre dhe barra tij do të hiqet nga kurrizi i tyre.

²⁶ Ky është plani i vendosur kundër të gjithë dheut dhe kjo është

dora e shtrirë kundër të gjithë kombeve.

²⁷ Me qenë se Zoti i ushtrive e ka vendosur këtë, kush mund t'ia anullojë? Dora e tij është shtrirë dhe kush mund ta detyrojë ta tërheqë?".

²⁸ Në vitin e vdekjes së mbretit Ashaz u shqiptua kjo profeci:

²⁹ "Mos u gëzo, o Filisti e tërë, sepse shufra që të godiste është thyer! Sepse nga rrënja e gjarpërit ka për të dalë një nëpërkë, dhe fryti i saj do të jetë një gjarpër i zjarrtë dhe fluturues.

³⁰ Të parëlindurit të të varfërve do të kenë ç'të hanë dhe nevojtarët do të pushojnë të sigurt; por do të bëj që të vdesin urie rrënjët e tua dhe kjo do të shkatërrojë mbetjen tënde.

³¹ Bërtit, o portë, thirr, o qytet! Shkrihu, o Filisti e tërë, sepse nga veriu vjen një tym, dhe askush nuk lë vendin e tij në radhët e veta".

³² Çfarë përgjigje do t'u jepet lajmëtarëve të këtij kombi? "Që Zoti ka themeluar Sionin dhe që në të gjejnë strehë të mjerët e popullit të tij".

Kapitull 15

¹ Profecia mbi Moabin. Ar-Moabi është shkretuar natën dhe është shkatërruar. Po, Kir-Moabi është shkretuar natën dhe është shkatërruar.

² Është ngjitur në tempull dhe në Didon, në vendet e larta, për të qarë; Moabi ngre një vajtim për Nebin dhe Medebën; të gjitha kokat janë rruar, të gjitha mjekrat janë prerë.

³ Në rrugët e tij ata vishen me thasë, mbi çatitë dhe në sheshet gjithkush ankohet dhe qan me të madhe.

⁴ Heshboni dhe Elealehu këlthasin, klithma e tyre dëgjohet deri në Jahats; prandaj luftëtarët e Moabit nxjerrin klithma dhembjeje; shpirti i tij dridhërohet.

⁵ Zemra ime vajton për Moabin, të ikurit të e cilit arrijnë deri në Tsoar, si një mëshqerrë trevjeçare. Po, ata e marrin duke qarë të përpjetën e Luhithit dhe nxjerrin britma shkatërrimi në rrugën e Horonaimit;

⁶ sepse ujërat e Nimrimit janë një shkretim, bari është tharë, bari i njomë është zhdukur; nuk gjelbëron më asgjë.

⁷ Prandaj pasuritë që i kanë grumbulluar dhe gjërat që kanë mbledhur i çojnë matanë përroit të shelgjeve.

⁸ Britmat jehojnë nëpër gjithë territorin e Moabit, klithma e tij arrin deri në Eglaim, klithma e tij arrin deri në Beer-Elim.

⁹ Ujërat e Dimonit janë plot me gjak, sepse do t'i shkaktoj Dimonit të këqija të tjera: një luan për ata që shpëtuan nga Moabi dhe për ata që kanë mbetur në vend.

Kapitull 16

¹ "Dërgojini një qengj sunduesit të vendit, nga Sela në drejtim të shkretëtirës, në malin e bijës së Sionit.

² Sepse do të ndodhë që në vaun e Arnonit vajzat e Moabit do të jenë si një zog i dëbuar nga foleja.

³ Na jep një këshillë, bëj drejtësi! Bëje hijen tënde si nata, në mes të ditës; fshih ata që janë shpërndarë, mos i tradhëto ikanakët.

⁴ O Moab, lejo që të banojnë pranë teje njerëzit e mi që janë shpërndarë, ji për ta një strehë përballë shkatërruesit. Sepse tirani nuk është më, shkatërrimi ka marrë fund, shtypësit janë zhdukur nga vendi.

⁵ Atëherë një fron do të jetë i qëndrueshëm në dhembshuri dhe mbi të do të ulet në besnikëri, në çadrën e Davidit, një që do të gjykojë, do ta ushtrojë gjykimin dhe do të jetë i gatshëm të sigurojë drejtësinë".

⁶ "Kemi dëgjuar të flitet për krenarinë e Moabit, jashtëzakonisht krenar, për fodullëkun e tij, për kryelartësinë e tij, për arrogancën e tij, për mburrjen e tij pa baza".

⁷ Për këtë Moabi do të bëjë një vajtim për Moabin, të gjithë do të vajtojnë. Ju do të qani të dëshpëruar për pitet me rrush të Kir-Haresethit.

⁸ Sepse fushat e Heshbonit po meken, po kështu edhe vreshtat e Sibmahut; sunduesit e kombeve kanë shkatërruar bimët e saj më të mira që arrinin deri në Jazer dhe endeshin nëpër shkretëtirë; degët e saj shtriheshin dhe tejkalonin detin.

⁹ Prandaj me qarjen e Jazerit do të qaj vreshtat e Sibmahut; do të të vadis me lotët e mi, o Heshbon, o Elealeh, sepse mbi frytet e tua të verës dhe mbi të korrat e tua ka rënë një britmë lufte.

¹⁰ Gëzimi dhe hareja janë zhdukur nga fusha pjellore; ndër vreshta nuk ka më as këngë, as britma gëzimi; shtrydhësi i rrushit nuk shtrydh më verën ndër voza; unë nuk nxjerr më britma gëzimi.

¹¹ Prandaj të përbrendshmet e mia dridhen për Moabin si një harpë; dhe zemra ime për Kir-Heresin.

¹² Dhe do të ndodhë që kur të paraqitet Moabi, dhe të lodhet në vendin e lartë; ai do të hyjë në shenjtëroren e tij për t'u lutur, por nuk do të fitojë asgjë.

¹³ Kjo është fjala që Zoti i drejtoi dikur Moabit.

¹⁴ Por tani Zoti ka folur, duke thënë: "Brenda tre vjetëve, si vitet e një argati me mëditje, lavdia e Moabit do të bjerë e do të përçmohet bashkë me tërë atë turmë të madhe; dhe do të mbetet vetëm një numër shumë i vogël dhe i pafuqishëm".

Kapitull 17

¹ Profecia kundër Damaskut. "Ja, Damasku do të pushojë së qeni një qytet dhe do të bëhet një grumbull gërmadhash.

² Qytetet e Aroerit do të braktisen; do të bëhen kullota për kopetë që do të pushojnë aty pa i trembur askush.

³ Efraimit do t'i hiqet fortesa, Damaskut mbretëria; dhe pjesa tjetër e Sirisë do të jetë si lavdia e bijve të Izraelit", thotë Zoti i ushtrive.

⁴ "Atë ditë do të ndodhë që lavdia e Jakobit do të zhduket dhe shëndoshja e tepërt e trupit të tij do të konsumohet.

⁵ Do të ndodhë ashtu si kur korrësi mbledh grurin dhe me krahun e tij pret kallinjtë; do të ndodhë ashtu si kur mblidhen kallinjtë në luginën e Refaimit;

⁶ Do të mbeten disa vile për të mbledhur, ashtu si kur shkunden ullinjtë: dy apo tre ullinj në majë të degëve më të larta, katër ose pesë mbi degët më të ngarkuara", thotë Zoti, Perëndia i Izraelit.

⁷ Atë ditë njeriu do ta kthejë shikimin e tij në drejtim të Krijuesit të tij dhe sytë e tij do të shikojnë të Shenjtin e Izraelit.

⁸ Nuk do të drejtohet më te altarët, vepër e duarve të tij dhe nuk do të shikojë më atë që kanë bërë gishtërinjtë e tij as te Asherimët dhe te altarët për temjan.

⁹ Atë ditë qytetet e fortifikuara të tij do të jenë si një vend i braktisur në pyll ose si një degë e braktisur përpara bijve të Izraelit, dhe kjo do të jetë një shkretim.

¹⁰ Sepse ke harruar Perëndinë e shpëtimit tënd dhe nuk je kujtuar për Shkëmbin e forcës sate, prandaj mbolle plantacione dhe i ke shartuar me shartesa të huaja.

¹¹ Ditën që i mbolle i rrethove me një gardh; në mëngjes mbijnë farat e tua, por vjelja do të jetë një tog rrënojash ditën e sëmundjes dhe të dhembjes së pashërueshme.

¹² Ah, zhurma e një numri të madh popujsh, që zhurmojnë si gjëmimi i detit dhe si buçima e kombeve, zhurmojnë si buçima e ujërave të fuqishme!

¹³ Kombet zhurmojnë si buçima e shumë ujërave, por Perëndia i kërcënon, dhe ata ikin larg, të shtyrë si byku i maleve përpara erës, si një dredhë pluhuri përpara shakullimës.

¹⁴ Në mbrëmje, ja tmerri, dhe para mëngjesit nuk ka më asgjë. Kjo është pjesa e atyre që na plaçkitin, që na bëjnë pre.

Kapitull 18

¹ Mjerë ai vend me krahë të zhurmshëm që ndodhet matanë lumenjve të Etiopisë,

² që dërgon lajmëtarë me anë të detit në anijeza prej papirusi mbi ujërat, duke thënë: "Shkoni, o lajmëtarë të shpejtë, në drejtim të një kombi shtatlartë dhe lëkurëndritur, në drejtim të një populli të cilin e kanë frikë që nga fillimi i tij e më pas, komb i fuqishëm që shkel çdo gjë, vendi i të cilit ndahet nga lumenjtë".

³ Ju të gjithë, banorë të botës dhe ata që banojnë mbi tokë shikoni flamurin kur ky do të ngrihet mbi malet dhe dëgjoni borinë kur ajo do të bjerë!

⁴ Sepse kështu më ka thënë Zoti: "Do të rri i qetë dhe do të shikoj nga banesa ime si një nxehtësi e kthjellët dhe e ndritshme në dritën e diellit, si një re vese në vapën e korrjes".

⁵ Sepse para korrjes, kur lulëzimi ka marrë fund dhe lulja është bërë një vile në fazën e pjekurisë, ai do t'i presë degëzat me kmesë dhe do të shkulë e do t'i presë shermendët.

⁶ Ata të gjithë tok do të mbeten të braktisur shpendëve grabitqarë të maleve dhe kafshëve të tokës; zogjtë grabitqarë do të kalojnë mbi ta gjatë verës dhe kafshët e tokës do të kalojnë mbi ta gjatë dimrit.

⁷ Në këtë kohë do t'i sjellë oferta Zotit të ushtrive një komb shtatlartë dhe lëkurëndritur, një popull që e kanë frikë që nga fillimet e tij e më pas, një komb i fuqishëm që shkel çdo gjë, vendi i të cilit përshkohet nga lumenj; do të çohen në vendin ku ndodhet emri i Zotit të ushtrive, në malin Sion.

Kapitull 19

¹ Profecia mbi Egjiptin. Ja Zoti që kalëron mbi një re të lehtë dhe hyn në Egjipt. Idhujt e Egjiptit lëkunden para tij, dhe zemra e Egjiptasve po mpaket brenda tyre.

² "Do t'i nxis Egjiptasit njëri kundër tjetrit, secili do të luftojë kundër vëllait të vet, dhe secili kundër të afërmit të tij, qyteti kundër qytetit, mbretëria kundër mbretërisë.

³ Fryma e Egjiptit do të ligështohet në mes të tij dhe unë do të shkatërroj planet e tij; kështu ata do të konsultojnë idhujt dhe yshtësit,

mediumet dhe magjistarët.

⁴ Do ta dorëzoj Egjiptin në duart e një padroni të ashpër dhe një mbret mizor do të sundojë mbi të, thotë Zoti, Zoti i ushtrive.

⁵ Ujërat e detit do të thahen, lumi do të shterojë dhe do të thahet.

⁶ Lumenjtë do të bëhen të neveritshëm, kanalet e Egjiptit do të zbrazen dhe do të thahen, po kështu do të thahen edhe kallamishtet e xunkthat.

⁷ Luadhët pranë Nilit, në grykëderdhjen e tij dhe të gjitha arat e mbjella gjatë lumit do të thahen, do të fshihen dhe do të zhduken.

⁸ Peshkatarët do të rënkojnë, tërë ata që hedhin grepin në Nil do të ankohen dhe ata që hedhin rrjetat e tyre në ujë do të ligështohen.

⁹ Ata që punojnë lirin e krehur dhe endësit e pambukut do të çoroditen.

¹⁰ Themelet e tyre do të prishen dhe gjithë punëtorët me mëditje do të trishtohen.

¹¹ Me siguri princat e Tsoanit janë budallenj; këshilltarët më të urtë të Faraonit japin këshilla të paarsyeshme. Si mund t'i thoni Faraonit: "Unë jam bir i njerëzve të urtë, bir i mbretërve të lashtë"?

¹² Ku janë tani njerëzit e tu të urtë? Le të ta deklarojnë tani dhe të pranojnë atë që Zoti i ushtrive ka vendosur kundër Egjiptit.

¹³ Princat e Tsoanit janë bërë budallenj, princat e Nofit gabohen; ata që janë guri i qoshes në fiset e tij që e kanë bërë Egjiptin të marrë rrugë të gabuar.

¹⁴ Zoti ka përzier në mes të tij një frymë degjenerimi, dhe ata e kanë futur Egjiptin në rrugë të gabuar për çdo gjë, ashtu si dridhet i dehuri kur vjell.

¹⁵ Dhe asgjë nuk do të mund të bëjë Egjiptin: koka ose bishti, palma ose xunkthi.

¹⁶ Atë ditë Egjipti do të jetë si gratë, dhe do të dridhet dhe do të trembet përballë dorës që Zoti i ushtrive do të lëvizë kundër tij.

¹⁷ Vendi i Judës do të jetë tmerri i Egjiptit; sa herë që do të përmendet, ka për të qenë një tmerr i vërtetë për shkak të vendimit të marrë nga Zoti i ushtrive kundër tij.

¹⁸ Atë ditë do të ketë në vendin e Egjiptit pesë qytete që do të flasin gjuhën e Kanaanit dhe do të betohen për Zotin e ushtrive; njeri nga këto do të quhet "qyteti i shkatërrimit".

¹⁹ Atë ditë do të ketë në mes të vendit të Egjiptit një altar kushtuar Zotit, dhe një shtyllë të ngritur për Zotin pranë kufirit të tij.

²⁰ Do të jetë një shenjë dhe një dëshmi për Zotin e ushtrive në vendin e Egjiptit; kur ata do t'i këlthasin Zotit për shkak të shtypësve të tyre, ai do t'u dërgojë atyre një shpëtimtar dhe një të fuqishëm që do t'i çlirojë.

²¹ Zoti do t'i shfaqet Egjiptit dhe Egjiptasit do ta njohin Zotin atë ditë; do t'i ofrojnë flijime dhe blatime ushqimore, do të bëjnë premtime solemne para Zotit dhe do t'i mbajnë ato.

²² Zoti do t'i godasë Egjiptasit, do t'i godasë dhe do t'i shërojë; ata do t'i kthehen Zotit që do t'i dëgjojë lutjet e tyre dhe do t'i shërojë.

²³ Atë ditë do të ketë një rrugë nga Egjipti në Asiri; Asirët do të shkojnë në Egjipt, dhe Egjiptasit në Asiri, dhe Egjiptasit do të shërbejnë bashkë me Asirët.

²⁴ Atë ditë Izraeli, i treti me Egjiptin dhe me Asirinë, do të jetë një bekim në mes të rruzullit.

²⁵ Zoti i ushtrive do t'i bekojë, duke thënë: "I bekuar qoftë Egjipti popullii im, Asiria vepër e duarve të mia dhe Izraeli trashëgimia ime!".

Kapitull 20

¹ Në vitin që Tartani erdhi në Ashdod, i dërguar nga Sargoni, mbret i Asirisë, ai luftoi kundër Ashdodit dhe e pushtoi.

² Në atë kohë Zoti foli me anë të Isaias, birit të Amotsit, dhe i tha: "Shko dhe hiqe thesin nga ijët e tua dhe hiqi këpucët nga këmbët e tua". Ai veproi kështu, duke shkuar lakuriq dhe zbathur.

³ Pastaj Zoti tha: "Ashtu si shërbëtori im Isaia shkoi lakuriq dhe zbathur gjatë tre vjetve si shenjë dhe paralajmërim kundër Egjiptit dhe Etiopisë,

⁴ kështu mbreti i Asirisë do t'i çojë robërit e Egjiptit dhe të internuarit e Etiopisë, të rinj dhe pleq, lakuriq dhe të zbathur, vithezhveshur për turp të Egjiptit.

⁵ Atëherë ata do të tremben dhe do të shushaten për shkak të Etiopisë, shpresës së tyre, dhe për shkak të Egjiptit, lavdisë së tyre.

⁶ Atë ditë banorët e kësaj krahine bregdetare do të thonë: "Ja, çfarë u ndodhi atyre te të cilët kishim mbështetur shpresën tonë dhe pranë të cilëve ishim strehuar për të kërkuar ndihmë, për t'u çliruar nga mbreti i Asirisë. Si do të shpëtojmë ne?".

Kapitull 21

¹ Profecia kundër shkretëtirës së detit. Ashtu si shakullimat kalojnë me të shpejtë nëpër Negev, kështu një pushtues vjen nga shkretëtira, nga një vend i tmerrshëm.

² Një vegim i tmerrshëm m'u shfaq: i pabesi vepron me pabesi dhe shkatërruesi shkatërron. Dil, o Elam. Rrethoje, o Medi! Bëra që të pushojë çdo rënkim të tij.

³ Për këtë arsye ijët e mia më dhëmbin shumë, më zunë dhembjet si të prerat e një gruaje që lind; jam i tronditur nga sa dëgjova, jam i tmerruar nga sa pashë.

⁴ Zemra ime e ka humbur, tmerri më ka zënë; nata që aq shumë e dëshiroja është bërë llahtarë për mua.

⁵ Ndërsa po shtrohet tryeza, bëhet rojë mbi kullën vëzhgimit hahet dhe pihet. "Çohuni, o krerë, dhe vajosni mburojat".

⁶ Sepse kështu më ka thënë Zoti: "Shko, vër një roje që të njoftojë atë që shikon".

⁷ Ajo pa qerre dhe çifte kalorësish, disa prej të cilëve kishin hipur mbi gomarë dhe të tjerë mbi deve, dhe i vëzhgoi me kujdes, me shumë kujdes.

⁸ Pastaj bërtiti si një luan: "O Zot, ditën unë rri gjithnjë mbi kullën e vëzhgimit, dhe çdo natë rri më këmbë te vendroja ime.

⁹ Dhe ja po vijnë disa qerre dhe çifte kalorësish". Atëherë ajo nisi të flasë përsëri: "Ra, ra Babilonia"! Të gjitha shëmbëlltyrat e gdhendura të perëndive të saj janë për tokë të copëtuara.

¹⁰ O populli im, atë që kam shirë dhe shkelur në lëmin tim, atë që kam dëgjuar nga Zoti i ushtrive, Perëndia i Izraelit, unë ta kam njoftuar!".

¹¹ Profecia kundër Dumahut. Më bërtasin nga Seiri: "Roje, në ç'pikë ka arritur nata? Roje, në ç'pikë ka arritur nata?".

¹² Roja përgjigjet: "Vjen mëngjesi, pastaj edhe nata. Në rast se doni të pyesni, pyesni, pra; kthehuni, ejani".

¹³ Profecia kundër Arabisë. Do ta kaloni natën në pyjet e Arabisë, o karvanë të Dedamitëve.

¹⁴ I dilni para të eturit duke i sjellë ujë, o banorë të vendit të Temas; i kanë dalë përpara ikanakut me bukën e tyre.

¹⁵ Sepse ata ikin para shpatave, para shpatës së zhveshur, para harkut të nderur, para tërbimit të betejës.

¹⁶ Sepse kështu më ka thënë Zoti: "Për një vit, ashtu si viti i një argati me mëditje, tërë lavdia e Kedarit do të zhduket;

¹⁷ dhe ajo që do të mbetet nga numri i harkëtarëve, njerëzit trima të bijve të Kedarit, do të jetë një gjë e vogël, sepse ka folur Zoti, Perëndia i Izraelit".

Kapitull 22

¹ Profecia kundër Luginës së Vegimit. Çfarë ke ti tani që ke hipur e tëra mbi çatitë,

² ti që je plot me britma, qytet zhurmëmadh, qytet dëfrimesh? Të vrarët e tu nuk janë vrarë nga shpata as kanë vdekur në betejë.

³ Tërë krerët e tu kanë ikur bashkë, janë zënë robër pa hark; tërë ata që u gjetën te ti u zunë robër, megjithëse kishin ikur larg.

⁴ Prandaj them: "Largoni shikimin nga unë; unë do të qaj me hidhërim. Mos kërkoni të më ngushëlloni për dëshpërimin e bijës së popullit tim".

⁵ Sepse është një ditë lemerie, shkatërrimi dhe ngurimi nga ana e ZOTIT, të Zotit të ushtrive; në Luginën e Vegimeve muret janë shembur dhe britma për ndihmë arrin deri në mal.

⁶ Elami ka marrë kukurën me qerre njerëzish dhe kalorësish. Kiri ka zbuluar mburojën.

⁷ Do të ndodhë që luginat e tua më të mira do të jenë plot me qerre dhe kalorësit do të zënë pozicion para portave të tua.

⁸ Pastaj ai hoqi mbrojtjen e Judës dhe po atë ditë ti e hodhe shikimin mbi arsenalin e pallatit të Pyllit.

⁹ Keni parë gjithashtu sa të shumta ishin të çarat në muret e qytetit të Davidit, dhe keni mbledhur ujërat e hauzit të poshtëm.

¹⁰ Keni numëruar shtëpitë e Jeruzalemit dhe keni shembur shtëpi për të fortifikuar muret.

¹¹ Përveç kësaj keni ndërtuar një rezervuar midis dy mureve për ujërat e hauzit të vjetër, por nuk keni parë se kush e ka bërë këtë, as nuk keni marrë parasysh kush e ka menduar këtë prej një kohe të gjatë.

¹² Atë ditë Zoti, Zoti i ushtrive, ju thirri që të qani, të mbani zi, të rruani kokën dhe të mbështilleni me thasë.

¹³ Po përkundrazi ja, gëzim dhe hare, priten qe dhe theren dele, hahet mish dhe pihet verë. "Të hamë dhe të pimë, se nesër do të vdesim!"

¹⁴ Por Zoti i ushtrive u ka thënë veshëve të mi: "Ky mëkati juaj nuk do të shlyhet deri sa ju të vdisni", thotë Zoti, Zoti i ushtrive.

¹⁵ Kështu thotë Zoti, Zoti i ushtrive: "Shko pra te ky administrator, te Shebna, kryekujdestar, dhe i thuaj:

¹⁶ "Çfarë zotëron ti këtu dhe cilin ke këtu, që ke bërë të të gërmojnë këtu një varr, ashtu si ai që gërmon për vete një vendvarrim

Isaisë

lart dhe pret në shkëmb një varr?".

¹⁷ Ja, Zoti po të flak me dhunë, o njeri i fuqishëm, dhe do të të kapë mirë.

¹⁸ Do të të rrukullisë mirë e mirë dhe do të të hedhë si një top në një vend të gjerë. Aty do të vdesësh dhe do të mbarojnë qerret e tua krenare, o turp i shtëpisë së zotit tënd.

¹⁹ Do të të dëbojë nga zyra jote dhe do të tërhiqesh poshtë nga posti yt!

²⁰ Atë ditë do të ndodhë që të thëras shërbëtorin tim Eliakim, birin e Hilkiahut;

²¹ do ta vesh me tunikën tënde, do t'i vë brezin tënd dhe do ta kaloj pushtetin tënd në duart e tij, dhe ai do të jetë një atë për banorët e Jeruzalemit dhe për shtëpinë e Judës.

²² Do të vë mbi supin e tij çelësin e shtëpisë së Davidit; kështu ai do të hapë dhe askush nuk do të mund ta mbyllë, do ta mbyllë dhe askush nuk do ta mund ta hapë.

²³ Do ta ngul si një gozhdë në një vend të sigurt, dhe ai do të bëhet një fron lavdie për shtëpinë e atit të tij.

²⁴ Nga ai do të varet tërë lavdia e shtëpisë së atit të tij, trashëgimtarët dhe degët anësore, të gjitha enët edhe ato më të vogla, që nga kupat e e deri te shtambët e çdo lloji.

²⁵ "Atë ditë, thotë Zoti i ushtrive, gozhda e ngulur në vend të sigurt do të hiqet, do të shkulet poshtë dhe do të bjerë; dhe gjithë pesha që mbante do të shkatërrohet, sepse Zoti ka folur".

Kapitull 23

¹ Profecia kundër Tiros. Rënkoni, o anije të Tarshishit, sepse Tiro është shkatërruar, dhe nuk kanë mbetur as shtëpitë as porti. Ky lajm iu erdhi nga vendi i Kitimit.

² Mos hapni gojën, o banorë të bregut të detit, o tregtarë të Sidonit; ata që çajnë detet ju kanë mbushur me pasuri.

³ Nëpërmjet ujërave të mëdha gruri i Shihorit, prodhimi i lumit, ishte e ardhura e tij; dhe ai ishte tregu i kombeve.

⁴ Ki turp, o Sidon, sepse ka folur deti, kalaja e detit, duke thënë: "Unë nuk kam pasur dhembje, as kam lindur fëmijë; nuk kam ushqyer të rinj as kam rritur virgjëresha".

⁵ Kur lajmi do të arrijë në Egjipt, do të hidhërohen për lajmin e Tiros.

⁶ Kaloni në Tarshish, vajtoni o banorë të bregut të detit!

⁷ Ky qënka qyteti juaj i qejfeve, prejardhja e të cilit është e lashtë? Këmbët e tij e çonin të banonte në toka të largëta.

⁸ Kush, pra, e ka vendosur këtë kundër Tiros, dhurues kurorash, tregëtarët e të cilit ishin princa dhe dyqanxhinjtë e të cilit ishin njerëzit e nderuar të dheut?

⁹ E ka vendosur Zoti i ushtrive, për të errur krenarinë nga çfarëdo shkëlqimi, për të ulur gjithë njerëzit e nderuar të dheut.

¹⁰ Kalo nëpër vendin tënd si Nili, o bijë e Tarshishit, nuk ka më forcë.

¹¹ Zoti ka shtrirë dorën e tij mbi detin, i ka bërë mbretëritë të dridhen, për Kanaanin ka urdhëruar t'i shkatërrohen kalatë e tij.

¹² Ai ka thënë: "Ti nuk do të vazhdosh të gëzohesh, o bijë e Sidonit, virgjëreshë që ke humbur nderin". Çohu, kalo në vendin e Kitimit; as aty nuk do të gjesh prehje.

¹³ Ja vendi i Kaldeasve: ky popull nuk ekzistonte fare; Asiri e themeloi për kafshët e shkretëtirës. Ata kanë ngritur kalatë e tyre, kanë rrënuar pallatet e Tiros dhe e kanë katandisur në një grumbull gërmadhash.

¹⁴ Rënkoni, o anije të Tarshishit, sepse kalaja juaj është shkatërruar.

¹⁵ Atë ditë do të ndodhë që Tiro të harrohet për shtatëdhjetë vjet, aq sa janë vitet e një mbreti. Pas shtatëdhjetë vjetve do të ndodhë në Tiro ashtu siç thotë kënga e prostitutës:

¹⁶ "Merr qesten, sillu nëpër qytet, o prostitutë e harruar; bjeri me zotësi veglës, shumo këngët që të mund të të kujtojnë".

¹⁷ Pas shtatëdhjetë vjetve do të ndodhë që Zoti do të vizitojë Tiron, që do të kthehet në pagën e vet dhe do të kurvërohet me të gjitha mbretëritë e botës mbi faqen e dheut.

¹⁸ Por fitimi nga tregtia e tij dhe paga e tij do t'i shenjtërohen Zotit; nuk do të mblidhet as nuk do të vihet mënjanë, sepse fitimi nga tregtia e tij do t'u shkojë atyre që banojnë përpara Zotit, me qëllim që të hanë sa të ngopen dhe të vishen në mënyrë shkëlqyeshme.

Kapitull 24

¹ Ja, Zoti zbras tokën dhe e bën të shkretë, prish faqen e saj dhe shpërndan banorët e saj.

² Do t'i ndodhë e njëjta gjë popullit ashtu si priftit, shërbëtorit ashtu si padronit të tij, shërbëtores ashtu si padrones së saj, blerësit ashtu si shitësit, ai që jep borxh ashtu si ai që merr borxh, huadhënësit ashtu si huamarrësit.

³ Toka do të zbrazet plotësisht dhe do të plaçkitet plotësisht, sepse Zoti ka thënë këtë fjalë.

⁴ Toka është në zi dhe vuan, bota po ligështohet dhe po meket, njerëzit me poste nga populli i dheut ligështohen.

⁵ Toka është përdhosur nga banorët e saj, sepse këta kanë shkelur ligjet, kanë ndryshuar statutin, kanë marrë nëpër këmbë besëlidhjen e përjetshme.

⁶ Prandaj një mallkim e ka përpirë tokën dhe banorët e saj janë të dëshpëruar; prandaj banorët e tokës po digjen dhe të pakët janë burrat që kanë mbetur.

⁷ Mushti është në zi, vreshti po prishet dhe gjithë zemërgëzuarit psherëtijnë.

⁸ Gëzimi i dajreve ka marrë fund, zhurma e dëfrimtarëve ka mbaruar, gëzimi i harpës pushoi.

⁹ Nuk pihet më verë me këngë, pija dehëse është e hidhur për ata që e pijnë.

¹⁰ Qyteti i rrëmujës është shkatërruar; çdo shtëpi është e mbyllur që të mos hyjë njeri në të.

¹¹ Nëpër rrugë ka ankime, sepse nuk ka verë; çdo gëzim është zhdukur, hareja është zhdukur nga toka.

¹² Në qytet nuk mbetet gjë tjetër veç dëshpërimit, dhe porta është bërë copë-copë dhe është shkatërruar.

¹³ Sepse në mes të dheut, midis popujve, do të ndodhë ashtu si kur shkunden ullinjtë, ashtu si kur mblidhen vilet e pavjela pas vjeljes.

¹⁴ Ata do të ngrenë zërin, do të lëshojnë klithma gëzimi, për madhështinë e Zotit do të brohorasin nga deti:

¹⁵ "Lëvdoni, pra, Zotin në krahinat e agimit, emrin e Zotit, Perëndinë e Izraelit në ishujt e detit!".

¹⁶ Nga skaji i tokës dëgjojmë këngë: "Lavdi të drejtit!". Por unë them: "Mjerë unë! Mjerë unë! Vaj medet! Të pabesët veprojnë me pabesi, po, të pabesët veprojnë me pabesi të madhe.

¹⁷ Tmerri, gropa dhe laku të kërcënojnë, o banor i dheut.

¹⁸ Dhe ka për të ndodhur që ai që do të ikë përballë britmës së tmerrit do të bjerë në gropë, dhe kush do të dalë nga gropa do të kapet nga laku. Sepse nga lart do të hapen ujëvara dhe themelet e dheut do të tronditen.

¹⁹ Toka do të çahet e tëra; toka do të kriset tërësisht, toka do të dridhet me forcë.

²⁰ Toka do të lëkundet si një i dehur, do të tronditet si një kasolle. Mëkati i saj rëndon mbi të, do të rrëzohet dhe nuk do të ngrihet më.

²¹ Atë ditë do të ndodhë që Zoti do të dënojë ushtrinë që është atje lart, dhe poshtë mbi tokë mbretërit e dheut;

²² do të mblidhen bashkë si të burgosur në një burg të nëndheshëm; do të mbyllen në një burg dhe pas shumë ditësh do të ndëshkohen.

²³ Hënën do ta mbulojë rrëmuja dhe diellin turpi, sepse Zoti i ushtrive do të mbretërojë mbi malin e Sionit dhe në Jeruzalem, dhe lavdia e tij përpara pleqve.

Kapitull 25

¹ O Zot, ti je Perëndia im, unë do të të përlëvdoj dhe do të kremtoj emrin tënd, sepse ke bërë gjëra të mrekullueshme, projekte të konceptuara shumë kohë më parë, dhe të realizuara me besnikëri dhe vërtetësi.

² Sepse e ke katandisur qytetin në një grumbull gurësh, qytetin e fortifikuar në një grumbull gërmadhash; kështjella e të huajve nuk është më një qytet, nuk do të rindërtohet kurrë më.

³ Prandaj populli i fuqishëm të lëvdon, qyteti i kombeve të fuqishëm ka frikë nga ti,

⁴ sepse ti ke qenë një kështjellë për të varfërin, një kështjellë për të mjerin në fatkeqësinë e tij, një strehë kundër stuhisë, një hije kundër të nxehtit, sepse fryma e tiranëve është si një furtunë kundër murit.

⁵ Ti do të pakësosh zhurmën e të huajve si të nxehtit në një vend të thatë; ashtu si të nxehtit nën hijen e një reje, kështu kënga e tiranëve do të detyrohet të heshtë.

⁶ Zoti i ushtrive do t'u përgatisë tërë popujve mbi këtë mal një banket me gjellë të shijshme, me verëra të vjetra, me gjellë të shijshme me shumë palcë dhe me verëra të vjetra dhe të zgjedhura.

⁷ Do të shkatërrojë mbi këtë mal mbulesën që mbulonte tërë popujt, po kështu edhe mbulesën e shtrirë mbi të gjitha kombet.

⁸ Do të shkatërrojë përgjithnjë vdekjen; Zoti, Zoti, do t'i thajë lotët nga çdo fytyrë, do të heqë nga tërë dheu turpin e popullit të tij, sepse Zoti ka folur.

⁹ Atë ditë do të thuhet: "Ja, ky është Perëndia ynë: tek ai kemi shpresuar dhe ai do të na shpëtojë. Ky është Zoti tek i cili kemi

shpresuar; të ngazëllojmë dhe të gëzohemi në shpëtimin e tij!".

¹⁰ Me qenë se dora e Zotit do të shtrihet mbi këtë mal, ndërsa Moabi do të shkelet nën të ashtu si shkelet kashta mbi plehun.

¹¹ Ai do të zgjasë duart e tij në mes teje, ashtu si i shtrin notari për të notuar, dhe do të ulë krenarinë e tij bashkë me trillimet e kurdisura nga duart e tij.

¹² Fortesën e mureve të tua të larta, ai do ta shkatërrojë, do ta shembë, do ta hedhë për tokë deri poshtë në pluhur.

Kapitull 26

¹ Atë ditë do të këndohet kjo këngë në vendin e Judës: "Ne kemi një qytet të fortë; Perëndia ka vënë shpëtimin për mure dhe për bastione.

² Hapni portat dhe le të hyjë kombi i drejtë, që ruan besnikërinë".

³ Mëndjes që pushon te ti, ti i ruan një paqe të përsosur, sepse kjo ka besim te ti.

⁴ Kini besim te Zoti përjetë, sepse Zoti, po, Zoti është shkëmbi i përjetshëm.

⁵ Ai ka përulur ata që rrinin lart, ka ulur qytetin e lartë, e ka ulur deri në tokë, e ka hedhur në pluhur;

⁶ këmbët e shkelin, pikërisht këmbët e të varfërit dhe hapat e mjeranëve.

⁷ Rruga e të drejtit është e drejtë; o Perëndi i drejtë, ti sheshon shtegun e të drejtit.

⁸ Po, në rrugën e gjykimeve të tua, o Zot, ne të kemi pritur. Dëshira e shpirtit tonë i drejtohet emrit tënd dhe kujtimit tënd.

⁹ Me shpirtin tim të dëshiroj natën, po, me frymën që është brenda meje të kërkoj në mëngjes herët; sepse kur shfaqen gjykimet e tua mbi tokë, banorët e botës mësojnë drejtësinë.

¹⁰ Në rast se falet i pabesi, ai nuk do ta mësojë drejtësinë; ai do të veprojë në mënyrë të çoroditur në vendin e ndershmërisë dhe nuk do të mund të shikojë madhështinë e Zotit.

¹¹ O Zot, dora jote është ngritur, por ata nuk e shohin. Por ata do ta shohin zellin tënd për popullin tënd dhe do të mbeten të hutuar; po, zjarri i armiqve të tu do t'i përpijë.

¹² O Zot, ti do të vendosësh paqen për ne, sepse ti kryen për ne çdo vepër tonën.

¹³ O Zot, Perëndia ynë, zotër të tjerë, veç teje, na kanë sunduar; por vetëm për ty të të mbajmë mend emrin.

¹⁴ Të vdekurit nuk do të rijetojnë më, ata që shkuan nuk do të vijnë më; prandaj ti i ke ndëshkuar, ke shkatërruar dhe ke zhdukur çdo kujtim të tyre.

¹⁵ Ti i ke rritur kombin, o Zot, e ke rritur kombin, je përlëvduar; i ke zgjeruar tërë kufijtë e vendit.

¹⁶ O Zot, në çastet e fatkeqësisë të kanë kujtuar, kanë bërë një lutje kur ndëshkimi yt po i godiste.

¹⁷ Ashtu si një grua me barrë që është gati për të lindur dhe përpëlitet dhe ulërin nga të prerat që ka, kështu kemi qenë ne para teje, o Zot.

¹⁸ Jemi ngjizur, kemi ndjerë dhembjet, ashtu sikur të kishim për të lindur, por ishte vetëm erë; nuk i kemi dhënë asnjë shpëtim vendit dhe banorët e botës nuk kanë rënë.

¹⁹ Të vdekurit e tu do të rijetojnë, bashkë me kufomën time, do të ringjallen. Zgjohuni dhe gëzohuni, o ju që banoni në pluhur! Sepse vesa jote është si vesa e një drite që shkëlqen dhe toka do të nxjerrë në dritë të vdekurit.

²⁰ Shko, o populli im, hyr në dhomat e tua, mbylli portat e tua prapa teje; fshihu për një çast, deri sa të kalojë zemërimi.

²¹ Sepse ja, Zoti del nga banesa e tij për të ndëshkuar paudhësinë e banorëve të tokës; toka do të nxjerrë në shesh gjakun e derdhur dhe nuk do të t'i fshehë më të vrarët e saj.

Kapitull 27

¹ Atë ditë Zoti do të ndëshkojë me shpatën e tij të ashpër, të madhe dhe të fortë Leviathanin, gjarpërin e shkathët, gjarpërin Leviathani dredha-dredha, dhe do të vrasë përbindëshin që është në det.

² Atë ditë do të thuhet: "Vreshti që jep verë të kuqërremtë, këndoni për të.

³ Unë, Zoti, e ruaj, e vadis çdo çast, e ruaj natën e ditën me qëllim që askush të mos e dëmtojë.

⁴ Nuk ka zemërim tek unë. Kush do t'i vinte në luftë kundër meje ferrat dhe gjembat? Unë do të shkoja kundër tyre dhe do t'i digjja të gjitha tok.

⁵ Do të ishte më mirë që dikush të mbështetej te forca ime për të bërë paqe me mua, po, për të bërë paqe me mua".

⁶ Në ditët që do të vijnë Jakobi do të lëshojë rrënjë, Izraeli do të lulëzojë dhe do të lëshojë lastarë dhe do të mbushë faqen e dheut me fryte.

⁷ A ka goditur Perëndia Izraelin ashtu si ka goditur ata që e qëllonin atë? A e ka vrarë atë ashtu si ka vrarë ata që e vrisnin atë?

⁸ Ti je grindur me të me masë, duke e përzënë dhe duke e çuar larg. Ai e çoi në një vend të largët me frymën e tij të furishme, një ditë me erë lindore.

⁹ Në këtë mënyrë do të shpagohet padrejtësia e Jakobit, dhe ky do të jetë gjithë fryti i heqjes së mëkatit të tij, kur do t'i kthejë tërë gurët e altarit si gurë gëlqereje të thërmuar; kështu Asherimët dhe altarët e temjanit nuk do të ngrihen më.

¹⁰ Qyteti i fortifikuar do të jetë i shkretuar, një vend i pabanuar dhe i braktisur si një shkretëtirë; aty do të kullosë viçi, i cili do të shtrihet dhe do të hajë degët.

¹¹ Kur degët e tij do të thahen, do të thyhen dhe do të vijnë gra për t'i djegur. Me qenë se është një popull pa zgjuaësi, prandaj Ai që e ka bërë nuk do t'i vijë keq për të, Ai që e ka formuar nuk do t'i japë hir.

¹² Po atë ditë do të ndodhë që Zoti do të shijë grurin nga rrjedha e lumit deri te përroi i Egjiptit, dhe ju do të mblidheni një nga një, o bij të Izraelit.

¹³ Atë ditë do të ndodhë që të bjerë buria e madhe, dhe ata që kanë humbur në vendin e Asirisë dhe ata që janë shpërndarë në vendin e Egjiptit do të vijnë dhe do të adhurojnë Zotin mbi malin e shenjtë, në Jeruzalem.

Kapitull 28

¹ Mjerë kurorës së kryelartësisë të të dehurve, të Efraimit dhe lules së fishkur të bukurisë së tij të lavdishme që ri mbi krye të luginës pjellore të atyre që i ka mposhtur vera!

² Ja, Zoti ka një njeri të fortë dhe të fuqishëm, si një stuhi breshëri, si një tufan shkatërrues; si një aluvion ujërash të fuqishëm përmbytëse; ai do t'i hedhë për tokë me dorën e tij.

³ Kurora e kryelartësisë të të dehurve të Efraimit do të shkelet;

⁴ dhe lulja e fishkur e bukurisë së tij të lavdishme që rri mbi krye të luginës pjellore do të jetë si një fik i hershëm para verës që dikush e shikon; ai e gëlltit sapo e ka në dorë.

⁵ Atë ditë Zoti i ushtrive do të jetë një kurorë lavdie, një diadem i shkëlqyer për pjesën tjetër të popullit të tij,

⁶ një frymë drejtësie për atë që ulet për të gjykuar dhe forca e atyre që në betejë e sprapsin armikun deri te portat e tij.

⁷ Por edhe këta shkojnë sa djathtas aq edhe majtas për shkak të verës dhe u merren këmbët nga pijet dehëse; prifti dhe profeti lëkunden për shkak të pijeve dehëse, lëkunden sikur të kishin vegime, ngurrojnë në dhënien e vendimeve.

⁸ Tërë tryezat janë plot me të vjellura dhe me ndyrësira, nuk ka më një vend të pastër.

⁹ "Kujt dëshiron t'i mësojë diturinë? Kujt dëshiron t'ia bëjë të kuptueshëm mesazhin? Atyre që sapo janë zvjerdhur, atyre që sapo janë shkëputur nga sisa?

¹⁰ Sepse ka një urdhër mbi urdhër, urdhër mbi urdhër, regull mbi regull, regull mbi regull, pak këtu dhe pak atje".

¹¹ Në fakt do të ndodhë që me buzë që bëlbëzojnë dhe me një gjuhë tjetër Zoti do t'i flasë këtij populli.

¹² Ai u kishte thënë: "Ja pushimi: vëreni të lodhurin pushojë; këtu është fresk!". Por ata nuk deshën ta dëgjojnë.

¹³ Kështu fjala e Zotit u bë për ta urdhër mbi urdhër, urdhër mbi urdhër, rregull mbi rregull, rregull mbi rregull, pak këtu, pak atje, me qëllim që ata të binin mbrapsht, të bëheshin copë-copë, t'i zinte laku dhe të kapeshin.

¹⁴ Prandaj dëgjoni fjalën e Zotit, o tallës, që sundoni mbi këtë popull, që rri në Jeruzalem!

¹⁵ Ju thoni: "Kemi përfunduar një besëlidhje me vdekjen, kemi bërë një aleancë me Sheolin; kur rebeshi përmbytës do të kalojë, nuk do të arrijë deri te ne, sepse gënjeshtrën e kemi bërë strehën tonë dhe jemi fshehur prapa falsitetit".

¹⁶ Prandaj kështu thotë Zoti, Zoti: "Ja, unë vendos si themel në Sion një gur, një gur të provuar, një kokë qosheje të çmuar, një themel të sigurt; ai që i beson atij nuk do të ngutet.

¹⁷ Unë do të vendos të drejtën si masë dhe drejtësinë si plumbçe; breshëri do të pastrojë strehën e gënjeshtrës dhe ujërat do të përmbytin strehën tuaj.

¹⁸ Besëlidhja juaj me vdekjen do të anulohet dhe aleanca juaj me Sheolin nuk do të qëndrojë; kur rrebeshi përmbytës do të kalojë, ju do të shkeleni prej tij.

¹⁹ Sa herë që do të kalojë, do t'ju kapë, sepse do të kalojë çdo mëngjes, ditën dhe natën, do të jetë një tmerr i vërtetë të dëgjosh vetëm të ta rrëfejnë".

²⁰ Në fakt shtrati do të jetë i shkurtër për t'u shtrirë dhe mbulesa tepër e ngushtë për t'u mbuluar me të.

²¹ Sepse Zoti do të ngrihet si në malin e Peratsimit, do të zemërohet si në luginën e Gabaonit, për të plotësuar veprën e tij, veprën e tij të pādëgjuar, për të plotësuar punën e tij, punën e tij të pazakontë.

²² Mos u bëni, pra, tallës që lidhjet tuaja të mos përforcohen. Sepse unë kam dëgjuar nga ana e Zotit, e Zotit të ushtrive, se është vendosur shfarosja e plotë e gjithë vendit.

²³ Vini vesh dhe dëgjoni zërin tim, tregohuni të kujdesshëm dhe dëgjoni fjalën time!

²⁴ A nuk lëron tërë ditën bujku për të mbjellë? A vazhdon vallë, ta çajë dhe ta prashitë tokën e tij?

²⁵ Mbasi ka sheshuar sipërfaqen e saj, a nuk mbjell koprën dhe nuk përhap barin e gjumit, nuk vë grurin në brazda, elbin në vendin e caktuar dhe ġrurin e fortë gjatë kufijve?

²⁶ Perëndia i tij i tregon rregullin që duhet të ndjekë dhe e mëson.

²⁷ Kopra nuk shihet me shirësen dhe nuk kalohet rrota e qerres mbi barin e gjumit; por koprën e rrahin me shkop dhe barin e gjumit me shufër.

²⁸ Gruri për bukë duhet të shtypet; prandaj nuk shtypet për gjithnjë, por kalohen mbi të rrota të qerres dhe kuajt, por pa e shtypur.

²⁹ Edhe kjo vjen nga Zoti i ushtrive, që është i mrekullueshëm në këshillat e tij dhe i madh për nga dituria".

Kapitull 29

¹ Mjerë Arieli, Arieli, qytet ku fushoi Davidi! I shtoni vit vitit, festat le të plotësojnë ciklin e tyre.

² Pastaj do ta hedh Arielin në ankth; do të ketë ankim dhe rënkime dhe për mua do të jetë si një Ariel.

³ Unë do të fushoj kundër teje rreth e qark, do të të rrethoj me një ledh dhe do të ngre bastione kundër teje.

⁴ Do të ulesh, do të flasësh nga toka dhe fjala jote do të dalë e mbytur nga pluhuri; zëri yt do të ngjitet nga toka si ai i një mediumi dhe fjala jote do të pëshpëritë nga pluhuri.

⁵ Turma e armiqve të tu do të jetë si pluhur i hollë dhe turma e të fuqishmëve si byk i shpërndarë; dhe kjo ka për të ndodhur papritmas, në një çast.

⁶ Ti do të vizitohesh nga Zoti i ushtrive me gjëmime, tërmete dhe zhurma të mëdha, me shakullima dhe flakë zjarri përvëlues.

⁷ Moria e të gjitha kombeve që luftojnë kundër Arielit, e të gjitha atyre që e luftojnë atë dhe fortesën e tij dhe e shtrëngojnë rreth e qark do të jetë si një ëndërr, si një vegim nate.

⁸ Ka për të ndodhur ashtu si kur një i uritur që ëndërron të hajë, por kur zgjohet e ka stomakun bosh, apo si kur një i etur ëndërron të pijë, por kur zgjohet është i lodhur dhe e ka grykën të tharë; kështu ka për të ndodhur me morinë e të gjitha kombeve që luftojnë kundër malit të Sionit.

⁹ Ndaluni dhe habituni. Braktisjuni qejfeve dhe pastaj shikoni rreth e rrotull të trembur. Këta janë të dehur, por jo nga vera; u merren këmbët, por jo për pasojë të pijeve dehëse.

¹⁰ Në fakt Zoti ka shpërndarë mbi ju një frymë topitjeje; ka mbyllur sytë tuaja, profetët, ka mbuluar me vel krerët tuaj, shikuesit.

¹¹ Çdo vegim profetik është bërë për ju si fjalët e një libri të vulosur që i jepet dikujt që di të lexojë; duke i thënë: "Të lutem, lexoje, këtë!", por ai përgjigjet: "Nuk mundem, sepse është i vulosur!".

¹² Ose si një libër që i jepet dikujt që nuk di të lexojë, duke i thënë: "Të lutem, lexoje këtë!", por ai përgjigjet: "Nuk di të lexoj".

¹³ Prandaj Zoti thotë: "Me qenë se ky popull më afrohet mua vetëm me gojën dhe më nderon me buzët e tij, ndërsa zemra e tij më rri larg dhe frika e tij ndaj meje është vetëm një urdhërim i mësuar nga njerëzit,

¹⁴ prandaj, ja, unë do të vazhdoj të bëj mrekulli në mes të këtij populli, po, mrekulli dhe çudi: dituria e njerëzve të tij të urtë do të shuhet dhe zgjuaresla e të mënçurve të tij do të zhduket".

¹⁵ Mjerë ata që shkojnë në vende të thella për t'ia fshehur Zotit planet e tyre, që i bëjnë veprat e tyre në terr dhe thonë: "Kush na sheh? Kush na njeh?".

¹⁶ I keni përmbysur plotësisht gjërat. A mund të konsiderohet poçari i barabartë me argjilën? A mundet vepra t'i thotë atij që e ka bërë: "Nuk më ka bërë ai"?, ose gjëja e formuar t'i thotë atij që e ka formuar: "Nuk ka zgjuarësi"?

¹⁷ Brenda një kohe shumë të shkurtër dhe Libani do të shndërrohet në një pemishte, dhe pemishtja do të konsiderohet si një pyll.

¹⁸ Të shurdhët do të kuptojnë atë ditë fjalët e librit dhe, të çliruar nga errësira dhe terri, sytë e të verbërve kanë për të parë.

¹⁹ Të përulurit do të mund të gëzojnë akoma te Zoti dhe të varfërit e njerëzimit do të ngazëllohen tek i Shenjti i Izraelit.

²⁰ Sepse tirani do të jetë zhdukur, tallësi do të jetë shkatërruar, dhe do të jenë shfarosur tërë ata që kurdisin paudhësi,

²¹ që dënojnë një njeri për një fjalë, që i kurdisin kurthe atij që gjykon te porta, që prishin të drejtën e të drejtit për asgjë.

²² Prandaj kështu i thotë shtëpisë së Jakobit Zoti që shpengoi Abrahamin: "Tani e tutje Jakobi nuk do të turpërohet më dhe fytyra e tij nuk do të zverdhet më;

²³ por kur do të shohë bijtë e tij, veprën e duarve të mia në mes të tij, ata do të shenjtërojnë emrin tim, do të shenjtërojnë të Shenjtin e Jakobit dhe do të kenë frikë nga Perëndia i Izraelit.

²⁴ Ata që kanë frymë të përdalë do të arrijnë të kenë gjykim dhe murmuruesit do të mësojnë doktrinën e shëndoshë".

Kapitull 30

¹ "Mjerë bijtë rebelë, thotë Zoti, që bëjnë projekte që nuk vijnë nga unë, që lidhin aleanca, por pa Frymën time, për të grumbulluar mëkate mbi mëkate;

² që shkojnë poshtë në Egjipt pa konsultuar më parë gojën time, për t'u përforcuar në forcën e Faraonit dhe për të kërkuar strehë në hijen e Egjiptit!

³ Por forca e Faraonit do të jetë turpi juaj dhe streha në hije të Egjiptit fatkeqësia juaj.

⁴ Sepse princat e tij kanë shkuar në Tsoan dhe ambasadorët e tij kanë arritur në Hanes.

⁵ Por do të turpërohen të gjithë nga një popull që nuk do t'u hyjë fare në punë, që nuk do t'iu japë asnjë ndihmë o përfitim, por vetëm turp dhe poshtërim.

⁶ Një profeci kundër kafshëve të Neghevit: nëpërmjet një vendi të mjeruar dhe plot ankthe, prej të cilit vijnë luanesha dhe luani, nepërka dhe gjarpëri i zjarrtë që fluturon, ata mbartin pasuritë e tyre mbi kurrizin e gomarëve dhe thesaret e tyre mbi kurrizin e deveve një populli prej të cilit nuk kanë për të përfituar asgjë.

⁷ Sepse ndihma e Egjiptit është e kotë dhe e padobishme, prandaj unë e quaj: "Rahab-Hem-Shebeth".

⁸ Tani eja, shkruaje këtë mbi një rrasë të vogël dhe shkruaje në një libër, që të mbetet për ditët e ardhshme, për gjithnjë, përjetë.

⁹ Sepse ky është një popull rebel, janë bij gënjeshtarë, bij që nuk duan të dëgjojnë ligjin e Zotit,

¹⁰ që u thonë shikuesve: "Mos kini vegime", dhe profetëve: "Mos na profetizoni gjëra të vërteta, na tregoni gjëra të këndshme, na profetizoni gjëra mashtruese.

¹¹ Dilni jashtë rruge, braktisni shtegun e drejtë, largoni nga sytë tona të Shenjtin e Izraelit!"".

¹² Prandaj kështu thotë i Shenjti i Izraelit: "Me qenë se ju e përçmoni këtë fjalë dhe keni besim te shtypja dhe te ligësia, dhe mbështeteni mbi to,

¹³ kjo paudhësi do të jetë për ju si e çarë që rrezikon të rrëzohet, një dalje te një mur i lartë, rrëzimi i të cilit ndodh papritmas, në një çast.

¹⁴ dhe thyhet si një enë prej balte të pjekur, që dikush copëton pa mëshirë duke mos mundur të gjejë në copat e tij qoftë edhe një copë për të marrë zjarr në vatër ose për të marrë ujë nga sterna".

¹⁵ Sepse kështu thotë Zoti, Zoti, i Shenjti i Izraelit: "Duke u kthyer tek unë dhe duke pushuar tek unë, do të shpëtoni; forca juaj qëndron në qetësinë dhe në besimin tuaj. Por ju nuk keni dashur,

¹⁶ madje keni thënë: "Jo, ne do të ikim me kuajt tanë!". Prandaj ju do të ikni. Dhe: "Do të shkojmë me kuaj të shpejtë!". Prandaj ata që do t'ju ndjekin do të jenë edhe më të shpejtë.

¹⁷ Një mijë prej jush ikën nën kërcënimin e një të vetmi; nën kërcënimin e pesë vetave do të ikni me vrap, deri sa të rrini si një hu mbi majën e një mali, si një flamur mbi një kodër".

¹⁸ Prandaj Zoti do të presë për t'ju dhënë hir, pastaj ai do të lartësohet, sepse i erdhi keq për ju, sepse Zoti është një Perëndi i drejtësisë. Lum të gjithë ata që kanë shpresë tek ai!

¹⁹ O popull i Sionit që banon në Jeruzalem, ti nuk do të qash më. Ai do të të bëj nder me siguri; duke dëgjuar zërin e britmës sate; sapo të dëgjojë, do të përgjigjet.

²⁰ Edhe sikur Zoti t'ju japë bukën e ankthit dhe ujin e shtypjes, megjithatë ata që të mësojnë nuk do të duhet të fshihen, dhe sytë e ty do të shohin mësuesit e tu.

²¹ Kur do të shkoni djathtas ose kur do të shkoni majtas, veshët e tu do të dëgjojnë prapa teje një fjalë që do të thotë: "Kjo është rruga, ecni në të!".

²² Konsiderojini si të papastra shëmbëlltyrat tuaja të gdhendura të veshura me argjend dhe shëmbëlltyrat tuaja prej metali të derdhur të veshura me ar; do t'i flakni tutje si një gjë e papastër, "Jashtë!", do t'u thoni atyre.

²³ Atëherë ai do t'i japë shiun për farën tënde që do të kesh mbjellë në tokë; dhe buka që toka do të prodhojë do të jetë e shijshme dhe e bollshme; atë ditë bagëtia jote do të kullosë në kullota të gjera.

²⁴ Qetë dhe gomarët që punojnë tokën do të hanë forazhin me kripë, të ajrosur me lopatën e drithit.

²⁵ Mbi çdo mal të lartë dhe mbi çdo kodër të lartë do të ketë rrëke dhe rrjedha uji ditën e masakrës së madhe, kur do të rrëzohen kullat.

²⁶ Drita e hënës do të jetë si drita e diellit, dhe drita e diellit do të jetë shtatë herë më e fortë, si drita e shtatë ditëve, ditën kur Zoti do të lidhë plagën e popullit të tij dhe do të shërojë plagën e shkaktuar nga goditjet e tij.

²⁷ Ja, emri i Zotit vjen nga larg; zemërimi i tij është i zjarrtë dhe barra e tij e rëndë; buzët e tij janë plot indinjatë dhe gjuha e tij si një zjarr që të përpin;

²⁸ fryma e tij është si një përrua që vërshon dhe që arrin deri në qafë për të shoshitur kombet me shoshën e shkatërrimit dhe për të vënë në nofullat e popujve një fre që t'i bëjë të përdalin.

²⁹ Atëherë do t'ia merrni një këngë si natën kur kremtoni një festë; dhe do të keni gëzim në zemër, ashtu si ai që shkon me zërin e fyellit në malin e Zotit, në kështjellën e Izraelit.

³⁰ Pastaj Zoti do të bëjë të dëgjohet zëri i tij madhështor dhe do të tregojë si godet me krahun e tij kur tërbohet zemërimi i tij, në flakën e një zjarri gllabërues, në mes shpërthimesh të furishme, uraganësh dhe breshëri gurësh.

³¹ Me qenë se Asiria do të goditet nga frika e zërit të Zotit, që do ta rrahë me shufër;

³² dhe çdo goditje që do jepet me shkopin të cilin Zoti do të bëjë t'i bjerë mbi të, do të shoqërohet nga tingujt e dajreve dhe të qesteve. Ai do të luftojë kundër asaj duke tundur dorën në mënyrë kërcënuese.

³³ Tofeti është përgatitur prej shumë kohe, ai është gati edhe për mbretin; ky e ka bërë të thellë dhe të gjerë; mbi turrën e druve për ta djegur ka zjarr dhe dru me shumicë; fryma e Zotit, si një rrymë squfuri, do ta ndezë.

Kapitull 31

¹ Mjerë ata që zbresin në Egjipt në kërkim të ndihmës dhe u besojnë kuajve, kanë besim te qerret, sepse janë të shumta dhe te kalorësit, sepse janë shumë të fuqishëm, por nuk shikojnë të Shenjtin e Izraelit dhe nuk kërkojnë Zotin.

² Megjithatë edhe ai është i urtë dhe do të sjellë gjëmën; ai nuk do t'i tërheqë fjalët e tij, por do të ngrihet kundër shtëpisë së njerëzve të këqij dhe kundër ndihmës së atyre që bëjnë paudhësi.

³ Por Egjiptasit janë njerëz dhe jo Perëndi, kuajt e tyre janë mish dhe jo frymë. Kur Zoti do të shtrijë dorën e vet, mbrojtësi do t'i merren këmbët dhe i mbrojturi do të rrëzohet, do të vdesin të gjithë bashkë.

⁴ Sepse kështu më ka thënë Zoti: "Ashtu si luani apo luanesha vrumbullin mbi prenë e vet (kur kundër tij është mbledhur një numër i madh barinjsh dhe ai nuk ka frikë nga britmat e tyre dhe as trëmbet nga zhurma e tyre), kështu do të zbresë Zoti i ushtrive për të luftuar në malin e Sionit dhe në kodrën e tij.

⁵ Ashtu si zogjtë fluturojnë mbi të vegjëlit e tyre, kështu Zoti i ushtrive do të mbrojë Jeruzalemin, do ta mbrojë dhe do ta çlirojë, do ta kursejë dhe do ta shpëtojë".

⁶ Kthehuni tek ai nga i cili jeni larguar shumë, o bij të Izraelit!

⁷ Atë ditë secili do të flakë idhujt e tij prej argjendi dhe idhujt e tij prej ari, që duart tuaja kanë bërë duke mëkatuar për ju.

⁸ "Atëherë Asiria do të bjerë nga një shpatë jo prej njeriu, dhe një shpatë jo prej njeriu do ta përpijë; do t'ia mbathë para shpatës dhe të rinjtë e tij do t'i nënshtrohen punës së detyruar.

⁹ Nga frika do të kalojë përtej kështjellës dhe princat e saj do të tmerrohen për shkak të flamurit", thotë Zoti, që ka zjarrin e tij në Sion dhe furrën e tij në Jeruzalem.

Kapitull 32

¹ Ja, një mbret do të mbretërojë me drejtësi dhe princat do të qeverisin me paanësi.

² Secili prej tyre do të jetë si një mbrojtje nga era dhe një strehë kundër uraganit, si rrëke uji në një vend të thatë, si hija e një shkëmbi të madh në një tokë të zhuritur.

³ Sytë e atyre që shohin nuk do t'u erren më dhe veshët e atyre që dëgjojnë do të jenë vëmendshëm.

⁴ Zemra e njerëzve të pamend do të fitojë njohuri dhe gjuha e atyre që belbëzojnë do të flasë shpejt dhe qartë.

⁵ Njeriu i përçmuar nuk do të thirret më fisnik, as i pandershmi nuk do të thirret i pavlerë.

⁶ Sepse njeriu i përçmuar thotë gjëra të neveritshme dhe zemra e tij jepet pas paudhësisë, jepet te kryer pabesi dhe për të thënë gjëra pa respekt kundër Zotit, për ta lënë bosh stomakun e të uriturit dhe për ta lënë thatë atë që vuan nga etja.

⁷ Armët e të pandershmit janë të poshtra; ai kurdis plane të këqija për të shkatërruar të mjerin me fjalë gënjeshtare, edhe kuri mjeri pohon të drejtën.

⁸ Por njeriu fisnik mendon plane fisnike dhe i vë vetes qëllime fisnike.

⁹ Çohuni, o gra që jetoni në bollëk, dhe dëgjoni zërin tim; o bija pa mend, ia vini veshin fjalës sime!

¹⁰ Brenda një viti dhe disa ditëve ju do të dridheni, o gra pa mend, sepse vjelja e rrushit do të shkojë keq dhe korrje nuk do të ketë.

¹¹ Fërgëlloni, o gra që jetoni në bollëk, dridhuni o ju gra pa mend. Hiqni veshjet tuaja, zhvishuni dhe vini një grethore në ijët,

¹² duke i rënë gjoksit nëpër arat e mira dhe nëpër vreshtat prodhimtare.

¹³ Mbi tokën e popullit tim do të rriten gjemba dhe ferra; po, mbi të gjitha shtëpitë e gëzimit të qytetit të qejfeve.

¹⁴ Sepse pallati do të braktiset, qyteti i zhurmshëm do të shkretohet, Ofeli dhe kulla do të bëhen për gjithnjë shpella gëzimi për gomarët e egër dhe kullotë për kopetë.

¹⁵ deri sa mbi ne të përhapet Fryma nga lart, shkretëtira të bëhet pemishte dhe pemishtja të konsiderohet si një pyll.

¹⁶ Atëherë i drejti do të banojë në shkretëtirë dhe drejtësia do të banojë në pemishte.

¹⁷ Pasojë e drejtësisë do të jetë paqja, rezultat i drejtësisë qetësia dhe siguria përjetë.

¹⁸ Populli im do të banojë në një vend paqeje, në banesa të sigurta dhe në vende të qeta pushimi,

¹⁹ edhe sikur të binte breshër mbi pyllin dhe qyteti të ulej shumë.

²⁰ Lum ju që mbillni në breg të gjithë ujërave dhe që lini të shkojë e lirë këmba e kaut dhe e gomarit.

Kapitull 33

¹ Mjerë ti që shkreton edhe sikur të mos kesh qenë i shkretuar, që vepron me pabesi edhe sikur të mos jetë vepruar me pabesi kundër teje! Kur të kesh mbaruar së shkatërruari do të shkatërrohesh edhe

² O Zot, ki mëshirë për ne, që kemi shpresë te ti. Bëhu krahu ynë çdo mëngjes dhe shpëtimi ynë në kohë fatkeqësie.

³ Nga zhurma e një turme, popujt ikin, kur ti çohesh kombet shpërndahen.

⁴ Plaçka juaj e luftës do të mblidhet ashtu siç mblidhen vemjet; ashtu si turren karkalecat kështu do të turren mbi të.

⁵ Zoti është lartësuar sepse banon lart; ai e mbush Sionin me barazi dhe drejtësi,

⁶ dhe do të jetë siguria e ditëve të tua, forca e shpëtimit, dituria dhe njohja; frika e Zotit do të jetë thesari i tij.

⁷ Ja, heronjtë e tyre bërtasin nga jashtë, lajmëtarët e paqes qajnë me hidhërim.

⁸ Rrugët janë të shkreta, nuk ka as edhe një kalimtar nëpër to. Ai e ka prishur besëlidhjen me ta, i përbuz qytetet, nuk kujdeset për njeri.

⁹ Vendi është në zi dhe vuan; Libani është plot me turp dhe i dobësuar; Sharoni është si një shkretëtirë, Bashani dhe Karmeli tronditen me të madhe.

¹⁰ "Tani do të çohem", thotë Zoti, "tani do të lartësohem, tani do të ngrihem.

¹¹ Ju keni mbarsur bykun, por do të pillni kashtë; fryma juaj do të jetë një zjarr që do t'ju gllabërojë.

¹² Popujt do të jenë si furra të gëlqeres, ata do të digjen në zjarr si ferrishte të prera.

¹³ O ju që jeni larg, dëgjoni atë që kam bërë; dhe ju që jeni afër, njihni fuqinë time".

¹⁴ Në Sion mëkatarët i ka kapur frika, një dridhërimë ka pushtuar të pabesët: "Kush prej nesh do të mund të banojë me zjarrin gllabërrues? Kush prej nesh do të mund të banojë me flakët e përjetshme?".

¹⁵ Ai që ecën me drejtësi dhe flet drejt, ai që i përçmon fitimet e shtrëmbëra, që lëviz duart për të mos pranuar dhurata, që i mbyll veshët për të mos dëgjuar të flitet për gjak dhe sytë për të mos parë të keqen,

¹⁶ ai do të banojë në vënde të larta, shkëmbenjtë e fortifikuar do të jenë streha e tij, buka e tij do t'i jepet, uji i tij do t'i sigurohet.

¹⁷ Sytë e tu do të sodisin bukurinë e mbretit tënd, do të shohin një vend që ndodhet shumë larg.

¹⁸ Zemra jote do të bjerë në mendime të thella mbi tmerret e kaluara: "Ku është shkruesi? Ku është ai që peshon? Ku është ai që numëron kullat?".

¹⁹ Ti nuk do ta shikosh më atë popull mizor, atë popull me një të folur të errët dhe të pakuptueshme, që belbëzon një gjuhë që askush nuk e kupton.

²⁰ Sodit Sionin, qytetin e madhështive tona! Sytë e tu do të shohin Jeruzalemin, vendbanim i qetë, çadër që nuk do të lëvizet më ngã nga vendi, hunjtë e së cilës nuk do të shkulen dhe asnjë nga litarët e saj nuk do të

Isaisë

hiqet.

²¹ Por aty Zoti në madhështinë e tij do të jetë për ne një vend lumenjsh dhe rrjedhash të gjera uji, ku nuk arrin asnjë anije me lopata dhe nuk kalon asnjë anije e fuqishme.

²² Me qenë se Zoti është gjykatësi ynë, Zoti është ligjvënësi ynë, Zoti është mbreti ynë; ai do të na shpëtojë.

²³ Litarët e tu janë liruar, nuk mbajnë mirë dyrekun dhe nuk vënë në veprim velat. Atëherë do të ndahet preja e një plaçke të pasur; edhe çalamanët do të marrin pjesë në plaçkitje.

²⁴ Asnjë banor i qytetit nuk do të thotë: "Unë jam i sëmurë". Populli që banon aty do të përfitojë faljen për paudhësinë e tij.

Kapitull 34

¹ Afrohuni, o kombe, për të dëgjuar; o popuj, kini kujdes. Le të dëgjojë toka dhe gjithçka që është në të, bota dhe gjithçka që ajo prodhon.

² Sepse Zoti është zemëruar me të gjitha kombet, është indinjuar me të gjitha ushtritë e tyre; ai ka vendosur shkatërrimin e tyre, i braktis në masakër.

³ Të vrarët e tyre do të hidhen tutje, kufomat e tyre do të qelben dhe malet do të shkrihen me gjakun e tyre.

⁴ Tërë ushtria e qiellit do të zhduket, qiejtë do të mblidhen rrotull si një libër, por tërë ushtria e tyre do të bjerë, ashtu si bie gjethi nga hardhia, si bie një fryt i fishkur nga fiku.

⁵ Me qenë se shpata ime është dehur në qiell, ja ajo po gatitet të bjerë mbi Edomin, mbi popullin që kam vendosur të shfaroset, për të vënë në vend drejtësinë.

⁶ Shpata e Zotit është plot me gjak, është ngopur me dhjamë, me gjakun e qengjave dhe cjepve, me dhjamin e veshkave të deshve; sepse Zoti bën një flijim në Botsrah dhe një kërdi të madhe në vendin e Edomit.

⁷ Bashkë me ta bien buaj, mëzetër tok me dema; toka e tyre është vaditur me gjak, pluhuri i tyre është ngopur me dhjamë.

⁸ Sepse është dita e hakmarrjes të Zotit, viti i shpërblimit për çështjen e Sionit.

⁹ Përrenjtë do të kthehen në katran, pluhuri i vet në squfur, toka e vet do të bëhet rrëshirë e zjarrtë.

¹⁰ Nuk do të shuhet as ditën as natën, tymi i tij do të ngjitet përjetë; do të mbetet e shkretë brez pas brezi, askush nuk do të kalojë mbi të.

¹¹ Zotër të tij do të bëhen pelikani dhe iriqi dhe do të banojnë aty kukuvajka dhe korbi. Zoti do të shtrijë mbi të litarin e dëshpërimit, plumbçen e boshllëkut.

¹² Do t'i thërrasin fisnikët në mbretëri, por nuk do ketë asnjë prej tyre, dhe tërë princat janë katandisur në hiç.

¹³ Në pallatet e tij do të rriten gjemba, në fortesat e tij hithra dhe carangtha; do të bëhet banesë për çakejtë, një vend i rrethuar për strucat.

¹⁴ Kafshët e shkretëtirës do të takohen me kafshët që ulërijnë, cjeptë do të thërrasin njeri tjetrin; do të vendosen aty edhe kukuvajkat dhe do të gjejnë një vend pushimi.

¹⁵ Do të bëjë folenë e vet gjarpëri-shigjetë, do të lëshojë aty vezët, do t'i çelë dhe do t'i mbledhë në hijen e tij të vegjëlit e vet, aty do të mblidhen edhe hutat, secili me shokun e vet.

¹⁶ Kërkoni në librin e Zotit dhe lexoni: asnjë prej tyre nuk do të mungojë, askujt nuk do t'i mungojë shoku i vet, sepse e ka urdhëruar goja e tij dhe e ka mbledhur Fryma e tij.

¹⁷ Ai vetë e ka hedhur shortin për ta, dhe dora e tij e ka ndarë midis tyre me vijën e matjes; do ta zotërojnë për gjithnjë; do të banojnë aty brez pas brezi.

Kapitull 35

¹ Shkretëtira dhe toka e thatë do të gëzohen, vetmia do të gëzohet dhe do të lulëzojë si trëndafili;

² do të lulëzojë shumë dhe do të ngazëllojë me hare dhe britma gëzimi. Do t'u jepet lavdia e Libanit, madhështia e Karmelit dhe e Sharonit. Ata do të shohin lavdinë e Zotit, madhështinë e Perëndisë tonë.

³ Forconi duart e dobësuara, bëjini të qëndrueshëm gjunjët e pasigurt!

⁴ U thoni atyre që e kanë humbur zemrën: "Bëhuni të fortë, mos kini frikë!". Ja, Perëndia juaj do të vijë me hakmarrjen dhe me shpërblimin e Perëndisë; do të vijë ai vetë për t'ju shpëtuar.

⁵ Atëherë do të hapen sytë e të verbërve dhe veshët e të shurdhëve;

⁶ atëherë çalamani do të kërcejë si një dre dhe gjuha e memecit do të bërtasë nga gëzimi, sepse do të dalin ujëra në shkretëtirë dhe përrenj në vendin e vetmuar.

⁷ Vendi i thatë do të bëhet pellg dhe toka e etur për ujë burim ujërash; në vendet ku shtriheshin çakejtë do të ketë bar me kallamishte dhe xunkth.

⁸ Aty do të jetë rruga kryesore, një rrugë që do të quhet "rruga e shenjtë"; asnjë i papastër nuk do të kalojë nëpër të; ajo do të jetë vetëm për ata që e ndjekin; edhe mendjeshkurtërit nuk do të mund të humbasin.

⁹ Luani nuk do të jetë më, as edhe ndonjë bishë e egër nuk do të dalë aty ose nuk do të duket, por do të ecin të çliruarit.

¹⁰ Të shpëtuarit nga Zoti do të kthehen, do të vijnë në Sion me britma gëzimi dhe një hare e përjetshme do të kurorëzojë kokën e tyre; do të kenë gëzim dhe lumturi, dhe dhembja e rënkimi do të ikin.

Kapitull 36

¹ Në vitin e katërmbëdhjetë të mbretit Ezekia ndodhi që Senakeribi, mbret i Asirisë, doli kundër qyteteve të fortifikuara të Judës dhe i pushtoi.

² Mbreti i Asirisë dërgoi Rabshakehun nga Lakishi në Jeruzalem, te mbreti Ezekia, me një ushtri të madhe; ai u ndal pranë ujësjellësit të hauzit të sipërm, në rrugën e arës së larësit.

³ Atëherë Eliakimi, bir i Hilkiahut, prefekt i pallatit, Shebna, sekretari, dhe Joahu, bir i Asafit, arkivisti, shkuan tek ai.

⁴ Rabshakehu u tha atyre: "I thoni Ezekias: Kështu thotë mbreti i madh, mbreti i Asirisë: ku mbështetet besimi që ke?

⁵ Unë them se këshillë dhe forcë për të bërë luftën nuk janë vetëm fjalë goje; tani që je rebeluar kundër meje te kush ke besim ti?

⁶ Ja, ti ke besim në përkrahjen e këtij kallami të thyer, që është Egjipti, që pret dorën e atij që mbështetet mbi të dhe e shpon. I tillë është pikërisht Faraoni, mbreti i Egjiptit, për tërë ata që kanë besim tek ai.

⁷ Në rast se pastaj më thuaj: "Ne kemi besim tek Zoti, Perëndia ynë", a nuk është vallë po ai që Ezekia ka hequr nga vendet e larta dhe nga altarët, duke u thënë Judës dhe Jeruzalemit: "Ju do të adhuroni vetëm para këtij altari"?

⁸ Tani, pra, vër një bast me zotin tim, mbretin e Asirisë; unë do të të jap dy mijë kuaj, në qoftë se ti je në gjendje të sigurosh kalorësit që i hipin.

⁹ Si do të mundje të sprapsësh një kapiten të vetëm midis shërbëtorëve më të vegjël të zotit tim? Por ti ke besim se Egjipti do të të japë qerre dhe kalorës.

¹⁰ Dhe tani a kam ardhur vallë kundër këtij vendi pa vullnetin e Zotit për ta shkatërruar? Zoti më ka thënë: "Dil kundër këtij vendi dhe shkatërroje"".

¹¹ Atëherë Eliakimi, Shebna dhe Joahu i thanë Rabshakehut: "Foli, pra, shërbëtorëve të tu në gjuhën aramaike, sepse ne e kuptojmë, por mos na fol në gjuhën hebraike, në mënyrë që ta dëgjojë populli që është mbi muret".

¹² Por Rabshakehu u përgjigj: "Zoti im, vallë, më ka dërguar t'i them këto fjalë zotit tënd dhe ty, dhe jo pikërisht njerëzve që ndodhen mbi muret, të katandisur të hanë jashtëqitjet e tyre dhe të pinë urinën e tyre bashkë me ju?".

¹³ Atëherë Rabshakehu u ngrit më këmbë dhe bërtiti me zë të lartë në gjuhën hebraike, duke thënë: "Dëgjoni fjalët e mbretit të madh, të mbretit të Asirisë!

¹⁴ Kështu thotë mbreti: "Të mos ju mashtrojë Ezekia, sepse ai nuk mund t'ju çlirojë nga duart e mia;

¹⁵ as tij bëjë Ezekia që të vendosni besimin tuaj te Zoti, duke thënë: "Me siguri Zoti do të na çlirojë; ky qytet nuk do të jepet në duart e mbretit të Asirisë".

¹⁶ Mos dëgjoni Ezekian, sepse kështu thotë mbreti i Asirisë: bëni paqe me mua dhe dorëzohuni, dhe secili prej jush do të mund të hajë frytet e vreshtit të tij dhe të fikut të tij, dhe secili do të mund të pijë ujin e sternës së tij,

¹⁷ deri sa të vijë unë për t'ju çuar në një vend të ngjashëm me tuajin, në një vend gruri dhe mushti, në një vend buke dhe vreshtash.

¹⁸ Të mos ju mashtroj Ezekia duke thënë: "Zoti do të na çlirojë". A ka mundur ndonjë prej perëndive të kombeve të çlirojë vendin e tij nga duart e mbretit të Asirisë?

¹⁹ Ku janë perënditë e Hamathit dhe të Arpadit? Ku janë perënditë e Sefarvaimit? A e kanë çliruar vallë Samarinë nga duart e mia?

²⁰ Kush prej tërë perëndive të këtyre vendeve ka çliruar vendin e vet nga duart e mia, që Zoti të mund të çlirojë Jeruzalemin nga duart e mia?".

²¹ Por ata heshtën dhe nuk u përgjigjën me asnjë fjalë, sepse urdhëri i mbretit ishte: "Mos iu përgjigjni".

²² Atëherë Eliakimi, bir i Hilkiahut, prefekt i pallatit, Shebna sekretari, dhe Joahu, bir i Asafit, arkivisti, erdhën tek Ezekia me rroba të grisura dhe i njoftuan fjalët e Rabshakehut.

Kapitull 37

¹ Kur mbreti Ezekia dëgjoi këtë, grisi rrobat, u mbulua me një thes dhe hyri në shtëpinë e Zotit.

² Pastaj dërgoi Eliakimin, prefektin e pallatit, Shebnaun, sekretarin, dhe priftërinjtë më të vjetër të mbuluar me thasë te profeti Isaia, bir i Amotsit,

³ të cilët i thanë: "Kështu thotë Ezekia: Kjo ditë është një ditë ankthi, ndëshkimi dhe turpi, sepse fëmijët janë duke lindur, por nuk ka forcë për t'i pjellë.

⁴ Ndofta Zoti, Perëndia yt, ka dëgjuar fjalët e Rabshakehut, që mbreti i Asirisë, zoti i tij, ka dërguar për të fyer Perëndinë e gjallë, dhe do ta ndëshkojë për shkak të fjalëve që Zoti, Perëndia yt, ka dëgjuar. Larto, pra, për lutje për kusurin që mbetet akoma".

⁵ Kështu shërbëtorët e mbretit Ezekia shkuan te Isaia.

⁶ Dhe Isaia u tha atyre: "Këtë do t'i thoni zotit tuaj: Kështu thotë Zoti: Mos ki frikë për shkak të fjalëve që dëgjove, me të cilat shërbëtorët e mbretit të Asirisë më kanë fyer.

⁷ Ja, unë do të dërgoj përmbi të një frymë dhe, sa të dëgjojë një lajm, do të kthehet në vendin e tij dhe në vendin e tij do ta rrëzoj me shpatë".

⁸ Kështu Rabshakehu u kthye dhe e gjeti mbretin e Asirisë që po rrethonte Libnahun, sepse kishte mësuar që mbreti ishte nisur nga Lakishi.

⁹ Atëherë mbreti i Asirisë dëgjoi të thuhet për Tirhakahun, mbretin e Etiopisë: "Ka dalë për të luftuar kundër teje". Sa dëgjoi këtë, ai i dërgoi lajmëtarët Ezekias, duke i thënë:

¹⁰ "Do t'i thoni kështu Ezekias, mbretit të Judës: Mos lër që Perëndia yt të cilit i beson të të mashtrojë duke të thënë: "Jeruzalemi nuk do jepet në duart e mbretit të Asirisë".

¹¹ Ja, ti dëgjove ato që mbretit i Asirisë u ka bërë gjithë vendeve të tjera, duke vendosur shkatërrimin e tyre. A do të mund shpëtoje vetëm ti?

¹² A kanë çliruar vallë mbretërit e kombeve ato që etërit e mi kanë shkatërruar: Gozanin, Haranin, Retsefin dhe bijtë e Edenit që ishin në Telasar?

¹³ Ku janë mbreti i Hamathit, mbreti i Arpadit dhe mbreti i qytetit të Sefarvaimit, të Henas dhe të Ivahut?".

¹⁴ Ezekia e mori letrën nga duart e lajmëtarëve dhe e lexoi; pastaj u ngjit në shtëpinë e Zotit dhe e shpalosi para Zotit.

¹⁵ Pastaj Ezekia iu lut Zotit, duke thënë:

¹⁶ "O Zot i ushtrive, Perëndi i Izraelit që ulesh midis kerubinëve, ti je Perëndia, ti vetëm, i gjitha mbretërive të tokës; ti ke bërë qiejtë dhe tokën.

¹⁷ Vër veshin, o Zot, dhe dëgjo; hap sytë, o Zot, dhe shiko. Dëgjo tërë fjalët që Senakeribi ka dërguar të thotë për të fyer Perëndinë e gjallë.

¹⁸ Në të vërtetë, o Zot, mbretërit e Asirisë kanë shkatërruar të gjitha kombet dhe vendet e tyre,

¹⁹ dhe kanë hedhur në zjarr perënditë e tyre, sepse këto nuk ishin perëndi, por vepër e duarve të njeriut, dru e gur; për këtë arsye i kanë shkatërruar.

²⁰ Por tani, o Zot, Perëndia ynë, na çliro nga duart e tij, me qëllim që të gjitha mbretëritë e tokës të njohin që ti vetëm je Zoti".

²¹ Atëherë Isaia, bir i Amotsit, i çoi fjalë Ezekias: "Kështu thotë Zoti, Perëndia i Izraelit: Me qenë se ti më je lutur përsa i përket Senakeribit, mbretit të Asirisë,

²² kjo është fjala që Zoti ka shqiptuar kundër tij: Virgjëresha, bijë e Sionit, të përçmon dhe tallet me ty; e bija e Jeruzalemit tund kokën prapa teje.

²³ Cilin ke poshtëruar dhe fyer? Kundër kujt ke ngritur zërin dhe në mënyrë arrogante sytë e tu? Kundër të Shenjtit të Izraelit.

²⁴ Me anë të shërbëtorëve të tu ke poshtëruar Zotin dhe ke thënë: "Me morinë e qerreve të mia u ngjita në majë të maleve, në skajet e Libanit. Do të rrëzoj kedrat e tij më të lartë dhe qiparisat e tij më të bukur; do të arrij lartësinë e tij më të largët, pyllin e tij më të harlisur.

²⁵ Kam gërmuar dhe kam pirë ujë; me tabanin e këmbëve të mia kam tharë të gjitha lumenjtë e Egjiptit".

²⁶ A nuk ke dëgjuar vallë se prej shumë kohe e kam përgatitur këtë gjë, planin e kam përgatitur qysh nga kohët e vjetra? Tani kam bërë që të ndodhë kjo: që ti t'i kthesh në një grumbull gërmadhash qytetet e fortifikuara.

²⁷ Prandaj banorët e tyre, të cilët s'kanë forca, ishin të trembur dhe të hutuar; ishin si bari i fushave, si bari i vogël jeshil, si bari i çative, i cili digjet para se të rritet.

²⁸ Por unë e njoh banesën tënde, hyrjen dhe daljen tënde, madje edhe zemërimin tënd të madh kundër meje.

²⁹ Duke qenë se je zemëruar shumë kundër meje dhe paturpësia jote ka arritur te veshët e mi, do të vë unazën time në flegrat e hundëve, frerin tim në gojë dhe do të të kthej në rrugën nga ke ardhur.

³⁰ Dhe kjo do të jetë shenja për ty; sivjet do të hani atë që rritet vetvetiu, vitin e dytë atë që rritet po nga ky burim; por vitin e tretë do të mbillni dhe do të korrni, do të mbillni vreshta dhe do të hani frytin e tyre.

³¹ Dhe pjesa që mbetet e shtëpisë së Judës që do të shpëtojë do të vazhdojë të vërë rrënjë poshtë dhe të bëjë fryte lart.

³² Sepse nga Jeruzalemi do të dalë mbetje dhe nga mali i Sionit ata që kanë shpëtuar. Zelli i Zotit të ushtrive do ta bëjë këtë".

³³ Prandaj kështu thotë Zoti kundër mbretit të Asirisë: "Ai nuk do të hyjë në këtë qytet as ka për të hedhur ndonjë shigjetë, nuk do t'i dalë përpara me mburoja as ka për të ndërtuar ndonjë ledh kundër tij.

³⁴ Ai do të kthehet nëpër atë rrugë nga ka ardhur dhe nuk do të hyjë në këtë qytet", thotë Zoti.

³⁵ "Sepse unë do ta mbroj këtë qytet për ta shpëtuar, për hirin tim dhe për hir të Davidit, shërbëtorit tim".

³⁶ Pastaj engjëlli i Zotit doli dhe goditi në kampin e Asirëve njëqind e tetëdhjetë e pesë mijë njerëz; dhe kur njerëzit u çuan në mëngjes, ja, të gjithë ishin kufoma.

³⁷ Atëherë Senakeribi, mbret i Asirisë, ngriti çadrat, u nis dhe u kthye në shtëpi dhe mbeti në Niniv.

³⁸ Dhe ndodhi që, ndërsa ai po adhuronte në tempullin e perëndisë së tij Nisrok, bijtë e tij Adramalek dhe Sharetser e vranë me shpatë; pastaj u strehuan në vendin e Araratit. Në vend të tij mbretëroi i biri, Esarhadoni.

Kapitull 38

¹ Në atë kohë Ezekia u sëmur nga një sëmundje vdekjeprurëse. Profeti Isaia, bir i Amotsit, shkoi tek ai dhe i tha: "Kështu flet Zoti. Rregullo shtëpinë tënde, sepse ke për të vdekur dhe jo për t'u shëruar".

² Atëherë Ezekia e ktheu fytyrën nga muri dhe iu lut Zotit:

³ "Të lutem shumë, o Zot, kujto si kam ecur para teje me besnikëri, me zemër të pastër, dhe kam bërë atë që është mirë në sytë e tu". Pastaj Ezekia qau me të madhe.

⁴ Atëherë fjala e Zotit iu drejtua Isaias, duke thënë:

⁵ "Shko dhe i thuaj Ezekias: Kështu thotë Zoti, Perëndia i Davidit, ati yt: E dëgjova lutjen tënde, i pashë lotët e tua; ja, do t'u shtoj pesëmbëdhjetë vjet ditëve të tua;

⁶ do të të çliroj ty dhe këtë qytet nga duart e mbretit të Asirisë dhe do ta mbroj këtë qytet.

⁷ Kjo është për ty shenja nga ana e Zotit, Zoti do ta çojë në vend fjalën që ka thënë:

⁸ ja, unë do të bëj që të sprapset dhjetë shkallare hija që për efekt të diellit është zgjatur mbi shkallarët e Ashazit. Dhe dielli u sprap dhjetë shkallare prej shkallareve nga kishte zbritur".

⁹ I shkruar nga Ezekia, mbret i Judës, kur ra i sëmurë dhe u shërua nga sëmundja e tij.

¹⁰ Unë thoja: "Në kulmin e ditëve të mia do të shkoj në portat e Sheolit; jam privuar nga mbetja e viteve të mia".

¹¹ Thoja: "Nuk do ta shoh më Zotin, po, Zotin, mbi dheun e të gjallëve, midis banorëve të botës të të vdekurve nuk do të shoh më asnjë njeri.

¹² Banesa ime tokësore është shkulur dhe u çua larg meje, si një çadër barinjsh. E kam mbështjellur jetën time si një endës. Ai më këputi nga vegja; nga dita në natë do t'i japësh fund jetës sime.

¹³ E qetësova veten deri në mëngjes; si një luan, ai i thyen tërë kockat e mia; me kalimin nga dita në natë do t'i japësh fund jetës sime.

¹⁴ Krakëllija si një lejlek apo një dallëndyshe, rënkoja si një pëllumbeshë; sytë e mi ishin të lodhur, duke shikuar lart. O Zot, jam i shtypur; bëhu ti garanti im.

¹⁵ Çfarë të them? Ai më ka folur dhe ai vetë e ka bërë këtë gjë. Unë do të eci ngadalë gjatë tërë viteve të mia, në hidhërimin e shpirtit tim.

¹⁶ O Zot, me këto gjëra ne jetojmë, dhe në të gjitha këto gjëra qëndron jeta e frymës sime; prandaj më shëro dhe më kthe jetën!

¹⁷ Ja, është për paqen time që kam provuar hidhërim të madh; por në dashurinë tënde ke çliruar shpirtin tim nga gropa e korruptimit, sepse i ke hedhur prapa krahëve të tua të tëra mëkatet e mia.

¹⁸ Sepse Sheoli nuk mund të të lëvdojë, vdekja nuk mund të të kremtojë; ata që zbresin në gropë nuk mund të shpresojnë më në besnikërinë tënde.

¹⁹ I gjalli, i gjalli është ai që të lëvdon, siç po bëj unë sot; ati do t'u njoftojë bijve besnikërinë tënde.

²⁰ Zoti do të më shpëtojë; dhe ne do të këndojmë kantikët e mi me vegla me tela tërë ditët e jetës sonë në shtëpinë e Zotit".

Isaisë

21 Por Isaia kishte thënë: "Merrni një jaki prej fiqsh, vendoseni mbi ulçer dhe i sëmuri do të shërohet".

22 Ezekia kishte thënë: "Cila është shenja me të cilën do të ngjitem në shtëpinë e Zotit"?

Kapitull 39

1 Në atë kohë Merodak-Baladani, bir i Baladanit, mbre ti Babilonisë, i dërgoi letra dhe një dhuratë Ezekias, sepse kishte dëgjuar që ai kishte qenë i sëmurë dhe ishte shëruar.

2 Ezekia u gëzua dhe u tregoi të dërguarve shtëpinë e thesaret të tij, argjendin, arin, aromat, melhemin e çmuar, tërë arsenalin e tij dhe të gjitha ato që ndodheshin në thesaret e tij; nuk mbeti asgjë nga pallati i tij dhe nga e gjithë mbretëria që Ezekia nuk ua tregoi atyre.

3 Atëherë profeti Isaia erdhi te mbreti Ezekia dhe i tha: "Çfarë thanë ata njerëz dhe nga kanë ardhur te ti?". Ezekia u përgjigj: "Kanë ardhur tek unë nga një vend i largët, nga Babilonia".

4 Isaia pyeti akoma: "Çfarë panë në pallatin tënd?". Ezekia u përgjigj: "Panë gjithçka që ndodhet në pallatin tim; nuk mbeti asgjë nga thesaret e mia që nuk ua tregova atyre.

5 Atëherë Isaia i tha Ezekias: "Dëgjo fjalën e Zotit të ushtrive:

6 Ja, do të vijnë ditë në të cilat gjithçka që ndodhet në pallatin tënd dhe ato që etërit e tu kanë grumbulluar deri më sot do të mbarten në Babiloni; nuk do të mbetet asgjë, thotë Zoti.

7 Do të marrin gjithashtu bijtë që kanë dalë prej teje dhe që janë lindur nga ti, do t'i bëjnë eunukë në pallatin e mbretit të Babilonisë".

8 Ezekia i tha pastaj Isaias: "Fjala e Zotit që ti shqiptove është e mirë". Pastaj shtoi: "Do të ketë të paktën paqe dhe siguri gjatë jetës sime".

Kapitull 40

1 "Ngushëlloni, ngushëlloni popullin tim, thotë Perëndia juaj.

2 I flisni zemrës së Jeruzalemit dhe i shpallni që koha e tij e luftës ka mbaruar, që paudhësia e tij është shlyer, sepse ka marrë nga duart e Zotit dyfishin për të gjitha mëkatet e tij".

3 Zëri i dikujt që bërtet në shkretëtirë: "Shtroni udhën e Zotit, hapni në shkretëtirë një rrugë për Perëndinë tonë.

4 Çdo luginë të jetë e mbushur, çdo mal dhe kodër të jenë sheshuar; vendet dredha-dredha të drejtuar dhe vëndet e vështira të sheshuar.

5 Atëherë lavdia e Zotit do të zbulohet dhe çdo qenie do ta shohë, sepse goja e Zotit ka folur".

6 Një zë thotë: "Bërtit!", dhe përgjigja që merr është: "Çfarë të bërtas?". "Bërtit që çdo qenie është si bari, dhe që tërë hiri i tij është si lulja e fushës

7 Bari thahet, lulja fishket, kur Fryma e Zotit fryn mbi të; me siguri populli nuk është veçse bar.

8 Bari thahet, lulja fishket, por fjala e Perëndisë tonë mbetet përjetë".

9 O Sion, ti që sjell lajmin e mirë, ngjitu mbi një mal të lartë! O Jeruzalem, ti që sjell lajmin e mirë, ngrije zërin me forcë! Ngrije zërin, mos ki frikë! Thuaju qyteteve të Judës: "Ky është Perëndia juaj!".

10 Ja, Perëndia, Zoti, vjen i fuqishëm dhe krahu i tij sundon për të. Ja, e ka shpërblimin me vete, dhe shpërblimi i tij e pararend.

11 Ai do të kullosë kopenë e tij si një bari, do t'i mbledhë qengjat me krahun e tij dhe do t'i mbajë në gji të tij, dhe do të udhëheqë me ëmbëlsi dhe kujdes delet që kanë të vegjëlit e tyre.

12 Kush i ka matur ujëat me gropën e dorës, kush ka marrë përmasat e qiellit me pëllëmbë, kush ka mbledhur pluhurin e tokës në një masë apo ka peshuar malet me një peshore dhe kodrat e tyre me një kandar?

13 Kush i ka marrë përmasat e Frymës së Zotit, ose si këshilltari i tij i ka dhënë mësime?

14 Me kë është konsultuar, që t'i jepte mend, t'i mësonte shtegun e drejtësisë, t'i jepte dituri dhe t'i tregonte rrugën e arsyes?

15 Ja, kombet janë si një pikë uji në një kovë, konsiderohen si pluhuri i një peshoreje; ja, ai i ngre ishujt si të ishin një send shumë i vogël.

16 Libani nuk do të mjaftonte për të siguruar lëndën djegëse që i duhet zjarrit, as kafshët e tij nuk do të mjaftonin për olokaustin.

17 Të gjitha kombet janë si një hiç para tij dhe konsiderohen prej tij si një hiç dhe një kotësi.

18 Kujt dëshironi t'i përngjajë Perëndia dhe çfarë figure do t'i vinit përballë?

19 Një artist shkrin një shëmbëlltyrë të gdhendur dhe argjendari e vesh me ar dhe shkrin zinxhirë të vegjël prej argjendi.

20 Ai që është tepër i varfër për një ofertë të tillë zgjedh një dru që nuk kalbet dhe gjen një artizan të aftë, që t'i përgatisë një shëmbëlltyrë të gdhendur që nuk lëviz.

21 Por nuk e dini, nuk e keni dëgjuar? A nuk ju është njoftuar që në fillim? Nuk e keni kuptuar nga themelet e tokës?

22 Ai është ai që rri ulur mbi rruzullin e tokës, banorët e së cilës janë si karkaleca; ai i shpalos qiejtë si një velo dhe i hap si një çadër ku mund të banosh.

23 Ai i katandis princat në një hiç dhe i bën të panevojshëm gjykatësit e tokës.

24 Sapo janë mbjellë, sapo janë hedhur në tokë sapo kërcelli i tyre ka lëshuar rrënjë, ai fryn mbi ta dhe ata thahen; uragani i merr me vete si kashtë.

25 "Me kë kërkoni, pra, të më ngjasoni, që të jem baras me të?", thotë i Shenjti.

26 Ngrini sytë tuaja përpjetë dhe shikoni: Kush i krijoi këto gjëra? Ai që e nxjerr ushtrinë e tyre me shumicë dhe thërret gjithçka me emër; për madhështinë e fuqisë së tij dhe forcën e tij, asnjë nuk mungon.

27 Pse thua, o Jakob, dhe ti, Izrael, shpall: "Rruga ime i është fshehur Zotit dhe për të drejtën time nuk kujdeset Perëndia im?

28 Nuk e di ti, vallë, nuk e ke dëgjuar? Perëndia i përjetësisë, Zoti, krijuesi i kufijve të tokës, nuk mundohet dhe nuk lodhet, zgjuarësia e tij është e panjohshme.

29 Ai i jep forcë të lodhurit dhe rrit fuqinë e të këputurit.

30 Të rinjtë mundohen dhe lodhen, të rinjtë e zgjedhur me siguri pengohen dhe rrëzohen,

31 por ata që shpresojnë te Zoti fitojnë forca të reja, ngrihen me krahë si shqiponja, vrapojnë pa u lodhur dhe ecin pa u lodhur.

Kapitull 41

1 Ishuj, mbani heshtje! Le të marrin forca të reja popujt; le të afrohen dhe pastaj të flasin. Të mblidhemi bashkë për të gjykuar!

2 "Kush e ka nxitur një nga lindja, duke e thirrur në këmbët e tij në drejtësi? Kush i dorëzoi kombet dhe i nënshtroi mbretërit? Ai ia jep si pluhur shpatës së tij dhe si kashtë e shpërndarë harkut të tij.

3 Ai i përndjek dhe ecën i sigurtë nëpër një rrugë mbi të cilën këmbët e tij nuk kanë shkelur kurrë.

4 Kush ka vepruar dhe ka kryer këtë, duke thirrur brezat që nga fillimi? Unë Zoti, jam i pari dhe, me ata të fundit, do të jem po ai".

5 Ishujt e shohin dhe i ka zënë frika, skajet e tokës dridhen; po afrohen, po arrijnë.

6 Secili ndihmon shokun e tij dhe i thotë vëllait të tij: "Kurajo".

7 Farkëtari i jep zemër argjendarit dhe ai që i jep dorën e fundit punës me çekiç i jep zemër atij që i bie kudhrës dhe thotë për saldaturën: "Mirë është" dhe e përforcon me gozhda që të mos lëvizë.

8 "Por ti, Izrael, shërbëtori im, Jakob që kam zgjedhur, pasardhës i Abrahamit, mikut tim,

9 ty që të mora nga skajet e tokës, që kam thirrur nga cepat më të largëta të saj dhe të kam thënë: "Ti je shërbëtori im, të kam zgjedhur dhe nuk të kam hedhur poshtë"

10 Mos ki frikë, sepse unë jam me ty, mos e humb, sepse unë jam Perëndia yt. Unë të forcoj dhe njëkohësisht të ndihmoj dhe të mbaj me dorën e djathtë të drejtësisë sime.

11 Ja, tërë ata që janë zemëruar kundër teje do të turpërohen dhe do të shushaten; ata që luftojnë kundër teje do të katandisen në hiç dhe do të zhduken.

12 Ti do t'i kërkosh, por nuk do t'i gjesh më ata që të kundërshtonin; ata që të bënin luftë do të jenë asgjë, si një gjë që nuk ekziston më.

13 Sepse unë, Zoti, Perëndia yt, të zë nga dora e djathtë dhe të them: "Mos u frikëso, unë të ndihmoj".

14 "Mos u frikëso, o krimb i Jakobit, o njerëz të Izraelit! Unë të ndihmoj", thotë Zoti; "Shpëtimtari yt është i Shenjti i Izraelit.

15 Ja, unë të bëj një shirëse të re me dhëmbë të mprehura; ti do të shish malet dhe do t'i katandisësh në pluhur, dhe do t'i bësh kodrat si byk.

16 Ti do t'i frysh, era do t'i çojë larg dhe shakullima do t'i shpërndajë; por ti do të gëzohesh te Zoti dhe do të përlëvdohesh tek i Shenjti i Izraelit.

17 Të mjerët dhe të varfërit kërkojnë ujë, por mungon; gjuha e tyre u është tharë nga etja; unë, Zoti do t'ua plotësoj dëshirën; unë, Perëndia i Izraelit, nuk do t'i braktis.

18 Do të bëj që të dalin lumenj mbi kodrat e zhveshura dhe burime në mes të luginave; do ta bëjë shkretëtirën një liqen uji dhe tokën e thatë burim ujërash.

19 Do të mbjell në shkretëtirë kedrin, akacien, mërsinën dhe ullirin, do të mbjellë në Arabah qiparisin, vidhin dhe bredhin,

20 me qëllim që ta shohin, ta dinë, ta konsiderojnë dhe ta kuptojnë të gjithë tok se dora e Zotit e ka bërë këtë gjë dhe i Shenjti i Izraelit e ka

krijuar.

²¹ Paraqitni çështjen tuaj, thotë Zoti, parashtroni arsyetimet tuaja, thotë Mbreti i Jakobit.

²² Le t'i parashtrojnë dhe të na njoftojnë ç'ka për të ndodhur. Le të deklarojnë cilat ishin gjërat e kaluara, në mënyrë që të mund t'i shqyrtojmë dhe të njohim kryerjen e tyre; ose na njoftoni ç'ka për të ndodhur.

²³ Na njoftoni ç'ka për të ndodhur në të ardhmen, dhe kështu do të mësojmë se jeni perëndi; po, na bëni të mirë apo të keqe në mënyrë që të mbetemi të habitur duke i parë bashkë.

²⁴ Ja, ju jeni një hiç dhe vepra juaj nuk vlen asgjë; ai që ju zgjedh kryen një gjë të neveritshme.

²⁵ Unë thirra dikë nga veriu, dhe ai ka për të ardhur, nga lindja ai do të përmendë emrin tim; do t'i shkelë princat sikur të ishin prej argjile, ashtu siç vepron poçari që e ngjesh baltën.

²⁶ Kush e shpalli këtë që në krye me qëllim që ta dinim, shumë më parë që të mund të thonim: "A është e drejtë"? Por nuk ka njeri që ta ketë njoftuar këtë gjë, njeri që ta ketë shpallur, njeri që të ketë dëgjuar fjalët tuaja.

²⁷ E shpalla i pari në Sion: "Shikoni, ja ku janë!", dhe në Jeruzalem dërgova një lajmëtar me lajme të mira.

²⁸ Shikova, por nuk kishte asnjë, vërtetë asnjë midis tyre që të dinte të jepte një këshillë, apo, i pyetur, mund të më jepte një përgjigje.

²⁹ Ja, të gjithë këta janë kot; veprat e tyre janë një hiç dhe shtatoret e tyre janë erë dhe gjëra pa kurrfarë vlere".

Kapitull 42

¹ "Ja shërbëtori im, që unë përkrah, i zgjedhuri im që më kënaq shpirtin. Kam vënë Frymën time mbi të; ai do t'ju sjellë drejtësinë kombeve.

² Nuk do të bërtasë, nuk do ta ngrerë zërin, nuk do të bëjë të dëgjohet zëri i tij nëpër rrugë.

³ Nuk do ta copëtojë kallamin e thyer dhe nuk do ta shuajë kandilin që bën tym; do ta paraqesë drejtësinë sipas së vërtetës.

⁴ Ai nuk do të ligështohet dhe nuk do të dekurajohet; deri sa të vendosë drejtësinë mbi tokë; dhe ishujt do të presin ligjin e tij".

⁵ Kështu thotë Perëndia, Zoti, që ka krijuar qiejtë dhe i ka shpalosur, që ka shtruar tokën dhe gjërat që ajo prodhon, që i jep frymëmarrje popullit dhe jetë atyre që ecin në të:

⁶ "Unë, Zoti, të kam thirrur sipas drejtësisë dhe do të të zë për dore, do të të ruaj dhe do të të bëj aleancën e popullit dhe dritën e kombeve,

⁷ për t'u hapur sytë të verbërve, për të nxjerrë nga burgu të burgosurit dhe ata që dergjen në terr.

⁸ Unë jam Zoti, ky është emri im; nuk do t'i jap lavdinë time asnjë tjetri, as lavdërimet e mia shëmbëlltyrave të gdhendura.

⁹ Ja, gjërat e mëparshme kanë ndodhur, dhe tani po ju njoftoj gjëra të reja; unë jua bëj të njohura para se të mbijnë".

¹⁰ I këndoni Zotit një kantik të ri, lëvdimin e tij nga skajet e tokës, o ju që zbrisni në det, dhe atë që ai përmban, ishujt dhe banorët e tyre.

¹¹ Shkretëtira dhe qytetet e tij të lartojnë zërin e tyre, bashkë me fshatrat në të cilat banojnë ata të Kedarit. Le të ngazëllojnë banorët e Selas, le të lëshojnë britma nga maja e maleve.

¹² Le t'i japin lavdi Zotit, le ta shpallin lëvdimin e tij në ishuj.

¹³ Zoti do të shkojë përpara si një hero, do të nxisë dëshirën e tij të zjarrtë si një luftëtar, do të lëshojë një klithmë, po një klithmë therëse; do të triumfojë mbi armiqtë e tij.

¹⁴ "Për një kohë të gjatë kam qëndruar në heshtje, nuk kam folur, e kam përmbajtur veten; por tani do të bërtas si një grua që heq të prerat e lindjes, do të marr frymë me vështirësi dhe njëkohësisht do të shfryj.

¹⁵ Do të shkretoj malet dhe kodrat dhe do të t'i thaj tërë bimët e blerta; do t'i katandis lumenjtë në ishuj dhe do të thaj pellgjet.

¹⁶ Do t'i bëj të verbërit të ecin nëpër një rrugë që ata nuk e njihnin dhe do t'i çoj nëpër shtigje të panjohura; do të ndryshoj para tyre terrin në dritë dhe vendet dredha-dredha në fushë. Këto gjëra do të bëj për ta dhe nuk do t'i pijë braktis.

¹⁷ Do të kthejnë kurrizin plot me turp ata që kanë besim në shëmbëlltyrat e gdhendua dhe u thonë shëmbëlltyrave të derdhura: "Ju jeni perënditë tona!".

¹⁸ O të shurdhër, dëgjoni; o të verbër, shikoni dhe keni për të parë!

¹⁹ Kush është i verbër, në mos shërbëtori im, o i shurdhër si lajmëtari im që po dërgoj? Kush është i verbër si ai që është në paqe me mua, i verbër si shërbëtori i Zotit?

²⁰ Ke parë shumë gjëra, por pa u kushtuar kujdesin e duhur; veshët e tu ishin të hapur, por nuk dëgjove asgjë".

²¹ Zoti u gëzua për hir të drejtësisë së tij; do ta bëjë ligjin e tij të madh dhe të mrekullueshëm.

²² Por ky është një popull që e kanë vjedhur dhe zhveshur; janë zënë të gjithë nga leqe në burgjet e nëndheshme dhe janë mbyllur në burgje. Janë bërë objekt plaçkitjeje, por askush nuk i ka çliruar; të zhveshur, por askush nuk ka thënë: "Ktheji!".

²³ Kush prej jush do t'i kushtojë vemendje kësaj gjëje? Kush prej jush do t'i kushtojë vemendje dhe do të dëgjojë në të ardhmen?

²⁴ Kush e ka braktisur Jakobin në duart e plaçkitësve dhe Izraelin në ato të grabitësve? A nuk ka qenë vallë Zoti kundër të cilit kemi mëkatuar? Ata në fakt nuk kanë dashur të ecin në rrugët e tij dhe nuk i janë bindur ligjit të tij.

²⁵ Prandaj ai hodhi mbi të afshin e zemërimit të tij dhe dhunën e luftës, që e mbështolli rreth e qark në flakë pa e vënë re ai; e shkriu atë, por ai nuk pati gajle.

Kapitull 43

¹ Por tani kështu thotë Zoti, që të ka krijuar, o Jakob, që të ka formuar, o Izrael: "Mos ki frikë, sepse unë të kam çliruar, të kam thirrur me emër; ti më përket mua.

² Kur do të kalosh përmes ujërave unë do të jem me ty, ose do të kalosh lumenjtë, nuk do të të mbytin; kur do të ecësh nëpër zjarr, nuk do të digjesh dhe flaka nuk do të të konsumojë.

³ Sepse unë jam Zoti, Perëndia yt, i Shenjti i Izraelit, Shpëtimtari yt. Kam dhënë Egjiptin si çmim për shpengimin tënd, Etiopinë dhe Seban për ty.

⁴ Sepse ti je i çmuar në sytë e mi dhe i nderuar, dhe unë të dua, unë jap njerëz për ty dhe popuj në këmbim të jetës sate.

⁵ Mos ki frikë, sepse unë jam me ty; do t'i sjell pasardhësit e tu nga lindja dhe do të grumbulloj nga perëndimi.

⁶ Do t'i them veriut: "Ktheji", dhe jugut: "Mos i mbaj. Bëj që të vijnë bijtë e mi nga larg dhe bijat e mia nga skajet e tokës,

⁷ tërë ata që quhen me emrin tim, që kam krijuar për lavdinë time, që kam formuar dhe bërë gjithashtu".

⁸ Nxirr popullin e verbër që megjithatë ka sy, dhe të shurdhër që megjithatë kanë vesh.

⁹ Le të mblidhen bashkë tërë kombet, të grumbullohen popujt! Kush prej tyre mund të njoftojë këtë gjë dhe të na bëjë të dëgjojmë gjërat e kaluara? Le të paraqesin dëshmitarët e tyre për t'u justifikuar; ose le të dëgjojnë dhe të thonë: "Është e vërtetë!".

¹⁰ Dëshmitarët e mi jeni ju, thotë Zoti, bashkë me shërbëtorin që kam zgjedhur, me qëllim që ju të më njihni dhe të keni besim tek unë, si dhe të merrni vesh që unë jam. Para meje asnjë Perëndi nuk u formua dhe pas meje nuk do të ketë asnjë tjetër.

¹¹ Unë, unë jam Zoti dhe përveç meje nuk ka Shpëtimtar tjetër.

¹² Unë kam shpallur, kam shpëtuar dhe kam njoftuar; dhe nuk kishte asnjë perëndi të huaj midis jush; prandaj ju jeni dëshmitarët e mi, thotë Zoti, dhe unë jam Perëndi.

¹³ Para fillimit të kohës unë jam gjithnjë po ai dhe askush nuk mund të çlirojë njeri nga dora ime; kur unë veproj, kush mund të më pengojë?".

¹⁴ Kështu thotë Zoti, Çliruesi juaj, i Shenjti i Izraelit: "Për hirin tuaj unë po dërgoj dikë kundër Babilonisë, dhe do të bëj që të ikin të gjithë; kështu Kaldeasit do të ikin me anije duke bërtitur nga dhembja.

¹⁵ Unë jam Zoti, i Shenjti juaj, krijuesi i Izraelit, mbreti juaj".

¹⁶ Kështu thotë Zoti që hapi një rrugë në det dhe një shteg midis ujërave të fuqishme,

¹⁷ që nxorri qerre, kuaj dhe një ushtri të fuqishme; ata dergjen të gjithë së bashku dhe nuk do të ngrihen më; janë asgjësuar dhe janë shuar si një kandil.

¹⁸ "Mos kujtoni më gjërat e kaluara, mos shqyrtoni më gjërat e lashta.

¹⁹ Ja, unë po bëj një gjë të re; ajo do të lëshojë degë; nuk do ta njihni ju? Po, do të hap një rrugë nëpër shkretëtirë, do të bëj që lumenjtë të rrjedhin në vendet e vetmuara.

²⁰ Kafshët e fushave, çakajtë dhe strucat do të më përlëvdojnë, sepse do t'i jap ujë shkretëtirës dhe lumenj vendit të vetmuar për t'i dhënë të pijë popullit tim, të zgjedhurit tim.

²¹ Populli që kam formuar për vete do të shpallë lëvdimet e mia.

²² Por ti nuk më ke kërkuar, o Jakob, përkundrazi je lodhur me mua, o Izrael!

²³ Nuk më ke sjellë qengjin e olokausteve të tua dhe nuk më ke nderuar me flijimet e tua; nuk të kam detyruar të më shërbesh me oferta ushqimesh, as nuk të kam lodhur duke kërkuar temjan.

²⁴ Nuk më ke blerë me para kanellën dhe nuk më ke ngopur me dhjamin e flijimeve të tua. Përkundrazi më ke rënduar me mëkatet e tua, më ke lodhur me paudhësitë e tua.

²⁵ Unë, pikërisht unë, jam ai që për hir të vetuetes fshij shkeljet e tua dhe nuk do t'i mbaj mend mëkatet e tua.

26 Bëj që të kujtohem, ta diskutojmë bashkë këtë rast, folë, ti vetë për t'u justifikuar.

27 Ati yt i parë ka mëkatuar dhe mësuesit e tu kanë ngritur krye kundër meje.

28 Prandaj kam ndotur krerët e shenjtërores, kam vendosur shfarosjen e Jakobit dhe turpërimin Izraelit".

Kapitull 44

1 "Tani dëgjo, o Jakob, shërbëtori im, o Izrael, që unë kam zgjedhur!

2 Kështu thotë Zoti që të ka bërë dhe të ka formuar që në barkun e nënës, ai që të ndihmon: Mos ki frikë, o Jakob, shërbëtori im, o Jeshurun që unë kam zgjedhur!

3 Sepse unë do të derdh ujë mbi atë që ka etje dhe rrëke mbi tokën e thatë; do të derdh Frymën time mbi pasardhësit e tu dhe bekimin tim mbi trashëgimtarët e tu.

4 Ata do të rriten në mes të barit, si shelgje gjatë rrjedhave ujore.

5 Njeri do të thotë: "Unë jam i Zotit"; tjetri do të quhet me emrin e Jakobit, dhe një tjetër do të shkruajë mbi dorën e tij: "I Zotit", dhe do ta ketë për nder të mbajë emrin e Izraelit".

6 Kështu thotë Zoti, mbreti i Izraelit dhe Çliruesi i tij, Zoti i ushtrive: "Unë jam i pari dhe jam i fundit, dhe përveç meje nuk ka Perëndi.

7 Kush është si unë? Le ta shpallë, pra, ta deklarojë dhe të japë prova para meje që kur kam vendosur këtë popull të lashtë. Le t'u njoftojnë gjërat që do të ndodhin dhe ngjarjet që do të kryhen.

8 Mos u trembni, mos kini frikë! A nuk ta kam shpallur, vallë, dhe nuk ta kam deklaruar prej kohe? Ju jeni dëshmitarë të mi. A ka vallë një Perëndi përveç meje? Nuk ka Shkëmb tjetër, nuk njoh tjetër të tillë.

9 Ata që prodhojnë shëmbëlltyra të gdhendura janë krejt kotësi; gjërat e tyre më të çmuara nuk hyjnë fare në punë; dëshmitarët e tyre nuk shohin dhe as nuk kuptojnë gjë, prandaj do të mbulohen me turp.

10 Kush prodhon një zot apo shkrin një shëmbëlltyrë të gdhendur pa patur fare dobi?

11 Ja, të gjithë shokët e këtij personi do shushaten; vetë artizanët nuk janë veçse njerëz. Le të mblidhen të gjithë dhe le të paraqiten. Do të tremben dhe do të turpërohen njëkohësisht.

12 Kovaçi me darë punon hekurin mbi prush, i jep formë me çekiç dhe e përpunon me krahun e tij të fuqishëm; vuan nga uria dhe forca e tij pakësohet; nuk pi ujë dhe lodhet.

13 Zdrukthëtari shtrin vizorin, vizaton idhullin me laps, e punon me sqepar, e mat me kompas dhe e bën një fytyrë njerëzore, një formë të bukur njeriu, në mënyrë që të mbetet në një shtëpi.

14 Ai pret për vete disa kedra, merr një selvi apo një lis që i lë të rriten të fuqishëm midis drurëve të pyllit; ai mbjell një frashër që shiu e bën të rritet.

15 Ky i shërben njeriut për të djegur; ai merr një pjesë të tij për t'u ngrohur dhe ndez zjarrin për të pjekur bukën; bën gjithashtu një perëndi dhe e adhuron, bën një shëmbëlltyrë të gdhendur para së cilës bie përmbys.

16 Djeg gjysmën e tij në zjarr, me gjysmën tjetër përgatit mishin, pjek mishin dhe ngopet. Ngrohet gjithashtu dhe thotë: "Ah, po ngrohem, kënaqem me zjarrin".

17 Me atë që mbetet prej tij sajon një perëndi, shëmbëlltyrën e saj të gdhendur, bie përmbys përpara saj, e adhuron, e lut dhe i thotë: "Shpëtomë, sepse ti je perëndia im".

18 Nuk dinë dhe nuk kuptojnë asgjë, sepse i kanë zënë sytë e tyre që të mos shohin dhe zemrat e tyre që të mos kuptojnë.

19 Askush nuk vjen në vete dhe as ka dituri dhe mend për të thënë: "Dogja një pjesë në zjarr, po, mbi prushin e tij poqa bukën, poqa mishin dhe e hëngra. Me atë që mbetet do të bëj një gjë të neveritshme dhe do të bie përmbys përpara një cope druri?".

20 Një person i tillë ushqehet me hi, zemra e tij e mashtruar e çon në rrugë të keqe. Ai nuk mund të çlirojë shpirtin e tij dhe të thotë: "A nuk është vallë një gënjeshtër ajo që mbaj në dorën time të djathtë?".

21 "Mbaji mend këto gjëra, o Jakob, o Izrael, sepse ti je shërbëtori im; unë të kam formuar, ti je shërbëtori im; o Izrael, nuk do të harroj.

22 I fshiva shkeljet e tua si një re e dendur, dhe mëkatet e tua si një mjegullinë; kthehu tek unë, sepse unë të kam çliruar".

23 Ngazëlloni, o qiej, sepse Zoti ka vepruar. Gëzohuni, o thellësi të tokës. Shpërtheni në britma gëzimi, o male, o pyje, me gjithë drurët tuaj! Sepse Zoti ka çliruar Jakobin dhe ka shfaqur lavdinë e tij në Izrael.

24 Kështu thotë Zoti, Çliruesi yt, ai që të ka formuar që në bark të nënës: "Unë jam Zoti që kam bërë tërë gjërat, që i vetëm, kam shpalosur qiejtë dhe kam shtrirë tokën; kush ishte me mua?

25 Unë i bëj të kota parashikimet e gënjeshtarëve dhe i bëj shortarët pa mend; unë bëj që të sprapsen njerëzit e urtë dhe e kthej dijen e tyre në marrëzi.

26 Vërtetoj fjalën e shërbëtorit tim dhe i jap sukses këshillës së lajmëtarëve të mi; unë i them Jeruzalemit: "Do të kesh banorë", dhe qyteteve të Judës: "Do t'ju rindërtojnë", dhe unë do të rindërtoj gërmadhat e tyre.

27 Unë i them humnerës: "Thahu!"; dhe unë do të thaj lumenjtë e tu.

28 Them për Kirin: "Ai është bariu im!" dhe do të çojë në vend tërë dëshirat e mia, duke i thënë Jeruzalemit: "Do të rindërtohesh!", dhe tempullit: "Do të jesh i qëndrueshëm!"".

Kapitull 45

1 "Kështu i thotë Zoti të vajosurit të tij, Kirit, që unë e mora me dorën e djathtë, që të hedh poshtë para tij kombet: Po, unë do të zgjidh brezat që mbretërit mbajnë në ijë, për të hapur para tij

2 Unë do të ec para teje dhe do të sheshoj vendet e ngritura, do të bëj copë-copë portat prej bronzi dhe do të thyej shufrat prej hekuri.

3 Do të të jap thesaret e territ dhe pasuritë e fshehura në vende të fshehta, me qëllim që ti të njohësh që unë jam Zoti, Perëndia i Izraelit, që të thërret me emër.

4 Për hir të Jakobit, shërbëtorit tim, dhe për hir të Izraelit, të zgjedhurit tim, unë të thirra me emër dhe të dhashë një titull nderi megjithëse ti nuk më njihje.

5 Unë jam Zoti dhe nuk ka asnjë tjetër; jashtë meje nuk ka Perëndi. Të kam rrethuar, ndonëse ti nuk më njihje,

6 me qëllim që nga lindja në perëndim të pranohet që nuk ka asnjë Perëndi përveç meje. Unë jam Zoti dhe nuk ka asnjë tjetër.

7 Unë formoj dritën dhe krijoj terrin, sjell mirëqënien dhe krijoj fatkeqësinë. Unë, Zoti, i bëj të gjitha këto gjëra".

8 Pikëloni, o qiej, nga lart dhe retë le të bëjnë të bjerë si shi drejtësia. Le të hapet toka, të prodhojë shpëtimin dhe të bëjë të mbijë njëkohësisht drejtësia. Unë, Zoti, e kam krijuar këtë.

9 Mjerë ai që i kundërvihet atij që e ka formuar, një fragment enësh balte me fragmente të tjera të enëve prej balte. A do t'i thotë argjila atij që i jep formë: "Ç'po bën?", a do të thotë vepra jote: "Nuk ka duar?".

10 Mjerë ai që i thotë të atit: "Çfarë po lind?". dhe nënës së tij: "Çfarë po pjell?".

11 Kështu thotë Zoti, i Shenjti i Izraelit dhe ai që e ka formuar: "Përsa u përket gjërave të së ardhmes më bëni pyetje rreth bijve të mi dhe më jepni urdhëra rreth veprës së duarve të mia?

12 Por unë kam bërë tokën dhe kam krijuar njeriun mbi të; me duart e mia kam shpalosur qiejtë dhe komandoj tërë ushtrinë e tyre.

13 Unë e ngjalla atë në drejtësinë time dhe do të sheshoj tërë rrugët e tij; ai do të rindërtojë qytetin tim dhe do t'i kthejë të lirë të mërguarit e mi pa paguar shpengim dhe pa bërë dhurata", thotë Zoti i ushtrive.

14 Kështu thotë Zoti: "Fryti i mundimeve të Egjiptit dhe mallrat e Etiopisë dhe të Sabejve, njerëz me shtat të lartë, do të kalojnë ty dhe do të të përkasin ty; ata do të ecin pas teje, të lidhur me zinxhirë; do të bien përmbys para teje dhe do të të luten fort, duke thënë: "Me siguri Perëndia është ti dhe nuk ka asnjë tjetër; nuk ka Perëndi tjetër"".

15 Në të vërtetë ti je një Perëndi që fshihesh, o Perëndi i Izraelit, o Shpëtimtar.

16 Do të mbeten të gjithë të turpëruar dhe të hutuar, po, do të ikin të gjithë bashkë, të mbuluar me turp, sajuesit e idhujve.

17 Por Izraeli do të shpëtohet nga Zoti me një shpëtim të përjetshëm; ju nuk do të turpëroheni ose të hutoheni kurrë më përjetë.

18 Sepse kështu thotë Zoti që ka krijuar qiejtë, ai, Perëndia që formuar tokën dhe e ka bërë; ai e ka vendosur, nuk e ka krijuar pa trajtë, por e ka formuar që të banohej: "Unë jam Zoti dhe nuk ka asnjë tjetër.

19 Unë nuk kam folur fshehtas në një cep të errët të dheut; nuk u kam thënë pasardhësve të Jakobit: "Më kërkoni kot". Unë, Zoti, them atë që është e drejtë deklaroj gjërat që janë të vërteta.

20 Mblidhuni dhe ejani, afrohuni bashkë, ju që keni shpëtuar nga kombet! Nuk kanë mend ata që mbajnë një shëmbëlltyrë prej drurit të gdhendur prej tyre dhe i luten një perëndi që nuk mund të shpëtojë.

21 Shpalleni dhe paraqitni arsyetimet tuaja, po, le të këshillohen edhe bashkë. Kush e ka shpallur këtë që në kohët e lashta dhe e ka parashikuar prej një kohe të gjatë? Vallë, nuk jam unë, Zoti? Nuk ka Perëndi tjetër veç meje, një Perëndi i drejtë, një Shpëtimtar; nuk ka asnjë veç meje.

22 Kthehuni nga unë dhe do të shpëtoni, ju mbarë skaje të tokës. Sepse unë jam Perëndia dhe nuk ka asnjë tjetër.

23 Jam betuar në veten time, nga goja ime ka dalë një fjalë drejtësie dhe nuk do ta tërheq; çdo gju do të përkulet para meje dhe çdo gjuhë do të betohet për mua.

24 Do të thuhet për mua: "Vetëm tek Zoti kam drejtësi dhe forcë"".

Tek ai do të vijnë tërë ata që ishin të ndezur me zemërim kundër tij dhe do të turpërohen.

²⁵ Në Zoti do të shfajesohen dhe do të përlëvdohen gjithë pasardhësit e Izraelit.

Kapitull 46

¹ Beli ka rënë, Nebo është rrëzuar; idhujt e tyre i kanë çuar tutje me kafshë barre dhe me pela; gjërat që ju transportonit janë ngarkuar si pesha të rënda për kafshët e lodhura.

² Janë shembur, kanë rënë bashkë; nuk kanë mundur të shpëtojnë ngarkesën, por ata vetë kanë shkuar në robëri.

³ "Dëgjomëni, o shtëpi e Jakobit, dhe tërë mbetja e shtëpisë së Izraelit, që ju kam përkrahur që kur keni lindur, që jeni mbajtur nga unë qysh në bark të nënës;

⁴ "Deri në pleqërinë tuaj unë do të mbetem po ai, unë do t'ju mbaj deri sa të thinjeni. Unë ju kam bërë dhe unë do t'ju përkrah; po, do t'ju mbaj dhe do t'ju shpëtoj".

⁵ Me cilin doni të më barazoni, me cilin doni të më krahasoni që mund të jemi të njëllojtë?

⁶ Këta harxhojnë arin e çantës dhe peshojnë argjendin me peshore, paguajnë një argjendar që me to të sajojë një perëndi; pastaj bien përmbys para tij dhe e adhurojnë.

⁷ E ngarkojnë mbi kurriz dhe e mbartin, e vënë në vendin e tij dhe mbetet atje; nga vendi i tij nuk lëvizet më. Edhe sikur dikush t'i thërrasë atij, ai nuk i përgjigjet as e shpëton nga fatkeqësia e tij.

⁸ Kujtoni këtë dhe tregohuni burra! Silleni atë ndërmend, o shkelës.

⁹ Kujtoni gjërat e kaluara të kohëve shumë të vjetra, sepse unë jam Perëndia dhe nuk ka asnjë tjetër; jam Perëndia dhe askush nuk më ngjet mua,

¹⁰ që shpall fundin që në fillim, dhe shumë kohë më parë gjërat që ende nuk janë bërë, duke thënë: "Plani im do të realizohet dhe do të bëj gjithçka më pëlqen",

¹¹ duke thirrur nga lindja një zog grabitqar dhe nga një tokë e largët njeriun që do të zbatojë planin tim. Po, kam folur dhe do të bëj që të ndodhë; kam bërë planin dhe do ta realizoj.

¹² Dëgjomëni, e zemërkryeneçë, që i jeni larguar drejtësisë.

¹³ Po e afroj drejtësinë time, ajo nuk është larg; shpëtimi im nuk do të vonojë. Do ta vë shpëtimin te Sioni dhe do t'i tregoj lavdinë time Izraelit".

Kapitull 47

¹ "Zbrit dhe ulu në pluhur, o e virgjër bijë e Babilonisë. Ulu në tokë, pa fron, o bijë e Kaldeasve, sepse nuk do të quajnë më të brishtë dhe të njomë.

² Vër dorën mbi mokrën dhe bluaj miellin; lëvize velin tënd, ngrije bishtin e fustanit, zbulo këmbën dhe kalo lumenjtë.

³ Lakuriqësia jote do të zbulohet dhe do të shihet gjithashtu turpi yt; do të hakmerrem dhe asnjeri nuk do të ndërhyjë".

⁴ Shpëtimtari ynë, emri i të cilit është Zoti i ushtrive, është i Shenjti i Izraelit.

⁵ "Ulu në heshtje dhe shko në terr, o bijë e Kaldeasve, sepse nuk do të të quajnë më zonjë të mbretërive.

⁶ Jam zemëruar me popullin tim, kam përdhosur trashëgiminë time dhe i kam dhënë në pushtetin tënd, por ti nuk ke perdorur për ta kurrfarë mëshire; zgjedhën tënde e ushtrove sidomos mbi të moshuarit,

⁷ dhe the: "Unë do të jem zonjë përjetë", dhe kështu nuk i vure këto gjëra në zemër dhe nuk more parasysh fundin e gjithë kësaj ngjarjeje.

⁸ Por tani dëgjo, o epshndjellëse, që banon në një vend të sigurt dhe thua në zemrën tënde: "Unë, dhe asnjë tjetër! Nuk do të mbetem kurrë e ve dhe s'kam për të njohur humbjen e fëmijëve".

⁹ Por këto dy gjëra do të ndodhin në një çast, në po atë ditë: humbja e fëmijëve dhe vejëria; do të të bien plotësisht mbi kurriz, për shkak të numrit të madh të magjive të tua dhe për morinë e yshtjeve të tua.

¹⁰ Ti kishe besim në djallëzinë tënde dhe thoje: "Askush nuk më sheh". Dituria jote dhe njohuritë e tua të kanë mashtruar, dhe ti thoje në zemrën tënde:

¹¹ "Unë dhe askush tjetër". Prandaj do të të vijë një fatkeqësi dhe nuk do të dish se nga të vjen; do të bjerë një fatkeqësi, që nuk do të jesh në gjendje ta shmangësh me asnjë lloj shlyerje; do të bjerë papritmas në trup një shkatërrim, që nuk e ke parashikuar.

¹² Rri tani me yshtjet e tua dhe me morinë e magjive të tua me të cilat je lodhur që në rininë tënde. Ndofta do të nxjerrësh prej tyre ndonjë përfitim, ndofta do të arrish të ndjellësh frikë.

¹³ Je lodhur me turmën e këshilltarëve të tu; le të ngrihen, pra, astrologët, ata që studiojnë yjet dhe bëjnë parashikime çdo muaj dhe le të të shpëtojnë nga gjërat që do të bien në kurriz.

¹⁴ Ja, ato do të jenë si kashta; zjarri do t'i harrxhojë. Nuk do të shpëtojnë veten e tyre nga fuqia e flakës; nuk do të ketë prush për t'u ngrohur, as zjarr para të cilit të ulesh.

¹⁵ Kështu do të jenë ata me të cilët je mundurar dhe ke dhënë e ke marrë që në rininë tënde. Secili do të rravgojë për llogari të vet, dhe askush nuk do të të shpëtojë".

Kapitull 48

¹ Dëgjoni këtë, o shtëpi e Jakobit, ju që ju thërrasin me emrin e Izraelit dhe që keni dalë nga burimet e Judës, ju që betoheni për emrin e Zotit dhe që përmendni Perëndinë e Izraelit, por jo me të vërtetë dhe me drejtësi.

² Duke qenë se quhen me emrin e qytetit të shenjtë dhe mbështeten mbi Perëndinë e Izraelit, emri i të cilit është Zoti i ushtrive;

³ "Unë i shpalla gjërat e kaluara që në fillim; kishin dalë nga goja ime dhe kisha bërë që t'i dëgjonin; pastaj veprova papritmas dhe ato ndodhën.

⁴ Sepse e dija që ishe kokëfortë, që qafa jote ishte një brez i hekurt dhe balli yt prej bronzi,

⁵ t'i kam njoftuar që në fillim, bëra që t'i dëgjosh para se të ndodhnin, që të mos kishe për të thënë: "I ka bërë idhulli im, i ka urdhëruar shëmbëlltyra ime e gdhendur dhe shëmbëlltyra ime e shkrirë".

⁶ Ti e ke dëgjuar dhe e ke parë tërë këtë gjë. A nuk do ta shpallni? Që tani bëj që të dëgjosh gjëra të reja, gjëra të fshehta që ti nuk i njihje.

⁷ Ato janë krijuar tashti dhe jo që në fillim; para ditës së sotme nuk i kishe dëgjuar dhe kështu nuk mund të thuash: "Ja, unë i dija".

⁸ Jo, ti as nuk i ke dëgjuar as nuk i ke ditur, as veshi yt nuk ishte i hapur atëherë, sepse e dija që ti do të veproje me pabesi dhe që do të quhesh "rebel" që në bark të nënës.

⁹ Për hir të emrit tim do ta shtyj për më vonë zemërimin tim, dhe për hir të lavdisë sime do ta frenoj që të mos të të shfaros.

¹⁰ Ja, unë të kam rafinuar, por jo si argjendi; të kam provuar në poçen e pikëllimit.

¹¹ Për hir të vetvetes, për hir të vetvetes e bëj këtë; si mund të lë, pra, që të përdhoset emri im? Nuk do t'ia jap lavdinë time asnjë tjetri".

¹² "Dëgjomë, o Jakob, dhe Izrael, që unë kam thirrur. Unë jam ai që është; unë jam i pari dhe jam i fundit gjithashtu.

¹³ Dora ime ka themeluar tokën dhe dora ime e djathtë ka shpalosur qiejtë; kur unë i thërras, paraqiten bashkë.

¹⁴ Mblidhuni, ju të gjithë, dhe dëgjoni! Kush prej tyre ka shpallur këto gjëra? Ai që Zoti dashuron do të kryejë vullnetin e tij kundër Babilonisë dhe do të ngrerë krahun e tij kundër Kaldeasve.

¹⁵ Unë, unë i fola, po, unë e thirra, e bëra të vijë dhe do të bëj që veprimi i tij të shkojë mbarë.

¹⁶ Afrohuni tek unë, dëgjoni këtë: "Qysh në fillim nuk fola në fshehtësi; kur këto fakte ndodhnin, unë isha atje. Dhe tani Zoti, Zoti, dhe Fryma e tij më kanë dërguar"".

¹⁷ Kështu thotë Zoti, Çliruesi yt, i Shenjti i Izraelit: "Unë jam Zoti, Perëndia yt, që të mëson për të mirën tënde, që të udhëheq nëpër rrugën që duhet të ndjekësh.

¹⁸ Ah, sikur t'u kishe kushtuar kujdes urdhërimeve të mia! Paqja jote do të ishte si një lumë dhe drejtësia jote si valët e detit.

¹⁹ Trashëgimia jote do të ishte si rëra dhe ata që kanë lindur nga të përbrëndëshmet e tua do të ishin të pallogaritshëm si kokrrizat e saj; emri i tij nuk do të fshihej as do të shkatërrohej para meje".

²⁰ Dilni nga Babilonia, ikni nga Kaldeasit! Me një zë të gëzuar kumtojeni, shpalleni këtë gjë, përhapeni deri në skajet e tokës. Thoni: "Zoti ka çliruar shërbëtorin e tij Jakob".

²¹ Ata nuk patën etje kur i çoi nëpër shkretëtirë. Ai bëri që të burojë për ta ujë nga shkëmbi; e çau shkëmbin dhe dolën ujërat.

²² "Nuk ka paqe për të pabesët", thotë Zoti.

Kapitull 49

¹ Ishuj, dëgjomëni, dhe kushtojini kujdes, o popuj të largët. Zoti më ka thirrur që kur isha në bark të nënës, ka përmendur emrin tim që kur isha në të përbrëndëshmet e nënës sime.

² Ma bëri gojën si një shpatë të mprehtë, më ka fshehur në hijen e dorës së tij, më ka dhënë një shigjetë me majë, më ka futur në kukurën e tij.

³ Më ka thënë: "Ti je shërbëtori im, Izrael, në të cilin do të përlëvdohem".

⁴ Por unë thoja: "Më kot jam lodhur; për hiç gjë dhe pa dobi kam harxhuar forcën time; por me siguri e drejta ime është pranë Zotit dhe shpërblimi im pranë Perëndisë tim".

⁵ Dhe tani thotë Zoti që më ka formuar që në bark të nënës që të jem shërbëtori i tij, që t'i sjell atij përsëri Jakobin dhe që të mbledh rreth tij Izraelin (unë jam i nderuar në sytë e Zotit dhe Perëndia im është forca ime).

⁶ Ai thotë: "Është tepër pak që ti të jesh shërbëtori im për të lartuar përsëri fiset e Jakobit dhe për të kthyer ata që kanë shpëtuar nga Izraeli. Të kam vendosur si dritën e kombeve, me qëllim që të jesh Shpëtimi im deri në skajet e tokës".

⁷ Kështu i thotë Zoti, Çliruesi i Izraelit, i Shenjti i tij, atij që përbuzet nga njerëzit, që urrehet nga kombi, shërbëtorit të sundimtarëve: "Mbretërit do të shohin dhe do të ngrihen, princat do të

⁸ Kështu thotë Zoti: "Në kohën e hirit unë ta kam plotësuar dëshirën dhe në ditën e shpëtimit të kam ndihmuar; do të të ruaj dhe do të të bëj aleancën e popullit, për ta ringjallur vendin, për të të shtënë në dorë trashëgimitë e shkatërruara,

⁹ për t'u thënë robërve: "Dilni", dhe atyre që janë në terr: "Shfaquni". Ata do të kullosin gjatë rrugëve dhe në të gjitha lartësitë e braktisura do të kenë kullotat e tyre.

¹⁰ Nuk do të kenë as uri as etje, nuk do të goditen më as nga vapa as nga dielli, sepse ai që ka mëshirë për ta do t'i udhëheqë dhe do t'i çojë te burimet e ujit.

¹¹ Do t'i ndryshoj tërë malet e mia në rrugë, dhe rrugët e mia kryesore do të ngrihen.

¹² Ja, këta vijnë nga larg; ja, ata nga veriu dhe nga lindja, dhe ata nga vendi i Sinimit".

¹³ Ngazëlloni, o qiej, gëzohu, o tokë, dhe lëshoni britma gëzimi, o male, sepse Zoti ngushëllon popullin e tij dhe i vjen keq për të pikëlluarit e tij.

¹⁴ Por Sioni ka thënë: "Zoti më ka braktisur, Zoti më ka harruar".

¹⁵ "A mundet një grua të harrojë foshnjen e gjirit dhe të mos i vijë keq për fëmijën e barkut të saj? Edhe sikur ato të të harrojnë, unë nuk do të harroj.

¹⁶ Ja, unë të kam gdhendur mbi pëllëmbët e duarve të mia; muret e tua më rrinë gjithnjë para syve.

¹⁷ Bijtë e tu do të shpejtojnë, shkatërruesit e tu dhe rrënuesit e tu do të largohen prej teje.

¹⁸ Ngrej sytë e tu rreth e qark dhe shiko. Të tërë ata po mblidhen dhe po të vijnë. Ashtu siç është e vërtetë që unë jetoj, thotë Zoti, do të vishesh me tërë ata si me një ornament dhe do t'i lidhësh mbi veten tënde, ashtu si bën nusja.

¹⁹ Prandaj vendet e tua të shkreta dhe të pikëlluara dhe vendi yt i goditur një herë nga shkatërrimi do të jenë tani tepër të ngushtë për banorët, ndërsa ata që të gllabëronin do të jenë mjaft larg.

²⁰ Fëmijët që do të kesh pas atyre që ke humbur, do të të thonë në vesh: "Ky vend është tepër i ngushtë për mua; bëmë më tepër vend që të mund të vendosem".

²¹ Atëherë ti do të thuash në zemrën tënde: "Kush i ka pjellë këta? Unë në fakt isha i privuar nga fëmijët e mi, isha shterpë e mërguar dhe e dëbuar sa këtej dhe andej. Këta kush i rriti? Ja, unë kisha mbetur vetëm, dhe këta ku ishin?"".

²² Kështu thotë Zoti, Zoti: "Ja, unë do të ngre dorën time mbi kombet, do të ngre flamurin tim mbi popujt; atëherë do t'i sjellin bijtë e tu në krahë dhe vajzat e tua do t'i sjellin mbi supe.

²³ Mbretërit do të jenë baballarët tuaj birësues dhe mbretëreshat e tyre do të jenë tajat tuaja; ata do të bien përmbys para teje me fytyrën përtokë dhe do të lëpijnë pluhurin e këmbëve të tua; kështu do të mësosh që unë jam Zoti dhe ata që shpresojnë tek unë nuk do të turpërohen.

²⁴ A do të mund t'i shkëputet vallë preja të fuqishmit apo të çliruar i burgosuri që është i drejtë?".

²⁵ Po, kështu thotë Zoti: "Edhe i burgosuri do të çohet tutje dhe preja e tiranit do të shpëtohet. Unë vetë do të luftoj me atë që lufton me ty dhe do të shpëtoj bijtë e tu.

²⁶ Do të bëj që shtypësit e tu të hanë mishin e vet, dhe do të dehen me gjakun e vet si të ishte musht. Atëherë çdo mish do të pranojë që unë, Zoti, jam Shpëtimtari yt, Çliruesi yt, i Fuqishmi i Jakobit".

Kapitull 50

¹ Kështu thotë Zoti: "Ku është letra e shkurorëzimit e nënës tuaj me të cilën unë e ndava? Ose te cili nga huadhënësit e mi ju shita? Ja, ju jeni shitur për shkak të paudhësive tuaja dhe nënën tuaj është ndarë për shkak të shkeljeve tuaja.

² Kur erdha, pse s'kishte njeri? Pse, kur thirra, askush nuk u përgjigji? Është me të vërtetë dora ime tepër e shkurtër për shpëtuar apo nuk paskam forcën për të çliruar? Ja, me kërcënimin tim po thaj detin dhe i kthej lumenjtë në shkretëtirë; peshku i tyre po qelbet për mungesë uji dhe po ngordh nga etja.

³ Unë i vesh qiejtë me të zeza dhe u jap atyre një grathore për mbulesë".

⁴ Zoti, Zoti, më ka dhënë gjuhën e dishepujve që të mund ta mbaj me fjalë të lodhurin; ai më zgjon çdo mëngjes; zgjon veshin tim, që unë të dëgjoj si veprojnë dishepujt.

⁵ Zoti, Zoti, më ka hapur veshin dhe unë nuk kam qenë rebel, as jam tërhequr prapa.

⁶ I paraqita kurrizin tim atij që më rrihte dhe faqet e mia atij që më shkulte mjekrën; nuk ia fsheha fytyrën time poshtërimit dhe të pështyrave.

⁷ Por Zoti, Zoti, më ka ndihmuar, prandaj nuk qeshë hutuar; për këtë arsye e bëra fytyrën time si një strall dhe e di që nuk do të turpërohem.

⁸ Është afër ai që më justifikon; kush do të më kundërshtojë mua? Le të paraqitemi bashkë. Kush është kundërshtari im? Le të më afrohet mua.

⁹ Ja, Zoti, Zoti, do të më ndihmojë; kush është ai që do të më dënojë? Ja, të gjithë ata do të konsumohen si një palë rroba, tenja do t'i brejë".

¹⁰ Kush prej jush ka frikë nga Zoti dhe dëgjon zërin e shërbëtorit të tij? Kush ecën në terr pa asnjë dritë, le të ketë besim në emrin e Zotit dhe të mbështehet te Perëndia i tij!

¹¹ Ja, ju të gjithë që ndizni një zjarr, që rrethoheni me ura zjarri, shkoni në flakët e zjarrit tuaj dhe midis urave që keni ndezur! Nga dora ime do të keni këtë: ju do të lëngoni në vuajtje.

Kapitull 51

¹ Dëgjomëni, ju që ndiqni drejtësinë dhe kërkoni Zotin! Shikoni shkëmbin nga i cili jeni prerë dhe zgafellën e minierës prej së cilës keni dalë.

² Shikoni Abrahamin, atin tuaj, dhe Sarën që ju ka lindur, sepse e thirra kur ishte vetëm. E bekova dhe e shumova.

³ Në fakt Zoti do të ngushëllojë Sionin, do ta ngushëllojë për të gjitha shkatërrimet e tij, do ta bëjë shkretëtirën e tij si Edenin dhe vetminë e tij si kopshtin e Zotit. Do të gjejnë në të gëzim dhe hare, falenderim dhe tinguj këngësh.

⁴ Kushtomë kujdes, o populli im, dëgjomë, o kombi im, sepse nga unë do të vijë ligji dhe unë do të vendos të drejtën time si dritë e popujve.

⁵ Drejtësia ime është e afërt, shpëtimi im do të shfaqet dhe krahët e mi do të gjykojnë popujt; ishujt do të kenë shpresë tek unë dhe do të kenë besim në krahun tim.

⁶ Çoni sytë tuaj drejt qiellit dhe shikoni tokën që ndodhet poshtë, sepse qiejtë do të davariten si tym, toka do të konsumohet si një rrobe dhe po kështu banorët e saj do të vdesin; por shpëtimi im do të vazhdojë përjetë dhe drejtësia ime nuk do të mungojë kurrë.

⁷ Dëgjomëni, o ju që e njihni drejtësinë, o popull, që ka në zemër ligjin tim. Mos kini frikë turpërimin nga njerëzit, as mos u trembni nga fyerjet e tyre të rënda.

⁸ Sepse tenja do t'i hajë si një rrobe dhe mola do t'i brejë si leshin, por drejtësia ime do të jetë përjetë dhe shpëtimi im brez pas brezi.

⁹ Zgjohu, zgjohu, vishu me forcë, o krah i Zotit, zgjohu si në ditët e lashta, ashtu si në brezat që shkuan! A nuk je ti ai që e ke bërë copë-copë Rahabin, që ke prerë kuçedrën?

¹⁰ A nuk je ti ai që ke tharë detin, ujërat e humnerës së madhe, që i ke bërë rrugë thellësitë e detit, me qëllim që të çliruarit të kalonin?

¹¹ Kështu të shpenguarit nga Zoti do të kthehen, do të vijnë në Sion me klithma gëzimi dhe një hare e përjetshme do të kurorëzojë kokën e tyre; do të marrin gëzim dhe hare, e dhembja dhe rënkimi do të zhduken.

¹² Unë, unë vetë, jam ai që ju ngushëllon; kush je ti që i trembesh njeriut që po vdes dhe birit të njeriut të caktuar të jetë si bari?

¹³ Ti ke harruar Zotin që të ka bërë, që ka shpalosur qiejt dhe ka hedhur themelet e tokës. Ti kishe gjithnjë frikë, tërë ditën përpara tërbimit të shtypësit; kur ai përgatitej të të shkatërronte. Por ku është tani tërbimi i shtypësit?

¹⁴ I mërguari në robëri do të çlirohet së shpejti, nuk do të vdesë në gropë as nuk do t'i mungojë buka.

¹⁵ Sepse unë jam Zoti, Perëndia yt, që tund detin dhe bën të gjëmojnë valët; emri i tij është Zoti i ushtrive.

¹⁶ Unë i vura fjalët e mia në gojën tënde dhe të mbulova me hijen e dorës sime për të vendosur qiejt dhe për të hedhur themelet e tokës, dhe për t'i thënë Sionit: "Ti je populli im".

¹⁷ Rizgjohu, rizgjohu, çohu, o Jeruzalem, që ke pirë nga dora e

Zotit kupën e zemërimit të tij, që ke pirë llumin e kupës së hutimit deri sa e kullove krejt.

¹⁸ Midis gjithë bijve që ka pjellë nuk ka asnjë që ta udhëheqë; midis gjithë bijve që ka rritur nuk ka asnjë që ta marrë prej dore.

¹⁹ Këto dy gjëra të kanë ndodhur, kujt do t'i vijë keq për ty? Pikëllim dhe shkatërrim, uri dhe shpatë, kush do të të ngushëllojë?

²⁰ Djemtë e tu ligështoheshin, qëndronin në krye të të gjitha rrugëve si një antilopë e zënë në rrjetë, plot me zemërimin e Zotit, me kërcënimin e Perëndisë tënd.

²¹ Prandaj tani dëgjo këtë, o e pikëlluar dhe e dehur, por jo nga vera.

²² Kështu thotë Zoti yt, Zoti, Perëndia yt, që mbron çështjen e popullit të tij: "Ja, unë po të heq nga dora kupën e hutimit, llumin e kupës së zemërimit tim; ti nuk do ta pish më.

²³ Do ta vë përkundrazi në duart e atyre që të hidhëronin dhe të thonin: "Shtrihu për tokë, që të kalojmë mbi ty", dhe ti e bëje kurrizin tënd një vend, një rrugë për kalimtarët".

Kapitull 52

¹ Rizgjohu, rizgjohu, rivishu me forcën tënde, o Sion; vish rrobat e tua të mrekullueshme, o Jeruzalem, qytet i shenjtë! Sepse nuk do të hyjnë më te ti i parrethpreri dhe i papastri.

² Shkunde pluhurin që ke në kurriz, çohu dhe ulu ndenjur, o Jeruzalem; zgjidhi zinxhirët që ke në qafë, o bijë e Sionit, që je në robëri!

³ Sepse kështu thotë Zoti: "Ju kanë shitur për asgjë dhe do të shpengoheni pa para".

⁴ Sepse kështu thotë Zoti, Zoti: "Populli im zbriti së lashti në Egjipt për të banuar; pastaj Asiri e shtypi pa shkak.

⁵ Dhe tani çfarë po bëj unë këtu?", thotë Zoti, "ndërsa popullin tim e kanë hequr larg për asgjë? Ata që e sundojnë, bëjnë që ai të rënkojë", thotë Zoti, "dhe emri im shahet vazhdimisht tërë ditën.

⁶ Prandaj populli im do të njohë emrin tim, prandaj do të kuptojë atë ditë që jam unë që kam folur: "Ja ku jam!"".

⁷ Sa të bukura janë mbi malet këmbët e lajmëtarit që sjell lajme të mira që njofton paqen, që sjell lajme të bukura mbi gjëra të mira, që shpall shpëtimin, që i thotë Sionit: "Perëndia yt mbretëron!".

⁸ Dëgjo! Rojet e tua ngrenë zërin dhe lëshojnë bashkë britma gëzimi, sepse shohin me sytë e tyre Zotin që kthehet në Sion.

⁹ Shpërtheni bashkë në britma gëzimi, o rrënoja të Jeruzalemit, sepse Zoti ngushëllon popullin e tij dhe çliron Jeruzalemin.

¹⁰ Zoti ka zhveshur krahun e tij të shenjtë para syve të të gjitha kombeve; të gjitha skajet e tokës do të shohin shpëtimin e Perëndisë tonë.

¹¹ Ikni, ikni, dilni andej, mos prekni asgjë të papastër! Dilni nga ambienti i saj, pastrohuni, ju që mbani vazot e Zotit!

¹² Sepse ju nuk do të niseni me nxitim dhe nuk do shkoni me turr, sepse Zoti do të ecë para jush, Perëndia i Izraelit do të jetë praparoja juaj.

¹³ Ja, shërbëtori im do të begatohet, do të ngrihet dhe do të lartësohet shumë.

¹⁴ Duke qenë se shumë veta u çuditën me ty, sepse pamja e tij ishte e shfytyruar më tepër se e çdo njeriu tjetër dhe fytyra e tij ishte ndryshe nga ajo e bijve të njeriut,

¹⁵ kështu ai do të spërkasë shumë kombe; mbretërit do të mbyllin gojën para tij, sepse do të shohin çfarë nuk u ishte treguar kurrë atyre dhe do të kuptojnë ato që nuk kishin dëgjuar.

Kapitull 53

¹ Kush i ka besuar predikimit tonë dhe kujt iu shfaq krahu i Zotit?

² Ai erdhi lart para tij si një degëz, si një rrënjë nga një tokë e thatë. Nuk kishte figurë as bukuri për të tërhequr shikimin tonë, as paraqitje që ne ta dëshironim.

³ I përçmuar dhe i hedhur poshtë nga njerëzit, njeri i dhembjeve, njohës i vuajtjes, i ngjashëm me dikë para të cilit fshihet faqja, ishte përçmuar, dhe ne nuk e çmuam aspak.

⁴ Megjithatë ai mbante sëmundjet tona dhe kishte marrë përsipër dhembjet tona; por ne e konsideronim të goditur, të rrahur nga Perëndia dhe të përulur.

⁵ Por ai u tejshpua për shkak të shkeljeve tona, u shtyp për paudhësitë tona; ndëshkimi për të cilin kemi paqen është mbi të, dhe për shkak të vurratave të tij ne jemi shëruar.

⁶ Ne të gjithë endeshim si dele; secili prej nesh ndiqte rrugën e vet, dhe Zoti bëri që të bjerë mbi të paudhësia e ne të gjithëve.

⁷ I keqtrajtuar dhe i përulur, nuk e hapi gojën. Si një qengj që e çojnë në thertore, si një dele e heshtur përpara atyre që e qethin nuk e hapi gojën.

⁸ U çua larg nga shtypja dhe nga gjykimi; dhe nga brezi i tij kush mendoi se ai ishte larguar nga toka e të gjallëve dhe ishte goditur për shkak të shkeljeve të popullit tim?

⁹ Kishin caktuar ta varrosnin bashkë me të pabesët, po kur vdiq e vunë me të pasurin, sepse nuk kishte kryer asnjë dhunë dhe nuk kishte pasur asnjë mashtrim në gojën e tij.

¹⁰ Por i pëlqeu Zotit ta rrihte dhe ta bënte të vuante. Duke ofruar jetën e tij si flijim për mëkatin, ai do të shikojë pasardhës, do të zgjasë ditët e tij, dhe vullneti i Zotit do të ketë mbarësi në duart e tij.

¹¹ Ai do të shikojë frytin e mundimit të shpirtit të tij dhe do të jetë i kënaqur; me anë të diturisë së tij, i drejti, shërbëtori im, do të bëjë të drejtë shumë veta, sepse do të marrë përsipër paudhësitë e tyre.

¹² Prandaj do t'i jap pjesën e tij midis të mëdhenjve, dhe ai do ta ndajë plaçkën me të fuqishmit, sepse e ka përkushtuar jetën e tij deri në vdekje dhe u përfshi midis keqbërësve; ai ka mbajtur mëkatin e shumë vetave dhe ka ndërhyrë në favor të shkelësve.

Kapitull 54

¹ Ngazëllo, o shterpë, që nuk lindje; shpërthe në britma të larta gëzimi, ti që nuk provoje dhembjet e lindjes! Sepse fëmijët e së shkretës do të jenë më shumtë se fëmijët e gruas së martuar, thotë Zoti.

² Zgjero vendin e çadrës sate dhe fletët e banesave të tua le të shtrihen pa kursim; zgjati litarët e tu dhe përforco kunjat e tu,

³ sepse do të shtrihesh në të djathtë dhe në të majtë; pasardhësit e tu do të zotërojnë kombet dhe do të populojnë qytetet e shkretuara.

⁴ Mos u frikëso, sepse nuk do të ngatërrohesh; mos ki turp, sepse nuk do të skuqesh; do të harrosh madje turpin e rinisë sate dhe nuk do ta kujtosh më çnderimin e vejërisë sate.

⁵ Sepse krijuesi yt është dhëndri yt; emri i tij është Zoti i ushtrive; Çliruesi yt është i Shenjti i Izraelit, i quajtur Perëndi i tërë tokës.

⁶ Sepse Zoti të ka thirrur si një grua të braktisur dhe të pikëlluar në frymën e saj, si nusja e rinisë që është përzënë, thotë Perëndia yt.

⁷ Të kam braktisur për një çast të shkurtër, por me dhembshuri të pamasë do të të mbledh.

⁸ Në një shpërthim zemërimi të kam fshehur për një çast fytyrën time, por me një dashuri të përjetshme do të kem dhembshuri për ty, thotë Zoti, Çliruesi yt.

⁹ Për mua ky do të jetë një fakt si ujërat e Noeut; ashtu siç u betova që ujërat e Noeut nuk do të mbulonin më tokën, kështu betohem që nuk do të zemërohem më me ty dhe nuk do të të kërcënoj më.

¹⁰ Edhe sikur malet të zhvendoseshin dhe kodrat të luanin nga vendi, dashuria ime nuk do të largohet prej teje as besëlidhja e paqes nuk do të hiqet, thotë Zoti, që ka dhëmbshuri për ty.

¹¹ O e pikëlluar, e rrahur nga stuhia, e pangushëlluar, unë do të ngallmoj gurët e tu të çmuar në antimon dhe do të të themeloj mbi safirët.

¹² Do t'i bëjë bedenat e tu prej rubinësh, portat e tua prej xhevairi dhe tërë rrethimin tënd prej gurësh të çmuar.

¹³ Tërë bijtë e tu do të mësohen nga Zoti dhe e madhe ka për të qenë paqja e bijve të tu.

¹⁴ Ti do të vendosesh ngultas në drejtësi; do të jesh larg nga shtypja, sepse nuk duhet të trëmbesh më edhe nga tmerri, sepse nuk do të të afrohet më ty.

¹⁵ Ja, edhe mund të mblidhen kundër teje, por kjo nuk do të jetë nga ana ime. Cilido që do të mblidhet kundër teje, do të rrëzohet para teje.

¹⁶ Ja, unë kam krijuar kovaçin që i fryn prushit të zjarrit dhe nxjerr prej tij një vegël për punën e tij, dhe kam krijuar shkatërruesin për të prishur.

¹⁷ Asnjë armë e sajuar kundër teje nuk do të ketë sukses, dhe çdo gjuhë që do të ngrihet të gjykojë kundër teje, ti do ta dënosh. Kjo është trashëgimia e shërbëtorëve të Zotit dhe drejtësia e tyre vjen nga unë", thotë Zoti.

Kapitull 55

¹ "O ju gjithë që keni etje, ejani tek ujërat, dhe ju që nuk keni para ejani, blini dhe hani! Ejani, blini pa para dhe pa paguar verë dhe qumësht!

² Pse shpenzoni para për atë që nuk është bukë dhe fryt i mundit tuaj, për atë që nuk të ngop? Dëgjomëni me kujdes dhe do të hani atë që është e mirë, dhe shpirti juaj do të shijojë ushqime të shijshme.

³ Vini veshin dhe ejani tek unë, dëgjoni dhe shpirti juaj do të jetojë; dhe unë do të bëj me ju një besëlidhje të përjetshme, sipas hirit të

Isaisë

qëndrueshëm që i premtova Davidit.

⁴ Ja, unë ia dhashë si dëshmitar popujve, si princ dhe komandant të popujve.

⁵ Ja, ti do të thërrasësh një komb që nuk e njeh, dhe një komb që nuk të njeh do të vrapojë te ti, për shkak të Zotit, Perëndisë tënd, dhe të Shenjtit të Izraelit, sepse ai të ka përlëvduar".

⁶ Kërkoni Zotin ndërsa mund të gjendet, e thirrni ndërsa është afër.

⁷ I pabesi le ta lërë rrugën e tij dhe njeriu i padrejtë mendimet e tij, dhe le të kthehet tek Zoti që të ketë dhembshuri për të, tek Perëndia ynë që fal bujarisht.

⁸ "Duke qenë se mendimet e mia nuk janë mendimet tuaja, dhe as rrugët tuaja nuk janë rrugët e mia", thotë Zoti.

⁹ "Ashtu si qiejtë janë më të lartë se toka, kështu edhe rrugët e mia janë më të larta se rrugët tuaja dhe mendimet e mia janë më të larta se mendimet tuaja.

¹⁰ Ashtu si shiu dhe bora zbresin nga qielli dhe nuk kthehen prapa pa vaditur tokën, pa e bërë pjellore, pa bërë që të mbijë në mënyrë që ai që do të mbjellë të marrë farën dhe të sigurojë bukën për të ngrënë,

¹¹ kështu do të jetë fjala ime e dalë nga goja ime; ajo nuk do të më kthehet bosh mua, pa kryer atë që dëshiroj dhe pa realizuar plotësisht atë për të cilën e dërgova.

¹² Sepse ju do të niseni me gëzim dhe do t'ju kthejnë në paqe. Malet dhe kodrat do të shpërthejnë në britma gëzimi përpara jush dhe tërë drurët e fushave do të duartrokasin.

¹³ Në vend të ferrave do të rritet selvia, në vend të hithrave do të rritet mersina; kjo do të jetë për Zotin një titull lavdie, një shenjë e përjetshme që nuk do të shkatërrohet".

Kapitull 56

¹ Kështu thotë Zoti: "Respektoni të drejtën dhe zbatoni drejtësinë, sepse shpëtimi im është duke ardhur dhe drejtësia ime do të shfaqet.

² Lum njeriu që vepron kështu dhe biri i njeriut që i përmbahet kësaj, që respekton të shtunën pa e përdhosur dhe që e përmban dorën e tij nga kryerja e çfarëdo veprimi të keq".

³ Të mos thotë biri i të huajit që është bashkuar me Zotin: "Zoti me siguri më ka përjashtuar nga populli i tij". Dhe të mos thotë eunuku: "Ja, unë jam një dru i thatë".

⁴ Sepse kështu thotë Zoti: "Eunukët që respektojnë të shtunat e mia, që zgjedhin atë që më pëlqen mua dhe që i përmbahen me vendosmëri besëlidhjes sime,

⁵ do t'u jap atyre në shtëpinë time dhe brenda mureve të mia një vend dhe një emër, që do të vlejë më tepër nga ai i bijve dhe i bijave; do t'u jap atyre një emër të përjetshëm që nuk do të fshihet kurrë.

⁶ Bijtë e të huajve që janë bashkuar me Zotin për t'i shërbyer, për të dashur emrin e Zotit dhe për të qenë shërbëtorë të tij, tërë ata që respektojnë të shtunën pa e përdhosur dhe që i përmbahen me vendosmëri besëlidhjes sime,

⁷ do t'i çoj në malin tim të shenjtë dhe do t'i mbush me gëzim në shtëpinë time të lutjes; olokaustet e tyre dhe flijimet e tyre do të pëlqehen mbi altarin tim, sepse shtëpia ime do të quhet shtëpi lutjeje për të gjithë popujt".

⁸ Zoti, Zoti, që i mbledh të shpërndarit e Izraelit, thotë: "Unë do të mbledh rreth tij edhe të tjerë, përveç atyre që kam mbledhur".

⁹ O ju mbarë, kafshë të fushave, ejani për të ngrënë; ejani, ju mbarë kafshë të pyllit!

¹⁰ Rojtarët e tyre janë të verbër, janë të gjithë të paditur, janë të gjithë qen memecë, të paaftë të lehin; shohin ëndrra, rrinë shtrirë, u pëlqen të dremitin.

¹¹ Janë qen llupës, që nuk ngopen kurrë, janë barinj që nuk kuptojnë asgjë; ndjekin të gjithë rrugën e tyre, secili shikon interesin e vet, për llogari të vet.

¹² "Ejani", thonë, "do të marr verë dhe do të dehemi me pije dehëse; nesër do të jetë si sot, madje shumë më mirë.

Kapitull 57

¹ I drejti vdes, por askush nuk kujdeset për të; njerëzit e devotshëm çohen tutje, dhe askush nuk mendon që i drejti është çuar larg përpara së keqes.

² Ai hyn në paqe; ata që kanë ecur në ndershmëri pushojnë në shtretërit e tyre.

³ Por afrohuni këtu, ju bij të magjistares, pasardhës të shkelësit të kurorës dhe të prostitutës.

⁴ Me kë po talleni? Kundër kujt e hapni gojën dhe nxirrni jashtë gjuhën? A nuk jeni ju bij të rebelimit, pasardhës të gënjeshtrës,

⁵ ju, që ndizeni midis lisave poshtë çdo druri të blertë, therni bijtë në luginat, në të çarat e shkëmbinjve?

⁶ Pjesa jote është midis gurëve të lëmuar të përroit; ata, pikërisht ata janë pjesa jote; mbi ta ke derdhur libacione dhe ke sjellë blatime ushqimesh. A do të mund të gjeja përdëllim në këto gjëra?

⁷ Ti e ke vënë shtratin tënd mbi një mal të lartë dhe të ngritur, edhe aty ke hipur për të ofruar flijime.

⁸ I ke vënë simbolet e tu idhujtarë prapa portave dhe pas shtalkave. Larg meje je zbuluar dhe je ngjitur tek ata; ke zgjeruar shtratin tënd dhe ke bërë një besëlidhje me ta, ke pëlqyer shtratin e tyre, duke synuar pushtetin e tyre.

⁹ Ke shkuar te mbreti me vaj, duke i shumuar parfumet e tua; i dërgove larg lajmëtarët e tu dhe u ule deri në Sheol.

¹⁰ Nga shkaku i udhëtimeve të tua të shumta je lodhur, por nuk ke thënë: "Është e kotë". Ke gjetur akoma fuqi në dorën tënde, prandaj nuk e ndjen veten të kapitur.

¹¹ Nga kush ke pasur frikë, nga kush je trembur për të gënjyer, për të mos më kujtuar mua dhe për të mos menduar më për mua? A nuk kam qëndruar në heshtje për një kohë të gjatë? Prandaj nuk ke më frikë nga unë.

¹² Unë do të shpall drejtësinë tënde dhe veprat e tua, që nuk do të hyjnë aspak në punë.

¹³ Kur do të bërtasësh, le të vijë të shpëtojë turma e idhujve të tu. Era do t'i përlajë të tërë, një frymë do t'i çojë tutje. Por ai që gjen strehë tek unë do të zotërojë vendin dhe do të trashëgojë malin tim të shenjtë.

¹⁴ Dhe do të thuhet: "Sheshoni, sheshoni, shtroni rrugën, hiqni pengesat nga rruga e popullit tim!".

¹⁵ Sepse kështu thotë i Larti dhe i Madhërishmi që banon përjetësinë dhe emri i të cilit është "Shenjti": "Unë banoj në vendin e lartë dhe të shenjtë dhe bashkë me atë që është i penduar dhe i përulur nga fryma, për të ngjallur frymën e të përulurve, për të ngjallur frymën e të penduarve.

¹⁶ Sepse unë nuk dua të kundërshtoj gjithnjë dhe as të jem i zemëruar përjetë, përndryshe para meje do të ligështoheshin fryma dhe shpirtërat që kam bërë.

¹⁷ Për shkak të paudhësisë së lakmisë së tij u zemërova dhe e godita; u fsheha, u indinjova, por ai u largua duke ndjekur rrugën e zemrës së tij.

¹⁸ I pashë rrugët e tij, por unë do ta shëroj, do ta udhëheq dhe do t'i jap përsëri ngushëllimet e mia atij dhe të tijve që janë pikëlluar.

¹⁹ Unë krijoj frytin e buzëve. Paqe, paqe atij që është larg dhe atij që është afër", thotë Zoti. "Unë do ta shëroj".

²⁰ Por të pabesët janë si deti i trazuar, që nuk mund të qetësohet dhe ujërat e të cilit vjellin lluçë dhe baltë.

²¹ "Nuk ka paqe për të pabesët", thotë Perëndia im.

Kapitull 58

¹ "Bërtit sa të mundësh, mos u kurse; ngrije zërin tënd si një bori dhe shpalli popullit tim shkeljet e tij dhe shtëpisë së Jakobit mëkatet e tij.

² Më kërkojnë çdo ditë dhe dëshirojnë të njohin rrugët e mia, si një komb që zbaton drejtësinë dhe nuk braktis ligjin e Perëndisë të tij; më kërkojnë gjykime të drejta dhe dëshirojnë t'i afrohen Perëndisë.

³ Ata thonë: "Pse kemi agjëruar, dhe ti nuk e ke parë? Pse kemi hidhëruar shpirtërat tona dhe ti nuk e ke vënë re?". Ja, ditën e agjërimit tuaj ju bëni atë që ju pëlqen dhe i detyroni punëtorët tuaj të kryejnë një punë të rëndë.

⁴ Ja, ju agjëroni për grindje dhe mosmarrëveshje dhe për të goditur pabesisht me grusht. Duke agjëruar ashtu si bëni sot, nuk bëni që zëri juaj të dëgjohet lart.

⁵ A është ky agjërimi të cilin e pëlqej, dita në të cilën njeriu pikëllon shpirtin e tij? Të përkulësh kokën si xunkthi dhe të shtrihesh mbi një shtrat prej thesi dhe hiri? A e quan këtë vallë agjërim dhe ditë që i pëlqen Zotit?

⁶ Agjërimi që më pëlqen a nuk është vallë ky: të thyesh zinxhirët e ligësisë, të zgjidhësh verigat e zgjedhës, t'i lësh të lirë të shtypurit, të dërmosh çdo zgjedhë?

⁷ A nuk konsiston vallë në ndarjen e bukës sate me atë që ka uri, në sjelljen në shtëpinë tënde të të varfërit pa strehë, në të veshurit e atij që është lakuriq, pa lënë pas dore atë që janë nga gjaku yt?

⁸ Atëherë drita jote do të shpërthejë si agimi dhe shërimi yt do të mbijë menjëherë, drejtësia jote do të të pararendë dhe lavdia e Zotit do të jetë praparoja jote.

⁹ Atëherë do të thërrasësh dhe Zoti do të të përgjigjet, do të bërtasësh dhe ai do të thotë: "Ja ku jam!". Në rast se ti heq dorë nga

zgjedha, tregimi me gisht dhe të folurit mbrapsht,

¹⁰ në rast se plotëson nevojat e të uriturit dhe ngop shpirtin e pikëlluar, atëherë drita jote do të lindë nga terri dhe terri yt do të jetë si mesdita.

¹¹ Zoti do të të udhëheqë vazhdimisht, do të ngopë shpirtin tënd në vendet e thata dhe do t'u japë forcë kockave të tua; ti do të jesh si një kopsht i vaditur dhe si një burim uji, ujërat e të cilit nuk shterojnë.

¹² Njerëzit e tu do të rindërtojnë rrënojat e lashta, dhe ti do të ngresh përsëri themelet e shumë brezave të shkuara; kështu do të quhesh riparuesi i të çarave, restauruesi i shtigjeve për të banuar në vend.

¹³ Në rast se e përmban këmbën që të mos dhunosh të shtunën, në rast se nuk kryen punët e tua gjatë ditës sime të shenjtë, në rast se e quan të shtunën kënaqësi, ditën e shenjtë të Zotit, që meriton

¹⁴ do të gjesh kënaqësinë tënde tek Zoti, dhe unë do të të bëjë që të kalërosh mbi lartësitë e tokës dhe do të të jap të hash trashëgiminë e Jakobit, atit tënd, sepse goja e Zotit ka folur".

Kapitull 59

¹ Ja, dora e Zotit nuk është tepër e shkurtër për të shpëtuar, as veshi i tij nuk është tepër i rënduar për të dëgjuar.

² Por paudhësitë tuaja kanë shkaktuar një ndarje midis jush dhe Perëndisë tuaj, dhe mëkatet tuaja kanë bërë të fshihet fytyra e tij prej jush, që të mos ju dëgjojë më.

³ Sepse duart tuaja janë ndotur me gjak dhe gishtërinjtë tuaj me paudhësi; buzët tuaja thonë gënjeshtra, gjuha juaj pëshpërit çoroditje.

⁴ Askush nuk çel padi me drejtësi, askush nuk e mbron me të vërtetën; kanë besim te fjalët boshe dhe thonë gënjeshtrën, mendojnë të keqen dhe pjellin paudhësinë.

⁵ Bëjnë që të çelin vezët e nepërkës dhe tjerrin rrjeta merimangash; ai që ha nga vezët e tyre vdes, dhe nga veza e shtypur del jashtë një nepërkë.

⁶ Rrjetat e tyre nuk do të bëhen rroba, as nuk do të mbulohen me atë që kanë bërë. Veprat e tyre janë vepra paudhësie dhe në duart e tyre ka veprime dhune.

⁷ Këmbët e tyre vrapojnë drejt së keqes dhe shpejtojnë të derdhin gjak të pafaj; mendimet e tyre janë mendime paudhësie; në shtigjet e tyre ka pikëllim dhe shkatërrim.

⁸ Rrugën e paqes nuk e njohin dhe nuk ka ndershmëri në rrugët e tyre; i bëjnë dredharake shtigjet e tyre dhe secili që ecën nëpër to nuk njeh paqe.

⁹ Prandaj ndershmëria është larg nesh dhe drejtësia nuk arrin deri te ne; prisnim dritën, por ja që erdhi errësira, prisnim shkëlqimin, por ja që ecim në errësirë.

¹⁰ Prekim murin si të verbërit, ecim verbazi sikur të ishim pa sy; pengohemi në mesditë sikur të ishte mugëtirë; në vende të shkretuara jemi si të vdekur.

¹¹ Ne të gjithë ulërijmë si arinj dhe vazhdojmë të rënkojmë si pëllumbesha, presim të vijë ndershmëria, por ajo nuk vjen; shpëtimin, por ai është larg nesh.

¹² Sepse shkeljet tona janë shumuar para teje dhe mëkatet tona dëshmojnë kundër nesh, sepse shkeljet tona na rrinë përpara dhe fajet tona i njohim:

¹³ duke u rebeluar dhe duke mohuar Zotin, duke mos e ndjekur më Perëndinë tonë, duke folur për shtypje dhe kryengritje, duke i dhënë dhe duke murmuritur në zemër fjalë të rreme.

¹⁴ Ndershmëria është larguar dhe drejtësia ka mbetur larg, sepse e vërteta nuk ndodhet më në shesh dhe paanësia nuk mund të hyjë në të.

¹⁵ Kështu e vërteta është zhdukur, dhe ai që tërhiqet nga e keqja bëhet një pre e lehtë. Zoti e pa këtë dhe i erdhi keq që nuk ka më ndershmëri.

¹⁶ Ai e pa që nuk kishte më asnjë dhe u habit që askush nuk ndërhynte; atëherë i erdhi në ndihmë krahu i tij dhe drejtësia e tij e ka mbajtur.

¹⁷ ai u vesh me drejtësinë si me një parzmore dhe vuri mbi kryet e tij përkrenaren e shpëtimit, veshi rrobat e hakmarrjes dhe u mbulua me xhelozi si me një mantel.

¹⁸ Ai do t'i japë secilit sipas veprave të tij; tërbimin kundërshtarëve të tij, shpagimin armiqve të tij; ishujve do t'u japë shpërblim të plotë.

¹⁹ Kështu do të kenë frikë nga emri i Zotit ata nga perëndimi prej lavdisë së tij ata nga lindja; kur kundërshtari do të vijë si një lum i furishëm, Fryma e Zotit do të lartojë kundër tij një flamur.

²⁰ "Një çlirues do të vijë në Sion dhe për ata të kthyerit nga rebelimi i tyre te Jakobi", thotë Zoti.

²¹ Sa për mua, kjo është besëlidhja ime me ata", thotë Zoti: "Fryma ime është mbi ty dhe fjalët e mia që vura në gojën tënde nuk do të largohen kurrë nga goja jote as nga goja e pasardhësve të tu, as nga goja e pasardhësve të pasardhësve të tu", thotë Zoti, "tani e përgjithmonë".

Kapitull 60

¹ "Çohu, shkëlqe, sepse drita jote ka ardhur, dhe lavdia e Zotit u ngrit mbi ty.

² Sepse ja, terri mbulon tokën dhe një errësirë e dëndur mbulon popujt; por mbi ty ngrihet Zoti dhe lavdia e tij duket mbi ty.

³ Kombet do të ecin në dritën tënde dhe mbretërit në shkëlqimin e daljes sate.

⁴ Ngrej sytë e tu rreth e qark dhe shiko; mblidhen të gjithë dhe vijnë te ti; bijtë e tu do të vijnë nga larg dhe bijat e tua do t'i sjellin në krahë.

⁵ Atëherë do të shikosh dhe do të jesh i kënaqur, zemra jote do të rrahë fort dhe do të hapet sepse bolleku i detit do të vijë te ti, pasuria e kombeve do të vijë tek ti.

⁶ Një mori devesh do të të mbulojë, dromedarë të Madianit dhe të Efahut, ato të Shebas do të vijnë të gjitha, duke sjellë ar dhe temjan dhe do të shpallin lëvdimet e Zotit.

⁷ Të tëra kopetë e Kedarit do të mblidhen pranë teje, deshtë e Nebajothit do të jenë në shërbimin tënd, do të ngjiten mbi altarin tim si një ofertë e pëlqyer, dhe unë do ta bëj të lavdishëm tempullin e lavdisë sime.

⁸ Kush janë këta që fluturojnë si një re dhe si pëllumba në drejtim të foleve të tyre?

⁹ Po, ishujt do të kenë shpresa tek unë, me anijet e Tarshishit në radhë të parë, për të sjellë nga larg bijtë e tu me argjendin e tyre dhe arin e tyre, për emrin e Zotit, Perëndisë tënd, dhe të Shenjtit

¹⁰ Bijtë e të huajit do të rindërtojnë muret e tua dhe mbretërit e tyre do të vihen në shërbimin tënd, sepse në zemërimin tim të godita, por në dashamirësinë time kisha dhembshuri për ty.

¹¹ Portat e tua do të jenë gjithnjë të hapura, nuk do të mbyllen as ditën as natën, që të mund të futin te ti pasurinë e kombeve me mbretërit e tyre në krye.

¹² Sepse kombi dhe mbretëria që nuk do të të shërbejnë do të zhduken, dhe ato kombe do të shkatërrohen plotësisht.

¹³ Lavdia e Libanit do të vijë te ti, bashkë me selvinë, larshin dhe bredhin, për të zbukuruar vendin e shenjtërores sime, dhe unë do të bëj të lavdishëm vendin ku shkelin këmbët e mia.

¹⁴ Edhe bijtë e shtypësve të tu do të vijnë duke u përkulur para teje, dhe të gjithë ata që të kanë përçmuar do të bien përmbys në këmbët e tua dhe do të thërrasin: "qyteti i Zotit", "Sioni i të Shenjtit të Izraelit".

¹⁵ Në vend që ty të të braktisin dhe të të urrejnë, aq sa askush nuk kalonte më nga ti, unë do të të bëj një shkëlqim të përjetshëm, gëzimin e shumë brezave.

¹⁶ Ti do të thithësh qumështin e kombeve, do të thithësh gjitë e mbretërve dhe do të pranosh që unë, Zoti, jam Shpëtimtari yt dhe Çliruesi yt, i Fuqishmi i Jakobit.

¹⁷ Në vend të bronzit do të sjell ar, në vend të hekurit do të sjell argjend, në vend të drurit bronz, në vend të gurëve hekur; do të vendos si gjukatësin tënd paqen dhe si kujdestarin tënd drejtësinë.

¹⁸ Nuk do të dëgjohet të flitet më për dhunë në vendin tënd, as për shkatërrime dhe rrënoja brenda kufijve të tu; por do t'i quash muret e tua "Shpëtim" dhe portat e tua "Lavdërim".

¹⁹ Dielli nuk do të jetë më drita jote gjatë ditës, as hëna nuk do të ndriçojë më me vezullimin e saj; por Zoti do të jetë drita jote e përjetshme dhe Perëndia yt lavdia jote.

²⁰ Dielli yt nuk do të perëndojë më dhe hëna jote nuk do të tërhiqet më, sepse Zoti do të jetë drita jote e përjetshme dhe ditët e tua të zisë do të marrin fund.

²¹ Tërë ata të popullit tënd do të jenë të drejtë; ata do të zotërojnë vendin përjetë, farën që unë mbolla, veprën e duarve të mia, për të shfaqur lavdinë time.

²² Më i vogli do të bëhet një mijëshe, minimumi një komb i fuqishëm. Unë, Zoti, do t'i shpejtoj gjërat në kohën e tyre.

Kapitull 61

¹ Fryma e Zotit, Zoti është mbi mua, sepse Zoti më ka vajosur për t'u dhënë një lajm të mirë të përulurve; më ka dërguar të lidh plagën e atyre që e kanë zemrën të thyer, të shpall çlirimin e atyre

² të shpall vitin e hirit të Zotit dhe ditën e hakmarrjes të Perëndisë tonë, për të ngushëlluar tërë ata që pikëllohen,

³ për t'u dhënë gëzim atyre që pikëllohen në Sion, për t'u dhënë atyre një diademë në vend të hirit, vajin e gëzimit në vend të zisë, mantelin e lavdërimit në vend të një fryme të ligështuar, me qëllim që të

quhen lisa të drejtësisë mbjellja e Zotit, për të paraqitur lavdinë e tij.

⁴ Ata do të rindërtojnë rrënojat e vjetra, do të rimëkëmbin vendet që ishin shkretuar në të kaluarën, do të restaurojnë qytetet e shkretuara dhe të shkatërruara prej shumë brezash.

⁵ Të huajtë do të vijnë të kullosin kopetë tuaja, bijtë e të huajit do të jenë bujq tuaj dhe vreshtarë tuaj.

⁶ Por ju do të quheni "priftërinj të Zotit" dhe do të quheni "ministra të Perëndisë tonë". Ju do të gëzoni pasuritë e kombeve, dhe lavdia e tyre do të kalojë te ju.

⁷ Në vend të turpit tuaj do të keni një nderim të dyfishtë; në vend të hutimit do të ngazëllojnë në trashëgiminë e tyre. Prandaj në vendin e tyre do të zotërojnë dyfishin dhe do të kenë një ngazëllim të përjetshëm.

⁸ Sepsë unë, Zoti, e dua drejtësinë, urrej vjedhjennë olokaust: unë do t'u jap atyre me besnikmëri shpërblimin dhe do të bëj me ta një besëlidhje të përjetshme.

⁹ Pasardhësit e tyre do të jenë të njohur ndër kombet dhe brezi i tyre ndër popuj; tërë ata që do t'i shohin do t'i njohin, sepse ata janë një fis i bekuar nga Zoti.

¹⁰ Unë do të gëzohem shumë tek Zoti, shpirti im do të kremtojë Perëndinë tim, sepse më ka veshur me rrobat e shpëtimit, më ka mbuluar me mantelin e drejtësisë, ashtu si një dhëndër që vë një diademë, si një nuse që zbukurohet me xhevahiret e saj.

¹¹ Prandaj, ashtu si toka bën që të rritet bimësia e saj dhe kopshti bën që të mbijë atë që është mbjellë, po kështu Zoti, Zoti, do të bëjë që të mbijë drejtësia dhe lëvdimi përpara tërë kombeve.

Kapitull 62

¹ Për hir të Sionit unë nuk do të hesht dhe për hir të Jeruzalemit nuk do të gjej prehje deri sa drejtësia e saj të mos dalë si agimi dhe shpëtimi i saj si një pishtar flakërues.

² Atëherë kombet do të shohin drejtësinë tënde dhe tërë mbretërit lavdinë tënde; do të thirresh me një emër të ri, që do ta tregojë goja e Zotit.

³ Do të jesh një kurorë e shkëlqyer në dorën e Zotit, një diademë mbretërore në dorë të Perëndisë tënd.

⁴ Nuk do të quhesh më "E braktisur", as toka jote nuk do të quhet më "E shkretë", por do të quajnë "Kënaqësia ime është tek ajo" dhe toka jote "E Martuar", sepse Zoti gjen kënaqësi te ti, dhe toka jote do të ketë një dhëndër.

⁵ Prandaj, ashtu si një i ri martohet me një të virgjër, bijtë e tu do të martohen me ty; dhe ashtu si i martuari gëzohet me nusen, kështu Perëndia do të gëzohet për ty.

⁶ Mbi muret e tua, o Jeruzalem, kam vënë roje që nuk do të heshtin kurrë, as ditën as natën. Ju që i kujtoni Zotit premtimet e tij, mos rrini në heshtje,

⁷ dhe mos e lini të pushojë, deri sa ta ketë rivendosur Jeruzalemin dhe ta bëjë atë lëvdimin e të gjithë tokës.

⁸ Zoti është betuar për krahun e tij të djathtë dhe për krahun e tij të fuqishëm: "Nuk do t'u jap më grurin tënd si ushqim armiqve të tu dhe bijtë e të huajit nuk do të pinë më mushtin tënd për të cilin je munduar.

⁹ Por ata që do ta kenë mbledhur grurin do të hanë dhe do të lëvdojnë Zotin, dhe ata që do të kenë vjelur, do të pinë mushtin në oborret e shenjtërores sime".

¹⁰ Kaloni, kaloni nëpër porta! Përgatitni rrugën për popullin! Shtroni, shtroni udhën, hiqni gurët, ngrini një flamur para popujve!

¹¹ Ja, Zoti shpalli deri në skajin e tokës: "I thoni bijës së Sionit: Ja, shpëtimi yt po vjen; ja, ka me vete shpërblimin e saj dhe shpërblimi i saj e pararend.

¹² Do t'i quajnë "Populli i shenjtë", "Të çliruarit e Zotit", dhe ti do të quhesh "E kërkuara", "Qyteti i pabraktisur"".

Kapitull 63

¹ Kush është ai që vjen nga Edomi, nga Botsrahu, me rrobat e ngjyrosura me bojë të kuqe flakë? Ky, i veshur shkëlqyeshëm, që ecën në madhështinë e forcës së tij? "Jam unë që flas me drejtësi dhe jam i fuqishëm për të shpëtuar".

² Pse veshja jote është e kuqe dhe rrobat e tua si ata që shtrydhin rrushin në gaviç?

³ "Gaviçin e shtypa vetëm dhe asnjë nga popujt nuk ishte me mua. I shtypa në zemërimin tim dhe i shkela në tërbimin tim. Gjaku i tyre spërkati rrobat e mia dhe njollosa tërë veshjet e mia.

⁴ Sepse dita e hakmarrjes ishte në zemrën time dhe viti i çlirimit tim ka ardhur.

⁵ Shikova, por nuk kishte asnjeri që të më ndihmonte; shtanga që askush nuk po më ndihmonte. Atëherë vetë krahu im më ka shpëtuar dhe tërbimi im më ka ndihmuar.

⁶ I shkela me këmbë popujt në zemërimin tim, i deha në tërbimin tim dhe bëra që të derdhet gjaku i tyre mbi tokë".

⁷ Unë do të kujtoj mirësitë e Zotit, lavdimet e Zotit për gjithçka që na ka dhënë si dhe mirësinë e madhe që i ka siguruar shtëpisë së Izraelit sipas dhembshurive të tij dhe sipas dashamirësisë së tij të madhe.

⁸ Ai në fakt kishte thënë: "Ata me të vërtetë janë populli im, bij që nuk do të veprojnë në mënyrë të rreme". Kështu ai u bë Shpëtimtari i tyre.

⁹ Në çdo hidhërim të tyre ai u hidhërua, dhe Engjëlli i pranisë së tij i shpëtoi; me dashurinë dhe dhembshurinë e tij i çliroi, i lartoi dhe u solli tërë ditët e së kaluarës.

¹⁰ Por ata u rebeluan dhe e trishtuan Frymën e tij të shenjtë; prandaj ai u bë armiku i tyre dhe luftoi kundër tyre.

¹¹ Atëherë populli i tij kujtoi ditët e lashta të Moisiut. Ku është ai që i nxori nga deti me bariun e kopesë së tij? Ku është ai që vinte në mes tyre Frymën e tij të shenjtë,

¹² që i drejtonte nëpërmjet të djathtës së Moisiut me krahun e tij të lavdishëm, që i ndau ujërat para tyre për të bërë një emër të përjetshëm,

¹³ që i çoi nëpër humnera, si një kalë në shkretëtirë, që të mos pengoheshin?

¹⁴ Ashtu si zbret bagëtia në luginë, Fryma e Zotit i bëri të pushojnë. Kështu ti e udhëhoqe popullin tënd për të bërë një emër të lavdishëm.

¹⁵ Shiko nga qielli dhe shiko nga banesa jote e shenjtë dhe e lavdishme. Ku është zelli yt dhe fuqia jote? Dridhërima e të përbrendëshmeve të tua dhe dhembshuritë e tua të thella ndaj meje mos vallë janë shtypur?

¹⁶ Sepse ti je ati ynë, megjithëse Abrahami nuk na njihte dhe Izraeli nuk e di se ekzistojmë. Ti, o Zot, je ati ynë, Çliruesi ynë, emri yt vazhdon ngaherë.

¹⁷ O Zot, pse na bën që të endemi larg rrugëve të tua dhe pse forcëson zemrën tonë që të mos ketë frikë nga ti? Për hir të shërbëtorëve të tu, kthehu në fiset e trashëgimisë sate.

¹⁸ Brenda një kohe të shkurtër populli yt i shenjtë ka shtënë në dorë vendin; armiqtë tanë kanë shkelur shenjtëroren tënde.

¹⁹ Ne u bëmë si ata mbi të cilët nuk ke qeverisur kurrë, mbi të cilët emri yt nuk ishte thirrur kurrë.

Kapitull 64

¹ Oh, sikur t'i shqyeje qiejtë dhe të zbrisje! Para teje do të tundeshin malet.

² Ashtu si zjarri djeg degët e thata, ashtu si zjarri e bën ujin të valojë, zbrit për t'ua bërë të njohur emrin tënd kundërshtarëve të tu dhe t'i bësh kombet të dridhen para teje.

³ Kur bëre gjëra të tmerrshme që nuk i prisnim, ti zbrite dhe malet u tundën në praninë tënde.

⁴ Nga kohët e lashta askush nuk kishte dëgjuar kurrë, asnjë vesh nuk kishte dëgjuar dhe asnjë sy nuk kishte parë ndonjë Perëndi tjetër veç teje, që vepron për atë që ka shpresë tek ai.

⁵ Ti i del para atij që kënaqet në zbatimin e drejtësisë dhe kujtohet për ty në rrugët e tua. Ja, ti je zemëruar sepse ne kemi mëkatuar; në këtë kemi vazhduar gjatë dhe kemi nevojë të shpëtohemi.

⁶ Jemi të gjithë si një gjë e papastër, dhe të gjitha veprat tona të drejtësisë janë si një robe e ndotur; po fishkemi të gjithë si një gjethe dhe paudhësitë tona na çojnë larg si era.

⁷ Nuk ka më njeri që të thërrasë emrin tënd, që lëviz për t'u kapur pas teje, sepse ti na e ke fshehur fytyrën tënde dhe na lë të tretemi në pushtetin e paudhësive tona.

⁸ Megjithatë, o Zot, ti je ati ynë; ne jemi argjila dhe ti je ai që na formon; ne të gjithë jemi vepra e duarve të tua.

⁹ Mos u zemëro tepër, o Zot, dhe mos e kujto paudhësinë përjetë. Ja, shiko, të lutemi; ne të gjithë jemi populli yt.

¹⁰ Qytetet e tua të shenjta janë bërë një shkretëtirë. Sioni është bërë një shkretëtirë, Jeruzalemi një shkretim.

¹¹ I shenjti dhe i madhërishmi tempulli ynë, ku etërit tanë të kremtuan, është bërë pre e zjarrit dhe të gjitha gjërat tona më të dashura janë shkatërruar.

¹² Para këtyre gjërave do ta përmbash veten akoma, o Zot, do të heshtësh dhe do të na pikëllosh akoma shumë?

Kapitull 65

¹ Më kanë kërkuar ata që nuk pyesnin për mua, më gjetën ata që nuk më kërkonin. Dhe thashë: "Ja ku jam, ja ku jam" një kombi që nuk thërriste emrin tim.

² I shtriva tërë ditën duart e mia në drejtim të një populli rebel, që ecën nëpër një rrugë jo të mirë, duke ndjekur mendimet e tij;

³ një popull që vazhdimisht provokon zemërimin tim me pafytyrësi, që ofron flijime në kopshte dhe djeg temjan mbi altarë prej tullash,

⁴ që rri midis varreve dhe kalon netët në vende sekrete, që ha mish derri dhe ka në enët e tij supa gjërash të neveritshme,

⁵ që thotë: "Rri për llogari tënde, mos u afro, sepse jam më i shenjtë se ti". Këto gjëra janë për mua një tym në hundë, një zjarr që digjet gjithë ditën.

⁶ "Ja, e tërë kjo është shkruar para meje; unë nuk do të hesht, por do të shpaguaj, po, do të shpaguaj në gji të tyre

⁷ paudhësitë tuaja dhe paudhësitë e etërve tuaj të gjitha së bashku", thotë Zoti. "Ata kanë djegur temjan mbi male dhe më kanë fyer mbi kodra; prandaj shpërblimin e sjelljes së tyre të kaluar do ta llogaris në gji të tyre".

⁸ Kështu thotë Zoti: "Ashtu si thuhet kur gjendet lëng në vilën e rrushit: "Mos e prishni, sepse në të ka një bekim", kështu do të bëj unë për hir të shërbëtorëve të mi dhe nuk do të shkatërroj çdo gjë.

⁹ Unë do të nxjerr nga Jakobi pasardhës dhe nga Juda një trashëgimtar të maleve të mia; të zgjedhurit e mi do të zotërojnë vendin dhe shërbëtorët e mi do të banojnë aty.

¹⁰ Sharoni do të bëhet një vathë kopesh dhe lugina e Akorit një vend për çlodhjen e bagëtisë së trashë, për popullin tim që do të më kërkojë.

¹¹ Por ju që braktisni Zotin, që harroni malin tim të shenjtë, që përgatitni një sofër për Gadin dhe mbushni kupën e verës së droguar për Menin,

¹² ju caktoj shpatës; do të rrëzoheni të gjithë nga masakra, sepse kur ju thirra nuk dhatë përgjigje, kur ju fola nuk dëgjuat, por keni bërë atë që është e keqe në sytë e mi dhe keni zgjedhur atë që nuk më pëlqen".

¹³ Prandaj kështu thotë Zoti, Zoti: "Ja, shërbëtorët e mi do të hanë, por ju do të keni uri; ja, shërbëtorët e mi do të pinë, por ju do të keni etje; ja, shërbëtorët e mi do të gëzohen, por ju do të jeni të shushatur;

¹⁴ ja, shërbëtorët e mi do të këndojnë për gëzimin e zemrës së tyre, por ju do të bërtisni për ankthin e zemrës dhe do të ulërini për vuajtjen e frymës.

¹⁵ Ju do ta lini emrin tuaj si mallkim të zgjedhurve të mi. Zoti, Zoti, do të bëjë që ti të vdesësh, por do t'u japë shërbëtorëve të tij një emër tjetër.

¹⁶ Kështu që ai që do të kërkojë për vete një bekim në vend, do ta bëjë për Perëndinë e së vërtetës, dhe ai që do të betohet në vend do të betohet për Perëndinë e së vërtetës, sepse fatkeqësitë e kaluara do të harrohen dhe do t'u fshihen syve të mi".

¹⁷ "Sepse ja, unë krijoj qiej të rinj dhe një tokë të re, dhe gjërat e mëparshme nuk do të kujtohen më dhe nuk do të vijnë më në mëndje.

¹⁸ Por ju gëzohuni dhe ngazëllohuni përjetë për atë që krijoj; sepse, ja, unë krijoj Jeruzalemin për kënaqësinë dhe popullin e tij për gëzimin.

¹⁹ Do të kënaqem me Jeruzalemin dhe do të gëzohem me popullin tim; në të nuk do të dëgjohet më asnjë zë vaji ose zë klithme.

²⁰ Nuk do të ketë më në të asnjë fëmijë që të jetojë vetëm pak ditë, as plak që nuk plotëson ditët e tij; sepse i riu do të vdesë njëqind vjeç dhe mëkatari që nuk arrin të njëqind vjetët, do të quhet i mallkuar.

²¹ Do të ndërtojnë shtëpi dhe do të banojnë në to, do të mbjellin vreshta dhe do të hanë frytin.

²² Nuk do të ndërtojnë më që të banojë një tjetër, nuk do të mbjellin më që të hajë një tjetër; sepse ditët e popullit tim do të jenë si ditët e drurëve; dhe të zgjedhurit e mi do të gëzojnë për një kohë të gjatë veprën e duarve të tyre.

²³ Nuk do të lodhen më kot dhe nuk do të lindin fëmijë për të përballuar një shkatërrim të papritur, sepse do të jenë pasardhësit e të bekuarve të Zotit dhe trashëgimarët e tyre bashkë me ata.

²⁴ Dhe do të ndodhë që, para se të më kërkojnë, unë do të përgjigjem; do të jenë akoma duke folur, dhe unë do t'ua plotësoj.

²⁵ Ujku dhe qengji do të kullosin bashkë, luani do të hajë kashtën porsi kau dhe gjarpëri do të ushqehet me pluhur. Nuk do të bëjnë më asnjë dëm apo shkatërrim mbi tërë malin tim të shenjtë", thotë Zoti.

Kapitull 66

¹ Kështu thotë Zoti: "Qielli është froni im dhe toka është mbështetësja e këmbëve të mia. Ku është, pra, shtëpia që mund të më ndërtoni dhe ku është vendi i çlodhjes sime?

² Tërë këto gjëra i ka bërë dora ime dhe të gjitha kanë ardhur në ekzistencë, thotë Zoti. Mbi kë, pra, do të kthej shikimin tim? Mbi atë që është i përulur, ka frymë të penduar dhe dridhet nga fjala ime.

³ Kush flijon një ka është si të vriste një njeri, kush flijon një qengj është si t'i thyente qafën një qeni, kush paraqet një blatim ushqimor është si të ofronte gjak derri, kush djeg temjan është si të bekonte një idhull. Ashtu si këta kanë zgjedhur rrugët e tyre dhe shpirti i tyre kënaqet në veprimet e tyre të neveritshme,

⁴ kështu edhe unë do të zgjedh fatkeqësinë e tyre dhe do të bëj që të bjerë mbi ta ajo të cilën ata druajnë; sepse, kur thirra, askush nuk u përgjigj, kur fola, ata nuk më dëgjuan; përkundrazi bënë atë që është e keqe në sytë e mi dhe zgjodhën atë që nuk më pëlqen mua.

⁵ Dëgjoni fjalën e Zotit, ju që dridheni nga fjala e tij. Vëllezërit tuaj, që ju urrejnë dhe ju dëbojnë për shkak të emrit tim, kanë thënë: "Le të tregojë Zoti lavdinë e tij me qëllim që ne të mund

⁶ Një zë, një zhurmë del nga qyteti, një zë vjen nga tempulli; është zëri i Zotit që u jep hakun armiqve të tij.

⁷ Para se të provojë dhembjet e pjelljes, ajo ka pjellë; para se t'i vinin dhembjet, ajo lindi një mashkull.

⁸ Kush vallë ka dëgjuar një gjë të tillë, kush vallë ka parë gjëra si këto? A lind vallë një vend brenda një dite të vetme apo një komb vjen vallë në dritë brenda një çasti? Por Sioni, me të ndjerë dhembjet, lindi fëmijët e saj.

⁹ "Do të çoj vallë në çastin e lindjes pa e bërë të pjellë?", thotë Zoti. "Unë që bëj të lindin a do ta mbyllja vallë barkun e nënës?", thotë Perëndia yt.

¹⁰ Gëzohuni me Jeruzalemin dhe ngazëlloni me të, ju të gjithë që e doni. Gëzohuni me të madhe me të, ju të gjithë që mbani zi për të,

¹¹ me qëllim që të pini qumësht dhe të ngopeni në gjirin e përdëllimeve të tij, me qëllim që të pini me bollëk dhe të kënaqeni me mbushullimin e lavdisë së tij.

¹² Sepse kështu thotë Zoti: "Ja, unë do të bëj që paqja t'i arrijë si një lumë dhe pasuria e kombeve si një përrua që vërshon, dhe ju do të pini qumësht, do t'ju mbajnë në ijët e tij dhe do t'ju përkëdhelin mbi gjunjët e tij.

¹³ Ashtu si një nënë e gëzon fëmijën e saj, kështu unë do t'ju gëzoj dhe do të ngushëlloheni në Jeruzalem.

¹⁴ Ju do ta shihni këtë, dhe zemra juaj do të gëzohet, kockat tuaja do të marrin përsëri fuqi si bari i njomë. Dora e Zotit do t'u bëhet e njohur shërbëtorëve të tij dhe do të zemërohet me të madhe kundër armiqve të tij.

¹⁵ Sepse ja, Zoti do të vijë me zjarrin dhe qerret e tij do të jenë si një uragan për të hedhur zemërimin e tij me tërbim dhe kërcënimin e tij me flakë zjarri.

¹⁶ Sepse Zoti do të ushtrojë drejtësinë me zjarrin dhe shpatën e tij kundër çdo mishi; dhe të vrarët nga Zoti do të jenë të shumtë.

¹⁷ "Ata që shenjtërohen dhe pastrohen për të vajtur në kopshtet, prapa një idhulli që gjendet në mes, ata që hanë mish derri, gjëra të neveritshme dhe minj, do të konsumohen të gjithë", thotë Zoti.

¹⁸ Unë i njoh veprat e tyre dhe mendimet e tyre; është duke ardhur koha në të cilën do të mbledh tërë kombet dhe tërë gjuhët; ato do të vijnë dhe do të shikojnë lavdinë time.

¹⁹ Unë do të vë në një shenjë në mes tyre dhe do të dërgoj disa nga ata që mbijetuan prej tyre te kombet; në Tarshish, në Pul dhe në Lud që përdorin harkun, në Tubal dhe në Javan, në ishujt e largët që nuk kanë dëgjuar famën time dhe nuk kanë parë lavdinë time; këta do të shpallin lavdinë time ndër kombet,

²⁰ dhe do t'i kthejnë tërë vëllezërit tuaj nga të gjitha kombet si një ofertë Zotit, mbi kuaj, mbi qerre, mbi bartina, mbi mushkë dhe mbi dromidarë te mali im i shenjtë i Jeruzalemit", thotë Zoti, "ashtu si bijtë e Izraelit çojnë një ofertë në një enë të pastër në shtëpinë e Zotit.

²¹ Do të marrë gjithashtu disa prej tyre si priftërinj dhe si Levitë", tha Zoti.

²² "Sepse ashtu si qiejtë e rinj dhe toka e re që unë do të bëj do të jenë të qëndrueshëm para meje", thotë Zoti, "kështu do të jenë pasardhësit tuaj dhe emri juaj.

²³ Dhe do të ndodhë që nga një hënë e re në tjetrën dhe nga një e shtunë në tjetrën çdo mish do të vijë të bjerë në gjunjë para meje, thotë Zoti.

²⁴ "Kur ata do të dalin, do të shikojnë kufomat e njerëzve që rebeluan kundër meje; sepse krimbi i tyre nuk do të vdesë dhe zjarri i tyre nuk do të shuhet, dhe do të neveriten nga çdo mish".

Jeremisë

Jeremisë

Kapitull 1

¹ Fjalët e Jeremias, birit të Hilkiahut, një nga priftërinjtë që ishin në Anathoth, në vendin e Beniaminit.

² Fjala e Zotit iu drejtua në kohën e Josias, birit të Amonit, mbret i Judës, në vitin e trembëdhjetë të mbetërimit të tij;

³ iu drejtua gjithashtu në kohën e Jehojakimit, birit të Josias, mbret i Judës, deri në fund të vitit të njëmbëdhjetë të Sedekias, birit të Josias, mbret i Judës, domethënë deri në robërimin e Jeruzalemit, që ndodhi në muajin e pestë.

⁴ Fjala e Zotit m'u drejtua, duke më thënë:

⁵ "Para se unë të të formoja në barkun e nënës sate, të kam njohur; para se ti të dilje nga barku i saj, të kam shenjtëruar dhe të kam caktuar profet të kombeve".

⁶ Unë u përgjigja: "Mjerisht, o Zot, Zot, unë nuk di të flas, sepse jam një djalosh"".

⁷ Por Zoti më tha: "Mos thuaj: "Jam një djalosh", sepse ti do të shkosh te të gjithë ata te të cilët do të të dërgoj unë dhe do t'u thuash tërë ato që do të urdhëroj.

⁸ Mos ki frikë para tyre, sepse unë jam me ty për të të çliruar, thotë Zoti".

⁹ Pastaj Zoti shtriu dorën e tij dhe preku gojën time; mandej Zoti më tha: "Ja, unë i vura fjalët e mia në gojën tënde.

¹⁰ Ja, sot unë të caktoj mbi kombet dhe mbi mbretëritë për të çrrënjosur dhe për të rrënuar, për të shembur dhe për të shkatërruar, për të ndërtuar dhe për të mbjellë".

¹¹ Pastaj fjala e Zotit m'u drejtua mua, duke thënë: "Jeremia, çfarë shikon?". Unë u përgjigja: "Shikoj një degë bajameje".

¹² Zoti më tha: "Ke parë mirë, sepse unë vigjëloj mbi fjalën time që të ketë efekt".

¹³ Fjala e Zotit m'u drejtua për herë të dytë, duke thënë: "Çfarë shikon?". Unë u përgjigja: "Shikoj një vorbë që zien dhe që e ka grykën të kthyer në drejtim të kundërt me veriun".

¹⁴ Zoti më tha: "Nga veriu fatkeqësia do të bjerë mbi gjithë banorët e vendit.

¹⁵ Sepse, ja, unë po bëhem gati të thëras tërë popujt e mbretërive të veriut, thotë Zoti. Ata do të vijnë dhe do të vendosin secili fronin e tij në hyrje të portave të Jeruzalemit, kundër tërë mureve të tij, rreth e qark, dhe kundër tërë qyteteve të Judës.

¹⁶ Atëherë do të shpall mendimet e mia kundër tyre, për shkak të gjithë ligësisë së tyre, sepse më kanë braktisur dhe u kanë djegur temjan perëndive të tjera dhe kanë rënë përmbys përpara veprës së duarve të tyre.

¹⁷ Prandaj ngjeshi ijët e tua, çohu dhe thuaju atyre tërë ato që do të të urdhëroj. Mos u tmerro para tyre, përndryshe do të të bëj që të tmerrohesh para tyre.

¹⁸ Ja, sot po të bëj një qytet të fortifikuar, një shtyllë të hekurt dhe një mur bronzi kundër gjithë vendit, kundër princave të tij dhe priftërinjve të tij dhe kundër popullit të vendit.

¹⁹ Ata do të luftojnë kundër teje por nuk do të të mundin sepse unë jam me ty për të të çliruar, thotë Zoti".

Kapitull 2

¹ Fjala e Zotit m'u drejtua akoma për të thënë:

² "Shko dhe bërtit në veshët e Jeruzalemit, duke thënë: Kështu thotë Zoti: Unë të kujtoj ty, kujdesin e dhembshur të rinisë sate, dashurinë në kohën e fejesës sate, kur më ndiqje në shkretëtirë në një tokë të pa mbjellë.

³ Izraeli i ishte shenjtëruar Zotit, prodhimet e para të korrjes së tij; tërë ata që e hanin bëheshin fajtorë dhe fatkeqësia binte mbi ta", thotë Zoti.

⁴ Dëgjoni fjalën e Zotit, o shtëpi e Jakobit, dhe ju të gjitha familjet e shtëpisë së Izraelit.

⁵ Kështu thotë Zoti: "Çfarë kanë gjetur të padrejtë tek unë etërit tuaj për t'u larguar nga unë, për të shkuar pas kotësisë dhe për t'u bërë ata vetë kotësi?

⁶ As nuk kanë thënë: "Ku është Zoti që na nxori nga vendi i Egjiptit, që na udhëhoqi nëpër shkretëtirë, nëpër një vend të thatë dhe me gremina, në një vend të zhuritur dhe me hije të vdekjes, nëpër një vend ku asnjeri nuk kishte kaluar dhe ku asnjeri nuk kishte banuar?".

⁷ Unë ju kam çuar në një vend pjellor që të hanit frytet e tij dhe të mirat e tij; por kur keni hyrë keni ndotur vendin tim dhe e keni bërë trashëgiminë time një gjë të neveritshme.

⁸ Priftërinjtë nuk kanë thënë: "Ku është Zoti?", ata që meren me ligjin nuk më njohën, barinjtë ngritën krye kundër meje, profetët profetizuan për Baalin dhe shkuan pas gjërave që nuk vlejnë asgjë.

⁹ Prandaj do t'ju padis akoma në gjyq", thotë Zoti, "dhe do t'u bëj gjyq bijve të bijve tuaj.

¹⁰ Shkoni në ishujt e Kitimit dhe shikoni, dërgoni njerëz në Kedar dhe kqyrni mirë nëse ka ndodhur një gjë e tillë.

¹¹ A ka ndryshuar ndonjë komb perëndinë e tij, edhe pse ato nuk janë perëndi? Por populli im e ka ndërruar lavdinë e tij për diçka që nuk vlen asgjë.

¹² Habituni, o qiej, me këtë; lebetituni dhe dëshpërohuni shumë", thotë Zoti.

¹³ "Sepse populli im ka kryer dy të këqija: më ka braktisur mua, burimin e ujit që rrjedh, për të hapur sterna, sterna të prishura, që nuk e mbajnë ujin.

¹⁴ Izraeli a është vallë një skllav, o një skllav i lindur në shtëpi? Pse pra, u bë një pre?

¹⁵ Luanët e vegjël vrumbullojnë kundër tij, bëjnë që të dëgjohet zëri i tyre dhe e katandisin vendin e tij në një shkatërrim të plotë; qytetet e tij janë djegur dhe askush nuk banon më në to.

¹⁶ Madje dhe banorët e Nofit dhe të Tahpanhesit të hanë kurorën që ke mbi kokë.

¹⁷ Mos vallë ti u bëre shkak që të të bjerë kjo mbi krye, sepse ke braktisur Zotin, Perëndinë tënd, ndërsa të udhëhiqte nëpër rrugë?

¹⁸ Dhe tani pse ke marrë rrugën që të çon për në Egjipt, për të shkuar të pish ujërat e Shihorit? Ose pse ke marrë rrugën që të çon në Asiri, për të shkuar të pish ujërat e Lumit?

¹⁹ Vetë sjellja jote e keqe dhe shmangiet e tua do të të dënojnë. Prano, pra, dhe shiko sa e keqe dhe e hidhur për ty është të braktisësh Zotin, Perëndinë tënd, dhe të mos kesh fare frikë nga unë", thotë Zoti, Zoti i ushtrive.

²⁰ "Sepse prej shumë kohe ke thyer zgjedhën tënde, ke prerë lidhjet e tua dhe ke thënë: "Nuk dua të shërbej më!". Por mbi çdo kodër të lartë dhe nën çdo pemë të gjelbër ti je shtrirë si një prostitutë.

²¹ Megjithatë të kisha mbjellë si një vresht fisnik i tërë i cilësisë më të lartë; si ke ndryshuar, pra, ndaj meje në degë të degjeneruara vreshti të huaj?

²² Edhe sikur të laheshe me sodë dhe të përdorje shumë sapun, paudhësia jote do të linte një njollë të pashlyeshme para meje", thotë Perëndia, Zoti.

²³ "Si mund të thuash: "Nuk jam e ndotur, nuk u kam vajtur pas Baalëve"? Shiko rrugën që ke përshkuar në luginë, prano atë që ke bërë, deve e shpejtë, që vrapon pa fre në rrugët e saj.

²⁴ Gomaricën e egër, që është mësuar në shkretëtirë, që merr frymë në afshin e dëshirës së saj; kush mund ta përmbajë në stinën e dashurisë? Të gjithë ata që e kërkojnë nuk duhet të lodhen: do ta gjejnë në muajin e vet.

²⁵ Pengo që këmba jote të mbetet zbathur dhe që të të thahet gryka. Por ti ke thënë: "Është e kotë. Jo! Unë i dua të huajt dhe dëshiroj të shkoj pas tyre".

²⁶ Ashtu si mbetet i hutuar vjedhësi kur kapet në flagrancë, kështu janë të hutuar ata të shtëpisë së Izraelit, ata vetë, mbreti i tyre, princat e tyre, priftërinjtë e tyre dhe profetët e tyre,

²⁷ të cilët i thonë drurit: "Ti je ati im" dhe gurit: "Ti na ke dhënë jetën". Po, ata më kanë kthyer kurrizin dhe jo fytyrën. Por në kohën e fatkeqësisë së tyre thonë: "Çohu dhe na shpëto!".

²⁸ Po ku janë perënditë e tua që ti ke sajuar? Le të ngrihen po qe se mund të të shpëtojnë në kohën e fatkeqësisë sate. Sepse të shumtë si qytetet e tua janë perënditë e tua, o Judë.

²⁹ Pse grindeni me mua? Ju të gjithë keni ngritur krye kundër meje", thotë Zoti.

³⁰ "Më kot i kam goditur bijtë tuaj; nuk e pranuan korrigjimin. Shpata juaj i ka përpirë profetët tuaj si një luan shkatërrimtar.

³¹ O brezni, ki parasysh fjalën e Zotit! A kam qenë vallë një shkretëtirë për Izraelin ose një vend me errësirë të dendur? Sepse populli im thotë: "Ne endemi lirisht, nuk do të kthehemi më te ti"?

³² A mund t'i harrojë një vajzë stolitë e saj ose një nuse brezin e saj? Megjithatë populli im më ka harruar nga një numër shumë i madh ditësh.

³³ Sa bukur di t'i përdorësh mënyrat e tua për të siguruar dashurinë! Kështu ua ke mësuar mënyrat e tua madje edhe grave të këqija.

³⁴ Bile edhe në cepat e rrobës sate gjendet gjaku i të pafajmëve të mjerë, që nuk u kapën duke bërë vjedhje me thyerje. Por me gjithë këto gjëra,

³⁵ ti thua: "Jam e pafaj; me siguri zemërimi i tij është tërhequr nga unë". Ja, unë do të hyj në gjyq me ty sepse ke thënë: "Nuk kam

mëkatuar".

³⁶ Pse endesh poshtë e përpjetë, duke ndryshuar rrugën tënde? Do të mbetesh e zhgënjyer edhe nga Egjipti, ashtu siç u zhgënjeve nga Asiria.

³⁷ Edhe prej këtij do të dalësh me duart mbi kokë, sepse Zoti ka hedhur poshtë ata te të cilët ti ke besim, dhe ti nuk do të realizosh me anë të tyre qëllimet e tua.

Kapitull 3

¹ Në rast se një burrë e ndan gruan e tij dhe kjo ikën prej tij dhe bëhet gruaja e një burri tjetër, a do të kthehet vallë ai tek ajo? A nuk do të ishte ai vend shumë i përdhosur? Ti je kurvëruar me

² "Ço sytë në drejtim të lartësive dhe shiko: ku nuk ke rënë në shtrat me ta? Ti je ulur pranë rrugëve për t'i pritur si një Arab në shkretëtirë, dhe ke ndotur vendin me kurvërimet e tua dhe me ligësitë e tua.

³ Prandaj shirat u përmbajtën dhe shiu i fundit nuk ra. Por ti ke patur një ballë prostitute dhe nuk ke pranuar të kesh turp.

⁴ A nuk më ke thirrur bash tani: "Ati im, ti je miku i rinisë sime!

⁵ A do të mbetet i zemëruar për gjithnjë? A do ta ruajë zemërimin deri në fund?". Ja, ti flet kështu, por ndërkohë ti po kryen të gjitha ligësitë që mundesh".

⁶ Zoti më tha në kohën e mbretit Josia: "E pe atë që Izraeli rebel ka bërë? Ka shkuar mbi çdo mal të lartë dhe nën çdo dru të gjelbër dhe aty është kurvëruar.

⁷ Unë thoja: "Mbasi t'i ketë bërë tërë këto gjëra do të kthehet tek unë". Por nuk u kthye; dhe motra e vet e pabesë Juda e pa.

⁸ Dhe megjithëse unë kisha ndarë Izraelin rebel për shkak të të gjitha shkeljeve të tij dhe i kisha dhënë letrën e ndarjes, pashë që motra e vet e pabesë Juda nuk pati fare frikë, por shkoi edhe ajo të kurvërohet.

⁹ Kështu me zhurmën e kurvërimeve të veta e ndoti vendin dhe shkeli kurorën me gurin dhe me drurin.

¹⁰ Ndonëse ndodhën tërë këto, motra e vet e pabesë Juda nuk u kthye tek unë me gjithë zemrën e saj, por me simulime", thotë Zoti.

¹¹ Pastaj Zoti më tha: "Izraeli rebel u tregua më i drejtë se e pabesa Judë.

¹² Shko dhe shpalli këto fjalë në drejtim të veriut, duke thënë: "Kthehu, o Izrael rebel"", thotë Zoti, "nuk do ta hedh zemërimin tim mbi ju, sepse jam i mëshirshëm", thotë Zoti, "dhe nuk mbetem i zemëruar për gjithnjë.

¹³ Vetëm prano paudhësinë tënde, sepse je rebeluar kundër Zotit, Perëndisë tënd; ua ke shkapërderdhur favoret e tua të huajve poshtë çdo druri të gjelbëruar dhe nuk ke dëgjuar zërin tim", thotë Zoti.

¹⁴ "Kthehuni, o bij të përdalë", thotë Zoti, "sepse unë kam pushtet mbi ju. Do t'ju marr një në çdo qytet dhe dy nga çdo familje dhe do t'ju çoj përsëri në Sion.

¹⁵ Do t'ju jap pastaj barinj sipas zemrës sime, që do t'ju kullosin me dije dhe dituri.

¹⁶ Dhe ka për të ndodhur që kur të shumoheni dhe do të jeni pjellorë në vend, në ato ditë", thotë Zoti, "nuk do të thuhet më: "Arka e besëlidhjes të Zotit". Nuk do t'ju shkojë më ndër mend, nuk do ta kujtojnë më, nuk do të shkojnë ta shikojnë më, nuk do të bëhet një tjetër.

¹⁷ Atëherë Jeruzalemi do të quhet "Froni i Zotit"; tërë kombet do të mblidhen pranë tij në emër të Zotit, në Jeruzalem, dhe nuk do të ecin më sipas kryeneçësisë së zemrës së tyre të keqe.

¹⁸ Në ato ditë shtëpia e Judës do të ecë me shtëpinë e Izraelit dhe së bashku do të vijnë nga vendi i veriut në vendin që u dhashë si trashëgimi etërve tuaj.

¹⁹ Unë thoja: "Me çfarë dëshire do të të vendosja midis bijve të mi dhe do të të jepja një vend të mrekullueshëm, një trashëgimi të shkëlqyer midis gjithë kombeve!". Thoja: "Ti do të më quash: Ati im!, dhe nuk do të largohesh më nga unë".

²⁰ Por ashtu si një grua nuk është besnike ndaj burrit të saj, kështu ju keni qenë jobesnikë ndaj meje, o shtëpia e Izraelit", thotë Zoti.

²¹ Një zë dëgjohet në lartësitë; të qarat dhe lutjet e bijve të Izraelit, sepse kanë prishur rrugën e tyre dhe kanë harruar Zotin, Perëndinë e tyre.

²² "Kthehuni, o bij të përdalë, unë do të shëroj rebelimet tuaja". "Ja, ne po vijmë te ti, sepse ti je Zoti, Perëndia ynë.

²³ Me siguri ndihma që pritet nga kodrat e nga numri i madh i maleve është e kotë; me siguri shpëtimi i Izraelit qëndron te Zoti, Perëndia ynë.

²⁴ Ajo gjë e neveritshme ka përpirë frytin e mundit të etërve tanë qysh prej rinisë sonë, delet dhe qetë e tyre, bijtë e tyre dhe bijat e tyre.

²⁵ Le të biem në shtrat me turpin tonë dhe le të na mbulojë poshtërsia jonë, sepse kemi mëkatuar kundër Zotit, Perëndisë tonë, ne dhe etërit tanë qysh prej rinisë sonë e deri në këtë ditë, dhe nuk kemi dëgjuar zërin e Zotit, Perëndisë tonë".

Kapitull 4

¹ "O Izrael, në rast se kthehesh", thotë Zoti, "duhet të kthehesh tek unë". Në rast se ti heq nga prania ime gjërat e tua të neveritshme dhe nuk sillesh më duke u endur

² dhe betohesh: "Zoti rron", me vërtetësi, me ndershmëri dhe me drejtësi, atëherë kombet do të jenë të bekuara.

³ Sepse kështu u thotë Zoti atyre të Judës dhe të Jeruzalemit: "Lëroni arën tuaj të djerrë dhe mos mbillni midis ferrave.

⁴ Rrethpritni për Zotin dhe hiqni lafshën e zemrave tuaja, o njerëz të Judës dhe banorë të Jeruzalemit, me qëllim që zemërimi im të mos shpërthejë si zjarr dhe të mos djegë në mënyrë që askush të mos mund ta shuajë për shkak të ligësisë së veprimeve tuaja!".

⁵ "Lajmërojeni në Judë, shpalleni në Jeruzalem dhe thoni: "I bini borisë në vend", bërtisni fort dhe thoni: "Mblidhuni dhe le të hyjmë në qytetet e fortifikuara".

⁶ Ngrini flamurin në drejtim të Sionit, mbathjani me vrap në kërkim të një strehe, mos u ndalni, sepse do të dërgoj nga veriu një mjerim dhe një shkatërrim të madh.

⁷ Luani brofi duke dalë nga pjesa e dendur e pyllit të tij dhe një shkatërrues kombesh është nisur, ka lënë banesën e tij për ta katandisur si mos më keq vendin tënd; qytetet e tua do të shkretohen dhe do të mbeten pa banorë.

⁸ Prandaj vishuni me thasë, mbani zi, vajtoni, sepse zemërimi i zjarrtë i Zotit nuk është larguar prej nesh.

⁹ Atë ditë ka për të ndodhur", thotë Zoti, "që zemra e mbretit dhe zemra e princave do të ligështohen, priftërinjtë do të mbeten të shushatur dhe profetët të shtangur".

¹⁰ Atëherë unë thashë: "O Zot, Zot, ti ke mashtruar plotësisht këtë popull dhe Jeruzalemin, duke thënë: "Ju do të keni paqe", ndërsa shpata po futet deri në zemër".

¹¹ Në atë kohë do t'i thuhet këtij populli dhe Jeruzalemit: "Një erë zhuritëse që vjen nga lartësitë e zhveshura në shkretëtirë dhe fryn në drejtim të bijës së popullit tim, jo për të shoshitur as për të pastruar;

¹² një erë edhe më e fortë nga këto do të vijë nga ana ime; tani që unë do të shqiptoj gjykimin tim kundrejt tyre.

¹³ Ja, si ngjitet si retë dhe qerret e tij si një shakulinë; kuajt e tij janë më të shpejtë se shqiponjat. Mjerë ne, sepse po shkretohemi!".

¹⁴ O Jeruzalem, pastro zemrën tënde nga ligësia, me qëllim që të shpëtosh. Deri kur do të mbeten te ty mendimet e mbrapshta?

¹⁵ Sepse një zë njofton nga Dani dhe shpall fatkeqësinë nga mali i Efraimit.

¹⁶ "Lajmëroni kombet; po, bëjani të njohur Jeruzalemit: rrethuesit vijnë nga një komb i largët dhe ngrenë zërin e tyre kundër qyteteve të Judës.

¹⁷ Si rojtarë të një are janë vendosur rreth e qark tij, sepse ka ngritur krye kundër meje", thotë Zoti.

¹⁸ "Sjellja jote dhe veprimet e tua të kanë shkaktuar këto gjëra; kjo do të jetë fatkeqësia jote, dhe do të jetë e hidhur, sepse do të arrijë zemrën tënde".

¹⁹ Zorrët e mia, zorrët e mia! Po shtrembërohem nga dhimbja. Oh, faqet e zemrës sime! Zemra më rreh fort përbrenda. Unë nuk mund të hesht, sepse, o shpirti im, kam dëgjuar zërin e borisë, britmën e luftës.

²⁰ Po shpallet rrënim mbi rrënim, sepse tërë vendi është shkretuar. Papritmas çadrat e mia janë shkatërruar, shatorret e mia brenda një çasti.

²¹ Deri kur do të shoh flamurin dhe do të dëgjoj zërin e borisë?

²² "Po, populli im është budalla, nuk më njeh; janë bij pa mend dhe nuk kanë arsye; janë të zotë të bëjnë të keqen, por nuk dinë të bëjnë të mirën".

²³ Shikova tokën, dhe ja, ajo ishte pa formë dhe boshe; qiejt ishin pa dritë.

²⁴ Shikova malet, dhe ja, dridheshin, dhe tërë kodrat lëkundeshin.

²⁵ Shikova, dhe ja, nuk kishte asnjë njeri dhe tërë zogjtë e qiellit kishin ikur.

²⁶ Shikova, dhe ja, toka pjellore ishte një shkretëtirë, dhe të gjitha qytetet e saj ishin shembur përpara Zotit për shkak të zemërimit të tij të fortë.

²⁷ Sepse kështu thotë Zoti: "Tërë vendi do të shkretohet, por nuk do ta shkatërroj plotësisht".

²⁸ Për këtë arsye toka do të mbajë zi dhe lart qiejt do të errësohen, sepse unë kam folur, kam vendosur dhe nuk pendohem dhe as do të kthehem prapa.

²⁹ Në zhurmën e kalorësve dhe të harkëtarëve tërë qytetet janë duke ikur me vrap; hyjnë në pjesën e dendur të pyjeve, ngjiten mbi shkëmbinjtë; tërë qytetet janë braktisur dhe nuk ka mbetur në to asnjë

njeri.

³⁰ Dhe ti, e shkatërruar, çfarë do të bësh? edhe sikur të visheshe me rroba ngjyrë flakë të kuqe, edhe sikur të vije zbukurime prej ari, edhe sikur t'i zmadhoje sytë me bistër, më kot do të zbukuroheshe. Dashnorët e tu të përçmojnë, duan jetën tënde.

³¹ Sepse po dëgjoj një britmë si të një gruaje kur lind, një ankth si të një gruaje në lindjen e saj të parë: është britma e bijës së Sionit, që mezi merr frymë dhe shtrin duart e veta, duke thënë: "Mjerë unë! Shpirti im po ligështohet për shkak të vrasësve"".

Kapitull 5

¹ Shkoni rreth e rrotull nëpër rrugët e Jeruzalemit; shikoni dhe binduni, dhe kërkoni në sheshet e tij në rast se gjeni një njeri, një njeri të vetëm që zbaton drejtësinë, që kërkon të vërtetën, dhe unë do ta fal.

² Edhe kur thonë: "Zoti rron", me siguri betohen për atë që është e gënjeshtërt.

³ O Zot, nuk janë sytë e tu për të vërtetën? Ti i godite, por ata nuk ndjenë asnjë dhembje; i ke konsumuar, por kanë refuzuar të pranojnë korrigjimin. Ata e ngurtësuan fytyrën e tyre më tepër se shkëmbi dhe nuk pranuan të kthehen.

⁴ Prandaj thashë: "Ata janë me siguri të varfër, janë pa mend sepse nuk njohin rrugën e Zotit, ligjin e Perëndisë së tyre.

⁵ Do të shkoj, pra, te të mëdhenjtë dhe do t'u flas atyre, sepse ata e njohin rrugën e Zotit, ligjin e Perëndisë së tyre". Por edhe ata bashkë kanë shkallmuar zgjedhën dhe i kanë këputur verigat.

⁶ Prandaj luani i pyllit i vret, ujku i shkretëtirës i shkatërron, leopardi rri në pritë afër qyteteve të tyre; kushdo që del prej tyre copëtohet, sepse shkeljet e tyre janë të shumta, rebelimet e tyre janë shtuar.

⁷ "Si do të mund të të falja për këtë? Bijtë e tu më kanë braktisur dhe betohen për ata që nuk janë perëndi. Unë i kam ngopur, por ata kanë shkelur kurorën dhe mbushin shtëpitë e kurvërimit.

⁸ Janë si hamshorë të ushqyer mirë dhe tërë afsh në mëngjes; secili hingëllin prapa gruas së fqinjit të tij.

⁹ A nuk do t'i dënoj unë për këto gjëra?", thotë Zoti, "dhe nuk do të hakmerrem unë me një komb të tillë?

¹⁰ Ngjituni mbi muret dhe shkatërroni, por mos kryeni një shkatërrim të plotë; krasitni degët e tyre, sepse nuk janë të Zotit.

¹¹ Sepse shtëpia e Izraelit dhe shtëpia e Judës kanë vepruar në mënyrë të pabesë me mua", thotë Zoti.

¹² Kanë mohuar Zotin dhe kanë thënë: "Nuk është ai. Asnjë e keqe nuk do të bjerë mbi ne; nuk do të shohim as shpatën as urinë.

¹³ Profetët nuk janë veçse ajër dhe tek ata nuk është fjala e Zotit. T'u bëhet atyre ajo që ata thonë për ne!".

¹⁴ Prandaj kështu thotë Zoti, Perëndia i ushtrive: "Duke qenë se keni folur në këtë mënyrë, unë do t'i bëj fjalët e mia si zjarr në gojën tënde, dhe këtë popull si dru, që ata do të përpijë.

¹⁵ Ja, unë do të sjell kundër jush një komb nga larg, o shtëpi e Izraelit", thotë Zoti. "Është një komb trim, një komb i vjetër, një komb të cilit nuk i njeh gjuhën dhe nuk i kupton fjalët.

¹⁶ Kukurja e tij është si një varr i hapur; janë të gjithë njerëz trima.

¹⁷ Ai do të gllabërojë të korrat e tua dhe bukën tënde, do të gëllitjë bijtë e tu dhe bijat e tua, do të gëllitjë kopetë e tua dhe bagëtinë tënde të trashë, do të gëllitjë vreshtat e tua dhe fiqtë e tu; do të shkatërrojë me shpatë qytetet e tua të fortifikuara te të cilët ke besim.

¹⁸ Por edhe në ato ditë", thotë Zoti, "nuk do të të shkatërroj plotësisht.

¹⁹ Dhe do të ndodhë që kur të thoni: "Pse Zoti, Perëndia ynë, na ka bërë të gjitha këto gjëra?", ti do t'u përgjigjesh atyre: "Ashtu si ju më keni braktisur mua dhe u keni shërbyer perëndive të huaja në vendin tuaj, kështu do t'u shërbeni të huajve në një vend që nuk është juaji".

²⁰ Lajmëroni për këtë shtëpinë e Jakobit dhe shpalleni në Judë, duke thënë:

²¹ Dëgjoni tani këtë, o popull pa mend dhe pa zemër, që ka sy, por nuk shikon, që ka veshë, por nuk dëgjon.

²² Nuk do të keni frikë prej meje?", thotë Zoti, "nuk do të dridheni para meje që kam vënë rërën si kufi të detit, si një statut të përjetshëm që nuk do të kapërcejë kurrë? Valët e tij ngrihen por nuk fitojnë, bëjnë zhurmë, por nuk e kapërcejnë.

²³ Por ky popull ka një zemër kryeneçe dhe rebele; kthehen prapa dhe ikin.

²⁴ Nuk thonë në zemër të tyre: "Kemi frikë nga Zoti, Perëndia ynë, që na jep shiun në kohën e duhur, i pari dhe i fundit shi, që mban për ne javët e caktuara për korrje".

²⁵ Paudhësitë tuaja i kanë përmbysur këto gjëra dhe mëkatet tuaja mbajnë larg jush begatinë.

²⁶ Sepse midis popullit tim ka njerëz të këqij që përgjojnë si gjuetarët e zogjve në pritë; ata vënë leqe dhe kapin njerëz.

²⁷ Ashtu si një kafaz është plot me zogj, kështu shtëpitë e tyre janë plot mashtrim; prandaj bëhen të mëdhenj dhe pasurohen.

²⁸ Majmen dhe begatohen; po, kalojnë madje kufijtë e së keqes. Nuk mbrojnë çështjen, çështjen e jetimit, dhe megjithatë; nuk mbrojnë të drejtat e të varfërve.

²⁹ A duhet t'i dënoj për këto gjëra?", thotë Zoti. "Dhe a nuk do të hakmerrem me një komb të tillë?

³⁰ Në vend është kryer një gjë e tmerrshme dhe shumë e shëmtuar:

³¹ profetët profetizojnë në mënyrë të rreme, priftërinjtë qeverisin duke u mbështetur në forcën e autoritetit të vet dhe popullit tim i pëlqen që gjendja është e tillë. Por çfarë do të bëni kur të vijë fundi?".

Kapitull 6

¹ "O bij të Beniaminit, kërkoni një strehë jashtë Jeruzalemit. I bini borisë në Tekoa dhe ngrini një sinjal zjarri në Beth-kerem, sepse nga veriu po vjen një gjëmë, një shkatërrim i madh.

² Unë do ta shkatërroj bijën e bukur dhe delikate të Sionit.

³ Në drejtim të saj vijnë barinj me kopetë e tyre; ngrenë çadrat e tyre rreth e qark kundër saj; secili kullot për veten e tij.

⁴ Përgatitni luftën kundër saj; çohuni dhe le të dalim në mes të ditës! Mjerë ne, sepse dita po kalon dhe hijet e mbrëmjes po zgjaten!

⁵ Çohuni dhe le të dalim natën, të shkatërrojmë pallatet e tij!".

⁶ Sepse kështu thotë Zoti i ushtrive: "Prisni drurët e tij dhe ndërtoni një ledh kundër Jeruzalemit; ky është qyteti që duhet ndëshkuar; në mes të tij nuk ka veçse shtypje.

⁷ Ashtu si një pus nxjerr ujërat e tij, kështu ai nxjerr ligësinë e vet; në të flitet vetëm për dhunë dhe për shkatërrim; para meje qëndrojnë vazhdimisht dhembje dhe plagë.

⁸ Lejo të të korrigjojnë, o Jeruzalem, përndryshe shpirti im do të largohet nga ti, përndryshe do të të katandis në një shkretim, në një tokë të pabanuar".

⁹ Kështu thotë Zoti i ushtrive: "Ata që kanë mbetur nga Izraeli do të mblidhen si vilet e pavjela të një vreshti; kaloje përsëri dorën tënde si vjelësi mbi degëzat e hardhisë.

¹⁰ Kujt do t'i flas dhe cilin do të qortoj që të më dëgjojë? Ja, veshi i tyre është i parrethprerë dhe ata nuk janë të zotë të tregojnë kujdes; ja, fjala e Zotit është bërë për ta objekt përçmimi dhe ata nuk gjejnë tek ajo asnjë kënaqësi.

¹¹ Prandaj jam mbushur me zemërimin e madh të Zotit; jam lodhur duke e përmbajtur. Do ta hedh mbi fëmijët në rrugë dhe mbi të rinjtë e mbledhur bashkë, sepse do të kapen si burri ashtu dhe gruaja, si plaku ashtu dhe burri i ngarkuar me vite.

¹² Shtëpitë e tyre do t'u kalojnë të tjerëve, së bashku me arat e tyre dhe bashkëshortet e tyre, sepse unë do të shtrij dorën time mbi banorët e vendit", thotë Zoti.

¹³ "Sepse nga më i vogli deri tek më i madhi të gjithë lakmojnë fitime; nga profeti deri te prifti janë të gjithë gënjeshtarë.

¹⁴ Ata e mjekojnë shkel e shko plagën e popullit tim, duke thënë: "Paqe, paqe", kur nuk ka paqe.

¹⁵ A ju vinte turp kur kryenin gjëra të neveritshme? Jo! Nuk kishin turp fare dhe as nuk dinin se ç'ishte të skuqeshe. Prandaj do të rrëzohen midis atyre që rrëzohen; kur do t'i vizitoj, do të rrëzohen", thotë Zoti.

¹⁶ Kështu thotë Zoti: "Ndaluni nëpër rrugë dhe shikoni, pyesni për shtigjet e vjetra, ku është rruga e mirë, dhe ecni nëpër të; kështu do të gjeni prehje për shpirtrat tuaj". Por ata përgjigjen: "Nuk do të ecim nëpër të".

¹⁷ "Kam vënë roje mbi ju: Kushtojini kujdes zërit të borisë!". Por ata përgjigjen: "Nuk do t'i kushtojmë kujdes".

¹⁸ "Prandaj, dëgjoni, o kombe, dhe dije, o kuvend, çfarë do t'u ndodhë atyre.

¹⁹ Dëgjo, o tokë! Ja, unë do të sjell mbi këtë popull një gjëmë, vetë frytin e mendimeve të tij, sepse nuk u kanë kushtuar kujdes fjalëve të mia dhe as ligjit tim, por e kanë hedhur poshtë.

²⁰ Ç'më hyn në punë temjani që vjen nga Sheba, kanella erë mirë që vjen nga një vend i largët? Olokaustet tuaja nuk më pëlqejnë dhe sakrificat tuaja nuk më pëlqejnë".

²¹ Prandaj kështu thotë Zoti: "Ja, unë do të vendos para këtij populli disa gurë pengese në të cilët do të pengohen bashkë etër dhe bij; fqinji dhe miku do të vdesin".

²² Kështu thotë Zoti: "Ja, një popull vjen nga një vend i veriut dhe një komb i madh do të dalë nga skajet e tokës.

²³ Ata rrokin harkun dhe ushtën; janë të egër dhe nuk kanë mëshirë; zëri i tyre i ngjet zhurmës së detit; ata kanë hipur mbi kuaj dhe janë gati të luftojnë si një njeri i vetëm kundër teje, o bijë e Sionit".

²⁴ "Kemi dëgjuar famën e tyre dhe na ranë duart; ankthi na ka mbërthyer, ashtu si dhembjet që zënë një grua që po lind".

²⁵ Mos dilni nëpër ara, mos ecni nëpër rrugë, sepse shpata e armikut dhe tmerri janë kudo.

²⁶ O bijë e popullit tim, vishu me thes dhe rrotullohu në hi; mbaj zi si për një bir të vetëm, me një vajtim shumë të hidhur, sepse shkatërruesi do të sulet mbi ne papritmas.

²⁷ Unë të kisha vënë midis popullit tim si një provues dhe një fortesë, me qëllim që ti të njihje rrugën e tyre dhe ta provoje atë.

²⁸ Ata janë të gjithë rebelë midis rebelëve, shkojnë rreth e qark duke përhapur shpifje; janë bronz dhe hekur, janë të tërë korruptues.

²⁹ Gjyryku fryn me forcë, plumbi konsumohet nga zjarri; më kot e rafinon rafinuesi, sepse skorjet nuk shkëputen.

³⁰ Do të quhen "argjend i refuzimit", sepse Zoti i ka hedhur poshtë.

Kapitull 7

¹ Kjo është fjala që iu drejtua Jeremias nga ana e Zotit, duke thënë:

² "Ndalu te porta e shtëpisë së Zotit dhe aty shpall këtë fjalë duke thënë: Dëgjoni fjalën e Zotit, o ju të gjithë të Judës që hyni nëpër këto porta për të rënë përmbys përpara Zotit!".

³ Kështu thotë Zoti i ushtrive, Perëndia i Izraelit: "Ndreqni rrugët dhe veprimet tuaja, dhe unë do të bëj që të banoni në këtë vend.

⁴ Mos u besoni fjalëve mashtruese duke thënë: "Ky është tempulli i Zotit, tempulli i Zotit, tempulli i Zotit!".

⁵ Në rast se ndreqni plotësisht rrugët dhe veprimet tuaja, në rast se e zbatoni me të vërtetë drejtësinë njëri ndaj tjetrit,

⁶ në rast se nuk shtypni të huajin, jetimin dhe gruan e ve, nuk derdhni gjak të pafajshëm në këtë vend dhe nuk adhuroni perëndi të tjera në dëmin tuaj,

⁷ atëherë do të bëj që të banoni në këtë vend, në vendin që u dhashë etërve tuaj prej shumë kohe dhe për gjithnjë.

⁸ Ja, ju u besoni fjalëve mashtruese, nga të cilat s'keni fare dobi.

⁹ Kështu ju vidhni, vrisni, shkelni kurorën, betoheni për të rremen, i digjni temjan Baalit dhe u shkoni pas perëndive të tjerë që më parë nuk i njihnit,

¹⁰ dhe pastaj vini të paraqiteni para meje në këtë tempull që mban emrin tim dhe thoni: "Kemi shpëtuar!", pastaj kryeni tërë këto veprime të neveritshme.

¹¹ Ky tempull, i cili mban emrin tim, mos është bërë vallë në sytë e tuaj një çerdhe hajdutëshi? Ja, unë e pashë këtë", thotë Zoti.

¹² "Por shkoni tani në vendin tim që ishte në Shiloh, të cilit në fillim i kisha vënë emrin tim dhe shikoni çfarë kam bërë aty për shkak të ligësisë së popullit tim Izrael.

¹³ Dhe tani meqenëse keni kryer tërë këto gjëra", thotë Zoti, "meqenëse kur ju kam folur me urgjencë dhe insistim nuk më keni dëgjuar, dhe kur ju kam thirrur nuk më jeni përgjigjur,

¹⁴ unë do të veproj me këtë tempull, në të cilin përmendet emri im dhe në të cilin keni besim, me këtë vend që ua dhashë juve dhe etërve tuaj, ashtu si bëra në Shiloh.

¹⁵ dhe do t'ju dëboj nga prania ime, ashtu si dëbova tërë vëllezërit tuaj, tërë pasardhësit e Efraimit.

¹⁶ Prandaj mos ndërhy për këtë popull, mos lësho për ata asnjë britmë ose lutje dhe mos ngul këmbë pranë meje se nuk do të kënaq.

¹⁷ A nuk shikon çfarë po bëjnë në qytetet e Judës dhe nëpër rrugët e Jeruzalemit?

¹⁸ Bijtë mbledhin drutë, etërit ndezin zjarrin dhe gratë mbrujnë mjellin për të përgatitur kulaç për mbretëreshën e qiellit, dhe pastaj u bëjnë libacione perëndive të tjera për të më zemëruar mua.

¹⁹ Por a më ngacmojnë me të vërtetë", thotë Zoti "ose më mirë veten e tyre dhe mbulohen me turp?".

²⁰ Prandaj kështu thotë Zoti, Zoti: "Ja, zemërimi im, tërbimi im do të bjerë mbi këtë vend, mbi njerëzit dhe kafshët, mbi drurët e fushës dhe mbi frytet e tokës dhe do të djegë pa u shuar".

²¹ Kështu thotë Zoti i ushtrive, Perëndia i Izraelit: "Shtojini olokaustet tuaja sakrificave tuaja dhe hani mishin e tyre!

²² Sepse unë nuk u fola etërve tuaj dhe nuk u dhashë atyre asnjë urdhër, kur bëra që të dalin nga vendi i Egjiptit, përsa u përket olokausteve dhe flijimeve;

²³ por këtë urdhër u dhashë: "Dëgjoni zërin tim, dhe unë do të jem Perëndia juaj, dhe ju do të jeni populli im; ecni në të gjitha rrugët që ju kam urdhëruar, që të jeni të lumtur".

²⁴ Por ata nuk dëgjuan as ma vunë veshin, por ecën sipas këshillave dhe kryeneçësisë së zemrës së tyre të keqe, dhe shkuan prapa dhe jo përpara.

²⁵ Nga dita në të cilën etërit tuaj dolën nga vendi i Egjiptit e deri më sot, ju kam dërguar tërë shërbëtorët e mi, profetët çdo ditë me urgjencë dhe insistim.

²⁶ Por ata nuk më kanë dëgjuar as ma vunë veshin, por e forcuan zverkun e tyre dhe u sollën më keq se etërit e tyre.

²⁷ Prandaj ti do t'u thuash atyre tërë këto gjëra, por ata nuk do të dëgjojnë; do t'i thërrasësh, por nuk do të përgjigjen.

²⁸ Kështu do t'u thuash atyre: "Ky është kombi që nuk dëgjon zërin e Zotit, Perëndisë së tij, dhe as pranon korrigjim; e vërteta është zhdukur dhe është eliminuar nga goja e tyre".

²⁹ Pri flokët dhe hidhi tutje, nise vajtimin mbi lartësitë, sepse Zoti ka hedhur poshtë dhe e ka braktisur brezin e zemërimit të tij.

³⁰ Bijtë e Judës kanë bërë atë që është e keqe për sytë e mi", thotë Zoti. "Kanë vendosur veprimet e tyre të neveritshme në tempullin ku permendet emri im, për ta ndotur.

³¹ Kanë ndërtuar vende të larta të Tofetit, që është në luginën e birit të Hinomit, për të djegur në zjarr bijtë e tyre dhe bijat e tyre, gjë që nuk e kisha urdhëruar dhe që nuk më kishte shkuar kurrë në mendje.

³² Prandaj ja, vijnë ditët", thotë Zoti, "në të cilat nuk do të quhet më "Tofet" as "Lugina e birit të Hinomit", por "Lugina e masakrës", dhe do të varrosen të vdekurit në Tofet, sepse nuk do të ketë vend gjetiu.

³³ Kufomat e këtij populli do të bëhen kështu ushqim për shpendët e qiellit dhe për kafshët e tokës, dhe askush nuk do t'i trembë.

³⁴ Do të bëj që të pushojnë në qytetet e Judës dhe në rrugët e Jeruzalemit britmat e ngazëllimit dhe britmat e gëzimit, zëri i dhëndrit dhe zëri i nuses, sepse vendi do të bëhet shkretim".

Kapitull 8

¹ "Në atë kohë", thotë Zoti, "do të nxirren nga varret eshtrat e mbretërve të Judës, eshtrat e princërve, eshtrat e profetëve dhe eshtrat e banorëve të Jeruzalemit,

² dhe do të ekspozohen para diellit, para hënës dhe para tërë ushtrisë së qiellit, që ata kanë dashur, kanë shërbyer, kanë ndjekur, kanë konsultuar dhe para të cilëve kanë rënë përmbys; nuk do të mblidhen as do të groposen, por do të jenë si pleh mbi faqen e dheut.

³ Atëherë vdekja do të jetë më e mirë se jeta për të gjitha mbeturinat e kësaj race të keqe në tërë vendet ku do t'i kem shpërndarë", thotë Zoti i ushtrive.

⁴ Ti do t'u thuash atyre: "Kështu thotë Zoti: Në rast se dikush rrëzohet, a nuk ngrihet vallë? Në rast se dikush ndërron drejtimin, a nuk kthehet vallë?

⁵ Pse, pra, ky popull, o Jeruzalem, është shmangur me një rebelim të përjetshëm? Ngulin këmbë në mashtrim dhe nuk pranojnë të kthehen.

⁶ U kam kushtuar kujdes dhe i kam dëgjuar, por ata nuk flasin drejt; asnjeri nuk pendohet për ligësinë e tij dhe nuk thotë: "Çfarë bëra unë?". Secili merr përsëri vrapimin e tij, si një kalë që hidhet në betejë.

⁷ Madje edhe lejleku i qiellit i njeh stinët e tij, turtulli, dallëndyshja dhe krilat shikojnë me kujdes kohën e kthimit të tyre, por populli im nuk e njeh ligjin e Zotit.

⁸ Si mund të thoni: "Ne jemi të urtë dhe ligji i Zotit është me ne"? Por ja, pena e rreme e shkruesve e ka bërë një falsitet.

⁹ Njerëzit e diturisë do të turpërohen, do të tremben dhe do të kapen. Ja, kanë hedhur poshtë fjalën e Zotit; çfarë diturie mund të kenë?

¹⁰ Prandaj bashkëshortet e tyre do t'ua jap të tjerëve dhe arat e tyre pronarëve të rinj, sepse nga më i vogli deri te më i madhi lakmojnë fitime; nga profeti deri te prifti të gjithë përdorin gënjeshtrën.

¹¹ Ata mjekojnë shkel e shko plagën e bijës së popullit tim, duke thënë: "Paqe, paqe", kur nuk ekziston paqja.

¹² A u vinte turp vallë kur kryenin veprime të neveritshme? Jo! nuk kishin turp aspak dhe nuk dinin ç'është të skuqesh. Prandaj do të rrëzohen midis atyre që rrëzohen; kur do t'i vizitoj do të përmbysen", thotë Zoti.

¹³ Do t'i shfaros me siguri", thotë Zoti. "Nuk do të ketë më rrush te hardhia as fiq te fiku dhe gjethet do të fishken. Edhe gjërat që u kam dhënë do t'u hiqen".

¹⁴ "Pse rrimë ulur? Mblidhuni dhe të hyjmë në qytetet e fortifikuara, dhe në to të vdesim. Sepse Zoti, Perëndia ynë, na bën të vdesim dhe na bën të pimë ujë të helmuar, sepse kemi mëkatuar kundër Zotit.

¹⁵ Prisnim paqen, por nuk erdhi asnjë e mirë, një kohë shërimi, por ja, terrori!

¹⁶ Nga Dani dëgjohet turfullima e kuajve të tij; në zhurmën e hingëllimave të kuajve të tij të luftës dridhet gjithë vendi, sepse vijnë dhe gllabërojnë vendin dhe tërë ato që ai ka, qytetin dhe banorët e tij.

¹⁷ "Sepse ja, unë do të dërgoj kundër jush gjarpërinj dhe nepërka, kundër të cilëve nuk vlen asnjë yshtje dhe ata do t'ju kafshojnë", thotë Zoti.

¹⁸ Sikur të gjeja ngushëllim për dhembjen time. Zemra po më ligështohet përbrenda.

¹⁹ Ja një zë: është britma e bijës së popullit tim nga një tokë e largët: "Mos vallë Zoti është në Sion? A nuk është mbreti i tij në mes të

tij?". "Pse kanë ngacmuar zemërimin tim me shëmbëlltyrat e tyre të gdhendura dhe me idhuj të huaj?".

²⁰ Korrja ka mbaruar, vera ka marrë fund dhe ne nuk kemi shpëtuar.

²¹ Për plagën e bijës së popullit tim jam i dëshpëruar, po mbaj zi, jam i tmerruar.

²² A nuk ka vallë ndonjë balsam në Galaad, a nuk ka atje ndonjë mjek? Pse, pra, nuk po i vjen shërimi bijës së popullit tim?

Kapitull 9

¹ Oh, sikur koka ime të ishte një burim uji dhe sytë e mi një burim lotësh, në mënyrë që të mund të qaja ditë e natë të vrarët e bijës së popullit tim!

² Ah, sikur të kisha në shkretëtirë një strehë për udhëtarët! Do ta braktisja popullin tim dhe do të shkoja larg tij, sepse janë të gjithë shkelës të kurorës, një turmë tradhtaresh.

³ "Zgjasin gjuhën e tyre sikur të ishte harku i tyre për të lëshuar gënjeshtra; në vend janë të fortë, por jo për shkak të së vërtetës, sepse shkojnë nga një e keqe në tjetrën dhe nuk më njohin mua", thotë Zoti.

⁴ "Të ruhet secili nga fqinji i tij dhe mos i keni besim çdo vëllai, sepse çdo vëlla nuk bën gjë tjetër veçse mashtron dhe çdo fqinj përhap shpifje.

⁵ Secili mashtron fqinjin e tij dhe nuk thotë të vërtetën; e ushtron gjuhën e tij për të thënë gënjeshtra dhe mundohet për të bërë të keqen.

⁶ Banesa jote është në mes të mashtrimit dhe për shkak të mashtrimit nuk duan të më njohin", thotë Zoti.

⁷ Prandaj kështu thotë Zoti i ushtrive: "Ja, unë do t'i rafinoj dhe do t'i vë në provë. Çfarë tjetër, pra, mund të bëj për bijën e popullit tim?

⁸ Gjuha e tyre është një shigjetë vrasëse; ajo nuk thotë veçse gënjeshtra. Me gojën e vet secili i flet për paqe fqinjit të tij, por në zemër të vet, ai rri në pritë.

⁹ A nuk duhet vallë t'i dënoj për këto gjëra?", thotë Zoti. "A nuk duhet të hakmerrem me një komb të tillë?".

¹⁰ Nëpër malet do të ngre vaje dhe rënkime dhe nëpër kullotat e shkretëtirës një vajtim, sepse janë djegur dhe nuk kalon asnjeri nëpër to, nuk dëgjohet më blegërima e kopeve. Zogjtë e qiellit dhe kafshët kanë ikur, janë zhdukur.

¹¹ "Unë do t'a katandis Jeruzalemin në një tog gërmadhash dhe në një strehë çakejsh; do t'i bëj të shkreta, pa banorë, qytetet e Judës".

¹² Cili është njeriu i urtë që mund t'i kuptojë këto gjëra dhe ai të cilit goja e Zotit i ka folur që ta shpallë? Pse vallë vendi është shkatërruar dhe shkretuar si një shkretëtirë dhe nuk po kalon më askush nëpër të?

¹³ Zoti thotë: "Sepse këta kanë braktisur ligjin tim që kisha vënë përpara, nuk dëgjuan zërin tim dhe nuk kanë ecur në përshtatje me të,

¹⁴ por kanë ndjekur kryeneçësinë e zemrave të tyre dhe Baalët, që etërit e tyre u kishin bërë të njohur".

¹⁵ Prandaj kështu thotë Zoti i ushtrive, Perëndia i Izraelit: "Ja, unë do ta ushqej këtë popull me pelin dhe do ta bëj të pijë ujë të helmuar.

¹⁶ Do t'i shpërndaj nëpër kombet, që as ata as etërit e tyre nuk i kanë njohur, dhe do të dërgoj pas tyre shpatën, deri sa t'i kem shkatërruar plotësisht".

¹⁷ Kështu thotë Zoti i ushtrive: "Mendoni të thërrisni vajtoret: le të vijnë! Shkoni e thërrisni më të zonjat: le të vijnë!

¹⁸ Le të nxitojnë dhe ta nisin vajin mbi ne me qëllim që sytë tonë të derdhin lot dhe të qepallat tona të lëshojnë ujë".

¹⁹ Sepse një zë vaji dëgjohet nga Sioni: "Sa jemi shkatërruar! Jemi shumë të shushatur, sepse duhet të braktisim vendin, sepse kanë shembur banesat tona".

²⁰ Prandaj dëgjoni fjalën e Zotit, o gra, dhe veshi juaj ta zërë fjalën e gojës së tij. U mësoni bijave tuaja një vajtim dhe secila t'i mësojë fqinjes së saj një këngë mortore.

²¹ Sepse vdekja është ngjitur nëpër dritaret tona, ka hyrë në pallatet tona më njohë mua, që të mbysë fëmijët nga rruga dhe të rinjtë nga sheshet.

²² "Fol: Kështu thotë Zoti: "Kufomat e njerëzve do të rrinë si pleh në fushën e hapët, si një demet i lënë pas nga korrësi dhe qëaskush e mbledh"".

²³ Kështu thotë Zoti: "I dituri të mos lavdërohet me diturinë e tij, njeriu i fortë të mos lavdërohet me forcën e tij, i pasuri të mos lavdërohet me pasurinë e tij.

²⁴ Por kush lavdërohet të lavdërohet me këtë: të ketë gjykim dhe më njohë mua, që jam Zoti, që bëj mirësinë, ushtroj të drejtën dhe drejtësinë mbi tokë; sepse kënaqem me këto gjëra", thotë Zoti.

²⁵ "Ja, po vijnë ditët", thotë Zoti, "në të cilat do të ndëshkoj gjithë të rrethprerët që janë të parrethprerë:

²⁶ Egjiptin, Judën, Edomin, bijtë e Amonit, Moabin dhe tërë ata që presin cepat e mjekrës dhe banojnë në shkretëtirë; sepse tërë kombet janë të parrethprerë dhe tërë shtëpia e Izraelit është me zemër të parrethprerë".

Kapitull 10

¹ Dëgjoni fjalën që Zoti po ju drejton, o shtëpia e Izraelit.

² Kështu thotë Zoti: "Mos mësoni të ndiqni rrugën e kombeve dhe mos kini frikë nga shenjat e qiellit, sepse janë kombet që kanë frikë prej tyre.

³ Sepse zakonet e popujve janë kotësi: sepse është si dikush që pret një dru në pyll, puna e duarve të një punëtori me sëpatë.

⁴ E zbukurojnë me argjend dhe me ar, e fiksojnë me gozhda dhe çekiçe që të mos lëvizë nga vendi.

⁵ Idhujt qëndrojnë drejt si një palmë dhe nuk mund të flasin; duhet t'i mbartësh, sepse nuk mund të ecin. Mos kini frikë prej tyre, sepse nuk mund të bëjnë asnjë të keqe dhe as që kanë mundësinë të bëjnë të mirë".

⁶ Askush nuk është i ngjashëm me ty, o Zot; ti je i madh dhe emri i yt është i madh në fuqi.

⁷ Kush nuk do të kishte frikë prej teje, o mbret i kombeve? Po, kjo të detyrohet, sepse midis gjithë njerëzve të ditur të kombeve, në të gjitha mbretëritë e tyre nuk ka njeri të ngjashëm me ty.

⁸ Janë të gjithë budallenj dhe pa arsye; idhulli i tyre prej druri është një doktrinë pa asnjë vlerë.

⁹ Argjend i petëzuar i sjellë nga Tarshishi dhe ar nga Ufazi, punë zejtari dhe dorë argjendari; rrobja e tyre është e purpurt dhe e kuqe flakë, punime të dala nga duart e njerëzve ekspertë.

¹⁰ Por Zoti është Perëndia i vërtetë, ai është Perëndia i gjallë dhe mbreti i përjetshëm. Para zemërimit të tij toka dridhet dhe kombet nuk mund të qëndrojnë përpara indinjatës së tij.

¹¹ Kështu do t'u thoni atyre: "Perënditë që nuk kanë bërë qiejt dhe tokën do të zhduken nga toka dhe nën qiellin".

¹² Ai bëri tokën me fuqinë e tij, ka vendosur botën me diturinë e tij dhe ka shpalosur qiejt me zgjuarsinë e tij.

¹³ Kur nxjerr zërin e tij ka një zhurmë ujërash në qiell; ai i bën avujt të ngjiten nga skajet e tokës, prodhon vetëtimat për shiun dhe nxjerr erën nga rezervuaret e tij.

¹⁴ Atëherë çdo njeri bëhet pa mend, pa dituri; çdo argjendari i vjen turp për shëmbëlltyrën e gdhendur të tij sepse shëmbëlltyra e tij e derdhur është e rreme dhe në të nuk ka frymë.

¹⁵ Janë kotësi, punë mashtrimi; në kohën e ndëshkimit të tyre kanë për të vdekur.

¹⁶ Pjesa e Jakobit nuk është si ata, sepse Ai ka formuar tërë gjërat, dhe Izraeli është fisi i trashëgimisë së tij. Emri i tij është Zot i ushtrive."

¹⁷ "Mblidh sendet e tua nga vendi, ti që je i rrethuar".

¹⁸ Sepse kështu thotë Zoti: "Ja, këtë herë do t'i hedh larg banorët e vendit dhe do t'u sjell një fatkeqësi të madhe, me qëllim që të më gjejnë përsëri".

¹⁹ Mjerë unë për plagën time, plaga ime është e dhembshme. Por unë kam thënë: "Kjo është një sëmundje që unë duhet ta duroj".

²⁰ Çadra ime është shkatërruar dhe të gjithë litarët e mi janë këputur; bijtë e mi kanë shkuar larg meje dhe nuk janë më; nuk ka më asnjë që të vendosë çadrën time apo të ngrerë shatorret e mia.

²¹ Sepse barinjtë kanë qenë pa mend dhe nuk kanë kërkuar Zotin; prandaj nuk kanë pasur mbarësi dhe tërë kopeja e tyre është shpërndarë.

²² Ja, po vjen një zhurmë lajmesh dhe një rrëmujë e madhe nga vendi i veriut, për t'i katandisur qytetet e Judës si shkretëtira, si strehim për çakejtë.

²³ O Zot, unë e di që rruga e njeriut nuk varet nga fuqia e tij dhe njeriu që ecën nuk ka fuqi të drejtojë hapat e tij.

²⁴ Më korrigjo, o Zot, por me drejtësi, jo në zemërimin tënd për të mos më reduktuar në asgjë.

²⁵ Lëshoje zemërimin tënd mbi kombet që nuk të njohin dhe mbi popujt që nuk përmendin emrin tënd, sepse kanë gllabëruar Jakobin; po, e kanë gllabëruar dhe konsumuar dhe kanë shkatërruar banesën e tij.

Kapitull 11

¹ Kjo është fjala që iu drejtua Jeremias nga ana e Zotit, duke thënë:

² "Dëgjoni fjalët e kësaj besëlidhjeje dhe foluni njerëzve të Judës dhe banorëve të Jeruzalemit.

³ U thuaj atyre: Kështu thotë Zoti, Perëndia i Izraelit: I mallkuar qoftë ai njeri që nuk dëgjon fjalët e kësaj besëlidhjeje,

⁴ që unë u urdhërova etërve tuaj ditën që i nxora nga Egjipti, nga furra prej hekuri, duke thënë: "Dëgjoni zërin tim dhe i bëni këto gjëra në bazë të atyre që ju komandoj; atëherë ju do të jeni populli im dhe unë do të jem Perëndia juaj",

⁵ me qëllim që unë të mund të plotësoj betimin që u kam bërë etërve tuaj, t'u jap atyre një vend ku të rrjedhë qumësht dhe mjaltë, ashtu si po ndodh sot". Unë u përgjigja dhe thashë: "Kështu qoftë, o Zot!"

⁶ Atëherë Zoti më tha: "Shpalli tërë këto fjalë në qytetet e Judës dhe nëpër rrugët e Jeruzalemit, duke thënë: Dëgjoni fjalët e kësaj besëlidhjeje dhe zbatojini në praktikë.

⁷ Sepse i kam nxitur me insistim etërit tuaj që nga dita që i nxora nga vendi i Egjiptit e deri më sot, i kam nxitur me urgjencë duke thënë: "Dëgjoni zërin tim!".

⁸ Por ata nuk e dëgjuan as ia vunë veshin, por secili eci sipas kryeneçësisë së zemrës së keqe të tij; prandaj unë do të bëj që të goditen nga të gjitha gjërat e përmendura në këtë besëlidhje, për të cilat kisha urdhëruar t'i respektonin, por që ata nuk i respektuan".

⁹ Pastaj Zoti më tha: "U zbulua një komplot midis njerëzve të Judës dhe midis banorëve të Jeruzalemit.

¹⁰ Janë kthyer në paudhësitë e etërve të tyre të lashtë, të cilët nuk pranuan të dëgjojnë fjalët e mia, dhe u shkuan pas perëndive të tjera, për t'u shërbyer; shtëpia e Izraelit dhe shtëpia e Judës kanë shkelur besëlidhjen që unë kisha lidhur me etërit e tyre".

¹¹ Prandaj kështu thotë Zoti: "Ja, unë do të sjell mbi ta një gjëmë, nga e cila nuk do të mund të shpëtojnë. Ata do të më klithin, por unë nuk do t'i dëgjoj.

¹² Atëherë qytetet e Judës dhe banorët e Jeruzalemit do të shkojnë t'u klithin perëndive të cilave u kanë djegur temjan, por këta nuk do t'i shpëtojnë në kohën e gjëmës së tyre.

¹³ Sepse o Judë perënditë e tua janë të shumta si qytetet e tua, dhe altarët që keni ngritur për atë gjë të turpshme, altarët për t'i djegur temjan Baalit, janë të shumtë si rrugët e Jeruzalemit.

¹⁴ Prandaj mos u lut për këtë popull dhe mos ngri për të asnjë britmë a lutje, sepse unë nuk do t'i kënaq kur do të më klithin mua për fatkeqësinë e tyre".

¹⁵ Çfarë bën i preferuari im në tempullin tim, kur ka kryer shumë veprime të kobshme? A do të mundin mishrat e shenjtëruara të largojnë prej teje ligësinë tënde, me qëllim që ti të mund të gëzohesh?

¹⁶ Zoti të kishte thirrur me emrin Ulli i gjelbëruar i bukur, me fryte të shijshme. Në zhurmën e një rrëmuje të madhe, ai do t'i vërë zjarr dhe degët e tij do të shkatërrohen.

¹⁷ Zoti i ushtrive që të kishte mbjellë ka dekretuar fatkeqësinë kundër teje, për shkak të ligësisë sate në dëm të vetë shtëpisë së Izraelit dhe të shtëpisë së Judës, duke provokuar zemërimin tim dhe duke i djegur temjan Baalit.

¹⁸ Zoti ma bëri të ditur dhe unë e mësova; atëherë ti më tregove veprimet e tyre.

¹⁹ Unë isha si një qengj i butë që e çojnë në thertore dhe nuk dija që kurdisnin intriga kundër meje, duke thënë: "Të shkatërrojmë drurin bashkë me frytin e tij dhe ta zhdukim nga toka e të gjallëve, me qëllim që emri i tij të mos kujtohet më".

²⁰ Por, o Zot i ushtrive, gjykatës i drejtë, që shqyrton mendjen dhe zemrën, tregomë hakmarrjen tënde mbi ta, sepse unë të bëra të njohur çështjen time.

²¹ Prandaj kështu thotë Zoti përsa i përket njerëzve të Anathothit që kërkojnë jetën tënde, duke thënë: "Mos bëj profecira në emër të Zotit, që të mos vdesësh nga dora jonë".

²² Kështu, pra, thotë Zoti i ushtrive: "Ja, unë do t'i dënoj; të rinjtë do të vdesin nga shpata, bijtë e tyre dhe bijat e tyre do të vdesin nga uria.

²³ Nuk ka për të mbetur asnjë prej tyre, sepse unë do të sjell një gjëmë mbi njerëzit e Anathothit, në vitin e ndëshkimit të tyre".

Kapitull 12

¹ Ti je i drejtë, o Zot, si mund të diskutoj me ty? Megjithatë do të flas me ty lidhur me gjykimet e tua. Pse udha e të pabesëve shkon mbarë? Pse jetojnë të qetë ata që veprojnë me pabesi?

² I ke mbjellë dhe kanë lëshuar madje rrënjë; rriten dhe mbajnë madje fryte. Ti je afër gojës së tyre, por larg zemrës së tyre.

³ Por ti, o Zot më njeh, më shikon dhe shqyrton zmrën time në përqasje me ty. Tërhiqi në thertore si dele dhe veçoji për ditën e kërdisë!

⁴ Deri kur do të mbajë zi vendi dhe do të thahet bari i çdo fushe? Nga shkaku i ligësisë së banorëve të tij, kafshët dhe zogjtë shfarosen, sepse ata thonë: "Ai nuk do ta shikojë fundin tonë".

⁵ Në rast se ti fugon me këmbësorët dhe ata të lodhin, si mund të hysh në garë me kuajt? Në rast se ndjen veten të sigurt vetëm në një vend paqësor, çfarë do të bësh kur Jordani do të fryhet?

⁶ Sepse edhe vëllezërit e tu dhe shtëpia e atit tënd kanë vepruar në mënyrë të pabesë ndaj teje; edhe ata të bërtasin nga pas me zë të lartë. Mos ki besim tek ata kur do të thonë fjalë të mira.

⁷ Braktisa shtëpinë time, hodha poshtë trashëgiminë time; dhashë atë që kam më të shtrenjtë në duart e armiqve të tij.

⁸ Trashëgimia ime është bërë për mua si një luan në pyll; lëshoi ulërimën e tij kundër meje; për këtë e urreva.

⁹ Trashëgimia ime ka qenë për mua si një shpend grabitqar laralara; shpendët grabitqarë hidhen kundër saj nga çdo anë. Shkoni, mblidhini tërë kafshët e fushës, sillini këtu që t'i gëlltisin!

¹⁰ Shumë barinj kanë shkretuar vreshtin tim, kanë shkelur pjesën time, e kanë katandisur pjesën time të këndshme në një shkretëtirë të mjeruar.

¹¹ E kanë katandisur në një shkretim; e shkretuar, të pikëllon para meje; tërë vendi është i shkretuar, por asnjëri nuk mendon për të.

¹² Mbi të gjitha lartësitë e shkretëtirës kanë arritur shkatërruesit dhe shpata e Zotit e përpin vendin nga një skaj në skajin tjetër të tij; asnjë mish nuk ka paqe.

¹³ Kanë mbjellë grurë, por korrin gjemba; janë lodhur, por pa asnjë përfitim. Do t'u vijë turp nga korrja juaj, për shkak të zemërimit të fortë të Zotit!

¹⁴ Kështu thotë Zoti për të gjithë fqinjët e mi këqij, që prekin trashëgiminë që i dhashë në zotërim popullit tim Izrael: "Ja, do t'i çrrënjos nga vendi i tyre dhe do të çrrënjos shtëpinë e Judës në mes të tyre.

¹⁵ Por ka për të ndodhur që, pasi t'i kem çrrënjosur, do të më vijë keq përsëri për ta dhe do ta çoj përsëri secilin në trashëgiminë e tij, secilin në vendin e tij.

¹⁶ Dhe ka për të ndodhur që, në rast se mësojnë me kujdes rrugët e popullit tim dhe në se betohen me emrin tim, duke thënë: "Zoti rron", ashtu siç e kanë mësuar popullin tim të betohet për Baalin, do të vendosen mirë e bukur në mes të popullit tim.

¹⁷ Por në rast se nuk do të dëgjojnë, unë do ta çrrënjos plotësisht atë komb dhe do ta shkatërroj", thotë Zoti.

Kapitull 13

¹ Kështu më ka thënë Zoti: "Shko të më blesh një brez prej liri dhe vëre mbi ijët e tua, por mos e zhyt në ujë".

² Kështu unë bleva brezin, sipas fjalëve të Zotit dhe e vura mbi ijët e mia.

³ Pastaj fjala e Zotit m'u drejtua për herë të dytë, duke thënë:

⁴ "Merr brezin që ke blerë dhe që e ke mbi ijët e tua, çohu, shko në drejtim të Eufratit dhe aty fshihe në të çarën e një shkëmbi".

⁵ Unë shkova dhe e fsheha pranë Eufratit, ashtu si më kishte porositur Zoti.

⁶ Mbas shumë ditësh ndodhi që Zoti më tha: "Çohu, shko në drejtim të Eufratit dhe merr aty brezin që të kisha urdhëruar të fshihje".

⁷ Unë shkova në drejtim të Eufratit, gërmova dhe mora brezin nga vendi ku e kisha fshehur. Por brezi ishte kalbur dhe nuk vlente më për asgjë.

⁸ Atëherë Zoti më drejtoi fjalën, duke thënë:

⁹ "Kështu thotë Zoti: "Në këtë mënyrë unë do të shkatërroj kryelartësinë e Judës dhe kryelartësinë e madhe të Jeruzalemit.

¹⁰ Ky popull i keq, që nuk pranon të dëgjojë fjalët e mia, që ecën kryelartë sipas zemrës së tij dhe u shkon pas perëndive të tjera për tu shërbyer dhe për të rënë përmbys para tyre, do të bëhet si ky brez që nuk vlen më për asgjë.

¹¹ sepse ashtu si brezi përputhet me ijët e njeriut, kështu unë kisha bërë që të përputhej me mua tërë shtëpia e Izraelit dhe tërë shtëpia e Judës", thotë Zoti, me qëllim që të ishin populli im për famën, lavdinë dhe zulmin tim, por nuk deshën të më dëgjojnë"".

¹² "Prandaj ti do t'u thuash atyre këtë fjalë: "Kështu thotë Zoti, Perëndia i Izraelit: Çdo poç do të mbushet me verë". Në rast se më vonë do të të thonë: "A nuk e dimë vallë që çdo poç mbushet me verë?",

¹³ ti do t'u përgjigjesh atyre: "Kështu thotë Zoti: Ja, unë do t'i deh tërë banorët e këtij vendi: mbretërit që ulen në fronin e Davidit, priftërinjtë, profetët dhe tërë banorët e Jeruzalemit.

¹⁴ Do t'i copëtoj njërin kundër tjetrit, etërit dhe bijtë së bashku"", thotë Zoti. "Nuk do të kem mëshirë, nuk do t'i fal, nuk do të kem asnjë dhembshuri që të më pengojë t'i shkatërroj".

¹⁵ Dëgjoni dhe vini veshin. Mos: ju rritet mendja, sepse Zoti foli.

¹⁶ I jepni lavdi Zotit, Perëndisë tuaj, para se të sjellë terrin dhe para se këmbët tuaja të pengohen në malet e mbështjella në muzg, sepse ndërsa ju prisni dritën, ai e ndërron në hije të vdekjes dhe ndryshon në errësirë të thellë.

¹⁷ Por në rast se nuk e dëgjoni këtë, shpirti im do të qajë në fshehtësi për shkak të kryelartësisë suaj, sytë e mi do të qajnë parreshtur dhe do të derdhin lot, sepse kopeja e Zotit do të çohet në robëri.

¹⁸ Thuaji mbretit dhe mbretëreshës nënë: "Uluni më poshtë, sepse sundimi juaj, kurora e lavdisë suaj, do të bjerë poshtë"

¹⁹ Qytetet e jugut janë të mbyllura dhe askush nuk do t'i hapë; tërë Juda është çuar në robëri, është çuar e tëra në robëri.

²⁰ Ngrini sytë tuaj dhe shikoni ata që vijnë nga veriu: ku është kopeja që të ishte besuar, delet e tua të bukura?

²¹ Çfarë do të thuash kur të të ndëshkojë? Por ti vetë u ke mësuar atyre të jenë të parët dhe sunduesit e tu. A nuk do të të zënë dhembjet si një grua që është duke lindur?

²² Dhe në rast se do të thuash në zemrën tënde: "Përse më ndodhin këto gjëra?". Për shkak të përmasës së paudhësisë sate cepat e rrobës sate do të zbulohen dhe thembrat e tua do të duken lakuriq.

²³ A mundet një Etiopias të ndryshojë lëkurën e tij o një tigër të këmbejë lëkurën me vijëza? Në të njëjtën mënyrë ju, që jeni mësuar të bëni të keqen, a do të mund të bënit të mirën?

²⁴ "Prandaj do t'i shpërndaj si byku që e merr era e shkretëtirës.

²⁵ Ky është fati yt, pjesa që mata për ty", thotë Zoti, "sepse më ke harruar dhe i ke besuar gënjeshtrës.

²⁶ Prandaj do të ngre edhe unë cepat e rrobës sime mbi fytyrë, në mënyrë që të duket turpi yt.

²⁷ Kam parë shkeljet e tua të kurorës, hingëllimat e tua, shthurjen e kurvërisë sate, gjërat e neveritshme të kryera në kodra dhe në fusha. Mjerë ti, o Jeruzalem! Për sa kohë akoma do të mbetesh i pëgërë?".

Kapitull 14

¹ Fjala e Zotit që iu drejtua Jeremias me rastin e thatësirës:

² "Juda është në zi dhe portat e qyteteve të saj lëngojnë; mbajnë zi për vendin dhe britma e Jeruzalemit ngjitet deri në qiell.

³ Fisnikët dërgojnë ndër ta të rinjtë e tyre për të kërkuar ujë; këta shkojnë në sternat, por nuk gjejnë ujë dhe kthehen me enët e tyre bosh; janë plot me turp dhe të hutuar, dhe mbulojnë kokën e tyre.

⁴ Toka është plot me të çara, sepse nuk ka pasur shi në vend; bujqit janë plot me turp dhe mbulojnë kokën e tyre.

⁵ Edhe suta pjell nëpër fusha, por i braktis të vegjlit e saj, sepse nuk ka bar.

⁶ Gomerët e egjër ndalen në lartësitë dhe e nuhasin ajrin si çakejtë; sytë e tyre janë të shuar, sepse nuk ka bar".

⁷ Edhe në se paudhësitë tona dëshmojnë kundër nesh, o Zot, vepro për hir të emrit tënd, sepse rebelimet tona janë të shumta; kemi mëkatuar kundër teje.

⁸ O shpresë e Izraelit, shpëtimtari i tij në kohë fatkeqësie, pse të jesh në vend si një i huaj, si një udhëtar që ndalet vetëm për të kaluar natën?

⁹ Pse të jesh si një njeri i tronditur, si një njeri i fortë që nuk mund të shpëtojë? Megjithatë ti je në mes nesh, o Zot, emri yt përmendet mbi ne. Mos na braktis!

¹⁰ Kështu i thotë Zoti këtij populli: "Atyre u pëlqen me të vërtetë të enden, nuk përmbajnë hapat e tyre. Prandaj nuk i pëlqejnë Zotit, tani kujton paudhësinë e tyre dhe dënon mëkatet e tyre".

¹¹ Pastaj Zoti më tha: "Mos u lut për këtë popull, për mirëqënien e tij.

¹² Edhe sikur të agjërojnë, nuk kam për ta dëgjuar thirrjen e tyre; në rast se bëjnë olokauste dhe oferta ushqimesh nuk kam për t'i pëlqyer, por do t'i zhduk me shpatën, me urinë dhe murtajën".

¹³ Atëherë thashë: "Ah, Zot, Zot! Ja, profetët u thonë atyre: "Ju nuk do të shikoni shpatën dhe nuk do të vuani nga uria, por do t'ju jap një paqe të sigurt në këtë vend"".

¹⁴ Zoti më tha: "Profetët profetizojnë gënjeshtra në emrin tim; unë nuk i kam dërguar, nuk u kam dhënë asnjë urdhër dhe nuk kam folur me ta. Ata ju profetizojnë një pamje të rreme, një parashikim të kotë dhe mashtrimin e zemrës së tyre.

¹⁵ Prandaj kështu thotë Zoti për profetët që profetizojnë në emrin tim pa qenë të dërguar nga unë, dhe shpallin: "Nuk do të ketë as shpatë, as uri në këtë vend", këta profetë do të zhduken nga shpata dhe nga uria.

¹⁶ Sa për popullin të cilit i kanë profetizuar, do të hidhet në rrugët e Jeruzalemit për shkak të urisë dhe shpatës, dhe nuk do të ketë asnjeri që t'i varrosë ata, gratë e tyre, bijtë dhe bijat e tyre. Kështu do të hedh mbi ta ligësinë e tyre".

¹⁷ U thuaj atyre pra, këtë fjalë: "Të derdhin lot ditë e natë sytë e mi pa pushim, sepse bija e virgjër e popullit tim u godit nga një fatkeqësi e madhe, nga një plagë e thellë.

¹⁸ Në rast se dal nëpër fusha, ja të vdekurit nga shpata; në rast se hyj në qytet, ja ata që vuajnë nga uria. Madje edhe profeti dhe prifti i vijnë rrotull një vendi që nuk njohin".

¹⁹ Vallë a e ke hedhur poshtë plotësisht Judën, ose je neveritur nga Sioni? Ke goditur dhe nuk ka shërim për ne? Ne prisnim paqen, por nuk ka asnjë të mirë, një kohë shërimi, por ja tmerri.

²⁰ O Zot, ne e pranojmë ligësinë tonë dhe paudhësinë e etërve tanë; po, kemi mëkatuar kundër teje.

²¹ Mos na hidh poshtë për hir të emrit tënd, mos turpëro fronin e lavdisë sate. Mbaje mend: mos e prish besëlidhjen me ne.

²² Midis idhujve të kotë të njerëzve a ka vallë ndonjë që mund të sjellë shiun? Ose të japë qielli shira të bollshme? A nuk je ti pra, o Zot, Perëndia ynë? Prandaj ne shpresojmë te ti, sepse ke bërë tërë këto gjëra.

Kapitull 15

¹ Por Zoti më tha: "Edhe sikur Moisiu dhe Samueli të paraqiteshin para meje, zemra ime nuk do të anonte për këtë popull; dëboje nga prania ime; le të ikë!

² Në rast se të thonë: "Ku do të shkojmë?", do t'u thuash atyre: Kështu thotë Zoti: Drejt vdekjes të caktuarit për vdekje, drejt shpatës të caktuarit për shpatë, drejt urisë të caktuarit për të qenë të uritur, drejt robërisë të caktuarit për robëri.

³ Unë do të vendos mbi ta katër lloje dënimesh", thotë Zoti: "shpatën për të vrarë, qentë për të copëtuar, shpendët e qiellit dhe kafshët e tokës për të gllabëruar dhe shkatërruar.

⁴ Do të bëj që të keqtrajtohen në të gjitha mbretëritë e tokës për shkak të Manasit, birit të Ezekias, mbret i Judës, për atë që ka bërë në Jeruzalem.

⁵ Kujt në fakt do t'i vinte keq për ty, o Jeruzalem, kush do të mbante zi për ty? Kush do të shqetësohej për të pyetur si je?

⁶ Ti më ke përzënë", thotë Zoti, "më ke kthyer krahët. Prandaj unë do të shtrij dorën kundër teje dhe do të të shkatërroj; jam lodhur nga pendimi.

⁷ Do t'i shpërndaj me forcë portat e qytetit, do t'u heq fëmijët dhe do të bëj që të zhduket populli im, sepse ata nuk largohen nga udhët e tyre.

⁸ Do t'i bëjë gratë e veja të tij më të shumta se rëra e detit. Do të sjell kundër tyre, kundër nënës së të rinjve, një shkatërrues në mes të ditës; do të bëj që të bjerë mbi të papritmas ankthi dhe tmerri.

⁹ Ajo që ka pjellë shtatë bijë lëngon dhe heq frymën; dielli i saj po perëndon ndërsa është ditë akoma; është mbuluar nga turpi dhe e hutuar. Do t'i dorëzoj ata që do të shpëtojnë prej shpatës në mëshirë të armiqve të tyre", thotë Zoti.

¹⁰ Mjerë unë, o nëna ime sepse më ke lindur si një njeri grindjesh dhe sherri në gjithë vendin. Nuk i kam dhënë hua asgjë askujt, as të tjerët më kanë dhënë hua; megjithatë të gjithë më mallkojnë.

¹¹ Zoti thotë: "Me siguri do të të çliroj për gjithnjë; me siguri do të bëj që armiku të të lutet në kohën e fatkeqësisë dhe në kohën e ankthit.

¹² A mundet një njeri të thyejë hekurin, hekurin e veriut dhe bronzin?

¹³ Pasurinë tënde dhe thesaret e tua do t'i braktis që t'i plaçkitin pa asnjë çmim për të gjitha mëkatet e tua dhe në të gjithë kufijtë e tu.

¹⁴ Dhe do të bëj të kalosh bashkë me armiqtë e tu në një vend që ti nuk e njeh, sepse një zjarr është ndezur në zemërimin tim, që do të flakërojë kundër jush".

¹⁵ Ti e di, o Zot; më mbaj mend mua dhe më vizito, dhe merrmë hak mbi përndjekësit e mi; në ngadalësinë e zemërimit tënd mos më merr me vete; dije që për hirin tënd e mbajta turpin.

¹⁶ Me të gjetur fjalët e tua, i përpiva; fjala jote ka qenë për mua gëzimi dhe gazi i zemrës sime, sepse emri yt kërkohet nga unë o Zot, Perëndi i ushtrive.

¹⁷ Unë nuk u ula në kuvendin e tallësve, as nuk u gëzova; por për shkak të dorës sate unë u ula veçmas, sepse ti më kishe mbushur me indinjatë.

¹⁸ Pse dhembja ime është pa fund dhe plaga ime e pashërueshme nuk pranon të shërohet? A do të jesh për mua si një rrëke që shteron, si ujë që nuk të jep siguri?

¹⁹ Prandaj kështu thotë Zoti: "Në rast se ti rikthehesh tek unë, unë do të rivendos dhe ti do të jesh para meje. Në rast se ti ndan të çmuarën nga ajo që s'ka vlerë, ti do të jesh si goja ime; ata do të kthehen te ti, por ti nuk duhet të kthehesh tek ata.

²⁰ Unë do të të jap për këtë popull një mur të fortë prej bronzi; do të luftojnë kundër teje, por nuk do mund të fitojnë kundër teje, sepse unë do të jem me ty për të të shpëtuar dhe për të të çliruar", thotë Zoti.

²¹ "Do të të çliroj nga duart e njerëzve të këqij dhe do të të shpengoj nga duart e njerëzve të dhunshëm".

Kapitull 16

¹ Fjala e Zotit m'u drejtua, duke thënë:

² "Mos merr grua dhe mos ki bij e bija në këtë vend".

³ Sepse kështu thotë Zoti për bijtë dhe bijat që kanë lindur në këtë vend dhe për nënat që i kanë pjellë dhe për etërit që i kanë zënë në këtë vend:

⁴ "Ata do të vdesin nga një vdekje rrëqethëse; nuk do të qahen dhe nuk do të varrosen, por do t'i lënë si pleh mbi faqen e dheut; do të shfarosen nga shpata dhe nga uria, dhe kufomat e tyre do të shërbejnë si ushqim për shpendët e qiellit dhe për kafshët e tokës".

⁵ Sepse kështu thotë Zoti: "Mos hyni në shtëpinë e zisë dhe mos shkoni për ngushëllime dhe për t'i vajtuar, sepse unë kam hequr nga ky

popull paqen time, mirësinë time dhe mëshirën time", thotë Zoti.

⁶ "Të mëdhenj dhe të vegjël do të vdesin në këtë vend; nuk do të varrosen as do të mbahet zia për ata, nuk do të bëhen prerje as qethje flokësh për ta.

⁷ Nuk do të thyhet buka për ata që mbajnë zi për t'i ngushëlluar për një të vdekur dhe nuk do t'u jepet për të pirë gota e ngushëllimit për atin e tyre dhe nënën e tyre.

⁸ Mos hyni as në një shtëpi banketi për t'u ulur bashkë me ta për të ngrënë dhe për të pirë".

⁹ Sepse kështu thotë Zoti i ushtrive, Perëndia i Izraelit: "Ja, unë do të bëj që të pushojë në këtë vend, para syve tuaj dhe në ditët tuaja, britma e gëzimit dhe britma e ngazëllimit, zëri i dhëndrit dhe zëri i nuses.

¹⁰ Dhe ka për të ndodhur që kur t'i shpallësh këtij populli tërë këto gjëra, do të të thonë: "Pse Zoti ka shqiptuar kundër nesh tërë këtë mjerim të madh? Cila është paudhësia jonë? Cili është mëkati që kemi kryer kundër Zotit, Perëndisë tonë?".

¹¹ Atëherë ti do t'u përgjigjesh atyre: Sepse etërit tuaj më kanë braktisur", thotë Zoti, "kanë shkuar pas perëndive të tjera, u kanë shërbyer dhe kanë rënë përmbys para tyre, më kanë braktisur mua dhe nuk kanë respektuar ligjin tim.

¹² Dhe ju keni vepruar më keq se etërit tuaj, sepse ja, secili vepron sipas kryeneçësisë së zemrës së tij të keqe dhe nuk pranon të më dëgjojë.

¹³ Prandaj unë do t'ju dëboj nga ky vend në një vend që as ju, as etërit tuaj nuk keni njohur dhe atje do t'u shërbeni perëndive të tjera ditën e natën, sepse unë nuk do t'ju fal".

¹⁴ "Prandaj ja, po vijnë ditët", thotë Zoti, "në të cilat nuk do të thuhet më: "Për Zotin e gjallë që nxori bijtë e Izraelit nga vendi i Egjiptit",

¹⁵ por: "Për Zotin e gjallë që nxori bijtë e Izraelit nga vendi i veriut dhe nga tërë vendet ku i kishte shpërndarë". Dhe unë do t'i çoj përsëri në vendin që u kisha dhënë etërve të tyre.

¹⁶ Ja, unë do të dërgoj një numër të madh peshkatarësh për t'i peshkuar", thotë Zoti, "dhe pastaj do të dërgoj një numër të madh gjahtarësh për t'i gjuajtur në çdo mal, në çdo kodër dhe në të çarat e shkëmbinjve.

¹⁷ Sepse sytë e mi janë mbi të gjitha rrugët e tyre, që nuk janë të fshehura nga fytyra ime, dhe paudhësitë e tyre nuk mbeten të fshehura para syve të mi.

¹⁸ Para së gjithash do t'i shpaguaj dyfish për paudhësinë dhe mëkatin e tyre, sepse kanë përdhosur vendin tim me kufomat e idhujve të tyre të neveritshëm dhe e kanë mbushur trashëgiminë time me gjërat e tyre të neveritshme".

¹⁹ O Zot, forca ime, kalaja ime dhe streha ime ditën e fatkeqësisë, te ti do të vijnë kombet nga skajet e tokës dhe do të thonë: "Etërit tanë kanë trashëguar vetëm gënjeshtra, kotësi dhe gjëra që nuk vlejnë asgjë".

²⁰ "A mundet të shpikë njeriu perëndi, që në të vërtetë nuk janë perëndi?

²¹ Prandaj ja, këtë radhë do t'u bëj të njohur atyre, do t'u tregoj dorën time dhe fuqinë time; dhe ata do të mësojnë që emri im është Zoti".

Kapitull 17

¹ "Mëkati i Judës është shkruar me një stilo hekuri, është gërvishur me një majë diamanti mbi rrasën e zemrës së tyre dhe mbi brirët e altarëve tuaj.

² Edhe djemtë e tyre mbajnë mend altarët dhe Asherimët e tyre pranë drurëve të gjelbër mbi kodrat e larta.

³ O mali im në ara, unë do t'ia braktis plaçkitjes pasuritë e tua, tërë thesaret e tu dhe vendet e tua të larta, për shkak të mëkatit që është i pranishëm në tërë territorin tënd.

⁴ Kështu për fajin tënd do të humbasësh trashëgiminë që të kisha dhënë dhe do të bëj që t'u shërbesh armiqve të tu në një vend që ti nuk e njeh, sepse keni ndezur një zjarr në zemërimin tim, që do të flakërojë gjithnjë".

⁵ Kështu thotë Zoti: "Mallkuar qoftë njeriu që ka besim te njeriu dhe e bën nga mishi krahun e tij, dhe zemra e të cilit largohet nga Zoti!

⁶ Ai do të jetë si një brukë në shkretëtirë; kur vjen e mira, nuk ka për ta parë. Do të banojë në vende të thata në shkretëtirë, në një tokë të kripur pa banorë.

⁷ Lum ai njeri që beson te Zoti dhe besimi i të cilit është Zoti!

⁸ Ai do të jetë si një pemë e mbjellë pranë ujit, që i shtrin rrënjët e tija gjatë lumit. Nuk do ta ndjejë kur vjen vapa dhe gjethet e tij do të mbeten të gjelbra; në vitin e thatësirës nuk do të ketë asnjë shqetësim dhe do të vazhdojë të mbajë fryte.

⁹ Zemra gënjehet më tepër se çdo gjë tjetër dhe sëmuret në mënyrë të pashërueshme; kush mund ta njohë atë?

¹⁰ Unë, Zoti, hetoj zemrën, vë në provë mendjen për t'i dhënë secilit sipas rrugëve të tij, sipas frytit të veprimeve të tij.

¹¹ Kush fiton pasuri në mënyrë të padrejtë është si thëllëza që ngroh vezë që nuk i ka bërë vetë; në mes të ditëve të tij ka për t'i lënë dhe në fund do të gjendet i shushatur".

¹² Froni i lavdisë së shkëlqyer që në fillim është vendi i shenjtërores sonë.

¹³ O Zot, shpresa e Izraelit, tërë ata që të braktisin do të turpërohen. "Ata që largohen nga unë do të jenë të shkruar në tokë, sepse e kanë braktisur Zotin, burimin e ujit të gjallë".

¹⁴ Shëromë, o Zot, dhe do të shërohem, shpëtomë dhe do të shpëtoj, sepse ti je lavdia ime.

¹⁵ Ja, ata më thonë: "Ku është fjala e Zotit? Le të realizohet tani!"

¹⁶ Megjithatë unë nuk refuzova të jem bariu i tyre duke të ndjekur ty, as dëshirova ditën e kobshme. Ti e di atë që doli nga goja ime, sepse bëhej në praninë tënde.

¹⁷ Mos u bëj për mua një frikë; ti je streha ime ditën e fatkeqësisë.

¹⁸ Qofshin të turpëruar përndjekësit e mi, por mos qofsha unë i turpëruar; qofshin të turpëruar ata, por mos qofsha i turpëruar unë; sill mbi ta ditën e fatkeqësisë dhe shkatërroji me një shkatërrim të dyfishtë!

¹⁹ Kështu më ka thënë Zoti: "Shko dhe ndalu te porta e bijve të popullit, nëpër të cilën hyjnë dhe dalin mbretërit e Judës dhe pranë të gjitha portave të Jeruzalemit,

²⁰ dhe u thuaj atyre: Dëgjoni fjalën e Zotit, o mbretër të Judës, dhe tërë Juda dhe ju të gjithë banorë të Jeruzalemit, që hyni nëpër këto porta".

²¹ Kështu thotë Zoti: "Kujdesuni për veten tuaj dhe mos mbartni asnjë peshë dhe mos e futni nëpër portat e Jeruzalemit ditën e shtunë.

²² Mos mbartni asnjë peshë jashtë shtëpive tuaja dhe mos kryeni asnjë punë ditën e shtunë, por shenjtëroni ditën e shtunë, ashtu siç i kam urdhëruar etërit tuaj.

²³ Por ata nuk dëgjuan as i vunë veshin, por ngurtësuan zverkun e tyre për të mos dëgjuar dhe për të mos pranuar mësime.

²⁴ Kështu do të ndodhë që, në qoftë se do të dëgjoni me kujdes", thotë Zoti, "në rast se bëni që të mos hyjë asnjë peshë nëpër portat e këtij qyteti ditën e shtunë, por do ta shenjtëroni ditën e shtunë dhe nuk do të bëni asnjë punë gjatë asaj dite,

²⁵ atëherë mbretërit dhe princat që rrinë ulur mbi fronin e Davidit do të hyjnë nga portat e këtij qyteti të hipur mbi qerre dhe mbi kuaj, ata, princat e tyre, njerëzit e Judës dhe banorët e Jeruzalemit; dhe ky qytet do të banohet përjetë.

²⁶ Do të vijnë pastaj nga qytetet e Judës, nga rrethinat e Jeruzalemit, nga vendi i Beniaminit, nga ultësira, nga malet dhe nga Negevi, duke sjellë olokauste, flijime, blatime ushqimore dhe temjan dhe duke ofruar flijime falënderimi në shtëpinë e Zotit.

²⁷ Por në rast se nuk do të më dëgjoni, duke shenjtëruar ditën e shtunë: duke mos mbartur pesha dhe duke mos i futur nëpër portat e Jeruzalemit ditën e shtunë, unë do të ndez një zjarr në portat e tij; ai do të përpijë pallatet e Jeruzalemit dhe nuk do të shuhet".

Kapitull 18

¹ Fjala iu drejtua Jeremias nga Zoti, duke i thënë:

² "Çohu dhe zbrit në shtëpinë e poçarit, dhe atje do të dëgjosh fjalët e mia".

³ Atëherë unë zbrita në shtëpinë e poçarit, dhe ja ai po bënte një punë e rrota.

⁴ Por poçi që po bënte me argjilën u prish në duart e poçarit. Kështu duke e filluar përsëri punën, ai bëri me të një poç tjetër, që iu duk i mirë atij.

⁵ Atëherë fjala e Zotit m'u drejtua duke thënë:

⁶ "O shtëpi e Izraelit, a nuk mund të bëj unë me ju, ashtu siç bëri ky poçar?", thotë Zoti. "Ja, ashtu si është argjila në duart e poçarit, kështu jeni ju në duart e mia, o shtëpi e Izraelit!

⁷ Nga një herë për një komb dhe për një mbretëri, unë flas dhe them se duhet çrrënjosur, rrëzuar dhe shkatërruar;

⁸ por në rast se ai komb kundër të cilit kam folur heq dorë nga ligësia e tij, unë pendohem për të keqen që kisha menduar t'i bëja.

⁹ Herë tjetër për një komb dhe për një mbretëri, unë flas për ndërtim dhe për të mbjella;

¹⁰ por në rast se ai komb ose ajo mbretëri bën atë që është e keqe në sytë e mi, duke mos e dëgjuar zërin tim, unë pendohem për të mirën që i kisha premtuar t'i bëja.

¹¹ Prandaj tani folu njerëzve të Judës dhe banorëve të Jeruzalemit, dhe u thuaj: Kështu thotë Zoti: Ja, unë kam përgatitur kundër jush të keqen dhe një plan kundër jush. Tani le të heqë dorë secili

¹² Por ata thonë: "Është e kotë; ne duam të ecim duke ndjekur

mendimet tona dhe dëshirojmë të veprojmë sipas kryeneçësisë së zemrës sonë të keqe.

¹³ Prandaj kështu thotë Zoti: "Pyesni, pra, midis kombeve kush ka dëgjuar gjëra të tilla. Virgjëresha e Izraelit ka bërë një gjë të llahtarshme.

¹⁴ A do të zhduket vallë bora e Libanit nga shkëmbinjtë që lartohen përmbi vendin?, ose a do të thahen vallë ujrat e rrjedhshëm të ftohta të një toke të huaj?

¹⁵ Megjithatë populli im më ka harruar; u djegin temjan idhujve të kotë, që i kanë bërë të pengohen në rrugët e tyre, në shtigjet e lashta, për të ecur në rrugët dytësore dhe jo në rrugën kryesore,

¹⁶ duke e bërë vendin e tyre një shkatërrim, një objekt talljeje të vashdueshme; kështu që tërë ata që do të kalojnë andej do të mbeten të habitur dhe do të tundin kokën.

¹⁷ Unë do t'i shpërndaj përpara armikut ashtu si vepron era e lindjes. Ditën e mjerimit të tyre do t'u tregoj kurrizin dhe jo fytyrën".

¹⁸ Pastaj ata thanë: "Ejani dhe të kurdisim komplote kundër Jeremias, sepse ligji nuk do t'i mungojë priftit as këshilla të urtit dhe e fjala profetit. Ejani, ta godasim me gjuhën dhe të mos i kushtojmë kujdes asnjërës prej fjalëve të tij".

¹⁹ Kushtomë kujdes, o Zot, dhe dëgjo zërin e atyre që grinden me mua.

²⁰ A shpërblehet vallë e mira me të keqen? Sepse ata i kanë hapur një gropë jetës sime. Kujto se jam paraqitur para teje për të folur në favor të tyre dhe për të larguar prej tyre zemërimin tënd.

²¹ Prandaj braktisi urisë bijtë e tyre dhe jepi në pushtetin e shpatës; gratë e tyre mbetshin pa fëmijë dhe të veja, burrat e tyre u plagosshin për vdekje, të rinjtë e tyre u vrafshin nga shpata në betejë.

²² U dëgjoftë një britmë nga shtëpitë e tyre, kur do të lëshosh papritmas mbi ta një aradhe ushtarësh, sepse kanë hapur një gropë për të më kapur dhe kanë ngritur leqe te këmbët e mia.

²³ Por ti o Zot, i njeh tërë qëllimet e tyre kundër meje për të shkaktuar vdekjen time; mos ua fal paudhësinë e tyre, mos fshij mëkatin e tyre nga prania jote. U rrëzofshin para teje. Trajtoji ashpër ditën e zemërimit tënd.

Kapitull 19

¹ Kështu ka thënë Zoti: "Shko e bli një poç balte për ujë; pastaj merr disa pleq nga populli dhe disa pleq nga priftërinjtë

² dhe dil në drejtim të luginës së birit të Hinomit që ndodhet në hyrje të Portës së poçerisë dhe aty shpall fjalët që do të të them.

³ Do të thuash kështu: Dëgjoni fjalën e Zotit, o mbret i Judës dhe banorë të Jeruzalemit. Kështu thotë Zoti i ushtrive, Perëndia i Izraelit: Ja, unë do të sjell mbi këtë vend një fatkeqësi të tillë që do të bëjë të shungullojnë veshët e cilitdo që do ta dëgjojë,

⁴ sepse më kanë braktisur, kanë përdhosur këtë vend dhe u kanë djegur temjan perëndive të tjera, që nuk i njihnin as ata vetë, as etërit e tyre, as mbretërit e Judës, dhe e kanë mbushur këtë vend me gjakun e të pafajmëve;

⁵ i kanë ndërtuar vendet e larta Baalit për të djegur bijtë e tyre në zjarr si olokaust Baalit, gjë që nuk kisha urdhëruar dhe për të cilën nuk kisha folur kurrë dhe nuk më kishte shkuar ndër mend.

⁶ Prandaj ja, ditët po vijnë", thotë Zoti, "kur ky vend nuk do të quhet më "Tofet", as "Lugina e birit të Hinomit", por "Lugina e masakrës".

⁷ Unë do t'i bëj të kota qëllimet e Judës dhe të Jeruzalemit në këtë vend dhe do të bëj që të rrëzohen nga shpata përpara armiqve të tyre, dhe nga dora e atyre që kërkojnë jetën e tyre, dhe do t'ua jap kufomat e tyre si ushqim shpendëve të qiellit dhe kafshëve të tokës.

⁸ Do ta katandis këtë qytet në një shkatërrim dhe në një objekt talljeje; kushdo që do t'i kalojë pranë do të mbetet i habitur dhe do të fillojë të fishkëllojë për tërë plagët e tij.

⁹ Do të bëj të hanë mishin e bijve të tyre dhe mishin e bijave të tyre dhe do të hanë mishin e njëri tjetrit gjatë rrethimit dhe shtrëngesës në të cilat do t'i ngushtojnë armiqtë e tyre ata që kërkojnë jetën e tyre.

¹⁰ Pastaj do të thyesh poçin në prani të atyre njerëzve që do të kenë ardhur me ty

¹¹ dhe do t'u thuash atyre: Kështu thotë Zoti i ushtrive: Kështu do të copëtoj këtë popull dhe këtë qytet, ashtu si copëtohet një poç balte, që nuk mund të ndreqet më; atëherë do t'i varrosin të vdekurit në Tofet, sepse nuk do të ketë më vend për t'i varrosur.

¹² Kështu do të veproj në këtë vend, thotë Zoti, dhe me banorët e tij, duke e bërë këtë qytet si Tofeti.

¹³ Shtëpitë e Jeruzalemit dhe shtëpitë e mbretërve të Judës do të jenë të papastra ashtu si vendi i Tofetit që janë të gjitha shtëpitë mbi çatitë e të cilave i kanë djegur temjan tërë ushtrisë së qiellit dhe u kanë bërë libacione perëndive të tjera".

¹⁴ Pastaj Jeremia u kthye nga Tofeti, ku Zoti e kishte dërguar të profetizonte, u ndal tek oborri i shtëpisë të Zotit dhe i tha tërë popullit:

¹⁵ "Kështu thotë Zoti i ushtrive, Perëndia i Izraelit: Ja, unë po sjell mbi këtë qytet dhe mbi të gjitha lagjet e tij të jashtme tërë të keqen që shqiptova kundër tij, sepse kanë fortësuar qafën e tyre për të mos dëgjuar fjalët e mia".

Kapitull 20

¹ Pashhuri, bir i Imerit, prift dhe shef i kryeintendentëve në shtëpinë e Zotit, dëgjoi Jereminë që profetizonte këto gjëra.

² Atëherë Pashhuri rrahu profetin Jeremia dhe e futi në burgun që ndodhej në portën e sipërme të Beniaminit pranë shtëpisë të Zotit.

³ Të nesërmen Pashhuri e nxori nga burgu Jeremian. Jeremia i tha: "Zoti nuk të quan më Pashhur, por Magor-Misabib.

⁴ Sepse kështu thotë Zoti: Ja, unë do të të braktis ty dhe tërë shokët e tu në dorë të tmerrit; ata do të bien nga shpata e armiqve të tyre dhe sytë e tu kanë për ta parë. Do ta jap tërë Judën në duart e mbretit të Babilonisë, që do t'i çojë në robëri në Babiloni dhe do t'i godasë me shpatë.

⁵ Përveç kësaj tërë pasuritë e këtij qyteti, tërë prodhimin e mundit të tij dhe të gjitha sendet e tij të çmuara, po, do t'i jap tërë thesaret e mbretërve të Judës në dorë të armiqve të tyre që do t'i plaçkisin, do t'i marrin dhe do t'i çojnë në Babiloni.

⁶ Dhe ti, Pashhur, dhe tërë ata që banojnë në shtëpinë tënde, do të shkoni në robëri; do të shkosh në Babiloni, aty ke për të vdekur dhe aty ke për t'u varrosur, ti dhe tërë miqtë e tu të cilëve u ke profetizuar gënjeshtra".

⁷ Ti më ke bindur, o Zot, dhe unë e lashë veten të bindem; ti je më i fortë se unë dhe fitove. Jam bërë objekt talljesh çdo ditë; kushdo tallet me mua.

⁸ Sepse sa herë që flas, unë bërtas dhe shpall: "Dhunë dhe plaçkitje!". Po, fjala e Zotit është për mua një shkak turpi dhe talljeje çdo ditë.

⁹ Atëherë unë thashë: "Nuk do të përmend më dhe nuk do të flas më në emër të tij". Por fjala e tij ishte në zemrën time si një zjarr flakërues, i mbyllur në kockat e mia; përpiqesha ta përmbaja, por nuk mundesha.

¹⁰ Dëgjoja shpifjet e shumë vetave: "Tmerr rreth e qark! Paditeni dhe do ta padisim!". Tërë ata me të cilët jetoja në paqe prisnin që unë të pengohesha dhe thonin: "Ndofta do të bindet, kështu ne do të kemi epërsi mbi të dhe do të hakmerremi kundër tij".

¹¹ Por Zoti është me mua si një hero i fuqishëm; prandaj ndjekësit e mi do të pengohen dhe nuk do të kenë epërsi; do të turpërohen me të madhe, sepse nuk do t'ia dalin mbanë; turpi i tyre do të jetë i përjetshëm dhe nuk do të harrohet.

¹² Por ti, o Zot i ushtrive, që provon të drejtin dhe heton mendjen dhe zemrën, tregomë hakmarrjen tënde mbi ta, sepse ty të kam besuar çështjen time.

¹³ Këndojini Zotit, lëvdoni Zotin, sepse ka çliruar jetën e nevojtarit nga dora e keqbërësve.

¹⁴ Mallkuar qoftë dita në të cilën linda! Mos qoftë e bekuar dita në të cilën nëna ime më lindi!

¹⁵ Mallkuar qoftë njeriu që i shpuri lajmin atit tim, duke thënë: "Të ka lindur një bir mashkull", gjë që e mbushi me gëzim.

¹⁶ Qoftë ai njeri si qytetet që Zoti ka shkatërruar pa kurrfarë keqardhje. Dëgjoftë klithmën në mëngjes dhe zhurmat e luftës në mesditë,

¹⁷ sepse nuk më kanë bërë të vdes në bark të nënës; kështu nëna ime do të ishte varri im dhe barku i saj i ngarkuar për gjithnjë.

¹⁸ Pse kam dalë nga barku i nënës, për të parë vuajtje, dhembje dhe për t'i mbaruar ditët e mia me turp?

Kapitull 21

¹ Fjala që iu drejtua Jeremias nga Zoti, kur mbreti Sedekia i dërgoi Pashhurin, birin e Malkiahut dhe Sofonien, birin e Malklahut, priftit, për t'i thënë:

² "Konsulto, pra, për ne Zotin, sepse Nebukadnetsari, mbreti i Babilonisë, bën luftë kundër nesh. Ndofta Zoti do të veprojë me ne sipas të gjitha mrekullive të tij, dhe ai do të tërhiqet nga ne".

³ Atëherë Jeremia u tha atyre: "Do t'i thoni kështu Sekedias:

⁴ Kështu thotë Zoti, Perëndia i Izraelit: Ja, unë do të bëj që të tërhiqen armët e luftës që janë në duart tuaja, me të cilat po luftoni kundër mbretit të Babilonisë, kundër Kaldeasve që ju rrethojnë jashtë mureve, dhe do t'i grumbulloj në mes të këtij qyteti.

⁵ Unë vetë do të luftoj kundër jush me dorën e shtrirë dhe me krahë të fuqishëm, me zemërim, me tërbim dhe me indinjatë të madhe.

⁶ Do t'i qëlloj banorët e këtij qyteti, si njerëzit ashtu edhe kafshët; ata do të vdesin nga një murtajë e madhe.

⁷ Mbas kësaj", thotë Zoti, "do të jap Sedekian, mbretin e Judës, dhe shërbëtorët e tij, popullin dhe ata që në këtë qytet do të kenë shpëtuar nga murtaja, nga shpata nga uria, në dorë të Nebukadnetsarit, mbretit të Babilonisë, në dorë të armiqve të tyre dhe në dorë të atyre që kërkojnë jetën e tyre. Ai do t'i vrasë me shpatë: nuk ka për t'i falur, as nuk do t'i vijë keq dhe as nuk do të ketë mëshirë për ta.

⁸ Dhe këtij populli do t'i thuash: Kështu thotë Zoti: Ja, unë vë para jush rrugën e jetës dhe rrugën e vdekjes.

⁹ Ai që mbetet në këtë qytet ka për të vdekur nga shpata, nga uria dhe nga murtaja; por ai që ka për të dalë dhe do t'u dorëzohet Kaldeasve që ju rrethojnë ka për të jetuar dhe do të ketë si pre jetën e tij.

¹⁰ Sepse unë e kam kthyer fytyrën time kundër këtij qyteti për fat të keq dhe jo për të mirë", thotë Zoti. "Ai do t'i jepet në dorë mbretit të Babilonisë dhe ai do ta djegë me zjarr".

¹¹ Në shtëpinë e mbretërve të Judës do të thuash: "Dëgjoni fjalën e Zotit:

¹² O shtëpia e Davidit", kështu thotë Zoti: "Ushtroni drejtësinë që në mëngjes dhe çlirohoni atë që e kanë vjedhur nga dora e shtypësit, me qëllim që zemërimi im të mos shpërthejë si zjarr dhe të djegë pa qenë njeri në gjendje ta shuajë, për shkak të ligësisë së veprimeve tuaja.

¹³ Ja ku jam kundër teje, o banuese e luginës, shkëmb i fushës", thotë Zoti. "Ju që thoni: "Kush do të zbresë kundër nesh? Kush ka për të hyrë në banesat tona?",

¹⁴ unë do t'ju dënoj sipas frytit të veprimeve tuaja", thotë Zoti, "dhe do t'i vë zjarr pyllit të tij, që do të gllabërojë të gjitha gjërat që ka përreth".

Kapitull 22

¹ Kështu thotë Zoti: "Zbrit në shtëpinë e mbretit të Judës dhe aty shqipto këto fjalë,

² duke thënë: Dëgjo fjalën e Zotit, o mbret i Judës, që rri ulur mbi fronin e Davidit, ti, shërbëtorët e tu dhe populli yt, që hyni nëpër këto porta.

³ Kështu thotë Zoti: Veproni me ndershmëri dhe drejtësi, çlirojeni atë që e kanë vjedhur nga dora e shtypësit, mos i bini më qafë dhe mos ushtroni dhunë kundër të huajit, jetimit dhe gruas së ve dhe mos derdhni gjak të pafajmë në këtë vend.

⁴ Sepse, po t'u përmbahemi tërësisht këtyre fjalëve, atëherë mbretërit e ulur mbi fronin e Davidit do të hyjnë nëpër portat e kësaj shtëpie, të hipur mbi qerre dhe mbi kuaj, ata vetë, shërbëtorët e tyre dhe populli i tyre.

⁵ Por në rast se nuk do të dëgjoni këto fjalë, unë betohem për veten time", thotë Zoti, "që kjo shtëpi do të shkretohet".

⁶ Sepse kështu thotë Zoti për shtëpinë e mbretit të Judës: "Ti ishe për mua si Galaadi, si maja e Libanit. Por unë do të të katandis me siguri në një vend të shkretë, në një qytet pa banorë.

⁷ Po përgatis kundër teje shkatërrues, secili me armët e tij; ata do të rrëzojnë kedrat e tu më të mirë dhe do t'i hedhin në zjarr.

⁸ Shumë kombe do të kalojnë pranë këtij qyteti dhe do t'i thonë njëri tjetrit: "Pse Zoti e ka trajtuar kështu këtë qytet të madh?".

⁹ Dhe do të përgjigjen: "Sepse e kanë braktisur besëlidhjen me Zotin, Perëndinë e tyre, dhe kanë rënë përmbys para perëndive të tjera dhe u kanë shërbyer".

¹⁰ Mos qani për të vdekurin, mos mbani zi për të, por qani me hidhërim të madh për atë që niset, sepse nuk do të kthehet më dhe nuk e ka për të parë më vendin ku ka lindur.

¹¹ Sepse kështu thotë Zoti për Shalumin, birin e Josias, mbret i Judës, që mbretëron në vend të Josias atit të tij dhe që ka dalë nga ky vend: "Ai nuk do të kthehet më,

¹² por do të vdesë në vendin ku e kanë çuar në robëri dhe nuk ka për ta parë më këtë vend".

¹³ Mjerë ai që ndërton shtëpinë e tij pa drejtësi dhe dhomat e saj të sipërme me paanësi, që vë tjetrin të punojë për asgjë dhe nuk ia shpërblen punën e tij,

¹⁴ dhe thotë: "Do të ndërtoj një shtëpi të madhe me dhoma të sipërme të gjëra", dhe hap në të dritare, e vesh me dru kedri dhe e lyen me të kuq.

¹⁵ "Mendon vallë se je mbret, sepse je i rrethuar nga kedra? Ati yt nuk hante dhe pinte? Por vepronte me ndershmëri e drejtësi dhe gjithshka i shkonte mbarë.

¹⁶ Ai mbronte çështjen e të varfrit dhe të nevojtarit dhe gjithshka i shkonte mbarë. A nuk do të thotë kjo të më njohësh mua?", thotë Zoti.

¹⁷ "Por sytë e tu dhe zemra jote nuk shikojnë veçse fitimin tënd të padrejtë, të derdhin gjak të pafajmë dhe të kryejnë shtypje dhe dhunë".

¹⁸ Prandaj kështu thotë Zoti për Jehojakimin, birin e Josias, mbreti i Judës: "Nuk do të mbajnë zi për të, duke thënë: "Vaj medet, vëllai im! Vaj medet, motër!". Nuk do të mbajnë zi për të duke thënë: "Vaj medet, zot! Vaj medet, madhëri e tij!".

¹⁹ Do të varroset ashtu si varroset një gomar, që e heqin dhe e hedhin larg portave të Jeruzalemit.

²⁰ Ngjitu në Liban dhe bërtit, ngrije zërin në Bashan dhe bërtit nga Abarimi, sepse të gjithë dashnorët e tu janë shkatërruar.

²¹ Të fola në kohën e begatisë sate, por ti më the: "Nuk do të dëgjoj". Kjo ka qenë sjellja jote qysh në rininë tënde: nuk e dëgjove kurrë zërin tim.

²² Tërë barinjtë e tu do të gllabërohen nga era dhe dashnorët e tu do të shkojnë në robëri; atëherë do të jesh i turpëruar dhe e shushatur për gjithë ligësinë tënde.

²³ Ti që banon në Liban, që ke ngritur folenë në mes kedrave, sa do të rënkosh kur do të zënë dhembjet, dhembjet si ato të gruas që është gati të pjellë!

²⁴ Ashtu siç është e vërtetë që unë rroj", thotë Zoti, "edhe sikur Konjahu, biri i Jehojakimit, mbret i Judës, të ishte një unazë vulosjeje në dorën time të djathtë, unë do ta shkulja që andej.

²⁵ Unë do të të jap në dorë të atyre që kërkojnë jetën tënde, në dorë të atyre prej të cilëve ke frikë, në dorë të Nebukadnetsarit, mbretit të Babilonisë, dhe në dorë të Kaldeasve.

²⁶ Do të të hedh ty dhe nënën tënde që të ka lindur në një vend të huaj, ku nuk keni lindur dhe aty do të vdisni.

²⁷ Por në vendin ku dëshirojnë fort të kthehen, nuk do të kthehen".

²⁸ A është vallë ky njeri, Konjahu, një poç pa vlerë, i thyer, ose një send që nuk prodhon asnjë kënaqësi? Pse, pra, janë përzënë ai dhe pasardhësit e tij dhe janë hedhur në një vend që ata nuk e njohin?

²⁹ O vend, o vend, o vend, dëgjo fjalën e Zotit!

³⁰ Kështu thotë Zoti: "Regjistrojeni këtë njeri si pa fëmijë, një njeri që nuk do të begatohet në ditët e tij, sepse asnjë nga pasardhësit e tij nuk do të ketë mbarësi, duke arritur të ulet mbi fronin e Davidit dhe të mbretërojë akoma në Judë"".

Kapitull 23

¹ "Mjerë barinjtë që prishin dhe shpërndajnë kopenë e kullotës sime", thotë Zoti.

² Prandaj kështu thotë Zoti, Perëndia i Izraelit, kundër barinjve që kullosin popullin tim: "Ju keni shpërndarë delet e mia, i keni përzënë dhe nuk keni pasur kujdes për to; ja, unë do t'ju dënoj për ligësinë e veprimeve tuaja", thotë Zoti.

³ "Por do të mbledh kusurin e deleve të mia nga të gjitha vendet ku i kam shpërndarë dhe do t'i çoj përsëri në kullotat e tyre, ku do të jenë pjellore dhe do të shumohen.

⁴ Do të caktoj mbi to barinj që do t'i kullosin dhe nuk do të kenë më ndrojtje as frikë; nuk do të mungojë asnjë prej tyre", thotë Zoti.

⁵ "Ja, ditët po vijnë", thotë Zoti, "në të cilat do të shkaktoj që të dalë nga Davidi një filiz i drejtë, që do të mbretërojë si mbret, do të ketë mbarësi dhe do të ushtrojë gjykimin dhe drejtësinë në vend.

⁶ Në ditët e tij Juda do të shpëtohet dhe Izraeli do të qëndrojë në siguri. Ky do të jetë emri me të cilin do të thirret: "Zoti drejtësia jonë".

⁷ Pra, ditët po vijnë", thotë Zoti, "gjatë të cilave nuk do të thuhet më: "Për Zotin e gjallë që i nxori bijtë e Izraelit nga vendi i Egjiptit",

⁸ por: "Për Zotin e gjallë që nxori dhe çoi përsëri pasardhësit e shtëpisë së Izraelit nga vendi i veriut dhe nga të tëra vendet ku i kisha shpërndarë"; dhe ata do të qëndrojnë në vendin e tyre".

⁹ Zemra ime është thyer brenda meje për shkak të profetëve, tërë kockat e mia dridhen. Jam si një i dehur, si një njeri i mposhtur nga vera, për shkak të Zotit dhe fjalëve të tij të shenjta.

¹⁰ Sepse vendi është plot me shkelës të kurorës, për shkak të mallkimit vendi është në zi, kullotat e shkretëtirës janë tharë. Vrapi i tyre është i mbrapshtë dhe forca e tyre nuk është e drejtë.

¹¹ "Si prifti ashtu edhe profeti janë prishur; po, e kam gjetur ligësinë e tyre edhe në vetë shtëpinë time", thotë Zoti.

¹² "Prandaj rruga e tyre do të jetë për ta si shtigje ku njeriu shket; do të shtyhen në errësirë dhe do të rrëzohen nëpër to, sepse do të bëj që të bjerë mbi ta një gjëmë, në vitin e dënimit të tyre", thotë Zoti.

¹³ "Kam vërejtur budallallëqe midis profetëve të Samarias: profetizonin në emër të Baalit dhe çonin në rrugë të keqe popullin tim të Izraelit.

¹⁴ Edhe ndërmjet profetëve të Jeruzalemit kam parë gjëra të ndyra: kryejnë shkelje të kurorës, ecin në mënyrë të rreme, përforcojnë duart e keqbërësve, dhe kështu asnjeri nuk largohet nga rruga e keqe që ka marrë. Për mua janë të gjithë si Sodoma, dhe banorët e tij si Gomora".

¹⁵ Prandaj kështu thotë Zoti i ushtrive për profetët: "Ja, unë do t'i ushqej me pelin dhe do t'i bëj të pinë ujë të helmuar, sepse nga profetët e

Jeremisë

Jeruzalemit pabesia është përhapur në tërë vendin".

¹⁶ Kështu thotë Zoti i ushtrive: "Mos dëgjoni fjalët e profetëve që ju bëjnë profeci. Ata ju bëjnë të këqinj; ju parashtrojnë vegimet e zemrave të tyre dhe jo atë që del nga goja e Zotit.

¹⁷ U flasin vazhdimisht atyre që më përbuzin: "Zoti ka thënë: Do të keni paqe"; dhe gjithë atyre që ecin në kryeneçësinë e zemrës së tyre: "Asnjë e keqe nuk do t'ju vijë".

¹⁸ Por kush ka marrë pjesë në këshillën e Zotit? Kush ka parë, kush ka dëgjuar fjalën e tij? Kush i ka kushtuar kujdes fjalës së tij dhe e ka dëgjuar?

¹⁹ Ja furtuna e Zotit po shpërthen me tërbim, një furtunë e tmerrshme do të shpërthejë mbi kryet e të pabesëve.

²⁰ Zemërimi i Zotit nuk do të qetësohet deri sa të ketë kryer dhe plotësuar synimet e zemrës së tij; ditët e fundit do të kuptoni fare mirë.

²¹ Unë nuk i kam dërguar ata profetë; por ata kanë vrapuar; nuk u kam folur atyre, por ata kanë profetizuar.

²² Por, sikur të kishin marrë pjesë në këshillën time, atëherë do të bënin që populli im të dëgjonte fjalët e mia, dhe kështu do ta largonin nga rruga e tyre e keqe dhe nga ligësia e veprimeve të tyre.

²³ A jam unë vetëm një Perëndi nga afër", thotë Zoti, "apo dhe një Perëndi nga larg?

²⁴ A mundet dikush të fshihet në vende të fshehta në mënyrë që unë të mos e shoh?", thotë Zoti. "A nuk e mbush unë qiellin dhe tokën?", thotë Zoti.

²⁵ "Kam dëgjuar atë që thonë profetët që profetizojnë gënjeshtra në emrin tim, duke thënë: "Pashë një ëndërr, pashë një ëndërr!".

²⁶ Deri kur do të vazhdojë kjo në zemrën e këtyre profetëve që profetizojnë gënjeshtra dhe profetizojnë mashtrimin e zemrës së tyre?

²⁷ Ata mendojnë që populli im do të harrojë emrin tim me ëndrrat e tyre që i tregojnë njëri-tjetrit, ashtu si etërit e tyre harruan emrin tim për Baalin.

²⁸ Profeti që ka parë një ëndërr le ta tregojë ëndrrën, por ai që ka fjalën time le ta kallëzojë atë me besnikëri. Ç'punë ka kashta me grurin?", thotë Zoti.

²⁹ "A nuk është fjala ime si zjarri?", thotë Zoti, "dhe si një çekiç që thyen gurin?

³⁰ Prandaj ja", thotë Zoti, "unë jam kundër profetëve që i vjedhin njëri-tjetrit fjalët e mia.

³¹ Ja", thotë Zoti, "unë jam kundër profetëve që përdorin gjuhën e tyre dhe thonë: "Ai thotë".

³² Ja, unë jam kundër atyre që profetizojnë ëndrra të rreme", thotë Zoti, "dhe ia tregojnë popullit tim dhe e prishin atë me gënjeshtrat dhe me mburrësitë e tyre, megjithëse unë nuk i kam dërguar dhe as nuk u kam dhënë ndonjë urdhër; prandaj nuk do të jenë aspak të vlefshëm për këtë popull", thotë Zoti.

³³ Në qoftë se ndërkaq ky popull ose një profet a një prift do të të pyesë, duke thënë: "Cili është orakulli i Zotit?", ti do t'u përgjigjesh atyre: Cilin orakull? Unë do t'ju hedh poshtë", thotë Zoti.

³⁴ "Sa për profetin, priftin o popullin që do të thotë: "Orakulli i Zotit", unë do ta dënoj atë person dhe shtëpinë e tij.

³⁵ Kështu do t'i thoni secili fqinjit të vet secili vëllait të vet: "Çfarë përgjigje ka dhënë Zoti?" dhe "Çfarë ka thënë Zoti?".

³⁶ Por orakullin e Zotit nuk do ta përmendni më, sepse fjala e secilit do të jetë orakulli i tij, sepse keni shtrembëruar fjalët e Perëndisë të gjallë, Zoti i ushtrive, Perëndia ynë.

³⁷ Kështu do t'i thuash profetit: "Çfarë përgjigje të dha Zoti?" dhe "Çfarë ka thënë Zoti?".

³⁸ Por në rast se thoni akoma: "Orakulli i Zotit", atëherë kështu thotë Zoti: Me qenë se thoni këtë fjalë: "Orakulli i Zotit", megjithëse unë ju kisha dërguar fjalë: Mos thoni më "Orakulli i Zotit",

³⁹ ja, unë do t'ju harroj plotësisht dhe do t'ju hedh larg fytyrës sime, ju dhe qytetin që ju kisha dhënë juve dhe etërve tuaj,

⁴⁰ dhe do t'ju mbuloj me një turp të përjetshëm, që nuk do të harrohet kurrë".

Kapitull 24

¹ Zoti më tregoi dy kosha me fiq të vendosur përpara tempullit të Zotit, mbas çuarjes në robëri prej Jeruzalemit nga Nebukadnetsari, mbreti i Babilonisë, të Jekoniahut, birit të Jehojakimit, mbret i

² Një nga koshat përmbante fiq shumë të mirë, fiq të dorës së parë, ndërsa koshi tjetër përmbante fiq shumë të këqij, aq të këqij sa nuk mund të haheshin.

³ Atëherë Zoti më tha: "Çfarë po shikon, Jeremia?". Unë u përgjigja: "Fiqtë; fiqtë e mirë janë shumë më të mirë, ndërsa ata të këqij janë shumë të këqij, aq të këqij sa nuk mund të hahen.

⁴ Fjala e Zotit m'u drejtua përsëri, duke thënë:

⁵ "Kështu thotë Zoti, Perëndia i Izraelit. Ashtu si këta fiq janë të mirë, kështu do të kujdesem për ata të Judës që u çuan në robëri, që unë i përzura nga ky vend në vendin e Kaldeasve për të mirën e tyre.

⁶ Unë do t'i hedh me dashamirësi sytë e mi mbi ta dhe do t'i sjell përsëri në këtë vend, do të bëj të begatohen dhe nuk do t'i shkatërroj më, do t'i mbjell dhe nuk do t'i çrrënjos më.

⁷ Do t'u jap një zemër për të më njohur mua që jam Zoti; ata do të jenë populli im dhe unë Perëndia i tyre, sepse do të kthehen tek unë me gjithë zemër.

⁸ Ashtu si këta fiq të këqij, madje aq të këqij sa nuk mund të hahen", kështu thotë Zoti, "në të njëjtën mënyrë do të braktis Sedekian, mbretin e Judës, princat e tij dhe kusurin e Jeruzalemit që do të mbetet në këtë vend dhe ata që banojnë në vendin e Egjiptit.

⁹ Do t'i braktis me qëllim që t'i trajtojnë keq dhe t'i mundojnë në të gjitha mbretëritë e tokës, dhe do të bëhen turpi, gazi, sarkazmi dhe mallkim në të gjitha vendet ku do t'i shpërndaj.

¹⁰ Do të dërgoj kundër tyre shpatën, urinë dhe murtajën, deri sa të shkatërrohen plotësisht në tokën që u kisha dhënë atyre dhe etërve të tyre".

Kapitull 25

¹ Fjala që iu drejtua Jeremias për tërë popullin e Judës, në vitin e katërt të Jehojakimit, birit të Josias, mbret i Judës (që ishte viti i parë i Nebukadnetsarit, mbret i Babilonisë),

² dhe që Jeremia shqiptoi përpara tërë popullit të Judës dhe tërë banorëve të Jeruzalemit, duke thënë:

³ "Nga viti i trembëdhjetë i Josias, birit të Amonit, mbret i Judës, deri në këtë ditë janë njëzet e tre vjet që fjala e Zotit më është drejtuar, dhe unë ju kam folur me urgjencë dhe këmbëngulje, por ju nuk më keni dëgjuar.

⁴ Zoti ju ka dërguar gjithashtu tërë shërbëtorët e tij, profetët me urgjencë dhe këmbëngulje, por ju nuk e keni dëgjuar as keni vënë veshin për të dëgjuar.

⁵ Ata thonin: "Të kthehet secili nga rruga e tij e keqe dhe nga veprimet e liga, dhe do të banoni në vendin që Zoti ju ka dhënë juve dhe etërve tuaj ngaherë dhe përgjithnjë.

⁶ Mos shkoni mbas perëndive të tjera për t'u shërbyer dhe për të rënë përmbys para tyre, mos provokoni zemërimin tim me veprën e duarve tuaja, dhe unë nuk do t'ju bëj asnjë të keqe".

⁷ Por ju nuk më keni dëgjuar", thotë Zoti, "dhe keni provokuar zemërimin tim me veprën e duarve tuaja në dëmin tuaj.

⁸ Prandaj kështu thotë Zoti i ushtrive: Duke qenë se nuk keni dëgjuar fjalët e mia;

⁹ ja, unë do të dërgoj të marr tërë kombet e veriut", thotë Zoti, "dhe Nebukadnetsarin, mbretin e Babilonisë, shërbyesin tim, dhe do t'i sjell kundër këtij vendi dhe kundër banorëve të tij, kundër tërë kombeve rreth e qark dhe do të caktoj shfarosjen e tyre dhe do t'i bëj objekt habie, talljeje dhe pikëllimi të përhershëm.

¹⁰ Do të bëj të heshtin në mes tyre britmat e gëzimit dhe të kënaqësisë, zëri i dhëndrit dhe ai i nuses, zhurma e mokrës dhe drita e llambës.

¹¹ Tërë ky vend do të bëhet një shkreti dhe një objekt habie dhe këta kombe do t'i shërbejnë mbretit të Babilonisë shtatëdhjetë vjet me radhë".

¹² Po kur të mbushen shtatëdhjetë vjet, unë do ta dënoj mbretin e Babilonisë dhe atë komb, vendin e Kaldeasve", thotë Zoti, "për shkak të paudhësisë së tyre, dhe do ta katandis në një shkretim të përjetshëm.

¹³ Kështu do të sjell në këtë vend tërë gjërat që kam shpallur kundër tij, tërë gjërat që janë shkruar në këtë libër dhe që Jeremia ka profetizuar kundër të gjitha kombeve.

¹⁴ Në fakt shumë kombe dhe mbretër të fuqishëm do t'i kthejnë në robëri vetë Kaldeasit dhe unë do t'i shpërblej sipas veprimeve të tyre dhe sipas veprës së duarve të tyre".

¹⁵ Sepse kështu më ka thënë Zoti, Perëndia i Izraelit: "Merr nga dora ime këtë kupë vere të zemërimit tim dhe bëj që të pinë tërë kombet te cilët do t'ia dërgoj.

¹⁶ Ata do të pinë, do t'u merren këmbët dhe do të çmenden për shkak të shpatës që do të dërgoj në mes të tyre.

¹⁷ Atëherë mora kupën nga dora e Zotit dhe bëra që ta pinë tërë kombet pranë të cilëve më kishte dërguar Zoti:

¹⁸ Jeruzalemi dhe qytetet e Judës, mbretërit dhe princat e tij, për t'i katandisur në një shkatërrim, në një objekt habie, talljeje dhe mallkimi, siç po ndodh sot;

¹⁹ Faraoni, mbreti i Egjiptit, shërbëtorët e tij, princat dhe tërë populli i tij;

²⁰ tërë popullata e përzier, tërë mbretërit e vendit të Uzit, tërë mbretërit e filistejve (domethënë Ashkeloni, Gaza, Ekroni dhe ata që mbetën nga Ashdodi);

²¹ Edomi, Moabi dhe bijtë e Amonit;
²² tërë mbretërit e Tiros, tërë mbretërit e Sidonit dhe mbretërit e ishujve që ndodhen matanë detit;
²³ Dedani, Tema, Buzi dhe tërë ata që presin cepat e mjekrës;
²⁴ tërë mbretërit e Arabisë, tërë mbretërit e popullatës së përzier që banon në shkretëtirë;
²⁵ tërë mbretërit e Zimrit, tërë mbretërit e Elamit,
²⁶ tërë mbretërit e Medias dhe tërë mbretërit e veriut, që janë afër ose larg, si njëri ashtu edhe tjetri, dhe tërë mbretëritë e botës që janë mbi faqen e dheut. Dhe mbreti i Sheshakut do të pijë mbas tyre.
²⁷ "Ti, pra, do t'u thuash atyre: Kështu thotë Zoti i ushtrive, Perëndia i Izraelit: Pini, dehuni dhe villni; rrëzohuni pa u ngritur më nga shpata që do të dërgoj në mes jush.
²⁸ Dhe në qoftë se nuk pranojnë nga dora jote kupën e pirjes, u thuaj atyre: Kështu thotë Zoti i ushtrive: Ju pa tjetër do të pini.
²⁹ Sepse ja, unë po filloj të dënoj qytetin në të cilin përmendet emri im, dhe ju do të mbeteni plotësisht pa u ndëshkuar? Jo, nuk do të mbeteni të pandëshkuar, sepse unë do të thërres shpatën mbi të gjithë banorët e tokës", thotë Zoti i ushtrive.
³⁰ "Prandaj profetizo kundër tyre tërë këto gjëra dhe u thuaj atyre: Zoti vrumbullon që lart dhe bën që të dëgjohet zëri i tij nga banesa e tij e shenjtë; ai do të vrumbullojë me forcë kundër vathës
³¹ Zhurma do të arrijë deri në skajet e tokës, sepse Zoti ka një mosmarrëveshje me kombet, do të hyjë në gjyq me çdo mish të gjallë dhe do t'i lërë të pabesët në mëshirë të shpatës, thotë Zoti".
³² Kështu thotë Zoti i ushtrive: "Ja, një mjerim do të kalojë nga një komb te tjetri dhe një shakullinë e madhe do të ngrihet nga skajet e tokës.
³³ Atë ditë ata që janë vrarë nga Zoti do të jenë kudo, nga njëri skaj i tokës te tjetri; nuk do të qahen dhe as do të mblidhen dhe do të varrosen, por do të bëhen pleh mbi faqen e dheut.
³⁴ Bërtisni, o barinj, klithni: rrotullohuni në pluhur, o drejtues të kopesë, sepse ditët e therjes suaj janë plotësuar, dhe do të rrëzoheni si një enë e çmuar.
³⁵ Barinjtë nuk do të kenë asnjë mundësi të ikin, dhe rojet e kopesë asnjë rrugë shpëtimi.
³⁶ Do të dëgjohet britma e barinjve dhe rënkimi i drejtuesve të kopesë, sepse Zoti është duke shkatërruar kullotën e tyre,
³⁷ dhe vathët e qeta janë shkatërruar për shkak të zemërimit të madh të Zotit.
³⁸ Ai e ka lënë si një luan i vogël strehën e tij, sepse vendi i tyre është bërë një shkretëtirë për shkak të tërbimit të shtypësit, për shkak të zemërimit të zjarrtë të Zotit".

Kapitull 26

¹ Në fillim të mbretërimit të Jehojakimit, birit të Josias, mbret i Judës, nga Zoti iu drejtua kjo fjalë duke thënë:
² "Kështu thotë Zoti: Paraqitu në oborrin e shtëpisë të Zotit dhe u thuaj tërë qyteteve të Judës që vijnë për të adhuruar në shtëpinë e Zotit, të gjitha fjalët që të kam porositur t'u thuash atyre; mos lër as edhe një fjalë.
³ Ndofta do të dëgjojnë dhe secili do të largohet nga rruga e tij e keqe, dhe unë do të pendohem për të keqen që mendoj t'u shkaktoj atyre për ligësinë e veprimeve të tyre.
⁴ Ti do t'u thuash atyre: Kështu thotë Zoti: Në rast se nuk dëgjoni duke ecur sipas ligjit tim që kam vënë para jush
⁵ dhe duke u kushtuar kujdes fjalëve të shërbëtorëve të mi, të profetëve, që ju kam dërguar me urgjencë dhe këmbëngulje (por që ju nuk i keni dëgjuar),
⁶ unë do ta bëj këtë tempull si Shilohun dhe do ta kthej këtë qytet në një mallkim për të gjitha kombet e tokës".
⁷ Kështu priftërinjtë, profetët dhe tërë populli dëgjuan Jeremian që shqiptonte këto fjalë në shtëpinë e Zotit.
⁸ Dhe ndodhi që, sapo Jeremia mbaroi së shqiptuari tërë ato që Zoti i kishte urdhëruar t'i thoshte gjithë popullit, priftërinjtë, profetët dhe tërë populli e kapën dhe i thanë: "Ti duhet të vdesësh!
⁹ Pse ke profetizuar në emër të Zotit, duke thënë: "Ky tempull do të jetë si Shilohu dhe ky qytet do të shkatërrohet dhe do të jetë pa banorë"?". Tërë populli u mblodh kundër Jeremias në shtëpinë e Zotit.
¹⁰ Kur princat e Judës dëgjuan këto gjëra, u ngjitën nga shtëpia e mbretit në shtëpinë e Zotit dhe u ulën në hyrje të portës së re të shtëpisë së Zotit.
¹¹ Pastaj priftërinjtë dhe profetët u folën princave dhe tërë popullit, duke thënë: "Ky njeri meriton vdekjen, sepse ka profetizuar kundër këtij qyteti, siç e keni dëgjuar me veshët tuaj".
¹² Atëherë Jeremia u foli tërë princave dhe të gjithë popullit, duke thënë: "Zoti më ka dërguar të profetizoj kundër kësaj shtëpie dhe kundër këtij qyteti tërë gjërat që keni dëgjuar.
¹³ Prandaj korrigjoni tani rrugët dhe veprimet tuaja dhe dëgjoni zërin e Zotit, Perëndisë tuaj, dhe Zoti do të pendohet për të keqen që ka shqiptuar kundër jush.
¹⁴ Sa për mua, unë jam në duart tuaja; veproni me mua ashtu siç ju duket e mirë dhe e drejtë.
¹⁵ Por dijeni me siguri që, në qoftë se më bëni të vdes, do të tërhiqni gjak të pafajmë mbi vete, mbi këtë qytet dhe mbi banorët e tij, sepse Zoti më ka dërguar me të vërtetë pranë jush, që t'u deklaroj veshëve tuaj tërë këto fjalë".
¹⁶ Atëherë princat dhe tërë populli u thanë priftërinjve dhe profetëve: "Ky njeri nuk meriton vdekjen, sepse na ka folur në emër të Zotit, Perëndisë tonë".
¹⁷ Pastaj u ngritën disa nga pleqtë e vendit dhe i folën tërë kuvendit të popullit, duke thënë:
¹⁸ "Mikea, Morashtiti, profetizoi në ditët e Ezekias, mbretit të Judës, dhe i foli tërë popullit të Judës, duke thënë: "Kështu thotë Zoti i ushtrive: Sioni do të lërohet si një fushë, Jeruzalemi do të bëhet një grumbull gërmadhash dhe mali i tempullit një lartësi e pyllëzuar".
¹⁹ A e dënuan vallë me vdekje Ezekian, mbretin e Judës, dhe tërë Judën? A nuk pati frikë nga Zoti dhe a nuk iu lut vallë fytyrës së Zotit, dhe kështu Zoti u pendua për të keqen që kishte shqiptuar kundër tyre? Ne jemi duke bërë përkundrazi një të keqe të madhe kundër vetes sonë".
²⁰ Pati edhe një njeri tjetër që profetizoi në emër të Zotit. Uria, biri i Shemajahut, nga Kiriath-Jearimi; ai profetizoi kundër këtij qyteti dhe kundër këtij vendi me fjalë krejt të ngjashme me ato të Jeremias.
²¹ Kur mbreti Jehojakim, tërë njerëzit e tij trima dhe tërë princat e tij dëgjuan fjalët e tij, mbreti kërkoi ta dënojë me vdekje, por Uria e mori vesh dhe u frikësua; prandaj ua mbathi këmbëve dhe shkoi në Egjipt.
²² Atëherë mbreti Jehojakim dërgoi njerëz në Egjipt, Elnathanin, birin e Akborit, dhe njerëz të tjerë me të në Egjipt.
²³ Këta e nxorën Urian nga Egjipti dhe e çuan te mbreti Jehojakim, që e goditi me shpatë dhe e hodhi kufomën e tij midis varreve të bijve të popullit.
²⁴ Por dora e Ahikamit, birit të Shafanit, ishte me Jeremian, me qëllim që të mos e dorëzonin në duart e popullit dhe të mos dënohej me vdekje.

Kapitull 27

¹ Në fillim të mbretërimit të Jehojakimit, birit të Josias, mbret i Judës, kjo fjalë iu drejtua Jeremias nga Zoti:
² "Kështu më ka thënë Zoti: Bëj lidhje dhe krijo zgjedhë dhe vari mbi qafën tënde;
³ pastaj ia dërgo mbretit Edom, mbretit të Moabit, mbretit të bijve të Amonit, mbretit të Tiros dhe mbretit të Sidonit, me anë të ambasadorëve të Sedekias, mbretit të Judës, të ardhur në Jeruzalem;
⁴ dhe jepu urdhër që t'u thonë kështu zotërive të tyre: "Kështu thotë Zoti i ushtrive, Perëndia i Izraelit: Kështu do t'u thoni zotërive tuaj:
⁵ Unë kam bërë tokën, njerëzit dhe kafshët që janë mbi faqen e dheut, me fuqinë time të madhe dhe me krahun tim të shtrirë, dhe ia jap atij që më duket i mirë në sytë e mi.
⁶ Dhe tani tërë këto vende ia kam dhënë në dorë Nebukadnetsarit, mbretit të Babilonisë, shërbëtorit tim; atij i kam dhënë gjithashtu kafshët e fshatrave që t'i shërbejnë.
⁷ Kështu tërë kombet do t'i shërbejnë atij, birit të tij dhe birit të birit të tij, deri sa të vijë koha edhe për vendin e tij; atëherë shumë kombe me mbretër të fuqishëm do ta katandisin në robëri.
⁸ Dhe do të ndodhë që kombi ose mbretëria që nuk do të dëshirojë t'i shërbejë atij, Nebukadnetsarit, mbretit të Babilonisë, dhe ta vërë qafën e tij nën zgjedhën e mbretit të Babilonisë, atë komb unë do ta dënoj"", thotë Zoti, "me shpatën, me urinë dhe me murtajën, deri sa t'i kem shfarosur me dorë të tij.
⁹ Prandaj mos dëgjoni profetët tuaj, as shortarët tuaj, as ata që shikojnë ëndrra, as magjistarët tuaj që ju thonë: "Nuk do të robëroheni nga mbreti i Babilonisë!".
¹⁰ Po, ata ju profetizojnë gënjeshtra që t'ju largojnë nga vendi juaj, që unë t'ju shpërndaj dhe ju të vdisni.
¹¹ Por kombin që do ta vërë qafën e tij nën zgjedhën e mbretit të Babilonisë dhe do t'i shërbejë atij, unë do ta lë në vendin e tij", thotë Zoti, "dhe ai do ta punojë dhe do të qëndrojë aty".
¹² Unë i fola, pra, Sedekias, mbretit të Judës, në përputhje me tërë këto fjalë dhe i thashë: "Përkulni qafën tuaj nën zgjedhën e mbretit të Babilonisë, i shërbeni atij dhe popullit të tij dhe do të jetoni.
¹³ Pse ti dhe populli yt dëshironi të vdisni nga shpata, nga uria dhe nga murtaja, ashtu si ka folur Zoti kundër kombit që nuk dëshiron t'i

Jeremisë

shërbejë mbretit të Babilonisë?

¹⁴ Prandaj mos dëgjoni fjalët e profetëve që ju thonë: "Nuk do t'i shërbeni mbretit të Babilonisë", sepse ju profetizojnë gënjeshtrën.

¹⁵ "Sepse unë nuk i kam dërguar", thotë Zoti, "por ata profetizojnë gënjeshtrën në emrin tim, me qëllim që unë t'ju shpërndaj dhe ju të vdisni, ju dhe profetët që ju profetizojnë".

¹⁶ U fola gjithashtu priftërinjve dhe tërë këtij populli, duke thënë: "Kështu thotë Zoti: Mos dëgjoni fjalët e profetëve tuaj që ju profetizojnë duke thënë: "Ja, tani orenditë e shtëpisë së Zotit do të kthehen shpejt nga Babilonia", sepse ju profetizojnë gënjeshtrën.

¹⁷ Mos i dëgjoni ata! I shërbeni mbretit të Babilonisë dhe keni për të jetuar. Pse ky qytet duhet të katandiset në një shkretinë?

¹⁸ Në rast se janë profetë dhe fjala e Zotit është me ta, le të ndërhyjnë tani pranë Zotit të ushtrive në mënyrë që orenditë që kanë mbetur në shtëpinë e Zotit, në shtëpinë e mbretit të Judës dhe në Jeruzalem, të mos shkojnë në Babiloni".

¹⁹ Kështu thotë Zoti i ushtrive për shtyllat, detin, qerret dhe pjesën tjetër të orendive që kanë mbetur në këtë qytet,

²⁰ të cilat Nebukadnetsari, mbreti i Babilonisë, nuk i mori, kur internoi Jekoniahun, birin e Jehojakimit, mbretit të Judës, nga Jeruzalemi në Babiloni së bashku me tërë fisnikët e Judës dhe të Jeruzalemit;

²¹ po, kështu thotë Zoti i ushtrive, Perëndia i Izraelit, për orenditë që kanë mbetur në shtëpinë e Zotit, në shtëpinë e mbretit të Judës dhe në Jeruzalem:

²² "Do të çohen në Babiloni dhe aty do të mbeten, deri sa t'i kërkoj unë", thotë Zoti, "dhe do të bëj të dalin përsëri dhe të kthehen në këtë vend".

Kapitull 28

¹ Po atë vit, në fillim të mbretërimit të Sedekias, mbret i Judës, në vitin e katërt, në muajin e pestë, ndodhi që Hananiahu, bir i Azurit, profetit, që ishte nga Gabaoni, më foli në shtëpinë e Zotit,

² "Kështu thotë Zoti i ushtrive, Perëndia i Izraelit: Unë thyej zgjedhën e mbretit të Babilonisë.

³ Brenda dy vjetëve unë do të bëj që të kthehen në këtë vend të gjitha orenditë e shtëpisë së Zotit, që Nebukadnetsari, mbreti i Babilonisë, mori nga ky vend dhe i çoi në Babiloni.

⁴ Do të kthej gjithashtu në këtë vend", thotë Zoti, "Jekoniahun, birin e Jehojakimit, mbret i Judës, me gjithë të internuarit e Judës që kanë shkuar në robëri në Babiloni, sepse do të thyej zgjedhën e mbretit të Babilonisë".

⁵ Atëherë profeti Jeremia iu përgjigj profetit Hananiah në prani të priftërinjve dhe në prani të të gjithë popullit që gjendej në shtëpinë e Zotit.

⁶ Profeti Jeremia tha: "Amen! Kështu le të bëjë Zoti! Zoti realizoftë atë që ke profetizuar, duke bërë që të kthehen nga Babilonia në këtë vend orenditë e shtëpisë së Zotit dhe të gjithë ata që janë çuar në robëri!

⁷ Megjithatë dëgjo tani këtë fjalë që do të të them para veshëve të tu dhe para veshëve të gjithë popullit.

⁸ Profetët që kanë ardhur para meje dhe para teje, që nga kohët e lashta kanë profetizuar kundër shumë vendeve dhe kundër mbretërive të mëdha, luftën, urinë dhe murtajën.

⁹ Profeti që profetizon paqen, kur fjala e tij do të realizohet, do të njihet si një profet i vërtetë i dërguar nga Zoti".

¹⁰ Atëherë profeti Hananiah mori zgjedhën nga qafa e profetit Jeremia dhe e copëtoi.

¹¹ Pastaj Hananiahu foli në prani të të gjithë popullit, duke thënë: "Kështu thotë Zoti: Në këtë mënyrë unë do të thyej zgjedhën e Nebukadnetsarit, mbretit të Babilonisë, brenda dy vjetëve, nga qafa e të gjitha kombeve. Profeti Jeremia iku nëpër rrugën e tij.

¹² Mbasi profeti Hananiah theu zgjedhën nga qafa e profetit Jeremia, fjala e Zotit iu drejtua Jeremias, duke thënë:

¹³ "Shko dhe i thuaj Hananiahut: Kështu thotë Zoti: Ti ke thyer disa zgjedha prej druri, por në vendin e tyre ke krijuar zgjedha prej hekuri.

¹⁴ Kështu në fakt thotë Zoti i ushtrive, Perëndia i Izraelit: Unë vë një zgjedhë prej hekuri mbi qafën e tërë këtyre kombeve që t'i shërbejnë Nebukadnetsarit, mbretit të Babilonisë, dhe ata do t'i shërbejnë. Atij i kam dhënë gjithashtu kafshët e fushës".

¹⁵ Pastaj profeti Jeremia i tha profetit Hananiah: "Dëgjo, Hananiah, Zoti nuk të ka dërguar, dhe ti ke shtyrë popull t'i besojë gënjeshtrës.

¹⁶ Prandaj kështu thotë Zoti: "Ja, unë do të të përzë nga faqja e dheut. Sivjet ke për të vdekur, sepse ke folur për rebelim kundër Zotit"".

¹⁷ Profeti Hananiah vdiq po atë vit, në muajin e shtatë.

Kapitull 29

¹ Këto janë fjalët e letrës që profeti Jeremia i dërgoi nga Jeruzalemi pleqve që kishin mbetur në robëri, priftërinjve, profetëve dhe tërë popullit që Nebukadnetsari kishte çuar në robëri nga Jeruzalemi në Babiloni.

² (Kjo ndodhi mbasi dolën nga Jeruzalemi mbreti Jekoniah, mbretëresha, eunukët, princat e Judës dhe të Jeruzalemit, zejtarët dhe kovaçët).

³ Letra u dërgua me anë të Elasahut, birit të Shafanit, dhe me anë të Gemariahut, birit të Hilkiahut, që Sedekia, mbret i Judës, kishte dërguar në Babiloni te Nebukadnetsari, mbret i Babilonisë. Ajo thoshte:

⁴ "Kështu thotë Zoti i ushtrive, Perëndia i Izraelit, tërë të internuarve që unë kam çuar në robëri nga Jeruzalemi në Babiloni:

⁵ Ndërtoni shtëpi dhe banoni në to, mbillni kopshte dhe hani frytet e tyre.

⁶ Merrni gra dhe bëni bij dhe bija, merrni gra për bijtë tuaj dhe martojini vajzat tuaja që të lindin bij dhe bija, me qëllim që atje të shumoheni dhe të mos pakësoheni.

⁷ Kërkoni të mirën e qytetit ku ju kam çuar në robëri dhe lutjuni Zotit për të, sepse mirëqenia juaj varet nga mirëqenia e tij.

⁸ Kështu thotë në të vërtetë Zoti i ushtrive, Perëndia i Izraelit: Të mos ju mashtrojnë profetët dhe shortarët tuaj që janë midis jush, mos merrni parasysh ëndrrat që shikoni.

⁹ Sepse ju profetizojnë në mënyrë të rreme në emrin tim; unë nuk i kam dërguar", thotë Zoti.

¹⁰ "Kështu thotë Zoti: Kur të mbushen shtatëdhjetë vjet për Babiloninë, unë do t'ju vizitoj dhe do ta realizoj fjalën time të mirë, duke bërë të riktheheni në këtë vend.

¹¹ Sepse unë i njoh mendimet që kam për ju", thotë Zoti, "mendime paqeje dhe jo të së keqes, për t'ju dhënë një të ardhme dhe një shpresë.

¹² Do të më kërkoni dhe do të vini të më luteni, dhe unë do t'ju kënaq.

¹³ Do të më kërkoni dhe do të më gjeni, sepse do të më kërkoni me gjithë zemrën tuaj.

¹⁴ Unë do të bëj që ju të më gjeni", thotë Zoti, "dhe do t'ju kthej nga robëria juaj; do t'ju mbledh nga të gjitha kombet dhe nga të gjitha vendet ku ju kam shpërndarë", thotë Zoti; "dhe do t'ju çoj përsëri në vendin prej të cilit ju çova në robëri.

¹⁵ Sepse thoni: "Zoti na ka ngjallur profetë në Babiloni",

¹⁶ kështu thotë Zoti për mbretin që rri mbi fronin e Davidit, për këtë popullin që banon në këtë qytet, për vëllezërit tuaj që nuk kanë shkuar bashkë me ju në robëri";

¹⁷ po, kështu thotë Zoti i ushtrive: "Ja, unë do të dërgoj kundër tyre shpatën, urinë dhe murtajën, dhe do t'i bëj si fiq të neveritshëm që nuk mund të hahen sepse janë shumë të këqij.

¹⁸ Do t'i ndjek me shpatën, me urinë dhe me murtajën; do të bëj që të trajtohen keq në të gjitha mbretëritë e tokës dhe të jenë një mallkim, një objekt habie, një tallje dhe një turp midis kombeve ku i kam shpërndarë,

¹⁹ sepse nuk i kanë dëgjuar fjalët e mia", thotë Zoti, "që unë u dërgova atyre me anë të shërbëtorëve të mi, profetëve, me urgjencë dhe këmbëngulje; por ju nuk më keni dëgjuar", thotë Zoti.

²⁰ Dëgjoni, pra, fjalën e Zotit, o ju të gjithë, që unë dërgova në robëri nga Jeruzalemi në Babiloni!

²¹ Kështu thotë Zoti i ushtrive, Perëndia i Izraelit, për Ashabin, birin e Kolajahut, dhe për Sedekian, birin e Maasejahut, që ju profetizojnë gënjeshtra në emrin tim: Ja, unë do t'i lë në dorë të Nebukadnetsarit, mbretit të Babilonisë, dhe ai do t'i vrasë para syve tuaj.

²² Prej tyre do të nxirret një formulë mallkimi që do të përdoret nga të gjithë ata që janë në robëri në Babiloni, dhe do të thuhet: "Zoti të trajtoftë si Sedekian dhe Ashabin, që mbreti i Babilonisë ka pjekur në zjarr!"

²³ Sepse ata kanë kryer gjëra të turpshme në Izrael, kanë shkelur kurorën me gratë e të afërmve të tyre, kanë shqiptuar në emrin tim fjalë të rreme, që nuk u kisha urdhëruar atyre. Unë vetë e di dhe jam dëshmitar i tyre, thotë Zoti.

²⁴ Do të flasësh gjithashtu me Shemajahun, Nehelamitin, duke thënë:

²⁵ Kështu thotë Zoti i ushtrive, Perëndia i Izraelit: Ti ke dërguar në emrin tënd letra tërë popullit që është në Jeruzalem, priftit Sofonia, birit të Maasejahut, dhe të gjithë priftërinjve, duke thënë:

²⁶ "Zoti të ka caktuar prift në vend të priftit Jehojada, me qëllim që të kesh kryeintendentë në shtëpinë e Zotit për të mbikqyrur çdo njeri që marrë që bën profetin, me qëllim që ti ta futësh në burg dhe ta mbash në pranga".

²⁷ Dhe tani pse nuk e ke qortuar Jeremian nga Anathothi që bën

profetin midis jush?

²⁸ Në fakt ai na ka dërguar fjalë në Babiloni: "Robëria do të jetë e gjatë, ndërtoni shtëpi dhe banoni në to, mbillni kopshte dhe hani frytet e tyre"".

²⁹ Prifti Sofonia e lexoi këtë letër në prani të profetit Jeremia.

³⁰ Atëherë fjala e Zotit iu drejtua Jeremias, duke thënë:

³¹ "Dërgo t'u thuash tërë atyre që janë në robëri: Kështu flet Zoti për Shemajahun, Nehelamitin: Duke qenë se Shemajahu ju ka profetizuar, megjithëse unë nuk e kam dërguar, dhe ka bërë të keni besim te gënjeshtra,

³² kështu thotë Zoti: Ja, unë do të dënoj Shemajahun, Nehelamitin, dhe pasardhësit e tij; nuk do të ketë asnjërin prej pasardhësve të tij që të banojë në mes të këtij populli, dhe nuk ka për të parë mirën që unë do t'i bëj popullit tim, thotë Zoti, sepse ka folur për rebelim kundër Zotit".

Kapitull 30

¹ Fjala që iu drejtua Jeremias nga ana e Zotit, duke thënë:

² "Kështu thotë Zoti, Perëndia i Izraelit: Shkruaj në një libër tërë fjalët që të kam thënë.

³ Sepse ja, ditët po vijnë, thotë Zoti, gjatë të cilave do të kthej nga robëria popullin tim të Izraelit dhe të Judës, dhe do t'i kthej në vendin që u dhashë etërve të tyre, dhe ata do ta zotërojnë".

⁴ Këto janë fjalët që Zoti shqiptoi për Izraelin dhe Judën:

⁵ "Kështu thotë Zoti: Ne kemi dëgjuar një britmë tmerri, frike dhe jo paqeje.

⁶ Informohuni dhe shikoni në se një mashkull mund të lindë. Pse, pra, i shoh të gjithë meshkujt me duart mbi ijet e tyre ashtu si një grua që është duke lindur? Pse tërë fytyrat janë bërë të zbehta?

⁷ Medet, sepse ajo ditë është e madhe; nuk pati kurrë ndonjë të ngjashme me të; do të jetë një kohë ankthi për Jakobin, por ai do të shpëtojë prej tij.

⁸ Atë ditë do të ndodhë", thotë Zoti i ushtrive, "që unë do të thyej zgjedhën e tij nga qafa jote dhe do t'i këpus verigat e tua; të huajt nuk do të të bëjnë më skllav të tyre.

⁹ Por ata të Izraelit do t'i shërbejnë Zotit, Perëndisë së tyre, dhe Davidit, mbretit të tyre, që unë do të ngjall për ta.

¹⁰ Ti, pra, o shërbëtori im Jakob, mos ki frikë", thotë Zoti; "mos u tremb, o Izrael, sepse, ja, unë do të të shpëtoj nga vendi i largët dhe pasardhësit e tu nga vendi i robërisë së tyre. Jakobi do

¹¹ Sepse unë jam me ty", thotë Zoti, "që të të shpëtoj. Unë do të shfaros tërë kombet në mes të cilëve të kam shpërndarë, por megjithatë nuk do të të shfaros ty, por do të të ndëshkoj me drejtësi dhe nuk do të të lë krejt të pandëshkuar".

¹² Kështu thotë Zoti: "E keqja jote është e pashërueshme, plaga jote është e rëndë.

¹³ Askush nuk e mbron çështjen tënde; kështu nuk ka asnjë mjekim për plagën tënde dhe asnjë shërim për ty.

¹⁴ Tërë dashnorët e tu të kanë harruar dhe nuk kujdesen më për ty, sepse të kam goditur me një goditje prej armiku, me një ndëshkim të një njeriu mizor, për madhësinë e paudhësisë sate, për morinë e mëkateve të tua.

¹⁵ Pse bërtet për shkak të së keqes sate? Dhembja jote është e pashërueshme. Unë të bëra këto gjëra për madhësinë e paudhësisë sate, për morinë e mëkateve të tua.

¹⁶ Por tërë ata që të gllabërojnë do t'i gllabërojnë, tërë armiqtë e tu, të gjithë, do të shkojnë në robëri; ata të plaçkitin do të plaçkiten dhe grabitësit e tu do t'i lë të grabiten nga të tjerët.

¹⁷ Po, unë do të të jap përsëri shëndet dhe do të të shëroj plagët e tua", thotë Zoti, "Sepse të quajnë "e dëbuara", duke thënë: "Ky është Sioni për të cilin askush nuk kujdeset"".

¹⁸ Kështu thotë Zoti: "Ja, unë do të kthej nga robëria çadrat e Jakobit dhe do të më vijë keq për banesat e tij; qyteti do të rindërtohet mbi gërmadhat e tij dhe pallati do të rivendoset në vendin e tij të saktë.

¹⁹ Prej andej do të dalin këngë falënderimi dhe zëra njerëzish që festojnë; unë do t'i shumoj dhe jo t'i pakësoj; do t'i bëj të nderuar dhe nuk do të poshtërohen më.

²⁰ Bijtë e tij do të jenë si më parë dhe kuvendi i tij do të bëhet i qëndrueshëm para meje, por do të ndëshkoj gjithë shtypësit e tyre.

²¹ Princi i tij do të jetë një prej tyre, dhe sunduesi i tij do të dalë nga mesi i tyre; unë do të bëj që ai të afrohet dhe ai do të vijë afër meje. Kush, pra, do të porosiste zemrën e tij që të më afrohet?", thotë Zoti.

²² "Ju do të jeni populli im, dhe unë do të jem Perëndia juaj".

²³ Ja, po shpërthen stuhia e Zotit, një stuhi e shfrenuar do të bjerë me forcë mbi kokat e të pafeve.

²⁴ Zemërimi i zjarrtë i Zotit nuk do të fashitet, deri sa të mos ketë plotësuar, deri sa të mos ketë realizuar synimet e zemrës së tij. Në ditët e fundit ju do ta kuptoni.

Kapitull 31

¹ "Në atë kohë", thotë Zoti, "unë do të jem Perëndia i të gjitha familjeve të Izraelit, dhe ato do të jenë populli im".

² Kështu thotë Zoti: "Populli që shpëtoi nga shpata ka gjetur hir në shkretëtirë; unë do t'i jap prehje Izraelit".

³ Shumë kohë më parë Zoti m'u shfaq duke thënë: "Po, të kam dashur me një dashuri të përjetshme; prandaj të kam tërhequr me dashamirësi.

⁴ Unë do të të rindërtoj dhe ti do të rindërtohesh, o virgjëreshë e Izraelit. Do të zbukurohesh përsëri me dajret e tua dhe do të dalësh në mes të valleve të atyre që bëjnë festë.

⁵ Do të mbjellësh përsëri vreshta mbi malet e Samarias; mbjellësit do të mbjellin dhe do të vjelin frytin e tyre.

⁶ Do të vijë dita kur rojet do të bërtasin në malin Efraim: "Çohuni, të ngjitemi në Sion, tek Zoti, Perëndia ynë"".

⁷ Sepse kështu thotë Zoti: "Ngrini këngë gëzimi për Jakobin dhe lëshoni britma për të parin e kombeve; shpallni, këndoni lëvdata dhe thoni: O Zot, shpëto popullin tënd, atë që mbeti nga Izraeli.

⁸ Ja, unë po i kthej nga vendi i veriut dhe po i grumbulloj nga skajet e tokës. Midis tyre është i verbëri dhe çalamani, gruaja me barrë dhe bashkë me të ajo që ka për të pjellë: një turmë e madhe do të kthehet këtu.

⁹ Do të vinë duke qarë, do t'i çoj duke u lutur. Do t'i bëj të ecin gjatë rrjedhave ujore, nëpër një rrugë të drejtë në të cilën nuk do të pengohen, sepse jam një atë për Izraelin, dhe Efraimi është i parëlinduri im.

¹⁰ O kombe, dëgjoni fjalën e Zotit, shpallni në ishujt e largët dhe thoni: Ai që e ka shpërndarë Izraelin e mbledh dhe e ruan ashtu si vepron bariu me kopenë e tij.

¹¹ Sepse Zoti ka shpenguar Jakobin, e ka çliruar nga dora e një njeriu më të fortë se ai.

¹² Ata do të vijnë dhe do të këndojnë me gëzim në lartësitë e Sionit, do të vërshojnë drejt të mirave të Zotit, drejt grurit, verës dhe vajit, dhe drejt atyre që kanë lindur në kope dhe në grigjë; jeta e tyre do të jetë si një kopsht i vaditur dhe nuk do të vuajnë më.

¹³ Atëherë virgjëresha do të gëzohet në valle dhe të rinjtë bashkë me pleqtë, sepse do ta shndërroj zinë e tyre në gëzim, do t'i ngushëlloj dhe do t'i gëzoj mbas dhembjes së tyre.

¹⁴ Do të ngop shpirtin e priftërinjve me të madhe dhe populli im do të mbushet me të mirat e mia", thotë Zoti.

¹⁵ Kështu thotë Zoti: "U dëgjua një zë në Ramah, një vajtim dhe një e qarë e hidhur: Rakela vajton bijtë e saj dhe nuk pranon të ngushëllohet për ta, sepse ata nuk janë më".

¹⁶ Kështu thotë Zoti: "Mbaje zërin tënd nga e qara, sytë e tu nga të derdhurit lot, sepse vepra jote do të shpërblehet", thotë Zoti; "ata do të kthehen nga vendi i armikut.

¹⁷ Ka shpresa për pasardhësit e tu", thotë Zoti; "bijtë e tu do të kthehen brenda kufijve të tyre.

¹⁸ Kam dëgjuar vazhdimisht Efraimin të ankohet: "Ti më ke dënuar dhe unë jam dënuar si një dem i ri i panënshtruar; më bëj të kthehem dhe unë do të kthehem, sepse ti je Zoti, Perëndia im.

¹⁹ Mbasi mora rrugë të keqe, u pendova; mbasi e pranova gjendjen time, kam rrahur ijën time. Më erdhi turp dhe ndjeva hutim, sepse mbaj turpin e rinisë sime".

²⁰ A është, pra, Efraimi një bir i dashur për mua, një bir i kënaqësive të mia? Në fakt, megjithëse kam folur kundër tij, e kujtoj akoma fort. Prandaj përbrendshmet e mia mallëngjehen për të dhe me siguri do të kem mëshirë për të", thotë Zoti.

²¹ "Ngreh për vete disa trungje, bëj disa shtylla treguese, ki shumë kujdes për rrugën, për udhën që ke ndjekur. Kthehu, o virgjëreshë e Izraelit, kthehu në këto qytete të tua.

²² Deri kur do të shkosh duke u endur, o bijë rebele? Sepse Zoti krijon një gjë të re mbi tokë: gruan që kërkon ta bëjë për vete burrin".

²³ Kështu thotë Zoti i ushtrive, Perëndia i Izraelit: "Do të thuhet ende kjo fjalë në vendin e Judës dhe në qytetet e veta, kur t'i kem kthyer ata nga robëria: "Zoti të bekoftë, o seli e drejtësisë, o mal i shenjtërisë!".

²⁴ Aty do të banojnë Juda dhe të gjitha qytetet e tij bashkë, bujqit dhe ata që drejtojnë kopetë.

²⁵ Sepse unë do të ngij shpirtin e lodhur dhe do të plotësoj çdo shpirt që vuan".

²⁶ Pas kësaj unë u zgjova dhe vështrova dhe gjumi im qe i ëmbël.

²⁷ "Ja, do të vijnë ditët", thotë Zoti, "në të cilat do të mbjell shtëpinë e Izraelit dhe shtëpinë e Judës me farë njerëzish dhe me farë kafshësh.

²⁸ Dhe do të ndodhë që ashtu si jam kujdesur për ta për të çrrënjosur, për të shembur dhe për të rrëzuar, për të shkatërruar dhe për të bërë të keqen, po ashtu do të kujdesem për ta për të ndërtuar dhe për

të mbjellë", thotë Zoti.

²⁹ "Në ato ditë nuk do të thuhet më: "Etërit kanë ngrënë rrush të papjekur dhe dhëmbët e bijve mbetën të mpirë".

³⁰ Por secili do të vdesë për paudhësinë e tij; kushdo që ha rrush të papjekur do t'i mpihen majat e dhëmbëve.

³¹ Ja do të vijnë ditët", thotë Zoti, "në të cilat do të vendos një besëlidhje të re me shtëpinë e Izraelit dhe me shtëpinë e Judës;

³² jo si besëlidhja që kam vendosur me etërit e tyre ditën kur i zura për dore për t'i nxjerrë nga vendi i Egjiptit, sepse ata e shkelën besëlidhjen time, ndonëse unë isha Perëndia i tyre", thotë Zoti.

³³ "Por kjo është besëlidhja që do të vendos me shtëpinë e Izraelit mbas atyre ditëve", thotë Zoti: "Do ta shtie ligjin tim në mendjen e tyre dhe do ta shkruaj mbi zemrën e tyre, dhe unë do të jem Zoti i tyre dhe ata do të jenë populli im.

³⁴ Ata nuk do të mësojnë secili të afërmin e tij dhe secili vëllanë e tij, duke thënë: "Njihni Zotin!", sepse të gjithë do të më njohin, nga më i vogli e deri te më i madhi", thotë Zoti. "Sepse unë do ta fal paudhësinë e tyre dhe nuk do ta kujtoj më mëkatin e tyre".

³⁵ Kështu thotë Zoti, që ka dhënë diellin për dritën e ditës dhe i ka dhënë ligje hënës dhe yjeve për dritën e natës, që e larton detin dhe i bën dallgët të uturijnë, emri i të cilit është Zoti, i ushtrive.

³⁶ "Në qoftë se këto ligje do të binin përpara meje", thotë Zoti, "atëherë edhe pasardhësit e Izraelit do të pushonin së qeni një komb përpara meje përjetë".

³⁷ Kështu thotë Zoti: "Në qoftë se do të mund të mateshin qiejt lart; ose të hulumtoheshin themelet e tokës poshtë, atëherë edhe unë do t'i hidhja poshtë të gjithë pasardhësit e Izraelit për të gjitha ato që kanë bërë", thotë Zoti.

³⁸ Ja, do të vijnë ditët, thotë Zoti, në të cilat ky qytet do të rindërtohet për Zotin nga kulla e Hananeelit te porta e Qoshes.

³⁹ Që andej litari për matje do të shtrihet akoma drejt deri te kodra e Garebit, duke u kthyer pastaj drejt Goahut;

⁴⁰ Gjithë lugina e kufomave dhe e hirit dhe të gjitha arat deri te përroi i Kidronit, deri te qoshja e portës së Kuajve në drejtim të lindjes, do t'i shenjtërohen Zotit. Nuk do të shkatërrohet më kurrë dhe as nuk do të shembet përjetë".

Kapitull 32

¹ Fjala që iu drejtua Jeremias nga ana e Zotit në vitin e dhjetë të Sedekias, mbretit të Judës, që ishte viti i tetëmbëdhjetë i Nebukadnetsarit.

² Ushtria e mbretit të Babilonisë rrethonte atëherë Jeruzalemin dhe profeti Jeremia ishte i mbyllur në oborrin e burgut që ndodhej në shtëpinë e mbretit të Judës.

³ Aty e kishte mbyllur Sedekia, mbreti i Judës, duke thënë: "Përse profetizon, duke thënë: "Kështu thotë Zoti: Ja, unë do ta jap këtë qytet në duart e mbretit të Babilonisë dhe ai do ta pushtojë.

⁴ Sedekia, mbreti i Judës, nuk do të shpëtojë nga duart e Kaldeasve, por me siguri do të bjerë në duart e mbretit të Babilonisë dhe do të flasë ballë për ballë me të dhe do ta shohë me vetë sytë e tij.

⁵ Pastaj ai do ta çojë Sedekian në Babiloni, ku ai do të qëndrojë deri sa ta vizitoj unë, thotë Zoti. Në qoftë se do të luftoni kundër Kaldeasve nuk do të nxirrni asgjë në krye"!".

⁶ Atëherë Jeremia tha: "Fjala e Zotit m'u drejtua, duke thënë:

⁷ Ja, Hanameeli, biri i Shalumit, ungjit tënd, po vjen te ti që të të thotë: "Bli arën time që ndodhet në Anathoth, sepse ti ke të drejtën ta shpengosh duke e blerë"".

⁸ Prandaj Hanameeli, biri i ungjit tim, erdhi tek unë në oborrin e burgut, sipas fjalës të Zotit, dhe më tha: "Të lutem, bli arën time që ndodhet në Anathoth, në territorin e Beniaminit, sepse ti ke të drejtën e trashëgimisë dhe të drejtën e shpengimit. Blije!". Atëherë e kuptova që kjo ishte fjala e Zotit.

⁹ Kështu, pra, bleva nga Hanameeli, nga biri i ungjit tim, arën që ndodhej në Anathoth dhe ia peshova paratë; shtatëmbëdhjetë sikla argjendi.

¹⁰ E nënshkrova aktin, e vulosa, thirra dëshmitarët dhe peshova paratë me peshore.

¹¹ Pastaj e mora aktin e blerjes, atë të vulosur sipas ligjit dhe statuteve dhe atë të hapur,

¹² dhe ia dorëzova aktin e blerjes Barukut, birit të Neriathit, bir i Mahsehiahut, në prani të Hanameelit, kushëririt tim, në prani të dëshmitarëve që kishin nënshkruar aktin e blerjes dhe në prani të gjithë Judejve që rrinin ulur në oborrin e burgut.

¹³ Pastaj përpara tyre i dhashë këtë urdhër Barukut:

¹⁴ "Kështu thotë Zoti i ushtrive, Perëndia i Izraelit: Merr këto akte, aktin e blerjes, qoftë atë të vulosur ashtu edhe atë të hapur, dhe futi në një poç prej balte, që të ruhen për shumë ditë.

¹⁵ Sepse kështu thotë Zoti i ushtrive, Perëndia i Izraelit: Në këtë vend do të blihen akoma shtëpi, ara dhe vreshta".

¹⁶ Pasi ia dorëzova aktin e blerjes Barukut, birit të Neriahut, iu luta Zotit, duke thënë:

¹⁷ "Ah, Zot, Zot! Ja, ti e sajove qiellin dhe tokën me fuqinë tënde të madhe dhe me krahun tënd të shtrirë. Nuk ka asgjë tepër të vështirë për ty.

¹⁸ Ti e tregon mirësinë tënde ndaj një mijë vetave dhe e shpaguan paudhësinë e etërve në gji të bijve të tyre që vijnë pas atyre, o Perëndi i madh e i fuqishëm, emri i të cilit është Zoti i ushtrive.

¹⁹ Ti je i madh për këshilla dhe i fuqishëm për vepra dhe i ke sytë çelë mbi të gjitha rrugët e bijve të njerëzve, për t'i dhënë secilit sipas veprave të veta dhe sipas frytit të veprimeve të veta.

²⁰ Ti ke bërë deri në ditën e sotme shenja dhe mrekulli në vendin e Egjiptit, në Izrael dhe në mes njerëzve të tjerë dhe ke fituar një emër si ai i këtyre ditëve.

²¹ Ti e nxore popullin tënd nga vendi i Egjiptit me shenja dhe mrekulli, me dorë të fuqishme dhe me krah të shtrirë dhe me tmerr të madh.

²² Ti u dhe atyre këtë vend që ishe betuar t'ua jepje etërve të tyre, një vend ku rrjedh qumësht e mjaltë.

²³ Ata hynë dhe e futën në dorë, nuk i janë bindur zërit tënd dhe nuk ecën në rrugën e ligjit tënd, nuk kanë bërë të gjitha ato që u kishe urdhëruar të bënin; prandaj ti solle mbi ta tërë këtë fatkeqësi.

²⁴ Ja, ledhet arrijnë deri në qytet për ta shtënë në dorë; dhe qyteti lihet në dorë të Kaldeasve që luftojnë kundër tij me shpatën, me urinë dhe murtajën. Ndodhi ajo që ti ke thënë; ja, ti e shikon.

²⁵ Megjithatë o Zot, o Zot, ti më ke thënë: "Bli me para fushën dhe thirr dëshmitarët, ndërsa qyteti është dhënë në dorë të Kaldeasve"".

²⁶ Atëherë fjala e Zotit iu drejtua Jeremias duke thënë:

²⁷ "Ja, unë jam Zoti, Perëndia i çdo mishi; a ka vallë ndonjë gjë tepër të vështirë për mua?".

²⁸ Prandaj kështu thotë Zoti: "Ja, unë do ta jap këtë qytet në duart e Kaldeasve, në dorë të Nebukadnetsarit, mbretit të Babilonisë, i cili do ta marrë.

²⁹ Kaldeasit që luftojnë kundër këtij qyteti do të hyjnë në të, do t'i vënë zjarrin këtij qyteti dhe do ta djegin bashkë me shtëpitë mbi çatitë e të cilave i kanë djegur temjan Baalit dhe u kanë bërë libacione perëndive të tjera për të provokuar zemërimin tim.

³⁰ Sepse bijtë e Izraelit dhe bijtë e Judës kanë bërë vetëm atë që është e keqe në sytë e mi qysh në fëmijërinë e tyre. Në fakt bijtë e Izraelit nuk kanë bërë gjë tjetër veçse të provokonin zemërimin tim me veprën e duarve të tyre, thotë Zoti.

³¹ Sepse ky qytet, që nga dita që u ndërtua deri më sot, ka qënë për mua një provokim i zemërimit dhe i tërbimit tim; prandaj do ta zhduk nga prania ime,

³² për shkak të gjithë së keqes që bijtë e Izraelit dhe bijtë e Judës kanë bërë për të provokuar zemërimin tim, ata, mbretërit e tyre, princat e tyre, priftërinjtë e tyre dhe profetët e tyre, njerëzit e Judës dhe banorët e Jeruzalemit.

³³ Më kanë kthyer jo fytyrën, por kurrizin; dhe megjithëse i kam mësuar me urgjencë dhe me këmbëngulje, ata nuk më kanë dëgjuar për të marrë korrigjime.

³⁴ Por kanë vënë gjërat e tyre të neveritshme në shtëpinë në të cilën përmendet emri im për ta ndotur.

³⁵ Kanë ndërtuar gjithashtu vendet e larta të Baalit, që janë në luginën e bijve të Hinomit, në mënyrë që të kalojnë përmes zjarrit bijtë dhe bijat e tyre për nder të Molekut, gjë që unë nuk u kisha urdhëruar dhe nuk më kishte shkuar kurrë ndër mend se do të kryenin një gjë të tillë të neveritshme, duke e bërë Judën të mëkatojë".

³⁶ Prandaj kështu thotë tani Zoti, Perëndia i Izraelit, lidhur me këtë qytet, për të cilin ju thoni: "Ai do t'i jepet në dorë mbretit të Babilonisë, me anë të shpatës, të urisë dhe të murtajës".

³⁷ "Ja, do t'i mbledh nga të gjitha vendet ku i kam shpërndarë gjatë zemërimit tim, tërbimit tim, indinjatës sime të madhe; do të bëj të kthehen në këtë vend dhe të banojnë të sigurt.

³⁸ Ata do të jenë për mua populli im dhe unë do të jem për ta Perëndia i tyre.

³⁹ Do t'u jap një zemër të vetme, një rrugë të vetme, me qëllim që të kenë frikë nga unë përjetë për të mirën e tyre dhe të bijve të tyre.

⁴⁰ Do të bëj me ta një besëlidhje të përjetshme; nuk do të largohem më prej tyre dhe do t'u bëj të mira dhe do të shtie në zemrën e tyre frikën, me qëllim që të mos më braktisin.

⁴¹ Do të ndjej gëzim duke u bërë të mirë dhe do t'i vendos në mënyrë të qëndrueshme në këtë vend me gjithë zemrën time dhe me gjithë shpirtin tim".

⁴² Sepse kështu thotë Zoti: "Ashtu si solla mbi këtë popull gjithë këtë fatkeqësi të madhe, kështu do të sjell mbi të tërë të mirat që u kam

premtuar.

⁴³ Do të blihen akoma ara në këtë vend, për të cilin ju thoni: "Është një vend i shkretë ku s'ka më njerëz a kafshë; është dhënë në duart e Kaldeasve".

⁴⁴ Do të blihen ara me para, do të nënshkruhen aktet, do të vulosen, do të thirren dëshmitarë në vendin e Beniaminit dhe në rrethinat e Jeruzalemit, në qytetin e Judës, në qytetet e krahinës malore, në qytetet e fushës, në qytetet e Negevit, sepse unë do të bëj të kthehen ata që janë në robëri", thotë Zoti.

Kapitull 33

¹ Fjala e Zotit iu drejtua për të dytën herë Jeremias, ndërsa qëndronte akoma i mbyllur në oborrin e burgut, duke thënë:

² "Kështu thotë Zoti që bën këtë, Zoti që e formon për ta vendosur, emri i të cilit është Zoti:

³ M'u drejto dhe unë do të të përgjigjem dhe do të të njoftoj gjëra të mëdha dhe të padepërtueshme që ti nuk i di.

⁴ Sepse kështu thotë Zoti, Perëndia i Izraelit, për shtëpitë e këtij qyteti dhe për shtëpitë e mbretërve të Judës që do të shemben përballë ledheve dhe shpatës.

⁵ Ata do të vijnë të luftojnë kundër Kaldeasve, por vetëm për t'i mbushur me kufoma njerëzish, që unë do të godas në zemërimin tim dhe në tërbimin tim, sepse do ta fsheh fytyrën time nga ky qytet për shkak të gjithë ligësisë së tyre.

⁶ Ja, unë do t'i sjell atij mirëqenie dhe shërim; do t'i shëroj dhe do t'u zbuloj atyre bollëkun e paqes dhe të së vërtetës.

⁷ Do të bëj që të kthehen të mërguarit e Judës dhe të mërguarit e Izraelit dhe do t'i vendos përsëri si më parë.

⁸ Do t'i pastroj nga çdo paudhësi e tyre me të cilën kanë mëkatuar kundër meje dhe do t'ua fal të gjitha paudhësitë e tyre me të cilat kanë mëkatuar dhe me të cilat kanë ngritur krye kundër meje.

⁹ Dhe ky qytet do të ketë për mua një titull gëzimi, lëvdimi dhe lavdie përpara gjithë kombeve të dheut, kur ato të mësojnë gjithë të mirën që unë u bëj atyre; dhe do të kenë frikë e do të dridhen për shkak të gjithë mirësisë dhe të gjithë paqes që unë do t'i sjell atij".

¹⁰ Kështu thotë Zoti: "Në këtë vend për të cilin ju thoni: "Është një shkreti, që nuk ka më as njerëz as kafshë", në qytetet e Judës dhe nëpër rrugët e Jeruzalemit që janë të shkreta, që nuk ka më as njerëz as kafshë, do të dëgjohen akoma

¹¹ britma gëzimi dhe britma hareje, zëri i dhëndrit dhe zëri i nuses, zëri i atyre që thonë: "Kremtoni Zotin e ushtrive, sepse Zoti është i mirë, sepse mirësia e tij zgjat përjetë", dhe të atyre që sjellin oferta falënderimi në shtëpinë e Zotit. Sepse unë do të bëj që të kthehen të mërguarit në vend dhe do t'i vendos përsëri si më parë", thotë Zoti.

¹² Kështu thotë Zoti i ushtrive: "Në këtë vend që është një shkreti, ku s'ka më njeri a kafshë, dhe në të gjitha qytetet e tij do të ketë akoma banesa të barinjve ku do të pushojnë kopetë e tyre.

¹³ Në qytetet e krahinës malore, në qytetet e fushës, në qytetet e Negevit, në vendin e Beniamimit, në rrethinat e Jeruzalemit dhe në qytetet e Judës, dhentë do të kalojnë akoma nga dora e atij që i numëron", thotë Zoti.

¹⁴ "Ja, do të vijnë ditët", thotë Zoti, "gjatë të cilave unë do të realizoj fjalën e mirë që kam shqiptuar për shtëpinë e Izraelit dhe për shtëpinë e Judës.

¹⁵ Në ato ditë dhe në atë kohë do të bëj që të mbijë për Davidin një filiz drejtësie, që do të ushtrojë gjykimin dhe drejtësinë në vend.

¹⁶ Ato ditë Juda do të shpëtohet dhe Jeruzalemi do të banojë i sigurt. Ky do të jetë emri me të cilin do të thirret: "Zoti, drejtësia jonë"".

¹⁷ Në fakt kështu thotë Zoti: "Nuk do t'i mungojë kurrë Davidit dikush që të ulet mbi fronin e shtëpisë së Izraelit,

¹⁸ dhe priftërinjve Levitë nuk do t'u mungojë kurrë para meje dikush që ofron olokauste, që tymos ofertat ushqimore dhe që kryen flijime çdo ditë".

¹⁹ Fjala e Zotit iu drejtua Jeremias, duke thënë:

²⁰ "Kështu thotë Zoti: Në qoftë se ju mund të anuloni besëlidhjen time me ditën dhe besëlidhjen time me natën, në mënyrë që mos ketë më ditë a natë në kohën e tyre,

²¹ atëherë do të mund të anulohet edhe besëlidhja ime me Davidin, shërbëtorin tim, në mënyrë që të mos ketë një bir që të mbretërojë mbi fronin e tij, dhe me priftërinjtë Levitë, priftërinj të mi.

²² Ashtu si nuk mund të njehsohet ushtria e qiellit as të matet rëra e detit, ashtu unë do t'i shumoj pasardhësit e Davidit, shërbëtorit tim, dhe Levitët që më shërbejnë".

²³ Fjala e Zotit iu drejtua akoma Jeremias, duke thënë:

²⁴ "Nuk i ke kushtuar kujdes asaj që ka pohuar ky popull, duke thënë: "Dy familjet që Zoti kishte zgjedhur, i ka hedhur poshtë"? Kështu përçmojnë popullin tim, që në sytë e tyre nuk është një komb".

²⁵ Kështu thotë Zoti: "Në qoftë se unë nuk e kam lidhur besëlidhjen time me ditën dhe me natën dhe nuk kam përcaktuar ligjet e qiellit dhe të tokës,

²⁶ atëherë do të hedh poshtë edhe pasardhësit e Jakobit, dhe të Davidit, shërbëtorit tim, dhe nuk do të marr më nga pasardhësit e tij drejtuesit e fisit të Abrahamit, të Isakut dhe Jakobit. Por unë do të bëj që të kthehen mërgimtarët e tyre dhe do të kem mëshirë për ta".

Kapitull 34

¹ Fjala që i drejtua nga Zoti Jeremias, kur Nebukadnetsari, mbreti i Babilonisë, me gjithë ushtrinë e tij dhe tërë mbretëritë e tokave mbi të cilat ai sundonte dhe gjithë popujt luftonin kundër Jeruzalemit

² "Kështu thotë Zoti, Perëndia i Izraelit: Shko dhe foli Sedekias, mbretit të Judës dhe i thuaj: Kështu thotë Zoti: Ja, unë ia jap këtë qytet në dorë mbretit të Babilonisë, i cili do ti vërë flakën.

³ Ti nuk do të shpëtosh nga dora e tij, por do të kapesh me siguri dhe do të biesh në pushtetin e tij; sytë e tu do të shohin sytë e mbretit të Babilonisë, ai do të të flasë ballë për ballë dhe ti do të shkosh në Babiloni".

⁴ Megjithatë dëgjo fjalën e Zotit, o Sedekia, mbreti i Judës: "Kështu thotë Zoti për ty: Nuk ke për të vdekur nga shpata.

⁵ Por do të vdesësh në paqe; dhe ashtu si dogjën aroma për etërit e tu, mbretërit e lashtë që ishin para teje, kështu do të djegin aroma për ty dhe do të mbajnë zi duke thënë: "Vaj medet, Zot!". Po, unë e shqiptova këtë fjalë", thotë Zoti.

⁶ Profeti Jeremia ia tha tërë këto fjalë Sedekias, mbretit të Judës, në Jeruzalem,

⁷ ndërsa ushtria e mbretit të Babilonisë luftonte kundër Jeruzalemit dhe kundër të gjitha qyteteve të Judës që akoma ekzistonin, domethënë kundër Lakishit dhe Azekahut, që ishin të vetmet qytete të fortifikuara që mbetën nga qytetet e Judës.

⁸ Kjo është fjala që iu drejtua Jeremias nga Zoti, mbas përfundimit të një besëlidhjeje nga mbreti Sedekia me tërë popullin që ishte në Jeruzalem për tu shpallur atyre lirinë:

⁹ domethënë që secili t'i linte të lirë skllevërit e tij hebrenj, meshkuj ose femra, burra ose gra, me qëllim që askush të mos mbante më si skllav ndonjë vëlla të tij jude.

¹⁰ Tërë princat dhe tërë populli që kishin pranuar besëlidhjen, pranuan t'i lëshojnë të lirë skllavin ose skllaven e vet dhe të mos i mbajnë më si skllavëri, dhe kështu i liruan.

¹¹ Por më vonë ndryshuan mendim dhe bënë që të rikthehen skllevërit dhe skllavet që i kishin lëshuar të lirë dhe i nënshtruan përsëri si skllevër dhe skllave të tyre.

¹² Fjala e Zotit iu drejtua pastaj Jeremias nga Zoti, duke thënë:

¹³ "Kështu thotë Zoti, Perëndia i Izraelit: Unë lidha një besëlidhje me etërit tuaj ditën që i nxora nga Egjipti, nga shtëpia e robërisë, duke thënë:

¹⁴ Në krye të shtatë vjetëve secili do të lëshojë të lirë vëllanë e tij hebre që i është shitur atij; ai do të të shërbejë gjashtë vjet, pastaj do ta lësh të lirë. Por etërit tuaj nuk mu bindën dhe nuk ma vunë veshin.

¹⁵ Ju sot u nisët të bëni atë që është e drejtë në sytë e mi, duke shpallur secili lirinë e vëllait të vet, dhe keni lidhur një besëlidhje para meje, në tempull, ku përmendet emri im.

¹⁶ Por më vonë keni ndryshuar mendim dhe keni përdhosur emrin tim, sepse secili ka bërë të kthehet skllavi i tij apo skllavja e tij, dhe i keni nënshtruar në mënyrë që të jenë skllevër apo skllave tuaja".

¹⁷ Prandaj kështu thotë Zoti: "Ju nuk më jeni bindur duke shpallur secili lirinë e vëllait të tij dhe e të të afërmit të tij. Tani ja, unë ju shpall lirinë", thotë Zoti, "për shpatën, për murtajën dhe për urinë dhe do t'ju braktis që t'ju keqtrajtojnë në të gjitha mbretëritë e dheut.

¹⁸ Dhe do ti jap njerëzit që kanë shkelur besëlidhjen time dhe nuk kanë zbatuar fjalët e besëlidhjes që kishin lidhur para meje, duke kaluar në mes pjesëve të viçit që e kishin ndarë më dysh:

¹⁹ princat e Judës dhe princat e Jeruzalemit, eunukët, priftërinjtë dhe tërë populli i vendit që kaluan në mes të pjesëve të viçit,

²⁰ do t'i jap në dorë të armiqve të tyre dhe në dorë të atyre që kërkojnë jetën e tyre; dhe kufomat e tyre do të shërbejnë si ushqim për shpendët e qiellit dhe për kafshët e tokës.

²¹ Do të jap Sedekian, mbretin e Judës, dhe princët e tij në dorë të armiqve të tyre, në dorë të atyre që kërkojnë jetën e tyre dhe në dorë të ushtrisë së mbretit të Babilonisë, që është larguar nga ju.

²² Ja, unë do të jap urdhrin", thotë Zoti, "dhe do të bëj që të kthehen kundër këtij qyteti, do të luftojnë kundër tij, do ta shtien në dorë, do t'i vënë flakën; dhe do t'i bëj qytetet e Judës një shkreti pa banorë".

Jeremisë

Kapitull 35

¹ Fjala që iu drejtua Jeremias nga Zoti në kohën e Jehojakimit, birit të Josias, mbreti i Judës, duke thënë:

² "Shko në shtëpinë e Rekabitëve dhe folu, silli pastaj në shtëpinë e Zotit, në një nga dhomat, dhe gostiti me verë".

³ Atëherë unë mora Jaazaniahun, birin e Jeremias, bir i Habaziniahut, vëllezërit e tij, tërë bijtë e tij, si dhe tërë shtëpinë e Rekabitëve,

⁴ dhe i çova në shtëpinë e Zotit, në dhomën e bijve të Hananit, birit të Igdaliahut, njeri i Perëndisë, e cila ndodhej pranë dhomës së princave mbi dhomën e Maasejahut, birit të Shalumit, rojtar i portës.

⁵ Vendosa pastaj përpara bijve të shtëpisë së Rekabitëve enë plot me verë dhe kupa dhe u thashë: "Pini verë".

⁶ Po ata u përgjigjën: "Ne nuk pimë verë, sepse Jehonadabi, biri i Rekabit, atit tonë, na ka urdhëruar duke thënë: "Nuk do të pini verë përjetë, as ju as bijtë tuaj.

⁷ Nuk do të ndërtoni shtëpi, nuk do të mbillni asnjë farë, nuk do të bëni asnjë vresht dhe nuk do të zotëroni asnjë prej tyre, por do të banoni në çadra tërë ditët e jetës suaj, në mënyrë që të jetoni gjatë në vendin ku banoni".

⁸ Kështu ne i jemi bindur zërit të Jehonadabit, birit të Rekabit, atit tonë, në çdo gjë që na ka urdhëruar: të mos pimë verë gjatë gjithë jetës sonë, si ne ashtu edhe gratë tona, bijtë tanë dhe bijat tona;

⁹ të mos ndërtojmë shtëpi për të banuar dhe të mos kemi as vreshta, as ara dhe as farë.

¹⁰ Por ne banojmë në çadra dhe jemi bindur dhe kemi bërë tërë ato që Jehonadabi, ati ynë, na ka urdhëruar.

¹¹ Por ndodhi, që kur Nebukadnetsari, mbreti i Babilonisë, doli kundër vendit, kemi thënë: "Ejani të shkojmë në Jeruzalem, nga frika e ushtrisë së Kaldeasve dhe ushtrisë së Sirisë". Dhe kështu u vendosëm në Jeruzalem".

¹² Atëherë fjala e Zotit iu drejtua Jeremias, duke thënë:

¹³ "Kështu thotë Zoti i ushtrive, Perëndia i Izraelit: Shko dhe u thuaj njerëzve të Judës dhe banorëve të Jeruzalemit: Nuk doni, pra, të mësoni, duke dëgjuar fjalët e mia?", thotë Zoti.

¹⁴ "Fjalët e Jehonadabit, birit të Rekabit, që i porositi bijtë e tij të mos pinë verë, janë vënë në jetë; kështu ata nuk kanë pirë verë deri në këtë ditë, sepse i janë bindur porosisë së atit të tyre. Por megjithëse unë ju fola me urgjencë dhe me këmbëngulje, ju nuk më keni dëgjuar.

¹⁵ Ju kam dërguar gjithashtu me urgjencë dhe me këmbëngulje shërbëtorët e mi, profetët, duke ju thënë: "Le të tërhiqet pra, secili nga rruga e tij e keqe, përmirësoni veprimet tuaja dhe mos u shkoni pas perëndive të tjera që t'u shërbeni; atëherë do të banoni në vendin që ju dhashë juve dhe etërve tuaj". Por ju nuk më keni dëgjuar, as më jeni bindur.

¹⁶ Po, bijtë e Jehonadabit, birit të Rekabit, kanë zbatuar në praktikë porosinë e dhënë nga ati i tyre, por ky popull nuk më është bindur".

¹⁷ Prandaj kështu thotë Zoti, Perëndia i ushtrive, Perëndia i Izraelit: "Ja, unë po bëj që të vijë mbi Judë dhe mbi gjithë banorët e Jeruzalemit, gjithë atë të keqe që kam shqiptuar kundër tyre, sepse u kam folur, por nuk më kanë dëgjuar, i kam thirrur, por nuk më janë përgjigjur".

¹⁸ Dhe shtëpisë së Rekabitëve Jeremia i tha: "Kështu thotë Zoti i ushtrive, Perëndia i Izraelit: Me qënë se i jeni bindur porosisë së atit tuaj, Jehonadabit, keni zbatuar tërë urdhrat e tij dhe keni kryer të gjitha ato që ju kishte porositur,

¹⁹ kështu thotë Zoti i ushtrive, Perëndia i Izraelit: Jehonodabit, birit të Rekabit, nuk do ti mungojë kurrë një njeri që të jetë gjithnjë para meje".

Kapitull 36

¹ Ndodhi në vitin e katërt të Jehojakimit, birit të Josias, mbreti i Judës, që kjo fjalë ju drejtua nga Zoti duke thënë:

² "Merr një rrotull shkrimi dhe shkruaj mbi të tërë fjalët që të kam thënë kundër Izraelit, kundër Judës dhe të gjitha kombeve, nga dita që të kam folur, nga ditët e Josias e deri më sot.

³ Ndofta shtëpia e Judës do të dëgjojë gjithë të keqen që unë mendoj t'u bëj atyre, dhe secili do të tërhiqet nga rruga e tij e keqe, dhe kështu unë do të fal paudhësinë e tyre dhe mëkatin e tyre".

⁴ Atëherë Jeremia thirri Barukun, birin e Neriahut, dhe Baruku shkroi mbi një rrotull shkrimi, nën diktimin e Jeremias, tërë fjalët që Zoti i kishte thënë.

⁵ Pastaj Jeremia i dha këtë urdhër Barukut: "Unë jam i penguar dhe nuk mund të hyj në shtëpinë e Zotit.

⁶ Prandaj do të shkosh ti të lexosh, nga rrotulla që ke shkruar nën diktimin tim fjalët e Zotit në veshët e popullit në shtëpinë e Zotit, ditën e agjërimit, do t'i lexosh dhe në veshët e tërë atyre të Judës që vijnë nga qytetet e tyre.

⁷ Ndofta do t'i paraqesin lutjet e tyre për falje Zotit dhe secili do të tërhiqet nga rruga e tij e keqe, sepse i madh është zemërimi dhe tërbimi që Zoti ka shqiptuar kundër këtij populli".

⁸ Baruku, biri i Neriahut, bëri, pra, tërë ato që i kishte urdhëruar profeti Jeremia dhe lexoi nga libri fjalët e Zotit.

⁹ Në vitin e pestë të Jehojakimit, birit të Josias, mbret i Judës, në muajin e nëntë u shpall një agjërim para Zotit për të gjithë popullin e Jeruzalemit dhe për gjithë popullin e ardhur nga qytetet e Judës në Jeruzalem.

¹⁰ Atëherë Baruku lexoi nga libri fjalët e Jeremias në veshët e tërë popullit, në shtëpinë e Zotit, në dhomën e Gemariahut, birit të Shafanit, shkruesit, në oborrin e sipërm, në hyrjen e Portës së Re të shtëpisë së Zotit.

¹¹ Mikajahu, biri i Gemariahut, që ishte bir i Shafanit, dëgjoi tërë fjalët e Zotit që u lexuan nga libri.

¹² Zbriti pastaj në shtëpinë e mbretit, në dhomën e shkruesit, dhe ja, aty rrinin ulur tërë princat: Elishama shkruesi, Delahaju, biri i Shemajahut, Elnathani biri i Akborit, Gemariahu biri i Shafanit, Sedekia biri i Hananiahut, dhe tërë princat e tjerë.

¹³ Mikajahu u tregoi tërë fjalët që kishte dëgjuar, ndërsa Baruku lexonte librin në veshët e popullit.

¹⁴ Atëherë tërë princat i dërguan Barukut Jehudin, birin e Nethaniahut, bir i Shelemiahut, bir i Kushit, për t'i thënë: "Merr në dorë rrotullën që lexove në veshët e popullit dhe eja". Kështu Baruku, bir i Neriahut, mori në dorë rrotullën dhe erdhi tek ata.

¹⁵ Ata i thanë: "Ulu dhe lexoje para nesh". Dhe Baruku e lexoi në veshët e tyre.

¹⁶ Kur dëgjuan tërë ato fjalë, patën frikë dhe duke shikuar njëri tjetrin i thanë Barukut: "Duhet t'ia tregojmë pa tjetër mbretit tërë këto fjalë".

¹⁷ Pastaj pyetën Barukun duke i thënë: "Na thuaj tani si i shkrove tërë këto fjalë: nën diktimin e tij?".

¹⁸ Baruku u përgjigj: "Ai më tha tërë këto fjalë me gojën e tij, dhe unë i kam shkruar me bojë në libër".

¹⁹ Atëherë princat i thanë Barukut: "Shko dhe fshihu bashkë me Jeremian, dhe askush të mos dijë se ku jeni".

²⁰ Pastaj shkuan te mbreti, në oborr, mbasi e kishin lënë rrotullën në dhomën e shkruesit Elishama, dhe ia njoftuan mbretit tërë ato fjalë.

²¹ Atëherë mbreti dërgoi Jehudin të marrë rrotullën; dhe ky e mori në dhomën e shkruesit Elishama. Pastaj Jehudi e lexoi në veshët e mbretit dhe të gjithë princave që ishin pranë mbretit.

²² Mbreti rrinte ulur në pallatin e tij të dimrit, (ishte muaji i nëntë), me një mangall para tij që digjej mirë.

²³ Kur Jehudi lexoi tri o katër shtylla, mbreti e preu rrotullën me thikën e shkruesit dhe e hodhi në zjarrin që ishte në mangall, deri sa ajo u dogj krejt nga zjarri që ishte në mangall.

²⁴ As mbreti dhe askush nga shërbëtorët e tij që dëgjuan tërë këto fjalë nuk u trembën ose t'i grisnin rrobat e tyre.

²⁵ Dhe megjithëse Elnathani, Delajahu dhe Gemariahu e lutën shumë mbretin që të mos e digjte rrotullën, ai nuk deshi t'i dëgjonte.

²⁶ Madje mbreti urdhëroi Jerahmeelin, birin e mbretit, Serajahun, birin e Azrielit dhe Shelemiahun, birin e Abdelit, të kapnin shkruesin Baruk dhe profetin Jeremia. Por Zoti i fshehu.

²⁷ Mbasi mbreti dogji rrotullën dhe fjalët që Baruku kishte shkruar nën diktimin e Jeremias, fjala e Zotit iu drejtua Jeremias, duke thënë:

²⁸ "Merr përsëri një rrotull tjetër dhe shkruaj mbi të tërë fjalët e mëparshme, që ishin në rrotullën e parë të djegur nga Jehojakimi, mbreti i Judës.

²⁹ Dhe Jehojakimit, mbretit të Judës, do t'i thuash: Kështu thotë Zoti: Ti ke djegur këtë rrotull, duke thënë: "Pse ke shkruar në të që mbreti i Babilonisë do të vijë me siguri dhe do ta shkatërrojë këtë vend, duke bërë të zhduken prej tij njerëz dhe kafshë?".

³⁰ Prandaj kështu thotë Zoti për Jehojakimin, mbretin e Judës: Ai nuk do të ketë njeri që të ulet mbi fronin e Davidit dhe kufoma e tij do të hidhet jashtë dhe do të ekspozohet në vapën e ditës dhe në ngricën e natës.

³¹ Unë do ta dënoj atë, pasardhësit e tij dhe shërbëtorët e tij për paudhësinë e tyre dhe do të sjell mbi ta, mbi banorët e Jeruzalemit dhe mbi njerëzit e Judës tërë të keqen që kam shqiptuar kundër tyre, sepse nuk më dëgjuan".

³² Jeremia pra mori një rrotull tjetër dhe ia dha Barukut, birit të Neriahut, shkruesit, i cili shkroi mbi të, nën diktimin e Jeremias, të gjitha fjalët e librit që Jehojakimi, mbreti i Judës, kishte djegur në zjarr; u shtuan gjithashtu shumë fjalë të tjera të ngjashme me to.

Kapitull 37

¹ Mbreti Sedekia, bir i Josias, që Nebukadnetsari, mbret i Babilonisë, e kishte bërë mbret në vendin e Judës, mbretëroi në vend të Koniahut, birit të Jehojakimit.

² Por as ai, as shërbëtorët e tij, as populli i vendit nuk i dëgjuan fjalët që Zoti kishte shqiptuar me anë të profetit Jeremia.

³ Mbreti Sedekia dërgoi Jehukalin, birin e Shelemiahut, dhe priftin Sofoni, birin e Maasejahut, te profeti Jeremia për t'i thënë: "Oh, lutju për ne Zotit, Perëndisë tonë".

⁴ Jeremia shkonte e vinte në popull, sepse akoma nuk e kishin shtënë në burg.

⁵ Ndërkohë ushtria e Faraonit kishte dalë nga Egjipti; sapo Kaldeasit që rrethonin Jeruzalemin e mësuan këtë lajm, u larguan nga Jeruzalemi.

⁶ Atëherë fjala e Zotit iu drejtua profetit Jeremia, duke thënë:

⁷ "Kështu thotë Zoti, Perëndia i Izraelit: Do t'i thoni kështu mbretit të Judës që ju ka dërguar për t'u konsultuar me mua: Ja, ushtria e Faraonit, që kishte dalë për t'ju ndihmuar, do të kthehet në vendin e vet, në Egjipt.

⁸ Kaldeasit do të kthehen dhe do të luftojnë kundër këtij qyteti, do ta shtien në dorë dhe do ti vënë flakën".

⁹ Kështu thotë Zoti: "Mos gënjeni veten duke thënë: "Kaldeasit do të ikin me siguri nga ne", sepse nuk do të ikin.

¹⁰ Edhe sikur të arrini ta mundni tërë ushtrinë e Kaldeasve që luftojnë kundër jush dhe të mbeteshin vetëm disa të plagosur, këta do të ngriheshin secili në çadrën e vet dhe do t'i vinin flakën këtij qyteti".

¹¹ Ndodhi që, kur ushtria e Kaldeasve u largua nga Jeruzalemi për shkak të ushtrisë së Faraonit,

¹² Jeremia doli nga Jeruzalemi për të shkuar në vendin e Beniaminit për të marrë pjesën e tij të trashëgimisë në mes të popullit.

¹³ Por, kur arriti te porta e Beniaminit, ku ishte një kapiten roje që quhej Irijah, biri i Shelemiahut, bir i Hananiahut, ky e arrestoi profetin Jeremia, duke thënë: "Ti je bërë me Kaldeasit".

¹⁴ Jeremia u përgjigj "Nuk është e vërtetë, unë nuk po bëhem me Kaldeasit", por ai nuk ia vuri veshin. Kështu Irijahu e arrestoi Jeremian dhe e çoi te princat.

¹⁵ Princat u zemëruan me Jeremian, e rrahën dhe e futën në burg në shtëpinë e shkruesit Jonathan të cilën e kishin kthyer në burg.

¹⁶ Kur Jeremia hyri në shtëpinë e burgut të nëndheshëm, në qeli, mbeti aty shumë ditë.

¹⁷ Pastaj mbreti Sedekia dërgoi ta marrin, e pyeti fshehurazi në shtëpinë e tij dhe i tha: "A ka ndonjë fjalë nga ana e Zotit?". Jeremia u përgjigj: "Po, ka". Dhe shtoi: "Ti do të jepesh në dorë të mbretit të Babilonisë".

¹⁸ Përveç kësaj Jeremia i tha mbretit Sedekia: "Çfarë faji kam kryer kundër teje, kundër shërbëtorëve të tu ose kundër këtij popullit, që më fute në burg?

¹⁹ Ku janë tani profetët tuaj që ju profetizonin duke thënë: "Mbreti i Babilonisë nuk do të vijë kundër jush as kundër këtij vendi"?

²⁰ Tani dëgjo, të lutem, o mbret imzot, lutja ime të jetë e pëlqyer para teje dhe mos më kthe në shtëpinë e shkruesit Jonathan, që të mos vdes atje".

²¹ Atëherë mbreti Sedekia urdhëroi që Jeremia të ruhej në oborrin e burgut dhe t'i jepej çdo ditë një copë bukë nga rruga e furrtarëve, deri sa të mbarohej gjithë buka e qytetit. Kështu Jeremia mbeti në oborrin e burgut.

Kapitull 38

¹ Shefatiahu bir i Metanit, Gedaliahu bir i Pashhurit, Jukali bir i Pashhurit, Jukali, bir i Shelemiahut, dhe Pashhuri bir i Malkiahut, dëgjuan fjalët që Jeremia i drejtonte tërë popullit, duke thënë:

² "Kështu thotë Zoti: Kush do të mbetet në këtë qytet ka për të vdekur nga shpata, nga uria ose nga murtaja, por ai që do t'u dorëzohet Kaldeasve do të jetojë; do të ketë si pre e tij jetën e tij, por do të jetojë".

³ Kështu thotë Zoti: "Ky qytet do të jepet me siguri në dorë të ushtrisë së mbretit të Babilonisë, që do ta pushtojë atë".

⁴ Atëherë princat i thanë mbretit: "Ah, le të vritet ky njeri, sepse ligështon duart e njerëzve të luftës që kanë mbetur në këtë qytet, dhe duart e tërë popullit, duke u thënë fjalë të tilla. Ky njeri nuk kërkon mirëqënien e këtij populli, por të keqen e tij".

⁵ Atëherë mbreti Sedekia tha: "Ja ku e keni në duart tuaja, sepse mbreti nuk mund bëjë asgjë kundër jush".

⁶ Atëherë e morën Jeremian dhe e hodhën në sternën e Malkiahut, birit të mbretit, që ishte në oborrin e burgut; dhe e zbritën në të Jeremian me litarë. Në sternë nuk kishte ujë, por vetëm baltë, dhe Jeremia u fundos në baltë.

⁷ Por Ebed-meleku, Etiopiasi, një eunuk që rrinte në shtëpinë e mbretit, dëgjoi që Jeremian e kishin vënë në sternë. Ndërsa mbreti rrinte ulur te porta e Beniaminit,

⁸ Ebed-meleku doli nga shtëpia e mbretit dhe i foli mbretit, duke i thënë:

⁹ "O mbret, imzot, këta njerëz kanë vepruar keq në tërë ato që i kanë bërë profetit Jeremia, duke e hedhur në sternë; aty brenda ai do të vdesë nga uria, sepse nuk ka më bukë në qytet".

¹⁰ Atëherë mbreti i dha këtë urdhër Etiopiasit Ebed-melek: "Merr me vete nga këtu tridhjetë burra dhe nxirre jashtë profetin Jeremia nga sterna para se të vdesë".

¹¹ Kështu Ebed-meleku mori me vete burrat, hyri në shtëpinë e mbretit duke kaluar poshtë vendit të thesarit, mori andej rroba dhe lecka të konsumuara dhe ia zbriti me litarë Jeremias në sternë.

¹² Pastaj Ebed-meleku Etiopiasi i tha Jeremias: "Oh, vëri këto rroba dhe lecka të konsumuara poshtë sqetullave, poshtë litarëve". Jeremia veproi ashtu.

¹³ Kështu e tërhoqën lart Jeremian me anë të litarëve dhe e bënë të dalë nga sterna. Pastaj Jeremia mbeti në kopshtin e burgut.

¹⁴ Atëherë mbreti Sedekia dërgoi të marrin profetin Jeremia dhe e bëri të vijë në hyrjen e tretë të shtëpisë të Zotit. Mbreti i tha Jeremias: "Të kërkoj një gjë; mos më fshih asgjë".

¹⁵ Jeremia iu përgjigj Sedekias: "Po të ta them, me siguri nuk do të bësh që të vdes? Dhe në qoftë se pastaj të jap një këshillë, nuk do të ma dëgjosh".

¹⁶ Kështu mbreti Sedekia iu betua fshehurazi Jeremias, duke thënë: "Ashtu siç është e vërtetë që Zoti rron, që na ka dhënë këtë jetë, nuk do të bëj të vdesësh dhe nuk do të dorëzoj në dorën e këtyre njerëzve që kërkojnë jetën tënde".

¹⁷ Atëherë Jeremia i tha Sedekias: "Kështu thotë Zoti, Perëndia i ushtrive, Perëndia i Izraelit: Në rast se u dorëzohesh princave të mbretit të Babilonisë, do të shpëtosh jetën tënde; ky qytet nuk do të digjet dhe ti do të jetosh me shtëpinë tënde;

¹⁸ por në rast se nuk do t'u dorëzohesh princave të mbretit të Babilonisë, ky qytet do t'u lihet në dorë Kaldeasve që do t'i vënë flakën, dhe ti nuk do të shpëtosh nga duart e tyre".

¹⁹ Mbreti Sedekia i tha Jeremias: "Kam frikë nga Judejtë që kaluan nga ana e Kaldeasve, kam frikë se mos më japin në duart e tyre dhe të më keqtrajtojnë".

²⁰ Por Jeremia iu përgjigj: "Nuk do të të dorëzojnë në duart e tyre. Oh, dëgjo zërin e Zotit në atë që të them; kështu do të të ecë mbarë dhe do të jetosh.

²¹ Por në rast se ti refuzon të dalësh, kjo është ajo që Zoti më ka treguar:

²² Ja, të gjitha gratë që kanë mbetur në shtëpinë e mbretit të Judës do të çohen te princat e mbretit të Babilonisë dhe do të thonë: "Miqtë e tu të ngushtë të kanë bërë për vete dhe kanë sunduar mbi ty; këmbët e tua janë fundosur në baltë dhe ata të kanë kthyer kurrizin".

²³ Të gjitha bashkëshortet e tua dhe bijtë e tu do të çohen te Kaldeasit dhe ti nuk do të shpëtosh nga duart e tyre, por do të të zënë dhe do të të dorëzojnë në duart e mbretit të Babilonisë dhe këtij qyteti do t'i vihet zjarri".

²⁴ Sedekia i tha Jeremias: Askush të mos i dijë këto fjalë dhe ti nuk ke për të vdekur.

²⁵ Por në rast se princat do të mësojnë që kam folur me ty dhe do të vijnë te ti për të të thënë: "Na njofto çfarë i ke thënë mbretit dhe atë që mbreti të ka thënë ty, mos na fshih asgjë dhe nuk do të të bëjmë të vdesësh",

²⁶ do t'u përgjigjesh atyre: "I paraqita kërkesën time mbretit, që të mos më kthente në shtëpinë e Jonathanit për të vdekur"".

²⁷ Tërë princat erdhën te Jeremia dhe e morën në pyetje, por ai u përgjigj duke iu përmbajtur tërë fjalëve që mbreti kishte urdhëruar; prandaj e lanë të qetë, nuk mësuan asgjë nga biseda.

²⁸ Kështu Jeremia mbeti në oborrin e burgut deri ditën që u pushtua Jeruzalemi. Dhe ai ishte atje kur u shti në dorë Jeruzalemi.

Kapitull 39

¹ Në vitin e nëntë të Sedekias, mbretit të Judës, në muajin e dhjetë, Nebukadnetsari, mbreti i Babilonisë, erdhi me gjithë ushtrinë e tij kundër Jeruzalemit dhe e rrethoi.

² Në vitin e njëmbëdhjetë të Sedekias, në muajin e katërt, ditën e nëntë të muajit u hap një e çarë në qytet;

³ tërë princat e mbretit të Babilonië hynë dhe u vendosën te Porta e Mesit: Nergalsharetseri, Samgar-nebo, Sarsekimi, kreu i eunukëve, Nergalsharetseri, Rab-magu dhe tërë princat e tjerë të mbretit të Babilonisë.

⁴ Me t'i parë, Sedekia, mbreti i Judës, dhe njerëzit e luftës ua mbathën, duke dalë natën nga qyteti nëpër rrugën e kopshtit mbretëror,

nëpërmjet portës ndërmjet dy mureve, dhe morën rrugën e Arabahut.

⁵ Por ushtria e Kaldeasve i ndoqi dhe arriti Sedekian në fushat e Jerikos. Kështu e kapën dhe e çuan te Nebukadnetsari, mbreti i Babilonisë, në Riblah, në vendin e Hamathit, ku shqiptoi gjykimin e tij mbi të.

⁶ Pastaj mbreti i Babilonisë bëri që të vriten bijtë e Sedekias para syve të tij në Riblah; mbreti i Babilonisë bëri që të vriten edhe tërë fisnikët e Judës;

⁷ urdhëroi gjithashtu t'i nxjerrin sytë Sedekias dhe e lidhi me një zinxhir të dyfishtë prej bronzi për ta çuar në Babiloni.

⁸ Kaldeasit i vunë flakën shtëpisë së mbretit dhe shtëpive të popullit, dhe shkatërruan muret e Jeruzalemit.

⁹ Pastaj Nebuzaradani, komandanti i rojeve, e çoi në robëri pjesën e popullit që kishte mbetur në qytet dhe ata që kishin dezertuar nga ana e tij së bashku me pjesën e popullit që kishte mbetur.

¹⁰ Por Nebuzaradani, komandanti i rojeve, la në vendin e Judës më të varfërit e popullit që nuk kishin asgjë, duke u dhënë në atë kohë vreshta dhe ara.

¹¹ Por për sa i përket Jeremias, Nebukadnetsari, mbreti i Babilonisë, i kishte dhënë këtë urdhër Nebuzaradanit, komandantit të rojeve, duke i thënë:

¹² "Kape, mbaj sytë mbi të dhe mos i bëj asgjë të keqe, por sillu me të siç do të të thotë ai".

¹³ Kështu Nebuzaradani, komandanti i rojeve, Nebushazbani, kreu i eunukëve, Nergalsharetseri, Rab-magu dhe gjithë oficerët e tjerë të mbretit të Babilonisë,

¹⁴ dërguan të marrin Jeremian nga oborri i burgut dhe ia dorëzuan Gedaliahut, birit të Ahikamit, bir i Shafanit, me qëllim që ta çonte në shtëpi. Kështu ai banoi në mes të popullit.

¹⁵ Fjala e Zotit iu drejtua Jeremias, kur ende ishte i mbyllur në oborrin e burgut, duke thënë:

¹⁶ "Shko dhe foli Etiopiasit Ebed-melek, duke i thënë: Kështu thotë Zoti i ushtrive, Perëndia i Izraelit: Ja, unë po i realizoj mbi këtë qytet fjalët e mia për shkatërrimin e tij dhe jo për të mirën e tij, dhe atë ditë ato do të vërtetohen para teje.

¹⁷ Po atë ditë unë do të të çliroj, thotë Zoti, dhe nuk do të biesh në duart e atyre prej të cilëve ke frikë.

¹⁸ Po, unë do të të çliroj patjetër, dhe nuk do të biesh nga shpata, por jeta jote do të jetë për ty si preja jote, sepse ke vënë besimin tënd tek unë, thotë Zoti".

Kapitull 40

¹ Fjala që iu drejtua nga Zoti Jeremias mbasi Nebuzaradani, komandanti i rojeve, e kishte lënë të lirë nga Ramahu, duke e kapur ndërsa ishte i lidhur me zinxhirë në mes të gjithë të internuarve të

² Komandanti i rojeve zuri Jeremian dhe i tha: "Zoti, Perëndia yt, e ka shqiptuar këtë të keqe kundër këtij vendi.

³ Tani Zoti e realizoi atë dhe bëri ashtu si kishte thënë, sepse ju keni mëkatuar kundër Zotit dhe nuk keni dëgjuar zërin e tij. Prandaj ju ndodhi një gjë e tillë.

⁴ Ja sot po të zgjidh nga prangat që ke në duar; në rast se të pëlqen të vish me mua në Babiloni, eja, dhe unë do të kujdesem për ty; por në rast se nuk të pëlqen të vish me mua në Babiloni, qëndro. Ja, tërë vendi është para teje; shko atje ku të pëlqen më tepër dhe ku ke më tepër rehati".

⁵ Duke qënë se Jeremia nuk vendoste të kthehej, Nebuzaradani tha: "Kthehu te Gedaliahu, bir i Ahikamit, bir i Shafanit, që mbreti i Babilonisë ka vendosur mbi qytetet e Judës; bano me të në mes të popullit ose shko atje ku e ndjen veten më rehat". Pastaj komandanti i rojeve i dha ushqime si dhe një dhuratë dhe e la të ikte.

⁶ Atëherë Jeremia shkoi te Gedaliahu, bir i Ahikamit; në Mitspah, dhe banoi aty në mes të popullit që kishte mbetur në vend.

⁷ Kur tërë krerët e forcave që ishin në krahinë mësuan nga njerëzit e tyre që mbreti i Babilonisë kishte vendosur Gedaliahun, birin e Ahikamit, si qeveritar të vendit dhe i kishte besuar atij burrat,

⁸ shkuan te Gedaliahu në Mitspah: Ishmaeli, bir i Nethaniahut, Johanani dhe Jonathani, bijtë e Kareahut, Serajahu, bir i Tanhumethit, bijtë e Efait nga Netofa dhe Jezaniahu, bir i Maakathitit së bashku me njerëzit e tyre.

⁹ Gedaliahu, bir i Ahikamit, bir i Shafanit, iu betua atyre dhe njerëzve të tyre, duke thënë: "Mos kini frikë t'u shërbeni Kaldeasve, qëndroni në vend dhe i shërbeni mbretit të Babilonisë, dhe çdo gjë do t'ju shkojë mbarë.

¹⁰ Sa për mua, ja, unë do të qëndroj në Mitspah për të qënë në dispozicion të Kaldeasve, që do të vijnë te ne; por ju grumbulloni verën, frutat verore dhe vajin, vendosini në enët tuaja dhe qëndroni në qytetet tuaja që keni zënë".

¹¹ Edhe tërë Judejtë që ishin në Moab, midis Amoniteve, në Edom dhe në të gjitha vendet, kur mësuan që mbreti i Babilonisë kishte lënë një pjesë të popullsisë në Judë dhe që kishte vendosur mbi ta Gedaliahun, birin e Ahikamit, bir i Shafanit,

¹² po, tërë Judejtë u kthyen nga të gjitha vendet ku ishin shpërndarë dhe erdhën në vendin e Judës te Gedaliahu në Mitspah dhe mblodhën verë dhe fruta verore me bollëk të madh.

¹³ Johanani, bir i Kareahut, dhe tërë krerët e forcave që ishin në krahinë erdhën te Gedaliahu në Mitspah,

¹⁴ dhe i thanë: "A e di ti që Baalis, mbreti i Amoniteve, ka dërguar Ishmaelin, birin e Nethaniahut, që të të vrasë?". Por Gedaliahu, bir i Ahikamit, nuk u besoi atyre.

¹⁵ Atëherë Johanani, bir i Kareahut, i tha në mënyrë të fshehtë Gedaliahut në Mitspah: "Oh, më lër të shkoj ta vras Ishmaelin, birin e Nethanjahut; askush nuk do ta mësojë. Pse duhet të të marr jetën, dhe kështu tërë Judejtë që janë mbledhur rreth teje të shpërndaheshin dhe pjesa që mbetet e Judës të vdesë?".

¹⁶ Por Gedaliahu, bir i Ahikamit, i tha Johananit, birit të Kareahut: "Mos bëj një gjë të tillë, sepse ajo që thua për Ishmaelin është e rreme".

Kapitull 41

¹ Në muajin e shtatë ndodhi që Ishmaeli, biri i Nethaniahut, bir i Elishamas, nga fisi mbretëror dhe një ndër funksionarët e mbretit, erdhi me dhjetë njerëz te Gedaliahu, bir i Ahikamit, në Mitspah dhe hëngrën bashkë.

² Pastaj Ishameli, bir i Nethaniahut, u ngrit me dhjetë burra që ishin me të dhe goditën me shpatë Gedaliahun, birin e Ahikamit, bir i Shafanit. Kështu ata vranë atë që ishte caktuar nga mbreti i Babilonisë si qeveritar i vendit.

³ Ishmaeli vrau gjithashtu tërë Judejtë që ishin me Gedaliahun në Mitspah dhe Kaldeasit, luftëtarë që ndodheshin atje.

⁴ Të nesërmen e ditës që kishte vrarë Gedaliahun, kur akoma askush nuk e dinte këtë gjë,

⁵ ndodhi që erdhën disa nga Sikemi, nga Shilohu dhe nga Samaria, tetëdhjetë burra me mjekër të rruar, me rroba të grisura dhe me prerje në trup; ata mbanin në duart e tyre ofertat dhe temjanin që do të paraqitnin në shtëpinë e Zotit.

⁶ Ishmaeli, bir i Nethaniahut u doli përballë në Mitspah duke vajtuar ndërsa po ecte. Kur i takoi u tha: "Ejani te Gedaljahu, bir i Ahikamit".

⁷ Por kur arritën në mes të qytetit, Ishmaeli, bir i Nethaniahut, tok me njerëzit që kishte me vete, i vrau dhe i hodhi në mes të një sterne.

⁸ Por ndër ta kishte dhjetë burra që i thanë Ishmaelit: "Mos na vrit, sepse në fushat kemi rezerva të fshehura gruri, elbi, vaji dhe mjalti". Atëherë ai u përmbajt dhe nuk i vrau me vëllezërit e tyre.

⁹ Çisterna në të cilën Ishmaeli hodhi tërë kufomat e njerëzve që kishte vrarë bashkë me Gedaliahun ishtë ajo që mbreti Asa kishte ndërtuar nga frika e Baashas, mbretit të Izraelit. Ishmaeli, bir i Nethaniahut, e mbushi me të vrarë.

¹⁰ Pastaj Ishmaeli e çoi si robër tërë ata që kishin mbetur nga populli që gjendej në Mitspah: vajzat e mbretit dhe tërë popullin që kishte mbetur në Mitspah dhe mbi të cilin Nebuzaradani, komandanti i rojeve, kishte vendosur Gedaliahun, birin e Ahikamit. Ishmaeli, bir i Nethaniahut, i çoi si robër dhe u nis për të shkuar tek Amonitët.

¹¹ Por kur Johanani, bir i Kareahut, dhe tërë krerët e forcave që ishin me te mësuan tërë të keqen që kishte bërë Ishmaeli, bir i Nethaniahut,

¹² morën gjithë njerëzit e tyre dhe shkuan të luftojnë kundër Ishmaelit, birit të Nethaniahut, dhe e gjetën pranë hauzit të madh që është në Gabaon.

¹³ Kur tërë populli që ishte me Ishmaelin pa Johananin, birin e Kareahut, dhe tërë krerët e forcave që ishin me të u gëzua.

¹⁴ Kështu tërë populli që Ishmaeli e kishte sjellë si rob nga Mitspahu u kthye dhe shkoi e u bashkua me Johanianin, birin e Kareahut.

¹⁵ Por Ishmaeli, biri i Nethaniahut, mundi t'i shpëtojë Johanianit bashkë me tetë burra dhe shkoi tek Amonitët.

¹⁶ Atëherë Johanani, biri i Kareahut, dhe gjithë komandantët e forcave që ishin me të, morën nga Mitspahu tërë pjesën e popullit, që ishte rimarrë nga Ishmaeli, biri i Nethaniahut, mbas vrasjes nga ana e tij të Gedaliahut, birit të Ahikamit: luftëtarë trima, gra, fëmijë dhe eunukë që ai kishte sjellë nga Gabaoni.

¹⁷ Ata u nisën dhe u ndalën në Geruth-Kimhan, që ndodhet në afërsitë e Betlemit, për të vazhduar më pas udhën dhe për të shkuar në Egjipt,

¹⁸ për shkak të Kaldeasve, sepse ata kishin frikë prej tyre, me qënë se Ishmaeli, bir i Nethaniahut, kishte vrarë Gedaliahun, birin e

Ahikamit, që mbreti i Babilonisë kishte emëruar si qeveritar të vendit.

Kapitull 42

¹ Tërë krerët e forcave, Johanani, bir i Kareahut, Jezaniahu, bir i Hoshajahut, dhe tërë populli, nga më i vogli deri te më i madhi, u afruan

² dhe i thanë profetit Jeremia: "Oh, arriftë lutja jonë para teje dhe lutju Zotit, Perëndisë tënd, për ne, për tërë këtë mbeturinë (sepse nga shumë që ishim kemi mbetur pak, si po e vë re me sytë e tu),

³ me qëllim që Zoti, Perëndia yt, të na tregojë udhën nëpër të cilën duhet të ecim dhe atë që duhet të bëjmë".

⁴ Profeti Jeremia u tha atyre: "E mora vesh! Ja, do t'i lutem Zotit, Perëndisë tuaj, sipas fjalëve tuaja dhe do t'ju bëj të ditur tërë ato që Zoti do t'ju thotë; nuk do t'ju fsheh asgjë".

⁵ Atëherë ata i thanë Jeremias: "Zoti le të jetë dëshmitari i vërtetë dhe besnik kundër nesh, po qe se ne nuk do të veprojmë sipas çdo fjale që Zoti, Perëndia yt, do të dërgojë të na thotë nëpërmjet teje.

⁶ Qoftë përgjigjja e tij e pëlqyer ose e papëlqyer, ne do t'i bindemi zërit të Zotit, Perëndisë tonë, tek i cili po të dërgojmë me qëllim që të na vinë të mira duke iu bindur zërit të Zotit, Perëndisë tonë".

⁷ Pas dhjetë ditësh ndodhi që fjala e Zotit iu drejtua Jeremias.

⁸ Atëherë ai thirri Johananin, birin e Kareahut, tërë krerët e forcave që ishin bashkë me të dhe tërë popullin, nga më i vogli deri te më i madhi,

⁹ dhe u tha atyre: "Kështu thotë Zoti, Perëndia i Izraelit, tek i cili më dërguat me qëllim që t'i paraqitja lutjen tuaj:

¹⁰ "Në rast se vazhdoni të rrini në këtë vend, unë do t'ju vendos dhe nuk do t'ju shkatërroj, do t'ju mbjell dhe nuk do t'ju çrrënjos, sepse po pendohem për mjerimin që kam sjellë mbi ju.

¹¹ Mos kini frikë nga mbreti i Babilonisë, prej të cilit trembeni; mos kini frikë prej tij", thotë Zoti, "sepse unë jam me ju, për t'ju shpëtuar dhe për t'ju çliruar nga dora e tij.

¹² Unë do të jem i mëshirshëm me ju me qëllim që edhe ai të jetë i mëshirshëm me ju dhe t'ju bëjë të ktheheni në vendin tuaj".

¹³ Por në qoftë se, duke mos iu bindur zërit të Zotit, Perëndisë tuaj, ju thoni: "Nuk duam të qëndrojmë në këtë vend",

¹⁴ dhe thoni: "Jo, duam të shkojmë në vendin e Egjiptit, ku nuk do të shikojmë luftë as nuk do të dëgjojmë zërin e burisë dhe as nuk do të vuajmë më nga uria për bukë, dhe aty do të banojmë",

¹⁵ e mirë, pra, dëgjoje atëherë fjalën e Zotit, o mbetje e Judës! Kështu thotë Zoti i ushtrive, Perëndia i Izraelit: "Në rast se me të vërtetë keni vendosur të shkoni në Egjipt dhe shkoni aty për t'u ngulitur,

¹⁶ shpata nga e cila keni frikë do t'ju arrijë aty, në vendin e Egjiptit, dhe uria prej së cilës kishit kaq frikë do t'ju ngjitet në trup atje në Egjipt dhe aty do të vdisni.

¹⁷ Do të ndodhë, pra, që tërë ata që kanë vendosur të shkojnë në Egjipt për të banuar atje, do të vdesin nga shpata, nga uria apo nga murtaja. Asnjë prej tyre nuk do të mbetet gjallë dhe nuk do t'i shpëtojë kësaj fatkeqësie që unë do të sjell mbi ta".

¹⁸ Sepse kështu thotë Zoti i ushtrive, Perëndia i Izraelit: "Ashtu si zemërimi im dhe tërbimi im janë derdhur mbi banorët e Jeruzalemit, kështu tërbimi im do të derdhet mbi ju, kur të hyni në Egjipt, dhe do të bëheni objekt nëme, habije, mallkimi, turpi dhe nuk do ta shihni më këtë vend".

¹⁹ O mbetje e Judës, Zoti ju thotë: "Mos shkoni në Egjipt!". Dijeni mirë që sot ju kam paralajmëruar në mënyrë solemne.

²⁰ Ju keni përdorur mashtrimin kundër vetes suaj, kur më dërguat tek Zoti, Perëndia juaj, duke thënë: "Lutju për ne Zotit, Perëndisë tonë, dhe tërë ato që ka për të thënë Zoti, Perëndia ynë, na i trego me besnikëri, dhe ne do t'i bëjmë".

²¹ Unë ua bëra të ditur sot; por ju nuk i bindeni zërit të Zotit, Perëndisë tuaj, dhe asgjëje nga ato që ka dërguar t'ju thotë nëpërmjet meje.

²² Por dijeni mirë, pra, që ju do të vdisni nga shpata nga uria dhe nga murtaja në vendin ku dëshironi të shkoni për të banuar".

Kapitull 43

¹ Ndodhi që kur Jeremia mbaroi së njoftuari tërë popullit të gjitha fjalët e Zotit, Perëndisë të tyre, tërë fjalët që Zoti, Perëndia i tyre, u kishte dërguar atyre,

² Azaria, bir i Hoshajahut dhe Johanani, bir i Kareahut, dhe tërë njerëzit krenarë i thanë Jeremias: "Ti flet të pavërteta; Zoti, Perëndia ynë, nuk të ka dërguar të thuash: "Mos shkoni në Egjipt për të banuar atje",

³ por Baruku, bir i Neriahut, të nxit kundër nesh që të na japë në dorë të Kaldeasve, që ne të vdesim ose të na çojnë në robëri në Babiloni".

⁴ Kështu Johanani, bir i Kareahut, tërë krerët e forcave dhe tërë populli nuk iu bindën urdhrit të Zotit që të qëndronin në vendin e Judës.

⁵ Por Johanani, bir i Kareahut, dhe të gjithë krerët e forcave morën tërë të mbeturit e Judës që ishin kthyer nga të gjitha kombet ku ishin shpërndarë, për të banuar në vendin e Judës:

⁶ burrat, gratë, fëmijët, vajzat e mbretit dhe të gjithë personat që Nebuzaradani, komandanti i rojeve, kishte lënë bashkë me Gedaliahun, birin e Ahikamit, bir i Shafanit, bashkë me profetin Jeremia dhe me Barukun, birin e Neriahut,

⁷ dhe shkuan në vendin e Egjiptit, sepse nuk iu bindën zërit të Zotit, dhe arritën deri në Tahpanhes.

⁸ Atëherë fjala e Zotit iu drejtua Jeremias në Tahpanhes, duke thënë:

⁹ "Merr në duart e tua gurë të mëdhenj dhe fshihi në argjilën e furrës së tullave që ndodhet në hyrje të shtëpisë së Faraonit në Tahpanhes, në sytë e njerëzve të Judës.

¹⁰ Pastaj do t'u thuash atyre: Kështu thotë Zoti i ushtrive, Perëndia i Izraelit: Ja, unë do të dërgoj të marr Nebukadnetsarin, mbretin e Babilonisë, shërbëtorin tim, dhe do të vendos fronin e tij mbi këta gurë që kam fshehur, dhe ai do të shtrijë shatorren e tij mbretërore mbi to.

¹¹ Ai do të vijë dhe do të godasë vendin e Egjiptit, dhe do të çojë në vdekje ata që janë caktuar të vdesin, në robëri ata që janë caktuar të jenë robër dhe në shpatë ata që janë caktuar për shpatë.

¹² Unë do t'u vë zjarrin tempujve të perëndive të Egjiptit; ai do t'i djegë dhe do t'i çojë në robëri dhe do të mbështillet me vendin e Egjiptit ashtu siç mbështillet bariu në veshjen e tij; pastaj do të niset që andej në paqe.

¹³ Do të copëtojë gjithashtu shtyllat e shenjta të tempullit të diellit, që ndodhen në vendin e Egjiptit, dhe do t'u vërë flakën tempujve të perëndive të Egjiptit".

Kapitull 44

¹ Fjala që iu drejtua Jeremias lidhur me gjithë Judejtë që banonin në vendin e Egjiptit, që banonin në Migdol, në Tahpanhes, në Nof dhe në vendin e Pathrosit, duke thënë:

² "Kështu thotë Zoti i ushtrive, Perëndia i Izraelit: Ju keni parë gjithë të keqen që i solla Jeruzalemit dhe tërë qyteteve të Judës; ja, sot janë një shkreti dhe askush nuk banon në to,

³ për shkak të ligësisë që kanë kryer duke provokuar zemërimin tim, duke shkuar të djegin temjan dhe t'u shërbejnë perëndive të tjera, që as ata as etërit tuaj nuk kishin njohur kurrë.

⁴ Megjithatë unë ju kam dërguar tërë shërbëtorët e mi, profetët, me urgjencë e këmbëngulje për t'ju thënë: "Oh, mos e bëni këtë gjë të neveritshme që unë e urrej".

⁵ Por ata nuk dëgjuan as i vunë veshin që të tërhiqen nga ligësia e tyre, dhe të heqin dorë nga djegia e temjanit perëndive të tjera.

⁶ Prandaj tërbimi im, zemërimi im u derdhën dhe u përhapën në qytetet e Judës dhe në rrugët e Jeruzalemit, që janë bërë të shkreta dhe të braktisura, ashtu siç janë edhe sot".

⁷ Por tani kështu thotë Zoti, Perëndia i ushtrive, Perëndia i Izraelit: "Pse kryeni këtë të keqe të madhe kundër vetes suaj, duke shkaktuar shfarosjen tuaj në mes të Judës, burra dhe gra, fëmijë dhe foshnja, kështu që të mos ngelet prej jush asnjë mbetje?

⁸ Pse provokoni zemërimin tim me veprën e duarve tuaja, duke u djegur temjan perëndive të tjera në vendin e Egjiptit ku keni ardhur të banoni? Kështu do të shfaroseni dhe do të bëheni një mallkim dhe një turp për të gjitha kombet e dheut.

⁹ A keni harruar vallë ligësitë e etërve tuaj, ligësitë e mbretërve të Judës, ligësitë e bashkëshorteve të tyre, ligësitë tuaja dhe ligësitë e kryera nga bashkëshortet tuaja në vendin e Judës dhe nëpër rrugët e Jeruzalemit?

¹⁰ Deri më sot nuk janë penduar, as kanë patur frikë, as kanë ecur sipas ligjit tim dhe statuteve të mia, që unë kam vënë para jush dhe etërve tuaj".

¹¹ Prandaj kështu thotë Zoti i ushtrive, Perëndia i Izraelit: "Ja, unë e kthej fytyrën time kundër jush për të keqen tuaj dhe për të shkatërruar tërë Judën.

¹² Do të marr pjesën që ka mbetur nga Juda që nguli këmbë të vinte në vendin e Egjiptit për të banuar atje; ata do të konsumohen të gjithë dhe do të bien në vendin e Egjiptit. Do të konsumohen nga shpata dhe nga uria, nga më i vogli deri tek më i madhi; do të vdesin nga shpata dhe nga uria dhe do të bëhen objekt nëme, habije, mallkimi dhe turpi.

¹³ Do të dënoj ata që banojnë në vendin e Egjiptit, ashtu si dënova Jeruzalemin me shpatën, me urinë dhe me murtajën.

¹⁴ Nuk do të shpëtojë as do të shmanget nga rreziku askush nga mbetje e Judës, që ka ardhur për të banuar në vendin e Egjiptit, për t'u kthyer pastaj në vendin e Judës, ku ata dëshirojnë fort të kthehen për të

banuar, por ata nuk do të kthehen me përjashtim të disa të shpëtuarve".

¹⁵ Atëherë tërë burrat që dinin se bashkëshortet e tyre u digjnin temjan perëndive të tjera dhe tërë gratë e pranishme, një turmë e madhe, dhe tërë popullit që banonte në vendin e Egjiptit, në Pathros, iu përgjigjën Jeremias, duke thënë:

¹⁶ "Sa për fjalën që na ke thënë në emër të Zotit, nuk do të të dëgjojmë,

¹⁷ por kemi ndërmend të bëjmë ato që kanë dalë nga goja jonë, duke i djegur temjan Mbretëreshës së qiellit dhe duke derdhur libacione siç kemi bërë ne dhe etërit tanë, mbretërit tanë dhe princat tanë në qytetet e Judës dhe te nëpër rrugët e Jeruzalemit, sepse atëherë kishim bukë me shumicë, ishim mirë dhe nuk shikonim asnjë fatkeqësi.

¹⁸ Por që kur nuk djegim më temjan për Mbretëreshën e qiellit nuk derdhim më libacione për të, na mungon çdo gjë dhe jemi konsumuar nga shpata dhe uria".

¹⁹ Gratë shtuan: "Kur djegim temjan për Mbetëreshën e qiellit dhe i derdhim libacione, vallë ështe pa pëlqimin e burrave që i përgatisim ëmbëlsira me fytyrën e saj dhe i derdhim libacione?".

²⁰ Atëherë Jeremia i foli tërë popullit, burrave, grave dhe gjithë njerëzve që i ishin përgjigjur në atë mënyrë dhe tha:

²¹ "A nuk u kujtua vallë Zoti dhe nuk i erdhi ndër mend temjani që keni djegur në qytetet e Judës dhe nëpër rrugët e Jeruzalemit ju, etërit tuaj, mbretërit tuaj, princat tuaj dhe populli i vendit?

²² Zoti nuk mundi ta durojë më për shkak të ligësisë së veprimeve tuaja dhe të gjërave të neveritshme që keni kryer. Prandaj vendi juaj është shkretuar, është bërë një objekt habie, një mallkim dhe s'ka asnjë banor, siç është akoma sot.

²³ Sepse ju keni djegur temjan dhe sepse keni mëkatuar kundër Zotit dhe nuk keni dëgjuar zërin e Zotit dhe nuk keni ecur sipas ligjit të tij, statuteve të tij dhe porosive të tij, prandaj ju ra kjo fatkeqësi, siç shihet sot".

²⁴ Pastaj Jeremia i tha tërë popullit dhe tërë grave: "Dëgjoni fjalën e Zotit, o ju të gjithë nga Juda, që ndodheni në vendin e Egjiptit.

²⁵ Kështu thotë Zoti i ushtrive, Perëndia i Izraelit: Ju dhe bashkëshortet tuaja e keni thënë me gojën tuaj dhe e keni kryer me duart tuaja, duke thënë: "Ne duam të mbajmë betimet që kemi bërë, duke djegur temjan për Mbretëreshën e qiellit dhe duke i derdhur libacione". Po, ju me siguri do të mbani betimet tuaja dhe do ti përmbushni betimet tuaja.

²⁶ Prandaj dëgjoni fjalën e Zotit, o ju të gjithë nga Juda që banoni në vendin e Egjiptit: Ja, unë jam betuar për emrin tim të madh, thotë Zoti, që në të gjithë vendin e Egjiptit emri im nuk do të përmendet nga goja e asnjë personi nga Juda që të thotë: "Zoti, Zoti rron!".

²⁷ Ja, unë i kam kujdes ata për të keqen e tyre dhe jo për të mirën e tyre; dhe tërë njerëzit e Judës që ndodhen në vendin e Egjiptit do të vdesin nga shpata dhe nga uria, deri në shkatërrimin e plotë të tyre.

²⁸ Megjithatë një numër i vogël të shpëtuarish nga shpata do të kthehet nga vendi i Egjiptit në vendin e Judës. Kështu gjithë ata që kanë mbetur nga Juda, që kanë ardhur në vendin e Egjiptit për të banuar, do të mësojnë cila fjalë do të plotësohet, imja apo ajo e tyre.

²⁹ Dhe kjo do të jetë për ju shenja, thotë Zoti, që unë do t'ju ndëshkoj në këtë vend në mënyrë që të dini që fjalët e mia kundër jush do të plotësohen me të vërtetë për fatin tuaj të keq". Kështu thotë Zoti:

³⁰ "Ja, unë do ta jap Faraonin Hofra, mbretin e Egjiptit, në dorë të armiqve të tij, në dorë atyre që kërkojnë jetën e tij, ashtu siç e dhashë Sedekian, mbretin e Judës, në dorë të Nebukadnetsarit, mbretit të Babilonisë, që kërkonte jetën e tij".

Kapitull 45

¹ Fjala që profeti Jeremia i drejtoi Barukut, birit të Neriahut, kur ky shkroi këto fjalë në një libër nën diktimin e Jeremias, në vitin e katërt të Jehojakimit, birit të Josias, mbreti i Judës, duke i thënë:

² "Kështu të thotë ty Zoti, Perëndia i Izraelit, o Baruk:

³ Ti thuaj: "Mjerë unë, sepse Zoti i shton hidhërimin dhembjes sime; unë jam lodhur së rënkuari dhe nuk gjej prehje".

⁴ Kështu do t'i thuash atij: Kështu thotë Zoti: Ja unë do ta shëmb atë që kam ndërtuar dhe do ta shkul atë që kam mbjellë, dhe këtë në tërë vendin.

⁵ Dhe ti kërkon gjëra të mëdha për vete? Mos i kërko sepse, ja, unë do të sjell fatkeqësi mbi çdo mish" thotë Zoti, "por ty do të të jap jetën tënde si pre në tërë vendet ku do të shkosh".

Kapitull 46

¹ Fjala e Zotit që iu drejtua profetit Jeremia kundër kombeve.

² Kundër Egjiptit: përsa i përket ushtrisë së Faraonit Neko, mbretit të Egjiptit, që ishte pranë lumit Eufrat në Karkemish dhe që Nebukadnetsari, mbret i Babilonisë, e mundi vitin e katërt të Jehojakimit, birit të Josias, mbret i Judës.

³ "Përgatitni mburojën e vogël dhe të madhe dhe afrojuni betejës.

⁴ Shaloni kuajt dhe ju kalorës, u hipni atyre; paraqituni me përkrenare, i shndritni shtizat tuaja, vishni parzmoret!

⁵ Çfarë po shoh? Ata e kanë humbur dhe po kthehen prapa; burrat e tyre trima janë mundur dhe ikin me nxitim pa kthyer as kokën prapa; rreth e qark sundon tmerri", thotë Zoti.

⁶ "Mos lejo që i shpejti të ikë dhe që trimi të shpëtojë. Në veri, pranë lumit Eufrat, ata po lëkunden dhe po rrëzohen.

⁷ Kush është ai që ngjitet si Nili, dhe ujrat e të cilit fryhen si ato të lumenjve?

⁸ Është Egjipti që ngjitet si Nili, dhe ujrat e të cilit po fryhen si ato të lumenjve. Ai thotë: "Do të dal, do të mbuloj tokën dhe do të shkatërroj qytetin dhe banorët e tij".

⁹ Ngarkohuni, o kuaj, dhe përparoni me rrëmbim, o qerre, le të dalin përpara burrat trima, ata të Etiopisë dhe të Putit që mbajnë mburojën dhe ata të Ludit që përdorin dhe shtrijnë harkun.

¹⁰ Kjo ditë për Zotin, për Zotin e ushtrive, është ditë hakmarrjeje, për t'u hakmarrë me armiqtë e tij. Shpata do të shfarosë, do të ngopet dhe do të dehet me gjakun e tyre, sepse Zoti, Zoti i ushtrive, bën një flijim në vendin e veriut, pranë lumit Eufrat.

¹¹ Ngjitu në Galaad dhe merr ca balsam, o e virgjër, o bijë e Egjiptit. Më kot ti përdor barëra të shumta, nuk ka shërim për ty.

¹² Kombet kanë marrë vesh poshtërsinë tënde dhe britma jote e dhembjes ka mbushur dheun, sepse trimi është penguar me një trim dhe që të dy kanë rënë bashkë".

¹³ Fjala që Zoti i drejtoi profetit Jeremia për ardhjen e Nebukadnetsarit, mbretit të Babilonisë, për të goditur vendin e Egjiptit.

¹⁴ Shpalleni në Egjipt, bëjeni të ditur në Migdol, bëjeni të ditur në Nof dhe në Tahpanhes. Thoni: "Çohu dhe përgatitu, sepse shpata përpin çdo gjë që të rrethon".

¹⁵ Pse burrat e tu trima janë rrëzuar? Nuk mund të rezistojnë sepse Zoti i rrëzon.

¹⁶ Ai bën që të lëkunden shumë prej tyre, bien njëri mbi tjetrin dhe thonë: "Ja, të kthehemi te populli ynë dhe në vendlindje, larg shpatës vrastare".

¹⁷ Atje ata bërtasin: "Faraoni, mbreti i Egjiptit, nuk është veçse një zhurmë e madhe, që ka lënë të kalojë koha e caktuar".

¹⁸ "Siç është e vërtetë që unë rroj", thotë Mbreti emri i të cilit është Zoti i ushtrive, "ai do të vijë si Tabori midis maleve, si Karmeli pranë detit.

¹⁹ Përgatit gjërat e nevojshme për robërinë, o bijë që banon në Egjipt, sepse Nofi do të bëhet një shkretëtirë dhe do të digjet, nuk do të banojë më askush në të.

²⁰ Egjipti është si një mëshqerrë shumë e bukur, por i vjen shkatërrimi, i vjen nga veriu.

²¹ Edhe mercenarët e tij që janë në mes të tij janë si viça për majmëri; edhe ata e kanë kthyer kurrizin, ikin bashkë, nuk rezistojnë, sepse ka zbritur mbi ta dita e fatkeqësisë së tyre, koha e ndëshkimit të tyre.

²² Zëri i tij lëviz si një gjarpër, sepse ata përparojnë me një ushtri dhe dalin kundër saj me sëpata si shumë druvarë.

²³ Ata do të rrëzojnë pyllin e saj", thotë Zoti, "megjithëse është i padepërtueshëm, sepse janë më të shumtë se karkalecat, nuk numërohen dot.

²⁴ Bija e Egjiptit do të mbulohet me turp, do të jepet në dorë të popullit të veriut".

²⁵ Zoti i ushtrive, Perëndia i Izraelit, thotë: "Ja, unë do të dënoj Amonin e Nosë, Faraonin dhe Egjiptin, perënditë e tij dhe mbretërit e tij, Faraonin dhe ata që kanë besim tek ai;

²⁶ do t'i jap në dorë të atyre që kërkojnë jetën e tyre, në dorë të Nebukadnetsarit, mbretit të Babilonisë, dhe në dorë të shërbëtorëve të tij; por mbas kësaj do të banohet si në të kaluarën", thotë Zoti.

²⁷ "Por ti mos u tremb, o shërbëtori im Jakob, mos u trondit, o Izrael, sepse ja, unë do të të shpëtoj ty prej së largu dhe pasardhësit e tu nga toka e robërisë se tyre. Jakobi do të kthehet, nuk do t'i bien në qafë më dhe do të jetë i qetë dhe askush nuk do ta trembë më.

²⁸ Mos u tremb, o Jakob, shërbëtori im", thotë Zoti, "sepse unë jam me ty, do të asgjesoj tërë kombet midis të cilëve të kam shpërndarë, por nuk do të të zhduk ty; do të ndëshkoj me një masë të drejtë dhe nuk do të të lë fare pa dënuar".

Kapitull 47

¹ Fjala e Zotit që iu drejtua profetit Jeremia kundër Filistejve, para se Faraoni të sulmonte Gazën.

² Kështu thotë Zoti: "Ja ujrat po ngrihen nga veriu, bëhen një përrua që del nga shtrati dhe përmbytin vendin dhe gjithçka përmban, qytetin dhe ata që banojnë në të; atëherë njerëzit do të bërtasin dhe tërë banorët e vendit, do të ulërijnë.

³ Në zhurmën e trokut të kuajve të fuqishëm, në rrapëllimën e qerreve të tyre, në poterën e rrotave të tyre, etërit nuk do të kthehen nga bijtë e tyre për shkak të dobësisë së duarve të tyre,

⁴ për shkak të ditës që vjen për të shkatërruar tërë Filistejtë, duke eleminuar nga Tiro dhe Sidoni çdo mbeturinë që mund të japë ndihmë, sepse Zoti do të shkatërrojë Filistejtë, mbeturinat e ishullit të Kaftorit.

⁵ Gaza u bë e shogët, Ashkeloni u shkatërrua. O banorë të luginës së tyre që mbetët gjallë, deri kur do të vazhdoni të bëni prerje?

⁶ O shpatë e Zotit, kur do të kesh prehje? Hyrë në myllin tënd, ndalu dhe rri e qetë!

⁷ Si mund të pushojë kur Zoti i ka dhënë urdhra kundër Ashkelonit dhe kundër bregut të detit?; ai e ka thirrur atje".

Kapitull 48

¹ Kundër Moabit. Kështu thotë Zoti i ushtrive, Perëndia i Izraelit: "Mjerë Nebi, sepse u shkatërrua; Kiriathaimi është mbuluar nga turpi, është pushtuar; kështjella është mbuluar nga turpi dhe është e tronditur.

² Lavdia e Moabit nuk është më; në Heshbon kurdisin të keqen kundër tij, duke thënë: "Ejani dhe ta shkatërrojmë, në mënyrë që të mos jetë më një komb". Edhe ti, o Madmen, do të shkatërrohesh, shpata do të të ndjekë.

³ Një zë që kërkon ndihmë do të dalë nga Horonaimi: shkatërrim dhe rrënim i thellë!

⁴ Maobi është copëtuar, të vegjlit e tij bëjnë që të dëgjohet zëri i tyre.

⁵ Mbi të përpjetën e Luhithit po ngjiten duke qarë në hidhërim, ndërsa në tatëpjetën e Horonaimit dëgjohet zëri plot ankth i disfatës.

⁶ Ikni, shpëtoni jetën tuaj dhe bëhuni si një marinë në shkretëtirë!

⁷ Duke qënë se ke pasë besim në veprat e tua dhe në thesaret e tua, edhe ti do të kapesh; dhe Kemoshi do të shkojë në robëri bashkë me priftërinjtë dhe princat e tij.

⁸ Shkatërruesi do të vijë kundër të gjitha qyteteve, dhe asnjë qytet nuk do të shpëtojë; lugina do të zhdukët dhe fusha do të shkatërrohet, ashtu si ka thënë Zoti.

⁹ I jepni krahë Moabit, që të mund të fluturojë tutje; qytetet e tij do të bëhen të shkreta dhe askush nuk do të banojë në to.

¹⁰ I mallkuar qoftë ai që kryen veprën e Zotit shkel e shko, i mallkuar qoftë ai që e pengon shpatën e tij të derdhë gjak!

¹¹ Moabi ka qenë i qetë qysh në moshë të re, duke pushuar mbi llumin e tij, dhe nuk ka kaluar nga një enë në enën tjetër dhe as që ka shkuar në robëri; prandaj i ka mbetur shija e tij dhe parfumi i tij nuk ka pësuar ndryshime.

¹² Prandaj ja, do vijnë ditët", thotë Zoti, "në të cilat do t'i dërgoj disa njerëz që do t'i toçitin enët; do t'i zbrazin enët e tij dhe do t'i thyejnë anforat e tij.

¹³ Atëherë Moabit do t'i vijë turp nga Kemoshi, ashtu si shtëpia e Izraelit u turpërua nga Betheli, tek i cili kishte pasur besim.

¹⁴ Si mund të thoni: "Ne jemi burra të fortë dhe trima për betejën"?

¹⁵ Moabi është shkatërruar; qytetet e tij po nxjerrin tym dhe të rinjtë e tyre më të mirë zbresin në kasaphanë", thotë Mbreti emri i të cilit është Zoti i ushtrive.

¹⁶ Gjëma e Moabit është tashmë e afërt dhe kobi po i vjen me hapa të shpejtë.

¹⁷ Mbani zi për të, të gjithë ju që e rrethoni dhe të gjithë ju, që njihni emrin e tij, thoni: "Si u thye ai skeptër i fortë, ai bastun i mrekullushëm?".

¹⁸ O bijë që banon në Dibon, zbrit nga lavdia jote dhe ulu në tokën e zhuritur, sepse shkatërruesi i Moabit ka dalë kundër teje, ka shkatërruar kështjellat e tua.

¹⁹ O ti që banon në Aroer, ndalu gjatë rrugës dhe shiko; merr në pyetje ikanakun dhe atë që po ikën dhe pyet: "Çfarë ka ndodhur?".

²⁰ Moabi është mbuluar me turp, sepse është i thyer; rënkoni dhe bërtisni, njoftoni mbi Arnonin që Moabi është shkatërruar!

²¹ Një ndëshkim erdhi mbi krahinën e fushës, mbi Holon, mbi Jahatsin dhe mbi Mefaathin,

²² mbi Dibonin, Nebon dhe mbi Beth-Diblathaimin,

²³ mbi Kiriathaimin, Beth-Gamulin dhe Beth-Meon,

²⁴ mbi Keriothin, Botsrahun dhe mbi tërë qytetet e vendit të Moabit, të largëta dhe të afërta.

²⁵ Bríri i Moabit është prerë dhe krahu i tij është copëtuar", thotë Zoti.

²⁶ "Deheni, sepse është ngritur kundër Zotit. Moabi do të vërtitet në të vjellat e tij dhe do të bëhet edhe ai objekt talljeje.

²⁷ Izraeli vallë nuk ka qenë për ty një objekt talljeje? Mos u gjet vallë midis hajdutëve, sepse sa herë që ti flet për të ti po tund kokën?

²⁸ Braktisni qytetet dhe shkoni të banoni në shkëmb, o banorë të Moabit, dhe bëhuni si pëllumbesha që bën folenë e saj në faqet e një gremine.

²⁹ Kemi dëgjuar krenarinë e Moabit, jashtëzakonisht krenar, fodullëkun e tij, kryeneçësinë e tij, arrogancën e tij dhe mendjemadhësinë e zemrës së tij.

³⁰ Unë e njoh tërbimin e tij", thotë Zoti, "që nuk ka përmbajtje, të mburrurit e tij që nuk ka përfunduar në asgjë.

³¹ Prandaj unë po ngre një vajtim mbi Moabin dhe do të lëshoj britma nëpër të gjithë Moabin; do të vajtohet për burrat e Kir-Heresit.

³² O vreshtë e Sibmahut, unë qaj për ty ashtu si qahet për Jazerin; shermendet e tua kanë arritur matanë detit, arrinin deri në detin e Jazerit. Shkatërruesi i tij është sulur mbi frytet e tua verore dhe mbi rrushin që do vilej.

³³ Gëzimi dhe hareja janë zhdukur nga fusha pjellore dhe nga vendi i Moabit; bëra që të zhduket vera nga butet, askush nuk e shtrydh më rrushin me britma gëzimi, britmat e tyre nuk janë më britma gëzimi.

³⁴ Për shkak të britmës së Heshbonit zëri i tyre u dëgjua deri në Elealeh dhe në Jehats, nga Tsoari deri në Horonaim, ashtu si një lopë trevjeçare; ujrat e Nimrimit madje janë bërë një shkreti.

³⁵ Unë do të fik në Moab", thotë Zoti, "atë që ofron flijime mbi vendet e larta dhe atë që u djeg temjan perëndive të tij.

³⁶ Prandaj zemra ime për Moabin do të qajë si fyejt, zemra ime do të qajë si fyejt për burrat e Kir-Heresit, sepse pasuria që kanë fituar ka humbur.

³⁷ Sepse çdo kokë do të rruhet, çdo mjekër do të pritet, mbi të gjitha duart do të ketë të prera dhe mbi ijët do të jetë thesi.

³⁸ Mbi të gjitha çatitë e Moabit dhe në sheshet e tij s'ka veçse vajtim, sepse unë e kam bërë copë-copë Moabin, si një enë që nuk ka më vlerë", thotë Zoti.

³⁹ "Do të vajtojnë duke thënë: "Si u thye! Si ka kthyer Moabi paturpësisht kurrizin! Si është bërë Moabi tallja dhe frika e atyre që i rinë rrotull"".

⁴⁰ Sepse kështu thotë Zoti: "Ja, ai do të nisë fluturimin si një shqiponjë dhe do t'i hapë krahët e tij në drejtim të Moabit.

⁴¹ Keriothi u pushtua, fortesat janë zënë dhe zemra e trimave të Moabit në atë ditë do të jetë si zemra e një gruaje në dhembjet e lindjes.

⁴² Moabi do të shkatërrohet, nuk do të jetë më popull, sepse është ngritur kundër Zotit.

⁴³ Frika, gropa, laku të kërcënojnë, o banor i Moabit" thotë Zoti.

⁴⁴ "Kush ikën përpara frikës do të bjerë në gropë dhe kush del nga gropa do të kapet në lak, sepse unë do të sjell mbi të, mbi Moabin vitin e ndëshkimit të tij" thotë Zoti.

⁴⁵ "Në hijen e Heshbonit ndalen, të kapitur, ikanakët, por një zjarr del nga Heshboni dhe një flakë nga mesi i Sihonit, që përpin anët e Moabit dhe pjesën e sipërme të kokës së njerëzve kryengritës.

⁴⁶ Mjerë ti, O Moab! Populli i Kemoshit është i humbur sepse bijtë e tu janë çuar në robëri dhe bijat e tua në mërgim.

⁴⁷ Por unë do të kthej Moabin nga robëria gjatë ditëve të fundit, thotë Zoti". Deri këtu gjykim mbi Moabin.

Kapitull 49

¹ Kundër bijve të Amonit. Kështu thotë Zoti: "Izraeli vallë nuk ka bij, nuk ka asnjë trashëgimtar? Pse, pra, Malkami bëhet zot i Gadit dhe populli i tij është vendosur në qytetet e tij?

² Prandaj ja, ditët po vijnë, thotë Zoti, në të cilat unë do të bëj që të dëgjohet thirrja e luftës e bijve të Amonit kundër Rabahut; ai do të bëhet një grumbull gërmadhash dhe qytetet e tij do të konsumohen nga zjarri. Atëherë Izraeli do të shtjerë në dorë trashëgiminë e tij", thotë Zoti.

³ "Vajto o Heshbon, sepse Ai është shkatërruar; bërtisni, o ju qytete të Rabahut, ngjeshuni me thasë, vini kujën, vraponi sa andej e këtej brenda vathës sepse Malkami po shkon në robëri bashkë me priftërinjtë e tij dhe me princat e tij.

⁴ Pse mburresh nëpër lugina? Lugina jote është zbrazur, o bijë rebele, që kishe besim në thesaret e tua dhe thoje: "Kush do të dalë kundër meje?".

⁵ Ja, unë do të bëj që të të zërë tmerri, thotë Zoti, Zoti i ushtrive, nga të gjithë ata që të rrethojnë, dhe ju do të dëboheni, secili drejt para tij, dhe nuk do të ketë njeri që t'i mbledhë ikanakët.

⁶ Por, mbas kësaj, unë do t'i kthej nga robëria djemtë e Amonit", thotë Zoti.

⁷ Kundër Edomit. Kështu thotë Zoti i ushtrive: "Nuk ka më dituri

në Teman? Vallë u ka munguar gjykimi të zgjuarve? Është tretur dituria e tyre?

⁸ Ikni me vrap, kthehuni prapa, shkoni të banoni në thellësitë e tokës, o banorë të Dedanit, sepse unë do të sjell fatkeqësinë e Ezaut mbi të në kohën e ndëshkimit të tij.

⁹ Po të vinin disa vjelës rrushi te ti ku nuk do të linin ndonjë vilëz për të mbledhur? Po të vinin disa vjedhës te ti natën do të shkatërronin vetëm sa u mjafton.

¹⁰ Por unë do ta zbuloj Ezaun dhe do të gjej vendet e fshehta të tij, dhe ai nuk do të mund të fshihet më. Pasardhësit të tij, vëllezërit e tij dhe fqinjët e tij do të shkatërrohen, dhe ai nuk do të jetë më.

¹¹ Lëri jetimët e tu, unë do t'i ruaj të gjallë në jetë dhe gratë e tua të veja le të kenë besim tek unë".

¹² Sepse kështu thotë Zoti: "Ja, ata që nuk ishin destinuar ta pinin kupën, do ta pinë me siguri; dhe ti do të jesh krejt i pandëshkuar? Nuk do të jesh krejt i pandëshkuar, por do ta pish me siguri.

¹³ Meqenëse unë jam betuar në veten time", thotë Zoti, "Botsrahu do të bëhet një objekt habie dhe talljeje, një shkreti dhe një mallkim, dhe tërë qytetet e tij do të jenë të shkreta përjetë.

¹⁴ Dëgjova një mesazh nga Zoti, dhe një lajmëtar iu dërgua kombeve: "Mblidhuni dhe nisuni kundër tij; çohuni për betejën".

¹⁵ Por ja unë do të të bëj të vogël midis kombeve dhe të përbuzur midis njerëzve.

¹⁶ Tmerri që kallje dhe kryelartësia e zemrës sate të kanë joshur, o ti që banon në të çarat e shkëmbinjve, që pushton majat e kodrave; edhe sikur të bëje folenë tënde lart si shqiponja, unë do të bëj që ti të biesh poshtë nga atje lart", thotë Zoti.

¹⁷ Edomi do të bëhet objekt habie; kushdo që do t'i kalojë afër do të mbetet i habitur dhe do të fërshëllejë për të gjitha plagët e tij.

¹⁸ Ashtu si në shkatërrimin e Sodomës dhe të Gomorrës, si dhe të qyteteve afër tyre", thotë Zoti, "askush nuk do të banojë më në to dhe asnjë bir njeriu nuk do të gjejë strehë.

¹⁹ Ja, ai do të dalë si një luan nga fryrja e Jordanit kundër banesës së fortë; unë do të bëj që ai papritmas të ikë që andej dhe do të vendos mbi të atë që kam zgjedhur. Kush është në fakt si unë? Kush do të më nxjerrë në gjyq? Kush është, pra, bariu që mund të më bëjë ballë?

²⁰ Prandaj dëgjoni planin që Zoti ka menduar kundër Edomit dhe vendimet që ka marrë kundër banorëve të Temanit. Me siguri do të tërhiqen edhe më të vegjlit e kopesë, me siguri banesa e tyre do të shkretohet.

²¹ Në zhurmën e rënies së tyre toka do të dridhet; zhurma e britmës së tyre do të dëgjohet deri në Detin e Kuq.

²² Ja, armiku po del, po nis fluturimin si shqiponja dhe po hap krahët e tij drejt Botsrahut, dhe zemra e trimave të Edomit atë ditë do të jetë si zemra e një gruaje në dhembjet e lindjes.

²³ Kundër Damaskut. Hamathia dhe Arpadi janë mbuluar me turp, sepse kanë dëgjuar një lajm të keq; po ligështohen; ka një stuhi të madhe mbi det, që nuk mund të qetësohet.

²⁴ Damasku është bërë i flashkët, kthehet për të ikur, e ka kapur një drithmë; ankthi dhe dhimbjet e sulmojnë si një grua që është duke lindur.

²⁵ "Vallë si nuk është braktisur qyteti i lavdërimit, qyteti i gëzimit tim?

²⁶ Prandaj të rinjtë e tij do të rrëzohen në sheshet e tij dhe tërë luftëtarët do të vdesin atë ditë", thotë Zoti i ushtrive.

²⁷ "Unë do të ndez zjarrin në muret e Damaskut dhe ai do të gllabërojë pallatet e Ben-Hadadit".

²⁸ Kundër Kedarit dhe mbretërive të Hatsorit, që Nebukadnetsari, mbreti i Babilonisë, ka mundur. Kështu thotë Zoti: "Çohuni, dilni kundër Kedarit dhe shkatërroni bijtë e lindjes.

²⁹ Çadrat e tyre dhe kopetë e tyre do të merren; shatorret e tyre, tërë veglat e tyre dhe devetë e tyre do të çohen tutje; do t'u bërtasin atyre: "Tmerr nga të gjitha anët!

³⁰ Ikni, shkoni larg të banoni në thellësitë e tokës, o banorë të Hatsorit", thotë Zoti, "sepse Nebukadnetsari, mbreti i Babilonisë, ka hartuar një projekt kundër jush, ka menduar një plan kundër jush.

³¹ Çohuni, dilni kundër një kombi të qetë që banon në siguri", thotë Zoti, "që nuk ka as dyer as shula dhe banon i vetmuar.

³² Devetë e tyre do t'i çojnë tutje si plaçkë lufte dhe shumica e bagëtisë së tyre si pre. Unë do t'i shpërndaj në të gjitha drejtimet ata që presin cepat e mjekrës dhe do të bëj që t'u vijë fatkeqësia nga të gjitha anët", thotë Zoti.

³³ "Hatsori do të bëhet një vend ku do të banojnë çakejtë, një shkreti për gjithmonë; askush nuk do të banojë më aty dhe asnjë bir njeriu nuk do të qëndrojë aty".

³⁴ Fjala e Zotit që iu drejtua profetit Jeremia kundër Elamit, në fillim të mbretërimit të Sedekias, mbret i Judës, duke thënë:

³⁵ "Kështu thotë Zoti i ushtrive: Ja, unë do të copëtoj harkun e Elamit, bazën e forcës së tij.

³⁶ Unë do të sjell kundër Elamit katër erërat nga katër skajet e qiellit; do ta shpërndaj në drejtim të të gjitha erërave dhe nuk do të ketë komb ku të mos arrijnë ikanakët e Elamit.

³⁷ Do t'i bëj Elamitët të tremben përpara armiqve të tyre dhe para atyre që kërkojnë jetën e tyre; do të sjell mbi ta gjëmën, zemërimin tim të zjarrtë", thotë Zoti. "Do t'u dërgoj pas shpatën deri sa t'i kem konsumuar.

³⁸ Do ta vendos pastaj fronin tim në Elam dhe do të bëj që të zhduken mbretërit dhe princat", thotë Zoti.

³⁹ "Por ditët e fundit do të ndodhë që unë do ta kthej Elamin nga robëria", thotë Zoti.

Kapitull 50

¹ Fjala që Zoti shqiptoi kundër Babilonisë dhe kundër vendit të Kaldeasve me anë të profetit Jeremia:

² "Shpalleni midis kombeve, shpalleni dhe ngrini një flamur; shpalleni dhe mos e fshihni. Thoni: "Babilonia, u pushtua, Beli është mbuluar me turp, Meradoku është thyer, shëmbëllyrat e tij janë mbuluar me turp, idhujt e tij janë copëtuar".

³ Sepse nga veriu kundër tij po ngrihet një komb që do ta katandisë vendin në një shkretëtirë dhe askush nuk do të banojë në të; njerëzit dhe kafshët do t'ia mbathin, do të ikin.

⁴ Në ato ditë dhe në atë kohë", thotë Zoti, "bijtë e Izraelit dhe bijtë e Judës do të vijnë bashkë; do të ecin duke qarë dhe do të kërkojnë Zotin, Perëndinë e tyre.

⁵ Do të pyesin për rrugën e Sionit, drejt të cilit do të kthejnë fytyrat e tyre, duke thënë: "Ejani, të bashkohemi me Zotin, me një besëlidhje të përjetshme, që të mos harrohet më".

⁶ Populli im ka qënë një kope dhensh të humbura; barinjtë e tyre i kishin bërë të marrin kot, të humbin nëpër male. Kanë shkuar nga mali në kodër dhe kanë harruar vendin ku ata pushojnë.

⁷ Të gjithë ata që i gjenin, i hanin, dhe armiqtë e tyre thonin: "Nuk jemi fajtorë, sepse kanë mëkatuar kundër Zotit, seli e drejtësisë, Zoti, shpresa e etërve të tyre".

⁸ Ikni nga mesi i Babilonisë, dilni nga vendi i Kaldeasve dhe bëhuni si cjeptë në ballë të kopesë.

⁹ Sepse ja, unë i nxit dhe bëj që të dalin kundër Babilonisë një shumicë e madhe kombesh nga vendet e veriut, dhe do të radhiten kundër saj; kështu ajo do të pushtohet. Shigjetat e tyre janë si ato

¹⁰ Kaldea do t'i lihet plaçkitjes; tërë plaçkitësit e saj do të ngopen", thotë Zoti.

¹¹ "Gëzohuni dhe kënaquni, o plaçkitës të trashëgimisë sime, sepse jeni majmur si një mëshqerrë që shin grurin dhe hingëlloni si kuajt e fuqishëm të luftës.

¹² Nëna juaj do të turpërohet me të madhe, ajo që ju ka lindur do të skuqet. Ja, ajo do të jetë kombi i fundit, një shkreti, një tokë shterpë, një vetmi.

¹³ Për shkak të zemërimit të Zotit nuk do të banohet më aty, do të jetë një shkreti e plotë; kushdo që do të kalojë pranë Babilonisë do të mbetet i habitur dhe do të fërshëllejë për të gjitha plagët e saj.

¹⁴ Radhituni rreth Babilonisë, o ju të gjithë harkëtarët. Gjuani kundër saj, mos kurseni asnjë shigjetë, sepse ka mëkatuar kundër Zotit.

¹⁵ Lëshoni klithma lufte kundër saj rreth e përqark; ajo është dorëzuar, themelet e saj kanë rënë, muret e saj janë shembur, sepse kjo është hakmarrja e Zotit. Hakmerruni me të. Bëjini asaj atë që ajo u ka bërë të tjerëve.

¹⁶ Shfarosni nga Babilonia atë që mbjell dhe zë draprin në kohën e korrjes. Nga frika e shpatës së shtypësit secili do të kthehet te populli i tij, secili do të turret në vendin e tij.

¹⁷ Izraeli është një dele e humbur, të cilën e ndoqën luanët; i pari që e gllabëroi ishte mbreti i Asirisë, pastaj ky i fundit, Nebukadnetsari, mbreti i Babilonisë, që ia ka thyer kockat".

¹⁸ Prandaj kështu thotë Zoti i ushtrive, Perëndia i Izraelit: "Ja, unë do dënoj mbretin e Babilonisë dhe vendin e tij, ashtu si dënova mbretin e Asirisë.

¹⁹ Por do ta çoj përsëri Izraelin në kullotën e tij, do të kullotë në Karmel dhe në Bashan dhe shpirti i tij do të ngopet në kodrinat e Efraimit dhe në Galaad.

²⁰ Në ato ditë, në atë kohë", thotë Zoti, "do të kërkohet paudhësia e Izraelit, por nuk do të ketë fare, dhe mëkatet e Judës nuk do të gjenden; sepse unë do t'i fal ata që do të lë të gjallë.

²¹ Dil kundër vendit të Merathaimit dhe kundër banorëve të Pekodit. Shkatërro dhe vendos shfarosjen e tyre", thotë Zoti, "dhe bëj pikërisht ashtu si të kam urdhëruar!

²² Në vend ka zhurmë lufte dhe shkatërrimi është i madh.

²³ Pse është bërë copë dhe është shkatërruar çekiçi i tërë tokës?

Pse Babilonia është bërë një shkreti midis kombeve?

²⁴ Të kam ngritur një lak dhe ti je zënë prej tij, o Babiloni, pa e kuptuar fare. U gjete dhe u pushtove, sepse ke bërë luftë kundër Zotit.

²⁵ Zoti hapi arsenalin e tij dhe nxori jashtë armët e indinjatës së tij, sepse kjo është vepër që Zoti, Zoti i ushtrive, duhet ta kryejë në vendin e Kaldeasve.

²⁶ Ejani kundër saj nga skajet më të largëta, hapni hambarët e saj, bëjini një grumbull gërmadhash dhe vendosni shfarosjen e saj, që të mos mbetet asgjë.

²⁷ Vritni të gjithë demat e saj, le të zbresin në kasaphanë. Mjerë ata, sepse erdhi dita e tyre, dita e ndëshkimit të tyre.

²⁸ Dëgjohet zëri i atyre që ikin dhe shpëtojnë nga vendi i Babilonisë për të lajmëruar në Sion hakmarrjen e Zotit, Perëndisë tonë, hakmarrjen e tempullit të tij.

²⁹ Mblidhni kundër Babilonisë tërë harkëtarët, tërë ata që nderin harkun. Fushoni rreth e qark kundër asaj, asnjë të mos ju shpëtojë. Shpërbleheni sipas veprave të saj, i bëni asaj pikërisht atë që ajo u ka bërë të tjerëve, sepse ka qënë arrogante kundër Zotit, kundër të Shenjtit të Izraelit.

³⁰ Prandaj të rinjtë e saj do të bien në sheshet e saj dhe tërë luftëtarët e saj do të vdesin atë ditë", thotë Zoti.

³¹ "Ja ku jam kundër teje, o arrogante", thotë Zoti i ushtrive, "sepse erdhi dita jote, koha në të cilën unë do të të ndëshkoj.

³² Arrogantja do të tronditet dhe do të rrëzohet, dhe askush nuk do ta ngrerë. Unë do t'u vë zjarrin qyteteve të saj dhe ai do të përpijë gjithçka që e rrethon".

³³ Kështu thotë Zoti i ushtrive: "Bijtë e Izraelit ishin të shtypur bashkë me bijtë e Judës. Tërë ata që i kanë çuar në robëri i kanë mbajtur me forcë dhe nuk kanë pranuar t'i lënë të ikin.

³⁴ Shpëtimtari i tyre është i fortë; emri i tij është Zoti i ushtrive. Ai me siguri do të mbrojë çështjen e tyre, për t'i dhënë prehje dheut dhe për t'i bërë të dridhërohen banorët e Babilonisë.

³⁵ Një shpatë kërcënon Kaldeasit", thotë Zoti, "banorët e Babilonisë, princat e tij, të diturit e saj.

³⁶ Një shpatë kërcënon gënjeshtarët mburravecë, që do të rezultojnë pa mend; një shpatë kërcënon trimat e saj, që do të tmerrohen.

³⁷ Një shpatë kërcënon kuajt e saj, qerret e saj dhe mbi lëmshin e njerëzve që është në mes të saj, e cila do të bëhet si shumë gra; një shpatë kërcënon thesaret e saj, që do të plaçkiten.

³⁸ Thatësira kërcënon ujërat e saj, që do të thahen, sepse është një vend figurash të gdhendura dhe ata luajnë mendsh për idhujt e tyre.

³⁹ Prandaj do të banojnë aty kafshët e shkretëtirës me çakejtë dhe do të vendosen aty strucat. Nuk do të banohet kurrë më, as do të populllohet brez pas brezi.

⁴⁰ Ashtu si Perëndia shkatërroi Sodomën, Gomorrën dhe qytetet afër tyre", thotë Zoti, "kështu nuk do të banojë më aty askush dhe nuk do të qëndrojë më aty asnjë bir njeriu.

⁴¹ Ja, një popull vjen nga veriu; një komb i madh dhe shumë mbretër kanë dalë nga skajet e tokës.

⁴² Ata mbajnë në dorë harkun dhe shtizën; janë të egër dhe nuk kanë fare mëshirë; zëri i tyre do të gjëmojë si deti. U hipin kuajve, janë gati të luftojnë si një njeri i vetëm kundër teje, o bijë e Babilonisë.

⁴³ Mbreti i Babilonisë ka dëgjuar të flitet për ta dhe duart e tij dobësohen; e ka zënë ankthi, dhembjet si një grua që po lind.

⁴⁴ Ja, po del si një luan nga vërshimi i Jordanit kundër banesës së fortë. Por unë do të bëj që të ikin befas prej saj dhe do të vendos mbi të atë që kam zgjedhur. Kush është, pra, si unë dhe kush mund të më paditë në gjyq? Kush është, pra, ai bari që mund të më bëjë ballë?

⁴⁵ Prandaj dëgjoni planin që Zoti ka menduar kundër Babilonisë dhe vendimet që ka marrë kundër vendit të Kaldeasve. Me siguri do të tërhiqen edhe më të vegjlit e kopesë, me siguri banesa e tyre do të shkatërrohet.

⁴⁶ Në zhurmën e pushtimit të Babilonisë toka do të dridhet dhe ulërima e tyre do të dëgjohet midis kombeve".

Kapitull 51

¹ Kështu thotë Zoti: "Ja, unë do të ngre një erë shkatërruese kundër Babilonisë dhe kundër banorëve të Leb Kamait.

² Do të dërgoj kundër Babilonisë disa të huaj që do ta kontrollojnë dhe do ta zbrazin vendin e saj, sepse në ditën e fatkeqësisë do të sulen mbi të nga të gjitha anët.

³ Mos lini që ai, i cili ndër harkun ta shtrijë atë apo të ngrihet në parzmoren e tij. Mos kurseni të rinjtë e saj, vendosni shfarosjen e tërë ushtrisë së saj.

⁴ Kështu ata do të bien të vrarë në vendin e Kaldeasve dhe të shpuar nëpër rrugët e Babilonisë.

⁵ Sepse Izraeli dhe Juda nuk kanë qënë braktisur nga Perëndia i tyre, nga Zoti i ushtrive, megjithëse vendi i tyre ishte plot me faje kundër të Shenjtit të Izraelit.

⁶ Ikni nga mesi i Babilonisë dhe të shpëtojë secili jetën e tij, shikoni të mos të shkatërroheni në paudhësinë e saj. Sepse kjo është koha e hakmarrjes së Zotit; ai do të japë shpërblimin e drejtë.

⁷ Babilonia ishte në duart e Zotit një kupë ari që dehte tërë tokën; kombet kanë pirë nga vera e saj, prandaj kombet kanë rënë në kllapi.

⁸ Papritmas Babilonia ra, u shkatërrua. Vajtoni për të, merrni balsam për dhembjen e saj; ndofta mund të shërohet.

⁹ Ne dëshironim ta shëronim Babiloninë, por ajo nuk është shëruar. Braktiseni dhe të shkojmë secili në vendin e vet, sepse gjykimi i saj arrin deri në qiell dhe ngrihet deri te retë.

¹⁰ Zoti ka bërë të triumfojë çështja jonë e drejtë. Ejani, të tregojmë në Sion veprën e Zotit, Perëndisë tonë.

¹¹ Mprehni shigjetat, rrokni mburojat. Zoti ka zgjuar frymën e mbretërve të Medasve, sepse qëllimi i tij kundër Babilonisë është shkatërrimi i saj, sepse kjo është hakmarrja e Zotit, hakmarrja e tempullit të tij.

¹² Ngrini flamurin mbi muret e Babilonisë. Përforconi rojet, vendosni shigjetarë, përgatitni kurthe. Sepse Zoti ka menduar dhe ka zbatuar atë që ka thënë kundër banorëve të Babilonisë.

¹³ O ti që banon pranë ujërave të mëdha, të pasura në thesare, fundi yt erdhi, fundi i fitimeve të tua të padrejta.

¹⁴ Zoti i ushtrive i është betuar në veten e tij: "Unë do të të mbush me njerëz si miza që do të ngrenë kundër teje britma lufte".

¹⁵ Ai ka bërë tokën me fuqinë e tij, ka vendosur botën me diturinë e tij dhe ka shpalosur qiejt me zgjuarësinë e tij.

¹⁶ Kur nxjerr zërin e tij, ka zhurmë ujërash në qiell; ai bën që të ngjiten avujt nga skajet e tokës, prodhon rrufetë për shiun dhe e nxjerr erën nga depozitat e tij.

¹⁷ Çdo njeri atëherë bëhet budalla, pa njohuri, çdo argjendar ka turp për shëmbëlltyrën e tij të gdhendur, sepse shëmbëlltyra e tij e derdhur është një gënjeshtër, dhe nuk ka frymë jetësore në to.

¹⁸ Janë kotësi, vepra mashtrimi; në kohën e ndëshkimit të tyre do të zhduken.

¹⁹ Trashëgimia e Jakobit nuk është si ata, sepse ai ka sajuar tërë gjërat, dhe Izraeli është fisi i trashëgimisë së tij. Emri i tij është Zoti i ushtrive.

²⁰ "Ti je për mua një çekiç, një mjet lufte; me ty do të shtyp kombet, me ty do të shkatërroj mbretëritë;

²¹ me ty do të copëtoj kalë dhe kalorës, me ty do të copëtoj qerre dhe karrocier;

²² me ty do të copëtoj burrë dhe grua, me ty do të copëtoj plak dhe fëmijë, me ty do të copëtoj të riun dhe virgjëreshën;

²³ me ty do të copëtoj bariun dhe kopenë e tij, me ty do të copëtoj katundarin dhe pendën e tij të qeve, me ty do të copëtoj qeveritarët dhe gjykatësit.

²⁴ Por unë do t'i shpërblej Babiloninë dhe tërë banorët e Kaldesë për tërë të keqen që i kanë bërë Sionit para syve tuaj", thotë Zoti.

²⁵ "Ja ku jam kundër teje, o mal i shkatërrimit", thotë Zoti, "ti që shkatërron tërë tokën. Unë do të shtrij dorën time kundër teje, do të të rrokullis poshtë nga shkëmbinjtë dhe do të të bëj një mal të djegur.

²⁶ Nga ti nuk do të merren më as gurë të qoshes, as gurë themeli, por ti do të bëhesh një shkreti përjetë, thotë Zoti.

²⁷ Ngrini një flamur në vend, bjerini borisë midis kombeve; përgatitni kombet kundër saj, thirrni të mblidhen kundër saj mbretëritë e Araratit, Minit dhe Ashkenazit. Emëroni kundër saj një komandant. Bëni që të përparojnë kuajt si karkaleca të kreshtë.

²⁸ Përgatitni kundër saj kombet, me mbretëritë e Medisë, me qeveritarët e tij, me të gjithë gjykatësit dhe tërë vendet e zotërimeve të tij.

²⁹ Toka do të dridhet dhe do të mbajë zi, sepse planet e Zotit kundër Babilonisë do të realizohen, për ta katandisur vendin e Babilonisë në një shkreti, pa banorë.

³⁰ Trimat e Babilonisë kanë hequr dorë nga lufta; kanë mbetur në fortesat e tyre; forca e tyre është ligështuar, janë bërë si gra. U kanë vënë zjarrin banesave të saj, shulet e portave të tyre janë thyer.

³¹ Korrieri vrapon përballë korrierit dhe lajmëtari përballë lajmëtarit për t'i njoftuar mbretit të Babilonisë që qyteti i tij është marrë nga çdo anë;

³² vahet që mund të kalohën më këmbë janë zënë, kënetat janë në flakë dhe luftëtarët janë të tmerruar.

³³ Sepse kështu thotë Zoti i ushtrive, Perëndia i Izraelit: "Bija e Babilonisë është si një lëmë në kohën që shkelet; edhe pak dhe do të vijë për të koha e korrjes".

³⁴ "Nebukadnetsari, mbreti i Babilonisë, na ka gëlltitur, na ka shtypur, na ka katandisur si një enë bosh; na ka gëlltitur si një dragua,

ka mbushur barkun e tij me ushqimet tona të shijshme, na ka përzënë.

35 Dhuna e ushtruar kundër meje dhe mishit tim rëntë mbi Babiloninë", do të thotë banori i Sionit. "Gjaku im rëntë mbi banorët e Kaldesë", do të thotë Jeruzalemi.

36 Prandaj kështu thotë Zoti: "Ja, unë do të mbroj çështjen tënde dhe do ta kryej hakmarrjen tënde. Do të bëj që të thahet deti i saj dhe të shterojë burimi i saj.

37 Babilonia do të bëhet një grumbull gërmadhash, një strehë për çakejtë, një objekt habie e talljeje, pa banorë.

38 Ata do të vrumbullijnë bashkë si luanë, do të skërmitin dhëmbët si këlyshët e luanit.

39 Kur të kenë vapë, do t'u jap të pijnë, do t'i deh që të kënaqen dhe të flenë një gjumë të përjetshëm, pa u zgjuar më", thotë Zoti.

40 Unë do t'i bëj të zbresin në kasaphanë si qengja, si desh bashkë me cjeptë.

41 Vallë si u pushtua Sheshaku dhe u fitua lavdia e tërë dheut? Vallë si u bë Babilonia një shkreti midis kombeve?

42 Deti ka dalë përmbi Babiloninë; ajo është mbytur nga zhurma e valëve të tij.

43 Qytetet e saj janë bërë një mjerim, një tokë e zhuritur, një shkreti, një vend ku nuk banon askush dhe nëpër të cilin nuk kalon asnjë bir njeriu.

44 Unë do të ndëshkoj Belin në Babiloni dhe do të nxjerr nga goja e tij atë që ka gllabëruar dhe kombet nuk do të bashkohen më me të. Madje edhe muret e Babilonisë do të rrëzohen.

45 Dil nga mesi i saj, o populli im, dhe secili të shpëtojë jetën e tij përpara zemërimit të zjarrtë të Zotit.

46 Zemra juaj mos u ligështoftë dhe mos u trembni nga lajmet që do të dëgjohen në vend, sepse një vit do të vijë një lajm dhe vitin tjetër një lajm tjetër. Do të ketë dhunë në vend, sundues kundër sunduesit.

47 Prandaj ja, do të vijnë ditët në të cilat unë do të ndëshkoj figurat e gdhendura të Babilonisë; tërë vendi do të mbulohet me turp dhe tërë të plagosurit për vdekje do të rrëzohen në mes të saj.

48 Atëherë qiejt, toka dhe çdo gjë që është në to do të ngazëllejnë mbi Babiloninë, sepse shkatërruesit do të vijnë kundër saj nga veriu", thotë Zoti.

49 Ashtu si Babilonia bëri që të rrëzohen të plagosurit për vdekje të Izraelit, kështu në Babiloni do të rrëzohen plagosurit për vdekje të të gjithë vendit.

50 Ju, që keni shpëtuar nga shpata, nisuni, mos u ndalni; mbani mend që nga larg Zotin, dhe Jeruzalemi t'ju kthehet në zemër.

51 Na vjen turp të dëgjojmë sharjen, turpi ka mbuluar fytyrën tonë, sepse disa të huaj kanë hyrë në shenjtoren e shtëpisë të Zotit.

52 "Prandaj ja, do të vijnë ditët", thotë Zoti, "në të cilat unë do të dënoj figurat e tij të gdhendura dhe në tërë vendin e tij do të rënkojnë të plagosurit për vdekje.

53 Edhe sikur Babilonia të ngjitej deri në qiell, edhe sikur ta bënte të pakapshme forcën e saj të lartë, nga ana ime do të vijnë kundër saj disa shkatërrimtarë", thotë Zoti.

54 Zhurma e një britme po vjen nga Babilonia, e një shkatërrimi të madh nga vendi i Kaldasve.

55 Sepse Zoti po shkatërron Babiloninë dhe bën që të pushojë zhurma e saj e madhe; valët e tyre gumëzhijnë, zhurma e zërit të tyre po ngrihet.

56 Shkatërrimtari në fakt erdhi kundër saj, kundër Babilonisë; trimat e saj janë kapur, harqet e tyre janë copëtuar, sepse Zoti është Perëndia i shpërblimeve; ai do t'i shpërblejë me siguri.

57 Unë do t'i deh princat e saj, njerëzit e urtë të saj, qeveritarët e saj, nëpunësit e saj, dhe trimat e saj dhe kështu do të bëjnë një gjumë të përjetshëm dhe nuk do të zgjohen më", thotë Mbreti, emri i të cilit është Zoti i ushtrive.

58 Kështu thotë Zoti i ushtrive: "Muret e gjëra të Babilonisë do të prishen krejtësisht, portat e saj të larta do të digjen me zjarr; kështu popujt do të kenë punuar për asgjë dhe kombet do të jenë munduar vetëm për zjarrin".

59 Urdhri që profeti Jeremia i dha Serajahut, birit të Neriahut, bir i Mahsejahut, kur shkoi në Babiloni me Sedekian, mbretin e Judës, në vitin e katërt të mbretërimit të tij. Serajahu ishte shefi i Çambelanëve.

60 Kështu Jeremia shkroi në një libër tërë të këqiat që do të pësonte Babilonia, tërë këto fjalë që janë shkruar kundër Babilonisë.

61 Dhe Jeremia i tha Serajahut: "Kur të arrish në Babiloni, ki kujdes t'i lexosh tërë këto fjalë,

62 dhe do të thuash: "O Zot, ti ke thënë për këtë vend se do ta shkatërroje, dhe se nuk do të mbetej në të më asnjëri, qoftë njeri apo kafshë, por do të bëhej një shkreti e përjetshme".

63 Pastaj, kur të kesh mbaruar së lexuari këtë libër, do të lidhësh mbi të një gur dhe do ta hedhësh në mes të Eufratit,

64 dhe do të thuash: "Kështu do të mbytet Babilonia dhe nuk do të ngrihet më nga fatkeqësia që unë do të sjell mbi të; dhe ata do të jenë të rraskapitur"". Deri këtu fjalët e Jeremias.

Kapitull 52

1 Sedekia ishte njëzetenjë vjeç kur filloi të mbretërojë, dhe mbretëroi në Jeruzalem njëmbëdhjetë vjet. E ëma quhej Hamutal, e bija e Jeremias nga Libnahu.

2 Ai bëri atë që është e keqe në sytë e Zotit, në të gjitha gjërat ashtu si kishte bërë Jehojakimi.

3 Kjo ndodhi në Jeruzalem dhe në Judë për shkak të zemërimit të Zotit, që më në fund i dëboi nga prania e tij. Pastaj Sedekia ngriti krye kundër mbretit të Babilonisë.

4 Në vitin e nëntë të mbretërimit të tij, në muajin e dhjetë, më dhjetë të muajit, Nebukadnetsari, mbreti i Babilonisë, erdhi me gjithë ushtrinë e tij kundër Jeruzalemit, fushoi kundër tij dhe ndërtoi rreth e rrotull ledhat.

5 Kështu qyteti mbeti i rrethuar deri në vitin e njëmbëdhjetë të mbretit Sedekia.

6 Në muajin e katërt, më nëntë të muajit, uria ishte aq e rëndë në qytet, sa që nuk kishte më bukë për popullin e vendit.

7 Atëherë u hap një e çarë në muret dhe të gjithë luftëtarët ikën, duke dalë natën nga qyteti nëpër portën midis dy mureve, e cila ndodhej pranë kopshtit të mbretit, megjithëse Kaldeasit ishin rreth qytetit. Kështu ata morën rrugën e Arabahut.

8 Por ushtria e Kaldeasve ndoqi mbretin, e arriti Sedekian në fushën e Jerikos, ndërsa tërë ushtria e tij po shpërndahej larg tij.

9 Kështu ata zunë mbretin dhe e çuan në Riblah, në vendin e Hamathit te mbreti i Babilonisë, që shqiptoi vendimin kundër tij.

10 Mbreti i Babilonisë vrau pastaj bijtë e Sedekias para syve të tij dhe vrau gjithashtu tërë princat e Judës në Riblah.

11 pastaj i nxori sytë Sedekias. Mbreti i Babilonisë e lidhi me pranga prej bronzi, e çoi në Babiloni dhe e futi në burg deri ditën e vdekjes së tij.

12 Muajin e pestë, më dhjetë të muajit (që ishte viti i nëntëmbëdhjetë i Nebukadnetsarit, mbretit të Babilonisë), Nebuzaradani, komandanti i rojeve personale në shërbim të mbretit të Babilonisë, arriti në Jeruzalem.

13 Ai dogji shtëpinë e Zotit dhe shtëpinë e mbretit dhe u vuri flakën tërë shtëpive të Jeruzalemit dhe tërë shtëpive të fisnikëve.

14 Tërë ushtria e Kaldeasve që ishte me komandantin e rojeve rrëzoi të gjitha muret rreth e qark Jeruzalemit.

15 Pastaj Nebuzaradani, komandanti i rojeve, internoi pjesën më të varfër të popullit; pjesën e popullit që kishte mbetur në qytet, dezertorët që kishin kaluar në shërbim të mbretit të Babilonisë dhe kusurin e popullsisë.

16 Por Nebuzaradani, komandanti i rojeve, la disa nga më të varfrit e vendit të punojnë vreshtat dhe arat.

17 Kaldeasit i copëtuan shtyllat prej bronzi që ishin në shtëpinë e Zotit, qerret dhe detin prej bronzi që ishin në shtëpinë e Zotit dhe e çuan bronzin në Babiloni.

18 Ata morën edhe tiganët, kunjat, thikat, legenët, kupat dhe të gjitha veglat prej bronzi, që përdoreshin në shërbimin e tempullit.

19 Komandanti i rojes mori gjithashtu kupat, mangallët, legenët, shandanet, tasat dhe kupat, arin e sendet që ishin prej ari të kulluar dhe argjendin e kulluar.

20 Sa për dy kolonat, për detin dhe për të dymbëdhjetë qetë prej bronzi që ishin poshtë tij dhe për qerret që Salomoni kishte bërë për shtëpinë e Zotit, bronzi i tërë këtyre sendeve kishte një peshë që nuk mund të llogaritej.

21 Për sa u përket shtyllave, lartësia e një shtylle ishte tetëmbëdhjetë kubitë; dhe duhej një fill prej dymbëdhjetë kubitësh për të matur rrethin e tyre; trashësia e saj ishte katër gishtërinj; nga brenda ishte bosh.

22 Mbi të ngrihej një kapitel prej bronzi, lartësia e një kapiteli ishte pesë kubitë; rreth e qark kapitelit kishte një rrjetëz dhe disa shegë, të gjitha prej bronzi. Shtylla tjetër me shegë, ishte e njëllojtë më të.

23 Rreth e qark kishte nëntëdhjetë e gjashtë shegë dhe tërë shegët rrotull rrjetëzës arrinin në njëqind.

24 Komandanti i rojes mori Serajahun, kryepriftin, Sofonian, priftin e dytë, dhe tre rojtarë të portës.

25 Nga qyteti ai mori edhe një eunuk që komandonte luftëtarët, shtatë burra ndër këshilltarët personalë të mbretit që u gjetën në qytet, sekretarin e komandantit të ushtrisë që rekrutonte popullin e vendit dhe gjashtëdhjetë burra nga populli i vendit që u gjetën në qytet.

26 Kështu Nebuzaradani, komandanti i rojeve, i mori dhe i çoi te mbreti i Babilonisë në Riblah,

27 dhe mbreti i Babilonisë i vrau në Riblah, në vendin e Hamathit.

²⁸ Kështu Juda u çua në robëri larg vendit të tij. Ky është populli që Nebukadnetsari internoi vitin e shtatë: tremijë e njëzet e tre Judej.

²⁹ Në vitin e tetëmbëdhjetë të Nebukadnetsarit u shpërngulën nga Jeruzalemi tetëqind e tridhjet e dy veta.

³⁰ Në vitin e njëzetë e tretë të Nebukadnetsarit, Nebuzaradani, komandanti i rojes, internoi shtatëqind e dyzet e pesë Judej: gjithsej katërmijë e gjashtëqind veta.

³¹ Në vitin e tridhjetë e shtatë të robërisë së Jehojakimit, mbretit të Judës, në muajin e dymbëdhjetë, më pesë të muajit, Evil-Merodaku, mbret i Babilonisë, vitin e parë të mbretërisë së tij e fali

³² I foli me dashamirësi dhe vendosi ndenjësen e tij mbi atë të mbretërve që ishin me të në Babiloni.

³³ Kështu Jehojakimi i ndërroi rrobat e robërisë së tij dhe hëngri gjithnjë bukën në prani të mbretit tërë ditët e jetës së tij.

³⁴ Për ushqimin e tij i jepej rregullisht një racion ushqimi nga ana e mbretit të Babilonisë, një racion çdo ditë, deri ditën e vdekjes së tij, tërë ditët e jetës së tij.

Vajtimeve

Kapitull 1

¹ Si qëndron vallë i vetmuar qyteti që ishte plot e përplot me popull? E madhja midis kombeve është bërë si një e ve; princesha midis provincave i është nënshtruar haraçit.

² Ajo qan me hidhërim natën, lotët vijëzojnë faqet e saj; midis gjithë atyre që e donin nuk ka njeri që ta ngushëllojë; tërë miqtë e saj e kanë tradhëtuar, janë bërë armiq të saj.

³ Juda ka shkuar në robëri, mbi të rëndojnë pikëllimi dhe një skllavëri e rëndë; ai banon midis kombeve, nuk gjen prehje; tërë përndjekësit e tij e kanë arritur midis fatkeqësive.

⁴ Rrugët e Sionit mbajnë zi, sepse askush nuk vjen më në festat solemne; tërë portat e tij janë të shkreta, priftërinjtë e tij psherëtijnë, virgjëreshat e tij hidhërohen dhe ai është në trishtim.

⁵ Kundërshtarët e tij janë bërë sundimtarë, armiqtë e tij begatohen, sepse Zoti e ka mjeruar për shkak të morisë së shkeljeve të tij; fëmijët e tij kanë shkuar në robëri përpara armikut.

⁶ Vajza e Sionit ka humbur tërë madhështinë e saj; krerët e tij janë bërë si drerë që nuk gjejnë kullotë; ecin pa forca përpara atyre që i ndjekin.

⁷ Në ditët e trishtimit të tij dhe të endjes Jeruzalemi kujton tërë të mirat e çmuara që zotëronte qysh nga ditët e lashta. Kur populli i tij binte në dorë të armikut dhe askush nuk i vinte në ndihmë, kundërshtarët e tij e shikonin dhe qeshnin me shkatërrimin e tij.

⁸ Jeruzalemi ka mëkatuar rëndë, prandaj është bërë një gjë e fëlliqur; tërë ata që e nderonin e përçmojnë, sepse e kanë parë lakuriq, po, ai psherëtin dhe kthehet prapa.

⁹ Fëlliqësia e tij ishte në cepat e rrobave të tij, nuk mendonte për fundin e tij; prandaj ra në mënyrë të habitshme, pa pasur njeri që ta ngushëllojë: "Shiko, o Zot, dëshpërimin tim sepse armiku po ngrihet".

¹⁰ Kundërshtari ka shtrirë dorën mbi të gjitha thesaret e tua, sepse pa kombet të hyjnë në shenjtëroren tënde; pikërisht ata që ti u kishe urdhëruar të mos hynin në kuvendin tënd.

¹¹ Tërë populli i tij psherëtin duke kërkuar bukë; japin gjërat e tyre më të çmuara për ushqim me qëllim që të rifitojnë jetën. "Shiko, o Zot, dhe kqyr sa jam bërë i neveritshëm!". pranimi i mëkateve të tij dhe pasojat e tyre

¹² "Asgjë e tillë mos t'ju ndodhë, o ju që kaloni afër. Soditni dhe shikoni, në se ka një dhimbje të ngjashme me dhembjen time, ajo që më brengos dhe që Zoti më ka dhënë ditën e zemërimit të tij të zjarrtë.

¹³ Nga lart ka dërguar një zjarr në kockat e mia, i kaplon ato; ka shtrirë një rrjetë në këmbët e mia, më ka kthyer prapa, më ka shkretuar në kapitjen e ditëve të mia.

¹⁴ Nga dora e tij është lidhur zgjedha e shkeljeve të mia, që lidhen bashkë dhe rëndojnë mbi qafën time; më ka pakësuar forcën time; Zoti më ka lënë në duart e atyre të cilëve nuk mund t'u bëj ballë.

¹⁵ Zoti ka rrëzuar në mesin tim tërë trimat e mi; ka thirrur kundër mejë një kuvend për të shtypur të rinjtë e mi; Zoti ka shtypur si në një butinë bijën e virgjër të Judës.

¹⁶ Prandaj unë qaj; sytë e mi, vetë sytë e mi shkrihen ndër lot, sepse ngushëlluesi që do të mund të më jepte përsëri jetën është larg meje. Bijtë e mi janë të dëshpëruar, sepse armiku doli fitimtar".

¹⁷ Sioni zgjat duart e tij, por nuk ka njeri që ta ngushëllojë. Përsa i përket Jakobit, Zoti ka urdhëruar që ata që janë rreth tij të bëhen armiq të tij. Jeruzalemi është bërë në mes tyre si një gjë e papastër.

¹⁸ Zoti është i drejtë, sepse jam rebeluar kundër fjalës së tij. Dëgjoni, pra, o popuj mbarë, dhe shikoni dhimbjen time! Virgjëreshat e mia dhe të rinjtë e mi kanë shkuar në robëri.

¹⁹ Thirra dashnorët e mi, por ata më kanë mashtruar; priftërinjtë e mi dhe pleqtë e mi nxorën frymën e fundit në qytet, ndërsa kërkonin ushqim për të shpëtuar jetën e tyre.

²⁰ Shiko, o Zot, unë jam në ankth. Zorrët e mia dridhen, zemra ime është e tronditur brenda meje, sepse kam qënë rebele e madhe. Jashtë shpata më la pa bij, në shtëpi është si të jetë vdekje.

²¹ Më dëgjojnë që psherëtij, askush nuk më ngushëllon. Tërë armiqtë e mi kanë mësuar fatkeqësinë time dhe janë të kënaqur që ti ke bërë këtë gjë. Ti do të sjellësh ditën që ke lajmëruar, dhe atëherë do të jenë si unë.

²² Le të vijë para teje tërë ligësia e tyre, dhe trajtoi ashtu si më ke trajtuar mua për shkak të të gjitha shkeljeve të mia. Sepse të shumta janë psherëtimat e mia dhe zemra ime lëngon.

Kapitull 2

¹ Si bëhet që në zemërimin e tij Zoti ka mbuluar me një re bijën e Sionit? Ai ka hedhur nga qielli në tokë lavdinë e Izraelit dhe nuk u kujtua për ndenjësen e këmbëve të tij ditën e zemërimit të tij.

² Zoti i ka shkatërruar pa mëshirë të gjitha banesat e Jakobit; në zemërimin e tij ka shembur fortesat e bijës së Judës, i ka hedhur për tokë duke përdhosur mbretërinë dhe krerët e saj.

³ Me një zemërim të zjarrtë ka thyer tërë fuqinë e Izraelit, ka tërhequr të djathtën e tij përpara armikut, ka djegur në mes të Jakobit si një zjarr flakërues që gllabëron gjithçka rreth e qark.

⁴ Ka nderur harkun e tij si një armik, ka ngritur dorën e djathtë si një kundërshtar, ka shkatërruar të gjitha ato që ishin të këndshme për sytë në çadrën e bijës së Sionit, e ka derdhur zemërimin e tij si një zjarr.

⁵ Zoti u bë si një armik; përpiu Izraelin, përpiu tërë pallatet e tij, shkatërroi fortesat e tij, shumëfishoi të qarat dhe vajtimet tek e bija e Judës.

⁶ Shkatërroi tabernakullin e tij si një kopësht, prishi vendin ku mblidhet kuvendi; Zoti bëri të harrohen në Sion festat solemne dhe të shtunat dhe gjatë tërbimit të zemërimit të tij hodhi poshtë mbretër dhe priftërinj.

⁷ Zoti braktisi altarin e tij, hodhi poshtë shenjtëroren e tij, dorëzoi në dorë të armikut muret e fortesave të tij; ata lartuan britma në shtëpinë e Zotit si në një ditë feste solemne.

⁸ Zoti vendosi të shkatërrojë muret e bijës së Sionit; vuri litarin, nuk ka hequr dorë nga shkatërrimi; ka bërë të vajtojnë fortesa dhe mure; që të dyja lëngojnë.

⁹ Portat e tij janë fundosur në dhe; ai ka prishur dhe ka copëtuar shufrat e tyre; mbreti i tij dhe krerët e tij ndodhen midis kombeve; nuk ka më ligj, dhe profetët e tij nuk marrin asnjë vegim nga Zoti.

¹⁰ Pleqtë e bijës së Sionit ulen për tokë në heshtje; kanë hedhur pluhur mbi kokën e tyre, kanë ngjeshur trupin me thes; virgjëreshat e Jeruzalemit ulin deri në tokë kokën e tyre.

¹¹ Sytë e mi konsumohen nga të qarat, zorrët e mia dridhërohen, mëlçia ime përhapet për tokë për shkak të shkatërrimit të bijës së popullit tim, për ligështimin e fëmijëve dhe të foshnjave në gji në sheshet e qytetit.

¹² Ata u kërkonin nënave të tyre: "Ku është gruri dhe vera?", ndërsa po ligështoheshin si të plagosur për vdekje në sheshet e qytetit dhe jepnin shpirt në prehrin e nënave të tyre.

¹³ Si mund të të jap zemër? Në çfarë do të të ngjas, o bijë e Jeruzalemit? Çfarë gjë do të krahasoj me ty që të të ngushëlloj, o bijë e virgjër e Jeruzalemit? Sepse shkatërrimi yt është i madh si deti; kush mund të të shërojë?

¹⁴ Profetët e tu kanë pasur për ty vegime të rreme dhe të paarsyeshme; nuk kanë zbuluar lakuriq paudhësinë tënde që të largojnë robërinë prej teje; ata kanë shqiptuar për ty profeci të rreme dhe mashtruese.

¹⁵ Tërë kalimtarët e rrahin duart kundër teje; fërshëllejnë dhe tundin kokën kundër bijës së Jeruzalemit: "Ky qënka qyteti që e quanin "bukuri e përsosur", "gëzimi i tërë tokës"?".

¹⁶ Tërë armiqtë e tu hapin gojën kundër teje; fërshëllejnë dhe kërcëllijnë dhëmbët, dhe thonë: "E kemi gëlltitur! Po, kjo është dita që prisnim; arritëm ta shohim".

¹⁷ Zoti ka realizuar atë që kishte menduar; ka mbajtur fjalën që kishte dekretuar në ditët e lashta. Ka shkatërruar pa asnjë mëshirë, ka vepruar në mënyrë që armiku të gëzohet me ty, ka lavdëruar fuqinë e kundërshtarëve të tu.

¹⁸ Zemra e tyre i bërtet Zotit: "O mure të bijës së Sionit, bëni që të derdhen lotët si një përrua ditën e natën. Mos i jepni qetësi vetes, mos paçin çlodhje bebet e syve tuaj.

¹⁹ Çohuni, bërtisni natën, në fillim të çdo vigjiljeje. Derdhni si ujë zemrën tuaj përpara fytyrës së Zotit. Ngrini duart në drejtim të tij për jetën e fëmijëve tuaj, që mpaken nga uria në hyrje të të gjithë rrugëve".

²⁰ "Shiko, o Zot, dhe shqyrto. Cilin ke trajtuar në këtë mënyrë? A duhet të të hanin gratë frytin e barkut të tyre, fëmijët që përkëdhelnin? A duhet të vriteshin prifti dhe profeti në shenjtëroren e tij?

²¹ Të vegjëlit dhe pleqtë dergjen për tokë nëpër rrugë; virgjëreshat e mia dhe të rinjtë e mi kanë rënë nga shpata; ti i ke vrarë ditën e zemërimit tënd, i ke masakruar pa mëshirë.

²² Ti ke mbledhur si për një ditë feste tmerret që më rrethojnë nga çdo anë. Në ditën e zemërimit të Zotit nuk pati as ikanak as të mbetur. Ata që kisha ushqyer me gji dhe që kisha rritur, i shfarosi armiku im".

Kapitull 3

1 Unë jam njeriu që pa hidhërimin nën thuprën e tërbimit të tij.
2 Ai më ka udhëhequr dhe më ka bërë të eci nëpër terr dhe jo në dritë.
3 Po, kundër meje ai ka kthyer disa herë dorën e tij tërë ditën.
4 Ai ka konsumuar mishin tim dhe lëkurën time, ka coptuar kockat e mia.
5 Ka ndërtuar fortesa kundër meje, më ka rrethuar me hidhërim dhe me ankth.
6 Ka bërë që unë të banoj në vende plot errësirë, ashtu si të vdekurit prej shumë kohe.
7 Më ka ndërtuar një mur rreth e qark, me qëllim që unë të mos dal; e ka bërë të rëndë zinxhirin tim.
8 Edhe kur bërtas dhe kërkoj ndihmë me zë të lartë, ai nuk pranon të dëgjojë lutjen time.
9 Ai i ka mbyllur rrugët e mia me gurë të prerë, i ka bërë shtigjet e mia plot me prita.
10 Ai ka qenë për mua si një ari në pritë, si një luan në vende të fshehta.
11 Ka devijuar rrugët e mia, më ka coptuar dhe më ka dëshpëruar.
12 Ka nderur harkun e tij dhe më ka bërë objekt të shigjetave të tij.
13 Ka bërë të depërtojnë në zemrën time shigjetat e kukurës së tij.
14 Jam bërë tallja e tërë popullit tim, kënga e tij e tërë ditës.
15 Më ka ngopur me hidhërim, më ka bërë të pij pelin.
16 Më ka coptuar dhëmbët me zall, më ka mbuluar me hi.
17 Ke larguar shpirtin tim nga paqja, kam harruar mirëqënien.
18 Kam thënë: "Është zhdukur besimi im dhe shpresa ime tek Zoti".
19 Kujtohu për pikëllimin dhe për endjen time, për pelinin dhe hidhërimin.
20 Shpirti im kujtohet gjithnjë për këtë dhe është i rrëzuar brenda meje.
21 Këtë dua ta sjell në mëndje dhe prandaj dua të shpresoj.
22 Është një hir i Zotit që nuk jemi shkatërruar plotësisht, sepse mëshirat e tij nuk janë mbaruar plotësisht.
23 Përtëriten çdo mëngjes; e madhe është besnikeria jote.
24 "Zoti është pjesa ime", thotë shpirti im, "prandaj do të kem shpresë tek ai.
25 Zoti është i mirë me ata që kanë shpresë tek ai, me shpirtin që e kërkon.
26 Gjë e mirë është të presësh në heshtje shpëtimin e Zotit.
27 Gjë e mirë është për njeriun të mbajë zgjedhën në rininë e tij.
28 Le të ulet i vetmuar dhe të qëndrojë në heshtje kur Perëndia ia imponon.
29 Le ta vërë gojën e tij në pluhur, ndofta ka ende shpresë.
30 Le ti japë faqen atij që e godet, të ngopet me fyerje.
31 Sepse Zoti nuk hedh poshtë për gjithnjë;
32 por, në rast se hidhëron, do ti vijë keq sipas shumicës së zemërmirësive të tij,
33 sepse nuk e bën me kënaqësi poshtërimin dhe hidhërimin e bijve të njerëzve.
34 Kur dikush shtyp nën këmbët e tij tërë robërit e dheut,
35 kur dikush shtrëmbëron të drejtën e një njeriu në prani të Më të Lartit,
36 kur dikujt i bëhet një padrejtësi në çështjen e tij, a nuk e shikon Zoti?
37 Vallë kush thotë diçka që më pas realizohet, në rast se Zoti nuk e ka urdhëruar?
38 E keqja dhe e mira a nuk vijnë vallë nga goja e Më të Lartit?
39 Pse vallë ankohet një njeri i gjallë, një njeri për ndëshkimin e mëkateve të tij?
40 Le të shqyrtojmë rrugët tona, t'i hetojmë dhe të kthehemi tek Zoti.
41 Le të ngremë lart zemrat tona dhe duart tona në drejtim të Perëndisë të qiejve.
42 Ne kemi kryer mëkate, kemi qënë rebelë dhe ti nuk na ke falur.
43 Je mbështjellë në zemërimin tënd dhe na ke ndjekur, na ke vrarë pa mëshirë.
44 Ti je mbështjellë në një re, në mënyrë që asnjë lutje të mos kalonte dot.
45 Na ke bërë plehra dhe mbeturina në mes të popujve.
46 Tërë armiqtë tanë kanë hapur gojën kundër nesh.
47 Na ka rënë mbi trup tmerri, laku, dëshpërimi i thellë dhe shkatërrimi.
48 Rrëke uji rrjedhin nga sytë e mi për shkatërrimin e bijës së popullit tim.
49 Syri im derdh lot pa pushim, pa ndërprerje,
50 deri sa Zoti të mos vështrojë nga qielli dhe të mos shikojë.
51 Syri im i sjell dhembje shpirtit tim për të gjitha bijat e qytetit tim.
52 Ata që më urrejnë pa shkak më kanë gjuajtur si të isha zog.
53 Kanë shkatërruar jetën time në gropë, më kanë hedhur gurë.
54 Ujrat rrjedhin mbi kokën time, unë thoja: "Ka marrë fund për mua".
55 Përmenda emrin tënd, o Zot, nga thellësia e gropës.
56 Ti e dëgjove zërin tim; mos ia fshih veshin tënd psherëtimës sime, thirrjes time për ndihmë.
57 Kur të kam thirrur ti je afruar; ke thënë: "Mos ki frikë!"
58 O Zot ti ke mbrojtur çështjen e shpirtit tim, ti ke çliruar jetën time.
59 O Zot, ti ke parë dëmin që kam pësuar, prandaj mbro çështjen time!
60 Ti ke parë tërë frymën e tyre të hakmarrjes, intrigat e tyre kundër meje.
61 Ti ke dëgjuar fyerjet e tyre, o Zot, tërë intrigat e tyre kundër meje,
62 fjalimet e tyre që ngrihen kundër meje, atë që mendojnë kundër meje tërë ditën.
63 Vër re kur ulen dhe kur ngrihen, unë jam kënga e tyre.
64 Shpërblejli, o Zot, sipas veprës së duarve të tyre.
65 Bëji zemërgur, mallkimi yt qoftë mbi ta.
66 Ndiqi në zemërimin tënd dhe shkatërroi poshtë qiejve të Zotit.

Kapitull 4

1 Si u nxi ari, si u prish ari më i mirë! Gurët e shenjtërores u shpërndanë në hyrje të të gjitha rrugëve.
2 Bijtë e çmuar të Sionit që çmoheshin si ar i kulluar, vallë si u konsideruan si enë prej balte, si punë e kryer nga duart e poçarit?
3 Edhe çakejtë japin gjirin për të ushqyer të vegjëlit e tyre, por bija e popullit tim është bërë mizore si strucët e shkretëtirës.
4 Gjuha e foshnjës në gji ngjitet, në qiellzën e tij nga etja; fëmijët kërkojnë bukë, por nuk ka njeri që t'ua japë atyre.
5 Ata që hanin ushqime të shijshme lëngojnë nëpër rrugë; ata që ishin rritur në purpur përqafojnë plehërishten.
6 Ndëshkimi i paudhësisë të vajzës së popullit tim është më i madh se ndëshkimi i mëkatit të Sodomës, që u shkatërrua në një çast, pa ndërhyrjen e dorës së njeriut kundër saj.
7 Princat e saj ishin më të shkëlqyeshëm se bora, më të bardhë se qumështi; e kishin trupin më të kuq se koralet, fytyra e tyre ishte si një safir.
8 Tani pamja e tyre është më e zezë se terri; nuk njihen dot më nëpër rrugë; lëkura e tyre bashkohet me kockat e tyre, është tharë, është bërë si dru.
9 Të vrarët nga shpata janë më mirë se ata që vdesin nga uria, sepse këta të fundit mbarojnë të rraskapitur nga mungesa e prodhimeve të fushës.
10 Duart e grave të mëshirshme kanë pjekur vetë fëmijët e tyre, të cilët u kanë shërbyer si ushqim, në shkatërrimin e bijës së popullit tim.
11 Zoti i dha fund tërbimit të tij, ka derdhur zemërimin e tij të zjarrtë, ka ndezur në Sion një zjarr, që ka gllabëruar themelet e tij.
12 Mbretërit e dheut dhe tërë banorët e botës nuk do të kishin besuar kurrë që kundërshtari dhe armiku do të hynin në portat e Jeruzalemit.
13 Por kjo ndodhi për shkak të mëkateve të profetëve të tij dhe për shkak të paudhësive të priftërinjve të tij, që kanë derdhur në mes të saj gjakun e njerëzve të drejtë.
14 Ata endeshin si të verbër nëpër rrugë, të ndotur me gjak, në mënyrë që askush nuk mund të prekte veshjet e tyre.
15 Sapo dukeshin njerëzit bërtisnin: "Largohuni, një i papastër! Largohuni, largohuni mos e prekni!". Kur iknin dhe shkonin duke u endur midis kombeve thonin: "Nuk do të mund të rrijnë më këtu".
16 Fytyra e Zotit i ka shpërndarë, nuk do të kthejë mbi ta shikimin e tij; nuk kanë pasur respekt për priftërinjtë dhe as kanë treguar dhembshuri për pleqtë.
17 Përveç kësaj sytë tona konsumoheshin në pritjen e një ndihme të kotë. Nga vendi ynë i vëzhgimit prisnim më kot një komb që nuk mund të na shpëtonte.
18 Na gjuanin në çdo hap, duke na penguar të ecnim nëpër sheshet tona. Fundi ynë është i afërt, ditët tona janë plotësuar, fundi ynë ka mbërritur.
19 Përndjekësit tanë kanë qenë më të shpejtë se shqiponjat e qiellit, na kanë ndjekur në malet, na kanë ngritur prita në shkretëtirë.
20 Fryma e flegrave tona, i vajosuri i Zotit është marrë në gropat e tyre, ai për të cilin thoshim: "Në hijen e tij do të jemi midis kombeve".

Vajtimeve

²¹ Gëzohu dhe kënaqu, o bijë e Edomit, që banon në vendin e Utsit. Edhe ty do të të vijë kupa; do të dehesh dhe do të zbulosh lakuriqësinë tënde.

²² Ndëshkimi i paudhësisë sate u krye, o bijë e Sionit. Ai nuk do të të çojë më në robëri; por do të ndëshkojë paudhësinë tënde, o bijë e Edomit, do të nxjerrë në shesh mëkatet e tua.

Kapitull 5

¹ Kujto, o Zot, atë që na ka ndodhur, shiko dhe vër re turpin tonë.

² Trashëgimia jonë u ka kaluar të huajve, shtëpitë tona njerëzve që nuk janë tanët.

³ Ne u bëmë jetimë, pa etër, nënat tona janë si të veja.

⁴ Duhet të paguajmë për ujët që pimë, drutë tona i kemi vetëm me pagesë.

⁵ Na ndjekin me një zgjedhë mbi qafë, jemi të rraskapitur dhe nuk kemi fare pushim.

⁶ I kemi shtrirë dorën Egjiptit dhe Asirisë për t'u ngopur me bukë.

⁷ Etërit tanë kanë mëkatuar dhe nuk janë më, dhe ne mbajmë ndëshkimin për paudhësitë e tyre.

⁸ Skllevërit sundojnë mbi ne, askush nuk mund të na çlirojë nga duart e tyre.

⁹ E nxjerrim bukën duke rrezikuar jetën tonë, përpara shpatës së shkretëtirës.

¹⁰ Lëkura jonë është ngrohur si në një furrë për shkak të valës së urisë.

¹¹ Kanë dhunuar gratë në Sion, virgjëreshat në qytetet e Judës.

¹² Krerët janë varur nga duart e tyre, personi i pleqëve nuk është respektuar.

¹³ Të rinjtë i vunë të bluajnë, të vegjëlit u rrëzuan nën barrën e druve.

¹⁴ Pleqtë nuk mblidhen më te porta, të rinjtë nuk u bien më veglave të tyre.

¹⁵ Gëzimi i zemrave tona është pakësuar, vallja jonë është shndërruar në zi.

¹⁶ Kurora ka rënë nga koka jonë; mjerë ne, sepse kemi mëkatuar!

¹⁷ Prandaj u sëmur zemra jonë, për këto gjëra na janë errësuar sytë:

¹⁸ për malin e Sionit që është i shkretuar dhe në të cilin sillen dhelprat.

¹⁹ Por ti, o Zot, mbetesh për jetë, dhe froni yt brez pas brezi.

²⁰ Pse do të na harroje për jetë dhe do të na braktisje për një kohë të gjatë?

²¹ Na bëj që të rikthehemi te ti, o Zot, dhe ne do të kthehemi; rivendos ditët tona si në të kaluarën.

²² Mos vallë na hodhe poshtë fare apo je zemëruar me të madhe kundër nesh?

Ezekielit

Kapitull 1

¹ Në vitin e tridhjetë, më pesë të muajit të katërt, ndodhi që ndërsa isha midis të internuarve pranë lumit Kebar, qiejtë u hapën dhe pata vegime nga ana e Perëndisë.

² Më pesë të muajit (ishte viti i pestë i robërisë së mbretit Jehojakin),

³ fjala e Zotit iu drejtua shprehimisht priftit Ezekiel, birit të Buzit, në vendin e Kaldeasve, pranë lumit Kebar; dhe atje lart dora e Zotit qe mbi të.

⁴ Ndërsa po shkoja, ja ku erdhi nga veriu një erë furtune, një re e madhe me një zjarr që mbështillej rreth vetes së tij; rreth tij dhe nga mesi i tij dilte një shkëlqim i madh si ngjyra e bronzit ikandeshent që ndodhet në mes të zjarrit.

⁵ Nga mesi i tij dukej ngjashmëria e katër qënieve të gjalla; dhe kjo ishte pamja e tyre: kishin ngjashmërinë e njeriut.

⁶ Secili prej tyre kishte katër fytyra dhe secili katër krahë.

⁷ Këmbët e tyre ishin të drejta dhe tabani i këmbës së tyre ishte si ai i tabanit të këmbës së një viçi, dhe shkëlqenin si bronzi me lustër.

⁸ Në të katër anët, poshtë krahëve, kishin duar njerëzish; dhe që të katër kishin fytyrat e tyre dhe krahët e tyre.

⁹ Krahët e tyre preknin njëri tjetrin; duke ecur përpara, nuk ktheheshin prapa, por secili shkonte drejt përpara tij.

¹⁰ Sa për pamjen e fytyrave të tyre, të gjithë kishin fytyrë njeriu, që të katër fytyrë luani në të djathtë, që të katër fytyrë kau në të majtë, dhe që të katër fytyrë shqiponjeje.

¹¹ Kështu ishin fytyrat e tyre. Krahët e tyre ishin shtrirë lart; secili kishte dy krahë që preknin njëra tjetrën dhe dy që mbulonin trupin e tyre.

¹² Secili shkonte drejt përpara tij; shkonin atje ku fryma donte të shkonte dhe, duke shkuar, nuk sillëshin.

¹³ Sa për pamjen e qënieve të gjalla, këto dukeshin si qymyre të ndezur, si pishtarë. Zjarri lëvizte në mes të qënieve të gjalla; zjarri ishte i ndritshëm dhe prej tij dilnin shkrepëtima.

¹⁴ Qëniet e gjalla vraponin përpara dhe prapa, dukeshin si një rrufe.

¹⁵ Ndërsa shikoja qëniet e gjalla, ja një rrotë për tokë pranë qënieve të gjalla me katër fytyrat e tyre.

¹⁶ Pamja e rrotave dhe punimi i tyre ishte si pamja e ngjyrës së krizolitit; që të katra i ngjisnin njëra tjetrës. Pamja e tyre dhe punimi i tyre si ato të një rrote në mes të një rrote tjetrës.

¹⁷ Kur lëviznin, shkonin në drejtim të njërit prej katër drejtimeve dhe, duke shkuar nuk sillëshin prapa.

¹⁸ Sa për rrathët e tyre ishin të lartë dhe të madhërishëm; dhe rrathët e gjithë të katërve ishin plot me sy rreth e qark.

¹⁹ Kur lëviznin qëniet e gjalla, edhe rrotat lëviznin pranë tyre dhe, kur qëniet e gjalla ngriheshin nga toka, ngriheshin edhe rrotat.

²⁰ Kudo që fryma donte të shkonte, shkonin edhe ata, sepse aty shkonte fryma; rrotat ngriheshin bashkë me ta, sepse fryma qënieve të gjalla ishte në rrota.

²¹ Kur ata lëviznin, edhe rrotat lëviznin; kur këto ndaleshin, edhe ato ndaleshin, dhe kur ngriheshin nga toka, edhe rrotat ngriheshin bashkë me ta, sepse fryma i qënieve të gjalla ishte në rrota.

²² Mbi kokat e qënieve të gjalla ishte ngjashmëria e një kupe qiellore, që i përngjiste ngjyrës së një kristali të madhërishëm të shtrirë mbi kokat e tyre.

²³ Poshtë kupës qiellore shtriheshin drejt krahët e tyre, njëra ndaj tjetrës; secili kishte nga dy që mbulonin një anë dhe dy të tjera që mbulonin anën tjetër të trupit.

²⁴ Kur ata lëviznin, unë dëgjoja zhurmën e krahëve të tyre, si zhurmën e ujërave të mëdha, si zëri i të Plotfuqishmit, si zhurma e një rrëmuje të madhe, si oshtima e një ushtrie; kur ndaleshin, ulnin krahët e tyre.

²⁵ Dhe dëgjohej një zhurmë nga kupa qiellore lart që ishte mbi kokat e tyre; kur ndaleshin, ulnin krahët e tyre.

²⁶ Mbi kupën qiellore që ishte mbi kokat e tyre, ndodhej një gjë që i ngjante një froni që dukej si një gur safiri, dhe mbi këtë lloj froni, në pjesën e sipërme të tij, ishte një figurë që i përngjiste një njeriu.

²⁷ Nga sa tregonin ijët e tij lart, unë pashë gjithashtu diçka si ngjyra e bronzit inkandeshent që dukej si zjarr brenda tij rreth e qark. Nga sa tregonin ijët e tij poshtë pashë diçka që i përngjante zjarrit dhe që lëshonte rreth e qark një shkëlqim të madh.

²⁸ Ashtu siç është pamja e një ylberi në re në një ditë shiu, kështu ishte pamja e atij shkëlqimi që e rrethonte. Ajo ishte një shfaqje e shëmbëlltyrës së lavdisë së Zotit. Kur e pashë, u rrëzova me fytyrë dhe dëgjova zërin e dikujt që fliste.

Kapitull 2

¹ Dhe më tha: "O bir njeriu, çohu më këmbë dhe unë do të të flas".

² Ndërsa ai më fliste, Fryma hyri tek unë dhe më bëri të çohem më këmbë, dhe unë dëgjova atë që më fliste.

³ Ai më tha: "O bir njeriu, unë të dërgoj te bijtë e Izraelit, në mes të kombeve rebelë që janë rebeluar kundër meje; ata dhe etërit e tyre kanë ngritur krye kundër meje deri më këtë ditë.

⁴ Ata te të cilët po të dërgoj janë bij me fytyrë të ashpër dhe me zemër kryeneçe, dhe ti do t'u thuash atyre: "Kështu thotë Zoti, Zoti".

⁵ Edhe sikur të dëgjojnë ose të mos pranojnë të dëgjojnë, sepse janë një shtëpi rebele, do të mësojnë se megjithatë ka një profet në mes tyre.

⁶ Dhe ti, bir njeriu, mos ki frikë prej tyre dhe mos ki frikë nga fjalët e tyre, edhe se po qe se do gjendesh i rrethuar nga hithra dhe nga gjemba dhe po qe se banon në mes të akrepave; mos ki frikë

⁷ Por ti do t'u njoftosh fjalët e mia, edhe sikur të të dëgjojnë ose të refuzojnë të dëgjojnë, sepse janë rebelë.

⁸ Dhe ti, bir njeriu, dëgjo atë që të them; mos u bëj rebel si kjo shtëpi rebele; hap gojën dhe ha atë që po të jap".

⁹ Unë shikova, dhe ja një dorë e shtrirë drejt meje; dhe ja, në të ishte rrotulla e një libri.

¹⁰ Ai e shpalosi para meje; ishte shkruar nga brenda dhe nga jashtë dhe në të ishin shkruar vaje, rënkime dhe halle.

Kapitull 3

¹ Pastaj më tha: "O bir njeriu, ha atë që gjen, ha këtë rrotull, pastaj shko dhe foli shtëpisë së Izraelit".

² Kështu unë hapa gojën dhe ai më vuri që të ha atë rrotull.

³ Pastaj më tha: "O bir njeriu, ushqeje barkun tënd dhe mbushi zorrët e tua me këtë rrotull që po të jap". Kështu unë e hëngra dhe u bë në gojën time i ëmbël si mjaltë.

⁴ Më tha akoma: "O bir njeriu, nisu, shko në shtëpinë e Izraelit, u trego atyre fjalët e mia,

⁵ sepse nuk je dërguar te një popull me një të folur të errët dhe një gjuhë të vështirë, por në shtëpinë e Izraelit,

⁶ jo te shumë popuj me një të folur të errët dhe një gjuhë të vështirë, fjalët e të cilëve ti nuk i kupton. Me siguri, po të të kisha dërguar tek ata, do të të kishin dëgjuar.

⁷ Por shtëpia e Izraelit nuk do të dojë të të dëgjojë, sepse nuk duan të më dëgjojnë mua. Në fakt tërë shtëpia e Izraelit e ka ballin të fortë dhe zemrën kryeneçe.

⁸ Ja, unë e bëra fytyrën tënde të fortë kundër fytyrës së tyre dhe e bëra ballin tënd të fortë kundër ballit të tyre.

⁹ Unë e bëra ballin tënd si një diamant, më të fortë se stralli; mos ki frikë prej tyre, mos u tremb nga ata, sepse janë një shtëpi rebele".

¹⁰ Pastaj më tha: "Bir njeriu, prano në zemrën tënde tërë fjalët që do të të them dhe dëgjoji me veshët e tua.

¹¹ Dhe nisu, shko te ata që janë në robëri, te bijtë e popullit tënd, folu dhe u thuaj: "Kështu thotë Zoti, Zoti", edhe sikur të të dëgjojnë ose të refuzojnë të të dëgjojnë".

¹² Pastaj Fryma më ngriti dhe dëgjova prapa meje zhurmën e një potereje të madhe që thoshte: "E bekuar qoftë lavdia e Zotit nga banesa e tij!".

¹³ Dëgjova gjithashtu zhurmën e krahëve të qenieve të gjalla që përplaseshin njëra kundrejt tjetrës, zhurmën e rrotave pranë tyre dhe zhurmën e një potereje të madhe.

¹⁴ Kështu Fryma më ngriti dhe më mori me vete; dhe unë shkova plot trishtim me indinjatën e frymës time; por dora e Zotit ishte e fortë mbi mua.

¹⁵ Kështu arrita te ata që ishin në robëri në Tel-abib pranë lumit Kebar dhe u ndala atje ku ata banonin, qëndrova i hutuar shtatë ditë në mes tyre.

¹⁶ Në mbarim të shtatë ditëve ndodhi që fjala e Zotit m'u drejtua, duke thënë:

¹⁷ "Bir njeriu, të kam caktuar si roje për shtëpinë e Izraelit; kur të dëgjosh ndonjë fjalë nga goja ime, do t'i lajmërosh nga ana ime.

¹⁸ Në rast se unë i them të pabesit: "Me siguri ke për të vdekur", dhe ti nuk e njofton dhe nuk flet për ta lajmëruar të pabesin që të braktisë rrugën e tij të keqe për të shpëtuar jetën e tij, ai i pabesë do të vdesë në paudhësinë e tij, por unë do të kërkoj llogari prej teje për gjakun e tij.

¹⁹ Por në qoftë se ti e lajmëron të pabesin dhe ai nuk heq dorë nga

pabesia e tij dhe nga jeta e tij e keqe, ai do të vdesë në paudhësinë e tij, por ti do ta kesh shpëtuar shpirtin tënd.

20 Por në qoftë se më pas një njeri i drejtë heq dorë nga ndershmëria e tij dhe kryen paudhësi, unë do ti vë një pengesë përpara dhe ai do të vdesë; sepse ti nuk e ke lajmëruar dhe ai do të vdesë në mëkatin e tij, dhe gjërat e drejta që ai ka bërë, nuk do të kujtohen më, por unë do t'i kërkoj llogari dorës sate për gjakun e tij.

21 Por në rast se ti njofton të drejtin që të mos mëkatojë dhe ai nuk mëkaton, ai me siguri do të jetojë sepse u paralajmërua, dhe ti do të kesh shpëtuar shpirtin tënd".

Atje, pra, ishte dora e Zotit mbi mua dhe më tha: "Ngrihu, dil në fushë dhe atje unë do të flas".

23 Kështu u çova dhe dola në fushë, dhe atje ishte lavdia e Zotit, ashtu si lavdia që kisha parë pranë lumit Kebar, dhe unë rashë mbi fytyrë.

24 Por Fryma hyri te unë, më bëri të çohem më këmbë dhe më foli duke thënë: "Shko, mbyllu në shtëpinë tënde.

25 Dhe ja, o bir njeriu, ty do të vihet litarë, me ato do të lidhin dhe kështu nuk do të kesh mundësi të dalësh në mes tyre.

26 Unë do të bëj që gjuha jote të ngjitet në qiellzën tënde dhe do të mbetesh memec, kështu nuk do të jesh më për ta dikush që i qorton, sepse janë një shtëpi rebele.

27 Por kur do të flas, do të të hapë gojën dhe ti do t'u thuash atyre: "Kështu thotë Zoti, Zoti". Ai që do të dëgjojë le të dëgjojë; dhe ai që refuzon të dëgjojë, le të refuzojë, sepse janë një shtëpi rebele".

Kapitull 4

1 "Ti bir njeriu, merr një pllakë të vogël argjile, vëre para teje dhe vizato mbi të një qytet, Jeruzalemin;

2 rrethoje, ndërto kundër tij një kullë, lartëso kundër asaj disa ledhe, vendos kundër saj fushime dhe disa desh rreth e qark.

3 Pastaj merr një pllakë hekuri dhe vendose si një mur hekuri midis teje dhe qytetit; kthe fytyrën tënde përballë tij dhe ai do të jetë i rrethuar dhe ti do ta rrethosh. Kjo do të jetë një shenjë për shtëpinë e Izraelit.

4 Shtrihu pastaj mbi krahun e majtë dhe vendos mbi të paudhësinë e shtëpisë së Izraelit. Për numrin e ditëve gjatë të cilave do të rrish shtrirë mbi të, do të mbash paudhësinë e tyre.

5 Në fakt unë kam vënë mbi ty vitet e paudhësisë së tyre në bazë të numrit të ditëve gjatë të cilave ti do të rrish shtrirë, treqind e nëntëdhjet ditë. Kështu ti do të mbash paudhësinë e shtëpisë së Izraelit.

6 Me ti mbaruar këto, do të shtrihesh përsëri në krahun tënd të djathtë dhe do ta mbash paudhësinë e shtëpisë së Judës për dyzet ditë. Kam vënë mbi ty një ditë për çdo vit.

7 Ti do ta kthesh fytyrën tënde dhe krahun tënd të zhveshur në drejtim të rrethimit të Jeruzalemit dhe so të profetizohesh kundër tij.

8 Dhe ja, po të vë litarë mbi trup në mënyrë që ti të mos kthehesh nga një krah në tjetrin, deri sa të kesh plotësuar ditët e rrethimit tënd.

9 Merr edhe grurë, elb, bathë, thjerëza, mel dhe grurë të fortë, vëri në një enë dhe u bëj bukë; të cilën do ta hash gjatë tërë ditëve që do të rrish shtrirë mbi krahun tënd, domethënë për treqind e nëntëdhjetë ditë.

10 Ushqimi që do të hash do të ketë një peshë prej njëzet siklash në ditë; do ta hash në çaste të caktuara, çdo ditë.

11 Edhe ujin do ta pish të racionuar: një të gjashtën e një hini; do ta pish në çaste të caktuara çdo ditë.

12 Do ta hash këtë bukë në formë kuleçësh prej elbi që do ti pjekësh me jashtëqitje njerëzish përpara syve të tyre".

13 Pastaj Zoti tha: "Kështu bijtë e Izraelit do të hanë bukën e tyre të ndotur në mes të kombeve ndër të cilët do ti shpërndaj".

14 Atëherë unë thashë: "O, Zot, Zot, unë nuk jam ndotur kurrë; qysh në fëmijëri e deri më sot nuk kam ngrënë kurrë mish kafshe të ngordhur në mënyrë natyrale ose të shqyer dhe nuk më ka hyrë në gojë asnjë mish i papastër.

15 Atëherë ai më tha: "Ja unë po të jap bajga lopësh në vend të jashtëqitjeve të njeriut; mbi to do të pjekësh bukën tënde".

16 Pastaj më tha: "Bir njeriu, unë do të bëj të mungojë baza e bukës në Jeruzalem; ata do ta hanë bukën me peshë dhe në hidhërim dhe do të pijnë ujin e racionuar në tmerr,

17 sepse do t'u mungojë buka dhe uji dhe do të shikojnë njeri tjetrin të tmerruar, duke u shkrirë në paudhësinë e tyre".

Kapitull 5

1 "Ti, bir njeriu, merr një brisk të mprehur dhe përdore si një brisk berberi, duke bërë të kalojë mbi kokën tënde dhe mbi mjekrën tënde; pastaj do të marrësh një peshore dhe do ti ndash qimet në tri pjesë.

2 Do të djegësh një të tretën e tyre në zjarr në mes të qytetit në mbarim të ditëve të rrethimit. Pastaj do të marrësh një tretë të tyre dhe do ta godasësh rreth e qark me shpatë; edhe një të tretë të tyre do të shpërndash sipas erës; prapa tyre unë do të zhvesh shpatën.

3 Do të marrësh gjithashtu një numër të vogël qimesh dhe do t'i lidhësh në cepat e rrobave të tua.

4 Nga këto do të marrësh akoma disa dhe do t'i hedhësh në mes të zjarrit, dhe do t'i djegësh në zjarr; andej do të dalë një zjarr kundër tërë shtëpisë së Izraelit.

5 Kështu thotë Zoti, Zoti: "Ky është Jeruzalemi. Unë e kisha vendosur në mes të kombeve dhe të vendeve të tjera që kishte përreth.

6 Ai u rebelua kundër ligjeve të mia për të kryer paudhësi më tepër se kombet që e rrethojnë dhe kundër statuteve të mia më tepër se vendet që e rrethojnë. Po, ata i kanë përçmuar ligjet e mia dhe nuk kanë ecur sipas statuteve të mia".

7 Prandaj kështu thotë Zoti, Zoti: "Duke qenë se ju keni qenë më të pabindur se kombet që ju rrethojnë, nuk keni ecur sipas statuteve të mia dhe nuk keni zbatuar ligjet e mia dhe as nuk keni vepruar sipas ligjeve të kombeve që ju rrethojnë".

8 Kështu thotë Zoti, Zoti: "Ja, unë, unë vetë, jam kundër teje, dhe do t'i zbatoj në mes teje vendimet e mia para kombeve;

9 dhe do të bëj në mes teje atë që nuk kam bërë kurrë dhe që nuk do ta bëj kurrë më, për shkak të të gjitha neverive të tua.

10 Prandaj në mes teje etërit do të hanë bijtë e tyre dhe bijtë do të hanë etërit e tyre; do të zbatoj gjykimet e mia mbi ty dhe do të shpërndaj në të gjitha erërat gjithçka që do të mbetet prej teje.

11 Prandaj ashtu siç është e vërtetë që unë rroj", thotë Zoti, Zoti, "sepse ti ke ndotur shenjtëroren time me të gjitha ndyrësirat e tua dhe neveritë e tua, do të të heq favorin tim, syri im nuk do të ketë asnjë mëshirë dhe nuk do të kem asnjë dhembshuri.

12 Një e treta prej teje do të vdesë nga murtaja dhe do të konsumohet nga uria që mbretëron në mes tënd; një e tretë do të bjerë nga shpata rreth teje dhe unë do ta shpërndaj në të gjitha erërat pjesën e tretë, dhe do të zhvesh shpatën kundër tyre.

13 Kështu unë do të shfryj zemërimin tim dhe do të kënaq mbi ta tërbimin tim dhe do të jem i qetë. Atëherë ata do të mësojnë që unë, Zoti fola në xhelozinë time, kur do të shfryj mbi ta tërbimin tim.

14 Përveç kësaj do të bëj që ti të bëhesh një shkreti dhe një turp midis kombeve që të rrethojnë, para syve të të gjithë kalimtarëve.

15 Dhe kjo do të jetë një turp, një objekt talljeje, një mësim dhe një objekt habije për kombet që të rrethojnë, kur do të zbatojë mbi ty gjykimet e mia me zemërim, me tërbim dhe me ndëshkime me indinjatë. Unë, Zoti, kam folur.

16 Kur do të hedh kundër tyre shigjetat e tmerrshme të urisë, që sjellin shkatërrim dhe që unë do të dërgoj për t'ju shkatërruar, do ta bëj edhe më të rëndë urinë tuaj dhe do t'ju heq bazën e bukës.

17 Kështu do të dërgoj kundër jush urinë dhe kafshë të këqija që do të të lënë pa fëmijë. Murtaja dhe masakra do të kalojnë në mes teje dhe do të bëj që shpata të vijë mbi ty. Unë, Zoti, kam folur"".

Kapitull 6

1 Fjala e Zotit m'u drejtua, duke thënë:

2 "Bir njeriu, kthe fytyrën tënde nga malet e Izraelit dhe profetizo kundër tyre,

3 dhe thuaj: "O male të Izraelit dëgjoni fjalën e Zotit, Zotit. Kështu thotë Zoti, Zoti, maleve dhe kodrave, përroskave dhe luginave: Ja, unë do të sjell mbi ju shpatën dhe do të shkatërroj vendet tuaja të larta.

4 Altarët tuaj do të shkretohen dhe altarët për temjan do të thyhen, dhe do të bëj që të vdekurit tuaj të bien përpara idhujve tuaj.

5 Do t'i shtrij kufomat e bijve të Izraelit përpara idhujve të tyre dhe do t'i shpërndaj kockat tuaja rreth altarëve tuaj.

6 Në tërë vendet tuaja të banuara qytetet do të shkatërrohen, po kështu edhe vendet e larta, me qëllim që altarët tuaj të shkatërrohen dhe të shkretohen, idhujt tuaj të prishen dhe të zhduken, altarët tuaj të shkatërrohen dhe veprat tuaja të fshihen.

7 Të vdekurit do të bien në mes jush dhe ju do të pranoni që unë jam Zoti.

8 Megjithatë do t'ju lë një mbeturinë, sepse disa që do t'i shpëtojnë shpatës do t'i keni midis kombeve, kur do të shpërndaheni në vënde të ndryshme.

9 Të shpëtuarit tuaj do të më kujtojnë midis kombeve ku do të çohen në robëri, sepse jam kapitur për zemrën e tyre të prishur që është larguar nga unë dhe për sytë e tyre që kurvërohen pas idhujve të tyre.

Ata do të ndiejnë neveri për veten e tyre për ligësitë që kanë kryer në të gjitha veprimet e tyre të neveritshme.

¹⁰ Atëherë do të pranojnë që unë jam Zoti dhe që jo më kot kam folur se do t'ju bëj këtë të keqe"".

¹¹ Kështu thotë Zoti, Zoti: "Përplas duart, rrih këmbët dhe thuaj: "Vaj medet, për të gjitha veprimet e këqija të neveritshme të shtëpisë së Izraelit, sepse do të bien nga shpata, nga uria dhe nga murtaja.

¹² Kush është larg do të vdesë nga murtaja, kush është afër do të rrëzohet nga shpata dhe kush ka mbetur dhe është i rrethuar do të vdesë nga uria; kështu do të shfryj tërbimin tim mbi ta.

¹³ Atëherë do të pranoni që unë jam Zoti, kur të vrarët e tyre do të bien në mes të idhujve të tyre, rreth altareve të tyre, mbi çdo kodër të lartë, mbi çdo majë mali, poshtë çdo druri që gjelbëron, poshtë çdo lisi degëshumë, kudo që u ofronin parfume erëmira tërë idhujve të tyre.

¹⁴ Kështu do të shtrij mbi ta dorën time dhe do ta bëj vendin të shkretë, po, më të shkretë se shkretëtira e Diblahut, në të gjitha vendet e tyre të banuara; atëherë do të pranojnë që unë jam Zoti"".

Kapitull 7

¹ Fjala e Zotit m'u drejtua përsëri, duke thënë:

² "Dhe ti, bir njeriu, kështu i thotë Zoti, Zoti, vendit të Izraelit: Fundi! Erdhi fundi në të katër skajet e vendit.

³ Tani të kërcënon fundi dhe unë do të dërgoj kundër teje zemërimin tim, do të të gjykoj sipas rrugëve të tua dhe do të hedh mbi ty tërë veprimet e tua të neveritshme.

⁴ Syri im nuk do të të kursejë dhe nuk do të kem mëshirë për ty, por do të hedh mbi ty rrugët e tua dhe veprimet e tua të neveritshme do të jenë në mes teje; atëherë do të pranoni që unë jam Zoti".

⁵ Kështu thotë Zoti, Zoti: "Një gjëmë, një gjëmë e paparë, ja ku erdhi.

⁶ Fundi erdhi, fundi erdhi. U zgjua për ty; ja, erdhi.

⁷ Erdhi mbi ty shkatërrimi, o banor i vendit. Koha erdhi; është e afërt dita e halleve dhe jo ajo e britmave të gëzimit ndër male.

⁸ Tani, pas pak, do të derdh mbi ty tërbimin tim dhe do ta shfryj mbi ty zemërimin tim, do të të gjykoj sipas rrugëve të tua dhe do të të ngarkoj të gjitha veprimet e tua të neveritshme.

⁹ Syri im nuk do të të kursejë dhe nuk do të kem mëshirë, por do të bëj që të të bien mbi ty rrugët e tua dhe veprimet e tua të neveritshme do të jenë në mes teje; atëherë do të pranoni që unë jam Zoti që godet.

¹⁰ Ja dita, ja ku arriti. Erdhi shkatërrimi. Thupra lulëzoi, kryelartësia buloi.

¹¹ Dhuna është shtuar si një thupër pabesie. Nuk do të mbetet asnjë prej tyre, asnjë nga moria e tyre, asnjë prej tyre; nuk do të ketë asnjë vajtim për ta.

¹² Koha erdhi, dita po afrohet. Kush blen të mos gëzohet, kush shet të mos hidhërohet, sepse një zëmërim i zjarrtë kërcënon gjithë morinë e tyre.

¹³ Sepse ai që shet nuk do të zotërojë atë që ka shitur, edhe sikur të mbetet i gjallë, sepse vegimi përfshin tërë morinë e tyre dhe nuk do të hiqet, dhe askush nuk do të mund të ruajë jetën e vet, duke jetuar në paudhësi.

¹⁴ I kanë rënë borisë, dhe të gjithë janë gati, por asnjë nuk shkon në betejë, sepse afshi i zemërimit tim është kundër tërë morisë së tyre.

¹⁵ Nga jashtë shpata, nga brenda murtaja dhe uria. Kush është ndër ara do të vdesë nga shpata, kush është në qytet do të gllabërohet nga murtaja dhe nga uria.

¹⁶ Por ikanakët që do të arrijnë të shpëtojnë do të rrinë ndër male si pëllumbat e luginës, të gjithë duke rënkuar për shkak të paudhësisë së vet.

¹⁷ Të gjitha duart do të bëhen të dobëta dhe tërë gjunjët do të bëhen të dobët si uji.

¹⁸ Do të vishen me thasë dhe frika do t'i mbulojë, turpi do të jetë mbi gjitha fytyrat dhe shogësia mbi tërë kokat e tyre.

¹⁹ Do të hedhin argjendin e tyre nëpër rrugë dhe ari i tyre do të bëhet një ndyrësi. Argjendi i tyre dhe ari i tyre nuk do të mund t'i shpëtojnë ditën e zemërimit të Zotit; nuk do të mund të ngopin shpirtin e tyre as të mbushin barkun e tyre, sepse paudhësia e tyre është bërë shkak pengese.

²⁰ Kanë nxjerrë nga bukuria e stolive të tyre shkas kryelartësie; kanë përftuar figura nga neveritë e tyre dhe nga idhujt e tyre të urrejtshëm. Prandaj do t'i bëj ata një ndyrësi,

²¹ dhe do t'i lë pra në duart e të huajve dhe plaçkë për të pabesët e dheut që do t'i përdhosin.

²² Do të largoj prej tyre fytyrën time dhe ata do të përdhosin vendin tim sekret; do të hyjnë njerëz që përdorin dhunën dhe do ta përdhosin.

²³ Përgatit një zinxhir, sepse vendi është plot me krime gjaku dhe qyteti është plot dhunë.

²⁴ Do të sjell kombe të këqija që do të shtien në dorë shtëpitë e tyre; do ta ul kryelartësinë e të fuqishmëve dhe vendet e tyre të shenjta do të përdhosen.

²⁵ Shkatërrimi po vjen. Ata do të kërkojnë paqe, por nuk do të ketë.

²⁶ Do të ketë fatkeqësi të njëpasnjëshme, lajme të këqija pas lajmesh të këqija. Atëherë do t'i kërkojnë një vegim një profeti, por ligji do t'i mungojë priftit dhe këshillit të pleqve.

²⁷ Mbreti do të jetë në zi, princi do të vishet me rroba dëshpërimi dhe duart e popullit të vendit do t'i pushtojë frika. Unë do t'i trajtoj sipas sjelljes së tyre dhe do t'i gjykoj sipas gjykimeve të tyre; atëherë do të pranojnë që unë jam Zoti".

Kapitull 8

¹ Në vitin e shtatë, në muajin e gjashtë, më pesë të muajit, ndodhi që, ndërsa isha ulur në shtëpinë time dhe pleqtë e Judës ishin ulur përballë meje, dora e Zotit, Zotit, ra në atë vend mbi mua.

² Unë shikova, dhe ja, një figurë njeriu me pamje zjarri; nga sa i përngjanin ijët e tij nga poshtë dukeshin prej zjarri, dhe nga sa i përngjanin ijët e tij lart dukeshin të shkëlqyera si ngjyra e bronzit inkandeshent.

³ Ai shtriu një formë dore dhe më kapi nga një tufë e flokëve të mi, dhe Fryma më ngriti midis tokës dhe qiellit dhe më çoi në vegime të Perëndisë në Jeruzalem, në hyrje të portës së brendëshme që shikon nga veriu, ku ndodhej idhulli i xhelozisë, që shkakton xhelozinë.

⁴ Dhe ja, atje ndodhej lavdia e Perëndisë të Izraelit, e ngjashme me vegimin që kisha parë në fushë.

⁵ Pastaj ai më tha: "Bir njeriu, ço tani sytë e tu në drejtim të veriut". Kështu i ngrita sytë drejt veriut dhe ja, në veri të portës së altarit, pikërisht në hyrje, ishte idhulli i xhelozisë.

⁶ Dhe ai më tha: "Bir njeriu, shikon atë që bëjnë këta, veprimet e rënda të neveritshme që kryen këtu shtëpia e Izraelit dhe që më bëjnë të largohem nga shenjtërorja ime? Por ti do të shikosh veprime edhe më të rënda të neveritshme".

⁷ Kështu ai më çoi në hyrjen e oborrit. Unë shikova dhe ja, një vrimë në mur.

⁸ Atëherë ai më tha: "Bir njeriu, bëj një vrimë në mur". Kështu bëra një vrimë në mur, dhe ja, një hapje.

⁹ Ai më tha: "Hyr dhe shiko gjërat e neveritshme që këta po kryejnë këtu".

¹⁰ Kështu hyra për të parë, dhe ja, lloj lloj rrëshqanorë dhe kafshë të neveritshme si dhe tërë idhujt e shtëpisë së Izraelit të riprodhuara rreth e rrotull mbi mur.

¹¹ Dhe para tyre rrinin shtatëdhjetë burra nga pleqtë e shtëpisë së Izraelit, dhe në mes tyre ishte Jaazaniahu, biri i Shafanit, secili me temjanicën e vet prej së cilës ngjitej një re e dendur temjani.

¹² Pastaj më tha: "Bir njeriu, a ke parë atë që bëjnë pleqtë e shtëpisë së Izraelit në errësirë, secili në dhomën e figurave të tij? Në fakt thonë: "Zoti nuk na shikon, Zoti e ka braktisur vendin"".

¹³ Pastaj më tha: "Ti do të shikosh gjëra edhe më të neveritshme që ata po kryejnë".

¹⁴ Atëherë më çoi në hyrjen e portës së shtëpisë të Zotit, që është nga veriu; dhe ja, atje ishin ulur gra që qanin Tamuzin.

¹⁵ Pastaj më tha: "A e pe, bir njeriu? Ti do të shikosh gjëra edhe më të neveritshme nga këto".

¹⁶ Atëherë më çoi në oborrin e brendshëm të shtëpisë të Zotit; dhe ja, në hyrje të tempullit të Zotit, midis portikut dhe altarit, ishin rreth njëzetepesë burra, me kurriz të kthyer nga tempulli i Zotit dhe fytyrë të kthyer nga lindja, që adhuronin diellin nga lindja.

¹⁷ Pastaj më tha: "A e pe, bir njeriu? A është vallë një gjë e vogël për shtëpinë e Judës të kryejë gjërat e neveritshme që ajo bën këtu? Në fakt ata e kanë mbushur vendin me dhunë dhe kanë provokuar disa herë zemërimin tim. Dhe ja, e çojnë degën te hunda.

¹⁸ Prandaj edhe unë do të veproj me tërbim; syri im nuk do të ketë asnjë dhembshuri dhe nuk do të kem mëshirë fare. Edhe sikur të çojnë britma të larta veshëve të mi, unë nuk do t'i dëgjoj".

Kapitull 9

¹ Pastaj bërtiti me zë të lartë në veshët e mi, duke thënë: "Të afrohen ata që do të ndëshkojnë qytetin, secili me armën e tij të shkatërrimit në dorë".

² Dhe ja ku erdhën nga drejtimi i portës së sipërme që shikon nga veriu pesë burra, secili me armën e tij të shfarosjes në dorë. Në mes tyre ishte një burrë me rroba prej liri, që kishte një kallamar shkruesi prej briri në krah. Me të arritur, ata u ndalën pranë altarit prej bronzi.

³ Atëherë lavdia e Perëndisë të Izraelit u ngrit nga kerubini mbi të

cilin rrinte, dhe u drejtua nga pragu i tempullit. Ajo thirri njeriun e veshur me rroba liri, që kishte kallamarin prej briri të shkruesit në krah,

⁴ dhe Zoti tha: "Kalo në mes të qytetit, në mes të Jeruzalemit, dhe bëj një shenjë mbi ballin e njerëzve që psherëtijnë dhe vajtojnë për të gjitha gjërat që kryhen në mes tij".

⁵ Dhe të tjerëve u tha, në mënyrë që unë ta dëgjoja: "Kaloni nëpër qytet pas tij dhe goditni; syrit tuaj të mos i vijë keq dhe mos kini mëshirë aspak.

⁶ Vritni deri në shfarosje pleq, të rinj, virgjiresha, fëmijë dhe gra, por mos u afroni asnjerit mbi të cilin është shenja; filloni nga shenjtërorja ime". Kështu ata filluan me pleqtë që ishin para tempullit.

⁷ Pastaj u tha atyre: "Ndotni tempullin dhe mbushni oborret me të vrarë. Dilni!". Atëherë ata dolën dhe bënë kërdinë në qytet.

⁸ Ndërsa ata po bënin kërdi dhe unë kisha mbetur vetëm, rashë me fytyrë dhe bërtita, duke thënë: "Oh, Zot, Zot, a do ta shkatërrosh ti tërë mbetjen e Izraelit, duke e zbrazur tërbimin tënd mbi Jeruzalemin?".

⁹ Ai m'u përgjigj: "Paudhësia e shtëpisë së Izraelit dhe asaj të Judës është jashtëzakonisht e madhe; vendi është plot gjak dhe qyteti plot me korrupsion. Në fakt thonë: "Zoti e ka braktisur vendin, Zoti nuk shikon".

¹⁰ Prandaj edhe syrit tim nuk do t'i vijë keq dhe nuk do të kem aspak mëshirë, por do të bëj që t'u bjerë mbi kokë sjellja e tyre".

¹¹ Dhe ja, njeriu i veshur me rroba liri, që kishte një kallamar prej briri si shkrues në krah, bëri raportimin e tij, duke thënë: "Veprova ashtu si më urdhërove".

Kapitull 10

¹ Unë po shikoja dhe ja, mbi kupën qiellore që ishte mbi kryet e kerubinëve, dukej mbi ta një si gur safiri që i përngjante nga forma një froni.

² Zoti i foli pastaj njeriut të veshur me rroba liri dhe i tha: "Shko midis rrotave poshtë kerubinit, mbushi duart me qymyr të ndezur që është midis kerubinëve dhe përhapi mbi qytetin". Dhe ai shkoi, ndërsa unë shikoja.

³ Kur hyri ai njeri, kerubinët rrinin në të djathtë të tempullit dhe reja mbushte oborrin e brendshëm.

⁴ Pastaj lavdia e Zotit u ngrit mbi kerubinin duke lëvizur drejt pragut të tempullit; atëherë tempulli u mbush me renë dhe oborri u mbush me shkëlqimin e lavdisë të Zotit.

⁵ Zhurma e krahëve të kerubinëve u dëgjua deri në oborrin e jashtëm, ashtu si zëri i Perëndisë të plotfuqishëm kur flet.

⁶ Kur Zoti e urdhëroi njeriun e veshur me rroba liri, duke thënë: "Merr zjarrin midis rrotave që ndodhen ndër kerubinë", ai shkoi të ndalet pranë një rrote.

⁷ Atëherë një kerubin shtriu dorën midis kerubinëve drejt zjarrit që ishte mes tyre, e mori dhe e vuri në duart e njeriut të veshur me rroba liri, që e pranoi dhe doli.

⁸ Kerubinët dukeshin sikur kishin formën e dorës së njeriut poshtë krahëve.

⁹ Shikova akoma dhe ja, në krah të kerubinëve kishte katër rrota, një rrotë përbri çdo kerubini dhe një rrotë tjetër për çdo kerubin tjetër; rrotat kishin pamjen e një guri të topazit.

¹⁰ Dukej sikur që të katra kishin po atë formë, sikur një rrotë të ishte në mes të tjetrës.

¹¹ Kur lëviznin, shkonin nga një prej katër drejtimeve të tyre dhe, duke shkuar, nuk sillëshin, por ndiqnin drejtimin që kishte marrë koka e tyre dhe, duke shkuar, nuk sillëshin.

¹² Tërë trupi i tyre, kurrizi i tyre, duart e tyre, krahët e tyre ishin plot me sy rreth e qark, po, edhe vetë rrotat që kishin të katër.

¹³ Unë dëgjova që rrotat quheshin "Turbina".

¹⁴ Çdo kerubin kishte katër fytyra; fytyra e parë ishte fytyra e kerubinit, fytyra e dytë ishte fytyra e njeriut, fytyra e tretë fytyra e luanit dhe fytyra e katërt ajo e shqiponjës.

¹⁵ Pastaj kerubinët u ngritën. Ata ishin po ato qenie të gjalla që kisha parë pranë lumit Kebar.

¹⁶ Kur kerubinët lëviznin, edhe rrotat lëviznin nga ana e tyre; dhe kur kerubinët hapnin fletët për t'u ngritur nga toka, rrotat nuk largoheshin nga krahu i tyre.

¹⁷ Kur ata ndaleshin, ndaleshin edhe ato; kur ata ngriheshin, ngriheshin edhe ato bashkë me ta, sepse fryma e qënieve të gjalla ishte ndër ta.

¹⁸ Lavdia e Zotit u largua pastaj nga pragu i tempullit dhe u ndal te kerubinët.

¹⁹ Pastaj kerubinët i hapën krahët e tyre dhe u ngritën nga toka para syve të mi; ndërsa po largoheshin edhe rrotat ishin pranë tyre. U ndalën pastaj te hyrja e portës që shikonte nga lindja e shtëpisë të Zotit, ndërsa lavdia e Perëndisë të Izraelit qëndronte lart mbi ta.

²⁰ Ishin po ato qenie të gjalla që kisha parë nën Perëndinë e Izraelit pranë lumit Kebar dhe njoha që ishin kerubinë.

²¹ Secili prej tyre kishte katër fytyra, secili katër krahë dhe poshtë krahëve të tyre ishte forma e dorës së njeriut.

²² Sa për pamjen e fytyrave të tyre, ishin po ato fytyra që kisha parë pranë lumit Kebar; ishin po ato shëmbëlltyra dhe po ata kerubinë. Secili shkonte drejt para tij.

Kapitull 11

¹ Pastaj Fryma më ngriti dhe më çoi në portën lindore të shtëpisë të Zotit që shikon nga lindja; dhe ja, në hyrje të portës kishte njëzet e pesë burra, ndër të cilët pashë Jaazaniahun, birin e Azurit,

² Ai më tha: "Bir njeriu, këta janë ata njerëz që kurdisin të keqen dhe japin këshilla të këqija në këtë qytet.

³ Ata thonë: "Koha nuk është e afërt. Të ndërtojmë shtëpi! Ky qytet është kusia dhe ne jemi mishi".

⁴ Prandaj profetizo kundër tyre, profetizo, bir njeriu".

⁵ Pastaj Fryma e Zotit ra mbi mua dhe më tha: "Thuaj: Kështu thotë Zoti: Ju thoni kështu, o shtëpi e Izraelit, dhe unë i njoh gjërat që ju shkojnë në mend.

⁶ Ju i keni shumuar ata që keni goditur për vdekje në këtë qytet dhe keni mbushur me të vdekur rruget e tij".

⁷ Prandaj kështu thotë Zoti, Zoti: "Ata që keni vrarë dhe që i keni bërë tog në mes të saj janë mishi dhe ky qytet është kusia, por unë do t'ju nxjerr nga mesi i tij.

⁸ Ju keni frikë nga shpata dhe unë do të sjell mbi ju shpatën", thotë Zoti, Zoti.

⁹ "Unë do t'ju nxjerr nga mesi i tij, do t'ju jap në dorë të të huajve dhe do të zbatoj mbi ju vendimet e mia.

¹⁰ Ju do të bini nga shpata, do t'ju gjykoj në kufijtë e Izraelit; atëherë do të pranoni që unë jam Zoti.

¹¹ Ky qytet nuk do të jetë më për ju një kusi dhe ju nuk do të jeni për të mishi; unë do t'ju gjykoj në kufijtë e Izraelit.

¹² Atëherë do të pranoni që unë jam Zoti, sepse nuk keni ecur sipas statuteve të mia dhe as keni zbatuar ligjet e mia, por keni vepruar sipas ligjeve të kombeve që ju rrethojnë".

¹³ Ndodhi që, ndërsa unë profetizoja, Pelatiahu, bir i Benajahut, vdiq. Atëherë rashë me fytyrë për tokë dhe bërtita me të madhe, duke thënë: "Ah, Zot, Zot, dëshiron ta shkatërrosh krejt mbetjen e Izraelit?".

¹⁴ Atëherë fjala e Zotit m'u drejtua, duke thënë:

¹⁵ "Bir njeriu, vëllezërit e tu, vetë të afërmit e tu, ata që janë çliruar bashkë me ty dhe tërë shtëpia e Izraelit janë ata të cilëve banorët e Jeuzalemit u kanë thënë: "Largohuni, pra, nga Zoti; ky vend na është dhënë si trashëgimi".

¹⁶ Prandaj thuaj: Kështu thotë Zoti, Zoti: Megjithatë unë i kam larguar midis kombeve dhe i kam shpërndarë në vende të huaja, unë do të jem për ta për pak kohë një shenjtërore në vendet ku kanë shkuar.

¹⁷ Prandaj u thuaj: Kështu thotë Zoti, Zoti: Do t'ju mbledh ndër popuj, do t'ju grumbulloj nga vendet ku jeni shpërndarë dhe do t'ju jap tokën e Izraelit.

¹⁸ Ata do të kthehen dhe do të heqin tërë gjërat e tij të urrejtshme dhe tërë gjërat e neveritshme të tij.

¹⁹ Dhe unë do t'ju jap atyre një zemër tjetër dhe do t'u shtie përbrenda një frymë të re, do të heq nga mishi i tyre zemrën prej guri dhe do t'u jap një zemër prej mishi,

²⁰ me qëllim që të ecin sipas statuteve të mia dhe të respektojnë ligjet e mia dhe t'i vënë në praktikë; atëherë ata do të jenë populli im dhe unë do të jem Perëndia i tyre.

²¹ Po për ata të cilët kanë zemër që vë në zbatim gjërat e tyre të urrejtshme dhe të neveritshme, do të bëj që mbi kokën e tyre të bjerë sjellja e tyre", thotë Zoti, Zoti.

²² Pastaj kerubinët i hapën krahët e tyre dhe rrotat lëvizën pranë tyre dhe lavdia e Perëndisë të Izraelit rrinte lart mbi ta.

²³ Lavdia e Zotit u ngrit nga mesi i qytetit dhe u ndal mbi malin, që ishte në lindje të qytetit.

²⁴ Pastaj Fryma më ngriti dhe më çoi në Kalde midis atyre që ishin në robëri, në një vegim për Frymën e Perëndisë dhe vegimi që kisha parë u zhduk para meje duke u ngritur lart;

²⁵ dhe unë u tregova atyre që ishin në robëri të gjitha gjërat që Zoti më kishte bërë të shoh.

Kapitull 12

¹ Fjala e Zotit m'u drejtua, duke thënë:

² "Bir njeriu, ti banon në mes të një shtëpie rebele, që kanë sy për të parë, por nuk shohin, vesh për të dëgjuar, por nuk dëgjojnë, sepse janë një shtëpi rebele.

³ Prandaj, bir njeriu, përgatit plaçkat për mërgim dhe shko në

mërgim ditën para syve të tyre. Ti do të nisesh për mërgim nga vendi ku je në një vend tjetër para syve të tyre; ndofta do ta kuptojnë se janë një shtëpi rebele.

⁴ Do të çosh, pra, plaçkat e tua ditën para syve të tyre, bagazhin tënd si bagazh i dikujt që shkon në mërgim; pastaj në mbëmje do të dalësh para syve të tyre, si ata që shkojnë në mërgim.

⁵ Bëj një vrimë në mur para syve të tyre dhe nëpërmjet kësaj nxirr bagazhin tënd.

⁶ Do ta mbash mbi kurriz para syve të tyre, do ta çosh jashtë në terr; do të mbulosh fytyrën për të mos shikuar tokën, sepse të kam bërë ty një shenjë për shtëpinë e Izraelit".

⁷ Unë bëra pikërisht ashtu si më kishte urdhëruar; ditën nxora jashtë bagazhin tim, si bagazhi i dikujt që shkon në mërgim dhe në mbrëmje, me duar, hapa një vrimë në mur; kur u err e çova jashtë bagazhin tim dhe e vura mbi kurriz para syve të tyre.

⁸ Në mëngjes fjala e Zotit m'u drejtua, duke thënë:

⁹ "Bir njeriu, nuk të ka kërkuar shtëpia e Izraelit, kjo shtëpi rebele: "Çfarë po bën?".

¹⁰ U thuaj atyre: Kështu thotë Zoti, Zoti: "Ky orakull ka të bëjë me princin që është në Jeruzalem dhe me tërë shtëpinë e Izraelit që banon aty".

¹¹ Thuaj: Unë jam një shenjë për ju; ashtu si bëra unë, kështu do t'u bëhet atyre: ata do të shkojnë në mërgim, në robëri.

¹² Princi që është në mes tyre do të mbajë bagazhin e tij mbi kurriz në terr dhe do të dalë; do të bëjnë një vrimë në mur që ai të dalë nëpërmjet saj; ai do të mbulojë fytyrën për të mos parë tokën me sytë e tij.

¹³ Por unë do të shtrij rrjetën time mbi të dhe ai do të kapet në lakun tim; do ta çoj pastaj në Babiloni, në vendin e Kaldeasve; por ai nuk ka për ta parë dhe do të vdesë atje.

¹⁴ Do të shpërndaj në të gjitha erërat ata që i rrijnë rreth e qark për ta ndihmuar dhe tërë trupat e tij, dhe do ta zhvesh shpatën prapa tyre.

¹⁵ Atëherë do të pranojnë që unë jam Zoti kur do ti kem shpërndarë midis kombeve dhe vendeve të ndryshme.

¹⁶ Por do të fal një numër të vogël nga shpata, nga uria dhe murtaja, me qëllim që të tregojnë të gjitha veprimet e tyre të neveritshme midis kombeve ku do të shkojnë; atëherë do të pranojnë që unë jam Zoti".

¹⁷ Fjala e Zotit m'u drejtua akoma, duke thënë:

¹⁸ "Bir njeriu, ha bukën tënde me drithtimë dhe pije ujin tënd me shqetësim dhe me ankth.

¹⁹ Do t'i thuash pastaj popullit të vendit: Kështu u thotë Zoti, Zoti, banorëve të Jeruzalemit në tokën e Izraelit: Do të hanë bukën e tyre në pikëllim dhe do ta pinë ujin e tyre në tmerr, sepse vendi i tyre do të zhvishet nga gjithë ato që ka për shkak të ligësisë të mbarë njerëzve që banojnë aty.

²⁰ Qytetet e banuara do të shkatërrohen dhe vendi do të shkretohet; kështu do të pranoni që unë jam Zoti".

²¹ Fjala e Zotit mu drejtua përsëri duke, duke thënë:

²² "Bir njeriu: Çfarë është ajo e thënë për vendin e Izraelit e cila pohon se: "Ditët po zgjaten dhe çdo vegim pakësohet"?

²³ Prandaj u thuaj atyre: Kështu thotë Zoti, Zoti: Unë do të bëj të pushojë kjo e thënë dhe të mos e përmendin më në Izrael. Bile u thuaj atyre: Po afrohen ditët dhe realizimi i fjalës së çdo vegimi,

²⁴ sepse nuk do të ketë më asnjë vegim të rremë as shortari të gënjeshtërt në mes të shtëpisë së Izraelit.

²⁵ Sepse unë, Zoti, do të flas, dhe fjala që do shqiptoj do të kryhet pa asnjë mëdyshje. Po, në ditët tuaja, o shtëpi rebele, unë do të shqiptoj një fjalë dhe do ta realizoj", thotë Zoti, Zoti.

²⁶ Fjala e Zotit m'u drejtua akoma, duke thënë:

²⁷ "Bir njeriu, ja, shtëpia e Izraelit thotë: "Vegimi që ai shikon ka të bëjë me shumë ditë të së ardhmes, dhe ai profetizon për kohra të largëta".

²⁸ Prandaj u thuaj atyre: Kështu thotë Zoti, Zoti; asnjë nga fjalët e mia nuk do të shtyhet më, por fjala që unë do të shqiptoj do të realizohet", thotë Zoti, Zoti.

Kapitull 13

¹ Fjala e Zotit m'u drejtua duke thënë:

² "Bir njeriu, profetizo kundër profetëve të Izraelit që profetizojnë dhe u thuaj atyre që profetizojnë sipas zemrës së tyre: Dëgjoni fjalën e Zotit.

³ Kështu thotë Zoti, Zoti: Mjerë profetët e pamend që ndjekin frymën e tyre duke mos parë asgjë.

⁴ O Izrael, profetët e tu kanë qenë si dhelpra në shkretëtirë.

⁵ Ju nuk jeni ngjitur mbi të çara dhe as nuk keni ndërtuar ndonjë mur rreth shtëpisë së Izraelit për të rezistuar në betejën në ditën e Zotit.

⁶ Kanë pasur vegime të rreme dhe shortari të gënjeshtërta dhe thonë: "Zoti ka thënë", ndërsa Zoti nuk i ka dërguar. Megjithatë ata shpresojnë që fjala e tyre të plotësohet.

⁷ A nuk keni pasur vallë vegime të rreme dhe a nuk keni shqiptuar shortari të gënjeshtra? Ju thoni: "Zoti ka thënë", kurse unë nuk kam folur".

⁸ Prandaj kështu thotë Zoti, Zoti: "Me qenë se keni thënë gënjeshtra dhe keni pasur vegime të gënjeshtërta, ja ku jam kundër jush", thotë Zoti, Zoti.

⁹ "Dora ime do të jetë kundër profetëve që kanë vegime të rreme dhe shqiptojnë shortari të gënjeshtra. Ata nuk do të marrin pjesë në këshillën e popullit tim, nuk do të jenë të shkruar në rregjistrin e shtëpisë së Izraelit dhe nuk do të hyjnë në vendin e Izraelit; atëherë do të pranoni që unë jam Zoti, Zoti.

¹⁰ Sepse, po, sepse kanë bërë popullin tim të devijojë, duke i thënë: 'Paqe', kur nuk ka paqe, dhe kur një njeri ndërton një mur, ata e suvatojnë me një llaç që nuk mban,

¹¹ u thuaj atyre që e suvatojnë me llaç që nuk mban, se ai ka për të rënë. Do të vijë një shi i rrëmbyer dhe ju, o gurë breshëri, do të rrëzoheni; do të shpërthejë një erë e stuhishme,

¹² dhe ja, kur do të rrëzohet muri, nuk do t'ju thuhet vallë: "Ku është llaçi me të cilin e keni suvatuar?"".

¹³ Prandaj kështu thotë Zoti, Zoti: "Në tërbimin tim do të bëj që të shpërthejë një erë e stuhishme, në zemërimin tim do të bëj që të bjerë një shi i rrëmbyer dhe në tërbimin tim disa gurë breshri për një shfarosje të plotë.

¹⁴ Kështu do të shemb murin që keni suvatuar me llaç që nuk mban, do ta hedh për tokë dhe themelet e tij do të zbulohen; ai do të rrëzohet dhe ju do të shkatërroheni bashkë me të; atëherë do të pranoni që unë jam Zoti.

¹⁵ Kështu do të shfryj tërbimin tim mbi murin dhe mbi ata që kanë suvatuar me llaç që nuk mban; dhe do t'ju them: "Muri nuk është më dhe as ata që e suvatonin,

¹⁶ domethënë, profetët e Izraelit që profetizonin mbi Jeruzalemin dhe kishin për të vegime paqeje, ndërsa nuk kishte paqe", thotë Zoti, Zoti.

¹⁷ "Por tani ti, bir njeriu, kthe fytyrën nga vajzat e popullit tënd që profetizojnë sipas zemrës së tyre dhe profetizo kundër tyre,

¹⁸ dhe thuaj: Kështu thotë Zoti, Zoti: Mjerë gratë që qepin rripa në të gjitha kyçet e dorës dhe bëjnë vela për kokat e çdo lartësie për të gjuajtur shpirtërat. A besoni ju të gjuani shpirtërat e popullit tim dhe të shpëtoni jetën tuaj?

¹⁹ Ju më përdhosni në mes të popullit tim për disa grushte elbi dhe për disa copa buke, duke bërë të vdesin shpirtëra që nuk duhet të vdisnin dhe duke bërë të jetojnë shpirtëra që nuk duhet të jetonin, duke e gënjyer popullin tim që u ve veshin gënjeshtrave".

²⁰ Prandaj kështu thotë Zoti, Zoti: "Ja, unë jam kundër rripave tuaja me të cilat ju gjuani shpirtërat sikur të ishin zogj; do t'i shkëpus nga krahët tuaja dhe do t'i çliroj shpirtërat, ato shpirtëra që ju i gjuani si zogj.

²¹ Gjithashtu do të heq velat tuaja dhe do të çliroj popullin tim nga duart tuaja, dhe ai nuk do të jetë më një pre në duart tuaja; atëherë do të pranoni që unë jam Zoti.

²² Në fakt e keni brengosur zemrën e të drejtit me gënjeshtra, kur unë nuk e brengosja, dhe keni fortësuar duart e të pabesit, që të mos shmanget nga rruga e tij e keqe për të mbetur në jetë.

²³ Prandaj nuk do të keni më vegime të rreme dhe nuk do të praktikoni më shortarinë, dhe unë do ta çliroj popullin tim nga duart tuaja; atëherë do të pranoni që unë jam Zoti".

Kapitull 14

¹ Pastaj erdhën tek unë disa pleq të Izraelit dhe u ulën para meje.

² Atëherë fjala e Zotit m'u drejtua, duke thënë:

³ "Bir njeriu, këta njerëz kanë ngritur idhujt e tyre në zemrën e tyre dhe kanë vënë para tyre pengesën që i bën të bien në paudhësi. A do ta lë veten të konsultohem prej tyre?

⁴ Prandaj folu dhe u thuaj atyre: Kështu thotë Zoti, Zoti: Cilido qoftë nga shtëpia e Izraelit që i ngre idhujt e tij në zemrën e tij, dhe vë para vetes pengesën që e bën të bjerë në paudhësi dhe pastaj vjen te profeti, do t'i përgjigjem unë, Zoti, lidhur me këtë, sipas morisë së idhujve të tij,

⁵ për të ndikuar në zemrën e atyre të shtëpisë së Izraelit që janë larguar prej meje për shkak të gjithë idhujve të tyre.

⁶ Prandaj i thuaj shtëpisë së Izraelit: Kështu thotë Zoti, Zoti: Konvertohuni, largohuni nga idhujtët tuaj dhe hiqni fytyrën nga të gjitha gjërat tuaja të neveritshme.

⁷ Sepse, në qoftë se një njeri çfardo i shtëpisë së Izraelit apo disa

të huaj që banojnë në Izrael largohen nga unë, ngre idhujt e tij në zemrën e tij dhe vë para tij pengesën që e bën të bjerë në paudhësi dhe pastaj vjen te profeti, që të konsultohet me mua nëpërmjet atij, unë, do t'i përgjigjem unë, Zoti, nga vetja ime.

⁸ Do të kthej fytyrën time kundër këtij njeriu, do ta bëj një shenjë dhe një proverb dhe do ta shfaros në mes të popullit tim; atëherë do pranoni që unë jam Zoti.

⁹ Por në rast se profeti lë të mashtrohet dhe thotë ndonjë fjalë, unë, Zoti e kam bërë për vete këtë profet; do të shtrij dorën pastaj kundër tij dhe do ta shkatërroj në mes të popullit tim të Izraelit.

¹⁰ Që të dy do të vuajnë dënimin e paudhësisë së tyre; dënimi i profetit do të jetë i barabartë me dënimin e atij që e konsulton,

¹¹ me qëllim që ata të shtëpisë së Izraelit të mos shkojnë duke u endur larg meje, të mos ndoten më nga të gjitha shkeljet e tyre, por të jenë populli im dhe unë të jem Perëndia i tyre", thotë Zoti, Zoti.

¹² Fjala e Zotit mu drejtua akoma, duke thënë:

¹³ "Bir njeriu, në qoftë se një vend mëkaton kundër meje duke qenë vazhdimisht i pabesë, unë do të shtrij dorën time kundër tij, do t'i ndërpres përkrahjen e bukës, do t'i dërgoj kundra urinë dhe do të shfaros njerëzit dhe kafshët.

¹⁴ Edhe sikur në mes tyre të ishin këta tre burra, Noeu, Danieli dhe Jobi, për shkak të drejtësisë së tyre do të shpëtonin vetëm veten e tyre", thotë Zoti, Zoti.

¹⁵ "Por në rast se do të bëja që nëpër këtë vend të kalonin kafshë të egra që ta shpopullonin dhe ai të bëhej një shkreti ku askush nuk do të kalonte për shkak të këtyre kafshëve,

¹⁶ edhe sikur në mes tyre të ishin ata tre burra, ashtu siç është e vërtetë që unë rroj", thotë Zoti, Zoti, "ata nuk do të shpëtonin as bijtë as bijat; do të shpëtonin vetëm veten e tyre, por vendi do të ishte një shkreti.

¹⁷ Ose sikur të sillja shpatën kundër këtij vendi dhe të thoja: "Le të kalojë shpata nëpër vend", dhe të shfaroste njerëz dhe kafshë,

¹⁸ edhe sikur në mes tyre të ishin ata tre burra, ashtu siç është e vërtetë që unë rroj", thotë Zoti, Zoti, "ata nuk do të shpëtonin as bijtë, as bijat e tyre, por vetëm veten e tyre.

¹⁹ Ose sikur të dërgoja kundër atij vendi murtajën dhe të derdhja mbi të zemërimin tim duke bërë kërdinë dhe duke shfarosur njerëz dhe kafshë,

²⁰ edhe sikur në mes tyre të ishin Noeu, Danieli dhe Jobi, ashtu siç është e vërtetë që unë rroj", thotë Zoti, Zoti "ata nuk do të shpëtonin as bijtë as bijat, për drejtsinë e tyre do të shpëtonin vetëm veten e tyre".

²¹ Sepse kështu thotë Zoti, Zoti: "E njëjta gjë do të ndodhë kur të dërgoj kundër Jeruzalemit katër gjykatësit e mi të tmerrshëm, shpatën, urinë, kafshët e egra dhe murtajën për të shfarosur njerëz dhe kafshë.

²² Por ja, do të lihet një mbeturinë që do të çohet jashtë, bij dhe bija; ata do të vijnë tek ju dhe ju do të shikoni sjelljen e tyre dhe veprimet e tyre. Atëherë do të ngushëlloheni nga e keqja që solla mbi Jeruzalemin, për të gjitha ato që solla mbi të.

²³ Ata do t'ju ngushëllojnë kur do të shikoni sjelljen e tyre dhe veprimet e tyre. Kështu do të pranoni që jo pa të drejtë bëra atë që bëra në mes të tij", thotë Zoti, Zoti.

Kapitull 15

¹ Fjala e Zotit m'u drejtua përsëri, duke thënë:

² "Bir njeriu, ç'është vallë druri i hardhisë në krahasim me gjithë drurët e tjerë ose me çfarëdo dege që ndodhet në drurët e pyllit?

³ A mund ta marrësh drurin për të bërë ndonjë punë? A mund të përftosh prej tij një kunj për të varur ndonjë send?

⁴ Ja, e hedh në zjarr për t'u djegur; zjarri djeg dy anët e tij dhe pjesa e tij qendrore karbonizohet. A mund të jetë vallë i dobishëm për ndonjë punë?

⁵ Ja, në se edhe kur ishte i plotë nuk vlente për asnjë punë, aq më pak do të mund të vlejë për ndonjë punë kur zjarri e ka djegur dhe karbonizuar.

⁶ Prandaj, kështu thotë Zoti, Zoti: Ashtu sikur, ndër drutë e pyllit, kam caktuar që druri i hardhisë të digjet në zjarr, kështu do të veproj edhe me banorët e Jeruzalemit.

⁷ Do të kthej kundër tyre fytyrën time. Kanë dalë nga një zjarr, por një zjarr tjetër do t'i gllabërojë. Atëherë do të pranoni që unë jam Zoti, kur të kthej kundër tyre fytyrën time.

⁸ Kështu do ta bëj vendin të shkretë sepse kanë qenë vazhdimisht jobesnikë", thotë Zoti, Zoti.

Kapitull 16

¹ Fjala e Zotit m'u drejtua përsëri, duke thënë:

² "Bir njeriu, bëja të njohura Jeruzalemit veprimet e tij të neveritshme,

³ dhe i thuaj: Kështu i thotë Zoti, Zoti, Jeruzalemit: Prejardhja jote dhe lindja jote janë nga vendi i Kanaanit; ati yt ishte një Amoreas dhe nëna jote një Hitease.

⁴ Kur linde ti, ditën që dole në këtë botë, nuk t'u pre kërthiza, nuk të lanë me ujë për t'u pastruar, nuk të fërkuan me kripë as të mbështollën në pelena.

⁵ Asnjë sy nuk u kujdes për ty që të bënte qoftë edhe një nga këto gjëra, duke i ardhur keq për ty; përkundrazi ditën që linde të hodhen në fushë të hapur, për shkak të neverisë që kishin për ty.

⁶ Unë të kalova afër, pashë që po përpëliteshe në gjak dhe të thashë, ndërsa ndodheshe në gjakun tënd: "Jeto!". Po, ndërsa ndodheshe në gjakun tënd të thashë: "Jeto!".

⁷ Të bëra të rritesh si mori si filizat e arave; dhe ti u rrite, u bëre e madhe dhe u bëre shumë e bukur. Gjiri t'u formua, flokët t'u rritën shumë, por ti ishe lakuriqe dhe nevojtare.

⁸ Unë të kalova afër dhe të shikova, dhe ja, koha jote ishte koha e dashurisë. Kështu shtriva cepin e rrobave të mia mbi ty dhe mbulova lakuriqësinë tënde; të bëra një betim, lidha një besëlidhje me ty dhe ti u bëre imja", thotë Zoti, Zoti.

⁹ "Të lava me ujë, të pastrova krejt nga gjaku dhe të leva me vaj.

¹⁰ Pastaj të vura të veshësh rroba të qëndisura, të vura sandale prej lëkure baldoseje, të rrethova kokën me li të hollë dhe të mbulova me mëndafsh.

¹¹ Të zbukurova me stoli, të vura byzylykë në kyçet e dorës dhe një gjerdan në qafë.

¹² Të vura një unazë në hundë, vathë te veshët dhe një kurorë të mrekullueshme mbi krye.

¹³ Kështu u zbukurove me ar dhe argjend dhe u veshe me li të hollë, me mëndafsh dhe me qëndisje. Ti hëngre majë mielli, mjaltë dhe vaj; u bëre shumë, shumë e bukur dhe arrite të mbretërosh.

¹⁴ Nami yt u përhap midis kombeve për bukurinë tënde që ishte e përsosur, për shkak të shkëlqimit tim të madh që kisha vendosur mbi ty", thotë Zoti, Zoti.

¹⁵ Por ti vure besim në bukurinë tënde dhe u kurvërove për shkak të namit tënd dhe ia falje kurvërimet e tua çdo kalimtari, që i pranonte.

¹⁶ Ti more disa nga rrobat e tua, bëre vende të larta me ngjyra të ndryshme në të cilat u kurvërove, gjëra që nuk duhet të kishin ndodhur dhe as që të ishin.

¹⁷ More gjithashtu xhevahiret e tua të bukura të bëra me arin dhe argjendin tim, që unë të kisha dhënë, bëre prej tyre figura njeriu dhe u kurvërove me to;

¹⁸ pastaj more rrobat e tua të qëndisura, i mbulove dhe ofrove para tyre vajin dhe temjanin tim.

¹⁹ Edhe bukën time që të kisha dhënë, majën e miellit, vajin dhe mjaltin me të cilin të ushqeja, i vure para tyre si një parfum me erë shumë të këndshme; kështu ndodhi", thotë Zoti, Zoti.

²⁰ "Përveç kësaj more bijtë e tu e bijat e tua që më kishe lindur dhe i sakrifikove ata, që të gëllititen. Mos vallë ishin pak gjë kurvërimet e tua,

²¹ që ti të therje bijtë e mi dhe t'ua ofroje atyre duke i kaluar nëpër zjarr?

²² Me gjithë veprimet e tua të neveritshme dhe kurvërimet e tua, nuk i kujtove ditët e rinisë sate, kur ishe lakuriq dhe nevojtare dhe përpëliteshe në gjak.

²³ Tani mbas gjithë ligësisë sate, "mjerë, mjerë ti!"", thotë Zoti, Zoti;

²⁴ "në çdo shesh ke ndërtuar një kamare dhe ke bërë një vend të lartë;

²⁵ në krye të çdo rruge ke ndërtuar një vend te lartë, e ke bërë të neveritshme bukurinë tënde, dhe i ke hapur këmbët e tua çdo kalimtari, duke i shumuar kurvërimet e tua.

²⁶ Ti gjithashtu je kurvëruar me Egjiptasit, fqinjët e tu trupmëdhenj, dhe i ke shumuar kurvërimet e tua për të provokuar zemërimin tim.

²⁷ Prandaj, ja, unë kam shtrirë dorën kundër teje, kam pakësuar racionin tënd të caktuar, të kam lënë në dorë të atyre që të urrejnë, bijave të Filistejve, që u vjen turp nga qëndrimi yt i poshtër.

²⁸ Ende e pa kënaqur, je kurvëruar me Asirianët; po, je kurvëruar me ata, por pa qenë e kënaqur.

²⁹ Kështu i ke shtuar kurvërimet e tua me vendin e Kanaanit deri në Kalde, por as me këtë nuk je kënaqur.

³⁰ Sa e shthurur është zemra jote", thotë Zoti, Zoti, "kur bën tërë këto gjëra si një prostitute pa cipë!

³¹ Ti ndërtoje kamaren në krye të çdo rruge dhe bënje vendet e larta në çdo shesh por nuk ishe si një prostitutë, sepse përbuzje pagën,

³² por si një grua që shkel kurorën, që në vend të bashkëshortit të saj pret të huajt.

³³ Të gjitha prostitutave u bëhen dhurata, por ti u ke bërë dhurata gjithë dashnorëve të tu dhe me dhurata i ke bërë të vijnë nga çdo anë te ti për kurvërimet e tua.

³⁴ Në kurvërimet e tua je sjellë krejt ndryshe nga gratë e tjera; askush nuk të ndiqte nga pas për t'u kurvëruar, sepse ti jepje pagesën në vend që ta merrje atë; kështu je sjellë krejt ndryshe nga të tjerat".

³⁵ Prandaj, o prostitutë, dëgjo fjalën e Zotit.

³⁶ Kështu thotë Zoti, Zoti: "Duke qenë se paratë e tua janë shkapërderdhur dhe lakuriqësia jote është zbuluar në kurvërimet e tua me dashnorët e tu dhe me tërë idhujt e tu të neveritshëm dhe për shkak të gjakut të bijve të tu që u ke ofruar atyre,

³⁷ ja, unë do të mbledh tërë dashnorët e tu me të cilët ke bërë qejf, të gjithë ata që ke dashuruar bashkë me ata që ke urryer; do t'i mbledh nga çdo anë kundër teje dhe do të zbuloj para tyre lakuriqësinë tënde, me qëllim që ata të shohin gjithë lakuriqësinë tënde.

³⁸ Do të të gjykoj si gjykohen gratë që shkelin kurorën dhe ato që derdhin gjakun dhe do të sjell mbi ty gjakun e tërbimit dhe të xhelozisë.

³⁹ Do të të jap pastaj në duart e tyre dhe ata do të shembin kamaren tënde dhe do të hedhin poshtë të gjitha vendet e tua të larta do të të zhveshin gjithashtu nga rrobat e tua, do të marrin xhevahiret e tua të mrekullueshme dhe do të të lënë lakuriq dhe nevojtare.

⁴⁰ Pastaj do të bëjnë të dalë kundër teje një turmë e madhe dhe do të të vrasin me gurë dhe do të të shpojnë me shpatat e tyre.

⁴¹ Do t'u vënë flakën shtëpive të tua dhe do të zbatojnë vendime kundër teje para syve të shumë grave; do të të bëj të heqësh dorë nga kurvërimi dhe nuk do të japësh më asnjë pagë.

⁴² Kështu do ta fashit zemërimin tim mbi ty dhe xhelozia ime do të largohet nga ti; do të qetësohem dhe nuk do të zemërohem më.

⁴³ Sepse ti nuk i ke kujtuar ditët e rinisë sate dhe më ke bërë të tërbohem me të gjitha këto gjëra, ja, edhe unë do të të bëj që të bien mbi kokën tënde veprimet e tua", thotë Zoti, Zoti, "kështu ti nuk do të kryesh poshtërsi të tjera përveç veprimeve të tua të neveritshme.

⁴⁴ Kushdo që do të thotë proverba, do të thotë këtë proverb kundër teje: "Si nëna është edhe e bija".

⁴⁵ Ti je me të vërtetë bija e nënës sate që ka mohuar bashkëshortin e saj dhe bijtë e vet, dhe je motër e motrave tua që kanë mohuar burrat dhe bijtë e tyre. Nëna juaj ishte një Hitease dhe ati juaj një Amoreas.

⁴⁶ Motra jote më e madhe është Samaria, që banon me gjithë bijat e saj në të majtën tënde; motra jote më e vogël është Sodoma, që banon me gjithë bijat e saj në të djathtën tënde.

⁴⁷ Ti jo vetëm ke ecur në rrugët e tyre dhe ke kryer veprimet e tyre të neveritshme, por, sikur kjo të ishte fare pak, në të gjitha rrugët e tua je korruptuar më shumë se ato.

⁴⁸ Siç është e vërtetë që unë rroj", thotë Zoti, Zoti, "motra jote Sodoma dhe bijat e saj nuk kanë bërë atë që ke bërë ti bashkë me bijat e tua.

⁴⁹ Ja, kjo qe paudhësia e motrës sate Sodoma: ajo dhe bijat e saj jetonin në kryelartësi, në bollëkun e bukës dhe në një plogështi të theksuar, por nuk përkrahnin dorën e të përvuajturit dhe të të varfërit.

⁵⁰ Ishin fodulle dhe kryenin veprime të neveritshme para meje; prandaj i hoqa nga mesi, kur e pashë këtë.

⁵¹ Samaria nuk ka kryer as gjysmën e mëkateve të tua; ti i ke shumuar veprimet e tua të neveritshme më shumë se ato dhe ke justifikuar motrat e tua me të gjitha veprimet e neveritshme që ke kryer.

⁵² Ti, që ke gjykuar motrat e tua, mbaje turpin tënd, sepse me mëkatet që ke kryer je bërë më e neveritshme se ato; ato janë më të drejta se ti. Po, ki turp, dhe mbaje për vete turpin, sepse ke justifikuar motrat e tua.

⁵³ Kur do t'i kthej robërit e tyre, robërit e Sodomës dhe bijat e saj, robërit e Samarias dhe vajzat e saj, atëherë do t'i kthej edhe robërit nga robërimi yt që janë në mes tyre,

⁵⁴ me qëllim që ti të mbash turpin tënd dhe të turpërohesh për tërë ato që ke bërë, kur i ke dhënë zemër.

⁵⁵ Kur motrat e tua, Sodoma dhe bijat e saj, do të kthehen në gjendjen e tyre të mëparshme, dhe Samaria dhe bijat e saj do të kthehen në gjendjen e tyre të mëparshme, edhe ti dhe bijat e tua do të ktheheni në gjendjen tuaj të mëparshme.

⁵⁶ Motra jote Sodoma nuk ishte përmendur fare nga goja jote në ditët e kryelartësisë sate,

⁵⁷ para se ligësia jote të zbulohej lakuriq, si ndodhi kur të fyen bijat e Sirisë dhe të gjitha ato që ishin rreth tyre, bijat e Filistejve, që përçmonin nga të gjitha anët.

⁵⁸ Ti mban dënimin e poshtërsisë sate dhe të veprimeve të tua të neveritshme", thotë i Amshueshmi.

⁵⁹ Sepse kështu thotë Zoti, Zoti: "Unë do të veproj me ty ashtu si ke vepruar ti me mua, se ke përçmuar betimin, duke shkelur besëlidhjen".

⁶⁰ "Megjithatë do të kujtoj besëlidhjen që lidha me ty në ditët e rinisë sate dhe do të lidh me ty një besëlidhje të përjetëshme.

⁶¹ Atëherë do të kujtohesh për sjelljen tënde dhe do të të vijë turp, kur do të presësh motrat e tua, ato që janë më të mëdha dhe ato që janë më të vogla nga ti; dhe unë do t'i jap ty si bija, por jo për hir të besëlidhjes sate.

⁶² Unë do të lidh besëlidhjen time me ty dhe ti do të pranosh që unë jam Zoti,

⁶³ me qëllim që të mbash mend, të të vijë turp dhe të mos hapësh gojën për shkak të konfuzionit tënd, kur të kem bërë shlyerjen e fajit për të gjitha ato që ke bërë", thotë Zoti, Zoti.

Kapitull 17

¹ Fjala e Zotit m'u drejtua, duke thënë:

² "Bir njeriu, propozo një enigmë dhe i trego një shëmbëlltyrë shtëpisë së Izraelit, dhe thuaji:

³ Kështu thotë Zoti, Zoti: Një shqiponjë e madhe me fletë të mëdha dhe me pendë të gjata, e mbuluar me pupla të ngjyrave të ndryshme, shkoi në Liban dhe këputi majën e një kedri;

⁴ këputi degëzën e tij më të lartë, e çoi në një vend tregëtie dhe e vendosi në një qytet tregtarësh.

⁵ Pastaj mori pak farë të vendit dhe e mbolli në një arë pjellore; e vendosi këtë pranë ujërave të bollshme dhe e mbolli si një shelg.

⁶ Ajo u rrit dhe u bë një hardhi e madhe, por e ulët, degët e së cilës ishin kthyer nga shqiponja, kurse rrënjët ishin poshtë saj. Kështu u bë një hardhi që lëshoi degë dhe gjethe.

⁷ Por na ishte një shqiponjë tjetër e madhe, me ali të mëdha dhe me shumë pendë; dhe ja, kjo hardhi i ktheu rrënjët e saj drejt asaj dhe i shtriu degët e saj drejt asaj me qëllim që ta vaditij nga brazda ku ishte mbjellë.

⁸ Ajo ishte mbjellë në një tokë të mirë, pranë ujërave të bollshme, me qëllim që të lëshonte degë, të jepte fryte dhe të bëhej një hardhi e mrekullueshme.

⁹ Thuaj: Kështu thotë Zoti, Zoti: A do të mund të shkojë mbarë? A nuk do t'i shrrënjosë shqiponja rrënjët e saj dhe nuk do t'i presë frytet e saj që ta lërë të thahet? Kështu gjethet që ka do të thahen. Nuk do të duhet shumë forcë as shumë njerëz për ta shkulur me rrënjë.

¹⁰ Ja, ajo është e mbjellë. A mund të shkojë mbarë? Mos vallë do të thahet krejt kur do të preket nga era e lindjes? Do të thahet në brazdën ku ishte rritur!".

¹¹ Fjala e Zotit m'u drejtua përsëri, duke thënë:

¹² "I thuaj, pra, kësaj shtëpie rebele: Nuk e merrni vesh çfarë kuptimi kanë këto gjëra? U thuaj atyre: Ja mbreti i Babilonisë erdhi në Jeruzalem, zuri mbretin dhe krerët dhe i çoi me vete në Babiloni.

¹³ Pastaj mori një prej gjaku mbretëror, lidhi një besëlidhje me të dhe e vuri të betohet. Ai mori me vete edhe burrat e fuqishëm të vendit,

¹⁴ me qëllim që mbretëria të binte dhe jo të ngrihej, por, duke respektuar besëlidhjen e tij, të mund të ishte i qëndrueshëm.

¹⁵ Por ky u rebelua kundër tij duke dërguar ambasadorët e tij në Egjipt, me qëllim që t'i jepnin kuaj dhe shumë njerëz. A mund t'i shkojë mbarë, a mund të shpëtojë ai që ka bërë gjëra të tilla? A mund të shkelë besëlidhjen dhe megjithatë të shpëtojë?

¹⁶ Ashtu siç është e vërtetë që unë rroj", thotë Zoti, Zoti, "ai do të vdesë në vendin ku rri mbreti i cili e ka bërë mbret dhe betimin e të cilit ai ka përçmuar duke shkelur edhe besëlidhjen, afër tij, në mes të Babilonisë.

¹⁷ Faraoni nuk do t'i japë ndihmë me ushtrinë e tij të fuqishme dhe me aq njerëz në luftë, kur do të ngrenë ledhe dhe do të ndërtojnë kulla për të shfarosur shumë jetë njerëzore.

¹⁸ Ai ka përçmuar betimin duke shkelur besëlidhjen; megjithatë, ja, mbasi dha dorën, ka bërë tërë këto gjëra. Ai nuk do të shpëtojë".

¹⁹ Prandaj kështu thotë Zoti, Zoti: "Ashtu siç është e vërtetë që unë rroj, betimin tim që ai ka përçmuar dhe besëlidhjen time që ai ka shkelur, do të bëj që të bien mbi kokën e tij.

²⁰ Do të shtrij mbi të rrjetën time dhe do të kapet në lakun tim. Do ta çoj në Babiloni dhe aty do të ekzekutoj mbi vendimin për tradhëtinë e kryer kundër meje.

²¹ Tërë ikanakët bashkë me formacionet e tij do të bien nga shpata, ndërsa ata që do të shpëtojnë do të shpërndahen në drejtim të të gjitha erërave. Kështu do të pranoni që unë, Zoti, kam folur".

²² Kështu thotë Zoti, Zoti: "Do të marr një degëz nga maja e kedrit më të lartë dhe do ta mbjell; nga maja e degëve të tij të reja do të këpus një degëz të njomë dhe do ta mbjell mbi një mal të lartë dhe të ngritur.

²³ Do ta mbjell mbi malin e lartë të Izraelit; do të lëshoj degë, do

Ezekielit

të bëj fryte dhe do të bëhet një kedër i mrekullueshëm. Nën të do të banojnë zogj të çdo lloji; ata do të banojnë nën hijen e degëve të tij.

²⁴ Kështu tërë druret e fushës do të mësojnë se unë, Zoti, kam ulur drurin e lartë dhe kam ngritur drurin e ulët, kam bërë të thahet druri i gjelbër dhe të mbijë druri i thatë. Unë Zoti, kam folur dhe do ta bëj".

Kapitull 18

¹ Fjala e Zotit m'u drejtua, duke thënë:

² "Çfarë keni ndër mend kur përdorni këtë proverb lidhur me vendin e Izraelit duke thënë: "Etërit kanë ngrënë rrushin e papjekur dhe dhëmbët e bijve të tyre janë mpirë"?

³ Ashtu si është e vërtetë që unë rroj", thotë Zoti, Zoti, "nuk do ta përdorni më këtë proverb në Izrael.

⁴ Ja, të gjithë shpirtërat janë të mitë; si shpirti i atit ashtu dhe shpirti i birit janë të mitë. Shpirti që mëkaton ka për të vdekur.

⁵ Në qoftë se dikush është i drejtë dhe zbaton ndershmërinë dhe drejtësinë,

⁶ në se nuk ha në male dhe nuk ngre sytë tek idhujt e shtëpisë së Izraelit, në rast se nuk prek gruan dhe fqinjët të tij dhe nuk i afrohet një gruaje kur ajo është e papastër,

⁷ në rast se nuk shtyp kërkënd, në qoftë se i kthen huamarrësit pengun e tij, në qoftë se nuk kryen asnjë grabitje, në rast se i jep bukën e tij të uriturit dhe mbulon me rroba atë që është lakuriq,

⁸ në rast se nuk jep hua me kamatë dhe nuk jep me fajde, në rast se heq dorë nga paudhësia, dhe gjykon me paanësi midis burrit dhe burrit,

⁹ në rast se ecën sipas statuteve të mia duke vepruar me besnikëri, ai është i drejtë dhe me siguri ka për të jetuar", thotë Zoti, Zoti.

¹⁰ Por në qoftë se i ka lindur një bir që përdor dhunë, që derdh gjak dhe i bën të vëllait ndonjë nga këto gjëra,

¹¹ (ndërsa i ati nuk ka kryer asnjë nga këto gjëra), dhe ha në male dhe prek bashkëshorten e fqinjit të tij,

¹² shtyp të varfërin dhe nevojtarin, kryen grabitje, nuk e kthen pengun, ngre sytë ndaj idhujve, kryen veprime të neveritshme,

¹³ jep me kamatë dhe me fajde, a do të jetojë vallë ai? Ai nuk do të jetojë. Duke qenë se ka kryer tërë këto veprime të neveritshme ai ka për të vdekur me siguri; gjaku i tij do të bjerë mbi të.

¹⁴ Por në rast se atij i lind një fëmijë që, duke parë tërë mëkatet e kryera nga i ati, i kupton, por nuk i kryen,

¹⁵ nuk ha në male, nuk i ngre sytë nga idhujt e shtëpisë së Izraelit, nuk prek gruan e fqinjit,

¹⁶ nuk shtyp njeri, nuk merr pengje, nuk kryen grabitje, por i jep bukën e tij të uriturit, vesh me rroba atë që është lakuriq,

¹⁷ e përmban dorën që të mos shtypë të varfërin, nuk merr as kamatë as fajde, respekton dekretet e mia dhe ecën në statutet e mia, ai nuk ka për të vdekur për shkak të paudhësisë së atit të tij; ai me siguri ka për të jetuar.

¹⁸ I ati, përkundrazi, duke qenë se ka shtypur dhe ka kryer grabitje në dëm të vëllait të tij dhe ka bërë atë që nuk është e mirë në mes të popullit të tij, ja, ai do të vdesë për shkak të paudhësisë së tij.

¹⁹ Megjithatë ju thoni: "Pse biri nuk mbart paudhësinë e atit?". Duke qenë se djali zbaton barazinë dhe drejtësinë, respekton të gjitha statutet e mia dhe i vë në praktikë, ai me siguri ka për të jetuar.

²⁰ Shpirti që mëkaton do të vdesë, i biri nuk do të mbartë paudhësinë e atit dhe ati nuk do të mbartë paudhësinë e birit; drejtësia e të drejtit do të jetë mbi të, pabesia e të pabesit do të bien mbi të.

²¹ Në rast se i pabesi largohet nga të gjitha mëkatet që kryente, në rast se respekton të gjitha statutet e mija dhe zbaton barazinë dhe drejtësinë, ai me siguri ka për të jetuar; nuk ka për të vdekur.

²² Asnjë nga shkelje që ka kryer nuk do t'i kujtohet atij; ai do të jetojë për shkak të drejtësisë që zbaton.

²³ A ndjej vallë gëzim nga vdekja e të pabesit?", thotë Zoti, Zoti, "apo përkundrazi që ai të kthchct nga rrugët e tij dhe të jetojë?

²⁴ Por në rast se i drejti largohet nga drejtësia e tij dhe kryen paudhësinë dhe imiton tërë gjërat e neveritshme që kryen i pabesi, a do të jetojë vallë ai? Në rast se tërë drejtësia që ka bërë nuk do të kujtohet më; për shkeljen që ka kryer dhe mëkatin që ka bërë, ai ka për të vdekur, për shkak të tyre.

²⁵ Megjithatë ju thoni: "Rruga e Zotit nuk është e drejtë". Dëgjoni tani, o shtëpi e Izraelit: është pikërisht rruga ime që nuk është e drejtë ose janë më tepër rrugët tuaja që nuk janë të drejta?

²⁶ Në rast se i drejti largohet nga drejtësia e tij dhe kryen paudhësi dhe për këtë vdes, ai vdes nga paudhësia që ka kryer.

²⁷ Përkundrazi, në se i pabesi largohet nga pabesia që ndiqte dhe zbaton barazinë dhe drejtësinë, ai do ta shpëtojë shpirtin e tij.

²⁸ Duke qenë se ka marrë parasysh të largohet nga të gjitha shkeljet që kryente, ai ka për të jetuar me siguri; nuk ka për të vdekur.

²⁹ Megjithatë shtëpia e Izraelit thotë: "Rruga e Zotit nuk është e drejtë". A janë pikërisht rrugët e mia që nuk janë të drejta, o shtëpi e Izraelit, janë më tepër rrugët tuaja që nuk janë të drejta?

³⁰ Prandaj do ta gjykoj secilin prej jush sipas rrugëve të, o shtëpi e Izraelit", thotë Zoti, Zoti. "Pendohuni dhe braktisni tërë shkeljet tuaja, kështu paudhësia nuk do të jetë më për ju shkak shkatërrimi.

³¹ Flakni larg jush tërë shkeljet tuaja që keni kryer dhe bëjini vetes një zemër të re dhe një shpirt të ri. Pse vallë doni të vdisni, o shtëpi e Izraelit?

³² Unë në fakt nuk ndjej asnjë kënaqësi me vdekjen e atij që vdes" thotë Zoti, Zoti. "Ndërroni rrugë, pra, dhe do të jetoni".

Kapitull 19

¹ Ti larto një vajtim mbi princat e Izraelit dhe thuaj:

² "Ç'ishte nëna jote? Një luaneshë: rrinte shtrirë midis luanëve, rriste të vegjëlit e saj në mes të luanëve të vegjël.

³ Rriti një nga të vegjëlit e saj që u bë një luan i vogël; mësoi të shqyejë prenë dhe përlau njerëz.

⁴ Edhe kombet dëgjuan të flitet për të; ai u kap në gropën e tyre dhe e çuan të lidhur në vendin e Egjiptit.

⁵ Kur ajo pa që pritja po zgjatej dhe shpresa e saj ishte e humbur, mori një tjetër nga të vegjëlit e saj dhe e rriti sa u bë një luan i vogël.

⁶ Ai shkonte dhe vinte midis luanëve; u bë një luan i vogël, mësoi të shqyejë prenë dhe përlau njerëz.

⁷ Mësoi vendet e tyre të shkretuara dhe shkatërroi qytetet e tyre; vendi e gjithçka që kishte u shkretua nga zhurma e vrumbullimit të tij.

⁸ Por kundër tij erdhën kombet e të gjitha krahinave fqinje, vendosën kundër tij rrjetën e tyre dhe ai u kap në gropën e tyre.

⁹ E vunë të lidhur në një kafaz dhe e çuan te mbreti i Babilonisë; e çuan në një fortesë, me qëllim që zëri i tij të mos dëgjohej më mbi malet e Izraelit.

¹⁰ Nëna jote ishte si një hardhi e mbjellë pranë ujrave; ishte e harlisur dhe kishte shumë degë nga uji i bollshëm.

¹¹ Kishte degë të forta të përshtatshme për skeptra mbretërorë, ishte ngjitur lart midis degëve gjetheshumë dhe shquhej në shtatin e saj për degët e shumta të saj.

¹² Por u çrrënjos me tërbim dhe u hodh për tokë; era e lindjes ia thau frytin; degët e saj të forta u shkëputën dhe u thanë, zjarri i përpiu.

¹³ Tani është mbjellë në shkretëtirë në një tokë të thatë dhe të etur për ujë;

¹⁴ Një zjarr ka dalë nga një shermend i degëve të saj dhe ka përpirë frytin e saj; në të nuk ka më asnjë degë të fortë të përshtatshme për skeptra mbretërorë". Ky është një vajtim dhe do të jetë një vajtim.

Kapitull 20

¹ Ja, ndodhi në vitin e shtatë, më dhjetë të muajit të pestë, që disa nga pleqtë e Izraelit erdhën të konsultohen me Zotin dhe u ulën para meje.

² Pastaj fjala e Zotit m'u drejtua, duke më thënë:

³ "Bir njeriu, folu pleqve të Izraelit dhe u thuaj: Kështu thotë Zoti, Zoti: A keni ardhur të më konsultoni? Ashtu siç është e vërtetë që unë rroj, nuk do të lejoj të konsultohem prej jush", thotë Zoti, Zoti.

⁴ "A do t'i gjykosh, a do t'i gjykosh, bir njeriu? Bëji të njohin veprimet e neveritshme të etërve të tyre,

⁵ dhe u thuaj atyre: Kështu thotë Zoti, Zoti: Ditën kur zgjodha Izraelin dhe ngrita dorën për betim pasardhësve të shtëpisë së Jakobit dhe e bëra veten të njohur në vendin e Egjiptit, ngrita dorën për

⁶ Atë ditë ngrita dorën duke ju betuar atyre se do t'i nxirrja nga vendi i Egjiptit dhe do t'i çoja në një vend që kisha vëzhguar për ta ku rrjedh qumësht dhe mjaltë, lavdia e të gjitha vendeve.

⁷ Pastaj u thashë atyre: Secili të flakë gjërat e neveritshme që janë para syve të tij dhe mos u ndotni me idhujt e Egjiptit. Unë jam Zoti, Perëndia juaj.

⁸ Por ata u rebeluan kundër meje dhe nuk deshën të më dëgjojnë; asnjë prej tyre nuk flaku gjërat e neveritshme që ishin para syve të tyre dhe nuk braktisi idhujt e Egjiptit. Atëherë vendosa të derdh mbi ta tërbimin tim dhe të shfryj mbi ta zemërimin tim në mes të vendit të Egjiptit.

⁹ Megjithatë veprova për hir të emrit tim, me qëllim që ai të mos përdhosej para kombeve në mes të të cilëve ata ndodheshin, në sytë e të cilëve më kishin njohur, për t'i nxjerrë nga vendi i Egjiptit.

¹⁰ Kështu i nxora nga vendi i Egjiptit dhe i çova në shkretëtirë.

¹¹ U dhashë atyre statutet e mia dhe u bëra të njohura dekretet e mia, duke respektuar të cilat, njeriu do të jetojë për ato.

¹² Gjithashtu u dhashë atyre të shtunat e mia, me qëllim që të ishin një shënjë midis meje dhe atyre, dhe që të njihnin që unë jam Zoti që i shenjtëroj.

¹³ Por shtëpia e Izraelit u rebelua kundër meje në shkretëtirë; nuk

eci sipas statuteve të mia dhe hodhi poshtë dekretet e mia, duke respektuar të cilat njeriu do të jetojë për ato, dhe përdhosën me të madhe të shtunat e mia. Kështu unë vendosa të hedh mbi ta zemërimin tim për t'i zhdukur në shkretëtirë.

¹⁴ Megjithatë unë veprova për hir të emrit tim, me qëllim që të mos përdhosej përpara kombeve, në sytë e të cilëve unë i kisha bërë të dalin nga Egjipti.

¹⁵ Ngrita madje dorën në shkretëtirë, duke u betuar se nuk do t'i bëja të hynin në vendin që u kisha dhënë atyre, ku rrjedh qumësht dhe mjaltë, lavdia e të gjitha vendeve,

¹⁶ sepse kishin hedhur poshtë dekretet e mia, nuk kishin ecur sipas statuteve të mia dhe kishin përdhosur të shtunat e mia, sepse zemra e tyre shkonte pas idhujve të tyre.

¹⁷ Megjithatë syri im i fali nga shkatërrimi dhe nuk i shfarosa krejt në shkretëtirë.

¹⁸ Pastaj u thashë bijve të tyre në shkretëtirë: "Mos ecni sipas statuteve të etërve tuaj, mos respektoni dekretet e tyre dhe mos u ndotni me idhujt e tyre.

¹⁹ Unë jam Zoti, Perëndia juaj; ecni sipas statuteve të mia, respektoni dekretet e mia dhe i vini në praktikë,

²⁰ shenjtëroni të shtunat e mia dhe ato le të jenë një shenjë midis meje dhe jush, në mënyrë që ju të pranoni që unë jam Zoti, Perëndia juaj".

²¹ Por bijtë u rebeluan kundër meje; nuk ecën sipas statuteve të mia, nuk respektuan dekretet e mia për t'i vënë në jetë, duke i respektuar të cilat njeriu do të jetojë për to; përdhosën të shtunat e mia, dhe kështu vendosa të derdh mbi ta tërbimin tim dhe të shfryj mbi ta zemërimin tim në shkretëtirë.

²² Megjithatë unë e tërhoqa dorën dhe veprova për hir të emrit tim, me qëllim që ai të mos përdhosej përpara kombeve, në sytë e të cilëve i kisha nxjerrë nga Egjipti.

²³ Por ngrita dorën në shkretëtirë, duke u betuar që do t'i shpërndaja midis kombeve dhe do t'i hallakatja nëpër tërë vendet,

²⁴ Sepse nuk vinin në jetë dekretet e mia, por i hidhnin poshtë statutet e mia, përdhosnin të shtunat e mia dhe sytë e tyre ishin drejtuar te idhujt e etërve të tyre.

²⁵ Prandaj u dhashë statute jo të mira dhe dekrete me të cilat nuk mund të jetonin;

²⁶ dhe i molepsa me vetë dhuratat e tyre, me qenë se ata kalonin nëpër zjarr çdo të parëlindur të tyre, për t'i katandisur në shkretim të plotë me qëllim që të pranonin që unë jam Zoti.

²⁷ Prandaj bir njeriu, foli shtëpisë së Izraelit dhe i thuaj: Kështu thotë Zoti, Zotit. Etërit tuaj më kanë fyer edhe në këtë rast, duke u sjellë pabesisht me mua:

²⁸ mbasi i futa në vendin për të cilin kisha ngritur dorën dhe isha betuar, ata i kthyen sytë në çdo kodër të lartë dhe në çdo dru gjetheshumë dhe atje ofruan flijimet e tyre dhe paraqitën ofertat e tyre provokuese; atje vunë parfumet e tyre me erë të këndshme dhe atje derdhën libacionet e tyre.

²⁹ Atëherë u thashë atyre: Ç'është vendi i lartë në të cilin shkoni? Kështu vazhdojnë ta quajnë "vendi i lartë" deri ditën e sotme.

³⁰ Prandaj i thuaj shtëpisë së Izraelit: Kështu thotë Zoti, Zoti: A doni të ndoteni duke ndjekur rrugën e etërve tuaj dhe të kurvëroheni me idhujt e tyre të urrejtshëm?

³¹ Në fakt kur ofroni dhuratat tuaja dhe kaloni nëpër zjarr bijt tuaj, ju e ndotni veten deri ditën e sotme me të gjithë idhujt tuaj. Prandaj nuk do të lejoj të konsultohem nga ju, o shtëpi e Izraelit. Ashtu siç është e vërtetë që unë rroj", thotë Zoti, Zoti, "unë nuk do të lejoj të konsultohem nga ju.

³² Dhe nuk do të ndodhë aspak ajo që ju shkon ndër mend, kur thoni: "Ne jemi si kombet, si familjet e vendeve të tjera, që i ngrenë kult drurit dhe gurit"".

³³ "Siç ësthe e vërtetë që unë rroj", thotë Zoti, Zoti, "unë do të mbretëroj mbi ju me dorë të fortë, me krahun e shtrirë dhe me një tërbim të shfrenuar.

³⁴ Do t'ju nxjerr nga mesi i popujve dhe do t'ju mbledh nga vendet në të cilët jeni shpërndarë me dorë të fortë, me krahë të shtrirë dhe me tërbim të shfrenuar,

³⁵ dhe do t'ju çoj në shkretëtirën e popujve, dhe atje do të zbatoj gjykimin tim mbi ju, ballë për ballë.

³⁶ Ashtu siç e zbatova gjykimin tim mbi etërit tuaj në shkretëtirën e vendit të Egjiptit, kështu do ta zbatoj gjykimin tim mbi ju", thotë Zoti, Zoti.

³⁷ "Do të bëj që të kaloni nën shufër dhe do t'ju kthej në detyrimet e besëlidhjes.

³⁸ Do të ndaj nga ju rebelët dhe ata që janë të pabesë ndaj meje; do t'i nxjerr nga vendi ku banojnë, por nuk do të hyjnë në vendin e Izraelit; atëherë do të pranoni që unë jam Zoti.

³⁹ Ju, pra, shtëpia e Izraelit", kështu flet Zoti, Zoti: "Shkoni, u shërbeni secili idhujve tuaj; por pastaj do të më dëgjoni dhe nuk do të përdhosni më emrin tim të shenjtë me dhuratat tuaja dhe me idhujt tuaj.

⁴⁰ Sepse mbi malin tim të shenjtë, mbi malin e lartë të Izraelit", thotë Zoti, Zoti, "atje tërë shtëpia e Izraelit, të gjithë ata që do të jenë në vend, do të më shërbejnë; atje do të kënaqem me ta, do të kërkoj ofertat tuaja dhe dhuratat tuaja prodhimet e hershme së bashku me të gjitha sendet tuaja të shenjtëruara.

⁴¹ Unë do të kënaqem me ju si me një parfum me erë shumë të këndshme, kur do t'ju nxjerr nga mesi i popujve dhe t'ju mbledh nga vendet ku keni qenë shpërndarë; dhe do të shenjtërohem tek ju para syve të kombeve.

⁴² Ju do të pranoni që unë jam Zoti, kur do t'ju çoj në tokën e Izraelit, në vendin për të cilin kisha ngritur dorën dhe isha betuar t'ia jepja etërve tuaj.

⁴³ Atje do të kujtoni sjelljen tuaj dhe të gjitha veprimet me të cilat jeni ndotur dhe do të ndjeni neveri për veten tuaj për të gjitha ligësitë që keni kryer.

⁴⁴ Kështu do të pranoni që unë jam Zoti, kur do të veproj me ju për hir të emrit tim dhe jo sipas sjelljes suaj të keqe dhe as sipas veprimeve tuaja të korruptuara, o shtëpi e Izraelit", thotë Zoti, Zoti".

⁴⁵ Fjala e Zotit m'u drejtua duke thënë:

⁴⁶ "Bir njeriu, kthe fytyrën nga jugu, fol hapur kundër jugut dhe profetizo kundër pyllit të fushës, Negevit,

⁴⁷ dhe i thuaj pyllit të Negevit: Dëgjo fjalën e Zotit. Kështu thotë Zoti, Zoti: unë po ndez te ti një zjarr që do të gllabërojë çdo dru të blertë dhe çdo dru të thatë; flaka e zjarrtë nuk do të shuhet dhe çdo fytyrë nga veriu në jug do të digjet.

⁴⁸ Çdo mish do ta shohë që unë, Zoti, e kam ndezur; nuk do të shuhet".

⁴⁹ Atëherë thashë: "Ah, Zot, Zot, ata thonë për mua: "A nuk flet ky me shëmbëlltyra?"

Kapitull 21

¹ Fjala e të Amshueshmit m'u drejtua akoma, duke thënë:

² "Bir njeriu, kthe fytyrën nga Jeruzalemi, fol hapur kundër vendeve të shenjta dhe profetizo kundër vendit të Izraelit;

³ dhe i thuaj vendit të Izraelit: Kështu thotë Zoti: Ja unë jam kundër teje, do të nxjerr shpatën time nga milli i saj dhe do të këpus nga ti të drejtët dhe të këqinjtë.

⁴ Duke qenë se dua të këpus nga ty të drejtët dhe të këqinjtë, shpata ime do të dalë nga milli i saj kundër çdo mishi nga jugu në veri.

⁵ Kështu çdo mish do të pranojë që unë, Zoti, kam nxjerrë shpatën nga milli i saj dhe nuk do të hyjë më në të.

⁶ Prandaj ti, bir njeriu, vajto me ijët e thyer dhe vajto me dhembje para syve të tyre.

⁷ Do të ndodhë që kur të pyesin: "Pse vajton?", do të përgjigjesh: "Për lajmin që po vjen, çdo zemër do të tretet, të gjitha duart do të dobësohen, të gjithë shpirtërat do të ligështohen dhe të gjithë gjunjët do të shkrihen si uji". Ja, gjëja po vjen dhe do të kryhet", thotë Zoti, Zoti.

⁸ Fjala e Zoti m'u drejtua përsëri, duke thënë:

⁹ "Bir njeriu, profetizo dhe thuaj: Kështu thotë Zoti. Thuaj: Një shpatë, një shpatë është mprehur e madje shndrit,

¹⁰ është mprehur për të bërë një masakër të madhe dhe është e mprehur që të vetëtijë. A mund të gëzohemi vallë? Ju përçmoni skeptrin e birit tim sikur të ishte një dru çfarëdo.

¹¹ Zoti e ka dhënë ta lustrojnë për ta rrokur në dorë; shpata është mprehur dhe lustruar për ta dhënë në dorë të atij që vret.

¹² Klith dhe bërtit, bir njeriu, sepse do të përdoret kundër popullit tim, kundër tërë princave të Izraelit; ata do të dorëzohen në pushtetin e shpatës bashkë me popullin tim. Prandaj rrihe kofshën tënde,

¹³ sepse kjo është një provë. Çfarë do të ndodhte sikur të mos ishte më as skeptri përbuzës?", thotë Zoti, Zoti.

¹⁴ "Prandaj ti, bir njeriu, profetizo dhe rrih duart; lëre që shpata të dyfishojë dhe të trefishojë goditjet e saj: është shpata e masakrës së madhe, që i rrethon nga çdo anë.

¹⁵ Kam kthyer majën e shpatës kundër të gjitha portave të tyre, me qëllim që zemra e tyre të tretet dhe shumë të bien. Ah, është bërë për të shkëlqyer, është mprehur për masakrën.

¹⁶ Shpatë, ji i pamëshirshme; kthehu më të djathtë, kthehu në të majtë, kudo ku drejtohet tehu yt.

¹⁷ Edhe unë do të rrah duart dhe do të shfryj tërbimin tim. Unë, Zoti, kam folur".

¹⁸ Fjala e Zotit m'u drejtua përsëri, duke thënë:

¹⁹ "Ti, bir njeriu, shëno dy rrugë nëpër të cilat të kalojë shpata e mbretit të Babilonisë; do të nisen që të dyja nga i njëjti vend. Vër një

tregues rrugor, vëre në krye të rrugës që të çon në qytet.

²⁰ Shëno një rrugë nëpër të cilën shpata të shkojë në Rabah, qytet i bijve të Amonit, dhe një tjetër për në Judë, kundër Jeruzalemit, qytet i fortifikuar.

²¹ Në fakt mbreti i Babilonisë qëndron në kryqëzimin e rrugës, në krye të dy rrugëve, për të bërë shortari: ai tund shigjetat, konsulton idhujt shtëpiakë, shqyrton mëlçinë.

²² Në të djathtë të tij përgjigja e shortarisë tregon Jeruzalemin për të vendosur deshtë, për të hapur gojën dhe për të urdhëruar masakrën, për të ngritur zërin me klithma lufte, për t'i vendosur deshtë kundër portave, për të ngritur ledhe dhe për të ndërtuar kulla.

²³ Por ta kjo do të jetë si një shortari e rremë në sytë e atyre që u janë betuar. Por ai do të kujtohet për paudhësitë e tyre, me qëllim që t'i kapin".

²⁴ Prandaj kështu thotë Zoti, Zoti: "Duke qenë se keni bërë të kujtohet paudhësia juaj, duke qenë se shkeljet tuaja dolën sheshit dhe mëkatet tuaja u zbuluan në të gjitha veprimet tuaja; duke qenë se ju kanë kujtuar, do të kapeni nga dora e armikut.

²⁵ Dhe ti, o princ i korruptuar dhe i keq i Izraelit, dita e të cilit erdhi në kohën e ndëshkimit përfundimtar".

²⁶ kështu thotë Zoti, Zoti: "Hiqe çallmën, hiqe kurorën; gjërat nuk do të jenë po ato: ajo që është poshtë do të ngrihet dhe ajo që është lart do të ulet.

²⁷ Shkretim, shkretim, shkretim, unë do ta kryej. Dhe ajo nuk do të restaurohet më, deri sa të vijë ai të cilit i përket gjykimi dhe të cilit do t'ja jap.

²⁸ Dhe ti, bir njeriu, profetizo dhe thuaj: Kështu thotë Zoti, Zoti, lidhur me bijtë e Amonit dhe lidhur me turpin e tyre dhe thuaj: Shpata, shpata është zhveshur, është lustruar për masakrën, që të hajë, që të vetëtijë,

²⁹ ndërsa kanë për ty vegime të rreme dhe të bëjnë ty shortari të rreme, që të të vënë mbi qafen e njerëzve të këqinj të vrarë, dita e të cilëve ka arritur kohën e ndëshkimit përfundimtar.

³⁰ Vëre përsëri në millin e saj. Unë do të të gjykoj po në atë vend ku të krijuan, në vendin e prejardhjes sate.

³¹ Do të derdh mbi ty indinjatën time, do të fryj kundër teje në zjarrin e zemërimit tim dhe do të të dorëzoj në duart e njerëzve brutalë, që shkaktojnë shkatërrime.

³² Do të bëhesh pre e zjarrit, gjaku yt do të derdhet në mes të vendit; nuk do të të kujtojnë më, sepse unë Zoti, fola".

Kapitull 22

¹ Fjala e Zotit m'u drejtua, duke thënë:

² "Tani, bir njeriu, nuk do të gjykosh ti, nuk do ta gjykosh qytetin gjakatar? Bëji, pra, të njohura të gjitha veprimet e tij të neveritshme.

³ Pastaj thuaj: Kështu thotë Zoti, Zoti: Qyteti derdh gjak në mes të tij për të sjellë kohën e tij; përveç kësaj bën idhuj kundër vetvetes për t'u ndotur.

⁴ Për gjakun që ke derdhur je bërë fajtor dhe je ndotur për idhujt që ke sajuar. Ke afruar ditët e tua dhe ke arritur në fund të viteve të tua; prandaj do të të bëj turpin e kombeve dhe objekt talljeje për të gjitha vendet.

⁵ Ata që janë afër dhe ata që janë larg teje do të tallen me ty o i molepsur për lavdi dhe plot çrregullim.

⁶ Ja princat e Izraelit: secili ka përdorur pushtetin e tij për të derdhur gjak te ti.

⁷ Te ti përçmohet ati dhe nëna, në mes teje shtypet i huaji, te ti keqtrajtohet jetimi dhe e veja.

⁸ Ti ke përçmar gjërat e mia të shtrënjta dhe ke përdhour të shtunat e mia.

⁹ Te ti ka njerëz që shpifin për të derdhur gjak, te ti ka njerëz që hanë mbi male, në mes teje ka njerëz që kryejnë kobe.

¹⁰ Te ti zbulohet lakuriqësia e atit, te ti poshtërohet gruaja gjatë papastërtisë së saj.

¹¹ Dikush kryen një veprim të neveritshëm me gruan e të afërmit të tij, dikush tjetër ndot me incest nusen e të birit, një tjetër akoma poshtëron motrën e tij, bijën e atit të tij.

¹² Te ti pranohen dhurata për të derdhur gjak; ti kërkon kamatë të lartë, ti ke realizuar fitime nga i afërti dhe më ke harruar mua", thotë Zoti, Zoti.

¹³ "Por ja, unë rrah duart për fitimin e pandershëm që ke nxjerrë dhe për gjakun e derdhur që është në mes teje.

¹⁴ A do të mund të qëndrojë zemra jote ose a do të mund të qëndrojnë të forta duart e tua në ditët kur unë do të veproj kundër teje? Unë, Zoti, fola dhe do ta kryej.

¹⁵ Unë do të të shpërndaj midis kombeve, do të të shkapërdaj midis vendeve dhe do të eleminoj papastërtinë tënde prej teje.

¹⁶ Ti do të përdhosësh vetveten në sytë e kombeve dhe do të pranosh që unë jam Zoti".

¹⁷ Fjala e Zotit m'u drejtua, duke thënë:

¹⁸ "Bir njeriu, shtëpia e Izraelit është bërë për mua tërë skorje: janë të gjithë bronz, kallaj, hekur dhe plumb në mes të një furre; janë bërë skorje argjendi".

¹⁹ Prandaj kështu thotë Zoti, Zoti: "Duke qenë se të gjithë ju jeni bërë skorje të shumta, ja, unë do t'ju mbledh në mes të Jeruzalemit.

²⁰ Ashtu si mblidhet argjendi, bronzi, hekuri, plumbi dhe kallaji në mes të furrës dhe mbi ta i fryjnë zjarrit për t'i shkrirë, kështu në zemërimin tim dhe në tërbimin tim do t'ju mbledh, do t'ju fus atje dhe do t'ju shkrij.

²¹ Do t'ju mbledh dhe do të fryj mbi ju me zjarrin e zemërimit tim dhe ju do të shkriheni në mes të tij.

²² Ashtu si shkrihet argjendi në mes të furrës, kështu dhe ju do të shkriheni në mes të qytetit; dhe do të pranoni që unë, Zoti, kam derdhur mbi ju tërbimin tim".

²³ Fjala e Zotit m'u drejtua përsëri, duke thënë:

²⁴ "Bir njeriu, i thuaj Jeruzalemit: Ti je një tokë që nuk është pastruar ose lagur nga shiu në një ditë indinjate.

²⁵ Komploti i profetëve të tij në mes të tij është si një luan që ulërin dhe shqyen gjahun, ata i gllabërojnë njerëzit, përvetësojnë thesaret dhe gjërat e çmueshme, shtojnë të vejat në mes të tij.

²⁶ Priftërinjtë e tij shkelin ligjin tim dhe përdhosin gjërat e mia të shenjta, nuk bëjnë dallim midis asaj që është e shenjtë dhe jo e shenjtë, nuk e bëjnë të njohur ndryshimin ndërmjet të papastrës dhe të pastrës dhe i largojnë sytë nga të shtunat e mia, prandaj jam përdhosur në mes tyre.

²⁷ Krerët e tij në mes të tij janë si ujqër që shqyejnë gjahun për të derdhur gjak, për të shkatërruar shpirtëra, për të realizuar një fitim jo të drejtë.

²⁸ Profetët e tij suvatojnë për ata me llaç që nuk mban, duke pasur vegime të rreme dhe duke shqiptuar shortari të gënjeshtërta për ta, dhe thonë: "Kështu thotë Zoti, Zoti", ndërsa Zoti nuk ka folur.

²⁹ Populli i vendit ushtron shtypjen, kryen grabitje; keqtrajton të varfërin dhe nevojtarin, shtyp të huajin duke marrë nëpër këmbë drejtësinë.

³⁰ Unë kërkova midis tyre një burrë që të ndërtonte një mur dhe t'i dilte për zot vendit, që unë të mos e shkatërroja, por nuk e gjeta.

³¹ Prandaj do të derdh mbi ta indinjatën time, do t'i konsumoj me zjarrin e zemërimit tim dhe do të bëj që të bjerë mbi kryet e tyre sjellja e tyre", thotë Zoti, Zoti.

Kapitull 23

¹ Fjala e Zotit m'u drejtua, duke më thënë:

² "Bir njeriu, na ishin dy gra, bija të së njëjtës nënë,

³ që u kurvëruan në Egjipt. U kurvëruan në rininë e tyre; aty u shtërnguan gjitë e tyre dhe atje u shtërngua gjiri i tyre virgjëror.

⁴ Emrat e tyre janë: Oholahu më e madhja dhe Oholibahu e motra. Ato ishin të miat dhe lindën bij dhe bija. Emrat e tyre janë: Oholahu është Samaria, Oholibahu është Jeruzalemi.

⁵ Ndonse ishte imja, Oholahu u kurvërua dhe mori zjarr për dashnorët e saj, Asirët që ishin fqinj të saj,

⁶ të veshur me purpur, qeveritarë dhe princa, të gjithë të rinj tërheqës, kalorës të hipur mbi kuaj.

⁷ Ajo u kurvërua me ta, me gjithë njerëzit më të mirë të Asirisë, dhe u ndot me të gjithë ata për të cilët ndez, bashkë me gjithë idhujt e tyre.

⁸ Nuk braktisi kurvërimet e Egjiptit, kur kish rënë me të gjatë rinisë së saj, kishin shtërnguar gjirin e saj të virgjër dhe kishin derdhur mbi të kurvërimet e tyre.

⁹ Prandaj e braktisa në dorë të dashnorëve të saj, në dorë të bijve të Asirisë, për të cilët kishte marrë zjarr.

¹⁰ Ata zbuluan lakuriqësinë e saj, morën bijtë e saj dhe bijat e saj dhe e vranë me shpatë. Asaj i doli nami midis grave dhe zbatuan kundër saj ndëshkimin.

¹¹ Motra e saj Oholibahu e pa këtë, por në dashurinë e saj u bë edhe më e korruptuar nga ajo dhe kurvërimet e saj qenë më të këqija nga ato të së motrës.

¹² U ndez për bijtë e Asirisë, fqinj të saj, qeveritarë dhe princa të veshur në mënyrë të shkëlqyer, kalorës të hipur mbi kuaj, të tërë të rinj tërheqës.

¹³ Unë pashë që ishte molepsur, që të dyja ndiqnin po atë rrugë.

¹⁴ Por ajo i shtoi kurvërimet e saj; pa burra pikturuar mbi mur, figura të Kaldeasve të pikturuara në të kuq,

¹⁵ me breza rreth ijëve, me çallma të mëdha në kokë, të gjithë me pamje krerësh, të ngjashëm me bijtë e Babilonisë në Kalde, tokë e tyre e

lindjes.

¹⁶ Sa i pa, ajo u ndez për ta dhe u dërgoi lajmëtarë në Kalde.

¹⁷ Atëherë bijtë e Babilonisë erdhën tek ajo në shtratin e dashurive dhe e molepsën me kurvërimet e tyre. Ajo u molops me ta, por pastaj u largua prej tyre.

¹⁸ Ajo i nxori sheshit kurvërimet e saj dhe nxori sheshit turpin e saj; prandaj unë u largova nga ajo, ashtu siç isha larguar nga e motra.

¹⁹ Megjithatë ajo i shumoi kurvërimet e saj, duke kujtuar ditët e rinisë së saj, kur ishte kurvëruar në vendin e Egjiptit.

²⁰ Mori zjarr për dashnorët e saj, mishi i të cilëve është si mishi i gomarëve dhe rrjedhja e të cilëve është si rrjedhja e kuajve.

²¹ Kështu ti kujtove shthurjen e rinisë sate, kur Egjiptasit shtrëngonin gjirin tënd për shkak të gjive të tu rinorë.

²² Prandaj, Oholibahu, kështu thotë Zoti, Zoti: Ja, unë do të nxis kundër teje dashnorët e tu, prej të cilëve je larguar dhe do t'i sjell kundër teje nga të gjitha anët:

²³ bijtë e Babilonisë dhe gjithë Kaldeasit, ata të Pekodit, Shoas dhe Koas, tërë bijtë e Asirisë bashkë me ta, tërë të rinjtë tërheqës, qeveritarët dhe princat, kapitenët dhe njerëzit e famshëm, të gjithë të hipur mbi kuaj.

²⁴ Ata do të vijnë kundër teje me armë, qerre dhe rrota si dhe me një shumicë popujsh; do të vendosin rreth e qark teje mburoja të vogla dhe të mëdha dhe përkrenare. Do t'u jap atyre gjykimin e tyre dhe ata do të gjykojnë sipas ligjeve të tyre.

²⁵ Do të drejtoj xhelozinë time kundër teje, dhe ata do të të trajtojnë me tërbim; do të heqin hundën dhe veshët, dhe mbeturinat e tua do të bien nga shpata; do të marrin bijtë e tu dhe bijat e tua dhe mbeturinat e tua do të gllabërohen nga zjarri.

²⁶ Do të të zhveshin nga rrobat e tua dhe do të të marrin xhevahiret e tu të bukur.

²⁷ Kështu do të marrin fund shthurja jote dhe kurvërimi yt që nisën në vendin e Egjiptit; nuk do t'i ngresh më sytë drejt tyre dhe nuk do ta kujtosh më Egjiptin".

²⁸ Sepse kështu thotë Zoti, Zoti: "Ja, unë po të jap në duart e atyre që ti urren, në duart e atyre prej të cilëve je larguar.

²⁹ Do të të trajtojnë me urrejtje, do të të marrin tërë frytin e punës sate dhe do të të lënë lakuriqe dhe nevojtare. Do të dalë në shesh poshtërsia e kurvërimeve të tua, po, shthurja e kurvërimeve të tua.

³⁰ Këto gjëra do t'i bëjnë sepse je kurvëruar duke u shkuar pas kombeve, sepse je ndotur me idhujt e tyre.

³¹ Ti ke ecur në rrugën e motrës sate, prandaj do të të vë në dorë po atë kupë".

³² Kështu thotë Zoti, Zoti: "Ti do të pish kupën e motrës sate, të thellë dhe të gjërë; do të të përqeshin dhe të të tallin, sepse kupa nxë shumë.

³³ Do të jesh plot me dehje dhe me dhembje, do të jetë, kupa e dëshpërimit dhe shkretimit, kupa e motrës sate Samaria.

³⁴ Ti do ta pish, ti do të shkullosh, do të bësh copë e çikë dhe do të çash gjirin tënd; sepse unë fola", thotë Zoti, Zoti.

³⁵ Prandaj kështu thotë Zoti, Zoti: "Duke qenë se më ke harruar dhe më ke hedhur prapa krahëve, do të vuash edhe ti dënimin për shthurjen tënde dhe për kurvërimet e tua".

³⁶ Pastaj Zoti më tha: "Bir njeriu, nuk do t'i gjykosh ti Oholahun dhe Oholibahun? Shpallju, pra, veprimet e tyre të neveritshme.

³⁷ Në fakt kanë kryer shkelje kurore, kanë gjak mbi duart e tyre, kanë kryer shkelje kurore me idhujt e tyre, madje i kanë kaluar nëpër zjarr që të gllabërohen, bijtë e tyre që më kishin lindur.

³⁸ Edhe këtë më kanë bërë: po atë ditë kanë ndotur shenjtëroren time dhe kanë përdhosur të shtunat e mia.

³⁹ Mbasi ua flijuan bijtë e vet idhujve të tyre, po atë ditë erdhën në shenjtëroren time për ta përdhosur; ja çfarë kanë bërë në mes të tempullit tim.

⁴⁰ Përveç kësaj dërguan të thërrasin njerëz nga vende të largëta, të cilëve u dërguan lajmëtarë; dhe ja, ata erdhën. Për ta u lave, i ngjeve sytë dhe u veshe me rroba të zbukuruara me stoli të shkëlqyera.

⁴¹ U shtrive mbi një shtrat madhështor para të cilit ishte shtruar një tryezë dhe mbi këtë vure tejmanin tim dhe vajin tim.

⁴² Rreth saj ishte zhurma e një morie njerëzish të shkujdesur; së bashku me turmën suallën edhe të dehur nga shkretëtira, që vunë byzylykë në kyçet e dorës dhe kurora të mrekullueshme mbi kokat e tyre.

⁴³ Pastaj thashë për atë që kishte një përvojë të madhe në shkeljet e kurorës: "A do të kryejnë tashti kurvërime me të, dhe ajo me ata?".

⁴⁴ Pastaj ata hynë tek ajo siç i hyhet një prostitute; kështu hynë tek Oholahu dhe Oholibahu, gra të shthurura.

⁴⁵ Por njerëz të drejtë do t'i gjykojnë ashtu si gjykohen shkelëset e kurorës, ashtu si gjykohen gratë që derdhin gjak, sepse janë shkelëse të kurorës dhe kanë gjak mbi duart e tyre".

⁴⁶ Prandaj kështu thotë Zoti, Zoti: "Bëj që të dalë kundër tyre një turmë dhe lëri në mëshirë të tmerrit dhe të plaçkitjes.

⁴⁷ Ajo turmë do t'i qëllojë me gurë për vdekje, do t'i bëjë copë-copë me shpatën e saj; do të vrasë bijtë dhe bijat e tyre dhe do t'u vërë flakën shtëpive të tyre.

⁴⁸ Do t'i japë fund shthurjes morale në vend, dhe të gjitha gratë do të mësohen të mos kryejnë më shthurjet tuaja morale.

⁴⁹ Do të bëjnë që të bjerë mbi ju shthurja juaj morale dhe do ta vuani kështu dënimin e mëkateve me gjithë idhujt tuaj. Atëherë do të pranoni që unë jam Zoti, Zoti.

Kapitull 24

¹ Fjala e Zotit m'u drejtua vitin e nëntë, muajin e dhjetë, ditën e dhjetë të muajit:

² "Bir njeriu, shkruaje datën e sotme, pikërisht të kësaj dite. Mbreti i Babilonisë ka vendosur të rrethojë Jeruzalemin pikërisht sot.

³ Propozoji një shëmbëlltyrë kësaj shtëpie rebele dhe u thuaj atyre: Kështu thotë Zoti, Zoti: Nxirre tenxheren, vëre mbi të dhe mbushe me ujë.

⁴ Fut në të copat e mishit, gjithë copat e mira, kofshën dhe shpatullën; mbushe me kocka të zgjedhura.

⁵ Merr më të mirën e kopesë, pastaj grumbullo nën të dru; vëre të ziejë fort, me qëllim që në të të ziejnë edhe kockat".

⁶ Prandaj, kështu thotë Zoti, Zoti: "Mjerë qyteti gjakatar, tenxheres ku ka papastërti, papastërti që nuk hiqet. Zbraze pjesë pjesë pa hedhur short mbi të.

⁷ Sepse gjaku i tij është në mes të tij; e ka vënë në majë të një shkëmbi, nuk e ka shkapërderdhur për tokë për ta mbuluar me pluhur.

⁸ Për të nxitur tërbimin, për t'u hakmarrë, ka vënë gjakun e tij në majë të një shkëmbi, që të mos mbulohet".

⁹ Prandaj, kështu thotë Zoti, Zoti: "Mjerë qyteti gjakatar! Edhe unë do të ndez një zjarr të madh.

¹⁰ Mblidh drutë, ndiz zjarrin, piqe mirë mishin, përziej beharnat dhe lëri kockat të digjen.

¹¹ Pastaj vëre tenxheren bosh mbi qymyr, që të ngrohet dhe bronzi i saj të skuqet me qëllim që papastërtia e saj të hiqet nga mesi i saj dhe pisllëku i saj të konsumohet.

¹² Ai më ka lodhur me gënjeshtrat e tij; pisllëku i madh i tij nuk po hiqet; pisllëku i tij do të marrë fund mbi zjarrin.

¹³ Ka shthurje në papastërtinë tënde. Unë, pra, kërkova të të pastroj, por ti nuk je i pastër; nuk do të pastrohesh më nga papastërtia jote, deri sa të mos kem shfryrë mbi ty tërbimin tim.

¹⁴ Unë, Zoti, fola; kjo gjë do të ndodhë, unë do ta kryej; nuk do të prapsem, nuk do të kem mëshirë, nuk do të pendohem. Ti do të gjykohesh sipas sjelljes tënde dhe sipas veprimeve e tua, thotë Zoti, Zoti".

¹⁵ Fjala e Zotit m'u drejtua, duke thënë:

¹⁶ "Bir njeriu, ja, unë do të të heq me një goditje të vetme kënaqësinë e syve të tu; por ti mos u trishto, mos vajto dhe mos derdh asnjë lot.

¹⁷ Vajto në heshtje, mos mbaj zi për të vdekurit, lidhe kokën me çallmë, mbath sandalet, mos e mbulo mjekrën dhe mos ha bukën e njerëzve që mbajnë zi".

¹⁸ Në mëngjes i fola popullit dhe në mbrëmje më vdiq gruaja; të nesërmen në mëngjes veprova ashtu si më kishin urdhëruar.

¹⁹ Populli atëherë më pyeti: "A do të na shpjegosh ç'kuptim ka për ne ajo që ti bën?".

²⁰ Unë u përgjigja: "Fjala e Zotit m'u drejtua, duke thënë:

²¹ I thuaj shtëpisë së Izraelit: Kështu thotë Zoti, Zoti: Ja, unë do të përdhos shenjtëroren time, krenarinë e forcës suaj, kënaqësinë e syve tuaj, kënaqësinë e shpirtit tuaj; dhe bijtë tuaj dhe bijat tuaja që keni lënë do të rrëzohen nga shpata.

²² Dhe ju do të bëni ashtu si bëra unë: nuk do ta mbuloni mjekrën dhe nuk do të hani bukën e njerëzve që mbajnë zi.

²³ Do të keni mbi kokë çallmat tuaja, sandalet tuaja te këmbët; nuk do të trishtoheni dhe nuk do të qani, por do ta hani veten për paudhësitë tuaja dhe do të vajtoni njeri me tjetrin.

²⁴ Kështu Ezekieli do të jetë për ju një shenjë; ju do të veproni për çdo gjë ashtu si veproi ai. Kur do të ndodhin këto gjëra, do të pranoni se unë jam Zoti, Zoti.

²⁵ Dhe ti, bir njeriu, ditën që atyre do t'u marr fortesën e tyre, gëzimin e lavdisë së tyre, kënaqësinë e syve të tyre, lakminë e shpirtit të tyre, bijtë e tyre dhe bijat e tyre,

²⁶ atë ditë një ikanak do të vijë te ti që të të sjellë lajmin.

²⁷ Atë ditë ti do të hapësh gojën me ikanakun; atëherë ti do të flasësh dhe nuk do të jesh më memec, dhe do të jesh një shenjë për ta. Atëherë do të pranojnë se unë jam Zoti".

Ezekielit

Kapitull 25

¹ Fjala e Zotit m'u drejtua, duke thënë:

² "Bir njeriu, kthe fytyrën drejt bijve të Amonit dhe profetizo kundër tyre.

³ U thuaj bijve të Amonit: Dëgjoni fjalën e Zotit, të Zotit: Kështu thotë Zoti, Zoti: Duke qenë se ti the: "Ah, Ah", kundër shenjtërores sime kur ajo u përdhos, kundër vendit të Izraelit kur ai u shkretua dhe kundër shtëpisë së Judës kur ajo shkoi në robëri,

⁴ prandaj ja, unë po të jap në dorë bijve të lindjes, dhe ata do të ngrejnë fushimet e tyre në mesin tënd dhe në mesin tënd do të ngrënë vendbanimet e tyre; ata do të hanë frytet e tua dhe do të pijnë qumështin tënd.

⁵ Unë do ta bëj Rabahun një vathë për devetë dhe vendin e bijve të Amonit një vathë për dhëntë; atëherë ti do të pranosh se unë jam Zoti".

⁶ Prandaj kështu thotë Zoti, Zoti: "Duke qenë se ti ke rrahur duart, ke rrahur këmbët dhe je gëzuar në zemër me gjithë përçmimin tënd për vendin e Izraelit;

⁷ prandaj ja, unë po shtrij dorën time kundër teje dhe do të të jap si plaçkë të kombeve, do të të shfaros nga popujt dhe do të të bëj të zhdukesh nga rendi i vendeve; do të të shkatërroj, kështu do të pranosh që unë jam Zoti".

⁸ Kështu thotë Zoti, Zoti: "Duke qenë se Moabi dhe Seiri thonë: "Ja, shtëpia e Judës është si të gjitha kombet e tjera",

⁹ prandaj ja, unë do të hap krahun e Moabit nga ana e qyteteve, nga ana e qyteteve që janë në kufijtë e tij, lulja e vendit, Beth-Jeshimothi, Baalmeoni dhe Kiriathaimi.

¹⁰ Do ta jap pastaj në zotërim të bijve të lindjes, bashkë me bijtë e Amonit, me qëllim që bijtë e Amonit të mos kujtohen më midis kombeve.

¹¹ Kështu do të zbatoj gjykimet e mia mbi Moabin, dhe ata do të pranojnë që unë jam Zoti".

¹² Kështu thotë Zoti, Zoti: "Për atë që ka bërë Edomi duke marrë hak kundër shtëpisë së Judës, dhe sepse u bë shumë fajtor duke u hakmarrë kundër saj",

¹³ kështu thotë Zoti, Zoti: "Unë do të shtrij dorën time kundër Edomit, do të shfaros njerëz dhe kafshë dhe do ta shkretoj; nga Themani deri në Dedan dhe do të bien nga shpata.

¹⁴ Do ta kryej hakmarrjen time kundër Edomit me anën e popullit tim të Izraelit, që do të trajtojë Edomin sipas zemërimit tim dhe sipas tërbimit tim; kështu ata do të njohin hakmarrjen time", thotë Zoti, Zoti.

¹⁵ Kështu thotë Zoti, Zoti: "Duke qenë se Filistejtë kanë qenë hakmarrës dhe kanë kryer hakmarrje me zemër plot përçmim për të shkatërruar, të shtyrë nga një armiqësi e vjetër",

¹⁶ prandaj kështu thotë Zoti, Zoti: "Ja, unë do ta shtrij dorën time kundër Filistejve, do të shfaros Kerethejtë dhe do të shkatërroj kusurin e bregut të detit.

¹⁷ Do të kryej kundër tyre një hakmarrje të madhe me ndëshkime të rënda; dhe do të pranojnë që unë jam Zoti, kur do të kryej kundër tyre hakmarrjen time".

Kapitull 26

¹ Ndodhi në vitin e njëmbëdhjetë, ditën e parë të muajit, që fjala e Zotit m'u drejtua duke thënë:

² "Bir njeriu, duke qenë se Tiro ka folur kundër Jeruzalemit: "Ah, Ah! Porta e popujve është thyer, ajo është drejtuar nga unë; unë do të mbushem tani që ajo është prishur"".

³ Prandaj kështu thotë Zoti, Zoti: Ja, unë jam kundër teje, o Tiro. Do të bëj të ngrihen kundër teje shumë kombe, ashtu si deti bën të ngrihen valët e tij.

⁴ Ata do të shkatërrojnë muret e Tiros dhe do të shembin kullat e tij; do të fshij prej tij edhe pluhurin e tij dhe do ta bëj si një shkëmb të zhveshur.

⁵ Ai do të jetë një vend për të hedhur rrjetat në mes të detit, sepse unë fola", thotë Zoti, Zoti; "do të plaçkitet nga kombet;

⁶ edhe bijat e tij që janë në fshat do të vriten nga shpata; atëherë do të pranojnë që unë jam Zoti".

⁷ Sepse kështu thotë Zoti, Zoti: "Ja, unë sjell nga veriu kundër Tiros Nebukadnetsarin, mbretin e Babilonisë, mbretin e mbretërve, me kuaj, me qerre, me kalorës dhe një shumicë të madhe njerëzish.

⁸ Ai do të vrasë me shpatë bijat e tua që janë në fshat, do të ngrejë kundër teje kulla, do të ndërtojë kundër teje një ledh dhe do të ngrejë kundër teje një çati mburojash.

⁹ Do të drejtojë kundër mureve të tua deshtë e tij dhe do të rrëzojë kullat e tua me kazmat e tij.

¹⁰ Për shkak të morisë së kuajve të tij do të mbulohesh nga pluhuri i tyre; muret e tua do të dridhen nga zhurma e kalorësve, të rrotave dhe të qerreve, kur do të hyjë nëpër portat e tua, ashtu siç hyhet në një qytet nëpër të cilin është hapur një e çarë.

¹¹ Me këmbët e kuajve të tij do të shkelë tërë rrugët e tua, do të vrasë popullin tënd me shpatë dhe shtyllat e tua të fuqishme do të rrëzohen.

¹² Do të grabitin pasuritë e tua, do të plaçkitin mallrat e tua, do të rrëzojnë muret e tua, do të shkatërrojnë shtëpitë e tua të bukura, do të hedhin në mes të ujit gurët e tua, drurin tënd dhe tokën tënde.

¹³ Do të bëj të pushojë zhurma e këngëve të tua dhe zëri i harpave të tua nuk do të dëgjohet më.

¹⁴ Do të të bëj si një shkëmb të zhveshur; do të jesh një vend për të nderur rrjetat; nuk do të rindërtohesh më, sepse unë, Zoti, fola, thotë Zoti, Zoti".

¹⁵ Kështu i thotë Zoti, Zoti, Tiros: "Në zhurmën e rënies sate, në rënkimin e të plagosurve për vdekje, në kërdinë që do të bëhet në mes teje, a nuk do të dridhen vallë ishujt?

¹⁶ Atëherë princat e detit do të zbresin nga fronet e tyre, do të heqin mantelet e tyre dhe do të heqin rrobat e tyre të qëndisura; do të vishen me dridhërim, do të ulen për tokë, do të dridhen në çdo çast dhe do të jenë të tronditur thellë për ty.

¹⁷ Do të ngrenë një vajtim për ty dhe do të thonë: "Si je zhdukur, ti që ishe banuar nga princat e detit, qytet i famshëm, që ishe aq i fuqishëm në det? Ti dhe banorët e tu u kallje tmerrin gjithë atyre që banonin atje.

¹⁸ Tani ishujt do të dridhen ditën e rënies sate, ishujt e detit do të tmerrohen nga fundi yt"".

¹⁹ Sepse kështu thotë Zoti, Zoti: "Kur të të bëj një qytet të shkretë si qytetet që nuk kanë banorë dhe kur bëj të ngjitet humnera mbi ty dhe ujërat e mëdha të të mbulojnë,

²⁰ atëherë do të zbresësh me ata që zbresin në gropë, midis popullit të dikurshëm, do të të bëj të rrish në thellësitë e tokës, në vende të shkretuara qysh prej lashtësisë, me ata që zbresin në gropë me qëllim që ti të mos banohesh më, por do të jap shkëlqim mbi tokën e të gjallëve.

²¹ Do të bëj një tmerr dhe nuk do të jesh më; do të të kërkojnë, por nuk do të të gjejnë kurrë më", thotë Zoti, Zoti.

Kapitull 27

¹ Fjala e Zotit m'u drejtua, duke thënë:

² "Ti, bir njeriu, ngri për Tiron një vajtim,

³ dhe i thuaj Tiros: O ti që je vendosur në hyrje të detit, ti që bën tregti me popujt në shumë ishuj, kështu thotë Zoti, Zoti: O Tiro, ti ke thënë: "Unë jam i një bukurie të përsosur".

⁴ Kufijtë e tu janë në zemër të deteve; ndërtuesit e tu të kanë dhënë një bukuri të përsosur.

⁵ E kanë bërë tërë lëndën e anijeve të tua me qipariset e Senirit, kanë marrë kedra të Libanit për të bërë direkun tënd kryesor;

⁶ dhe i kanë bërë lopatat e tua me lis të Bashanit, e kanë bërë urën tënde me dru pylli të inkrustuar me fildish të sjellë nga ishujtë e Kitimit.

⁷ Ishte prej liri të hollë të Egjiptit, e punuar me qëndisje, vela që ke shpalosur, që të të shërbente si flamur; ajo që të mbulonte ishte prej hiacinti dhe prej purpre dhe vinte nga ishujt e Elishahut.

⁸ Banorët e Sidonit dhe të Arvadit ishin vozitësit e tu; të urtët e tu, o Tiro, ishin te ti; ata ishin pilotët e tu.

⁹ Te ti ishin pleqtë e Gebalit dhe specialistët e tij për të riparuar tërë të çarat e tua; te ti ishin tërë anijet e detit dhe detarët e tyre për të shkëmbyer mallrat e tua.

¹⁰ Ata të Persisë, të Ludit dhe të Putit ishin në ushtrinë tënde, si luftëtarë; ata varnin te ti mburojën dhe përkrenaren dhe të jepnin shkëlqim.

¹¹ Bijtë e Arvadit dhe ushtria jote ishin përreth mureve të tua dhe njerëz trima qëndronin mbi kullat e tua; ata i varnin mburojat e tyre përreth mureve të tua; ata e bënin kështu të përsosur bukurinë tënde.

¹² Tarshishi tregtonte me ty për shkak të bollëkut të pasurive të tua; në këmbim të mallrave të tua të jepte argjend, hekur, kallaj dhe plumb.

¹³ Edhe Javani, Tubali dhe Mesheku bënin tregti me ty; në këmbim të mallrave të tua të jepnin njerëzore dhe vegla prej bronzi.

¹⁴ Ata të shtëpisë së Togarmahut të jepnin në këmbim të mallrave të tua kuaj qëniet për tërheqje, kuaj vrapimi dhe mushka.

¹⁵ Bijtë e Dedanit bënin tregti me ty; tregtia e shumë ishujve kalonte nga duart e tua; si shpërblim të jepnin dhëmbë fildishi dhe abanoz.

¹⁶ Siria bënte tregti me ty për shkak të bollëkut të prodhimeve të tua; në këmbim të mallrave të tua të jepnin gurë të çmuar, purpur, stofa të qëndisur, pëlhura hiri të hollë, koral dhe rubin.

¹⁷ Juda dhe vendi i Izraelit tregtonin me ty; në këmbim të mallrave të tua të jepnin grurë të Minithit, parfume, mjaltë, vaj dhe balsam.

¹⁸ Damasku bënte tregti me ty për shkak të numrit të madh të prodhimeve të tua dhe për bollëkun e pasurive të tua me verë të Helbonit dhe me lesh të bardhë.

¹⁹ Vedani dhe Javani sillnin nga Uzahu prodhime në këmbim të mallrave të tua; hekuri i punuar, kasia dhe kallami aromatik ishin ndër mallrat e tua të këmbimit.

²⁰ Dedani tregtonte me ty veshje për të kalëruar.

²¹ Arabia dhe tërë princat e Kedarit bënin tregti me ty, duke bërë me ty shkëmbime në qengja, deshë dhe cjep.

²² Tregtarët e Shebas dhe të Ramahut bënin tregti me ty; në këmbim të mallrave të tua ata të jepnin të gjitha aromat më të mira, lloj lloj gurësh të çmuar dhe ar.

²³ Herani, Kanehu, Edeni, tregtarët e Shebas, të Asirisë dhe të Kilmadit bënin tregti me ty.

²⁴ Në këmbim të mallrave të tua shkëmbenin me ty sende luksi, mantele të purpurta, stofa të qëndisura, arka rrobash të ndryshme, të lidhura me litarë.

²⁵ Anijet e Tarshishit transportonin mallrat e tua. Kështu u mbushe dhe u pasurove me të madhe në zemër të deteve.

²⁶ Vozitësit e tu të kanë çuar mbi shumë ujra, por era e lindjes të ka shkatërruar në zemër të deteve.

²⁷ Pasuritë e tua, mallrat e tua, prodhimet e tua, detarët e tu, pilotët e tu, ata që ndreqnin të çarat, trafikantët e mallrave të tua, tërë luftëtarët që janë te ti dhe gjithë ajo mori që është mes teje do të bien në zemër të deteve ditën e shkatërrimit tënd.

²⁸ Nga zhurma e britmës së pilotëve të tu fushat e hapura do të dridhen;

²⁹ tërë ata që përdorin lopatën, detarët dhe tërë pilotët e detit do të zbresin nga anijet e tyre dhe do të mbeten në breg.

³⁰ Do të bëjnë që të dëgjohet zëri i tyre mbi ty; do të klithin me trishtim, do të hedhin pluhur mbi kokën e tyre, do të rrokullisen në pluhur.

³¹ Për shkakun tënd do të rruajnë kokën, do të vishen me thasë dhe do të qajnë për ty me trishtim të shpirtit, me një dhembje të thellë.

³² Në ankthin e tyre do të ngrenë për ty një vajtim dhe do të vajtojnë për ty: "Kush është si Tiro, e shkatërruar në mes të detit?".

³³ Kur mallrat e tua dilnin nga detet, ngopje shumë popuj; me bollëkun e pasurive dhe të mallrave të tua pasuroje mbretërit e tokës.

³⁴ Por kur u theve nga detet në thellësinë e ujrave, mallrat e tua dhe tërë moria e njerëzve në mes teje kanë rënë.

³⁵ Të gjithë banorët e ishujve janë habitur prej teje; mbretërit e tyre i ka zënë një frikë e madhe, pamja e tyre është e tronditur.

³⁶ Tregtarët midis popujve fishkëllejnë mbi ty; je bërë një llahtarë dhe nuk do të ekzistosh më".

Kapitull 28

¹ Fjala e Zotit mu drejtua, duke thënë:

² "Bir njeriu, i thuaj princit të Tiros: Kështu thotë Zoti, Zoti: Duke qenë se zemra jote është ngritur dhe ke thënë: "Unë jam një perëndi; unë ulem mbi një fron perëndish në zemrën e deteve", ndërsa je një njeri dhe jo një perëndi, ndonëse e ke bërë zemrën tënde si zemrën e Perëndisë.

³ Ja, ti je më i urtë se Danieli, asnjë sekret nuk mbetet i fshehur për ty.

⁴ Me diturinë tënde dhe zgjuarësinë tënde ke grumbulluar pasuri dhe ke mbledhur ar dhe argjend në thesaret e tua;

⁵ me diturinë tënde të madhe, me tregtinë tënde ke rritur pasuritë e tua, dhe për shkak të pasurive të tua zemra jote është ngritur".

⁶ Për këtë arsye kështu thotë Zoti, Zoti: "Me qenë se e ke bërë zemrën tënde si zemrën e Perëndisë,

⁷ prandaj ja, unë do të sjell kundër teje kombet më të tmerrshme; këta do të zhveshin shpatat e tyre kundër shkëlqimit të diturisë sate dhe do të ndotin bukurinë tënde.

⁸ Do të të zbresin në gropë dhe ti do të vdesësh nga vdekja e atyre që janë shpuar në zemër të deteve.

⁹ A do të vazhdosh të thuash: "Unë jam një perëndi", përpara atij që do të të vrasë? Por do të jesh një njeri dhe jo një zot në duart e atij që do të të shpojë.

¹⁰ Ti do të vdesësh nga vdekja e të parrethprerëve, nga dora e huaj, sepse unë fola", thotë Zoti, Zoti.

¹¹ Fjala e Zotit m'u drejtua, duke thënë:

¹² "Bir njeriu ngri një vajtim për mbretin e Tiros dhe i thuaj: Kështu thotë Zoti, Zoti: Ti ishe vula e përsosmërisë, tërë dituri dhe i përsosur nga bukuria.

¹³ Ishe në Eden, në kopshtin e Perëndisë; ishte mbuluar me lloj lloj gurësh të çmuar: rubina, topaze, diamante, krizolit oniks, diaspre, safire, karbonke, smeralde dhe ar; punimi i dajreve të tua dhe i flauteve të tua u përgatit për ty ditën që ti u krijove.

¹⁴ Ti ishe një kerubin i vajosur, një mbrojtës. Unë të kisha vënë në malin e shenjtë të Perëndisë dhe ti ecje në mes gurësh zjarri.

¹⁵ Ti ishe i përsosur në rrugët e tua qysh nga dita që u krijove, deri sa nuk u zbulua te ti çoroditja.

¹⁶ Nga shkaku i bollëkut të tregtisë sate, u mbushe me dhunë dhe mëkatove; prandaj të kam përzënë si një profan nga mali i Perëndisë dhe të kam shkatërruar, o kerubin mbrojtës në mes gurësh zjarri.

¹⁷ Zemra jote ishte ngritur për bukurinë tënde; ke korruptuar diturinë tënde për shkak të shkëlqimit tënd. Unë po të hedh për tokë, po të vë përpara mbretërve, me qëllim që të të shohin.

¹⁸ Në morinë e paudhësive të tua, me ligësinë e tregtisë sate ke përdhosur shenjtëroret e tua. Prandaj nxora nga mesi yt një zjarr që të ka gllabëruar, dhe të kam katandisur në hi mbi tokë përpara syve të atyre që të shikonin.

¹⁹ Tërë ata që të njihnin ndër popujt mbeten të habitur prej teje; je bërë objekt tmerri dhe nuk do të ekzistosh kurrë më".

²⁰ Fjala e Zotit m'u drejtua, duke thënë:

²¹ "Bir njeriu, kthe fytyrën drejt Sidonit dhe profetizo kundër tij,

²² dhe thuaj: Kështu thotë Zoti, Zoti: Ja, unë jam kundër teje, o Sidon, dhe do të përvëlohem në mes teje. Do të pranojnë që unë jam Zoti, kur do të zbatoj në mes të tij gjykimet e mia dhe do të shënjtërohem tek ai.

²³ Do të dërgoj mbi të murtajën dhe gjak në rrugët e tij; në mes të tij do të bien të vrarët nga shpata, dërguar nga çdo anë kundër saj. Atëherë do të pranojnë që unë jam Zoti.

²⁴ Dhe nuk do të ketë më për shtëpinë e Izraelit asnjë gjemb apo ferrë që midis gjithë fqinjve të tij që e përçmojnë. Atëherë do të pranojnë që unë jam Zoti, Zoti".

²⁵ Kështu thotë Zoti, Zoti: "Kur të kem grumbulluar ata të shtëpisë së Izraelit nga mesi i popujve ndër të cilët janë shpërndarë dhe shenjtërohem tek ata në sytë e kombeve, ata do të banojnë në vendin e tyre, që i dhashë shërbëtorit Jakob.

²⁶ Do të banojnë të sigurt, do të ndërtojnë shtëpi dhe do të mbjellin vreshta; po, do të banojnë të sigurt, kur do të zbatoj gjykimet e mia mbi të gjithë ata që i përçmojnë. Atëherë do të pranojnë që unë jam Zoti, Perëndia i tyre".

Kapitull 29

¹ Vitin e dhjetë, në muajin e dhjetë, ditën e dymbëdhjetë të muajit, fjala e Zotit m'u drejtua duke thënë:

² "Bir njeriu, kthe fytyrën tënde kundër Faraonit, mbretit të Egjiptit, dhe profetizo kundër tij dhe kundër tërë Egjiptit.

³ Fol dhe thuaj: Kështu thotë Zoti, Zoti: Ja, unë jam kundër teje, o Faraon, mbret i Egjiptit, dragua i madh, që rri në mes të lumenjve të tu dhe që ke thënë: "Lumi im është imi dhe e kam bërë unë vetë".

⁴ Do të vendos gremça në nofullat e tua dhe do të bëj që peshqit e lumenjve të tu të ngjiten në luspat e tua; pastaj do të të bëj të dalësh në mes të lumenjve të tu dhe gjithë peshqit e lumenjve të tua do të ngjiten me luspat e tu.

⁵ Do të të hedh në shkretëtirë, ty dhe tërë peshqit e lumenjve të tu, dhe do të biesh në fushë të hapur, nuk do të varrosin as nuk do të mbledhën; do të të jap si ushqim kafshëve të tokës dhe shpendëve të qiellit.

⁶ Atëherë tërë banorët e Egjiptit do të pranojnë që unë jam Zoti, sepse kanë qenë për shtëpinë e Izraelit si një mbështetje prej kallami.

⁷ Kur të kanë kapur për dore, je thyer dhe u ke copëtuar atyre gjithë shpatullën; kur u mbështetën te ti, u theve dhe ke bërë të tronditen tërë ijët e tyre".

⁸ Prandaj kështu thotë Zoti, Zoti: "Ja, unë do të sjell mbi ty shpatën dhe do të shkatërroj mes teje njerëz dhe kafshë;

⁹ kështu vendi i Egjiptit do të bëhet një mjerim dhe një shkreti, dhe do të pranojnë që unë jam Zoti, sepse ai ka thënë: "Lumi është imi dhe e kam bërë unë vetë".

¹⁰ Prandaj ja, unë jam kundër teje dhe lumit tënd; do ta katandis vendin e Egjiptit në një mjerim të plotë dhe në shkreti nga Migdoli deri në Sienë, deri në kufijtë me Etiopinë.

¹¹ Nuk do të kalojë asnjë këmbë njeriu, as do kalojë ndonjë këmbë kafshe, dhe nuk do të banohet për dyzet vjetë me radhë.

¹² Do të bëj vendin e Egjiptit një shkreti midis vendeve të shkretuara, dhe qytetet e tij do të jenë një shkreti për dyzet vjet, në mes të qyteteve të shkatërruara; do t'i shpërndaj Egjiptasit midis kombeve dhe do t'i hedh nëpër vende të ndryshme".

¹³ Megjithatë kështu thotë Zoti, Zoti. "Në fundin e dyzet vjetëve unë do t'i bashkoj Egjiptasit ndër popujt nëpër të cilët ishin shpërndarë.

¹⁴ Do t'i riçoj Egjiptasit në shtëpi nga robëria dhe do t'i bëj që kthehen në vendin e Pathrosit, në vendlindjen e tyre, dhe atje do të jenë një mbretëri e përulur.

¹⁵ Do të jetë më e përulura midis mbretërive dhe nuk do të ngrihet më mbi kombet; do të pakësoj numrin e tyre, me qëllim që të mos sundojë më mbi kombet.

¹⁶ Ai nuk do të jetë më burim besimi për shtëpinë e Izraelit, por do t'u kujtojë fajin kur u drejtoheshin për ndihmë. Atëherë do të pranojnë që unë jam Zoti, Zoti".

¹⁷ Në vitin e njëzeteshtatë, në muajin e parë, ditën e parë të muajit, ndodhi që fjala e Zotit m'u drejtua, duke thënë:

¹⁸ "Bir njeriu, Nebukadnetsari, mbreti i Babilonisë, e vuri ushtrinë e tij në një shërbim të rëndë kundër Tiros; çdo kokë është bërë e shogët dhe çdo shpatull e rrjepur; por as ai, as ushtria e tij nuk kanë nxjerrë nga Tiro ndonjë shpërblim për mundin që kanë bërë kundër tij".

¹⁹ Prandaj kështu thotë Zoti, Zoti: "Ja, unë i jap Nebukadnetsarit, mbretit të Babilonisë, vendin e Egjiptit; ai do të marrë pasuritë e tij; ai do të marrë me vete robër dhe do ta plaçkitë; dhe ky do të jetë shpërblimi për ushtrinë e tij.

²⁰ Për mundin që ke bërë kundër tij unë i jap vendin e Egjiptit, sepse kanë punuar për mua", thotë Zoti, Zoti.

²¹ "Atë ditë unë do ta rilind fuqinë e shtëpisë së Izraelit dhe do të hap gojën tënde në mes të tyre. Atëherë ata do të pranojnë që unë jam Zoti".

Kapitull 30

¹ Fjala e Zotit m'u drejtua, duke thënë:

² "Bir njeriu, profetizo dhe thuaj: Kështu thotë Zoti, Zoti: Vajtoni: "Medet, dita!".

³ Sepse dita është afër, është e afërt dita e Zotit; do të jetë një ditë me re, koha e kombeve.

⁴ Shpata do të bjerë mbi Egjipt dhe do të krijojë ankth në Etiopi kur në Egjipt të bien të plagosurit për vdekje, do të shpien larg pasuritë e tij dhe themelet e tij do të përmbysen.

⁵ Etiopia, Puti, Ludi, tërë përzierja e popujve të ndryshëm, Kubi dhe bijtë e vendeve aleate do të rrëzohen bashkë me ta nga shpata".

⁶ Kështu thotë Zoti: "Ata që përkrahin Egjiptin do të rrëzohen, krenaria e pushtetit të tij do të bjerë; nga Migdoli deri në Sienë do të bien aty nga shpata", thotë Zoti, Zoti.

⁷ "Do të shkretohen në mes të tokave të shkretuara dhe qytetet e tyre do të jenë në mes të qyteteve të shkatërruara.

⁸ Do të pranojnë që unë jam Zoti, kur do t'i vë zjarrin Egjiptit dhe të gjithë përkrahësit e tij do të shtypen.

⁹ Atë ditë do të nisen në praninë time lajmëtarë mbi anije, që do të trembin Etiopinë e shkujdesur; dhe një ankth i madh do t'i pushtojë ata si në ditën e Egjiptit. Po, ja gjëja është duke ndodhur".

¹⁰ Kështu thotë Zoti, Zoti: "Do ti jap fund zhurmës së Egjiptit, me anë të Nebukadnetsarit, mbretit të Babilonisë.

¹¹ Ai dhe populli i tij bashkë me të, më të tmerrshmit midis kombeve, do të vijnë për të shkatërruar vendin; do të zhveshin shpatat e tyre kundër Egjiptit dhe do të mbushin vendin me të vrarë.

¹² Do t'i thaj lumenjtë dhe do t'ia shes vendin njerëzve të këqij; dhe nëpërmjet të të huajve do ta bëj të shkretuar vendin dhe gjithçka ai përmban. Unë, Zoti, fola".

¹³ Kështu thotë Zoti, Zoti: "Do të shkatërroj idhujt dhe do t'i zhduk perënditë e rreme nga Nofi; nuk do të ketë më princ nga vendi i Egjiptit dhe do të kall frikën në vendin e Egjiptit.

¹⁴ Do të bëj të shkretuar Pathrosin, do t'i vë zjarrin Tsoanit, do të zbatoj gjykimet e mia mbi Nonë,

¹⁵ do ta derdh tërbimin tim mbi Sin, mbi kalanë e Egjiptit dhe do të shfaros turmat e Nosë.

¹⁶ Do t'i vë zjarrin Egjiptit: Sini do të shtrëmbërohet nga dhimbja, Noja do të shqyhet, Nofi do të jetë në ankth çdo ditë.

¹⁷ Të rinjtë e Avenit dhe të Pibesethit do të bien nga shpata dhe këto dy qytete do të shkojnë në robëri

¹⁸ Në Tahpanhes dita do të erret, kur aty unë do të coptoj zgjedhat e imponuara nga Egjipti; dhe tek ajo do të mpaket krenaria e forcës së saj. Sa për atë, një re do ta mbulojë dhe bijat e saj do të shkojnë në robëri.

¹⁹ Kështu do të zbatoj gjykimet e mia mbi Egjiptin. Atëherë do të pranojnë që unë jam Zoti".

²⁰ Vitin e njëmbëdhjetë, muajin e parë, ditën e shtatë të muajit, ndodhi që fjala e Zotit m'u drejtua, duke thënë:

²¹ "Bir njeriu, unë theva krahun e Faraonit, mbretit të Egjiptit; dhe ja, nuk u lidh duke vënë ilaçe as u mbështoll me rrypa që ta bënin mjaft të fortë për të përdorur shpatën.

²² Prandaj kështu thotë Zoti, Zoti: "Ja, unë jam kundër Faraonit, mbretit të Egjiptit, për t'ia coptuar krahët, si atë të fortin ashtu edhe krahun tashmë të thyer, dhe do ta bëj që t'i bjerë shpata nga dora.

²³ Do t'i shpërndaj pastaj Egjiptasit midis kombeve dhe do t'i përhap në vende të ndryshme.

²⁴ Do të forcoj krahët e mbretit të Babilonisë dhe do t'i vë në dorë shpatën time, por do t'i coptoj krahët e Faraonit që do të rënkojë para tij, si rënkon një njeri i plagosur për vdekje.

²⁵ Kështu do të forcoj krahët e mbretit të Babilonisë, por krahët e Faraonit do të rrëzohen; do të pranojnë që unë jam Zoti, kur ti vë në dorë mbretit të Babilonisë shpatën time, dhe ky do ta shtrijë kundër vendit të Egjiptit.

²⁶ Do t'i shpërndaj Egjiptasit midis kombeve dhe do t'i përhap në vende të ndryshme. Atëherë do të pranojnë që unë jam Zoti".

Kapitull 31

¹ Vitin e njëmbëdhjetë, muajin e tretë, ditën e parë të muajit, ndodhi që fjala e Zotit m'u drejtua, duke thënë:

² "Bir njeriu, i thuaj Faraonit, mbretit të Egjiptit dhe turmës së tij: Kujt i ngjet ti në madhështinë tënde?

³ Ja, Asiria jote ishte një kedër Libani, me degë të bukura, me hijen e një pylli, me trung të gjatë dhe me majë që ngrihej midis degëve të dëndura.

⁴ Ujrat e bënin të rritej, uji i nëndheshëm e kishte bërë të lartë, me lumenjtë e tij që rridhnin rreth e qark vendit ku ishte mbjellë, ndërsa u dërgonte rrëkete e tij tërë druvëve të fushës.

⁵ Prandaj lartësia e saj ishte ngritur mbi të gjithë drurët e fushës, degët e tij ishin shumuar, ato ishin zgjatur nga bollëku i ujrave gjatë rritjes së tij.

⁶ Tërë zogjtë e qiellit bënin folenë midis degëve të tij, tërë kafshët e fushës pillnin nën degët e tij, dhe të gjitha kombet e mëdhenj rrinin në hijen e tij.

⁷ Ishte i bukur në madhështinë e tij për gjatësinë e degëve të tij, sepse rrënja e tij ndodhej pranë ujrave të bollshme.

⁸ Kedrat nuk ia kalonin në kopshtin e Perëndisë, selvitë nuk arrinin të barazonin degët e tij dhe gështenjat nuk ishin as si degët e tij me gjethe; asnjë dru në kopshtin e Perëndisë nuk ishte i barabartë me të nga bukuria.

⁹ E kisha bërë të bukur në bollëkun e degëve të tij, prandaj e kishin zili të gjithë drurët e Edenit, që ndodheshin në kopshtin e Perëndisë".

¹⁰ Prandaj, kështu thotë Zoti, Zoti: "Me qenë se është ngritur në lartësi dhe ka vënë majën e tij ndër degë të dendura dhe zemra e tij u bë krenare për shkak të lartësisë së tij,

¹¹ do ta jap në dorë të kombit më të fuqishëm, me qëllim që të bëjë me të çfarë i pëlqen; unë e përzura për shkak të ligësisë së tij.

¹² Të huajt, më të tmerrshmit e kombeve, e prenë dhe e braktisën; degët e tij kanë rënë në male dhe në të gjitha luginat, degët e tij ndodhen të thyera pranë të gjitha rrjedhave ujore të vendit; tërë popujt e dheut kanë zbritur duke u larguar nga hija e tij dhe e kanë braktisur.

¹³ Mbi rrënojat e tij vijnë e qëndrojnë tërë zogjt e qiellit dhe mbi degët e tij janë të gjitha kafshët e fushës,

¹⁴ kështu që asnjë dru i mbjellë pranë ujrave të mos krenohet për lartësinë e tij, të mos e nxjerrë më majën e tij midis degëve të dëndura dhe që asnjë dru që pi ujë të ngrihet me forcën e tij mbi lartësinë e tij, sepse të gjithë i janë caktuar vdekjes, thellësive të tokës, midis bijve të njerëzve, midis atyre që zbresin në gropë".

¹⁵ Kështu thotë Zoti, Zoti: "Ditën që zbriti në Sheol e bëra ditë zie; për të e mbulova humnerën, ndala lumenjtë e tij dhe ujrat e mëdha u ndalën; për të mbajti zi Libani dhe për të u thanë gjithë drurët e fushës.

¹⁶ Me zhurmën e rënies së tij i bëra të dridhen kombet, duke e bërë të zbresë në Sheol bashkë me ata që zbresin në gropë; dhe në thellësitë e tokës u përdëlluan të gjitha drurët e Edenit, më të zgjedhurit dhe më të bukurit e Libanit, të gjithë ata që pinin ujrat.

¹⁷ Edhe ata zbritën bashkë me të në Sheol në mes të atyre që u vranë nga shpata, po, ata që ishin krahu i tij dhe qëndronin në hijen e tij në mes të kombeve.

¹⁸ Kujt i ngjan ti, pra, për nga lavdia dhe madhështia midis drurëve të Edenit? Megjithatë u plandose bashkë me drurët e Edenit në thellësitë e tokës; do të qëndrosh në mes të parrethprerëve, bashkë me ata që janë vrarë nga shpata. Ja ç'do t'i ndodhë Faraonit dhe gjithë turmës së tij", thotë Zoti, Zoti.

Kapitull 32

¹ Në vitin e dymbëdhjetë, në muajin e dymbëdhjetë, ditën e parë të muajit, ndodhi që fjala e Zotit m'u drejtua, duke thënë:

² "Bir njeriu, nis një vajtim për Faraonin, mbretin e Egjiptit, dhe i thuaj: Ti i ngjason një luani të vogël midis kombeve; ishe si një dragua në det dhe hidheshe në lumenjtë e tu, duke i trazuar ujrat me këmbët e tua dhe duke i turbulluar lumenjtë".

³ Kështu thotë Zoti, Zoti: "Do të shtrij mbi ty rrjetën time me një kuvend të shumë popujve që do të ngrenë lart me rrjetën time.

⁴ Pastaj do të braktis mbi tokë dhe do të të hedh në fushë të hapur, do të bëj që të ulen mbi ty të gjitha shpendët e qiellit dhe do t'i ngop me ty kafshët e gjithë dheut.

⁵ Do ta hedh mishin tënd mbi male dhe do t'i mbush luginat me togun e skeletit tënd.

⁶ Do t'i jap gjithashtu tokës të pijë nga rrjedha e gjakut tënd, deri te malet, dhe shtretërit e lumenjve do të mbushen me ty.

⁷ Kur të të shuaj, do t'i mbuloj qiejt dhe do t'i errësoj yjet, do ta zë diellin me një re dhe hëna nuk do të japë më dritën e saj.

⁸ Mbi ty do të errësoj të gjithë ndriçuesit e shkëlqyer në qiell dhe do të dërgoj terrin në vendin tënd", thotë Zoti, Zoti.

⁹ "Do të pikëlloj zemrën e shumë popujve, kur të bëj që të vijë shkatërrimi yt midis kombeve, në vende që ti nuk i njeh.

¹⁰ Do të bëj që shumë popuj të çuditen me ty dhe mbretërit e tyre do t'i pushtojë një tmerr i madh për shkakun tënd, kur të vringëllij shpatën time para tyre; secili prej tyre do të dridhet në çdo çast për jetën e tij, ditën e rënies sate".

¹¹ Sepse kështu thotë Zoti, Zoti: "Shpata e mbretit të Babilonisë do të bjerë mbi ty.

¹² Do të bëj që turma jote të rrëzohet nga shpata e burrave të fuqishëm, që janë më të tmerrshmit ndër kombet; ata do të shkatërrojnë krenarinë e Egjiptit dhe gjithë turmat e tij do të asgjësohen.

¹³ Do të bëj që të ngordhë krejt gjëja e gjallë e tij mbi brigjet e ujërave të mëdha, që nuk do të turbullohen më nga këmba e njeriut, as thundra e kafshëve nuk do t'i turbullojë.

¹⁴ Atëherë do t'i lë të qetësohen ujrat e tyre dhe do të bëj që lumenjtë e tyre të rrjedhin si vaj", thotë Zoti, Zoti.

¹⁵ "Kur do ta kem bërë të shkretë vendin e Egjiptit dhe vendi të jetë zhveshur nga çdo gjë që kishte, kur do të kem goditur gjithë banorët e tij, atëherë do të pranojnë se unë jam Zoti.

¹⁶ Ky është një vajtim që do të ngrenë për të, do ta ngrenë për bijat e kombeve; do ta ngrenë për Egjiptin dhe gjithë turmat e tij", thotë Zoti, Zoti.

¹⁷ Vitin e dymbëdhjetë, ditën e pesëmbëdhjetë të muajit, ndodhi që fjala e Zotit mu drejtua, duke thënë:

¹⁸ "Bir njeriu, merrja një vajtimi për turmën e Egjiptit dhe zbrite në thellësinë e tokës, atë dhe bijat e kombeve të famshëm, që bashkë me ata zbresin në gropë.

¹⁹ Vallë kujt ia kalon nga bukuria? Zbrit dhe zër vend midis atyre që nuk janë rrethprerë.

²⁰ Ata do të bien në mes të atyre që janë vrarë nga shpata. Ai i është dorëzuar shpatës; e tërheqin me gjithë turmat e tij.

²¹ Trimat më të fortë, bashkë me ata që e ndihmonin, do t'i flasin në mes të Sheolit: "Kanë zbritur dhe kanë zënë vend bashkë me ata që nuk janë rrethprerë, bashkë me ata që i ka shpuar shpata?".

²² Atje është Asiria me gjithë turmën e saj, me varret e saj përreth; janë të gjithë të vrarë, të rënë nga shpata.

²³ Varret e tyre janë vendosur në thellësinë e gropës dhe turma e saj është rreth varrit të tij; të gjithë janë të vrarë nga shpata, ata që përhapin tmerrin mbi dheun e të gjallëve.

²⁴ Atje është Elami me gjithë turmën e tij rreth varrit të tij; janë të gjithë të vrarë, të rrëzuar nga shpata, që kanë zbritur pa u rrethprerë në thellësi të tokës, ata që përhapnin tmerr mbi dheun e të gjallëve; tani ata mbajnë turpin e tyre me ata që zbresin në gropë.

²⁵ Kanë vënë shtratin e tij në mes të të vrarëve me gjithë turmën e tij, me varret e tyre rreth tij; të gjithë nuk janë rrethprerë, janë shpuar nga shpata, sepse kishin përhapur tmerrin mbi dheun e të gjallëve; por tani e mbajnë turpin e tyre me ata që zbresin në gropë; janë vendosur në mes të të vrarëve.

²⁶ Atje është Mesheku, Tubali, dhe tërë turma e tyre, me varret e tyre rreth tij; të gjithë nuk janë rrethprerë, janë shpuar nga shpata, sepse përhapin tmerrin mbi dheun e të gjallëve.

²⁷ Nuk rrijnë me heronjtë e rënë të atyre që nuk janë rrethprerë, që kanë zbritur në Sheol me armët e tyre të luftës dhe që shpatat e tyre janë vënë nën kokat e tyre; por ndëshkimi i paudhësive të tyre do t'u ngjitet kockave të tyre, megjithëse tmerri i këtyre trimave ishte i madh mbi dheun e të gjallëve.

²⁸ Po, ti do të copëtohesh në mes të atyre që nuk janë rrethprerë dhe do të qëndrosh bashkë me ata që janë shpuar nga shpata.

²⁹ Atje është Edomi, me të gjithë mbretërit e tij dhe me të tërë princat e tij, të cilët, megjithë trimërinë e tyre, janë vendosur bashkë me ata që janë shpuar nga shpata. Edhe këta rrinë bashkë me ata që nuk janë rrethprerë dhe me ata që zbresin në gropë.

³⁰ Atje janë tërë princat e veriut dhe tërë Sidonasit që kanë zbritur bashkë me ata që janë shpuar të hutuar për shkak të tmerrit që u kallnin me fuqitë e tyre. Qëndrojnë të parrethprerë bashkë me ata që janë shpuar nga shpata dhe mbajnë turpin e tyre bashkë me ata që zbresin në gropë.

³¹ Faraoni do t'i shohë dhe do të ngushëllohet për të gjithë turmën e tij; Faraoni dhe tërë ushtria e tij do të shpohen nga shpata", thotë Zoti, Zoti.

³² "Ndonëse e lashë të përhapë tmerrin e tij mbi dheun e të gjallëve, Faraoni me gjithë turmën e tij, do të vihet të qëndrojë në mes të atyre që nuk janë rrethprerë, me ata që janë shpuar nga shpata", thotë Zoti, Zoti.

Kapitull 33

¹ Fjala e Zotit m'u drejtua, duke thënë:

² "Bir njeriu, folu bijve të popullit tënd dhe u thuaj atyre: Kur të sjell shpatën kundër një vendi dhe populli i atij vendi merr një burrë nga kufijtë e tij dhe e vë si sogjetar,

³ në rast se ai sheh shpatën që vjen kundër vendit, dhe i bie borisë dhe lajmëron popullin,

⁴ kushdo që dëgjon borinë, por nuk i vë veshin paralajmërimit, në rast se shpata vjen dhe e merr me vete, gjaku i tij do të bjerë mbi kokën e vet.

⁵ Ai ka dëgjuar zërin e borisë, por nuk i ka vënë veshin paralajmërimit, gjakun e tij do ta ketë mbi vete. Por ai që ka marrë parasysh paralajmërimin, do të shpëtojë jetën e tij.

⁶ Por në rast se sogjetari sheh shpatën që po vjen kundër vendit dhe nuk i bie borisë për të paralajmëruar popullin, dhe shpata vjen dhe merr me vete ndonjë prej tyre, ky do të çohet tutje për shkak të paudhësisë së tij, por për gjakun e tij do t'i kërkoj llogari sogjetarit.

⁷ Kështu, o bir njeriu, të kam vendosur si roje për shtëpinë e Izraelit; prandaj dëgjo fjalën e gojës sime dhe i lajmëro nga ana ime.

⁸ Kur i them të pabesit: "I pabesë, ti do të vdesësh me siguri", dhe ti nuk flet për të paralajmëruar të pabesin që të largohet nga rruga e tij, ai i pabesë do të vdesë për shkak të paudhësisë së tij, por për gjakun e tij do t'i kërkojë llogari dorës sate.

⁹ Por në rast se ti e paralajmëron të pabesin që të largohet nga rruga e tij dhe ai nuk largohet prej saj, ai do të vdesë për shkak të paudhësisë së tij, por ti do ta shpëtosh shpirtin tënd.

¹⁰ Tani, bir njeriu, i thuaj shtëpisë së Izraelit: Ju thoni kështu: "Në rast se shkeljet tona dhe mëkatet tona janë mbi ne dhe për shkak të tyre vuajmë, si do të mund të jetojmë?".

¹¹ U thuaj atyre: Ashtu siç është e vërtetë që unë rroj", thotë Zoti, Zoti, "unë nuk kënaqem me vdekjen e të pabesit, por që i pabesi të ndryshojë rrugën e tij dhe të jetojë; konvertohuni, konvertohuni nga rrugët tuaja të këqija. Pse vallë duhet të vdisni, o shtëpi e Izraelit?

¹² Prandaj ti, bir njeriu, u thuaj bijve të popullit tënd: Drejtësia e të drejtit nuk do ta shpëtojë atë ditën e mëkatit të tij; po kështu pabesia e të pabesit nuk do ta rrëzojë ditën kur ai të largohet nga pabesia e tij, dhe i drejti nuk do të mund të jetojë për shkak të drejtësisë së tij ditën që do të kryejë mëkate.

¹³ Kur i them të drejtit që ke për të jetuar me siguri, në rast se ka besim në drejtësinë e vet dhe kryen paudhësinë, tërë veprimet e tij të drejta nuk do të kujtohen më, por ai do të vdesë për shkak të paudhësisë që ka kryer.

¹⁴ Përkundrazi, kur i them të pabesit: "Ti me siguri do të vdesësh", në rast se ai largohet nga mëkati i tij dhe kryen atë që është e ndershme dhe e drejtë,

¹⁵ në rast se i pabesi kthen pengun, kthen atë që ka vjedhur dhe ecën sipas statuteve të jetës, pa kryer paudhësi, ai me siguri ka për të jetuar, nuk ka për të vdekur.

¹⁶ Asnjë nga mëkatet e kryera prej tij nuk do të kujtohet kundër tij; ai ka bërë atë që është e ndershme dhe e drejtë dhe me siguri ka për të jetuar.

¹⁷ Por bijt e popullit tënd thonë: "Rruga e Zotit nuk është e drejtë", ndërsa është rruga e tyre që nuk është e drejtë.

¹⁸ Kur i drejti largohet nga drejtësia e tij dhe kryen paudhësi, për këtë ai do të vdesë.

¹⁹ Përkundrazi kur i pabesi largohet nga pabesia e tij dhe kryen atë që është e ndershme dhe e drejtë, ai do të jetojë.

²⁰ Megjithatë ju thoni: "Rruga e Zotit nuk është e drejtë". Unë do ta gjykoj secilin prej jush sipas rrugëve që ndjek, o shtëpi e Izraelit".

²¹ Vitin e dymbëdhjetë të robërisë sonë, muajin e dhjetë, ditën e pestë të muajit, ndodhi që arriti tek unë një i ikur nga Jeruzalemi dhe më tha: "Qyteti është pushtuar".

²² Një mbrëmje para se të vinte ikanaku, dora e Zotit u vu mbi mua dhe më kishte hapur gojën kështu, kur në mëngjes ai arriti tek unë, goja ime mbeti e hapur dhe nuk qeshë më memec.

²³ Fjala e Zotit m'u drejtua pastaj, duke thënë:

²⁴ "Bir njeriu, banorët e këtyre rrënojave në vendin e Izraelit thonë: "Abrahami ishte vetëm dhe pati zotërimin e vendit, por ne jemi shumë dhe zotërimi i vendit na jepet neve".

²⁵ Prandaj u thuaj atyre: Kështu thotë Zoti, Zoti: Ju hani mishin me gjakun, ngrini sytë nga idhujt tuaj, derdhni gjak dhe dëshironi të zotëroni vendin.

²⁶ Ju mbështeteni te shpata juaj, kryeni gjëra të neveritshme, secili ndot gruan e fqinjit të tij dhe dëshironi të zotëroni vendin.

²⁷ U thuaj kështu atyre: Kështu thotë Zoti, Zoti: Ashtu siç është e vërtetë që unë rroj, ata që banojnë midis atyre rrënojave do të vriten nga shpata, ata që janë në fushë të hapur do t'ua jap për të ngrënë kafshëve dhe ata që janë në fortesa dhe në shpella do të vdesin nga murtaja.

²⁸ Do ta katandis vendin në një mjerim dhe në shkreti, kryelartësia e forcës së tij do t'i ligështohet dhe kështu malet e Izraelit do të jenë aq të shkretuar sa që askush nuk do të kalojë më andej.

²⁹ Do të pranojnë që unë jam Zoti, kur ta kem katandisur vendin në mjerim dhe në shkreti për shkak të të gjitha gjërave të neveritshme që kanë kryer.

³⁰ Sa për ty, bir njeriu, bijtë e popullit tënd flasin për ty pranë mureve dhe te pragu i shtëpive të tyre, i flasin njeri tjetrit, duke i thënë secili vëllait të tij: "Eja të dëgjosh cila është fjala që vjen nga Zoti".

³¹ Kështu vijnë te ti ashtu si bën njerëzia, ulen para teje ashtu si bën populli im dhe dëgjojnë fjalët e tua, por nuk i vënë në praktikë; me gojën e tyre, pra, tregojnë dashuri të madhe, por zemra e tyre shkon pas fitimit të tyre të padrejtë.

³² Ja, ti je për ta si një këngë dashurie e dikujt që ka një zë të bukur dhe di t'i bjerë mirë një vegle; ata dëgjojnë fjalët e tua, por nuk i vënë në praktikë.

³³ Dhe ja kur të ndodhë ajo gjë (dhe ja që po ndodh) do të pranojnë që në mes tyre ka pasur një profet".

Kapitull 34

¹ Fjala e Zotit m'u drejtua përsëri, duke thënë:

² "Bir njeriu, profetizo kundër barinjve të Izraelit; profetizo dhe u thuaj atyre barijve: Kështu thotë Zoti, Zoti: Mjerë barinjtë e Izraelit që kullotin veten e tyre! A nuk duhet përkundrazi të kullosin kopenë?

³ Ju hani yndyrën, visheni me leshin, vritni delet e majme, por nuk e kullotni kopenë.

⁴ Nuk i keni forcuar delet e dobëta, nuk jeni kujdesur për të sëmurën, nuk keni fashuar atë të plagosurën, nuk e keni rikthyer në shtëpi atë të hutuarën dhe nuk e keni kërkuar të humburën, por keni sunduar mbi to me forcë dhe ashpërsi.

⁵ Kështu ato, për mungesë bariu, janë shpërndarë, janë bërë pre e të gjitha bishave të fushës dhe kanë humbur.

⁶ Delet e mia po enden nëpër tërë malet dhe mbi çdo kodrinë të lartë; po, delet e mija janë përhapur mbi gjithë faqen e vendit dhe askush nuk ka shkuar t'i kërkojë ato as nuk tregoi kujdes".

⁷ Prandaj, o barinj, dëgjoni fjalën e Zotit:

⁸ Ashtu siç është e vërtetë që unë rroj", thotë Zoti, Zoti, "duke qenë se delet e mija janë bërë një pre, delet e mia i hanë të gjitha bishat e fushave për mungesë të një bariu dhe sepse barinjtë e mi nuk kanë vajtur ti kërkojnë delet e mia, por barinjtë kanë kullotur për veten e tyre dhe nuk kanë kullotur delet e mia".

⁹ Prandaj, o barinj, dëgjoni fjalën e Zotit:

¹⁰ Kështu thotë Zoti, Zoti: "Ja, unë jam kundër barinjve; do t'u kërkoj llogari për delet e mia dhe nuk do t'i lë t'i kullotin delet. Barinjtë nuk do të kullotin më veten e tyre, sepse do t'u heq nga goja e tyre delet e mia dhe nuk do të më ushqejnë i tyre.

¹¹ Sepse kështu thotë Zoti, Zoti: "Ja, unë vetë do të shkoj të kërkoj delet e mia dhe do të kujdesem.

¹² Ashtu si bariu kujdeset për kopenë e tij kur ndodhet në mes të deleve të tij, të shpërndara, kështu unë do të kujdesem për delet e mia dhe do t'i heq nga të gjitha vendet ku janë shpërndarë në një ditë me re dhe errësirë të dendur.

¹³ Do t'i nxjerr nga popujt dhe do t'i mbledh nga vende të ndryshme; do t'i çoj përsëri në tokën e tyre dhe do t'i kullot në malet e Izraelit, gjatë rrjedhave ujore dhe në tërë vendet e banuara të vendit.

¹⁴ Do t'i kullot në kullota të mira dhe vatha e tyre do të jetë në malet e larta të Izraelit; atje do të pushojnë në një vathë dhe do të kullotin në kullota të pasura në malet e Izraelit.

¹⁵ "Unë vetë do t'i kullot delet e mia dhe do t'i bëj të pushojnë", thotë Zoti, Zoti.

¹⁶ "Unë do të kërkoj të humburën, do ta kthej të hutuarën, do t'i lidh plagën, do ta forcoj të sëmurën, por do të shkatërroj të majmen dhe të fortën, do t'i kullot me drejtësi.

¹⁷ Sa për ju, o delet e mia", kështu thotë Zoti, Zoti, "ja, unë do të gjykoj midis dele e dele, midis deshëve dhe cjepve.

¹⁸ Ju duket gjë e vogël të kulloteni në një kullotë të mirë dhe pastaj të shkelësh me këmbë atë që mbetet nga kullota juaj, ose të pish ujra të pastra dhe pastaj të turbullosh me këmbë atë që mbetet?

¹⁹ Kështu delet e mia duhet të hanë atë që kanë shkelur këmbët tuaja dhe duhet të pijnë atë që kanë turbulluar këmbët tuaja".

²⁰ Prandaj kështu u thotë atyre Zoti, Zoti: "Ja, unë vetë do të gjykoj midis deles së dhjamur dhe deles së dobët.

²¹ Duke qenë se ju keni shtyrë me ijë dhe me shpatull dhe u keni rënë me brirë të gjitha deleve të dobëta deri sa i shpërndatë rreth e rrotull,

²² unë do t'i shpëtoj delet e mia dhe nuk do të bëhen më pre, dhe do të gjykoj midis dele e dele.

²³ Do të vendos mbi to një bari të vetëm që do t'i kullosë, shërbëtorin tim David. Ai do t'i kullosë dhe ka për të qenë bariu i tyre.

²⁴ Dhe unë, Zoti, do të jem Perëndia i tyre dhe shërbëtori im Davidi do të jetë princ në mes të tyre. Unë, Zoti, fola.

²⁵ Do të vendos me to një besëlidhje paqeje dhe do të zhduk nga vendi kafshët e liga, kështu ato do të mund të rrinë të sigurta në shkretëtirë dhe të flenë nëpër pyje.

²⁶ Dhe do t'ua bëj të bekura vendet rreth kodrës sime; do të bëj të bjerë shiu në kohën e duhur, dhe do të jenë shira bekimi.

²⁷ Druri i fushës do të japë frytin e tij dhe toka do të japë prodhimet e saj. Ato do të jenë të sigurta në tokën e tyre dhe do të pranojnë që unë jam Zoti, kur do të këpus shufrat e zgjedhës së tyre dhe do t'i çliroj nga dora e atyre që i mbanin në skllavëri.

²⁸ Dhe nuk do të jenë më pre e kombeve as do t'i hanë më bishat e fushës, por do të qëndrojnë të sigurta dhe askush nuk ka për t'i trembur.

²⁹ Do ta bëj që të mbijë për ta një kopësht me famë të madhe; nuk do të konsumohen më nga uria në vend dhe nuk do të mbajnë më turpin e kombeve.

³⁰ Kështu ata do të pranojnë që unë, Zoti, Perëndia i tyre, jam me ta, dhe që ata, shtëpia e Izraelit, janë populli im", thotë Zoti, Zoti.

³¹ "Ju jeni delet e mia, delet e kullotës sime; jeni njerëz dhe unë jam Perëndia juaj", thotë Zoti.

Kapitull 35

¹ Fjala e Zotit m'u drejtua përsëri, duke thënë:

² "Bir njeriu, kthe fytyrën tënde nga mali Seir dhe profetizo kundër tij,

³ dhe i thuaj: Kështu thotë Zoti, Zoti: Ja, unë jam kundër teje, o mal i Seirit. Do ta shtrij dorën time kundër teje dhe do të të kthej në një mjerim dhe në një shkreti.

⁴ Do t'i kthej qytetet e tua në gërmadha dhe ti do të bëhesh një shkreti. Atëherë do të pranosh që unë jam Zoti.

⁵ Sepse ti ke patur një armiqësi të vjetër dhe i ke dorëzuar bijtë e Izraelit në mëshirë të shpatës në kohën e fatkeqësisë së tyre, kur paudhësia e tyre kishte arritur kulmin.

⁶ Ashtu siç është e vërtetë që unë rroj", thotë Zoti, Zoti, "të ruaj për gjak dhe gjaku do të të ndjekë; duke qenë se nuk e ke urryer gjakun, gjaku do të të ndjekë.

⁷ Kështu do ta katandis malin Seir në një mjerim dhe në një shkreti dhe do të shfaros ata që shkojnë dhe që vijnë.

⁸ Do t'i mbush malet e tij me të vrarët e tij; në të gjitha kodrat e tua, në luginat e tua dhe në të gjitha përroskat e tua do të bien të vrarët nga shpata.

⁹ Do të të katandis në një shkreti përjetë dhe qytetet e tua nuk do të banohen më; atëherë do të pranoni që unë jam Zoti.

¹⁰ Sepse ke thënë: "Këta dy kombe dhe këto dy vende do të jenë të mitë; ne do t'i zotërojmë", megjithëse aty ishte Zoti,

¹¹ ashtu siç është e vërtetë që unë rroj", thotë Zoti, Zoti, "unë do të veproj me po atë zemërimin tënd dhe me xhelozinë që ke treguar në urrejtjen tënde kundër tyre dhe do të bëhem i njohur në mes tyre kur të gjykoj.

¹² Ti atëherë do të pranosh që unë, Zoti, kam dëgjuar të gjitha fyerjet që ke shqiptuar kundër maleve të Izraelit, duke thënë: "Janë të shkretuar; na janë dhënë neve për ti gllabëruar".

¹³ Me gojën tuaj jeni mburrur kundër meje dhe i keni shumuar fjalët tuaja kundër meje, kam dëgjuar çdo gjë".

¹⁴ Kështu thotë Zoti, Zoti: "Kur gjithë toka do të gëzohet, unë do të të katandis në shkreti.

¹⁵ Me qenë se u gëzove që trashëgimia e shtëpisë së Izraelit ishte katandisur në shkreti, unë do të veproj kështu me ty: do të bëhesh i shkretë, o mal i Seirit, madje edhe tërë Edomi. Atëherë do të pranojnë që unë jam Zoti".

Kapitull 36

¹ "Ti bir njeriu, profetizo u maleve të Izraelit dhe u thuaj: O male të Izraelit, dëgjoni fjalët e Zotit.

² Kështu thotë Zoti, Zoti: Duke qenë se armiku ka thënë për ju: "Ah, ah! Kodrat e përjetshme janë bërë prona jonë", profetizo dhe thuaj:

³ Kështu thotë Zoti, Zoti: Po, duke qenë se kanë dashur t'ju shkretojnë dhe t'ju gllabërojnë nga çdo anë që të bëheni një zotërim i mbetjes së kombeve dhe duke qenë se keni qenë objekt i bisedave të gjuhëve të këqia dhe i shpifjeve të njerëzisë",

⁴ prandaj, o male të Izraelit, dëgjoni fjalën e Zotit, të Zotit. Kështu thotë Zoti, Zoti, maleve dhe qafave, përroskave dhe luginave, vendeve të shkatërruara dhe të shkretuara dhe qyteteve të braktisura që janë bërë pre dhe objekt përçmimi nga kombet që ndodhen rreth e qark.

⁵ Prandaj kështu thotë Zoti, Zoti: "Po, në zjarrin e xhelozisë sime unë flas kundër kusurit të kombeve dhe kundër tërë Edomit që e kanë shtënë në dorë vendim tim me gjithë gëzimin e zemrës dhe përçmimin e shpirtit, për ta përzënë si një pre.

⁶ Prandaj profetizo tokës së Izraelit, u thuaj maleve dhe kodrave, përroskave dhe luginave: Kështu thotë Zoti, Zoti: Ja, unë fola në xhelozinë time dhe në tërbinin tim, sepse ju keni sjellë turpin e kombeve".

⁷ Prandaj kështu thotë Zoti, Zoti: "Unë ngrita dorën për betim; kombet që më rrethojnë do të sjellin edhe ata turpin e tyre.

⁸ Por ju, o male të Izraelit, do të keni degët tuaja dhe do të mbani frytet tuaja për popullin tim të Izraelit; po, ai është duke u kthyer.

⁹ Sepse ja, unë jam për ju, do të kthehem nga ju dhe ju do të punoheni dhe do të mbilleni.

¹⁰ Do t'i shumoj mbi ju njerëzit, tërë shtëpinë e Izraelit; qytetet do të banohen dhe gërmadhat do të rindërtohen.

¹¹ Do të shumoj mbi ju njerëzit dhe kafshët; do të shumohen dhe do të jenë pjellorë. Do të bëj që të banoheni si në kohrat e kaluara, dhe do t'ju bëj më tepër të mira se sa në fillimet tuaja; atëherë do të pranoni që unë jam Zoti.

¹² Po, do të bëj të ecin mbi ju njerëz, popullin tim të Izraelit; ata do t'ju zotërojnë dhe ju do të jeni trashëgimia e tyre dhe nuk do t'u hiqni më bijtë e tyre".

¹³ Kështu thotë Zoti, Zoti: "Duke qenë se ju thonë: "Je një vend që ka gëlltitur njerëz dhe që ke privuar kombin tënd nga bijtë",

¹⁴ prandaj nuk do të gëlltitësh më njerëz dhe nuk do ta privosh kombin tënd nga bijtë", thotë Zoti, Zoti.

¹⁵ "Do ta bëj që të mos dëgjosh më talljet e kombeve dhe ti nuk do të mbash më turpin e popujve dhe nuk do ta bësh kombin tënd të rrëzohet", thotë Zoti, Zoti.

¹⁶ Fjala e Zotit m'u drejtua përsëri, duke thënë:

¹⁷ "Bir njeriu, kur ata të shtëpisë së Izraelit banonin në vendin e tyre, e ndotnin me sjelljen e tyre dhe me veprimet e tyre; sjellja e tyre para meje ishte si papastërtia e gruas gjatë ciklit të saj muajor.

¹⁸ Prandaj hodha mbi ta zemërimin tim për gjakun që kishin derdhur mbi vendin dhe për idhujt me të cilët e kishin ndotur.

¹⁹ Kështu i shpërndava ndër kombet dhe shkuan në të gjitha drejtimet nëpër tërë vendet; i gjykova sipas sjelljes së tyre dhe veprimeve të tyre.

²⁰ Me të arritur te kombet ku kishin shkuar, e përdhosën emrin tim të shënjtë, sepse për ata thuej: "Këta janë populli i Zotit, por megjithatë u është dashur të dalin nga vendi i tij".

²¹ Kështu pata kujdes për emrin tim të shenjtë që shtëpia e Izraelit kishte përdhosur midis kombeve ku kishte shkuar.

²² Prandaj i thuaj shtëpisë së Izraelit: Kështu thotë Zoti, Zoti: Unë veproj kështu jo për shkakun tuaj, o shtëpi e Izraelit, por për hir të emrit tim të shenjtë që ju keni përdhosur midis kombeve ku keni shkuar.

²³ Unë do ta shenjtëroj emrin tim të madh, të përdhosur midis kombeve, që ju e keni përdhosur në mes të tyre. Kombet do të pranojnë që unë jam Zoti", thotë Zoti, Zoti, "kur të shenjtërohem tek ju, para syve të tyre.

²⁴ Do t'ju marr nga kombet, do t'ju grumbulloj nga tërë vendet dhe do t'ju çoj përsëri në vendin tuaj.

²⁵ Do të lëshoj pastaj ujë të pastër mbi ju dhe do të jeni të pastër; do t'ju pastroj nga të gjitha ndyrësirat tuaja dhe nga të gjithë idhujt tuaj.

²⁶ Do t'ju jap një zemër të re dhe do të shtie brenda jush një shpirt të ri; do të heq nga mishi juaj zemrën prej guri dhe do t'ju jap zemër prej mishi.

²⁷ Do të vë brenda jush Shpirtin tim dhe do të bëj që ju të ecni sipas statuteve të mia, dhe do të respektoni dhe do të zbatoni në praktikë dekretet e mia.

²⁸ Do të banoni në vendin që u dhashë etërve tuaj; ju do të jeni populli im dhe unë do të jem Perëndia juaj.

²⁹ Do t'ju çliroj nga të gjitha ndyrësirat tuaja; do të thërres grurin, do të bëj që të ketë me bollëk dhe nuk do dërgoj më urinë kundër jush.

³⁰ Do të shumoj frytin e drurëve dhe prodhimin e arave, me qëllim që të mos pësoni më turpin e urisë midis kombeve.

³¹ Atëherë do të kujtoni rrugët tuaja të këqia dhe veprimet tuaja që nuk ishin të mira dhe do të bëheni të neveritshëm për vetë sytë tuaj, për paudhësitë tuaja dhe për veprimet tuaja të neveritshme.

³² Nuk është për hatrin tuaj që unë veproj", thotë Zoti, Zoti, "dijeni mirë këtë. Turp të keni dhe qofshi të hutuar për shkak të rrugëve tuaja, o shtëpi e Izraelit".

³³ Kështu thotë Zoti Zoti: "Ditën kur unë do t'ju pastroj nga të gjitha paudhësitë tuaja, do t'ju bëj të banoni në qytete, dhe gërmadhat do të rindërtohen.

³⁴ Toka e shkretuar do të punohet, në vend që të jetë një shkreti në sytë e të gjithë kalimtarëve.

³⁵ Dhe do të thonë: "Kjo tokë që ishte e shkretuar është bërë si kopshti i Edenit, dhe qytetet e shkatërruara, të shkretuara dhe të rrënuara tani janë të fortifikuara dhe të banuara".

³⁶ Atëherë kombet që do të kenë mbetur rreth e qark jush do të pranojnë që unë, Zoti, kam rindërtuar vendet e shkatërruara dhe kam mbjellë tokën që ishte shkretuar. Unë, Zoti fola dhe do ta kryej".

³⁷ Kështu thotë Zoti, Zoti: "Do të jem sërisht i lutur nga shtëpia e Izraelit ta kryej këtë për ta: Unë do t'i shumoj njerëzit e tyre si një kope.

³⁸ Si një kope dhënsh të shenjtëruara, si kopeja e Jeruzalemit në festat e tij solemne, kështu qytetet e shkatërruara do të mbushen me kope njerëzish. Atëherë do të pranojnë që unë jam Zoti".

Kapitull 37

¹ Dora e Zotit u ndodh mbi mua, më çoi jashtë në Frymën e Zotit, dhe më lëshoi në mes të një lugine që ishte plot me kocka.

² Pastaj më bëri të kaloj afër tyre, rreth e qark; dhe ja, ishin në sasi të madhe mbi sipërfaqen e luginës; dhe ja, ishin shumë të thata.

³ Më tha: "Bir njeriu, a mund të rijetojnë këto kocka?". Unë u përgjigja: "O Zot, o Zot, ti e di".

⁴ Më tha akoma: "Profetizo këtyre kockave dhe u thuaj atyre: Kocka të thata, dëgjoni fjalën e Zotit.

⁵ Kështu ju thotë Zoti, Zoti, këtyre kockave: Ja, unë po fus te ju frymën dhe ju do të rijetoni.

⁶ Do të vë mbi ju mishin, do t'ju mbuloj me lëkurë dhe do të shtie te ju frymën, dhe do të jetoni; atëherë do të pranoni që unë jam Zoti".

⁷ Profetizova ashtu si më ishte urdhëruar; ndërsa profetizoja, pati një zhurmë; dhe ja një tronditje; pastaj kockat iu afruan njëra tjetrës.

⁸ Ndërsa po shikoja, ja ku u rritën mbi ta dejet dhe mishi, që lëkura i mbuloi; por fryma nuk ishte tek ato.

⁹ Atëherë ai më tha: "Profetizoji frymës, profetizo bir njeriu dhe i thuaj frymës: Kështu thotë Zoti, Zoti: Frymë, eja nga të katër erërat dhe fryj mbi këta të vrarë, që të jetojnë".

¹⁰ Kështu profetizova, si më kishte urdhëruar dhe shpirti hyri në to, dhe u kthyen në jetë dhe u ngritën më këmbë; ishte një ushtri e madhe, shumë e madhe.

¹¹ Pastaj më tha: "Bir njeriu, këto kocka janë gjithë shtëpia e Izraelit. Ja, ato thonë: "Kockat tona janë të thata, shpresa jonë është zhdukur dhe ne jemi të humbur".

¹² Prandaj profetizo dhe u thuaj atyre: Kështu thotë Zoti, Zoti: Ja, unë do të hap varret tuaja, do t'ju bëj të dilni nga varret tuaja, o populli im, do t'ju çoj përsëri në tokën e Izraelit.

¹³ Do të pranoni që unë jam Zoti, kur të hap varret tuaja dhe t'ju bëj të dilni nga varret tuaja, o populli im.

¹⁴ Do të shtie te ju Frymën tim dhe ju do të jetoni, dhe do t'ju çoj në tokën tuaj; atëherë do të pranoni që unë, Zoti, fola dhe e kam kryer këtë gjë", thotë Zoti.

¹⁵ Fjala e Zotit m'u drejtua përsëri, duke thënë:

¹⁶ "Ti, bir njeriu, merr një copë dru dhe mbi të shkruaj: "Për Judën dhe për bijtë e Izraelit, shokë të tij". Pastaj merr një copë tjetër dru dhe shkruaj mbi të: "Për Jozefin, bastun i Efraimit dhe i tërë shtëpisë së Izraelit, shokë të tij".

¹⁷ Afroi pastaj njeri te tjetri në një dru të vetëm, me qëllim që të bëhen një gjë e vetme në dorën tënde.

¹⁸ Kur bijtë e popullit tënd do të të flasin, duke thënë: "A do të na shpjegosh ç'kuptim kanë këto gjëra për ty?",

¹⁹ ti do t'u thuash atyre: Kështu thotë Zoti, Zoti: Ja, unë do të marr drurin e Jozefit, që është në dorë të Efraimit, dhe fiset e Izraelit që janë shokë të tij, dhe do t'i bashkoj me këtë, domethënë me drurin e Judës, për ta bërë një dru të vetëm; kështu ata do të bëhen një gjë e vetme në dorën time.

²⁰ Mbaj në dorën tënde para syve të tyre drurët mbi të cilët ke shkruar,

²¹ dhe u thuaj atyre: Kështu thotë Zoti, Zoti: Ja, unë do të marr

bijtë e Izraelit nga kombet ndër të cilët kanë vajtuar, do t'i mbledh nga çdo anë dhe do t'i çoj përsëri në vendin e tyre,

²² dhe do të bëj një komb të vetëm prej tyre në vend, në malet e Izraelit; një mbret i vetëm do të mbretërojë mbi të gjithë ata; nuk do të jenë më dy kombe, as do të ndahen më në dy mbretëri.

²³ Nuk do të ndoten më me idhujt e tyre, me veprimet e tyre të neveritshme dhe me gjithë shkeljet e tyre; do t'i çliroj nga të gjitha vendet ku kanë banuar dhe ku kanë kryer mëkate, dhe do t'i pastroj; kështu do të jenë populli im dhe unë do të jem Perëndia i tyre.

²⁴ Shërbëtori im David do të jetë mbret mbi ta dhe do të ketë një bari të vetëm për të gjithë; ata do të ecin sipas dekreteve të mia, do të respektojnë statutet e mia dhe do t'i zbatojnë në praktikë.

²⁵ Dhe do të banojnë në vendin që i dhashë shërbëtorit tim Jakob, atje ku banuan etërit tuaj. Do të banojnë aty ata, bijtë e tyre dhe bijtë e bijve të tyre për jetë dhe shërbëtori im David do të jetë princi i tyre përjetë.

²⁶ Do të lidh me ta një besëlidhje paqeje; do të jetë një besëlidhje e përjetshme me ta; do t'i bëj të qëndrueshëm, do t'i shumoj dhe do të vë shenjtëroren time në mes tyre përjetë.

²⁷ Banesa ime do të jetë pranë tyre; po, po unë do të jem Perëndia i tyre dhe ata do të jenë populli im.

²⁸ Edhe kombet do të pranojnë që unë, Zoti, e shenjtëroj Izraelin, kur shenjtërorja ime të jetë në mes tyre përjetë".

Kapitull 38

¹ Fjala e Zotit m'u drejtua, duke thënë:

² "Bir njeriu, kthe fytyrën tënde drejt Gogut të vendit të Magogut, princ i Roshit, i Meshekut dhe i Tubalit, dhe profetizo kundër tij,

³ dhe thuaj: Kështu thotë Zoti, Zoti: Ja, unë jam kundër teje, o Gog, princ i Roshit, i Meshekut dhe i Tubalit.

⁴ Unë do të të kthej prapa, do të vë çengela në nofullat e tua dhe do të të nxjerr me gjithë ushtrinë tënde, me kuaj dhe kalorës, të gjithë të veshur shkëlqyeshëm, një turmë e madhe me mburoja të mëdha dhe të vogla, me shpatë në dorë,

⁵ dhe me ta Persia, Etiopia dhe Puti, të gjithë me mburoja dhe përkrenare.

⁶ Gomeri dhe tërë ushtarët e tij, shtëpia e Togarmahut, pjesët skajore të veriut dhe të gjithë ushtarët e tij, shumë popuj janë me ty.

⁷ Përgatitu dhe ji gati, ti dhe gjithë turmat e tua të mbledhura rreth teje, dhe ji roje për ta.

⁸ Mbas shumë ditësh ti do të ndëshkohesh. Në vitet e fundit do të sulesh kundër vendit që nuk iu shmang shpatës, banorët e cilit janë mbledhur nga shumë popuj, në malet e Izraelit, që kanë qenë për shumë kohë një shkreti; tani ata, të nxjerrë nga popujt, do të banojnë të gjithë të sigurt.

⁹ Ti do të ngjitesh, do të vish si një tufan, do të jesh si një re që mbulon vendin, ti me gjithë trupat e tua dhe shumë popuj bashkë me ty".

¹⁰ Kështu thotë Zoti, Zoti: "Atë ditë do të ndodhë që do të të vijnë në mendje projekte dhe do të hartosh një plan të keq.

¹¹ Do të thuash: "Unë do të dal kundër këtij vendi fshatrash pa mure, do të nisem kundër njerëzve të qetë që banojnë të sigurt, që qëndrojnë të gjithë në vende pa mure dhe nuk kanë as shula as porta",

¹² për të plaçkitur dhe për të bërë pre, për të shtrirë dorën tënde kundër vendeve të shkretuara, por tani të ripopulluara dhe kundër një populli të mbledhur midis kombeve, që i ka siguruar vetes kafshë, pasuri dhe banesë në lartësitë e vendit.

¹³ Sheba, Dedani, tregtarët e Tershishit dhe tërë luanët e vegjël do të pyesin: "Ke ardhur për të plaçkitur? Ke mbledhur turmën tënde për të bërë plaçkë, për të marrë argjendin dhe arin, për të marrë kafshët dhe pasuritë, për të bërë një plaçkë të madhe?".

¹⁴ Prandaj, bir njeriu, profetizo dhe i thuaj Gogut: Kështu thotë Zoti, Zoti: Atë ditë, kur populli im i Izraelit do të jetë i sigurtë, a nuk do ta dish ti?

¹⁵ Do të vish nga banesa jote, nga skajet e veriut, ti dhe shumë popuj me ty, të gjithë të hipur mbi kuaj, një turmë e madhe dhe një ushtri e fuqishme.

¹⁶ Do të dalësh kundër popullit tim të Izraelit, si një re që mbulon vendin. Kjo ka për të ndodhur ditët e fundit: do të të çoj kundër vendit tim me qëllim që kombet të më njohin, kur të shenjtërohem te ti përpara syve të tyre, o Gog".

¹⁷ Kështu thotë Zoti, Zoti: "A nuk je ti ai për të cilin fola në kohët e lashta me anë të shërbëtorëve të mi, profetët e Izraelit, të cilët për vite me radhë profetizuan ato ditë që do të kisha sjellë kundër tyre?

¹⁸ Por do të ndodhë që po atë ditë, ditën kur Gogu do të vijë kundër tokës së Izraelit", thotë Zoti, Zoti, "që tërbimi im do të më hipë në vrimat e hundës.

¹⁹ Në xhelozinë time dhe në zjarrin e zemërimit tim, unë deklaroj se atë ditë do të ketë një trondatje të madhe në vendin e Izraelit:

²⁰ përpara meje do të dridhen peshqit e detit, shpendët e qiellit, kafshët e fushës, të gjithë rreshqanorët që zvarriten mbi tokë dhe të gjithë njerëzit që janë mbi faqen e dheut; malet do të shemben, vendet e rrëpirta do të rrëzohen dhe të gjitha muret do të bien për tokë.

²¹ Unë do të thërras kundër tij shpatën mbi të gjitha malet e mia", thotë Zoti, Zoti; shpata e secilit do të drejtohet kundër vëllait të vet.

²² Do të ekzekutoj vendimin tim mbi të me murtajë dhe me gjak do të bëj të reshë mbi të, mbi ushtrinë e tij dhe mbi shumë popuj që janë bashkë me të, një shi që zhurin, gurë prej akulli, zjarr dhe squfur.

²³ Kështu do të lartësohem dhe do të shenjtërohem dhe do të bëhem i njohur në sytë e shumë kombeve, dhe do të pranojnë se unë jam Zoti".

Kapitull 39

¹ "Ti, bir njeriu, profetizo kundër Gogut dhe thuaj: Kështu thotë Zoti, Zoti: Ja, unë jam kundër teje, o princ i Roshit, i Meshekut dhe i Tubalit.

² Unë do të të bëj të kthehesh prapa, do të të josh, do të të bëj të ngjitesh në pjesët e skajshme të veriut dhe do të të çoj në malet e Izraelit.

³ Do ta shkund harkun nga dora jote e majtë dhe do të bëj që të të bien shigjetat nga dora e djathtë.

⁴ Do të rrëzohesh mbi malet e Izraelit, ti me gjithë ushtrinë tënde dhe me popujt që janë me ty; do të bëj që të të hanë shpendët grabitqarë, shpendët e çfarëdo lloji dhe kafshët e fushës.

⁵ Do të rrëzohesh në fushë të hapur, sepse unë fola", thotë Zoti, Zoti.

⁶ "Dhe do të dërgoj zjarr mbi Magogun dhe mbi ata që jetojnë të sigurt në ishuj, dhe do të pranojnë që unë jam Zoti.

⁷ Kështu do ta bëj të njohur emrin tim të shenjtë në mes të popullit tim të Izraelit dhe nuk do të lejoj më të përdhoset emri im i shenjtë, dhe kombet do të pranojnë që unë jam Zoti, i Shenjti në Izrael.

⁸ Ja, kjo do të ndodhë dhe do të kryhet", thotë Zoti, Zoti; "kjo është dita për të cilën kam folur.

⁹ Atëherë banorët e qyteteve të Izraelit do të dalin, do t'i vënë zjarrin dhe do të djegin armët, mburojat e mëdha dhe të vogla, topuzet dhe ushtat dhe me to do të bëjnë zjarr shtatë vjet.

¹⁰ Nuk do t'u duhet të marrin dru në fushë dhe as të presin në pyll, sepse do të bëjnë zjarr me ato armë; kështu do të zhveshin ata që i zhvishnin dhe do të plaçkitin ata që i plaçkitnin", thotë Zoti, Zoti.

¹¹ "Atë ditë do të ndodhë që do ti jap Gogut, atje në Izrael një vend për varrim, luginën e Abarimit, në lindje të detit; ai do t'u zërë kalimin shtegtarëve, sepse aty do të varroset Gogu me gjithë turmën e tij; dhe ai vend do të quhet Lugina e Hamon-Gogut.

¹² Shtëpia e Izraelit, për të pastruar vendin, do të përdorë shtatë muaj të plota për t'i varrosur.

¹³ Do t'i varrosë gjithë populli i vendit, dhe ata do të fitojnë nam ditën në të cilën unë do të përlëvdohem", thotë Zoti, Zoti.

¹⁴ "Do të zgjedhin disa burra që do të përshkojnë pa pushim vendin për të varrosur, me ndihmën e shtegtarëve, trupat e atyre që kanë mbetur mbi faqen e dheut, për ta pastruar; kur të kalojnë shtatë muajt do të bëjnë këtë kërkim.

¹⁵ Kushdo që do të përshkojë vendin, kur të shohë një kockë njeriu, do t'i vërë afër një shenjë treguese deri sa varrmihësit nuk do ta varrosin në Luginën e Hamon-Gogut.

¹⁶ Hamonahu do të jetë gjithashtu emri i një qyteti. Kështu do ta pastrojnë vendin.

¹⁷ Sa për ty, bir njeriu", kështu thotë Zoti, Zoti: "U thuaj zogjve të çdo lloji dhe të gjitha kafshëve të fushave: Mblidhuni dhe ejani. Grumbullohuni nga çdo anë në vendin e masakrës që unë do të kryej për ju, një masakër të madhe në malet e Izraelit, që të hani mish dhe të pini gjak.

¹⁸ Do të hani mish njerëzish të fuqishëm dhe do të pini gjak princash të dheut: sikur të ishin të gjithë desh, qengja, cjep dhe dema të majmur në Bashan.

¹⁹ Do të hani dhjamë sa të ngopeni dhe do të pini gjak sa të deheni, nga flijimi që kam flijuar për ju.

²⁰ Në tryezën time ju do të ngopeni me kuaj dhe kalorës, me njerëz të fuqishëm dhe me luftëtarë të çdo lloji", thotë Zoti, Zoti.

²¹ "Do të shfaq lavdinë time midis kombeve dhe tërë kombet do të shohin gjykimin tim që kam zbatuar dhe dorën time që kam vënë mbi ta.

²² Kështu që nga ajo ditë e tutje shtëpia e Izraelit do të pranojë që unë jam Zoti, Perëndia i tij;

²³ dhe kombet do të pranojnë që për shkak të paudhësisë së tij shtëpia e Izraelit shkon në robëri, sepse ishte treguar e pabesë me mua;

prandaj u'a fsheha atyre fytyrën time, i dhashë në dorë të armiqve të tyre dhe ata ranë të gjithë nga shpata.

²⁴ I trajtova sipas papastërtisë së tyre dhe sipas shkeljeve të tyre dhe ua fsheha atyre fytyrën time".

²⁵ Prandaj kështu thotë Zoti, Zoti: "Tani do ta kthej Jakobin nga robëria, do të më vijë keq për tërë shtëpinë e Izraelit dhe do të jem xheloz për emrin tim të shenjtë,

²⁶ mbasi ata kanë bartur turpin e tyre dhe ndëshkimi për të gjitha pabesitë që kanë kryer kundër meje, ndërsa banonin të sigurtë në vendin e tyre dhe askush nuk i trembte.

²⁷ Kur t'i çoj përsëri nga popujt dhe kur t'i mbledh nga vendet e armiqve të tyre dhe të shenjtërohem te ata në sytë e shumë kombeve,

²⁸ ata do të pranojnë që unë jam Zoti, Perëndia i tyre, që i çoi në robëri midis kombeve, por që i ka mbledhur gjithashtu në vendin e tyre, duke mos lënë jashtë asnjë prej tyre.

²⁹ Nuk do t'ua fsheh më fytyrën time, sepse do ta përhap Frymën time mbi shtëpinë e Izraelit", thotë Zoti, Zoti.

Kapitull 40

¹ Në vitin e njëzet e pesë të robërisë sonë, në fillim të vitit, ditën e dhjetë të muajit, në vitin e katërmbëdhjetë që nga pushtimi i qytetit, po atë ditë dora e Zotit qe mbi mua dhe më çoi atje.

² Në vegime të Perëndisë më çoi në vendin e Izraelit dhe më la në një mal shumë të lartë, në anën jugore të të cilit ishte një ndërtim që i ngjante një qyteti.

³ Ai më çoi atje, dhe ja një burrë, që dukej si prej bronzi, me në dorë një kordhelë prej liri dhe një kallam për të matur; ai rrinte më këmbë te porta.

⁴ Ky burrë më tha: "Bir njeriu, shiko me sytë e tu, dëgjo me veshët e tu dhe kushtoji kujdes të gjitha gjërave që do të të tregoj, sepse ty të kanë sjellë këtu që unë të t'i tregoj. Njoftoi shtëpisë së Izraelit të gjitha ato që ke për të parë".

⁵ Dhe ja, kishte një mur në pjesën e jashtme të tempullit, rreth e qark. Kallami për matje në dorën e atij burri ishte i gjatë gjashtë kubitë, secili ishte i gjatë një kubit dhe një pëllëmbë. Ai mati

⁶ Pastaj erdhi te porta që shikonte nga lindja, i ngjiti shkallaret e saj dhe mati pragun e portës: ishte një kallam i gjerë; dhe pragu i portës tjetër ishte i gjerë një kallam.

⁷ Çdo dhomë ishte një kallam e gjatë dhe një kallam e gjerë. Midis dhomave kishte një hapësirë prej pesë kubitësh. Pragu i portës në afërsi të atriumit të portës së brendshme ishte një kallam.

⁸ Ai mati dhe atriumin e portës së brendshme: ishte një kallam.

⁹ Pastaj mati atriumin e portës: ishte tetë kubitë, ndërsa shtyllat e tij ishin dy kubitë. Atriumi i portës ishte në pjesën e brendshme.

¹⁰ Dhomat e portës nga lindja ishin tri nga një anë dhe tri nga ana tjetër; që të tria kishin po atë madhësi; të njëjtën madhësi kishin gjithashtu shtyllat nga njëra anë dhe nga ana tjetër.

¹¹ Mati gjerësinë e hyrjes së portës: ishte dhjetë kubitë; gjatësia e portës ishte trembëdhjetë kubitë.

¹² Hapësira përpara dhomave ishte një kubit në një anë dhe një kubit nga ana tjetër; çdo dhomë ishte gjashtë kubitësh nga një anë dhe gjashtë kubitësh nga ana tjetër.

¹³ Pastaj mati portën nga çatia e njërës prej dhomave deri te çatia e tjetrës; gjërësia nga një portë te tjetra ishte njëzet e pesë kubitë.

¹⁴ Mati shtyllat: ishin gjashtëdhjetë kubitë të lartë; nga shtyllat shtrihej oborri rreth portave.

¹⁵ Në pjesën e përparme të portës së hyrjes deri në pjesën e përparme të atriumit të portës së brendshme kishte pesëdhjetë kubitë.

¹⁶ Dritaret dhe mbajtëset e tyre përbrenda portave kishin kanate rreth e qark; e njëjta gjë ndodhte për harqet. Kishte gjithashtu dritare rreth e qark në pjesën e brendshme dhe mbi mbajtëset ishin përfytyruar disa palma.

¹⁷ Pastaj më çoi në oborrin e jashtëm dhe ja, aty kishte dhoma dhe një kalldrëm rreth e qark oborrit; tridhjetë dhoma shikonin nga kalldrëmi.

¹⁸ Gjatësia e kalldrëmit i përgjigjej gjatësisë së portave; ishte kalldrëmi i poshtëm.

¹⁹ Pastaj mati gjerësinë e portës që nga pjesa e përparme e portës më të poshtme deri te pjesa e përparme e portës së jashtme oborrit të brendshëm: ishin njëqind kubitë në lindje dhe në veri.

²⁰ Mati gjithashtu gjatësinë dhe gjërësinë e portës që shikon nga veriu në oborrin e jashtëm.

²¹ Dhomat e saj ishin tri nga njëra anë dhe tri nga ana tjetër; shtyllat e tyre dhe harqet e tyre kishin po atë madhësi të portës së parë: pesëdhjetë kubitë gjatësia dhe njëzet e pesë kubitë gjërësia.

²² Dritaret e saj, harqet e saj, palmat e saj kishin po atë gjërësi të portës që shikonte nga lindja; ngjiteshe aty nëpër shtatë shkallore, përpara të cilave ishin harqet e saj.

²³ Oborri i brendshëm kishte një portë që ishte përballë portës veriore, pikërisht ashtu si ishte për portën lindore; bëri matjen nga një portë te tjetra: njëqind kubitë.

²⁴ Pastaj më çoi nga jugu, dhe ja, një portë që shikonte nga jugu; mati shtyllat dhe harqet e saj që kishin po ato madhësi të të mëparshmeve.

²⁵ Në të dhe në harqet e tyre kishte rreth e rrotull dritare, ashtu si dritaret e tjera: pesëdhjetë kubitë të gjata dhe njëzet e pesë të gjëra.

²⁶ Ngjiteshe aty nëpër shtatë shkallore, përpara të cilave ishin harqet; ajo kishte palma, një nga një anë dhe tjetra nga ana tjetër mbi shtyllat e veta.

²⁷ Oborri i brendshëm kishte një portë nga jugu; mati largësinë midis portave në drejtim të jugut: njëqind kubitë.

²⁸ Pastaj më çoi në oborrin e brendshëm nëpër portën e jugut dhe mati portën e jugut që kishte po ato madhësi.

²⁹ Edhe dhomat e saj, shtyllat e saj dhe harqet e saj kishin po atë madhësi. Ajo kishte dritare dhe harqe rreth e qark me një gjatësi prej pesëdhjetë kubitësh dhe një gjërësi prej njëzet e pesë.

³⁰ Rreth e qark kishte harqe të gjatë njëzetepesë kubitë dhe të gjerë pesë kubitë.

³¹ Harqet e saj shikonin në oborrin e jashtëm; kishte palma mbi shtyllat e saj dhe ngjiteshe në to nëpërmjet tetë shkallareve.

³² Pastaj më çoi në oborrin e brendshëm që shikon nga jugu dhe mati portën: kishte po ato përmasa.

³³ Edhe dhomat e tij, shtyllat e tij dhe harqet e tij kishin po ato përmasa. Ajo kishte dritare dhe harqe rreth e qark dhe kishte një gjatësi prej pesëdhjetë kubitësh dhe një gjërësi prej njëzet e pesë kubitësh.

³⁴ Harqet e tij dilnin mbi oborrin e jashtëm; kishte palma mbi shtyllat e tij nga njëra dhe nga tjetra anë, dhe ngjiteshe në to nëpërmjet tetë shkallareve.

³⁵ Pastaj më çoi te porta e veriut dhe e mati: ajo kishte po ato përmasa,

³⁶ ashtu si dhomat e tij, shtyllat e tij dhe harqet e tij; kishte dritare rreth e qark; ajo ishte pesëdhjetë kubitësh e gjatë dhe njëzet e pesë kubitë e gjërë.

³⁷ Shtyllat e tij jepnin mbi oborrin e jashtëm; kishte disa palma mbi shtyllat e tij nga njëra dhe nga tjetra anë dhe ngjiteshe në to nëpërmjet tetë shkallarve.

³⁸ Kishte gjithashtu një dhomë me hyrjen pranë shtyllave të portave; aty laheshin olokaustet.

³⁹ Në atriumin e portës kishte dy tryeza nga një anë dhe dy tryeza nga ana tjetër, mbi të cilat thereshin olokaustet, flijimet për mëkatin dhe shkeljen.

⁴⁰ Në anën e jashtme të atriumit, sapo dikush ngjitet në hyrjen e portës së veriut, kishte dy tryeza, bashkë me dy tryeza nga ana tjetër e atriumit të portës.

⁴¹ Kështu në anët e portës kishte katër tryeza nga një anë dhe katër tryeza nga ana tjetër: tetë tryeza gjithsej mbi të cilat thereshin flijimet.

⁴² Për olokaustet kishte edhe katër tryeza prej guri të latuar, të gjata një kubitë e gjysmë, të gjëra një kubitë e gjysmë dhe të larta një kubitë; mbi to viheshin mjetet me të cilat thereshin olokaustet dhe flijimet e tjera.

⁴³ Në pjesën e brendshme, rreth e qark dhomës, ishin varur çengela një pëllëmbë të gjata; mbi tryezat vihej mishi i ofertave.

⁴⁴ Jashtë portës së brendshme kishte dy dhoma për këngëtarët në oborrin e brendshëm; njëra ishte pranë portës së veriut dhe shikonte nga jugu, tjetra ishte pranë portës së jugut dhe shikonte nga veriu.

⁴⁵ Ai më tha: "Kjo dhomë që shikon nga jugu është për priftërinjtë që kryejnë shërbime në tempull;

⁴⁶ dhoma që shikon nga veriu është për priftërinjtë që kryejnë shërbim të altar; këta janë bijtë e Tsadokut, ndër bijtë e Levit, që i afrohen Zotit për t'i shërbyer".

⁴⁷ Ai mati oborrin: ishte katror me një gjatësi prej njëqind kubitësh dhe një gjërësi prej njëqind kubitësh; altari ishte përballë tempullit.

⁴⁸ Pastaj më çoi në atriumin e tempullit dhe mati shtyllat e atriumit: ishin pesë kubitë nga një anë dhe pesë kubitë nga ana tjetër; gjërësia e portës ishte tre kubitë nga një anë dhe tre kubitë nga ana tjetër.

⁴⁹ Gjatësia e hajatit ishte njëzet kubitë dhe gjërësia njëmbëdhjetë kubitë; ngjiteshe në të nëpërmjet shkalloreve; pranë mbajtësve kishte shtylla, njëra nga një anë dhe tjetra nga ana tjetër.

Ezekielit

Kapitull 41

¹ Pastaj më çoi në shenjtërore dhe mati shtyllat; gjashtë kubitë gjerësi nga një anë dhe gjashtë kubitë gjerësi nga ana tjetër, ashtu siç ishte gjerësia e tabernakullit.

² Gjerësia e hyrjes ishte dhjetë kubitë dhe muret anësore të hyrjes pesë kubitë nga një anë dhe pesë kubitë nga ana tjetër. Mati gjatësinë e shenjtërores: dyzet kubitë, dhe gjerësinë e tij njëzet kubitë.

³ Pastaj hyri brenda dhe mati mbajtëset e portës: dy kubitë; porta ishte gjashtë kubitë dhe gjerësia e saj shtatë kubitë.

⁴ Mati gjatësinë e saj: njëzet kubitë, dhe gjerësinë e saj përpara shenjtërores, njëzet kubitë; pastaj më tha: "Ky është vend shumë i shenjtë".

⁵ Pastaj mati murin e tempullit: gjashtë kubitë; ndërsa gjerësia e çdo dhome anësore rreth e rrotull tempullit ishte katër kubitë.

⁶ Dhomat anësore ishin me tre kate, njëra mbi tjetrën, tridhjetë dhoma për kat; ato mbështeteshin mbi disa dalje të murit të tempullit, të bëra rreth e qark për dhomat anësore; kështu ishin ngjitur por nuk mbështeteshin mbi murin e tempullit.

⁷ Madhësia e dhomave anësore rritej dora dorës që kalohej nga një kat në tjetrin, sepse daljet e strukturës së murit të tempullit vinin si shkallare rreth e qark tempullit; prandaj madhësia e strukturës së tempullit rritej dora dorës që ngjiteshe nga kati i poshtëm në të lartin dhe duke kaluar nëpër atë të mesit.

⁸ Pashë gjithashtu rreth tempullit një lartësim; themelet e dhomave anësore ishin sa një kallam i tërë prej gjashtë kubitësh.

⁹ Gjerësia e murit të jashtëm të dhomave anësore ishte pesë kubitë; hapësira e lënë e lirë ndërmjet dhomave anësore që i përkisnin tempullit

¹⁰ dhe dhomat e jashtme ishte njëzet kubitë rreth e qark tempullit.

¹¹ Portat e dhomave anësore shikonin nga hapësira e lirë: një portë nga veriu dhe tjetra nga jugu; gjerësia e hapësirës së lirë ishte pesë kubitë rreth e qark.

¹² Ndërtimi që ndodhej përballë hapësirës boshe nga ana e perëndimit kishte një gjerësi prej gjashtëdhjetë kubitësh; muri i ndërtimit ishte i trashë pesë kubitë rreth e qark dhe i gjatë nëntëdhjetë kubitë.

¹³ Pastaj mati tempullin, që kishte një gjatësi prej njëqind kubitësh. Hapësira boshe, konstruksioni dhe muret e tij kishin gjithashtu njëqind kubitë gjatësi.

¹⁴ Gjerësia e fasadës së tempullit dhe hapësira boshe nga ana lindore ishin njëqind kubitë.

¹⁵ Mati gjatësinë e ndërtimit përpara hapësirës boshe të konstruksionit, në pjesën e pasme të tij, me gjithë galeritë nga një anë dhe nga ana tjetër: njëqind kubitë. Kështu mati pjesën e brendshme të shenjtërores dhe atriumet e oborrit.

¹⁶ Pragjet, dritaret me kanata dhe galeritë rreth e rrotull tri kateve përballë pragjeve ishin mbuluar me dru rreth e qark, nga dyshemeja deri te dritaret (dritaret ishin të mbuluara).

¹⁷ deri mbi portën, në pjesën e brendshme dhe të jashtme të tij të tempullit përqark, brenda dhe jashtë, me përmasa të përpikta.

¹⁸ Ishin riprodhuar kerubinë dhe palma, një palmë midis kerubinit dhe kerubinit; çdo kerubin kishte dy fytyra:

¹⁹ fytyra e njeriut ishte e kthyer drejt një palme nga një anë, dhe fytyra e luanit ishte e kthyer drejt palmës tjetër nga ana tjetër. Ishin riprodhuar rreth e qark tempullit.

²⁰ Nga dyshemeja deri përmbi portën dhe mbi murin e shenjtërores ishin riprodhuar kerubinë dhe palma.

²¹ Shtalkët e shenjtërores ishin katrorë, po kështu fasada e vendit të shenjtë; pamja e njërës ishte si pamja e tjetrës.

²² Altari ishte prej druri, i lartë tre kubitë dhe i gjatë dy kubitë; qoshet e tij, gjatësia dhe faqet e tij ishin prej druri. Burri më tha: "Kjo është tryeza që rri para Zotit".

²³ Shenjtërorja dhe vendi i shenjtë kishin dy porta.

²⁴ Çdo portë kishte dy kanate, dy kanate që mblidheshin dysh: dy kanate për një portë dhe dy kanate për tjetrën.

²⁵ Mbi to, mbi portat e shenjtërores, ishin gdhendur kerubinë dhe palma, si ata që ishin gdhendur mbi mure. Mbi fasadën e atriumit, nga jashtë, kishte një strehore prej druri.

²⁶ Kishte dritare me grilje dhe palma nga të dy anët, mbi muret anësorë të atriumit dhe mbi dhomat anësore të tempullit dhe mbi strehoret.

Kapitull 42

¹ Pastaj më nxori në oborrin e jashtëm nga ana e veriut dhe më çoi në dhomat që ndodheshin përballë hapësirës boshe dhe përballë ndërtimit në drejtim të veriut.

² Konstruksioni i fasadës drejt veriut kishte një gjatësi prej njëqind kubitësh dhe një gjerësi prej pesëdhjetë kubitësh.

³ Përballë oborrit të brendshëm prej njëzet kubitësh dhe përballë kalldrëmit të oborrit të jashtëm kishte një galeri mbi tjetrën me tre kate.

⁴ Përpara dhomave kishte një kalim të brendshëm, që ishte i gjerë dhjetë kubitë dhe i gjatë njëqind kubitë; portat e tyre shikonin nga veriu.

⁵ Dhomat e sipërme ishin më të ngushta, sepse galeritë zinin më tepër hapësirë se galeritë e poshtme dhe të ndërmjetme të ndërtimit.

⁶ Duke qenë se ishin me tre kate dhe nuk kishin shtylla si shtyllat e oborreve prandaj nga toka dhomat e sipërme ishin më të ngushta se ato të poshtme dhe të ndërmjetme.

⁷ Muri i jashtëm, paralel me dhomat nga ana e oborrit të jashtëm, ballë dhomave, kishte një gjatësi prej pesëdhjetë kubitësh;

⁸ në fakt gjatësia e dhomave nga ana e oborrit të jashtëm ishte pesëdhjetë kubitë, ndërsa nga ana e faqes së shenjtërores ishte njëqind kubitë.

⁹ Poshtë këtyre dhomave kishte një hyrje nga ana e lindjes, për atë që hynte në to nga oborri i jashtëm.

¹⁰ Në murin e gjerë të oborrit në drejtim të lindjes, përballë hapësirës boshe dhe përballë ndërtimit, kishte dhoma.

¹¹ Përpara tyre kishte një kalim të ngjashëm me atë të dhomave që ishin nga ana e veriut; ato kishin po atë gjatësi e gjerësi, me të gjitha daljet dhe portat që ndiqnin të njëjtat kritere.

¹² Në përputhje me portat e dhomave që ishin nga jugu, kishte një portë në krye të kalimit pikërisht përpara murit në drejtim të lindjes.

¹³ Ai më tha: "Dhomat nga veriu dhe dhomat nga jugu që ndodhen përballë hapësirës boshe janë dhoma të shenjta, ku priftërinjtë që i afrohen Zotit do të hanë gjërat shumë të shenjta; atje do të depozitojnë gjërat shumë të shenjta, domethënë blatimet e ushqimit dhe blatimet për mëkatin dhe për shkeljen, sepse ai vend është i shenjtë.

¹⁴ Kur priftërinjtë të kenë hyrë, nuk do të dalin më nga vendi i shenjtë në oborrin e jashtëm, por do të vendojnë aty rrobat e tyre me të cilat kryejnë shërbimin, sepse janë të shenjta; do të veshin rroba të tjera dhe kështu do të mund t'i afrohen asaj që i përket popullit".

¹⁵ Mbasi mbaroi së maturi pjesën e brendshme të tempullit, më nxori nga porta që shikonte nga lindja dhe mati pjesën e rrethuar rreth e qark.

¹⁶ Mati anën lindore me kallamin matës: pesëqind kubitë me kallamin matës rreth e qark.

¹⁷ Mati anën veriore: pesëqind kubitë me kallamin për matës rreth e qark,

¹⁸ Mati anën jugore me kallamin matës: pesëqind kubitë.

¹⁹ U kthye nga ana perëndore dhe mati: pesëqind kubitë me kallamin matës.

²⁰ Mati sipërfaqen nga të katër anët: kishte rreth e qark një mur që ishte i gjatë pesëqind kubitë dhe i gjerë pesëqind kubitë, për të ndarë vendin e shenjtë nga ai profan.

Kapitull 43

¹ Pastaj më çoi te porta, te porta që shikon nga lindja.

² Dhe ja, lavdia e Perëndisë të Izraelit vinte nga lindja. Zëri i tij ishte si zhurma e shumë ujërave dhe toka shkëlqente nga lavdia e tij.

³ Vegimi që pashë në dukje ishte i ngjashëm me vegimin që pata kur shkova për të shkatërruar qytetin, vegimi ishte i ngjashëm me vegimet që pata pranë lumit Kebar; unë rashë me fytyrë.

⁴ Dhe lavdia e Zotit hyri në tempull nga porta që shikon nga lindja.

⁵ Pastaj Fryma më ngriti lart dhe më çoi në oborrin e brendshëm; dhe ja, lavdia e Zotit mbushte tempullin.

⁶ Atëherë dëgjova dikë që më fliste nga tempulli, ndërsa një burrë rrinte më këmbë pranë meje;

⁷ dhe ai më tha: "Bir njeriu, ky është vendi i fronit tim dhe vendi ku vë këmbët e mia, ku do të banoj në mes të bijve të Izraelit përjetë. Dhe shtëpia e Izraelit nuk do ta ndotë më emrin tim të shenjtë,

⁸ duke vënë pragun e tyre afër pragut tim dhe shtalkat e tyre afër shtalkave të mia duke pasur vetëm një ndarëse midis meje dhe atyre, duke e ndotur kështu emrin tim të shenjtë me veprimet e neveritshme që kryenin; prandaj në zemërimin tim i shkatërrova.

⁹ Tani do të largojnë nga unë kurvërimet e tyre dhe kufomat e mbretërve të tyre, dhe unë do të banoj në mes të tyre përjetë.

¹⁰ Ti, bir njeriu, përshkruaja tempullin shtëpisë së Izraelit, që të kenë turp për paudhësinë e tyre. Le të masin përmasat e tij,

¹¹ dhe, në se kanë turp për të gjitha ato që kanë bërë, ti u bëj të

njohur atyre modelin e tempullit dhe vendosjen e tij, daljet e tij dhe hyrjet e tij, gjithë modelin e tij dhe të gjithë statutet e tij, gjithë format e tij dhe të gjitha ligjet e tij; vëri të shkruara para syve të tyre me qëllim që të shikojnë tërë modelin e tij, tërë statutet e tij dhe t'i zbatojnë në praktikë.

¹² Ky është ligji i tempullit. Gjithë territori që është rreth majës së malit do të jetë shumë i shenjtë. Ja, ky është ligji i tempullit.

¹³ Këto janë përmasat e altarit në kubitë (kubiti është një kubit plus një pëllëmbë): baza ka një kubit lartësi dhe një kubit largësi, me një buzë prej një pëllëmbë në gjithë gjatësinë. Kjo është lartësia e altarit;

¹⁴ nga baza në tokë deri në platformën e poshtme ka dy kubitë; platforma është një kubit e gjerë; nga plaforma më e vogël deri në platformën më të madhe ka katër kubitë; platforma është një kubit e gjerë.

¹⁵ Vatra e altarit është katër kubitë e lartë, dhe nga vatra e altarit ngrihen katër brirë.

¹⁶ Vatra e altarit është e gjatë dymbëdhjetë kubitë dhe e gjerë dymbëdhjetë kubitë, domethënë një katror i përsosur.

¹⁷ Platforma e sipërme në të katër anët e saj është e gjatë katërmbëdhjetë kubitë dhe po aq e gjerë, me një buzë rreth e qark prej gjysmë kubiti; shkallaret e veta shikojnë nga lindja".

¹⁸ Pastaj më tha: "Bir njeriu, kështu thotë Zoti, Zoti: Këto janë statutet për altarin kur të ndërtohet për të ofruar olokaustet dhe për ta spërkatur sipër me gjak.

¹⁹ Priftërinjtë levitikë që vijnë nga fisi i Tsadokut, të cilët më afrohen për të më shërbyer", thotë Zoti, Zoti, "ti do t'u japësh një dem të ri për flijimin e mëkatit.

²⁰ Do të marrësh pak gjak prej tij dhe do ta vësh mbi katër brirët e altarit, mbi katër qoshet e platformës dhe rreth e qark buzës; kështu do ta pastrosh dhe do të kryesh shlyerjen për të.

²¹ Pastaj do të marrësh demin e ri të flijimit të mëkatit dhe do ta djegësh në një vend të caktuar të tempullit, jashtë shenjtërores.

²² Ditën e dytë do të ofrosh si flijim për mëkatin një cjap pa të meta dhe me të do të pastrohet altari siç u pastrua me demin e ri.

²³ Me të përfunduar pastrimin e tij, do të ofrosh një dem të ri pa të meta dhe një dash të kopesë pa të meta.

²⁴ Do t'i paraqesësh përpara Zotit, dhe priftërinjtë do të hedhin mbi ta kripë dhe do t'ia ofrojnë si olokaust Zotit.

²⁵ Shtatë ditë do të ofrosh një cjap si flijim për mëkatin; do të ofrosh gjithashtu një dem të ri dhe një dash të kopesë, të dy pa të meta.

²⁶ Shtatë ditë do të bëhet shlyerja për altarin, do të pastrohet dhe do të shenjtërohet.

²⁷ Me të mbaruar këto ditë, nga dita e tetë e tutje priftërinjtë do të ofrojnë mbi altar olokaustet tuaja dhe flijimet tuaja të falenderimit, dhe unë do t'ju pëlqej", thotë Zoti, Zoti.

Kapitull 44

¹ Pastaj ai më çoi drejt portës së jashtme të shenjtërores që shikonte nga lindja, por ajo ishte e mbyllur.

² Zoti më tha: "Kjo portë do të mbetet e mbyllur, nuk do të hapet dhe askush nuk do të hyjë nëpër të, sepse nëpër të ka hyrë Zoti, Perëndia i Izraelit; prandaj do të mbetet e mbyllur.

³ Por princi duke qenë se është princ, do të mund të ulet për të ngrënë bukën përpara Zotit; ai do të hyjë nga hajati i derës dhe do të dalë po nga ajo rrugë".

⁴ Pastaj, nëpër portën në veri, më çoi përpara tempullit. Shikova, dhe ja, lavdia e Zotit mbushte shtëpinë e Zotit; dhe unë rashë me fytyrë.

⁵ Zoti më tha: "Bir njeriu, ki kujdes, shiko me sytë e tu dhe dëgjo me veshët e tu të gjitha ato që do të them për statutet e shtëpisë së Zotit dhe tërë ligjeve të tij; ki kujdes në hyrjen e tempullit dhe në të gjitha daljet e shenjtërores.

⁶ Do t'u thuash këtyre rebelëve, shtëpisë së Izraelit: Kështu thotë Zoti, Zoti: O shtëpi e Izraelit, mjaft më me veprimet tuaja të neveritshme!

⁷ Keni bërë që të futen të huaj, të parrethprerë nga zemra dhe nga mishi, me qëllim që të rrinin në shenjtëroren time, për ta përdhosur tempullin tim, ndërsa ofronit bukën time, dhjamin dhe gjakun, duke shkelur kështu besëlidhjen time me ju, me të gjitha veprimet tuaja të neveritshme.

⁸ Ju nuk jeni kujdesur për gjërat e mia të shenjta, por keni vënë të huaj në vendin tuaj që të kujdesen për shenjtëroren time.

⁹ Kështu thotë Zoti, Zoti: "Asnjë i huaj, i parrethprerë nga zemra dhe parrethprerë nga mishi, nuk ka për të hyrë në shenjtëroren time, as edhe ndonjë i huaj që ndodhet në mes të bijve të Izraelit.

¹⁰ Por Levitët, që u larguan nga unë kur Izraeli doli nga rruga e drejtë, dhe u shmangën nga unë për të shkuar pas idhujve të tyre, do të ndëshkohen për paudhësinë e tyre.

¹¹ Megjithatë ata do të shërbejnë si roje të portave të tempullit dhe do të kryejnë shërbime në tempull; do të therin olokaustet dhe flijimet për popullin dhe do të rrinë para tij për t'i shërbyer.

¹² Duke qenë se i kanë shërbyer përpara idhujve të tij dhe kanë bërë që shtëpia e Izraelit të bjerë në mëkat, unë ngrita dorën time kundër tyre", thotë Zoti, Zoti, "duke u betuar se do të ndëshkohen për mëkatin e tyre.

¹³ Dhe nuk do të më afrohen më për të më shërbyer si priftërinj as do t'u afrohen asnjërës prej gjërave të mia të shenjta, gjërave që janë shumë të shenjta; por do të mbajnë turpin e tyre dhe ndëshkimin për veprimet e neveritshme që kanë kryer.

¹⁴ Megjithatë unë do t'u besoj atyre ruajtjen e tempullit për çdo shërbim të tij dhe për çdo gjë që do të bëhet në të.

¹⁵ Por priftërinjtë Levitë, bij të Tsadokut, që kanë treguar kujdes për shenjtëroren time kur bijtë e Izraelit u shmangën nga unë, do të më afrohen për të më shërbyer dhe do të qëndrojnë para meje për të më ofruar dhjamin dhe gjakun", thotë Zoti, Zoti.

¹⁶ "Ata do të hyjnë në shenjtëroren time, do t'i afrohen tryezës sime që të më shërbejnë dhe do të kryejnë gjithë shërbimin tim.

¹⁷ Kur të hyjnë nëpër portat e oborrit të brendshëm, do të veshin roba prej liri; nuk do të kenë në trup asnjë veshje prej leshi, kur të kryejnë shërbime në portat e oborrit të brendshëm dhe në tempull.

¹⁸ Do të kenë në krye çallma prej liri dhe pantallona prej liri mbi ijët; nuk do të ngjishen me atë që të bën të dërsitesh.

¹⁹ Por, kur do të dalin në oborrin e jashtëm, në oborrin e jashtëm në drejtim me popullin, do të heqin rrobat me të cilat kanë kryer shërbimin, do t'i depozitojnë në dhomat e shenjtërores dhe do të veshin rroba të tjera për të mos shenjtëruar popullin me veshjet e tyre.

²⁰ Nuk do ta rruajnë kokën dhe as nuk kanë për të lënë t'u rriten flokët, por do t'i presin rregullisht flokët.

²¹ Asnjë prift nuk do të pijë verë, kur të hyjë në oborrin e brendshëm.

²² Nuk do të martohen me një të vejë, as me grua të ndarë nga burri, por do të marrin virgjëresha nga pasardhësit e shtëpisë së Izraelit, ose një të ve që të jetë e veja e një prifti.

²³ Do t'i mësojnë popullit tim të dallojë atë që është e shenjtë nga ajo që është profane dhe do t'i bëjnë të njohur ndryshimin midis asaj që është e papastër dhe asaj që është e pastër.

²⁴ Në mosmarrëveshje ata do të veprojnë si gjyqtarë; do të gjykojnë sipas dekreteve të mia, do të zbatojnë ligjet e mia dhe statutet e mia në të gjitha festat e mia dhe do të shenjtërojnë të shtunat e mia.

²⁵ Nuk do t'i afrohen një të vdekuri për të mos u ndotur; ata do të mund të ndoten vetëm për atin ose nënën, për birin ose bijën, për vëllanë ose për motrën e pamartuar.

²⁶ Mbas pastrimit të tij për të të do të numërohen shtatë ditë.

²⁷ Ditën që do të hyjnë në vendin e shenjtë, në oborrin e brendshëm, për të kryer shërbimin në vendin e shenjtë, do të ofrojnë flijimin për mëkatin", thotë Zoti, Zoti.

²⁸ "Sa për trashëgiminë e tyre, do të jem unë trashëgimia e tyre; nuk do t'u jepni atyre asnjë zotërim në Izrael, sepse jam unë zotërimi i tyre.

²⁹ Ata do të ushqehen me blatimet e ushqimit, me flijimet për mëkatin dhe me flijimet për shkeljen; çdo gjë e destinuar Perëndisë në Izrael do të jetë e tyre.

³⁰ Pjesa më e mirë e të gjitha prodhimeve të hershme dhe të gjitha ofertat e larta të çdo lloji midis ofertave tuaja të larta do t'u përkasin priftërinjve; do t'i jepni priftit edhe prodhimin e parë të brumit në mënyrë që bekimi të mbetet në shtëpinë tuaj.

³¹ Priftërinjtë nuk do të hanë mishin e asnjë zogu ose kafshë të ngordhur në mënyrë të natyrshme ose të shqyer".

Kapitull 45

¹ "Kur ta ndani me short vendin në trashëgimi, ju do të vini mënjanë, si ofertë për Zotin, një pjesë të shenjtë të vendit, të gjatë njëzet e pesëmijë kubitë dhe të gjerë dhjetëmijë; do të jetë e shenjtë në gjithë shtrirjen e saj.

² Nga ajo do të merrni për shenjtëroren një katror me përmasa pesëqind herë pesëqind kubitë, me një hapësirë të lirë rreth e qark prej pesëdhjetë kubitësh.

³ Në këtë shtrirje do të matësh një sipërfaqe me një gjatësi prej njëzet e pesëmijë kubitë dhe një gjerësi prej dhjetëmijë kubitë; brenda asaj do të jetë shenjtërorja, vendi shumë i shenjtë.

⁴ Do të jetë pjesa e shenjtë e vendit e caktuar për priftërinjtë, ministrat e shenjtërores, që i afrohen Zotit për t'i shërbyer; do të jetë një vend për shtëpitë e tyre dhe një vend i shenjtë për shenjtëroren.

⁵ Një sipërfaqe e gjatë njëzet e pesëmijë kubitë dhe e gjerë dhjetëmijë kubitë do t'u përkasë Levitëve që kryejnë shërbime në

tempull; ata do të kenë pronësinë e njëzet dhomave.

⁶ Si pronë të qytetit do të caktoni një sipërfaqe prej pesëmijë kubitësh të gjerë dhe njëzet e pesëmijë kubitësh të gjatë përbri pjesës së caktuar për shenjtërore; ajo do t'i përkasë tërë shtëpisë së Izraelit".

⁷ Princit përkundrazi do t'i jepet një sipërfaqe këtej dhe matanë pjesës së shenjtë dhe pronës së qytetit, përballë pjesës së shenjtë të ofruar dhe përballë pronës së qytetit, që shtrihet nga ana e perëndimit drejt perëndimit dhe nga ana lindore drejt lindjes, me një gjatësi të barabartë me njerën pjesë që u është dhënë fiseve, nga kufiri perëndimor në kufirin lindor.

⁸ Kjo pjesë e vendit do të jetë pronë e tij në Izrael; princat e mi nuk do ta shtypin më popullin tim, por do t'i japin kusurin e vendit shtëpisë së Izraelit sipas fiseve të tij".

⁹ Kështu thotë Zoti, Zoti: "Mjaft më, o princa të Izraelit! Lini mënjanë dhunën dhe grabitjet, zbatoni ndershmërinë dhe drejtësinë, hiqni dorë nga të zhveshurit e popullit tim", thotë Zoti, Zoti.

¹⁰ "Kini kandare të sakta, efa të saktë dhe bato të saktë.

¹¹ Efa dhe batoja do të kenë po atë kapacitet, dhe kështu batoja do të ketë të dhjetën pjesë të një homeri dhe efa të dhjetën pjesë të një homeri; kapaciteti i tyre do të rregullohet nga homeri.

¹² Sikli do të jetë njëzet geresh; njëzet sikle, njëzetepesë sikle dhe pesëmbëdhjetë sikle do të jetë mina juaj.

¹³ Kjo është oferta që do të merrni: një të gjashtën e një efe nga një homer gruri, dhe një të gjashtën e një efe nga një homer elbi.

¹⁴ Kjo është norma e vajit (domethënë bato e vajit), dhe një e dhjeta e batos nga çdo kor; një kor është një homer ose dhjetë bate, sepse dhjetë bate bëjnë një homer.

¹⁵ Nga kopeja do të merret një dele për çdo dyqind krerë nga kullotat e të pasura të Izraelit, dhe kjo do të shërbejë për blatime të ushqimit, për olokaustet dhe për flijimet e falenderimit për të bërë shlyerjen për ato", thotë Zoti, Zoti.

¹⁶ "Tërë populli i vendit do të jetë i detyruar ta bëjë këtë ofertë për princin e Izraelit.

¹⁷ Përkundrazi do të jetë detyrë e princit të sigurojë olokaustet, blatimet e ushqimit dhe libacionet për festat, për hënat e reja, për të shtunat dhe për të gjitha solemnitetet e shtëpisë së Izraelit; ai do të sigurojë flijimin për mëkatin, blatimin e ushqimit, olokaustin dhe flijimet e falenderimit për të bërë shlyerjen për shtëpinë e Izraelit".

¹⁸ Kështu thotë Zoti, Zoti: "Muajin e parë, ditën e parë të muajit, do të marrësh një dem të ri pa të meta dhe do të pastrosh shenjtëroren.

¹⁹ Prifti do të marrë pak gjak nga flijimi për mëkatin dhe do ta vërë mbi shtalkat e portës së shtëpisë, mbi katër qoshet e platformave të altarit dhe mbi shtalkat e portës së oborrit të brendshëm.

²⁰ Do të veprosh në të njëjtën mënyrë ditën e shtatë të muajit për atë që ka mëkatuar për nga mosdija dhe për naivin; kështu do të kryeni shlyerjen për tempullin.

²¹ Muajin e parë, ditën e katërmbëdhjetë të muajit për ju do të jetë Pashkë, një festë shtatë ditëshe; do të hahet bukë pa maja.

²² Atë ditë princi do të ofrojë, për vete dhe për tërë popullin e vendit, një dem si flijim për mëkatin.

²³ Në shtatë ditët e festës do t'i ofrojë si olokaust Zotit shtatë dema dhe shtatë deshë pa të meta, çdo ditë për shtatë ditë me radhë, dhe një kec në ditë si flijim për mëkatin.

²⁴ Do të ofrojë gjithashtu një efa blatim ushqimor për çdo dem dhe një efa çdo dash, bashkë me një hin vaji për çdo efa.

²⁵ Në muajin e shtatë, ditën e pesëmbëdhjetë të muajit, në festë, ai do të ofrojë po ato gjëra për flijimin për mëkatin, për olokaustin për blatimin e ushqimit dhe për vajin".

Kapitull 46

¹ Kështu thotë Zoti, Zoti: "Porta e oborrit të brendshëm që shikon nga lindja do të rrijë e mbyllur gjatë gjashtë ditëve të punës; por do të hapet ditën e shtunë dhe do të hapet gjithashtu ditën kur del hëna e re.

² Princi do të hyjë nga hajati i portës nga jashtë dhe do të ndalet pranë shtalkës së portës; priftërinjtë do të ofrojnë olokaustin e tij dhe flijimet e tij të falenderimit. Ai do të adhurojë te pragu i portës pastaj do të dalë, por porta nuk do të mbyllet deri në mbrëmje.

³ Edhe populli i vendit do të adhurojë përpara Zotit te hyrja e asaj porte, në ditët e shtuna dhe kur del hëna e re.

⁴ Olokausti që princi do t'i ofrojë Zotit ditën e shtunë do të jetë prej gjashtë qengjash pa të meta dhe një dash pa të meta,

⁵ blatimi ushqimor për dashin do të jetë një efa, ndërsa blatimi ushqimor për qengjat do t'i lihet dëshirës së tij, bashkë me një hin vaji për efan.

⁶ Ditën e hënës së re do të ofrojë një dem të ri pa të meta, gjashtë qengja dhe një dash, që do të jenë pa të meta;

⁷ si blatim ushqimor do të ofrojë gjithashtu një efa për demin, një efa për dashin dhe për qengjat sa mund të disponojë, bashkë me një hin vaji për efan.

⁸ Princi, kur të hyjë, do të kalojë nga hajati i portës dhe do të dalë duke ndjekur po atë rrugë.

⁹ Por kur populli i vendit do të vijë përpara Zotit në festat solemne, ai që do të hyjë nga porta veriore për të adhuruar, do të dalë nga porta e jugut; përkundrazi ai që do të hyjë nga porta jugore do të dalë nga porta e veriut; askush nuk do të kthehet prapa nga porta prej së cilës ka hyrë, por do të dalë nga porta e kundërt.

¹⁰ Princi do të jetë atëherë në mes tyre; do të hyjë kur ata hyjnë, do të dalë kur ata dalin.

¹¹ Në festat dhe në rastet solemne blatimi ushqimor do të jetë një efa për demin dhe një efa për dashin; për qengjat do të lihet sipas dëshirës së tij, bashkë me një hin vaji për efan.

¹² Kur princi do të bëjë një ofertë vullnetare, qoftë olokaust ose flijim falenderimi, si ofertë vullnetare për Zotin, atëherë do t'i hapet porta që shikon nga lindja, dhe do të ofrojë olokaustin e tij dhe flijimin e tij të falenderimit siç bën ditën e shtunë; pastaj do të dalë dhe, sapo të dalë, porta do të mbyllet.

¹³ Çdo ditë do t'i ofrosh si olokaust Zotit një qengj motak, pa të meta; do ta ofrosh çdo mëngjes.

¹⁴ Çdo mëngjes do të ofrosh bashkë me të, si blatim i ushqimit, një të gjashtën e një efe dhe një të tretën e një hini vaji për të lagështuar majën e miellit; është një blatim ushqimor për Zotin që duhet bërë rregullisht çdo ditë përjetë.

¹⁵ Çdo mëngjes do të ofrojnë kështu qengjin, blatimin e ushqimit dhe vajin si olokaust të përditshëm".

¹⁶ Kështu thotë Zoti, Zoti: "Në qoftë se princi i bën njërit prej bijve të tij një dhuratë që është marrë nga trashëgimia e tij, ajo do t'u përkasë bijve të tij: do të jetë zotërimi i tyre në trashëgimi.

¹⁷ Por në qoftë se ai i bën njërit prej shërbëtorëve të tij një dhuratë që është marrë nga trashëgimia e tij, kjo do t'i përkasë atij deri vitin e lirisë; pastaj do t'i kthehet princit; trashëgimia e tij do t'u përkasë vetëm bijve të tij, vetëm atyre.

¹⁸ Përveç kësaj princi nuk do të marrë asgjë nga trashëgimia e popullit, duke e zhveshur nga pronësia e tij; ai do t'u sigurojë një trashëgimi bijve të tij me anë të zotërimit të tij, me qëllim që asnjeri i popullit tim të mos dëbohet nga prona e tij".

¹⁹ Pastaj ai më çoi, nëpër hyrjen që ishte pranë portës, në dhomat e shenjta të caktuara për priftërinjtë, të cilat shikojnë nga veriu; dhe ja, në pjesën më të largët në drejtim të perëndimit kishte një vend.

²⁰ Ai më tha: "Ky është vendi ku priftërinjtë do të pjekin mishin e flijimeve për shkeljen dhe për mëkatin dhe do të gatuajnë blatimet ushqimore, për të mos i nxjerrë në oborrin e jashtëm dhe kështu të shenjtërojnë popullin".

²¹ Pastaj më çoi në oborrin e jashtëm dhe më kaloi pranë katër qosheve të oborrit; dhe ja, në çdo qoshe të oborrit kishte një oborr tjetër.

²² Në të katër qoshet e oborrit kishte disa oborre të mbyllura të gjata dyzet kubitë dhe të gjera tridhjetë. Që të katra në qoshet e tyre kishin po atë madhësi.

²³ Rreth e qark tyre kishte një mur dhe poshtë murit, rreth e rrotull tij, ishin vendosur vatra për të pjekur.

²⁴ Ai më tha: "Këto janë kuzhinat ku ata që shërbejnë në tempull do të pjekin flijimet e popullit".

Kapitull 47

¹ Ai më çoi përsëri në hyrje të tempullit, dhe ja disa ujëra dilnin nga poshtë pragut të tempullit në drejtim të lindjes, sepse fasada e tempullit shikonte nga lindja; ujërat zbrisnin poshtë anës së djathtë të tempullit, në jug të altarit.

² Pastaj më çoi jashtë nëpërmjet portës veriore dhe më bëri të sillem jashtë deri në portën e jashtme, që shikon nga lindja; dhe ja, ujërat buronin nga ana e djathtë.

³ Burri eci deri drejt lindjes me një litar të hollë në dorë dhe mati njëmijë kubitë; pastaj më bëri të kapërcej ujërat, të cilat më arrinin deri te kyçet e këmbëve.

⁴ Mati katërmijë kubitë të tjerë, pastaj më bëri të kapërcej ujërat; më arrinin te kyçet e këmbëve. Mati katërmijë kubitë të tjerë, pastaj më bëri të kaloj ujërat: më arrinin deri te ijët.

⁵ Mati njëmijë kubitë të tjerë: ishte një lumë që nuk mund ta kapërceja, sepse ujërat e tij ishin shtuar; ishin ujëra në të cilat duhet të notoja; një lumë që nuk mund të kapërcehej.

⁶ Ai më tha: "E pe, bir njeriu?". Pastaj më ktheu përsëri në bregun e lumit.

⁷ Pas kthimit tim, ja mbi bregun e lumit shumë drurë nga një anë dhe nga ana tjetër.

⁸ Pastaj më tha: "Këto ujëra drejtohen për në krahinën lindore,

zbresin në Arabah dhe do të derdhen në det; me të hyrë në det, ujërat e tij do të shëndoshen.

⁹ Dhe do të ndodhë që çdo qenie e gjallë që lëviz do të jetojë, kudo që arrin lumi; do të ketë bollëk të madh peshqish, sepse vijnë këto ujëra dhe shëndoshin ujërat e tjera; kudo që arrin lumi gjithçka ka për t'u gjallëruar.

¹⁰ Dhe do të ndodhë që në brigjet e tij do të ketë peshkatarë; nga En-gedi deri në Englegaim do të jetë një vend ku do të shtrihen rrjetat; peshku i tij do të jetë i po atij lloji dhe në sasi të madhe, si peshku i Detit të Madh.

¹¹ Por kënetat tij dhe moçalet e tij nuk do të shëndoshen; do të lihen për të nxjerrë kripë.

¹² Gjatë lumit, mbi të dyja brigjet e tij, do të rritet çdo lloj druri që jep fryte, fletët e tyre nuk do të fishken dhe frytet e tij nuk do të mungojnë kurrë. Do të mbajnë fryte çdo muaj, sepse ujërat e tyre dalin nga shenjtërorja, fryti i tyre do të shërbejë për ushqim dhe fletët e tyre për mjekim".

¹³ Kështu thotë Zoti, Zoti: "Këta janë kufijtë në bazë të të cilëve ju do ta ndani vendin në trashëgimi midis dymbëdhjetë fiseve të Izraelit. Jozefit do t'i takojnë dy pjesë.

¹⁴ Secili prej jush do të trashëgojë një pjesë të barabartë me atë të vëllait të tij, sepse unë e ngrita dorën si betim për t'ua dhënë etërve tuaj. Ky vend do t'ju përkasë si trashëgimi.

¹⁵ Këta do të jenë kufijtë e vendit nga ana e veriut: nga Deti i Madh në drejtim të Hethlonit deri sa të arrijnë në Tsedad,

¹⁶ Hamathi, Berothahi, Sibraimi (që është midis kufirit të Damaskut dhe kufirit të Hamathit), Hatserhatikoni (që është në kufi me Hauranin).

¹⁷ Kështu kufiri do të jetë nga deti deri në Hatsarenon, në kufijtë e Damaskut, me kufirin e Hamathit në veri. Kjo është ana veriore.

¹⁸ Nga ana lindore do të shtriheni midis Hauranit dhe Damaskut, midis Galaadit dhe vendit të Izraelit, gjatë Jordanit dhe gjatë bregut lindor të detit. Kjo është ana lindore.

¹⁹ Ana jugore, në drejtim të jugut, do të shtrihet nga Tamari deri në ujërat e Meribothit të Kadeshit, pastaj gjatë përroit të Egjiptit deri në Detin e Madh. Kjo është ana jugore, në jug.

²⁰ Ana perëndimore do të jetë Deti i Madh, nga kufiri i jugut deri përpara hyrjes së Hamathit. Kjo është ana perëndimore.

²¹ Do ta ndani kështu këtë vend midis jush, në bazë të fiseve të Izraelit.

²² Do ta ndani me short në trashëgimi midis jush dhe të huajve që banojnë midis jush dhe që u kanë lindur bij në mes tuaj. Këta do të jenë për ju si ata që kanë lindur në vend midis bijve të Izraelit; do të kenë edhe ata me short një trashëgimi në mes të fiseve të Izraelit.

²³ Në fisin ku i huaji banon, atje do t'i jepni pjesën e tij", thotë Zoti, Zoti.

Kapitull 48

¹ Këto janë emrat e fiseve: nga kufiri verior, gjatë rrugës së Hethlonit, në hyrje Hamathit deri në Hatsar-Enon, në kufi me Damaskun në veri drejt Hamathit, nga krahu lindor deri në krahun perëndimor: një pjesë për Danin.

² Në kufirin e Danit, nga kufiri lindor në kufirin perëndimor: një pjesë për Asherin;

³ Në kufirin e Asherit, nga kufiri lindor në kufirin perëndimor: një pjesë për Neftalin.

⁴ Në kufirin e Asherit, nga kufiri lindor në kufirin perëndimor: një pjesë për Manasin.

⁵ Në kufirin e Manasit, nga kufiri lindor në kufirin perëndimor: një pjesë për Efraimin.

⁶ Në kufirin e Efraimit, nga kufiri lindor në kufirin perëndimor: një pjesë për Rubenin.

⁷ Në kufirin e Rubenit, nga kufiri lindor në kufirin perëndimor: një pjesë për Judën.

⁸ Në kufirin e Judës, nga kufiri lindor deri në kufirin perëndimor, do të jetë pjesa e vendit që do ta ofroni si dhuratë, e gjerë njëzet e pesëmijë kubitë dhe e gjatë sa pjesët e tjera, nga kufiri lindor deri në kufirin perëndimor; në mes të saj do të jetë shenjtërorja.

⁹ Pjesa që do t'i ofroni si dhuratë Zotit do të ketë një gjatësi prej njëzet e pesëmijë kubitë dhe një gjerësi prej dhjetëmijë kubitë.

¹⁰ Kjo pjesë e shenjtë do t'u përkasë priftërinjve; njëzet e pesëmijë kubitë gjatësi në veri, dhjetëmijë gjerësi në perëndim, dhjetëmijë gjerësi në lindje dhe njëzet e pesëmijë gjatësi në jug; në mes të saj do të jetë shenjtërorja e Zotit.

¹¹ Ajo do t'u përkasë priftërinjve të shenjtëruar, ndër bijtë e Tsadokut, që më kanë shërbyer dhe që nuk devijuan kur devijuan bijtë e Izraelit, dhe ashtu si devijuan përkundrazi Levitët.

¹² Pjesa që do t'u ofrohet atyre do të merret nga pjesa e ofruar dhuratë e vendit, një gjë shumë e shenjtë, pranë territorit të Levitëve.

¹³ Përballë territorit të priftërinjve, Levitët do të kenë një sipërfaqe prej njëzet e pesëmijë kubitë gjatësi dhe dhjetëmijë gjerësi; tërë gjatësia do të jetë njëzet e pesëmijë kubitë dhe gjerësia dhjetëmijë.

¹⁴ Ata nuk do të mund as ta shesin as ta këmbejnë; nuk do të mund ta shkëputin pjesën më të mirë të vendit, sepse është e shenjtë për Zotin.

¹⁵ Pesëmijë kubitët e gjerësisë që do të mbeten përballë njëzet e pesë mijëve, do të caktohen për përdorim profan për qytetin, për banesa dhe për toka për kullotë; qyteti do të jetë në mes.

¹⁶ Përmasat e tij do të jenë këto: ana veriore do të jetë katërmijë e pesëqind kubitë, ana jugore katërmijë e pesëqind, ana lindore katërmijë e pesëqind, ana perëndimore katërmijë e pesëqind.

¹⁷ Tokat për kullotë të qytetit do të jenë: dyqind e pesëdhjetë kubitë në veri, dyqind e pesëdhjetë në jug, dyqind e pesëdhjetë në lindje dhe dyqind e pesëdhjetë në perëndim.

¹⁸ Kusuri i gjatësisë, gjatë pjesës së shenjtë të ofruar si dhuratë, do të jetë dhjetëmijë kubitë në lindje dhe dhjetëmijë në perëndim; ajo do të jetë pranë pjesës së shenjtë të ofruar si dhuratë, dhe prodhimet e saj do të shërbejnë si ushqim për punonjësit e qytetit.

¹⁹ Punonjësit e qytetit, që do ta punojnë, do të vijnë nga të gjitha fiset e Izraelit.

²⁰ Gjithë pjesa e ofruar si dhuratë do të jetë njëzet e pesëmijë kubitë për njëzet e pesëmijë, një katror i përsosur. Ju do të ofroni, si zotërim të qytetit, pjesën e shenjtë të ofruar si dhuratë.

²¹ Kusuri do të jetë i princit; nga njëra anë dhe nga ana tjetër e pjesës së shenjtë të ofruar si dhuratë dhe të zotërimit të qytetit, ballë njëzet e pesëmijë kubitëve të pjesës së ofruar si dhuratë deri në kufirin lindor, dhe në perëndim ballë njëzet e pesëmijë kubitëve në drejtim të kufirit perëndimor përbri pjesëve të fiseve; kjo do të jetë e princit; pjesa e shenjtë e ofruar si dhuratë dhe shenjtërorja do të jenë në mes.

²² Kështu, duke përjashtuar zotërimin e Levitëve dhe zotërimin e qytetit që gjenden në mes të asaj që i përket princit, sipërfaqja midis kufirit të Judës dhe kufirit të Beniaminit do t'i përkasë princit.

²³ Për kusurin e fiseve, nga kufiri lindor në kufirin perëndimor: një pjesë për Beniaminin.

²⁴ Në kufirin e Beniaminit, nga kufiri lindor në kufirin perëndimor: një pjesë për Simeonin.

²⁵ Në kufirin e Simeonit, nga kufiri lindor në kufirin perëndimor: një pjesë për Isakarin.

²⁶ Në kufirin e Isakarit, nga kufiri lindor në kufirin perëndimor: një pjesë për Zabulonin.

²⁷ Në kufirin e Zabulonit, nga kufiri lindor në kufirin perëndimor: një pjesë për Gadin.

²⁸ Në kufirin e Gadit, nga ana jugore në drejtim të jugut, kufiri do të shkojë nga Tamari në ujërat e Meribahut afër Kadeshit, dhe pastaj gjatë Detit të Madh.

²⁹ Ky është vendi që do t'u ndani me short në trashëgimi fiseve të Izraelit, dhe këto janë pjesët", thotë Zoti, Zoti.

³⁰ "Këto janë daljet e qytetit: nga ana veriore do të maten katërmijë e pesëqind kubitë.

³¹ Portat e qytetit do të mbajnë emrat e fiseve të Izraelit; në veri do të ketë tri porta: një portë për Rubenin, një portë për Judën dhe një portë për Levin.

³² Nga ana lindore, katërmijë e pesëqind kubitë dhe tri porta: një portë për Jozefin, një portë për Beniaminin dhe një portë për Danin.

³³ Nga ana jugore, katërmijë e pesëqind kubitë dhe tri porta: një portë për Simeonin, një portë për Isakarin dhe një portë për Zabulonin.

³⁴ Nga ana perëndimore, katërmijë e pesëqind kubitë dhe tri porta: një portë për Gadin, një portë për Asherin dhe një portë për Neftalin.

³⁵ Gjithë perimetri do të jetë tetëmbëdhjetëmijë kubitë. Prej kësaj dite emri i qytetit do të jetë: "Zoti është atje"".

Danielit

Kapitull 1

¹ Në vitin e tretë të mbretërimit të Jehojakimit; mbretit të Judës, Nebukadnetsari, mbreti i Babilonisë, u nis kundër Jeruzalemit dhe e rrethoi.

² Zoti atëherë dha në duart e tij Jehojakimin, mbretin e Judës, bashkë me një pjesë të orendive të shtëpisë së Perëndisë, që ai i transportoi në vendin e Shinarit, në shtëpinë e perëndisë së tij dhe i vendosi orenditë në shtëpinë e thesarit të perëndisë së tij.

³ Pastaj mbreti i tha Ashpenazit, kreut të eunukëve të tij, t'i sjellë disa nga djemtë e Izraelit, qofshin prej fisi mbretëror apo prej familjesh fisnike,

⁴ të rinj që të mos kishin asnjë të metë, por të hijshëm, të pajisur me urti, që të kishin njohuri dhe të mësonin shpejt, që të ishin të aftë të shërbenin në pallatin e mbretit dhe të cilëve të mund t'u mësohej letërsia dhe gjuha e Kaldeasve.

⁵ Mbreti u caktoi atyre një racion të përditshëm ushqimesh të shijshme nga ato të mbretit dhe verë nga ajo që ai vetë pinte; ata duhet të edukoheshin në tre vjet, në mbarim të të cilëve do të kalonin në shërbim të mbretit.

⁶ Midis tyre ishin bijtë e Judës: Danieli, Hananiahu, Mishaeli dhe Azaria.

⁷ Kreu i eunukëve u vuri atyre emra të tjerë: Danielit i vuri emrin Beltshatsar, Hananiahut Shadrak, Mishaelit Meshak dhe Azarias Abed-nego.

⁸ Por Danieli vendosi në zemër të tij të mos e ndotë veten me ushqimet e shijshme të mbretit dhe me verën që pinte ai vetë; dhe i kërkoi kreut të eunukëve ta lejonte që të mos ndotej.

⁹ Perëndia bëri që Danieli të gjejë hir dhe dhemshuri te kreu i eunukëve.

¹⁰ Kreu i eunukëve i tha pastaj Danielit: "Unë kam frikë nga mbreti, zoti im, që ka caktuar ushqimin tuaj dhe pijen tuaj. Pse ai duhet të shikojë fytyrat tuaja më të trishtuara nga ato të të rinjve të moshës suaj? Kështu do të vinit në rrezik kokën time te mbreti".

¹¹ Atëherë Danieli i tha Meltsarit, që kreu i eunukëve kishte caktuar si të parë mbi Danielin, Hananiahun, Mishaelin dhe Azarian:

¹² "Të lutem, vëri në provë shërbëtorët e tu për dhjetë ditë, dhe të na jepen perime për të ngrënë dhe ujë për të pirë.

¹³ Pastaj të ekzaminohet në praninë tënde pamja jonë dhe pamja e të rinjve që hanë ushqimet e shijshme të mbretit; do të veprosh pastaj me shërbëtorët e tu në bazë të asaj që do të shikosh".

¹⁴ Ai e pranoi këtë propozim të tyre dhe i vuri në provë dhjetë ditë.

¹⁵ Në mbarim të dhjetë ditëve pamja e tyre dukej më e bukur dhe e kishin mishin më të plotë se të gjithë djemtë që kishin ngrënë gjellët e shijshme të mbretit.

¹⁶ Kështu Meltsari u hoqi atyre gjellët e shijshme dhe verën që duhet të pinin dhe u dha perime.

¹⁷ Katër të rinjve Perëndia u dha njohuri dhe mend në gjithë letërsinë dhe diturinë; dhe Danieli fitoi njohuri për çdo lloj vegimi dhe ëndrre.

¹⁸ Në mbarim të kohës së caktuar nga mbreti që t'ia çonin këta të rinj, kreu i eunukëve i shpuri përpara Nebukadnetsarit.

¹⁹ Mbreti foli me ta, por midis tyre nuk u gjet asnjë si Danieli, Hananiahu, Mishaeli dhe Azaria, prandaj këta u pranuan në shërbim të mbretit.

²⁰ Dhe mbi çdo çështje që kërkonte dituri dhe gjykim dhe për të cilat mund t'i pyeste mbreti, i gjeti dhjetë herë më lart se tërë magjistarët dhe astrologët që ishin në tërë mbretërinë e tij.

²¹ Kështu Danieli vazhdoi deri në vitin e parë të mbretit Kir.

Kapitull 2

¹ Në vitin e dytë të mbretërimit të Nebukadnetsarit, ai pa disa ëndrra; fryma e tij u turbullua dhe i iku gjumi.

² Atëherë mbreti dha urdhër të thërrisnin magjistarët, astrologët, shtriganët dhe Kaldeasit, që t'i tregonin mbretit ëndrrat e tij.

³ Mbreti u tha atyre: "Pashë një ëndërr dhe fryma ime është turbulluar, deri sa t'ia dal të shpjegoj ëndrrën time".

⁴ Atëherë Kaldeasit iu përgjigjën mbretit në gjuhën aramaike: "O mbret, jetofsh përjetë. Trego ëndrrën tënde shërbëtorëve të tu dhe ne do ta interpretojmë".

⁵ Mbreti u përgjigj dhe u tha Kaldeasve: "Vendimin tim e kam marrë: po të mos ma bëni të njohur përmbajtjen e ëndrrës sime dhe interpretimin e saj, do të priteni copa-copa dhe shtëpitë tuaja do të katandisen në plehërishte.

⁶ Por në rast se do të më tregoni ëndrrën dhe interpretimin e saj, do të merrni nga unë dhurata, shpërblime dhe nderime të mëdha; më tregoni, pra, ëndrrën dhe interpretimin e saj".

⁷ Ata u përgjigjën për së dyti dhe thanë: "Le t'u tregojë mbreti ëndrrën shërbëtorëve të vet dhe ne do t'i japim interpretimin".

⁸ Atëherë mbreti u përgjigj dhe tha: "E kuptoj fare mirë që ju doni të fitoni kohë, sepse e shihni që vendimi im është marrë;

⁹ po të mos ma bëni të njohur ëndrrën, ka vetëm një vendim për ju; jeni marrë vesh midis jush për të thënë para meje fjalë të rreme dhe të çoroditura, me shpresë që kohërat të ndryshojnë. Prandaj ma tregoni ëndrrën dhe unë do të di në se jeni në gjendje të më jepni edhe interpretimin".

¹⁰ Kaldeasit u përgjigjën para mbretit dhe thanë: "Nuk ka njeri mbi tokë që mund të dijë atë që mbreti kërkon. Në fakt asnjë mbret, sundimtar o sovran nuk i ka kërkuar një gjë të tillë ndonjë magjistari, astrologu ose Kaldeasi.

¹¹ Gjëja që pyet mbreti është tepër e vështirë dhe nuk ka njeri që mund t'ia bëjë të ditur mbretit, përveç perëndive, banesa e të cilëve nuk është ndër të gjallët".

¹² Me këtë mbreti u zemërua, i hipi inati dhe urdhëroi që të shfaroseshin tërë të diturit e Babilonisë.

¹³ Kështu u shpall dekreti në bazë të të cilit duhet të vriteshin të diturit, dhe kërkonin Danielin dhe shokët e tij për t'i vrarë edhe ata.

¹⁴ Atëherë Danieli iu drejtua me fjalë të urta dhe të matura Ariokut, komandant i rojeve të mbretit, i cili kishte dalë për të vrarë të diturit e Babilonisë.

¹⁵ Mori fjalën dhe i tha Ariokut, komandantit të mbretit: "Pse vallë një dekret kaq i ashpër nga ana e mbretit?" Atëherë Arioku e vuri në dijeni Danielin.

¹⁶ Kështu Danieli hyri te mbreti dhe i kërkoi t'i jepte kohë për t'i bërë të njohur mbretit interpretimin e ëndrrës.

¹⁷ Atëherë Danieli shkoi në shtëpinë e vet dhe ua bëri të ditur këtë gjë shokëve të tij Hananiah, Mishael dhe Azaria,

¹⁸ me qëllim që t'i kërkonin mëshirë Perëndisë të qiellit lidhur me këtë sekret, me qëllim që Danieli dhe shokët e tij të mos vriteshin bashkë me kusurin e njerëzve të ditur të Babilonisë.

¹⁹ Atëherë sekreti iu zbulua Danielit në një vegim nate. Kështu Danieli bekoi Perëndinë e qiellit.

²⁰ Danieli filloi të thotë: "Qoftë i bekuar emri i Perëndisë përjetë, sepse atij i përkasin dituria dhe forca.

²¹ Ai ndryshon kohërat dhe stinët, i ul mbretërit dhe i larton, u jep dituri të urtëve dhe dije atyre që kanë mend.

²² Ai tregon gjërat e thella dhe të fshehta, njeh atë që është në terr dhe drita qëndron me të.

²³ O Perëndi i etërve të mi, të falënderoj dhe të lëvdoj, sepse më ke dhënë dituri dhe forcë dhe më ke bërë të njoh atë që të kemi kërkuar, duke na bërë të njohim gjënë e kërkuar nga mbreti".

²⁴ Prandaj Danieli shkoi te Arioku, të cilit mbreti i kishte besuar detyrën të vriste njerëzit e ditur të Babilonisë; shkoi dhe i tha kështu: "Mos i vrit njerëzit e ditur të Babilonisë! Më ço përpara

²⁵ Atëherë Arioku e çoi me nxitim Danielin përpara mbretit dhe i foli kështu: "Gjeta midis Judejve robër një njeri që do t'i njohë mbretit interpretimin".

²⁶ Mbreti filloi t'i thotë Danielit, që quhej Beltshatsar: "A je i zoti të më bësh të njohur ëndrrën që pashë dhe interpretimin e saj?".

²⁷ Danieli u përgjigj në prani të mbretit dhe tha: "Sekreti për të cilin mbreti kërkoi interpretimin tim, nuk mund t'i shpjegohet mbretit as nga njerëzit e urtë, as nga astrologët, as nga magjistarët, as nga shortarët.

²⁸ Por ka një Perëndi në qiell që zbulon sekretet, dhe ai i ka bërë të njohur mbretit Nebukadnetsarit atë që do të ndodhë ditët e fundit. Kjo ka qenë ëndrra jote dhe vegimet e mendjes sate në shtratin tënd.

²⁹ O mbret, mendimet që të kanë ardhur në shtratin tënd kanë të bëjnë me atë që ka për të ndodhur tani e tutje; dhe ai që zbulon sekretet të ka bërë të njohur atë që ka për të ndodhur.

³⁰ Sa për mua, ky sekret m'u zbulua jo sepse kam më tepër dituri nga tërë të gjallët e tjerë, por me qëllim që interpretimi im t'i njoftohet mbretit, dhe ti të njihesh me mendimet e zemrës sate.

³¹ Ti ishe duke shikuar, o mbret, dhe ja një figurë e madhe; kjo figurë e stërmadhe, me një shkëlqim jashtëzakonshëm, ngrihej para teje me një pamje të tmerrshme.

³² Koka e kësaj figure ishte prej ari të kulluar, gjoksi i saj dhe krahët e saj ishin prej argjendi, barku i saj dhe kofshët e saj prej bronzi,

³³ këmbët e saj prej hekuri, këmbët e saj pjesërisht prej hekuri dhe pjesërisht prej argjile.

³⁴ Ndërsa po shikoje, një gur u shkëput, por jo nga dora e njeriut,

dhe goditi figurën në këmbët e saj prej hekuri dhe argjile dhe i copëtoi.

35 Atëherë hekuri, argjila, bronzi, argjendi dhe ari u copëtuan bashkë dhe u bënë si kope byku në lëmë gjatë verës; era i mori me vete dhe nuk u gjet më asnjë gjurmë e tyre. Por guri që kishte goditur figurën u bë një mal i madh, që mbushi tërë tokën.

36 Kjo është ëndrra; tani do të japim interpretimin përpara mbretit.

37 Ti, o mbret, je mbreti i mbretërve, sepse Perëndia i qiellit të ka dhënë mbretërinë, pushtetin, forcën dhe lavdinë.

38 Ngado që të banojnë bijtë e njerëzve, kafshët e fushës dhe shpendët e qiellit, ai i ka lënë në duart e tua dhe të ka bërë të sundosh mbi gjithë ata. Ti je koka e artë.

39 Mbas teje do të dalë një mbretëri tjetër, më e vogël, më e ulët nga jotja; pastaj një mbretëri tjetër prej bronzi, që do të sundojë mbi gjithë dheun.

40 Mbretëria e katërt do të jetë e fortë si hekuri, sepse hekuri copëton dhe thërrmon çdo gjë; ashtu si hekuri që copëton, kjo mbretëri do t'i copëtojë dhe do t'i thërrmojë tërë këto mbretëri.

41 Siç e pe, këmbët dhe gishtërinjtë ishin pjesërisht prej argjile poçari dhe pjesërisht prej hekuri, kështu kjo mbretëri do të ndahet; megjithatë, ajo do të ketë fortësinë e hekurit, sepse ti ke parë hekurin të përzier me argjilë të butë.

42 Dhe ashtu si gishtërinjtë e këmbëve ishin pjesërisht prej hekuri dhe pjesërisht prej argjile, kështu ajo mbretëri do të jetë pjesërisht e fortë dhe pjesërisht e brishtë.

43 Siç e pe hekurin të përzier me argjilën e butë, ata do të përzihen nga fara njerëzore, por nuk do të bashkohen njeri me tjetrin, pikërisht ashtu si hekuri nuk amalgamohet me argjilën.

44 Në kohën e këtyre mbretërve, Perëndia i qiellit do të nxjerrë një mbretëri, që nuk do të shkatërrohet kurrë; kjo mbretëri nuk do t'i lihet një populli tjetër, por do të copëtojë dhe do të asgjësojë tërë këto mbretëri, dhe do të ekzistojë përjetë,

45 pikërisht ashtu siç e pe gurin të shkëputet nga mali, jo nga dora e njeriut, për të copëtuar hekurin, bronzin, argjilën, argjendin dhe arin. Perëndia i madh i ka bërë të njohur mbretit atë që ka për të ndodhur tani e tutje. Ëndrra është e vërtetë dhe interpretimi i saj është i sigurt".

46 Atëherë mbreti Nebukadnetsar ra me fytyrë dhe ra permbys para Danielit; pastaj urdhëroi që t'i paraqitnin një ofertë dhe temjan.

47 Mbreti i foli Danielit dhe tha: "Në të vërtetë Perëndia juaj është Perëndia i perëndive, Zoti i mbretërve dhe zbuluesi i sekreteve, sepse ti ke mundur të zbulosh këtë sekret".

48 Atëherë mbreti e bëri Danielin të madh, i dha dhurata të shumta dhe të mëdha, e bëri qeveritar të gjithë krahinës së Babilonisë dhe kreun më të lartë të gjithë të diturve të Babilonisë.

49 Përveç kësaj, me kërkesë të Danielit, mbreti vuri në krye të administratës së krahinës së Babilonisë Shadrakun, Meshakun dhe Abed-negon. Danieli përkundrazi mbeti në oborrin e mbretit.

Kapitull 3

1 Mbreti Nebukadnetsar urdhëroi të ndërtohet një figurë prej ari, e lartë gjashtëdhjetë kubitë dhe e gjerë gjashtë kubitë, dhe ngriti në fushën e Duras, në krahinën e Babilonisë.

2 Pastaj mbreti Nebukadnetsar dërgoi njerëz të mbledhin satrapët, prefektët, qeveritarët, gjykatësit, nëpunësit e thesarit, këshilltarët e shtetit, ekspertët e ligjit dhe tërë autoritetet e krahinave, me qëllim që të vinin në përurimin e figurës që mbreti Nebukadnetsar kishte ngritur.

3 Atëherë satrapët, prefektët dhe qeveritarët, gjykatësit, nëpunësit e thesarit, këshilltarët e shtetit, ekspertët e ligjit dhe tërë autoritetet e krahinave u mblodhën bashkë për përurimin e figurës që kishte ngritur mbreti Nebukadnetsar, dhe qëndruan në këmbë përpara figurës që Nebukadnetsari kishte ngritur.

4 Pastaj kasneci thirri me zë të lartë: "Juve, popuj, kombe dhe gjuhë, ju jepet urdhër që,

5 sapo të dëgjoni zërin e bririt, të flautit, të qestes, të lirës, të salterit, të gajdes dhe të çdo lloji vegle, të bini përmbys për të adhuruar figurën prej ari që ka ngritur mbreti Nebukadnetsar;

6 kushdo që nuk do të bjerë përmbys për të adhuruar, do të hidhet menjëherë në mes të një furre zjarri përvëlues".

7 Kështu, me të dëgjuar tërë popujt zërin e bririt, të flautit, të qestes, të lirës, të salterit dhe të çdo lloji vegle, tërë popujt, kombet dhe gjuhët ranë përmbys dhe adhuruan figurën e artë, që mbreti Nebukadnetsar kishte ngritur.

8 Për këtë arësye në atë çast, disa Kaldeas dolën dhe paditën Judejtë;

9 duke marrë fjalën, i thanë mbretit Nebukadnetsar: "O mbret, jetofsh për jetë!

10 Ti, o mbret, ke nxjerrë një dekret, në bazë të të cilit kushdo që ka dëgjuar zërin e bririt, të flautit, të qestes, të lirës, të salterit, të gajdes dhe të çdo lloji vegle duhet të bjerë përmbys për të adhuruar figurën e artë;

11 dhe ai që nuk bie përmbys dhe nuk adhuron, duhet të hidhet në mes të një furre me zjarr përvëlues.

12 Por ka disa Judej që i ke vënë në krye të administrimit të punëve të krahinës së Babilonisë, Shadraku, Meshaku dhe Abed-nego, që nuk kanë asnjë konsideratë për ty; nuk u shërbejnë perëndive të tua dhe nuk adhurojnë figurën e artë që ti ke ngritur".

13 Atëherë Nebukadnetsari, i zemëruar dhe i tërbuar, urdhëroi që të sillnin Shadrakun, Meshakun dhe Abed-negon; kështu këta njerëz u çuan para mbretit.

14 Nebukadnetsari u drejtoi atyre fjalën, duke thënë: "Shadrak, Meshak dhe Abed-nego, a është e vërtetë që nuk u shërbeni perëndive të mia dhe nuk adhuroni figurën e artë që unë kam ngritur?

15 Tani, posa të dëgjoni zërin e bririt, të flautit, të qestes, të lirës, të salterit, të gajdes dhe të çdo lloj vegle, në rast se jeni gati të bini përmbys për të adhuruar figurën që unë kam bërë, mirë; por në rast se nuk do ta adhuroni, do t'ju hedhin menjëherë në mes të një furre të ndezur; dhe cila është ajo perëndi që do të mund t'ju çlirojë nga duart e mia?

16 Shadraku, Meshaku dhe Abed-nego iu përgjigjën mbretit, duke thënë: "O Nebukadnetsar, ne nuk kemi nevojë të të japim përgjigje lidhur me këtë.

17 Ja, Perëndia ynë, të cilit i shërbejmë, është në gjendje të na çlirojë nga furra e ndezur, dhe do të na çlirojë nga dora jote, o mbret.

18 Por edhe sikur të mos e bënte, dije, o mbret, që ne nuk do t'u shërbejmë perëndive të tua dhe nuk do të adhurojmë figurën e artë që ti ke ngritur".

19 Atëherë Nebukadnetsari u mbush me inat dhe shprehja e fytyrës së tij ndryshoi ndaj Shadrakut, Meshakut dhe Abed-negos. Duke marrë përsëri fjalën, urdhëroi që furra të ngrohej shtatë herë më shumë se zakonisht.

20 Pastaj urdhëroi disa njerëz të fortë dhe trima të ushtrisë së tij të lidhnin Shadrakun, Meshakun dhe Abed-negon dhe t'i hidhnin në furrën e zjarrit përvëlues.

21 Atëherë këta tre burra i lidhën dhe, me pantallonat e tyre, tunikën e tyre dhe me gjitha mbulesën e tyre të kokës dhe i hodhen në mes të furrës me zjarr përvëlues.

22 Por me qenë se urdhëri i mbretit ishte i rreptë dhe furra ishte jashtëzakonisht e mbingrohur, flaka e zjarrit vrau njerëzit që kishin hedhur në të Shadrakun, Meshakun dhe Abed-negon.

23 Dhe këta tre burra, Shadraku, Meshaku dhe Abed-nego, ranë të lidhur në mes të furrës me zjarr përvëlues.

24 Atëherë mbreti Nebukadnetsar, i habitur, u ngrit me nxitim dhe filloi t'u thotë këshilltarëve të tij: "Nuk i kemi hedhur tre burrat e lidhur në mes të zjarrit?". Ata u përgjigjën dhe i thanë mbretit: "Sigurisht, o mbret".

25 Ai foli përsëri: "Ja, unë po shoh katër burra të palidhur, që ecin në mes të zjarrit, pa pësuar asnjë dëm; dhe pamja e katërtit i përngjan asaj të një biri të Perëndisë".

26 Pastaj Nebukadnetsari iu afrua grykës së furrës me zjarr përvëlues dhe filloi të thotë: "Shadrak, Meshak dhe Abed-nego, shërbëtorë të Perëndisë Më të Lartë, dilni dhe ejani këtu". Atëherë Shadraku, Meshaku dhe Abed-nego dolën nga mesi i zjarrit.

27 Pastaj satrapët, prefektët, qeveritarët dhe këshilltarët e mbretit u mblodhën për të vërejtur këta burra: zjarri nuk kishte patur asnjë fuqi mbi trupin e tyre, flokët e kokës së tyre nuk ishin djegur, mantelet e tyre nuk ishin dëmtuar dhe as era e zjarrit nuk ishte shtruar mbi ta.

28 Nebukadnetsari filloi të thotë: "Qoftë i bekuar Perëndia i Shadrakut, i Meshakut dhe i Abed-negos, që ka dërguar engjëllin e tij dhe ka çliruar shërbëtorët e tij, që kanë pasur besim tek ai; ata

29 Prandaj unë dekretoj që kushdo, cilitdo populli, kombi o gjuhe që t'i përkasë, që do të flasë keq për Perëndinë e Shadrakut, Meshakut dhe të Abed-negos, të pritet copë-copë dhe shtëpia e tij të katandiset në një vend plehrash, sepse nuk ka asnjë perëndi që mund të shpëtojë në këtë mënyrë".

30 Atëherë mbreti bëri që Shadraku, Meshaku dhe Abed-nego të kenë mbarësi në krahinën e Babilonisë.

Kapitull 4

1 "Mbreti Nebukadnetsar tërë popujve, tërë kombeve dhe gjuhëve, që banojnë mbi gjithë dheun: Paqja juaj qoftë e madhe.

2 M'u duk mirë t'i bëj të njohura shenjat dhe mrekullitë që Perëndia Më i Lartë ka kryer për mua.

3 Sa të mëdha janë shenjat e tij dhe sa të fuqishme mrekullitë e tij! Mbretëria e tij është një mbretëri e përjetshme dhe sundimi i tij vazhdon brez pas brezi.

Danielit

⁴ Unë, Nebukadnetsari, isha i qetë në shtëpinë time dhe i gëzuar në pallatin tim.

⁵ Pashë një ëndërr që më tmerroi; mendimet që pata në shtratin tim dhe vegimet e mendjes sime më tmerruan.

⁶ Kështu dhashë urdhër që të sillnin para meje gjithë të diturit e Babilonisë, që të më bënin të njohur interpretimin e ëndrrës.

⁷ Atëherë erdhën magjistarët, astrologët, Kaldeasit dhe shortarët, të cilëve u tregova ëndrrën, por ata nuk mundën të më bënin të njohur interpretimin e saj.

⁸ Më në fund erdhi para meje Danieli, i quajtur Beltshatsar nga emri i perëndisë tim dhe tek i cili është fryma e perëndive të shenjta, dhe unë ia tregova ëndrrën:

⁹ Beltshatsar, kreu i magjistarëve, sepse unë e di që fryma e perëndive të shenjta është te ti dhe që asnjë sekret nuk të shqetëson, tregomë vegimet e ëndrrës që kam parë dhe interpretimin e saj.

¹⁰ Vegimet e mendjes sime kur isha në shtratin tim janë këto: Unë shikoja, dhe ja një dru në mes të dheut, lartësia e të cilit ishte madhe.

¹¹ Druri u rrit dhe u bë i fortë; maja e tij arrinte në qiell dhe ai mund të shihej nga skajet e gjithë dheut.

¹² Gjethnaja e tij ishte e bukur, fryti i tij i bollshëm dhe ai kishte ushqim për të gjithë; poshtë tij gjenin hije kafshët e fushave, shpendët e qiellit rrinin midis degëve të tij dhe nga ai merrte ushqim çdo qenie e gjallë.

¹³ Ndërsa në shtratin tim vëreja vegimet e mendjes sime, ja një roje, një i shenjtë, zbriti nga qielli,

¹⁴ bërtiti fort dhe tha kështu: "Prisni drurin dhe këputni degët e tij, shkundni fletët e tij dhe shpërndani frytet e tij; le të largohen kafshët që rrijnë poshtë tij dhe shpendët nga degët e tij.

¹⁵ Lëreni ndërkaq në tokë cungun e rrënjëve të tij, të lidhur me zinxhirë hekuri dhe bronzi midis barit të fushave. Le të laget nga vesa e qiellit dhe le të ketë bashkë me kafshët pjesën e barit që i takon.

¹⁶ Zemra e tij le të ndryshojë, dhe në vend të një zemre njeriu t'i jepet një zemër kafshe dhe le të kalojnë mbi të shtatë kohë.

¹⁷ Kjo është dekretuar nga rojet dhe vendimi vjen nga fjala e shenjtëve në mënyrë që të gjallët të dijnë që Shumë i Larti sundon mbi mbretërinë e njerëzve; ai ia jep atij që dëshiron dhe larton mbi të të keqin e këqijve".

¹⁸ Kjo është ëndrra që kam parë unë, mbreti Nebukadnetsar. Tani ti, Beltshatsar, jepi interpretimin, sepse asnjë nga të diturit e mbretërisë sime nuk është në gjendje të më bëjë të njohur interpretimin e saj; por ti mundesh, sepse fryma e perëndive të shenjta është te ti".

¹⁹ Atëherë Danieli, emri i të cilit është Beltshatsar, mbeti për një çast i tmerruar dhe mendimet e tij e shqetësonin. Mbreti filloi të thotë: "Beltshatsar, mos u turbullo as nga ëndrra as nga interpretimi

²⁰ Druri që ti ke parë, që ishte bërë i madh dhe i fortë, maja e të cilit arrinte deri në qiell dhe që dukej nga të gjitha skajet e dheut,

²¹ gjethnaja e të cilit ishte e bukur, fryti i bollshëm, dhe ku gjenin strehë kafshët e fushave dhe mbi degët e së cilës bënin folenë zogjtë e qiellit,

²² je ti, o mbret, që u bëre i madh dhe i fortë; madhështia jote është rritur dhe ka arritur deri në qiell dhe sundimi yt deri në skajet e dheut.

²³ Sa për rojen, një i shenjtë, që mbreti e ka parë të zbresë nga qielli dhe të thotë: "Priteni drurin dhe shkatërrojeni, por lini në tokë cungun me rrënjë, të lidhur me zinxhirë hekuri dhe bronzi midis barit të fushave. Le ta lagë vesa e qiellit dhe le të ketë pjesën e tij bashkë me kafshët e fushave deri sa të kalojnë mbi të shtatë kohë".

²⁴ Ky është interpretimi, o mbret; ky është dekreti i Shumë të Lartit, që është lëshuar për mbretin, zotin tim;

²⁵ ti do të dëbohesh nga njerëzia dhe banesa jote do të jetë bashkë me kafshët e fushave; do të të japin të hash bar si qetë dhe do të lagesh nga vesa e qiellit; do të kalojnë mbi ty shtatë kohë, deri sa të pranosh që Shumë i Larti sundon mbi mbretërinë e njerëzve dhe ia jep atij që ai dëshiron.

²⁶ Sa për urdhrin për të lënë cungun me rrënjë, kjo do të thotë se mbrëtëria jote do të rivendoset, mbasi të kesh pranuar që është qielli ai që sundon.

²⁷ Prandaj, o mbret, prano këshillën time: jepu fund mëkateve të tua duke praktikuar drejtësinë dhe paudhësive të tua duke treguar mëshirë ndaj të varfërve; ndofta begatia jote do të zgjasë".

²⁸ E tërë kjo i ndodhi mbretit Nebukadnetsar.

²⁹ Dymbëdhjetë muaj më vonë, ndërsa shëtiste në pallatin mbretëror të Babilonisë,

³⁰ mbreti filloi të thotë: "Nuk është kjo Babilonia e madhe, që unë ndërtova si seli mbretërore me forcën e pushtetit tim dhe për lavdinë e madhërisë sime?".

³¹ Këto fjalë ishin akoma në gojë të mbretit, kur një zë zbriti nga qielli: "Ty, o mbret Nebukadnetsar, të shpall: mbretëria jote të është hequr;

³² ti do të dëbohesh nga njerëzia dhe banesa jote do të jetë me kafshët e fushave; do të të japin të hash bar si qetë dhe do të kalojnë mbi ty shtatë kohë, deri sa të pranosh që Shumë i Larti sundon mbi mbretërinë e njerëzve dhe ia jep atij që ai dëshiron.

³³ Në po atë çast fjala lidhur me Nebukadnetsarin u realizua. Ai u dëbua nga njerëzia, hëngri bar si qetë dhe trupi i tij u lag nga vesa e qiellit, deri sa flokët e tij u rritën si pendët e shqiponjave dhe thonjtë e tij si kthetrat e shpendëve.

³⁴ "Në fund të kësaj kohe, unë Nebukadnetsari ngrita sytë nga qielli dhe arsyeja m'u kthye, e bekova Shumë të Lartin dhe lëvdova dhe përlëvdova atë i cili rron përjetë, sundimi i të cilit është një sundim

³⁵ Tërë banorët e dheut përpara tij konsiderohen si asgjë; ai vepron si të dojë me ushtrinë e qiellit dhe me banorët e dheut. Askush nuk mund t'ia ndalë dorën ose t'i thotë: "Çfarë po bën?".

³⁶ Në po atë kohë m'u kthye arsyeja, dhe për lavdinë e mbretërisë sime m'u kthyen madhëria ime dhe shkëlqimi im. Këshilltarët e mi dhe të mëdhenjtë e mi më kërkuan, dhe unë u rivendosa në mbretërinë time dhe madhështia ime u rrit jashtëzakonisht.

³⁷ Tani, unë Nebukadnetsari lëvdoj, lartësoj dhe përlëvdoj Mbretin e qiellit, sepse të gjitha veprat e tij janë të vërteta dhe rrugët e tij janë drejtësi; ai ka pushtet të poshtërojë ata që ecin me kryelartësi.

Kapitull 5

¹ Mbreti Belshatsar dha një banket të madh për njëmijë nga të mëdhenjtë e tij dhe në prani të të njëmijëve piu verë.

² Ndërsa shijonte verën, Belshatsari dha urdhër të sillnin vazot prej ari dhe prej argjendi që i ati Nebukadnetsari kishte marrë nga tempulli që ishte në Jeruzalem, me qëllim që me to të pinin mbreti dhe të mëdhenjtë që ishin me të, bashkëshortet e tij dhe konkubinat e tij.

³ Kështu prunë vazot prej ari që i kishin marrë nga shenjtërorja e tempullit të Perëndisë, që ishte në Jeruzalem, dhe me to pinë mbreti dhe të mëdhenjtë e tij, bashkëshortet e tij dhe konkubinat e tij.

⁴ Pinë verë dhe lëvduan perënditë prej ari, argjendi, bronzi, hekuri, druri e guri.

⁵ Në atë çast u dukën gishtërinjtë e dorës së një njeriu, që filluan të shkruajnë përballë shandanit mbi suvanë e murit të pallatit mbretëror; dhe mbreti pa pjesën e asaj dore që shkruante.

⁶ Atëherë pamja e mbretit ndryshoi dhe mendimet e tij e shqetësuan; nyjet e eshtrave iu liruan dhe gjunjët e tij filluan të përpiqen midis tyre.

⁷ Mbreti bërtiti me forcë që të hynin astrologët, Kaldeasit dhe shortarët; pastaj mbreti filloi t'u thotë njerëzve të ditur të Babilonisë: "Kushdo që do ta lexojë këtë shkrim dhe do të më japë interpretimin e tij do të vishet me rroba të purpurta, do të ketë një gjerdan ari në qafë dhe do të jetë i treti në qeverisjen e mbretërisë".

⁸ Atëherë hynë tërë të diturit e mbretit, por nuk mundën të lexojnë shkrimin as t'i bëjnë të njohur mbretit interpretimin e tij.

⁹ Atëherë mbreti Belshatsar u turbullua shumë, pamja e tij ndryshoi dhe të mëdhenjtë e tij u humbën fare.

¹⁰ Mbretëresha, për shkak të fjalëve të mbretit dhe të të mëdhenjve të tij, hyri në sallën e banketit. Mbretëresha filloi të thotë: "O mbret, jetofsh përjetë! Mendimet e tua të mos të shqetësojnë dhe pamja jotë të mos ndryshojë.

¹¹ Është një njeri në mbretërinë tënde, tek i cili është fryma e perëndive të shenjta; dhe në kohën e atit tënd u gjet tek ai dritë, mendje dhe dituri të ngjashme me diturinë e perëndive; mbreti Nebukadnetsar, ati yt, ati yt mbreti, e caktoi në krye të magjistarëve, të astrologëve, të Kaldeasve dhe të shortarëve,

¹² sepse te ky Daniel, të cilit mbreti i kishte vënë emrin Beltshatsar, u gjet një frymë e jashtëzakonshme, njohuri, zgjuarsi, zotësi për të interpretuar ëndrrat, për të shpjeguar enigmat dhe për të zgjidhur çështje të ngatërruara. Të thirret, pra, Danieli dhe ai do të japë interpretimin".

¹³ Atëherë Danielin e sollën në prani të mbretit; mbreti i foli Danielit dhe i tha: "A je ti Danieli, një nga të mërguarit e Judës, që mbreti, ati im, solli nga Juda?

¹⁴ Kam dëgjuar të thonë për ty që fryma e perëndive është te ti, dhe se te ti gjenden dritë, mënçuri dhe një dituri e jashtëzakonshme.

¹⁵ Tani kanë sjellë pranë meje njerëz të ditur dhe astrologë me qëllim që të lexojnë këtë shkrim dhe të më bëjnë të njohur interpretimin e tij; por ata nuk kanë qenë të zotë të më jepnin interpretimin e çështjes.

¹⁶ Kam dëgjuar ndërkaq të thuhet se ti je i në gjendje të japësh interpretimin dhe të zgjidhësh çështje të ndërlikuara. Tani në rast se je i zoti të lexosh këtë shkrim dhe të më bësh të njohur interpretimin e tij, ti do të vishesh me rroba të purpurta, do të mbash një gjerdan ari në qafë dhe do të jesh i treti në qeverisjen e mbretërisë".

¹⁷ Atëherë Danieli u përgjigj dhe tha para mbretit: "Mbaji, pra,

dhuratat e tua dhe jepi një tjetri shpërblimet e tua; megjithatë unë do t'ia lexoj shkrimin mbretit dhe do t'i bëj të njohur interpretimin.

¹⁸ O mbret, Perëndia Shumë i Lartë i kishte dhënë Nebukadnetsarit, atit tënd, mbretëri, madhështi, lavdi dhe madhëri.

¹⁹ Për madhështinë që i kishte dhënë, tërë popujt, tërë kombet dhe gjuhët dridheshin dhe kishin frikë para atij; ai vriste kë të donte dhe linte të gjallë kë të donte, ngrinte kë të donte dhe ulte kë të donte.

²⁰ Po, kur zemra e tij u ngrit dhe fryma e tij u ngurtësua deri në arrogancë, ai u rrëzua nga froni mbretëror dhe iu hoq lavdia e tij.

²¹ Pastaj u dëbua nga bijtë e njerëzve, zemra e tij u bë e ngjashme me atë të kafshëve të tij dhe banesa e tij me atë të gomarëve të egër; i dhanë bar për të ngrënë si qetë dhe trupi i tij u lag nga vesa e qiellit, deri sa pranoi që Perëndia Shumë i Lartë sundon mbi mbretërinë e njerëzve dhe mbi të vendos atë që do.

²² Por ti Belshatsar, biri i tij, megjithëse e dije gjithë këtë, nuk e ke përulur zemrën tënde;

²³ përkundrazi je ngritur kundër Zotit të qiellit, urdhërove të të sjellin përpara vazot e tempullit të tij, dhe me to keni pirë verë ti dhe të mëdhenjtë e tu, bashkëshortet e tua dhe konkubinat e tua. Përveç kësaj ke lëvduar perënditë prej argjendi, prej ari, prej bronzi, prej druri e guri, që nuk shohin, nuk dëgjojnë dhe nuk kuptojnë, dhe nuk ke përlëvduar Perëndinë, në dorën e të cilit është fryma jote jetësore dhe të cilës i përkasin tërë rrugët e tua.

²⁴ Prandaj nga prania e tij u dërgua pjesa e asaj dore, që ka shkruar shkrimin.

²⁵ Ky është shkrimi që u vizatua: MENE, MENE, TEKEL UFARSIN.

²⁶ Ky është interpretimi i çdo fjale: MENE: Zoti ka bërë llogarinë e mbretërisë sate dhe i ka dhënë fund.

²⁷ TEKEL: ti u peshove në peshoret dhe u gjet që të mungonte diçka.

²⁸ PERES: mbretëria jote u nda dhe iu dha Medasve dhe Persianëve".

²⁹ Atëherë, me urdhër të Belshatsarit, Danieli u vesh me të purpurta, i vunë në qafë një gjerdan ari dhe shpallën që ai do të ishte i treti në qeverimin e mbretërisë.

³⁰ Po atë natë Belshatsari, mbreti i Kaldeasve, u vra;

³¹ dhe Dari, Medasi, mori mbretërinë në moshën gjashtëdhjetë e dy vjeç.

Kapitull 6

¹ I pëlqeu Darit të vendosë mbi mbretërinë njëqindenjëzet satrapë, të cilët, të ishin në krye të gjithë mbretërisë.

² dhe mbi ta kishte tre prefektë, nga të cilët njëri ishte Danieli, të cilëve këta satrapë duhet t'u jepnin llogari, më qëllim që mbreti të mos pësonte asnjë dëm.

³ Danieli shkëlqente mbi prefektët dhe satrapët e tjerë, sepse ai kishte një frymë më të lartë, dhe mbreti mendonte ta vendoste mbi tërë mbretërinë.

⁴ Atëherë prefektët dhe satrapët kërkuan të gjenin një pretekst kundër Danielit lidhur me administrimin e mbretërisë, por nuk mundën të gjejnë asnjë pretekst apo korruptim, sepse ai ishte besnik dhe nuk mundën të gjejnë tek ai asnjë gabim apo korruptim.

⁵ Atëherë këta njerëz thanë: "Nuk do të gjejmë kurrë ndonjë pretekst kundër Danielit, veç se po ta gjejmë kundër tij në vet ligjin e Perëndisë së tij."

⁶ Atëherë ata prefektë dhe satrapë u mblodhën me zhurmë para mbretit dhe i thanë: "O mbreti Dar, jetofsh për jetë!

⁷ Tërë prefektët e mbretërisë, qeveritarët dhe satrapët, këshilltarët dhe komandantët u konsultuan bashkë për të nxjerrë një vendim mbretëror dhe për të bërë një dekret të prerë, në bazë të të cilëve kushdo që gjatë tridhjetë ditëve do t'i drejtojë një kërkesë cilësdo perëndie a njeriu përveç teje, o mbret, të hidhet në gropën e luanëve.

⁸ Tani, o mbret, nxirr dekretin dhe firmos dokumentin, në mënyrë që të mos ndryshohet dot në pajtim me ligjin e Medasve dhe të Persianëve, që është i parevokueshëm".

⁹ Pastaj mbreti Dari nënshkroi dokumentin dhe dekretin.

¹⁰ Kur Danieli mësoi që dokumenti ishte nënshkruar, hyri në shtëpinë e vet. Pastaj në dhomën e tij të sipërme, me dritaret e saj të hapura në drejtim të Jeruzalemit, tri herë në ditë gjunjëzohej, lutej dhe falenderonte Perëndinë e tij, siç e bënte zakonisht më parë.

¹¹ Atëherë ata njerëz erdhën duke bërë zhurmë dhe e gjetën Danielin që po i lutej Perëndisë së tij.

¹² Kështu iu afruan mbretit dhe folën para tij për dekretin mbretëror: "A nuk ke nënshkruar një dekret në bazë të të cilit gjatë tridhjetë ditëve kushdo që do të bëjë një kërkesë drejtuar çfarëdo perëndie ose njeriu me përjashtimin tënd, o mbret, do të hidhet në gropën e luanëve?". Mbreti u përgjigj dhe tha: "Kjo gjë është vendosur në pajtim me ligjin e Medasve dhe të Persianëve, që nuk mund të ndryshohet".

¹³ Atëherë ata nisën përsëri të flasin përpara mbretit: "Danieli, që është një ndër të mërguarit e Judës, nuk tregon asnjë konsideratë për ty, o mbret, ose për dekretin që ke nënshkruar, por i drejton lutje tri herë në ditë Perëndisë të tij".

¹⁴ Me të dëgjuar këtë, mbreti u hidhërua me të madhe dhe duke dashur në zemër të vet ta çlirojë Danielin, u përpoq deri sa perëndoi dielli ta shkëputë nga duart e tyre.

¹⁵ Por ata njerëz erdhën te mbreti duke bërë zhurmë dhe i thanë: "Dije, o mbret, që është ligj i Medasve dhe i Persianëve që asnjë dekret ose edikt i shpallur nga mbreti nuk mund të ndryshohet".

¹⁶ Atëherë mbreti dha urdhër dhe Danieli u çua tutje dhe u hodh në gropën e luanëve. Por mbreti i foli Danielit dhe i tha: "Perëndia jote, së cilës ti i shërben vazhdimisht, do të vijë vetë të të shpëtojë".

¹⁷ Pastaj sollën një gur, dhe e vunë në grykën e gropës; mbreti e vulosi me unazën e tij, me unazën e të mëdhenjve të tij, në mënyrë që vendimi i tij lidhur me Danielin të mos ndryshohej.

¹⁸ Atëherë mbreti u tërhoq në pallatin e tij dhe kaloi natën duke agjëruar; nuk sollën para tij asnjë muzikant, madje edhe gjumi e braktisi.

¹⁹ Të nesërmen në mëngjes mbreti u zgjua shumë herët dhe shkoi me nxitim në gropën e luanëve.

²⁰ Me të arritur pranë gropës, thirri Danielin me zë zemërthyer; mbreti filloi t'i thotë Danielit: "Daniel, shërbëtor i Perëndisë së gjallë, Perëndia yt, a ka mundur të të shpëtojë nga luanët?".

²¹ Atëherë Danieli i tha mbretit: "O mbret, jetofsh përjetë!

²² Perëndia im dërgoi engjëllin e tij që ka mbyllur gojën e luanëve, dhe ata nuk më kanë bërë asnjë të keqe, sepse kam dalë i pafaj përpara atij; por edhe përpara teje, o mbret, nuk kam bërë asnjë të keqe".

²³ Atëherë mbreti u gëzua shumë dhe urdhëroi që Danieli të nxirrej nga gropa. Kështu Danielin e nxorën nga gropa dhe nuk u gjet mbi të asnjë lëndim sepse kishte pasur besim te Perëndia i tij.

²⁴ Pastaj mbreti urdhëroi që të sillëshin ata njerëz që kishin paditur Danielin dhe i hodhën në gropën e luanëve, ata, bijtë e tyre dhe gratë e tyre. Dhe para se të arrinin në fund të gropës, luanët u hodhën mbi ta dhe copëtuan tërë kockat e tyre.

²⁵ Atëherë mbreti Dar u shkroi tërë popujve, kombeve dhe gjuhëve që banonin në gjithë dheun: "Paqja juaj qoftë e madhe!

²⁶ Unë dekretoj që në të gjithë sundimin e mbretërisë sime të dridhen dhe të kenë frikë para Perëndisë të Danielit, sepse ai është Perëndia i gjallë që ekziston përjetë. Mbretëria e tij nuk do të shkatërrohet kurrë dhe sundimi i tij nuk do të ketë fund kurrë.

²⁷ Ai çliron, shpëton dhe kryen shenja dhe mrekulli në qiell dhe në tokë; është ai që e çliroi Danielin nga fuqia e luanëve".

²⁸ Kështu Danieli pati mbarësi gjatë mbretërimit të Darit dhe gjatë mbretërimit të Kirit, Persianit.

Kapitull 7

¹ Në vitin e parë të Belshatsarit, mbretit të Babilonisë, Danieli, kur ishte në shtrat, pa një ëndërr dhe pati vegime në mendjen e tij. Pastaj shkroi ëndërrën dhe tregoi thelbin e ngjarjes.

² Danieli, pra, filloi të thotë: "Unë shikoj në vegimin tim, natën, dhe ja, katër erërat e qiellit tronditnin Detin e Madh,

³ dhe katër kafshë të mëdha po dilnin nga deti, njëra ndryshe nga tjetra.

⁴ E para i ngjante një luani dhe kishte krahë shqiponje. Unë shikoja deri sa ia shkulën krahët, pastaj e ngritën nga toka e vunë të qëndrojë drejt mbi dy këmbët e veta si një njeri dhe iu dha një zemër njeriu.

⁵ Dhe ja një kafshë tjetër, e dyta, që i ngjante një ariu; ngrihej mbi një krah dhe kishte tri brinjë në gojë, midis dhëmbëve, dhe i thanë: "Çohu, ha shumë mish".

⁶ Mbas kësaj unë shikoja, dhe ja një tjetër që i ngjante një leopardi, dhe që kishte katër fletë shpendi mbi kurrizin e vet; kafsha kishte katër koka dhe iu dha sundimi.

⁷ Mbas kësaj, unë shikoja në vegime nate, dhe ja një kafshë e katërt e llahtarshme, e tmerrshme, jashtëzakonisht e fuqishme; kishte dhëmbë të mëdha prej hekuri; hante, thërrmonte dhe shtypte kusurin me këmbë; ishte ndryshe nga të gjitha kafshët e mëparshme dhe kishte dhjetë brirë.

⁸ Isha duke vërejtur brirët, kur ja, midis tyre filloi të dalë një bri tjetër i vogël, para të cilit tre nga brirët e parë u shkulën; dhe ja, në atë bri ishin disa sy që i përngjanin syve të njeriut dhe një gojë që thoshte gjëra të mëdha.

⁹ Unë vazhdova të shikoj deri sa u vendosën fronet dhe i Lashti i

ditëve u ul. Veshja e tij ishte e bardhë si bora, flokët e kokës së tij ishin si leshi i pastër; froni i tij ishte si flokët e zjarrit dhe rrotat e tij si zjarr përvëlues.

¹⁰ Një lumë zjarri rridhte, duke dalë nga prania e tij; mijëra e mijëra njerëz i shërbenin dhe mori dhe mori qëndronin përpara tij. Gjykimi u bë dhe librat u hapën.

¹¹ Atëherë unë shikova për shkak të fjalëve të mëdha që briri thoshte; shikova deri sa u vra kafsha, dhe trupi i saj u shkatërrua dhe u hodh në zjarr për t'u djegur.

¹² Sa për kafshët e tjera, u hoq sundimi i tyre por iu lejua atyre një zgjatje e jetës për një periudhë të caktuar kohe.

¹³ Unë shikoja disa vegime nate, dhe ja mbi retë e qiellit po vinte dikush që i ngjante një Biri njeriu; ai arriti deri te i Lashti i ditëve dhe iu afrua atij.

¹⁴ Atij iu dha sundimi, lavdia dhe mbretëria, me qëllim që gjithë popujt, kombet dhe gjuhët t'i shërbenin; sundimi i tij është një sundim i përjetshëm që nuk do të kalojë, dhe mbretëria e tij është një mbretëri që nuk do shkatërrohet kurrë".

¹⁵ "Sa për mua, Danielin, fryma ime mbeti e brengosur në mbështjellën e trupit dhe vegimet e mendjes sime më turbulluan.

¹⁶ Iu afrova njërit nga ata që ishin aty afër dhe e pyeta mbi të vërtetën që lidhej me tërë këtë punë; dhe ai më foli dhe më bëri të njohur interpretimin e atyre gjërave:

¹⁷ "Këto kafshë të mëdha, që janë katër, përfaqësojnë katër mbretër që do të dalin nga toka;

¹⁸ pastaj shenjtorët e Shumë të Lartit do të marrin mbretërinë dhe do ta zotërojnë përjetë, në përjetësi".

¹⁹ Atëherë dëshirova të mësoj të vërtetën lidhur me kafshën e katërt, që ishte ndryshe nga të gjitha të tjerat dhe jashtëzakonisht e tmerrshme, me dhëmbë prej hekuri dhe me thonj prej bronzi, që hante, thërrmonte dhe shkelte me këmbë kusurin,

²⁰ dhe lidhur me dhjetë brirët që kishte mbi kokë, dhe lidhur me brirn tjetër që i dilte dhe para të cilit kishin rënë tre brirë, domethënë briri që kishte sy dhe gojë për të thënë gjëra të mëdha dhe që dukej më i madh se brirët e tjerë.

²¹ Unë shikoja dhe po ky bri bënte luftë kundër shenjtorëve dhe i mundte,

²² deri sa arriti i Lashti i ditëve dhe iu dha e drejta shenjtorëve të Shumë të Lartit, dhe erdhi koha në të cilën shenjtorët zotëruan mbretërinë.

²³ Dhe ai më foli kështu: "Kafsha e katërt do të jetë një mbretëri e katërt mbi tokë, që do të jetë ndryshe nga të gjitha mbretëritë e tjera, dhe do të hajë tërë tokën, do ta shkelë dhe do të thërrmojë.

²⁴ Dhjetë brirët janë dhjetë mbretër që do të dalin nga kjo mbretëri; mbas tyre do të dalë një tjetër, që do të jetë ndryshe nga të mëparshmit dhe do të rrëzojë tre mbretër.

²⁵ Ai do të shqiptojë fjalë kundër Shumë të Lartit, do të përndjekë shenjtorët e Shumë të Lartit me qëllim që t'i shfarosë dhe do të mendojë të ndryshojë kohërat dhe ligjin; shenjtorët do të bien në duart e tij për një farë kohe, disa kohë dhe për gjysmën e një kohe.

²⁶ Pastaj do të bëhet gjyqi dhe do t'i hiqet sundimi, i cili do të asgjësohet dhe do të shkatërrohet përjetë.

²⁷ Pastaj mbretëria, sundimi dhe madhështia e mbretërive nën të gjithë qiejt do t'i jepen popullit të shenjtorëve të Më të Lartit; mbretëria e tij është një mbretëri e përjetshme, dhe të gjitha zotërimet do t'i shërbejnë dhe do t'i binden atij".

²⁸ Këtu mbaruan fjalët që më ishin drejtuar. Sa për mua, Danielin, mendimet e mia më turbulluan shumë dhe ndryshova pamje por i ruajta fjalët në zemrën time".

Kapitull 8

¹ Në vitin e tretë të mbretërimit të mbretit Belshatsar, unë, Danieli, pata një vegim, pas atij që pata në fillim të mbretërimit.

² Pashë në vegim dhe, ndërsa po shikoja, më ndodhi të gjëndesha në qytezën e Suzas, që është në krahinën e Elamit; nga vegimi e kuptova që isha pranë lumit Ulai.

³ Ngrita sytë dhe shikova, dhe ja, pranë lumit pashë më këmbë një dash me dy brirë; të dy brirët ishin të lartë, por njëri ishte më i lartë se tjetri, megjithëse më i larti kishte dalë i fundit.

⁴ Pashë dashin që godiste kundrejt perëndimit, drejt veriut dhe drejt jugut; asnjë kafshë nuk mund t'i rezistonte, askush nuk mund të çlirohej nga pusheti i tij; kështu ai bëri atë që desh dhe u bë i madh.

⁵ Ndërsa kisha parasysh këtë, ja, ku po vinte nga perëndimi një cjap, që përshkonte tërë sipërfaqen e dheut pa e prekur tokën; cjapi kishte një bri të madh midis syve të vet.

⁶ Arriti deri te dashi me dy brirë që kisha parë më këmbë përpara lumit, dhe iu hodh kundër me furinë e forcës së tij.

⁷ E pashë të afrohet dhe të zemërohet kundër tij; pastaj i ra me bri dashit dhe copëtoi dy brirët e tij, ndërsa dashi nuk kishte fuqi për t'i rezistuar; kështu e hodhi për tokë dhe askush nuk mundi ta çlirojë dashin nga pusheti i këtij.

⁸ Cjapi u bë shumë i madh; por, kur u bë i fuqishëm, briri i tij i madh u thye; në vend të tij dolën katër brirë të mëdhenj, që drejtoheshin drejt katër erërave të qiellit.

⁹ Nga një prej tyre doli një bri i vogël, që u bë shumë i madh në drejtim të jugut, të lindjes dhe të vendit të lavdishëm.

¹⁰ U rrit deri sa arriti ushtrinë e qiellit, bëri të bjerë për tokë një pjesë e ushtrisë dhe e yjeve dhe i shkeli.

¹¹ U ngrit madje deri te komandanti i ushtrisë, i hoqi flijimin e vazhdueshëm dhe vendi i shenjtërores së tij u shemb.

¹² Ushtria iu la në dorë bashkë me flijimin e vazhdueshëm, për shkak të shkeljes; ai hodhi për tokë të vërtetën; bëri tërë këto gjëra dhe i shkoi mbarë.

¹³ Pastaj dëgjova një të shenjtë që fliste, dhe një i shenjtë tjetër i tha atij që fliste: "Deri kur do të vazhdojë ky vegim: ndalimi i flijimit të përditshëm, shkretimi për shkak të paudhësisë, shenjtërorja dhe ushtria të shkelur?"

¹⁴ Ai më tha: "Deri dymijë e treqind ditë; pastaj shenjtërorja do të pastrohet".

¹⁵ Tani, ndërsa unë, Danieli, e kisha parasysh vegimin dhe përpiqesha ta kuptoja, ja ku po rri para meje dikush që ka pamje burri.

¹⁶ Dëgjova pastaj në mes të lumit Ulai zërin e një burri, që bërtiste dhe thoshte: "Gabriel, shpjegoja këtij vegimin".

¹⁷ Ai iu afrua vendit ku ndodhesha unë dhe, kur arriti, unë pata frikë dhe rashë me fytyrë. Por ai më tha: "Kuptoje mirë, o bir njeriu, sepse ky vegim ka të bëjë me kohën e fundit".

¹⁸ Ndërsa ai fliste me mua, unë rashë në një gjumë të rëndë me fytyrë për tokë, por ai më preku dhe më bëri të ngrihem më këmbë në vendin ku ndodhesha.

¹⁹ Dhe tha: "Ja, unë do të të tregoj atë që ka për të ndodhur në kohën e fundit të indinjatës, sepse ka të bëjë me kohën e caktuar të fundit.

²⁰ Dashi me dy brirë, që ti ke parë, përfaqëson mbretërit e Medisë dhe të Persisë.

²¹ Cjapi leshtor është mbreti i Javanit; dhe briri i madh që ishte në mes të syve të tij është mbreti i parë.

²² Briri i thyer dhe katër brirët që dolën në vend të tij janë katër mbretëri që do të dalin nga ky komb, por jo me të njëjtën fuqi të tij.

²³ Në fund të mbretërisë së tyre, kur rebelët do ta kenë mbushur kupën, do të dalë një mbret me pamje të egër dhe i rrahur në dredhitë luftarake.

²⁴ Fuqia e tij do të rritet, por jo për shkak të forcës së tij; do të bëjë shkatërrime të habitshme, do të ketë sukses në ndërmarrjet e tij dhe do të shkatërrojë të fuqishmit dhe popullin e shenjtorëve.

²⁵ Për shkak të dinakërisë së tij do shtohet mashtrimi në duart e tij; do të krenohet në zemër të vet dhe do të shkatërrojë shumë njerëz që janë në siguri; do të ngrihet kundër princit të princave, por do të thyhet jo nga dorë njeriu.

²⁶ Vegimi i mbrëmjeve dhe i mëngjeseve, për të cilin është folur, është i vërtetë. Ti e mban sekret vegimin, sepse ka të bëjë me gjëra që do të ndodhin mbas shumë kohe".

²⁷ Dhe unë, Danieli, e ndjeva veten të sfilitur dhe qeshë i sëmurë disa ditë; pastaj u ngrita dhe u interesova për punët e mbretit. Unë isha i tronditur nga vegimi, por askush nuk e vuri re.

Kapitull 9

¹ Në vitin e parë të Darit, birit të Asueros, nga fisi i Mediasve, i cili u bë mbret i Kaldeasve,

² në vitin e parë të mbretërimit të tij, unë, Danieli, kuptova nga librat numrin e viteve në të cilët, sipas fjalës të Zotit që i ishte drejtuar Jeremias duhet të kryheshin shkretimet e Jeruzalemit, domethënë shtatëdhjetë vjet.

³ E ktheva, pra, fytyrën time drejt Zotit Perëndi, duke e kërkuar me lutje e stërlutje, me agjërim, me thesin dhe me hirin.

⁴ Kështu bëra lutjen time dhe rrëfimin tim Zotit, Perëndisë tim, duke thënë: "O Zot, Perëndi i madh dhe i tmerrshëm, që e ruan besëlidhjen tënde dhe dhembshurinë tënde me ata që të duan dhe respektojnë urdhërimet e tua,

⁵ ne kemi mëkatuar dhe kemi vepruar në mënyrë të çoroditur, kemi qenë të këqij dhe u rebeluam, duke u larguar nga urdhërimet e tua dhe nga dekretet e tua.

⁶ Nuk kemi dëgjuar profetët, shërbëtorët e tu, që u kanë folur në emrin tënd mbretërve tanë, krerëve tanë, etërve tanë dhe tërë popullit të vendit.

⁷ O Zot, ty të përket drejtësia, por neve turpi i fytyrës ashtu si po ndodh pikërisht sot me burrat e Judës, me banorët e Jeruzalemit dhe me gjithë Izraelin, me ata që janë afër dhe me ata që janë larg, në të tëra vendet ku i ke shpërndarë, për shkak të pabesisë që kanë kryer kundër teje.

⁸ O Zot, turpi i fytyrës është për ne, për mbretërit tanë, për krerët tanë dhe për etërit tanë, sepse kemi mëkatuar kundër teje.

⁹ Zotit, Perëndisë tonë, i përkasin mëshira dhe ndjesa, sepse jemi rebeluar kundër tij,

¹⁰ dhe nuk kemi dëgjuar zërin e Zotit, Perëndisë tonë, për të ecur sipas ligjeve të tij, që na kishte vënë përpara me anë të shërbëtorëve të tij, profetëve.

¹¹ Po, tërë Izraeli ka shkelur ligjin tënd, ka marrë rrugë të keqe për të mos iu bindur zërit tënd; prandaj ra mbi ne mallkimi dhe nëma e shkruar në ligjin e Moisiut, shërbëtorit të Perëndisë, sepse kemi mëkatuar kundër tij.

¹² Kështu ai i bëri realitet fjalët e tij që kishte shqiptuar kundër nesh dhe kundër gjyqtarëve tanë që na kanë qeverisur, duke prurë mbi ne një mjerim të madh, sepse nën tërë qiellin nuk është bërë kurrë diçka që të ngjajë me atë që ka ndodhur në Jeruzalem.

¹³ Siç është shkruar në ligjin e Moisiut, tërë kjo fatkeqësi na ra mbi kurriz; megjithatë nuk i jemi drejtuar Zotit, Perëndisë tonë, të na kthejë nga paudhësia jonë dhe të kujdesemi për të vërtetën tënde.

¹⁴ Prandaj Zoti ka ruajtur rezervë këtë fatkeqësi dhe bëri që të bjerë mbi ne, sepse Zoti, Perëndia ynë, është i drejtë në të gjitha gjërat që bën, ndërsa ne nuk i jemi bindur zërit të tij.

¹⁵ Dhe tani, o Zoti, Perëndia ynë, që nxore popullin tënd nga vendi i Egjiptit me dorë të fuqishme dhe i bëre vetes një emër siç është sot, ne kemi mëkatuar, kemi kryer vepra të liga.

¹⁶ O Zot, sipas tërë drejtësisë sate, bëj, të lutem, që zemërimi yt dhe tërbimi yt të largohen nga Jeruzalemi, nga qyteti yt, nga mali yt i shenjtë, për mëkatet tona dhe për paudhësitë e etërve tanë. Jeruzalemi dhe populli yt janë bërë objekt qortimi për tërë ata që na rrethojnë.

¹⁷ Prandaj dëgjo, o Perëndia ynë, lutjen e shërbëtorit tënd dhe përgjërimet e tij dhe bëj që të shkëlqejë, për hir të Zotit, fytyra jote mbi shenjtëroren tënde që është e shkretuar.

¹⁸ O Perëndia im, vër vesh dhe dëgjo; hap sytë e tu dhe shiko shkretimet tona dhe qytetin ku thirret emri yt, sepse ne nuk paraqesim para teje lutjet tona për veprat tona të drejta, por për dhembshuritë e tua të mëdha.

¹⁹ O Zot, dëgjo; Zot, fal; Zot, kushtoji kujdes dhe vepro. Mos mëno, për hir të vetvetes, o Perëndia im, sepse emri yt thirret mbi qytetin tënd dhe mbi popullin tënd".

²⁰ Ndërsa unë po flisja akoma, duke u lutur dhe duke rrëfyer mëkatin tim dhe mëkatin e popullit tim të Izraelit dhe po paraqisja lutjen time para Zotit, Perëndisë tim, për malin e shenjtë të Perëndisë tim,

²¹ po, ndërsa unë po flisja akoma në lutje, ai njeri, Gabrieli, që e kisha parë në vegim në fillim, i dërguar me fluturim të shpejtë, më arriti në orën e blatimit të mbrëmjes.

²² Ai më mësoi, më foli dhe më tha: "Unë kam ardhur tani, o Daniel, që të të vë në gjendje të kuptosh.

²³ Në fillim të lutjeve të tua doli një fjalë dhe unë erdha të ta bëj të njohur, sepse ty të duan shumë. Trego kujdes, pra, për fjalën dhe kupto vegimin.

²⁴ Shtatëdhjetë javë janë caktuar për popullin tënd dhe për qytetin tënd të shenjtë, për të t'i dhënë fund shkeljes, për t'i dhënë fund mëkatit, për të shlyer paudhësinë, për të sjellë një drejtësi të përjetshme, për të vulosur vegimin dhe profecinë, për të vajosur vendin shumë të shenjtë.

²⁵ Prandaj dije dhe kuptoje se, që kur ka dalë urdhri të restaurohet dhe të rindërtohet Jeruzalemi deri te Mesia, princi, do të duhen shtatë javë dhe gjashtëdhjetë e dy javë të tjera; ai do të ndërtohet përsëri me sheshe dhe me ledhe, por në kohëra plot ankth.

²⁶ Mbas gjashtëdhjetë e dy javëve Mesia do të vritet dhe askush nuk do të jetë me të. Dhe populli i një princi që do të vijë ka për të shkatërruar qytetin dhe shenjtëroren; fundi i tij do të vijë me një përmbytje, dhe deri në mbarim të luftës janë dekretuar shkatërrime.

²⁷ Ai do të lidhë gjithashtu një besëlidhje me shumë njerëz për një javë, por në mes të javës do t'i japë fund flijimit dhe blatimit; dhe mbi krahët e veprimeve të neveritshme do të vijë një shkatërrues, deri sa shkatërrimi i plotë, që është dekretuar, do të bjerë mbi shkatërruesin".

Kapitull 10

¹ Në vitin e tretë të Kirit, mbretit të Persisë, një fjalë iu njoftua Danielit, që quhej Beltshatsar. Kjo fjalë është e vërtetë dhe konflikti i gjatë. Ai e kuptoi fjalën dhe e mori vesh vegimin.

² Në atë kohë, unë, Danieli, mbajta zi për tri javë të plota.

³ Nuk hëngra ushqime të zgjedhura, nuk futa në gojën time as mish as verë dhe nuk u vajosa aspak, deri sa kaluan tri javë të plota.

⁴ Ditën e njëzetekatërt të muajit të parë, ndërsa isha në bregun e lumit të madh, që është Tigri,

⁵ ngrita sytë dhe shikova, dhe ja, një njeri i veshur me rroba liri, me një brez të artë të Ufazit.

⁶ Trupi i tij ishte i ngjashëm me topazin, fytyra e tij kishte pamjen e rrufesë, sytë e tij ishin si pishtarë flakërues, krahët e tij dhe këmbët e tij dukeshin si prej bronzi të llustruar dhe tingulli i fjalëve të tij ishte si zhurma e një turme.

⁷ Vetëm unë, Danieli, pashë vegimin, kurse njerëzit që ishin me mua nuk e panë vegimin, por një tmerr i madh ra mbi ta dhe ata ia mbathën që të fshihen.

⁸ Kështu mbeta vetëm të vërej këtë vegim të madh. Nuk më mbeti kurrfarë force; çehrja e bukur ndryshoi në të zbehtë dhe forcat e mia u ligështuan.

⁹ Megjithatë dëgjova zërin e fjalëve të tij; por, duke dëgjuar zërin e fjalëve të tij, rashë në një gjumë të thellë me fytyrë për tokë.

¹⁰ Por ja, një dorë më preku dhe bëri që unë të rri duke u dridhur i tëri mbi gjunjët dhe mbi pëllëmbët e duarve.

¹¹ Pastaj më tha: "Daniel, njeri shumë i dashur, kupto fjalët që po të them dhe çohu më këmbë, sepse tani më kanë dërguar te ti". Kur më tha këtë fjalë, unë u çova më këmbë duke u dridhur i tëri.

¹² Atëherë ai më tha: "Mos ki frikë, Daniel, sepse që ditën e parë që vendose në zemrën tënde të kuptoje dhe të përuleshe para Perëndisë tënd, fjalët e tua u dëgjuan dhe unë erdha si përgjigje e fjalëve të tua.

¹³ Por princi i mbretërisë së Persisë më kundërshtoi njëzetenjë ditë; por ja, Mikaeli, një nga princat e parë, më erdhi në ndihmë, sepse kisha mbetur atje me mbretin e Persisë.

¹⁴ Dhe tani kam ardhur të të bëj të kuptosh atë që do t'i ndodhë popullit tënd në mbarim të ditëve; sepse vegimi ka të bëjë me një kohë të ardhme".

¹⁵ Ndërsa më fliste në këtë mënyrë, ula fytyrën për tokë dhe mbylla gojën.

¹⁶ Dhe ja, dikush që i ngjante një biri njeriu më preku buzët. Atëherë hapa gojën, fola dhe i thashë atij që më rrinte përpara: "Imzot, për këtë vegim më kanë zënë spazmat dhe fuqitë m'u ligështuan.

¹⁷ Dhe si mund të fliste një shërbëtor i tillë i zotit tim me një imzot të tillë, sepse tani fuqitë më kanë braktisur dhe më mungon madje edhe frymëmarrja?".

¹⁸ Atëherë ai që i ngjante një njeriu më preku përsëri dhe më dha fuqi,

¹⁹ dhe tha: "O njeri që të duan shumë, mos ki frikë, paqja është me ty; mblidh forcat e tua, po, mblidh forcat e tua". Mbasi më foli, unë fitova forcë dhe i thashë: "Le të flasë zoti im, sepse ti më ke dhënë forcë".

²⁰ Pastaj më tha: "A e di përse kam ardhur këtu pranë teje? Tani do të kthehem të luftoj kundër princit të Persisë; dhe kur të dal, ja, do të vijë princi i Javanit.

²¹ Por unë do të të bëj të njohur atë që është shkruar në librin e së vërtetës; dhe nuk ka njeri që të sillet trimërisht me mua kundër tyre përveç Mikaelit, princit tuaj".

Kapitull 11

¹ Gjatë vitit të parë të Darit, Medasit, unë vetë qëndrova pranë tij për ta përkrahur dhe për ta mbrojtur.

² "Dhe tani të të bëj të njohur të vërtetën. Ja, në Persi do të dalin akoma tre mbretër, por i katërti do të bëhet shumë më i pasur se gjithë të tjerët; kur të jetë bërë i fortë për shkak të pasurive të tij, do t'i ngrerë të tërë kundër mbretërisë së Javanit.

³ Atëherë do të dalë një mbret i fuqishëm që do të sundojë mbi një perandori të madhe dhe do të bëjë çfarë të dojë.

⁴ Por kur të jetë formuar mbretëria e tij do të copëtohet dhe do të ndahet në drejtim të katër erërave të qiellit, por jo midis trashëgimtarëve të tij dhe as me po atë forcë me të cilën ai mbretëronte, sepse mbretëria e tij do të çrrënjoset dhe do t'u kalojë të tjerëve, dhe jo trashëgimtarëve.

⁵ Kështu mbreti i jugut do të bëhet i fortë, por një ndër princat e tij do të bëhet më i fortë nga ai dhe do të sundojë; sundimi i tij do të jetë një sundim i madh.

⁶ Mbas disa vjetëve do të lidhin aleancë; pastaj bija e mbretit të jugut do të vijë te mbreti i veriut për të bërë një marrëveshje, por nuk do ruajë më as forcën e fuqisë së saj, dhe nuk do të mund të zgjasë as ai as pushteti i tij; në ato kohëra ajo do t'i dorëzohet vdekjes bashkë me ata që e kanë çuar, dhe e kanë lindur dhe që e kanë mbështetur.

⁷ Por një nga pasardhësit nga rrënja e saj do të dalë dhe do të zërë vendin e saj; ai do të vijë kundër ushtrisë, do të hyjë në fortesat e mbretit të veriut, do të veprojë kundër tyre dhe do të dalë fitimtar.

⁸ Do të shpjerë gjithashtu si plaçkë në Egjipt perënditë e tyre me

figurat e tyre të derdhura dhe me sendet e tyre të çmuara prej argjendi dhe prej ari, dhe për disa vjet do të rrijë larg mbretit të veriut.

⁹ Ky do të dalë kundër mbretit të jugut, por pastaj do të kthehet në vendin e tij.

¹⁰ Bijtë e tij do të përgatiten pastaj për luftë dhe do të mbledhin turma forcash të mëdha, dhe një prej tyre do të dalë me siguri përpara, do të vërshojë si një përmbytje dhe do të kalojë tutje për ta çuar luftën deri në fortesën e tij.

¹¹ Atëherë mbreti i jugut, i tërbuar, do të dalë të luftojë kundër këtij, kundër mbretit të veriut, i cili do të mobilizojë një turmë të madhe, por turma do të bjerë në dorë të armikut.

¹² Kur turmën do ta ketë çuar tutje, zemra e tij do të mbushet me krenari; do të mposhtë me mijëra, por nuk do të jetë më i fortë.

¹³ Në fakt mbreti i veriut do të mobilizojë përsëri një turmë edhe më të madhe se e mëparshmja, dhe pas një kohe të shkurtër do të përparojë me siguri me një ushtri të madhe dhe me pajime të shumta.

¹⁴ Në atë kohë shumë njerëz do të ngrihen kundër mbretit të jugut; edhe disa burra të dhunshëm të popullit tënd do të ngrihen për të realizuar vegimin, por do të rrëzohen.

¹⁵ Atëherë do të vijë mbreti i veriut, do të ngrerë një ledh dhe do të shtjerë në dorë një qytet të fortifikuar. Forcat e jugut nuk do të mundin t'i rezistojnë; as trupat e zgjedhura nuk do të kenë forcën për t'i rezistuar.

¹⁶ Ai që i ka ardhur kundra do të bëjë çfarë të dojë, dhe askush nuk do të mund t'i rezistojë; ai do të ndalet në vendin e lavdishëm duke pasur pushtet të shkatërrojë çdo gjë.

¹⁷ Pastaj do të vendosë të vijë me forcat e gjithë mbretërisë së tij, duke ofruar kushte të ndershme paqeje, dhe kështu ka për të bërë. Do t'i japë të bijën për grua për ta korruptuar, por ajo nuk do të mbajë anën e tij dhe nuk do ta favorizojë atë.

¹⁸ Pastaj do t'u drejtohet ishujve dhe do të shtjerë në dorë shumë prej tyre, por një komandant do të bëjë që të marrë fund arroganca e tij, duke bërë që ajo të bjerë mbi të.

¹⁹ Pastaj do të kthehet drejt fortesave të vendit të vet, por do të pengohet, do të rrëzohet dhe nuk do të gjendet më.

²⁰ Në vend të tij do të dalë dikush që do të dërgojë një tagrambledhës për lavdinë e mbretërisë; por brenda pak ditëve ai do të zhduket, por jo në zemërim a në betejë.

²¹ Në vend të tij do të dalë një njeri i neveritshëm, që nuk do të ketë dinjitet mbretëror; ai do të vijë paqësisht, por do ta shtjerë në dorë mbretërinë me intriga.

²² Para tij forcat e mëdha do të thyhen dhe do të shkatërrohen, po ashtu edhe kreu i një aleance.

²³ Menjëherë pasi të ketë lidhur një aleancë me të, ai do të veprojë me pabesi dhe do të arrijë në pushtet me pak njerëz.

²⁴ Ai do të hyjë në mënyrë paqësore edhe në pjesët më të pasura të krahinës dhe do të bëjë atë që nuk kishin bërë kurrë as etërit e tij as etërit e etërve të tij; do të shpërndajë midis tyre plaçkë, plaçkën e luftës dhe pasuritë dhe do të hartojë plane kundër fortesave, por vetëm për një kohë.

²⁵ Me një ushtri të madhe do t'i nxitë forcat e tij dhe zemrën e tij kundër mbretit të jugut. Mbreti i jugut do të futet në luftë me një ushtri të madhe dhe shumë të fuqishme, por nuk do të mund të rezistojë, sepse do të kurdisen komplote kundër tij.

²⁶ Vetë ata që hanë bashkë me të do ta shkatërrojnë; ushtria e tij do të thyhet dhe shumë do të bien të vrarë.

²⁷ Zemra e këtyre dy mbretërve do të drejtohet për të bërë keq; ata do të flasin gënjeshtra të ulur në të njëjtën tryezë, por gjëja nuk do të ketë sukses, sepse fundi do t'u vijë në kohën e caktuar.

²⁸ Duke u kthyer në vendin e tij me pasuri të mëdha, zemra e tij do të vihet kundër besëlidhjes së shenjtë; kështu ai do të kryejë qëllimet e tij dhe pastaj do të kthehet në vendin e tij.

²⁹ Në kohën e caktuar ai do të dalë përsëri kundër jugut, por këtë herë të fundit puna nuk do t'i vejë mbarë si herën e parë,

³⁰ sepse anijet e Kitimit do të vijnë kundër tij; prandaj ai do të trembet, do të zemërohet përsëri kundër besëlidhjes së shenjtë dhe do të zbatojë planet e tij; kështu përsëri do të merret vesh me ata që kanë braktisur besëlidhjen e shenjtë.

³¹ Forca të dërguara prej tij do të ngrihen për të përdhosur shenjtëroren fortesë, do të ndalojnë flijimin e përditshëm dhe do të bëjnë veprime të neveritshme të shkaktojnë shkretim.

³² Me lajka ai do të korruptojë ata që veprojnë pabesisht kundër besëlidhjes; por populli i atyre që njohin Perëndinë e tyre do të tregojë qëndresë dhe do të veprojë.

³³ Ata që kanë dituri midis popullit do të udhëzojnë shumë të tjerë, por për një kohë të shkurtër do të bien nga shpata, nga zjarri, nga mërgimi dhe nga plaçkitja.

³⁴ Kur do të rrëzohen, do t'u jepet pak ndihmë, por shumë njerëz do të bashkohen me ta pa qenë të sinqertë.

³⁵ Disa nga ata që kanë dituri do të bien, me qëllim që të përsosen, të pastrohen dhe të zbardhen deri në kohën e mbarimit, sepse kjo do të ndodhë në kohën e caktuar.

³⁶ Pastaj mbreti do të veprojë si të dojë, do të lartohet, do të hyjnizohet përmbi çdo perëndi dhe do të thotë gjëra të habitshme kundër Perëndisë të perëndive; do të ketë sukses deri sa të mbushet kupa e indinjatës, sepse ajo që është dekretuar do të bëhet.

³⁷ Ai nuk do të tregojë respekt për Perëndinë e etërve të tij dhe për dëshirën e grave; nuk do të ketë respekt për asnjë perëndi, sepse do të hyjnizojë veten përmbi të gjithë.

³⁸ Por në vend të tyre ai do të nderojë perëndinë e fortesave dhe do të nderojë me ar, me argjend, me gurë të çmuar dhe me gjëra të këndshme, një perëndi, që etërit e tij nuk e njohën.

³⁹ Ai do të veprojë kundër fortesave më të fortifikuara me ndihmën e një perëndie të huaj; do të mbushë me të mira ata që do ta njohin, do të bëjë që të sundojnë mbi shumë njerëz dhe do t'u japë toka si shpërblim.

⁴⁰ Në kohën e fundit mbreti i jugut do të ndeshet me të, mbreti i veriut do të dalë kundër tij si një shakullimë, me qerre dhe kalorës dhe me shumë anije; do të depërtojë në vendet, do t'i përmbytë dhe do të kalojë tutje.

⁴¹ Do të hyjë edhe në vendin e lavdishëm dhe shumë njerëz do të vriten; por këta do të shpëtojnë nga duart e tij: Edomi, Moabi dhe pjesa më e madhe e bijve të Amonit.

⁴² Ai do të shtrijë dorën edhe mbi vende të ndryshme dhe as vendi i Egjiptit nuk do të shpëtojë.

⁴³ Do të shtjerë në dorë thesaret prej ari dhe argjendi dhe të gjitha gjërat e çmuara të Egjiptit; Libianët dhe Etiopasit do t'i shkojnë pas.

⁴⁴ Por lajmet e ardhura nga lindja dhe nga veriu do ta turbullojnë; prandaj ai do të niset me zemërim të madh për të shkatërruar dhe vendosur shfarosjen e shumë njerëzve.

⁴⁵ Do t'i ngrerë çadrat e pallatit të tij midis deteve dhe malit të shenjtë të lavdishëm; pastaj do t'i vijë fundi dhe askush nuk do ta ndihmojë".

Kapitull 12

¹ "Në atë kohë do të dalë Mikaeli, princi i madh, mbrojtësi i bijve të popullit tënd; dhe do të jetë një kohë me ankthe, ashtu si nuk ka pasur kurrë që kur se ekzistojnë kombet e deri në atë kohë.

² Shumë nga ata që flenë në pluhurin e tokës do të zgjohen, disa në një jetë të përjetshme, të tjerë në turpin dhe në poshtërsi të përjetshme.

³ Ata që kanë dituri do të shkëlqejnë si shkëlqimi i kupës qiellore dhe ata që do të kenë çuar shumë në drejtësi, do të shkëlqejnë si yjet përjetë.

⁴ Por ti, Daniel, mbaji të fshehura këto fjalë dhe vulose librin deri në kohën e mbarimit; shumë njerëz do ta shfletojnë dhe dituria do të shtohet".

⁵ Pastaj unë, Danieli, shikova, dhe ja, dy të tjerë më këmbë, njeri mbi këtë breg të lumit, dhe tjetri mbi bregun tjetër të lumit.

⁶ Një nga ata i tha burrit të veshur me rroba liri, që qëndronte mbi ujërat e lumit: "Kur do kryhen këto mrekulli?".

⁷ Unë dëgjova atëherë burrin e veshur me rroba liri që qëndronte mbi ujërat e lumit, i cili, ngriti dorën e djathtë dhe dorën e majtë drejt qiellit, u betua për atë që jeton përjtë se kjo do të jetë për një kohë, për disa kohëra dhe për gjysmën e një kohe; kur forca e popullit të shenjtë do të thyhet plotësisht, tërë këto gjëra do të kryhen.

⁸ Unë dëgjova, por nuk kuptova, prandaj pyeta: "Imzot, cili do të jetë fundi i këtyre gjërave?".

⁹ Ai u përgjigj: "Shko, Daniel, sepse këto fjalë janë të fshehura dhe të vulosura deri kohën e mbarimit.

¹⁰ Shumë njerëz do të pastrohen, do të zbardhen dhe do të përsosen; por të pabesët do të veprojnë me pabesi dhe asnjë nga të pabesët nuk do të kuptojë, por do të kuptojnë njerëzit e ditur.

¹¹ Nga koha që do të ndalohet flijimi i përditshëm dhe do të ngrihet neveria që shkakton shkretimin do të kalojnë njëmijë e dyqind e nëntëdhjetë ditë.

¹² Lum ai që pret dhe arrin në njëmijë e treqind e tridhjetë e pesë ditë.

¹³ Por ti shko drejt mbarimit tënd; do të prehesh dhe pastaj do të ngrihesh përsëri për të marrë pjesën tënde të trashëgimisë në mbarim të ditëve".

Hozesë

Kapitull 1

¹ Fjala e Zotit që iu drejtua Oseas, birit të Beerit, në ditët e Uziahut, të Jothamit, të Ashazit dhe të Ezekias, mbretit të Judës, në ditët e Jeroboamit, birit të Joasit, mbret i Izraelit.

² Kur Zoti filloi t'i flasë Oseas, Zoti i tha atij: "Shko, merr për grua një prostitutë dhe ki fëmijë të kurvërisë, sepse vendi po kurvërohet duke u larguar nga Zoti".

³ Kështu ai shkoi dhe mori për grua Gomeren, bijën e Diblaimit, e cila u mbars dhe i lindi një djalë.

⁴ Atëherë Zoti i tha: "Vëri emrin Jezreel, sepse brenda një kohe të shkurtër unë do të marr hak për gjakun e derdhur në Jezreel mbi shtëpinë e Jehut dhe do t'i jap fund mbretërimit të shtëpisë së Izraelit.

⁵ Po atë ditë do të ndodhë që unë do të thyej harkun e Izraelit në luginën e Jezreelit".

⁶ Ajo u mbars përsëri dhe lindi një vajzë. Atëherë Zoti i tha Oseas: "Vëri emrin Lo-ruhamah, sepse nuk do të kem më mëshirë për shtëpinë e Izraelit, por do t'i heq të gjithë.

⁷ Përkundrazi do të kem dhembshuri për shtëpinë e Judës dhe do t'i shpëtoj me anë të Zotit, Perëndisë së tyre; nuk do t'i shpëtoj me harkun as me shpatën apo me betejën, as me kuajt ose me kalorësit".

⁸ Kur zvordhi Lo-ruhamahen, ajo u mbars dhe lindi një djalë.

⁹ Atëherë Zoti i tha Oseas: "Vëri emrin Lo-ami, sepse ju nuk jeni populli im dhe unë nuk jam Perëndia juaj.

¹⁰ Megjithatë numri i bijve të Izraelit do të jetë si rëra e detit, që nuk mund të matet as të llogaritet. Dhe do të ndodhë që në vend që t'u thuhet atyre: "Ju nuk jeni populli im", do t'u thuhet atyre: "Jeni bijtë e Perëndisë së gjallë".

¹¹ Pastaj bijtë e Judës dhe bijtë e Izraelit do të bashkohen tok, do të zgjedhin për veten e tyre një prijës të vetëm dhe do të dalin jashtë vendit të tyre, sepse e madhe do të jetë dita e Jezreelit".

Kapitull 2

¹ "U thoni vëllezërve tuaj: "Ami", dhe motrave tuaja "Ruhamah".

² Protestoni kundër nënës suaj, protestoni, sepse ajo nuk është gruaja ime dhe unë nuk jam burri i saj. Le të heqë nga fytyra e saj shenjat e prostitucioneve të saj dhe shenjat e shkeljeve të kurorës nga sisët e saj;

³ përndryshe do ta zhvesh lakuriq dhe do ta bëj si në ditën e lindjes së saj; do ta katandis në një shkreti, do ta bëj si një tokë të zhuritur dhe do ta bëj të vdesë nga etja.

⁴ Nuk do të kem mëshirë për bijtë e saj, sepse janë bij prostitucioni.

⁵ Nëna e tyre u kurvërua në fakt, ajo që është ngjizur është sjellë në mënyrë të turpshme, sepse ka thënë: "Do t'u shkoj pas dashnorëve të mi, që më japin bukën time dhe ujin tim, leshin tim dhe lirin tim, vajin tim dhe pijen time".

⁶ Prandaj ja, do të të zë rrugën me ferra, do ta mbyll me një mur dhe kështu nuk do të gjejë më shtigjet e saj.

⁷ Do të rendë pas dashnorëve të saj, por nuk do t'i arrijë; do t'i kërkojë, por nuk do t'i gjejë. Atëherë do të thotë: "Do të kthehem te burri im i parë, sepse për mua ishte më mirë atëherë se tani".

⁸ Ajo nuk kuptoi që unë i jepja grurë, musht dhe vaj dhe shtoja argjendin dhe arin e saj, që ata i ofronin Baalit.

⁹ Prandaj unë do të marr përsëri grurin tim në kohën e vet dhe mushtin tim në stinën e vet; do t'i heq leshin tim dhe lirin tim, që shërbenin për të mbuluar lakuriqësinë e saj.

¹⁰ Atëherë do të zbuloj turpet e saj në sytë e dashnorëve të saj dhe askush nuk do ta shpëtojë nga dora ime.

¹¹ Gjithashtu do t'u jap fund gëzimeve të saj, festave të saj, hënave të reja të saj, të shtunave të saj dhe gjithë solemniteteve të saj.

¹² Do të shkatërroj pastaj vreshtat e saj dhe fiqtë e saj për të cilët ajo thoshte: "Këto janë dhuratat që më kanë dhënë dashnorët e mi". Kështu do t'i katandis në një shkurrnajë dhe kafshët e fushave do t'i hanë.

¹³ Do ta dënoj pastaj për ditët e Baalit, kur u digjte atyre temjan, kur zbukurohej me vathë dhe me xhevahire dhe u shkonte pas dashnorëve të saj, por më harronte mua", thotë Zoti.

¹⁴ "Prandaj, ja, unë do ta tërheq pas meje, do ta çoj në shkretëtirë dhe do t'i flas zemrës së saj.

¹⁵ Atëherë do t'i jap vreshtat e saj dhe luginën e Akorit si portë e shpresës; atje ajo do të këndojë si në ditët e rinisë së saj, ashtu si veproi kur dolin nga vendi i Egjiptit.

¹⁶ Atë ditë do të ndodhë, thotë Zoti, që ti do të më quash: "Burri im", dhe nuk do të më quash më: "Baali im".

¹⁷ Do të heq nga goja e saj emrat e Baalëve dhe nuk do t'i kujtojnë më emrat e tyre.

¹⁸ Atë ditë do të bëj për ta një besëlidhje me kafshët e fushave, me shpendët e qiellit dhe me rrëshqanorët e tokës. Do të thyej harkun, shpatën dhe luftën duke i eliminuar nga toka dhe do të bëj të prehen të qetë.

¹⁹ Do të fejohesh me mua përjetë; do të fejohesh me mua në drejtësi, në paanshmëri, në mirësi dhe në dhembshuri.

²⁰ Do të fejohesh me mua në besnikëri, dhe ti do të njohësh Zotin.

²¹ Atë ditë do të ndodhë që unë do të përgjigjem", thotë Zoti. "Do t'i përgjigjem qiellit dhe ky do t'i përgjigjet tokës;

²² dhe toka do të përgjigjet me grurin, mushtin dhe vajin, dhe këta do t'i përgjigjen Jezreelit.

²³ Unë do të mbjell për vete mbi tokë dhe do të më vijë keq për Lo-ruhamahun; dhe do t'i them Lo-amit: "Ti je populli im", dhe ai do më përgjigjet: "Ti je Perëndia im"".

Kapitull 3

¹ Zoti më tha akoma: "Shko dhe dashuro një grua të dashuruar nga një dashnor dhe që është shkelëse e kurorës, ashtu si Zoti i do bijtë e Izraelit, megjithëse ata u drejtohen perëndive të tjera dhe pëlqejnë reçelin e rrushit".

² Kështu unë e bleva për pesëmbëdhjetë sikla argjendi dhe për një homer e gjysmë elbi,

³ dhe i thashë: "Ti do të rrish shumë ditë me mua; nuk do të kurvërohesh dhe nuk do të jesh e asnjeriut; po kështu do të veproj unë me ty".

⁴ Sepse bijtë e Izraelit do të rrinë shumë ditë pa mbret, pa kryetar, pa flijim dhe pa shtyllë të shenjtë, pa efod dhe pa idhuj të shtëpisë.

⁵ Pastaj bijtë e Izraelit do të kthehen dhe do të kërkojnë Zotin, Perëndinë e tyre, dhe Davidin, mbretin e tyre, dhe do të kthehen duke u dridhur tek Zoti dhe te mirësia e tij në mbarim të ditëve.

Kapitull 4

¹ Dëgjoni fjalën e Zotit, o bij të Izraelit, sepse Zoti ka një konflikt me banorët e vendit: "Nuk ka në fakt as sinqeritet, as mëshirë dhe as njohje të Perëndisë në vend.

² Nuk bëhet tjetër përveç shpërbetimeve, gënjeshtrave, vrasjeve, vjedhjeve, shkeljeve të kurorës, shkeljeve të çdo kufizimi dhe derdhet gjak mbi gjak.

³ Për këtë shkak vendi do të jetë në zi dhe tërë banorët e tij do të vuajnë, bashkë me kafshët e fushës dhe me shpendët e qiellit; madje edhe peshqit e detit do të eliminohen.

⁴ Megjithatë askush të mos kundërshtojë, askush të mos qortojë tjetrin, sepse populli yt është si ai që grindet me priftin.

⁵ Prandaj ti do të pengohesh ditën dhe profeti gjithashtu do të pengohet natën bashkë me ty; dhe unë do të shkatërroj nënën tënde.

⁶ Populli im vdes për mungesë njohurish. Duke qenë se ti ke refuzuar njohjen, edhe unë do të të refuzoj si prifti im; duke qenë se ti ke harruar ligjin e Perëndisë tënd, edhe unë do të harroj bijtë e tu.

⁷ Sa më tepër janë shumuar, aq më tepër kanë mëkatuar kundër meje; do ta kthej lavdinë e tyre në turp.

⁸ Ata ushqehen me mëkatin e popullit tim dhe e lidhin zemrën e tyre me paudhësinë e tij.

⁹ Si për popullin ashtu do të jetë edhe për priftin: unë do t'i dënoj ata për sjelljen e tyre dhe do t'i shpërblej për veprat e tyre.

¹⁰ Do të hanë, por nuk do të ngopen; do të kurvërohen, por nuk do të shtohen; sepse kanë hequr dorë nga dëgjimi i Zotit.

¹¹ Prostitucioni, vera dhe mushti të lënë pa mend.

¹² Populli im konsulton idhujt e tij prej druri dhe shkopi i tij i jep udhëzime, sepse fryma e prostitucionit i devijon, dhe ata kurvërohen, duke u shmangur nga Perëndia e tyre.

¹³ Ata bëjnë flijime mbi majat e maleve, djegin temjan ndër kodra, nën lisin, plepin dhe bafrën, sepse hija e tyre është e këndshme. Prandaj bijat tuaja kurvërohen dhe nuset e bijve tuaj shkelin kurorën.

¹⁴ Nuk do t'i dënoj bijat tuaja në se kurvërohen, as nuset e bijve tuaj në se shkelin kurorën, sepse ata vetë veçohen me prostitutat dhe ofrojnë flijime bashkë me prostitutat e tempujve; prandaj njerëzia që nuk ka mend do të vdesë.

¹⁵ Në qoftë se ti, Izrael, kurvërohesh, Juda nuk ka faj. Mos shkoni në Gilgal, mos u ngjitni në Beth-aven dhe mos u betoni duke thënë: "Ashtu si Zoti rron".

¹⁶ Sepse Izraeli është kokëfortë si një mëshqerrë kryeneçe, tani Zoti do ta kullotë si një qengj në një vend të hapur.

¹⁷ Efraimi u bashkua me idhujt, lëre të veprojë.
¹⁸ Edhe kur qejfet e tyre kanë mbaruar, kryejnë vazhdimisht kurvërime; krerët e tyre e duan shumë turpin.
¹⁹ Era i ka lidhur në krahët e vet dhe atyre do t'u vijë turp për flijimet e tyre".

Kapitull 5

¹ "Dëgjoni këtë, o priftërinj, kushtojini kujdes ju të shtëpisë së Izraelit, vini veshin, o shtëpi e mbretit; sepse ky gjykim është kundër jush. Në fakt ju keni qenë një lak në Mitspah dhe një rrjetë e shtrirë mbi Tabor.
² Ata që devijojnë kanë rënë thellë në masakër, por unë do t'i dënoj të gjithë.
³ Unë e njoh Efraimin, dhe për mua Izraeli nuk është aspak i panjohur; tani, o Efraim, ti je kurvëruar; Izraeli është ndotur.
⁴ Veprimet e tyre nuk u lejojnë atyre të kthehen te Perëndia i tyre, sepse fryma e kurvërimit është në mes të tyre dhe nuk njohin Zotin.
⁵ Por kryelartësia e Izraelit dëshmon kundër tij; prandaj Izraeli dhe Efraimi do të bien për shkak të paudhësisë së tyre, dhe bashkë me ta do të bjerë edhe Juda.
⁶ Me kopetë e tyre dhe me tufat e tyre do të shkojnë në kërkim të Zotit, por nuk do ta gjejnë; ai është tërhequr prej tyre.
⁷ Kanë vepruar me mashtrim kundër Zotit, sepse kanë bërë fëmijë me shkelje të kurorës; tani një muaj i vetëm do t'i hajë ata dhe vendin e tyre.
⁸ I bini bririt në Gibeah, i bini borisë në Ramah, jepni alarmin në Beth-aven; armikun e ke prapa krahëve të tua, o Beniamin.
⁹ Efraimi do të shkretohet ditën e ndëshkimit; midis fiseve të Izraelit unë të bëj të ditur një gjë të sigurt.
¹⁰ Krerët e Judës janë si ata që zhvendosin kufijtë; unë do ta derdh zemërimin tim mbi ta si uji.
¹¹ Efraimi është një shtypës dhe një shkelës i drejtësisë, sepse ka ndjekur me vendosmëri urdhrat njerëzore.
¹² Prandaj unë do të jem për Efraimin si një tenjë dhe për shtëpinë e Judës si një karies.
¹³ Kur Efraimi pa sëmundjen e tij dhe Juda plagën e tij, Efraimi shkoi në Asiri dhe i dërgoi lajmëtarë mbretit Jareb; megjithatë ai nuk mund t'ju shërojë as t'ju mjekojë plagën.
¹⁴ Sepse unë do të jem për Efraimin si një luan dhe për shtëpinë e Judës si një luan i vogël; unë, unë vetë do ta shqyej dhe do të largohem; do të marr me vete prenë dhe askush nuk do të ma heqë.
¹⁵ Do të kthehem në vendin tim deri sa të njohin që janë fajtorë dhe do të kërkojnë me siguri fytyrën time; në mjerimin e tyre do të më kërkojnë me zell".

Kapitull 6

¹ Ejani, të kthehemi tek Zoti, sepse ai na ka copëtuar, por do të na shërojë; na ka goditur, por do të na mbështjellë.
² Mbas dy ditësh do të na japë përsëri jetë, ditën e tretë do të na ringjallë dhe ne do të jetojmë në prani të tij.
³ E njohim Zotin, të përpiqemi ta njohim më mirë; ardhja e tij është e sigurt si agimi. Ai do të na vijë si shiu, si shiu i fundit dhe i parë mbi tokë.
⁴ "Çfarë duhet të bëj me ty, o Efraim? Çfarë duhet të bëj me ty, o Judë? Dashuria juaj është si një re e mëngjesit, si vesa që në mëngjes zhduket shpejt.
⁵ Prandaj i kam prerë me anë të profetëve, i kam vrarë me fjalët e gojës sime dhe gjykimet e mia për ju janë si drita që lind.
⁶ Sepse unë dëshiroj mëshirë dhe jo flijimet, dhe njohjen e Perëndisë më shumë se olokaustet.
⁷ Por, si Adami, ata kanë shkelur besëlidhjen, kanë vepruar me mashtrim ndaj meje.
⁸ Galaadi është një qytet keqbërësish dhe i përlyer me gjak.
⁹ Ashtu si bandat e cubave rrinë në pritë për një njeri, kështu një turmë priftërinjsh masakron në rrugën e Sikemit, kryen gjëra të kobshme.
¹⁰ Në shtëpinë e Izraelit pashë diçka të neveritshme: atje kurvërohet Efraimi, atje ndotet Izraeli.
¹¹ Edhe për ty, o Judë, është rezervuar një korrje, kur do ta kthej popullin tim nga robëria".

Kapitull 7

¹ "Kur dëshiroja të shëroja Izraelin, atëherë u zbulua paudhësia e Efraimit dhe ligësia e Samarisë, sepse veprojnë me falsitet: vjedhësi hyn, një bandë vjedhësish bën sulme jashtë.
² Atyre nuk u shkon në mend që unë nuk e harroj gjithë ligësinë e tyre. Tani veprimet e tyre i rrethojnë nga çdo anë; ato qëndrojnë para fytyrës sime.
³ Me ligësitë e tyre gëzojnë mbretin dhe me gënjeshtrat e tyre krerët e tyre.
⁴ Janë të gjithë shkelës të kurorës, si një furrë e ngrohur nga furrtari, që nuk e nxit më zjarrin mbasi ka brumosur miellin deri sa të vijë brumi.
⁵ Në ditën e mbretit tonë, krerët e kanë bërë të sëmuret afshin e verës; mbreti u ka shtrirë dorën tallësve.
⁶ Ndërsa rrinë në pritë, ata e përgatitin zemrën e tyre si një furrë; furrtari i tyre fle tërë natën, dhe në mëngjes furra e tyre të djeg me një zjarr flakërues.
⁷ Të gjithë janë të zjarrtë si një furrë dhe i hanë gjykatësit e tyre; gjithë mbretërit e tyre kanë rënë, por asnjë prej tyre nuk më kërkon.
⁸ Efraimi përzihet me popujt, Efraimi është një kulaç i pakthyer.
⁹ Të huajt gllabërojnë forcën e tij, por ai nuk e vë re; po flokët e kokës kanë ngjyrë të përhime, por ai nuk i vë re.
¹⁰ Kryelartësia e Izraelit dëshmon kundër tij, sepse ata nuk kthehen tek Zoti, Perëndia i tyre, nuk e kërkojnë megjithëatë.
¹¹ Efraimi është një pëllumbeshë budallaçke, pa mend; ata thërresin Egjiptin, shkojnë në Asiri.
¹² Ndërsa shkojnë, do të shtrij mbi ta rrjetën time dhe do t'i bëj që të rrëzohen si zogjtë e qiellit; do t'i ndëshkoj, siç u paralajmërua në asamblenë e tyre.
¹³ Mjerë ata, sepse janë larguar prej meje! Shkatërrim për ta, sepse janë rebeluar kundër meje! Unë do të doja t'i shpengoja, por ata thonë gënjeshtra kundër meje.
¹⁴ Ata nuk më thërresin me zemrën e tyre, por ankohen në shtratin e tyre. Mblidhen bashkë për grurin dhe verën dhe rebelohen kundër meje.
¹⁵ Megjithëse i kam dënuar dhe kam përforcuar krahët e tyre, ata thurin të keqen kundër meje.
¹⁶ Ata kthehen, por jo te Shumë i Larti; janë si një hark që gabon; krerët e tyre do të bien nga shpata për shkak të tërbimit të gjuhës së tyre; kjo do t'i bëjë qesharakë në vendin e Egjiptit".

Kapitull 8

¹ "Bjeri borisë! Armiku do të vërsulet mbi shtëpinë e Zotit si një shqiponjë, sepse kanë shkelur besëlidhjen time dhe kanë marrë nëpër këmbë ligjin tim.
² Izraeli do të më bërtasë: "O Perëndia im, ne të njohim!".
³ Izraeli ka hedhur poshtë të mirën, armiku do ta ndjekë.
⁴ Kanë bërë mbretër disa, por jo sipas dëshirës sime; kanë caktuar krerë, por pa dijeninë time; me argjendin e tyre dhe me arin e tyre kanë bërë idhuj, me qëllim që të shkatërrohen.
⁵ Ai ka hedhur poshtë viçin tënd, o Samari. Zemërimi im u ndez kundër tyre. Deri kur do të jenë të paaftë për pastërti?
⁶ Edhe ky viç vjen nga Izraeli; e ka bërë një artizan dhe nuk është një perëndi; prandaj viçi i Samarisë do të bëhet copë-copë.
⁷ Meqënëse mbjellin erë, do të korrin furtunë. Kërcelli i grurit nuk do të bëjë kalli dhe nuk do të prodhojë grurë; edhe në se do të prodhojë, do ta hanë të huajt.
⁸ Izraelin po e gllabërojnë; ata janë bërë midis kombeve si një vazo e përçmuar.
⁹ Sepse janë ngjitur në Asiri, si një gomar i egër që jeton i vetmuar. Efraimi gjeti dashnorë me anë dhuratash.
¹⁰ Megjithëse ka gjetur dashnorë midis kombeve, tani unë do t'i mbledh dhe do të fillojnë të pakësohen nën barrën e mbretit të princave.
¹¹ Sepse Efraimi ka shumuar altarët për të mëkatuar, ata janë bërë për të altare mëkati.
¹² Kam shkruar për të gjërat e mëdha të ligjit tim, por ato u konsideruan si një gjë e çudishme.
¹³ Sa për flijimet që më ofrojnë, ata bëjnë fli mish dhe e hanë; por Zoti nuk i pëlqen. Tani ai do të kujtojë paudhësinë e tyre dhe do të ndëshkojë mëkatet e tyre: ata do të kthehen në Egjipt.
¹⁴ Izraeli ka harruar atë që e ka bërë dhe ka ndërtuar pallate; Juda ka shumuar qytetet e fortifikuara; por unë do të dërgoj zjarrin mbi qytetet e tij, i cili do t'i gllabërojë kështjellat e tij".

Kapitull 9

¹ Mos u gëzo, o Izrael, për të ngazëlluar si popujt e tjerë, sepse je kurvëruar duke u larguar nga Perëndia yt; ke dashur pagesën e prostitutës në të gjithë lëmenjtë e grurit.

² Lëmi dhe trokulli nuk do t'i ushqejnë dhe mushti do t'i lërë të zhgënjyer.

³ Ata nuk do të banojnë në vendin e Zotit, por Efraimi do të kthehet në Egjipt dhe në Asiri do të hanë ushqime të papastra.

⁴ Nuk do t'i bëjnë më libacione vere Zotit dhe flijimet e tyre nuk do të pëlqehen prej tij. Do të jenë për ta si një ushqim zie; kushdo që do ta hajë do të ndotet, sepse buka e tyre do të vlejë për t'i mbajtur në jetë, nuk do të hyjë në shtëpinë e Zotit.

⁵ Çfarë do të bëni në ditët solemne dhe në ditët e kremtimit të Zotit?

⁶ Sepse ja, ndonëse i kanë shpëtuar shkatërrimit, Egjipti do t'i mbledhë bashkë, Mofi do t'i varrosë; gjërat e tyre të çmuara prej argjendi do t'i pushtojnë hithrat, dhe në çadrat e tyre do të rriten ferrat.

⁷ Kanë ardhur ditët e ndëshkimit, kanë ardhur ditët e shpagimit; Izraeli do ta mësojë. Profeti është një i pamend, njeriu i frymës flet përçart, për shkak të madhësisë së paudhësisë sate dhe të madhësisë së armiqësisë sate.

⁸ Roja e Efraimit është me Perëndinë tim, por profeti yt është një lak i gjuetarit të zogjve në të gjitha rrugët e tij; ka armiqësi në shtëpinë e Perëndisë së tij.

⁹ Ata u korruptuan thellë si në ditët e Gibeahut; por ai do ta mbajë mend paudhësinë e tyre, do të ndëshkojë mëkatet e tyre.

¹⁰ "Unë gjeta Izraelin si rrushi në shkretëtirë, pashë etërit tuaj si fiqtë e parë mbi një fik të ri. Por, mbasi arritën në Baal-peor, u dhanë pas poshtërsisë dhe u bënë të neveritshëm si ajo që ata donin.

¹¹ Lavdia e Efraimit do të fluturojë si zog; nuk do të ketë më lindje, as barrë, as mbarsje.

¹² Edhe sikur të rritin bijtë e tyre, unë do t'i lë pa ata, deri sa të mos mbetet më asnjë njeri; po, mjerë ata kur të largohem prej tyre!

¹³ Efraimi, duke shikuar nga Tiro, është vendosur në një vend të këndshëm; por Efraimi duhet t'ia çojë bijtë e tij atij që do t'i vrasë".

¹⁴ Jepu atyre, o Zot... Çfarë do t'u japësh atyre? Jepu atyre një bark që dështon dhe gji të shterura.

¹⁵ Gjithë ligësia e tyre është në Gilgal; atje fillova t'i urrej. Për shkak të ligësisë së veprimeve të tyre do t'i dëboj nga shtëpia ime, nuk do t'i dua më; tërë krerët e tyre janë rebelë.

¹⁶ Efraimi është goditur, rrënja e tij është tharë; ata nuk do të japin më fryt. Po, edhe sikur të kenë fëmijë, unë do të bëj që frytet e dashur të vdesin që në bark.

¹⁷ Perëndia im do t'i hedhë poshtë, sepse nuk e kanë dëgjuar. Dhe ata do të shkojnë duke u endur midis kombeve.

Kapitull 10

¹ Izraeli ishte një vresht i harlisur, që jepte fryt për veten e tij; sa më tepër rritej fryti i tij, aq më tepër i shumonte altarët e tij; sa më i pasur ishte vendi i tij, aq më të bukura i bënte shtyllat e tij të shenjta.

² Zemra e tyre është gënjeshtare; tani do të marrin ndëshkimin për të. Ai do të rrëzojë altarët e tyre, do të shkatërrojë shtyllat e tyre të shenjta.

³ Po, tani do të thonë: "Nuk kemi më mbret, sepse nuk kemi pasur frikë nga Zoti; por edhe mbreti çfarë do të mund të bënte për ne?".

⁴ Thonë fjalë, betohen me të rreme kur lidhin besëlidhjen; prandaj ndëshkimi lulëzon si kukuta në brazdat e arave.

⁵ Banorët e Samarisë do të drithërohen për viçin e Beth-avenit, sepse populli i tij do të mbajë zi për të dhe priftërinjtë e tij që gëzoheshin me të do të dridhen, mbasi lavdia u largua prej tij.

⁶ Vetë idhullin do ta çojnë në Asiri si një dhuratë për mbretin mbrojtës. Efraimi do të turpërohet dhe Izraeli do të koritet për planet e tij.

⁷ Sa për Samarinë, mbreti i saj do të zhduket si shkuma mbi ujë.

⁸ Edhe vendet e larta të Avenit, mëkati i Izraelit, do të asgjësohen; ferra dhe gjemba do të rriten mbi altarët e tyre. Atëherë do t'u thonë maleve: "Na mbuloni!", dhe kodrave: "Na bini përsipër!".

⁹ "Që nga ditët e Gibeahut ti ke mëkatuar, o Izrael. Atje u ndalën; në Gibeah beteja kundër të bijve të paudhësisë nuk i arriti.

¹⁰ Kur të më pëlqejë, do t'i ndëshkoj; popujt do të mblidhen kundër tyre, kur t'i lidh për dy paudhësitë e tyre.

¹¹ Efraimi është si një mëshqerrë e stërvitur mirë, së cilës i pëlqen të shijë grurin, por unë do të vë zgjedhën mbi qafën e saj të bukur; do ta lidh Efraimin me parmendën, Juda do të lërojë, Jakobi do të thërmojë plisat".

¹² Mbillni për vete sipas drejtësisë, korrni sipas dhemshurisë, lëroni arën tuaj të lënë djerrë, sepse është koha për të kërkuar Zotin, derisa ai të vijë dhe përhapë mbi ju drejtësinë.

¹³ Ju keni lëruar ligësinë, keni korrur paudhësinë, keni ngrënë frytin e gënjeshtrës. Duke qenë se ti u ke besuar rrugëve të tua, në turmën e trimave të tu,

¹⁴ një trazirë do të lindë në mes të popullit tënd dhe të gjitha fortesat e tua do të shkatërrohen ashtu si Shalmani shkatërroi Beth-arbelin, ditën e betejës, kur nëna u bë copë-copë mbi bijtë.

¹⁵ Kështu do të ndodhë me ty, o Bethel, për shkak të ligësisë suaj të pamasë. Në mëngjes mbreti i Izraelit do të shkatërrohet krejt.

Kapitull 11

¹ "Kur Izraeli ishte fëmijë, unë e desha dhe nga Egjipti thirra birin tim.

² Sa më shumë i thërrisnin profetët, aq më tepër janë larguar prej tyre, u kanë bërë flijime Baalëve dhe u kanë djegur temjan figurave të gdhendura.

³ Unë vetë i mësova Efraimit të ecë, duke e mbajtur nga krahët; por ata nuk e kuptuan që unë po i shëroja.

⁴ Unë i tërhiqja me litarë të dashamirësisë njerëzore, me lidhje dashurie; isha për ta si ai që e ngre zgjedhën nga qafa e tyre, dhe përulesha për t'u dhënë të hanë.

⁵ Izraeli nuk do të kthehet në vendin e Egjiptit; por Asiri do të jetë mbreti i tij, sepse nuk kanë pranuar të konvertohen.

⁶ Shpata do të bjerë mbi qytetet e tij, do të shkatërrojë shufrat e tyre dhe do t'i hajë për shkak të planeve të tyre të këqija.

⁷ Populli im synon të largohet nga unë; megjithatë e thërresin Shumë të Lartin, asnjë prej tyre nuk e përlëvdon.

⁸ Si mund të të braktis, o Efraim, ose të të lë në dorë të tjerëve, o Izrael? Si mund të të bëj si Admahu, ose të të katandis si Tseboimi? Zemra ime ngashërohet brenda meje, dhemshuria ime ndizet e tëra.

⁹ Nuk do ta shfryj zemërimin tim të zjarrtë, nuk do të shkatërroj përsëri Efraimin, sepse jam një Perëndi dhe jo një njeri, i Shenjti midis teje dhe nuk do të vij me zemërim.

¹⁰ Ata do të ndjekin Zotin, që do të vrumbullojë si një luan; kur do të vrumbullojë, bijtë e tij do të rendin drejt tij nga perëndimi duke u dridhur.

¹¹ Do të rendin duke u dridhur si zogjtë nga Egjipti dhe si pëllumbesha nga vendi i Asirisë; unë do t'i bëj të banojnë në shtëpitë e tyre", thotë Zoti.

¹² Efraimi më qarkon me gënjeshtra dhe shtëpia e Izraelit me mashtrin. Edhe Juda është akoma i pabindur ndaj Perëndisë dhe të Shenjtit që është besnik.

Kapitull 12

¹ Efraimi ngopet me erë dhe shkon pas erës së jugut; çdo ditë shumon gënjeshtrat dhe dhunën; bën aleancë me Asirinë dhe çon vaj në Egjipt.

² Zoti është gjithashtu në grindje me Judën dhe do ta ndëshkojë Jakobin për sjelljen e tij; do ta shpërblejë sipas veprave të tij.

³ Në gjirin e nënës mori vëllain e vet nga thembra dhe me forcën e tij luftoi me Perëndinë.

⁴ Po, luftoi me Engjëllin dhe fitoi; qau dhe iu lut shumë. E gjeti në Bethel, dhe atje ai foli me ne,

⁵ domethënë Zoti, Perëndia i ushtrive, emri i të cilit është Zoti.

⁶ Prandaj ti kthehu te Perëndia yt, vepro me dhembshuri dhe ndershmëri dhe ki gjithnjë shpresë te Perëndia yt.

⁷ Efraimi është një tregtar që mban në dorë kandarë jo të saktë dhe i pëlqen të mashtrojë.

⁸ Efraimi thotë: "Edhe jam begatuar, kam grumbulluar pasuri; në të gjitha mundimet e mia, nuk do të gjejnë tek unë asnjë paudhësi që të jetë mëkat".

⁹ "Por unë jam Zoti, Perëndia yt, qysh nga vendi i Egjiptit. Do të të bëj që të banosh akoma në çadra si në ditët solemne.

¹⁰ U fola profetëve, kam shtuar vegimet dhe me anë të profetëve kam përdorur krahasime".

¹¹ Në qoftë se Galaadi jepet pas idhujtarisë, me siguri do të katandiset në asgjë. Sepse në Gilgal flijojnë dema, altarët e tyre do të jenë me siguri si grumbuj gurësh gjatë brazdave të arave.

¹² Jakobi iku në fushën e Sirisë dhe Izraeli shërbeu për një grua, për një grua u bë rojtar dhensh.

¹³ Me anë të një profeti, Zoti e nxori Izraelin nga Egjipti, dhe Izraeli u ruajt nga një profet.

¹⁴ Efraimi provokoi hidhët zemërimin e tij, prandaj Zoti i tij do të bëjë që mbi të bjerë gjaku i derdhur dhe do të bëjë që mbi të kthehet turpi i tij.

Hozesë
Kapitull 13

¹ Kur Efraimi fliste me të dridhura, e lartonte vetveten në Izrael, por kur u bë fajtor me Baalin, ai vdiq.

² Tani vazhdojnë të mëkatojnë, dhe me argjendin e tyre kanë bërë një mori figurash të derdhura, idhuj sipas kuptimit të tyre, të gjitha vepra artizanësh. Për ta thuhet: "Njerëzit që ofrojnë flijime le të puthin viçat".

³ Prandaj do të jenë si një re mëngjesore, si vesa që në mëngjes zhduket shpejt, si byku që e merr era nga lëmi, si tymi që del nga oxhaku.

⁴ "Megjithatë unë jam Zoti, Perëndia yt, që nga vendi i Egjiptit; ti nuk duhet të pranosh tjetër Perëndi veç meje dhe nuk ka tjetër Shpëtimtar jashtë meje.

⁵ Unë të njoha në shkretëtirë, në tokën e thatësirës së madhe.

⁶ Kur kishin kullotë, ngopeshin; kur ngopeshin, zemra e tyre krenohej; prandaj më kanë harruar.

⁷ Kështu unë do të jem për ta si një luan, do të rri në pritë mbi rrugë si leopard;

⁸ do t'i sulmoj si një arushë që ia kanë marrë këlyshët dhe t'u çaj kafazin e kraharorit; do t'i ha si një luaneshë, bishat e fushave do t'i shqyejnë.

⁹ Ti je shkatërruar, o Izrael, sepse je kundër meje, kundër ndihmës sate.

¹⁰ Ku është tani mbreti yt, që të mund të të shpëtojë në të gjitha qytetet e tua? Ku janë gjykatësit e tu për të cilët thoshje: "Nëm një mbret dhe disa krerë"?

¹¹ Të kam dhënë një mbret në zemërimin tim dhe ta mora përsëri në tërbimin tim.

¹² Paudhësia e Efraimit është mbyllur në vend të të sigurt, mëkati i tij mbahet i fshehur.

¹³ Dhembje grash që lindin do vinë mbi të. Është një bir pa mend, sepse nuk duhet të qëndrojë gjatë në vendin ku dalin fëmijët.

¹⁴ Unë do t'i shpengoj nga pushteti i Sheolit, do t'i shpëtoj nga vdekja. O vdekje, unë do të jem murtaja jote. O Sheol, unë do të jem shkatërrimi yt. Pendimi është fshehur nga sytë e mi.

¹⁵ Edhe në rast se është frytdhënës midis vëllezërve të tij, do të vijë nga shkretëtira era e lindjes, do të ngrihet nga shkretëtira era e Zotit, atëherë burimi i tij do të thahet, gurra e tij do të shterojë. Ai do të plaçkitë thesarin e çdo ene të çmuar.

¹⁶ Samaria do të shkretohet, sepse ka ngritur krye kundër Perëndisë të saj. Do të bien nga shpata; fëmijët e tyre do të bëhen copë-copë dhe grave të tyre me barrë do t'u çajnë barkun".

Kapitull 14

¹ O Izrael, kthehu tek Zoti, Perëndia yt, sepse ke rënë poshtë për shkak të paudhësisë sate.

² Merrni me vete disa fjalë dhe kthehuni tek Zoti. I thoni: "Largo çfarëdo paudhësi dhe prano atë që është e mirë, dhe ne do të ofrojmë flijimet e buzëve tona.

³ Asiria nuk do të na shpëtojë, nuk do të hipim më mbi kuaj dhe nuk do t'i themi më veprës së duarve tona: "Ti je perëndia ynë", sepse pranë teje jetimi gjen dhemshuri".

⁴ "Unë do të shëroj shthurjen e tyre, do t'i dua shumë, sepse zemërimi im u tërhoq prej tyre.

⁵ Do të jem si vesa për Izraelin; dhe ai do të lulëzojë si zambaku dhe do t'i zgjatë rrënjët e tij në thellësi si kedrat e Libanit.

⁶ Degët e tij do të zgjaten, bukuria e tij do të jetë si ajo e ullirit, aroma e tij do të jetë si ajo e Libanit.

⁷ Ata që jetojnë në hijen e tij do të kthehen dhe do të rigjallërohen si gruri, do të lulëzojnë si hardhia dhe do të jenë të famshëm si vera e Libanit.

⁸ Efraimi do të thotë: "Çfarë më lidh më me idhujt?". Unë do ta kënaq dhe do të kujdesem për të. Unë jam si një selvi përherë e blertë; fryti yt vjen te unë".

⁹ Kush është i urtë, t'u kushtojë kujdes këtyre gjërave. Kush ka mend le t'i kuptoje ato. Sepse rrugët e Zotit janë të drejta; të drejtët do të ecin nëpër to, por shkelësit do të rrëzohen.

Joelit

Kapitull 1

¹ Fjala e Zotit që iu drejtua Joelit, birit të Pethuelit.

² Dëgjoni këtë, o pleq, dëgjoni, ju të gjithë banorë të vendit. A ka ndodhur vallë një gjë e tillë në ditët tuaja apo në ditët e etërve tuaj?

³ Tregouani bijve tuaj, dhe bijtë tuaj bijve të tyre, dhe bijtë e tyre brezit tjetër.

⁴ Atë që la krimbi e hëngri karkaleci, atë që la karkaleci e hëngri larva e karkalecit, atë që la larva e hëngri bulkthi.

⁵ Zgjohuni, o të dehur, dhe qani; vajtoni ju të gjithë, që pini verë, për mushtin që ju hoqen nga goja.

⁶ Sepse një komb i fortë dhe i panumërt ka dalë kundër vendit tim. Dhëmbët e tij janë dhëmbë luani, dhe ka stërdhëmbë luanesche.

⁷ Ka shkatërruar hardhinë time, e ka bërë copë-copë fikun tim, ia ka hequr lëvoren krejt dhe e ka hedhur tutje; degët e tij kanë mbetur të bardha.

⁸ Vajto si një virgjëreshë e veshur me thes për dhëndrrin e rinisë së saj.

⁹ Nga shtëpia e Zotit janë zhdukur ofertat e ushqimit dhe libacionet; priftërinjtë, ministrat e Zotit, pikëllohen.

¹⁰ Fusha është shkretuar, vendi është në zi, sepse gruri u prish, mushti u tha dhe vaji humbi.

¹¹ Pikëllohuni, o bujq, vajtoni, o vreshtarë, për grurin dhe për elbin, sepse të korrat e arave humbën.

¹² Hardhia u tha, fiku u tha, shega, hurma, molla dhe tërë drurët e fushës u thanë; nuk ka gëzim midis bijve të njerëzve.

¹³ Ngjeshuni me thes dhe mbani zi, o priftërinj, vajtoni, ministra të altarit. Ejani, rrini tërë natën të veshur me thasë, o ministra të Perëndisë tim, sepse oferta e ushqimit dhe libacioni u zhduk nga shtëpia e Perëndisë tuaj.

¹⁴ Shpallni agjërim, thërrisni një kuvend solemn. Mblidhni pleqtë dhe tërë banorët e vendit në shtëpinë e Zotit, Perëndisë tuaj, dhe i klithni Zotit.

¹⁵ Mjerë ajo ditë! Sepse dita e Zotit është e afërt; po, do të vijë si një shkatërrim nga i Plotfuqishmi.

¹⁶ A nuk u hoq vallë ushqimi para syve tona, dhe gëzimi dhe hareja nga shtëpia e Perëndisë tonë?

¹⁷ Farërat po thahen nën plisa, depot janë katandisur të shkreta, hambaret e grurit po rrënohen, sepse gruri u tha.

¹⁸ Sa vuajnë kafshët! Kopetë e gjedhëve sillen më kot, sepse nuk ka kullotë për ta; lëngojnë edhe kopetë e deleve.

¹⁹ Te ty, o Zot, unë këlthas, sepse një zjarr ka gllabëruar të gjitha tokat për kullotë dhe një flakë ka djegur të gjithë drurët e fushës.

²⁰ Edhe kafshët e fushave i ngrenë sytë drejt teje, sepse rrjedhjat e ujit janë tharë dhe zjarri ka gllabëruar tokat për kullotë.

Kapitull 2

¹ I bini borisë në Sion dhe jepni kushtrimin në malin tim të shenjtë! Le të dridhen të gjithë banorët e vendit, sepse dita e Zotit po vjen, është e afërt,

² po vjen dita e territ dhe e errësirës së dendur, ditë resh dhe mjegulle. Ashtu si përhapet agimi mbi malet, po vjen një popull i shumtë dhe i fuqishëm, të cilit kurrkush nuk i ka ngjarë më parë dhe as nuk do të ketë më kurrë për shumë breza që do të vijnë.

³ Para tij një zjarr po gllabëron dhe pas tij një flakë po djeg. Përpara tij vendi është si kopshti i Edenit; dhe pas tij është si një shkretëtirë e mjeruar; po, asgjë nuk i shpëton atij.

⁴ Pamja e tyre është si pamja e kuajve, dhe rendin si kuaj të shpejtë.

⁵ Ata hidhen mbi majat e maleve me zhurmë qerresh, si brambullima e flakës së zjarrit që djeg kallamishtet, si një popull i fortë që është rreshtuar për betejë.

⁶ Përpara tyre popujt përpëliten nga dhembja, çdo fytyrë zbehet.

⁷ Rendin si njerëz trima, ngjiten mbi muret si luftëtarë; secili ndjek rrugën e vet pa devijuar prej saj.

⁸ Askush nuk e shtyn fqinjin e tij, secili ndjek shtegun e vet; sulen në mes të shigjetave, por nuk plagosen.

⁹ I bien qytetit kryq e tërthor, rendin mbi muret, ngjiten në shtëpi, hyjnë në to nga dritaret si vjedhës.

¹⁰ Para tyre dridhet toka, dridhen qiejt, dielli dhe hëna erren dhe yjet humbin shkëlqimin e tyre.

¹¹ Zoti bën që t'i dëgjohet zëri para ushtrisë së tij, sepse fusha e tij është shumë madhe dhe zbatuesi i fjalës së tij është i fuqishëm. Po, dita e Zotit është e madhe dhe e fortë e tmerrshme; kush mund ta durojë?

¹² "Prandaj tani", thotë Zoti, "kthehuni tek unë me gjithë zemrën tuaj, me agjërime, me lot dhe me vajtime".

¹³ Grisni zemrën tuaj dhe jo rrobat tuaja dhe kthehuni tek Zoti, Perëndia juaj, sepse ai është i mëshirshëm dhe plot dhemshuri, i ngadalshëm në zemërim dhe me shumë dashamirësi, dhe pendohet për të keqen që ka dërguar.

¹⁴ Kush e di, ndoshta kthehet dhe pendohet, dhe lë pas tij një bekim, një ofertë ushqimesh dhe një libacion për Zotin, Perëndinë tuaj?

¹⁵ I bini borisë në Sion, shpallni një agjërim, thërrisni një kuvend solemn.

¹⁶ Mblidhni popullin, shenjtëroni kuvendin, mblidhni pleqtë, mblidhni fëmijët dhe foshnjat e gjirit. Të dalë dhëndrri nga dhoma e tij dhe nusja nga dhoma e saj e nusërisë.

¹⁷ Midis portikut dhe altarit le të qajnë priftërinjtë, ministrat e Zotit, dhe le të thonë: "Fale, o Zot, popullin tënd dhe mos ia lër trashëgiminë tënde turpit apo nënshtrimit nga ana e kombeve. Sepse do të thonë midis popujve: "Ku është Perëndia i tyre?"".

¹⁸ Atëherë Zoti u bë xheloz për vendin e tij dhe i erdhi keq për popullin e tij.

¹⁹ Zoti do të përgjigjet dhe do t'i thotë popullit të tij: "Ja, unë do t'ju dërgoj grurë, musht dhe vaj, do t'i keni me bollëk dhe nuk do të jeni më turpi i kombeve.

²⁰ Do të largoj nga ju ushtrinë e veriut dhe do ta çoj në një tokë të zhuritur dhe të shkretë; pararojën e saj drejt detit lindor dhe praparojën e saj drejt detit perëndimor; era e keqe e saj do të përhapet, duhma e saj do të përhapet, sepse ka bërë gjëra të mëdha.

²¹ Mos kij frikë, o tokë, gëzohu, ngazëllohu, sepse Zoti ka bërë gjëra të mëdha.

²² Mos kini frikë, o kafshë të fushave, sepse tokat për kullotë do të gjelbërojnë, drurët mbajnë frytin e tyre, fiku dhe hardhia japin tërë bollëkun e tyre.

²³ Prandaj gëzohuni, o bij të Sionit, dhe kënaquni, ngazëllohuni tek Zoti, Perëndia juaj, sepse ju ka dhënë shiun e parë me drejtësi, dhe do të bëjë të bjerë për ju shiun, shiun e parë dhe shiun e fundit në muajin e parë.

²⁴ Lëmenjtë do të jenë plot me grurë dhe në butet do të grafullojë mushti dhe vaji;

²⁵ kështu do t'ju kompensoj për të korrat që kanë ngrënë karkaleci, larva e karkalecit, bulkthi dhe krimbi, ushtria ime e madhe që kisha dërguar kundër jush.

²⁶ Dhe ju do të hani me bollëk dhe do të ngopeni, dhe do të lëvdoni emrin e Zotit, Perëndisë tuaj, që për ju ka bërë mrekulli, popullin tim nuk do ta mbulojë më turpi.

²⁷ Atëherë ju do të pranoni që unë jam në mes të Izraelit dhe që jam Zoti, Perëndia juaj, dhe nuk ka asnjë tjetër; popullin tim nuk do ta mbulojë më turpi".

²⁸ "Mbas kësaj do të ndodhë që unë do të përhap Frymën tim mbi çdo mish; bijtë tuaj dhe bijat tuaja do të profetizojnë, pleqtë tuaj do të shohin ëndrra, të rinjtë tuaj do të kenë vegime.

²⁹ Në ato ditë do të përhap Frymën time edhe mbi shërbëtorët dhe shërbëtoret.

³⁰ Do të bëj mrekulli në qiejt dhe mbi tokë: gjak, zjarr dhe shtëllunga tymi.

³¹ Dielli do të shndërrohet në terr dhe hëna në gjak, para se të vijë dita e madhe dhe e tmerrshme e Zotit.

³² Dhe do të ndodhë që kushdo që do t'i drejtohet emrit të Zotit do të shpëtojë, sepse në malin Sion dhe në Jeruzalem do të ketë shpëtim, siç e ka thënë Zoti, edhe për ata që kanë mbetur gjallë dhe që Zoti do t'i thërrasë".

Kapitull 3

¹ "Sepse ja, në ato ditë dhe në atë kohë, kur do të bëj që të kthehen nga robëria ata të Judës dhe të Jeruzalemit,

² do të mbledh tërë kombet dhe do t'i bëj të zbresin në luginën e Jozafatit, dhe atje do të zbatoj gjykimin tim mbi ta, për Izraelin, popullin tim dhe trashëgiminë time, që e kanë shpërndarë midis kombeve, duke e ndarë kështu vendin tim.

³ Kanë hedhur shortin mbi popullin tim, kanë dhënë një djalë në këmbim të një prostitute dhe kanë shitur një vajzë në këmbim të verës, që të mund të pinin.

⁴ Përveç kësaj çfarë jeni ju për mua, Tiro dhe Sidoni, dhe ju, gjithë krahinat e Filistisë? Mos doni vallë të hakmerreni me mua për ndonjë gjë që kam bërë? Por në rast se hakmerreni, do të bëj që të bjerë shpejt dhe pa ngurrim mbi kokën tuaj ligësia që keni bërë.

⁵ Sepse ju keni marrë argjendin dhe arin tim dhe keni çuar në

Joelit

tempujt tuaj pjesën më të mirë të sendeve të mia të çmuara,

⁶ dhe ua keni shitur bijtë e Judës dhe të Jeruzalemit bijve të Javanitëve, për t'i larguar nga vendi i tyre.

⁷ Ja, unë do t'i bëj të zgjohen nga vendi ku i keni shitur dhe do të bëj që të bjerë mbi kokën tuaj ajo që keni bërë.

⁸ Do t'i shes bijtë tuaj dhe bijat tuaja në duart e bijve të Judës, që do t'ua shesin Sabejve, një komb i largët, sepse Zoti ka folur".

⁹ Shpallni këtë midis kombeve: "Pregatitni luftën, zgjoni njerëzit trima, le të afrohen, le të dalin gjithë luftëtarët!

¹⁰ Farkëtoni shpata me ploret tuaj dhe ushta me draperinjtë tuaj. I dobëti le të thotë: "Jam i Fortë!"".

¹¹ Nxitoni dhe ejani, kombe rreth e rrotull, dhe mblidhuni! O Zot, bëj që të zbrësin atje njerëzit e tu trima!

¹² "Le të ngrihen dhe të dalin kombet në luginën e Jozafatit, sepse atje unë do të ulem për të gjykuar të gjitha kombet që janë përreth.

¹³ Merrni në dorë draprinjtë, sepse të korrat janë gati. Ejani, zbrisni, sepse trokulli është plot, butet grafullojnë, sepse e madhe është ligësia e tyre".

¹⁴ Turma pas turmash në Luginën e vendimit. Sepse dita e Zotit është e afërt, në Luginën e vendimit".

¹⁵ Dielli dhe hëna po erren dhe yjet po humbin shkëlqimin e tyre.

¹⁶ Zoti do të vrumbullojë nga Sioni dhe do të bëjë që t'i dëgjohet zëri nga Jeruzalemi, aq sa qiejt dhe toka do të dridhen. Por Zoti do të jetë një strehë për popullin e tij dhe një fortesë për bijtë e Izraelit.

¹⁷ "Atëherë ju do të pranoni që unë jam Zoti, Perëndia juaj, që banon në Sion, mali im i shenjtë. Kështu Jeruzalemi do të jetë i shenjtë dhe të huajt nuk do të kalojnë më andej".

¹⁸ Atë ditë do të ndodhë që malet të pikojnë musht, qumështi do të rrjedhë nga kodrat dhe uji do të rrjedhë në të gjitha rrëketë e Judës. Nga shtëpia e Zotit do të dalë një burim, që do të ujitë luginën e Sitimit.

¹⁹ "Egjipti do të bëhet shkreti dhe Edomi një shkretëtirë e mjeruar për shkak të dhunës kundër bijve të Judës, sepse kanë derdhur gjak të pafajshëm në vendin e tyre.

²⁰ Por Juda do të mbetet përjetë, edhe Jeruzalemi brez pas brezi.

²¹ Do t'i pastroj nga gjaku i tyre i derdhur, nga i cili nuk i kisha pastruar, dhe Zoti do të banojë në Sion".

Amosit

Kapitull 1

¹ Fjalë të Amosit, një nga barinjtë e Tekoas, që pati vegime për Izraelin, në kohën e Uziahut, mbretit të Judës, dhe në kohën e Jeroboamit, birit të Joasit, mbret i Izraelit, dy vjet para tërmetit.

² Ai tha: "Zoti bërtet nga Sioni dhe bën që të dëgjohet zëri i tij në Jeruzalem; kullotat e barinjve janë të shkreta dhe maja e Karmelit u tha".

³ Kështu flet Zoti: "Për tre krime të Damaskut, madje për katër, unë nuk do ta revokoj ndëshkimin e tij, sepse e kanë shirë Galaadin me shirëse prej hekuri.

⁴ Prandaj do të dërgoj zjarr në shtëpinë e Hazaelit, që do të gllabërojë pallatet e Ben-hadadit.

⁵ Do të copëtoj edhe shufrat e Damaskut, do të shfaros banorin e Bikath-avenit dhe atë që mban skeptrin e Beth-edenit, dhe populli i Sirisë do të shkojë në robëri në Kir", thotë Zoti.

⁶ Kështu thotë Zoti: "Për tre krime të Gazës, madje për katër, unë nuk do ta revokoj ndëshkimin e saj, sepse kanë shpërngulur një popullatë të tërë për t'ia dorëzuar Edomit.

⁷ Prandaj do të dërgoj zjarr brenda mureve të Gazës, që do të gllabërojë pallatet e saj.

⁸ Do të shfaros banorin prej Ashdodit dhe atë që mban skeptrin prej Ashkelonit; do ta kthej dorën time kundër Ekronit, dhe kusuri i Filistejve do të vdesë", thotë Zoti, Zoti.

⁹ Kështu thotë Zoti: "Për tre krime të Tiros, madje për katër, unë nuk do ta revokoj ndëshkimin e tij, sepse i kanë dorëzuar si robër Edomit një popullatë të tërë, pa kujtuar besëlidhjen vëllazërore.

¹⁰ Prandaj do të dërgoj zjarr brenda mureve të Tiros, që do të gllabërojë pallatet e tij".

¹¹ Kështu thotë Zoti: "Për tre krime të Edomit, madje për katër, unë nuk do ta revokoj ndëshkimin e tij, sepse ka ndjekur me shpatë vëllanë e tij, duke mbytur çdo mëshirë; zemërimi i tij vepron vazhdimisht dhe indinjata e tij përjetë.

¹² Prandaj do të dërgoj zjarr kundër Temanit, që do të gllabërojë pallatet e Botsrahut".

¹³ Kështu thotë Zoti: "Për tre krime të bijve te Amonit, madje për katër, unë nuk do ta revokoj ndëshkimin e tij, sepse u kanë çarë barkun grave me barrë të Galaadit për të zgjeruar kufijtë e tyre.

¹⁴ Prandaj do të ndez një zjarr brenda mureve të Rabahut, që do të gllabërojë pallatet e tij midis zhurmës së një dite beteje, midis shakullinës së një dite stuhie.

¹⁵ Mbreti i tyre do të shkojë në robëri, ai bashkë me krerët e tij", thotë Zoti.

Kapitull 2

¹ Kështu thotë Zoti: "Për tre krime të Moabit, madje për katër, unë nuk do ta revokoj ndëshkimin e tij, sepse ka djegur kockat e mbretit të Edomit, duke i katandisur në gëlqere.

² Prandaj do të dërgoj zjarr në Moab, që do të gllabërojë pallatet e Keriothit, dhe Moabi do të vdesë në mes të rrëmujës, të britmës së luftës dhe të tingullit të borive.

³ Do të shfaros nga mesi i tij gjykatësin dhe do të vras tërë krerët e tij bashkë me të", thotë Zoti.

⁴ Kështu thotë Zoti: "Për tre krime të Judës, madje për katër, unë nuk do ta revokoj ndëshkimin e tij, sepse kanë përçmuar ligjin e Zotit dhe nuk kanë respektuar statutet e tij. Kështu idhujt, pas të cilëve shkuan etërit e tyre, i kanë bërë të devijojnë.

⁵ Prandaj do të dërgoj zjarr në Judë, që do të gllabërojë pallatet e Jeruzalemit".

⁶ Kështu thotë Zoti: "Për tre krime të Izraelit, madje për katër, unë nuk do ta revokoj ndëshkimin e tij, sepse e shesin me pare të drejtin dhe të varfrin për një palë sandale,

⁷ ata që dëshirojnë fort të shohin pluhurin e tokës mbi kryet e të varfërve dhe shkelin të drejtën e të përulurve. Një njeri dhe ati i tij shkojnë bashkë te po ajo vajzë, për të përdhosur emrin tim të shenjtë.

⁸ Shtrihen rreth çdo altari me rroba që kanë marrë hua dhe në shtëpinë e perëndive të tyre pinë verën e atyre që janë dënuar me gjobë.

⁹ Unë, pra, e shkatërrova para tyre Amoreon, që ishte i gjatë sa është i gjatë kedri dhe ishte fortë si lisi; unë shkatërrova frytin e tij lart dhe rrënjët e tij poshtë.

¹⁰ Unë ju nxora gjithashtu nga vendi i Egjiptit dhe ju çova për dyzet vjet në shkretëtirë, për t'ju dhënë në trashëgimi vendin e Amoreut.

¹¹ Nxora disa profetë midis bijve tuaj dhe Nazirej midis të rinjve tuaj. Vallë, nuk është kështu, o bij të Izraelit?", thotë Zoti.

¹² "Por ju keni detyruar Nazirejtë të pinë verë dhe i keni urdhëruar profetët duke thënë: "Mos profetizoni".

¹³ Unë jam i shtypur poshtë jush, ashtu siç është e shtypur qerrja e mbushur me duaj.

¹⁴ Prandaj i shpejti nuk do të ketë mundësi të ikë, i forti nuk do të konsolidojë forcën e tij dhe njeriu trim nuk do ta shpëtojë jetën e tij.

¹⁵ Kush përdor harkun nuk do të mund të rezistojë, kush ka këmbë të shpejta nuk do t'ia dalë të ikë, as ka për të shpëtuar jetën e vet kalorësi mbi kalë.

¹⁶ Atë ditë më trimi ndër trimat do të ikë lakuriq", thotë Zoti.

Kapitull 3

¹ Dëgjoni këtë fjalë që Zoti ka shqiptuar kundër jush, o bij të Izraelit, kundër tërë familjes që nxora nga vendi i Egjiptit:

² "Vetëm ju kam njohur midis tërë familjeve të dheut; prandaj unë do t'ju ndëshkoj për të gjitha paudhësitë tuaja".

³ A mund të ecin bashkë dy veta, në rast se nuk janë marrë vesh më parë?

⁴ A vrumbullon luani në pyll në rast se nuk ka një gjah përpara? A do ta ngrerë zërin luani i vogël nga strofka e tij në rast se nuk ka kapur diçka?

⁵ A bie vallë zogu në një kurth në tokë, po të mos i jetë vënë një lak? A shkrehet kurthi nga toka, në rast se nuk ka zënë diçka?

⁶ Në rast se në qytet i bien borisë, a nuk do të trembet vallë populli? Në rast se në një qytet ndodh një fatkeqësi, a nuk e ka shkaktuar vallë Zoti?

⁷ Sepse Zoti, Zoti, nuk bën asgjë, pa ua treguar sekretin e tij shërbëtorëve të tij, profetëve.

⁸ Luani vrumbulloi, kush nuk do të ketë frikë? Zoti, Zoti, foli, kush nuk do të profetizojë?

⁹ "Bëjeni të dëgjohet në pallatet e Ashdodit dhe në pallatet e vendit të Egjiptit dhe thoni: Mblidhuni në malet e Samarisë dhe shikoni sa parregullsi ka në mes të saj dhe shtypje brenda saj.

¹⁰ Ata nuk dinë të bëjnë atë që është e drejtë, thotë Zoti, në pallatet e tyre grumbullojnë dhunë dhe grabitje".

¹¹ Prandaj, kështu thotë Zoti, Zoti: "Armiku do të rrethojë nga çdo anë vendin, do të shembë fuqinë tënde dhe pallatet e tua do të plaçkiten".

¹² Kështu thotë Zoti: "Ashtu si një bari shkëput nga goja e luanit dy këmbë ose një copë veshi, kështu do të shkëputen bijtë e Izraelit që në Samari rrinë në cepin e një shtrati ose mbi damaskun e një divani.

¹³ Dëgjoni dhe dëshmojeni në shtëpinë e Jakobit", thotë Zoti, Zoti, Perëndia i ushtrive,

¹⁴ "ditën në të cilën unë do të ndëshkoj Izraelin për shkeljet e tij, do të ndëshkoj edhe altarët e Bethelit; brirët e altarit do të copëtohen dhe do të bien për tokë.

¹⁵ Do të godas shtëpitë e dimrit bashkë me shtëpitë e verës; shtëpitë prej fildishi do të shkatërrohen dhe shtëpitë e mëdha do të zhduken", thotë Zoti.

Kapitull 4

¹ Dëgjoni këtë fjalë, lopë të Bashanit, që ndodheni mbi malin e Samarisë, ju, që shypni të mjerët, që keqtrajtoni të varfrit, që u thoni zotërinjve tuaj: "Sillni verë dhe ta pimë".

² Zoti, Zoti, është betuar për shenjtërinë e tij: "Ja, do të vinë për ju ditë në të cilat do t'ju zënë me çengela dhe ata që kanë mbetur me grepa peshkimi.

³ Do të dilni nëpër të çara, secili drejt përpara, dhe do t'ju hedhin në Harmon", thotë Zoti.

⁴ "Shkoni në Bethel dhe kryeni mëkate; në Gilgal kryeni edhe më shumë mëkate. Sillni çdo mëngjes flijimet tuaja dhe çdo tri ditë të dhjetat tuaja.

⁵ Ofroni një flijim falënderimi me maja. Shpallni ofertat me dëshirë dhe i propagandoni, sepse kështu ju pëlqen të veproni, o bij të Izraelit", thotë Zoti, Zoti.

⁶ "Ju kam lënë gojë thatë në të gjitha qytetet tuaja dhe pa bukë në të gjitha banesat tuaja, por nuk jeni kthyer tek unë", thotë Zoti.

⁷ "Kam ndalur shiun gjithashtu prej jush tre muaj para korrjes. Kam bërë të bjerë shi mbi një qytet, ndërsa nuk ka rënë shi mbi një qytet tjetër. Mbi një pjesë të arës ka rënë shi, por pjesa ku nuk ka rënë shi është tharë.

⁸ Kështu dy ose tre qytete endeshin drejt një qyteti tjetër për të pirë ujë, por pa shuar dot etjen; por ju nuk u kthyet tek unë", thotë Zoti.

⁹ "Ju godita me blozën dhe me ndryshkun. Krimbi ka ngrënë kopshtet tuaja të shumta, vreshtat tuaja, fiqtë tuaj, ullinjtë tuaj, por ju

nuk u kthyet tek unë", thotë Zoti.

¹⁰ "Dërgova midis jush murtajën, ashtu si kisha bërë në Egjipt; vrava të rinjtë tuaj me shpatë bashkë me kuajt e zënë; bëra që duhma e kampeve tuaj të ngjitet deri te flegrat tuaja, por ju nuk u kthyet tek unë", thotë Zoti.

¹¹ "Ju përlava, si Sodoma dhe Gomora, ju ishit si një urë zjarri, dhe nuk u kthyet tek unë", thotë Zoti.

¹² "Prandaj kështu do të sillem me ty, o Izrael; dhe duke qenë se unë do të bëj këtë kundër teje, përgatitu, o Izrael, të takosh Perëndinë tënd".

¹³ Sepse ja, ai që formon malet dhe krijon erën, që i bën të njohur njeriut cili është mendimi i tij, që e kthen agimin në terr dhe ecën mbi vendet e larta të tokës: Zoti, Perëndia i ushtrive, është emri i tij.

Kapitull 5

¹ Dëgjoni këtë fjalë, këtë vajtim që unë ngre mbi ju, o shtëpi e Izraelit.

² Virgjëresha e Izraelit ra dhe nuk do të ngrihet më; ajo rri shtrirë në tokën e vet dhe askush nuk e ngre.

³ Sepse kështu thotë Zoti, Zoti: "Qyteti që dilte me njëmijë njerëz do të mbetet me njëqind, ndërsa ai që dilte me njëqind do të mbetet me dhjetë për shtëpinë e Izraelit".

⁴ Sepse kështu thotë Zoti shtëpisë së Izraelit: "Më kërkoni dhe do të rroni,

⁵ por mos kërkoni Bethelin, mos shkoni në Gilgal, mos vazhdoni deri në Beer-Sheba, sepse Gilgali do të shkojë me siguri në robëri dhe Betheli do të katandiset në asgjë.

⁶ Kërkoni Zotin dhe do të rroni, që të mos shpërthejë si zjarr në shtëpinë e Jozefit dhe ta gllabërojë pa qenë në gjendje ta shuajë askush në Bethel.

⁷ Ai braktis ata e që e ndërrojnë ndershmërinë dhe drejtësinë në helm mbi tokë".

⁸ Ai ka bërë Plejadat dhe Orionin, e kthen hijen e vdekjes në agim dhe e bën ditën të errët si nata; thërret ujërat e detit dhe i derdh mbi faqen e dheut: emri i tij është Zoti.

⁹ Ata sjellin papritmas shkatërrimin mbi të fuqishmit, dhe kështu rrënimi u sulet fortesave.

¹⁰ Ata e urrejnë atë që i qorton te porta dhe kanë neveri për ata që flasin me ndershmëri.

¹¹ Pastaj, duke qenë se keni shtypur të varfrin dhe kërkoni prej tij taksa në grurë, megjithëse keni ndërtuar shtëpi prej guri të palatuar, nuk do të banoni në to; keni mbjellë vreshta të mrekullueshme, por nuk do ta pini verën e tyre.

¹² Unë, pra, njoh sa të shumta janë shkeljet tuaja dhe sa të rënda janë mëkatet tuaja; ju shtypni të drejtin, pranoni dhurata dhe u bëni padrejtësi të varfërve në gjyq.

¹³ Prandaj njeriu i matur në këtë kohë do të heshtë, sepse koha është e keqe.

¹⁴ Kërkoni të mirën dhe jo të keqen, që të rroni, dhe kështu Zoti, Perëndia i ushtrive, do të jetë me ju, ashtu si thoni ju.

¹⁵ Urreni të keqen, dashuroni të mirën dhe vendosni mirë drejtësinë në gjyq. Ndofta Zoti, Perëndia i ushtrive, do të tregojë dhemshurinë për ata që kanë mbetur nga Jozefi.

¹⁶ Prandaj kështu thotë Zoti, Perëndia i ushtrive, Zoti: "Në të gjitha sheshet do të ketë vajtime dhe në të gjitha rrugët do të thonë: "Vaj medet, vaj medet!". Atëherë do të thërrasin bujkun të mbajë

¹⁷ Në gjitha vreshtat do të ketë vajtim, sepse unë do të kaloj në mes teje", thotë Zoti.

¹⁸ Mjerë ju që dëshironi ditën e Zotit! Çfarë do të jetë vallë për ju dita e Zotit? Do të jetë një ditë terri dhe jo drite.

¹⁹ Do të jetë ashtu si dikush që fugon para një luani dhe ndesh një ujk; ose hyn në shtëpi, e mbështet dorën mbi mur dhe një gjarpër e kafshon.

²⁰ Dita e Zotit a nuk është vallë terr dhe jo dritë, errësirë e madhe dhe pa asnjë shkëlqim?

²¹ Unë i urrej, i përçmoj festat tuaja, nuk ndiej asnjë gëzim në mbledhjet tuaja solemne.

²² Edhe sikur të më ofroni olokaustet tuaja dhe blatimet tuaja ushqimore, unë nuk do t'i pëlqej as do të shikoj me favor flijimet e falendërimit të kafshëve të majme.

²³ Largo nga unë zhurmën e këngëve të tua, sepse nuk dua të dëgjoj muzikën e harpave të tua.

²⁴ Por le të rrjedhë e drejta si uji dhe drejtësia si një burim i përhershëm uji.

²⁵ O shtëpi e Izraelit, më keni ofruar vallë flijime dhe blatime ushqimore në shkretëtirë për dyzet vjet me radhë?

²⁶ Ju keni mbartur gjithashtu Sikuthin, mbretin tuaj, dhe Kiunin,

figurat tuaja, yllin e perëndive tuaja, që i keni bërë vetë.

²⁷ Prandaj unë do të bëj që të shkoni në robëri matanë Damaskut", thotë Zoti, emri i të cilit është Perëndia i ushtrive.

Kapitull 6

¹ Mjerë ata që jetojnë në bollëk në Sion dhe që e ndjejnë veten të sigurt në malin e Samarias, njerëz të parisë të ballit të kombeve, ku po shkon shtëpia e Izraelit.

² Kaloni në Kalneh dhe shikoni, që andej shkoni në Hamathin e madh, pastaj zbrisni në Gathin e Filistejve. A janë vallë ato më të mira nga këto mbretëri ose territori i tyre është më i madh nga ai juaji?

³ Ju doni të largoni ditën e keqe, por e afroni selinë e dhunës.

⁴ Mjerë ata që rrinë shtrirë mbi shtretër prej fildishi, që shtrihen mbi divanet e tyre dhe hanë qengjat e kopesë dhe viçat që merren nga stalla.

⁵ Këndojnë me tingullin e harpës dhe ashtu si Davidi shpikin për vete vegla muzikore;

⁶ pinë verë në kupa të gjëra dhe lyhen me vajrat më të mira, por nuk trishtohen për shkatërrimin e Jozefit.

⁷ Prandaj do të shkojnë në robëri në krye të të internuarve dhe ata që shtrihen mbi divanet në banketet do të hiqen.

⁸ Zoti, Zoti, është betuar për veten e tij, thotë Zoti, Perëndia i ushtrive: "Unë nuk e shoh dot me sy madhështinë e Jakobit dhe i urrej pallatet e tij; prandaj do t'ia jap armikut në dorë qytetin me tërë ato që përmban".

⁹ Dhe do të ndodhë që, po të lënë dhjetë burra në një shtëpi, do të vdesin edhe ata.

¹⁰ Kur një i afërt do të vijë me atë që djeg kufomat për t'i marrë trupat dhe për t'i nxjerrë jashtë shtëpisë, do t'i thotë atij që ndodhet brenda në shtëpi: "A ka të tjerë me ty?". Tjetri do të përgjigjet: "Jo". Dhe i pari do të thotë: "Hesht, sepse nuk duhet të përmendet emri i Zotit".

¹¹ Sepse ja, Zoti urdhëron dhe katandis shtëpinë e madhe në bajgë dhe të voglën në copëza.

¹² Vallë, a rendin kuajt mbi shkëmbinjtë ose a lërohen ata me qe? Por ju e ktheni të drejtën në helm dhe frytin e drejtësisë në hidhërim,

¹³ ju, që gëzoheni për Lo-debarin, ju që thoni: "A nuk e kemi marrë për vete Karnaimin me forcën tonë?".

¹⁴ "Sepse ja, o shtëpia e Izraelit", thotë Zoti, Perëndia i ushtrive, "unë do të ngre kundër jush një komb, që do t'ju shtypë nga hyrja e Hamathit deri të përroi i Arabahut".

Kapitull 7

¹ Ja ç'më bëri të shoh Zoti, Zoti: ai formonte karkaleca kur fillonte të rritej bari i dytë; dhe ja, bari i dytë vinte mbas korrjes së mbretit.

² Kur ato mbaruan së ngrëni barin e tokës, unë thashë: "Zot, Zot, oh, na fal, pra. Si mund të rezistojë Jakobi, duke qenë se është i vogël?".

³ Zoti u pendua për këtë: "Kjo nuk ka për të ndodhur", tha Zoti.

⁴ Ja ç'më bëri të shoh Zoti, Zoti: Zoti, Zoti shpalli se do mbronte çështjen e tij me zjarr; dhe zjarri gllabëroi humnerën e madhe dhe gllabëroi një pjesë të vendit.

⁵ Atëherë unë i thashë: "Zoti, Zoti, oh, jepi fund, pra. Si mund të rezistojë Jakobi, duke qenë se është i vogël?".

⁶ Zoti u pendua për këtë: "As kjo nuk ka për të ndodhur", tha Zoti, Zoti.

⁷ Ja ç'më bëri të shoh: Zoti rrinte drejt mbi një mur të ndërtuar me plumbçe dhe me një plumbçe në dorë.

⁸ Zoti më tha: "Amos, çfarë shikon?". Unë iu përgjigja: "Një plumbçe". Atëherë Zoti tha: "Ja, unë po vendos një plumbçe në mes të popullit tim të Izraelit; nuk do ta fal më gjatë.

⁹ Vendet e larta të Isakut do të prishen dhe shenjtëroret e Izraelit do të shkatërrohen; unë do të ngrihem me shpatë kundër shtëpisë së Jeroboamit".

¹⁰ Atëherë Amatsiahu, prifti i Bethelit, i çoi fjalë Jeroboamit, mbretit të Izraelit: "Amosi komploton kundër teje në mes të shtëpisë së Izraelit; vendi nuk është në gjendje të durojë tërë fjalët e tij.

¹¹ Në fakt Amosi ka thënë kështu: "Jeroboami do të vdesë nga shpata dhe Izraeli do të internohet me siguri larg vendit të tij"".

¹² Amatsiahu i tha Amosit: "Shikues, shko, ik në vendin e Judës; atje ke për të ngrënë bukë dhe atje do të profetizosh;

¹³ por mos profetizo më në Bethel, sepse është shenjtërorja e mbretit dhe selia mbretërore".

¹⁴ Atëherë Amosi u përgjigj dhe i tha Amatsiahut: "Unë nuk isha profet as bir profeti, por isha bari dhe rrisja fiq egjipti.

¹⁵ Zoti më mori pas kopesë dhe Zoti më tha: "Shko, profetizoi popullit tim të Izraelit".

¹⁶ Prandaj tani dëgjo fjalën e Zotit: Ti po thua: "Mos profetizo

kundër Izraelit dhe mos fol më kundër shtëpisë së Isakut".

¹⁷ Prandaj kështu flet Zoti: "Gruaja jote do të kurvërohet në qytet, bijtë dhe bijat e tu do të vriten nga shpata dhe vendi yt do të ndahet me litar; ti do të vdesësh në tokë të papastër dhe Izraeli patjetër do të internohet larg vendit të tij"".

Kapitull 8

¹ Ja ç'më bëri të shoh Zoti, Zoti: ishte një shportë me fruta vere.

² Ai më tha: "Amos, çfarë po shikon?". Unë u përgjigja: "Një shportë me fruta vere". Zoti më tha: "Erdhi fundi për popullin tim të Izraelit; nuk do ta fal më gjatë.

³ Atë ditë këngët e tempullit do të bëhen vajtime", thotë Zoti, Zoti. "Do të ketë kudo shumë kufoma; do t'i hedhin jashtë në heshtje".

⁴ Dëgjoni këtë, o ju që gllabëroni nevojtarin dhe shfarosni të varfërit e vendit,

⁵ dhe thoni: "Kur do të kalojë hëna e re që të mund të shesim grurin, dhe e shtuna që të fillojmë shitjen e grurit, duke e zvogëluar efan dhe duke rritur siklin, duke falsifikuar peshoret për të mashtruar,

⁶ duke i blerë të varfrit me para, nevojtarin për një palë sandale dhe duke shitur edhe skarcitetet e grurit?".

⁷ Zoti është betuar për krenarinë e Jakobit: "Nuk do të harroj asnjë nga veprat e tyre.

⁸ A nuk do të dridhet vallë vendi për këtë dhe nuk do të jenë në zi tërë banorët e tij? Do të ngrihet i tëri si Nili, do të trazohet dhe do të ulet si lumi i Egjiptit.

⁹ Atë ditë do të ndodhë", thotë Zoti, Zoti, "që unë do ta bëj diellin të perëndojë në mesditë dhe do të errësoj tokën ditën.

¹⁰ Do t'i shndërroj festat tuaja në zi dhe të gjitha këngët tuaja në vajtime; do të bëj që secili të vishet me thes dhe do ta bëj të shoget çdo kokë. Do ta bëj si një zi për një bir të vetëm dhe fundi i tij do të jetë një ditë trishtimi.

¹¹ Ja, do të vijnë ditët", thotë Zoti, Zoti, "gjatë të cilave unë do të dërgoj urinë në vend, jo uri për bukë dhe etje për ujë, por më tepër për të dëgjuar fjalët e Zotit.

¹² Ata do të shkojnë duke u endur nga një det në tjetrin, nga veriu në lindje, do të rendin sa andej dhe këtej në kërkim të fjalës të Zotit, por nuk do ta gjejnë.

¹³ Atë ditë vajzat e bukura dhe djemtë e zgjedhur do të ligështohen nga etja.

¹⁴ Ata që betohen për mëkatin e Samarisë dhe thonë: "Ashtu si Perëndia yt rron, o Dan", dhe: "Si rron Beer-Sheba", do të rrëzohen dhe nuk do të çohen më".

Kapitull 9

¹ Unë pashë Zotin që rrinte më këmbë pranë altarit dhe tha: "Goditi kapitelet, u shkundshin portat, dhe copëtoji mbi kokat e tyre. Unë do t'i vras pastaj ata që kanë mbetur me shpatë. Asnjë nga ata

² Edhe sikur të depërtojnë në Sheol, dora ime do t'i shkëpusë që andej; edhe sikur të ngjiten në qiell, unë do t'i tërheq poshtë që andej.

³ Edhe sikur të fshiheshin në majë të Karmelit, unë do t'i gjej dhe do t'i marr; edhe sikur t'i fshiheshin shikimit tim në fund të detit, atje do të urdhëroj gjarpërin t'i kafshojë;

⁴ edhe sikur të shkonin në robëri para armiqve të tyre, atje do të urdhëroj shpatën t'i vrasë. Unë do të ngul sytë e mi mbi ta për të keqen dhe jo për të mirën.

⁵ Zoti, Zoti i ushtrive, është ai që prek tokën dhe ajo shkrihet, dhe tërë banorët e saj mbajnë zi; ajo ngrihet e tëra si Nili dhe ulet si lumi i Egjiptit.

⁶ Është ai që ndërton në qiejt dhomat e tij të sipërme dhe ka vënë mbi tokë themelet e kupës së tij qiellore; ai thërret ujërat e detit dhe i derdh mbi faqen e dheut; emri i tij është Zoti.

⁷ A nuk jeni për mua si bijtë e Etiopasve, o bij të Izraelit?", thotë Zoti. "A nuk e nxora unë Izraelin nga vendi i Egjiptit, Filistejtë nga Kaftori dhe Sirët nga Kiri?

⁸ Ja sytë e Zotit, Zotit, janë mbi mbretërinë mëkatare; unë do ta shfaros nga faqja e dheut, por nuk do ta shfaros krejt shtëpinë e Jakobit", thotë Zoti.

⁹ "Sepse ja, unë do të jap urdhrin dhe do ta shosh shtëpinë e Izraelit midis gjithë kombeve, ashtu si bëhet me shoshën, por në tokë nuk do të bjerë as kokrra më e vogël e grurit.

¹⁰ Tërë mëkatarët e popullit tim do të vdesin nga shpata, ata që thonë: "Gjëma nuk do të afrohet as ka për të arritur deri te ne"".

¹¹ "Atë ditë do të ngre përsëri tabernakullin e Davidit që ka rënë, do të ndreq të çarat e tij dhe do të ngre rrënojat e tij, dhe do ta rindërtoj si në ditët e lashta,

¹² me qëllim që të zotërojnë kusurin e Edomit dhe tërë kombet ku i bëjnë thirrje emrit tim", thotë Zoti që do ta bëjë këtë.

¹³ "Ja, ditët po vijnë", thotë Zoti, "kur ai që lëron do t'i afrohet atij që korr dhe ai që shtrydh rrushin atij që hedh farën; atëherë malet do të kullojnë musht, që do të rrjedhë poshtë nëpër kodra.

¹⁴ Do ta kthej nga robëria popullin tim të Izraelit, dhe ata do të rindërtojnë qytetet e shkretuara dhe do të banojnë në to, do të mbjellin vreshta dhe do të pijnë verën e tyre, do të punojnë kopshtet dhe do të hanë frytet e tyre.

¹⁵ Unë do t'i mbjell në tokën e tyre dhe nuk do të çrrënjosen kurrë më nga toka që u kam dhënë atyre, thotë Zoti, Perëndia yt".

Abdias

¹ Vegimi i Abdias. Kështu thotë Zoti, Zoti, për Edomin: "Ne kemi dëgjuar një mesazh nga Zoti dhe një ambasador është dërguar midis kombeve për të thënë: "Lëvizni dhe të ngrihemi kundër tij për të luftuar".

² Ja, unë do të të bëj të vogël midis kombeve; ti do të jesh shumë i përbuzur.

³ Krenaria e zemrës sate të ka mashtruar, o ti që banon në të çarat e shkëmbinjve, ku ke bërë banesën tënde të lartë, që thua në zemrën tënde: "Kush do të më zbresë për tokë?"

⁴ Edhe sikur ti të ngrihesh lart si një shqiponjë dhe ta vije folenë tënde midis yjeve, unë do të të zbres nga atje lart", thotë Zoti.

⁵ "Po të të vinin natën cuba ose kusarë, si do të shkatërroheshe! A nuk do të vidhnin aq sa u mjafton? Po të të vinin vjelësit e rrushit, a nuk do të linin disa vile për të mbledhur?

⁶ Oh, sa do ta zhbirojnë Esaun, si do t'i rrëmojnë skutat e tij!

⁷ Tërë aleatët e tu do të të shtrëngojnë në kufi, ata që ishin në paqe me ty do të të mashtrojnë dhe do të kenë epërsi mbi ty; ata që hanë bukën tënde do të kurdisin gracka; por ai nuk e kupton këtë.

⁸ Atë ditë", thotë Zoti, "unë do të zhduk nga Edomi njerëzit e ditur dhe nga mali i Esaut mënçurinë.

⁹ Atëherë trimat e tu do t'i zërë tmerri, o Teman, derisa çdo njeri të shfaroset nga mali i Esaut në masakër.

¹⁰ Për shkak të dhunës kundër vëllait tënd Jakob, turpi do të të mbulojë dhe do të shfarosesh përjetë.

¹¹ Sepse ti ishe i pranishëm ditën që ti rrije mënjanë, ditën që të huajt e çonin në robëri ushtrinë e tij dhe të huajt hynin nga portat e tij dhe hidhnin në short fatet e Jeruzalemit, edhe ti ishe si një prej tyre.

¹² Por ti nuk duhet të shikoje me gëzim ditën e vëllait tënd, ditën e fatkeqësisë së tij, as duhet të gëzoheshe për bijtë e Judës ditën e shkatërrimit të tyre dhe as të flisje me arrogancë ditën e fatkeqësisë së tyre.

¹³ Nuk duhet të hyje nga porta e popullit tim, ditën e fatkeqësisë së tij, as të sodisje edhe ti me kënaqësi mjerimin e tij, ditën e fatkeqësisë së tij dhe as të shtrije duart mbi pasuritë e tij ditën e fatkeqësisë së tij.

¹⁴ Nuk duhet të vihesh në udhëkryqet për të masakruar ikanakët e tij dhe as t'i jepje në dorë të armikut ata që kishin mbijetuar ditën e fatkeqësisë.

¹⁵ Sepse dita e Zotit është e afërt për tërë kombet; atë që u bëre të tjerëve do të ta bëjnë ty, shpërblimi i veprimeve të tua do të bjerë mbi kokën tënde.

¹⁶ Sepse ashtu si keni pirë mbi malin tim të shenjtë, kështu do të pinë tërë kombet vazhdimisht; po, do të pinë, do të rrëkëllejnë dhe do të jenë si të mos kenë qenë kurrë".

¹⁷ "Por mbi malin e Sionit do të jenë ata që mbijetuan dhe do të jetë një vend i shenjtë; dhe shtëpia e Jakobit do të shtjerë në dorë pronat e veta.

¹⁸ Shtëpia e Jakobit do të jetë një zjarr, shtëpia e Jozefit një flakë, por shtëpia e Esaut do të jetë si kallamishte: ata do ta djegin dhe do ta gllabërojnë, dhe shtëpisë së Esaut nuk do t'i mbetet asnjë trashëgimtar", sepse ka folur Zoti.

¹⁹ Ata të Negevit do të zotërojnë malin e Esaut dhe fushën e vendit të Filistejve; do të zotërojnë edhe fushat e Efraimit dhe fushat e Samarisë dhe Beniamini do të zotërojë Galaadin.

²⁰ Mërgimtarët e kësaj ushtrie të bijve të Izraelit që ndodhen midis Kananeasve, do të zotërojnë vendin deri në Sarepta, mërgimtarët e Jeruzalemit që ndodhen në Sefarad do të zotërojnë qytetet e Negevit.

²¹ Atëherë disa çlirimtarë do të ngjiten në malin e Sionit për të gjykuar malin e Esaut, dhe mbretëria do të jetë e Zotit.

Jonas

Kapitull 1

¹ Dhe fjala e Zotit iu drejtua Jonas, birit të Amitait, duke thënë:

² "Çohu, shko në Ninive, qytet i madh, dhe prediko kundër tij, sepse ligësia e tyre është ngjitur përpara meje".

³ Por Jona u ngrit për të ikur në Tarshish, larg pranisë të Zotit. Kështu zbriti në Jafa, ku gjeti një anije që shkonte në Tarshish. Pagoi çmimin e caktuar dhe hipi në anije për të shkuar me ta larg pranisë të Zotit.

⁴ Por Zoti shpërtheu një erë të fortë në det dhe u ngrit një furtunë e madhe në det, kështu që anija rrezikonte të shkallmohej.

⁵ Detarët, të trembur, i thirrën secili perëndisë së vet dhe hodhën në det ngarkesën që ishte në anije për ta lehtësuar. Ndërkaq Jona kishte zbritur në pjesët më të fshehta të anijes, kishte rënë dhe flinte thellë.

⁶ Kapiteni iu afrua dhe i tha: "Çfarë po bën në gjumë kaq të thellë? Çohu, kërko Perëndinë tënd! Ndofta Perëndia do të kujdeset për ne dhe nuk do të vdesim".

⁷ Pastaj i thanë njeri tjetrit: "Ejani, të hedhim short për të ditur për shkak të kujt na ra në kokë kjo fatkeqësi". Kështu hodhën shortin dhe shorti ra mbi Jonan.

⁸ Atëherë e pyetën: "Na shpjego për shkak të kujt na ra në kokë kjo fatkeqësi. Cili është zanati yt? Nga vjen? Cili është vendi yt? Cilit populli i përket?".

⁹ Ai u përgjigj atyre: "Unë jam hebre dhe kam frikë nga Zoti, Perëndia i qiellit, që ka bërë detin dhe sterenë".

¹⁰ Atëherë ata njerëz i pushtoi një frikë e madhe dhe i thanë: "Pse e bërë këtë?". Ata në fakt e kishin vënë re që ai ikte larg pranisë të Zotit, sepse ua kishte thënë atyre.

¹¹ Ata i thanë: "Çfarë duhet të bëjmë që deti të na qetësohet?". Në fakt deti po bëhej gjithnjë më i stuhishëm.

¹² Ai iu përgjigj atyre: "Më zini dhe më hidhni në det dhe deti do të qetësohet, sepse unë e di që kjo furtunë e madhe ju ra mbi kokë për shkakun tim".

¹³ Megjithatë ata njerëz vozitnin me forcë për ta kthyer anijen në breg, por nuk ia dilnin dot, sepse deti bëhej gjithnjë më i stuhishëm kundër tyre.

¹⁴ Prandaj i klithën Zotit dhe i thanë: "Ah, o Zot, mos lejo që të vdesim për shkak të jetës së këtij njeriu dhe mos na fajëso me gjak të pafajshëm, sepse ti, o Zot, ke bërë si ke dashur".

¹⁵ Pastaj e zunë Jonan dhe e hodhën në det, dhe tërbimi i detit u fashit.

¹⁶ Ata njerëz atëherë i zuri një frikë e madhe nga Zoti, i ofruan një flijim Zotit dhe u betuan.

¹⁷ Zoti kishte përgatitur një peshk të madh që të gëlltiste Jonan; dhe Jona qëndroi tri ditë dhe tri net në barkun e peshkut.

Kapitull 2

¹ Atëherë Jona iu lut Zotit, Perëndisë të tij, nga barku i peshkut dhe tha:

² "Në fatkeqësinë time i thirra Zotit dhe ai m'u përgjigj; nga gjiri i Sheolit i thirra dhe ti e dëgjove zërin tim.

³ Më hodhe në një vend të thellë, në zemër të deteve, rryma më mori dhe gjithë dallgët e tua dhe valët e tua më kaluan sipër.

⁴ Atëherë thashë: U dëbova nga prania jote. Megjithatë do të shikoj akoma në drejtim të tempullit tënd të shenjtë.

⁵ Ujërat më kanë rrethuar deri në shpirt, humnera më ka mbështjellë, algat u mblodhën rreth kokës sime.

⁶ Zbrita deri në themelet e maleve, toka mbylli shufrat e saj pas meje për gjithnjë, por ti e ngrite jetën time nga gropa, o Zot, Perëndia im.

⁷ Kur shpirti im po ligështohej brenda meje, kujtova Zotin, dhe lutja ime arriti deri te ti, në tempullin tënd të shenjtë.

⁸ Ata që jepen pas kotësive të rreme braktisin vetë burimin e hirit të tyre.

⁹ Por unë me zëra lëvdimi do të ofroj flijime dhe do të plotësoj betimet që kam bërë. Shpëtimi i përket Zotit".

¹⁰ Atëherë Zoti i foli peshkut dhe peshku e volli Jonan në breg.

Kapitull 3

¹ Fjala e Zotit iu drejtua Jonas për herë të dytë, duke thënë:

² "Çohu, shko në Ninive, qyteti i madh, dhe shpalli atij mesazhin që po të urdhëroj".

³ Kështu Jona u ngrit dhe shkoi në Ninive, sipas fjalës të Zotit. Ninivie ishte një qytet shumë i madh përpara Perëndisë, që donte tri ditë rrugë për ta përshkuar.

⁴ Jona nisi të futet në qytet në një ditë rrugë dhe duke predikuar tha: "Edhe dyzet ditë dhe Ninive do të shkatërrohet".

⁵ Atëherë Niniveasit i besuan Perëndisë, shpallën një agjërim dhe u veshën me thes, nga më i madhi deri te më i vogli nga ata.

⁶ Kur lajmi i vajti mbretit të Ninivet, ai u ngrit nga froni, hoqi mantelin e tij, u mbulua me thes dhe u ul mbi hi.

⁷ Me dekret të mbretit dhe të të mëdhenjve të tij, shpalli dhe përhapi pastaj në Ninive një urdhër që thoshte: "Njerëzit dhe kafshët, kopetë dhe tufat të mos kërkojnë asgjë, të mos hanë ushqim dhe të mos pijnë ujë;

⁸ por njerëzit dhe kafshët të mbulohen me thes dhe t'i thërresin me forcë Perëndisë; secili të kthehet nga rruga e tij e keqe dhe nga dhuna që është në duart e tij.

⁹ Ku ta dish në kthëftë Perëndia, në u pendoftë dhe lëntë mënjanë zemërimin e tij të zjarrtë, dhe kështu ne nuk vdesim".

¹⁰ Kur Perëndia pa atë që bënin, domethënë që po ktheheshin nga rruga e tyre e keqe, Perëndia u pendua për të keqen që kishte thënë se do t'u bënte dhe nuk e bëri.

Kapitull 4

¹ Por kjo nuk i pëlqeu aspak Jonas, i cili u zemërua.

² Kështu ai iu lut Zotit, duke thënë: "Ah, o Zot, a nuk ishte vallë kjo që unë thoja kur isha akoma në vendin tim? Prandaj ika në fillim në Tarshish, sepse e dija që je një Perëndi i mëshirshëm dhe plot dhembshuri, i ngadalshëm në zemërim dhe me shumë dashamirësi, dhe që pendohesh për të keqen e hakërruar.

³ Tani, pra, o Zot, të lutem, ma hiq jetën, sepse për mua është më mirë të vdes se sa të rroj".

⁴ Por Zoti i tha: "A të duket e drejtë të zemërohesh kështu?".

⁵ Atëherë Jona doli nga qyteti dhe u ul në lindje të qytetit; atje bëri një kasolle dhe u ul nën të, në hije, që të mund të shikonte çfarë do t'i ndodhte qytetit.

⁶ Atëherë Zoti Perëndi përgatiti një bimë që u rrit përmbi Jonan, për t'i bërë hije kokës së tij dhe për ta çliruar nga e keqja e tij; dhe Jona ndjeu një gëzim të madh nga kjo bimë.

⁷ Të nesërmen në të gdhirë Perëndia dërgoi një krimb që i ra bimës, dhe kjo u tha.

⁸ Kur u ngrit dielli Perëndia solli një erë mbytëse nga lindja, dhe dielli i ra në kokë Jonas, që e ndjeu veten të ligështuar dhe kërkoi të vdesë, duke thënë: "Për mua është më mirë të vdes se sa të rroj".

⁹ Perëndia i tha Jonas: "A të duket e drejtë të zemërohesh kështu për bimën?". Ai u përgjigj: "Po, është e drejtë për mua të zemërohem deri në vdekje".

¹⁰ Por Zoti tha: "Ty të erdhi keq për bimën për të cilën nuk je munduar dhe nuk e ke rritur, dhe që një natë u rrit dhe në një natë mbaroi.

¹¹ Dhe mua nuk duhet të më vijë keq për Niniven, qytetin e madh, në të cilin ka njëqind e njëzetmijë veta që nuk dijnë të dallojnë të djathtën e tyre nga e majta e tyre, dhe një sasi të madhe kafshësh?".

Mikeas

Kapitull 1

¹ Fjala e Zotit që iu drejtua Mikeas, Morashtitit, në ditët e Jothamit, të Açazit dhe të Ezekias, mbretër të Judës, dhe i cili pati vegim rreth Samarias dhe Jeruzalemit.

² Dëgjoni, o mbarë popuj! Kushtoji kujdes, o tokë, me tërë atë që ti përmban! Zoti, Zoti, qoftë dëshmitar kundër jush, Zoti, nga tempulli i tij i shenjtë.

³ Sepse ja, Zoti del nga banesa e tij, zbret dhe ecën mbi lartësitë e tokës;

⁴ malet shkrihen poshtë tij, dhe luginat treten si dylli para zjarrit, si ujërat që rrjedhin në një brinjë.

⁵ E tërë kjo për shkak të shkeljes së Jakobit dhe për mëkatet e shtëpisë së Izraelit. Cila është shkelja e Jakobit? Mos vallë Samaria? Cilat janë vendet e larta të Judës? A mos vallë Jeruzalemi?

⁶ Prandaj do ta katandis Samarian në një grumbull rrënimesh në fushë, në një vend për të mbjellë hardhi. Do t'i rrokullis gurët e saj në luginë dhe do të nxjerrë në shesh themelet e saj.

⁷ Të gjitha figurat e saj të gdhendura do të copëtohen, tërë fitimet e saj të prostitucionit do të digjen në zjarr dhe tërë idhujt e saj do t'i katandis në shkreti, sepse janë mbledhur me fitimet e prostitucionit, ato do të kthehen në fitime të prostitucionit.

⁸ Për këtë arsye unë do të nxjerr vajtime dhe rënkime, do të shkoj i zhveshur dhe lakuriq; do të nxjerr ankime angullima si çakalli, klithma të kobshme si të strucit.

⁹ Plagët e tij në fakt janë të pashërueshme, sepse kanë arritur deri në Judë, kanë arritur deri te porta popullit tim, në vetë Jeruzalemin.

¹⁰ Mos e shpallni në Gath, mos qani aspak në Beth-le-Afrah, rrotullohuni në pluhur.

¹¹ Kalo tutje me lakuriqësi të turpshme, o banore e Shafirit; banorja e Tsaananit nuk del më; zija e Beth-Haetselit do t'ju heqë vendin mbi të cilin rri.

¹² Banorja e Marothit me të drejtë hidhërohet, sepse një fatkeqësi ka zbritur nga ana e Zotit deri te porta e Jeruzalemit.

¹³ Lidhi kuajt te qerrja, o banore e Lakishit! Ajo ka qënë fillimi i mëkatit për bijën e Sionit, sepse se ti janë gjetur shkeljet e Izraelit.

¹⁴ Prandaj ti do t'i japësh një dhuratë lamtumire Moresheth-Gathit; shtëpitë e Akzibit do të jenë një zhgënjim për mbretërit e Izraelit.

¹⁵ Do të të sjell një trashëgimtar të ri, o banore e Mareshahut; lavdia e Izraelit do të arrijë deri në Adullam.

¹⁶ Pri flokët dhe rruaj kokën për shkak të bijve të kënaqësive të tua. Zgjero shoqën tënde si huta, sepse ata do të shkojnë në robëri larg teje.

Kapitull 2

¹ Mjerë ata që bluajnë në mendje paudhësi dhe projektojnë të keqen mbi shtretërit e tyre; në dritën e mëngjesit e kryejnë, sepse pushteti është në duart e tyre.

² Dëshirojnë me të madhe arat dhe i marrin me dhunë, shtëpitë dhe i marrin; kështu shtypin me hile njeriun dhe shtëpinë e tij, individin dhe pronën e tij.

³ Prandaj kështu thotë Zoti: "Ja, unë po kurdis kundër këtij fisi një fatkeqësi, prej së cilës nuk mund të largoni qafën tuaj, as do të ecni me kokën lart, sepse do të jetë një kohë fatkeqësie.

⁴ Atë ditë do të dalë një proverb rreth jush, do të ngrenë një vajtim të zemërlënduar dhe do të thonë: "Jemi plotësisht të shkatërruar". Ai ka ndryshuar trashëgiminë e popullit tim. Ah, si ma mori! Arat tona ua shpërndau të pabesëve".

⁵ Prandaj nuk do të ketë më njeri që ta heqë litarin për ty, për të hedhur shortin në kuvendin e Zotit.

⁶ "Mos profetizoni", u thonë profetëve të tyre. Kështu ata nuk do të profetizojnë për këto gjëra, por nuk do ta largojnë turpin e tyre.

⁷ "Është thënë, o shtëpi e Jakobit: "A është i kufizuar Fryma e Zotit, apo këto janë veprat e tij? A nuk e bëjnë vallë rrezatues fjalët e mia atë që ec me ndershmëri?

⁸ Por kohët e fundit populli im ngriti krye si një armik; ju u merrni mantelin dhe rroben kalimtarëve që e ndjejnë veten të sigurt, atyre që kthehen nga lufta.

⁹ Ju i dëboni gratë e popullit tim nga shtëpitë tyre të mrekullueshme dhe u rrëmbeni për gjithnjë lavdinë time fëmijëve të tyre.

¹⁰ Çohuni dhe ikni, sepse ky nuk është një vend prehjeje; duke qenë i ndotur do t'ju shkatërroj me një shkatërrim të llahtarshëm.

¹¹ Edhe sikur një njeri të ecte me një frymë falsiteti dhe të përhapte gënjeshtra, duke thënë: "Unë do të parathem për ty verë dhe pije dehëse", ai do të ishte një profet për këtë popull".

¹² "Do të mbledh me siguri gjithçka, o Jakob, do të mbledh me siguri mbeturinën e Izraelit; do t'i vë bashkë si delet në një vathë, si një kope në mes të kullotës së vet; do të bëjnë një zhurmë të madhe për shkak të morisë së njerëzve.

¹³ Kush do të hapë të çarën, do të ngjitet para tyre; ata do të depërtojnë, do të kalojnë nga porta dhe prej saj kanë për të dalë; mbreti i tyre do të ecë para tyre dhe Zoti do të jetë në krye të tyre".

Kapitull 3

¹ Unë thashë: "Ah, dëgjoni, o krerë të Jakobit, dhe ju qeveritarë të shtëpisë së Izraelit: a nuk ju takon vallë juve të njihni drejtësinë?

² Ju që urreni të mirën dhe doni të keqen, që ju hiqni lëkurën nga trupi dhe mishin nga kockat e tyre.

³ Ata hanë mishin e popullit tim, i heqin lëkurën nga trupi, i thyejnë kockat dhe e presin në copa sikur do të shkonte në tenxhere, si mishi që vihet në kazan.

⁴ Atëherë do t'i këlthasin Zotit, por ai nuk do t'u përgjigjet; në atë kohë ai do t'ua fshehë fytyrën e tij, sepse kanë qenë të këqij në veprimet e tyre.

⁵ Kështu thotë Zoti për profetët që e bëjnë popullin tim të largohet nga rruga e tij, që bërtasin: "Paqe", po të kenë diçka për të kafshuar nëpër dhëmbë, por i shpallin luftë atij që nuk u vë gjë në gojë.

⁶ Prandaj do të keni net pa vegime, dhe do të keni terr pa shortari; dielli do të perëndojë mbi këta profetë dhe dita do të erret mbi ta.

⁷ Shikuesit do të mbulohen me turp dhe shortarët do të skuqen; do të mbulojnë të gjithë mjekrën e tyre, sepse nuk do të ketë asnjë përgjigje nga Perëndia".

⁸ Unë përkundrazi jam plot me forca të Frymës së Zotit, me drejtësi dhe forcë, për t'i bërë të njohur Jakobit shkeljen e tij dhe Izraelit mëkatin e tij.

⁹ Tani dëgjoni këtë, o krerë të shtëpisë së Jakobit dhe qeveritarë të shtëpisë së Izraelit, që urreni drejtësinë dhe shtrëmbëroni çdo gjë që është e ndershme,

¹⁰ që ndërtoni Sionin me gjak dhe Jeruzalemin me paudhësi.

¹¹ Krerët e tij gjykojnë për një dhuratë, priftërinjtë e tij japin mësim për një pagesë, profetët e tij kryejnë shortari për para; megjithatë mbështeten tek Zoti dhe thonë: "A nuk është vallë Zoti midis nesh? Nuk do të na bjerë në krye asnjë fatkeqësi".

¹² Prandaj, për shkakun tuaj, Sioni do të lërohet si një arë, Jeruzalemi do të bëhet një grumbull rrënimesh, dhe mali i tempullit një lartësi e pyllëzuar.

Kapitull 4

¹ Por në kohët e fundit do të ndodhë që mali i shtëpisë së Zotit do të vendoset në majën e maleve dhe do ngrihet përmbi kodrat, dhe aty do të vijnë popujt.

² Do të vijnë shumë kombe dhe do të thonë: "Ejani, të ngjitemi në malin e Zotit dhe në shtëpinë e Perëndisë të Jakobit; ai do të na mësojë rrugët e tij dhe ne do të ecim në shtigjet e tij". Sepse nga Sioni do të dalë ligji dhe nga Jeruzalemi fjala e Zotit.

³ Ai do të jetë gjyqtari midis shumë popujve dhe do të jetë arbitri midis shumë kombeve të fuqishme dhe të largëta. Me shpatat e tyre do të farkëtojnë plore dhe me ushtat e tyre draperinj; një komb nuk do ta ngrerë më shpatën kundër tjetrit dhe nuk do të stërviten për luftë.

⁴ Do të ulet secili nën hardhinë e vet dhe nën fikun e vet, dhe askush nuk do t'i trembë më, sepse goja e Zotit të ushtrive foli.

⁵ Ndërsa tërë popujt ecin secili në emër të zotit të vet, ne do të ecim në emër të Zotit, Perëndisë tonë, përjetë.

⁶ "Atë ditë", thotë Zoti, "unë do të mbledh çalamanët, do të mbledh të dëbuarit dhe ata që kisha dëshpëruar.

⁷ Nga çalamanët do të bëj një mbetje dhe nga të dëbuarit një komb të fuqishëm. Kështu Zoti do të mbretërojë mbi ta në malin e Sionit, qysh atëherë e përgjithnjë.

⁸ Dhe ti, kullë e kopesë, kala e bijës së Sionit, ty do të vijë, pikërisht ty do të të vijë sundimi i lashtë, mbretëria e bijës së Jeruzalemit".

⁹ Tani, pse bërtet kaq fort? A nuk ka asnjë mbret brenda teje? Vallë ka vdekur këshilltari yt, që të kanë zënë dhembjet si një grua që po lind?

¹⁰ Përpëlitu dhe nxirre në dritë, o bijë e Sionit, si një grua që po lind, sepse tani do të dalësh nga qyteti, do të banosh në fushë dhe do të shkosh deri në Babiloni. Atje do të çlirohesh, atje Zoti do të të shpengojë nga dora e armiqve të tu.

¹¹ Tani janë mbledhur shumë kombe kundër teje që thonë: "Le të përdhoset dhe sytë tona le të kënaqen duke shikuar Sionin".

¹² Por ata nuk i dinë mendimet e Zotit, nuk e kuptojnë qëllimin e tij, sepse ai do t'i mbledhë si duaj në lëmë.

¹³ Çohu dhe shij, o bijë e Sionit, sepse do ta bëj bririn tënd prej hekuri dhe thonjtë e tu prej bronzi; ti do të dërmosh shumë popuj dhe unë do t'ia caktoj fitimet e tyre Zotit dhe pasuritë e tyre Zotit të të gjithë dheut.

Kapitull 5

¹ Tani, bashkohu tok, o bijë e trupave. Na kanë rrethuar; me shufër godasin mbi faqe gjyqtarin e Izraelit.

² "Por ti, o Betlem Efratah, megjithëse je i vogël midis mijërave të Judës, nga ti do të dalë për mua ai që do të jetë sundues në Izrael, origjinat e të cilit janë nga kohërat e lashta, nga ditët e përjetësisë".

³ Prandaj ai do t'i braktisë deri në kohën në të cilën ajo që duhet të pjellë ka për të pjellur; atëherë kusuri i vëllezërve të saj do t'u kthehet bijve të Izraelit.

⁴ Ai do të mbetet për të kullotur kopenë e tij me pushtetin e Zotit, në madhërinë e emrit të Zotit, Perëndisë së tij. Dhe ata do të banojnë të sigurt, sepse atëherë ai do të jetë i madh deri në skajet e tokës.

⁵ Dhe ai vetë do të jetë paqja. Kur Asiri do të vijë në vendin tonë dhe do të shkelë në pallatet tona, ne do të nxjerrim kundër tij shtatë barinj dhe tetë princa nga njerëzit e zakonshëm.

⁶ Ata do të shkatërrojnë vendin e Asirisë me shpatë dhe tokën e Nimrodit në portat e saj; kështu ai do të na çlirojë nga Asiri në rast se do të vijë në vendin tonë dhe do të shkelë kufijtë tanë.

⁷ Kusuri i Jakobit, në mes të shumë popujve, ka për qenë si një vesë e dërguar nga Zoti, si një shi i dendur mbi barin, që nuk pret njeriun dhe nuk shpreson asgjë nga bijtë e njerëzve.

⁸ Kusuri i Jakobit do të jetë midis kombeve, në mes të shumë popujve, si një luan midis kafshëve të pyllit, si një luan i vogël midis kopeve të dhenve, i cili, po të jetë se kalon në mes, shkel dhe shqyen pa i dhënë mundësi askujt t'i shpëtojë.

⁹ Dora jote do të ngrihet kundër kundërshtarëve të tu dhe tërë armiqtë e tu do të shfarosen.

¹⁰ "Atë ditë do të ndodhë", thotë Zoti, "që unë do t'i zhduk kuajt e tu në mes teje dhe do të shkatërroj qerret e tua;

¹¹ do të zhduk qytetet e vendit tënd dhe do të rrëzoj tërë fortesat e tua;

¹² do të zhduk nga dora jote artet magjike dhe ti nuk do të kesh më shortarë;

¹³ do të zhduk në mes teje figurat e tua të gdhëndura dhe shtyllat e tua të shenjta, dhe ti nuk do të biesh më përmbys përpara veprës së duarve të tua.

¹⁴ Do të çrrënjos në mes teje Asherahët e tu dhe do të shkatërroj qytetet e tua.

¹⁵ Do të hakmerrem me zemërim dhe me tërbim me kombet që nuk kanë dashur të dëgjojnë".

Kapitull 6

¹ Ah, dëgjoni atë që thotë Zoti: "Çohu, mbro kauzën tënde përpara maleve dhe kodrat le të dëgjojnë zërin tënd".

² Dëgjoni, o male, kundërshtimin e Zotit, dhe ju themele të forta të tokës, sepse Zoti ka një kundërshtim me popullin e tij dhe dëshiron të diskutojë me Izraelin.

³ "Populli im, çfarë të kam bërë dhe me çfarë të kam lodhur? Dëshmo kundër meje.

⁴ Sepse unë të nxora nga vendi i Egjiptit, të çlirova nga shtëpia e skllavërisë dhe kam dërguar para teje Moisiun, Aaronin dhe Miriamin.

⁵ O populli im, mbaj mend atë që Balaku, mbreti i Moabit, kurdiste dhe si iu përgjigj Balaami, biri i Beorit, nga Shitimi deri në Gilgal me qëllim që ti të pranosh drejtësinë e Zotit".

⁶ Me se do të vij përpara Zotit dhe do të përkulem përpara Perëndisë së lartë? Do të vij para tij me olokauste, me viça motakë?

⁷ Do të pëlqej Zoti mijëra desh ose mori rrëkesh vaji? Do të jap të parëlindurin tim për shkeljen time, frytin e barkut tim për mëkatin e shpirtit tim?

⁸ O njeri, ai të ka bërë të njohur atë që është e mirë; dhe çfarë tjetër kërkon Zoti nga ti, përveç se të zbatosh drejtësinë, të duash mëshirën dhe të ecësh përulësisht me Perëndinë tënd?

⁹ Zëri i Zotit i thërret qytetit, dhe kush ka diturí do të njohë emrin tënd: "Kini kujdes për thuprën dhe për atë që e ka caktuar.

¹⁰ A ka akoma në shtëpinë e të pabesit thesare nga paudhësia, dhe efa të mangëta, që janë një gjë e neveritshme?

¹¹ Mund ta shpall të pastër njeriun me peshore të pasakta dhe me qeskën me pesha të rreme?

¹² Pasanikët e tij në fakt janë plot me dhunë, banorët e tij thonë gënjeshtra dhe gjuha e tyre nuk është veçse mashtrim në gojën e tyre.

¹³ Prandaj edhe unë do të të bëj të vuash, duke të goditur dhe duke bërë që të jesh i shkretë për shkak të mëkateve të tua.

¹⁴ Ti do të hash, por nuk do të ngopesh dhe uria do të mbetet brenda teje; do të vësh mënjanë por nuk do të shpëtosh asgjë, dhe atë që do të shpëtosh do t'ia dorëzoj shpatës.

¹⁵ Ti do të mbjellësh, por nuk do të korrësh; do t'i shtypësh ullinjtë, por nuk do të lyhesh me vaj; do të bësh musht, por nuk do të pish verë.

¹⁶ Ju ndiqni statutet e Omrit dhe tërë praktikat e shtëpisë së Ashabit, dhe ju ecni sipas këshillave të tyre, që unë t'ju katandis në një shkreti, dhe banorët e tu në një objekt talljeje. Kështu ju do të mbani turpin e popullit tim!".

Kapitull 7

¹ Mjerë unë! Sepse jam si ata që vjelin frutat e verës, si ata që mblodhin rrushin e vitit: nuk ka asnjë vile për të ngrënë, shpirti im dëshëron një fik të parë.

² Njeriu i përshpirtshëm është zhdukur nga dheu, midis njerëzve nuk ka më njerëz të ndershëm; të tërë rrinë në pritë për të derdhur gjak, secili gjuan vëllanë e vet me rrjetë.

³ Të dy duart e tyre janë të shtrira për të bërë të keq me zotësi; princi pretendon, gjyqtari kërkon shpërblime, i madhi shfaq lakminë e tij; kështu bashkarisht e prishin drejtësinë.

⁴ Më i miri i tyre është si një ferrishte, më i ndershmi është më i keq se një gardh ferrash. Dita e dënimit tënd po vjen; tani do të jetë pështjellimi i tyre.

⁵ Mos e besoni shokun, mos i zini besë mikut të ngushtë; ruaji portat e gojës sate përpara asaj që prehet mbi gjirin tënd.

⁶ Sepse biri turpëron të atin, bija ngre krye kundër nënës, e reja kundër vjehrrës, armiqtë e secilit janë ata të shtëpisë së tij.

⁷ Por unë do të shikoj te Zoti, do të shpresoj te Perëndia i shpëtimit tim; Perëndia im do të më dëgjojë.

⁸ Mos u gëzo me mua, o armikja ime! Në rast se kam rënë, do të ngrihem përsëri; në rast se ulem në terr, Zoti do të jetë drita ime.

⁹ Unë do të duroj indinjatën e Zotit, sepse kam kryer mëkate kundër tij, deri sa ai do të mbrojë kauzën time, dhe do vendosë drejtësi për mua; ai do të më nxjerrë në dritë dhe unë do të sodit drejtësinë e tij.

¹⁰ Atëherë armikja ime do ta shohë dhe do të mbulohet me turp, ajo që më thoshte: "Ku është Zoti, Perëndia yt?". Sytë e mi do ta shikojnë me ëndje, ndërsa do ta shkelin si baltën e rrugëve.

¹¹ Kur të rindërtohen muret e tua, atë ditë kufiri yt do të zgjerohet shumë.

¹² Atë ditë do të vinë te ti, nga Asiria dhe nga qytetet e tua të fortifikuara, nga qyteti i fortifikuar deri te Lumi, nga deti në det dhe nga mali në mal.

¹³ Por vendi do të katandiset në një shkreti për shkak të banorëve të tu, për shkak të frytit të veprimeve të tyre.

¹⁴ Kullot popullin tënd me shkopin tënd, kopenë e trashëgimisë sate, që rri i vetmuar në pyllin në mes të Karmelit. Le të kullosin në Bashan dhe në Galaad si në kohërat e lashta.

¹⁵ "Si në ditët që dole nga vendi i Egjiptit, unë do t'u tregoj atyre gjëra të mrekullueshme".

¹⁶ Kombet do të shohin dhe do t'u vijë turp për tërë fuqinë e tyre; do të vënë dorën te goja, veshët e tyre do të mbeten të shurdhër.

¹⁷ Do të lëpijnë pluhurin si gjarpëri, si rrëshqanorët e tokës, do të dalin duke u dridhur nga vendet ku janë fshehur; do të kenë frikë nga Zoti, Perëndia ynë, dhe do të kenë frikë nga ti.

¹⁸ Cili Perëndi është si ti, që fal paudhësinë e kapërcen shkeljen e mbetjes së trashëgimisë së tij? Ai nuk e mban përgjithnjë zemërimin e tij, sepse i pëlqen të jetë i mëshirshëm.

¹⁹ Atij do t'i vijë përsëri keq për ne, do të shkelë paudhësitë tona, Ti do të hedhësh në fund të detit tërë mëkatet tona.

²⁰ Ti do t'ia tregosh besnikërinë tënde Jakobit dhe dhemshurinë tënde Abrahamit, siç iu betove etërve tanë qysh në kohërat e lashta.

Nahumit

Kapitull 1

¹ Profecia mbi Niniven. Libri i vegimit të Nahumit nga Elkoshi.

² Zoti është një Perëndi xheloz dhe hakmarrës; Zoti është hakmarrës dhe plot tërbim. Zoti hakmerret me kundërshtarët e tij dhe e ruan zemërimin për armiqtë e tij.

³ Zoti është i ngadalshëm në zemërim dhe pushtetmadh, por nuk e lë pa e ndëshkuar aspak të ligun. Zoti vazhdon rrugën e tij në shakullimë dhe në furtunë dhe retë janë pluhuri i këmbëve të tij.

⁴ Ai e qorton rëndë detin dhe e than, i bën të thahen të gjithë lumenjtë. Bashani dhe Karmeli thahen dhe lulja e Libanit fishket.

⁵ Malet dridhen para tij, kodrat treten; në prani të tij toka ngrihet, po, bota dhe tërë banorët e saj.

⁶ Kush mund t'i rezistojë indinjatës së tij dhe kush mund të durojë zjarrin e zemërimit të tij? Tërbimi i tij derdhet si zjarr dhe shkëmbinjtë janë prej tij të thërmuara.

⁷ Zoti është i mirë, është një fortesë në ditën e fatkeqësisë; ai i njeh ata që kërkojnë strehë tek ai.

⁸ Por me një përmbytje të madhe ai do të kryejë një shkatërrim të plotë të vendit të tij dhe armiqtë e tij do të përndiqen nga terri.

⁹ Çfarë projektoni kundër Zotit? Ai do të kryejë një shkatërrim të plotë: fatkeqësia nuk do të ndodhë dy herë.

¹⁰ Edhe sikur të ishin si ferrat e dendura edhe të dehur nga vera që kanë pirë, ata do të gllabërohen si kashta fare e thatë.

¹¹ Prej teje doli ai që ka kurdisur të keqen kundër Zotit, ai që ka konceptuar ligësinë.

¹² Kështu thotë Zoti: "Edhe sikur të ishin plot forcë dhe të shumtë, do të kositen dhe do të zhduken. Ndonëse të kam pikëlluar, nuk do të pikëlloj më.

¹³ Tani do të thyej zgjedhën e saj nga trupi yt dhe do t'i shkul lidhjet e tua".

¹⁴ Por lidhur me ty Zoti ka dhënë këtë urdhër: "Emri yt nuk do të përjetësohet më. Nga tempulli i perëndive të tua do të zhduk figurat e gdhendura dhe ato të derdhura. Do të të përgatis varrin se je i neveritshëm".

¹⁵ Ja mbi male këmbët e atij që njofton lajme të mira dhe që shpall paqen! Kremto festat e tua solemne, o Judë, plotëso betimet e tua, sepse i ligu nuk do të kalojë më në mes teje; ai do të shfaroset krejt.

Kapitull 2

¹ Ka dalë kundër teje një shkatërrues. Ruaje mirë fortesën, mbikqyr rrugën, forco ijët e tua, mblidh tërë forcat e tua.

² Sepse Zoti do të rivendosë lavdinë e Jakobit dhe lavdinë e Izraelit, sepse cubat i kanë plaçkitur dhe kanë shkatërruar shermendet e tyre.

³ Mburoja e trimave të tij është ngjyrosur me të kuq, trimat e tij janë veshur me rroba të kuqe; ditën që ai përgatit hekuri i qerreve do të nxjerrë shkëndi si zjarri dhe do të vringëllojnë ushtat e qiparisit.

⁴ Qerret do të lëshohen me tërbim nëpër rrugë do t'u bien kryq e tërthor sheshevë; do të duken si pishtarë, do të vetëtijnë si rrufe.

⁵ Ai do të kujtojë burrat e tij të fuqishëm, por ata do të pengohen në marshimin e tyre, do të sulen drejt mureve dhe mbrojtja do të përgatitet.

⁶ Portat e lumenjve do të hapen dhe pallati do të shembet.

⁷ Atë që rrinte palëvizur do ta zhveshin dhe do ta marrin; shërbëtoret e saj do të vajtojnë me zë si i pëllumbeshës, duke i rënë gjoksit.

⁸ Ndonëse Ninive i kohëve të kaluara ishte si një rezervuar uji, tani ata ikin. "Ndaluni, ndaluni!", bërtasin, por askush nuk kthehet.

⁹ Plaçkitni argjendin, plaçkitni arin! Ka thesare pa fund, pasuri të çfarëdo sendi të çmuar.

¹⁰ Ai është i shkretuar, bosh dhe i rrënuar; zemra ligështohet, gjunjët dridhen, ka një dhembje të madhe në të gjitha ijët dhe tërë fytyrat e tyre zverdhen.

¹¹ Ku është strofka e luanëve, vendi ku ushqeheshin luanët e vegjël, ku sillëshin luani, luanesha dhe të vegjëlit e saj dhe askush nuk i trembte?

¹² Luani shqyente për të vegjëlit e tij, mbyste për luaneshat e tij dhe mbushte strofkat e tij me gjah dhe strofullat me gjënë e grabitur.

¹³ "Ja, unë jam kundër teje", thotë Zoti i ushtrive, "unë do t'i djeg dhe do t'i bëj tym qerret e tua dhe shpata do të gllabërojë luanët e tu të vegjël; unë do të zhduk grabitjen tënde nga dheu dhe zëri i lajmëtarëve të tu nuk do të dëgjohet më".

Kapitull 3

¹ Mjerë qyteti gjakatar, që është plot me hile dhe me dhunë dhe që nuk po heq dorë nga grabitjet!

² Kërcet kamxhiku, zhurmë shurdhuese rrotash, kuajsh që vrapojnë dhe qerresh që hovin,

³ kalorës në sulm shpata flakëruese, ushta që shndritin, një shumicë e madhe e vrarësh, të vdekur të shumtë, kufoma pa fund; pengohesh te kufomat.

⁴ Të gjitha këto për shkak të kurvërimeve të shumta të prostitutës joshëse, mjeshtre në artet magjike që i shiste kombet me kurvërimet e saj dhe popujt me artet e saj magjike.

⁵ "Ja, unë jam kundër teje", thotë Zoti i ushtrive, "unë do të ngre cepat e rrobës sate deri në fytyrë dhe do t'u tregoj kombeve lakuriqësinë tënde dhe mbretërive turpin tënd.

⁶ Do të të hedh përsipër ndyrësi, do të të bëj të neveritshme dhe do të të nxjerr te shtylla e turpit.

⁷ Do të ndodhë që të gjithë ata që do të të shikojnë do të largohen prej teje dhe do të thonë: "Ninive është shkretuar! Kujt do t'i vijë keq për të?". Ku t'i kërkoj ngushëllonjësit e saj?".

⁸ A je më e bukur se No-Amoni, që ndodhet midis kanaleve të Nilit, i rrethuar nga ujërat dhe që e kishte detin si ledh dhe detin si mur?

⁹ Etiopia dhe Egjipti ishin forca e tij dhe nuk kishin kufi; Puti dhe Libianët ishin aleatët e tij.

¹⁰ Megjithatë edhe ai u internua, shkoi në robëri; edhe fëmijët e tij u bënë copë-copë në hyrje të çdo rruge; kanë hedhur shortin mbi fisnikët e tij dhe tërë të mëdhenjtë e tij u lidhën me zinxhirë.

¹¹ Ti gjithashtu do të jesh e dehur dhe do të fshihesh; ti gjithashtu do të kërkosh një vend të fortifikuar përpara armikut.

¹² Tërë fortesat e tua do të jenë si druri i fikut me fiq të parë; po t'i shkundësh, bien në gojë të atij që i ha.

¹³ Ja, trupat e tua në mes teje janë si gra; portat e vendit tënd janë të hapura përpara armiqve të tu; zjarri ka gllabëruar hekurat e portave të tua.

¹⁴ Mblidh për vete ujin e nevojshëm për rrethimin, përforco fortifikimet e tua, ngjeshe argjilën, punoje llaçin, ndreqe furrën për tulla.

¹⁵ Atje zjarri dò të të gllabërojë, shpata do të të shkatërrojë, do të të hajë si një larvë karkaleci; shumohu si larvat e karkalecave, shumohu si karkalecat.

¹⁶ I ke shumuar tregjet e tua më tepër se yjet e qiellit; larvat e karkalecave zhveshin çdo gjë dhe pastaj fluturojnë tutje.

¹⁷ Princat e tu janë si karkalecat, oficerët e tu si mizëri karkalecash që ndalen midis gjerdheve në ditët e ftohta; po, kur del dielli, fluturojnë tutje, por nuk dihet se ku kanë shkuar.

¹⁸ O mbret i Asirisë, barinjtë e tu po flenë, fisnikët e tu pushojnë; populli yt u shpërnda ndër male dhe kurrkush nuk po i mbledh.

¹⁹ Nuk ka ilaç për plagën tënde, plaga jote është vdekjeprurëse; të gjithë ata që do të dëgjojnë të flitet për ty, do të përplasin duart për fatin tënd. Sepse mbi kë nuk është ushtruar vazhdimisht ligësia jote?

Habakuk

Kapitull 1

¹ Profecia që pati në vegim profeti Habakuk.

² Deri kur, o Zot, do të bërtas dhe ti nuk do të më dëgjosh? Unë këlthas: "Dhunë!", por ti nuk jep shpëtim.

³ Përse më bën të shikoj paudhësinë dhe më bën të shoh çoroditjen? Përpara meje qëndron grabitja dhe dhuna, ka grindje dhe përçarja po shtohet.

⁴ Prandaj ligji nuk ka forcë dhe drejtësia nuk ia del të fitojë, sepse i pabesi e mashtron të drejtin dhe drejtësia shtrëmbërohet.

⁵ "Shikoni midis kombeve dhe këqyrni, do të mbeteni të habitur dhe të shastisur, sepse unë do të kryej në ditët tuaja një vepër, që ju nuk do ta besonit edhe sikur t'jua tregonin.

⁶ Sepse ja, unë do t'i nxis Kaldeasit, komb mizor dhe i furishëm, që përshkon dheun në gjerësinë e tij për të shtënë në dorë banesa jo të vetat.

⁷ Është i tmerrshëm, i llahtarshëm; gjykimi i tij dhe dinjiteti i tij dalin nga ai vetë.

⁸ Kuajt e tij janë më të shpejtë se leopardët, më të egër se ujqërit e mbrëmjes. Kalorësit e tyre përhapen kudo, kalorësit e tyre vijnë nga larg, fluturojnë si shqiponja që sulet mbi gjahun për ta gllabëruar.

⁹ Vijnë të gjithë për të bërë dhunë, fytyrat e tyre shtyhen përpara dhe grumbullojnë robër si rëra.

¹⁰ Ai tallet me mbretërit dhe princat janë për të objekt talljeje; përqesh çfarëdo fortese, sepse mbledh pak dhe, dhe e pushton.

¹¹ Pastaj përparon shpejt si era, kalon tutje dhe e bën veten fajtor, duke ia atribuar këtë forcë të tij perëndisë së vet".

¹² A nuk je që nga fillimet, o Zot, Perëndia im, i shenjti im? Ne nuk do të vdesim, o Zot, sepse ti e ke caktuar për të bërë drejtësi dhe e ke caktuar, o Shkëmb, për të ndëshkuar.

¹³ Ti i ke sytë tepër të pastër për të parë të keqen dhe nuk e shikon dot paudhësinë. Pse rri dhe shikon ata që veprojnë me hile, dhe hesht kur i ligu gllabëron atë që është më i drejtë se ai?

¹⁴ Pse i bën njerëzit si peshqit e detit dhe si rrëshqanorët, që nuk kanë zot?

¹⁵ Ai i zë të gjithë me grep, i zë me rrjetën e tij dhe i mbledh me rrjetën e tij të peshkimit; pastaj kënaqet dhe ngazëllon.

¹⁶ Prandaj i bën flijime rrjetës së tij dhe djeg temjan për rrjetën e tij, sepse me to pjesa e tij është e madhe dhe ushqimi i tij i bollshëm.

¹⁷ A do të vazhdojë ai, pra, të zbrazë rrjetën e tij dhe të masakrojë kombet pa mëshirë?

Kapitull 2

¹ Unë do të rri në vendrojën time, do të zë vend mbi kullë dhe do t'i hap sytë për të parë atë që do të më thotë dhe çfarë do të duhet t'i përgjigjem lidhur me ankesën e bërë.

² Pastaj Zoti m'u përgjigj dhe tha: "Shkruaje vegimin tënd dhe gdhende mbi rrasa, që të mund të lexohet shpejt.

³ Sepse vegimi është për një kohë të caktuar, por në fund ai do të flasë dhe nuk do të gënjejë; në se vonon, prite, sepse me siguri do të vijë dhe nuk do të vonojë.

⁴ Ja, shpirti i është krenuar, nuk është i drejtë, por i drejti do të rrojë për shkak të besimit të tij.

⁵ Përveç kësaj vera e tradhëton njeriun krenar dhe kështu ai nuk rri në shtëpi. Ai, pra, e shton lakminë e tij si Sheoli dhe është si vdekja, sepse kurrë nuk është i kënaqur, por mbledh rreth vetes tërë kombet dhe tërë popujt.

⁶ Tërë këta a nuk do të fillojnë vallë të përdorin një proverb kundër tij dhe një gjëzë talëse kundër tij? Ata do të thonë: "Mjerë ai që grumbullon gjëra që nuk janë të tijat (por deri kur?) dhe kush ngarkohet me pengje!".

⁷ A nuk do të ngrihen vallë papritur kreditorët e tu dhe nuk do të zgjohen torturuesit e tu? Dhe ti do të bëhesh preja e tyre.

⁸ Duke qenë se ti ke plaçkitur shumë kombe, tërë kusuri i popujve do të plaçkitë ty për shkak të gjakut njerëzor të derdhur dhe të dhunës që i është bërë vendit, qyteteve dhe tërë banorëve të tij.

⁹ Mjerë ai që është i pangopur për fitime të mbrapshta për shtëpinë e tij, për të vendosur folenë e tij lart dhe për t'i shpëtuar fuqisë së fatkeqësisë.

¹⁰ Ti ke programuar turpin e shtëpisë sate, duke shfarosur shumë popuj, dhe ke mëkatuar kundër vetvetes.

¹¹ Sepse guri do të këlthasë nga muri dhe trari do të përgjigjet nga dyshemeja.

¹² Mjerë ai që ndërton një qytet me gjak dhe themelon një qytet me paudhësi!

¹³ Ja, a nuk vjen vallë nga Zoti i ushtrive që popujt të lodhen për zjarrin dhe kombet të lodhen për asgjë?

¹⁴ Sepse dheu do të mbushet me diturinë e lavdisë të Zotit, ashtu si ujërat mbushin detin.

¹⁵ Mjerë ai që i jep të pijë të afërmit të tij, duke i dhënë shishen e vet, dhe e deh për të parë lakuriqësinë e tij!

¹⁶ Ti do të ngopesh me turp dhe jo me lavdi; pi edhe ti dhe mosrrethprerja jote le të zbulohet lakuriq. Kupa në të djathtë të Zotit do të drejtohet nga ti dhe poshtërsia do të mbulojë lavdinë tënde.

¹⁷ Sepse dhuna e ushtruar në Liban do të të mbulojë, dhe shkatërrimi i kafshëve do të të mbushë me tmerr, për shkak të gjakut njerëzor të derdhur dhe të dhunës së ushtruar mbi vendin, qytetet dhe tërë banorët e tij.

¹⁸ Çfarë dobie sjell figura e gdhendur, kur gdhendësi që e ka bërë, apo një figurë e shkrirë që të mëson gënjeshtrën, që punuesi i saj të ketë besim te puna e tij, duke fabrikuar idhuj të heshtur?

¹⁹ Mjerë ai që i thotë drurit: "Zgjohu!", apo gurit të heshtur: "Çohu!". A mund t'ju mësojë ai diçka? Ja, është i mbuluar me ar dhe me argjend, por në të nuk ka asnjë frymë jete.

²⁰ Por Zoti është në tempullin e tij të shenjtë; tërë dheu le të heshtë përpara tij.

Kapitull 3

¹ Lutja e profetit Habakuk mbi Shigionothin.

² "O Zot, unë dëgjova të folurën tënde dhe kam frikë; o Zot, bëj që të ringjallet vepra jote gjatë viteve, bëje të njohur gjatë viteve. Në zemërim e sipër, kujtoje mëshirën.

³ Perëndia vinte nga Temani, i Shenjti nga mali Paran. Lavdia e tij mbulonte qiejt dhe toka ishte plot me lëvdimin e tij.

⁴ Shkëlqimi i tij ishte si drita, rreze si shkëndi dilnin nga dora e tij dhe aty fshihej fuqia e tij.

⁵ Para tij ecte murtaja dhe murtaja e ethshme ndiqte hapat e tij.

⁶ Ai ndalej dhe maste tokën, shikonte dhe i bënte kombet të dridheshin; malet e përjetshëm zhdukeshin, kodrat e lashta uleshin; rrugët e tij janë të përjetshme.

⁷ Unë i shikoja në dëshpërim çadrat e Kushanit, pavijonet e vendit të Madianit dridheshin.

⁸ O Zot, a merrte zjarr vallë zemërimi yt kundër lumenjve? A ishte zemërimi yt kundër lumenjve ose tërbimi yt kundër detit, kur shkoje hipur mbi kuajt e tu, mbi qerret e tua të fitores?

⁹ Ti e ke zbuluar plotësisht harkun tënd, sipas betimeve që ke bërë mbi shigjetat e tua. Ti e ke ndarë tokën me lumenjtë.

¹⁰ Malet të panë dhe u drodhën; uragani i ujit kaloi, humnera ka bërë të dëgjohet zëri i saj dhe ka ngritur duart lart.

¹¹ Dielli dhe hëna kanë mbetur në banesën e tyre; në dritën e shigjetave të tua lëvizën me të shpejtë, në vetëtimën e ushtës sate flakëruese.

¹² Ti e ke përshkuar dheun i indinjuar, i ke shkelur kombet i zemëruar.

¹³ Ke dalë për të shpëtuar popullin tënd, për të shpëtuar të vajosurin tënd; ti ke goditur kokën e shtëpisë së të pabesit, duke e nxjerrë lakuriq nga themelet e deri lart.

¹⁴ Ti ke shpuar me shigjetat e tua kokën e fshatrave të tij; ata kishin ardhur si një uragan për t'i shpërndarë, duke lëshuar britma gëzimi, sikur po gllabëronin të mjerin në fshehtësi.

¹⁵ Me kuajt e tu ke ecur përmes detit, nëpërmjet një mase të madhe ujërash.

¹⁶ Kam dëgjuar dhe të përbrendshmet e mia u drodhën dhe buzët e mia u drodhën në atë zë; një krimb hyri në kockat e mia dhe një frikë e madhe më pushtoi përbrenda. Megjithatë do të rri në qetë ditën

¹⁷ Ndonëse fiku nuk do të lulëzojë dhe nuk do të ketë asnjë fryt te hardhitë, ndonëse punimi i ullirit do të jetë zhgënjyes dhe arat nuk do të japin më ushqim, ndonëse kopetë do të zhduken nga vathat dhe nuk do të ketë më qe në stalla,

¹⁸ unë do të ngazëllohem tek Zoti dhe do të gëzohem te Perëndia i shpëtimit tim.

¹⁹ Zoti, Zoti, është forca ime; ai do t'i bëjë këmbët e mia si ato të drerëve dhe do të më bëjë të ec mbi lartësitë e mia". Mjeshtrit të korit. Për veglat me tela.

Sofonias
Sofonias

Kapitull 1

¹ Fjala e Zotit që iu drejtua Sofonias, birit të Kushit, bir i Gedaliahut, bir i Amariahut, bir i Ezekias, në ditët e Josias, birit të Amonit, mbret i Judës.

² "Unë do të zhduk krejt çdo gjë nga faqja e dheut", thotë Zoti.

³ "Do të zhduk njerëz dhe kafshë, do të zhduk zogjtë e qiellit dhe peshqit e detit, shkaqet e mëkatit së bashku me të pabesët dhe do të shfaros njeriun nga faqja e dheut", thotë Zoti.

⁴ "Do të shtrij dorën time kundër Judës dhe kundër të gjithë banorëve të Jeruzalemit dhe do të shfaros nga ky vend mbeturinat e Baalit, emrin e priftërinjve idhujtarë, bashkë me priftërinjtë,

⁵ ata të cilët bien përmbys mbi tarraca përpara ushtrisë së qiellit, ata që bien përmbys duke iu betuar Zotit, por duke iu betuar edhe Malkamit,

⁶ ata që largohen nga Zoti dhe ata që nuk e kërkojnë Zotin dhe nuk e konsultojnë.

⁷ Rri në heshtje para Zotit, Zotit, sepse dita e Zotit është e afërt, sepse Zoti ka përgatitur një flijim, ka shenjtëruar të ftuarit e tij.

⁸ Ditën e flijimit të Zotit do të ndodhë që unë do të ndëshkoj princat, bijtë e mbretit dhe tërë ata që mbajnë veshje të huajsh.

⁹ Po atë ditë do të ndëshkoj tërë ata që hidhen mbi prag, që mbushin me dhunë dhe mashtrim shtëpitë e zotërve të tyre.

¹⁰ Atë ditë", thotë Zoti, "do të ngrihet një britmë nga porta e peshqve, një klithmë nga lagja e dytë dhe një zhurmë e madhe nga kodrat.

¹¹ Ulërini, o banorë të Makteshit, sepse tërë populli i tregtarëve është asgjësuar, tërë ata të ngarkuar me para janë shfarosur.

¹² Në atë kohë do të ndodhë që unë do të kontrolloj Jeruzalemin me llampa dhe do të ndëshkoj njerëzit që, duke qëndruar në llumin e tyre, thonë në zemër të tyre: "Zoti nuk bën as të mirë as të keq".

¹³ Prandaj pasuritë e tyre do të bëhen plaçkë lufte dhe shtëpitë e tyre do të shkretohen. Do të ndërtojnë shtëpi, do të mbjellin vreshta, por nuk do pinë verën e tyre".

¹⁴ Dita e Zotit është e afërt, është e afërt dhe po vjen me shpejtësi të madhe. Zhurma e ditës së Zotit është e hidhur; atëherë njeriu trim do të këlthasë fort.

¹⁵ Ajo ditë është një ditë zemërimi, një ditë mjerimi dhe ankthi, një ditë shkatërrimi dhe shkretie, një ditë terri dhe mjegulle, një ditë resh dhe errësire të thellë,

¹⁶ një ditë zhurmimi të borisë dhe alarmi kundër qyteteve të fortifikuara dhe kullave të larta.

¹⁷ Unë do të sjell fatkeqësinë mbi njerëzit dhe ata do të ecin si të verbër, sepse kanë mëkatuar kundër Zotit; gjaku i tyre do të shpërndahet si pluhur dhe mishi i tyre si jashtëqitje.

¹⁸ As argjendi i tyre as ari i tyre nuk do të mund t'i çlirojnë ditën e zemërimit të Zotit; përkundrazi tërë vendi do të gllabërohet nga zjarri i xhelozisë së tij, sepse ai do të kryejë me siguri një shkatërrim të plotë të të gjithë banorëve të vendit.

Kapitull 2

¹ Mblidhuni, mblidhuni bashkë, o komb i pacipë,

² para se dekreti të ketë efekt, para se dita të kalojë si byku, para se të bjerë mbi ju zemërimi i zjarrtë i Zotit, para se të vijë mbi ju dita e zemërimit të Zotit.

³ Kërkoni Zotin ju të gjithë, të përulurit e dheut, që zbatoni ligjin e tij. Kërkoni drejtësinë, kërkoni përulësinë. Ndofta do të jeni të mbrojtur në ditën e zemërimit të Zotit.

⁴ Sepse Gaza do të braktiset dhe Ashkeloni do të bëhet një shkreti; do të dëbojnë Ashdodin me dhunë në mes të ditës, dhe Ekroni do të çrrënjoset.

⁵ Mjerë banorët e bregut të detit, mjerë kombi i Kerethejve! Fjala e Zotit është kundër teje, o Kanaan, vend i Filistejve: "Unë do të të shkatërroj dhe nuk do të mbetet më asnjë i gjallë".

⁶ Kështu bregu i detit do të jetë i tëri kullotë me banesa për barinjtë dhe vathë për kopetë.

⁷ Bregdeti do t'i përkasë mbeturinës së shtëpisë së Judës; në këto vende do të kullotin kopetë; në mbrëmje do të pushojnë në shtëpitë e Ashkelonit, sepse Zoti, Perëndia i tyre, do t'i vizitojë dhe do t'i kthejë nga robëria.

⁸ "Kam dëgjuar përbuzjen e Moabit dhe fyerjet e rënda të bijve të Amonit, me të cilat kanë fyer popullin tim dhe janë zmadhuar në dëm të territorit të tyre.

⁹ Prandaj, ashtu siç është e vërtetë që unë rroj", thotë Zoti i ushtrive, Perëndia i Izraelit, "me siguri Moabi do të jetë si Sodoma, dhe bijtë e Amonit si Gomorra, një vend i zënë nga hithrat dhe kripërat, një shkreti përjetë. Kusuri i popullit tim do t'i plaçkitë dhe mbeturina e popullit tim do t'i zotërojë.

¹⁰ Kjo do t'u ndodhë për shkak të kryelartësisë së tyre, sepse kanë fyer dhe trajtuar me arrogancë popullin e Zotit të ushtrive.

¹¹ Zoti do të jetë i tmerrshëm kundër tyre, sepse do t'i përkulë tërë perënditë e tokës; dhe secili do ta adhurojë nga vendi i tij, po, tërë ishujt e kombeve.

¹² Edhe ju, Etiopas, do të vriteni nga shpata ime".

¹³ Ai do të shtrijë dorën kundër veriut, do të shkatërrojë Asirinë dhe do ta bëjë Niniven shkreti, një vend të thatë si shkretëtira.

¹⁴ Në mes të tij do të struken kopetë, tërë kafshët e kombeve; si pelikani ashtu dhe çafka do të kalojnë natën mbi kapitelet e shtyllave të tij; zëri i tyre do të dëgjohet në dritare; shkretimi do të jetë mbi pragje, sepse do të shkatërrojë veshjen me panela kedri.

¹⁵ Ky është qyteti i qejfeve që rrinte i sigurt dhe thoshte në zemër të vet: "Unë, dhe askush tjetër veç meje". Vallë si u bë një shkreti, një vend ku struken kafshët? Kushdo që do t'i kalojë afër do të fërshëllejë dhe do të tundë dorën.

Kapitull 3

¹ Mjerë ai që është rebel dhe i ndotur, mjerë qyteti i shtypjes!

² Ai nuk ka dëgjuar zërin e tij, nuk ka pranuar të ndreqet, nuk ka patur besim tek Zoti, nuk i është afruar Perëndisë të vet.

³ Krerët e tij në mes të tij janë luanë që vrumbullojnë; gjyqtarët e tij janë ujqër të mbrëmjes, që nuk lënë asnjë kockë për ta brejtur për mëngjes.

⁴ Profetët e tij janë mburravecë, të pabesë; priftërinjtë e tij kanë përdhosur vendin e shenjtë, kanë dhunuar ligjin.

⁵ Zoti është i drejtë në mes të tij, ai nuk kryen paudhësi. Çdo mëngjes ai sjell në dritë drejtësinë pa munguar asnjë herë, por i çorodituri nuk njeh turp.

⁶ "Kam shfarosur kombet; kalatë e tyre janë shembur; i kam shkretuar rrugët e tyre dhe askush nuk kalon nëpër to; qytetet e tyre janë shkatërruar dhe askush nuk banon në to.

⁷ Unë thoja: "Me siguri do të kesh frikë nga unë, do të pranosh të ndreqesh", dhe kështu banesa e tij nuk do të shkatërrohej me gjithë ndëshkimet që i kam dhënë. Por ata u nxituan të prishen në të gjitha veprimet e tyre.

⁸ Prandaj më prit", thotë Zoti, "kur të ngrihem për të bërë plaçkë, sepse unë kam vendosur të mbledh kombet, të bashkoj mbretëritë, për të hedhur mbi ta indinjatën time, gjithë zjarrin e zemërimit tim;

⁹ Sepse atëherë do t'u jap popujve një të folur të pastër, me qëllim që të gjithë të përmendin emrin e Zotit, për t'i shërbyer me një marrëveshje të përbashkët.

¹⁰ Që përtej lumenjve të Etiopisë, adhuruesit e mi, bija e të humburve të mi, do të më sjellin ofertat e tyre.

¹¹ Në atë ditë ti nuk do të kesh më turp për të gjitha veprimet e tua me të cilat ngrite krye kundër meje, sepse atëherë unë do të largoj nga mesi yt ata që gëzohen në madhështinë tënde, dhe ti nuk do të krenohesh në malin tim të shenjtë".

¹² "Do të bëj të mbetet midis teje një popull i përulur dhe i varfër, që do të ketë besim te emri i Zotit.

¹³ Mbeturina e Izraelit nuk do të kryejë paudhësi dhe nuk do të thotë më gënjeshtra, as do të gjendet në gojën e tyre një gjuhë gënjeshtare; sepse ata do ta kullotin kopenë e tyre, do të bien të flenë dhe askush nuk do t'i trembë".

¹⁴ Lësho britma gëzimi, o bijë e Sionit, lësho britma hareje, o Izrael! Gëzohu dhe ngazëllo me gjithë zemër, o bijë e Jeruzalemit!

¹⁵ Zoti i ka revokuar gjykimet e tij kundër teje, ka dëbuar armikun tënd. Mbreti i Izraelit, Zoti, ndodhet midis teje, nuk do të kesh më frikë nga asgjë.

¹⁶ Atë ditë do të thonë në Jeruzalem: "Mos ki frikë, o Sion, duart e tua mos u dobësofshin!

¹⁷ Zoti, Perëndia yt, në mes teje është i fuqishmi që shpëton. Ai do të mbushet me gëzim për ty, në dashurinë e tij do qëndrojë në heshtje, do të gëzohet për ty me britma gëzimi.

¹⁸ Unë do të mbledh ata që janë të pikëlluar për kuvendet solemne, që janë në mes tuaj për të cilët pesha për atë ishte bërë objekt përçmimi.

¹⁹ Ja, në atë kohë unë do të veproj kundër atyre që të shtypin; do të shpëtoj çalamanin dhe do të mbledh ata që janë dëbuar, dhe do t'i bëj të lavdishëm dhe të dëgjuar në të gjitha vendet ku kanë qenë me turp.

²⁰ Në atë kohë unë do t'ju kthej, po, në atë kohë do t'ju mbledh; sepse do t'ju bëj të famshëm dhe të lavdishëm midis tërë popujve të tokës, kur, para syve tuaj, do t'i bëj të kthehen ata që janë në robëri", thotë Zoti.

Hagai

Kapitull 1

¹ Në vitin e dytë të mbretit Dar, në muajin e gjashtë, ditën e parë të muajit, fjala e Zotit iu drejtua me anë të profetit Hagai, Zorobabelit, birit të Shealtielit, qeveritar i Judës, dhe Jozueut, birit të Jehotsadakut, kryeprift, duke thënë:

² "Kështu thotë Zoti i ushtrive: Ky popull thotë: "Nuk ka ardhur ende koha, koha kur duhet të rindërtohet shtëpia e Zotit"".

³ Atëherë fjala e Zotit iu drejtua atyre me anë të profetit Hagai, duke thënë:

⁴ "A është vallë për ju koha për të banuar në shtëpitë tuaja të mbuluara mirë, ndërsa ky tempull është ende i rrënuar?".

⁵ Prandaj Zoti i ushtrive thotë tani: "Mendohuni mirë për sjelljen tuaj!

⁶ Ju keni mbjellë shumë, por keni korrur pak; ju hani por jo aq sa të ngopeni; ju pini, por jo aq sa të shuani etjen tuaj; ju visheni, por askush nuk rrin ngrohtë; ai që fiton një mëditje, e fiton për ta shtënë në një qese të shpuar".

⁷ Kështu thotë Zoti i ushtrive: "Mendohuni mirë për sjelljen tuaj!

⁸ Ngjituni ndër male, sillni lëndën dhe ndërtoni tempullin, që të mund të gëzohem për të dhe kështu të jem i përlëvduar", thotë Zoti.

⁹ Ju prisnit shumë, por në realitet keni pasur pak; pastaj, kur e keni çuar në shtëpi, unë e shpërndava. Përse?", thotë Zoti i ushtrive, "për shkak të tempullit tim që është i rrënuar, ndërsa secili prej jush rend në shtëpinë e vet.

¹⁰ Për këtë arsye qielli e ka ndalur vesën sipër jush dhe toka e ka mbajtur prodhimin e vet.

¹¹ Dhe unë e thirra thatësirën mbi vendin, mbi malet, mbi grurin, mbi mushtin, mbi vajin dhe mbi gjithshka që prodhon toka, mbi njerëzit, mbi bagëtinë dhe mbi gjithë punën e duarve tuaja".

¹² Zorobabeli, biri i Shealtielit, dhe Jozueu, biri i Jehotsadakut, kryeprift, dhe gjithë pjesa tjetër e popullit e dëgjuan zërin e Zotit, Perëndisë së tyre, dhe fjalët e profetit Hagai, sepse Zoti,

¹³ Atëherë Hagai, lajmëtari i Zotit, i shpalli popullit mesazhin e Zotit, duke thënë: "Unë jam me ju, thotë Zoti".

¹⁴ Kështu Zoti e zgjoi frymën e Zorobabelit, birit të Shealtielit, qeveritar i Judës dhe frymën e Jozueut, birit të Jehotsadakut, kryeprift dhe frymën e gjithë pjesës tjetër të popullit; atëherë ata erdhën dhe filluan punën për shtëpinë e Zotit të ushtrive, Perëndisë së tyre,

¹⁵ në ditën e njëzetekatërt të muajit të gjashtë, në vitin e dytë të mbretit Dar.

Kapitull 2

¹ Në muajin e shtatë, në ditën e njëzetenjëtë të muajit, fjala e Zotit u drejtua me anë të profetit Hagai, duke thënë:

² "Foli tani Zorobabelit, birit të Shealtielit, qeveritar i Judës, dhe Jozueut, birit të Jehotsadakut, kryeprift, dhe pjesës tjetër të popullit, duke thënë:

³ "Cili prej jush ka mbetur nga ata që e kanë parë këtë tempull në lavdinë e tij të mëparshme? Dhe si po e shikoni tani? Në krahasim me atë, a nuk është kjo asgjë para syve tuaj?

⁴ Dhe tani ji i fortë, Zorobabel", thotë Zoti, "ji i fortë, Jozue, bir i Jehotsadakut, kryeprift; ji i fortë, o mbarë popull i vendit", thotë Zoti, "dhe i hyni punës, sepse unë jam me ju", thotë Zoti i ushtrive,

⁵ "sipas fjalës së besëlidhjes që lidha me ju kur dolët nga Egjipti, kështu Fryma ime qëndron midis jush. Mos kini frikë".

⁶ Sepse kështu thotë Zoti i ushtrive: "Edhe një herë, pas pak, unë do t'i bëj të dridhen qiejtë dhe dheun, detin dhe sterenë;

⁷ do t'i bëj të dridhen gjithë kombet; dëshira e gjithë kombeve do të vijë dhe unë do ta mbush këtë tempull me lavdi", thotë Zoti i ushtrive.

⁸ "Argjendi është imi, ari është imi", thotë Zoti i ushtrive.

⁹ "Lavdia e këtij tempulli të fundit do të jetë më e madhe nga ajo e të mëparshmit", thotë Zoti i ushtrive; "dhe në këtë vend unë do të sjell paqen"", thotë Zoti i ushtrive.

¹⁰ Në ditën e njëzet e katërt të muajit të nëntë, në vitin e dytë të Darit, fjala e Zotit u drejtua me anë të profetit Hagai, duke thënë:

¹¹ "Kështu thotë Zoti i ushtrive: Pyeti priftërinjtë për ligjin, duke thënë:

¹² "Në qoftë se dikush mban në cepin e rrobës së tij mish të shenjtëruar dhe me cepin prek bukë ose ushqim të gatuar, verë ose vaj, ose çfarëdo ushqim tjetër, a do të bëhet i shenjtëruar ky?"". Priftërinjtë u përgjigjen dhe thanë: "Jo!".

¹³ Atëherë Hagai u tha atyre: "Në qoftë se dikush, që është i papastër për shkak të kontaktit me një kufomë, prek ndonjë nga këto gjëra, a do të bëhet kjo e papastër?". Priftërinjtë u përgjigjën dhe thanë: "Po, ajo do të bëhet e papastër".

¹⁴ Atëherë Hagai u përgjigj dhe tha: "Kështu është ky popull, kështu është ky komb përpara meje", thotë Zoti, "dhe kështu është çdo punë e duarve të tyre, dhe ajo që më ofrojnë atje është e papastër.

¹⁵ Tani mendohuni mirë që sot e tutje, para se të vendoset guri mbi gur në tempullin e Zotit.

¹⁶ Më parë kur dikush shkonte para një kapice që mendohej se kishte njëzet masa, kishte vetëm dhjetë; kur dikush shkonte te buti për të nxjerrë nga buti pesëdhjetë bate, kishte vetëm njëzet.

¹⁷ Unë ju godita me plasjen, me ndryshkun dhe me breshër në çdo punë të duarve tuaja, por ju nuk u kthyet tek unë", thotë Zoti.

¹⁸ "Mendohuni mirë që sot e tutje, nga dita e njëzetkatërt e muajit të nëntë, nga dita kur u hodhën themelet e tempullit të Zotit. Mendoni këtë:

¹⁹ a ka akoma grurë në hambar? Hardhia, fiku, shega dhe ulliri nuk kanë dhënë akoma fryt. Por që nga kjo ditë e tutje, unë do t'ju bekoj".

²⁰ Fjala e Zotit iu drejtua për herë të dytë Agait, ditën e njëzet e katërt të muajit, duke thënë:

²¹ "Foli Zorobabelit, qeveritarit të Judës, dhe i thuaj: "Unë do t'i bëj qiejt dhe dheun të dridhen,

²² do të përmbys fronin e mbretërive dhe do të shkatërroj fuqinë e mbretërive të kombeve; do të përmbys qerret dhe ata që u hipin atyre; do të rrëzohen kuajt dhe kalorësit e tyre, secili do të vritet nga shpata e vëllait të vet.

²³ Atë ditë", thotë Zoti i ushtrive, "unë do të të marr, o Zorobabel, bir i Shealtielit, shërbëtori im", thotë Zoti dhe do të të vë një si vulë, sepse të kam zgjedhur"", thotë Zoti i ushtrive.

Zakarias

Kapitull 1

¹ Në muajin e tetë të vitit të dytë të Darit, fjala e Zotit iu drejtua Zakarias, birit të Berekiahut, bir i Idos, profet, duke thënë:

² "Zoti ishte zemëruar shumë me etërit tuaj.

³ Prandaj u thuaj: Kështu thotë Zoti i ushtrive: Kthehuni tek unë, thotë Zoti i ushtrive, dhe unë do të kthehem te ju", thotë Zoti i ushtrive.

⁴ "Mos u bëni si etërit tuaj, të cilëve profetët e së kualuarës u kanë shpallur, duke thënë: "Kështu thotë Zoti i ushtrive: Konvertohuni nga rrugët tuaja të këqija dhe nga veprat tuaja të këqija". Por ata nuk dëgjuan dhe nuk më kushtuan vemendje", thotë Zoti.

⁵ "Etërit tuaj ku janë? Po profetët a rrojnë vallë përjetë?

⁶ Vallë fjalët e mia dhe statutet e mia që ua kisha besuar shërbëtorëve të mi, profetëve, nuk arritën te etërit tuaj? Kështu ata u konvertuan dhe thanë: "Ashtu si kishte vendosur të vepronte me ne Zoti i ushtrive, në bazë të rrugëve tona dhe të veprave tona, kështu veproi me ne"".

⁷ Më njëzet e katër të muajit të njëmbëdhjetë, që është muaji i Shebatit, në vitin e dytë të Darit, fjala e Zotit iu drejtua Zakarias, birit të Berekiahut, bir i Idos, profet, duke thënë:

⁸ Natën pata një vegim; dhe ja, një burrë, që i kishte hipur një kali të kuq, rrinte midis shkurreve të mërsinave në një gropë të thellë dhe prapa tij kishte kuaj të kuq, të kuqërremë dhe të bardhë.

⁹ Unë pyeta: "Imzot, çfarë kuptimi kanë këto gjëra?". Engjëlli që fliste me mua m'u përgjigj: "Unë do të të bëj të shohësh çfarë kuptimi kanë ato".

¹⁰ Atëherë burri që rrinte midis shkurreve të mërsinave nisi të thotë: "Këta janë ata që i ka dërguar Zoti për të përshkuar dheun".

¹¹ Kështu iu përgjigjën ata engjëllit të Zotit i cili rrinte midis shkurreve të mërsinave: "Kemi përshkuar dheun dhe ja, gjithë dheu është në pushim dhe i qetë".

¹² Atëherë engjëlli i Zotit nisi të thotë: "O Zoti i ushtrive, deri kur do të vazhdosh të mos kesh mëshirë për Jeruzalemin dhe për qytetet e Judës kundër të cilave ke qënë i zemëruar gjatë këtyre shtatëdhjetë vjetëve?".

¹³ Pastaj Zoti i tha disa fjalë të mira, fjalë inkurajimi, engjëllit që fliste me mua.

¹⁴ Kështu engjëlli që fliste me mua më tha: "Bërtit dhe thuaj: Kështu thotë Zoti i ushtrive: "Unë jam shumë xheloz për Jeruzalemin dhe për Sionin;

¹⁵ por jam zemëruar shumë me kombet që jetojnë në mirëqenie, sepse, kur isha zemëruar pak, ata luajtën rol për ta shtuar të keqen".

¹⁶ Prandaj kështu thotë Zoti: "Unë po i drejtohem përsëri Jeruzalemit me mëshirë; tempulli im do të rindërtohet aty, thotë Zoti i ushtrive, dhe litari do të nderet mbi Jeruzalem".

¹⁷ Bërtit akoma dhe thuaj: "Kështu thotë Zoti i ushtrive: Qytetet e mia do të jenë plot e përplot me pasuri; Zoti do të ngushëllojë akoma Sionin dhe do të zgjedhë akoma Jeruzalemin"".

¹⁸ Pastaj i çova sytë, shikova dhe ja, katër brirë.

¹⁹ Unë e pyeta engjëllin që fliste me mua: "Çfarë janë këta?". Ai m'u përgjigj: "Këta janë brirët që kanë shpërndarë Judën, Izraelin dhe Jeruzalemin".

²⁰ Pastaj Zoti më bëri të shoh katër kovaçë.

²¹ Unë pyeta: "Pse kanë ardhur këta, çfarë do të bëjnë?". Ai u përgjigj dhe tha: "Këta janë brirët që kanë shpërndarë Judën, kështu që askush nuk mund të çonte kokën lart, por këta kovaçë vijnë për t'i trembur, për të rrëzuar brirët e kombeve që e kanë ngritur bririn e tyre kundër vendit të Judës për ta shpërndarë".

Kapitull 2

¹ I ngrita mandej sytë dhe shikova dhe ja, një burrë që mbante në dorë një litar për matje.

² E pyeta: "Ku po shkon?". Ai m'u përgjigj: "Po shkoj të mas Jeruzalemin, për të parë sa është gjerësia e tij dhe sa është gjatësia e tij".

³ Dhe ja, engjëlli që fliste me mua doli përpara dhe një engjëll tjetër i doli përballë,

⁴ dhe i tha: "Rend, foli atij të riu dhe i thuaj: Jeruzalemi do të jetë i banuar si një qytet pa mure, për shkak të morisë së njerëzve dhe të kafshëve që do të jenë në të.

⁵ Sepse unë", thotë Zoti, "do të jem për të një mur zjarri rreth e qark dhe do të jem lavdia e tij në mes të tij".

⁶ Oh, oh! "Ikni nga vendi i veriut", thotë Zoti, "sepse ju kam shpërndarë si katër erërat e qiellit", thotë Zoti.

⁷ Oh, Sion, siguro shpëtimin, ti që banon bashkë me bijën e Babilonisë!

⁸ Sepse kështu thotë Zoti i ushtrive: "Lavdia e tij më ka dërguar te kombet që ju kanë plaçkitur, sepse ai që ju prek prek beben e syrit të tij.

⁹ Ja, unë do ta tund dorën time kundër tyre dhe ata do të bëhen pre e atyre që u ishin nënshtruar atyre; atëherë do të pranoni që më ka dërguar Zoti i ushtrive.

¹⁰ Lësho klithma gëzimi, gëzohu, o bijë e Sionit, sepse ja, unë do të vij, të banoj midis teje", thotë Zoti.

¹¹ "Atë ditë shumë kombe do të bashkohen me Zotin dhe do të bëhen populli im, dhe unë do të banoj midis teje; atëherë do të pranosh që Zoti i ushtrive më ka dërguar te ti.

¹² Dhe Zoti do të marrë në zotërim Judën si trashëgimi të tij në tokën e shenjtë dhe do të zgjedhë akoma Jeruzalemin.

¹³ Çdo mish le të heshtë përpara Zotit, sepse ai është zgjuar nga selia e tij e shenjtë".

Kapitull 3

¹ Pastaj më bëri të shoh kryepriftin Jozue, që qëndronte drejt përpara engjëllit të Zotit, dhe Satanai që rrinte në të djathtën e tij për ta akuzuar.

² Zoti i tha Satanait: "Të qortoftë ashpër Zoti, o Satana! Po, Zoti që ka zgjedhur Jeruzalemin, të qortoftë ashpër! A nuk është vallë ky një urë zjarri e shkëputur nga zjarri?".

³ Jozueu ishte veshur me rroba të papastra dhe qëndronte drejt përpara engjëllit,

⁴ i cili nisi t'u thotë atyre që ishin përpara tij: "Ia hiqni nga trupi ato rroba të papastra!". Pastaj i tha atij: "Shiko, kam zhdukur prej teje paudhësinë tënde dhe do të të bëj të veshësh rroba të shkëlqyera".

⁵ Unë, pra, thashë: "Le të vënë mbi kokën e tij një çallmë të pastër". Kështu ata i vunë mbi kokë një çallmë të pastër dhe e vunë të veshë rroba, ndërsa Engjëlli i Zotit ishte i pranishëm aty.

⁶ Dhe Engjëlli i Zotit e paralajmëroi solemnisht Jozueun duke thënë:

⁷ "Kështu thotë Zoti i ushtrive: Në qoftë se do të ecësh në rrugët e mia dhe do të respektosh ligjin tim, edhe ti do të kesh drejtimin e shtëpisë sime dhe do të ruash oborret e mia, dhe unë do të të lejoj të hysh lirisht midis këtyre që rrijnë këtu.

⁸ Dëgjo, pra, o Jozue, kryeprift, ti dhe shokët e tu që ulen përpara teje, sepse ata janë njerëz që japin paralajmërime. Ja, unë po të sjell këtu shërbëtorin tim, Filizin.

⁹ Ja guri që kam vënë përpara Jozueut: mbi këtë gur të vetëm ka shtatë sy; ja, unë do të gdhend mbishkrimin e tij", thotë Zoti i ushtrive, "dhe do ta heq paudhësinë e këtij vendi në një ditë të vetme.

¹⁰ Në atë ditë", thotë Zoti i ushtrive, "secili nga ju do të ftojë fqinjin e vet nën hardhinë e tij dhe nën fikun e tij".

Kapitull 4

¹ Pastaj engjëlli që fliste me mua u kthye dhe më zgjoi ashtu si zgjojnë dikë nga gjumi.

² Dhe më pyeti: "Çfarë po shikon?". U përgjigja: "Ja, po shikoj një shandan krejt prej ari dhe që ka në majë një enë, mbi të cilën janë shtatë llampa me shtatë tuba për shtatë llampat që janë në majë.

³ Afër tyre janë dy ullinj, një në të djathtën e enës dhe tjetri në të majtën e saj".

⁴ Kështu nisa t'i them engjëllit që fliste me mua: "Imzot, ç'kuptim kanë këto gjëra?".

⁵ Engjëlli që fliste me mua u përgjigj dhe më tha: "Nuk e kupton se ç'duan të thonë këto gjëra?". Unë i thashë: "Jo, imzot".

⁶ Atëherë ai, duke u përgjigjur, më tha: "Kjo është fjala e Zotit drejtuar Zorobabelit: Jo për fuqinë dhe as për forcën, por për Frymën time", thotë Zoti i ushtrive.

⁷ "Kush je ti, o mali i madh? Përpara Zorobabelit ti do të bëhesh fushë. Dhe ai do ta bëjë gurin e majës së malit të shkojë përpara midis britmave: "Mëshirë, mëshirë për të!"".

⁸ Fjala e Zotit m'u drejtua përsëri, duke thënë:

⁹ "Duart e Zorobabelit kanë hedhur themelet e këtij tempulli dhe duart e tij do ta përfundojnë; atëherë do të pranosh që Zoti i ushtrive më ka dërguar te ju.

¹⁰ Kush ka mundur të përçmojë ditën e gjërave të vogla? Por ata të shtatë gëzohen kur shohin plumbçen në duart e Zorobabelit. Ata të shtatë janë sytë e Zotit që e përshkojnë gjithë dheun".

¹¹ Unë u përgjigja dhe i thashë: "Këta dy ullinj në të djathtën dhe në të majtën e shandanit çfarë janë?".

¹² Për herë të dytë nisa t'i them: "Çfarë janë këto dy degë ulliri që janë përbri dy prurësve prej ari nga rrjedh vaji i prarruar?".

¹³ Ai m'u përgjigj dhe tha: "Nuk e kupton çfarë janë këto?". Unë u përgjigja: "Jo, imzot".

¹⁴ Atëherë ai më tha: "Këta janë dy të vajosurit që rrijnë afër Zotit të gjithë dheut".

Kapitull 5

¹ Pastaj i çova përsëri sytë dhe pashë, dhe ja një rrotull që fluturonte.

² Engjëlli më tha: "Çfarë po shikon?". Unë u përgjigja: "Shoh një rrotull që fluturon; gjatësia e saj është njëzet kubitë dhe gjërësia e saj dhjetë kubitë".

³ Atëherë ai më tha: "Ky është mallkimi që po përhapet mbi gjithë vendin; sepse tani e tutje, kushdo që vjedh do të dëbohet prej tij dhe kushdo që tani e tutje betohet me të rreme, do të dëbohet prej tij.

⁴ Unë do ta bëj të dalë", thotë Zoti i ushtrive, "dhe ai do të hyjë në shtëpinë e vjedhësit dhe në shtëpinë e atij që bën betim të rremë në emrin tim; do të mbetet në atë shtëpi dhe do ta konsumojë bashkë me lëndën e saj dhe me gurët e saj".

⁵ Pastaj Engjëlli që fliste me mua doli dhe më tha: "Ço sytë dhe shiko çfarë është ajo që po del".

⁶ Unë thashë: "Çfarë është?". Ai tha: "Është efa që po del". Pastaj shtoi: "Kjo është pamja e tyre në gjithë vendin".

⁷ Pastaj, ja, u ngrit një kapak plumbi, dhe kështu në mes të efas rrinte ulur një grua.

⁸ Atëherë ai tha: "Kjo është ligësia". Dhe e hodhi në mes të efas, pastaj hodhi kapakun prej plumbi mbi hapjen e saj.

⁹ Pastaj i çova sytë dhe shikova, dhe ja që po vinin dy gra me erën në krahët e tyre, sepse ato kishin krahë si krahët e lejlekut, dhe e ngritën efan midis tokës dhe qiellit.

¹⁰ Kështu unë e pyeta engjëllin që fliste me mua: "Ku e çojnë efan këto?".

¹¹ Ai m'u përgjigj: "Në vendin e Shinarit për t'i ndërtuar një shtëpi; kur të jetë gati efa do të vihet mbi piedestalin e vet".

Kapitull 6

¹ I çova përsëri sytë dhe shikova, dhe ja, katër qerre që dilnin në mes të dy maleve; dhe malet ishin male prej bronzi.

² Në qerren e parë kishte kuaj të kuq, në qerren e dytë kuaj të zinj,

³ në qerren e tretë kuaj të bardhë dhe në të katërtën kuaj shumë laramanë.

⁴ Atëherë nisa t'i them engjëllit që fliste me mua: "Imzot, po këta?".

⁵ Engjëlli u përgjigj dhe tha: "Këta janë katër frymat e qiellit që dalin pasi kanë qenë në prani të Zotit të mbarë dheut.

⁶ Qerrja me kuaj të zinj shkon drejt vendit të veriut; kuajt e bardhë e ndjekin, kuajt laramanë shkojnë drejt vendit të jugut;

⁷ pastaj përparojnë kuajt me ngjyrë të kuqe të ndezur dhe kërkojnë të shkojnë për të përshkuar dheun". Ai u tha atyre: "Shkoni, përshkoni dheun!". Kështu ata e përshkuan dheun.

⁸ Pastaj ai më thirri dhe më foli, duke thënë: "Ja, ata që po shkojnë drejt vendit në veri e kanë qetësuar Frymën time mbi vendin e veriut.

⁹ Pastaj fjala e Zotit m'u drejtua duke thënë:

¹⁰ "Prano dhurata nga mërgimtarët, domethënë nga Heldai, nga Tobiahu dhe nga Jedaiahu që kanë ardhur nga Babilonia, dhe që po sot kanë shkuar në shtëpinë e Josias, birit të Sofonias.

¹¹ Merr argjendin dhe arin, bëj një kurorë me to dhe vëre mbi kryet e Jozueut, birit të Jehotsadakut, kryepriftit.

¹² Pastaj foli atij, duke thënë: Kështu thotë Zoti i ushtrive: Ja, burri emri i të cilit është Filizë, do të filizoj në vendin e tij dhe do të ndërtojë tempullin e Zotit.

¹³ Po, ai do të ndërtojë tempullin e Zotit, do të mbulohet me lavdi dhe do të ulet e do të mbretërojë mbi fronin e tij, do të jetë prift mbi fronin e tij, dhe midis të dyve do të jetë një këshillë paqeje.

¹⁴ Kurora do të jetë një kujtim në tempullin e Zotit për Helemin, për Tobiahun, për Jedaiahun dhe për Henin, birin e Sofonias.

¹⁵ Edhe ata që janë larg do të vijnë për të ndihmuar për ndërtimin e tempullit të Zotit; atëherë do të pranoni që Zoti i ushtrive më ka dërguar te ju. Kjo do të ndodhë në qoftë se do t'i bindeni me zell zërit të Zotit, Perëndisë tuaj".

Kapitull 7

¹ Në vitin e katërt të mbretit Dar, ditën e katërt të muajit të nëntë, që është Kislevi, ndodhi që fjala e Zotit iu drejtua Zakarias.

² Kishin dërguar Sharetserin, bashkë me Regemelekun dhe njerëzit e tij, në Bethel për të kërkuar me lutje favorin e Zotin,

³ dhe për të folur me priftërinjtë që ishin në shtëpinë e Zotit të ushtrive dhe me profetët, duke thënë: "A duhet të qaj në muajin e pestë dhe të agjëroj si kam bërë gjatë shumë viteve?".

⁴ Atëherë fjala e Zotit m'u drejtua, duke thënë:

⁵ "Folu gjithë popullit të vendit dhe priftërinjve dhe thuaj: "Kur keni agjëruar dhe jeni pikëlluar në muajin e pestë dhe në shtatin gjatë këtyre shtatëdhjetë viteve, a keni agjëruar në të vërtetë për mua, pikërisht për mua?

⁶ Po më pas, kur keni ngrënë dhe pirë, mos vallë keni ngrënë dhe pirë për veten tuaj?

⁷ A nuk janë këto fjalët që Zoti i ushtrive ka shpallur me anë të profetëve të së kaluarës, kur Jeruzalemi ishte i banuar dhe i qetë bashkë me qytetet e tij të afërta dhe gjithashtu Negevi dhe fusha ishin të banuara?"".

⁸ Fjala e Zotit iu drejtua Zakarias, duke thënë:

⁹ "Kështu thotë Zoti i ushtrive: Zbatoni me përpikëri drejtësinë dhe tregoni secili mirësi dhe mëshirë për vëllezërit tuaj.

¹⁰ Mos e shtypni të venë dhe jetimin, të huajin dhe të varfërin; dhe askush të mos kurdisë në zemër të vet të keqen kundër vëllait të vet.

¹¹ Por ata nuk deshën të dëgjojnë, kthyen krahët me kryeneçësi dhe i zunë veshët që të mos dëgjonin.

¹² E bënë zemrën e tyre si diamanti, për të mos dëgjuar ligjin dhe fjalët që Zoti i ushtrive u dërgonte atyre me anë të Frymës së tij, me anë të profetëve të së kaluarës. Kështu u krijua një indinjatë e madhe te Zoti i ushtrive.

¹³ Dhe ndodhi që, mbasi ai thërriste dhe ata nuk ia vinin veshin, ata thirrën dhe unë nuk ua vura veshin", thotë Zoti i ushtrive,

¹⁴ "por i shpërndava me shakullimë midis gjithë kombeve që ata nuk i njihnin. Kështu vendi mbeti i shkretë pas tyre, dhe askush nuk kalonte andej ose nuk u kthye. Nga një vend kënaqësie ata e kthyen në shkreti".

Kapitull 8

¹ Fjala e Zotit të ushtrive m'u drejtua përsëri, duke thënë:

² Kështu thotë Zoti i ushtrive: Unë jam shumë xheloz për Sionin, po, unë digjem nga xhelozia për të".

³ Kështu thotë Zoti: "Unë do të kthehem në Sion dhe do të banoj në mes të Jeruzalemit. Jeruzalemin do ta quajnë Qytet të besnikërisë dhe malin e Zotit të ushtrive, mal të shenjtërisë".

⁴ Kështu thotë Zoti i ushtrive: "Nëpër sheshet e Jeruzalemit do të ulen akoma pleq e plaka, secili me shkopin e vet në dorë për shkak të moshës së shtyrë.

⁵ Sheshet e qytetit do të jenë plot e përplot me djem dhe vajza që do të lozin në sheshet e tij".

⁶ Kështu thotë Zoti i ushtrive: "Në se kjo duket shumë e vështirë në sytë e atyre që kanë mbetur nga ky popull ndër këto ditë, a do të jetë gjithashtu tepër e vështirë për sytë e mi?", thotë Zoti i ushtrive.

⁷ Kështu thotë Zoti i ushtrive: "Ja, unë do ta shpëtoj popullin tim nga vendi i lindjes dhe nga vendi i perëndimit.

⁸ Unë do t'i bëj të vijnë dhe ata do të banojnë në Jeruzalem; ata do të jenë populli im dhe unë do të jem Perëndia i tyre me besnikëri dhe drejtësi".

⁹ Kështu thotë Zoti i ushtrive: "Duart tuaja le të jenë të fuqishme, ju që dëgjoni në këto ditë këto fjalë nga goja e profetëve që ishin në kohën kur po hidheshin themelet e shtëpisë të Zotit, me qëllim që të mund të rindërtohej tempulli.

¹⁰ Përpara asaj kohe nuk kishte pagesë për njeriun dhe pagesë për kafshët; nuk kishte fare siguri për këdo që shkonte ose vinte për shkak të armikut; unë vet, pra, i vija gjithë njerëzit kundër njeri tjetrit.

¹¹ Por tani nuk do të jem më me ata të mbeturit nga ky popull siç kam qenë në kohërat e shkuara", thotë Zoti i ushtrive.

¹² "Sepse do të ketë një farë paqeje: hardhia do të japë frytin e vet, toka do të japë prodhimet e veta dhe qiejt do t'u japin vesën e tyre. Do t'i bëj ata të mbeturit nga ky popull të kenë zotërimin e të gjitha këtyre gjërave.

¹³ Dhe do të ndodhë që, ashtu si ishit një mallkim midis kombeve, o shtëpi e Judës dhe shtëpi e Izraelit, kështu, kur t'ju shpëtoj, do të jeni një bekim. Mos u trembni, duart tuaja le të jenë të fuqishme!".

¹⁴ Sepse kështu thotë Zoti i ushtrive: "Ashtu si vendosa t'ju bëj keq kur etërit tuaj më provokuan zemërimin", thotë Zoti i ushtrive, "dhe nuk u pendova,

¹⁵ kështu, këto ditë kam vendosur rishtas t'i bëj mirë Jeruzalemit dhe shtëpisë së Judës. Mos u trembni!

¹⁶ Këto janë gjërat që duhet të bëni: i flisni me vërtetësi secili të afërmit të tij, në portat tuaja jepni gjykime me vërtetësi, drejtësi dhe paqe.

¹⁷ Askush të mos kurdisë në zemër të vet ndonjë të keqe kundër të afërmit të vet dhe mos pëlqeni betimin e rremë, sepse të gjitha këto gjëra unë i urrej, thotë Zoti".

¹⁸ Fjala e Zotit të ushtrive m'u drejtua përsëri, duke thënë:
¹⁹ "Kështu thotë Zoti i ushtrive: Agjërimi i muajit të katërt, agjërimi i të pestit, agjërimi i të shtatit dhe agjërimi i të dhjetit do të bëhen për shtëpinë e Judës një periudhë gëzimi, hareje dhe festash të gëzuara; prandaj duajeni të vërtetën dhe paqen".
²⁰ Kështu thotë Zoti i ushtrive: "Do të vijnë akoma popuj dhe banorë të shumë qyteteve;
²¹ banorët e një qyteti do të shkojnë tek ata të tjetrit, duke thënë: "Le të shkojmë menjëherë t'i përgjërohemi fytyrës së Zotit dhe të kërkojmë Zotin e ushtrive. Edhe unë do të shkoj".
²² Po, shumë popuj dhe kombe të fuqishëm do të vijnë të kërkojnë Zotin e ushtrive në Jeruzalem dhe t'i përgjërohen fytyrës së Zotit".
²³ Kështu thotë Zoti i ushtrive: "Në ato ditë dhjetë burra nga të gjitha gjuhët e kombeve do të zënë një Jude nga cepi i rrobës dhe do të thonë: "Ne duam të vijmë me ju sepse kemi dëgjuar se Perëndia është me ju"".

Kapitull 9

¹ Orakulli i fjalës së Zotit kundër vendit të Hadrakut dhe Damasku vendpushimi i tij (sepse sytë e njerëzve të të gjitha fiseve të Izraelit i drejtohen Zotit),
² dhe kundër Hamathit, që është në kufi me të, dhe kundër Tiros dhe Sidonit, ndonëse ata janë shumë të urtë.
³ Tiro ka ndërtuar një fortesë dhe ka grumbulluar argjend si pluhur dhe ar si balta e rrugëve.
⁴ Ja, Zoti do ta rrëzojë nga fuqia dhe do të shkatërrojë pushtetin e tij në det, dhe ai do të konsumohet nga zjarri.
⁵ Ashkeloni do ta shohë dhe do të ketë frikë, edhe Gaza do të përpëlitet nga dhëmbja e madhe dhe po kështu Ekroni, sepse shpresa e tij do të pësojë zhgënjim. Mbreti do të zhduket nga Gaza dhe Ashkeloni nuk do të banohet më.
⁶ Një popull bastard do të banojë në Ashdod, dhe unë do të asgjesoj krenarinë e Filistejve.
⁷ Do të heq gjak nga goja e tij dhe gjërat e neveritshme nga dhëmbët e tij, dhe ai gjithashtu do të jetë një i mbetur për Perëndinë tonë dhe do të jetë si një kryetar në Judë, dhe Ekroni si Jebuzeu.
⁸ Do të fushoj rreth shtëpisë sime për ta mbrojtur nga çfarëdo ushtrie, nga kush shkon dhe kush vjen; asnjë shtypës nuk do të kalojë më nga ata, sepse tani pashë vetë me sytë e mi.
⁹ Ngazëllo me të madhe, o bijë e Sionit, lësho britma gëzimi, o bijë e Jeruzalemit! Ja, mbreti yt po të vjen; ai është i drejtë dhe sjell shpëtimin, i përulur dhe i hipur mbi një gomar, mbi një gomar të ri.
¹⁰ Unë do t'i zhduk qerret nga Efraimi dhe kuajt nga Jeruzalemi; harqet e luftës do të asgjësohen. Ai do t'u flasë për paqe kombeve; sundimi i tij do të shtrihet nga deti në det, dhe nga Lumi deri në skaj të dheut.
¹¹ Sa për ty, për shkak të gjakut të besëlidhjes sime me ty, i çlirova robërit e tu nga gropa pa ujë.
¹² Ktheheni në fortesë, o ju robër të shpresës! Pikërisht sot unë deklaroj se do të të jap dyfishin.
¹³ Do ta përkul Judën për mua si harkun tim dhe me Efraimin do ta mbush me shigjeta, dhe do t'i ngre në këmbë bijtë e tu, o Sion, kundër bijve të tu, o Javan, dhe do të të bëj si shpata e një njeriu të fuqishëm.
¹⁴ Atëherë mbi ta do të duket Zoti dhe shigjeta e tij do të niset si një rrufe. Zoti, Zoti, do t'i bjerë borisë dhe do të përparojë bashkë me shakullimat e jugut.
¹⁵ Zoti i ushtrive do t'i mbrojë; kështu ata do të gllabërojnë dhe do të shkelin gurët e hobeve të armiqve të tyre, do të pijnë dhe do të bëjnë zhurmë si nxitur nga vera dhe do të jenë plot me gjak si legenat e vegjël që përdoren për flijime, si brirët e altarit.
¹⁶ Zoti, Perëndia i tyre, do t'i shpëtojë atë ditë, si kopeja e popullit të tij, sepse do të jenë si gurët e çmuar të një kurore, që do të ngrihen lart si një flamur mbi tokën e tij.
¹⁷ Sa e madhe do të jetë mirësia e tij dhe sa e madhe bukuria e tij! Gruri do t'i rritë të rinjtë, dhe mushti vajzat.

Kapitull 10

¹ I kërkoni Zotit shiun në kohën e shiut të fundit! Zoti do të lëshojë rrufe që do të pasohen nga bubullima dhe shi, do t'u japë atyre shira të bollshme, dhe secilit bar në arën e vet.
² Sepse idhujt familjarë rrëfejnë gjëra të kota, shortarët ndjekin veprime të rreme dhe tregojnë ëndrra të rreme, japin ngushëllime të kota; për këtë arsye ata po enden si dhentë, janë të pikëlluar, sepse janë pa bari.
³ "Zemërimi im merr zjarr kundër barinjve dhe unë do të ndëshkoj cjeptë, sepse Zoti i ushtrive do të vizitojë kopenë e tij, shtëpinë e Judës dhe do ta bëjë atë si kalin e tij madhështor në luftë.

⁴ Prej tij do të dalë guri i qoshes, prej tij do të dalë kunji, prej tij harku i betejës, prej tij do të dalë çdo sundues, të gjithë së bashku.
⁵ Dhe do të jenë si trimat që do të shkelin armiqtë e tyre në baltën e rrugëve në betejë. Do të luftojnë, sepse Zoti është me ta, ata që u hipin kuajve do të mbeten të shushatur.
⁶ Unë do ta fortifikoj shtëpinë e Judës dhe do të shpëtoj shtëpinë e Jozefit dhe do t'i sjell përsëri sepse më vjen keq për ta; do të jenë si të mos i kem dëbuar kurrë, sepse unë jam Zoti, Perëndia i tyre, dhe do t'i kënaq.
⁷ Ata të Efraimit do të jenë si një trim dhe zemra e tyre do të ngazëllojë si i dehur nga vera. Po, bijtë e tyre do ta shohin dhe do të gëzohen, zemra e tyre do të ngazëllojë në Zotin.
⁸ Do t'u fishkëlloj për t'i mbledhur, sepse unë do t'i shpengoj; dhe ata do të shumohen siç janë shumuar më parë.
⁹ Do t'i shpërndaj midis popujve dhe në vende të largëta do të më kujtojnë; do të jetojnë bashkë me bijtë e tyre dhe do të kthehen.
¹⁰ Do t'i bëj të kthehen nga vendi i Egjiptit dhe do t'i mbledh nga Asiria, për t'i kthyer në vendin e Galaadit dhe në Liban, por nuk do të ketë vend të mjaftueshëm për ta.
¹¹ Ai do të kalojë nëpër detin e vështirësisë, por do t'i godasë valët e detit dhe të gjitha thellësitë e lumenjve do të thahen. Krenaria e Asirisë do të shembet dhe skeptri i Egjiptit do të hiqet.
¹² Do t'i bëj të fuqishëm në Zotin dhe ata do të ecin në emrin e tij", thotë Zoti.

Kapitull 11

¹ Hapi dyert e tua, Liban, me qëllim që zjarri të djegë kedrat e tu.
² Vajto, selvi, sepse kedri ka rënë, sepse drurët madhështorë janë shkatërruar. Këlthisni, lisa të Bashanit, sepse pylli i padepërtueshëm është rrëzuar.
³ Dëgjohet vajtimi i barinjve, sepse shkëlqimi i tyre u shkretua; dëgjohet vrumbullima e luanëve të vegjël, sepse madhështia e Jordanit u shkretua.
⁴ Kështu thotë Zoti, Perëndia im: "Kulloti delet që janë caktuar për thertore,
⁵ blerësit e të cilave vrasin dhe nuk konsiderohen fajtorë dhe shitësit e të cilave thonë: "Qoftë bekuar Zoti, sepse unë po pasurohem" dhe barinjtë e të cilave nuk kanë kurrfarë mëshire.
⁶ Nuk do të kem më mëshirë për banorët e vendit", thotë Zoti, "madje do të bëj që secili prej tyre të bjerë në dorë të të afërmit të vet dhe në dorë të mbretit të vet. Ata do të shkretojnë vendin dhe nuk do të çliroj asnjë nga duart e tyre".
⁷ Atëherë nisa t'i kullos delet që ishin caktuar për thertore, pikërisht më të mjerat e kopesë. Mora pastaj për vete dy shkopinj: njërin e quajta "Hir" dhe tjetrin "Bashkim", dhe nisa ta kullos kopenë.
⁸ Brenda një muaj eliminova tre barinj. Unë isha i paduruar me ta, edhe ata gjithashtu më urrenin.
⁹ Atëherë thashë: "Nuk do t'i kullos më; kush është duke vdekur, le të vdesë dhe kush është për të humbur, le të humbasë; pastaj ato që do të mbeten le të hanë njëra tjetrën".
¹⁰ Mora pastaj shkopin tim "Hir" dhe e theva, për të shfuqizuar besëlidhjen që kisha lidhur me gjithë popujt.
¹¹ Po atë ditë ai u shfuqizua. Kështu delet më të mjera të kopesë që po më shikonin, e kuptuan se ajo ishte fjala e Zotit.
¹² Atëherë u thashë atyre: "Po t'ju duket e drejtë, më jepni pagën time; në se jo, lëreni". Kështu ata e peshuan pagën time: tridhjetë sikla argjendi.
¹³ Por Zoti më tha: "Hidhja poçarit çmimin madhështor me të cilin ata më vlerësuan". Atëherë i mora tridhjetë siklat prej argjendi dhe i hodha në shtëpinë e Zotit për poçarin.
¹⁴ Pastaj theva shkopin tjetër "Bashkimi", për të thyer vëllazërinë ndërmjet Judës dhe Izraelit.
¹⁵ Atëherë Zoti më tha: "Merri edhe veglat e një bariu të pamend.
¹⁶ Sepse ja, unë do të nxjerr në vend një bari që nuk do të kujdeset për delet që humbasin, nuk do t'i kërkojë ato që janë të reja, nuk do të shërojë të plagosurat, nuk do të ushqejë ato që rrijnë në këmbë, por do të hajë mishin e të majmeve dhe do t'u shkulë edhe thonjtë".
¹⁷ Mjerë bariu i pavlerë që e braktis kopenë! Një shpatë do të jetë kundër krahut të tij dhe kundër syrit të tij të djathtë. Krahu i tij do të thahet krejt dhe syri i tij do të verbohet fare.

Kapitull 12

¹ Orakulli i fjalës të Zotit lidhur me Izraelin. Kështu thotë Zoti që i ka shpalosur qiejt, që ka hedhur themelet e dheut dhe ka formuar frymën e njeriut përbrenda tij:

² "Ja, unë do ta bëj Jeruzalemin një kupë hutimi për gjithë popujt përreth; ata do të dalin gjithashtu kundër Judës, kur të rrethojnë Jeruzalemin.

³ Atë ditë do të ndodhë që unë do ta bëj Jeruzalemin një gur të rëndë për gjithë popujt; të gjithë ata që do të ngarkohen me të do të bëhen krejtësisht copë-copë, edhe sikur të mblidheshin të gjitha kombet e dheut kundër tij.

⁴ Atë ditë", thotë Zoti, "unë do t'i qëlloj me hutim të gjithë kuajt dhe me marrëzi kalorësit e tyre; do t'i hap sytë e mi mbi shtëpinë e Judës, por do të godas me verbim të gjithë kuajt e popujve.

⁵ Krerët e Judës do të thonë në zemër të tyre: "Banorët e Jeruzalemit janë fuqia ime në Zotin e ushtrive, Perëndinë e tyre".

⁶ Atë ditë unë do t'i bëj krerët e Judës si një mangall që digjet në mes të një turre drush, si një pishtar të ndezur midis demeteve. Ata do të gllabërojnë djathtas e majtas gjithë popujt përreth; por Jeruzalemi do të mbetet akoma i banuar, në vendin e vet, në Jeruzalem.

⁷ Zoti do të shpëtojë më parë çadrat e Judës, me qëllim që lavdia e shtëpisë së Davidit dhe lavdia e banorëve të Jeruzalemit të mos rritet më shumë se ajo e Judës.

⁸ Atë ditë Zoti do t'i mbrojë banorët e Jeruzalemit; atë ditë më i dobëti ndër ta do të jetë si Davidi, dhe shtëpia e Davidit do të jetë si Perëndia, si Engjëlli i Zotit përpara tyre.

⁹ Atë ditë do të ndodhë që unë do të veproj për të shkatërruar të gjitha kombet që do të dalin kundër Jeruzalemit".

¹⁰ "Do të derdh mbi shtëpinë e Davidit dhe mbi banorët e Jeruzalemit Frymën e hirit dhe të përgjërimit; dhe ata do të vështrojnë drejt meje, drejt atij që kanë therur; do të pikëllohen për të, ashtu si pikëllohesh për një bir të vetëm, dhe do të hidhërohen shumë për të, ashtu si hidhërohesh fort për një të parëlindur.

¹¹ Atë ditë në Jeruzalem do të ketë pikëllim të madh, i ngjeshëm me pikëllimin Hadad-rimonit në luginën Megido.

¹² Edhe vendi do të pikëllohet, çdo familje për vete: familja e shtëpisë së Davidit për vete, bashkëshortet e tyre për vete; familja e shtëpisë së Natanit për vete; dhe bashkëshortet e tyre për vete;

¹³ familja e shtëpisë së Levit për vete dhe bashkëshortet e tyre për vete; familja e Shimejt për vete dhe bashkëshortet e tyre për vete;

¹⁴ të gjitha familjet e mbetura secila për vete, dhe bashkëshortet e tyre për vete".

Kapitull 13

¹ "Atë ditë do të hapet një burim për shtëpinë e Davidit dhe për banorët e Jeruzalemit, për mëkatin dhe për papastërtinë.

² Atë ditë do të ndodhë", thotë Zoti i ushtrive, "që unë do të shfaros nga vendi emrat e idhujve, që nuk do të kujtohen më; do të zhduk gjithashtu profetët nga vendi dhe frymën e papastër.

³ Dhe do të ndodhë që, në se dikush do të profetizojë akoma, i ati dhe e ëma që e kanë lindur do t'i thonë: "Ti s'ke për të jetuar, sepse shqipton gënjeshtra në emër të Zotit". Kështu i ati dhe e ëma që e kanë lindur do ta therin, sepse ai profetizon.

⁴ Atë ditë do të ndodhë që secili profet do të ndiejë turp për vegimin e vet, kur të profetizojë dhe nuk do të veshë më qyrkun për të mashtruar.

⁵ Po secili do të thotë: "Unë nuk jam profet, jam bujk; dikush më ka mësuar të rris bagëtinë që në rininë time".

⁶ Pastaj në qoftë se dikush do t'i thotë: "Çfarë janë këto plagë që ke në duart e tua?", ai do të përgjigjet: "Janë ato me të cilat jam plagosur në shtëpinë e miqve të mi"".

⁷ "Zgjohu, o shpatë, kundër bariut tim dhe kundër njeriut që është shoku im", thotë Zoti i ushtrive. "Godite bariun dhe delet le të shpërndahen; pastaj do ta drejtoj dorën time kundër të vegjëlve.

⁸ Dhe në gjithë vendin do të ndodhë", thotë Zoti, "që dy të tretat do të shfarosen dhe do të vdesin, por një e treta do të mbetet.

⁹ Këtë të tretë do ta bëj të kalojë nëpër zjarr, do ta rafinoj ashtu si rafinohet argjendi dhe do ta vë në provë ashtu si provohet ari. Ata do të thërresin emrin tim dhe unë do t'i kënaq. Unë do të them: Ky është populli im, dhe ai do të thotë: Zoti është Perëndia im".

Kapitull 14

¹ Ja, po vjen dita e Zotit; plaçka jote e luftës do të ndahet në mes teje.

² Unë do t'i mbledh të gjitha kombet për të luftuar kundër Jeruzalemit; qyteti do të pushtohet, shtëpitë do të plaçkiten dhe gratë do të dhunohen. Gjysma e qytetit do të shkojë në robëri, por ata që do të mbeten nga populli nuk do të shfarosen nga qyteti.

³ Pastaj Zoti do të dalë për të luftuar kundër atyre kombeve, ashtu si ka luftuar herë të tjera në ditën e betejës.

⁴ Atë ditë këmbët e tij do të ndalen sipër malit të Ullinjve që ndodhet përballë Jeruzalemit, në lindje, dhe mali i Ullinjve do të çahet në mes, nga lindja në perëndim, duke krijuar kështu një luginë të madhe; gjysma e malit do të tërhiqet drejt veriut dhe gjysma tjetër drejt jugut.

⁵ Atëherë ju do të ikni nëpër luginën e maleve të mi, sepse lugina e maleve do të shtrihet deri në Atsal; po, do të ikni ashtu si keni ikur përpara tërmetit gjatë ditëve të Uziahut, mbretit të Judës; kështu Zoti, Perëndia im do të vijë, dhe gjithë të shenjtit e tij do të jenë me ty.

⁶ Atë ditë do të ndodhë që nuk do të ketë më dritë; yjet e ndritshëm do të erren.

⁷ Do të jetë një ditë unikale, që njihet nga Zoti; nuk do të jetë as ditë as natë, por aty nga mbrëmja do të ketë dritë.

⁸ Atë ditë do të ndodhë që nga Jeruzalemi do të burojnë ujëra të freskëta: gjysma e tyre do të shkojë drejt detit lindor dhe gjysma drejt detit perëndimor; kështu do të jetë si në verë ashtu edhe në dimër.

⁹ Zoti do të jetë mbret mbi gjithë dheun; atë ditë do të jetë vetëm Zoti dhe vetëm emri i tij.

¹⁰ Gjithë vendi do të shndërrohet në fushë, nga Geba në Rimon, në jug të Jeruzalemit; dhe Jeruzalemi do të lartohet dhe do të banohet në vendin e vet, nga porta e Beniaminit, në vend të portës së parë, deri te porta e Qoshes, dhe nga kulla e Hananeelit deri te torkujt e mbretit.

¹¹ Njerëzit do të banojnë dhe asgjë më nuk do të jetë caktuar për t'u shfarosur, por Jeruzalemi do të qëndrojë i sigurt.

¹² Kjo do të jetë plaga me të cilën Zoti do të godasë të gjithë popujt që kanë luftuar kundër Jeruzalemit: ai do të bëjë që mishi i tyre të konsumohet ndërsa ata qëndrojnë në këmbë, sytë e tyre do të konsumohen në zgavrat e tyre dhe gjuha e tyre do të konsumohet në gojën e tyre.

¹³ Atë ditë do të ndodhë që për shkak të veprimit të Zotit, midis tyre do të jetë një çoroditje e madhe; secili prej tyre do të zërë dorën e fqinjit të vet dhe do ta ngrerë dorën kundër dorës së fqinjit të vet.

¹⁴ Vetë Juda do të luftojë kundër Jeruzalemit, dhe pasuria e të gjitha kombeve përreth do të mblidhet tok: ar, argjend dhe rroba në sasi të madhe.

¹⁵ Plagë e ngjashme me tjetrën do të jetë plaga që do të godasë kuajt, mushkat, devetë, gomerët dhe të gjitha kafshët që do të ndodhen në ato fushime.

¹⁶ Dhe do të ndodhë që secili nga të mbijetuarit nga të gjitha kombet që kanë dalë kundër Jeruzalemit do të dalë vit për vit për të adhuruar Mbretin, Zotin e ushtrive, dhe për të kremtuar festën e Kasolleve.

¹⁷ Dhe do të ndodhë që, në qoftë se ndonjë familje e dheut nuk do të shkojë në Jeruzalem për të adhuruar Mbretin, Zotin e ushtrive, kurrfarë shiu nuk do të bjerë mbi to.

¹⁸ Në qoftë se familja e Egjiptit nuk do të dalë dhe nuk do të vijë, as mbi të nuk do të bjerë shi, por do të bjerë e njëjta plagë me të cilën Zoti do të godasë kombet që nuk do të dalin të kremtojnë festën e Kasolleve.

¹⁹ Ky do të jetë ndëshkimi i Egjiptit, dhe ndëshkimi i të gjitha kombeve që nuk do të dalin të kremtojnë festën e Kasolleve.

²⁰ Atë ditë mbi zilkat e kuajve do të skalitet: "SHENJTËRIM ZOTIT". Tenxheret në shtëpinë e Zotit do të jenë si legenët e vegjël përpara altarit.

²¹ Po, çdo tenxhere në Jeruzalem dhe në Judë do t'i shenjtërohet Zotit të ushtrive; të gjithë ata që do të ofrojnë flijime do të vijnë t'i marrin për të gatuar mishrat. Atë ditë në shtëpinë e Zotit nuk do të ketë më asnjë tregtar.

Malakias

Kapitull 1

¹ Orakulli i fjalës të Zotit iu drejtua Izraelit me anë të Malakias.

² "Unë ju kam dashur", thotë Zoti. Por ju thoni: "Si na ke dashur?". "Vallë Ezau nuk ishte vëllai i Jakobit?", thotë Zoti. "Megjithëatë unë e kam dashur Jakobin

³ dhe e kam urryer Ezaun; malet e tij i kam kthyer në shkreti dhe trashëgiminë e tij ua kam dhënë çakejve të shkretëtirës.

⁴ Edhe sikur Edomi të thotë: "Ne u shkatërruam, por do të rifillojmë ndërtimin e vendeve të shkretuara"", kështu thotë Zoti i ushtrive, "ata do të rindërtojnë, por unë do të shemb; dhe do të emërtohen Territori i paudhësisë dhe populli kundër të cilit Zoti do të jetë përjetë i indinjuar.

⁵ Sytë tuaj do të shikojnë dhe ju do të thoni: "Zoti u përlëvdua përtej kufijve të Izraelit"".

⁶ "Një bir nderon të atin dhe një shërbëtor zotin e tij. Në se unë, pra, jam ati, ku është nderi im? Dhe në se jam zot, ku ma kanë frikën?", iu thotë Zoti i ushtrive juve, priftërinjve, "që përbuzni

⁷ Ju ofroni mbi altarin tim ushqime të ndotura, dhe megjithatë thoni: "Në ç'mënyrë të kemi ndotur?". Kur thoni: "Tryeza e Zotit është e përbuzshme".

⁸ Kur ofroni për flijim një kafshë të verbër, a nuk është keq? Kur ofroni një kafshë të çalë ose të sëmurë, nuk është keq? Paraqite, pra, te qeveritari yt. A do të jetë i kënaqur prej teje? Do të të pranojë me kënaqësi?", thotë Zoti i ushtrive.

⁹ Tani, pra, kërkoni favorin e Perëndisë, që ai të ketë mëshirë për ne. "Duart tuaja e kanë bërë këtë, a do t'ju pranojë vallë me kënaqësi?", thotë Zoti i ushtrive.

¹⁰ "Oh, sikur të paktën dikush prej jush t'i mbyllte dyert! Atëherë nuk do ta ndiznit zjarrin kot mbi altarin tim. Unë nuk kam asnjë kënaqësi me ju", thotë Zoti i ushtrive, "dhe as që pëlqej çfarëdo oferte nga duart tuaja.

¹¹ Sepse, që nga lind dielli e deri atje ku perëndon, emri im do të jetë i madh midis kombeve dhe në çdo vend do t'i ofrohet temjan emrit tim dhe një blatim i pastër, sepse emri im do të jetë i madh midis kombeve", thotë Zoti i ushtrive.

¹² "Por ju e përdhosni kur thoni: "Tryeza e Zotit është e ndotur dhe fryti i saj, domethënë ushqimi i saj, është i përbuzshëm".

¹³ Ju thoni gjithashtu: "Ah, sa u lodhëm!", dhe e trajtoni me përçmim", thotë Zoti i ushtrive. "Kështu ju sillni kafshë të vjedhura, të çala ose të sëmura; kjo është oferta që sillni. A do të mund ta pranoja nga duart tuaja?", thotë Zoti.

¹⁴ Mallkuar qoftë hileqari që ka një mashkull në kopenë e tij dhe bënë një premtim solemn, por flijon për Zotin një kafshë me të meta. Sepse unë jam një Mbret i madh", thotë Zoti i ushtrive, "dhe emri im është i tmerrshëm midis kombeve".

Kapitull 2

¹ "Dhe tani ky urdhërim është për ju, o priftërinj.

² Në qoftë se nuk dëgjoni, po të mos keni në zemër t'i jepni lavdi emrit tim", thotë Zoti i ushtrive, "do të dërgoj mbi ju mallkimin dhe do të mallkoj bekimet tuaja; po, tashmë i kam mallkuar, sepse nuk e keni futur këtë gjë në zemër.

³ Ja, unë do ta shaj farën tuaj, do të hedh jashtëqitje mbi fytyrat tuaja, jashtëqitjet e festave tuaja solemne, dhe ju do t'ju marrin bashkë me to.

⁴ Atëherë do të pranoni që unë ju kam dërguar këtë urdhërim, me qëllim që besëlidhja ime me Levin të mund të vazhdojë", thotë Zoti i ushtrive.

⁵ "Besëlidhja ime me të ishte një besëlidhje jete dhe paqeje, që unë ia dhashë që të ketë frikë prej meje; dhe ai më pati frikë dhe u tmerrua para emrit tim.

⁶ Ligji i së vërtetës ishte në gojën e tij dhe asnjë çoroditje nuk gjindej mbi buzët e tij; ai ecte bashkë me mua në paqe e në ndershmëri dhe shpëtoi shumë njerëz nga paudhësia.

⁷ Sepse buzët e priftit duhet të ruajnë diturinë dhe nga goja e tij secili duhet të kërkojë ligjin, sepse ai është lajmëtari i Zotit të ushtrive.

⁸ Përkundrazi ju jeni larguar nga rruga, keni bërë që shumë njerëz të pengohen te ligji, keni dhunuar besëlidhjen e Levit", thotë Zoti i ushtrive.

⁹ "Për këtë arsye ju kam bërë të përbuzshëm dhe të neveritshëm përpara gjithë popullit, sepse nuk keni respektuar rrugët e mia dhe keni qenë të njëanshëm në zbatimin e ligjit".

¹⁰ A nuk kemi të gjithë të njëjtin Atë? A nuk na ka krijuar i njëjti Perëndi? Pse, pra, veprojmë me pabesi me njeri tjetrin, duke përdhosur besëlidhjen e etërve tanë?

¹¹ Juda ka vepruar me pabesi dhe një veprim i neveritshëm është kryer në Izrael dhe në Jeruzalem, sepse Juda ka përdhosur vendin e shenjtë të Zotit, që ai e do dhe është martuar me bijën e një perëndie të huaj.

¹² Zoti do të shfarosë nga çadrat e Jakobit atë që vepron në këtë mënyrë, atë që përgjon, atë që përgjigjet dhe atë që i ofron një blatim Zotit të ushtrive.

¹³ Ju po bëni edhe këtë veprim tjetër: e mbuloni altarin e Zotit me lot, me të qara dhe vajtime, sepse nuk e shikon më me favor ofertën tuaj dhe nuk e pranon më me kënaqësi nga duart tuaja.

¹⁴ Megjithatë ju thoni: "Përse?" Sepse Zoti është dëshmitar midis teje dhe bashkëshortes së rinisë sate, ndaj së cilës je sjellë me pabesi, ndonëse ajo është shoqja jote dhe bashkëshorte e besëlidhjes sate.

¹⁵ Por a nuk i bëri Perëndia një qenie të vetme dhe megjithatë fryma qëndroi në të? Po pse vallë një qenie të vetme? Sepse ai kërkonte një prejardhje nga Perëndia. Tregoni, pra, kujdes për frymën tuaj dhe askush të mos sillet me pabesi me bashkëshorten e rinisë së vet.

¹⁶ Sepse Zoti, Perëndia i Izraelit, thotë se ai e urren divorcin dhe atë që e mbulon me dhunë rroben e vet", thotë Zoti i ushtrive. Tregoni, pra, kujdes për frymën tuaj dhe mos u sillni me pabesi.

¹⁷ Ju e lodhni Zotin me fjalët tuaja, dhe megjithatë thoni: "Si e kemi lodhur?". Sepse ju thoni: "Kushdo që vepron keq pëlqehet nga Zoti, i cili kënaqet me të", ose: "Ku është Perëndia i drejtësisë?".

Kapitull 3

¹ "Ja, unë po dërgoj lajmëtarin tim për të përgatitur rrugën para meje. Dhe menjëherë Zoti, që ju kërkoni, do të hyjë në tempullin e vet, engjëlli i besëlidhjes që ju kërkoni me endje, ja, do të vijë", thotë Zoti i ushtrive.

² "Po kush do të mund të durojë ditën e ardhjes së tij? Kush do të mund të qëndrojë më këmbë ditën kur ai do të shfaqet? Ai është si zjarri i shkrirësit, si soda e larësve.

³ Ai do të ulet si ai që shkrin dhe pastron argjendin; do t'i pastrojë bijtë e Levit dhe do t'i rafinojë si arin e argjendin, me qëllim që ata të mund t'i ofrojnë Zotit një blatim me drejtësi.

⁴ Atëherë oferta e Judës dhe e Jeruzalemit do të pëlqehet nga Zoti, si në kohët e shkuara, si në vitet e mëparshme.

⁵ Kështu unë do t'ju afrohem për gjykim dhe do të jem një dëshmitar i gatshëm kundër magjistarëve, kundër shkelësve të kurorës, kundër atyre që bëjnë betime të rreme, kundër atyre që vjedhin mëditjen e punëtorit, që shtypin të venë dhe jetimin, që dëbojnë të huajin dhe nuk më kanë frikë", thotë Zoti i ushtrive.

⁶ "Unë jam Zoti, nuk ndryshoj; prandaj ju, o bij të Jakobit, nuk jeni konsumuar.

⁷ Që në ditët e etërve tuaj ju jeni larguar nga statutet e mia dhe nuk i keni respektuar. Kthehuni tek unë dhe unë do të kthehem tek ju", thotë Zoti i ushtrive. "Por ju thoni: "Si duhet të kthehemi?".

⁸ Një njeri do të vjedhë Perëndinë? Megjithatë ju më vidhni dhe pastaj thoni: "Çfarë të kemi vjedhur?". Të dhjetën dhe ofertat.

⁹ Mallkimi ju ka qëlluar, sepse më vidhni, po, mbarë kombi.

¹⁰ Sillni gjithë të dhjetat në shtëpinë e thesarit, që të ketë ushqim në shtëpinë time dhe pastaj më vini në provë për këtë gjë", thotë Zoti i ushtrive, "në se unë nuk do t'i hap pragjet e qiellit dhe nuk do të derdh mbi ju aq shumë bekim, sa nuk do të keni vend të mjaftueshëm ku ta shtini.

¹¹ Përveç kësaj do të qortoj shumë për ju gllabëruesin, me qëllim që ai të mos shkatërrojë më frytin e tokës suaj, dhe vreshti juaj nuk do të reshtë të sjellë për ju fryt në fushë", thotë Zoti i ushtrive.

¹² "Të gjitha kombet do t'ju shpallin të lumtur, sepse ju do të jeni një vend kënaqësish", thotë Zoti i ushtrive.

¹³ "Keni përdorur fjalë të ashpra kundër meje", thotë Zoti. "Megjithatë thoni: "Çfarë kemi thënë kundër teje?".

¹⁴ Keni thënë: "Është e kotë t'i shërbesh Perëndisë; ç'përfitim kemi nga respektimi i urdhërimeve të tij dhe nga vajtja para Zotit të ushtrive të veshur me rroba zie?

¹⁵ Prandaj ne shpallim të lumtur krenarët. Ata që kryejnë paudhësi jo vetëm përfitojnë, por ndonëse e provokojnë Perëndinë, mbeten të pandëshkuar"".

¹⁶ Atëherë ata që kishin frikë nga Zoti i folën njëri tjetrit. Zoti i dëgjoi me vemendje dhe një libër kujtimi u shkrua përpara tij për ata që kanë frikë nga Zoti dhe që e nderojnë emrin e tij.

¹⁷ "Ata do të jenë të mitë", thotë Zoti i ushtrive, "ditën kur unë përgatis thesarin tim të veçantë, dhe unë do t'i fal, ashtu si e fal njeriu

Malakias

birin që i shërben atij.

¹⁸ Atëherë do të shikoni përsëri ndryshimin ndërmjet të drejtit dhe të pabesit, ndërmjet atij që i shërben Perëndisë dhe atij që nuk i shërben atij".

Kapitull 4

¹ "Sepse ja, dita po vjen, e zjarrtë si një furrë; dhe të gjithë ata që veprojnë me pabesi do të jenë si kallamishtet; dita që po vjen do t'i djegë", thotë Zoti i ushtrive, "në mënyrë të tillë që të mos u mbetet as rrënja as dega.

² Por për ju që keni frikë nga emri im, do të lindë dielli i drejtësisë me shërimin në krahët e tij, dhe ju do të dilni dhe do të hidheni si viçat që dalin nga stalla.

³ Do t'i shkelni me këmbë të pabesët, sepse do të jenë hi nën tabanin e këmbëve tuaja gjatë ditës që unë po përgatis", thotë Zoti i ushtrive.

⁴ "Mbani mend ligjin e Moisiut, shërbëtorit tim, të cilit në Horeb i urdhërova statutet dhe dekretet për mbarë Izraelin.

⁵ Ja, unë do t'ju dërgoj Elian, profetin, para se të vijë dita e madhe dhe e llahtarshme e Zotit.

⁶ Ai do të bëjë që zemra e etërve t'u kthehet bijve dhe zemra e bijve etërve, me qëllim që vendi të mos goditet nga një shfarosje e plotë.?

Dhiata e Re

Mateut

Kapitull 1

¹ Libri i gjenealogjisë së Jezu Krishtit, birit të Davidit, birit të Abrahamit.

² Abrahamit i lindi Isaku; Isakut i lindi Jakobi; Jakobit i lindi Juda dhe vëllezërit e tij.

³ Judës i lindi nga Tamara Faresi dhe Zara; Faresit i lindi Esromi; Esromit i lindi Arami;

⁴ Aramit i lindi Aminadabi; Aminadabit i lindi Naasoni; Naasonit i lindi Salmoni.

⁵ Salmonit i lindi Boozi nga Rahabi; Boozit i lindi Obedi nga Ruthi; Obedit i lindi Jeseu.

⁶ Jeseut i lindi Davidi mbret; mbretit David i lindi Salomoni nga ajo që kishte qenë bashkëshortja e Urias.

⁷ Salomonit i lindi Roboami; Roboamit i lindi Abia; Abias i lindi Asai.

⁸ Asait i lindi Jozafati; Jozafatit i lindi Jorami; Joramit i lindi Ozia.

⁹ Ozias i lindi Joatami; Joatamit i lindi Akazi; Akazit i lindi Ezekia.

¹⁰ Ezekias i lindi Manaseu; Manaseut i lindi Amoni; Amonit i lindi Josia.

¹¹ Josias i lindi Jekonia dhe vëllezërit e tij në kohën e internimit në Babiloni.

¹² Pas internimit në Babiloni Jekonias i lindi Salatieli; Salatielit i lindi Zorobabeli.

¹³ Zorobabelit i lindi Abiudi; Abiudit i lindi Eliakimi; Eliakimit i lindi Azori.

¹⁴ Azorit i lindi Sadoku; Sadokut i lindi Akimi; Akimit i lindi Eliudi.

¹⁵ Eliudit i lindi Eleazari, Eleazarit i lindi Matthani, Matthanit i lindi Jakobi.

¹⁶ Jakobit i lindi Jozefi, bashkëshorti i Marisë, nga e cila lindi Jezusi, që quhet Krisht.

¹⁷ Kështu të gjithë brezat nga Abrahami deri te Davidi bëhen katërmbëdhjetë breza; dhe, nga Davidi deri te internimi në Babiloni, katërmbëdhjetë breza; dhe, nga internimi në Babiloni deri te Krishti, katërmbëdhjetë breza.

¹⁸ Tani lindja e Jezu Krishtit ndodhi në këtë mënyrë: Maria, nëna e tij, i ishte premtuar Jozefit, por para se të fillonin të rrinin bashkë, mbeti shtatzënë nga Frymën e Shenjtë.

¹⁹ Atëherë Jozefi, i fejuari i saj, i cili ishte njeri i drejtë dhe nuk donte ta poshtëronte botërisht, vendosi ta linte fshehtas.

²⁰ Por, ndërsa bluante me vete këto çështje, ja një engjëll i Zotit iu shfaq në ëndërr dhe i tha: "Jozef, bir i Davidit, mos ki frikë ta marrësh me vete Marinë si gruan tënde, sepse ç'është ngjizur në të është vepër e Frymës së Shenjtë.

²¹ Dhe ajo do të lindë një djalë dhe ti do t'i vësh emrin Jezus, sepse ai do të shpëtojë popullin e tij nga mëkatet e tyre".

²² E gjithë kjo ndodhi që të përmbushej fjala e Zotit, e thënë me anë të profetit që thotë:

²³ "Ja, virgjëresha do të mbetet shtatzënë dhe do të lindë një djalë, të cilit do t'i venë emrin Emanuel, që do të thotë: "Zoti me ne"".

²⁴ Dhe Jozefi, si u zgjua nga gjumi, veproi ashtu siç e kishte urdhëruar engjëlli i Zotit dhe e mori pranë vetës gruan e tij;

²⁵ por ai nuk e njohu, derisa ajo lindi djalin e saj të parëlindur, të cilit ia vuri emrin Jezus.

Kapitull 2

¹ Pasi Jezusi lindi në Bethlehem të Judesë në kohën e mbretit Herod, ja që disa dijetarë nga lindja arritën në Jeruzalem,

² duke thënë: "Ku është mbreti i Judenjve, që ka lindur? Sepse pamë yllin e tij në Lindje dhe erdhëm për ta adhuruar".

³ Mbreti Herod, kur dëgjoi këto fjalë, u shqetësua, dhe bashkë me të mbarë Jeruzalemi.

⁴ Dhe, mbasi i mblodhi të gjithë krerët e priftërinjve dhe skribët e popullit, i pyeti ku duhet të lindte Krishti.

⁵ Dhe ata i thanë: "Në Bethlehem të Judesë, sepse kështu është shkruar nëpërmjet profetit:

⁶ "Dhe ti, Bethlehem, tokë në Jude, nuk je aspak më e parëndësishmja ndër princat e Judesë, sepse nga ti do të dalë një udhëheqës, që do të kullotë popullin tim, Izraelin"".

⁷ Atëherë Herodi i thirri fshehurazi dijetarët, dhe i pyeti me hollësi se kur e kishin parë yllin për herë të parë.

⁸ Dhe i dërgoi në Bethlehem dhe tha: "Shkoni dhe pyesni me kujdes për fëmijën; dhe, kur ta gjeni, më njoftoni që të vij edhe unë ta adhuroj".

⁹ Dhe ata, pasi e dëgjuan mbretin, u nisën; dhe ja, ylli që kishin parë në lindje u shkonte përpara atyre derisa u ndal përmbi vendin ku ndodhej fëmija.

¹⁰ Ata, kur e panë yllin, u gëzuan me gëzim shumë të madh.

¹¹ Dhe, mbasi hynë në shtëpi, panë fëmijën me Marien, nënën e tij, dhe ranë përmbys dhe e adhuruan. Pastaj hapën thesaret e tyre dhe dhuruan: ar, temjan dhe mirrë.

¹² Pasi Perëndia i udhëzoi në ëndërr që të mos ktheheshin te Herodi, ata u kthyen në vendin e tyre nga një rrugë tjetër.

¹³ Tani pasi u nisën Dijetarët, ja një engjëll i Zotit iu shfaq në ëndërr Jozefit dhe i tha: "Çohu, merr fëmijën dhe nënën e tij dhe ik në Egjipt, dhe rri aty deri sa të të lajmëroj, sepse Herodi do ta kërkojë fëmijën për ta vrarë".

¹⁴ Jozefi, pra, u zgjua, mori fëmijën dhe nënën e tij natën dhe iku në Egjipt.

¹⁵ Dhe qëndroi aty deri sa vdiq Herodi, që të përmbushet ç'ishte thënë nga Zoti me anë të profetit: "E thirra birin tim nga Egjipti".

¹⁶ Atëherë Herodi, duke parë se dijetarët e kishin mashtruar, u zemërua fort dhe urdhëroi të vriten të gjithë fëmijët meshkuj që ishin në Bethlehem dhe në të tërë rrethinën e tij, nga dy vjeç e poshtë,

¹⁷ Atëherë u përmbush ajo që ishte thënë nëpërmjet profetit Jeremi që thotë:

¹⁸ "Në Ramë u dëgjua një klithmë, një vaje një qarje dhe gjëmë e madhe; Rakela vajton bijtë e saj dhe nuk pranon të ngushëllohet, sepse ata nuk janë më".

¹⁹ Pasi vdiq Herodi, ja një engjëll i Zotit i shfaqet në ëndërr Jozefit në Egjipt,

²⁰ dhe i thotë: "Çohu, merr fëmijën dhe nënën e tij dhe shko në vendin e Izraelit, sepse ata që donin ta vrisnin fëmijën kanë vdekur".

²¹ Dhe ai u çua, mori fëmijën dhe nënën e tij dhe shkoi në vendin e Izraelit;

²² por, kur dëgjoi se Arkelau mbretëronte në Judë në vend të Herodit, atit të tij, pati frikë të shkojë atje. Dhe, mbasi u udhëzua nga Perëndia në ëndërr, iku në krahinën e Galilesë,

²³ dhe, mbasi arriti atje, zuri vend në një qytet që quhej Nazaret, që të përmbushej ajo që ishte thënë nga profetët: "Ai do të quhet Nazareas".

Kapitull 3

¹ Tani në ato ditë erdhi Gjon Pagëzori, që predikonte në shkretëtirën e Judesë,

² dhe thoshte: "Pendohuni, sepse mbretëria e qiejve është afër!"

³ Dhe në fakt për Gjonin kishte folur profeti Isaia kur tha: "Një zë i atij që bërtet në shkretëtirë: "Përgatitni udhën e Zotit, drejtoni shtigjet e tij"".

⁴ Tani Gjoni vet kishte veshur një rrobë prej leshi të devesë dhe një brez prej lëkure në bel; ai ushqehej me karkaleca dhe mjaltë të egër.

⁵ Në atë kohë njerëzit e Jeruzalemit, nga gjithë Judeja dhe nga krahina e Jordanit rendnin tek ai,

⁶ dhe pagëzoheshin nga ai, në Jordan duke rrëfyer mëkatet e tyre.

⁷ Por ai, kur pa se shumë farisenj dhe saducenj po vinin për t'u pagëzuar tek ai, u tha atyre: "Pjellë nepërkash, kush ju ka mësuar t'i arratiseni zemërimit që po vjen?

⁸ Jepni pra fryte të denja të pendesës!

⁹ Dhe mos t'ju shkojë mendja të thoni me vete: "Ne kemi Abrahamin për atë"; sepse unë po ju them se Perëndia mund të nxjerrë bij të Abrahamit edhe prej këtyre gurëve.

¹⁰ Dhe tashmë sëpata është në rrënjën e drurëve; çdo dru, pra, që nuk jep fryt të mirë, do të pritet dhe do të hidhet në zjarr.

¹¹ Unë po ju pagëzoj me ujë, për pendim; por ai që vjen pas meje është më i fortë se unë, dhe unë nuk jam i denjë as të mbaj sandalet e tij; ai do t'ju pagëzojë me Frymën e Shenjtë dhe me zjarrin.

¹² Ai mban në dorë terploten dhe do ta pastrojë plotësisht lëmin e tij; grurin e tij do ta mbledhë në hambar, por bykun do ta djegë me zjarr të pashueshëm".

¹³ Atëherë erdhi Jezusi nga Galileja në Jordan te Gjoni për t'u pagëzuar prej tij.

¹⁴ Por Gjoni e kundërshtoi fort duke i thënë: "Mua më duhet të pagëzohem prej teje dhe ti po vjen tek unë?".

¹⁵ Dhe Jezusi, duke iu përgjigjur, u tha: "Lejo të bëhet për tani, sepse në këtë mënyrë përmbushim çdo drejtësi". Atëherë ai e lejoi.

¹⁶ Dhe Jezusi, sapo u pagëzua, doli nga uji; dhe ja, qiejt iu hapën, dhe ai pa Frymën e Perëndisë duke zbritur si një pëllumb e duke ardhur mbi të;

¹⁷ dhe ja një zë nga qielli që tha: "Ky është Biri im i dashur, në të cilin jam kënaqur".

Kapitull 4

¹ Atëherë Fryma e çoi Jezusin në shkretëtirë, që djalli ta tundonte.

² Dhe, mbasi agjëroi dyzet ditë e dyzet net, në fund e mori uria.

³ Atëherë tunduesi, pasi iu afrua, i tha: "Në qoftë se je Biri i Perëndisë, thuaj që këta gurë të bëhen bukë".

⁴ Por ai, duke iu përgjigjur, tha: "Është shkruar: "Njeriu nuk rron vetëm me bukë, por me çdo fjalë që del nga goja e Perëndisë"".

⁵ Atëherë djalli e çoi në qytetin e shenjtë dhe e vendosi në majë të tempullit

⁶ dhe i tha: "Nëse je Biri i Perëndisë, hidhu poshtë, sepse është shkruar: "Ai do t'u japë urdhër engjëjve të tij për ty; edhe ata do të mbajnë mbi duart e tyre që të mos ndeshësh me këmbën tënde ndonjë gur"".

⁷ Jezusi i tha: "Është shkruar gjithashtu: "Mos e tundo Zotin, Perëndinë tënd"".

⁸ Djalli e çoi sërish mbi një mal shumë të lartë dhe i tregoi të gjitha mbretëritë e botës dhe lavdinë e tyre,

⁹ dhe i tha: "Unë do të t'i jap të gjitha këto, nëse ti bie përmbys para meje dhe më adhuron".

¹⁰ Atëherë Jezusi i tha: "Shporru, Satan, sepse është shkruar: "Adhuro Zotin, Perëndinë tënde, dhe shërbeji vetëm atij"".

¹¹ Atëherë djalli e la; dhe ja, u afruan engjëjt dhe i shërbenin.

¹² Jezusi, mbasi dëgjoi se Gjonin e kishin futur në burg, u tërhoq në Galile.

¹³ Pastaj la Nazaretin dhe shkoi të banojë në Kapernaum, qytet bregdetar, në kufijtë të Zabulonit dhe të Neftalit,

¹⁴ që të përmbushej ç'ishte thënë nëpërmjet profetit Isaia kur tha:

¹⁵ "Toka e Zabulonit, toka e Neftalit, mbi bregun e detit, krahina përtej Jordanit, Galileja e paganëve,

¹⁶ populli që dergjej në errësirë ka parë një dritë të madhe, dhe përmbi ata që dergjeshin në krahinë dhe në hijen e vdekjes, doli drita".

¹⁷ Që nga ajo kohë Jezusi filloi të predikojë dhe të thotë: "Pendohuni, sepse mbretëria e qiejve është afër!".

¹⁸ Duke ecur gjatë bregut të detit të Galilesë, Jezusi pa dy vëllezër: Simonin, të quajtur Pjetër, dhe Andrean, të vëllanë, të cilët po hidhnin rrjetën në det, sepse ishin peshkatarë;

¹⁹ dhe u tha atyre: "Ndiqmëni dhe unë do t'ju bëj peshkatarë njerëzish".

²⁰ Dhe ata i lanë menjëherë rrjetat dhe e ndoqën.

²¹ Dhe, duke vazhduar rrugën, pa dy vëllezër të tjerë: Jakobin, birin e Zebedeut dhe Gjonin, vëllanë e tij, në barkë bashkë me Zebedeun, atin e tyre, duke ndrequr rrjetat; dhe i thirri.

²² Dhe ata lanë menjëherë barkën dhe atin e tyre dhe i shkuan pas.

²³ Jezusi shkonte kudo nëpër Galile, duke mësuar në sinagogat e tyre, duke predikuar ungjillin e mbretërisë dhe duke shëruar çdo sëmundje dhe çdo lëngatë në popull.

²⁴ Dhe fama e tij u përhap në gjithë Sirinë; dhe i sillnin të gjithë të sëmurët që vuanin nga lëngata dhe dhimbje të ndryshme, të demonizuar, epileptikë dhe paralitikë; dhe ai i shëronte.

²⁵ Dhe një mori e madhe njerëzish i shkonte pas, nga Galileja, nga Dekapoli, nga Jeruzalemi, nga Judeja dhe nga përtej Jordanit.

Kapitull 5

¹ Dhe ai, kur pa turmat, u ngjit në mal dhe, pasi u ul, iu afruan dishepujt e tij.

² Atëherë ai hapi gojën dhe i mësoi duke u thënë:

³ "Lum skamësit në frymë, sepse e tyre është mbretëria e qiejve.

⁴ Lum ata që vajtojnë, sepse ata do të ngushëllohen.

⁵ Lum ata që janë zemërbutë, sepse ata do ta trashëgojnë tokën.

⁶ Lum ata që janë të uritur dhe të etur për drejtësi, sepse ata do të ngopen.

⁷ Lum ata që janë të mëshirshëm, sepse ata do të gjejnë mëshirë.

⁸ Lum ata që janë të pastër në zemër, sepse ata do ta shohin Perëndinë.

⁹ Lum ata që përpiqen për paqen, sepse ata do të quhen bij të Perëndisë.

¹⁰ Lum ata që janë përndjekur për hir të drejtësisë, sepse e tyre është mbretëria e qiejve.

¹¹ Lum ju kur do t'ju shajnë dhe do t'ju përndjekin dhe, duke gënjyer, do të thonë të gjitha të zezat kundër jush, për shkakun tim.

¹² Gëzohuni dhe ngazëllohuni, sepse shpërblimi juaj është i madh në qiej, sepse kështu i kanë përndjekur profetët që qenë para jush".

¹³ "Ju jeni kripa e tokës; por në qoftë se kripa bëhet e amësht, me se mund ta rifitojë shijen? Nuk vlen për asgjë, veçse për t'u hedhur dhe ta shkelin njerëzit.

¹⁴ Ju jeni drita e botës; një qytet i ngritur në majë të malit nuk mund të fshihet.

¹⁵ Po ashtu nuk ndizet një qiri për ta vënë nën babunë, por për ta vënë mbi shandan, dhe t'u bëjë dritë të gjithë atyre që janë në shtëpi.

¹⁶ Ashtu le të shndritë drita juaj para njerëzve, që të shohin veprat tuaja të mira dhe ta lëvdojnë Atin tuaj që është në qiej".

¹⁷ "Mos mendoni se unë erdha për të shfuqizuar ligjin ose profetët; unë nuk erdha për t'i shfuqizuar, po për t'i plotësuar.

¹⁸ Sepse në të vërtetë ju them: Deri sa qielli dhe toka, të kalojnë asnjë jotë a asnjë pikë e ligjit nuk do të kalojnë, para se të plotësohet gjithçka.

¹⁹ Ai, pra, që do të shkelë një nga këto urdhërime më të vogla, dhe do t'u ketë mësuar kështu njerëzve, do të quhet më i vogli në mbretërinë e qiejve; kurse ai që do t'i vërë në praktikë dhe do t'ua mësojë të tjerëve, do të quhet i madh në mbretërinë e qiejve.

²⁰ Prandaj unë po ju them: në qoftë se drejtësia juaj nuk është më e lartë nga ajo e skribëve dhe e farisenjve ju nuk do të hyni fare në mbretërinë e qiejve.

²¹ Ju keni dëgjuar se që e thënë të lashtëve: "Mos vrisni"; dhe: "Kushdo që vret do t'i nënshtrohet gjyqit";

²² por unë po ju them: "Kushdo që zemërohet pa shkak kundër vëllait të tij, do t'i nënshtrohet gjyqit; dhe kush i thotë vëllait të vet: "Rraka", do t'i nënshtrohet sinedrit; dhe kush do t'i thotë: "Budalla", do t'i nënshtrohet zjarrit të Gehenës.

²³ Nëse ti, pra, po paraqet ofertën tënde te altari, dhe atje kujtohesh se yt vëlla ka diçka kundër teje,

²⁴ lëre atje ofertën tënde para altarit dhe shko pajtohu më parë me vëllanë tënd; pastaj ktheu dhe paraqite ofertën tënde.

²⁵ Bëj një marrëveshje miqësore me kundërshtarin tënd, sa je në një rrugë me të, që kundërshtari yt të mos të dorëzojë te gjykatësi dhe gjykatësi të dorëzojë te rojtari dhe ti të futesh në burg.

²⁶ Në të vërtetë të them se nuk do të da-lësh prej andej pa e paguar edhe qindarkën e fundit.

²⁷ Ju keni dëgjuar se të lashtëve u qe thënë: "Mos shkel kurorën".

²⁸ Por unë po ju them se kushdo që shikon një grua për ta dëshiruar, ka shkelur kurorën me të në zemrën e vet.

²⁹ Në qoftë se syri yt i djathtë të çon në mëkat, hiqe dhe flake larg teje, sepse është më mirë për ty që të humbësh një nga gjymtyrët e tua se sa të hidhet në Gehenën gjithë trupi yt;

³⁰ dhe në qoftë se dora jote e djathtë të çon në mëkat, preje dhe hidhe larg teje, sepse është më mirë që të humbësh një nga gjymtyrët e tua se sa të hidhet në Gehena gjithë trupi yt.

³¹ Qe thënë gjithashtu: "Kush e lë gruan e tij, le t'i japë letrën e ndarjes".

³² Por unë po ju them: Kushdo që e përzë gruan e tij, me përjashtim të rastit të kurvërisë, e bën atë të shkelë kurorën; dhe kushdo që martohet me një grua të ndarë, shkel kurorën.

³³ Keni dëgjuar gjithashtu se të lashtëve u qe thënë: "Mos bëj betim të rremë; por plotëso premtimet për të cilat je betuar para Zotit".

³⁴ Por unë po ju them: "Mos u betoni fare, as për qiellin, sepse është froni i Perëndisë,

³⁵ as për tokën, sepse është stol i këmbëve të tij, as për Jeruzalemin, sepse është qyteti i Mbretit të madh.

³⁶ Mos u beto as për kokën tënde, sepse nuk ke fuqi të zbardhësh ose të nxish qoftë edhe një fije floku.

³⁷ Por fjala jote të jetë: Po, po; jo, jo; gjithçka më tepër vjen nga i ligu.

³⁸ Ju keni dëgjuar se qe thënë: "Sy për sy dhe dhëmb për dhëmb".

³⁹ Por unë po ju them: Mos i rezisto të ligut; madje, në qoftë se dikush të qëllon mbi faqen e djathtë, ktheja dhe tjetrën,

⁴⁰ dhe në qoftë se dikush do të të nxjerrë në gjyq për të të marrë tunikën, jepi edhe mantelin.

⁴¹ Dhe në qoftë se dikush të detyron të ecësh një milje, ti bëji dy me të.

⁴² Jepi atij që të kërkon, dhe mos refuzo t'i japësh atij që të kërkon hua.

⁴³ Ju keni dëgjuar se qe thënë: "Duaje të afërmin tënd dhe urreje armikun tënd".

⁴⁴ Por unë po ju them: "Duani armiqtë tuaj, bekoni ata që ju mallkojnë, u bëni të mirë atyre që ju urrejnë, dhe lutuni për ata që ju

keqtrajtojnë dhe ju përndjekin,

⁴⁵ për të qenë bij të Atit tuaj, që është në qiej, sepse ai bën të lindë diellin e tij mbi të mirët dhe mbi të këqijtë, dhe bën të bjerë shi mbi të drejtët dhe të padrejtët.

⁴⁶ Sepse, po të doni vetëm ata që ju duan, çfarë shpërblimi do të keni? A nuk bëjnë kështu edhe tagrambledhësit?

⁴⁷ Dhe nëse përshendetni vetëm vëllezërit tuaj, çfarë bëni të veçantë? A nuk bëjnë kështu edhe tagrambledhësit?

⁴⁸ Jini, pra, të përkryer, ashtu siç është i përsosur Ati juaj, që është në qiej".

Kapitull 6

¹ "Mos e jepni lëmoshën tuaj para njerëzve, me qëllim që ata t'ju admirojnë; përndryshe nuk do të shpërbleheni te Ati juaj, që është në qiej.

² Kur do të japësh lëmoshë, pra, mos i bjer borisë para teje, ashtu siç bëjnë hipokritët në sinagoga dhe në rrugët, për të qenë të nderuar nga njerëzit; në të vërtetë ju them, se ata tashmë e kanë marrë shpërblimin e tyre.

³ Madje kur jep lëmoshë, e majta jote të mos dijë ç'bën e djathta,

⁴ që lëmosha jote të jepet fshehurazi; dhe Ati yt, që shikon në fshehtësi, do të ta shpërblejë haptas.

⁵ Dhe kur ti lutesh, mos u bëj si hipokritët, sepse atyre u pëlqen të luten në këmbë në sinagoga dhe në sheshet e rrugëve, në mënyrë që njerëzit t'i shohin; në të vërtetë ju them se ata tashmë e kanë marrë shpërblimin e tyre.

⁶ Por ti, kur lutesh, futu në dhomëzën tënde, mbylle derën dhe lutju Atit tënd në fshehtësi; dhe Ati yt, që shikon në fshehtësi, do të ta shpërblejë publikisht.

⁷ Por kur ju luteni, mos përdorni përsëritje të kota siç bëjnë paganët, sepse ata mendojnë se do t'u plotësohet lutja se kanë përdorur shumë fjalë.

⁸ Mos u bëni, pra, si ata, sepse Ati juaj i di gjërat për të cilat keni nevojë, para se ju t'i kërkoni.

⁹ Ju, pra, lutuni kështu: "Ati ynë që je në qiej, u shenjtëroftë emri yt.

¹⁰ Ardhtë mbretëria jote. U bëftë vullneti yt në tokë si në qiell.

¹¹ Bukën tonë të përditshme na e jep sot.

¹² Dhe na i fal fajet tona, ashtu siç ua falim ne fajtorëve tanë.

¹³ Dhe mos lejo të biem në tundim, por na çliro nga i ligu, sepse jotja është mbretëria dhe fuqia dhe lavdia përjetë. Amen".

¹⁴ Sepse në qoftë se ju ua falni njerëzve gabimet e tyre, Ati juaj qiellor do t'jua falë edhe juve;

¹⁵ por në qoftë se ju nuk ua falni njerëzve gabimet e tyre, as Ati juaj nuk do t'ua falë juve gabimet tuaja.

¹⁶ Dhe kur të agjëroni, mos u tregoni të pikëlluar si hipokritët; sepse ata shfytyrohen për t'u treguar njerëzve se agjërojnë; në të vërtetë ju them se ata tashmë e kanë marrë shpërblimin e tyre.

¹⁷ Kurse ti, kur të agjërosh, vajose kokën dhe laje fytyrën,

¹⁸ me qëllim që të mos u tregosh njerëzve se ti agjëron, por Atit tënd në fshehtësi; dhe Ati yt, i cili shikon në fshehtësi, do ta japë shpërblimin publikisht.

¹⁹ Mos mblidhni për vete thesare mbi tokë, ku i brejnë tenja dhe ndryshku, dhe ku vjedhësit shpërthejnë dhe vjedhin,

²⁰ përkundrazi mblidhni për vete thesare në qiell, ku as tenja as ndryshku nuk prishin dhe ku vjedhësit nuk shpërthejnë dhe nuk vjedhin.

²¹ Sepse ku është thesari juaj do të jetë edhe zemra juaj.

²² Drita e trupit është syri; në qoftë se syri yt është i pastër, gjithë trupi yt do të jetë i ndriçuar,

²³ por në qoftë se syri yt është i lig, gjithë trupi yt do të jetë në errësirë; në qoftë se drita, pra, që është në ty është errësirë, sa e madhe do të jetë errësira!

²⁴ Askush nuk mund t'u shërbejë dy zotërinjve, sepse ose do të urrejë njërin dhe do ta dojë tjetrin; ose do t'i qëndrojë besnik njerit dhe do të përçmojë tjetrin; ju nuk mund t'i shërbeni Perëndisë dhe mamonit.

²⁵ Prandaj po ju them: mos u shqetësoni për jetën tuaj, për atë që do të hani ose do të pini, as për trupin tuaj, për atë që do të vishni. A nuk është vallë jeta më me vlerë se ushqimi dhe trupi më me vlerë se veshja?

²⁶ Vini re zogjtë e qiellit: ata nuk mbjellin, nuk korrin dhe nuk mbledhin në hambare; megjithatë Ati juaj qiellor i ushqen. A nuk vleni ju shumë më tepër se sa ata?

²⁷ Dhe cili nga ju, me gjithë kujdesin e tij, mund t'i shtojë shtatit të tij qoftë edhe një kubit të vetëm?

²⁸ Pse shqetësoheni për veshjen tuaj? Vini re si rriten zambakët e fushës: ata nuk lodhen dhe nuk tjerrin;

²⁹ dhe unë, pra, po ju them se Salomoni vetë, me gjithë lavdinë e tij, nuk ishte veshur si ndonjë nga ata.

³⁰ Tani nëse Perëndia e vesh kështu barin e fushës, që sot është dhe nesër hidhet në furrë, vallë nuk do t'ju veshë shumë më tepër ju, njerëz besimpakë?

³¹ Mos u shqetësoni, pra duke thënë: "Çfarë do të hamë ose çfarë do të pimë, ose me çfarë do të vishemi?".

³² Sepse janë paganët ata që kërkojnë të gjitha këto gjëra; Ati juaj qiellor, pra, e di mirë se ju keni nevojë për të gjitha këto gjëra.

³³ Por para së gjithash kërkoni mbretërinë e Perëndisë dhe drejtësinë e tij dhe të gjitha këto gjëra do t'ju shtohen.

³⁴ Mos u brengosni, pra, për të nesërmen, sepse e nesërmja do të kujdeset vetë për vete. Secilës ditë i mjafton pikëllimi i vet".

Kapitull 7

¹ "Mos gjykoni, që të mos gjykoheni.

² Sepse ju do të gjykoheni sipas gjykimit me të cilin ju gjykoni; dhe me masën me të cilën ju masni, do t'ju masin të tjerët.

³ Pse shikon lëmishten që është në syrin e vëllait tënd dhe nuk shikon trarin që është në syrin tënd?

⁴ Ose, si mund t'i thuash vëllait tënd: "Dale të të heq lëmishten nga syri", kur ke një tra në syrin tënd?

⁵ O hipokrit, hiqe më parë trarin nga syri yt dhe pastaj shiko qartë për të nxjerrë lëmishten nga syri i vëllait tënd.

⁶ Mos u jepni qenve ç'është e shenjtë dhe mos i hidhni margaritarët tuaj para derrave, që të mos i shkelin me këmbë dhe të kthehen kundër jush dhe t'ju shqyejnë.

⁷ Lypni dhe do t'ju jepet; kërkoni dhe do të gjeni; trokitni dhe do t'ju çelet.

⁸ Sepse kush lyp merr, kush kërkon gjen dhe do t'i çelet atij që troket.

⁹ A ka midis jush ndonjë njeri që, po t'i kërkojë i biri bukë, t'i japë një gur?

¹⁰ Ose po t'i kërkojë një peshk, t'i japë një gjarpër?

¹¹ Në qoftë se ju, që jeni të këqij, dini t'u jepni dhurata të mira bijve tuaj, aq më tepër Ati juaj, që është në qiej, do t'u japë gjëra të mira atyre që ia kërkojnë.

¹² Gjithçka, pra, që ju dëshironi t'ju bëjnë njerëzit, ua bëni edhe ju atyre, sepse ky është ligji dhe profetët.

¹³ Hyni nga dera e ngushtë, sepse e gjërë është dera dhe e hapur është udha që të çon në shkatërrim, dhe shumë janë ata që hyjnë nëpër të.

¹⁴ Përkundrazi sa e ngushtë është dera dhe sa e vështirë është udha që çon në jetë! Dhe pak janë ata që e gjejnë!

¹⁵ Ruhuni nga profetët e rremë, të cilët vijnë te ju duke u shtënë si dele, por përbrenda janë ujqër grabitqarë.

¹⁶ Ju do t'i njihni nga frytet e tyre. A vilet vallë rrush nga ferrat ose fiq nga murrizat?

¹⁷ Kështu çdo dru i mirë jep fryte të mira; por druri i keq prodhon fryte të këqija.

¹⁸ Një dru i mirë nuk mund të japë fryte të këqija, as një dru i keq të japë fryte të mira.

¹⁹ Çdo dru që nuk jep fryt të mirë pritet dhe hidhet në zjarr.

²⁰ Ju, pra, do t'i njihni profetët nga frytet e tyre.

²¹ Jo çdo njeri që më thotë: "Zot, Zot" do të hyjë në mbretërinë e qieve; por do të hyjë ai që kryen vullnetin e Atit tim që është në qiej.

²² Shumë do të më thonë atë ditë: "O Zot, o Zot, a nuk profetizuam ne në emrin tënd, a nuk i dëbuam demonët në emrin tënd, a nuk kemi bërë shumë vepra të fuqishme në emrin tënd?".

²³ Dhe atëherë unë do t'u sqaroj atyre: "Unë s'ju kam njohur kurrë; largohuni nga unë, ju të gjithë, që keni bërë paudhësi".

²⁴ Prandaj, ai që i dëgjon këto fjalë të mia dhe i vë në praktikë, mund të krahasohet prej meje me një njeri të zgjuar, që e ka ndërtuar shtëpinë e tij mbi shkëmb.

²⁵ Ra shiu, erdhi përmbytja, frynë erërat dhe u përplasën mbi atë shtëpi; por ajo nuk u shemb, sepse ishte themeluar mbi shkëmb.

²⁶ Përkundrazi ai që i dëgjon këto fjalë dhe nuk i vë në praktikë, do të krahasohet me një njeri budalla, që e ka ndërtuar shtëpinë e tij mbi rërë.

²⁷ Më pas ra shiu, erdhi përmbytja, frynë erërat dhe u përplasën mbi atë shtëpi; ajo u shemb dhe rrënimi i saj qe i madh".

²⁸ Tani kur Jezusi i mbaroi këto fjalë, turmat mbetën të habitura nga doktrina e tij,

²⁹ sepse ai i mësonte, si një që ka autoritet dhe jo si skribët.

Kapitull 8

1 Tani kur Jezusi zbriti nga mali, turma të mëdha e ndiqnin.

2 Dhe ja, një lebroz erdhi dhe e adhuroi, duke thënë: "O Zot, po të duash, ti mund të më shërosh".

3 Jezusi e shtriu dorën, e preku dhe i tha: "Po, unë dua, shërohu". Dhe në atë çast u shërua nga lebra e tij.

4 Atëherë Jezusi i tha: "Ruhu se ia tregon kujt; por shko, paraqitu te prifti, bëj flijimin që ka urdhëruar Moisiu, me qëllim që kjo të jetë dëshmi për ta".

5 Kur Jezusi hyri në Kapernaum i erdhi një centurion duke iu lutur,

6 dhe duke thënë: "O Zot, shërbëtori im rri shtrirë në shtëpi i paralizuar dhe po vuan shumë".

7 Dhe Jezusi i tha: "Do të vij dhe do ta shëroj".

8 Centurioni duke u përgjigjur i tha: "Zot, unë nuk jam i denjë që ti të hysh nën strehën time; por thuaj vetëm një fjalë dhe shërbëtori im do të shërohet.

9 Sepse unë jam një njeri nën urdhërin e të tjerëve, dhe i kam ushtarët nën vete; dhe, po t'i them dikujt: "Shko", ai shkon; dhe po t'i them një tjetri: "Eja", ai vjen; dhe po t'i them shërbëtorit tim: "Bëje këtë", ai e bën".

10 Dhe Jezusi, kur i dëgjoi këto gjëra, u mrekullua dhe u tha atyre që e ndiqnin: "Në të vërtetë po ju them, se askund në Izrael nuk e gjeta një besim aq të madh.

11 Unë po ju them se shumë do të vijnë nga lindja dhe nga perëndimi dhe do të ulen në tryezë me Abrahamin, me Isaakun dhe me Jakobin, në mbretërinë e qiejve,

12 por bijtë e mbretërisë do të flaken në errësirat e jashtme. Atje do të jetë e qara dhe kërcëllimi dhëmbëve".

13 Dhe Jezusi i tha centurionit: "Shko dhe u bëftë ashtu si besove!". Dhe shërbëtori i tij u shërua që në atë çast.

14 Pastaj Jezusi hyri në shtëpinë e Pjetrit dhe pa që e vjehrra ishte në shtrat me ethe.

15 Dhe ai ia preku dorën dhe ethet e lanë; dhe ajo u ngrit dhe nisi t'u shërbejë.

16 Dhe kur u ngrys, i sollën shumë të pushtuar nga demonë; dhe ai, me fjalë, i dëboi frymërat dhe i shëroi gjithë të sëmurët,

17 që kështu të përmbushej fjala e profetit Isaia kur tha: "Ai i mori lëngatat tona dhe i mbarti sëmundjet tona".

18 Tani Jezusi, duke parë rreth tij turma të mëdha, urdhëroi që të kalonin në bregun tjetër.

19 Atëherë një skrib iu afrua dhe i tha: "Mësues, unë do të ndjek kudo që të shkosh".

20 Dhe Jezusi i tha: "Dhelprat i kanë strofkat, dhe zogjtë e qiellit i kanë çerdhet, por Biri i njeriut nuk ka as ku të mbështetë kokën".

21 Pastaj një tjetër nga dishepujt e tij i tha: "O Zot, më jep më parë leje të shkoj të varros atin tim".

22 Por Jezusi i tha: Më ndiq, dhe lëri të vdekurit të varrosin të vdekurit e vet".

23 Dhe mbasi ai hipi në barkë, dishepujt e tij e ndiqnin.

24 Dhe ja, që u ngrit në det një stuhi aq e madhe, sa valët po e mbulonin barkën, por ai flinte.

25 Dhe dishepujt e tij iu afruan dhe e zgjuan duke i thënë: "O Zot, na shpëto, ne po mbarojmë!"

26 Por ai u tha atyre: "Pse keni frikë, o njerëz besimpakë?". Dhe, pasi u ngrit, qortoi erërat dhe detin, dhe u bë bunacë e madhe.

27 Atëherë njërëzit u mrekulluan dhe thoshnin: "Kush është ky, të cilit po i binden deti dhe erërat?".

28 Dhe kur arriti në bregun tjetër, në krahinën e Gergesenasve, i dolën para dy të demonizuar, që kishin dalë nga varret, dhe ishin aq të tërbuar sa që askush nuk mund të kalonte në atë udhë.

29 Dhe ja, ata filluan të bërtasin duke thënë: "Ç'është mes nesh dhe ty, Jezus, Biri i Perëndisë? Mos ke ardhur këtu të na mundosh para kohe?".

30 Jo larg tyre një tufë e madhe derrash po kulloste.

31 Dhe demonët iu lutën duke i thënë: "Në qoftë se na dëbon, na lejo të shkojmë në atë tufë derrash".

32 Dhe ai u tha atyre: "Shkoni!". Kështu ata, pasi dolën, hynë në atë tufë derrash; dhe ja, gjithë ajo tufë u hodh nga gremina në det, dhe u mbyt në ujë.

33 Dhe ata që i kullotnin ikën dhe, kur shkuan në qytet, i treguan të gjitha këto gjëra, duke përfshirë ngjarjen e të demonizuarve.

34 Dhe ja, gjithë qyteti i doli para Jezusit; dhe, kur e panë, iu lutën që të largohej prej vendit të tyre.

Kapitull 9

1 Dhe ai, pasi hipi në barkë, kaloi në bregun tjetër dhe erdhi në qytetin e vet.

2 Dhe ja, iu paraqit një paralitik i shtrirë në vig; dhe Jezusi, kur pa besimin që kishin ata, i tha paralitikut: "Merr zemër, o bir, mëkatet e tua të janë falur!"

3 Atëherë disa skribë thanë me vete: "Ky po blasfemon!".

4 Por Jezusi, duke njohur mendimet e tyre, tha: "Pse mendoni gjëra të mbrapështa në zemrat tuaja?

5 Në fakt, ç'është më e lehtë, të thuash: "Mëkatet e tua të janë falur", apo: "Çohu dhe ec"?

6 Tani, që ta dini se Biri i njeriut ka autoritet në tokë të falë mëkatet: Çohu (i tha paralitikut), merr vigun tënd dhe shko në shtëpinë tënde".

7 Dhe ai u çua dhe shkoi në shtëpinë e vet.

8 Turmat, kur e panë këtë, u çuditën dhe lëvdonin Perëndinë, që u kishte dhënë pushtet të tillë njerëzve.

9 Pastaj Jezusi, duke shkuar tutje, pa një burrë që rrinte në doganë, i quajtur Mate, dhe i tha: "Ndiqmë!". Dhe ai u çua dhe e ndoqi.

10 Dhe ndodhi që, kur Jezusi u ul në tryezë në shtëpi, erdhën shumë tagrambledhës dhe mëkatarë dhe u ulën në tryezë bashkë me të dhe me dishepujt e tij.

11 Farisenjtë, kur e panë këtë, u thanë dishepujve të tij: "Pse Mësuesi juaj ha bukë me tagrambledhësit dhe me mëkatarët?".

12 Jezusi, mbasi i dëgjoi, u tha atyre: "Nuk janë të shëndoshët ata që kanë nevojë për mjekun, por të sëmurët.

13 Tani shkoni dhe mësoni ç'do të thotë: "Unë dua mëshirë dhe jo flijime". Sepse unë nuk erdha për të thirrur në pendim të drejtët, por mëkatarët".

14 Atëherë iu afruan dishepujt e Gjonit dhe thanë: "Pse ne dhe farisenjtë agjërojmë shpesh, ndërsa dishepujt e tu nuk agjërojnë?".

15 Dhe Jezusi u tha atyre: "A mund të mbajnë zi dasmorët, ndërsa dhëndërri është midis tyre? Por do të vijë koha kur do t'ua marrin dhëndërrin dhe atëherë ata do të agjërojnë.

16 Askush nuk vë një copë prej stofi të ri mbi një petk të vjetër, sepse kështu arna bie dhe grisja bëhet më e madhe.

17 Dhe as nuk shtihet vera e re në kacekë të vjetër; përndryshe kacekët shpohen, vera derdhet dhe kacekët humbin; por shtihet vera e re në kacekë të rinj, kështu që ruhen që të dy".

18 Ndërsa Jezusi u thoshte këto, iu afrua një nga krerët e sinagogës, ra përmbys para tij, dhe i tha: "Sapo më vdiq vajza, por eja, vëre dorën mbi të dhe ajo do të jetojë".

19 Dhe Jezusi u ngrit dhe e ndoqi bashkë me dishepujt e tij.

20 Dhe ja një grua, e cila vuante prej dymbëdhjetë vjetësh nga një fluks gjaku, iu afrua nga mbrapa dhe i preku cepin e rrobes së tij.

21 Sepse thoshte me vete: "Po të prek vetëm rroben e tij, do të shërohem".

22 Jezusi u kthye, e pa dhe tha: "Merr zemër, o bijë; besimi yt të ka shëruar". Dhe që në atë çast gruaja u shërua.

23 Kur Jezusi arriti në shtëpinë e kryetarit të sinagogës dhe pa fyelltarët dhe turmën që zhurmonte,

24 u tha atyre: "Largohuni, sepse vajza nuk ka vdekur, por fle". Dhe ata e përqeshnin.

25 Pastaj, kur turmën e nxorën jashtë, ai hyri, e zuri për dore vajzën dhe ajo u ngrit.

26 Fama e kësaj u përhap në mbarë atë vend.

27 Dhe ndërsa Jezusi po largohej prej andej, dy të verbër e ndiqnin duke bërtitur dhe duke thënë: "Ki mëshirë për ne, Bir i Davidit!".

28 Kur arriti në shtëpi, të verbërit iu afruan dhe Jezusi u tha atyre: "A besoni ju se unë mund ta bëj këtë gjë?". Ata iu përgjigjën: "Po, o Zot".

29 Atëherë ai ua preku sytë, duke thënë: "U bëftë sipas besimit tuaj".

30 Dhe atyre iu hapën sytë. Pastaj Jezusi i urdhëroi rreptësisht duke thënë: "Ruhuni se mos e merr vesh njeri".

31 Por ata, sapo dolën, e përhapën famën e tij në mbarë atë vend.

32 Dhe, kur ata po dilnin, i paraqitën një burrë memec dhe demonizuar.

33 Dhe, mbasi e dëboi demonin, memeci foli dhe turmat u çuditën dhe thanë: "Nuk është parë kurrë një gjë e tillë në Izrael".

34 Por farisenjtë thonin: "Ai i dëbon demonët me ndihmën e princit të demonëve!".

35 Dhe Jezusi kalonte nëpër të gjitha qytetet dhe fshatrat, duke i mësuar në sinagogat e tyre, duke predikuar ungjillin e mbretërisë dhe duke shëruar çdo sëmundje e çdo lëngatë në popull.

36 Duke parë turmat, kishte dhembshuri për to, sepse ishin të lodhur dhe të shpërndarë si delet pa bari.

³⁷ Atëherë ai u tha dishepujve të vet: "E korra është me të vërtetë e madhe, por punëtorët janë pak.

³⁸ Lutjuni, pra, Zotit të të korrave, të dërgojë punëtorë në të korrat e tij".

Kapitull 10

¹ Pastaj Jezusi i thirri të dymbëdhjetë dishepujt e tij rreth vetes dhe u dha autoritet t'i dëbojnë frymërat e ndyra, dhe të shërojnë çdo sëmundje e çdo lëngatë.

² Dhe emrat e dymbëdhjetë apostujve janë këta: i pari Simoni, i quajtur Pjetër dhe Andrea, vëllai i tij; Jakobi i Zebedeut dhe Gjoni, vëllai i tij;

³ Filipi dhe Bartolomeu; Thomai dhe Mateu tagrambledhësi, Jakobi i Alfeut dhe Lebeu, i mbiquajtur Tade;

⁴ Simon Kananeasi dhe Judë Iskarioti, ai që më pas e tradhtoi.

⁵ Këta janë të dymbëdhjetët që Jezusi i dërgoi mbasi u dha këto urdhëra: "Mos shkoni ndër paganë dhe mos hyni në asnjë qytet të Samaritanëve,

⁶ por shkoni më mirë te delet e humbura të shtëpisë së Izraelit.

⁷ Shkoni dhe predikoni duke thënë: "Mbretëria e qiejve u afrua".

⁸ Shëroni të sëmurët, pastroni lebrozët, ngjallni të vdekurit, dëboni demonët; falas morët, falas jepni.

⁹ Mos grumbulloni ar, as argjend as bakër në qesen tuaj,

¹⁰ as trasta për udhë, as dy palë tunika, as sandale, as shkop, sepse punëtori është i denjë për ushqimin e vet.

¹¹ Në çfarëdo qytet ose fshat që të hyni, pyetni në se ka aty ndonjë njeri të denjë dhe banoni tek ai deri sa të niseni.

¹² Dhe kur hyni në shtëpi, e përshëndetni.

¹³ Dhe në se ajo shtëpi është e denjë, le të vijë paqja juaj mbi të; por, në se nuk është e denjë, paqja juaj le të kthehet përsëri tek ju.

¹⁴ Dhe në se dikush nuk ju pret dhe nuk i dëgjon fjalët tuaja, duke dalë nga ajo shtëpi ose nga ai qytet, shkundni pluhurin nga këmbët tuaja.

¹⁵ Dhe në të vërtetë po ju them se ditën e gjyqit, vendi i Sodomës dhe i Gomorës do të trajtohet me më shumë tolerancë se ai qytet.

¹⁶ Ja, unë po ju dërgoj si dele në mes të ujqërve; jini, pra, të mënçur si gjarpërinjtë dhe të pastër si pëllumbat.

¹⁷ Por ruhuni nga njerëzit, sepse do t'ju zvarrisin përpara sinedrave të tyre dhe do t'ju fshikullojnë në sinagogat e tyre.

¹⁸ Dhe do t'ju çojnë përpara guvernatorëve dhe përpara mbretërve për shkakun tim, për të dëshmuar para tyre dhe para johebrenjve.

¹⁹ Dhe, kur t'ju dorëzojnë në duart e tyre, mos u shqetësoni se çfarë dhe si do të flisni; sepse në atë çast do t'ju jepet se çfarë duhet të thoni;

²⁰ sepse nuk do të jeni ju që do të flisni, por Fryma e Atit tuaj që do të flasë në ju.

²¹ Tani vëllai do të dorëzojë vëllanë në vdekje dhe ati të birin; dhe bijtë do të çohen kundër prindërve dhe do t'i vrasin.

²² Dhe të gjithë do t'ju urrejnë për shkak të emrit tim; por ai që do të qëndrojë deri në fund, do të shpëtojë.

²³ Por kur do t'ju përndjekin në një qytet, ikni në një tjetër, sepse në të vërtetë ju them se nuk do të përfundoni së përshkuari qytetet e Izraelit, para se të vijë Biri i njeriut.

²⁴ Dishepulli nuk del mbi mësuesin, as shërbëtori mbi zotin e tij.

²⁵ I mjafton dishepullit të bëhet si mësuesi i tij dhe shërbëtorit të bëhet si zotëria e tij. Në se të zotin e shtëpisë e quajtën Beelzebub, aq më tepër do t'i quajnë ashtu ata të shtëpisë së tij!

²⁶ Mos ia kini frikën pra, sepse nuk ka gjë të fshehtë që të mos zbulohet dhe asnjë sekret që nuk do të nijhet.

²⁷ Atë që unë ju them në terr, e thoni në dritë; dhe atë që dëgjoni të thënë në vesh, predikojeni mbi çatitë.

²⁸ Dhe mos kini frikë nga ata që vrasin trupin, por nuk mund të vrasin shpirtin; kini frikë më tepër nga ai që mund t'ua humbë shpirtin dhe trupin në Gehena.

²⁹ A nuk shiten vallë dy harabela për një aspër? Dhe, megjithatë asnjë prej tyre nuk bie për tokë pa dashjen e Atit tuaj.

³⁰ Sa për ju, madje edhe të gjitha fijet e flokëve të kokës suaj janë të numëruara.

³¹ Mos kini frikë, pra; ju vleni më tepër se shumë harabela.

³² Prandaj kushdo që do të më rrëfenjë përpara njerëzve, dhe unë do ta rrëfej përpara Atit tim që është në qiej.

³³ Por kushdo që do të më mohojë përpara njerëzve, edhe unë do ta mohoj përpara Atit tim që është në qiej".

³⁴ "Mos mendoni se unë erdha të sjell paqen mbi tokë; nuk erdha të sjell paqen, por shpatën.

³⁵ Sepse unë erdha ta ndaj birin nga ati, bijën nga nëna, nusen nga vjehrra,

³⁶ dhe armiqt e njeriut do të jenë ata të shtëpisë së vet.

³⁷ Ai që e do atin ose nënën më shumë se unë, nuk është i denjë për mua; dhe ai që e do birin ose bijën më shumë se unë, nuk është i denjë për mua.

³⁸ Dhe ai që nuk e merr kryqin e vet dhe nuk vjen pas meje, nuk është i denjë për mua.

³⁹ Kush do të gjejë jetën e vet, do ta humbasë; por ai që do humbasë jetën e vet për hirin tim, do ta gjejë përsëri.

⁴⁰ Ai që ju pranon, më pranon mua; dhe ai që më pranon mua, pranon atë që më ka dërguar.

⁴¹ Ai që pranon një profet në emër të një profeti, do të marrë shpërblimin që i takon profetit; dhe ai që pranon të drejtin në emër të të drejtit, do të marrë shpërblimin që i takon të drejtit.

⁴² Dhe kushdo që i jep për të pirë qoftë edhe vetëm një gotë uji të freskët ndonjërit prej këtyre të vegjëlve në emër të një dishepulli, në të vërtetë ju them, që ai nuk do të humbë aspak shpërblimin e tij".

Kapitull 11

¹ Mbasi Jezusi përfundoi dhënien e porosive të tij dymbëdhjetë dishepujve të vet, u largua nga ai vend, për të mësuar dhe për të predikuar në qytetet e tyre.

² Por Gjoni, që kishte dëgjuar në burg të flitej për veprat e Krishtit, dërgoi dy nga dishepujt e vet për t'i thënë:

³ "A je ti ai që duhet të vijë, apo duhet të presim një tjetër?"

⁴ Dhe Jezusi, duke u përgjigjur, u tha atyre: "Shkoni dhe i tregoni Gjonit gjërat që dëgjoni dhe shikoni:

⁵ Të verbërit po shohin, të çalët po ecin, lebrozët janë pastruar dhe të shurdhërit po dëgjojnë; të vdekurit po ngjallen dhe ungjilli po u predikohet të varfërve.

⁶ Lum ai që nuk do të skandalizohet nga unë!".

⁷ Dhe kur ata po largoheshin, Jezusi nisi t'u thotë turmave për Gjonin: "Çfarë keni dalë të shikoni në shkretëtirë? Kallamin që e tund era?

⁸ Por çfarë keni dalë të shikoni? Njeriun e mbështjellur me rroba të buta? Ja, ata që veshin rroba të buta banojnë në pallatet mbretërore.

⁹ Atëherë, pra, ç'dolët të shikoni? Një profet? Po, ju them: ai është më shumë se një profet.

¹⁰ Sepse ky është ai për të cilin është shkruar: "Ja, unë po dërgoj lajmëtarin tim para fytyrës sate; ai do të bëjë gati rrugën tënde para teje".

¹¹ Në të vërtetë po ju them: ndër ata që janë lindur prej gruas nuk ka dalë kurrë ndonjë më i madh se Gjon Pagëzori; por më i vogli në mbretërinë e qiejve është më i madh se ai.

¹² Dhe qysh nga ditët e Gjon Pagëzorit e deri tash mbretëria e qiejve po pëson dhunë dhe të dhunshmit e grabitën.

¹³ Sepse të gjithë profetët dhe ligji kanë profetizuar deri te Gjoni.

¹⁴ Dhe, në daçi ta pranoni, ai është Elia, që duhej të vijë.

¹⁵ Kush ka veshë për të dëgjuar, le të dëgjojë!

¹⁶ Por me kë ta krahasoj këtë brez? Ai u ngjan fëmijëve që rrinë në sheshe dhe u drejtohen shokëve të tyre

¹⁷ duke thënë: "Ne i kemi rënë fyellit për ju dhe ju nuk kërcyet; nisëm vajin dhe ju nuk u brengosët".

¹⁸ Pra, erdhi Gjoni që as hante, as pinte, dhe ata thonë: "Ai ka një demon".

¹⁹ Erdhi Biri i njeriut, që ha dhe pi dhe ata thonë: "Ja një grykës dhe një pijanec, miku i tagrambledhësve dhe i mëkatarëve". Por dituria është justifikuar nga bijtë e vet".

²⁰ Atëherë ai nisi t'i qortojë ato qytete, ku ishte kryer pjesa më e madhe e veprave të fuqishme të tij, sepse ato nuk ishin penduar duke thënë:

²¹ "Mjerë ti, Korazin! Mjerë ti Betsaida! Sepse, në se në Tiro dhe në Sidon do të ishin kryer veprat e fuqishme që u bënë ndër ju, prej kohësh do të ishin penduar me thes dhe hi.

²² Prandaj unë po ju them se ditën e gjyqit, Tiro dhe Sidoni do të trajtohen me më shumë tolerancë se ju.

²³ Dhe ti, o Kapernaum, që u ngrite deri në qiell, do të fundosesh deri në ferr, sepse në se do të ishin kryer në Sodomë veprat të fuqishme që janë kryer në ty, ajo do të ishte edhe sot e kësaj dite.

²⁴ Prandaj unë po ju them se ditën e gjyqit fati i vendit të Sodomës do të jetë më i lehtë se yti".

²⁵ Në atë kohë Jezusi nisi të thotë: "Unë të lavdëroj, o Atë, Zot i qiellit dhe i dheut, sepse ua fshehe këto gjëra të urtit dhe të mençurit, dhe ua zbulove fëmijëve të vegjël.

²⁶ Po, o Atë, sepse kështu të pëlqeu ty.

²⁷ Çdo gjë më është dhënë në dorë nga Ati im, dhe asnjëri nuk e njeh Birin, përveç Atit; dhe asnjëri nuk e njeh Atin, përveç Birit dhe atij të cilit Biri don t'ia zbulojë.

²⁸ Ejani tek unë, o ju të gjithë të munduar dhe të rënduar, dhe unë do t'ju jap çlodhje.

²⁹ Merrni mbi vete zgjedhën time dhe mësoni nga unë, sepse unë jam zemërbutë dhe i përulur nga zemra; dhe ju do të gjeni prehje për shpirtrat tuaj.

³⁰ Sepse zgjedha ime është e ëmbël dhe barra ime është e lehtë!".

Kapitull 12

¹ Në atë kohë Jezusi po ecte një të shtunë nëpër arat me grurë; dhe dishepujt e vet, të uritur, filluan të këpusin kallinj dhe t'i hanë.

² Por farisenjtë, kur panë këtë, i thanë: "Ja, dishepujt e tu po bëjnë atë që nuk është e lejueshme të bëhet të shtunën".

³ Dhe ai u tha atyre: "A nuk keni lexuar vallë se ç'bëri Davidi kur pati uri, ai dhe ata që qenë me të?

⁴ Si ai hyri në shtëpinë e Perëndisë dhe hëngri bukët e paraqitjes, të cilat nuk lejohej t'i hante as ai e as ata që ishin me të, por vetëm priftërinjtë?

⁵ Apo nuk keni lexuar në ligj që në tempull, të shtunave, priftërinjtë e shkelin të shtunën dhe megjithatë nuk mëkatojnë?

⁶ Dhe unë po ju them se këtu është një më i madh se tempulli.

⁷ Dhe, po të dinit se çfarë do të thotë: "Unë dua mëshirë dhe jo flijime", nuk do të kishit dënuar të pafajshmit.

⁸ Sepse Biri i njeriut është zot edhe i së shtunës".

⁹ Pastaj, mbasi u largua që andej, hyri në sinagogën e tyre;

¹⁰ dhe ja, aty ishte një burrë të cilit i qe tharë dora. Ata e pyetën Jezusin, me qëllim që ta padisin më pas: "A është e lejueshme që dikush të shërojë ditën e shtunë?"

¹¹ Dhe ai u tha atyre: "A ka ndonjë prej jush që ka një dele, dhe ajo bie në një gropë ditën e shtunë, dhe a ai nuk shkon ta nxjerrë jashtë?

¹² E, pra, sa më i vlefshëm është njeriu se delja! A është, pra, e lejueshme të bësh të mirën të shtunën?".

¹³ Atëherë ai i tha atij burri: "Shtrije dorën tënde!". Dhe ai e shtriu dhe ajo iu shëndosh si tjetra.

¹⁴ Por farisenjtë, mbasi dolën jashtë, bënin këshill kundër tij si ta vrasin.

¹⁵ Por kur Jezusi e mori vesh u largua prej andej dhe turma të mëdha e ndiqnin dhe ai i shëroi të gjithë,

¹⁶ dhe i urdhëroi ata rreptësisht të mos thonin kush ishte ai,

¹⁷ me qëllim që të përmbushej ç'ishte thënë nëpërmjet profetit Isaia që thotë:

¹⁸ "Ja shërbëtori im, që unë e zgjodha; i dashuri im, në të cilin shpirti im është i kënaqur. Unë do ta vë Frymën tim mbi të dhe ai do t'u shpall drejtësinë popujve.

¹⁹ Ai nuk do të zihet dhe as nuk do të bërtasë dhe askush nuk do t'ia dëgjojë zërin e tij nëpër sheshe.

²⁰ Ai nuk do ta thërmojë kallamin e thyer dhe nuk do ta shuajë kandilin që bën tym, deri sa të mos e ketë bërë të triumfojë drejtësinë.

²¹ Dhe njerëzit do të shpresojnë në emrin e tij".

²² Atëherë i paraqitën një të idemonizuar, që ishte i verbër dhe memec; dhe ai e shëroi, kështu që i verbëri e memeci fliste dhe shikonte.

²³ Dhe mbarë turmat çuditeshin dhe thonin: "A mos është ky i Biri i Davidit?".

²⁴ Por farisenjtë, kur e dëgjuan këtë, thanë: "Ky i dëbon demonët vetëm me fuqinë e Beelzebubit, princit të demonëve".

²⁵ Dhe Jezusi, duke njohur mendimet e tyre, u tha: "Çdo mbretëri, që përçahet në vetvete, shkon drejt shkatërrimit; dhe çdo qytet ose shtëpi, që përçahet në vetvete, nuk shkon gjatë.

²⁶ Atëherë, në qoftë se Satani dëbon Satanë, ai është përçarë në vetvete, dhe si mund të qëndrojë mbretëria e tij?

²⁷ Dhe në qoftë se unë i dëboj djajtë me ndihmën e Beelzebubit, me ndihmën e kujt i dëbojnë bijtë tuaj? Prandaj ata do të jenë gjykatësit tuaj.

²⁸ Por, në qoftë se unë i dëboj djajtë me ndihmën e Frymës së Perëndisë, atëherë mbretëria e Perëndisë ka ardhur në mes tuaj.

²⁹ Ose, si mund të hyjë dikush në shtëpinë e të fuqishmit dhe t'i grabisë pasurinë, po të mos e ketë lidhur më parë të fuqishmin? Vetëm atëherë ai do të mund t'ia plaçkisë shtëpinë.

³⁰ Kush nuk është me mua, është kundër meje dhe kush nuk mbledh me mua, shkapërderdh.

³¹ Prandaj unë po ju them: Çdo mëkat dhe blasfemi do t'u falet njerëzve; por blasfemia kundër Frymës nuk do t'u falet atyre.

³² Dhe kushdo që flet kundër Birit të njeriut do të falet; por ai që flet kundër Frymës së Shenjtë nuk do të falet as në këtë botë as në atë të ardhme".

³³ "Ose bëjeni të mirë pemën dhe fryti i saj do të jetë i mirë, ose bëjeni të keqe pemën dhe fryti i saj do të jetë i keq; sepse pema njihet nga fryti.

³⁴ O pjellë nëpërkash! Si mund të flisni mirë, kur jeni të këqij? Sepse ç'ka zemra qet goja.

³⁵ Njeriu i mirë nga thesari i mirë i zemrës nxjerr gjëra të mira; por njeriu i keq nxjerr gjëra të këqija nga thesari i tij i keq.

³⁶ Por unë po ju them se ditën e gjyqit njerëzit do të japin llogari për çdo fjalë të kotë që kanë thënë.

³⁷ Sepse në bazë të fjalëve të tua do të justifikohesh, dhe në bazë të fjalëve të tua do të dënohesh".

³⁸ Atëherë disa skribë dhe farisenj e pyetën duke thënë: "Mësues, ne duam të shohim ndonjë shenjë prej teje".

³⁹ Por ai duke iu përgjigjur u tha atyre: "Ky brez i mbrapshtë dhe kurorëshkelës kërkon një shenjë, por asnjë shenjë nuk do t'i jepet, përveç shenjës së profetit Jona.

⁴⁰ Në fakt ashtu si Jona qëndroi tri ditë e tri net në barkun e peshkut të madh, kështu Biri i njeriut do të qëndrojë tri ditë e tri net në zemër të tokës.

⁴¹ Banorët e Ninivit do të ringjallen në gjyq bashkë me këtë brez dhe do ta dënojnë, sepse ata u penduan me predikimin e Jonas; dhe ja, këtu është një më i madh se Jona.

⁴² Mbretëresha e jugut do të ringjallet në gjyq bashkë me këtë brez dhe do ta dënojë, sepse ajo erdhi nga skaji më i largët i tokës për të dëgjuar diturinë e Salomonit; dhe ja, këtu është një më i madh se Salomoni.

⁴³ Tani kur fryma e ndyrë ka dalë nga një njeri, endet nëpër vende të thata, duke kërkuar qetësi, por nuk e gjen.

⁴⁴ Atëherë thotë: "Do të kthehem në shtëpinë time, nga kam dalë"; po kur arrin e gjen të zbrazët, të pastruar dhe të zbukuruar;

⁴⁵ atëherë shkon e merr me vete shtatë frymëra të tjera më të liga se ai, të cilët hyjnë dhe banojnë aty; kështu gjendja e fundit e këtij njeriut bëhet më e keqe nga e mëparshmja. Kështu do t'i ndodhë edhe këtij brezi të mbrapshtë".

⁴⁶ Ndërsa ai vazhdonte t'u fliste turmave, ja nëna e tij dhe vëllezërit e tij po rrinin jashtë dhe kërkonin të flisnin me të.

⁴⁷ Dhe dikush i tha: "Ja, nëna jote dhe vëllezërit e tu janë atje jashtë dhe duan të flasin me ty".

⁴⁸ Por ai duke iu përgjigjur, i tha atij që e kishte lajmëruar: "Kush është nëna ime dhe kush janë vëllezërit e mi?".

⁴⁹ E shtriu dorën e vet drejt dishepujve të vet dhe tha: "Ja nëna ime dhe vëllezërit e mi.

⁵⁰ Sepse kushdo që kryen vullnetin e Atit tim që është në qiej, më është vëlla, motër dhe nënë".

Kapitull 13

¹ Tani po atë ditë, Jezusi doli nga shtëpia dhe u ul në breg të detit.

² Turma të mëdha u mblodhën rreth tij kështu që ai hipi mbi një barkë dhe u ul; dhe gjithë populli rrinte në këmbë në breg.

³ Dhe ai u paraqiti shumë gjëra në shëmbëlltyrë, duke thënë: "Ja, një mbjellës doli për të mbjellë.

⁴ Ndërsa po mbillte, një pjesë e farës ra përgjatë rrugës; dhe zogjtë erdhën dhe e hëngrën.

⁵ Një pjesë tjetër ra në gurishte, ku nuk kishte shumë tokë, dhe mbiu shpejt sepse terreni nuk ishte i thellë;

⁶ por kur doli dielli u fishk dhe u tha sepse s'kishte rrënjë.

⁷ Një pjesë tjetër ra midis ferrave dhe ferrat u rritën dhe ia zunë frymën.

⁸ Një tjetër ra në tokë të mirë dhe dha fryt duke dhënë njëra njëqindfish, tjetra gjashtëdhjetëfish dhe tjetra tridhjetëfish.

⁹ Kush ka vesh për të dëgjuar, le të dëgjojë!".

¹⁰ Atëherë dishepujt iu afruan dhe i thanë: "Pse po u flet atyre me shëmbëlltyrë?".

¹¹ Dhe ai duke u përgjigjur u tha atyre: "Sepse juve ju është dhënë mundësia të njihni të fshehtat e mbretërisë së qiejve, ndërsa atyre nuk u është dhënë.

¹² Sepse atij që ka, do t'i jepet dhe do të ketë bollëk; ndërsa atij që nuk ka, do t'i merret edhe ajo që ka.

¹³ Prandaj unë u flas atyre me shëmbëll-tyrë, sepse duke parë nuk shohin, dhe duke dëgjuar nuk dëgjojnë as nuk kuptojnë.

¹⁴ Kështu ndër ta përmbushet profecia e Isaias, që thotë: "Ju do të dëgjoni, por nuk do të kuptoni, do të vështroni, por nuk do të shikoni.

¹⁵ Sepse zemra e këtij populli është bërë e pandjeshme, ata janë bërë të rëndë nga veshët dhe kanë mbyllur sytë, që nuk shohin me sy dhe nuk dëgjojnë me vesh, dhe nuk gjykojnë me zemër dhe nuk kthehen, dhe unë t'i shëroj.

¹⁶ Por lum sytë tuaj që shohin dhe veshët tuaj që dëgjojnë.

¹⁷ Sepse në vërtetë ju them se shumë profetë dhe të drejtë deshën t'i shohin gjërat që ju po shihni dhe nuk i panë, dhe t'i dëgjojnë

gjërat që ju dëgjoni dhe nuk i dëgjuan!

¹⁸ Juve pra kuptoni shëmbëlltyrën e mbjellësit.

¹⁹ Kur dikush dëgjon fjalën e mbretërisë dhe nuk e kupton, vjen i ligu dhe i merr atë që ishte mbjellë në zemrën e tij. Ky është ai njeri që ka marrë fara përgjatë rrugës.

²⁰ Dhe ai që ka marrë farën nëpër gurishte, është ai që dëgjon fjalën dhe e pranon menjëherë me gëzim;

²¹ por, nuk ka rrënjë në vete, dhe është për pak kohë; dhe kur vijnë mundimi ose përndjekja për shkak të fjalës, skandalizohet menjëherë.

²² Dhe ai që ka marrë farën midis ferrave është ai që e dëgjon fjalën, por shqetësimet e kësaj bote dhe mashtrimet e pasurisë ia mbysin fjalën; dhe ajo bëhet e pafrytshme.

²³ Por ai që merr farën në tokë të mirë, është ai që e dëgjon fjalën, e kupton dhe jep fryt; dhe prodhon njëri njëqindfish, tjetri gjashtëdhjetëfish dhe tjetri tridhjetëfish.

²⁴ Ai u propozoi atyre një shëmbëlltyrë tjetër: "Mbretëria e qiejve i ngjan një njeriu që mbolli farë të mirë në arën e vet.

²⁵ Por, ndërsa njerëzit po flinin, erdhi armiku i tij dhe mbolli egjër nëpër grurë dhe iku.

²⁶ Kur më pas gruri u rrit dhe jepte fryt u duk edhe egjra.

²⁷ Dhe shërbëtorët e padronit të shtëpisë iu afruan atij dhe i thanë: "Zot, a nuk ke mbjellë farë të mirë në arën tënde? Vallë nga doli egjra?

²⁸ Dhe ai u tha atyre: "Këtë e ka bërë armiku". Atëherë shërbëtorët i thanë: "A do ti të shkojmë e ta shkulim?".

²⁹ Por ai tha: "Jo, kam frikë se, duke shkulur egjrën, bashkë me të, do të shkulni edhe grurin.

³⁰ I lini të rriten bashkë deri në të korra. Në kohën e korrjes unë do t'u them korrësve: Mblidhni më parë egjrën, lidheni në duaj për ta djegur; por grurin futeni në hambarin tim"".

³¹ Ai u proposoi atyre një shëmbëlltyre tjetër duke thënë: "Mbretëria e qiejve i ngjan një kokrre sinapi, të cilën e merr një njeri dhe e mbjell në arën e vet.

³² Ajo, pa dyshim, është më e vogla nga të gjitha farërat; por, kur rritet, është më e madhe se të gjitha barishtet, dhe bëhet një pemë, aq sa zogjtë e qiellit vijnë dhe gjejnë strehë në degët e saj".

³³ Ai u tha atyre një shëmbëlltyrë tjetër: "Mbretëria e qiejve i ngjan majasë që e merr një grua dhe zë brumë me tri masa miell deri sa brumi të mbruhet plotësisht".

³⁴ Jezusi ua tha turmave të gjitha këto gjëra në shëmbëlltyra; dhe u fliste atyre vetëm në shëmbëlltyra,

³⁵ që të përmbushej ç'është e thënë nëpërmjet profetit: "Unë do të hap gojën time në shëmbëlltyra dhe do të zbuloj gjëra të fshehura që nga themelimi i botës".

³⁶ Atëherë Jezusi, mbasi i lejoi turmat, u kthye në shtëpi dhe dishepujt e tij iu afruan e i thanë: "Na e shpjego shëmbëlltyrën e egjrës në arë".

³⁷ Dhe ai duke u përgjigjur u tha atyre: "Ai që mbjell farën e mirë është Biri i njeriut.

³⁸ Ara është bota, fara e mirë janë bijtë e mbretërisë dhe egjra janë bijtë e të ligut,

³⁹ dhe armiku që e ka mbjellë është djalli, ndërsa korrja është fundi i botës dhe korrësit janë engjëjt.

⁴⁰ Ashtu si mblidhet egjra dhe digjet në zjarr, kështu, do të ndodhë në mbarimin e botës.

⁴¹ Biri i njeriut do të dërgojë engjëjt e vet dhe ata do të mbledhin nga mbretëria e tij gjithë skandalet dhe ata që bëjnë paudhësi,

⁴² dhe do t'i hedhin në furrën e zjarrit. Atje do të ketë qarje dhe kërcëllim dhëmbësh.

⁴³ Atëherë të drejtit do të shkëlqejnë si dielli në mbretërinë e Atit të tyre. Kush ka veshë për të dëgjuar, të dëgjojë!".

⁴⁴ "Përsëri, mbretëria e qiejve i ngjan një thesari të fshehur në një arë, që një njeri që e ka gjetur e fsheh; dhe, nga gëzimi që ka, shkon, shet gjithçka që ka dhe e blen atë arë.

⁴⁵ Akoma mbretëria e qiejve i ngjan një tregtari që shkon të kërkojë margaritarë të bukur.

⁴⁶ Dhe, kur gjen një margaritar me vlerë të madhe, shkon dhe shet gjithçka që ka dhe e blen.

⁴⁷ Mbretëria e qiejve i ngjan gjithashtu një rrjete të hedhur në det, që mbledh gjithfarë lloje gjërash.

⁴⁸ Kur ajo është mbushur, peshkatarët e nxjerrin atë në breg, ulen dhe mbledhin në kosha ç'është e mirë, por i hedhin ata që nuk janë të mirë.

⁴⁹ Kështu do të ndodhë në mbarimin e botës; do të vijnë engjëjt dhe do t'i ndajnë të mbrapshtit nga të drejtët;

⁵⁰ dhe do t'i hedhin në furrën e zjarrit. Atje do të ketë qarje dhe kërcëllim dhëmbësh".

⁵¹ Jezusi u tha atyre: "A i kuptuat të gjitha këto?". Ata i thanë: "Po, Zot".

⁵² Dhe ai u tha atyre: "Prandaj çdo skrib, që është mësuar për mbretërinë e qiejve i ngjan një padroni shtëpie që nxjerr jashtë nga thesari i vet gjërat e reja dhe të vjetra".

⁵³ Tani kur Jezusi i kishte mbaruar këto shëmbëlltyra, u largua që andej.

⁵⁴ Dhe, pasi erdhi në vendlindjen e tij, i mësonte ata në sinagogën e tyre, kështu që ata, habiteshin dhe thonin: "Nga i erdhën këtij kjo dituri dhe këto vepra të pushtetshme?

⁵⁵ A nuk është ky i biri i marangozit? Nuk quhet nëna e tij Mari, dhe vëllezërit e tij Jakob, Iose, Simon dhe Juda?

⁵⁶ Dhe motrat e tij nuk janë të gjitha ndër ne? Atëherë nga i erdhën këtij të gjitha këto?".

⁵⁷ Dhe skandalizoheshin me të. Por Jezusi u tha atyre: "Asnjë profet nuk përçmohet, veçse në vendlindjen e vet dhe në shtëpinë e vet".

⁵⁸ Dhe, për shkak të mosbesimit të tyre, ai nuk bëri aty shumë vepra të pushtetshme.

Kapitull 14

¹ Në atë kohë Herodi, tetrarku, mori vesh famën e Jezusit,

² dhe u tha shërbëtorëve të vet: "Ky është Gjon Pagëzori; ai u ngjall së vdekuri dhe prandaj fuqitë e mbinatyrshme veprojnë në të".

³ Herodi, në fakt, e kishte arrestuar Gjonin, i kishte hedhur prangat dhe e kishte futur në burg, për shkak të Herodiadës, gruas së Filipit, vëllait të vet.

⁴ Sepse Gjoni i thoshte: "Nuk është e lejueshme të bashkëjetosh me të!".

⁵ Dhe, ndonëse donte ta vriste, Herodi kishte frikë nga populli që e konsideronte Gjonin profet.

⁶ Kur po festohej ditëlindja e Herodit, e bija e Herodiadës vallëzoi përpara tij dhe i pëlqeu Herodit

⁷ aq shumë, sa ai i premtoi asaj me betim se do t'i jepte çfarëdo që t'i kërkonte.

⁸ Dhe ajo, e shtyrë nga e ëma, tha: "Ma jep këtu, mbi një pjatë, kokën e Gjon Pagëzorit".

⁹ Mbretit i erdhi keq, po për shkak të betimit dhe të ftuarve që ishin me të në tryezë, urdhëroi që t'ia japin.

¹⁰ Kështu dërgoi dikë për t'i prerë kokën Gjon Pagëzorit në burg;

¹¹ dhe kokën e tij e prunë mbi një pjatë dhe ia dhanë vajzës; ajo ia çoi s'ëmës.

¹² Pastaj erdhën dishepujt e tij, e morën trupin dhe e varrosën, mandej ata shkuan dhe ia treguan ngjarjen Jezusit.

¹³ Kur Jezusi i dëgjoi këto, u nis që andej me një barkë dhe u tërhoq në vetmi, në një vend të shkretë. Dhe turmat, kur e morën vesh, e ndiqnin në këmbë nga qytetet.

¹⁴ Dhe Jezusi, kur doli nga barka, pa një turmë të madhe, pati dhembshuri për të dhe shëroi ata që ishin të sëmurë.

¹⁵ Pastaj në mbrëmje dishepujt e tij iu afruan dhe i thanë: "Ky vend është i shkretë dhe u bë vonë; lejo turmat të shkojnë nëpër fshatra për të blerë ushqime".

¹⁶ Por Jezusi u tha atyre: "Nuk është nevoja të shkojnë; u jepni juve të hanë".

¹⁷ Dhe ata i thanë: "Ne këtu nuk kemi tjetër përveç pesë bukë dhe dy peshq".

¹⁸ Dhe ai u tha: "M'i sillni këtu".

¹⁹ Atëherë i urdhëroi që turmat të ulen mbi bar; pastaj i mori pesë bukët dhe dy peshqit dhe, pasi i çoi sytë drejt qiellit, i bekoi; i ndau bukët dhe ua dha dishepujve, dhe dishepujt turmave.

²⁰ Dhe të gjithë hëngrën dhe u ngopën; pastaj dishepujt mblodhën tepricat në dymbëdhjetë kosha plot.

²¹ Dhe ata që hëngrën ishin rreth pesë mijë burra, pa i numëruar gratë dhe fëmijët.

²² Fill pas kësaj Jezusi i detyroi dishepujt e vet të hyjnë në barkë dhe t'i prijnë në bregun tjetër, deri sa ai t'i lëshojë turmat.

²³ Mbasi i nisi ato, u ngjit vetëm mbi mal për t'u lutur. Dhe kur u ngrys ai gjëndej aty, i vetëm fare.

²⁴ Ndërkaq barka ndodhej në mes të detit; dhe përplasej nga valët sepse era i ishte e kundërt.

²⁵ Në rojën e katërt të natës, Jezusi shkoi drejt tyre, duke ecur mbi det.

²⁶ Dishepujt duke parë atë që po ecte mbi det, u trembën dhe thanë: "Është një fantazmë!". Dhe filluan të bërtasin nga frika;

²⁷ por menjëherë Jezusi u foli atyre duke thënë: "Qetësohuni; jam unë, mos kini frikë!".

²⁸ Dhe Pjetri, duke u përgjigjur tha: "Zot, nëse je ti, më urdhëro të vij te ti mbi ujëra".

²⁹ Ai tha: "Eja!". Dhe Pjetri zbriti nga barka dhe eci mbi ujëra, për të shkuar te Jezusi.

30 Por, duke parë erën e fortë, kishte frikë, dhe duke filluar të fundosej, bërtiti duke thënë: "O Zot, shpëtomë!".

31 Dhe Jezusi ia zgjati menjëherë dorën, e zuri dhe i tha: "O njeri besimpak, pse dyshove?".

32 Pastaj, kur hynë në barkë, era pushoi.

33 Atëherë ata që ishin në barkë erdhën dhe e adhuruan, duke thënë: "Me të vërtetë ti je Biri i Perëndisë!".

34 Pastaj, mbasi dolën në bregun tjetër, erdhën në krahinën e Gjenezaretit.

35 Dhe njerëzit e atij vendi, sapo e njohën, e përhapën fjalën në gjithë krahinën përreth; dhe i sollën të gjithë të sëmurët;

36 dhe iu lutën që të mund t'i preknin të paktën cepin e rrobes së tij; dhe të gjithë ata që e prekën u shëruan plotësisht.

Kapitull 15

1 Atëherë skribët dhe farisenjtë e Jeruzalemit erdhën te Jezusi dhe i thanë:

2 "Përse dishepujt e tu shkelin traditën e pleqve? Sepse nuk i lajnë duart para se të hanë".

3 Por ai u përgjigj dhe u tha atyre: "Dhe ju përse shkelni urdhërimin e Perëndisë për shkak të traditës suaj?

4 Perëndia, në fakt, ka urdhëruar kështu: "Ndero atin dhe nënën"; dhe: "Ai që e mallkon të atin ose të ëmën të dënohet me vdekje".

5 Kurse ju thoni: "Kushdo që i thotë atit ose nënës: "Gjithçka me të cilën mund të të mbaja i është ofruar Perëndisë",

6 ai nuk është më i detyruar të nderojë atin e vet dhe nënën e vet. Kështu ju keni prapësuar urdhërimin e Perëndisë për shkak të traditës suaj.

7 Hipokritë, mirë profetizoi Isaia për ju kur tha:

8 "Ky popull po më afrohet me gojë dhe më nderon me buzët; por zemra e tyre rri larg meje.

9 Dhe më kot më nderojnë, duke i mësuar doktrina që janë urdhërime nga njerëzit"".

10 Pastaj e thirri turmën pranë tij dhe u tha atyre: "Dëgjoni dhe kuptoni:

11 Njeriun nuk e ndot çfarë i hyn në gojë, por ajo që del nga goja e tij e ndot njeriun".

12 Atëherë dishepujt e tij iu afruan dhe i thanë: "A e di se farisenjtë, kur i dëgjuan këto fjalë u skandalizuan?".

13 Por ai duke u përgjigjur tha: "Çdo bimë që Ati im qiellor nuk e ka mbjellë, do të shkulet me rrënjë.

14 Hiqni dorë prej tyre; ata janë të verbër, prijës të verbërish; dhe në qoftë se një i verbër i prin një të verbëri tjetër, të dy do të bien në gropë".

15 Atëherë Pjetri iu përgjigj dhe i tha: "Na e shpjego këtë shëmbëlltyrë".

16 Dhe Jezusi tha: "As juve s'keni kuptuar akoma?

17 A nuk e kuptoni se çdo gjë që hyn në gojë kalon në bark dhe jashtëqitet në gjiriz?

18 Por gjërat që dalin nga goja, dalin nga zemra; dhe ato ndotin njeriun.

19 Sepse nga zemra dalin mendimet e mbrapshta, vrasjet, shkeljet e kurorës, kurvëria, vjedhjet, dëshmitë e rreme, blasfemitë.

20 Këto janë gjërat që e ndotin njeriun, kurse të hash pa i larë duart nuk e ndot njeriun".

21 Pastaj Jezusi, pasi u largua që andej, u nis drejt rrethinave të Tiros dhe të Sidonit.

22 Dhe ja, një grua kananease, që kishte ardhur nga ato anë, filloi të bërtasë duke thënë: "Ki mëshirë për mua, o Zot, o Bir i Davidit! Vajza ime është tmerrësisht e pushtuar nga një demon!".

23 Por ai nuk iu përgjigj fare. Dhe dishepujt e tij iu afruan dhe iu lutën duke thënë: "Lëshoje atë, sepse po bërtet pas nesh".

24 Por ai u përgjigj dhe tha: "Unë nuk jam dërguar gjetiu, përveç te delet e humbura të shtëpisë së Izraelit".

25 Por ajo erdhi dhe e adhuroi, duke thënë: "O Zot, ndihmomë!".

26 Ai u përgjigj, duke thënë: "Nuk është gjë e mirë të marrësh bukën e fëmijëve dhe t'ua hedhësh këlyshëve të qenve".

27 Por ajo tha: "Është e vërtetë, Zot, sepse edhe këlyshët e qenve hanë thërrimet që bien nga tryeza e zotërinjve të tyre".

28 Atëherë Jezusi iu përgjigj duke thënë: "O grua, i madh është besimi yt! T'u bëftë ashtu si dëshiron". Dhe që në atë çast e bija u shërua.

29 Pastaj, mbasi u nis andej, Jezusi erdhi pranë detit të Galilesë, u ngjit në mal dhe u ul atje.

30 Dhe iu afruan turma të mëdha që sillnin me vete të çalë, të verbër, memecë, sakatë dhe shumë të tjerë; i ulën përpara këmbëve të Jezusit dhe ai i shëroi.

31 Turmat mrrekulloheshin kur shikonin se memecët flisnin, sakatët shëroheshin, të çalët ecnin dhe të verbërit shihnin; dhe lëvdonin Perëndinë e Izraelit.

32 Dhe Jezusi i thirri dishepujt e vet pranë vetes dhe u tha: "Unë kam mëshirë për turmën, sepse u bënë tri ditë që rri me mua dhe nuk ka asgjë për të ngrënë; nuk dua t'i nis të pangrënë, se mos ligështohen gjatë rrugës".

33 Dhe dishepujt e tij i thanë: "Po ku mund të gjejmë në këtë vend të shkretë aq bukë sa të ngopim një turmë kaq të madhe?".

34 Dhe Jezusi u tha atyre: "Sa bukë keni?". Ata thanë: "Shtatë dhe pak peshq të vegjël".

35 Atëherë ai u dha urdhër turmave që të uleshin për tokë.

36 Pastaj i mori shtatë bukët dhe peshqit, falënderoi, i theu dhe ua dha dishepujve të tij, dhe dishepujt turmës.

37 Dhe të gjithë hëngrën dhe u ngopën; dhe ngritën tepricën e copave, shtatë kosha plot.

38 Dhe ata që hëngrën ishin katër mijë burra, pa i numëruar gratë dhe fëmijët.

39 Pastaj, mbasi e lejoi turmën, hipi në barkë dhe u drejtua për në krahinën e Magdalas.

Kapitull 16

1 Pastaj iu afruan farisenjtë dhe saducenjtë dhe, për ta tunduar, i kërkuan që t'u tregojë një shenjë nga qielli.

2 Por ai iu përgjigj atyre dhe tha: "Në mbrëmje ju thoni: "Do të jetë mot i mirë, sepse qielli është i kuq".

3 Dhe në mëngjes thoni: "Sot do të jetë stuhi, sepse qielli është i kuq dhe i vranët". Hipokritë, pra, ju dini të dalloni dukuritë e qiellit, por nuk arrini të kuptoni shenjat e kohës.

4 Një brez i mbrapshtë dhe kurorëshkelës kërkon një shenjë, por nuk do t'i jepet asnjë shenjë, përveç shenjës së profetit Jona". Dhe i la ata dhe shkoi.

5 Kur dishepujt e vet arritën në bregun tjetër, ja që kishin harruar të marrin bukë me vete.

6 Dhe Jezusi u tha atyre: "Kini kujdes dhe ruhuni nga majaja e farisenjve dhe e saducenjve!".

7 Dhe ata arsyetuan ndërmjet tyre duke thënë: "Se nuk kemi marrë bukë".

8 Por Jezusi i vuri re e iu tha atyre: "O njerëz besimpakë, përse diskutoni ndërmjet jush që nuk keni marrë bukë?

9 Nuk e keni kuptuar akoma dhe nuk kujtoni të pesë bukët për pesë mijë burrat dhe sa kosha keni mbledhur?

10 Dhe të shtatë bukët për katër mijë bu-rra dhe sa kosha keni mbushur?

11 Si nuk kuptoni që nuk e kisha fjalën për bukën kur ju thashë të ruheni nga majaja e farisenjve dhe saducenjve?".

12 Atëherë ata e kuptuan se ai nuk u kishte thënë të ruheshin nga majaja e bukës, por nga doktrina e farisenjve dhe e saducenjve.

13 Pastaj Jezusi, mbasi arriti në krahinën e Cezaresë së Filipit, i pyeti dishepujt e vet: "Kush thonë njerëzit se jam unë, i Biri i njeriut?".

14 Dhe ata thanë: "Disa Gjon Pagëzori, të tjerë Elia, të tjerë Jeremia, ose një nga profetët".

15 Ai u tha atyre: "Po ju, kush thoni se jam unë?".

16 Dhe Simon Pjetri duke u përgjigjur tha: "Ti je Krishti, Biri i Perëndisë të gjallë".

17 Dhe Jezusi duke përgjigjur u tha: "I lumur je ti, o Simon, bir i Jonas, sepse këtë nuk ta zbuloi as mishi as gjaku, por Ati im që është në qiej.

18 Dhe unë po të them gjithashtu se ti je Pjetri, dhe mbi këtë shkëmb unë do të ndërtoj kishën time dhe dyert e ferrit nuk do ta mundin atë.

19 Dhe unë do të të jap çelësat e mbretërisë së qiejve; gjithçka që të kesh lidhur mbi tokë, do të jetë lidhur në qiej, dhe gjithçka që të kesh zgjidhur mbi tokë, do të jetë zgjidhur në qiej".

20 Atëherë i urdhëroi dishepujt e vet që të mos i thonin askujt se ai ishte Jezusi, Krishti.

21 Që nga ai çast Jezusi filloi t'u sqarojë dishepujve të vet se i duhej të shkonte në Jeruzalem, të vuante shumë për shkak të pleqve, të krerëve të priftërinjve dhe të skribëve, se do të vritej dhe do të ringjallej të tretën ditë.

22 Atëherë Pjetri e mori mënjanë dhe nisi ta qortojë duke thënë: "O Zot, të shpëtoftë Perëndia; kjo nuk do të të ndodhë kurrë".

23 Por ai u kthye dhe i tha Pjetrit: "Shporru prej meje, o Satan! Ti je skandal për mua, sepse s'ke ndër mënd punët e Perëndisë, por punët e njerëzve".

24 Atëherë Jezusi u tha dishepujve të vet: "Në qoftë se dikush don të vijë pas meje, ta mohojë vetveten, ta marrë kryqin e vet dhe të më

ndjekë.

²⁵ Sepse ai që do të dojë ta shpëtojë jetën e vet, do ta humbasë; por ai që do ta humbasë jetën e vet për hirin tim, do ta gjejë atë.

²⁶ Ç'përfitim ka njeriu nëse fiton gjithë botën dhe pastaj e humb shpirtin e vet? Ose çfarë do të japë njeriu si shkëmbim të shpirtit të vet?

²⁷ Sepse Biri i njeriut do të vijë në lavdinë e Atit të vet bashkë me engjëjt e tij; dhe atëherë ai do të shpërblejë secilin sipas veprës së tij.

²⁸ Në të vërtetë ju them se disa nga ata që janë të pranishëm këtu nuk do të vdesin pa e shikuar më parë Birin e njeriut duke ardhur në mbretërinë e vet".

Kapitull 17

¹ Mbas gjashtë ditësh Jezusi mori me vete Pjetrin, Jakobin dhe Gjonin, vëllanë e tij, dhe i çoi mbi një mal të lartë, në vetmi;

² dhe u shpërfytyrua përpara tyre: fytyra e tij shkëlqeu si dielli dhe rrobat e tij u bënë të bardha si drita.

³ Dhe ja, iu shfaqën atyre Moisiu dhe Elia, të cilët bisedonin me të.

⁴ Atëherë Pjetri, duke marrë fjalën, i tha Jezusit: "Zot, është mirë që ne jemi këtu; po të duash, do të ngremë këtu tri çadra: një për ty, një për Moisiun dhe një për Elian".

⁵ Ndërsa ai fliste akoma, ja një re plot dritë i mbuloi; dhe nga reja u dëgjua një zë që thoshte: "Ky është Biri im i dashur, në të jam kënaqur: dëgjojeni!".

⁶ Dhe dishepujt, sapo e dëgjuan këtë, ranë me fytyrë për tokë dhe i zuri një frikë e madhe.

⁷ Por Jezusi u afrua, i preku dhe tha: "Çohuni dhe mos kini frikë!".

⁸ Dhe ata, kur i çuan sytë, nuk panë njeri, përveç Jezusit vetëm.

⁹ Pastaj, kur po zbrisnin nga mali, Jezusi u dha atyre këtë urdhër duke thënë: "Mos i flisni askujt për këtë vegim, derisa i Biri i njeriut të jetë ringjallur prej së vdekuri".

¹⁰ Atëherë dishepujt e tij e pyetën duke thënë: "Vallë pse skribët thonë se duhet të vijë më parë Elia?".

¹¹ Dhe Jezusi u përgjigj: "Vërtetë Elia duhet të vijë më parë dhe të rivendosë çdo gjë.

¹² Por unë ju them se Elia ka ardhur dhe ata nuk e kanë njohur, madje u sollën me të si deshën; kështu edhe Birit të njeriut do t'i duhet të vuajë prej tyre".

¹³ Atëherë dishepujt e kuptuan se u kishte folur për Gjon Pagëzorin.

¹⁴ Kur arritën afër turmës, një burrë iu afrua dhe, duke u gjunjëzuar para tij,

¹⁵ tha: "Zot, ki mëshirë për birin tim, sepse është epileptik dhe vuan shumë; shpesh ai bie në zjarr dhe shpesh në ujë.

¹⁶ Tani unë e solla te dishepujt e tu, por ata nuk mundën ta shërojnë".

¹⁷ Dhe Jezusi duke u përgjigjur tha: "O brez që nuk beson dhe i çoroditur! Deri kur do të qëndroj midis jush? Deri kur do t'ju duroj? E sillni këtu tek unë".

¹⁸ Atëherë Jezusi e qortoi demonin dhe ky doli nga djali; dhe që nga ai çast djali u shërua.

¹⁹ Atëherë dishepujt iu afruan Jezusit mënjanë dhe i thanë: "Përse ne nuk ishim në gjendje ta dëbonim?".

²⁰ Dhe Jezusi u tha atyre: "Prej mosbesimit tuaj; sepse në të vërtetë, unë po ju them, se po të keni besim sa një kokërr sinapi, do t'i thoni këtij mali: "Zhvendosu nga këtu atje", dhe ai do të zhvendoset; dhe asgjë nuk do të jetë e pamundshme për ju.

²¹ Por ky lloji demoni nuk del veçse me anë të lutjes dhe të agjërimit".

²² Por, ndërsa ata qëndronin në Galile, Jezusi u tha atyre: "Biri i njeriut do t'u dorëzohet në duart e njerëzve,

²³ dhe ata do ta vrasin; por ditën e tretë ai do të ringjallet". Dhe ata u pikëlluan shumë.

²⁴ Kur arritën në Kapernaum, vjelësit e të drahmeve iu afruan Pjetrit dhe thanë: "Mësuesi juaj a e paguan taksën e tempullit?".

²⁵ Ai tha: "Po". Kur hyri në shtëpi, Jezusi e priti përpara duke thënë: "Ç'mendon ti, Simon? Prej kujt i marrin haraçet ose taksat mbretërit e dheut? Prej bijve të vet apo prej të huajve?".

²⁶ Pjetri i tha: "Prej të huajve". Jezusi tha: "Bijtë, pra, përjashtohen.

²⁷ Megjithatë, për të mos i skandalizuar ata, shko në det, hidhe grepin dhe merr peshkun e parë që do vijë lart, hapja gojën dhe do të gjesh një staterë; merre dhe jepjau atyre për ty dhe për mua".

Kapitull 18

¹ Në atë orë dishepujt iu afruan Jezusit dhe e pyetën: "Kush është, pra, më i madhi në mbretërinë e qiejve?".

² Dhe Jezusi, pasi thirri një fëmijë të vogël pranë vetes, e vuri në mes tyre

³ dhe tha: "Në të vërtetë po ju them: në qoftë se nuk ktheheni dhe nuk bëheni si fëmijët e vegjël, ju nuk do të hyni fare në mbretërinë e qiejve.

⁴ Kush, pra, do të përulet si ky fëmijë i vogël, do të jetë më i madhi në mbretërinë e qiejve.

⁵ Dhe kushdo që e pranon një fëmijë të vogël si ky në emrin tim, më pranon mua.

⁶ Por ai që do të skandalizojë një prej këtyre të vegjëlve që besojnë tek unë, do të jetë më mirë për atë t'i varet në qafë një gur mulliri (që e sjell rrotull gomari) dhe të zhytet në thellësi të detit.

⁷ Mjerë bota për skandalet! Sepse është nevojshëm të vijnë skandalet, por mjerë ai njeri për faj të të cilit do të vijë skandali!

⁸ Tani në qoftë se dora jote ose këmba jote të skandalizohet për mëkat, preje dhe flake nga vetja; është më mirë për ty të hysh në jetë dorëcung ose i çalë, se sa të kesh dy duar dhe dy këmbë dhe të hidhesh në zjarr të përjetshëm.

⁹ Po ashtu, në qoftë se syri yt të skandalizohet për mëkat, nxirre dhe hidhe larg teje; është më mirë për ty të hysh në jetë vetëm me një sy se sa t'i kesh të dy dhe të të hedhin në Gehena të zjarrit.

¹⁰ Ruhuni se përbuzni ndonjë nga këta të vegjël, sepse unë po ju them se engjëjt e tyre në qiej shohin vazhdimisht fytyrën e Atit tim, që është në qiej.

¹¹ Sepse Biri i njeriut erdhi për të shpëtuar atë që qe humbur.

¹² Si mendoni? Në qoftë se një njeri ka njëqind dele dhe njëra prej tyre humb rrugën, a nuk do t'i lërë ai të nëntëdhjetë e nëntat mbi male për të kërkuar atë që humbi rrugën?

¹³ Dhe në se i ndodh ta gjejë, unë ju them në të vërtetë se ai do të gëzohet më shumë për këtë, se sa për të nëntëdhjetë e nëntat që nuk kishin humbur rrugën.

¹⁴ Kështu është dëshira e Atit tuaj që është në qiej, që asnjë nga këta të vegjël të mos humbasë".

¹⁵ "Por në qoftë se vëllai yt ka mëkatuar kundër teje, shko dhe qortoje vetëm për vetëm; në qoftë se të dëgjon, ti e fitove vëllanë tënd;

¹⁶ por në qoftë se nuk të dëgjon, merr me vete edhe një ose dy vetë, që çdo fjalë të vërtetohet nga goja e dy ose tre dëshmitarëve.

¹⁷ Në se pastaj refuzon t'i dëgjojë, thuaja kishës; dhe në qoftë se refuzon edhe ta dëgjojë kishën, le të jetë për ty si pagan ose tagrambledhës.

¹⁸ Në të vërtetë ju them se gjitha gjërat që do të keni lidhur mbi tokë do të jenë lidhur edhe në qiell; dhe gjitha gjërat që keni zgjidhur mbi tokë do të jenë zgjidhur edhe në qiell.

¹⁹ Po ju them gjithashtu se, në qoftë se dy prej jush bien në ujdi mbi tokë të kërkojnë çfarëdo gjëje, kjo do t'u jepet atyre nga Ati im që është në qiej.

²⁰ Sepse, kudo që dy a tre janë bashkuar në emrin tim, unë jam në mes të tyre".

²¹ Atëherë Pjetri iu afrua dhe tha: "Zot, në se vëllai im mëkaton kundër meje, sa herë duhet ta fal? Deri shtatë herë?".

²² Jezusi i tha: "Unë nuk të them deri shtatë herë, por deri shtatëdhjetë herë shtatë.

²³ Prandaj mbretëria e qiejve i ngjan një mbreti që deshi të bënte llogaritë me shërbëtorët e vet.

²⁴ Mbasi filloi t'i bëjë llogaritë, i sollën një që i detyrohej dhjetë mijë talenta.

²⁵ Dhe, duke qenë se ky nuk kishte të paguante, zotëria e tij urdhëroi që të shitej ai me gruan e tij, bijtë e tij dhe gjithë ç'kishte, dhe të shlyejë detyrimin.

²⁶ Atëherë ai shërbëtor i ra ndër këmbë e i lutej duke thënë: "Zot, ki durim me mua dhe unë do t'i paguaj gjitha".

²⁷ I shtyrë nga dhembshuria, zotëria e atij shërbëtori e la të lirë atë dhe ia fali detyrimin.

²⁸ Por ai shërbëtor, si doli, takoi një nga shërbëtorët e tjerë, që i detyrohej njëqind denarë; dhe, mbasi e zuri për fyti, po e mbyste duke thënë: "Më paguaj detyrimin që më ke".

²⁹ Atëherë shërbëtori shok i tij, i ra ndër këmbë dhe iu lut duke thënë: "Ki durim me mua, dhe do t'i paguaj gjitha".

³⁰ Por ai nuk deshi, madje shkoi dhe e futi në burg deri sa ai ta shlyente detyrimin.

³¹ Por shërbëtorët e tjerë, kur e panë ngjarjen, u pikëlluan shumë dhe shkuan e i thanë zotërisë së tyre gjithçka që kishte ndodhur.

³² Atëherë zotëria e tij e thirri dhe i tha: "Shërbëtor i lig, unë ta fala gjithë këtë detyrim, sepse m'u lute.

Mateut

³³ A nuk duhej të kishe mëshirë edhe ti për shokun tënd, ashtu si pata mëshirë unë për ty?".

³⁴ Dhe zotëria i tij, i zemëruar, ua dorëzoi torturuesve deri sa të paguante gjithë detyrimin.

³⁵ Kështu do të veprojë me ju edhe Ati im qiellor, në qoftë se secili prej jush nuk e fal me gjithë zemër vëllanë e vet për fajet e tij".

Kapitull 19

¹ Mbasi Jezusi i mbaroi këto ligjërata, u nis nga Galilea dhe erdhi në krahinën e Judesë, përtej Jordanit.

² Turma të mëdha e ndiqnin dhe ai i shëroi atje.

³ Atëherë iu afruan disa farisenj për ta provokuar dhe i thanë: "A është e lejueshme që burri ta ndajë gruan për një shkak çfarëdo?".

⁴ Dhe ai, duke u përgjigjur u tha atyre: "A nuk keni lexuar ju, se ai që i krijoi që në fillim, i krijoi mashkull dhe femër?

⁵ Dhe tha: "Për këtë arsye njeriu do ta lërë babanë dhe nënën e vet dhe do të bashkohet me gruan e vet; dhe të dy do të jenë një mish i vetëm".

⁶ Dhe kështu ata nuk janë më dy, por një mish i vetëm; prandaj atë që Perëndia ka bashkuar, njeriu të mos e ndajë".

⁷ Ata i thanë: "Atëherë përse Moisiu urdhëroi të jepet letërndarja dhe të lëshohet?".

⁸ Ai u tha atyre: "Moisiu ju lejoi t'i ndani gratë tuaja për shkak të ngurtësisë së zemrave tuaja, por në fillim nuk ka qenë kështu.

⁹ Por unë ju them se kushdo që e lëshon gruan e vet, përveç rastit të kurvërisë, dhe martohet me një tjetër, shkel kurorën; edhe ai që martohet me gruan e ndarë, shkel kurorën".

¹⁰ Dishepujt e vet i thanë: "Në qoftë se kushtet e burrit ndaj gruas janë të tilla, më mirë të mos martohet".

¹¹ Por ai u tha atyre: "Jo të gjithë i kuptojnë këto fjalë, por atyre që iu është dhënë.

¹² Sepse ka eunukë që kanë lindur të tillë nga barku i nënës; ka eunukë që janë bërë eunukë nga njerëzit, dhe ka eunukë që janë bërë vet eunukë për mbretërinë e qiejve. Ai që mund ta kuptojë, le ta kuptojë".

¹³ Atëherë i sollën fëmijë të vegjël që të vinte duart mbi ata dhe të lutej, por dishepujt i qortuan.

¹⁴ Por Jezusi tha: "I lini fëmijët e vegjël të vijnë tek unë, sepse atyre u përket mbretëria e qiejve".

¹⁵ Dhe, mbasi vuri duart mbi ata, u nis që andej.

¹⁶ Dhe ja, iu afrua dikush dhe i tha: "Mësues i mirë, çfarë të mire duhet të bëj që të kem jetë të përjetshme?".

¹⁷ Dhe ai tha: "Pse më quan të mirë? Askush nuk është i mirë, përveç një të vetmi: Perëndia. Tani në qoftë se ti don të hysh në jetë, zbato urdhërimet".

¹⁸ Ai i tha: "Cilat?". Atëherë Jezusi i tha: "Mos vraj, mos shkel kurorën, mos vidh, mos bëj dëshmi të rreme,

¹⁹ ndero atin tënd dhe nënën tënde dhe duaje të afërmin tënd si veten tënde".

²⁰ I riu i tha: "Të gjitha këto gjëra unë i kam zbatuar që në rini; çfarë më mungon tjetër?".

²¹ Jezusi i tha: "Në qoftë se do të jesh i përsosur, shko, shit ç'të kesh, jepua të varfërve dhe ti do të kesh një thesar në qiell; pastaj eja dhe më ndiq mua".

²² Por i riu, kur i dëgjoi këto fjalë, iku i trishtuar, sepse kishte pasuri të madhe.

²³ Atëherë Jezusi u tha dishepujve të vet: "Në të vërtetë ju them se një i pasur me vështirësi do të hyjë në mbretërinë e qiejve.

²⁴ Dhe po jua përsëris: Është më lehtë të kalojë deveja nga vrima e gjilpërës, se sa i pasuri të hyjë në mbretërinë e Perëndisë".

²⁵ Kur i dëgjuan këto fjalë, dishepujt e vet u habitën shumë dhe thanë: "Atëherë, kush do të shpëtojë vallë?".

²⁶ Dhe Jezusi duke përqëndruar shikimin mbi ata tha: "Për njerëzit kjo është e pamundur, por për Perëndinë çdo gjë është e mundur".

²⁷ Atëherë Pjetri iu përgjigj duke thënë: "Ja, ne i lamë të gjitha dhe të ndoqëm; çfarë do të fitojmë, pra?".

²⁸ Jezusi u tha atyre: "Në të vërtetë po ju them, në krijimin e ri, kur Biri i njeriut të ulet në fronin e lavdisë së vet, edhe ju që më keni ndjekur do të uleni mbi dymbëdhjetë frone për të gjykuar të dymbëdhjetë fiset e Izraelit.

²⁹ Dhe kushdo që ka lënë, për hir të emrit tim, shtëpi, vëllezër, motra, atë, nënë, grua, bij ose ara, do të marrë njëqindfish dhe do të trashëgojë jetë të përjetshme.

³⁰ Por shumë të parë do të jenë të fundit, dhe shumë të fundit do të jenë të parët".

Kapitull 20

¹ "Mbretëria e qiejve i ngjan, pra, një zot shtëpie, që doli herët në mëngjes për të pajtuar me mëditje punëtorë për vreshtin e vet.

² Mbasi ra në ujdi me punëtorët për një denar në ditë, i dërgoi në vreshtin e vet.

³ Pastaj doli rreth orës së tretë dhe pa të tjerë që rrinin në shesh, të papunë.

⁴ Dhe u tha atyre: "Shkoni edhe ju në vresht dhe unë do t'ju jap sa është e drejtë". Dhe ata shkuan.

⁵ Doli përsëri rreth orës së gjashtë dhe orës së nëntë dhe bëri po ashtu.

⁶ Kur doli përsëri rreth orës njëmbëdhjetë, gjeti disa të tjerë, të papunë, dhe u tha: "Përse rrini gjithë ditën këtu pa bërë asgjë?"

⁷ Ata i thanë: "Sepse askush nuk na ka marrë me mëditje". Ai u tha atyre: "Shkoni edhe ju në vresht dhe do të merrni aq sa është e drejtë".

⁸ Kur erdhi mbrëmja, i zoti i vreshtit i tha kujdestarit të vet: "Thirri punëtorët dhe jepu mëditjen e tyre, duke filluar nga ata të fundit e deri te të parët".

⁹ Dhe kur erdhën ata të orës njëmbëdhjetë, morën nga një denar secili.

¹⁰ Kur erdhën të parët, menduan se do të merrnin më shumë, por edhe ata morën nga një denar secili.

¹¹ Duke e marrë, murmurisnin kundër zotit të shtëpisë,

¹² duke thënë: "Këta të fundit punuan vetëm një orë, dhe ti i trajtove si ne që hoqëm barrën dhe vapën e ditës".

¹³ Por ai duke u përgjigjur i tha njerit prej tyre: "Mik, unë nuk po të ha hakun; a nuk re në ujdi me mua për një denar?

¹⁴ Merr atë që të takon ty dhe shko; por unë dua t'i jap këtij të fundit aq sa ty.

¹⁵ A nuk më lejohet të bëj me timen ç'të dua? Apo bëhesh sylig, sepse unë jam i mirë?".

¹⁶ Kështu të fundit do të jenë të parët dhe të parët të fundit, sepse shumë janë të thirrur, por pak janë të zgjedhur".

¹⁷ Pastaj, kur Jezusi po ngjitej në Jeruzalem, i mori mënjanë të dymbëdhjetë dishepujt gjatë rrugës dhe u tha atyre:

¹⁸ "Ja, ne ngjitemi në Jeruzalem dhe Biri i njeriut do t'u dorëzohet krerëve të priftërinjve dhe skribëve, dhe ata do ta dënojnë me vdekje.

¹⁹ Do t'ua dorëzojnë pastaj në duart e paganëve që ta tallin, ta fshikullojnë dhe ta kryqëzojnë; por ai ditën e tretë do të ringjallet".

²⁰ Atëherë nëna e bijve të Zebedeut iu afrua bashkë me bijtë e vet, ra përmbys para tij dhe i kërkoi diçka.

²¹ Dhe ai i tha: "Çfarë do?". Ajo u përgjigj: "Urdhëro që këta dy bijtë e mi të ulen njeri në të djathtën dhe tjetri në të majtën në mbretërinë tënde".

²² Dhe Jezusi, duke u përgjigjur tha: "Ju nuk dini çfarë kërkoni; a mund ta pini ju kupën që unë do të pi dhe të pagëzoheni me pagëzimin me të cilin unë do të pagëzohem? Ata i thanë: "Po, mundemi".

²³ Atëherë ai u tha atyre: "Ju me të vërtetë do ta pini kupën time dhe do të pagëzoheni me pagëzimin me të cilin unë do të pagëzohem; por nuk është në dorën time që të uleni në të djathtën time ose në të majtën time, por u është rezervuar atyre, të cilëve u është përgatitur nga Ati im".

²⁴ Kur i dëgjuan këto fjalë, të dhjetët të tjerët u indinjuan kundër të dy vëllezërve.

²⁵ Dhe Jezusi i thirri ata pranë vetes dhe u tha: "Ju e dini se të parët e kombeve i sundojnë ato dhe të mëdhenjtë përdorin pushtet mbi ato,

²⁶ por midis jush kështu nuk do të ndodhë; madje secili prej jush që do të dojë të bëhet i madh, qoftë shërbëtori juaj;

²⁷ dhe kushdo prej jush që do të dojë të jetë i pari, qoftë skllavi juaj.

²⁸ Sepse edhe Biri i njeriut nuk erdhi që t'i shërbejnë, por për të shërbyer dhe për të dhënë jetën e tij si çmim për shpengimin e shumë vetëve.

²⁹ Kur po dilnin nga Jeriko, një turmë e madhe e ndoqi.

³⁰ Dhe ja, dy të verbër që uleshin gjatë rrugës, kur dëgjuan se po kalonte Jezusi, filluan të bërtasin duke thënë: "Ki mëshirë për ne, Zot, Biri i Davidit".

³¹ Por turma i qortoi që të heshtnin; por ata bërtisnin edhe më fort duke thënë: "Ki mëshirë për ne, Zot, Biri i Davidit!".

³² Atëherë Jezusi ndaloi, i thirri dhe tha: "Çfarë doni të bëj për ju?".

³³ Ata i thanë: "Zot, të na hapen sytë!".

³⁴ Dhe Jezusi pati mëshirë për ta dhe ua preku sytë e tyre; dhe në atë çast u erdhi drita e syve dhe ata e ndiqnin.

Kapitull 21

¹ Kur iu afruan Jeruzalemit dhe arritën në Betfage, afër malit të Ullinjve, Jezusi dërgoi dy dishepuj,

² duke u thënë atyre: "Shkoni në fshatin që ndodhet përballë jush; aty do të gjeni menjëherë një gomare të lidhur dhe një pulishtë me të; zgjidhini dhe m'i sillni!

³ Dhe nëse dikush ju thotë gjë, i thoni se Zoti ka nevojë për to, por do t'i kthejë shpejt".

⁴ Tani kjo ndodhi për të përmbushur ç'ishte thënë nga profeti, që thotë:

⁵ "I thoni bijës së Sionit: Ja po të vjen mbreti yt, zemërbutë, hipur mbi një gomare, madje një pulishtë, pjellë e një kafshe barrë".

⁶ Dishepujt shkuan dhe vepruan ashtu si i kishte urdhëruar Jezusi.

⁷ Sollën gomaren dhe pulishtin, shtruan mbi to mantelet e tyre, dhe ai u hipi.

⁸ Dhe një turmë shumë e madhe shtronte mantelet e veta gjatë rrugës, ndërsa të tjerë thyenin degë nga pemët dhe i shtronin mbi rrugë.

⁹ Turmat që vinin përpara dhe ato që e ndiqnin brohoritnin, duke thënë: "Hosana Birit të Davidit! Bekuar qoftë ai që vjen në emër të Zotit! Hosana në vendet shumë të larta!".

¹⁰ Dhe kur hyri Jezusi në Jeruzalem, gjithë qyteti u ngrit në këmbë dhe tha: "Kush është ky?".

¹¹ Dhe turmat thonin: "Ky është Jezusi, profeti nga Nazareti i Galilesë.

¹² Pastaj Jezusi hyri në tempullin e Perëndisë, i dëboi të gjithë ata që shisnin dhe blinin në tempull dhe përmbysi tryezat e këmbyesve të parave dhe ndenjëset e shitësve të pëllumbave.

¹³ Dhe u tha atyre: "Është shkruar: "Shtëpia ime do të quhet shtëpi lutje", por ju e keni kthyer në një shpellë kusarësh".

¹⁴ Atëherë iu paraqitën të verbër dhe të çalë, dhe ai i shëroi.

¹⁵ Por krerët e priftërinjve dhe skribët, kur panë mrekullitë që ai kishte bërë dhe fëmijët që brohoritnin në tempull duke thënë: "Hosana Birit të Davidit!", u zemëruan,

¹⁶ dhe i thanë: "A po dëgjon ti çfarë thonë këta?". Jezusi u tha atyre: "Po! A nuk keni lexuar kurrë: "Nga goja e të vegjëlve dhe të foshnjave në gji ti ke përgatitur lavdi"?".

¹⁷ Dhe, mbasi i la ata, doli nga qyteti për në Betani, dhe atje kaloi natën.

¹⁸ Në mëngjes, kur po kthehej në qytet e mori uria.

¹⁹ Dhe gjatë rrugës pa një fik dhe iu afrua, por nuk gjeti asgjë përveç gjetheve; dhe i tha: "Mos u lidhtë më kurrë fryt prej teje përjetë!". Dhe fiku u tha menjëherë.

²⁰ Kur e panë këtë, dishepujt u çuditën dhe thanë: "Qysh u tha fiku në çast?".

²¹ Dhe Jezusi duke u përgjigjur u tha atyre: "Në të vërtetë ju them që, po të keni besim dhe të mos dyshoni, do të bëni jo vetëm atë që unë i bëra fikut, por, edhe sikur t'i thoni këtij mali: "Hiqu andej dhe hidhu në det", kjo do të ndodhë.

²² Dhe gjithçka të kërkoni në lutje, duke patur besim, do të merrni".

²³ Kur hyri në tempull, krerët e priftërinjve dhe pleqtë e popullit iu afruan, ndërsa i mësonte, dhe i thanë: "Me ç'pushtet i bën ti këto gjëra? Dhe kush ta ka dhënë këtë pushtet?".

²⁴ Dhe Jezusi, duke u përgjigjur, u tha atyre: "Edhe unë do t'ju bëj një pyetje, dhe në qoftë se ju do të më përgjigjeshit, unë gjithashtu do t'ju them me ç'pushtet i kryej këto gjëra.

²⁵ Pagëzimi i Gjonit nga erdhi? Nga qielli apo nga njerëzit?". Dhe ata arsyetonin midis tyre duke thënë: "Po t'i themi nga qielli, do të na thotë: "Përse atëherë nuk i besuat?".

²⁶ Në qoftë se i themi nga njerëzit, kemi frikë nga turma, sepse të gjithë e konsiderojnë Gjonin profet".

²⁷ Dhe iu përgjigjën Jezusit duke thënë: "Nuk e dimë". Atëherë ai u tha atyre: "As unë nuk do t'ju them me ç'pushtet i bëj këto gjëra".

²⁸ "Ç'mendoni? Një njeri kishte dy bij dhe duke iu drejtuar të parit tha: "Bir, shko sot e punosh në vreshtin tim";

²⁹ por ai u përgjigj dhe tha: "Nuk dua"; por më vonë, i penduar, shkoi.

³⁰ Pastaj iu kthye të dytit dhe i tha të njëjtën gjë. Dhe ai u përgjigj dhe tha: "Po, imzot, do ta bëj", por nuk shkoi.

³¹ Cili nga të dy e kreu vullnetin e të atit?". Ata i thanë: "I pari". Jezusi u tha atyre: "Në të vërtetë ju them se tagrambledhësit dhe prostitutat hyjnë para jush në mbretërinë e qiejve.

³² Sepse Gjoni erdhi tek ju në rrugën e drejtësisë, dhe iu nuk i besuat, ndërsa tagrambledhësit dhe prostitutat i besuan; as mbasi i keni parë këto gjëra, nuk u penduat për t'i besuar".

³³ "Dëgjoni një shëmbëlltyrë tjetër: Ishte një pronar shtëpie, i cili mbolli një vresht, e rrethoi me gardh, gërmoi një vend ku të shtrydhte rrushin, ndërtoi një kullë dhe, mbasi ua besoi disa vreshtarëve, u nis në një vend të huaj.

³⁴ Dhe kur erdhi koha e të vjelave, ai dërgoi shërbëtorët e vet te vreshtarët, për të marrë frutat e tij.

³⁵ por vreshtarët i kapën shërbëtorët e tij, njërin e rrahën, një tjetër e vranë dhe një tjetër e vranë me gurë.

³⁶ Përsëri, ai dërgoi shërbëtorë të tjerë, më shumë se të parët, dhe këta vreshtarët i trajtuan në të njëjtën mënyrë.

³⁷ Më në fund ai i dërgoi atyre birin e vet duke thënë: "Për djalin tim do të kenë respekt!".

³⁸ Por vreshtarët, kur e panë të birin, i thanë njeri tjetrit: "Ky është trashëgimtari; ejani, ta vrasim dhe marrim si pronë trashëgiminë e tij".

³⁹ Dhe e kapën, e nxorën jashtë nga vreshti dhe e vranë.

⁴⁰ Tani, kur të vijë i zoti i vreshtit, çfarë do t'u bëjë këtyre vreshtarëve?".

⁴¹ Ata i thanë: "Ai do t'i vrasë keqas ata faqezinj dhe do t'ua besojë vreshtin vreshtarëve të tjerë, të cilët do t'i japin prodhimet në kohën e vet".

⁴² Jezusi u tha atyre: "A nuk keni lexuar kurrë në Shkrimet: "Guri, që ndërtuesit e nxorën të papërdorshëm, u bë guri i qoshes. Kjo është vepër e Zotit, dhe është e mrekullueshme në sytë tonë"?

⁴³ Prandaj unë po ju them se juve do t'ju hiqet mbretëria e Perëndisë dhe do t'i jepet një kombi që do ta bëjë të japë fryt.

⁴⁴ Dhe ai që do të bjerë mbi këtë gur do të bëhet copëcopë; dhe ai mbi të cilin do të bjerë ai do të jetë i thërrmuar".

⁴⁵ Dhe krerët e priftërinjve dhe farisenjtë, kur i dëgjuan shëmbëlltyrat e tij, e kuptuan se po fliste për ta.

⁴⁶ Dhe kërkonin ta kapnin, por kishin frikë nga turmat, sepse ato e konsideronin profet.

Kapitull 22

¹ Dhe Jezusi, nisi përsëri t'u flasë atyre me shëmbëlltyra, duke thënë:

² "Mbretëria e qiejve i ngjan një mbreti, i cili përgatiti dasmën e të birit.

³ Dhe dërgoi shërbëtorët e vet për të thirrur të ftuarit në dasmë, por ata nuk deshën të vijnë.

⁴ Dërgoi përsëri shërbëtorë të tjerë duke thënë: "U thoni të ftuarve: Ja unë e kam shtruar drekën time, viçat e mi dhe bagëtia ime e majmur janë therur dhe gjithçka është gati; ejani në dasmë".

⁵ Por ata, pa e përfillur, shkuan: dikush në arën e vet e dikush në punët e veta.

⁶ Dhe të tjerët, mbasi kapën shërbëtorët e tij, i shanë dhe i vranë.

⁷ Mbreti atëherë, kur dëgjoi këtë, u zemërua dhe dërgoi ushtritë e veta për të shfarosur ata gjaksorë dhe dogji qytetin e tyre.

⁸ Atëherë u tha shërbëtorëve të vet: "Dasma është gati, por të ftuarit nuk ishin të denjë.

⁹ Shkoni, pra, në udhëkryqe dhe ftoni në dasmë këdo që të gjeni."

¹⁰ Dhe ata shërbëtorët dolën nëpër rrugë, mblodhën të gjithë ata që gjetën, të këqij dhe të mirë, dhe vendi i dasmës u mbush me të ftuar.

¹¹ Atëherë mbreti hyri për të parë të ftuarit dhe gjeti aty një njeri që nuk kishte veshur rrobë dasme;

¹² dhe i tha: "Mik, si hyre këtu pa pasur rrobë dasme?". Dhe ai mbylli gojën.

¹³ Atëherë mbreti u tha shërbëtorëve: "Lidheni duar dhe këmbë, kapeni dhe hidheni në errësirat e jashtme. Atje do të jetë e qara dhe kërcëllim dhëmbësh".

¹⁴ Sepse shumë janë të thirrur, por pak janë të zgjedhur".

¹⁵ Atëherë farisenjtë u veçuan dhe bënin këshill se si ta zinin gabim në fjalë.

¹⁶ Dhe i dërguan dishepujt e tyre bashkë me herodianët, për t'i thënë: "Mësues, ne e dimë se ti je i vërtetë dhe që mëson udhën e Perëndisë në të vërtetë, pa marrë parasysh njeri, sepse ti nuk shikon pamjen e jashtme të njerëzve.

¹⁷ Na thuaj, pra: Si e mendon? A është e ligjshme t'i paguhet taksa Cezarit apo jo?".

¹⁸ Por Jezusi, duke e njohur ligësinë e tyre, tha: "Pse më tundoni, o hipokritë?

¹⁹ Më tregoni monedhën e taksës". Atëherë ata i treguan një denar.

²⁰ Dhe ai u tha atyre: "E kujt është kjo fytyrë dhe ky mbishkrim?".

²¹ Ata i thanë: "E Cezarit". Atëherë ai u tha atyre: "Jepni, pra, Cezarit atë që i përket Cezarit dhe Perëndisë atë që i përket Perëndisë".

²² Dhe ata, kur e dëgjuan këtë, u mrekulluan, e lanë, dhe ikën.

²³ Po atë ditë erdhën tek ai saducenjtë, të cilët thonë se nuk ka ringjallje, dhe e pyetën

²⁴ duke thënë: "Mësues, Moisiu ka thënë: "Në se dikush vdes pa lënë fëmijë, i vëllai le të martohet me gruan e tij, për t'i lindur

trashëgimtarë vëllait të tij.

25 Tani ndër ne ishin shtatë vëllezër; i pari u martua dhe vdiq dhe duke mos pasë trashëgimtarë, ia la gruan vëllait të vet.

26 Kështu edhe i dyti dhe i treti, deri tek i shtati.

27 Në fund vdiq edhe gruaja.

28 Në ringjallje, pra, e kujt nga këta të shtatë do të jetë grua? Sepse të gjithë e patën gruaja".

29 Por Jezusi, duke u përgjigjur u tha atyre: "Ju bëni gabim, sepse nuk e kuptoni as Shkrimin as pushtetin e Perëndisë.

30 Në ringjallje, pra, as martohen as martojnë, por ata do të jenë në qiell si engjëjt e Perëndisë.

31 Pastaj sa për ringjalljen e të vdekurve, a nuk e keni lexuar ç'ju ishte thënë nga Perëndia kur thotë:

32 "Unë jam Perëndia i Abrahamit, Perëndia i Isakut dhe i Jakobit"? Perëndia nuk është Perëndia i të vdekurve, por i të gjallëve".

33 Dhe turmat, kur i dëgjuan këto gjëra, habiteshin nga doktrina e tij.

34 Atëherë farisenjtë, kur dëgjuan se ai ua kishte zënë gojën saducenjve, u mblodhën tok.

35 Dhe një nga ata, mësues i ligjit, e pyeti për të vënë në provë, duke thënë:

36 "Mësues, cili është urdhërimi i madh i ligjit?".

37 Dhe Jezusi i tha: ""Duaje Zotin, Perëndinë tënde me gjithë zemrën tënde, me gjithë shpirtin tënd dhe me gjithë mendjen tënde".

38 Ky është urdhërimi i parë dhe i madhi.

39 Dhe i dyti, i ngjashëm me këtë, është: "Duaje të afërmin tënd porsi vetveten".

40 Nga këto dy urdhërime varet i tërë ligji dhe profetët".

41 Tani, kur u mblodhën farisenjtë, Jezusi i pyeti:

42 "Ç'u duket juve për Krishtin? Biri i kujt është?". Ata i thanë: "I Davidit".

43 Ai u tha atyre: "Si pra Davidi, në Frymë, e quan Zot, duke thënë:

44 "Zoti i ka thënë Zotit tim: Ulu në të djathtën time, derisa unë t'i vë armiqtë e tu si stol të këmbëve të tua"?

45 Në qoftë se Davidi e quan Zot, si mund të jetë biri i tij?".

46 Por asnjë nuk ishte në gjendje t'i përgjigjej; dhe, që nga ajo ditë, askush nuk guxoi ta pyesë më.

Kapitull 23

1 Atëherë Jezusi u foli turmave dhe dishepujve të vet,

2 duke thënë: "Skribët dhe farisenjtë ulen mbi katedrën e Moisiut.

3 Zbatoni, pra, dhe bëni gjithçka t'ju thonë të zbatoni; por mos bëni si bëjnë ata, sepse thonë, por nuk e bëjnë.

4 Por lidhin barrë të rënda që barten me vështirësi, dhe ua vënë mbi kurrizin e njerëzve; Por ata nuk duan të luajnë vetë as me gisht.

5 Por të gjitha veprat e tyre i bëjnë për t'u dukur nga njerëzit; i zgjerojnë filateritë e tyre dhe i zgjatin thekët e rrobave të tyre.

6 Duan kryet e vendit në gostira dhe vendet e para në sinagoga,

7 si edhe përshëndetjet në sheshe dhe të quhen rabbi, rabbi nga njerëzit.

8 Por ju mos lejoni që t'ju quajnë rabbi, sepse vetëm një është mësuesi juaj: Krishti, dhe ju të gjithë jeni vëllezër.

9 Dhe përmbi tokë mos thirrni askënd atë tuaj, sepse vetëm një është Ati juaj, ai që është në qiej.

10 As mos lejoni që t'ju quajnë udhëheqës, sepse vetëm një është udhëheqësi juaj: Krishti.

11 Dhe më i madhi prej jush le të jetë shërbëtori juaj.

12 Sepse kush do të lartësojë veten, do të poshtërohet; dhe kush do të përulë veten, do të lartësohet.

13 Por mjerë ju, o skribë dhe farisenj hipokritë! Sepse mbyllni mbretërinë e qiejve para njerëzve; sepse as ju nuk hyni, as nuk i lini të hyjnë ata që janë për të hyrë.

14 Mjerë ju, o skribë dhe farisenj hipokritë! Sepse gllabëroni shtëpitë e të vejave dhe për sy e faqe bëni lutje të gjata; për këtë arsye ju do të pësoni një dënim më të rreptë.

15 Mjerë ju, o skribë dhe farisenj hipokritë! Sepse përshkoni detin dhe dheun për të bërë prozelitë, dhe kur ndokush bëhet i tillë, e bëni bir të Gehenas dhe dy herë më të keq se ju!

16 Mjerë ju, udhëheqës të verbër, që thoni: "Në qoftë se dikush betohet për tempullin, kjo s'është gjë; por në qoftë se betohet për arin e tempullit, është i detyruar".

17 Të marrë dhe të verbër! Sepse cili është më i madh: ari apo tempulli që e shenjtëron arin?

18 Dhe në qoftë se dikush betohet për altarin, s'është gjë; por në qoftë se betohet për ofertën që është mbi të, është i detyruar".

19 Të marrë dhe të verbër! Sepse cila është më e madhe, oferta apo altari që e shenjtëron ofertën?

20 Ai, pra, që betohet për altarin, betohet për të dhe për çdo gjë që është përmbi të!

21 Ai që betohet për tempullin, betohet për të dhe për atë që banon atje.

22 Dhe ai që betohet për qiellin, betohet për fronin e Perëndisë dhe për atë që është ulur mbi të.

23 Mjerë ju, skribë dhe farisenj hipokritë! Sepse ju llogaritni të dhjetën e mëndrës, të kopres dhe të barit të gjumit, dhe lini pas dore gjërat më të rëndësishme të ligjit: gjyqin, mëshirën dhe besimin; këto gjëra duhet t'i praktikoni pa i lënë pas dore të tjerat.

24 Udhëheqës të verbër, që sitni mushkonjën dhe kapërdini devenë!

25 Mjerë ju, skribë dhe farisenj hipokritë! Sepse pastroni anën e jashtme të kupës dhe të pjatës, ndërsa përbrenda janë plot me grabitje dhe teprime.

26 Farise i verbër! Pastro më parë përbrenda kupën dhe pjatën, që edhe përjashta të jetë e pastër.

27 Mjerë ju, o skribë dhe farisenj hipokritë! Sepse u ngjani varreve të zbardhuara (me gëlqere), që nga jashtë duken të bukur, por brenda janë plot eshtra të vdekurish dhe gjithfarë papastërtish.

28 Kështu edhe ju nga jashtë u paraqiteni njerëzve si të drejtë; por përbrenda jeni plot hipokrizi dhe paudhësi.

29 Mjerë ju, o skribë dhe farisenj hipokritë! Sepse ndërtoni varrezat e profetëve dhe zbukuroni monumentet e të drejtëve,

30 dhe thoni: "Po të kishim jetuar në kohën e etërve tanë, nuk do të kishim bashkëpunuar me ta në vrasjen e profetëve".

31 Duke folur kështu, ju dëshmoni kundër vetes suaj, se jeni bijtë e atyre që vranë profetët.

32 Ju e kaloni masën e etërve tuaj!

33 O gjarpërinj, o pjellë nëpërkash! Si do t'i shpëtoni gjykimit të Gehenas?

34 Prandaj, ja unë po ju dërgoj profetë, dijetarë dhe skribë; ju disa prej tyre do t'i vritni dhe do t'i kryqëzoni, disa të tjerë do t'i fshikulloni në sinagogat tuaja dhe do t'i persekutoni nga një qytet në tjetrin,

35 që të bjerë mbi ju gjithë gjaku i drejtë i derdhur mbi dhe, nga gjaku i të drejtit Abel, deri te gjaku i Zaharias, birit të Barakias, që ju e vratë ndërmjet tempullit dhe altarit.

36 Në të vërtetë po ju them se të gjitha këto gjëra do të bien mbi këtë brez.

37 Jeruzalem, Jeruzalem, që i vret profetët dhe i vret me gurë ata që të janë dërguar! Sa herë kam dashur t'i mbledh bijtë e tu ashtu si i mbledh klloçka zogjtë e vet nën krahë, por ju nuk deshët!

38 Ja, shtëpia juaj po ju lihet e shkretë.

39 Sepse unë po ju them, se tash e tutje nuk do të më shihni më derisa të thoni: "I bekuar qoftë ai që vjen në emër të Zotit!"".

Kapitull 24

1 Tani kur Jezusi doli nga tempulli dhe po largohej, dishepujt e tij iu afruan për t'i treguar ndërtesat e tempullit.

2 Por Jezusi u tha atyre: "A nuk i shikoni ju të gjitha këto? Në të vërtetë po ju them se këtu nuk do të mbetet asnjë gur mbi gur që nuk do të rrënohet".

3 Pastaj, kur ai u ul të rrinte në malin e Ullinjve, dishepujt e vet iu afruan mënjanë dhe i thanë: "Na thuaj, kur do të ndodhin këto gjëra? Dhe cila do të jetë shenja e ardhjes sate dhe e mbarimit të botës?".

4 Dhe Jezusi duke u përgjigjur u tha atyre: "Ruhuni se mos ju mashtron ndokush!

5 Sepse shumë do të vijnë në emrin tim, duke thënë: "Unë jam Krishti" dhe do të mashtrojnë shumë njerëz.

6 Atëherë do të dëgjoni të flitet për lufta dhe për ushtima luftash; ruhuni të mos shqetësoheni, sepse të gjitha këto duhet të ndodhin, por ende mbarimi nuk do të ketë ardhur.

7 Do të ngrihet, pra, popull kundër populli dhe mbretëri kundër mbretërie; do të ketë zi buke, murtajë dhe tërmete në vende të ndryshme.

8 Por të gjitha këto gjëra do të jenë vetëm fillimi i dhembjeve të lindjes.

9 Atëherë do t'ju dorëzojnë në mundime dhe do t'ju vrasin; dhe të gjithë kombet do t'ju urrejnë për shkak të emrit tim.

10 Atëherë shumë do të skandalizohen, do ta tradhëtojnë njeri tjetrin dhe do të urrejnë njeri tjetrin.

11 Dhe do të dalin shumë profetë të rremë, dhe do të mashtrojnë shumë njerëz.

12 Dhe, duke qenë se paudhësia do të shumohet, shumëkujt do t'i ftohet dashuria;

13 por ai që do të ngulmojë deri në fund do të shpëtohet.

¹⁴ Dhe ky ungjill i mbretërisë do të predikohet në gjithë botën si një dëshmi për gjithë kombet, dhe atëherë do të vijë mbarimi".

¹⁵ "Kur të shihni, pra, neverinë e shkretimit, që është parathënë nga profeti Daniel, që ka zënë vend në vendin e shenjtë (kush lexon le ta kuptojë),

¹⁶ atëherë ata që janë në Jude, le të ikin ndër male.

¹⁷ Kush ndodhet mbi taracën e shtëpisë, të mos zbresë për të marrë diçka në shtëpinë e vet;

¹⁸ dhe kush është ndër ara, të mos kthehet për të marrë mantelin e tij.

¹⁹ Por mjerë gratë shtatzëna dhe ato që do t'u japin gji fëmijëve në ato ditë!

²⁰ Dhe lutuni që ikja juaj të mos ndodhë në dimër, as të shtunën,

²¹ sepse atëherë do të ketë një mundim aq të madh, sa nuk ka ndodhur kurrë që nga krijimi i botës e deri më sot, dhe as nuk do të ketë më kurrë!

²² Dhe, po të mos shkurtoheshin ato ditë, asnjë mish nuk do të shpëtonte; por për shkak të të zgjedhurve, ato ditë do të shkurtohen.

²³ Atëherë, në qoftë se dikush do t'ju thotë: "Ja, Krishti është këtu", ose "Është atje", mos i besoni.

²⁴ Sepse do të dalin krishtër të rremë dhe profetë të rremë, dhe do të bëjnë shenja të mëdha dhe mrrekulli të tilla aq sa t'i mashtrojnë, po të ishte e mundur, edhe të zgjedhurit.

²⁵ Ja, unë ju paralajmërova.

²⁶ Pra, në qoftë se ju thonë: "Ja, është në shkretëtirë", mos shkoni atje: "Ja, është në dhomat e fshehta", mos u besoni.

²⁷ Sepse, si vetëtima që del nga lindja dhe flakëron deri në perëndim, kështu do të jetë ardhja e Birit të njeriut.

²⁸ Sepse ku të ketë kërma, aty do të mblidhen shqiponjat".

²⁹ "Tani, fill pas pikëllimit të atyre ditëve, dielli do të erret dhe hëna nuk do të japë dritën e vet, yjet do të bien nga qielli dhe fuqitë e qiejve do të tronditen.

³⁰ Dhe atëherë do të duket në qiell shenja e Birit të njeriut; dhe të gjitha kombet e dheut do të mbajnë zi dhe do ta shohin Birin e njeriut duke ardhur mbi retë e qiellit me fuqi dhe lavdi të madhe.

³¹ Ai do t'i dërgojë engjëjt e vet me tinguj të fuqishëm borie; dhe ata do të mbledhin të zgjedhurit e tij nga të katër erërat, nga një skaj i qiellit te tjetri.

³² Tani mësoni nga fiku këtë shëmbëlltyrë: kur tashmë degët e tij njomësohen dhe nxjerrin gjethet, ta dini se vera është afër.

³³ Kështu edhe ju, kur t'i shihni të gjitha këto gjëra, ta dini se ai është afër, madje te dera.

³⁴ Në të vërtetë po ju them se ky brez nuk do të kalojë, pa u realizuar të gjitha këto.

³⁵ Qielli dhe toka do të kalojnë, por fjalët e mia nuk do të kalojnë.

³⁶ Tani sa për atë ditë dhe për atë orë, askush s'e di, as engjëjt e qieive, por vetëm Ati im.

³⁷ Por, ashtu si qe në ditët e Noeut, kështu do të jetë edhe në ardhjen e Birit të njeriut.

³⁸ Sepse, ashtu si në ditët përpara përmbytjes, njerëzit hanin dhe pinin, martoheshin dhe martonin, derisa Noeu hyri në arkë;

³⁹ dhe nuk kuptuan asgjë, deri sa erdhi përmbytja dhe i fshiu të gjithë; kështu do të ndodhë në ardhjen e Birit të njeriut.

⁴⁰ Atëherë dy do të jenë në arë, një do të merret dhe tjetri do të lihet.

⁴¹ dy gra do të bluajnë në mulli, një do të merret dhe tjetra do të lihet.

⁴² Rrini zgjuar, pra, sepse nuk e dini në cilën orë do të vijë Zoti juaj.

⁴³ Por dijeni këtë, se ta dinte i zoti i shtëpisë në çfarë orë të natës do të vijë vjedhësi, do të rrinte zgjuar dhe nuk do të lejonte t'i shpërthehej shtëpia.

⁴⁴ Prandaj edhe ju jini gati, sepse Biri i njeriut do të vijë në atë orë kur ju nuk mendoni?

⁴⁵ "Cili është, pra, ai shërbëtor besnik dhe i mençur, që zotëria e tij e caktoi përmbi shtëpiarët e vet, për t'u dhënë atyre ushqimin në kohën e duhur?

⁴⁶ Lum ai shërbëtor që, kur të kthehet zotëria e tij, e gjen duke bërë kështu.

⁴⁷ Në të vërtetë po ju them se ai do t'ia besojë administrimin e gjithë pasurisë së vet.

⁴⁸ Por, në qoftë se ky shërbëtor i mbrapshtë, thotë në zemër të vet: "Zotëria ime vonon të vijë",

⁴⁹ dhe fillon t'i rrahë shokët e vet dhe të hajë e të pijë me pijanecët;

⁵⁰ zotëria e këtij shërbëtori do të vijë në atë ditë kur ai nuk e pret dhe në atë orë kur ai nuk e di;

⁵¹ do ta ndëshkojë rëndë dhe do t'i rezervojë fatin e hipokritëve. Atje do të jetë e qara dhe kërcëllim dhëmbësh".

Kapitull 25

¹ "Atëherë mbretëria e qiejve do t'u ngjajë dhjetë virgjëreshave, të cilat i morën llampat e tyre, dhe i dolën para dhëndrit.

² Tani pesë nga ato ishin të mençura dhe pesë budallaçka.

³ Budallaçkat, kur morën llampat e tyre, nuk morën me vet vajin;

⁴ kurse të mençurat, bashkë me llampat, morën edhe vajin në enët e tyre.

⁵ Tani, duke qenë se dhëndri po vononte, dremitën të gjitha dhe i zuri gjumi.

⁶ Aty nga mesnata u dëgjua një britmë: "Ja, po vjen dhëndri, i dilni para!"

⁷ Atëherë të gjitha ato virgjëreshat u zgjuan dhe përgatitën llampat e tyre.

⁸ Dhe budallaçkat u thanë të mençurave: "Na jepni nga vaji juaj, sepse llampat tona po na fiken".

⁹ Por të mençurat duke u përgjigjur thanë: "Jo, sepse nuk do të mjaftonte as për ne e as për ju; më mirë shkoni te tregtarët dhe e blini".

¹⁰ Tani kur ato shkuan ta blejnë, erdhi dhëndri; virgjëreshat që ishin gati, hynë bashkë me të në dasmë; dhe dera u mbyll.

¹¹ Më pas erdhën edhe virgjëreshat e tjera, duke thënë: "Zot, zot, hapna".

¹² Por ai, duke u përgjigjur, tha: "Në të vërtetë po ju them se nuk ju njoh".

¹³ Prandaj rrini zgjuar, sepse nuk e dini as ditën as orën në të cilët do të vijë Biri i njeriut".

¹⁴ "Mbretëria e qiejve i ngjan gjithashtu një njeriu, që, kur po nisej për një udhëtim, i thirri shërbëtorët e tij dhe u besoi pasuritë e veta.

¹⁵ Njërit i dha pesë talenta, tjetrit dy dhe një tjetri një; secilit sipas zotësisë së tij; dhe u nis fill.

¹⁶ Tani ai që kishte marrë të pesë talentat shkoi, dhe bëri tregti me to dhe fitoi pesë të tjerë.

¹⁷ Po ashtu edhe ai që kishte marrë dy talenta fitoi edhe dy të tjerë.

¹⁸ Por kurse ai që kishte marrë një, shkoi, hapi një gropë në dhe dhe e fshehu denarin e zotit të vet.

¹⁹ Tani mbas një kohe të gjatë, u kthye zoti i atyre shërbëtorëve dhe bëri llogaritë me ta.

²⁰ Dhe ai që kishte marrë të pesë talentat doli përpara dhe i paraqiti pesë të tjerë, duke thënë: "Zot, ti më besove pesë talenta; ja, me ato unë fitova pesë talenta të tjerë".

²¹ Dhe i zoti i tha: "Të lumtë, shërbëtor i mirë dhe besnik; ti u tregove besnik në gjëra të vogla, unë do të të vë mbi shumë gjëra; hyr në gëzimin e zotit tënd".

²² Pastaj erdhi edhe ai që kishte marrë të dy talenta dhe tha: "Zot, ti më besove dy talenta; ja, me ato unë fitova dy talenta të tjerë".

²³ Dhe zoti i tij i tha: "Të lumtë, shërbëtor i mirë dhe besnik; ti u tregove besnik në gjëra të vogla, unë do të të vë mbi shumë gjëra; hyr në gëzimin e zotit tënd".

²⁴ Në fund erdhi edhe ai që kishte marrë vetëm një talent dhe tha: "Zot, unë e dija se je njeri i ashpër, që korr atje ku nuk ke mbjellë dhe vjel ku nuk ke shpërndarë,

²⁵ prandaj pata frikë dhe shkova dhe e fsheha talentin tënd nën tokë; ja, unë po ta kthej".

²⁶ Dhe i zoti duke i përgjigjur i tha: "Shërbëtor i mbrapshtë dhe përtac, ti e dije se unë korr atje ku nuk kam mbjellë dhe vjel aty ku nuk kam shpërndarë;

²⁷ Ti duhet t'ia kishe besuar denarin tim bankierëve dhe kështu, në kthimin tim, do ta kisha marrë me interes.

²⁸ Prandaj ia hiqni këtij talentin dhe ia jepni atij që ka dhjetë talenta.

²⁹ Sepse atij që ka do t'i jepet edhe më e do të ketë me bollëk të madh, por atij që nuk ka, do t'i merret edhe ajo që ka.

³⁰ Dhe flakeni në errësirë e jashtme këtë shërbëtor të pavlefshëm. Atje do të jetë e qara dhe kërcëllim dhëmbësh"".

³¹ "Dhe kur të vijë Biri i njeriut në lavdinë e tij, bashkë me gjithë engjëjt e shenjtë, atëherë do të ulet mbi fronin e lavdisë së vet.

³² Dhe të gjithë kombet do të mblidhen para tij; dhe ai do ta ndajë njërin nga tjetri ashtu si i ndan bariu delet nga cjeptë.

³³ Dhe delet do t'i vërë në të djathtën e tij dhe cjeptë në të majtën.

³⁴ Atëherë Mbreti do t'u thotë atyre që do të jenë në të djathtën e tij: "Ejani, të bekuar të Atit tim; merrni në trashëgim mbretërinë që u bë gati për ju që nga krijimi i botës.

³⁵ Sepse pata uri dhe më dhatë për të ngrënë, pata etje dhe më dhatë për të pirë; isha i huaj dhe më pritët,

³⁶ isha i zhveshur dhe më veshët, isha i sëmurë dhe ju më vizitonit, isha në burg dhe erdhët tek unë".

³⁷ Atëherë të drejtët do t'i përgjigjen duke thënë: "Zot, kur të pamë të uritur dhe të dhamë për të ngrënë; ose të etur dhe të dhamë për të pirë?

³⁸ Dhe kur të pamë të huaj dhe të pritëm ose të zhveshur dhe të veshëm?

³⁹ Dhe kur të pamë të lënguar ose në burg dhe erdhëm te ti?".

⁴⁰ Dhe Mbreti duke iu përgjigjur do t'u thotë: "Në të vërtetë po ju them: sa herë ia keni bërë këtë ndonjërit prej këtyre vëllezërve të mi më të vegjël, këtë ma bëtë mua".

⁴¹ Pastaj ai do t'u thotë edhe atyre që do të jenë në të majtë: "Largohuni nga unë, të mallkuar, në zjarr të përjetshëm, të përgatitur për djallin dhe engjëjt e tij.

⁴² Sepse pata uri dhe nuk më dhatë për të ngrënë, pata etje dhe nuk më dhatë për të pirë,

⁴³ isha i huaj dhe nuk më pritët, i zhveshur dhe nuk më veshët, i sëmurë dhe në burg dhe nuk erdhët të më shihni".

⁴⁴ Atëherë edhe ata do t'i përgjigjen duke thënë: "Zot, kur të pamë të uritur ose të etur, ose të huaj, ose të zhveshur, ose të lëngatë ose në burg dhe nuk të shërbyem?".

⁴⁵ Atëherë ai do t'u përgjigjet atyre duke thënë: "Në të vërtetë ju them: sa herë nuk ia keni bërë këtë ndonjërit prej këtyre më të vegjëlve, këtë nuk ma bëtë as edhe mua".

⁴⁶ Dhe ata do të shkojnë në mundim të përjetshëm, dhe të drejtët në jetën e përjetshme".

Kapitull 26

¹ Dhe ndodhi që, mbasi Jezusi i mbaroi të gjitha këto fjalime, u tha dishepujve të vet:

² "Ju e dini se pas dy ditësh janë Pashkët dhe Biri i njeriut do të dorëzohet për t'u kryqëzuar".

³ Atëherë krerët e priftërinjve, skribët dhe pleqtë e popullit u mblodhën në pallatin e kryepriftit që quhej Kajafa.

⁴ Edhe bënin këshillë për ta zënë Jezusin me dredhi dhe ta vrasin;

⁵ por thonin: "Jo gjatë festës, që të mos bëhet ndonjë trazirë në popull".

⁶ Tani, kur Jezusi ishte në Betani, në shtëpinë e lebrozit Simon,

⁷ iu afrua një grua me një alabastër me vaj të parfumuar shumë të kushtueshëm, dhe ia derdhi mbi kokën e tij, kur ai po rrinte në tryezë.

⁸ Kur e panë këtë gjë, dishepujt e tij u zemëruan dhe thanë: "Përse gjithë ky shpenzim i kotë?

⁹ Ky vaj, në fakt, mund të shitej shumë shtrenjtë dhe paratë t'u jepeshin të varfërve".

¹⁰ Por Jezusi e mori vesh dhe u tha atyre: "Pse e shqetësoni këtë grua? Ajo kreu në fakt një vepër të mirë ndaj meje.

¹¹ Sepse të varfërit do t'i keni përherë me ju, por mua nuk do të më keni përherë.

¹² Sepse, duke derdhur këtë vaj të parfumuar mbi trupin tim, ajo e bëri për ta përgatitur trupin tim për varrim.

¹³ Në të vërtetë unë po ju them se kudo që do të predikohet ky ungjill, në gjithë botën, do të tregohet edhe çfarë bëri kjo grua, në përkujtim të saj".

¹⁴ Atëherë një nga të dymbëdhjetët, me emër Judë Iskarioti, shkoi te krerët e priftërinjve,

¹⁵ dhe u tha atyre: "Sa do të më jepni që unë t'jua dorëzoj?". Dhe ata i numëruan tridhjetë sikla argjendi.

¹⁶ Dhe qysh atëherë ai kërkonte rastin e përshtatshëm për ta tradhtuar.

¹⁷ Tani ditën e parë të ndormëve, dishepujt iu afruan Jezusit dhe i thanë: "Ku don të shtrojmë për të ngrënë Pashkën?".

¹⁸ Dhe ai u përgjigj: "Shkoni në qytet te filani dhe i thoni: "Mësuesi thotë: Koha ime është afër; do të bëj Pashkën në shtëpinë tënde bashkë me dishepujt e mi"".

¹⁹ Atëherë dishepujt bënë ashtu si i kishte urdhëruar Jezusi dhe përgatitën Pashkën.

²⁰ Dhe, kur u ngrys, ai u ul në tryezë bashkë me të dymbëdhjetët;

²¹ dhe, ndërsa po hanin, tha: "Në të vërtetë unë po ju them se një nga ju do të më tradhtojë".

²² Ata u pikëlluan shumë dhe secili prej tyre filloi të thotë: "Mos jam unë; Zot?".

²³ Dhe ai duke u përgjigjur, tha: "Ai që ka ngjyer bashkë me mua dorën në çanak, ai do të më tradhtojë.

²⁴ Sikurse është shkruar për të, Biri i njeriut pa tjetër shkon; por mjerë ai njeri me anë të të cilit Biri i njeriut tradhtohet! Për të do ishte më mirë të mos kishte lindur kurrë".

²⁵ Dhe Juda, ai që do ta tradhtonte, e pyeti dhe tha: "Rabbi, mos jam unë ai?". Ai i tha: "Ti po thua!".

²⁶ Dhe ndërsa po hanin, Jezusi mori bukën, e bekoi, e theu, dhe ua dha dishepujve dhe tha: "Merrni, hani; ky është trupi im".

²⁷ Pastaj mori kupën, dhe falenderoi, dhe ua dha atyre duke thënë: "Pini prej tij të gjithë,

²⁸ sepse ky është gjaku im, gjaku i besëlidhjes së re, i cili është derdhur për shumë për faljen e mëkateve.

²⁹ Dhe unë po ju them, se që tani e tutje unë nuk do të pi më nga ky fryt i hardhisë, deri në atë ditë kur, bashkë me ju, do ta pi të re në mbretërinë e Atit tim".

³⁰ Dhe, mbasi kënduan himnin, dolën jashtë te mali i Ullinjve.

³¹ Atëherë Jezusi u tha atyre: "Këtë natë të gjithë ju do të skandalizoheni për shkakun tim, sepse është shkruar: "Do të godas bariun dhe delet e kopesë do të shpërndahen".

³² Por, mbasi të jem ngjallur, do të shkoj përpara jush në Galile".

³³ Atëherë Pjetri duke u përgjigjur i tha: "Edhe sikur të gjithë të skandalizohen për shkakun tënd, unë nuk do të skandalizohem kurrë!".

³⁴ Jezusi i tha: "Në të vërtetë po të them se pikërisht këtë natë, para se të këndojë gjeli, ti do të më mohosh tri herë".

³⁵ Pjetri i tha: "Edhe sikur të duhej të vdisja bashkë me ty, nuk do të të mohoj kurrsesi". Po atë thanë edhe të gjithë dishepujt.

³⁶ Atëherë Jezusi shkoi bashkë me ta në një vend, që quhej Gjetsemani, dhe u tha dishepujve: "Uluni këtu, ndërsa unë po shkoj aty të lutem".

³⁷ Dhe mori me vete Pjetrin dhe të dy djemtë e Zebedeut, dhe filloi të ndjejë trishtim dhe ankth të madh.

³⁸ Atëherë ai u tha atyre: "Shpirti im është thellësisht i trishtuar, deri në vdekje; qëndroni këtu dhe rrini zgjuar bashkë me mua".

³⁹ Dhe, si shkoi pak përpara, ra me fytyrë për tokë dhe lutej duke thënë: "Ati im, në qoftë se është e mundur, largoje prej meje këtë kupë; megjithatë, jo si dua unë, por si do ti".

⁴⁰ Pastaj u kthye te dishepujt dhe i gjeti që flinin, dhe i tha Pjetrit: "Po si, nuk mundët të vigjëloni me mua të paktën për një orë?

⁴¹ Rrini zgjuar dhe lutuni, që të mos bini në tundim; sepse fryma është gati, por mishi është i dobët".

⁴² U largua përsëri për herë të dytë dhe u lut duke thënë: "Ati im, në qoftë se nuk është e mundur që kjo kupë të largohet prej meje pa u pirë prej meje, u bëftë vullneti yt!".

⁴³ Pastaj u kthye dhe i gjeti përsëri që flinin, sepse sytë u ishin rënduar.

⁴⁴ Dhe, mbasi i la ata, u largua përsëri dhe u lut për të tretën herë, duke thënë të njëjtat fjalë.

⁴⁵ Pastaj u kthye te dishepujt e vet dhe u tha atyre: "Tani vazhdoni të flini dhe pushoni; ja erdhi ora, dhe Biri i njeriut do të bjerë në duart e mëkatarëve.

⁴⁶ Çohuni, të shkojmë; ja, ai që po më tradhton është afër".

⁴⁷ Dhe ndërsa ai ende po fliste, ja Juda, një nga të dymbëdhjetët, erdhi, dhe bashkë me të një turmë e madhe me shpata dhe me shkopinj, e dërguar nga krerët e priftërinjve dhe nga pleqtë e popullit.

⁴⁸ Tani ai që e tradhtonte u kishte dhënë atyre një shenjë, duke thënë: "Atë që unë do të puth, ai është; kapeni".

⁴⁹ Dhe menjëherë iu afrua Jezusit dhe i tha: "Tungjatjeta, Mësues!". Dhe e puthi përzemërsisht.

⁵⁰ Dhe Jezusi i tha: "Mik, çfarë ke ardhur të bësh?". Atëherë ata iu afruan, vunë duart mbi Jezusin dhe e zunë.

⁵¹ Dhe ja, një nga ata që ishte me Jezusin, zgjati dorën, nxori shpatën e vet, iu hodh shërbëtorit të kryepriftit dhe ia preu veshin.

⁵² Atëherë Jezusi i tha: "Ktheje shpatën në vendin e vet, sepse të gjithë ata që rrokin shpatën, prej shpate do të vdesin.

⁵³ A kujton ti, vallë, se unë nuk mund t'i lutem Atit tim, që të më dërgojë më shumë se dymbëdhjetë legjione engjëjsh?

⁵⁴ Po atëherë si do të përmbusheshin Shkrimet, sipas të cilave duhet të ndodhë kështu?".

⁵⁵ Në atë moment Jezusi u tha turmave: "Ju dolët të më zini mua me shpata dhe me shkopinj, si kundër një kusar; e pra, çdo ditë isha ulur midis jush duke mësuar në tempull, dhe ju nuk më kapët.

⁵⁶ Por të gjitha këto ndodhën që të përmbushen Shkrimet e profetëve". Atëherë të gjithë dishepujt e lanë dhe ikën.

⁵⁷ Dhe ata që e kishin arrestuar Jezusin e çuan te Kajafa, kryeprifti, ku tashmë ishin mbledhur skribët dhe pleqtë.

⁵⁸ Dhe Pjetri e ndoqi nga larg deri në pallatin e kryepriftit, dhe, mbasi hyri aty, u ul bashkë me rojet për të parë fundin.

⁵⁹ Tani krerët e priftërinjve, pleqtë dhe gjithë sinedri kërkonin ndonjë dëshmi të rreme kundër Jezusit, për ta vrarë,

⁶⁰ por nuk gjetën asnjë; ndonëse u paraqitën shumë dëshmitarë të rremë, nuk e gjetën. Por në fund u paraqitën dy dëshmitarë të rremë,

⁶¹ të cilët thanë: "Ky ka thënë: "Unë mund ta shkatërroj tempullin e Perëndisë dhe ta rindërtoj për tri ditë"".

⁶² Atëherë kryeprifti u çua dhe i tha: "Nuk po përgjigjesh fare për

çka po dëshmojnë këta kundër teje?".

⁶³ Por Jezusi rrinte në heshtje. Dhe kryeprifti vazhdoi duke thënë: "Unë po të përbej për Perëndinë e gjallë të na thuash në se ti je Krishti, Biri i Perëndisë".

⁶⁴ Jezusi i tha: "Ti po thua! Madje unë po ju them se në të ardhmen ju do ta shihni Birin e njeriut duke ndënjur në të djathtën e Pushtetit, dhe duke ardhur mbi retë e qiellit".

⁶⁵ Atëherë kryeprifti ia shqeu rrobat e veta, duke thënë: "Ai blasfemoi; ç'na duhen më dëshmitarët? Ja, tani e dëgjuat blasfeminë e tij.

⁶⁶ Si ju duket juve?". Dhe ata, duke u përgjigjur, thanë: "Ai është fajtor për vdekje!".

⁶⁷ Atëherë e pështynë në fytyrë, e goditën me shuplaka; dhe disa të tjerë i ranë me grushta,

⁶⁸ duke thënë: "O Krisht, profetizo! Kush të ra?".

⁶⁹ Tani Pjetri ndënji përjashta, në oborr dhe një shërbëtore iu afrua duke thënë: "Edhe ti ishe me Jezusin, Galileasin".

⁷⁰ Por ai e mohoi përpara të gjithëve, duke thënë: "Nuk di ç'po thua!".

⁷¹ Dhe kur ai po dilte në hajat, e pa atë një shërbëtore tjetër dhe u tha të pranishmëve: "Edhe ky ishte me Jezusin, Nazareasin!".

⁷² Por ai përsëri e mohoi me be, duke thënë: "Unë nuk e njoh atë njeri".

⁷³ Mbas pak edhe të pranishmit iu afruan dhe i thanë Pjetrit: "Sigurisht, edhe ti je një nga ata, sepse e folura jote të tradhton!".

⁷⁴ Atëherë ai nisi të mallkojë dhe të bëjë be, duke thënë: "Unë nuk e njoh atë njeri". Dhe në atë çast këndoi gjeli.

⁷⁵ Atëherë Pjetri kujtoi atë që i kishte thënë Jezusi: "Para se të këndojë gjeli, do të më mohosh tri herë". Dhe ai doli përjashta dhe qau me hidhërim.

Kapitull 27

¹ Kur erdhi mëngjesi, të gjithë krerët e priftërinjve dhe pleqtë e popullit bënin këshill kundër Jezusit për ta vrarë.

² Dhe, mbasi e lidhën, e çuan dhe e dorëzuan në duart e Ponc Pilatit, guvernatorit.

³ Atëherë Juda, që e kishte tradhtuar, kur pa se e dënuan Jezusin, u pendua dhe ua ktheu krerëve të priftërinjve dhe pleqve të tridhjetë siklat prej argjendi,

⁴ duke thënë: "Mëkatova duke tradhtuar gjakun e pafaj". Por ata thanë: "Po ne ç'na duhet? Punë për ty!".

⁵ Dhe ai, mbasi i hodhi siklat prej argjendi në tempull, u largua dhe shkoi e u var në litar.

⁶ Por krerët e priftërinjve i mblodhën këta denarë dhe thanë: "Nuk është e ligjshme t'i vëmë në thesarin e tempullit, sepse është çmim gjaku".

⁷ Dhe, mbasi bënin këshill, me këtë denar blenë arën e poçarit për varreza të të huajve.

⁸ Prandaj këtë arë e quajtën deri ditën e sotme: "Ara e gjakut".

⁹ Atëherë u përmbush ç'ishte thënë nga profeti Jeremia që thotë: "Dhe i morën të tridhjetë monedhat prej argjendi, çmimin e atij që e çmuan, siç kishin çmuar bijtë e Izraelit;

¹⁰ dhe i shpenzuan për arën e poçarit, ashtu si më urdhëroi Zoti".

¹¹ Dhe Jezusi qëndroi para guvernatorit; dhe qeveritari e pyeti duke thënë: "A je ti mbreti i Judenjve?". Dhe Jezusi i tha: "Ti po thua!".

¹² Pastaj krerët e priftërinjve dhe pleqtë e akuzuan, por ai nuk u përgjigjej fare.

¹³ Atëherë Pilati i tha: "A nuk po dëgjon sa gjëra po dëshmojnë kundër teje?".

¹⁴ Por ai nuk iu përgjigj në asnjë fjalë, kështu që guvernatori u çudit shumë.

¹⁵ Tani me rastin e festave guvernatori e kishte zakon t'i lironte popullit një të burgosur, atë që populli kërkonte.

¹⁶ Kishin në ato kohë një të burgosur me nam, me emër Baraba.

¹⁷ Kur u mblodhën njerëzit, Pilati i pyeti ata: "Kë doni t'ju liroj, Barabën apo Jezusin, që quhet Krisht?".

¹⁸ Sepse ai e dinte mirë se atë ia kishin dorëzuar nga smira.

¹⁹ Dhe ndërsa ai po rrinte në gjykatë, gruaja e tij i çoi fjalë: "Mos u përziej aspak me çështjen e atij të drejti, sepse sot kam vuajtur shumë në ëndërr për shkak të tij".

²⁰ Por krerët e priftërinjve dhe pleqtë ia mbushën mendjan turmës që të kërkonte Barabën, dhe Jezusi të vritej.

²¹ Dhe guvernatori duke vazhduar u tha atyre: "Cilin nga të dy doni që t'ju liroj?". Ata thanë: "Barabën!".

²² Pilati u tha atyre: "Ç'të bëj, pra, me Jezusin, që quhet Krisht?". Të gjithë i thanë: "Të kryqëzohet!".

²³ Por guvernatori tha: "Po ç'të keqe ka bërë?". Mirëpo ata po bërtisnin edhe më fort: "Të kryqëzohet!".

²⁴ Atëherë Pilati, duke parë se nuk po arrinte gjë, madje se trazimi po shtohej gjithnjë e më shumë, mori ujë dhe i lau duart para turmës, duke thënë: "Unë jam i pafaj për gjakun e këtij të drejti; mendojeni ju".

²⁵ Dhe gjithë populli duke u përgjigjur tha: "Le të jetë gjaku i tij mbi ne dhe mbi fëmijët tanë!".

²⁶ Atëherë ai ua liroi atyre Barabën; dhe mbasi e fshikulloi Jezusin, ua dorëzoi, që të kryqëzohet.

²⁷ Atëherë ushtarët e guvernatorit, mbasi e çuan Jezusin në pretoriumin e guvernatorit, mblodhën rreth tij gjithë kohortën.

²⁸ Dhe, pasi e zhveshën, i hodhën mbi trup një mantel të kuq.

²⁹ Dhe i thurën një kurorë me ferra, ia vunë mbi krye dhe i dhanë një kallam në dorën e djathtë; dhe, duke u gjunjëzuar përpara tij, e përqeshnin duke thënë: "Tungjatjeta, o mbret i Judenjve!".

³⁰ Pastaj e pështynë, ia morën kallamin dhe me të i binin në kokë.

³¹ Dhe, mbasi e përqeshën, ia hoqën mantelin dhe e veshën me rrobat e tij; dhe e çuan për ta kryqëzuar.

³² Dhe duke dalë, takuan një njeri nga Kirena, që quhej Simon, të cilin e detyruan ta mbartë kryqin e Jezusit.

³³ Dhe, kur arritën në vendin që quhej Golgota, domethënë "Vendi i kafkës",

³⁴ i dhanë të pijë uthull të përzier me vrer; por ai, mbasi e provoi, nuk deshi ta pinte.

³⁵ Mbasi e kryqëzuan, i ndanë me short rrobat e tij, që të përmbushej ç'ishte thënë nga profeti: "I ndanë ndërmjet tyre rrobat e mia dhe hodhën short mbi tunikën time".

³⁶ Pastaj u ulën dhe e ruanin.

³⁷ Përmbi krye të tij, i vunë gjithashtu motivacionin e shkruar të dënimit të tij: "KY ËSHTË JEZUSI, MBRETI I JUDENJVE".

³⁸ Atëherë u kryqëzuan bashkë me të dy cuba, njeri në të djathtën dhe tjetri në të majtën.

³⁹ Dhe ata që kalonin andej e fyenin duke tundur kokën,

⁴⁰ dhe duke thënë: "Ti që e shkatërron tempullin dhe e rindërton për tri ditë, shpëto vetveten; në qoftë se je Biri i Perëndisë, zbrit nga kryqi!".

⁴¹ Po ashtu, edhe krerët e priftërinjve, bashkë me skribët dhe me pleqtë, duke e tallur, i thonin:

⁴² "Ai i shpëtoi të tjerët dhe nuk mund të shpëtojë vetveten; në qoftë se është mbreti i Izraelit, le të zbresë tani nga kryqi dhe ne do të besojmë në të;

⁴³ ai ka besuar në Perëndinë; le ta lirojë tani në qoftë se e do me të vërtetë, sepse ka thënë: "Unë jam Biri i Perëndisë"".

⁴⁴ Po ashtu e fyenin edhe cubat që ishin kryqëzuar me të.

⁴⁵ Që nga ora gjashtë deri në orën nëntë errësira e mbuloi gjithë vendin.

⁴⁶ Rreth orës nëntë, Jezusi briti me zë të lartë duke thënë: "Eli, Eli, lama sabaktani?". Domethënë: "Perëndia im, Perëndia im, përse më ke braktisur?".

⁴⁷ Dhe disa nga të pranishmit, kur e dëgjuan, thanë: "Ky po thërret Elian".

⁴⁸ Dhe në atë çast një nga ata vrapoi, mori një sfungjer, e zhyti në uthull dhe, mbasi e vuri në majë të një kallami, ia dha për ta pirë.

⁴⁹ Por të tjerët thonin: "Lëre, të shohim në se do të vijë Elia për ta shpëtuar".

⁵⁰ Dhe Jezusi bërtiti edhe një herë me zë të lartë dhe dha frymë.

⁵¹ Dhe ja, veli i tempullit u shqye në dy pjesë, nga maja e deri në fund; toka u drodh dhe shkëmbinjtë u çanë;

⁵² varret u hapën dhe shumë trupa të të shenjtëve që flinin u ringjallën;

⁵³ dhe, të dalë nga varret mbas ringjalljes së Jezusit, hynë në qytetin e shenjtë dhe iu shfaqën shumëkujt.

⁵⁴ Tani centurioni dhe ata që bashkë me të ruanin Jezusin, kur panë tërmetin dhe ngjarjet e tjera, u trembën shumë dhe thanë: "Me të vërtetë ky ishte Biri i Perëndisë!".

⁵⁵ Ishin aty edhe shumë gra që vërenin nga larg; ato e kishin ndjekur Jezusin që nga Galilea për t'i shërbyer;

⁵⁶ midis tyre ishte Maria Magdalena, Maria, nëna e Jakobit dhe e Ioseut; dhe nëna e bijve të Zebedeut.

⁵⁷ Edhe si u ngrys, erdhi një njeri i pasur nga Arimatea, me emër Jozef, i cili ishte edhe vet dishepull i Jezusit.

⁵⁸ Ai shkoi te Pilati dhe i kërkoi trupin e Jezusit. Atëherë Pilati dha urdhër që t'ia dorëzonin trupin.

⁵⁹ Dhe Jozefi, mbasi e mori trupin, e mbështolli me një pëlhurë të pastër,

⁶⁰ dhe e vendosi në varrin e vet të ri, që ai kishte hapur në shkëmb; pastaj rrokullisi një gur të madh në hyrje të varrit dhe u largua.

⁶¹ Dhe Maria Magdalena dhe Maria tjetër rrinin aty, ulur përballë

varrit.

⁶² Dhe të nesërmen, që ishte mbas ditës së Përgatitjes, krerët e priftërinjve dhe farisenjtë u mblodhën te Pilati,

⁶³ duke thënë: "Zot, na ra në mend se ai mashtruesi, sa ishte gjallë, tha: "Pas tri ditësh unë do të ringjallem".

⁶⁴ Prandaj urdhëro që varri të ruhet mirë deri në ditën e tretë, se mos vijnë dishepujt e tij natën e ta vjedhin trupin dhe pastaj t'i thonë popullit: "U ringjall së vdekuri"; kështu mashtrimi i fundit do të ishte më i keq se i pari".

⁶⁵ Por Pilati u tha atyre: "Rojen e keni; shkoni dhe e siguroni varrin, si t'ju duket më mirë".

⁶⁶ Dhe ata, pra, shkuan dhe e siguruan varrin dhe, përveç rojës, vulosën gurin.

Kapitull 28

¹ Tani në fund të së shtunave, kur po zbardhte dita e parë e javës, Maria Magdalena dhe Maria tjetër shkuan për të parë varrin.

² Dhe ja, ra një tërmet i madh, sepse një engjëll i Zotit zbriti nga qielli, erdhi dhe e rrokullisi gurin nga hyrja e varrit dhe u ul mbi të.

³ Pamja e tij ishte si vetëtima dhe veshja e tij e bardhë si bora.

⁴ Dhe nga frika e tij, rojet u drodhën dhe mbetën si të vdekur;

⁵ por engjëlli, duke iu drejtuar grave, u tha atyre: "Mos kini frikë, sepse unë e di se ju kërkoni Jezusin, që u kryqëzua.

⁶ Ai nuk është këtu, sepse u ringjall, sikurse kishte thënë; ejani, shikoni vendin ku qe vënë Zoti.

⁷ Shkoni shpejt t'u thoni dishepujve të tij se ai u ringjall së vdekuri; dhe ja, po shkon përpara jush në Galile; atje do ta shihni; ja, jua thashë".

⁸ Ato, pra, u larguan me të shpejtë nga varri me frikë dhe me gëzim të madh; dhe rendën ta çojnë lajmin te dishepujt e tij.

⁹ Dhe, ndërsa po shkonin për t'u thënë dishepujve, ja Jezusi u doli përpara dhe tha: "Tungjatjeta!". Atëherë ato u afruan, i rrokën këmbët dhe e adhuruan.

¹⁰ Atëherë Jezusi u tha atyre: "Mos kini frikë, shkoni të lajmëroni vëllezërit e mi që të shkojnë në Galile dhe atje do të më shohin".

¹¹ Ndërsa ato po shkonin, ja që disa nga rojtarët arritën në qytet dhe u raportuan krerëve të priftërinjve të gjitha ato që kishin ndodhur.

¹² Atëherë këta bënë këshill me pleqtë dhe vendosën t'u japin ushtarëve një shumë të madhe denarësh,

¹³ duke u thënë atyre: "Thoni: Dishepujt e tij erdhën natën dhe e vodhën, ndërsa ne po flinim.

¹⁴ Dhe në qoftë se kjo i shkon në vesh guvernatorit, ne do ta bindim dhe do të bëjmë në mënyrë që ju të mos kini merak".

¹⁵ Dhe ata i morën denarët dhe bënë ashtu si i kishin mësuar, dhe kjo e thënë u përhap ndër Judenjtë deri ditën e sotme.

¹⁶ Pastaj të njëmbëdhjetë dishepujt shkuan në Galile, në atë mal që u kishte caktuar Jezusi

¹⁷ dhe, kur e panë, e adhuruan; por disa dyshuan.

¹⁸ Pastaj Jezusi u afrua dhe u foli atyre duke thënë: "Mua më është dhënë çdo pushtet në qiell e në tokë.

¹⁹ Shkoni, pra, dhe bëni dishepuj nga të gjithë popujt duke i pagëzuar në emër të Atit e të Birit e të Frymës së Shenjtë,

²⁰ dhe duke i mësuar të zbatojnë të gjitha gjërat që unë ju kam urdhëruar. Dhe ja, unë jam me ju gjithë ditët, deri në mbarim të botës. Amen".

Markut

Kapitull 1

¹ Fillimi i Ungjillit të Jezu Krishtit, Birit të Perëndisë.

² Ashtu si është shkruar tek profetët: "Ja, unë po dërgoj lajmëtarin tim para fytyrës tënde, i cili do të përgatit udhën tënde përpara teje.

³ Ka një zë që bërtet në shkretëtirë: "Përgatitni udhën e Zotit, drejtoni shtigjet e tij"".

⁴ Gjoni erdhi në shkretëtirë duke pagëzuar dhe duke predikuar një pagëzim pendese për faljen e mëkateve.

⁵ Dhe gjithë vendi i Judës dhe ata nga Jeruzalemi shkonin tek ai, dhe pagëzoheshin të gjithë nga ai në lumin Jordan, duke rrëfyer mëkatet e tyre.

⁶ Por Gjoni ishte i veshur me lesh deveje, mbante një brez lëkure përreth ijëve dhe ushqehej me karkaleca dhe me mjaltë të egër.

⁷ Ai predikonte duke thënë: "Pas meje po vjen një që është më i fortë se unë. Unë nuk jam i denjë as të ulem para tij për t'i zgjidhur lidhësat e sandaleve të tij.

⁸ Unë ju pagëzova me ujë, ndërsa ai do t'ju pagëzojë me Frymën e Shenjtë".

⁹ Dhe ndodhi në ato ditë që Jezusi erdhi nga Nazareti i Galilesë dhe u pagëzua nga Gjoni në Jordan.

¹⁰ Dhe menjëherë, kur po dilte nga uji, pa se qiejtë po hapeshin dhe Fryma po zbriste mbi të si një pëllumb.

¹¹ Dhe një zë erdhi nga qielli: "Ti je Biri im i dashur në të cilin jam kënaqur.

¹² Fill pas kësaj, Fryma e Shenjtë e çoi në shkretëtirë;

¹³ dhe qëndroi në shkretëtirë dyzet ditë, i tunduar nga Satanai. Ishte bashkë me bishat dhe engjëjt i shërbenin.

¹⁴ Dhe mbasi e burgosën Gjonin, Jezusi erdhi në Galile duke predikuar ungjillin e mbretërisë së Perëndisë,

¹⁵ dhe duke thënë: "U mbush koha dhe mbretëria e Perëndisë është afër. Pendohuni dhe besoni ungjillin".

¹⁶ Ndërsa po kalonte gjatë bregut të detit të Galilesë, ai pa Simonin dhe Andrean, vëllanë e tij, të cilët po hidhnin rrjetën në det sepse ishin peshkatarë.

¹⁷ Dhe Jezusi u tha atyre: "Ndiqmëni dhe unë do t'ju bëj peshkatarë njerëzish".

¹⁸ Dhe ata i lanë menjëherë rrjetat dhe e ndoqën.

¹⁹ Mbasi eci edhe pak, pa Jakobin, bir in e Zebedeut dhe Gjonin, vëllanë e tij, të cilët ndreqnin rrjetat e tyre në barkë.

²⁰ Dhe i thirri menjëherë; dhe ata e lanë atin e tyre Zebedeun në barkë me mëditësit dhe e ndoqën.

²¹ Pastaj hynë në Kapernaum dhe menjëherë, ditën e shtunë, ai hyri në sinagogë dhe i mësonte njerëzit.

²² Dhe njerëzit habiteshin nga doktrina e tij, sepse ai i mësonte si një që ka pushtet dhe jo si skribët.

²³ Atëherë në sinagogën e tyre ishte një njeri i pushtuar nga një frymë e ndyrë, i cili filloi të bërtasë,

²⁴ duke thënë: "Ç'ka midis nesh dhe teje, o Jezus Nazareas? A erdhe të na shkatë-rrosh? Unë e di kush je: I Shenjti i Perëndisë".

²⁵ Por Jezusi e qortoi duke thënë: "Hesht dhe dil prej tij!".

²⁶ Dhe fryma e ndyrë, mbasi e sfiliti, dhe duke lëshuar një britmë të madhe doli prej tij.

²⁷ Dhe të gjithë u mahnitën aq shumë sa pyesnin njeri tjetrin duke thënë: "Vallë ç'është kjo? Cfarë doktrinë e re qënka kjo? Ky i urdhëroka me autoritet edhe frymërat e ndyra, dhe ata i binden".

²⁸ Dhe fama e tij u përhap menjëherë në mbarë krahinën përreth Galilesë.

²⁹ Sapo dolën nga sinagoga, erdhën në shtëpinë e Simonit dhe të Andreas, me Jakobin dhe Gjonin.

³⁰ Vjehrra e Simonit ishte në shtrat me ethe dhe ata menjëherë i folën për të.

³¹ Atëherë ai u afrua, e kapi për dore dhe e ngriti. Menjëherë ethet e lanë dhe ajo nisi t'u shërbejë.

³² Në mbrëmje, pas perëndimit të diellit, i prunë të gjithë të sëmurit dhe të idemonizuarit.

³³ Dhe gjithë qyteti ishte mbledhur përpara derës.

³⁴ Ai shëroi shumë, që lëngonin nga sëmundje të ndryshme, dhe dëboi shumë demonë; dhe nuk i lejoi demonët të flasin, sepse ata e njihnin.

³⁵ Pastaj, të nesërmen në mëngjes, kur ende ishte shumë errët, Jezusi u ngrit, doli dhe shkoi në një vend të vetmuar dhe atje u lut.

³⁶ Dhe Simoni dhe ata që ishin me të e kërkonin.

³⁷ Dhe, kur e gjetën, i thanë: "Të gjithë po të kerkojnë!".

³⁸ Dhe ai u tha atyre: "Lë të shkojmë në fshatrat e afërm që të predikoj edhe atje, sepse për këtë kam ardhur".

³⁹ Dhe ai e përshkoi gjithë Galilenë duke predikuar nëpër sinagogat e tyre dhe duke dëbuar demonët.

⁴⁰ Dhe erdhi tek ai një lebroz i cili, duke iu lutur, ra në gjunj dhe i tha: "Po të duash, ti mund të më pastrosh".

⁴¹ Dhe Jezusi, duke e mëshiruar, shtriu dorën, e preku dhe i tha: "Po, e dua, qofsh pastruar!".

⁴² Dhe, posa tha këto, menjëherë lebra e la dhe u shërua.

⁴³ Pastaj, mbasi e paralajmëroi rreptësisht, menjëherë e largoi,

⁴⁴ duke i thënë: "Ruhu se i tregon gjë ndokujt, por shko, paraqitu te prifti dhe ofro për pastrimin tënd sa ka urdhëruar Moisiu, si dëshmi për ta".

⁴⁵ Por ai, sapo doli, filloi ta shpallë dhe ta përhapë fort faktin, sa që Jezusi nuk mund të hynte më publikisht në qytet, por qëndronte përjashta nëpër vende të vetmuara; dhe nga çdo anë vinin tek ai.

Kapitull 2

¹ Pas disa ditësh, ai erdhi përsëri në Kapernaum dhe u muar vesh se ai gjendej në shtëpi;

² dhe menjëherë u mblodhën aq shumë njerëz, sa nuk gjeje më vend as përpara derës; dhe ai u predikonte Fjalën.

³ Atëherë i erdhën disa që i paraqitën një të paralizuar, që po e bartnin katër vetë.

⁴ Por, duke qenë se nuk mund t'i afroheshin për shkak të turmës, zbuluan çatinë në vendin ku ndodhej Jezusi dhe, mbasi hapën një vrimë, e lëshuan vigun mbi të cilin rrinte shtrirë i paralizuari.

⁵ Jezusi, kur pa besimin e tyre, i tha të paralizuarit: "O bir, mëkatet e tua të janë falur!".

⁶ Por aty po rrinin ulur disa skribë, të cilët, në zemër të vet, po mendonin:

⁷ "Pse vallë ky po flet blasfemi. Kush mund të falë mëkatet, veç Perëndisë vetë?".

⁸ Por Jezusi, i cili menjëherë kuptoi në frymën e vet se ata po i mendonin këto gjëra në veten e tyre, u tha atyre: "Pse i mendoni këto gjëra në zemrat tuaja?

⁹ Çfarë është më lehtë: t'i thuash të paralizuarit: "Mëkatet e tua të janë falur", apo t'i thuash: "Çohu, merre vigun tënd dhe ec"?

¹⁰ Dhe tani, që ta dini se Biri i njeriut ka pushtet të falë mëkatët mbi dhe,

¹¹ unë po të them (i tha të paralizuarit): Çohu, merre vigun tënd dhe shko në shtëpinë tënde!"".

¹² Dhe ai u ngrit menjëherë, mori vigun e vet dhe doli përjashta në praninë e të gjithëve dhe kështu të gjithë u habitën dhe lëvduan Perëndinë duke thënë: "Një gjë të tillë s'e kemi parë kurrë!".

¹³ Jezusi doli përsëri gjatë bregut të detit dhe gjithë turma erdhi tek ai dhe ai e mësonte.

¹⁴ Duke kaluar, pa Levin, birin e Alfeut, i cili qe ulur në vendin e tatimeve, dhe i tha: "Ndiqmë!". Ai u ngrit dhe e ndoqi.

¹⁵ Dhe ndodhi që, kur Jezusi ishte në tryezë në shtëpinë e Levit, shumë tagrambledhës dhe mëkatarë u ulën në tryezë me Jezusin dhe me dishepujt e tij; në fakt ishin shumë ata që e ndiqnin.

¹⁶ Atëherë skribët dhe farisenjtë, duke e parë se po hante me tagrambledhës dhe me mëkatarë, u thanë dishepujve të tij: "Qysh ha dhe pi ai bashkë me tagrambledhës e me mëkatarë?".

¹⁷ Dhe Jezusi, kur e dëgjoi, u tha atyre: "Nuk janë të shëndoshët që kanë nevojë për mjekun, por të sëmurët; unë nuk erdha për të thirrur të drejtët, por mëkatarët për pendim.

¹⁸ Atëherë dishepujt e Gjonit dhe ata të farisenjve po agjëronin. Ata erdhen te Jezusi dhe i thanë: "Përse dishepujt e Gjonit dhe ata të farisenjve agjërojnë, kurse dishepujt e tu nuk agjërojnë?".

¹⁹ Dhe Jezusi u përgjigj atyre: "Vallë a mund të agjërojnë dasmorët, ndërsa dhëndri është me ta? Për sa kohë kanë më vete dhëndrin, nuk mund të agjërojnë!

²⁰ Por do të vijnë ditët kur do t'u merret dhëndri dhe atëherë, në ato ditë, ata do të agjërojnë.

²¹ Askush nuk qep një copë stof të ri mbi një rrobe të vjetër, përndryshe copa e re e shkul gjithë arnesën dhe shqyerja bëhet më keq.

²² Po ashtu askush nuk shtie verë të re në kacekë të vjetër, përndryshe vera e re i prish kacekët, vera derdhet dhe kacekët shkojnë dëm; porse vera e re duhet shtënë në kacekë të rinj".

²³ Por ndodhi që një ditë të shtunë ai po kalonte nëpër ara dhe dishepujt e tij, duke kaluar, filluan të këpusin kallinj.

²⁴ Dhe farisenjtë i thanë: "Shih, përse po bëjnë atë që nuk është e ligjshme ditën e shtunë?".

²⁵ Por ai u tha atyre: "A nuk keni lexuar vallë ç'bëri Davidi, kur pati nevojë dhe kishte uri, ai dhe ç'qenë me të?".

²⁶ Se si hyri ai në shtëpinë e Perëndisë në kohën e kryepriftit Abiathar, dhe hëngri bukët e paraqitjes, të cilat nuk lejohet t'i hajë askush, përveç priftërinjve, dhe u dha edhe atyre që qenë me të?".

²⁷ Pastaj u tha atyre: "E shtuna është bërë për njeriun dhe jo njeriu për të shtunën.

²⁸ Prandaj Biri i njeriut është zot edhe i së shtunës".

Kapitull 3

¹ Pastaj ai hyri përsëri në sinagogë dhe aty ishte një njeri që kishte një dorë të tharë.

² Dhe ata po e ruanin në se do ta shëronte në ditën e së shtunës, që pastaj ta paditnin.

³ Dhe ai i tha njeriut që e kishte dorën të tharë: "Çohu në mes të të gjithëve!".

⁴ Dhe u tha atyre: "A është e lejueshme ditën e së shtunës të bësh të mirë apo të keqe, të shpëtosh një jetë apo ta vrasësh?". Por ata heshtnin.

⁵ Atëherë ai, si i shikoi rreth e qark me zemërim, i hidhëruar për ngurtësinë e zemrës së tyre, i tha atij njeriu: "Shtrije dorën tënde!". Ai e shtriu, dhe dora e tij u shëndosh përsëri si tjetra.

⁶ Dhe farisenjtë dolën jashtë e menjëherë bënin këshill bashkë me herodianët kundër tij, se si ta vrasin.

⁷ Por Jezusi me dishepujt e vet u tërhoq drejt detit; dhe një turmë e madhe nga Galilea i ndoqi; edhe nga Judea;

⁸ dhe nga Jeruzalemi, nga Idumea, nga përtej Jordanit; gjithashtu një turmë e madhe nga rrethinat Etiros dhe të Sidonit, kur dëgjoi gjërat e medha që ai bënte, erdhi tek ai.

⁹ Atëherë ai u tha dishepujve të tij të kenë gjithnjë gati një barkë, që populli mos e shtynte.

¹⁰ Sepse ai kishte shëruar shumë veta, të gjithë që kishin sëmundje dyndeshin rreth tij që ta preknin.

¹¹ Dhe frymërat e ndyrë, kur e shihnin, binin përmbys para tij dhe bërtitnin, duke thënë: "Ti je Biri i Perëndisë!".

¹² Por ai i qortoi rreptësisht që të mos thonin se kush ishte ai.

¹³ Pastaj ai u ngjit në mal dhe thirri pranë vetes ata që deshi. Dhe ata erdhën tek ai.

¹⁴ Dhe ai i caktoi dymbëdhjetë që të rrinin me të dhe që mund t'i dërgonte të predikojnë,

¹⁵ dhe të kishin pushtet të shëronin sëmundjet dhe të dëbonin demonët.

¹⁶ Ata ishin: Simoni, të cilit ia vuri emrin Pjetër;

¹⁷ Jakobi, bir i Zebedeut, dhe Gjoni, vë-llai i Jakobit, të cilave ua vuri emrin Boanerges, që do të thotë: "Bij të bubullimës";

¹⁸ Andrea, Filipi, Bartolomeu, Mateu, Thomai, Jakobi i Alfeut, Tadeu, Simon Kananeasi,

¹⁹ dhe Juda Iskarioti, i cili më pas e tradhëtoi.

²⁰ Pastaj hynë në një shtëpi. Dhe u mblodh përsëri një turmë aq e madhe, sa që as bukë s'mund të hanin.

²¹ Dhe kur të afërmit e tij e morën vesh, shkuan ta marrin atë, sepse flitej: "Nuk është në vete".

²² Kurse skribët, që kishin zbritur nga Jeruzalemi, thoshnin: "Ai e ka Beelzebubin dhe i dëbon demonët me princin e demonëve".

²³ Por ai i thirri pranë vetes dhe u foli me anë të shëmbëlltyrave: "Si mund Satanai të dëbojë Satananë?

²⁴ Në qoftë se një mbretëri është përçarë kundër vetvetes, ajo mbretëri nuk mund të qëndrojë.

²⁵ Dhe në qoftë se një shtëpi përçahet kundër vetvetes, ajo shtëpi nuk mund të qëndrojë.

²⁶ Kështu, në se Satanai ngrihet kundër vetvetes dhe është përçarë, nuk mbahet dot, por i erdhi fundi!

²⁷ Askush nuk mund mund të hyjë në shtëpinë e njeriut të fortë dhe t'ia grabitë pasuritë e tij, pa e lidhur më parë njeriun e fortë; vetëm atëherë mund t'ia plaçkitë shtëpinë.

²⁸ Në të vërtetë po ju them se bijve të njerëzve do t'u falet çfarëdo mëkat dhe çdo blasfemi që do të thonë;

²⁹ po për atë që do të blasfemojë kundër Frymës së Shenjtë nuk do të ketë falje përjetë; ai është fajtor për dënim të përjetshëm".

³⁰ Sepse ata thoshnin: "Ai ka një frymë të ndyrë!".

³¹ Ndërkaq erdhën vëllezërit e tij dhe e ëma, dhe, si ndaluan përjashta, dërguan ta thërrasin.

³² Turma ishte ulur përreth tij; dhe i thanë: "Ja, nëna jote dhe vëllezërit e tu janë përjashta dhe po të kërkojnë".

³³ Por ai u përgjigj atyre duke thënë: "Kush është nëna ime, ose vëllezërit e mi?".

³⁴ Pastaj duke vështruar rreth e qark mbi ata që ishin ulur rreth tij, tha: "Ja nëna ime dhe vëllezërit e mi!

³⁵ Sepse kushdo që bën vullnetin e Perëndisë, ai është vëllai im, motra ime dhe nëna!".

Kapitull 4

¹ Pastaj nisi përsëri të mësojë në breg të detit; dhe rreth tij u mblodh një turmë aq e madhe, sa që ai hyri në barkë dhe rrinte ulur në det, ndërsa gjithë turma ishte në tokë pranë detit.

² Dhe ai u mësonte atyre shumë gjëra në shëmbëlltyra, dhe u thoshte atyre në mësimin e tij:

³ "Dëgjoni! Ja, doli mbjellësi të mbjellë.

⁴ Dhe ndodhi që kur hidhte farën, një pjesë e farës ra gjatë rrugës dhe zogjtë e qiellit erdhën dhe e hëngrën.

⁵ Një pjesë tjetër ra në gurishte, ku nuk kishte shumë dhe dhe mbiu menjëherë, sepse s'kishte një tokë të thellë.

⁶ Por, kur doli dielli, u dogj; dhe me që nuk kishte rrënjë, u tha.

⁷ Një pjesë tjetër ra midis ferrave; ferrat u rritën, e mbyten dhe nuk dha fryt.

⁸ Një pjesë tjetër ra në tokë të mirë, dhe solli frut që rritej, dhe u zhvillua për të dhënë njëra tridhjetë, tjetra gjashtëdhjetë dhe tjetra njëqind".

⁹ Pastaj ai u tha atyre: "Kush ka veshë për të dëgjuar, le të dëgjojë!".

¹⁰ Tani kur ishte vetëm, ata që i rrinin përreth bashkë me të dymbëdhjetët e pyetën për shëmbëlltyrën.

¹¹ Dhe ai u tha atyre: "Juve u është dhënë të njihni misterin e mbretërisë së Perëndisë; kurse atyre që janë përjashta të gjitha këto jepen me shëmbëlltyra,

¹² që: "Duke parë, të shohin, por të mos vën re; edhe duke dëgjuar, të dëgjojnë, por të mos kuptojnë, se mos pendohen dhe mëkatet u falen"".

¹³ Pastaj u tha atyre: "Nuk e kuptoni këtë shëmbëlltyrë? Po atëhere si do t'i kuptoni të gjitha shëmbëlltyrat e tjera?

¹⁴ Mbjellësi mbjell fjalën.

¹⁵ Ata gjatë rrugës janë ata në të cilët mbillet fjala; por pasi e kanë dëgjuar atë, vjen menjëherë Satanai dhe ua heq fjalën e mbjellë në zemrat e tyre.

¹⁶ Po ashtu ata që e marrin farën mbi një gurishte janë ata që, kur e kanë dëgjuar fjalën, e pranojnë menjëherë me gëzim;

¹⁷ por nuk kanë rrënjë në vetvete, dhe janë të përkohshëm; dhe kur vjen mundimi ose përndjekja për shkak të fjalës, skandalizohen menjëherë.

¹⁸ Ata përkundrazi të cilët e marrin farën midis ferrave, janë ata që e dëgjojnë fjalën,

¹⁹ por shqetësimet e kësaj bote, mashtrimet e pasurisë dhe lakmitë për gjëra të tjera që hynë, e mbyten fjalën dhe ajo bëhet e pafrytshme.

²⁰ Kurse ata që e morën farën në tokë të mirë, janë ata që e dëgjojnë fjalën, e pranojnë dhe japin fryt: një tridhjetë, tjetri gjashtëdhjetë dhe tjetri njëqind".

²¹ Pastaj u tha atyre: "A merret vallë llamba për ta vënë nën babunë ose nën shtrat? A nuk vihet mbi dritëmbajtësen?

²² Sepse nuk ka asgjë të fshehtë që të mos zbulohet, as kurrgjë sekrete që të mos dalin në dritë.

²³ Kush ka veshë për të dëgjuar, le të dëgjojë!"

²⁴ Dhe u tha atyre: "Vini re atë që dëgjoni. Me atë masë që ju matni, do t'iu matet juve; edhe juve që dëgjoni do t'iu jepet edhe më.

²⁵ Sepse atij që ka, do t'i jepet, por atij që s'ka, do t'i merret edhe ajo që ka.

²⁶ Tha akoma: "Mbretëria e Perëndisë është si një njeri që hedh farën në dhe.

²⁷ Dhe natën dhe ditën, ndërsa ai fle dhe çohet, fara mbin dhe rritet, pa e ditur ai se si.

²⁸ Sepse dheu prodhon vetvetiu më parë kërcellin, pastaj kallirin, dhe më në fund kalliri plot me kokrra.

²⁹ Dhe kur fryti piqet, menjëherë korrësi i vë drapërin, sepse erdhi koha e korrjes.

³⁰ Edhe tha: Me se ta krahasojmë mbretërinë e Perëndisë? Ose me çfarë shëmbëlltyre ta paraqesim?

³¹ Ajo i ngjan farës së sinapit, që, kur është mbjellë në dhe, është më e vogla nga të gjitha farërat që janë mbi dhe;

³² por, pasi mbillet, rritet dhe bëhet më e madhe se të gjitha barishtet; dhe lëshon degë aq të mëdha, sa zogjtë e qiellit mund të gjejnë strehë nën hijen e saj".

³³ Dhe me shumë shëmbëlltyra të tilla, u shpallte atyre fjalën, ashtu si ata ishin në gjendje ta kuptojnë.

³⁴ Dhe nuk u fliste atyre pa shëmbëlltyra, ndërsa dishepujve të tij, veçmas, u shpjegonte çdo gjë.

³⁵ Tani po atë ditë, si u ngrys, u tha atyre: "Kalojmë te bregu matanë!

³⁶ Dhe dishepujt, si e nisën popullin, e morrën me vete Jezusin, ashtu si ishte, në barkë. Me të ishin edhe disa barka të tjera të vogla.

³⁷ Ndërkaq shpërtheu një furtunë e madhe dhe valët përplaseshin mbi barkë aq shumë sa ajo po mbushej.

³⁸ Ai ndërkaq po flinte në kiç mbi një jastëk. Ata e zgjuan dhe i thanë: "Mësues, a nuk merakoseshë që ne po marrim fund?".

³⁹ Dhe ai si u zgjua, e qortoi erën dhe i foli detit: "Pusho dhe fashitu!". Dhe era pushoi dhe u bë qetësi e madhe.

⁴⁰ Atëherë u tha atyre: "Pse jeni ju aq frikacakë? Vallë, si nuk keni besim?".

⁴¹ Dhe ata i zuri një frikë e madhe dhe i thoshnin njëritjetrit: "Vallë, kush është ky, që po i binden edhe era edhe deti?".

Kapitull 5

¹ Kështu arritën në bregun tjetër të detit, në krahinën e Gadarenasve.

² Dhe, sapo Jezusi zbriti nga barka, menjëherë i doli përpara nga varrezat një njeri i pushtuar nga një frymë e ndyrë,

³ i cili banonte në varreza dhe kurrkush s'kishte mundur ta lidhë, qoftë edhe me zinxhirë.

⁴ Shpesh herë, pra, e kishin lidhur me pranga e zinxhirë; por ai gjithnjë i thyente zinxhirët dhe i këpuste prangat; dhe kurrkush nuk e kishte bërë dot zap.

⁵ Vazhdimisht, natën dhe ditën, nëpër varre e mbi male, shkonte duke bërtitur dhe duke e rrahur veten me gurë.

⁶ Tani kur e pa Jezusin prej së largu, ai u turr dhe ra përmbys përpara tij,

⁷ dhe me një britmë të madhe tha: "Ç'ka ndërmjet mes nesh dhe teje, o Jezus, Bir i Perëndisë të shumë të lartit? Unë të përgjërohem në emrin e Perëndisë, mos më mundo!;".

⁸ Sepse ai i kishte thënë: "Frymë e ndyrë, dil prej këtij njeriu!".

⁹ Atëhere Jezusi e pyeti: "Cili është emri yt?". Dhe ai u përgjigj duke thënë: "Unë quhëm Legjion, sepse jemi shumë".

¹⁰ Dhe i lutej me të madhe që ai të mos i përzinte nga ajo krahinë.

¹¹ Tani aty ishte, në brinjë të malit, një tufë e madhe derrash që kulloste.

¹² Atëherë gjithë demonët e lutën duke thënë: "Na dërgo në derrat, që të hymë në ta".

¹³ Dhe Jezusi menjëherë u lejoi atyre; atëherë frymërat e ndyra mbasi dolën, hynë në derrat dhe tufa u hodh poshtë nga gremina në det; ishin afërsisht dymijë krerë, dhe u mbytën në det.

¹⁴ Atëherë ata që i kullotnin derrat ikën dhe e përhapën lajmin në qytet e nëpër fshatra; dhe njerëzit erdhën për të parë çfarë kishte ndodhur.

¹⁵ Kur erdhën te Jezusi, panë të idemonizuarin ulur, të veshur dhe me mendje në rregull, atë që ishte idemonizuar nga Legjoni, dhe kishin frikë.

¹⁶ Dhe ata që e kishin parë ngjarjen u treguan atyre se çfarë i kishte ngjarë të idemonizuarit dhe çështjen e derrave.

¹⁷ Atëherë ata filluan t'i luten Jezusit që të largohej nga krahina e tyre.

¹⁸ Kur ai po hynte në barkë, ai që kishte qenë i idemonizuar i lutej që të mund të rrinte me të;

¹⁹ por Jezusi nuk e lejoi, madje i tha: "Shko në shtëpinë tënde, te të tut dhe u trego atyre çfarë gjërash të medha bëri Zoti dhe si pati mëshirë për ty".

²⁰ Dhe ai shkoi dhe nisi të predikojë nëpër Dekapolis për të gjitha ato që i kishte bërë Jezusi; të gjithë u mrrekulluan.

²¹ Dhe kur Jezusi kaloj përsëri në bregun tjetër me barkë, një turmë e madhe u mblodh rreth tij; dhe ai qëndroj në breg të detit.

²² Atëherë erdhi një nga krerët e sinagogës, me emër Jair, që, kur e pa, i ra ndër këmbë,

²³ dhe ju lut me të madhe duke thënë: "Ime bijë është duke dhënë shpirt; eja, vëri duart mbi të që të shërohet dhe të jetojë!".

²⁴ Dhe ai shkoi me të. Një turmë e madhe e ndiqte dhe shtyhej rreth tij.

²⁵ Tani një grua që kishte një fluks gjaku që prej dymbëdhjetë vjetësh

²⁶ dhe kishte vuajtur shumë nga ana e mjekëve të ndryshëm duke shpenzuar gjithë pasurinë e vet pa kurrfarë dobie, madje duke u bërë më keq,

²⁷ kur dëgjoi të flitej për Jezusin, u fut në turmë dhe pas shpinës preku rrobën e Jezusit,

²⁸ sepse thoshte: "Nëse vetëm ia prek roben e tij, do të shërohem".

²⁹ Dhe menjëherë rrjedha e gjakut iu ndal dhe ajo ndjeu në trupin e vet se u shërua nga ajo sëmundje.

³⁰ Por menjëherë Jezusi, duke e ndjerë në vete që një fuqi kishte dalë prej tij, u kthye midis turmës, tha: "Kush m'i preku rrobat?"

³¹ Dhe dishepujt e vet i thanë: "A nuk po e sheh që turma po të shtyhet nga të gjitha anët dhe ti thua: "Kush më preku?".

³² Por ai vështronte rreth e qark për të parë atë që bëri këtë.

³³ Atëhere gruaja, plot frikë e duke u dridhur, duke ditur se ç'i kishte ndodhur, erdhi dhe i ra ndër këmbë dhe i tha gjithë të vërtetën.

³⁴ Dhe ai i tha: "Bijë, besimi yt të shëroi; shko në paqe dhe ji e shëruar nga sëmundja jote!".

³⁵ Ndërsa Jezusi ende po fliste, erdhën disa nga shtëpia e kryetarit të sinagogës duke thënë: "Jote bijë ka vdekur; pse e bezdis akoma Mësuesin?".

³⁶ Por Jezusi, sapo dëgjoi ç'u tha, i tha kryetarit të sinagogës: "Mos ki frikë, vetëm ki besim!".

³⁷ Dhe nuk lejoi që ta ndiqte kurrkush tjetër, përveç Pjetrit, Jakobit, dhe Gjonit, vëllait të Jakobit.

³⁸ Dhe mbasi arriti në shtëpinë e kryetarit të sinagogës, pa një rrëmujë të madhe dhe njerëz që qanin dhe ulërinin me të madhe.

³⁹ Hyri dhe u tha atyre: "Pse bërtitni e qani? Vajza nuk ka vdekur, por fle".

⁴⁰ Dhe ata e përqeshën, por ai, mbasi i nxori jashtë të gjithë, mori me vete atin dhe nënën e vajzës dhe ata që qenë me atë, dhe hyri atje ku dergjej vajza.

⁴¹ E mori, pra, për dore vajzën dhe i tha: "Talitha kumi", që e përkthyer do të thotë: "Vajzë, ty po të them: Çohu!".

⁴² Dhe menjëherë vajza u ngrit dhe filloi të ecë. Ajo ishte në fakt dymbëdhjetë vjeçe. Dhe ata u habitën me habi të madhe.

⁴³ Por ai urdhëroi rreptësisht që askush të mos e marrë vesh; pastaj urdhëroi që t'i japin vajzës të hajë.

Kapitull 6

¹ Pastaj doli prej andej dhe erdhi në vendlindjen e tij, dhe dishepujt e vet e ndiqnin.

² Dhe kur erdhi e shtuna, filloi t'i mësojë në sinagogë. Dhe shumë, kur e dëgjonin, habiteshin dhe thoshnin: "Nga i vijnë këtij këto? Vallë ç'dituri është kjo që i është dhënë? Dhe si kryhen këto vepra të mëdha nëpërmjet dorës së tij?

³ A s'është ky zdrukthëtar i biri Marisë, vëllai i Jakobit, i Joses, i Judës dhe i Simonit? Dhe nuk janë këtu midis nesh motrat e tij?". Dhe skandalizoheshin për shkak të tij.

⁴ Por Jezusi u tha atyre: "Asnjë profet s'është i përbuzur përveç në vendlindjen e tij, në farefisin e vet dhe në shtëpinë e vet".

⁵ Dhe nuk mundi të kryejë aty asnjë vepër të pushtetshme, përveçse shëroi disa të lëngatë, duke vënë mbi ta duart.

⁶ Dhe çuditej për mosbesimin e tyre; dhe dilte nëpër fshatra përreth e i mësonte.

⁷ Pastaj ai i thirri te vetja të dymbëdhjetët dhe filloi t'i dërgojë dy nga dy; dhe u dha pushtet mbi frymët e ndyra.

⁸ Dhe i urdhëroi të mos marrin asgjë tjetër udhës, përveç një shkop vetëm: as trasta, as bukë, as denar në brez;

⁹ dhe të mbathin vetëm sandalet e të mos veshin dy palë tunika.

¹⁰ U tha akoma: "Kudo që të hyni në një shtëpi, rrini aty derisa të largoheni nga ai vend.

¹¹ Në qoftë se disa nuk ju presin dhe nuk ju dëgjojnë, kur të largoheni që andej, shkundni pluhurin nga këmbët tuaja si dëshmi kundër tyre. Në të vërtetë ju them se ditën e gjyqit Sodoma dhe Gomorra do të trajtohen me më shumë tolerancë se sa ai qytet".

¹² Kështu ata shkuan dhe u predikonin njerëzve që të pendoheshin;

¹³ dhe dëbonin shumë demonë dhe vajosnin me vaj shumë të lëngatë dhe i shëronin.

¹⁴ Tani mbreti Herod dëgjoi të flitej për Jezusin, sepse emri i tij ishte bërë i njohur, dhe ai tha: "Ky Gjoni që pagëzonte u ngjall së vdekuri; prandaj në të po veprojnë pushtete çudibërëse".

¹⁵ Disa të tjerë thonin: "Është Elia"; dhe disa të tjerë: "Është një profet, ose si një nga profetët".

¹⁶ Por kur i dëgjoi Herodi të gjitha këto, tha: "Ky Gjoni, të cilit ia pata prerë kokën, u ngjall së vdekuri!".

¹⁷ Në fakt Herodi vet kishte dhënë urdhër të arrestohej Gjoni dhe të mbahej i lidhur në burg për shkak të Herodiadës, gruas së Filipit, vëllait të tij, sepse e kishte marrë për grua.

¹⁸ Gjoni, pra, i thoshte Herodit: "Nuk është e lejueshme të kesh gruan e vëllait tënd".

¹⁹ Dhe Herodiada e urrente dhe dëshironte ta vriste, por nuk mundte.

²⁰ Herodi, pra, i druhej Gjonit, të cilin e dinte si njeri të drejtë dhe të shenjtë, dhe e mbronte; dhe, mbasi e dëgjonte, kryente shumë gjëra

Markut

dhe e dëgjonte me dëshirë.

²¹ Por erdhi dita e volitshme dhe Herodi, për ditëlindjen e vet, shtroi një gosti për të mëdhenjtë e tij, për komandantët dhe për parinë e Galilesë.

²² Hyri vetë e bija e Herodiadës, kërceu dhe i pëlqeu Herodit e atyre që ishin bashkë me të në tryezë, atëherë mbreti i tha vajzës: "Më kërko ç'të duash dhe unë do të ta jap".

²³ Dhe iu betua: "Gjithçka që të më kërkosh, do të ta jap, deri gjysmën e mbretërisë sime!".

²⁴ Ajo doli dhe i tha s'ëmës: "Çfarë duhet t'i kërkoj?" Ajo u përgjigj: "Kokën e Gjon Pagëzorit!".

²⁵ Ajo u kthye menjëherë te mbreti dhe i kërkoi me nxitim: "Unë dëshiroj që ti të më japësh menjëherë, mbi një pjatë, kokën e Gjon Pagëzorit".

²⁶ Dhe mbreti, megjithëse u trishtua shumë nga kjo, nuk deshi të refuzojë për shkak të betimit dhe për respekt të të ftuarve.

²⁷ Kështu mbreti dërgoi menjëherë një roje me urdhër që ti sillnin kokën e Gjonit.

²⁸ Dhe ky shkoi, ia preu kokën në burg, dhe e solli kokën e tij mbi një pjatë, ia dha vajzës dhe vajza ia dha s'ëmës.

²⁹ Kur dishepujt e Gjonit i dëgjuan këto, erdhën, morën trupin e tij dhe e vunë në varr.

³⁰ Tani apostujt u mblodhën tek Jezusi dhe i treguan të gjitha ato që kishin bërë dhe i kishin mësuar.

³¹ Dhe ai u tha atyre: "Ejani veçmas në një vend të vetmuar dhe pushoni pak". Sepse njerëzit që vinin dhe shkonin ishin aq shumë, sa s'u dilte koha as për të ngrënë.

³² U nisën, pra, me një barkë drejt një vend të vetmuar e të mënjanuar.

³³ Porsa turma i pa që u nisën, dhe shumë veta e njohën; dhe nga të gjitha qytetet erdhën aty me këmbë dhe mbërritën përpara tyre; dhe u mblodhën rreth tij.

³⁴ Kur Jezusi doli nga barka, pa një turmë të madhe dhe iu dhimbs, sepse ishin si delet pa bari; dhe nisi t'u mësojë shumë gjëra.

³⁵ Duke qenë se u bë vonë, dishepujt e tij iu afruan dhe i thanë: "Ky vend është i shkretë, dhe tashmë është vonë.

³⁶ Lejoi këta njerëz që të shkojnë në fushat dhe në fshatrat rreth e qark që të blejnë bukë, se s'kanë gjë për të ngrënë".

³⁷ Por ai, duke iu përgjigjur, u tha atyre: "U jepni ju të hanë!" Ata i thanë: "A duhet të shkojmë ne të blejmë për dyqind denarë bukë dhe t'u japim të hanë?".

³⁸ Dhe ai u tha atyre: "Sa bukë keni? Shkoni e shikoni". Ata, mbasi shikuan, thanë: "Pesë bukë e dy peshq".

³⁹ Atëherë ai i urdhëroi ata që t'i rregullojnë të gjithë, ulur në grupe, mbi barin e njomë.

⁴⁰ Kështu ata u ulën në grupe nga njëqind e nga pesëdhjetë.

⁴¹ Pastaj ai mori pesë bukët dhe dy peshqit, i ngriti sytë nga qielli, i bekoi; i theu bukët dhe ua dha dishepujve të vet, që t'ua shpërndanin atyre; ua ndau gjithashtu dy peshqit të gjithëve.

⁴² Të gjithë hëngrën sa u ngopën.

⁴³ Dhe mblodhën dymbëdhjetë shporta me copa buke dhe me mbetje peshku.

⁴⁴ Ata që hëngrën nga ato bukë ishin pesë mijë burra.

⁴⁵ Menjëherë Jezusi i detyroi dishepujt e vet të hyjnë në barkë dhe t'i prijnë në bregun tjetër drejt Betsaidas, derisa ai ta lejonte turmën.

⁴⁶ Sapo e lejoi, ai iu ngjit malit për t'u lutur.

⁴⁷ U ngrys, barka ishte në mes të detit dhe ai ishte i vetëm fare në tokë.

⁴⁸ Dhe kur i pa dishepujt që po mundoheshin duke vozitur, sepse era ishte kundër tyre, aty nga roja e katërt e natës, ai u nis drejt tyre duke ecur përmbi det dhe donte t'i kalonte.

⁴⁹ Por ata, kur e panë që po ecte mbi det, menduan se ishte një fantazmë dhe filluan të bërtasin.

⁵⁰ sepse e kishin parë të gjithë dhe ishin trembur; por ai menjëherë filloi të flasë me ta dhe tha: "Merrni zemër, jam unë, mos kini frikë!"

⁵¹ Pastaj hipi në barkë me ta dhe era pushoi; dhe ata mbetën jashtëzakonisht të habitur në veten e tyre dhe u mrekulluan,

⁵² sepse nuk e kishin kuptuar ndodhinë e bukëve, sepse zemra e tyre ishte ngurtësuar.

⁵³ Mbasi kaluan, arritën në krahinën e Gjenasaretit dhe aty e lidhën barkën.

⁵⁴ Dhe kur dolën nga barka, njerëzit e njohën menjëherë

⁵⁵ dhe, duke përshkuar me vrap mbarë krahinën përreth, filluan të sjellin të sëmurë në vigje, kudo që dëgjonin se gjendej;

⁵⁶ dhe kudo ku ai vinte, në fshatra, në qytete a në lagje, njerëzit i vendosnin të lënguarit në sheshe dhe lutnin që të paktën të mund të preknin cepin e rrobes së tij; dhe të gjithë ata që e preknin, shëroheshin.

Kapitull 7

¹ Atëherë rreth tij u mblodhën farisenjtë dhe disa skribë që kishin ardhur nga Jeruzalemi.

² Ata vunë re se disa nga dishepujt e tij po hanin bukë me duar të papastra, domethënë të palara, dhe i paditën.

³ Në fakt farisenjtë dhe të gjithë Judenjtë nuk hanë pa i larë më parë me shumë kujdes duart, duke iu përmbajtur traditës së pleqve;

⁴ dhe, kur kthehen nga tregu, nuk hanë pa u pastruar më parë. Ka shumë gjëra të tjera që ata duhet të respektojnë për shkak të traditës: larjen e kupave, të brokave, të enëve prej bakri dhe të shtretërve.

⁵ Pastaj farisenjtë dhe skribët e pyetën: "Përse dishepujt e tu nuk sillen sipas traditës së pleqve, por hanë bukë pa i larë duart?".

⁶ Por ai duke u përgjigjur u tha atyre: "Mirë profetizoi Isaia për ju, hipokritë, siç është shkruar: "Ky popull me buzë më nderon, por zemra e tyre rri larg meje.

⁷ Por kot më bëjnë një kult, duke mësuar doktrina, të cilat janë porosi nga njerëzit".

⁸ Duke lënë pas dore, pra, urdhërimin e Perëndisë, ju i përmbaheni traditës së njerëzve: larje brokash dhe kupash; dhe bëni shumë gjëra të tjera të ngjashme".

⁹ U tha atyre akoma: "Ju jeni të shkathët për të anuluar urdhërimin e Perëndisë, për të zbatuar traditën tuaj;

¹⁰ E në fakt Moisiu tha: "Ndero atin tënd dhe nënën tënde", dhe: "Ai që mallkon atin ose nënën, të dënohet me vdekje".

¹¹ Por ju thoni: "Në qoftë se dikush i thotë atit të vet ose nënës së vet: Gjithçka që mund të bëjë për ty është kurban, domethënë një ofertë Perëndisë",

¹² nuk e lejoni atë të bëjë asgjë për atin e vet ose për nënën e vet,

¹³ duke e anuluar kështu fjalën e Perëndisë me traditën tuaj, që ju e keni trashëguar. Dhe ju po bëni shumë gjëra të tjera të ngjashme".

¹⁴ Pastaj thirri gjithë turmën rreth vetes dhe i tha: "Më dëgjoni të gjithë dhe kuptoni:

¹⁵ Nuk ka asgjë jashtë njeriut që, duke hyrë në të, mund ta ndotë atë; përkundrazi janë ato gjëra që dalin prej tij që e ndotin.

¹⁶ Kush ka veshë për të dëgjuar, le të dëgjojë!

¹⁷ Më pas, kur ai u kthye në shtëpi, larg turmës, dishepujt e vet e pyetën për kuptimin e shëmbëlltyrës.

¹⁸ Dhe ai u tha atyre: "Edhe ju qënkeni kaq të pamend? A nuk e kuptoni se çdo gjë që nga jashtë hyn te njeriu nuk mund ta ndotë,

¹⁹ sepse nuk i hyn në zemër, por në bark, dhe pastaj jashtëqitet në gjiriz?". Duke folur kështu, ai i deklaroi të pastra të gjitha ushqimet.

²⁰ Tha akoma: "Ajo që del nga njeriu, e bën atë të ndotur.

²¹ Sepse nga brenda, domethënë nga zemra e njeriut, dalin mendimet e mbrapshta, shkeljet e kurorës, kurvërimi, vrasjet,

²² vjedhjet, lakmitë, ligësitë, mashtrimet, pafytyrësia, smira, blasfemia, kryelartësia, budallallëku.

²³ Të gjitha këto të mbrapshta dalin nga brenda dhe e ndotin njeriut".

²⁴ Pastaj u nis që andej dhe shkoi në krahinën e Tiros dhe të Sidonit; hyri në një shtëpi dhe donte që askush të mos e dinte, por nuk mundi të qëndrojë i fshehur.

²⁵ Në fakt një grua, vajza e së cilës kishte një frymë e ndyrë, duke dëgjuar për Jezusin, erdhi dhe u hodh para këmbëve të tij.

²⁶ Tani ajo grua ishte greke, me prejardhje sirofenikase; dhe iu lut që ta dëbonte demonin nga e bija.

²⁷ por Jezusi i tha: "Lëri më parë fëmijët të ngopen, sepse nuk është mirë të merret buka e fëmijëve e t'u hidhet këlyshëve të qenve".

²⁸ Por ajo u përgjigj dhe i tha: "Mirë po flet, o Zot, por edhe këlyshët nën tryezë hanë thërimet e fëmijëve!"

²⁹ Atëherë ai i tha: "Për këtë fjalën tënde, shko; demoni doli nga vajza jote!".

³⁰ Dhe ajo, kur u kthye në shtëpinë e vet, e gjeti të bijën në shtrat, dhe demoni i kishte dalë.

³¹ Mbasi u nis përsëri nga krahina e Tiros dhe e Sidonit, Jezusi arriti te deti i Galilesë, në mes të krahinës së Dekapolit.

³² Dhe i paraqitën një të shurdhët që mezi fliste, dhe iu lutën t'i vërë duart mbi të.

³³ Si e mori veçmas, larg turmës, ia shtiu gishtrinjtë në vesh dhe mbasi e pështyu ia preku gjuhën.

³⁴ Pastaj i drejtoi sytë nga qielli, psherëtiu dhe i tha: "Effatha", që do të thotë: "Hapu!"

³⁵ Dhe menjëherë iu hapën veshët, iu zgjidh nyja e gjuhës dhe foli rrjedhshëm.

³⁶ Dhe Jezusi i urdhëroi ata që të mos i tregojnë askujt; por sa më tepër ua ndalonte, aq më tepër ata e përhapnin.

³⁷ Dhe, të habitur shumë, thonin: "Ai çdo gjë e ka bërë mirë: ai i bën që të shurdhët të dëgjojnë dhe memecët të flasin!".

Kapitull 8

1 Në ato ditë, duke qenë se u mblodh një turmë shumë e madhe dhe s'kishin ç't'ë hanin, Jezusi i thirri dishepujt e vet dhe u tha atyre:

2 "Kam mëshirë për këtë turmë, sepse u bënë tri ditë që po rri me mua, dhe nuk ka ç't'ë hajë.

3 Dhe po t'i nis të pa ngrënë në shtëpitë e tyre, do të mbeten udhës; disa prej tyre kanë ardhur që nga larg".

4 Dhe dishepujt e tij iu përgjigjën: "Si do të mund t'i ngopte me bukë këta dikush, këtu në shkretëtirë?".

5 Dhe ai i pyeti: "Sa bukë keni?". Ata i thanë: "Shtatë".

6 Atëherë ai e urdhëroi turmën të ulet për tokë; dhe mori të shtatë bukët, falënderoi, i theu dhe ua dha dishepujve të vet që t'ia shpërndajnë turmës; dhe ata ia shpërndanë.

7 Kishin edhe disa peshq të vegjël; mbasi i bekoi, urdhëroi që edhe ata t'i shpërndahen turmës.

8 Kështu ata hëngrën dhe u ngopën; dhe dishepujt çuan shtatë kosha me copat që tepruan.

9 Ata që hëngrën ishin rreth katër mijë veta; pastaj i lejoi.

10 Dhe menjëherë hypi në barkë me dishepujt e vet dhe shkoi në rrethinën e Dalmanutës.

11 Atëherë erdhen farisenjtë dhe nisën të diskutojnë me të, duke i kërkuar një shenjë nga qielli për ta vënë në provë.

12 Por ai, duke psherëtirë në frymë, tha: "Përse ky brez kërkon një shenjë? Në të vërtetë po ju them se këtij brezi nuk do t'i jepet asnjë shenjë".

13 Atëherë i la, hipi përsëri në barkë dhe kaloi në bregun tjetër.

14 Tani dishepujt kishin harruar të marrin bukë me vete, dhe në barkë s'kishin asgjë përveç një buke.

15 Dhe Jezusi i qortoi duke thënë: "Kini kujdes, ruhuni nga majaja e farisenjve dhe nga majaja e Herodit!".

16 Por ata diskutonin midis tyre duke thënë: "Nuk kemi bukë".

17 Jezusi e vuri re dhe u tha: "Përse dis-kutoni që s'keni bukë? Ende nuk po e kuptoni e nuk e merrni vesh? Ende e keni zemrën të ngurtë?

18 Keni sy dhe nuk shihni, keni veshë dhe nuk dëgjoni? Dhe nuk po mbani mend?

19 Kur ndava të pesë bukët për të pesë mijtë, sa kosha plot me copa mblodhët?". Ata thanë: "Dymbëdhjetë".

20 "Po kur theva të shtatë bukët për të katër mijtët, sa shporta plot me bukë mblodhët?". Dhe ata thanë: "Shtatë".

21 Dhe ai u tha atyre: "Po si, ende nuk po kuptoni?".

22 Pastaj arriti në Betsaida; dhe i prunë një të verbër e iu lutën ta prekte.

23 Atëherë e mori për dore të verbërin, e nxori jashtë fshatit dhe, pasi i pështyu në sy dhe vuri duart mbi të, e pyeti nëse shihte gjë.

24 Dhe ai, duke hapur sytë, tha: "Po shoh njerëz si pemë që ecin".

25 Atëherë Jezusi i vuri përsëri duart mbi sytë dhe e bëri të shikojë lart; dhe atij iu kthye të parit dhe shikonte qartë gjithçka.

26 Dhe Jezusi e nisi të shkojë në shtëpinë e tij duke i thënë: "Mos hyr në fshat dhe mos ia trego askujt në fshat".

27 Pastaj Jezusi shkoi bashkë me dishepujt e vet ndër fshatrat e Cesaresë së Filipit; dhe gjatë rrugës i pyeti dishepujt e vet duke u thënë atyre: "Kush thonë njerëzit se jam unë?".

28 Ata u përgjigjën: "Disa Gjon Pagëzori, të tjerë Elia, dhe të tjerë një nga profetët".

29 Dhe ai u tha atyre: "Po ju, kush thoni se jam?". Dhe Pjetri, duke iu përgjigjur i tha: "Ti je Krishti".

30 Atëherë ai i urdhëroi rreptësisht që të mos i tregojnë askujt për të.

31 Pastaj nisi t'u mësojë atyre se Birit të njeriut i duhet të vuajë shumë gjëra, do të hidhet poshtë nga pleqtë, nga krerët e priftërinjve dhe nga skribët; se do të vritet dhe pas tri ditësh do të ringjallet.

32 Dhe ai i tha këto gjëra haptas. Atëherë Pjetri e mori mënjanë dhe filloi ta qortoja.

33 Por ai u kthye, shikoi dishepujt e vet dhe e qortoi Pjetrin, duke thënë: "Largohu nga unë, Satana, se ti nuk ke shqisën për gjërat e Perëndisë, por për gjërat e njerëzve!".

34 Pastaj e thirri pranë vetes turmën me dishepujt e vet dhe iu tha: "Kushdo që don të vijë pas meje, të mohojë vetveten, të marrë kryqin e vet dhe të më ndjekë,

35 sepse ai që don të shpëtojë jetën e vet, do ta humbasë; por ai që do të humbasë jetën e vet për hirin tim e për ungjillin, do të shpëtojë.

36 Ç'dobi do të ketë njeriu të fitojë gjithë botën, nëse më pas do të humbë shpirtin e vet?

37 Ose çfarë mund të japë njeriu në shkëmbim të shpirtit të vet?

38 Sepse kujtdo që do t'i vijë turp për mua dhe për fjalët e mia në mes të këtij brezi kurorëshkelës dhe mëkatar, për atë do t'i vijë turp edhe Birit të njeriut, kur të arrijë në lavdinë e Atit të vet, me engjëjt e shenjtë".

Kapitull 9

1 Pastaj u tha atyre: "Në të vërtetë ju them se midis jush që jeni këtu ka disa që nuk do ta shijojnë vdekjen para se të shohin të vijë me fuqi mbretëria e Perëndisë".

2 Mbas gjashtë ditësh Jezusi mori me vete Pjetrin, Jakobin e Gjonin dhe i çoi në vetmi, vetëm ata, mbi një mal të lartë; dhe u shpërfytyrua përpara tyre.

3 Dhe rrobat e tij u bënë të shndritshme dhe krejt të bardha, si bora, më të bardha nga sa nuk mund t'i zbardhojë asnjë rrobalarës mbi tokë.

4 Dhe atyre iu shfaqën Elia me Moisiun, që po bisedonin me Jezusin.

5 Atëherë Pjetri e mori fjalën dhe i tha Jezusit: "Mësues, për ne është mirë të jemi këtu; bëjmë, pra, tri çadra: një për ty, një për Moisiun dhe një për Elian!".

6 Në fakt ai nuk dinte çfarë thoshte, sepse ata ishin të trembur.

7 Pastaj erdhi një re dhe i mbuloi me hijen e vet; dhe nga reja doli një zë që tha: "Ky është Biri im i dashur; dëgjojeni!".

8 Dhe menjëherë ata shikuan rreth e qark, por nuk panë më asnjëri, përveçse Jezusi fill i vetëm me ta.

9 Tani kur po zbrisnin nga mali, Jezusi i urdhëroi të mos i tregojnë askujt gjërat që kishin parë, derisa i Biri njeriut të ringjallej prej së vdekuri.

10 Ata e mbajtën porosinë dhe diskutonin mes tyre se ç'do të thoshte të ringjallesh prej së vdekuri.

11 Pastaj e pyetën duke thënë: "Përse skribët thonë se më parë duhet të vijë Elia?".

12 Dhe ai, duke u përgjigjur, u tha atyre: "Elia me të vërtetë duhet të vijë më parë dhe të rivendosë çdo gjë; por, ashtu siç është shkruar për Birin e njeriut, ai duhet të vuajë shumë gjëra dhe të përçmohet.

13 Por unë po ju them se Elia erdhi dhe me të bënë ç'deshën, ashtu siç është shkruar për të".

14 Mbasi u kthye te dishepujt, pa një turmë të madhe rreth tyre dhe disa skribë që po grindeshin me ta.

15 Dhe menjëherë e gjithë turma, kur e pa, u habit dhe erdhi me vrap për ta përshëndetur.

16 Atëherë ai i pyeti skribët: "Për çfarë po diskutoni me ta?".

17 Dhe dikush nga turma, duke u përgjigjur, tha: "Mësues, të prura djalin tim që ka një frymë memece,

18 dhe e kap kudo, e përplas dhe ai shkumon, kërcëllon dhëmbët dhe i ngrijnë gjymtyrët. Dhe u thashë dishepujve të tu ta dëbojnë, por ata s'e bënë dot.

19 Dhe ai duke u përgjigjur tha: "O brez që s'beson, deri kur do të jem me ju? Deri kur do t'ju duroj? Ma sillni këtu!".

20 Dhe ata ia prunë. Por, sapo e pa, fryma e përplasi me forcë dhe fëmija, që kishte rënë përtokë, rrokullisej duke shkumuar.

21 Dhe Jezusi e pyeti babanë e atij: "Sa kohë ka që i ndodh kështu?". Dhe ai tha: "Që në fëmijëri.

22 Shpesh e ka hedhur në zjarr dhe në ujë për ta shkatërruar por, nëse mund të bësh diçka, ki mëshirë për ne dhe na ndihmo!".

23 Dhe Jezusi i tha: "Nëse ti mund të besosh, çdo gjë është e mundshme për atë që beson".

24 Menjëherë babai i fëmijës, duke bërtitur me lot, tha: "Unë besoj, o Zot, ndihmo mosbesimin tim".

25 Atëherë Jezusi, duke parë se po vinte turma me vrap, e qortoi frymën e ndyrë duke thënë: "O frymë memece dhe e shurdhët, unë po të urdhëroj, dil prej tij dhe mos hyr më kurrë tek ai!".

26 Dhe demoni, duke bërtitur dhe duke e sfilitur fort, doli prej tij. Dhe fëmija mbeti si i vdekur, saqë shumë njerëz thoshin: "Ka vdekur".

27 Por Jezusi e zuri për dore, ngriti dhe ai u çua në këmbë.

28 Kur Jezusi hyri në shtëpi, dishepujt e vet e pyetën veçmas: "Përse ne nuk mundëm ta dëbojmë?".

29 dhe ai u tha atyre: "Ky lloj frymërash nuk mund të dëbohet ndryshe, përveç, se me lutje dhe agjërim".

30 Mbasi u nisën prej andej, kaluan nëpër Galile; dhe ai nuk donte që ta merrte vesh njeri.

31 Ai, në fakt, i mësonte dishepujt e vet dhe u thoshte atyre: "Së shpejti Biri i njeriut do të dorëzohet në duart e njerëzve dhe ata do ta vrasin; dhe, pasi të jetë vrarë, ai do të ringjallet ditën e tretë".

32 Por ata nuk i kuptonin këto fjalë dhe kishin frikë ta pyesnin.

33 Dhe arritën në Kapernaum; dhe kur hyri në shtëpi, i pyeti: "Për çfarë diskutonit ndërmjet jush rrugës?".

34 Dhe ata heshtën, sepse rrugës kishin diskutuar se cili ndër ta ishte më i madhi.

Markut

35 Atëherë ai u ul, i thirri të dymbëdhjetët dhe u tha atyre: "Nëse dikush don të jetë i pari, le të bëhet i fundit i të gjithëve dhe shërbëtori i të gjithëve".

36 Dhe mori një fëmijë të vogël dhe e vuri në mes të tyre; pastaj e mori në krahë dhe u tha atyre:

37 "Cilido që pranon një nga këta fëmijë në emrin tim, më pranon mua; dhe kushdo që më pranon mua, nuk më pranon mua, por atë që më ka dërguar"

38 Atëherë Gjoni mori fjalën dhe i tha: "Mësues, ne pamë një njeri që nuk na ndjek, që i dëbonte demonët në emrin tënd dhe ia ndaluam sepse ai nuk na ndjek".

39 Por Jezusi tha: "Mos ia ndaloni, sepse s'ka njeri që mund të bëjë një vepër të fuqishme në emrin tim, dhe fill pas kësaj të flasë keq për mua.

40 Sepse kush nuk është kundër nesh, është me ne.

41 Në fakt, kushdo që do t'ju japë të pini një gotë ujë në emrin tim, sepse jeni të Krishtit, në të vërtetë po ju them se me siguri nuk do ta humbasë shpërblimin e vet".

42 "Dhe kush do të skandalizojë një nga këta të vegjël që besojnë në mua, do të ishte më mirë për të t'i varet në qafë një gur mulliri dhe të hidhet në det.

43 Tani nëse dora jote të skandalizon për mëkat, preje; është më mirë për ty të hysh dorëcung në jetë, sesa të kesh dy duar dhe të shkosh në Gehena, në zjarrin e pashueshëm,

44 atje ku krimbi i tyre nuk vdes dhe zja-rri nuk fiket.

45 Dhe nëse këmba jote të skandalizon për mëkat, preje; është më mirë për ty të hysh i çalë në jetë, se sa të kesh dy këmbë dhe të të hedhin në Gehena, në zjarrin e pashueshëm,

46 atje ku krimbi i tyre nuk vdes dhe zjarri nuk fiket.

47 Dhe nëse syri yt të skandalizon për mëkat, nxirre; është më mirë për ty të hysh me një sy në jetë sesa të kesh dy sy dhe të të hedhin në Gehenën e zjarrit,

48 atje ku krimbi i tyre nuk vdes dhe zja-rri nuk fiket.

49 Sepse gjithkush duhet të kripet me zjarr, dhe çdo fli duhet të kripet me kripë.

50 Kripa është e mirë, por nëse kripa bëhet e amësht, me se do t'i jepni shijen? Kini kripë në vetvete dhe jetoni në paqe njëri me tjetrin!".

Kapitull 10

1 Mbasi u nis prej andej, Jezusi shkoi në krahinën e Judesë gjatë Jordanit dhe përsëri u mblodhën rreth tij turma; ai përsëri filloi t'i mësojë, siç e kishte zakon.

2 Dhe farisenjtë, për ta vënë në provë, e pyetën: "A është e ligjshme që burri ta lë gruan?".

3 Dhe ai, duke u përgjigjur, u tha atyre: "Çfarë ju ka urdhëruar Moisiu?".

4 Ata thanë: "Moisiu ka lejuar të shkruhet letra e shkurorëzimit dhe ta lësh gruan".

5 Dhe Jezusi, duke u përgjigjur, u tha atyre: "Për shkak të ngurtësisë së zemrës suaj ai e shkroi atë rregull;

6 por në fillim të krijimit, Perëndia i bëri mashkull e femër.

7 Për këtë arsye njeriu do ta braktisë babanë e tij dhe nënën e tij dhe do të bashkohet me gruan e tij;

8 dhe të dy do të jenë një mish i vetëm; kështu nuk janë më dy, por një mish i vetëm.

9 Prandaj njeriu të mos ndajë atë që Perëndia e ka bashkuar!".

10 Dhe në shtëpi dishepujt e vet e pyetën përsëri për këtë çështje.

11 Atëherë ai u tha atyre: "Ai që lë gruan e vet dhe martohet me një tjetër, shkel kurorën me të.

12 Po ashtu, nëse gruaja lë burrin e vet dhe martohet me një tjetër, shkel kurorën.

13 Atëherë i prunë disa fëmijë të vegjël që ai t'i prekte ata; por dishepujt i qortonin ata që i prunë.

14 Kur Jezusi e pa këtë, i indinjuar, u tha atyre: "I lini fëmijët e vegjël të vijnë tek unë dhe mos i pengoni, sepse e tyre është mbretëria e Perëndisë.

15 Në të vërtetë po ju them se kushdo që nuk e pranon mbretërinë e Perëndisë si një fëmijë i vogël, nuk do të hyjë në të".

16 Dhe, si i mori në krahë, i bekoi duke vënë duart mbi ta.

17 Tani kur po bëhej gati për rrugë, i doli përpara dikush me vrap; u gjunjëzua para tij dhe e pyeti: "Mësues i mirë, çfarë duhet të bëj që të trashëgoj jetën e përjetshme?".

18 Dhe Jezusi i tha: "Përse më quan i mirë? Askush nuk është i mirë, përveç një të vetmi, domethënë Perëndisë.

19 Ti i njeh urdhërimet: "Mos shkel kurorën. Mos vrit. Mos vidh. Mos bëj dëshmi të rreme. Mos mashtro. Ndero atin tënd dhe nënën tënde"".

20 Dhe ai, duke iu përgjigjur, i tha: "Mësues, të gjitha këto i kam zbatuar që në fëmijërinë time".

21 Atëherë Jezusi e vështroi në fytyrë, ndjeu dashuri për të dhe i tha: "Një gjë të mungon; shko, shit të gjitha ato që ke dhe jepua të varfërve dhe do të kesh një thesar në qiell; pastaj eja, merre kryqin tënd dhe më ndiq".

22 Por ai u trishtua për këto fjalë dhe u largua me keqardhje, sepse kishte shumë pasuri.

23 Atëherë Jezusi, mbasi e hodhi vështrimin përreth, u tha dishepujve të vet: "Sa vështirë është për ata që kanë pasuri të hyjnë në mbretërinë e Perëndisë!".

24 Dishepujt u habitën shumë nga këto fjalë të tij. Por Jezusi foli përsëri dhe u tha atyre: "O bij, sa e vështirë është që të hyjnë në mbretërinë e Perëndisë ata që mbështeten te pasuria.

25 Është më e lehtë që një deve të kalojë nëpër vrimën e një gjilpëre, se sa të hyjë një i pasur në mbretërinë e Perëndisë".

26 Dhe ata u çuditën edhe më tepër dhe i thoshin njëri-tjetrit: "Atëherë kush vallë mund të shpëtohet?".

27 Por Jezusi, duke i ngulur sytë mbi ta, u tha: "Kjo për njerëzit është e pamundur, por jo për Perëndinë, sepse gjithçka është e mundur për Perëndinë".

28 Atëherë Pjetri e mori fjalën dhe tha: "Ja, ne lamë çdo gjë dhe të kemi ndjekur".

29 Jezusi, duke u përgjigjur, tha: "Në të vërtetë po ju them që nuk ka asnjeri që të ketë lënë shtëpinë, a vëllezërit a motrat, a atin, a nënën, a fëmijët ose arat për hirin tim dhe për ungjillin,

30 që të mos marrë tani, në këtë kohë, njëqindfish shtëpi, vëllezër, motra, nëna, fëmijë e ara, së bashku me përndjekje, dhe në botën e ardhshme, jeta e përjetshme.

31 Por shumë të parë do të jenë të fundit dhe shumë të fundit do të jenë të parët".

32 Ata ishin në udhëtim për t'u ngjitur në Jeruzalem, dhe Jezusi i paraprinte. Dhe ata ishin të tronditur dhe e ndiqnin me ndrojtje. Dhe ai i mblodhi përsëri të dymbëdhjetët mënjanë dhe nisi t'u thotë çfarë do t'i ndodhte:

33 "Ja, ne po ngjitemi në Jeruzalem dhe Biri i njeriut do t'u dorëzohet krerëve të priftërinjve dhe skribëve; dhe ata do ta dënojnë me vdekje dhe do ta dorëzojnë në duar të paganëve,

34 të cilët do ta tallin, do ta fshikullojnë, do ta pështyjnë dhe do ta vrasin, por ai, ditën e tretë, do të ringjallet".

35 Atëherë Jakobi dhe Gjoni, bij të Zebedeut, iu afruan dhe i thanë: "Mësues, ne dëshirojmë që ti të bësh për ne atë që do të të kërkojmë".

36 Dhe ai u tha atyre: "Çfarë doni të bëj për ju?"

37 Ata i thanë: "Na lejo që të ulemi njëri në të djathtën tënde dhe tjetri në të majtën tënde në lavdinë tënde".

38 Dhe Jezusi u tha atyre: "Ju nuk dini çfarë kërkoni. A mund të pini ju kupën që unë do të pi dhe të pagëzoheni me atë pagëzim me të cilin unë jam pagëzuar?". Ata i thanë: "Po, mundemi".

39 Dhe Jezusi u tha atyre: "Vërtetë ju do të pini kupën që unë po pij dhe do të pagëzoheni me atë pagëzim me të cilin jam pagëzuar,

40 por nuk më takon mua të vë dikë ulet në të djathtën time ose në të majtën time, por është për ata për të cilët është përgatitur".

41 Kur i dëgjuan këto, të dhjetë të tjerët filluan të indinjohen kundër Jakobit dhe Gjonit.

42 Por Jezusi i thirri pranë vetes dhe tha: "Ju e dini që ata që konsiderohen sundues të kombeve i sundojnë ato dhe të mëdhenjtë e tyre ushtrojnë mbi to pushtetin e tyre;

43 por kjo s'duhet të ndodhë midis jush; madje ai nga ju që do të dojë të bëhet i madh, do të jetë shërbëtori juaj;

44 dhe kushdo nga ju që do të dojë të jetë i pari, do të jetë skllavi i të gjithëve.

45 Sepse edhe Biri i njeriut nuk erdhi që t'i shërbejnë, por për të shërbyer dhe për të dhënë jetën e tij si çmim për shpengimin e shumë vetave".

46 Kështu arritën në Jeriko. Kur ai po dilte nga Jeriko me dishepujt e tij dhe me një turmë të madhe, biri i Timoteut, Bartimeu i verbër, ishte ulur gjatë rrugës dhe lypte.

47 Kur dëgjoi se ai që po kalonte ishte Jezusi Nazareas, filloi të bërtasë dhe të thotë: "Jezus, Bir i Davidit, ki mëshirë për mua!".

48 Shumë e qortonin që të heshte, por ai bërtiste edhe më fort: "Bir i Davidit, ki mëshirë për mua!".

49 Dhe Jezusi qëndroi dhe urdhëroi që ta thërrasin. Ata e thirrën, pra, të verbërin duke i thënë: "Merr zemër, çohu, ai po të thërret!".

50 Atëherë ai hodhi tej rrobën e tij, u ngrit dhe erdhi te Jezusi.

51 Dhe Jezusi mori fjalën dhe i tha: "Çfarë do që unë të të bëj?". I verbëri i tha: "Rabboni, që të më kthehet të parit!".

52 Dhe Jezusi i tha: "Shko, besimi yt të shëroi". Dhe në çast atij iu kthye të parit dhe nisi të ndjekë Jezusin në udhë.

Kapitull 11

¹ Tani kur iu afruan Jeruzalemit, drejt Betfage dhe Betania, afër malit të Ullinjve, Jezusi dërgoi dy nga dishepujt e vet,

² duke u thënë: "Shkoni në fshatin përballë dhe, posa të hyni aty, do të gjeni një kërriç të lidhur, mbi të cilin akoma nuk ka hipur askush; zgjidheni dhe ma sillni.

³ Dhe në se ndokush iu thotë: "Pse po veproni kështu?", përgjigjuni: "I duhet Zotit. Ai do ta kthejë menjëherë këtu"".

⁴ Ata shkuan dhe e gjetën kërriçin të lidhur afër një dere, në rrugë, dhe e zgjidhën.

⁵ Disa nga të pranishmit u thanë atyre: "Ç'po bëni? Pse po e zgjidhni kërriçin?".

⁶ Këta iu përgjigjën ashtu si u kishte thënë Jezusi dhe ata i lanë të shkojnë.

⁷ Atëherë ia çuan Jezusit kërriçin, vunë mbi të mantelet e tyre dhe ai u ul mbi të.

⁸ Shumë njerëz i shtronin rrobat e tyre rrugës dhe të tjerë pritnin degë nga pemët dhe i hidhnin rrugës.

⁹ Dhe si ata që pararendnin, edhe ata që ndiqnin Jezusin, thërrisnin dhe thonin: "Hosana! Bekuar është ai që vjen në emër të Zotit!

¹⁰ E bekuar është mbretëria e Davidit, atit tonë, që vjen në emër të Zotit. Hosana në vendet shumë të larta!".

¹¹ Kështu hyri Jezusi në Jeruzalem dhe në tempull; dhe, mbasi shikoi mirë çdo gjë, duke qenë se ishte vonë, doli bashkë me të dymbëdhjetët në drejtim të Betanias.

¹² Të nesërmen, kur dolën nga Betania, ai kishte uri.

¹³ Dhe, duke parë nga larg një fik që kishte gjethe, shkoi për të parë në se mund të gjente diçka atje; por, kur iu afrua, s'gjeti asgjë përveç gjetheve, sepse nuk ishte koha e fiqve.

¹⁴ Atëherë Jezusi, duke iu drejtuar fikut, tha: "Askush mos ngrëntë kurrë më fryt prej teje përjetë". Dhe dishepujt e tij e dëgjuan.

¹⁵ Kështu arritën në Jeruzalem. Dhe Jezusi, mbasi hyri në tempull, filloi t'i dëbojë ata që shisnin dhe blinin brenda tempullit dhe përmbysi tavolinat e këmbyesve të parave dhe ndenjëset e shitësve të pëllumbave.

¹⁶ Dhe nuk lejoi asnjë që të mbartte sende nëpër tempull.

¹⁷ Dhe i mësonte duke u thënë atyre: "Vallë nuk është shkruar: "Shtëpia ime do të quhet shtëpi e lutjes për të gjithë kombet"? Ju, përkundrazi, e keni bërë shpellë kusarësh!".

¹⁸ Tani skribët dhe krerët e priftërinjve kur i dëgjuan këto fjalë kërkonin mënyrën se si ta vrisnin, por kishin frikë prej tij, sepse gjithë turma ishte e mahnitur nga doktrina e tij.

¹⁹ Dhe kur u bë darkë, Jezusi doli jashtë qytetit.

²⁰ Të nesërmen në mengjes, duke kaluar, panë se fiku ishte tharë me gjithë rrënjë.

²¹ Dhe Pjetri, duke u kujtuar, i tha: "Mësues, ja, fiku që ti mallkove qenka tharë".

²² Atëherë Jezusi, duke u përgjigjur, u tha atyre: "Kini besimin e Perëndisë!

²³ Sepse ju them në të vërtetë se nëse dikush do t'i thotë këtij mali: "Luaj vendit dhe hidhu në det", dhe nuk do të ketë dyshime në zemër të vet, por do të besojë se ajo që po thotë do të ndodhë, çdo gjë që të thotë do t'i bëhet.

²⁴ Prandaj po ju them: Të gjitha ato që ju kërkoni duke lutur, besoni se do t'i merrni dhe ju do t'i merrni.

²⁵ Dhe kur nisni të luteni, nëse keni diçka kundër ndokujt, faleni, që edhe Ati juaj që është në qiejt, t'ju falë mëkatet tuaja.

²⁶ Por në se ju nuk falni, as Ati juaj, që është në qiejt, nuk do t'jua falë mëkatet tuaja".

²⁷ Pastaj ata erdhën përsëri në Jeruzalem; dhe ndërsa ai po ecte nëpër tempull, krerët e priftërinjve, skribët dhe pleqtë iu afruan,

²⁸ dhe i thanë: "Me ç'pushtet i bën ti këto gjëra? Kush ta dha këtë pushtet për t'i kryer këto gjëra?".

²⁹ Dhe Jezusi, duke u përgjigjur, u tha atyre: "Edhe unë do t'ju pyes diçka; më jepni përgjigje, pra, dhe unë do t'ju them me ç'pushtet i bëj këto gjëra.

³⁰ Pagëzimi i Gjonit a ishte nga qielli apo nga njerëzit? Më jepni përgjigje".

³¹ Ata filluan të arsyetonin midis tyre: "Po të themi "nga qielli", ai do të thotë: "Atëherë pse ju nuk i besuat?".

³² Por po t'i themi "nga njerëzit", kemi frikë nga populli, sepse të gjithë e konsideronin Gjonin se ishte me vërtetë një profet".

³³ Prandaj, duke iu përgjigjur, i thanë Jezusit: "Nuk e dimë". Dhe Jezusi duke u përgjigjur, u tha atyre: "As unë nuk po ju them se me ç'farë pushteti i bëj këto gjëra".

Kapitull 12

¹ Pastaj ai filloi t'u flasë me shëmbëlltyra: "Një njeri mbolli një vresht, e thuri me gardh, gërmoi një vend për të shtrydhur rrushin, ndërtoi një kullë dhe ua besoi disa vreshtarëve dhe pastaj shkoi larg.

² Në kohën e të vjelave dërgoi shërbëtorin te vreshtarët për të marrë prej tyre pjesën e vet të frutave të vreshtit.

³ Por ata e kapën, e rrahën dhe e kthyen duarbosh.

⁴ Ai u nisi përsëri një shërbëtor tjetër, por ata, mbasi e gjuajtën me gurë, e plagosën në kokë dhe e kthyen të turpëruar.

⁵ Përsëri dërgoi edhe një tjetër, por ata e vranë. Më pas dërgoi shumë të tjerë dhe nga këta disa i rrahën, të tjerët i vranë.

⁶ I ngeli edhe një për të dërguar: birin e tij të dashur. Më së fundi ua dërgoi edhe atë duke thënë: "Për djalin tim do të kenë respekt".

⁷ Por ata vreshtarë i thanë njeri tjetrit: "Ky është trashëgimtari, ejani ta vrasim dhe do të na mbesë trashëgimia".

⁸ Dhe e kapën, e vranë dhe e hodhën jashtë vreshtit.

⁹ Çfarë do të bëjë, pra, i zoti i vreshtit? Ai do të vijë dhe do t'i shfarosë vreshtarët dhe vreshtin do t'ua japë të tjerëve.

¹⁰ Po a nuk e keni lexuar këtë shkrim: "Guri, që ndërtuesit e hodhën poshtë, u bë guri i qoshes.

¹¹ Kjo është bërë nga Zoti dhe është një gjë e mrekullueshme në sytë tanë"?".

¹² Atëherë ata kërkuan ta kapin, sepse kuptuan se ai e kishte thënë atë shëmbëlltyrë kundër tyre; por kishin frikë nga turma; dhe e lanë e ikën.

¹³ Pastaj i dërguan disa farisenj dhe herodianë për ta zënë në gabim në fjalë.

¹⁴ Këta erdhën dhe i thanë: "Mësues, ne e dimë se ti je i vërtetë pa pyetur për njeri, sepse nuk merr parasysh dukjen e njerëzve, por u mëson udhën e Perëndisë sipas së vërtetës. A është e ligjshme t'i paguhet taksa Cezarit apo jo? Duhet t'ia paguajmë apo jo?

¹⁵ Por ai, duke njohur hipokrizinë e tyre, u tha atyre: "Përse më tundoni? Më sillni një denar që ta shoh!".

¹⁶ Ata ia prunë. Dhe ai u tha atyre: "E kujt është kjo fytyrë dhe ky mbishkrim?". Ata i thanë: "E Cezarit".

¹⁷ Atëherë Jezusi u përgjigj dhe u tha atyre: "I jepni Cezarit atë që është e Cezarit, dhe Perëndisë atë që është e Perëndisë". Dhe ata u çuditën nga ai.

¹⁸ Pastaj iu paraqitën disa saducenj, të cilët thonë se nuk ka ringjallje, dhe e pyetën duke thënë:

¹⁹ "Mësues, Moisiu na la të shkruar që, nëse vdes vëllai i dikujt dhe e lë gruan pa fëmijë, vëllai i tij duhet të martohet me të venë për t'i lindur pasardhës vëllait të tij.

²⁰ Tani ishin shtatë vëllezër; i pari u martua dhe vdiq pa lënë fëmijë.

²¹ E mori, pra, i dyti, por edhe ky vdiq pa lënë fëmijë; po kështu i treti.

²² Që të shtatë e morën për grua dhe vdiqën pa lënë fëmijë. E fundit, pas gjithëve, vdiq edhe gruaja.

²³ Në ringjallje, pra, kur të ringjallen, gruaja e kujt do të jetë ajo? Sepse që të shtatë e patën grua".

²⁴ Jezusi, duke u përgjigjur, tha atyre: "A nuk është pikërisht për këtë që jeni në gabim, sepse nuk i njihni as shkrimet as pushtetin e Perëndisë?

²⁵ Sepse kur njerëzit do të ringjallen së vdekuri, as do të martohen as do të martojnë, por do të jenë si engjëjt në qiell.

²⁶ Sa për ringjalljen e të vdekurve, a nuk keni lexuar në librin e Moisiut se si foli Perëndia nga ferrishta duke thënë: "Unë jam Perëndia i Abrahamit, Perëndia i Isakut dhe Perëndia i Jakobit"?

²⁷ Ai nuk është Perëndia i të vdekurve, por Perëndia i të gjallëve. Ju, pra, po gaboni shumë".

²⁸ Atëherë një nga skribët që e kishte dëgjuar diskutimin e tyre, duke kuptuar se ai u ishte përgjigjur mirë, iu afrua dhe e pyeti: "Cili është i pari i të gjithë urdhërimeve?".

²⁹ Dhe Jezusi u përgjigj: "Urdhërimi i parë i të gjithëve është: "Dëgjo, o Izrael: Zoti, Perëndia ynë, është i vetmi Zot",

³⁰ dhe: "Duaje Zotin, Perëndinë tënd, me gjithë zemrën tënde, me gjithë shpirtin tënd, me gjithë mendjen tënde e me gjithë forcën tënde!". Ky është i pari urdhërim.

³¹ Dhe i dyti i ngjan këtij: "Duaje të afërmin tënd porsi vetveten". Nuk ka urdhërim tjetër më të madh se këta".

³² Atëherë skribi i tha: "Mirë, Mësues. The, sipas së vërtetës, se ka vetëm një Perëndi dhe s'ka asnjë tjetër përveç tij;

³³ dhe ta duash me gjithë zemër, me gjithë mendje, me gjithë shpirt dhe me gjithë forcë, dhe ta duash të afërmin porsi vetvetja vlen më tepër se sa gjithë olokaustet dhe flijimet".

³⁴ Dhe Jezusi, duke parë se ai ishte përgjigjur me mend, i tha: "Ti

nuk je larg nga mbretëria e Perëndisë". Dhe kurrkush nuk guxoi më ta pyesë.

³⁵ Dhe Jezusi, duke i mësuar në tempull, tha: "Vallë, si mund të thonë skribët se Krishti është Bir i Davidit?

³⁶ Sepse vetë Davidi, nëpërmjet Frymës së Shenjtë, tha: "Zoti i ka thënë Zotit tim: Ulu në të djathtën time, derisa t'i bëj armiqtë e tu stol të këmbëve të tua".

³⁷ Vetë Davidi, pra, e quan Zot; si mund të jetë vallë bir i tij?". Dhe pjesa më e madhe e dëgjonte me ëndje.

³⁸ Dhe ai u thoshte atyre në doktrinën e vet: "Ruhuni nga skribët, të cilëve u pëlqen të shëtisin me rroba të gjata dhe t'i përshëndetin në sheshe,

³⁹ dhe të kenë vendet e para në sinagoga dhe vendet e para në gosti,

⁴⁰ që i gllabërojnë shtëpitë e të vejave dhe, për t'u dukur, luten gjatë; ata do të marrin një gjykim më të rreptë!".

⁴¹ Dhe Jezusi u ul përballë arkës së thesarit dhe vërente se njerëzit hidhnin aty denar; shumë të pasur hidhnin shumë.

⁴² Erdhi një e ve e varfër dhe hodhi dy monedha të vogla, domethënë një kuadrant.

⁴³ Dhe Jezusi i thirri dishepujt e vet pranë vetes dhe u tha atyre: "Ju them në të vërtetë se kjo e ve e varfër ka hedhur në thesar më shumë se të gjithë të tjerët.

⁴⁴ Sepse të gjithë hodhën aty nga teprica e tyre, kurse ajo, me skamjen e vet, hodhi gjithë sa kishte për të jetuar".

Kapitull 13

¹ Ndërsa ai po dilte nga tempulli, një nga dishepujt e vet i tha: "Mësues, shih ç'gurë e ç'ndërtesa!".

² Dhe Jezusi duke iu përgjigjur i tha: "A po i shikon këto ndërtesa të mëdha? Nuk do të mbetet gur mbi gur pa u rrënuar".

³ Dhe pasi ai ishte ulur mbi malin e Ullinjve përballë tempullit, Pjetri, Jakobi, Gjoni dhe Andrea e pyetën veçmas:

⁴ "Na thuaj, kur do të ndodhin këto gjëra dhe cila do të jetë shenja e kohës në të cilën të gjitha këto gjëra do të duhet të mbarohen?".

⁵ Dhe Jezusi duke u përgjigjur atyre nisi të flasë: "Kini kujdes që të mos ju mashtrojë njeri.

⁶ Sepse do të vijnë shumë në emrin tim duke thënë: "Unë jam!"; dhe do të mashtrohen shumë veta.

⁷ Por, kur të dëgjoni të flitet për luftëra dhe për ushtime luftërash, mos u shqetësoni; sepse këto gjëra duhet të ndodhin; por nuk do të jetë ende mbarimi.

⁸ Në fakt do të ngrihet kombi kundër kombit dhe mbretëria kundër mbretërisë; do të ndodhin tërmete në vende të ndryshme, zi buke dhe turbullira. Këto gjëra nuk do të jenë tjetër veçse fillimi i dhembjeve të lindjes.

⁹ Kujdesuni për veten! Sepse do t'ju dorëzojnë gjyqeve dhe do t'ju rrahin ndër sinagoga; do t'ju nxjerrin përpara guvernatorëve dhe mbretërve, për shkakun tim, që të dëshmoni përpara tyre.

¹⁰ Por më parë duhet që t'u përhapet ungjilli gjithë popujve.

¹¹ Tani, kur t'ju çojnë për t'ju dorëzuar në duart e tyre, mos u shqetësoni që më parë për atë që do të duhet të thoni dhe mos e paramendoni; por thoni çfarë t'ju jepet në atë çast, sepse nuk jeni ju që flisni, por Fryma e Shenjtë.

¹² Tani vëllai do të dorëzojë vëllanë në vdekje dhe ati birin; dhe bijtë do të çohen kundër prindërve dhe do t'i bëjnë të vdesin.

¹³ Dhe ju do të jeni të urryer nga të gjithë për shkak të emrit tim; por ai që do të ngulmojë deri në fund, do të shpëtohet".

¹⁴ Dhe kur të shihni neverinë e shkatërrimit, të parathënë nga profeti Daniel, e cila qëndron atje ku nuk duhej të ishte (ai që lexon le ta kuptojë), atëherë ata që do të jenë në Jude, le të ikin maleve.

¹⁵ Dhe ai që ndodhet mbi çatinë e shtëpisë, të mos zbresë, dhe as të hyjë në shtëpi për të marrë ndonjë gjë nga shtëpia e vet.

¹⁶ Dhe ai që do të jetë në arë, të mos kthehet prapa për të marrë rrobën e vet.

¹⁷ Tani mjerë gratë shtatzëna dhe ato me fëmijë në gji në ato ditë!

¹⁸ Dhe lutuni që ikja juaj të mos ndodhë në dimër.

¹⁹ Sepse në atë ditë do të jetë një mundim i madh, më i madhi që ka ndodhur që nga zanafilla e krijimit që kreu Perëndia deri më sot, dhe të tillë nuk do të ketë më kurrë.

²⁰ Dhe, nëse Zoti nuk do t'i kishte shkurtuar ato ditë, asnjë i gjallë nuk do të shpëtonte; por Zoti i shkurtoi ato ditë për shkak të të zgjedhurve, që ai i zgjodhi.

²¹ Atëherë, nëse dikush do t'ju thotë: "Ja, Krishti është këtu!"; ose "Është atje", mos e besoni.

²² Sepse do të dalin krishtër të rremë dhe profetë të rremë dhe do të bëjnë shenja e çudi për të gënjyer, po të jetë e mundur, edhe të zgjedhurit.

²³ Por ju kini kujdes; ja, unë ju paralajmërova çdo gjë".

²⁴ "Por në ato ditë, pas atij mundimi, dielli do të erret dhe hëna nuk do të japë shkëlqimin e vet;

²⁵ yjet e qiellit do të bien dhe fuqitë që janë në qiej do të lëkunden.

²⁶ Atëherë do ta shohin Birin e njeriut duke ardhur në re, me pushtet të madh e me lavdi.

²⁷ Atëherë ai do të dërgojë engjëjt e vet dhe do t'i mbledhë të zgjedhurit e vet nga të katër erërat, nga skaji i tokës deri në skaj të qiellit.

²⁸ Tani mësoni nga shëmbëllytra e fikut: kur degët e tij njomësohen dhe nxjerrin gjethe, ju e dini se vera është afër.

²⁹ Kështu edhe ju, kur do të shihni se po ndodhin këto gjëra, ta dini se ai është afër, madje te dera.

³⁰ Në të vërtetë po ju them se ky brez nuk do të kalojë, derisa e gjithë kjo të ketë ndodhur.

³¹ Qielli dhe toka do të kalojnë, por fjalët e mia nuk do të kalojnë".

³² "Sa për atë ditë dhe atë orë, askush nuk e di, as engjëjt në qiell, as Biri, por vetëm Ati.

³³ Tregoni kujdes, rrini zgjuar dhe lutuni, sepse nuk e dini kur do të jetë ai moment.

³⁴ Është sikurse një njeriu i cili, duke u nisur për rrugë, lë shtëpinë e vet duke u dhënë autoritet shërbëtorëve të tij, secilit në detyrën e tij, dhe portjerin e urdhëron të rrijë zgjuar.

³⁵ Rrini zgjuar, pra, sepse nuk e dini kur do të vijë i zoti i shtëpisë: në mbrëmje a në mesnatë, kur këndon gjeli a në mëngjes;

³⁶ që ai, duke u kthyer papritmas, të mos ju gjejë në gjumë.

³⁷ Tani, këtë që po ju them juve, ua them të gjithëve: Rrini zgjuar!".

Kapitull 14

¹ Tani dy ditë më vonë ishte Pashka dhe festa e të Ndormëve; dhe krerët e priftërinjve dhe skribët kërkonin mënyrën se si ta kapnin Jezusin me mashtrim dhe ta vrisnin.

² Por thonin: "Jo gjatë festës, që të mos ndodhë ndonjë trazirë nga populli".

³ Tani ai ishte në Betania, në shtëpinë e Simonit lebroz, dhe ndërsa ishte në tryezë, hyri një grua me një enë alabastri me vaj të parfumuar me nard të vërtetë, shumë të kushtueshëm; ajo e theu enën prej alabastri dhe ia derdhi vajin mbi krye.

⁴ Disa u indinjuan midis tyre dhe thanë: "Përse bëhet gjithë ky shpenzim i kotë i vajit?

⁵ Sepse ky vaj mund të shitej për më shumë se treqind denarë dhe këto t'u jepeshin të varfërve". Dhe ishin indinjuar ndaj asaj.

⁶ Por Jezusi tha: "Lëreni të qetë; pse e shqetësoni? Ajo kreu një vepër të mirë ndaj meje.

⁷ Sepse të varfërit do t'i keni gjithmonë me ju; dhe, kur të doni, mund t'u bëni mirë; por mua nuk do të më keni gjithmonë.

⁸ Ajo bëri atë që mundi; vajosi para kohe trupin tim për varrim.

⁹ Por po ju them në të vërtetë se në gjithë botën, kudo që do të predikohet ky ungjill, do të tregojnë edhe atë që ajo bëri, në përkujtim të saj".

¹⁰ Atëherë Juda Iskarioti, një nga të dymbëdhjetët, shkoi te krerët e priftërinjve, që t'ua dorëzonte Jezusin.

¹¹ Dhe ata, kur e dëgjuan, u gëzuan dhe i premtuan se do t'i jepnin para. Kështu ai kërkonte rastin e përshtatshëm për ta tradhtuar.

¹² Tani në ditën e parë të festës së Ndormëve, kur flijohej Pashka, dishepujt e vet i thanë: "Ku don të shkojmë dhe të përgatisim për ta ngrënë Pashkën?".

¹³ Atëherë ai dërgoi dy nga dishepujt e vet duke u thënë: "Shkoni në qytet dhe atje do të takoni një njeri, që bart një kanë plot me ujë; ndiqeni atë.

¹⁴ Dhe atje ku ai do të hyjë, i thoni zotit të shtëpisë: "Mësuesi pyet: Ku është dhoma ku mund të ha Pashkën me dishepujt e mi?".

¹⁵ Atëherë ai do t'ju tregojë lart një sallë të madhe të mobiluar dhe gati; aty përgatitni për ne".

¹⁶ Dishepujt e tij shkuan, arritën në qytet dhe gjetën ashtu siç ai u kishte thënë; dhe përgatitën Pashkën.

¹⁷ Kur u bë darkë, ai erdhi me të dymbëdhjetët.

¹⁸ Dhe kur po rrinin në tryezë dhe po hanin, Jezusi tha: "Ju them në të vërtetë se njëri prej jush, që po ha me mua, do të më tradhtojë".

¹⁹ Atëherë ata filluan të trishtohen dhe t'i thoshin njëri pas tjetrit: "Mos jam unë?". Dhe një tjetër tha: "Mos jam unë?".

²⁰ Dhe ai, duke u përgjigjur, u tha atyre: "Është një nga të dymbëdhjetët që po ngjyen me mua në çanak.

²¹ Po, Biri i njeriut po shkon ashtu siç është shkruar për të; por mjerë ai njeri me anë të cilit tradhtohet Biri i njeriut. Do të ishte më

mirë për të, që ai njeri të mos kishte lindur kurrë!".

²² Dhe, ndërsa ata po hanin, Jezusi mori buk, e bekoi, e theu dhe ua dha atyre duke thënë: "Merrni, hani; ky është trupi im".

²³ Pastaj mori kupën, e falënderoi, ua dha atyre dhe të gjithë pinë prej saj.

²⁴ Atëherë u tha: "Ky është gjaku im, gjaku i besëlidhjes së re, që derdhet për shumë veta.

²⁵ Në të vërtetë unë po ju them se nuk do të pi më prej frytit të hardhisë deri në atë ditë kur do ta pi të ri në mbretërinë e Perëndisë".

²⁶ Dhe, mbasi kënduan një himn, dolën dhe u drejtuan nga mali i Ullinjve.

²⁷ Dhe Jezusi u tha atyre: Ju të gjithë do të skandalizoheni me mua sonte, sepse është shkruar: "Do ta godas Bariun dhe delet do të shpërndahen".

²⁸ Por, mbasi të ringjallem, unë do t'ju pararend në Galile".

²⁹ Dhe Pjetri i tha: "Edhe sikur të gjithë të tjerët të skandalizohen me ty, unë nuk do të skandalizohem".

³⁰ Dhe Jezusi i tha: "Unë po të them në të vërtetë se sot, pikërisht në këtë natë, para se gjeli të këndojë dy herë, ti do të më mohosh tri herë".

³¹ Por ai, duke ngulur këmbë më tepër, thoshte: "Edhe sikur të më duhet të vdes me ty, nuk do të të mohoj kurrë". Të njëjtën gjë thoshnin edhe gjithë të tjerët.

³² Pastaj ata arritën në një vend që quhej Gjetsemani; dhe ai u tha dishepujve të vet: "Uluni këtu, deri sa unë të jem lutur".

³³ Mori, pra, me vete Pjetrin, Jakobin dhe Gjonin, dhe filloi ta zërë frika dhe ankthi;

³⁴ dhe u tha atyre: "Shpirti im është thellësisht i trishtuar, deri në vdekje; qëndroni këtu dhe rrini zgjuar".

³⁵ Dhe, si shkoi pak përpara, ra përmbys përtokë dhe lutej që, po të ishte e mundur, të largohej prej tij ajo orë.

³⁶ Dhe tha: "Abba, Atë, çdo gjë për ty është e mundur; largoje prej meje këtë kupë! Por jo atë që dua unë, por atë që do ti!".

³⁷ Pastaj u kthye mbrapa, i gjeti dishepujt duke fjetur dhe i tha Pjetrit: "Simon, po fle? S'ke qenë i zoti të rrish zgjuar një orë të vetme?

³⁸ Rrini zgjuar dhe lutuni që të mos hyni në tundim; sigurisht fryma është e gatshme, por mishi është i dobët".

³⁹ U largua përsëri dhe u lut duke thënë të njëjtat fjalë.

⁴⁰ Kur u kthye, i gjeti përsëri në gjumë dishepujt, sepse sytë e tyre ishin rënduar dhe ata nuk dinin çfarë t'i përgjigjeshin.

⁴¹ Së fundi, kthehet për të tretën herë dhe u thotë atyre: "Ende po flini dhe pushoni? Mjaft! Erdhi ora. Ja, Biri i njeriut po dorëzohet në duart e mëkatarëve.

⁴² Çohuni, të shkojmë; ja, ai që po më tradhton është afër!".

⁴³ Dhe në atë çast, ndërsa ai ende po fliste, erdhi Juda, një nga të dymbëdhjetët, dhe me të një turmë e madhe me shpata e shkopinj, e dërguar nga krerët e priftërinjve, nga skribët dhe nga pleqtë.

⁴⁴ Dhe ai që po e tradhtonte u kishte dhënë atyre një shenjë: "Kë do të puth, ai është. Kapeni dhe çojeni me shoqërim të sigurt".

⁴⁵ Dhe si arriti, u afrua menjëherë tek ai dhe tha: "Rabbi, Rabbi!"; dhe e puthi përzemërsisht!

⁴⁶ Atëherë ata vunë dorë mbi të dhe e arrestuan.

⁴⁷ Dhe një nga të pranishmit nxori shpatën, i ra shërbëtorit të kryepriftit dhe ia preu veshin.

⁴⁸ Atëherë Jezusi, duke iu përgjigjur, i tha: "Paskeni ardhur me shpata e me shkopinj që të më kapni sikurse të isha një cub?

⁴⁹ E pra, përditë isha midis jush në tempull duke i mësuar njerëzit dhe ju nuk më kapët; por kjo po ndodh që të përmbushen Shkrimet!".

⁵⁰ Atëherë dishepujt e lanë dhe ikën të gjithë.

⁵¹ Dhe një farë djaloshi, që ishte i mbështjellur me një çarçaf mbi trupin e zhveshur, po e ndiqte, por ata e kapën.

⁵² Por ai e lëshoi çarçafin dhe iku lakuriq nga duart e tyre.

⁵³ Atëherë ata e çuan Jezusin te kryeprifti, ku u mblodhën të gjithë krerët e priftërinjve, pleqtë dhe skribët.

⁵⁴ Dhe Pjetri e ndoqi nga larg deri brenda në pallatin e kryepriftit dhe u ul atje bashkë me rojat dhe ngrohej afër zjarrit.

⁵⁵ Dhe krerët e priftërinjve dhe gjithë sinedrit kërkonin dëshmi kundër Jezusit për ta vrarë, por nuk po gjenin.

⁵⁶ Shumë veta në fakt jepnin dëshmi të rreme kundër tij; por dëshmitë e tyre nuk përkonin.

⁵⁷ Atëherë disa u ngritën dhe dëshmuan rrejshëm kundër tij duke thënë:

⁵⁸ "Ne e kemi dëgjuar se ka thënë: "Unë do ta shkatërroj këtë tempull të bërë me duar, dhe brenda tri ditësh do të ndërtoj një tjetër që nuk është bërë me duar"".

⁵⁹ Por as mbi këtë dëshmia e tyre nuk përkonte.

⁶⁰ Atëherë kryeprifti u ngrit në mes të kuvendit dhe e pyeti Jezusin duke thënë: "Nuk përgjigjesh fare? Çfarë po dëshmojnë këta kundër teje?".

⁶¹ Por ai heshti dhe nuk u përgjegj fare. Përsëri kryeprifti e pyeti dhe i tha: "A je ti Krishti, Biri i të Bekuarit?".

⁶² Dhe Jezusi tha: "Unë jam. Dhe ju do ta shihni Birin e njeriut të ulur në të djathtën e Pushtetit dhe duke ardhur me retë e qiellit".

⁶³ Atëherë kryeprifti, duke i shqyer rrobat, tha: "Ç'nevojë kemi më për dëshmitarë?

⁶⁴ Ju e dëgjuat blasfeminë, ç'ju duket?". Dhe të gjithë gjykuan se meritonte vdekjen.

⁶⁵ Atëherë disa filluan ta pështyjnë, t'ia zënë fytyrën, ta qëllojnë me shuplaka dhe t'i thonë: "Profetizo!". Dhe rojat e godisnin.

⁶⁶ Ndërsa Pjetri ishte poshtë në pallat, erdhi një shërbëtore e kryepriftit.

⁶⁷ Dhe kur pa Pjetrin që po ngrohej, e vështroi me kujdes dhe tha: "Edhe ti ishe me Jezusin Nazareas".

⁶⁸ Por ai e mohoi duke thënë: "Nuk e njoh, nuk kuptoj çfarë thua". Pastaj doli jashtë në hajat dhe gjeli këndoi.

⁶⁹ Dhe shërbëtorja, duke e parë përsëri, filloi t'u flasë të pranishmëve: "Ky është një nga ata".

⁷⁰ Por ai përsëri e mohoi. Dhe pak më vonë të pranishmit i thanë përsëri Pjetrit: "Me të vërtetë ti je një nga ata; se ti je Galileas dhe e folura jote e zbulon".

⁷¹ Por ai nisi të mallkojë dhe të betohet: "Unë nuk e njoh atë njeri për të cilin po flisni".

⁷² Dhe gjeli këndoi për të dytën herë; atëherë Pjetrit iu kujtua fjala që Jezusi i kishte thënë: "Përpara se gjeli të këndojë dy herë, ti do të më mohosh tri herë". Dhe, duke e menduar këtë, qau.

Kapitull 15

¹ Dhe herët në mëngjes krerët e priftërinjve me pleqtë, skribët dhe gjithë sinedrit bënin këshill, e lidhën Jezusin e çuan jashtë e ia dorëzuan Pilatit.

² Dhe Pilati e pyeti: "A je ti mbreti i Judenjve?". Dhe ai, duke u përgjigjur, i tha: "Ti e thua!".

³ Dhe krerët e priftërinjve e akuzonin për shumë gjëra; por ai nuk përgjigjej aspak.

⁴ Pilati e pyeti përsëri, duke thënë: "Nuk po përgjigjesh fare? Shih për sa gjëra të akuzojnë!".

⁵ Por Jezusi nuk u përgjigj më asgjë, aq sa Pilati mbeti i çuditur.

⁶ Dhe në çdo festë ishte zakon t'u lëshohej atyre një i burgosur, këdo që ata do kërkonin.

⁷ Por ishte në burg një njeri që quhej Baraba, bashkë me shokë të tjerë rebelë, të cilët kishin bërë një vrasje gjatë një kryengritjeje.

⁸ Dhe turma, duke bërtitur, filloi të kërkojë që të bënte ashtu siç kishte vepruar gjithnjë për ta.

⁹ Atëherë Pilati iu përgjigj atyre duke thënë: "A doni t'ju liroj mbretin e Judenjve?".

¹⁰ Sepse e dinte që krerët e priftërinjve ia kishin dorëzuar nga smira.

¹¹ Por krerët e priftërinjve e nxitën turmën që të kërkojë që t'u lironte atyre Barabanë.

¹² Dhe Pilati e mori përsëri fjalën dhe u tha atyre: "Çfarë doni, pra, të bëj me atë që ju e quani mbret të Judenjve?".

¹³ Dhe ata bërtitën përsëri: "Kryqëzoje!".

¹⁴ Dhe Pilati u tha atyre: "Po ç'të keqe ka bërë?". Atëherë ata bërtitën edhe më fort: "Kryqëzoje!".

¹⁵ Prandaj Pilati, duke dashur ta kënaqë turmën, ua lëshoi Barabanë. Dhe, mbasi e fshikulluan Jezusin, ua dorëzoi atyre që të kryqëzohej.

¹⁶ Atëherë ushtarët e çuan Jezusin në oborrin e brendshëm domethënë në pretorium, dhe mblodhën gjithë kohortën.

¹⁷ E veshën në purpur dhe, si thurën një kurorë me ferra, ia vunë mbi krye.

¹⁸ Pastaj nisën ta përshëndesin duke i thënë: "Tungjatjeta, o mbret i Judenjve!".

¹⁹ Dhe e goditnin në krye me një kallam, e pështynin dhe, duke u gjunjëzuar përpara tij, e adhuronin.

²⁰ Pasi e tallën, ia hoqën purpurën, e veshën me rrobat e tij dhe e nxorën jashtë për ta kryqëzuar.

²¹ Ata e detyruan një kalimtar, një farë Simoni nga Kirena që kthehej nga ara, babai i Aleksandrit dhe i Rufit, që ta mbante kryqin e tij.

²² Pastaj e çuan Jezusin në vendin të quajtur Golgota, që do të thotë: "Vendi i Kafkës".

²³ I dhanë të pijë verë të përzier me mirrë, por ai nuk e mori.

²⁴ Dhe, pasi e kryqëzuan, i ndanë rrobat e tij duke hedhur short,

për të ditur çfarë do t'i binte secilit.

²⁵ Ishte ora e tretë kur e kryqëzuan.

²⁶ Dhe mbishkrimi që tregonte shkakun e dënimit, i cili ishte vënë përmbi të, thoshte: "Mbreti i Judenjve".

²⁷ Bashkë me të kryqëzuan edhe dy vjedhës, njërin në të djathtën e tij dhe tjetrin në të majtën e tij.

²⁸ Kështu u përmbush Shkrimi që thotë: "Ai u përfshi ndër keqbërësit".

²⁹ Dhe ata që kalonin aty afër e fyenin, duke tundur kokën, dhe duke thënë: "Hej, ti që e shkatërron tempullin dhe e rindërton në tre ditë,

³⁰ shpëto veten tënde dhe zbrit nga kryqi!".

³¹ Po ashtu edhe krerët e priftërinjve me skribët, duke e tallur, i thoshnin njëri tjetrit: "Të tjerët i shpëtoi, por veten s'mund ta shpëtojë.

³² Krishti, mbreti i Izraelit, le të zbresë tani nga kryqi që ta shohim dhe ta besojmë". Edhe ata që ishin kryqëzuar bashkë me të, e fyenin atë.

³³ Pastaj, kur erdhi e gjashta orë, errësira e mbuloi gjithë vendin deri në të nëntën orë.

³⁴ Dhe në të nëntën orë Jezusi bërtiti me zë të lartë: "Eloi, Eloi; lama sabaktani?", që e përkthyer do të thotë: "Perëndia im, Perëndia im, përse më ke braktisur?".

³⁵ Dhe disa nga të pranishmit, kur e dëgjuan, thoshnin: "Ja, ai po thërret Elian!".

³⁶ Atëherë një prej tyre erdhi me vrap, e zhyti një sfungjer në uthull, dhe mbasi e vuri në një kallam, ia dha të pijë, duke thënë: "Lëreni; të shohim nëse vjen Elia që ta zbresë poshtë".

³⁷ Por Jezusi, si lëshoi një britmë të madhe, dha frymën.

³⁸ Atëherë veli i tempullit u ça më dysh nga maja deri në fund.

³⁹ Dhe centurioni që qëndronte përballë Jezusit, kur pa se, pasi Jezusi bërtiti ashtu, kishte dhënë shpirt, tha: "Me të vërtetë ky njeri ishte Biri i Perëndisë!".

⁴⁰ Aty ishin gjithashtu edhe gra që shikonin nga larg; midis tyre ishin Maria Magdalena dhe Maria, nëna e Jakobit të vogël të Joses dhe Salomeja,

⁴¹ të cilat e kishin ndjekur dhe i kishin shërbyer kur ishte në Galile; dhe kishte edhe shumë të tjera që ishin ngjitur bashkë me të në Jeruzalem.

⁴² Pastaj, u afrua tashmë mbrëmja, sepse ishte Përgatitja, domethënë vigjilja e së shtunës,

⁴³ Jozefi nga Arimatea, një këshilltar i respektuar, i cili priste edhe ai mbretërinë e Perëndisë, me guxim hyri te Pilati dhe kërkoi trupin e Jezusit.

⁴⁴ Dhe Pilati u çudit që tashmë kishte vdekur. Dhe thirri centurionin dhe e pyeti nëse kishte vdekur prej shumë kohe.

⁴⁵ Dhe si u sigurua nga centurioni, ia la trupin Jozefit.

⁴⁶ Ky, mbasi bleu një çarçaf, e zbriti Jezusin nga kryqi, e mbështolli në çarçaf dhe e vuri në një varr që ishte hapur në shkëmb; pastaj rrokullisi një gur para hyrjes së varrit.

⁴⁷ Dhe Maria Magdalena dhe Maria, nëna e Joses, vërenin ku e vunë.

Kapitull 16

¹ Si kaloi e shtuna, Maria Magdalena dhe Maria, nëna e Jakobit, dhe Salomeja blenë aroma për të shkuar të vajosin Jezusin.

² Në mëngjesin e ditës së parë të javës, shumë herët, ato erdhën te varri, kur po lindte dielli.

³ Dhe thonin në mes tyre: "Kush do të na rrokullisë gurin nga hyrja e varrit?".

⁴ Por, kur ngritën sytë, panë se guri ishte rrokullisur, megjithëse ishte shumë i madh.

⁵ Hynë, pra, në varr dhe panë një djalosh që ishte ulur në të djathtë, të veshur me të bardha, dhe mbetën të trembura.

⁶ Dhe ai u tha atyre: "Mos u trembni! Ju kërkoni Jezusin Nazareas që ka qenë kryqëzuar; ai u ringjall, nuk është këtu; ja vendi ku e kishin vënë.

⁷ Por shkoni dhe u thoni dishepujve të tij dhe Pjetrit se ai po ju pararend në Galile; atje do ta shihni, ashtu siç ju pati thënë".

⁸ Dhe ato dolën shpejt dhe ikën nga va-rri, sepse i zuri tmerri dhe habia; dhe nuk i thanë asgjë kurrkujt, sepse kishin frikë.

⁹ Tani Jezusi, pasi ishte ringjallur në mëngjesin e ditës së parë të javës, iu shfaq së pari Marisë Magdalenë, nga e cila pati dëbuar shtatë demonë.

¹⁰ Dhe ajo shkoi dhe ua tregoi atyre që kishin qenë bashkë me të, të cilët ishin të pikëlluar dhe e qanin.

¹¹ Por këta, kur dëgjuan se ishte gjallë dhe se u pa nga ajo, nuk i besuan.

¹² Mbas këtyre gjërave, iu shfaq në trajtë tjetër dyve prej tyre, që po shkonin në fshat.

¹³ Edhe ata shkuan dhe ua treguan të tjerëve; por as këtyre nuk u besuan.

¹⁴ Në fund iu shfaq të njëmbëdhjetëve kur ishin në tryezë dhe i qortoi për mosbesimin e tyre dhe për ngurtësinë e zemrës, sepse nuk u kishin besuar atyre që e kishin parë të ringjallur.

¹⁵ Pastaj u tha atyre: "Dilni në mbarë botën dhe i predikoni ungjillin çdo krijese;

¹⁶ ai që beson dhe është pagëzuar, do të jetë i shpëtuar; por ai që nuk ka besuar, do të jetë i dënuar.

¹⁷ Dhe këto janë shenjat që do t'i përcjellin ata që do të besojnë: në emrin tim ata do t'i dëbojnë demonët, do të flasin gjuhë të reja;

¹⁸ do t'i kapin me dorë gjarpërinjtë, edhe nëse do të pijnë diçka që shkakton vdekjen, nuk do t'u bëjë asnjë të keqe; do t'i vënë duart mbi të sëmurët dhe këta do të shërohen".

¹⁹ Zoti Jezus, pra, mbasi u foli, u ngrit në qiell dhe u ul në të djathtë të Perëndisë.

²⁰ Pastaj ata dolën dhe predikuan kudo, ndërsa Zoti bashkëvepronte me ta dhe e vërtetonte fjalën me shenjat që e shoqëronin. Amen.

Lukës

Kapitull 1

¹ Mbasi shumë vetë ndërmorën të renditin tregimin e ngjarjeve që ndodhën në mesin tonë,

² ashtu si na i përcollën ata që ishin bërë nga fillimi dëshmitarë okularë dhe shërbyes të fjalës,

³ m'u duk e mirë edhe mua, pasi i hetova të gjitha gjërat me kujdes që nga fillimi, të t'i shkruaj sipas radhës, fort i nderuari Teofil,

⁴ që ti të njohësh vërtetësinë e gjërave që të kanë mësuar.

⁵ Në ditën e Herodit, mbretit të Judesë, ishte një prift me emër Zakaria, nga rendi i Abias; gruaja e tij ishte pasardhëse e Aaronit dhe quhej Elizabetë.

⁶ Që të dy ishin të drejtë në sytë e Perëndisë, duke ecur pa të metë në të gjitha urdhërimet dhe ligjet e Zotit.

⁷ Por nuk kishin fëmijë, sepse Elizabeta ishte shterpe, dhe të dy ishin të kaluar në moshë.

⁸ Ndodhi që, kur Zakaria po ushtronte detyrën e tij priftërore para Perëndisë sipas rregullit të rendit të vet,

⁹ sipas zakonit të shërbesës priftërore, i ra shorti të hyjë në tempullin e Zotit për të djegur temjanin.

¹⁰ Ndërkaq mbarë turma e popullit rrinte jashtë e lutej, në orën e temjanit.

¹¹ Atëherë një engëll i Zotit iu shfaq duke qëndruar në këmbë në të djathtën e altarit të temjanit.

¹² Zakaria, kur e pa, u trondit dhe e zuri frika.

¹³ Por engjëlli i tha: "Mos u tremb, Zakaria, sepse lutja jote u plotësua dhe gruaja jote Elizabeta do të lindë një djalë, të cilit do t'ia vësh emrin Gjon.

¹⁴ Dhe ai do të jetë për ty shkak gëzimi dhe hareje, dhe shumë vetë do të gëzohen për lindjen e tij.

¹⁵ Sepse ai do të jetë i madh përpara Zotit; nuk do të pijë as verë as pije dehëse dhe do të jetë i përplotë me Frymën e Shenjtë që në barkun e s'ëmës.

¹⁶ Dhe do t'i kthejë shumë prej bijve të Izraelit te Zoti, Perëndia i tyre.

¹⁷ Dhe do të shkojë përpara tij në frymë dhe pushtet të Elias, për t'i kthyer zemrat e prindërve te fëmijët dhe rebelët në urtinë e të drejtëve, për t'ia bërë gati Zotit një popull të përgatitur mirë".

¹⁸ Dhe Zakaria i tha engjëllit: "Nga se do ta njoh këtë? Sepse unë jam plak dhe gruaja ime është e kaluar në moshë".

¹⁹ Dhe engjëlli, duke iu përgjigjur, i tha: "Unë jam Gabrieli që rri në prani të Perëndisë, dhe më kanë dërguar që të flas me ty dhe të të njoftoj këto lajme të mira.

²⁰ Dhe ja, ti do të jesh i pagojë dhe nuk do të mund të flasësh deri në atë ditë kur do të ndodhin këto gjëra, sepse nuk u ke besuar fjalëve të mia, të cilat do të përmbushen në kohën e tyre".

²¹ Ndërkaq populli po priste Zakarian dhe çuditej që ai po vonohej aq shumë brenda tempullit.

²² Por, kur doli, nuk mundi t'u flasë atyre; atëherë ata e kuptuan se ai kishte pasur një vegim në tempull; ai u bënte shenja atyre, por mbeti i pagojë.

²³ Dhe ndodhi që, kur u plotësuan ditët e shërbesës së tij, ai u kthye në shtëpinë e vet.

²⁴ Dhe, pas atyre ditëve Elizabeta, gruaja e tij, u ngjiz; dhe u fsheh pesë muaj dhe thoshte:

²⁵ "Ja ç'më bëri Zoti, në ato ditë kur e ktheu vështrimin e tij mbi mua për të më hequr turpin përpara njerëzve".

²⁶ Në muajin e gjashtë, engjëlli Gabriel u dërgua nga Perëndia në një qytet të Galilesë, që quhej Nazaret,

²⁷ te një e virgjër, që ishte e fejuar me një njeri që quhej Jozef, nga shtëpia e Davidit; dhe emri i virgjëreshës ishte Maria.

²⁸ Dhe engjëlli hyri te ajo dhe tha: "Tungjatjeta, o hirplote, Zoti është me ty; ti je e bekuar ndër grate",

²⁹ Por kur e pa atë, ajo mbeti e shqetësuar nga fjalët e tij, dhe pyeste vetveten çfarë kuptimi mund të kishte një përshëndetje e tillë.

³⁰ Dhe engjëlli i tha: "Mos ki frikë, Mari, sepse ke gjetur hir para Perëndisë.

³¹ Dhe ja, ti do të mbetesh shtatzënë dhe do të lindësh një djalë, dhe do t'ia vesh emrin Jezus.

³² Ai do të jetë i madh dhe do të quhet Biri i Shumë të Lartit; dhe Zoti Perëndi do t'i japë fronin e Davidit, atit të tij;

³³ dhe do të mbretërojë mbi shtëpinë e Jakobit përjetë, dhe mbretëria e tij nuk do të ketë kurrë të sosur".

³⁴ Dhe Maria i tha engjëllit: "Si do të ndodhë kjo, përderisa unë nuk njoh burrë?".

³⁵ Dhe engjëlli duke u përgjigjur, i tha: "Fryma e Shenjtë do të vijë mbi ty dhe pushteti i Shumë të Lartit do të të mbulojë me hijen e vet; prandaj i shenjti që do të lindë prej teje do të quhet Bir i Perëndisë.

³⁶ Dhe ja, Elizabeta, e afërmja jote, edhe ajo, në pleqërinë e saj, mbeti shtatzënë me një djalë; dhe ky është muaji i gjashtë për të, që e quanin shterpë,

³⁷ sepse me Perëndinë asgjë s'është e pamundshme".

³⁸ Atëherë Maria tha: "Ja shërbëtorja e Zotit; le të më ndodhë sipas fjalës sate". Dhe engjëlli u largua prej saj.

³⁹ Dhe në ato ditë Maria u ngrit dhe shkoi me nxitim në krahinën malore, në një qytet të Judesë,

⁴⁰ dhe hyri në shtëpinë e Zakarias e përshëndeti Elizabetën.

⁴¹ Dhe ndodhi që, sapo Elizabeta dëgjoi përshëndetjen e Maries, fëmija i kërceu në bark, dhe Elizabeta u mbush me Frymën e Shenjtë,

⁴² dhe thërriti me zë të lartë, duke thënë: "Ti je e bekuar ndër gratë dhe i bekuar është fryti i barkut tënd.

⁴³ Dhe përse po më ndodh kjo, që nëna e Zotit tim të vijë tek unë?

⁴⁴ Sepse, ja, sapo arriti në veshët e mi zëri i përshëndetjes sate, fëmija nga gëzimi kërceu në barkun tim.

⁴⁵ Tani, e lumur është ajo që besoi, sepse gjërat që i janë thënë nga ana e Zotit do të realizohen!".

⁴⁶ Dhe Maria tha: "Shpirti im e madhëron Zotin,

⁴⁷ dhe fryma im ngazëllon në Perëndinë, Shpëtimtarin tim,

⁴⁸ sepse ai e shikoi me pëlqim ultësinë e shërbëtores së tij; sepse ja, tani e tutje të gjitha brezat do të më shpallin të lume,

⁴⁹ sepse i Pushtetshmi më bëri gjëra të mëdha, dhe i Shenjtë është emri i tij!

⁵⁰ Dhe mëshira e tij shtrihet nga brezi në brez për ata që e druajnë.

⁵¹ Ai veproi pushtetshëm me krahun e vet; i shpërndau krenarët me mendimet e zemrave të tyre;

⁵² i përmbysi pushtetarët nga fronat e tyre dhe i ngriti të përulurit;

⁵³ i mbushi me të mira të uriturit dhe i ktheu duarbosh të pasurit.

⁵⁴ Ai e ndihmoi Izraelin, shërbëtorin e vet, duke i kujtuar për mëshirën e tij,

⁵⁵ ashtu si ua pati deklaruar etërve tanë, Abrahamit dhe pasardhësve të tij, për gjithmonë".

⁵⁶ Dhe Maria ndenji me Elizabetën gati tre muaj, pastaj u kthye në shtëpinë e vet.

⁵⁷ Dhe Elizabetës i erdhi koha që të lindë dhe të nxjerrë në dritë një djalë.

⁵⁸ Fqinjët e saj dhe të afërmit, kur dëgjuan se Zoti kishte treguar mëshirë të madhe ndaj saj, u gëzuan me të.

⁵⁹ Dhe ndodhi që të tetën ditë erdhën për ta rrethprerë djalin, dhe donin t'ia quanin Zakaria, me emrin e atit të tij;

⁶⁰ por e ëma ndërhyri dhe tha: "Jo, por përkundrazi do të quhet Gjon".

⁶¹ Dhe ata i thanë: "S'ka njeri në fisin tënd që të quhet me këtë emër".

⁶² Kështu me shenja e pyetën të atin, si donte që t'i quhej.

⁶³ Ai atëherë kërkoi një tabelë shkrimi dhe shkroi mbi të: "Emri i tij është Gjon". Dhe të gjithë u mrrekulluan.

⁶⁴ Në atë çast goja e tij u hap dhe gjuha e tij u zgjidh, dhe fliste duke bekuar Perëndinë.

⁶⁵ Dhe të gjithë fqinjëve të tyre u hyri druajtja, dhe të gjitha këto gjëra u përhapën nëpër krejt krahinën malore të Judesë.

⁶⁶ Të gjitha ata që i dëgjuan, i vunë në zemrën e tyre duke thënë: "Vallë kush do të jetë ky fëmijë?". Dhe dora e Zotit ishte me të.

⁶⁷ Dhe Zakaria, ati i tij, u mbush me Frymën e Shenjtë dhe profetizoi, duke thënë:

⁶⁸ Bekuar qoftë Zoti, Perëndia i Izraelit, sepse e ka vizituar dhe e kreu çlirimin e popullit të vet;

⁶⁹ dhe na ngriti një shpëtim të pushtetshëm në shtëpinë e Davidit, shërbëtorit të vet,

⁷⁰ ashtu si ai e kishte deklaruar nëpërmjet gojës së profetëve të tij të shenjtë që nga kohët e lashta, që ne të shpëtojmë

⁷¹ prej armiqve tanë dhe prej dorës së gjithë atyre që na urrejnë,

⁷² për të treguar mëshirë tek etërit tanë e për t'u kujtuar për besëlidhjen e tij të shenjtë,

⁷³ betimin që i bëri Abrahamit, atit tonë,

⁷⁴ për të na lejuar që, pasi të çlirohemi nga duart e armiqve tanë, të mund t'i shërbejmë pa frikë,

⁷⁵ në shenjtëri e në drejtësi përpara atij, të gjitha ditët e jetës sonë.

⁷⁶ Dhe ti, o fëmijë i vogël, do të quhesh profet nga Shumë i Larti, sepse ti do të shkosh përpara fytyrës së Zotit për të përgatitur udhët e tij,

⁷⁷ për t'i dhënë popullit të tij njohjen e shpëtimit, në faljen e mëkateve të tyre;

⁷⁸ për hir të thellësisë së mëshirës së Perëndisë sonë, për të cilën agimi nga lart na ka vizituar,

⁷⁹ për të ndriçuar ata që dergjeshin në errësirë dhe në hijen e vdekjes, për të udhëhequr hapat tona në udhën e paqes".

⁸⁰ Ndërkaq fëmija rritej dhe forcohej në frymë: dhe qëndroi në shkretëtirë deri në atë ditë, kur ai duhej t'i zbulohej Izraelit.

Kapitull 2

¹ Tani, në atë ditë u shpall një dekret nga ana e Cezar Augustit, për të kryer regjistrimin e popullsisë të gjithë perandorisë.

² Ky regjistrim qe i pari që u krye kur Kuirini ishte guvernatori i Sirisë.

³ Dhe të gjithë shkonin të regjistroheshin, secili në qytetin e vet.

⁴ Tani edhe Jozefi doli nga qyteti i Nazaretit të Galilesë, për të shkuar në Jude, në qytetin e Davidit, që quhet Bethlehem, sepse ai ishte i shtëpisë dhe i familjes së Davidit,

⁵ për t'u regjistruar bashkë me Marinë, gruan e vet, me të cilën ishte martuar dhe që ishte shtatzënë.

⁶ Kështu, ndërsa ishin atje, asaj i erdhi koha të lindë.

⁷ Dhe ajo lindi djalin e saj të parëlindur, e mbështolli me pelena dhe e vendosi në një grazhd, sepse në han nuk kishte vend për ta.

⁸ Tani në po atë krahinë ishin disa barinj që rrinin jashtë, në fusha, dhe natën ruanin kopenë e tyre.

⁹ Dhe ja, një engjëll i Zotit iu paraqit atyre dhe lavdia e Zotit shkëlqeu rreth tyre e ata i zuri një frikë e madhe.

¹⁰ Por engjëlli u tha atyre: "Mos druani, sepse unë po ju lajmëroj një gëzim të madh për të gjithë popullin;

¹¹ sepse sot në qytetin e Davidit lindi për ju një Shpëtimtar, që është Krishti, Zoti.

¹² Dhe kjo do t'ju vlejë si shenjë: ju do të gjeni një fëmijë të mbështjellur me pelena, të shtrirë në një grazhd".

¹³ Dhe menjëherë engjëllit iu bashkua një shumicë e ushtrisë qiellore, që lëvdonte Perëndinë, duke thënë:

¹⁴ "Lavdi Perëndisë në vendet më të larta, dhe paqe mbi tokë njerëzve mbi të cilët qëndron mirëdashja e tij!".

¹⁵ Dhe ndodhi që, kur engjëjt u larguan prej tyre për t'u kthyer në qiell, barinjtë i thanë njeri tjetrit: "Le të shkojmë deri në Bethlehem për të parë ç'ka ndodhur dhe ç'na bëri të ditur Zoti".

¹⁶ Shkuan, pra, me nxitim dhe gjetën Marinë, Jozefin dhe fëmijën që ndodhej në një grazhd.

¹⁷ Mbasi e panë, përhapën ato që u ishte thënë për atë fëmijë.

¹⁸ Dhe të gjithë ata që i dëgjuan, u mrekulluan nga gjërat që u treguan barinjtë.

¹⁹ Maria i ruante të gjitha këto fjalë, duke i medituar në zemrën e saj.

²⁰ Dhe barinjtë u kthyen, duke përlëvduar dhe lavdëruar Perëndinë për të gjitha gjërat që kishin dëgjuar dhe parë, ashtu si u ishte thënë atyre.

²¹ Dhe kur kaluan të tetë ditët, pas të cilave ai duhej rrethprerë, ia vunë emrin Jezus, emër të dhënë nga engjëlli para se ai të ngjizej në bark.

²² Kur pastaj ishin plotësuar ditët e pastrimit të saj sipas ligjit të Moisiut, e çuan fëmijën në Jeruzalem për t'ia paraqitur Zotit,

²³ ashtu siç është shkruar në ligjin e Zotit: "Çdo mashkull i parëlindur do të jetë thirrur shenjt për Zotin",

²⁴ dhe për të ofruar flijim, siç është thënë në ligjin e Zotit, një çift turtujsh ose dy pëllumbash të rinj.

²⁵ Dhe ja, në Jeruzalem ishte një njeri që quhej Simeon; Ky njeri ishte i drejtë dhe i përshpirtshëm dhe priste ngushëllimin e Izraelit; dhe Fryma e Shenjtë ishte mbi të.

²⁶ Dhe në mënyrë hyjnore atij i qe zbuluar nga Fryma e Shenjtë se nuk do të vdiste para se të kishte parë Krishtin e Zotit.

²⁷ Ai pra, i shtyrë nga Fryma, erdhi në tempull; dhe, si prindërit i prunë fëmijën Jezus për të bërë me të ato që përshkruan ligji,

²⁸ ai e mori në krah e bekoi Perëndinë duke thënë:

²⁹ "Tani, o Zot, lejo që shërbëtori yt të vdesë në paqe, sipas fjalës sate,

³⁰ sepse sytë e mi e panë shpëtimin tënd

³¹ që ti e përgatite përpara gjithë popujve:

³² dritën për të ndriçuar kombet dhe lavdinë e popullit tënd, Izraelit".

³³ Dhe Jozefi e nëna e fëmijës mrrekulloheshin për gjërat që thuheshin për të.

³⁴ Pastaj Simeoni i bekoi dhe i tha Marisë, nënës së tij: "Ja, ky është vënë për rënien dhe për ngritjen e shumë vetave në Izrael dhe për të qenë shenjë kundërshtimesh,

³⁵ edhe ty vetë një shpatë do të ta tejshpojë shpirtin, që të zbulohen mendimet e shumë zemrave".

³⁶ Aty ishte edhe Ana, një profeteshë, bija e Fanuelit, nga fisit i Aserit, e cila ishte shumë e kaluar në moshë, që kishte jetuar mbas virgjërisë së saj shtatë vjet me burrin.

³⁷ Ajo ishte e ve dhe, megjithse ishte tetëdhjetë e katër vjeçe, nuk largohej kurrë nga tempulli duke i shërbyer Perëndisë natë e ditë me agjërime dhe lutje.

³⁸ Edhe ajo erdhi në atë moment, lavdëroi Zotin dhe u fliste për këtë fëmijë të gjithë atyre që prisnin çlirimin në Jeruzalem.

³⁹ Dhe mbasi i kryen të gjitha ato që i takonin sipas ligjit të Zotit, u kthyen në Galile, në qytetin e tyre, Nazaret.

⁴⁰ Ndërkaq fëmija rritej dhe forcohej në frymë, duke qenë plot dituri; dhe hiri i Perëndisë ishte mbi të.

⁴¹ Tani prindërit e tij shkonin çdo vit në Jeruzalem për festën e Pashkës.

⁴² Dhe, kur ai i mbushi dymbëdhjetë vjeç, ata u ngjitën në Jeruzalem, sipas zakonit të festës.

⁴³ Dhe si u përmbushën ato ditë, kur ata u kthyen, fëmija Jezus ndënji në Jeruzalem; por Jozefi dhe e ëma e tij nuk e dinin.

⁴⁴ Duke menduar se ai ishte në shoqëri, ata bënë një ditë rrugë, pastaj filluan ta kërkojnë midis farefisit dhe të njohurve;

⁴⁵ dhe, duke qenë se nuk e gjetën, u kthyen në Jeruzalem për ta kërkuar.

⁴⁶ Dhe ndodhi që, pas tri ditësh, e gjetën në tempull, të ulur në mes të dijetarëve, duke i dëgjuar dhe duke u bërë atyre pyetje.

⁴⁷ Dhe të gjithë ata që e dëgjonin, habiteshin nga zgjuarësia e tij dhe nga përgjigjet e tij.

⁴⁸ Dhe, kur ata e panë, mbetën të habitur, dhe e ëma i tha: "Bir, pse na e bëre këtë? Ja, yt atë dhe unë, në ankth, po të kërkonim!".

⁴⁹ Por ai u tha atyre: "Përse më kërkonit? A nuk e dinit se më duhet të merrem me punët e Atit tim?".

⁵⁰ Por ata nuk i kuptuan fjalët që ai u tha atyre.

⁵¹ Dhe ai zbriti bashkë me ta, u kthye në Nazaret dhe i bindej atyre. E ëma i ruante të gjitha këto fjalë në zemrën e saj.

⁵² Dhe Jezusi rritej në dituri, në shtat dhe në hir përpara Perëndisë dhe njerëzve.

Kapitull 3

¹ Tani në vitin e pesëmbëdhjetë të mbretërimit të Tiberit Cezar, kur Ponc Pilati ishte qeveritari i Judesë, Herodi tetrarku i Galilesë, i vëllai, Filipi, tetrarku i Itureas dhe i krahinës së Trakonitidës dhe Lizania tetrarku i Abilenës,

² nën kryepriftërinjtë Ana dhe Kajfa, fjala e Perëndisë iu drejtua Gjonit, birit të Zakarias, në shkretëtirë.

³ Atëherë ai e përshkoi gjithë krahinën përreth Jordanit, duke predikuar një pagëzim pendimi për faljen e mëkateve,

⁴ ashtu siç është shkruar në librin e fjalëve të profetit Isaia, që thotë: "Ja, zëri i njërit që bërtet në shkretëtirë: Përgatitni udhën e Zotit, drejtoni shtigjet e tij!

⁵ Çdo luginë të jetë e mbushur dhe çdo mal e kodër të jetë sheshuar; vendet dredha-dredha të drejtohen dhe rrugët e vështira të sheshohen

⁶ dhe çdo mish do të shohë shpëtimin e Perëndisë".

⁷ Ai, pra, u thoshte turmave që shkonin të pagëzoheshin prej tij: "Pjellë nëpërkash, kush ju ka mesuar t'i arrataseni zemërimit që po vjen?

⁸ Bëni, pra, fryte të denja pendimi dhe mos filloni të thoni brenda jush: "Ne kemi Abrahamin për Atë", sepse unë po ju them se Perëndia mund t'i nxjerrë fëmijë Abrahamit edhe nga këta gurë.

⁹ Tashmë sëpata u vu në rrënjë të pemëve; çdo pemë që nuk jep fryt të mirë do të pritet dhe do të hidhet në zjarr".

¹⁰ Dhe turmat e pyesnin, duke thënë: "Dhe ne, pra, ç'të bëjmë?".

¹¹ Atëherë ai, duke përgjigjur, u tha atyre: "Ai që ka dy tunika le t'i ndajë me atë që s'ka, dhe ai që ka ha të veprojë po kështu".

¹² Tani erdhën edhe disa tagrambledhës që të pagëzohen dhe e pyetën: "Mësues, ç'duhet të bëjmë?".

¹³ Dhe ai u tha atyre: "Mos vilni asgjë më tepër nga sa ju është urdhëruar".

¹⁴ Edhe ushtarët e pyetën duke thënë: "Dhe ne, ç'duhet të bëjmë?". Dhe ai u tha atyre: "Mos i bëni shantazh asnjeriu, mos i bëni akuza të rreme kurrkujt dhe jini të kënaqur me pagën tuaj!".

¹⁵ Dhe populli ishte në pritje dhe të gjithë pyesnin në zemrat e veta nëse Gjoni ishte Krishti vetë.

¹⁶ Gjoni u përgjigj duke u thënë të gjithëve: "Unë ju pagëzoj me ujë; por vjen ai që është më i fortë nga unë, të cilit unë nuk jam i denjë as t'ia zgjidh lidhëset e sandaleve; ai do t'ju pagëzojë me Frymën e

Shenjtë dhe me zjarr.

¹⁷ Ai mban në dorë lopatën e vet, për ta pastruar krejt lëmin e vet dhe për të mbledhur grurin në hambarin e tij, por bykun do ta djegë me zjarr që nuk shuhet".

¹⁸ Kështu ai e ungjillizonte popullin duke e këshilluar me shumë mënyra të tjera.

¹⁹ Por Herodi, tetraku, mbasi u qortua prej tij për shkak të Herodiadës, gruas së vëllait të tij Filipit, dhe për të gjitha mbrapshtitë që ai kishte kryer,

²⁰ U shtoi të gjitha të tjerave edhe këtë, domethënë e futi Gjonin në burg.

²¹ Tani, si u pagëzua gjithë populli, edhe Jezusi u pagëzua; dhe ndërsa po lutej, qielli u hap

²² dhe Fryma e Shenjtë zbriti mbi të, në trajtën trupore si të pëllumbit, dhe nga qielli erdhi një zë, që thoshte: "Ti je Biri im i dashur, në ty unë jam kënaqur!".

²³ Dhe Jezusi ishte rreth tridhjetë vjeç; dhe e pandehnin se ishte bir i Jozefit, bir i Elit;

²⁴ bir i Mathatit, bir i Levit, bir i Melkit, bir i Janas, bir i Jozefit;

²⁵ bir i Matathias, bir i Amosit, bir i Naumit, bir i Eslit, bir i Nagait;

²⁶ bir i Maathit, bir i Matathias, bir i Semeit, bir i Jozefit, bir i Judës;

²⁷ bir i Joannas, bir i Resas, bir i Zorobabelit, bir i Salatielit, bir i Nerit;

²⁸ bir i Melkit, bir i Adit, bir i Kosamit, bir i Elmodamit, bir i Erit;

²⁹ bir i Joseut, bir i Eliezerit, bir i Iorimit, bir i Mathatit, bir i Levit;

³⁰ bir i Simeonit, bir i Judës, bir i Jozefit, bir i Jonanit, bir i Eliakimit;

³¹ bir i Meleas, bir i Menas, bir i Matathas, bir i Natanit, bir i Davidit;

³² bir i Jeseut, bir i Obedit, bir i Boozit, bir i Salmonit, bir i Naasonit;

³³ bir i Aminadabit, bir i Aramit, bir i Esromit, bir i Faresit, bir i Judës;

³⁴ bir i Jakobit, bir i Isakut, bir i Abrahamit, bir i Tares, bir i Nakorit;

³⁵ bir i Serukut, bir i Ragaut, bir i Pelekut, bir i Eberit, bir i Selës;

³⁶ bir i Kainanit, bir i Arfaksadit, bir i Semit, bir i Noeut, bir i Lamekut;

³⁷ bir i Mathusalës, bir i Enokut, bir i Jaredit, bir i Mahalaleelit, bir i Kainanit;

³⁸ bir i Enosit, bir i Setit, bir i Adamit, i Perëndisë.

Kapitull 4

¹ Dhe Jezusi, plot me Frymën e Shenjtë, u kthye nga Jordani dhe Fryma e çoi në shkretëtirë,

² ku për dyzet ditë e tundoi djalli; gjatë atyre ditëve ai nuk hëngri asgjë, por kur ato kaluan, e mori uria.

³ Dhe djalli i tha: "Nëse je Biri i Perëndisë, i thuaj këtij guri të bëhet bukë".

⁴ Por Jezusi u përgjigj duke thënë: "Është shkruar: "Njeriu nuk do të rrojë vetëm me bukë, por me çdo fjalë të Perëndisë"".

⁵ Pastaj djalli e çoi në një mal të lartë dhe, për një çast, i tregoi të gjitha mbretëritë e botës.

⁶ Dhe djalli i tha: "Unë do të të jap gjithë pushtetin e këtyre mbretërive dhe lavdinë e tyre, sepse m'u dha mua në dorë dhe unë ia jap kujt të dua.

⁷ Në qoftë se ti, pra, duke rënë përmbys, më adhuron, do të jetë krejt jotja".

⁸ Por Jezusi, duke u përgjigjur, i tha: "Largohu prej meje, Satana. Është shkruar: "Adhuro Zotin, Perëndinë tënd dhe shërbeji vetëm atij"".

⁹ Pastaj e çoi në Jeruzalem, e vuri në majë të tempullit, në cep, dhe i tha: "Nëse je Biri i Perëndisë, hidhu poshtë që këtej;

¹⁰ sepse është shkruar: "Ai do t'u urdhërojë engjëjve të vet rreth teje të të ruajnë.

¹¹ Dhe ata do të të mbajnë mbi duart e tyre që këmba jote të mos ndeshë me asnjë gur"".

¹² Dhe Jezusi u përgjigj dhe i tha: "Është thënë: "Mos e tundo Zotin, Perëndinë tënd"".

¹³ Dhe kur djalli i mbaroi të gjitha tundimet, u largua prej tij, për një farë kohe.

¹⁴ Dhe Jezusi, në fuqinë e Frymës, u kthye në Galile dhe fama e tij u përhap në mbarë krahinën përreth.

¹⁵ Dhe ai mësonte në sinagogat e tyre, i nderuar nga të gjithë.

¹⁶ Pastaj erdhi në Nazaret, ku ishte rritur, dhe si e kishte zakon ditën e shtunë, hyri në sinagogë dhe u ngrit për të lexuar.

¹⁷ I dhanë në dorë librin e profetit Isaia; e hapi dhe gjeti vendin ku ishte shkruar:

¹⁸ "Fryma e Zotit është mbi mua, sepse ai më vajosi për të ungjillizuar të varfërit; ai më dërgoi për të shëruar ata që e kanë zemrën të thyer, për të shpallur çlirimin e të burgosurve dhe kthimin e të parit të verbërve, për të çliruar përsëri të shtypurit,

¹⁹ dhe për të predikuar vitin e pranueshëm të Zotit".

²⁰ Pastaj, si e mbylli librin dhe ia dha shërbyesit, u ul; dhe sytë e të gjithëve në sinagogë u drejtuan mbi të.

²¹ Atëherë ai nisi të thotë: "Sot ky Shkrim u përmbush në veshët tuaja".

²² Dhe të gjithë jepnin dëshmi dhe mrekulloheshin për fjalët e hirit që dilnin nga goja e tij, dhe thoshnin: "Po ky, a nuk është biri i Jozefit?".

²³ Dhe ai u tha atyre: "Me siguri ju do të më përmendni fjalën e urtë: "Mjek, shëro veten tënde"; të gjitha ato që dëgjuam se u bënë në Kapernaum, bëji edhe këtu në atdheun tënd".

²⁴ Por ai tha: "Në të vërtetë po ju them se asnjë profet nuk mirëpritet në atdheun e vet.

²⁵ Në të vërtetë po ju them se në kohën e Elias, kur qielli u mbyll për tre vjet e gjashtë muaj dhe u bë një uri e madhe në gjithë vendin, ishin shumë të veja në Izrael;

²⁶ e megjithatë tek asnjëra nga ato nuk u dërgua Elia, përveç se te një grua e ve në Sareptë të Sidonit.

²⁷ Dhe në kohën e profetit Elize kishte shumë lebrozë në Izrael; megjithatë asnjë prej tyre nuk u pastrua, përveç Naamanit Sirian".

²⁸ Kur i dëgjuan këto fjalë, të gjithë ata që ishin në sinagogë u zemëruan shumë.

²⁹ Dhe u ngritën, e dëbuan nga qyteti dhe e çuan deri në buzë të majës së malit, mbi të cilin ishte ndërtuar qyteti i tyre, për ta hedhur poshtë.

³⁰ Por ai, duke kaluar përmes tyre, u largua.

³¹ Pastaj zbriti në Kapernaum, qytet i Galilesë, dhe i mësonte njerëzit ditët e shtuna.

³² Dhe ata habiteshin nga mësimi i tij, sepse fjala e tij ishte me autoritet.

³³ Në sinagogë ishte një njeri që ishte pushtuar me frymën e një demoni të ndyrë. Ai bërtiti me zë të lartë duke thënë:

³⁴ "Ah, ç'ka mes nesh dhe teje, o Jezus Nazareas? A erdhe të na shkatërrosh? Unë e di se kush je ti: i Shenjti i Perëndisë!".

³⁵ Por Jezusi e qortoi duke thënë: "Hesht dhe dil prej tij!". Dhe demoni, pasi e përplasi përpara tyre, doli prej tij pa i bërë asgjë të keqe.

³⁶ Atëherë të gjithë i pushtoi habia dhe i thoshin njëri-tjetrit: "Ç'fjalë është kjo, vallë? Ai urdhëron me autoritet dhe pushtet frymërat e ndyra dhe ata dalin!".

³⁷ Dhe fama e tij përhapej në çdo vend të krahinës përreth.

³⁸ Mbasi doli nga sinagoga, Jezusi hyri në shtëpinë e Simonit. Vjehrrën e Simonit e kishin zënë ethe të forta; dhe ata e lutën për të.

³⁹ Ai u përkul mbi të, qortoi ethet dhe ato e lëshuan; dhe ajo u ngrit menjëherë dhe filloi t'u shërbejë.

⁴⁰ Kur perëndoi dielli, të gjithë ata që kishin të sëmurë me sëmundje të ndryshme i prunë tek ai; dhe ai i shëroi duke vënë duart mbi secilin prej tyre.

⁴¹ Prej shumë vetëve dilnin demonë që bërtitnin dhe thoshnin: "Ti je Krishti, Biri i Perëndisë". Por ai i qortonte dhe nuk lejonte të flisnin, sepse ata e dinin se ai ishte Krishti.

⁴² Kur zbardhi drita ai doli dhe shkoi në një vend të pabanuar. Por turmat e kërkonin dhe e arritën; dhe e mbanin që të mos largohej prej tyre.

⁴³ Por ai u tha atyre: "Më duhet ta shpall lajmin e mirë të mbretërisë së Perëndisë edhe në qytete të tjera, sepse për këtë jam dërguar".

⁴⁴ Dhe ai predikonte nëpër sinagoga të Galilesë.

Kapitull 5

¹ Dhe ndodhi që Jezusi, kur po ndodhej në bregun e liqenit të Gjenezaretit e ndërsa turma po shtyhej rreth tij për të dëgjuar fjalën e Perëndisë,

² pa dy barka të lidhura në breg të liqenit, nga të cilat kishin dalë peshkatarët dhe po lanin rrjetat.

³ Atëherë hyri në një nga ato barka, në atë që ishte e Simonit, dhe iu lut që të largohej pak nga bregu. U ul dhe mësonte turmat nga barka.

⁴ Dhe kur mbaroi së foluri i tha Simonit: "Shko në të thella, dhe hidhni rrjetat tuaja për të zënë peshk".

⁵ Dhe Simoni, duke u përgjigjur, i tha: "Mësues, u munduam gjithë natën dhe nuk zumë asgjë; por, për fjalën tënde, do ta hedh rrjetën.

⁶ Dhe, si bënë kështu, zunë një sasi aq të madhe peshku, sa po

shqyhej rrjeta.

⁷ Atëherë u bënë shenjë shokëve të tyre që ishin në barkën tjetër, që të vinin e t'i ndihmonin. Dhe ata erdhën dhe i mbushën të dy barkat aq sa gati po fundoseshin.

⁸ Simon Pjetri, kur pa këtë, i ra ndër këmbë Jezusit dhe i tha: "Zot, largohu prej meje, sepse jam njeri mëkatar".

⁹ Në të vërtetë Pjetri dhe të gjithë ata që ishin me të, habiteshin për shkak të sasisë së peshkut që kishin zënë.

¹⁰ E njëjta gjë u ngjau edhe Jakobit dhe Gjonit, bijve të Zebedeut, që ishin shokë të Simonit. Atëherë Jezusi i tha Simonit: "Mos ki frikë; tash e tutje ti do të jesh peshkatar njerëzish të gjallë".

¹¹ Pastaj ata, si i nxorën në breg barkat, lanë çdo gjë dhe ndiqnin.

¹² Ndodhi që, ndërsa Jezusi ndodhej në një nga ato qytete, erdhi një njeri i mbushur plot me lebër, i cili, kur e pa Jezusin, ra me fytyrë për dhe dhe iu lut duke thënë: "Zot, po të duash, ti mund të më pastrosh".

¹³ Atëherë ai e zgjati dorën, e preku duke thënë: "Po, e dua, qofsh i pastruar". Dhe menjëherë lebra iu zhduk.

¹⁴ Dhe Jezusi e urdhëroi: "Mos ia trego kurrkujt; por shko, paraqitu te prifti dhe bëj një ofertë për pastrimin tënd, sikurse e ka përshkruar Moisiu, që kjo t'u shërbejë si dëshmi".

¹⁵ Dhe fama e tij po përhapej gjithnjë e më shumë; dhe turma të mëdha mblidheshin për ta dëgjuar dhe për t'u shëruar prej tij nga sëmundjet e veta.

¹⁶ Por ai tërhiqej në vende të vetmuara dhe lutej.

¹⁷ Një ditë ndodhi që, ndërsa Jezusi po mësonte, ishin të pranishëm, ulur, disa farisenj dhe mësues të ligjit, që kishin ardhur nga të gjitha fshatrat e Galilesë, të Judesë dhe nga Jeruzalemi; dhe fuqia e Zotit ishte me të, që të kryente shërime.

¹⁸ Dhe ja, disa njerëz po sillnin mbi një vig një njeri të paralizuar dhe kërkonin ta fusnin brenda dhe ta vinin përpara tij.

¹⁹ Por, duke mos gjetur se si ta fusnin brenda për shkak të turmës, hipën mbi çatinë e shtëpisë dhe e lëshuan përmjet tjegullave me gjithë vig midis njerëzve, përpara Jezusit.

²⁰ Dhe ai, duke parë besimin e tyre, i tha atij: "Njeri, mëkatet e tua të janë falur".

²¹ Atëherë skribët dhe farisenjtë filluan të arsyetojnë duke thënë: "Kush është ky që thotë blasfemi? Kush mund t'i falë mëkatet, përveç vetëm Perëndi?".

²² Por Jezusi, duke i njohur mendimet e tyre, e mori fjalën dhe tha: "Ç'po arsyetoni në zemrat tuaja?

²³ Çfarë është më e lehtë, të thuhet: "Mëkatet e tua të janë falur", apo të thuhet: "Çohu dhe ec"?

²⁴ Tani, pra, me qëllim që ju ta dini se Biri i njeriut ka pushtet mbi tokë të falë mëkatet, unë të them (i tha paralizuarit), çohu, merre vigun tënd dhe shko në shtëpinë tënde!".

²⁵ Dhe menjëherë ai njeri u ngrit përpara tyre, mori vigun mbi të cilin qe shtrirë dhe shkoi në shtëpinë e vet, duke përlëvduar Perëndinë.

²⁶ Dhe të gjithë u habitën dhe përlëvdonin Perëndinë, dhe, plot frikë, thoshnin: "Sot pamë gjëra të mahnitshme".

²⁷ Dhe, mbas këtyre gjërave, ai doli dhe pa një tagrambledhës, që quhej Levi, dhe rrinte në vendin e tatimeve, dhe i tha: "Ndiqmë".

²⁸ Dhe ai i la të gjitha, u ngrit dhe e ndoqi.

²⁹ Pastaj Levi i përgatiti në shtëpinë e tij një gosti të madhe, dhe një numër i madh tagrambledhësish e të tjerë rrinin në tryezë bashkë me ta.

³⁰ Por skribët dhe farisenjtë e atij vendi murmurisnin kundër dishepujve të Jezusit duke thënë: "Përse hani dhe pini bashkë me tagrambledhës dhe mëkatarë?".

³¹ Dhe Jezusi, duke u përgjegjur, u tha: "Nuk janë të shëndoshët ata që kanë nevojë për mjek, por të sëmurët.

³² Unë nuk erdha t'i thërres të pendohen të drejtit, por mëkatarët".

³³ Atëherë ata i thanë: "Përse dishepujt e Gjonit si dhe ata të farisenjve agjërojnë shpesh dhe luten, kurse të tutë hanë dhe pinë?".

³⁴ Ai u përgjigj atyre: "A mund t'i bëni dasmorët të agjërojnë, derisa dhëndri është me ta?

³⁵ Por do të vijnë ditët kur do t'ua heqin dhëndrin dhe atëherë, në ato ditë, ata do të agjërojnë".

³⁶ Përveç kësaj ai u tregoi një shëmbëlltyrë: "Askush nuk qep një copë të ri rrobe të re mbi një rrobe të vjetër; përndryshe gjendet me rroben e re të shqyer, dhe pjesa që u hoq nga rroba e re nuk i përshtatet së vjetrës.

³⁷ Dhe askush nuk shtie verë të re në kacekë të vjetër; përndryshe vera e re i pëlcet kacekët, dhe ajo derdhet e kacekët shkojnë dëm.

³⁸ Por duhet shtënë vera e re në kacekë të rinj dhe kështu që të dyja ruhen.

³⁹ Askush që ka pirë verë të vjetër, nuk do menjëherë verë të re, sepse ai thotë: "E vjetra është më e mirë"".

Kapitull 6

¹ Ndodhi që një të shtunë, pas së shtunës së madhe, ai po ecte nëpër arat me grurë, dhe dishepujt e vet këputnin kallinj, i shkoqnin me dorë dhe i hanin.

² Dhe disa nga farisejtë u thanë atyre: "Përse bëni atë që nuk është e lejueshme të bëhet të shtunën?".

³ Por Jezusi, duke u përgjigjur, u tha atyre: "A nuk keni lexuar çfarë bëri Davidi dhe ata që ishin bashkë me të kur i mori uria?

⁴ Si hyri në shtëpinë e Perëndisë, ai mori bukët e paraqitjes, hëngri vetë dhe u dha të hanë edhe atyre që ishin bashkë me të, ndonëse nuk ishte e lejueshme për asnjërin t'i hante, përveç priftërinjve?".

⁵ Pastaj u tha atyre: "Biri i njeriut është zot edhe i së shtunës".

⁶ Një të shtunë tjetër ndodhi që ai hyri në sinagogë dhe po mësonte; atje ishte një njeri që e kishte dorën e djathtë të tharë.

⁷ Dhe farisejtë dhe skribët rrinin dhe e ruanin nëse ai do ta shëronte të shtunën, që pastaj ta paditnin.

⁸ Por ai ua njihte mendimet e tyre dhe i tha njeriut me dorë të tharë: "Çohu dhe dil këtu në mes". Dhe ai u ngrit në këmbë.

⁹ Pastaj Jezusi u tha atyre: "Unë po ju pyes: A është e lejueshme, të shtunave, të bësh mirë apo keq, të shpëtosh një njeri apo ta vrasësh?".

¹⁰ Dhe si i vështroi të gjithë rreth e rrotull, i tha atij njeriu: "Shtrije dorën tënde!". Dhe ai veproi kështu dhe dora e tij iu shëndosh si tjetra.

¹¹ Ata u tërbuan dhe diskutonin me njëri-tjetrin se ç'mund t'i bënin Jezusit.

¹² Në ato ditë ndodhi që ai shkoi në mal për t'u lutur, dhe e kaloi natën duke iu lutur Perëndisë.

¹³ Dhe kur zbardhi dita, thirri pranë vetes dishepujt e vet dhe zgjodhi prej tyre dymbëdhjetë, të cilëve u dha edhe emrin apostuj:

¹⁴ Simonin, të cilit i vuri emrin Pjetër, dhe Andrean, vëllanë e tij, Jakobin e Gjonin, Filipin dhe Bartolomeun,

¹⁵ Mateun dhe Thomain, Jakobin e Alfeut dhe Simonin, që e quanin Zelota,

¹⁶ Judën, vëllanë e Jakobit dhe Judën Iskariot, i cili u bë tradhtar.

¹⁷ Pastaj, pasi zbriti bashkë me ta, ndaloi në një vend të sheshtë, me turmën e dishepujve të vet dhe me një numër të madh njerëzish nga gjithë Judea, nga Jeruzalemi dhe nga bregdeti i Tiros dhe i Sidonit, të cilët kishin ardhur për ta dëgjuar atë dhe për t'u shëruar nga sëmundjet e veta;

¹⁸ Por edhe ata që i mundonin frymërat e ndyrë shëroheshin.

¹⁹ E gjithë turma kërkonte ta prekte, sepse prej tij dilte një fuqi që i shëronte të gjithë.

²⁰ Ai, si i drejtoi sytë nga dishepujt e vet, thoshte: "Lum ju, të varfër, sepse juaja është mbretëria e Perëndisë".

²¹ Lum ju, që tani keni uri, sepse do të ngopeni. Lum ju, që tani qani, sepse do të qeshni.

²² Lum ju, kur njerëzit do t'ju urrejnë, do t'ju mallkojnë dhe do t'ju fyejnë, do ta shpallin emrin tuaj si të keq, për shkak të Birit të njeriut.

²³ Gëzohuni atë ditë dhe hidhuni nga gëzimi, sepse ja, shpërblimi juaj është i madh në qiell; në të njëjtën mënyrë, pra, etërit e tyre i trajtonin profetët.

²⁴ Por mjerë ju, o të pasur, sepse e keni ngushëllimin tuaj!

²⁵ Mjerë ju, që jeni të ngopur, sepse do të keni uri. Mjerë ju, që tani qeshni, sepse do të hidhëroheni e do të qani!

²⁶ Mjerë ju, kur të gjithë njerëzit do të flasin mirë për ju, sepse në të njëjtën mënyrë vepruan etërit e tyre me profetët e rremë.

²⁷ Por unë po ju them juve që më dëgjoni: "T'i doni armiqtë tuaj; u bëni të mirë atyre që ju urrejnë.

²⁸ Bekoni ata që ju mallkojnë dhe lutuni për ata që ju keqtrajtojnë.

²⁹ Nëse dikush të bie në njërën faqe, ktheja edhe tjetrën; dhe atij që të merr mantelin, mos e pengo të të marrë edhe tunikën.

³⁰ Jepi kujtdo që kërkon prej teje; dhe në se dikush merr gjënë tënde, mos kërko të ta kthejë.

³¹ Por, ashtu siç dëshironi që t'ju bëjnë juve njerëzit, po ashtu bëni me ta.

³² Por po t'i doni ata që ju duan, ç'meritë do të keni nga kjo? Sepse edhe mëkatarët i duan ata që i duan.

³³ Dhe në se u bëni të mirë atyre që ju bëjnë të mirë, çfarë merite do të keni nga kjo? Të njëjtën gjë bëjnë edhe mëkatarët.

³⁴ Dhe nëse u jepni hua atyre që shpresoni t'jua kthejnë, çfarë merite do të keni nga kjo? Edhe mëkatarët u japin hua mëkatarëve, që t'u kthehet aq sa dhanë.

³⁵ Por ju t'i doni armiqtë tuaj, bëni të mirë dhe jepni hua pa pasur shpresë për asgjë, dhe shpërblimi juaj do të jetë i madh dhe ju do të jeni bijtë e Shumë të Lartit, sepse ai është mirëdashës me mos-mirënjohësit dhe të mbrapshtët.

³⁶ Jini të mëshirshëm, pra, sikurse edhe Ati juaj është i mëshirshëm.

³⁷ Mos gjykoni dhe nuk do të gjykoheni; mos dënoni dhe nuk do të dënoheni; falni dhe do të jeni të falur.

³⁸ Jepni dhe do t'ju jepet: një masë e mirë, e ngjeshur, e tundur, gufuese do t'ju derdhet në gji, sepse me atë masë që do të matni, do t'ju matet edhe juve gjithashtu".

³⁹ Pastaj ai u tha një shëmbëlltyrë: "Një i verbër a mund t'i prijë një të verbri tjetër? Vallë nuk do të bien të dy në gropë?

⁴⁰ Dishepulli nuk ia kalon mësuesit të vet, madje çdo dishepull që ka mësuar do të jetë si mësuesi i vet.

⁴¹ Po pse ti e shikon lëmishtën në sy të vëllait tënd dhe nuk e sheh traun në syrin tënd?

⁴² Ose, si mund t'i thuash vëllait tënd: "Vëlla, më lër të të heq lëmishtën që ke në syrin tënd", kur ti vetë nuk e sheh traun në syrin tënd? O hipokrit, nxirre më parë traun nga syri yt dhe atëherë do të mund të shohësh mirë për të nxjerrë lëmishtën nga syri i vëllait tënd.

⁴³ Sepse nuk ka pemë të mirë që të japë fryt të keq, as pemë të keqe që të japë fryt të mirë.

⁴⁴ Çdo pemë, pra, njihet nga fryti i vet, sepse nuk mblidhen fiq nga gjembat dhe nuk vilet rrush nga ferra.

⁴⁵ Njeriu i mirë e nxjerr të mirën nga thesari i mirë i zemrës së vet; dhe njeriu i mbrapshtë e nxjerr të mbrapshta nga thesari i keq i zemrës së vet, sepse goja e njërit flet nga mbushullia e zemrës.

⁴⁶ Përse më thirrni, "Zot, Zot" dhe nuk bëni atë që ju them?

⁴⁷ Çdo njëri që vjen tek unë dhe dëgjon fjalët e mia dhe t'i vë në praktikë, unë do t'ju tregoj kujt i ngjan.

⁴⁸ Ai i ngjan njeriut që, kur ndërtoi shtëpinë e vet, gërmoi shumë thellë dhe e vendosi themelin mbi shkëmb. Erdhi një vërshim, përroi u sul mbi atë shtëpi, por s'e tundi dot, sepse e kishte themelin mbi shkëmb.

⁴⁹ Përkundrazi, ai që e dëgjoi dhe nuk i vuri në praktikë, i ngjan njeriut që e ndërtoi shtëpinë mbi tokë, por pa themel; kur iu sul përroi, ajo u shemb menjëherë dhe rrënimi i saj qe i madh".

Kapitull 7

¹ Si e përfundoi gjithë këtë ligjëratë drejtuar popullit që e dëgjoi, hyri në Kapernaum.

² Tani një centurion kishte një shërbëtor që e donte shumë; e kishte të sëmurë keq për vdekje.

³ Dhe centurioni, kur dëgjoi për Jezusin, i dërgoi disa pleq Judenj që ta lusnin të vinte e të shëronte shërbëtorin e tij.

⁴ Si arritën te Jezusi, ata e lutën me ngulm duke i thënë: "Ai e meriton që t'ia pranosh këtë gjë,

⁵ sepse ai e do popullin tonë dhe ai na e ndërtoi sinagogën".

⁶ Atëherë Jezusi shkoi me ta. E kur ishte jo shumë larg shtëpisë, centurioni dërgoi disa miq të tij për t'i thënë: "Zot, mos u shqetëso, sepse unë nuk jam i denjë që ti të hysh nën pullazin tim.

⁷ Për këtë shkak nuk e çmova veten të denjë të vij tek ti; por ti fol një fjalë dhe shërbëtori im do të shërohet.

⁸ Sepse edhe unë jam një njeri nën autoritetin e tjetërkujt dhe kam nën urdhër ushtarë; dhe i them njerit: "Shko", dhe ai shkon; dhe një tjetri: "Eja", dhe ai vjen; dhe shërbëtorit tim: "Bëje këtë", dhe ai e bën".

⁹ Kur i dëgjoi këto fjalë, Jezusi u mrekullua prej tij, dhe, duke iu drejtuar turmës që i vinte pas, tha: "Unë po ju them se as në Izrael nuk kam gjetur një besim kaq të madh".

¹⁰ Dhe, kur të dërguarit u kthyen në shtëpi, shërbëtorin, që kishte qenë i sëmurë, e gjetën të shëruar.

¹¹ Dhe të nesërmen ai shkoi në një qytet që quhej Nain; dhe bashkë me të shkonin shumë nga dishepujt e vet dhe një turmë e madhe.

¹² Dhe, kur iu afrua portës së qytetit, ja që po çonin për ta varrosur një të vdekur, djalin e vetëm të nënës së tij, që ishte e ve; dhe një turmë e madhe nga qyteti ishte me të.

¹³ Posa e pa, Zoti pati dhemshuri për të dhe i tha: "Mos qaj!"

¹⁴ U afrua, preku arkivolin, dhe ata që e bartnin u ndalën; atëherë ai tha: "Djalosh, unë të them, çohu!".

¹⁵ Dhe i vdekuri u çua ndenjur dhe filloi të flasë. Dhe Jezusi ia dha së ëmës.

¹⁶ Atëherë të gjithë u mrekulluan dhe lëvdonin Perëndinë duke thënë: "Midis nesh doli një profet i madh" dhe: "Perëndia e vizitoi popullin e vet".

¹⁷ Dhe kjo e thënë për të u përhap nëpër gjithë Judenë dhe anembanë krahinës përreth.

¹⁸ Gjoni u informua prej dishepujve të vet për të gjitha këto gjëra.

¹⁹ Dhe Gjoni thirri pranë tij dy nga dishepujt e vet, i dërgoi te Jezusi për t'i thënë: "A je ti ai që duhet të vijë, apo duhet të presim një tjetër?".

²⁰ Këta njerëz, pra, shkuan te ai dhe i thanë: "Gjon Pagëzori na dërgoi te ti për të të thënë: "A je ti ai që duhet të vijë, apo duhet të presim një tjetër?"".

²¹ Dhe në atë orë Jezusi shëroi shumë veta nga sëmundjet, nga fatkeqësitë dhe nga frymërat e lig, dhe shumë të verbërve ua dhuroi të parit.

²² Dhe Jezusi duke u përgjegjur u tha atyre: "Shkoni dhe i thoni Gjonit ç'keni parë e dëgjuar: të verbërit fitojnë përsëri të parit, të çalët ecin, lebrozët po pastrohen, të shurdhërit po dëgjojnë, të vdekurit po ringjallen, dhe ungjilli u shpallet të varfërve.

²³ I lumi ai që nuk do të skandalizohet prej meje!".

²⁴ Kur lajmëtarët e Gjonit u larguan, ai filloi t'u thotë turmave për Gjonin: "Ç'dolët të shihni në shkreti? Një kallam që e tund era?

²⁵ Po, ç'dolët të shihni? Një njeri të veshur me rroba të buta? Ja, ata që veshin rroba të shkëlqyera dhe jetojnë në bollëk banojnë në pallatet e mbretërve.

²⁶ Por, ç'dolët të shihni? Një profet? Po, unë po ju them: akoma më shumë se një profet.

²⁷ Ai është ai për të cilin u shkrua: "Ja, unë po dërgoj përpara fytyrës tënde lajmëtarin tim, që do ta përgatitë rrugën sate para teje".

²⁸ Sepse unë po ju them që nga të lindurit prej gruaje nuk ka asnjë profet më të madh se Gjon Pagëzori; por më i vogli në mbretërinë e Perëndisë është më i madh se ai".

²⁹ Dhe gjithë populli që e dëgjoi dhe tagrambledhësit e pranuan drejtësinë e Perëndisë dhe u pagëzuan me pagëzimin e Gjonit.

³⁰ Por farisenjtë dhe mësuesit e ligjit e refuzuan planin e Perëndisë për ta dhe nuk u pagëzuan.

³¹ Atëherë Zoti tha: "Me çfarë t'i krahasoj, pra, njerëzit e këtij brezi? Dhe kujt i ngjajnë?

³² U ngjajnë fëmijëve që ulen ndër sheshe dhe i bërtasin njëri-tjetrit duke thënë: "Ne i kemi rënë fyellit për ju dhe ju nuk keni kërcyer; ne kemi kënduar vajtime për ju dhe ju nuk keni qarë".

³³ Erdhi, pra, Gjon Pagëzori, që nuk ha bukë dhe as pi verë dhe ju thoni: "Ai ka një demon".

³⁴ Erdhi Biri i njeriut që ha dhe pi, dhe ju thoni: "Ja grykësi dhe pijaneci, miku i tagrambledhësve dhe i mëkatarëve".

³⁵ Por urtisë i japin të drejtë gjithë bijtë e saj".

³⁶ Një nga farisenjtë e ftoi atë të hajë bashkë me të; dhe ai hyri në shtëpinë e fariseut dhe u ul në tryezë.

³⁷ Dhe ja, një grua nga ai qytet, që ishte një mëkatare, kur mori vesh se ai ishte në tryezën e shtëpisë së një fariseu, solli një enë alabastri plot me vaj erëkëndshëm.

³⁸ Dhe, duke qëndruar prapa te këmbët e tij dhe duke qarë, filloi t'ia lajë me lot këmbët dhe t'ia fshijë me flokët e kokës së saj; dhe t'ia puthte e t'ia vajoste me vaj erëkëndshëm.

³⁹ Kur e pa këtë gjë, fariseu që e kishte ftuar, tha me vete: "Nëse ky do të ishte një profet, do ta dinte çfarë lloj njeriu është gruaja që po e prek, sepse ajo është një mëkatare.

⁴⁰ Dhe Jezusi, duke u përgjigjur, i tha: "Simon, kam diçka për të të thënë". Dhe ai tha: "Fol, Mësues".

⁴¹ Dhe Jezusi i tha: "Një huadhënës kishte dy huamarrës; njëri i kishte borxh pesëqind denarë dhe tjetri pesëdhjetë.

⁴² Meqë ata nuk kishin të paguanin, ai ua fali borxhin të dyve. Sipas teje, cili nga ata do ta dojë më shumë?".

⁴³ Dhe Simoni, duke u përgjigjur, tha: "Ma do mendja, ai, të cilit i fali më shumë". Dhe Jezusi i tha: "Gjykove drejt".

⁴⁴ Pastaj, si u suall nga gruaja, i tha Simonit: "A e sheh këtë grua? Unë hyra në shtëpinë tënde dhe ti nuk më dhe ujë për të larë këmbët; ajo, përkundrazi, m'i lau këmbët me lot dhe m'i fshiu me flokët e kresë.

⁴⁵ Ti nuk më dhe as edhe një puthje; por ajo, qysh se hyra, nuk pushoi së puthuri këmbët e mia.

⁴⁶ Ti nuk ma vajose kokën me vaj; kurse ajo m'i vajosi këmbët me vaj erëkëndshëm.

⁴⁷ Prandaj unë po të them se mëkatet e saj të shumta i janë falur, sepse ka dashur shumë; por kujt i falen pak, do pak".

⁴⁸ Pastaj i tha asaj: "Mëkatet e tua të janë falur".

⁴⁹ Atëherë ata që ishin në tryezë bashkë me të filluan të thonin me vete: "Po kush qenka ky që po falka edhe mëkatet?".

⁵⁰ Por Jezusi i tha asaj gruaje: "Besimi yt të shpëtoi; shko në paqe!".

Kapitull 8

¹ Dhe pas kësaj ndodhi që ai shkonte nëpër qytete dhe nëpër fshatra, duke predikuar dhe duke shpallur lajmin e mirë të mbretërisë së Perëndisë; me te ishin të dymbëdhjetët,

² dhe disa gra, të cilat i kishte shëruar nga shpirtërat e këqij dhe nga sëmundjet: Maria, e quajtur Magdalenë, prej së cilët pati dëbuar shtatë demonë,

³ Joana, gruaja e Kuzës, administratorit të Herodit, Suzana dhe

shumë të tjera të cilat e ndihmonin atë me pasuritë e tyre.

⁴ Si u mblodh një turmë e madhe dhe i erdhën njerëz nga çdo qytet, Jezusi tha në shëmbëlltyrë:

⁵ "Një mbjellës doli të mbjellë farën e vet; dhe, ndërsa po mbillte, një pjesë ra gjatë rrugës, u shkel dhe zogjtë e qiellit e hëngrën.

⁶ Një pjesë tjetër ra në gurishte dhe, sapo mbiu, u tha për mungesë vlage.

⁷ Një pjesë tjetër ra ndër ferra; ferrat u rritën bashkë me të dhe ia zunë frymën.

⁸ Kurse një pjesë ra në tokë të mirë, mbiu dhe dha fryt njëqindfish". Si i tha këto gjëra, thirri: "Kush ka veshë për të dëgjuar, le të dëgjojë!".

⁹ Atëhërë dishepujt e vet e pyetën çfarë kuptimi kishte ajo shëmbëlltyrë.

¹⁰ Dhe ai tha: "Juve ju është dhënë të njihni misteret e mbretërisë së Perëndisë; por të tjerëve me anë të shëmbëlltyrave, që ata, duke shikuar të mos shohin dhe, duke dëgjuar të mos kuptojnë.

¹¹ Ky është kuptimi i shëmbëlltyrës: fara është fjala e Perëndisë.

¹² Ata përgjatë rrugës janë ata që e dëgjojnë fjalën; por pastaj vjen djalli dhe ua merr fjalën nga zemra e tyre, që ata të mos besojnë dhe të mos shpëtojnë.

¹³ Ata mbi gurishte janë ata që, kur dëgjojnë, e presin fjalën me gëzim; por ata nuk kanë rrënjë, besojnë për njëfarë kohe, por në momentin e sprovës tërhiqen.

¹⁴ Pjesa që ka rënë ndër ferra janë ata që e dëgjuan fjalën; por, gjatë rrugës, ua zënë frymën shqetësimet, pasuritë dhe kënaqësitë e kësaj jete, dhe nuk arrijnë të piqen.

¹⁵ Por pjesa që ra në tokë të mirë janë ata që, pasi e dëgjuan fjalën, e ruajnë në zemër të ndershme dhe të mirë dhe japin fryt me qëndrueshmëri".

¹⁶ "Askush, pasi të ketë ndezur llambën, nuk e mbulon me një enë ose e fut nën shtrat, por e vë mbi mbajtësen e vet me qëllim që ata që hyjnë të shohin dritë.

¹⁷ Sepse nuk ka asgjë të fshehtë që nuk do të zbulohet, as sekret që të mos njihet dhe të dalë në dritë.

¹⁸ Prandaj tregoni kujdes se si dëgjoni, sepse atij që ka, do t'i jepet, kurse atij që nuk ka, do t'i hiqet edhe ajo që ai kujton se ka".

¹⁹ Nëna e tij dhe vëllezërit e tij erdhën tek ai, por nuk mund t'i afroheshin për shkak të turmës.

²⁰ Dhe nga disa i ishte thënë: "Nëna jote dhe vëllezërit e tu janë atje jashtë dhe duan të të shohin".

²¹ Por ai, duke u përgjigjur, u tha atyre: "Nëna ime dhe vëllezërit e mi janë ata që e dëgjojnë fjalën e Perëndisë dhe e vënë në praktikë".

²² Në një prej atyre ditëve ndodhi që Jezusi hipi në një barkë bashkë me dishepujt e vet dhe u tha: "Të kalojmë në bregun tjetër të liqenit". Dhe ata u larguan nga bregu.

²³ Ndërsa po lundronin, atë e zuri gjumi; dhe një furtunë ra mbi liqen, aq sa barka po mbushej, dhe ishin në rrezik.

²⁴ Atëhërë ata iu afruan, e zgjuan dhe i thanë: "Mësues, Mësues, po mbytemi!". Dhe ai u zgjua, i bërtiti erës dhe tërbimit të ujit; dhe këto u qetësuan dhe u bë bunacë.

²⁵ Dhe Jezusi u tha dishepujve të vet: "Ku është besimi juaj?". Dhe ata, të frikësuar, mrekulloheshin dhe i thoshnin njeri tjetrit: "Vallë, kush është ky, që urdhëron edhe erën dhe ujin, dhe ata i binden?".

²⁶ Pastaj lundruan drejt krahinës së Gadareasve, që ndodhet përballë Galilesë;

²⁷ dhe, porsa Jezusi zbriti në tokë, i doli përpara një njeri nga ai qytet, i cili prej shumë kohe ishte pushtuar nga demonët, nuk vishte rroba, nuk banonte në shtëpi, por ndër varreza.

²⁸ Kur e pa Jezusin, lëshoi një britmë, iu hodh ndër këmbë dhe tha me zë të lartë: "Ç'ka mes meje dhe ty, Jezus, Biri i Perëndisë Shumë të Lartë? Të lutem, mos më mundo!".

²⁹ Sepse Jezusi po i jepte urdhër frymës së ndyrë të dilte nga ai njeri, sepse shumë herë e kishte pushtuar dhe ndonëse e kishin lidhur me zinxhirë e me pranga dhe e ruanin, ai i këpuste prangat dhe shtyhej prej demonit nëpër shkretëtirat.

³⁰ Dhe Jezusi e pyeti duke thënë: "Si e ke emrin?". Dhe ai u përgjigj: "Legjion". Sepse shumë demonë i kishin hyrë në të.

³¹ Dhe ata e lutnin të mos i urdhëronte të shkonin në humnerë.

³² Dhe aty ishte një tufë e madhe derrash që kullotnin në mal, dhe këta demonë iu lutën t'i lejonte të hynin në ta. Ai ua lejoi atyre.

³³ Atëhërë demonët, si dolën nga ai njeri, hynë te derrat, dhe ajo tufë u turr nga gremina në liqen dhe u mbyt.

³⁴ Kur panë ç'ndodhi, ata që i ruanin derrat ikën dhe e çuan lajmin në qytet e nëpër fshatra.

³⁵ Atëhërë njerëzit dolën për të parë ç'kishte ndodhur dhe erdhën te Jezusi, dhe gjetën atë njeri, nga i cili kishin dalë demonët, të ulur te këmbët e Jezusit, të veshur dhe me mendje në rregull, dhe patën frikë.

³⁶ Ata që e kishin parë ngjarjen, u treguan atyre si ishte shëruar i idemonizuari.

³⁷ Atëhërë gjithë popullsia e krahinës së Gadareasve, i kërkoi Jezusit të largohej prej tyre, sepse i kishte zënë një frikë e madhe. Dhe Jezusi hyri në barkë dhe u kthye mbrapa.

³⁸ Ndërkaq njeriu prej të cilit dolën demonët, i lutej të rrinte me të; por Jezusi e përcolli duke i thënë:

³⁹ "Kthehu në shtëpinë tënde dhe tregoi çfarë gjërash të mëdha ka bërë Perëndia për ty". Dhe ai shkoi anembanë qytetit duke treguar gjërat e mëdha që Jezusi bëri për të.

⁴⁰ Ndodhi që, kur Jezusi u kthye, turma e mirëpriti sepse të gjithë e prisnin.

⁴¹ Dhe ja, erdhi një njeri me emër Jair, që ishte kryetari i sinagogës; ai i ra ndër këmbë Jezusit dhe iu lut të shkonte në shtëpinë e tij,

⁴² sepse ai kishte një vajzë të vetme rreth dymbëdhjetë vjeçe, që ishte për vdekje. Ndërsa Jezusi po shkonte atje, turma po shtyhej përreth tij.

⁴³ Dhe një grua që kishte një fluks gjaku prej dymbëdhjetë vjetësh dhe kishte shpenzuar ndër mjekë gjithë pasurinë e saj, pa mundur që të shërohej nga njeri,

⁴⁴ iu afrua nga pas dhe i preku cepin e rrobës së tij dhe në atë çast iu pre fluksi i gjakut.

⁴⁵ Dhe Jezusi tha: "Kush më preku?". Mbasi të gjithë e mohuan, Pjetri dhe ata që ishin me të, thanë: "Mësues, turmat po shtyhen dhe po të ndeshin dhe ti thua: "Kush më preku?"".

⁴⁶ Por Jezusi tha: "Dikush më preku, sepse e ndjeva që një fuqi doli prej meje".

⁴⁷ Atëhërë gruaja, duke parë se nuk mbeti e padiktuar, erdhi, duke u dridhur e tëra, dhe i ra ndër këmbë dhe i deklaroi në prani të gjithë popullit, përse e kishte prekur dhe si ishte shëruar në çast.

⁴⁸ Dhe ai i tha: "Merr zemër, bijë; besimi yt të shëroi; shko në paqe!".

⁴⁹ Ndërsa Jezusi vazhdonte të fliste, erdhi një nga shtëpia e kryetarit të sinagogës dhe i tha: "Vajza jote vdiq, mos e shqetëso Mësuesin".

⁵⁰ Por Jezusi, mbasi i dëgjoi këto, i tha: "Mos druaj; ti vetëm beso dhe ajo do të shpëtojë".

⁵¹ Si arriti në shtëpi, nuk la asnjeri të hyjë, përveç Pjetrit, Gjonit dhe Jakobit, dhe atin e nënën e vajzës.

⁵² Të gjithë qanin dhe mbajtën zi. Por ai tha: "Mos qani; ajo nuk ka vdekur, por po fle".

⁵³ Dhe ata e përqeshnin; duke e ditur se kishte vdekur.

⁵⁴ Por ai, mbasi i nxori jashtë të gjithë, e kapi për dore dhe thirri duke thënë: "Vajzë, çohu!".

⁵⁵ Asaj iu kthye fryma e saj dhe menjëherë u çua; pastaj Jezusi urdhëroi që t'i jepnin të hante.

⁵⁶ Dhe prindërit e saj mbetën të habitur. Por Jezusi i porositi të mos i thonin kurrkujt ç'kishte ndodhur.

Kapitull 9

¹ Pastaj, mbasi i thirri bashkë të dymbëdhjetë dishepujt e vet, u dha atyre pushtet dhe autoritet mbi të gjithë demonët dhe të shërojnë sëmundjet.

² Dhe i nisi të predikojnë mbretërinë e Perëndisë dhe të shërojnë të sëmurët.

³ Dhe u tha atyre: "Mos merrni asgjë për rrugë: as shkop, as trastë, as bukë, as para dhe asnjë prej jush të mos ketë dy tunika me vete.

⁴ Në atë shtëpi ku të hyni, aty rrini deri sa të largoheni.

⁵ Nëse disa nuk ju pranojnë, duke dalë prej atij qyteti, shkundni edhe pluhurin nga këmbët tuaja, si dëshmi kundër tyre".

⁶ Atëhërë ata u nisën dhe përshkuan fshatrat duke përhapur ungjillin dhe duke shëruar kudo.

⁷ Herodi, tetrarku, kishte dëgjuar për të gjitha gjërat që kishte kryer Jezusi dhe ishte në mëdyshje, sepse disa thoshin se Gjoni ishte ringjallur së vdekuri,

⁸ të tjerë se ishte shfaqur Elia, e disa të tjerë se ishte ringjallur një nga profetët e lashtë.

⁹ Por Herodi tha: "Gjonit unë ia kam prerë kokën; kush do të jetë ky, për të cilin po dëgjoj të thuhen të tilla gjëra?". Dhe kërkonte ta shihte.

¹⁰ Kur u kthyen apostujt, i treguan Jezusit të gjitha gjërat që kishin bërë. Atëhërë ai i mori me vete dhe u tërhoq mënjanë, në një vend të shkretë të një qyteti, që quhej Betsaida.

¹¹ Po, kur turmat e morën vesh, i ndiqnin; dhe ai i mirëpriti dhe u fliste për mbretërinë e Perëndisë, dhe shëronte ata që kishin nevojë për shërim.

¹² Tani kur dita filloi të mbarojë, të dymbëdhjetët iu afruan dhe i thanë: "Nise turmën, që të shkojë nëpër fshatra e nëpër fushat përreth, që të gjejë strehë dhe ushqim, sepse këtu jemi në një vend të shkretë".

¹³ Por ai u tha atyre: "U jepni ju të hanë". Ata u përgjigjen: "Ne nuk kemi tjetër veç se pesë bukë e dy peshq; vetëm nëse shkojmë vetë të blejmë ushqim për gjithë këta njerëz".

¹⁴ Ishin, pra, rreth pesë mijë burra. Por ai u tha dishepujve të vet: "I vini të ulen në grupe nga pesëdhjetë".

¹⁵ Ata vepruan në këtë mënyrë dhe i ulën të gjithë.

¹⁶ Atëherë ai i mori të pesë bukët dhe të dy peshqit dhe, pasi i ngriti sytë drejt qiellit, i bekoi, i ndau dhe ua dha dishepujve të vet që t'ia shpërndajnë turmës.

¹⁷ Dhe të gjithë hëngrën e u ngopën; nga copat që tepruan mblodhën dymbëdhjetë shporta.

¹⁸ Dhe ndodhi që, ndërsa Jezusi po lutej në vetmi, dishepujt ishin bashkë me të. Dhe ai i pyeti duke thënë: "Kush thonë turmat se jam unë?".

¹⁹ Ata duke u përgjigjur thanë: "Disa thonë "Gjon Pagëzori", të tjerë "Elia" dhe të tjerë një nga profetët e lashtë që është ringjallur".

²⁰ Dhe ai u tha atyre: "Po ju, kush thoni se jam unë?". Atëherë Pjetri duke u pergjigjur tha: "Krishti i Perëndisë".

²¹ Atëherë ai i porositi rreptë dhe i urdhëroi të mos i tregojnë kurrkujt,

²² duke thënë: "Birit të njeriut i duhet të vuajë shumë gjëra, ta përbuzin pleqtë, krerët e priftërinjve dhe skribët, ta vrasin dhe të tretën ditë të ringjallet".

²³ Pastaj u tha të gjithëve: "Nëse dikush do të vijë pas meje, le ta mohojë vetveten, ta marrë çdo ditë kryqin e vet dhe të më ndjekë.

²⁴ Sepse kush do ta shpëtojë jetën e vet, do ta humbasë; por kush do ta humbasë jetën e vet për shkakun tim, do ta shpëtojë.

²⁵ E pra, ç'dobi ka njeriu po të fitojë tërë botën, dhe pastaj të shkatërrojë veten dhe të shkojë në humbje?

²⁶ Sepse, nëse dikujt i vjen turp për mua dhe për fjalët e mia, edhe Birit të njeriut do t'i vijë turp për të, kur të vijë në lavdinë e vet dhe të Atit e të engjëjve të shenjtë.

²⁷ Në të vërtetë po ju them se këtu janë të pranishëm disa që nuk do ta shjojnë vdekjen, para se ta shohin mbretërinë e Perëndisë".

²⁸ Dhe ndodhi që afërsisht tetë ditë pas këtyre thënieve, Ai mori me vete Pjetrin, Gjonin Jakobin dhe u ngjit në mal për t'u lutur.

²⁹ Dhe ndërsa po lutej, pamja e fytyrës së tij ndryshoi dhe veshja e tij u bë e bardhë dhe ndritshme.

³⁰ Dhe ja, dy burra po bisedonin me të; ata ishin Moisiu dhe Elia,

³¹ të cilët, të shfaqur në lavdi, i flisnin për ikjen e tij nga kjo jetë që do të kryhej së shpejti në Jeruzalem.

³² Pjetri dhe shokët e tij ishin të këputur nga gjumi; po kur u zgjuan plotësisht, panë lavdinë e tij dhe ata dy burra që ishin bashkë me të.

³³ Dhe, ndërsa këta po ndaheshin prej tij, Pjetri i tha Jezusit: "Mësues, për ne është mirë të rrijmë këtu; le të bëjmë, pra, tri çadra: një për ty, një për Moisiun dhe një për Elian"; por ai nuk dinte ç'thoshte.

³⁴ Dhe ndërsa ai po fliste kështu, erdhi një re që i mbuloi në hijen e vet; dhe dishepujt i zuri frika, kur hynë në re.

³⁵ Dhe një zë dilte nga reja duke thënë: "Ky është Biri im i dashur; dëgjojeni!"

³⁶ Dhe ndërsa fliste ky zë, Jezusi u gjet krejt vetëm. Ata heshtën dhe në ato ditë nuk i treguan kurrkujt asgjë nga ç'kishin parë.

³⁷ Të nesërmen, kur ata zbritën nga mali, ndodhi që një turmë e madhe i doli përpara Jezusit.

³⁸ Dhe ja, një burrë nga turma filloi të bërtasë, duke thënë: "Mësues, të lutem, ktheje vështrimin mbi djalin tim, sepse është i vetmi që kam.

³⁹ Dhe ja, një frymë e kap dhe menjëherë ai bërtet; pastaj e përpëlit dhe e bën të nxjerrë shkumë dhe mezi largohet, pasi e ka sfilitur.

⁴⁰ U jam lutur dishepujve të tu ta dëbojnë, por ata nuk kanë mundur".

⁴¹ Dhe Jezusi, duke u përgjigjur, tha: "O brez mosbesues dhe i çoroditur, deri kur do të jem me ju dhe deri kur do t'ju duroj? Sille këtu djalin tënd".

⁴² Dhe, ndërsa fëmija po afrohej, demoni e përpëliti atë e sfiliti. Por Jezusi e qortoi frymën e ndyrë, e shëroi djalin dhe ia dorëzoi atit të tij.

⁴³ Të gjithë mbetën të mahnitur nga madhëria e Perëndisë. Dhe, ndërsa të gjithë po mrekulloheshin për gjithçka bënte Jezusi, ai u tha dishepujve të vet:

⁴⁴ "I shtini mirë në vesh këto fjalë, sepse Biri i njeriut do të bjerë në duart e njerëzve".

⁴⁵ Por ata nuk i kuptuan këto fjalë; ato ishin të fshehta dhe për këtë shkak ata nuk i kuptonin dot, dhe druanin ta pyesnin për ato që kishte thënë.

⁴⁶ Pastaj midis tyre filloi një grindje: cili prej tyre do të ishte më i madhi.

⁴⁷ Atëherë Jezusi, duke ditur ç'mendime kishin në zemrat e tyre, mori një fëmijë të vogël dhe e afroi pranë vetes,

⁴⁸ dhe u tha atyre: "Ai që e pranon këtë fëmijë të vogël në emrin tim, më pranon mua; dhe ai që më pranon mua, pranon atë që më dërgoi mua, sepse ai që është më i vogli nga ju të gjithë, ai do të jetë i madh".

⁴⁹ Atëherë Gjoni e mori fjalën dhe tha: "Mësues, ne pamë një që i dëbonte demonët në emrin tënd dhe ia ndaluam, sepse ai nuk të ndjek bashkë me ne".

⁵⁰ Por Jezusi i tha: "Mos ia ndaloni, sepse kush nuk është kundër nesh është me ne".

⁵¹ Ndodhi që kur po plotësohej koha që Jezusi duhet të ngrihej në qiell, ai vendosi prerazi të shkojë në Jeruzalem,

⁵² dhe dërgoi përpara lajmëtarët. Këta, si u nisën, hynë në një fshat të Samaritanëve, për t'i përgatitur ardhjen.

⁵³ Por ata të fshatit nuk deshën ta pranonin, sepse ai ecte me fytyrë të drejtuar nga Jeruzalemi.

⁵⁴ Kur e panë këtë gjë, dishepujt e vet Jakobi dhe Gjoni thanë: "Zot, a do ti që të themi të zbresë zjarr nga qielli dhe t'i përvëlojë, ashtu si bëri edhe Elia?".

⁵⁵ Por ai u kthye nga ata dhe i qortoi duke thënë: "Ju nuk e dini nga cili frymë jeni;

⁵⁶ sepse Biri i njeriut nuk erdhi për të shkatërruar shpirtërat e njerëzve, po për t'i shpëtuar". Pastaj shkuan në një fshat tjetër.

⁵⁷ Ndodhi që, ndërsa po ecnin rrugës, dikush i tha: "Zot, unë do të të ndjek kudo të shkosh".

⁵⁸ Por Jezusi i tha: "Dhelprat kanë strofka dhe zogjtë e qiellit fole; kurse Biri i njeriut nuk ka ku ta mbështesë kokën".

⁵⁹ Pastaj i tha një tjetri: "Ndiqmë!". Por ai përgjigjej: "Zot, më lejo më parë të shkoj e të varros atin tim".

⁶⁰ Jezusi i tha: "Lëri të vdekurit t'i varrosin të vdekurit e vet; por ti shko dhe prediko mbretërinë e Perëndisë".

⁶¹ Akoma një tjetër i tha: "Zot, unë do të të ndjek ty, por më lejo më parë të ndahem me ata të familjes sime".

⁶² Jezusi i tha: "Asnjëri që ka vënë dorë në parmendë dhe kthehet e shikon prapa, nuk është i përshtatshëm për mbretërinë e Perëndisë".

Kapitull 10

¹ Pastaj Zoti caktoi shtatëdhjetë të tjerë dhe i nisi dy nga dy përpara tij, në çdo qytet dhe vend, ku ai do të shkonte.

² Dhe u thoshte atyre: "E korra është e madhe, kurse punëtorë janë pak; lutni Zotin e të korrës që të çojë punëtorë në të korrën e vet.

³ Shkoni; ja, unë ju dërgoj si qengja në mes të ujqërve.

⁴ Mos merrni me vete as çanta, as trasta, as sandale dhe mos përshëndetni asnjeri rrugës.

⁵ Dhe në cilëndo shtëpi ku të hyni, më përpara thoni: "Paqe në këtë shtëpi".

⁶ Dhe nëse është aty një bir i paqes, paqja juaj do të zbresë mbi të; nëse jo, do të kthehet tek ju.

⁷ Rrini, pra, në të njëjtën shtëpi, hani dhe pini atë që do t'ju japin, sepse punëtori meriton shpërblimin e vet. Mos kaloni nga një shtëpi në një tjetër.

⁸ Dhe në çdo qytet ku të hyni, nëse ju pranojnë, hani çfarë t'ju vënë përpara.

⁹ Dhe shëroni të sëmurit që do të jenë në të dhe u thoni atyre: "Mbretëria e Perëndisë ju është afruar".

¹⁰ Por në çdo qytet ku të hyni, nëse nuk ju pranojnë, dilni në rrugët e tij dhe thoni:

¹¹ "Ne po shkundim kundër jush edhe pluhurin e qytetit tuaj që na u ngjit; veç ta dini se mbretëria e Perëndisë ju është afruar".

¹² Unë ju them se atë ditë Sodoma do ta ketë më të lehtë sesa ai qytet.

¹³ Mjerë ti, Korazin! Mjerë ti, Betsaida! Sepse, po të ishin bërë në Tiro dhe në Sidon mrekullitë që u bënë te ju, ata prej kohësh do të kishin bërë pendesë duke u veshur me thasë dhe duke u ulur në hi.

¹⁴ Prandaj ditën e gjyqit Tiro dhe Sidoni do të kenë më lehtë se ju.

¹⁵ Dhe ti, Kapernaum, që të kanë ngritur deri në qiell, do të poshtërohesh deri në ferr.

¹⁶ Kush ju dëgjon, më dëgjon mua; kush ju përbuz, përbuz atë që më ka dërguar".

¹⁷ Dhe të shtatëdhjetët u kthyen me gëzim dhe thanë: "Zot, edhe demonët na nënshtrohen në emrin tënd".

¹⁸ Dhe ai u tha atyre: "Unë e shikoja Satanin që po binte nga qielli si një rrufe.

¹⁹ Ja, ju dhashë pushtet të shkelni përmbi gjarpërinj dhe akrepa, dhe mbi çdo pushtet të armikut; dhe asgjë nuk do je ju mund t'ju dëmtojë.

²⁰ Megjithatë mos u gëzoni për faktin se po ju nënshtrohen frymërat, por gëzohuni më shumë se emrat tuaj janë shkruar në qiej".

²¹ Në të njëjtën orë Jezusi ngazëlloi në frym dhe tha: "Unë të lavdëroj, o Atë, Zot i qiellit dhe i tokës, sepse ua fshehe këto të urtëve dhe të zgjuarve dhe ua zbulove fëmijëve të vegjël. Po, o Atë, sepse kështu ty të pëlqeu.

²² Gjithçka më është dhënë në dorë nga Ati im; dhe askush nuk e di kush është Biri, përveç Atit, dhe kush është Ati, përveç Birit, dhe atij që Biri do t'ia zbulojë".

²³ Pastaj, si u kthye nga dishepujt, u tha atyre veçmas: "Lum sytë që shohin atë që shihni ju,

²⁴ sepse ju them se shumë profetë dhe mbretër dëshiruan të shohin ato që ju shihni, por nuk i panë, dhe të dëgjojnë ato që ju po dëgjoni, por nuk i dëgjuan".

²⁵ Atëherë ja, një doktor i ligjit u ngrit që ta vinte në provë dhe i tha: "Mësues, çfarë duhet të bëj që të trashëgoj jetën e përjetshme?".

²⁶ Dhe ai i tha: "Çfarë është shkruar në ligj? Si e lexon?".

²⁷ Ai duke u përgjigjur tha: "Duaje Zotin, Perëndinë tënd, me gjithë zemrën tënde, me gjithë shpirtin tënd, me gjithë forcën tënde dhe me gjithë mendjen tënde, edhe të afërmin tënd porsi vetveten".

²⁸ Jezusi i tha: "U përgjigje drejti; vepro kështu dhe do të rrosh".

²⁹ Por ai, duke dashur të justifikonte veten, i tha Jezusit: "Po kush është i afërmi im?".

³⁰ Atëherë Jezusi u përgjigj dhe tha: "Një burr zbriste nga Jeruzalemi për në Jeriko dhe ra duart e kusarëve, të cilët, mbasi e zhveshën dhe e bënë gjithë plagë, u larguan dhe e lanë gati të vdekur.

³¹ Rastësisht një prift po zbriste nëpër të njëjtën rrugë dhe, mbasi e pa atë burrë, vazhdoi tutje, në anën tjetër.

³² Po ashtu edhe një levit, kur arriti aty, erdhi dhe e pa dhe vazhdoi tutje, në anën tjetër.

³³ Por një Samaritan, që po udhëtonte, i kaloi afër, e pa dhe kishte dhembshuri.

³⁴ Dhe mbasi iu afrua, ia lidhi plagët duke ia larë me vaj dhe me verë; pastaj e vuri mbi kafshën e vet, e çoi në një han dhe u kujdesua për të.

³⁵ Dhe të nesërmen, para se të niset, nxori dy denarë dhe ia dha hanxhiut duke i thënë: "Kujdesu për të dhe ç'të shpenzosh më shumë, do të të jap kur të kthehem".

³⁶ Cili nga këta të tre, pra, të duket se që i afërmi i atij që ra në duart e kusarëve?".

³⁷ Dhe ai tha: "Ai që u tregua i mëshirshëm ndaj tij". Atëherë Jezusi i tha: "Shko dhe bëj kështu edhe ti".

³⁸ Ndodhi që, ndërsa ata po udhëtonin, Jezusi hyri në një fshat; dhe një grua, që e kishte emrin Marta, e priti në shtëpinë e vet.

³⁹ Ajo kishte një motër që quhej Mari, e cila u ul te këmbët e Jezusit dhe dëgjonte fjalën e tij.

⁴⁰ Por Marta, që ishte krejt e zënë nga punët e shumta, iu afrua dhe i tha: "Zot, a nuk të interesen që ime motër më la vetëm të shërbej? I thuaj, pra, të më ndihmojë".

⁴¹ Por Jezusi, duke u përgjigjur, i tha: "Martë, Martë, ti po shqetësohesh dhe kujdesesh për shumë gjëra;

⁴² por vetëm një gjë është e nevojshme, dhe Maria zgjodhi pjesën më të mirë, që asaj nuk do t'i hiqet".

Kapitull 11

¹ Dhe ndodhi që ai ndodhej në një vend dhe lutej dhe, si mbaroi, një nga dishepujt e tij i tha: "Zot, na mëso të lutemi, ashtu siç i mësoi Gjoni dishepujt e vet".

² Dhe ai u tha: "Kur të luteni, thoni: "Ati ynë që je në qiej, u shenjtëroftë emri yt, ardhtë mbretëria jote, u bëftë vullneti yt si në qiell edhe në tokë.

³ Na jep çdo ditë bukën tonë të nevojshme.

⁴ Dhe na i fal mëkatet tona, sepse edhe ne i falim fajtorët tanë; dhe mos lejo të biem në tundim, por na shpëto nga i ligu"".

⁵ Pastaj u tha atyre: "A ka midis jush njeri që ka një mik dhe i shkon në mesnatë e i thotë: "Mik, më jep hua tri bukë,

⁶ sepse më erdhi nga udha një miku im dhe unë s'kam çfarë t'i vë përpara";

⁷ dhe ai, nga brenda, duke u përgjigjur, i tha: "Mos më bezdis, dera është tashmë e mbyllur dhe fëmijët e mi ranë në shtrat me mua; nuk mund të çohem e të t'i jap"?

⁸ Unë po ju them se, edhe nëse nuk çohet t'ia japë sepse e ka mik, do të çohet gjithsesi për shkak të insistimit të tij dhe do t'i japë të gjitha bukët që i nevojiten.

⁹ Prandaj po ju them: Lypni dhe do t'ju jepet; kërkoni dhe do të gjeni; trokitni dhe do t'ju hapet.

¹⁰ Sepse kushdo që lyp, merr, kush kërkon, gjen dhe do t'i hapet atij që troket.

¹¹ Dhe cili nga ju është baba i tillë që, po t'i kërkojë bukë djali, i jep një gur? Ose po t'i kërkojë një peshk, në vend të peshkut i jep një gjarpër?

¹² Ose, po t'i kërkojë një vezë, i jep një akrep?

¹³ Nëse ju, pra, që jeni të këqij, dini t'u jepni dhurata të mira bijve tuaj, aq më tepër Ati juaj qiellor do t'u dhurojë Frymën e Shenjtë atyre që ia kërkojnë".

¹⁴ Dhe Jezusi po dëbonte një demon që ishte memec; dhe ndodhi që, kur demoni doli, memeci foli dhe turmat u mrekulluan.

¹⁵ Por disa nga ata thanë: "Ai i dëbon demonët nëpërmjet Beelzebubit, princit të demonëve".

¹⁶ Kurse disa nga ata, për ta vënë në provë, kërkonin prej tij një shenjë nga qielli.

¹⁷ Por ai, duke i njohur mendimet e tyre, u tha atyre: "Çdo mbretëri, e përçarë në vetvete shkatërrohet, dhe çdo shtëpi e përçarë në vetvete rrëzohet.

¹⁸ Po të jetë, pra, edhe Satanai i përçarë në vetvete, si do të mund të qëndrojë mbretëria e tij? Sepse ju thoni se unë i dëboj demonët nëpërmjet Beelzebubit.

¹⁹ Por, nëse unë i dëbokam demonët nëpërmjet Beelzebubit, nëpërmjet kujt i dëbojnë ata bijtë tuaj? Prandaj ata do të jenë gjykatësit tuaj.

²⁰ Por në se unë i dëboj demonët me gishtin e Perëndisë, mbretëria e Perëndisë, pra ka arritur deri te ju.

²¹ Kur burri i fortë, i armatosur mirë, e ruan shtëpinë e vet, pasuria e tij është në paqe.

²² Por në qoftë se vjen një më i fortë se ai dhe e mund atë, ia merr armët në të cilat kishte shpresë dhe i ndan plaçkat e tij.

²³ Kush nuk është me mua, është kundër meje dhe kush nuk mbledh me mua, shpërndan.

²⁴ Kur fryma e ndyrë del nga një njeri, endet në vende të shkreta, duke kërkuar pushim, dhe duke mos e gjetur dot, thotë: "Do të kthehem në shtëpinë time nga dola".

²⁵ Dhe, kur kthehet, e gjen të fshirë e të zbukuruar,

²⁶ atëherë shkon e merr me vete shtatë frymëra të tjerë më të këqij se ai, dha ata hyjnë aty dhe banojnë aty; dhe gjendja e fundit e atij njeriu bëhet më e keqe se e para".

²⁷ Ndodhi që, ndërsa ai po thoshte këto gjëra, një grua nga turma e çoi zërin e saj dhe i tha: "Lum barku që të barti dhe gjinjtë që të mëndën".

²⁸ Por ai u tha: "Me tepër lum ata që e dëgjojnë fjalën e Perëndisë dhe e zbatojnë".

²⁹ Duke qenë se turmat po i shtyheshin përreth, ai filloi të thotë: "Ky brez është i lig; ai kërkon nje shenjë, por asnjë shenjë nuk do t'i jepet, përveç shenjës së profetit Jona.

³⁰ Sepse, ashtu si Jona qe një shenjë për Ninivasit, kështu edhe Biri i njeriut do të jetë një shenjë për këtë brez.

³¹ Mbretëresha e Mesditës do të ngrihet ditën e gjyqit me njerëzit e këtij brezi dhe do t'i dënojë, sepse ajo po vjen nga skaji i dheut për të dëgjuar urtësinë e Salomonit; dhe ja, këtu është dikush më i madh se Salomoni.

³² Ninivasit, ditën e gjyqit, do të ringjallen me këtë brez dhe do ta dënojnë, sepse ata u penduan për predikimin e Jonas; dhe ja, këtu është dikush më i madh se Jona".

³³ Asnjëri, kur ndez një llambë, nuk e vë në një vend të fshehtë ose nën babunë, po përmbi dritëmbajtësen, që të shohin dritë ata që hyjnë.

³⁴ Llamba e trupit është syri; në se syri yt është i shëndoshë, gjithë trupi yt do të jetë i ndriçuar; por në se syri yt është i sëmurë, edhe gjithë trupi yt do të jetë plot me errësirë.

³⁵ Prandaj trego kujdes që drita që është në ty të mos jetë terr.

³⁶ Në se gjithë trupi yt është i ndriçuar, pa asnjë pjesë të errët, gjithçka do të jetë e ndriçuar, sikurse ndodh kur llamba të ndriçon me shkëlqimin e saj".

³⁷ Por ndërsa Jezusi po fliste, një farise e ftoi për drekë në shtëpinë e vet. Dhe ai hyri dhe u vendos në tryezë.

³⁸ Fariseu e vuri re këtë dhe u mrekullua që Jezusit nuk lau para buke.

³⁹ Dhe Zoti i tha: "Tani ju farisenjtë pastroni të jashtmen e kupës dhe të pjatës, ndërsa brendinë tuaj e keni plot me grabitje dhe ligësi.

⁴⁰ Të pamend! Ai që bëri anën e jashtme, vallë nuk bëri edhe të brendshmen?

⁴¹ Por jepni si lëmoshë atë që është përbrenda, dhe çdo gjë do të jetë e pastër për ju.

⁴² Por mjerë ju, o farisenj! Sepse ju paguani të dhjetën e ryzës, të mendrës dhe të çdo barishteje, dhe pastaj lini pas dore drejtësinë dhe

dashurinë e Perëndisë. Këto gjëra duhet t'i bënit, pa i lënë pas dore të tjerat.

⁴³ Mjerë ju, o farisenj! Sepse ju e doni vendin e parë ndër sinagoga dhe përshëndetjet nëpër sheshe.

⁴⁴ Mjerë ju, skribë dhe farisenj hipokritë! Sepse jeni si varret që nuk shihen dhe njerëzit ecin sipër tyre, pa e ditur".

⁴⁵ Atëherë, duke u përgjigjur, një nga mësuesit e ligjit, i tha: "Mësues, duke folur kështu, ti po na fyen edhe ne".

⁴⁶ Dhe ai thoshte: "Mjerë edhe ju, o mësues të ligjit! Sepse i ngarkoni njerëzit me barrë që me vështirësi baren, dhe ju nuk i prekni ato barrë as edhe me një gisht.

⁴⁷ Mjerë ju! Sepse ju ndërtuat varret e profetëve dhe etërit tuaj i patën vrarë ata.

⁴⁸ Duke vepruar në këtë mënyrë, ju dëshmoni se i miratoni veprat e etërve tuaj; në fakt ata vranë profetët dhe ju ndërtoni varret e tyre.

⁴⁹ Për këtë arsye edhe urtësia e Perëndisë tha: "Unë do t'u dërgoj profetë dhe apostuj, dhe ata do të vrasin disa prej tyre kurse të tjerët do t'i përndjekin",

⁵⁰ me qëllim që këtij brezi t'i kërkohet llogari për gjakun e të gjithë profetëve, i cili u derdh që nga krijimi i botës;

⁵¹ nga gjaku i Abelit deri te gjaku i Zakarias, që u vra ndërmjet altarit dhe tempullit; po, unë po ju them, se këtij brezi do t'i kërkohet llogari.

⁵² Mjerë ju, o mësues të ligjit! Sepse ju e morët çelësin e dijes; ju vetë nuk hytë dhe penguat hyrjen e atyre që po hynin".

⁵³ Po ndërsa ai u fliste atyre këto gjëra, skribët dhe farisenjtë filluan të zemërohen shumë kundër tij dhe ta sulmojnë atë me shumë pyetje,

⁵⁴ për t'i ngritur kurthe, për ta zënë në gabim e për të mundur ta akuzojnë për ndonjë fjalë të tij.

Kapitull 12

¹ Ndërkaq u mblodh një turmë me mijëra, saqë shkelnin njeri tjetrin. Jezusi filloi t'u thotë dishepujve të vet: "Para së gjithash ruhuni nga majaja e farisenjve, që është hipokrizia.

² Nuk ka asgjë të mbuluar që nuk do të zbulohet, as të fshehtë që nuk do të njihet.

³ Prandaj të gjitha ato që thatë në terr, do të dëgjohen në dritë; dhe ato që pëshpëritët në vesh ndër dhomat e brendshme, do të shpallen nga çatitë e shtëpive".

⁴ Po ju them juve, o miq të mi, të mos keni frikë nga ata që vrasin trupin, por pas kësaj nuk mund të bëjnë asgjë tjetër.

⁵ Unë do t'ju tregoj prej kujt duhet të keni frikë: druani nga ai që, pasi ka vrarë, ka pushtet të të hedhë në Gehena; po, po ju them, nga ai të keni frikë.

⁶ A nuk shiten vallë pesë harabela për dy pare? E megjithëatë as edhe një prej tyre nuk harrohet përpara Perëndisë.

⁷ Madje, edhe flokët e kokës janë të gjitha të numëruara; prandaj mos kini frikë, ju vleni më tepër se shumë harabela.

⁸ Dhe unë po ju them: Kushdo që do të rrëfejë për mua përpara njerëzve, edhe Biri i njeriut do ta rrëfejë përpara engjëjve të Perëndisë.

⁹ Por ai që do të më mohojë përpara njerëzve, do të mohohet përpara engjëjve të Perëndisë.

¹⁰ Dhe kushdo që do të flasë kundër Birit të njeriut do të jetë i falur, por ai që do të blasfemojë kundër Frymës së Shenjtë, nuk do të jetë i falur.

¹¹ Pastaj, kur do t'ju çojnë përpara sinagogave, gjykatësve dhe autoriteteve, mos u shqetësoni se si ose se çfarë do të thoni për t'u mbrojtur, ose për çfarë do t'ju duhet të thoni,

¹² sepse Fryma e Shenjtë në po atë moment do t'ju mësojë se ç'duhet të thoni".

¹³ Atëherë dikush nga turma i tha: "Mësues, i thuaj vëllait tim ta ndajë me mua trashëgiminë".

¹⁴ Por ai u përgjigj: "O njeri, kush më vuri mua gjykatës ose ndarës përmbi ju?".

¹⁵ Pastaj u tha atyre: "Kini kujdes dhe ruhuni nga kopracia, sepse jeta e njeriut nuk qëndron në mbushullinë e gjërave që zotëron".

¹⁶ Dhe ai u tha atyre një shëmbëlltyrë: "Tokat e një pasaniku dhanë të korra të bollshme;

¹⁷ dhe ai arsyetonte me vete duke thënë: "Ç'të bëj, sepse nuk kam vend ku t'i shtie të korrat e mia?".

¹⁸ Dhe tha: "Këtë do të bëj: do të shemb hambarët e mia dhe do të bëj më të mëdhenj, ku do të shtie të gjitha të korrat dhe pasuritë e tjera,

¹⁹ dhe pastaj do t'i them shpirtit tim: Shpirt, ti ke pasuri të shumta të shtëna për shumë vjet; pusho, ha, pi dhe gëzo".

²⁰ Por Perëndia i tha: "O i pamend, po atë natë shpirtin tënd do ta kërkojnë dhe ato që përgatite të kujt do të jenë?".

²¹ Kështu i ndodh atij që grumbullon thesare për vete dhe nuk është i pasur ndaj Perëndisë".

²² Pastaj u tha dishepujve të vet: "Prandaj po ju them: mos u shqetësoni për jetën tuaj se çfarë do të hani, as për trupin tuaj se çfarë do të vishni.

²³ Jeta vlen më shumë se ushqimi dhe trupi më shumë se veshja.

²⁴ Vini re korbat! Ata nuk mbjellin e nuk korrin, nuk kanë as qilar as hambar, e megjithatë Perëndia i ushqen; mirë, pra, ju vleni shumë më tepër se zogjtë.

²⁵ Dhe cili nga ju me shqetësimin e tij mund ta zgjatë shtatin e vet qoftë edhe një kubit?

²⁶ Atëherë, kur nuk jeni në gjendje të bëni as atë që është më e pakta, përse shqetësoheni për të tjerat?

²⁷ Vini re si rriten zambakët: ata nuk punojnë dhe nuk tjerrin; megjithëatë unë po ju them se as Salomoni, në gjithë lavdinë e vet, nuk qe i veshur si një nga ata.

²⁸ Atëherë, nëse Perëndia vesh në këtë mënyrë barin që sot është në fushë dhe nesër hidhet në furrë, aq më tepër do t' ju veshë, o njerëz besimpakë?

²⁹ Përveç kësaj mos kërkoni çfarë do të hani ose do të pini, dhe mos jini në merak,

³⁰ sepse njerëzit e botës i kërkojnë të gjitha këto, por Ati juaj e di që ju keni nevojë për to.

³¹ Kërkoni më parë mbretërinë e Perëndisë dhe të gjitha këto do t'ju jepen si shtesë.

³² Mos ki frikë, o tufë e vogël, sepse Atit tuaj i pëlqeu t'ju japë mbretërinë.

³³ Shitni pasurinë tuaj dhe jepni lëmoshë! Bëni për vete trasta që nuk vjetrohen, një thesar të pashtershëm në qiejt, ku vjedhësi nuk arrin dhe tenja nuk bren.

³⁴ Sepse atje ku është thesari juaj, atje do të jetë edhe zemra juaj".

³⁵ Le të jenë ngjeshur ijët tuaja, dhe llambat ndezur.

³⁶ Ngjajini atyre që presin zotërinë e tyre, kur kthehet nga dasma, për t'ia hapur derën sapo të vijë dhe të trokasë.

³⁷ Lum ata shërbëtorë, që zotëria, kur të kthehet, do t'i gjejë zgjuar! Në të vërtetë po ju them se ai vetë do të ngjeshet dhe do t'i vendosë ata në tryezë, dhe ai vetë do t'u shërbejë.

³⁸ Dhe, në se do të vijë në të dytën a në të tretën rojë të natës dhe t'i gjejë kështu, lum ata shërbëtorë.

³⁹ Por ta dini këtë: se po ta dinte i zoti i shtëpisë në cilën orë i vjen vjedhësi, do të rrinte zgjuar dhe nuk do të linte t'i shpërthenin shtëpinë.

⁴⁰ Edhe ju pra, jini gati, sepse Biri i njeriut do të vijë në atë orë që nuk e mendoni".

⁴¹ Dhe Pjetri i tha: "Zot, këtë shëmbëlltyrë po e thua vetëm për ne apo për të gjithë?".

⁴² Dhe Zoti tha: "Kush është, pra, ai administrues besnik dhe i mençur, që do ta verë zotëria përmbi shërbëtorët e vet për t'u dhënë atyre racionin e ushqimeve në kohën e duhur?

⁴³ Lum ai shërbëtor të cilin zotëria e tij, kur kthehet, e gjen se vepron kështu.

⁴⁴ Në të vërtetë po ju them se ai do ta verë mbi gjithë pasurinë e vet.

⁴⁵ Por, nëse ai shërbëtor mendon në zemër të vet: "Zotëria im vonon të kthehet" dhe fillon t'i rrahë shërbëtorët dhe shërbëtoret, të hajë, të pijë dhe të dehet,

⁴⁶ zotëria e atij shërbëtori do të vijë ditën kur nuk e pret, dhe në orën që ai nuk e di; do ta ndëshkojë rëndë dhe do t'i caktojë fatin me të pabesët.

⁴⁷ Shërbëtori që e dinte vullnetin e zotërisë së tij dhe nuk u bë gati e nuk e kreu vullnetin e tij, do të rrihet shumë.

⁴⁸ Por ai që nuk e dinte, po të bëjë gjëra që meritojnë të rrahura, do të rrihet më pak. Kujt iu dha shumë, do t'i kërkohet shumë; dhe kujt iu besua shumë, do t'i kërkohet më shumë".

⁴⁹ "Unë erdha të hedh zjarr mbi tokë dhe sa dëshiroj që ai të ishte tashmë i ndezur.

⁵⁰ Tani unë kam një pagëzim me të cilën duhet të pagëzohem dhe jam në ankth deri sa të kryhet.

⁵¹ A kujtoni se erdha të sjell paqen mbi tokë? Jo, po ju them, por më shumë përçarjen;

⁵² sepse, tash e tutje, pesë veta në një shtëpi do të jenë të ndarë: tre kundër dyve dhe dy kundër treve.

⁵³ Babai do të ndahet kundër të birit, dhe i biri kundër babait; nëna kundër së bijës dhe e bija kundër nënës; vjehrra kundër nuses së saj dhe nusja kundër vjehrrës së vet".

⁵⁴ Atëherë ai u tha akoma turmave: "Kur ju shihni një re që ngrihet nga perëndimi menjëherë thoni: "Do të vijë shiu", dhe ashtu ndodh;

⁵⁵ përkundrazi, kur fryn juga, ju thoni: "Do të bëjë vapë", dhe

ashtu ndodh.

⁵⁶ Hipokritë! Ju dini të dalloni dukurinë e qiellit dhe të tokës, por vallë si nuk dini ta dalloni këtë kohë?

⁵⁷ Dhe përse nuk gjykoni nga vetë ju ç'është e drejtë?

⁵⁸ Kur ti shkon bashkë me kundërshtarin tënd te gjykatësi, bëj ç'është e mundur gjatë rrugës që të merresh vesh me të, që ai mos të të nxjerrë përpara gjykatësit dhe gjykatësi të të dorëzojë te roja dhe roja të të futë në burg.

⁵⁹ Unë po të them se ti nuk do të dalësh prej andej, derisa të mos kesh paguar deri në qindarkën e fundit".

Kapitull 13

¹ Pikërisht në atë kohë ishin aty disa që i treguan për ata Galileasve, gjakun e të cilëve Pilati e kishte përzier me flijimet e tyre.

² Dhe Jezusi, duke u përgjigjur, tha: "A mendoni ju se ata Galileas ishin më shumë mëkatarë nga gjithë Galileasit e tjerë, sepse vuajtën të tilla gjëra?

³ Unë po ju them: Jo! Por nëse ju nuk pendoheni, do të vdisni të gjithë me të njëjtën mënyrë.

⁴ Ose, a mendoni ju se ata të tetëmbëdhjetë, mbi të cilët ra kulla në Siloe dhe i vrau, ishin më shumë fajtorë se gjithë banorët e Jeruzalemit?

⁵ Unë po ju them: Jo! Por nëse ju nuk pendoheni, do të vdisni të gjithë me të njëjtën mënyrë".

⁶ Atëherë ai tha këtë shëmbëlltyrë: "Një njeri kishte një fik të mbjellë në vreshtin e tij; ai erdhi e kërkoj fryte, por nuk gjeti.

⁷ Atëherë i tha vreshtarit: "Ja, u bënë tre vjet tashmë që unë vij e kërkoi frytin e këtij fiku dhe s'po gjej; preje; pse të zërë kot tokën?".

⁸ Por ai u përgjigj dhe tha: "Zot, lëre edhe këtë vit, që ta punoj përreth dhe t'i hedh pleh

⁹ dhe, po dha fryt, mirë; përndryshe, pastaj do ta presësh"".
Shërimi i një gruaje të paralizuar

¹⁰ Një të shtunë Jezusi po mësonte në një sinagogë.

¹¹ Dhe ja, ishte një grua, e cila prej tetëmbëdhjetë vjetësh kishte një frymë lëngate, dhe ajo ishte krejt e kërrusur dhe në asnjë mënyrë nuk drejtohej dot.

¹² Dhe kur Jezusi e pa, e thirri pranë vetes dhe i tha: "O grua, ti je e liruar nga lëngata jote".

¹³ Dhe i vuri duart mbi të dhe ajo u drejtua menjëherë, dhe përlëvdonte Perëndinë.

¹⁴ Por kryetari i sinagogës, i indinjuar sepse Jezusi kishte shëruar ditën e shtunë, iu drejtua turmës dhe i tha: "Gjashtë janë ditët kur duhet të punohet; ejani, pra, të shëroheni në ato ditë dhe jo ditën e shtunë".

¹⁵ Atëherë Zoti u përgjigj dhe tha: "Hipokritë! A nuk e zgjidh secili nga ju të shtunave nga grazhdi kaun e vet, ose gomarin e ta çojë për të pirë?

¹⁶ A nuk duhej, pra, të zgjidhej nga këto pranga, ditën e shtunë, kjo që është bijë e Abrahamit dhe që Satani e mbajti lidhur prej tetëmbëdhjetë vjetësh?".

¹⁷ Dhe, kur ai thoshte këto gjëra, të gjithë kundërshtarët e tij mbetën të turpëruar, ndërsa mbarë turma gëzohej për të gjitha veprat madhështore që ai kishte kryer.

¹⁸ Atëherë ai tha: "Kujt i përngjan mbretëria e Perëndisë, me se ta krahasoj?

¹⁹ I ngjan kokrrës së sinapit, që një njeri e mori dhe e hodhi në kopshtin e vet; pastaj u rrit dhe u bë pemë e madhe, dhe zogjtë e qiellit erdhën e kërkuan strehë në degët e saj".

²⁰ Pastaj tha përsëri: "Me se ta krahasoj mbretërinë e Perëndisë?

²¹ Ajo i ngjan majasë që e merr një grua dhe e përzien me tri masa mielli deri sa të mbruhet i gjithë".

²² Dhe ai kalonte nëpër qytete dhe fshatra duke mësuar, e kështu po i afrohej Jeruzalemit.

²³ Dhe një njeri e pyeti: "Zot, a janë pak ata që do të shpëtohen?". Ai u tha atyre:

²⁴ "Përpiquni të hyni nëpër derë të ngushtë, sepse unë po ju them se shumë do të kërkojnë të hyjnë dhe nuk do të munden.

²⁵ Kur i zoti i shtëpisë është çuar dhe ka mbyllur derën, ju atëherë, që keni mbetur jashtë, do të filloni të trokitni në derë duke thënë: "Zot, Zot, na e hap". Por ai, duke u përgjigjur, do të thotë: "Nuk e di nga vini".

²⁶ Atëherë do të filloni të thoni: "Po ne hëngrëm dhe pimë me ty dhe ti mësove ndër rrugët tona".

²⁷ Por ai do thotë: "Unë po ju them se nuk di nga vini; largohuni nga unë, të gjithë ju që bëni paudhësi".

²⁸ Atje do të jetë qarje dhe kërcëllim dhëmbësh, kur të shihni Abrahamin, Isakun, Jakobin dhe gjithë profetët në mbretërinë e Perëndisë, ndërsa ju do të dëboheni përjashta.

²⁹ Dhe do të vijnë nga lindja e nga perëndimi, nga veriu dhe nga jugu, dhe do të ulen në tryezë në mbretërinë e Perëndisë.

³⁰ Dhe ja, disa ndër të fundit do të jenë të parët, dhe disa nga të parët do të jenë të fundit".

³¹ Po në atë ditë disa farisenj erdhën dhe i thanë: "Nisu dhe largohu prej këtej, sepse Herodi do të të vrasë".

³² Dhe ai u përgjigj atyre: "Shkoni e i thoni asaj dhelpre: "Ja, sot dhe nesër po dëboj demonë dhe kryej shërime, dhe të tretën ditë po i jap fund punës sime".

³³ Por sot, nesër e pasnesër më duhet të ec, sepse nuk mundet që një profet të vdesë jashtë Jeruzalemit.

³⁴ Jeruzalem, Jeruzalem, që i vret profetët dhe i vret me gurë ata që të janë dërguar! Sa herë desha t'i mbledh bijtë e tu sikurse klloçka i mbledh nën krahë zogjtë e vet, por ju nuk deshët!

³⁵ Ja, shtëpia juaj ju lihet e shkretë. Dhe unë po ju them se nuk do të më shihni më deri sa të vijë koha të thoni: "Bekuar qoftë ai që vjen në emër të Zotit"".

Kapitull 14

¹ Dhe ndodhi që një ditë të shtunë, kur ai hyri në shtëpinë e një kryetari të farisenjve për të ngrënë bukë, ata po e përgjonin;

² dhe ja, para tij ishte një njeri hidropik.

³ Dhe Jezusi, duke iu përgjigjur mësuesve të ligjit dhe farisenjve, tha: "A është e lejueshme të shërosh ditën e shtunë?".

⁴ Por ata heshtën. Atëherë ai e mori për dore atë, e shëroi dhe e nisi të shkojë.

⁵ Pastaj, duke iu përgjigjur atyre, tha: "Cili nga ju, po t'i bjerë gomari i vet ose kau në një pus, nuk e nxjerr menjëherë jashtë ditën e shtunë?".

⁶ Por ata nuk mund të përgjigjeshin asgje për këto gjëra.

⁷ Dhe, duke vënë re se ata zgjidhnin vendet e para në tryezë, Jezusi u thoshte atyre këtë shëmbëlltyrë duke thënë:

⁸ "Kur je ftuar në dasmë, mos u ul në krye të vendit, sepse ai njeri mund të ketë ftuar një tjetër që është më i rëndësishëm se ti,

⁹ dhe ai që të ftoi ty dhe atë të të mos vijë e të thotë: "Lëshoja vendin këtij". Dhe atëherë ti, plot turp, do të shkosh të zësh vendin e fundit.

¹⁰ Por, kur je ftuar, shko e rri në vendin e fundit që, kur të vijë ai që të ka ftuar, të thotë: "O mik, ngjitu më lart". Atëherë do të jesh i nderuar përpara atyre që janë në tryezë bashkë me ty.

¹¹ Sepse kushdo që e larton veten do të poshterohet, dhe kush e poshtëron veten do të lartohet".

¹² Ai i tha edhe atij që e kishte ftuar: "Kur shtron drekë a darkë, mos i thirr miqtë e tu, as vëllezërit e tu, as farefisin tënd, as fqinjët e pasur, se mos ata një herë të të ftojnë ty, dhe kështu ta kthejnë shpërblimin.

¹³ Por, kur të bësh një gosti, thirr lypësit, sakatët, të çalët, të verbërit;

¹⁴ dhe do të jesh i lum, sepse ata nuk kanë se si të ta kthejnë shpërblimin; por shpërblimi do të të jepet në ringjallje të të drejtëve".

¹⁵ Dhe një nga të ftuarit, si i dëgjoi këto gjëra, i tha: "Lum kush do të hajë bukë në mbretërinë e Perëndisë".

¹⁶ Atëherë Jezusi i tha: "Një njeri përgatiti një darkë të madhe dhe ftoi shumë veta;

¹⁷ dhe, në kohë të darkës, dërgoi shërbëtorin e vet t'u thotë të ftuarve: "Ejani, sepse gjithçka tashmë është gati".

¹⁸ Por të gjithë, pa përjashtim, filluan të kërkojnë ndjesë. I pari i tha: "Bleva një arë dhe më duhet të shkoj ta shoh; të lutem, të më falësh".

¹⁹ Dhe një tjetër tha: "Bleva pesë pendë qe dhe po shkoj t'i provoj; të lutem, të më falësh".

²⁰ Dhe një tjetër akoma tha: "Mora grua e prandaj nuk mund të vij".

²¹ Kështu shërbëtori u kthye dhe ia dëftoi të gjitha zotit të vet. Atëherë i zoti i shtëpisë, plot zemërim, i tha shërbëtorit të vet: "Shpejt, shko nëpër sheshet dhe nëpër rrugët e qytetit e sill këtu lypës, sakatë, të çalë dhe të verbër".

²² Pastaj shërbëtori i tha: "Zot, u bë ashtu siç urdhërove ti, por ka vend edhe më".

²³ Atëherë zoti i tha shërbëtorit: "Dil nëpër udhë dhe përgjatë gardheve dhe detyroji të hyjnë që të mbushet shtëpia ime.

²⁴ Sepse unë po ju them se asnjë nga ata njerëz që ishin të ftuar, nuk do ta shijojë darkën time"".

²⁵ Dhe turma të mëdha shkonin me të. Ai u kthye nga ata dhe tha:

²⁶ "Nëse ndokush vjen tek unë dhe nuk urren babanë e vet dhe nënën e vet, gruan dhe fëmijët, vëllezërit dhe motrat, madje edhe jetën e vet, nuk mund të jetë dishepulli im.

²⁷ Dhe kush nuk e mbart kryqin e vet dhe nuk më ndjek, nuk mund

të jetë dishepulli im.

²⁸ Kush nga ju, pra, kur do të ndërtojë një kullë, nuk ulet më parë të llogarisë shpenzimet, për të parë nëse ka mjaftueshëm për ta mbaruar?

²⁹ Që atëherë, kur t'i ketë hedhur themelet e të mos mundë ta përfundojë, të gjithë ata që e shohin, të mos fillojnë e të tallen.

³⁰ duke thënë: "Ky njeri filloi të ndërtojë e nuk mundi ta përfundojë".

³¹ Ose cili mbret, kur niset të luftojë kundër një mbreti tjetër, nuk ulet më parë të gjykojë në se mund ta përballojë me dhjetë mijë atë që po i vjen kundër me njëzet mijë?

³² Në mos, ndërsa ai është ende larg, i dërgon një delegacion për të biseduar për paqe.

³³ Kështu, pra, secili nga ju që nuk heq dorë nga të gjitha ato që ka, nuk mund të jetë dishepulli im.

³⁴ Kripa është e mirë, por nëse kripa bëhët e amësht, me se do të mund t'i kthehet shija?

³⁵ Ajo nuk vlen as për tokë, as për pleh, por hidhet tutje. Kush ka veshë për të dëgjuar, le të dëgjojë".

Kapitull 15

¹ Pastaj të gjithë tagrambledhësit dhe mëkatarët i afroheshin për ta dëgjuar.

² Dhe farisenjtë dhe skribët murmuritnin duke thënë: "Ky i pranon mëkatarët dhe ha bashkë me ta".

³ Atëherë ai u tha këtë shëmbëlltyrë:

⁴ "Cili njeri prej jush, që ka njëqind dele dhe një prej tyre t'i humbasë, nuk i lë të nëntëdhjetë e nëntat në shkretirë dhe nuk shkon pas asaj që humbi deri sa ta gjejë?

⁵ Dhe, kur e gjen, e merr mbi supe gjithë gaz;

⁶ dhe, kur arrin në shtëpi, i thërret miqtë dhe fqinjët dhe u thotë: "Gëzohuni bashkë me mua, sepse e gjeta delen time që më kishte humbur.

⁷ Dhe unë po ju them se po kështu në qiell do të ketë më shumë gëzim për një mëkatar të vetëm që pendohet, sesa për nëntëdhjetë e nëntë të drejtët, që nuk kanë nevojë të pendohen.

⁸ Ose, cila grua që ka dhjetë dhrahmi dhe humbet një nga ato, nuk ndez llambën, nuk e fshin shtëpinë dhe nuk kërkon me kujdes derisa ta gjejë?

⁹ Dhe, kur e gjen, fton tok shoqet dhe fqinjët, duke thënë: "Gëzohuni bashkë me mua, sepse e gjeta dhrahminë që kisha humbur".

¹⁰ Po kështu po ju them: do të ketë gëzim në mes të engjëjve të Perëndisë për një mëkatar të vetëm që pendohet".

¹¹ Tha akoma: "Një njeri kishte dy bij.

¹² Më i riu i tyre i tha babait: "Atë, më jep pjesën e pasurisë që më takon". Dhe i ati ua ndau mes tyre pasurinë.

¹³ Mbas pak ditësh biri më i ri mblodhi çdo gjë, shkoi në një vend të largët dhe atje e prishi gjithë pasurinë, duke bërë një jetë të shthurur.

¹⁴ Por, si i shpenzoi të gjitha, në atë vend ra një zi e madhe buke, dhe ai filloi të jetë në hall.

¹⁵ Atëherë shkoi e iu ngjit pas një banori të atij vendi, i cili e çoi në arat e tij që të ruajë derrat.

¹⁶ Dhe ai dëshironte të mbushte barkun me lendet që hanin derrat, por askush nuk ia jepte.

¹⁷ Atëherë erdhi në vete dhe tha: "Sa punëtorëve mëditës të atit tim u tepron buka, kurse unë po vdes nga uria!

¹⁸ Do të çohem dhe do të shkoj tek im atë dhe do t'i them: Atë, mëkatova kundër qiellit dhe para teje,

¹⁹ nuk jam më i denjë të quhem yt bir; trajtomë si një nga mëditësit e tu".

²⁰ U çua, pra, dhe shkoi tek i ati. Por kur ishte ende larg, i ati e pa dhe dhembshuri; u lëshua vrap, ra mbi qafën e tij dhe e puthi.

²¹ Dhe i biri i tha: "O atë, mëkatova kundër qiellit dhe para teje dhe nuk jam më i denjë të quhem biri yt".

²² Por i ati u tha shërbëtorëve të vet: "Sillni këtu rrobën më të bukur dhe visheni, i vini një unazë në gisht dhe sandale në këmbë.

²³ Nxirrni jashtë viçin e majmur dhe thereni; të hamë dhe të gëzohemi,

²⁴ sepse ky biri im kishte vdekur dhe u kthye në jetë, kishte humbur dhe u gjet përsëri". Dhe filluan të bënin një festë të madhe.

²⁵ Djali i tij i madh ishte në ara; dhe kur u kthye dhe iu afrua shtëpisë, dëgjoi këngë e valle.

²⁶ Atëherë thirri një shërbëtor dhe e pyeti ç'ishte e gjitha kjo.

²⁷ Dhe ai i tha: "U kthye yt vëlla dhe yt atë theri viçin e majmur, sepse ai u kthye djalë i shëndoshë e mirë".

²⁸ Kur i dëgjoj këto, ai u zemërua dhe nuk deshi të hynte; atëherë i ati doli dhe iu lut të hynte.

²⁹ Por ai iu përgjigj të atit dhe tha: "Ja, u bënë kaq vite që unë të shërbej dhe kurrë s'kam shkelur asnjë nga urdhërat e tu, e megjithëatë kurrë s'më dhe një kec për të bërë një festë me miqtë e mi.

³⁰ Por, kur u kthye ky djali yt, që prishi pasurinë tënde me prostituta, ti there për të viçin e majmur".

³¹ Atëherë i ati i tha: "O bir, ti je gjithmonë me mua, dhe çdo gjë që kam është jotja.

³² Por duhet të festojmë dhe të gëzohemi, sepse ky vëllai yt kishte vdekur dhe u kthye në jetë, kishte humbur dhe u gjet përsëri"".

Kapitull 16

¹ Tani ai u foli akoma dishepujve të vet: "Ishte një njeri i pasur që kishte një administrator; këtë e paditën se po ia shkapërderdhte pasurinë e tij.

² Atëherë ai e thirri dhe i tha: "Ç'është kjo që po dëgjoj për ty? Më jep llogari për ato që ke administruar, sepse ti nuk mund të jesh më administratori im".

³ Dhe administratori tha me vete: "Ç'do të bëj unë tani, që zotëria im po ma heq administrimin? Të gërmoj, s'e bëj dot, dhe të lyp, më vjen turp.

⁴ E di ç'do të bëj që njerëzit të më pranojnë në shtëpitë e tyre kur të hiqem nga administrimi".

⁵ I thirri atëherë një nga një ata që i detyroheshin zotërisë së tij dhe i tha të parit: "Sa i detyrohesh zotërisë tim?".

⁶ Ai u përgjigj: "Njëqind bato vaj". Atëherë ai i tha: "Merre dëftesën tënde, ulu dhe shkruaj shpejt pesëdhjetë".

⁷ Pastaj i tha një tjetri "Po ti sa i detyrohesh?". Ai u përgjigj: "Njëqind kora grurë". Atëherë ai i tha: "Merre dëftesën tënde dhe shkruaj tetëdhjetë".

⁸ Zotëria e lavdëroi administratorin e pandershëm, se kishte vepruar me mençuri, sepse bijtë e kësaj bote, në brezin e tyre, janë më të mençur se bijtë e dritës.

⁹ Unë, pra, po ju them: Bëjini miqtë me pasuri të padrejta sepse, kur këto do t'ju mungojnë, t'ju pranojnë në banesat e përjetshme.

¹⁰ Kush është besnik në të vogla, është besnik edhe në të mëdhatë; dhe kush është i padrejtë në të vogla, është i padrejtë edhe në të mëdhatë.

¹¹ Pra, në qoftë se ju nuk keni qenë besnikë në pasuritë e padrejta, kush do t'ju besojë pasuritë e vërteta?

¹² Dhe, në qoftë se nuk keni qenë besnikë në pasurinë e tjetrit, kush do t'ju japë tuajën?

¹³ Asnjë shërbëtor nuk mund t'u shërbejë dy zotërinjve; sepse ose do ta urrejë njerin e tjetrin do ta dojë, ose do të lidhet me njerin dhe tjetrin do ta përbuzë; ju nuk mund t'i shërbeni Perëndisë dhe mamonit".

¹⁴ Dhe farisenjtë, të cilët ishin shumë të dhënë pas parasë, i dëgjonin të gjitha këto dhe e tallnin.

¹⁵ Dhe ai u tha atyre: "Ju jeni ata që e justifikoni veten përpara njerëzve, por Perëndia i njeh zemrat tuaja; sepse ajo që vlerësohet shumë ndër njerëzit është gjë e neveritshme para Perëndisë.

¹⁶ Ligji dhe profetët arrijnë deri në kohën e Gjonit; që atëherë shpallet mbretëria e Perëndisë dhe gjithkush përpiqet të hyjë aty.

¹⁷ Por është më lehtë që të mbarojnë qielli dhe toka, se sa të bjerë poshtë qoftë edhe një pikë nga ligji.

¹⁸ Ai që lëshon gruan e vet dhe merr një tjetër, shkel kurorën; edhe ai që martohet me një grua të lëshuar nga i burri, shkel kurorën".

¹⁹ Por atje ishte një njeri i pasur, që vishej me te purpurta dhe me rroba të çmueshme prej liri dhe për ditë e kalonte shkëlqyeshëm.

²⁰ Atje ishte edhe një lypës, i quajtur Llazar, që rrinte para derës së tij, dhe trupin e kishte plot me plagë të pezmatuara,

²¹ dhe dëshironte të ngopej me thërrimet që binin nga tryeza e pasanikut; madje edhe qentë vinin e ia lëpinin plagët.

²² Por ndodhi që lypësi vdiq dhe engjëjt e çuan në gji të Abrahamit; vdiq edhe pasaniku dhe e varrosën.

²³ Dhe, duke pasur mundime në ferr, i çoi sytë dhe pa nga larg Abrahamin dhe Llazarin në gji të tij.

²⁴ Atëherë ai bërtiti dhe tha: "O atë Abraham, ki mëshirë për mua, dhe dërgoje Llazarin të lagë majën e gishtit të vet në ujë që të më freskojë gjuhën, sepse po vuaj tmerrësisht në këtë flakë.

²⁵ Por Abrahami thoshte: "O bir, kujto se ti i ke marrë të mirat e tua gjatë jetës sate, kurse Llazari të këqijat; tashti, përkundrazi, ai po përdëllehet dhe ti vuan.

²⁶ Dhe, veç të gjithave, midis nesh dhe jush është një humnerë e madhe, kështu që ata që do të donin të kalonin që këtej tek ju nuk munden; po ashtu askush nuk mund të kalojë që andej te ne".

²⁷ Por ai i tha: "Atëherë, o atë, të lutem ta dërgosh atë te shtëpia e tim eti,

²⁸ sepse unë kam pesë vëllezër e le t'i paralajmërojë rreptësisht që të mos vijnë edhe ata në këtë vend mundimesh".

²⁹ Abrahami u përgjigj: "Kanë Moisiun dhe profetët, le t'i dëgjojnë ata".

³⁰ Ai tha: "Jo, o atë Abraham, por nëse dikush nga të vdekurit do të shkojë tek ata, do të pendohen".

³¹ Atëherë ai i tha: "Nëse ata nuk e dëgjojnë Moisiun dhe profetët, nuk do të binden edhe në se dikush ringjallet prej të vdekurish"".

Kapitull 17

¹ Atëherë Jezusi u tha dishepujve të vet: "Është e pamundur që të mos ndodhin skandale; por mjerë ai për faj të të cilit vijnë!

² Për të do të ishte më mirë t'i varrnin në qafë një gur mulliri dhe ta hidhnin në det, se sa të skandalizojë një të vetëm nga këta të vegjël.

³ Kini kujdes veten tuaj! Në se yt vëlla mëkaton kundër teje, qortoje; dhe në se pendohet, fale.

⁴ Edhe sikur të mëkatonte shtatë herë në ditë kundër teje, dhe shtatë herë në ditë do të kthehet te ti duke thënë: "Pendohem", fale".

⁵ Atëherë apostujt i thanë Zotit: "Na e shto besimin".

⁶ Dhe Zoti tha: "Po të kishit besim sa një kokërr sinapi, do të mund t'i thonit këtij mani: "Shkulu me gjithë rrënjë dhe mbillu në det", dhe ai do t'ju bindej.

⁷ Tani cili nga ju, po të ketë një shërbëtor që i lëron tokën ose i kullot kopenë, do t'i thotë kur ai kthehet nga fusha në shtëpi: "Eja menjëherë në tryezë"?

⁸ A nuk do t'i thotë përkundrazi: "Ma bëj gati darkën, përvishu e më shërbe që unë të ha e të pi e pastaj të hash dhe të pish edhe ti"?

⁹ Do ta falënderojë ndoshta atë shërbëtor sepse i zbatoi ato që i ishin urdhëruar? Mendoj se jo.

¹⁰ Kështu edhe ju, kur të keni bërë të gjitha ato që ju urdhërohen, thoni: "Jemi shërbëtorë të padobishëm. Bëmë atë që kishim detyrë të bënim"".

¹¹ Dhe ndodhi që duke udhëtuar për në Jeruzalem, ai kaloi nëpër Samari dhe Galile.

¹² Dhe, kur po hynte në një fshat, i dolën para dhjetë lebrozë, të cilët ndaluan larg,

¹³ dhe duke ngritur zërin, thanë: "Mjeshtër, Jezus, ki mëshirë për ne".

¹⁴ Dhe ai, si i pa, u tha atyre: "Shkoni e paraqituni te priftërinjtë". Dhe ndodhi që, ndërsa ata po shkonin, u pastruan.

¹⁵ Dhe një nga ata, si e pa se u shërua, u kthye mbrapa dhe përlëvdonte Perëndinë me zë të lartë.

¹⁶ Dhe ra përmbys me fytyrë përtokë te këmbët e Jezusit, duke e falënderuar. Ky ishte Samaritan.

¹⁷ Jezusi atëherë filloi të thotë: "A nuk u shëruan që të dhjetë? Ku janë nëntë të tjerët?

¹⁸ A nuk gjet asnjë që të kthehet për të dhënë lavdi Perëndisë, përveç këtij të huaji?".

¹⁹ Dhe i tha atij: "Çohu dhe shko; besimi yt të shëroi".

²⁰ Tani kur u pyet nga farisenjtë se kur do të vinte mbretëria e Perëndisë, ai u përgjigj atyre dhe tha: "Mbretëria e Perëndisë nuk vjen në mënyrë të dukshme;

²¹ dhe as nuk do të mund të thuhet: "Ja, këtu", ose: "Ja, atje"; sepse ja, mbretëria e Perëndisë është përbrenda jush".

²² Pastaj u tha dishepujve të vet: "Do të vijnë ditë kur ju do të dëshironi të shihni një nga ditët e Birit të njeriut, por nuk do ta shihni.

²³ Dhe do t'ju thonë: "Ja, është këtu" ose: "Ja, është atje", por ju mos shkoni dhe mos i ndiqni.

²⁴ Sepse ashtu si rrufeja, që vetëtin nga njëri skaj i qiellit te tjetri e ndriçon, kështu do të jetë edhe Biri i njeriut në ditën e tij.

²⁵ Por më parë i duhet të vuajë shumë dhe të hidhet poshtë nga ky brez.

²⁶ Dhe, ashtu siç ndodhi në kohën e Noes, ashtu do të ndodhë edhe në ditët e Birit të njeriut.

²⁷ Njerëzit hanin, pinin, martonin dhe martoheshin, deri ditën kur Noeu hyri në arkë; dhe erdhi përmbytja dhe i zhduku të gjithë.

²⁸ Po kështu ndodhi në kohën e Lotit: njerëzit hanin, pinin, blinin, shitnin, mbillnin dhe ndërtonin;

²⁹ por ditën kur Loti doli nga Sodoma, ra shi zjarri e squfuri nga qielli dhe i zhduku të gjithë.

³⁰ Kështu do të jetë edhe atë ditë kur Biri i njeriut do të shfaqet.

³¹ Në atë ditë, ai që ndodhet mbi çatinë e shtëpisë të mos zbresë në shtëpi për të marrë gjërat e tij; e po kështu ai që ndodhet në ara, të mos kthehet prapa.

³² Kujtoni gruan e Lotit.

³³ Ai që do të kërkojë të shpëtojë jetën e vet, do ta humbasë; por ai që do ta humbasë, do ta shpëtojë.

³⁴ Unë po ju them: atë natë dy veta do të jenë në një shtrat; njëri do të merret dhe tjetri do të lihet.

³⁵ Dy gra do të bluajnë bashkë; njëra do të merret e tjetra do të lihet.

³⁶ Dy burra do të jenë në ara: njëri do të merret e tjetri do të lihet".

³⁷ Atëherë dishepujt u përgjigjën dhe thanë: "Ku, o Zot?" Dhe ai u tha atyre: "Ku të jetë trupi, atje do të mblidhen shqiponjat".

Kapitull 18

¹ Pastaj u tha atyre edhe një shëmbëlltyrë, për të treguar se duhet të lutemi vazhdimisht pa u lodhur,

² duke thënë: "Në një qytet ishte një gjykatës që nuk kishte frikë nga Perëndia dhe nuk kishte respekt për njeri.

³ Tani po në atë qytet ishte një grua e ve që shkonte tek ai duke thënë: "Ma jep të drejtën para kundërshtarit tim".

⁴ Për një farë kohe ai nuk deshi ta bënte, por pastaj tha me vete: "Megjithse nuk kam frikë nga Perëndia dhe s'kam respekt për asnjeri,

⁵ duke qenë se kjo grua e ve po vazhdon të më mërzitë, do t'ia jap të drejtën, sepse, duke më ardhur vazhdimisht, do të më rraskapitë"".

⁶ Dhe Zoti tha: "Dëgjoni ç'thotë gjykatësi i padrejtë.

⁷ Vallë Perëndia nuk do të marrë hak për të zgjedhurit e tij që i këlthasin atij ditë e natë? A do të vonojë, vallë, të ndërhyjë në favor të tyre?

⁸ Po, unë ju them se ai do t'ua marrë hakun së shpejti. Po kur të vijë Biri i njeriut, a do të gjejë besim mbi tokë?".

⁹ Ai tha edhe këtë shëmbëlltyre për disa që pretendonin se ishin të drejtë dhe i përbuznin të tjerët.

¹⁰ "Dy njerëz u ngjitën në tempull për t'u lutur; njëri ishte farise dhe tjetri tagrambledhës.

¹¹ Fariseu rrinte në këmbë dhe lutej në vetvete kështu: "O Perëndi, të falënderoj që nuk jam si njerëzit e tjerë, grabitqarë, të padrejtë, kurorëshkelës, dhe as si ai tagrambledhës.

¹² Unë agjëroj dy herë në javë dhe paguaj të dhjetën e gjithçkaje që kam".

¹³ Kurse tagrambledhësi rrinte larg dhe as që guxonte t'i çonte sytë drejt qiellit; por rrihte kraharorin e vet duke thënë: "O Perëndi, ji i mëshirshëm ndaj mua mëkatarit".

¹⁴ Dhe unë po ju them se ky, dhe jo tjetri, u kthye në shtëpinë e vet i shfajësuar; sepse kushdo që lartohet do të ulet, dhe kush ulet, do të lartohet".

¹⁵ I prunë edhe disa fëmijë të vegjël që t'i prekte; por dishepujt, kur panë këtë, i qortuan.

¹⁶ Atëherë Jezusi i thirri fëmijët pranë vetes dhe tha: "I lini fëmijët e vegjël të vijnë tek unë dhe mos i pengoni, sepse e tyre është mbretëria e Perëndisë.

¹⁷ Në të vërtetë po ju them se ai që nuk e pranon mbretërinë e Perëndisë si një fëmijë i vogël, nuk do të hyjë atje".

¹⁸ Një nga krerët e pyeti duke thënë: "Mësues i mirë, ç'duhet të bëj për të trashëguar jetën e përjetshme?".

¹⁹ Dhe Jezusi i tha: "Përse më quan të mirë? Askush nuk është i mirë, përveç një të vetmi, domethënë Perëndisë.

²⁰ Ti i njeh urdhërimet: "Mos shkel kurorën, mos vrit, mos vidh, mos thuaj dëshmi të rremë, ndero atin tënd dhe nënën tënde"".

²¹ Dhe ai tha: "Të gjitha këto i kam zbatuar që nga rinia".

²² Si e dëgjoi, Jezusi i tha: "Të mungon akoma një gjë: shit gjithçka që ke dhe jepua të varfërve dhe do të kesh një thesar në qiell; pastaj eja e më ndiq".

²³ Por ai, kur i dëgjoi këto gjëra, u trishtua shumë, sepse ishte shumë i pasur.

²⁴ Atëherë Jezusi, kur pa se ai ishte trishtuar shumë, tha: "Sa është e vështirë për ata që kanë pasuri të hyjnë në mbretërinë e Perëndisë!

²⁵ Sepse është më lehtë që një deve të kalojë nëpër vrimën e gjilpërës, sesa i pasuri të hyjë në mbretërinë e Perëndisë".

²⁶ Dhe ata që e dëgjonin thanë: "Po kush, pra, mund të shpëtohet?".

²⁷ Por ai tha: "Gjëra të pamundshme për njerëzit janë të mundshme për Perëndinë".

²⁸ Pastaj Pjetri tha: "Ja, ne kemi lënë çdo gjë dhe të kemi ndjekur".

²⁹ Dhe ai u tha atyre: "Në të vërtetë po ju them se nuk ka asnjë që të ketë lënë shtëpinë ose prindërit, ose vëllezërit, ose gruan ose fëmijët, për mbretërinë e Perëndisë,

³⁰ që të mos marrë shumëfish në këtë kohë, dhe në kohën e ardhshme jetën e përjetshme".

³¹ Pastaj i mori me vete të dymbëdhjetët dhe u tha atyre: "Ja, ne po ngjitemi në Jeruzalem dhe të gjitha ato që shkruan profetët për Birin e njeriut do të përmbushen.

³² Ai, pra, do t'u dorëzohet paganëve, do të fyhet e do të poshtërohet dhe do ta pështyjnë.

³³ Dhe, pasi ta fshikullojnë, do ta vrasin, por ai do të ringjallet të

tretën ditë".

³⁴ Por ata nuk morën vesh asgjë nga të gjitha këto: këto fjalë për ta ishin fshehtësi dhe ata nuk kuptonin ato që u ishin thënë.

³⁵ Tani ndërsa ai po i afrohej Jerikos, një i verbër ishte ulur përgjatë rrugës dhe po lypte;

³⁶ dhe kur dëgjoi se po kalonte turma, pyeti çfarë ishte;

³⁷ iu përgjigjën se po kalonte Jezusi nga Nazareti.

³⁸ Atëherë ai bërtiti duke thënë: "O Jezus, Bir i Davidit, ki mëshirë për mua".

³⁹ Ata që ecnin përpara i bërtitën të heshtte, por ai bërtiste edhe më fort: "O Bir i Davidit: ki mëshirë për mua".

⁴⁰ Atëherë Jezusi ndaloi dhe urdhëroi t'ia sillnin dhe, kur ai iu afrua, e pyeti

⁴¹ duke thënë: "Çfarë dëshiron të bëj për ty?". Dhe ai tha: "Zot, të rimarr dritën e syve".

⁴² Dhe Jezusi i tha: "Rimerr dritën e syve, Besimi yt të shëroi".

⁴³ Në çast rimori dritën e syve dhe e ndiqte duke përlëvduar Perëndinë; dhe gjithë populli, kur pa këtë, i dha lavdi Perëndisë.

Kapitull 19

¹ Pastaj Jezusi hyri në Jeriko dhe po kalonte nëpër qytet;

² dhe ja, një njeri i quajtur Zake, i cili ishte kryetari i tagrambledhësve dhe ishte i pasur.

³ Ai kërkonte të shihte kush ishte Jezusi, por nuk mundte për shkak të turmës, sepse ishte i shkurtër nga shtati.

⁴ Atëherë rendi përpara dhe u ngjit në një fik për ta parë, sepse ai duhet të kalonte andej.

⁵ Dhe kur Jezusi arriti në atë vend, i çoi sytë, e pa dhe i tha: "Zake, zbrit shpejt poshtë, sepse sot duhet të rri në shtëpinë tënde".

⁶ Dhe ai zbriti me nxitim dhe e priti me gëzim.

⁷ Kur panë këtë, të gjithë murmuritën, duke thënë: "Aì shkoi të rrijë në shtëpinë e një njeriu mëkatar".

⁸ Por Zakeu u çua dhe i tha Zotit: "Zot, unë po u jap të varfërve gjysmën e pasurisë sime dhe, po të kem marrë ndonjë gjë nga ndonjëri me mashtrim, do t'ia kthej katërfish".

⁹ Dhe Jezusi i tha: "Sot në këtë shtëpi ka hyrë shpëtimi, sepse edhe ky është bir i Abrahamit.

¹⁰ Sepse Biri i njeriut erdhi të kërkojë dhe të shpëtojë atë që kishte humbur".

¹¹ Dhe, ndërsa ata po i dëgjonin këto, Jezusi vazhdoi të tregojë një shëmbëlltyrë, sepse ai ishte afër Jeruzalemit dhe ata mendonin se mbretëria e Perëndisë do të shfaqej menjëherë.

¹² Tha, pra: "Një njeri fisnik shkoi në një vend të largët për të marrë në dorëzim një mbretëri e pastaj të kthehej.

¹³ Dhe, si i thirri dhjetë shërbëtorët e vet, u dha dhjetë mina dhe u tha atyre: "Tregtoni deri sa të kthehem".

¹⁴ Por qytetarët e vet e urrenin dhe i dërguan pas një përfaqësi duke thënë: "Nuk duam që ky të mbretërojë përmbi ne".

¹⁵ Dhe kur ai u kthye, pasi e mori në dorëzim mbretërinë, urdhëroi t'i thërresin ata shërbëtorët, të cilëve u kishte dhënë paratë për të marrë vesh sa kishte fituar secili duke tregtuar.

¹⁶ Atëherë doli i pari dhe tha: "Zot, mina jote dha dhjetë mina të tjera";

¹⁷ dhe ai tha: "Mirë, o shërbëtor i mirë, sepse ke qenë besnik në gjëra të vogëla, merr sundimin mbi dhjetë qytete".

¹⁸ Pastaj erdhi i dyti duke thënë: "Zot, mina jote dha edhe pesë mina";

¹⁹ dhe ai i tha edhe këtij: "Edhe ti ji sundimtar mbi pesë qytete".

²⁰ Atëherë erdhi një tjetër i cili tha: "Zot, ja mina jote që e ruajta në një shami,

²¹ sepse kisha frikë nga ti, që je njeri i rreptë; ti merr atë që nuk ke vënë dhe korr atë që nuk ke mbjellë".

²² Dhe zoti i tij i tha: "Do të të gjykoj nga vetë fjalët e tua, o shërbëtor i keq; ti e dije se jam njeri i rreptë, që marr atë që nuk kam vënë dhe korr atë që nuk kam mbjellë;

²³ përse nuk e vure paranë time në bankë që, kur të kthehem, ta marr bashkë me përqindje?".

²⁴ Pastaj u tha të pranishmëve: "Merrjani minën dhe ia jepni atij që ka dhjetë mina".

²⁵ Dhe ata i thanë: "Zot, po ai ka dhjetë mina".

²⁶ Unë po ju them se atij që ka, do t'i jepet; por atij që s'ka do t'i hiqet edhe ajo që ka.

²⁷ Veç kësaj, i sillni këtu armiqtë e mi, të cilët nuk donin që unë të mbretëroja mbi ta dhe i vritni përpara meje!"".

²⁸ Mbasi tha këto gjëra, ai shkoi përpara duke u ngjitur në Jeruzalem.

²⁹ Dhe, si iu afrua Betfagës dhe Betanias, afër malit që quhet i Ullinjve, dërgoi dy nga dishepujt e vet,

³⁰ dhe u thënë: "Shkoni në fshatin përballë dhe, kur të hyni, do të gjeni aty një kërriç të lidhur, mbi të cilin nuk ka hipur kurrë njeri; zgjidheni atë dhe ma sillni.

³¹ Dhe nëse ndokush ju pyet: "Përse po e zgjidhni?", u thoni atyre kështu: "Zoti ka nevojë"".

³² Dhe ata që ishin dërguar shkuan dhe e gjetën ashtu siç u kishte thënë.

³³ Dhe, ndërsa ata po e zgjidhnin kërriçin, të zotët e tij u thanë atyre: "Përse po e zgjidhni kërriçin?".

³⁴ Dhe ata thanë: "Zoti ka nevojë".

³⁵ Dhe e prunë, pra, te Jezusi dhe, mbasi i hidhnin rrobat e veta mbi kërriçin, e hipën Jezusin mbi të.

³⁶ Dhe, ndërsa ai ecte kështu përpara, ata shtronin rrobat e tyre në rrugë.

³⁷ Dhe kur ai iu afrua teposhtës së malit të Ullinjve, gjithë turma e dishepujve filloi me gëzim të lavdërojë Perëndinë me zë të lartë për të gjitha veprat e pushtetshme që kishin parë,

³⁸ duke thënë: "Bekuar qoftë Mbreti që po vjen në emër të Zotit; paqe në qiell dhe lavdi në vendet shumë të larta".

³⁹ Dhe disa farisenj që ishin midis turmës i thanë: "Mësues, qorto dishepujt e tu!".

⁴⁰ Dhe ai, duke u përgjigjur, u tha atyre: "Unë po ju them se në se këta do të heshtnin, gurët do të bërtisnin".

⁴¹ Dhe kur ai po afrohej, e pa qytetin dhe qau mbi të,

⁴² duke thënë: "Oh, sikur ti, pikërisht ti, të njihje të paktën në ditën tënde ato që janë te nevojshme për paqen tënde! Por tashti ato janë të fshehura për sytë e tu.

⁴³ Sepse përmbi ty do të vijnë ditë kur armiqtë e tu do të të qarkojnë me ledh, do të të rrethojnë dhe do të të zënë nga të gjitha anët.

⁴⁴ Dhe do të të rrëzojnë përtokë ty dhe bijtë e tu në ty; dhe s'do të lënë në ty gur mbi gur, sepse ti nuk e ke njohur kohën kur je vizituar".

⁴⁵ Pastaj, mbasi hyri në tempull, filloi t'i dëbojë jashtë ata që shistin e blinin,

⁴⁶ duke u thënë atyre: "Është shkruar: "Shtëpia ime është shtëpi e lutjes, por ju e bëtë shpellë kusarësh"".

⁴⁷ Çdo ditë ai mësonte në tempull. Dhe krerët e priftërinjve, skribët dhe krerët e popullit kërkonin ta vrisnin.

⁴⁸ Dhe nuk arrinin dot të vendosnin çfarë të bënin; sepse gjithë populli e dëgjonte me vemendje të madhe.

Kapitull 20

¹ Dhe në një nga ato ditë ndodhi që, ndërsa ai po mësonte popullin në tempull dhe predikonte ungjillin, erdhën krerët e priftërinjve dhe skribët bashkë me pleqtë,

² dhe i thanë: "Na trego me ç'autoritet i bën këto gjëra; ose kush është ai që ta dha ty këtë pushtet?".

³ Dhe ai duke u përgjigjur, u tha atyre: "Edhe unë do t'ju pyes një gjë dhe ju m'u përgjigjni:

⁴ Pagëzimi i Gjonit vinte nga qielli apo nga njerëzit?".

⁵ Dhe ata arsyetonin në mes tyre duke thënë: "Po të themi prej qiellit, ai do të na thotë: "Atëherë përse nuk i besuat?".

⁶ Kurse po t'i themi prej njerëzve, gjithë populli do të na vrasë me gurë, sepse ai është i bindur se Gjoni ishte një profet".

⁷ Prandaj u përgjigjen se nuk dinin nga vinte.

⁸ Atëherë Jezusi u tha atyre: "As unë nuk po ju them me ç'pushtet i bëj këto gjëra".

⁹ Pastaj filloi t'i tregojë popullit këtë shëmbëlltyrë: "Një njeri mbolli një vresht, ua besoi disa vreshtarëve dhe iku larg për një kohë të gjatë.

¹⁰ Në kohën e të vjelave, dërgoi një shërbëtor tek ata vreshtarë që t'i jepnin pjesën e vet nga prodhimi i vreshtit; por vreshtarët e rrahën atë dhe e kthyen duarbosh.

¹¹ Ai dërgoi përsëri një shërbëtor tjetër; por ata, pasi e rrahën dhe e shanë edhe atë, e kthyen duarbosh.

¹² Ai dërgoi edhe një të tretë, por ata e plagosën edhe atë dhe e përzunë.

¹³ Atëherë i zoti i vreshtit tha: "Çfarë duhet të bëj? Do të dërgoj djalin tim të dashur. Ndoshta, duke e parë atë, do ta respektojnë!".

¹⁴ Por vreshtarët, kur e panë, thanë midis tyre: "Ky është trashëgimtari; ejani e ta vrasim që trashëgimia të na mbetet neve".

¹⁵ Kështu e nxorën jashtë vreshtit dhe e vranë. Ç'do t'u bëjë, pra, këtyre, i zoti i vreshtit?

¹⁶ Ai do të vijë, do t'i vrasë ata vreshtarë dhe do t'ua japë vreshtin të tjerëve". Por ata, kur e dëgjuan këtë, thanë: "Kështu mos qoftë".

¹⁷ Atëherë Jezusi, duke i shikuar në fytyrë, tha: "Ç'është, pra, ajo që është shkruar: "Guri që ndërtuesit e kanë hedhur poshtë u bë guri i

qoshes"?

¹⁸ Kushdo që do të bjerë mbi këtë gur do të bëhet copë-copë, dhe ai mbi të cilin do të bjerë guri, do të dërrmohet".

¹⁹ Në këtë moment, krerët e priftërinjve dhe skribët kërkuan të vënë dorë në të, sepse e morën vesh se ai e kishte treguar atë shëmbëlltyrë për ata, por kishin frikë nga populli.

²⁰ Ata e përgjonin me kujdes dhe i dërguan disa spiunë të cilët, duke u paraqitur si njerëz të drejtë, ta zinin në gabim në ndonjë ligjëratë dhe pastaj t'ia dorëzonin pushtetit dhe autoritetit të guvernatorit.

²¹ Këta e pyetën duke thënë: "Mësues ne e dimë se ti flet dhe mëson drejt dhe që nuk je aspak i anshëm, por mëson rrugën e Perëndisë në të vërtetë.

²² A është e lejueshme për ne t'i paguajmë taksë Cezarit apo jo?".

²³ Por ai, duke e kuptuar ligësinë e tyre, u tha atyre: "Përse më provokoni?

²⁴ Më tregoni një denar: e kujt është fytyra dhe mbishkrimi që ka?". Dhe ata, duke përgjigjur, thanë: "E Cezarit".

²⁵ Atëherë ai u tha atyre: "I jepni, pra, Cezarit atë që i përket Cezarit, dhe Perëndisë atë që është e Perëndisë".

²⁶ Dhe nuk mundën ta zënë në gabim në ligjëratën e tij përpara popullit dhe, të habitur nga përgjigja e tij, heshtën.

²⁷ Pastaj iu afruan disa saducej, të cilët mohojnë se ka ringjallje, dhe e pyetën,

²⁸ duke thënë: "Mësues, Moisiu na la të shkruar që, nëse vëllai i dikujt vdes kishte grua dhe vdiq pa lënë fëmijë, i vëllai ta marrë gruan e tij dhe t'i ngjallë pasardhës vëllait të vet.

²⁹ Tashti, ishin shtatë vëllezër; i pari u martua dhe vdiq pa lënë fëmijë.

³⁰ I dyti e mori për grua dhe vdiq edhe ai pa lënë fëmijë.

³¹ E mori pastaj i treti; dhe kështu që të shtatë vdiqën pa lënë fëmijë.

³² Dhe pas tyre vdiq edhe gruaja.

³³ Atëherë, në ringjallje, e kujt do të jetë grua? Sepse që të shtatë e patën grua".

³⁴ Dhe Jezusi, duke u përgjigjur, tha atyre: "Bijtë e kësaj bote martohen dhe martojnë;

³⁵ por ata që do të gjenden të denjë të kenë pjesë në botën tjetër dhe në ringjalljen e të vdekurve, nuk martohen dhe nuk martojnë;

³⁶ ata as nuk mund të vdesin më, sepse janë si engjëjt dhe janë bij të Perëndisë, duke qenë bij të ringjalljes.

³⁷ Dhe se të vdekurit do të ringjallen, e ka deklaruar vetë Moisiu në pjesën e ferrishtes, kur e quan Zot, Perëndinë e Abrahamit, Perëndinë e Isakut dhe Perëndinë e Jakobit.

³⁸ Ai nuk është perëndi i të vdekurve, por i të gjallëve, sepse të gjithë jetojnë për të".

³⁹ Atëherë disa skribë morën fjalën dhe thanë: "Mësues, mirë fole".

⁴⁰ Dhe nuk guxuan më t'i bëjnë asnjë pyetje.

⁴¹ Dhe ai i tha atyre: "Vallë, si thonë se Krishti është Bir i Davidit?

⁴² Vetë Davidi, në librin e Psalmeve, thotë: "Zoti i tha Zotit tim: Ulu në të djathtën time,

⁴³ derisa unë t'i vë armiqtë e tu si stol të këmbëve të tua".

⁴⁴ Davidi, pra, e quan Zot; si mund të jetë bir i tij?".

⁴⁵ Dhe, ndërsa gjithë populli po e dëgjonte, ai u tha dishepujve të vet:

⁴⁶ "Ruhuni nga skribët, të cilët shëtisin me kënaqësi me rroba të gjata, duan t'i përshëndesin nëpër sheshe, të jenë në vendet e para në sinagoga dhe në kryet e vendit nëpër gosti;

⁴⁷ ata gllabërojnë shtëpitë e te vejave dhe, për t'u dukur, bëjnë lutje të gjata. Ata do të marrin një dënim më të rëndë".

Kapitull 21

¹ Pastaj Jezusi i çoi sytë dhe pa pasanikët që qitnin dhuratat e tyre në arkën e thesarit,

² dhe pa edhe një të ve të varfër që qiti dy pare të vogla

³ dhe tha: "Në të vërtetë po ju them se kjo e ve e varfër ka qitur më shumë se gjithë të tjerët.

⁴ Sepse të gjithë këta dhanë nga tepricat e pasurisë së tyre për shtëpinë e Perëndisë, kurse ajo, në varfërinë e vet, dha gjithçka që kishte për të jetuar".

⁵ Pastaj, kur disa po flisnin për tempullin dhe vinin në pah se ishte i stolisur me gurë të bukur dhe me oferta, ai tha:

⁶ "Nga të gjitha këto gjëra që ju admironi, do të vijnë ditët kur nuk do të mbetet gur mbi gur pa u rrënuar".

⁷ Atëherë ata e pyetën duke thënë: "Mësues, kur do të ndodhin këto dhe cila do të jetë shenja se këto janë duke u kryer?".

⁸ Dhe ai tha: "Ruhuni se mos ju mashtrojnë, sepse shumë veta do të vijnë në emrin tim duke thënë: "Unë jam", dhe: "Erdhi koha". Mos shkoni, pra, pas tyre.

⁹ Dhe kur të dëgjoni të flitet për luftëra e për trazira, mos u trembni, sepse të gjitha këto duhet të ndodhin më parë, por mbarimi nuk do të vijë menjëherë".

¹⁰ Atëherë u tha atyre: "Do të ngrihet kombi kundër kombit; dhe mbretëria kundër mbretërisë;

¹¹ do të ngjajnë tërmete të mëdha, zi buke dhe murtaja në vende të ndryshme; do të ndodhin edhe dukuri të llahtarshme dhe shenja të mëdha nga qielli.

¹² Por, para të gjitha këtyre gjërave, do të vënë dorë mbi ju dhe do t'ju përndjekin dhe do t'ju dorëzojnë në sinagoga e do t'ju futin në burg; dhe do t'ju nxjerrin përpara mbretërve dhe guvernatorëve për shkak të emrit tim,

¹³ por kjo do t'ju japë rastin që të dëshmoni.

¹⁴ Ta vini, pra, në zemrën tuaj që të mos mendoni më parë se si do përgjigjeni për t'u mbrojtur,

¹⁵ sepse unë do t'ju jap një gojë e një dituri të tillë të cilën të gjithë kundërshtarët tuaj nuk do të jenë në gjendje ta kundërshtojnë ose t'i rezistojnë.

¹⁶ Dhe ju madje do t'ju tradhtojnë edhe prindërit, dhe vëllezërit, dhe farefisi dhe miqtë; dhe disa prej jush do t'i vrasin.

¹⁷ Dhe të gjithë do t'ju urrejnë për shkak të emrit tim.

¹⁸ Por as edhe një fije floku e kokës suaj nuk do t'ju humbasë.

¹⁹ Me durimin tuaj ju do t'i fitoni shpirtrat tuaj".

²⁰ "Dhe kur do të shikoni Jeruzalemin të rrethuar nga ushtritë, ta dini se shkretimi i saj është afër.

²¹ Atëherë ata që janë në Jude, të ikin në male; dhe ata që janë në qytet të largohen; dhe ata që janë në fushë të mos hyjnë në të.

²² Sepse ato janë ditë të hakmarrjes, që të përmbushen të gjitha ato gjëra që janë shkruar.

²³ Mjerë gratë shtatzëna dhe ato që mëndin në ato ditë, sepse do të ketë mjerim të madh në vend dhe mëri mbi këtë popull.

²⁴ Dhe ata do të bien nga tehu i shpatës, do t'i çojnë robër ndër të gjitha kombet, dhe Jeruzalemin do ta shkelin paganët, derisa të plotësohen kohët e paganëve".

²⁵ "Dhe do të ketë shenja në diell, në hënë dhe në yje, dhe mbi tokë ankth popujsh, në përhumbjen prej gjëmës së detit dhe të valëve të tij;

²⁶ njerëzit do të mpaken nga frika dhe nga pritja se çfarë do ta pllakosë botën, sepse fuqitë qiellore do të lëkunden.

²⁷ Atëherë do të shohin Birin e njeriut duke ardhur mbi një re, me fuqi dhe lavdi të madhe.

²⁸ Dhe kur këto të fillojnë të ndodhin, shikoni lart dhe ngrini kokat tuaja, sepse çlirimi juaj është afër".

²⁹ Pastaj u tha atyre një shëmbëlltyrë: "Vini re fikun dhe të gjitha pemët.

³⁰ Kur ata nisin e mugullojnë, duke i parë, ju vete e kuptoni se vera është afër;

³¹ kështu edhe ju, kur do të shikoni se po ndodhin këto, ta dini se mbretëria e Perëndisë është afër.

³² Në të vërtetë unë po ju them se nuk do të kalojë ky brez, derisa të gjitha këto gjëra të kenë ndodhur.

³³ Qielli dhe toka do të kalojnë, por fjalët e mia nuk do të kalojnë".

³⁴ "Tani kini kujdes që zemrat tuaja të mos rëndohen nga të llupurit, nga të dehurit dhe nga preokupimet e kësaj jete; që ajo ditë të mos ju zërë në befasi.

³⁵ Sepse do të vijë si një lak mbi të gjithë ata që banojnë mbi faqen e mbarë dheut.

³⁶ Prandaj, rrini zgjuar dhe lutuni kurdoherë që të çmoheni të denjë të shpëtoni nga të gjitha ato që do të ngjasin dhe të dilni para Birit të njeriut".

³⁷ Gjatë ditës ai mësonte në tempull, dhe natën dilte e kalonte jashtë, në malin e Ullinjve.

³⁸ Dhe gjithë populli, herët në mëngjes, erdhi tek ai në tempull për ta dëgjuar.

Kapitull 22

¹ Ndërkaq po afrohej festa e të Ndormëve, që quhet Pashkë.

² Dhe krerët e priftërinjve e skribët kërkonin mënyrën se si ta vrisnin, sepse kishin frikë nga populli.

³ Atëherë Satani hyri në Judën, i mbiquajtur Iskariot, që ishte një nga të dymbëdhjetët.

⁴ Kështu ai shkoi të merret vesh me krerët e priftërinjve e dhe me krerët e rojës për mënyrën se si do ta tradhtonte.

⁵ Ata u gëzuan dhe i premtuan t'i japin para.

⁶ Dhe ai pranoi dhe kërkonte rastin e volitshëm për t'ua dorëzuar

pa qenë e pranishme turma.

⁷ Tani erdhi dita e të Ndormëve, kur duhet therur flijimi i Pashkës.

⁸ Dhe Jezusi dërgoi Pjetrin dhe Gjonin duke u thënë: "Shkoni e na bëni gati Pashkën, që ne ta hamë".

⁹ Dhe ata e thanë: "Ku dëshiron ta përgatisim?".

¹⁰ Atëherë ai tha atyre: "Ja, kur të hyni në qytet, do t'ju dalë përpara një njeri që mban një brokë uji; ndiqeni në shtëpinë ku ai do të hyjë.

¹¹ I thoni të zotit të shtëpisë: "Mësuesi të çon fjalë: Ku është salla, në të cilën mund të ha Pashkën bashkë me dishepujt e mi?".

¹² Atëherë ai do t'ju tregojë një sallë të madhe të shtruar; aty do të bëni përgatitjet".

¹³ Ata shkuan, pra, dhe gjetën ashtu siç u tha dhe përgatitën Pashkën.

¹⁴ Dhe, kur erdhi ora, ai u ul në tryezë dhe bashkëmetë dymbëdhjetë apostujt.

¹⁵ Atëherë ai u tha atyre: "Kam pasur dëshirë të madhe ta ha këtë Pashkë bashkë me ju, para se të vuaj,

¹⁶ sepse po ju them se nuk do të ha më të tillë derisa ajo të plotësohet në mbretërinë e Perëndisë".

¹⁷ Pastaj mori kupën, falenderoi, dhe tha: "Merrnie këtë dhe ndanie midis jush,

¹⁸ sepse unë po ju them se nuk do të pi më nga fryti i hardhisë derisa të vijë mbretëria e Perëndisë".

¹⁹ Pastaj mori bukën, falënderoi, e theu dhe ua dha atyre duke thënë: "Ky është trupi im, që është dhënë për ju; bëni këtë në përkujtimin tim".

²⁰ Po kështu, pas darkës, mori kupën duke thënë: "Kjo kupë është besëlidhja e re në gjakun tim, që është derdhur për ju.

²¹ Por ja, dora e atij që më tradhton është me mua mbi tryezë.

²² Sigurisht Biri i njeriut shkon, siç është caktuar, por mjerë ai njeri me anë të cilit është tradhëtuar!".

²³ Atëherë ata filluan ta pyesin njëri-tjetrin se kush nga ata do ta bënte këtë gjë.

²⁴ Dhe midis tyre lindi edhe një grindje se cili nga ata duhej të konsiderohej më i madhi.

²⁵ Por Jezusi u tha atyre: "Mbretërit e kombeve i sundojnë ato, dhe ata që ushtrojnë pushtet mbi to quhen bamirës.

²⁶ Por me ju mos qoftë kështu; madje më i madhi ndër ju le të jetë si më i vogli dhe ai që drejton si ai që shërben.

²⁷ Në fakt kush është më i madh: ai që është në tryezë apo ai që shërben? Vallë, a s'është ai që rri në tryezë? E pra, unë jam midis jush porsi ai që shërben.

²⁸ Ju jeni ata që qëndruat me mua në sprovat e mia.

²⁹ Dhe unë ju caktoj mbretërinë ashtu si ma ka caktuar mua Ati im,

³⁰ që ju të hani e të pini në tryezën time, në mbretërinë time, dhe të uleni mbi frone për të gjykuar të dymbëdhjetë fiset e Izraelit.

³¹ Edhe Zoti tha: "Simon, Simon, ja, Satani ka kërkuar t'ju shoshë ashtu siç shoshet gruri.

³² Por unë jam lutur për ty, që besimi yt të mos mpaket; dhe ti, kur të jesh kthyer, forco vëllezërit e tu".

³³ Por ai tha: "Zot, unë jam gati të shkoj bashkë me ty edhe në burg edhe në vdekje".

³⁴ Por Jezusi tha: "Pjetër, unë të them se sot gjeli nuk do të këndojë, para se ti kesh mohuar tri herë se më njeh".

³⁵ Pastaj u tha atyre: "Kur ju dërgova pa trasta, pa thes dhe pa sandale, vallë a ju mungoi gjë?". Dhe ata thanë: "Asgjë".

³⁶ U tha, pra, atyre: "Po tani, kush ka një trastë le ta marrë me vete, dhe po kështu thesin; dhe kush nuk ka shpatë, le të shesë rrobën e vet e ta blejë një.

³⁷ Sepse unë po ju them se çfarë është shkruar duhet të plotësohet ende mu mua: "Dhe ai është radhitur ndër keqbërësit". Sepse ato gjëra që janë shkruar për mua do të kenë kryerjen e tyre".

³⁸ Atëherë ata thanë: "Zot, ja këtu dy shpata". Por ai u tha atyre "Mjaft!".

³⁹ Pastaj Jezusi doli dhe shkoi si zakonisht në malin e Ullinjve, dhe edhe dishepujt e tij e ndiqnin.

⁴⁰ Kur arriti në vend, u tha atyre: "Lutuni që të mos hyni në tundim".

⁴¹ Dhe u largua prej tyre, aq sa mund të hidhet një gur, dhe ra në gjunj dhe lutej,

⁴² duke thënë: "O Atë, po të duash, largoje këtë kupë nga unë! Megjithatë mos u bëftë vullneti im, por yti".

⁴³ Atëherë iu shfaq një engjëll nga qiell për t'i dhënë forcë.

⁴⁴ Dhe ai, duke qenë në agoni, lutej edhe më fort; dhe djersa e tij po i bëhej si gjak i mpiksur që bie për tokë.

⁴⁵ Si u çua pastaj nga lutja, erdhi te dishepujt e vet dhe i gjeti që flinin nga trishtimi,

⁴⁶ dhe u tha atyre: "Pse po flini? Çohuni dhe lutuni që të mos hyni në tundim".

⁴⁷ Ndërsa ai ende po fliste, ja një turmë; dhe ai që quhej Judë, një nga të dymbëdhjetët, i printe dhe iu afrua Jezusit për ta puthur.

⁴⁸ Dhe Jezusi i tha: "Judë, ti po e tradhton Birin e njeriut me një puthje?".

⁴⁹ Atëherë ata që ishin përreth tij, duke parë çfarë do të ndodhte, i thanë: "Zot, a t'u biem me shpatë?".

⁵⁰ Dhe një nga ata i ra shërbëtorit të kryepriftit dhe ia preu veshin e djathtë.

⁵¹ Por Jezusi, duke u përgjigjur, tha: "Lëreni, mjaft kështu". Dhe si e preku veshin e atij njeriu, e shëroi.

⁵² Pastaj Jezusi u tha krerëve të priftërinjve, krerëve të rojeve të tempullit dhe pleqve që kishin ardhur kundër tij: "Keni dalë kundër meje me shpata dhe me shkopinj si kundër një kusari?

⁵³ Kur unë çdo ditë isha me ju në tempull, ju nuk vutë dorë kurrë mbi mua; por kjo është ora juaj dhe pushteti i errësirës".

⁵⁴ Mbasi e kapën, e çuan dhe e shtinë në shtëpinë e kryepriftit. Dhe Pjetri e ndiqte nga larg.

⁵⁵ Kur ata ndezën një zjarr në mes të oborrit dhe u ulën rreth tij, Pjetri u ul midis tyre.

⁵⁶ Një shërbëtore e pa ulur pranë zjarrit, e shikoi me vëmendje dhe tha: "Edhe ky ishte me të".

⁵⁷ Por ai e mohoi duke thënë: "O grua, nuk e njoh".

⁵⁸ Pak më vonë e pa një tjetër dhe tha: "Edhe ti je nga ata". Por Pjetri tha: "O njeri, nuk jam".

⁵⁹ Mbasi kaloi rreth një orë, një tjetër pohoi me këmbëngulje duke thënë: "Në të vërtetë edhe ky ishte bashkë me të, sepse është Galileas".

⁶⁰ Por Pjetri tha: "O njeri, s'di ç'po thua". Dhe menjëherë, ndërsa ai ende po fliste, këndoi gjeli.

⁶¹ Dhe Zoti u kthye, dhe e shikoi Pjetrin. Dhe Pjetrit iu kujtua fjala që i kishte thënë Zoti: "Para se të këndojë gjeli, ti do të më mohosh tri herë".

⁶² Atëherë Pjetri doli përjashta dhe qau me hidhërim.

⁶³ Ndërkaq njerëzit që e mbanin Jezusin e përqeshnin dhe e rrihnin.

⁶⁴ Dhe, mbasi ia mbuluan sytë, i binin në fytyrë dhe e pyetnin duke thënë: "Profetizo, kush është ai që të ra?".

⁶⁵ Dhe duke blasfemuar thoshin shumë gjëra të tjera kundër tij.

⁶⁶ Dhe, kur u bë ditë, u mblodhën pleqtë e popullit, kreret e priftërinjve dhe skribët dhe e çuan në sinedrin e tyre, duke thënë:

⁶⁷ "Në se ti je Krishti, na e thuaj". Por ai u tha atyre: "Edhe sikur t'jua thoja, nuk do ta besonit.

⁶⁸ Edhe sikur t'ju pyesja, ju nuk do të më përgjigjeshit dhe as nuk do të më linit të shkoja.

⁶⁹ Por tash e tutje Biri i njeriut do të ulet në të djathtën e fuqisë së Perëndisë".

⁷⁰ Atëherë të gjithë thanë: "Je ti, pra, Biri i Perëndisë?". Dhe ai u tha atyre: "Ju thoni se unë jam".

⁷¹ Atëherë ata thanë: "Ç'nevojë kemi akome për dëshmi? Ne vetë e dëgjuam nga goja e tij".

Kapitull 23

¹ Atëherë u ngrit gjithë asambleja dhe e çuan te Pilati.

² Dhe filluan ta paditin duke thënë: "Këtë ne e gjetëm që përmbyste kombin tonë dhe ndalonte t'i jepeshin taksa Cezarit, duke u vetëquajtur një mbret, Krishti".

³ Atëherë Pilati e pyeti duke thënë: "A je ti mbreti i Judenjve?". Dhe Jezusi iu përgjigj dhe tha: "Ti po thua".

⁴ Pilati u tha atëherë krerëve të priftërinjve dhe popullit: "Unë nuk po gjej asnjë faj te ky njeri".

⁵ Por ata ngulnin këmbë, duke thënë: "Ai po ngre popullin në kryengritje duke mësuar në mbarë Judenë, që nga Galilea e deri këtu".

⁶ Atëherë Pilati, kur dëgjoi se u fol për Galilenë, pyeti në se ai njeri ishte Galileas.

⁷ Dhe kur mori vesh se ai i takonte juridiksionit të Herodit, e dërgoi te Herodi, i cili, ndër ato ditë, ndodhej edhe ai në Jeruzalem.

⁸ Kur Herodi pa Jezusin, u gëzua shumë; prej shumë kohësh ai donte ta shihte, sepse kishte dëgjuar shumë për të dhe shpresonte të shihte ndonjë mrekulli të kryer prej tij.

⁹ Ai i drejtoi shumë pyetje, por Jezusi nuk u përgjigj fare.

¹⁰ Ndërkaq krerët e priftërinjve dhe skribët rrinin aty dhe e paditnin me furi.

¹¹ Atëherë Herodi, me ushtarët e vet, mbasi e fyu dhe e talli, e veshi me një rrobe të shkëlqyeshme dhe ia riktheu Pilatit.

¹² Atë ditë Herodi dhe Pilati u bënë miq me njëri-tjetrin, ndërsa më parë ishin armiq.

¹³ Atëherë Pilati, mblodhi krerët e priftërinjve, kryetarët dhe popullin,

¹⁴ dhe u tha atyre: "Ju më prutë këtë njeri si çoroditës të popullit; dhe ja, unë, pasi e hetova para jush, nuk kam gjetur tek ai asnjë nga fajet për të cilat ju e paditni,

¹⁵ dhe as Herodi, sepse na e ktheu përsëri te ne; në fakt ai s'ka bërë asgjë që të meritojë vdekjen.

¹⁶ Prandaj, pasi ta fshikullojnë, do ta lëshoj".

¹⁷ Tani me rastin e festës së Pashkës qeveritari duhet të lironte dikë.

¹⁸ Por ata, të gjithë njëzeri, bërtitën duke thënë: "Vraje këtë dhe na liro Barabën".

¹⁹ Ky ishte hedhur në burg për një trazirë të bërë në qytet dhe për vrasje.

²⁰ Prandaj Pilati, duke dashur të lëshojë Jezusin, u foli përsëri.

²¹ Por ata bërtitnin duke thënë: "Kryqëzoje!".

²² Për të tretën herë ai u tha atyre: "Po ç'të keqe bëri ky? Unë nuk gjeta në të asnjë faj që të meritojë vdekjen. Prandaj, pasi ta fshikullojnë, do ta lëshoj".

²³ Por ata ngulnin këmbë me britma te mëdha duke kërkuar që ta kryqëzonin; dhe britmat e tyre dhe të krerëve të priftërinjve u bënë mbisunduese.

²⁴ Atëherë Pilat vendosi që të bëhej çka ata kërkonin.

²⁵ Dhe ua lëshoi atë që qe burgosur për trazirë dhe vrasje dhe që ata e kishin kërkuar; dhe Jezusin ia dorëzoi vullnetit të tyre.

²⁶ Ndërsa po e çonin, kapën njëfarë Simoni nga Kirena, që po kthehej nga fusha, e ngarkuan me kryqin që ta mbarte pas Jezusit.

²⁷ Dhe e ndiqte një turmë e madhe populli dhe disa gra që hidhëroheshin dhe vajtonin për të.

²⁸ Por Jezusi u kthye nga ato dhe u tha: "O bija të Jeruzalemit, mos qani për mua, por qani për veten tuaj dhe për fëmijët tuaj.

²⁹ Sepse ja, do të vijnë ditët kur do të thuhet: "Lum gratë shterpe dhe lum barqet që nuk kanë pjellë dhe gjinjtë që nuk kanë mëndur!".

³⁰ Atëherë do të fillojnë t'u thonë maleve: "Bini përmbi ne!", dhe kodrave: "Na mbuloni!".

³¹ Sepse, në se bëhet kështu me drurin e njomë, ç'do të bëhet me të thatin?".

³² Dhe dy të tjerë, që ishin keqbërës, i prunë bashkë me të, për t'i vrarë.

³³ Dhe kur arritën në vendin që quhet "Kafka", aty e kryqëzuan atë dhe keqbërësit, njërin në të djathtë dhe tjetri në të majtë.

³⁴ Dhe Jezusi tha: "O Atë, fali ata sepse nuk dinë ç'bëjnë". Pastaj, pasi i ndanë rrobat e tij, hodhën short.

³⁵ Dhe populli rrinte aty për të parë; dhe kryetarët me popullin e përqeshnin, duke thënë: "Ai i shpëtoi të tjerët, le të shpëtojë veten, po qe se me të vërtetë është Krishti, i zgjedhuri i Perëndisë".

³⁶ Edhe ushtarët e tallnin, duke iu afruar dhe duke i ofruar uthull,

³⁷ dhe duke thënë: "Nëse ti je mbreti i Judenjve, shpëto veten".

³⁸ Përveç kësaj përmbi kryet e tij ishte një mbishkrim me shkronja greke, latine dhe hebraike: "KY ËSHTË MBRETI I JUDENJVE".

³⁹ Tani një nga keqbërësit e kryqëzuar e shau duke thënë: "Nëse ti je Krishti, shpëto vetveten dhe neve".

⁴⁰ Por ai tjetri duke e përgjigjur e qortoi duke i thënë: "A s'ke frikë nga Perëndia, që je nën të njëjtin dënim?

⁴¹ Në realitet, ne me të drejtë jemi dënuar, sepse po marrim ndëshkimin e merituar për ato që kemi kryer, ndërsa ky nuk ka bërë asnjë të keqe".

⁴² Pastaj i tha Jezusit: "Zot, kujtohu për mua kur të vish në mbretërinë tënde".

⁴³ Atëherë Jezusi i tha: "Në të vërtetë po të them: sot do të jesh me mua në parajsë".

⁴⁴ Ishte afërsisht ora e gjashtë dhe errësira e mbuloi gjithë vendin deri në orën e nëntë.

⁴⁵ Dielli u err dhe perdja e tempullit u nda në mes.

⁴⁶ Dhe Jezusi bërtiti me zë të lartë dhe tha: "O Atë, në duart e tua po e dorëzoj frymën tim!". Dhe, si tha këto, dha fryma.

⁴⁷ Atëherë centurioni, kur pa ç'ndodhi, përlëvdoi Perëndinë duke thënë: "Me të vërtetë ky njeri ishte i drejtë!".

⁴⁸ Dhe gjithë turma, që ishte mbledhur për të parë ç'po ndodhte, kur e pa këtë, u kthye duke rrahur kraharorin.

⁴⁹ Të gjithë të njohurit e tij dhe gratë që e kishin ndjekur që nga Galilea qendronin larg, duke parë këto gjëra.

⁵⁰ Tani ishte një burrë me emër Jozef, që ishte anëtar i sinedrit, njeri i drejtë dhe i mirë;

⁵¹ ai nuk kishte miratuar vendimin dhe veprimin e të tjerëve. Ai ishte nga Arimatea, qytet i Judesë dhe priste edhe ai mbretërinë e Perëndisë.

⁵² Ai iu paraqit Pilatit dhe kërkoi trupin e Jezusit.

⁵³ Dhe, pasi e zbriti poshtë nga kryqi, e mbështolli në një çarçaf dhe e vuri në një varr të gërmuar në shkëmb, ku ende nuk ishte varrosur asnjeri.

⁵⁴ Ishte dita e Përgatitjes dhe e shtuna po fillonte.

⁵⁵ Gratë që kishin ardhur me Jezusin nga Galilea duke e ndjekur nga afër, e panë varrin dhe mënyrën se si ishte vënë trupi i Jezusit;

⁵⁶ pastaj ato u kthyen dhe përgatitën erëra të mira dhe vajra; dhe gjatë së shtunës pushuan, sipas urdhërimit.

Kapitull 24

¹ Tani ditën e parë të javës, shumë herët në mëngjes, ato me gra të tjera shkuan te varri, duke sjellë erërat e mira që kishin përgatitur.

² Dhe gjetën që guri ishte rrokullisur nga varri.

³ Por, kur hynë, nuk e gjetën trupin e Zotit Jezus.

⁴ Dhe, ndërsa ishin shumë të hutuara nga kjo, ja, iu paraqitën atyre dy burra të veshur me rroba të ndritshme.

⁵ Dhe, mbasi ato, të tmerruara, e mbanin fytyrën të përkulur për dhe, ata u thanë: "Pse e kërkoni të gjallin midis të vdekurve?

⁶ Ai nuk është këtu, por është ringjallur; kujtohuni si ju foli, kur ishte ende në Galile,

⁷ duke thënë se Biri i njeriut duhej të dorëzohej në duar të njerëzve mëkatarë, duhej kryqëzuar dhe do të ringjallej ditën e tretë".

⁸ Dhe ato kujtonin fjalët e tij.

⁹ kur u kthyen nga varri, ato ua treguan të gjitha këto gjëra të njëmbëdhjetëve dhe gjithë të tjerëve.

¹⁰ Ato që u treguan apostujve këto gjëra ishin Maria Magdalena, Joana, Maria, nëna e Jakobit dhe gratë e tjera që ishin me to.

¹¹ Por këto fjalë atyre iu dukën si dokrra; dhe ata nuk u besuan atyre.

¹² Megjithatë Pjetri u çua, vrapoi te varri, u përkul dhe nuk pa tjetër përveç çarçafëve që dergjeshin vetëm; pastaj u largua, i mrekulluar me veten e tij për sa kishte ndodhur.

¹³ Po ate ditë, dy nga ata po shkonin drejt një fshati, me emër Emaus, gjashtëdhjetë stade larg Jeruzalemit.

¹⁴ Dhe ata po bisedonin midis tyre për të gjitha ato që kishin ndodhur.

¹⁵ Dhe ndodhi që, ndërsa po flisnin dhe bisedonin bashkë, vetë Jezusi u afrua dhe nisi të ecë me ta.

¹⁶ Por sytë e tyre ishin të penguar kështu që të mos e njihnin.

¹⁷ Dhe ai u tha atyre: "Ç'janë këto biseda që bëni me njëri-tjetrin udhës? Dhe pse jeni të trishtuar?".

¹⁸ Dhe një nga ata, i me emër Kleopa, duke u përgjigjur tha: "Je ti i vetmi i huaj në Jeruzalem, që nuk i di gjërat që kanë ndodhur këtu në këto ditë?".

¹⁹ Dhe ai u tha atyre: "Cilat?". Ata i thanë: "Çështjen e Jezusit nga Nazareti, që ishte një profet i fuqishëm në vepra dhe në fjalë përpara Perëndisë dhe përpara gjithë popullit.

²⁰ Dhe se si krerët e priftërinjve dhe kryetarët tanë e kanë dorëzuar për ta dënuar me vdekje dhe e kanë kryqëzuar.

²¹ Por ne kishim shpresë se ai do të ishte ky që do ta çlironte Izraelin; por, megjithkëtë, sot është e treta ditë që kur ndodhën këto gjëra.

²² Por edhe disa gra në mes nesh na kanë çuditur, sepse, kur shkuan herët në mëngjes te varri,

²³ dhe nuk e gjetën trupin e tij, u kthyen duke thënë se kishin parë një vegim engjëjsh, të cilët thonë se ai jeton.

²⁴ Dhe disa nga tanët shkuan te varri dhe e gjetën ashtu si kishin treguar gratë, por atë nuk e panë".

²⁵ Atëherë ai u tha atyre: "O budallenj dhe zemërngathët për të besuar gjithçka kanë thënë profetët!

²⁶ Por a nuk duhej që Krishti të vuajë gjëra të tilla që të hyjë kështu në lavdinë e tij?".

²⁷ Dhe, duke zënë fill nga Moisiu dhe nga gjithë profetët, ai u shpjegoi atyre në të gjitha Shkrimet gjërat që i takonin atij.

²⁸ Kur iu afruan fshatit për ku ishin drejtuar, ai bëri sikur do të vazhdonte më tutje.

²⁹ Por ata e detyruan duke thënë: "Rri me ne, sepse po ngryset dhe dita po mbaron". Edhe ai hyri që të rrijë me ta.

³⁰ Dhe, siç ishte në tryezë me ta, mori bukën, e bekoi dhe, si e theu, ua ndau atyre.

³¹ Atëherë atyre iu çelën sytë dhe e njohën, por ai u zhduk prej syve të tyre.

³² Dhe ata i thanë njeri tjetrit: "Po a nuk na digjej zemra përbrenda, kur ai na fliste udhës dhe na hapte Shkrimet?".

³³ Në po atë çast u ngritën dhe u kthyen në Jeruzalem, ku e gjetën të njëmbëdhjetët dhe ata që ishin mbledhur bashkë me ta.

³⁴ Ata thoshnin: "Zoti u ringjall me të vërtetë dhe iu shfaq Simonit".

³⁵ Ata atëherë treguan ç'u kishte ndodhur rrugës dhe si e kishin njohur në ndarjen e bukës.

³⁶ Dhe, ndërsa ata po bisedonin për këto gjëra, vetë Jezusi u shfaq në mes tyre dhe u tha atyre: "Paqja me ju!".

³⁷ Por ata, të tmerruar dhe gjithë frikë, mendonin se po shihnin një frymë.

³⁸ Atëherë ai u tha atyre: "Pse jeni shqetësuar Dhe pse në zemrat tuaja po lindin dyshime?

³⁹ Shikoni duart e mia dhe këmbët e mia, sepse unë jam. Më prekni dhe shikoni, sepse një frymë nuk ka mish e eshtra, si po shihni se unë kam!".

⁴⁰ Dhe, si i tha këtë, u tregoj atyre duart dhe këmbët.

⁴¹ Por, duke qenë se ende nuk besonin prej gëzimit dhe ishin të çuditur, ai u tha atyre: "A keni këtu diçka për të ngrënë?".

⁴² Dhe ata i dhanë një pjesë peshku të pjekur dhe një huall mjalti.

⁴³ Dhe ai i mori dhe hëngri para tyre.

⁴⁴ Pastaj u tha atyre: "Këto janë fjalët që unë ju thoja kur isha ende me ju: se duhet të përmbushen të gjitha gjërat që janë shkruar lidhur me mua në ligjin e Moisiut, në profetët dhe në psalmet".

⁴⁵ Atëherë ua hapi mendjen, që të kuptonin Shkrimet,

⁴⁶ dhe u tha atyre: "Kështu është shkruar dhe kështu ishte e nevojshme që Krishti të vuante dhe të ngjallej së vdekuri ditën e tretë,

⁴⁷ dhe që në emër të tij të predikohet pendimi dhe falja e mëkateve ndër të gjithë popujt, duke filluar nga Jeruzalemi.

⁴⁸ Dhe ju jeni dëshmitarët e këtyre gjërave.

⁴⁹ Dhe ja, unë po dërgoj mbi ju premtimin e Atit tim, por ju qëndroni në qytetin e Jeruzalemit deri sa të visheni me pushtet nga lart".

⁵⁰ Pastaj iu priu jashtë deri në Betani dhe, si i ngriti lart duart, i bekoi.

⁵¹ Dhe ndodhi që, ndërsa ai po i bekonte, u nda prej tyre dhe e morën lart në qiell.

⁵² Dhe ata, pasi e adhuruan, u kthyen në Jeruzalem me gëzim të madh.

⁵³ Dhe rrinin vazhdimisht në tempull duke lavdëruar dhe bekuar Perëndinë. Amen!

Gjonit

Kapitull 1

¹ Në fillim ishte Fjala dhe Fjala ishte pranë Perëndisë, dhe Fjala ishte Perëndi.

² Ai (fjala) ishte në fillim me Perëndinë.

³ Të gjitha gjërat u bënë me anë të tij (fjala), dhe pa atë nuk u bë asnjë nga ato që u bënë.

⁴ Në atë ishte jeta, dhe jeta ishte drita e njerëzve.

⁵ Dhe drita shkëlqen në errësirë dhe errësira nuk e kuptoi.

⁶ Qe një njeri i dërguar nga Perendia; emri i tij ishte Gjon.

⁷ Ai erdhi si dëshmitar, për të dëshmuar për dritën, që të gjithë të besonin nëpërmjet tij;

⁸ ai nuk ishte drita, por u dërgua për të dëshmuar për dritën.

⁹ Ai (fjala) ishte drita e vërtetë, që ndriçon çdo njeri që vjen në botë.

¹⁰ Ai (fjala) ishte në botë, dhe bota u krijua me anë të tij, por bota nuk e njohu.

¹¹ Ai erdhi në shtëpinë e vet dhe të vetët nuk e pranuan,

¹² por të gjithë atyre që e pranuan, ai u dha pushtetin të bëhen bij të Perëndisë, atyre që besojnë në emrin e tij,

¹³ të cilët nuk janë lindur nga gjaku, as nga vullneti i mishit, as nga vullneti i burrit, por janë lindur nga Perëndia.

¹⁴ Dhe Fjala u bë mish dhe banoi ndër ne; dhe ne soditëm lavdinë e tij, si lavdia e të vetëmlindurit prej Atit, plot hir e të vërtetë.

¹⁵ Gjoni dëshmoi për të dhe thirri duke thënë: "Ky është ai, për të cilin thashë: "Ai që vjen pas meje më ka paraprirë, sepse ishte përpara meje""

¹⁶ Dhe ne të gjithë morëm, prej mbushullisë së tij, hir mbi hir.

¹⁷ Sepse Ligji u dha nëpërmjet Moisiut, por hiri dhe e vërteta erdhën nëpërmjet Jezu Krishtit.

¹⁸ Askush s'e pa Perëndinë kurrë; i vetëmlinduri Bir, që është në gjirin e t'Et, është ai që e ka bërë të njohur.

¹⁹ Dhe kjo është dëshmia e Gjonit, kur Judenjtë i dërguan nga Jeruzalemi priftërinj dhe levitë për ta pyetur: "Kush je ti?".

²⁰ Ai edhe e rrëfeu, edhe nuk e mohoi, dhe rrëfeu: "Unë nuk jam Krishti".

²¹ Atëherë ata e pyetën: "Kush je, pra? A je Elia?". Ai tha: "Nuk jam!". "Je ti profeti?". Dhe ai përgjigjej: "Jo!".

²² Atëherë ata i thanë: "Kush je ti, që t'u japim përgjigje atyre që na dërguan? Ç'thua për veten tënde?".

²³ Ai u përgjigj: "Unë jam zëri i atij që bërtet në shkretëtirë: drejtoni udhën e Zotit, sikurse tha profeti Isaia".

²⁴ Dhe ata që qenë dërguar, ishin nga farisenjtë;

²⁵ ata e pyetën dhe i thanë: "Atëherë pse ti pagëzon, kur nuk je as Krishti, as Elia, as profeti?".

²⁶ Gjoni iu përgjigj atyre, duke thënë: "Unë pagëzoj me ujë, por midis jush është një që ju nuk e njihni.

²⁷ Ai është ai që vjen pas meje e më paraprin, të cilit unë nuk jam i denjë t'ia zgjidh lidhësen e sandaleve".

²⁸ Këto gjëra ndodhën në Betabara, përtej Jordanit, ku Gjoni po pagëzonte.

²⁹ Të nesërmen, Gjoni e pa Jezusin që po vinte drejt tij dhe tha: "Ja, Qengji i Perëndisë, që heq mëkatin e botës!

³⁰ Ky është ai për të cilin unë thashë: "Mbas meje vjen një burrë që më ka paraprirë, sepse ishte përpara meje!".

³¹ Unë nuk e njihja, prandaj erdha të pagëzoj me ujë, që ky t'i zbulohet Izraelit".

³² Dhe Gjoni dëshmoi duke thënë: "E pashë Frymën duke zbritur nga qielli si një pëllumb dhe ndenji mbi të.

³³ Unë nuk e njihja, por ai që më dërgoi të pagëzoj në ujë, më tha: "Ai, mbi të cilin do të shikosh se zbret Fryma dhe qëndron mbi të, është ai që pagëzon me Frymën e Shenjtë".

³⁴ Dhe unë pashë e dëshmova se ai është Biri i Perëndisë".

³⁵ Të nesërmen Gjoni rrinte përsëri atje me dy nga dishepujt e vet.

³⁶ Dhe, duke i ngulur sytë mbi Jezusin që po kalonte, tha: "Ja Qengji i Perëndisë!".

³⁷ Dhe të dy dishepujt dëgjuan atë duke folur, dhe e ndoqën Jezusin.

³⁸ Por Jezusi u kthye dhe, kur pa se po e ndiqnin, u tha atyre: "Ç'kërkoni?". Ata i thanë: "Rabbi (që e përkthyer do të thotë "mësues"), ku banon?".

³⁹ Ai iu përgjigj atyre: "Ejani e shikoni". Ata shkuan dhe e panë ku banonte ai, dhe ndenjën atë ditë bashkë me të. Ishte rreth orës dhjetë.

⁴⁰ Andrea, vëllai i Simon Pjetrit, ishte një nga ata të dy që e kishin dëgjuar këtë nga Gjoni dhe kishin ndjekur Jezusin.

⁴¹ Ky gjeti më të parin vëllanë e vet, Simonin, dhe i tha: "E gjetëm Mesian që përkthyer do të thotë: "Krishti"";

⁴² dhe e çoi te Jezusi. Atëherë Jezusi e shikoi dhe tha: "Ti je Simoni, bir i Jonas. Ti do të quhesh Kefa, që do të thotë: "gur"".

⁴³ Të nesërmen, Jezusi donte të dilte në Galile; gjeti Filipin dhe i tha: "Ndiqmë!".

⁴⁴ Dhe Filipi ishte nga Betsaida, nga i njejti qytet i Andreas dhe i Pjetrit.

⁴⁵ Filipi gjeti Natanaelin dhe i tha: "E gjetëm atë, për të cilin shkroi Moisiu në ligj dhe profetët: Jezusin nga Nazareti, të birin e Jozefit!".

⁴⁶ Dhe Natanaeli i tha: "A mund të dalë diçka e mirë nga Nazareti?". Filipi i tha: "Eja e shih!".

⁴⁷ Jezusi pa se Natanaeli po vinte drejt tij dhe tha për të: "Ja një Izraelit i vërtetë, tek i cili s'ka mashtrim".

⁴⁸ Natanaeli i tha: "Nga më njeh?". Jezusi u përgjigj dhe i tha: "Të pashë kur ishe nën fik, para se të të thërriste Filipi".

⁴⁹ Natanaeli duke iu përgjigjur tha: "Mësues, ti je Biri i Perëndisë, ti je mbreti i Izraelit!".

⁵⁰ Jezusi u përgjigj dhe i tha: "Sepse të thashë se të pashë nën fik, ti beson; do të shohësh gjëra më të mëdha se këto!".

⁵¹ Pastaj i tha: "Në të vërtetë, në të vërtetë po ju them se tash e tutje ju do të shihni qiellin e hapur dhe engjëjt e Perëndisë duke u ngjitur dhe duke zbritur mbi Birin e njeriut".

Kapitull 2

¹ Tri ditë më vonë po bëhej një dasmë në Kanë të Galilesë, dhe nëna e Jezusit ishte atje.

² Edhe Jezusi me dishepujt e vet ishte ftuar në dasmë.

³ Duke qenë se mbaroi vera, nëna e Jezusit i tha: "Nuk kanë më verë!".

⁴ Jezusi i tha: "Ç'ke me mua, o grua? Ora ime s'ka ardhur akoma!".

⁵ Nëna e tij u tha shërbëtorëve: "Bëni gjithçka që ai t'ju thotë!".

⁶ Aty ishin gjashtë enë prej guri, që përdoreshin për pastrimin e Judenjve, dhe secila nxënte dy ose tri masa.

⁷ Jezusi u tha: "Mbushni enët me ujë!". Dhe ata mbushën deri në grykë.

⁸ Pastaj u tha: "Nxirreni tani dhe çojani të parit të festës". Dhe ata ia çuan.

⁹ Dhe, mbasi i pari i festës e provoi ujin e shndërruar në verë (ai nuk e dinte nga vinte kjo verë, por e dinin mirë shërbëtorët që e kishin nxjerrë ujin), i pari i festës e thirri dhëndrin,

¹⁰ dhe i tha: "Çdo njeri nxjerr në fillim verën më të mirë dhe, kur të ftuarit kanë pirë shumë, verën e keqe; ti, përkundrazi, e ke ruajtur verën e mirë deri tani!".

¹¹ Jezusi bëri këtë fillim të shenjave në Kanë të Galilesë dhe e shfaqi lavdinë e tij, dhe dishepujt e tij besuan në të.

¹² Pas kësaj, ai zbriti në Kapernaum me nënën e tij, vëllezërit e tij dhe me dishepujt e tij; dhe ata qëndruan aty pak ditë.

¹³ Pra, Pashka e Judenjve ishte afër dhe Jezusi u ngjit në Jeruzalem.

¹⁴ Dhe në tempull gjeti ata që shisnin qe, dele e pëllumba dhe këmbyes monedhash duke ndenjur.

¹⁵ dhe si bëri një kamxhik me litarë, i dëboi të gjithë nga tempulli bashkë me qetë dhe delet, dhe ua hallakati paratë këmbyesve të monedhave dhe ua përmbysi tavolinat,

¹⁶ dhe shitësve të pëllumbave u tha: "Hiqni këto gjëra që këtej; mos e bëni shtëpinë e Atit tim shtëpi tregtie!".

¹⁷ Kështu dishepujve të tij i kujtohej se ishte shkruar: "Zelli i shtëpisë sate më ka përpirë!".

¹⁸ Atëherë Judenjtë u përgjigjën dhe i thanë: "Ç'shenjë na tregon se i bën këto gjëra?".

¹⁹ Jezusi u përgjigj dhe u tha atyre: "Shkatërroni këtë tempull dhe unë për tri ditë do ta ngre përsëri!".

²⁰ Atëherë Judenjtë thanë: "U deshën dyzet e gjashtë vjet që të ndërtohet ky tempull, dhe ti do ta ngresh për tri ditë?".

²¹ Por ai fliste për tempullin e trupit të vet.

²² Kur, më pas, ai ishte ringjallur prej së vdekuri, dishepujt e vet u kujtuan se ai këtë ua kishte thënë dhe u besuan Shkrimin dhe fjalëve që kishte thënë Jezusi.

²³ Dhe kur qe në Jeruzalem për festën e Pashkës, shumë vetë besuan në emrin e tij duke parë shenjat që bënte,

²⁴ por Jezusit nuk u zinte besë atyre, sepse i njihte të gjithë,

²⁵ dhe sepse nuk kishte nevojë që ndokush të jepte dëshmi për

njeriun, sepse ai e dinte ç'kishte përbrenda njeriut.

Kapitull 3

¹ Midis farisenjve ishte një njeri me emrin Nikodem, një krer i Judenjve.

² Ky erdhi natën te Jezusi dhe i tha: "Mësues, ne e dimë se ti je një mësues i ardhur nga Perëndia, sepse askush nuk mund të bëjë shenjat që bën ti, në qoftë se Perëndia nuk është me të".

³ Jezusi iu përgjigj dhe tha: "Në të vërtetë, në të vërtete po të them që nëse një nuk ka rilindur, nuk mund ta shohë mbretërinë e Perëndisë".

⁴ Nikodemi i tha: "Po si mund të lindë njeriu kur është plak? A mund të hyjë ai për së dyti në barkun e nënës së vet dhe të lindë?".

⁵ Jezusi u përgjigj: "Në të vërtetë, në të vërtetë po të them se kush nuk ka lindur nga uji dhe nga Fryma, nuk mund të hyjë në mbretërinë e Perëndisë.

⁶ Ç'ka lindur nga mishi është mish; por ç'ka lindur nga Fryma është frymë.

⁷ Mos u mrrekullo që të thashë: "Duhet të lindni përsëri".

⁸ Era fryn ku të dojë dhe ti ia dëgjon zërin, por ti nuk e di nga vjen as ku po shkon; kështu është edhe çdo njëri që ka lindur nga Fryma".

⁹ Nikodemi, duke u përgjigjur, i tha: "Si mund të ndodhin këto gjëra?".

¹⁰ Jezusi u përgjigj dhe i tha: "Ti je mësuesi i Izraelit dhe nuk i ditke këto gjëra?

¹¹ Në të vërtetë, në të vërtetë po të them se ne flasim atë që dimë dhe dëshmojmë atë që pamë, por ju nuk e pranoni dëshminë tonë.

¹² Në qoftë se ju fola për gjërat tokësore dhe ju nuk besoni, si do të më besoni nëse ju flas për gjërat qiellore?

¹³ Askush nuk u ngjit në qiell, përveç atij që zbriti nga qielli, pra, Birit të njeriut që është në qiell.

¹⁴ Dhe ashtu si Moisiu e ngriti lart gjarprin në shkretëtirë, kështu duhet të ngrihet lart Biri i njeriut,

¹⁵ që kushdo që beson në të të mos humbasë, por të ketë jetë të përjetshme.

¹⁶ Sepse Perëndia e deshi aq botën, sa dha Birin e tij të vetëmlindurin, që, kushdo që beson në të, të mos humbasë, por të ketë jetë të përjetshme.

¹⁷ Sepse Perëndia nuk e dërgoi Birin e vet në botë që ta dënojë botën, por që bota të shpëtohet prej tij.

¹⁸ Ai që beson në të nuk dënohet, por ai që nuk beson tashmë është dënuar, sepse nuk ka besuar në emrin e Birit të vetëmlindur të Perëndisë.

¹⁹ Tani gjykimi është ky: Drita erdhi në botë dhe njerëzit deshën errësirën më tepër se dritën, sepse veprat e tyre ishin të mbrapshta.

²⁰ Sepse kushdo që bën gjëra të mbrapshta e urren dritën dhe nuk vjen te drita, që të mos zbulohen veprat e tij;

²¹ por kush bën të vërtetën vjen te drita, që veprat e tij të zbulohen, sepse u bënë në Perëndinë".

²² Pas këtyre gjërave, Jezusi erdhi me dishepujt e vet në tokën e Judesë dhe qëndroi aty bashkë me ta dhe pagëzonte.

²³ Por edhe Gjoni pagëzonte në Enon, afër Salimit, sepse aty kishte shumë ujë; dhe njerëzit vinin dhe pagëzoheshin,

²⁴ sepse Gjoni s'ishte hedhur akoma në burg.

²⁵ Atëherë lindi një diskutim ndërmjet dishepujve të Gjonit me Judenjtë rreth pastrimit.

²⁶ Kështu erdhën te Gjoni dhe i thanë: "Mësues, ai që ishte me ty përtej Jordanit, për të cilin ti bëre dëshmi, ja, ai pagëzon dhe të gjithë shkojnë tek ai".

²⁷ Gjoni u përgjigj dhe tha: "Njeriu nuk mund të marrë asgjë, nëse nuk i është dhënë nga qielli.

²⁸ Ju vetë më jeni dëshmitarë se thashë: "Unë nuk jam Krishti, por jam dërguar përpara tij".

²⁹ Ai që e ka nusen është dhëndri, por miku i dhëndrit, që është i pranishëm dhe e dëgjon, gëzohet shumë për zërin e dhëndrit; prandaj ky gëzimi im është i plotësuar!

³⁰ Ai duhet të rritet dhe unë të zvogëlohem.

³¹ Ai që vjen nga lart është përmbi të gjithë; ai që vjen nga dheu është nga dheu dhe flet për dheun; ai që vjen nga qielli është përmbi të gjithë.

³² Dhe ai dëshmon çfarë ka parë dhe dëgjuar, por askush nuk e pranon dëshminë e tij.

³³ Ai që e pranoi dëshminë e tij e vulosi se Perëndia është i vërtetë.

³⁴ Sepse ai që Perëndia ka dërguar flet fjalët e Perëndisë, sepse Perëndia nuk e jep Frymën e tij me masë.

³⁵ Ati e do Birin dhe i ka dhënë në dorë çdo gjë.

³⁶ Kush beson në Birin ka jetë të përjetshme, kurse kush nuk i bindet Birit nuk do të shohë jetë, por zemërimi i Perëndisë qëndron mbi të".

Kapitull 4

¹ Pra, kur Zoti mori vesh se farisenjtë kishin dëgjuar se Jezusi po bënte më shumë dishepuj dhe po pagëzonte më shumë se Gjoni

² (ndonëse nuk pagëzonte Jezusi vetë, por dishepujt e tij),

³ e la Judenë dhe shkoi përsëri në Galile.

⁴ Por duhej të kalonte nëpër Samari.

⁵ Arriti, pra, në një qytet të Samarisë që quhej Sihar, afër tokës që Jakobi i kishte dhënë Jozefit, birit të vet.

⁶ Por aty ishte pusi i Jakobit. Dhe Jezusi, i lodhur nga udhëtimi, u ul pranë pusit; ishte rreth orës së gjashtë.

⁷ Një grua nga Samaria erdhi të nxjerrë ujë. Dhe Jezusi i tha: "Më jep të pi",

⁸ sepse dishepujt e vet kishin shkuar në qytet për të blerë ushqime.

⁹ Por gruaja samaritane i tha: "Po qysh, ti që je Jude kërkon të pish prej meje, që jam një grua samaritane?" (Sepse Judenjtë nuk shoqërohen me Samaritanët).

¹⁰ Jezusi u përgjigj dhe i tha: "Po ta njihje ti dhuratën e Perëndisë dhe kush është ai që të thotë: "Më jep të pi!", ti vetë do të kërkoje nga ai dhe ai do të të jepte ujë të gjallë".

¹¹ Gruaja i tha: "Zot, ti nuk ke as kovë për të nxjerrë dhe pusi është i thellë; nga e ke, pra, atë ujë të gjallë?

¹² Vallë je më i madh se Jakobi, ati ynë, që na dha këtë pus dhe piu prej tij ai vetë, bijtë e tij dhe bagëtitë e tij?".

¹³ Jezusi u përgjigj dhe i tha: "Kushdo që pi nga ky ujë, do të ketë përsëri etje,

¹⁴ por kush pi nga uji që do t'i jap unë nuk do të ketë më kurrë etje përjetë; por uji që unë do t'i jap do të bëhet në të një burim uji që gufon në jetë të përjetshme".

¹⁵ Gruaja i tha: "Zot, më jep këtë ujë, që unë të mos kem më etje dhe të mos vij këtu të nxjerr ujë!".

¹⁶ Jezusi i tha: "Shko thirre burrin tënd dhe eja këtu".

¹⁷ Gruaja u përgjigj dhe i tha: "Unë nuk kam burrë". Jezusi i tha: "Mirë the: "Nuk kam burrë",

¹⁸ sepse ti kishe pesë burra dhe ky që ke tani nuk është burri yt; për këtë ke thënë të vërtetën!".

¹⁹ Gruaja i tha: "Zot, po shoh se ti je një profet.

²⁰ Etërit tanë adhuronin mbi këtë mal, dhe ju thoni se në Jeruzalem është vendi ku duhet të adhurojmë".

²¹ Jezusi i tha: "O grua, më beso: vjen ora që as mbi këtë mal as në Jeruzalem nuk do të adhuroni Atin.

²² Ju adhuroni atë që s'e njihni; ne adhurojmë atë që njohim; sepse shpëtimi vjen nga Judenjtë.

²³ Por vjen ora, madje ajo ka ardhur, që adhuruesit e vërtetë ta adhurojnë Atin në frymë dhe në të vërtetën, sepse të tillë janë adhuruesit që kërkon Ati.

²⁴ Perëndia është Frymë, dhe ata që e adhurojnë duhet t'a adhurojnë në frymë dhe në të vërtetën".

²⁵ Gruaja i tha: "Unë e di se do të vijë Mesia, që e quajnë Krisht; kur të ketë ardhur, ai do të na kumtojë çdo gjë".

²⁶ Jezusi i tha: "Unë jam, ai që po të flet!".

²⁷ Në këtë moment erdhën dishepujt e tij dhe u mrekulluan që po fliste me një grua; por asnjë nuk i tha: "Çfarë do?" ose: "Pse po flet me të?"

²⁸ Atëherë gruaja e la kovën e saj dhe u kthye në qytet dhe u tha njerëzve:

²⁹ "Ejani të shikoni një njeri që më ka thënë gjithçka kam bërë; vallë mos është ky Krishti?".

³⁰ Dolën, pra, nga qyteti dhe erdhën tek ai.

³¹ Ndërkaq dishepujt e vet po i luteshin duke thënë: "Mësues, ha".

³² Por ai u tha atyre: "Unë kam një ushqim për të ngrënë të cilin ju s'e njihni".

³³ Prandaj dishepujt i thonin njëri-tjetrit: "Mos i solli vallë dikush për të ngrënë?".

³⁴ Jezusi u tha atyre: "Ushqimi im të bëj vullnetin e atij që më dërgoi dhe të kryej veprën e tij.

³⁵ A nuk thoni ju se ka edhe katër muaj dhe vjen korrja? Ja, unë po ju them: Ngrini sytë tuaj dhe shikoni fushat që tashmë zbardhojnë për korrjen.

³⁶ Korrësi e merr shpërblimin dhe mbledh frytin për jetën e përjetshme, që mbjellësi dhe korrësi të gëzohen sëbashku.

³⁷ Sepse në këtë vërtetohet e thëna: "Një mbjell e tjetri korr".

³⁸ Unë ju dërgova të korrni atë për të cilin ju nuk u munduat; të tjerët u munduan dhe ju hytë në mundimin e tyre".

³⁹ Dhe shumë Samaritanë nga ai qytet besuan në të, për shkak të

Gjonit

fjalës së gruas që dëshmoi: "Ai më tregoi gjithçka kam bërë".

⁴⁰ Por kur Samaritanët erdhën tek ai, e lutën të qëndrojë me ta; dhe ai ndenji aty dy ditë.

⁴¹ Dhe shumë më tepër njerëz besuan për shkak të fjalës së tij.

⁴² Dhe ata i thoshnin gruas: "S'është më vetëm për shkak të fjalëve të tua që besojmë, por sepse ne vetë e kemi dëgjuar dhe dimë se ai është me të vërtetë Krishti, Shpëtimtari i botës".

⁴³ Pra, si kaluan ato dy ditë, ai u nis prej andej dhe shkoi në Galile,

⁴⁴ sepse vetë Jezusi dëshmoi se një profet nuk nderohet në vendlindjen e vet.

⁴⁵ Pra, kur arriti në Galile, Galileasit e pritën, sepse kishin parë të gjitha ato që kishte bërë në Jeruzalem gjatë festës, sepse edhe ata kishin shkuar për festë.

⁴⁶ Jezusi erdhi, pra, përsëri në Kanë të Galilesë, ku e kishte bërë ujin verë. Dhe aty ishte një nëpunës i mbretit, djali i të cilit ishte i sëmurë në Kapernaum.

⁴⁷ Ky, kur dëgjoi se Jezusi kishte ardhur nga Judeja në Galile, shkoi tek ai dhe iu lut që të zbriste e ta shëronte birin e tij, që ishte gati për vdekje.

⁴⁸ Atëherë Jezusi i tha: "Po të mos shikoni shenja dhe mrekulli, ju nuk besoni".

⁴⁹ Nëpunësi i mbretit i tha: "Zot, zbrit para se djali im të vdesë".

⁵⁰ Jezusi i tha: "Shko, djali yt jeton!". Dhe ai njeri i besoi fjalës që i tha Jezusi dhe shkoi.

⁵¹ Pikërisht kur ai po zbriste, i dolën përpara shërbëtorët e vet dhe e informuan duke thënë: "Djali yt jeton!".

⁵² Dhe ai i pyeti ata në cilën orë u bë më mirë; ata i thanë: "Dje në orën e shtatë e shtatë ethet".

⁵³ Atëherë i ati e kuptoi se ishte pikërisht në atë orë në të cilën Jezusi i kishte thënë: "Djali yt jeton"; dhe besoi ai dhe gjithë shtëpia e tij.

⁵⁴ Jezusi bëri edhe këtë shenjë të dytë, kur u kthye nga Judeja në Galile.

Kapitull 5

¹ Pas këtyre ngjarjeve ishte një festë e Judenjve dhe Jezusi u ngjit në Jeruzalem.

² Në Jeruzalem, afër portës së dhenve, është një pellg që në hebraisht quhet Betesda, dhe ka pesë portikë.

³ Nën to dergjeshin një numër i madh të lënguarish: të verbër, të çalë dhe të paralizuar, të cilët prisnin lëvizjen e ujit.

⁴ Sepse një engjëll, kohë pas kohe, zbriste në pellg dhe e lëvizte ujin; dhe i pari që hynte, mbasi uji ishte lëvizur, shërohej nga çfarëdo sëmundje që të kishte.

⁵ Aty ishte një njeri i lënguar prej tridhjetë e tetë vjetësh.

⁶ Jezusi, duke e parë shtrirë dhe duke ditur se prej shumë kohe ishte në atë gjendje, i tha: "A dëshiron të shërohesh?".

⁷ I lënguari u përgjigj: "Zot, unë s'kam njeri që, kur lëviz uji, të më fusë në pellg; dhe, ndërsa unë po shkoj, një tjetër zbret para meje".

⁸ Jezusi i tha: "Çohu, merr vigun tënd dhe ec!".

⁹ Njeriu u shërua në çast, mori vigun e tij dhe eci. Atë ditë ishte e shtunë.

¹⁰ Prandaj Judenjtë i thanë atij që u shërua: "Është e shtunë; nuk është e ligjshme për ty të ngresh vigun tënd!".

¹¹ Ai iu përgjigj atyre: "Ai që më shëroi më tha: Merre vigun tënd dhe ec!"".

¹² Atëherë ata e pyetën: "Kush është ai njeri që të tha: "Merre vigun tënd dhe ec"?".

¹³ Por ai që ishte shëruar nuk e dinte kush ishte, sepse Jezusi ishte larguar për shkak të turmës që ishte në atë vend.

¹⁴ Më vonë Jezusi e gjeti në tempull dhe i tha: "Ja, ti u shërove; mos mëkato më që të mos të të bëhet një gjë më e keqe".

¹⁵ Ai njeri shkoi dhe u tregoi Judenjve se Jezusi ishte ai që e shëroi.

¹⁶ Për këtë Judenjtë e përndiqnin Jezusin dhe kërkonin ta vrisnin, sepse bënte këto gjëra të shtunave.

¹⁷ Por Jezusi u përgjigj atyre: "Im Atë vepron deri më tash, e edhe unë veproj".

¹⁸ Për këtë Judenjtë kërkonin edhe më tepër ta vrisnin, sepse jo vetëm se shkelte të shtunën, por edhe se thoshte se Perëndia ishte ati i vet, duke e barazuar veten me Perëndinë.

¹⁹ Atëherë Jezusi u përgjigj dhe u tha atyre: "Në të vërtetë, në të vërtetë po ju them se Biri nuk mund të bëjë asgjë prej vetvetes, përveç asaj që sheh se bën Ati; gjërat në fakt që bën Ati, i bën po ashtu edhe Biri.

²⁰ Sepse Ati e do Birin dhe i dëfton gjithçka që bën vetë; dhe do t'i dëftojë vepra më të mëdha se këto, që të mrekulloheni.

²¹ Në fakt ashtu si ati ringjall të vdekurit dhe u jep atyre jetën, po kështu edhe Biri i jep jetën kujtdo që do.

²² Sepse Ati nuk gjykon asnjë, por gjithë gjyqin ia dha Birit,

²³ që të gjithë ta nderojnë Birin ashtu siç nderojnë Atin; kush nuk e nderon Birin, nuk nderon Atin që e ka dërguar.

²⁴ Në të vërtetë, në të vërtetë po ju them: Ai që e dëgjon fjalën time dhe beson në atë që më ka dërguar, ka jetë të përjetshme, dhe ai nuk vjen në gjyq, por ka kaluar nga vdekja në jetë.

²⁵ Në të vërtetë, në të vërtetë po ju them: Po vjen ora, madje ka ardhur, kur të vdekurit do të dëgjojnë zërin e Birit të Perëndisë, dhe ata që e kanë dëgjuar do të jetojnë.

²⁶ Sepse, sikurse Ati ka jetë në vetvete, kështu ia ka dhënë dhe Birit të ketë jetë në vetvete;

²⁷ dhe i ka dhënë gjithashtu autoritet të gjykojë, sepse është Bir i njeriut.

²⁸ Mos u mrrekulloni për këtë, sepse po vjen ora kur të gjithë ata që janë në varre do ta dëgjojnë zërin e tij

²⁹ dhe do të dalin prej tyre; ata që kanë bërë të mira, në ringjallje të jetës, dhe ata që kanë bërë të liga, në ringjalljen e dënimit.

³⁰ Unë s'mund të bëj asgjë nga vetja ime; gjykoj sipas asaj që dëgjoj dhe gjyqi im është i drejtë, sepse nuk kërkoj vullnetin tim, por vullnetin e Atit që më ka dërguar.

³¹ Nëse unë dëshmoj për veten time, dëshmia ime nuk është e vërtetë.

³² Është një tjetër që dëshmon për mua, dhe unë e di se dëshmia që ai jep për mua është e vërtetë.

³³ Ju keni dërguar te Gjoni dhe ai i ka dhënë dëshmi të vërtetës.

³⁴ Tani unë nuk e marr dëshminë nga asnjë njeri, por i them këto gjëra që ju të shpëtoheni.

³⁵ Ai ishte një kandil që digjet e ndriçon; dhe ju deshët të gëzoheni për pak kohë në dritën e tij.

³⁶ Por dëshmia që kam unë është më e madhe nga ajo e Gjonit; sepse veprat që Ati më ka dhënë të kryej, ato vepra që bëj unë, dëshmojnë për mua, se Ati më ka dërguar.

³⁷ Dhe Ati, që më dërgoi, ai vetë ka dëshmuar për mua; ju nuk e keni dëgjuar kurrë zërin e tij dhe as nuk e keni parë fytyrën e tij,

³⁸ dhe nuk e keni fjalën e tij që të banojë në ju, sepse nuk besoni në atë që ai ka dërguar.

³⁹ Ju hetoni Shkrimet sepse mendoni të keni nëpërmjet tyre jetë të përjetshme; dhe ato janë këto që dëshmojnë për mua.

⁴⁰ Por ju nuk doni të vini tek unë që të keni jetën.

⁴¹ Unë nuk marr lavdi nga njerëzit.

⁴² Por unë ju njoh, që nuk keni dashurinë e Perëndisë në ju.

⁴³ Unë kam ardhur në emër të Atit tim dhe ju nuk më pranoni; po të vinte ndonjë tjetër në emër të vet, ju do ta pranonit.

⁴⁴ Si mund të besoni ju, ju që ia merrni lavdinë njëri-tjetrit dhe nuk kërkoni lavdinë që vjen vetëm nga Perëndia?

⁴⁵ Mos mendoni se unë ju padis tek Ati; ka kush t'ju padisë: Moisiu, në të cilin ju kishit varur shpresën tuaj;

⁴⁶ sepse nëqoftëse ju do t'i kishit besuar Moisiut, do të më besonit edhe mua, sepse ai ka shkruar për mua.

⁴⁷ Por nëqoftëse ju nuk u besoni shkrimeve të tij, si do t'u besoni fjalëve të mia?".

Kapitull 6

¹ Pas këtyre gjërave, Jezusi kaloi përtej detit të Galilesë, domethënë të Tiberiadës.

² Dhe një turmë e madhe e ndiqte, sepse shikonte shenjat që ai bënte mbi të lënguarit.

³ Por Jezusi u ngjit mbi malin dhe atje u ul me dishepujt e tij.

⁴ Dhe Pashka, festa e Judenjve ishte afër.

⁵ Jezusi, pra, i ngriti sytë dhe, duke parë se një turmë e madhe po vinte tek ai, i tha Filipit: "Ku do të blejmë bukë që këta të mund të hanë?".

⁶ Por ai e thoshte këtë për ta vënë në provë, sepse ai e dinte ç'do të bënte.

⁷ Filipi iu përgjigj: "Dyqind denarë bukë nuk do të mjaftojnë për ata, që secili prej tyre mund të ketë një copë".

⁸ Andrea, i vëllai i Simon Pjetrit, një nga dishepujt e tij, i tha:

⁹ "Këtu është një djalosh që ka pesë bukë elbi dhe dy peshq të vegjël; por ç'janë këto për aq njerëz?".

¹⁰ Dhe Jezusi tha: "Bëjini njerëzit të ulen!". Por në atë vend kishte shumë bar. Njerëzit, pra, u ulën dhe ishin në numër rreth pesë mijë.

¹¹ Pastaj Jezusi mori bukët dhe, pasi falenderoi, ua ndau dishepujve dhe dishepujt njerëzve ulur; të njëjtën gjë bënë edhe me peshqit, aq sa deshën.

¹² Dhe mbasi ata u ngopën, Jezusi u tha dishepujve të vet:

"Mblidhni copat që tepruan, që të mos shkojë dëm asgjë".

¹³ I mblodhën, pra, dhe mbushën dymbëdhjetë shporta me copa nga ato bukë prej elbi që u tepruan atyre që kishin ngrënë.

¹⁴ Atëherë njerëzit, kur panë shenjën që bëri Jezusi, thanë: Me të vërtetë ky është profeti, që duhet të vijë në botë".

¹⁵ Por Jezusi, duke ditur se po vinin ta kapnin për ta bërë mbret, u tërhoq përsëri mbi malin, fill i vetëm.

¹⁶ Kur u ngrys, dishepujt e tij zbritën drejt detit.

¹⁷ Hipën në barkë dhe shkuan përtej detit, drejt Kapernaumit; tashmë ishte errët dhe Jezusi ende nuk kishte ardhur tek ata.

¹⁸ Deti ishte i trazuar, sepse frynte një erë e fortë.

¹⁹ Dhe pasi kishin vozitur rreth njëzet e pesë ose tridhjetë stade, panë Jezusin që po ecte mbi det dhe po i afrohej barkës dhe patën frikë.

²⁰ Por ai u tha atyre: "Jam unë, mos druani!".

²¹ Ata, pra, deshnin ta merrnin në barkë, dhe menjëherë barka u bregëzua në atë vend ku ishin drejtuar.

²² Të nesërmen turma, që kishte mbetur në bregun tjetër të detit, pa se atje nuk kishte tjetër përveç një barke të vogël, në të cilën kishin hipur dishepujt e Jezusit, dhe që ai nuk kishte hipur me ta, dhe që dishepujt e tij ishin nisur vetëm;

²³ ndërkaq kishin ardhur barka të tjera nga Tiberiada, afër vendit ku kishin ngrënë bukë, pasi Zoti kishte falënderuar.

²⁴ Turma, kur pa se Jezusi nuk ishte më atje dhe as dishepujt e tij, hipi edhe ajo nëpër barka dhe erdhi në Kapernaum, duke kërkuar Jezusin.

²⁵ Kur e gjetën përtej detit i thanë: "Mësues, kur erdhe këtu?"

²⁶ Jezusi u përgjigj dhe tha: "Në të vërtetë, në të vërtetë po ju them se ju më kërkoni jo pse patë shenja, por sepse keni ngrënë nga bukët dhe keni qenë të ngopur.

²⁷ Mos punoni për ushqimin që prishet, por për ushqimin që mbetet për jetë të përjetshme, të cilin do t'jua japë Biri i njeriut, sepse mbi të Ati, domethënë Perëndia, vuri vulën e tij."

²⁸ Atëherë e pyetën: "Çfarë duhet të bëjmë për të kryer veprat e Perëndisë?".

²⁹ Jezusi u përgjigj dhe u tha atyre: "Kjo është vepra e Perëndisë: të besoni në atë që ai ka dërguar."

³⁰ Atëherë ai i thanë: "Çfarë shenjë bën ti, pra, që ne ta shohim e ta besoj-më? Ç'vepër po kryen?

³¹ Etërit tanë hëngrën manën në shkretëtirë, siç është shkruar: "Ai u dha të hanë bukë nga qielli"".

³² Atëherë Jezusi u tha atyre: "Në të vërtetë, në të vërtetë po ju them se jo Moisiu jua ka dhënë bukët nga qielli, por Ati im ju jep bukën e vërtetë nga qielli.

³³ Sepse buka e Perëndisë është ai që zbret nga qielli dhe i jep jetë botës".

³⁴ Atëhere ata i thanë: "Zot, na jep gjithmonë atë bukë".

³⁵ Dhe Jezusi u tha atyre: "Unë jam buka e jetës; kush vjen tek unë nuk do të ketë më kurrë uri dhe kush beson në mua, nuk do të ketë më kurrë etje.

³⁶ Por unë jua thashë: ju më keni parë, por nuk besoni.

³⁷ Gjithçka që më jep Ati do të vijë tek unë; dhe atë që vjen tek unë, unë nuk do ta nxjerr jashtë kurrë,

³⁸ sepse unë kam zbritur nga qielli jo për të bërë vullnetin tim, por vullnetin e atij që më ka dërguar.

³⁹ Ky është vullneti i Atit që më ka dërguar: që unë të mos humbas asgjë nga të gjitha ato që ai më ka dhënë, por t'i ringjall në ditën e fundit.

⁴⁰ Ky, pra, është vullneti i atij që më ka dërguar: që kushdo që sheh Birin dhe beson në të, të ketë jetë të përjetshme, dhe unë do ta ringjall atë në ditën e fundit".

⁴¹ Judenjtë, pra, murmurisnin për të, sepse kishte thënë: "Unë jam buka që zbriti nga qielli",

⁴² dhe thoshnin: "Vallë, a nuk është ky Jezusi, biri i Jozefit, të cilit ia njohim babanë dhe nënën? Si thotë, pra, ky: "Unë zbrita nga qielli"?".

⁴³ Atëherë Jezusi u përgjigj dhe u tha atyre: "Mos murmurisni midis jush.

⁴⁴ Askush nuk mund të vijë tek unë, po qe se Ati që më ka dërguar nuk e tërheq dhe unë do ta ringjall atë në ditën e fundit.

⁴⁵ Në profetët është shkruar: "Të gjithë do të jenë të mësuar nga Perëndia". Çdo njeri, pra, që ka dëgjuar dhe mësuar nga Ati, vjen tek unë.

⁴⁶ Jo s'e ka parë ndonjë Atin, përveç atij që është nga Perëndia; ky e ka parë Atin.

⁴⁷ Në të vërtetë, në të vërtetë po ju them: Kush beson në mua ka jetë të përjetshme.

⁴⁸ Unë jam buka e jetës.

⁴⁹ Etërit tuaj hëngrën manën në shkretirë dhe vdiqën.

⁵⁰ Kjo është buka që zbret nga qielli, që një mund të hajë e të mos vdesë.

⁵¹ Unë jam buka e gjallë që zbriti nga qielli; nëse një ha nga kjo bukë do të jetojë përjetë; buka që unë do të jap është mishi im, që unë do ta jap për jetën e botës".

⁵² Atëherë Judenjtë filluan të diskutojnë njeri me tjetrin duke thënë: "Si mundet ky të na japë të hamë mishin e tij?".

⁵³ Prandaj Jezusi u tha atyre: "Në të vërtetë, në të vërtetë po ju them se, po të mos hani mishin e Birit të njeriut dhe të mos pini gjakun e tij, nuk keni jetën në veten tuaj.

⁵⁴ Kush ha mishin tim dhe pi gjakun tim, ka jetë të përjetshme, dhe unë do ta ringjall atë në ditën e fundit.

⁵⁵ Sepse mishi im është me të vërtetë ushqim dhe gjaku im është me të vërtetë pije.

⁵⁶ Kush ha mishin tim dhe pi gjakun tim, mbetet në mua dhe unë në të.

⁵⁷ Sikurse Ati i gjallë më ka dërguar dhe unë jetoj për shkak të Atit, ashtu edhe ai që më ha mua do të jetojë edhe ai për shkakun tim.

⁵⁸ Kjo është buka që zbriti nga qielli; nuk është si mana që hëngrën etërit tuaj dhe vdiqën; kush ha këtë bukë do të jetojë përjetë".

⁵⁹ Këto gjëra tha Jezusi në sinagogë, duke mësuar në Kapernaum.

⁶⁰ Kur i dëgjuan këto, shumë nga dishepujt e tij thanë: "Kjo e folur është e rëndë, kush mund ta kuptojë?".

⁶¹ Por Jezusi, duke e ditur në vetvete se dishepujt e vet po murmurisnin për këtë, u tha atyre: "Kjo ju skandalizon?

⁶² Ç'do të ishte po ta shihnit, pra, Birin e njeriut duke u ngjitur atje ku ishte më parë?

⁶³ Është Fryma që jep jetë; mishi nuk vlen asgjë; fjalët që po ju them janë frymë dhe jetë.

⁶⁴ Por janë disa midis jush që nuk besojnë"; në fakt Jezusi e dinte që në fillim kush ishin ata që nuk besonin, dhe kush ishte ai që do ta tradhtonte;

⁶⁵ dhe thoshte: "Për këtë arsye ju thashë se askush nuk mund të vijë tek unë, nëse nuk i është dhënë nga Ati im".

⁶⁶ Që nga ai moment shumë nga dishepujt e vet u tërhoqën dhe nuk shkuan më me të.

⁶⁷ Atëherë Jezusi u tha të dymbëdhjetëve: "A doni edhe ju të largoheni?".

⁶⁸ Dhe Simon Pjetri iu përgjigj: "Zot, te kush të shkojmë? Ti ke fjalë jete të përjetshme.

⁶⁹ Ne kemi besuar dhe kemi njohur se ti je Krishti, Biri i Perëndisë të gjallë".

⁷⁰ Jezusi u përgjigj atyre: "A nuk ju kam zgjedhur unë ju të dymbëdhjetët? E një prej jush është një djall".

⁷¹ Por ai fliste për Judë Iskariotin, birin e Simonit, sepse ky kishte për ta tradhtuar, ndonëse ishte një nga të dymbëdhjetët.

Kapitull 7

¹ Pas këtyre gjërave, Jezusi përshkoi Galilenë, sepse nuk donte të endej nëpër Jude, nga që Judenjtë kërkonin ta vrisnin.

² Por festa e Judenjve, ajo e Tabernakujve ishte afër.

³ Prandaj vëllezërit e tij i thanë: "Nisu prej këndej dhe shko në Jude, që edhe dishepujt e tu t'i shohin veprat që ti bën.

⁴ Askush në fakt nuk bën asgjë në fshehtësi kur kërkon të nijhet botërisht; kur ti do të bësh gjëra të tilla, tregohu botës!".

⁵ Në fakt as vëllezërit e tij nuk besonin në të.

⁶ Atëherë Jezusi u tha ayre: "Koha ime nuk ka ardhur ende; por koha juaj është gjithmonë gati.

⁷ Bota nuk mund t'ju urrejë juve, por më urren mua sepse unë dëshmoj për të se veprat e saj janë të mbrapshta.

⁸ Ngjituni ju në këtë festë; unë nuk po ngjitem ende në këtë festë, sepse koha ime ende nuk është plotësuar".

⁹ Dhe si u tha atyre këto gjëra, mbeti në Galile.

¹⁰ Mbasi vëllezërit e tij u ngjitën në festë, atëherë edhe ai u ngjit atje, jo haptas, por si fshehurazi.

¹¹ Judenjtë, pra, e kërkonin gjatë festës dhe thoshnin: "Ku është ai?".

¹² Në turmë pëshpëritej shumë për të; disa thoshnin: "Ai është i mirë!". Të tjerë thoshnin: "Jo, madje ai e mashtron popullin".

¹³ Por askush nuk fliste haptas për të, nga druajtja e Judenjve.

¹⁴ Por, aty nga mesi i festës, Jezusi u ngjit në tempull dhe mësonte.

¹⁵ Dhe Judenjtë mrrekulloheshin duke thënë: "Si i ditka ky shkronjat, pa pasur studiuar?".

¹⁶ Jezusi atëherë iu përgjigj atyre dhe tha: "Doktrina ime nuk është imja, por e atij që më ka dërguar.

¹⁷ Në qoftë se dikush don të bëjë vullnetin e tij, do ta njohë nëse kjo doktrinë vjen nga Perëndia apo që unë flas nga vetja ime.

¹⁸ Kush flet nga vetja e tij kërkon lavdinë e vet, kurse ai që kërkon lavdinë e atij që e ka dërguar është i vërtetë, dhe në të nuk ka padrejtësi.

¹⁹ A nuk jua ka dhënë Moisiu ligjin? E pra, asnjë nga ju nuk e vë në praktikë ligjin. Pse kërkoni të më vritni?"

²⁰ Turma u përgjigj dhe tha: "Ti ke një demon; kush kërkon të të vrasë?".

²¹ Jezusi u përgjigj dhe u tha: "Unë bëra një vepër dhe ju të gjithë jeni të mreku-lluar.

²² Prandaj Moisiu iu dha rrethprerjen (ajo nuk është prej Moisiut, por prej etërve); dhe ju e rrethpritni një njeri të shtunën.

²³ Në qoftë se një njeri merr rrethprerjen të shtunën, që të mos shkelet ligji i Moisiut, ju zemëroheni kundër meje sepse shërova tërësishtë një njeri të shtunën?

²⁴ Mos gjykoni sipas pamjes së jashtme, por gjykoni sipas drejtësisë!"

²⁵ Atëherë disa nga Jeruzalemi thanë: "A nuk është ky ai që kërkojnë ta vrasin?

²⁶ E megjithatë ja, ai po flet lirisht dhe nuk i thonë asgjë; mos kanë njohur krerët me të vërtetë se ai është Krishti?

²⁷ Por ne e dimë se nga është ai; ndërsa kur të vijë Krishti, askush nuk do ta dijë se nga është".

²⁸ Atëherë Jezusi, duke mësuar në tempull, thirri dhe tha: "Ju më njihni dhe e dini se nga jam, megjithatë unë s'kam ardhur nga vetja, por ai që më ka dërguar është i vërtetë dhe ju nuk e njihni.

²⁹ Por unë atë e njoh, sepse jam nga ai dhe ai më dërgoi".

³⁰ Prandaj ata kërkonin ta kapnin, por askush nuk vuri dorë mbi të, sepse ora e tij s'kishte ardhur akoma.

³¹ Por shumë veta nga turma besuan në të dhe thoshnin: "Kur të vijë Krishti, a do të bëjë më shumë shenja se këto që ka bërë ky?".

³² Farisenjtë dëgjuan turmën duke pëshpëritur këto gjëra për të; prandaj farisenjtë dhe krerët e priftërinjve dërguan roje për ta kapur.

³³ Atëherë Jezusi u tha atyre: "Unë jam edhe për pak kohë me ju, pastaj do të shkoj tek ai që më ka dërguar.

³⁴ Do të më kërkoni e nuk do të më gjeni; dhe atje ku do të jem unë, ju nuk do të mund të vini".

³⁵ Prandaj Judenjtë thonin në mes tyre: "Ku do të shkojë ky që ne nuk do ta gjejmë? Mos do të shkojë tek ata që janë shpërndarë midis Grekëve, dhe të mësojë Grekët?

³⁶ Çfarë deshi të thoshte kur tha: "Ju do të më kërkoni dhe nuk do të më gjeni"; dhe: "Atje ku do të jem unë, ju nuk mund të vini"?".

³⁷ Ditën e fundit, në ditën e madhe të festës, Jezusi u çua në këmbë dhe thirri duke thënë: "Nëse dikush ka etje, le të vijë tek unë e të pijë.

³⁸ Ai që beson në mua, siç ka thënë Shkrimi, nga brendësia e tij do të burojnë lumenj uji të gjallë".

³⁹ Por këtë ai e tha për Frymën, që do të merrnin ata që do të besonin në të; sepse Fryma e Shenjtë në fakt nuk ishte dhënë ende, sepse Jezusi ende nuk ishte përlëvduar.

⁴⁰ Shumë veta nga turma, kur i dëgjuan këto fjalë, thoshnin: "Ky është me të vërtetë Profeti!".

⁴¹ Të tjerë thoshnin: "Ky është Krishti". Kurse të tjerë thoshnin: "Vallë nga Galilea vjen Krishti?

⁴² A nuk thotë Shkrimi se Krishti vjen nga pasardhja e Davidit dhe nga Bethlehemi, fshati ku jetonte Davidi?"

⁴³ Kështu pati përçarje në turmë për shkak të tij.

⁴⁴ Dhe disa prej tyre donin ta kapnin, por askush nuk vuri dorë mbi të.

⁴⁵ Atëherë rojet u kthyen te krerët e priftërinjve dhe te farisenjtë, dhe këta u thanë atyre: "Pse nuk e sollët?".

⁴⁶ Rojet u përgjigjen: "Asnjeri nuk ka folur kurrë si ai njeri".

⁴⁷ Prandaj farisenjtë iu përgjigjën atyre: "Mos u gënjyet edhe ju?

⁴⁸ Mos vallë ndonjë nga krerët ose nga farisenjtë besoi në të?

⁴⁹ Por kjo turmë, që nuk e njeh ligjin, është e mallkuar".

⁵⁰ Nikodemi, një prej tyre, i cili natën kishte shkuar te Jezusi, u tha atyre:

⁵¹ "Ligji ynë dënon vallë një njeri para se ta ketë dëgjuar dhe ta dijë ç'ka bërë ai?".

⁵² Ata u përgjigjën dhe i thanë: "Mos je edhe ti nga Galilea? Hulumto Shkrimet dhe do të shohësh se nga Galilea s'ka dalë kurrë profet".

⁵³ Dhe secili u kthye në shtëpinë e vet.

Kapitull 8

¹ Dhe Jezusi shkoi në malin e Ullinjve.

² Por, si zbardhi dita, u kthye përsëri në tempull dhe gjithë populli erdhi tek ai; dhe ai u ul dhe i mësonte.

³ Atëherë farisenjtë dhe skribët i prunë një grua që ishte kapur duke shkelur kurorën dhe, mbasi e vunë në mes,

⁴ i thanë Jezusit: "Mësues, kjo grua është kapur në flagrancë, duke shkelur kurorën.

⁵ Por në ligj Moisiu na ka urdhëruar të vriten me gurë gra të tilla, por ti ç'thua?".

⁶ Flisnin kështu për ta vënë në provë dhe për të pasur diçka për ta paditur. Por Jezusi, duke u shtënë se nuk dëgjoi, u përkul dhe shkruante me gisht në dhe.

⁷ Dhe, kur ata vazhdonin ta pyesnin, ai u drejtua dhe u tha atyre: "Kush nga ju është pa mëkat, le ta hedhë i pari gurin kundër saj!".

⁸ Pastaj u përkul përsëri dhe shkruante në dhe.

⁹ Atëherë ata, e dëgjuan këtë dhe të bindur nga ndërgjegjja, u larguan një nga një, duke filluar nga më të vjetrit e deri te të fundit; kështu Jezusi mbeti vetëm me atë grua, që qëndronte atje në mes.

¹⁰ Jezusi atëherë u ngrit dhe, duke mos parë tjetër përveç gruas, i tha: "O grua, ku janë ata që të paditnin? Askush nuk të dënoi?".

¹¹ Dhe ajo u përgjigj: "Askush, Zot". Atëherë Jezusi i tha: "As unë nuk të dënoj; shko dhe mos mëkato më".

¹² Dhe Jezusi u foli atyre përsëri duke thënë: "Unë jam drita e botës; kush më ndjek nuk do të ecë në errësirë, por do të ketë dritën e jetës".

¹³ Atëherë farisenjtë i thanë: "Ti dëshmon për vetveten; dëshmimi yt nuk është i vërtetë".

¹⁴ Jezusi u përgjigj dhe u tha atyre: "Edhe pse dëshmoj për vetvete, dëshmimi im është i vërtetë, sepse unë e di nga kam ardhur e ku po shkoj; ju, përkundrazi, nuk e dini as nga vij dhe as ku po shkoj.

¹⁵ Ju gjykoni sipas mishit, unë nuk gjykoj asnjeri.

¹⁶ Por, edhe kur gjykoj, gjykimi im është i vërtetë, sepse unë nuk jam vetëm, por jam unë dhe Ati që më dërgoi.

¹⁷ Edhe në ligjin tuaj është shkruar se dëshmimi i dy njerëzve është i vërtetë.

¹⁸ Unë jam ai që dëshmoj për vetvete dhe Ati që më ka dërguar dëshmon për mua".

¹⁹ Atëherë i thanë: "Ku është Ati yt?". Jezusi u përgjigj: "Ju nuk më njihni as mua, as Atin tim; po të më njihnit mua, do të njihnit edhe Atin tim".

²⁰ Jezusi i shprehu këto fjalë në vendin e thesarit, duke mësuar në tempull dhe askush nuk e kapi, sepse nuk i kishte ardhur akoma ora.

²¹ Jezusi, pra, u tha atyre përsëri: "Unë po shkoj dhe ju do të më kërkoni, dhe do të vdisni në mëkatin tuaj. Atje ku shkoj unë, ju nuk mund të vini".

²² Prandaj Judenjtë thoshnin: "Mos don të vrasë veten, sepse thotë: "Ku shkoj unë, ju nuk mund të vini"?".

²³ Dhe ai u tha atyre: "Ju jeni nga këtu poshtë, kurse unë jam nga atje lart; ju jeni prej kësaj bote, unë nuk jam prej kësaj bote.

²⁴ Prandaj ju thashë se ju do të vdisni në mëkatet tuaja, sepse po të mos besoni se unë jam, ju do të vdisni në mëkatet tuaja".

²⁵ Atëherë ata i thanë: "Kush je ti?". Dhe Jezusi u tha atyre: "Pikërisht atë që ju thashë.

²⁶ Shumë gjëra kam për të thënë e për të gjykuar lidhur me ju; por ai që më ka dërguar është i vërtetë dhe gjërat që kam dëgjuar nga ai, ia them botës".

²⁷ Ata nuk e kuptuan se ai po u fliste atyre për Atin.

²⁸ Atëherë Jezusi u tha atyre: "Kur ta keni lartuar Birin e njeriut, atëherë do të njihni se unë jam, dhe se nuk bëj asgjë prej vetvetes, por i them këto gjëra ashtu si Ati më ka mësuar.

²⁹ Dhe ai që më ka dërguar është me mua; Ati s'më ka lënë vetëm, sepse bëj vazhdimisht gjërat që i pëlqejnë".

³⁰ Ndërsa ai thoshte këto gjëra, shumë veta besuan në të.

³¹ Atëherë Jezusi u tha Judenjve që besuan në të: "Nëse do të qëndroni në fjalën time, jeni me të vërtetë dishepujt e mi;

³² do ta njihni të vërtetën dhe e vërteta do t'ju bëjë të lirë".

³³ Ata iu përgjigjën: "Ne jemi pasardhës të Abrahamit dhe s'kemi qenë kurrë sk-llevër të askujt; si mund të thuash ti: "Do të bëheni të lirë"?".

³⁴ Jezusi u përgjigj atyre: Në të vërtetë, në të vërtetë po ju them: Kush bën mëkatin është skllav i mëkatit.

³⁵ Por skllavi nuk rri përgjithmonë në shtëpi; ndërsa biri rri përgjithmonë.

³⁶ Pra, nëse Biri do t'ju bëjë të lirë, do të jeni me të vërtetë të lirë".

³⁷ "Unë e di se jeni pasardhësit e Abrahamit, por ju kërkoni të më vrisni, sepse fjala ime nuk gjen vend në ju.

³⁸ Unë flas për ç'kam parë tek Ati im, dhe ju bëni gjërat që keni parë tek ati juaj".

³⁹ Ata, duke u përgjigjur, i thanë: "Ati ynë është Abrahami". Jezusi u tha atyre: "Po të ishit bij të Abrahamit, do të bënit veprat e Abrahamit.

⁴⁰ por ju tani kërkoni të më vrisni mua, që ju kam folur të vërtetën që kam dëgjuar nga Perëndia; Abrahami këtë nuk e bëri.

⁴¹ Ju bëni veprat e atit tuaj". Prandaj ata i thanë: "Ne nuk lindëm nga kurvërimi; ne kemi një Atë të vetëm: Perëndinë".

⁴² Atëherë Jezusi u tha atyre: "Po të ishte Perëndia Ati juaj, ju do të më donit, sepse kam dalë dhe kam ardhur nga Perëndia; nuk kam ardhur, pra, nga vetja ime, por ai më ka dërguar.

⁴³ Përse nuk e kuptoni thënien time? Sepse nuk mund të dëgjoni fjalën time.

⁴⁴ Ju jeni nga djalli, që është ati juaj, dhe doni të bëni dëshirat e atit tuaj; ai ishte vrasës që nga fillimi dhe nuk qëndroi në të vërtetën, sepse në të nuk ka të vërtetë. Kur thotë të rrema, flet nga vetvetja, sepse është gënjeshtar dhe i rrenës.

⁴⁵ Kurse mua, duke qenë se ju them të vërtetën, nuk më besoni.

⁴⁶ Cili nga ju më bind për mëkat? Nëse flas të vërtetën, përse nuk më besoni?

⁴⁷ Kush është prej Perëndisë, i dëgjon fjalët e Perëndisë; prandaj ju nuk dëgjoni, se nuk jeni prej Perëndisë".

⁴⁸ Atëherë Judenjtë iu përgjigjën dhe i thanë: "A nuk themi me të drejtë se ti je Samaritan dhe se ke një demon?".

⁴⁹ Jezusi u përgjigj: "Unë s'kam një demon, por nderoj Atin tim; ju përkundrazi më çnderoni.

⁵⁰ Tani unë nuk kërkoj lavdinë time, ka kush e kërkon dhe gjykon.

⁵¹ Në të vërtetë, në të vërtetë po ju them se ai që zbaton fjalën time, nuk do ta shohë kurrë vdekjen, përjetë".

⁵² Pra Judenjtë i thanë: "Tani njohim se ti ke një demon. Abrahami dhe profetët kanë vdekur, kurse ti thua: "Kur njeri zbaton fjalën time, nuk do ta shijojë kurrë vdekjen, përjetë".

⁵³ Ti qenke më i madh se ati ynë Abraham, i cili ka vdekur? Edhe profetët kanë vdekur; kush pretendon se je?".

⁵⁴ Jezusi u përgjigj: "Në qoftë se unë e përlëvdoj veten, lavdia ime s'është asgjë. Është Ati im ai që më përlëvdon, për të cilin ju thoni se është Perëndia juaj.

⁵⁵ Por ju ende s'e keni njohur, kurse unë e njoh dhe, po të thoja se nuk e njoh, do të isha një gënjeshtar si ju; por unë e njoh dhe e zbatoj fjalën e tij.

⁵⁶ Abrahami, ati juaj, ngazëllohej në shpresën që të shihte ditën time; e pa dhe u gëzua".

⁵⁷ Judenjtë, pra, i thanë: "Ti ende nuk je pesëdhjetë vjeç dhe e paske parë Abrahamin?".

⁵⁸ Jezusi u tha atyre: "Në të vërtetë, në të vërtetë unë po ju them: para se të kishte lindur Abrahami, unë jam".

⁵⁹ Atëherë ata morën gurë, që t'i hidhnin kundër tij; por Jezusi u fsheh dhe doli nga tempulli, duke kaluar midis tyre; dhe kështu u largua.

Kapitull 9

¹ Kur po kalonte, pa një njeri që ishte i verbër që nga lindja.

² Dhe dishepujt e tij e pyetën duke thënë: "Mësues, kush ka mëkatuar, ai apo prindërit e tij, që ai ka lindur i verbër?".

³ Jezusi u përgjigj: "As ai, as prindërit e tij s'kanë mëkatuar, por kjo ndodhi që tek ai të dëftohen veprat e Perëndisë.

⁴ Unë duhet t'i kryej veprat e atij që më ka dërguar sa është ditë; vjen nata kur askush nuk mund të veprojë.

⁵ Derisa jam në botë, unë jam drita e botës".

⁶ Pasi kishte thënë këto gjëra, pështyu përdhe, bëri baltë me pështymë dhe leu sytë e të verbrit me të.

⁷ Pastaj i tha: "Shko, lahu në pellgun e Siloamit" (që do të thotë: dërguar); dhe ai shkoi atje, u la dhe u kthye duke parë.

⁸ Atëherë fqinjtë dhe ata që më parë e kishin parë të verbër, thanë: "A s'është ky ai që rrinte ulur dhe lypte?".

⁹ Disa thoshnin: "Ai është". Të tjerë: "I përngjan atij". Dhe ai thoshte: "Unë jam".

¹⁰ I thanë pra: "Si të janë hapur sytë?".

¹¹ Ai u përgjigj dhe tha: "Një njeri, që quhet Jezus, ka bërë baltë, m'i leu sytë dhe më tha: "Shko te pellgu i Siloamit dhe lahu". Dhe unë shkova atje, u lava dhe m'u kthye drita e syve".

¹² Dhe ata i thanë: "Ku është ai?". Ai u përgjigj: "Nuk e di".

¹³ Atëherë ata e çuan te farisenjtë atë që më parë kishte qenë i verbër.

¹⁴ Dhe ishte e shtunë kur Jezusi bëri baltën dhe ia hapi sytë.

¹⁵ Edhe farisenjtë, pra, e pyesnin përsëri si e fitoi dritën e syve. Dhe ai u tha atyre: "Më vuri baltë mbi sy, u lava dhe shoh".

¹⁶ Atëherë disa farisenj thanë: "Ky njeri nuk është nga Perëndia, sepse nuk e respekton të shtunën!". Të tjerë thoshnin: "Si mund të kryejë shenja të tilla një njeri mëkatar?". Dhe kishte përçarje midis tyre.

¹⁷ E pyetën, pra, përsëri të verbrin: "Po ti, ç'thua për atë për faktin që t'i ka hapur sytë?". Ai tha: "Është një profet".

¹⁸ Por Judenjtë nuk besuan se ai kishte qenë i verbër dhe se kishte fituar dritën e syve, derisa thirrën prindërit e atij që kishte fituar dritën e syve.

¹⁹ Dhe i pyetën ata: "A është ky djali juaj, për të cilin ju thoni se ka lindur i verbër? Vallë si sheh tani?".

²⁰ Prindërit e tij, duke u përgjigjur atyre, thanë: "E dimë se ky është djali ynë dhe se ka lindur i verbër,

²¹ por ne nuk dimë se si sheh tani ose se kush ia ka hapur sytë; pyeteni atë; ai moshë ka, do t'ju flasë për veten e vet".

²² Këto thanë prindërit e tij, sepse kishin frikë nga Judenjtë; sepse Judenjtë kishin vendosur që, nëse dikush do ta rrëfente Jezusin si Krishti, do të përjashtohej nga sinagoga.

²³ Prandaj prindërit e tij thanë: "Moshë ka, pyeteni atë".

²⁴ Atëherë ata e thirrën përsëri njeriun që kishte qenë i verbër dhe i thanë: "Jepi lavdi Perëndisë; ne e dimë se ai njeri është mëkatar".

²⁵ Ai atëherë u përgjigj dhe tha: "Në është mëkatar, nuk e di, por di një gjë, që isha i verbër dhe tani shoh".

²⁶ E pyetën përsëri: "Ç'të bëri? Si t'i ka hapur sytë?".

²⁷ Ai u përgjigj atyre: "Unë tashmë ua kam thënë dhe ju nuk keni dëgjuar; pse doni ta dëgjoni përsëri? Doni ndoshta të bëheni edhe ju dishepuj të tij?".

²⁸ Por ata e fyen dhe thanë: "Ti je dishepull i tij, por ne jemi dishepuj të Moisiut!

²⁹ Ne e dimë se Perëndia i foli Moisiut; sa për atë, nuk e dimë se nga është".

³⁰ Ai njeri u përgjigj dhe u tha atyre: "E pra, është e çuditshme që ju të mos dini nga është ai; megjithatë m'i hapi sytë!

³¹ Dhe ne e dimë se Perëndia nuk i dëgjon mëkatarët, por nëse dikush është i druajtshëm ndaj Perëndisë dhe bën vullnetin e tij, ai atë e dëgjon!

³² Që prej fillimit të botës nuk është dëgjuar që dikush t'ia ketë hapur sytë një të linduri të verbër.

³³ Po të mos ishte ky nga Perëndia, nuk do të mund të bënte asgjë".

³⁴ Ata u përgjigjën dhe i thanë: "Ti ke lindur i tëri në mëkate e don të na mësosh?". Dhe e nxorën jashtë.

³⁵ Jezusi e mori vesh se e nxorën jashtë dhe, kur e gjeti, i tha: "A beson ti në Birin e Perëndisë?".

³⁶ Ai u përgjigj dhe tha: "Kush është, Zot, që unë të besoj në të?".

³⁷ Dhe Jezusi i tha: "Ti e ke parë; është pikërisht ai që po të flet".

³⁸ Atëherë ai tha: "Unë besoj, o Zot"; dhe e adhuroi.

³⁹ Pastaj Jezusi tha: "Unë kam ardhur në këtë botë për të bërë një gjyq, që ata që nuk shohin të shohin dhe ata që shohin të verbohen".

⁴⁰ Disa nga farisenjtë që ishin me të i dëgjuan këto gjëra dhe i thanë: "Jemi të verbër edhe ne?".

⁴¹ Jezusi u përgjigj atyre: "Po të ishit të verbër, nuk do të kishit asnjë mëkat; por tani thoni: "Ne shohim", prandaj mëkati juaj mbetet".

Kapitull 10

¹ "Në të vërtetë, në të vërtetë unë po ju them: Ai që nuk hyn nëpër derë të vathës së deleve, por ngjitet nga një anë tjetër, ai është vjedhës dhe kusar;

² kurse kush hyn nëpër derë është bariu i deleve.

³ Atij ia hap portieri; delet e dëgjojnë zërin e tij, dhe ai i thërret delet e tij me emër dhe i prin jashtë.

⁴ Dhe, pasi i ka nxjerrë delet e tij, shkon para tyre; dhe delet e ndjekin, sepse njohin zërin e tij.

⁵ Por nuk ndjekin asnjë të huaj, por do të ikin larg tij, sepse nuk e njohin zërin e të huajve".

⁶ Jezusi u tha atyre këtë shëmbëlltyrë, por ata nuk morën vesh për çfarë po u fliste.

⁷ Prandaj Jezusi u tha atyre përsëri: "Në të vërtetë, në të vërtetë po ju them: unë jam dera e deleve.

⁸ Të gjithë ata që erdhën para meje janë vjedhës e kusarë; por delet nuk i kanë dëgjuar.

⁹ Unë jam dera; nëse dikush hyn nëpërmjet meje, do të shpëtohet; do të hyjë, do të dalë dhe do të gjejë kullotë.

¹⁰ Vjedhësi nuk vjen veçse për të vjedhur, për të vrarë e për të shkatërruar; por unë kam ardhur që të kenë jetë e ta kenë me bollëk.

¹¹ Unë jam bariu i mirë; bariu i mirë jep jetën e vet për delet.

¹² Kurse rrogëtari, që nuk është bari, dhe delet nuk janë të vetat, sheh ujkun që po vjen, i braktis delet dhe ikën; dhe ujku i rrëmben dhe i shpërndan delet.

¹³ Rrogëtari ikën, sepse është rrogëtar dhe nuk do t'ia dijë për delet.

¹⁴ Unë jam bariu i mirë, dhe i njoh delet e mia dhe ato më njohin mua,

¹⁵ ashtu siç më njeh Ati mua dhe unë e njoh Atin dhe lë jetën time për delet.

Gjonit

16 Unë kam edhe dele të tjera që nuk janë të kësaj vathe; duhet t'i mbledh edhe ato, dhe ato do ta dëgjojnë zërin tim, dhe do të jetë një tufë e vetme dhe një Bari i vetëm.

17 Prandaj Ati më do, sepse unë e lë jetën time që ta marr përsëri.

18 Askush nuk mund të ma heqë, por e lë nga vetja; unë kam pushtet ta lë e pushtet ta marr përsëri; ky është urdhri që kam marrë nga Ati im".

19 Atëherë lindi përsëri një përçarje midis Judenjve për shkak të këtyre fjalëve.

20 Dhe shumë nga ata thoshnin: "Ai ka një demon dhe nuk është në vete; përse e dëgjoni?".

21 Të tjerë thoshnin: "Këto nuk janë fjalë të një të demonizuari; a mundet një demon t'ua hap sytë të verbërve?".

22 U kremtua festa e Kushtimit në Jeruzalem, dhe ishte dimër.

23 Dhe Jezusi po ecte në tempull, nën portikun e Salomonit.

24 E rrethuan, pra, Judenjtë dhe i thanë: "Deri kur do të na mbash pezull? Nëse je Krishti, na e thuaj haptas".

25 Jezusi u përgjigj atyre: "Unë jua kam thënë, por ju nuk besoni; veprat që bëj në emër të Atit tim, janë ato që dëshmojnë për mua.

26 Por ju nuk besoni, sepse nuk jeni nga delet e mia, siç jua kam thënë.

27 Delet e mia e dëgjojnë zërin tim, unë i njoh dhe ato më ndjekin;

28 dhe unë u jap atyre jetën e përjetshme dhe nuk do të humbasin kurrë, e askush nuk do t'i rrëmbejë nga dora ime.

29 Ati im, që m'i dha, është më i madh se të gjithë; dhe askush nuk mund t'i rrëmbejë nga dora e Atit tim.

30 Unë dhe Ati jemi një".

31 Prandaj Judenjtë morën përsëri gurë për ta vrarë me gurë.

32 Jezusi u përgjigj atyre: "Ju tregova shumë vepra të mira nga Ati im; për cilën nga këto më vrisni me gurë?".

33 Judenjtë u përgjigjën duke thënë: "Ne nuk të vrasim me gurë për asnjë vepër të mirë, po për blasfemi, dhe sepse ti, duke qenë njeri, e bën veten Perëndi".

34 Jezusi u përgjigj atyre: "A nuk është shkruar në ligjin tuaj: "Unë thashë: Ju jeni perëndi"?

35 Nëse ai i quan perëndi ata, të cilëve u qe drejtuar fjala e Perëndisë (dhe Shkrimi nuk mund të bjerë poshtë);

36 ju thoni se ai, që Ati e ka shenjtëruar dhe e ka dërguar në botë, blasfemon, sepse ka thënë: "Unë jam Biri i Perëndisë"?

37 Nëse unë nuk bëj veprat e Atit tim, mos më besoni,

38 por nëse i bëj, edhe po të mos më besoni mua, u besoni të paktën veprave, që të njihni e të besoni se Ati është në mua dhe unë në atë".

39 Për këtë arsye ata kërkonin përsëri ta kapnin, por ai ikte nga duart e tyre.

40 Dhe shkoi përsëri përtej Jordanit, në vendin ku më parë Gjoni pagëzonte; dhe ndaloi aty.

41 Dhe shumë veta erdhën tek ai dhe thoshnin: "Gjoni vërtet nuk bëri asnjë shenjë, por gjithçka që Gjoni tha për këtë ishte e vërtetë".

42 Dhe atje shumë veta besuan në të.

Kapitull 11

1 Ishte atëherë i sëmurë një farë Llazari nga Betania, fshati i Marisë dhe i Martës, motrës së saj.

2 Maria ishte ajo që e vajosi me vaj erëkëndëshëm Zotin dhe ia fshiu këmbët me flokët e saj; dhe vëllai i saj, Llazari, ishte i sëmurë.

3 Prandaj motrat i dërguan fjalë Jezusit: "Zot, ja, ai që ti e do shumë është i sëmurë".

4 Dhe Jezusi si dëgjoi këto tha: "Kjo sëmundje nuk është për vdekje, po për lavdinë e Perëndisë, që nëpërmjet saj të përlëvdohet Biri i Perëndisë".

5 Por Jezusi e donte Martën, motrën e saj dhe Llazarin.

6 Kur dëgjoi se Llazari ishte i sëmurë, qëndroi edhe dy ditë në vendin ku ishte.

7 Pastaj u tha dishepujve: "Të kthehemi përsëri në Jude".

8 Dishepujt i thanë: "Mësues, pak më parë Judenjtë kërkonin të të vrisnin me gurë dhe ti po shkon përsëri atje?".

9 Jezusi u përgjigj: "Nuk janë vallë dymbëdhjetë, orët e ditës? Kur dikush ecën ditën, nuk pengohet, sepse sheh dritën e kësaj bote,

10 por nëse dikush ecën natën, pengohet, sepse drita nuk është në të".

11 Mbasi i tha këto gjëra, shtoi: "Mikun tonë, Llazarin e ka zënë gjumi, por unë po shkoj ta zgjoj".

12 Atëherë dishepujt e tij thanë: "Zot, po të flejë, do të shpëtojë".

13 Por Jezusi u kishte folur për vdekjen e tij, kurse ata pandehnin se kishte folur për fjetjen e gjumit.

14 Atëherë Jezusi u tha atyre haptas: "Llazari ka vdekur.

15 Edhe unë gëzohem për ju që nuk isha atje, që të besoni; por le të shkojmë tek ai".

16 Atëherë Thomai, i quajtur Binjaku, u tha bashkëdishepujve: "Të shkojmë edhe ne, që të vdesim me të".

17 Kur arriti Jezusi, pra, gjeti që Llazari ishte që prej katër ditësh në varr.

18 Por Betania ishte rreth pesëmbëdhjetë stade larg Jeruzalemit.

19 Dhe shumë Judenj kishin ardhur te Marta dhe te Maria për t'i ngushëlluar për vëllanë e tyre.

20 Marta, pra, si e mori vesh se po vinte Jezusi, i doli përpara; kurse Maria ishte ulur në shtëpi.

21 Marta i tha Jezusit: "Zot, po të ishe këtu, im vëlla nuk do të kishte vdekur,

22 por edhe tani e di se të gjitha ato që ti i kërkon Perëndisë, Perëndia do të t'i japë".

23 Jezusi i tha: "Yt vëlla do të ringjallet".

24 Marta i tha: "E di se do të ringjallet, në ringjallje, ditën e fundit".

25 Jezusi i tha: "Unë jam ringjallja dhe jeta; ai që beson në mua, edhe sikur të duhej të vdesë do të jetojë.

26 Dhe ai që jeton e beson në mua, nuk do të vdesë kurrë përjetë. A e beson këtë?".

27 Ajo i tha: "Po, Zot, unë besoj se ti je Krishti, Biri i Perëndisë, që duhet të vinte në botë"

28 Dhe, si tha kështu, shkoi të thërrasë fshehtas Marinë, motrën e saj, duke thënë: "Mësuesi është këtu dhe po të thërret".

29 Posa e dëgjoi, ajo u çua me nxitim dhe erdhi tek ai.

30 Por Jezusi ende nuk kishte arritur në fshat, por ndodhej në vendin ku Marta e kishte takuar.

31 Prandaj Judenjtë që ishin me të në shtëpi për ta ngushëlluar, kur panë se Maria u çua me nxitim dhe doli, e ndoqën, duke thënë: "Ajo po shkon te varri për të qarë aty".

32 Sapo Maria arriti te vendi ku ndodhej Jezusi dhe e pa atë, i ra ndër këmbë duke i thënë: "Zot, po të ishe ti këtu, im vëlla nuk do të kishte vdekur".

33 Atëherë Jezusi, kur pa se ajo dhe Judenjtë që kishin ardhur me të po qanin, u psherëtiu në frymë dhe u trondit,

34 dhe tha: "Ku e keni vënë?". Ata i thanë: "Zot, eja e shih!".

35 Jezusi qau.

36 Atëherë Judenjtë thanë: "Shih, sa e donte!".

37 Por disa nga ata thanë: "Ky, që i hapi sytë të verbërit, s'mund bënte që ky të mos vdiste?".

38 Prandaj Jezusi, përsëri i tronditur përbrenda, erdhi te varri; por ky ishte një guvë dhe kishte përpara një gur.

39 Jezusi tha: "Hiqni gurin!". Marta, motra e të vdekurit, i tha: "Zot, ai tashmë qelbet, sepse ka vdekur prej katër ditësh".

40 Jezusi i tha: "A nuk të thashë se po të besosh, do të shohësh lavdinë e Perëndisë?".

41 Atëherë ata e hoqën gurin prej vendit ku ishte shtrirë i vdekuri. Dhe Jezusi i ngriti sytë lart dhe tha: "O Atë, të falënderoj që më ke dëgjuar.

42 Unë e dija mirë se ti gjithnjë më dëgjon, por i kam thënë këto për turmën që është përreth, që të besojnë se ti më ke dërguar".

43 Dhe, mbasi tha këto, thirri me zë të lartë: "Llazar, eja jashtë!".

44 Atëherë i vdekuri doli, me duart e këmbët lidhura me rripa pëlhure dhe me fytyrën të mbështjellë në një rizë. Jezusi u tha atyre: "Zgjidheni dhe lëreni të shkojë!".

45 Atëherë shumë nga Judenjtë, që kishin ardhur te Maria dhe kishin parë gjithçka kishte bërë Jezusi, besuan në të.

46 Por disa nga ata shkuan te farisenjtë dhe u treguan atyre ç'kishte bërë Jezusi.

47 Atëherë krerët e priftërinjve dhe farisenjtë mblodhën sinedrin dhe thanë: "Ç'të bëjmë? Ky njeri po bën shumë shenja.

48 Po ta lëmë të vazhdojë kështu, të gjithë do të besojnë në të, do të vijnë Romakët dhe do të shkatërrojnë vendin dhe kombin tonë".

49 Por një nga ata, Kajafa, që ishte kryeprifti i atij viti, u tha atyre: "Ju nuk kuptoni asgjë;

50 dhe as nuk e konceptoni se është e leverdishme për ne që të vdesë vetëm një njeri për popullin, dhe të mos humbasë gjithë kombi".

51 Por këtë ai nuk e tha nga vetja; por, duke qenë kryeprift i atij viti, profetizoi se Jezusi duhej të vdiste për kombin,

52 dhe jo vetëm për kombin, por edhe për t'i mbledhur në një, bijtë e Perëndisë që ishin të shpërndarë.

53 Që nga ajo ditë, pra, ata vendosën ta vrasin.

54 Për këtë arsye Jezusi nuk ecte më haptasi midis Judenjve, por u tërhoq në një krahinë afër shkretëtirës, në një qytet që quhej Efraim dhe aty rrinte me dishepujt e tij.

⁵⁵ Dhe Pashka e Judenjve ishte afër dhe shumë veta nga ajo krahinë u ngjitën në Jeruzalem përpara Pashkës për t'u pastruar.
⁵⁶ E kërkonin, pra, Jezusin dhe, duke qëndruar në tempull, thoshnin në mes tyre: "Si ju duket juve? A do të vijë ai për festë?".
⁵⁷ Krerët e priftërinjve dhe farisenjtë kishin dhënë urdhër që, po ta dinte ndokush se ku ishte ai, të sinjalizonte që ta kapnin.

Kapitull 12

¹ Jezusi, pra, gjashtë ditë përpara Pashkës, erdhii në Betani, ku banonte Llazari, ai që kishte vdekur dhe Jezusi e kishte ringjallur prej së vdekurish.
² Dhe aty i shtruan një darkë: Marta shërbente dhe Llazari ishte një nga ata që rrinin në tryezë me të.
³ Atëherë Maria mori një liber vaj erëkëndshëm prej nardi të pastër shumë të kushtueshëm, vajosi me të këmbët e Jezusit dhe i fshiu këmbët e tij me flokët e saj; dhe shtëpia u mbush me erën e këtij vaji.
⁴ Atëherë një nga dishepujt e tij, Juda Iskarioti, bir i Simonit, ai që do ta tradhtonte, tha:
⁵ "Pse nuk u shit ky vaj për treqind denarë dhe t'u jepej fitimi të varfërve?".
⁶ Por ai e tha këtë, jo se kujdesej për të varfrit, por sepse ishte vjedhës dhe, duke qenë se ai e mbante qesen, mbante ç'shtinin atje brenda.
⁷ Jezusi, pra, tha: "Lëre! Ajo e ka ruajtur për ditën e varrimit tim.
⁸ Të varfrit në fakt, i keni gjithmonë me ju, por mua nuk më keni gjithmonë".
⁹ Ndërkaq një turmë e madhe Judenjsh mori vesh se ai ishte atje dhe erdhi jo vetëm për shkak të Jezusit, por edhe për të parë Llazarin, te cilin ai e kishte ngjallur prej së vdekurish.
¹⁰ Atëherë krerët e priftërinjve vendosën ta vrasin edhe Llazarin,
¹¹ sepse për shkak të tij, shumë veta braktisnin Judenjtë dhe besonin në Jezusin.
¹² Të nesërmen, një turmë e madhe që kishte ardhur në festë, kur dëgjoi se Jezusi po vinte në Jeruzalem,
¹³ mori degë palmash dhe i doli para, duke thirrur: "Hosana! Bekuar ai që vjen në emër të Zotit, mbreti i Izraelit!".
¹⁴ Dhe Jezusi gjeti një kërriç dhe hipi në të, siç është shkruar:
¹⁵ "Mos druaj, o bijë e Sionit; ja, mbreti yt po vjen duke kalëruar mbi një kërriç gomareje!".
¹⁶ Dishepujt e tij nuk i kuptuan për momentin këto gjëra, po, kur Jezusi ishte përlëvduar, atëherë u kujtuan se këto gjëra ishin shkruar për të, dhe që i kishin bërë këto gjëra për të.
¹⁷ Kështu turma, që ishte me të kur ai e kishte thirrur jashtë Llazarin nga varri dhe e kishte ringjallur prej së vdekuri, jepte dëshmi për të.
¹⁸ Prandaj turma i doli përpara, sepse kishte dëgjuar se ai kishte bërë këtë shenjë.
¹⁹ Atëherë farisenjtë thanë midis tyre: "A e shihni se s'po bëni asgjë; ja, bota shkon pas tij".
²⁰ Dhe midis atyre që ishin ngjitur për të adhuruar gjatë festës ishin edhe disa Grekë.
²¹ Ata, pra, iu afruan Filipit, që ishte nga Betsaida e Galilesë, dhe iu lutën duke thënë: "Zot, duam të shohim Jezusin".
²² Filipi shkoi e ia tha Andreas; dhe përsëri Andrea dhe Filipi ia thanë Jezusit.
²³ Por Jezusi u përgjigj atyre duke thënë: "Ora ka ardhur, në të cilën Biri i njeriut duhet të përlëvdohet.
²⁴ Në të vërtetë, në të vërtetë po ju them: Nëse kokrra e grurit e rënë në dhe nuk vdes, ajo mbetet e vetme; por, po të vdesë, jep shumë fryt!
²⁵ Kush e do jetën e vet do ta humbasë; dhe kush e urren jetën e vet në këtë botë, do ta ruajë për jetën e përjetshme.
²⁶ Në qoftë se dikush më shërben, të më ndjekë; dhe ku jam unë, atje do të jetë dhe shërbëtori im; në qoftë se dikush më shërben, Ati im do ta nderojë.
²⁷ Tani shpirti im është i trondituar dhe çfarë të them: O Atë, më shpëto nga kjo orë? Por për këtë unë kam ardhur në këtë orë.
²⁸ O Atë, përlëvdo emrin tënd!" Atëherë një zë erdhi nga qielli: "E kam përlëvduar dhe do ta përlëvdoj akoma!".
²⁹ Turma, pra, që ishte e pranishme dhe e dëgjoi zërin, thoshte se qe një bubullimë. Të tjerë thoshnin: "Një engjëll i ka folur!".
³⁰ Dhe Jezusi u përgjigj dhe tha: "Ky zë nuk ka ardhur për mua, por për ju.
³¹ Tani është gjykimi i kësaj bote; tani do të hidhet jashtë princi i kësaj bote!
³² Dhe unë, kur të jem ngritur lart nga toka, do t'i tërheq të gjithë tek unë".
³³ Por ai i thoshte këto për të treguar nga ç'lloj vdekje duhet të vdiste.
³⁴ Turma iu përgjigj: "Ne kemi dëgjuar nga ligji se Krishti mbetet përjetë; tani si mund të thuash ti se Biri i njeriut duhet të ngrihet lart? Kush është ky Bir i njeriut?".
³⁵ Atëherë Jezusi u tha atyre: "Drita është me ju edhe për pak kohë; ecni gjersa keni dritë, që të mos ju zërë errësira; kush ecën në errësirë nuk di se ku shkon".
³⁶ "Gjersa keni dritë, besoni në dritë, që të bëheni bij të dritës". Këto gjëra tha Jezusi; pastaj u largua dhe u fsheh prej tyre.
³⁷ Ndonëse kishte bërë shumë shenja para tyre, ata nuk besonin në të,
³⁸ që të përmbushej fjala e profetit Isaia që tha: "Zot, kush i ka besuar predikimit tonë? Dhe kujt iu shfaq krahu i Zotit?".
³⁹ Prandaj ata nuk mund të besonin, sepse Isaia gjithashtu tha:
⁴⁰ "Ai i ka verbuar sytë e tyre dhe i ka ngurtësuar zemrat e tyre, që të mos shohin me sy dhe të mos kuptojnë me zemër, të mos kthehen dhe unë të mos i shëroj".
⁴¹ Këto gjëra tha Isaia, kur e pa lavdinë e tij dhe foli për të.
⁴² Megjithatë, edhe midis krerëve, shumë besuan në të; por, për shkak të farisenjve, nuk e rrëfenin, për të mos qenë të përjashtuar nga sinagoga,
⁴³ sepse donin lavdinë e njerëzve më tepër, se lavdinë e Perëndisë.
⁴⁴ Pastaj Jezusi thirri dhe tha: "Kush beson në mua, nuk beson në mua, por në atë që më ka dërguar.
⁴⁵ Dhe kush më sheh mua, sheh atë që më ka dërguar.
⁴⁶ Unë kam ardhur si drita për botën, që kushdo që beson në mua të mos mbetet në errësirë.
⁴⁷ Dhe nëse ndokush i dëgjon fjalët e mia dhe nuk beson, unë nuk e gjykoj; sepse unë nuk kam ardhur ta gjykoj botën, por ta shpëtoj botën.
⁴⁸ Kush më hedh poshtë dhe nuk i pranon fjalët e mia, ka kush e gjykon; fjala që kam shpallur do të jetë ajo që do ta gjykojë në ditën e fundit.
⁴⁹ Sepse unë nuk kam folur nga vetja ime, por Ati vetë më ka dërguar dhe më ka urdhëruar ç'duhet të them e të shpall.
⁵⁰ Dhe unë e di se urdhërimi i tij është jetë e përjetshme; gjërat, pra, që them unë, i them ashtu siç m'i ka thënë Ati".

Kapitull 13

¹ Por përpara festës së Pashkës, Jezusi, duke e ditur se kishte ardhur ora e tij të kalojë nga kjo botë tek Ati, duke i dashur të vetët që ishin në botë, i deshi deri në fund.
² Dhe, kur mbaroi darka, mbasi djalli i kishte shtënë në zemër Judë Iskariotit, birit të Simonit, ta tradhtonte,
³ Jezusi, duke ditur se Ati i kishte dhënë gjithçka në duar, dhe se ai kishte dalë nga Perëndia dhe te Perëndia po kthehej,
⁴ u ngrit nga darka dhe hoqi rrobat e tij, mori një peshqir dhe u ngjesh.
⁵ Mbasi hodhi ujë në një legen, filloi të lante këmbët e dishepujve dhe t'ua fshinte me peshqirin, me të cilin ishte ngjeshur.
⁶ Erdhi, pra, te Simon Pjetri. Dhe ai i tha: "Zot, ti të m'i lash këmbët mua?".
⁷ Jezusi u përgjigj dhe i tha: "Atë që po bëj unë, ti tani nuk e kupton, por do ta kuptosh mbas kësaj".
⁸ Pjetri i tha: "Ti kurrë nuk do të m'i lash këmbët". Jezusi iu përgjigj: "Po nuk të lava, ti nuk do të kesh pjesë me mua".
⁹ Simon Pjetri i tha: "Zot, jo vetëm këmbët, por edhe duart dhe kokën".
¹⁰ Jezusi i tha: "Ai që është i larë, s'ka nevojë veçse të lajë këmbët dhe është krejt i pastër; edhe ju jeni të pastër, por jo të gjithë".
¹¹ Sepse ai e dinte se kush do ta tradhtonte, prandaj tha: "Nuk jeni të gjithë të pastër".
¹² Kështu, mbasi ua lau këmbët, mori përsëri rrobat e tij, zuri vend rishtas në tryezë dhe u tha atyre: "A e kuptoni këtë që ju kam bërë?
¹³ Ju më quani Mësues dhe Zot, dhe mirë thoni, sepse jam.
¹⁴ Në qoftë se unë, Zoti dhe Mësuesi, ju kam larë këmbët, edhe ju duhet t'i lani këmbët njëri-tjetrit.
¹⁵ Unë, në fakt, ju kam dhënë shëmbullin që ashtu siç kam bërë unë, bëni edhe ju.
¹⁶ Në të vërtetë, në të vërtetë po ju them: Shërbëtori nuk është më i madh se padroni i tij, as i dërguari më i madh se ai që e ka dërguar.
¹⁷ Po t'i dini këto gjëra, të lumur jeni ju nëse do t'i bëni.
¹⁸ Nuk po flas për ju të gjithë; unë i njoh ata që kam zgjedhur, por duhet të përmbushet ky Shkrim: "Ai që ha bukën me mua, ka ngritur thembrën kundër meje".
¹⁹ Po ju them që tani, para se të ndodhë, që, kur të ketë ndodhur, të

besoni se unë jam Krishti.

²⁰ Në të vërtetë, në të vërtetë po ju them: Kush pranon atë që dërgoj unë, më pranon mua; dhe kush më pranon mua, pranon atë që më ka dërguar".

²¹ Mbasi i tha këto fjalë, Jezusi, u trondit në frymë, dhe dëshmoi e tha: "Në të vërtetë, në të vërtetë po ju them se një nga ju do të më tradhtojë".

²² Atëherë dishepujt u panë njëri me tjetrin, por nuk arrinin të kuptonin për kë po fliste.

²³ Por një nga dishepujt e tij, të cilin Jezusi e donte, ishte mbështetur te kraharori i Jezusit.

²⁴ Atëherë Simon Pjetri i bëri shenjë të pyeste kush ishte ai për të cilin foli.

²⁵ Dhe ai dishepull, duke u përkulur mbi kraharorin e Jezusit, e pyeti: "Zot, kush është?".

²⁶ Jezusi u përgjigj: "Është ai të cilit do t'i jap kafshatën, pasi ta kem ngjyer". Dhe e ngjeu kafshatën e ia dha Judë Iskariotit, birit të Simonit.

²⁷ Dhe pas kafshatës, Satani hyri në të. Atëherë Jezusi i tha: "Ç'ke për të bërë, bëje shpejt!".

²⁸ Por asnjë nga ata që ishin në tryezë nuk e mori vesh pse ai e tha këtë.

²⁹ Disa në fakt mendonin se, duke qenë se Juda e mbante qesen, Jezusi i kishte thënë: "Bli gjërat që na duhen për festën"; ose që t'u jepte diçka të varfërve.

³⁰ Ai, pra, mori kafshatën dhe doli menjëherë. Ishte natë.

³¹ Kur doli ai, Jezusi tha: "Tani Biri i njeriut është përlëvduar dhe Perëndia është përlëvduar në të.

³² Në qoftë se Perëndia është përlëvduar në të, Perëndia do ta përlëvdojë edhe në vetvete dhe do ta përlëvdojë menjëherë.

³³ Djema, edhe për pak kohë jam me ju; ju do të më kërkoni, por ashtu siç u kam thënë Judenjve: "Atje ku po shkoj unë ju nuk mund të vini". Kështu tani po ju them edhe juve.

³⁴ Po ju jap një urdhërim të ri: ta doni njëri-tjetrin; sikurse unë ju kam dashur, ashtu edhe ju ta doni njëri-tjetrin.

³⁵ Prej kësaj do t'ju njohin të gjithë që jeni dishepujt e mi, nëse keni dashuri për njëri-tjetrin".

³⁶ Simon Pjetri i tha: "Zot, ku po shkon?". Jezusi iu përgjigj: "Atje ku po shkoj unë, ti nuk mund të më ndjekësh tani; por më vonë do të më ndjekësh".

³⁷ Pjetri i tha: "Zot, pse nuk të ndiqkam dot tani? Unë do të jap jetën time për ty!".

³⁸ Jezusi iu përgjigj: "Ti do ta japësh jetën tënde për mua? Në të vërtetë, në të vërtetë po të them: gjeli nuk do të këndojë, para se ti të më kesh mohuar tri herë!".

Kapitull 14

¹ "Zemra juaj mos u trondittë; besoni në Perëndi dhe besoni edhe në mua!

² Në shtëpinë e Atit tim ka shumë banesa; përndryshe do t'ju thoja. Unë po shkoj t'ju përgatis një vend.

³ Dhe kur të shkoj e t'ju përgatis vendin, do të kthehem dhe do t'ju marr pranë meje, që aty ku jam unë, të jeni edhe ju.

⁴ Ju e dini se ku po shkoj dhe e njihni edhe udhën".

⁵ Thomai i tha: "Zot, ne nuk e dimë se ku po shkon; pra, si mund ta njohim udhën?"

⁶ Jezusi i tha: "Unë jam udha, e vërteta dhe jeta; askush nuk vjen tek Ati përveçse nëpërmjet meje.

⁷ Po të më kishit njohur, do të kishit njohur edhe Atin tim; qysh tani e njihni dhe e keni parë".

⁸ Filipi i tha: "Zot, na e trego Atin, dhe na mjafton".

⁹ Jezusi i tha: "Ka kaq kohë që unë jam me ju dhe ti nuk më ke njohur akoma, o Filip? Kush më ka parë mua, ka parë Atin; Si vallë po thua: "Na e trego Atin?".

¹⁰ A nuk beson se unë jam në Atin dhe se Ati është në mua? Fjalët që po ju them, nuk i them nga vetja. Ati që qëndron në mua, është ai që i bën veprat.

¹¹ Më besoni se unë jam në Atin dhe se Ati është në mua; në mos, më besoni për shkak të vet veprave.

¹² Në të vërtetë, në të vërtetë po ju them: kush beson në mua do të bëjë edhe ai veprat që bëj unë; madje do të bëjë edhe më të mëdha se këto, sepse unë po shkoj tek Ati.

¹³ Dhe çfarëdo të kërkoni në emrin tim, do ta bëj, që Ati të përlëvdohet te Birin.

¹⁴ Në qoftë se do të kërkoni diçka në emrin tim, unë do ta bëj".

¹⁵ "Nëse më doni, zbatoni urdhërimet e mia.

¹⁶ Dhe unë do t'i lutem Atit dhe ai do t'ju japë një Ngushëllues tjetër, që do të qëndrojë përgjithmonë me ju,

¹⁷ Frymën e së Vërtetës, që bota nuk mund ta marrë, sepse nuk e sheh dhe nuk e njeh; por ju e njihni, sepse qëndron me ju dhe do të jetë në ju.

¹⁸ Nuk do t'ju lë bonjakë, do të kthehem te ju.

¹⁹ Edhe pak kohë dhe bota nuk do të më shohë më, por ju do të më shihni; sepse unë jetoj, edhe ju do të jetoni.

²⁰ Atë ditë do të mësoni se unë jam në Atin tim, dhe se ju jeni në mua dhe unë në ju.

²¹ Kush ka urdhërimet e mia dhe i zbaton, është ai që më do; dhe kush më do mua, Ati im do ta dojë; dhe unë do ta dua dhe do t'i dëftehem atij".

²² Juda, jo Iskarioti, i tha: "Zot, si vallë do të na dëftehesh neve dhe jo botës?".

²³ Jezusi u përgjigj dhe i tha: "Nëse ndokush më do, do ta zbatojë fjalën time; edhe Ati im do ta dojë dhe ne do të vijmë tek ai dhe do të bëjmë banesën tek ai.

²⁴ Kush nuk më do, nuk i zbaton fjalët e mia; dhe fjala që po dëgjoni nuk është imja, por e Atit që më ka dërguar.

²⁵ Ju kam thënë këto gjëra, ndërkaq jam me ju;

²⁶ por Ngushëlluesi, Fryma e Shenjtë, që Ati do ta dërgojë në emrin tim, do t'ju mësojë çdo gjë dhe do t'ju kujtojë të gjitha këto që ju thashë.

²⁷ Unë po ju lë paqen, po ju jap paqen time: unë po jua jap, po jo si e jep bota; zemra juaj mos u trondittë dhe mos u frikësoftë.

²⁸ Ju keni dëgjuar që ju thashë: "Unë po shkoj dhe do të kthehem te ju". Po të më donit, do të gëzoheshit sepse unë thashë: "Po shkoj tek Ati"; sepse Ati është më i madh se unë.

²⁹ Dhe jua kam thënë tani, para se të ndodhë, që, kur të ndodhë, të besoni.

³⁰ Nuk do të flas më gjatë me ju, sepse po vjen princi i kësaj bote dhe ai nuk ka asgjë në mua;

³¹ por kjo ndodh që bota ta njohë se unë e dua Atin dhe se bëj ashtu siç Ati më ka urdhëruar. Çohuni, ikim prej këndej!".

Kapitull 15

¹ "Unë jam hardhia e vërtetë dhe Ati im është vreshtari.

² Çdo shermend që nuk jep fryt në mua, ai e heq; kurse çdo shermend që jep fryt, ai e krasit që të japë edhe më shumë fryt.

³ Ju tashmë jeni të pastër, për shkak të fjalës që ju kumtova.

⁴ Qëndroni në mua dhe unë do të qëndroj në ju; sikurse shermendi nuk mund të japë fryt nga vetja, po qe se nuk qëndron në hardhi, ashtu as ju, nëse nuk qëndroni në mua.

⁵ Unë jam hardhia, ju jeni shermendet; kush qëndron në mua dhe unë në të, jep shumë fryt, sepse pa mua nuk mund të bëni asgjë.

⁶ Në qoftë se ndokush nuk qëndron në mua, hidhet jashtë si shermendi dhe thahet; pastaj i mbledhin, i hedhin në zjarr dhe digjen.

⁷ Në qoftë se qëndroni në mua dhe fjalët e mia qëndrojnë në ju, kërkoni çfarë të doni dhe do t'ju bëhet.

⁸ Në këtë është përlëvduar Ati im, që të jepni shumë fryt, dhe kështu do të jeni dishepujt e mi.

⁹ Sikurse Ati më ka dashur mua, ashtu edhe unë ju kam dashur juve; qëndroni në dashurinë time.

¹⁰ Po të zbatoni urdhërimet e mia, do të qëndroni në dashurinë time, sikurse unë i zbatova urdhërimet e Atit tim dhe qëndroj në dashurinë e tij.

¹¹ Këto gjëra jua kam thënë që gëzimi im të qëndrojë në ju dhe gëzimi juaj të jetë i plotë.

¹² Ky është urdhërimi im: ta doni njëri-tjetrin, ashtu si unë ju kam dashur juve.

¹³ Askush s'ka dashuri më të madhe nga kjo: të japë jetën e vet për miqtë e tij.

¹⁴ Ju jeni miqtë e mi, nëse bëni gjërat që unë ju urdhëroj.

¹⁵ Unë nuk ju quaj më shërbëtorë, sepse shërbëtori nuk e di ç'bën i zoti; por unë ju kam quajtur miq, sepse ju bëra të njihni të gjitha gjëra që kam dëgjuar nga Ati im.

¹⁶ Nuk më keni zgjedhur ju mua, por unë ju kam zgjedhur juve; dhe ju caktova të shkoni dhe të jepni fryt, dhe fryti juaj të jetë i qëndrueshëm, që, çfarëdo gjë që t'i kërkoni Atit në emrin tim, ai t'jua japë.

¹⁷ Këtë ju urdhëroj: ta doni njëri-tjetrin.

¹⁸ Nëse bota ju urren, ta dini se më ka urryer mua para jush.

¹⁹ Po të ishit nga bota, bota do të donte të vëtët; por sepse nuk jeni nga bota, por unë ju kam zgjedhur nga bota, prandaj bota ju urren.

²⁰ Kujtoni fjalën që ju thashë: "Shërbëtori nuk është më i madh se i zoti". Nëse më kanë përndjekur mua, do t'ju përndjekin edhe ju; nëse kanë zbatuar fjalën time, do të zbatojnë edhe tuajën.

²¹ Të gjitha këto gjëra do t'jua bëjnë për shkak të emrit tim, sepse nuk e njohin atë që më ka dërguar.

²² Po të mos kisha ardhur dhe të mos u kisha folur atyre, nuk do të kishin faj; por tani ata nuk kanë asnjë shfajësim për mëkatin e tyre.

²³ Kush më urren mua, urren edhe Atin tim.

²⁴ Po të mos kisha bërë në mes tyre vepra që askush tjetër nuk ka bërë, nuk do të kishin faj; por tani, përkundrazi, e kanë parë, dhe më kanë urryer mua dhe Atin tim.

²⁵ Por kjo ndodhi që të përmbushet fjala e shkruar në ligjin e tyre: "Më kanë urryer pa shkak".

²⁶ Por kur të vijë Ngushëlluesi, që do t'ju dërgoj prej Atit, Fryma e së vërtetës, që del nga Ati im, ai do të dëshmojë për mua.

²⁷ Edhe ju, gjithashtu, do të dëshmoni, sepse ishit me mua që nga fillimi".

Kapitull 16

¹ "Jua kam thënë këto gjëra, që të mos skandalizoheni.

² Do t'ju përjashtojnë nga sinagogat; madje po vjen ora kur, kushdo që t'ju vrasë, do të mendojë se i ka kryer një shërbim Perëndisë.

³ Dhe do t'ju bëjnë këto gjëra, sepse nuk kanë njohur as Atin, as mua.

⁴ Por unë jua kam thënë këto gjëra që, kur të vijë momenti, të kujtoheni se unë jua kisha thënë; por nga fillimi këto fjalë nuk jua pata thënë, sepse isha me ju.

⁵ Por tani unë po shkoj tek ai që më ka dërguar, dhe askush nga ju s'po më pyet: "Ku po shkon?".

⁶ Madje, për shkak se ju thashë këto gjëra, trishtimi e ka mbushur zemrën tuaj.

⁷ Megjithatë unë ju them të vërtetën: është mirë për ju që unë të shkoj, sepse, po nuk shkova, nuk do të vijë te ju Ngushëlluesi; por, po shkova, unë do t'jua dërgoj.

⁸ Dhe kur të ketë ardhur, ai do ta bindë botën për mëkat, për drejtësi dhe për gjykim.

⁹ Për mëkat, sepse nuk besojnë në mua;

¹⁰ për drejtësi, sepse unë po shkoj tek Ati dhe nuk do të më shihni më;

¹¹ për gjykim, sepse princi i kësaj bote është gjykuar.

¹² Kam edhe shumë gjëra të tjera për t'ju thënë, por ato ende ju nuk mund t'i mbani.

¹³ Por, kur të vijë ai, Fryma e së vërtetës, ai do t'ju prijë në çdo të vërtetë, sepse ai nuk do të flasë nga vetja, por do të thotë gjitha ato gjëra që ka dëgjuar dhe do t'ju kumtojë gjërat që do vijnë.

¹⁴ Ai do të më përlëvdojë, sepse do të marrë prej meje dhe do t'jua kumtojë.

¹⁵ Të gjitha gjërat që ka Ati janë të miat; për këtë ju thashë se ai do të marrë prej simes dhe do t'jua kumtojë.

¹⁶ Pas pak nuk do të më shihni më; e përsëri një kohë e shkurtër e do të më shihni, sepse unë po shkoj tek Ati".

¹⁷ Atëherë disa nga dishepujt e tij thoshnin midis tyre: "Ç'është kjo që po na thotë: "Pas pak nuk do të më shihni më", dhe: "e përsëri një kohë e shkurtër e do të më shihni" dhe: "Sepse unë po shkoj te Ati"?".

¹⁸ Thoshnin pra: "Ç'është kjo "Pas pak", për të cilën flet? Ne s'dimë ç'don të thotë".

¹⁹ Jezusi, pra, e kuptoi se ata donin ta pyesnin dhe u tha atyre: "Ju po pyesni njeri tjetrin pse thashë: "Pas pak nuk do të më shihni më", dhe: "E përsëri një kohë e shkurtër e do të më shihni"?

²⁰ Në të vërtetë, në të vërtetë po ju them: ju do të qani dhe do të mbani zi dhe bota do të gëzohet. Ju do të pikëlloheni, por pikëllimi juaj do të kthehet në gëzim.

²¹ Gruaja, kur lind, ka dhembje, sepse i erdhi ora; por, sapo e ka lindur fëmijën, nuk kujton më ankthin prej gëzimit që lindi një qenie njerëzore në botë.

²² Kështu edhe ju tani jeni në dhembje, por unë do t'ju shoh përsëri dhe zemra juaj do të gëzohet, dhe askush nuk do t'ua heqë gëzimin tuaj.

²³ Atë ditë ju nuk do të më bëni më asnjë pyetje. Në të vërtetë, në të vërtetë po ju them se çdo gjë që t'i kërkoni Atit në emrin tim, ai do t'jua japë.

²⁴ Deri tani ju s'keni kërkuar asgjë në emrin tim; kërkoni dhe do të merrni, që gëzimi juaj të jetë i plotë.

²⁵ Jua kam thënë këto gjëra në shëmbëlltyra, por po vjen ora kur nuk do t'ju flas më me shëmbëlltyra, por do t'ju flas haptas për Atin.

²⁶ Në atë ditë ju do të kërkoni në emrin tim; dhe nuk po them se unë do t'i lutem Atit për ju;

²⁷ Ati vetë në fakt ju do, sepse ju më deshët mua dhe keni besuar se unë dola nga Perëndia.

²⁸ Unë dola nga Ati dhe erdha në botë; përsëri po e lë botën dhe kthehem tek Ati".

²⁹ Dishepujt e tij i thanë: "Ja, ti tani po flet haptas dhe s'po përdor asnjë shëmbëlltyrë.

³⁰ Tani ne njohim se ti di gjithçka dhe s'ke nevojë që ndokush të të pyesë; prandaj ne besojmë se ke dalë nga Perëndia".

³¹ Jezusi u përgjigj atyre: "A besoni tani?

³² Ja, po vjen ora, madje tashmë ka ardhur, në të cilën ju do të shpërndaheni, secili për punë të vet, dhe do të më lini vetëm; por unë nuk jam vetëm, sepse Ati është me mua.

³³ Jua kam thënë këto gjëra, që ta keni paqen në mua; në botë do të keni mundime, por merrni zemër, unë e munda botën!".

Kapitull 17

¹ Jezusi tha këto gjëra, pastaj i ngriti sytë drejt qiellit dhe tha: "O Atë, ora ka ardhur, përlëvdo Birin tënd, që edhe Biri yt të të përlëvdojë,

² sepse ti i ke dhënë pushtet mbi çdo mish, që t'u japë jetë të përjetshme të gjithë atyre që ti ia ke dhënë.

³ Dhe kjo është jeta e përjetshme, të të njohin ty, të vetmin Perëndi të vërtetë, dhe Jezu Krishtin që ti ke dërguar.

⁴ Unë të kam përlëvduar mbi tokë; unë e kam kryer veprën që më ke dhënë të bëj.

⁵ Tani, pra, më përlëvdo, o Atë, pranë teje, me lavdinë që unë e kisha pranë teje para se të bëhej bota.

⁶ Unë ia kam dëftuar emrin tënd njerëzve që ti m'i ke dhënë nga bota; ishin të tutë dhe ti m'i ke dhënë; dhe ata e kanë zbatuar fjalën tënde.

⁷ Tani ata kanë njohur se të gjitha gjërat që ti më ke dhënë vijnë prej teje,

⁸ sepse ua kam dhënë atyre fjalët që ti më ke dhënë mua; dhe ata i kanë pranuar dhe kanë njohur se me të vërtetë unë dola nga ti, dhe kanë besuar se ti më ke dërguar.

⁹ Unë lutem për ta, nuk lutem për botën, po për ata që më ke dhënë, sepse janë të tutë.

¹⁰ Dhe të gjitha gjërat e mia janë të tuat, dhe gjërat e tua janë të miat; dhe unë jam përlëvduar në to.

¹¹ Tani unë nuk jam më në botë, por ata janë në botë, dhe unë po vij te ti. O Atë i shenjtë, i ruaj ata në emrin tënd, ata që më ke dhënë, që të jenë një sikurse ne!

¹² Kur isha me ata në botë, unë i kam ruajtur në emrin tënd; unë i kam ruajtur ata që ti më ke dhënë dhe askush nga ata nuk ka humbur, përveç birit të humbjes, që të përmbushej Shkrimi.

¹³ Por tani unë po vij te ti dhe i them këto gjëra në botë, që gëzimi im të bëhet i plotë në ta.

¹⁴ Unë u kam dhënë atyre fjalën tënde dhe bota i ka urryer, sepse nuk janë prej botës, ashtu si edhe unë nuk jam prej botës.

¹⁵ Unë nuk kërkoj që ti t'i heqësh nga bota, por që ti t'i mbrosh nga i ligu.

¹⁶ Ata nuk janë nga bota, sikurse unë nuk jam nga bota.

¹⁷ Shenjtëroji në të vërtetën tënde; fjala jote është e vërteta.

¹⁸ Sikurse ti më ke dërguar mua në botë, po ashtu unë i kam dërguar ata në botë.

¹⁹ Dhe unë për ta po shenjtëroj vetveten, që edhe ata të jenë të shenjtëruar në të vërtetë.

²⁰ Tani unë nuk lutem vetëm për ta, por edhe për ata që do të besojnë në mua me anë të fjalës së tyre,

²¹ që të gjithë të jenë një, ashtu si ti, o Atë, je në mua dhe unë në ty; edhe ata të jenë një në ne, që bota të besojë se ti më ke dërguar.

²² Dhe unë u kam dhënë lavdinë që më ke dhënë, që ata të jenë një, ashtu si ne jemi një.

²³ Unë jam në ta dhe ti në mua, që të jenë të përsosur në unitet dhe që bota të njohë që ti më ke dërguar dhe që i ke dashur, ashtu si më ke dashur mua.

²⁴ O Atë, unë dua që atje ku jam unë, të jenë me mua edhe ata që më ke dhënë, që ta shohin lavdinë time që ti më ke dhënë, sepse ti më ke dashur para themelimit të botës.

²⁵ O atë i drejtë, bota nuk të ka njohur, por unë të kam njohur; dhe këta e kanë njohur se ti më ke dërguar.

²⁶ Dhe unë i kam bërë të njohin emrin tënd dhe do të bëj ta njohin akoma, që dashuria, me të cilën ti më ke dashur mua, të jetë në ta dhe unë në ta".

Kapitull 18

¹ Mbasi i tha këto gjëra, Jezusi doli me dishepujt e vet dhe shkoi përtej përroit të Kedronit, ku ishte një kopsht, në të cilin hyri ai me dishepujt e tij.

² Dhe Juda, i cili po e tradhtonte, e njihte edhe ai atë vend, sepse shpesh herë Jezusi tërhiqej atje me dishepujt e tij.

³ Atëherë Juda mori një grup ushtarësh dhe rojat e dërguara nga

krerët e priftërinjve dhe nga farisenjtë, erdhi atje me fenerë, pishtarë dhe me armë.

⁴ Atëherë Jezusi, duke ditur gjithçka që do t'i ndodhte, doli dhe i pyeti: "Kë kërkoni?".

⁵ Ata iu përgjigjën: "Jezusin Nazareas". Jezusi u tha atyre: "Unë jam!". Por Juda, që po e tradhtonte, ishte edhe ai me ta.

⁶ Sapo ai u tha atyre: "Unë jam", ata u zmbrapsën dhe ranë për dhe.

⁷ Atëherë Jezusi i pyeti përsëri: "Kë kërkoni?". Ata thanë: "Jezusin Nazareas".

⁸ Jezusi u përgjigj: "Ju kam thënë se unë jam; prandaj nëse më kërkoni mua, i lini këta të shkojnë";

⁹ që të përmbushej fjala që kishte thënë: "Nuk kam humbur asnjë nga ata që më ke dhënë".

¹⁰ Atëherë Simon Pjetri, që kishte një shpatë, e nxori, i ra shërbëtorit të kryepriftit dhe ia preu veshin e djathtë; dhe ai shërbëtor quhej Malk.

¹¹ Por Jezusi i tha Pjetrit: "Fute shpatën tënde në mill; a nuk do ta pi unë kupën që më ka dhënë Ati?".

¹² Atëherë grupi i ushtarëve, kapiteni dhe rojet e Judenjve e kapën Jezusin dhe e lidhën.

¹³ E çuan më parë te Ana, sepse ishte vjehrri i Kajafës, që ishte kryeprifti i atij viti.

¹⁴ Kajafa ishte ai që i kishte këshilluar Judenjtë se ishte e leverdishme që një njeri të vdiste për popullin.

¹⁵ Por Simon Pjetri dhe një dishepull tjetër ndiqnin Jezusit. Dhe ky dishepull ishte i njohur i kryepriftit; dhe hyri me Jezusin në oborrin e kryepriftit.

¹⁶ Por Pjetri mbeti përjashta te dera. Atëherë dishepulli tjetër, që ishte i njohur i kryepriftit, doli dhe i foli portieres dhe bëri të hyjë Pjetri.

¹⁷ Dhe shërbëtorja portiere i tha Pjetrit: "Mos je edhe ti nga dishepujt e atij njeriu?". Ai u përgjigj: "Nuk jam".

¹⁸ Ndërkaq shërbëtorët dhe rojat ndezën një zjarr me qymyr dhe qëndronin në këmbë e ngroheshin, sepse bënte ftohtë; edhe Pjetri qëndronte në këmbë me ta dhe ngrohej.

¹⁹ Por kryeprifti e pyeti Jezusin për dishepujt e tij dhe për doktrinën e tij.

²⁰ Jezusi iu përgjigj: "Unë i kam folur haptas botës; gjithmonë kam mësuar në sinagogë e në tempull, ku mblidhen të gjithë Judenjtë, dhe s'kam thënë asgjë në fshehtësi.

²¹ Përse më pyet mua? Pyet ata që kanë dëgjuar ç'u kam thënë atyre; ja, ata i dinë gjërat që kam thënë".

²² Posa i tha këto fjalë, një nga rojat që i rrinin afër, i ra Jezusit me shuplakë, duke thënë: "Kështu i përgjigjesh kryepriftit?".

²³ Jezusi i tha: "Po të kem folur keq, trego ku është e keqja; por, po të kem folur mirë, përse po më bie?".

²⁴ Atëherë Ana e dërgoi të lidhur te Kajafa, kryeprifti.

²⁵ Ndërkaq Simon Pjetri qëndronte aty e ngrohej. I thanë, pra: "Mos je dhe ti nga dishepujt e tij?". Ai e mohoi dhe tha: "Nuk jam".

²⁶ Por një nga shërbëtorët e kryepriftit, farefisi i atij, të cilit Pjetri ia kishte prerë veshin, tha: "A s'të pashë në kopsht me të?".

²⁷ Dhe Pjetri e mohoi sërish, dhe menjëherë këndoi gjeli.

²⁸ Pastaj nga Kajafa e çuan Jezusin në pretorium; ishte mëngjes herët. Por ata nuk hynë në pretorium, që të mos bëheshin të papastër, por të mund të hanin Pashkën.

²⁹ Dhe kështu Pilati doli jashtë drejt tyre dhe tha: "Ç'padi sillni kundër këtij njeriu?".

³⁰ Ata u përgjigjën dhe i thanë: "Nëse ai të mos ishte keqbërës, nuk do ta kishim dorëzuar".

³¹ Atëherë Pilati u tha atyre: "Merrni ju dhe gjykojeni sipas ligjit tuaj" Por Judenjtë i thanë: "Neve nuk na lejohet të vrasim njeri".

³² Kjo ndodhi që të përmbushej fjala që kishte thënë Jezusi, kur kishte të shënuar se me ç'vdekje duhej të vdiste.

³³ Atëherë Pilati hyri përsëri në pretorium, e thirri Jezusin dhe i tha: "A je ti mbreti i Judenjve?".

³⁴ Jezusi iu përgjigj: "E thua ti nga vetja, apo ta kanë thënë të tjerë për mua?".

³⁵ Pilati iu përgjigj: "Jam unë vallë Jude? Kombi yt dhe krerët e priftërinjve të dorëzuan tek unë; çfarë ke bërë?".

³⁶ Jezusi u përgjigj: "Mbretëria ime nuk është e kësaj bote; po të ishte mbretëria ime e kësaj bote, shërbëtorët e mi do të luftonin që të mos u dorëzohesha Judenjve; porse tani mbretëria ime nuk është prej këtej".

³⁷ Atëherë Pilati i tha: "Ti, pra, qenke mbret?". Jezusi u përgjigj: "Ti thua se unë jam mbret; për këtë unë kam lindur dhe për këtë kam ardhur në botë; që të dëshmoj për të vërtetën; kush është për të vërtetën, e dëgjon zërin tim".

³⁸ Pilati e pyeti: "Ç'është e vërteta?". Dhe, si foli këtë, doli përsëri para Judenjve dhe u tha atyre: "Unë nuk po gjej në të asnjë faj!

³⁹ Por ndër ju është zakon që unë t'ju liroj dikë për Pashkë; a doni, pra, që t'ju liroj mbretin e Judenjve?".

⁴⁰ Atëherë të gjithë bërtitën përsëri, duke thënë: "Jo këtë, por Barabanë!". Por Baraba ishte një kusar.

Kapitull 19

¹ Atëherë Pilati mori Jezusin dhe dha urdhër ta fshikullonin.

² Dhe ushtarët thurrën një kurorë me gjemba, ia vunë mbi krye dhe i veshën sipër një mantel të purpurt,

³ dhe thoshnin: "Tungjatjeta, o mbret i Judenjve"; dhe i binin me shuplaka.

⁴ Pastaj Pilati doli përsëri dhe u tha atyre: "Ja, po jua nxjerr jashtë, që ta dini se nuk gjej në të asnjë faj".

⁵ Jezusi, pra, doli, duke mbajtur kurorën prej gjembash dhe mantelin e purpurit. Dhe Pilati u tha atyre: "Ja njeriu!".

⁶ Kur e panë krerët e priftërinjve dhe rojet, filluan të bërtasin, duke thënë: "Kryqëzoje, kryqëzoje!". Pilati u tha atyre: "Merreni ju dhe kryqëzojeni, sepse unë nuk gjej në të asnjë faj".

⁷ Judenjtë iu përgjigjën: "Ne kemi një ligj dhe sipas ligjit tonë ai duhet të vdesë, sepse e bëri veten Bir të Perëndisë".

⁸ Kur Pilati i dëgjoi këto fjalë, kishte akoma më shumë frikë;

⁹ dhe, si u kthye në pretorium, i tha Jezusit: "Nga je ti?". Por Jezusi nuk i dha kurrfarë përgjigje.

¹⁰ Për këtë arsye Pilati i tha: "S'po më flet? ti s'e di që unë kam pushtet të të kryqëzoj dhe pushtet të të liroj?".

¹¹ Jezusi u përgjigj: "Ti nuk do të kishe asnjë pushtet përmbi mua, po të mos të qe dhënë prej së larti; prandaj ai që më dorëzoi tek ti ka faj më të madh".

¹² Që nga ai moment Pilati kërkoi ta lironte; por Judenjtë bërtisnin, duke thënë: "Po e lirove këtë, nuk je mik i Cezarit; kush e bën veten mbret, i kundërvihet Cezarit".

¹³ Pilati, pra, kur i dëgjoi këto fjalë, e çoi jashtë Jezusin dhe u ul në selinë e gjykatës, në vendin e quajtur "Kalldrëm", e në hebraisht "Gabatha";

¹⁴ tani ishte dita e përgatitjes së Pashkës, dhe ishte afërsisht ora e gjashtë; dhe u tha Judenjve: "Ja mbreti juaj".

¹⁵ Por ata bërtitën: "Largoje! Largoje! Kryqëzoje!". Pilati u tha atyre: "Ta kryqëzoj mbretin tuaj?". Krerët e priftërinjve u përgjigjën: "Ne s'kemi mbret tjetër përveç Cezarit!".

¹⁶ Atëherë ai ua dorëzoi që të kryqëzohej. Dhe ata e morën Jezusin dhe e çuan tutje.

¹⁷ Dhe ai, duke mbartur kryqin e tij, u nis drejt vendit që quhej "Kafka", që në hebraisht quhet "Golgota",

¹⁸ ku e kryqëzuan, dhe me të dy të tjerë, njërin në një anë e tjetrin në anën tjetër, dhe Jezusi në mes.

¹⁹ Dhe Pilati shkroi edhe një mbishkrim dhe e vuri në kryq; dhe atje ishte shkruar: "JEZUSI NAZAREAS, MBRETI I JUDENJVE".

²⁰ Kështu këtë mbishkrim e lexuan shumë nga Judenjtë, sepse vendi ku u kryqëzua Jezusi ishte afër qytetit; dhe mbishkrimi ishte shkruar hebraisht, greqisht dhe latinisht.

²¹ Prandaj krerët e priftërinjve të Judenjve i thanë Pilatit: "Mos shkruaj: "Mbreti i Judenjve", por se ai ka thënë: "Unë jam mbreti i Judenjve"".

²² Pilati u përgjigj: "Atë që kam shkruar, e kam shkruar!".

²³ Dhe ushtarët, mbasi e kishin kryqëzuar Jezusin, morën rrobat e tij dhe bënë katër pjesë, një pjesë për çdo ushtar, dhe tunikën. Por tunika ishte pa tegel, e endur një copë nga maja e deri në fund.

²⁴ Prandaj ata i thanë njëri-tjetrit: "Nuk e grisim, por hedhim short kujt t'i bjerë"; që të përmbushej Shkrimi, që thotë: "I ndanë midis tyre rrobat e mia, dhe hodhën short për tunikën time". Ushtarët, pra, i bënë këto gjëra.

²⁵ Por afër kryqit të Jezusit, qendronin nëna e tij dhe motra e nënës së tij, Maria e Kleopas dhe Maria Magdalenë.

²⁶ Atëherë Jezusi, kur pa nënën e tij dhe pranë saj dishepullin që donte, i tha nënës së tij: "O grua, ja biri yt!".

²⁷ Pastaj i tha dishepullit: "Ja nëna jote!". Dhe që në atë moment ai e mori në shtëpinë e vet.

²⁸ Pas kësaj, Jezusi, duke ditur që tashmë çdo gjë ishte kryer, që të përmbushej Shkrimi, tha: "Kam etje!".

²⁹ Por aty ishte një enë plot me uthull. Pasi shtinë një sfungjer në uthull dhe e vunë në majë të një dege hisopi, ia afruan te goja.

³⁰ Kur Jezusi e mori uthullën, tha: "U krye!". Dhe duke ulur kryet, dha frymën.

³¹ Duke qenë se ishte dita e Përgatitjes, me qëllim që trupat të mos qëndronin në kryq të shtunën, sepse ajo e shtunë ishte një ditë me

rëndësi të veçantë, Judenjtë i kërkuan Pilatit që atyre t'u thyheshin kërcinjtë dhe të hiqeshin që andej.

³² Ushtarët, pra, erdhën dhe ia thyen kërcinjtë të parit dhe pastaj edhe tjetrit që ishte kryqëzuar me të;

³³ por, kur erdhën te Jezusi, dhe si panë se ai tashmë kishte vdekur, nuk ia thyen kërcinjtë,

³⁴ por njëri nga ushtarët ia tejshpoi brinjën me një heshtë, dhe menjëherë i doli gjak e ujë.

³⁵ Dhe ai që ka parë, ka dëshmuar për këtë, dhe dëshmia e tij është e vërtetë; dhe ai e di se thotë të vërtetën, që ju të besoni.

³⁶ Këto gjëra në fakt ndodhën që të përmbushet Shkrimi: "Nuk do t'i thyhet asnjë eshtër".

³⁷ Dhe akoma një Shkrim tjetër thotë: "Do të vështrojnë atë që e kanë tejshpuar".

³⁸ Pas këtyre gjërave, Jozefi nga Arimatea, që ishte dishepull i Jezusit, por fshehtas nga druajtja e Judenjve, i kërkoi Pilatit që mund ta merrte trupin e Jezusit; dhe Pilati i dha leje. Atëherë ai erdhi dhe e mori trupin e Jezusit.

³⁹ Por erdhi dhe Nikodemi, i cili më përpara kishte vajtur te Jezusi natën, duke sjellë një përzierje prej mirre dhe aloe, prej rreth njëqind librash.

⁴⁰ Ata, pra, e morën trupin e Jezusit dhe e mbështollën në pëlhura liri me erëra të këndëshme, sipas zakonit të varrimit që ndiqnin Judenjtë.

⁴¹ Por në atë vend ku ai u kryqëzua ishte një kopsht, dhe në kopsht një varr i ri, në të cilën ende nuk ishte vënë askush.

⁴² Aty, pra, për shkak të Përgatitjes së Judenjve, e vunë Jezusin, sepse varri ishte afër.

Kapitull 20

¹ Por ditën e parë pas së shtunës, në mëngjes, kur ishte ende errët, Maria Magdalena shkoi te varri dhe pa se guri ishte hequr nga varri.

² Atëherë rendi te Simon Pjetri dhe te dishepulli tjetër, të cilin Jezusi e donte, dhe u tha atyre: "E kanë hequr Zotin nga varri dhe nuk e dimë ku e vunë".

³ Atëherë Pjetri dhe dishepulli tjetër dolën jashtë dhe u nisën për te varri.

⁴ Rendnin të dy bashkë, por dishepulli tjetër rendi përpara, më shpejt se Pjetri dhe arriti i pari te varri.

⁵ Dhe, si u përkul, pa pëlhurat prej liri që ishin në varr, por nuk hyri aty.

⁶ Arriti edhe Simon Pjetri që po e ndiqte, hyri në varr dhe pa pëlhurat prej liri që ishin përtokë,

⁷ dhe rizën, që qe vënë mbi kokën e Jezusit; ajo nuk ishte bashkë me pëlhurat, por ishte e palosur në një vend, veç.

⁸ Atëherë hyri edhe ai dishepull tjetër që kishte arritur i pari te varri, pa dhe besoi.

⁹ Ata në fakt, nuk e kishin kuptuar ende Shkrimin, sipas të cilit ai duhet të ringjallej së vdekurish.

¹⁰ Pastaj dishepujt u kthyen përsëri në shtëpi.

¹¹ Por Maria kishte mbetur jashtë varrit, dhe po qante. Dhe, duke qarë, u përkul brenda varrit,

¹² dhe pa dy engjëj, të veshur me të bardha, ndenjur njëri te kryet dhe tjetri te këmbët e vendit, ku qe trupi i Jezusit.

¹³ Ata i thanë: "O grua, pse po qan?". Ajo u përgjigj atyre: "Sepse e kanë hequr Zotin tim, dhe nuk e di ku e kanë vënë".

¹⁴ Si tha këtë, ajo u suall prapa dhe pa Jezusin, që qëndronte në këmbë; por ajo nuk e dinte se ishte Jezusi.

¹⁵ Jezusi i tha: "O grua, pse po qan? Kë kërkon?". Ajo, duke menduar se ishte kopshtari, i tha: "Zot, po e pate hequr ti, më trego ku e vure dhe unë do ta marr".

¹⁶ Jezusi i tha: "Mari!". Dhe ajo atëherë u kthye dhe i tha: "Rabboni!", që do të thotë: Mësues.

¹⁷ Jezusi i tha: "Mos më prek, sepse ende nuk u ngjita te Ati im; por shko te vëllezërit e mi dhe u thuaj atyre se unë po ngjitem tek Ati im dhe Ati juaj, te Perëndia im dhe Perëndia juaj".

¹⁸ Atëherë Maria Magdalena shkoi t'jua njoftojë dishepujve se kishte parë Zotin dhe se ai i kishte thënë këto gjëra.

¹⁹ Pastaj në mbrëmje të po asaj dite, dita e parë e javës, ndërsa dyert e vendit ku qenë mbledhur dishepujt ishin të mbyllura nga frika e Judenjve, erdhi Jezusi dhe u prezantua në mes tyre dhe u tha atyre: "Paqja me ju!".

²⁰ Dhe, si i tha këto, u tregoi atyre duart e veta dhe brinjën. Dishepujt, kur e panë Zotin, u gëzuan.

²¹ Pastaj Jezusi u tha atyre përsëri: "Paqja me ju! Sikurse më ka dërguar mua Ati, ashtu unë po ju dërgoj ju".

²² Dhe, si tha këto fjalë, hukati mbi ta dhe tha: "Merrni Frymën e Shenjtë!

²³ Kujt do t'ia falni mëkatet, do t'i jenë falur, kujt do t'ia mbani, do t'i jenë mbajtur".

²⁴ Por Thomai, i quajtur Binjaku, një nga të dymbëdhjetët, nuk ishte me ta kur erdhi Jezusi.

²⁵ Dishepujt e tjerë, pra, i thanë: "Kemi parë Zotin". Por ai u tha atyre: "Po nuk e pashë në duart e tij shenjën e gozhdave, dhe po nuk e vura gishtin tim te shenja e gozhdëve dhe dorën time në brinjën e tij, unë nuk do të besoj".

²⁶ Dhe tetë ditë më vonë, dishepujt ishin përsëri në shtëpi dhe Thomai ishte me ta. Jezusi erdhi, ndonëse dyert ishin të mby-llura, dhe u prezantua midis tyre dhe tha: "Paqja me ju!".

²⁷ Pastaj i tha Thomait: "Vëre gishtin këtu dhe shiko duart e mia; shtrije edhe dorën dhe vëre në brinjën time; dhe mos ji mosbesues, por besues!".

²⁸ Atëherë Thomai u përgjigj dhe i tha: "Zoti im dhe Perëndia im!".

²⁹ Jezusi i tha: "Sepse më ke parë, Thoma, ti ke besuar; lum ata që nuk kanë parë dhe kanë besuar!".

³⁰ Jezusi bëri edhe shumë shenja të tjera në prezencën e dishepujve të tij, të cilat nuk janë shkruar në këtë libër.

³¹ Por këto gjëra janë shkruar që ju të besoni se Jezusi është Krishti, Biri i Perëndisë dhe që, duke besuar, ta keni jetën në emër të tij.

Kapitull 21

¹ Pas këtyre gjërave, Jezusi iu shfaq përsëri dishepujve pranë Detit të Tiberiadës; dhe u shfaq në këtë mënyrë:

² Simon Pjetri, Thomai i quajtur Binjaku, Natanaeli nga Kana e Galilesë, të bijtë e Zebedeut dhe dy të tjerë nga dishepujt e tij ishin bashkë.

³ Simon Pjetri u tha atyre: "Po shkoj të peshkoj". Ata i thanë: "Po vijmë edhe ne me ty". Dolën dhe hipën menjëherë në barkë; por atë natë nuk zunë asgjë.

⁴ Në mëngjes herët, Jezusi ndenji te bregu; megjithatë dishepujt nuk e kuptuan se ishte Jezusi.

⁵ Dhe Jezusi u tha atyre: "O djema, a keni ndonjë gjë për të ngrënë?". Ata iu përgjigjën: "Jo!".

⁶ Dhe ai u tha atyre: "Hidhni rrjetën në anën e djathtë të barkës dhe do të gjeni". E hodhën, pra, dhe s'mundën më ta tërhiqnin nga shumica e peshqve.

⁷ Atëherë dishepulli, të cilin Jezusi e donte, i tha Pjetrit: "Është Zoti". Simon Pjetri, kur dëgjoi se ishte Zoti, u mbështoll me rrobë (sepse ishte i zhveshur) dhe u hodh në det.

⁸ Dishepujt e tjerë përkundrazi shkuan me barkë (sepse nuk ishin shumë larg nga toka, vetëm dyqind kubitë), duke tërhequr rrjetën plot me peshq.

⁹ Mbasi dolën në tokë, panë një zjarr me prush dhe mbi të peshk dhe bukë.

¹⁰ Jezusi u tha atyre: "Sillni këtu disa nga peshqit që zutë tani!".

¹¹ Simon Pjetri hipi përsëri në barkë dhe nxori në tokë rrjetën, plot me peshq të mëdhenj, njëqind e pesëdhjetë e tre; dhe, megjithse ishin aq shumë, rrjeta nuk u shqye.

¹² Jezusi u tha atyre: "Ejani të hani mëngjes". Por asnjë nga dishepujt nuk guxonte ta pyeste: "Kush je?", duke ditur se ishte Zoti.

¹³ Atëherë Jezusi erdhi, mori bukë dhe ua dha atyre; po kështu edhe peshkun.

¹⁴ Kjo ishte e treta herë që Jezusi iu shfaq dishepujve të vet, mbasi ishte ringjallur së vdekuri.

¹⁵ Mbasi kishin ngrënë, Jezusi i tha Simon Pjetrit: "Simon nga Jona, a më do ti mua më shumë se këta?". Iu përgjigj: "Po, Zot, ti e di se unë të dua". Jezusi i tha: "Kulloti qengjat e mi!".

¹⁶ Përsëri e pyeti për të dytën herë: "Simon nga Jona, a më do ti mua?". Iu përgjigj: "Po, Zot, ti e di se unë të dua". Jezusi i tha: "Ki kujdes për delet e mia".

¹⁷ E pyeti për të tretën herë: "Simon nga Jona, a më do ti mua?". Pjetri u trishtua pse e pyeti për të tretën herë: "A më do ti mua?", dhe iu përgjigj: "Zot, ti di çdo gjë, ti e di se unë të dua". Jezusi i tha: "Kulloti delet e mia.

¹⁸ Në të vërtetë, në të vërtetë po të them se, kur ti ishe i ri, e ngjeshje vetveten dhe shkoje ku të doje; po kur të jesh plak, do t'i shtrish duart dhe dikush tjetër do të të ngjeshë e do të të çojë atje ku ti nuk do të doje".

¹⁹ I tha këto fjalë për të bërë të ditur se me ç'vdekje ai do ta përlëvdonte Perëndinë. Dhe, si i tha këto, i tha: "Ndiqmë".

²⁰ Dhe Pjetri u kthye dhe pa se po e ndiqte dishepulli, të cilin Jezusi e donte, ai që gjatë darkës ishte mbështetur mbi kraharirin e Jezusit dhe kishte pyetur: "Zot, kush është ai që po të tradhton?".

Gjonit

21 Kur Pjetri e pa, i tha Jezusit: "Zot, dhe me të ç'do të bëhet?".

22 Jezusi iu përgjigj: "Nëse dua që ai të mbetet derisa të vij unë, ç'të duhet? Ti ndiqmë!".

23 Atëherë u hap zëri midis vëllezërve se ai dishepull nuk do të vdiste; por Jezusi nuk i kishte thënë Pjetrit se ai nuk do të vdiste, por: "Nëse unë dua që ky të mbetet derisa të vij unë, ç'të duhet?".

24 Ky është dishepulli që dëshmon për këto gjëra dhe që ka shkruar këto gjëra; dhe ne dimë se dëshmia e tij është e vërtetë.

25 Janë edhe shumë gjëra të tjera që i bëri Jezusi, të cilat, po të shkruheshin një nga një, unë mendoj se nuk do të mjaftonte mbarë bota që t'i nxinte librat që do të mund të shkruheshin. Amen.

Veprave

Kapitull 1

¹ Tregimin e parë e bëra, o Teofil, mbi të gjitha gjërat që Jezusi nisi të bëjë dhe të mësojë,

² deri në ditën në të cilën u muarr në qiell, pasi u kishte dhënë urdhërime nëpërmjet Frymës së Shenjtë apostujve që ai kishte zgjedhur.

³ Atyre, pasi pati vuajtur, iu paraqit i ngjallur me shumë prova bindëse, duke u parë prej tyre për dyzet ditë dhe duke folur për gjërat e mbretërisë së Perëndisë.

⁴ Dhe, duke u gjendur bashkë me ta, i urdhëroi ata që të mos largoheshin nga Jeruzalemi, por të prisnin premtimin e Atit: "Që, tha ai, e keni dëgjuar nga unë,

⁵ sepse Gjoni pagëzoi me ujë, por ju do të pagëzoheni me Frymën e Shenjtë, mbas jo shumë ditësh".

⁶ Kështu ata që ishin mbledhur bashkë e pyetën, duke thënë: "Zot, a do ta rivendosësh në këtë kohë mbretërinë e Izraelit?".

⁷ Por ai u tha atyre: "Nuk ju takon juve të dini kohët dhe momentet e përshtatshme, që ka përcaktuar Ati me autoritetin e vet.

⁸ Ju do të merrni fuqi kur Fryma e Shenjtë do të vijë mbi ju dhe do të bëheni dëshmitarët e mi në Jeruzalem dhe në gjithë Judenë, në Samari dhe deri në skajin e dheut".

⁹ Mbasi i tha këto gjëra, ndërsa ata po e vështronin, u ngrit lart; dhe një re e përfshiu dhe ua hoqi prej syve të tyre.

¹⁰ Dhe, si ata po i mbanin sytë e ngulitur në qiell, ndërsa ai po largohej, ja dy burra në rroba të bardha iu paraqitën atyre,

¹¹ dhe thanë: "Burra Galileas, pse qëndroni e shikoni drejt qiellit? Ky Jezus, që u është marrë në qiell nga mesi juaj, do të kthehet në të njëjtën mënyrë, me të cilën e keni parë të shkojë në qiell".

¹² Atëherë ata u kthyen në Jeruzalem, nga mali që quhet i Ullinjve, që është afër Jeruzalemit sa një ecje e së shtunës.

¹³ Dhe, si u kthyen në qytet, u ngjitën në sallën e sipërme, ku rrinin Pjetri dhe Jakobi, Gjoni dhe Andrea, Filipi dhe Thomai, Bartolomeu dhe Mateu, Jakobi i Alfeut dhe Simon Zellshmi, dhe Juda i Jakobit.

¹⁴ Të gjithë këta ngulmonin me një mendje të vetme në lutje dhe përgjërim së bashku me gratë, me Marinë, nënën e Jezusit, dhe me vëllezërit e tij.

¹⁵ Në ato ditë Pjetri u çua në mes të dishepujve (dhe numri i emrave të mbledhur ishte rreth njëqind e njëzet) dhe tha:

¹⁶ "Vëllezër, ishte e nevojshme që të përmbushej ky Shkrim, të cilin Fryma e Shenjtë e parafoli me anë të gojës së Davidit në lidhje me Judën, i cili u bë prijës i atyre që e kapën Jezusin.

¹⁷ Sepse ai ishte i numëruar bashkë me ne dhe kishte pjesë në këtë shërbesë.

¹⁸ Ai, pra, fitoi një arë, me shpërblimin e paudhësisë, dhe duke rënë kokëposhtë, plasi në mes dhe të gjitha të brendshmet e tij iu derdhën

¹⁹ Kjo iu bë e njohur të gjithë banorëve të Jeruzalemit, sa që ajo arë në dialektin e tyre është quajtur Akeldama, që do të thotë: "Ara e gjakut".

²⁰ Në fakt, në librin e Psalmeve, është shkruar: "Shtëpia e tij u bëftë e shkretë dhe askush mos banoftë në të!", dhe: "Tjetërkush e zëntë detyrën e tij!".

²¹ Duhet, pra, që ndër burrat që kanë qenë në shoqërinë tonë gjithë kohën në të cilën Zoti Jezus ka hyrë dhe ka dalë midis nesh,

²² duke filluar që nga pagëzimi i Gjonit e deri në atë ditë kur u muarr në qiell nga mesi ynë, një prej tyre bëhet dëshmitar me ne, i ringjalljes së tij".

²³ Dhe u paraqitën dy: Jozefi, i quajtur Barsaba, që është i mbiquajtur Just, dhe Matia.

²⁴ Dhe, duke u lutur, thanë: "Ti, o Zot, që i njeh zemrat e të gjithëve, trego cilin nga këta të dy ke zgjedhur,

²⁵ për të marrë shortin e kësaj shërbese dhe apostullimin, nga i cili Juda u largua për të shkuar në vendin e tij".

²⁶ Atëherë hodhën short, dhe shorti ra mbi Matian; dhe ai iu shtua të njëmbëdhjetë apostujve.

Kapitull 2

¹ Kur erdhi dita e Rrëshajëve, ata ishin të gjithë bashkë, në një mendje të vetme, në të njëjtin vend.

² Dhe befas nga qielli erdhi një ushtimë, si ajo e një ere që fryn furishëm, dhe e mbushi gjithë shtëpinë ku ata po rrinin.

³ Dhe atyre u dukën gjuhë, si prej zjarri, të cilat ndaheshin dhe zinin vend mbi secilin prej tyre.

⁴ Kështu të gjithë u mbushën me Frymën e Shenjtë dhe filluan të flasin në gjuhë të tjera, ashtu si Fryma e Shenjtë ua jepte të shpreheshin.

⁵ Por në Jeruzalem banonin disa Judenj, njerëz të perëndishëm, nga të gjitha kombet nën qiell.

⁶ Kur u dëgjua ajo ushtimë, turma u mblodh dhe u hutua, sepse secili nga ata i dëgjonte të flisnin në gjuhën e vet.

⁷ Dhe të gjithë habiteshin dhe mrekulloheshin dhe i thoshnin njëri-tjetrit: "Ja, a nuk janë të gjithë Galileas këta që flasin?

⁸ Si vallë secili nga ne i dëgjon të flasin në gjuhën e vet amtare?

⁹ Ne Partët, Medët, Elamitët dhe banorët e Mesopotamisë, të Judesë dhe të Kapadokisë, të Pontit dhe të Azisë,

¹⁰ të Frigjisë e të Pamfilisë, të Egjiptit dhe të pjesëve të Libisë përballë Kirenës, dhe ne të ardhur nga Roma, Judenj dhe prozelitë,

¹¹ Kretas dhe Arabë, i dëgjojmë të flasin për gjërat e mëdha të Perëndisë në gjuhët tona!".

¹² Dhe të gjithë habiteshin dhe ishin hutuar dhe i thonin njëri-tjetrit: "Ç'do të thotë kjo?".

¹³ Kurse të tjerë i përqeshnin dhe thonin: "Janë plot me verë të ëmbël!".

¹⁴ Por Pjetri u çua në këmbë bashkë me të njëmbëdhjetët dhe u foli atyre me zë të lartë: "Judenj dhe ju të gjithë që banoni në Jeruzalem, merrni njoftim për këtë dhe dëgjoni me vëmendje fjalët e mia.

¹⁵ Këta nuk janë të dehur, siç po mendoni ju, sepse është vetëm ora e tretë e ditës.

¹⁶ Por kjo është ajo që ishte thënë nëpërmjet profetit Joel:

¹⁷ "Dhe në ditët e fundit do të ndodhë, thotë Perëndia, që unë do të përhap nga Fryma ime mbi çdo mish; dhe bijtë tuaj e bijat tuaja do të profetizojnë, të rinjtë tuaj do të shohin vegime dhe të moshuarit tuaj do të shohin ëndrra.

¹⁸ Në ato ditë do të përhap nga Fryma im mbi shërbëtorët e mi dhe mbi shërbëtoret e mia, dhe do të profetizojnë.

¹⁹ Dhe do të bëj mrekulli lart në qiell dhe shenja poshtë mbi tokë: gjak, zjarr e avull tymi.

²⁰ Dielli do të kthehet në errësirë dhe hëna në gjak, para se të vijë dita e madhe dhe e lavdishme e Zotit.

²¹ Dhe do të ndodhë që kush ta ketë thirrur emrin e Zotit, do të shpëtohet".

²² Burra të Izraelit, dëgjoni këto fjalë: Jezusi Nazareas, njeriu i dëftuar nga Perëndia ndër ju me vepra të fuqishme, me mrekulli dhe shenja që Perëndia bëri ndër ju me anë të ti tij, siç edhe vet e dini,

²³ ai, pra, sipas këshillit të caktuar dhe të paranjohur të Perëndisë, ju dorëzua juve dhe ju e zutë dhe, me duart e të padrejtëve, e gozhduat në kryq dhe e vratë.

²⁴ Por Perëndia e ka ringjallur, pasi e zgjidhi nga ankthet e vdekjes, sepse nuk ishte e mundur që vdekja ta mbante atë.

²⁵ Në fakt Davidi thotë për të: "E pata vazhdimisht Zotin para meje, sepse ai është në të djathtën time, që unë të mos hiqem.

²⁶ Për këtë u gëzua zemra ime dhe ngazëlloi gjuha ime, dhe edhe mishi im do të qëndrojë në shpresë.

²⁷ Sepse ti nuk do ta lësh shpirtin tim në Hades dhe nuk do të lejosh që i Shenjti yt të shohë kalbjen.

²⁸ Ti më ke bërë të njoh udhët e jetës, ti do të më mbushësh me gëzim në praninë tënde".

²⁹ Vëllezër, mund të thuhet haptas për Davidin patriark që ai vdiq dhe u varros; dhe varri i tij është ndër ne deri ditën e sotme.

³⁰ Ai, pra, duke qenë profet, e dinte se Perëndia i kishte premtuar me betim se nga fryti i belit të tij, sipas mishit, do të ngjallet Krishti për t'u ulur mbi fronin e tij;

³¹ dhe, duke parashikuar këtë, foli për ringjalljen e Krishtit, duke thënë se shpirti i tij nuk do të lihej në Hades dhe se mishi i tij nuk do të shihte kalbjen.

³² Këtë Jezus, Perëndia e ka ringjallur; dhe për këtë të gjithë ne jemi dëshmitarë!

³³ Ai, pra, duke qenë i ngritur në të djathtë të Perëndisë dhe duke marrë nga Ati premtimin e Frymës së Shenjtë, ka përhapur atë që ju tani shihni dhe dëgjoni.

³⁴ Sepse Davidi nuk është ngritur në qiell, madje ai vetë thotë: "Zoti i ka thënë Zotit tim: Ulu në të djathtën time,

³⁵ derisa unë t'i vë armiqtë e tu si stol këmbëve të tua!".

³⁶ Ta dijë, pra, me siguri, gjithë shtëpia e Izraelit se atë Jezus që ju e keni kryqëzuar, Perëndia e ka bërë Zot e Krisht".

³⁷ Kur ata i dëgjuan këto gjëra, u pikëlluan në zemër dhe pyetën Pjetrin dhe apostujt: "Vëllezër, ç'duhet të bëjmë?".

³⁸ Atëherë Pjetri u tha atyre: "Pendohuni dhe secili nga ju le të pagëzohet në emër të Jezu Krishtit për faljen e mëkateve, dhe ju do të

merrni dhuratën e Frymës së Shenjtë.

39 Sepse premtimi është për ju dhe për bijtë tuaj dhe për gjithë ata që janë larg, për ata që Zoti, Perëndia ynë, do t'i thërrasë".

40 Dhe me shumë fjalë të tjera u përbetohej dhe i nxiste, duke thënë: "Shpëtoni veten nga ky brez i çoroditur!".

41 Dhe ata që e pranuan fjalën e tij me gëzim, u pagëzuan; atë ditë u shtuan rreth tre mijë veta.

42 Ata ishin ngulmues në zbatimin e mësimit të apostujve, në bashkësi, në thyerjen e bukës dhe në lutje.

43 Dhe të gjithëve u kishte hyrë druajtja; dhe shumë shenja e mrekulli bëheshin nga dora e apostujve.

44 Por gjithë ata që besonin rrinin bashkë dhe çdo gjë e kishin të përbashkët.

45 Dhe i shisnin pronat e pasuritë dhe ua ndanin të gjithëve, sipas nevojës së çdonjërit.

46 Dhe ngulmonin me një mendje të vetme çdo ditë në tempull dhe, duke e thyer bukën nga shtëpia në shtëpi, merrnin ushqimin me gëzim dhe me thjeshtësi zemre,

47 duke lavdëruar Perëndinë dhe duke gëzuar simpatinë e gjithë popullit. Dhe Zoti i shtonte kishës çdo ditë ata që ishin shpëtuar.

Kapitull 3

1 Por Pjetri dhe Gjoni po ngjiteshin bashkë për në tempull, rreth orës së nëntë, në orën e lutjes.

2 Dhe aty ishte një njeri i çalë që prej lindjes, të cilin e sillnin çdo ditë dhe e linin afër derës së tempullit, e t'u quajtur "E bukura", për t'u kërkuar lëmoshë atyre që hynin në tempull.

3 Ai, kur pa se Pjetri dhe Gjoni po hynin në tempull, u kërkoi lëmoshë.

4 Atëherë Pjetri, me Gjonin, duke i ngulur sytë mbi të, i tha: "Na shiko".

5 Dhe ai po i shikonte me kujdes, duke shpresuar se do të merrte ndonjë gjë prej tyre.

6 Por Pjetri tha: "Unë nuk kam as argjend, as ar, por atë që kam po ta jap: në emër të Jezu Krishtit Nazarenas, çohu dhe ec!".

7 Dhe, si e kapi nga dora e djathtë, e ngriti në këmbë; dhe në atë çast iu forcuan këmbët dhe nyjet.

8 Dhe me një të hovur u ngrit në këmbë dhe filloi të ecë; dhe hyri me ta në tempull, duke ecur, duke u hedhur dhe duke lavdëruar Perëndinë.

9 Dhe gjithë populli e pa duke ecur dhe duke lavdëruar Perëndinë,

10 dhe e njohën se ishte ai që rrinte ulur para derës së Bukur të tempullit për të kërkuar lëmoshë; dhe u mbushën me habi dhe çudi për atë që i kishte ndodhur atij.

11 Atëherë, ndërsa i çali që ishte shëruar rrinte ngjitur pas Pjetrit dhe Gjonit, gjithë populli, i çuditur, rendi drejt tyre te portiku të quajtur i Salomonit.

12 Dhe Pjetri, duke parë këtë gjë, i foli popullit duke thënë: "Burra të Izraelit, pse po mrrekulloheni për këtë? Ose pse po na i ngulni sytë sikur ne me fuqinë tonë të vetme ose me perëndishmëri të kishim bërë që ky njeri të ecë?

13 Perëndia e Abrahamit, e Isakut dhe e Jakobit, Perëndia e etërve tanë i ka përlëvduar Birin e tij Jezusin, të cilin ju ia dorëzuat Pilatit dhe e mohuat përpara tij, megjithëse ai kishte vendosur ta lironte.

14 Por ju e mohuat të Shenjtin, të Drejtin, dhe kërkuat që t'ju jepej një vrasës,

15 dhe vratë princin e jetës, që Perëndia e ka ringjallur prej së vdekuri dhe për të cilin ne jemi dëshmitarë!

16 Dhe për besimin në emër të Jezusit, ky njeri, të cilin ju po e shihni dhe e njihni, u fortesua nga emri i tij; dhe besimi, që është nëpërmjet tij, i ka dhënë shërimin e plotë të gjymtyrëve, në praninë e të gjithëve ju.

17 Por tani, o vëllezër, unë e di që e keni bërë nga padija, ashtu siç kanë bërë edhe krerët tuaj.

18 Por kështu Perëndia i ka përmbushur ato që kishte parathënë me gojën e të gjithë profetëve të vet, se Krishti i tij do të vuante.

19 Pendohuni, pra, dhe kthehuni, që të shlyhen mëkatet tuaja, dhe që të vijnë kohët e flladit nga prania e Zotit,

20 dhe ai të dërgojë Jezu Krishtin që ju ishte predikuar më parë juve,

21 të cilin qielli duhet ta mbajë deri në kohën e ripërtëritjes të gjitha gjërave, për të cilën Perëndia ka folur nëpërmjet gojës së gjithë profetëve të tij të shenjtë, që nga fillimi i botës.

22 Vetë Moisiu, në fakt, u tha etërve: "Zoti, Perëndia juaj do të ngjallë për ju një profet si unë nga mesi i vëllezërve tuaj; dëgjojeni në të gjitha gjërat që ai do t'ju thotë!

23 Dhe do të ndodhë që kushdo që nuk do ta dëgjojë atë profet, do të shkatërrohet në mes të popullit".

24 Gjithashtu të gjithë profetët, të gjithë ata që kanë folur qysh nga Samueli e këtej, i kanë shpallur këto ditë.

25 Ju jeni bij të profetëve dhe të besëlidhjes që bëri Perëndia me etërit tanë, duke i thënë Abrahamit: "Dhe në pasardhësit e tu do të bekohen të gjitha kombet e dheut".

26 Perëndia më së pari, mbasi e ringjalli Birin e tij Jezusin, jua ka dërguar juve që t'ju bekojë, duke larguar secilin nga ju nga paudhësitë e tij".

Kapitull 4

1 Ndërsa ata po i flisnin popullit, priftërinjtë, komandanti i tempullit dhe saduçenjtë u turrën mbi ta,

2 të zemëruar sepse e mësonin popullin dhe shpallnin në Jezusin ringjalljen e të vdekurve.

3 Dhe i shtinë në dorë dhe i futën në burg deri të nesërmen, sepse ishte ngrysur.

4 Por shumë nga ata që ua kishin dëgjuar fjalën besuan; dhe numri i burrave u bë rreth pesë mijë.

5 Të nesërmen krerët, pleqtë dhe skribët u mblodhën në Jeruzalem,

6 bashkë me kryepriftin Anan dhe me Kajafën, Gjonin, Aleksandrin dhe të gjithë ata që i përkisnin farefisit të kryepriftërinjve.

7 Dhe, si i nxorën aty në mes, i pyetën: "Me ç'pushtet ose në emër të kujt e keni bërë këtë?".

8 Atëherë Pjetri, i mbushur me Frymën e Shenjtë, u tha atyre: "Krerë të popullit dhe pleq të Izraelit!

9 Nëse ne sot gjykohemi për një mirësi që iu bë një njeriu të sëmurë, për të ditur si u shërua ai,

10 le ta njihni të gjithë ju dhe mbarë populli i Izraelit se kjo u bë në emër të Jezu Krishtit Nazareas, që ju e kryqëzuat dhe që Perëndia e ringjalli prej së vdekuri; me anë të tij ky njeri del para jush i shëruar plotësisht.

11 Ky është guri që ju, ndërtuesit, e hodhët poshtë dhe që u bë guri i qoshes.

12 Dhe në asnjë tjetër nuk ka shpëtim, sepse nuk ka asnjë emër tjetër nën qiell që u është dhënë njerëzve dhe me anë të të cilit duhet të shpëtohemi".

13 Ata, kur e panë çiltërsinë e Pjetrit dhe të Gjonit dhe duke kuptuar se ishin njerëz të pamësuar dhe pa arsim, u mrrekulluan dhe i njihnin se kishin qenë me Jezusin.

14 Duke parë pastaj në këmbë pranë tyre, njeriun që u shërua, nuk mund të thoshnin asgjë kundër.

15 Dhe, mbasi i urdhëruan të dalin jashtë sinedrit, u konsultuan me njëri tjetrin,

16 duke thënë: "Ç't'u bëjmë këtyre njerëzve? Sepse u është njohur të gjithë banorëve të Jeruzalemit se është bërë një mrekulli e dukshme prej tyre, dhe ne nuk mund ta mohojmë;

17 por, që kjo të mos përhapet më shumë në popull, t'i shtrëngojmë me kërcënime të rrepta të mos flasin më asnjeriu në këtë emër".

18 Dhe, si i thirrën, u dhanë urdhër atyre të mos flasin fare dhe as të mësojnë në emër të Jezusit.

19 Por Pjetri dhe Gjoni, duke iu përgjigjur atyre, thanë: "Gjykoni ju, nëse është e drejtë para Perëndisë t'ju bindemi më shumë juve sesa Perëndisë.

20 Sepse ne nuk mund të mos flasim për ato që kemi parë dhe dëgjuar".

21 Ata pasi i kërcënuan përsëri, i lanë të shkojnë duke mos gjetur mënyrë se si t'i ndëshkojnë për shkak të popullit, sepse të gjithë përlëvdonin Perëndinë për atë që kishte ndodhur.

22 Sepse njeriu në të cilin kishte ndodhur ajo mrekulli e shërimit ishte më shumë se dyzet vjeç.

23 Kur u liruan, ata u kthyen tek të vetët dhe u treguan gjithçka që krerët e priftërinjve dhe pleqtë u kishin thënë.

24 Kur i dëgjuan këto, ata unanimisht e ngritën zërin te Perëndia dhe thanë: "O Zot, ti je Perëndia që ke bërë qiellin, tokën, detin dhe gjithçka që është në ta,

25 dhe që me anë të Frymës së Shenjtë ke thënë, nëpërmjet gojës së Davidit, shërbëtorit tënd: "Përse u zemëruan kombet, dhe popujt kurdisin gjëra të kota?

26 Mbretërit e dheut ngritën krye dhe princat u mblodhën bashkë kundër Zotit dhe kundër Krishtit të tij".

27 Sepse pikërisht kundër Birit tënd të shenjtë, që ti e vajose, u mblodhën Herodi dhe Ponc Pilati me johebrenjtë dhe me popullin e Izraelit,

28 për të bërë të gjitha ato që dora jote dhe këshilli yt kishin paracaktuar se do të ndodhnin.

29 Dhe tani, Zot, shqyrto kërcënimet e tyre dhe lejo që shërbëtorët

e tu të kumtojnë fjalën tënde me plot çiltërsi,

30 duke e shtrirë dorën tënde për të shëruar dhe që të kryhen shenja dhe mrekulli në emër të Birit tënd të shenjtë Jezusit".

31 Dhe, mbasi qenë lutur, vendi ku ishin mbledhur u drodh; dhe të gjithë u mbushën me Frymën e Shenjtë, dhe e shpallnin fjalën e Perëndisë me çiltersi.

32 Dhe numri i madh i atyre që besuan ishte me një zemër të vetme dhe me një shpirt të vetëm; askush nuk thoshte se ç'kishte ishte e vet, por të gjitha gjërat i kishin të përbashkëta.

33 Dhe apostujt me fuqi të madhe jepnin dëshmi të ringjalljes së Zotit Jezus; dhe hir i madh ishte mbi të gjithë ata.

34 Sepse midis tyre nuk kishte asnjë nevojtar, sepse të gjithë ata që zotëronin arä ose shtëpi i shisnin dhe sillnin fitimin nga gjërat e shitura,

35 dhe i vinin te këmbët e apostujve; pastaj secilit i jepej, sipas nevojës së tij.

36 Kështu Iose, i mbiquajtur nga apostujt Barnaba (që do të thotë "biri i ngushëllimit"), Levit, me prejardhje nga Qipro,

37 kishte një arë, e shiti dhe solli fitimin dhe i vuri te këmbët e apostujve.

Kapitull 5

1 Kurse një farë burri, me emër Anania, me gruan e vet Safira, shiti një arë,

2 por mbajti për vete një pjesë të parave, me miratimin e gruas, dhe e çoi mbetjen te këmbët e apostujve.

3 Por Pjetri i tha: "Anania, pse Satani ta mbushi zemrën që të gënjesh Frymën e Shenjtë dhe të mbash një pjesë të çmimit të arës?

4 Po të mbetej e pashitur, a nuk do të ngelte e jotja? Dhe ato që more nga shitja a nuk ishin vallë në dispozicionin tënd? Pse e shtive në zemër këtë gjë? Ti nuk ke gënjyer njerëzit, por Perëndinë!".

5 Kur i dëgjoi këto fjalë, Anania ra përtokë dhe dha shpirt. Dhe një frikë e madhe i zuri gjithë ata që i dëgjuan këto gjëra.

6 Atëherë u ngritën disa të rinj, e mbështollën, e mbartën jashtë dhe e varrosën.

7 Dhe afërsisht tre orë më vonë hyri dhe gruaja e tij, e cila nuk dinte ç'kishte ndodhur.

8 Dhe Pjetri i drejtoi fjalën, duke thënë: "Më thuaj, a e shitët arën për kaq?". Dhe ajo u përgjigj: "Po, për aq".

9 Atëherë Pjetri i tha: "Pse u morët vesh që ta tundoni Frymën e Zotit? Ja, këmbët e atyre që e varrosën burrin tënd janë në prag të derës dhe do të të mbartin jashtë edhe ty!".

10 Në moment ajo ra te këmbët e tij dhe dha shpirt. Dhe të rinjtë, si hynë, e gjetën të vdekur, e mbartën jashtë dhe e varrosën pranë burrit të saj.

11 Kështu një frikë e madhe e zuri gjithë kishën dhe gjithë ata që i dëgjonin këto gjëra.

12 Dhe shumë shenja dhe mrekulli bëheshin në mes të popullit nëpërmjet duarve të apostujve. Të gjithë me një mendje të vetme mblidheshin nën portikun e Salomonit.

13 Dhe asnjeri nga të tjerët nuk guxonte të bashkohej me ta; por populli i lartësonte.

14 Kështu Zotit i shtohej një numër gjithnjë e më i madh besimtarësh, turma burrash dhe grash,

15 aq sa i binin të sëmurët në sheshe, i vinin në shtretër e në shtroja, që kur kalonte Pjetri, të paktën hija e tij të mbulonte ndonjë nga ata.

16 Edhe një turmë nga qytetet përreth turrej në Jeruzalem, duke sjellë të sëmurët dhe ata që mundoheshin nga frymëra të ndyra dhe të gjithë shëroheshin.

17 Atëherë u ngritën kryeprifti dhe të gjithë ata që ishin me të, domethënë sekti i saducenjve, plot smirë,

18 dhe vunë dorë mbi apostujt dhe i futën në burgun publik.

19 Por një engjëll i Zotit, natën, i hapi dyert e burgut dhe, si i nxori jashtë, tha:

20 "Shkoni, paraqituni në tempull dhe i shpallni popullit të gjitha fjalët e kësaj jete".

21 Dhe ata, si i dëgjuan këto, hynë në tempull kur zbardhte dita dhe mësonin. Por kryeprifti dhe ata që ishin me të, erdhën dhe thirrën bashkë sinedrin dhe të gjithë pleqtë e bijve të Izraelit; pastaj dërguan rojet në burg për t'i sjellë apostujt.

22 Por rojet, kur arritën në burg, nuk i gjetën; dhe kur u kthyen bënë raportimin e tyre,

23 duke thënë: "Ne e gjetëm burgun të mbyllur me kujdes dhe rojet në këmbë përpara dyerve; por kur e hapëm, nuk gjetëm asnjeri brenda".

24 Por kryeprifti, komandanti i rojeve të tempullit dhe krerët e priftërinjve, kur i dëgjuan këto gjëra, mbetën të habitur lidhur me këtë, sepse nuk dinin ç'donte të thoshte gjithë kjo punë.

25 Por erdhi dikush që u raportoi atyre duke thënë: "Ja, këta njerëz që ju i futët në burg janë në tempull dhe po mësojnë popullin".

26 Atëherë komandanti shkoi me rojet dhe i solli, pa dhunë, nga frika se mos populli i vriste me gurë.

27 Kështu, pra, i sollën dhe i paraqitën përpara sinedrit; dhe kryeprifti i pyeti,

28 duke thënë: "Po a nuk ju kemi ndaluar rreptësisht të mësoni në atë emër? Dhe ja, ju e keni mbushur Jeruzalemin me doktrinën tuaj dhe doni që të bjerë mbi ne gjaku i atij njeriu".

29 Por Pjetri dhe apostujt, duke u përgjigjur, thanë: "Duhet t'i bindemi Perëndisë më shumë sesa njerëzve.

30 Perëndia e etërve tanë e ka ringjallur Jezusin, që ju e vratë, duke e varur në dru.

31 Perëndia e lartësoi me të djathtën e vet dhe e bëri princ dhe shpëtimtar për t'i dhënë Izraelit pendimin dhe faljen e mëkateve.

32 Dhe për këto gjëra ne jemi dëshmitarë të tij, si edhe Fryma e Shenjtë, që Perëndia ua ka dhënë atyre që i binden atij".

33 Kur i dëgjuan këto gjëra, ata u tërbuan dhe vendosën t'i vrasin.

34 Por një farise, me emër Gamaliel, mësues i ligjit dhe i nderuar nga gjithë populli, u ngrit në këmbë në sinedër dhe urdhëroi të nxirren jashtë apostujt për një moment.

35 Pastaj u tha atyre të sinedrit: "Burra të Izraelit, mendohuni mirë për atë që do t'u bëni këtyre njerëzve.

36 Sepse pak kohë më parë u ngrit Teuda që thoshte se ishte dikush; rreth tij u mblodhën afro katërqind burra; por ai u vra dhe të gjithë ata që e kishin ndjekur u shpërndanë dhe u asgjësuan.

37 Pas tij, në kohën e regjistrimit të popullsisë, u ngrit Juda Galileas që tërhoqi pas vetes shumë njerëz; edhe ai humbi, dhe të gjithë ata që e kishin ndjekur u shpërndanë.

38 Tani unë po ju them t'u rrini larg këtyre njerëzve dhe t'i lironi, sepse në qoftë se ky plan ose kjo vepër është prej njerëzve, ajo do të prishet,

39 por nëse është prej Perëndisë, ju nuk mund ta prishni, sepse do të gjendeshit në luftë kundër vetë Perëndisë!".

40 Dhe ata ia vunë veshin. Dhe, mbasi i thirrën apostujt, i rrahën dhe u dhanë urdhër të mos flasin në emër të Jezusit; pastaj i lanë të shkojnë.

41 Kështu ata u larguan nga sinedri, duke u gëzuar sepse qenë çmuar të denjë të fyhen për emrin e Jezusit.

42 Dhe çdo ditë, në tempull e nëpër shtëpi, nuk pushonin duke mësuar dhe duke shpallur lajmin e mirë: që Jezusi është Krishti.

Kapitull 6

1 Por në ato ditë, duke u shumuar numri i dishepujve, lindi një murmuritje nga ana e Helenistëve kundër Hebrenjve, sepse vejushat e tyre po liheshin pas dore në shërbimin e përditshëm.

2 Atëherë të dymbëdhjetët, pasi mblodhën numrin e madh të dishepujve, thanë: "Nuk është mirë që ne të lëmë fjalën e Perëndisë për të shërbyer nëpër tryeza.

3 Prandaj, vëllezër, kërkoni midis jush shtatë burra, me dëshmi të mirë, të mbushur me Frymën e Shenjtë dhe me urtësi, të cilëve do t'ua besojmë këtë detyrë.

4 Kurse ne do të vazhdojmë t'i kushtohemi lutjes dhe shërbesës së fjalës".

5 Ky propozim u pëlqeu gjithë dishepujve. Dhe zgjodhën Stefanin, njeri plot besim dhe Frymë të Shenjtë, Filipin, Prohorin, Nikanorin, Timonin, Parmenin dhe Nikollën, një prozelit nga Antiokia.

6 I paraqitën pastaj përpara apostujve, të cilët, mbasi u lutën, vunë duart mbi ta.

7 Ndërkaq fjala e Perëndisë po përhapej, dhe numri i dishepujve po shumohej fort në Jeruzalem, edhe një numër i madh priftërinjsh i bindej besimit.

8 Dhe Stefani, plot besim dhe fuqi, bënte mrekulli dhe shenja të mëdha nëpër popull.

9 Dhe disa nga sinagoga, që quhej e Libertinëve, të Kirenarëve, të Aleksandrinëve dhe të atyre të Kilikisë dhe të Azisë u ngritën që të grindeshin me Stefanin;

10 por nuk mund t'i bënin ballë urtësisë dhe frymës me anë të së cilës ai fliste.

11 Atëherë nxitën disa njerëz të thoshnin: "Ne e kemi dëgjuar duke folur fjalë blasfemie kundër Moisiut dhe kundër Perëndisë".

12 Edhe e ngacmuan popullin, pleqtë dhe skribët; dhe, iu sulën, e kapën dhe e çuan te sinedri.

13 Pastaj paraqitën dëshmitarë të rremë që thoshnin: "Ky njeri nuk pushon së foluri fjalë blasfemie kundër këtij vendi të shenjtë dhe kundër ligjit.

14 E kemi dëgjuar, në fakt, duke thënë se ky Jezusi, Nazareasi, do

ta rrënojë këtë vend dhe do të ndryshojë ritet që na ka dhënë Moisiu".

¹⁵ Dhe të gjithë ata që rrinin në sinedër i ngulën sytë në të, dhe panë fytyrën e tij posi fytyra e një engjëlli.

Kapitull 7

¹ Atëherë kryeprifti i tha: "A janë këto gjëra pikërisht kështu?".

² Ai tha: "Vëllezër dhe etër, dëgjoni. Perëndia i lavdisë iu shfaq Abrahamit, atit tonë, kur ai ishte në Mesopotami, përpara se të banonte në Haran,

³ dhe i tha: "Dil prej vendit tënd e prej farefisit tënd dhe shko në vendin që unë do të të tregoj".

⁴ Atëherë ai doli nga vendi i Kaldeasve dhe banoi në Haran; prej andej, mbasi i vdiq i ati, Perëndia e bëri të vijë në këtë vend, ku banoni ju tani.

⁵ Ai nuk i dha kurrfarë trashëgimie, as edhe vend për të vënë një këmbë. Por i premtoi t'ia japë për pronë atij dhe pasardhësve të tij, pas tij, kur ai ende s'kishte asnjë fëmijë.

⁶ Dhe Perëndia foli kështu: "Pasardhësit e tij do të banonin si të huaj në një vend të huaj, dhe atje do të mbaheshin në skllavëri dhe do të keqtrajtoheshin për katërqind vjet.

⁷ Por Perëndia shtoi: "Unë do ta gjykoj atë komb të cilit ata do t'i shërbejnë; dhe pas kësaj ata do të dalin dhe do të më shërbejnë në këtë vend".

⁸ Pastaj i dha atij besëlidhjen e rrethprerjes. Dhe kështu Abrahamit i lindi Isaku dhe e rrethpreu të tetën ditë; Isakut i lindi Jakobi, dhe Jakobit dymbëdhjetë patriarkë.

⁹ Patriarkët, duke pasur smirë Jozefin, e shitën në Egjipt, por Perëndia ishte me të;

¹⁰ dhe e shpëtoi nga të gjitha mundimet e tij dhe i dha hir e urtësi para Faraonit, mbretit të Egjiptit, i cili e caktoi guvernator të Egjiptit dhe të mbarë shtëpisë së tij.

¹¹ Por ra një zi buke dhe u bë një shtrëngesë në gjithë vendin e Egjiptit dhe të Kanaanit, dhe etërit tanë nuk gjenin ushqime.

¹² Por Jakobi dëgjoi se në Egjipt kishte grurë, dhe dërgoi atje herën e parë etërit tanë.

¹³ Herën e dytë Jozefi u tregoi që ta njihnin vëllezërit e tij dhe Faraonit iu njoftua farefisnia e Jozefit.

¹⁴ Atëherë Jozefi dërgoi ta thërresin atin e vet Jakobin dhe gjithë farefisin e vet, gjithsej shtatëdhjetë e pesë veta.

¹⁵ Jakobi zbriti në Egjipt, ku vdiq ai dhe etërit tanë.

¹⁶ Ata pastaj i mbartën në Sikem dhe i varrosën në varrin që Abrahami pati blerë me argjend nga bijtë e Emorit, ati i Sikemit.

¹⁷ Por, ndërsa po afrohej koha e premtimit që Perëndia i ishte betuar Abrahamit, populli u shtua dhe u shumua në Egjipt,

¹⁸ derisa doli në Egjipt një mbret tjetër që nuk e kishte njohur Jozefin.

¹⁹ Ky, duke vepruar me ligësi kundër skotës sonë, i keqtrajtoi etërit tanë deri sa t'i ekspozojnë foshnjat e tyre, që të mos mbeteshin gjallë.

²⁰ Në atë kohë lindi Moisiu, dhe ishte i bukur në sytë e Perëndisë; ai u ushqye për tre muaj në shtëpinë e të atit.

²¹ Dhe kur u ekspozua, e mori e bija e faraonit dhe e rriti si birin e vet.

²² Kështu Moisiu u arsimua me gjithë diturinë e Egjiptasve dhe ishte i pushtetshëm në fjalë e në vepra.

²³ Po kur arriti në moshën dyzet vjeçare, i erdhi në zemër të shkojë e të vizitojë vë-llezërit e tij: bijtë e Izraelit.

²⁴ Kur pa se dikujt po i bëhej një padrejtësi, e mbrojti dhe ia mori hakun të shtypurit, duke vrarë Egjiptasin.

²⁵ Dhe ai mendonte se vëllezërit e tij do ta kuptonin se Perëndia do t'u jepte çlirimin me anë të tij, por ata nuk e kuptuan.

²⁶ Të nesërmen ai u duk në mes tyre, ndërsa po ziheshin dhe i këshilloi për paqe, duke thënë: "O burra, ju jeni vëllezër, pse ia bëni me të padrejtë njëri-tjetrit?".

²⁷ Por ai që ia bënte me të padrejtë fqinjit të vete shtyu, duke thënë: "Kush të ka vënë ty të parë dhe gjykatës mbi ne?

²⁸ Don të më vrasësh mua, ashtu si vrare dje Egjiptasin?".

²⁹ Për shkak të këtyre fjalëve Moisiu iku dhe banoi si i huaj në vendin e Madianit, ku i lindën dy bij.

³⁰ Si kaluan dyzet vjet, engjëlli i Zotit iu shfaq në shkretëtirën e malit Sinai, në flakën e zjarrit të një ferrishteje.

³¹ Kur e pa, Moisiu mbeti i habitur nga sa shihte; dhe, kur po afrohej për të vërejtur, dëgjoi zërin e Zotit,

³² që thoshte: "Unë jam Perëndia e etërve të tu, Perëndia e Abrahamit, Perëndia e Isakut dhe Perëndia e Jakobit". Por Moisiu, që dridhej i tëri, nuk guxonte të shikonte.

³³ Atëherë Perëndia i tha: "Hiqi sandalet nga këmbët e tua, sepse vendi ku ti po qëndron është tokë e shenjtë.

³⁴ Unë e kam parë qartë pikëllimin e popullit tim në Egjipt dhe i dëgjova psherëtimat e tyre, dhe kam zbritur për t'i çliruar; tani, pra, eja, unë do të të dërgoj në Egjipt!".

³⁵ Atë Moisiun që e kishin refuzuar, duke thënë: "Kush të vuri ty të parë dhe gjykatës?", po atë u dërgoi Perëndia si kryetar dhe çlirues me anë të engjëllit që i ishte shfaqur në ferrishte.

³⁶ Ai i nxori jashtë, duke kryer shenja e mrekulli në vendin e Egjiptit, në Detin e Kuq dhe në shkretirë për dyzet vjet.

³⁷ Ky është ai Moisi që u tha bijve të Izraelit: "Zoti, Perëndia juaj do të nxjerrë për ju, nga mesi i vëllezërve tuaj, një profet si mua. Dëgjojeni!".

³⁸ Ky është ai që në kuvend, në shkretëtirë, ishte me engjëllin që i fliste mbi malin Sinai dhe me etërit tanë; dhe mori fjalët e jetës për të na e përçuar neve.

³⁹ Etërit tanë nuk deshën t'i binden atij; madje e hodhën poshtë dhe me zemrat e tyre u kthyen nga Egjipti,

⁴⁰ duke i thënë Aaronit: "Na bëj disa perëndi që të na prijnë, sepse nuk dimë ç'i ka ndodhur këtij Moisiu që na nxori nga vendi i Egjiptit".

⁴¹ Dhe në ato ditë ata bënë një viç, i ofruan flijim idhullit dhe u gëzuan me veprën e duarve të tyre.

⁴² Atëherë Perëndia u tërhoq dhe i la t'i shërbejnë ushtrisë së qiellit, ashtu siç është shkruar në librin e profetëve: "O shtëpi e Izraelit, a më keni kushtuar flijime dhe olokauste për dyzet vjet në shkretëtirë?

⁴³ Apo më shumë mbartët çadrën e Molokut dhe yllin e perëndisë suaj Remfan, imaxhe që i bëtë vetë për t'i adhuruar; për këtë arsye unë do t'ju shpërngul përtej Babilonisë".

⁴⁴ Etërit tuaj në shkretëtirë kishin tabernakullin e dëshmisë, ashtu siç kishte urdhëruar ai që i pati thënë Moisiut ta bëjë sipas modelit që kishte parë.

⁴⁵ Dhe etërit tanë, pasi e morën, e mbartën me Jozueun në vendin që e kishin pushtuar johebrenjtë, të cilët Perëndia i dëboi para etërve tanë; dhe aty qëndroi deri në ditët e Davidit,

⁴⁶ i cili gjeti hir përpara Perëndisë dhe kërkoi të mund të gjente një banesë për Perëndinë e Jakobit.

⁴⁷ Por qe Salomoni ai që ia ndërtoi një shtëpi.

⁴⁸ Por Shumë i Larti nuk banon në tempuj të ndërtuar nga dora e njeriut, sikurse thotë profeti:

⁴⁹ "Qielli është froni im dhe toka stoli i këmbëve të mia; çfarë shtëpie do të më ndërtoni ju, thotë Zoti, ose cili do të qe vendi i pushimit tim?

⁵⁰ A nuk i bëri të gjitha këto gjëra dora ime?".

⁵¹ O njerëz qafëfortë dhe me zemër e veshë të parrethprerë, ju gjithnjë e kundërshtoni Frymën e Shenjtë; ashtu siç bënin etërit tuaj, ashtu bëni edhe ju.

⁵² Cilin nga profetët nuk e përndoqën etërit tuaj? Ata vranë edhe ata që paralajmëronin ardhjen e të Drejtit, për të cilin tani ju jeni bërë tradhtarë dhe vrasës;

⁵³ ju, që e morët ligjin të shpallur nga engjëjt dhe nuk e keni respektuar!".

⁵⁴ Kur i dëgjuan këto fjalë, ata thereshin në zemër të tyre dhe kërcëllonin dhëmbët kundër tij.

⁵⁵ Por ai, mbushur me Frymë të Shenjtë, i nguli sytë nga qielli, pa lavdinë e Perëndisë dhe Jezusin që rrinte në këmbë në të djathtën e Perëndisë,

⁵⁶ dhe tha: "Ja, unë po shoh qiejt e hapur dhe Birin e njeriut që rri në këmbë në të djathtën e Perëndisë".

⁵⁷ Por ata, duke lëshuar britma të forta, i zunë veshët dhe të gjithë tok u sulën mbi të;

⁵⁸ dhe, si e nxorën jashtë qytetit, e vranë me gurë. Dëshmitarët i vunë rrobat e tyre te këmbët e një djaloshi, të quajtur Saul.

⁵⁹ Kështu e vranë me gurë Stefanin, që i thërriste Jezusit dhe thoshte: "O Zoti Jezus, pranoje frymën time!".

⁶⁰ Atëherë ra në gjunjë dhe bërtiti me zë të lartë: "O Zot, mos ua ngarko atyre këtë mëkat!". Dhe, si tha këtë, fjeti.

Kapitull 8

¹ Por Sauli e kishte miratuar vrasjen e tij. Në atë kohë u bë një përndjekje e madhe kundër kishës që ishte në Jeruzalem; dhe të gjithë u shpërndanë nëpër krahinat e Judesë dhe të Samarisë, me përjashtim të apostujve.

² Disa njerëz të përshpirtshëm e varrosën Stefanin dhe bënë gjëmë të madhe për të.

³ Por Sauli po shkatërronte kishën: hynte shtëpi më shtëpi, merrte me vete burra dhe gra dhe i fuste në burg.

⁴ Ata, pra, që ishin shpërndarë shkonin rreth e përqark, duke shpallur fjalën.

⁵ Dhe Filipi zbriti në qytetin e Samarisë dhe u predikoi atyre Krishtin.

⁶ Dhe turmat, me një mendje të vetme, dëgjonin me vëmendje gjërat që thoshte Filipi, duke dëgjuar dhe duke parë mrekullitë që ai bënte.

⁷ Frymëra të ndyra, pra, dilnin nga shumë të idemonizuar, duke bërtitur me zë të lartë; dhe shumë të paralizuar e të çalë shëroheshin.

⁸ Dhe në atë qytet u bë gëzim i madh.

⁹ Prej kohësh në atë qytet ishte një njeri që quhej Simon, i cili merrej me magji dhe i bënte të çuditeshin njerëzit e Samarisë, gjoja sikur ishte njeri i madh.

¹⁰ Dhe të gjithë, nga më i madhi te më i vogli, ia vinin veshin, duke thënë: "Ky është fuqia e madhe e Perëndisë".

¹¹ Dhe e dëgjonin, sepse prej një kohe të gjatë ai i kishte mahnitur me mjeshtrinë e tij prej magjistari.

¹² Por, kur i besuan Filipit, që shpalli lajmin e mirë të gjërave të mbretërisë së Perëndisë dhe emrin e Jezu Krishtit, burra dhe gra u pagëzuan.

¹³ Besoi edhe Simoni, dhe, mbasi u pagëzua, rrinte vazhdimisht me Filipin; dhe, duke parë veprat e fuqishme dhe shenjat që ishin bërë, mbeti i çuditur.

¹⁴ Por kur apostujt dëgjuan në Jeruzalem se Samaria kishte pranuar fjalën e Perëndisë, i dërguan atyre Pjetrin dhe Gjonin.

¹⁵ Kur këta arritën, u lutën për ta, që të merrnin Frymën e Shenjtë,

¹⁶ sepse ende nuk kishte zbritur mbi asnjë prej tyre, por ata vetëm ishin pagëzuar në emër të Zotit Jezus.

¹⁷ Atëherë vunë duart mbi ta dhe ata morën Frymën e Shenjtë.

¹⁸ Dhe Simoni, kur pa se me vënien e duarve të apostujve jepej Fryma e Shenjtë, u ofroi atyre para,

¹⁹ duke thënë: "Ma jepni edhe mua këtë pushtet, që ai të cilit do t'i vë duart, të marrë Frymën e Shenjtë".

²⁰ Por Pjetri i tha: "Le të humbasë paraja jote dhe ti bashkë me të, sepse ti mendove se mund ta blesh me para dhuratën e Perëndisë.

²¹ Ti nuk ke as pjesë as short në këtë gjë, sepse zemra jote nuk është e drejtë përpara Perëndisë.

²² Pendohu, pra, për këtë ligësi që ke dhe lutju Perëndisë që, po të jetë e mundur, të të falet mendimi i zemrës sate.

²³ Sepse unë të shoh se je në vrerin e hidhësisë dhe në prangat e paudhësisë".

²⁴ Dhe Simoni, duke u përgjigjur, tha: "Lutjuni ju Zotit për mua, që të mos më ndodhë asgjë nga ato që thatë".

²⁵ Ata, pra, pasi dhanë dëshmi dhe predikuan fjalën e Zotit, u kthyen në Jeruzalem, mbasi ungjillzuan shumë fshatra të Samaritanëve.

²⁶ Dhe një engjëll i Zotit i foli Filipit, duke i thënë: "Çohu dhe shko drejt jugut, në rrugën që nga Jeruzalemi zbret në Gaza; ajo është e shkretë".

²⁷ Ai u ngrit dhe u nis; dhe ja, një njeri Etiopas, eunuk, një zyrtar i lartë i Kandaces, mbretëreshës së Etiopisë, përgjegjës i të gjitha thesareve të saj, i cili kishte ardhur në Jeruzalem për të adhuruar.

²⁸ Tani ai po kthehej dhe, i ulur në karrocën e vet, lexonte profetin Isaia.

²⁹ Dhe Fryma i tha Filipit: "Afrohu dhe arrije atë karrocë!".

³⁰ Filipi iu turr afër dhe, duke dëgjuar se po lexonte profetin Isaia, i tha: "A e kupton atë që lexon?".

³¹ Ai tha: "E si do të mundja, po s'pata një që të më udhëzojë?". Pastaj iu lut Filipit të hipë dhe të ulet pranë tij.

³² Por pjesa e Shkrimit që ai po lexonte ishte kjo: "Atë e çuan si delja në thertore; dhe ashtu si qengji është memec përpara qethtarit, kështu ai nuk e hapi gojën e vet.

³³ Në përuljen e tij iu mohua çfarëdolloj drejtësie; po kush do të mund ta përshkruajë brezin e tij? Sepse jeta e tij u hoq nga toka".

³⁴ Dhe eunuku iu kthye Filipit dhe tha: "Të lutem, për kë e thotë profeti këtë? Për veten e vet apo për ndonjë tjetër?".

³⁵ Atëherë e mori fjalën Filipi dhe, duke filluar nga ky Shkrim, i shpalli Jezusin.

³⁶ Dhe, ndërsa po vazhdonin rrugën, arritën në një vend me ujë. Dhe eunuku tha: "Ja uji! Çfarë më pengon të pagëzohem?".

³⁷ Dhe Filipi tha: "Nëse ti beson me gjithë zemër, mund të bësh". Dhe ai u përgjigj duke thënë: "Unë besoj se Jezu Krishti është Biri i Perëndisë".

³⁸ Urdhëroi atëherë të ndalet karroca, dhe të dy, Filipi dhe eunuku, zbritën në ujë dhe ai e pagëzoi.

³⁹ Kur dolën nga uji, Fryma e Zotit e rrëmbeu Filipin dhe eunuku nuk e pa më; por e vazhdoi rrugën e tij me plot gëzim.

⁴⁰ Por Filipi u gjet në Azot; dhe, duke vazhduar, ungjillëzoi të gjitha qytetet, derisa arriti në Cezare.

Kapitull 9

¹ Ndërkaq Sauli, duke shfryrë akoma kërcënime dhe kërdi kundër dishepujve të Zotit, shkoi te kryeprifti,

² dhe kërkoi nga ai letra për sinagogat e Damaskut, me qëllim që, po të gjente ndonjë ithtar të Udhës, burra o gra, të mund t'i sillte të lidhur në Jeruzalem.

³ Por ndodhi që, ndërsa po udhëtonte dhe po i afrohej Damaskut, befas rreth tij vetëtiu një dritë nga qielli.

⁴ Dhe, si u rrëzua përtokë, dëgjoi një zë që i thoshte: "Saul, Saul, përse më përndjek?".

⁵ Dhe ai tha: "Kush je, Zot?". Dhe Zoti tha: "Unë jam Jezusi, që ti e përndjek; është e rëndë për ty të godasësh me shkelm kundër gjembave".

⁶ Atëherë ai, duke u dridhur i tëri dhe i trembur, tha: "Zot, ç'don ti të bëj unë?". Dhe Zoti: "Çohu dhe hyr në qytet, dhe do të të thuhet ç'duhet të bësh".

⁷ Dhe njerëzit që udhëtonin me të ndaluan të habitur, sepse dëgjonin tingullin e zërit, por nuk shikonin njeri.

⁸ Pastaj Sauli u çua nga toka, por, kur i çeli sytë, nuk shihte asnjeri; atëherë e morën për dore dhe e çuan në Damask.

⁹ Dhe mbeti tri ditë pa të parit, as hëngri as piu.

¹⁰ Në Damask ishte një dishepull me emër Anania, të cilit Zoti i tha në vegim: "Anania!". Dhe ai u përgjigj: "Ja ku jam, Zot!".

¹¹ Dhe Zoti i tha: "Çohu dhe shko në rrugën e quajtur E drejtë, dhe kërko në shtëpinë e Judës një njeri nga Tarsi me emër Saul, i cili po lutet;

¹² ai ka parë në vegim një njeri, me emër Anania, duke hyrë dhe duke i vënë duart për t'ia kthyer dritën e syve".

¹³ Atëherë Anania u përgjigj: "O Zot, nga shumë veta kam dëgjuar për këtë njeri se sa të këqija u ka bërë shenjtorëve të tu në Jeruzalem.

¹⁴ Dhe ai ka këtu një autorizim nga krerët e priftërinjve për të burgosur të gjithë ata që thërrasin emrin tënd".

¹⁵ Por Zoti i tha: "Shko, sepse ai është vegla që unë kam zgjedhur për ta sjellë emrin tim përpara johebrenjve, mbretërve dhe bijve të Izraelit.

¹⁶ Sepse unë do t'i tregoj atij sa shumë i duhet të vuajë për emrin tim".

¹⁷ Atëherë Anania shkoi dhe hyri në atë shtëpi; dhe, duke i vënë duart, tha: "Vëlla Saul, Zoti Jezus, që të është shfaqur në rrugën nëpër të cilën ti po vije, më ka dërguar që të kesh përsëri dritën e syve dhe të mbushesh me Frymën e Shenjtë".

¹⁸ Në këtë çast i ranë nga sytë disa si luspa, dhe ai fitoi përsëri të parit; pastaj u ngrit dhe u pagëzua.

¹⁹ Dhe, mbasi mori ushqim, ai u ripërtëri në forcë. Pastaj Sauli qëndroi disa ditë me dishepujt që ishin në Damask.

²⁰ Dhe filloi menjëherë të predikojë Krishtin në sinagoga se ai është Biri i Perëndisë.

²¹ Dhe të gjithë ata që e dëgjonin çuditeshin dhe thoshnin: "Po a nuk është ky ai që në Jeruzalem përndiqte të gjithë ata që e thërrisnin këtë emër, dhe ka ardhur këtu me synim që t'i çojë si robër te krerët e priftërinjve?".

²² Por Sauli bëhej gjithnjë e më i fortë dhe i hutonte Judenjtë që banonin në Damask, duke ua vërtetuar se Jezusi është Krishti.

²³ Pas shumë ditësh, Judenjtë u konsultuan bashkë që ta vrasin.

²⁴ Por komploti i tyre u mor vesh nga Sauli. Dhe ditë e natë ata i ruanin portat e qytetit që të mund ta vrisnin;

²⁵ atëherë dishepujt e morën natën dhe e zbritën poshtë nga muri, në një shportë.

²⁶ Si arriti në Jeruzalem, Sauli u përpoq të bashkohej me dishepujt, por të gjithë kishin frikë nga ai, sepse nuk mund të besonin se ai ishte dishepull.

²⁷ Atëherë Barnaba e mori dhe e çoi tek apostujt, dhe u tregoi se si ai, gjatë udhëtimit, e kishte parë Zotin që i kishte folur, dhe si kishte folur në Damask lirshëm në emër të Jezusit.

²⁸ Kështu ai qëndroi me ta në Jeruzalem, dhe shkonte e vinte, dhe fliste lirshëm në emër të Zotit Jezus.

²⁹ Ai u fliste dhe diskutonte me helenistët, por ata kërkonin ta vrisnin.

³⁰ Por vëllezërit, kur e morën vesh, e çuan në Cezare dhe që andej e nisën për në Tars.

³¹ Kështu në mbarë Judenë, në Galile dhe në Samari kishat kishin paqe dhe ndërtoheshin. Dhe duke ecur në druajtjen e Zotit dhe në ngushëllimin e Frymës së Shenjtë, shumoheshin.

³² Por ndodhi që, ndërsa Pjetri po e përshkonte gjithë vendin, erdhi edhe te shenjtorët që banonin në Lida.

³³ Aty ai gjeti një njeri me emër Enea, i cili tashmë prej tetë vjetësh dergjej në shtrat, sepse ishte i paralizuar.

Veprave

34 Pjetri i tha: "Enea, Jezusi, Krishti, të shëron; çohu dhe ndreqe shtratin". Dhe ai u ngrit menjëherë.

35 Dhe të gjithë banorët e Lidës dhe të Saronit e panë dhe u kthyen te Zoti.

36 Por në Jopë ishte një dishepull me emër Tabitha, që do të thotë Gazelë; ajo bënte shumë vepra të mira dhe jepte shumë lëmoshë.

37 Por në ato ditë ndodhi që ajo u sëmur dhe vdiq. Pasi e lanë, e vunë në një dhomë në katin e sipërm.

38 Dhe, duke qenë se Lida është afër Jopës, dishepujt, kur morën vesh se Pjetri ndodhej atje, i dërguan dy burra që ta lutnin të vijë tek ata pa vonesë.

39 Atëherë Pjetri u ngrit dhe u nis bashkë me ta. Sapo arriti, e çuan në dhomën lart; të gjitha gratë e veja i dolën atij duke qarë dhe i treguan tunikat dhe veshjet që kishte punuar Gazela, sa ishte bashkë me to.

40 Atëherë Pjetri, mbasi i nxori jashtë të gjithë, u ngjunjëzua dhe u lut. Pastaj iu kthye trupit dhe tha: "Tabitha, çohu!". Dhe ajo i hapi sytë dhe, si pa Pjetrin, u ngrit ndenjur.

41 Ai i dha dorën dhe e ndihmoi të ngrihet; dhe, si thirri shenjtorët dhe gratë e veja, ua tregoi të gjallë.

42 Kjo u muar vesh në mbarë Jopën, dhe shumë veta besuan në Zotin.

43 Dhe Pjetri qëndroi disa ditë në Jopë, në shtëpinë e njëfarë Simoni, regjës lëkurësh.

Kapitull 10

1 Por në Cezare ishte njëfarë njeriu me emër Kornel, centurion i kohortës, që quhej Italik;

2 ai ishte njeri i perëndishëm dhe që e druante Perëndinë me gjithë shtëpinë e tij; i jepte shumë lëmoshë popullit dhe vazhdimisht i lutej Perëndisë.

3 Ai pa qartë në një vegim, aty nga ora e nëntë e ditës, një engjëll të Perëndisë që hyri tek ai dhe i tha: "Kornel!".

4 dhe ai, duke ia ngulur sytë dhe shumë i trembur, i tha: "Ç'është, Zot?". Atëherë engjëlli i tha: "Lutjet e tua dhe lëmoshat e tua, janë ngjitur para Perëndisë, si një kujtesë;

5 tani, pra, dërgo disa njerëz në Jopë dhe thirre Simonin, që e thërrasin Pjetër.

6 Ai gjendet pranë njëfarë Simoni, regjës lëkurësh, që e ka shtëpinë afër detit; ai do të të thotë çfarë duhet të bësh".

7 Sapo u largua engjëlli që i foli, Korneli thirri dy nga shërbëtorët e tij dhe një ushtar besnik, nga ata që ishin në shërbimin e tij personal,

8 u tregoi çdo gjë dhe i nisi për në Jope.

9 Të nesërmen, ndërsa ata po udhëtonin dhe po i afroheshin qytetit, Pjetri u ngjit në tarracë, rreth orës së gjashtë për t'u lutur.

10 E mori uria dhe donte të hante; dhe, ndërsa ata të shtëpisë po i përgatitnin ushqimin, u rrëmbye në ekstazë;

11 dhe pa qiellin e hapur dhe një send që i përngjante një çarçafi të madh që po zbriste drejt tij; ishte lidhur në të katër cepat dhe kishte zbritur në tokë,

12 dhe brenda tij ishin të gjitha llojet e katërkëmbëshve, bisha, zvarranikë të tokës dhe shpendë qielli.

13 Dhe një zë i tha: "Pjetër, çohu, ther dhe ha!".

14 Por Pjetri u përgjigj: "Kurrsesi, o Zot, sepse unë nuk kam ngrënë kurrë asgjë të papastër ose të ndotur!".

15 Dhe zëri i tha për të dytën herë: "Gjërat që Perëndia i ka pastruar, ti mos i bëj të papastra".

16 Kjo ndodhi tri herë; pastaj ai send u ngrit sërish në qiell.

17 Dhe ndërsa Pjetri po mendohej me mëdyshje ç'kuptim mund të kishte vegimi që kishte parë, ja që njerëzit e dërguar nga Korneli, mbasi pyetën për shtëpinë e Simonit, u paraqitën te dera.

18 Dhe thirrën e pyetën nëse Simoni, i mbiquajtur Pjetër, ndodhej aty.

19 Ndërsa Pjetri po mendohej lidhur me vegimin, Fryma i tha: "Ja, po të kërkojnë tre burra.

20 Çohu, pra, zbrit e shko me ta pa asnjë ngurrim, sepse unë jam ai që t'i kam dërguar".

21 Atëherë Pjetri zbriti te njerëzit që i ishin dërguar nga Korneli dhe u tha atyre: "Ja, unë jam ai që kërkoni; cila është arsyeja për të cilën jeni këtu?".

22 Dhe ata i thanë: "Centurioni Kornel, njeri i drejtë dhe që e druan Perëndinë, për të cilin gjithë kombi i Judenjve dëshmon, është lajmëruar në mënyrë hyjnore nga një engjëll i shenjtë të të thërrasë ty në shtëpinë e tij për të dëgjuar fjalët që ke për t'i thënë".

23 Atëherë Pjetri i ftoi të hyjnë dhe i përbujti; pastaj, të nesërmen, shkoi me ta; dhe disa nga vëllezërit e Jopes e shoqëruan.

24 Një ditë më pas hynë në Cezare. Por Korneli po i priste dhe kishte mbledhur farefisin e tij dhe miqtë e tij të ngushtë.

25 Kur hyri Pjetri, Korneli i doli para, i ra ndër këmbë dhe e adhuroi.

26 Por Pjetri e ngriti duke thënë: "Çohu, edhe unë jam një njeri!".

27 Dhe, duke biseduar me të, hyri dhe gjeti mbledhur shumë njerëz.

28 Dhe ai u tha atyre: "Ju e dini se nuk është e ligjshme që një Jude të shoqërohet me një të huaj ose të hyjë në shtëpinë e tij; por Perëndia më dëftoi që të mos e quaj asnjë njeri të papastër a të ndotur.

29 Prandaj, sapo më ftuat të vij, erdha pa kundërshtuar. Tani po ju pyes: për ç'arsye më keni dërguar ftesë?".

30 Dhe Korneli u përgjigj: "Para katër ditësh kisha agjëruar deri në këtë orë, dhe në orën e nëntë po lutesha në shtëpinë time, kur ja, një njeri me rroba të shndritshme qëndroi para meje,

31 dhe tha: "Kornel, lutja jote t'u plotësua dhe lëmoshat e tua u kujtuan para Perëndisë.

32 Dërgo, pra, ndonjë njeri në Jope dhe thirre Simonin, të mbiquajtur Pjetër; ai ndodhet në shtëpinë e Simonit, regjës lëkurësh, pranë detit; dhe, kur të vijë, ai do të të flasë".

33 Kështu dërgova menjëherë të të thërrasin, dhe ti bëre mirë që erdhe; tani ne këtu jemi të gjithë në prani të Perëndisë për të dëgjuar gjithçka që Perëndia të ka urdhëruar".

34 Atëherë Pjetri hapi gojën dhe tha: "Në të vërtetë unë po e marr vesh se Perëndia nuk tregohet i anshëm;

35 por, në çfarëdo kombi, ai që ka frikë prej tij dhe që vepron drejtësisht, është i pranuar nga ai,

36 sipas fjalës që ai u ka dhënë bijve të Izraelit, duke u shpallur paqen me anë të Jezu Krishtit, që është Zoti i të gjithëve.

37 Ju e dini se ç'ka ndodhur në mbarë Judenë, duke filluar nga Galilea, pas pagëzimit që predikoi Gjoni:

38 se si Perëndia vajosi me Frymën e Shenjtë dhe me fuqi Jezusin prej Nazareti, i cili përshkoi vendin duke bërë mirë dhe duke shëruar të gjithë ata që ishin të pushtuar nga djalli, sepse Perëndia ishte me të.

39 Dhe ne jemi dëshmitarë për të gjitha ato që ai bëri në vendin e Judesë dhe në Jeruzalem; dhe se si ata e vranë, duke e varur në një dru.

40 Por Perëndia e ringjalli të tretën ditë dhe e bëri që ai të dëftohet,

41 jo mbarë popullit, por dëshmitarëve të paracaktuar nga Perëndia, neve, që hëngrëm dhe pimë me të, mbasi u ngjall së vdekuri.

42 Tani ai na urdhëroi t'i predikojmë popullit dhe të dëshmojmë se ai është ai që Perëndia e ka caktuar si gjykatës të të gja-llëve dhe të të vdekurve.

43 Për të bëjnë dëshmi të gjithë profetët, që kushdo që beson në të merr faljen e mëkateve me anë të emrit të tij".

44 Ndërsa Pjetri ende po i thoshte këto fjalë, Fryma e Shenjtë zbriti mbi të gjithë ata që po e dëgjonin fjalën.

45 Dhe të gjithë besimtarët që ishin të rrethprerë, të cilët kishin ardhur me Pjetrin, u mrekulluan që dhurata e Frymës se Shenjtë u shpërnda edhe mbi johebrenjtë,

46 sepse i dëgjonin duke folur gjuhë të tjera dhe duke madhëruar Perëndinë. Atëherë Pjetri filloi të thotë:

47 "A mund ta ndalojë dikush ujin, që të mos pagëzohen këta që kanë marrë Frymën e Shenjtë pikërisht si ne?".

48 Kështu ai urdhëroi që ata të pagëzoheshin në emër të Zotit Jezus. Ata pastaj iu lutën të qëndronte disa ditë me ta.

Kapitull 11

1 Ndërkaq apostujt dhe vëllezërit që ishin në Jude morën vesh se edhe johebrenjtë kishin pranuar fjalën e Perëndisë.

2 Dhe, kur Pjetri u ngjit në Jeruzalem, ata që ishin rrethprerë haheshin me të,

3 duke thënë: "Ti hyre në shtëpi të njerëzve të parrethprerë dhe hëngre me ta!".

4 Por Pjetri, duke nisur nga fillimi, u shpjegoi atyre me radhë ngjarjet duke thënë:

5 "Unë po lutesha në qytetin e Jopes, kur u rrëmbeva në ekstazë dhe pashë një vegim: një send, që i ngjante një çarçafi të madh të kapur në të katër cepat, po zbriste si të ulej poshtë prej qiellit dhe arriti deri tek unë.

6 Duke shikuar me vëmendje brenda, dallova dhe pashë katërkëmbësha, bisha, zvarranikë të tokës dhe shpendë të qiellit.

7 Dhe dëgjova një zë që më thoshte: "Pjetër, çohu, ther dhe ha!".

8 Unë thashë: "Kurrsesi, o Zot, sepse nuk më ka hyrë kurrë në gojë asgjë e papastër ose e ndotur".

9 Por zëri m'u përgjigj për të dytën herë nga qielli: "Gjërat që Perëndia i ka pastruar, ti mos i bëj të papastra!".

10 Dhe kjo ndodhi tri herë; pastaj gjithçka u tërhoq përsëri në qiell.

11 Në po atë moment tre njerëz, që i pata dërguar në Cezare, u

paraqitën në shtëpinë ku ndodhesha unë.

¹² Dhe Fryma më tha të shkoj me ta, pa pasë kurrfarë ngurrimi. Me mua erdhën edhe këta gjashtë vëllezër, dhe kështu hymë në shtëpinë e atij njeriu.

¹³ Ai na tregoi se si kishte parë një engjëll që u paraqit në shtëpinë e tij dhe i tha: "Dërgo njerëz në Jope dhe thirre Simonin, të mbiquajtur Pjetër.

¹⁴ Ai do të të thotë fjalët, me anë të të cilave do të shpëtohesh ti dhe gjithë shtëpia jote".

¹⁵ Sapo kisha filluar të flas, kur Fryma e Shenjtë zbriti mbi ta, sikurse kishte zbritur në fillim mbi ne.

¹⁶ Atëherë m'u kujtua fjala e Zotit që thoshte: "Gjoni pagëzoi me ujë, por ju do të pagëzoheni me Frymën e Shenjtë".

¹⁷ Në qoftë se Perëndia, pra, u dha atyre të njëjtën dhuratë që kemi marrë ne, që besuam në Zotin Jezu Krisht, kush isha unë që të mund t'i kundërvihesha Perëndisë?".

¹⁸ Si i dëgjuan këto fjalë, ata u qetësuan dhe përlëvdonin Perëndinë, duke thënë: "Perëndia, pra, edhe johebrenjve u dha pendesën për t'u dhënë jetën!".

¹⁹ Ndërkaq ata që ishin shpërndarë për shkak të përndjekjes që nisi me Stefanin, arritën deri në Feniki, në Qipro dhe në Antioki, duke mos ia shpallur fjalën asnjë tjetri, përveç Judenjve.

²⁰ Por disa prej tyre me origjinë nga Qipro dhe nga Kirenea, kur arritën në Antioki, filluan t'u flasin Grekëve, duke shpallur Zotin Jezus.

²¹ Dhe dora e Zotit ishte me ta; dhe një numër i madh besoi dhe u kthye te Zoti.

²² Lajmi i kësaj arriti në vesh të kishës që ishte në Jeruzalem; dhe ata dërguan Barnabën, që të shkonte deri në Antioki.

²³ Kur ai arriti, shikoi hirin e Perëndisë, u gëzua dhe e nxiti të gjithë t'i qëndrojnë besnikë Zotit, me dëshirën e zemrës,

²⁴ sepse ai ishte njeri i mirë, plot me Frymë të Shenjtë dhe besim. Dhe një numër i madh personash iu shtua Zotit.

²⁵ Pastaj Barnaba u nis për në Tars për të kërkuar Saulin dhe, si e gjeti, e çoi në Antioki.

²⁶ Dhe plot një vit ata u bashkuan me atë kishë dhe mësuan një numër të madh njerëzish; dhe, për të parën herë në Antioki, dishepujt u quajtën të Krishterë.

²⁷ Në ato ditë disa profetë zbritën nga Jeruzalemi në Antioki.

²⁸ Dhe një nga ata, me emër Agab, u ngrit dhe nëpërmjet Frymës parathoshte se do të ndodhte në mbarë botën një zi e madhe buke; dhe kjo ndodhi më vonë në kohën nën Klaud Cezarit.

²⁹ Atëherë dishepujt, secili sipas mundësive të tij, vendosën t'u çojnë një ndihmë vëllezërve që banonin në Jude.

³⁰ Dhe këtë ata e bënë, duke ua dërguar pleqve me anë të Barnabës dhe të Saulit.

Kapitull 12

¹ Dhe në atë kohë mbreti Herod filloi të përndjekë disa nga kisha.

² Dhe e vrau me shpatë Jakobin, vëllain e Gjonit.

³ Dhe, duke parë se kjo u pëlqente Judenjve, urdhëroi të arrestohet edhe Pjetri (ishin ditët e të Ndormëve).

⁴ Mbasi e arrestoi, e futi në burg dhe ua besoi ruajtjen e tij katër skuadrave, me nga katër ushtarë secila, duke menduar ta nxjerrë para popullit mbas Pashkës.

⁵ Por, ndërsa Pjetrin e ruanin në burg, nga ana e kishës bënin lutje të vazhdueshme te Perëndia për të.

⁶ Dhe natën, para se ta nxirrte Herodi përpara popullit, Pjetri po flinte në mes dy ushtarëve, i lidhur me dy zinxhirë; dhe rojet para portës ruanin burgun.

⁷ Dhe ja, një engjëll i Zotit u duk dhe një dritë e ndriçoi qelinë; dhe ai i ra Pjetrit në ije, e zgjoi duke thënë: "Çohu shpejt!": Dhe zinxhirët i ranë nga duart.

⁸ Pastaj engjëlli i tha: "Ngjishu dhe lidhi sandalet!". Dhe ai bëri kështu. Pastaj i tha: "Mbështillu me mantelin dhe ndiqmë!".

⁹ Dhe Pjetri, mbasi doli, e ndiqte pa e kuptuar se ç'po i ndodhte me anë të engjëllit ishte e vërtetë; sepse ai pandehte se kishte një vegim.

¹⁰ Dhe, si kaluan vendrojën e parë dhe të dytë, arritën te dera e hekurt që të çonte në qytet, dhe ajo u hap përpara tyre vetvetiu; dhe, mbasi dolën, përshkuan një rrugë dhe papritmas engjëlli e la atë.

¹¹ Kur Pjetri erdhi në vete, tha: "Tani me të vërtetë po e di se Zoti ka dërguar engjëllin e vet dhe më liroi nga duart e Herodit duke e bërë të kotë gjithë atë që priste populli i Judenjve".

¹² Kur e kuptoi situatën, ai u nis për në shtëpinë e Marisë, nënës së Gjonit, të mbiquajtur Mark, ku shumë vëllezër ishin mbledhur dhe po luteshin.

¹³ Sapo Pjetri i ra derës së hyrjes, një shërbëtore që quhej Rode u afrua me kujdes për të dëgjuar.

¹⁴ Dhe, kur njohu zërin e Pjetrit, nga gëzimi nuk e hapi derën, por rendi brenda dhe njoftoi se Pjetri ndodhej para derës.

¹⁵ Por ata i thanë: "Ti flet përçart". Por ajo pohonte se ashtu ishte. Dhe ata thoshnin: "Është engjëlli i tij!".

¹⁶ Ndërkaq Pjetri vazhdonte të trokiste. Ata, kur e hapën, e panë atë dhe u mahnitën.

¹⁷ Por ai u bëri shenjë me dorë të heshtnin dhe u tregoi se si Zoti e kishte nxjerrë nga burgu. Pastaj tha: "Ua tregoni këto Jakobit dhe vëllezërve!". Pastaj doli dhe shkoi në një vend tjetër.

¹⁸ Kur zbardhi dita, u bë një pështjellim i madh në mes të ushtarëve, sepse nuk dinin ç'kishte ndodhur me Pjetrin.

¹⁹ Dhe Herodi nisi ta kërkojë, por nuk e gjeti, dhe, mbasi i mori në pyetje rojet, urdhëroi që të vriten. Pastaj zbriti nga Judeja në Cezare dhe atje qëndroi për pak kohë.

²⁰ Por Herodi ishte i zemëruar kundër tirasve dhe sidonasve; por ata, si u morën vesh midis tyre, u paraqitën para tij dhe, mbasi ia mbushën mendjen Blastit, kamarierit të mbretit, kërkuan paqe, sepse

²¹ Ditën e caktuar Herodi, i veshur me mantelin mbretëror dhe i ulur mbi fron, u mbajti një fjalim.

²² Populli e brohoriste, duke thënë: "Zë e Perëndisë dhe jo e njeriut!".

²³ Në atë çast një engjëll i Zotit e goditi, sepse nuk i kishte dhënë lavdi Perëndisë; dhe, i brejtur nga krimbat, vdiq.

²⁴ Ndërkaq fjala e Perëndisë rritej dhe përhapej.

²⁵ Dhe Barnaba dhe Sauli, mbasi e përfunduan misionin e tyre, u kthyen nga Jeruzalemi në Antioki duke e marrë me vete Gjonin, të mbiquajtur Mark.

Kapitull 13

¹ Por në kishën e Antiokisë ishin profetë dhe mësues: Barnaba, Simeoni, i quajtur Niger, Luci nga Kireneas, Manaeni, që ishte rritur bashkë me Herodin tetrark, dhe Sauli.

² Dhe, ndërsa po kryenin shërbesën e Zotit dhe po agjëronin, Fryma e Shenjtë tha: "M'i ndani veç Barnabën dhe Saulin për veprën për të cilën i kam thirrur".

³ Atëherë, pasi agjëruan dhe u lutën, vunë duart mbi ta dhe i nisën.

⁴ Ata, pra, të dërguar nga Fryma e Shenjtë, zbritën në Seleuki dhe që andej lundruan për në Qipro.

⁵ Kur arritën në Salaminë, shpallën fjalën e Perëndisë në sinagogat e Judenjve; dhe ata kishin me vete edhe Gjonin si ndihmës.

⁶ Pastaj, mbasi e përshkuan ishullin deri në Pafo, gjetën aty një magjistar, një profet të rremë jude, me emër Bar-Jezus,

⁷ i cili ishte me prokonsullin Sergj Pal, njeri i zgjuar. Ky thirri pranë vetes Barnabën dhe Saulin dhe kërkoi të dëgjonte fjalën e Perëndisë,

⁸ por Elimas, magjistari (ky në fakt është kuptimi i emrit të tij) u kundërshtoi atyre, duke kërkuar ta largojë prokonsullin nga besimi.

⁹ Atëherë Sauli, i quajtur edhe Pal, i mbushur me Frymën e Shenjtë, i nguli sytë mbi të dhe tha:

¹⁰ "O njeri plot me çdo mashtrim dhe çdo farë ligësie, bir i djallit, armik i çdo drejtësie, a nuk do të heqësh dorë nga shtrembërimi i rrugëve të drejta të Zotit?

¹¹ Tani, pra, ja, dora e Zotit është mbi ty, dhe do të verbohesh dhe nuk do ta shohësh më diellin për një farë kohe". Menjëherë mbi të ra mjegull dhe terr: dhe ai shkonte rreth e qark duke kërkuar ndonjë që ta mbante për dore.

¹² Atëherë prokonsulli, kur pa çfarë kishte ndodhur, besoi, i mrekulluar nga doktrina e Zotit.

¹³ Dhe Pali dhe shokët e vet hipën në anije nga Pafo dhe arritën nëpër det në Pergë të Panfilisë; por Gjoni u nda prej tyre dhe u kthye në Jeruzalem.

¹⁴ Por ata, duke vazhduar rrugën nga Perga, arritën në Antioki të Pisidisë; dhe, mbasi hynë në sinagogë ditën e shtunë, u ulën.

¹⁵ Mbas leximit të ligjit dhe të profetëve, krerët e sinagogës dërguan atyre për t'u thënë: "Vëllezër, në qoftë se keni ndonjë fjalë këshilluese për popullin, ia thoni".

¹⁶ Atëherë Pali u ngrit dhe, mbasi bëri shenjë me dorë, tha: "Izraelitë dhe ju që druani Perëndinë, dëgjoni!

¹⁷ Perëndia e këtij populli të Izraelit zgjodhi etërit tanë, dhe e bëri të madh popullin gjatë qëndrimit në vendin e Egjiptit; pastaj, me krahë të fuqishëm, e nxori që andej.

¹⁸ Dhe për afro dyzet vjet i duroi në shkretëtirë.

¹⁹ Pastaj shkatërroi shtatë kombe në vendin e Kanaanit dhe ua shpërndau atyre në trashëgimi vendin e tyre.

²⁰ Dhe pastaj, për afro katërqind e pesëdhjetë vjet, u dha Gjyqtarë deri te profeti Samuel.

²¹ Më pas ata kërkuan një mbret; dhe Perëndia u dha atyre Saulin,

birin e Kisit, një burrë nga fisi i Beniaminit, për dyzet vjet.

²² Pastaj Perëndia e hoqi dhe u ngjalli atyre si mbret Davidin, për të cilin dha dëshmi duke thënë: "Kam gjetur Davidin, birin e Jeseut, njeri sipas zemrës sime, i cili do të zbatojë të gjitha vullnetet e mia".

²³ Prej farës së këtij Perëndia, sipas premtimit të vet, i ka ngjallur Izraelit Shpëtimtarin Jezus.

²⁴ Para ardhjes së tij, Gjoni predikoi një pagëzim pendimi për gjithë popullin e Izraelit.

²⁵ Dhe, kur Gjoni po e përfundonte misionin e tij, tha: "Cili pandehni se jam unë? Unë nuk jam Krishti; por ja, pas meje vjen një, të cilit unë nuk jam i denjë t'i zgjidh sandalet e këmbëve".

²⁶ Vëllezër, bij të pasardhësve të Abrahamit, dhe ata prej jush që druajnë Perëndinë, juve ju është dërguar fjala e këtij shpëtimi.

²⁷ Sepse banorët e Jeruzalemit dhe krerët e tyre, duke mos e njohur Këtëjezus, duke e dënuar, kanë përmbushur fjalët e profetëve që lexohen çdo të shtunë.

²⁸ Dhe, ndonëse nuk i gjetën asnjë faj që të meritonte vdekjen, i kërkuan Pilatit që ai të vritet.

²⁹ Dhe mbasi u kryen të gjitha gjërat që janë shkruar për të, atë e zbritën nga druri dhe e vunë në varr.

³⁰ Por Perëndia e ringjalli prej të vdekurve;

³¹ dhe ai u pa për shumë ditë nga ata që ishin ngjitur me të nga Galilea në Jeruzalem, të cilët tani janë dëshmitarë të tij para popullit.

³² Dhe ne po ju shpallim lajmin e mirë të premtimit që u qe bërë etërve,

³³ duke ju thënë se Perëndia e ka përmbushur për ne, bij të tyre, duke ringjallur Jezusin, ashtu si dhe është shkruar në psalmin e dytë: "Ti je Biri im, sot më linde".

³⁴ Dhe mbasi e ringjallur prej të vdekurve për të mos e kthyer në kalbje, ai ka thënë kështu: "Unë do t'ju jap premtimet e sigurta të bëra Davidit".

³⁵ Për këtë ai thotë edhe në një psalm tjetër: "Ti nuk do të lejosh që i Shenjti yt të shohë kalbje".

³⁶ Sepse Davidi, mbasi zbatoi këshillën e Perëndisë në brezin e tij, vdiq dhe u bashkua me etërit e vet dhe pa kalbje,

³⁷ por ai, që e ka ringjallur Perëndia, nuk ka parë kalbje.

³⁸ Le ta dini, pra, o vëllezër, se nëpërmjet tij ju është shpallur falja e mëkateve,

³⁹ dhe se, me anë të tij, ai që beson është shfajësuar nga të gjitha gjërat, që nuk mund të shfajsohej me anë të ligjit të Moisiut.

⁴⁰ Kini kujdes, pra, që të mos ju ndodhë ajo që është thënë në profetët:

⁴¹ "Shikoni, o përbuzës, mrekullohuni dhe do të treteni, sepse unë po kryej një vepër në ditët tuaja, një vepër, të cilën ju nuk do ta besonit, po t'jua tregonte dikush"".

⁴² Dhe kur Judenjtë dolën nga sinagoga, johebrenjtë u lutën që të shtunën e ardhshme t'u flisnin përsëri për këto gjëra.

⁴³ Dhe, mbasi u shpërnda mbledhja, shumë nga Judenjtë dhe nga prozelitët e perëndishëm i ndiqnin Palin dhe Barnabën, të cilët, duke u folur atyre, i bindën të ngulmojnë në hir të Perëndisë.

⁴⁴ Të shtunën tjetër gati gjithë qyteti u mblodh për të dëgjuar fjalën e Perëndisë.

⁴⁵ Por Judenjtë, duke parë turmën, u mbushën me smirë dhe u kundërviheshin thënieve të Palit, duke kundërshtuar dhe duke blasfemuar.

⁴⁶ Atëherë Pali dhe Barnaba, duke folur lirisht, thanë: "Ishte e nevojshme që fjala e Perëndisë t'ju shpallej ju më së pari; por, ngaqë ju e hidhni poshtë dhe nuk e çmoni veten të denjë për jetën e përjetshme, ja, ne po u drejtohemi johebrenjve.

⁴⁷ Sepse kështu na ka urdhëruar Zoti: "Unë të vura si dritë të johebrenjve, që ti ta çosh shpëtimin deri në skajin e dheut"".

⁴⁸ Johebrenjtë, kur dëgjuan, u gëzuan dhe lëvdonin fjalën e Zotit; dhe të gjithë sa ishin të paracaktuar për jetën e pasosur besuan.

⁴⁹ Dhe fjala e Zotit përhapej në mbarë atë vend.

⁵⁰ Por Judenjtë i nxitën disa gra të perëndishme të shtresës së lartë, si dhe parinë e qytetit, dhe ngjallën një përndjekje kundër Palit dhe Barnabës dhe i dëbuan jashtë kufijve të tyre.

⁵¹ Atëherë ata, mbasi shkundën pluhurin e këmbëve të tyre kundër tyre, shkuan në Ikon.

⁵² Dhe dishepujt ishin mbushur me gëzim dhe me Frymën e Shenjtë.

Kapitull 14

¹ Ndodhi që edhe në Antioki ata hynë në sinagogën Ejudenjve dhe folën në mënyrë të tillë, sa një turmë e madhe Judenjsh dhe Grekësh besuan,

² Porjudenjtë që nuk besuan i nxitën dhe i acaruan shpirtrat e johebrenjve kundër vëllezërve.

³ Ata, pra, qëndruan shumë kohë atje, duke folur lirisht në Zotin, i cili jepte dëshmi fjalës së hirit të tij, duke lejuar që me anë të duarve të tyre të bëheshin shenja dhe mrekulli.

⁴ Por popullsia e qytetit u nda: disa mbanin anën e Judenjve dhe të tjerë atë të apostujve.

⁵ Por kur u bë një orvatje nga ana e johebrenjve dhe e Judenjve me krerët e tyre për t'i keqtrajtuar apostujt dhe për t'i vrarë me gurë,

⁶ ata e morën vesh dhe ikën në qytetet e Likaonisë: në Listra, në Derbë dhe në krahinën përreth,

⁷ dhe atje vazhduan të ungjillëzonin.

⁸ Dhe në Listra ishte një njeri me këmbë të paralizuara, që rrinte gjithnjë ndenjur dhe nuk kishte ecur kurrë, sepse ishte sakat që nga barku i së ëmës.

⁹ Ky e dëgjoi duke folur Palin, i cili nguli sytë mbi të dhe pa se ai kishte besim për t'u shëruar,

¹⁰ dhe tha me zë të lartë: "Çohu në këmbë!". Dhe ai hovi lart dhe nisi të ecë.

¹¹ Turma, kur pa ç'kishte bërë Pali, e ngriti zërin duke thënë në gjuhën likaonike: "Perënditë zbritën ndër ne, në trajtë njeriu".

¹² Dhe e quanin Barnabën Jupiter, Palin Mërkur, sepse ai fliste më shumë.

¹³ Atëherë prifti i Jupiterit, që e kishte tempullin në hyrje të qytetit të tyre, solli dema me kurora pranë portave dhe donte të ofronte një flijim bashkë me turmën.

¹⁴ Por apostujt Barnaba dhe Pal, kur dëgjuan këtë, i grisën rrobat e tyre dhe u turrën në mes të turmës, duke thirrur e duke thënë:

¹⁵ "O burra, pse bëni këto gjëra? Edhe ne jemi njerëz me të njëjtën natyrë si ju, dhe po ju shpallim lajmin e mirë, që ju nga këto gjëra të kota të ktheheni te Perëndia e gjallë që ka bërë qiellin, dheun, detin dhe të gjitha gjërat që janë në ta.

¹⁶ Në brezat që shkuan ai la që të gjitha kombet të ndjekin rrugët e tyre;

¹⁷ por nuk e la veten e vet pa dëshmi, duke bërë mirë, duke na dhënë shira prej qiellit dhe stinë të frytshme dhe duke i mbushur zemrat tona me ushqim dhe gëzim".

¹⁸ Duke thënë këto gjëra, mundën t'i ndalin me vështirësi turmat që të mos u bënjë flijim.

¹⁹ Por në atë kohë erdhën disa Judenj nga Antiokia dhe nga Ikoni; ata, mbasi ia mbushën mendjen turmës, e gjuajtën me gurë Palin dhe, duke menduar se kishte vdekur, e tërhoqën zvarrë jashtë qytetit.

²⁰ Por, kur dishepujt u mblodhën rreth tij, ai u ngrit dhe hyri në qytet; dhe të nesërmen u nis me Barnabën për në Derbë.

²¹ Dhe, mbasi ungjillëzuan atë qytet dhe bënë shumë dishepuj, u kthyen në Listra, në Ikon dhe në Antioki,

²² duke fuqizuar shpirtërat e dishepujve dhe duke i këshilluar që të ngulmojnë në besim, dhe duke thënë se me shumë pikëllime duhet të hyjmë në mbretërinë e Perëndisë.

²³ Dhe mbasi caktuan për ta pleqtë në çdo kishë, u lutën dhe agjëruan, i lanë në dorën e Zotit, në të cilin kishin besuar.

²⁴ Dhe, mbasi e përshkuan Pisidinë, ardhën në Panfili.

²⁵ Dhe, mbasi shpallën fjalën në Pergë, zbritën në Atali.

²⁶ Pastaj që andej lundruan për në Antioki, prej nga ishin rekomanduar në hir të Perëndisë për veprën që posa kishin kryer.

²⁷ Si arritën atje, mblodhën kishën dhe treguan ç'gjëra të mëdha kishte kryer Perëndia me anë të tyre dhe si u kishte hapur johebrenjve derën e besimit.

²⁸ Dhe qëndruan atje me dishepujt mjaft kohë.

Kapitull 15

¹ Dhe disa, që zbritën nga Judeja, mësonin vëllezërit: "Nëse nuk jeni rrethprerë sipas ritit të Moisiut, nuk mund të shpëtoheni".

² Duke qenë se u bë një grindje jo e vogël dhe një diskutim nga ana e Palit dhe e Barnabës me ata, u dha urdhër që Pali, Barnaba dhe disa të tjerë nga ata të ngjiten në Jeruzalem tek apostujt dhe te pleqtë për këtë çështje.

³ Ata, pra, si u përcollën nga kisha, kaluan nëpër Feniki dhe Samari, duke treguar kthimin e johebrenjve dhe duke u sjellë gëzim të madh mbarë vëllezërve.

⁴ Kur arritën në Jeruzalem, u pritën nga kisha, nga apostujt dhe nga pleqtë dhe treguan për gjërat e mëdha që Perëndia kishte bërë me anën e tyre.

⁵ Por u ngritën disa nga sekti i farisenjve, që kishin besuar dhe thanë: "Duhen rrethprerë johebrenjtë dhe të urdhërohen të zbatojnë ligjin e Moisiut".

⁶ Atëherë apostujt dhe pleqtë u mblodhën për ta shqyrtuar këtë problem.

⁷ Dhe duke qenë se lindi një diskutim i madh, Pjetri u çua në këmbë dhe u tha atyre: "Vëllezër, ju e dini se që në kohët e para Perëndia midis nesh më zgjodhi mua, që me anë të gojës sime johebrenjtë të dëgjojnë fjalën e ungjillit dhe të besojnë.

⁸ Perëndia, që i njeh zemrat, u ka dhënë atyre dëshmi, duke u dhënë Frymën e Shenjtë, sikurse edhe neve;

⁹ dhe ai nuk bëri asnjë dallim midis nesh dhe atyre, duke i pastruar zemrat e tyre me anë të besimit.

¹⁰ Tani, pra, pse e tundoni Perëndinë, duke u vënë mbi qafën e dishepujve një zgjedhë që as etërit tanë e as ne nuk mund ta mbajmë?

¹¹ Po ne besojmë se do të shpëtohemi me anë të hirit të Zotit Jezu Krishtit, dhe në të njëjtën mënyrë edhe ata".

¹² Atëherë e gjithë turma heshti, dhe rrinte e dëgjonte Barnabën dhe Palin, që tregonin ç'shenja e mrekulli kishte bërë Perëndia me anë të tyre ndër johebrenj.

¹³ Dhe si heshtën ata, Jakobi e mori fjalën dhe tha: "Vëllezër, më dëgjoni!

¹⁴ Simoni ka treguar si i ka vizituar për herë të parë Perëndia johebrenjtë, që të zgjedhë nga ata një popull për emrin e tij.

¹⁵ Me këtë gjë pajtohen fjalët e profetëve, sikundër është shkruar:

¹⁶ "Pas këtyre gjerave, unë do të kthehem dhe do ta rindërtoj tabernakullin e Davidit që është rrëzuar, do t'i restauroj gërmadhat e tij dhe do ta ngre përsëri më këmbë,

¹⁷ që mbetja e njerëzve dhe të gjitha johebrenjtë mbi të cilat thirret emri im, të kërkojnë Zotin, thotë Zoti që i bën të gjitha këto".

¹⁸ Prej kohësh janë të njohura te Perëndia të gjitha veprat e tij.

¹⁹ Prandaj unë gjykoj që të mos i bezdisim ata nga johebrenjtë që kthehen te Perëndia,

²⁰ por t'u shkruhet atyre që të heqin dorë nga ndotjet e idhujve, nga kurvëria, nga gjërat e mbytura dhe nga gjaku.

²¹ Sepse Moisiu që nga kohët e lashta ka njerëz të cilët në çdo qytet e predikojnë atë, duke qenë i lexuar çdo të shtunë në sinagoga".

²² Atëherë iu duk e mirë apostujve dhe pleqve me gjithë kishën të dërgojnë në Antioki, me Palin dhe Barnabën, disa njerëz të zgjedhur nga ata: Judën, mbiquajtur Barsaba, dhe Silën, njerëz me autoritet ndër vëllezërit,

²³ me një letër të shkruar nga dora e tyre që thoshte: "Apostujt, pleqtë dhe vëllezërit, vëllezërve nga johebrenjtë që janë në Antioki, Siri dhe Kiliki, përshëndetje.

²⁴ Duke qenë se morëm vesh se disa që erdhën prej nesh, por të cilëve ne nuk u kishim dhënë asnjë porosi, ju kanë shqetësuar me fjalë duke trazuar shpirtrat tuaj, duke thënë se ju duhet të rrethpriteni dhe të zbatoni ligjin,

²⁵ na u duk e mirë neve, të mbledhur tok me një zemër, të zgjedhim disa njerëz dhe t'i dërgojmë bashkë me të dashurit tanë Barnaba dhe Pal,

²⁶ njerëz që kanë përkushtuar jetën e tyre për emrin e Zotit tonë Jezu Krishtit.

²⁷ Kemi dërguar, pra, Judën dhe Silën; edhe ata do t'ju tregojnë me gojë të njëjtat gjëra.

²⁸ Në fakt na u duk mirë Frymës së Shenjtë dhe neve që të mos ju ngarkojmë asnjë barrë tjetër përveç këtyre gjërave të nevojshme:

²⁹ që ju të hiqni dorë nga gjërat e flijiuara idhujve, nga gjaku, nga gjërat e mbytura dhe nga kurvëria; do të bëni mirë të ruheni nga këto. Qofshi mirë".

³⁰ Ata, pra, mbasi u ndanë, zbritën në Antiokia dhe, si mblodhën kuvendin, e dorëzuan letrën.

³¹ Dhe ata, mbasi e lexuan, u gëzuan për ngushëllimin.

³² Dhe Juda e Sila, që ishin edhe ata profetë, me shumë fjalë i nxitën vëllezërit dhe i forcuan.

³³ Mbasi ndenjën atje ca kohë, u dërguan prapë me paqtim nga vëllezërit tek apostujt.

³⁴ Por Silës iu duk mirë të mbetej aty.

³⁵ Edhe Pali e Barnaba qëndruan në Antioki, duke mësuar dhe duke shpallur me shumë të tjerë fjalën e Zotit.

³⁶ Pas disa ditësh Pali i tha Barnabës: "Le të kthehemi të shohim vëllezërit tanë në çdo qytet, ku kemi shpallur fjalën e Perëndisë, për të parë si janë".

³⁷ Dhe Barnaba donte të merrte me vete Gjonin, të quajtur Mark.

³⁸ Por Pali mendonte se nuk duhej marrë me vete atë që ishte ndarë prej tyre në Pamfili, dhe nuk kishte shkuar me ata në punë.

³⁹ Atëherë lindi një grindje saqë ata u ndanë njëri nga tjetri; pastaj Barnaba, mbasi mori Markun, lundroi për në Qipro.

⁴⁰ Por Pali zgjodhi Silën dhe u nis, pasi vëllezërit e lanë në hir të Perëndisë.

⁴¹ Dhe përshkoi Sirinë dhe Kilikinë, duke i forcuar kishat.

Kapitull 16

¹ Dhe ai arriti në Derbë dhe në Listra; këtu ishte një dishepull me emër Timote, biri i një gruaje judease besimtare, por me baba grek,

² për të cilin jepnin dëshmi të mirë vëllezërit e Listrës dhe të Ikonit.

³ Pali deshi që të dilte me të; kështu e mori, e rrethpreu për shkak të Judenjve që ishin në ato vende, sepse të gjithë e dinin se babai i tij ishte grek.

⁴ Dhe, duke kaluar nëpër qytete, i urdhëronin ata të zbatojnë vendimet që ishin marrë nga apostujt dhe nga pleqtë në Jeruzalem.

⁵ Kishat, pra, po forcoheshin në besim dhe rriteshin në numër përditë.

⁶ Kur ata po kalonin nëpër Frigji dhe në krahinën e Galatisë, u penguan nga Fryma e Shenjtë që të shpallin fjalën në Azi.

⁷ Si arritën në kufijtë e Misisë, ata kërkuan të shkojnë në Bitini, por Fryma nuk i lejoi.

⁸ Kështu, pasi e përshkuan Misinë, zbritën në Troas.

⁹ Gjatë natës Palit iu shfaq një vegim. I rrinte para një burrë Maqedonas, që i lutej dhe i thoshte: "Kalo në Maqedoni dhe na ndihmo".

¹⁰ Mbasi e pa vegimin, kërkuam menjëherë të shkojmë në Maqedoni, të bindur se Zoti na kishte thirrur që t'ua shpallim atyre ungjillin.

¹¹ Prandaj, duke lundruar nga Troasi, u drejtuam për në Samotrakë, dhe të nesërmen në Neapolis,

¹² dhe prej andej në Filipi, që është qyteti i parë i asaj ane të Maqedonisë dhe koloni romake; dhe qëndruam disa ditë në atë qytet.

¹³ Ditën e së shtunës dolëm jashtë qytetit anës lumit, ku ishte vendi i zakonshëm për lutje; dhe, si u ulëm, u flisnim grave që ishin mbledhur atje.

¹⁴ Dhe një grua, me emër Lidia, që ishte tregtare të purpurtash, nga qyteti i Tiatirës dhe që e adhuronte Perëndinë, po dëgjonte. Dhe Zoti ia hapi zemrën për të dëgjuar gjërat që thoshte Pali.

¹⁵ Pasi ajo u pagëzua me familjen e saj, na u lut duke thënë: "Në qoftë se më keni gjykuar se jam besnike ndaj Zotit, hyni në shtëpinë time dhe rrini". Dhe na detyroi të pranojmë.

¹⁶ Dhe, kur po shkonim për lutje, na doli para një sklave e re që kishte një frymë falli, e cila, duke u treguar fatin njerëzve, u sillte shumë fitime zotërinjve të saj.

¹⁷ Ajo u vu të ndjekë Palin dhe ne, dhe bërtiste duke thënë: "Këta njerëz janë shërbëtorë të Perëndisë Shumë të Lartë dhe ju shpallën udhën e shpëtimit".

¹⁸ Dhe ajo e bëri këtë shumë ditë me radhë, por Pali, i mërzitur, u kthye dhe i tha frymës: "Unë të urdhëroj në emër të Jezu Krishtit të dalësh prej saj". Dhe fryma doli që në atë çast.

¹⁹ Por zotërinjtë e saj, kur panë se u humbi shpresa e fitimit të tyre, i kapën Palin dhe Silën dhe i tërhoqën te sheshi i tregut përpara arkondëve;

²⁰ dhe si ua paraqitën pretorët, thanë: "Këta njerëz, që janë Judenj, e turbullojnë qytetin tonë,

²¹ dhe predikojnë zakone që për ne, që jemi Romakë, nuk është e ligjshme t'i pranojmë dhe t'i zbatojmë".

²² Atëherë turma u lëshua e gjitha bashkë kundër tyre: dhe pretorëve, ua grisën atyre rrobat dhe urdhëruan t'i rrahin me kamxhik.

²³ Dhe si i rrahën me shumë goditje, i futën në burg duke urdhëruar rojtarin e burgut t'i ruajë me kujdes.

²⁴ Ky, si mori një urdhër të tillë, i futi në pjesën më të brendshme të burgut dhe ua shtrëngoi këmbët në dru.

²⁵ Aty nga mesnata Pali dhe Sila po luteshin dhe i këndonin himne Perëndisë; dhe të burgosurit i dëgjonin.

²⁶ Befas u bë një tërmet i madh, saqë u tundën themelet e burgut; dhe në atë çast u hapën të gjitha dyert dhe të gjithëve iu zgjidhën prangat.

²⁷ Rojtari i burgut, kur u zgjua dhe pa dyert e burgut të hapura, nxori shpatën dhe donte të vriste veten, duke menduar se të burgosurit kishin ikur.

²⁸ Por Pali thirri me zë të lartë: "Mos i bëj ndonjë të keqe vetes, sepse ne të gjithë jemi këtu".

²⁹ Atëherë ai kërkoi një dritë, u turr brenda dhe duke u dridhur i tëri u ra ndër këmbë Palit dhe Silës;

³⁰ pastaj i nxori jashtë dhe tha: "Zotërinj, ç'duhet të bëj unë që të shpëtohem?".

Veprave

31 Dhe ata i thanë: "Beso në Zotin Jezu Krisht dhe do të shpëtohesh ti dhe shtëpia jote".

32 Pastaj ata i shpallën fjalën e Zotit atij dhe gjithë atyre që ishin në shtëpinë e tij.

33 Dhe ai i mori që në atë orë të natës dhe ua lau plagët. Dhe ai dhe të gjithë të tijtë u pagëzuan menjëherë.

34 Mbasi i çoi në shtëpinë e vet, ua shtroi tryezën dhe u gëzua me gjithë familjen e tij që kishte besuar në Perëndinë.

35 Kur u gdhi, pretorët dërguan liktorët t'i thonë rojtarit të burgut: "Lëri të lirë ata njerëz".

36 Dhe rojtari i burgut i tregoi Palit këto fjalë: "Pretorët kanë dërguar fjalë që të liroheni; dilni, pra, dhe shkoni në paqe".

37 Por Pali u tha atyre: "Mbasi na kanë rrahur botërisht pa qenë të dënuar në gjyq, ne që jemi qytetarë romakë, na futën në burg dhe tani na nxjerrin fshehtas? Jo, kurrsesi! Le të vijnë vetë ata të na nxjerrin jashtë".

38 Liktorët ua tregon këto fjalë pretorëve; dhe ata, kur dëgjuan se ishin qytetarë romakë, u frikësuan.

39 Atëherë erdhën dhe iu lutën atyre, dhe si i nxorën, iu lutën që të largohen nga qyteti.

40 Atëherë ata, si dolën nga burgu, hynë në shtëpinë e Lidias dhe, kur panë vëllezërit, i ngushëlluan; dhe ikën.

Kapitull 17

1 Dhe mbasi kishin kaluar nëpër Amfipoli dhe nëpër Apoloni, arritën në Thesaloniki, ku ishte sinagoga e Judenjve.

2 Dhe Pali, sipas zakonit të vet, hyri tek ata dhe tri të shtuna me radhë u paraqiti argumente nga Shkrimet,

3 duke deklaruar dhe duke treguar atyre se Krishti duhej të vuante dhe të ringjallej prej së vdekurish dhe duke thënë: "Ky Jezusi që unë ju shpall është Krishti".

4 Disa nga ata besuan dhe u bashkuan me Palin dhe Silën, si dhe një numër i madh Grekësh të përshpirtshëm dhe jo pak gra të rëndësishme.

5 Por Judenjtë, të cilët nuk kishin besuar, patën smirë dhe morën me vete disa njerëz të këqij nga ata të rrugëve te tregut dhe, si mblodhën një turmë, e bënë rrëmujë qytetin; edhe sulmuan shtëpinë e Jasonit dhe kërkonin ata për t'i nxjerrë përpara popullit.

6 Por, mbasi nuk i gjetën, e hoqën zvarrë Jasonin dhe disa vëllezër përpara krerëve të qytetit, duke thirrur: "Ata që e kanë bërë rrëmujë botën, kanë ardhur edhe këtu,

7 dhe Jasoni këta i priti; të gjithë këta veprojnë kundër statuteve të Cezarit, duke thënë se është një mbret tjetër, Jezusi".

8 Edhe nxitën popullin dhe krerët e qytetit, që i dëgjonin këto gjëra.

9 Por ata, mbasi morën një dorëzani nga Jasoni dhe nga të tjerët, i lejuan të shkojnë.

10 Atëherë vëllezërit menjëherë natën i nisën Palin dhe Silën për në Berea dhe ata, sapo arritën atje, hynë në sinagogën e Judenjve.

11 Por këta ishin më fisnikë nga ndjenjat se ata të Thesalonikit dhe e pranuan fjalën me gatishmëri të madhe, duke i shqyrtuar çdo ditë Shkrimet për të parë nëse këto gjëra ishin ashtu.

12 Shumë nga ata, pra, besuan bashkë me një numër jo të vogël grash fisnike greke dhe burrash.

13 Por, kur Judenjtë e Thesalonikit morën vesh se fjala e Perëndisë ishte shpallur nga Pali edhe në Berea, shkuan edhe atje dhe e turbulluan turmën.

14 Atëherë vëllezërit e nisën menjëherë Palin në drejtim të detit, por Sila dhe Timoteu qëndruan atje.

15 Ata që i prinin Palit e çuan deri në Athinë; pastaj, mbasi morën porosi për Silën dhe Timoteun që të arrijnë sa më parë tek ai, u kthyen prapa.

16 Ndërsa Pali po i priste në Athinë, po i zjente fryma përbrenda, kur pa qytetin plot me idhuj.

17 Ai, pra, po diskutonte në sinagogë me Judenjtët dhe me njerëz të përshpirtshëm dhe çdo ditë në sheshin e tregut me ata që takonte.

18 Diskutonin me të edhe disa filozofë epikurianë dhe stoikë. Disa thoshnin: "Vallë ç'do të thotë ky llafazan". Dhe të tjerë thoshnin: "Ai duket se është një kasnec i perëndive të huaja", sepse u shpall atyre Jezusin dhe ringjalljen.

19 Dhe e zunë dhe e çuan në Areopag, duke thënë: "A mund ta marrim vesh ç'është kjo doktrinë e re për të cilën ti flet?

20 Sepse ti sjell disa gjëra të huaja në veshët tanë, prandaj duam të dimë ç'kuptim kanë ato.

21 Atëherë gjithë Athinasit dhe të huajt që banonin atje nuk e kalonin kohën më mirë sesa duke folur ose duke dëgjuar ndonjë fjalë të re.

22 Atëherë Pali, duke qëndruar në këmbë në mes të Areopagut, tha: "O burra athinas, unë shoh se në të gjitha gjërat ju jeni shumë fetarë".

23 Sepse, duke ecur e duke vënë re objektet e kultit tuaj, gjeta edhe një altar mbi të cilin është shkruar: "PERËNDISË SË PANJOHUR". Atë, pra, që ju e adhuroni pa e njohur, unë po jua shpall.

24 Perëndia që bëri botën dhe të gjitha gjërat që janë në të, duke qenë Zot i qiellit dhe i tokës, nuk banon në tempuj të bërë nga duart e njeriut,

25 dhe as shërbehet nga duart e njerëzve, sikur të kishte nevojë për ndonjë gjë, sepse ai u jep të gjithëve jetë, hukatje dhe çdo gjë;

26 dhe ai ka bërë nga një gjak i vetëm të gjitha racat e njerëzve, të të banojnë në mbarë faqen e dheut, dhe caktoi kohërat me radhë dhe caqet e banimit të tyre,

27 që të kërkojnë Zotin, mbase mund ta gjejnë duke prekur, ndonëse ai nuk është larg nga secili prej nesh.

28 Sepse në të ne jetojmë, lëvizim dhe jemi, sikurse kanë thënë edhe disa nga poetët tuaj: "Sepse jemi edhe ne pasardhës të tij".

29 Duke qenë, pra, se ne jemi pasardhës të Perëndisë, nuk duhet të mendojmë që natyra e perëndishme është e ngjashme me arin ose me argjendin, ose me gurin ose me një vepër arti të latuar dhe të shpikur nga njeriu.

30 Perëndia, pra, duke kaluar përmbi kohërat e padijes, i urdhëron të gjithë njerëzit dhe kudo që të pendohen.

31 Sepse ai ka caktuar një ditë në të cilën do të gjykojë me drejtësi botën me anë të atij njeriut të cilin ai e ka caktuar; dhe për këtë u ka dhënë të gjithëve një provë të sigurt, duke e ringjallur prej të vdekurit".

32 Kur dëgjuan të flitej për ringjalljen e të vdekurve, disa e përqeshën dhe të tjerë thoshnin: "Do të të dëgjojmë përsëri për këtë gjë".

33 Kështu Pali doli nga mesi i tyre.

34 Por disa u bashkuan me të dhe besuan, ndër këta edhe Dionis areopagiti, një grua që quhej Damaris dhe ca të tjerë me ta.

Kapitull 18

1 Pas këtyre gjërave Pali u nis nga Athina dhe erdhi në Korint.

2 Dhe si gjeti një farë Judeu, me emër Akuila, lindur në Pont, i ardhur rishtas nga Italia bashkë me gruan e tij Priskilën (sepse Klaudi kishte urdhëruar që të gjithë Judenjtë të largohen nga Roma), shkoi tek ata.

3 Dhe duke qenë se kishin të njëjtën mjeshtëri, shkoi të banojë me ta dhe punonte; se mjeshtëria e tyre ishte të bënin çadra.

4 Çdo të shtunë mësonte në sinagogë dhe bindte Judenj dhe Grekë.

5 Kur Sila dhe Timoteu zbritën nga Maqedonia, Pali shtyhej nga Fryma për t'u dëshmuar Judenjve se Jezusi ishte Krishti.

6 Por duke qenë se ata kundërshtonin dhe blasfemonin, ai i shkundi rrobat e tij dhe u tha atyre: "Gjaku juaj qoftë mbi kokën tuaj, unë jam i pastër; që tashti e tutje do të shkoj te johebrenjtë".

7 Dhe, mbasi u largua prej andej, hyri në shtëpinë e një farë njeriu me emër Just, i cili i shërbente Perëndisë e kishte shtëpinë ngjitur me sinagogën.

8 Dhe Krispi, kreu i sinagogës, besoi te Zoti me gjithë shtëpinë e tij; edhe shumë Korintas, duke dëgjuar Palin, besuan dhe u pagëzuan.

9 Një natë Zoti i tha Palit në vegim: "Mos druaj, por fol dhe mos pusho,

10 sepse unë jam me ty dhe askush nuk do të vërë dorë mbi ty që të bëjë keq, sepse unë kam një popull të madh në këtë qytet".

11 Kështu ai qëndroi atje një vit e gjashtë muaj, duke mësuar ndër ta fjalën e Perëndisë.

12 Por, kur Galioni ishte prokonsull i Akaisë, Judenjtë u ngritën me një mendje kundër Palit dhe e çuan në gjykatë,

13 duke thënë: "Ky ua mbush mendjen njerëzve t'i shërbejnë Perëndisë, në kundërshtim me ligjin".

14 Dhe kur Pali donte të hapte gojën, Galioni u tha Judenjve: "Po të që puna për ndonjë padrejtësi ose keqbërje, o Judenj, do t'ju dëgjoja me durim, sipas arsyes;

15 por nëse janë çështje për fjalë, për emra dhe ligjin tuaj, shikojeni ju vetë, sepse unë nuk dua të jem gjykatës i këtyre gjërave".

16 Dhe i përzuri ata nga gjykata.

17 Atëherë të gjithë Grekët zunë Sostenin, kreun e sinagogës, dhe e rrahën para gjykatës. Por Galioni nuk donte t'ia dinte fare për këto gjëra.

18 Dhe Pali, mbasi qëndroi atje edhe shumë ditë, u nda nga vëllezërit dhe lundroi për në Siri me Priskilën dhe Akuilën, pasi e qethi kokën në Kenkrea, sepse kishte bërë një premtim solemn.

19 Dhe, kur arriti në Efes, i la aty, po vetë hyri në sinagogë dhe filloi të diskutojë me Judenjtë.

20 Ata iu lutën të rrinte me ta më gjatë, por ai nuk pranoi;

21 por u nda prej tyre duke thënë: "Më duhet gjithsesi ta kaloj festën e ardhshme në Jeruzalem, por, në dashtë Perëndia, do të kthehem

përsëri te ju". Dhe u nis nga Efesi nëpër det.

²² Si zbarkoi në Cezari, u ngjit në Jeruzalem, dhe si u përshëndet me kishën, zbriti në Antioki.

²³ Dhe, mbasi qëndroi atje pak kohë, u nis dhe përshkoi me radhë rrethinat e Galatisë dhe të Frigjisë, duke forcuar gjithë dishepujt.

²⁴ Por një Jude, me emër Apollo, lindur në Aleksandri, njeri orator dhe njohës i Shkrimit, arriti në Efes.

²⁵ Ai ishte i mësuar në udhën e Zotit dhe, i zjarrtë në frymë, fliste dhe mësonte me zell gjërat e Zotit, por njihte vetëm pagëzimin e Gjonit.

²⁶ Ai filloi të flasë lirisht në sinagogë. Dhe, kur Akuila dhe Priskila e dëgjuan, e morën me vete dhe ia shtjelluan më thellë udhën e Perëndisë.

²⁷ Pastaj, mbasi ai donte të shkonte në Akai, vëllezërit i dhanë zemër dhe u shkruan dishepujve që ta prisnin. Mbasi arriti atje, ai i ndihmoi shumë ata që kishin besuar me anë të hirit.

²⁸ Ai në fakt, i kundërshtonte botërisht me forcë të madhe Judenjtë, duke treguar me anë të Shkrimeve se Jezusi është Krishti.

Kapitull 19

¹ Dhe ndërsa Apollo ishte ende në Korint, Pali, mbasi shkoi në vendet më të larta, arriti në Efes dhe, si gjeti disa dishepuj, u tha atyre:

² "A e keni marrë Frymën e Shenjtë, kur besuat?". Ata iu përgjigjën: "Ne as që kemi dëgjuar se paska Frymë të Shenjtë".

³ Dhe ai u tha atyre: "Me se, pra, u pagëzuat?". Ata u përgjigjën: "Me pagëzimin e Gjonit".

⁴ Atëherë Pali tha: "Gjoni pagëzoi me pagëzimin e pendimit, duke i thënë popullit se duhet t'i besonte atij që do të vinte pas tij, domethënë Jezu Krishtit.

⁵ Dhe ata, si dëgjuan, u pagëzuan në emër të Zotit Jezus.

⁶ Dhe, kur Pali vuri duart mbi ta, Fryma e Shenjtë zbriti mbi ta dhe ata folën në gjuhë të tjera dhe profetizuan.

⁷ Dhe gjithsej ishin rreth dymbëdhjetë burra.

⁸ Pastaj ai hyri në sinagogë dhe u foli lirisht njerëzve tre muaj me radhë, duke diskutuar dhe duke i bindur për gjërat e mbretërisë së Perëndisë.

⁹ Por, duke qenë se disa ngurtësoheshin dhe nuk besonin dhe flisnin keq për Udhën përpara turmës, ai u shkëput prej tyre, i ndau dishepujt dhe vazhdoi të diskutojë çdo ditë në shkollën e njëfarë Tirani.

¹⁰ Dhe kjo vazhdoi dy vjet me radhë, kështu që të gjithë banorët e Azisë, Judenj dhe Grekë, e dëgjuan fjalën e Zotit Jezus.

¹¹ Dhe Perëndia bënte mrekulli të jashtëzakonshme me anë të duarve të Palit,

¹² aq sa mbi të sëmurët sillnin peshqirë dhe përparëse që kishin qenë mbi trupin e tij, dhe sëmundjet largoheshin prej tyre dhe frymërat e liga dilnin prej tyre.

¹³ Dhe disa yshtës shëtitës Judenj u orvatën të thërrasin emrin e Zotit Jezus mbi ata që kishin frymërat e liga, duke thënë: "Ju përbetohemi për Jezusin, që Pali predikon!".

¹⁴ Ata që bënin këtë ishin shtatë bijtë e njëfarë Skevi, kryeprift jude.

¹⁵ Por fryma e ligë u përgjigj dhe tha: "Unë e njoh Jezusin dhe e di kush është Pali, po ju cilët jeni?".

¹⁶ Atëherë ai njeri që kishte frymën e ligë u hodh mbi ta dhe si i mundi, ushtroi një dhunë aq të madhe sa ata ikën nga ajo shtëpi, lakuriq e të plagosur.

¹⁷ Kjo u muar vesh nga të gjithë Judenjtë dhe Grekët që banonin në Efes, dhe të gjithë i zuri frika, dhe emri i Zotit Jezus ishte madhëruar.

¹⁸ Dhe shumë nga ata që kishin besuar vinin të rrëfeheshin dhe të tregonin gjërat që kishin bërë.

¹⁹ Shumë nga ata që ishin marrë me magji i sollën librat dhe i dogjën përpara të gjithëve; dhe, mbasi e llogaritën çmimin e tyre, gjetën se ishin pesëdhjetë mijë pjesë argjendi.

²⁰ Kështu fjala e Perëndisë shtohej dhe forcohej.

²¹ Mbas këtyre ngjarjeve, Pali kishte vendosur në mendje të shkojë në Jeruzalem, duke kaluar nëpër Maqedoni dhe nëpër Akai, dhe thoshte: "Mbasi të kem qenë atje, më duhet të shoh edhe Romën".

²² Atëherë dërgoi në Maqedoni dy nga ata që i shërbenin, Timoteun dhe Erastin, dhe vetë ndenji edhe ca kohë në Azi.

²³ Dhe në atë kohë u bë një trazirë e madhe lidhur me Udhën,

²⁴ sepse një farë njeriu, me emër Dhimitër, argjendar, i cili bënte tempuj të Dianës në argjend, u sillte artizanëve jo pak fitim.

²⁵ Ai i mblodhi këta bashkë me punëtorët që kishin një aktivitet të përafërt, dhe tha: "O burra, ju e dini se fitimi ynë vjen nga kjo veprimtari.

²⁶ Dhe ju shihni dhe dëgjoni se ky Pali ua ka mbushur mendjen dhe ktheu një numër të madh njerëzish jo vetëm në Efes, por gati në mbarë Azinë, duke thënë se nuk janë perëndi ata që janë bërë me duar.

²⁷ Dhe jo vetëm që është rreziku për ne që kjo mjeshtria jonë të diskreditohet, por që edhe tempulli i perëndeshës së madhe Diana të mos vlerësohet më aspak dhe që t'i hiqet madhështia asaj, që gjithë Azia, madje gjithë bota, e nderon".

²⁸ Ata, kur i dëgjuan këto gjëra, u mbushën me inat dhe bërtisnin, duke thënë: "E madhe është Diana e Efesianëve!".

²⁹ Dhe gjithë qyteti u mbush me rrëmujë; dhe si i morën me forcë Gain dhe Aristarkun, Maqedonas, bashkudhëtarë të Palit, rendën të gjithë, me një mendje, në teatër.

³⁰ Dhe Pali donte t'i dilte popullit, por dishepujt nuk e lejonin.

³¹ Edhe disa Aziarkë, që ishin miq të tij, i çuan për ta lutur të mos dilte në teatër.

³² Ndërkaq disa bërtisnin një gjë, të tjerë një tjetër, saqë mbledhja ishte trazuar dhe më të shumtët nuk dinin përse ishin mbledhur.

³³ Atëherë nga turma nxorën Aleksandrin, të cilin e shtynin Judenjtë. Dhe Aleksandri, mbasi bëri shenjë me dorë, donte të paraqiste një apologji para popullit.

³⁴ Por, kur e morën vesh se ishte Jude, të gjithë me një zë filluan të bërtasin për gati dy orë: "E madhe është Diana e Efesianëve!".

³⁵ Kancelari i qytetit, mbasi e qetësoi turmën, tha: "O Efesianë, cili është vallë ai njeri që nuk e di se qyteti i Efesianëve është mbrojtësi i tempullit të perëndeshës së madhe Diana dhe i imazhit të saj që ra nga Zeusi?

³⁶ Duke qenë, pra, se këto janë të pakundërshtueshme, ju duhet të rrini urtë dhe të mos bëni asgjë të nxituar.

³⁷ Sepse i prutë këta njerëz që nuk janë as sacrileghi as blasfemues të perëndeshës suaj.

³⁸ Pra, në qoftë se Dhimitri dhe mjeshtrit që janë me të kanë diçka kundër dikujt, gjykatat janë hapur dhe prokonsuj ka; le të padisin njëri-tjetrin.

³⁹ Dhe nëse keni ndonjë kërkesë tjetër për të bërë, të zgjidhet në kuvendin sipas ligjit.

⁴⁰ Ne në fakt jemi në rrezik të akuzohemi si kryengritës për ngjarjen e sotme, sepse nuk ka asnjë arsye me të cilën të përligjet ky grumbullim".

⁴¹ Dhe, si i tha këto, e shpërndau mbledhjen.

Kapitull 20

¹ Si pushoi trazira, Pali i thirri dishepujt pranë vetes, i përqafoi dhe u nis për të vajtur në Maqedoni.

² Dhe si i përshkoi ato krahina dhe u dha shumë këshilla, shkoi në Greqi.

³ Dhe mbasi kaloi atje tre muaj, duke qenë se Judenjtë kishin kurdisur një komplot kundër tij kur përgatitej të lundronte për në Siri, vendosi të kthehet nga ana e Maqedonisë.

⁴ Dhe deri në Azi e përcollën Sopatri nga Berea, Aristarku dhe Sekundi nga Thesaloniki, Gai nga Derba dhe Timoteu, dhe Tikiku e Trofimi nga Azia.

⁵ Këta ishin nisur para nesh dhe na prisnin në Troas.

⁶ Kurse ne u nisëm nga Filipi, pas ditëve të të Ndormëve, dhe për pesë ditë i arritëm në Troas, ku qëndruam shtatë ditë.

⁷ Ditën e parë të javës, kur ishin mbledhur dishepujt për të thyer bukën, Pali, i cili duhet të nisej të nesërmen, bisedonte me ta dhe e zgjati fjalën deri në mesnatë.

⁸ Dhe në sallën ku ishim mbledhur kishte shumë llamba.

⁹ Një djalosh me emër Eutik, që ishte ulur në parvazin e dritares, e zuri një gjumë i rëndë; dhe, ndërsa Pali e çoi fjalën gjatë, e zuri gjumi, ra nga kati i tretë poshtë dhe e ngritën të vdekur.

¹⁰ Por Pali, si zbriti, ra mbi të, e përqafoi dhe tha: "Mos u shqetësoni, se shpirti i tij është në të".

¹¹ Atëherë u ngjit përsëri lart, e theu bukën dhe hëngri; dhe, pasi foli gjatë deri në të gdhirë, u nis.

¹² Ndërkaq e prunë djalin të gjallë, dhe u ngushëlluan jo pak.

¹³ Kurse ne, që kishim hipur tashmë në anije, lundruam për në Asos, ku kishim mënë mend të merrnim Palin, sepse kështu kishte caktuar, mbasi donte vetë të shkonte më këmbë.

¹⁴ Kur na arriti në Asos, e morëm dhe arritëm në Mitilinë.

¹⁵ Lundruam prej andej dhe të nesërmen arritëm përballë Hiosit; një ditë më pas arritëm në Samo dhe, pas një ndalese në Trogjili, arritëm të nesërmen në Milet.

¹⁶ Sepse Pali kishte vendosur të lundronte pa u ndalur në Efes, që të mos humbiste kohë në Azi; sepse nxitonte që të ndodhej, po të ishte e mundur, në Jeruzalem ditën e Rrëshajëve.

¹⁷ Nga Mileti dërgoi në Efes për të thirrur pleqtë e kishës.

¹⁸ Kur ata erdhën tek ai, ai u tha atyre: "Ju e dini dita e parë që hyra në Azi si kam jetuar midis jush për të gjithë këtë kohë,

¹⁹ duke i shërbyer Zotit me gjithë përulësi e me shumë lot e me

prova që m'u bënë nga tinëzitë e Judenjve;

²⁰ dhe si unë nuk fsheha asnjë nga ato gjëra që ishin të dobishme për ju, por jua shpalla juve dhe jua mësova botërisht dhe nëpër shtëpi,

²¹ duke u deklaruar solemnisht Judenjve dhe Grekëve mbi pendimin te Perëndi dhe për besimin në Zotin tonë Jezu Krisht.

²² Dhe ja, tani, i shtyrë nga Fryma, po shkoj në Jeruzalem pa ditur se ç'do të më ndodhë atje,

²³ përveçse Fryma e Shenjtë dëshmon për mua në çdo qytet, duke thënë se më presin pranga dhe mundime.

²⁴ Por unë nuk dua t'ia di fare për jetën time që nuk e çmoj aq, sa ta kryej me gëzim vrapimin tim dhe shërbesën që mora nga Zoti Jezus, të dëshmoj plotësisht ungjillin e hirit të Perëndisë.

²⁵ Dhe ja, tani e di se të gjithë ju, në mes të të cilëve kam vajtur dhe ardhur duke predikuar mbretërinë e Perëndisë, nuk do të shihni më fytyrën time.

²⁶ Prandaj sot po ju deklaroj se unë jam i pastër nga gjaku i të gjithëve;

²⁷ sepse nuk u tërhoqa prapa për të mos ju treguar gjithë këshillën e Perëndisë.

²⁸ Tregoni kujdes, pra, për veten tuaj dhe për gjithë tufën, në mes të së cilës Fryma e Shenjtë ju ka vënë ju kujdestarë që të kullotni kishën e Perëndisë, të cilën ai e ka fituar me gjakun e tij.

²⁹ Në fakt unë e di se, pas largimit tim, do të hyjnë midis jush ujqër grabitqarë, që nuk do ta kursejnë tufën,

³⁰ edhe vetë midis jush do të dalin njerëz që do të flasin gjëra të çoroditura që të tërheqin pas vetes dishepujt.

³¹ Prandaj rrini zgjuar, dhe mbani mend se për tre vjet me radhë, ditë e natë, nuk pushova kurrë të paralajmëroj secilin me lot.

³² Dhe tani, o vëllezër, unë po ju lë te Perëndia dhe te fjala e hirit të tij, që është në gjendje t'ju ndërtojë dhe t'ju japë trashëgiminë në mes të të gjithë të shenjtëruarve.

³³ Unë nuk kam dashur as argjend, as ar, as rrobat e ndonjërit.

³⁴ Dhe ju vetë e dini se këto duar kanë punuar për nevojat e mia dhe për ata që ishin bashkë me mua.

³⁵ Dhe në çdo gjë ju kam treguar se, duke u munduar në këtë mënyrë, duhet të ndihmohen të lëngatët dhe të kujtohen fjalët e Zotit Jezus, i cili tha: "Ka më shumë lumturi të japësh sesa të marrësh!"".

³⁶ Dhe, si kishte thënë këto gjëra, u ul mbi gjunjë dhe u lut me ata të gjithë.

³⁷ Atëherë të gjithë qanë me të madhe, e rroknin në qafë Palin dhe e puthnin,

³⁸ të hidhëruar sidomos për fjalën që kishte thënë, se nuk do ta shihnin më fytyrën e tij. Pastaj e përcollën në anije.

Kapitull 21

¹ Mbasi u ndamë nga ta, lundruam dhe, duke shkuar drejt, arritëm në Koos, ditën tjetër në Rodos dhe që andej në Patara.

² Edhe, si gjetëm një anije që shkonte për Feniki, hipëm dhe lundruam.

³ Pamë nga larg Qipron dhe e lamë në të majtë, vazhduam lundrimin për në Siri dhe dolëm në Tiro, sepse atje anija kishte për të shkarkuar.

⁴ Dhe, si i gjetëm dishepujt, qëndruam atje shtatë ditë; të shtyrë nga Fryma, ata i thoshin Palit të mos ngjitej në Jeruzalem.

⁵ Kur i plotësuam ato ditë, u nisëm dhe shkuam; dhe na përcollën të gjithë, me gra e me fëmijë, deri jashtë qytetit; dhe si u ulëm në gjunjë në breg, u lutëm.

⁶ Dhe, mbasi u përshëndetëm, hipëm në anije, kurse ata u kthyen në shtëpitë e veta.

⁷ Kur mbaruam lundrimin, nga Tiro erdhëm në Ptolemaidë dhe, si përshëndetëm vëllezërit, kaluam një ditë me ta.

⁸ Të nesërmen u nisëm (ne që ishim shokë me Palin), arritëm në Cezare dhe hymë në shtëpinë e Filip ungjilltarit, që ishte një nga të shtatët, dhe ndenjëm tek ai.

⁹ Por ai kishte katër bija virgjëresha, që profetizonin.

¹⁰ Dhe, pasi qëndruam ne atje shumë ditë, zbriti nga Judeja një farë profeti me emër Agabo.

¹¹ Si erdhi te ne, ai mori brezin e Palit, lidhi duart dhe këmbët e veta dhe tha: "Këtë thotë Fryma e Shenjtë: Kështu do ta lidhin Judenjtë në Jeruzalem burrin, të cilit i përket ky brez dhe do t'a dorëzojnë johebrenjve".

¹² Kur i dëgjuam këto gjëra, ne dhe vendësit iu lutëm që të mos ngjitej në Jeruzalem.

¹³ Por Pali u përgjigj: "Ç'po bëni ju, duke qarë e duke ma copëtuar zemrën? Sepse unë jam gati jo vetëm për të qenë i lidhur, por edhe për të vdekur në Jeruzalem për emrin e Zotit Jezus".

¹⁴ Dhe, mbasi nuk i mbushej mendja, ne pushuam duke thënë: "U bëftë vullneti i Zotit!".

¹⁵ Dhe pas atyre ditëve, bëmë gati gjërat tona, dhe u ngjitëm në Jeruzalem.

¹⁶ Me ne erdhën edhe disa dishepuj nga Cezareja dhe prunë me ta njëfarë Mnasoni, lindur në Qipro, një dishepull i vjetër, tek i cili do të bujtnim.

¹⁷ Kur arritëm në Jeruzalem, vëllezërit na pritën me gëzim.

¹⁸ Të nesërmen Pali u tërhoq me ne te Jakobi, dhe erdhën të gjithë pleqtë.

¹⁹ Mbasi i përshëndeti, Pali u tregoi atyre, një për një, të gjitha sa kishte bërë Zoti ndër johebrenjtë me anë të shërbesës së tij.

²⁰ Dhe ata, kur dëgjuan këtë, përlëvduan Perëndinë dhe i thanë Palit: "Vëlla, ti po sheh sa mijëra Judenj ka që kanë besuar; dhe të gjithë i përbahen me zell ligjit.

²¹ Tani ata morën vesh për ty se ti i mëson të gjithë Judenjtës që jetojnë midis johebrenjve të shkëputen nga Moisiu, duke thënë që të mos i rrethpresin djemtë dhe të mos ndjekin më zakonet.

²² Po atëherë, ç'duhet të bëhet? Duhet patjetër që të mblidhet populli, sepse do ta marrin vesh se ke ardhur.

²³ Bëje, pra, atë që të themi: ne kemi katër burra, që kanë bërë një premtim solemn;

²⁴ merri dhe pastrohu me ta, dhe paguaj për ta që të rruajnë kokën; kështu të gjithë do ta mësojnë se s'janë gjë ato që kanë dëgjuar për ty, por se edhe ti ecën duke respektuar ligjin.

²⁵ Dhe sa për johebrenjtë që kanë besuar, ne u kemi shkruar atyre, mbasi vendosëm që ata nuk kanë ç'të respektojnë lidhur me këtë, por se të ruhen nga gjërat që u flijohen idhujve, nga gjaku, nga gjërat e mbytura dhe nga kurvëria".

²⁶ Atëherë Pali i mori me vete ata burra dhe, të nesërmen, pasi u pastrua bashkë me ta, hyri në tempull dhe deklaroi plotësimin e ditëve të pastrimit, dhe kur do të paraqitej oferta për secilin nga ata.

²⁷ Por, kur po mbusheshin shtatë ditët, Judenjtë e Azisë, duke e parë në tempull, e nxitën turmën dhe vunë duart mbi të,

²⁸ duke bërtitur: "O burra të Izraelit, na ndihmoni! Ky është ai njeri që u mëson të gjithëve dhe kudo kundër popullit, kundër ligjit dhe kundër këtij vendi; përveç kësaj ai i ka sjellë Grekët në tempull dhe e ka ndotur këtë vend të shenjtë".

²⁹ Sepse ata kishin parë më përpara Trofimin nga Efesi bashkë me Palin në qytet, dhe mendonin se ai e kishte sjellë në tempull.

³⁰ Dhe gjithë qyteti ziente, dhe u mblodhën njerëzit; dhe, si e kapën Palin, e nxorrën jashtë tempullit dhe dyert u mby-llën menjëherë.

³¹ Dhe, ndërsa kërkonin ta vrisnin, tribunit të kohortës i shkoi lajmi se gjithë Jeruzalemi ishte turbulluar.

³² Ai mori menjëherë ushtarë dhe centurionë dhe u sul kundër tyre. Dhe këta, kur panë tribunin dhe ushtarët, pushuan së rrahuri Palin.

³³ Atëherë tribuni u afrua, e zuri dhe urdhëroi që ta lidhnin me dy zinxhirë, pastaj pyeti cili ishte dhe ç'kishte bërë.

³⁴ Në turmë disa bërtisnin një gjë, të tjerë një tjetër; dhe, mbasi nuk mori vesh dot të vërtetën për trazirën, urdhëroi që ta sillnin në fortesë.

³⁵ Dhe kur arriti te shkallaret, ndodhi që, për shkak të dhunës së turmës, duhej të bartej nga ushtarët,

³⁶ sepse masa e popullit vinte pas duke bërtitur: "Vdekje!".

³⁷ Kur Pali po të hynte në fortesë, i tha tribunit: "A më lejohet të them diçka?". Ai u përgjigj: "A di greqisht?

³⁸ Mos je vallë ai Egjiptasi që disa ditë më parë ngriti krye dhe nxori në shkretëtirë katër mijë gjakësorë?".

³⁹ Dhe Pali tha: "Unë jam një Jude nga Tarsi, qytetar i një qyteti të Kilikisë që s'është i padëgjuar; dhe të lutem më lejo t'i flas popullit".

⁴⁰ Dhe, mbasi e lejoi, Pali, duke qëndruar në këmbë mbi shkallarët, i bëri shenjë me dorë popullit. Dhe, si u bë heshtje e madhe, i foli në gjuhën hebraike, duke thënë:

Kapitull 22

¹ "Vëllezër dhe etër, dëgjoni çfarë ju them tani për mbrojtjen time".

² Kur dëgjuan se u fliste atyre në gjuhën hebraike, heshtën edhe më shumë. Pastaj ai tha:

³ "Në të vërtetë unë jam një Jude, lindur në Tars të Kilikisë dhe rritur në këtë qytet te këmbët e Gamalielit, edukuar me përpikërinë e ligjit të etërve tanë, plot me zell për Perëndinë, sikurse jeni ju të gjithë sot;

⁴ unë kam përndjekur këtë Udhë deri në vdekje, duke lidhur dhe duke futur në burg burra dhe gra,

⁵ sikurse jep dëshmi për mua kryeprifti dhe gjithë sinedri i pleqve, prej të cilëve mora edhe letra për vëllezërit dhe shkova në Damask për të sjellë të lidhur në Jeruzalem ata që ishin atje, që të ndëshkoheshin.

⁶ Dhe më ndodhi që, kur isha duke udhëtuar dhe po i afrohesha Damaskut, aty nga mesi i ditës, papritmas një dritë e madhe nga qielli vetëtiu rreth meje.

⁷ Dhe unë rashë përdhe dhe dëgjova një zë që po më thoshte: "Saul, Saul, përse më përndjek?".

⁸ Dhe unë u përgjigja: "Kush je ti, o Zot?" Edhe ai më tha: "Unë jam Jezus Nazareasi, të cilin ti e përndjek".

⁹ Edhe ata që ishin me mua e panë dritën dhe u trembën, por nuk dëgjuan zërin e atij që më fliste.

¹⁰ Unë thashë: "O Zot, ç'duhet të bëj?". Zoti më tha: "Çohu dhe shko në Damask! Atje do të të thuhet çfarë të është urdhëruar të bësh".

¹¹ Dhe, mbasi unë nuk shihja asgjë për shkak të shkëlqimit të asaj drite, më morën për dore ata që ishin me mua; dhe hyra në Damask.

¹² Dhe njëfarë Anania, njeri i perëndishëm sipas ligjit, për të cilin jepnin dëshmi të gjithë Judenjtë që banonin aty,

¹³ erdhi tek unë, dhe duke qëndruar pranë meje, tha: "O vëlla Saul, shiko përsëri!". Dhe në atë çast unë fitova përsëri dritën e syve dhe e shikova.

¹⁴ Pastaj vazhdoi: "Perëndia i etërve tanë të ka paracaktuar të njohësh vullnetin e tij, ta shohësh të Drejtin dhe të dëgjosh një zë nga goja e tij.

¹⁵ Sepse ti duhet të dëshmosh për të tek të gjithë njerëzit për ato që ke parë dhe ke dëgjuar.

¹⁶ Dhe tani ç'pret? Çohu dhe ji i pagëzuar dhe i larë nga mëkatet e tua, duke thirrur emrin e Zotit".

¹⁷ Dhe ndodhi që, kur u ktheva në Jeruzalem dhe isha duke u lutur në tempull, u rrëmbeva në ekstazë,

¹⁸ dhe pashë Zotin që më thoshte: "Nxito dhe dil shpejt nga Jeruzalemi, sepse ata nuk do ta pranojnë dëshminë tënde për mua".

¹⁹ Atëherë unë thashë: "O Zot, ata e dinë vetë se unë burgosja dhe rrihja nga një sinagogë te tjetra ata që besonin në ty;

²⁰ kur u derdh gjaku i Stefanit, dëshmorit tënd, edhe unë isha i pranishëm, e miratoja vdekjen e tij dhe ruaja rrobat e atyre që e vrisnin.

²¹ Por ai më tha: "Shko, sepse unë do të të dërgoj larg midis johebrenjve"".

²² Ata e dëgjuan deri në këtë pikë; pastaj ngritën zërin duke thënë: "Hiqe nga bota një njeri të tillë, sepse nuk është i denjë të rrojë!".

²³ Duke qenë se ata bërtisnin, duke i flakur rrobat e duke ngritur pluhurin në erë,

²⁴ kryemijësi urdhëroi ta çonin Palin në fortesë, duke urdhëruar që ta marrin në pyetje duke e rrahur me kamxhik, që të merrej vesh për çfarë arsye ata bërtisnin kështu kundër tij.

²⁵ Por, kur e shtrinë, të lidhur me rripa, Pali i tha centurionit që ishte aty: "A është e ligjshme për ju te rrihni me kamxhik një qytetar romak, ende të pagjykuar?".

²⁶ Kur e dëgjoi, centurioni shkoi e i tregoi kryemijësit duke thënë: "Çfarë do të bësh? Ky njeri është një qytetar romak!".

²⁷ Atëherë kryemijësi shkoi te Pali dhe e pyeti: "Më thuaj, a je një qytetar romak?". Ai tha: "Po, jam!".

²⁸ Kryemijësi u përgjigj: "Unë e kam fituar këtë qytetëri me një shumë të madhe". Pali tha: "Kurse unë e kam qysh prej lindjes!".

²⁹ Menjëherë ata që duhet ta merrnin në pyetje u larguan prej tij; dhe vetë kryemijësi, kur mori vesh se ai ishte qytetar romak, pati frikë që e kishte lidhur.

³⁰ Të nesërmen, duke dashur të marrë vesh me saktësi përse ishte akuzuar nga Judenjtë, e zgjidhi nga prangat dhe urdhëroi krerët e priftërinjve dhe gjithë sinedrin të vinin. Pastaj, si e sollën poshtë Palin, e nxori përpara tyre.

Kapitull 23

¹ Pali, duke shikuar nga sinedri, tha: "Vëllezër, deri në këtë unë jam sjellë përpara Perëndisë me ndërgjegje krejt të mirë".

² Kryeprifti Anania u dha urdhër atëherë atyre që ishin pranë tij ta godisnin në gojë.

³ Atëherë Pali i tha: "Perëndia do të të godasë ty, o mur i zbardhur. Ti je ulur të më gjykosh sipas ligjit dhe, duke e nëpërkëmbur atë, jep urdhër të më godasin".

⁴ Dhe ata që ishin të pranishëm thanë: "E fyen ti kryepriftin e Perëndisë?".

⁵ Pali u përgjigj: "Nuk e dija, o vëllezër, se është kryeprift, sepse është shkruar: "Ti nuk do të flasësh keq për princin e popullit tënd"".

⁶ Pali, pra, duke ditur se një pjesë ishte nga saducenj dhe tjetra nga farisenj, i thirri sinedrit: "Vëllezër, unë jam farise, bir farisenjsh; për shkak të shpresës dhe të ringjalljes së të vdekurve unë po gjykohem".

⁷ Sapo tha këtë, lindi një grindje ndërmjet farisenjve dhe saduçenjve, dhe kuvendi u përça;

⁸ sepse saduçenjtë thonë se nuk ka ringjallje, as engjëll, as frymë, ndërsa farisenjtë pohojnë edhe njërën dhe tjetrën.

⁹ Atëherë u bë një zhurmë e madhe. Skribët e palës së farisenjve u çuan në këmbë dhe protestonin duke thënë: "Ne nuk gjejmë asgjë të keqe te ky njeri; dhe nëse i ka folur një frymë ose një engjëll të mos luftojmë kundër Perëndisë".

¹⁰ Dhe duke qenë se grindja po shtohej, tribuni, nga druajtja se mos Pali bëhej copa-copa prej tyre, u dha urdhër ushtarëve të zbresin dhe ta heqin nga mesi i tyre, dhe ta çojnë përsëri në fortesë.

¹¹ Një natë më pas, Zoti iu shfaq atij dhe tha: "Pal, kurajo, sepse sikurse ke dhënë dëshmi për mua në Jeruzalem, ashtu duhet të dëshmosh edhe në Romë".

¹² Kur zbardhi dita, disa Judenj kurdisën një komplot duke u lidhur me betim që të mos hanë dhe të mos pinë derisa të kenë vrarë Palin.

¹³ Ata që kishin bërë këtë komplot ishin më tepër se dyzet.

¹⁴ Ata u paraqitën para krerëve të priftërinjve dhe para pleqve dhe thanë: "Ne jemi lidhur me betim të mos vëmë gjë në gojë, derisa të vrasim Palin.

¹⁵ Ju, pra, me sinedrin, i bëni një kërkesë tribunit që t'jua sjellë nesër, gjoja se doni ta hetoni më thellë çështjen e tij; dhe ne, para se ai të afrohet, do të jemi gati ta vrasim".

¹⁶ Por djali i motrës së Palit, si e mori vesh kurthin, rendi në fortesë, dhe, mbasi hyri, i tregoi Palit.

¹⁷ Atëherë Pali thirri një nga centurionët pranë vetes dhe i tha: "Çoje këtë djalë tek kryemijëshi, sepse ka diçka për t'i thënë".

¹⁸ Atëherë ai e mori dhe e çoi tek kryemijëshi dhe tha: "Pali, i burgosuri, më thirri dhe m'u lut të të sjell këtë djalë, sepse ka diçka për të të thënë".

¹⁹ Atëherë kryemijësi e kapi për dore, e mori mënjanë dhe e pyeti: "Çfarë ke për të më thënë?".

²⁰ Ai tha: "Judenjtë janë marrë vesh që të të kërkojnë që nesër ta nxjerrësh Palin poshtë, në sinedër, se gjoja dashkan ta hetojnë më thellë çështjen e tij.

²¹ Prandaj ti mos ua vër veshin, sepse më shumë se dyzet burra nga ata kanë ngritur kurth kundër tij, sepse janë zotuar duke u lidhur me betim, të mos hanë e të mos pinë, derisa ta kenë vrarë; dhe tani janë gati dhe presin që t'ua lejosh atyre".

²² Tribuni, pra, e la të shkojë djalin, duke e urdhëruar që të mos i tregojë kurrkujt se e kishte vënë në dijeni për këto gjëra.

²³ Pastaj thirri dy centurionë dhe u tha: "Bëni gati që nga ora tre e natës dyqind ushtarë, shtatëdhjetë kalorës dhe dyqind shtizëmbajtës, për të shkuar deri në Cezare".

²⁴ Dhe u tha të bëjnë gati kuajt që ta hipte Pali dhe ta çonin shëndoshë e mirë te qeveritari Feliks.

²⁵ Ai shkroi një letër me këtë përmbajtje:

²⁶ "Klaud Lisia, qeveritarit shumë të shkëlqyeshëm Feliks, shëndet.

²⁷ Ky njeri ishte kapur nga Judenjtë që ishin gati ta vrisnin, kur ia mbërrita unë me ushtarët dhe e lirova, sepse mora vesh se ishte qytetar romak.

²⁸ Dhe, duke dashur të di fajin për të cilin e akuzonin, e nxora para sinedrit të tyre.

²⁹ Përfundova se e kishin akuzuar për çështje që lidheshin me ligjin e tyre dhe që ai nuk kishte asnjë faj që të meritonte vdekjen e as burgimin.

³⁰ Dhe, kur më njoftuan për kurthin që Judenjtë i ngritën këtij njeriu, ta nisa menjëherë, duke u dhënë urdhër paditësve të parashtrojnë para teje ankimet që kanë kundër tij. Qofsh me shëndet!".

³¹ Ushtarët, pra, sipas urdhrit të dhënë, morën në dorëzim Palin dhe e çuan natën në Antipatridë.

³² Të nesërmen, pasi ua lanë si detyrë kalorësve të shkojnë me të, u kthyen në fortesë.

³³ Ata, pasi arritën në Cezare dhe ia dorëzuan letrën qeveritarit, i paraqitën edhe Palin.

³⁴ Mbasi e lexoi letrën, qeveritari e pyeti Palin nga ç'krahinë ishte; dhe, kur mori vesh se ishte nga Kilikia,

³⁵ i tha: "Unë do të të dëgjoj kur të mbrrijnë edhe paditësit e tu". Dhe urdhëroi ta ruanin në pretoriumin e Herodit.

Kapitull 24

¹ Por pas pesë ditësh erdhi kryeprifti Anania bashkë me pleqtë dhe me një gojtar, një farë Tertuli; ata dolën përpara qeveritarit për të akuzuar Palin.

² Kur u thirr Pali, Tertuli filloi ta akuzojë duke thënë:

³ "Fort i shkëlqyeri Feliks, ne e pranojmë në gjithçka e për gjithçka dhe me mirënjohje të thellë se paqja të cilën gëzojmë dhe reformat dobiprurëse që janë zbatuar për këtë komb janë vepër e masave të tua

largpamëse.

⁴ Por, për të mos të shqetësuar më gjatë, të lutem me mirësinë tënde, të na dëgjosh shkurtimisht.

⁵ Ne kemi gjetur se ky njeri është një murtajë dhe shkakton trazira midis gjithë Judenjve që janë në botë dhe është kryetari i sektit të Nazarenasve.

⁶ Ai, madje, u përpoq të përdhosë tempullin; dhe ne e zumë dhe deshëm ta gjykonim sipas ligjit tonë.

⁷ Por erdhi tribuni Lisia dhe e mori me forcë nga duart tona,

⁸ duke i urdhëruar paditësit e tij të vijnë tek ti; duke e hetuar atë, do të mundësh ti vetë të marrësh vesh prej tij të vërtetën e të gjitha gjërave, për të cilat ne e akuzojmë".

⁹ Edhe Judenjtë u bashkuan, duke pohuar se kështu qëndronin gjërat.

¹⁰ Atëherë Pali, mbasi qeveritari i bëri shenjë të flasë, u përgjigj: "Duke ditur se prej shumë vjetësh ti je gjykatësi i këtij kombi, flas edhe më me guxim në mbrojtje të vetes.

¹¹ Jo më shumë se dymbëdhjetë ditë më parë, siç mund ta verifikosh, unë u ngjita në Jeruzalem për të adhuruar.

¹² Dhe këta nuk më gjetën në tempull duke u grindur me ndonjë ose duke nxitur turmën as në sinagogat as edhe nëpër qytet;

¹³ dhe as mund të provojnë gjërat për të cilat tani më akuzojnë.

¹⁴ Por unë po të rrëfej këtë: sipas Udhës që ata e quajnë sekt, unë i shërbej kështu Perëndisë së etërve, duke u besuar të gjitha gjërave që janë shkruar në ligjin dhe në profetët,

¹⁵ duke pasur shpresë në Perëndinë, të cilën edhe këta e kanë, se do të ketë një ringjallje të të vdekurve, qoftë të të drejtëve, qoftë të të padrejtëve.

¹⁶ Prandaj unë përpiqem të kem vazhdimisht një ndërgjegje të paqortueshme përpara Perëndisë dhe përpara njerëzve.

¹⁷ Tani, pas shumë vjetësh, unë erdha të sjell lëmosha dhe oferta kombit tim.

¹⁸ Por, tek po bëja këtë, ata më gjetën të pastruar në tempull, pa asnjë tubim ose trazirë.

¹⁹ Por ishin disa Judenj të Azisë, që duhej të dilnin para teje për të më akuzuar, se kishin diçka kundër meje.

²⁰ Ose vetë këta le të thonë nëse kanë gjetur ndonjë padrejtësi tek unë, kur rrija përpara sinedrit,

²¹ veç mos qoftë vetëm për atë fjalë që unë thirra duke qëndruar në këmbë para tyre: "Për shkak të ringjalljes së të vdekurve sot unë gjykohem prej jush!"".

²² Kur i dëgjoi këto gjëra, Feliksi, që ishte i mirinformuar për Udhën, e shtyu gjyqin, duke thënë: "Kur të vijë tribuni Lisia, do të marr në shqyrtim çështjen tuaj".

²³ Dhe i dha urdhër centurionit që Palin ta ruanin, por të kishte një farë lirie, pa penguar asnjë nga të vetët t'i kryejnin shërbime ose të vijnin ta takojnin.

²⁴ Pas disa ditësh Feliksi, që kishte ardhur me gruan e vet Druzila, që ishte jude, dërgoi ta thërresin Palin dhe e dëgjoi lidhur me besimin në Jezu Krishtin.

²⁵ Dhe, duke qenë se Pali fliste për drejtësi, për vetëkontroll dhe për gjyqin e ardhshëm, Feliksi, shumë i trembur, u përgjigj: "Për tani shko, dhe kur të kem rast, do të dërgoj të të thërrasin".

²⁶ Njëkohësisht ai shpresonte se Pali do t'i jepte para që ta lironte; dhe prandaj e thërriste shpesh dhe bisedonte me të.

²⁷ Por pas dy vjetësh, Feliksit ia zuri vendin Porc Festi; dhe Feliksi, duke dashur t'ua bërë qejfin Judenjve, e la Palin në burg.

Kapitull 25

¹ Kur Festi arriti në krahinë, mbas tri ditësh u ngjit nga Cezarea në Jeruzalem.

² Kryeprifti dhe krerët e Judenjve i paraqitën akuzat kundër Palit dhe i luteshin,

³ duke kërkuar t'i bënte favorin që Palin ta binin në Jeruzalem; kështu ata do ta vrisnin në një pritë rrugës.

⁴ Por Festi u përgjigj që Pali ruhej në Cezare dhe që ai vetë do të shkonte aty shpejt.

⁵ "Prandaj njerëzit me influencë midis jush", tha ai, "le të zbresin me mua; dhe, në qoftë se ka ndonjë faj te ky njeri, le ta akuzojnë".

⁶ Si qëndroi midis tyre jo më shumë se tetë a dhjetë ditë, Festi zbriti në Cezare; të nesërmen zuri vend në gjykatë dhe urdhëroi që të sillnin Palin.

⁷ Kur erdhi ai, Judenjtë që kishin zbritur nga Jeruzalemi e rrethuan, dhe drejtuan kundër Palit shumë akuza të rënda, të cilat nuk mund t'i vërtetonin.

⁸ Në mbrojtje të vet Pali thoshte: "Unë nuk kam mëkatuar as kundër ligjit të Judenjve, as kundër tempullit, as kundër Cezarit".

⁹ Por Festi, duke dashur t'u bëjë qejfin Judenjve, iu përgjigj Palit e tha: "A dëshiron të ngjitesh në Jeruzalem për t'u gjykuar para meje për këto gjëra?".

¹⁰ Atëherë Pali tha: "Unë jam para gjykatës së Cezarit, ku duhet të gjykohem; unë nuk u kam bërë asnjë të padrejtë Judenjve, sikurse ti e di fare mirë.

¹¹ Në qoftë se kam vepruar keq ose kam kryer diçka që meriton vdekjen, nuk refuzoj që të vdes; por nëse s'ka asgjë të vërtetë në gjërat për të cilat këta më akuzojnë, askush nuk mund të më dorëzojë në duart e tyre. Unë i apelohem Cezarit".

¹² Atëherë Festi, pasi e bisedoi me këshillin, u përgjigj: "Ti i je apeluar Cezarit; te Cezari do të shkosh".

¹³ Pas disa ditësh mbreti Agripa dhe Berenike erdhën në Cezare për të përshëndetur Festin.

¹⁴ Dhe, mbasi ata ndenjën disa ditë, Festi ia parashtroi çështjen e Palit mbretit, duke thënë: "Feliksi ka lënë të burgosur njëfarë njeriu,

¹⁵ kundër të cilit, kur isha në Jeruzalem, krerët e priftërinjve dhe pleqtë e Judenjve, kishin paraqitur akuza, duke kërkuar dënimin e tij.

¹⁶ Unë u dhashë përgjigje se nuk është zakon i Romakëve të dorëzojnë dikë për vdekje para se i akuzuari të ballafaqohet me paditësit e tij, dhe t'i jetë dhënë mundësia që të mbrohet nga akuza.

¹⁷ Prandaj, kur ata u mblodhën këtu, pa e shtyrë punën, u ula të nesërmen në gjykatë dhe urdhërova të ma sjellin këtë njeri.

¹⁸ Kur u ngritën paditësit e tij, nuk paraqitën kundër tij asnjë akuzë për gjërat që unë dyshoja.

¹⁹ Por kishin vetëm disa pika mospajtimi për fenë e tyre dhe për njëfarë Jezusi, që ka vdekur, dhe për të cilin Pali thoshte se është i gjallë.

²⁰ Dhe duke qenë se unë mbeta ndërdyshas përpara një konflikt i të këtij lloji, e pyeta nëse ai donte të shkonte në Jeruzalem dhe të gjykohej atje lidhur me këto gjëra.

²¹ Por, mbasi Pali u apelua tek Augusti për të marrë gjykimin e tij, dhashë urdhër që ta ruanin derisa të mundem ta dërgoj te Cezari".

²² Agripa i tha Festit: "Do të doja edhe unë ta dëgjoja këtë njeri". Dhe ai u përgjigj: "Do ta dëgjosh nesër".

²³ Kështu të nesërmen Agripa dhe Berenike erdhën me shumë madhështi dhe, mbasi hynë në auditor me tribunët dhe me parinë e qytetit, me urdhër të Festit, e sollën Palin aty.

²⁴ Atëherë Festi tha: "O mbret Agripa, dhe ju të gjithë që jeni të pranishëm këtu me ne, ju po shihni atë kundër të cilit gjithë turma e Judenjve m'u drejtua mua në Jeruzalem dhe këtu, duke thirrur se nuk është më i denjë të jetojë.

²⁵ Por unë, duke parë se s'ka bërë asnjë gjë që të meritojë vdekjen, dhe duke qenë se ai vetë i është apeluar Augustit, vendosa ta dërgoj.

²⁶ Dhe duke qenë se s'kam asgjë konkrete që t'i shkruaj perandorit për të, e solla këtu para jush, dhe kryesisht para teje, o mbret Agripa, që pas kësaj seance të kem diçka për të shkruar.

²⁷ Sepse më duket e paarsyeshme të dërgosh një të burgosur pa treguar akuzat kundër tij".

Kapitull 26

¹ Atëherë Agripa i tha Palit: "Ke leje të flasësh për të mbrojtur veten!". Dhe Pali, si e shtriu dorën, nisi të bëjë mbrojtjen e tij:

² "O mbret Agripa, e quaj veten të lumtur që kam mundësi sot të shfajësohem para teje nga të gjitha ato që më kanë akuzuar Judenjtë,

³ veçanërisht sepse ti i njeh të gjitha zakonet dhe çështjet që janë midis Judenjve; prandaj të lutem të më dëgjosh me durim.

⁴ Se cila ka qenë mënyra ime e të jetuarit që nga rinia, të cilën e kalova tërësisht në Jeruzalem në mes të popullit tim, të gjithë Judenjtë e dinë.

⁵ Ata më njohin qysh atëherë dhe mund të dëshmojnë, po deshën, se kam jetuar si farise, sipas sektit më të drejtë të fesë sonë.

⁶ Dhe tani ndodhem para gjyqit për shpresën e premtimit që u ka bërë Perëndia etërve tanë,

⁷ premtim të cilin dymbëdhjetë fiset tona, që i shërbejnë me zell ditë e natë Perëndisë, shpresojnë ta fitojnë; për këtë shpresë, o mbret Agripa, unë jam akuzuar nga Judenjtë.

⁸ Përse vallë mendoni se është e pabesueshme që Perëndia t'i ringjallë të vdekurit?

⁹ Unë vetë mendova se ishte detyra ime të bëj shumë gjëra kundër emrit të Jezusit Nazarenas.

¹⁰ Dhe këtë kam bërë në Jeruzalem; mbasi kam marrë pushtet nga krerët e priftërinjve, futa në burg shumë shenjtorë dhe, kur i vrisnin, jepja miratimin tim.

¹¹ Dhe shpesh, duke shkuar nga një sinagogë te tjetra, i kam detyruar të blasfemojnë dhe, me zemërim të madh kundër tyre, i kam përndjekur deri në qytetet e huaja.

¹² Në kohën kur unë po merresha me këtë punë dhe po shkoja në Damask me autorizim dhe me fuqi të plota nga krerët e priftërinjve,

¹³ në mesditë, o mbret, në rrugë unë pashë një dritë nga qielli që shkëlqente më shumë se dielli, e cila vetëtiu rreth meje dhe rreth atyre që udhëtonin me mua.

¹⁴ Mbasi të gjithë ne ramë përtokë, dëgjova një zë që po më fliste dhe më tha në gjuhën hebraike: "Saul, Saul, pse më përndjek? Është e rëndë për ty të godasësh me shkelm kundër gjembave".

¹⁵ Unë thashë: "Kush je ti, Zot?". Ai tha: "Unë jam Jezusi, të cilin ti e përndjek.

¹⁶ Por çohu dhe rri në këmbë, sepse prandaj të jam shfaqur: që të të vë shërbyes dhe dëshmues për gjërat që ke parë dhe për ato për të cilat unë do të shfaqem,

¹⁷ duke të zgjedhur ty nga populli dhe nga johebrenjtë, tek të cilët po të dërgoj tani,

¹⁸ që t'u çelësh sytë atyre dhe t'i kthesh nga errësira në dritë dhe nga pushteti i Satanit te Perëndia, që të marrin me anë të besimit në muа faljen e mëkateve dhe një trashëgim midis të shenjtëruarve".

¹⁹ Prandaj, o mbret Agripa, unë nuk kam qenë i pabindur ndaj vegimit qiellor.

²⁰ Por në fillim atyre në Damask, pastaj në Jeruzalem, në mbarë krahinën e Judesë dhe johebrenjve, u kam shpallur të pendohen dhe të kthehen te Perëndia, duke bërë vepra të denja pendimi.

²¹ Për këto gjëra Judenjtë, mbasi më kapën në tempull, u orvatën të më vrasin.

²² Por, për shkak të ndihmës që pata nga Perëndia deri në këtë ditë, vazhdova t'u dëshmoj të vegjëlve dhe të mëdhenjve, duke mos thënë tjetër përveç atyre që profetët dhe Moisiu thanë se duhet të ndodhnin,

²³ domethënë: që Krishti duhej të vuante dhe që, duke qenë i pari i ringjallur prej së vdekurish, duhej t'i shpallte dritën popullit dhe johebrenjve".

²⁴ Dhe, ndërsa Pali i thoshte këto gjëra në mbrojtje të tij, Festi tha me zë të lartë: "Pal, ti je tërbuar; studimet e shumta të bënë të shkallosh".

²⁵ Por ai tha: "Unë nuk jam tërbuar, shumë i shkëlqyeri Fest, por them fjalë të së vërtetës dhe të mendjes së shëndoshë.

²⁶ Sepse mbreti, të cilit unë po i flas lirisht, është i mirinformuar për këto gjëra, sepse unë jam i bindur se asnjë nga këto gjëra nuk është e panjohur për të, sepse e gjithë kjo nuk është bërë në fshehtësi.

²⁷ O mbret Agripa, a u beson profetëve? Unë e di se ti beson".

²⁸ Atëherë Agripa i tha Palit: "Për pak dhe po ma mbush mendjen të bëhem i krishterë".

²⁹ Pali i tha: "Dhëntë Perëndia që në pak ose në shumë kohë jo vetëm ti, por edhe të gjithë ata që sot po më dëgjojnë, të bëhen të tillë, sikurse jam unë, përveç këtyre zinxhirëve".

³⁰ Mbasi tha këto gjëra, mbreti u ngrit dhe me të qeveritari, Berenike dhe ata që ishin ulur me ta.

³¹ Mbasi u hoqën mënjanë, folën me njëri-tjetrin dhe thanë: "Ky njeri nuk ka bërë asgjë që të meritojë vdekjen ose burgun".

³² Atëherë Agripa i tha Festit: "Ky njeri mund të ishte liruar, po të mos i ishte apeluar Cezarit".

Kapitull 27

¹ Kur u vendos që ne të lundrojmë për në Itali, Pali dhe disa të burgosur të tjerë iu dorëzuan një centurioni me emër Jul, i kohortës Augusta.

² Hipëm në një anije të Adramitit, që duhej të kalonte nga portet e brigjeve të Azisë, dhe lundronim duke pasur me vete Aristarkun, një maqedonas nga Thesaloniki.

³ Të nesërmen arritëm në Sidon; dhe Juli, duke u treguar njerëzor me Palin, i dha leje të shkojë te miqtë e vet dhe që të kujdesen për të.

⁴ Pastaj, si u nisëm prej andej, lundruam të mbrojtur nga Qipro, sepse erërat ishin të kundërta.

⁵ Si e kaptuam detin e Kilikisë dhe të Panfilisë, arritëm në Mirë të Likisë.

⁶ Centurioni gjeti atje një anije të Aleksandrisë, që do të shkonte për në Itali, dhe na futi në të.

⁷ Duke lundruar ngadalë për shumë ditë, arritëm me vështirësi deri përballë Knidit, sepse nuk na linte era; pastaj filluam të lundrojmë të mbrojtur nga Kreta nga ana e Salmonit.

⁸ Dhe duke lundruar me shumë vështirësi përbri brigjeve të saj, arritëm në një vend që quhet Limanet e Bukur, pranë të cilit ishte qyteti Lasea.

⁹ Dhe, duke qenë se kishte kaluar mjaft kohë dhe lundrimi ishte bërë i rrezikshëm, sepse edhe agjërimi tashmë kishte kaluar, Pali i këshilloi ata të anijes,

¹⁰ duke thënë: "O burra, unë po shoh se lundrimi do të bëhet me rrezik dhe me dëm të madh jo vetëm për ngarkesën dhe për anijen, por edhe për ne vetë.

¹¹ Por centurioni kishte më shumë besim te timonieri dhe te kapiteni i anijes sesa në ato që thoshte Pali.

¹² Dhe duke qenë se ai liman nuk ishte i përshtatshëm për të dimëruar, shumica qe e mendimit të lundronim prej andej për t'u përpjekur të arrijnim në njëfarë mënyre në Fenike, një liman i Kretës, që

¹³ Dhe kur filloi të fryjë lehtë juga, duke menduar se mund të realizohej qëllimi i tyre, i ngritën spirancat dhe filluan të lundrojnë afër brigjeve të Kretës.

¹⁴ Por, pak më vonë, shpërtheu mbi ishull një erë e vrullshme, që e quajnë euroklidon.

¹⁵ Duke qenë se anija po ikte pa qenë në gjendje t'i qëndronte erës, e lamë në mëshirë të fatit dhe kështu filluam të shkojmë sa andej-këtej.

¹⁶ Si kaluam me të shpejtë pranë një ishulli të vogël, që quhet Klauda, arritëm me vështirësi ta vëmë nën kontroll sandallin.

¹⁷ Dhe, mbasi e ngritën në bordin, detarët përdorën të gjitha mënyrat për ta ngjeshur nga poshtë anijen dhe, nga frika se mos ngecnin në cekëtinat ranore të Sirtës, i ulën velat dhe kështu shkonin andej-këtej.

¹⁸ Por mbasi furtuna na vuri përpara me forcë, të nesërmen filluan ta hedhim në det ngarkesën.

¹⁹ Ditën e tretë, hodhën me duart e tyre, pajisjet e anijes në det.

²⁰ Dhe, duke qenë se prej shumë ditësh nuk dukeshin as dielli as yjet, dhe furtuna po tërbohej, humbi tashmë çdo shpresë shpëtimi.

²¹ Edhe, mbasi kishin mbetur shumë kohë pa ushqim, Pali u çua në mes të tyre dhe tha: "O burra, po të më kishit dëgjuar dhe të mos ishit nisur nga Kreta, do t'i ishim shmangur këtij rreziku dhe kësaj humbjeje.

²² Dhe tani ju këshilloj të mos e humbni torruan sepse asnjë shpirt nga ne nuk do të humbasë, përveç anijes.

²³ Sepse këtë natë m'u shfaq një engjëll i Perëndisë, të cilit unë i përkas dhe të cilit unë i shërbej,

²⁴ duke thënë: "Pal, mos druaj, ti duhet të dalësh para Cezarit; dhe ja, Perëndia ty t'i ka dhënë të gjithë ata që lundrojnë me ty".

²⁵ Prandaj, o burra, kini zemër të gëzuar, sepse unë besoj në Perëndinë se do të ndodhë pikërisht ashtu siç m'u tha.

²⁶ Edhe duhet të ngecim në një ishull".

²⁷ Kur erdhi nata e katërmbëdhjetë që po kalonim andej e këndej në detin Adriatik, aty nga mesnata detarët patën përshtypjen se po i afroheshin një toke.

²⁸ Dhe, si hodhën matësin e thellësisë, gjetën njëzet pashë thellësi; pastaj, pak më tutje e hodhën përsëri matësin e thellësisë dhe gjetën pesëmbëdhjetë pashë.

²⁹ Atëherë, nga frika se mos përplaseshin kundër shkëmbinjve, hodhën nga kiçi katër spiranca, duke pritur me ankth që të bëhej ditë.

³⁰ Por, duke qenë se detarët kërkonin t'iknin prej anijes dhe po e ulnin sandallen në det gjoja për të hedhur spirancat nga bashi,

³¹ Pali u tha centurionit dhe ushtarëve: "Po nuk qëndruan këta në anije, ju nuk do të mund të shpëtoni".

³² Atëherë ushtarët i prenë litarët e sandallit dhe e lanë të bjerë jashtë.

³³ Dhe në pritje që të bëhej ditë, Pali i nxiti të gjithë të hanin diçka, duke thënë: "Sot është e katërmbëdhjeta ditë që, duke pritur, jeni të uritur, pa ngrënë asgjë.

³⁴ Prandaj ju këshilloj të hani diçka, sepse kjo është për shpëtimin tuaj; sepse as edhe një fije floku nga kokat tona nuk do të bjerë".

³⁵ Si tha këto, mori bukë, iu falënderua Perëndisë përpara të gjithëve, pastaj e theu dhe filloi të hajë.

³⁶ Atëherë të gjithë, si morën zemër, morën edhe ata nga ushqimi.

³⁷ Dhe në anijen ne ishim gjithsej dyqind e shtatëdhjetë e gjashtë veta.

³⁸ Dhe mbasi hëngrën sa u ngopën, e lehtësuan anijen duke hedhur grurin në det.

³⁹ Dhe kur u gdhi, nuk e njihnin dot vendin, por vunë re një gji me një breg dhe vendosën ta shtyjnë anijen aty, po të mundin.

⁴⁰ I zgjidhën spirancat dhe i lanë të fundosen në det, duke zgjidhur në të njëjtën kohë të lidhurat e timonit; pastaj, si e ngritën velën kryesore nga era, u drejtuan për te bregu.

⁴¹ Por, mbasi ranë në një cekëtinë që kishte deti nga të dy anët, anija ngeci dhe mbeti me bashin të zënë e të palëvizshëm, ndërsa kiçi po shkallmohej nga furia e valëve.

⁴² Ushtarët ishin të mendimit t'i vritnin robërit, që asnjë të mos ikte me not.

⁴³ Por centurioni, duke dashur të shpëtojë Palin, ua largoi mendimin për këtë propozim dhe u dha urdhër atyre që dinin të notonin të hidheshin të parët në det dhe të dilnin në tokë;

⁴⁴ pastaj të tjerët, kush mbi dërrasa, kush mbi pjesë të anijes; dhe

Veprave

kështu ndodhi që të gjithë mundën të shpëtojnë në tokë.

Kapitull 28

¹ Dhe si shpëtuan, morën vesh atëherë se ishulli quhej Maltë.

² Barbarët treguan ndaj nesh një mirësjellje të pazakontë, sepse ndezën një zjarr të madh dhe na morën të gjithëve brenda, sepse binte shi dhe bënte ftohtë.

³ Dhe, ndërsa Pali mblidhte ca shkarpa dhe i vinte mbi zjarr, nga të nxehtit doli një nepërkë dhe iu ngjit te dora.

⁴ Barbarët, kur panë gjarprin që i varej nga dora, i thanë njëri-tjetrit: "Me siguri ky njeri është një vrasës, sepse, edhe pse shpëtoi nga deti, drejtësia hyjnore nuk e lë të rrojë".

⁵ Por Pali, si e shkundi gjarprin në zjarr, nuk pësoi ndonjë të keqe.

⁶ Dhe ata po prisnin që ai të fryhej ose të binte i vdekur në çast; por, mbasi pritën gjatë dhe panë se nuk po i ndodhte asgjë e pazakontë, ndryshuan mendim dhe thanë se ishte një perëndi.

⁷ Edhe rreth atij vendi i kishte arat i pari i ishullit me emër Publius; ai na priti dhe na mbajti në shtëpi tri ditë miqësisht.

⁸ Dhe ndodhi që i ati i Publit dergjej në shtrat, i sëmurë me ethe dhe me dizenteri; Pali i shkoi dhe, mbasi ishte lutur, vuri duart mbi të dhe e shëroi.

⁹ Mbas kësaj edhe banorë të tjerë të ishullit që kishin sëmundje vinin tek ai dhe u shëruan;

¹⁰ dhe këta na nderuan me shumë ndere dhe, kur u nisëm për të lundruar, na furnizuan gjërat e nevojshme.

¹¹ Pas tre muajsh u nisëm me një anije të Aleksandrisë, që kishte dimëruar në ishull dhe që kishte si shenjë Dioskurët.

¹² Dhe, si arritëm në Sirakuzë, qëndruam atje tri ditë.

¹³ Dhe, prej andej, duke lundruar afër bregut, arritëm në Rexho. Të nesërmen fryu juga dhe për dy ditë arritëm në Pocuoli.

¹⁴ Kur gjetëm atje vëllezër, na lutën të rrimë tek ata shtatë ditë. Dhe kështu mbërritëm në Romë.

¹⁵ Dhe vëllezërit e atjeshëm, kur dëgjuan për ne, na dolën para deri te Fori Apian dhe te Tri Tavernat; dhe Pali, kur i pa, e falënderoi Perëndinë dhe mori zemër.

¹⁶ Kur arritëm në Romë, centurioni ia dorëzoi robërit komandantit të kampit; por Palit iu dha leja të rrijë më vete me një ushtar si roje.

¹⁷ Pas tri ditësh, Pali thirri krerët e Judenjve. Kur ata u mblodhën, u tha atyre: "Vëllezër, ndonëse nuk bëra asgjë kundër popullit dhe kundër zakoneve të etërve, jam arrestuar në Jeruzalem dhe më kanë dorëzuar në duart e Romakëve.

¹⁸ Ata, si më pyetën, donin të më lëshonin, sepse tek unë nuk kishte asnjë faj që të meritonte vdekjen.

¹⁹ Por, duke qenë se Judenjtë kundërshtonin, u detyrova t'i apelohem Cezarit, jo se kam ndonjë akuzë kundër kombit tim.

²⁰ Për këtë arsye, pra, ju kam thirrur, ë t'ju shoh dhe t'ju flas, sepse për shpresën e Izraelit jam lidhur me këta hekura".

²¹ Edhe ata i thanë: "Ne nuk kemi marrë asnjë letër për ty nga Judeja, as nuk erdhi ndonjë nga vëllezërit të na tregojë ose të thotë ndonjë të keqe për ty.

²² Por ne dëshirojmë të dëgjojmë prej teje ç'mendon, sepse për këtë sekt ne dimë se kudo flitet kundra".

²³ Dhe, mbasi i caktuan një ditë, erdhën shumë veta tek ai në banesën e tij; dhe ai shtjellonte dhe u dëshmonte atyre për mbretërinë e Perëndisë dhe, me anë të ligjit të Moisiut dhe të profetëve kërkonte

²⁴ Disa bindeshin nga ato që u thoshte, por të tjerë nuk besonin.

²⁵ Dhe, duke qenë në mospajtim njëri me tjetrin, u larguan, pasi Pali u tha pikërisht këto fjalë: "Mirë u foli Fryma e Shenjtë me anë të profetit Isaia etërve tanë,

²⁶ duke thënë: "Shko tek ai popull dhe i thuaj: "Do të dëgjoni, por nuk do të merrni vesh, do të vështroni, por nuk do të shikoni;

²⁷ në fakt zemra e këtij populli u bë e ngurtë, dhe i janë rënduar veshët dhe kanë mbyllur sytë, që të mos shohin me sy dhe të mos dëgjojnë me veshë dhe të mos kuptojnë me zemër dhe të mos kthehen dhe unë të mos i shëroj.

²⁸ Ta dini, pra, se ky shpëtim i Perëndisë iu dërgua johebrenjve, dhe ata do ta dëgjojnë!".

²⁹ Dhe si i tha këto fjalë, Judenjve ikën duke u ngrënë me shumë fjalë njëri me tjetrin.

³⁰ Dhe Pali ndenji plot dy vjet në shtëpinë që kishte marrë me qira dhe priste të gjithë ata që vinin tek ai,

³¹ duke predikuar mbretërinë e Perëndisë dhe duke mësuar gjërat e Zotit Jezu Krisht me shumë liri dhe pa ndalim.

Romakëve

Kapitull 1

¹ Pali, shërbëtor i Jezu Krishtit, i thirrur për të qenë apostull, i veçuar për ungjillin e Perëndisë,

² siç i kishte premtuar ai me anë të profetëve të tij në Shkrimet e shenjta,

³ lidhur me Birin e tij, të lindur nga fara e Davidit sipas mishit,

⁴ i deklaruar Biri i Perëndisë në fuqi, sipas Frymës së shenjtërisë nëpërmjet ringjalljes prej së vdekurit: Jezu Krishti Zoti ynë,

⁵ me anë të të cilit ne kemi marrë hir dhe apostullim, për bindje në besim midis të gjithë kombeve për hir të emrit të tij,

⁶ ndër të cilët edhe ju jeni të thirrur nga Jezu Krishti;

⁷ për ju gjithë që jeni në Romë, të dashur nga Perëndia, të thirrur shenjtorë: hir dhe paqe nga Perëndia, Ati ynë, e nga Zoti Jezu Krishti.

⁸ Para së gjithash, falënderoj Perëndinë tim me anë të Jezu Krishtit për të gjithë ju, sepse për besimin tuaj është folur në gjithë botën.

⁹ Sepse Perëndia, të cilit unë i shërbej me frymën time nëpërmjet ungjillit të Birit të tij, është dëshmitari im që unë nuk pushoj kurrë t'ju kujtoj,

¹⁰ duke kërkuar vazhdimisht në lutjet e mia që të më lejohet më në fund nga vullneti i Perëndisë mundësia për të ardhur tek ju,

¹¹ sepse unë dëshiroj fort t'ju shoh për t'ju komunikuar ndonjë dhunëti frymëror, që të forcoheni.

¹² Dhe kjo është që unë të ngushëllohem bashkë me ju me anë të besimit që e kemi të përbashkët, tuajin dhe timin.

¹³ Tani, vëllezër, unë nuk dua që të mos e dini se shumë herë kisha vendosur të vija tek ju që të mund të kem ndonjë fryt midis jush siç kam pasur midis johebrenjve të tjerë, por deri tash kam qenë i penguar.

¹⁴ Unë u jam borxhli Grekëve dhe barbarëve, të diturve dhe të paditurve.

¹⁵ Kështu, aq sa varet nga unë, jam gati t'ju predikoj ungjillin edhe juve që jeni në Romë.

¹⁶ Në fakt unë nuk kam turp për ungjillin e Krishtit, sepse ai është fuqia e Perëndisë për shpëtimin e cilido që beson, më parë Judeun e pastaj Grekun.

¹⁷ Sepse drejtësia e Perëndisë është zbuluar në të nga besimi në besim siç është shkruar: "I drejti do të jetojë me anë të besimit".

¹⁸ Sepse zemërimi i Perëndisë zbulohet nga qielli për çdo pabesi e padrejtësi të njerëzve, që mbysin të vërtetën në padrejtësi,

¹⁹ meqenëse ajo që mund të njihet prej Perëndisë është bërë e dukshme në ta, sepse Perëndia ua ka shfaqur atyre.

²⁰ Në fakt cilësitë e tij të padukshme, fuqia e tij e përjetshme dhe hyjnia e tij, duke qenë të dukshme nëpërmjet veprave të tij që nga krijimi i botës, shihen qartë, me qëllim që ata të jenë të pafalshëm.

²¹ Sepse, megjithëse e njohën Perëndinë, nuk e përlëvduan as e falënderuan si Perëndi, përkundrazi u bënë të pamend në arsyetimet e tyre dhe zemra e tyre pa gjykim u errësua.

²² Duke e deklaruar veten të urtë, u bënë të marrë,

²³ dhe e shndërruan lavdinë e Perëndisë së pakalbshëm në një shëmbëllim të ngjashëm me atë të një njeriu të kalbshëm, të shpendëve, të kafshëve katërkëmbëshe dhe të rrëshqanorëve.

²⁴ Prandaj Perëndia ia dorëzoi papastërtsë në epshet e zemrave të tyre, për të çnderuar trupat e tyre në mes vetë atyre,

²⁵ që e ndryshuan të vërtetën e Perëndisë në gënjeshtër dhe adhuruan dhe i shërbyen krijesës në vend të Krijuesit, që është i bekuar përjetë. Amen.

²⁶ Prandaj Perëndia i dorëzoi ata në pasioneve të ulëta, sepse edhe gratë e tyre i shndërruan marrëdhëniet natyrore në atë që është kundër natyrës.

²⁷ Në të njejtën mënyrë burrat, duke lënë marrëdhëniet e natyrshme me gruan, u ndezën në epshin e tyre për njëri-tjetrin, duke kryer akte të pandershme burra me burra, duke marrë në vetvete shpagimin e duhur për gabimin e tyre.

²⁸ Dhe meqenëse nuk e quajtën me vend të njihnin Perëndinë, Perëndia i dorëzoi në një mendje të çoroditur, për të bërë gjëra të pahijshme,

²⁹ duke qenë të mbushur plot me çdo padrejtësi, kurvërim, mbrapshtësi, lakmi, ligësi; plot smirë, vrasje, grindje, mashtrim, poshtërsi,

³⁰ mashtrues, shpifës, armiq të Perëndisë, fyes, krenarë, mburravecë, trillues ligësish, të pabindur ndaj prindërve,

³¹ të paarsyeshëm, të pabesë, pa dashuri të natyrshme, të papajtueshëm, të pamëshirshëm.

³² Por ata, ndonëse e kanë njohur dekretin e Perëndisë sipas të cilit ata që bëjnë gjëra të tilla meritojnë vdekjen, jo vetëm i bëjnë, por miratojnë edhe ata që i kryejnë.

Kapitull 2

¹ Prandaj, o njeri, cilido të jesh ti që e gjykon, je i pafalshëm sepse në këtë që gjykon tjetrin, dënon vetveten, sepse ti që gjykon bën të njëjtat gjëra.

² Por ne e dimë se gjykimi i Perëndisë është sipas së vërtetës mbi ata që bëjnë gjëra të tilla.

³ Dhe mendon, vallë, o njeri që gjykon ata që bëjnë të tilla gjëra që edhe ti i bën, t'i shpëtosh gjykimit të Perëndisë?

⁴ Apo i përçmon pasuritë e mirësisë së tij, të durimit dhe zemërgjerësisë së tij, duke mos njohur që mirësia e Perëndisë të prin në pendim?

⁵ Por ti, për shkak të ashpërsisë sate dhe të zemrës së papenduar, po mbledh për veten tënde zemërim për ditën e zemërimit dhe të zbulesës së gjykimit të drejtë të Perëndisë,

⁶ që do ta shpaguajë secilin sipas veprave të tij:

⁷ jetë të përjetshme atyre që kërkojnë lavdi, nder e pavdekësi, duke ngulmuar në veprat e mira;

⁸ ndërsa atyre që kundërshtojnë e nuk i binden së vërtetës, por i binden padrejtësisë, indinjatë dhe zemërim.

⁹ Mundim dhe ankth mbi çdo shpirt njeriu që bën të ligën, Judeut më parë e pastaj Grekut;

¹⁰ por lavdi, nder e paqe cilitdo që bën të mirën, Judeut më parë e pastaj Grekut.

¹¹ Sepse te Perëndia nuk ka anësi.

¹² Në fakt të gjithë ata që kanë mëkatuar pa ligjin, do humbasin gjithashtu pa ligj; dhe të gjithë ata që kanë mëkatuar nën ligjin do të gjykohen sipas ligjit,

¹³ sepse jo ata që dëgjojnë ligjin janë të drejtë para Perëndisë, por ata që e zbatojnë ligjin do të shfajësohen.

¹⁴ Në fakt kur johebrenjtë, që s'kanë ligjin, nga natyra bëjnë punët e ligjit, ata, megjithëse s'kanë ligjin, janë ligj për vetveten;

¹⁵ këta tregojnë veprën e ligjit të shkruar në zemrat e tyre për dëshminë që jep ndërgjegja e tyre, dhe sepse mendimet e tyre shfajësojnë ose edhe akuzojnë njëri-tjetrin,

¹⁶ ditën në të cilën Perëndia do të gjykojë të fshehtat e njerëzve me anë të Jezu Krishtit, sipas ungjillit tim.

¹⁷ Ja, ti quhesh Jude, bazohesh mbi ligjin dhe lëvdohesh në Perëndinë,

¹⁸ njeh vullnetin e tij dhe dallon gjërat e rëndësishme, duke qenë i mësuar prej ligjit,

¹⁹ dhe je i bindur se je prijësi i të verbërve, drita e atyre që janë në errësirë,

²⁰ udhëzues i të marrëve, mësues i të miturve, sepse ke formën e njohurisë dhe të së vërtetës në ligj.

²¹ Ti, pra, që mëson të tjerët, nuk mëson veten? Ti që predikon se nuk duhet vjedhur, vjedh?

²² Ti që thua se nuk duhet shkelur kurora, shkel kurorën? Ti që ke neveri për idhujt, pse i plaçkit tempujt?

²³ Ti që lëvdohesh me ligjin, e çnderon Perëndinë duke e shkelur ligjin?

²⁴ Në fakt, siç është shkruar: "Për shkakun tuaj, emri i Perëndisë blasfemohet ndër johebrenj".

²⁵ Sepse rrethprerja është e dobishme në qoftë se ti respekton ligjin, por në qoftë se je shkelës i ligjit, rrethprerja jote bëhet mosrrethprerje.

²⁶ Prandaj në qoftë se një i parrethprerë respekton statutet e ligjit, a nuk do të çmohet parrethprerja e tij si rrethprerje?

²⁷ Dhe, në qoftë se ai që prej natyrës është i parrethprerë e plotëson ligjin, a nuk do të të gjykojë ai ty që me shkronjën dhe me rrethprerjen je shkelës i ligjit?

²⁸ Në fakt Jude nuk është ai që duket i tillë nga jashtë, dhe rrethprerja nuk është ajo që duket në mish;

²⁹ por Jude është ai që është i tillë përbrenda, dhe rrethprerja është ajo e zemrës, në frymë dhe jo në shkronjë; dhe për një Jude të tillë lavdërimi nuk buron nga njerëzit, por nga Perëndia.

Kapitull 3

¹ Cila është, pra, përparësia e Judeut, ose cila është dobia e rrethprerjes?

² E madhe në çdo mënyrë; para së gjithash sepse orakujt e Perëndisë iu besuan atyre.

³ Ç'të thuash atëherë? Në qoftë se disa nuk besuan, mosbesimi i

tyre do ta anulojë, vallë, besnikërinë e Perëndisë?

⁴ Kurrë mos qoftë; përkundrazi, qoftë Perëndia i vërtetë dhe çdo njeri gënjeshtar, siç është shkruar: "Që ti të shfajësohesh në fjalët e tua dhe të ngadhënjesh kur të gjykohesh".

⁵ Po në qoftë se padrejtësia jonë e vë në pah drejtësinë e Perëndisë, ç'do të themi? Perëndia qënka i padrejtë kur shfren zemërimin e tij? (Unë flas si njeri).

⁶ Kurrë mos qoftë! Sepse atëherë, si do ta gjykonte Zoti botën?

⁷ Prandaj në qoftë se me anë të gënjeshtrës sime e vërteta e Perëndisë e lartëson lavdinë e tij, përse unë gjykohem akoma si mëkatar?

⁸ E përse të mos themi si disa që, duke shpifur, pohojnë se ne themi: "Të bëjmë të keqen që të vijë e mira"? Dënimi i këtyre është i drejtë.

⁹ E çfarë pra? A kemi ne ndonjë epërsi? Aspak! E kemi treguar në fakt që më përpara se si Judenjtë ashtu edhe Grekët janë të gjithë nën mëkat,

¹⁰ siç është shkruar: "Nuk ka asnjeri të drejtë, as edhe një.

¹¹ Nuk ka asnjeri që të kuptojë, nuk ka asnjeri që të kërkojë Perëndinë.

¹² Të gjithë kanë dalë nga udha e tij, që të gjithë janë bërë të padobishëm, nuk ka asnjë që të bëjë të mirën, as edhe një.

¹³ Gryka e tyre është një varr i hapur, me gjuhët e tyre kanë thurur mashtrime, ka helm gjarpërinjsh nën buzët e tyre;

¹⁴ goja e tyre është plot mallkim dhe hidhësi;

¹⁵ këmbët e tyre janë të shpejta për të derdhur gjak;

¹⁶ në udhët e tyre ka rrënim dhe gjëmë,

¹⁷ dhe nuk e kanë njohur udhën e paqes;

¹⁸ nuk ka druajtja e Perëndisë para syve të tyre".

¹⁹ Por ne e dimë se gjithçka që thotë ligji, e thotë për ata që janë nën ligj, me qëllim që çdo gojë të heshtë dhe gjithë bota t'i jetë nënshtruar gjykimit të Perëndisë.

²⁰ sepse asnjë mish nuk do të shfajësohet para tij për veprat e ligjit; me anë të ligjit në fakt arrihet njohja e mëkatit.

²¹ Por tani, pavarësisht nga ligji, është manifestuar drejtësia e Perëndisë, për të cilën dëshmojnë ligji dhe profetët,

²² madje drejtësia e Perëndisë nëpërmjet besimit në Jezu Krishtin për të gjithë e mbi të gjithë ata që besojnë, sepse nuk ka dallim:

²³ sepse të gjithë mëkatuan dhe u privuan nga lavdia e Perëndisë,

²⁴ por janë shfajësuar falas me anë të hirit të tij, nëpërmjet shpengimit që është në Krishtin Jezus.

²⁵ Atë ka paracaktuar Perëndia për të bërë shlyerjen nëpërmjet besimit në gjakun e tij, për të treguar kështu drejtësinë e tij për faljen e mëkateve, që janë kryer më parë gjatë kohës së durimit të Perëndisë,

²⁶ për të treguar drejtësinë e tij në kohën e tanishme, me qëllim që ai të jetë i drejtë dhe shfajësues i atij që ka besimin e Jezusit.

²⁷ Ku është, pra, mburrja? Është përjashtuar. Nga cili ligj? Ai i veprave? Jo, por nga ligji i besimit.

²⁸ Ne, pra, konkludojmë se njeriu është i shfajësuar nëpërmjet besimit pa veprat e ligjit.

²⁹ A është vallë Perëndia vetëm Perëndia i Judenjve? A nuk është edhe i johebrenjve? Sigurisht, është edhe Perëndia i johebrenjve.

³⁰ Sepse ka vetëm një Perëndi, që do të shfajësojë të rrethprerin nëpërmjet besimit, dhe të parrethprerin me anë të besimit.

³¹ Anulojmë ne, pra, ligjin nëpërmjet besimit? Kështu mos qoftë; përkundrazi e forcojmë ligjin.

Kapitull 4

¹ Çfarë do të themi, pra, në lidhje me atë që ati ynë Abrahami, ka përfituar sipas mishit?

² Sepse nëse Abrahami ishte shfajësuar nëpërmjet veprave, ai ka përse të lëvdohet; ndërsa përpara Perëndisë ai nuk ka asgjë për t'u lëvduar.

³ Në fakt, çfarë thotë Shkrimi? "Por Abrahami i besoi Perëndisë dhe kjo iu numërua për drejtësi".

⁴ Edhe atij që vepron, shpërblimi nuk i konsiderohet si hir por si borxh;

⁵ ndërsa atij që nuk vepron, por beson në atë që shfajëson të paudhin, besimi i tij i numërohet për drejtësi.

⁶ Sikurse Davidi shpall lumturinë e njeriut të cilit Perëndia numëron drejtësi pa vepra, duke thënë:

⁷ "Lum ata të cilëve u janë falur paudhësitë dhe të cilëve mëkatet u janë mbuluar.

⁸ Lum njeriu të cilit Zoti nuk do t'ia numërojë mëkatin".

⁹ Por kjo lumturi a vlen vetëm për të rrethprerët, apo edhe për të parrethprerët? Sepse ne themi se besimi iu numërua Abrahamit si drejtësi.

¹⁰ Në ç'mënyrë, pra, iu numërua? Kur ai ishte i rrethprerë apo i parrethprerë? Jo ndërsa ishte i rrethprerë, por kur ishte i parrethprerë.

¹¹ Pastaj mori shenjën e rrethprerjes, si vulë të drejtësisë për besimin që kishte patur kur ishte akoma i parrethprerë, me qëllim që të ishte ati i gjithë atyre që besojnë edhe se janë të parrethprerë, me qëllim që edhe atyre t'u numërohet drejtësia,

¹² dhe të ishte atë i të rrethprerëve të vërtetë, pra i atyre që jo vetëm janë të rrethprerë, por që ndjekin edhe gjurmët e besimit të atit tonë Abrahamit, që ai pati ndërsa ishte i parrethprerë.

¹³ Në fakt premtimi për të qenë trashëgimtar i botës nuk iu bë Abrahamit dhe pasardhësve të tij nëpërmjet ligjit, por nëpërmjet drejtësisë së besimit.

¹⁴ Sepse nëse janë trashëgimtarë ata që janë të ligjit, besimi bëhet i kotë dhe premtimi anulohet,

¹⁵ sepse ligji prodhon zemërimin; në fakt atje ku nuk ka ligj, nuk ka as shkelje.

¹⁶ Prandaj trashëgimia është nëpërmjet besimit; në këtë mënyrë ajo është nëpërmjet hirit, me qëllim që premtimi të jetë i siguruar për të gjithë pasardhësit, jo vetëm për atë që është nga ligji, por edhe për atë që vjen nga besimi i Abrahamit, i cili

¹⁷ (siç është shkruar: "Unë të kam caktuar atin e shumë kombeve"), është ati i të gjithë neve para Perëndisë që ai besoi, i cili i jep jetë të vdekurve dhe thërret gjërat që nuk janë sikur të ishin.

¹⁸ Ai, duke shpresuar kundër çdo shprese, besoi për t'u bërë ati i shumë kombeve sipas asaj që i ishte thënë: "Kështu do të jetë pasardhja jote".

¹⁹ Dhe, duke mos qenë aspak i dobët në besim, nuk i kushtoi kujdes trupit të tij, i bërë tashmë si i vdekur (ishte pothuaj njëqind vjeç) as barkut të vdekur të Sarës.

²⁰ Madje as nuk dyshoi nga mosbesimi në lidhje me premtimin e Perëndisë, por u përforcua në besim duke i dhënë lavdi Perëndisë,

²¹ plotësisht i bindur se atë që ai kishte premtuar ishte edhe i fuqishëm ta bënte.

²² Prandaj edhe kjo iu numërua atij për drejtësi.

²³ E po nuk u shkrua vetëm për të, që kjo i ishte numëruar,

²⁴ por edhe për ne, të cilëve do të na numërohet, neve që besojmë në atë që ka ringjallur prej të vdekurve Jezusin, Zotin tonë,

²⁵ i cili u dha për shkak të fyerjeve tona dhe u ringjall për justifikimin tonë.

Kapitull 5

¹ Të shfajësuar, pra, me anë të besimit, kemi paqe me Perëndinë nëpërmjet Jezu Krishtit, Zotit tonë,

² me anë të të cilit edhe patëm, nëpërmjet besimit, hyrjen në këtë hir në të cilin qëndrojmë të patundur dhe mburremi në shpresën e lavdisë së Perëndisë.

³ Dhe jo vetëm kaq, por mburremi edhe në shtrëngimet, duke ditur që shtrëngimi prodhon këmbënguljen,

⁴ këmbëngulja përvojën dhe përvoja shpresën.

⁵ Por shpresa nuk turpëron, sepse dashuria e Perëndisë është derdhur në zemrat tona me anë të Frymës së Shenjtë që na është dhënë.

⁶ Sepse, ndërsa ishin akoma pa forcë, Krishti vdiq në kohën e tij për të paudhët.

⁷ Vështirë në fakt se vdes dikush për një të drejtë; mbase ndonjë do të guxonte të vdiste për një njeri të mirë.

⁸ Por Perëndia e tregon dashurinë e tij ndaj nesh në atë që, kur ende ishim mëkatarë, Krishti vdiq për ne.

⁹ Shumë më tepër, pra, duke qenë tani të shfajësuar në gjakun e tij, do të shpëtojmë nga zemërimi me anë të tij.

¹⁰ Në fakt, ndërsa ishim armiq, u pajtuam me Perëndinë nëpërmjet vdekjes së Birit të tij, akoma më shumë tani, që jemi pajtuar, do të shpëtohemi nëpërmjet jetës së tij.

¹¹ E jo vetëm kaq, por edhe mburremi në Perëndinë, nëpërmjet Zotit tonë Jezu Krisht, me anë të të cilit tani kemi marrë pajtimin.

¹² Prandaj, ashtu si me anë të një njeriu të vetëm mëkati hyri në botë dhe me anë të mëkatit vdekja, po ashtu vdekja u shtri tek të gjithë njerëzit, sepse të gjithë mëkatuan;

¹³ sepse, derisa u shpall ligji, mëkati ekzistonte në botë; por mëkati nuk numërohet nëse nuk ka ligj;

¹⁴ por vdekja mbretëroi nga Adami deri te Moisiu edhe mbi ata që nuk kishin mëkatuar me një shkelje të ngjashme nga ajo e Adamit, që është figura e atij që duhej të vinte.

¹⁵ Mirëpo hiri nuk është si shkelja; nëse në fakt për shkak të shkeljes së një njeriu të vetëm vdiqën shumë, shumë më tepër hiri i Perëndisë dhe dhurata me anë të hirit e një njeriu, Jezu Krishtit, i teproi për shumë të tjerë.

¹⁶ Sa për dhuntinë, nuk ndodhi si për atë një që mëkatoi, sepse

gjykimi prodhoi dënimin nga një shkelje e vetme, por hiri prodhoi shfajësimin nga shumë shkelje.

¹⁷ Në fakt, në qoftë se prej shkeljes së këtij njërit vetëm vdekja mbretëroi për shkak të atij njërit, akoma më shumë ata që marrin bollëkun e hirit dhe të dhuratës se drejtësisë do të mbretërojnë në jetë me anë të atij njërit, që është Jezu Krishtit.

¹⁸ Prandaj, ashtu si për një shkelje të vetme dënimi u shtri mbi të gjithë njerëzit, ashtu edhe me një akt të vetëm drejtësie, hiri u shtri mbi gjithë njerëzit për shfajësimin e jetës.

¹⁹ Në fakt, ashtu si nga mosbindja e një njeriu të vetëm të shumtët u bënë mëkatarë, ashtu edhe nga bindja e një të vetmi të shumtët do të bëhen të drejtë.

²⁰ Por ligj i ndërhyri me qëllim që shkelja të teprohej; por aty ku mëkati është i tepruar, hiri është akoma më i tepërt,

²¹ me qëllim që ashtu si mëkati ka mbretëruar te vdekja, ashtu edhe hiri të mbretërojë me anë të drejtësisë në jetën e përjetshme nëpërmjet Jezu Krishtit, Zotit tonë.

Kapitull 6

¹ Çfarë të themi, pra? A të mbetemi në mëkat, që të teprojë hiri?

² Aspak! Ne që jemi të vdekur për mëkatin, si do të jetojmë akoma në të?

³ Po a nuk e dini se ne të gjithë që u pagëzuam në Jezu Krishtin, u pagëzuam në vdekjen e tij?

⁴ Ne, pra, u varrosëm me të me anë të pagëzimit në vdekje, që, ashtu si Krishti u ringjall prej së vdekurish me anë të lavdisë së Atit, kështu edhe ne gjithashtu të ecim në risinë e jetës.

⁵ Sepse, nëse u bashkuam me Krishtin në një vdekje të ngjashme me të tijën, do të jemi edhe e ringjalljes së tij,

⁶ duke ditur këtë: se njeriu ynë i vjetër u kryqëzua me të, që trupi i mëkatit mund të jetë anuluar dhe që ne të mos i shërbejmë më mëkatit.

⁷ Në fakt, ai që ka vdekur është shfajësuar nga mëkati.

⁸ Tani nëse vdiqëm me Krishtin, ne besojmë gjithashtu që do të jetojmë me të,

⁹ duke ditur se Krishti, që u ringjall prej së vdekurish, nuk vdes më; vdekja s'ka më pushtet mbi të.

¹⁰ Sepse në atë së vdiq, vdiq për mëkatin një herë e për gjithmonë; por në atë që rron, rron për Perëndinë.

¹¹ Kështu edhe ju, konsideroheni veten të vdekur për mëkatin, por të gjallë për Perëndinë, në Jezu Krishtin, Zotin tonë.

¹² Le të mos mbretërojë, pra, mëkati në trupin tuaj të vdekshëm, që t'i bindeni atij në epshet e veta.

¹³ As mos i jepni gjymtyrët tuaja në shërbim të mëkatit si mjete paudhësie, por tregoni veten tuaj te Perëndia, si të gjallë prej së vdekurish, dhe gjymtyrët tuaja si mjete drejtësie për Perëndinë.

¹⁴ Në fakt mëkati nuk do të ketë më pushtet mbi ju, sepse nuk jeni nën ligj, por nën hir.

¹⁵ Atëherë, çfarë? Të mëkatojmë sepse nuk jemi nën ligj, por nën hir? Kështu mos qoftë!

¹⁶ A nuk e dini ju se nëse e tregoni veten shërbëtorë të atij që i bindeni, jeni shërbëtorë të atij që i bindeni, qoftë mëkatit për vdekje, qoftë dëgjesës për drejtësi?

¹⁷ Por qoftë falenderuar Perëndia, sepse ishit shërbëtorë të mëkatit, por iu bindët me zemër atij mësimi që iu është transmetuar.

¹⁸ Dhe, mbasi u liruat nga mëkati, u bëtë shërbëtorë të drejtësisë.

¹⁹ Unë po flas njerëzisht për shkak të dobësisë së mishit tuaj. Sepse ashtu si një kohë i kishit përkushtuar gjymtyrët tuaja për të qenë shërbëtorë të papastërtisë dhe të paudhësisë për të bërë paudhësinë, kështu tani përkushtoni gjymtyrët tuaj për të qenë shërbëtorë të drejtësisë për shenjtërim.

²⁰ Sepse, kur ishit shërbëtorë të mëkatit, ishit të lirë në lidhje me drejtësinë.

²¹ Dhe çfarë fryt kishit, pra, atëherë, nga ato gjëra, për të cilat tani keni turp? Sepse fundi i tyre është vdekja.

²² Por tani, pasi u liruat nga mëkati dhe u bëtë shërbëtorë të Perëndisë keni për frytin tuaj shenjtërimin dhe për fund jeta e përjetshme.

²³ Sepse paga e mëkatit është vdekja, por dhuntia e Perëndisë është jeta e përjetshme në Jezu Krishtin, Zotin tonë.

Kapitull 7

¹ Apo nuk e dini o vëllezër, (sepse unë po u flas njerëzve që e njohin ligjin), se ligji ka pushtet mbi njeriun për sa kohë ai rron?

² Sepse gruaja e martuar është e lidhur nga ligji me burrin deri sa ai rron, por, po i vdiq burri, lirohet nga ligji i burrit.

³ Prandaj, nëse, kur i rron burri, ajo bashkohet me një burrë tjetër, do të quhet shkelëse e kurorës; por kur i vdes burri ajo është e liruar nga ligji, që të mos jetë shkelëse e kurorës, po u bë gruaja e një burrë tjetër.

⁴ Kështu, pra, vëllezër të mi, edhe ju jeni të vdekur për ligjin me anë të trupit të Jezu Krishtit që të bashkoheni me një tjetër, që u ringjall prej së vdekurit, që t'i japim fryte Perëndisë.

⁵ Sepse, kur ishim në mish, pasionet mëkatare që ishin me anë të ligjit, vepronin në gjymtyrët tona, duke sjellë fryte vdekjeje,

⁶ por tani jemi zgjidhur nga ligji duke qënë të vdekur nga ç'ka na mbante të lidhur, prandaj shërbejmë në risinë e frymës dhe jo në vjetërsinë e shkronjës.

⁷ Çfarë të themi, pra? Se ligji është mëkat? Ashtu mos qoftë! Mëkatin unë nuk do ta kisha njohur, veç se me anë të ligjit; sepse unë nuk do ta kisha njohur lakminë, po të mos thoshte ligji: "Mos lakmo!".

⁸ Por mëkati, duke marrë shkas nga ky urdhërim, ngjalli në mua çdo lakmi,

⁹ sepse, pa ligj, mëkati është i vdekur. Dikur unë jetoja pa ligj, por, kur erdhi urdhërimi, mëkati u ngjall dhe unë vdiqa,

¹⁰ dhe urdhërimi që u dha për jetë, më solli vdekjen.

¹¹ Sepse mëkati, duke gjetur rastin me anë të urdhërit, më mashtrojë dhe me anë të tij më vrau.

¹² Kështu ligji është i shenjtë, dhe urdhërimi i shenjtë, i drejtë dhe i mirë.

¹³ Ajo gjë, pra, që është e mirë u bë vdekje për mua? Ashtu mos qoftë; por mëkati, që të duket mëkat, me anë të së mirës më pruri vdekjen, që mëkati të bëhet edhe më tepër mëkat nëpërmjet urdhërimit.

¹⁴ Sepse ne e dimë se ligji është frymëror, por unë jam i mishë, i shitur mëkatit si skllav.

¹⁵ Sepse unë nuk kuptoj atë që bëj, sepse nuk bëj atë që dua, por bëj atë që urrej.

¹⁶ Edhe, nëse bëj atë që nuk dua, unë pranoj që ligji është i mirë.

¹⁷ Por tani nuk jam më unë që veproj, por mëkati që banon në mua.

¹⁸ Në fakt unë e di se në mua domëthënë në mishin tim nuk banon asgjë e mirë, sepse, ndonëse e kam dëshirën për të bërë të mirën, nuk ia gjej mënyrën.

¹⁹ Në fakt të mirën që unë e dua nuk e bëj; por të keqen që s'dua, atë bëj.

²⁰ Edhe, në qoftë se bëj atë që nuk dua, s'jam më vetë ai që e bëj, por është mëkati që banon në mua.

²¹ Unë, pra, po zbuloj këtë ligj: duke dashur të bëj të mirën, e keqja gjindet në mua.

²² Në fakt unë gjej kënaqësi në ligjin e Perëndisë sipas njeriut të brendshëm,

²³ por shoh një ligj tjetër në gjymtyrët e mia, që lufton kundër ligjit të mendjes sime dhe që më bën skllav të ligjit të mëkatit që është në gjymtyrët e mia.

²⁴ Oh, njeri i mjerë që jam! Kush do të më çlirojë nga ky trup i vdekjes?

²⁵ I falem nderit Perëndisë me anë të Jezu Krishtit, Zotit tonë. Unë vetë, pra, me mendjen, i shërbej ligjit të Perëndisë, por, me mishin ligjit të mëkatit.

Kapitull 8

¹ Tani, pra, nuk ka asnjë dënim për ata që janë në Krishtin Jezu, që nuk ecin sipas mishit, por sipas Frymës,

² sepse ligji i Frymës i jetës në Jezu Krishtin më çliroi nga ligji i mëkatit dhe i vdekjes.

³ Sepse atë që ishte e pamundur për ligjin, sepse ishte pa forcë për shkak të mishit, Perëndia, duke dërguar birin e vet në shëmbëllim mishi mëkatar, edhe për mëkat, e dënoi mëkatin në mish,

⁴ që të përmbushet drejtësia e ligjit në ne, që nuk ecim sipas mishit, por sipas Frymës.

⁵ Sepse ata që rrojnë sipas mishit e çojnë mendjen në gjërat e mishit, por ata që rrojnë sipas Frymës në gjërat e Frymës.

⁶ Në fakt mendja e kontrolluar nga mishi prodhon vdekje, por mendja e kontro-lluar nga Fryma prodhon jetë dhe paqe.

⁷ Në fakt mendja e kontrolluar nga mishi është armiqësi kundër Perëndisë, sepse nuk i nënshtrohet ligjit të Perëndisë dhe as nuk mundet.

⁸ Prandaj ata që janë në mish nuk mund t'i pëlqejnë Perëndisë.

⁹ Nëse Fryma e Perëndisë banon në ju, ju nuk jeni më në mish, por në Frymë. Por në qoftë se ndokush nuk ka Frymën e Krishtit, ai nuk i përket atij.

¹⁰ Nëse Krishti është në ju, trupi pa tjetër është i vdekur për shkak të mëkatit, por Fryma është jetë për shkak të drejtësisë.

¹¹ Dhe në qoftë se Fryma i atij që ringjalli Krishtin prej së vdekurish banon në ju, ai që e ringjalli Krishtin prej së vdekurish do t'u japë jetë edhe trupave tuaj vdekatarë me anë të Frymës së tij që banon në ju.

¹² Prandaj, vëllezër, ne jemi debitorë jo të mishit, që të rrojmë sipas mishit,

¹³ sepse, po të rroni sipas mishit, ju do të vdisni; por, nëse me anë të Frymës i bëni të vdesin veprat e trupit, ju do të rroni.

¹⁴ Sepse të gjithë ata që udhëhiqen nga Fryma e Perëndisë janë bij të Perëndisë.

¹⁵ Sepse ju nuk keni marrë një frymë robërie, që të keni përsëri frikë, po keni marrë frymën e birërisë, me anë të së cilës ne thërrasim: "Aba, o Atë!".

¹⁶ Vetë Fryma i dëshmon frymës sonë se ne jemi bij të Perëndisë.

¹⁷ Dhe nëse jemi bij, jemi dhe trashëgimtarë, trashëgimtarë të Perëndisë dhe bashkëtrashëgimtarë të Krishtit, nëse vuajmë më të dhe lavdohemi me të.

¹⁸ Unë mendoj në fakt, se vuajtjet e kohës së tanishme nuk vlejnë aspak të krahasohen me lavdinë që do të shfaqet në ne.

¹⁹ Sepse dëshira e flaktë e krijesës pret me padurim shfaqjen e bijve të Perëndisë,

²⁰ sepse krijesa iu nënshtrua kotësisë, jo me vullnetin e vet, po për shkak të atij që e nënshtroi,

²¹ me shpresë që vetë krijesa të çlirohet nga skllavëria e prishjes për të hyrë në lirinë e lavdisë së bijve të Perëndisë.

²² Sepse e dimë se deri tani mbarë bota e krijuar rënkon dhe është në mundim.

²³ Dhe jo vetëm kaq, por edhe ne vetë që kemi frytet e para të Frymës, vajtojmë në veten tonë, duke pritur flaktë birërimin, shpengimin e trupit tonë.

²⁴ Sepse me shpresë ne shpëtuam; por shpresa që duket nuk është shpresë, sepse atë që dikush e sheh si mundet edhe ta shpresojë?

²⁵ Por në qoftë se ne shpresojmë atë që s'e shohim, atë gjë e presim me durim.

²⁶ Kështu, pra, edhe Fryma na ndihmon në dobësitë tona, sepse ne nuk dimë çfarë të kërkojmë në lutjet tona, sikurse duhet; por vetë Fryma ndërhyn për ne me psherëtima të patregueshme.

²⁷ Dhe ai që heton zemrat e di cila është mendja e Frymës, sepse ai ndërhyn për shenjtorët, sipas Perëndisë.

²⁸ Dhe ne e dimë se të gjitha gjëra bashkëveprojnë për të mirë për ata që e duan Perëndinë, për ata që janë të thirrur sipas qëllimit të tij.

²⁹ Sepse ata që ai i ka njohur që më parë, edhe i ka paracaktuar që të jenë të ngjashëm me shëmbëlltyrën e Birit të tij, kështu që ai të jetë i parëlinduri në mes të shumë vëllezërve.

³⁰ Dhe ata që ai i paracaktoi edhe i thirri; dhe ata që i thirri edhe i shfajësoi; dhe ata që i shfajësoi, ata edhe i përlëvdoi.

³¹ Çfarë të themi, pra, për këto gjëra? Në qoftë se Perëndia është me ne, kush mund të jetë kundër nesh?

³² Sepse ai që nuk e kurseu Birin e vet, por e dha për të gjithë ne, qysh nuk do të na dhurojë të gjitha gjëra bashkë me të?

³³ Kush do t'i padisë të zgjedhurit e Perëndisë? Perëndia është ai që i shfajëson.

³⁴ Kush është ai që do t'i dënojë? Krishti është ai që vdiq, po për më tepër ai u ringjall; ai është në të djathtë të Perëndisë dhe ai ndërmjetëson për ne.

³⁵ Kush do të na ndajë nga dashuria e Krishtit? Pikëllimi, a ngushtica, a përndjekja, a uria, a të zhveshurit, a rreziku, a shpata?

³⁶ Siç është shkruar: "Për ty po vritemi gjithë ditën; u numëruam si dele për therje".

³⁷ Por në të gjitha këto gjëra ne jemi më shumë se fitimtarë për hir të atij që na deshi.

³⁸ Sepse unë jam i bindur se as vdekja, as jeta, as engjëjt, as pushtetet, as fuqia dhe as gjërat e tashme as gjërat e ardhshme,

³⁹ as lartësitë, as thellësitë, as ndonjë tjetër krijesë, nuk do të mund të na ndajë nga dashuria e Perëndisë që është në Jezu Krishtin, Zotin tonë.

Kapitull 9

¹ Unë them të vërtetën në Krishtin, nuk gënjej dhe jep dëshmi me mua ndërgjegja ime me anë të Frymës së Shenjtë;

² kam një trishtim të madh dhe një dhembje të vazhdueshme në zemrën time.

³ Sepse do të doja të isha vetë i ma-llkuar, i ndarë nga Krishti, për vëllezërit e mi, për farefisin tim sipas mishit,

⁴ të cilët janë Izraelitë dhe atyre u përket birëria, lavdia, besëlidhjet, shpallja e ligjit, shërbimi hyjnor dhe premtimet;

⁵ të tyre janë edhe etërit, prej të cilëve rrjedh sipas mishit Krishti, i cili është përmbi çdo gjë Perëndi, i bekuar përjetë. Amen.

⁶ Por kjo nuk do të thotë se fjala e Perëndisë ra poshtë, sepse jo të gjithë që janë nga Izraeli janë Izrael.

⁷ As sepse janë pasardhës e Abrahamit janë të gjithë bij; por: "Në Isakun do të quhet pasardhja jote".

⁸ Do të thotë: nuk janë bijtë e Perëndisë ata që lindin prej mishi, por vetëm bijtë e premtimit numërohen si pasardhës.

⁹ Sepse kjo është fjala e premtimit: "Në këtë kohë do të vij dhe Sara do të ketë një bir".

¹⁰ Dhe jo vetëm kaq, por edhe Rebeka mbeti shtatzënë nga një njeri i vetëm, Isakun, atin tonë,

¹¹ (sepse para se t'i lindnin fëmijët dhe para se të bënin ndonjë të mirë a të keqe, që të mbetej i patundur propozimi i Perëndisë për të zgjedhur jo sipas veprave, po prej atij që thërret),

¹² iu tha asaj: "Më i madhi do t'i shërbejë më të voglit",

¹³ siç është shkruar: "E desha Jakobin dhe e urreva Ezaun".

¹⁴ Çfarë të themi, pra? Mos ka padrejtësi te Perëndia? Aspak!

¹⁵ Ai i thotë në fakt Moisiut: "Do të kem mëshirë për atë që të kem mëshirë, dhe do të kem dhembshuri për atë që do të kem dhembshuri".

¹⁶ Kështu, pra, kjo nuk varet as prej atij që do, as prej atij që vrapon, por nga Perëndia që shfaq mëshirë.

¹⁷ Sepse Shkrimi i thotë Faraonit: "Pikërisht për këtë gjë të ngrita, që të tregoj te ti fuqinë time dhe që të shpallet emri im mbi mbarë dheun".

¹⁸ Kështu ai ka mëshirë për atë që do dhe e ngurtëson atë që do.

¹⁹ Ti do të më thuash, pra: "Pse vazhdon të ankohet? Kush mund, në fakt, t'i rezistojë vullnetit të tij?".

²⁰ Po kush je ti, o njeri, që i kundërpërgjigjesh Perëndisë? A mund t'i thotë ena mjeshtrit: "Përse më bëre kështu?".

²¹ A nuk ka vallë fuqi poçari mbi argjilën për të bërë nga po ai brumë një enë për nderim, edhe një tjetër për çnderim?

²² Dhe çfarë të thuash nëse Perëndia, duke dashur të tregojë zemërimin e tij dhe të bëjë të njohur pushtetin e tij duroi me shumë zemërgjerësi enët e zemërimit që qenë bërë për prishje?

²³ Dhe që të bëjë të njohur pasuritë e lavdisë së tij ndaj enëve të mëshirës, të cilat i përgatiti për lavdi,

²⁴ mbi ne, që edhe na thirri, jo vetëm nga Judenjtë, por edhe nga johebrenjtë?

²⁵ Ashtu si thotë ai te Osea: "Unë do ta quaj popullin tim atë që s'ka qenë populli im dhe të dashur atë të mosdashurin.

²⁶ Dhe do të ndodhë që atje ku u është thënë atyre: "Ju nuk jeni populli im", atje do të quheni bij të Perëndisë së gjallë".

²⁷ Por Isaia thërret për Izraelin: "Edhe sikur të ishte numri i bijve të Izraelit si rëra e detit, vetëm mbetja e tij do të shpëtohet".

²⁸ Në fakt ai do ta realizojë vendimin e tij me drejtësi, sepse Zoti do ta realizojë dhe do ta përshpejtojë vendimin e tij mbi tokë.

²⁹ Dhe ashtu si profetizoi Isaia: "Në qoftë se Perëndia i ushtrive nuk do të na kishte lënë farë, do të ishim bërë si Sodoma dhe do t'i kishim ngjarë Gomorës".

³⁰ Çfarë të themi, pra? Se johebrenjtë, që nuk kërkuan drejtësinë, e fituan drejtësinë, por atë drejtësi që vjen nga besimi,

³¹ ndërsa Izraeli, që kërkonte ligjin e drejtësisë, nuk arriti në ligjin e drejtësisë.

³² Përse? Sepse e kërkonte jo me anë të besimit, por me anë të veprave të ligjit; sepse ata u penguan në gurin e pengesës,

³³ ashtu siç është shkruar: "Ja, unë po vë në Sion një gur pengese dhe një shkëmb skandali, dhe kushdo që i beson atij nuk do të turpërohet".

Kapitull 10

¹ Vëllezër, dëshira e zemrës sime dhe lutja që i drejtoj Perëndisë për Izraelin është për shpëtim të tij.

² Sepse unë dëshmoj për ta se kanë zell për Perëndinë, por jo sipas njohurisë.

³ Sepse duke mos njohur drejtësinë e Perëndisë dhe duke kërkuar të vendosin drejtësinë e vet, nuk iu nënshtruan drejtësisë së Perëndisë,

⁴ sepse përfundimi i ligjit është Krishti, për shfajësimin e kujtdo që beson.

⁵ Sepse Moisiu kështu e përshkruan drejtësinë që vjen nga ligji: "Njeriu që bën këto gjëra, do të rrojë me anë të tyre".

⁶ Por drejtësia që vjen nga besimi thotë kështu: "Mos thuaj në zemrën tënde: "Kush do të ngjitet në qiell?". Kjo do të thotë që të zbresë Krishti.

⁷ Ose: "Kush do të zbresë në humnerë?". Kjo do të thotë që të sjellë lart Krishtin prej së vdekurish.

⁸ Po ç'thotë, pra? "Fjala është pranë teje, në gojën tënde dhe në zemrën tënde". Kjo është fjala e besimit, që ne predikojmë;

⁹ sepse, po të rrëfesh me gojën tënde Zotin Jezus, dhe po të besosh në zemrën tënde se Perëndia e ngjalli prej së vdekurish, do të shpëtohesh.

¹⁰ Sepse me zemër, njeriu beson në drejtësi dhe me gojë bëhet

rrëfim për shpëtim,

¹¹ sepse Shkrimi thotë: "Kushdo që beson në të, nuk do të turpërohet".

¹² Sepse nuk ka dallim në mes Judeut dhe Grekut, sepse një i vetëm është Perëndia i të gjithëve, i pasur ndaj të gjithë atyre që e thërrasin.

¹³ Në fakt: "Kushdo që do ta thërrasë emrin e Zotit do të shpëtohet".

¹⁴ Si do ta thërrasin, pra, atë, të cilit nuk i besuan? Dhe si do të besojnë tek ai për të cilin nuk kanë dëgjuar? Dhe si do të dëgjojnë, kur s'ka kush predikon?

¹⁵ Dhe si do të predikojnë pa qenë dërguar? Siç është shkruar: "Sa të bukura janë këmbët e atyre që shpallin paqen, që shpallin lajme të mira!".

¹⁶ Por jo të gjithë iu bindën ungjillit, sepse Isaia thotë: "O Perëndi, kush i besoi predikimit tonë?".

¹⁷ Besimi, pra, vjen nga dëgjimi, dhe dëgjimi vjen nga fjala e Perëndisë.

¹⁸ Por unë them: Mos nuk dëgjuan? Madje, "Zëri i tyre mori mbarë dheun dhe fjalët e tyre shkuan deri në skajet më të largëta të tokës".

¹⁹ Por unë them: "Mos nuk e kuptoi Izraeli? Moisiu tha i pari: "Unë do t'ju shtie në xhelozi me një komb që s'është fare komb; do t'ju bëj të zemëroheni me anë të një kombi të marrë".

²⁰ Dhe Isaia me guxim thotë: "Unë u gjeta nga ata që nuk më kërkonin, unë iu shfaqa atyre që nuk pyesnin për mua".

²¹ Por lidhur me Izraelin ai thotë: "Gjithë ditën i shtriva duart e mia drejt një populli të pabindur dhe kundërthënës".

Kapitull 11

¹ Unë, pra, them: A thua Perëndia e hodhi poshtë popullin e vet? Aspak, sepse edhe unë jam Izraelit, nga pasardhje e Abrahamit, nga fisi i Beniaminit.

² Perëndia nuk e hodhi poshtë popullin e vet, të cilin e njohu që përpara. A nuk e dini ju ç'thotë Shkrimi për Elian? Si i drejtohet ai Perëndisë kundër Izraelit, duke thënë:

³ "O Zot, profetët e tu i vranë dhe altarët e tu i prishën, dhe unë mbeta i vetëm, dhe ata kërkojnë jetën time".

⁴ Por, çfarë i tha zëri hyjnor? "Kam lënë për veten time shtatë mijë burra, që kanë rënë në gjunjë përpara Baalit".

⁵ Kështu, pra, edhe në kohën e tanishme ka mbetur një mbetje pas zgjedhjes së hirit.

⁶ Dhe, po të jetë prej hirit, nuk është më prej veprash, përndryshe hiri nuk do të ishte më hir, përndryshe vepra nuk do të ishte më vepër.

⁷ E çfarë, atëherë? Izraeli nuk e mori atë që kërkonte, kurse të zgjedhurit e morën, dhe të tjerët u verbuan,

⁸ siç është shkruar: "Perëndia u dha atyre frymë hutimi, sy që të mos shohin dhe veshë që të mos dëgjojnë deri në ditën e sotme".

⁹ Dhe Davidi thotë: "Tryeza e tyre iu bëftë lak, një kurth, një pengesë dhe një shpagim.

¹⁰ Sytë e tyre u errësofshin që të mos shohin, dhe kurrizin e tyre kërruse përgjithnjë".

¹¹ Unë them, pra: "Mos u penguan, që të rrëzohen? Aspak; por me anë të rrëzimit të tyre u erdhi shpëtimi johebrenjve, që t'i shtjerë ata në xhelozi.

¹² Edhe nëse rrëzimi i tyre është fitim për botën dhe pakësimi i tyre është fitim për johebrenjtë, sa më tepër do të jetë mbushullia e tyre?

¹³ Sepse unë po ju flas juve, johebrenjve, duke qenë se jam apostulli i johebrenjve; dhe unë e nderoj shërbesën time,

¹⁴ për të provuar se në ndonjë mënyrë mund t'i provokoj se mos i shtie në zili ata që janë mishi im edhe shpëtoj disa prej tyre.

¹⁵ Sepse, në qoftë se refuzimi i tyre është pajtim për botën, ç'do të jetë ripranimi i tyre, përveç se kalimi prej vdekjes në jetë?

¹⁶ Edhe po të jenë pemët e para të shenjta, edhe e tëra është e shenjtë; dhe po të jetë rrënja e shenjtë, edhe po të jenë të shenjta.

¹⁷ Edhe sikur të këputen disa degë, ti që ishe ullastër u shartove në vend të tyre dhe u bëre pjestar i rrënjës dhe i majmërisë së drurit të ullirit,

¹⁸ mos u mburr kundër degëve: por nëse mburresh kundër tyre, mos harro se nuk e mban ti rrënjën, po rrënja të mban ty.

¹⁹ Do të thuash, pra: "Degët u prenë që të shartohem unë".

²⁰ Mirë, ato u prenë për mosbesimin, por ti qëndron për shkak të besimit; mos u kreno, por druaj.

²¹ Sepse nëse Perëndia nuk i kurseu degët natyrore, shiko se mos nuk të kursen edhe ty.

²² Shih, pra, mirësinë dhe rreptësinë e Perëndisë: rreptësinë mbi ata që u rrëzuan, dhe mirësinë ndaj teje, në qoftë se ti do të ngulmosh në mirësi, përndryshe edhe ti do të këputesh.

²³ Kështu edhe ata, nëse nuk do të qëndrojnë në mosbesim, do të shartohen; sepse Perëndia është i fuqishëm t'i shartojë përsëri.

²⁴ Sepse, në qoftë se ti u këpute nga ulliri i egër prej natyre dhe u shartove kundër natyrës në ulli të butë, aq më tepër këto, që janë degë prej natyre, do të shartohen në ullirin e vet.

²⁵ Sepse nuk dua, o vëllezër, që ju të jeni të paditur këtë të fshehtë që të mos mbaheni me të madh në veten tuaj se i ka ndodhur një ngurtësim një pjese të Izraelit deri sa të ketë hyrë tërësia e johebrenjve.

²⁶ dhe kështu mbarë Izraeli do të shpëtohet, sikurse është shkruar: "Nga Sioni do të vijë Çlirimtari, dhe do të largojë pabesinë nga Jakobi.

²⁷ Dhe kjo do të jetë besëlidhja ime me ta, kur unë t'ju heq mëkatet e tyre".

²⁸ Për sa i përket ungjillit ata janë armiq për hirin tuaj, por për sa i përket zgjedhjes, janë të dashur për hir të etërve,

²⁹ sepse dhuntitë dhe thirrja e Perëndisë janë të pakthyeshme.

³⁰ Sepse, sikundër dhe ju dikur ishit të pabindur ndaj Perëndisë, por tani fituat mëshirën për shkak të pabindjes së tyre,

³¹ kështu edhe këta tani u bënë të padëgjueshëm, që, me anë të mëshirës që u tregua për ju, të fitojnë edhe ata mëshirë.

³² Sepse Perëndia i mbylli të gjithë në padëgjesë, që të ketë mëshirë për të gjithë.

³³ O thellësi pasurie, urtësie dhe diturie të Perëndisë! Sa të pahulumtueshme janë gjykimet e tij dhe të pashtershme janë udhët e tij!

³⁴ "Sepse kush e njohu mendjen e Zotit? Ose kush u bë këshilltar i tij?

³⁵ Ose kush i dha atij më parë, që të ketë për të marrë shpagim?".

³⁶ Sepse prej tij, me anë të tij dhe për të janë gjitha gjëra. Lavdi atij përjetë! Amen!

Kapitull 12

¹ O vëllezër, po ju bëj thirrje, nëpërmjet dhembshurisë së Perëndisë, ta paraqisni trupin tuaj si fli të gjallë, të shenjtëruar, të pëlqyer te Perëndia, që është shërbesa juaj e mençur.

² Dhe mos u konformoni me këtë botë, por transformohuni me anë të ripërtëritjes së mendjes suaj, që të provoni cili është i miri, i pëlqyeri dhe i përsosuri vullnet i Perëndisë.

³ Sepse, për hirin që më është dhënë, unë i them secilit prej jush të mos e vlerësojë veten më shumë se sa duhet ta çmojë, por të ketë një vlerësim të përkorë, sipas masës së besimit që Perëndia i ndau secilit.

⁴ Sepse, sikurse në një trup kemi shumë gjymtyrë dhe të gjitha gjymtyrët nuk kanë të njëjtën funksion,

⁵ kështu edhe ne, megjithse jemi shumë, jemi një trup në Krishtin dhe secili jemi gjymtyrë të njëri tjetrit.

⁶ Dhe tani, duke pasur dhunti të ndryshme sipas hirit që na u dha, nëse kemi profecinë, të profetizojmë sipas masës së besimit;

⁷ nëse kemi shërbim, le t'i kushtohemi shërbimit; po kështu mësuesi të jepet pas mësimit;

⁸ dhe ai që nxit, le t'i kushtohet nxitjes; ai që ndan, le ta bëjë me thjeshtësi; ai që kryeson le të kryesojë me zell; ai që bën vepra mëshire, le t'i bëjë me gëzim.

⁹ Dashuria le të mos jetë me hipokrizi; urreni të keqen dhe ngjituni pas së mirës.

¹⁰ Duani njeri tjetrin me dashuri vëllazërore; në nderim tregoni kujdes njeri me tjetrin.

¹¹ Mos u tregoni të përtuar në zell; jini të zjarrtë në frymë, shërbeni Perëndisë,

¹² të gëzuar në shpresë, të qëndrueshëm në shtrëngime, këmbëngulës në lutje;

¹³ ndihmoni për nevojat e shenjtorëve, jini mikpritës.

¹⁴ Bekoni ata që ju përndjekin, bekoni dhe mos mallkoni.

¹⁵ Gëzohuni me ata që gëzohen, dhe qani me ata që qajnë.

¹⁶ Kini të njëjtat mendime njeri me tjetrin; mos lakmoni për lart, por rrini me të përunjurit; mos e mbani veten për të mençur.

¹⁷ Mos ia ktheni kurrkujt të keqen me të keqe, kërkoni të bëni të mirën përpara gjithë njerëzve.

¹⁸ Po të jetë e mundur dhe aq sa varet prej jush, jetoni në paqe me gjithë njerëzit.

¹⁹ Mos u hakmerrni për veten tuaj, o të dashur, por i jepni vend zemërimit të Perëndisë, sepse është shkruar: "Mua më përket hakmarrja, unë kam për të shpaguar, thotë Zoti".

²⁰ "Në qoftë se armiku yt, pra, ka uri, jepi të hajë; në pastë etje, jepi të pijë; sepse, duke bërë këtë, do të grumbullosh mbi krye të tij thëngjij të ndezur".

²¹ Mos u mund nga e keqja, por munde të keqen me të mirën.

1 Korintasve

Kapitull 13

¹ Çdo njeri le t'i nënshtrohet pushteteve të sipërm, sepse nuk ka pushtet veçse prej Perëndisë; dhe pushtetet që janë, janë caktuar nga Perëndia.

² Prandaj ai që i kundërvihet pushtetit, i kundërvihet urdhërit të Perëndisë; dhe ata që i kundërvihen do të marrin mbi vete dënimin.

³ Sepse eprorët s'ke pse t'i kesh frikë për vepra të mira, por për të këqijat; a do, pra, të mos i kesh frikë pushtetit? Bëj të mirën, dhe do të kesh lavdërim nga ai,

⁴ sepse epror është shërbëtor i Perëndisë për ty për të mirë; por, po të bësh të këqija, druaj, sepse nuk e mban kot shpatën; sepse ai është shërbëtor i Perëndisë, hakmarrës plot zemërim kundër atij që bën të keqen.

⁵ Prandaj është e nevojshme t'i nënshtroheni, jo vetëm nga druajtje e zemërimit, por edhe për arsye të ndërgjegjes.

⁶ Sepse për këtë paguani edhe tatimet, sepse ata janë shërbëtorë të Perëndisë, që i kushtohen vazhdimisht këtij shërbimi.

⁷ I jepni, pra, secilit atë që i takon: tatimin atij që i përket, druajtje atij që është për t'u druajtur, nderimin atij që është për nderim.

⁸ Mos i kini asnjë detyrim askujt, përveç se ta doni njëri-tjetrin, sepse ai që do të dojë tjetrin e tij e ka përmbushur ligjin.

⁹ Sepse urdhërimet: "Mos shkel kurorë, mos vraj, mos vidh, mos thua dëshmi të rreme, mos lakmo", dhe në pastë ndonjë urdhërim tjetër, përmblidhen në këtë fjalë: "Duaje të afërmin tënd porsi vetveten!".

¹⁰ Dashuria nuk i bën keq të afërmit; dashuria, pra, është përmbushja e ligjit.

¹¹ Dhe këtë aq më shumë duhet të bëjmë, duke ditur kohën, sepse tanimë erdhi ora të zgjohemi nga gjumi, sepse shpëtimi ynë është më afër, se kur besuam.

¹² Nata u thye dhe dita u afrua; le të flakim, pra, veprat e errësirës dhe të veshim armët e dritës.

¹³ Le të ecim me ndershmëri, si ditën, jo në orgji dhe në dehje, jo në imoralitet dhe sensualizëm, jo në grindje e në smirë.

¹⁴ Por vishuni me Zotin Jezu Krisht dhe mos tregoni kujdes për mishin, që t'ia kënaqni lakmitë.

Kapitull 14

¹ Pranojeni atë që është i dobët në besim, pa e qortuar për mendimet.

² Dikush mendon se mund të hajë nga çdo gjë, ndërsa ai që është i dobët ha vetëm barishte.

³ Ai që ha të mos e përbuzë atë që nuk ha, dhe ai që nuk ha të mos gjykojë atë që ha, sepse Perëndia e ka pranuar.

⁴ Kush je ti që gjykon shërbyesin e tjetrit? A qëndron mbi këmbë ose rrëzohet, është punë e zotit të tij, por ai do të qëndrojë, sepse Perëndia është i zoti ta bëjë atë të qëndrojë në këmbë.

⁵ Sepse dikush e çmon një ditë më shumë se një tjetër, dhe tjetri i çmon të gjitha ditët njëlloj; gjithsecili të jetë plotësisht i bindur në mendjen e tij.

⁶ Ai që e çmon ditën, për Zotin e çmon; ai që nuk e çmon ditën, për Zotin nuk e ruan; kush ha, për Zotin ha dhe i falet nderit Perëndisë; dhe kush nuk ha, për Zotin nuk ha dhe i falet nderit Perëndisë.

⁷ Sepse asnjë nga ne nuk jeton për veten e tij dhe askush nuk vdes për veten e tij,

⁸ sepse, edhe nëse rrojmë, rrojmë për Zotin; edhe nëse vdesim, vdesim për Zotin; pra, edhe po të rrojmë ose të vdesim, të Zotit jemi.

⁹ Sepse për këtë edhe vdiq Krishti dhe u ngjall e u kthye në jetë: që të zotërojë edhe mbi të vdekurit, edhe mbi të gjallët.

¹⁰ Por ti, pse e gjykon vëllanë tënd? Ose përse e përbuz vëllanë tënd? Të gjithë, pra, do të dalim përpara gjykatës së Krishtit.

¹¹ Sepse është shkruar: "Rroj unë, thotë Perëndia, se çdo gjë do të ulet para meje, dhe çdo gjuhë do ta lavdërojë Perëndinë!".

¹² Kështu, pra, secili nga ne do t'i japë llogari Perëndisë për veten e vet.

¹³ Prandaj të mos e gjykojmë më njëri tjetrin, por më tepër gjykoni këtë: mos i vini gur pengese ose skandal vëllait.

¹⁴ Unë e di dhe jam plotësisht i bindur në Zotin Jezus, se asnjë gjë nuk është e ndyrë në vetvete, por për atë që çmon se diçka është e ndyrë, për atë është e ndyrë.

¹⁵ Por nëse vëllai yt trishtohet për shkak të një ushqimi, ti nuk ecën më sipas dashurisë; mos e bëj atë të humbasë me ushqimin tënd atë për të cilin Krishti vdiq.

¹⁶ Prandaj të mos shahet e mira juaj,

¹⁷ sepse mbretëria e Perëndisë nuk është të ngrënët dhe të pirët, por drejtësia, paqja dhe gëzimi në Frymën e Shenjtë.

¹⁸ Sepse ai që i shërben Krishtit në këto gjëra, është i pëlqyer nga Perëndia dhe i miratuar nga njerëzit.

¹⁹ Le të ndjekim, pra, ato që ndihmojnë për paqe dhe për ndërtimin e njëri-tjetrit.

²⁰ Mos e prish veprën e Perëndisë për ushqimin; vërtet, të gjitha gjëra janë të pastra, por bën keq kur dikush ha diçka që i është pengesë.

²¹ Është mirë të mos hajë mish njeriu, as të mos pijë verë, as të mos bëjë gjë që mund ta çojë vëllanë tënd të pengohet, ose të skandalizohet ose të dobëson.

²² A ke besim ti? Mbaje besimin për veten tënde përpara Perëndisë; lum ai që nuk dënon veten e tij në atë që miraton.

²³ Por ai që është me dy mendje, edhe sikur të hajë, është dënuar, sepse nuk ha me besim; dhe çdo gjë që nuk bëhet me besim, është mëkat.

Kapitull 15

¹ Edhe ne, që jemi të fortë, duhet të mbajmë dobësitë e atyre që janë të dobët dhe jo t'i pëlqejmë vetes.

² Secili nga ne le t'i pëlqejë të afërmit për të mirë, për ndërtim,

³ sepse edhe Krishti nuk i pëlqeu vetes së tij, por sikurse është shkruar: "Sharjet e atyre që të shanin ty, ranë mbi mua".

⁴ Sepse të gjitha gjërat që u shkruan në të kaluarën u shkruan për mësimin tonë, që me anë të këmbënguljes dhe të ngushëllimit të Shkrimeve, të kemi shpresë.

⁵ Dhe Perëndia i durimit dhe i ngushëllimit ju dhëntë juve të keni po ato mendime njëri me tjetrin, sipas Jezu Krishtit,

⁶ që me një mendje të vetme dhe një gojë të vetme ta përlëvdoni Perëndinë, Atin e Perëndisë tonë Jezu Krisht.

⁷ Prandaj pranoni njëri-tjetrin, sikurse edhe Krishti na pranoi për lavdinë e Perëndisë.

⁸ Tani unë po ju them se Jezu Krishti u bë shërbëtor i të rrethprerëve për të vërtetën e Perëndisë, për të vërtetuar premtimet e dhëna etërve,

⁹ dhe i pranoi johebrenjtë për mëshirë të vet, që ta lëvdojnë Perëndinë sikurse është shkruar: "Për këtë do të të përlëvdoj ndër kombe, dhe do t'i këndoj lavdërime emrit tënd!".

¹⁰ Dhe përsëri ai thotë: "Gëzohuni, o njerëz, me popullin e tij".

¹¹ Dhe përsëri: "Lavdëroni Zotin, të gjithë njerëzit; dhe le ta lëvdojnë të gjithë popujt".

¹² Dhe përsëri Isaia thotë: "Do të mbijë një filiz nga rrënja e Jeseut dhe ai që ngrihet për të sunduar njerëzit; kombet do të shpresojnë në të!".

¹³ Dhe Perëndia i shpresës le t'ju mbushë me çfarëdo gëzimi dhe paqe me anë të besimit, që të keni mbushulli në shpresë, me anë të fuqisë së Frymës së Shenjtë!

¹⁴ Dhe, sa për ju, o vëllezër, më është mbushur mendja për ju, se edhe ju jeni plot mirësi, plot me çdo njohuri, të zotë të këshilloni njëri-tjetrin.

¹⁵ Por unë ju shkrova në një farë shkalle më me guxim që t'ju kujtoj për hirin që m'u dha prej Perëndisë,

¹⁶ që të jem shërbëtor i Jezu Krishtit pranë johebrenjve, duke punuar në shërbesën e shenjtëruar ungjillit të Perëndisë, që oferta e johebrenjve të jetë e pëlqyer, dhe e shenjtëruar nga Fryma e Shenjtë.

¹⁷ Kam, pra, me se të mburrem në Jezu Krishtin për punët që kanë të bëjnë me Perëndinë.

¹⁸ Sepse nuk do të guxoja të flas për ndonjë nga ato gjëra të cilat Krishti nuk i bëri nëpërmjet meje, për t'i sjell në dëgjes johebrenjtë me fjalë dhe me vepër,

¹⁹ me fuqi shenjash dhe çudirash, me fuqi të Frymës së Perëndisë; kështu, prej Jeruzalemit e përqark dhe gjer në Iliri, kam kryer shërbimin e ungjillit të Krishtit,

²⁰ duke u përpjekur të ungjillëzoj atje ku nuk ishte i njohur emri i Krishtit, që të mos ndërtoj mbi themelin e tjetërit.

²¹ Por, sikurse është shkruar: "Ata, ndër të cilët nuk u qe shpallur, do të shohin, dhe ata që nuk kishin dëgjuar për të, do të kuptojnë".

²² Edhe për këtë arsye u pengova shumë herë të vij tek ju.

²³ Por tani, duke mos pasur më fushë veprimi për të ungjillizuar në këto vise, dhe duke pasur prej shumë vjetësh mall të vij tek ju,

²⁴ kur të shkoj në Spanjë, do të vij ndër ju; sepse shpresoj, pra, t'ju shoh dhe të më përcillni deri atje, pasi të kënaqem, sado pak, me ju.

²⁵ Por tani unë po shkoj në Jeruzalem, për t'u shërbyer shenjtorëve,

²⁶ sepse atyre nga Maqedonia dhe Akaia u pëlqeu të japin një ndihmesë për të varfërit që janë ndër shenjtorët e Jeruzalemit.

²⁷ Kjo u pëlqeu atyre me të vërtetë, sepse u janë debitorë; sepse, në qoftë se johebrenjtë, pra, janë bërë pjestarë bashkë me ta për të mirat frymërore, kanë detyrë t'u shërbejnë atyre edhe me të mira materiale.

²⁸ Si ta kem kryer këtë punë dhe t'ua kem dorëzuar këtë fryt, do të shkoj në Spanjë, duke kaluar nga ju.

²⁹ Dhe unë e di se, duke ardhur tek ju, do të vij në tërësinë e

bekimeve të ungjillit të Krishtit.

³⁰ Dhe ju bëj thirrje, o vëllezër, për Zotin tonë Jezu Krisht dhe për dashurinë e Frymës, të luftoni bashkë me mua në lutje te Perëndia për mua,

³¹ që unë të shpëtoj nga të pabesët në Jude, dhe që shërbesa ime që po bëj për Jeruzalemin t'u pëlqejë shenjtorëve,

³² që unë të vij tek ju, në dashtë Perëndia, dhe të freskohem bashkë me ju.

³³ Edhe Perëndia e paqes qoftë me ju të gjithë. Amen.

Kapitull 16

¹ Dhe unë po jua rekomandoj Febën, motrën tonë, që është dhjake e kishës që ndodhet në Kenkrea,

² që ta pranoni në Zotin, sikurse u ka hije shenjtorëve, dhe ta ndihmoni në çdo gjë që të ketë nevojë nga ju, sepse edhe ajo ka ndihmuar shumë veta, edhe mua vetë.

³ U bëni të fala Prishilës dhe Akuilës, bashkëpunëtorë të mi në Krishtin Jezus,

⁴ të cilët për jetën time vunë kokën në rrezik; ata i falenderoj jo vetëm unë, por të gjitha kishat e johebrenjve.

⁵ I bëni të fala edhe kishës që është në shtëpinë e tyre, të fala edhe Epenetit tim të dashur, i cili është fryti i parë i Akaisë në Krishtin.

⁶ Të fala Marisë, e cila u mundua shumë për ne.

⁷ Të fala Andronikut dhe Juniës, kushërinj të mi dhe shokë burgu, të cilët janë dalluar midis apostujve dhe kanë qenë në Krishtin përpara meje.

⁸ Të fala Ampliut, të dashurit tim në Zotin.

⁹ Të fala Urbanit, bashkëpunëtorit tonë në Krishtin dhe Stakit tim të dashur.

¹⁰ Të fala Apelit, të provuarit në Krishtin. Të fala atyre të shtëpisë së Aristobulit.

¹¹ Të fala Herodionit, kushëririt tim. Të fala atyre të shtëpisë së Narkisit që janë në Zotin.

¹² U bëni të fala Trifenës dhe Trifozës, të cilat mundohen në Zotin.

Të fala Persidës së dashur, e cila është munduar shumë në Zotin.

¹³ Të fala Rufit, të zgjedhurit në Zotin, dhe nënës së tij që është edhe imja.

¹⁴ Të fala Asinkritit, Flegontit, Ermës, Patrobës, Ermit dhe vëllezërve që janë me ta.

¹⁵ Të fala Filologut, Julisë, Nereut dhe motrës së tij Olimpës, dhe gjithë shenjtorëve që janë me ta.

¹⁶ Përshëndetni njeri tjetrin me një të puthur të shenjtë; kishat e Krishtit ju përshëndesin.

¹⁷ Tani unë ju bëj thirrje, o vëllezër, të ruheni nga ata që shkaktojnë përçarje dhe skandale kundër doktrinës që keni mësuar dhe të largoheni nga ata;

¹⁸ sepse ata nuk i shërbejnë Zotit tonë Jezu Krisht, por barkut të tyre, dhe me fjalë të ëmbla dhe të bukura gënjejnë zemrat e të thjeshtit?.

¹⁹ Sepse të bindurit tuaj arriti kudo; prandaj unë gëzohem për ju; dhe dëshiroj që të jeni të mëncur për të mirën dhe të thjesht për të keqen.

²⁰ Tani Perëndia e paqes do ta dërmojë së shpejti Satananë nën këmbët tuaja. Hiri i Zotit tonë Jezu Krisht qoftë me ju.

²¹ Timoteu, bashkëpunëtori im, Luci, Jasoni dhe Sosipatri, kushërinj të mi, ju përshendesin.

²² Unë, Terci, që shkrova këtë letër ju përshëndes në Zotin.

²³ Gai, mikpritësi im dhe i mbarë kishës, ju bën të fala. Erasti, arkëtari i qytetit, dhe vëllai Kuarti, ju dërgojnë të fala.

²⁴ Hiri i Zotit tonë Jezu Krisht qoftë me ju të gjithë. Amen.

²⁵ Dhe atij që mund t'ju forcojë juve sipas ungjillit tim dhe predikimit të Jezu Krishtit, sipas zbulesës së misterit, të mbajtur fshehur prej kohësh të pasosur,

²⁶ por tani u shfaq e u zbulua me anë të Shkrimeve të profetëve, sipas urdhërimit të Perëndisë të përjetshme dhe u njoh ndër të gjitha kombet, për t'i sjellë në dëgjesën e besimit,

²⁷ Perëndisë, të vetmit të ditshëm, i qoftë lavdi në përjetësi me anë të Jezu Krishtit. Amen.

1 Korintasve

Kapitull 1

¹ Pali, i thirrur apostull i Jezu Krishtit, me anë të vullnetit të Perëndisë, dhe vëllai Sosten,
² kishës së Perëndisë që është në Korint, të shenjtëruarve në Krishtin Jezus, të thirrur shenjtorë, bashkë me të gjithë ata që në çdo vend e thërrasin emrin e Jezu Krishtit, Zotit të tyre dhe tonit:
³ hir dhe paqe për ju nga Perëndia, Ati ynë, dhe nga Zoti Jezu Krisht.
⁴ Përherë i falem nderit Perëndisë tim për ju, për hirin e Perëndisë, i cili ju është dhënë me anë të Jezu Krishtit,
⁵ sepse në atë ju u bëtë të pasur në të gjitha, në çdo fjalë dhe në çdo njohuri,
⁶ sikurse dëshmimi i Krishtit që u vërtetua ndër ju,
⁷ kaq sa nuk ju mungon asnjë dhunti, ndërsa prisni zbulesën e Zotit tonë Jezu Krishtit,
⁸ i cili edhe do t'ju vërtetojë deri në fund, që të jeni të paqortueshëm në ditën e Zotit tonë Jezu Krishtit.
⁹ Besnik është Perëndia, nga i cili jeni thirrur në bashkësinë e Birit të tij Jezu Krishtit, Zotit tonë.
¹⁰ Tani vëllezër, ju bëj thirrje në emër të Zotit tonë Jezu Krishtit të flisni që të gjithë të njëjtën gjë dhe të mos keni ndasi midis jush, por të jeni plotësisht të bashkuar, duke pasur një mendje dhe një vullnet.
¹¹ Sepse më është treguar për ju, o vë-llezër, nga ata të shtëpisë së Kloes, se në mes jush ka grindje.
¹² Dhe dua të them këtë, që secili nga ju thotë: "Unë jam i Palit", "unë i Apolit", "unë i Kefës" dhe "unë i Krishtit".
¹³ Vallë i ndarë qenka Krishti? Mos Pali u kryqëzua për ju? Apo ju u pagëzuat në emër të Palit?
¹⁴ E falënderoj Perëndinë që nuk kam pagëzuar asnjë nga ju, me përjashtim të Krispit dhe të Gait,
¹⁵ që askush të mos thotë se e pagëzova në emrin tim.
¹⁶ Unë pagëzova edhe familjen e Stefanës; përveç tyre nuk di të kem pagëzuar ndonjë tjetër.
¹⁷ Sepse Krishti nuk më dërgoi të pagëzoj, por të predikoj ungjillin, jo me dituri fjale, që kryqi i Krishtit të mos dalë i kotë.
¹⁸ Sepse mesazhi i kryqit është marrëzi për ata që humbin, por për ne që shpëtohemi është fuqia e Perëndisë.
¹⁹ Sepse është shkruar: "Do të bëj të humbasë dituria e të diturve, dhe do ta asgjësoj zgjuarësinë e të zgjuarve".
²⁰ Ku është i dituri? Ku është skribi? Ku është debatuesi i kësaj epoke? A nuk e bëri të marrë Perëndia diturinë e kësaj bote?
²¹ Sepse, duke qenë se nëpërmjet diturisë së Perëndisë bota nuk e njohu Perëndinë me urtinë e vet, Perëndisë i pëlqeu të shpëtojë ata që besojnë nëpërmjet marrëzisë së predikimit,
²² sepse Judenjtë kërkojnë një shenjë dhe Grekët kërkojnë dituri,
²³ por ne predikojmë Krishtin të kryqëzuar, skandal për Judenjtë dhe marrëzi për Grekët,
²⁴ kurse për ata që janë të thirrur, qofshin Judenj ose Grekë, predikojmë Krishtin, fuqia e Perëndisë dhe diturinë e Perëndisë;
²⁵ sepse marrëzia e Perëndisë është më e ditur se njerëzit dhe dobësia e Perëndisë më e fortë se njerëzit.
²⁶ Shikoni në fakt thirrjen tuaj, vëllezër, sepse ndër ju ka jo shumë të ditur sipas mishit, jo shumë të fuqishëm, jo shumë fisnikë,
²⁷ por Perëndia ka zgjedhur gjërat e marra të botës për të turpëruar të urtët; dhe Perëndia ka zgjedhur gjërat e dobëta të botës për të turpëruar të fortët;
²⁸ dhe Perëndia ka zgjedhur gjërat jo fisnike të botës dhe gjërat e përçmuara, edhe gjërat që nuk janë, për të asgjësuar ato që janë,
²⁹ që asnjë mish të mos mburret përpara tij.
³⁰ Por prej tij ju jeni në Krishtin Jezus, i cili nga Perëndia u bë për ne dituri, drejtësi, shenjtërim dhe shpengim,
³¹ që, sikurse është shkruar: "Ai që mburret, le të mburret në Zotin".

Kapitull 2

¹ Edhe unë, o vëllezër, kur erdha te ju, nuk erdha me shkëlqim fjalësh a dituirie, që t'ju shpall dëshminë e Perëndisë,
² sepse e vendosa që të mos di tjetër gjë ndër ju, veç Jezu Krishtit edhe atë të kryqëzuar.
³ Edhe unë kam qenë te ju me dobësi, me frikë dhe dridhërimë të madhe.
⁴ Dhe fjala ime dhe predikimi im nuk u bënë me fjalë mbushamendëse nga dituria njerëzore, por në dëftim të Frymës dhe të fuqisë,
⁵ që besimi juaj të mos qëndrojë mbi diturinë e njerëzve, po mbi fuqinë e Perëndisë.
⁶ Dhe ne flasim dituri në mes njerëzish të pjekur, por jo diturinë e kësaj kohe dhe as të pushtetarëve të kësaj kohe, që nuk arrin asgjë,
⁷ por flasim diturinë e Perëndisë të fshehur në mister, që Perëndia e kishte paracaktuar përpara kohërash për lavdinë tonë,
⁸ të cilën asnjë nga pushtetarët e kësaj kohe nuk e ka njohur; sepse, po ta kishin njohur, nuk do të kishin kryqëzuar Zotin e lavdisë.
⁹ Por, sikurse është shkruar: "Ato gjëra që syri nuk i ka parë dhe veshi nuk i ka dëgjuar dhe nuk kanë hyrë në zemër të njeriut, janë ato që Perëndia ka përgatitur për ata që e duan atë".
¹⁰ Po Perëndia na i ka zbuluar me anë të Frymës së tij, sepse Fryma heton çdo gjë, edhe të thellat e Perëndisë.
¹¹ Sepse cili nga njerëzit, pra, njeh gjërat e njeriut, përveç se fryma e njeriut që është në të? Po kështu asnjëri s'i njeh gjërat e Perëndisë, përveç Fryma e Perëndisë.
¹² Dhe ne nuk kemi marrë frymën e botës, por Frymën që vjen nga Perëndia, që të njohim gjërat që na janë dhuruar falas nga Perëndia.
¹³ Për këto edhe flasim, por jo me fjalë të mësuara nga dituria njerëzore, por të mësuara nga Fryma e Shenjtë, duke i krahasuar gjëra frymërore me fjalë frymërore.
¹⁴ Dhe njeriu natyror nuk i rrok gjërat që janë të Frymës së Shenjtë; sepse për të janë marrëzi dhe nuk mund t'i njohë; sepse ato gjykohen frymërisht.
¹⁵ Por njeriu që është frymëror gjykon çdo gjë dhe vetë nuk është i gjykuar nga asnjeri.
¹⁶ Sepse kush e ka njohur mendjen e Zotit që mund të mësojë atë? Por ne kemi mendjen e Krishtit.

Kapitull 3

¹ Dhe unë, o vëllezër, nuk munda t'ju flas si njerëz frymëror, por ju fola si njerëz të mishit, si foshnja në Krisht.
² Ju dhashë qumësht për të pirë dhe nuk ju dhashë ushqim të fortë, sepse nuk ishit në gjendje ta asimilonit, madje edhe tani jo, sepse jeni akoma të mishit;
³ në fakt sepse midis jush ka smirë, grindje e përçarje a nuk jeni të mishit dhe a nuk ecni sipas mënyrës së njerëzve?
⁴ Sepse, kur dikush thotë: "Unë jam i Palit", dhe një tjetër: "Unë jam i Apolit", a nuk jeni ju të mishit?
⁵ Kush është, pra, Pali dhe kush është Apoli, veçse shërbëtor me anë të të cilëve ju besuat, edhe ashtu si Zoti i dha gjithsecilit?
⁶ Unë mbolla, Apoli ujiti, po Perëndia i bëri të rriten.
⁷ Kështu, pra, as ai që mbjell, as ai që ujit, nuk është gjë, por Perëndia që rrit.
⁸ Por ai që mbjell dhe ai që ujit janë një, dhe secili do të marrë shpërblimin e vet sipas mundit të tij.
⁹ Ne, pra, jemi bashkëpunëtorë të Perëndisë; ju jeni ara e Perëndisë, ndërtesa e Perëndisë.
¹⁰ Sipas hirit të Perëndisë që më është dhënë, si arkitekt i ditur, unë kam hedhur themelin dhe një tjetër ndërton mbi të; por secili të ketë kujdes se si ndërton mbi të,
¹¹ sepse askush nuk mund të hedhë themel tjetër përveç atij që është hedhur, i cili është Jezu Krishti.
¹² Dhe, në qoftë se dikush ndërton mbi këtë themel ar, argjend, gurë të çmuar, dru, sanë, kashtë,
¹³ vepra e secilit do të shfaqet, sepse dita do ta tregojë; sepse do të zbulohet me anë të zjarrit, dhe zjarri do të provojë veprën e secilit e ç'lloji është.
¹⁴ Në qoftë se vepra që dikush ka ndërtuar mbi themelin qëndron, ai do të marrë një shpërblim,
¹⁵ në qoftë se vepra e tij digjet, ai do të pësojë humbje, por ai vetë do të shpëtohet, si përmes zjarrit.
¹⁶ A nuk e dini ju se jeni tempulli i Perëndisë dhe se Fryma e Perëndisë banon në ju?
¹⁷ Në qoftë se dikush e prish tempullin e Perëndisë, Perëndia do ta prishë atë, sepse tempulli i Perëndisë, i cili jeni ju, është i shenjtë.
¹⁸ Askush të mos mashtrojë vetveten; në qoftë se ndonjë nga ju mendon se është i urtë në këtë kohë, le të bëhet i marrë, që të mund të bëhet i urtë.
¹⁹ Sepse dituria e kësaj bote është marrëzi pranë Perëndisë, sepse është shkruar: "Ai i zë të urtët në dinakërinë e tyre";
²⁰ dhe përsëri: "Zoti i njeh mendimet e të urtëve se janë të kota".
²¹ Prandaj asnjë të mos mburret në njerëzit, sepse të gjitha gjërat janë tuajat;

²² Pali, Apoli, Kefa, bota, jeta, vdekja, gjërat e tanishme dhe gjërat e ardhshme, të gjitha gjërat janë tuajat.

²³ Dhe ju jeni të Krishtit dhe Krishti është i Perëndisë.

Kapitull 4

¹ Kështu njeriu, pra, le të na mbajë për shërbëtorë të Krishtit dhe si administratorë të mistereve të Perëndisë.

² E tjetra që kërkohet nga administratorët, është që secili të gjendët besnik.

³ Sa për mua, më intereson fort pak që të gjykohem prej jush ose prej një gjykate njerëzore; madje as vetveten nuk e gjykoj.

⁴ Sepse nuk jam i vetëdijshëm për asnjë faj, por për këtë nuk jam justifikuar, por ai që më gjykon është Zoti.

⁵ Prandaj mos gjykoni asgjë para kohe derisa të vijë Zoti, që do të nxjerrë në dritë gjërat e fshehta të errësirës dhe do të shfaqë këshillat e zemrave; dhe atëherë secili do të ketë lavdërimin e vet nga Perëndia.

⁶ Dhe tani, o vëllezër, për të mirën tuaj, ia kalova këto gjëra vetes sime dhe Apolit, që nëpërmjet nesh të mësoni që të mos mendoni përtej asaj që është shkruar, që të mos krekoset ndonjë prej jush, njeri kundër tjetrit.

⁷ Sepse çfarë të bën të ndryshëm? Çfarë ke ti që nuk e ke marrë? Dhe, nëse e ke marrë, pse krenohesh sikur nuk e ke marrë?

⁸ Tashmë jeni të ngopur, tashmë jeni të pasur, tashmë u bëtë mbretër pa ne; dhe makar të ishit bërë mbretër, që edhe ne të mbretëronim me ju.

⁹ Sepse unë mendoj se Perëndia na ka paraqitur ne apostujt si të fundit, si njerëz dënuar për vdekje; sepse u bëmë lojë për botën, për engjëjt dhe për njerëzit.

¹⁰ Ne jemi të marrë për Krishtin, por ju të urtë në Krishtin; ne jemi të dobët, por ju të fortë; ju jeni të nderuar, por ne të përbuzur.

¹¹ Deri tani vuajmë nga uria, etja, e jemi të zhveshur; jemi të qëlluar me shuplaka dhe endemi pa shtëpi,

¹² dhe mundohemi, duke punuar me duart tona; duke qenë të fyer, bekojmë; duke qenë të përndjekur, durojmë;

¹³ duke qenë të sharë, lutemi; jemi bërë si pislleku i botës, porsi plehrat e të gjithëve deri më sot.

¹⁴ Këto gjëra nuk po i shkruaj që t'ju turpëroj, por që t'ju paralajmëroj si fëmijët e mi të dashur.

¹⁵ Sepse, edhe sikur të kishit dhjetë mijë mësues në Krishtin, nuk do të kishit shumë etër, sepse unë ju kam dhënë jetë në Krishtin Jezus, me anë të ungjillit.

¹⁶ Prandaj ju bëj thirrje të bëheni imituesit e mi.

¹⁷ Për këtë arsye ju kam dërguar Timoteun, që është biri im i dashur dhe besnik në Zotin. Ky do t'ju kujtojë udhët e mia në Krishtin ashtu siç mësoj kudo në çdo kishë.

¹⁸ Dhe disa u krekosën, sikur nuk do të vija më te ju;

¹⁹ por shpejt kam për të ardhur te ju, në dashtë Zoti, dhe kam për të njohur jo fjalën, po fuqinë e atyre që janë krekosur,

²⁰ sepse mbretëria e Perëndisë nuk qëndron në fjalë, por në fuqi.

²¹ Çfarë doni? Që të vij te ju me thupër apo me dashuri dhe me zemërbutësi?

Kapitull 5

¹ Kudo po dëgjohet se ndër ju ka kurvëri, madje një kurvëri të tillë që as nuk zihet në gojë ndër paganë, saqë një shkon me gruan e babait të vet.

² Dhe ju u krekosët e madje nuk vajtuat, që të hiqet nga mesi juaj ai që ka kryer një punë të tillë.

³ Dhe unë, megjithëse nuk jam aty me trup, me frymë aty jam, dhe, sikur të isha i pranishëm, kam gjykuar tanimë atë që bëri këtë.

⁴ Në emër të Zotit tonë Jezu Krisht, mbasi të mblidheni ju bashkë me frymën time, me fuqinë e Zotit tonë Jezu Krisht,

⁵ vendosa që ti dorëzohet ky njeri në dorë të Satanit për prishjen e mishit, që t'i shpëtohet fryma në ditën e Zotit Jezus.

⁶ Mburrja juaj nuk është e mirë. A nuk e dini se pak maja e mbrun gjithë brumin?

⁷ Hiqni, pra, majanë e vjetër, që të jeni një brumë i ri, siç jeni pa maja; sepse pashka jonë, që është Krishti, u flijua për ne.

⁸ Prandaj le të kremtojmë festën jo me maja të vjetër, as me maja ligësie dhe keqësie, por me bukë pa maja të sinqeritetit dhe të së vërtetës.

⁹ Ju kam shkruar në letër, të mos përzihëni me kurvarë,

¹⁰ dhe aspak me kurvarët e kësaj bote, ose me lakmuesit ose me cubat, ose me idhujtarët, sepse atëherë duhet të dilni nga bota.

¹¹ Por tani ju shkrova të mos përzihëni me atë, i ashtuquajturin vëlla, që është kurvar, ose lakmues ose idhujtar, o shpi-fës, o pijanec ose cub; me një të tillë bile të mos hani bashkë.

¹² Sepse a më takon mua të gjykoj edhe ata që janë jashtë? A nuk i gjykoni ju të brendshmit?

¹³ Por ata të jashtmit Perëndia i gjykon. Prandaj nxirreni të ligun nga vetja juaj.

Kapitull 6

¹ A guxon ndonjë nga ju, kur ka ndonjë çështje kundër një tjetri, të gjykohet përpara të padrejtëve dhe jo përpara shenjtorëve?

² A nuk e dini ju se shenjtorët do të gjykojnë botën? Dhe nëse bota do të gjykohet nga ju, a thua nuk jeni të zotët të gjykoni gjërat më të vogla?

³ A nuk e dini ju se ne do të gjykojmë engjëj? Dhe aq më tepër mund të gjykojmë gjërat e kësaj jete!

⁴ Pra, në qoftë se keni për të gjykuar çështje të kësaj jete, vini gjykatës ata që çmohen më pak në kishë.

⁵ Këtë e them për turpin tuaj. Kështu midis jush nuk paska asnjë të urtë, i cili të jetë i zoti të gjykojë në mes të vëllezërve të tij?

⁶ Por një vëlla hyn në gjyq me të vë-llanë, dhe kjo përpara të pabesëve.

⁷ Gjithsesi është një e keqe që të keni gjyqe njëri me tjetrin. Pse nuk lejoni më mirë që t'ju bëhet padrejtësi? Pse nuk lejoni më mirë që të mashtroheni?

⁸ Po, përkundrazi, ju bëni padrejtësi dhe mashtroni, dhe këto ua bëni vëllezërve.

⁹ A nuk e dini ju se të padrejtët nuk do të trashëgojnë mbretërinë e Perëndisë? Mos u gënjeni: as kurvarët, as idhujtarët, as shkelësit e kurorës, as të zhburrëruarit, as homoseksualët,

¹⁰ as vjedhësit, as lakmuesit, as pijanecët, as përqeshësit, as grabitësit nuk do të trashëgojnë mbretërinë e Perëndisë.

¹¹ Dhe të tillë ishit disa nga ju; por u latë, por u shenjtëruat, por u shfajësuat në emër të Zotit Jezus dhe me anë të Frymës së Perëndisë tonë.

¹² Çdo gjë më lejohet, por jo gjithçka është e dobishme; çdo gjë më lejohet, por unë nuk do të nënshtrohem asnjërës.

¹³ Gjellët janë për barkun dhe barku për gjellët; por Perëndia do të shkatërrojë edhe këtë edhe atë; por trupi nuk është për kurvëri, po për Zotin, dhe Zoti për trupin.

¹⁴ Tani Perëndia siç e ringjalli Zotin kështu do të na ringjallë edhe ne me fuqinë e tij.

¹⁵ A nuk e dini ju se trupat tuaj janë gjymtyrë të Krishtit? Të marr, pra, unë gjymtyrët e Krishtit dhe t'i bëj gjymtyrë të një kurve? mos qoftë ashtu!

¹⁶ A nuk e dini ju se ai që bashkohet me një kurvë bëhet një trup me të? Sepse thuhet: "Do të jenë të dy, thotë Zoti, një mish i vetëm".

¹⁷ Por ai që bashkohet me Zotin është një frymë me të.

¹⁸ Largohuni nga kurvëria! Çdo mëkat që kryen njeriu është jashtë trupit, po ai që kurvëron mëkaton kundër trupit të vet.

¹⁹ A nuk e dini se trupi juaj është tempulli i Frymës së Shenjtë që është në ju, të cilin e keni nga Perëndia, dhe se nuk i përkitni vetvetes?

²⁰ Sepse u bletë me një çmim! Përlëvdoni Perëndinë, pra, në trupin tuaj dhe në frymën tuaj, që i përkasin Perëndisë.

Kapitull 7

¹ Tani lidhur me ato që më shkruat, mirë është për njeriun të mos prekë grua.

² Por, për shkak të kurvërimit, le të ketë secili gruan e vet dhe secila grua burrin e vet.

³ Burri le të kryejë detyrën martesore ndaj gruas, po ashtu edhe gruaja ndaj burrit.

⁴ Gruaja nuk ka pushtet mbi trupin e vet, por burri; gjithashtu burri nuk ka pushtet mbi trupin e vet, por gruaja.

⁵ Mos ia privoni njëri-tjetrit, rveç në qoftë se jeni marrë vesh, për një farë kohe, që t'i kushtoheni agjërimit dhe lutjes, dhe përsëri ejani bashkë që të mos ju tundojë Satani për shkak të mungesës së vetkontrollit tuaj.

⁶ Dhe këtë unë e them si leje, jo si urdhërim.

⁷ sepse do të doja që të gjithë njerëzit të ishin si unë; por secili ka dhunti të veçantë nga Perëndia, njeri kështu dhe tjetri ashtu.

⁸ Por të pamartuarve dhe grave të veja po u them se për ta është mirë nëse qëndrojnë si unë,

⁹ por në qoftë se s'kanë vetkontroll, le të martohen, sepse është më mirë të martohesh se të digjesh.

¹⁰ Kurse të martuarve u urdhëroj, jo unë, por Zoti, që gruaja të mos ndahet nga burri,

¹¹ dhe në qoftë se ndahet, të mbetet e pamartuar, ose të pajtohet me burrin e saj. Dhe burri të mos e lërë gruan.

¹² Dhe të tjerëve u them unë, jo Zoti: në qoftë se një vëlla ka një

grua jobesimtare dhe ajo pranon të jetojë bashkë me të, të mos e lërë atë.

¹³ Edhe gruaja, që ka një burrë jobesimtar, në qoftë se ai pranon të jetojë bashkë me të, të mos e lërë atë.

¹⁴ sepse burri jobesimtar është shenjtëruar me anë të gruas, dhe gruaja jobesimtare është shenjtëruar me anë të burrit, sepse përndryshe fëmijët do të ishin të papastër; kurse kështu janë të shenjtë.

¹⁵ Nëse jobesimtari ndahet, le të ndahet; në këto raste vëllai ose motra nuk janë më të lidhur; por Perëndia na ka thirrur në paqe.

¹⁶ Sepse çfarë di ti, o grua, nëse ke për ta shpëtuar burrin? Ose ç'di ti, o burrë, nëse ke për ta shpëtuar gruan?

¹⁷ Gjithsesi secili të vazhdojë të jetojë ashtu si ia ka dhënë Perëndia dhe ashtu sikurse e thirri Zoti; dhe kështu urdhëroj në të gjitha kishat.

¹⁸ A u thirr ndokush kur ishte i rrethprerë? Le të mos bëhet i parrethprerë. Dikush u thirr kur ishte i parrethprerë? Le të mos rrethpritet.

¹⁹ Rrethprerja nuk është asgjë dhe parrethprerja nuk është asgjë, vetëm zbatimi i urdhërimeve të Perëndisë ka rëndësi.

²⁰ Gjithsecili le të mbetet në atë gjendje në të cilën ishte thirrur.

²¹ A je thirrur kur ishe skllav? Mos u pikëllo; por nëse mund të bëhesh i lirë, më mirë ta bësh këtë.

²² Sepse ai që është thirrur në Zotin kur ishte skllav, është i liruari i Zotit; po ashtu ai që është thirrur kur ishte i liruar, është skllav i Krishtit.

²³ Ju jeni blerë me një çmim, mos u bëni skllevër të njerëzve.

²⁴ Vëllezër, secili le të mbetet te Perëndia në gjendjen në të cilën është thirrur.

²⁵ Por për sa u takon virgjëreshave, s'kam urdhër nga Zoti, por po jap një mendim si njeri që kam fituar mëshirën e Zotit për të qenë i besueshëm.

²⁶ Mendoj se është mirë për njeriun të jetë kështu siç është, për shkak të ngushticës së tanishme.

²⁷ Je i lidhur me një grua? Mos kërko të zgjidhesh. Je i zgjidhur nga gruaja? Mos kërko grua.

²⁸ Por, edhe në qoftë se martohesh, ti nuk mëkaton; edhe nëse një virgjëreshë martohet, nuk mëkaton; por këta do të kenë shtrëngim në mish; dhe unë dëshiroj t'ju kursej juve.

²⁹ Dhe po ju them këtë, o vëllezër, se koha tanimë është shkurtuar; kështu tash e tutje edhe ata që kanë gra të jenë si ata që nuk kanë;

³⁰ dhe ata që qajnë, sikurse të mos qanin; dhe ata që gëzohen, sikurse të mos gëzoheshin; dhe ata që blejnë, sikur të mos kishin gjë në zotërim;

³¹ dhe ata që përdorin nga kjo botë, sikur të mos e përdornin, sepse forma e kësaj bote po kalon.

³² Dhe unë dëshiroj që ju të jeni pa merak. I pamartuari merakoset për gjërat e Zotit, si mund t'i pëlqejë Zotit;

³³ por i martuari merakoset për gjërat e botës, si mund t'i pëlqejë gruas së tij.

³⁴ Ka dallim gruaja nga virgjëresha; e pamartuara kujdeset për gjërat e Zotit që të jetë e shenjtë në trup e në frymë, kurse e martuara kujdeset për gjërat e botës, si mund t'i pëlqejë burrit.

³⁵ Edhe këtë unë e them për dobinë tuaj, jo që t'ju vë një lak, po që të jeni të hijshëm dhe t'i kushtoheni Zotit pa u shkëputur.

³⁶ Por nëqoftëse dikush mendon të sillet më mënyrë të pahijshme ndaj virgjëreshës së tij, kur asaj i kalon lulja e kohës, edhe duhet të bëhet kështu, le të bëjë çfarë të dojë; le të martohen.

³⁷ Por ai që është i qëndrueshëm në zemër të vet dhe që nuk i nënshtrohet nevojës, por është zot i vullnetit të vet dhe e ka vendosur në zemër të vet të ruajë virgjëreshën e tij, bën mirë.

³⁸ Prandaj ai që marton bën mirë, ai që nuk e marton bën edhe më mirë.

³⁹ Gruaja është e lidhur për sa kohë rron burri i saj; por, në qoftë se i vdes burri, ajo është e lirë të martohet me cilin të dojë, veçse kjo punë të bëhet në Zotin.

⁴⁰ Por, sipas gjykimit tim, ajo është më e lumtur, po mbeti ashtu; dhe mendoj se edhe unë kam Frymën e Perëndisë.

Kapitull 8

¹ Për sa u përket flijimeve për idhujt, ne e dimë se të gjithë kemi njohuri; njohuria krekos, kurse dashuria ndërton.

² Në qoftë se dikush mendon se di diçka, ai nuk di ende asgjë sikundër duhet të dijë.

³ Por në qoftë se dikush e do Perëndinë, ai është i njohur prej tij.

⁴ Pra, për sa i përket të ngrënit të flive që u bëhen idhujve, ne e dimë se idhulli nuk është asgjë në botë dhe se nuk ka Perëndi tjetër, veç një.

⁵ Sepse, ndonëse ka të ashtuquajtura perëndi në qiell a në tokë (sikurse ka shumë perëndi dhe shumë zotër),

⁶ për ne s'ka veçse një Perëndi, Ati nga i cili janë të gjitha gjërat dhe ne ne të tij; dhe një Zot, Jezu Krishti, me anë të cilit janë të gjitha gjërat, dhe ne jetojmë me anë të tij.

⁷ Por njohuria nuk është në të gjithë; madje disa, të ndërgjegjshëm për idhullin, hanë gjëra posi të flijuara idhujve; dhe ndërgjegja e tyre, duke qenë e dobët, përlyhet.

⁸ Por të ngrënit nuk na çon te Perëndia; po të hamë, nuk fitojmë asgjë më tepër dhe, po të mos hamë, s'kemi gjë më pak.

⁹ Por kini mendjen se mos kjo liri që keni të bëhet pengesë për të dobëtit.

¹⁰ Sepse, në qoftë se dikush të sheh ty, që ke njohuri, të ulur në tryezë në një tempull idhujsh, ndërgjegja e tij, që është e dobët, a nuk do të marrë guxim që ai të hajë gjërat e flijiuara për idhujt?

¹¹ Edhe kështu, për shkak të njohurisë sate, do të humbasë vëllai yt i dobët, për të cilin vdiq Krishti.

¹² Dhe, kur mëkatoni kështu kundër vëllezërve, duke plagosur ndërgjegjen e tyre të dobët, ju mëkatoni kundër Krishtit.

¹³ Prandaj, në qoftë se një ushqim skandalizon vëllanë tim, unë nuk do të ha më kurrë mish, që të mos e skandalizoj vëllanë tim.

Kapitull 9

¹ A s'jam unë apostull? A s'jam unë i lirë? Po a nuk e pashë Jezu Krishtin, Zotin tonë? A nuk jeni ju vepra ime në Zotin?

² Në qoftë se për të tjerët nuk jam apostull, së paku për ju unë jam; sepse ju jeni vula e apostullimit tim në Zotin.

³ Kjo është mbrojtja ime ndaj atyre që më hetojnë.

⁴ A nuk kemi edhe ne të drejtë të hamë e të pimë?

⁵ A nuk kemi edhe ne të drejtë të marrim me vete një bashkëshorte, që të jetë motër në besim, sikurse edhe apostujt e tjerë, dhe vëllezërit e Zotit, edhe Kefa?

⁶ Apo vetëm unë dhe Barnaba nuk kemi të drejtë të mos punojmë?

⁷ Kush, vallë, shkon në luftë me shpenzimet e veta? Kush mbjell vresht dhe nuk ha nga fryti i tij? Kush kullot një tufë dhe nuk ha nga qumështi i tufës?

⁸ A i them këto si njeri? A nuk i thotë këto edhe ligji?

⁹ Sepse në ligjin e Moisiut është shkru-ar: "Mos ia lidh gojën kaut që shin". A u merrka Perëndia me qetë, vallë?

¹⁰ Apo e thotë këtë për ne? Vërtetë për ne janë shkruar, sepse kush lëron duhet të lërojë me shpresë, dhe kush shin, duhet të shijë me shpresë që të marrë atë që shpreson.

¹¹ Në qoftë se ne kemi mbjellë midis jush gjërat frymërore, a është gjë e madhe nëse korrim të mirat tuaja materiale?

¹² Në qoftë se të tjerë kanë pjesë të kësaj të drejte mbi ju, a nuk do ta kishim ne shumë më tepër? Po ne nuk e përdornim këtë të drejtë; po durojmë çdo gjë, për të mos i vënë asnjë pengesë ungjillit të Krishtit.

¹³ Nuk e dini ju se ata që kryejnë shërbesën e shenjtë hanë nga gjërat e tempullit, dhe ata që i shërbejnë altarit marrin pjesë nga të mirat e altarit?

¹⁴ Kështu edhe Zoti urdhëroi që ata që shpallin ungjillin, nga ungjilli të rrojnë.

¹⁵ Por unë nuk përdora asnjë nga këto gjëra as nuk i shkrova, që kështu të më bëhet, sepse për mua është më mirë të vdes se sa dikush ta bëjë të kotë të mburrurit tim.

¹⁶ Sepse, në qoftë se unë predikoj ungjillin, s'ka asgjë që unë të mburrem, sepse kjo është një nevojë që është ngarkuar; edhe mjerë unë, po nuk predikova ungjillin!

¹⁷ Sepse, po e bëra këtë vullnetarisht, do të kem një pagë; por po ta bëj kundër dëshirës, mbetet gjithnjë një detyrë që më është besuar.

¹⁸ Cila, pra, është paga ime? Që, duke predikuar ungjillin ta bëj ungjillin të ofruar falas, pa e përdorur për keq pushtetin tim në ungjillin.

¹⁹ Sepse, ndonëse jam i liruar nga të gjithë, e bëra veten time shërbëtor të të gjithëve që të fitoj sa më shumë njerëz.

²⁰ Kështu e bëra veten time Jude me Judenjtë për t'i fituar Judenjtë; e kam bërë veten time si një që është nën ligj me ata që janë nën ligj për t'i fituar ata që janë nën ligj;

²¹ me ata që janë pa ligj e kam bërë veten time si pa ligj (ndonëse nuk isha pa ligjin e Zotit, por nën ligjin e Krishtit), për të fituar ata që janë pa ligj.

²² E kam bërë veten time të dobët me të dobëtit, për të fituar të dobëtit; e kam bërë veten time gjithçka për të gjithë, që të mund të shpëtoj me çdo mënyrë disa njerëz.

²³ Dhe këtë e bëj për hir të ungjillit, që të bëhem edhe unë pjestar i tij.

²⁴ A nuk e dini se ata që vrapojnë në pistë, vërtetë vrapojnë të gjithë, por vetëm një e fiton çmimin? Vraponi në mënyrë që ta merrni.

²⁵ Dhe kushdo që merr pjesë në garë kontrollon veten në të gjitha;

dhe ata e bëjnë këtë për të marrë një kurorë që prishet, kurse ne për një kurorë që nuk prishet.

²⁶ Unë, pra, vrapoj, por jo sikur jam i pasigurt; kështu luftoj, por jo sikur rrah erën;

²⁷ madje e mundoj trupin tim dhe e nënshtroj, se mos, pasi t'u kem predikuar të tjerëve, të bëhem për t'u përjashtuar.

Kapitull 10

¹ Sepse, o vëllezër, unë nuk dua që ju të mos edini se gjithë etërit tanë ishin nën renë, dhe të gjithë shkuan nëpër det,

² dhe të gjithë u pagëzuan për Moisinë në re dhe në det,

³ të gjithë hëngrën të njëjtën ushqim frymëror,

⁴ dhe të gjithë pinë të njëjtën pije frymërore, sepse pinin prej shkëmbi frymëror që i ndiqte; edhe ky shkëmb ishte Krishti.

⁵ Por Perëndia nuk pëlqeu shumicën prej tyre; sepse ranë të vdekur në shkretëtirë.

⁶ Dhe këto u bënë si shembuj për ne, që ne të mos dëshirojmë gjëra të liga, ashtu si dëshiruan ata,

⁷ dhe që të mos bëheni idhujtarë si disa nga ata, sikurse është shkruar: "Populli u ul që të hajë dhe të pijë, dhe u ngrit për të luajtur".

⁸ Dhe të mos kurvërojmë, ashtu si kurvëruan disa nga ata edhe ranë të vdekur në një ditë njëzet e tre mijë.

⁹ Dhe të mos e tundojmë Krishtin, ashtu si e tunduan disa nga ata dhe u vranë nga gjarpërinjtë.

¹⁰ Dhe mos u ankoni, ashtu si u ankuan disa nga ata, dhe u vranë nga shkatërruesi.

¹¹ Dhe të gjitha këto gjëra u ndodhën atyre si shëmbull, dhe janë shkruar për paralajmërimin tonë, për ne që jemi në mbarim të epokët.

¹² Prandaj ai që mendon se qëndron më këmbë, le të shohë se mos bjerë.

¹³ Asnjë tundim nuk ju ka gjetur juve, përveç se tundimi njerëzor; por Perëndia është besnik dhe nuk do të lejojë që t'ju tundojnë përtej fuqive tuaja, por me tundimin do t'ju japë dhe rrugë dalje, që ju të mund ta përballoni.

¹⁴ Prandaj, të dashurit e mi, largohuni nga idhujtaria.

¹⁵ Po ju flas si të mençur, gjykojeni ju atë që them:

¹⁶ kupa e bekimit, që ne bekojmë, a nuk është vallë pjesëmarrje në gjakun e Krishtit? Buka që ne thyejmë, a nuk është vallë pjesëmarrje në trupin e Krishtit?

¹⁷ Sepse ne të shumtit, jemi një bukë, një trup, sepse të gjithë marrim pjesë në të vetmen bukë.

¹⁸ Shikoni Izraelin sipas mishit: ata që hanë flijimet a nuk janë pjesëmarrës të altarit?

¹⁹ Çfarë them, pra? Se idhulli është diçka? Apo se ajo që u është flijuar idhujve është diçka?

²⁰ Jo, por them se gjërat që flijojnë johebrenjtë, ua flijojnë demonëve dhe jo Perëndisë; tani unë nuk dua që ju të keni pjesë me demonët.

²¹ Ju nuk mund të pini kupën e Zotit dhe kupën e demonëve; ju nuk mund të merrni pjesë në tryezën e Zotit dhe në tryezën e demonëve.

²² A duam ne të provokojmë Zotin deri në xhelozi? A jemi ne më të fortë se ai?

²³ Gjithçka më lejohet, por jo gjithçka është dobishme; gjithçka më lejohet, por jo çdo gjë ndërton.

²⁴ Askush të mos kërkojë interesin e vet, por atë të tjetrit.

²⁵ Hani çdo gjë që shitet te kasapi, pa bërë pyetje për shkak të ndërgjegjes,

²⁶ sepse "toka është e Zotit dhe gjithçka që ajo përmban".

²⁷ Dhe në qoftë se ndonjë jobesimtar ju fton dhe ju doni të shkoni, hani çdo gjë që t'u vihet përpara, pa bërë pyetje për shkak të ndërgjegjes.

²⁸ Por në qoftë se dikush ju thotë: "Kjo është nga flijim idhujsh", mos hani, për atë që ju paralajmëroi dhe për shkak të ndërgjegjes, sepse "toka është e Zotit dhe gjithçka që ajo përmban".

²⁹ Dhe ndërgjegje, por jo tënden, por të tjetrit. Sepse përse të gjykohet liria ime nga ndërgjegja e një tjetri?

³⁰ Në qoftë se unë marr pjesë me falenderim, pse të shahem për atë gjë, për të cilin falenderoj?

³¹ Pra, nëse hani, nëse pini, nëse bëni ndonjë gjë tjetër, të gjitha t'i bëni për lavdinë e Perëndisë.

³² Mos u bëni shkak skandali as për Judenj, as për Grekë, as për kishën e Perëndisë;

³³ sikurse edhe unë vetë përpiqem t'u pëlqej të gjithëve në çdo gjë, nuk kërkoj përfitimin tim, por të të shumtëve, që të shpëtohen.

Kapitull 11

¹ Më imitoni mua, ashtu si unë jam imitues i Krishtit.

² Dhe unë po ju lavdëroj, vëllezër, që më kujtoni në të gjitha gjërat dhe i zbatoni porositë ashtu siç ua kam transmetuar.

³ Por dua që të dini se kreu i çdo njeriu është Krishti, edhe kreu i gruas është burri; edhe kreu i Krishtit është Perëndia.

⁴ Çdo burrë, kur lutet ose profetizon kokëmbuluar, turpëron kryet e tij.

⁵ Edhe çdo grua, që lutet ose profetizon kokëzbuluar, turpëron kryet e saj, sepse është njëlloj sikur të ishte e rruar.

⁶ Sepse në qoftë se gruaja nuk mbulohet, le t'ia presin flokët; por në qoftë se për gruan është turp të qethet a të rruhet, le të mbulojë kryet.

⁷ Sepse burri nuk duhet të mbulojë kryet, sepse është shëmbëllimi dhe lavdia e Perëndisë, kurse gruaja është lavdia e burrit,

⁸ sepse burri nuk është nga gruaja, por gruaja nga burri,

⁹ edhe sepse burri nuk u krijua për gruan, por gruaja për burrin.

¹⁰ Prandaj gruaja, për shkak të engjëjve, duhet të ketë një shenjë pushteti mbi kryet.

¹¹ Gjithsesi në Zotin as burri s'është pa gruan, as gruaja pa burrin.

¹² sepse sikurse gruaja vjen nga burri, ashtu edhe burri lind nëpërmjet gruas, dhe çdo gjë vjen nga Perëndia.

¹³ Gjykoni ndër veten tuaj. A i ka hije gruas t'i lutet Perëndisë pa u mbuluar?

¹⁴ Po vetë natyra, a nuk ju mëson se, në qoftë se një burrë i mban flokët të gjata, kjo është çnderim për të?

¹⁵ Por në qoftë se gruaja i ka flokët të gjata, kjo është lavdi për të, sepse flokët i janë dhënë asaj për mbulesë.

¹⁶ Por në qoftë se ndokush mendon të kundërshtojë, ne s'kemi zakon të tillë, as kishat e Perëndisë.

¹⁷ Por, duke porositur këtë, unë nuk ju lavdëroj, se ju mblidheni, jo për më të mirën, po për më të keqen.

¹⁸ Para së gjithash, sepse dëgjoj se kur bashkoheni në asamble ka midis jush përçarje, dhe pjesërisht e besoj.

¹⁹ Sepse duhet të ketë midis jush edhe grupime, që të njihen në mes tuaj ata që janë të sprovuar.

²⁰ Kur mblidheni bashkë, pra, në një vend, kjo që bëni nuk është për të ngrënë darkën e Zotit,

²¹ sepse, në të ngrënët, gjithësecili merr darkën e vet më përpara; dhe njëri ka uri dhe tjetri është i dehur.

²² A nuk keni, pra, shtëpi për të ngrënë e për të pirë? Apo përbuzni kishën e Perëndisë dhe turpëroni ata që s'kanë asgjë? Çfarë t'ju them juve? T'ju lavdëroj? Për këtë nuk ju lëvdoj.

²³ Sepse unë mora nga Zoti atë që ju transmetova edhe juve; se Zoti Jezus, në atë natë që po tradhtohej, mori bukën

²⁴ dhe, si falënderoi, e theu dhe tha: "Merrni, hani; ky është trupi im që është thyer për ju; bëni këtë në përkujtimin tim".

²⁵ Gjithashtu, pas darkës, mori edhe kupën, duke thënë: "Kjo kupë është besëlidhja e re në gjakun tim; bëni këtë sa herë që të pini, në përkujtimin tim".

²⁶ Sepse sa herë të hani nga kjo bukë ose të pini nga kjo kupë, ju shpallni vdekjen e Zotit, derisa ai të vijë.

²⁷ Prandaj ai që ha nga kjo bukë ose pi nga kjo kupë e Zotit padenjësisht, do të jetë fajtor i trupit dhe i gjakut të Zotit.

²⁸ Por secili të shqyrtojë vetveten dhe kështu të hajë nga buka e të pijë nga kupa,

²⁹ sepse ai që ha dhe pi padenjësisht, ha dhe pi një dënim për veten e tij, sepse nuk e dallon trupin e Zotit.

³⁰ Për këtë arsye ka në mes jush shumë të dobët e të sëmurë, dhe shumë vdesin.

³¹ Sepse, po të shqyrtonim veten tonë, nuk do të gjykoheshim.

³² Por kur gjykohemi, ndreqemi nga Zoti, që të mos dënohemi bashkë me botën.

³³ Prandaj, o vëllezërit e mi, kur mblidheni për të ngrënë, pritni njeri tjetrin.

³⁴ Dhe në qoftë se dikush ka uri, le të hajë në shtëpi, që të mos mblidheni për dënim. Dhe gjërat e tjera, kur të vij, do t'i rregulloj.

Kapitull 12

¹ Edhe për sa u përket dhuntive frymërore, o vëllezër, nuk dua të jeni të paditur.

² Ju e dini se, kur ishit paganë, tërhiqeshit pas idhujve të pagojë, nën shtytje të çastit.

³ Prandaj ju bëj të ditur se askush që flet në Frymën e Shenjtë nuk thotë: "Mallkuar qoftë Jezusi!"; edhe asnjë nuk mund të thotë: "Jezusi është Zot", veç se në Frymën e Shenjtë.

⁴ Ka larmi dhuntish, por i njëjti Frymë.

⁵ Ka edhe larmi shërbimësh, por i njëjti Zot.

⁶ Dhe ka larmi veprimtarish por është i njëjti Perëndi i cili i bën të gjitha gjërat në të gjithë.

⁷ Dhe secilit i jepet shfaqja e Frymës për dobinë e përbashkët.

⁸ Dikujt, pra, i jepet, me anë të Frymës, fjalë diturie; një tjetri, sipas të po atij Frymë, fjalë njohurie;

⁹ një tjetri besim, nga po ai Frymë; një tjetri dhuntitë e shërimeve, nëpërmjet po atij Frymë; një tjetri pushtet për të kryer veprime të fuqishme; një tjetri profeci; një tjetri të dallojë frymërat;

¹⁰ një tjetri larmi gjuhësh; një tjetri interpretimi i gjuhëve.

¹¹ Dhe të gjitha këto i bën i njëjti dhe i vetmi Frymë, duke i ndarë gjithsecilit dhunti veç e veç ashtu si ai do vetë.

¹² Sepse ashtu si trupi është një, por ka shumë gjymtyrë, dhe të gjitha gjymtyrët e të njëtit trup, megjithse janë shumë, formojnë një trup të vetëm, kështu është edhe Krishti.

¹³ Sepse të gjithë ne jemi pagëzuar në një Frym të vetëm në të njëjtin trup, qofshin Hebrenjtë apo Grekët, qofshin skllevërit a të liruarit, dhe të gjithë e kemi jemi uijtur në të njëjtin Frymë.

¹⁴ Sepse edhe trupi nuk është një gjymtyrë e vetme, por shumë.

¹⁵ Sikur të thoshte këmba: "Mbasi nuk jam dorë, unë nuk jam pjesë e trupit", mos për këtë nuk është pjesë e trupit?

¹⁶ Dhe sikur veshi të thoshte: "Mbasi nuk jam sy, unë nuk jam pjesë e trupit", mos për këtë nuk është pjesë e trupit?

¹⁷ Po të ishte gjithë trupi sy, ku do të ishte dëgjimi? Po të ishte gjithë dëgjim, ku do të ishte të nuhaturit?

¹⁸ Por Perëndia ka vënë çdo gjymtyrë të trupit si ka dashur.

¹⁹ Po të ishin gjitha gjymtyrët një gjymtyrë e vetme, ku do të ishte trupi?

²⁰ Kështu, pra, janë shumë gjymtyrë, por një trup i vetëm.

²¹ Dhe syri nuk mund t'i thotë dorës: "Unë nuk kam nevojë për ty"; dhe po ashtu koka nuk mund t'u thotë këmbëve: "Unë nuk kam nevojë për ju".

²² Madje, gjymtyrët e trupit që duken se janë më të dobëta, janë shumë më të nevojshme se të tjerat;

²³ dhe ato që ne i konsiderojmë më pak të nderuara, pikërisht ata rrethojmë me më shumë nderim; dhe të pahijshmet tona kanë më tepër hijë.

²⁴ Por gjymtyrët tona të hijshme nuk kanë nevojë. Por Perëndia e ndërtoi trupin duke i dhënë më tepër nder asaj pjese që e kishte mangut,

²⁵ që të mos kishte përçarje në trup, por të gjitha gjymtyrët të kenë të njëjtin kujdes për njëra-tjetrën.

²⁶ Dhe nëse vuan një gjymtyrë, të gjitha gjymtyrët vuajnë; kurse po të nderohet një gjymtyrë, të gjitha gjymtyrët gëzohen bashkë me të.

²⁷ Dhe ju jeni trupi i Krishti dhe gjymtyrët e tij, veç e veç.

²⁸ Dhe Perëndia i vuri disa në kishë, së pari apostuj, së dyti profetë, së treti mësues; pastaj vepra të fuqishme; pastaj dhuntitë e shërimeve, të ndihmës e të qeverisjes dhe të larmive të gjuhëve.

²⁹ A janë vallë të gjithë apostuj? Janë të gjithë profetë? Janë të gjithë mësues?

³⁰ A kanë të gjithë dhuntinë e veprave të fuqishme? A kanë të gjithë dhuntinë e shërimeve? A flasin të gjithë gjuhë të ndryshme? A interpretojnë të gjithë?

³¹ Por kërkoni me zemër të zjarrtë dhuntitë më të mira; dhe unë do t'ju tregoj një udhë shumë më të lartë.

Kapitull 13

¹ Po të flisja gjuhët e njerëzve dhe të engjëjve, dhe të mos kisha dashuri, do të bëhesha si një bronz që kumbon ose si cimbali që tingëllon.

² Edhe sikur të kisha dhuntinë e profecisë, edhe të dija të gjitha misteret dhe mbarë shkencën dhe të kisha gjithë besimin sa të luaja nga vendi malet, por të mos kisha dashuri, nuk jam asgjë.

³ Edhe sikur të ndaja gjithë pasuritë e mia për të ushqyer të varfërit dhe ta jepja trupin tim që të digjej, e të mos kisha dashuri, nuk do të më vlente asgjë!

⁴ Dashuria është e durueshme; plot mirësi; dashuria nuk ka smirë, nuk vë në dukje, nuk krekoset,

⁵ nuk sillet në mënyrë të pahijshme, nuk kërkon të sajat, nuk pezmatohet, nuk dyshon për keq;

⁶ nuk gëzohet për padrejtësinë, por gëzohet me të vërtetën,

⁷ i duron të gjitha, i beson të gjitha, i shpreson të gjitha, i mban çdo gjë.

⁸ Dashuria nuk ligshtohet kurrë; por profecitë shfuqizohen, gjuhët pushojnë dhe njohuria do të shfuqizohet.

⁹ sepse ne njohim pjesërisht dhe profetizojmë pjesërisht.

¹⁰ Por, kur të vijë përsosmëria, atëherë ajo që është e pjesshme do të shfuqizohet.

¹¹ Kur isha fëmijë, flisja si fëmijë, mendoja si fëmijë, arsyetoja si fëmijë; kur u bëra burrë, i flaka gjërat fëminore.

¹² Tani në fakt, ne shohim si në pasqyrë, në mënyrë të errët, por atëherë do të shohim faqe për faqe; tashti njoh pjesërisht, kurse atëherë do të njoh thellë ashtu sikurse njihem.

¹³ Tani, pra, këto tri gjëra mbeten: besimi, shpresa dhe dashuria; por më e madhja nga këto është dashuria.

Kapitull 14

¹ Kërkoni dashurinë dhe lypni me zemër të zjarrtë dhuntitë frymërore, por sidomos që të mund të profetizoni,

² sepse ai që flet një gjuhë tjetër nuk u flet njerëzve, por Perëndisë; sepse askush nuk e kupton, por ai në frymë flet mistere.

³ Kurse ai që profetizon, u flet njerëzve për ndërtim, për nxitje e përdëllim.

⁴ Ai që flet një gjuhë tjetër ndërton veten e tij, por ai që profetizon, ndërton kishën.

⁵ Unë dua që të gjithë ju të flisnit gjuhëra, por më tepër të profetizonit, sepse ai që profetizon është më i madh nga ai që flet gjuhëra, veçse në interpretoftë, që të marrë ndërtim kisha.

⁶ Dhe tani, o vëllezër, po të vija e t'ju flisja në gjuhë, ç'dobi do të kishit, po të mos ju flisja me anë të zbulesës, a me njohuri, a me profeci, a me mësim?

⁷ Edhe gjërat që nuk kanë shpirt dhe nxjerrin zë, fyelli ose qestja, po të mos japin zë të dallueshëm, si do të njihet të rënit e fyellit ose e qestes?

⁸ Sepse, po të japë buria një tingull të panjohur, kush do të përgatitet për betejë?

⁹ Kështu edhe ju, në qoftë se me gjuhën tuaj nuk flisni fjalë të kuptueshme, si do të kuptohet çfarë u tha? Sepse do të flisnit në erë.

¹⁰ Ka nuk e di se sa lloje zërash në botë, dhe asnjë prej tyre nuk është pa kuptim.

¹¹ Pra, në qoftë se unë nuk e marr vesh kuptimin e zërit, do të jem si një i huaj për atë që flet, dhe ai që flet do të jetë një i huaj për mua.

¹² Kështu edhe ju, mbasi doni fort të keni dhunti frymërore, kërkoni që t'i keni të bollshme për ndërtimin e kishës.

¹³ Prandaj ai që flet një gjuhë tjetër, le të lutet që të mund ta interpretojë,

¹⁴ sepse, në qoftë se unë lutem në një gjuhë tjetër, fryma im lutet, por mendja ime është e pafrytshme.

¹⁵ Po atëherë? Do të lutem me frymën, por do ta bëj edhe me mendjen; do të këndoj me frymën, por do të këndoj edhe me mendjen.

¹⁶ Me fjalë të tjera, në qoftë se ti e lavdëron Perëndinë me frymën, ai që zë vendin e profanët, si do të thotë "amen" për falënderimin tënd, kur nuk merr vesh ç'po thua?

¹⁷ Sepse ti edhe mund të falënderosh mirë, por tjetri nuk ndërtohet.

¹⁸ Unë e falënderoj Perëndinë time, sepse flas më shumë në gjuhë se ju të gjithë.

¹⁹ Por në asamble parapëlqej të them pesë fjalë me mënçurinë time për mësimin e të tjerëve se dhjetë mijë fjalë në gjuhë tjetër.

²⁰ Vëllezër, mos u bëni kalamaj nga mendja, por bëhuni foshnje për të ligën, dhe burra të pjekur nga mendja.

²¹ Në ligj është shkruar: "Unë do t'i flas këtij populli në gjuhë të huaja dhe me buzë të tjera, por as kështu nuk do të më dëgjojnë", thotë Zoti.

²² Prandaj gjuhët janë një shenjë jo për ata që besojnë, por për jobesimtarët, kurse profecia nuk është për jobesimtarë, po për besimtarë.

²³ Pra, në qoftë se, kur gjithë kisha është mbledhur në një vend, të gjithë flasin gjuhëra dhe hyjnë profanë ose jobesimtarë, a nuk do të thonë se ju kanë dalë mendtë?

²⁴ Por, në qoftë se profetizojnë të gjithë dhe hyn një jobesimtar ose një profan, ai bindet nga të gjithë dhe gjykohet nga të gjithë.

²⁵ Dhe kështu të fshehtat e zemrës së tij zbulohen; edhe kështu, duke rënë me faqe përmbys, do të adhurojë Perëndinë, duke deklaruar se Perëndia është me të vërtetë midis jush.

²⁶ Ç'duhet bërë, pra, o vëllezër? Kur të mblidheni, secili nga ju ka një psalm, një mësim, fjalim në gjuhë tjetër, zbulesë, interpretim, çdo gjë le të bëhet për ndërtim.

²⁷ Nëse ndonjë flet në gjuhë tjetër, le të bëhet kjo nga dy a më të shumtën tre vetë dhe njeri pas tjetrit, dhe një le të interpretojë.

²⁸ Por nëse nuk ka iterpretues, le të heshtë në kishë dhe le të flasë me veten e tij dhe me Perëndinë.

²⁹ Le të flasin dy a tre profetë, dhe të tjerët të gjykojnë.

³⁰ Por nëse ka një zbulesë ndonjë tjetër që rri ulur, le të heshtë i pari.

³¹ Sepse të gjithë, njeri pas tjetrit, mund të profetizojnë, që të mësojnë të gjithë dhe të inkurajohen të gjithë.

³² Frymërat e profetëve u nënshtrohen profetëve,

³³ sepse Perëndia nuk është Perëndi trazimi, por paqtimi si në të gjitha kishat e shenjtorëve.

³⁴ Gratë tuaja të heshtin në kishë, sepse nuk u lejohet të flasin, por duhet të nënshtrohen, sikurse thotë edhe ligji.

³⁵ Dhe në qoftë se duan të mësojnë ndonjë gjë, le të pyesin burrat e tyre në shtëpi, sepse është e turpshme për gratë të flasin në kishë.

³⁶ Prej jush doli fjala e Perëndisë? Apo vetëm te ju arriti?

³⁷ Në qoftë se dikush mendon se është profet ose frymëror, le të njohë se ato që po ju shkruaj janë urdhërime të Zotit.

³⁸ Dhe nëse dikush është i paditur, le të jetë i paditur.

³⁹ Prandaj, o vëllezër të mi, kërkoni me zemër të zjarrtë të profetizoni dhe mos ndaloni të flasin në gjuhëra.

⁴⁰ Por të gjitha të bëhen sikur ka hije dhe me rregullsi.

Kapitull 15

¹ Tani, o vëllezër, po ju deklaroj ungjillin që ju kam shpallur dhe që ju e keni marrë dhe mbi të cilin ju qëndroni,

² dhe me anë të të cilit ju jeni shpëtuar, nëse do ta mbani fjalën që ju kanë predikuar, veç nëse besuat kot.

³ Sepse unë ju kam transmetuar para së gjithash ato që edhe unë vetë i kam marrë, se Krishti vdiq për mëkatet tona sipas Shkrimeve,

⁴ se u varros dhe u ringjall të tretën ditë, sipas Shkrimeve,

⁵ edhe se iu shfaq Kefës dhe pastaj të dymbëdhjetëve.

⁶ Pastaj iu shfaq një herë të vetme më shumë se pesëqind vëllezërve, prej të cilëve më të shumtët rrojnë edhe sot, kurse disa kanë rënë në gjumë.

⁷ Më pas iu shfaq Jakobit dhe pastaj të gjithë apostujve.

⁸ Më së fundi m'u shfaq edhe mua, si në dështimit.

⁹ Sepse unë jam më i vogli i apostujve dhe as nuk jam i denjë të quhem apostull, sepse e kam përndjekur kishën e Perëndisë.

¹⁰ Por me hirin e Perëndisë jam ai që jam; dhe hiri i tij ndaj meje nuk qe i kotë, madje jam munduar më shumë se gjithë të tjerët, jo unë, por hiri i Perëndisë që është me mua.

¹¹ Pra, si unë, ashtu edhe ata kështu predikojmë dhe ju kështu besuat.

¹² Por, në qoftë se predikohet se Krishti u ringjall prej së vdekurish, si atëherë disa nga ju thonë se nuk ka ringjallje të të vdekurve?

¹³ Në qoftë se nuk ka ringjallje të të vdekurve, as Krishti nuk u ringjall.

¹⁴ Por në qoftë se Krishti nuk është ringjallur, predikimi ynë është i kotë dhe i kotë është edhe besimi juaj.

¹⁵ Atëherë edhe ne do të ishim dëshmitarë të rremë të Perëndisë, sepse dëshmuam për Perëndinë, se ai ringjalli Krishtin, të cilin ai nuk e paska ringjallur, po të jetë se me të vërtetë të vdekurit nuk ringjallen.

¹⁶ Në qoftë se të vdekurit nuk ringjallen, as Krishti nuk është ringjallur;

¹⁷ por në qoftë se Krishti nuk është ringjallur, i kotë është besimi juaj; ju jeni ende në mëkatet tuaja,

¹⁸ edhe ata që fjetën në Krishtin janë të humbur.

¹⁹ Në qoftë se shpresojmë në Krishtin vetëm në këtë jetë, ne jemi më të mjerët e të gjithë njerëzve.

²⁰ Por tashti Krishti u ringjall prej së vdekurish, dhe është fryti i parë i atyre që kanë fjetur.

²¹ Sepse, ashtu si erdhi vdekja me anë të një njeriu, kështu erdhi dhe ringjallja e të vdekurve me anë të një njeriu.

²² Sepse, ashtu sikur të gjithë vdesin në Adamin, kështu të gjithë do të ngjallën në Krishtin,

²³ por secili sipas radhës së vet: Krishti, fryti i parë, pastaj ata që janë të Krishtit, në ardhjen e tij

²⁴ Pastaj do të vijë fundi, kur ai t'ia dorëzojë mbretërinë Perëndisë Atë, pasi të ketë asgjësuar çfarëdo sundimi, çdo pushtet e fuqi.

²⁵ Sepse duhet që ai të mbretërojë, derisa t'i vërë të gjithë armiqtë e tij nën këmbët e veta.

²⁶ Armiku i fundit që do të shkatërrohet është vdekja.

²⁷ Sepse Perëndia i vuri të gjitha nën këmbët e tij. Por, kur thotë se çdo gjë i është nënshtruar, është e qartë se përjashtohet ai që ia ka nënshtruar çdo gjë.

²⁸ Dhe kur t'i ketë nënshtruar të gjitha, atëherë Biri vetë do t'i nënshtrohet Atij që i nënshtroi të gjitha, që Perëndia të jetë gjithçka në të gjithë.

²⁹ Përndryshe çfarë do të bëjnë ata që pagëzohen për të vdekurit? Në qoftë se me të vërtetë të vdekurit nuk ringjallen, përse ata edhe pagëzohen për të vdekurit?

³⁰ Përse jemi edhe ne në rrezik në çdo orë?

³¹ Përditë unë po vdes për shkak të mburrjes për ju, që kam në Krishtin Jezu, Zotin tonë.

³² Nëse u ndesha në Efes si njeri kundër bishave, ç'dobi kam? Në qoftë se të vdekurit nuk ringjallen, le të hamë e të pimë, sepse nesër do të vdesim.

³³ Mos u gënjeni; shoqëritë e këqija prishin zakonet e mira.

³⁴ Zgjohuni për drejtësinë dhe mos mëkatoni, sepse disa nga ju nuk e njohin Perëndinë; për turpin tuaj po ua them.

³⁵ Por do të thotë ndonjë: "Si ringjallen të vdekurit, edhe me ç'trup do të vijnë?".

³⁶ O i pamend! Atë që ti mbjell, nuk ngjallet, nëse nuk vdes përpara.

³⁷ Dhe atë që mbjell, ti nuk mbjell trupin që do të bëhet, por një kokërr të zhveshur, ndoshta nga gruri ose ndonjë farë tjetër.

³⁸ Po Perëndia i jep trup si të dojë, secilës farë trupin e vet.

³⁹ Jo çdo mish është i njëjti mish; por tjetër është mishi i njerëzve, tjetër mishi i bagëtive, tjetër i peshqve dhe tjetër i shpendëve.

⁴⁰ Dhe ka trupa qiellorë dhe trupa tokësorë; por tjetër është lavdia e trupave qiellorë e tjetër e atyreve të tokës.

⁴¹ Tjetër është lavdia e diellit dhe tjetër lavdia e hënës dhe tjetër lavdia e yjeve; sepse ndryshon në lavdi ylli nga ylli.

⁴² Kështu do të jetë edhe ringjallja e të vdekurve; trupi mbillet në prishje dhe ringjallet në paprishje.

⁴³ Mbillet në çnderim dhe ringjallet në lavdi; mbillet i dobët dhe ringjallet në fuqi.

⁴⁴ Mbillet trup natyror dhe ringjallet trup frymëror. Ka trup natyror, ka edhe trup frymëror.

⁴⁵ Kështu edhe është shkruar: "Njeriu i parë, Adami, u bë shpirt i gjallë; por Adami i fundit është Frymë që jep jetë.

⁴⁶ Por frymërori nuk është më parë, por përpara është natyrori, pastaj frymërori.

⁴⁷ Njeriu i parë i bërë prej dheu, është tokësor; njeriu i dytë është Zoti nga qielli.

⁴⁸ Siç është tokësori ashtu janë dhe tokësorët; dhe siç është qiellori, të tillë do të jenë edhe qiellorët.

⁴⁹ Dhe sikurse mbartëm shëmbëllimin e tokësorit, do të mbartim edhe shëmbëllimin e qiellorit.

⁵⁰ Edhe këtë po ju them, o vëllezër, se mishi dhe gjaku nuk mund të trashëgojnë mbretërinë e Perëndisë, as prishja nuk mund të trashëgojë paprishjen.

⁵¹ Ja, unë po ju them një të fshehtë: të gjithë nuk do të vdesim, por të gjithë do të shndërrohemi në një moment,

⁵² sa hap e mbyll sytë, në tingullin e burisë së fundit; sepse do të bjerë buria, të vdekurit do të ringjallen të paprishshëm dhe ne do të shndërrohemi,

⁵³ sepse ky trup që prishet duhet të veshë mosprishjen dhe ky i vdekshëm të veshë pavdekësinë.

⁵⁴ Edhe ky trup që prishet, kur të veshë mosprishjen, edhe ky i vdekshëm kur të veshë pavdekësinë, atëherë do të realizohet fjala që është shkruar: "Vdekja u përpi në fitore".

⁵⁵ O vdekje, ku është gjëmba jote? O ferr, ku është fitorja jote?

⁵⁶ Edhe gjëmba e vdekjes është mëkati; dhe fuqia e mëkatit është ligji.

⁵⁷ Por ta falënderojmë Perëndinë që na jep fitoren me anë të Zotit tonë Jezu Krisht.

⁵⁸ Prandaj, o vëllezërit e mi të dashur, qëndroni të fortë e të patundur, duke tepruar përherë në veprën e Zotit, duke e ditur se mundi juaj nuk është i kotë në Zotin.

Kapitull 16

¹ Sa për të mbledhurit e ndihmave për shenjtorët, bëni edhe ju ashtu si i urdhërova kishat e Galatisë.

² Të parën ditë të çdo jave, secili nga ju le të vërë mënjanë aq sa mundet sipas të ardhurave të tij, që, kur të vij, të mos bëhen atëherë mbledhje ndihmash.

³ Edhe, kur të vij, ata që ju do të miratoni, unë do t'i dërgoj me letra, që të çojnë në Jeruzalem dhuratën tuaj bujare.

⁴ Dhe po të jetë e udhës që të shkoj vetë, ata do të shkon me mua.

⁵ Edhe unë do të vij te ju, pasi të kem kaluar nëpër Maqedoni.

⁶ Dhe ndoshta do të rri te ju, ose edhe të dimëroj, që ju të më përcillni kudo që të shkoj.

⁷ Sepse kësaj here nuk dua t'ju shoh vetëm kalimthi, por shpresoj të rri pak kohë pranë jush, në dashtë Zoti.

⁸ Dhe unë do të rri në Efes deri për Rrëshajët,

⁹ sepse m'u hap një derë e madhe dhe e efektshme, dhe kundërshtarë ka shumë.

¹⁰ Tani, nëse vjen Timoteu, kujdesuni që të rrijë me ju pa druajtje, sepse ai punon për veprën e Zotit ashtu si unë.

¹¹ Pra, asnjë të mos e përçmojë, por përcilleni në paqe që të vijë

1 Korintasve

tek unë, sepse e pres bashkë me vëllezërit.

[12] Sa për vëllanë Apol, iu luta shumë që të vijë tek ju bashkë me vëllezërit, por ai s'deshi kurrsesi të vinte tani; por do të vijë kur ta ketë volinë.

[13] Rrini zgjuar, qëndroni të palëkundshëm në besim, silluni si burrat, jini të fortë.

[14] Dhe çdo gjë që bëni, ta bëni me dashuri!

[15] Tani, o vëllezër (ju e njihni familjen e Stefanas që është fryti i parë i Akaisë dhe që i janë kushtuar shërbesës së shenjtorëve),

[16] ju bëj thirrje që t'u nënshtroheni edhe ju atyreve dhe kujtdo që punon dhe mundohet në punën tonë të përbashkët.

[17] Edhe gëzohem për ardhjen e Stefanas, të Fortunatit dhe të Akaikut, sepse ata e plotësuan mungesën tuaj,

[18] sepse e freskuan frymën tim dhe tuajin; prandaj nderoni njerëz të tillë.

[19] Kishat e Azisë ju përshëndesin; Akuila dhe Prishila, bashkë me kishën që është në shtëpi të tyre, ju përshendesin shumë në Zotin.

[20] Të gjithë vëllezërit ju përshëndesin; përshëndetni njëri-tjetrin me një puthje të shenjtë.

[21] Të fala me shëndet me dorën time, të Palit.

[22] Nëse ndokush nuk e do Zotin Jezu Krisht, qoftë mallkuar! Maranatha a.

[23] Hiri i Zotit Jezu Krisht qoftë me ju.

[24] Dashuria ime qoftë me ju të gjithë në Krishtin Jezu. Amen.

2 Korintasve

Kapitull 1

¹ Pali, apostull i Jezu Krishtit nëpërmjet vullnetin e Perëndisë, dhe vëllai Timote, kishës së Perëndisë që është në Korint, bashkë me gjithë shenjtorët që janë në gjithë Akainë:

² Paçi hir dhe paqe nga Perëndia, Ati ynë, dhe nga Zoti Jezu Krisht.

³ Bekuar qoftë Perëndia dhe Ati i Zotit tonë Jezu Krisht, Ati i të mëshirëve dhe Perëndia e çdo ngushëllimi,

⁴ i cili na ngushëllon në çdo shtrëngim tonin, që, nëpërmjet ngushëllimit me të cilin ne jemi ngushëlluar nga Perëndia, të mund të ngushëllojmë ata që janë në çfarëdo shtrëngimi.

⁵ Sepse, ashtu si ndër ne teprojnë vuajtjet e Krishtit, po ashtu, nëpërmjet Jezu Krishtit, tepron edhe ngushëllimi ynë.

⁶ Dhe, nëse jemi të pikëlluar, kjo ndodh për ngushëllimin dhe shpëtimin tuaj; nëse jemi të ngushëlluar, kjo ndodh për ngushëllimin dhe shpëtimin tuaj, që veprojnë në mënyrë të efektshme që të duroni të njëjtat vuajtje që heqim edhe neve.

⁷ Edhe shpresa jonë për ju është e patundur, duke ditur se ashtu siç jeni pjesëmarrës në mundime, kështu do të jeni pjesëmarrës edhe në ngushëllim.

⁸ Sepse nuk duam, o vëllezër, që të mos dini për vështirësinë që na ngjau në Azi, që u rënduam përtej fuqive tona, aq sa u dëshpëruam edhe për jetën vetë.

⁹ Për më tepër ne e kishim në veten tonë vendimin e vdekjes, që të mos besonim në veten tonë, por në Perëndinë që ringjall të vdekurit,

¹⁰ i cili na ka çliruar dhe na çliron nga një vdekje kaq e madhe, dhe tek i cili ne shpresojmë se do të na çlirojë edhe më,

¹¹ me ndihmën tuaj me anë të lutjeve për ne, që shumë njerëz të falënderojnë për dhuntinë e hirit që do të na jepet me anë të lutjeve të shumë njerëzve.

¹² Mburrja jonë, në fakt, është kjo: dëshmimi i ndërgjegjes sonë se ne jemi sjellë me thjeshtësinë dhe sinqeritetin e Perën-disë në botë dhe sidomos përpara jush, jo me dituri mishi, por me hirin e Perëndisë.

¹³ Sepse ne nuk ju shkruajmë të tjera gjëra, përveç atyre që ju mund të lexoni dhe të kuptoni; dhe unë shpresoj se do t'i kuptoni deri në fund;

¹⁴ sikurse i keni kuptuar tanimë deri diku, se ne jemi mburrja juaj, sikurse edhe ju do të jeni mburrja jonë, në ditën e Jezu Krishtit.

¹⁵ Dhe me këtë siguri unë doja të vija te ju më përpara që të kishit një vepër të mirë të dytë,

¹⁶ dhe, nga ju të shkoja në Maqedoni, dhe përsëri nga Maqedonia të vija te ju dhe ju të më përcillnit në Jude.

¹⁷ Kur mora këtë vendim, vallë mos kam vepruar me mendjelehtësi? Apo ato që unë vendos, i vendos sipas mishit, që të jetë tek unë po, po dhe jo, jo?

¹⁸ Por Perëndia është besnik; fjala jonë ndaj jush nuk ka qenë po dhe jo.

¹⁹ Sepse Biri i Perëndisë, Jezu Krisht, që u predikua ndër ju nga ne, pra, nga unë, nga Silvani dhe nga Timoteu, nuk ka qenë "po" dhe "jo", por ka qenë "po" në atë.

²⁰ Sepse të gjitha premtimet e Perëndisë janë në atë "po" dhe në atë "amen", për lavdi të Perëndisë nëpërmjet nesh.

²¹ Edhe ai që na themelon neve bashkë me ju në Krishtin dhe na vajosi është Perëndia,

²² i cili edhe na vulosi dhe na dha kaparin e Frymës në zemrat tona.

²³ Dhe unë e thërres Perëndinë për dëshmitar mbi jetën time që, për t'ju kursyer, nuk kam ardhur ende në Korint.

²⁴ Jo se kemi pushtet mbi besimin tuaj, por jemi bashkëpunëtorët e gëzimit tuaj, sepse për shkak të besimit ju qëndroni të patundur.

Kapitull 2

¹ Por unë kisha vendosur në veten time të mos vij përsëri te ju me hidhërim.

² Sepse, në qoftë se unë ju hidhëroj, kush do të më gëzojë mua, në mos ai vetë që u hidhërua prej meje?

³ Dhe ju shkrova në këtë mënyrë që, kur të vij, të mos kem trishtim nga ata që duhet të më gëzonin, duke pasur besim në ju të gjithë, se gëzimi im është i të gjithë juve.

⁴ Ju shkrova, në fakt, me shumë lot dhe me pikëllim të madh dhe ankth në zemër, jo që të hidhëroheni, por që të njihni dashurinë shumë të madhe që kam për ju.

⁵ Edhe në qoftë se dikush ka shkaktuar trishtim, s'më ka hidhëruar vetëm mua, por deri diku, pa e tepruar, ju të gjithë.

⁶ Mjaft është për atë njeri ndëshkimi që iu bë nga shumica,

⁷ por tani, përkundrazi, ju duhet më tepër ta falni atë dhe ta ngushlloni, që ai njeri të mos gëlltitet nga trishtimi i tepërt.

⁸ Prandaj ju lutem t'i shfaqni dashuri,

⁹ sepse ju shkrova edhe për këtë, që të njoh provën tuaj, nëse jeni të dëgjueshëm në çdo gjë.

¹⁰ Por atij që ju do t'i falni diçka, e fal edhe unë, sepse edhe unë, nëse kam falur gjë, kujtdo që t'ia kem falur, e bëra për ju përpara Krishtit,

¹¹ që të mos na mposhtë Satanai, sepse ne i dimë qëllimet e tij.

¹² Dhe, kur arrita në Troas për ungjillin e Krishtit edhe m'u hap një derë në Zotin,

¹³ nuk gjeta prehje në frymën time, sepse nuk gjeta aty Titin, vëllanë tim; prandaj, si u përshëndeta me ta, shkova në Maqedoni.

¹⁴ Por, falem nderit Perëndisë, që na bën të ngadhnjejmë gjithnjë në Krishtin dhe shfaq kudo nëpërmjet nesh erën e këndshme të njohurisë së vet.

¹⁵ Sepse ne jemi për Perëndinë era e këndshme e Krishtit ndër ata që shpëtohen dhe ndër ata që humbasin;

¹⁶ për këta një erë vdekjeje në vdekje, po për ata erë jete në jetë. Dhe kush është i zoti për këto?

¹⁷ Ne në fakt nuk falsifikojmë fjalën e Perëndisë, si shumë të tjerë, por flasim me sinqeritet si nga ana e Perëndisë, përpara Perëndisë në Krishtin.

Kapitull 3

¹ A fillojmë përsëri të rekomandojmë veten tonë? Apo mos kemi nevojë, si disa, për letra rekomandimi për ju ose për rekomandime nga ana juaj?

² Ju jeni letra jonë, e shkruar në zemrat tona, e njohur dhe e lexuar nga të gjithë njerëzit,

³ duke qenë manifestuar se jeni një letër e Krishtit, e hartuar me anë të shërbesës sonë, dhe e shkruar jo me bojë, por me Frymën e Perëndisë së gjallë, dhe jo mbi rrasa guri, por mbi rrasa të një zemre mishi.

⁴ Dhe këtë besim ne e kemi në Perëndinë me anë të Krishtit;

⁵ jo se jemi të aftë prej vetiu të kuptojmë ndonjë gjë sikur vjen nga vetja jonë, por aftësia jonë vjen nga Perëndia,

⁶ i cili na bëri të aftë të jemi shërbëtorë të besëlidhjes së re, jo të shkronjës, por të Frymës, sepse shkronja vret, por Fryma jep jetë.

⁷ Dhe, në qoftë se shërbimi i vdekjes, që ishte gdhendur me shkronja mbi gurë, qe i lavdishëm aq sa bijtë e Izraelit nuk mund të vështronin me sy fytyrën e Moisiut, për shkak të lavdisë së pamjes së tij, që duhet të anullohej,

⁸ sa më i lavdishëm do të jetë shërbimi i Frymës?

⁹ Sepse, nëse shërbimi i dënimit qe rrethuar me lavdi, shumë më tepër do të teprojë në lavdi shërbimi i drejtësisë.

¹⁰ Sepse ç'ka është lavdëruar nuk është lavdëruar nga kjo pikëpamje, për shkak të asaj lavdie që e kapërcen çdo masë.

¹¹ Sepse, në qoftë se ajo që duhet të anullohej u rrethua me lavdi, ajo që mbetet do të jetë shumë më e lavdishme.

¹² Duke pasur, pra, një shpresë të tillë, flasim me shumë guxim,

¹³ dhe jo si Moisiu, i cili vinte një vel mbi fytyrën e vet, që bijtë e Izraelit të mos vështronin me sy fundin e asaj që duhej të anullohej.

¹⁴ Por mendjet e tyre u errën; sepse, në leximin e besëlidhjes së vjetër, po ky vel mbetet pa u hequr, sepse veli anullohet në Krishtin.

¹⁵ Por deri më sot, kur lexohet Moisiu, një vel mbetet mbi zemrat e tyre.

¹⁶ Por kur Izraeli të kthehet te Zoti, veli do të hiqet.

¹⁷ Sepse Zoti është Fryma, dhe atje ku është Fryma e Zotit, atje është liria.

¹⁸ Dhe ne të gjithë, duke soditur fytyrëzbuluar lavdinë e Zotit si në pasqyrë, transformohemi në të njëjtën shëmbëllim nga lavdia në lavdi, posi prej Frymës së Zotit.

Kapitull 4

¹ Prandaj, duke pasur këtë shërbim për mëshirën që na është bërë, ne nuk na lëshon zemra.

² Ne kemi hequr dorë plotësisht nga gjërat e turpshme që bëhen në fshehtësi, duke mos ecur me dinakëri, duke mos falsifikuar aspak fjalën e Perëndisë, por duke shfaqur të vërtetën, ne ia rekomandojmë veten tonë ndërgjegjes së çdo njeriu përpara Perëndisë.

³ Dhe, në qoftë se ungjilli ynë është ende i mbuluar me vel, ai është i mbuluar për ata që humbin,

⁴ të cilëve perëndia i këtij shekulli ua verboi mendjet e atyre që nuk besojnë, që drita e ungjillit të lavdisë së Krishtit, që është shëmbëllimi i Perëndisë, të mos ndriçojë tek ata.

⁵ Sepse ne nuk predikojmë, pra, veten tonë, por Jezu Krishtin, Zotin, dhe jemi shërbëtorët tuaj për hir të Jezu Krishtit,

⁶ sepse Perëndia që tha: "Le të ndriçojë drita në errësirë", është i njëjti që shkëlqeu në zemrat tona për t'na ndriçuar në njohurinë e lavdisë së Perëndisë, në fytyrën e Jezu Krishtit.

⁷ Dhe ne e kemi këtë thesar në enë prej balte që epërsia pashoqe e kësaj fuqie të jetë nga Perëndia dhe jo nga ne.

⁸ Ne jemi të shtrënguar në çdo mënyrë, por nuk jemi të ngushtuardeni në fund; jemi ndërdyshas por jo të dëshpëruar;

⁹ jemi të përndjekur por jo të braktisur; të rrëzuar, por jo të shkatërruar;

¹⁰ kurdo ne e mbajmë në trupin tonë vdekjen e Zotit Jezus, që edhe jeta e Jezusit të shfaqet në trupin tonë.

¹¹ Ne që jetojmë, jemi vazhdimisht të dorëzuar në vdekje për Jezusin, që edhe jeta e Jezusit të shfaqet në mishin tonë të vdekshëm.

¹² Dhe kështu tek ne vepron vdekja, ndërsa në ju jeta.

¹³ Por, duke pasur të njëjtën frymë besimi, sikurse është shkruar: "Unë besova, prandaj fola", edhe ne besojmë, prandaj edhe flasim,

¹⁴ duke ditur se ai që ringjalli Zotin Jezus, do të na ringjallë edhe ne nëpërmjet Jezusit dhe do të na paraqesë bashkë me ju.

¹⁵ Sepse të gjitha këto gjëra janë për ju, që hiri, duke arritur me anë të shumë personave, të prodhojë falenderim me tepri për lavdi të Zotit.

¹⁶ Prandaj nuk na lëshon zemra; por, edhe pse njeriu ynë i jashtëm shkon në shkatërrim, ai i brendshëm përtërihet nga dita në ditë.

¹⁷ Sepse trishtimi ynë i lehtë që është vetëm për një moment, prodhon për ne, një peshë të pamasë e të pashoqe të amshueshme lavdie;

¹⁸ ndërsa ne nuk i drejtojmë sytë ndaj gjërave që duken, por ndaj gjërave që nuk shihen, sepse gjërat që duken janë për një kohë, kurse ato që nuk shihen janë të përjetshme.

Kapitull 5

¹ Ne e dimë në fakt se, në qoftë se kjo çadër, vendbanimi ynë tokësor, prishet, ne kemi një godinë nga Perëndia, një banesë të përjetshme, në qiej, që nuk është bërë nga dorë njeriu.

² Sepse në këtë çadër ne psherëtijmë duke dëshëruar fort të vishemi me banesën tonë qiellore,

³ nëse do të gjindemi të veshur e jo të zhveshur.

⁴ Sepse ne që jemi në këtë çadër psherëtijmë duke qenë të rënduar, dhe për këtë arsye nuk duam, pra, të na zhveshin, por të na veshin, që ç'është e vdekshme të përpihet nga jeta.

⁵ Dhe ai që na ka formuar pikërisht për këtë është Perëndia, i cili na dha edhe kaparin e Frymës.

⁶ Ne, pra, kemi gjithnjë siguri besimi dhe e dimë se gjersa banojmë në trup, jemi larg Zotit,

⁷ sepse ecim nëpërmjet besimit dhe jo nëpërmjet vizionit.

⁸ Por jemi të sigurt dhe na parapëlqen më tepër ta lëmë trupin dhe të shkojmë e të banojmë bashkë me Zotin.

⁹ Prandaj edhe përpiqemi t'i pëlqejmë atij, qoftë duke banuar në trup, qoftë duke e lënë atë.

¹⁰ Sepse ne të gjithë duhet të dalim para gjyqit të Krishtit, që secili të marrë shpagimin e gjërave që ka bërë me anë të trupit, në bazë të asaj që ka bërë, qoftë të mirën apo në të keqen.

¹¹ Duke e njohur frikën e Zotit, ne bindim njerëzit dhe jemi njohur nga Perëndia; dhe unë shpresoj se edhe në ndërgjegjet tuaja të jemi njohur.

¹² Sepse ne nuk e rekomandojmë përsëri veten ndaj jush, por ju japim rastin të krenoheni për ne, që të keni çfarë t'u përgjigjeni atyre që krenohen me dukjen dhe jo me zemër.

¹³ Sepse, nëse nuk jemi në vete, jemi për Perëndinë, dhe në qoftë se jemi me mend në kokë, jemi për ju.

¹⁴ Sepse dashuria e Krishtit na shtrëngon, sepse kemi arritur në konkluzionin se, në qoftë se një ka vdekur për të gjithë, të gjithë, pra, kanë vdekur;

¹⁵ dhe se ai ka vdekur për të gjithë, me qëllim që ata të cilët jetojnë, të mos jetojnë që sot e tutje për veten e tyre, po për atë që vdiq dhe u ringjall për ta.

¹⁶ Prandaj tash e tutje ne nuk njohim më askënd sipas mishit; po, edhe sikur ta kemi njohur Krishtin sipas mishit, nuk e njohim më ashtu.

¹⁷ Prandaj nëse dikush është në Krishtin, ai është një krijesë e re; gjërat e vjetra kanë shkuar; ja, të gjitha gjërat u bënë të reja.

¹⁸ Edhe të gjitha gjërat janë nga Perëndia që na pajtoi me veten përmes Jezu Krishtit dhe na dha shërbimin e pajtimit,

¹⁹ sepse Perëndia e ka pajtuar botën me veten në Krishtin, duke mos ua numëruar njerëzve fajet e tyre dhe vuri ndër ne fjalën e paqtimit.

²⁰ Ne, pra, bëhemi lajmëtarë për Krishtin, sikurse Perëndia të këshillonte nëpërmjet nesh; dhe ne ju këshillojmë juve për hir të Krishtit: Paqtohuni me Perëndinë!

²¹ Sepse ai bëri të jetë mëkat për ne ai që nuk njihte mëkat, që ne të bëhemi drejtësia e Perëndisë në të.

Kapitull 6

¹ Dhe, duke qenë bashkëpunëtorë të tij, ju këshillojmë të mos e pranoni më kot hirin e Perëndisë,

² sepse ai thotë: "Në kohë të pëlqyer unë të dëgjova dhe në ditë shpëtimi të ndihmova". Ja, pra, koha e pëlqyer, ja, pra, dita e shpëtimit.

³ Ne nuk japim asnjë shkas për skandal në asnjë gjë, që të mos shahet shërbesa jonë;

⁴ por në çdo gjë e rekomandojmë veten tonë si shërbëtorë të Perëndisë në shumë vuajtje, në shtrëngime, në nevoja, në ngushtica,

⁵ në rrahje, në burgosje, në kryengritje, në mundime, në të pafjetura, në agjërime,

⁶ me pastërti, me njohuri, me durim, me mirësi, me Frymën e Shenjtë, me dashuri jo të shtirur,

⁷ me fjalën e së vërtetë, me fuqinë e Perëndisë, me armët e drejtësisë në të djathtë dhe në të majtë,

⁸ në lavdi dhe në çnderim, me emër të mirë dhe me emër të keq;

⁹ si gënjeshtarë, por të vërtetë; si të panjohur, por të njohur; si njerëz që vdesin, por ja, jetojmë; si të ndëshkuar, por jo të vrarë;

¹⁰ si të brengosur, por gjithmonë të gëzuar; si të varfër, por shumë veta i bëjmë të pasur; si njerëz që s'kanë kurrgjë, por kanë gjithçka.

¹¹ Goja jonë u hap për ju, o Korintas, zemra jonë u bë e gjërë.

¹² Ju nuk jeni ngushtë në ne, por ju jeni të ngushtë në zemrat tuaj.

¹³ Por në shkëmbim po ju flas si fëmijve, bëhuni të gjërë edhe ju.

¹⁴ Mos hyni në një zgjedhë bashkë me të pabesët, sepse ç'lidhje ka drejtësia me paudhësinë? Dhe çfarë afrie ka drita me terrin?

¹⁵ Dhe ç'harmoni ka Krishti me Belialin? Ose ç'pjesë ka besimtari me jobesimtarin?

¹⁶ Dhe çfarë marrëveshje ka tempulli i Perëndisë me idhujt? Sepse ju jeni tempulli i Perëndisë së gjallë, sikurse tha Perëndia: "Unë do të banoj në mes tyre, dhe do të ec ndër ta; do të jem Perëndia i tyre dhe ata do të jenë populli im"

¹⁷ Prandaj "dilni nga mesi i tyre dhe ndahuni prej tyre, thotë Zoti, dhe mos prekni asgjë të ndyrë, dhe unë do t'ju pranoj,

¹⁸ dhe do të jem si një Atë për ju, dhe ju do të jeni për mua si bijtë e bijat, thotë Zoti i Plotfuqishëm".

Kapitull 7

¹ Duke i pasur këto premtime, o të dashur, le ta pastrojmë veten nga çdo ndotje e mishit dhe e frymës dhe ta përfundojmë shenjtërimin tonë në druajtjen e Perëndisë.

² Na pranoni; ne nuk i kemi bërë padrejtësi askujt, nuk kemi korruptuar askënd, nuk ia hodhëm askujt.

³ Këtë nuk e them për dënim, sepse që më parë iu thashë se jeni në zemrat tona për të vdekur bashkë dhe për të jetuar bashkë.

⁴ Jam shumë i hapur me ju dhe kam me se të mburrem për ju; jam plot me ngushullim dhe jam jashtë mase i gëzuar në gjithë shtrëngimin tonë.

⁵ Sepse, kur erdhëm në Maqedoni, mishi ynë nuk pati fare prehje, por u shtrënguam në të gjitha mënyrat: jashtë betejë, përbrenda frikë.

⁶ Por Perëndia, që ngushëllon të pikë-lluarit, na ngushëlloi me ardhjen e Titit,

⁷ dhe jo vetëm me ardhjen e tij, por edhe me ngushëllimin që ai pati prej jush; ai na tregoi dëshirën tuaj të madhe, lotët tuaja, zellin tuaj për mua, kaq sa u gëzova më tepër,

⁸ sepse, ndonëse edhe ju kam trishtuar me letrën time, nuk më vjen keq, ndonëse më pati ardhur keq, sepse shoh se ajo letër, edhe pse për pak kohë, ju trishtoi.

⁹ Tani po gëzohem, jo sepse u trishtuat, por sepse u trishtuat për pendim, sepse u trishtuat sipas Perëndisë, që të mos ju bëhet juve ndonjë dëm nga ne.

¹⁰ Trishtimi sipas Perëndisë në fakt, sjell pendim për shpëtim, për të cilin njeriu nuk i vjen keq, por trishtimi i botës shkakton vdekje.

¹¹ Në fakt, ja sa kujdes shkaktoi te ju pikëllimi sipas Perëndisë, madje sa fjalë për të kërkuar ndjesë, sa zemëratë, sa druajtje, sa dëshirë të zjarrtë, sa zell, sa kënaqësi! Me çdo mënyrë ju e treguat se jeni të pastër në këtë çështje.

¹² Edhe pse ju shkrova, nuk e bëra as për atë që e bëri padrejtësinë, as për atë që e pësoi, por që të shfaqet në mes tuaj kujdesi ynë që kemi për ju përpara Perëndisë.

¹³ Prandaj ne u ngushëlluam për shkak të ngushëllimit tuaj dhe u gëzuam aq më tepër për gëzimin e Titit, sepse fryma e tij u shlodh nga ju të gjithë.

¹⁴ Prandaj, në qoftë se u mburra për ndonjë gjë tek ai për ju, nuk u turpërova por, ashtu si ju kemi treguar të gjitha gjërat me vërtetësi, kështu edhe mburrja jonë te Titi doli e vërtetë.

¹⁵ Dhe ai ka një dashuri të madhe për ju, kur kujton bindjen e ju të gjithëve dhe si e pritët atë me frikë dhe me të dridhura.

¹⁶ Gëzohem, pra, që në çdo gjë mund të besoj në ju.

Kapitull 8

¹ Tani, o vëllezër, ju bëjmë të ditur hirin e Perëndisë, që u është dhënë kishave të Maqedonisë,

² se, në mes të shumë sprovave pikëllimi, mbushullia e gëzimit të tyre dhe varfëria e tyre e thellë e treguan në pasuritë e dorëgjërësinë e tyre.

³ Sepse unë dëshmoj se ata kanë dhënë me dëshirë dhe sipas mundësisë së tyre, madje edhe përtej mundësisë së tyre,

⁴ dhe na u lutën, pa na u ndarë, ta pranojmë dhuratën dhe pjesëmarrjen në ofertën për shenjtorët.

⁵ Dhe jo vetëm vepruan ashtu si shpresonim, po dhanë veten më përpara te Perëndia dhe pastaj te ne sipas vullnetit të Perëndisë.

⁶ Kështu ne e këshilluam Titin që, ashtu si e nisi këtë vepër të hirit midis jush, ashtu ta përfundojë.

⁷ Por sikurse ju jeni të pasur në çdo gjë, në besim, në fjalë e në dituri, në çdo kujdes dhe në dashurinë tuaj ndaj nesh, përpiquni të pasuroni edhe në këtë vepër të hirit.

⁸ Këtë nuk e them si urdhër, por që me anë të kujdesit të të tjerëve të vë në sprovë sinqeritetin e dashurisë suaj.

⁹ Sepse ju e njihni hirin e Zotit tonë Jezu Krisht, i cili, duke qenë i pasur, u bë i varfër për ju, që ju të bëheni të pasur me anë të varfërisë së tij.

¹⁰ Lidhur me këtë po ju jap një këshillë, sepse kjo është e dobishme për ju, që vjet filluat jo vetëm ta bëni, por edhe ta dëshironi.

¹¹ Tani përfundojeni edhe bërjen që, ashtu si qe dëshira për të dëshiruar, kështu të jetë edhe për ta përfunduar sipas mundësive që keni.

¹² Sepse, në qoftë se ekziston gatishmëria për të dhënë, ai është i mirëpritur sipas asaj që ka dhe jo sipas asaj që nuk ka.

¹³ Por jo që ju të shtrëngoheni për të lehtësohen të tjerët,

¹⁴ por të ndiqet vetëm një kriter barazimi; që tani mbushullia juaj të plotësojë nevojat e tyre, kështu që edhe mbushullia e tyre të plotësojë nevojat tuaja, që të ketë barazi,

¹⁵ sikurse është shkruar: "Ai që mblodhi shumë, nuk mori më shumë dhe ai që mblodhi pak, nuk mori më pak".

¹⁶ Le ta falënderojmë Perëndinë, që i shtiu në zemër Titit po atë kujdes për ju,

¹⁷ sepse ai jo vetëm që e pranoi këshillën tonë, por u nis për të ardhur te ju, me dëshirën e tij dhe me shumë zell.

¹⁸ Edhe bashkë me të dërguam edhe vë-llanë, lëvdimi i të cilit për predikimin e ungjillit u përhap në të gjitha kishat,

¹⁹ dhe jo vetëm kaq, por ai u zgjodh nga kishat që të jetë shoku ynë në udhëtim me këtë dhuratë që ne administrojmë për lavdinë e Zotit vetë, për të treguar gatishmërinë e zemrës suaj,

²⁰ duke shmangur qortimin e ndonjërit në këtë dhuratë bujare që administrohet prej nesh,

²¹ sepse kujdesemi të veprojmë mirë jo vetëm përpara Zotit, por edhe përpara njerëzve.

²² Edhe ne dërguam bashkë me ta vëllanë tonë, të cilin e kemi vënë në sprovë shumë herë në shumë gjëra dhe doli i zellshëm, por tani është edhe më i zellshëm për shkak të besimit të madh që ka ndaj jush.

²³ Sa për Titin, ai është bashkëpunëtori im dhe shok i veprës midis jush; sa për vëllezërit, ata janë apostuj të kishave, lavdi e Krishtit.

²⁴ U tregoni atyre provën e dashurisë suaj dhe pse mburremi me ju edhe përpara kishave.

Kapitull 9

¹ Sa për shërbesën në dobi të shenjtorëve, është e tepërt t'ju shkruaj,

² sepse e njoh gatishmërinë e zemrave tuaja, për të cilën unë mburrem për ju te Maqedonasit, se Akaia është gati që vjet; dhe zelli juaj nxiti shumë të tjerë.

³ Unë i dërgova këta vëllezër, që mburrja jonë për ju të mos dalë e kotë për këtë gjë dhe me qëllim, sikurse thoja, të jeni gati,

⁴ sepse, po të vinin me mua disa Maqedonas dhe të mos ju gjenin gati, ne (të mos them ju), do të dilnim të turpëruar për besimin dhe mburrjen tonë.

⁵ Prandaj m'u duk e nevojshme t'i këshilloj vëllezërit të vijnë te ju më përpara, që të bëjnë gati më parë ofertën që kishit premtuar më parë, kështu që ajo të jetë gati si dhuratë bujarie dhe jo kopracie.

⁶ Dhe ju them këtë: Ai që mbjell me kursim, do të korrë po me kursim; dhe ai që mbjell dorëhapur edhe do të korrë dorëhapur.

⁷ Secili le të veprojë ashtu si ka vendosur në zemrën, as me keqardhje as nga shtrëngimi, sepse Perëndia do një dhurues të gëzuar.

⁸ Dhe Perëndia mund të bëjë që gjithë hiri të teprojë për ju, aq sa mbasi të keni gjithnjë mjaft në çdo gjë, t'ju tepërojë për çfarëdo pune të mirë,

⁹ sikurse është shkruar: "Ai ndau, u ka dhënë të varfërve, drejtësia e tij mbetet në përjetësi".

¹⁰ Edhe ai që i jep farën mbjellësit dhe bukë për të ngrënë, ju dhëntë dhe e shumoftë farën tuaj, dhe i bëftë të rriten frytet e drejtësisë suaj;

¹¹ dhe atëherë do të pasuroheni për të qenë dorëdhënë, duke i sjellë nëpërmjet nesh falënderim Perëndisë.

¹² Sepse kryerja e kësaj shërbese të shenjtë jo vetëm përmbush nevojat e shenjtorëve, por sjell edhe një mbushulli falënderimesh ndaj Perëndisë,

¹³ sepse për shkak të përvojës nga kjo shërbesë, ata e përlëvdojnë Perëndinë për bindjen ndaj ungjillit të Krishtit që ju rrëfeni dhe për bujarinë me të cilën merrni pjesë me ta dhe me të gjithë.

¹⁴ Dhe me lutjet e tyre për ju ju shfaqin një dashuri të veçantë për hirin e shkëlqyer të Perëndisë përmbi ju.

¹⁵ Le të falënderojmë Perëndinë për dhuratën e tij të patregueshme.

Kapitull 10

¹ Personalisht unë, Pali, po ju kësh-illoj me anë të zemërbutësisë dhe të mirësisë së Krishtit; unë, që kur ndodhem vetë midis jush jam i përunjur, ndërsa kur jam larg jush tregohem i guximshëm ndaj jush.

² Ju lutem, që, kur të vij te ju, të mos jem i detyruar të veproj me guxim me atë siguri, me të cilin mendoj të guxoj kundër disave, që na konsiderojnë sikur ecim sipas mishit.

³ Sepse, edhe pse ecim në mish, nuk luftojmë sipas mishit,

⁴ sepse armët e luftës sonë nuk janë prej mishi, por të fuqishme në Perëndinë për të shkatërruar fortesat,

⁵ që të hedhim poshtë mendimet dhe çdo lartësi që ngrihet kundër njohjes së Perëndisë dhe t'ia nënshtrojmë çdo mendim dëgjesës së Krishtit,

⁶ dhe jemi gati të ndëshkojmë çdo mosbindje, kur të bëhet e përkryer bindja juaj.

⁷ A i shihni gjërat sipas pamjes së jashtme? Në qoftë se dikush është i bindur në veten e tij se është i Krishtit, le ta mendojë këtë përsëri nga vetja e tij: sikurse ai është i Krishtit, ashtu edhe ne jemi të Krishtit.

⁸ Edhe, nëse unë do ta mburrja veten më tepër për autoritetin tonë, që Zoti na dha për ndërtimin tuaj dhe jo për shkatërrimin tuaj, nuk do të turpërohesha.

⁹ Nuk dua të dukem se po kërkoj t'ju tremb me letrat e mia.

¹⁰ Sepse dikush thotë: "Letrat e tij janë të ashpra dhe të fuqishme, kurse paraqitja e tij trupore është e dobët, dhe fjala e tij ka pak peshë".

¹¹ Le ta dijë, pra, ai njeri, se ashtu si jemi në fjalë, me anë të letrave kur jemi larg, të tillë do të jemi edhe me vepra, kur të jemi të pranishëm.

¹² Sepse nuk guxojmë të renditemi ose të krahasohemi me ata që e rekomandojnë veten e vet; por ata, duke matur veten e tyre dhe duke u krahasuar me veten e tyre, nuk kanë mend.

¹³ Por ne nuk do të mburremi jashtë masës, po sipas masës së rregullës që caqet i caktoi Perëndia, sa të arrijmë deri te ju,

¹⁴ Sepse ne nuk po shtrihemi përtej caqeve, sikurse nuk arritëm deri te ju, sepse ne arritëm më të vërtetë deri te ju me anë të predikimit të ungjillit të Krishtit.

¹⁵ Dhe ne nuk mburremi përtej masës për punët e tjetrit, por kemi shpresë se, duke u rritur besimi tuaj, ne do të kemi një konsideratë më të madhe ndër ju, sipas cakut tonë,

¹⁶ sa që përhapim ungjillin edhe përtej vendeve tuaj, pa u mburrur me ato që janë bërë në këtë lëmë nga të tjerë.

¹⁷ Ai që lëvdohet, le të lëvdohet në Zotin,

¹⁸ sepse nuk miratohet ai që e rekomandon veten e tij, po ai të cilin e rekomandon Zoti.

Kapitull 11

¹ Oh, sa do të dëshiroja që ju të duronit pak marrëzi me mua! Po në fakt, ju më duroni.

² Jam xheloz për ju me xhelozinë e Perëndisë, sepse ju fejova me një burrë, që t'ju nxjerr para Krishtit si virgjëreshë të dlirë.

³ Por druaj se, ashtu si gjarpëri e gënjeu Evën me dinakërinë e tij,

kështu edhe mendja juaj të mos prishet duke u shmangur nga thjeshtësia ndaj Krishtit.

⁴ Sepse, po të vinte dikush dhe t'ju predikonte një Jezus tjetër, që ne nuk e kemi predikuar, ose, po të merrnit një frymë tjetër që nuk e keni marrë, ose një ungjill tjetër që nuk e keni pranuar, do ta duronit fort mirë.

⁵ Unë mendoj se nuk kam qenë aspak më poshtë nga apostujt më të shquar.

⁶ Dhe, megjithëse jam i thjeshtë në të folur, nuk jam i tillë në dituri; madje me të gjitha mënyrat dhe në të gjitha gjërat jua kemi treguar.

⁷ Mos vallë bëra mëkat duke e ulur veten time që të lartoheni ju, sepse ju kam predikuar falas ungjillin e Perëndisë?

⁸ Unë shfyrtësova kishat e tjera, duke marrë një rrogë që t'ju shërbej juve.

⁹ Dhe, kur isha midis jush dhe isha nevojtar, nuk iu bëra barrë askujt; sepse nevojat e mia i plotësuan vëllezërit që erdhën nga Maqedonia; dhe në çdo gjë u ruajta që të mos ju bëhem barrë ju, edhe për të ardhmen do të ruhem.

¹⁰ Duke qenë se e vërteta e Krishtit është në mua, kjo mburrje, përsa më përket mua, nuk do të më ndalohet në vendet e Akaisë.

¹¹ Pse? Ndoshta sepse nuk ju dua? Perëndia e di.

¹² Por atë që bëj, do ta bëj përsëri, që t'u pres çdo shkas atyre që duan shkas, që ata të gjenden si edhe ne, në atë gjë, për të cilën mburren.

¹³ Të tillë apostuj të rremë, janë punëtorë hileqarë, që shndërrohen në apostuj të Krishtit.

¹⁴ Dhe nuk është për t'u çuditur, sepse Satanai vet shndërrohet në engjëll drite.

¹⁵ Nuk është, pra, gjë e madhe, nëse edhe punëtorët e tij shndërrohen në punëtorë (marrin trajtën e punëtorëve) të drejtësisë, fundi i të cilëve do të jetë sipas veprave të tyre.

¹⁶ Po e them përsëri: Askush të mos mendojë se jam i marrë; në mos, më pranoni edhe si të marrë, që edhe unë të mburrem pakëz.

¹⁷ Atë që po them në mburrjen e guximit tim, nuk po e them sipas Zotit, por në marrëzi.

¹⁸ Duke qenë se shumë vetë mburren sipas mishit, edhe unë do të mburrem.

¹⁹ Sepse ju që jeni të ditur, i duroni lehtë të marrët.

²⁰ Sepse tashmë ju duroni, nëse dikush ju roberon, nëse dikush ju gllaberon, nëse dikush ju grabit, nëse dikush krenohet, nëse dikush ju godet në fytyrë.

²¹ Flas për turpin tim, sikurse ne të ishim të dobët; megjithatë në çdo gjë që dikush guxon, po flas si i marrë, marr guxim edhe unë.

²² Janë ata Hebrenj? Jam edhe une! Janë ata Izraelitë? Jam edhe unë! janë ata pasardhës të Abrahamit? Jam edhe unë.

²³ Janë ata shërbëtorë të Krishtit? Po flas si i pamend, unë jam edhe më tepër si këta; në mundime më tepër, në goditje më tepër, në burgje më tepër dhe shpesh në rrezik për vdekje.

²⁴ Nga Judenjtë mora pesë herë nga dyzetë kamxhike pa një.

²⁵ Tri herë më rrahën me shkopinj, një herë më qëlluan me gurë, tri herë m'u mbyt anija në det, kalova një ditë e një natë në humnerë.

²⁶ Në udhëtime në rreziqe lumenjsh, në rreziqe kusarësh, në rreziqe nga ana e bashkëtdhetarëve, rreziqe nga ana johebrenjve, rreziqe në qytet, rreziqe në shkretëtirë, rreziqe në det, rreziqe midis vëllezërve të rremë,

²⁷ në lodhje e në mundim, në netët pa gjumë, në uri e në etje, shpesh herë në agjërime, në të ftohtë dhe në të zhveshur.

²⁸ Përveç këtyre gjërave të jashtme, ajo që më mundon çdo ditë është kujdesja për të gjitha kishat.

²⁹ Kush është i dobët, që të mos jem edhe unë? Kush është skandalizuar dhe unë të mos përvëlohem?

³⁰ Në qoftë se duhet të mburrem, unë do të mburrem me ato që kanë të bëjnë me dobësinë time.

³¹ Perëndia dhe Ati i Zotit tonë Jezu Krisht, që është i bekuar përjetë, e di se unë nuk gënjej.

³² Në Damask, qeveritari i mbretit Areta e ruante qytetin e Damaskasve për të më zënë,

³³ por nga një dritare më ulën përgjatë murit me një shportë, dhe shpëtova nga duart e tij.

Kapitull 12

¹ Sigurisht nuk kam dobi nga të mburrurit; prandaj do t'ia filloj me vegimet dhe zbulesat e Zotit.

² Unë njoh një njeri në Krishtin, i cili, para katërmbëdhjetë vjetësh (a ishte në trup, a ishte jashtë trupit, nuk e di; Perëndia e di), u rrëmbye gjer në të tretin qiell.

³ Dhe e di se ai njeri (a me trupin ose pa trupin, nuk e di, Perëndia e di),

⁴ u rrëmbye në parajsë dhe dëgjoi fjalë të patregueshme, që nuk është e lejuar të thuhen nga njeri.

⁵ Për atë njeri unë do të krenohem, por nuk do të krenohem për veten time, veç se për dobësitë e mia.

⁶ Edhe sikur të doja të krenohesha, nuk do të isha i marrë, sepse do të flisja të vërtetën; por nuk e bëj këtë, se mos ndonjë më çmon më tepër nga ajo që më sheh, a më tepër nga ajo që dëgjon nga unë.

⁷ Dhe, që të mos më rritet mendja për shkak të jashtëzakonshmërisë së zbulesave, m'u dha një gjëmb në mish, një engjëll i Satanit, për të më rënë me grushta, që të mos mbahem me të madh.

⁸ Lidhur me këtë iu luta tri herë Zotit që ta largonte nga unë.

⁹ Por ai më tha: "Hiri im të mjafton, sepse fuqia ime përsoset në dobësi". Prandaj me kënaqësi të madhe do të krenohem më tepër për dobësitë e mia, që fuqia e Krishtit të rrijë tek unë.

¹⁰ Prandaj unë kënaqem në dobësi, në fyerje, në nevoja, në përndjekje, në ngushtica për shkak të Krishtit, sepse, kur jam i dobët, atëherë jam i fortë.

¹¹ U bëra i marrë duke u mburrur; ju më shtrënguat, sepse u desh që ju të më rekomandoni, sepse nuk qeshë aspak më poshtë se apostujt e lartë, edhe pse unë nuk jam asgjë.

¹² Shenjat e apostullit u vërtetuan ndër ju me durim të madh, me shenja e mrekulli dhe çudira.

¹³ Vallë nëse ju mbetët prapa, pra, nga kishat e tjera, rveç se në faktin se unë nuk u bëra barrë për ju? Falmani këtë gabim.

¹⁴ Ja, kjo është e treta herë që jam gati të vij te ju, dhe nuk dua t'ju bëhem barrë, sepse s'kërkoj pasuritë tuaja, por juve; sepse bijtë nuk e kanë për detyrë të mbledhin për prindërit, por prindërit për bijtë.

¹⁵ Sa për veten time, unë do të shpenzoj me gëzim dhe do të shpenzohem për shpirtrat tuaja, megjithëse ju dua më fort dhe më doni më pak.

¹⁶ Ashtu qoftë! Unë nuk u bëra barrë për ju; megjithatë, duke qenë dinak ju zura me dredhi.

¹⁷ Mos përfitova vallë ndonjë gjë nga ju me anë të ndonjë që dërgova te ju?

¹⁸ Unë iu luta Titit dhe me të dërgova edhe këtë vëlla. Mos përfitoi gjë Titi nga ju? A nuk kemi ecur me të njëjtin frymë dhe në të njëjtat gjurmë?

¹⁹ A mendoni përsëri se ne kërkojmë të justifikohemi para jush? Ne flasim përpara Perëndisë, në Krishtin, dhe të gjitha këto, o fort të dashur, janë për ndërtimin tuaj.

²⁰ Sepse kam frikë se mos kur të vij nuk ju gjej sikundër kam dashur dhe se mos ju më gjeni sikundër nuk keni dashur juve se mos ka grindje, xhelozi, zemërime, shpërthime, përgojime, insinuata, kryelartësi, ose trazira midis jush;

²¹ se mos kur të vijë sërish, Perëndia im do të më përulë në mes tuaj dhe unë do të vajtoj për shumë nga ata që kanë mëkatuar më parë dhe nuk u penduan për fëlliqësinë, kurvërinë dhe shthurjen që praktikuan.

Kapitull 13

¹ Ja, kjo është e treta herë që po vij te ju. "Çdo gjë do të qëndrojë me gojën e dy a tre dëshmitarëve".

² E thashë edhe më parë, kur isha i pranishëm te ju për të dytën herë, dhe po e them tani që jam larg jush. Po u shkruaj atyre që kanë mëkatuar më përpara dhe të gjithë të tjerëve se, po të vij përsëri, nuk do të kursej njeri.

³ Sepse ju kërkoni provën e Krishtit që flet në mua; dhe ai s'është i dobët ndaj jush, por është i fuqishëm në ju.

⁴ Sepse, megjithëse ai u kryqëzua në dobësinë e tij, ai po rron nëpërmjet fuqisë së Perëndisë, sepse edhe ne jemi të dobët në të, por do të rrojmë me të nëpërmjet fuqisë së Perëndisë ndaj nesh.

⁵ Analizoni veten tuaj a jeni në besim; provoni veten tuaj! A thua nuk e njihni vetveten se Jezu Krishti është në ju? Veç në qofshi të përjashtuar.

⁶ Por unë shpresoj se ju do ta njihni se ne nuk jemi të përjashtuar.

⁷ Edhe i lutem Perëndisë që të mos bëni ndonjë të keqe, jo që të dukemi të miratuar, por që ju të bëni atë që është e mirë edhe sikur ne të ishim të përjashtuar.

⁸ Ne në fakt nuk kemi asnjë forcë kundër së vërtetës, por vetëm pro së vërtetës.

⁹ Sepse ne gëzohemi kur jemi të dobët dhe ju jeni të fortë; dhe ne lutemi edhe për këtë: për përsosjen tuaj.

¹⁰ Prandaj i shkruaj këto gjëra, kur jam larg jush, që, kur të jem i pranishëm, të mos sillem me ashpërsi, sipas autoritetit që më ka dhënë Zoti për të ndërtuar e jo për të prishur.

¹¹ Më në fund, o vëllezër, gëzohuni, përsosuni, ngushëllohuni, jini të një mendje, jetoni në paqe; dhe Perëndia i dashurisë dhe i paqes do të jetë me ju.

¹² Përshëndetni njeri tjetrin me një puthje të shenjtë, të gjithë shenjtorët ju përshëndesin.

¹³ Hiri i Zotit Jezu Krisht, dashuria e Perëndisë dhe bashkësia e Frymës së Shenjtë qofshin me ju të gjithë. Amen.

¹⁴ Pali, apostull (jo nga njerëzit, as me anë të njeriut, por nëpërmjet Jezu Krishtit dhe Perëndisë Atit, që e ringjalli prej së vdekurish),

Galatasve

Kapitull 1

¹ dhe gjithë vëllezërit që janë me mua, kishave të Galatisë:
² Paçi hir e paqe nga Perëndia Ati dhe nga Zoti ynë Jezu Krishti,
³ që e dha veten e tij për mëkatet tona, për të na shpëtuar nga kjo kohë e mbrapshtë, sipas vullnetit të Perëndisë, Atit tonë,
⁴ i cili pastë lavdi në shekuj të shekujve. Amen.
⁵ Çuditëm që kaluat kaq shpejt nga ai që ju thirri ju me anë të hirit të Krishtit, në një ungjill tjetër,
⁶ i cili nuk është tjetër; por ka disa njerëz që ju turbullojnë dhe që duan ta shtrëmbërojnë ungjillin e Krishtit.
⁷ Por, edhe sikur ne ose një engjëll i qiellit t'ju predikonte një ungjill të ndryshëm nga ai që ju kemi predikuar, qoftë i mallkuar.
⁸ Ashtu si e thamë më përpara, po e them përsëri: Në qoftë se dikush ju predikon një ungjill tjetër nga ai që keni marrë, qoftë i mallkuar.
⁹ Sepse unë tani vallë kërkoj të fitoj miratimin e njerëzve apo të Perëndisë? Apo kërkoj t'u pëlqej njerëzve? Sepse, po të kërkoja t'u pëlqej njerëzve, nuk do të isha shërbëtori i Krishtit.
¹⁰ Tani, o vëllezër, po ju vë në dijeni se ungjilli që është shpallur nga unë, nuk është sipas njeriut,
¹¹ sepse unë nuk e kam marrë as e kam mësuar nga ndonjë njeri, por e kam marrë nëpërmjet një zbulese nga Jezu Krishti.
¹² Sepse ju keni dëgjuar për sjelljen time të atëhershme në judaizëm, si e përndiqja me egërsi të madhe kishën e Perëndisë dhe e shkatërroja.
¹³ Dhe si përparoja në judaizëm më tepër se shumë bashkëkohës të kombit tim, duke qenë jashtëzakonisht i zellshëm për traditat e etërve të mi.
¹⁴ Po, kur i pëlqeu Perëndisë, që më kishte ndarë që nga barku i nënës dhe më thirri me anë të hirit të tij,
¹⁵ që të zbulojë në mua Birin e tij, që unë t'ua shpall midis joçifutëve, unë nuk mora menjëherë këshill nga mish dhe gjak,
¹⁶ as nuk u ngjita në Jeruzalem tek ata që ishin apostuj përpara meje, por shkova në Arabi dhe u ktheva përsëri në Damask.
¹⁷ Pastaj, pas tre vjetësh, u ngjita në Jeruzalem për të takuar Pjetrin dhe ndenja me të pesëmbëdhjetë ditë.
¹⁸ Dhe nuk pashë asnjë nga apostujt e tjerë, përveç Jakobit, vëllait të Zotit.
¹⁹ Dhe në këto që po ju shkruaj, ja, përpara Perëndisë, nuk gënjej.
²⁰ Pastaj shkova në krahinat e Sirisë dhe të Kilikisë.
²¹ Por unë personalisht isha i panjohur nga kishat e Judesë, që janë në Krisht,
²² po ato kishin dëgjuar vetëm: "Ai që na persekutonte më përpara, tani po shpall atë besim që ai shkatërronte",
²³ dhe përlëvdonin Perëndinë për shkakun tim.
²⁴ Pastaj, pas katërmbëdhjetë vjetësh, u ngjita përsëri në Jeruzalem me Barnabën; dhe mora me vete edhe Titin.

Kapitull 2

¹ Dhe u ngjita sipas një zbulese dhe u shtjellova atyre ungjillin që unë po predikoj ndër johebrenjtë, por në mënyrë të veçantë, atyre që kishin më shumë emër, që të mos bridhja ose vrapoja më kot.
² Por as Titi që ishte me mua, ndonëse ishte Grek, nuk qe shtrënguar që të rrethpritej;
³ edhe kjo për shkak të vëllezërve të rremë, që kishin hyrë tinëz, që kishin depërtuar për të përgjuar lirinë tonë që kemi në Krishtin Jezu, që të na robërojnë.
⁴ Këtyre ne nuk iu nënshtruam as edhe për një moment, që e vërteta e ungjillit të mbetej e pacënuar te ju.
⁵ Por nga ana e atyre që gëzonin një farë kredie (nuk ka rëndësi se kush ishin, Perëndia nuk shikon dukjen e njeriut), pra, ata që gëzonin kredinë më të madhe nuk shtuan gjë tek unë.
⁶ Madje, duke parë se mua m'u besua ungjilli për të parrethprerët, sikurse Pjetrit ai për të rrethprerët,
⁷ (sepse ai që kishte vepruar në mënyrë të fuqishme në Pjetrin për apostullim tek të rrethprerëve, kishte vepruar në mënyrë të fuqishme edhe në mua për johebrenjtë),
⁸ duke njohur hirin që m'u dha, Jakobi, Kefa dhe Gjoni, të cilët i konsideronin shtylla, më dhanë mua dhe Barnabës të djathtat e tyre si shenjë shoqërie, që të shkonim ne ndër johebrenjtë dhe ata ndër të rrethprerë.
⁹ Vetëm na porositën që të kujtoheshim për të varfrit, pikërisht atë që edhe unë e kisha ndërmend ta bëja.
¹⁰ Por kur erdhi Pjetri në Antioki, unë e kundërshtova në sy, sepse ishte për t'u qortuar.
¹¹ Në fakt, para se të vinin disa njerëz nga ana e Jakobit, ai hante me johebrenjtë; po, kur erdhën ata, ai u tërhoq dhe u nda, duke druajtur ata të rrethprerjes.
¹² Edhe Judenj të tjerë shtireshin bashkë me të, aq sa edhe Barnaba u tërhoq nga hipokrizia e tyre.
¹³ Po kur unë pashë se ata nuk ecnin drejt sipas së vërtetës së ungjillit, i thashë Pjetrit përpara të gjithëve: "Në qoftë se ti, që je Jude, rron porsi johebrenjtë dhe jo si Judenjtë, pse i detyron johebrenjtë të rrojnë si Judenj?".
¹⁴ Ne, që jemi Judenj nga lindja dhe jo mëkatarë në mes johebrenjsh,
¹⁵ duke ditur se njeriu nuk shfajësohet me anë të veprave të ligjit, por me anë të besimit në Jezu Krishtin, besuam edhe ne në Jezu Krishtin, që të shfajësoheshim me anë të besimit në Krishtin dhe jo me anë të veprave të ligjit, sepse asnjë mish nuk do të shfajësohet me anë të veprave të ligjit.
¹⁶ Dhe, në qoftë se duke kërkuar të shfajësohemi në Krishtin, u gjetëm edhe ne mëkatarë, mos vallë Krishti qenka shërbenjës i mëkatit. Kurrsesi jo!
¹⁷ Sepse, në qoftë se unë ndërtoj përsëri ato gjërat që prisha, unë bëhem vetë shkelës,
¹⁸ sepse përmes ligjit, vdiqa për ligjin, që unë të rroj për Perëndinë.
¹⁹ Unë u kryqëzova bashkë me Krishtin dhe nuk rroj më unë, po Krishti rron në mua; dhe ajo jetë që tani jetoj në mish, e jetoj në besimin e Birit të Perëndisë, që më deshi dhe dha veten për mua.
²⁰ Unë nuk e hedh poshtë hirin e Perëndisë sepse, në qoftë se drejtësia vjen me anë të ligjit, atëherë Krishti ka vdekur më kot.
²¹ O Galatas të marrë! Kush ju ka yshtur që të mos i bindeni së vërtetës, ju, që para syve tuaj Jezu Krishti është përshkruar i kryqëzuar midis jush?

Kapitull 3

¹ Vetëm këtë dua të di nga ju: a e morët Frymën me anë të veprave të ligjit apo nëpërmjet dëgjimit të besimit?
² A jeni kaq të marrë sa që, mbasi nisët në Frymë, të përfundoni në mish?
³ A thua hoqët kaq shumë gjëra më kot, nëse kanë qenë vërtetë më kot?
⁴ Ai që ju jep juve Frymën, dhe kryen midis jush vepra të fuqishme, i bën me anë të veprave të ligjit apo me anë të predikimit të besimit?
⁵ Kështu Abrahami "e besoi Perëndinë, dhe kjo iu numërua për drejtësi";
⁶ Ta dini, pra, se ata që janë nga besimi janë bij të Abrahamit.
⁷ Dhe Shkrimi, duke parashikuar se Perëndia do t'i shfajësonte kombet me anë të besimit, ia dha më përpara Abrahamit lajmin e mirë: "Të gjitha kombet do të bekohen në ty".
⁸ Prandaj ata që themelohen mbi besimin bekohen bashkë me të besueshmin Abraham.
⁹ Dhe të gjithë ata që themelohen mbi veprat e ligjit janë nën mallkim, sepse është shkruar: "I mallkuar është kushdo që nuk qëndron në të gjitha ato që shkruhen në librin e ligjit për t'i praktikuar".
¹⁰ Sepse me anë të ligjit askush nuk shfajësohet përpara Perëndisë, sepse: "I drejti do të rrojë me anë të besimit".
¹¹ Dhe ligji nuk është nga besimi, por "njeriu që do t'i bëjë ato, do të rrojë me anë të tyre".
¹² Krishti na shpengoi nga mallkimi i ligjit, sepse u bë mallkim për ne (duke qenë se është shkruar: "I mallkuar është kushdo që varet në dru"),
¹³ që bekimi i Abrahamit t'u vijë johebrenjve me anë të Jezu Krishtit, që ne të marrim premtimin e Frymës me anë të besimit.
¹⁴ O vëllezër, po ju flas në mënyrën e njerëzve: në qoftë se një besëlidhje është aprovuar, edhe pse është besëlidhje njeriu, askush nuk e zhvleftëson as nuk i shton gjë.
¹⁵ Dhe premtimet iu bënë Abrahamit dhe pasardhjes së tij. Shkrimi nuk thotë: "Edhe pasardhësve" si të ishin shumë, por të një të vetme: "Dhe pasardhjes sate", pra Krishti.
¹⁶ Dhe unë them këtë: ligji, që erdhi katërqind e tridhjetë vjet më pas, nuk e zhvleftëson besëlidhjen e aprovuar më parë nga ana e Perëndisë në Krishtin, në mënyrë që të prishë premtimin.
¹⁷ Sepse, në qoftë se trashëgimi është nga ligji, nuk është më nga premtimi. Por Perëndia ia fali atë Abrahamit me anë të premtimit.

¹⁸ Atëherë, pse u dha ligji? Ai u shtua për shkak të shkeljeve, deri sa të vinte pasardhja së cilës i qe bërë premtimi; dhe ky ligj u shpall nëpërmjet engjëjve, me anë të një ndërmjetësi.

¹⁹ Dhe ndërmjetësi nuk është ndërmjetës i një ane të vetme, kurse Perëndia është një.

²⁰ A thua atëherë ligji është kundër premtimeve të Perëndisë? Kurrsesi jo! Sepse po të ishte dhënë një ligj që mund të jepte jetë, drejtësia do të ishte me të vërtetë prej ligjit.

²¹ Por Shkrimi i mbylli të gjitha gjërat nën mëkatin, që t'u jepej besimtarëve premtimi nëpërmjet besimit të Jezu Krishtit.

²² Dhe, para se të vinte besimi, ne ruheshim nën ligjin, si të mbyllur, duke pritur besimin që duhej të zbulohej.

²³ Kështu ligji qe mësuesi ynë për te Krishti, që ne të shfajësohemi me anë të besimit.

²⁴ Por, mbasi besimi erdhi, ne nuk jemi më nën ndonjë mësues,

²⁵ sepse të gjithë ju jeni bij të Perëndisë me anë të besimit te Jezu Krishti.

²⁶ Sepse të gjithë ju që jeni pagëzuar në Krishtin, Krishtin keni veshur.

²⁷ Nuk ka as Jude, as Grek, nuk ka as skllav as të lirë, nuk ka as mashkull as femër, sepse të gjithë jeni një në Jezu Krishtin.

²⁸ Dhe, në qoftë se jeni të Krishtit, jeni pra pasardhja e Abrahamit dhe trashëgimtarë sipas premtimit.

²⁹ Edhe them se për sa kohë trashëgimtari është i mitur, nuk dallohet fare nga skllavi, megjithëse është zot i të gjithave,

Kapitull 4

¹ por ai është nën kujdestarë dhe administratorë deri në kohën e caktuar nga i ati.

² Kështu edhe ne, sa ishim të mitur, ishim të robëruar nën elementet e botës.

³ por, kur u mbush koha, Perëndia dërgoi Birin e tij, të lindur prej gruaje, të nënshtruar ligjit,

⁴ që të shpengonte ata që ishin nën ligj, që ne të fitojmë birërinë.

⁵ Dhe, duke qenë se jeni bij, Perëndia dërgoi Frymën e Birit të tij në zemrat tuaja që thërret: "Abba, Atë!".

⁶ Prandaj ti nuk je më shërbëtor, por bir; dhe në qoftë se je bir, je edhe trashëgimtar i Perëndisë me anë të Krishtit.

⁷ Por atëherë, duke mos njohur Perëndinë, u shërbyet atyre që prej natyre nuk janë perëndi;

⁸ kurse tani, mbasi njohët Perëndinë, më mirë të them se u njohët prej Perëndisë, vallë si ktheheni përsëri te elementet e dobët dhe të varfër, tek të cilët doni përsëri t'u nënshtroheni?

⁹ Sepse ju i kremtoni me kujdes disa ditë, muaj, stinë dhe vite.

¹⁰ Kam frikë se mos jam munduar më kot për ju.

¹¹ O vëllezër, bëhuni si unë, sepse edhe unë jam si ju; ju lutem, o vëllezër, ju s'më keni bërë asnjë të keqe.

¹² Dhe ju e dini se në të kaluarën unë ju predikova ungjillin me dobësi të mishit;

¹³ dhe ju nuk më përbuzët aspak dhe s'patët neveri për provën që ishte në mishin tim, por më pranuat si engjëll Perëndie, si Jezu Krishtin vet.

¹⁴ Cili ishte, pra, gëzimi juaj? Sepse unë dëshmoj për ju se, po të qe e mundur, ju do të nxirrnit edhe sytë tuaj dhe do të m'i jepnit mua.

¹⁵ A thua u bëra armiku juaj, duke ju thënë të vërtetën?

¹⁶ Ata tregohen të zellshëm ndaj jush, por jo për qëllime të ndershme; madje ata duan t'ju shkëputin që të jeni të zellshëm ndaj tyre.

¹⁷ Mirë është të jesh gjithnjë i zellshëm për të mirë, dhe jo vetëm kur ndodhem midis jush.

¹⁸ Djemtë e mi, që unë i lind përsëri, derisa të formohet Krishti në ju!

¹⁹ Do të doja tashti të isha midis jush dhe ta ndryshoja tingullin e zërit tim, sepse jam ndërdyshas ndaj jush.

²⁰ Po më thoni, ju që doni të jeni nën ligj, a nuk e dëgjoni ligjin?

²¹ Sepse është shkruar se Abrahami pati dy bij: një nga shërbëtorja dhe tjetri nga e lira.

²² Dhe ai që lindi nga shërbëtorja lindi sipas mishit, por ai që lindi nga e lira lindi për hir të premtimit.

²³ Këto gjëra kanë një kuptim alegorik, sepse këto dy gra janë dy besëlidhje: një nga mali Sinai, që ngjiz për skllavëri, dhe është Agari.

²⁴ Dhe Agari është mali Sinai në Arabi dhe i përgjigjet Jeruzalemit të kohës së sotme; dhe ajo është skllave me bijtë e saj.

²⁵ Ndërsa Jeruzalemi nga lart është i lirë dhe është nëna e ne të gjithë.

²⁶ Sepse është shkruar: "Gëzohu ti, o shterpë, që nuk lind! Shpërthe dhe klith, ti që nuk i provon dhembjet e lindjes, sepse bijtë e së braktisurës do të jenë më të shumtë se të asaj që e kishte burrin".

²⁷ Kurse ne, o vëllezër, jemi bij të premtimit, sikundër ishte Isaku.

²⁸ Po, sikurse atëherë ai që lindi sipas mishit përndiqte atë që kishte lindur sipas Frymës, kështu është edhe tani.

²⁹ Po çfarë thotë shkrimi? "Dëboje skllaven dhe djalin e saj, sepse i biri i skllaves nuk mund të jetë trashëgimtar bashkë me djalin e së lirës".

³⁰ Kështu, pra, vëllezër, ne nuk jemi bij të skllaves, por të së lirës.

³¹ Qëndroni, pra, të patundur në lirinë, me të cilën Krishti na liroi, dhe mos hyni përsëri nën zgjedhën e skllavërisë.

Kapitull 5

¹ Ja, unë, Pali, po ju them se, në qoftë se rrethpriteni, Krishti nuk do t'ju bëjë dobi aspak.

² Edhe i dëshmoj përsëri çdo njeriu që rrethpritet, se ai është i detyruar të zbatojë mbarë ligjin.

³ Ju që kërkoni të shfajësoheni me anë të ligjit, jeni ndarë nga Krishti; ratë poshtë nga hiri.

⁴ Ne në fakt në Frymë, nëpërmjet besimit presim shpresën e drejtësisë,

⁵ sepse në Jezu Krishtin, as rrethprerja, as parrethprerja s'kanë ndonjë vlerë, por besimi që vepron me anë dashurie.

⁶ Ju vraponit bukur; kush ju ka penguar që të mos i bindeni së vërtetës?

⁷ Kjo bindje nuk vjen nga ai që ju thërret.

⁸ Pak maja e bën të vijë gjithë brumin.

⁹ Kam besim te Perëndia për ju, se nuk do të mendoni ndryshe; por ai që ju turbullon juve, kushdo qoftë, do të marrë dënimin.

¹⁰ Sa për mua, o vëllezër, në qoftë se unë vazhdoj të predikoj rrethprerjen, përse më përndjekin akoma? Atëherë skandali i kryqit ra poshtë.

¹¹ Oh, sikur ata që ju turbullojnë, të gjymtoheshin vetë!

¹² Sepse ju, o vëllezër, u thirrët në liri; por mos e përdorni këtë liri si një rast për mishin, por, me dashuri t'i shërbeni njëri-tjetrit.

¹³ Sepse gjithë ligji përmblidhet në këtë fjalë, të vetme: "Duaje të afërmin tënd porsi vetveten!".

¹⁴ Sepse nëse ju kafshoni dhe hani njëri-tjetrin, ruhuni mos prisheni njëri nga tjetri.

¹⁵ Dhe unë them: Ecni sipas Frymës dhe nuk do ta përmbushni dëshirat e mishit,

¹⁶ sepse mishi ka dëshira kundër Frymës, dhe Fryma ka dëshira kundër mishit; dhe këto janë të kundërta me njëra-tjetrën, që ju të mos bëni ato që dëshironi.

¹⁷ Por në qoftë se udhëhiqeni nga Fryma, ju nuk jeni nën ligj.

¹⁸ Dhe veprat e mishit janë të zbuluar dhe janë: kurorëshkelja, kurvëria, ndyrësia, shthurja,

¹⁹ idhujtaria, magjia, armiqësimi, grindjet, xhelozitë, mëritë, zënkat, përçarjet, tarafet,

²⁰ smira, vrasjet, të dehurit, grykësia dhe gjëra të ngjashme me këto, për të cilat po ju paralajmëroj, si kurse ju thashë edhe më parë, se ata që i bëjnë këto gjëra nuk do të trashëgojnë mbretërinë e Perëndisë.

²¹ Por fryti i Frymës është: dashuria, gëzimi, paqja, durimi, mirëdashja, mirësia, besimi, zemërbutësia, vetëkontrolli.

²² Kundër këtyre gjërave nuk ka ligj.

²³ Edhe ata që janë të Krishtit e kanë kryqëzuar mishin bashkë me pasionet dhe lakmitë të tij.

²⁴ Në qoftë se rrojmë në Frymë, në Frymë edhe duhet të ecim.

²⁵ Le të mos jemi mburracevë, duke provokuar dhe duke pasur smirë njëri-tjetrin.

²⁶ Vëllezër, në qoftë se dikush bie në ndonjë faj, ju që jeni frymëror, lartësojeni me frymë butësie. Por ki kujdes veten tënde, se mos tundohesh edhe ti.

Kapitull 6

¹ Mbani barrët e njëri-tjetrit dhe kështu do të përmbushni ligjin e Krishtit.

² Sepse në qoftë se dikush mendon se është diçka, pa qenë asgjë, ai gënjen veten e vet.

³ Dhe secili të analizojë veprën e tij dhe atëherë do të ketë arsye të mburret vetëm për veten e tij dhe jo lidhur me tjetrin.

⁴ Sepse secili do të mbajë barrën e vet.

⁵ Ai që merr mësim në fjalën, le ta bëjë pjestar të të gjitha të mirave të tij atë që e mëson.

⁶ Mos u gënjeni: Perëndia nuk vihet dot në lojë, sepse ç'të mbjellë njeriu, atë edhe do të korrë.

⁷ Sepse ai që mbjell për mish të tij, do të korrë nga mishi i tij prishje, por ai që mbjell për Frymë, do të korrë nga Fryma jetë të përjetshme.

Galatasve

⁸ Le të mos lodhemi duke bërë të mirën; sepse, po të mos lodhemi, do të korrim në kohën e vet.

⁹ Prandaj, sa të kemi rast, le t'u bëjmë të mirën të gjithëve, por në radhë të parë atyre që janë në familjen e besimit.

¹⁰ Shikoni me çfarë shkronjash të mëdha ju kam shkruar me dorën time!

¹¹ Të gjithë ata që duan të duken të mirë në mish, ju shtrëngojnë që të rrethpriteni vetëm që të mos përndiqeni për kryqin e Krishtit.

¹² Sepse as vetë ata që rrethpriten nuk e zbatojnë ligjin, por duan që ju të rrethpriteni, që ata të mburren në mishin tuaj.

¹³ Sa për mua, mos ndodhtë kurrë që unë të mburrem me tjetër gjë, veç për kryqin e Zotit tonë Jezu Krisht, për të cilin bota është kryqëzuar tek unë edhe unë te bota.

¹⁴ Sepse në Jezu Krishtin as rrethprerja, as parrethprerja s'kanë ndonjë vlerë, por krijesa e re.

¹⁵ Dhe të gjithë ata që do të ecin sipas kësaj rregulle paçin paqe dhe mëshirë, e ashtu qoftë edhe për Izraelin e Perëndisë.

¹⁶ Tash e tutje askush të mos më trazojë, sepse unë mbaj në trupin tim shenjat e Zotit Jezus.

¹⁷ Vëllezër, hiri i Zotit tonë Jezu Krisht qoftë me frymën tuaj. Amen.

¹⁸ Pali, apostulli i Jezu Krishtit me anë të vullnetit të Perëndisë, shenjtorëve që janë në Efes dhe besimtarëve në Jezu Krishtin:

Efesianëve

Kapitull 1

¹ Hir dhe paqe qoftë mbi ju prej Perëndisë, Ati ynë, dhe nga Zoti Jezu Krisht.

² I bekuar qoftë Perëndia, Ati i Zotit tonë Jezu Krisht, që na bekoi me çdo bekim frymëror në vendet qiellore në Krishtin,

³ sikurse na zgjodhi në të përpara se të themelohej bota, që të jemi të shenjtë dhe të papërlyer përpara tij në dashuri,

⁴ duke na paracaktuar që të birësohemi në veten e tij me anë të Jezu Krishtit, sipas pëlqimit të vullnetit të vet,

⁵ për lëvdim të lavdisë së hirit të tij, me të cilin na bëri të pëlqyer në të dashurin Birin e tij,

⁶ në të cilin kemi shpengimin me anë të gjakut të tij, faljen e mëkateve sipas pasurivë së hirit të tij,

⁷ të cilin e bëri të teprojë ndaj nesh me gjithë urtësinë dhe mençurinë,

⁸ duke bërë të njohur tek ne misterin e vullnetit të tij sipas pëlqimit të tij, që ai e kish përcaktuar me veten e tij,

⁹ që, kur të plotësoheshin kohërat, t'i sillte në një krye të vetëm, në Krishtin, të gjitha gjërat, ato që janë në qiejt dhe ato që janë mbi dhe.

¹⁰ Në të edhe kemi qenë zgjedhur për një trashëgimi, duke qenë të paracaktuar sipas vendimit të atij që vepron të gjitha sipas këshillës së vullnetit të tij,

¹¹ që ne të jemi për lëvdim të lavdisë së tij, ne që shpresuam qysh më parë në Krishtin.

¹² Në të edhe ju, pasi e dëgjuat fjalën e së vërtetës, ungjillin e shpëtimit tuaj, dhe pasi besuat, u vulosët me Frymën e Shenjtë të premtimit,

¹³ i cili është kapari i trashëgimisë tonë, për shpengimin e plotë të zotërimit të blerë, për lëvdim të lavdisë së tij.

¹⁴ Prandaj edhe unë, qëkur dëgjova për besimin tuaj në Jezu Krishtin dhe për dashurinë që keni ndaj gjithë shenjtorëve,

¹⁵ nuk pushoj së falënderuari për ju dhe duke ju kujtuar në lutjet e mia,

¹⁶ që Perëndia i Zotit tonë Jezu Krisht, Ati i lavdisë, t'ju japë juve Frymën e diturisë dhe të zbulesës, në njohurinë e tij,

¹⁷ dhe t'u ndriçojë sytë e mendjes suaj, që të dini cila është shpresa e thirrjes së tij dhe cilat janë pasuritë e lavdisë së trashëgimisë së tij në shenjtorët,

¹⁸ dhe cila është madhështia e jashtëzakonshme e fuqisë së tij ndaj nesh, që besojmë sipas veprimit të forcës së fuqisë së tij,

¹⁹ të cilën e vuri në veprim në Krishtin, duke e ringjallur prej së vdekurish dhe duke e vënë të ulej në të djathtën e tij në vendet qiellore,

²⁰ përmbi çdo principatë, pushtet, fuqi, zotërim dhe çdo emër që përmendet jo vetëm në këtë epokë, por edhe në atë të ardhme,

²¹ dhe vuri çdo gjë nën këmbët e tij, edhe ia dha për krye përmbi çdo gjë kishës,

²² e cila është trupi i tij, plotësia i atij që mbush çdo gjë në të gjithë.

²³ Ai ju dha jetë edhe juve, që ishit të vdekur në faje dhe në mëkate,

Kapitull 2

¹ në të cilat keni ecur dikur, sipas ecjës së kësaj bote, sipas prijësit të pushtetit të erës, sipas frymës që vepron tani në bijtë e mosbindjes,

² ndërmjet të cilëve edhe ne dikur jetuam në lakmitë e mishit tonë duke i plotësuar dëshirat e mishit dhe të mendjes, dhe ishim prej natyre bij të zemërimit, ashtu si edhe të tjerët.

³ Por Perëndia, që është i pasur në mëshirë, për shkak të dashurisë së tij të madhe me të cilën na deshi,

⁴ edhe atëherë kur ishim të vdekur në faje, na dha jetë me Krishtin (ju jeni të shpëtuar me anë të hirit),

⁵ edhe na ringjalli me të, dhe me të na vuri të rrimë në vendet qiellore në Krishtin Jezus,

⁶ për të treguar në epokat që do të vijnë pasurinë e pamasë të hirit të tij, me anë të mirësisë ndaj nesh në Krishtin Jezus.

⁷ Ju në fakt, jeni të shpëtuar me anë të hirit, nëpërmjet besimit, dhe kjo nuk vjen nga ju, po është dhurata e Perëndisë.

⁸ jo nga vepra, që të mos mburret askush.

⁹ Ne në fakt jemi vepra e tij, e krijuar në Krishtin Jezus për veprat e mira që Perëndia përgatiti që më parë, që ne të ecim në to.

¹⁰ Prandaj kujtohuni se dikur ju johebrenj në mish, të quajtur të parrethprerë nga ata që e quajnë veten të rrethprerë, sepse të tillë u bënë në mish, nga dora e njeriut,

¹¹ ishit në atë kohë pa Krishtin, të huaj në qytetërinë e Izraelit dhe të huaj për besëlidhjen e premtimit, pa pasur shpresë dhe duke qënë pa Perëndi në botë.

¹² Por tani, në Krishtin Jezus, ju që dikur ishit larg, u afruat me anë të gjakut të Krishtit.

¹³ Ai në fakt, është paqja jonë, ai që ka bërë nga të dy popujt një dhe ka shembur murin e ndarjes,

¹⁴ duke e prishur armiqësinë në mishin e tij, ligjin e urdhërimeve të përftuar nga porosi, për të krijuar në vetvete nga dy një njeri të ri, duke bërë paqen,

¹⁵ dhe për t'i pajtuar të dy me Perëndinë në një trup të vetëm me anë të kryqit, mbasi vrau armiqësinë në vetvete.

¹⁶ Dhe ai erdhi për t'ju shpallur paqen, juve që ishit larg dhe atyre që ishin afër,

¹⁷ sepse përmes tij të dy kemi hyrje tek Ati nëpër një Frymë të vetme.

¹⁸ Ju, pra, nuk jeni më të huaj, as bujtës, por bashkëqytetarë të shenjtorëve dhe pjestarë të familjes së Perëndisë,

¹⁹ të ndërtuar mbi themelin e apostujve dhe të profetëve, duke qënë Jezu Krishti vetë guri i qoshes,

²⁰ mbi të cilin gjithë ndërtesa, e lidhur mirë, rritet për të qenë një tempull i shenjtë në Zotin,

²¹ në të cilin edhe ju jeni bashkëndërtuar për të qenë një banesë e Perëndisë në Frymë.

²² Për këtë arsye unë, Pali, jam i burgosuri i Jezu Krishtit për ju johebrenjtë,

Kapitull 3

¹ dhe nëse keni dëgjuar për dhënien e hirit të Perëndisë, që më është besuar për ju;

² se si, me zbulesë, ai ma bëri të njohur misterin, sikurse ju shkrova më përpara me pak fjalë.

³ Duke i lexuar këto, ju mund të kuptoni cila është inteligjenca ime në misterin e Krishtit,

⁴ që nuk iu bë i njohur në epokat e tjera bijve të njerëzve, ashtu si iu zbulua tani apostujve të shenjtë dhe profetëve të tij me anë të Frymës,

⁵ që johebrenjtë të jenë bashkëtrashëgimtarë të të njëjtit trup dhe bashkëpjesëtarë të premtimit të tij në Krishtin nëpërmjet ungjillit,

⁶ shërbenjës i të cilit u bëra, sipas dhunëtisë së hirit të Perëndisë që m'u dha në sajë të fuqisë së tij.

⁷ Mua, më të voglit nga të gjithë shenjtorët, m'u dha ky hir për të shpallur midis johebrenjve pasuritë e papërshkrueshme të Krishtit,

⁸ dhe për t'u manifestuar të gjithëve pjesëmarrjen e misterit, i cili nga epokat më të lashta qe fshehur në Perëndinë, i cili krijoi të gjitha gjërat nëpërmjet Jezu Krishtit;

⁹ që nëpërmjet kishës, në kohën e tashme u manifestohej principatave dhe pushtetëve, në vendet qiellore, dituria e shumëllojshme e Perëndisë,

¹⁰ sipas qëllimit të përjetshëm që ai kreu në Krishtin Jezus, Zotin tonë,

¹¹ në të cilin kemi lirinë dhe hyrjen te Perëndia në mirëbesimin nëpërmjet besimit në të.

¹² Për këtë arsye ju lutem që të mos dekurajoheni për shkak të mundimeve të mia që vuaj për ju, e cila është lavdia juaj.

¹³ Për këtë arsye unë po i ul gjunjët e mi përpara Atit të Zotit tonë Jezu Krisht,

¹⁴ nga i cili merr emër çdo familje në qiejt dhe mbi tokë,

¹⁵ që t'ju japë, sipas pasurisë së lavdisë së vet, të forcoheni me fuqi nëpërmjet Frymës të tij në njeriun e përbrendshëm,

¹⁶ që Krishti të banojë në zemrat tuaja me anë të besimit,

¹⁷ që, të rrënjosur dhe të themeluar në dashuri, të mund të kuptoni me të gjithë shenjtorët cila është gjerësia, gjatësia, thellësia dhe lartësia,

¹⁸ dhe ta njihni dashurinë e Krishtit që tejkalon çdo njohuri, që të mbusheni me tërë plotësinë e Perëndisë.

¹⁹ Tani atij që, sipas fuqisë që vepron në ne, mund të bëjë jashtë mase më tepër nga sa kërkojmë ose mendojmë,

²⁰ atij i qoftë lavdia në kishën në Krishtin Jezus për të gjitha brezat, në jetë të jetëve. Amen.

²¹ Unë, pra, i burgosuri për Zotin, ju bëj thirrje që të ecni denjësisht sipas thirrjes për të cilën u thirrët,

Efesianëve

Kapitull 4

¹ me çdo përulësi e zemërbutësi, me durim, duke e duruar njëri-tjetrin në dashuri,

² duke u përpjekur të ruani unitetin e Frymës në lidhjen e paqes.

³ Është një trup i vetëm dhe një Frym i vetëm, sikurse ju u thirrët në shpresën e vetme të thirrjes suaj.

⁴ Është një Zot i vetëm, një besim i vetëm, një pagëzim i vetëm,

⁵ një Perëndi i vetëm dhe Atë i të gjithëve, që është përmbi të gjithë, në mes të të gjithëve dhe në ju të gjithë.

⁶ Po secilit nga ne iu dha hiri sipas masës së dhuntisë së Krishtit.

⁷ Për ç'ka Shkrimi thotë: "Kur ai u ngjit lart, ai e burgosi burgosjen dhe u dha dhurata njerëzve".

⁸ Tani kjo: "Ai u ngjit", ç'do të thotë tjetër përveç se ai më parë edhe kishte zbritur në pjesët më të ulta të dheut?

⁹ Ai që zbriti është po ai që edhe u ngjit përmbi të gjithë qiejt, për të përmbushur të gjitha gjërat.

¹⁰ Dhe ai vetë i dha disa si apostuj, të tjerë si profetë, të tjerë si ungjilltarë dhe të tjerë si barinj e mësues,

¹¹ për përsosjen e shenjtorëve, për veprën e shërbimit dhe për ndërtimin e trupit të Krishtit,

¹² derisa të arrijmë të gjithë te uniteti i besimit dhe të njohjes së Birit të Perëndisë, te një njeri i përsosur, në masën e shtatit të plotësisë së Krishtit,

¹³ që të mos jemi më foshnja, të lëkundur dhe të transportuar nga çdo erë doktrineje, nga mashtrimi i njerëzve, nga dinakëria e tyre nëpërmjet gënjeshtrave të gabimit,

¹⁴ por, duke thënë të vërtetën me dashuri, të rritemi në çdo gjë drejt atij që është kreu, Krishti.

¹⁵ Prej të cilit gjithë trupi, i lidhur mirë dhe i bashkuar, me anë të kontributit që jep çdo gjymtyrë dhe sipas forcës së çdo pjese të veçantë, shkakton rritjen e trupit, për ndërtimin e vetes së tij në dashuri.

¹⁶ Këtë, pra, po dëshmoj në Zotin: të mos ecni më si po ecin ende johebrenjtë e tjerë, në kotësinë e mendjes së tyre,

¹⁷ të errësuar në mendje, të shkëputur nga jeta e Perëndisë, për shkak të padijes që është në ta dhe ngurtësimit të zemrës së tyre.

¹⁸ Ata, duke u bërë të pandjeshëm, e dhanë veten në shthurje, duke kryer çdo papastërti me lakmi të pangopur.

¹⁹ Por ju nuk e keni njohur kështu Krishtin,

²⁰ në qoftë se e keni dëgjuar atë dhe keni qënë të mësuar në të sipas së vërtetës që është në Jezusin;

²¹ që të zhvisheni, për sa i takon sjelljes së mëparshme, nga njeriu i vjetër që korruptohet me anë të lakmive të gënjeshtrës,

²² dhe të përtëriteni në frymën e mendjes suaj

²³ dhe të visheni me njeriun e ri, të krijuar sipas Perëndisë në drejtësinë dhe shenjtërinë e së vërtetës.

²⁴ Prandaj, duke e lënë mënjanë gënjeshtrën, secili t'i thotë të vërtetën të afërmit të vet, sepse jemi gjymtyrë, njeri me tjetrin.

²⁵ Zemërohuni dhe mos mëkatoni; dielli të mos perëndojë mbi inatin tuaj;

²⁶ dhe mos i jepni vend djallit.

²⁷ Ai që vidhte, le të mos vjedhë më, por më tepër të mundohet duke bërë ndonjë punë të mirë me duart e veta, që të ketë t'i japë diçka atij që ka nevojë.

²⁸ Asnjë fjalë e keqe le të mos dalë nga goja juaj, por ajo që është e mirë për ndërtimin, sipas nevojës, që t'u japë hir atyre që dëgjojnë.

²⁹ Dhe mos e trishtoni Frymën e Shenjtë të Perëndisë, me të cilin u vulosët për ditën e shpengimit.

³⁰ Le të flaket larg jush çdo hidhërim, zemërim, inat, zhurmë dhe shpifje me çdo ligësi.

³¹ Por jini të mirë dhe të mëshirshëm njeri me tjetrin, duke e falur njëri-tjetrin, sikurse edhe Perëndia ju ka falur në Krishtin.

³² Bëhuni pra imitues të Perëndisë, si bij shumë të dashur,

Kapitull 5

¹ edhe ecni në dashuri, sikurse edhe Krishti na deshi dhe e dha veten e tij për ne, si ofertë e flijim Perëndisë, si parfum erëmirë.

² Por, ashtu si u ka hije shenjtorëve, as kurvëria, as ndonjë papastërti, as kurnaceri të mos zihet në gojë midis jush;

³ as pandershmëri, as të folur pa mend e të përqeshur, të cilat nuk kanë hije, por më tepër të ketë falenderime.

⁴ Të dini në fakt këtë: asnjë kurvar, ose i ndyrë ose kurnac, i cili është idhujtar, nuk ka ndonjë trashëgim në mbretërinë e Krishtit dhe të Perëndisë.

⁵ Askush të mos ju gënjejë me fjalë kota, sepse, për shkak të këtyre gjërave, vjen zemërimi i Perëndisë mbi bijtë e mosbindjes.

⁶ Mos jini, pra, shokë me ta.

⁷ Sepse dikur ishit errësirë, por tani jeni dritë në Zotin; ecni, pra, si bij të dritës,

⁸ sepse fryti i Frymës konsiston në gjithçka që është mirësi, drejtësi dhe të vërtetë,

⁹ duke provuar çfarë është e pranueshme për Perëndinë.

¹⁰ Dhe mos merrni pjesë në punët e pafrytshme të errësirës, por më tepër t'i qortoni,

¹¹ sepse ato që bëjnë ata në fshehtësi, është turp edhe të thuhen.

¹² Kurse të gjitha gjërat, kur dalin në dritë, bëhen të dukshme, sepse çdo gjë që shfaqet është dritë.

¹³ Prandaj Shkrimi thotë: "Zgjohu, ti që fle, dhe ringjallu prej së vdekurish, dhe Krishti do të shndrisë mbi ty".

¹⁴ Kujdesuni, pra, që të ecni me kujdes dhe jo si të marrët, por si të mençurit,

¹⁵ duke e shfyrtësuar kohën, sepse ditët janë të mbrapshta.

¹⁶ Prandaj mos u bëni të pakujdesshëm, por kuptoni cili është vullneti i Zotit.

¹⁷ Dhe mos u dehni me verë, në të cilën ka shthurje, por mbushuni me Frymë,

¹⁸ duke i folur njeri tjetrit me psalme, himne dhe këngë frymërore, duke kënduar dhe duke lavdëruar Zotin me zemrën tuaj,

¹⁹ duke e falënderuar vazhdimisht për çdo gjë Perëndinë dhe Atin, në emër të Zotit tonë Jezu Krisht;

²⁰ nënshtrohuni njëri-tjetrit në druajtjen e Krishtit!

²¹ Ju, gratë, nënshtrohuni burrave tuaj porsi Zotit,

²² sepse burri është kreu i gruas, sikurse edhe Krishti është kreu i kishës, dhe ai vetë është Shpëtimtari i trupit.

²³ Ashtu si kisha i është nënshtruar Krishtit, kështu gratë duhet t'i nënshtrohen burrave të tyre në çdo gjë.

²⁴ Ju, burra, t'i doni gratë tuaja, sikurse edhe Krishti ka dashur kishën dhe e ka dhënë veten e vet për të,

²⁵ që ta shenjtërojë, pasi e pastroi me larjen e ujit me anë të fjalës,

²⁶ që ta nxjerrë atë përpara vetes të lavdishme, pa njolla a rrudha a ndonjë gjë të ti-llë, por që të jetë e shenjtë dhe e paqortueshme.

²⁷ Kështu burrat duhet t'i duan gratë e veta porsi trupat e tyre; kush do gruan e vet do vetveten.

²⁸ Sepse askush nuk urreu mishin e vet, por e ushqen dhe kujdeset me butësi për të, sikurse edhe Zoti bën me kishën,

²⁹ sepse ne jemi gjymtyrë të trupit të tij, të mishit të tij dhe të kockave të tij.

³⁰ "Prandaj njeriu do të lërë babanë e vet dhe nënën e vet dhe do të bashkohet me gruan e vet, dhe të dy do të bëhen një mish i vetëm".

³¹ Ky mister është i madh; tani unë e them në lidhjen me Krishtin dhe me kishën.

³² Por secili nga ju kështu ta dojë gruan e vet sikurse e do veten e vet; dhe po kështu gruaja ta respektojë burrin.

³³ Fëmijë, binduni prindërve tuaj në Zotin, sepse kjo është e drejtë.

Kapitull 6

¹ "Ndero babanë tënd dhe nënën tënde", ky është urdhërimi i parë me premtim,

² "që ti të jesh mirë dhe të jetosh gjatë mbi dhe".

³ Dhe ju, etër, mos provokoni për zemërim fëmijtë tuaj, por i edukoni në disiplinë dhe në këshillë të Zotit.

⁴ Ju, shërbëtorë, bindjuni zotërinjve tuaj sipas mishit me druajtje dhe dridhje, në thjeshtësinë e zemrës suaj, porsi Krishtit,

⁵ duke mos shërbyer për sy e faqe, si ata që duan t'u pëlqejnë njerëzve, por si shërbëtorë të Krishtit, duke bërë vullnetin e Perëndisë me zemër,

⁶ duke shërbyer me dashuri si për Krishtin dhe jo si për njerëzit,

⁷ duke ditur se gjithsecili, qoftë skllav apo i lirë, po të bëjë të mirën, do të marrë shpërblimin nga Zoti.

⁸ Dhe ju, zotërinj, bëni po kështu ndaj tyre, duke i lënë kërcënimet, duke ditur që i tyre dhe juaji Zot është në qiell dhe se tek ai nuk ka asnjë anësi.

⁹ Për çfarë mbetet, vëllezërit e mi, forcohuni në Zotin dhe në forcën e fuqisë së tij.

¹⁰ Vishni gjithë armatimin e Perëndisë që të mund të qëndroni kundër kurtheve të djallit,

¹¹ sepse beteja jonë nuk është kundër gjakut dhe mishit, por kundër principatave, kundër pushteteve, kundër sunduesve të botës së errësirës të kësaj epoke, kundër frymërave të mbrapshta në vendet qiellore.

¹² Prandaj merrni të gjithë armatimin e Perëndisë, që të mund të rezistoni në ditën e mbrapshtë dhe të mbeteni më këmbë pasi t'i keni kryer çdo gjë.

¹³ Qëndroni, pra, të fortë, duke patur në ijë brezin e së vërtetës, të veshur me parzmoren e drejtësisë,

¹⁴ dhe duke mbathur këmbët me gatishmërinë e ungjillit të paqes,

¹⁵ mbi të gjitha, duke marrë mburojën e besimit, me të cilën mund të shuani të gjitha shigjetat e zjarrta të të ligut.

¹⁶ Merrni edhe përkrenaren e shpëtimit dhe shpatën e Frymës, që është fjala e Perëndisë,

¹⁷ duke u lutur në çdo kohë dhe me çdo lloj lutjeje dhe përgjërimi në Frymën, duke ndenjur zgjuar për këtë qëllim me çdo ngulmim dhe lutje për të gjithë shenjtorët,

¹⁸ dhe edhe për mua, që kur të hap gojën time, të më jepet të flas lirësisht për ta bërë të njohur misterin e ungjillit,

¹⁹ për të cilin jam i dërguari në pranga, që të mund të shpall lirësisht, siç e kam për detyrë.

²⁰ Por, që ta dini edhe ju si jam dhe çfarë bëj, Tikiku, vëllai i dashur dhe shërbenjësi besnik në Zotin, do t'ju informojë për të gjitha;

²¹ të cilin pikërisht për këtë qëllim po ju kam dërguar, që të jeni në dijeni të gjendjes sonë dhe të ngushëllojë zemrat tuaja.

²² Paqe vëllezërve dhe dashuri me besim nga Perëndia Ati dhe nga Zoti Jezu Krisht.

²³ Hiri qoftë me të gjithë ata që duan Zotin tonë Jezu Krisht me sinqeritet.

²⁴ Pali dhe Timoteu, shërbëtorë të Jezu Krishtit, gjithë shenjtorëve në Jezu Krishtin që janë në Filipi, bashkë me peshkopët dhe dhjakët:

Filipianëve

Kapitull 1

¹ paçi hir e paqe nga Perëndia, Ati ynë, dhe nga Zoti Jezu Krisht.

² E falënderoj Perëndinë tim, sa herë që ju kujtoj,

³ duke iu lutur gjithmonë me gëzim për ju të gjithë në çdo lutje që bëj,

⁴ për pjesëmarrjen tuaj në ungjillin që nga dita e parë e deri tani,

⁵ duke qënë i bindur për këtë, se ai që nisi një punë të mirë në ju, do ta përfundojë deri në ditën e Jezu Krishtit.

⁶ Dhe është e drejtë që unë të ndjej këto për ju të gjithë, sepse ju kam në zemër, sepse ju si në vargonjtë e mi ashtu edhe në mbrojtjen dhe në vërtetimin e ungjillit jeni të gjithë pjestarë me mua të hirit.

⁷ Sepse Perëndia, është dëshmitari im, si ju dua të gjithë me dashuri të zjarrtë në Jezu Krisht.

⁸ Dhe për këtë lutem që dashuria juaj të teprojë gjithnjë e më shumë në njohuri dhe në çdo dallim,

⁹ që të dalloni gjërat më të mira dhe të mund të jeni të pastër dhe panjollë për ditën e Krishtit,

¹⁰ të mbushur me fryte drejtësie që arrihen me anë të Jezu Krishtit, për lavdi e për lëvdim të Perëndisë.

¹¹ Tani, vëllezër dua ta dini, se gjërat që më kanë ndodhur ndihmuan më shumë për përhapjen e ungjillit,

¹² aq sa gjithë pretoriumi dhe të tjerët mbarë e dinë se unë jam në vargonj për Krishtin;

¹³ dhe pjesa më e madhe e vëllezërve në Zotin, të inkurajuar nga vargonjtë e mia, kanë marrë me shumë guxim në shpalljen e fjalës së Perëndisë pa frikë.

¹⁴ Disa me të vërtetë predikojnë Krishtin edhe për smirë dhe për grindje, por disa të tjerë me vullnet të mirë.

¹⁵ Këta e predikojnë Krishtin për grindje, me qëllime jo të pastra, duke menduar që t'u shtojnë pikëllimin vargonjve të mia.

¹⁶ kurse ata e bëjnë nga dashuria, duke ditur se unë jam vënë për mbrojtjen e ungjillit.

¹⁷ Ç'rëndësi ka? Sido që të jetë, me shtirje o sinqerisht, Krishti shpallet; dhe për këtë unë gëzohem, dhe do të gëzohem.

¹⁸ E di në fakt, se kjo do të dalë për shpëtimin tim, me anë të lutjes suaj dhe me ndihmën e Frymës të Jezu Krishtit,

¹⁹ sipas të priturit tim me padurim dhe me shpresë, se unë nuk do të turpërohem në asnjë gjë, por me çdo guxim, tani si gjithmonë, Krishti do ta madhërohet në trupin tim, ose me jetën ose me vdekjen.

²⁰ Sepse për mua të jetuarit është Krishti dhe të vdekurit fitim.

²¹ Por nuk e di se jeta në mish të jetë për mua një punë e frytshme, as mund të them çfarë duhej të zgjedh,

²² sepse unë jam i shtrënguar nga dy anë, sepse kam dëshirë të iki nga kjo çadër dhe të jem bashkë me Krishtin, gjëja më e mirë,

²³ por të mbetur në mish është më i nevojshëm për ju.

²⁴ Këtë e di me siguri, që do të rri dhe qëndroj me ju të gjithë për përparimin tuaj dhe për gëzimin e besimit tuaj.

²⁵ që mburrja tuaj për mua të teprojë në Jezu Krishtin, për praninë time sërish midis jush.

²⁶ Ju veç, silluni në mënyrë të denjë në ungjillin e Krishtit, që, kur të vij e t'ju shoh, ose nga larg kur s'jam aty, të dëgjoj për ju se qëndroni fort në një frymë të përbashkët, duke luftuar bashkë me një shpirt për besimin e ungjillit,

²⁷ duke mos u lënë të trembeni në asnjë gjë nga kundërshtarët; kjo është për ta një provë humbjeje, kurse për ju shpëtimi, edhe kjo nga ana e Perëndisë.

²⁸ Sepse juve ju është dhënë hiri për hir të Krishtit, jo vetëm që të besoni në të, por edhe të vuani për të,

²⁹ duke patur të njëjtën beteje që e patë në mua, dhe tani po dëgjoni që është në mua.

³⁰ Pra, në qofte se ka ndonjë ngushëllim në Krisht, ndonjë ngushëllim dashurie, ndonjë pjesëmarrje të Frymës, ndonjë mallëngjim e dhembshuri,

Kapitull 2

¹ atëherë e bëni të plotë gëzimin tim, duke pasur të njëjtin mendim, të njëjtën dashuri, një unanimitet dhe një mendje të vetme.

² Mos bëni asgjë për rivalitet as për mendjemadhësi, por me përulësi, secili ta çmojë tjetrin më shumë se vetveten.

³ Mos mendojë secili për interesin e vet, por edhe atë të të tjerëve.

⁴ Kini në ju po atë ndjenjë që ishte në Jezu Krishtin,

⁵ i cili, edhe pse ishte në trajtë Perëndie, nuk e çmoi si një gjë ku të mbahej fort për të qënë barabar me Perëndinë,

⁶ por e zbrazi veten e tij, duke marrë trajtë shërbëtori, e u bë i ngjashëm me njerëzit;

⁷ dhe duke u gjetur nga pamja e jashtme posi njeri, e përuli vetveten duke u bërë i bindur deri në vdekje, deri në vdekje të kryqit.

⁸ Prandaj edhe Perëndia e lartësoi madhërisht dhe i dha një emër që është përmbi çdo emër,

⁹ që në emër të Jezusit të përkulet çdo gju i krijesave (ose gjërave) qiellore, tokësore dhe nëntokësore,

¹⁰ dhe çdo gjuhë të rrëfejë se Jezu Krishti është Zot, për lavdi të Perëndisë Atë.

¹¹ Prandaj, të dashurit e mi, ashtu sikur keni qenë gjithnjë të bindur jo vetëm kur isha i pranishëm, por edhe më shumë tani që jam larg, punoni për shpëtimin tuaj me frikë e me dridhje,

¹² sepse Perëndia është ai që vepron në ju vullnetin dhe veprimtarinë, sipas pëlqimit të tij.

¹³ Bëni çdo gjë pa u ankuar dhe pa kundërshtime,

¹⁴ që të jeni të paqortueshëm dhe të pastër, bij të Perëndisë pa të meta në mes të një brezi të padrejtë dhe të çoroditur, në mes të cilit ju ndriçoni si pishtarë në botë, duke e mbajtur lart fjalën e jetës,

¹⁵ që unë të kem me se të krenohem në ditën e Krishtit, se nuk vrapova kot dhe as nuk u mundova kot.

¹⁶ Por, edhe sikur unë të jem derdhur si flijim dhe shërbesë të besimit tuaj, gëzohem dhe ngazëlloj me ju të gjithë.

¹⁷ Po ashtu edhe ju gëzohuni dhe ngazëllohuni me mua.

¹⁸ Por shpresoj, në Zotin Jezus, t'ju dërgoj së shpejti Timoteun, që edhe unë duke njohur kushtet tuaja të inkurajohem,

¹⁹ sepse nuk kam asnjë në një mendje me mua, që të kujdeset sinqerisht për gjërat tuaja.

²⁰ Sepse në fakt të gjithë kërkojnë interesin e vet dhe jo gjërat e Jezu Krishtit.

²¹ Por ju e njihni provën e tij se si shërbeu bashkë me mua për ungjillin, si një bir i shërben të atit.

²² Shpresoj, pra, t'jua dërgoj atë, posa të kem sistemuar kompletisht gjërat e mia.

²³ Dhe kam besim te Zoti që edhe unë vetë do të vij së shpejti.

²⁴ Por m'u duk e nevojshme t'ju dërgoj Epafroditin, vëllanë tim dhe bashkëpunëtorin dhe bashkëluftëtarin tim, që ma patët dërguar si shërbenjës në nevojat e mia,

²⁵ sepse kishte shumë mall për ju të gjithë dhe ishte shumë i vrarë sepse kishit dëgjuar se ishte i sëmurë.

²⁶ Edhe vërtetë ai qe i sëmurë, gati për vdekje, por Perëndia pati mëshirë për të dhe jo vetëm për të, por edhe për mua, që të mos kisha trishtim mbi trishtim.

²⁷ Për këtë arsye jua dërgova me aq më shumë ngut, që ju, kur ta shihni përsëri, të gëzoheni dhe unë të kem më pak trishtim.

²⁸ Priteni, pra, me gëzim të madh në Zotin dhe nderoni të tillë njerëz si ai,

²⁹ sepse për veprën e Krishtit ai qe shumë afër vdekjes, duke e vënë në rrezik jetën e vet, për të përmbushur zbrazëtitë e shërbesës tuaj ndaj meje.

³⁰ Së fundi, o vëllezërit e mi, gëzohuni në Zotin; për mua nuk është e rëndë t'ju shkruaj të njëjtat gjëra, po për ju është siguri.

Kapitull 3

¹ Ruhuni nga qentë, ruhuni nga punëtorët e këqij, ruhuni nga të prerët.

² Sepse rrethprerja e vërtetë jemi ne, që i shërbejmë Perëndisë në Frymë dhe që mburremi në Krishtin Jezus pa besuar në mish,

³ megjithëse unë kam përse të besoj edhe në mishin; nëse ndonjë mendon se ka përse të besojë, unë kam akoma më shumë:

⁴ u rrethpreva të tetën ditë, jam nga kombi i Izraelit, nga fisi i Beniaminit, Hebre nga Hebrenj, dhe sipas ligjit farise,

⁵ sa për zellin, përndjekës i kishës; për sa i përket drejtësisë, që është në ligj, i pa qortueshëm.

⁶ Por gjërat që më ishin fitim, i konsiderova, për shkak të Krishtit, humbje.

⁷ Dhe me të vërtetë i konsideroj të gjitha këto një humbje në krahasim me vlerën e lartë të njohjes së Jezu Krishtit, Zotit tim, për shkak të të cilit i humba të gjitha këto dhe i konsideroj si pleh, që unë të fitoj Krishtin,

⁸ dhe që të gjendem në të, duke pasur jo drejtësinë time që është nga ligji, por atë që është nga besimi në Krishtin: drejtësia që është nga Perëndia, me anë të besimit,

⁹ që të njoh atë dhe fuqinë e ringjalljes së tij dhe pjesëmarrjen në mundimet e tij, duke u bërë vetë i ngjashëm me të në vdekjen e tij,

¹⁰ që në ndonjë mënyrë të mund t'ia arrij ringjalljes prej së vdekurish.

¹¹ Jo se unë tashmë e fitova çmimin ose jam bërë i përsosur, por po vazhdoj të rend për ta zënë, sepse edhe unë u zura nga Jezu Krishti.

¹² Vëllezër, sa për vete, nuk mendoj se e kam zënë, por bëj këtë: duke harruar ato që kam lënë pas dhe duke u prirur drejt atyre që kam përpara,

¹³ po rend drejt synimit, drejt çmimit të thirrjes së lartme të Perëndisë në Krishtin Jezus.

¹⁴ Pra, të gjithë ne që jemi të përsosur, le të kemi këto mendime; dhe në qoftë se ju mendoni ndryshe për ndonjë gjë, Perëndia do t'jua zbulojë edhe këtë.

¹⁵ Por në pikën ku kemi arritur, le të ecim sipas së njëjtës rregull me të njëjtën mendje.

¹⁶ Bëhuni imituesit e mi, vëllezër, dhe vëreni ata që ecin kështu, sipas shëmbullin që keni në ne.

¹⁷ Sepse shumë nga ata, për të cilët ju kam folur shpesh, edhe tani po jua them duke qarë, ecin si armiq të kryqit të Krishtit,

¹⁸ dhe fundi i tyre është humbje, perëndia i tyre është barku dhe lavdia e tyre është në turp të tyre; ata mendojnë vetëm për gjërat tokësore.

¹⁹ Sepse qytetëria jonë është në qiejt, prej nga edhe presim Shpëtimtarin, Zotin Jezu Krisht,

²⁰ i cili do ta transformojë trupin tonë të përunjur, që të bëhet i ngjashëm me trupin e tij të lavdishëm, sipas fuqisë së tij që t'i nënshtrojë ndaj vetes të gjitha gjërat.

²¹ Prandaj, o vëllezër të dashur dhe fort të dëshiruar, gëzimi dhe kurora ime, qëndroni kështu në Zotin, o shumë të dashur.

Kapitull 4

¹ Bëj thirrje Evodisë, bëj thirrje gjithashtu Sintikës, të jenë të një mendje në Zotin.

² Të lutem edhe ty, shok i vërtetë, ndihmoji ato, që kanë luftuar me mua në ungjill, edhe me Klementin dhe me bashkëpunëtorët e mi të tjerë, emrat e të cilëve janë në librin e jetës.

³ Gëzohuni gjithnjë në Zotin; po jua them përsëri: Gëzohuni!

⁴ Zemërbutësia juaj le të njihet nga të gjithë njerëzit; Zoti është afër.

⁵ Mos u shqetësoni për asgjë, por, në çdo gjë, ia parashtroni kërkesat tuaja Perëndisë me anë lutjesh dhe përgjërimesh, me falënderim.

⁶ Dhe paqja e Perëndisë, që ia tejkalon çdo zgjuarësie, do të ruajë zemrat tuaja dhe mendjet tuaja në Krishtin Jezus.

⁷ Së fundi, vëllezër, të gjitha gjërat që janë të vërteta, të gjitha gjërat që janë të ndershme, të gjitha gjërat që janë të drejta, të gjitha gjërat që janë të pastra, të gjitha gjërat që janë të dashura, të gjitha gjërat që janë me famë të mirë, nëse ka ndonjë virtyt dhe nëse ka ndonjë lëvdim, këto mendoni.

⁸ Ato gjëra që keni mësuar, marrë dhe dëgjuar nga mua dhe patë në mua, i bëni, dhe Perëndia i paqes do të jetë me ju.

⁹ Dhe u gëzova shumë në Zotin, sepse më në fund kujdesi juaj për mua u rigjallërua; në realitet ju edhe e kishit në mendje, por nuk kishit rast.

¹⁰ Nuk e them këtë se jam në nevojë, sepse unë jam mësuar të kënaqem në gjëndjen që jam.

¹¹ Unë di të jem i përunjur dhe di të jetoj edhe në bollëk; në çdo vend dhe për çdo gjë jam mësuar të nginjem dhe të kem uri, të kem me tepri dhe të vuaj në ngushticë.

¹² Unë mund të bëj gjithçka me anë të Krishtit që më forcon.

¹³ Po ju bëtë mirë që morët pjesë në pikëllimin tim.

¹⁴ Edhe ju, o Filipianë, e dini se, në fillim të predikimit të ungjillit, kur u nisa nga Maqedonia, asnjë kishë nuk ndau me mua gjë për të dhënë a për të marrë, veç jush,

¹⁵ sepse edhe në Thesaloniki më dërguat jo vetëm një herë por dy, përkujdesje kur isha në nevojë.

¹⁶ Jo se unë po kërkoj dhurata, por kërkoj fryt që tepron për dobinë tuaj.

¹⁷ Tani i kam të gjitha dhe më teprojnë; jam përplot, mbasi mora nga Epafroditi atë që më ishte dërguar nga ju, një parfum erëmirë, një fli i pranueshëm, i pëlqyeshëm nga Perëndia.

¹⁸ Dhe Perëndia im do të plotësojë të gjitha nevojat tuaja sipas pasurisë së tij në lavdi, në Jezu Krisht.

¹⁹ Perëndisë tonë e Atit tonë lavdi në shekuj të shekujve. Amen.

²⁰ Përshëndetni të gjithë shenjtorët në Jezu Krishtin.

²¹ Vëllezërit që janë me mua ju përshëndesin; të gjithë shenjtorët ju përshëndesin, sidomos ata të shtëpisë së Cezarit.

²² Hiri i Zotit tonë Jezu Krisht qoftë me ju të gjithë. Amen.

²³ Pali, apostulli i Jezu Krishtit me anë të vullnetit të Perëndisë, dhe vëllai Timote,

Kolosianëve

Kapitull 1

¹ shenjtorëve dhe vëllezërve besimtarë në Krishtin, që janë në Kolos: hir dhe paqe mbi ju nga Perëndia, Ati ynë, dhe nga Zoti Jezu Krisht.

² E falenderojmë Perëndinë dhe Atin e Zotit tonë Jezu Krisht, duke u lutur vazhdimisht për ju,

³ sepse morëm vesh për besimin tuaj në Jezu Krishtin dhe për dashurinë tuaj ndaj gjithë shenjtorëve,

⁴ për shkak të shpresës që ruhet për ju në qiejt, për të cilën keni dëgjuar në fjalët e së vërtetës së ungjillit.

⁵ që arriti te ju, sikurse edhe në gjithë botën, dhe po jep fryt e rritet, sikurse edhe ndër ju, nga dita që dëgjuat dhe njohët hirin e Perëndisë në të vërtetë,

⁶ sikurse edhe e mësuat nga Epafrai, shoku ynë i dashur në shërbesë, i cili është një shërbëtor besnik i Krishtit për ju,

⁷ dhe që na ka treguar dashurinë tuaj të madhe në Frymën.

⁸ Prandaj edhe ne, nga dita që e dëgjuam këtë, nuk pushojmë të lutemi për ju dhe të kërkojmë që të mbusheni me njohjen e vullnetit të tij me çdo urtësi dhe mënçuri frymërore.

⁹ që të ecni në mënyrë të denjë për Zotin, që t'i pëlqeni atij në çdo gjë, duke sjellë fryt në çdo vepër të mirë dhe duke u rritur në njohjen e Perëndisë,

¹⁰ duke u forcuar me çdo fuqi, pas pushtetit të lavdisë së tij, për çdo ngulm e durim, me gëzim,

¹¹ duke e falënderuar Perëndinë At, që na bëri të denjë të kemi pjesë trashëgimin e shenjtorëve në dritë.

¹² Ai na nxori nga pushteti i errësirës dhe na çoi në mbretërinë e Birit të tij të dashur,

¹³ në të cilën ne kemi shpengimin me anë të gjakut të tij dhe faljen e mëkateve.

¹⁴ Ai është shëmbëllesa e Perëndisë së padukshëm, i parëlinduri i çdo krijese,

¹⁵ sepse në të u krijuan të gjitha gjërat, ato që janë në qiejt dhe ato mbi dhe, gjërat që duken dhe ato që nuk duken: frone, zotërime, principata dhe pushtete; të gjitha gjërat janë krijuar me anë të tij dhe në lidhje me të.

¹⁶ Ai është përpara çdo gjëje dhe të gjitha gjërat qëndrojnë në të.

¹⁷ Ai vetë është kreu i trupit, pra i kishës; ai është fillimi, i parëlinduri nga të vdekurit, përderisa të ketë parësinë në çdo gjë,

¹⁸ sepse Atit i pëlqeu që në të të banojë e gjithë plotësia,

¹⁹ dhe, duke bërë paqen me anë të gjakut të kryqit të tij, duke fituar pas, me anë të tij, të gjitha gjërat, si ato që janë mbi dhe si dhe ato që janë në qiejt.

²⁰ Dhe ju vetë, që dikur ishit të huaj dhe armiq në mendje me veprat tuaja të këqija,

²¹ tani ju paqtoi në trupin e mishit të tij, me anë të vdekjes, që t'ju nxjerrë juve përpara vetes së tij shenjtorë, faqebardhë dhe të pafajshëm,

²² në qoftë se qëndroni në besim me themel dhe të patundur, dhe të mos luani nga shpresa e ungjillit që ju keni dëgjuar dhe që i është predikuar çdo krijese që është nën qiell; të cilit unë, Pali, iu bëra shërbenjës.

²³ Dhe tani gëzohem për vuajtjet e mia të cilat po i heq për shkakun tuaj dhe po e plotësoj në mishin tim atë që u mungon mundimeve të Krishtit për trupin e vet, që është kisha,

²⁴ shërbenjës i së cilës u bëra unë, sipas misionit që më ngarkoi Perëndia për ju, që t'jua paraqes të plotë fjalën e Perëndisë,

²⁵ misterin që u mbajt i fshehtë gjatë shekujve dhe brezave, por që tani iu shfaq shenjtorëve të tij,

²⁶ të cilëve Perëndia deshi t'ua bëjë të njohur cilat ishin pasuritë e lavdisë së këtij misteri ndër johebrenjtë, që është Krishti në ju, shpresë lavdie.

²⁷ që ne e kumtuam, duke e qortuar dhe duke e mësuar çdo njeri me çdo urtësi, që ta paraqesim çdo njeri të përsosur në Jezu Krishtin;

²⁸ për këtë mundohem duke u përpjekur me fuqinë e tij, e cila vepron tek unë me pushtet

²⁹ Sepse dua që të dini ç'luftë të ashpër më duhet të bëj për ju, për ata që janë në Laodice dhe për të gjithë ata të cilët nuk e kanë parë fytyrën time personalisht,

Kapitull 2

¹ që zemrat e tyre të ngushëllohen, duke u bashkuar në dashuri, dhe të kenë të gjitha pasuritë e sigurisë së plotë të zgjuarësisë për të njohur misterin e Perëndisë, e Atit dhe të Krishtit,

² ku janë fshehur të gjitha thesaret e diturisë dhe të njohjes.

³ Dhe po ju them këtë, që askush të mos ju gënjejë me fjalë joshëse,

⁴ sepse, edhe pse me trup jam larg jush, me frymën jam bashkë me ju dhe gëzohem duke parë rregullin dhe qëndrueshmërinë e besimit tuaj në Krishtin.

⁵ Ashtu si e keni marrë Krishtin Jezus, Zotin, ashtu, pra, ecni në të,

⁶ duke pasur rrënjë dhe duke u ndërtuar në të, dhe duke u forcuar në besim ashtu sikurse ju mësuan, duke mbushulluar në të me falenderim.

⁷ Tregoni kujdes se mos ndokush ju bën prenë e tij me anë të filozofisë dhe me mashtrime të kota, sipas traditës së njerëzve, sipas elementeve të botës dhe jo sipas Krishtit,

⁸ sepse tek ai banon trupërisht gjithë plotësia e Hyjnisë.

⁹ Dhe ju keni marrë plotësinë në të, sepse ai është krye e çdo principate e pushteti,

¹⁰ në të cilin ju edhe u rrethpretë me një rrethprerje që nuk u bë me dorë, por me rrethprerjen e Krishtit, me anë të zhveshjes së trupit nga mëkatet e mishit:

¹¹ të varrosur bashkë në të në pagëzim, ju edhe u ringjallët bashkë në të, me anë të besimit në fuqinë e Perëndisë që e ka ringjallur prej së vdekurish.

¹² Dhe bashkë me të Perëndia ju dha jetë ju, që kishit vdekur në mëkate dhe në parrethprerjen e mishit, duke jua falur të gjitha mëkatet.

¹³ Ai e zhvlerësoi dokumentin e urdhërimeve, që ishte kundër nesh dhe ishte kundërshtar, dhe e hoqi nga mesi duke e mbërthyer në kryq;

¹⁴ dhe mbasi i zhvesi pushtetet dhe principatat, ua tregoi sheshit njerëzve, duke ngadhnjyer mbi ata në të.

¹⁵ Prandaj askush të mos ju gjykojë për ushqime ose pije, për festa o hënë të re, o të shtuna;

¹⁶ këto gjëra janë hija e atyre që kanë për të ardhur; por trupi është i Krishtit.

¹⁷ Askush të mos përvetësojë prej jush çmimin me pretekst përulësie dhe kulti të engjëjve, duke u përzier në gjëra që nuk i ka parë, i fryrë nga një krenari e kotë për shkak të mendjes së tij mishore,

¹⁸ dhe nuk mbahet te kryet, prej të cilit gjithë trupi, i ushqyer mirë dhe i lidhur i tëri me anë të nyjeve dhe të gjymtyrëve rritet me rritjen e Perëndisë.

¹⁹ Pra, në qoftë se vdiqët me Krishtin nga elementet e botës, përse u nënshtroheni disa rregullave, a thua se jetoni ende në botë, si:

²⁰ "Mos prek, mos shijo, mos merr",

²¹ të gjitha gjërat që prishen nga përdorimi, sipas urdhërimeve dhe mësimeve të njerëzve?

²² Këto gjëra kanë ndonjë dukje diturie në devotshmërinë e zgjedhur vullnetarisht, në përunjësinë e rreme dhe në trajtimin e ashpër të trupit, por nuk kanë asnjë vlerë kundër kënaqësisë së mishit.

²³ Në qoftë se ju jeni ringjallur me Krishtin, kërkoni ato që janë lart, ku Krishti është ulur në të djathtë të Perëndisë.

Kapitull 3

¹ Kini në mend gjërat që janë atje lart, jo ato që janë mbi tokë,

² sepse ju keni vdekur dhe jeta juaj është fshehur bashkë me Krishtin në Perëndinë.

³ Kur të shfaqet Krishti, jeta jonë, atëherë edhe ju do të shfaqeni në lavdi bashkë me të.

⁴ Bëni, pra, të vdesin gjymtyrët tuaja që janë mbi tokë: kurvërinë, ndyrësinë, pasionet, dëshirat e këqija dhe lakminë, që është idhujtari;

⁵ për këto gjëra zemërimi i Perëndisë vjen përmbi bijtë e mosbindjes,

⁶ midis të cilëve dikur ecët edhe ju, kur rronit në to.

⁷ Por tani hiqni edhe ju të gjitha këto gjëra: zemërim, zemëratë, ligësi, e mos ju dalë sharje e asnjë e folur e pandershme nga goja juaj.

⁸ Mos gënjeni njeri tjetrin, sepse ju e zhveshët njeriun e vjetër me veprat e tij,

⁹ edhe veshët njeriun e ri, që përtërihet në njohurinë sipas shëmbullit të atij që e krijoi.

¹⁰ Këtu nuk ka më Grek e Jud, rrethprerje dhe parrethprerje, Barbar e Skithas, shërbëtor e i lirë, por Krishti është gjithçka dhe në të gjithë.

¹¹ Vishuni, pra, si të zgjedhur të Perëndisë, shenjtorë dhe të

dashur, me dhembshuri të brendshme, mirësinë, përulësinë, zemërbutësinë dhe me durimin,

¹² duke duruar njeri tjetrin dhe duke falur njeri tjetrin, nëqoftëse dikush ankohet kundër një tjetri; dhe sikundër Krishti ju ka falur, ashtu bëni edhe ju.

¹³ Dhe, përmbi të gjitha këto gjëra, vishni dashurinë, që është lidhja e përsosmërisë.

¹⁴ Dhe paqja e Perëndisë, për të cilin ju u thirrët në një trup të vetëm, të mbretërojë në zemrat tuaja; dhe jini mirënjohës!

¹⁵ Fjala e Krishtit banoftë në ju me begatinë e vet; në çdo dituri, mësoni dhe këshilloni njeri tjetrin me psalme, himne dhe këngë frymërore, duke kënduar Zotit me hir në zemrat tuaja!

¹⁶ Dhe çdo gjë që të bëni, me fjalë a me vepër, t'i bëni në emër të Zotit Jezus, duke e falënderuar Perëndinë Atë nëpërmjet tij.

¹⁷ Ju bashkëshorte, jini të nënshtruara bashkëshortëve tuaj, ashtu si ka hije në Zotin.

¹⁸ Ju bashkëshortë, duaini bashkëshortet tuaja dhe mos u bëni të ashpër ndaj tyre.

¹⁹ Ju bij, binduni prindërve në çdo gjë, sepse kjo është e pranueshme për Zotin.

²⁰ Ju etër, mos provokoni për zemërim bijtë tuaj, që të mos i lëshojë zemra.

²¹ Ju shërbëtorë, binduni në çdo gjë zotërinjve tuaj sipas mishit, duke u shërbyer jo vetëm kur ju shohin, sikurse të doni t'u pëlqeni njerëzve, por me thjeshtësinë e zemrës, duke druajtur Perëndinë.

²² Dhe çdo gjë që të bëni, ta bëni me dëshirë të mirë, si për Zotin dhe jo për njerëzit,

²³ duke ditur se nga Zoti do të merrni shpërblimin e trashëgimisë, sepse ju i shërbeni Krishtit, Zotit.

²⁴ Por ai që punon padrejtësisht do të marrë shpagimin për gjëra të padrejta që ka bërë, dhe nuk do të ketë anësi për asnjë.

²⁵ Zotërinj, bëni ç'është e drejtë dhe arsyeshme ndaj shërbëtorëve, duke ditur se edhe ju keni një Zotëri në qiejt.

Kapitull 4

¹ Ngulmoni në të lutur, duke ndenjur zgjuar në të me falenderim.

² Dhe duke u lutur në të njëtën kohë edhe për ne, që Perëndia të hapë edhe për ne derën e fjalës, për të shpallur misterin e Krishtit, për shkakun e të cili jam edhe i burgosur,

³ në mënyrë që ta bëj të njohur, duke e folur siç duhet.

⁴ Ecni me urti ndaj të jashtmëve duke shfrytëzuar kohën.

⁵ Të folurit tuaj të jetë gjithnjë me hir, i ndrequr me kripë, që të dini si duhet t'i përgjigjeni gjithsecilit.

⁶ Tikiku, vëllai i dashur, dhe shërbenjës besnik, dhe shoku im i shërbimit në Zotin, do t'jua tregojë gjithçka lidhur me mua;

⁷ unë e dërgova te ju pikërisht për këtë arsye, që të njoh situatën tuaj dhe të ngushëllojë zemrat tuaja,

⁸ bashkë me Onesimin, vëlla besnik dhe i dashur, që është nga tuajt; ata do t'ju tregojnë juve të gjitha gjërat e këtushme.

⁹ Aristarku, i burgosur me mua, ju përshëndet bashkë me Markun, kushëririn e Barnabës (për të cilin keni marrë mësimin, po të vijë te ju, ta mirëprisni),

¹⁰ dhe Jezusi, i quajtur Just, të cilët vijnë nga rrethprerja; këta janë të vetmit bashkëpunëtorë në veprën e mbretërisë së Perëndisë, të cilët qenë për mua ngushullim.

¹¹ Epafrai, që është nga tuajt dhe shërbëtor i Krishtit, ju përshëndet; ai lufton gjithnjë për ju në lutje, që ju të qëndroni të përsosur dhe të përkryer në gjithë vullnetin e Perëndisë.

¹² Në fakt unë dëshmoj për të se ai ka zell të madh për ju, për ata që janë në Laodice dhe për ata që janë në Hierapolis.

¹³ I dashur Lluka, mjeku, dhe Dema ju përshëndesin.

¹⁴ U bëni të fala vëllezërve që janë në Laodice, Ninfës dhe kishës që është në shtëpinë e tij.

¹⁵ Dhe, mbasi të jetë lexuar kjo letër ndër ju, bëni që të lexohet edhe në kishën e Laodikasve; dhe ju gjithashtu lexoni atë të Laodices.

¹⁶ Dhe i thoni Arkipit: "Ki kujdes shërbesën që more në Zotin, që ta plotësosh".

¹⁷ Përshëndetja është shkruar me dorën time, nga unë, Pali. Kujtoni prangat e mia. Hiri qoftë me ju. Amen.

¹⁸ Pali, Silvani dhe Timoteu, kishës së Thesalonikasve në Perëndinë Atë dhe në Zotin Jezu Krisht: paçi hir dhe paqe prej Perëndisë, Atit tonë, dhe prej Zotit Jezu Krisht.

1 Thesalonikasve

Kapitull 1

¹ Ne përherë e falënderojmë Perëndinë për ju të gjithë, duke ju kujtuar në lutjet tona,

² duke kujtuar vazhdimisht veprën tuaj të besimit, mundimin e dashurisë suaj dhe qëndrueshmërinë e shpresës në Zotin tonë Jezu Krisht përpara Perëndisë, Atit tonë,

³ duke ditur, vëllezër të dashur prej Perëndisë, të zgjedhurit tuaj,

⁴ sepse ungjilli ynë nuk erdhi deri te ju vetëm me fjalë, por edhe me fuqi dhe me Frymë të Shenjtë, dhe me shumë bindje; ju e dini se si jemi sjellë me mes tuaj për hirin tuaj.

⁵ Dhe ju u bëtë imituesit tanë dhe të Zotit, duke e pranuar fjalën në mes të një pikëllimi të madh, me gëzimin e Frymës së Shenjtë,

⁶ për t'u bërë kështu shëmbull për të gjithë besimtarët e Maqedonisë dhe të Akaisë.

⁷ Në fakt prej jush jehoi fjala e Perëndisë jo vetëm në Maqedoni dhe në Akai, por edhe në çdo vend u përhap besimi juaj tek Perëndia, sa që ne s'kemi nevojë të themi ndonjë gjë.

⁸ sepse vetë ata tregojnë për ne, si qe ardhja jonë ndër ju si u kthyet nga idhujt te Perëndia, për t'i shërbyer Perëndisë së gjallë e të vërtetë,

⁹ dhe për të pritur prej qiejve Birin e tij, të cilin ai e ngjalli prej së vdekurish, Jezusin, që na çliron nga zemërim që po vjen.

¹⁰ Sepse ju vetë, vëllezër, e dini se ardhja jonë ndër ju nuk qe e kotë.

Kapitull 2

¹ Por, mbasi hoqëm më parë dhe mbasi na shanë në Filipi, sikurse e dini, ne morëm guxim në Perëndinë tonë të shpallim ndër ju ungjillin e Perëndisë midis kaq përpjekjesh.

² Sepse nxitja jonë nuk vjen nga mashtrimi, as nga qëllime të pa ndershme, as nga dredhia;

³ por, duke qenë se u miratuam prej Perëndisë që të na besohet ungjilli, kështu ne flasim jo që t'u pëlqejmë njerëzve, por Perëndisë, që provon zemrat tona.

⁴ Ne, pra, nuk kemi përdorur kurrë, sikurse e dini mirë, fjalë lajkatuese, dhe as nuk jemi nisur nga motive lakmie; Perëndia është dëshmitar.

⁵ Dhe nuk kemi kërkuar lavdi prej njerëzve, as prej jush, as prej të tjerësh, megjithëse mund t'ju bëheshim barrë si apostuj të Krishtit.

⁶ Përkundrazi qemë zemërbutë midis jush, ashtu si mëndesha që rrit me dashuri fëmijët e saj.

⁷ Kështu, duke pasur një dashuri të madhe ndaj jush, ishim të kënaqur duke ju komunikuar jo vetëm ungjillin e Perëndisë, por edhe vetë jetën tonë, sepse na u bëtë të dashur.

⁸ Sepse ju, o vëllezër, e mbani mend lodhjen dhe mundimin tonë: si kemi punuar ditë e natë që të mos i bëhemi barrë asnjërit prej jush, dhe predikuam ungjillin e Perëndisë ndër ju.

⁹ Ju jeni dëshmitarë, dhe Perëndia gjithashtu, si jemi sjellë me shenjtëri, me drejtësi, pa të meta, me ju që besoni.

¹⁰ Ju e dini gjithashtu se ne këshilluam, ngushëlluam dhe i jemi përbetuar secilit prej jush, si bën një baba me bijtë e vet,

¹¹ që të ecni denjësisht për Perëndinë, që ju thërret në mbretërinë dhe lavdinë e tij.

¹² Prandaj edhe ne e falënderojmë pa pushim Perëndinë, se kur ju keni marrë nga ne fjalën e Perëndisë, e pritët atë jo si fjalë njerëzish, por, sikurse është me të vërtetë, si fjalë Perëndie, që vepron ndër ju që besoni.

¹³ Sepse ju, o vëllezër, u bëtë imituesit e kishave të Perëndisë që janë në Jude në Jezu Krishtin, sepse edhe ju keni vuajtur nga ana e bashkëkombasve tuaj të njëjtat gjëra, sikurse edhe ata kanë vuajtur nga Judenjtë,

¹⁴ të cilët e vranë Zotin Jezus dhe profetët e tyre, dhe na përndoqën edhe ne. Ata nuk i pëlqen Perëndia, dhe janë armiq me të gjithë njerëzit,

¹⁵ duke na penguar që t'u flasim johebrenjve që ata të shpëtohen, për ta mbushur vazhdimisht masën e mëkateve të tyre; por zemërimi arriti mbi ta më në fund.

¹⁶ Dhe ne, o vëllezër, mbasi mbetëm pa ju për një kohë të shkurtër, trupërisht por jo me zemër, u përpoqëm edhe më shumë, nga malli i madh, të shohim përsëri fytyrën tuaj.

¹⁷ Prandaj deshëm, të paktën unë Pali, të vijmë te ju jo një, por dy herë, por Satani na pengoi.

¹⁸ Cila në fakt është shpresa jonë, a gëzimi, a kurora e lavdisë? A nuk jeni pikërisht ju, përpara Zotit tonë Jezu Krisht në ardhjen e tij?

¹⁹ Ju jeni në fakt lavdia dhe gëzimi jonë.

²⁰ Prandaj, mbasi nuk mundëm më të rezistonim, na u duk e pëlqyeshme të të qëndrojmë, të vetëm, në Athinë,

Kapitull 3

¹ dhe dërguam Timoteun, vëllanë tonë dhe shërbenjës të Perëndisë, dhe bashkëpunëtorin tonë në predikimin e ungjillit të Krishtit, që t'ju fuqizojë dhe t'ju japë zemër në besimin tuaj,

² që të mos lëkundet askush në këto pikëllime, sepse ju e dini vetë se për këtë jemi caktuar.

³ Sepse, edhe kur ishim midis jush, ju parashikuam se do të heqim vështirësi, pikërisht sikurse ndodhi, dhe ju këtë e dini.

⁴ Për këtë arsye edhe unë, mbasi nuk rezistoja më, dërgova të marr vesh për besimin tuaj, se mos ju kishte tunduar tunduesi, dhe mundimi ynë të kishte shkuar kot.

⁵ Por tani që u kthye Timoteu prej jush dhe na solli lajme të mira për besimin dhe dashurinë tuaj, dhe se ju ruani gjithnjë një kujtim të mirë për ne dhe keni mall të madh që të na shihni, sikurse edhe ne t'ju shohim juve,

⁶ prandaj, o vëllezër, ne u ngushëlluam për ju, me gjithë pikëllimin dhe vuajtjet tona, për hir të besimit tuaj,

⁷ sepse tani rrojmë me të vërtetë, në qoftë se ju qëndroni të patundur në Zotin.

⁸ Sepse çfarë falënderimi mund t'i drejtojmë Perëndisë për ju, për gjithë gëzimin që ndiejmë për shkakun tuaj përpara Perëndisë sonë,

⁹ duke u lutur shumë, natë e ditë, që të shohim fytyrën tuaj dhe të plotësojmë gjërat që ende i mungojnë besimit tuaj?

¹⁰ Po vetë Perëndia, Ati ynë, dhe Zoti ynë Jezu Krishti e sheshoftë rrugën tonë për te ju.

¹¹ Dhe Zoti shtoftë dhe teproftë në dashurinë për njeri tjetrin dhe për të gjithë, ashtu si edhe ne ndaj jush,

¹² për të bërë të pa tundura zemrat tuaja, pa të meta në shenjtëri përpara Perëndisë dhe Atit tonë, në ardhjen e Perëndisë sonë Jezu Krisht bashkë me gjithë shenjtorët e tij. Amen.

¹³ Sa për të tjerat, pra, vëllezër, ju lutemi dhe ju bëjmë thirrje në Zotin Jezus që, sikundër morët prej nesh se si duhet të ecni për t'i pëlqyer Perëndisë, kështu të teproni edhe më shumë.

Kapitull 4

¹ Sepse ju e dini se ç'urdhërime ju lamë nga ana e Zotit Jezus.

² Sepse ky është vullneti i Perëndisë: shenjtërimi juaj; të hiqni dorë nga kurvëria;

³ që secili prej jush të dijë ta mbajë enën e vet në shenjtëri dhe me nder,

⁴ jo me pasione epshi, si johebre që nuk e njohin Perëndinë,

⁵ dhe që askush të mos mashtrojë ose t'ia hedhë në punë vëllait të vet, sepse Perëndia është hakmarrësi për të gjitha këto gjëra, sikurse edhe ju thamë më parë dhe e dëshmuam.

⁶ Sepse Perëndia nuk na thirri në ndyrësi, por në shenjtërim.

⁷ Prandaj ai që i përbuz këto gjëra, nuk përbuz një njeri, por Perëndinë që ju dha edhe Frymën e tij të Shenjtë.

⁸ Sa për dashurinë vëllazërore, nuk keni nevojë që t'ju shkruaj, sepse ju vetë jeni të mësuar nga Perëndia që të doni njeri tjetrin.

⁹ Sepse ju e bëni këtë ndaj gjithë vëllezërve që janë në gjithë Maqedoninë; por ne ju bëjmë thirrje, vëllezër, që në këtë të shtohemi edhe më shumë.

¹⁰ dhe të përpiqeni me kujdes të jetoni në paqe, të merreni me gjërat tuaja dhe të punoni me duart tuaja, ashtu si ju kemi urdhëruar,

¹¹ që të silleni me nder ndaj atyre që janë jashtë dhe të mos keni nevojë për asgjë.

¹² Tashmë, vëllezër, nuk duam që të jeni në mosdije përsa u përket atyre që flenë, që të mos trishtoheni si të tjerët që nuk kanë shpresë.

¹³ Sepse, po të besojmë se Jezusi vdiq dhe u ringjall, besojmë gjithashtu që Perëndia do të sjellë me të, me anë të Jezusit, ata që kanë fjetur.

¹⁴ Dhe këtë po jua themi me fjalën e Zotit: ne të gjallët, që do të mbetemi deri në ardhjen e Zotit, nuk do të jemi përpara atyre që kanë fjetur,

¹⁵ sepse Zoti vetë, me një urdhër, me zë kryeengjëlli dhe me borinë e Perëndisë, do të zbresë nga qielli dhe ata që vdiqën në Krishtin do të ringjallen të parët;

¹⁶ pastaj ne të gjallët, që do të kemi mbetur, do të rrëmbehemi bashkë me ata mbi retë, për të dalë përpara Zotit në ajër; dhe kështu do të jemi përherë bashkë me Zotin.

¹⁷ Ngushëlloni, pra, njëri-tjetrin me këto fjalë.

¹⁸ Sa për kohët dhe për stinët, vëllezër, nuk keni nevojë që t'ju shkruaj,

Kapitull 5

¹ sepse ju vetë e dini shumë mirë se dita e Zotit do të vijë, si një vjedhës natën.

² Sepse, kur thonë: "Paqe dhe siguri", atëherë një shkatërrim i papritur do të bjerë mbi ta, ashtu si dhembjet e lindjes të gruas shtatzënë dhe nuk do të shpëtojnë.

³ Por ju, vëllezër, nuk jeni në errësirë, që ajo ditë t'ju zërë në befasi si një vjedhës.

⁴ Të gjithë ju jeni bij të dritës dhe bij të ditës; ne nuk jemi të natës, as të territ.

⁵ Le të mos flemë, pra, si të tjerët, por të rrimë zgjuar dhe të jemi të esëll.

⁶ Sepse ata që flejnë, flejnë natën, dhe ata që dehen, dehen natën.

⁷ Kurse ne, mbasi jemi të ditës, jemi të esëll, duke veshur parzmoren e besimit dhe të dashurisë, dhe për përkrenare shpresën e shpëtimit.

⁸ Sepse Perëndia nuk na ka caktuar për zemërim, por për të marrë shpëtimin me anë të Zotit tonë Jezu Krisht,

⁹ i cili vdiq për ne kështu që, qofshim zgjuar qofshim fjetur, jetojmë bashkë me të.

¹⁰ Prandaj ngushëlloni njeri tjetrin dhe ndërtoni njeri tjetrin ashtu sikur edhe bëni.

¹¹ Tashmë, vëllezër, ju lutemi të keni respekt për ata që mundohen midis jush, që janë në krye ndër ju në Zotin dhe që ju qortojnë,

¹² edhe t'i vlerësoni shumë në dashuri për veprën e tyre. Jetoni në paqe midis jush.

¹³ Tani, vëllezër, ju bëjmë thirrje t'i qortoni të parregulltit, të ngushëlloni zemërlëshuarit, të ndihmoni të dobëtit dhe të jeni të duruar me të gjithë.

¹⁴ Vështroni se mos dikush t'ia kthejë dikujt të keqen me të keqen; po kërkoni gjithmonë të mirën edhe te njeri tjetri edhe te të gjithë.

¹⁵ Jini gjithmonë të gëzuar.

¹⁶ Lutuni pa pushim.

¹⁷ Për çdo gjë falënderoni sepse i tillë është vullneti i Perëndisë në Krishtin Jezus për ju.

¹⁸ Mos e shuani Frymën.

¹⁹ Mos i përbuzni profecitë.

²⁰ Provoni të gjitha, mbani të mirën.

²¹ Hiqni dorë nga çdo dukje e ligë.

²² Dhe Perëndia i paqes ju shenjtëroftë ai vetë tërësisht; dhe gjithë fryma juaj, shpirt e trup, të ruhet pa të metë për ardhjen e Zotit tonë Jezu Krisht.

²³ Besnik është ai që ju thërret, i cili edhe do ta bëjë.

²⁴ Vëllezër, lutuni për ne.

²⁵ Përshëndetni të gjithë vëllezërit me puthje të shenjtë.

²⁶ Ju përbetoj për Zotin që kjo letër t'u lexohet gjithë vëllezërve të shenjtë.

²⁷ Hiri i Zotit tonë Jezu Krisht qoftë me ju. Amen.

²⁸ Pali, Silvani dhe Timoteu, kishës së Thesalonikasve, që është në Perëndinë, Atin tonë, dhe në Zotin Jezu Krisht:

2 Thesalonikasve

Kapitull 1

¹ paçi hir dhe paqe nga Perëndia, Ati ynë, dhe nga Zoti Jezu Krisht.

² Ne e kemi për detyrë ta falënderojmë gjithnjë Perëndinë për ju, o vëllezër, sikurse është fort e drejtë, sepse besimi juaj po rritet shumë dhe dashuria e secilit prej jush për njëri-tjetrin po tepron,

³ aq sa ne vetë po krenohemi me ju në kishat e Perëndisë, për qëndresën tuaj dhe për besimin në të gjitha përndjekjet dhe vështirësitë që po hiqni.

⁴ Ky është një dëftim i gjyqit të drejtë të Perëndisë, që ju të çmoheni të denjë për mbretërinë e Perëndisë për të cilën edhe vuani,

⁵ sepse është e drejtë, nga ana e Perëndisë, t'u jepet mundim atyre që po ju mundojnë,

⁶ kurse juve, të munduarve, të preheni bashkë me ne, kur Zoti Jezu Krisht të shfaqet nga qielli me engjëjt e pushtetit të vet,

⁷ në një zjarr flakërues, për t'u hakmarrë kundër atyre që nuk njohin Perëndi, dhe të atyre që nuk i binden ungjillit të Zotit tonë Jezu Krisht.

⁸ Ata do të ndëshkohen me shkatërrim të përjetshëm, larg nga fytyra e Zotit dhe nga lavdia e fuqisë së tij,

⁹ kur ai të vijë, atë ditë, për të qenë i lavdëruar në shenjtorët e vet, për të qenë i admiruar në mes të atyre që kenë besuar, sepse dëshmia jonë tek ju u besua.

¹⁰ Edhe për këtë ne vazhdimisht po lutemi për ju, që Perëndia ynë t'ju bëjë të denjë për këtë thirrje dhe të përmbushë me fuqinë çdo qëllim të mirë dhe veprën e besimit,

¹¹ që të lëvdohet emri i Zotit tonë Jezu Krisht në ju dhe ju në të, sipas hirit të Perëndisë sonë dhe të Zotit Jezu Krisht.

¹² Ju lutemi, o vëllezër, lidhur me ardhjen e Zotit tonë Jezu Krisht dhe me tubimin tonë me të,

Kapitull 2

¹ të mos lejoni që menjëherë t'ju prishet mendja ose të trazoheni as prej fryme, as prej fjale, as prej ndonjë letre gjoja të shkruar prej nesh, thua se ja, erdhi dita e Krishtit.

² Askush të mos ju gënjejë kursesi, sepse ajo ditë nuk do të vijë, pa ardhur më parë rënia dhe pa u shfaqur njeriu i mëkatit, i biri i humbjes,

³ kundërshtari, ai që lartëson veten mbi çdo gjë që quhet perëndi ose objekt adhurimi, aq sa të shkojë e të rrijë në tempullin e Perëndisë si Perëndi, duke e paraqitur veten se është Perëndi.

⁴ A nuk ju bie ndër mend se, kur isha akoma ndër ju, jua thoja këto gjëra?

⁵ Tani e dini atë që e ndalon atë që të shfaqet vetëm në kohën e vet.

⁶ Misteri i paudhësisë në fakt është tashmë në veprim, duke pritur vetëm që të hiqet nga mesi ai që e ndalon tashti.

⁷ Atëherë do të shfaqet ky i paudhë, të cilin Zoti do ta shkatërrojë me hukatjen e gojës së tij dhe do ta asgjësojë me të dukurit e ardhjes së tij.

⁸ Ardhja e atij të paudhi do të bëhet me anë të veprimit të Satanit, bashkë me çudira, shenja dhe mrrekullish të rreme,

⁹ dhe nga çdo mashtrim ligësie për ata që humbin, sepse nuk pranuan ta duan të vërtetën për të qenë të shpëtuar.

¹⁰ E prandaj Perëndia do t'u dërgojë atyre një gënjim që do t'i bëjë të gabojnë, që t'i besojnë gënjeshtrës,

¹¹ që të dënohen të gjithë ata që nuk i besuan së vërtetës, por përqafuan ligësinë!

¹² Por ne duhet ta falënderojmë vazhdimisht Perëndinë për ju, o vëllezër të dashur nga Zoti, sepse Perëndia ju zgjodhi që në fillim për t'ju shpëtuar, me anë të shenjtërimit të Frymës dhe të besimit në të vërtetën;

¹³ tek e cila ju thirri me anë të ungjillit tonë, që të arrini të merrni lavdinë e Zotit tonë Jezu Krisht.

¹⁴ Prandaj, vëllezër, qëndroni dhe mbani porositë që mësuat, me anë të fjalës ose me anë të letrës sonë.

¹⁵ Dhe vetë Zoti jonë Jezu Krisht dhe Perëndia Ati ynë, që na deshi dhe na dha me anë të hirit një ngushëllim të përjetshëm dhe një shpresë të mirë,

¹⁶ ngushëlloftë zemrat tuaja dhe ju forcoftë në çdo fjalë e punë të mirë.

¹⁷ Më në fund, o vëllezër, lutuni për ne, që fjala e Zotit të përhapet me të shpejtë dhe të lëvdohet, porsi ndër ju,

Kapitull 3

¹ dhe derisa të shpëtojmë nga njerëzit e çoroditur dhe të këqij, sepse jo të gjithë kanë besim.

² Por Zoti është besnik, dhe ai do t'ju forcojë dhe do t'ju ruajë nga i ligu.

³ Dhe ne kemi besim për ju te Zoti, se gjërat që ju porositëm po i bëni dhe do t'i bëni.

⁴ Edhe Zoti i drejtoftë zemrat tuaja te dashuria e Perëndisë dhe te qëndrueshmëria e Krishtit.

⁵ Dhe ju porositim, o vëllezër, në emër të Zotit tonë Jezu Krisht, që të largoheni nga çdo vëlla që ecën i çrregullt dhe jo sipas porosisë që keni marrë prej nesh.

⁶ Sepse ju e dini vetë se si duhet të na shëmbëlleni, sepse ne nuk u sollëm në mënyrë të çrregullt midis jush,

⁷ dhe nuk kemi ngrënë falas bukën e ndonjërit, por punuam me mundim e cfilitje ditë e natë, që të mos i bëheshim barrë asnjërit prej jush.

⁸ Jo se ne nuk e kemi këtë të drejtë, po për t'ju dhënë ne vetë një shëmbull që ju të na imitoni.

⁹ Në fakt, edhe kur ishim në mes tuaj, ju porosisnim këtë: se po qe se ndonjë nuk do të punojë, as të mos hajë.

¹⁰ Në fakt dëgjojmë se disa prej jush që ecin në mënyrë të çrregullt, nuk bëjnë asgjë dhe merren me gjëra të kota.

¹¹ Këta i porosisim dhe i bëjmë thirrje në Zotin tonë Jezu Krisht, që të hanë bukën e tyre duke punuar shtruar.

¹² Dhe sa për ju, o vëllezër, mos u lodhni së bëri të mirën.

¹³ Dhe nëqoftëse dikush nuk i bindet fjalës sonë në këtë letër, shënojeni atë dhe mos u shoqëroni me të, që ai të turpërohet.

¹⁴ Por mos e mbani atë si një armik, po këshillojeni si vëlla.

¹⁵ Dhe vetë Zoti i paqes ju dhëntë vazhdimisht paqe në çdo mënyrë. Zoti qoftë me ju të gjithë.

¹⁶ Të falat me shëndet janë nga dora ime, nga mua, Pali; dhe kjo është një shenjë në çdo letër prej meje; unë shkruaj kështu.

¹⁷ Hiri i Zotit tonë Jezu Krisht qoftë me ju të gjithë. Amen.

¹⁸ Pali, apostulli i Jezu Krishtit, me urdhër të Perëndisë, Shpëtimtarit tonë, dhe të Zotit Jezu Krisht, shpresës sonë,

1 Timoteut

Kapitull 1

¹ Timoteut, birit të vërtetë në besim: hir, mëshirë dhe paqe prej Perëndisë Atit tonë dhe prej Krishtit Jezus, Zotit tonë.

² Ashtu si të nxita kur u nisa për në Maqedoni, qëndro në Efes për t'u urdhëruar disave të mos mësojnë doktrina të tjera,

³ dhe të mos merren me përralla dhe me gjenealogji që s'kanë të sosur, të cilat shkaktojnë përçarje më tepër sesa vepra e Perëndisë, që mbështetet në besim.

⁴ Qëllimi i këtij urdhërimi është dashuria, prej një zemre të pastër, prej një ndërgjegjeje të pastër dhe prej një besimi jo të shtirur.

⁵ Disa, duke u shmangur nga këto gjëra, u kthyen në biseda të kota dhe,

⁶ duke dashur të jenë mësues të ligjit, nuk kuptojnë as ato që thonë, as ato që pohojnë.

⁷ Dhe ne e dimë se ligji është i mirë, në qoftë se njeriu e përdor si duhet;

⁸ duke ditur këtë, që ligji nuk është vënë për të drejtin, po për të pabesët dhe të rebelët, për të ligët dhe mëkatarët, për të pamëshirshmit dhe të ndyrët, për ata që vrasin babë e nënë, për vrasësit,

⁹ për kurvarët, për homoseksualët, për grabitësit, për rremët, për ata që shkelin betimin, për çdo gjë tjetër që bie në kundërshtim me doktrinën e shëndoshë,

¹⁰ sipas ungjillit të lavdisë të të lumit Perëndi, që më është besuar.

¹¹ Dhe e falënderoj Krishtin Zotin tonë, që më bën të fortë, sepse më çmoi të denjë për t'u besuar, duke më vënë në shërbimin e tij,

¹² që më parë isha blasfemues, përndjekës dhe i dhunshëm; por m'u dha mëshira, sepse i bëra nga padija, në mosbesimin tim;

¹³ kështu hiri i Zotit tonë teproi pa masë me besimin dhe dashurinë, që është në Jezu Krishtin.

¹⁴ Kjo fjalë është e sigurt e denjë për t'u pranuar plotësisht, që Krishti Jezus erdhi në botë për të shpëtuar mëkatarët, ndër të cilët unë jam i pari.

¹⁵ Por prandaj u mëshirova, që Jezu Krishti të tregojë më përpara në mua gjithë zemërgjerësinë, për të qenë shembull për ata që do të besojnë në të për jetë të përjetshme.

¹⁶ Dhe Mbretit të amshuar, të pavdekshmit, të padukshmit, të vetmit Perëndi të ditur, i qoftë nder e lavdi në shekuj të shekujve. Amen.

¹⁷ Po ta besoj këtë detyrë, o Timote bir, sipas profecive që u bënë më parë për ty, që sipas tyre të bësh luftimin e mirë,

¹⁸ duke pasur besim dhe ndërgjegje të mirë, sepse disa, duke e hedhur poshtë, u bënë lundërthyerje në besim.

¹⁹ Ndër këta janë Imeneu dhe Aleksandri, të cilët unë i dorëzova në duart e Satanit që të mësojnë të mos blasfemojnë.

²⁰ Të bëj thirrje, pra, para së gjithash, që të bëhen përgjërime, lutje, ndërhyrje dhe falënderime për të gjithë njerëzit,

Kapitull 2

¹ për mbretërit e për të gjithë ata që janë në pushtet, që të mund të shkojmë një jetë të qetë dhe të paqtë me çdo perëndishmëri dhe nder.

² Sepse kjo është e mirë dhe e pëlqyer përpara Perëndisë, Shpëtimtarit tonë,

³ i cili dëshiron që gjithë njerëzit të shpëtohen dhe t'ia arrijnë njohjes të së vërtetës.

⁴ Në fakt një është Perëndia, dhe një i vetëm është ndërmjetësi midis Perëndisë dhe njerëzve: Krishti Jezus njeri,

⁵ i cili e dha veten si çmim për të gjithë, për dëshmim në kohën e caktuar,

⁶ për të cilin unë u vura predikues dhe apostull (them të vërtetën në Krisht, nuk gënjej), mësues i johebrenjve në besim dhe në të vërtetë.

⁷ Dua, pra, që burrat të luten në çdo vend, duke ngritur duar të pastra, pa mëri dhe pa grindje.

⁸ Në mënyrë të njëjtë dua që edhe gratë, të vishen hijshëm, me cipë dhe modesti dhe jo me gërsheta a me ar, a me margaritarë, a me rroba të shtrenjta,

⁹ po me vepra të mira, si u ka hije grave që i kushtohen perëndishmëri.

¹⁰ Gruaja le të mësojë në heshtje dhe me çdo nënshtrim.

¹¹ Nuk e lejoj gruan që të mësojë, as të përdori pushtet mbi burrin, por të rrijë në heshtje.

¹² Në fakt së pari u formua Adami dhe më pas Eva.

¹³ Dhe nuk u gënjye Adami, por gruaja u gënjye dhe ra në shkelje.

¹⁴ Megjithatë ajo do të shpëtohet duke lindur fëmijë, në qoftë se do të qëndrojnë në besim, në dashuri dhe në shenjtërim me modesti.

¹⁵ Kjo fjalë është e sigurt: Në qoftë se dikush dëshiron të bëhet peshkop, dëshiron një punë të mirë."

Kapitull 3

¹ Duhet, pra, që peshkopi të jetë i patëmetë, burrë i një gruaje të vetme, të jetë i përmbajtur, i arsyeshëm, i matur, mikpritës, i zoti të mësojë të tjerët,

² të mos jepet pas verës, të mos jetë i dhunshëm, të mos jetë koprac, por i butë, jo grindavec, të mos lakmojë paranë;

³ njeri që e qeveris mirë familjen e vet dhe i ka fëmijët të bindur me çdo lloj mirësjellje;

⁴ (sepse në qoftë se dikush nuk di të qeverisë familjen e vet, si do të kujdeset për kishën e Perëndisë?).

⁵ Të mos jetë i posakthyer në besim, që të mos i rritet mendja dhe të bjerë në gabimet e djallit.

⁶ Madje duhet që ai të ketë dëshmim të mirë edhe ndër të jashtmit, që të mos shahet dhe të bjerë në lakun e djallit.

⁷ Gjithashtu dhjakët duhet të jenë dinjitozë, jo me dy faqe në fjalë, të mos jepen pas verës së tepërt, të mos lakmojnë fitime të paligjshme,

⁸ dhe ta ruajnë misterin e besimit me ndërgjegje të pastër.

⁹ Edhe këta le të vihen më parë në provë, pastaj ta kryejnë shërbesën e tyre po të jenë të patëmetë.

¹⁰ Edhe bashkëshortet e tyre të kenë dinjitet, jo shpifarake, por të përmbajtura dhe besnike në gjithçka.

¹¹ Dhjakët të jenë bashkëshortë të një gruaje të vetme, t'i drejtojnë mirë fëmijët dhe familjet e veta.

¹² Sepse ata që e kanë kryer mirë shërbesën, fitojnë reputacion të mirë dhe siguri të madhe në besimin në Jezu Krishtin.

¹³ Po t'i shkruaj këto gjëra duke shpresuar që të vij së shpejti te ti,

¹⁴ por, po u vonova, të dish se si duhet të sillesh në shtëpinë e Perëndisë, që është kisha e Perëndisë së gjallë, shtylla dhe mbështetja e së vërtetës.

¹⁵ Dhe s'ka asnjë dyshim se misteri i mëshirës është i madh: Perëndia u shfaq në mish, u shfajësua në Frymë, u duk ndër engjëj, u predikua ndër johebrenj, u besua në botë, u ngrit në lavdi.

¹⁶ Dhe Fryma e thotë shkoqur se në kohët e fundit disa do ta mohojnë besimin, duke u vënë veshin frymëve gënjeshtare dhe doktrinave të demonëve,

Kapitull 4

¹ që flasin gënjeshtra me hipokrizi, të damkosur në ndërgjegjen e tyre,

² të cilët do të ndalojnë martesën dhe do të urdhërojnë të mos hani ushqimet që Perëndia i krijoi, të merren me falënderim nga ata që besojnë dhe e njohin të vërtetën.

³ Sepse çdo krijesë e Perëndisë është e mirë dhe asgjë s'është për t'u hedhur, nëse merret me falënderim,

⁴ sepse është shenjtëruar nga fjala e Perëndisë dhe nga lutja.

⁵ Duke ua propozuar këto gjëra vëllezërve, ti do të jesh një shërbyes i mirë i Jezu Krishtit, i ushqyer me fjalët e besimit dhe të mësimit të mirë, që ke kuptuar plotësisht.

⁶ Shmangu pra nga përrallat profane dhe të të vjetërve, edhe ushtrohu në perëndishmëri,

⁷ sepse ushtrimi i trupit është i dobishëm për pak gjë, kurse perëndishmëria është e dobishme për çdo gjë, sepse përmban premtimin e jetës së tashme dhe të asaj që do të vijë.

⁸ Kjo fjalë është e sigurt dhe e denjë për t'u pranuar në çdo mënyrë.

⁹ Për këtë, në fakt, ne po mundohemi dhe na shajnë, sepse kemi shpresuar në Perëndinë e gjallë, që është Shpëtimtari i gjithë njerëzve dhe sidomos i besimtarëve.

¹⁰ Urdhëro këto gjëra dhe mëso këto gjëra.

¹¹ Askush të mos e shpërfillë moshën tënde të re, por bëhu shembull për besimtarët në fjalë, në sjellje, në dashuri, në Frymë, në besim dhe në dëlirësi.

¹² Kushtoju leximit, këshillimit dhe mësimit derisa të vij unë.

¹³ Mos e lër pas dore dhuntinë që është në ty, e cila të është dhënë me anë profecie, me vënien e duarve nga ana e pleqësisë.

¹⁴ Kujdesu për këto gjëra dhe kushtoju atyre tërësisht, që përparimi yt të jetë i dukshëm për të gjithë.

¹⁵ Ruaje veten tënde dhe mësimin, qëndro në këto gjëra, sepse, duke vepruar kështu, do të shpëtosh veten dhe ata që të dëgjojnë.

¹⁶ Mos e qorto ashpër një plak, por këshilloje si atë, dhe më të rinjtë si vëllezër,

1 Timoteut
Kapitull 5

¹ plakat si nëna, të rejat si motra, me plot dlirësi.

² Ndero vejushat që janë me të vërtetë të veja.

³ Por në qoftë se një e ve ka djem a nipa, këta le të mësojnë më parë të tregojnë perëndishmëri ndaj atyre të familjes së vet dhe t'ua shpërblejnë prindërve të tyre, sepse kjo është e mirë dhe e pëlqyer përpara Perëndisë.

⁴ Dhe ajo që është me të vërtetë e ve, dhe ka mbetur e vetme, e ka shpresën në Perëndinë dhe qëndron në lutje dhe në të falura natë e ditë.

⁵ Ndërsa ajo që jeton e shthurur, ndonëse rron, është e vdekur.

⁶ Porosit edhe këto gjëra, që të jenë të patëmeta.

⁷ Por në qoftë se dikush nuk kujdeset për të vetët, dhe më tepër për ata të shtëpisë, ai e ka mohuar besimin dhe është më i keq se një jobesimtar.

⁸ Një e ve të regjistrohet në listën e vejushave, po të jetë jo më e re se gjashtëdhjetë vjeçe, të ketë qenë bashkëshorte e një burri të vetëm,

⁹ dhe të ketë dëshminë për vepra të mira: që i ka rritur fëmijët e saj, ka pritur të huajt, ua ka larë këmbët shenjtorëve, ka ndihmuar nevojtarët, i është kushtuar vazhdimisht çdo vepre të mirë.

¹⁰ Po mos i prano vejushat më të reja, sepse, duke u dhënë pas dëshirave të tyre, ngrihen kundër Krishtit, duan të martohen,

¹¹ duke tërhequr mbi vete një dënim, sepse kanë shkelur besimin e parë.

¹² Madje ato mësojnë të jenë përtace duke shkuar shtëpi më shtëpi, edhe jo vetëm përtace, por edhe llafazane dhe kureshtare duke folur për gjëra të kota.

¹³ Dua, pra, që vejushat e reja të martohen, të kenë fëmijë, të bëhen zonja shtëpie dhe të mos i japin kundërshtarit asnjë shkak për të përfolur;

¹⁴ sepse disa tashmë devijuan për të ndjekur Satanin.

¹⁵ Në qoftë se ndonjë besimtar ose besimtare ka vejusha, le t'i ndihmojë e të mos bëhen barrë kishës, e cila mund të ndihmojë ato që janë me të vërtetë të veja.

¹⁶ Pleqtë që e drejtojnë mirë parësinë në kishë, le të nderohen dyfish, sidomos ata që mundohen me fjalë e me mësim.

¹⁷ Sepse Shkrimi thotë: "Mos ia lidh gojën kaut që shin në lëmë", dhe: "Punëtori e ka hak mëditjen e tij".

¹⁸ Mos prano asnjë padi kundër një plaku, veçse kur ka dy ose tre dëshmitarë.

¹⁹ Ata që mëkatojnë qortoji përpara të gjithëve, që edhe të tjerët të kenë frikë.

²⁰ Unë të vë në be përpara Perëndisë, dhe Zotit Jezu Krisht dhe engjëjve të zgjedhur, që t'i zbatosh këto gjëra pa paragjykime, dhe mos bëj asgjë me anësi.

²¹ Mos i vër duart askujt me ngut dhe mos u bëj pjestar në mëkatet e të tjerëve; ruaje veten të pastër.

²² Mos pi më ujë, por përdor pak verë për stomakun tënd dhe për sëmundjet e tua të shpeshta.

²³ Disa njerëzve mëkatet u duken sheshit edhe përpara gjyqit, ndërsa të tjerëve u duken më pas.

²⁴ Gjithashtu edhe veprat e mira duken; por edhe ato që janë ndryshe nuk mund të mbeten të fshehura.

²⁵ Të gjithë skllevërit që janë nën zgjedhë le t'i çmojnë zotërinjtë e tyre të denjë për çdo nderim, që të mos shuhen emri i Perëndisë dhe doktrina.

Kapitull 6

¹ Edhe ata që i kanë zotërinjtë besimtarë, të mos i përbuzin sepse janë vëllezër, por t'u shërbejnë edhe më mirë, sepse ata që kanë dobi nga shërbimi i tyre janë besimtarë dhe të dashur. Mëso këto gjëra dhe i këshillo.

² Në qoftë se dikush mëson një doktrinë tjetër dhe nuk ndjek fjalët e shëndosha të Zotit tonë Jezu Krisht dhe doktrinën sipas perëndishmërisë,

³ ai mbahet më të madh dhe nuk di asgjë, por vuan nga sëmundja e grindjes dhe të zënit me fjalë, prej nga lindin smira, grindja, të sharat, dyshimet e këqija,

⁴ debatet e kota të njerëzve me mendje të prishur dhe të shterur nga e vërteta, sepse mendojnë se perëndishmëria është burim fitimi; largohu prej këtyre.

⁵ Perëndishmëria është një mjet që sjell dobi të madhe, kur njeriu kënaqet me aq sa ka.

⁶ Sepse ne nuk kemi asgjë me vete në këtë botë, dhe është e qartë se prej saj nuk mund të marrim gjë me vete;

⁷ por, kur kemi çfarë të hamë dhe të veshim, të jemi të kënaqur me kaq.

⁸ Por ata që dëshirojnë të pasurohen, bien në tundim, në lak dhe në shumë pasione të paarsyeshme dhe të dëmshme, që i plandosin njerëzit në rrënim dhe shkatërrim.

⁹ Sepse lakmia për para është rrënja e gjithë të këqijave dhe, duke e lakmuar atë fort, disa u larguan nga besimi dhe e depërtuan veten e tyre në shumë dhimbje.

¹⁰ Por ti, o njeriu i Perëndisë, hiq dorë nga këto dhe ndiq drejtësinë, perëndishmërinë, besimin, dashurinë, zemërgjerësinë dhe zemërbutësinë.

¹¹ Lufto luftën e drejtë të besimit, rrok jetën e përjetshme, në të cilën u thirre dhe për të cilën ke bërë rrëfimin e mirë të besimit përpara shumë dëshmitarëve.

¹² Po të përgjërohem përpara Perëndisë që u jep jetë të gjitha gjërave dhe të Krishtit Jezus, i cili, duke dëshmuar përpara Ponc Pilatit, dhe një dëshmi të mirë besimi,

¹³ ta ruash këtë urdhërim pa njolla e të meta, derisa të shfaqet Zoti ynë Jezu Krisht,

¹⁴ që, në kohën e caktuar, do ta tregojë i lumi dhe i vetmi sundimtar, Mbreti i mbretërve dhe Zot i zotërve,

¹⁵ ai që i vetmi e ka pavdekësinë dhe rri në dritë të paafrueshme, të cilën asnjë njeri nuk e ka parë kurrë dhe as mund ta shohë; atij i qoftë nderi dhe pushteti i përjetshëm. Amen.

¹⁶ Porositi të pasurit e kësaj bote të mos jenë krenarë, dhe të mos i mbajnë shpresat në pasurinë që është e pasigurt, por në Perëndinë e gjallë, i cili na jep gjithçka bujarisht për ta gëzuar,

¹⁷ të bëjnë të mira, të bëhen të pasur në vepra të mira, të jenë bujarë dhe të gatshëm për të dhënë,

¹⁸ duke mbledhur si thesar një themel të mirë për të ardhmen, për të arritur jetën e përjetshme.

¹⁹ O Timote, ruaj atë që të është besuar, duke u shmangur nga fjalët e kota dhe profane dhe nga kundërshtimet e asaj që quhet në mënyrë të rreme shkencë,

²⁰ të cilën e përqafuan disa dhe dolën nga besimi. Hiri qoftë me ty! Amen!

²¹ Pali, apostulli i Jezu Krishtit nëpërmjet vullnetit të Perëndisë, sipas premtimit të jetës që është në Krishtin Jezus,

2 Timoteut

Kapitull 1

¹ Timoteut, birit të dashur: hir, mëshirë dhe paqe prej Perëndisë Atit, dhe prej Krishtit Jezus, Zotit tonë.

² E falënderoj Perëndinë, të cilit i shërbej sikurse edhe të parët e mi me ndërgjegje të pastër, se pa pushim të kujtoj në lutjet e mia, ditë e natë;

³ dhe, kur kujtoj lotët e tu, kam shumë mall të të shoh që të mbushem me gëzim,

⁴ sepse kujtoj besimin e sinqertë që është në ty, i cili më parë ishte te gjyshja jote Loide dhe te nëna jote Eunike, dhe jam i bindur se është edhe te ti.

⁵ Për këtë arsye po të kujtoj ta zgjosh dhuntinë e Perëndisë që është në ty me anë të vënies së duarve të mia.

⁶ Sepse Perëndia nuk na ka dhënë frymë frike, por force, dashurie dhe urtësie.

⁷ Mos ki turp, pra, të dëshmosh Zotin tonë, as mua, të burgosurin e tij, por hiq keq bashkë me mua për ungjillin, sipas fuqisë së Perëndisë,

⁸ që na shpëtoi dhe na thirri me një thirrje të shenjtë, jo sipas veprave tona, por sipas qëllimit të tij dhe sipas hirit, që na u dha në Krishtin Jezus përpara fillimit të kohëve

⁹ dhe tani u shfaq me anë të dukjes së Shpëtimtarit tonë Jezu Krishtit, që e prishi vdekjen dhe nxori në dritë jetën dhe pavdekësinë me anë të ungjillit,

¹⁰ për të cilin unë u caktova predikues, apostull dhe mësues i johebrenjve.

¹¹ Për këtë arsye unë po vuaj edhe nga këto gjëra, po nuk kam turp, sepse e di kujt i kam besuar dhe jam i bindur se ai është i zoti ta ruajë visarin tim deri në atë ditë.

¹² Ruaje modelin e fjalëve të shëndosha që dëgjove prej meje me besim dhe dashuri, që janë në Krishtin Jezus.

¹³ Ruaje visarin e mirë me anë të Frymës së Shenjtë që rri te ne.

¹⁴ Ti e di se të gjithë ata që janë në Azi më kthyen krahët, dhe midis tyre Figeli dhe Hermogeni.

¹⁵ Zoti i dhëntë mëshirë familjes së Onesiforit, sepse shpeshherë më dha zemër dhe nuk pati turp nga prangat e mia;

¹⁶ madje, kur erdhi në Romë, më kërkoi me shumë zell dhe më gjeti.

¹⁷ Zoti i dhëntë të gjejë mëshirë nga ana e Zotit në atë ditë. Ti e di më mirë se askush sa shërbime më bëri në Efes.

¹⁸ Ti, pra, biri im, forcohu në hirin që është në Krishtin Jezus;

Kapitull 2

¹ dhe ato që dëgjove nga unë përpara shumë dëshmitarëve, jepua njerëzve besnikë, që do të jenë të aftë të mësojnë edhe të tjerë.

² Ti, pra, duro pjesën tënde të vuajtjeve, si një ushtar i mirë i Jezu Krishtit.

³ Sepse asnjë nga ata që shkojnë ushtarë nuk ngatërrohet me punërat e jetës, që t'i pëlqejë atij që e mori ushtar.

⁴ Po ashtu, nëse dikush merr pjesë në gara, nuk kurorëzohet po të mos ketë luftuar sipas rregullave.

⁵ Bujku që mundohet duhet ta marrë i pari pjesën e fryteve.

⁶ Mendo për ato që të them, sepse Zoti do të të japë mend për të gjitha.

⁷ Kujto që Jezu Krishti, nga fisi i Davidit, u ngjall së vdekuri sipas ungjillit tim,

⁸ për të cilin unë po vuaj deri edhe në pranga posi keqbërës; por fjala e Perëndisë nuk lidhet në pranga.

⁹ Prandaj unë i duroj të gjitha për shkak të të zgjedhurve, që ata të kenë shpëtimin që është në Krishtin Jezus, bashkë me lavdi të përjetshme.

¹⁰ Kjo fjalë është e vërtetë, sepse, nëse ne vdiqëm me të, me të edhe do të rrojmë;

¹¹ në qoftë se vuajmë, do të mbretërojmë bashkë me të; po ta mohojmë, edhe ai do të na mohojë.

¹² Nëse jemi të pabesë, ai mbetet besnik, sepse ai nuk mund të mohojë vetveten.

¹³ Ua kujto atyre këto gjëra, duke u përbetuar përpara Zotit të mos hahen kot me fjalë pa asnjë dobi, në dëm të atyre që dëgjojnë.

¹⁴ Mundohu të dalësh përpara Perëndisë si i sprovuar, si punëtor që nuk ka pse te turpërohet, që thotë drejt fjalën e së vërtetës.

¹⁵ Shmangu nga fjalët e kota dhe profane, sepse do të çojnë në pabesi,

¹⁶ dhe fjala e tyre do të brejë si një gangrenë; ndër këta janë Himeneu dhe Fileti,

¹⁷ të cilët dolën jashtë rrugës së të vërtetës, duke thënë se ringjallja ka ngjarë dhe përmbysin besimin e disave.

¹⁸ Megjithatë themeli i fortë i Perëndisë qëndron i patundur, dhe ka këtë vulë: "Zoti i njeh të vetët", dhe: "Le t'i largohet paudhësisë kushdo që përmend emrin e Krishtit".

¹⁹ Në një shtëpi të madhe nuk ka vetëm enë prej ari dhe argjendi, por edhe prej druri dhe balte; disa për të nderuar; të tjerat për të mos nderuar.

²⁰ Pra, në qoftë se dikush pastrohet nga këto gjëra, do të jetë një enë nderi, e shenjtëruar dhe e dobishme për të zotin, e përgatitur për çdo vepër të mirë.

²¹ Largohu nga pasionet rinore dhe bjeru pas drejtësisë, besimit, dashurisë dhe paqes bashkë me ata që e thërresin në ndihmë Zotin me zemër të pastër.

²² Shmang gjithashtu diskutimet e marra dhe pa mend, duke ditur se shkaktojnë grindje.

²³ Sepse shërbëtori i Zotit nuk duhet të zihet, por të jetë i butë me të gjithë, i aftë për të mësuar njerëzit dhe i durueshëm,

²⁴ duke i mësuar me butësi kundërshtarët, me shpresë se Perëndia ua jep atyre të pendohen, që arrijnë të njohin të vërtetën,

²⁵ dhe të vijnë në vete, duke shpëtuar nga laku i djallit, që i ka zënë robër të vullnetit të tij.

²⁶ Dhe dije këtë: në ditët e fundit do të vijnë kohë të vështira,

Kapitull 3

¹ sepse njerëzit do të jenë egoistë, lakmues parash, mburravecë, krenarë, blasfemues, të pabindur ndaj prindërve, mosmirënjohës, të paudhë,

² të padhembshur, të papajtueshëm, shpifës, të papërmbajtur, mizorë, që s'e duan të mirën,

³ tradhtarë, kokështretë, fodullë, dëfrimdashës më fort se perëndidashës,

⁴ të perëndishëm në dukje, por mohues të fuqisë së saj; edhe nga këta largohu.

⁵ Sepse prej këtyre janë ata që futen nëpër shtëpi dhe i bëjnë për vete femrat e ngarkuara me mëkate, të sunduara nga pasione të ndryshme,

⁶ të cilat mësojnë gjithnjë dhe kurrë nuk mund të arrijnë në njohjen e plotë të së vërtetës.

⁷ Dhe sikurse Janesi dhe Jambresi i kundërshtuan Moisiut, po kështu edhe këta i kundërvihen së vërtetës; janë njerëz mendjeprishur, të neveritshëm në çështjen e besimit.

⁸ Por këta nuk do të shkojnë shumë përpara, sepse marrëzia e tyre do të dalë në shesh për të gjithë, ashtu sikurse u ngjau edhe atyre.

⁹ Dhe ti ndoqe nga afër mësimin tim, sjelljen, këshillat, besimin, durimin, dashurinë, ngulmin,

¹⁰ përndjekjet, vuajtjet që më ndodhën në Antioki, në Ikonio, dhe në Listra; ti e di çfarë përndjekjesh hoqa, por Perëndia më shpëtoi nga të gjitha.

¹¹ Të gjithë ata që duan të rrojnë me perëndishmëri në Krishtin Jezus do të përndiqen,

¹² por njerëzit e këqij dhe mashtrues do të shkojnë keq e më keq, duke gënjyer dhe duke u gënjyer vetë.

¹³ Por ti qëndro në ato që mësove dhe u binde plotësisht, duke e ditur prej kujt i mësove,

¹⁴ dhe se që nga fëmijëria i njeh Shkrimet e shenjta, të cilat mund të të bëjnë të ditur për shpëtimin me anë të besimit që është në Krishtin Jezus.

¹⁵ I gjithë Shkrimi është i frymëzuar nga Perëndia dhe i dobishëm për mësim, bindje, ndreqje dhe për edukim me drejtësi,

¹⁶ që njeriu i Perëndisë të jetë i përkryer, tërësisht i pajisur për çdo vepër të mirë.

¹⁷ Po të përbej, pra, përpara Perëndisë dhe Zotit Jezu Krisht, që ka për të gjykuar të gjallë e të vdekur, në dukjen e tij dhe në mbretërinë e tij:

Kapitull 4

¹ prediko fjalën, ngul këmbë me kohë e pa kohë, kritiko dhe qorto, këshillo me çdo durim e doktrinë.

² Sepse do të vijë koha kur njerëzit nuk do ta durojnë doktrinën e shëndoshë, por, sipas ëndjeve të veta, do të mbledhin grumbull mësues për të gudulisur veshët

³ dhe do t'i largojnë veshët nga e vërteta e do t'i sjellin drejt përrallave.

⁴ Por ti rri syçelë në çdo gjë, duro vuajtjet, kryeje punën e ungjilltarit, përmbushe plotësisht shërbesën tënde.

⁵ Sa për mua, po derdhem si ofertë pije, dhe koha e nisjes sime arriti.

⁶ Luftën e mirë e luftova, e përfundova vrapimin, e ruajta besimin.

⁷ Pas kësaj më pret gati kurora e drejtësisë që Perëndia, gjykatësi i drejtë, do të ma japë atë ditë, dhe jo vetëm mua, por edhe gjithë atyre që presin me dashuri të shfaqurit e tij.

⁸ Përpiqu të vish shpejt tek unë,

⁹ sepse Dema më la, sepse deshi këtë botë, dhe iku në Thesaloniki; Kreshenci në Galati, Titi në Dalmaci.

¹⁰ Me mua është vetëm Lluka; merre Markun dhe sille me vete, sepse e kam shumë të dobishëm për shërbesë.

¹¹ Tikikun e dërgova në Efes.

¹² Kur të vish, sill mantelin që lashë në Troadë, pranë Karpit, dhe librat, sidomos pergamenat.

¹³ Aleksandri, remtari, më bëri shumë të këqija; Zoti ia shpagoftë sipas veprave të tij.

¹⁴ Ruaju edhe ti prej tij, sepse ka qenë kundërshtar i madh i fjalëve tona.

¹⁵ Në mbrojtjen time të parë në gjyq askush nuk qe me mua, por të gjithë më lanë; kjo të mos u numërohet për faj.

¹⁶ Por Zoti më ndenji pranë dhe më dha fuqi, që me anën time predikimi i ungjillit të kryhej plotësisht dhe ta dëgjonin të gjithë johebrenjtë; dhe unë shpëtova nga goja e luanit.

¹⁷ Edhe Zoti do të më shpëtojë nga çdo vepër e keqe dhe do të më ruajë për mbretërinë e tij qiellore. Lavdi atij në shekuj të shekujve. Amen.

¹⁸ Të fala Prishilës dhe Akuilës dhe shtëpisë së Onesiforit.

¹⁹ Erasti mbeti në Korint, por Trofimin e lashë të sëmurë në Milet.

²⁰ Përpiqu të vish përpara dimrit. Të përshëndetin Eubuli, Pudenti, Lini, Klaudja dhe të gjithë vëllezërit.

²¹ Zoti Jezu Krisht qoftë me frymën tënde! Hiri qoftë me ju! Amen.

²² Pali, shërbëtor i Perëndisë dhe apostull i Jezu Krishtit, sipas besimit të të zgjedhurve të Perëndisë dhe njohjes të së vërtetës që është sipas perëndishmërisë,

Titit

Kapitull 1

¹ në shpresën e jetës së përjetshme, të cilën Perëndia, që nuk gënjen, e premtoi para të gjitha kohërave,

² dhe që në kohë të caktuara e shfaqi fjalën e tij me anë të predikimit që m'u besua me urdhër të Perëndisë, Shpëtimtarit tonë;

³ Titit, birit të vërtetë në besimin e përbashkët: hir, mëshirë dhe paqe prej Perëndisë, Atit, dhe prej Zotit Jezu Krisht, Shpëtimtarit tonë.

⁴ Për këtë arsye të lashë në Kretë, që ti të ndreqësh mirë çështjet që janë për t'u bërë dhe që, në çdo qytet, të caktosh pleq, ashtu siç të porosita;

⁵ secili prej tyre të jetë i paqortueshëm, bashkëshort i një gruaje të vetme, të ketë fëmijë besimtarë, që të mos përfliten për jetë të shthurur dhe për pandëgjesë.

⁶ Sepse peshkopi, si administrues i shtëpisë së Perëndisë duhet të jetë i paqortueshëm, jo arrogant, jo zemërak, jo i dhënë pas verës, jo i dhunshëm, jo njeri që lakmon fitim të turpshëm,

⁷ por mikpritës, mirëdashës, i urtë, i drejtë, i shenjtë, i përmbajtur,

⁸ që mban fort fjalën besnike siç i është mësuar, që të jetë në gjëndje me doktrinën e shëndoshë të këshillojë dhe bindë ata që kundërshtojnë.

⁹ Sepse ka, veçanërisht ndërmjet atyre që janë nga rrethprerja, shumë të pabindur, llafazanë dhe mashtrues, të cilëve u duhet mbyllur goja;

¹⁰ këta ngatërrojnë familje të tëra, duke mësuar ato që s'duhet, për fitim të ndyrë.

¹¹ Një prej tyre, pikërisht një profet i tyre, tha: "Kretasit janë gjithnjë gënjeshtarë, egërsira të këqija, barkpërtacë!"

¹² Kjo dëshmi është e vërtetë; prandaj qortoji me ashpërsi, që të shëndoshen në besim,

¹³ pa u vënë vesh përrallave të Judenjve dhe urdhërimeve të njerëzve që largohen nga e vërteta.

¹⁴ Gjithçka është e pastër për ata që janë të pastër, por asgjë nuk është e pastër për të ndoturit dhe për ata që nuk besojnë; madje edhe mendja, edhe ndërgjegja e tyre janë të ndotura.

¹⁵ Ata pohojnë se njohin Perëndinë, po me vepra e mohojnë, sepse janë të neveritshëm, të pabindur dhe të pazotë për çfarëdo vepre të mirë.

¹⁶ Por ti shpall ato që përkojnë me doktrinën e shëndoshë:

Kapitull 2

¹ pleqtë të jenë të përmbajtur, dinjitozë, të urtë, të shëndoshë në besim, në dashuri, në durim.

² Gjithashtu edhe gratë e moshuara të kenë sjellje ashtu si u ka hije shenjtoreve, jo shpifëse, jo robinja ndaj verës së shumtë, por mësuese të së mirës,

³ që t'i mësojnë të rejat të duan burrat e tyre, të duan bijtë e tyre,

⁴ të jenë fjalëpakë, të dlira, t'i kushtohen punëve të shtëpisë, të mira, të bindura ndaj burrave të tyre, që fjala e Perëndisë të mos blasfemohet.

⁵ Nxiti gjithashtu të rinjtë që të jenë të matur,

⁶ duke e nxjerrë në çdo gjë veten tënde si shembull veprash të mira, duke treguar në mësim pastërti, dinjitet, paprishshmëri,

⁷ një e folur e shëndoshë e të paqortueshme, që kundërshtari të turpërohet e të mos ketë të flasë asgjë të keqe për ju.

⁸ Shërbëtorët t'u binden zotërinjve të tyre, të mundohen t'i kënaqin në të gjitha gjërat, të mos i kundërshtojnë me fjalë,

⁹ të mos përvetësojnë gjënë e huaj, por të tregojnë një besnikëri të plotë, që në çdo gjë të nderojnë mësimin e Perëndisë, Shpëtimtarit tonë.

¹⁰ Sepse hiri shpëtues i Perëndisë iu shfaq gjithë njerëzve,

¹¹ dhe na mëson të mohojmë pabesinë dhe lakmitë e botës, sepse ne rrojmë me urtësi, me drejtësi dhe me perëndishmëri në këtë jetë,

¹² duke pritur shpresën e lume dhe të shfaqurit e lavdisë të të madhit Perëndi dhe të Shpëtimtarit tonë Jezu Krisht,

¹³ i cili e dha veten për ne, për të na shpenguar nga çdo paudhësi dhe për të pastruar për vete një popull të veçantë, të zellshëm në vepra të mira.

¹⁴ Mësoju këto gjëra, këshillo dhe qorto me çdo pushtet! Askush mos të përçmoftë.

¹⁵ U kujto atyre që t'u nënshtrohen pushtetarëve dhe autoriteteve, të jenë të bindur, gati për çdo vepër të mirë,

Kapitull 3

¹ të mos flasin keq për asnjeri, të jenë paqësorë dhe të butë, duke treguar mirësjellje të madhe kundrejt të gjithë njerëzve.

² Sepse edhe ne dikur ishim të pamendë, rebelë, endacakë, robër të lakmive të ndryshme dhe të qejfeve, duke jetuar në ligësi dhe në smirë, të urryer dhe duke e urryer njeri tjetrin.

³ Po kur u shfaq mirësia e Perëndisë, Shpëtimtarit tonë, dhe dashuria e tij për njerëzit,

⁴ ai na shpëtoi jo me anë të veprave të drejta që ne bëmë, por sipas mëshirës së tij, me anë të larjes së rilindjes dhe të ripërtëritjes së Frymës së Shenjtë,

⁵ të cilën e derdhi me mbushëlli mbi ne, me anë të Jezu Krishtit, shpëtimtarit tonë,

⁶ që ne, të shfajësuar me anë të hirit të tij, të bëhemi trashëgimtarë të jetës së përjetshme, sipas shpresës që kemi.

⁷ Kjo fjalë është e sigurt, dhe dua që ti të pohosh me forcë këto gjëra, që ata që kanë besuar në Perëndinë të kujdesen për të kryer vepra të mira. Këto gjëra janë të mira dhe të dobishme për njerëzit.

⁸ Por ti shmangu nga diskutimet e ma-rra, nga gjenealogjitë, nga grindjet dhe debatet rreth ligjit, sepse janë të padobishme dhe të kota.

⁹ Shmangu nga njeriu sektar, mbasi ta kesh qortuar një herë e dy herë,

¹⁰ duke ditur se një i tillë është çoroditur dhe mëkaton, duke dënuar vetveten.

¹¹ Kur të dërgoj Arteman ose Tikikun, bëj çmos për të ardhur tek unë në Nikopoli, sepse vendosa ta kaloj dimrin aty.

¹² Përcilli me kujdes për udhëtim Zenën, juristin e ligjit, dhe Apolonin, që të mos u mungojë gjë.

¹³ Edhe le të mësojnë edhe tanët t'u kushtohen veprave të mira për nevojat e ngutshme, që të mos jenë të pafrytshëm.

¹⁴ Të gjithë ata që janë me mua të bëjnë të fala. Përshëndeti ata që na duan në besim. Hiri qoftë me ju të gjithë. Amen.

¹⁵ Pali, i burgosuri i Jezu Krishtit, dhe vëlla Timoteu, Filemonit të dashur dhe bashkëpunëtorit tonë,

Filemonit

¹ motrës Apfi, bashkëluftëtarit tonë Arkipit, dhe kishës që mblidhet në shtëpinë tënde:

² hir dhe paqe mbi ju prej Perëndisë sonë, Atit, dhe Zotit Jezu Krisht.

³ E falënderoj Perëndinë tim, duke të kujtuar gjithnjë në lutjet e mia,

⁴ sepse po dëgjoj për dashurinë tënde dhe për besimin që ke ndaj Zotit Jezu Krisht dhe ndaj gjithë shenjtorëve,

⁵ që bashkësia e besimit tënd të bëhet e frytshme nëpërmjet njohjes së çdo të mire që është në ju për shkak të Jezu Krishtit.

⁶ Sepse ne patëm gëzim të madh dhe përdëllim nga dashuria jote, sepse me anën tënde, o vëlla, zemrat e shenjtorëve u përtërinë.

⁷ Prandaj, edhe pse kam liri të plotë në Krishtin të të urdhëroj atë që duhet të bësh,

⁸ më shumë më pëlqen të të lutem për dashurinë, kështu siç jam unë, Pali, plak dhe tashti edhe i burgosur i Jezu Krishtit;

⁹ të lutem për birin tim Onesim, që më lindi në prangat e mia,

¹⁰ i cili dikur s'kishte fare vlerë për ty, por që tani është shumë i vlefshëm për ty e për mua,

¹¹ të cilin ta dërgova përsëri; dhe ti prite atë, zemrën time.

¹² Do të desha ta mbaja pranë vetes që të më shërbente në vendin tënd në prangat për shkak të ungjillit;

¹³ por nuk desha të bëja asgjë pa mendjen tënde që e mira të cilën do të bësh të mos jetë nga detyrimi, por me dashje.

¹⁴ Sepse ndoshta për këtë arsye qe ndarë prej teje për pak kohë, që ta kesh atë përgjithmonë,

¹⁵ por jo më si skllav, por shumë më tepër se skllav, vëlla të dashur, sidomos për mua, por aq më tepër për ty si sipas mishit, ashtu dhe në Zotin.

¹⁶ në qoftë se ti, pra, më konsideron shok, prite si të isha vetë!

¹⁷ Dhe në qoftë se të ka bërë ndonjë padrejtësi ose të ka ndonjë detyrim, m'i ngarko mua.

¹⁸ Unë, Pali, i shkrova me dorën time. Unë vetë do të paguaj; që të mos them se ti më detyrohesh edhe veten tënde!

¹⁹ Po, vëlla, ma bëj këtë nder në Perëndinë! Ma përtëri zemrën në Perëndinë!

²⁰ Të shkrova me plotbesim se do të më dëgjosh, sepse e di se ti do të bësh edhe më shumë nga sa po të them.

²¹ Më përgatit njëkohësht një vend për të ndenjur, sepse shpresoj se, për hir të lutjeve tuaja, do t'ju dhurohem përsëri.

²² Epafra, i burgosur bashkë me mua në Jezu Krishtin,

²³ Marku, Aristarku, Dema dhe Lluka, bashkëpunëtorët e mi, të bëjnë të fala.

²⁴ Hiri i Zotit tonë Jezu Krisht qoftë me frymën tuaj. Amen.

²⁵ Perëndia, mbasi u foli së lashti shumë herë dhe në shumë mënyra etërve me anë të profetëve,

Hebrenjve

Kapitull 1

¹ së fundi, këto ditë na ka folur me anë të Birit, të cilin e bëri trashëgimtar të të gjitha gjërave, me anë të të cilit e krijoi dhe gjithësinë.

² Ai, duke qenë shkëlqimi i lavdisë së tij dhe vula e qenies së tij dhe duke i mbajtur të gjitha me fjalën e fuqisë së tij, mbasi e bëri vetë pastrimin nga mëkatet tona, u ul në të djathtën e Madhërisë në vendet e larta,

³ edhe u bë aq më i lartë nga engjëjt, sa më të madhërueshëm se ata është emri që ai e trashëgoi.

⁴ Sepse cilit nga engjëjt i tha ndonjë herë: "Ti je Biri im, sot më je lindur"? Edhe përsëri: "Unë do t'i jem Atë, dhe ai do të më jetë Bir"?

⁵ Dhe akoma, kur ta shtjerë të Parëlindurin në botë, thotë: "Le ta adhurojnë të gjithë engjëjt e Perëndisë".

⁶ Kurse për engjëjt thotë: "Engjëjt e vet ai i bën erëra, dhe shërbenjësit e tij flakë zjarri";

⁷ ndërsa për të Birin thotë: "Froni yt, o Perëndi është në shekuj të shekujve; skeptri i mbretërisë sate është skeptër drejtësie.

⁸ E ke dashur drejtësinë dhe e ke urryer paudhësinë; prandaj Perëndia, Perëndia yt, të vajosi me vaj gëzimi përmbi shokët e tu".

⁹ Edhe: "Ti, o Perëndi, në krye themelove tokën dhe qiejt janë vepër e duarve të tu.

¹⁰ Ata do të prishen, por ti mbetesh; edhe të gjithë do të vjetrohen si rrobë,

¹¹ dhe ti do t'i mbështjellësh si një mantel edhe do të ndërrohen; por ti je po ai, dhe vitet e tua nuk do të shteren kurrë".

¹² Dhe cilit nga engjëjt i tha ndonjë herë: "Rri në të djathtën time, gjersa t'i vë armiqtë e tu shtroje të këmbëve të tua"?

¹³ A nuk janë ata të gjithë frymëra shërbenjës, që dërgohen për të shërbyer për të mirën e atyre që kanë për të trashëguar shpëtimin?

¹⁴ Prandaj ne duhet t'u përmbahemi më shumë atyre që dëgjuam, se mos shkasim ndonjë herë nga ruga.

Kapitull 2

¹ Sepse, në qoftë se fjala që u fol nga engjëjt është e patundur dhe çdo shkelje e mosbindje mori një shpagim të drejtë,

² si do të shpëtojmë ne, nëqoftëse e lëmë pas dore një shpëtim kaq të madh? Ky shpëtim, si u shpall në fillim prej Perëndisë, u vërtetua ndër ne nga ata që e dëgjuan,

³ ndërsa Perëndia dëshmonte për të me anë shenjash e mrekullish, me vepra të ndryshme të fuqishme dhe me dhurata të Shpirtit të Shenjtë, sipas vullnetit të tij.

⁴ Sepse Perëndia nuk e vuri nën pushtet të engjëjve botën që ka për të ardhur, për të cilin po flasim,

⁵ por dikush dëshmoi diku duke thënë: "Ç'është njeriu, që të bie ndërmend për të? Ose i biri i njeriut që të kujdesesh për të?

⁶ Ti e bëre për pak kohë më të vogël nga engjëjt, ti e kurorëzove me lavdi dhe me nder dhe e vure përmbi veprat e duarve të tua;

⁷ Ti i vure të gjitha nën këmbët e tij". Sepse, mbasi i vuri të gjitha nën pushtetin e tij, nuk la asgjë pa iu nënshtruar. Por tani nuk shohim ende që të gjitha janë nën pushtetin e tij,

⁸ por shohim Jezusin të kurorëzuar me lavdi dhe me nder për vdekjen që pësoi; ai u bë për pak kohë më i vogël se engjëjt, që me hirin e Perëndisë të provonte vdekjen për të gjithë njerëzit.

⁹ Sepse i duhej atij, për të cilin dhe nëpërmjet të cilit janë të gjitha, duke çuar shumë bij në lavdi, ta bënte të përsosur me anë të vuajtjeve realizuesin e shpëtimit të tyre.

¹⁰ Sepse ai që shenjtëron dhe ata që shenjtërohen janë të gjithë prej një; prandaj as nuk turpërohet t'i quajë vëllezër,

¹¹ duke thënë: "Vëllezërve të mi do t'ua shpall emrin tënd, do të të lavdëroj në mes të kishës".

¹² Edhe më: "Do të shpresoj në të". Dhe përsëri: "Ja unë, dhe fëmijët që m'i dha Perëndia".

¹³ Sepse, duke qenë se bijtë kanë marrë pjesë prej mishi dhe gjaku, po ashtu edhe ai u bë pjestar në po ato gjëra, që të shkatërronte, me anë të vdekjes, atë që ka pushtetin e vdekjes, domethënë djallin,

¹⁴ edhe të çlironte të gjithë ata që nga frika e vdekjes i ishin nënshtruar robërisë për tërë jetën.

¹⁵ Sepse ai nuk kujdeset për engjëjt, por ndihmon pasardhjen e Abrahamit.

¹⁶ Prandaj ai duhej t'u ngjante në çdo gjë vëllezërve, që të mund të ishte i mëshirshëm e kryeprift besnik në ato që i përkasin Perëndisë, për t'u bërë pajtim për mëkatet e popullit.

¹⁷ sepse, duke qenë se ai vetë hoqi kur u tundua, mund t'u vijë në ndihmë atyre që tundohen.

¹⁸ Prandaj, o vëllezër të shenjtë, pjestarë të thirrjes qiellore, vështroni apostullin dhe kryepriftin e rrëfimit të besimit tonë, Jezu Krishtin,

Kapitull 3

¹ i cili është besnik ndaj atij që e bëri, ashtu si qe edhe Moisiu në tërë shtëpinë e tij.

² Sepse Jezusi është i denjë për më shumë lavdi se Moisiu, meqenëse ai që ndërton shtëpinë ka më shumë nder se shtëpia.

³ sepse çdo shtëpi ndërtohet prej dikujt, por ai që ka ndërtuar gjithçka është Perëndia.

⁴ Dhe Moisiu qe me të vërtetë besnik në shtëpinë e Perëndisë si shërbëtor, për të dëshmuar për të gjitha gjërat që duheshin thënë,

⁵ por Krishti, si bir, është mbi shtëpinë e tij dhe shtëpia e vet jemi ne, në qoftë se e mbajmë deri në fund guximin dhe mburrjen e shpresës.

⁶ Prandaj, sikurse thotë Fryma e Shenjtë: "Sot, në qoftë se e dëgjoni zërin e tij,

⁷ mos i ngurtësoni zemrat tuaja si në provokim, në ditën e tundimit në shkretëtirë,

⁸ ku etërit tuaj më tunduan duke më vënë në sprovë, ndonëse i kishin parë veprat e mia dyzet vjet.

⁹ Prandaj u indinjova me atë brez dhe thashë: Gabojnë gjithnjë me zemër dhe nuk i njohën udhët e mia;

¹⁰ kështu u betova në mërinë time: Nuk do të hyjnë në prehjen time".

¹¹ Kini kujdes, vëllezër, se mos ndonjë nga ju ka zemër të ligë, mosbesimi, që të largohet nga Perëndia i gjallë,

¹² por nxitni njeri tjetrin çdo ditë, derisa thuhet: "Sot", që të mos ngurtësohet ndonjë nga ju prej mashtrimit të mëkatit.

¹³ Sepse ne jemi bërë pjestarë të Krishtit, në qoftë se do ta ruajmë të palëkundur deri në fund fillimin e besimit,

¹⁴ kur thuhet: "Sot, në qoftë se e dëgjoni zërin e tij, mos jini zemërgur si në ditën e kryengritjes".

¹⁵ Kush janë ata që, mbasi e dëgjuan, e provokuan? A thua jo të gjithë ata që dolën nga Egjipti me anë të Moisiut?

¹⁶ Dhe kush qenë ata me të cilët u zemërua për dyzet vjet? A s'qenë vallë ata që mëkatuan, kufomat e të cilëve ranë nëpër shkretëtirë?

¹⁷ Dhe për cilët bëri be se nuk do të hynin në prehjen e tij, veç se për ata që qenë të pabindur?

¹⁸ Ne shohim se ata nuk mundën të hyjnë për shkak të mosbesimit.

¹⁹ Prandaj, përderisa mbetet akoma një premtim për të hyrë në prehjen e tij, le të kemi frikë se mos ndonjë nga ju të mbetet jashtë.

Kapitull 4

¹ Në fakt neve si edhe atyre u ishte shpallur lajmi i mirë, por fjala e predikimit nuk u dha dobi fare, sepse nuk qe e bashkuar me besimin tek ata që e dëgjuan.

² Sepse ne që besuam hyjmë në prehje, siç tha ai: "Kështu u përbetova në mërinë time: nuk do të hyjnë në prehjen time", ndonëse veprat e tij u mbaruan që kur se u krijua bota.

³ Sepse diku ai ka thënë kështu për të shtatën ditë: "Dhe Perëndia u preh të shtatën ditë nga të gjitha veprat e tij";

⁴ dhe po aty: "Nuk do të hyjnë në prehjen time".

⁵ Mbasi, pra, mbetet që disa të hyjnë në të, ndërsa ata që u ungjillzuan më përpara nuk hyjnë për shkak të mosbesimit të tyre,

⁶ ai cakton përsëri një ditë: "Sot", duke thënë, mbas kaq kohe, me gojën e Davidit: "Sot, në qoftë se e dëgjoni zërin e tij, mos u bëni zemërgur".

⁷ Sepse, në qoftë se Jozueu do t'u kishte dhënë prehje, Perëndia nuk do të kishte folur për një ditë tjetër.

⁸ Mbetet, pra, një pushim i së shtunës për popullin e Perëndisë.

⁹ Sepse kush ka hyrë në prehjen e tij, ka bërë pushim edhe ai nga veprat e veta, ashtu si Perëndia nga të tijat.

¹⁰ Le të përpiqemi, pra, të hyjmë në atë prehje, që askush të mos bjerë në atë shëmbull të mosbindjes.

¹¹ Sepse fjala e Perëndisë është e gjallë dhe vepruese, më e mprehtë se çdo shpatë me dy tehe dhe depërton deri në ndarjen e shpirtit dhe të frymës, të nyjeve dhe të palcave, dhe është në gjendje të gjykojë mendimet dhe dëshirat e zemrës.

¹² Dhe nuk ka asnjë krijesë që të jetë e fshehur para tij, por të gjitha janë lakuriq dhe të zbuluara para syve të Atij, të cilit ne do t'i japim llogari.

¹³ Duke pasur, pra, një kryeprift të madh që ka përshkuar qiejt, Jezusin, Birin e Perëndisë, le të mbajmë fort rrëfimin tonë të besimit.

¹⁴ Sepse ne nuk kemi kryeprift që nuk mund t'i vijë keq për dobësitë tona, po një që u tundua në të gjitha ashtu si ne, por pa mëkatuar.

¹⁵ Le t'i afrohemi, pra, me guxim fronit të hirit, që të marrim mëshirë e të gjejmë hir, për të pasur ndihmë në kohë nevoje.

¹⁶ Sepse çdo kryeprift, që merret prej njerëzve, vihet kryeprift mbi njerëzit për gjërat që kanë të bëjnë me Perëndinë, për të ofruar dhurata dhe flijime për mëkatet;

Kapitull 5

¹ kështu ai mund të ketë dhembshuri për ata që janë të paditur dhe të gënjyer, sepse edhe ai është i veshur me dobësi,

² dhe për këtë arsye është i detyruar të ofrojë flijime për fajet, si për popullin ashtu edhe për veten e tij.

³ Dhe askush nuk e merr këtë nder prej vetes së tij, po ai që thirret nga Perëndia, sikurse Aaroni.

⁴ Kështu edhe Krishti nuk e përvetësoi ai vetë lavdinë që të bëhet kryeprift, por ia dha Ai që i tha: "Ti je im Bir, sot ti më linde",

⁵ dhe ashtu si thuhet diku gjetiu: "Ti je prift përjetë, sipas rendit të Melkisedekut".

⁶ I cili, në ditët e mishit të tij, me klithma të larta dhe me lot, i ofroi lutje dhe urata atij që mund ta shpëtonte nga vdekja, dhe u dëgjua për shkak të frikës së tij nga Perëndia.

⁷ Edhe pse ishte Bir, mësoi të jetë i bindur nga ato që pësoi,

⁸ dhe, si u bë i përkryer, u bë vepronjësi i shpëtimit të amshuar për të gjithë ata që që i binden,

⁹ duke qenë i shpallur kryeprift nga Perëndiaa sipas rendit të Melkisedekut,

¹⁰ për të cilin kemi shumë gjëra për të thënë, por të vështira për t'u shpjeguar, sepse ju jeni rënduar nga veshët për të dëgjuar.

¹¹ Sepse, ndonëse tashmë duhet të ishit mësues, keni përsëri nevojë që t'ju mësojnë njohuritë e para të orakujve të Perëndisë, dhe keni nevojë për qumësht, dhe jo për ushqime të forta.

¹² Sepse kushdo që ushqehet me qumësht nuk ka përvojën e fjalës së drejtësisë, sepse është foshnjë;

¹³ kurse ushqimi i fortë është për të rriturit, të cilët, nga përvoja, i kanë të zhvilluara vetitë për të dalluar të mirën dhe të keqen.

¹⁴ Prandaj, duke e lënë fjalën e fillimit të Krishtit, le të synojmë përkryerjen, pa hedhur përsëri themel pendimi nga vepra të vdekura dhe nga besimi te Perëndia,

Kapitull 6

¹ nga doktrina për pagëzimet, të vënies së duarve, të ringjalljes të të vdekurve dhe të gjyqit të përjetshëm;

² dhe këtë do ta bëjmë, në e lejoftë Perëndia.

³ Sepse ata që janë ndriçuar një herë, e shijuan dhuntinë qiellore dhe u bënë pjestarë të Frymës së Shenjtë,

⁴ dhe shijuan fjalën e mirë të Perëndisë dhe mrrekullitë e jetës së ardhshme,

⁵ dhe po u rrëzuan, është e pamundur t'i sjellësh përsëri në pendim, sepse ata, për vete të tyre, e kryqëzojnë përsëri Birin e Perëndisë dhe e poshtërojnë.

⁶ Sepse toka, që pi shiun, i cili bie shpesh mbi të dhe prodhon barëra të dobishme për ata që e punojnë, merr bekim nga Perëndia;

⁷ kurse, po të prodhojë ferra e murriza, shahet edhe afër mallkimit dhe fundi i vet është për t'u djegur.

⁸ Dhe ndonëse flasim kështu, ne, o të dashur, lidhur me ju jemi të bindur për gjëra më të mira dhe që i takojnë shpëtimit,

⁹ sepse Perëndia nuk është i padrejtë, që të harrojë veprën dhe mundimin tuaj të dashurisë që treguat për emrin e tij me shërbesën që u bëtë dhe po u bëni shenjtorëve.

¹⁰ Dhe dëshirojmë që secili nga ju të tregojë deri në fund të njëjtin zell për të arritur në sigurimin e plotë të shpresës,

¹¹ që të mos bëheni përtacë, por t'u përngjani atyre që nëpërmjet besim dhe durim trashëgojnë premtimet.

¹² Sepse kur Perëndia i dha premtimin Abrahamit, duke qenë se s'kishte ndonjë më të madh që të përbetohej, bëri be me veten e tij

¹³ duke thënë: "Sigurisht do të të bekoj dhe do të të shumoj fort".

¹⁴ Dhe kështu Abrahami, duke pritur me durim, fitoi premtimin.

¹⁵ Sepse njerëzit bëjnë be për dikë që është më i madh, dhe në këtë mënyrë betimi për ta është garancia që i jep fund çdo mosmarrëveshjeje.

¹⁶ Kështu Perëndia, duke dashur t'u tregojë trashëgimtarëve të premtimit në mënyrë më të qartë palëkundshmërinë e vendimit të tij vuri ndërmjetës betimin,

¹⁷ që me anë të dy gjërave të pandryshueshme, në të cilat është e pamundur të Perëndia të gënjejë, të kemi trimërim të madh ne, që kemi kërkuar strehë duke u kapur nga shpresa që na u vu përpara.

¹⁸ Kjo shpresë që ne kemi është si një spirancë e sigurt dhe e patundur, dhe që hyn deri në brendësinë e velit,

¹⁹ ku ka hyrë Krishti, si pararendës për ne, pasi u bë kryeprift në amshim sipas rendit të Melkisedekut.

²⁰ Sepse ky Melkisedeku, mbret i Salemit dhe prift i Shumë të Lartit Perëndi, i doli përpara Abrahamit, kur po kthehej nga disfata e mbretërve dhe e bekoi;

Kapitull 7

¹ dhe Abrahami i dha atij edhe të dhjetën e të gjithave. Emri i tij do të thotë më së pari "mbreti i drejtësisë", dhe pastaj edhe "mbreti i Salemit", domethënë "mbreti i paqes".

² Pa atë, pa nënë, pa gjenealogji, pa pasur as fillim ditësh as fund jete, por i përngjashëm me Birin e Perëndisë, ai mbetet prift në amshim.

³ Merrni me mend, pra, sa i madh ishte ky, të cilit Abrahami i dha të dhjetën e plaçkës.

⁴ Edhe ata nga bijtë e Levit që marrin priftërinë kanë porosi sipas ligjit të marrin të dhjetën nga populli, pra, nga vëllezërit e tyre, megjithëse edhe ata kanë dalë nga mesi i Abrahamit;

⁵ ndërsa ky, Melkisedeku, ndonëse nuk e kishte gjenealogjinë prej atyre, mori të dhjetën nga Abrahami dhe bekoi atë që kishte premtimet.

⁶ Dhe s'ka kundërshtim se më i vogli bekohet nga më i madhi.

⁷ Veç kësaj ata që i marrin të dhjetat janë njerëzit që vdesin, kurse atje i merr ai për të cilin dëshmohet se rron.

⁸ Dhe, që të them kështu, vetë Levi, që merr të dhjetat, dha të dhjeta te Abrahami, sepse ishte ende në mesin e t'et, kur Melkisedeku i doli përpara.

⁹ Sepse, po të ishte përkryerja me anë të priftërisë levitike (sepse populli e mori ligji nën atë), ç'nevojë kishte të dilte një prift tjetër sipas rendit të Melkisedekut dhe të mos caktohet sipas rendit të Aaronit?

¹⁰ Sepse, po të ndërrohet priftëria, domosdo ndërrohet edhe ligji.

¹¹ Sepse ai për të cilin bëhet fjalë i përket një fisi tjetër, prej të cilit askush nuk i ka shërbyer ndonjëherë altarit;

¹² sepse dihet se Perëndia ynë lindi nga fisi i Judës, për të cilin Moisiu nuk tha asgjë lidhur me priftërinë.

¹³ Dhe kjo bëhet edhe më e qartë, në qoftë se del një prift tjetër pas shëmbëllimit të Melkisedekut,

¹⁴ që nuk u bë i tillë në bazë të ligjit të porosisë së mishit, po në bazë të fuqisë të jetës së pashkatërrueshme.

¹⁵ Sepse Shkrimi dëshmon: "Ti je prift për jetë të jetës, sipas të Melkisedekut".

¹⁶ Në këtë mënyrë bie poshtë urdhërimi i mëparshëm, për shkak të dobësisë e të padobisë së tij,

¹⁷ sepse ligji nuk mbaroi asnjë lloj pune, po futi një shpresë më të mirë, me anë të së cilës i afrohemi Perëndisë.

¹⁸ Dhe kjo nuk u bë pa betim. Sepse ata bëheshin priftërinj pa bërë betim,

¹⁹ (ndërsa ky në bazë të betimit nga ana e atij që i tha: "Perëndia u betua dhe nuk do të pendohet: Ti je prift përjetë, sipas rendit të Melkisedekut").

²⁰ Kështu Jezusi u bë garant i një besëlidhjeje shumë më të mirë.

²¹ Për më tepër ata qenë bërë priftërinj në numër të madh, sepse vdekja nuk i linte të qëndronin për gjithnjë,

²² kurse ai, mbasi qëndron për jetë të jetës, ka priftëri të patjetërsueshme,

²³ prandaj edhe mund të shpëtojë plotësisht ata që me anë të tij i afrohen Perëndisë, sepse gjithmonë rron që të ndërmjetësojë për ta.

²⁴ Sepse ne një kryeprift i tillë na duhej, i shenjtë, i pafaj, i papërlyer, i ndarë nga mëkatarët dhe i ngritur përmbi qiej,

²⁵ i cili nuk ka nevojë çdo ditë, si ata kryepriftërinjtë, të ofrojë flijime më parë për mëkatet e veta e pastaj për ato të popullit; sepse këtë e bëri një herë e mirë, kur e kushtoi vetveten.

²⁶ Sepse ligji vë kryepriftërinj njcrëz që kanë dobësi, por fjala e betimit, që vjen pas ligjit, vë Birin që është i përkryer në jetë të jetës.

²⁷ Dhe pika kryesore e atyre gjërave që po themi është kjo: ne kemi një kryeprift të tillë, i cili qëndron në të djathtën e fronit të Madhërisë në qiejt,

²⁸ shërbenjës i shenjtërores dhe të tabernakullit të vërtetë, të cilin e ngriti Perëndia e jo njeriu.

Kapitull 8

¹ Sepse çdo kryeprift vihet për të ofruar dhurata dhe flijime, prandaj është e nevojshme që edhe ky të ketë diçka që të kushtojë.

² Po të ishte Ai mbi dhe, nuk do të ishte as prift, sepse ka priftërinj të cilët ofrojnë dhuratat sipas ligjit,

³ që shërbejnë sipas shëmbullit dhe hijes së gjërave qiellore, ashtu si i qe folur Moisiut, kur po gatitej të ndërtonte tabernakullin: "Shiko",

tha Ai, "t'i bësh të gji-tha sipas modelit që të qe treguar në mal".

⁴ Po tani Krishti mori një shërbesë edhe më të shquar, sepse është ndërmjetësi i një besëlidhjeje më të mirë, që bazohet mbi premtime më të mira,

⁵ sepse, në qoftë se Besëlidhja e parë do të qe e patëmetë, nuk do të qe nevoja të kërkohej vend për një tjetër.

⁶ Sepse Perëndia, duke i qortuar, thotë: "Ja po vijnë ditët kur do të bëj një Besëlidhje të re me shtëpinë e Izraelit dhe me shtëpinë e Judës,

⁷ jo si besëlidhja që bëra me etërit e tyre, ditën që i mora për dore për t'i nxjerrë jashtë nga toka e Egjiptit, sepse ata nuk qëndruan besnikë në Besëlidhjen time, dhe unë i braktisa, thotë Zoti.

⁸ Dhe kjo është besëlidhja që unë do të bëj me shtëpinë e Izraelit pas atyre ditëve, thotë Zoti: unë do t'i shtie ligjet e mia në mendjet e tyre dhe do t'i shkruaj në zemrat e tyre, dhe do të jem Perëndia e tyre dhe ata do të jenë populli im.

⁹ Dhe askush nuk do të mësojë më të afërmin e tij, askush vëllanë e vet, duke thënë: "Njih Perëndinë!". Sepse të gjithë do të më njohin, nga më i vogli e deri tek më i madhi prej tyre,

¹⁰ sepse unë do të jem i mëshirshëm për paudhësitë e tyre dhe nuk do të kujtoj më mëkatet e tyre dhe keqbërjet e tyre".

¹¹ Duke thënë "një besëlidhje e re", ai e vjetëroi të parën; edhe ajo që vjetrohet dhe plaket është afër prishjes.

¹² Sigurisht edhe e para Besëlidhje kishte disa rregulla për shërbesën hyjnore dhe për shenjtëroren tokësore.

¹³ Sepse u ndërtua një tabernakull i parë, në të cilin ishte shandani, tryeza dhe bukët e paraqitjes; ai quhet: "Vendi i shenjtë".

Kapitull 9

¹ Pas velit të dytë ishte tabernakulli, i quajtur "Vendi shumë i shenjtë" (Shenjtërorja e Shenjtërorëve),

² që përmbante një tymtore prej ari edhe arkën e Besëlidhjes, të mbuluar nga të gjitha anët me ar, në të cilën ishte një enë e artë me manë, shkopi i Aaronit që kishte buluar dhe rrasat e Besëlidhjes.

³ Edhe sipër asaj ishin kerubinët e lavdisë që i bënin hije pajtuesit; për këto ne nuk do të flasim me hollësi tani.

⁴ Duke qenë të vendosura kështu këto gjëra, priftërinjtë hynin vazhdimisht në tabernakulli i parë për të kryer shërbesën hyjnore;

⁵ por në të dytin hynte vetëm kryeprifti një herë në vit, jo pa gjak, të cilin e ofronte për veten e tij dhe për mëkatet e popu-llit të kryera në padije.

⁶ Në këtë mënyrë Fryma e Shenjtë donte të tregonte se udha e shenjtërores ende nuk ishte shfaqur, mbasi ende po qëndronte tabernakulli i parë,

⁷ i cili është një shëmbëlltyrë për kohën e tanishme; dhe donte të tregonte se dhuratat dhe flijimet që jepeshin nuk mund ta bënin të përsosur në ndërgjegje atë që e kryente shërbesën hyjnore,

⁸ sepse kishte të bënte vetëm me ushqime, pije, larje të ndryshme, urdhërime mishi, të imponuara deri në kohën e ndryshimit.

⁹ Por Krishti, që erdhi si kryeprift i të mirave që do të vijnë në të ardhmen, duke kaluar nëpër një tabernakull më të madh e më të përkryer, që s'është bërë me dorë, pra, që nuk është e kësaj krijese,

¹⁰ hyri një herë e përgjithmonë në shenjtërore, jo me gjakun e cjepve dhe të viçave, por me gjakun e vet, dhe fitoi një shpëtim të amshuar.

¹¹ Sepse, në qoftë se gjaku i demave dhe cjepve dhe hiri i një mëshqerre i spërkatur mbi të ndoturit, i shenjtëron, duke i pastruar në mish,

¹² aq më shumë gjaku i Krishtit, i cili me anë të Frymës së Shenjtë e dha veten e tij të papërlyer nga asnjë faj ndaj Perëndisë, do ta pastrojë ndërgjegjen tuaj nga veprat e vdekura për t'i shërbyer Perëndisë së gjallë!

¹³ Për këtë arsye ai është ndërmjetësi i Besëlidhjes së re që, me anë të vdekjes që u bë për shpërblimin e shkeljeve që u kryen gjatë Besëlidhjes së parë, të thirrurit të marrin premtimin e trashëgimisë së amshuar.

¹⁴ Sepse atje ku ka një testament do të ketë me doemos edhe vdekjen e trashëgimlënësit.

¹⁵ Sepse testamenti është i vlefshëm vetëm pas vdekjes, sepse nuk ka kurrfarë fuqie deri sa trashëgimlënësi ende rron.

¹⁶ Prandaj edhe Besëlidhja e parë nuk u vërtetua pa gjak.

¹⁷ Sepse kur iu shpallën të gjitha urdhërimet sipas ligjit gjithë popullit nga Moisiu, ky mori gjakun e viçave, të cjepve, bashkë me ujë, lesh të kuq dhe hisop, e spërkati librin dhe gjithë popullin.

¹⁸ dhe thënë: "Ky është gjaku i Besëlidhjes që Perëndia urdhëroi për ju".

¹⁹ Gjithashtu ai me atë gjak spërkati edhe tabernakullin dhe të gjitha orenditë e shërbesës hyjnore.

²⁰ Dhe sipas ligjit, gati të gjitha gjërat pastrohen me anë të gjakut; dhe pa derdhur gjak nuk ka ndjesë.

²¹ Ishte, pra, e nevojshme që format e gjërave qiellore të pastroheshin me këto gjëra; por vetë gjerat qiellore me flijime më të mira se këto.

²² Sepse Krishti nuk hyri në një shenjtërore të bërë me dorë, që është vetëm shëmbëllesë e asaj të vërtetë, por në vetë qiellin për të dalë tani përpara Perëndisë për ne,

²³ dhe jo për ta kushtuar si fli veten e vet shumë herë, sikurse kryeprifti që hyn vit për vit në shenjtërore me gjak që s'është i veti,

²⁴ sepse përndryshe ai duhet të pësonte shumë herë që kur se u krijua bota; por tani, vetëm një herë, në fund të shekujve Krishti u shfaq për të prishur mëkatin me anë të flijimit të vetvetes.

²⁵ Dhe, duke qenë se është caktuar që njerëzit të vdesin vetëm një herë, dhe më pas vjen gjyqi,

²⁶ kështu edhe Krishti, pasi u dha vetëm njëherë për të marrë mbi vete mëkatet e shumëve, do të duket për së dyti pa mëkat për ata që e presin për shpëtim.

²⁷ Sepse ligji, duke pasur hijen e të mirave që kishin për të ardhur dhe jo figurën vetë të gjërave, nuk mundet kurrë që t'i bëjë të përkryer ata që i afrohen Perëndisë me anë të njëjtave flijime që ofrohen vazhdimisht vit për vit.

²⁸ Sepse përndryshe do të kishin pushuar t'i ofronin, sepse ata që e ushtrojnë kultin, si të pastroheshin një herë, a nuk do të kishin më asnjë vetëdije për mëkatet?

Kapitull 10

¹ Por në këto flijime përtërihet çdo vit kujtimi i mëkateve,

² sepse është e pamundur që gjaku i demave dhe i cjepve të heqë mëkatet.

³ Prandaj, duke hyrë në botë, ai thotë: "Ti nuk deshe as flijim as mblatë, po bëre gati për mua një trup;

⁴ ti nuk pëlqeve as olokauste as flijimet për mëkatin.

⁵ Atëherë unë thashë: "Ja, unë po vij; në rotullin e librit është shkruar për mua; për të bërë, o Perëndi, vullnetin tënd"".

⁶ Mbasi tha: "Ti nuk deshe as flijim as mblatë, as olokauste as flijime për mëkatin, që të blatohen sipas ligjit",

⁷ ai shtoi: "Ja, unë vij për të bërë, o Perëndi, vullnetin tënd". Ai heq të parën, që të vërë të dytën.

⁸ Prej këtij vullneti, ne jemi shenjtëruar me anë të kushtimit të trupit të Jezu Krishtit, që u bë një herë për të gjithë.

⁹ Dhe ndërsa çdo prift rri përdita në këmbë duke shërbyer dhe duke mblatuar shpesh herë të njëjtat flijime, që nuk mund të heqin kurrë mëkatet,

¹⁰ ai, përkundrazi, pasi dha për gjithnjë një flijim të vetëm për mëkatet, u vu të rrijë në të djathtën e Perëndisë,

¹¹ duke pritur paskëtaj vetëm që armiqtë e tij t'i vihen si ndenjëse për këmbët e tij.

¹² Sepse, me një ofertë të vetme, ai i bëri të përsosur për gjithnjë ata që shenjtërohen.

¹³ Por edhe Fryma e Shenjtë na e dëshmon; sepse, mbasi pat thënë më parë:

¹⁴ "Kjo është Besëlidhja që unë do të bëj me ata pas atyre ditëve, thotë Perëndia, unë do t'i shtie ligjet e mia në zemrat e tyre dhe do t'i shkruaj në mendjet e tyre",

¹⁵ shton: "Dhe nuk do t'i kujtoj më mëkatet e tyre dhe paudhësitë e tyre".

¹⁶ Edhe atje ku ka ndjesë të këtyre gjërave, nuk ka më ofertë për mëkatin.

¹⁷ Duke pasur, pra, o vëllezër, liri të plotë për të hyrë në shenjtërore me anë të gjakut të Jezusit,

¹⁸ me anë të një udhe të re dhe të gjallë që ai përuroi për ne me anë të velit, domethënë të mishit të tij,

¹⁹ edhe duke pasur një kryeprift mbi shtëpinë e Perëndisë,

²⁰ le t'i afrohemi me zemër të vërtetë, me siguri të plotë besimi, duke i pasur zemrat tona të lara prej ndërgjegjës së ligë dhe trupin të larë me ujë të kulluar.

²¹ Le të mbajmë të patundur rrëfimin e shpresës sonë, sepse besnik është ai që premtoi.

²² Dhe le të kujdesemi për njeri tjetrin, për t'u nxitur për dashuri dhe vepra të mira,

²³ pa hequr dorë nga të mbledhurit bashkë tonin, sikurse kanë zakon disa, por të nxisim njeri tjetrin, aq më tepër se e shihni ditën që po afrohet.

²⁴ Sepse, në qoftë se ne mëkatojmë me dashje mbasi kemi marrë dijeni të së vërtetës, nuk mbetet më asnjë flijim për mëkatet,

²⁵ por vetëm një pritje gjyqi e tmerrshme dhe një e ndezur zjarri që

do të përpijë kundërshtarët.

²⁶ Kushdo që shkel ligjin e Moisiut vritet pa mëshirë me deponimet e dy ose tre dëshmitarëve.

²⁷ Ç'dënim më të keq meriton, sipas mendimit tuaj, ai që ka shkelur me këmbë Birin e Perëndisë dhe e ka konsideruar profan gjakun e Besëlidhjes me të cilin u shenjtërua, dhe ka fyer Frymën e hirit?

²⁸ Sepse ne e dimë atë që ka thënë: "Hakmarrja më takon mua, unë do ta jap shpagimin", thotë Perëndia. Dhe përsëri: "Perëndia do të gjykojë popullin e vet".

²⁹ Gjë e tmerrshme është të bjerë njeriu në duart e Perëndisë së gjallë.

³⁰ Dhe tani sillni ndërmend ditët e mëparshme, në të cilat, pasi u ndriçuat, keni duruar një luftë të madhe vuajtjesh,

³¹ herë duke u bërë objekt fyerjesh dhe mundimesh, herë duke u solidarizuar me ata që trajtoheshin në këtë mënyrë.

³² Sepse treguat dhembje për mua në prangat e mia dhe keni pranuar me gëzim t'ju zhveshin nga pasuria juaj, duke ditur se keni për veten tuaj një pasuri më të mirë e të qëndrueshme në qiej.

³³ Mos e hidhni tej guximin tuaj, që do të ketë një shpërblim të madh.

³⁴ Sepse ju keni nevojë për ngulm që mbasi, të bëni vullnetin e Perëndisë, të merrni gjërat e premtuara.

³⁵ "Edhe fort pak kohë, edhe ai që duhet të vijë do të vijë dhe nuk do të vonojë.

³⁶ Dhe i drejti do të jetojë prej besimit; por ne qoftë se ndokush tërhiqet prapa, shpirti im nuk do të gjejë pëlqim në të".

³⁷ Por ne nuk jemi nga ata që tërhiqen prapa për humbje, por nga ata që besojnë në shpëtimin e shpirtit.

³⁸ Dhe besimi është siguria e gjërave që shpresohen, tregim i gjërave që nuk shihen;

³⁹ sepse me anë të saj të moçmit morën dëshmimin.

Kapitull 11

¹ Me anë të besimit ne kuptojmë se bota është ndërtuar me fjalën e Perëndisë, sa që ato që shihen nuk u bënë prej gjërave që shihen.

² Me anë të besimit Abeli i ofroi Perëndisë flijim më të mirë nga ai i Kainit; me anë të tij ai mori dëshmimin se ishte i drejtë, sepse Perëndia dha dëshmi se i pranoi ofertat e tij; dhe me anë të tij, ndonëse vdiq, ai po flet ende.

³ Me anë të besimit Enoku u zhvendos që të mos shikonte vdekje dhe nuk u gjet më, sepse Perëndia e kishte zhvendosur; sepse para se të merrej, ai pati dëshmimin se i kishte pëlqyer Perëndisë.

⁴ Edhe pa besim është e pamundur t'i pëlqesh Atij, sepse ai që i afrohet Perëndisë duhet të besojë se Perëndia është, dhe se është shpërblenjësi i atyre që e kërkojnë atë.

⁵ Me anë të besimit Noeu, i lajmëruar hyjnisht për ato që ende nuk shiheshin, u frikësua dhe ndërtoi një arkë për shpëtimin e shtëpisë së tij, me anë të së cilës e dënoi botën dhe u bë trashëgimtar i drejtësisë që është me anë të besimit.

⁶ Me anë të besimit Abrahami, kur u thirr, u bind të shkojë në atë vend që do të merrte për trashëgim; dhe u nis pa ditur se ku po shkonte.

⁷ Me anë të besimit Abrahami banoi në tokën e premtuar, si në një dhe të huaj, dhe ndenji në çadra bashkë me Isakun dhe Jakobin, bashkëtrashëgimtarë të të nëjtit premtim;

⁸ sepse priste qytetin që ka themelet, mjeshtër dhe ndërtues i të cilit është Perëndia.

⁹ Me anë të besimit edhe vetë Sara, ndonëse e kishte kaluar moshën, mori fuqi të bëhet me barrë dhe të lindë, sepse e konsideroi besnik atë që i kishte bërë premtimin.

¹⁰ Prandaj edhe prej një të vetmi, edhe ky gati për të vdekur, lindën pasardhës të shumtë sa yjet e qiellit dhe si rëra që është në breg të detit dhe që nuk numërohet dot.

¹¹ Të gjithë këta vdiqën në besim, pa marrë premtimet e bëra, por i panë ato për se largu dhe u bindën dhe i përshëndetën ato me gëzim duke rrëfyer se janë të huaj dhe shtegtarë mbi dhe.

¹² Sepse ata që flasin të tilla, tregojnë se kërkojnë atdhe.

¹³ Dhe, po ta kishin pasur në mend atë nga e cila kishin dalë, do të kishin gjetur kohë të ktheheshin atje.

¹⁴ Por ata tani dëshirojnë një atdhe më të mirë, domethënë qiellor; prandaj Perëndisë nuk i vjen turp të quhet Perëndi i tyre, sepse u bëri gati atyre një qytet.

¹⁵ Me anë të besimit Abrahami, pasi u vu në provë, ofroi Isakun dhe ai kishte pritur premtimet ofroi birin e tij të vetëm,

¹⁶ ndonëse Perëndia i pati thënë: "Te Isaku do të quhet pasardhja jote (që do të mbajë emrin tënd)",

¹⁷ sepse Abrahami mendonte se Perëndia ishte i fuqishëm sa ta ringjallte edhe prej së vdekurish; prej të cilëve edhe e mori atë përsëri si një lloj figure.

¹⁸ Me anë të besimit Isaku bekoi Jakobin dhe Esaun, për gjërat që do të ndodhnin.

¹⁹ Me anë të besimit Jakobi, duke vdekur, bekoi secilin nga bijtë e Jozefit dhe adhuroi duke u mbështetur mbi majën e shkopit të tij.

²⁰ Me anë të besimit Jozefi, duke vdekur, përmendi eksodin e bijve të Izraelit dhe dha porosi për eshtrat e tij.

²¹ Më anë të besimit Moisiu, si lindi, u fsheh nga prindërit e tij tre muaj, sepse ata panë se fëmija ishte i bukur dhe nuk u frikësuan nga urdhëri i mbretit.

²² Me anë të besimit Moisiu, si u bë i madh, nuk pranoi të thuhet i biri i së bijës së Faraonit,

²³ duke parapëlqyer të keqtrajtohet bashkë me popullin e Perëndisë se sa të gëzonte për një farë kohe dëfrimet e mëkatit,

²⁴ duke e çmuar dhunën e Krishtit si pasuri më të madhe nga thesaret e Egjiptit, sepse i drejtonte sytë nga shpërblimi.

²⁵ Me anë të besimit e la Egjiptin pa pasur frikë mërinë e mbretit, sepse qëndroi i patundur sikur të shihte të padukshmin.

²⁶ Me anë të besimit kremtoi Pashkën dhe bëri spërkatjen e gjakut, me qëllim që ai i cili i vriste të parëlindurit të mos ngiste ata të Izraelit.

²⁷ Me anë të besimit kaluan nëpër Detin e Kuq si ishte tokë e thatë, ndërsa kur Egjiptasit u përpoqën ta bëjnë, u mbytën.

²⁸ Me anë të besimit ranë muret e Jerihos, pasi u suallën rreth tyre shtatë ditë.

²⁹ Me anë të besimit Rahabi, një prostitutë, nuk humbi bashkë me ata që nuk besuan, sepse kishte pritur paqësisht zbuluesit.

³⁰ Dhe ç'të them më? Sepse nuk do të më mjaftonte koha, po të doja të tregoja për Jedeonin, Barakun, Sansonin, Jeftin, Davidin, Samuelin dhe për profetët,

³¹ të cilët, me anë të fesë nënshtruan mbretëria, realizuan drejtësinë, arritën ato që u premtuan, ua zunë grykën luanëve,

³² fikën fuqinë e zjarrit, shpëtuan nga tehu i shpatës, nga të dobët u bënë të fuqishëm, u bënë të fortë në betejë, thyen ushtritë e huaja.

³³ Gratë morën të vdekurit e tyre me anë të ringjalljes; e të tjerët u torturuan, sepse nuk pranuan çlirimin, për të fituar një ringjallje më të mirë.

³⁴ Dhe të tjerë hoqën përqeshje dhe goditje, madje edhe pranga dhe burgime.

³⁵ U vranë me gurë, me sharrë, u prenë, u vranë nga shpata, u endën të mbuluar me lëkurë dhënsh e dhish, nevojtarë, të pikë-lluar, të keqtrajtuar

³⁶ (bota nuk ishte e denjë për ta), u sollën nëpër shkretëtira e nëpër male, nëpër shpella dhe nëpër guva të dheut.

³⁷ E pra, të gjithë këta, ndonëse morën dëshmim të mirë me anë të besimit, nuk morën atë që u ishte premtuar,

³⁸ sepse Perëndia kishte paraparë diçka më të mirë për ne, që ata të mos arrinin në përsosje pa ne.

³⁹ Prandaj edhe ne, duke qenë të rrethuar nga një re kaq e madhe dëshmimtarësh, duke hedhur tej çdo barrë dhe mëkatin që na qarkon vazhdimisht duke na joshur, le të rendim me durim në udhën që është përpara nesh,

⁴⁰ duke i drejtuar sytë te Jezusi, kreu dhe plotësonjësi i besimit, i cili, për gëzimin që ishte përpara tij, duroi kryqin duke e përçmuar fyerjen dhe u ul në të djathtën e fronit të Perëndisë.

Kapitull 12

¹ Kujtoni, pra, atë që duroi një kundërshtim të tillë nga ana e mëkatarëve kundër tij, që të mos lodheni dhe të ligështoheni në shpirtin tuaj.

² Ju akoma nuk keni qëndruar deri në gjak, duke luftuar kundër mëkatit,

³ dhe keni harruar këshillën që ju drejtohet juve porsi bijve: "Biri im, mos e përçmo qortimin e Perëndisë dhe mos e humb zemrën kur ai të qorton,

⁴ sepse Perëndia ndreq atë që do dhe fshikullon çdo bir që i pëlqen".

⁵ Në qoftë se ju do ta duroni qortimin, Perëndia do t'ju trajtojë si bij; sepse cilin bir nuk e korigjon i ati?

⁶ Por, po të mbeteni të pandrequr, ku të gjithë u bënë pjestarë, atëherë jeni kopila dhe jo bij.

⁷ Pastaj etërit tanë sipas mishit i patëm për të na ndrequr dhe i nderonim ata; a nuk do t'i nënshtrohemi edhe më tepër Atit të shpirtrave, për të jetuar?

⁸ Sepse ata na ndreqën për pak ditë, ashtu siç u dukej më mirë, kurse ai na ndreq për të mirën tonë që të bëhemi pjestarë të shenjtërisë së tij.

⁹ Çdo ndreqje, pra, aty për aty, nuk duket se sjell gëzim, po

hidhërim; por më pas u jep një fryt drejtësie atyre që janë ushtruar me anë të tij.

¹⁰ Prandaj forconi duart e kapitura dhe gjunjët e këputur,

¹¹ dhe bëni shtigje të drejta për këmbët tuaja, që ajo e cila çalon të mos ndrydhet, por më tepër të shërohet.

¹² Kërkoni paqe me të gjithë dhe shenjtërim, pa të cilin askush nuk ka për të parë Perëndinë,

¹³ duke u kujdesur fort që askush të mos mbetet pa hirin e Perëndisë dhe se mos mbijë ndonjë rrënjë e hidhur dhe t'ju turbullojë dhe me anë të saj të ndoten shumë njerëz;

¹⁴ se mos ndodhet ndonjë kurvar ose profan, si Esau, i cili për një gjellë shiti të drejtën e tij të parëbirnisë.

¹⁵ Sepse e dini se, më pas, kur ai deshi të trashëgojë bekimin, iu refuzua, ndonëse e kërkoi me lot, sepse nuk gjeti vend pendimi.

¹⁶ Sepse ju nuk iu afruat malit që mund të kapet me dorë dhe që digjet me zjarr, as errësirës, as territ, as stuhisë,

¹⁷ as zërit të borisë, as zërit të fjalëve, të cilin ata që e dëgjuan u lutën që atyre të mos u drejtohej më asnjë fjalë,

¹⁸ sepse nuk mund të duronin urdhërin: "Në se edhe një shtazë e prek malin, të vritet me gurë ose me shigjeta";

¹⁹ dhe aq e llahtarshme ishte pamja, sa Moisiu tha: "Unë jam i frikësuar dhe po dridhem i tëri".

²⁰ Por ju iu afruat malit Sion dhe qytetit të Perëndisë së gjallë, që është Jeruzalemi qiellor, edhe morisë së engjëjve,

²¹ kuvendit universal dhe kishës të të parëlindurve që janë shkruar në qiej, Perëndisë, gjykatësit të të gjithëve, shpirtërave të të drejtëve që u bënë të përsosur,

²² dhe Jezusit, Ndërmjetësit të Besëlidhjes së re, dhe gjakut të spërkatjes, që flet më mirë se ai i Abelit.

²³ Shikoni se mos refuzoni atë që flet, sepse në qoftë se nuk shpëtuan ata që refuzuan të dëgjojnë atë që fliste si orakull mbi dhe, aq më pak do të shpëtojmë ne, po të mos refuzojmë të dëgjojmë atë që flet prej qiellit,

²⁴ zëri i të cilit e drodhi atëherë dheun, por tashti bëri këtë premtim, duke thënë: "Unë edhe një herë do të tund jo vetëm dheun, por edhe qiellin".

²⁵ Dhe kjo fjalë "edhe një herë" tregon ndryshueshmërinë e gjërave, që tunden, si të bëra me dorë, që të mbeten ato që nuk tunden.

²⁶ Prandaj, duke marrë mbretërinë të patundur, le ta ruajmë këtë hir me anë të cilit i shërbejmë Perëndisë në një mënyrë të pëlqyeshme, me nderim e me frikë,

²⁷ sepse Perëndia ynë është një zjarr që konsumon.

²⁸ Dashuria vëllazërore le të mbetet.

²⁹ Mos harroni mikpritjen, sepse disa duke e praktikuar e pritën pa ditur engjëj!

Kapitull 13

¹ Kujtoni të burgosurit si të ishit të lidhur bashkë me ta, dhe ata që keqtrajtohen, sepse edhe ju vetë jeni në trup.

² Martesa të nderohet nga të gjithë dhe shtrati martesor i papërlyer, sepse Perëndia do të gjykojë kurvarët dhe kurorëshkelësit.

³ Sjellja juaj të jetë pa lakmi paraje dhe kënaquni me atë që keni, sepse vetë Perëndia ka thënë: "Nuk do të të lë, nuk do të të braktis".

⁴ Kështu mund të themi, me plot besim: "Perëndia është ndihmuesi im dhe unë nuk do të kem frikë; ç'do të më bëjë njeriu?".

⁵ Kujtoni të parët tuaj, që ju shpallën fjalën e Perëndisë dhe, duke çmuar rezultatin e sjelljes së tyre, merrni si shembull besimin e tyre.

⁶ Krishti është i njëjtë dje, sot e përjetë.

⁷ Mos e lëshoni veten aty e këtu prej doktrinah të ndryshme dhe të huaja, sepse është mirë që zemra juaj të forcohet me anë të hirit dhe jo prej ushqimit, të cilat nuk u dhanë asnjë dobi atyre aq sa ecën.

⁸ Ne kemi një altar prej të cilit nuk kanë të drejtë të hanë ata që i shërbejnë tabernakullit.

⁹ Sepse trupat e atyre kafshëve, gjaku i të cilave është sjellë prej kryepriftit në shenjtëroren për mëkatin, digjen jashtë fushës.

¹⁰ Prandaj edhe Jezusi, për të shenjtëruar popullin me gjakun e vet, pësoi jashtë derës (së qytetit)

¹¹ Le të dalim, pra, drejt tij jashtë fushës, duke bartur poshtërimin e tij.

¹² Sepse nuk kemi këtu qytet të përhershëm, por kërkojmë atë që ka për të ardhur.

¹³ Me anë të tij, pra, le t'i ofrojmë vazhdimisht Perëndisë një flijim lavdie, domethënë frytin e buzëve që rrëfejnë emrin e tij.

¹⁴ Dhe mos harroni bamirësinë dhe t'u jepni ndihmë të tjerëve, sepse Perëndisë i pëlqejnë flijime të tilla.

¹⁵ Dëgjoni të parët tuaj dhe nënshtrohuni atyre, sepse ata rrijnë zgjuar për shpirtërat tuaj, si ata që duhet të japin llogari; që ta bëjnë këtë me gëzim dhe jo me psheretima, sepse kjo nuk do t'ju sillte dobi.

¹⁶ Lutuni për ne, sepse ne besojmë se kemi ndërgjegje të mirë, duke dashur të sillemi mirë në çdo gjë.

¹⁷ Dhe ju bëj thirrje edhe më shumë ta bëni këtë, që unë të kthehem te ju sa më parë.

¹⁸ Dhe Perëndia e paqes, që e ngriti nga të vdekurit, me anë të gjakut të Besëlidhjes së amshuar, Bariun e madh të dhënve, Perëndinë tonë Jezu Krisht,

¹⁹ ju bëftë të përsosur për çdo vepër të mirë, që të kryeni vullnetin e tij, duke punuar te ju atë që është e pëlqyer përpara tij, me anë të Jezu Krishtit, të cilit i qoftë lavdi në shekuj të shekujve. Amen.

²⁰ Dhe ju lutem, o vëllezër, ta mbani këtë fjalë këshillimi, sepse ju shkrova shkurt.

²¹ Ta dini se vëllai Timoteu u lirua nga burgu. Nëse mbërrin së shpejti, unë do të vij te ju bashkë me të.

²² Përshëndetni të gjithë të parët tuaj dhe gjithë shenjtorët! Ju përshëndesin ata të Italisë.

²³ Hiri qoftë mbi ju të gjithë! Amen.

²⁴ Jakobi, shërbëtor i Perëndisë dhe i Zotit Jezu Krisht, të dymbëdhjetë fiseve të shpërndarë nëpër botë: përshëndetje!

²⁵ Ta konsideroni një gëzim të madh, o vëllezër të mi, kur ndodheni përballë sprovash nga më të ndryshmet,

Jakobit

Kapitull 1

¹ duke e ditur se sprova e besimit tuaj sjell qëndrueshmëri.

² Dhe qëndrueshmëria të kryejë në ju një vepër të përsosur, që ju të jeni të përsosur dhe të plotë, pa asnjë të metë.

³ Por në qoftë se ndonjërit nga ju i mungon urtia, le të kërkojë nga Perëndia, që u jep të gjithëve pa kursim, pa qortuar, dhe atij do t'i jepet.

⁴ Por le ta kërkojë me besim, pa dyshuar, sepse ai që dyshon i ngjan valës së detit, të cilën e ngre dhe e përplas era.

⁵ Dhe ky njeri të mos pandehë se do të marrë diçka nga Zoti,

⁶ sepse është një njeri me dy mendje, i paqëndrueshëm në gjithë rrugët e veta.

⁷ Dhe vëllai më i poshtme le të madhështohet në lartësimin e tij,

⁸ dhe i pasuri në uljen e tij, sepse do të shkojë si lule bari.

⁹ Në fakt si lindi dielli me të nxehtit e tij dhe e thau barin, dhe lulja e tij ra dhe bukuria e pamjes së vet humbi: kështu do të fishket edhe i pasuri në udhët e tij.

¹⁰ Lum njeriu që ngulmon në provë, sepse kur del i aprovuar, do të marrë kurorën e jetës, të cilën Zoti ua premtoi atyre që e duan.

¹¹ Askush kur tundohet të mos thotë: "Jam tunduar nga Perëndinë", sepse Perëndia nuk mund të tundohet nga e keqja, dhe ai vet nuk tundon asnjeri.

¹² Por secili tundohet i udhëhequr dhe i mashtruar nga lakminë e vet.

¹³ Pastaj lakmia, pasi mbarset, pjell mëkatin dhe mëkati, si të kryhet, ngjiz vdekjen.

¹⁴ Mos u mashtroni, vëllezërit e mi shumë të dashur;

¹⁵ çdo gjë e mirë që na jepet dhe çdo dhuratë e përsosur vjen prej së larti dhe zbret nga Ati i dritave, pranë së cilit nuk ka ndërrim dhe as hije ndryshimi.

¹⁶ Ai na ngjizi me vullnetin e tij me anë të fjalës të së vërtetës, që ne të jemi në një farë menyrë fryti i parë i krijesave të tij.

¹⁷ Prandaj, vëllezërit e mi shumë të dashur, çdo njeri të jetë i shpejtë në të dëgjuar, i ngadalshëm në të folur dhe i ngadalshëm në zemërim,

¹⁸ sepse zemërimi i njeriut nuk kryen drejtësinë e Perëndisë.

¹⁹ Prandaj, hiqni çdo ndyrësi dhe mbeturinë ligësie, pranoni me butësi fjalën e mbjellë në ju, e cila mund të shpëtojë shpirtrat tuaj.

²⁰ Dhe bëhuni bërës të fjalës dhe jo vetëm dëgjues, që gënjejnë vetveten.

²¹ Sepse nëse dikush është dëgjues i fjalës dhe jo bërës, ai i përngjan një njeriu që e shikon fytyrën e tij natyrale në një pasqyrë;

²² ai e shikon veten dhe pastaj ikën, duke harruar menjëherë si ishte.

²³ Ndërsa ai që do të shikojë me vemendje ligjin e përsosur, i cili është ligji i lirisë, dhe ngulmon në të, duke mos qenë një dëgjues harraq, por një bërës i veprës, ai do të jetë i lumtur në veprimtarinë e vet.

²⁴ Në qoftë se ndokush nga ju mendon se është fetar, edhe nuk i vë fre gjuhës së vet, sigurisht ai e mashtron zemrën e vet, feja e këtij është e kotë.

²⁵ Feja e pastër dhe pa njollë përpara Perëndisë dhe Atit është kjo: të vizitosh jetimët dhe të vejat në pikëllimet e tyre dhe ta ruash veten të pastër nga bota.

²⁶ Vëllezër të mi, mos i lidhni preferencat personale me besimin e Zotit tonë Jezu Krisht, Zoti i lavdisë.

²⁷ Sepse në qoftë se në asamblenë tuaj hyn një njeri me një unazë prej ari, me rroba të shkëlqyera, dhe hyn edhe një i varfër me një rrobë të fëlliqur,

Kapitull 2

¹ dhe ju i drejtoni sytë nga ai që vesh rroben e shkëlqyer dhe i thoni: "Ti ulu këtu, në vendin e mirë", dhe të varfërit i thoni: "Ti rri atje, në këmbë", ose: "Ulu këtu, afër stolit të këmbëve të mia",

² a nuk bëtë ju një dallim në mes tuaj, duke u bërë kështu gjykatës me mendime të këqija?

³ Dëgjoni, vëllezër të mi shumë të dashur, a nuk i zgjodhi Perëndia të varfërit e botës, që të jenë të pasur në besim dhe trashëgimtarë të mbretërisë që ua premtoi atyre që e duan?

⁴ Po ju i shndëruat të varfërit! A nuk janë vallë të pasurit ata që ju shtypin, dhe nuk janë këta ata që ju heqin nëpër gjykata?

⁵ A nuk janë ata që blasfemojnë emrin e lavdishëm që u thirr mbi ju?

⁶ Në qoftë se ju më të vërtetë e përmbushni ligjin mbretëror sipas Shkrimit: "Duaje të afërmin tënd si vetveten", bëni mirë;

⁷ por në qoftë se bëni preferenca personale, ju kryeni mëkat dhe dënoheni nga ligji si shkelës.

⁸ Sepse kushdo që e zbaton gjithë ligjin, por e shkel në një pikë, është fajtor në të gjitha pikat.

⁹ Sepse ai që ka thënë: "Mos shkel kurorën", ka thënë gjithashtu: "Mos vraj". Prandaj nëse ti nuk shkel kurorën, por vret, ti je shkelës i ligjit.

¹⁰ Prandaj të flisni e të veproni sikurse të duhej të gjykoheshit nga ligji i lirisë,

¹¹ sepse gjyqi do të jetë pa mëshirë për atë që nuk ka treguar mëshirë; dhe mëshira triumfon mbi gjykimin.

¹² Ç'dobi ka, vëllezër të mi, nëse dikush thotë se ka besim, por nuk ka vepra? A mund ta shpëtojë atë besimi?

¹³ Dhe në qoftë se një vëlla ose një motër janë të zhveshur dhe u mungon ushqimi i përditshëm,

¹⁴ dhe dikush nga ju u thotë atyre: "Shkoni në paqe! Ngrohuni dhe ngopuni", dhe nuk u jepni atyre gjërat për të cilat kanë nevojë për trupin, ç'dobi ka?

¹⁵ Po kështu është edhe besimi; në qoftë se s'ka vepra, është i vdekur në vetvete.

¹⁶ Po dikush do të thotë: "Ti ke besimin, dhe unë kam veprat"; më trego besimin tënd pa veprat e tua dhe unë do të të tregoj besimin tim me veprat e mia.

¹⁷ Ti beson se ka vetëm një Perëndi. Mirë bën; edhe demonët besojnë dhe dridhen.

¹⁸ Po, a dëshiron të kuptosh, o njeri i kotë, se besimi pa vepra është i vdekur?

¹⁹ Abrahami, ati ynë, a nuk u shfajësua me anë të veprave, kur e ofroi birin e vet, Isakun, mbi altar?

²⁰ Ti e sheh se besimi vepronte bashkë me veprat e tij, dhe se, nëpërmjet veprave, besimi u përsos.

²¹ Kështu u përmbush Shkrimi, që thotë: "Edhe Abrahami i besoi Perëndisë, dhe kjo iu numërua për drejtësi"; dhe u quajt miku i Perëndisë.

²² Ju shikoni, pra, se njeriu shfajësohet nga veprat dhe jo vetëm nga besimi.

²³ Gjithashtu a nuk u shfajësua edhe Rahabi, lavirja, nga veprat, kur i priti të dërguarit dhe i përcolli nga një udhë tjetër?

²⁴ Sepse, sikurse trupi pa frymën është i vdekur, ashtu edhe besimi, pa vepra, është i vdekur.

²⁵ Vëllezër të mi, mos u bëni shumë mësues, duke ditur se do të kemi një gjykim më të ashpër,

²⁶ sepse të gjithë gabojmë në shumë gjëra. Në qoftë se dikush nuk gabon në të folur, është njeri i përsosur, dhe është gjithashtu i aftë t'i vërë fre gjithë trupit.

Kapitull 3

¹ Ja, u vëmë fre në gojë kuajve, që të na binden, dhe ta drejtojmë kështu gjithë trupin e tyre.

² Ja, edhe anijet, edhe pse janë shumë të mëdha dhe shtyhen nga erëra të forta, drejtohen nga një timon shumë i vogël, atje ku do timonieri.

³ Kështu edhe gjuha është një gjymtyrë e vogël, por mbahet me të madh. Ja, një zjarr i vogël ç'pyll të madh djeg!

⁴ Edhe gjuha është një zjarr, një botë paudhësie; ajo është vendosur midis gjymtyrëve tona, gjuha e fëlliq gjithë trupin, ndez ecjen e natyrës dhe ndizet nga Gehena.

⁵ Sepse çdo lloj bishash, shpendësh, zvaranikësh e kafshësh të detit mund të zbuten dhe janë zbutur nga natyra njerëzore,

⁶ kurse gjuhën asnjë nga njerëzit s'mund ta zbusë; është një e keqe e papërmbajtshme, plot me helm vdekjeprurës.

⁷ Me atë ne bekojmë Perëndinë dhe Atin, dhe me të ne mallkojmë njerëzit që janë bërë sipas shëmbëllimit të Perëndisë.

⁸ Nga e njejta gojë del bekimi dhe mallkimi. Vëllezër të mi, nuk duhet të ishte kështu.

⁹ Mos vallë burimi nxjerr nga e njejta vrimë ujë të ëmbël e të hidhur?

¹⁰ A mundet të prodhojë fiku ullinj, ose hardhia fiq? Kështu asnjë burim nuk mund të japë ujë të kripur dhe të ëmbël.

¹¹ Kush është ndër ju i urtë dhe i ditur? Le të tregojë me sjellje të bukur veprat e tij me zemërbutësi të urtësisë.

¹² Por në qoftë se ne zemrën tuaj keni smirë të hidhur dhe grindje, mos u mbani me të madh dhe mos gënjeni kundër së vërtetës.

¹³ Kjo nuk është dituri që zbret nga lart, por është tokësore, shtazore, djallëzore.

¹⁴ Sepse atje ku ka smirë dhe grindje, atje ka trazirë dhe gjithfarë veprash të këqija.

¹⁵ Kurse dituria që vjen nga lart, më së pari është e pastër, pastaj pajtuese, e butë, e bindur, plot mëshirë dhe fryte të mira, e paanshme dhe jo hipokrite.

¹⁶ Dhe fryti i drejtësisë mbillet në paqe për ata që bëjnë paqen.

¹⁷ Nga vijnë luftërat dhe grindjet te ju?. A nuk vijnë, nga pasionet që luftojnë ndër gjymtyrët tuaja?

¹⁸ Ju lakmoni dhe nuk keni, ju vrisni dhe keni smirë dhe nuk fitoni gjë; ju ziheni dhe luftoni, por nuk keni, sepse nuk kërkoni.

Kapitull 4

¹ Ju kërkoni dhe nuk merrni, sepse kërkoni keqas që të shpenzoni për kënaqësitë tuaja.

² O shkelës dhe shkelëse të kurorës, a nuk e dini se miqësia me botën është armiqësi me Perëndinë? Ai, pra, që don të jetë mik i botës bëhet armik i Perëndisë.

³ Apo pandehni se Shkrimi thotë kot: "Fryma që rri në ne a lakmon deri në smirë"?

⁴ Por ai jep hir edhe më të madh; prandaj thotë: "Perëndia u kundërvihet mendjemëdhenjve dhe u jep hir të përulurve".

⁵ Nënshtrojuni, pra, Perëndisë, kundërshtoni djallin dhe ai do të largohet nga ju!

⁶ Afrohuni te Perëndia dhe ai do t'ju afrohet juve; pastroni duart tuaja, o mëkatarë; dhe pastroni zemrat o njerëz me dy mendje!

⁷ Pikëllohuni, mbani zi dhe qani; të qeshurit tuaj le të kthehet në zi, dhe gëzimi në trishtim.

⁸ Përuluni përpara Zotit, dhe ai do t'ju lartësojë!

⁹ Mos flisni keq për njeri tjetrin, vë-llezër; ai që flet kundër vëllait dhe e gjykon vëllanë e vet, flet kundër ligjit dhe gjykon ligjin; dhe, po të gjykosh ligjin, ti nuk je zbatues i ligjit, por gjykatës.

¹⁰ Ka vetëm një Ligjdhënës, që mund të të shpëtojë ose të të çojë në humbje; por ti kush je që gjykon një tjetër?

¹¹ Dhe tani, ju që thoni: "Sot ose nesër do të shkojmë në atë qytet, dhe do të rrijmë atje një vit, do të tregtojmë dhe do të fitojmë",

¹² ndërsa nuk dini për të nesërmen. Sepse ç'është jeta? Është avull që duket për pak, dhe pastaj humbet.

¹³ Në vend që të thoni: "Në dashtë Zoti dhe në paçim jetë, ne do të bëjmë këtë ose atë gjë".

¹⁴ Ju, përkundrazi, mburreni në arrogancën tuaj; çdo mburrje e tillë është e keqe.

¹⁵ Ai, pra, që di të bëjë të mirë edhe nuk e bën, bën mëkat.

¹⁶ Dhe tani ju, o pasanikë: qani dhe vajtoni për të këqijat që do t'ju zënë!

¹⁷ Pasuria juaj u kalb dhe rrobat tuaja i brejti tenja.

Kapitull 5

¹ Ari dhe argjendi juaj u ndryshkën, dhe ndryshku i tyre do të jetë një dëshmi kundër jush dhe do t'ju përpijë mishërat si zjarr; keni mbledhur thesare në ditët e fundit.

² Ja, paga që u keni ngrënë puntorëve që ju korrën arat, po këlthet; dhe klithmat e atyre që korrën, arritën në vesh Zotit të ushtrive.

³ Jetuat mbi tokë ndër qejfe dhe shkapërderdhje; i ushqyet zemrat tuaja si për ditë të të therurit.

⁴ Dënuat dhe vratë të drejtin: ai nuk ju kundërshtoi.

⁵ Tani, pra, vëllezër, jini të durueshëm deri në ardhjen e Zotit; shikoni si e pret me durim bujku frytin e çmuar të tokës, deri sa të marrë shiun e parë dhe të fundit.

⁶ Jini të durueshëm edhe ju dhe forconi zemrat tuaja, sepse ardhja e Zotit është afër.

⁷ Mos u ankoni nga njeri tjetri, vëllezër, që të mos dënoheni; ja, gjykatësi është te dera.

⁸ O vëllezër të mi, merrni si shembull vuajtjeje dhe durimi profetët, që folën në emër të Zotit.

⁹ Ja, ne shpallim të lum ata që duruan; ju keni dëgjuar për durimin e Jobit, dhe e keni parë fatin përfundimtar që Zoti i rezervoi, sepse Zoti është plot mëshirë e dhembshuri.

¹⁰ Dhe, para së gjithash, vëllezër të mi, mos bëni be as për qiellin as për dheun, as mos bëni ndonjë be tjetër; por le të jetë "po" -ja juaj "po" dhe "jo" -ja "jo", që të mos bini nën dënim.

¹¹ A vuan ndonjë nga ju? Le të lutet. A është i gëzuar ndokush? Le të këndojë psalme!

¹² A është i sëmurë ndonjë nga ju? Le të thërrasë pleqtë e kishës dhe ata të luten përmbi të, dhe le ta lyejnë me vaj në emër të Zotit,

¹³ dhe lutja e besimit do ta shpëtojë të sëmurin dhe Zoti do ta mëkëmbë; dhe nëse ka bërë mëkate, ato do t'i falen.

¹⁴ Rrëfeni fajet njeri tjetrit dhe lutuni për njeri tjetrin, që të shëroheni; shumë fuqi ka lutja e të drejtit kur bëhet me gjithë shpirt.

¹⁵ Elia ishte një njeri me të njëjtat pasionet tona, dhe u lut intensivisht që të mos binte shi, edhe nuk ra shi mbi dhe për tre vjet e gjashtë muaj.

¹⁶ Dhe u lut përsëri dhe qielli dha shi edhe dheu dha frytin e vet.

¹⁷ Vëllezër, në qoftë se ndonjë nga ju del nga rruga e së vërtetës dhe dikush e kthen,

¹⁸ le ta dijë se ai që e kthen mëkatarin nga të gabuarit e rrugës së tij, do të shpëtojë një shpirt nga vdekja dhe do të mbulojë një shumicë mëkatesh.

¹⁹ Pjetri, apostull i Jezu Krishtit, të zgjedhurve që rrijnë në diasporën e Pontit, të Galatisë, të Kapadokisë, të Azisë dhe të Bitinisë,

²⁰ të zgjedhurve sipas paranjohjes së Perëndisë, Atit, me anë të shenjtërimit të Frymës, për t'u bindur dhe për t'u spërkatur me gjakun e Jezu Krishtit; hiri dhe paqja u shtoftë mbi ju.

1 Pjetrit

Kapitull 1

¹ Qoftë bekuar Perëndia edhe Ati i Zotit tonë Jezu Krisht, i cili me anë të mëshirës së tij të madhe na rilindi për një shpresë të gjallë me anë të ringjalljes së Jezu Krishtit prej së vdekurish,

² për një trashëgim të paprishshëm, të panjollë dhe të pafishkur, që është ruajtur në qiejt për ju,

³ që nga fuqia e Perëndisë me anë të besimit jeni të ruajtur, për shpëtimin gati për t'u zbuluar në kohët e fundit.

⁴ Për këtë gëzohuni, ndonëse, në qoftë se duhet, për pak kohë, tani duhet të trishtoheni nga prova të ndryshme,

⁵ që prova e besimit tuaj, që është shumë më i çmuar nga ari që prishet, edhe pse provohet me zjarr, të dalë për lëvdim, nder e lavdi në zbulesën e Jezu Krishtit,

⁶ të cilin, megjithëse ju nuk e keni parë, e doni, duke besuar në të, megithëse tani nuk e shihni, dhe ngazëllohuni nga një hare e patregueshme dhe e lavdishme,

⁷ duke arritur përmbushjen e besimit tuaj, shpëtimin e shpirtrave.

⁸ Për këtë shpëtim kërkuan dhe hetuan profetët që profetizuan nga hirin për ju,

⁹ duke kërkuar të njohin kohën dhe rrethanat që tregonte Fryma e Krishtit që ishte në ta, dhe që dëshmonte që më parë për vuajtjet që do të vinin mbi Krishtin dhe për lavditë që do të pasonin.

¹⁰ Dhe atyre iu zbulua se ata i administronin jo për vete, po për ne, ato gjëra që po ju rrëfehen tani nga ata që ju kanë predikuar ungjillin, me anë të Frymës së Shenjtë të dërguar nga qielli; gjëra të cilat engjëjt dëshirojnë t'i vëzhgojnë.

¹¹ Prandaj, ngjeshni ijët e mendjes suaj, rrini zgjuar dhe mbani shpresë të plotë në hirin që do vijë mbi ju në zbulesën e Jezu Krishtit.

¹² Si bij të bindur, mos iu përshtatni lakmive të mëparshme kur ishit në padijen tuaj,

¹³ por ashtu si është i shenjtë ai që ju thirri, të jini edhe ju të shenjtë në gjithë sjelljen tuaj,

¹⁴ sepse është shkruar: "Jini të shenjtë, sepse unë jam i shenjtë".

¹⁵ Dhe në qoftë se thërrisni si Atë atë që, pa favorizuar njeri, gjykon sipas veprës së gjithsecilit, kalojeni kohën e shtegtimit tuaj mbi dhe me frikë,

¹⁶ duke ditur se jo me anë gjërash që prishen, si argjendi ose ari, jeni shpenguar nga mënyra e kotë e të jetuarit të trashëguar nga etërit,

¹⁷ por nga gjaku i çmuar i Krishtit, si të Qengjit të patëmetë dhe të panjollë,

¹⁸ të paranjohur përpara krijimit të botës, por të shfaqur kohët e fundit për ju,

¹⁹ që, nëpërmjet tij, të besoni në Perëndinë që e ringjalli prej së vdekurish dhe i dha lavdi, që besimi juaj dhe shpresa të jenë në Perëndinë.

²⁰ Mbasi të pastroni shpirtrat tuaj me bindjen ndaj së vërtetës me anë të Frymës, për të pasur një dashuri vëllazërore pa hipokrizi, të doni fort njeri tjetrin me zemër të pastër,

²¹ sepse jeni ringjizur jo nga një farë që prishet, por që nuk prishet, me anë të fjalës së Perëndisë së gjallë dhe që mbetet përjetë.

²² Sepse çdo mish është si bari dhe çdo lavdi njeriu si lule e barit; bari thahet dhe lulja bie,

²³ por fjala e Zotit mbetet përjetë, dhe kjo është fjala që ju është shpallur.

²⁴ Hiqni tej, pra, çdo ligësi dhe çdo mashtrim, hipokrizitë, smirat dhe çdo shpifje,

²⁵ posi foshnja të sapolindura, të dëshironi fort qumështin e pastër të fjalës, që të rriteni me anë të tij.

Kapitull 2

¹ nëse e keni shijuar se Zoti është i mirë.

² Duke iu afruar atij, si te guri i gjallë, i flakur tej nga njerëzit, por i zgjedhur dhe i çmuar përpara Perëndisë,

³ edhe ju, si gurë të gjallë, ndërtoheni për të qenë një shtëpi frymërore, një priftëri e shenjtë, për të ofruar flijime frymërore, që i pëlqejnë Perëndisë me anë të Jezu Krishtit.

⁴ Sepse në Shkrimet lexohet: "Ja, unë po vë në Sion një gur çipi, të zgjedhur, dhe ai që beson në të nuk do të turpërohet aspak".

⁵ Sepse për ju që besoni ai është i çmuar, po për ata të pabindurit: "Guri, që u hoq mënjanë nga ndërtuesit, u bë guri i qoshes, gur pengese dhe shkëmb skandali që i bën të rrëzohen";

⁶ Duke qenë të pabindur, ata pengohen në fjalë, dhe për këtë ata ishin të caktuar.

⁷ Por ju jeni fis i zgjedhur, priftëri mbretërore, një komb i shenjtë, një popull i fituar, që të shpallni mrekullitë e atij që ju thirri nga terri në dritën e tij të mrekullueshme;

⁸ ju, që dikur nuk ishit një popull, kurse tani jeni populli i Perëndisë; ju, dikur të pamëshiruar, por tani të mëshiruar.

⁹ Shumë të dashur, unë ju këshilloj, si të huaj dhe shtegtarë, të hiqni dorë nga lakmitë e mishit, që luftojnë kundër shpirtit.

¹⁰ Silluni mirë ndër johebrenjtë, që aty ku do t'ju paditin si keqbërës, të përlëvdojnë Perëndinë ditën e ardhjes së tij, për shkak të veprave tuaja të mira.

¹¹ Nënshtrohuni, pra, për hir të Zotit, çdo pushteti njerëzor, qoftë mbretit, si më të lartit,

¹² qoftë qeveritarëve, si të dërguar prej tij për të ndëshkuar keqbërësit dhe për të lavdëruar ata që bëjnë të mirën,

¹³ sepse ky është vullneti i Perëndisë, që ju, duke bërë mirë, t'ia mbyllni gojën paditurisë së njerëzve të pamend.

¹⁴ Silluni si njerëz të lirë, por jo duke për-dorur lirinë si një pretekst për të mbuluar ligësinë, por si shërbëtorë të Perëndisë.

¹⁵ Nderoni të gjithë, doni vëllazërinë, druani Perëndinë, nderoni mbretin.

¹⁶ Ju, shërbëtorë, nënshtrohuni me plot druajtje zotërinjve tuaj, jo vetëm të mirëve dhe të drejtëve, por edhe të padrejtëve,

¹⁷ sepse është gjë e lavdërueshme, nëse dikush, për ndërgjegje ndaj Perëndisë, duron shtrengime duke vuajtur padrejtësisht.

¹⁸ Sepse çfarë lavdie do të ishte po të duronit në qoftë se ju rrahin sepse keni bërë faje? Ndërsa, po të bëni të mirë dhe të duroni vuajtje, kjo është hir para Perëndisë.

¹⁹ Sepse për këtë ju u thirrët, sepse edhe Krishti e vuajti për ne, duke ju lënë një shembull, që të ecni pas gjurmës së tij.

²⁰ "Ai nuk bëri asnjë mëkat dhe nuk u gjet asnjë mashtrim në gojë të tij".

²¹ Kur e fyenin, nuk e kthente fyerjen, kur vuante, nuk kërcënonte, po dorëzohej tek ai që gjykon drejtësisht.

²² Ai vet i barti mëkatet tona në trupin e tij mbi drurin e kryqit që ne, të vdekur për mëkate, të rrojmë për drejtësi; dhe me vurratat e tij ju u shëruat.

²³ Sepse ju ishit si dele endacake por tani ju u kthyet te bariu dhe ruajtësi i shpirtrave tuaj.

²⁴ Gjithashtu dhe ju, gra, nënshtrojuni burrave tuaj, që, edhe nëse disa nuk i binden fjalës, të fitohen pa fjalë, nga sjellja e grave të tyre,

²⁵ kur të shohin sjelljen tuaj të dlirë dhe me frikë.

Kapitull 3

¹ Stolia juaj të mos jetë e jashtme: gërshëtimi i flokëve, stolisja me ar ose veshja me rroba të bukura,

² por njeriu i fshehur i zemrës, me pastërtinë që nuk prishet të një shpirti të butë dhe të qetë, që ka vlerë të madhe përpara Perëndisë.

³ Sepse kështu stoliseshin dikur gratë e shenjta që shpresonin në Perëndinë, duke iu nënshtruar burrave të tyre,

⁴ ashtu si Sara, që i bindej Abrahamit duke e quajtur "zot"; bija të saj ju jeni, në qoftë se bëni mirë dhe nuk trembeni nga ndonjë frikë.

⁵ Ju burra, gjithashtu, jetoni me gratë tuaja me urtësi, duke e çmuar gruan si një enë më delikate dhe e nderoni sepse janë bashkëtrashëgimtare me ju të hirit të jetës, që të mos pengohen lutjet tuaja.

⁶ Dhe më në fund jini të gjithë të një mendjeje, të dhembshur, plot dashuri vëllazërore, të mëshirshëm dhe dashamirës,

⁷ pa e kthyer të keqen me të keqe ose fyerjen me fyerje, po, përkundrazi, bekoni, duke e ditur se për këtë u thirrët, që të trashëgoni bekimin.

⁸ Sepse "kush don ta dojë jetën dhe të shohë ditë të mira, le ta ruajë gojën e tij nga e keqja dhe buzët e tij nga të folurit me mashtrim;

⁹ të largohet nga e keqja dhe të bëjë të mirën, të kërkojë paqen dhe të ndjekë atë,

¹⁰ sepse sytë e Zotit janë mbi të drejtët dhe veshët e tij janë në lutjen e tyre; por fytyra e Zotit është kundër atyre që bëjnë të keqen".

¹¹ Dhe kush do t'ju bëjë keq, në qoftë se ju ndiqni të mirën?

¹² Por, edhe sikur të vuani për drejtësinë, lum ju! "Pra, mos kini asnjë druajtje prej tyre dhe mos u shqetësoni",

¹³ madje shenjtëroni Zotin Perëndinë në zemrat tuaja dhe jini gjithnjë gati për t'u përgjigjur në mbrojtjen tuaj kujtdo që ju kërkon shpjegime për shpresën që është në ju, por me butësi e me druajtje,

¹⁴ duke pasur ndërgjegje të mirë, që, kur t'ju padisin si keqbërës, të turpërohen ata që shpifin për sjelljen tuaj të mirë në Krishtin.

¹⁵ Sepse është më mirë, nëse është i tillë vullneti i Perëndisë, të

vuani duke bërë mirë, se sa duke bërë keq,

¹⁶ sepse edhe Krishti ka vuajtur një herë për mëkatet, i drejti për të padrejtët, për të na çuar te Perëndia. U vra në mish, por u ngjall nga Fryma,

¹⁷ me anë të së cilës ai shkoi t'u predikojë frymërave që ishin në burg,

¹⁸ që dikur ishin rebelë, kur durimi i Perëndisë i priste në ditët e Noeut, ndërsa po ndërtohej arka, në të cilën, pak vetë, gjithsejt tetë, shpëtuan nëpërmjet ujit,

¹⁹ i cili është shëmbëllesa e pagëzimit (jo heqja e ndyrësisë së mishit, po kërkesa e një ndërgjegjeje të mirë te Perëndia), që tani na shpëton edhe ne me anë të ringjalljes së Jezu Krishtit,

²⁰ i cili shkoi në qiell dhe është në të djathtën e Perëndisë ku i janë nënshtruar engjëj, pushtete dhe fuqie.

²¹ Sepse duke qenë se Krishti ka vuajtur për ne në mish, armatosuni edhe ju me të njëjtin mendim, sepse ai që ka vuajtur në mish pushoi së mëkatuari,

²² për të jetuar kohën që mbetet në mish jo më në pasionet e njerëzve, por sipas vullnetit të Perëndisë.

Kapitull 4

¹ Sepse për ne është e mjaftueshme koha e jetës që shkuam për të kënaqur gjërat e dëshiruara nga johebrenjtë, kur ecnim në shthurje, në pasione, në dehje, në teprime, në të ngrëna e në të pira dhe në idhujtari të neveritshme.

² Prandaj u duket çudi që ju nuk rendni me ta në po ato teprime shthurjeje dhe flasin keq për ju.

³ Ata do të japin llogari para atij që është gati të gjykojë të gjallë e të vdekur.

⁴ Për këtë në fakt, ungjilli u është predikuar edhe të vdekurve, që ata të gjykohen në mish sipas njerëzve, por të jetojnë në frymë sipas Perëndisë.

⁵ Tashmë fundi i të gjithave u afrua; jini, pra, të përkorë dhe rrini zgjuar për t'iu kushtuar lutjeve.

⁶ dhe të keni para së gjithash një dashuri të madhe për njeri tjetrin, sepse "dashuria do të mbulojë një shumicë mëkatesh".

⁷ Jini mikpritës njëri tjetrin, pa murmuritje.

⁸ Gjithsecili le ta vërë në shërbim të tjetrit dhuntinë që ka marrë, si kujdestarë të mirë të hirit të shumëfarshëm të Perëndisë.

⁹ Nëse dikush flet, le ta bëjë si të shpa-llë orakullit të Perëndisë; kush bën një shërbim, le të bëjë në forcën që i jep Perëndia, që në gjithçka të përlëvdohet Perëndia nëpërmjet Jezu Krishtit, të cilit i takon lavdia dhe pushteti për shekuj të shekujve. Amen.

¹⁰ Shumë të dashur, mos ju duket çudi për provën e zjarrit që u bë ndër ju për t'ju provuar, se si ju ndodhi diçka e jashtëzakonshme.

¹¹ Por gëzohuni, duke qenë pjestarë të mundimeve të Krishtit, që edhe në zbulesën e lavdisë së tij të mund gëzoheni dhe të ngazëlloheni.

¹² Në qoftë se ju fyejnë për emrin e Krishtit, lum ju, sepse Fryma e lavdisë dhe Fryma e Perëndisë prehet mbi ju; nga ana e tyre ai blasfemohet, kurse nga ana juaj ai përlëvdohet.

¹³ Por asnjë nga ju le të mos vuajë si vrasës ose vjedhës ose keqbërës, o sepse përzihet në punët e të tjerëve.

¹⁴ por, nëse dikush vuan si i krishterë, le të mos ketë turp, por le të përlëvdojë Perëndinë për këtë.

¹⁵ Sepse erdhi koha që të fillojë gjyqi nga shtëpia e Perëndisë; dhe nëse fillon më përpara nga ne, cili do të jetë fundi i atyre që nuk i binden ungjillit të Perëndisë?

¹⁶ Dhe "nëse i drejti mezi shpëton, ku do të duket i pabesi dhe mëkatari?

¹⁷ Prandaj edhe ata që vuajnë sipas vullnetit të Perëndisë, le t'i besojnë shpirtrat e vet atij, si te Krijuesi besnik, duke bërë të mirën.

¹⁸ U bëj thirrje pleqve që janë midis jush, unë që jam plak bashkë me ta dhe dëshmitar i vuajtjeve të Krishtit dhe që jam gjithashtu pjesëmarrës i lavdisë që ka për t'u zbuluar:

¹⁹ ruani tufën e Perëndisë që është midis jush, duke e mbikqyrur jo me detyrim, por me dëshirë, jo për përfitim të pandershëm, po me vullnet të mirë,

Kapitull 5

¹ dhe jo si zotëronjës mbi ata që ju janë besuar, por duke u bërë shembull për tufën.

² Dhe kur të shfaqet kryebariu, do të merrni kurorën e lavdisë që nuk fishket.

³ Gjithashtu ju, të rinjtë, nënshtrojuni pleqve. Po, nënshtrojuni të gjithënjeri tjetrit dhe vishuni me përulje, sepse Perëndia i kundërshton krenarët, por u jep hir të përulurve.

⁴ Përuluni, pra, nën dorën e fuqishme të Perëndisë, që ai t'ju lartësojë ne kohën e duhur,

⁵ dhe gjithë merakun tuaj hidheni mbi të, sepse ai merakoset për ju.

⁶ Jini të përmbajtur, rrini zgjuar; sepse kundërshtari juaj, djalli, sillet rreth e qark si një luan vrumbullues, duke kërkuar cilin mund të përpijë.

⁷ Kundërshtojeni, duke qëndruar të patundur në besim, sepse e dini se të njëjtat vuajtje po i heqin vëllezërit tuaj shpërndarë nëpër botë.

⁸ Dhe Perëndia i çdo hiri, që ju thirri në lavdinë e tij të përjetshme në Krishtin Jezus, mbasi të keni vuajtur për pak kohë, do t'ju bëjë të përsosur ai vetë, do t'ju bëjë të patundur, do t'ju forcojë dhe do t'ju vërë themel.

⁹ Atij i qoftë lavdia dhe pushteti për shekuj të shekujve. Amen.

¹⁰ Ju shkrova shkurt me anë të Silvanit, që më duket një vëlla besnik, duke ju bërë thirrje dhe duke ju dëshmuar se hiri i vërtetë i Perëndisë është ai në të cilin qëndroni.

¹¹ Kisha që është në Babiloni, që është zgjedhur bashkë me ju, ju përshëndet. Edhe Marku, biri im, ju përshëndet.

¹² Përshëndetni njeri tjetrin me një të puthur dashurie. Paqja mbi ju të gjithë që jeni në Krishtin Jezus Amen.

¹³ Simon Pjetri, shërbëtor dhe apostull i Jezu Krishtit, atyre që kanë marrë për pjesë një besim të çmueshëm sikurse edhe ne, me anë të drejtësisë së Perëndisë tonë dhe të Shpëtimtarit Jezu Krisht:

¹⁴ hiri dhe paqja u shumoftë për ju në njohjen e Perëndisë dhe të Jezusit, Zotit tonë.

2 Pjetrit

Kapitull 1

¹ Duke qenë se fuqia e tij hyjnore na dhuroi të gjitha gjërat që i takojnë jetës dhe perëndishmërisë, me anë të njohjes së atij që na thirri me lavdinë dhe virtytin e vet,

² me anë të të cilave na u dhuruan premtimet e çmueshme dhe shumë të mëdha, që nëpërmjet tyre të bëheni pjestarë të natyrës hyjnore, duke i shpëtuar prishjes që është në botë për shkak të lakmisë.

³ Edhe ju, për të njëjtën arsye, duke bërë çdo përpjekje, t'i shtoni besimit tuaj virtytin, dhe virtytit diturinë,

⁴ diturisë vetkontroll, vetkontrollit qëndresën, qëndresës perëndishmërinë,

⁵ mëshirës dashurinë vëllazërore dhe dashurisë vëllazërore dashurinë.

⁶ Sepse nëse këto gjëra gjenden në ju me shumicë, nuk do t'ju lejojnë të bëheni përtacë dhe as të pafryt në njohjen e Zotit tonë Jezu Krisht.

⁷ Sepse ai që nuk i ka këto gjëra është i verbër dhe dritëshkurtër, sepse harroi pastrimin nga mëkatet e tij të vjetër.

⁸ Prandaj, vëllezër, përpiquni gjithnjë e më shumë ta përforconi thirrjen dhe zgjedhjen tuaj, sepse, duke bërë këto gjëra, nuk do të pengoheni kurrë.

⁹ Sepse kështu begatisht do t'ju hapet hyrja në mbretërinë e amshuar të Zotit dhe Shpëtimtarit tonë Jezu Krisht.

¹⁰ Prandaj nuk do të lë pas dore t'ju kujtoj vazhdimish këto gjëra, ndonëse ju i dini dhe jeni të patundur në këtë të vërtetë.

¹¹ Por unë mendoj se është e drejtë, përderisa jam në këtë tendë, t'ju mbaj zgjuar duke ua sjellë këto gjëra ndër mend,

¹² duke ditur se, së shpejti më duhet ta lë këtë tendën time, sikurse ma tregoi Zoti ynë Jezu Krisht.

¹³ Por do të kujdesem që, edhe pas largimit tim, ju të mund t'i kujtoni gjithnjë këto gjëra.

¹⁴ Sepse nuk jua bëmë të njohur fuqinë dhe ardhjen e Zotit tonë Jezu Krisht, duke shkuar pas përralla të sajuara me mjeshtri, por sepse jemi dëshmitarë okular e madhështisë së tij.

¹⁵ Sepse ai mori nder dhe lavdi nga Perëndia Atë, kur i erdhi ky zë nga lavdia e madhërishme: "Ky është Biri im i dashur, në të cilin jam kënaqur".

¹⁶ Dhe ne e dëgjuam këtë zë që vinte nga qielli, kur qemë bashkë me të në malin e shenjtë.

¹⁷ Ne e kemi edhe më të vërtetuar fjalën profetike, të cilën bëni mirë ti kushtoni kujdes, si një kandil që ndriçon në një vend të errët, derisa të zbardhë dita dhe ylli i dritës të lindë në zemrat tuaja,

¹⁸ duke ditur së pari këtë: që asnjë profeci e Shkrimit nuk është objekt i interpretimeve të veçanta.

¹⁹ Sepse asnjë profeci nuk ka ardhur nga vullneti i njeriut, por njerëzit e shenjtë të Perëndisë kanë folur, të shtyrë nga Fryma e Shenjtë.

²⁰ Por ka pasur edhe profetë të rremë midis popullit, ashtu si do të ketë midis jush mësues të rremë, të cilët do të fusin fshehurazi herezi shkatërruese dhe, duke mohuar Zotërinë që i bleu ata, do të tërheqin mbi vete një shkatërrim të shpejtë.

²¹ Dhe shumë vetë do të ndjekin doktrina shkatërruese të tyre dhe për shkak të tyre udha e së vërtetës do të shahet.

Kapitull 2

¹ Dhe në lakminë e tyre do t'ju shfrytëzojnë me fjalë shpifura, por ndëshkimi i tyre që moti nuk vonon dhe shkatërrimi i tyre nuk po dremit.

² Sepse, në qoftë se Perëndia nuk i kurseu engjëjt që mëkatuan, por i hodhi në tartar të lidhur me pranga terri që të ruhen për gjyq;

³ dhe nuk kurseu botën e lashtë, por shpëtoi bashkë me shtatë të tjerë Noeun, predikues të drejtësisë, kur solli përmbytjen mbi botën e të pabesëve,

⁴ edhe dënoi me shkatërrim qytetet e Sodomës dhe të Gomorës, duke i bërë hi, dhe i bëri shëmbull për ata që në ardhmen do të jetonin pabesisht,

⁵ dhe e liroi të drejtin Lot, që helmohej nga sjellja imorale e këtyre të çoroditurve,

⁶ (sepse ky i drejtë banonte në mes tyre e mundonte për ditë shpirtin e tij të drejtë duke shikuar dhe duke dëgjuar veprat e tyre të poshtra),

⁷ Zoti di t'i shpëtojë nga tundimi të perëndishmit dhe t'i ruajë të padrejtët që të ndëshkohen ditën e gjyqit,

⁸ sidomos ata që shkojnë pas mishit në lakminë e fëlliqësisë dhe e përbuzin pushtetin. Ata janë të paturpshëm, arrogant dhe nuk druajnë të blasfemojnë dinjitetet;

⁹ ndërsa engjëjt, që janë më të lartë për nga forca e nga fuqia, nuk sjellin kundër atyre gjykime fyese përpara Zotit.

¹⁰ Por këta, si shtazë pa mend, të lindura nga natyra që të kapen dhe të shkatërrohen, flasin keq për gjërat që nuk i dinë dhe do të asgjësohen në prishjen e tyre, duke marrë kështu shpërblimin e paudhësisë së tyre.

¹¹ Ata e konsiderojnë kënaqësi ta çojnë ditën ndër qejfe; janë njolla dhe të fëlliqura, dhe lëshohen pas mashtrimeve të tyre, kur marrin pjesë në gostitë tuaja.

¹² Sytë i kanë plot me kurorëshkelje dhe nuk pushojnë së mëkatuari; mashtrojnë shpirtrat e paqëndrueshëm, kanë zemër të stërvitur në lakmime, dhe janë bij mallkimi.

¹³ Ata, pasi e lanë udhën e drejtë, devijuan duke ndjekur udhën e Balaamit, birit të Beorit, i cili e deshi pagën e paudhësisë,

¹⁴ por u qortua për shkeljen e tij: një kafshë barre pa gojë, duke folur me zë njeriu, e ndaloi marrëzinë e profetit.

¹⁵ Këta janë burime pa ujë, re që shtyhen nga furtuna, të cilëve u rezervohet errësira e territ përjetë.

¹⁶ Sepse duke mbajtur ligjërata jashtë mase të fryra dhe të kota bëjnë për vete, me anë të pasioneve të mishit dhe të paturpësisë, ata që me të vërtetë kishin shpëtuar nga ata që jetojnë në gabim;

¹⁷ ndërsa u premtojnë atyre liri, ata vetë janë skllevër të prishjes, sepse një bëhet skllav i atij që e mundi.

¹⁸ Sepse ata që shpëtuan nga ndyrësitë e botës me anë të njohjes së Zotit dhe Shpëtimtarit Jezu Krisht, nëse përsëri ngatërrohen nga këto dhe munden, gjendja e tyre e fundit është më e keqe se e para.

¹⁹ Sepse do të qe më mirë për ta të mos e kishin njohur udhën e drejtësisë, se sa, pasi e njohën, t'ia kthejnë shpinën urdhërimit të shenjtë që u qe dhënë.

²⁰ Por atyre u ndodhi ç'ka thotë një fjalë e urtë e vërtetë: "Qeni u kthye në të vjellat e veta", dhe "dosa e larë u kthye të zhgërryhet në lluçë".

²¹ Shumë të dashurit, kjo është e dyta letër që po ju shkruaj; në të cilat po e mbaj zgjuar mendjen tuaj të kthjellët duke iu drejtuar kujtesës suaj,

²² që të mbani mend fjalët që u thanë më parë nga profetët e shenjtë dhe nga urdhërimi i vetë Zotit dhe Shpëtimtarit të transmetuar nga ne apostujt.

Kapitull 3

¹ Së pari duhet të dini këtë, se në ditët e fundit do të vijnë disa përqeshës, të cilët do të ecin sipas dëshirave të veta,

² dhe do të thonë: "Ku është premtimi i ardhjes së tij? Sepse, që kur etërit fjetën, të gjitha gjërat mbetën në po atë gjendje si në fillim të krijimit".

³ Sepse ata me dashje harruan se nëpërmjet fjalës së Perëndisë qiejt vinin në eksistencë shumë kohë më parë, dhe se toka doli nga uji dhe u sajua nëpërmjet ujit,

⁴ për shkak të të cilit bota e atëhershme u mbulua nga uji dhe humbi,

⁵ ndërsa qiejt dhe dheu i sotshëm janë ruajtur nga e njëjta fjalë për zjarrin, të rezervuar për ditën e gjyqit dhe të humbjes së njerëzve të pabesë.

⁶ Por, shumë të dashur, mos harroni këtë gjë: se për Zotin një ditë është si një mijë vjet, dhe një mijë vjet si një ditë.

⁷ Zoti nuk vonon plotësimin e premtimit të tij, siç disa besojnë që ai bën; por është i durueshëm ndaj nesh, sepse nuk do që ndokush të humbasë, por që të gjithë të vijnë në pendim.

⁸ Dhe dita e Zotit do të vijë si një vjedhës natën; atë ditë qiejt do të shkojnë me krismë, elementët do të shkrihen nga të nxehtit dhe veprat dhe toka që janë në të do të digjen krejt.

⁹ Përderisa të gjitha këto gjëra duhet të shkatërrohen, si mos duhet të keni një sjellje të shenjtë dhe të perëndishme,

¹⁰ duke pritur dhe shpejtuar ardhjen e ditës së Perëndisë, për shkak të së cilës qiejt marrin flakë do të treten, dhe elementët të konsumuar nga nxehtësia do të shkrihen?

¹¹ Por ne, sipas premtimit të tij, presim qiej të rinj dhe toka të re, në të cilat banon drejtësia.

¹² Prandaj, shumë të dashur, duke i pritur këto gjëra, përpiquni të jeni përpara tij të papërlyer dhe të paqortueshëm, në paqe.

¹³ Dhe kini parasysh se durimi i Zotit tonë është në shërbim të shpëtimit, sikurse ju ka shkruar edhe vëllai ynë i dashur Pal, sipas diturisë që iu dha;

¹⁴ Ashtu bën ai në të gjitha letrat e tij, ku flet për këto gjëra. Në to ka disa gjëra të vështira për t'u kuptuar, të cilat të paditurit dhe të paqëndrueshmit i shtrëmbërojnë, sikurse bëjnë me Shkrimet e tjera, për përhumbjen e tyre.

¹⁵ Ju pra, shumë të dashur, duke i ditur këto gjëra, ruajuni se mos ligështoheni në qëndresën tuaj, të tërhequr nga gabimi i të pabesëve.

¹⁶ Por rrituni, në hirin dhe në njohjen e Zotit dhe të Shpëtimtarit tonë Jezu Krisht. Atij i qoftë lavdia, tani dhe përjetë. Amen.

¹⁷ Atë që ishte nga fillimi, atë që dëgjuam, atë që pamë me sytë tanë, atë që vështruam dhe që duart tona e prekën lidhur me Fjalën e jetës

¹⁸ (dhe jeta u shfaq dhe ne e pamë e dëshmojmë për të, dhe ju shpallim jetën e përjetshme që ishte pranë Atit dhe që na u shfaq neve),

1 Gjonit

Kapitull 1

¹ Atë që pamë dhe dëgjuam, ne po jua shpallim, që edhe ju të keni bashkësi me ne; dhe bashkësia jonë është me Atin dhe me Birin e tij, Jezu Krishtin.

² Dhe po ju shkruajmë këto gjëra që gëzimi juaj të jetë i plotë.

³ Dhe ky është mesazhi që dëgjuam nga ai dhe po jua shpallim juve: Perëndia është dritë dhe në Të nuk ka kurrfarë errësire

⁴ Po të themi se kemi bashkësi me Të, dhe ecim në errësirë, ne gënjejmë dhe nuk e vëmë në praktik të vërtetën;

⁵ por, po të ecim në dritë, sikurse ai është në dritë, kemi bashkësi njeri me tjetrin, dhe gjaku i Jezu Krishtit, Birit të tij, na pastron nga çdo mëkat.

⁶ Po të themi se jemi pa mëkat, gënjej-më vetveten dhe e vërteta nuk është në ne.

⁷ Po t'i rrëfejmë mëkatet tona, ai është besnik dhe i drejtë që të na falë mëkatet dhe të na pastrojë nga çdo paudhësi.

⁸ Po të themi se s'kemi mëkatuar, e bëjmë atë gënjeshtar dhe fjala e tij nuk është në ne.

⁹ Djema të mi, ju shkruaj këto gjëra që të mos mëkatoni; dhe në qoftë se ndokush mëkatoi, kemi një avokat te Ati, Jezu Krishtin të drejtin.

¹⁰ Ai është shlyesi për mëkatet tona; dhe jo vetëm për tonat, por edhe për ata të të gjithë botës.

Kapitull 2

¹ Dhe nga kjo e dimë se e kemi njohur atë, në qoftë se i zbatojmë urdhërimet e tij.

² Ai që thotë: "Unë e kam njohur atë", dhe nuk zbaton urdhërimet e tij, është gënjeshtar dhe e vërteta nuk është në të.

³ Por kush e zbaton fjalën e tij, në të me të vërtetë dashuria e Perëndisë është përsosur. Nga kjo e njohim se jemi në të.

⁴ Ai që thotë se qëndron në të, duhet të ecë edhe vetë sikurse ka ecur ai.

⁵ Vëllezër, nuk ju shkruaj një urdhërim të ri, por një urdhërim të vjetër, që e kishit nga fillimi: urdhërimi i vjetër është fjala që dëgjuat nga fillimi.

⁶ E megjithatë po ju shkruaj një urdhërim të ri, që është i vërtetë në të dhe në ju, sepse errësira po shkon dhe tashmë po ndrit drita e vërtetë.

⁷ Ai që thotë se është në dritë dhe urren vëllanë e vet, është ende në errësirë.

⁸ Ai që e do vëllanë e vet qëndron në dritë dhe nuk ka asgjë në të që e bënë të bjerë.

⁹ Por ai që urren vëllanë e vet është në errësirë, ecën në errësirë dhe nuk di ku shkon, sepse errësira ia ka verbuar sytë.

¹⁰ Djema, ju shkruaj sepse mëkatet ju janë falur nëpërmjet emrit të tij.

¹¹ Etër, ju shkruaj sepse ju e keni njohur atë që është që nga fillimi. Të rinj, ju shkruaj sepse e mundët të ligun. Djema, po ju shkruaj sepse e keni njohur Atin.

¹² Etër, ju kam shkruar sepse e keni njohur atë që është nga fillimi. Të rinj, ju kam shkruar sepse jeni të fortë dhe fjala e Perëndisë qëndron në ju dhe sepse e mundët të ligun.

¹³ Mos e doni botën, as gjërat që janë në botë. Ne qoftë se ndokush do botën, dashuria e Atit nuk është në të,

¹⁴ sepse gjithçka që është në botë, lakmia e mishit, lakmia e syve dhe krenaria e jetës, nuk vjen nga Ati, por nga bota.

¹⁵ Dhe bota kalon me lakminë e saj; por ai që bën vullnetin e Perëndisë mbetet përjetë.

¹⁶ Fëmijë, është ora e fundit. Dhe, sikurse e dëgjuat, antikrishti duhet të vijë, dhe tani janë shfaqur shumë antikrishtë; prej nga e dimë se është ora e fundit.

¹⁷ Mes nesh dolën, por nuk ishin nga tanët, sepse, po të ishin nga tanët, do të kishin qëndruar me ne; por kjo ndodhi që të dalë se nuk janë të gjithë nga tanët.

¹⁸ Por ju keni vajosjen nga i Shenjti dhe i dini çdo gjë.

¹⁹ Nuk ju shkrova juve sepse nuk e njihni të vërtetën, por sepse ju e njihni dhe sepse asnjë gënjeshtër nuk del nga e vërteta.

²⁰ Kush është gënjeshtari, veçse ai që mohon se Jezus është Krishti? Antikrishti është ai, që mohon Atin dhe Birin.

²¹ Kushdo që mohon Birin, s'ka as Atin; kushdo që njeh Birin, ka edhe Atin.

²² Ajo që ju, pra, dëgjuat nga fillimi le të qëndrojë në ju; në qoftë se ajo që dëgjuat nga fillimi qëndron në ju, edhe ju do të qëndroni në Birin dhe në Atin.

²³ Dhe ky është premtimi që ai na bëri: jeta e përjetshme.

²⁴ Ju shkrova këto gjëra për ata që kërkojnë t'ju gënjejnë.

²⁵ Dhe, sa për ju, vajosja që keni marrë prej tij qëndron në ju dhe nuk keni nevojë që ndokush t'ju mësojë; por, duke qenë se vajosja e tij ju mëson çdo gjë dhe është e vërtetë e nuk është gënjeshtër, qëndroni në të ashtu sikurse ju mësoi.

²⁶ Edhe tani, djema, qëndroni në të që, kur të shfaqet ai, ne të mund të kemi besim, dhe në ardhjen e tij të mos turpërohemi para Tij.

²⁷ Në qoftë se e dini se ai është i drejtë, ta dini se kushdo që praktikon drejtësinë ka lindur prej tij.

²⁸ Shikoni ç'dashuri të madhe na dha Ati, që të quhemi bij të Perëndisë. Prandaj bota nuk na njeh, sepse nuk e ka njohur atë.

²⁹ Shumë të dashur, tani jemi bij të Perëndisë, por ende nuk është shfaqur ç'do të jemi; por dimë se, kur të shfaqet ai, do të jemi të ngjashëm me të, sepse do ta shohim se si është ai.

Kapitull 3

¹ Dhe kushdo që e ka këtë shpresë në të, le ta pastrojë veten, siç është i pastër ai.

² Kush bën mëkat, bën edhe shkelje të ligjit; dhe mëkati është shkelje e ligjit.

³ Dhe ju e dini se ai u shfaq për të hequr mëkatet tona; dhe në të nuk ka mëkat.

⁴ Kush qëndron në të nuk mëkaton; kush mëkaton nuk e ka parë dhe as nuk e ka njohur.

⁵ Djema, kurrkush mos ju mashtroftë: ai që zbaton drejtësinë është i drejtë, ashtu sikur është i drejtë ai.

⁶ Kush kryen mëkat është nga djalli, sepse djalli mëkaton nga fillimi; prandaj është shfaqur Biri i Perëndisë: për të shkatërruar veprat e djallit.

⁷ Kush lindi nga Perëndia nuk kryen mëkat, sepse fara e Perëndisë qëndron në të dhe nuk mund të mëkatojë sepse lindi nga Perëndia.

⁸ Prej kësaj njihen bijtë e Perëndisë dhe bijtë e djallit; kushdo që nuk praktikon drejtësinë nuk është nga Perëndia, dhe i tillë nuk është as ai që nuk do vëllanë e vet.

⁹ Sepse ky është mesazhi që dëgjuat nga fillimi. Ta duam njeri-tjetrin,

¹⁰ jo sikundër Kaini, i cili ishte nga i ligu dhe vrau vëllanë e vet. Dhe për çfarë arësye e vrau atë? Sepse veprat e tij ishin të liga dhe ato të të vëllait ishin të drejta.

¹¹ Mos u çuditni, vëllezër të mi, nëse bota ju urren.

¹² Ne e dimë se kemi kaluar nga vdekja në jetë, sepse i duam vëllezërit; kush nuk e do vëllanë e vet, mbetet në vdekje.

¹³ Kushdo që urren vëllanë e vet është vrasës; dhe ju e dini se asnjë vrasës nuk ka jetë të përjetshme të qëndrueshme në vete.

¹⁴ Nga kjo e kemi njohur dashurinë: ai e dha jetën e vet për ne; dhe ne duhet ta japim jetën tonë për vëllezërit.

¹⁵ Dhe nëse njëri ka të mirat e kësaj bote dhe sheh të vëllanë që është në nevojë dhe e mbyll zemrën e tij, si qëndron në të dashuria e Perëndisë?

¹⁶ Djema të rinj, të mos duam me fjalë, as me gjuhë, por me vepra dhe në të vërtetë.

¹⁷ Dhe nga kjo ne dimë se jemi në të vërtetën dhe do t'i bindim zemrat tona para atij;

¹⁸ sepse, po të na dënojë zemra jonë, Perëndia është më i madh se zemra jonë dhe njeh çdo gjë.

¹⁹ Shumë të dashur, nëse zemra jonë nuk na dënon, kemi siguri para Perëndisë;

²⁰ dhe ç'të kërkojmë, e marrim nga ai, sepse zbatojmë urdhërimet e tij dhe bëjmë gjërat që janë të pëlqyera prej tij.

²¹ Dhe ky është urdhërimi i tij që besojmë në emrin e Birit të tij Jezu Krisht dhe ta duam njeri-tjetrin si na urdhëroi ai.

²² Ai që zbaton urdhërimet e tij qëndron në Perëndinë, dhe Ai në të; dhe prej kësaj ne dijmë se ai qëndron në ne: nga Fryma që ai na dha.

²³ Shumë të dashur, mos i besoni çdo frymë, por i vini në provë frymërat për të ditur nëse janë nga Perëndia, sepse shumë profetë të rremë kanë dalë në botë.

²⁴ Nga kjo mund të njihni Frymën e Perëndisë: çdo frymë që rrëfen se Jezu Krishti ka ardhur në mish, është nga Perëndia.

Kapitull 4

¹ Dhe çdo frymë që nuk rrëfen se Jezu Krishti ka ardhur në mish, nuk është nga Perëndia; dhe kjo është fryma e antikrishtit që, siç e keni dëgjuar se vjen; dhe tashmë është në botë.

² Ju jeni prej Perëndisë, o djem të rinj, dhe i keni mundur ata, sepse ai që është në ju është më i madh se ai që është në botë.

³ Ata janë nga bota; prandaj flasin për gjërat e botës dhe bota i dëgjon.

⁴ Ne jemi prej Perëndisë; kush njeh Perëndinë na dëgjon; kush nuk është prej Perëndisë nuk na dëgjon; nga kjo njohim Frymën e së vërtetës dhe frymën e gabimit.

⁵ Shumë të dashur, le ta duam njeri tjetrin, sepse dashuria është nga Perëndia dhe kushdo që do, ka lindur nga Perëndia dhe e njeh Perëndinë.

⁶ Ai që nuk ka dashuri nuk e ka njohur Perëndinë, sepse Perëndia është dashuri.

⁷ Në këtë është shfaqur dashuria e Perëndisë ndaj nesh, se Perëndia dërgoi Birin e tij të vetëmlindurin në botë që ne të rrojmë nëpërmjet tij.

⁸ Në këtë është dashuria: jo se ne e kemi dashur Perëndinë, por që ai na ka dashur ne dhe dërgoi Birin e tij për shlyerjen e mëkateve tona.

⁹ Shumë të dashur, në qoftë se Perëndia na ka dashur në këtë mënyrë; edhe ne duhet ta duam njeri-tjetrin.

¹⁰ Askush s'e ka parë ndonjëherë Perëndinë; po ta duam njeri-tjetrin, Perëndia qëndron në ne dhe dashuria e tij është e përsosur në ne.

¹¹ Nga kjo ne njohim se qëndrojmë në të dhe ai në ne, sepse ai na ka dhënë nga Fryma e tij.

¹² Dhe ne pamë dhe dëshmojmë se Ati e dërgoi Birin për të qënë Shpëtimtar i botës.

¹³ Ai që rrëfen se Jezusi është Biri i Perëndisë, Perëndia qëndron në të dhe ai në Perëndinë.

¹⁴ Dhe ne njohëm dhe besuam dashurinë që Perëndia ka për ne. Perëndia është dashuri; dhe ai që qëndron në dashuri qëndron në Perëndinë dhe Perëndia në të.

¹⁵ Në këtë dashuria u përsos në ne (që të kemi guxim në ditën e gjyqit): sepse sikurse është ai, po kështu jemi edhe ne në këtë botë.

¹⁶ Në dashuri nuk ka frikë, madje dashuria e përsosur e nxjerr jashtë frikën, sepse frika ka të bëjë me ndëshkimin, dhe ai që ka frikë nuk është i përsosur në dashuri.

¹⁷ Ne e duam atë, sepse ai na deshi i pari.

¹⁸ Po të thotë dikush: "Unë e dua Perëndinë" dhe urren vëllanë e vet, është gënjeshtar; sepse ai që nuk do vëllanë e vet të cilin e sheh, si mund të dojë Perëndinë, që nuk e sheh?

¹⁹ Dhe ky është urdhërimi që kemi marrë nga ai: ai që do Perëndinë, të dojë edhe vëllanë e vet.

²⁰ Kushdo që beson se Jezusi është Krishti, ka lindur nga Perëndia; dhe kushdo që do atë që e ka ngjizur, do edhe atë që ka qenë ngjizur nga ai.

²¹ Nga kjo ne dimë ti duam bijtë e Perëndisë: kur duam Perëndinë dhe zbatojmë urdhërimet e tij.

Kapitull 5

¹ Sepse kjo është dashuria e Perëndisë: që ne të zbatojmë urdhërimet e tij; dhe urdhërimet e tij nuk janë të rënda.

² Sepse çdo gjë që ka lindur nga Perëndia e mund botën; dhe kjo është fitorja që e mundi botën: besimi ynë

³ Cili është ai që e mund botën, veç se ai që beson se Jezusi është Biri i Perëndis?

⁴ Ky është ai që erdhi me anë të ujit e gjakut, Jezu Krishti; jo vetëm me anë të ujit, por me anë të ujit e me anë të gjakut. Dhe Fryma është ai që dëshmon, sepse Fryma është e vërteta.

⁵ Sepse tre janë ata që dëshmojnë në qiell: Ati, Fjala dhe Fryma e Shenjtë; dhe këta të tre janë një.

⁶ Edhe tre janë ata që dëshmojnë mbi dhe: Fryma, uji dhe gjaku; dhe këta të tre janë të një mendimi.

⁷ Në qoftë se ne pranojmë dëshminë e njerëzve, dëshmia e Perëndisë është më e madhe, sepse kjo është dëshmia e Perëndisë që ai dha për Birin e tij.

⁸ Ai që beson në Birin e Perëndisë ka këtë dëshmi në vetvete; ai që nuk beson te Perëndia, e ka bërë atë gënjeshtar, sepse nuk i besoi dëshmisë që Perëndia dha për Birin e tij.

⁹ Dhe dëshmia është kjo: Perëndia na dha jetën e përjetshme dhe kjo jetë është në Birin e tij.

¹⁰ Ai që ka Birin, ka jetën; ai që nuk ka Birin e Perëndisë, nuk ka jetën.

¹¹ Jua shkrova këto gjëra juve që besoni në emrin e Birit të Perëndisë, që të dini se keni jetën e përjetshme dhe që të besoni në emrin e Birit të Perëndisë.

¹² Kjo është siguria që kemi përpara tij: nëse kërkojmë diçka sipas vullnetit të tij, ai na e plotëson:

¹³ Dhe nëse dimë se ai na i plotëson të gjitha ato që i kërkojmë, ne dimë se i kemi ato që i kërkuam atij.

¹⁴ Në se dikush sheh vëllanë e vet se kryen një mëkat që nuk çon në vdekje, le t'i lutet Perëndisë, dhe ai do t'i japë jetën, atyre që bëjnë mëkat që nuk çon në vdekje. Ka mëkat që çon në vdekje nuk them që ai të lutet për këtë.

¹⁵ Çdo paudhësi është mëkat; por ka mëkat që nuk çon në vdekje.

¹⁶ Ne dimë se kushdo që ka lindur nga Perëndia nuk mëkaton; ai që ka lindur nga Perëndia e ruan veten e tij, dhe i ligu nuk e prek atë.

¹⁷ Ne dimë se jemi nga Perëndia dhe se gjithë bota dergjet në ligësi.

¹⁸ Por ne dimë se Biri i Perëndisë erdhi dhe na dha të kuptuarit, që ne të njohim atë që është i Vërteti; dhe ne jemi në të Vërtetin, në Birin e tij Jezu Krisht; ky është i vërteti Perëndi dhe jeta e përjetshme.

¹⁹ Djema, ruani veten nga idhujt.

²⁰ Plaku; zonjës së zgjedhur dhe bijve të saj që i dua në të vërtetë, dhe jo vetëm unë, por edhe të gjithë ata që e kanë njohur të vërtetën,

²¹ për shkak të së vërtetës që qëndron në ne dhe do të jetë me ne përjetë:

2 Gjonit

¹ hiri, mëshira dhe paqja qofshin me ju nga Perëndia Ati dhe nga Zoti Jezu Krisht, Biri i të Atit, në të vërtetë dhe në dashuri.

² U gëzova fort që gjeta disa nga bijtë e tu duke ecur në të vërtetën, sipas urdhërimit që morëm nga Ati.

³ Dhe tani të lutem ty, zonjë, jo sikur po të shkruaj një urdhërim të ri, por atë që kishim pasur nga fillimi, që ta duam njëri-tjetrin.

⁴ Dhe kjo është dashuria, të ecim sipas urdhërimeve të tij. Sikurse e dëgjuat nga fillimi, ky është urdhërimi që morëm, që të ecni në të.

⁵ Sepse në botë kanë dalë shumë mashtrues, të cilët nuk rrëfejnë se Jezu Krishti ka ardhur në mish; ky është mashtruesi dhe antikrishti.

⁶ Bëni kujdes se mos humbni fryti i gjërave të kryera, por bëni në menyrë të merrni një shpërblim të plotë.

⁷ Kushdo që shkon tej dhe nuk qëndron në doktrinën e Krishtit, nuk ka Perëndi; kush qëndron në doktrinën e Krishtit, ka Atin dhe Birin.

⁸ Në qoftë se dikush vjen tek ju dhe nuk sjell këtë doktrinë, mos e pranoni në shtëpi dhe mos e përshëndetni,

⁹ sepse ai që e përshëndet bëhet pjestar në veprat e tij të liga.

¹⁰ Megjithse kisha shumë gjëra për t'ju shkruar, nuk desha ta bëjë me letër dhe bojë, por shpresoj të vij te ju dhe t'ju flas me gojë, që gëzimi juaj të jetë i plotë.

¹¹ Bijtë e motrës sate të zgjedhur të përshëndesin. Amen.

¹² Plaku, Gajit shumë të dashur, të cilin unë e dua në të vërtetë.

¹³ Shumë i dashur, unë dëshiroj të kesh mbarësi në çdo gjë dhe të gëzosh shëndet të mirë, ashtu si ka mbarësi shpirti yt.

3 Gjonit

¹ Sepse u gëzova shumë kur erdhën disa vëllezër dhe dëshmuan për besnikërinë tënde ndaj së vërtetës, se si ecën ti në të vërtetën.

² Nuk kam gëzim më të madh nga ky: të dëgjoj se bijtë e mi ecin në të vërtetën.

³ Shumë i dashur, ti vepron me besnikëri në të gjitha ato që bën për vëllezërit dhe të huajt.

⁴ Ata dëshmuan për dashurinë tënde përpara kishës; dhe ti të bësh mirë të gujdesësh për udhëtimin e tyre në mënyrë të denjë për Perëndinë,

⁵ sepse ata dolën për emrin e tij, pa marrë asgjë nga johebrenjtë.

⁶ Ne e kemi për detyrë, pra, t'i presim këta njerëz, që të jemi bashkëpunëtorë në çështjen e së vërtetës.

⁷ I shkrova kishës, por Diotrefi, që do të jetë i pari ndër ta, nuk na pret.

⁸ Prandaj, po të vij, do t'i kujtoj atij veprat që bën, duke folur fjalë të liga kundër nesh; dhe duke mos u mjaftuar me këto, ai vetë nuk i pret vëllezërit dhe i ndalon ata që duan t'i presin e i përjashton nga kisha.

⁹ Shumë i dashur, mos imito të keqen, por të mirën. Ai që bën të mirën është nga Perëndia, por ai që bën të keqen nuk e ka parë Perëndinë.

¹⁰ Për Demetrin të gjithë dëshmojnë, madje edhe vetë e vërteta; edhe ne dëshmojmë për të, dhe ti e di se dëshmia jonë është e vërtetë.

¹¹ Kisha shumë për të të shkruar, por nuk dua të të shkruaj me bojë e penë;

¹² por shpresoj të të shoh së shpejti dhe do të flasim gojarisht.

¹³ Paqja me ty. Të përshëndesin miqtë. Përshëndeti miqtë një për një.

¹⁴ Juda, shërbëtor i Jezu Krishtit dhe vëllai i Jakobit, të thirrurve që u shenjtëruan në Perëndinë Atë dhe të ruajtur në Jezu Krisht:

Jude

¹ mëshira, paqja dhe dashuria u shumoftë në ju.
² Shumë të dashur, ndërsa isha ngulmues që t'ju shkruaja për shpëtimin e përbashkët, ndjeva nevojën t'ju shkruaj juve, dhe t'ju bëj thirrje të luftoni për besimin, që u qe trasmetuar shenjtorëve një herë e përgjithmonë.
³ Sepse depërtuan ndërmjet jush disa njerëz, që qenë shënuar që moti për këtë dënim, të pabesë që e kthejnë hirin e Perëndisë tonë në imoralitet dhe mohojnë të vetmin Zotëri Perëndi, dhe Zotin tonë Jezu Krisht.
⁴ Dhe dua t'ju kujtoj, ndonëse tashmë i dini gjithë këto, se Zoti, pasi e shpëtoi popullin e tij nga vendi i Egjiptit, pastaj i shkatërroi ata që nuk besuan.
⁵ Ai i ruajti me pranga të përjetshme në errësirë për gjyqin e ditës së madhe, edhe engjëjt që nuk e ruajtën gjendjen e tyre të parë, po e lanë banimin e tyre,
⁶ posi Sodoma dhe Gomora edhe qytetet përreth, që u dhanë pas kurvërimit dhe u dhanë pas çoroditjesh seksuale, janë vënë përpara si shembull, duke pësuar ndëshkimin e një zjarri të përjetshëm;
⁷ në të njëjtën menyrë ndotin edhe këta ëndërrues mishin, përbuzin pushtetin dhe blasfemojnë kundër dinjiteteve.
⁸ Por kryeengjëlli Mikael, kur në kundërshtim me djallin debatonte për trupin e Moisiut, nuk guxoi të shqiptojë një gjykim fyes, por tha: "Zoti të qortoftë!".
⁹ Kurse këta flasin keq për të gjitha gjërat që nuk i dinë, dhe për të gjitha gjërat që njohin në menyrë natyrale, si kafshë pa arësye, në këto gjëra prishin veten,
¹⁰ Mjerë ata, sepse kanë marrë rrugën e Kainit dhe u dhanë pas çoroditjes së Balaamit për fitim dhe mbaruan në rebelim e Koreut.
¹¹ Këta janë njolla në agapit tuaja, kur hanë e pinë bashkë me ju pa druajtje duke kullotur veten e tyre; ata janë re pa ujë, të shtyrë andej këndej nga erërat, drurë vjeshte pa fruta, dyfish të vdekur, të shkulur me rrënjë,
¹² valë deti të egra që shkumbëzojnë paudhësitë e tyre, yje të këputur për të cilët është ruajtur terri i errësirës për gjithmon.
¹³ Dhe për këta profetizoi edhe Enoku, i shtati pas Adamit, duke thënë: "Ja, Zoti erdhi me mijërat e tij të shenjtë,
¹⁴ për të bërë gjyqin kundër të gjithëve dhe për të bindur të gjithë të pabesët në mes tyre për të gjitha veprat e paudhësisë dhe për të gjitha fjalët fyese që mëkatarët e pabesë folën kundër tij".
¹⁵ Këta janë murmuritës, që ankohen për fatin e tyre, që ecin sipas pasioneve të tyre; dhe goja e tyre flet fjalë krenarie dhe u bëjnë lajka njerëzve për dobi të vet.
¹⁶ Por ju, shumë të dashur, mbani mend fjalët që ju kanë parathënë apostujt e Zotit tonë Jezu Krisht.
¹⁷ Ata ju thoshnin që në kohën e fundit do të ketë tallës që do të ecin sipas pasioneve të tyre të paudhësisë.
¹⁸ Këta janë ata që shkaktojnë përçarjet, njerëz mishor, që s'kanë Frymën.
¹⁹ Por ju, shumë të dashur, duke ndërtuar veten tuaj mbi besimin tuaj shumë të shenjtë, duke u lutur në Frymën e Shenjtë,
²⁰ ruhuni në dashurinë e Perëndisë, duke pritur mëshirën e Zotit tonë Jezu Krisht, për jetën e përjetshme.
²¹ Dhe kini dhemshuri për njëri duke përdorur dallim,
²² por shpëtojini të tjerët me druajtje, duke ia rrëmbyer zjarrit, dhe duke urryer edhe rroben e ndotur nga mishi.
²³ Dhe atij që mund t'ju ruajë nga çdo rrëzim dhe t'ju nxjerrë para lavdisë së tij të paqortueshëm dhe me gëzim,
²⁴ të vetmit Perëndi të ditur, Shpëtimtarit tonë, i qoftë lavdi, madhështi, sundim dhe pushtet, tani dhe përjetë. Amen.
²⁵ Zbulesa e Jezu Krishtit, që Perëndia ia dha për t'u treguar shërbëtorëve të tij gjërat që duhet të ndodhin për së shpejti dhe e bëri të ditur, duke ia dërguar nëpërmjet engjëllit të tij, shërbëtorit të vet Gjon,

Zbulesës

Kapitull 1

¹ i cili dëshmoi fjalën e Perëndisë dhe dëshminë e Jezu Krishtit, dhe të gjitha gjërat që pa.

² Lum ai që lexon dhe lum ata që dëgjojnë fjalët e kësaj profecie dhe që ruajnë ato që janë shkruar në të, sepse koha është afër.

³ Gjoni, shtatë kishave që janë në Azi: hir për ju dhe paqe nga ana e atij që është dhe që ishte dhe që do të vijë; edhe nga të shtatë frymërat që janë përpara fronit të tij,

⁴ dhe nga Jezu Krishti, dëshmitari besnik, i parëlinduri prej së vdekurish dhe Princ i mbretërve të dheut.

⁵ Atij që na deshi dhe na lau nga mëkatet tona në gjakun e tij, dhe na bëri mbretër dhe priftër për Perëndinë dhe Atin e tij, atij i qoftë lavdi dhe pushtet në shekuj të shekujve. Amen.

⁶ Ja, ai vjen me retë dhe çdo sy do ta shohë, edhe ata që e tejshpuan; dhe të gjitha fiset e dheut do të vajtojnë për të. Po, amen.

⁷ "Unë jam Alfa dhe Omega, fillimi dhe mbarimi", thotë Zoti "që është dhe që ishte dhe që vjen, i Plotfuqishmi".

⁸ Unë, Gjoni, që jam edhe vëllai juaj dhe pjestar bashkë me ju në pikëllimin, në mbretërinë dhe në durimin e Jezu Krishtit, isha në ishullin që quhet Patmos, për fjalën e Perëndisë dhe për dëshminë e Jezu Krishtit.

⁹ Isha në Frymë ditën e Zotit dhe dëgjova pas meje një zë të madh si nga një bori,

¹⁰ që thoshte: "Unë jam Alfa dhe Omega, i pari dhe i fundit, dhe çfarë sheh, shkruaji në një libër dhe ua dërgo shtatë kishave që janë në Azi: në Efes, në Smirnë, në Pergam, në Tiatirë, në Sardë, në Filadelfi dhe në Laodice".

¹¹ Dhe u solla të shoh zërin që foli me mua. Dhe, si u solla, pashë shtatë shandanë ari

¹² dhe, në mes të shtatë shandanëve, një të ngjashëm me një Bir njeriu, të veshur me një petk të gjatë deri te këmbët dhe ngjeshur me një brez ari në gjoks.

¹³ Dhe kryet e tij dhe flokët e tij ishin të bardhë si lesh i bardhë, si bora, dhe sytë e tij e ngjanin një flake zjarri.

¹⁴ Dhe këmbët e tij ngjanin me bronz të kulluar, si të skuqur në furrë dhe zëri i tij si zë shumë ujërash.

¹⁵ Dhe kishte në dorën e tij të djathtë shtatë yje dhe nga goja e tij dilte një shpatë e mprehtë, me dy tehe, dhe fytyra e tij si dielli që ndrin me forcën e tij.

¹⁶ Dhe kur e pashë, rashë para këmbëve të tij si i vdekur. Dhe ai vuri dorën e tij të djathtë mbi mua, duke më thënë: "Mos u tremb! Unë jam i pari dhe i fundit,

¹⁷ dhe i gjalli; isha i vdekur, por ja, jam i gjallë në shekuj të shekujve, amen; dhe unë i kam çelësat e vdekjes e të Hadesit.

¹⁸ Shkruaj, pra, gjërat që pe, ato që janë dhe ato që do të ndodhin pas atyre,

¹⁹ misterin e të shtatë yjeve që ti pe në të djathtën time, dhe të shtatë shandanëve prej ari. Të shtatë yjet janë engjëjt e shtatë kishave, dhe të shtatë shandanët që pe janë shtatë kishat".

²⁰ "Engjëllit të kishës në Efes shkruaji: këtë thotë ai që mban të shtatë yjet në të djathtën e tij që ecën në mes të shtatë shandanëve prej ari.

Kapitull 2

¹ Unë i njoh veprat e tua, mundin tënd dhe durimin tënd edhe se ti s'mund t'i durosh të këqijtë; ti i vure në provë ata që pretendojnë se janë apostuj dhe nuk janë dhe i gjete gënjeshtarë.

² Ti ke duruar, ke qëndrueshmëri dhe për hir të emrit tim je munduar pa u lodhur.

³ Por kam diçka kundër teje, sepse dashurinë tënde të parën e le.

⁴ Kujtohu, pra, se nga ke rënë, pendohu, dhe bëj veprat e para; në mos do të vi së shpejti te ti dhe do ta luaj shandanin tënd nga vendi i vet, nëse nuk pendohesh.

⁵ Por ti ke këtë, që i urren veprat e Nikolaitëve, që i urrej edhe unë.

⁶ Kush ka veshë, le të dëgjojë atë që u thotë Fryma kishave: kujt fiton do t'i jap të hajë nga pema e jetës, që është në mes të parajsës së Perëndisë".

⁷ "Dhe engjëllit të kishës në Smirnë, shkruaji: këtë thotë i pari dhe i fundit, që qe i vdekur dhe kthehej në jetë.

⁸ Unë i njoh veprat e tua, dhe shtrengimin e varfërinë (por ti je i pasur) dhe blasfeminë e atyre që e quajnë veten Judenj, por nuk janë, por janë një sinagogë e Satanit.

⁹ Mos ki frikë nga ato për të cilat do të vuash; ja, djalli do të hedhë disa prej jush në burg, që të provoheni, dhe ju do të keni shtrengim për dhjetë ditë. Ji besnik deri në vdekje dhe unë do të të jap kurorën e jetës.

¹⁰ Kush ka veshë, le të dëgjojë atë që Fryma u thotë kishave: kush fiton nuk do të preket nga vdekja e dytë".

¹¹ "Dhe engjëllit të kishës në Pergam, shkruaji: Këto gjëra thotë ai që ka shpatën e mprehtë me dy tehe:

¹² Unë i di veprat e tua dhe ku banon, atje ku është froni i Satanit; dhe ti mbahesh fort tek emri im dhe nuk e mohove besimin në mua, edhe në ato ditë kur Antipa, dëshmitari im, besnik, u vra midis jush, atje ku banon Satani.

¹³ Por kam disa gjëra kundër teje: sepse ke aty disa që mbajnë mësimin e Balaamit, i cili e mësoi Balakun t'u vërë një gurë pengese përpara bijve të Izraelit që të hanë flijime idhujsh dhe të kurvërojnë.

¹⁴ Kështu ti ke edhe disa që mbajnë mësimin e Nikolaitëve, të cilën gjë e urrej.

¹⁵ Pendohu, përndryshe do të vij së shpejti te ti dhe do të luftoj kundër tyre me shpatën e gojës sime.

¹⁶ Kush ka veshë, le të dëgjojë atë që Fryma u thotë kishave: kujt fiton do t'i jap të hajë nga mana që është fshehur; dhe do t'i jap një gur të bardhë, dhe mbi gur është shkruar një emër i ri, të cilin s'e njeh askush, përveç atij që e merr".

¹⁷ "Edhe engjëllit të kishës në Tiatirë shkruaji: Këto gjëra thotë Biri i Perëndisë, ai që ka sytë si flakë zjarri dhe këmbët e tij janë të ngjashëm me bronz të shkëlqyeshëm.

¹⁸ Unë i njoh veprat e tua, dashurinë tënde, besimin tënd, shërbimin tënd, durimin tënd dhe di që veprat e tua të fundit janë më të shumta se parat.

¹⁹ Por kam disa gjëra kundër teje, sepse ti e lejon gruan Jezabel, që e quan veten profeteshë, të mësojë dhe t'i mashtrojë shërbëtorët e mi të kurvërojnë dhe të hanë gjëra të flijiuara idhujve.

²⁰ Dhe i dhashë kohë që të pendohet për kurvërinë e saj, por ajo nuk u pendua.

²¹ Ja, unë e flakë atë në një shtrat vuajtjesh, dhe ata që kurvërojnë me te, në shtrëngim të madh, po nuk u penduan për veprat e tyre;

²² Dhe do t'i godas me vdekje bijtë e saj; dhe të gjitha kishat do të njohin se unë jam ai që heton mendjet dhe zemrat; dhe do t'i jap gjithsecilit nga ju sipas veprave të veta.

²³ Por juve dhe të tjerëve që janë në Tiatirë, që nuk kanë këtë doktrinë dhe nuk i kanë njohur thellësirat e Satanit, siç e quajnë ata, unë them: nuk do të vë barrë tjetër mbi ju;

²⁴ por mbajeni fort atë që keni, derisa të vij.

²⁵ Dhe kujt fiton dhe i ruan deri në fund veprat e mia, do t'i jap pushtet mbi kombet;

²⁶ dhe ai do t'i qeverisë ata me një shufër hekuri dhe ata do të thyhen si enë argjile, sikurse mora edhe unë pushtet prej Atit tim;

²⁷ dhe unë do t'i jap atij yllin e mëngjesit.

²⁸ Kush ka veshë, le të dëgjojë atë që Fryma u thotë kishave".

²⁹ "Dhe engjëllit të kishës në Sardë shkruaji: këto gjëra thotë ai që ka të shtatë Frymërat e Perëndisë dhe të shtatë yjet. Unë i di veprat e tua; ti ke emrin se jeton, por je i vdekur.

Kapitull 3

¹ Ji syçelë dhe forco mbetjen e gjërave që gati po vdesin, sepse nuk i gjeta të përkryera veprat e tua përpara Perëndisë tim.

² Kujto, pra, atë që more dhe dëgjove, dhe ruaje edhe pendohu. Po të mos rrish zgjuar, unë do të vij te ti si vjedhës, dhe nuk do të dish në ç'orë do të vij te ti.

³ Por ke disa veta në Sardë, që nuk e ndotën petkat e tyre; edhe do të ecin me mua të veshur në të bardha, sepse janë të denjë.

⁴ Kush fiton do të vishet me rroba të bardha dhe unë nuk do ta fshij emrin e tij nga libri i jetës, por do të rrëfej emrin e tij përpara Atit tim dhe para engjëjve të tij.

⁵ Kush ka veshë, le të dëgjojë atë që Fryma u thotë kishave".

⁶ "Dhe engjëllit të kishës së Filadelfisë shkruaji: këtë thotë i Shenjti, i Vërteti, ai që ka çelësin e Davidit, ai që hap dhe askush nuk mbyll; dhe mbyll dhe askush nuk hap.

⁷ Unë njoh veprat e tua; ja, të vura përpara një dere të hapur që asnjëri nuk mund ta mbyllë; sepse ke pak forcë, dhe e ruajte fjalën time edhe nuk mohove emrin tim.

⁸ Ja, unë do të dorëzoj disa nga sinagoga e Satanit, që e quajnë veten Judenj, dhe nuk janë, por gënjejnë; ja, unë do t'i bëj të vijnë dhe të bien përmbys përpara këmbëve të tua, dhe do të njohin se unë të kam dashur.

⁹ Sepse e ruajte fjalën e durimit tim, edhe unë do të të ruaj ty nga ora e sprovës që do të vij mbi gjithë botën, për të provuar ata që banojnë

mbi dhe.

¹⁰ Ja, unë vij shpejt; mbaje fort atë që ke, që të mos të marrë ndokush kurorën tënde.

¹¹ Kush fiton do ta bëj shtyllë në tempullin e Perëndisë tim, dhe ai nuk do të dalë më përjashta; dhe do të shkruaj mbi të emrin e Perëndisë tim, dhe emrin e qytetit të Perëndisë tim, të Jeruzalemit të ri, që zbret nga qielli nga Perëndia im, dhe emrin tim të ri.

¹² Kush ka veshë, le të dëgjojë atë që Fryma u thotë kishave".

¹³ "Dhe engjëllit të kishës në Laodice shkruaji: këtë thotë Ameni, Dëshmitari besnik dhe i vërtetë, Fillimi i krijesës së Perëndisë.

¹⁴ Unë njoh veprat e tua, që ti nuk je as i ftohtë as i ngrohtë. Do të doja të ishe i ftohtë ose i ngrohtë!

¹⁵ Por, mbasi je kështu i vakët, dhe as i ftohtë e as i ngrohtë, unë do të të vjell nga goja ime.

¹⁶ Sepse ti thua: "Unë jam i pasur, u pasurova dhe s'kam nevojë për asgjë"; edhe nuk e di se ti je qyqar e i mjeran, i varfër, i verbër dhe i zhveshur.

¹⁷ Të këshilloj të blesh nga unë ar të kulluar në zjarr që të bëhesh i pasur; edhe petka të bardhë që të vishesh dhe të mos duket turpi i lakuriqësisë sate; edhe vajos sytë e tu me kolir, që të shohësh.

¹⁸ Unë të gjithë ata që i dua i qortoj dhe i ndëshkoj; prandaj ji i zellshëm dhe pendohu.

¹⁹ Ja, unë qëndroj te dera dhe trokas; nëse dikush dëgjon zërin tim dhe të hapë derën, unë do të hyj tek ai dhe do të ha darkë me të dhe ai me mua.

²⁰ Kujt fiton do t'i jap të ulet me mua mbi fronin tim, sikurse edhe unë fitova dhe u ula me Atin tim mbi fronin e tij.

²¹ Kush ka veshë, le të dëgjojë atë që u thotë Fryma kishave".

²² Pas këtyre gjërave, pashë dhe ja, një derë u hap në qiell dhe zëri i parë që kisha dëgjuar të fliste me mua si bori, tha: "Ngjitu këtu dhe do të të tregoj gjërat që duhet të ndodhin pas këtyre gjërave".

Kapitull 4

¹ Dhe menjëherë erdha në frymë; dhe ja, një fron ishte në qiell dhe mbi fron rrinte një i ulur.

² Dhe ai që ishte ulur nga pamja i ngjante një guri diaspri dhe sardi; dhe rreth fronit ishte një ylber që i ngjante smeraldit.

³ Dhe rreth e qark fronit ishin njëzet e katër frone, dhe mbi frone pashë ndënjur njëzet e katër pleq të veshur me petka të bardha; dhe mbi kryet e tyre kishin kurora:

⁴ dhe nga froni shpërthenin vetëtima, bubullima dhe zëra; dhe përpara fronit ishin shtatë llamba të ndezura, që janë të shtatë Frymërat e Perëndisë.

⁵ Dhe përpara fronit ishte si një det i qelqtë që i ngjante kristalit, dhe në mes të fronit dhe përreth fronit katër kafshë, që ishin plot me sy përpara dhe prapa.

⁶ Qenia e parë e gjallë ishte e ngjashme me një luan, edhe qenia e dytë e gjallë e ngjashme me një viç, edhe qenia e tretë e gjallë kishte fytyrë si e njeriut, edhe e katërta ishte e ngjashme me një shqiponjë në fluturim.

⁷ Edhe të katër qeniet e gjalla kishin secila nga gjashtë krahë përqark, edhe përbrenda ishin plot me sy; dhe nuk pushojnë kurrë, as ditë as natë, duke thënë: "I shenjtë, i shenjtë, i shenjtë është Zoti Perëndi, i Plotfuqishmi, që ishte, që është dhe që do të vijë!".

⁸ Sa herë që qeniet e gjalla i japin lavdi, nder e të falenderim atij që rri ulur mbi fron, atij që rron në shekuj të shekujve,

⁹ të njëzet e katër pleq bien përmbys përpara atij që rri mbi fron dhe adhurojnë atë që jeton në shekuj të shekujve dhe i hedhin kurorat e tyre përpara fronit, duke thënë:

¹⁰ "Ti je i denjë, o Zot, të marrësh lavdinë, nderimin dhe fuqinë, sepse ti i krijove të gjitha gjëra, dhe nëpërmjet vullnetit tënd ekzistojnë dhe u krijuan".

¹¹ Pastaj pashë në dorën e djathtë të atij që rrinte ulur mbi fron, një libër të shkruar përbrenda dhe përjashta, të vulosur me shtatë vula.

Kapitull 5

¹ Dhe pashë një engjëll të fuqishëm, që proklamoi me zë të madh: "Kush është i denjë të hapë librin dhe të zgjidhë vulat e tij?".

² Po kurrkush, as në qiell, as mbi dhe, as nën dhe, nuk mund të hapte librin e ta shihte atë.

³ Edhe unë qaja shumë, sepse s'qe gjetur asnjë i denjë të hapë dhe të lexojë librin, dhe as ta shohë.

⁴ Atëherë një nga pleqtë më tha: "Mos qaj; ja, Luani i fisit të Judës, Rrënja e Davidit, fitoi të hapë librin dhe të zgjidhë të shtatë vulat e tij".

⁵ Dhe pashë, në mes të fronit dhe të katër gjeniëve të gjalla dhe në mes të pleqve, një Qengj si i therur, i cili kishte shtatë brirë dhe shtatë sy, që janë të shtatë Frymërat e Perëndisë, të dërguar në gjithë dheun.

⁶ Ai erdhi dhe mori librin nga dora e djathtë e atij që rrinte mbi fron.

⁷ Dhe, mbasi e mori librin, të katër qeniet e gjalla dhe të njëzet e katër pleqtë ranë përmbys përpara Qengjit, duke pasur secili një qeste dhe disa kupa ari plot me erë të këndshme, të cilat janë lutjet e shenjtorëve.

⁸ Dhe këndonin një këngë të re duke thënë: "Ti je i denjë ta marrësh librin dhe të hapësh vulat e tij, sepse ti u there, dhe me gjakun tënd na bleve te Perëndia nga çdo fis, gjuhë, popull dhe komb,

⁹ dhe na bëre mbretër dhe priftër për Perëndinë tonë, dhe do të mbretërojmë mbi dhe".

¹⁰ Pastaj pashë, dhe dëgjova zërin e shumë engjëjve përqark fronit, qenieve të gjalla dhe pleqve; dhe numri i tyre ishte dhjetë mijëra dhjetë mijërash, dhe mijëra mijërash,

¹¹ që thoshnin me zë të madh: "I denjë është Qengji që u ther, të marrë fuqinë, dhe pasurinë, dhe diturinë, dhe forcën, dhe nderin, dhe lavdinë, dhe bekimin".

¹² Edhe dëgjova çdo krijesë që është në qiell, mbi dhe, nën dhe dhe ato që janë në det dhe të gjitha gjërat sa janë në to, që thoshnin: "Atij që rri ulur mbi fron dhe Qengjit i qofshin bekimi, nderi, lavdia dhe forca në shekuj të shekujve".

¹³ Dhe të katër qeniet e gjalla thoshnin: "Amen!". Dhe të njëzet e katër pleq ranë përmbys dhe adhuruan atë që rron në shekuj të shekujve.

¹⁴ Pastaj pashë kur Qengji hapi të parën nga të shtatë vulat, dhe dëgjova një nga të katër qeniet e gjalla që thoshte si me zë bubullime: "Eja e shiko".

Kapitull 6

¹ Dhe unë pashë, dhe ja, një kalë i bardhë. Dhe ai që e kalëronte kishte një hark; dhe atij iu dha një kurorë, dhe ai doli jashtë si fitimtar dhe për të fituar.

² Kur ai hapi vulën e dytë, dëgjova qenien e dytë të gjallë që thoshte: "Eja dhe shiko".

³ Atëherë doli jashtë një kalë tjetër i kuq; dhe atij që e kalëronte iu dha të hiqte paqen nga dheu që njerëzit të vrasin njëri-tjetrin, dhe iu dha atij një shpatë e madhe.

⁴ Dhe kur ai hapi vulën e tretë, dëgjova qenien e tretë e gjallë që thoshte: "Eja dhe shiko". Dhe pashë dhe ja, një kalë i zi; dhe ai që e kalëronte kishte një peshore në dorën e tij.

⁵ Dhe dëgjova një zë në mes të katër qenieve të gjalla duke thënë: "Një kenik gruri për një denar, dhe dy kenikë elbi për një denar; dhe mos dëmto vajin, as verën".

⁶ Kur ai hapi vulën e katërt, dëgjova zërin e qenies së katërt të gjallë që thoshte: "Eja dhe shiko".

⁷ Dhe unë pashë, dhe ja një kalë i zbehtë; dhe ai që e kalëronte emrin e kishte Vdekja, dhe Hadesi vinte pas tij. Dhe iu dha atyre pushtet përmbi një të katërtën e dheut, të vrasin me shpatë dhe me zi buke e me vdekje, dhe nëpërmjet bishave të dheut.

⁸ Dhe kur hapi vulën e pestë, unë pashë nën altar shpirtrat e atyre që ishin therur për shkak të fjalës së Perëndisë dhe për shkak të dëshmisë që kishin;

⁹ dhe ata thirrën me zë të madh duke thënë: "Deri kur, o Zot, që je i Shenjtë dhe i Vërtetë, nuk gjykon dhe nuk merr hak për gjakun tonë nga ata që banojnë mbi dhe?".

¹⁰ Dhe secilit prej tyre ju dha një petk i bardhë dhe ju thanë që të preheshin edhe për pak kohë, deri sa të plotësohej numri edhe i bashkësherbëtoreve të tyre dhe i vëllezërve të tyre që duhet të vriteshin posi ata.

¹¹ Dhe pashë, kur ai hapi vulën e gjashtë; dhe ja, u bë një tërmet i madh, dhe dielli u bë i zi si një thes prej leshi, dhe hëna u bë si gjak;

¹² dhe yjet e qiellit ranë mbi dheun, ashtu si fiku hedh fiqtë e paarrirë kur e tund një erë e madhe.

¹³ Pastaj qielli u hoq si një pergamenë që mbështillet, dhe çdo mal dhe ishull luajtën nga vendi i tyre.

¹⁴ Dhe mbretërit e dheut, dhe të mëdhenjtë, dhe të pasurit, dhe komandantët, dhe të fuqishmit, dhe çdo skllav e çdo i lirë, u fshehën nëpër shpella dhe nëpër krepat e maleve,

¹⁵ dhe u thoshnin maleve dhe shkëmbinjve: "Bini mbi ne dhe na fshihni nga fytyra e atij që rri mbi fron dhe nga zemërimi i Qengjit,

¹⁶ sepse erdhi dita e madhe e zemërimit së tij; dhe kush mund të qëndrojë?".

¹⁷ Pas këtyre gjërave, pashë katër engjëj të cilët rrinin në këmbë në të katër këndet e dheut dhe mbanin të katër erërat e dheut, që të mos frynte erë mbi dhe, as mbi det, as mbi ndonjë dru.

Kapitull 7

¹ Pastaj pashë një engjëll tjetër që ngjitej nga lind dielli e që kishte vulën e Perëndisë së gjallë; dhe u thirri me zë të madh të katër engjëjve, të cilëve u qe dhënë të dëmtojnë dheun dhe detin,

² duke thënë: "Mos dëmtoni dheun, as detin, as pemët, deri sa t'i vulosim në ballë shërbëtorët e Perëndisë tonë".

³ Dhe dëgjova numrin e atyre që u vulosën: njëqind e dyzet e katër mijë të vulosur nga gjitha fiset e bijve të Izraelit.

⁴ Nga fisi i Judës, dymbëdhjetë mijë të vulosur; nga fisi i Rubenit, dymbëdhjetë mijë të vulosur; nga fisi i Gadit dymbëdhjetë mijë të vulosur;

⁵ nga fisi i Asherit, dymbëdhjetë mijë të vulosur; nga fisi i Neftalit, dymbëdhjetë mjië të vulosur; nga fisi i Manasit, dymbëdhjetë mijë të vulosur;

⁶ nga fisi i Simeonit, dymbëdhjetë mijë të vulosur; nga fisi i Levit, dymbëdhjetë mijë të vulosur; nga fisi i Isakarit, dymbëdhjetë mijë të vulosur;

⁷ nga fisi i Zabulonit, dymbëdhjetë mijë të vulosur; nga fisi i Jozefit, dymbëdhjetë mijë të vulosur; nga fisi i Beniaminit, dymbëdhjetë mijë të vulosur.

⁸ Pas këtyre gjërave, pashë një turmë të madhe, të cilën askush nuk mund ta numëronte, prej të gjitha kombeve, fiseve, popujve dhe gjuhëve; këta qëndronin në këmbë përpara fronit dhe përpara Qengjit, të veshur me rroba të bardha dhe me palma në duart e tyre.

⁹ Dhe thërrisnin me zë të madh, duke thënë: "Shpëtimi është i Perëndisë tonë që është ulur mbi fron dhe i Qengjit".

¹⁰ Dhe të gjithë engjëjt rrinin në këmbë përqark fronit, dhe pleqve dhe katër qenieve e gjalla, dhe ranë përmbys mbi fytyrën e tyre përpara fronit dhe adhuruan Perëndinë,

¹¹ duke thënë: "Amen! Bekimi, dhe lavdia, dhe dituria, dhe falenderimi, dhe nderimi, dhe fuqia dhe forca janë te Perëndia ynë në shekuj të shekujve. Amen!".

¹² Pastaj një nga pleqtë m'u drejtua, duke më thënë: "Cilët janë këta që janë veshur me rroba të bardha, dhe nga kanë ardhur?".

¹³ Dhe unë i thashë: "Imzot, ti e di". Atëherë ai më tha: "Këta janë ata që kanë ardhur nga shtrëngimi i madh, dhe i kanë larë rrobat e tyre dhe i kanë zbardhur në gjakun e Qengjit.

¹⁴ Prandaj edhe janë përpara fronit të Perëndisë dhe i shërbenin atij ditë e natë në tempullin e tij; dhe ai që rri ulur mbi fron do të banojë në mes tyre.

¹⁵ Ata nuk do të kenë më uri, as nuk do të kenë etje, as nuk do t'i godasë më dielli, as kurrfarë vape,

¹⁶ sepse Qengji, që është në mes të fronit, do t'i kullosë dhe do t'i çojë te burimet e gjalla të ujërave; dhe Perëndia do të thaijë çdo lot nga sytë e tyre".

¹⁷ Edhe kur ai hapi vulën e shtatë, në qiell u bë heshtje për rreth gjysmë ore.

Kapitull 8

¹ Dhe unë i pashë të shtatë engjëjt që qëndrojnë përpara Perëndisë, dhe atyre u dha shtatë bori.

² Pastaj erdhi një engjëll tjetër që kishte një temianicë ari dhe ndaloi pranë altarit; dhe iu dha shumë erë e këndshme që t'ua shtonte lutjeve të të gjithë shenjtorëve mbi altarin prej ari që ishte përpara fronit.

³ Dhe tymi i erëve të këndshme, të ofruara me lutjet e shenjtorëve, u ngrit përpara Perëndisë nga dora e engjëllit.

⁴ Pastaj enjëlli mori temianicën, e mbushi nga zjarri i altarit dhe e hodhi mbi dhe; dhe u bënë zëra, bubullima, vetima dhe një tërmet.

⁵ Dhe të shtatë engjëjt që kishin të shtatë boritë u bënë gati t'i bien borisë.

⁶ Engjëlli i parë i ra borisë, dhe u bë breshër e zjarr, i përzier me gjak, dhe u hodhën mbi dhe; dhe e treta e pemëve u dogj tërësisht, dhe çdo bar i njomë u dogj tërësisht.

⁷ Dhe engjëlli i dytë i ra borisë dhe diçka si një mal i madh që digjet nga zjarri u hodh në det, dhe e treta e detit u bë gjak;

⁸ dhe e treta e krijesave që rrojnë në det ngordhi, dhe e treta e anijeve u shkatërruan.

⁹ Dhe i treti engjëll i ra borisë, dhe ra nga qielli një yll i madh që digjej si pishtar, dhe ra mbi pjesën e tretë të lumenjve dhe mbi burimet e ujërave.

¹⁰ Dhe emri i yllit është "pelin" dhe e treta e ujërave u bë pelin; dhe shumë njerëz vdiqën për shkak të këtyre ujërave, sepse u bënë të hidhura.

¹¹ Dhe i katërti engjëll i ra borisë, dhe u godit pjesa e tret e diellit dhe pjesa e tret e hënës dhe pjesa e tret e yjeve, që të errësohej e treta e tyre dhe e treta e ditës e humbi shkëlqimin e saj, kështu edhe nata.

¹² Dhe pashë, dhe dëgjova një engjëll që fluturonte në mes të qiellit dhe thoshte me zë të madh: "Mjerë, mjerë, mjerë atyre që banojnë mbi dhe, për shkak të të rënave të tjera të borive që të tre engjëjtë do t'i bien".

¹³ Dhe i pesti engjëll i ra borisë, dhe unë pashë një yll që ra nga qielli përmbi tokë; dhe atij iu dha çelësi i pusit të humnerës.

Kapitull 9

¹ Dhe ai hapi pusin e humnerës dhe nga pusi u ngrit një tym si nga një oxhak i madh; dhe dielli dhe ajri u errën nga tymi i pusit.

² Edhe nga ky tym dolën mbi dhe karkaleca, dhe atyre iu dha një pushtet, i ngjashëm me atë të akrepave të tokës.

³ Dhe atyre iu tha të mos dëmtojnë barin e dheut, asnjë gjelbërim e asnjë dru, por vetëm ata njerëzit të cilët nuk kanë vulën e Perëndisë mbi ballë.

⁴ Dhe atyre iu dha fuqia të mos i vrasin ata, por t'i mundojnë pesë muaj; dhe mundimi i tyre si mundimi i akrepit, kur pickon.

⁵ Dhe në ato ditë njerëzit do të kërkojnë vdekjen, por nuk do ta gjejnë atë, edhe do të dëshirojnë të vdesin, por vdekja do të largohet prej tyre.

⁶ Dhe pamja e karkalecave u përngjante kuajve të gatitur për luftë; dhe mbi kokat e tyre kishin si kurora prej ari dhe fytyrat e tyre ishin si fytyra njerëzish.

⁷ Dhe kishin flokë si flokë grash; dhe dhëmbët e tyre ishin si dhëmbë luanësh.

⁸ Dhe kishin parzmore si parzmore hekuri, dhe ushtima e krahëve të tyre ishte si ushtima i shumë qerrëve dhe kuajve që rendin në luftim.

⁹ Dhe kishin bishtra që u ngjanin akrepave dhe me thumb në bishtrat e tyre: në të cilat qëndronte fuqia të dëmtonin njerëzit për pesë muaj.

¹⁰ Dhe për mbret përmbi ta kishin engjëllin e humnerës, emri e tij në hebraisht është Abadon dhe në greqisht emrin e ka Apolion.

¹¹ Mjerimi i parë kaloi; ja, po vijnë edhe dy mjerime paskëtaj.

¹² Dhe i gjashti engjëll i ra borisë, dhe dëgjova një zë nga të katër brirët e altarit të artë që është përpara Perëndisë,

¹³ që i thoshte engjëllit të gjashtë që kishte borinë: "Zgjidh të katër engjëjt që janë të lidhur në Lumin e madh, Eufratin".

¹⁴ Atëherë të katër engjëjt, që ishin përgatitur për atë orë, ditë, muaj dhe vit, u zgjidhën që të vrasin të tretën pjesë të njerëzve.

¹⁵ Dhe numri i ushtarëve të kalorësisë ishte dyqind milion: dhe unë e dëgjova numrin e tyre.

¹⁶ Dhe kështu unë pashë në vegim kuajt dhe ata që i kalëronin; ata kishin parzmore ngjyrë zjarri, hiacinti dhe squfuri; dhe kokat e kuajve ishin si koka luanësh dhe nga gojët e tyre dilte zjarr, tym dhe squfur.

¹⁷ Nga këto të tri plagë u vra e treta e njerëzve, nga zjarri e nga tymi e nga squfuri, që dilnin nga gojët e tyre.

¹⁸ Sepse pushteti i tyre në fakt ishte në gojën e tyre dhe në bishtrat e tyre; sepse bishtrat e tyre ishin të ngjashëm me gjarpërinj, që kanë koka de me anë të tyre dëmtonin.

¹⁹ Dhe njerëzit e tjerë, ata që nuk u vranë nga këto plagë, nuk u penduan nga veprat e duarve të tyre që të mos nderojnë demonët dhe idhujt prej ari, argjendi, bronzi, guri dhe druri, që nuk mund të shohin, as të dëgjojnë, as të ecin;

²⁰ dhe ata nuk u penduan nga vrasjet e tyre, as nga magjia e tyre, as nga kurvërimi i tyre dhe as nga vjedhjet e tyre.

²¹ Pastaj pashë një engjëll tjetër të fuqishëm që zbriste nga qielli, i mbështjellë në një re dhe me ylber mbi krye; dhe fytyra e tij ishte si diell dhe këmbët e tij si shtylla zjarri.

Kapitull 10

¹ Ai kishte në dorë një libërth të hapur dhe vuri këmbën e tij të djathtë mbi det dhe të majtin mbi dhe,

² dhe thirri me zë të madh si një luan që vrumbullon; dhe, si bërtiti, të shtatë bubullima bënë të dëgjohej ushtima e tyre.

³ Dhe kur të shtatë bubullimat bënë të dëgjohej ushtima e tyre, u gatita të shkruaj, por dëgjova një zë nga qielli që më thoshte: "Vulosi gjërat që thonin të shtatë bubullimat dhe mos i shkruaj".

⁴ Atëherë engjëlli që unë pashë që rrinte në këmbë mbi det e mbi dhe, ngriti dorën e djathtë drejt qiellit,

⁵ dhe bëri be për atë që rron në shekuj të shekujve, që krijoi qiellin dhe gjërat që janë në të, tokën dhe gjërat që janë në të, detin dhe gjërat që janë në të, se nuk do të vonohet më.

⁶ por në ditët kur engjëlli i shtatë të bëjë të dëgjohet zëri i tij, kur ai t'i bjerë borisë do të zbatohet misteri i Perëndisë, ashtu si ai e ua shpalli shërbëtorëve të tij, profetëve.

⁷ Dhe zëri që kisha dëgjuar nga qielli më foli përsëri dhe tha: "Shko, merr libërthin e hapur që ndodhet në dorën e engjëllit që rri mbi

det e mbi dhe".

⁸ Dhe shkova tek engjëlli dhe i thashë: "Më jep libërthin". Dhe ai më tha: "Merre dhe gllabëroje atë dhe ai do ta hidhërojë të brëndëshmet e tua, por në gojën tënde do të jetë i ëmbël si mjaltë".

⁹ Dhe e mora libërthin nga dora e engjëllit, dhe si e gllabërova; dhe ishte në gojën time i ëmbël si mjaltë; dhe, mbasi e gllabërova, barku im u hidhërua.

¹⁰ Dhe ai më tha: "Të duhet përsëri të profetizosh mbi shumë popuj, kombe, gjuhë dhe mbretër".

¹¹ Dhe m'u dha një kallam që i ngjante një shufre. Dhe engjëlli duke qëndruar në këmbë tha: "Çohu dhe mat tempullin e Perëndisë, altarin dhe ata që adhurojnë atje,

Kapitull 11

¹ dhe oborrin që është jashtë tempullit lëre dhe mos e mat, sepse u është dhënë johebrenjve; dhe ata do të shkelin qytetin e shenjtë për dyzet e dy muaj.

² Dhe unë do t'u jap të dy dëshmitarëve të mi për të profetizuar, dhe ata do të profetizojnë një mijë e dyqind e gjashtëdhjetë ditë, të veshur me thasë.

³ Këta janë të dy drurët e ullirit dhe të dy shandanët që rrijnë përpara Perëndisë së dheut.

⁴ Dhe, nëse ndokush dëshiron t'u bëjë keq atyre, nga goja e tyre del zjarr dhe i gllabëron armiqtë e tyre; dhe kushdo që dëshëron t'u bëjë keq atyre, në këtë mënyrë duhet vrarë.

⁵ Ata kanë pushtet të mbyllin qiellin, që të mos bjerë shi në ditët e profecisë së tyre; ata kanë edhe pushtet mbi ujërat t'i kthejnë në gjak dhe për të goditur dheun me çdo plagë, sa herë të duan.

⁶ Dhe kur ta kryejnë dëshminë e tyre, bisha që ngjitet nga humnera do të bëjë luftë kundër tyre, edhe do t'i mundë ata, dhe do t'i vrasë.

⁷ Dhe kufomat e tyre do të dergjen në sheshin e qytetit të madh, i cili frymërisht quhet Sodomë dhe Egjipt, ku është kryqëzuar edhe Zoti ynë.

⁸ Dhe njerëz nga popuj, dhe fise, dhe gjuhë, dhe kombe do të shohin kufomat e tyre për tri ditë e gjysmë, dhe nuk do të lënë që kufomat e tyre të shtihen në varr.

⁹ Dhe banorët e dheut do të ngazëllojnë për ata dhe do të bëjnë festë; dhe do t'i dërgojnë njeri tjetrit dhurata, sepse këta dy profetë i munduan ata që banojnë mbi dhe".

¹⁰ Por mbas tri ditë e gjysmë, fryma e jetës që buron nga Perëndia hyri në ta; edhe qëndruan në këmbët e tyre, dhe një tmerr e madh ra mbi ata që i shikonin.

¹¹ Edhe dëgjuan një zë të madh nga qielli duke u thënë atyre: "Ngjituni këtu lart". Dhe u ngjitën në qiell në një re; dhe armiqtë e tyre i panë.

¹² Dhe në atë orë ra një tërmet i madh, dhe e dhjeta pjesë e qytetit u rrëzua, dhe në tërmet u vranë shtatë mijë njerëz; dhe të tjerët u tmerruan dhe i dhanë lavdi Perëndisë së qiellit.

¹³ Mjerimi i dytë kaloi, por ja, mjerimi i tretë do vijë së shpejti.

¹⁴ Dhe engjëlli i shtatë i ra borisë dhe u bënë zëra të mëdhenj në qiell që thoshnin: "Mbretëritë e botës u bënë mbretëri e Zotit tonë dhe të Krishtit të tij, dhe ai do të mbretërojë shekuj të shekujve".

¹⁵ Atëherë të njëzet e katër pleqtë që rrinin përpara Perëndisë mbi fronet e tyre, ranë përmbys mbi fytyrat e veta dhe adhuruan Perëndinë,

¹⁶ duke thënë: "Ne të falënderojmë, o Zot, Perëndi i Plotfuqishmi, që je, që ishe dhe që do të vish, sepse more në dorë pushtetin tënd të madh, dhe mbretëron.

¹⁷ Kombet ishin zemëruar, por erdhi mëria jote, dhe erdhi koha që të gjykohen të vdekurit dhe t'u jepet paga shërbëtorëve të tu, profetëve, dhe shenjtorëve, dhe atyre që druajnë emrin tënd, të vegjëlve dhe të mëdhenjve, dhe të shkatërrosh ata që shkatërrojnë dheun".

¹⁸ Atëherë u hap tempulli i Perëndisë në qiell dhe u duk arka e besëlidhjes së tij, dhe ndodhnin vetëtima, dhe zëra, dhe bubullima, dhe tërmet, dhe një rebesh i fortë breshëri.

¹⁹ Pastaj një shenjë e madhe u duk në qiell: një grua e veshur me diellin, dhe me hënën poshtë këmbëve të saj, dhe mbi krye të saj një kurorë me dymbëdhjetë yje.

Kapitull 12

¹ Ishte shtatzënë e bërtiste nga dhembjet dhe mundimet e lindjes.

² Dhe u duk një shenjë tjetër në qiell: dhe ja, një dragua i madh i kuq që kishte shtatë kokë dhe dhjetë brirë, dhe mbi kokat e tij kishte shtatë kurora.

³ Dhe bishti i tij tërhiqte pas vetes të tretën pjesë te yjeve të qiellit dhe i hodhi mbi tokë. Dhe dragoi qëndroi përpara gruas që ishte gati për të lindur, për të gllabëruar birin e saj kur ta kishte lindur.

⁴ Dhe ajo lindi një bir mashkull, i cili duhet të qeverisë gjithë kombet me skeptër të hekurt; dhe biri i saj u rrëmbye pranë Perëndisë dhe fronit të tij.

⁵ Dhe gruaja iku në shkretëtirë, ku kishte vend të përgatitur nga Perëndia, që të ushqehet atje një mijë e dyqind e gjashtëdhjetë ditë.

⁶ Edhe u bë luftë në qiell: Mikaeli dhe engjëjt e tij luftuan kundër dragoit; edhe dragoi dhe engjëjt e tij luftuan,

⁷ por nuk fituan, e nuk u gjet më për ta vend në qiell.

⁸ Kështu dragoi i madh, gjarpëri i lashtë, që është quajtur djall, edhe Satan, që mashtron gjithë dheun, u hodh mbi tokë; me të u hodhën edhe engjëjt e tij.

⁹ Atëherë dëgjova një zë të madh në qiell që thoshte: "Tani arriti shpëtimi, fuqia dhe mbretëria e Perëndisë tonë, dhe pushteti i Krishtit të tij; sepse u hodh poshtë paditësi i vëllezërve tanë, ai që i padiste përpara Perëndisë tonë ditë e natë.

¹⁰ Dhe ata e fituan atë me anë të gjakut të Qengjit, dhe me anë të fjalës së dëshmisë së tyre; dhe nuk e deshën jetën e tyre deri në vdekje.

¹¹ Prandaj gëzohuni, o qiej, dhe ju që rrini në ta. Mjerë ju banorë të tokës e të detit, sepse zbriti djalli drejt jush duke pasur zemërim të madh, duke ditur se ka pak kohë".

¹² Dhe, kur dragoi pa se u hodh për tokë, përndoqi gruan që lindi birin mashkull.

¹³ Dhe iu dhanë gruas dy krahët e shqiponjës së madhe, që të fluturojë në shkretëtirë në vendin e saj, ku të ushqehet një kohë, disa kohë dhe gjysmën e një kohe, larg pranisë së gjarprit.

¹⁴ Atëherë gjarpri qiti nga goja e tij ujë si një lumë prapa gruas, që atë ta merrte lumi,

¹⁵ dhe toka e ndihmoi gruan, dhe toka hapi gojën e vet dhe përpiu lumin që dragoi kishte nxjerrë nga goja e vet.

¹⁶ Dhe dragoi u zemërua kundër gruas dhe shkoi të bëjë luftë me të tjerët, pasardhjes së saj, të atyre që i ruajnë urdhërimet e Perëndisë dhe që kanë dëshminë e Jezu Krishtit.

¹⁷ Dhe u ndala mbi rërën e detit.

Kapitull 13

¹ Dhe pashë të ngjitej nga deti një bishë, që kishte dhjetë brirë dhe shtatë krerë, dhe mbi brirë dhjetë kurora dhe mbi krerë emra blasfemie.

² Dhe bisha që pashë i ngjante një leopardi; këmbët e saj ishin si të ariut dhe goja e saj si ajo e luanit; dhe dragoi i dha asaj fuqinë e vet, fronin e vet dhe autoritet të madh.

³ Edhe pashë një nga krerët e saj si të plagosur për vdekje; por plaga e saj vdekjeprurëse u shërua; dhe gjithë dheu u mrekullua pas bishës.

⁴ Dhe adhuruan dragoin që i dha autoritet bishës dhe adhuruan bishën duke thënë: "Kush i ngjan bishës? Kush mund të luftojë kundër saj?".

⁵ Dhe iu dha një gojë që flet gjëra të mëdha dhe blasfemi; dhe iu dha pushtet të veprojë për dyzet e dy muaj.

⁶ Dhe ajo hapi gojën e vet për të blasfemuar kundër Perëndisë, për të blasfemuar emrin e tij, tabernakullin e tij dhe ata që banojnë në qiell.

⁷ Dhe iu dha t'u bëjë luftë kundër të shenjtorëve dhe t'i mundë; dhe iu dha pushtet mbi çdo fis, gjuhë dhe komb.

⁸ Dhe do ta adhurojnë të gjithë banorët e dheut, emrat e të cilëve nuk janë shkruar në librin e jetës së Qengjit, që ishte vrarë që nga krijimi i botës.

⁹ Kush ka veshë, le të dëgjojë.

¹⁰ Kush e çon tjetrin në robëri, në robëri do të bjerë; kush vret me shpatë, duhet edhe ai të vritet me shpatë. Këtu është qëndrueshmëria dhe besimi i shenjtorëve.

¹¹ Pastaj pashë një bishë tjetër, që ngjitej nga dheu, dhe kishte dy brirë që u ngjanin atyre të qengjit, por fliste si një dragua.

¹² Ajo ushtronte gjithë pushtetin e bishës së parë përpara saj dhe bënte që dheu dhe banorët e tij të adhurojnë bishën e parë, së cilës iu shërua plaga vdekjeprurëse.

¹³ Edhe bënte shenja të mëdha, sa që edhe zjarr bënte të zbresë nga qielli mbi dhe në prani të njerëzve,

¹⁴ dhe i mashtronte banorët e dheut me anë të shenjave që i ishin dhënë për të bërë përpara bishës, duke u thënë banorëve të dheut t'i bëjnë një figurë bishës, që kishte plagën e shpatës dhe u kthye në jetë.

¹⁵ Dhe iu dha t'i japë një frymë figurës së bishës, aq sa figura e bishës të flasë, edhe të bëjë që të gjithë ata të cilët nuk e adhuronin figurën e bishës, të vriteshin.

¹⁶ Veç kësaj bëri që të gjithëve, të vegjël e të mëdhenj, dhe të pasur dhe të varfër, dhe të lirë dhe të skllevër, t'u vihet një damkë mbi dorën e tyre të djathtë ose mbi ballin e tyre,

¹⁷ dhe që askush të mos mund të blinte ose të shiste, po të mos kishte damkën ose emrin e bishës ose numrin e emrit të saj.

¹⁸ Këtu është urtia. Ai që ka mend, le të bëjë llogari numrin e

bishës, sepse është numër njeriu; dhe numri i tij është gjashtëqind e gjashtëdhjetë e gjashtë.

Kapitull 14

¹ Pastaj pashë Qengjin që rrinte në këmbë në mal të Sionit, dhe bashkë me të ishin njëqind e dyzet e katër mijë njerëz, që e kishin të shkruar mbi ballin e tyre emrin e tij dhe emrin e Atit të tij.

² Dhe dëgjova pastaj një zë nga qielli si ushtima e shumë ujërave dhe si gjëmimi i një bubullime të madhe; dhe zëri që dëgjova ishte si ai i kitaristëve që u bien qesteve së tyre.

³ Ata këndonin një këngë të ri përpara fronit, përpara katër qenjeve të gjalla dhe përpara pleqve; dhe asnjë nuk mund ta mësonte kantikun përveç të njëqind e dyzet e katër mijëve, që ishin shpenguar nga toka.

⁴ Këta janë ata që nuk janë ndotur me femra; janë në fakt të virgjër. Këta janë ata që ndjekin Qengjit, kudo që të shkojë ai; këta u shpenguan ndër njerëzit, që të jenë të parat fruta për Perëndinë dhe Qengjin.

⁵ Edhe në gojë të tyre nuk u gjet gënjeshtër, sepse janë të paqortueshëm përpara fronit të Perëndisë.

⁶ Pastaj pashë një engjëll tjetër që fluturonte në mes të qiellit dhe që kishte ungjillin e përjetshëm, që t'ua predikojë banorëve të dheut dhe çdo kombi, dhe fisi, dhe gjuhe, dhe populli,

⁷ dhe thoshte me zë të madh: "Druani Perëndinë dhe i jepni lavdi, sepse ora e gjyqit të tij erdhi; adhuroni atë që bëri qiellin, dheun, detin dhe burimet e ujërave".

⁸ Pastaj një tjetër ëngjëll shkoi pas tyre, duke thënë: "Ra, ra Babilona, qyteti i madh që u ka dhënë të pinë të gjithë kombeve verën e zemërimit të kurvërimit të saj".

⁹ Një engjëll i tretë shkoi pas tyre duke thënë me zë të madh: "Nëse ndokush adhuron bishën dhe figurën e saj dhe merr damkën mbi ballin e vet ose mbi dorën e vet,

¹⁰ do të pijë edhe ai nga vera e zemërimit të Perëndisë, që është derdhur e papërzier në kupën e zemërimit të tij dhe do të mundohet me zjarr e squfur përpara engjëjve të shenjtë dhe përpara Qengjit.

¹¹ Dhe tymi i mundimit të tyre ngjitet në shekuj të shekujve, dhe nuk do të kenë prehje ditë e natë ata që adhurojnë bishën dhe figurën e saj dhe kushdo që merr damkën e emrit të saj".

¹² Këtu është qëndrueshmëria e shenjtorëve; këtu janë ata që zbatojnë urdhërimet e Perëndisë dhe besimin e Jezusit.

¹³ Pastaj dëgjova nga qielli një zë që më thoshte: "Shkruaj: Lum të vdekurit që këtej e tutje vdesin në Zotin; po, thotë Fryma, që të prehen nga mundimet e tyre; dhe veprat e tyre t'i ndjekin".

¹⁴ Pastaj pashë një re të bardhë, dhe ja, mbi re po rrinte i ulur një i ngjashëm me një Bir njeriu, i cili kishte mbi krye një kurorë të artë dhe në dorë një drapër të mprehtë.

¹⁵ Një engjëll tjetër doli nga tempulli, duke i thirrur me zë të madh atij që ulej mbi re: "Vër dorë mbi draperin tënd dhe korr, sepse ora e të korrurit ka ardhur dhe të korrat e dheut janë pjekur".

¹⁶ Atëherë ai që ulej mbi re e lëshoi draperin e tij mbi tokë dhe dheu u korr.

¹⁷ Pastaj një engjëll tjetër doli nga tempulli që është në qiell, duke mbajtur dhe ai një drapër të mprehtë.

¹⁸ Dhe një engjëll tjetër, që kishte pushtet mbi zjarrin, doli nga altari dhe i thirri me zë të madhe atij që kishte draperin e mprehtë, duke thënë: "Vëre në punë draperin tënd të mprehtë dhe vil bistakët e vreshtit të dheut, sepse rrushi i tyre është pjekur".

¹⁹ Atëherë engjëlli e lëshoi draperin e tij mbi tokë dhe voli vreshtin e dheut dhe hodhi rrushin në vozën e madhe të zemërimit të Perëndisë.

²⁰ Dhe voza u shtrydh jashtë qytetit dhe nga voza doli gjak deri te freret e kuajve, për njëmijë e gjashtëqind stade.

Kapitull 15

¹ Pastaj pashë në qiell një shenjë tjetër të madhe dhe të mrekullishme: shtatë engjëj që kishin shtatë plagët e fundit, sepse me to u krye zemërimi i Perëndisë.

² Dhe pashë një si det të qelqtë, të përzier me zjarr dhe në këmbë mbi detin e qelqtë, ata që kishin mundur bishën, figurën e saj, dhe damkën e saj edhe numrin e emrit të saj. Ata kishin qestet e Perëndisë,

³ dhe këndonin këngën e Moisiut, shërbëtorit të Perëndisë, dhe këngënn e Qengjit, duke thënë: "Të mëdha dhe të mrekullueshme janë veprat e tua, o Zot, Perëndi i plotfuqishëm; të drejta dhe të vërteta janë udhët e tua, o Mbret i kombeve.

⁴ Kush nuk do të të druajë, o Zot, dhe nuk do të lëvdojë emrin tënd? Sepse vetëm ti je i Shenjtë; sepse të gjitha kombet do të vijnë dhe do të adhurojnë përpara teje, sepse gjykimet e tua u shfaqën".

⁵ Dhe pas këtyre gjërave unë pashë dhe ja, u hap në qiell tempulli i tabernakullit të dëshmisë.

⁶ Dhe të shtatë engjëjt, që kishin të shtatë plagët, dolën nga tempulli, të veshur me lin të pastër dhe të shndritshëm, dhe të ngjeshur përreth gjoksit me breza ari.

⁷ Një nga të katër qeniet e gjalla u dha të shtatë engjëjve shtatë kupa ari, plot me zemërimi i Perëndisë, që rron në shekuj të shekujve.

⁸ Dhe tempulli u mbush me tym nga lavdia e Perëndisë dhe nga fuqia e tij; dhe askush nuk mund të hynte në tempull, derisa të mbaroheshin të shtatë plagët e të shtatë engjëjve.

Kapitull 16

¹ Pastaj dëgjova një zë të madh nga tempulli që u thoshte të shtatë engjëjve: "Shkoni dhe derdhni mbi dhe kupat e zemërimit të Perëndisë".

² I pari shkoi dhe e derdhi kupën e vet mbi tokë, dhe një ulçerë e ligë dhe e dhimbshme goditi njerëzit që kishin damkën e bishës dhe ata që adhuronin figurën e saj.

³ Pastaj engjëlli i dytë e derdhi kupën e tij në det; dhe u bë gjak si i një të vdekuri dhe çdo qenie e gjallë në det vdiq.

⁴ Edhe engjëlli i tretë e derdhi kupën e tij në lumenj dhe në burimet e ujërave; dhe u bë gjak.

⁵ Dhe dëgjova engjëllin e ujërave duke thënë: "Ti je i drejtë, o Zot, që je që ishe dhe që do të vish, i Shenjti që gjykoi këto gjëra.

⁶ Ata kanë derdhur gjakun e shenjtorëve dhe të profetëve, dhe ti u dhe atyre të pijnë gjak, sepse është shpërblimi që ata meritojnë".

⁷ Dhe dëgjova një tjetër që thoshte nga altari: "Po, o Zot, Perëndi i plotfuqishëm, gjykimet e tua janë të vërteta dhe të drejta".

⁸ Dhe engjëlli i katërt e derdhi kupën e tij mbi diellin; dhe iu dha atij të djegë njerëzit me zjarr.

⁹ Dhe njerëzit u dogjën nga një nxehtësi e madhe dhe ata blasfemuan emrin e Perëndisë që ka pushtet mbi këto plagë, dhe nuk u penduan që t'i japin lavdi atij.

¹⁰ Dhe engjëlli i pestë e derdhi kupën e tij mbi fronin e bishës; dhe mbretëria e tij u mbulua me terr; dhe njerëzit kafshonin gjuhët e tyre nga dhembja,

¹¹ dhe blasfemuan Perëndinë e qiellit për shkak të dhembjeve të tyre dhe ulçerët e tyre, por nuk u penduan për veprat e tyre.

¹² Pastaj engjëlli i gjashtë e derdhi kupën e tij në lumin e madh Eufrat dhe uji i tij u tha për të bërë gati udhën e mbretërve që vijnë nga lindja e diellit.

¹³ Dhe pashë të dilte nga goja e dragoit, nga goja e bishës dhe nga goja e profetit të rremë, tri frymë të ndyra, që u ngjanin bretkosave.

¹⁴ Sepse në fakt janë fryma të demonëve që bëjnë mrekulli, që shkojnë te mbretërit e dheut dhe të gjithë botës, që t'i mbledhin për luftën e ditës së madhe të Perëndisë së Plotfuqishëm.

¹⁵ "Ja, unë po vij si vjedhës; lum ai që rri zgjuar dhe ruan rrobat e veta që të mos ecë i zhveshur dhe të duket turpi i tij".

¹⁶ Dhe i mblodhën në një vend që hebraisht quhet "Armagedon".

¹⁷ Pastaj engjëlli i shtatë e derdhi kupën e tij në erë; dhe doli një zë i madh nga tempulli i qiellit, nga froni, duke thënë: "U bë".

¹⁸ Atëherë shkrepën zëra bubullima dhe vetëtima, dhe u bë një tërmet i madh, që i tillë nuk ishte bërë qëkurse u bënë njerëzit mbi tokë, një tërmet kaq fort i madh.

¹⁹ Dhe qyteti i madh u nda në tri pjesë dhe qytetet e kombeve ranë, Babilona e madhe u kujtua përpara Perëndisë, që t'i japë kupën e verës së zemërimit të tij të tërbuar.

²⁰ Dhe çdo ishull iku, edhe malet nuk u gjetën më.

²¹ Dhe një breshër i madh, me peshë prej një talenti, ra nga qielli mbi njerëzit; edhe njerëzit blasfemuan Perëndinë për plagën e breshërit; sepse plaga e tij ishte me të vërtetë e madhe.

Kapitull 17

¹ Dhe erdhi një nga të shtatë engjëjt që kishin të shtatë kupat, dhe foli me mua dhe më tha: "Eja, do të të tregoj gjyqin e kurvës së madhe që është ulur në ujëra të shumta,

² më të cilën u kurvëruan mbretërit e dheut, dhe banorët e dheut u dehën me verën e kurvërisë së saj".

³ Dhe më çoi në Frymë në një shkretëtirë, dhe pashë një grua që rrinte mbi një bishë të kuqe, plot me emra blasfemie dhe që kishte shtatë krerë dhe dhjetë brirë.

⁴ Edhe gruaja ishte veshur me purpur dhe me të kuq të ndezur, e stolisur me ar, gurë të çmuar dhe me margaritarë; kishte në dorë një kupë ari plot me neveritë dhe ndyrësitë e kurvërimit të saj.

⁵ Dhe mbi ballin e saj ishte shkruar një emër: "Misteri, Babilona e madhe, nëna e lavireve dhe e neverive të dheut".

⁶ Dhe e pashë gruan duke u dehur nga gjaku i shenjtorëve dhe nga gjaku i martirëve të Jezusit. Dhe, kur e pashë, u çudita me çudi të madhe.

⁷ Dhe engjëlli më tha: "Përse çuditesh? Unë do të të tregoj misterin e gruas dhe të bishës që e mban atë, e cila ka shtatë krerë dhe dhjetë brirë.

⁸ Bisha, që pe, ishte, edhe nuk është, dhe do të ngjitet nga humnera dhe do të vejë në përhumbje; dhe banorët e dheut, emrat e të cilëve nuk janë shkruar në librin e jetës që nga krijimi i botës, do të çuditen kur të shohin bishën që ishte, dhe nuk është, ndonëse është.

⁹ Këtu është mendja që ka dituri: të shtatë krerët janë shtatë male, ku ulet gruaja,

¹⁰ dhe mbretër janë shtatë; pesë kanë rënë, një është dhe tjetri nuk ka ardhur ende; dhe, kur të vijë, pak kohë do të mbetet.

¹¹ Dhe bisha që ishte, dhe nuk është më, është edhe ajo i teti mbret, dhe është nga të shtatët dhe shkon në përhumbje.

¹² Të dhjetë brirët, që pe, janë dhjetë mbretër, të cilët nuk kanë marrë ende mbretërinë, por do të marrin pushtet si mbretër, një orë, bashkë me bishën.

¹³ Këta kanë një qëllim, dhe do t'ia japin fuqinë dhe pushtetin e tyre bishës.

¹⁴ Ata do të luftojnë kundër Qengjit dhe Qengji do t'i mundë, sepse ai është Zot i zotërve dhe Mbret i mbretërve; dhe ata që janë me të janë të thirrur, të zgjedhur dhe besnikë".

¹⁵ Pastaj më tha: "Ujërat që ke parë, ku ulet lavirja, janë popuj dhe turma, dhe kombe, dhe gjuhë.

¹⁶ Dhe të dhjetë brirët që ke parë mbi bishën, këta do të urrejnë laviren, do ta bëjnë të shkretë dhe lakuriq, dhe do të hanë mishrat e saj dhe do ta djegin në zjarr.

¹⁷ Sepse Perëndia u dha në zemër atyre të kryejnë mendjen e tij, të bëhen të një mendje, edhe t'i japin bishës mbretërinë e tyre, gjersa të plotësohen fjalët e Perëndisë.

¹⁸ Dhe gruaja që pe është qyteti i madh, që mbretëron mbi mbretëritë e dheut".

Kapitull 18

¹ Edhe pas këtyre pashë një engjëll tjetër që zbriste nga qielli, që kishte pushtet të madh; dhe dheu u ndriçua nga lavdia e tij.

² Ai bërtiti me forcë dhe me zë të madh, duke thënë: "Ra, ra Babilona e madhja, dhe u bë vendbanimi i demonëve, dhe streha e çdo fryme të ndyrë, dhe streha e çdo shpendi të ndyrë dhe të neveritshëm.

³ Sepse nga vera e mërisë së kurvërimit të saj kanë pirë të gjitha kombet, dhe mbretërit e dheut me të u kurvëruan, dhe tregtarët e dheut u pasuruan për shkak të luksit të saj të shfrenuar".

⁴ Pastaj dëgjova një zë tjetër nga qielli, duke thënë: "Dilni prej saj, o populli im, që të mos bëheni pjestarë të mëkateve të saj, dhe të mos merrni nga plagët e saj,

⁵ sepse mëkatet e saj janë grumbulluar dhe kanë arritur deri në qiell, dhe Perëndia kujtoi paudhësitë e saj.

⁶ Shpërblejani atë që ajo ju ka bërë juve, përkundrazi, shpërblejani dyfish sipas veprave të saj; në kupën që ajo derdhi derdhini dyfishin.

⁷ Në masën që u vetlavdërua ajo dhe shfreu në epshe, në atë masë i jepni asaj mundim dhe brenga, sepse ajo në zemër të vet thotë: "Unë rri posi mbretëreshë, e ve nuk jam dhe brengë nuk do të shoh".

⁸ Prandaj në një ditë të vetme do të vijnë plagët e saj: vdekja, vaji dhe zia e bukës; edhe do të digjet krejt në zjarr, sepse i fuqishëm është Zoti Perëndia, ai që e gjykon atë".

⁹ Dhe do ta qajnë atë dhe do të vajtojnë për të mbretërit e dheut, ata që u kurvëruan me të dhe u dhanë pas epsheve me të, kur të shohin tymin e zjarrit të saj;

¹⁰ ata do të qëndrojnë larg nga frika e mundimit të saj, duke thënë: "Mjerë, mjerë Babilona, qyteti i madh, qyteti i fuqishëm, sepse në një moment erdhi gjyqi yt!".

¹¹ Edhe tregtarët e dheut do të qajnë dhe do të vajtojnë për të, sepse askush nuk do të blejë më mallrat e tyre:

¹² mallra prej ari dhe argjendi, gurë të çmuar dhe margaritarë, pëlhura liri dhe purpri, mendafshi e të kuqeje, dhe gjithfarë drurësh erëmirë, e gjithfarë sendesh fildishi dhe druri shumë të çmuar, bronzi, hekuri dhe mermeri,

¹³ dhe kanellë, dhe parfume, vajra erëmirë, temian, verë, vaj, majë mielli, grurë, gjë e gjallë, dhen, kuaj, qerre, trupa e shpirtra njerëzish.

¹⁴ Dhe fryti i dëshirës së shpirtit tënd ikën prej teje, dhe të gjitha gjërat e pasura dhe të shkëlqyerat ikën prej teje dhe ti nuk do t'i gjesh më kurrë.

¹⁵ Tregtarët e këtyre gjërave, që u pasuruan prej saj, do të rrijnë larg për shkak të frikës së mundimit të saj, dhe do të qajnë dhe do të vajtojnë,

¹⁶ duke thënë: "Ah! Ah! Qyteti i madh, që ishte veshur me li të hollë, me të purpurta e të kuqe të ndezur, dhe e stolisur me ar, dhe me gurë të çmuar dhe me margaritarë! Sepse në një moment u shkatërrua një pasuri kaq e madhe!".

¹⁷ Të gjithë kapitenët, të gjithë pasagjerët dhe detarët, dhe të gjithë ata që tregtojnë nëpërmjet detit do të qëndrojnë nga larg

¹⁸ dhe, duke parë tymin e zjarrit të saj, do të klithin: "Cili qytet i përngjante këtij qyteti të madh?".

¹⁹ Dhe do të hedhin pluhur mbi kryet, do të bërtasin, duke qarë e duke vajtuar, duke thënë: "Ah! Ah! Qyteti i madh, në të cilën u pasuruan të gjithë ata që kishin anije në det nga mrekullia e saj, sepse për një moment u shkretua!

²⁰ Gëzohu përmbi të, o qiell, dhe ju apostuj të shenjtë dhe profetë, sepse Perëndia duke e gjykuar vuri në vend drejtësinë".

²¹ Dhe një engjëll i fuqishëm ngriti një gur të madh me përmasat sa një mokër dhe e hodhi në det, duke thënë: "Me të njëjtin vrull do të hidhet Babilona, qyteti i madh, dhe nuk do të gjendet më;

²² dhe zëri i harpistëve, i muzikantëve, i fyelltarëve dhe borizanëve nuk do të dëgjohet më te ti; dhe çdo mjeshtër i çfarëdo eksperti i arteve nuk do të gjendet më te ti, dhe nuk do të dëgjohet më te ti zëri i gurit të mullirit.

²³ Dhe dritë llambe nuk do të ndriçojë më në ty; edhe zë dhëndri dhe nuseje nuk do të dëgjohet më te ti; sepse tregtarët e tu ishin të mëdhenjtë e dheut, sepse gjithë kombet u mashtruan me magjinë tënde.

²⁴ Sepse në të u gjet gjak profetësh dhe shenjtorësh, dhe i gjithë atyre që janë vrarë mbi dhe".

Kapitull 19

¹ Dhe pas këtyre dëgjova në qiell zërin e madh të një turme të shumtë, duke thënë: "Aleluja! Shpëtimi, dhe lavdia, dhe nderimi, dhe fuqia i përkasin Zotit, Perëndisë sonë,

² sepse të vërteta dhe të drejta janë gjykimet e tij! Ai në fakt gjykoi laviren e madhe, që e prishi dheun me kurvërinë e saj, dhe mori hak për gjakun e shërbëtorëve të vet të derdhur prej dorës së saj".

³ Dhe thanë për të dytën herë: "Aleluja! Dhe tymi i saj ngjitet në shekuj të shekujve".

⁴ Dhe ranë përmbys të njëzet e katër pleqtë, dhe të katër qeniet e gjalla, dhe adhuruan Perëndinë, që ulej mbi fron, duke thënë: "Amen, Aleluja!".

⁵ Dhe nga froni erdhi një zë, duke thënë: "Lëvdoni Perëndinë tonë, gjithë ju shërbëtorë të tij dhe ju që e druani, dhe të vegjlit dhe të mëdhenjtë".

⁶ Dhe dëgjova një si zë i një turme të madhe, dhe si zë shumë ujërash dhe si zë bubullimash të forta, që thoshte: "Aleluja, sepse filloi të mbretërojë Zoti, Perëndia ynë, i Plotfuqishmi!.

⁷ Le të gëzohemi dhe të ngazëllohemi dhe le t'i japim atij lavdi, sepse erdhi dasma e Qengjit dhe nusja e tij është përgatitur!

⁸ Dhe i është dhënë të vishet me li të hollë, të pastër dhe të shkëlqyeshëm, sepse liri i hollë janë veprat e drejta të shenjtorëve".

⁹ Dhe më tha: "Shkruaj: Lum ata që janë ftuar në gostinë e dasmës së Qengjit". Dhe më tha: "Këto janë fjalët e vërteta të Perëndisë".

¹⁰ Edhe rashë përpara këmbëve të tij për ta adhuruar, por ai më tha: "Ruaju se e bën, unë jam bashkëshërbëtori yt si dhe i vëllezërve të tu që kanë dëshminë e Jezusit. Perëndinë adhuroje! Sepse dëshmia e Jezusit është frymë e profecisë".

¹¹ Dhe pashë qiellin e hapur, dhe ja, një kalë i bardhë, dhe ai që e kalëronte quhet Besniku dhe i Vërteti; dhe ai gjykon dhe lufton me drejtësi.

¹² Dhe sytë e tij ishin si flakë zjarri dhe mbi kryet e tij ishin shumë kurora; edhe kishte një emër të shkruar, që askush nuk e di përveç atij;

¹³ Dhe ishte i veshur me një rrobe të ngjyer në gjak; dhe emri i tij quhet: "Fjala e Perëndisë".

¹⁴ Dhe ushtritë që janë në qiell e ndiqnin mbi kuaj të bardhë, të veshur me rroba liri të hollë, të bardhë dhe të pastër.

¹⁵ Dhe nga goja e tij dilte një shpatë e mprehtë për të goditur me të kombet; dhe ai do të qeverisë me skeptër prej hekuri dhe ai vet do të shkelë vozën e verës së mërisë dhe të zemërimit të Perëndisë së plotfuqishëm.

¹⁶ Dhe mbi rroben e vet dhe mbi kofshën ishte shkruar një emër: MBRETI I MBRETËRVE dhe ZOTI I ZOTËRVE.

¹⁷ Dhe pashë një engjëll që qëndronte në këmbë në diell; dhe bërtiti me zë të madh duke u thënë gjithë shpendëve që fluturojnë në mes të qiellit: "Ejani, mblidhuni në gostinë e madhe të Perëndisë,

¹⁸ që të hani mish mbretërish, dhe mish kapitenësh, dhe mish njerëzish të fuqishëm, dhe mish kuajsh dhe kalorësish, dhe mishin e të gjithë njerëzve, të lirëve dhe të skllevërve, të të vegjëlve dhe të të mëdhenjve".

¹⁹ Dhe pashë bishën, dhe mbretërit e dheut, dhe ushtritë e tyre të mbledhura që të bënin luftë kundër atij që kalëronte kalin dhe kundër ushtrisë së tij.

²⁰ Dhe bisha u kap, dhe bashkë me të profeti i rremë që kishte bërë shenja përpara saj, me të cilat i mashtroi ata që morën damkën e bishës, dhe ata që adhuruan figurën e saj; që të dy i hodhën të gjallë në liqenin e zjarrtë që digjet me squfur;

²¹ dhe të tjerët u vranë me shpatë, që dilte nga goja e atij që kalëronte kalin, dhe të gjitha shpendët u ngopën me mishrat e tyre.

Kapitull 20

¹ Dhe pashë një engjëll që zbriste nga qielli, duke pasur çelësin e humnerës, dhe një zinxhir të madh në dorë.

² Ai e kapi dragoin, gjarpërin e lashtë, që është djalli dhe Satani, dhe e lidhi për një mijë vjet,

³ dhe e hodhi atë në humnerë, dhe e mbylli atë dhe vulosi mbi të, që të mos i mashtrojë më kombet, deri sa të mbushen një mijë vjet; dhe pas këtyre ai duhet zgjidhur për pak kohë.

⁴ Dhe pashë frone, dhe ata u ulën mbi to dhe atyre iu dha pushteti që të gjykojnë edhe pashë shpirtrat e atyre që u ishin prerë kokat për dëshminë e Jezusit dhe për fjalën e Perëndisë, dhe të cilët nuk e kishin adhuruar bishën, dhe as figurën e saj dhe nuk kishin marrë damkë mbi ballin e tyre dhe në duart e tyre. Këta u kthyen në jetë e mbretëruan me Krishtin për një mijë vjet.

⁵ Por të vdekurit e tjerë nuk u kthyen në jetë deri sa të mbusheshin një mijë vjet. Kjo është ringjallja e parë.

⁶ I lum i shenjtë është ai që ka pjesë në ringjalljen e parë. Mbi ata vdekja e dytë nuk ka pushtet, por ata do të jenë priftërinj të Perëndisë dhe të Krishtit dhe do të mbretërojnë me të një mijë vjet.

⁷ Dhe kur të kryhen të një mijë vjetët, Satani do të zgjidhet nga burgu i tij,

⁸ dhe do të dalë të mashtrojë kombet që janë në të katër anët e dheut, Gogun e Magogun, që t'i mbledhë ata për luftë; numri i tyre do të jetë si rëra e detit.

⁹ Dhe ata do të lëvizin në të gjithë sipërfaqen e dheut dhe do ta rrethojnë fushën e shenjtorëve dhe qytetin e dashur. Por nga qielli do të zbresë zjarr, i dërguar nga Perëndia, dhe do t'i përpijë.

¹⁰ Atëherë djallin që i kishte mashtruar, do ta hedhin në liqenin e zjarrit e të squfurit, ku janë bisha dhe profeti i rremë; dhe do të mundohen ditë e natë në shekuj të shekujve.

¹¹ Pastaj pashë një fron të madh të bardhë dhe atë që ulej mbi të, nga prania e të cilit iku dheu dhe qielli, dhe nuk u gjet vend për ata.

¹² Dhe pashë të vdekurit, të mëdhenj e të vegjël, që rrinin në këmbë përpara Perëndisë, edhe librat u hapën; dhe u hap një libër tjetër, që është libri i jetës; dhe të vdekurit u gjykuan në bazë të gjërave të shkruara në libra, sipas veprave të tyre.

¹³ Dhe deti i dorëzoi të vdekurit që ishin në të, dhe vdekja dhe Hadesi dorëzuan të vdekurit që ishin në ta; dhe ata u gjykuan secili sipas veprave të veta.

¹⁴ Pastaj vdekja dhe Hadesi u flakën në liqenin e zjarrit. Kjo është vdekja e dytë.

¹⁵ Dhe, nëse ndokush nuk u gjet i shkruar në librin e jetës, u flak në liqenin e zjarrit.

Kapitull 21

¹ Dhe pashë një qiell të ri dhe një dhe të ri; sepse qielli i parë dhe dheu i parë kishin shkuar, dhe deti nuk ishte më.

² Dhe unë, Gjoni, pashë qytetin e shenjtë, Jeruzalemin e ri, që zbriste nga qielli, nga Perëndia, që ishte bërë gati si nuse e stolisur për burrin e vet.

³ Dhe dëgjova një zë të madh nga qielli që thoshte: "Ja tabernakulli i Perëndisë me njerëzit! Dhe ai do të banojë me ta; edhe ata do të jenë populli i tij dhe vetë Perëndia do të jetë bashkë me ta, Perëndi e tyre.

⁴ Dhe Perëndia do të thaijë çdo lot nga sytë e tyre; dhe vdekja nuk do të jetë më; as brengë, as klithma, as mundim, sepse gjërat e mëparshme shkuan".

⁵ Dhe ai që rrinte mbi fron tha: "Ja, unë i bëj të gjitha gjërat e reja". Dhe më tha: "Shkruaj, sepse këto fjalë janë të vërteta dhe besnike".

⁶ Edhe më tha: "U bë! Unë jam Alfa dhe Omega, fillimi dhe mbarimi! Atij që ka etje unë do t'i jap si dhuratë nga burimi i ujit të jetës.

⁷ Kush fiton do t'i trashëgojë të gjitha gjërat; dhe do të jem për të Perëndi dhe ai do të jetë për mua bir.

⁸ Kurse për frikacakët dhe të pabesët, dhe të neveritshmit dhe vrasësit, dhe kurvëruesit, dhe magjistarët, dhe idhujtarët, dhe gjithë gënjeshtarët, pjesa e tyre do të jetë në liqenin që digjet me zjarr dhe squfur, që është vdekja e dytë".

⁹ Pastaj erdhi drejt meje një nga të shtatë engjëjt që kishin të shtatë kupat plot me shtatë plagët e fundit, dhe foli me mua, duke thënë: "Eja, do të të tregoj nusen, gruan e Qengjit".

¹⁰ Dhe më çoi në Frymë mbi një mal të madh dhe të lartë, dhe më tregoi qytetin e madh, Jeruzalemin e shenjtë, që zbriste nga qielli, nga Perëndia,

¹¹ duke pasur lavdinë e Perëndisë. Dhe shkëlqimi i saj i ngjante me një gur shumë të çmuar, si gur diaspri kristalor.

¹² Ai kishte një mur të madh dhe të lartë me dymbëdhjetë porta, dhe te portat dymbëdhjetë engjëj, dhe emra të shkruar mbi to, të cilat janë emrat e të dymbëdhjetë fiseve të bijve të Izraelit.

¹³ Nga lindja ishin tri porta, nga veriu tri porta, nga jugu tri porta dhe nga perëndimi tri porta.

¹⁴ Dhe muri i qytetit kishte dymbëdhjetë themele dhe mbi to ishin emrat e dymbëdhjetë apostujve të Qengjit.

¹⁵ Dhe ai që fliste me mua kishte një kallam ari, për të matur qytetin, dyert e tij dhe murin e tij.

¹⁶ Dhe qyteti kishte formë katërkëndësh, dhe gjatësia e tij është sa gjerësia; ai e mati qytetin me kallamin deri në dymbëdhjetë mijë stade; gjatësia, gjerësia dhe lartësia e tij janë të barabartë.

¹⁷ Mati edhe murin, që ishte njëqind e dyzet e katër kubitë, me matje njeriu, domethënë engjëllit.

¹⁸ Muri ishte bërë ishte prej diaspri; dhe qyteti ishte prej ari të kulluar, i ngjashëm me kristal transparent.

¹⁹ Themelet e murit të qytetit ishin stolisur me gjithfarë gurësh të çmuar; themeli i parë ishte prej diaspri, i dyti prej safiri, i treti prej kalcedoni, i katërti prej smeraldi,

²⁰ i pesti prej sardoniku, i gjashti prej sardi, i shtati prej krizoliti, i teti prej berili, i nënti prej topazi, i dhjeti prej krizopazi, i njëmbëdhjeti prej hiacinti, i dymbëdhjeti prej ametisti.

²¹ Dhe të dymbëdhjetë portat ishin dymbëdhjetë margaritarë, secila portë ishte bërë prej një margaritari të vetëm, edhe sheshi i qytetit ishte prej ari të kulluar, si kristal i transparent.

²² Dhe nuk pashë asnjë tempull në të; sepse Zoti Perëndi i plotfuqishëm dhe Qengji janë tempulli i tij.

²³ Dhe qyteti nuk ka nevojë për diell, as për hënë që të ndriçojnë në të, sepse lavdia e Perëndisë e ndriçon atë, dhe llamba e tij është Qengji.

²⁴ Dhe kombet e të shpëtuarve do të ecin në dritën e tij; dhe mbretërit e dheut do të sjellin lavdinë dhe nderin e tyre në të.

²⁵ Dhe portat e tij nuk do të mbyllen asnjëherë gjatë ditës, sepse nuk do të ketë asnjëherë natë.

²⁶ Edhe në të do të sjellin lavdinë dhe nderin e kombeve.

²⁷ Edhe nuk do të hyjë asgjë e papastër dhe askush që kryen neveri e gënjeshtër, por vetëm ata që janë të shkruar në librin e jetës të Qengjit.

Kapitull 22

¹ Dhe më tregoi lumin e pastër të ujit të jetës, te kthjellët si kristali, që dilte nga froni i Perëndisë e i Qengjit.

² Në mes të sheshit të qytetit, këtej e andej lumit, ishte druri i jetës që jep dymbëdhjetë fruta, dhe që nxjerr frutin e saj në çdo muaj; dhe gjethet e drurit janë për shërim të kombeve.

³ Dhe asnjë mallkim nuk do të ketë më; dhe në të do të jetë froni i Perëndisë dhe i Qengjit, dhe shërbëtorët e tij do t'i shërbejnë;

⁴ ata do të shohin fytyrën e tij; dhe emri i tij do të jetë mbi ballin e tyre.

⁵ Dhe atje natë nuk do të ketë; edhe nuk kanë nevojë për llambë, as për dritë dielli, sepse Zoti Perëndi i ndriçon; dhe ata do të mbretërojnë në shekuj të shekujve.

⁶ Dhe më tha: "Këto fjalë janë besnike dhe të vërteta; dhe Zoti, Perëndi i profetëve të shenjtë, dërgoi engjëllin e tij, për t'u treguar shërbëtorëve të tij gjërat që duhet të ndodhin për së shpejti.

⁷ Ja, unë vij shpejt; lum ai që i ruan fjalët e profecisë së këtij libri".

⁸ Dhe unë, Gjoni, jam ai që kam parë dhe dëgjuar këto gjëra; dhe kur dëgjova dhe pashë, rashë për ta adhuruar përpara këmbëve të engjëllit që më tregonte këto gjëra.

⁹ Dhe ai më tha: "Ruaju se e bën! Sepse unë jam bashkëshërbëtori yt dhe i vëllezërve të tu, profetë, dhe të atyre që i ruajnë fjalët e këtij libri. Adhuro Perëndinë!".

¹⁰ Pastaj më tha: "Mos i vulos fjalët e profecisë së këtij libri, sepse koha është afër.

¹¹ Kush është i padrejtë, le të vazhdojë të jetë i padrejtë, kush është i ndyrë le të vazhdojë të jetë i ndyrë, kush është i drejtë le të vazhdojë të praktikojë drejtësinë, dhe kush është i shenjtë le të vazhdojë të shenjtërohet.

¹² Dhe ja, unë vij shpejt, dhe shpërblimi im është me mua, për t'i dhënë gjithsecilit sipas veprave që ai ka bërë.

¹³ Unë jam Alfa dhe Omega, fillimi dhe mbarimi, i pari dhe i

Zbulesës
fundit".

¹⁴ Lum ata që i kryejnë urdhërimet e tij, që të kenë të drejtën për drurin e jetës dhe për të hyrë në portat e qytetit.

¹⁵ Jashtë janë qentë, magjistarët, kurvarët, vrasësit, idhujtarët dhe kushdo që do dhe zbaton gënjeshtrën.

¹⁶ "Unë, Jezusi, dërgova engjëllin tim për t'ju dëshmuar për këto gjëra nëpër kisha. Unë jam Rrënja dhe pasardhja e Davidit, ylli i ndritshëm i mëngjesit".

¹⁷ Dhe Fryma dhe nusja thonë: "Eja!". Dhe ai që dëgjon le të thotë: "Eja!". Dhe ai që ka etje, le të vijë; dhe ai që do, le të marrë si dhuratë ujin e jetës.

¹⁸ Unë i deklaroj kujtdo që dëgjon fjalët e profecisë së këtij libri, se nëse ndokush do t'i shtojë këtyre gjërave, Perëndia do të dërgojë mbi të plagët e përshkruara në këtë libër.

¹⁹ Dhe nëse dikush heq nga fjalët e librit të kësaj profecie, Perëndia do t'i heqë pjesën e tij nga libri i jetës nga qyteti i shenjtë, dhe nga gjërat që janë përshkruar në këtë libër.

²⁰ Ai që dëshmon për këto gjëra, thotë: "Po, unë vij shpejt. Amen". Po, eja, Zoti Jezus.

²¹ Hiri i Zotit Jezu Krisht qoftë me ju të gjithë. Amen.

www.ingramcontent.com/pod-product-compliance
Lightning Source LLC
Chambersburg PA
CBHW080922020526
44114CB00043B/2436